FELIX DAHN

PROF. AN DER UNIVERSITÄT BRESLAU

GESCHICHTE DER VÖLKERWANDERUNG

ERSTER UND ZWEITER BAND

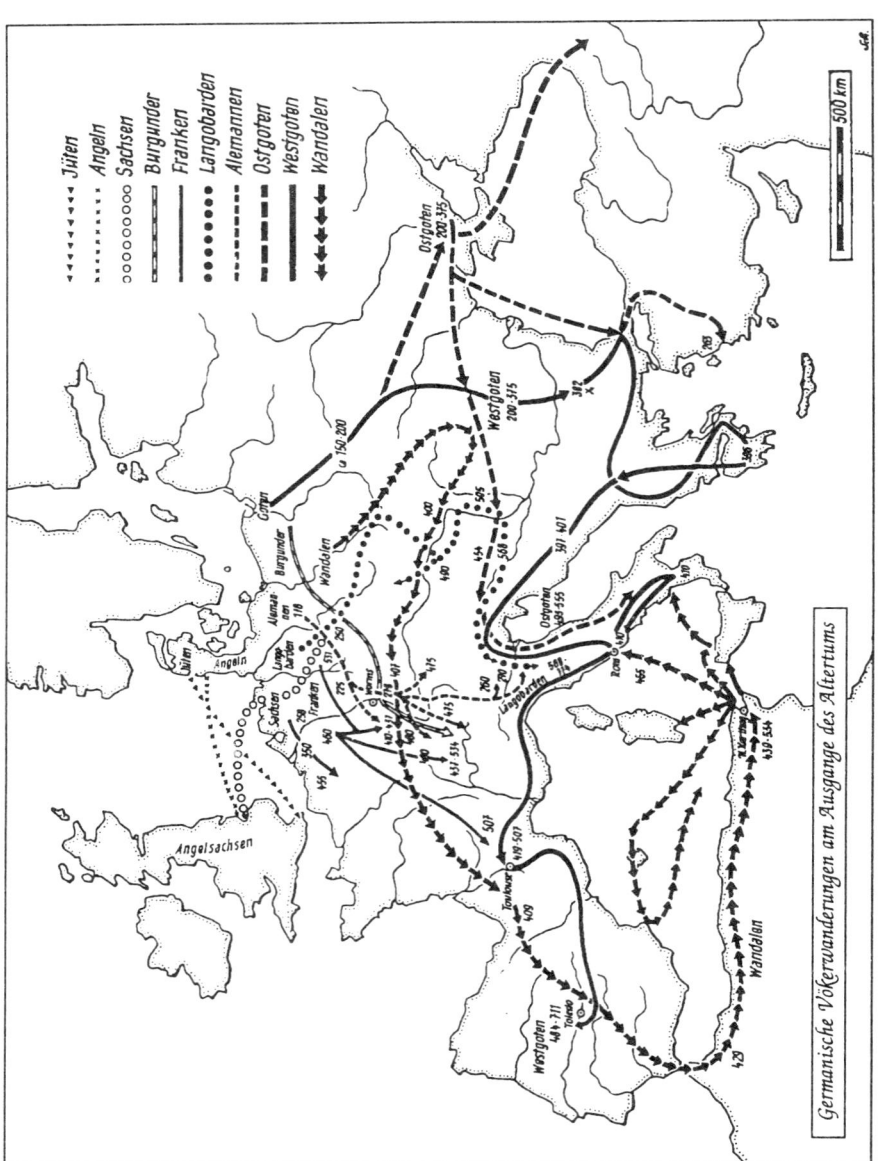

Germanische Völkerwanderungen am Ausgange des Altertums

FELIX DAHN

GESCHICHTE DER VÖLKERWANDERUNG

VON

EDUARD VON WIETERSHEIM

———————

ZWEITE VOLLSTÄNDIG UMGEARBEITETE AUFLAGE

BESORGT VON

DR. FELIX DAHN

PROF. AN DER UNIVERSITÄT BRESLAU

ERSTER BAND

EMIL VOLLMER VERLAG

Ungekürzte Neuausgabe der Ausgabe Königsberg 1880 mit Karte und ausführlichem Sachregister und einer Literaturübersicht.

Gesamtherstellung: Millium Media Management
Printed in Germany

ISBN 3-88851-198-4

Inhaltsverzeichnis

Band I

Erstes Buch

Die Germanen vor der Völkerwanderung bis zu dem Abzug der Goten an die Donau und dem Markomannenkrieg (–166)

Zweites Buch

Die Zeit vom Auftreten der Goten an der Donau und dem Markomannenkrieg bis zum Hunnen-Einfall (166–375)

Anhang zum I. Band

A. Exkurse zum I. Band

B. Anmerkungen zum I. Band

Band II

Drittes Buch

Von dem Hunnen-Einfall bis zu den letzten Bewegungen der Völkerwanderung (375–568)

Anhang zum II. Band

A. Exkurse zum II. Band

B. Anmerkungen zum II. Band

Vorwort zur zweiten Auflage

Die erste Auflage dieses Werkes ist vergriffen. Der Herr Verleger, mit dem verewigten Verfasser sehr nahe befreundet, hegte den Wunsch der Pietät, den Namen *von Wietersheim* nicht in der Reihe seiner Autoren erlöschen zu lassen und das in so vielen Stücken wertvolle Werk lebendig zu erhalten.

Dabei konnte nicht verkannt werden, daß eine neue Ausgabe in zahlreichen Partien eine Neugestaltung werden müsse: sind doch seit dem Erscheinen des I. Bandes mehr als zwanzig Jahre verstrichen, welche außerordentlich reich waren an Arbeiten und Fortschritten gerade auf diesem Gebiet der Forschung.

Gern übernahm ich die ehrenvolle Aufforderung, diese Neugestaltung zu besorgen.

Ich glaubte dabei die Verbreitung des Werkes durch erhebliche Verringerung seines Umfangs unbeschadet seines Wertes fördern zu können. Beträchtliche Kürzung schien erreicht werden zu können durch Weglassung der achtzehn Bogen betragenden Darstellung der älteren römischen Geschichte und Verfassungsentwicklung von der Gründung der Stadt und von Servius Tullius an, welche die erste Ausgabe enthielt, aber eine „Geschichte der Völkerwanderung" entbehren kann; ferner durch Verweisung von Exkursen in den Anhang kleineren Druckes, durch Streichung von Lokaluntersuchungen über Schlachtfelder, von Polemik gegen einzelne Schriften und durch ähnliche Ausscheidungen mehr: zumal der orientalischen Kriege Roms, welche mit der „Völkerwanderung" keinerlei Zusammenhang haben.

Der ebenso liebenswürdige als verehrungswürdige greise Verfasser des Werkes, dessen persönlicher Bekanntschaft ich mich erfreute, hat die Bedenken, welche ich gegen die allzu lockere Anordnung des Werkes vor mehr als zwanzig Jahren aussprach (s. jetzt Bausteine II, Berlin 1880, zur Geschichte der Völkerwanderung), wiederholt selbst mündlich und in der Vorrede zu seinem II. Bande (p. III, IV) als begründet anerkannt: in seinem eignen Sinn also habe ich vielfach ein festeres Gefüge des Buches vorgenommen.

Der so gewonnene Raum konnte zum Teil dazu verwertet werden, ein systematisch geordnetes Verzeichnis der Quellen und Literatur dem Schluß anzufügen.

Nur von diesen quantitativen Veränderungen der ersten Auflage soll hier gesprochen werden: die Hervorhebung der qualitativen würde eine Kritik erheischen, welche an dieser Stelle die Pietät verbietet.

Der Vergleich beider Bücher mag dem Leser zeigen, welches Maß von Mühe (in großen und in kleinen Dingen) die Umarbeitung aufgewendet hat: nicht eine Seite blieb unverändert: die germanischen Verfassungszustände mußten fast ganz neu dargestellt werden. An die römischen Dinge habe ich viel weniger gerührt: – aus guten Gründen –, die teils in der Sache, teils in den Schranken meiner Kenntnisse lagen.

Nur selten habe ich die vorgenommenen Änderungen (oder meine entgegenstehende Ansicht) angedeutet.

Königsberg, Oktober 1880

Felix Dahn

Einleitung

an versteht bekanntlich unter der Zeit der sogenannten Völkerwanderung – (wobei man zunächst nur an germanische Stämme zu denken pflegt) – gemeinhin die Periode, welche mit der Aufnahme der vor den Hunnen flüchtenden Westgoten in römisches Gebiet anhebt, im Jahre 376, und mit der Entthronung des letzten weströmischen Kaisers, Romulus Augustulus, durch die germanischen Söldner im Jahre 476 schließt.

Richtig erfaßt, beginnt freilich diese Bewegung viel früher: – Vorgänge um die Mitte des zweiten Jahrhunderts (der Abzug der Goten von der Ostsee an das schwarze Meer) leiten sie bereits ein – und endet viel später: die wechselnden Schicksale Italiens, Spaniens, Dakiens, Germaniens und der Donauländer vom sechsten bis zur Mitte des neunten Jahrhunderts sind die letzten Wellenschläge dieser Flut: die Wiederaufrichtung des abendländischen Kaisertums, die Zusammenfassung aller deutschen Stämme durch Karl den Großen bilden erst deren Abschluß und Vollendung.

Auch war die Bewegung nicht nur von germanischen Stämmen getragen und veranlaßt: mongolische und slavische wirkten dabei mit, handelnd und leidend. Immer noch pflegt man über diese Erscheinung hinwegzueilen mit den wenig sagenden Worten: „die dunklen, stürmischen Zeiten der Völkerwanderung, von denen wir keine nähere Kunde haben".

Und doch sind jene Zeiten nicht so dunkel, die Stürme nicht so ununterbrochen, die Kunde, welche unmittelbare und mittelbare Quellen gewähren, nicht gar so gering.

Seit den Zeiten, da *Tillemont* und *Gibbon* ihre Gelehrsamkeit und ihren hell erratenden Geist diesen Forschungen zugewendet, hat unsere Kenntnis jener Periode, der Ausdehnung und der inneren Klarheit und Sicherheit nach, ganz außerordentlich gewonnen: die gereinigte Methode geschichtlicher Untersuchung, die tiefere Auffassung der Aufgaben und der Mittel der Geschichtsforschung in Sprache, Sage, Religion, Ethos, bildender und redender Kunst, Wirtschaft, Recht und Staat und Gesamtkultur, wie wir sie den Begründern der historischen Schule: Niebuhr, Wilhelm von Humboldt, den Gebrüdern Grimm, Karl Friedrich Eichhorn, Savigny verdanken, ist diesem Abschnitt der Weltgeschichte ganz besonders reich zum Segen gediehen. Zwar noch bleibt genug übrig von dem Reize des Geheimnisses, um den Forscher immer wieder an diese Aufgaben heran zu ziehen – die Geschichte ist wahrlich jenes verschleierte Bild, welches durch die halb sichtbaren Züge unwiderstehlich das suchende Auge fesselt.

Aber doch haben die vergleichende Sprachgeschichte, vergleichende Sagenforschung, vergleichende Rechts-, Religions- und Sitten-Geschichte, die junge Wissenschaft der Völkerpsychologie, die aus den Gräbern gestiegene nordische, keltische, etruskische Archäologie, ja auch die Geographie der Pflanzen und der Tiere, die Topographie, verbunden mit der Erforschung der Orts- und der Personennamen, – alle diese Disziplinen, zum Teil neu entstanden, zum Teil doch neu vereinigt, haben unsere Kenntnis von jenen dunkeln Zeiten bedeutend erweitert: wir fußen auf festem, für immer der Wissenschaft gewonnenem Boden in Fragen, welche nicht nur von Gibbon, welche auch von Grimm und Savigny und Eichhorn noch als unlösbare angesehen oder mit schwanken Hypothesen beantwortet wurden.

Münzen des letzten Vandalen-Königs Gelimer mit der Circascription: „*Gleilamer Vandalorum et Alanorum Rex*", bei Triest gefunden, bestätigen uns die angezweifelte Richtigkeit von Angaben Prokops über die Titel der Asdingen; aus dem Torfmoor des Sundewitt gräbt man ein Fahrzeug, welches uns bis auf Nagel und Öse genau das Raubschiff der Seekönige vor Augen stellt; aus der Zisterne zu Guarrazar im fernen Spanien hebt man den Königsschatz der Westgoten mit siebzehn Weihekronen, welche das Heer auf der Flucht aus der verlorenen Schlacht bei Xerez de la Frontera am Guadalete vor den verfolgenden Reitern Taliks im tiefen Brunnen, bessere Tage hoffend, barg; die Sprachvergleichung des Gotischen mit dem Persischen, Griechischen, Slavischen, Keltischen lehrt uns, wie der Germane schon vor der großen Völkerscheidung in Mittelasien mit dem Falken den Reiher gebeizt; die aus den Seen und Flüssen von den trocknenden Sonnenstrahlen aus der Feuchte emporgehobenen Pfahlbauten mit den gespaltenen Röhrenknochen der Torfkuh, mit der bitteren Schlehe und Waldbeere, mit dem Steinbeil und Hirschhorndolch lehren uns, wie die Kelten und unsere hochgewachsenen Ahnen mit dem blitzenden Bronzeschwert in der Hand vom Kaukasus die Donau aufwärts vorschreitend ein älteres Volk viel niedrigerer Kulturstufe vorfanden, das scheu vor ihnen nach Norden und Westen auswich, ohne die Pfahlburgen zu verteidigen–denn man findet nur Kinderleichen, nicht die Skelette der abwehrenden oder stürmenden Krieger in dem verkohlten Gebälk. – Und mit willkommener Ergänzung fällt hier die Flüsterstimme der Sage ein, welche zu berichten weiß von einem kleinen, scheuen, kümmerlichen Volk der Zwerge, das vor den Menschen, d. h. den Germanen, in seine Schlupfwinkel in Wasser und Moor entweicht. Die Zustände Islands im zehnten Jahrhundert zeigen uns, wie wohl auch früher aus dem Verband bloßer Gemeinden ein Staat erwachsen sein mag, mit Vollversammlungen für das Ganze und für die Einzelgaue, ein Freistaat, von alten Großgeschlechtern regiert, bis ihre Zwietracht, Ehrgeiz abenteuernder Männer, welche in fremder Könige Dienst treten, den freien Staat der Bauern der Königsherrschaft unterwerfen.

Die altbayerische Bauersfrau im Chiemgau, welche lieber als in der weihrauchdumpfen Dorfkapelle draußen im Walde vor dem Eichbaume kniet, in dessen Rinde sie die Marke des Hofes geritzt und mit roten Vogelbeeren das Bild der Himmelskönigin gesteckt, indessen ihre Kinder den Waldquell hinab Rindenschifflein, mit Wachslichtern besteckt, als „Lebensschifflein" schwimmen lassen, Glück und Unheil? Langes Leben und frühen Tod aus dem Geschick der kleinen Flotte deutend – sie lehren uns den Wald- und Quellen- Kultus unserer Ahnen verstehen und Verbote, welche schon im sechsten und siebenten Jahrhundert die Konzilien erlassen gegen solchen Aberglauben von Westgoten und Sueben, Burgundern und Langobarden, Franken und Hessen, Sachsen und Friesen, Bajuvaren und Alemannen.

Dies war voranzuschicken über den Begriff der Völkerwanderung und die mannigfaltigen Quellen der neueren Forschung für ihre Erkenntnis.

Wir erörtern nun:

I. Die Ursachen der Völkerwanderung

Man mag sagen: die sogenannte Völkerwanderung ist nur der letzte Wellenschlag einer Jahrhunderte dauernden Bewegung: nicht so fast Anfang einer neuen, als vielmehr Abschluß einer uralten Entwickelung: nicht in Europa, in Asien hat sie begonnen; die große Einwanderung der Germanen aus Zentralasien über den Kaukasus, die Donau und die russischen Ströme aufwärts, war vorübergehend auf wenige Generationen zum Stehen gekommen, nachdem sie im Westen am Rhein, im Süden an der Donau an den ehernen Schild des großen römischen Kulturreiches gestoßen war: hier wurden die wilden Wasser gestaut, so lange der Damm vorhielt: als aber dieser Damm, mehr von innen heraus angefault als von außen durchbrochen, an Widerstandskraft sank, und als gleichzeitig aus einer ganz bestimmten, später zu erörternden Ursache der Andrang der mehr geschoben als schiebenden Barbarenstämme bedeutend zunahm: – da ergossen sich denn tumultuarisch die brausenden Wogen über die Schutzwehren in das Innere des römischen Reiches, und nicht weniger als drei Jahrhunderte währte es, bis einzelne der Eingedrungenen, von dem Boden der römischen Kultur spurlos aufgesogen, verschwanden, andere sich in wechselnder Richtung verteilten und endlich, in mannigfacher Mischung mit den vorgefundenen Elementen, beruhigt und gerettet niederließen.

Die vergleichende Sprachgeschichte lehrt uns, daß in Zentral- und Nord-Asien in unvordenklicher, nicht näher bestimmbarer Zeit die Angehörigen der großen arischen Völkergruppe: Perser und Inder, Graeco-Italer, Kelten, Germanen, Litauer und Slaven noch unausgeschieden beisammen wohnten. Wie die Sprache war auch der Götterglaube: – ein Lichtkultus; – waren die Grundzüge von Moral und Recht, war die Kulturstufe überhaupt, zumal die Grundlage der Wirtschaft, gemeinsam.

Mögen im Einzelnen, zumal je nach der örtlichen Beschaffenheit, nach Art des Bodens, welchen die Völker bewohnten, Verschiedenheiten nicht gefehlt haben – im Wesentlichen stimmten sie darin überein, daß sie zwar die Anfänge eines oberflächlichen, nur kunstlos betriebenen Ackerbaues kannten, überwiegend aber von Viehzucht und Jagd lebten und umherschweifend, nach Erschöpfung oder doch Abschöpfung der Jagd- und Weidegründe, die Wohnsitze wechselten.

Sonder Schmerz, sonder Opfer, sonder Heimweh verließ man die bisherigen Siedlungen, in deren Ackerboden man wenig Arbeit gesteckt hatte, packte Weiber, Kinder und den geringen Hausrat, ja wohl selbst die leichten Holzhäuser und die Zelte aus gegerbten Fellen auf die breiten, von Rindern gezogenen Wagen und suchte neue Sitze in der Richtung, welche Vogelflug oder Himmelszeichen rieten oder auch die Notwendigkeit des Ausweichens vor nachdrängenden stärkeren Nachbarn.

In dieser Weise waren wohl Jahrhunderte hindurch auch die Germanen von Flußgebiet zu Flußgebiet, von Weideland zu Weideland gezogen, ohne bestimmtes Wanderziel, ohne festgehaltene Richtung: nur im Ganzen allmählich immer weiter nach Westen gedrängt, weil die Rückwanderung nach Osten schon durch die Massen der ihnen nachfolgenden anderen germanischen Stämme (der Goten), anderer arischer Völker (der Slaven), anderer außer-arischer Horden (der mongolischen Hunnen) versperrt war. Als sie nun in solcher Weise und auf solchen Wegen allmählich in Europa angelangt waren, setzten sie zunächst die alte Lebensweise, die alten Wandersitten fort: nur wenig Unterschied wurde anfangs durch das Vorfinden anderer älterer Kultur bewirkt: tiefer stehender finnischer, vielleicht noch auf Pfahlbauten siedelnder Fischer und Jäger, höher stehender, bereits in volkreichen Städten Gewerk, Handel mit eigenen Fabrikaten treibender Kelten; was nicht durch Wanderung nach Norden und Westen den von Südosten anziehenden Germanen auswich, ward keineswegs ausgerottet, sondern in gelinden oder strengen Formen der Kriegsgefangenschaft, der Halbfreiheit oder vollen Unfreiheit unterworfen: daß die Sprache der Kelten auch nach der germanischen Überflutung noch dauerte, daß Berge, Flüsse, Städte, Dörfer mit dem vorhergehenden Namen auch später benannt wurden – klingen bis heute ja Rhein, Donau, Main, Lech, Isar, Inn, Karwendel usw. in keltischem Laut –, erklärt sich doch nur unter der Voraussetzung, daß die germanischen Einwanderer sie noch lange von den keltischen Siedlern benennen hörten.

Mochte nun aber das okkupierte Land früher schon bebaut und bewohnt oder mochte es bisher Urwald gewesen sein – in beiden Fällen verfuhren die Germanen nach dem gleichen, durch die Wirtschaftsweise vorgezeichneten System: sie teilten das gesamte besetzte Land in drei Gruppen: Grenzwald, Allmende und Sondereigen: nach Erschöpfung des Sondereigens durch die nachwachsende Bevölkerung griff man zu Allmende und Grenzwald, um Bauerhöfe mit Sondereigen daraus zu schaffen: da nun aber Allmende und Grenzwald die trennenden Außenteile des okkupierten Gesamtlandes gebildet hatten, so mußte deren Verwandlung in Ackerland mit Sondereigen die Wirkung haben, die bisher durch Wald, Sumpf und Wüstenei getrennten Völker zu unmittelbaren Nachbarn machen: in Freundschaft und Feindschaft mußten nun alle Beziehungen weit stärker wirken, Anziehung, Überwältigung, Zusammenschließung viel rascher und leichter und häufiger erfolgen, jede Kraft und Bewegung in einer Völkerschaft mußte stärker auf die Zustände der Nachbarn wirken, in Krieg oder Bündnis, als ehedem.

Nun vollzog sich gerade in den ersten drei Jahrhunderten nach Christus (genauer: beginnend zwischen Cäsar, 50 Jahre vor, und Tacitus, 100 Jahre nach Christus), also unmittelbar vor dem Anfang der sogenannten Völkerwanderung, der allmähliche Übergang der Germanen von überwiegendem Nomadentum mit Jagd und Viehzucht zu überwiegendem seßhaften Ackerbau.

Es ist aber eine überall beobachtete Erscheinung, daß dieser Übergang eine ganz gewaltige und rasche Vermehrung der Bevölkerung zur Folge hat: die gesteigerte Kultur im Allgemeinen und die Mehrproduktion, sowie die mehr gesicherte und regelmäßige Beschaffung der Nahrungsmittel, die in diesem Übergange liegen, bewirken mit der Notwendigkeit eines „Naturgesetzes" diese raschere und stärkere Vermehrung.

Natürlich mußte die Ursache geraume Zeit, mehrere Menschenalter hindurch, haben walten können, auf daß die Wirkung überall und deutlich erkennbar eintreten konnte.

Diese Zeitbestimmung trifft nun genau zusammen mit dem Anfang der Bewegungen, welche wir Völkerwanderung nennen.

Die Übervölkerung konnte auf jener Kulturstufe unmöglich durch die Mittel höherer Zivilisation, z. B. intensiveren rationelleren Ackerbau, abgewendet werden: ihre notwendige Folge war Hungersnot: das einzige Mittel, das denkbar einfachste: – Auswanderung, sei es des ganzen Volkes, sei es des Überschusses, aus den ungenügenden zu eng gewordenen Sitzen, deren längst in Sondereigen verwandelte Allmenden und Grenzwälder nicht mehr ausreichten, in reichere, weitere fruchtbarere Länder.

Und so nahmen denn die Germanen nach einer Unterbrechung von etwa drei Jahrhunderten jene Wanderzüge wieder auf, welche sie ehedem allmählich aus Asien nach Europa geführt hatten.

Freilich war jetzt die Richtung der Wanderung nicht mehr so frei wählbar: der Druck der von Osten her nachdrängenden germanischen slavischen, mongolischen Massen und der eherne Wall, welchen die Legionen im Südwesten um das römische Imperium zogen, waren zwei gewaltige, treibende und hemmende Kräfte; endlich erlahmte von innen heraus die Widerstandskraft des Cäsarenstaates und der Völkerstrom ergoß sich nun brausend nach Südwesten über den „Pfahlgraben" in die römischen Provinzen.

So war also die letzte Ursache der Völkerwanderung die durch ackerbauende Seßhaftigkeit herbeigeführte Übervölkerung in Germanien und zu deren Vermeidung die Wiederaufnahme uralter Gewöhnung.[1]

Zu dieser neuen Grundauffassung von Ursachen und Wesen der Völkerwanderung bin ich durch eine Fülle ineinander greifender, sich gegenseitig bestätigender Wahrnehmungen geführt worden. Nur eine Erwägung unter den mannigfaltigen, welche sämtlich zu dem gleichen Ergebnis drängten, soll hier hervorgehoben werden.

Fast sieben Jahrhunderte liegen zwischen der ersten germanischen Wanderung, der kimbrischen, und der letzten, der langobardischen: Mit kurzen Pausen sind diese Jahrhunderte ausgefüllt durch ununterbrochenes Anfluten der Germanen in der Richtung von Osten nach Westen, von Norden nach Süden gegen die furchtbar überlegene römische Waffen- und Kultur-Macht.

Geradezu grauenhaft sind die Menschenverluste, welche die nackten, schlechtbewaffneten Barbaren alle diese Jahrhunderte hindurch immer und immer wieder erlitten an Erschlagenen und in Sklaverei oder in die Arena geschleppten Gefangenen, der nur als Kolonisten verpflanzten zu geschweigen.

Man muß sich doch nur die Frage vorlegen, welcher Grund kann es gewesen sein, welcher, in der Tat wie eine Elementargewalt, wie eine Naturkraft diese Menschen – und zwar nicht nur die Männer, die Krieger: auch Weiber, Kinder, Greise, mit Knechten und Mägden, Herden und Habe auf Wagen und Karren – d. h. wirklich wandernde Völker, nicht raubfahrende Krieger, immer und immer wieder von neuem gegen die römischen Grenzen und die mörderischen Waffen der Legionen trieb, in den mit Sicherheit vorauszusagenden Untergang?

Es genügt durchaus nicht zur Erklärung dieser Erscheinung, auf die Freude der Germanen an Kampf, Krieg, Abenteuer, Raub und Beute zu verweisen, etwa unter Berufung auf die Freuden Walhalls, welche dem den Bluttod gestorbenen Helden winkten.

Niemand wird germanisches Heldentum höher anschlagen als ich: aber dieser Zug des Nationalcharakters reicht doch nur aus, kühne Wagefahrten der Männer, nicht konstanten Andrang ganzer Völker zu erklären.

Durchaus nicht bestreite ich, daß zahlreiche Streifzüge, Raubfahrten, Einfälle, andere Erscheinungen des fast niemals ruhenden Grenzkrieges auf jene Lust an Kampf und Beutefahrt zurückzuführen sind: diese *kleinen* Unternehmungen gingen recht eigentlich, obzwar natürlich nicht allein, von den *Gefolgschaften* aus.

Aber diese kleinen Unternehmungen, nur auf Raub und baldige Heimkehr gerichtet, sind eben nicht die großen Bewegungen, deren Gesamtheit wir „Völkerwanderung" nennen.

Nicht Mutwille, Abenteuerlust, hat ganze Völker oder doch Völkerteile in Hunderttausenden von Köpfen bewogen, die Heimat zu verlassen in oft zielloser, selten zielsicherer Wanderung, die zugleich ein Krieg war und die Existenz der ganzen wandernden Masse aufs Spiel setzte.

Nur zwingende Not kann jahrhundertelang die treibende Kraft gewesen sein: und zwar eine konstant wirkende Not.

Dadurch sind vereinzelte Elementarereignisse – Deichbruch, Überschwemmung, auch Seuchen und Mißwachs –, die ja hie und da, nach Sage und Geschichte, gewirkt haben, als regelmäßige Ursache ausgeschlossen.

Der Druck anderer Völker von Osten her – der Ost- auf die West-Germanen, der Slaven auf die Ost-Germanen, der Hunnen zuletzt auf Slaven und Germanen soll keinesfalls unbeachtet sein bei der Aufstellung der zu Grunde liegenden Ursachen: Insbesondere mittelbar hat dieser Druck mitgewirkt, sofern er dem Ausbreitungstriebe die Richtung nach Nordosten versperrte.

Aber dieser äußere Druck hat nicht den Ausbreitungstrieb erzeugt: er hat ihn nur verstärkt und nach Süden und Westen gedrängt.

Die *innere*, jahrhundertelang stetig wirkende, manchmal gesteigerte, manchmal wieder schwächer treibende Ursache ist vielmehr in derselben Tatsache zu suchen, welche auch in anderen Erscheinungen zu Tage tritt: *nämlich die erstaunliche, trotz der kolossalsten Menschenverluste unerschöpflich immer stärker anschwellende Volksmenge der Germanen.*

In den späteren Jahrhunderten treten zu den Verlusten an Angriffskraft durch Tötung und Gefangenschaft die wahrlich nicht schwächer wirkenden Verminderungen der unabhängigen Germanen durch die außerordentlich zahlreichen Ansiedlungen derselben als Grenzer oder auch im Innern des Reiches als Foederati, Kolonisten unter mannigfaltigen Rechtsformen, und die ganz unglaublich starken Massen, welche in allen drei Erdteilen dem römischem Staat als Beamte im Zivildienst, als Offiziere, als freiwillige Söldner, als vertragsgemäß gestellte Hilfstruppen dienten: es ist bekannt, welch gefährlich hohen Prozentsatz Goten, Franken und andere Germanen im römischen Beamten- und Soldatenheer ausmachten.

Und trotz all dieser unschätzbaren Abzüge quellen immer neue Krieger aus den Wäldern Germaniens!

Mit Grauen haben scharfblickende Römer diese unerschöpfliche Naturgewalt betrachtet: sie mochten ahnen, daß hierin, in dieser elementar wirkenden Kraft die letzte Entscheidung des jahrhundertelangen Ringens zwischen Rom und den Germanen lag: in Rom wird seit Augustus durch künstliche Staatseinwirkung Vermehrung der Ehen und der Kinder angestrebt – ohne Erfolg im Großen; bei den Germanen erzeugt mit dem Übergang zu seßhaftem Ackerbau das keusche und gesunde Naturvolk so viele Menschen, daß die alten Sitze nicht ausreichen, daß die stärkste Gewalt, der Selbsterhaltungstrieb, gegenüber Hunger und Not jahrhundertelang ungezählte Wanderer zur gewaltsamen Ausbreitung zwingt; dieser „höheren Gewalt" – nicht in mystischem, sondern in höchst realistischem Sinn – ist zuletzt das von Innen heraus bereits germanisierte Westreich Roms erlegen.

Sehr nahe liegt der Einwand: eine viel größere Menge Menschen als die Germanen des dritten bis fünften Jahrhunderts findet heute in dem damaligen Germanengebiet ausreichende Nahrung; wie kann man da von Übervölkerung sprechen?

Hierauf ist zu erwidern: Die Germanen jener Jahrhunderte hatten für eine so rationelle Volkswirtschaft in Urproduktion – vor allem Ackerbau –, in Handwerk, Fabrikation und Handel, wie sie heute in dem fraglichen Ländergebiet blühen – weder Fähigkeit, noch Willen, noch objektive Möglichkeit.

Es kann sich dabei im Wesentlichen nur um den *Ackerbau* handeln.

Ein Ackerbau, der an Intensität und Zweckdiensamkeit des Betriebs mit dem modernen, ja auch nur mit dem mittelalterlichen irgend verglichen werden konnte, war den Germanen unbekannt und unmöglich.

Die immer noch sehr starke Bedeutung der Viehzucht für den Lebensunterhalt erheischte für jeden Gau höchst ausgedehnte Wohn-, d. h. Weideplätze im Verhältnis zur Kopfzahl: die Art der Ansiedlung, die der Gemeinde- und Staats-Verfassung zu Grunde lag, vertrug das Zusammendrängen auf enge Räume durchaus nicht. Diese höchst ausgedehnten Gebiete waren zum großen Teil Grenzwald, Allmende, Weide, Wiese – nur zu sehr geringem Teil Ackerland.

Die Zunahme der Bevölkerung bewirkte nun allerdings allmählich Rodung des Urwalds, Trockenlegung der Sümpfe, Verwandlung der Weide in Pflugland.

Aber ganz unmöglich konnte bei dem damaligen Stand der Technik diese höchst langsame volkswirtschaftliche Arbeit gleichen Schritt halten mit der gewaltig rasch anwachsenden Bevölkerung – vielmehr hat diese Arbeit des Rodens und Pflugbar-Schaffens vom Schluß der Völkerwanderung ab fast noch ein ganzes Jahrtausend hindurch die Bevölkerung des alten „Germaniens" beschäftigt –, also blieb nur gewaltsame Ausbreitung übrig, freudige Eroberung des längst von Kelten und Römern dem Pfluge gewonnenen ohnehin so viel lockenderen reichen Landes im Süden und Westen.

Denn allerdings: an dieser Stelle, als untergeordnet mitwirkende Momente, sind zwei Factoren nicht zu übergehen, in welchen man früher allein die Ursachen der Völkerwanderung fand: die Freude des Germanen am Krieg und Kriegsraub einerseits und der Reiz der Natur- und Kulturschätze der römischen Provinzen im Süden und Westen Europas andrerseits.

Ohne Zweifel hätte ein minder kriegerisches Volk, nachdem die alten Sitze dem gesteigerten Bedürfnis nicht mehr genügten, vor die Wahl gestellt zwischen mühseligerer Rodungs- und Pflugarbeit oder dem ungleichen Angriff auf die legionen-gehüteten Grenzlande Roms den Pflug gewählt statt des Schwertes. Und ohne Zweifel lockte der mildere Himmel, der fruchtbarere Boden Galliens, Italiens, Pannoniens, Rätiens, Noricums, Illyriens, Dalmatiens mit der Fülle zu erbeutender wertvoller Habe um so stärker, als die Ausbreitung gegen den rauheren Osten und Norden und gegen Ostgermanen, Nordgermanen, Slaven, Hunnen viel weniger anziehend erscheinen mußte – und fast noch weniger erzwingbar als die Durchbrechung des römischen Limes.

II. Das Wesen der Völkerwanderung

Aus dem über die Ursachen der Völkerwanderung Gesagten ergibt sich von selbst Aufhellung über das Wesen und einen großen Teil der Erscheinungen dieser Bewegung. Viel richtiger eine „Ausbreitung" denn eine Wanderung wird sie genannt.

Denn nicht daran ist zu denken, daß die germanischen Stämme, welche überhaupt in Europa „wanderten" – manche von ihnen haben seit der ursprünglichen Einwanderung ihre Sitze gar nicht oder fast gar nicht verändert –, nach einem vorgesteckten weit entlegenen bestimmten Ziel, von den bisherigen Wohnsitzen plötzlich aufbrechend, gezogen seien: nur ganz ausnahmsweise schwebte überhaupt ein solches bestimmtes Ziel vor, wenn z. B. die römische Staatsregierung oder aufständische Feldherren germanische Stämme in bestimmte Provinzen einladen oder rufen, wie etwa die Vandalen aus Spanien von Bonifacius nach Afrika berufen werden.

Vielmehr ist in den allermeisten Fällen die sogenannte Wanderung nichts anderes als eine Wiederaufnahme der uralten Sitzveränderungen, sonder Ziel und Plan, wie sie die Germanen in jahrtausendjährigem Umherziehen allmählich aus Mittelasien nach Mitteleuropa geführt hatten.

Die uralten, niemals ganz in der kurzen Zwischenzeit verhältnismäßiger Seßhaftigkeit (vom Jahre 100 bis 200 [schon 150: die Gotenwanderung] nach Christus) aus dem Gedächtnis entschwundenen, halb nomadenhaften Gepflogenheiten lebten nunmehr erneut wieder auf, da im Allgemeinen ähnliche Ursachen, welche die große Einwanderung bewirkt hatten, nun neuerdings schiebend, drängend und stoßend auf diese Völkermassen wirkten.

Freilich sind es andere Voraussetzungen und Verhältnisse, unter welchen jetzt in dem von Rom beherrschten oder doch berührten europäischen Mittelgebiet gewandert werden muß, als damals in Asien: immer und überall haben die Wandervölker zu rechnen mit der im Süden und Westen weit überlegen drohenden römischen Kultur- und Militär-Macht.

Auch die Wanderer selbst sind verändert: von Kelten und Römern haben sie manchen Zug höherer Kultur angenommen: dann auch von innen heraus, von sich aus haben sie sich weiter entwickelt; der seßhafte Ackerbau, nicht mehr schweifende Jagd und Viehzucht, ist nun überwiegend Grundlage des wirtschaftlichen Lebens, ja unentbehrliche Voraussetzung der Gemeindeverfassung, der Rechtszustände überhaupt geworden. Daher immer und überall das Verlangen dieser Wandervölker, in den neugewonnenen Sitzen abermals diese Grundlage des wirtschaftlichen und Rechtslebens zu erreichen: Land, Ackerboden; *„Quietam patriam"* fordern oder erbitten diese germanischen Scharen als Sieger oder Besiegte immer wieder von den Römern. Damit ist die früher, namentlich bei französischen Schriftstellern, lang herrschend gewesene Anschauung widerlegt, welche in diesen wandernden Eroberern nur das kriegerische Gefolge von Häuptlingen und Fürsten erblickte. Nicht kleine Häuflein, die lediglich aus Kriegern bestanden, sondern wirklich ganze Völker, mit Weibern und Kindern, Greisen und Kranken, Freigelassenen, Knechten und Mägden, mit Rossen und Rindern, mit Schaf- und Schweineherden, mit zahllosen Wagen sind es, welche wir fechtend und ruhend, umherziehend und dann wieder jahrlang seßhaft, in jenen Wanderzügen vor uns haben.

Die Veranlassungen zu dem Aufbruch für eine solche Völkerschaft waren nun selbstverständlich mannigfaltig: doch lassen sie sich in der Regel auf einen der folgenden Gründe zurückführen: namentlich Übervölkerung und durch dieselbe herbeigeführte Hungersnot, dann das Andrängen übermächtiger Nachbarn, gewaltsame Verfassungs-Änderungen, innere Kriege, Eingriffe der römischen Politik: dagegen bildet, was man als Regel angenommen, die bloße Eroberungslust die seltene Ausnahme.

Die Quellen gewähren uns Belege von jeder Art dieser Ursachen: wenigstens in der Sage, seltener in der Geschichte, hat sich die Erinnerung an die treibenden Gründe erhalten. Bei Jordanis, dem Geschichtsschreiber der Goten, schon finden wir eine Andeutung, daß die gewaltige Zunahme der Bevölkerung die germanischen Stämme auf der von ihm sogenannten Insel Scanzia (Scandinavien) drängte, sich erobernd gegen das Römerreich in Bewegung zu setzen.

Bei Paulus Diaconus, dem Geschichtsschreiber der Langobarden, ist die Wandersage dieses Volkes in seltener Vollständigkeit überliefert: später hat dann Saxo Grammaticus diese Überlieferungen mit mancherlei gelehrter Zutat erweitert: Paulus führt in einer, nebenbei gesagt noch nicht bemerkten, etymologischen ernsthaft gemeinten Spielerei den Namen Germania auf Germinare, sprossen, treiben, keimen, zurück: als sei das Land, gleichsam Germinania, von seiner üppig sprießenden Bevölkerung benannt.

Er erzählt dann, wie die kleine Insel oder Halbinsel Scandia der raschsteigenden Volksmenge der

Winiler, der später von Wodan Langobarden genannten, nicht mehr genügt habe: um der das ganze Volk bedrohenden Hungersnot zu begegnen, beschließt die Volksversammlung, daß ein Drittel auswandernd neue Sitze suchen soll.

Wir dürfen annehmen, daß häufig in solchen Fällen das Gleiche geschah: wir dürfen auf Paulus' Bericht hin den sagenhaften Zug glauben, daß durch Loswerfen das zur Auswanderung genötigte Volksdrittel bestimmt wurde: beachtenswert ist dabei eine Variante des Berichts, wonach vorzugsweise die streitbare, noch nicht auf Grundbesitz selbständig ansässige Jugend als ein heiliger Frühling des Volks, *ver sacrum*, auszog: wobei jedoch auch Weiber und Kinder unter den Wandernden gedacht werden müssen.

Die Führer der aufbrechenden sind zwei mythische Helden und deren Mutter, eine weise Wala: Götterzeichen, wegweisende Vögel oder Raubtiere fehlten dabei wohl nicht.

Es ist sehr lehrreich, die wandernden Langobarden auf ihrem Zuge zu begleiten, das Wesen dieser Bewegungen wird dabei einleuchtend klar. Da sehen wir denn, daß keineswegs Übermut, Kriegslust, Beutesucht, sondern die bittere Not, wie sie den Aufbruch veranlaßt hatte, so die Beschlüsse und Schritte der Wanderer lenkt.

Den wertvollsten Teil ihrer beweglichen Habe, die Knechte, haben sie mitgenommen: denn als das schwache Häuflein vor überlegenen Feinden zu erliegen bangt, werden die Knechte bewaffnet und für tapferes Verhalten in der Schlacht vom König mit der Freilassung belohnt.

Ohne Ziel, ohne Plan ziehen sie unstet umher oder verweilen bald ein Menschenalter, bald nur wenige Jahre in sicheren und fruchtbaren Sitzen, bis die Sicherheit durch neu anziehende Nachbarn gefährdet oder der Boden erschöpft ist.

So ganz fehlt es an einer bestimmten Marschrichtung, daß, obwohl wir den Ort des Aufbruchs – die Ufer der Unter-Elbe – und den Ort der endgültigen Niederlassung (bis zur neuen Wanderung nach Italien), nämlich Pannonien, und eine große Zahl von Namen der Landschaften kennen, welche das Volk während seiner über zwei Jahrhunderte sich erstreckenden Wanderschaft durchmaß, doch durchaus keine Sicherheit über die von ihnen eingeschlagenen Wege zu erzielen ist. Weit gehen die Ansichten auseinander. Nach einer Meinung, die sich auf ganz späte und daher wertlose Angaben stützt, soll der Zug von der Elbe nach Westen an die Weser und nach Paderborn gegangen sein, was mit der im Ganzen süd-südöstlichen Richtung der Bewegung wohl unvereinbar.

Wir sehen nun das Wandervolk bald von übermächtigen Feinden, z. B. den Vandalen, die den Durchzug durch ihr Gebiet weigern, aufgehalten: wir sehen, wie sich die Verzweifelnden, um Durchzug oder Aufnahme zu erkaufen, zu den schwersten Anerbietungen, z. B. der Überlassung von $1/4$, $1/3$, $2/3$, ja des ganzen Bestandes ihrer Herden und Habe entschließen: vergebens: es kommt zur Schlacht oder zum Zweikampf, der für beide Völker entscheidet.

Ein ander Mal ist es ein furt- und brückenloser Strom, der, in gefährlichen Wirbeln brausend, die Schritte der Wanderer hemmt: die Sage läßt in dem Fluß ein weibliches Wasserungetüm – wohl eben einen Stromwirbel – als amazonenhafte Kampfjungfrau hausen: der König bezwingt nach hartem Kampf mitten in ihrem Gewässer die Unholdin – offenbar die sagenhafte Darstellung des durch Mut und Klugheit des Führers dem Strome abgezwungenen Übergangs. Auf dem anderem Ufer angelangt, werden aber die unvorsichtig Lagernden in ihren Zelten und Wagen zur Nacht von den raschen Reiterhorden der Bulgaren überfallen: ein großer Teil des Volkes wird mit dem König getötet oder, zumal die Weiber, in Gefangenschaft geschleppt. Nur mit heftiger Anstrengung vermag ein jugendlicher Nationalheld sagenhaften Ursprungs den schwergetroffenen verzagenden Rest zu neuem Mut, zum Angriff auf die Bulgaren zu entflammen: schon schwankt die Schale des Siegs abermals zu den Feinden hinüber, schon flüchten die geworfenen Langobarden in ihre Wagenburg zurück: da gelingt es dem jungen Helden durch flammende und von der Heldensage aufgezeichnete Worte, durch glänzende Tapferkeit und plötzlich Freilassung aller Knechte den Sieg und den Weiterzug durch das Bulgarenland zu gewinnen. (Das tat Lamissio, der Sohn des Lehms.)

Sehr allmählich nur erstarkt durch solche Siege das Selbstvertrauen, dann auch das Selbstgefühl des kleinen, bisher stets von Hunger, von den Elementen und übermächtigen Feinden bedrohten Wandervölkleins: „sie verschmähten es nun, sagt der Geschichtsschreiber, länger unter bloßen Heerführern zu leben, und beschlossen, nach dem Beispiel anderer (starker und stolzer) Stämme, einen König zu wählen." Übergang zum Königtum ist stets ein Zeichen zunehmenden Nationalstolzes, während geschwächte, gedemütigte Stämme, wie z. B. die Heruler, darauf verzichten müssen, das nationale Königtum fortzuführen.–

Mit wechselnden Geschicken durchziehen, nun unter Leitung eines Königs, die Langobarden die weiten Gebiete zwischen der Oder und der Donau, bald durch Kampf, bald durch Vertrag den Durchzug gewinnend: in fruchtbaren Gegenden bleiben sie so lange, bis sie verdrängt werden: endlich kommen sie nach vorübergehendem Verweilen in dem durch Odovakars Maßregeln von Römern geräumten Rugiland (unterhalb Wien) zur Ruhe in Pannonien (Ungarn): nach langen Kämpfen vernichten sie mit Hilfe der Avaren die benachbarten Gepiden. Aber Söldner ihres Volkes hatten in den Kriegen zwischen Byzantinern und Ostgoten in Italien die Herrlichkeit dieses Landes, die Fruchtbarkeit des Bodens an Wein und anderer Edelkost kennengelernt: vielleicht auch die Schwäche der oströmischen Herrschaft: diese Schilderungen und Erwägungen führten dahin, daß das Volk abermals beschloß, diesmal nicht gedrängt von Not, sondern in dem Trachten nach gepriesenen Landen, die bisherigen Sitze zu verlassen: man wartet den Eintritt der milderen Jahreszeit ab, welche die julischen Alpenpässe vom Schnee befreit, und beginnt zu Ostern (13. April) des Jahres 668 die Wanderung nach Italien.

Aber vorsichtig sichert man sich durch Vertrag mit den Avaren, welchen man die bisherigen Siedlungen überläßt, für den Fall des Mißlingens der Unternehmung das Recht der Rückkehr und bedingt sich die Wiederabtretung aus.

Auch die Zusammensetzung des Wanderzuges ist lehrreich: keineswegs ist das zusammenhaltende Band nur die Stammgenossenschaft: die Langobarden werden, außer von den Resten der Gepiden, z. B. von 30,000 Sachsen begleitet, welche der Ruhm des Königs Alboin und der Reiz der Unternehmung herangezogen hatte: dabei muß man erwägen, daß sich Langobarden und Sachsen nicht leicht verstehen konnten, da jene dem oberdeutschen, diese dem niederdeutschen Sprachstamm angehörten. Wie wenig endgültig solche Unternehmungen von den Beteiligten angefaßt wurden, zeigt, wie jener Vorbehalt der Rückwanderung, so die wirklich ausgeführte Rückwanderung der Sachsen von Italien bis Ostthüringen, zu welcher diese nach wenigen Jahrzehnten schreiten, weil ihnen die Langobarden nicht die gewünschte Sonderstellung und Selbständigkeit einräumen wollen. (Auch die Vandalen hatten bei ihrer Wanderung aus Pannonien nicht endgültig auf diese Sitze verzichtet.)

Diese Rückwanderung ist lehrreich: sie erfordert die Zustimmung des Frankenkönigs: sie vollzieht sich unter Bezahlung für die Verpflegung durch die Bewohner Galliens, freilich auch unter Gewalttätigkeiten: und als endlich die verlassenen Sitze erreicht sind, kommt es zu Kämpfen mit den von einem Frankenkönig hier einstweilen angesiedelten Thüringern und Schwaben. –

Die Ausbreitung der Langobarden über Italien erfolgte außerordentlich langsam: lange Zeit ohne systematische Landteilung und Ansiedlung: die reicheren Römer flüchteten bei der Annäherung der gefürchteten halb heidnischen, halb ketzerischen Barbaren: so konnte König Alboin einfach seine Scharen in den entvölkerten Landschaften im Norden und Osten der Halbinsel ansiedeln: die Zahl der Einwanderer war gering im Verhältnis zu der Ausdehnung des Landes: dies allein erklärt die sonst ganz unverständliche Erscheinung, daß mitten in den von den Langobarden besetzten Gebieten noch Menschenalter hindurch kleine Städte und Kastelle, z. B. die Insel des Comersees, sich unbezwungen erhalten.

Viel langsamer gelang die Ausbreitung der Eroberer über Mittel- und Unteritalien: hier kam es dann auch zu methodischer Landteilung.

Wir haben so ausführlich die Geschichte der langobardischen Wanderungen erörtert, weil gerade dieses Beispiel wegen der bunt wechselnden Geschicke besonders lehrreich und weil es uns detaillierter überliefert ist, als die Geschichte der Wanderzüge der meisten Völker.

Ähnliche Vorgänge schildern uns bei den Ostgoten Jordanis und Prokop: auch bei diesen Wanderern sehen wir immer das Verlangen nach Land zum Ackerbau: auch bei ihnen finden wir das Wandervolk vom Hunger weitergetrieben und oft trotz aller Tapferkeit und häufiger Siege an den Rand des Verderbens gedrängt: – lehrreich ist zumal die Geschichte der Wanderungen der Ostgoten im Hämusgebirge, wo die verworrene Wagenburg, die hungernden und darbenden Weiber und Kinder deutlich uns vor Augen geführt werden.

Wir haben oben neben Übervölkerung und Hungersnot noch andere Gründe der Wanderungen angenommen und wollen nun von denselben einzelne Beispiele anführen.

So das Andrängen übermächtiger Nachbarn: aus solchem Grunde erklären sich die frühesten dieser Bewegungen schon, welche Julius Cäsar in Gallien und bei den rechtsrheinischen Stämmen in vollem Fluß fand: vor den Sueben wichen die Ubier, Usipier und Tenchterer: später suchen sich die Markomannen durch Auswanderung nach Böhmen dem Druck und der Umklammerung des nahen Ruhmreiches zu entziehen: vor den Hunnen weichen die Westgoten immer mehr nordwestlich aus und flüchten endlich über die Donau auf römisches Gebiet: hier in den Donauländern sehen wir später wiederholt Langobarden, Gepiden, Heruler, Rugen, Skiren, Turkilingen, Markomannen, Sueben die Sitze wechseln, indem sie sich gegenseitig schieben und drängen: der Schwächere muß Raum geben: in Spanien werden ebenso die kleineren germanischen Stämme, die Silingen, Alanen, Sueben, von den mächtigeren, den Asdingen und Westgoten, teils unterworfen, teils zum Wandern genötigt.

Gewaltsame Verfassungsänderungen, namentlich die Aufrichtung des Volkskönigtums über bisher geteilte Gaue, begünstigt durch das Aneinanderrücken der Sondergüter und das Verschwinden des Grenzwaldes, führen ebenfalls häufig zur Auswanderung einzelner und ganzer Scharen: aus Marobods Reich flüchtet Katwalda zu den Goten, Segest aus dem Machtgebiet Armins zu den Römern: beide wohl nicht einzeln, sondern mit Anhang und Gefolge: das großartigste Beispiel aber gewährt die Auswanderung zu Schiff der zahlreichen freiheitstrotzigen Jarle, Häuptlinge und gemeinfreien Bauern, welche aus Norwegen mit den alten Götterbildern, mit Weib und Kind davonziehen, um die stolzen Häupter der Einherrschaft nicht beugen zu müssen, welche König Harald Harfagr gewaltig aufrichtet: diese Auswanderer bedecken alle Meere mit den Wikingerschiffen und diese Verfassungsänderung in Norwegen führt zu einer der lehrreichsten und merkwürdigsten Erscheinungen in aller germanischen Geschichte: zu der Bevölkerung und Kolonisation der Insel Island durch norwegische Männer.

Auch innere Kriege, Zwist unter den Gauen eines Stammes veranlaßten die Schwächeren oder Unzufriedenen zur Auswanderung: so war ein Teil der Chatten wegen innerer Kämpfe aus den alten Hessensitzen aufgebrochen und den Rhein hinabgezogen, wo sie der Rheininsel ihren Namen aufgeprägt: Batavia heißt von den chattischen Batavern.

Endlich haben die Eingriffe der römischen Politik zu zahlreichen Wanderungen und Wohnsitzveränderungen Anlaß gegeben. Nicht nur in oder nach dem Krieg – z. B. in den zahlreichen Fällen, in welchen die Römer viele Zehntausende eines besiegten Stammes aus dessen bisherigen Sitzen hinweg in ein fernes, ganz unter römischer Herrschaft stehendes Land wie Gallien oder Italien verpflanzten, wo ihre nationale Existenz alsbald erlosch – (Ubier, Sugambern) – auch im Frieden durch politische Maßregeln oder diplomatische Intervention: so werden die Anhänger des Katwalda und des Vannius von den Römern aus Böhmen entfernt und fern im Osten angesiedelt: so werden die Vandalen aus Spanien nach Afrika gerufen: so werden die Ostgoten aus der Nähe von Byzanz und dem oströmischen Gebiet entfernt, indem man sie veranlaßt, in das von Odovakar besetzte und beherrschte Italien überzuwandern.

Neben diesen bekanntesten Fällen stehen nun aber in großer Zahl Beispiele von geringer Bedeutung für die Universalgeschichte zwar, aber von gleicher Wichtigkeit für unsere Erörterung: Beispiele, welche als Anwendungen des allgemeinen Systems der römischen Politik in diesen Beziehungen zu den Barbaren erscheinen: es handelt sich um die richtige Auffassung der Methode der Landteilung und Ansiedelung der Germanen in den Provinzen des römischen Reiches: denn unabweisbar doch drängt sich die Frage auf, wie man in einem Kulturstaat bei der von der Regierung angeordneten Aufnahme großer Haufen hungernder Barbaren in dicht bewohnte Landschaften verfuhr, um Mangel, Ungewißheit der Pflichten und Rechte und die daraus entspringenden Gewalttätigkeiten fern zu halten.

Diese Untersuchung muß um so eingehender geführt werden, als das Wesen und die Wirkungen der Völkerwanderung in einer ganzen Reihe von Erscheinungen durch die hierbei von den Römern getroffenen Einrichtungen bestimmt werden.

Wir werden uns überzeugen, daß auch hier nichts Neues, plötzlich Geschaffenes vorliegt: sondern Fortführung alter Überlieferungen, wenig modifizierte Anwendungen längst erprobter Prinzipien auf neue Erscheinungen: denn sowenig wie die Natur, kennt die Geschichte Sprünge: sie kennt nur fortbildende Entwicklung.

Schon lange Zeit, bevor die Römer mit den Germanen in Berührung gekommen, waren im römischen Reich diejenigen Normen aufgestellt worden, welche dann vor und während der sogenannten Völkerwanderung eben auch auf die Germanen angewendet wurden.

Auszugehen ist dabei von dem Einquartierungs- und Verpflegungssystem der Römer für auf dem Marsch befindliche und für kantonirende oder vorübergehend in eine Landschaft verlegte römische Truppen.

Man verfuhr dabei in der Art, daß jedem grundsteuerpflichtigen Haus- oder Landbesitzer (possessor) nach der Größe seiner Steuerlast, d. h. also seines steuerpflichtigen Grundbesitzes, eine entsprechende Zahl von Soldaten zur Beherbergung und Ernährung zugewiesen wurde. Und zwar in der Form, daß der Soldat auf einen genau festgesetzten quoten Teil der Früchte, der Naturalerträgnisse des

Jahres angewiesen wurde, z. B. auf $^1/_4$ oder $^1/_3$: gerade diese Zahl (Tertia: scilicet pars) begegnet sehr früh und sehr häufig: das Verhältnis zwischen dem Quartierwirt und dem Quartiergast hieß hospitalitas, einer des andern hospes, der Anteil des Soldaten an den Früchten pars oder sors.

Ganz dasselbe System wandte man nun in den späteren Zeiten, d. h. in dem letzten Jahrhundert der Republik und dem ersten Jahrhundert des Kaisertums, an auf die immer zahlreicher auftretenden Fälle, in welchen fremde, barbarische Truppen, Söldner, in römischen Dienst genommen wurden.

Die Formen, in welchen dies geschah, waren sehr mannigfaltig: eine der wichtigsten und später allmählich häufigst angewendeten war dasjenige System, welches ich das Grenzersystem nennen und durch eine bekannte analoge Erscheinung erklären will: – die erst vor wenigen Jahren aufgehobene Einrichtung der sogenannten österreichischen Militärgrenze.

Ursprünglich behufs Herstellung einer vorübergehenden Grenzsperre zur Verhinderung der Einschleppung der Pest, dann behufs dauernder Abwehr der dauernden Gefahr der Türkeneinfälle überwies Österreich Land an seiner Ostgrenze Soldaten als Kolonisten, welche sich mit Weib und Kind und Herden hier niederließen und, frei von Steuern und frei von der Militärpflicht zu Kriegen außerhalb dieser Grenzgebiete, nur die Aufgabe hatten, das Grenzland gegen die Türken zu verteidigen, zugleich des Reiches Mark beschützend und den eignen Herd.

In ganz ähnlicher Weise verfuhren seit den ersten beiden Jahrhunderten der Kaiserzeit die Römer mit den Barbaren an den Grenzen des Reiches in Asien, Afrika und Europa: man nahm in sehr verschiedenen Formen barbarische Krieger in Verpflegung, Sold und Dienst: sie sollten, in des Reiches und der eigenen Ansiedlung Interesse, eben jene Grenzlandschaften fortan verteidigen, welche sie bis dahin bedroht hatten.

Dies geschah früher manchmal in der Weise, daß Krieger allein, ohne Weib und Kind, angesiedelt und auf ein Drittel der Früchte der possessores angewiesen wurden.

Später aber wurde die Form immer häufiger, wonach man besiegte Völker oder Völkerteile mit Weib und Kind in das Reich aufnahm und sie nur verpflichtete, die bisherigen Wohnsitze, welche man ihnen beließ oder neue, in welche man sie verpflanzte, zu verteidigen.

Sobald nun die Ansiedlung familienweise geschah, mußte sich das Bedürfnis herausstellen, statt der bloßen Teilung der Früchte eine Teilung des Bodens selbst vorzunehmen, um dem Barbarenhaushalt neben dem des römischen hospes Raum zu schaffen: tertia pars – tertia sors bezeichnete nun den dritten Teil von Gebäuden, Äckern, Wiesen, Wald- und Weideland, dann oft auch den dritten Teil der unentbehrlichen Zubehörs damaliger Wirtschaft: Sklaven und Haustiere.

In solcher Weise wurden denn auch die Germanen angesiedelt, welche seit Ende des vierten Jahrhunderts in großen oder kleineren Gruppen, als ganze Völker oder in einzelnen Volkssplittern oder gar nur als Söldner, in die Provinzen des West- und des Ostreichs durch Vertrag Aufnahme fanden.

Auch wenn ganze Nationen, wie die Burgunder, Ost- und West-Goten unter ihren nationalen Königen in Gallien, Italien, Spanien aufgenommen wurden, legte man das geschilderte System zu Grunde, so mannigfaltig auch im Einzelnen die Verhältnisse der Ansiedlung waren, je nach der Macht, der Zahl, den Erfolgen der Barbaren und den Aufnahmebedingungen.

Nicht neue germanische, – alte römische Organisationen liegen hier vor.

Der Unterschied von früheren Anwendungen des gleichen Systems besteht nur in der größeren Unabhängigkeit dieser Germanenscharen, deren Könige oft nur formell, öfter aber gar nicht die Oberhoheit des Kaisers anerkannten.

Ferner läßt sich mit dem Sinken des Reiches und dem Überwiegen der Germanen eine Steigerung der Ansprüche der letzteren nachweisen: sehr frühe schon verlangen sie statt der Jahrgelder und Fruchtanteile Eigentum an Grund und Boden: und bald begnügen sie sich nicht mehr mit den rauheren, minder fruchtbaren und minder gesicherten Provinzen, welche man früher zu ihrer Abfindung verwendet, wie Dakien, Mösien, Pannonien: sie trachten nach den blühendsten Landschaften, Gallien, Spanien, Achaia, ja nach dem Herzen des Reichs, nach Italien und Rom selbst.

Sehr lehrreich ist es, die Beurteilung und Verurteilung dieses Systems bei dem einsichtsvollen Prokop zu lesen: die allgemeine Barbarisierung des Reichs war freilich die notwendige Folge dieser massenhaften Aufnahme von Barbaren jedes Stammes: und die Auflösung des weströmischen Reichs geschah in der Tat gelegentlich einer der oben besprochenen Steigerungen der Ansprüche der germanischen Söldner: den dritten Teil aller Grundstücke in Italien forderten sie zu Eigen– also nicht mehr bloße Fruchtteile und nicht mehr bloße fundos provinciales – und stürzten die Regierung, welche dies versagte.

Die strenge Verurteilung jenes Verfahrens verkennt nur einerseits, daß anfangs, als das Reich noch stark genug war, die aufgenommenen Barbaren in Unterordnung zu halten, die Maßregel doch wesentlich zur militärischen Kräftigung und Verteidigung des Staates beitrug: und andererseits, daß zu den Zeiten des Kaisers, den Prokop darum verklagt – Justinians –, wohl kaum ein anderes Mittel zu Gebote stand, die Waffen der Germanen von den Mauern von Byzanz fernzuhalten, als die Preisgebung anderer ferner gelegener Landschaften.

Wie großen Einfluß aber gerade diese verteilende Aufnahme der Germanen, diese Form der Ansiedlung auf die späteren Geschicke der drei Länder Frankreich, Italien, Spanien hatte, – das werden wir alsbald zu erörtern haben in der Betrachtung, zu welcher wir nun übergehen: nämlich der:

III. Wirkungen der Völkerwanderung

Hierbei sind vorerst einige irrige Vorstellungen abzuweisen: man hat nämlich gewisse geschichtliche und juristische Erscheinungen als Folgen der Völkerwanderung angesehen, welche dies keineswegs sind.

So das germanische *Königtum:* Namentlich französische Gelehrte haben erst nach der Eroberung römischer Provinzen aus den „chefs", Häuptlingen und Gefolgeherren der „bandes allemandes" die Könige der Franken, Burgunder, Goten, Langobarden, Vandalen hervorgehen lassen, während vor der Wanderung die Germanen nur die republikanische Staatsform gekannt hätten.

Wir wissen aber, daß das Königtum ein Urbesitz der germanischen Stämme, ein uraltes nationales Rechtsgebilde war, wenn auch noch zur Zeit des Tacitus die republikanische Verfassung viel häufiger begegnet: nur modifiziert wurde das Königtum durch die Einwanderung in römische Provinzen, indem der König neue Gewalten, z. B. die Polizei- und Finanz-Gewalt, erwarb und überhaupt die Rechte, welche er als Nachfolger der Kaiser über die Provinzialen auszuüben hatte, auf seine germanischen Staatsangehörigen auszudehnen trachtete.

Ebensowenig ist der *Adel* erst aus den Abenteurern, Gefolgsherren und Gefolgsleuten, der Völkerwanderung hervorgegangen: der alte germanische Volksadel ist älter, der neue Dienstadel, der sich auf Königsamt und Landleihe und Königshofdienst erhob, ist jünger als die Wanderung. Damit hängt innig der dritte Irrtum zusammen, welcher aus den Landvergaben der Könige an ihre Gefolgen das *Lehnwesen* erwachsen ließ: wir verdanken den ausgezeichneten Untersuchungen von *Georg Waitz* und *Paul von Roth* die genaue Kenntnis dieser Vorgänge: nur bei den Franken ursprünglich, bei allen anderen Stämmen bloß von den Franken herübergenommen, treffen wir überhaupt das echte Benefizialwesen an und dieses ist erst um die Mitte des achten Jahrhunderts unter den Söhnen Karl Martells charakteristisch ausgebildet worden, durch die große Säkularisation von Kirchengut, welche das Bedürfnis nach einer starken Reiterei in den Kämpfen wider die spanischen Araber erzwang.

Ja, auch zwei andere große weltgeschichtliche Erscheinungen werden nur zum Teil und nur mittelbar mit Recht als notwendige Wirkungen der germanischen Wanderung erkannt: der *Untergang des weströmischen Reiches* und die *Christianisierung der Germanen.*

Nach dem oben über die sich steigernden Forderungen der Söldner im Reich Erörterten leuchtet ein, daß keineswegs notwendig Germanen es sein mußten, welche in der Rebellion von 476 den Minister Orestes und den Kaiser Romulus Augustulus beseitigten: maurische, isaurische, illyrische Söldner hätten ganz ebensowohl jene Forderungen erheben können, welche mit germanischen Wanderungen nicht in Zusammenhang stehen: denn der Irrtum, Odovakar als einen König der Rugen oder Kliren, der wandernd in Italien eingerückt wäre, zu fassen, ist doch endlich aufgegeben: nur sofern die germanischen Völkerbewegungen jene Söldnerscharen im Reiche vermehrten und andrerseits die Übervölkerung und Wanderung der Germanen unter anderen Erscheinungen auch den massenhaften Eintritt ihrer Scharen in römischen Solddienst zur Folge hatten, läßt sich ein Zusammenhang zwischen der Völkerwanderung und der Entthronung des Romulus Augustulus behaupten: übrigens dachte Odovakar ursprünglich nur daran, als Statthalter des oströmischen Kaisers mit dem Titel „patricius" Italien zu verwalten: erst als Byzanz sich weigerte, ihn als Statthalter anzuerkennen, nahm er den Königstitel an. –

Auch die *Christianisierung der Germanen* kann man nicht in dem Sinne als Folge der Wanderung darstellen, daß sie ohne die Wanderung nicht, daß sie allein durch die Wanderung erfolgt wäre.

Schon zwei Jahrhunderte vor der Wanderung, in der Tat, seitdem die christlichen Vorstellungen über Judäa hinaus durch Kleinasien und Griechenland weiter westlich gewandert waren und unter den römischen Soldaten, Kolonisten, Sklaven, Arbeitern Anhänger gefunden hatten, war es ganz unvermeidlich, daß auch die Germanen von Gefangenen, Kaufleuten, oder andrerseits selbst als Gefangene oder im römischen Kriegsdienst diese Lehren kennenlernten.

Zu Alemannen, Markomannen, Rhein-Germanen gelangte die Kenntnis des Christentums lange vor dem Anfang der großen Wanderungen: auch bei den Goten hatte die katholische wie die arianische Lehre Eingang gefunden und große Verbreitung, so bedeutende, daß Bischöfe bestellt und das gotische Bibelwerk Wufilas unternommen werden konnte, vor der Überwanderung auf römischen Boden. Burgunder, Langobarden, Vandalen, Alanen, Sueben, ein starker Zweig der Heruler, dann Rugen, Skiren, Turkilingen hatten das Christentum vor dem Übertritt in römische Provinzen in großen Scharen angenommen.

Freilich soll nicht geleugnet werden, daß das Leben in dem römischen Reich, dessen herrschende und unduldsame Staatskirche das Christentum seit Konstantin geworden, die Verbreitung dieser Lehre unter den Germanen mächtig gefördert hat: aber seitdem das Christentum diese Stellung im Kaiserreich gewonnen, war eine solche Wirkung überhaupt unvermeidlich geworden: auch ohne die Wanderung und ohne den Zerfall des Westreiches wäre sie eingetreten; setzen wir den umgekehrten Fall: die Germanen wären nicht gewandert, hätten nicht gesiegt, sondern wären in ihren in der Mitte des vierten Jahrhunderts besetzten Gebieten seßhaft geblieben und hier von den Römern unterworfen worden – ganz gewiß wäre das gleiche eingetreten: der allein herrschenden Staatsreligion des großen Kulturreichs hätten sich die Germanen auch in diesem Fall nicht entziehen können; denn nur so wird die Aufnahme des Christentums durch die Germanen quellenmäßig, freilich nicht mirakel- und legendengemäß, aufgefaßt: nicht plötzlich, nicht aus innerer Überzeugung, nicht das Christliche um seiner selbst willen haben die Germanen – ich rede von den Völkermassen, nicht von einzelnen Individuen – aufgenommen, sondern sehr allmählich, aus äußerer Nötigung und als ein Stück der gesamten übermächtigen römischen Staatskultur überhaupt.

Oder welcher Historiker wird sagen, die Germanen hätten das Christentum auch angenommen, falls sie dasselbe als das verachtete Bekenntnis jüdischer Schwärmer kennengelernt, falls sie das römische Abendland schon im Jahre 100 oder 200 nach Christus erobert hätten? Die *römische Staatsreligion, die herrschende Staatskirche als ein Stück römischer Kultur* – wie die römische Sprache – haben sie angenommen, vielfach unverstanden, mit ihrem germanischen Götterglauben gemischt – ganz wie sie, wäre die Katastrophe Roms noch unter der Herrschaft der Olympier eingetreten, den allerdings viel toleranteren römischen Polytheismus, vielfach unverstanden und mit ihrem germanischen Polytheismus gemischt, würden angenommen haben.

Endlich muß man erwägen, daß nach Zertrümmerung des alten römischen Staates und vor Aufbau des neuen germanischen die katholische Kirche die einzige – und zwar meisterhaft – organisierte äußere Macht war, welche die Germanen vorfanden: nicht weniger wahrlich als die innere Kraft des Glaubens hat das äußere Gewicht der einheitlich, fest, genial organisierten Kirche gewirkt.

Dagegen erweisen sich als die großartigen Wirkungen der Völkerwanderung:
1) die Entstehung der romanischen Nationen und Sprachen;
2) die Aufnahme antiker Kulturelemente auch bei den rechtsrheinischen Germanen;
3) die Gliederung des europäischen Festlandes in Staatengebiete, wie sie im Wesentlichen noch bestehen und damit insbesondere
4) die Grundlegung für die Geschichte des deutschen Volkes.

1) Die beiden gesegnetsten und reichsten Provinzen des römischen Westreiches, Gallien und Spanien, waren von dem lateinischen Hauptlande Italien aus frühe und vollständig romanisiert worden; die ältere keltische und baskisch-iberische Bevölkerung war zwar nicht vernichtet – bis heute wird ja noch keltisch und baskisch gesprochen –, aber wie zur politischen Ohnmacht, so auch zur ethnologischen Bedeutungslosigkeit herabgedrückt worden.

In diese drei lateinischen Hauptländer drangen nun während der Auflösung des Westreiches germanische Wandervölker mit Weib und Kind: Ostgoten und Langobarden in Italien, Franken, Burgunder, Westgoten in Gallien, Westgoten und Sueben in Spanien (ich erwähne nicht Eindringlinge von geringerer Zahl oder kürzerem Aufenthalt): ihre geringe Zahl – ein Hauptirrtum der Geschichtsschreiber der Völkerwanderung besteht in der kritiklosen Annahme der übertreibenden Berichte der römischen Schriftsteller bezüglich der Massen der Barbaren – und ihr geringer Kulturgrad, sowie die meistenteils friedliche, vertragsmäßige Aufnahme machten Ausrottung oder Austreibung der Provinzialen unmöglich: andererseits konnten auch die Germanen nicht für sich abgeschlossen ihre Eigenart bewahren: schon die oben erörterte Art der Ansiedelung und Landteilung, welche die Gäste weit über alles Land zerstreute und jedem mehr römische als germanische Nachbarn gab, die geringe Kopfzahl, namentlich die kleinere Zahl von Frauen, die nach der Annahme des Christentums und zwar des katholischen Bekenntnisses (nach der Abschwörung des Arianismus) überall früher oder später eintretende Ehegenossenschaft mit den Römern, endlich die Einwirkungen eines südlichen Klimas mit allen ihren Folgen für Nahrung, Kleidung, Lebensweise, die Nötigung, alle Produkte der Gewerke, alle Einfuhr des Handels von Römern zu beziehen, der überwältigende Einfluß römischer Kultur überhaupt, einer Sprache z. B., welche zugleich die Sprache der Kirche war –Alles dies mußte die Einwanderer von Geschlecht zu Geschlecht immer eindringlicher in die Farbe des römischen Wesens tauchen: wie jede Vermischung mit dem Blute der Südländer die helle Farbe von Haut, Haar und Auge dunkler, südlicher färbte. So wurden denn die Langobarden, Westgoten, Sueben (in Portugal), Burgunder, Franken romanisiert – es entstanden die romanischen Nationen der Italiener, Spanier (und Portugiesen) und Franzosen.[2]

Und wahrlich: erwägt man das unendliche Übergewicht der römischen Elemente nicht nur der Zahl, auch der Intensität nach, dann staunt man nicht darüber, daß die Germanen romanisiert wurden, sondern darüber, daß sie nicht spurlos, wie freilich in Afrika geschah, aufgesogen wurden: denn immerhin haben sie doch ihrerseits so starken Gegeneinfluß geübt, daß sie die in Oberitalien, Spanien, Nordgallien vorgefundenen Römer und Provinzialen durchaus modifizierten: die Lombarden, Spanier, Franzosen sind denn doch verschieden von jener Bevölkerung, welche die Einwanderer vorfanden; wurden diese romanisiert, so wurde doch auch jene vielfach germanisiert in Recht, Sprache und Sage: diese starke Gegenwirkung erklärt sich nur durch die überlegene Stellung, welche die Germanen als Eroberer einnahmen und bei Annahme einer Widerstandskraft, welche nicht zu allen Zeiten alle germanischen Stämme gegenüber fremden Nationalitäten bewährt haben.

2) Freilich konnten sich auch die rechtsrheinischen Deutschen dem Einfluß der antiken Kultur nicht entziehen – zu ihrem größten Vorteil. Wenn vorher der Verkehr des Krieges und Friedens mit den Römern, so hat später der Zusammenhang mit den Franzosen, vielmehr aber noch mit den Italienern den Reichtum südlicher Kultur wohltätig über die raueren Fluren und Seelen des Nordens verbreitet.

3) In genauem Zusammenhang hiermit steht die Gliederung des europäischen Festlandes in einen romanischen Süd-Westen, eine deutsche Mitte und einen slavischen Nord-Osten: denn in alle jene weiten Länder vom schwarzen Meer bis an die Ostsee und an die Elbe, welche ursprünglich bei der Einwanderung aus Asien von Goten und anderen Germanen erfüllt waren, rückten, seitdem die Völkerwanderung diese Stämme nach Südwesten geführt, die slavischen Nachdränger ein: bekanntlich hat erst seit dem zehnten Jahrhundert, seit dem Erstarken des nun gesonderten deutschen Königtums eine Rückwirkung eintreten können, welche sehr langsam die slavisch gewordenen Ostmarken Deutschlands zum Teil wieder germanisierte, zum Teil wenigstens unterwarf.

Auch für die Geschicke der britischen Inseln wurde die Völkerwanderung insofern von Einfluß, als die Not des Westreiches zur Aufgebung jener fernen Besitzungen, zum Abzug der Legionen zwang: darauf hin erstarkte das ursprüngliche keltische Element wieder so sehr, daß die romanischen Provinzialen die Hilfe germanischer Stämme an der Nordsee anriefen, welche die Inseln England und Schottland dann für sich selbst behielten und die Kelten auf die Hochlande Schottlands und die Berge von Wales beschränkten.

4) Durch die Gliederung des europäischen Festlandes in die drei großen Hauptländer der Kultur: Italien, Frankreich, Deutschland wurde dann auch der Rahmen abgesteckt, innerhalb dessen sich die Geschichte des deutschen Volkes bewegte: die Abstoßung und die Anziehung der deutschen Stämme untereinander und der bald feindlichen, bald friedlichen Beziehungen zu den lange Zeit an Kultur überlegenen romanischen Nachbarn im Süden und Westen.

Die Ablagerungen der Fluten der Völkerwanderung sind die Schichten, auf welchen die Nationen und Staaten des Mittelalters und der Gegenwart ruhen; die Romanen im Süden in Spanien, Italien, Frankreich, im Westen England, in der Mitte Deutschland und im Osten die slavischen Stämme.

Eine Verschiebung dieser Gruppierung ist nur denkbar durch ethnische Umwälzungen, von welchen wir uns keine Vorstellung machen können, da das Menschenmaterial und die übrigen Voraussetzungen zu einer zweiten Völkerwanderung im Stil der ersten fehlen. –

22

IV. Stufenfolge der Völkerausbreitung

Betrachten wir nun endlich, in welche Abschnitte, in welche Hebungen, Pausen, Wiederanschwellungen die große Völkerbewegung sich gliedert, so ergeben sich ungesucht folgende Unterscheidungen.

Die Einwanderung aus Asien hatte die später sogenannten *Nordgermanen* von den deutschen Küsten der Ost- und Nord- See nach Skandinavien hinübergeführt: die späteren *Westgermanen* bis an den Rhein und die Donau: hier staute sich die Bewegung eine Weile an der dichten, kulturüberlegenen keltischen Bevölkerung: aber nicht sehr lang: die westlichsten Germanen überschritten geraume Zeit vor Cäsar und Ariovist den Rhein und behaupteten sich im Elsaß.

Die *Ostgermanen* erfüllten Nordosteuropa: ihre Vorposten standen zwischen Oder und Elbe: ihre Nachhut, von den Slaven bereits dicht berührt, stand noch östlich von Weichsel und Pregel.

Der Übergang zu seßhaftem Ackerbau hatte beginnen *müssen:* denn man konnte nun nicht mehr so beliebig wie im weiten Asien die Weide- und Jagdgründe wechseln.

Die Wirkungen dieses Übergangs wurden allmählich fühlbar: die Bevölkerungen stiegen rasch: wenig in Skandinavien, daher fast gar keine Beteiligung der Nordgermanen an jener Wanderung: erst viel später, vor allem in Folge von politischen, von Verfassungsänderungen erfolgen Wanderungen der Norweger nach Island, Wikingerfahrten, Auswanderungen nach England, Nordfrankreich.

Die ersten Bewegungen sind uns jedenfalls unbekannt geblieben: wir müssen aber voraussetzen, daß das Andrängen der Sueben gegen die Ubier, das Eindringen der Sueben in Gallien eben nur die letzten westlichsten Wellenschläge einer Bewegung sind, welche viel früher und viel weiter nordöstlich anhob.

Nicht die erste Bewegung *überhaupt,* nur die erste *uns bekannt* gewordene Bewegung dieser Art ist die Wanderung der Kimbrer und Teutonen: sie wurde uns bekannt, weil sie bis zu den Römern drang.

Es besteht kein Grund, die Überlieferung zu bezweifeln, daß eine der häufigen Meerüberflutungen der kimbrischen Halbinsel das Ackerland so stark bedroht oder so weit verschlungen habe, daß ein Teil des Volkes – es fand wohl schon vorher nicht mehr genügenden Raum – sich zur Auswanderung entschließen mußte.

Schon diese erste bezeugte Wanderung trägt alle charakteristischen Züge der späteren: nicht nur Krieger, ein Volksteil mit Weibern, Priesterinnen, auf Wagen wandert: nicht das ganze Volk, nur der vielleicht durch Los bestimmte Überschuß oder der sein Land an das Meer verloren hatte: ein großer Teil des Volkes bleibt in den alten Sitzen: kein bestimmtes Ziel: Abwehr, verweigerter Durchzug, Erfolg, reiche Beute, fruchtbare Länder bestimmen die oft wechselnde Richtung des Marsches: endlich, nach glänzenden Siegen, Untergang der planlosen, heimatlosen Wanderer durch die überlegene Strategie und Taktik Roms: es ist wie ein Vorbild zahlreicher späterer ganz gleich verlaufender Bewegungen.

Aus der Zeit der darauffolgenden beiden Menschenalter von Marius bis Cäsar sind Überlieferungen germanischer Dinge nicht erhalten: wir dürfen diesen Zeitrahmen nicht leer denken: damals drängten die Westgermanen über den Rhein nach Gallien, selbst geschoben von den Sueben des Binnenlandes: Damals drohte die Gefahr, daß Gallien germanisch ward, bevor es die römische Kultur in sich aufgenommen hatte, durch welche es ein Lehrer der Germanen, ein Erhalter klassischer Überlieferungen nach deren Erstarrung in Rom selbst werden sollte.

Unter Ariovist war diese Gefahr gleichsam akut geworden: aber schon vor ihm schritt sie langsam gegen die Kelten vor.

Die Zurückweisung der germanischen Invasion, die Eroberung Galliens für Rom durch Julius Cäsar ward eine Tat von weltgeschichtlicher Bedeutung, von großartiger Nachwirkung für Jahrhunderte.

Schon Cäsar sah sich genötigt die neue Reichsgrenze, den Rhein, durch den Angriff zu verteidigen: zweimal trug er die römischen Adler über den Strom, nicht um dauernde Eroberungen zu machen – um den Barbaren zu zeigen, was ihnen drohe, wenn sie die Rheingrenze nicht scheuten.

Seine Nachfolger nahmen den wirklich oder angeblich von ihm ererbten echt cäsarischen Gedanken auf, Gallien und die Alpen durch die Unterwerfung Germaniens und der Alpenvölker endgültig zu sichern.

Sehr, sehr wenig fehlte an der wenigstens vorübergehenden Durchführung dieses Planes: die halb friedliche Romanisierung der Germanen wie der Gallier schien gelingen zu sollen: die großartige, obzwar dämonisch arglistige Tat Armins hat diese friedliche Unterwerfung vereitelt.

Aber die Rachekriege des Germanicus führten die römischen Heere bis an und über die Elbe: vom Rhein, von der Donau, von der Nordsee her drohte mit dreifachem Angriff die erdrückende Übermacht der Waffen und der Kultur Roms: der deutsche Urwald hat damals seine Söhne gerettet: bei höherer Kultur, bei Städtesiedlung, bei Verteidigung großen Nationalwohlstandes wären die Germanen so unvermeidlich erlegen wie Gallien und Spanien: sie wichen in Urwald und Ursumpf, sie gaben die wenig gepflegten Äcker, die leicht wieder herstellbaren Gehöfte preis: der Südländer trat vor dem Herbst fröstelnd den Rückzug an und die aus dem Waldinnern Zurückgekehrten bauten die verbrannten Holzhäuser wieder auf.

Tiberius und Claudius geben den cäsarischen Gedanken der Einverleibung Germaniens auf: wir urteilen jetzt nach dem Erfolg und erkennen, daß damit demjenigen Volke die Existenz gesichert ward, welches nach fast fünf Jahrhunderten das Westreich zerstörte: aber wer darf behaupten, die Einverleibung Germaniens wäre unter Tiberins durch Germanicus durchführbar gewesen?

In beschränkterer Fassung aber ward jener Gedanke der offensiven Verteidigung der Rhein- und Donaugrenze beibehalten: man erkannte, daß man Stromgrenzen nicht auf dem dem Schutzland zugekehrten, nur auf dem gegenüberliegenden Ufer wirksam verteidigt: zu diesem Behuf ward auf dem rechten Rhein- und linken Donauufer ein genial erdachtes System von Grenzwehren ausgeführt und drei jahrhundertelang standhaft und erfolgreich verteidigt: der Rheinlimes und Donaulimes: wie Rom in Britannien, in Afrika und Asien ganz ähnliche Grenzverteidigungen einrichtete. Lange Zeit brandeten die germanischen Wogen ohne Erfolg gegen diese Dämme.

Aber die treibende Elementarkraft ruhte nicht. Übervölkerung bewog die ungezählten Massen der *Ostgermanen* geräumigere, bessere Sitze zu suchen: der Druck der Slaven hatte wenigstens die Wirkung, die Ausbreitung nach dem ohnehin nicht lockenden Osten auszuschließen: noch weiter nach Norden zu wandern wehrten das Meer, der enge Raum und das harte Klima Skandinaviens, endlich die grimmige Tapferkeit der Nordgermanen: der Weg nach Westen war durch zahlreiche starke Germanenvölker gesperrt: so zogen die *Goten* nach Süden, Südosten in der Richtung auf die Donau.

Diese gotische Südwanderung (Mitte des zweiten Jahrhunderts, kaum 50 Jahre nach Tacitus) brachte die *Donaugermanen* (Markomannen und Quaden) in gewaltige Erregung: von Norden her gedrängt, drängten sie nach Süden: über die Donau, über die römische Grenze.: das ist der markomannische Krieg, den Rom zu seinen furchtbarsten zählte.

Seit dieser Zeit – kurz darauf – treten die neuen großen Gruppennamen der *Alemannen* und *Franken* am Rhein auf: die fortwährende Zunahme der Bevölkerung hat nun die oben geschilderten Wirkungen auf die Verfassung, auf die Gestaltung größerer Staatsverbände, auf die Zusammenschließung zu Staatenbündnissen, auf die Erstarkung und immer wachsende Häufigkeit des Königtums geübt: die Völkerausbreitung durch ganz Germanien, der Andrang gegen Rhein und Donau wird immer stärker: schon scheint gegen Ende des dritten Jahrhunderts die Auflösung des Westreiches in eine Mehrzahl von halb römischen, halb germanischen Staaten unter Usupatoren, manchmal schon germanischer Abstammung, getragen von barbarischen Söldnern, bevorzustehen: als drei große Feldherren (Claudius, Aurelian, Probus) und zwei große Staatsmänner auf dem Throne (Diokletian, Konstantin) das Reich erkräftigen, die Barbaren zum Teil abwehren – zum Teil aber freilich in immer steigender Zahl in das Reich selbst aufnehmen, einzelne und Tausende, als Beamte, Offiziere, Söldner, Grenzer, Kolonisten.

Seit Konstantin schlägt die längst begonnene Barbarisierung des Reiches im Innern einen stark beschleunigten Schritt an: dieser Germanisierung wäre das Westreich langsam, aber sicher – trotz wiederholter glücklicher Abwehr von Alemannen, Franken und Sachsen am Rhein und Goten aller Zweige an der Donau – zuletzt erlegen in schleichendem Verfall, wenn nicht abermals eine elementare Ursache den gewaltsamen Untergang rascher heraufgeführt hätte. Abermals eine Not: diesmal keine langsam anschwellende Hungersnot, diesmal die plötzlich wie ein Sturmwind die Völker vor sich treibende *Hunnennot*. Die Westgoten und andere durch diesen Stoß aus den Donauländern in römische Provinzen getriebene Völker durchziehen nacheinander zuerst Osteuropa, dann Italien, Gallien, Spanien, ja setzen nach Afrika über. Nur einzelne Städte von Italien und Gallien verbleiben noch den kaiserlichen Truppen: ein Aufstand germanischer Söldner beseitigt den letzten Kaiser des Abendlandes in Ravenna, Italien fällt diesen Söldnern, bald den Ostgoten, nach deren Untergange den Langobarden zu: in das gleichzeitig von Rom aufgegebene Rätien und Noricum rücken die Markomannen unter dem Namen der Bayern ein: schon vorher ging Spanien an Westgoten, Gallien an diese, Burgunder, Franken, Alemannen verloren: die Völkerwanderung ist zu Ende: d. h. die Ausbreitung der durch Übervölkerung, zuletzt auch durch Hunnen und Slaven, jahrhundertelang nach Süden und Westen gedrängten Germanen.

Nur wenige (Nordgermanen, Friesen, Sachsen) haben an der Bewegung fast gar nicht, die Hermunduren nur wenig Teil genommen. An Stelle der zahlreichen Völkerschaften begegnen jetzt in Deutschland nur die Namen der Stämme: der Franken, Friesen, Sachsen, Thüringer, Alemannen und Bayern, von welchen die erstgenannten alle anderen, dazu Burgunder und Westgoten in Gallien, Langobarden in Italien unterwerfen und in der Übertragung des weströmischen Kaisertums auf das Königshaus der Franken den neun Jahrhunderte ausfüllenden Kampf des Römertums und der Germanen abschließen mit der Eroberung der römischen Kaiserkrone für ein germanisches Königshaupt.

(Felix Dahn.)

ERSTES BUCH
Die Germanen vor der Völkerwanderung

――•◆•――

ERSTES KAPITEL
Allgemeine Grundlagen

ie Einwanderung der Germanen aus Asien wird, abgesehen von Nebengründen, hauptsächlich auch durch die unzweifelhafte Urverwandtschaft der germanischen Sprache, nicht nur mit denen der Hellenen, Italiker, Kelten und Letto-Slaven, sondern auch mit dem Zend und Sanskrit bestätigt, da Gleichartigkeit der Sprache notwendig Gleichartigkeit der Abstammung bestimmt. Der Ursitz der indo-germanischen Sprachwurzel muß aber in Asien gewesen sein, weil für die umgekehrte Möglichkeit einer nur durch Eroberung erklärlichen Übertragung europäischer Sprache auf Mittel- und Hinterasien jeglicher Anhalt in Sage und Geschichte fehlt.

Die Zeit und die zufälligen äußeren Anlässe der Ureinwanderung sind unerforschlich. Nur die Wege, auf welchen, und die Zeitfolge, in welcher die verschiedenen Hauptstämme aus Asien nach Europa hinüberzogen, können wir wenigstens vermuten.

Die Wege hat die Natur selbst angewiesen:

a) den Landweg durch das große Völkertor zwischen dem Ural und Kaspischen Meere, welcher allein beide, durch Gebirge sonst fast unübersteiglich geschiedene Weltteile verbindet, zu den unermeßlichen Steppen des Pontus,

b) den Seeweg durch die einander zugewandten Halbinseln und Inseln beider Erdteile über schmale Meerengen hin.

Dieser Verbindung beider entspricht der innere Bau Europas, das durch zwei parallele Bergketten, die der Alpen und der Karpaten, in drei, mehr oder minder entschieden getrennte Teile gesondert wird.

Der erste derselben, die südlichen Außenglieder, Griechenland und Italien, sind unstreitig, wo nicht ausschließlich, doch größtenteils, über die See her bevölkert worden.

Der Landweg dagegen spaltet sich an der Nordwestecke des schwarzen Meeres, indem die Ströme – die Naturstraßen der Urzeit – teils nach Norden und Nordwesten (Dnjepr, Bug und Dnjestr), teils nach Westen (Donau) führen. Letztere schloß den Einwanderern das mehr bergige Mittelland zwischen Alpen und Karpaten auf, erstere das nördliche Flachland zwischen Karpaten und Ostsee.

Die Zeit des Auftauchens der verschiedenen Hauptstämme Europas in der Geschichte, deren relativer Kulturgrad und die Lage ihrer ersten Wohnsitze setzen außer Zweifel, daß

1) zuerst Hellenen und Italiker in die südlichen Außenglieder,
2) Kelten in das Mittel- und dessen Hinterland,
3) Germanen in das nördliche Flachland, zuletzt
4) Slaven in den Ostteil dieses Flachlandes eingewandert sind.

Im Herzen und in den nordischen Außengliedern Europas, von den Lappmarken bis zur Donau herab, vom Bothnischen Busen bis zur Nordsee, im innern Lande zwischen Weichsel und Rhein – ein Raum von etwa 23000 Quadratmeilen – saßen zu Beginn unserer Zeitrechnung zahlreiche Völker, welche von Strabo, Plinius und Tacitus, ihrer Gesamteigentümlichkeit nach, für Stammgenossen erkannt wurden.

Kein Zweifel auch, daß ein Gefühl solcher Gemeinschaft mehr oder minder dunkel im Volke selbst lebte.

26

Begründet im Gefühle näherer Übereinstimmung in Sprache, Götterglauben, Rechtsgewohnheit und Sitte untereinander als mit den Nachbarstämmen der Kelten, Finnen, Slaven, hatte sich sogar der gemeinsamen Abstammung Erinnerung in der Sage noch erhalten.

Von weiterer Einheit derselben aber begegnet keinerlei Spur. Nicht die leiseste politische Verbindung, kein *praktisch tätiges* nationales Gemeingefühl, nicht einmal eines heimischen Gesamtnamens schwaches Band. Das Bedürfnis des Auslandes, besonders für wissenschaftliche Bezeichnung, hat den einer einzelnen Völkerschaft von den Kelten beigelegten Namen: „Germanen" in Ermangelung eines andern willkürlich auf den ganzen Stamm übertragen; ein Volk, das sich selbst *das germanische nannte, hat es niemals gegeben.*[1]

Das charakteristisch Entscheidende in dem nationalen Gesamtwesen der Germanen, auf dessen Entwickelung die Geschichte der Folgezeit beruht, dürfte, kurz zusammengedrängt, folgendes sein.

Von seltener *Kraft* und wunderbarer *Abhärtung* gegen Kälte und Hunger waren die blondhaarigen, blauäugigen Söhne der Wildnis, mehr jedoch infolge klimatischer Notwendigkeit, als freier bewußter Übung, oder Versagung, daher gegen Hitze und Durst überaus unvermögend. Ähnlich der physische *Mut* der Germanen: wilder Naturtrieb, geweiht jedoch durch die Götterlehre und den Glauben an Walhall – die ihrerseits im Nationalcharakter wurzeln; passiver Ausdauer, bewußter Fassung im Mißgeschicke nicht fähig, *vor allem gegen Disziplin sich empörend.*[2]

In geistiger Hinsicht teilten sie die Vorzüge aller Völker höherer Rasse in der Vorkultur: Scharfblick, namentlich tiefe Naturkenntnis, und Verschlagenheit. Zwei Keime weltgeschichtlicher Größe lagen vor allem in diesem Stamm: inniger, wenn auch unbewußter Sinn für das Edle und Hohe, und wunderbare Bildungsfähigkeit: um so wirksamer und mächtiger, je stufenweiser und langsamer beide zur Entwickelung reiften.

Für nichts aber betätigte sich jene Kulturfähigkeit schneller und einflußreicher als für die Waffen. Ariovists Heer in Gallien, die germanischen Söldner und Offiziere in Roms Heeren und die ganze Geschichte bekunden dies glänzend.

Auch den Hang zur Untätigkeit hatten die Germanen mit anderen Völkern der Vorkultur gemein. In langdauernden Trinkgelagen erweiterte und erwärmte sich das Gefühl für öffentliche Angelegenheiten, steigerte sich aber auch mit dem Rausche zu Rauferei und Todschlag. Dem Spiel frönten sie nüchtern, aber mit solcher Leidenschaft, daß sie, wenn alles verloren, auf den letzten, verzweifelten Wurf das Höchste – ihre persönliche Freiheit – setzten. Willig ließ sich dann der Unterliegende, wenn auch der Stärkere, binden. „So groß, fügt Tacitus c. 24 hinzu, ist ihre Beharrlichkeit in schlechter Sache: sie selbst nennen es *Treue.*" („Wort halten.")

Kriegstänze nackter Jünglinge zwischen scharfen Schwertern, spitzen Speeren, bei denen Übung Kunst, Kunst Anmut hervorrief, war ihr einziges öffentliches Schauspiel.

Anziehend und erhebend inmitten solcher Wildheit glänzt die tiefe Verehrung der Frauen, die Reinheit des geschlechtlichen Verkehrs, die Würde und Treue der Ehe. „Niemand, sagt Tacitus (Germ. c. 19), belächelt dort das Laster noch wird Verführen und Verführtwerden Zeitgeist genannt." Die Zahl der Kinder zu beschränken, oder gar ein geborenes zu töten, hielten sie für Verbrechen. „Überhaupt (so faßt Tacitus den Gegensatz zwischen dem staatlich-hochgebildeten, aber verderbten Rom und der einfachen Biederkeit des Naturvolks in schlagenden Worten zusammen): vermögen gute Sitten dort mehr, als anderwärts gute Gesetze."

Kräftig an Körper, kräftiger an Gemüt, durch und durch für Freiheit glühend, lebten und starben die germanischen Frauen. Was ist größer als der Tod jener kimbrischen Weiber und Jungfrauen nach der Vernichtungsschlacht durch Marius im Jahre 101 v. Chr.? Freiheit und Priesterschaft (– Pfand gesicherter Keuschheit –) wird ihrem Verlangen versagt. Da beginnen sie von der Wagenburg herab mit Speer und Axt den Todeskampf gegen das siegende Römerheer, schleudern die erwürgten Kinder unter die Hufen der Rosse, töten sich durch gegenseitige Streiche, erdrosseln sich mit dem eignen Haar.

Gleichen Geist bekunden die *Strafen* der Germanen. Verräter und Überläufer knüpften sie zur Abschreckung an Bäumen auf, Feiglinge und Geschändete erstickten sie in Moor und Sumpf und warfen noch Reisigbündel darauf, um selbst die Erinnerung solcher Schmach zu begraben. Andere Verbrechen erschienen ihnen leichter, wurden daher, selbst Todschlag und Diebstahl, nur mit Bußen an Geldeswert geahndet.

Der Blutrache gedenkt Tacitus Germ. c. 21. Die Buße aber, durch welche die Familie des Erschlagenen gesühnt werden konnte, ward in weisem Instinkte für den Gemeinfrieden gewiß schon in frühester Zeit eingeführt. Selbsthilfe war im weitesten Umfange erlaubt: ebenso der Raub (wiewohl nur außerhalb des Kreises der betreffenden Gemeinschaft und der befreundeten Nachbarstaaten, Cäsar de bello gall. VI, 23), der ihnen Schule, aber auch Beute des Krieges war. Krieg aber war die Seele, der Mittelpunkt des gesamten öffentlichen germanischen Lebens, alles durchdringend und gestaltend, Sitte und Familienbrauch, wie Gesetz, Verfassung und Götterglauben.[3] Krieg war ihre Lust, ihr Stolz, ihr Hauptgewerbe; träge und mattherzig erschien ihnen, mit Schweiß zu erwerben, was durch Blut errungen werden konnte.

Die Kriege der Germanen waren nur Volkskriege: ganz anders zu fassen sind Raubzüge einzelner Führer außerhalb der Landesgrenze. Nachdem aber Roms Übermacht dem Schweifen auf fremdes Gebiet wenigstens im Westen und Süden Schranken gesetzt, fand die Kriegslust oft und gern im römischen Solddienste Befriedigung, bis Wachstum in Kriegskunst und Politik auf germanischer, zunehmender Verfall auf römischer Seite den eingeborenen Trieb zu neuer, Rom endlich vernichtender Lohe anfachte.

Über den *relativen Kulturgrad* der Germanen zu Tacitus' Zeiten, den einige sehr tief, andere wieder ungemein hoch stellen, herrscht lebhafter Meinungsstreit unter den Forschern.

Die Wahrheit liegt sicherlich in der Mitte. Größte Einfachheit finden wir, aber nirgends Stumpfsinn der Roheit. Alles ist für das Notwendige, nichts für Wohlleben und bloße Behaglichkeit gestaltet. Schon die Erziehung war hierauf berechnet: unter demselben Vieh, auf demselben Boden, wuchsen die Kinder der Herren, wie der Knechte auf, bis die Jahre sie sonderten, innerer Adel den Stempel der Geburt aufdrückte.

Der Schiffahrt und des Geldes, der Butter-, Käse-, Salz- und Bierbereitung waren sie kundig, unstreitig auch des Schmiedens der Metalle; Eisen, nach dessen Seltenheit zu urteilen, bezogen sie wohl meist aus dem Auslande: namentlich von den Etruskern und Kelten, die sich in Erzeugung und Verarbeitung der Metalle früh auszeichneten.

Für Handel, der ursprünglich nur Tauschhandel war, hatten sie Sinn und Neigung nur soweit er ihnen die fremden Luxuswaren zuführte, wie die Einbürgerung zahlreicher römischer Händler in Marobods Reiche und der rege Verkehr der Hermunduren mit Augsburg (Germ. c. 41) beweisen.

Häuser bauten sie des Landes Natur und dem Bedürfnisse entsprechend nur aus Holz, verzierten sie aber durch Farben. Städte, Herde der Kultur und Verfeinerung scheute der Germane. „Mauern, läßt Tacit. (Hist. IV, 64) die Tenchterer reden, sind Merkmale der Knechtschaft; auch die Tiere des Waldes, wenn du sie einsperrst, entwöhnen sich der Kraft." Befestigte Plätze aber, oppida, castella, durch Gräben, Wälle, Verhack und Palisaden gesichert, als Schutz- und Zufluchtsstätten gegen Überfall, hatten sie allerdings; die Befestigungskunst der Germanen lag indes, der hochausgebildeten gallischen (s. Cäsar. d. b. G. VII, 22 und 23) gegenüber, noch in roher Kindheit.

Über den Landbau der Germanen und dessen Betrieb, namentlich auch über die selbst für geschichtliche Entwicklung so wichtige Frage, ob und wann bei ihnen schon ein Sonder-Privateigentum an Liegenschaften oder nur Gemeindegut bestand, – herrscht großer Zwiespalt der Forscher.

Diese Frage ist zwar von minderem geschichtlichen Interesse, im engeren Sinne des Worts, wohl aber von desto größerem kulturhistorischen, indem sie für vielfache, an sich auffällige, landwirtschaftliche Verhältnisse der Folgezeit den Schlüssel bietet.

Ursitte der Germanen war, wie dies die Natur eines Nomadenvolkes, als welches sie von Asien her nach Europa einwanderten, mit sich brachte, vorgängiger Gemeindebesitz mit häufigem Wechsel der Wohnplätze, wobei jedem Genossen ein angemessener Teil zur Benutzung, auch wohl früh in Eigentum, aber nur in frei widerrufbares, überwiesen ward. Das Sondereigen umfaßte Haus, Hof, Garten, auch Saatfeld: der verhältnismäßige Anteil am Gemeindeeigentum galt als rechtliches Zubehör jedes Sondergutes, wie das bis zu den Gemeinheitsteilungen unserer Zeit $1^1/_2$ bis 2 Jahrtausende hindurch bestanden hat, hier und da selbst noch besteht.

Der Landbau der Germanen war zu des Tacitus Zeiten im Vergleich mit der ersten Einwanderung und auch noch mit der Zeit Cäsars durch römischen Einfluß vorgeschritten. Sie bauten Winter- und Sommerfrucht: Roggen, Gerste, Hafer und Lein, auch Gemüse, namentlich Bohnen, und kannten die Düngung. Ebenso die Viehzucht, die sich außer auf Pferde und Rindvieh mindestens noch auf Schweine, Schafe, Ziegen und Gänse erstreckte. Ihr ursprüngliches Wirtschaftssystem war, infolge des Überflusses an Land, eine Schlag- oder Koppelwirtschaft, ging aber später mit dem Wachstum der Bevölkerung in die Dreifelderwirtschaft mit reiner Brache über.

ZWEITES KAPITEL

Die Verfassungszustände

Unzweifelhaft war die Geschlechterverbindung älteste, aber nur vorgeschichtliche Grundlage[1] der germanischen Verfassung.

So entschieden dies der lange Zeit herrschenden Ansicht, daß der Germanen älteste Volkseinteilung auf *räumlichen Verbänden*, Markgenossenschaften, Gauen usw. beruht habe, widerspricht, so vermittelt doch die naturgemäße Entwicklung des Volkslebens beide. Man gibt zu[2], daß die Geschlechtsverbände nach der Ansiedlung im römischen Reiche unpraktisch wurden, diese Verfassung daher in der merovingischen Zeit in allen Punkten der räumlichen und monarchischen gewichen sei: aber es steht fest, daß dies keineswegs sprungweise, sondern ganz allmählich und daß es schon viel früher geschehen sei.

Schon im ersten Jahrhunderte unserer Zeitrechnung finden wir häufige Umsiedlungen, Auswanderungen, Eroberungen durch einzelne Völker oder Völkerteile; schon vom Ende des zweiten an beginnt aber jene großartige Völkerbewegung, die sich, aus Ost und Nord vom baltischen bis zum schwarzen Meere heranwogend, zunächst an der damals noch unerschütterlichen Grenze Roms bricht und vorübergehend ablagert, immer aber in kriegerischer Unruhe verharrt, Raubzüge und Ausbreitungsversuche nach jeglicher Richtung aussendet. Zu gleicher Zeit entstehen im Innern überall neue Namen für neue Gruppen, Mischungen und Bündnisse, aber auch Trennungen der alten Genossenschaften: manchmal fließen auch bloße Gefolge verschiedenartiger Völker in monarchische Einheit, wenigstens vorübergehend, zusammen.

Wer kann in solchem Treiben Bewahrung der Geschlechtsverfassung in alter Reinheit für möglich halten? (Schon bei der dauernden Ansiedelung trat an ihre Stelle der *Gemeindeverband*, ohne freilich sehr wichtige Nachwirkungen des Sippeverbandes auszuschließen. D.)

Die neue, durch Bedürfnis gebotene Gliederung mußte, wenn auch der alten sich möglichst anschließend, derselben neue Elemente zuführen; der räumliche Verband ward nunmehr, wie vormals der geschlechtliche, der naturgemäße, daher der vorherrschende, in welchem sich jener früher oder später endlich ganz verlor.[3]

In der Geschlechtsverfassung nun wurzelte ursprünglich auch die Gliederung der Germanen in Dorfgemeinden (Vicus, Villa), Centenen oder Hunderte und Völkerschaften (civitas, gens). Schwankend ist die Bedeutung von: „pagi" in den Quellen: häufig, bei Tacitus mindestens, Gaue, Bezirke, in welche die Völkerschaft zerfiel: aus ihnen sind die „Gaue" der karolingischen Zeit meist entstanden. Kein Zweifel aber besteht darüber, daß auch Verbindungen mehrerer Einzelvölker, z. B. der Chauken und Cherusker, zu einer größeren Gemeinheit, sei es als freier Bund oder durch faktische Übermacht eines derselben, schon damals vorkamen.

Der Geist, der diese Formen beseelte, war durch und durch der der persönlichen Freiheit, der *Selbstregierung* im vollsten Sinne des Worts; das Gemein- oder Staatsleben war im engsten Kreise, höchstens noch dem des Gaues, am vollständigsten entwickelt, weiter hinauf loser, die Zentralgewalt am schwächsten.

Daher Sorglosigkeit für das Allgemeine bei höchster Vorliebe für das lokale und persönliche Interesse, Widerwille gegen jedes Eingreifen der Staatsgewalt über das Unerläßlichste hinaus als ein Hauptcharakterzug erscheint.

Landesherrschaft im späteren, Königtum im modernen Sinne war damit unvereinbar. Könige wie Grafen, wo und wie sie bestanden, waren stets nur Organe des Gemeindewillens, weshalb ihnen denn auch keinerlei Strafgewalt zustand, welche vielmehr nur die Volksversammlung hatte: in einzelnen Fällen war der Priester die Strafe zu vollstrecken berechtigt, nicht als eigentliche Pön oder auf Geheiß des Feldherrn, sondern gewissermaßen als Gebot der Gottheit. (Tac. G. c. 7.)[4]

Ebenso tief aber wie die Volksfreiheit und der Stolz hierauf wurzelte in den Gemütern auch freie Ehrfurcht für Adel und Verdienst. Solcher Auszeichnung gebührte das erste Wort in der Volksversammlung: aber die Häupter leiteten mehr durch Überredung, als durch Befehl, mehr durch Persönlichkeit, als durch Amtsgewalt.

Könige aus andern Geschlechtern als den durch Adel und Herkommen dazu berufenen zu nehmen, widerstritt des Volkes Gefühle. Die Cherusker ziehen Italicus, den Fremden, der Römling, seines Geschlechtes halber, allen Eingeborenen vor. Aber keine Erblichkeit der Würde im modernen

Sinne bestand: Bestätigung der Volksgemeinde gab immer die Vollmacht: stets fand Wahl unter desselben Geschlechtsgenossen statt.[5] Kriegsbefehl, Richtertum und priesterliche Funktionen vereinigten sich ursprünglich in derselben Person. Besondere Herzöge, für deren Wahl die Kriegstüchtigkeit entschied, kamen nur ausnahmsweise, namentlich bei Bündnissen vieler Gaue einer Völkerschaft oder gar mehrerer Völkerschaften vor. Beispiele dafür sind Armin a. 9, Brinno, Civilis a. 68. 69, Chnodomar a. 357.

Die Abteilung der Geschäfte war einfach, die Gemeindeversammlung zugleich Gerichtshof, auch jede feierlicher Anerkennung und Beglaubigung bedürfende Handlung, wie Wehrhaftmachung, Verlobung, Eigentumsübertragung, vor sie gehörig. An die Versammlung der ganzen Völkerschaft gelangten nur Angelegenheiten der Völkerschaft und Streitigkeiten mehrerer Gaue untereinander. Geringere Angelegenheiten wurden von den Gaukönigen und Gaugrafen und den Vorstehern der Centenen allein erledigt. Wichtigeres beschloß überall die Gemeinde.

Der Einfluß des Grundbesitzes auf Volksrecht und höhere Geltung ist bestritten. Unstreitig war seit dem Übergang zu seßhaftem Ackerbau der Besitz von Sondereigen Bedingung des Vollbürgerrechts. Daß edlere Geschlechter zu immer größerem Grundbesitz gelangten und Reichtum das Ansehen erhöhte, kann, sobald Sondereigen einmal eingeführt war, der Natur der Sache und der Geschichte der Folgezeit nach, nicht bezweifelt werden.

Also entwickelte sich aus der Geschlechtverbindung heraus die germanische Verfassung.

Persönliche Freiheit und Selbstregierung über alles, eine noch auf wenige Zwecke gerichtete, mit wenigen Mitteln ausgerüstete Staatsgewalt: nur die Sitte räumte einzelnen Geschlechtern höheres Ansehen freiwillig ein. Kein auf eigenem Recht beruhendes, vom Volke sich trennendes oder gar diesem entgegentretendes monarchisches oder aristokratisches Prinzip, vielmehr dieses alles unmittelbar aus dem Volke großgewachsen, alle Kraft nur aus ihm saugend.

Einfach und naturgemäß war diese Verfassung: daher auch der anderer kräftiger und edler Völker ähnlich, wie dieselbe bei solchen, welche höhere Kultur nicht erreicht haben, z. B. im Kaukasus, einem Teile von Persien, Hochindien und Arabien, in manchen Grundzügen wenigstens, heute noch besteht.

Wo eines Volkes Trieb und Sitte unverrückt sehr stark auf ein Ziel hindrängt, da muß notwendig auch Kunde der Mittel, Geschick der Ausführung dafür vorhanden sein. So bei den Germanen für den Krieg.

Dieser aber erschien in doppelter Gestalt: *Volkskrieg*, als Nationalaufgebot für Gemeinzwecke, und *Raub*- oder *Kriegszüge* einzelner Scharen für Sonderzwecke, teils gegen äußere Feinde, Kelten, Römer, Slaven, auch gegen Germanen feindlicher Stämme oder Gaue, teils im Solde und Dienste fremder Völker. (Caes. VI, 23. Tac. Germ. c. 14.)

Letztere, namentlich jene Raubzüge (latrocinia) außerhalb der Grenze (und nie gegen Stämme, mit welchen der Heimatstaat des Gefolgsherrn in Frieden und Freundschaft lebte, *D.*), meist gewiß Überfälle, erforderten kundige, kühne Anlage des Führers, unbedingten Gehorsam der Truppe. Beides findet sich auch in der Räuberbande. Aber der Adel des Volkscharakters adelte auch dies Verhältnis. Eine freie Kampfgenossenschaft bildete sich unter einem Haupte: gleich heilig waren die Pflichten beider Teile, des Führers gegen sein Gefolge und dieses gegen ersteren. Kriegsrosse, Waffen, Nahrung, so weit nötig, gibt der Führer. Als schimpflich gilt, wenn er an Heldentum von den Genossen übertroffen wird, schimpflich, wenn letztere gegen ihn zurückbleiben. Höchste Schmach aber ist es für den Genossen, aus der Schlacht, in welcher der Gefolgsherr fiel, überlebend heimzukehren. Nicht bloß einfache, – selbstverleugnende Treue für jenen ist der Gefolgen Gelübde. So schildert Tacitus die Gefolgschaft: aus Ausdruck, weil das schöne Bild seine Seele ergriff, vielleicht etwas zu blühend, das Wesen sicherlich scharf getroffen.

Daß das Gefolgswesen dem Gemeinwesen untergeordnet war, ist nicht zu bezweifeln; auch im Frieden wurden Gefolgschaften gehalten.

Gefolgsherr konnte der Natur der Sache nach nur der Vermögendere sein: der freien Ehrfurcht der Germanen gegen die edelsten Geschlechter entsprach überdies die Neigung, sich vorzugsweise dem Sprößling eines solchen anzuschließen. Zu behaupten indes, daß niemals ein nicht Edler durch Verdienste und Vermögen zum Gefolgsführer sich habe aufschwingen können, halten wir für entschieden irrig. Daß ferner alle Gaukönige, wohl auch viele Grafen, eine Gefolgschaft hatten, ist nicht zu bezweifeln, daß aber lediglich das Amt, nicht auch Besitz und Geburt die Möglichkeit dazu gewährt habe, scheint uns der Natur der Sache zu widersprechen.

Sicherlich unwahr ist es, daß alle späteren Eroberungen nur durch Gefolge bewirkt wurden, höchst wahrscheinlich aber, daß letztere, wenn auch nicht ohne Ausnahme, doch in der Regel dabei mitgewirkt, in vielen Fällen den ersten Anstoß gegeben haben.

So viel vom öffentlichen Leben der Germanen.

Wir schließen diesen Abschnitt mit kurzer Zusammenstellung des Gesamtbildes.

Einfach im höchsten Grade, wild, zum Teil grausam, waren die Germanen, für das Notwendige voll Geschick.

Beschränkt in diesem Sinne, aber kraftvoll ihre beginnende herbe Kultur: ungleich höher, den Keim großer Zukunft in sich tragend, ihre *Kulturfähigkeit*. Reger Sinn für höhere Bildung, vor allem in Kriegs- und Staatskunst.

Hang zur Untätigkeit, bei Haß friedlicher Ruhe; Krieg das Spiel ihrer Phantasie (und Hauptinhalt ihrer Volksdichtung D.); Erwerb durch Kampf ihres Strebens stolzestes Ziel.

Trunk, Spiel, jähe Hitze Nationalfehler; auch durch fremdes Gold leicht verführbar, aber dem Truge, dem Verrat, zugleich der Verderbnis überbildeter Völker in tiefster Seele widerstrebend (ohne im Kampf für die Freiheit gegen ein furchtbar überlegenes Kulturvolk die dämonische Arglist des Barbaren zu entbehren: Armin. D.). Gemildert, geadelt die Wildheit durch zwei echt germanische Züge: tiefe, reine Verehrung der Frauen und selbstaufopfernde Treue im Kriege.

Im öffentlichen Leben unbändiger Stolz persönlicher Freiheit, bei angeborener freier Achtung für den aus dem Volke hervorgewachsenen Adel und das Königtum.

Der Kreis der Unterwerfung unter einen Gesamtwillen ungemein beschränkt, aber geordneter, bewußter Gehorsam für das Notwendige. Je enger, desto inniger die Verbindung; je weiter, desto loser. Vorübergehende Verbindungen einzelner Völker Verbrüderungen in der Gefahr: von dem Bewußtsein weiterer, nationaler Einheit nur schwache Spuren.

Im Kriegswesen zwei Formen: der gemeine Heerbann und das Gefolgwesen, nicht .n feindlichem Gegensatze, sondern eng verbunden.

Auf einzelne der angeregten Fragen muß nun noch näher eingegangen werden.

Zu den bedeutendsten Ergebnissen neuester Forschung im Gebiete deutschen Altertums gehört unstreitig die richtigere Feststellung des *bildenden Urprinzips* der germanischen Verfassung. Hat man dies bisher nach Möser, der dabei jedoch nur sein Land vor Augen hatte, fast ausschließlich in den *räumlichen Verbänden der Markgenossenschaften und Gaue* gefunden, so haben nunmehr besonders Wilda und v. Sybel überzeugend nachgewiesen, daß auch bei den Germanen, wie bei allen Völkern, deren Anfänge zu unserer Kenntnis gelangt sind, die *geschlechtliche Verfassung* nicht nur der räumlichen vorausgegangen sei, sondern erstere auch noch zu Cäsars und selbst zu des Tacitus Zeiten in mehr oder minder lebendiger Wirksamkeit bestanden habe. Nicht aber, daß sich beide Ansichten wie Wahrheit und Irrtum absolut ausschlössen: denn auch die alte Schule hat einen Einfluß weiterer und engerer Stammverwandtschaft nicht geleugnet: nur über die *relative Wichtigkeit* des einen wie des andern Prinzips in *Maß und Zeitdauer* kann sich der Streit noch bewegen.

Ist hierin sonach der Boden für die Vermittlung gefunden, so mag auch wohl die neue Schule von dem Vorwurf, in der Konsequenz ihrer Ansicht etwas zu weit zu gehen, kaum ganz freigesprochen werden.

So geht v. Sybel (S. 3 bis 11) zu weit, wenn er allen Germanen zu Cäsars Zeit *Sondereigen* an Grund und Boden entschieden abspricht und dies *grundsätzlich*, wiewohl den Fortschritt zu mehrerer Stetigkeit des Besitzes anerkennend, auch noch von des Tacitus Zeit behauptet: besonders aber legt er dieser Voraussetzung zu viel Gewicht bei.

A.

v. Sybel beruft sich auf die bekannten Stellen Cäsars: a) von den Sueben IV, 1: privati ac separati agri apud eos nihil est; neque longius uno anno remanere uno in loco incolendi causa licet. b) von den Germanen im Allgemeinen VI, 22: neque quisquam agri modum certum aut fines habet proprios, sed magistratus ac principes in annos singulos gentibus cognationibusque hominum, qui una coierunt, quantum et quo loco visum est, agri attribuunt, atque anno post alio transire cogunt.

Aus Tacitus bezieht er sich nur auf Germ. c. 26: Agri pro numero cultorum ab universis in vices occupantur; und: Arva per annos mutant et superest ager, weder diese Stelle übrigens vollständig noch die parallele Kap. 16 überhaupt anführend.

Wer Cäsars Schriften, Lebensgeschichte und große Persönlichkeit lebendig vor Augen hat, bewundert mit Recht den Geist, hält aber nicht am *Worte* der Darstellung fest. Wie kann man von dem

Staats- und Kriegsmanne, welcher, der Welt Geschicke in seinem Busen wälzend, daneben in einzelnen kurzen Stunden der Muße seine Begegnisse und Wahrnehmungen niederschreibt, systematische Vollständigkeit und eine Feile des Ausdrucks auch nur erwarten, welche des Bildes Detailwahrheit selbst nach Jahrtausenden noch über jeden Zweifel erheben könnten?

Man hat bisher ziemlich allgemein angenommen, daß Cäsar vollständiger und genauer über die Sueben als über die nichtsuebischen Germanen unterrichtet gewesen sei, was v. Sybel (S. 1 und 5) in Abrede stellt, weil er auch mit Usipiern, Tenchterern, Ubiern und Sugambrern gekämpft habe.

Abgesehen von dem Irrtum rücksichtlich der Ubier, welche dessen Bundesgenossen, nicht Feinde waren, schlug aber Cäsar jene übrigen Völker nur aus Belgien, in das sie räuberisch eingefallen waren, wieder hinaus, das Gebiet der Sugambrer, von den Bewohnern verlassen, betrat er nur einmal auf wenige Tage (IV, 19), die Usipier und Tenchterer, seit drei Jahren landflüchtig, hatten damals selbst noch keine Heimat.

Nachrichten konnte er von Gesandten, Gefangenen, Nachbarn auch über diese Völker wohl einsammeln: in näherem, bleibendem Verkehr hat Cäsar unter allen nichtsuebischen Völkern allein mit den Ubiern gestanden. Gerade diese aber bezeichnet er (IV, 3) als Ausnahme von der Regel: ein blühendes Gemeinwesen, mildere Sitten, Anflug gallischer Kultur, bei denen übrigens, eingekeilt zwischen Rhein und drängenden Sueben, nicht einmal die Möglichkeit eines jährlichen Wechsels der Wohn- und Kultursitze denkbar war.

Über Cäsars Quellen absprechen zu wollen, wäre Torheit; in dessen Kommentarien über den gallischen Krieg aber findet sich kein Grund, gleich sichere und vollständige Kunde über Nicht-Sueben als über Sueben bei ihm vorauszusetzen.

Nichtsdestoweniger ist gerade das Gesamtbild, welches er (VI, 21 bis 23) von den Germanen im Allgemeinen entwirft, mit Tacitus verglichen, bewundernswürdig, wenn man es nur im Ganzen und Großen erfaßt, nicht aber am Buchstaben ängstlich festhält.

So bezweifelt z. B. wohl Niemand, daß die bekannte Stelle VI, 21, wo Cäsar den Germanen Priester und Opferkultus scheinbar ganz abspricht, nach strengem Wortlaut unrichtig, wohl aber relativ, d. i. in der aufgestellten Vergleichung mit den Galliern, richtig ist. Wenn derselbe ferner, Kap. 22, von den Germanen überhaupt ganz bestimmt sagt: agriculturae non student, so ist auch dies wiederum nur relativ, sowohl den Galliern als den sonstigen Erwerbszweigen ersterer, Jagd und Viehzucht, gegenüber, zu verstehen, da Cäsar nicht nur an derselben Stelle bald darauf, sondern auch an vielen andern, z. B. I, 28. n. 1. 4. 7. 8. 19, direkt oder indirekt von deren Ackerbau spricht. (VI, 29 quod, ut supra demonstravimus, totae omnes Germani agriculturae student heißt aber: „Alle tun es *nicht*": keineswegs: „nicht alle tun es." D.)

Dieser Bemerkungen ungeachtet kann eine *gewisse* (weiter unten näher zu erläuternde) Begründung der v. Sybelschen Meinung durch Cäsar nicht in Abrede gestellt werden.

Desto weniger steht ihm Tacitus zur Seite, in welchem v. Sybel zwar die Spur des Kulturfortschrittes während anderthalb Jahrhunderten, zugleich aber doch auch die Fortdauer der cäsarischen Grundregel erkennt.

Diese letztere enthält nun zwei Sätze:

a) Es gibt bei den Germanen nur Gemeinde-, *kein Sondereigen* an Grund und Boden, von ersterem aber wird jedem Genossen durch die Obrigkeit ein Teil zur Bebauung überwiesen.

b) Diese Verteilung gilt nur auf ein Jahr, nach dessen Verlauf der Ort wieder verlassen werden muß.

Letzterer Wechsel scheint nämlich, den Worten nach, wie v. Sybel annimmt, allerdings auf den *Wohnplatz* sich zu beziehen, so daß die ganze Ansiedlung jährlich verlegt würde. Es ist aber auch mit dem Wortlaute nicht unbedingt unvereinbar, jenen Wandel auf die Kulturfläche zu beschränken, dergestalt, daß das Dorf zwar beibehalten, jährlich aber ein anderer Teil der Flur in Kultur genommen ward.

Die Wahrheit liegt unstreitig in der Mitte; nicht selten mochte, in der ersten Periode noch halb nomadischen Schweifens wenigstens, das erste, öfter gewiß nur das letzte stattfinden. Eine feste Regel war hier kaum denkbar, absurd wenigstens wäre, eine Pedanterie des Prinzips anzunehmen, welche die Gemeinde gezwungen hätte, den noch unkultivierten besseren Boden in der Nähe des Dorfes zu verlassen und dies ganz abzubrechen, um in entfernterem schlechtern eine neue Wohn und Kulturstätte aufzuschlagen.

Cäsar schrieb hier undeutlich, weil die Sache selbst fester Bestimmung nicht fähig war.

Vergleichen wir nun den Inhalt seines Berichts im Einzelnen mit Tacitus, so wird zuvörderst Satz a) der Mangel an Sondereigen durch das von der Bauart der Germanen handelnde Kap. 16 der Germ. dieses letztern, welches v. Sybel ganz beiseite läßt, entschieden widerlegt, indem die Worte: colunt discreti ac diversi ut fons, ut campus, ut nemus *placuit*, und bald darauf: *suam* quisque domum spatio circumdat das Bestehen von unbeweglichem Sondereigen unzweifelhaft ergeben.

Diese Stelle würde aber auch mit Punkt b) Cäsars, dem jährlichen Wechsel der *Wohnplätze*, unvereinbar sein, daher Tacitus, wenn die Stelle Kap. 26 diesen bestätigte, wie v. Sybel annimmt, sich selbst widersprechen.

Dem steht aber zuvörderst die unsichere Lesart der Hauptstelle entgegen.

Der Bamberger Codex hat: Agri – ab universis vicis occupantur, der Leydener in vicem. Andere haben per *vices*, was schon ältere Ausleger, wie Colerus, Pichena, Cluver und Conring, für Schreibfehler hielten, weshalb sie: „per vicos" lasen.

Gerlach und v. Sybel (so auch Müllenhoff in seiner Ausgabe: vgl. die umfangreiche Literatur über die Frage bei *Baumstark*, Erläuterungen zur Germ. des Tac. D.) nehmen in vices für das Richtige an, Waitz dagegen bleibt (D. Verf.-Gesch. I, auch noch 3. Aufl. Kiel. 1880. 1. S. 145) bei vicis stehen. Beruht nun offenbar die ganze Spitze des Sybelschen Beweises auf der Lesart: in *vices*, so ist dessen Fundament unsicher, weil diese eben nicht feststeht.

Faßt man Sinn und Zweck der Stelle, wie des Tacitus Schreibart ins Auge, so ist offenbar vicis oder per vicos dem in oder per vices vorzuziehen (? D.) Tacitus strebt bei so gesuchter Kürze vor allem durch Gegensätze sich verständlich zu machen. Ein solcher ist auch hier, wenn man liest: „Agri pro numero cullorum ab universis *vicis* (oder per vicos) occupantur, quos mox *inter se* secundum dignitatem *partiuntur*, facilitatem partiendi camporum spatia praestant," bestimmt und vollständig vorhanden; es ist die Gesamtheit, welche er den Einzelgenossen gegenüber stellt, wobei der Kreis ersterer notwendig näherer Bezeichnung bedurfte, damit man wisse, es sei die Gemeinde des vicus, nicht des pagus oder der civitas, von welcher er rede.

Bei der andern Lesart würde letztere, gleichwohl wesentliche, Bestimmung ganz fehlen, noch dringender aber den Autor der Vorwurf treffen, eine Tatsache von höchster praktischer Wichtigkeit, den jährlichen Wechsel der Wohnplätze, der seinem früheren Anführen, Kap. 16, geradezu widerspräche, durch das bloße Einschiebsel von zwei Worten schwankender Deutung: in vices ausgedrückt zu haben, ein Mißbrauch der Kürze, von dem sich bei all dessen Vorliebe für solche gewiß kein Beispiel finden wird.

Daß aber dessen folgende Worte: arva per annos mutant, et superest ager, sich nicht auf Wechsel der Wohnplätze, sondern nur der Ackerfläche, d. i. der unter den Pflug zu bringenden Länderei beziehen, beruht, nach dem gewöhnlichen Sinne von arvum, Acker, Saatfeld, wie dies Tacitus anderwärts selbst braucht, z. B. Ann. XIII, 54 von den Friesen: „semina arvis intulerant" außer Zweifel.

In der ganzen Stelle daher wiederum einer seiner Gegensätze; der erste Teil handelt von der Niederlassung, die sich bei wachsender Volksmenge und Lichtung der Wälder von Zeit zu Zeit wiederholte, was dessen „occupantur" außer Zweifel setzt, die zweite dagegen von der fortdauernden Benutzungsweise der einmal eingenommenen Flur.

Bestätigt sich hiernach durch Tacitus, wenn man diesen nicht eines direkten Widerspruchs mit sich selbst zeihen will, keineswegs Cäsars Bericht in dem Sinne, welchen *v. Sybel* ihm beilegt, so wende ich mich nun

B.

zu dem Versuche, beide zu vereinigen, und deren richtigem Verständnis Bahn zu brechen.

Abstrakten Voraussetzungen für Geschichtliches von Grund aus Feind, kann ich doch die Bemerkung nicht unterdrücken, daß es zu den auffälligsten Widersprüchen gehören würde, wenn ein Volk so seltener Kulturfähigkeit, wie das germanische, das den Ackerbau, wenn auch nicht vorzugsweise liebte, doch kannte und schätzte, nach mehreren Jahrhunderten noch nicht bis zur ersten unentbehrlichsten Kulturstufe – dem Begriffe des Eigentums an Grund und Boden – gelangt sein sollte, was ich jedoch nicht als Beweis für mich, nur als entfernten Zweifelsgrund gegen die andere Meinung, vorausschicke.

Was ich in einer früheren Schrift (zur Vorgeschichte deutscher Nation, Leipzig 1852) umständlich darzutun gesucht, die Einwanderung der Germanen von Asien her, wird von der weit überwiegenden Mehrzahl der Forscher ohnehin nicht bezweifelt; auch daß die Sueben länger in halbnomadischer Sitte verharrend in ihrem kriegerischen Schweifen früher und weiter als jene nach Süden und Westen vorgedrungen sind, dürfte kaum erheblichen Widerspruch finden.

Daß nun letztere während der Wanderzeit kein festes Sondereigentum an Grund und Boden, vielmehr nur an fahrender Habe, zumeist Vieh besaßen, liegt auf der Hand. Nur ganze, kleinere oder größere Gemeinheiten bedurften gemeinsamer Lagerplätze und Weidebezirke, welche sie anderen Gemeinheiten gegenüber als Eigentum ansprachen, wie dies alles heute noch bei den Beduinen stattfindet.

Also Cäsars Bericht enthält *für die Wanderzeit* volle ursprüngliche Wahrheit. Der Übergang aus dieser zu festerer Seßhaftigkeit mußte aber naturgemäß ein höchst allmählicher sein, einiger Feldbau, zum Gewinne des nötigen Winterfutters, schon während des Wanderzuges selbst, zumal auf der Straße nördlich der Karpaten (vergl. m. Schr.) betrieben werden. Nicht Weichsel, Oder oder Elbe aber konnte die Grenze bilden, wo mit einem Male Sitte und Lebensweise plötzlich umschlug, zumal der Sueben Sinn und Kriegslust immer weiter vordrängte.

Selbst abgesehen von Cäsars Versicherung daher ist es höchst wahrscheinlich, daß der alte Gebrauch mindestens bei den Südsueben, mit denen derselbe gerade in die nächste und meiste Berührung kam, im Wesentlichen noch zu dessen Zeit fortdauerte, indem die Weite des Gebiets, das sie im Fortschritte der Eroberung eingenommen, und die Waldwüste zu immer neuen Ansiedlungen fast unbeschränkten Raum darboten.

Untersuchen wir aber genauer den materiellen Inhalt von Cäsars Bericht, so finden wir, daß er nur das *Sondereigentum*, keineswegs aber den *Sonderbesitz* der Einzelnen leugnet, indem kaum zu bezweifeln ist, daß das Land, welches jedem Geschlecht oder jeder Familie (cognatio) von der Obrigkeit angewiesen ward, auch innerhalb dieser zu weiterer Verteilung unter die einzelnen Hausväter gelangte. Der hiernach allein verbleibende Unterschied ist der zwischen *Eigentum* und *Besitz*, dominium und possessio, welcher für den rechtskundigen Römer, der ja auch am ager publicus nur eine possessio kannte, so verständlich als wichtig war. Bei den Germanen nun war ursprünglich alles unstreitig Gemeindeland, ager publicus, woran der einzelne daher nur *Sonderbesitz* hatte. Im alten germanischen Rechtsleben waren bereits Formen des Eigentums und dinglicher Rechte in faktischer Übung.

Jeder Hausvater empfing, was er für seinen Haus- und Viehstand bedurfte, zu freier, unbeschränkter Verfügung. Rückte die Gemeinansiedlung weiter, ward die alte Kulturfläche gegen eine neue vertauscht, so mußte er freilich folgen, erhielt aber sofort anderwärts wieder, was er brauchte. Ob als bloßer Nutznießer oder als Eigentümer, das war praktisch dasselbe: das einzige, was wahrhaft praktisch gewesen sein würde – Beschränkung im Umfange des Besitzes oder Gleichheit der Teile, ohne Rücksicht auf Ungleichheit des Bedürfnisses und selbst wohl des Standes – kam nicht in Frage, indem Cäsar davon gar nichts, Tacitus aber, selbst anderthalb Jahrhunderte später, gerade das Gegenteil sagt.

Scharf und richtig daher hat Cäsar, wie immer, eine höchst eigentümliche, dem Römer frappante, Erscheinung des germanischen Lebens aufgefaßt: genauere Ausführung des Bildes konnte, indem er die ganze Schilderung der Germanen, mit Reflexionen und geschichtlichen Notizen vermischt, in etwa sechzig Zeilen zusammendrängte, gar nicht in seinem Plane liegen.

Nur darin trifft ihn der Vorwurf der Flüchtigkeit und Ungenauigkeit, daß er in dieser Stelle ohne irgendeine Beschränkung auf Zeit, Gegend und einzelne Völker von den Germanen ganz im Allgemeinen redet, während er den größten Teil des innern Landes gar nicht genau kennen konnte, gerade auf das einzige innersuebische Volk aber, welches er genauer kannte, die Ubier, nach seiner eignen Schilderung derselben, seine Beschreibung nicht paßt.

Fassen wir nun die Frage, bevor wir zu Tacitus übergehen, von der landwirtschaftlichen Seite auf.

Die erste Grundlage jedes ökonomischen Systems ist selbstredend das Verhältnis des Grundbesitzes zu der Volkszahl und zu dem, teils durch diese, teils durch andere Momente bedingten, Erzeugungsbedarf an Getreide. Bei den Germanen jener Zeit bestand nun Überfluß und ergiebigere Naturkraft des jungfräulichen Bodens auf jener Seite, beschränkter Getreidebedarf bei dünner, erst nach der Seßhaftigkeit stark steigender Bevölkerung (deren Hauptnahrung überdies die Produkte ausgebreiteter Viehzucht und unbeschränkter Jagd gewährten) auf dieser Seite.

Bei solchem Verhältnis war ein Wirtschaftssystem, dem unserer Schlag- oder Koppelwirtschaft (welche bei großem Grundbesitz, dünner Bevölkerung und starker Viehzucht heute noch die rationellste ist) ähnlich, das einzig natur- und zweckgemäße, zumal bei dem damaligen Fruchtbarkeits- und Feuchtigkeitsgrade üppiger Graswuchs auf den Brachschlägen gesichert war. Wie man in Mecklenburg und Holstein jetzt noch (1860) bei zehnjährigem Turnus vier bis fünf Brach- und nur fünf bis sechs Fruchtschläge hat, so vielleicht bei den Germanen, wenn sie so lange in der Flur verweilten, ein bis höchstens zwei Getreideschläge innerhalb derselben Zeit.

Sie säten nur in die Ruhe, mußten daher alle Jahre das Ackerfeld wechseln; das ist es, was Tacitus in den Worten: „arva per annos mutant" ausdrückt.

Bei dieser Wirtschaftsweise war die Frage, ob dem einzelnen Eigentum oder nur Nießbrauch an seiner Länderei zustand, offenbar eine völlig müßige. Daß aber Niederlassung und Wechsel der Schläge nicht nach individueller Willkür, sondern gemeindeweise, nach fester Ordnung erfolgte, war nicht Folge des unentwickelten Begriffs von Sondereigen, vielmehr durch eben jenes System geboten, weil die Lichtung der Wälder nur in größeren Bezirken zweckmäßig geschehen, die Gemeindeweide aber nicht durch einzelne Ackerfelder unterbrochen werden konnte.

Dies ebenso einfache als weise Wirtschaftssystem (das übrigens nicht Dreifelderwirtschaft, wie der Philologen und Historiker Unkunde häufig angenommen hat, sondern gerade das Gegenteil einer solchen war) beruhte aber auf dem anfänglichen Überfluß an Land.

Wie jedoch einerseits die Bevölkerung sich mehrte, andererseits die vordringende Eroberung, nach West und Süd wenigstens, durch Rom abgeschnitten ward, mußte die ursprüngliche ganz extensive Wirtschaft immer mehr einer intensiven weichen, der Getreidebau durch Düngung und Nachflucht gesteigert werden. Dabei ist zunächst in das Auge zu fassen, daß die ausgebreitete, mit Milch- und Käsewirtschaft (Cäsar VI, 22) verbundene Viehzucht der Germanen, bei des Landes Klima, notwendig eine Art von Einstallung und Fütterung über Winters voraussetzte, des Volkes praktischer Verstand aber unstreitig sehr früh schon die große Nutzfähigkeit des gewonnenen Düngers erkannte. Düngung und Nachfrucht aber mußte Sondereigen voraussetzen oder mindestens sofort herbeiführen, weil es widersinnig gewesen wäre, mehrerer Kultur sich zu befleißigen, ohne deren Frucht für sich zu ernten.

Dieser Fortschritt aber mußte, der Natur der Sache gemäß, ein sehr *langsam-allmählicher* sein: die Bestimmung eines festen Zeitpunktes für dessen Eintritt ist daher schlechterdings unmöglich.

Den Schlüssel der Entwicklung finden wir mit großer Sicherheit in den agrarischen Verhältnissen der späteren, ja selbst der neuesten Zeit.

Diese gewähren uns zuvörderst durch eine Reihe von Tatsachen neuen zuverlässigen Beweis dafür, *daß in der Urzeit Gemeindeeigentum, nicht Sondereigen*, die Regel bildete.[6] Diese Tatsachen sind folgende:

1) Die bis auf die neueste Zeit in jedem Dorfe mit den seltensten Ausnahmen vorhanden gewesenen, teilweise noch vorhandenen, mehr oder minder ausgedehnten, bisweilen die Sonderbesitzungen an Areal übersteigenden *Gemeindegrundstücke*, meist Weiden, hier und da aber auch Holzungen.

Diese können nur entstanden sein, entweder:

a) aus dem *ursprünglichen Gemeindeeigentum an der ganzen Flur*, oder

b) aus *späterer Zusammenlegung von Sondergrundstücken zu Gemeindeeigentum*

Bildung von Gemeindegrundstücken durch spätere Zusammenlegung erscheint aber, abgesehen von dem Mangel jeder Spur in den Quellen darüber, jedem, der mit agrarischen Verhältnissen irgendwie vertraut ist, so unwahrscheinlich, so *unnatürlich*, daß daran gar nicht zu denken ist. Bewährt die ganze Kulturgeschichte immerwährenden, wenn auch oft kaum merklichen Fortschritt in dem wichtigsten aller Nationalgewerbe – dem Landbau, wann, wie und aus welchen Gründen ließe sich ein so ungeheurer Rückschritt, und zwar, was die Hauptsache ist, in so *allgemeiner* Weise erklären? Daß eine solche Zusammenlegung namentlich nicht aus dem Bedürfnis der Gemeindeweide, d. i. des Hütens des Sonderviehes durch einen Gemeindehirten, hervorgegangen sein könne, beweist das folgende.

2) Neben den Gemeindegrundstücken bestand überall bis auf unsere Zeit zugleich die *Koppelhut*, nach welcher alle Sondergrundstücke, außer den Gärten, dem Weiderecht der Gesamtheit unterworfen waren, welches in Verbindung mit angemessenem Wechsel von Frucht- und Brachschlägen innerhalb der Flur, überall die Möglichkeit ausreichenden Weideraums gewährte. Nur einem Zwange war der Sondereigner dabei unterworfen, dem nämlich, daß er seinen Wirtschaftsturnus dem Allgemeinen unterordnen mußte, also seine Saaten z. B. nur in den Flurteil bringen durfte, der nach dem herkömmlichen Wechsel im Allgemeinen dazu bestimmt war – eine Regel, welche, im Wesentlichen wenigstens, noch zu unseren Zeiten bestand.

Weniger schlagend, aber gewiß auch mit überwiegender Wahrscheinlichkeit ist auch die Koppelhut aus dem ursprünglichen Eigentume der Gemeinde an der Gesamtflur abzuleiten.[7]

3) Die erste Ansiedelung konnte auf doppelte Weise erfolgen:

a) in *geordneter*, so daß die Gesamtheit zuerst die ganze Flur in Besitz nahm, dann sie unter die Einzelgenossen verteilte, wie dies Cäsar a. a. O. und Tacitus Germ. Kap. 26 ausdrücklich berichten;

b) in *regelloser*, daß der einzelne nach Art der amerikanischen Squatters für sich nahm, was ihm beliebte.

Daß nun bei den Germanen ersteres stattfand, beweist die wichtige Tatsache, daß die Sonderbesitzungen in der Regel bis auf die neueste Zeit nirgends geschlossene Ganze bildeten, sondern in allen Teilen der Flur zerstreut lagen, was infolge der Bodenverschiedenheit offenbar aus dem Grundsatze möglichst gleichmäßiger Beteiligung der einzelnen an dem bessern und geringeren Boden hervorgegangen ist. Diese Tatsache ist, da eine selbständige Sonderansiedelung mit so zerstreuten Ländereien undenkbar, an sich eine schlagende, bedarf daher nicht erst der Bestätigung durch die von Olufsen und Hannsen aus nordischen Verhältnissen geschöpfte Darstellung des Agrarwesens der Vorzeit (s. Falks N. Staatsb.-Magazin IV. und VI.), welche *dasselbe* für den Norden umständlich dartut.

Führt uns diese Betrachtung sonach mit zweifelloser Gewißheit auf *Cäsars Grundregel* zurück, die uns bereits aus historischen Gründen gesichert schien, so ist nun Anlaß und Fortgang der Abweichung von jener, d. i. des Übergangs von Gemeinde- zu *Sondereigen*, zu untersuchen.

Der erste Schritt zu diesem war unzweifelhaft die Stabilität der Gemeindeansiedelung überhaupt, des vicus. Volle Wahrheit konnte Cäsars Bericht nur für die Periode des Wanderns, des kriegerischen Schweifens haben, von der Strabo sagt, „sie leben in Hütten, die sie jeden Tag[8] neu errichten".

Wann diese Stabilität eintrat, wissen wir nicht: entscheidend dafür war, für die Südsueben wenigstens, unstreitig der Zeitpunkt, wo, nächst dem Rheine, die Donau und der Nieder-Main unter August Roms Grenze wurden, deren Schweifen nach West und Süd daher eine Schranke gesetzt ward. Kein Zweifel aber, daß im innern Lande, namentlich bei den Westgermanen, wie wir dies von den Ubiern mit Sicherheit wissen, auch schon zu Cäsars Zeit, weit mehr feste Ansiedelungen der Gemeinden, vici, stattfanden, als dessen Bericht andeutet.

Waren aber die Dörfer feststehend, dann sicherlich auch die Häuser mit deren nächster Umzäunung, daher *Haus*, *Hof* und *Garten* erster *Gegenstand von Sondereigentum*.

Die zweite Stufe, *Sondereigentum an Saatfeld*, muß mindestens, nach obigem, gleichzeitig mit dem hochwichtigen Kulturfortschritte zur Düngung und Nachfrucht entstanden sein, wobei nur zu berücksichtigen ist, daß dieser wegen geringen Getreidebedarfs *ursprünglich* gewiß nur auf einen sehr kleinen Teil der Gesamtflur sich beschränkt haben mag, im Laufe der Zeit aber immer weiter sich ausdehnte, namentlich daher, zu Ausfütterung des Viehes über Winter, auch auf Wiesen sich zu erstrecken begann.

Die dritte entscheidende Stufe muß durch die Entwicklung des Rechtssatzes, daß der Nutzanteil am Gemeindegut Pertinenz des Sondereigentums an Hof- und Ackerfeld sei, eingetreten sein. Das Sondergut konnte nämlich ohne einen solchen Anteil gar nicht landwirtschaftlich bestehen, derselbe muß daher in jedem Falle mit vererbt und, soweit Veräußerung statthaft war[9], auch mit verkauft worden sein. Wann jener Rechtssatz sich gebildet, wissen wir nicht, nur daß er gleichzeitig mit der Veräußerungsfähigkeit überhaupt entstanden sein müsse, steht nach obigem fest.

Forschen wir nun, bis zu welcher Stufe der Fortschritt[10] zu des Tacitus Zeit gediehen war, so bedarf zuvörderst die Stelle Germ. Kap. 16: colunt discreti ac diversi etc., welche auf Sonderansiedelung nach Art der Squatters schließen läßt, und deren scheinbarer Widerspruch mit Kap. 26 der Erwähnung.

Tacitus ist insofern, als er hier scheinbar von einer *allgemeinen* Sitte der Germanen redet, von einer ungenauen Ausdrucksweise nicht freizusprechen, da dieselbe schon damals gewiß nur eine *provinzielle* gewesen ist. Flossen ihm aber gerade aus der betreffenden Gegend, dem Schauplatz der letzten Römerkriege, die meisten Nachrichten zu, war er dabei über die *Grenze* jener Sitte selbst ungewiß, so ist dessen Ausdruck, bei dem er übrigens *direkte* Versicherung der Allgemeinheit derselben vermeidet, ebenso erklärlich als verzeihlich; nicht unrichtig, nur ungenau, weil er das Genauere nicht kannte. Keineswegs aber folgt aus jener Stelle notwendig Wegfall des Gemeindeverbandes überhaupt: – (spricht doch auch Tacitus *an derselben Stelle* (und sonst noch oft) von *Dörfern* (vici) der Germanen: er wußte also, daß Hof und Dorfsiedlung nebeneinander vorkamen – D.), vielmehr haben wir vorauszusetzen, daß zuerst eine größere Gemeinheit, vielleicht die Centene, einen weitern, das Bedürfnis der Genossen übersteigenden Raum einnahm, innerhalb dieses aber die Sonderansiedelung, wiewohl sicherlich auch nach leitenden Grundsätzen, jedem zu freier Auswahl gestattete, wie denn noch heute die Einzelhöfe in Westfalen in größere Gemeindeverbände – Bauernschaften – vereinigt sind.

Von besonderer Wichtigkeit ist aber des Tacitus Bericht über die Verhältnisse der servi Germ. Kap. 25. Wenn derselbe hier von letzteren sagt: *Suam quisque sedem, suos penates* regit. Frumenti modum dominus, aut pecoris, aut vestis, ut colono injungit: et servus hactenus paret, hiernach also schon die Knechte damals ein beschränktes höriges und zinspflichtiges Peculium erlangt hatten, so ist am Sondereigen der Freien noch zu zweifeln in der Tat unmöglich.

Aus diesen Gründen und aus dem Gesamtbilde, welches Tacitus in seiner Germania und Geschichte von den Zuständen jener Zeit entwirft, worin sich nirgends eine Spur des an sich so auffälligen Mangels an jedem unbeweglichen *Sondereigentum* findet, dürfen wir mit Recht folgern, daß dies zu dessen Zeit nicht nur allgemein bis zur ersten, sondern auch gewiß schon vorherrschend bis zur zweiten Stufe, dem *partiellen Sondereigentum an Ackerland*, fortgeschritten war, wogegen ich über die dritte und letzte nicht einmal eine Vermutung wage.

Dies alles führt mich nun zu dem Schluß, daß

1) v. Sybels Meinung in Cäsar allerdings insoweit Begründung findet, daß jährlicher Wechsel der Wohnplätze ohne Sondereigen Ursitte der Germanen, aber schon zu dessen Zeit sicherlich nur noch teilweise, namentlich bei den Süd-Sueben, keineswegs aber bei allen Germanen in faktischer Geltung war;

2) umgekehrt aber zu des Tacitus Zeit feste Ansiedlung mit mehr oder minder beschränktem Sondereigen Regel, der alte Zustand daher nur noch als seltene Ausnahme vorkam.

C.

Bei der Untersuchung über Fürsten, Adel und Privatgefolge der Germanen fragt es sich vor allem:

I. Ob das Prinzipat des Tacitus einen erblichen Stand oder nur eine Würde bezeichne?

II. Ob das Recht, ein Gefolge zu halten, nur dem princeps, als *Obrigkeit*, oder auch anderen durch Geschlecht und Vermögen dazu geeigneten Männern zustand?

Beide fahren auf die Grundfrage zurück: ob und welche *Vorzüge der Geburt* bei den Germanen galten.

Die Vertreter dieser oder jener Meinung genau zu klassifizieren, würde, zumal bei deren Spaltung im einzelnen, so schwierig als unnötig sein: indes vertreten Eichhorn und v. Savigny mehr die aristokratische, Waitz (Deutsche Verfassungsgeschichte I. 3. Aufl. 1. S. 281 und: „über die principes in der G. des Tac." Forsch. zur D. G. II. S. 387 f.) und Paul v. Roth (Geschichte des Benefizialwesens, Erlangen 1850) mehr die Auffassung, welche im Prinzipate nichts als ein von der Gemeinde übertragenes Amt erkennt, während Löbell (Gregor von Tours) und Wilda (Strafrecht) mehr in der Mitte stehen.

Zu I

Nicht auf dem Boden der *Auslegung allein* kann die Frage entschieden werden, was unter dem germanischen Prinzipat zu verstehen sei. Wir haben jedoch diese zuerst nach den Quellen zu erörtern.

a) Erörterung der Streitfrage nach den Quellen

Beide Teile gründen ihre Ansicht auf Tacitus, aus denselben Worten zum Teil Entgegengesetztes schließend: nirgends Gewißheit, überall nur Vermutung mit mehr oder minder Wahrscheinlichkeit.

Prüfen wir indes die Hauptgründe.

1) Von größter Wichtigkeit ist zunächst, welchen Sinn Tacitus im Allgemeinen mit dem Ausdrukke princeps verbinde, und zwar:

a) ob dieser stets *dieselbe* Sache bezeichne, wie v. Roth, Waitz und v. Savigny, wiewohl in entgegengesetztem Sinne, behaupten, oder

b) zum Teil auch *Verschiedenes*, obgleich Verwandtes, wie Löbell (Greg. v. Tours, S. 505) und Wilda (bei Richter, S. 326) annehmen.

Der Ausdruck princeps bedeutet bei Tacitus stets:

Denjenigen, welcher in einem gewissen Kreise der *Erste* ist, oder auch nur vor anderen *hervorragt*, z. B. princeps juventutus, Ann. I, 3. XII, 41; principes viri, für Männer höchster Geburt und Stellung, III, 6; princeps bonarum artium, XI, 6; princeps fori, de Orat. 34; er braucht sogar princeps dies für den ersten Tag der Regierung Augusts, Ann. I, 9. Ähnlichen Sinn verbindet er mit dem mehrfach vorkommenden Ausdruck princeps locus, der sich Ann. III, 75, wo er von Atejus Capito sagt: principem in civitate locum studiis civilibus adsecutus, nur auf eine hohe, nicht auf die höchste Stellung im Staate bezieht.

Vor allem bezeichnet derselbe die römischen Herrscher an vielen Stellen, z. B. Ann. I,1 und 9; Hist. I, 4. 5. 7. 15. 16. 37. 40. 44 und 56, durch princeps, deren Herrschaft mehrfach durch principatus.

Wenden wir uns nun zu den Germanen, so spricht schon die Vermutung dafür, daß auch bei diesen wieder princeps in jenem allgemeinen, nicht in genau begrenztem, gewissermaßen *technischem* Sinne, gebraucht werden.

So ist es in der Tat. Die Germanen hatten:

a) (Gaukönige, als welche wir die reges zu betrachten haben. Könige über ganze Völkerschaften kamen damals nur äußerst selten vor. Bestanden, was nicht bezweifelt wird, bleibende Vereinigungen mehrerer Gaue zu einer Völkerschaft als Staatenbund, wenn auch nur für beschränkte Zwecke, so hatten diese zwar Völkerschaftsversammlungen (concilia civitatis), aber kein dauerndes Haupt im Frieden und auch im Krieg nur einen frei gewählten Herzog für einen Feldzug, höchstens für mehrere Feldzüge in einem großen Krieg: Armin a. 9, später Italicus und Chariomer waren solche Gaukönige der Cherusker und beziehentlich Chatten, denen nicht erst die Römer den Titel König beigelegt hatten. D.)

b) Gaugrafen (Richter), was niemand bezweifelt,

c) Vorsteher der Centenen (wo solche vorkamen D.), auch einzelner Ortsgemeinden, und

d) Gefolgsherren.

Die ersten drei Kategorien nun bezeichnet Tacitus durch den Ausdruck princeps.[11]

Daß Tacitus in folgenden Stellen:

Kap. 13: „Magna comitum aemulatio, quibus primus apud principem suum locus," so wie im ganzen 14. Kapitel, worin der Ausdruck princeps fünf Mal vorkommt, z. B. „Cum ventum in aciem, turpe principi virtute vinci, turpe comitatui virtutem principis non adaequare," ferner:

„Principes pro victoria, comites pro principe pugnant",

durch princeps den Gefolgführer *als solchen* bezeichnet habe, ist von niemand bestritten worden: denn auch diejenigen, welche das Dasein eines erblichen Fürstenstandes bei den Germanen jener Zeit leugnen, bezweifeln obiges nicht, behaupten vielmehr nur die subjektive Identität des princeps (Gaufürsten) und Gefolgführers, weil ersterer allein ein Gefolge halten durfte.

Das Gesamtergebnis dieser Erörterung ist, daß Tacitus durch princeps im Allgemeinen einen *Häuptling* bezeichnet, mochte dieser einem ganzen Volke[12] oder nur einzelnen Gauen oder auch nur einem Gefolge, Comitate vorstehen.

Es ist noch eine besondere Stelle der Germania zu prüfen, Kap. 13: Insignis nobilitas aut patrum merita *principis dignationem* adolescentulis etiam assignant, ceteris robustioribus et jam pridem probatis aggregantur, nec rubor inter comites aspici.[13] Bekanntlich verstand man unter principis dignationem früher allgemein die *Würde eines princeps* (d. i. hier Gefolgsführer), während zuerst Oreilli, dann Bahrt, Waitz und Paul v. Roth dignatio durch die *Würdigung*, d. i. Auszeichnung, Begünstigung eines adolescentulus *durch den Fürsten* erklären.

Vom philologischen Standpunkt aufgefaßt, scheint mir die ältere Erklärung aus folgenden Gründen entschieden den Vorzug zu verdienen:

a) Tacitus versteht unter dignatio, wie v. Roth selbst zugibt, in der Regel nur den objektiven Begriff: *Amt*, oder *Ansehen*. Letzterer führt nun zwar die Stelle Ann. II, 53: Excepere Graeci (Germanicum) quaesitissimis honoribus vetera suorum facta dictaque praeferentes, quo plus *dignationis* adulatio haberet, für sich an, kaum aber mit Recht, weil auch in dieser die Handlung nicht in der dignatio, sondern in der adulatio liegt und der Beisatz nur den objektiven Charakter der Schmeichelei, „damit sie desto mehr Gewicht habe", bezeichnen soll, keineswegs aber der einer von einem bestimmten Subjekt ausgehenden Handlung.

b) Die Verbindung assignare alicui *dignationem* (im aktiven Sinne) hat, wegen der doppelten Handlung in einem Satze, nach meinem Gefühle, etwas Unnatürliches und Sprachwidriges.

Vom kritischen und sachlichen Gesichtspunkt aus scheint es mir dagegen darauf anzukommen, ob man die gewöhnliche Lesart: ceteris[14] in das durch keine Handschrift verbürgte ceteri[15] zu verändern berechtigt ist, indem bei der alten Erklärung das ceteris mit dem unmittelbar darauffolgenden nec rubor kaum zu vereinigen sein dürfte.

Ich verstehe die fragliche Stelle in ihrem ganzen Zusammenhange so:

Tacitus handelt im Kap. 13 vom Kriegsdienst und zwar zunächst vom Eintritt in diesen: sodann von der Ausbildung für denselben. Erstere erfolgt durch die feierliche Wehrhaftmachung vor der Gemeinde. Für letztere bot das Comitat eine häufige Schule. Hiernach würden nun die streitigen Worte meines Erachtens folgenden Sinn haben, und zwar

 aa) nach der alten Auslegung mit ceteri:

Wenn der Wehrhaftgemachte dem *höchsten* (insignis) Adel angehört oder sein Vater große Verdienste hat, kann er auch in noch sehr jugendlichem Alter schon Gefolgsherr werden. Alle übrigen, ceteri, d. i. diejenigen, welchen solche Auszeichnung nicht zuteil wird, werden den schon gedienten Gefolgsgefährten beigesellt, indem es niemandem unehrenhaft ist, in einem Gefolge zu dienen.

 bb) nach der neueren:

Junge Leute von hohem Adel oder großem Verdienste der Väter können auch etwas früher schon als andere wehrhaft gemacht und vom Fürsten in sein Gefolge aufgenommen werden. Sie werden dann den Robusteren und schon Bewährten beigesellt: auch ist es nicht unehrenhaft für sie, in einem Gefolge zu dienen.

Es ist nicht zu verkennen, daß die unmittelbar darauffolgende Stelle: gradus quin et ipse comitatus habet, judicio ejus quem sectantur, letztere Auslegung insofern unterstützt, als sie an die vorhergehende Idee knüpft, daß dergleichen vom Fürsten Bevorzugte nicht bloß sozusagen als Gemeine zu dienen brauchen, sondern auch, bald wenigstens, „Offiziere" werden können.[16]

Faßt man des Tacitus gedrängte, überall nur das wichtigste hervorhebende Schreibart in das Auge, so ist kaum zu bezweifeln, daß die frühere Erklärung seinem Geiste mehr entspricht, als die neuere, weil die Möglichkeit, daß schon ein adolescentulus Gefolgsherr werden konnte, etwas ungleich Bemerkenswerteres war als der sehr bedeutungslose Umstand, daß durch Geburt höher Gestellte etwas früher als andere in ein Gefolge eintreten konnten. Die folgende Stelle: *„nec rubor"* würde hiernach den Sinn haben: unerachtet der Vorliebe der Germanen für Freiheit halten sie doch den Eintritt in den Dienst eines Gefolgsherrn für ehrenhaft.

   b) Erörterung des Streitpunktes aus der Geschichte und Verfassung

Nicht unmittelbar im Wege kritischer Hermeneutik überhaupt aber, nur *mittelbar* aus klarer Auffassung des Gesamtbildes der germanischen Verfassung, aus der Geschichte und dem Leben, läßt sich Ursprung und Wesen der germanischen principes richtig erklären.

Daß auch die Germanen, gleich anderen Völkern, einen *Geschlechtsadel* kannten und ehrten, ist, den so zahlreichen als zweifellosen Zeugnissen der Quellen gegenüber (zusammengestellt bei K. v. Maurer und Waitz), noch von keinem Forscher bezweifelt worden: nur über dessen Wesen und Bedeutung daher bewegt sich der Streit, zum Teil offenbar mehr über Worte, als über die Sache.

Zu näherer Feststellung des eigentlichen Streitpunktes ist zunächst vorauszuschicken, daß zu des Tacitus Zeit von einem *Adelsstande* späterer und moderner Art durchaus nicht die Rede sein kann.

Der germanische Adel war ein Erzeugnis, nicht eine Beschränkung der Volksfreiheit. Denn darin gerade gefiel sich der germanische Freiheitsstolz, daß er williger dem Sprößling eines durch alte Überlieferung oder neues Verdienst ausgezeichneten, über andere hervorragenden Geschlechts sich unterordnete – so weit dies überhaupt unentbehrlich war – als einem seinesgleichen.

Der Adel war sonach eine faktische Abstufung oder Klasse im Volke[17], wie sich dergleichen fast bei allen Urvölkern finden. Solche Klassenverschiedenheit ist es denn auch, welche Tacitus durch den mehrfach gebrauchten *Gegensatz* von principes, proceres[18], primores und plebs oder vulgus andeutet (z. B. Germ. c. 10; Ann. I, 55; II, 15; Hist. IV, 14 und 25), Ausdrücke, welche dessen scharf unterscheidender Verstand auf das bloße Verhältnis der Obrigkeit zu den Untergebenen gewiß nicht angewandt haben würde.

Völlig undenkbar ist es, daß ein solcher im sechsten Jahrhundert in den Volksrechten *ausdrücklich anerkannter* Adel unter dem freiheitsstolzesten Volke der Menschengeschichte überhaupt habe entstehen können, wenn das Dasein eines solchen deren innerstem Freiheitsgefühle widersprochen hätte und nicht vielmehr gerade umgekehrt ihrer urtümlichen Sitte, ja ihrem Glauben möchten wir sagen, entsprossen wäre.

Als Vorzüge des Adels bezeichnen die Quellen:

1) die entscheidende Stelle bei Tacitus Kap. 7: Reges ex nobilitate sumunt, welche auch durch Kap. 42: „Marcomannis Quadisque usque ad nostram memoriam reges manserunt ex gente ipsorum; nobile Marobodui et Tudri genus" bestätigt wird. (Es ist höchst lehrreich, daß Tacitus hier nicht, wie sonst gewöhnlich, neben dem rex auch den princeps nennt: weil eben *nur* reges, nicht auch Grafen aus dem Adel genommen werden *mußten*: so daß die Abweichung von dieser Gewohnheit (bei Witichis) ganz

besonders als seltenste Ausnahme hervorgehoben wird. *D.*) XI, 16 und 17, entscheidet der Vorzug des Geschlechts des Italicus sogar für den Römling und Verräters Sohn.

Es beweisen in letzterer Stelle auch die Worte, welche Tacitus bei dem späteren Parteistreit über Italicus dessen Gegnern in den Mund legt: adeo neminem iisdem in terris *ortum*, qui principem locum impleat, daß es bei der Wahl zum princeps locus, d. h. zum rex, vor allem auf die origo, das ist auf die Geburt von edlem Geschlechte, ankam.

2) Von nächstfolgender Wichtigkeit war ein zweiter (aber nur tatsächlicher *(D.)*) Vorzug des Adels, daß dessen Genossen zu Haltung eines Gefolges zwar gewiß nicht für ausschließlich berechtigt, aber doch für vorzugsweise berufen und geeignet angesehen werden (s. unten).

3) Dies vorausgesetzt mußte der Adel auch, weil der Gefolgsherr nach Kap. 14 die Genossen mit Rossen, Waffen und Nahrung zu versehen hatte, vorzugsweise *vermögend* sein.

Nur auf einen *Grundadel* späterer Art darf durchaus nicht geschlossen werden: nicht der größere Besitz hatte den Adel, sondern umgekehrt der Adel *tatsächlich* den größeren Besitz zur Folge.

4) In der Volksversammlung führten nach Germ. Kap. 11 diejenigen vorzugsweise das Wort, welche entweder durch persönliche Würde und Eigenschaft, *oder* durch *Adel* sich auszeichneten.

5) Obwohl bei den Germanen, fast allein unter den Barbaren, regelmäßig Monogamie herrschte, so gestattete doch die Sitte nach Kap. 18, des Adels wegen, ob nobilitatem, mehrere Frauen, d. i. es ward für erlaubt angesehen, durch eine zweite Gemahlin aus edlem Geschlecht sich Zuwachs von Ansehen und Macht zu verschaffen, wie dies Ariovists Beispiel nach Cäs. I, 63 erläutert.

6) Wenn schon auch zu Tacitus Zeit, nach Kap. 12, der Totschlag unzweifelhaft durch eine an die Sippen zu zahlende Buße geahndet wurde, so wird doch eines höhern Wehrgeldes für Edle von ihm nicht ausdrücklich gedacht. Gleichwohl läßt das spätere allgemeine Vorkommen dieser Verschiedenheit in allen Volksrechten nicht bezweifeln, daß diese, in uralter Volksmeinung wurzelnd, auch zu Ende des ersten Jahrhunderts schon bestanden habe.

Waren dies die uns bekannten rechtlichen und faktischen Vorzüge, deren der germanische Adel jener Zeit genoß, so erscheint dessen Bestehen, wenn auch nicht als eigner, von den Freien grundsätzlich gesonderter Stand[19], doch als eine durch die Volksmeinung bevorzugte Klasse über jeden Zweifel erhoben.

Nicht Person oder Vermögen, einzig das Geschlecht ist es, welches auch dem *Unerwachsenen*, den *Frauen* und *Töchtern des Adels* höhere Würdigung verleiht (vergl. Tacitus G. c. 8 u. 13, sowie Ann. I, 57 in Verbindung mit 60), so daß die Völker sogar durch nichts wirksamer verpflichtet wurden, als dadurch. daß ihnen edle[20] Jungfrauen als Geiseln von ihnen verlangt wurden.

Gelang es, vorstehend das Bild des germanischen Adels in seinen Hauptzügen richtig zu entwerfen, so gewährt dasselbe zugleich den Schlüssel zu klarem Verständnis des germanischen Königtums, dessen Ursprung aus dem Adel, und zwar dessen erlauchtesten Geschlechtern, vorstehend genügend nachgewiesen sein dürfte. (Das königliche ist das edelste Adelsgeschlecht. D.) Kein erblicher Fürstenstand im heutigen Sinne, so wenig wie ein moderner Adelsstand. Es war ein faktischer Vorzug einzelner erlauchter Geschlechter, daß Könige nur aus ihnen genommen wurden, aber kein Erbrecht, keine Erbfolgeordnung: unter mehreren Söhnen oder Vettern wählte immer das Volk, dessen Bestätigung jedenfalls erst die Krone gab, wie dies die Folgezeit, obwohl in ihr das monarchische Ansehen schon weit ausgebildeter war, ganz außer Zweifel setzt. Nicht des Volkes Herren, nur dessen Häupter waren die Könige, deren Absetzung daher nicht Aufruhr, sondern legaler Volksbeschluß, bei den Burgundern sogar *von Alters her* (ex ritu vetere) wegen Kriegsunglücks oder Mißwachs üblich (Ammian. Marcellin. XXVIII, 5) war.

(Der Souverän ist auch in den königlichen, wie in den von Grafen geleiteten Staaten das Volk. D.)

Daß von obiger Regel nie eine Ausnahme stattgefunden, wird niemand zu behaupten wagen, die Quellen aber gedenken solcher nur in viel späteren Jahrhunderten[21], während für des Tacitus Zeit gerade umgekehrt der Fall des Italicos beweist, wie sehr eine solche des Volkes innerstem Gefühle widerstrebte da es selbst in diesem Falle, wiewohl der dringendste Grund dafür vorlag, von dem alten Geschlechte nicht abging. Kein Gesetz beschränkte des freien Volkes Recht und Macht, auch minder Edle und Freie zu Königen zu wählen, aber die Sitte – der Glaube möchten wir sagen – aller Naturvölker höchstes und heiligstes Gesetz – stand gebieterisch entgegen.

(Auch zu Grafen wurden wohl sehr oft, ja meistens Edle gewählt – doch bestand hierfür keine *moralisch-religiös* gefärbte Verpflichtung: nur konnte dieses Amt immer nur Reicheren, d. h. also später größeren Grundbesitzern zufallen; der kleine Gemeinfreie konnte nicht so viele Zeit, als dies

Amt erheischte, seiner Wirtschaft entziehen; auch hatten wohl nur die Edeln in der Regel die Beziehungen zu den Fürsten der Nachbarvölker, den weitern Blick über den Gau hinaus, der für die Leitung der äußeren Politik wünschenswert, wenn auch deren Entscheidung beim Volke stand. D.)

Zu II

Die Streitfrage ist folgende:

War bei den Germanen bis zu des Tacitus Zeit die Haltung eines Comitats *ausschließliches Vorrecht der Könige und Fürsten, als Obrigkeiten,* oder fanden auch damals schon *Privatgefolge,* d. i. solche, die dem Führer nicht in seiner Eigenschaft als Obrigkeit dienten, statt?

Erstere Meinung, nach welcher die Comitate ein integrierender Teil des Volksheeres, gewissermaßen ein stehendes Gardecorps des Fürsten waren, wird, in dieser Schärfe wenigstens, wohl nur von Waitz[22] S. 94–100 und 124–127 (1. Aufl.), sowie von Paul v. Roth, S. 17–22 u. folg. verteidigt.

Neuere französische Schriftsteller, namentlich auch Guizot, gewöhnlich klarsehend, aber nicht überall auf dem Grund gehend, erklären die germanischen Stämme fast durchgängig für eine bloße Vereinigung von „Bandenchefs" welche keine Art staatlichen Zusammenlebens kannten. (Dem gegenüber haben jene deutschen Forscher das Gefolge für eine Staatseinrichtung erklärt. D.)

Caesar d. b. g. VI, 23 berichtet von den Germanen im Allgemeinen:

„Latrocinia nullum habent infamiam, quae extra fines cuiusque civitatis fiunt. Atque ea juventutis exercendae ac desidiae minnendae causa fieri praedicant. Atque, ubi quis ex principitus in concilio se dixit ducem fore, ut qui sequi velint, profiteantur, consurgunt ii, qui et causam et hominem probant, suumque auxilium pollicentur: atque ab multitudine collaudantur: qui ex iis secuti non sunt, in desertorum ac prodilorum numero ducuntur: omniumque rerum iis postea fides abrogatur."

Das Concilium, dessen Cäsar an dieser Stelle gedenkt, ist das des Gaues. Wenn nun nach dieser Stelle: *„aliquis ex principibus"* zur Teilnahme an einem Zuge aufforderte, so kann damit nicht der Gaufürst, als einziger princeps, im engern Sinne gemeint sein, vielmehr muß der Ausdruck hier in weiterem Sinne gebraucht sein.

Tacitus fährt in der Stelle vom Comitat Kap. 13, deren Eingang bereits unter I, b erwähnt ward, folgendermaßen fort:

„Haec dignitas, hae vires, magno semper electorum juvenum globo circumdari, in pace decus, in bello praesidium. Nec solum in sua gente cuique, sed apud finitimas quoque civitates id nomen, ea gloria est, si numero ac virtute comitatus emineat: expetuntur enim legationibus et muneritis ornantur, et ipsa plerumque fama bella profligant. Cum ventum in aciem turpe principi virtute vinci, turpe comitatui virtutem principis non adaequare. Iam vero infame in omnem vitam ac probrosum, superstitem principi suo ex acie recessisse. Illum defendere, tueri, sua quoque fortia facta gloriae ejus assignare, praecipuum sacramentum est. Principes pro victoria pugnant, comites pro principe. Si civitas, in qua orti sunt, longa pace et otio torpeat: plerique nobilium adolescentium petunt ultro eas nationes, quae tum bellum aliquod gerunt, quia et ingrata genti quies, et facilius inter ancipitia clarescunt, magnumque comitatum non nisi vi belloque tueare; exigunt enim principis sui liberalitate illum bellatorem equum, illam cruentam victricemque frameam. Nam epulae, et quamquam incomti, largi tamen apparatus, pro stipendio cedunt."

In dieser Stelle ist der Satz: „si civitas longa pace torpeat, *plerique nobilium adolescentium* bis: quia magnum comitatum non nisi vi belloque tueare" entscheidend, die Streitfrage aber folgende:

Hat Tacitus durch die plerique nobilium adolescentium die principes *oder* die comites bezeichnen wollen?

Ersteres behaupten die älteren, letzteres einige neuere Ausleger.

Liest man den ganzen Satz von: si civitas bis magnumque comitatum non nisi vi belloque tueare. ohne den darauffolgenden, so ist es, weil in diesen letzteren Worten unzweifelhaft von der *Haltung eines Gefolges* die Rede ist, in der Tat fast unmöglich, unter den edlen Jünglingen etwas anderes als Gefolgsherren zu verstehen. Nur der Nachsatz: „exigunt enim principis sui liberalitat" etc., der sich offenbar auf die Gefährten bezieht, hat die Meinung hervorgerufen, daß auch der Vordersatz sich auf die comites beziehe. Es ist nicht zu leugnen, daß des Tacitus – bisweilen beklagenswerte – Kürze zu einem Zweifel hier Anlaß gibt, weil er im zweiten Satze, ohne dies anzugeben, das Subjekt wechselt, was durch Beisatz des einzigen Wortes: „comites", nämlich: „exigunt enim *comites* etc." vermieden worden wäre. Unstreitig fand er dies überflüssig, weil sich der zweite Satz selbstredend nur auf die

comites beziehen kann. Ebenso aber der erste, an sich betrachtet, auf die Gefolgsherren oder principes. Tacitus sagt: Wenn daheim langer Frieden, suchen die meisten edlen Jünglinge fremde Völker auf; wo eben Krieg ist, weil
1) dem Volke Ruhe unbehaglich,
2) in Gefahren Ruhm zu erwerben und
3) ein großes Gefolge nur im Kriege zu behaupten ist.

Nach der von Waitz angenommenen Auslegung[23] wäre aber letzteres nicht persönlich, sondern nur objektiv zu verstehen; weil große Gefolge überhaupt nur im Kriege gehalten werden können, also nur in solchem ausreichende Gelegenheit des Eintritts in ein Comitat vorhanden ist.

Drei Motive führt Tacitus an: zwei subjektiver Selbstbestimmung, die sich allerdings sowohl auf die Gefolgsführer, als auf deren Genossen beziehen können: diesen schließt sich dann das dritte an, welches mit den ersteren durch die Copula *und* verbunden ist, und dem Wortlaute nach unzweifelhaft auf Gefolgsherren sich bezieht, in diesem Sinne aber, wie die beiden ersteren, ebenfalls nur ein Grund subjektiven Ermessens ist. Hätte nun Tacitus damit bloß den objektiven Satz: *„daß große Gefolge überhaupt nur im Kriege gehalten würden,"* ausdrücken wollen, so wäre dies so leicht deutlich zu bezeichnen gewesen, daß man ihn geradezu einer groben Unklarheit, welche er sofort fühlen mußte, beschuldigen würde, wenn man jener Stelle, statt des einfachen buchstäblichen, jenen anderen Sinn unterlegen wollte. Damit aber sollte man, einem scharfen Denker wie Tacitus gegenüber, vorsichtig sein, im Zweifel mindestens voraussetzen, daß er sich richtig ausgedrückt habe.

Ferner konnten die comites an sich ihrer größten Mehrzahl nach nicht nobiles, sondern nur ingenui sein. Hätte daher Tacitus durch plerique *nobilium* adolescentium gerade die comites, im Gegensatze zu dem princeps, bezeichnen wollen, so würde er dafür ein im *Wesentlichen unwahres* Beiwort gebraucht haben. Oder man müßte annehmen, nicht bloß die Freien, sondern nur die Adligen unter den comites hätten das Vorrecht gehabt, in das Ausland nach Krieg, Beute und Ruhm auszuziehen – eine Ansicht, die zu absurd wäre, Widerlegung zu verdienen.

Endlich handeln beide Kapitel ausschließlich von dem Gefolgsherrn und dessen Gefährten, in jedem Satze fast wechselt das Subjekt, überall aber ist nur von dem einen *in Bezug auf den andern* die Rede. Nicht so nach der neuen Auslegung. Nach solcher könnten die edlen Jünglinge überhaupt gar keine comites gewesen sein: denn diese handeln nicht selbständig, sondern folgen ihrem princeps: Tacitus müßte hier daher in dem „petunt *ultro* eas nationes etc." auf eigene Faust ausziehende Abenteurer gemeint haben, die, bisher keinem Comitate angehörig, sich im Auslande erst einen princeps suchen, also erst comites werden wollten.

Dies hätte mindestens nicht zum Bilde *des fertigen Comitats* gehört, vielmehr, als eigentümlich und anomal, wohl besonderer und zwar deutlicherer Hervorhebung bedurft.

Aus allen diesen Gründen dürften die nobiles adolescentes gewiß nur auf Gefolgsführer bezogen werden können, mithin allerdings für meine Meinung beweisen, obwohl ich nur unsicher der Hoffnung mich hingebe, meine Gegner durch obiges überzeugt zu haben.[24]

Tacitus berichtet Hist. IV, 12 von den, nach Britannien geschickten Kohorten der Bataver „quas *vetere instituto* nobilissimi popularium regebant."

Diese Kohorten waren auxilia, welche, nach Paul v. Roths gründlicher Erörterung eigene vaterländische Führer hatten, wie dies selbst bei den Galliern (großenteils wenigstens) und bei den Thrakern stattfand, welche letztere (Ann. IV, 46) sagen: „si mitterent auxilia suos duotores praeficere."

Waitz wendet ein (1. Aufl.) S. 91: dies sei Besonderheit der Bataver, und eben deshalb hervorgehoben, was man in dem Falle allerdings wohl anzunehmen hätte, wenn es bei Beschreibung der Eigentümlichkeiten *dieses* Volkes etwa in der Germania gesagt würde. Aus obiger gelegentlicher geschichtlicher Erwähnung aber läßt sich eine derartige Ausnahme von einem allgemeinen germanischen Brauche für die Bataver um so weniger folgern, da diese nicht einmal einem besondern Stamme, sondern, wie an dieser Stelle kurz zuvor und Germ. 29 bemerkt wird, ursprünglich dem der Chatten angehörten.

Ob jene Kohorten freiwillige Gefolge oder zum Felddienste ausgehobene Kohorten waren, ist gleichgültig: ja für Stellung und Ansehen des Adels würde es sogar noch mehr beweisen, wenn selbst mobile *National*truppen nach alter Sitte stets unter adligen Führern stehen mußten.

Cäsars kurze Grundzüge und des Tacitus lebendige Schilderung stimmen darin überein, daß das Comitat ein *rein persönliches* Verhältnis seltener Innigkeit war.

Wenn der princeps aufruft, sagt ersterer, melden sich die, qui et causam et hominem probant. Dies kann sich nicht auf den Fürsten als *Obrigkeit* beziehen: (denn nicht als Obrigkeit hatte er ein „latrocinium" zu beschließen: die Volksgemeinde beschloß den Krieg, nicht ein solches *latrocinium D.*).

Tacitus aber, von der Großartigkeit germanischen Heldentums und seiner Treue, die im Comitate hervortritt, ergriffen, schildert fast mit Begeisterung dies Bild wechselseitiger Treue und Hingebung.

Der Gefolgsherr muß der Erste im Kampfe sein, die Gefährten bringen ihm Leben und Ehre in freudiger Selbstverleugnung dar. Ein solches Verhältnis muß notwendig ein durch und durch freies gewesen sein. Dies hörte auf, wenn nur die Obrigkeit ein Gefolge zu halten berechtigt war.

Feindliche Parteien bestanden auch im Volke, was Tacitus von Segest, Almin, Inguiomel, Italicus u. A. ausdrücklich berichtet. Nach der Vorliebe für diesen oder jenen, nicht nach der obrigkeitlichen Stellung, richtete sich dann sicherlich der Eintritt in das Gefolge, ein Einwand, der sich nur dadurch beseitigen ließe, wenn man, aller Wahrscheinlichkeit zuwider, annähme, die Partei habe sich überall genau nach den Gaubezirken abgegrenzt, die des einen Gauhäuptlings daher eben nur die Eingesessenen seines Bezirks umfaßt.

Der Gefolgsherr mußte ferner von ausgezeichneter Heldenkraft sein: der Gaugraf oder König wurde alt: (er zog nie auf latrocinia oder doch nicht mehr im Alter D.): die Ernennung eines Stellvertreters hätte die Freiheit der Gefährten, dessen Wahl durch letztere das Prinzip obrigkeitlichen Vorrechts gebrochen.

Vor allem aber ist es mit des Tacitus Geist und Darstellung unvereinbar, daß er das Gefolge für einen wesentlichen Bestandteil des *öffentlichen Wehrsystems*, dessen Haltung für *obrigkeitliches Vorrecht* angesehen hätte, ohne dieses wichtigen Umstandes auch nur mit einer Silbe zu gedenken.

Gelang es, vorstehend nachzuweisen, daß Könige und Grafen in der Regel nur aus den edelsten Geschlechtern gewählt wurden, so folgt hieraus, nach dem Schluß vom mehreren auf das mindere, gleichartiger *faktischer* Vorzug des Adels freilich auch für die Stellung als Gefolgsherren. Gerade bei dem ganz freiwilligen Eintritt in das Gefolge mußte sich das in der Volksmeinung wurzelnde Gefühl höhern Ansehens edler Geschlechter am naturgemäßesten bewähren, zumal bei ihnen, nach Tacitus Germ. Kap. 26, das dafür unentbehrliche bedeutendere Vermögen vorzugsweise vorauszusetzen war.

Daß die Gefolgsherren häufig über die Grenze zogen, nicht nur für einzelne latrocinia, sondern auch auf bleibende Eroberungen, daß sie an den Kriegen fremder Völker sich beteiligten, in Solddienst traten, ist teils aus Cäsar und Tacitus mit Sicherheit, teils im Allgemeinen mit so überwiegender Wahrscheinlichkeit anzunehmen, daß v. Roth selbst S. 30 zu dem Schluß kommt: die Angriffskriege der germanischen Stämme seien häufig genug, nur nicht *ausschließlich* oder hauptsächlich, Sache der Gefolgschaften gewesen.[25]

Ist es nun, besonders in der früheren Zeit, wo die „latrocinia" so häufig waren, denkbar, daß der König oder Graf, welcher daheim den Frieden zu bewahren, Priestertum und Gericht zu pflegen, monatlich zwei Versammlungen der Gaugenossen zu leiten hatte, zugleich als Bandenführer im Auslande fungiert habe? Dies wäre nicht allein mit dessen Beruf, auch mit dessen Würde, aller Vorliebe der Germanen für den Krieg, selbst für Raubzüge unerachtet, endlich mit der einfachsten Politik geradezu unvereinbar gewesen, da des Königs oder Grafen Unternehmungen und Niederlagen nicht ohne Rückwirkung auf sein Volk bleiben konnten. Dies erkennen auch die Gegner, welche die Gefolge nur für einen Teil des Volksheeres halten, an, müßten dann aber, um konsequent zu sein, auch behaupten, daß es *überhaupt niemals bloße Gefolgskriege*, sondern lediglich Volkskriege gegeben habe, da nicht die Truppe, welche zunächst ins Feld rückte, sondern lediglich, von wem und in wessen Interesse der Kriegsbeschluß erfolgte, den Unterschied zwischen Volks- und Sonder- oder Gefolgskriegen begründen konnte.

Wir erkennen endlich in Tacitus mehrere Fälle, wo teils der Gefolgsführer nicht zugleich Fürst ist, teils aber, und das sind bei weitem die wichtigsten, die Gefolge in offenem feindlichen Gegensatze zu dem Nationalwillen stehen, was *deren Auffassung als Teil des Nationalheeres* geradezu widerstreitet.

Gannascus (Ann. XI, 18; vergl. die Geschichte dieses Ereignisses unten) war Kanninefate, hatte bei den Römern mit Auszeichnung gedient, desertierte aber zu den Chauken und unternahm mit chaukischer Mannschaft zuerst Raubzüge zur See besonders nach Gallien (levibus naviis praedabundus, Gallorum maxime oram investigabat), dann auch nach Niederdeutschland, wo ihn Corbulo vertrieb. Daß Gannascus nicht König oder Graf der Chauken war, steht, abgesehen von seiner fremden Nationalität, wohl außer Zweifel, da er bis zu seiner Desertion in römischem Kriegsdienst stand.

Daß seine Mannschaften Gefolgen waren, ist nicht ausdrücklich gesagt, kann aber bei der Natur solcher Raubzüge, die nur durch disziplinierte, kriegsgeübte Freiwillige ausgeführt werden konnten, kaum bezweifelt werden. Staat und Volk der Chauken aber haben solche Fahrten vielleicht insgeheim begünstigt, dadurch Feindseligkeit gegen Rom an den Tag gelegt, aber keinen Volkskrieg gegen dasselbe geführt.

Nach Ann. I, 57 bittet Segest die Römer um Hilfe adversus vim popularium, a quis circumsedebatur, und wird *magna* cum propinquorum et clientium manu der Gefahr entrissen. Da Segest, selbst nach der Meinung der Gegner, Gaukönig (nach anderen: Graf) war, sonach auch ein Gefolge haben mußte, so kann sich die magna *clientium* manus offenbar nur auf dessen Gau und Gefolge beziehen, welches hiernach also die Treue gegen den, wiewohl römisch gesinnten, Führer dem Willen und Gefühl der übrigen Völkerschaft vorzog. Armin selbst, als er (Ann. II, 88) nach längerem Kampfe mit dem Volke (dum varia fortuna certaret) gestürzt wird, kann sich im Wesentlichen nur mittelst seines Gaues und Gefolges gegen dasselbe eine Zeitlang behauptet haben.

Als Sueben und Cherusker ferner (Ann. II, 45) miteinander kriegen, geht Inguiomer, unstreitig ebenfalls cheruskischer Gaukönig (nach anderen: Graf), cum manu clientium zu Marobod über.

Derselbe Vorgang bei Marobod und Catualda, den markomannischen Königen (Ann. II, 63), denen ihre Gefolge auch nach der Vertreibung treu blieben. Auch Vannius folgen (Ann. XII, 30), als er dreißig Jahre später vertrieben wird, die Gefolgen in römisches Gebiet nach.

Schlagend bewähren diese Fälle, daß die Gefolge nicht der Obrigkeit, *sondern nur der Person dienten*, daß sie die Treue gegen ihren Herrn oft über Volksbeschluß und Nationalgefühl setzten.

Der vom Volk Bekriegte und Verbannte, der Überläufer, war nicht mehr König oder Graf, blieb aber immer noch seines Gefolges Herr. –

Nicht darin aber, ob der Gefolgsherr für seine Person zugleich ein königliches (nach anderen: obrigkeitliches) Amt bekleidete, wie bei Segest, Armin und Inguiomer allerdings der Fall war, sondern darin nur, ob dessen Gefolge ein *öffentliches*, ihm als *Obrigkeit* untergebenes Institut oder ein *rein privates* war, ruht der Kern der Streitfrage überhaupt. Die Gegner verwerfen die Privatgefolge als eine mit der Gemeindeordnung unvereinbare Anomalie, *ihres Prinzips* wegen, müssen aber doch selbst einsehen, daß es eine noch viel größere und gefährlichere Anomalie gewesen sein würde, der in ihrem öffentlichen Amte sonst vom Volkswillen abhängigen Obrigkeit (einem republikanischen Grafen! D.) die Haltung einer rein persönlichen, von letzterem unabhängigen Hausmacht zu gestatten, als einem bloßen Privaten, der als solcher immer noch der Obrigkeit untergeben war.

Ist in vorstehendem genügend dargetan, daß die Meinung der Gegner, in ihrer vollen Schärfe wenigstens, mit den Quellen und der Geschichte unvereinbar ist, so liegt noch ob, die entgegenstehende Ansicht über das Comitat und dessen Entwicklung bis zu des Tacitus Zeit im Zusammenhange darzulegen und damit die Widerlegung des aus der Unvereinbarkeit der Privatgefolge mit der germanischen Volkssouveränität entlehnten Haupteinwandes zu verbinden.

Die Wurzel des Gefolgswesens war eine doppelte:
   a) die unbändige persönliche Freiheitsliebe und Kriegslust der Germanen,
   b) das vom Instinkt des Naturvolkes gefühlte und in der naturgemäßesten Form befriedigte Bedürfnis einer, dem *Zwecke des Raubkrieges entsprechenden, militärischen Organisation.*

Durch Blut, nicht durch Schweiß, trachtete der Germane zu erwerben (Germ. c. 14 a. Schl.). Undenkbar war damals eine Gemeinverfassung, welche die einzelnen behindert hätte, *außerhalb des Bezirks des Gemeinfriedens* (in feindlichem oder doch gleichgültigem, nicht befriedetem und befreundetem Lande D.) dem Betriebe ihres Lieblingsgewerbes nachzugehen. Um so undenkbarer, je wichtiger die Gefolgsfahrten als militärische Vorschule, oft als Vorbereitungen des Volkskrieges für das Gemeinwesen selbst waren.

Zu Cäsars Zeit blühten solche Fahrten (VI, 22. 6), z. B. gegen Helvetier und Gallier, wie der Sueben gegen die Ubier. Als Rom dem Schweifen Schranken gesetzt, wurde deren Schauplatz wesentlich beschränkt, Trieb und Gelegenheit aber nicht vernichtet. (Zu Civilis strömen solche Gefolgschaften wohl in reicher Zahl; im vierten Jahrhundert fechten alemannische Gefolgschaften eines den Römern unterworfenen Gaus wider Willen des Gaukönigs gegen die Römer. D.)

Daß nun die „latrocinia" Cäsars nicht Volks-, sondern Privatkriege einzelner Führer waren, hat schwerlich jemand geleugnet. Daraus folgt aber unabweisbar, daß nicht die Gaukönige oder Gaugrafen, als Obrigkeiten, dazu auszogen, sondern andere, welche durch persönliches Ansehen die nötige Mannschaft sammeln konnten.

Ob aber Cäsars „latrocinia" durch wirkliche ordentliche Comitate ausgeführt wurden oder nur durch außerordentliche, ad hoc gebildete Freischaren unter einem Führer, ist nicht zu entscheiden. Die

Wahrheit liegt auch hier unstreitig in der Mitte. Die Heiligkeit der *einmal übernommenen* Verpflichtung, die Cäsar an jener Stelle hervorhebt, beweist, daß das ganze Verhältnis vom Volksgeiste getragen und begünstigt wurde. Der glückliche Führer wiederholte sicherlich seine Züge, entließ aber in der Zwischenzeit größtenteils die Mannschaft, nur einzelne Treue und Tapfere, gewissermaßen als Offiziere, bei sich behaltend, um deren Teilnahme für die Zukunft desto gesicherter zu bleiben.

Welche Ausbildung das Gefolgsystem zu Cäsars Zeit hatte, ist unerforschlich; daß es in seinen Grundzügen vorhanden war, nicht zu bezweifeln. Privatgefolge bestanden, gleich viel, ob bleibend oder vorübergehend, nach obigem schon unter Cäsar, wie zweifellos in späterer Zeit.[26]

Es fragt sich nun, welchen Privatpersonen das Recht, ein Gefolge zu halten, zustand, und wie sich deren Stellung mit der Ordnung des Gemeinwesens vereinbaren ließ?

Die Haltung eines Gefolges war keine *Rechts*-, sondern lediglich eine *Tatfrage*. Wer das persönliche Ansehen hatte, Gefährten um sich zu sammeln, die Mittel, solche zu bewaffnen, teilweise wenigstens zu ernähren (und endlich Durst nach Tat und Ruhm *(D.)*), der hielt sich ein Gefolge.

Bestand nun überhaupt (was auch Löbell und Waitz zugeben) ein Erbadel, aus dessen erlauchtesten Geschlechtern, wie letzterer mindestens einräumt, die Könige gewählt wurden, bestand ferner Verschiedenheit des Vermögens, die sich bei der Ackerteilung secundum dignationem, wie in Kleidung und Bewaffnung kund gab (Germ. c. 26. 17 und 6), so würde es höchste Unnatur sein, zu bezweifeln, daß der Adel in der Regel vorzugsweise angesehen und vermögend war. Undenkbar wäre es in der Tat, einen Erbadel überhaupt anzunehmen, der, ohne rechtliches Privilegium (abgesehen vom höheren Wehrgeld D.), nicht einmal auf faktischen Vorzügen beruht habe. Muß daher derselbe dergleichen besessen haben, so wurzelt auch hierin notwendig dessen vorzugsweise faktische Befähigung zu Haltung von Gefolgen.

Aus dem allen folgt aber keineswegs, daß der Adel bei den Germanen über Verdienst gestanden, dies verdrängt hätte. Wie unter den Genossen des Adels unstreitig die Persönlichkeit entschied, so hinderte gewiß auch nichts den einfachen Freien (wie dies z. B. Gannascus vielleicht war), der ausgezeichneten Kriegsruhm und genügendes Vermögen dafür besaß, Gefährten um sich zu versammeln.

Nur ist dies, dem Volksgeiste gegenüber, welcher sich dem Adel, der aus ihm lediglich seine Kraft saugte, williger unterordnete, als Ausnahme zu betrachten.

Die Existenz unabhängiger „Bandenchefs", welche sich der Gemeinde gegenüber stellten, ihre persönliche Macht über die der Gemeinde erhoben, Freiheit und Sicherheit der einzelnen gefährdeten (vergl. Waitz S. 94 und 95), ist auf keine Weise vorauszusetzen. Der Gefolgführer war Mitglied und Untertan der Gemeinde. Die Sitte, so mächtig im Volke, National- und Pflichtgefühl wehrten dem Mißbrauche persönlichen Einflusses.

Auch fehlte sicherlich zu solcher Auflehnung die Macht, da nicht allein das Volksheer, sondern auch die *Gefolgschaft des Königs oder Grafen*, gewiß zahlreicher als das des Privaten, solchem Frevel entgegengestanden haben würde.

Endlich gingen die Gefolge in der Heimat und im Frieden größtenteils auseinander: nur ein kleiner Stamm, wohl auch die Verpflichtung, auf Geheiß sich wieder zu sammeln, blieb vorbehalten. Endlich wurden die Gefolgschaften zu des Tacitus Zeit, weil die Gelegenheit zu latrociis beschränkter, das internationale Verhältnis der Völker ausgebildeter und befestigter war, überhaupt seltener, als in der Cäsars: nur der Behauptung völliger Nichtexistenz und absoluter Unstatthaftigkeit ist zu widersprechen (da sie ja in noch viel späterer Zeit begegnen. *D.*).

Für die Staatsordnung aber war es gleichviel, ob sie von Fürsten oder Privaten mittelst ihrer Gefolge durchbrochen wurde: nur drohte ungleich höhere Gefahr in den Comitaten der Fürsten, weil sich hier die persönliche Macht mit der amtlichen in einer Person verband.

Fügen wir noch einiges über *Geschlechtsverfassung* bei.

Daß die Familie der erste Kreis menschlicher Vereinigung, der Familienvater das erste natürliche Oberhaupt war, daß bei der wachsenden Zahl der Familien in diesen das Bewußtsein eines gemeinsamen Geschlechts fort und fort lebendig und wirksam blieb, die hiernach zusammengehörigen Geschlechter daher einen gemeinsamen Stamm bildeten, ist noch von niemand bezweifelt worden. Je mächtiger in den Urvölkern aber der Naturtrieb war, um so sicherer mußte sich die erste rohe Befriedigung des Bedürfnisses geselliger Ordnung allenthalben an diese, naturgemäß dafür schon vorhandene Gliederung anschließen.

So wurde die Geschlechtsverfassung die Grundlage (richtiger: Vorstufe; D.) *der ersten staatlichen oder politischen Ordnung.*

Wie dies die denkende Betrachtung ergibt, so bestätigt es die Geschichte. Bei denjenigen Völkern, deren Altertums wir am kundigsten sind, bei Griechen und Römern, beruht es außer Zweifel: ja bei solchen Völkern, namentlich höherer Rasse, welche dem großen europäischen Kulturprozeß fremd geblieben sind, wie Tscherkessen und Beduinen, Albanesen und Kurden, finden wir heute noch die Reste der Geschlechtsverfassung in lebendiger Wirksamkeit.

Die fortschreitende Entwicklung aber bedurfte weiterer, dem komplizierteren Bedürfnisse entsprechender Ausbildung, wozu die Geschlechtsverfassung nicht überall bildsam und dehnbar genug sein mochte. Dies galt vor allem vor dem germanischen Volksstamme, dem Wandertrieb und Kriegslust Uranlage waren. Die Zehnteilung, hauptsächlich in ihrer zweiten Stufe, der Hundertschaft, nebenher aber auch in der ersten und dritten der Tausendschaft war bei manchen (nicht allen *D.*) germanischen Völkern vielleicht eine Fortbildung der urtümlichen Geschlechtsverfassung zu militärischen Zwecken. Aber gewiß ruhte diese nicht auf Organisationswillkür, auf nivellierendem Zerreissen des alten Bandes und planmäßigem Durcheinanderwerfen sich fremder Elemente.

Keine Revolution, nicht einmal eine Reform in unserm Sinn lag darin: nur eine praktische Entwicklung, um die alte Verfassung für das neue Bedürfnis passender einzurichten.

Dies ergibt sich am sichersten daraus, daß die oberste Verfassungseinheit, die Völkerschaft, von der Neuerung unberührt blieb: daher das Geschlechtsprinzip, worauf diese doch selbst beruhte, bei dessen weiterer Gliederung im Innern unmöglich verlassen worden sein kann.

Für die Germanen wird dies übrigens durch Tacitus Germ. Kap. 7 außer Zweifel gesetzt, indem er, von deren Heerordnung redend, hinzusetzt: „non casus, nec fortuita conglobatio turmam aut cuneum facit, sed familiae et propinquitates."

Wir können daher nicht zweifeln, daß, indem auch Germanenvölker (gleich den Römern) aus einleuchtenden militärischen Rücksichten eine Schar von Hunderten zum untersten Gliede der taktischen Einheit bestimmten, bei deren Zusammensetzung die geschlechtliche Verbindung; so weit die höhere militärische Rücksicht es irgend gestattete, fortwährend maßgebend geblieben sei.

Die erste Niederlassung der Germanen war nichts als eine stehende Lagerung des mobilen wandernden Heeres: daher ward selbstredend das eingenommene Land ebenso abgeteilt, wie das Heer, von jeder Gliederung dieses letzteren ein entsprechender Bezirk eingenommen, die Vorsteher der Stämme wie der Hundertschaften wurden nun auch Vorstände der Gaue und Cente und als solche bürgerliche Obrigkeiten.

Das Detail dieser Bildung ist unerforschlich, die Hauptsache steht zweifellos fest.

Wenn bei der Abteilung des Heeres die wirkliche Zahl der Mannschaften mit der Sollzahl, welche der Name ausdrückte, unstreitig nahe übereinstimmend war, so mußte dies doch in der Zeit der Seßhaftigkeit, in Folge des, zumal ungleichartigen, Anwachsens der Bevölkerung, wesentliche Änderung erleiden. In dieser Zeit schrieb Tacitus, sagt daher G. c. 6 mit Recht: „quod primo numerus fuit, jam nomen et honor est".[27] Das Mißverhältnis mußte auch so lange fortwährend wachsen, bis eine neue Abteilung oder Gliederung der Landteilung eintrat, bei welcher jedoch sicherlich schon politische und Kulturzwecke die militärischen weit überwogen, obwohl die alte Heerordnung im Wesentlichen gewiß so lange sich erhalten hat, als der Heerbann oder das allgemeine Nationalaufgebot überhaupt bestand. (Bei einzelnen Germanenvölkern haben auch Tausend- und Zehntschaften bestanden: so bei Ost-, West-Goten, Vandalen. *D.*)

Auf die Ausbildung der Verfassung aber haben diese Teilungen nur untergeordneten Einfluß ausgeübt. Als Beweis für eine urtümliche Abteilung nach Tausendschaften auch bei Westgermanen ließe sich etwa die Stelle Cäsars d. b. G. IV, 1 anführen, wonach die Sueben jährlich 1000 Bewaffnete auf Kriegszüge über die Grenze sandten. Häufiger als die Tausendschaften sind übrigens die Zehntschaften, Decanien.

Die Gliederung im Volke war also eine doppelte: eine persönliche militärische und eine dingliche oder territoriale, beide im Ursprunge identisch, weil die Landteilung unmittelbar aus der Heerteilung hervorging, aber verschieden in Entwicklung, Bedeutung und Folgen. Natürlich: weil das alte Heerwesen, später durch das Lehnsystem immer mehr überflügelt, seiner Auflösung entgegen welkte, indes der politische Fortschritt der schon bestehenden Landteilung sich anschloß, diese weiter ausbildete, vor allem aber durch Erweiterung der territorialen Gewalten die gegenseitige Abgrenzung der Bezirke derselben wichtiger und wirkungsvoller machte.

Als sich nun das Volk und das Heer zuerst bleibend gelagert hatte, d. i. seßhaft geworden war, bedurfte es der Bezeichnungen für das sowohl von ihm überhaupt als von dessen einzelnen Gliedern eingenommene Gebiet: und zwar wiederum in doppelter subjektiver persönlicher und in objektiver territorialer Beziehung. Die Besitznahme oder Anweisung irgendeines Landesteils kann ohne dessen vorgängige, wenn auch nur ganz rohe Begrenzung gar nicht gedacht werden.

Die Abgrenzung (Gemarkung) war also deren erstes Erfordernis. Was natürlicher nun, als daß man das durch die Marke (als Grenze) umschlossene Gebiet selbst *Mark* nannte. Mark bedeutet daher nichts anderes als Bezirk oder Distrikt überhaupt, den großen wie den kleinen. Zuerst ist es auch für den Bezirk der obersten Einheit der Völkerschaft oder doch des Gaus angewendet worden: jetzt ist es nur noch für den kleinsten Maßstab (Feldmark, Gemeindemark, wüste Mark), in Gebrauch.

Während man nun für die rein territoriale Bezeichnung an sich nur ein einziges Wort hatte, kam für diejenige, welche zugleich den Kreis der Insassen angab, später eine mehrfache in Anwendung, besonders für Gau und Cent. Da aber das persönliche Prinzip in der Verfassung immer mehr von dem territorialen überwogen und verdrängt wurde, so nahmen auch letztere Bezeichnungen immer mehr eine rein geographische Bedeutung an, was besonders von dem Gaue, pagus, gilt, während bei den Centen der Name wenigstens fortwährend an die alten Hundertschaften erinnert.

Daher finden wir große und kleine Gaue und Centen und in den Urkunden späterer Jahrhunderte wird Gau, pagus, schlechterdings nur als allgemeine territoriale Bezeichnung überhaupt ganz synonym mit dem heutigen Worte: Bezirk angewendet, so daß der Ausdruck: Gau ausnahmsweise bisweilen sogar ein ganzes Land (pagus Saxoniae, Turingiae), bisweilen aber auch nur eine einzelne Dorfmark bedeutet.

Es ist müßig, zu streiten, ob Gau und Mark identisch oder verschieden sind, denn sie sind beides. „*Mark* bezeichnet einen rein örtlichen, lediglich den Grund und Boden umfassenden, einheitlichen Bezirk, Gau aber eine, auf der Gliederung des Volkes in Stämme beruhende, kurz eine politische Abteilung."[28]

Aber jeder Gau hatte auch seine Mark: und in späterer Zeit wenigstens ward Gau, wo nicht ausschließlich, doch gewiß meist nur für einen territorialen Bezirk, also identisch mit Mark gebraucht.

Für die Urzeit ist die Frage von Wichtigkeit: was zu des Tacitus Zeiten unter Gau, pagus, verstanden worden sei.

(Es gab offenbar kleine Völkerschaften mit etwa nur zwei Gauen (Fosi): ja vielleicht auch Einzelgaue (pagi), die zu keiner Völkerschaft mit anderen verbunden waren, während größere Völkerschaften wie Brukterer, Chauken, Cherusker usw. auf Vereinigung mehrerer Gaue beruhten.[29] Tacitus selbst aber bezeichnet durch das in der Germania vorkommende Wort pagus unzweifelhaft nur den Gaubezirk.

Sowohl im Gebiete der zu einem größeren Bund vereinigten Völkerschaft als in dem Gaue und dem Cent fanden Versammlungen (concilia) statt, deren Cäsar und Tacitus oft gedenken: dieser Ausdruck bezieht sich unzweifelhaft auf *alle* Kategorien von Tingen.

Am seltensten natürlich haben Versammlungen der ganzen Völkerschaft, die man vielleicht als Bundestage bezeichnen könnte, für gewisse Gesamtangelegenheiten durch hierzu Abgeordnete stattgefunden, wobei aber auch *jeder* freie Mann erscheinen *durfte*.

Auf der Gauversammlung beruhte dasjenige, was wir die zentrale Staatsregierung nennen würden: Krieg und Frieden des Gaus, Entscheidungen der Streitigkeiten der Cente unter sich und Aburteilung der schwersten Verbrechen; vor die Centversammlung dagegen gehörte das nur ihren Bezirk Betreffende, wahrscheinlich auch Verlöbnis, Wehrhaftmachung und Eigentumsübertragung, die zwar auch in den Versammlungen der bloßen Ortsgemeinden geschehen konnten. Gewiß ist diese Kompetenz auch Gegenstand fortwährenden Wechsels gewesen, je nachdem sich die politische Entwicklung mehr zur Zentralisation hinneigte oder wie bei den Sachsen und Friesen mehr in der alten lockeren Verbindung verharrte.

Im Lateinischen wird übrigens bei Tacitus die oberste Einheit in politischer Beziehung als civitas (Völkerschaftsstaat), in geschlechtlicher als gens (Völkerschaft), bezeichnet. D.)

Also waren die Germanen am Schluß des ersten Jahrhunderts.

Nicht ohne Wichtigkeit für unsern Zweck ist die Verteilung des Gesamtgebiets unter die einzelnen Völker, mit Genauigkeit und Sicherheit aber die Aufgabe zu lösen teils an sich, teils deshalb unmöglich, weil die Sitze ursprünglich ohne Stetigkeit waren, deren Angabe daher immer nur für einen gewissen Zeitpunkt wichtig sein kann. In diesem Sinne ist der Versuch einer solchen in dem ersten Anhang und der Karte entworfen.

DRITTES KAPITEL

Die Kriege der Germanen mit Rom bis auf die Varusschlacht

(113 v. Chr. bis 9 n. Chr.)

Eine vollständige Geschichte der Kriege zwischen Germanen und Römern, welche der Zeit, die wir beschreiben, vorausgingen, würde hier nicht am Platze sein; ein gedrängter Überblick des Verlaufs und der Hauptmomente derselben darf jedoch nicht fehlen, hat sogar da ausführlicher zu sein, wo es sich um Nachweis eines Zusammenhanges mit der Folgezeit handelt.

In Fortsetzung ihrer Wanderbewegung von Ost nach West (siehe oben Einleitung) drangen die Germanen gegen ihre keltischen Nachbarn in Belgien und Helvetien vor: und zwar mit solchem Erfolge, daß um Cäsars Zeit (58 v. Chr.) schon ein großer Teil des linken Rheinufers, einschließlich des Elsaß, und das gesamte rechte, vormals keltische, Rheintal vom Main bis Basel in deren Besitze, die keltischen Außenstämme zwar durch die Schule dieser langen Kämpfe die tapfersten aller Gallier geworden waren, die Bewohner des innern Landes aber, wie Cäsar I, 39 diese selbst sagen läßt: „nicht einmal das Antlitz der Germanen, noch den Blitz ihres Auges zu tragen vermochten".[1]

Der erste Zusammenstoß mit Rom erfolgte um das J. 114 v. Chr., als die *Kimbrer* und *Teutonen* aus ihren Sitzen von Jütland bis Holstein durch Nahrungsmangel wegen Übervölkerung, vielleicht bei durch Überschwemmung vermindertem oder doch bedrohtem Ackerland, vertrieben, gegen Süden zogen, bald mit keltischen Zuzüglern gemischt. *(D.)*

Zunächst zwar lenkten sie, obwohl siegreich, vor den Alpen freiwillig wieder ab: nur Süddeutschland, Gallien, ja selbst Hispanien ausraubend, schlugen sie auf dreizehnjährigen Hin- und Herzügen fünf konsularische Heere, bis sie endlich, jenseits der Alpen an des Marius Kriegserfahrung zerschellend, ihren Untergang fanden.

Dieser Zusammenstoß war es, welcher für Rom zuerst die Erkenntnis eines neuen, eigentümlichen Volksstammes von wilder Urkraft aus dem dunkeln Gesamtbilde der transalpinischen „Kelten" loslöste, welcher mit einem keltischen Namen *Germanen* genannt ward.

Es war der erste Wellenschlag der Völkerwanderung. *(D.)*

Entdeckt war nun Roms furchtbarster Feind, vor dem es auf dem Gipfel seiner Größe zweimal erzitterte, den es zwar, wie Tacitus unter Trajan mit bitterer Ironie sagt, „schon seit 210 Jahren besiegte, im Kriege aber nie bezwang", bis endlich die Rollen wechselten, die Germanen der Hammer, Rom der Amboß wurde, dessen Zertrümmerung nach langem zähen Widerstande den Kampf endete.

Es war 42 Jahre nach der Niederlage der Kimbrer im raudischen Blachfelde, als *Ariovist*, ein suebischer König, den gallische Zwietracht selbst zuerst in das Land gerufen, zu bleibender Eroberung des südöstlichen Galliens sich anschickend, auf Cäsar stieß. Grauen ergriff die Legionen: aber des großen Juliers Heldenseele überwand zuerst die Furcht seiner Römer und dann die wilde Kraft der Germanen.

Mit diesem Siege beginnt die 74jährige Periode der Offensivkriege Roms gegen Germanien, in dem die Hauptbegebnisse folgende waren:

Zweimal, in den Jahren 55 und 53 (de b. g. IV, 16 u. VI, 9. 10 u. 29), ging Cäsar über den Rhein, nicht um zu erobern, sondern nur um abzuschrecken. Lange Zeit hatten die Germanen diesen Strom überschritten, bald auf Eroberungs- oder Raubzügen, bald als Hilfsvölker. Dasselbe geschah um jene Zeit gegen Cäsar, der deshalb des Reiches neue Grenze durch den Schrecken römischer Kriegskunst und Waffen wirksamer zu sichern beschloß.

Mag nun auch jene fabelhaft schnelle Überbrückung des Niederrheins den Germanen kaum minder bewunderungswürdig als den Amerikanern das erste Feuergewehr erschienen sein, so vermochte doch nichts erstere zu schrecken und zu *zügeln*. Noch im Herbst des J. 53 zogen 2000 Sugambern über den Strom, um an der Ausraubung der Eburonen, die Cäsar den benachbarten Galliern preisgegeben, teilzunehmen, überfielen dabei aber ein schwach besetztes römisches Lager, das kaum der Vernichtung entging, und kehrten beutebeladen in die Heimat zurück. Noch erfolgloser erwies sich Cäsars weiteres Vordringen über den Rhein. Die Germanen wichen in ihre Wälder zurück und Cäsar zog, nach Verheerung des wenigen, was es zu zerstören gab, ruhmlos wieder ab.

Diese Unternehmungen stellten es fest, daß eine Eroberung Germaniens im gewöhnlichen Sinne dieses Wortes, der Freiheitsliebe des Volkes und der Beschaffenheit des Landes gegenüber, fast ein Unding sei.

Auf Cäsar folgte im Wesentlichen eine vierzigjährige Waffenruhe zwischen Römern und Germanen, auch dadurch gefördert, daß die unbändige Kriegslust dieser letzteren in römischem Solddienste Ableitung und Befriedigung fand.

Cäsar selbst hatte deren hohe Kriegstüchtigkeit anerkannt, sie errangen ihm in den verzweifeltsten Gefechten des gallischen Krieges (VII, 67. 70 u. 80) den Sieg, wirkten in den Kämpfen um die Weltherrschaft bei Pharsalus und Alexandrien entscheidend mit, stritten bei Philippi für und wider Brutus, und bildeten Augusts Leibgarde.

Gleichwohl mag es auch an der Rheingrenze, die Rom immermehr zu sichern strebte, an kleineren Raubzügen und Neckereien nicht gefehlt haben, obwohl die Geschichtsquellen, in jener Zeit vorzugsweise mit den Bürgerkriegen beschäftigt, nur eines Vorfalls der Art im J. 29 oder 30 (Cassius Dio LI, 21), und später, im J. 16 v. Chr., der Clades Lolliana erwähnen. Wiederum zogen da Sugambrer raubend über den Rhein, schlugen römische Reiter, ja Lollius selbst, den Legaten von Gallien, in schimpfliche Flucht, und nahmen dabei den Adler der fünften Legion.

Nachdem August die Gewalt in Rom unter dem Titel des Principats erlangt und genügend befestigt hatte, wandte sich in den letzten dreißig Jahren seiner Herrschaft dessen Blick den äußeren Verhältnissen des Reiches zu, das allein im Nordwesten noch bedroht erschien. Nicht Erweiterung, nur Erhaltung und Sicherung der Grenze war sein klar erkanntes Ziel.

Zu letzterem Zwecke lediglich rückte er dieselbe im Norden Italiens bis zur Donau vor, das keltische Süddeutschland in den Jahren 15–14 v. Chr. sich unterwerfend.

Gegen die Germanen aber hatte sich der Rhein, zumal nach der Schmach der Lollianischen Niederlage, als ungenügende Schutzwehr ergeben. Und doch war eine bessere, selbst deren Erkämpfung vorausgesetzt, nirgends zu finden, da weder Weser noch Elbe hierzu geeigneter gewesen sein würden. Da gab es denn kein anderes Mittel als das *friedlicher Unterwerfung*. Indem man den Nachbarstämmen rechts des Rheines mit der einen Hand die Schrecken römischer Waffen, mit der andern die mannigfachen Vorteile freundlicher Verbindung mit Rom, neben fast ungeschmälerter nationaler Selbständigkeit, zeigte, durfte man hoffen, sie zu Bündnissen zu bewegen. Gelang dies, so schien die leichte Fessel um so sicherer allmählich zu einer schweren, ja endlich zur Sklavenkette werden zu müssen, je mehr steigende Kultur und Zivilisation andre Lockungen und Reize als den wilder Freiheit in den Germanen wecken mußten.

Dies war unstreitig Augusts geschickter Plan, gefördert übrigens durch persönliche Vorliebe für den tapferen Drusus, dem er die Ausführung übertrug.

Meisterhaft, wie die Anlage, war die Ausführung, durch Drusus von 13–9 v. Chr. begonnen, durch Tiberius bis 6 v. Chr. und dann wieder von 3–6 n. Chr. fortgesetzt (und der Vollendung so nahe, daß nur Armins geniale List und Kraft sie hinderte D.). Der Aufstand der Pannonier und Illyrier, der Mißgriff in der Wahl des Quinctilius Varus zum Legaten (und zuletzt Armins dämonische Größe D.) retteten die germanische Freiheit. Mit einem Schlage fiel da im J. 9 n. Chr. das Werk zweiundzwanzigjähriger Politik und Siege in Trümmer, drei römische Legionen im blutigen Schutte begrabend.

Betrachten wir zunächst die Angriffe und Erfolge des Drusus. Es ist nötig, über seine Persönlichkeit einiges zu bemerken. August vermählte sich bekanntlich zum zweiten Male mit Livia, der Gemahlin des Tiberius Claudius Nero, welchen er, von Leidenschaft zu dieser ergriffen, von ihr sich zu trennen zwang. Als er Livia in den Kaiserpalast einführte, trug diese ihren jüngsten Sohn Drusus unter dem Herzen. Unter des Kaisers Augen geboren und erzogen, ward er bald ein Gegenstand inniger Zärtlichkeit desselben; man hielt ihn zu Rom für des Kaisers eignes Kind. Dieser Drusus nun ward im Jahre 13 nach Gallien gesendet. Da stand der sechsundzwanzigjährige Held, Angesichts des Rheins, auf dem Boden, auf welchem der große Cäsar die Palme unsterblichen Ruhmes sich erworben; ihn nannte er seinen Großvater, weil derselbe den Octavianus adoptiert hatte. Ihm fühlte er sich nicht unebenbürtig an Mut und an Geist, dabei aber im Besitze größerer Macht, als der beginnende Cäsar, weil er der Lieblingssohn des Weltherrschers war. Was Wunder nun, daß heißer, glühender Ruhmesdurst, kühner Unternehmungsgeist die jugendliche Seele ergriff? Wie aber, wird man einwenden, konnte der bedächtige August diesem jungen Manne eine solche Stellung anvertrauen? Darauf wirkte wohl zuvörderst das dynastische Streben und der Wunsch, die Herrschaft auf sein Haus zu vererben. Zwar hatte Augustus damals noch selbst Bluterben in den Söhnen seiner Tochter Julia, Cajus und Lucius, aber immerhin konnte es seine Pläne nur fördern, wenn Drusus Sieg und Ruhm und vor allem die Liebe und Treue der mächtigsten der römischen Heere sich erwarb. Aber nicht bloß aus dynastischer Schwäche, gewiß auch mit kluger Berechnung handelte er so. Sicherlich wußte August sehr gut, daß

Germanien nicht, wie Gallien, erobert werden konnte. Erobern kann man überhaupt nur ein Land, dessen Volk den Verlust der Freiheit geringer achtet als den seines unbeweglichen Eigentums an Häusern und Land. Anders bei den Germanen. Die Germanen waren einst als Nomaden von Asien aus eingewandert und hatten von nomadischer Sitte noch viel, namentlich aber die bewahrt, daß sie ihre bewegliche Habe, Rosse, Herden, Unfreie, höher achteten, als ihr unbewegliches Eigentum an Häusern und Äckern. Bot nicht der weite Urwald überall Material genug, um sich Häuser aus Stämmen zu zimmern, nicht Raum genug, um durch Rodung neues Kulturland zu gewinnen? Deshalb geschah es, daß, als Cäsar zweimal über den Rhein gegangen war, die Sugambrer und Sueben sich vor ihm in die Wälder zurückgezogen hatten, wohin sie zu verfolgen er nicht wagte. Es war also auf dem Wege gewöhnlicher direkter Eroberung kaum etwas auszurichten, wohl aber schien es möglich, durch Bündnisse die Germanen dahin zu bringen, daß sie Roms Schutz und Oberherrlichkeit anerkannten. Schon die Republik hatte auf diesem Wege vieles bewirkt. Sie kannte zwei Arten von Bündnissen, das foedus aequum mit gleichen Rechten; das andere, in welchem die Klausel vorkam, majestatem populi romani comiter colunto: die Macht des römischen Volkes freundlich zu ehren. Durch derartige Bündnisse mochte er die Germanen nach und nach zu unterwerfen sich schmeicheln.

Die Quellen über des Drusus Feldzüge sind äußerst dürftig. Einen chronologisch geordneten Bericht finden wir nur bei Cassius Dio, einem römischen Schriftsteller aus dem Anfange des dritten Jahrhunderts, der leider häufig äußerst kurz und unvollständig ist. Erschöpfenderes könnten wir von Vellejus Paterculus erwarten, der als Zeitgenosse schrieb, wenn er nicht zu rhapsodisch und phrasenhaft, vor allem aber ein zu großer Schmeichler des Tiberius wäre, um die früheren Leistungen von dessen Bruder Drusus in das volle Licht zu stellen. Nächst diesen finden wir noch bei mehreren anderen Schriftstellern abgerissene Notizen, unter denen die des Florus aus der ersten Hälfte des zweiten Jahrhunderts die bedeutendsten sind. Gegenstand der Operationen war der Teil Germaniens, welcher *westlich* von dem Rheine, der Yssel und dem Zuydersee; *östlich* bis etwa Hannöverisch Minden von der Weser, und von da an vom nördlichen Harze; *gegen Mitternacht* aber von der Nordsee, sowie *südlich* von dem Waldgebirge der Werra, des Eichsfeldes und des südlichen Harzes bis etwa Eisleben begrenzt war.

An der Seeküste wohnten im westlichen Holland die Friesen bis zur Ems; in dem jetzigen Ostfriesland und Oldenburg bis zur Weser ein Teil der Chauken; südlich ersterer zunächst am Rheine die Usipier, nebst einigen andern kleineren Völkerschaften; dann in dem östlichen Münsterlande und der Grafschaft Ravensberg die Brukterer; südlich der Lippe vom Rhein aus zunächst das große Volk der Sugambrer; hinter diesen auf beiden Seiten der Weser etwa von unterhalb Preussisch Minden an die Cherusker, welche nebst ihren Bundesgenossen zugleich das ganze Gebirge von Süd-Hannover, Braunschweig und des Harzes innehatten; weiter nach Süden lag zunächst dem Rheine, in dem jetzigen Nassauischen, das vormalige Land der Ubier, welche 10–15 Jahre vorher auf das linke Rheinufer in die Umgegend von Köln, welches ihr Hauptort war, versetzt worden waren, jenes Gebiet aber, wenn sie es auch vermutlich faktisch nicht mehr innehatten, doch immer noch als ihr Eigentum beanspruchten; hinter diesen im jetzigen Hessenlande die Chatten, zwischen beiden aber aus der Gegend von Fulda her zog sich wie ein Keil ein Streifen des Gebiets der Sueben, etwa in der Richtung nach Koblenz oder Bonn, gegen den Rhein hin.

Als Drusus im Jahre 13 in Gallien anlangte, war sein erstes Geschäft, den Rhein mit der Yssel durch einen Kanal zu verbinden, der von unfern Arnheim nach Doesberg führte und heute noch, wenn auch nicht mehr fahrbar, unter dem Namen der neuen Yssel den Rhein mit dem Zuydersee verbindet. Um diesen Kanal mit der nötigen Wassermasse zu füllen, wurden ungeheure Dämme in den Rhein geworfen, diesen zu zwingen, einen Teil seiner Wassermasse der neuen Straße zuzuführen. Der Grund dieses Riesenbaues war die Schwäche der Nautik der Römer. Es war für sie so beschwerlich und gefährlich, auf dem jetzigen Wege über Rotterdam oder Antwerpen in die Nordsee zu gelangen, daß sie jenen kolossalen Aufwand nicht scheuten, den Wasserweg abzukürzen. Im Jahre 12 nun ging Drusus im Frühjahre unweit Wesel über den Rhein und durchzog verheerend das Land der Usipier und Sugambrer. Wir ersehen daraus, daß damals auch ein Teil der Sugambrer nördlich der Lippe gewohnt haben muß. Von da wandte er sich nach der Mittelems, an deren Ausfluß er sich mit der Flotte vereinigte, welche indessen auf der neuen Wasserstraße in die Nordsee gesegelt war, die Inseln längs der holländischen Küste entdeckt und deren letzte, Burchana, jetzt Borkum genannt, besetzt hatte. Indem er auf diese Weise das Gebiet der Friesen von Süden und Norden her umzog, brachte er dieselben zu einem Bündnis mit Rom, welches indes schon früher, wenn auch noch nicht abgeschlossen, doch eingeleitet war: (wie der Kanalbau schon voraussetzt D.). Von der Ems zog er mit der Flotte und Armee in das Gebiet der Chauken nach Ostfriesland und Oldenburg: die Flotte blieb in den dortigen Watten auf dem Trocknen sitzen, ward aber durch Hilfe des mitziehenden Fußvolks der Friesen, welche hier also schon als römische Bundesgenossen erscheinen, wieder flott gemacht. Hier schließt Dios Bericht. Man[2] vermutet, daß auch schon damals mit den Chauken ein Bündnis geschlossen worden sei, war doch dieses Volk gegen siebzig Jahre lang mit wenig Unterbrechungen ein treuer Bundesgenosse der Römer. Strabo erwähnt noch eines Schiffsgefechtes auf der Ems mit den Brukterern, welches notwendig in dieses Jahr zu setzen ist, woraus man wieder folgert, daß auch mit den Brukterern ein Bündnis geschlossen worden sei. Am Schlusse dieses Jahres noch muß Drusus ferner das Volk der Chatten dadurch für Rom gewonnen haben, daß er ihnen das von den Ubiern verlassene Land, das gegenwärtige Nassauische, einräumte.

Wie er im Jahre 12 seinen Angriff gegen die rechte Flanke des Feindes gerichtet hatte, so im Jahre 11 gegen das Zentrum desselben. Er ging wieder über den Rhein, überbrückte die Lippe und zog quer durch das Gebiet der Sugambrer bis in das der Cherusker, an die Weser. Er fand hier keinen Widerstand, weil die ganze Macht der Sugambrer gegen die Chatten ausgezogen war, mutmaßlich um sie wegen ihres Bündnisses mit Rom zu züchtigen. An der Weser blieb Drusus eine Zeitlang stehen; aber böse Vorzeichen, Mangel an Lebensmitteln und die Nähe des Winters, wie Dio berichtet, vielleicht aber auch die Nähe der Feinde, bewogen ihn zum Rückmarsche. Diese hatten ihn indessen von allen Seiten umstellt. Die Sugambrer waren zurückgekehrt, die Cherusker aufgestanden und die Sueben hatten sich zahlreich eingefunden. Auf dem Rückmarsche fügten ihm daher die Germanen durch plötzliche Überfälle, vermutlich besonders einzelner Abteilungen, große Nachteile zu. Endlich hatten sie ihn in ein tiefes, enges Tal gelockt, wo sie ihn schon ganz für vernichtet hielten und deshalb im kecken Übermute ohne weitere Vorbereitungen von allen Seiten ungeordnet auf das Römerheer zustürzten; allein an der Geistesgegenwart des Feldherrn und an der geregelten Kriegskunst der Römer brach sich – wie später so oft noch – der unbesonnene Angriff. Sie wurden auf das Haupt geschlagen und der Feldherr setzte seinen Rückzug unbelästigt fort. Nach Plinius fand diese Schlacht bei Arbalo, einem mit einiger Sicherheit nicht mehr aufzufindenden Orte, statt. Florus berichtet von diesem Ereignisse noch, die vereinten Germanen hätten bei der Asche von zwanzig wahrscheinlich lebendig verbrannten Centurionen oder Hauptleuten den Schwur der Rache geleistet und wären ihres Sieges so sicher gewesen, daß sie schon die Beute verteilt hätten, so daß den Cheruskern die Rosse, den Sueben das Silber und Gold und den Sugambrern die Gefangenen zugewiesen worden. Als Drusus im Flachlande an der Lippe angelangt war, schlug er Lager und errichtete am Zusammenfluß der Lippe mit dem Aliso eine Festung, welche später unter dem Namen Aliso bekannt ward. Über den Ort dieser Festung ist viel gestritten worden. Die einen suchen ihn ungefähr anderthalb Stunden unterhalb Paderborn bei Neuhaus und dem Dorfe Elsen, woselbst man altes römisches Mauerwerk entdeckt haben will. Aber schon Ledebur hat dieselbe südlich von Lippstadt am Zusammenfluß der Glenne, in welche sich zuvor die Liese ergießt, mit der Lippe finden zu müssen geglaubt.

Damit schloß der zweite Feldzug. Zugleich aber ließ Drusus noch eine andere Festung Arctaunus (arx Tauni?) an der Grenze des den Chatten überlassenen Ubierlandes über der jetzigen Stadt Homburg a d. Höhe bauen. Der Feldzug des Jahres 10 mag wahrscheinlich mit Vollendung der Festungsbaue und der Herstellung der Militärstraßen hingebracht worden sein. Nur im Frühjahr überfiel Drusus die Chatten, welche wohl wegen des Festungsbaues gegen Rom aufgestanden waren, und züchtigte sie ihres Bundesbruches wegen.

Über des Drusus letzten Feldzug, im Jahre 9 v. Chr., sagt Cassius Dio wörtlich: „Ungeachtet der bösen Vorzeichen in Rom, fiel doch Drusus im Frühjahre in das Land der Chatten ein und drang vor bis in das Land der Sueben, welches er, soweit er es auf seinem Marsch berührte, nicht ohne Schwierigkeit einnahm (das Original heißt: τήν ἐν ποσίν „das vor seinen Füßen“), wobei er die Feinde, so oft sie auf ihn stießen, nicht ohne Blutvergießen besiegte. Darauf machte er eine Wendung nach Cheruskien, überschritt die Weser und rückte bis zur Elbe vor. Er beabsichtigte auch über diese zu gehen, vermochte es aber nicht, sondern trat, nachdem er Trophäen errichtet, seinen Rückmarsch an. Denn ein Weib von mehr als menschlicher Größe trat ihm entgegen mit den Worten: „Wohin, o unersättlicher Drusus, drängst du? Dir ist nicht alles zu sehen beschieden. Hebe dich weg von hier: denn dein, deiner Taten und deines Lebens Ziel steht nahe bevor." Cassius Dio fügt bei: Diese Götterstimme klinge etwas wunderbar, er müsse ihr aber doch Glauben beimessen, weil der Erfolg sie bestätigt habe. In der Tat brach Drusus auf dem Marsche durch einen Sturz mit dem Pferde das Bein und starb dreißig Tage darauf, nach Strabo, zwischen der Saale und dem Rheine. Florus sagt von diesem Feldzuge, daß Drusus die Markomannen in einer Hauptschlacht auf das entschiedenste geschlagen und aus den erbeuteten Waffen einen Trophäenhügel errichtet habe. Darauf sei er durch den bisher ganz unbekannten und noch von keinem Römer betretenen herkynischen Wald gezogen.

Über diesen Feldzug des Drusus ist viel gestritten worden. Manche Schriftsteller gründen ihre Vermutung auf das Auffinden römischer Münzen. Es ist kaum nötig, die Grundlage solcher Beweise näher zu prüfen. Die Germanen hatten nämlich damals und noch viele Jahrhunderte später keine eignen Münzstätten. Sie bedienten sich der allgemeinen Handelsmünze, welche die römische war, die Handel, Solddienst und Beute ihnen reichlich zuführten. In der Tat, man könnte mit gleichem Grunde annehmen, daß die chursächsische Armee im oberen Niltale kampiert habe, weil sich dort sehr viele altsächsische Speziestaler finden. – Wie Drusus im ersten Feldzuge die rechte Flanke des Feindes bedrohte und die dortigen Völker dadurch gewonnen hatte, wie er im zweiten und dritten das Zentrum angegriffen, so hatte der letzte Feldzug den Zweck, die linke Flanke des Feindes zu umgehen und ihn dadurch zu bedrohen, zuletzt aber sogar an der Elbe sich in dessen Rücken aufzustellen. Indem er nun von dem Chattenlande nach Suebien vordrang, mußte er notwendig auf die Straße kommen, welche zu jener Zeit schon zur Elbe führte. Diese Straße führte von der Elbe bis beinahe nach Fulda in fast durchaus ebener Fläche hin und durch die fruchtbarsten Gegenden, welche daher gewiß auch zuerst kultiviert worden sind. Auf eben dieser Straße unstreitig waren die Sueben, von Osten kommend, bis zum Rhein und von da bis zur Schweizer Grenze gezogen, wo Cäsar sie fand. Diese Straße mußte Drusus nun, indem er aus dem Lande der Chatten nach Suebien vordrang, erreichen. Hier wollte man ihm zuerst den Weg streitig machen. Drusus zog der Saale entlang an die Elbe, die er hiernach in der Gegend von Calbe erreichte.

Als die Kunde von des Drusus frühem Hinscheiden nach Rom gelangte, ergriff allgemeiner Jammer und die tiefste Teilnahme die römische Welt, in welche sogar die Germanen, dessen Feinde, mit einstimmten: August und Livia waren aufs tiefste erschüttert. Tiberias eilte mit staunenswerter Geschwindigkeit von Pavia nach Deutschland und kam noch rechtzeitig genug an, den letzten Atemzug des Sterbenden zu empfangen. Im folgenden Jahre (8 vor Christo) erhielt jener den Kriegsbefehl in Gallien, wo sich auch Augustus selbst eingefunden hatte. Des Drusus Feldzüge waren nicht ohne Wirkung geblieben. Die Germanen sandten Abgeordnete, um über Frieden zu unterhandeln, welches aber August so lange verweigerte, bis nicht auch die Sugambrer sich eingefunden hätten. Endlich erschienen auch diese, von den anderen gedrängt; August aber bemächtigte sich ihrer Sendboten und ließ sie in verschiedene gallische Städte abführen. Ob dazu irgendein völkerrechtlicher Grund vorlag, erhellt nicht aus den Quellen. Diese Gefangenen aber, um ihre Bundesgenossen von jeder Rücksicht zu befreien, töteten sich selbst, worauf der Krieg entbrannte, der nicht ohne Verluste für die Römer war, zuletzt aber, in Verbindung mit dem darauffolgenden Feldzug des Jahres 7, doch zu einem sehr günstigen Ergebnis führte: Vellejus Paterculus gibt an, daß Tiberias damals ganz Deutschland beinahe in eine tributpflichtige Provinz verwandelt habe. Dies *„beinahe"* ist im Munde der Schmeichler ein sehr beredtes und kann nur den Sinn haben, daß die Germanen zu Bündnissen bewogen wurden, wodurch sie eine Art von Oberherrlichkeit Roms anerkannten. In dieselbe Zeit fällt das wichtige Ergebnis, daß Tiberius 40 000 Sugambrer und Sueben dahin brachte, daß sie sich auf das linke Rheinufer überführen ließen, was sich (vielleicht D.) dadurch erklärt, daß dies die der Fortsetzung des Kriegs abgeneigte Partei jener Völker war.

In die nächste Zeit fallen nun zwei merkwürdige Ereignisse: zunächst die Gründung von Marobods großem Reiche, sodann der Zug des Domitius. Marobod, der Markomanne, ein großer Mann, war in Rom gebildet und daselbst von August ausgezeichnet worden. Die Markomannen, das vorderste Volk der Sueben (daher auch ihr Name Mark- oder Grenz-Mannen), saßen zu Cäsars Zeiten im Rheintal bis zur Schweizer Grenze. Als Rom bis zur Donau und jenseits des Rheines vorgerückt war, konnten sie sich daselbst nicht mehr sicher halten, zogen sich daher nach Franken zurück. Des Drusus Feldzug vom Jahre 9 mag sie gelehrt haben, daß sie auch dort vor Rom nicht mehr sicher seien. Darauf drang Marobod, der sich an ihre Spitze gestellt hatte, nach Böhmen vor, wohin, wahrscheinlich in sehr dünner Bevölkerung, damals bojische Stämme aus Süddeutschland sich zurückgezogen hatten. Von hier aus brachte er teils durch Krieg, teils durch Vertrag fast alle Stämme der Sueben, einschließlich der Semnonen im Nordosten und der Langobarden im Nordwesten, unter seine Botmäßigkeit, wozu der Erwerb des suebischen Nationalheiligtums im Semnonenwalde, woselbst sich jährlich Abgeordnete aller suebischen Stämme versammelten, wesentlich beigetragen haben mag.

Einige Zeit später (man glaubt im Jahre 2 vor Christo) zog nun Domitius Ahenobarbus, Großvater des Kaisers Nero, der in der Provinz Rätien kommandierte und in Augsburg sein Hauptquartier hatte, mit einer anscheinend nicht starken Armee durch Nordschwaben und Franken bis an die Elbe. In Franken traf er einen Haufen Hermunduren, die ihr Vaterland verlassen hatten. Er wies ihnen die von den Markomannen verlassenen Ländereien an. Darauf überschritt er die Elbe, zog, wie man vermutet, bis zur Havel und von da westwärts an den Rhein. Auf diesem Marsche wandten sich einige aus ihrer Heimat vertriebene Cherusker, unstreitig Edle, um Hilfe an ihn, worauf er den Cheruskern deren Wiederaufnahme befahl. Diese achteten jedoch nicht darauf und da dies ungeahndet blieb, zog er sich hierdurch die Geringschätzung der Cherusker und anderer Völker zu. Auf dem Rückwege zum Rheine legte er die sogenannten „pontes longi", eine Art von Knüppeldämmen, durch die Sümpfe zwischen Borken und Dülmen, etwa sechs Meilen vom Rheine, an. Über die Richtung dieses Zuges wissen wir nichts, müssen jedoch vermuten, daß dieser von Franken (auf der alten Nürnberger Handelsstraße über Hof, Weida, Gera) längs der Elster und Saale erfolgt sei. Das höchst merkwürdige Unternehmen an sich aber beweist deutlich, daß damals eine schon begründete Oberherrschaft der Römer in Germanien stattfand. Nicht nur der Marsch selbst wäre bei feindlicher Gesinnung unmöglich gewesen, sondern auch die Landanweisung an die Hermunduren und das Hilfsgesuch der vertriebenen Cherusker sprechen dafür; andererseits aber erweist sich die römische Herrschaft auch vielfach als eine nur nominelle (da die Widerstrebenden nicht immer zum Gehorsam gebracht werden konnten D.). Noch interessanter ist dieser Zug durch den Aufschluß, den er uns über die Völker im innern Germanien gewährt. Wir sehen, daß die Hermunduren von den Quellen der Elbe an längs dem Riesen-, dem Lausitzer und dem Erzgebirge ihre Wohnsitze hatten. Als aber Marobod sein großes Reich begründete, welchem namentlich auch die (im Wittenberger Kreise, der Niederlausitz und dem Brandenburgischen sitzenden) Semnunen angehörten, in deren Mitte (wie man glaubt, bei Sonnenwalde) das Nationalheiligtum der Sueben sich befand, muß er entweder durch das Elbtal oder durch die Pässe in der Gegend von Zittau dahin vorgedrungen, also auf die Hermunduren gestoßen sein. Diese mögen nun weder zur Unterwerfung geneigt noch des Widerstandes mächtig gewesen sein, was dieselben, teilweise wenigstens, zur Auswanderung veranlaßt haben mag. Gewiß ist, daß sie im Jahre 99, als Tacitus die Germania schrieb, in Nordschwaben und Franken bis zur Donau, dann aber auch in Thüringen saßen.

Von 1 bis 3 nach Christo kommandierte Marcus Vinucius in Germanien, woselbst er mehrmals teilweise mit Glück focht: er ward durch Triumphalinsignien belohnt. Ihm folgte Sontlus Saturninus. Um diese Zeit mag aber wiederum eine große Gährung in Germanien, vermutlich durch Anstiften der Völker jenseits der Weser und Elbe, entstanden sein, welche Tibers erneuerte Absendung dahin erforderte. In den Jahren 4 und 5 nach Christo unternahm dieser daher wiederum die großartigsten Züge, überschritt im ersten die Weser und erneuerte das „Bündnis" mit den Cheruskern. Auch Sontius Saturninus, der unter ihm am Oberrhein befehligte, brachte die nächsten Völker wiederholt zu Friedensschlüssen. Im Innern war bald die Ruhe so gesichert, daß Tiber mitten in Germanien bei Aliso Winterquartiere nahm. Noch merkwürdiger war der Feldzug des nächsten Jahres, über den sich Vellejus in folgenden Worten ausdrückt: „O ihr guten Götter! Welche Fülle von Taten haben wir unter Anführung des Tiberius Cäsar verrichtet! Ganz Germanien mit den Waffen durchforscht; Völker, deren Namen man nicht kannte, besiegt; die Unterwerfung aller Stämme der Chauken zustande gebracht! Ihre ganze Jugend, zahlloser Menge, von ungeheuerem Körperbau, durch ihre Wohnsitze völlig geschützt, sahen wir nach niedergelegten Waffen mit ihren Führern im Kreise der glänzendsten Heeresmusterung vor des Kaisers Bilde niederknien; gebrochen die Kraft der Langobarden, eines Volkes, wilder als selbst germanische Wildheit; endlich, was nie weder gehofft noch versucht worden war, drang das römische Kriegsheer bis zur Elbe vor, wo durch wunderbares Glück und das Geschick des Feldherrn auch die Flotte anlangte, welche nach Besiegung mehrerer Völker von den unbekanntesten Küsten des Ozeans mit einem ungeheuern Vorrat von Lebensmitteln aller Art in die Elbe einlief und sich mit dem Cäsar und dessen Heere vereinigte. Ich führe noch einen kleinen Vorfall an. Als wir am diesseitigen Ufer lagerten und das jenseitige im Glanze feindlicher Waffen leuchtete, warf sich ein Greis der Barbaren, edeln Anstandes und vornehmer Haltung, ganz allein in einen gehöhlten Baumstamm und schiffte bis zur Mitte des Flusses vor. Auf die Frage, ob er ohne Gefahr landen dürfe, ward dies bejaht. Lange den Cäsar ansehend, sprach er darauf: ,Unsere törichte Jugend verehrt zwar in der Abwesenheit eure göttliche Macht, fürchtet aber lieber die Gegenwart eurer drohenden Waffen, als daß sie die Treue bewahre; ich aber, Cäsar, habe nun mit deiner Vergünstigung die Götter, von denen ich bisher nur hörte, gesehen, und habe einen glücklicheren Tag meines Lebens weder gewünscht noch genossen.' Nachdem er hierauf noch dem Cäsar, wie er bat, die Hand hatte reichen dürfen, kehrte er, ohne das Auge von ihm abzuwenden, zu den Seinen zurück. Darauf zog sich der Besieger aller Völker und Länder, die er berührt hatte, mit dem unversehrten Heere zurück, nur einmal, da er durch Hinterlist der Feinde überfallen wurde, eine große Niederlage anrichtend. Nachdem er die Truppen hierauf in dieselben Winterquartiere in Germanien zurückgeführt, eilte er nach Rom."

Obwohl Cassius Dio versichert, daß in diesen Feldzügen nichts Bemerkenswertes vorgefallen, so können wir doch an jenem Berichte des Augenzeugen über Tatsachen, die von Hunderttausenden gesehen worden waren, nicht zweifeln.

Tiberius sah nun ein, daß die Unterwerfung der Rheingermanen so lange nicht gesichert sei, als Marobods Macht ungeschwächt aufrecht stehe. Dieser soll ein stehendes Heer von 70 000 Mann zu Fuß und 4000 Mann Reitern gehabt haben. Marobod hatte die strengste Neutralität bewiesen, jede Unterstützung der Rheingermanen abgelehnt, andrerseits aber auch Rom gegenüber die vollständigste Souveränität behauptet, namentlich die Auslieferung von Überläufern beharrlich zurückgewiesen. Es lag auf der Hand, daß dieser Fürst es in seiner Macht hatte, die Rheingermanen durch Unterstützung wieder gegen Rom aufzuwiegeln, daher erst jetzt, nach vollständiger Demütigung dieser letzteren, der geeignetste Zeitpunkt, auch Marobod anzugreifen, vorhanden zu sein schien. Der großartigste Feldzug ward projektiert, mehr wie 150 000 Mann wurden gegen ihn aufgeboten. Tiberius rückte mit acht Legionen aus der Gegend von Preßburg bis etwa nach Linz, wohin Sontius Saturninus von Mainz her über Regensburg beordert war. Schon waren beide Heere nur noch zehn Meilen voneinander und ebenso weit von Marobods Vorposten in Böhmen entfernt, als in den von Truppen entblößten Pannonien und Illyrien der fürchterlichste Aufstand ausbrach. 800 000 Menschen ergriffen die Waffen.

Tiberius hatte das Glück, Marobod zum Frieden zu bewegen und eilte nun, den Aufstand zu dämpfen, was erst nach sehr blutigen Feldzügen gelang.

Wir wenden uns nun nach Westgermanien zurück. Dort war besonders unter der klugen und umsichtigen Verwaltung des Sontius Saturninus ein merkwürdiger Wechsel eingetreten, den römische Schriftsteller so schildern. Cassius Dio sagt: „Die Römer hatten einzelne, aber zusammenhängende Punkte besetzt, ihre Heere überwinterten in Germanien, Städte wurden gegründet, zahlreiche Märkte und friedliche Volksversammlungen abgehalten. Der Adel erwarb das römische Bürgerrecht. Vom Volke traten viele in den Solddienst ein. Augustus selbst hielt in Rom eine starke germanische Leibwache. Die Germanen nahmen immer mehr von römischer Sitte und römischem Wesen an und wurden durch geschickte Behandlung dahin gebracht, daß sie dies nicht nur ohne Unmut taten, sondern daß sie selbst nicht einmal wahrnahmen, wie sie sich veränderten, obwohl sie doch ihre angestammte Tapferkeit und Freiheitsliebe nicht verleugneten." Florus sagt: „Es herrschte der tiefste Friede, die Gestalt der Erde änderte sich, selbst der Himmel wurde milder."

Da trat ein Wendepunkt ein: auf Sontius Saturninus – das Jahr wissen wir nicht, vermutlich Ende des Jahres 7 oder 8 – war Quintilius Varus gefolgt, der vorher die Provinz Syrien verwaltet und sich durch Habsucht dort berüchtigt gemacht hatte. Varus war von vornehmem, aber tatenlosem Geschlechte, gutmütig, aber nicht von durchdringendem Geiste. Er verwarf das umsichtige Verfahren seines Vorgängers und meinte auf direktem Wege, indem er die Germanen wie die Syrer behandelte, viel weiter zu kommen und sie bald ganz zu römischen Untertanen stempeln zu können, zumal dies auch seinen Erpressungsgelüsten diente. Er ließ unter anderm Rechtsgelehrte aus Rom kommen und die Streitigkeiten der Germanen nach römischen Formen und römischen Gesetzen entscheiden. Armin[3], der Sohn des Cheruskerfürsten Segimer, damals sechsundzwanzig Jahre alt, trat ihm gegenüber. Armin war römischer Bürger und Ritter und hatte die letzten Feldzüge in Pannonien mitgemacht. Er hatte römische Künste studiert, wohl früh schon mit der bewußten Absicht, Rom durch seine eigenen Waffen zu schlagen und das Vaterland zu befreien. Als er in Germanien vermutlich erst Ende des Jahres 8 oder Anfangs 9 anlangte, welchen Wechsel fand er da vor! Volk und Edle im höchsten Grade gereizt, ja erbittert. Gleichwohl war durch Gewalt nichts auszurichten. Drei Legionen lagerten bei einer Festung mitten im Lande. Wie hätten die Germanen ein Heer, solcher Macht gewachsen, ohne Aufsehen zu erregen zusammenziehen können? Wie wäre es möglich gewesen, ohne die Wechselfälle eines großen Krieges, der bisher immer ungünstig ausgefallen war, hervorzurufen, in offenem Kampf Rom zu überwinden? Da mußte List helfen. Armin verband sich zunächst mit einigen und dann mit mehreren und legte einen fein ersonnenen Plan zum Verderben der Römer an. Vor allem suchten sie Varus durch Schmeichelei zu betören und sicher zu machen: waren sie doch seine täglichen Gesellschafter und Tischgenossen. Dabei wußten sie auf vielfache Art die Stärke seines Heeres zu schwächen, indem sie ihm unter allerlei Vorspiegelungen, bald um seinen Befehlen Nachdruck zu verschaffen, bald um Räuber zu verjagen oder Lebensmitteltransporte zu decken, kleine Abteilungen abforderten. Vor allem aber trachteten sie dahin, daß das Lager bei Aliso verlassen und an der Weser aufgestellt werde. Wo dies war, wissen wir leider nicht. Die Militärstraße führt bei Rehma zur Weser. Es ist aber sehr wahrscheinlich, daß er in einiger Entfernung oberhalb nach Rinteln zu sein Lager aufgestellt haben mag. Vorsichtigere und weisere Männer ahnten Verrat, aber Varus achtete dessen nicht, schmähte sie vielmehr, daß sie aus Neid und Mißgunst seine treuesten Freunde und Anhänger verdächtigten. Endlich, am Vorabende der Ausführung, entdeckte ihm Segest, ein anderer Gaukönig der Cherusker, die Verschwörung: er sagte ihm, daß es noch Zeit zur Rettung sei, wenn er ihn selbst, zugleich aber auch Armin und die übrigen Fürsten in Fesseln schlage, weil das Volk ohne Führer nichts unternehmen werde. Varus, wahngeblendet, verwarf die Warnung.

Die Ausführung erfolgte so: als alles fertig, besonders aber auch die geheimen Rüstungen der Germanen vollendet waren, kam die Nachricht, daß ein entferntes Volk gegen die Römer aufgestanden sei. Das kann nur ein südliches oder südwestliches gewesen sein, weil nur dahin der Weg in die Berge, wohin man die Römer locken wollte, führte: vermutlich die Chatten. Varus entschloß sich, vielleicht wieder auf Zureden der Verschworenen, sogleich auf direktem Wege gegen die Empörer aufzubrechen. Am Morgen des Aufbruchs entschuldigten sich die Fürsten, daß, da ihre Hilfsvölker noch nicht eingetroffen wären, sie nicht sogleich folgen könnten, binnen kurzem aber würden sie nachkommen. Da – es war die Zeit des Sommerlagers verstrichen und wahrscheinlich schon Ende September oder Anfang Oktober – wurde das Lager abgebrochen und alles, was von Nichtbewaffneten im Lager gewesen, mitgeführt: Zivilpersonen, Weiber, Kinder, zahlloses Gesinde von Sklaven und Freigelassenen, daher ein unermeßlicher Zug von Troß, Wagen und Saumtieren aller Art. Varus, sich im tiefsten Frieden wähnend, vernachlässigte sogar in der Anordnung der Marschkolonne die gewöhnliche militärische Vorsicht. Untermischt zogen Bewaffnete und Unbewaffnete untereinander. Bald gelangte das Heer in ein pfadloses Waldgebirge, von tiefen Tälern und Schluchten durchschnitten. Da mußten die Zimmerleute vor, eine Straße durch den Wald zu hauen, die Pioniere, Brücken zu schlagen und nicht passierbare Wegstellen zu bessern. Jetzt brach ein furchtbares Ungewitter aus. Der Regen schoß in Strömen herab, der Sturm brauste durch den Wald, altersmorsche Riesenbäume niederschmetternd und dadurch bald die Marschkolonne beschädigend, bald den Weg versperrend. Schon war das Heer durch diese Hindernisse in die höchste Not gekommen, als plötzlich die Germanen erschienen, aber nicht Hilfe, sondern Tod und Verderben bringend, zuerst aus der Ferne durch Speerwürfe, dann in der Nähe mit Geschick überall da angreifend, wo der Bewaffneter weniger waren. Ehe diese von vorn oder hinten Verstärkung bekamen, waren sie meist niedergehauen und die Germanen wieder verschwunden, an einer andern Stelle mordend hervorzubrechen. Das Heer erlitt sehr starke Verluste schon an diesem Tage; endlich machte es Halt auf der Spitze eines bewaldeten Hügels, wo Varus sein Lager aufschlug. Seine erste Sorge war nun, sich von dem entbehrlichen Trosse zu befreien, weshalb er eine große Menge Wagen und Gepäck verbrannte oder zurückließ; am andern Morgen trat er in guter militärischer Ordnung seinen weiteren Marsch an. Er gelangte bald in eine baumlose Ebene, unstreitig eines der dortigen Bach- oder Flußtäler, wo er zwar auch angegriffen wurde, aber wenig Verlust erlitt. Noch gegen Abend des Tages aber gelangte das Heer wieder in einen Wald, wo plötzlich die Germanen, die sich inzwischen sehr verstärkt hatten, dasselbe von allen Seiten angriffen. Die Örtlichkeit war so beschränkt, daß Varus seine Streitkräfte nicht gehörig entwickeln konnte, daher sich Reiter und Fußvolk gegenseitig hinderten und durch Überreiten, wie Geschoßwerfen einander beschädigten. Dieser Tag ward noch verhängnisvoller und mag besonders die Folge gehabt haben, daß das Heer demoralisiert wurde. Das niederdrückende Gefühl des Verrats der Verbündeten und das Bewußtsein einer ungenügenden Führung mag die Römer völlig entmutigt haben. Als der Morgen graute, setzte das Heer seinen Marsch fort. Inzwischen waren in der Nacht die Germanen, die schon der Beute halber allerwege herzuströmten, noch stärker geworden, so daß nunmehr, wie vorher schon das moralische, allmählich auch das numerische Übergewicht auf Seite der Angreifer glitt. Dazu brach wieder ein Unwetter los. Der Regen war so stark, daß die Römer keinen festen Stand hatten, dessen sie, um mit Vorteil ihre Wurfgeschosse zu schleudern, so dringend bedurften. Die schlaffen Sehnen der Bogen versagten den Dienst: das römische Heer fühlte sich in jeder Hinsicht verlassen. Varus, verwundet, an Rettung verzweifelnd, scheute vor allem, seinen bittersten Feinden lebend in die Hände zu fallen; er tötete sich selbst. Dieses Beispiel ward von vielen der Führer und manchen Soldaten nachgeahmt. Andere, in dumpfer Verzweiflung, legten ihre Waffen ab und ließen sich wehrlos niederstoßen. Da begann ein ungeheures Schlachten. Erst nachdem der heiße Blutdurst der Germanen gesättigt war, mögen sie daran gedacht haben, Gefangene zu machen. Viele Grausamkeiten sollen sie nach der Römer Berichten geübt haben, was auch wohl glaublich ist. Vor allem wird angeführt, daß man einem der verhaßtesten Advokaten den Mund aufgerissen, die Zunge abgeschnitten und sie ihm mit den Worten vorgeworfen habe: „Nun endlich, Natter, höre auf, zu zischen." Ein Teil der Reiterei schlug sich mit ihrem Befehlshaber, Vala Numonias, durch; er selbst blieb später. Ob dessen Truppe sich rettete, wissen wir nicht; wohl aber gelang es vielen einzelnen aus dem Haupttheere, darunter Weibern und Kindern, zu entfliehen, was ihnen der Beutedurst der Germanen erleichtert haben mag, der es anziehender erscheinen ließ, sich mit der Beute zu beschäftigen als einzelne Flüchtlinge zu verfolgen. Diese kamen glücklich in Aliso an. Nach dem Siege zog das Germanenheer vor diesen Platz. In der Belagerungskunst unerfahren vermochten sie mit Gewalt nichts auszurichten: und da die Bogenschützen und die schweren Geschosse der Römer ihnen empfindlichen Nachteil brachten, beschränkten sie sich auf Einschließung der Festung. Nachdem die Lebensmittel aufgezehrt waren, gelang es den Belagerten, in der ersten Frühstunde einer stürmischen Winternacht, zu entrinnen: glücklich hatten sie bereits die beiden ersten Postenlinien durchschritten, als bei der dritten durch das Geschrei und das Gewimmer der Weiber und Kinder die germanischen Wachen geweckt wurden. Auch hier wäre kaum jemand entronnen, wenn nicht ein Teil der Reiterei vorausgesprengt wäre und einige Trompeter derselben, voll Geistesgegenwart langsam zurückkreitend, zum Anmarsch geblasen hätten. Als die Germanen diese ihnen wohlbekannten Töne hörten, wähnten sie, daß Asprenas mit Entsatz vom Rhein heranrücke, und liefen in wilder Flucht von dannen, wodurch die Rettung der Römer möglich ward.

Über die Örtlichkeit der Varusschlacht ist viel geschrieben und gestritten worden.[4] Zum Verständnis der Frage ist eine kurze Schilderung jener Gegend vorauszuschicken. Parallel mit der Weser, etwa vier Meilen von ihr entfernt, zieht sich die Bergkette, der Osrung oder Teutoburger Wald hin, die in Osten nach Pyrmont und nach dem Hessischen zu sehr breit, nach Westen zu immer schmäler und niedriger wird. Durch diese führen vorzüglich drei Pässe: westlich der von Bielefeld, durch welchen jetzt, der Stadt wegen, die Eisenbahn führt; etwa drei Meilen östlicher der sogenannte Dörenpaß, offenbar eine Naturpforte zur Weser, wie das auch der Name Döre (oder Thitre) beweist. Das Gebirge ist hier in seiner Basis höchstens eine Viertelstunde breit, der Paß selbst ein 400 Ellen breites, offenes Terrain. In ihrer Längenrichtung steigt die Straße hier von beiden Seiten her so mäßig an, daß man sie im Trabe und Galopp passieren kann. Die Berge zur Seite sind nicht etwa steil oder hoch, sondern mäßig aufsteigende bewaldete Anhöhen von nur etwa 300 bis 400 Fuß. Zwei Stunden weiter östlich, zwischen Detmold und Paderborn befindet sich ein Paß, durch welchen jetzt die Chaussee von Detmold, gegen drei Stunden lang, durch enge Bergschluchten und über eine bedeutende Höhe nach Paderborn führt. Nach Cassius Dio und Vellejus Paterculus steht fest, daß Varus an der Weser sein Lager hatte, daher von der Weser aus aufgebrochen ist. Ebenso ist nicht zu bezweifeln, daß die große Militärstraße von Aliso nach Rehma führt. Es ist nur nötig, einen Blick auf die Gegend oder Karte zu werfen, damit jeder Zweifel darüber schwinde. Es ist der geradeste und von der Natur gebahnteste Weg, der von Aliso durch den Dörenpaß nach Rehma zur Weser führt. Ebenfalls als gewiß müssen wir ferner annehmen, daß Varus nicht unmittelbar an der Militärstraße sein Lager hatte, sondern weiter oberhalb, weil die Beschreibung, die Dio von den Wirren des ersten Marsches macht, auf die gebahnte Straße nicht passen würde. Leider ungewiß ist aber, wo das Lager stand. Für wahrscheinlich hält man es, daß dies nicht über eine Tagesmarschweite von der Militärstraße entfernt war. Wer kann aber mit Sicherheit bestimmen, ob es nicht noch weiter oberhalb, nämlich vielleicht über Hameln, wo sich am Einfluß der Humme in die Weser eine geeignete Stelle dazu findet, gewesen ist. Wäre diese Ungewißheit nicht, so würden wir über die Örtlichkeit der Varusschlacht kaum im Zweifel sein. Daß aber das Lager in der Nähe der Militärstraße das wahrscheinlichste ist, muß man hierauf gründen.[5] Der Weg zur Rettung war also dem Varus wohl nur durch den Dörenpaß gegönnt, auf jedem andern Wege aber diese geradezu undenkbar. Es ist unter diesen Umständen am wahrscheinlichsten, daß Varus am ersten Tage in südlicher Richtung bis über die Höhen der (jetzigen) Stadt Lemgo gezogen und dort Lager geschlagen habe. Von da marschierte er am zweiten Tage in das Tal der Bega, eine baumlose Ebene, bis gegen Lage hin. Vor Lage hatte er wieder eine bewaldete Wasserscheide zu überschreiten, wohin der Wahlplatz der zweiten Schlacht versetzt wird. Am dritten Tage aber zog er auf der Militärstraße nach und durch den Dörenpass, was dadurch noch wahrscheinlicher wird, daß Cassius Dio, der von den beiden ersten Tagen das Terrain, dessen Schwierigkeit und Beschaffenheit so ausführlich beschreibt, am dritten Tage darüber, namentlich über dessen Schwierigkeiten gar nichts berichtet. Auf der Reimannschen Karte, Sektion Paderborn, ist die Örtlichkeit der Varusschlacht gerade da verzeichnet, wohin nach Obigem die letzte Schlacht versetzt wird, nämlich jenseits der Dörenschlucht, nur etwas zu weit östlich.

So viel über die Varusschlacht.

Als die Kunde von der Vernichtung der Legionen nach Rom gelangte, flog ein Schrei des Schreckens durch die Römerwelt. Augustus zitterte, zerriß seine Kleider, schlug mit dem Kopfe an die Wand und rief: „O Varus, gib mir meine Legionen wieder!" Schon sah er im Geiste die Germanen über den Rhein ziehen, ganz Gallien aufstehen und die Barbaren in wilder Flut über die Alpen strömen. Er versäumte indessen nichts, verstärkte durch gewaltsame Aushebung das Heer, unter das er sogar Veteranen und Freigelassene steckte. Er verwies seine Leibwache und was germanischen Ursprungs war von Rom, vor allem aber sandte er Tiberius nach Germanien. Jedoch was er gefürchtet, geschah nicht. Die Germanen waren des Sieges mächtig gewesen, der Disziplin und des Gehorsams nicht. Sie verliefen sich nach allen Seiten, jeder kehrte in seine Heimat zurück: von Fortsetzung des Krieges war keine Rede. Tiberius übrigens entwickelte am Ende dieses und im folgenden Jahre imponierende Umsicht und Tätigkeit. Das Gefährlichste war, daß Mut und Selbstvertrauen des römischen Heeres schwer gelitten hatten. Darum führte er sein Heer wieder über den Rhein, ging dem Feinde entgegen, ließ dasselbe lange Zeit im feindlichen Lande verweilen, überall aber mit solcher Geschicklichkeit und Vorsicht, daß er es nur da zu kleineren Gefechten kommen ließ, wo er gewiß war, daß die Römer im Vorteil blieben. Damit endigt der erste Abschnitt der Geschichte der Römerkriege in Germanien.

VIERTES KAPITEL

Römer und Germanen von der Varusschlacht bis zum Ende des batavischen Aufstandes

Sehr zu beklagen ist der Verlust genauer und zuverlässiger Nachrichten über diese Zeit, wie sie namentlich Livius und der ältere Plinius, wären diese uns erhalten, gewährt haben würden.

Des Varus Niederlage ward ein Wendepunkt der römischen Politik gegen die Germanen für immerdar.

Nur als ein Nachspiel jener zweiundzwanzigjährigen römischen Angriffe treten noch die Feldzüge des Germanicus in den Jahren 14, 15 und 16 n. Chr. auf. Sühnung römischer Waffenehre bot den Vorwand, das persönliche Verhältnis des edeln Germanicus zu Tiberius, dem Vater und Herrscher, gab den Schlüssel zum Beginn wie zum Aufgeben dieses Krieges. Hohen Ruhm erwarb der jugendliche Feldherr, nicht minder Armin, sein ebenbürtiger Gegner.

Tiberius kannte die Germanen genauer als August, *fürchtete* aber zugleich, was dieser *gewünscht*: die Siege eines Anerben des Throns. Daher verfolgte er eine andere Politik, deren Kern darin bestand:

die Germanen ihren inneren Zerwürfnissen zu überlassen, diese letzteren aber durch Diplomatie und Geld auf jede Weise zu schüren.

Kein Zweifel auch, daß Roms Einfluß auf die Germanen unter ihm und lange nachher noch ein ungleich tieferer und wirksamerer blieb, als es nach nur oberflächlichem Studium der Quellen erscheint.[1]

Vom Jahre 16 n. Chr. bis zu Anfang des markomannischen Krieges kennt die Geschichte keine Angriffs-, sondern nur noch Verteidigungs- oder Züchtigungskriege Roms gegen die Germanen, deren wichtigste Begebnisse nachstehend, teils ganz kurz, teils ausführlicher hervorzuheben sind.

Im Jahre 29 n. Chr. erhoben sich die Friesen, in deren Gebiet die Römer das Kastell Flevum besetzt hatten, weil sie zwar das althergebrachte Maß der Unterwerfung, nicht aber den neuen gesteigerten Druck römischer Habsucht dulden wollten: nach fruchtloser Klage griffen sie zu den Waffen; zwar ward das von ihnen belagerte Flevum bald entsetzt, die beschlossene Züchtigung derselben aber mißlang dergestalt, daß die ausgesandte Reiterei und leichten Truppen nur durch die zur Hilfe gesandte Legion einer völligen Niederlage entrannen, ja zwei von dem römischen Hauptcorps abgeschnittene Abteilungen zu 900 und 400 Mann niedergemetzelt wurden.

Der römische Feldherr L. Apronius ließ dies ungerächt, Tiberius suchte es zu verheimlichen, um, wie Tacitus sagt, niemandem die Nacht zu größerm Kriege zu überlassen. (Tac. IV, 72–84.)

Dieser Vorgang beweist schlagend, daß die Germanen, mindestens die Rom näheren und ausgesetzteren Stämme, zwar wohl eine gesetzliche Oberherrschaft, nicht aber tyrannische Willkür duldeten und selbst nach vierzigjähriger friedlicher Unterwerfung, der Urkraft unentwöhnt, den Römern furchtbar blieben.

Unzweifelhaft erachtete ferner Apronius, daß nachdrückliche Züchtigung der Aufständischen einen Verzweiflungskampf, Teilnahme der Nachbarstämme und zuletzt einen großen Krieg herbeiführen würde, wozu er sich nicht ermächtigt wußte.

Gewiß wirkte nun auf Tibers Politik auch persönliche Eifersucht ein: ebenso gewiß aber war es, abgesehen vom Ehrenpunkte, weiser, eine durch eignen Frevel veranlaßte Demütigung zu übersehen, als um nutzloser Rache willen vielleicht jahrelangen Krieg, mit ungleich größerem Blutvergießen, herbeizuführen.

Auch wurden die Friesen, wenn auch zunächst gewiß zweifelhaften Gehorsams, durch Corbulo, einen so gerechten als kräftigen Feldherrn, wenigstens im Jahre 47 wiederum vollständig zur alten Unterwerfung gebracht. (Tac. Xl, 19.)

Die von Cassius Dio (LX, 8) für das Jahr 41 nur kurz erwähnten Siege des Sulpicius Galba über die Chatten und des Publius Gabinius über die Chauken[2] werden ohne Zweifel durch Übergriffe und Feindseligkeiten derselben veranlaßt worden sein, wie dergleichen überhaupt, ohne in den Quellen erwähnt zu werden, zahlreich vorgekommen sein mögen, wovon auch unter Caligula (Sueton. Cal. 51 und Galba 6) sich Andeutungen finden.

Im Jahre 47 suchte Gannasko, Kanninefate, der lange und mit Auszeichnung unter den römischen Hilfsvölkern gedient, dann aber fahnenflüchtig geworden war, mit chaukischen Freiwilligen die gallischen (etwa die jetzt flandrischen) Küsten mit argem Seeraube heim[3], ward aber von Corbulo, der mit großem Geschick und Ruhm die feindlichen Fahrzeuge vernichtete, vertrieben und, nachdem er zu den (großen) Chauken geflohen, daselbst meuchlerisch getötet, was gegen einen Deserteur, wie Tacitus meint, nicht unedel erschien. Dieser Mord aber regte die Chauken auf und drohte zu allgemeinem Aufstande und ernstem Kriege Anlaß zu geben, welchem Claudius jedoch durch Untersagung aller Feindseligkeiten und Zurückziehung der Festungsbesatzungen über den Rhein zuvorkam.[4] (Tacitus XI, 18 und 19.)

Merkwürdig erscheint übrigens, daß das später so furchtbar an denselben Küsten betriebene Piratengewerbe der Sachsen genau an den Vorgang ihrer Altvordern, der Chauken, sich schloß.

Als die Chatten im Jahre 50 wiederum einen ihrer Raubzüge in das römische Gebiet zwischen dem Grenzwalle und Rhein[5] ausführten, ließ sie der Legat Pomponius bei und nach der Rückkehr in ihr Land durch rasches Aufgebot des Landsturms der Rom unterworfenen Germanen, von Hilfsreiterei unterstützt, überfallen, indes er selbst mit den Legionen zum Rückhalt an den Taunus (wohl bei Homburg) nachrückte. Die Ausführung gelang trefflich, da ein Teil im Schwelgen und Schlafe überrascht, ein anderer noch auf dem Rückmarsch nachdrücklich geschlagen und reiche Beute wieder abgenommen und gewonnen wurde. Am erfreulichsten galt, daß dabei auch einige seit der Varusschlacht gefangene Römer aus vierzigjähriger Sklaverei erlöst wurden. (Tac. XII, 27 und 28.)

Im Jahre 58[6] bemächtigte sich eine Schar von Friesen der anscheinend ziemlich ausgedehnten Landstrecke, welche die Römer am rechten Ufer des Niederrheins – zwischen Arnheim und Wesel – für Militärzwecke noch innehatten (s. v. Wietersheim, der Feldzug der Germ. G. 8, S. 440 und 441), wurden aber, da Nero friedliche Überlassung verweigerte, mit Gewalt daraus wieder vertrieben. Anziehend ist hierbei der Stolz der zur Unterhandlung nach Rom gereisten Führer Verrit und Malorich, welche, fremde Gesandte im Theater auf den Bänken der Senatoren erblickend, flugs die ihnen angewiesenen verlassend, dort ebenfalls Platz nahmen, weil kein Volk der Erde, wie sie laut sagten, die Germanen an Treue und Heldentum vorgehe. (Tac. XIII, 54.)

Dem folgenden Jahre wahrscheinlich gehört der Versuch der von den Chauken aus ihren früheren Sitzen verdrängten Amsivarier an, sich in der vorbemerkten, von ihnen eingenommenen Landstrecke bleibend zu behaupten. Da jedoch der Weg der Bitte fruchtlos blieb, regten sie die Tenchterer, Brukterer und andere hinterliegende Stämme zum Bündnis und Kriege auf. Allein diese wurden durch unmittelbaren Frontangriff wie durch Bedrohung in ihrem Rücken durch das obere, wahrscheinlich unterhalb Bonn über den Rhein gegangene Heer abgeschreckt und die Amsivarier, zum Rückzuge genötigt, der Hilflosigkeit und Vernichtung durch andere Stämme preisgegeben.[7] (Tacitus XIII, 55 und 56.)

Die Zeitfolge führt uns nun zu dem Aufstande des Civilis, dem schwersten Kampfe, den Rom während der ersten dritthalb Jahrhunderte unserer Zeitrechnung, *innerhalb* seiner alten Grenze, zu bestehen hatte und den wir seiner Wichtigkeit auch für die Folgezeit halber ausführlicher abhandeln.[8]

Auf Neros Fall folgte dreizehnmonatlicher Bürgerkrieg. Drei Heerkaiser, Galba, Otho, Vitellius, bestiegen und verloren in rascher Folge den Thron, den Vespasian endlich, der tüchtigste, behauptete. Als sich die germanischen Heere, nur unwillig für Galba gewonnen, bald wieder gegen diesen für ihren Feldherrn Vitellius erhoben, hatten sie den Krieg allein zu führen. Beide Heere zählten, abgesehen von der achten, die zu Vindonissa unweit Basel stand, sieben Legionen, von denen, einschließlich der Hilfsvölker, zuerst 70 000 Mann unter Fabius Valens und Cäcina (Tac. Histor. I, 6) über die Alpen zogen, denen später Vitellius selbst mit dem Reste des Heeres folgte. „Da blieben (sagt Tac. II, 50) wenige der alten Soldaten in den Winterlagern zurück, die neue Aushebung in Gallien aber ward möglichst beschleunigt, um die dem Namen nach zurückgelassenen Legionen zu ergänzen."

Noch schwächer als die Truppe war deren Führer, Hordeonius Flaccus, von dem Tacitus (H. I, 9) sagt: „Invalid aus Alter und Schwäche der Füße, ohne Festigkeit und Ansehen, nicht einmal dem Kommando über ein ruhiges Heer gewachsen."

Diese Gelegenheit benutzte Civilis, als Präfekt einer Kohorte römischer Stabsoffizier, der durch seine Geburt aus einem der edelsten batavischen Geschlechter wie durch ungewöhnliche Geistesschärfe ausgezeichnet und dabei durch fünfundzwanzigjährigen Kriegsdienst so militärisch als politisch vollkommen römisch geschult war. Er verglich sich dem Sertorius und Hannibal, zumal er, wie jene, einäugig war. (Tac. H. IV, 13, 16 und 32.)

Schon bei dem ersten Aufstande der Heere, als Fontejus Capito, des Vitellius Vorgänger, auf Geheiß oder mindestens im Interesse Galbas, weil anscheinend für sich nach der Herrschaft trachtend, ermordet ward, mag Civilis der Mitwissenschaft verdächtig geworden sein, indem er nach des Vitellius Erhebung mit seinem Bruder Paulus[9] verhaftet und nach des letztern Hinrichtung nur aus Furcht vor den Batavern, auf die er den größten Einfluß hatte, wieder entlassen ward.

Als nun Vespasian, dem Civilis als früherer Waffengenosse befreundet war (V, 26), wider Vitellius aufstand, ward Civilis von Mucian (Vespasians Stellvertreter in Rom) aufgefordert, durch Anstiftung eines Aufruhrs in Germanien die dortigen Heere zurückzuhalten. Auch Hordeonius Flaccus suchte ihn für Vespasian zu stimmen.

So trat Civilis scheinbar als Römer für römische Parteizwecke auf den Plan.

Er strebte aber nach Höherem als nach dem zweifelhaften und gefährlichen Verdienst eines bloßen Werkzeugs für fremde Herrschsucht: durfte er doch nimmermehr in Rom, – wohl aber in seinem Volke der Erste zu werden hoffen. Da vereinten sich in ihm Ehrgeiz und Nationalgefühl, dem scheinbar für Vespasian angeregten Aufstande ein anderes Ziel vorzustecken.

Die jährliche Aushebung bei den Batavern (IV, 14), zu welcher er wohl mit kommandiert ward, an sich lästig genug, durch die gröbsten Mißbräuche noch drückender gemacht, bot die Gelegenheit. In begeisterter Rede von dem *alten* Ruhme und dem *neuen* Joche, ja Hohne, wie von der nie erlebten gegenwärtigen Schwäche des römischen Heeres reißt er die in heiligem Hain zum nächtlichen Male – offenbar einem Opferfest – versammelten Vornehmsten und Wackersten des Volks mit sich fort. Der Nachbarstamm der Kanninefaten und acht in Mainz stehende batavische Kohorten, die sich in Britannien mit Ruhm bedeckt hatten, werden gewonnen.

Mit großer Klugheit läßt Civilis den Kanninefaten Brinno zum Heerführer ernennen. Dieser zieht Friesen jenseits des Rheins an sich, überrumpelt von der See her das zunächst gelegene römische Winterlager und gibt es der Plünderung preis. Zugleich greift er die einzelnen Kastelle an, welche von den Besatzungen, zu schwach für Abwehr, verlassen und angezündet werden, indem diese sich auf dem oberen Teile der Insel konzentrieren, mehr dem Namen als der Tüchtigkeit nach eine Kriegerschar: weil Vitellius nur die ersten besten Belgier und Germanen ohne Auswahl mit Waffen belastet hatte.

Da es Civilis, der (als Römer) die Offiziere des Verlassens der Kastelle anklagt, nicht gelingt, die Besatzungen, unter dem Vorgeben, den kanninefatischen Aufstand mit seiner Kohorte selbst unterdrücken zu wollen, wieder vereinzelt dahin zurückzuführen, geht er nun selbst hervortretend zu offenem Angriffe auf Landtruppe und Flotte über, der, weil in jener eine tungrische Kohorte, in letzterer die batavischen Ruderknechte abfallen, mit völliger Vernichtung der Römer endigt, den Germanen aber vierundzwanzig Schiffe und eine Menge Waffen zuführt.

Wie der Windstoß die Flamme, so fachte der erste Sieg den Aufstand an: der Freiheitskrieg entbrannte überall. Die Germanen des rechten Ufers erboten sich zur Hilfe, Civilis aber suchte vor allem die Gallier durch List und Geschenke zu gewinnen.

Hordeonius Flaccus sendet nun Mummius Lupercus, den Befehlshaber über zwei Legionen, der vermutlich zu Vetera im Lager gestanden, mit einer starken Abteilung Legionssoldaten und allen in der Nähe verfügbaren Hilfstruppen, darunter auch ein noch Treue vorgebendes batavisches Reiterregiment, wider die Meuterer ab, worauf Lupercus letztere sofort in der batavischen Insel[10] angreift.

Die Schlachtreihen stehen geordnet. Civilis hat sich mit den Fahnen der gefangenen Kohorten umgeben, damit sein Volk den frischen Ruhm, der Feind die erlittene Niederlage entmutigend vor Augen habe. Hinter der Front stehen seine Mutter und Schwestern, mit allen Weibern und Kindern, als Sporn zum Siege, als Beschämung für Überwundene. Vom Schlachtgesang der Männer wie vom Geheul der Weiber ertönt die Reihe; nur schwach erwidern die Römer.

Da entblößt die batavische Reiterei, in plötzlichem Übergange, den linken Flügel, und wirft sich sofort, mit dem Feinde angreifend, auf die römische Linke. Die Legiontruppe, obwohl hart bedrängt, behauptet sich in Reih und Glied, die Hilfsvölker aber zerstreuen sich in Flucht über die weite Ebene.

Auf letztere nun werfen sich, gefahrlose Verfolgung dem Angriffe des geordneten römischen Schlachthaufens vorziehend, die Germanen, und gewähren letzterem dadurch die Möglichkeit, nach Vetera zu entrinnen, wo sicherlich noch eine Rheinflotille zu deren Übersetzung bereitlag. (Tac. IV, 18.)

Um dieselbe Zeit ereilte der Sendbote des Civilis die bereits auf dem Marsch nach Rom begriffenen batavischen Kohorten, nach dem gewöhnlichen Stand etwa 4000 Mann stark.[11] Sofort weigern diese den Weitermarsch, unter der mit jeder Nachgiebigkeit gesteigerten Forderung höheren Soldes und Geschenkes, und ziehen, weil unbefriedigt, nach dem Niederrheine ab. H. Flaccus wagt die Meuterer nicht selbst anzugreifen, befiehlt zwar dem Herennius Gallus, der mit der ersten Legion in Bonn stand, dies bei ihrer Vorbeimarsche in der Front zu tun, während er selbst nachfolgend sie im Rücken fassen würde, nimmt aber bald darauf die Order wieder zurück. Da wittern die Soldaten Verrat der Führer und zwingen den Gallus zum Angriff. Aus allen Toren werden die Vorbeiziehenden von 3000 Legionssoldaten, mit mehreren belgischen Kohorten und zahlreichem bewaffneten Trosse, umzingelt. Aber die kriegserprobte Kerntruppe formiert sich in Vierecke, durchbricht die schwache Schlachtreihe, treibt die Belgier in die Flucht und die Legion geschreckt in das Lager zurück, vor dessen Wall und Toren nun das Hauptblutvergießen beginnt, weil die Fliehenden sowohl von Feind als Freund, der das Lager gegen die nachdringenden Bataver zu verteidigen hat, angegriffen werden.

Die Kohorten, sich mit der Notwehr gegen unveranlaßten Angriff entschuldigend, ziehen friedlich weiter und werden von Civilis für Vespasian in Pflicht genommen. Zu gleicher Huldigung läßt er hierauf die nach Vetera zurückgewichenen beiden Legionen auffordern. Vergeblich; sie erklären, Vitellius sei ihr Herr, nicht ein batavischer Überläufer.

Da ruft dieser, zornentbrannt, das ganze batavische Volk zu den Waffen, die Brukterer und Tenchterer schließen sich ihm an, die Germanen werden zur Teilnahme an Ruhm und Beute aufgeregt.

Die Legaten der Legionen verstärkten die Festung, zerstörten die Vorstädte, sorgten aber ungenügend für Verproviantierung, wobei Unordnung und Vergeudung im Anfang einrissen.

In stolzem Zuge rückt nun Civilis heran, die Bataver im Zentrum, die andern Germanen auf beiden Flügeln und Rheinufern, Reiterhaufen durchschwärmen das Feld. Römische Fahnen neben der Germanen wilden Feldzeichen: ein wunderbares Gemisch von Bürger- und Barbarenkrieg.

Zu Verteidigung der für zwei Legionen mit Hilfstruppen und Troß, also mindestens gewiß für 20 bis 25 000 Mann, angelegten Festung waren nur 5000 vorhanden, die jedoch aus der Masse dahin geflüchteter Troßknechte tunlichst ergänzt wurden. Hier aber bewährte sich die Überlegenheit der römischen Kriegskunst; Beschießung und wiederholter Sturm, selbst mit Anwendung von Maschinen, blieb ohne Erfolg[12], daher nichts als Blockade zum Aushungern übrig.

Noch war Roms Unstern nicht erschöpft: zur *äußeren* Bedrängnis gesellte sich innere Empörung. Mißtrauen gegen Flaccus, der aus Vorliebe für Vespasian dem Civilis geheimen Vorschub leistete, bemächtigte sich des im ganzen treu an Vitellius hängenden Heeres. Ängstliche, unmilitärische Rechtfertigung des Feldherrn verschlimmerte die Sache Vocula indes, der Legat der achtzehnten Legion, den er zum Entsatz von Vetera kommandiert hatte, ein tüchtiger Mann, unterdrückte den ausbrechenden Aufstand. Flaccus trat ihm den Oberbefehl ab. Indes wuchs die Bedrängnis immer mehr, Mangel an Sold und Proviant riß ein, die Gallier weigerten Steuer und Mannschaft, ja des Rheins unerhörte

Seichtigkeit lud die Germanen zum Übergang ein, machte daher durch verstärkte Bewachung Zersplitterung der Streitkräfte nötig.

Vocula an der Spitze einer auserlesenen Abteilung vereinigte sich in Neuß mit der dreizehnten Legion unter Gallus' Befehl, wagte aber noch nicht den Angriff, sondern verschanzte sich in Gelduba (zwischen Neuß und Vetera am Rhein). Während er von hier Aufständische durch Plünderung züchtigte, hatte Gallus ein unglückliches Gefecht mit den Germanen, die sich eines Proviantschiffs auf dem Rheine bemächtigten, zu bestehen, was den Argwohn der Truppe wieder anfachte, so daß nur Voculas Persönlichkeit, dem alles gehorchte, den mißhandelten Legaten rettete.

Indes verstärkte den Civilis ungeheurer Zulauf aus ganz Germanien, den er zunächst auf Raubzüge gegen Ubier, Trierer und andere Rom Treuverbliebene ableitete, den feindlichen Führer nach allen Seiten schreckend und beunruhigend. Der günstige Erfolg ermutigte ihn zu neuem nächtlichen Sturme auf Vetera, der aber mit großer Bravour der Verteidiger und schwerem Verluste der Angreifer abgeschlagen ward.

Um diese Zeit kam die Nachricht von Vitellius' Niederlage zum Heere: die gallischen Hilfsvölker gingen sofort, der alte Soldat nur widerstrebend zu Vespasian über: Civilis aber, nunmehr zu Niederlegung der Waffen aufgefordert, warf endlich die Maske völlig ab und schritt sofort zum Angriff gegen Vocula durch einen Teil seiner Streitkraft, den er der Führung seiner Schwestersöhne J. Maximus und Claudius Victor anvertraute. Vocula läßt sich auch so völlig überfallen, daß er die Truppe gar nicht genügend zu ordnen vermag. Die ausfallende Reiterei, die Hilfsvölker werden geschlagen oder fliehen, schon werden die Legionen, die sich mit Verlust der Feldzeichen in das Lager zurückziehen[13], aufs äußerste bedrängt, als plötzlich der Schlachtengott die Geschicke wendet. Aquitanische Kohorten, die, von Galba neu ausgehoben, zur Hilfe beordert waren, hören heranziehend den Schlachtlärm, greifen die Bataver im Rücken an: der Schreck, die Gefahr vergrößernd, bemächtigt sich dieser: Hoffnung ermutigt die Römer: der Kern des batavischen Heeres, alles Fußvolk, wird mit schwerem Verlust geschlagen, nur die Reiterei rettet sich mit den gewonnenen Feldzeichen und Gefangenen.

Hatte auch Civilis dadurch, daß er den Angriff mit zu geringer Streitkraft und ohne Reserve ausführen ließ, gefehlt, so fügte auch Vocula jenem ersten Verstoß den zweiten dadurch hinzu, daß er nicht sogleich nach dem Siege zum Entsatz von Vetera aufbrach.[14]

Inzwischen suchte Civilis durch die Zeichen seines Sieges, die eroberten Fahnen und Gefangene, die Belagerten zur Übergabe zu vermögen, bis einer der Gefangenen, nach ruhmvollem Tode dürstend, sie durch laute Verkündung der Niederlage enttäuschte und brennende Dörfer Voculas Anrücken verkündigten.

Angesichts der Festung will dieser erst selbst sich verschanzen: aber die meuterische Truppe verlangt und beginnt ungeordnet und ermüdet die Schlacht, teils mit Schmach, teils ruhmvoll fechtend, bis ein zweiter Angriff sie dem Platze so weit nähert, daß nun auch die Belagerten aus allen Toren hervorbrechen; da entscheidet Civilis' Sturz mit dem Pferde, den beide Heere tot oder verwundet glauben, jenes entmutigend, dieses anfeuernd, die Schlacht für die Römer. Vocula aber, der auch hier wieder hart angeklagt wird (s. Anmerk. 14), verfolgt den Feind nicht, denkt vielmehr nur an Verstärkung der Werke des entsetzten Platzes. Am schwersten litt das Heer nun an Proviantmangel, zumal der Fluß in der Gewalt der Feinde war. Indes glückt die erste mit dem gesamten Train und Trosse nach Neuß abgesandte Fouragierung. Bei der zweiten hingegen greift Civilis, der wieder Mut gewonnen, die lange Kolonne geordnet an: die Nacht endet das unentschiedene Treffen: die Kohorten erreichen, sich zurückziehend, das noch schwach besetzte Lager bei Gelduba. Sie waren unfähig, von hier ohne Hilfe nach Vetera zu gelangen: da zog ihnen Vocula mit seinem durch tausend Mann, die aus den Belagerten erlesen, verstärkten Heere zu. Wiederum Insubordination: Viele marschieren eigenmächtig mit aus: die Ausgezogenen verweigern die Rückkehr nach Vetera, die Zurückgebliebenen wähnen sich verraten.[15]

Vetera wird aufs neue umlagert, Vocula zieht sich von Gelduba, das nun Civilis einnimmt, nach Neuß zurück.

Immer wilder bricht nun der Aufstand aus; die durch einen Teil der Belagerten verstärkten Legionen fordern, da Vitellius vor seinem Tode noch Geld gesendet habe, ihr Geschenk, das ihnen H. Flaccus gibt, aber in *Vespasians* Namen: dies steigert im Rausche eines nächtlichen Gelages die Erbitterung so hoch, daß sie Flaccus niederstoßen und Vocula selbst verkleidet fliehen muß.

Dem Frevel folgt nun die Furcht: sie erflehen Geld und Hilfsmannschaft von den Galliern, greifen, da Civilis anrückt, unüberlegt zu den Waffen und wenden sich plötzlich zur Flucht. Endlich zerfallen sie unter sich selbst: die Truppen des oberen Heeres richten des toten Vitellius Bilder wieder auf: die der ersten, fünften und achtzehnten Legion des niederen Heeres kehren reumütig unter Voculas Befehl zurück und werden sogleich zum Entsatz von Mainz geführt, das inzwischen ein zusammengelaufener Haufe von Chatten, Usipiern und Mattiakern umlagerte, der sofort nicht ohne Verlust verscheucht ward, wobei die Trierer noch tätige Hilfe und vorzügliche Treue bewiesen. (Tac. 37.)

Mit Flaccus Tode und der allgemeinen Verlautbarung von Vitellius' Untergang in Rom beginnt der zweite Akt von Civilis' Aufstand. Die vitellianischen Legionen wollen, haßentbrannt, lieber Fremden, als Vespasian dienen. Der Brand des Kapitols, ungünstige Gerüchte aus allen Enden des Reichs regen auch durch ganz Gallien die Gemüter auf.

Dieser Bewegung bemächtigt sich des Civilis hochstrebender Geist: nichts Geringeres als Aufwiegelung und Befreiung des gesamten Westens vom Joche Roms wird sein Ziel. Classicus, einer der edelstgeborenen, reichsten und angesehensten Gallier[16], wird zuerst gewonnen: ihm schließen sich Tutor, der Trierer, als römischer Präfekt mit der Hut der oberen Rheingrenze betraut, und der Lingone (um Langres) Julius Sabinus an, der sich mit außereheelicher Abstammung vom großen Cäsar brüstet. Indes sie Gallien zum Kriege aufregen, heucheln sie noch Gehorsam gegen Vocula, dessen Heer nach Zahl und Verläßlichkeit zu schwach ist, dem wohlerkannten Truge zu begegnen.

Unter diesem Schein rücken die Gallier in Voculas Nähe, folgen ihm aus der Umgegend von Vetera nach Neuß und erkaufen in ungehemmtem Verkehr mit den Römern immer mehr Centurionen und Soldaten, sich ihnen anzuschließen. Noch einmal spricht Vocula in kräftigen Römerworten (Tac. 58) zu den von Hoffnung, Furcht und Scham erfüllten Gemütern: aber mit so beschränktem Erfolge, daß er verzweifelt: durch einen von Classicus gesandten Mörder wird er getötet.

Classicus läßt nun, umgeben von dem Gepränge römischer Herrschaft, das Heer *„dem Reiche der Gallier"* Treue schwören, und rückt hierauf vor Vetera, wo er selbst die Belagerten zu gleicher Huldigung auffordern läßt, welche sie, angesichts des sonst unvermeidlichen Hungertodes, leisten: auf dem Abmarsch aber werden sie dennoch von den Germanen kapitulationswidrig überfallen und teils niedergehauen, teils in das Lager, d. i. in die Festung, zurückfliehend, mit dieser verbrannt.

Tutor an der Spitze eines zweiten Haufens hatte indes die agrippinische Kolonie und was noch von Römern am Oberrhein stand, zur Unterwerfung gebracht.

So war nun Germanien frei, gebrochen die Macht des stolzen Roms bis zu den Alpen, vernichtet oder dem Feinde dienstbar das Heer von sieben Legionen, gleiche Freiheit allen gallischen Völkern von Meer zu Meer, von Alpen zu Pyrenäen geboten, *wenn sie diese nur wollten.*

Da legte Civilis Haar und Bart, die er bis zum Siege ungeschoren zu tragen gelobt, wieder ab: da ward der hochgefeierten Seherin Velleda im Brukterer Land, die all dies geweissagt, unter andern Geschenken auch der römische Legat Mummius Lupercus übersandt, der jedoch unterwegs schon niedergestoßen wurde.

Weder Civilis noch der Germanen einer ließ sich herab, den Galliern zu schwören (IV, 60).

Nicht der Trierer und Lingone allein auch, nur die Gesamtheit der für Freiheit oder Untergang zusammenstehenden Stammbrüder durfte sich der Hoffnung anmaßen, das mehr als hundertjährige, durch mannigfache Partikularinteressen mit dem Volk eng verwachsene, römische Joch *dauernd* abzuwerfen. Aber eh' noch der Sieg vollständig errungen war, fand sich schon die Zwietracht über dessen Benutzung.

Schamerfüllt, in glanzlosem Zug, zur Augenweide der eben vorher noch vor ihnen zitternden, nun sie höhnenden Gallier werden indes die zwei Legionen von Neuß und Bonn nach der Stadt Trier abgeführt, vor dessen Mauern sie ihr Lager aufschlagen. Nur das Reiterregiment der Picentiner trägt die Schmach nicht, sondern reitet, vermutlich weil es zu deren Verfolgung an Kavallerie fehlte, ruhig nach Mainz ab und rächt unterwegs Voculas Mord an dem begegnenden Mörder (IV, 62).

Unter den Siegern beginnen schon Übermut und Leidenschaft sich zu regen: die Zerstörung und Plünderung des blühenden, schon sehr stark romanisierten Kölns kommt in Frage.

Bezeichnend für germanische Anschauung und Sitte ist die Botschaft der Tenchterer an die Agrippinenser (Ubier), welche sich also vernehmen lassen.

„Dank den gemeinsamen Göttern und dem obersten derselben, dem Mars, daß ihr zurückgekehrt seid zu Germaniens Gemeinschaft und Namen; unsern Glückwunsch auch, daß ihr nun endlich wieder frei unter Freien leben werdet. Denn Wasser und Land, ja beinah auch den Himmel hatten ja die Römer uns abgesperrt, so daß sie das Zusammenkommen und Gespräch mit euch behinderten oder, was für Männer, zu den Waffen geboren, ungleich schimpflicher ist, nur unbewehrt und fast nackt, sowie unter Aufsicht und um Geld gestatteten. Damit aber Freundschaft und Bündnis mit euch in Ewigkeit dauern möge, fordern wir von euch die Schleifung eurer Mauern (der Colonia Agrippinensis, Köln), dieser Kennzeichen der Knechtschaft: denn auch die Tiere des Waldes, wenn du sie einsperrst, entwöhnen sich der Kraft. Eben so Tötung aller Römer in eurem Bereiche. Hab und Gut der Erschlagenen aber werde Gemeingut und jedes Versteck oder Absondern der Beute sorgfältig verhütet. Uns wie euch stehe es gleichmäßig frei, beide Ufer zu bewohnen, wie vordem unseren Altvordern. Nehmt auch den Brauch und die Tracht eurer Väter wieder an und tut sie ab, die Wollüste, durch welche die Römer wirksamer als durch Waffen zu unterwerfen wissen."

Mit Geschmeidigkeit und Klugheit wandten die Ubier diese Forderung roher Wildheit ab, auf Civilis und der Velleda Ausspruch sich berufend. Jener war ein zu politischer Kopf, um solcher Leidenschaft sich hinzugeben, bewies auch seltene Gewandtheit darin, wie er sich die Völker des nördlichen Belgiens zu unterwerfen wußte, von denen ihm mehrere noch, von seinem Stammgenossen, aber erbitterten Feinde, Claudius Labeo, aufgeregt, widerstanden.

So warf er sich einmal inmitten der Schlacht unter seine Feinde, die Tungrer, laut ausrufend: „Nicht darum fechten wir, damit Bataver und Trierer über die Völker herrschen. Fern sei uns solche Anmaßung! Bundesgenossenschaft nehmt an. Zu euch gehe ich über, mögt ihr mich nun als Führer oder nur als Mitstreiter aufnehmen."

Da steckten die Tungrer die Schwerter ein und unterwarfen sich, ihre Häuptlinge an der Spitze, dem Civilis.

Bei den Galliern waltete gleicherweise Neid und Eifersucht, aber kein Mann, der, wie dieser, zu beschwichtigen und zu leiten gewußt hätte.

Julius Sabinus ließ sich unter dem Namen „Cäsar" Ehrfurcht bezeigen und warf sich mit einem zahlreichen, aber wenig disziplinierten Haufen auf die ihm widerstrebenden Sequaner. Übereilt begann er die Schlacht, aus der er schimpflich entfloh.[17] Diese Niederlage brachte viele zu ruhigerer Besinnung. Die Remer (um Rheims) luden alle Stämme zu gemeinsamer Beratung über Krieg oder Frieden ein. Als die Tagsatzung zusammentrat, war schon die Kunde des heranziehenden Römerheers angelangt. Mit Begeisterung sprach der Trierer Valentinus für den Krieg, mit Gewandtheit der Remer Ausper für den Frieden. Valentins Rat ward gepriesen, aber der des Ausper befolgt. So beharrten außer den Germanen nur Trierer und Lingonen im Aufstande, ohne sich jedoch im Handeln der Höhe der Gefahr gewachsen zu zeigen. Immer noch durchzog Civilis Belgiens Wälder und Sümpfe nach seinem erbitterten Gegner Labeo spürend: Classicus genoß in träger Muße seines Triumphes Tutor dachte nicht einmal daran, das obere Germanien und die Alpenpässe zu sperren.

Durch diese rückte nun, von Mucianus gesandt, der, den achtzehnjährigen Domitian mühevoll zügelnd, damals noch an Vespasians Statt in Rom befehligte, Petilius Cerealis mit drei Legionen, zu denen zunächst noch die von Vitellius Heere allein treu gebliebene 21. Legion zu Vindonissa (Windisch in der Schweiz) sowie später noch die 14. aus Britannien und die 16. aus Spanien stoßen sollten. Die 21. Legion, Sextilius Felix mit den rätischen Hilfsvölkern und das Geschwader der Singularier[18], von Brigantinus, Civilis Neffen, aber haßerfülltem Feinde, geführt, drangen zuerst von Rätien her in die Provinz. Tutor verstärkte das Triersche Heer durch neue Aushebung bei den Vangionen (Germanen: bei Worms D.) und niederrheinischen Völkern, besonders aber durch alles, was er durch Hoffnung oder Furcht von Legionssoldaten an sich ziehen konnte. Wirklich hauen diese auch die Avantgarde, die erste römische Kohorte, welche ihnen entgegengesandt wird, nieder, gehen aber bald darauf, als die kaiserlichen Heere selbst mit den Führern anrücken, wiederum zu diesen über. Tutor zieht sich, Mainz umgehend, bis hinter die Nahe bei Bingen zurück, wo er sich nach Abbruch der Brücke gesichert glaubt, wird aber von Felix, dem eine Furt verraten wird, daselbst angegriffen und geschlagen. Schon verlieren die Trierer den Mut, das Volk wirft die Waffen weg, viele der Vornehmen entweichen zu römisch gesinnten Völkerschaften, die bei Trier stehenden zwei römischen Legionen schwören freiwillig dem Vespasian Treue, – als der rückkehrende Valentin das Volk wieder unter die Waffen bringt, indes jene Legionen zu den Rom treuen Mediomatrikern (um Metz) abziehen. Cerealis, der inzwischen vor Mainz angelangt ist, sendet zunächst mit der Versicherung, daß Roms Legionen dem Kriege genügten, die gallischen Hilfsvölker in ihre Heimat zurück, greift in Eile das feindliche Heer in einer durch Natur und Kunst stark befestigten Stellung an der Mosel an, nimmt diese mit Sturm und macht durch seine auf einer wegsameren Stelle in den Rücken der Feinde gesandte Reiterei Valentin selbst nebst vielen der edelsten Belgier zu Gefangenen. Auch nach dem Siege beweist er sich edel und klug, versagt dem Heere die stürmisch begehrte Plünderung der Stadt Trier und richtet die gebeugten, bebenden Gemüter der abtrünnigen Legionen, die nun vor ihm erscheinen, durch milde Nachsicht und strenges Verbot scheltender Anklage der Kameraden wieder auf: Trefflich und wirkungsvoll ist die Rede, mit welcher er (d. h. Tacitus *D.*) den Trierern und Lingonen die Torheit eines Aufstands vorhält, der sie selbst nach dem Sieg über Rom nur den Germanen untertänig machen würde.

So war die gallische Empörung mit einem Streiche abgetan.

Aber Civilis, bei dem auch Classicus und Tutor, der ebenfalls wieder Mannschaften gesammelt, sich noch aufhielten, mit seinen Germanen, ein Gegner andern Schlages, stand noch unbesiegt.

Von allen Seiten ziehen sich dessen Scharen wider das Römerheer zusammen, Cerealis verschanzt sich im Lager: Civilis will die Schlacht bis zu Ankunft der überrheinischen Germanen aussetzen, Tutor und Classicus aber fürchten mehr die weitere Verstärkung der Römer und sagen von den Germanen, „daß sie weder Kommando noch Leitung annähmen, sondern überall nach eigner Willkür handelten, Geld und Geschenke aber, wodurch sie allein gewonnen würden, mehr von den Römern, als von ihnen zu erwarten hätten." Diese Ansicht, mutmaßlich vom Heere unterstützt, gewann die Oberhand.

In der Nacht überfällt Civilis das römische Lager, in dem Cerealis selbst nicht anwesend ist, dringt sofort ein, schlägt die Reiterei in die Flucht und besetzt die für die Kommunikation der Römer unentbehrliche Moselbrücke. Mit römischer Kraft wirft Cerealis sich ihm entgegen, nimmt die Brücke wieder, sammelt die Zerstreuten und Fliehenden, die sich allmählich von Neuem, obwohl, weil im beschränkten Raume des Lagers gefochten wird, nur unvollkommen formieren. Noch war der Feind überall im Vorteil, als die 21. Legion, die sich inzwischen auf einem freieren Platz vollständiger geordnet hatte, die Fliehenden aufnimmt und bald die Verfolger selbst zurücktreibt, indes die gewichenen Kohorten sich im Rücken wieder sammeln und die Höhen wieder besetzen.

Die Germanen aber, die bereits Sieger waren, schlug nichts wirksamer, als der unwürdige Streit über die Beute, indem sie, statt vereint gegen die Römer zu stehen, unter sich zerfielen.

Cerealis, der durch Energie wiedergutmachte, was er durch Sorglosigkeit verschuldet, benutzte sein Glück, indem er noch an demselben Tage das feindliche Lager nahm und zerstörte.

Sofort erheben sich nun auch die Agrippinenser (Ubier von Köln) wieder für Rom, töten einzelne Germanen, bitten aber dringend um Hilfe gegen den anrückenden Civilis. Noch vor dessen Ankunft aber entledigen sie sich der germanischen Kohorte, welche die Stadt noch besetzt hält, indem sie das Gebäude, worin die Bataver, des Weines voll, zu einem Gelage vereinigt sind, bei verschlossenen Türen in Brand stecken: während Civilis durch den in Eilmärschen heranziehenden Cerealis um so mehr zum Abzuge genötigt wird, als er die Bedrohung seiner Heimat von der See her durch die britannische Legion und Flotte fürchtet. Wirklich war diese bereits gelandet und mit Unterwerfung der Nervier und Tungrer (um Tongern) beschäftigt, als die Kanninefaten aus eigner Bewegung die Flotte angreifen und größtenteils vernichten, auch zu Land die für Rom zu den Waffen greifenden Nervier schlagen, wie denn auch Classicus die von Neuß vorausgesandte Avantgarde in einem Reitergefecht wirft (Tacit. IV, 77–79).

Im V. Buch der Historien des Tacitus, in dem die Erzählung nun fortgeht, gewinnt der Krieg eine neue Gestalt, indem Civilis, den Römern sich nicht mehr gewachsen fühlend, dasselbe Mittel zur Hilfe ruft, wodurch die Bataver Nachfahren so oft mächtigeren Feinden widerstanden; – die künstliche Überschwemmung der Niederungen durch Abdämmung der Flüsse wie durch Durchstechung der Dämme, was nur in einem Lande möglich ist, dessen ganze Bodenkultur auf Eindeichung beruht, wie sie daher unzweifelhaft schon damals bei den Batavern stattfand.

Die erste Aufstellung nahm er bei Vetera im Bereiche der Inundation, wo, da Cerealis dennoch den Angriff wagte, aller Vorteil so entschieden auf germanischer Seite war, daß die Römer nach vergeblicher Anstrengung sich zurückziehen mußten und nur um deswillen nicht noch größeren Verlust erlitten, weil man meist im Wasser focht und die Beschaffenheit des Terrains die Konzentrierung eines größeren Nahegefechts auf einem Punkt nicht gestattete, man sich daher großenteils nur gegenseitig mit Wurfpfeilen beschoß. Am nächsten Morgen ward die Schlacht von beiden Seiten mit der größten Anstrengung erneuert: obwohl aber die Römer, diesmal mehr in der Defensive verharrend, die Germanen aus dem Wasser herauslockten, setzten ihnen diese doch, nach Verschießung der Wurfpfeile, mit ihren langen Spießen sehr bedenklich zu: ja eine Schar Brukterer, durch den Rhein schwimmend, hatte bereits die Schlachtreihe der Hilfsvölker gebrochen und zum Weichen gebracht, als die Legionen die Schlacht wieder zum Stehen brachten. Da zeigt ein batavischer Überläufer dem Cerealis den Weg zu Umgehung des Feindes auf einer höhern, von den Gugernern nicht sorgsam bewachten Stelle, was, sofort ausgeführt, durch einen kühnen Reiterangriff in den Rücken der Germanen den Sieg auf das vollständigste für die Römer entschied.

Die Germanen flohen über den Rhein und der Krieg wäre an diesem Tage beendet worden, wenn die römische Flotte ihre Ankunft beschleunigt hätte. So ward selbst die Reiterei durch Regengüsse und Einbruch der Nacht an der Verfolgung behindert.

Am folgenden Tage[19] ergänzte man auf beiden Seiten die Heere; Cerealis, welcher die 14. Legion nach der oberen Provinz detachiert hatte, durch die zehnte spanische Legion, Civilis durch Hilfsscharen der Chauken.

Dennoch aber fühlte sich dieser nicht stark genug, die Städte der Bataver gegen den nun unaufhaltsam heranrückenden Cerealis mit den Waffen zu schützen; er raffte daher aus den genannten Ortschaften mit sich fort, was sich fortschleppen ließ, verbrannte das übrige und entwich auf die Insel, auf dieser sicher glaubend gegen die Verfolgung der Römer, denen es, wie er wußte, an Schiffen fehlte, um eine Brücke über den Fluß (d. h. die Waal) zu schlagen. Um jedoch seine Verfolger aufzuhalten, traf er zwei Veranstaltungen.

Erstens zerstörte er den Damm (diruit molem) des Drusus, d. h. den von Drusus am Clevischen Spyck zur Ableitung der Waal nach dem Rhein erbauten Wehrdamm. Das geschah hauptsächlich, um den Feind von Arenacum (Rindern) abzuhalten, indem durch die Zerstörung der Moles die Waal in ihr altes, vor Drusus inne gehabtes Bett stürzen, und Arenacum vom Feinde abschneiden sollte.

Die zweite Veranstaltung bestand darin, daß Civilis den Rhein, welcher nach der gallischen Seite hindrängte, durch Wegräumung der Dämme über den Boden der batavischen Insel nach der Waal und Mas hinstürzen ließ, um dem Cerealis das Vordringen auf diese unmöglich zu machen, wodurch das Bett des Rheines selbst so seicht ward, daß die Insel beinahe mit Germanien zusammenzuhängen schien.

Über den Rhein aber setzten Tutor und Classicus mit einhundertunddreizehn Trierer Senatoren, um „durch Mitleid und Geschenke" neue Hilfsvölker zu gewinnen.

Während nun auch Civilis neue Truppen warb, hatten die vordringenden Römer dennoch Arenacum besetzt, ohne daß die wohl nur unvollkommen vollbrachte Zerstörung des Dammes des Drusus sie davon hätte abhalten können. Auch die übrigen batavischen Städte kamen in die Hände der Römer. Die für die Germanen neu geworbenen Streitkräfte waren indes so stark, das Civilis dieselben in vier Haufen teilen konnte, um mit ihnen an einem Tage die vier von den Römern besetzten Orte in Abwesenheit des Cerealis anzugreifen: nämlich die zehnte Legion zu Arenacum, die zweite zu Balavodurum (Nimwegen) dann die Kohorten und Geschwader zu Grinnes und Vada. Die Belagerung der in Arenacum liegenden zehnten Legion schien aber zu schwierig; es wurden nur die römischen Soldaten, die aus dem Lager gezogen und mit Holzfällen beschäftigt waren, überfallen und dabei der Lagerpräfekt, fünf Centurionen und eine Anzahl Soldaten getötet; die übrigen entkamen ins Lager, wo sie sich hinter ihren Verschanzungen verteidigten. Unterdessen wurde auch zu Balavodurum gekämpft. Dort hatten die Römer schon den Brückenbau (über die Waal) begonnen; aber die Bataver suchten die Brücke einzureißen und der unentschiedene Kampf endigte mit der Nacht. Civilis selbst griff Vada, Classicus Grinnes an. Beide waren anfangs glücklich: als aber Cerealis selbst auf die Nachricht von den Unternehmungen der Feinde den Seinigen zu Hilfe kam, wandte sich das Glück und die Bataver wurden in den Fluß (die Waal) getrieben. Civilis suchte die Fliehenden aufzuhalten; aber selbst verfolgt, warf er sich in den Fluß und schwamm hinüber (auf die Insel) unter Zurücklassung seines Pferdes; Tutor und Classicus gelang es, mit Kähnen überzusetzen. Auch hier war die zur Hilfe beorderte römische Flotte nicht eingetroffen. Aber das Glück half Cerealis auch da, wo die Anordnung vielleicht mangelhaft war, wie er denn die zu Ausführung seiner Befehle nötige Zeit nicht immer gewährte.

So entging er auch bald darauf zwar gerade noch der Gefangenschaft, aber nicht dem Schimpf, als er von Bonn und Neuss, wo er die neu zu erbauenden Winterlager inspiziert hatte, zu Wasser zurückkehrend in einer dunkeln Nacht, in welcher eine Abteilung seiner Eskorte gelandet sein muß, teils zu Land, teils zu Wasser, in Folge mangelhaft geordneter und wachsamer Wache, von den Germanen überfallen ließ. Viele Römer wurden im Schlafe und im Schreck des ersten Erwachens niedergestoßen, Cerealis selbst aber dadurch gerettet, daß er sich nicht auf dem Admiralsschiff, dessen sich der Feind vor allem bemächtigte, befand, die Nacht vielmehr, wie man glaubte, eines galanten Abenteuers halber, auswärts verbracht hatte. Am vollen Morgen fuhren die Germanen mit den genommenen Schiffen zurück und übersandten das des Feldherrn Velleda zum Geschenk.

Inzwischen hatte Civilis, der, unermüdeten Mutes, sein Glück noch zu Wasser versuchen wollte, eine bedeutende Schiffsmacht mit großer Anstrengung zusammengebracht, mit welcher er die Römer, deren Flotte weniger, aber besser bemannte und größere Schiffe zählte, am Ausfluß des mit der Mas verbundenen Rheins angriff. Aber seine Flotte trieb der Wind aufwärts, die römische der Strom abwärts, so daß beide bei- und durcheinander vorbeifuhren, ohne sich, außer dem Wurfgefecht, wesentlich schaden zu können.

Auch dieser letzten Hoffnung beraubt zog sich nun Civilis über den Rhein zurück und gab die batavische Insel schutzlos der Verheerung des Cerealis preis, der jedoch mit kluger Berechnung die eignen Äcker und Villen desselben verschonen ließ, Argwohn gegen den Feldherrn zu erwecken.

Obwohl nun der einbrechende Herbst mit seinen Regengüssen und Überschwemmungen die auf der Insel stehenden Legionen bei dem Mangel an Schiffen und Proviant wieder in so große Gefahr brachte, daß sie bei ernstlichem Willen ihrer Feinde der Vernichtung oder doch mindestens schwerem Verluste nicht hätten entrinnen können, so war doch inzwischen eine Wandlung der Gemüter eingetreten.

Cerealis hatte durch geheime Unterhändler den Batavern Frieden, Civilis Verzeihung angeboten und suchte nun auch durch Drohungen, wie durch Versprechungen Velleda und deren Angehörige zu gewinnen.

Wie dadurch die Bundestreue der Überrheinischen erschüttert ward, so erhoben sich auch unter den Batavern viele Stimmen für den Frieden, so daß Civilis, dem dieser Umschwung nicht entging, um ihm zuvorzukommen, eine Unterredung mit Cerealis auf den beiden Seiten einer in der Mitte zerschnittenen Brücke über die kleine Waal (s. Dederich, S. 133) verlangte, welche derselbe mit Hervorhebung seiner Verdienste um Vespasian begann: darauf muß er aber den Frieden abgeschlossen haben, wie dies, obwohl uns Tacitus' Bericht hier (mit V, 26) verläßt, der Sachlage und andern, wenn gleich unbestimmteren Nachrichten zufolge, anzunehmen ist.

Aus der Erzählung dieses denkwürdigen Aufstandes, teilweise schon aus dem früher Berichteten, ergeben sich nachstehende, für die Geschichte der Folgezeit wichtige Betrachtungen.

Billiger Unterwerfung waren die für Rom erreichbaren germanischen Völkerschaften nicht abgeneigt: der Frevel roher Willkür und Habsucht aber, dem selbst der beste Wille des Herrschers nicht immer zu steuern vermochte, reizte sie stets zur Empörung.

Nichts aber weckte und nährte diesen Geist mehr als Bürgerkrieg und Unfriede im Römerreiche selbst, was späterhin die Zeit des Gallienus (260) und der „dreißig Tyrannen" nur zu sehr bestätigte.

Durch Disziplin und Kriegskunst war Rom den Germanen furchtbar überlegen: darum lag alle Gefahr für Rom darin, daß ein tüchtig geschulter und genialer Führer sich der Leitung der wilden Kraft bemächtigte. Das hatte einst die Spanier unter Sertorius unbesiegbar gemacht, welchem ja auch Civilis sich verglichen haben soll.

Nicht allein mit den Waffen, mehr durch Intrige, wie Sertorius, ward Civilis überwunden. Jene Gefahr aber förderte Rom selbst dadurch, daß es fortwährend die tüchtigsten Germanen als Führer der Hilfsvölker militärisch ausbildete, was jedoch nicht Fehler, sondern Notwendigkeit war: weniger vielleicht, weil dies den Gehorsam der Truppe besser verbürgte als weil es an gleich tüchtigen Offizieren, die nach dem Begriffe der ersten Kaiserzeit noch den höheren Ständen angehören mußten, in dem immer unkriegerischer werdenden Volk selbst gebrach.

Der Geist der Meuterei, der sich schon unter den Bürgerheeren Roms vom siebenten Jahrhunderte ab so verderblich zeigte, war bei den Söldnern der späteren Zeit noch ungleich gefährlicher und ward, abgesehen von den Epochen des Kaisermachens, nur durch eine imponierende, volles Vertrauen einflößende Persönlichkeit des Generals vollständig gebannt: daher Auflehnung gegen Flaccus, Gehorsam gegen Cerealis.

Das Gallien des Vercingetorix war nicht mehr. Die Vorzüge der Zivilisation, die Reize römischer Genüsse und Kultur hatten es in hundertundzwanzig Jahren schon beinahe völlig romanisiert. Wunderbar bot das Geschick Befreiung; Gallien verschmähte sie. Darum ward es auch, als die Eroberung später, statt wie vormals von Süd nach Nord, nun umgekehrt von Nord nach Süd ging, in dem großen Zertrümmerungsprozeß selbst mit zertreten. Der keltische Hauptstamm lebte in Europa nicht fort.

Unter den Germanen finden wir nur die Ubier auf dem Weg der Romanisierung. Schon zu Cäsars

Zeit waren sie den übrigen Völkerschaften in der Kultur voraus: jetzt wäre für sie die Rückkehr zur alten Stammgemeinschaft nur durch Aufopferung ihres höher entwickelten Gemeindelebens, nur durch Zerreißung vielfacher Verkehrs- und Familien-Bande zu erkaufen gewesen.

Indem hier die Geschichte der Kriege zwischen Rom und den Germanen bis zu Marc Aurel im Wesentlichen schließt, ist nur der Vollständigkeit halber noch folgender, in den Quellen kurz und unsicher erwähnter Vorgänge zu gedenken.

FÜNFTES KAPITEL

Die Zeit bis auf den Markomannenkrieg

Ob der späteren Gefangennehmung Velledas, die nach Tacitus (G. 8), besonders aber nach Statius Papinianus (Silvae I, 4. 90. captivaeque preces Velledae) nicht bezweifelt werden kann, ein Kampf vorausgegangen, ist, wie deren weiteres Schicksal, aus den Quellen nicht zu ersehen.

Auch über Domitians Feldzug gegen die Chatten wissen wir nichts weiter, als daß er davon Anlaß zum Triumph und zum Beinamen „Germanicus" entnahm (Sueton. Dom. 6 und Münzen), was aber bei einem Fürsten seines Schlages kein Beweis erfochtener Siege ist. Sueton erwähnt zwar verschiedener Treffen, jedoch in der Art, daß es ungewiß bleibt, ob sich der Ausdruck zugleich auf die Chatten oder allein auf die Daker bezieht. Cassius Dio gibt (LXVII, 5) den Anlaß an, daß Chariomer, ein römisch gesinnter Chattenfürst, vom Volke vertrieben worden, aber keine Hilfe, sondern nur Geld empfangen habe, was mit Sueton nicht übereinstimmt, sich aber zur Genüge dadurch erklärt, daß Krieg und Sieg mehr Komödie als Wahrheit waren.

Nach Cassius Dio begehrten die *Lygier* (Lugier), die in Mösien mit suebischen Stämmen kriegten, von Domitian Hilfe, erhielten jedoch nur 100 Reiter. Hierüber unzufrieden, hätten die „Sueben" (?) sich mit den Jazygen verbunden und über die Donau¹ zu gehen beabsichtigt.

Ungleich wichtiger ist der schon erwähnte schimpfliche Krieg, den Domitian gegen den großen Dekobalus in Dakien, zu dessen Überwindung es eines Trajans bedurfte, geführt hat. Jämmerlich ist die Triumphkomödie, bei der er für die Schwächling nach erkauftem Frieden sein eigenes Gerät, als erbeutetes, im Festgepränge vortragen läßt. (Cassius Dio Kap. 7 am Schluß.)

Von Interesse für unsern Zweck ist nur der Anfang des eben erwähnten Berichts des Cassius Dio, der so lautet:

„Inzwischen ging er nach Pannonien, um die Markomannen und Quaden, weil sie ihm die gegen die Daken begehrte Hilfe nicht gesandt, mit Krieg zu überziehen.

Die Gesandten, welche beide Völker für Friedensverhandlungen schickten, ließ er töten. Darauf ward er von den Markomannen besiegt und in die Flucht geschlagen, worauf er mit Dekebalus den (schon erwähnten) Frieden schloß."

Unstreitig sind hier unter den Quaden nicht die in Mähren bis vielleicht Oberungarn seßhaften Quaden, sondern der unten näher zu erwähnende suebische Klientelstaat zu verstehen, nicht nur weil erstere Roms Grenze schwerlich berührten, sondern auch weil ein Hilfsbegehr doch nur an letztere füglich zu richten war.

Schwerlich richtig erscheint die Verlegung dieses Ereignisses in das Jahr 86, die sich nur auf die Reihenfolge in Dios Bericht stützt: es ist aber, nach der vorhergehenden Erzählung des dakischen Krieges, in dessen Mitte es erwähnt wird, wohl später erfolgt.

Daß Trajan vor der Thronbesteigung in seiner weisen und tätigen Verwaltung Germaniens Kriege von einigem Belang geführt habe, ist, da dessen Panegyriker Plinius nur seiner Verdienste um Wiederherstellung der Kriegszucht daselbst gedenkt, nicht anzunehmen: wenn daher Orosius (VII, 12) die Zurückdrängung der in das Zehntland eingefallenen Sueben durch Trajan erwähnt, so muß dies später durch Legaten geschehen sein.²

Wenn Plinius in seinen Briefen (II, 7) einem Freund schreibt, daß der Senat dem Vestricius Spurinna, auf Antrag des Kaisers, eine Triumphalstatue dekretiert habe, weil er den König der Brukterer mit Gewalt und Waffen in sein Reich eingeführt (induxit in regnum) und mit Krieg drohend das wildeste Volk durch Schreck gebändigt habe, so ist dies anscheinend ohne wirklichen Kampf verlaufene Ereignis der Zeit nach nicht näher bezeichnet.

Gleichwohl hat man anzunehmen, daß Spurinna erst auf Trajan, welchem Antonius vorausging (Cassius Dio LXVII, 11), im Oberbefehl in Germanien folgte, höchstwahrscheinlich daher, daß die Brukterer, deren Trümmer sich, nach der durch die Chamaven und Angrivarier erlittenen Niederlage (Tacit., G. 33), ganz in das südlich der Lippe gelegene Land geflüchtet hatten, in ihrer Not Rom um Hilfe angingen, solche auch, unter Sendung eines neuen römisch gesinnten Fürsten durch Spurinna empfingen, weshalb Plinius, der nicht Geschichte, sondern nur ein Billet schrieb, unter dem wildesten Volk, ferocissima gens, hier nicht die Brukterer, sondern deren Feinde, die sich vor Roms Macht zurückzogen, verstanden haben würde.[3]

Unentbehrlich ist hier ein Rückblick auf die inneren Zerwürfnisse der Germanen.

„Überlaßt doch die Germanen ihren eigenen inneren Zerwürfnissen" war die Politik Tibers, des alten Meisters, gewesen. Der Erfolg hat sie glänzend gerechtfertigt.

Schon das alte Germanien hatte seinen Großstaat in Marobods Reich, der unzweifelhaft um das Jahr 8 v. Chr. gegründet ward.[4] Das große Suebenvolk von der Niederelbe bis zur Weichsel, von der Donau bis zur Ostsee, mit alleiniger Ausnahme, wie es scheint, der Hermunduren, gehorchte dem Fürsten, dem ein Heer von 70 000 Mann Fußvolk und 4000 Reitern zu Befehl stand. Die westgermanischen Kleinstaaten ließ er, ohne sich zu rühren, stückweis von Rom unterjochen: und als Tiberius, nach Vollendung dieses Werkes, mit zwölf Legionen gegen ihn selbst zog, schloß er seinen Frieden mit Rom.

Armin hatte ihm des Varus Haupt gesandt: aber sein Eigenstolz mag für den Befreier Deutschlands nur Neid und Haß empfunden haben; er schickte es an August. Auch jetzt hielt er sich ruhig gegenüber Rom.

Nach diesem Abfalle war für Armin und Marobod *nebeneinander* kein Raum mehr in Germanien.

Geschickt mag, auf Tibers Geheiß, dessen Sohn Drusus den Funken der Zwietracht geschürt haben (Tac. II, 62). Schon im Jahre 17 brach der Krieg los durch Armins Angriff. Die Kraft der Völker, sagt Tacitus, Kunst und Tapferkeit der Führer standen sich gleich, aber schon war Marobods Königstitel den Stammgenossen verhaßt. Zu Armin hielten, außer den alten Streitgenossen, die Langobarden und Semnonen, zu Marobod des erstern eigner niederfüllter Oheim, der Cheruskerfürst Inguiomer mit seinem Gau. An unbekannter Stätte trafen die Heere zusammen, ein Massenkampf, wie er in Germanien nie erlebt worden. Auch nicht nach germanischer Weise, sondern kunstvoll mit römischer Disziplin und Taktik ward gestritten. Die Schlacht stand unentschieden: auf beiden Seiten waren die rechten Flügel geschlagen, als Marobod sein Heer auf die Hügel in das Lager zurückzog. Das gab den Entscheid: durch den wachsenden Überlauf zu Armin entblößt ging er nach Böhmen zurück, Tiberius um Hilfe anrufend.

Weniger wohl Marobods Macht, als der Glaube an sie war gebrochen. Intrige und Bestechung, durch Drusus geleitet, benutzte die Gelegenheit. Catualda, ein edler Markomanne[5], der vor dessen Gewalt früher zu den Goten entflohen war, fiel mit einer starken Freischar in das Land, und nahm, im Bund mit den bestochenen Großen, den Königssitz ein. Tiberius versagte Marobod die erbetene Hilfe, gewährte ihm aber, als lebendige Drohung gegen die Sueben, ehrenvolle Freistatt in Ravenna, wo er noch achtzehn Jahre lebte.

Gleiches Geschick, gleiche Flucht war Catualda beschieden. Seine Feinde riefen die Hermunduren gegen ihn zu Hilfe. In Forum Julium (Frejus) fand er sein Asyl.

Der markomannische Großstaat entstand und fiel mit Marobod, der alte Völkerverband der Sueben aber bestand zumal in religiöser Gemeinschaft fort.

Aus den Gefolgen beider Könige, ihres Unglücks treuen Gefährten, schuf Tiberius, das linke Donauufer zwischen der March (Preßburg) und dem Cusus[6] ihnen anweisend, einen neuen Klientelstaat unter dem König Vannius, einem quadischen Fürsten (Tac. II, 63). Einunddreißig Jahre hielt sich dieser: bis er, nachdem seine anfangs gute Regierung mit der Zeit sich verschlimmerte, durch ein Bündnis seiner äußeren (von seinen durch Raubzüge und Zölle angesammelten Schätzen angelockten) Feinde mit den Innern vertrieben ward: Vannio und Sido, die Söhne seiner Schwester, teilten das Reich unter sich: Claudius, jedes Hilfsgesuch versagend, dem Flüchtigen aber Aufnahme gewährend, ließ dies alles ungehindert geschehen. Die erste Bevölkerung dieses Staats war ein Mischvolk aus allen oder doch vielen suebischen Stämmen, darum ward derselbe ein suebischer genannt. Erscheinen diese Sueben später auch unter dem Namen der Quaden, so mag dies in der früheren Zugehörigkeit des Bodens oder in Vannius' Nationalität, welche vielleicht auch die der Mehrzahl war, seinen Grund finden[7]: (sie gingen aber sehr bald unter den anderen Sueben dieser Lande auf und unter. *D.*).

Als die Römer sich zurückgezogen, Marobod vernichtet war, regte Armin, auf dem Gipfel der Größe, wie Tacitus (II, 88) sagt, nach Königsmacht (d. h. nach dem Königtum über alle Gaue der Cherusker *D.*) strebend, den Freiheitsstolz der Volksgenossen wider sich auf. Der Bürgerkrieg entbrannte, mit wechselndem Glück ward gefochten, bis der „Befreier Germaniens" durch Meuchelmord seiner Gesippen fiel, im Lied wie in der Geschichte unsterblich fortlebend.[8] So der Bericht.

Gewiß nicht die Tyrannei aus gemeiner Selbstsucht, aber Herrschaft der Gesetze und Kriegszucht wollte der große Mann in seinem Volke aufrichten. Weniger auch das Volk unstreitig als der Adel empörte sich gegen die neue Staatsidee: aber der auch in ersterem lebende wilde Unabhängigkeitstrieb erleichterte letzterem die Aufwiegelung. Die Sprache entbehrt des spezifischen Ausdrucks für solche Volksgesinnung, die auch neben weit vorgerückter Kultur bestehen kann. Freiheitsgefühl bezeichnet sie nicht, weil keine Freiheit ohne Ordnung, keine Ordnung ohne erschöpfende Gesetzlichkeit denkbar ist. Es ist ein instinktartiges Festhalten an Zuständen, die im Fortschritte der Zeit ihre naturwüchsige Bedeutung verloren haben: (es ist die alte Zentrifugalität der Germanen, welche die Aufrichtung des Einheitsstaats der *Völkerschaft* statt des Staatenbundes der Gaue noch nicht ertrug. *D.*).

Daß Tiberius, wie zum Sturze Marobods, so auch zu dem Armins durch Intrige mitgewirkt habe, sagt Tacitus nicht. Dies beweist aber nur, daß er in den Senatsprotokollen und sonst darüber eben nichts gefunden hat (vergl. II, 63 und 88). Uns dünkt es um so eher denkbar, weil wir nach seiner Sinnesart gerade in dem vor dem Senat laut ausgesprochenen Unwillen, womit er das Anerbieten des Chattenfürsten Adgandester, Armin vergiften zu wollen, zurückgewiesen habe, nur einen Grund mehr für unsere Vermutung erkennen. Gewiß ist jedenfalls, daß die einzigen Männer, welche Rom in Germanien zu fürchten hatte, vor Tiberius untergingen, dessen Politik also wahrlich eine vom römischen Standpunkt aus geschickte und richtige war.

Die Quellenberichte über die inneren Zerwürfnisse in Germanien hier vollständig wiedergeben zu wollen, würde zwecklos sein. Die Kämpfe der Cherusker für und wider den ihnen von Rom gesandten Fürsten Italicus im Jahre 47 (Tac. XI, 16 und 17), die (von Tac. XII, 28 erwähnte) fortwährende Zwietracht zwischen Chatten und Cheruskern, die Vertreibung der Amsivarier durch die Chauken im Jahre 58 (Tac. XIII, 55, 56), der große Krieg desselben Jahres zwischen den Hermunduren und Chatten (a. a. O. 57), die (Germ. 33 und 36) berichtete Niederlage der Brukterer durch die Tenchterer und Angrivarier so wie der Cherusker durch die Chatten, geben genügende Belege dafür, die mit dem Jahre 98 nicht um deswillen aufhören, weil uns Tacitus selbst verläßt. Das Bedeutendste dieser Ereignisse war unstreitig der Kampf um den Besitz der Salzquellen (an der fränkischen Saale?) zwischen den Hermunduren und Chatten: dieser Krieg ward um so erbitterter geführt, weil der Glaube die Fundorte des Salzes den Göttern geheiligt hielt. Den Kriegsgöttern aber hatten die Hermunduren damals das feindliche Heer zu weihen gelobt, was sie Roß und Mann niederzustoßen verpflichtete.

Die Zustände der Germanen und die Zusammenstöße mit Rom bis zur letzten Hälfte des zweiten Jahrhunderts haben wir vorstehend zu schildern versucht. Also standen sich die Träger der alten und der neuen Welt gegenüber, als der vierhundertjährige Kampf zwischen ihnen entbrannte. Gleichzeitig verlief der zweite Kampf zwischen Christen- und Heidentum, aber jenem ersteren lange Zeit fremd: denn Abwehr und Andrang blieben unverändert, ob auf der einen Seite Wotan oder Christus angerufen, ob auf der andern unter den Adlern oder dem Labarum gestritten ward.

Die Zeit vom Auftreten der Goten an der Donau und dem Markomannenkrieg bis zum Hunnen-Einfall

---❦---

ERSTES KAPITEL

Der Markomannenkrieg

a) Allgemeiner Überblick

ereits im Jahre 165 *spätestens* muß (nach Kap. M. Aur. 13) der Krieg mit den Marko-mannen, vermutlich auch Quaden, begonnen haben, durch die Legaten jedoch bis zum Jahre 167 hingehalten worden sein. In diesem, wo nicht schon 166, überschritten die Feinde, wahrscheinlich im Bunde mit östlicheren Barbaren, die karnischen Alpen und rückten, nachdem sie den praefectus praetorio Macrinus Vindex mit einem Teil seines Heeres niedergehauen hatten, bis Aquileja am adriatischen Meere im alten Italien vor. (Kap. M. A. 14.)

Schrecken entstand in Rom, wo zugleich die Pest, man glaubte durch das orientalische Heer einge-schleppt, wütete.

Da zog Kaiser Marcus Aurelius mit dem unwillig folgenden Lucius Verus in Person gegen die Feinde aus. Als die Kaiser mit dem Heere nahten, baten diese (was aber auch vielleicht schon vorher in Folge der Kunde des Anzugs geschehen sein kann) um Frieden, den Lucius gewähren wollte, Marcus aber, die List durchschauend, verweigerte.

Beide überschritten bald die Alpen, trieben die Barbaren siegreich über die Donau zurück, stellten den Grenzschutz, im Wesentlichen wenigstens, wieder her, und kehrten darauf im Winter (nach Tillemont im Dezember 168, nach Eckhel, p. 57 und 94, im Januar 169) nach Rom zurück[1], auf welcher Reise Verus bei Altinum (unweit Venedig) an einem plötzlichen Schlagfluß starb. Marcus widmete dessen Andenken die größte Verehrung, wozu damals vor allem die Apotheose gehörte, legte selbst aber die Beinamen Armeniacus, Parthicus und Medicus, da er sie nur dem Verus verdankte, sogleich wieder ab.[2]

Der Krieg gegen die Germanen dauerte aber nicht nur fort, sondern gewann auch, anscheinend noch in diesem Jahre, durch Hinzutritt neuer Bundesgenossen (Kapit. 22) jene gefahrdrohende Aus-dehnung, welche das Aufgebot so außerordentlicher Geld- und Menschenkräfte erforderte, daß Mar-cus Aurelius sich genötigt sah, das kaiserliche Mobiliar öffentlich versteigern zu lassen, germanische Söldner anderer Stämme anzuwerben, aus Sklaven und Gladiatoren abgesonderte Heerhaufen zu bilden, ja sogar Straßenräuber unter die Legionen zu stecken. Wie jedoch diese außerordentliche Rekrutierung auch später fortgesetzt worden sein mag, so wird auch jene Versteigerung (von Eckhel), wohl ohne Beweis, in das Jahr 170 gesetzt.[3] Unzweifelhaft ist dies alles aber im Wesentlichen schon 169 geschehen, was auf vorhergegangene erhebliche Unfälle der Heere schließen läßt, welche auch die große Anzahl gefangener Römer, von der weiter unten die Rede sein wird, bestätigt.

Der Aufbruch muß (nach der von Eckhel, p. 58, beschriebenen Münze) noch zu Ende des Jahres 169 erfolgt sein.

In den ersten drei Jahren dieses furchtbaren Krieges muß Carnuntum (Petronell, unweit Preßburg) der Stützpunkt und das Hauptquartier M. Aurels gewesen sein. (Eutrop. VIII, 13.) Der Kampf blieb anscheinend zunächst ohne Erfolg, da erst im Jahre 171, in welches die zehnjährige Regierungsfeier M. Aurels fiel, eine Siegesmünze und der Titel Imp. VI. erscheint.

Ruhmreicher mag das Jahr 172 geworden sein, von welchem wieder eine Siegesmünze mit Darstellung eines Brückenüberganges über die Donau (wohl der von Capitol. 21 erwähnte Sieg über die Markomannen) und zuerst der Beiname Germanicus sich findet.

Das folgende Jahr scheint es gewesen zu sein, in welchem das Heer mit dem Kaiser von den Quaden eingeschlossen, dem Verdursten nahe, nach Dios umständlicher Beschreibung (c. 8) durch ein plötzliches gewaltiges Gewitter, das die Heiden der Wunderhilfe Mercurs, die späteren christlichen Schriftsteller dem Gebete der aus Christen bestehenden Legio fulminatrix zuschreiben, Rettung und Sieg, M. Aurel auch den Titel Imp. VII. gewann, der jedoch erst, weil dazu unstreitig die Genehmigung des Senats zu erwarten war, im folgenden Jahre auf den Münzen erscheint, während die des Jahres 173 die Aufschrift Germania subacta und den Tempel Mercurs mit dem eine Schale darreichenden Gott enthalten.

Vielleicht schon in das Ende dieses, jedenfalls aber in den Anfang des nächsten Jahres scheinen die Friedensschlüsse mit den Quaden, Markomannen und den kleineren Völkerschaften zu fallen, so daß im Wesentlichen nur noch die Jazygen im Felde blieben, durch deren Besiegung der Kaiser sich im Jahre 170 die Beinamen Sarmaticus und Imp. VIII. erwarb, gleichwohl aber, durch die Nachricht von dem Aufstand des Cassius in Syrien zum Friedensschluß bewogen ward, der durch mehrere vorher erfochtene Siege oder mindestens erlangte Vorteile seiner Feldherren erleichtert worden sein mag. (Dio 17 und 27.)[4]

Der Kaiser ward in den Orient abgerufen. Aber an der Donau war inzwischen der Krieg wieder entbrannt, den wahrscheinlich abermals die Quaden und Markomannen begonnen hatten. Gewiß ist, daß des Kaisers Legaten, die beiden Quintilier, der Aufgabe nicht mehr gewachsen waren (Dio c. 33), was wohl in dem erneuten Hinzutritte anderer Völker, jedenfalls der Jazygen, seinen Grund gehabt haben mag.

Von jetzt an verläßt uns alle Sicherheit der Chronologie. Da Capitol. c. 27 ausdrücklich sagt, daß der Krieg hierauf von M. Aurel noch während dreier Jahre geführt worden sei (triennio bellum postea egit), derselbe aber im März 180 verschied, so muß er sich schon 177 wieder zur Armee begeben haben, in welchem er auch nach den Münzen (Eckhel, p. 63 a. Schl.) Imp. IX. wurde. Gleichwohl sagt Lampridius (in Com. 12) ausdrücklich, daß Commodus erst im Jahre 178 dahin aufgebrochen sei und aus Dio (c. 33) erhellt, daß dies, wie ohnehin selbstverständlich, in Begleitung seines Vaters geschehen sei (οἱ αὐτοκράτορες ἐξεστράτευσαν, wobei sich der Plural auf Commodus, der bereits Imperator genannt wurde, bezieht). Vielleicht erklärt sich der scheinbare Widerspruch dadurch, daß M. Aurel für seine Person, zur Rekognoszierung der Sachlage, schon im Jahre 177 zur Armee ging, noch in demselben aber wieder zurückkehrte, und erst im Jahre 178, und zwar den 5. August, wahrscheinlich nach Zusammenziehung neuer Streitkräfte, mit Commodus feierlich ausgezogen ist.

Gewiß ist nur, daß er vom August 178 bis zu seinem Tode im Feldlager blieb, im Jahre 179 durch Paternus noch eine Hauptschlacht, die einen ganzen Tag dauerte (Dio 33) und den Titel Imp. X. gewann.

Bei diesem Kriege haben wir jedoch eine doppelte Aufgabe zu erfüllen, indem dessen Geschichte selbst und die Erscheinungen und Abwandlungen darzustellen sind, welche im nationalen Leben der Germanen dieser Zeit so bedeutungsvoll hervortreten.

Leider ist die erste derselben völlig unlösbar, weil es unmöglich ist, aus den verworrenen Spezialnotizen der Quellen irgendwie Ordnung, Zusammenhang und Überblick zu gewinnen: die zweite aber, wenn gleich höchst anziehend, doch sehr schwierig.

b) Die Zeitfolge der Ereignisse

Das wenige, was sich über die Geschichte des markomannischen Krieges sagen läßt, besteht, wenn wir das obige genauer untersuchen, etwa in folgendem.

Wir haben es zuvörderst hier nicht mit *einem*, sondern mit zwei durch die Friedensschlüsse in den Jahren 174 und 175 voneinander getrennten Kriegen zu tun.

Im ersten, der nach Capitolinus XIII.[5] *mindestens* schon im Jahre 165 begonnen haben muß, lassen sich drei Abschnitte unterscheiden.

I. Vom Ausbruch bis zur persönlichen Teilnahme der Kaiser.

Der Beginn der Feindseligkeiten, über deren Veranlassung im nächsten Kapitel mehr zu bemerken sein wird, scheint von den Markomannen ausgegangen zu sein, die – etwa von Passau ab – bis zur March nördlich der Donau saßen, wie dies schon die Benennung des Krieges vermuten läßt. Höchstwahrscheinlich haben sich ihnen schon damals die benachbarten Quaden angeschlossen. Zunächst waren es vielleicht nur einzelne Gefolgschaften, welche, über die Donau setzend, auf verschiedenen Punkten räuberisch in Noricum einfielen, das nur schwach besetzt gewesen sein mag, da unter Tiberius wenigstens (nach Tacit. IV, 5) keine Legion ihren Standort daselbst hatte, die Hut dieser Provinz also wahrscheinlich den beiden pannonischen Legionen mit anvertraut war. Das dem kleinen Krieg so günstige Gebirgsterrain wird den Erfolg erleichtert und das ganze Volk nebst den Quaden zur Teilnahme verlockt haben, so daß die Germanen es bald wagten, den konzentrierten, jedoch durch Überfälle und Vernichtung einzelner Abteilungen bereits geschwächten Heerhaufen der Römer selbst entgegenzutreten: (nachdem die Schwäche der römischen Besatzungen ausgekundschaftet war, setzten sich ganze Gaue des Volkes in Bewegung, über den Boden des Reiches sich auszubreiten. *D.*).

Der von Vulcatius Gallicanus (in Avidius Cassius Kap. 4) berichtete Vorgang, daß dieser als Befehlshaber an der Donau die Centurionen einer Abteilung von Auxiliartruppen um deswillen habe kreuzigen lassen, weil sie *ohne Ordre* 3000 feindliche Sarmaten jenseits dieses Stroms überfallen und niedergehauen hätten, kann nicht in diesem Kriege stattgefunden haben.

Die Sendung des Cassius nach dem Orient muß nämlich, wo nicht schon im Jahre 161, doch spätestens 162 erfolgt sein, da sie sicherlich sogleich auf die daselbst erlittenen Unfälle verfügt ward, der Markomannenkrieg aber (s. oben) damals noch nicht begonnen haben kann. Jener Beweis von Strenge kann sich daher nur unter Antoninus Pius ereignet haben, unter welchem (nach Capitol. Anton. Pius c. 5) ebenfalls Kämpfe mit Germanen und Daken statthatten. Die Erwähnung der Sarmaten in Cass. 4, während Anton. 5 nur Daken genannt werden, ist aber bei einem an sich so unzuverlässigen Schriftsteller wie jener obige viel zu unerheblich, um als Gegenbeweis gelten zu können. Auch paßt dessen Nachsatz: die Barbaren hätten, vom Schrecken solcher Kriegszucht erschüttert, den abwesenden Antoninus um hundertjährigen Frieden gebeten, nur auf Pius, nicht auf dessen Nachfolger.

In die letzte Zeit dieses Kriegsabschnitts muß nun jedenfalls der Sieg der Germanen über den römischen praefectus praetorio, den Dio (c. 3) Macrinus Vindex, Capitolinus (c. 14) aber Furius Victorinus nennt, gefallen sein.[6]

Es ist nach unserer Terrainkenntnis nicht unwahrscheinlich, daß dieser in Steiermark zwischen dem Semmering und Graz im Murtal erfochten worden sei, wohin die Markomannen wohl von Westen her durch die Täler der Salzach und oberen Ens nach Bruck hin vorgedrungen waren.

Nun sagt Capitolinus zu Anfang des 14. Kapitels:[7]

„Als die Viktofalen und Markomannen *alles zerrütteten*, auch andere, von oberen Barbaren verdrängte Völker, wenn ihnen nicht Aufnahme gewährt wurde, kriegerisch einfielen, brachen beide Kaiser im Kriegsgewand auf."

Da nun sowohl die Viktofalen als jene anderen später genannten Völker, wie im nächsten Kapitel nachgewiesen werden wird, unzweifelhaft *östliche* waren, dieser ganze eben dadurch so höchst merkwürdige Krieg aber den ersten Fall *offensiver Völkerbündnisse der Germanen* gegen Rom darbietet, so liegt es sehr nahe, die nun folgende Niederlage des praefectus praetorio aus einem kombinierten Kriegsplan der Art zu erklären, daß ein östliches Heer, in das von Truppen entblößte Pannonien einfallend, die Römer durch das Drautal umging und im Rücken angriff. Da übrigens der Gardebefehlshaber, der mit ungefähr 20000 Mann (Lucian, Alexander Pseudomantes. Opera. XXXII. 48) in jener Schlacht blieb, unmöglich vorher schon in Pannonien und Noricum kommandiert haben kann, so scheint er erst, der mißlichen Sachlage halber, dahin abgesandt worden zu sein. Infolge dieses Sieges, der entweder in die letzte Hälfte des Jahres 166, oder, was wahrscheinlicher, in die erste des Jahres 167 fällt, überschritten nun die Germanen die Alpen und drangen bis Aquileja im alten Italien (im heutigen Friaul), welches sie belagerten, ja dem Falle nahe brachten, siegreich vor. (Dio c. 3, Capitol. c. 14 und Lucian, Zeitgenosse, a. a. O.)

II. Vom Aufbruch der Kaiser im Jahre 167 bis zu deren Rückkehr und Verus Tod zu Anfang des Jahres 169.

Zur Verteidigung Italiens zogen pflichtgetreu M. Aurel, unwillig der schwelgerische, aber doch Folge leistende Verus in das Feld. Ein starkes Heer muß ihnen gefolgt sein, wozu die Rückkehr eines Teils des parthischen[8] die Füglichkeit gewährt haben mag. Der Augenblick drängte, Furcht, zugleich mit Hungersnot und Pest, herrschten in Rom. Aber die bloße Erscheinung, wahrscheinlich schon die Kunde des Anzugs wirkte.

Die Schwäche des Römerheers[9] hatte den Sieg gefördert, einem frischen stärkeren Heere fühlten sich die Barbaren nicht gewachsen. Auch war ja der nächste Zweck ihrer Kriege, reiche Raubbeute, die man nun sichern wollte, bereits erreicht, an dauernde Niederlassung auf Reichsboden *für jetzt* nicht zu denken. Sie baten um Frieden, den Marcus verweigerte. Von dem ferneren Kriegsverlaufe wissen wir nur, daß die Germanen über die Alpen zurückgetrieben und im Jahre 168 durch Marcus selbst in einer Hauptschlacht glänzend besiegt wurden (*ἰσχυροτάτου ἀγῶνος καὶ λαμπρᾶς νίκης* Dio c. 3), indem sich der Titel Imp. V., der auf den Münzen dieses Jahres zuerst vorkommt, auf gedachte Angabe Dios beziehen muß. Aus des Capilolinus Worten am Schluß des Kap. 18: „Hierauf drangen sie, nach Überschreitung der Alpen, weit (longius) vor, und ordneten alles, was zum Schutze (ad munimen) Italiens und Illyricums gehörte", ist ferner abzunehmen, daß die Germanen wieder über die Donau zurückgedrängt und alle befestigten Plätze wieder genommen und hergestellt wurden.

III. Von dem Tode des Verus zu Anfang 169 bis zu den Friedensschlüssen im Jahre 175.

Gebeugt, aber nicht gebrochen, waren Mut und Kraft der Donau-Germanen. Neue Bundes- oder doch Streitgenossen traten, von der im folgenden Kapitel zu erklärenden großen Völkerbewegung gedrängt, auf den Plan.

Da entbrannte, nach des Kaisers Rückkehr in die Hauptstadt, auf neue, aber ungleich furchtbarer als zuvor, der Krieg. Gleichzeitig von allen Seiten her mögen die Angriffe erfolgt, manche Plätze und Besatzungen in die Hände der Feinde gefallen sein. Noch wütete dabei in Rom die Pest. Marc Aurel aber stand über jeglicher Gefahr, schaffte auf die oben bemerkte Weise Geld und Menschen herbei und eilte noch vor Ende des Jahres 169 wieder zur Armee.

Vom ferneren Verlauf wissen wir nur, daß er den Krieg an der Donau, wo er in Carnuntum, unweit Preßburg, dem Einfluß der March gegenüber, sein Hauptquartier hatte, zum Stehen brachte. Von diesem Operationspunkt muß er sich bald gegen diese, bald gegen jene der konzentrisch andringenden Feinde gewendet haben, wobei die Besiegung der einen ihm dann Zeit und Mittel gleichen Vordringens gegen die andern gewährte, was aber, da die weite Peripherie selbstredend nicht ganz unverteidigt bleiben konnte, Niederlagen oder mindestens Verluste seiner Unterfeldherren auf andern Punkten nicht ausschließt. Diese müssen sogar, nach der später zu erwähnenden großen Anzahl gefangener Römer, bedeutend gewesen sein.

Dio beginnt nun das offenbar von diesen Feldzügen handelnde achte Kapitel mit den Worten: „Durch *viele* und große Kämpfe (*ἀγῶσι*) und Gefahren unterwarf Marcus die Markomannen und Jazygen." Gleichwohl finden wir nur drei Hauptschlachten und Siege in den Quellen verzeichnet, deren erster im Jahre 170 (nur[10] aus einer von Eckhel, p. 58 f., beschriebenen Münze bekannt) Marc Aurel wahrscheinlich den Titel Imp. VI. verschaffte.

Unstreitig hatte dieser Schlag die Markomannen getroffen, da Dio sie in obiger Stelle ausdrücklich und zwar *zuerst* erwähnt, die späteren aber über Jazygen und Quaden erfochten wurden.

Der nächste ist der (von Dio c. 7 beschriebene) Sieg über die Jazygen. Dieser (nach Florus III, 4) schon über siebzig Jahre v. Chr. in den Niederungen von Donau und Theiß seßhafte, sarmatische Stamm muß im Winter 171/72, die Donau zwischen Pest und Peterwardein überschreitend, Pannonien in der rechten Flanke der Römer angegriffen haben. Zuerst auf dem Lande besiegt, glaubten sie auf der gefrorenen Donau den des Manövrierens auf dem Eis unkundigen Römern überlegen zu sein, fanden aber, nach Dios sehr umständlicher Beschreibung, auch hier ihre Meister. Die sorgsame Ausbildung der Legionssoldaten in allen Leibesübungen, besonders aber deren Geschicklichkeit im Ringkampf, da das Gefecht zuletzt in solches Ringen auf dem Eis ausartete, überwältigte die Jazygen. Auch mag die Körperkraft dieses mehr zu Rosse fechtenden Reitervolkes der der Germanen nicht gleichkommen sein. Nur wenige der großen Haufens sollen entkommen sein.

Daß M. Aurel selbst an der Schlacht Teil genommen und einen Imperator-Titel erlangt habe, ist aus den Schriftstellern nicht zu ersehen, obwohl eine (p. 60 von Eckhel beschriebene) Münze, welche den Donauübergang des *Kaisers* auf einer Schiffbrücke darstellt, dies anzudeuten scheint.

Wenn überdies auf sämtlichen Münzen dieses Jahres der Name „Germanicus" vorkommt, so kann sich dies nur auf obigen Sieg über die Markomannen, nicht aber auf den über die Jazygen beziehen, da M. Aurel erst nach deren gänzlicher Überwindung im Jahre 175 den Ehrennamen Sarmaticus empfing

Durch den Sieg über die Jazygen in seiner rechten Flanke gesichert wandte sich M. Aurel nördlich gegen die Quaden, die in Oberungarn westlich der Gran seßhaft waren, an welcher derselbe, wahrscheinlich im Winter 172/73, sein Winterlager hatte, wie sich aus der Unterschrift des II. Buches seiner Selbstbetrachtungen ergibt. Diesen gelang es aber, in den dortigen Gebirgen im Hochsommer 173 dessen Heer durch Übermacht dergestalt ein- und namentlich von allem Wasser abzuschließen, daß die

Quaden in der Hoffnung, Hitze und Durst allein würden die Römer vernichten, bereits im Kampf nachließen, als ein furchtbares Gewitter mit ungeheurem Regenguß letzteren Rettung brachte. Die Wundersucht der Alten, wie der Heiden so der späteren Christen, schrieb dies Naturereignis einem Wunder zu, das nach Dio ein ägyptischer Magier durch Anrufung Merkurs und anderer Dämonen, nach Xiphilin, einem Christen des elften Jahrhunderts, der dies lächerlich macht, das Gebet einer ganz aus Christen bestehenden Legion, die eben deshalb den Beinamen κεραυνοβόλον, fulminatrix (falminata), erhalten, hervorgerufen haben soll. Letzterer hat hierbei dadurch, daß er den Ursprung jener Bezeichnung, welche die zwölfte Legion bereits unter August führte[11], von jenem Vorfall ableitet und die Möglichkeit einer schon im Jahre 173 *ausschließlich* aus Christen bestehenden Legion annimmt, sich eines groben Mangels an Kritik schuldig gemacht. Das in alten Kirchenvätern, jedoch nicht von Eusebius, der die Sache nur als Gerücht erwähnt, uns aufbewahrte, Xiphilins Anführen bestätigende Schreiben Marc Aurels an den Senat trägt aber so unverkennbar den Charakter der Fälschung an sich, daß es zu dessen Unterstützung nicht dienen kann.[12]

Die auf jenen Sieg bezügliche Münze vom Jahre 173 (s. Eckhel, p. 60) stellt den Merkur dar, dem ein Opfer gebracht wird, während auf der Denksäule M. Aurels in Rom der in der Luft schwebende Jupiter Pluvius (ein Greis mit triefendem Haar, dem Blitze entströmen) jenes Ereignis andeutet.

Das Heer rief den Kaiser sofort zum Imperator VII. aus, obwohl dieser Titel erst auf den Münzen des Jahres 174 erscheint. (Dio 9 und 10. Capitol. 24.)

Die römische Waffenehre, der Zauber römischer Macht war wiederhergestellt: die Völker baten um Frieden, dessen Verhandlungen nebst deren Folgen von Dio (Kap. 11–16, 18 und 19) ausführlich berichtet, jedoch erst unten näher zu beleuchten sein werden.

Nächst der aus dieser Kriegsgeschichte unzweifelhaft hervorgehenden Tatsache des *Bündnisses* der verschiedenen Völker gegen Rom, ist besonders die große Zahl gefangener Römer bemerkenswert, welche nach Dios Angabe auf zahlreiche, aus den Quellen gleichwohl, bis auf jene erste im Jahre 167, nicht ersichtliche Niederlagen und Unfälle der Römer, im kleinen Kriege besonders, schließen läßt.

Die Quaden, mit welchen zuerst abgeschlossen ward, versprachen Überläufern und Gefangenen zunächst 13000 (c. 11), und nach dem dies, wenn auch nicht vollständig, bereits geschehen war, später bei erneuter Verhandlung (c. 13) noch 50 000 auszuliefern. Von den Markomannen, obwohl sie nur unter denselben Bedingungen Frieden erhielten, wird die Zahl (c. 15) nicht angegeben, die Jazygen aber stellten allein 100 000 Gefangene zurück, so daß die Gesamtzahl, zumal die Friedensschlüsse mit kleineren Völker- und Gefolgschaften nicht speziell erwähnt sind, auf 200 000 anzuschlagen ist. Man hat jedoch zu vermuten, daß hierbei die östlichen Völker gotischvandalischen Stammes unter den Jazygen, als deren Bundesgenossen, mit begriffen worden sind, da es schon nach der eigenen durch die bekannte Ausdehnung ihres Gebiets bedingten Volkszahl dieses Sarmatenstammes nicht denkbar ist, er habe für sich allein 100 000 Gefangene in Besitz gehabt. Auch mag der größte Teil letzterer nicht aus römischen Bürgern, sondern aus Auxiliartruppen keltischer und germanischer Abkunft, so wie aus dem im Drange der Not ausgehobenen Gesindel bestanden haben, zumal aus c. 13 hervorgeht, daß ein Teil der Gefangenen im feindlichen Lande Familienverbindungen eingegangen hatte, was von echten Römern minder wahrscheinlich ist.

Da übrigens den Jazygen der Friede nach c. 16 zunächst verweigert und erst im Jahre 175 auf die Nachricht von Cassius Aufstand gewährt ward (c. 16 und 17), dürften die Kämpfe mit ihnen noch bis in letzteres Jahr siegreich gedauert haben, was durch die Titel Sarmaticus und Imp. VIII. auf einem Teile der Münzen dieses Jahres (Eckhel, p. 64) bestätigt wird, wobei jedoch erstere Bezeichnung auch auf deren durch den Frieden bekundete Überwindung allein sich beziehen könnte.

Wenn nach Dio (c. 27) aber Marcus noch im Augenblick seines Aufbruchs nach dem Orient *gleichzeitig mit der Meldung von dem Tode des Cassius* viele Siege seiner Legaten über verschiedene Barbaren angezeigt wurden, so können diese nicht vor, sondern erst nach dem bereits c. 18 berichteten Frieden mit den Jazygen erfochten worden sein. Dies ergibt nämlich nicht nur die Reihenfolge der Erwähnung, sondern auch die Natur der Sache, da Marcus nach c. 18 zu jenem Frieden *wider seine Überzeugung (παρὰ γνώμην)* nur durch des Cassius Aufstand bewogen ward, der Vertrag also vor der Nachricht von dessen Ermordung geschlossen worden sein muß.

Wohl aber scheinen hierauf, selbst nach den Friedensschlüssen mit den Hauptvölkern, von einzelnen Gefolgschaften anderer Völker noch Feindseligkeiten auf eigene Faust fortgesetzt worden zu sein. Jedenfalls ersehen wir aus c. 20, daß die zum Grenzschutz ergriffenen Maßregeln die Quaden und Markomannen bald wieder erbitterten. Der Frieden bedang, daß sie nur in der Entfernung einer deutschen Meile (die Jazygen zwei Meilen) von der Donau ab wohnen durften. Um dies zu überwachen, waren zahlreiche Kastelle, in denen 20 000 Mann lagen, jenseits des Stroms und zwar (nach Dio LXXII, 2) teilweise auch im innern Lande der Germanen, errichtet worden, deren Befehlshaber nun die Völker nicht nur an der ökonomischen Benutzung dieses Grenzstreifens hinderten, sondern auch Überläufer und Gefangene von ihnen aufnahmen. Darüber erbittert wollten die Quaden zu den Semnonen auswandern, wurden aber durch Besetzung der Pässe daran behindert. Das dürfte in der Richtung der jetzigen Straße nach Prag geschehen sein und beweist ebenfalls die Aufstellung zahlreicher und leicht disponibler Streitkräfte in den festen Plätzen des Innern.

Von dem zweiten Kriege, seinem Anlaß und Verlauf wissen wir noch ungleich weniger als von dem früheren. Dio sagt nur (c. 33), daß die Sachlage, weil des Kaisers Legaten, die beiden Quintilier, obwohl tüchtige Feldherren, den Krieg nicht zu beendigen vermocht hätten, dessen eigene Gegenwart wieder erfordert habe. Mutmaßlich mochte, nach des Kaisers Abmarsch in den Orient, der Friede die Germanen gereut, daher die vorbemerkten und andere Gründe sie um so leichter wieder zu allgemeiner Erneuerung der Feindseligkeiten gereizt haben. M. Aurel dürfte aber bereits im Jahre 177 und sodann anderweit mit Commodus am 5. August 178 in das Feld gezogen sein. Auch ist nach Dios Äußerung anzunehmen, daß der durch den Titel Imperator IX. auf mehreren Münzen des Jahres 177 (s. Eckhel, p. 63 f.) bezeugte Sieg nicht schon vor, sondern erst nach des Kaisers Ankunft erfochten worden sei. Dagegen gehört der Hauptsieg durch Paternus, bei dem der Kampf einen ganzen Tag gedauert und das feindliche Heer durchaus niedergehauen worden sein soll, welchen Dio allein speziell hervorhebt, offenbar erst dem Ende des Jahres 179 oder dem Anfang des Jahres 180 an, da nur auf den Münzen dieses letzteren M. Aurelius noch vor seinem Tode als Imperator X. aufgeführt wird. Capitolinus gedenkt (c. 27) lediglich dessen dreijähriger Kriegführung gegen die Markomannen, Hermunduren, Sarmaten und Quaden, deren Länder er, bei nur ein Jahr längerem Leben, zu Provinzen gemacht haben würde.[13]

Wie lange nach des Marcus Tode der Krieg unter Commodus fortgesetzt wurde, wissen wir nicht. Nach Herodians bestimmtem Anführen ist zwar der Beschluß des Thronfolgers, Frieden zu schließen – vielleicht auch der Friede selbst, wenigstens mit den Markomannen, welche zuerst mit ihm in Verhandlung traten – unstreitig noch vor dessen Rückkehr nach Rom, wo er jedenfalls noch vor dem 22. Oktober 180 eintraf (s. Eckhel, 109), erfolgt, die weitere Ausführung und Vollziehung des Friedenswerkes aber doch wohl dessen Legaten überlassen und von diesen der Krieg gegen die meisten Völker noch einige, wenn auch nicht lange Zeit erfolgreich fortgesetzt worden. Hiernach dürfte der Friede erst im Jahre 181 zu vollständigem Abschluß gelangt sein.

c) Wesen und Bedeutung des Markomannenkrieges

Der Zusammenstöße mit den Germanen hatte es bereits viele gegeben. Aber verschieden waren sie gewesen von diesem. Damals einzelne Unternehmungen letzterer, meist Überfälle, auf die Gunst augenblicklicher Umstände gebaut, bisweilen selbst vorübergehende glanzvolle Siege unter großen Führern wie Armin und Civilis aber alle, kleine Raubzüge ausgenommen, doch nur defensiver[14] oder aufständischer Natur, *hauptsächlich ohne bleibende Folge*. Hier zum ersten Male ein großer, mindestens fünfzehnjähriger Offensivkrieg, angelegt nicht ohne Einsicht, ausgeführt mit bisher unerhörter Zähigkeit der Ausdauer.

Über die *Entstehungsursachen* sagt ein hoher Meister (J. Grimm, Gesch. d. d. Sprache, S. 306, Nr. 437):

„Seit dem Schluß des ersten Jahrhunderts hatte sich die Ohnmacht (? D.) des römischen Reichs, wenn auch seine Flamme einige Mal noch aufleuchtete, entschieden, und in den unbesiegbaren Germanen war das Gefühl ihres unaufhaltsamen Vorrückens in allen Teilen Europas immer wacher geworden; *jetzt erhob sich statt des langsamen und verweilenden Zugs, den sie von Asien her unvordenkliche Jahrhunderte hindurch eingehalten hatten, ein rascherer Sturm*, den die Geschichte vorzugsweise Völkerwanderung nennt. Nur die wenigsten Stämme blieben in ihrem Sitze haften."

(Das war in der Tat das neue, das Wesentliche dieses und der meisten nun folgenden Kämpfe (s. die Einleitung): die Folge der Seßhaftigkeit ward nun Übervölkerung, und diese hob die Seßhaftigkeit insofern wieder auf, als sie zur Ausbreitung zwang. D.)

Roms Schwäche hatte sich nun bereits unter Domitian im Jahre 85 dadurch kundgegeben, daß dieser seine Niederlage durch die Markomannen ungerächt ließ und von Dekebalus, dem Dakerkönige, den Frieden um schweres Geld erkaufte. Diese Schmach hatte indes der große Trajan wieder gesühnt, während Hadrians wachsamtätige und Antonins gewinnende Politik den Frieden unverletzt zu bewahren gewußt hatten. Möglich nun, daß nach des letzteren Tode der Regierungswechsel in den Germanen, die des langen Friedens müde waren, die Erinnerung an frühere Siege geweckt, daher in Verbindung mit der gleichzeitigen Schwächung der römischen Streitkräfte durch den parthischen Krieg zum Losbruche gereizt habe.

Wenn Hadrian ferner den Frieden nicht allein durch den Schreck der Waffen, sondern auch durch Geldzahlung, wiewohl gewiß in ehrenhafter Form, an die Völker sicherte (s. Dio LXIX, c. 10) und Antonin unzweifelhaft darin fortfuhr, so könnte die Vermutung entstehen, M. Aurelius habe durch Versagung des ihm schimpflich dünkenden Tributs zum Krieg Anlaß gegeben. Dies aber würden die in dessen Lob so eifrigen Biographen sicherlich nicht verschwiegen haben.

Der Krieg hat gar nicht als ein *großer*, durch Offensivangriff verbündeter Völker, sondern nur als ein *kleiner*, durch Raubzüge einzelner Gefolgführer, begonnen[15], und dann erst, nach diesen gewaltsamen Rekognoszierungen, durch versuchtes Überwandern ganzer Gaue in das römische Gebiet größere Verhältnisse angenommen.

Lag doch der Hauptgrund aller dieser germanischen Einbrüche und Kriege in dem oben (in der Einleitung) entwickelten Grund.

Über die Anfangszeit des eigentlichen *großen* Krieges ist nicht einmal Vermutung gestattet, obwohl darüber, daß dieser mindestens bereits in das Jahr 166 fallen müsse, nach dem Ergebnisse der Kriegsoperationen kein Zweifel möglich ist.

Der Bestimmungsgrund zu dem Angriff der Markomannen aber ist, nächst den Erfolgen des kleinen Krieges, unzweifelhaft in denselben Umständen zu suchen, welche ihn später *genährt* und ihm jene gefahrdrohende Ausdehnung wie Dauer verliehen haben.

Hinsichtlich der in den Quellen aufgeführten fünfundzwanzig Namen der einzelnen Völker, welche an diesem Kriege teilnahmen, auf die Anmerkung verweisend[16], versuchen wir jene zuerst in gewisse Hauptgruppen zu sondern, was um so notwendiger scheint, da nicht allein bei Capitolinus, sondern selbst bei Dio keine Spur ethnographischen Geistes sich findet, diese also Volks- und Gaunamen zu unterscheiden weder wußten noch beabsichtigten.

Wie nun unzweifelhaft unter den Genossen des markomannischen Kriegs ganze Völker waren, die ihn durch ihren Heerbann als National- oder Staatskrieg führten, so haben doch wohl hin und wieder auch bloß auf eigene Faust fechtende Gefolgschaften teilgenommen.

Zu ersteren gehören vor allem die Markomannen, Quaden und Jazygen. Das mächtige *Markomannenvolk* saß vom Erzgebirge herab bis zur Donau, zwischen Hermunduren und Quaden begrenzt. (S. Anhang.)

Unter den *Quaden* ist hier offenbar nicht der im Jahre 19 n. Chr. auf altquadischem Gebiet gegründete Klientelstaat zu verstehen[17] sondern das im Jahre 19 freigebliebene Volk. Daß das gesamte dieses Namens am Krieg Teil hatte, ist nach dessen Wucht und Bedeutung nicht zu bezweifeln.

Die *Jazygen*, die Plinius und Tacitus stets Jazyges Sarmatae nennen, waren Sarmaten.[18]

Die Costuboken, welche Geten oder Daken waren, saßen innerhalb der römischen Provinz Dakien, müssen also römische Untertanen gewesen sein. Letztere umfaßte (nach Ptolem. III, X) unzweifelhaft das ganze Land zwischen Theiß und Pontus, Donau und Karpaten. Dagegen rechnet Jordanis (c. 12) in seiner freilich sehr unklaren Begrenzung des alten Dakiens, d. i. des Getenreichs, nur Siebenbürgen und die Wallachei, letztere mindestens größtenteils, dazu. Wahrscheinlich standen daher die in den Ebenen der Moldau und Bessarabiens wohnhaften Völker, wozu unstreitig die Costuboken (κιστοβῶκοι des Ptol.) gehörten, nur in einem Untertänigkeits- und Tributverhältnis zu dem Getenkönige: und dies mag auch unter Rom fortgedauert haben. Gewiß wenigstens war der westliche Teil der Gesamtprovinz vorzugsweise militärisch besetzt, mit zahlreichen Festungen versehen und kolonisiert.[19] Diese scheint auch, während des ganzen Kampfes von den Römern behauptet, ja nicht einmal dessen Schauplatz[20] gewesen zu sein, indem sich dieser, abgesehen von jenem ersten Einbruch in Italien, im Wesentlichen auf Niederösterreich, Steiermark, Ober- und Mittel-Ungarn beschränkt haben dürfte. (S. Dio 11, 12 und 19.)

Daß nun die Costuboken ganz oder teilweise durch die Karpaten dem westlich von Dakien gefochtenen, großen Unabhängigkeitskampf zuzogen, ist natürlich. Sie wurden aber später von den Asdingen, wie es scheint, auf Anstiften der Römer, dafür gezüchtigt, wonach deren Sitz in der Nähe des westlichen Dakiens, also in der Moldau gewesen zu sein scheint.

Bastarnen und Peukinen, nicht Germanen, saßen früherhin unzweifelhaft ebenfalls in Dakien nördlich der Donau.[21] Da aber Ptolem. sie später (III, 5) *über* Dakien und Sarmatien, also im neuern Podolien aufführt[22], so müssen dieselben bei der Eroberung Dakiens unter Trajan dahin sich zurückgezogen haben.

Die Alanen und Roxalanen saßen jenseits des Tyras (Dnjestr) im südlichen Russland.[23]

Von den Vandalen ist anzunehmen, daß, weil Strabo, Tacitus und Ptolemäus kein *Einzelvolk* dieses Namens kannten, derselbe im Markomannenkrieg, wo er zuerst (Vindili) auftaucht[24], auch nicht als die Bezeichnung eines solchen, einer bestimmten civitas, sondern nur als die einer neugebildeten Waffengenossenschaft, aus der späterhin freilich, wie aus Franken und Alemannen, ein Volk geworden, zu betrachten ist: (es war der Gesamtname für die *beiden* Völkerschaften der Asdingen und Silingen.[25] D.).

Betrachten wir nun die Eigentümlichkeit dieses Krieges im Gegensatz zu den früheren Kämpfen zwischen beiden Nationen, die schon im Beginn dieses Kapitels hervorgehoben ward: es war der erste größere, dauernde, planmäßige Angriffskrieg der Germanen seit den Kimbern und Ariovist.

Verschlagenheit im Kampf – allen Völkern in der Vorkultur eigen – zeichnete insbesondere die Germanen aus, die Vellejus Paterculus die verschlagensten aller Sterblichen nennt.

Tiefere Politik aber, d. i. planvolle Berechnung, geschickte, vor allem *konsequente* Ausführung war unter einem vielköpfigen Volksregiment, bei einem durch Sonderinteressen zwiespaltigen Adel, nicht möglich. Wohl lebte diese in großen, besonders römisch gebildeten Männern: gerade diese aber gingen eben deshalb zugrunde, weil ihre Zeit sie nicht begriffen, vor allem ihnen nicht folgen konnte und wollte.

Zwietracht lähmte die Kraft, hemmte den Aufschwung.

Anders im Markomannenkrieg. Kein großer Mann begegnet unter den Germanen, in den Völkern selbst aber seltene Bewußtheit, seltenere Eintracht. Jener Krieg beruht auf einem *Völkerbündnis*.[26]

(Freilich lag diesem beiden Bündnis das gemeinsame Bedürfnis nach Ausbreitung zugrunde: die gleiche Nötigung, welche später Alemannen und Franken über den Rhein drängte, warf damals Markomannen und Quaden über die Donau: und als entscheidend, als Hauptursache, ist dabei anzuschlagen der Druck, den die damals vom Norden her anziehenden *Goten* aller Stämme auf die Donauvölker übten. D.)

Forschen wir aber nach dem Quellenbeweise für diese Annahme, so finden wir dafür die Stelle Capitolins (c. 22): „Alle Völker von Illyriens Grenze bis Gallien hatten sich *verschworen.*" Dann die Zeugnisse Dios (c. 11), daß die Quaden den Frieden erhielten, „um sie von den Markomannen *abzuziehen*", was ein Bündnis unter beiden voraussetzt (so wie mittelbar die Stelle c. 18). Die Jazygen hatten (nach c. 16) unter der Bedingung Frieden geschlossen, den Römern 8000 Mann Hilfstruppen zu stellen, von denen auch der Kaiser sogleich 5500 nach Britannien sandte. Der weitern Vollziehung des Friedens aber (c. 18) entbrachen sie sich, erhielten auch Nachlaß an dessen Bedingungen, weigerten aber dennoch, weitere Truppen zu stellen, wenn M. Aurelius nicht eidlich versichere, den Krieg mit den Feinden (d. i. den Quaden, wohl auch Markomannen) fortzusetzen, weil sie fürchteten, daß letztere nach ihrer Versöhnung mit Rom sie, die Jazygen selbst, mit Krieg überziehen würden. So dunkel diese Stelle, die Xiphilin oder dessen Quelle schon mangelhaft exzerpiert haben muß, unverkennbar ist, so scheint doch unzweifelhaft daraus hervorzugehen, daß es die Furcht vor der Ahndung eines *Bundesbruches* war, welche jenes Verlangen der Jazygen hervorrief.[27]

Wesentlich verstärkt und vervollständigt noch wird der Beweis für die Gemeinsamkeit und Planmäßigkeit dieses Krieges auf germanischer Seite durch die Geschichte der militärischen Operationen selbst, so z. B. durch das konzentrierte Vorgehen bei der Vindex Niederlage. (Fragen wir aber nach der Ursache dieses merkwürdigen und folgenreichen Wandlung im Volksleben der Germanen, so kann diese nur in der *inneren*, wiederholt erörterten Entwicklung gefunden werden: in der Not das natürliche Zusammenwachsen der früher isolierten Siedlungen führte dann auch zu höherer politischer Reife oder doch zunächst zur Erkenntnis der Ersprießlichkeit von größeren Verbänden und Einungen, welche nicht mit bewußter Absicht zuerst geschlossen, sondern unwillkürlich und notwendig erwachsen waren. Auch der Verkehr mit Rom mag diese Entwicklung gefördert haben – durch Vorbild und durch Gefahr. D.)

Gewiß hat aber dazu, vor allem zu der so ungewöhnlich langen Dauer dieses Krieges, auch ein äußerer Anstoß Anlaß gegeben, auf den nunmehr überzugehen ist.

Von der größten Wichtigkeit ist die Stelle Capitolins (c. 14): vom Aufbruche beider Kaiser zum Heere, welcher erfolgte:

„als die Viktofalen und Markomannen alles zerrütteten: und *auch andere Völker, die, verdrängt von oberen Barbaren, geflohen waren, und wenn sie nicht* (von den Römern) *aufgenommen würden, Krieg erklärten.*"

Diese oberen, d. i. nördlichen Barbaren waren die *Völker der großen gotischen Familie.*

Also ganze aus ihren heimischen Sitzen *verdrängte* Völker begehrten Aufnahme und Niederlassung im römischen Gebiete, sei es in Güte oder durch Gewalt, und erhielten sie auch auf ersterem Wege wirklich, wie Dio (c. 11 und 12) ausdrücklich bestätigt, dadurch zugleich obige Angabe des an sich minder zuverlässigen Capitolin verbürgend. (Es begreift sich sehr wohl, daß nicht nur die Donauvölker, auch die bedeutend weiter nordwestlich „bis an den Rhein" (Capitolin) hin wohnenden Völker (Hermunduren, Burier, Narisker und deren Nachbarn) in Erschütterung und Bewegung gebracht wurden durch den Zug der zahlreichen Goten von der Ostsee den ganzen Lauf der Oder und Weichsel aufwärts und von da bis an den Pontus.

Ebenso wurden Völker, die schon im römischen Gebiet saßen, die Costuboken, Bastarnen, Peukinen, Alanen und Roxalanen, dann oder ohne Willen in diese Bewegungen gezogen. *D.*)

Noch ist hinsichtlich der Zahl derselben zu bemerken, daß der von Dio (c. 11) für die Landempfänger gebrauchte Ausdruck: die *vielen* übrigen *(ἕτεροι συχνοί)* auf eine bedeutende Anzahl derselben schließen läßt, daher auch manche, in den Quellen gar nicht namentlich angegebene, besonders einzelne Gaue, darunter sich befunden haben können.

Welche von diesen Namen nun der gotischen Völkerfamilie angehören, ist mit voller Sicherheit nicht zu bestimmen.

Unzweifelhaft gehören dahin die Taifalen und Gepiden oder Gipeden (hinsichtlich deren beider freilich gerade die Lesart nicht feststeht), die Vandalen, Asdingen, Viktofalen.[28]

Es liegt auf der Hand, daß ein solches Heranwogen gotischer Germanen von Norden her, das dadurch erzeugte Drängen und Schieben der im Wege stehenden, wie das Mitfortreißen aller beweglichen Elemente der angrenzenden Völker unter allen Umständen mit größter Gewalt gegen Roms Grenze – dem ersten festen Widerstandpunkt – anprallen mußte. (Fand nun der Völkerstrom diesen Damm bereits von Stammesbrüdern unterwühlt, erschüttert, ja teilweise gebrochen, da mußte das Drängen im Rücken und die Aussicht, auf römischem Boden eine „quieta patria", Landraum für die wachsende und aus den bisherigen ohnehin zu engen Gebieten verdrängte Bevölkerung zu gewinnen, alle diese Völker über die römische Grenze ziehen. *D.*)

Der anfängliche Bundeskrieg der Markomannen, Quaden und Jazygen, dem diese Bewegung stets neues Material zuführte, ward dadurch nicht nur zu immer hellerer und allgemeinerer Lohe angefacht, sondern vorzüglich auch so nachhaltig genährt.

Man erinnere sich der Geschichte dieses Krieges. War doch der ersten Unglücksperiode für Rom, in welcher es wegen des Partherkrieges schwach war, in den Jahren 167–169 schon wieder die zweite gesühnter Waffenehre und siegreichen Vordringens gefolgt. Mußten dadurch nicht Mut und Streitkraft der Feinde äußerst geschwächt sein? Und doch, sobald nur der Kaiser den Rücken gewendet, sofortiger neuer Losbruch des Offensivkrieges: und zwar des furchtbarsten[29] seit dem punischen, der nur durch die verzweifeltsten Mittel zum Stehen gebracht werden konnte. Dies würde, da jene drei bis vier Grenzvölker Rom in seiner Vollgewalt doch nur wie Zwerge dem Riesen gegenüberstanden, undenkbar sein, wenn nicht die frische mächtige Bundeshilfe gotischer Germanen die materielle Kraft und die lebendige Erkenntnis der entscheidenden Wichtigkeit dieses unwiederbringlichen Moments den Verzweifelungsmut jener ersten Völker erhöht und gestählt hätten: (vor allem aber: jeder Vordermann wurde durch das Schwert des Nachmanns und durch den Hunger vorwärts getrieben. *D.*).

Noch mehr bestätigt dies der oben geschilderte Kriegsschauplatz, bei welchem Carnuntum des Kaisers Operationsbasis war, um sowohl den westlichen als den östlichen Völkern die Spitze bieten zu können. Letztere müssen daher durch die Karpaten, wo jetzt die Liptauer, Zipser (dessen Name sogar von den Gepiden abgeleitet wird), Saroscher, Sempliner und Unghvarer Comitate liegen, in die offene, zehn bis fünfzehn Meilen breite und gegen vierzig Meilen lange Lücke eingebrochen sein, welche der Sitz des Jazygenvolkes zwischen Donau und Theiss, d. i. zwischen Pannonien und Dakien bildete.

Sicherlich hätte dagegen, wäre der Hauptstoß von Nordost gekommen, das so stark befestigte westliche Dakien[30] (Siebenbürgen) der Verteidigung zum Hauptstützpunkt dienen müssen.

Von besonderer Wichtigkeit ist, daß Capitolin (c. 14) schon in der ersten Kriegsperiode die Viktofalen neben den Markomannen als Haupturheber der römischen Unfälle, daher besonders der Niederlage unter Vindex anführt, welche, wie wir oben sahen, fast nur durch eine kombinierte Operation von West und Ost her erklärt zu werden vermag.

Nur im Bund mit den dort sitzenden Jazygen aber können die Viktofalen von dieser Seite her angegriffen haben. Eben diese aber werden von demselben Schriftsteller (c. 22) an die Spitze der zweiten östlichen Völkerreihe gestellt. Wirklich ist auch die so kühne Operation der Jazygen in der römischen Flanke, vor allem aber die erstaunliche Zahl der Gefangenen nur durch das Vertrauen auf die Bundeshilfe der gotischen Völker und durch deren Mitwirkung zu erklären.

Wir haben daher die Teilnahme letzterer am Markomannenkrieg auch für dessen Erfolge als höchst wesentlich zu betrachten.

Bei den Friedensschlüssen mit diesen Grenzvölkern befolgte Rom ein trefflich berechnetes System militärischer Grenzverteidigung und polizeilicher Überwachung: Fernhaltung von der Donau durch einen nicht zu betretenden Grenzrayon, Besetzung und Beobachtung ihrer Gebiete im Innern durch eine Reihe von Festungen, was wir freilich nur von dem der Markomannen und Quaden[31] mit Sicherheit wissen, und strenge Regelung des Markt- und Reiseverkehrs.

Merkwürdig scheint nun, daß M. Aurelius den jenen beiden Völkern auf solche Bedingung gewährten Frieden den Jazygen so hartnäckig verweigerte, letztere vielmehr *gänzlich vernichten* wollte *(παντάπασιν ἐκκόψαι)*. (sie waren ein Erzraubgesindel und ihre raschen Gäule machten sie den Grenzbewohnern besonders gefährlich. D.).

Als aber der Kaiser durch des Cassius Aufstand dennoch zum Frieden auch mit ihnen gezwungen ward, hatten sie sich den nämlichen, hinsichtlich der Entfernung von der Grenze sogar noch härteren Bedingungen als jene erstern, zu unterwerfen, wovon ihnen jedoch später vieles erlassen ward. Auch ward ihnen (nach Kap. 20) der Handelsverkehr mit den *Roxalanen* durch Dakien, wiewohl nur mit jedesmaliger Spezialerlaubnis des Statthalters, gestattet.

Außer den gedachten drei Völkern wurden nun auch noch die Buren anscheinend auf gleiche Weise behandelt. (Vergl. Dio c. 11, 13, 15, 16, 18, 19 und 20, sowie LXXII, c. 2 und 3.)

Den aus der Ferne zugewanderten heimatlosen Völkern hingegen (wenigstens manchen derselben D.) ward gewährt, was sie zu erbitten oder zu erzwingen gekommen waren – Aufnahme in das römische Gebiet.

Ausdrücklich wird dies von den Asdingen und Dankrigen (Dio c. 12), welche in Dakien Land empfingen, und von den Nariskern berichtet. Da aber derselbe Schriftsteller (c. 11) anführt, daß die um Frieden Bittenden teils in Dakien, teils in Pannonien, teils in Mösien und Germanien, teils in Italien selbst angesiedelt worden seien, so erhellt hieraus, daß die Zahl der Aufgenommenen eine große war.

Verschieden waren, je nach Verdienst und Leistungsfähigkeit, die Bedingungen der Kolonisation, indem einigen sogar das römische Bürgerrecht, einigen Grundsteuerfreiheit *(ἀτέλεια,* jus italicum), andern bleibender oder zeitweiliger Erlaß der Kopfsteuer *(φόρος)*, andern auch fortwährende Getreidelieferung aus römischen Magazinen bewilligt ward.

Der Zweck dieser Maßregel war – der Feinde *weniger*, der Untertanen, vor allem der kriegstüchtigen, mehr zu bekommen. Obschon von den Angesiedelten die, welche um Ravenna wohnten, in aufständischem Gelüste sogar dieser Stadt sich zu bemächtigen strebten, daher von da in entfernte Kolonien[32] versetzt wurden, so scheint doch im ganzen die Sache sich bewährt zu haben (wie das ganze System, so lange das Reich stark genug war, den darin drohenden Gefahren zu begegnen – anders schon ein Jahrhundert später. D.).

Die Kolonien müssen auf kaiserlichen, durch Sklaven oder kündbare Kolonen bebauten Domainen, hauptsächlich aber wohl auf Rodeland in Wäldern, wo dann auch wohl Getreidelieferung versprochen ward, gegründet worden sein, da M. Aurelius an Privateigentum auch Provinzialen sich gewiß nicht (bis zu völliger Entziehung D.) vergriffen hat: (vermutlich wurde das Prinzip der hospitalitas und der Teilung der Früchte angewendet D.; s. Einleitung).

Minder wichtig ist die Frage, ob der Friede von den Germanen durch römisches Geld erkauft wurde, wie dies Herodian (I, 6) von Commodus ausdrücklich anführt. „Die meisten Barbaren, sagt er, wurden durch die Waffen bezwungen; einige aber durch große Versprechungen leicht zum Frieden gebracht. Denn die Natur der Barbaren liebt das Geld: und die Gefahr gering achtend verschaffen sie sich entweder durch Überfälle und Einbrüche ihren Lebensbedarf oder bieten für hohen Lohn den Frieden feil. Dies wußte Commodus, erkaufte sich daher, des Geldes nicht schonend, gern die Ruhe, indem er ihnen das Geforderte vollständig bewilligte."

Dies läßt sich auch mit Dio vereinigen. Jene Bezwungenen waren die Grenzvölker, welche nach dieses letzteren genauerem Berichte über die ersten Friedensschlüsse unter M. Aurelius nur zu leisten, nicht aber zu empfangen hatten[33], wenn nicht vielleicht für die zu stellenden Militärkontingente außer dem Solde derselben[34] auch an das Volk etwas gezahlt worden ist. Unter denselben Bedingungen im Wesentlichen schloß aber (nach LXXII, 2 und 3) auch Commodus ab mit dem einzigen, aber folgenschweren Unterschiede, daß er die festen Plätze im Innern der germanischen Volksgebiete ganz aufgab. Dagegen wird von Battarius (c. l1), von den Asdingen (c. 12) das Empfangen und von den Cotinen (ebenda) wenigstens das Verlangen von Geld so bestimmt versichert, daß wir das bei denen, welchen Aufnahme bewilligt wurde, als etwas allgemein Hergebrachtes – gewissermaßen als ein Handgeld, dem künftigen Solde unbeschadet, – zu betrachten haben.

Daher dürfte sich denn auch Herodians Tadel des Commodus wohl mehr auf den wider Marc Aurels Absicht (der, so oft getäuscht, völlige Vernichtung, mindestens unbedingte Unterwerfung der Feinde anstrebte) geschlossenen Frieden überhaupt als auf dessen Bedingungen beziehen.

Schließlich bedarf es noch der Bemerkung, daß von den östlichen Völkern die Costuboken wieder in ihrer Heimat erscheinen, wo sie (nach Dio 12) von den Asdingen besiegt wurden, von den Bastarnen und Peukinen aber sowie von den Alanen und Roxalanen hier zunächst gar keine Nachricht weiter sich findet. Sie mögen sich daher wohl von der Grenze zurückgezogen haben, wenngleich einzelne derselben, mindestens von den ersteren, auch wohl Aufnahme gefunden haben können.

Überblicken wir nun noch einmal das Gesamtergebnis dieses Kapitels, so tritt uns in solchem entgegen in lebendiger Fortentwickelung der geschilderten Urkeime der germanischen Verfassung die Entstehung neuer Gruppen und Bündnisse, aus Waffengenossenschaft hervorgegangen; hierin ein politischer Fortschritt der Germanen – dies alles aber, teils zusammenfallend mit, teils hervorgegangen aus der ersten großartigen Wanderung germanischer Völker, der Zweige aller Goten, von den Mündungen der Weichsel zur niederen Donau, vom baltischen zum schwarzen Meere.

Dies Zusammenwirken innerer und äußerer Bewegung ist es nun, durch welches der Markomannenkrieg zu einem wichtigen vorbereitenden, ja bereits ausführenden Schritt des großen Zertrümmerungs- und Neugestaltungswerkes geworden ist, welches wir die Völkerwanderung nennen.

ZWEITES KAPITEL

Die Ankunft der Goten in den Donau-Ländern

Es war unter der Regierung des Kaisers Caracalla um das Jahr 215, als ein neues Volk auf der Weltbühne auftrat – die Goten.

Vorher kaum gekannt schien es, gleich vielen andern, beinahe zu gleichzeitigem Erscheinen und Verschwinden in der Geschichte bestimmt zu sein.

Da plötzlich nach mehr als dreißigjährigem unberühmten Treiben durch Steppen und Wälder, aber auch in römischem Solddienste, tritt es in den Vorderkampf gegen Rom, indem es ein Heer mit seinem Kaiser vernichtet. Abgelenkt von diesem Ziele zwar ward es zunächst, indem ein gotischer Eroberer ein großes Reich vom Pontus gegen Norden hin gründete. Ja das Volk selbst schien vernichtet, als der Hunnensturm, von Chinas Marken heranbrausend, das neue Reich nieder-, und mit allen Ostgermanen auch die Goten, soweit sie nicht bei Rom Rettung fanden, sich unterwarf. Achtzig Jahre lang schwebte nun die Frage: ob Europa germanisch oder hunnisch werden sollte, ja sie schien entschieden, als die gewaltige Gottesgeißel zwanzig Jahre lang über der Menschheit schwang. Nach dem Untergang des Mongolenreichs erhoben sich aus dem Gewirre der Völker sofort auch wieder die Goten, deren westliche, zu den Römern entflohene Brüder dort inzwischen als höchst gefährliche Untertanen die Herren gespielt, einen zweiten Kaiser mit seinem Heere vernichtet, ja Italien und die ewige Roma selbst – die *ersten* unter den Barbaren – erobert hatten.

Aber nur für das Werk der Zertrümmerung, nicht zugleich für das des Wiederaufbaues (*für die Dauer D.*) war den Goten die erste Stelle beschieden, indem die Gestaltung der europäischen Zukunft vor allem den Franken zufiel.

(Desto unbestrittener ist der Vorrang der Goten in der Empfänglichkeit für die antike Kultur und in deren früher, eifriger Aneignung D.) Sie zuerst unter allen Germanen nahmen schon im vierten Jahrhundert das *Christen*tum an, von ihnen zuerst ward das Idiom der Urväter zur Schrift- und Bildungssprache erhoben (aus ihrem Blut ging der friedlich große Herrscher hervor, der durch Weisheit und warme Begeisterung für die Antike alle Zeitgenossen weit überragte, der gefeierte von Dietrich von Bern der Heldensage, dessen Werk aber bald wieder untergehen mußte).

Da lebte Volk und Name nur in dem abgetrennten westlichen Zweige fort, einflußloser für Europa, weil in dessen abgeschlossenster Halbinsel.

Die Zeit der ersten Erwähnung der Goten am Pontus in den Quellen ist nicht zugleich die ihrer Ankunft, die viel früher erfolgt sein muß. Begegneten wir nun schon im Markomannenkriege Völkern, welche der großen Familie der Goten im weiteren Sinne angehörten, so ist hier unstreitig der geeignetste Ort, auf diese selbst überzugehen.

Hierbei tritt uns nun aber zuvörderst eine Meinung entgegen, welche durch das große Gewicht ihres Urhebers, J. *Grimms*, beinahe eine Macht geworden ist, die nämlich:

die germanischen Goten und die thrakischen Geten seien *ein* und *dasselbe Volk* gewesen.

(Diese Annahme ist durchaus unbegründet und heute fast ausnahmslos aufgegeben. Siehe den Exkurs im Anhang. *D.*)

Es sind vielmehr streng zu unterscheiden:

Die seit dem Zug des Darius Hysdaspis nach Thrakien (513 *vor* Chr.) bis zu Trajans Vernichtung ihres Reiches (106 *nach* Chr.) bekannten *Geten* in Thrakien.

Die germanischen *Goten* an der Ostsee, welche zuerst um das Jahr 215 an der untern Donau genannt werden.

Hiernach stoßen wir auf eine *Vorfrage* – die nämlich: welchen Glauben des Jordanis Geschichte vom Ursprung und den Taten der Geten (oder Goten) verdiene, – da wir in ihr die einzige Quelle über des Volkes frühere Schicksale besitzen.

Sein Werk ist nach der Zueignung nur ein *Auszug* aus den 12 Büchern Cassiodors, welche nach dessen eigenen Worten den Titel Gothorum Historia führten. Nur für drei Tage jedoch war ihm deren Lektüre gestattet: der Worte, sagt er, erinnere er sich nicht mehr, glaube aber den Sinn und die Tatsachen richtig inne zu haben (me integre tenere). Hinzugefügt habe er einiges aus griechischen und lateinischen Schriftstellern; Anfang, Ende und mehreres in der Mitte in eigener Darstellung beimischend.

Nicht mit Jordanis, sondern mit Cassiodor, dem Gelehrten und Staatsmanne, haben wir es daher im Wesentlichen zu tun.

Dessen Werk aber war vor allem (s. den Anhang) eine *politische Tendenzschrift* zu dem doppelten Zwecke:

den *Goten* die echte Abstammung Athalarichs, Theoderichs Tochtersohn, aus dem Geschlechte der Amaler recht klar,

den *Römern* aber die gotische Herrschaft dadurch annehmlicher zu machen, daß diesem Volk eine noch ältere und ruhmvollere Geschichte, als selbst die römische, beigelegt wurde: (auch Römer und Goten als altbefreundet darzustellen *D.*).

Cassiodor wollte dies dadurch bewirken, daß er den Gemeinnamen *Skythen*, unter welchem ethnographische Unkunde auch die Goten fortwährend noch häufig begriff, mit Geschick für sich benutzend, alle Großtaten, welche Geschichte und Sage seit Jahrtausenden von den „Skythen" verkündet hatten, auf die Goten übertrug. Da jedoch dies Mittel nur etwa bis gegen fünfhundert Jahre vor Chr. ausgereicht haben würde, nahm er zu Ausfüllung der siebenhundertjährigen Lücke noch die Geschichte der Geten zu Hilfe, welche, ursprünglich ebenfalls zu den Skythen gerechnet, wegen Namensähnlichkeit und Gleichheit der Sitze noch viel leichter für Goten ausgegeben werden konnten.

Um aber die Goten mit dem mythischen Ruhmesglanze der Skythen schmücken zu können, mußten erstere notwendig schon seit Jahrtausenden in dem alten Skythenlande nördlich des Pontus gesessen haben. Dies verstand sich aber, wenn sie einmal Skythen waren, von selbst: es wäre daher ein Fehlgriff gewesen, die Geschichte der Skytho-Goten mit deren Zuwanderung von der Ostsee zu beginnen, *wenn nicht die Tatsache wahr* und deren Erwähnung um deswillen notwendig gewesen wäre, weil die Erinnerung daran im Volke noch fortlebte, namentlich durch die Volkslieder und des Ablavius[1] Geschichtswerk (Jord. c. 5) erhalten worden war.

Cassiodor berichtete also hierin im Wesentlichen die Wahrheit, nahm aber, seiner Tendenz wegen, keinen Anstand, dies vor noch nicht siebenhundert Jahren erfolgte Ereignis viel weiter zurückzuschieben, was um so unbedenklicher schien, da er jede Zeitangabe weglieβ, nur der Geschichtskundige daher die Zeit aus den nachfolgenden Tatsachen kombinierend zu ergänzen vermochte.

Cassiodor schrieb nur in soweit Unrichtiges, als dies durch den politischen Zweck seines Werkes geboten war, verdient aber *in allem übrigen* vollen Glauben, weil er als hochgestellter römischer Staatsmann und vertrauter Ratgeber gotischer Könige die besten Quellen haben konnte, durch eben jenen Zweck aber zur Wahrheit verpflichtet war, indem jede Abweichung *in demjenigen, was sich kontrollieren lieβ*, die Glaubhaftigkeit und Wirksamkeit seiner ganzen, so geschickt angelegten Darstellung notwendig geschwächt, ja vernichtet haben würde.

Sollte es aber nicht, wird man einwenden, überaus schwierig, wo nicht unmöglich gewesen sein, schon aus Cassiodors Büchern selbst, wären sie uns erhalten worden, die Grenzlinie zwischen Wahrheit und Unwahrheit zu ermitteln? Wie ist dies nun vollends aus des Jordanis Werke möglich, da wir nicht einmal wissen, was von letzterem und was von ersterem herrührt?

Darauf ist zu erwidern, daβ dies doch ziemlich leicht ist, weil man die Absicht in der Regel sofort merkt, andere Quellen und das historische Urteil aber einen ziemlich sicheren Prüfungsmaβstab gewähren.

Von Jordanis selbst haben wir nun nach der schon gedachten Zueignung anzunehmen, daβ er fast nur aus griechischen und römischen Quellen, also nicht viel aus gotischer Überlieferung, hinzufügte, im Wesentlichen aber, wie auch dessen neueste Kritiker annehmen, nur Cassiodor nachschrieb.

Unentwirrbar aber wird es immer bleiben, ob und inwieweit das Chaos von Fabeln und Unwissenheit, welches des Jordanis Werk kennzeichnet, im einzelnen schon Cassiodor oder nur ihm selbst zur Last falle. So unzweifelhaft nämlich die Ankunft der Goten aus Scanzia, die Zurückführung derselben auf die Skyten und Geten von Cassiodor selbst herrühren, so war doch dessen Werk gewiβ mit Geschicklichkeit verfaβt, während Jordanis, indem er nur den – vermeintlichen – Sinn gefaβt, die Worte aber vielfach vergessen hatte, und dazu noch andere miβverstandene und unverdaute Lesefrüchte beimischte, oft etwas Ungeschicktes, ja teilweise Unsinniges an das Licht fördern muβte.

Die *Tatsache der Zuwanderung* der Goten vom baltischen zum schwarzen Meere würde auch ohne Cassiodors ausdrückliches Zeugnis nicht zu bezweifeln sein, da sie nach den Quellen bis in das zweite Jahrhundert hinein dort saβen, vom dritten ab aber hier bekannt sind, während deren frühere Sitze, wie wir mindestens aus späterer Zeit wissen, von slavischen Völkern eingenommen wurden. Ebenso zweifellos wie die Gleichheit des Namens beider, ist auch die ihrer germanischen Nationalität, da wir ja den Donaugoten das erste schriftliche Denkmal germanischer Zunge verdanken.

Merkwürdig aber ist die Bestätigung dieser Tatsache durch Cassiodor, weil sie der politischen Tendenz seiner Schrift nicht nützen, sondern weit eher schaden konnte: daher sie nur um deswillen Aufnahme gefunden haben kann, weil die Erinnerung daran in alten Volksliedern noch fortlebte, deren Inhalt aber bereits von Ablavius aufgezeichnet war. (Jord. c. 4.)

Die *Zeit* der Einwanderung würden wir etwas genauer bestimmen können, wenn wir wüβten, welchen Jahren die Quelle angehört, die Ptolemäus für seine „Guthonen" an der Weichsel benutzte. Dieselbe muβ aber, da dessen groβer Fleiβ gewiβ nach dem Neuesten trachtete, mindestens der späteren Zeit der ersten Hälfte des zweiten Jahrhunderts zugeschrieben werden. Stand nun die Wanderung der Goten mit dem Erscheinen gotischer Völkerschaften im Markomannenkrieg in Verbindung, so müβte diese, mindestens deren Beginn und erster Aufbruch aus der Heimat, schon ungefähr in das Jahr 150 gefallen sein.

Als *Ort des Aufbruchs* gibt Jord. c. 4, unzweifelhaft aus Cassiodor, das damals für Insel gehaltene Scanzia (Scandinavien) an, von wo einst König Berich ausgezogen sei: er habe die Gegend, wo er zunächst gelandet, Gothiskanzien genannt, darauf die Ostseeküste, welche die „Ulmeruger" (Holm-Rugen) bewohnten, unter deren Vertreibung, sodann deren Nachbarn, die Vandalen, unterjocht und letztere zu seinen Kriegs- und Siegsgenossen gemacht. Von dort sei nun erst der fünfte König, Filimer, Sohn Godarichs des Groβen, *wegen starken Anwachsens der Volkszahl*[2] wieder ausgezogen und endlich im äuβersten Skythien am Pontus angelangt.

Nach c. 17 soll übrigens Berichs Auszug nur in *drei* Schiffen erfolgt sein, deren eines viel später angelangt sei, weshalb dessen Bemannung die Trägen genannt worden, woher der Name der Gepiden stamme, weil Gepanta in deren Sprache träge bedeute.

Unsere Geschichtskunde bestätigt, daβ Goten seit der Urzeit in den Ostseeländern[3] wohnten.

Hat nun Cassiodor obige Nachricht willkürlich erfunden? Mitnichten, sie kann nur der Sage entlehnt sein: (erklärt sich aber auch auf die einfachste Weise dadurch, daβ Scanzia nicht nur Skandinavi-

en, sondern auch die für eine Insel oder Halbinsel angesehene Südküste der Ostsee bezeichnete. *D.*).
Sage mag auch der Ausbreitung der gotischen Macht zu Grunde liegen, welche sich westlich bis zur Oder, wo die Rugen saßen, erstreckt haben müßte, während sie östlich, nach Ptolemäus, bis über die Weichsel hinaus reichte, wohin dieser Schriftsteller deren Sitz verlegt, wodurch Pytheas Angabe, der sie zuerst eben da nennt, bestätigt wird.[4] Tacitus läßt diesen Strom unerwähnt: aber (G. c. 1) sagt, daß nur gegenseitige Furcht und Gebirge die Germanen von den Sarmaten (hier Slaven) und Daken sondern, so müssen die Goten, da eine Grenze wie die Weichsel in dessen Quelle kaum unerwähnt geblieben wäre, unstreitig auch nach dieser schon östlich derselben gesessen haben, während des Tacitus Angabe c. 46: „Jenseits (d.i nördlich) der Lygier die Goten" nach den Sitzen ersterer keinen Zweifel darüber gestattet, daß das Gebiet letzterer auch westlich über die Weichsel hinausging.

Fällt des (sagenhaften *D.*) Filimer Auszug in den Anfang der zweiten Hälfte des ersten Jahrhunderts, so würde die von (dem sagenhaften *D.*) Berich begonnene und von dessen Nachfolgern fortgesetzte Erweiterung der gotischen Herrschaft der Zeit, da Tacitus die Germania schrieb, vorausgegangen sein, und diesen Angaben also anscheinend zusammenstimmen.

Als *Anlaß der Auswanderung* gibt Jordanis selbst (c. 4) das *zu große Anwachsen der Volkszahl* an (magni populi numerositate crescente)[5]: (eine tief bedeutsame Wahrheit, welche, in fast allen Wandersagen wiederkehrend, nicht wie bisher fast immer als Fabel zu beseitigen, sondern als geschichtliche Erscheinung aus dem gesamten Kulturfortschritt, zumal aus dem Übergang zu seßhaftem Ackerbau zu erklären ist. (S. Einleitung.) *D.*).

Bei der ersten Einwanderung der Germanen in Europa fanden sich (abgesehen von den bereits durch die Kelten in Süddeutschland gerodeten und bebauten Ländereien *D.*) unstreitig nur wenig Stellen, welche die Natur schon, namentlich in Flußtälern und an sanften Abhängen nach Mittag, zum Ackerbau vorbestimmt hatte.

Der häufige Wechsel der Kulturfläche, die neuen Ansiedlungen und Markteilungen können daher meist nur durch Neubruch oder Rodung von Waldflächen erfolgt sein, wozu der scharfe Naturinstinkt der Urvölker unzweifelhaft zunächst diejenigen Teile der Mark und Flur auswählte, deren Kultur einerseits den meisten Nutzen versprach, andererseits die mindeste Arbeit erforderte. Je länger nun ein Volk in seinem ursprünglichen Sitze verharrte, um so *relativ* unergiebiger und schwieriger muß das Kulturwerk auf neuen Flächen geworden sein. (Es fehlte einer germanischen Bevölkerung der ersten Jahrhunderte also zunächst an schon angebautem, dann aber – für die damalige höchst geringe Stufe des Ackerbaus (die schlechten Werkzeuge, die monotonen Fruchtarten) – an *anbaufähigem*, anbauwürdigem, nach *damaliger* Schätzung und für damalige Mittel den Anbau lohnendem Boden zu ihrer Ernährung. *D.*)

Die Spezialgeschichte einzelner Länder setzt es außer Zweifel, in wie bedeutendem Maße Anbau und Ansiedlung durch Rodung der Wälder erst vom neunten bis dreizehnten Jahrhundert vorgeschritten sind. (Denn die geistlichen und weltlichen Herrschaften, welche von Karl dem Großen bis zum Ende der Staufer solche Rodungen vornahmen, verfügten über ganz andere Kulturmittel, standen auf einer ganz unvergleichlich höhern Stufe der Bodengewinnung und Bodenverwertung, als die Germanen in der Zeit zwischen Tacitus und Marc Aurel, welche seit der Einwanderung aus Asien aus dem „nomadischen" Ackerbau heraus noch kaum nennenswerte Fortschritte gemacht hatten: je tiefer der Ackerbau steht, desto weniger intensiv er ist, desto extensiver muß er sein: d. h. er braucht ganz ungeheuerlich mehr Boden, die gleiche Zahl Menschen zu nähren, als ein mehr fortgeschrittener. Dazu tritt mit schwerstem Gewicht die Erwägung, daß ja immer noch Viehzucht und Jagd bis zur vollen Hälfte und darüber neben dem Ackerbau das Volk ernähren mußten: – diese bedürfen aber bekanntlich ganz unvergleichlich viel mehr Raum als der Ackerbau, Volksnahrung zu beschaffen. Wir dürfen also, wenn z. B. die Ostgoten eine halbe Million Köpfe zählten, das für sie erforderliche Land nicht berechnen für 500 000 Ackerbauer, sondern für 200 000 Ackerbauer und für 300 000 Hirten und Jäger, was ganz andere Dimensionen annimmt. *D.*[6]

Weil aber, wie Tacitus (G. c. 14) sagt, den Germanen träge und mattherzig schien, durch Schweiß zu erwerben, was durch Blut errungen werden konnte, (so hat die durch die wachsende Bevölkerung *erschwerte* Gewinnung neuer Kulturflächen in Sümpfen und Waldungen, die mit größerer Anstrengung und minderem Nutzen verknüpft gewesen wäre, einen um so stärkeren Anstoß zur Auswanderung gegeben, je mehr der Volkscharakter gewaltsame Ausdehnung der Wohnsitze und, falls diese unmöglich, sogar kämpfereiche Wanderung mühevollerer Pflugarbeit vorzog. *D.*)

Einen andern Anlaß zur Auswanderung der Goten nimmt Schaffarik (slavische Altertümer I, 18,

S. 413 und II, 43, S. 507) an. Derselbe gründet nämlich auf die angeführte Stelle des Capitolinus, wo von den Viktofalen und Markomannen

„auch anderen Völkern (aliis etiam gentibus), welche, von oberen Barbaren verdrängt, geflohen waren", die Rede ist, die Meinung: „die Goten und deren Nebenvölker seien von den Slaven mit Gewalt aus ihren Sitzen vertrieben worden."

Schaffarik sagt S. 507:

„Zur Zeit des Ptolemäus finden wir die Goten bereits durch die slavischen Weleten oder Lutizer von der Ostsee verdrängt."

Dies kann sich nur auf folgende Stellen des Ptolemäus gründen:

1) III, 5, §. 19. „Von großen Völkern haben Sarmatien inne die Veneden am ganzen venedischen Busen."

2) ebenda §. 20. „Am Weichselstrome *unter* den Veneden *(ὑπὸ τοὺς Οὐενέδας)* Güthonen."

Da es an einer Naturgrenze für den „venedischen Busen" fehlt, indem man weder die gesamte Ostsee vom Sunde an, welche §. 1 der „sarmatische Ozean" genannt wird, noch den bothnischen oder finnischen darunter verstehen darf, so kann derselbe schlechterdings nur da gesucht werden, wo die Veneden eben saßen. Es ist daher aus keine Weise zu folgern, daß deren Sitze (damals schon *D*.) westlich bis zur Weichsel reichten.

Auch wäre aus dem Ausdrucke: *„unter (ὑπὸ)"* an sich nicht notwendig abzunehmen, daß die Veneden an der See, die Güthonen aber im innern Lande saßen, da die Präposition ὑπό bei Ptolemäus keineswegs überall „unter" oder „südlich" bezeichnet. Da jedoch eben an dieser Stelle die Ostseeküste von Elbing an bis zur Nordspitze von Kurland beinahe senkrecht nach Norden aufsteigt, so ist gerade hier der Ausdruck ὑπό ganz richtig angewendet, indem die Güthonen hiernach auch östlich der Weichsel, etwa von Danzig bis Königsberg (und auch noch weit über das rechte Pregel-Ufer hin nördlich *D*.), nördlich derselben aber bis Kurland hinauf die Veneden ihre Sitze gehabt hätten.

Gegen eine gewaltsame Vertreibung der Goten durch die Slaven (die aus jener Stelle Capitolins gefolgert werden soll *D*.) ließen sich der Gründe viele anführen: wir beschränken uns auf einen – aber schlagenden –, den geographischen.

Nicht allein im Norden, auch im Osten waren die Goten von slavischen Völkern umgeben: ganz Sarmatien von der Weichsel bis zum Don, von der Ostsee bis zu Karpaten und Pontus nennt Schaffarik (übertreibend und antizipierend *D*.) deren Urheimat.

Wo bot sich da den Goten, von den Slaven angegriffen und besiegt, eine andere Rückzugslinie dar, als nach Westen, eine andere Rettung als jenseits der Weichsel bei ihren Stammgenossen, in Germanien? Nennt man das einen *Rückzug*, der nicht vom Feinde ab, sondern gerade umgekehrt auf solchen *zu*, in das Herz seines Landes führt?

Können die Goten geschlagen worden sein, wenn sie mit den Waffen in der Hand das ganze (angeblich slavische *D*.) Land vom baltischen bis zum schwarzen Meer quer durchzogen und endlich „als Sieger", wie wenigstens Jordanis c. 4 a. Schl. ausdrücklich versichert, an der Mäotis anlangten? (Und wir dürfen ihm hier glauben, so viel er sonst von gotischen Erfolgen prahlt: denn nur durch Siege (oder Verträge), nicht durch Niederlagen konnten sie sich den Durchzug gewinnen: und nicht als Besiegte wahrlich treten sie auf an der Donau. *D*.)

Völlig aus der Luft gegriffen ist aber obige Nachricht Capitolins gewiß nicht: (nur sind die Völker, welche, von nördlichen Barbaren gegen die römischen Grenzen gedrängt, Aufnahme forderten oder Krieg drohten, nicht die von den Slaven verdrängten Goten, sondern die von den Goten verdrängten germanischen und slavischen Völker, auf welche die Goten bei ihrer Wanderung stießen. *D*.).

Von den Goten ging der Aufbruch aus. Südlich dieser im innern Lande saßen jene *„anderen Völker"*, deren Capitolin gedenkt.[7] Auf diese stieß der Heerzug zuerst: da blieb ihnen nur die Wahl, entweder die Goten zurückzuschlagen, oder ihnen zu weichen. (Sie wichen: oder oft auch, gleichen Stammes, gleichen Sinnes, von gleichem Bedürfnis der Ausbreitung gedrängt, bildeten sie nun die Vorhut des Wanderzuges; sie drängten nun nach Süden, weil sie selbst von Norden her gedrängt wurden, konnten mindestens den Römern zu ihrer Entschuldigung ihre Bewegung als eine notwendige Folge der gotischen darstellen. *D*.)

(Die gewaltsame Vertreibung der Goten durch Slaven ist weder bewiesen noch als Beweggrund der Auswanderung unentbehrlich. *D*.) Dadurch wird aber nicht ausgeschlossen, daß um jene Zeit gerade, als sich die Goten der wachsenden Volksmenge halber auch dem slavischen Gebiete (nach Nordosten) mehr genähert hatten, die energische Repression, der Druck der Slaven, welcher jede Ausbreitung nach Osten hemmte, einen untergeordneten Nebengrund für die Auswanderung nach Südwesten abgegeben haben könnte.

Ein wichtiges Ergebnis dieser Erörterung ist die Feststellung der Zeit der gotischen Auswanderung, die hiernach den markomannischen Kriege vorausgegangen ist.

Von der *Geschichte der Auswanderung* wissen wir fast nichts: ein Ankunftspunkt lag an den Karpaten, nördlich der Jazygen zwischen Donau und Theiss.

Dahin führte der in gerader Linie achtzig bis fünfundachtzig Meilen lange Weg vor. der Niederweichsel, diesem Strome folgend, nur dessen großen westlichen Bogen in der Sehne durchschneidend, über Plozk, an Warschau vorbei, und von da über Lublin zwischen Krakau und Lemberg auf die Karpaten nach Kaschau zu, was ungefähr mit der Grenzscheide zwischen Germanen und Slaven übereingekommen sein dürfte.

Dies wird nun auch durch eine Stelle in Jordanis c. 22[8] wesentlich unterstützt, ja beinahe außer Zweifel gesetzt. Derselbe handelt darin von dem Krieg des Gotenkönigs Geberich gegen den „Vandalenkönig Visomar aus dem Stamme der Asdingen, welcher unter diesen hervorragt und deren kriegerischestes Geschlecht bezeichnet, nach dem Anführen des Historikers Dexippus, welcher bezeugt, *daß sie vom Ozean bis zu unserer Grenze, bei der unermeßlichen Ausdehnung der Länder, in etwa einem Jahre angelangt seien."*

Derselbe beruft sich also hier auf seine Quelle und zwar auf diejenige, welche wir nach der freilich mangelhaften Kunde der Historiker des dritten Jahrhunderts für die beste aller halten müssen.

Dexippus, ein Athener, Staatsmann und Feldherr, der selbst die Goten schlug, schloß eins seiner Geschichtswerke unter Claudius im Jahre 269, soll jedoch erst unter Probus 276–282 gestorben sein, gehört also nach einem Lebenszeit nach dem ersten Jahrhundert nach dem markomannischen Krieg und den ersten fünfzig Jahren nach dem Bekanntwerden der Goten am Pontus an. Eunapius bezeichnet ihn ausdrücklich als einen Mann von ausgebreiteter wissenschaftlicher Bildung und voll scharfer Geisteskraft *(ἀνὴρ ἁπάσης παιδείας τε καὶ δυνάμεως λογικῆς ἀναπλεῶς)* und Photius der Bibliograph und Literaturhistoriker, stellt ihn sogar, wenn auch irrtümlich, Thukydides zur Seite. Unter dessen drei Geschichtswerken würde das über den Krieg zwischen den Goten und Römern *(τὰ Σκυϑικά),* wenn uns mehr als Fragmente davon erhalten wären, bei weitem das wichtigste sein. (Vergl. Corp. script. hist. Byz. I, Vorr. XIV-XVIII, und p. 56 u. folg.)

Wir haben hier also einen Schriftsteller, der seiner Aufgabe wie seinem Zeitalter und seiner Person nach unzweifelhaft vorzüglichen Glauben verdient und sicherlich, wenn er der Ankunft der Vandalen gedachte, auch die der Goten näher erwähnt haben wird.

Die Kürze obenerwähnter Marschzeit aber, da wir es hier nicht mit einem modernen Heere, welches kaum zwei Monate dazu bedurft hätte, sondern mit einem die Heimat verlassenden Volke mit Weib, Kind, Unfreien und *sämtlichem* Vieh zu tun haben, setzt es nun wohl außer Zweifel, daß der Zug der Asdingen, der nicht vereinzelt, sondern nur in Verbindung mit jenen übrigen Nebenzweigen der gotischen Völkerfamilie gedacht werden kann, auf dem oben angegebenen geraden und kürzesten[9] Wege erfolgt sein müsse.

Durch das Zeugnis des Dexippus wird die Tatsache der Auswanderung der gotischen Völker aus ihren Sitzen an der Ostsee und deren Ankunft im römischen Gebiet oder dessen Nähe zu jener Zeit überhaupt erst am *sichersten* und *zweifellosesten verbürgt.* Vermochten wir oben dafür zunächst nur eine mittelbare – immer unsichere – Schlußfolge und zweitens das auf die gotische Sage und den seiner Zeit und Person nach unbekannten Ablavius gestützte Zeugnis des Jordanis (c. 4) anzuführen, so tritt nunmehr für deren Erweis eine Autorität hinzu, welche in jeder Beziehung uns so vollkommenen Glauben verdient, da die Aufnahme dieser Nachricht in Cassiodors Werk dessen (auch von Jordanis erkanntem und geteiltem) politischen Zweck eher nachteilig als förderlich sein konnte.

Über den Wanderzug der Goten im engern Sinne berichtet Jordanis (c. 4) in folgendem[10]:

Nach dem Auszug sei das Heer in die Gegend Skythiens gekommen, welche in deren Sprache *Ovim* genannt werde. Hier habe es sich des großen Reichtums des Landes erfreut. Der Teil der Goten aber, heißt es weiter, der im Lande Ovim unter Filimer über den Fluß gesetzt sei, habe sich des erwünschten Bodens bemächtigt. Bald darauf nämlich sei derselbe auf das Volk der Spalen gestoßen, habe es in einer Schlacht überwunden und sei nun als Sieger dem äußersten Teile Skythiens zugeeilt, welcher dem Pontus benachbart sei.

Im fünften Kapitel am Schluß wird dieser „Teil" näher als das Land zwischen dem Borysthenes

(Dnjepr) und Tanais (Don) längs des mäotischen (asowschen) Meeres bezeichnet, wo die Goten dem römischen Gebiet zunächst in der dessen Schutzherrlichkeit unterworfenen Krim begegneten.

Die Spalen erklärt Schaffarik I, S. 319, für ein tschudisches (d. i. finnisches) Volk, wogegen kaum etwas einzuwenden sein dürfte.

Das Wichtigste für uns in jenem Berichte ist der große Reichtum des Landes Ovim, der mit Wahrscheinlichkeit eine Erprobung desselben durch Getreidebau, also zeitweiliges Verweilen daselbst, voraussetzen läßt. Geschah dies aber *einmal*, so dürfte wegen Fortdauer des Grundes auch eine *wiederholte* vorübergehende Niederlassung gleicher Art anzunehmen sein.

(Ein solcher Verzug steht der „Jahresfrist" nicht entgegen: nur „ein Teil" der Wanderer gelangte in jenes Land. *D.*)

DRITTES KAPITEL

Die nächsten Nachfolger Marc Aurels und die Germanen

Von Marc Aurels Sohn und Nachfolger, Commodus, besitzen wir drei Biographien: die des *Lampridius* in der Hist. Aug., ein noch geringeres Machwerk als das Capitolins, wenigstens in dessen ersten fünfzehn Kapiteln, über M. Aurel.

Cassius Dio, der Zeitgenosse, begann (nach LXXII, c. 23) sein Geschichtswerk mit dem Leben des Commodus und ließ es erst durch den Beifall, den dies fand, zu seinem ganzen großen Unternehmen bewegen. Bessere Wissenschaft als er konnte niemand haben. Ob aber der in die Zeitereignisse persönlich verflochtene Senator, der die eiserne Rute, ja das Henkerbeil über seinem Haupte selbst gefühlt, ganz ohne Haß, daher überall parteilos, geschrieben, ist eine andere Frage. Höchst mangelhaft ist jedenfalls Xiphilins Auszug: umständlich in Nebendingen, unvollständig in den Hauptsachen, strenge chronologische Ordnung, besonders aber psychologische Entwicklung nicht einmal anstrebend. Gerade durch dies alles nun zeichnet sich, in reinem Gegensatze zu Xiphilin, *Herodian* aus, dessen in einem Guß geschriebenes erstes Buch uns als würdiges Geschichtswerk, vom Stoff abgesehen, wohltuend entgegentritt. Nur redet er überall, selbst von dem, wobei Gewißheit nicht möglich war, zu positiv, spezialisiert Commodus' zahllose Untaten gar nicht und gibt, seinem Plane gemäß, nur Lebens-, nirgends Reichsgeschichte.

Gleichwohl können wir nur diesem und teilweise Dio folgen, dessen unzweifelhaft echte erste Worte bei Xiphilin (LXXII, c. 1) also lauten:

„Commodus war nicht bösartig geboren, sondern wie irgendein anderer gutartig *(ἄκακος)*. In Folge großer moralischer und geistiger Schwäche und überdies Furchtsamkeit unterwarf er sich aber ganz seinen Umgebungen und ward von diesen, zuerst aus Unkenntnis des Besseren fehlend, zur Gewohnheit und dadurch endlich zu einem arg schwelgerischen und blutbefleckten *(μιαιφόνον)* Wesen getrieben."

Diese Schilderung wird von Herodian vollkommen bestätigt, so daß darüber kein Zweifel möglich ist.

Besser als im unmittelbaren Umkreis des Tyrannen scheint es um die Verwaltung der Provinzen, namentlich der von Feinden bedrohten, und um den Heerbefehl gestanden zu haben. Die Donaugrenze ward nur in den ersten Jahren 182 und 184[1] Schauplatz von Kämpfen, worin sich Albinus und Niger, die späteren Thronbewerber, gegen die Barbaren jenseits Dakiens großen Ruhm erwarben (Dio c. 8), was durch des Lampridius Nachricht (c. 13), nach welcher in Dakien selbst ein Aufstand ausgebrochen zu sein scheint, bestätigt wird. Nach Capitolin (Clod. Alb. c. 6) scheint es jedoch, daß der von Dio nur der Kürze halber in einer Phrase mit erwähnte Albinus jene Lorbeeren nicht an der Donau, sondern als Legat von Gallien am Rhein erfochten habe, da er die „Überrheinischen", die unzweifelhaft in Gallien eingefallen waren, zurückgeschlagen habe. Viel wichtiger waren die Kriege in Britannien (nach 184) und in Afrika, welcher letztere (nach Eckhel p. 120 u. 123) in die Jahre 187 bis 190 gefallen sein muß. Überall aber triumphierten, unter tüchtigen Feldherren, Roms Waffen.

Sein Nachfolger ward Pertinax, Schüler und Feldherr Marc Aurels. Da er streng gegen die zügellosen Prätorianer vorging, drangen am 26. März 193 zweihundert der wildesten dieser Garden in den

Palast ein. Sowohl Widerstand als Flucht waren noch möglich: beides aber verschmähte er. vertrauend, durch die Majestät seiner Person und Gewalt der Rede die Aufrührer zu bändigen. Schon wichen sie beschämt zurück, als deren einer, nach Capitolin c. 11 ein Germane, der Tungre Tausius, Wort und Waffe gegen Pertinax erhebend, denselben niederstieß.

Volk und Senat jammerten: aber die Wehrlosen hatten nur den Willen, nicht die Macht zur Rache. Jetzt ließen die Prätorianer das Kaisertum durch die stärksten Schreier von der Mauer ihres befestigten Lagers, des Prätoriums, herab feilbieten. Sulpicianus, des Pertinax Schwiegervater, und Didius Julianus, ein übermäßig reicher Schwelger, feilschten darum.

Das Meistgebot des letztern, 25000 Sesterze (= 4125 Mark) für jeden einzelnen, und die Furcht vor des erstern Verwandtschaft mit Pertinax entschieden für Didius Julianus.

Der Senat huldigte der Gewalt, wie gewöhnlich: das Volk aber empfing ihn, als er sich öffentlich zeigte, mit Verwünschungen, Flüchen, ja Steinwürfen, und rief schon in den ersten Tagen im Zirkus den Legaten von Syrien, Pescennius Niger, als Retter und künftigen Herrscher zu Hilfe.

Drei Sterne standen, wie Dio (LXXIII, 14) sagt, um die Sonne Roms: Pescennius Niger in Syrien, Septimius Severus in Pannonien und Clodius Albinus in Britannien. Von diesen behauptete Septimius Severus den Thron.

Aber das Glück des Kaisers ward durch das Unglück des Vaters getrübt, da er seine schlechtgearteten Söhne, Antonin und Geta, mit glühendem Haß gegeneinander erfüllt sah. Teils um diese von Rom zu entfernen, teils um noch im hohen Norden späten Ruhm zu gewinnen, zog er im Jahre 208 nach Britannien, in das die Caledonier räuberisch eingefallen waren. Mit großem Menschenverluste durch den kleinen Krieg in Wäldern und Sümpfen bezwang er diese zwar im Wesentlichen, verstärkte und befestigte auch den Grenzwall (wahrscheinlich den südlichen Hadrians, nicht den nördlichen des Anton. Pius S. Lappenberg, G. v. E. I, S. 41), hauchte aber zu York am 4. Februar sein tatenreiches Leben aus.

Unheilvoll ward Severs sonst kräftige Regierung durch die Begünstigung und Nachsicht, welche er dem Werkzeug seiner Erhebung, dem Heere, namentlich den durch ihn aus einer Elite aller Legionen neugebildeten Prätorianern bewies (s. Herod. III, 8).

Dadurch ward der Grund zu jener verderblichen Periode der späteren Soldatenkaiser gelegt. Auch ward das seit Vespasian aus dreißig Legionen bestehende Linienheer von ihm durch drei Legionen, unter dem Namen der ersten, zweiten und dritten parthischen, verstärkt.

Severus hinterließ das Reich seinen schon genannten Söhnen Antonin und Geta. Der älteste derselben, der ursprünglich nach seinem mütterlichen Großvater Bassianus hieß, empfing durch seinen Vater nach der Thronbesteigung, um ihn dem Volke zu empfehlen, und zur Tugend anzuspornen, die Ehrennamen Marcus Aurelius Antoninus. Aber die Nachwelt hat ihn fast nur mit einem seiner Spitznamen „Caracalla" bezeichnet, welcher ihm von einem der Armee und im Volk durch ihn eingeführten, langen talarartigen Gewande beigelegt ward.

Caracalla hatte schon seinem Vater kurz vor dessen Tode nachgestellt (Dio LXXVII, 14 und Herodian III, 15) jetzt war Tötung des Bruders und Mitherrschers Geta sein nächstes Streben. Er ließ ihn in den Armen der Mutter niederstoßen, die mit Blut besprizt und selbst verwundet ward.

Sogleich in das Prätorium entfliehend stellt er den Brudermord als eine Notwehr dar, und versöhnt die Prätorianer durch ein Schweigegeld von 1650 Mark für den Kopf.

Alle Anhänger oder Diener Getas, 20000 an der Zahl, Männer und Weiber mußten sterben (Dio LXXVII, 4 u. Herodian IV, 6). Bald aber, anscheinend noch in demselben Jahre 212, trieb ihn das böse Gewissen, die Stadt und in dieser die stummen Zeugen seiner Schandtat zu fliehen. Er ging zum Heere, um Soldatengunst buhlend, indem er diesen einerseits alles gestattete und an sie alles vergeudete, andererseits mit dem gemeinen Manne lebte, arbeitete und aß, jegliche Beschwerde und Entsagung desselben willig teilend. Das machte die Truppen ihm ergeben, deren Wohlwollen sein Genuß, deren rohe Umgebung ihm behaglich war.

Deshalb brachte er auch den ganzen Rest seines Lebens bei diesen zu und sah Rom, außer etwa bei kurzen Durchflügen (Eckhel p. 212 glaubt namentlich zu Anfang des Jahres 214), nicht wieder. Über seine Heerzüge im Westen schweigt Herodian, der ihn (IV, 7) sogleich an die Ufer der Donau gehen läßt, leider ganz, und Xiphilins Auszug ist durchaus verworren und unchronologisch.

Da jedoch (nach Spartian c. 5 in Verbindung mit Dio und Aur. Victor, s. weiter unten) feststeht, daß Caracalla im Jahre 212 oder Anfang 213 nach Gallien und Germanien zog, was auch durch dessen Münzen (s. Eckhel VII, p. 210 und 211) außer Zweifel gesetzt wird, so muß derselbe, da Herodians

Angabe nicht zu bezweifeln ist, zunächst, unstreitig über Aquileja durch Noricum, an die Donau und von hier auf der Militärstraße nach Gallien gezogen sein.

Diese führte nach dem Itinerarium Antonins[2] von Augsburg über Kempten (Campodunum) nach Bregenz und von da auf der Südseite des Bodensees über Windisch (Vindonissa) und Augst (Augusta Rauracorum) nach Straßburg (Argentoratum).

Wenn nun in Dio (LXXVII, 14) zunächst des Zusammenstoßes mit den Kennen (Cenni), einem keltischen Volke, gedacht wird, welche nach Xiphilins freilich etwas unklarem Auszuge mit so beispielloser Erbitterung gegen Caracalla fochten, daß er Schein und Namen des Sieges wie den freien Rückzug nach Germanien um Geld von ihnen habe erkaufen müssen, so scheint dieser in der alten Geschichte und Geographie sonst völlig unbekannte Name ein unlösliches Problem zu bieten. Nun findet sich aber in den von Peyresius herausgegebenen Fragmenten des Dio „Chatten", statt „Kennen" (und man wird daher in den erbitterten Kämpfern die neben den Alemannen wohnenden Chatten erblicken dürfen. D.)[3]

Caracalla marschierte wohl von der Donau her, also durch Rätien, nach Gallien und Germanien und stieß bei diesem Marsch auf die Alemannen und Chatten. Denn waren diese Feinde damals bereits in das Zehntland, sei es in dessen zu Gallien (Germania prima) oder Rätien gehörigen Teil, eingedrungen, so erforderte schon die militärische Vorsicht, für diesen Marsch die sicherste Straße zu wählen, welches unzweifelhaft die über Kempten und Vindonissa war.

Gleichzeitig nämlich und auch nachher noch erwähnt derselbe Schriftsteller, wiewohl unter dem auf verderbter Lesart beruhendem Namen: „Alambanen" die *Alemannen*, welches Volk hiernach im *Jahre 213 zuerst auf dem Plane erscheint*, wobei die Nachricht, daß Caracalla an *allen* hierzu geeigneten Stellen Kastelle, denen er zum Teil von sich abgeleitete Namen gab[4], gegen sie anlegte, für spätere Beachtung von Wichtigkeit ist.

Spartian (c. 10) erwähnt nur im Allgemeinen, daß Caracalla, wegen Besiegung der Alemannen, den Beinamen alamannicus angenommen, was durch dessen Münzen jedoch nicht bestätigt wird (s. Eckhel, p. 222), Aurelius Victor aber sagt (c. 21) von ihm:

„Die Alemannen, ein sehr zahlreiches Volk, wunderbar zu Roß fechtend, besiegte er am Mainfluß."

Diese wichtige Tatsache wird auch durch die (von Eckhel, p. 210, beschriebenen) Siegesmünzen dieses Jahres, auf deren einer der Revers die Victoria Germanica enthält, und durch den auf den Münzen d. J. zuerst erscheinenden Beinamen Germanicus außer allen Zweifel gesetzt.

Xiphilin erwähnt hierbei noch den Heldenmut der gefangenen chattischen und alemannischen Frauen, welche, jenen kimbrischen gleich, den Tod der Sklaverei vorzogen und zum Teil ihre eigenen Kinder töteten, so wie den während Caracallas Verweilen in dortiger Gegend an ihn gelangten Gesandtschaften vieler, selbst an der Nordsee und Elbmündung sitzenden germanischen Völker, welche ihre Freundschaft für Geld angeboten hätten. Als er hierauf eingegangen, hätten sich noch zahlreiche *(συχνοί)* andere ihm genähert, die alle mit Krieg gedroht, alle aber durch Gold abgefunden worden seien – eine Nachricht von großer Wichtigkeit, deren nähere Würdigung wir uns für eine spätere Stelle vorbehalten.

Vom Rhein wandte sich Caracalla entweder noch im Jahre 213 oder Anfang 214 wieder zur Donau und zog durch Dakien nach Thrakien, wo er in der Nähe Makedoniens den ersten Akt seiner Alexander-Komödie aufführte, die er von da an mit kindischer Narrheit fortspielte, wobei er unter anderm die alte makedonische Phalanx in Tracht und Bewaffnung jenes Jahrhunderts wieder herstellte. Von da zog er, wie es nach Herodian (IV, 8) scheint, nach Hellas herab, von wo er nach Pergamus in Kleinasien übersetzte, zunächst Trojas Ruinen aufsuchend, dann durch Bithynien nach Nikomedien, wo er den Winter 214 bis 215 verbrachte, und endlich nach Antiochien, wogegen (Dio LXXVII, 16) denselben sogleich aus Thrakien über den nicht ohne Gefahr passierten Hellespont nach Troja übergehen läßt.[5]

Auf diesem Marsch nun war es, wo Caracalla, nach der schon angeführten Stelle Spartians (Carrac. c. 10) auf Goten[6] stieß und diese in zufälligen Scharmützeln besiegte, so daß auch dies Volk, das gewaltigste aller Germanen, unter ihm zuerst in der Geschichte (d. h. in diesen Gegenden D.) genannt wird. Diese Begegnung könnte stattgefunden haben 1) in Europa und zwar in Thrakien auf der über Philippopel und Adrianopel nach Byzanz führenden Militärstraße (der jetzt noch allein benutzten); 2) in Kleinasien, und zwar a) zwischen Troja und Nikomedien, b) zwischen Nikomedien und Ankyra in Galatien, von wo die Straße nach Syrien scharf südlich abbiegt.

Wir waren anfangs überzeugt, daß die meiste Wahrscheinlichkeit für die Gegend unter 2 a) spreche, weil, um nach Thrakien zu gelangen, die sorgfältig bewachte Donau und der Hämus zu passieren waren, während die von Truppen fast entblößte[7] Nordküste Kleinasiens von der Krim aus so leicht zu erreichen war. Nach Zosimus' ausführlichem Bericht über die gotischen Raubfahrten in Kleinasien unter Gallienus (s. weiter unten) dürfen wir jedoch diese Ansicht mit einiger Sicherheit nicht mehr festhalten. Wenngleich aber Zosimus (I, 31) anführt, daß der Zug durch die Krim den Goten in früherer Zeit verwehrt und erst um die damalige (256) möglich geworden sei, so schließt dies doch immer nicht aus, daß es einer einzelnen kühnen Raubschar auch früher ausnahmsweise schon gelungen sein könne, auf diesem Wege nach Asien überzusetzen.

Man könnte sogar annehmen, eben jener Vorgang im Jahre 215 habe Rom veranlaßt, die bosporanischen Fürsten durch Geldzahlung dahin zu bringen, daß sie den Goten den Weg durch die Krim nach Kleinasien versperrten.

Indes bleibt dies alles Konjectur, die Wahrheit ist nicht zu ermitteln.

Unter allen Umständen wird durch jene Berührung Caracallas mit den Goten erwiesen, daß letztere schon längere Zeit zuvor am Pontus angelangt sein mußten, da ein Vordringen derselben von der Mäotis bis über Donau und Hämus oder gar durch die Krim nach Asien nicht das Werk einiger Jahre nur gewesen sein kann. Unsere bereits S. 150 entwickelte Ansicht über die Art und Weise, sowie über die Zeit der Niederlassung der Goten in ihrer neuen Heimat erhält also auch hierdurch wiederum Bestätigung

Bald darauf, am 8. April 217, ward er ermordet. Der Mörder, ein von Caracalla schwer beleidigter Centurio, ward von einem germanischen oder skythischen Reiter aus dessen Leibwache (vielleicht einem Goten) auf der Flucht getötet.

In der innern Verwaltung zeichnete sich der Tyrann neben der formlosesten Brandschatzung der Vornehmen vor allem durch Einführung neuer und Erhöhung der alten indirekten Steuern aus, indem er die Erbschaftssteuer der römischen Bürger sowie die Sklaven-Freilassungssteuer von 5 auf 10 Proc. steigerte, und bei ersterer zugleich die bisherige Befreiung der nächsten Intestaterben aufhob – eine Maßregel, die jedes Privatvermögen im Erbfall dezimierte.[8] Um diese Einnahme zu steigern, erteilte er allen Peregrinen im Reich das römische Bürgerrecht, da diese als solche sonst von der Erbsteuer frei geblieben sein würden, wobei er selbstredend deren bisherige Grund- und Personalsteuer unverändert beibehielt. (Dio a. a. O. c. 9.)

So wurde diese Maßregel, die an sich eine gerechte gewesen würde, vor allem ein Akt fiskalischen Druckes. Über deren Umfang und Wirkung wissen wir nichts Näheres, müssen aber mit ziemlicher Sicherheit annehmen, daß sie sich auf Colonen und andere Landbewohner, welche zwar Freiheit der Person, aber nicht des Eigentums besaßen, nicht erstreckte. Jedenfalls hatte dieselbe auch nur die Natur eines Generalprivilegiums für die damals Lebenden, nicht aber die einer gesetzlichen Aufhebung der bisherigen verfassungsmäßigen Klassenunterschiede für alle Zukunft. Daher wurden Ausländer, welche später erst einwanderten, oder Colonen, welche sich später emanzipierten, wiederum Peregrinen und, wenn sie in Städte latinischen Rechts zogen, latinische Bürger.

Über germanische Verhältnisse ist aus Caracallas Regierung noch nachzuholen, daß er nach Dio (LXXVII, 20) die befreundeten Markomannen und Vandalen zu entzweien wußte und den angeklagten König der Quaden, Gajobomarus, töten ließ, wodurch die Fortdauer des ofterwähnten Klientelverhältnisses bestätigt wird.

VIERTES KAPITEL

Die neuen Völkergruppen

(Wir sahen (Einleitung, S. 9), aus welchen Gründen von der Zeit Cäsars ab von Geschlecht zu Geschlecht steigend die Wogen der germanischen Völker aus den bisherigen Gebieten gegen die römischen Grenzen anfluten mußten, und in welcher Weise die Römer zuerst durch den Angriff, d. h. durch die versuchte Unterwerfung, dann durch eine kraftvolle Verteidigung diese Gefahr bekämpften.

Indessen, mochten noch so viele Wellenschläge abgewehrt werden – die Bewegung selbst war nicht zu ersticken: denn sie beruhte durchaus nicht auf Willkür, auf Mutwillen – solchen hätten die furchtbaren Niederlagen durch die überlegenen Legionen des Weltreichs, in fast drei Jahrhunderten immer wiederholt, wohl ausgetrieben –, auf Kriegslust, Raubgier der Völker oder einzelner Gefolgschaften allein, sondern im Wesentlichen auf der Not, welche den Überschuß der Bevölkerung mit zwingender Gewalt aus dem Lande drängte und natürlich am mächtigsten nicht gegen den rauhen, von anderen Barbaren, die selbst in gleicher Richtung drängten, ebenfalls erfüllten Norden und Osten, sondern nach Süden und Westen, in die durch Reichtum der Natur und der Kultur gleich mächtig lockenden Provinzen des Römerreichs. D.)

Gegen solche Völkerwellen nun würde eine ideale Grenze moderner Art, die häufig nicht einmal kenntlich vermarkt ist, völlig sinn- und zwecklos gewesen sein. Vielmehr bedurfte es hier der natürlichen und künstlichen Abwehr der Eindringlinge, nicht nur, um den Frevel des Einbruchs zu kennzeichnen, sondern auch um diesen selbst zu verhindern oder doch tunlichst zu erschweren.

In diesem Sinne erhob August Rhein und Donau zur Reichsgrenze gegen die Germanen.

Erwies sich dafür in vielen Fällen, besonders in späterer Zeit, selbst der untere Lauf dieser Ströme für ungenügend, so war vor allem eine weite Lücke zwischen der oberen Donau, die doch eigentlich erst von Ulm abwärts bedeutender wird, und dem Rhein völlig unbeschützt.

In diesem äußersten Südwestwinkel Deutschlands saßen früher die Markomannen, bis sie in den Jahren von 14 bis 8 v. Chr. nach Böhmen abzogen.

Derselbe bedurfte daher noch einer Abgrenzung in obigem Sinne gegen die Germanen.

In Tacitus – der einzigen Quelle über diesen Teil Germaniens – finden wir nun (Germ. c. 29) folgendes:

„Unter die Völker Germaniens möchte ich diejenigen nicht zählen, welche, obwohl sie sich jenseits des Rhein und der Donau niedergelassen, das Zehntland (decumates agros) bauen. Die Leichtfertigsten der Gallier und diejenigen, welche die Not unternehmungskühn machte, haben diesen Boden unsicheren Besitzes in Beschlag genommen. Nachdem bald eine Grenzwehr gezogen und Besatzungen zum Schutz vorgerückt worden, bildet das Zehntland einen Busen des Reichs und einen Teil der Provinz."[1]

Dies ward im Jahre 98 n. Chr. geschrieben.

Der Hergang war also folgender. Nach Auswanderung der Markomannen siedelten sich zuvörderst einzelne Abenteurer aus Gallien (Squatters) in dem menschenleeren Lande an, wobei der Ausdruck Gallier (Gallorum) offenbar hier auch geographisch, nicht bloß ethnographisch zu verstehen ist. Die Anbauer mögen hin und wieder auch den germanischen Triboken, Nemetern und Vangionen, die am linken Rheinufer von Colmar bis Mainz herab saßen, angehört haben. Bald aber trat eine militärisch-administrative Regulierung des ganzen Verhältnisses ein. Gegen die Germanen ward die auf der Karte (am Schluß dieses Bandes) bemerkte Grenzwehr gezogen, die Bewohner des ganzen gegen 500 Quadratmeilen umfassenden Gebiets wurden, unter tunlichster Beförderung der Kolonisation, der Zehntpflicht (unstreitig aber auch der Grundsteuer und sonstigen Staatslasten der Provinzialen) unterworfen. Damit war die Organisation vollendet, bei welcher übrigens das Vorland zwischen Donau und Limes (an etwa 120 bis 140 Quadratmeilen) zur Provinz Rätien, das längs des Rheins aber (an 350 bis 370 Quadratmeilen) zu Gallien und zwar zur Germania prima geschlagen ward.[2]

Daß die Grundlage dieser Einrichtung, die keine willkürliche Erweiterung des Reichs, sondern eine strategisch und politisch notwendige Folge der Verteidigung der als Reichsgrenze angenommenen Donau war, weil deren oberer Lauf nicht bis zum Rhein reichte, derselbe auch zu einer natürlichen Grenz*wehr* an sich völlig unzureichend gewesen sein würde, schon von August selbst getroffen worden, dürfte nicht zu bezweifeln sein. Die Ausführung aber, d. i. die Errichtung des Limes ist gewiß nur allmählich erfolgt, dürfte aber unstreitig bei Tiberius Tode, von welchem die Errichtung eines Limes am Niederrhein ausdrücklich berichtet wird (Tac. I, 50) im Wesentlichen schon vollendet gewesen sein. Weil indes in dieser Zeit der Schrecken römischer Waffen den Germanen noch immer imponierte, daher von diesen weniger zu besorgen war, so mögen zunächst nur die durch Lage und Nachbarschaft gefährdetsten Stellen des Grenzzuges sorgfältiger befestigt und geschützt, die allmähliche Vervollständigung und Verstärkung des ganzen, von der Donau (am Einfluß der Altmühl) bis Aschaffenburg gegen sechzig deutsche Meilen langen Limes aber den betreffenden Legaten zur Pflicht gemacht worden sein. Daß derselbe jedoch im Jahre 98, als Tacitus schrieb, in seiner Ausdehnung, wenn auch teilweise nur erst unvollkommen, schon ausgeführt war, ist nach obigem Zeugnis nicht zu bezweifeln. Am meisten mögen um diese Zeit und später Trajan, und der, gerade im Schutz des Reichs so eifrige Hadrian dafür getan haben, welches letztere durch Spartian (c. 11) bestätigt wird, der von diesem Kaiser sagt: „In vielen Gegenden (in plurimis locis), wo die Grenze gegen die Barbaren nicht durch Flüsse, sondern durch Grenzwehren (limitibus) gebildet wird, sonderte er die Barbaren (separavit) durch eine Pfahlmauer ab, die aus starken tief eingegrabenen und untereinander verbundenen Palisaden errichtet ward", wobei man sich nicht bloß eine einfache, sondern eine mehrfache, durch eingestampftes Erdreich oder Steine gesonderte, und dadurch gegen Feuer geschützte Palisadenreihe zu denken hat.

Daß dies auch an dieser Stelle in *Germanien* geschah, ist nicht nur an sich mit Sicherheit anzunehmen, sondern wird auch dadurch begründet, daß Spartian unmittelbar darauf mit den Worten fortfährt: „Den Germanen[3] setzte er einen König", worauf er freilich auf die Mauren in Afrika übergeht.

In militärischer Hinsicht ist noch hervorzuheben, daß das Grenzverteidigungssystem der Römer hier auf dem Prinzip doppelter, ja dreifacher *paralleler* militärisch besetzter Linien beruht. So läuft der Grenzwall von Kelheim am Einfluß der Altmühl in die Donau, zunächst gegen zwanzig Meilen lang in vier bis sieben Meilen Entfernung nördlich der Donau bis gegen Lorch (Lauriacum) zwischen der Leine und Rems hin, von wo er sich (vier bis fünf Meilen östlich von Cannstadt) in fast rechtem Winkel nach Norden wendet und nun wiederum gegen dreiundzwanzig Meilen, dem Rhein parallel nach Aschaffenburg sich hinzieht. In dieser Strecke zwischen Rhein und Limes aber bildete der Neckar zehn bis zwölf Meilen lang eine dritte, drei bis fünf Meilen vom Grenzwall entfernte, mittlere Verteidigungslinie, welcher, wie wir später sehen werden, die Römer ganz besondere Sorgfalt widmeten. Von dem Punkt ab, wo der Neckar fast rechtwinklig nach dem Rhein abbiegt, zog sich der Limes fünf bis sechs Meilen lang von der Jaxt durch den Odenwald bis Miltenberg an den Niedermain, von wo letzterer Strom den Limes ersetzte.[4]

Die Bedeutung des Limes-Systems (das übrigens auch in anderen Grenzgebieten, in England, im Orient angewendet wurde D.) Liegt auf der Hand. Bei der Unmöglichkeit, die Stromgrenze überall und zu jeder Zeit vollständig zu bewachen, kam alles darauf an, daß die zu deren Hut aufgestellten Truppen in ihren festen Lagern bei einem bevorstehenden Einfall rechtzeitig alarmiert wurden. Dies ward nun dadurch bewirkt, daß der Feind schon an der ersten Linie des Limes und beziehentlich an der zweiten (denn wo das Terrain es erheischte oder gestattete, wurden vorgeschobene Warttürme und Schanzen oft eine gute Strecke außerhalb des eigentlichen Limes, zumal auf Höhenkuppen, angelegt D.) wahrgenommen und so viel möglich aufgehalten, dadurch aber die Zusammenziehung der von hier aus schleunig (nicht nur durch Boten, auch durch Signale D.) avertierten Haupttruppe auf den bedrohten Stromstrecken gesichert wurde.

Diese, wie fast jede Militäranstalt der Römer, vortreffliche und großartige Grenzwehr scheint in der Tat auch nahe zwei jahrhundertelang dem Zweck im Wesentlichen genügt zu haben.

In den Quellen mindestens finden sich nur sehr wenige Spuren germanischer Einfälle in das Zehntland, und zwar folgende:

Im Jahre 14 n. Chr. wurden, nachdem der Aufruhr der Rheinlegionen gestillt war, nach Tacitus (I, 44) die Veteranen nach Rätien beordert, unter dem Vorgeben, die Provinz gegen die drohenden Sueben zu verteidigen (specie defendendae provinciae ob imminentes Suevos). Dies könnte sich, ganz abgesehen davon, daß hierbei wahrscheinlich überhaupt mehr Vorwand als Bedürfnis zugrunde lag, nur auf den Donau-Limes beziehen, der damals aber vielleicht noch gar nicht bestand, jedenfalls noch unvollendet war.

Der von Cassius Dio (L, 8) kurz erwähnte Sieg über die Chatten im Jahr 41 *kann* durch den Einbruch derselben in das Zehntland veranlaßt worden sein.

Der oben nach Tacitus (H, 27 und 28) berichtete Einfall desselben Volkes im Jahre 50 betraf wahrscheinlich nur das römische Klientelgebiet nördlich des Mains, könnte aber möglicher Weise auch das Zehntland südlich desselben berührt haben.

Bei des Civilis Aufstand im Jahre 68 und 69 ward selbstredend, namentlich am Niederrhein, Limes und Strom überschritten, im Jahre 69 sogar Mainz von Chatten, Usipiern und Mattiakern belagert.

Ob Domitians Feldzug gegen die Chatten im Jahre 84 (s. oben) mit dem Zehntlande in Verbindung stand, wissen wir nicht, müssen aber Einbrüche der Germanen in dasselbe unter ihm bestimmt annehmen. Allerdings beruht zwar die auf einer angeblichen Inschrift gefundene Nachricht, nach welcher Nerva im suebischen Krieg (bello suebico, wozu der Anlaß bei dessen kurzer Regierung wohl schon unter Domitian erfolgt sein müßte) dem Tribun der ersten Legion eine goldene Krone verliehen hatte, auf verdächtiger Gewährschaft. (Siehe Eckhel VI, p. 406 und Stälin, Würtemb. Geschichte 1843, I, S. 61.) Dieser Krieg könnte auch nur durch Trajan, der allein unter Nerva in Germanien befehligte, geführt worden sein, und zwar unzweifelhaft siegreich. Da nun Plinius d. J. in seinem

Panegyricus (c. 9) dessen nicht mit einer Silbe erwähnt, so hat ein solcher schwerlich stattgefunden. Orosius aber sagt (VII, 12) von Trajan nur: Er habe das überrheinische Germanien wieder in den früheren Zustand hergestellt (in pristinum statum reduxit). Verbindet man aber damit die Stelle Eutrops (VIII, 2), der von den durch ihn reparierten Städten spricht, so ist allerdings zu vermuten, daß unter Domitian verheerende Einfälle in das Zehntland stattfanden, deren Wirkung Trajan wiedergutzumachen hatte.

Wir übergehen das ganz allgemeine Anführen Capitolins im Leben Antonins (c. 5), daß dieser Germanen, Daken und viele andere aufständische Völker wie auch die Juden durch seine Legaten gedemütigt habe. Aus Capitolin. (M. Anton. Phil. c. 8) erhellt, daß zu Anfang von M. Aurels Regierung die Chatten in Germanien und Rätien (unstreitig also in das Zehntland) einbrachen[5], gegen welche damals Aufidius Victorinus gesandt wurde.

Von Didius Julianus führt Spartian (c. 1) an, daß er *nach* der Prätur die zweiundzwanzigste Legion, die im Zehntlande links und rechts des Neckars stationiert war, befehligt und auch die Chatten besiegt habe (Cattos etiam debellavit). Dies kann, da er erst unter M. Aurelius (s. a. dems. O.) Ädil und dann erst Prätor wurde, vor dem Jahre 164 oder 165 in keinem Falle, wird wahrscheinlich aber erst später erfolgt sein, weshalb dieser Kampf mit dem vorigen, der im Jahre 161 oder 162 stattgefunden haben muß, nicht identisch gewesen sein kann. Auch ist nach obigem Ausdruck auf ein selbständiges Kommando des D. Julianus zu schließen, während in dem früheren Fall Victorinus befehligte. Wir haben daher hier wohl einen neuen Einfall der Chatten in das Zehntland anzunehmen.[6]

Unmittelbar vor dieser Stelle erwähnt Spartian eines Einbruchs der Chauken in Belgien, der gleich jenen früheren des Gannascus nur von der See her erfolgt sein kann.

Da die bereits oben angeführte vage Nachricht, daß Clodius Albinus unter Commodus gewisse Überrheinische geschlagen habe, mit Sicherheit hierauf nicht bezogen werden kann, so findet sich für die folgenden achtunddreißig Jahre, etwa bis zu Caracallas Feldzug im Jahre 213, keinerlei Spur von Einfällen in das Zehntgebiet, was aber nur in der Dürftigkeit der Quellen seinen Grund haben mag, wie dies für das zweite Jahrhundert überhaupt anzunehmen ist, während uns für das erste Tacitus und Sueton noch zu Gebot standen. Insbesondere in der letzten Zeit muß Einbruch, ja Niederlassung benachbarter Germanen in diesem Teil der Provinz vielfach erfolgt sein.

Ob das spätere Zehntland durch den Auszug der Markomannen von allen Bewohnern entleert worden oder vielleicht keltische Hörige und Knechte oder selbst auch einzelne suebisch- germanische Niederlassungen darin zurückgeblieben seien, ist uns unbekannt.

Die nächste *wesentliche* Bevölkerung erfolgte jedenfalls durch die oben erörterte Ansiedlung gallischer Abenteurer, welche dazu vermutlich zunächst das Rhein- und Neckartal erwählt haben (was durch die von Stälin I, S. 32 bis 62, mit großem Fleiß gesammelten, in dortiger Gegend gefundenen Inschriften bestätigt wird, auf welchen sich Namen und Orte der Mediomatriker, Triboker, Boier, Caturiger, Seonen und Sequaner befinden).

Da aber das eigne Interesse Roms den möglichst vollständigen Anbau dieses (wichtigen, für Verpflegung der Grenzgarnisonen bestimmten *D.*) Landes gebot, so mag dessen vollständigere Kolonisation auf jede Weise gefördert worden sein.

Diese erfolgte wohl auf doppelte Weise: einmal durch militärische Ansiedlung von Veteranen und andern Soldaten an der Grenze nach Art der früheren österreichischen Militärgrenze, mit der Verpflichtung zur Grenzhut.

Da der Legionssoldat am Schluß seiner Dienstzeit eine Entschädigung in Land oder Geld zu fordern hatte, so war deren Versorgung durch Ländereien in der Nähe des Limes zugleich eine Ersparnis.

Beweise dafür lassen sich aus den Quellen, außer dem angeführten Fall im Jahre 14 n. Chr., nach welchem eine Kolonisation von Veteranen in Rätien wenigstens zu vermuten ist, für die frühere Zeit allerdings nicht beibringen, wogegen für die Zeit von Septimius bis Severus Alexander die Stelle aus Paulus Digestorum XXI, 2, 11, de evict. et duplae stipulat. entscheidend ist, nach welcher ein Käufer mehrerer Güter im rechtsrheinischen Germanien gegen die Klage auf Zahlung der Kaufgelder einwendet, dieselben seien zum Teil den Veteranen als Entlassungsgeschenk überwiesen worden (partim veteranis in praemia adsignatas). Daß derartige Militärkolonien überhaupt unter Severus Alexander und Probus bestanden, ergibt sich aus Lampridius (Al. Sev. c. 57) und Vopiscus (Prob. c. 16), wenngleich beide Stellen, ganz gewiß wenigstens die zweite, sich nicht gerade auf den germanisch-rätischen Limes beziehen. War aber diese durch die Natur der Sache an sich dringend empfohlene Maßregel gerade für die germanische Grenze – als die unzweifelhaft (neben der parthischen *D.*) meist bedrohte – von besonderer Wichtigkeit, so würde an deren Ausführung längs derselben, selbst abgesehen von obiger Pandektenstelle, nicht zu zweifeln sein.

Aber der militärischen folgte eine bürgerliche Kolonisation.

Diese ging nicht nur gewiß fortwährend von Gallien aus (von Kelten und Römern getragen D.), sondern ward unstreitig auch durch Einwanderung zahlreicher Germanen befördert. Germanische Söldner, germanische Auxilien bildeten schon seit Cäsar einen wesentlichen Bestandteil der römischen Kriegsmacht. Die Gründe, aus denen M. Aurelius so zahlreichen Scharen derselben die Aufnahme in das Reich bewilligte (s. oben 2. Buch I. Kap.), bestanden auch vorher schon.

Führt nun Ptolemäus die „Ingrionen" an und drei andere sonst unbekannte Völker am Oberrhein, nicht minder vier dergleichen an der Donau, wo die erstern mindestens gewiß, wahrscheinlich aber auch die letztern, im Wesentlichen nur innerhalb des von ihm gänzlich ignorierten Zehntlandes ihren Sitz gehabt haben können, so dürften darunter Namen größerer Kolonistengruppen zu verstehen sein (welche übrigens natürlich auch *älteren* keltischen oder germanischen Gau- oder Völkernamen entsprechen konnten D.), wie dies auch Bessel am oben angef. O. annimmt. Wenn Ptolemäus aber Städte, die unzweifelhaft im Zehntland lagen, als großgermanische aufführte, so mußte er folgerecht auch die Bewohner dieses Landstriches gleichmäßig zum Ausland rechnen.

Wie aber auch die Ansiedlung erfolgt sein möge, so waltet doch über die zahlreiche Bevölkerung und den blühenden Zustand des Zehntlandes bis gegen Caracallas Regierungszeit nicht der mindeste Zweifel vor (was durch Stälins treffliche Arbeit Abschn. 2, S. 28–113, vollständig erwiesen wird). Haben sich doch in oder bei wenigstens 160 Städten und Dörfern aus Inschriften, Altären, Skulpturen, Bronzen, Gebäudetrümmern oder sonst (Meilenzeiger und Münzfunde ungerechnet) unzweifelhafte Spuren größerer und kleinerer römischer Ansiedlungen (in ganz erstaunlicher, jährlich noch anwachsender Menge D.) ergeben[7], während von den germanischen Dörfern, deren Bauart und sonstiger Beschaffenheit nach, kaum Reste geblieben sein können.

Hierbei sind zahlreiche Überbleibsel von Türmen, Kastellen und Lagerstätten längs des Limes und viele auf Grund römischer Befestigungen erbaute mittelalterliche Burgen (deren S. 58 beispielsweise elf genannt werden) noch nicht berücksichtigt.

Daß aber diese Orte auch reich und lang blühend gewesen, ergeben die (von Stälin § 7 d. Abschn. S. 104–109 zusammengestellten) Nachrichten von Badeanstalten, Marmorverzierungen, Skulpturen, Mosaiken, Bronzen, Wasserleitungen, gewerblichen Kollegien, Getreidelieferungen nach Italien und sonst.

Daß ferner auch Römer dort Güter besaßen, erhellt aus vorstehender Pandektenstelle.

Interessant ist, daß sämtliche Inschriften, soweit sie Zeitbestimmungen enthalten, der Periode von 98–268, also von Trajan bis Galienus angehören, woraus jedoch bei der häufig fehlenden Zeitangabe auf den Mangel noch älterer wenigstens nicht unbedingt zu schließen ist, während nach Gallienus (253–268) eine dauernde und gesicherte Römerherrschaft im Zehntlande allerdings nicht mehr anzunehmen ist.

Über zwei Jahrhunderte hindurch kennt die Geschichte in Germanien im Wesentlichen nur die Völkerschaften des Tacitus, deren Sitze wir im Anhang und in der beigefügten Karte beschrieben haben. (Da treten von der ersten Hälfte des dritten Jahrhunderts an plötzlich im Westen *neue* Namen auf, Alemannen, Franken, und *alte* Namen in neuen Anwendungen: Sachsen, Friesen: später auch Thüringer und Bajuvaren. D.) Die alten Namen verschwinden politisch, d. i. als Staaten, beinahe gänzlich, kommen daher – aber auch dies nur teilweise – höchstens noch zur Bezeichnung früherer Stammangehörigkeit vor. Die neuen Gruppierungen sind es aber, welche dem Neubau Mittel- und West-Europas zur Grundlage gedient haben. Gewiß ist daher die Geschichte ihrer Entstehung von weltgeschichtlicher Wichtigkeit. Leider aber verlassen uns die Quellen dafür fast gänzlich.[8]

Schon oben ward entwickelt, daß die Germanen sowohl *Volkskriege* als *Privatkriege* hatten: jene für Gemeinzwecke durch Nationalaufgebot, Heerbann, diese für das Sonderinteresse des Führers und seiner Genossen durch Gefolgschaften. Die Privatkriege waren in der Regel Raubzüge (latrocinia), die außerhalb der Grenze (gegen Feinde oder gleichgültige ferne Völker D.) für erlaubt, ja ehrenvoll galten.

Zu Cäsars Zeit blühten die Raubkriege außerhalb der Grenze gegen Helvetier und Gallier, sowie der Sueben gegen die Ubier (Caesar d. b. g VII, 22 u. 23). Als Rom dem Schweifen Schranken gesetzt, wurde deren Schauplatz wesentlich beschränkt, Trieb und Gelegenheit dazu aber nicht vernichtet. Auch Tacitus kennt das, indem er (Germ. 14) ausdrücklich sagt, der Gefolgsherr beziehe die Mittel zur Unterhaltung seines Gefolges „durch Kriege und Räubereien" (per bella et raptus).

Über die Stätten solcher Raubeinfälle findet sich nirgends etwas, aber zwischen befreundeten Nachbarvölkern waren sie ausgeschlossen: was nur etwa bei Ausbruch einer feindseligen Stimmung nicht weiter beachtet ward, so daß im Süden und Westen in der Regel nur im römischen Gebiet Gelegenheit dazu sich fand.

Kleine Räubereien der Art, z. B. das Wegtreiben einer Viehherde in der Nähe der Grenze, wurden in der Geschichte natürlich regelmäßig nicht aufgezeichnet: auch von erheblicheren Einbrüchen aber finden wir nur wenige Spuren: und zwar rücksichtlich des Zehntlandes nur die angegebenen Fälle, was sich einerseits durch die Unvollständigkeit der Quellen, andererseits aber auch dadurch erklärt, daß Roms ungeschwächte Macht und die Tüchtigkeit seiner Grenzwehr den Germanen damals noch imponierten.

Von großer Wichtigkeit für diesen ganzen Gegenstand aber ist die Frage, ob und inwieweit wir die in der Geschichte erwähnten Feindseligkeiten zwischen Germanen und Römern, von den großen Offensivkriegen letzterer (s. oben 1. Buch, 3. Kap.) natürlich abgesehen, überhaupt als *Volks*- oder nur als *Privat*kriege zu betrachten haben.

In den Quellen gibt darüber nur Tacitus innerhalb der vierzig Jahre, auf welche sich dessen uns erhaltene Jahrbücher beziehen, einigen, wenn auch nicht überall unbedingt sicheren Aufschluß, während die übrigen sich völlig vage und unklar ausdrücken; wir haben daher in der späteren Geschichte den Schlüssel zu suchen, und da ergibt sich, daß (offensive, gegen Rom direkt gerichtete *Volks*kriege der Germanen zwar seit den Kimbrern und Ariovist nicht mehr gefehlt hatten, aber erst mit dem markomannischen Kriege häufiger wurden, da erst seit dieser Zeit der zwingende Grund, welcher die Germanen über alle Hemmnisse und Bedenken hinweg zum Angriffskriege gegen Rom zwang, die Übervölkerung, erst seit Tacitus und von da ab von Geschlecht zu Geschlecht gesteigert, allgemein wirkte. D.)[9]

Erobernd waren die Germanen in dunkler Vorzeit gegen die Kelten in Belgien, Gallien und Helvetien vorgedrungen. Römisches Gebiet erobern, die Römer aus ihren Provinzen jenseits des Rheins und der Donau wieder vertreiben zu *wollen*, wäre für ein einzelnes Volk, ja sogar für mehrere derselben, in der Tat Wahnsinn gewesen. Nur ein einziges Mal daher in dem, aber nicht als Volkskrieg, sondern nur als Bürgerkrieg gegen Vitellius für Vespasian begonnenen Aufstande des Civilis (s. oben) steigerte das anfängliche unerwartete Kriegsglück die Unternehmungskühnheit mehrerer überrheinischer Stämme zu einer wirklichen, aber völlig fruchtlosen Offensive gegen Rom, wodurch sich dann gerade ihre Unfähigkeit hierzu, selbst unter den allergünstigsten Umständen, auf das Schlagendste herausstellte.

(Solches Unterfangen gegen die unermeßliche Überlegenheit der Römer nicht nur an Macht, sondern auch an Kriegskunst, nachdem beide von den Germanen furchtbar genug erprobt worden, war so lang undenkbar, bis nicht die äußerste Not auf Seite der Germanen zur Ausbreitung zwang, wobei die veränderte Verfassung – das Zusammenschließen zu größeren Verbänden und das Aufkommen des Königtums über solche – die Bewegung zwar nicht herbeiführte, aber sehr erleichterte. Und zwar hatte die Übervölkerung zuerst diese Verfassungsänderungen im Innern, dann erst das *erfolgreiche* Ausbreiten über den Limes bewirkt. Frühere Überschreitungen der römischen Grenzen durch bloße Gefolgschaften oder Gaue oder sogar einzelner Völkerschaften wurden auch von der sinkenden Kraft Roms noch abgewehrt: nicht mehr abgewehrt wurden die großen Verbände der *Völker*: Goten, Alemannen, Franken. D.)

Offensivkriege gegen einen hochausgebildeten Militärstaat sind mit Erfolg überhaupt nur durch ein diszipliniertes, dem Führer unbedingt gehorchendes Heer zu unternehmen. Daran aber fehlte es den Germanen gänzlich, was, oft gesagt und bewiesen, hier nicht weiter auszuführen ist. Liefen doch die Germanen nach des Varus Niederlage, als der große Armin sie führte und August in Rom vor ihnen zitterte, sofort wieder auseinander: ward doch der schon halb verlorene Cäcina mit vier Legionen nur durch die Zuchtlosigkeit und Auflehnung der Germanen gegen Armin gerettet.

Darum waren Volkskriege nur gegen andere germanische Stämme gleicher Wehrverfassung zu unternehmen und brachen namentlich dann aus, wenn ein dringendes, allgemein gefühltes Volksinteresse, z. B. der Besitz von Salzquellen (später Raummangel D.) Grund dazu boten.

Ein vielköpfiges Volksregiment, wie es bei den Germanen stattfand, deren Hauptcharakterzug Sorglosigkeit für das allgemeine Interesse bei höchster Vorliebe für das Lokale und Persönliche war, entschließt sich überhaupt schwer zu Angriffskriegen, wenn nicht das Interesse der Mehrzahl der Einzelnen dafür spricht.

Man könnte zwar annehmen, der Durst nach Kriegsbeute allein habe auch früher schon, ohne allen Gedanken an Landeroberung, Angriffe wohl hervorzurufen vermocht. In diesem Falle aber traf die nach den Vorgängen unter Germanicus als so furchtbar erkannte Rache Roms das Gesamtvolk und der Verlust muß, zumal bei dem im zweiten Jahrhundert schon merklich vorgerückten Kulturstande, den Beutegewinn gewiß weit überwogen haben. In jedem Volk übrigens, auch in den Naturvölkern, lebt der tief im Menschen begründete Gegensatz des stabilen und mobilen Elements: der Besitzende, der des Erwerbs nicht erst bedurfte, der ältere, ruhigere Mann war solchem Wagnis abgeneigt: der Besitzlose, wozu alle Söhne bei des Vaters Leben gehörten, die heißblütige Jugend dürstete nach Erwerb durch Blut und nach Ruhm, daher nach Kriegsfahrt. Das war ja eben das Wesen der aus tiefem Naturinstinkt entsprossenen Volkssitte, daß beiden Prinzipen gleiche Rechnung getragen wurde: dem der besonnenen Abwehr durch die Volksversammlung, in welcher unzweifelhaft Besitz und Alter überwogen, und dem der Bewegung durch die Gefolge, das die Kriegsschule der Jugend, der Weg zu Ruhm und neuem Erwerb, daher auch der Gesamtheit nützlich war.

Diesen Gründen könnte entgegnet werden, daß ja jede durch Privatgefolge ausgeführte Raubfahrt in das römische Gebiet die Provinzialstatthalter zur Ahndung an demjenigen Volke verpflichtete, welchem die Frevler angehörten, die Gesamtheit daher auch in diesem Falle, wenngleich ohne Anteil an der Beute, dennoch die Buße mit zu leiden gehabt hätte. Dies würde aber ebenso in rechtlicher als faktischer Beziehung Irrtum sein.

Für das Verbrechen des Einzelnen kann der Staat (schwach entwickelt und in solchen Kulturzuständen D.) nicht wohl voll verantwortlich sein: wie denn auch Österreich, dessen Grenzverhältnisse gegen die Türkei denen des alten Roms gegen die Germanen ähnlich sind, der Pforte niemals, selbst in Zeiten entschiedener Machtüberlegenheit, solche Verantwortlichkeit für die zahlreichen Räubereien der Untertanen derselben angesonnen hat. Der Rechtspunkt allein würde nun Rom freilich nicht geniert haben: die Politik aber stand jedem ernsten Kriege[10] gegen die Germanen entgegen. Griff Rom an, so hielten viele germanische Völkerschaften doch (einige Zeit D.) zusammen, nicht zur offenen Feldschlacht, aber rückweichend die Feinde in Gebirge, Wälder und Sümpfe sich nachziehend, wo sie aus sicherem Hinterhalt jede Fouragierungs- und Rekognoszierungs-Abteilung überfielen, ja unter günstigen Umständen selbst das Hauptheer mit Vorteil angriffen, wie im Feldzug des Germanicus im Jahre 15. Klingt es doch beinahe fabelhaft, wenn von Dio die Anzahl der im Markomannenkrieg, der doch im Wesentlichen für Rom siegreich war, gefangenen Römer zu 200 000 angegeben wird (s. oben 2. Buch, 1. Kap., b). Die Hauptgefahr für die Römer aber blieb immer der Rückzug, zu dem sie mit dem nahenden Herbst stets genötigt waren, auf welchem Varus mit drei Legionen ganz, Cäcina mit deren vier beinahe unterging, und selbst Germanicus im Jahre 14 noch in der Nähe des Rheins in große Gefahr geriet.

Wer die Römerkriege gegen die Germanen studiert hat, dem kann in der Tat nicht ein Zweifel über die Untunlichkeit eines tiefern Eindringens der Römer in Germanien nach der Varusschlacht beigehen: weshalb denn auch Tiber und Claudius sich entschieden dagegen aussprachen, wirklich auch in den 150 Jahren, von 16 bis 166, der Art nichts mehr vorgekommen ist, was in den Quellen, so dürftig sie zum Teil auch sind, unmöglich ganz verschwiegen, auch jedenfalls durch Münzen uns erhalten worden sein würde.

Dabei wird keineswegs bei den mehrfach vorgekommenen späteren Züchtigungskriegen der Römer jedes Vorgehen derselben gegen die Völkerschaften selbst geleugnet: wo es die Einbrüche räuberischer Gefolgscharen zu ahnden galt, wurden natürlich auch die Volksgebiete nicht geschont: aber von solchen raschen und kurzen Streifzügen zu Verherung der nächsten Ansiedlungen kehrten sie früher wieder zurück, als die Germanen sich in gefahrdrohender Anzahl zu sammeln vermochten.

Wo die Worte und Tatsachen der Quellen nicht bestimmt auf große Volkskriege hinweisen, sind meist nur kleinere Streifzüge vorauszusetzen, zumal wenn die Quellen nur von Raub, Verherung und Einbruch reden, z. B. Cass. Dio LIV, 20, ἐλεηλάτησαν, Tac. XII, 27, latrocinia agitantes, und Capitolin (M. Anton. phil. c. 8) irruperant. Anderseits ist daraus, daß die Schriftsteller lediglich den Namen der Völkerschaft angeben, von welcher die Einfälle ausgegangen waren, für die Frage, ob diese durch die Gesamtvölkerschaft oder nur durch einzelne Gefolgsführer (oder Gaue D.) ausgeführt wurden, gar nichts abzunehmen, da eine so genaue Unterscheidung von Dio und den Kaiserbiographen nicht zu erwarten ist, Tacitus aber, wenn auch nicht durch nähere Bezeichnung der Urheber, doch durch die weitere Darstellung des Vorfalls den Zweifel hierüber meist selbst genugsam beseitigt.

Es finden sich nun (seit den Kimbrern und Ariovist D.) nur folgende von den Germanen ausgegangene größere Kriege ganzer Völkerschaften mit Rom erwähnt: der der Usipier und Tenchterer im Jahre 56 v. Chr. mit 430 000 Seelen, Weiber und Kinder eingerechnet (Cäsar d. b. g. IV, 4–15); der der Friesen in den Jahren 29 u. 58 n. Chr. (s. oben 1. Buch, 4. Kap.); der der Amsivarier im Jahre 59; der der vielen rechtsrheinischen Stämme bei dem Aufstand des Civilis und die Beteiligung Roms an dem Krieg der Brukterer gegen die Chamaver und Amsivarier.

Die Usipier und Tenchterer aber kamen schon, „um sich eine *Heimat* zu gewinnen", nach Belgien, wo sie wider Erwarten Cäsar trafen, die Friesen unter römischer Klientel empörten sich zwar im ersten Falle nur gegen ungerechten Druck, wollten aber im zweiten ebenfalls unbebautes Land eigenmächtig einnehmen, dasselbe, dessen sich die aus ihren Wohnsitzen vertriebenen Amsivarier[11] vergeblich zu bemächtigen suchten. Der Teilnahme der Germanen an dem Aufstand des Civilis ward eben schon gedacht, während die Römer im Fall der Brukterer, so weit wir diesen übersehen können, jedenfalls nur als Alliierte und Beschützer gegen deren Feinde sich einmischten.

Alle übrigen in den Quellen verzeichneten Feindseligkeiten gegen Rom dagegen, namentlich also die der Sugambrer im Jahre 53 v. Chr. Cäsar VI, 32–41), in den Jahren 35, 29 oder 30 und 16 v. Chr. (s. Cass. Dio LI, 21; LIII, 26; LIV, 20; LIII, 26), so wie die oben erwähnten, nicht minder die Stelle Capitolins Ant. pius c. 5 (Germanos et Dacos et multas gentes rebellantes contudit), die oben erwähnte Nachricht desselben (M. Ant. phil. c. 8): Catti in Germaniam ac Rhaetiam irruperant, die von Didius Julianus S. 165, sowie die Stelle Spartians (Pertin. c. 2), endlich die Stelle aus Capitolin (Clod. Alb. c. 6) lassen den Zweck der Germanen nicht deutlich genug erkennen, um sie als *Völkerkriege* behufs *Ausbreitung* zu charakterisieren: manche sind wohl bloße Raubfahrten.

(Immerhin aber zeigt diese Zusammenstellung, daß von der ersten Welle an – der kimbrisch-teutonischen – durch alle folgenden *größeren* Unternehmungen ganzer *Völkerschaften* ein gemeinsamer Zweck sich verfolgen läßt: „Land, Wohnsitze", „neue Heimat" ist das Ziel aller dieser größeren Bewegungen: aus der Heimat verdrängt durch Hunger, Sturmflut, innere Kriege – deren Grund wiederholt als Grenzstreit bezeichnet wird –, angelockt durch das reichere, fruchtbarere, bereits angebaute Land der Kelten und Römer drängen alle diese Züge nach Westen und Süden: sie sind sämtlich die Vorläufer der großen Völker*ausbreitung*, die seit Mitte und Ende des zweiten Jahrhunderts an der Donau durch die Goten und die von ihnen gedrängten Donausueben (Markomannen und Quaden), ein Menschenalter später (c. 210) durch Alemannen, Franken, Sachsen am Rhein im gewaltig gesteigerten Maßstab über den Limes drängt.[12] D.)

Der Raubanfall der Chatten im Jahre 50 hat aber später doch die Natur eines Volkskrieges durch rächenden Einfall der Römer in deren Gebiet angenommen oder anzunehmen gedroht, bis sie, zugleich vor den Cheruskern sich fürchtend, Gesandte und Geiseln nach Rom sandten.

Hatte sich nun auch unter Domitian bereits die beginnende Schwäche Roms den Germanen kundgetan, so muß doch dieser Eindruck durch die Größe und Tüchtigkeit seiner Nachfolger bald wieder verwischt worden sein.

(Mit dem markomannischen Krieg trat zuerst eine furchtbare Warnung an Rom heran: er verkündete den Anfang der gewaltsamen *Völkerausbreitung* über den Limes hinaus im *neuen* Stil: durch große Verbände, dauernde Staatenbündnisse, unter mächtigeren Königen. D.)

Gleichwohl begegnen diese Spuren um jene Zeit erst bei den östlichen, noch nicht bei den westlichen Völkern. Der Einfall der Chatten gleich nach M. Aurels Regierungsantritt in Germanien und Rätien, unstreitig also in das Zehntland, muß, weil dessen nicht wieder gedacht wird, bald wieder unterdrückt worden sein, wie wir dies auch von dem gegen D. Julianus (S. 164) und dem in Rätien und Noricum im Jahre 174 (S. 164), welcher dasselbe vielleicht auch betroffen haben könnte, mit Sicherheit wissen.

Dagegen ergibt sich für das Zehntland die dringende Vermutung, daß die Einwanderung jenseitiger Germanen infolge der fortwährend wachsenden Volksmenge derselben, wenn auch anfangs und lange Zeit nur in der Form friedlicher Unterwerfung (gleich bei Errichtung der Kolonie begonnen und D.) niemals aufgehört habe. Ob stets nur einzelne, oder hie und da ganze Gefolgschaften mit ihren Führern (auch einzelne Gaue oder Gauteile D.) sich daselbst niederließen, ist unbekannt, letzteres aber stark zu vermuten.

Friedensstörungen im Zehntlande und Rätien werden aber von Commodus bis zum Tode des Septimus Severus von 180 bis 211 nicht erwähnt, vielmehr lassen die von letzterem während seines Aufenthaltes im Orient im Jahre 200 (Trib. pot. VIII) errichteten Meilensäulen, von denen sich zwei im Donautal und dessen Umgebungen und eine bei Issny gefunden haben (Stälin Nr. 219, 220 und 243,

S. 52 und 54), auf einen wohlgeordneten Zustand Rätiens schließen.

Schon seit Mitte des ersten Jahrhunderts – also schon fünfzig Jahre nach Tacitus – muß sich derjenige Zustand vorbereitet haben, der uns im Jahre 212 und 213 in dem Kampf Caracallas mit den nun unter dem Namen der *Alamannen* erscheinenden Germanen zuerst plötzlich entgegentritt.

(Den Blicken der Römer entrückt, vollzog sich seit einem Menschenalter, etwa um die Zeit des Markomannenkrieges, 160 bis 210 im Innern Deutschlands die Neubildung der Gruppen, welche wir in der Einleitung geschildert haben: es geschah hier nur spät dasselbe, was schon viel früher bei den Goten, es geschah in etwas anderer, aber ähnlicher Umbildung, was auch bei den jetzt davon ergriffenen Völkern schon früher, nur in anderer Mischung und Scheidung, geschehen war.

Der Name „Gothi" hatte schon vor fünfhundert Jahren eine Gesamtheit von Völkern umfaßt: Ost-, West-Goten, Vandalen usw., unter welchen *allen* in geschichtlicher Zeit kein Staatenbund, Bundes- oder gar Einheitsstaat bestand.

Der Name „Sueben" hatte ebenfalls schon vor mindestens zweihundert Jahren viele Völkerschaften in wenigstens sakraler Gemeinschaft umschlossen: zwischen dem Gesamtnamen Sueber. und dem der Einzelvölkerschaft (z. B. Semnonen) hatte es aber damals schon Mittelstufen gegeben: örtlich bezeichnet „Markomannen", welche wohl viele Völkerschaften umfaßten, ebenso „Hermun-duren" „Groß- oder Gesamt-duren".

Die Markomannen waren nach Böhmen und noch östlicher gezogen und zeigten gerade damals durch die Tat, welche Kraft die Geschlossenheit gewähre.

Auch die Namen: „Friesen", „Sachsen", „Chauken" (unter den Ingvaeonen, wie Sueben, Markomannen, Hermunduren unter Herminonen) hatten schon vor Jahrhunderten viele Völkerschaften sakral, wohl auch bündisch, bezeichnet.

Es *gab* natürlich auch jetzt noch „Sueben" – bis ins sechste Jahrhundert erhielt sich der Name – aber, aus unbekannten Gründen – vor allem wohl wegen räumlicher Veränderungen (z. B. Abzugs der Markomannen und Quaden weit nach Osten) – genügte der alte suebische Verband, der ja *politisch* immer nur sehr locker gewesen war, den Bedürfnissen der Gegenwart (zumal dem gemeinsamen Kampf am Rhein) im Westen nicht mehr: neue Verbände bildeten sich unter alten suebischen Nachbarn, neue Verbände am Niederrhein unter Istvaeonen.

Genauer gesagt: wie durch die oben geschilderte Völkerausbreitung *im Inland* Gaue zum Staat der Völkerschaft zusammenflossen, traten auch Völkerschaften, die nun unmittelbare Nachbarn geworden waren, in näheren, dauernden, auch politischen Verband mit neuen, diesen Verband ausdrückenden Namen: *Ala-mannen* „Gesamt-mannen", die *Her-mun-duren* „Groß-duren" nannten sich nur mehr *Duren*, die *Franken* gemeinsam von der Freiheit (nicht von der Waffe, der Francisca, die umgekehrt von der Nation den Namen erhielt. Ein solches Volk oder Völkerbündnis der Alemannen usw. bildete nun durchaus keinen Staat, nur einen sakral und politisch vereinten Staatenbund: es wiederholt sich genau der alte Völkerschaftsverband, nur in quantitativ größerem Umfang: dem pagus entspricht jetzt die Völkerschaft: es ist *ein Staatenbund von Völkerschaften wie die Völkerschaft ein Staatenbund von Gauen gewesen* war: regelmäßig, aber nicht notwendig, gemeinsam nach außen handelnd, noch ohne Volkskönig im Frieden, nur einen Herzog oder zwei (Chnodomar, Serapio) im Krieg wählend: einzelne Könige und Völkerschaften des Völkerbündnisses bleiben neutral, andere unterwerfen sich, andere führen Krieg gegen Rom – so im vierten Jahrhundert die Alemannen im größeren, ganz wie im ersten die Cherusker im kleineren Maße.

Diese unsere ganz neu aufgestellte Erklärung nimmt also kein *neues* Bildungsprinzip an: vielmehr wird nur ein uraltes neu auf größere Massen angewendet als früher. Dies scheint ein sehr wichtiger Vorzug unserer Auffassung: sie ist nicht genötigt, in dem Leben der Germanen und den öffentlich rechtlichen Verbindungen Neues und Unerhörtes plötzlich auftauchen zu lassen: ohne alle Schwierigkeit erklären sich die neuen Bildungen als den alten, nur quantitativ vergrößerten Formen entsprechend. Und auch diese Veränderung trifft nur die Zusammensetzung der *Glieder*, nicht den Umfang der Gesamtheit: die Völkerschaft eines Chnodomar oder doch die mehreren Gaue einer solchen waren allerdings kopf- und landreicher als der Gau Armins gewesen war: aber dem *Raume* nach hatte sich der alte Verband der *Sueben* viel weiter gedehnt und *zahlreichere Völkerschaften* hatte er umfaßt als jetzt die Gruppe der Alemannen, Franken usw. Daher war auch die Kopfzahl der Sueben größer als die der Alemannen, so viel dichter auch seither die Bevölkerungen geworden. D.)

Da der in keinem Fall bedeutende Alemannenkrieg unter Caracalla mit der Schlacht am Main endigte, kann der Hauptangriff nicht von den Hermunduren, sondern nur von den nördlich des Mains sitzenden westgermanischen Völkern ausgegangen sein, unter denen die Chatten zweifellos das größte waren, deren Gebiet gleichwohl nicht über 300 bis 400 Quadratmeilen umfaßt haben kann. Dieses gerade war aber den Römern von Mainz – dem Hauptstützpunkt des oberrheinischen Heeres – und Arctaunum (Arx Tauni? Homburg) her vor allen andern leicht zugänglich.

Ein Teil der Chatten, d. i. einzelne Gaue dieses Volkes, kann unter den Alemannen begriffen gewesen sein, das Gesamtvolk um deswillen nicht, weil es später unter den Franken ganz aufgeht.[13] Die Hermunduren wurden die „Thüringe".

(Ein durch Vereinigung mehrerer Völkerschaften (civitates) entstandener Staatenbund kann eine sehr lockere Bundesverfassung haben; es stehen verschiedene voneinander unabhängige Könige der Völkerschaften und Gaue (reges, reguli, regales, Amm. Marc. XVI, 12 und XVIII, 2, sowie Flav. Vopisc. Prob. c. 14) neben einander[14]; von allgemeinen Volksschlüssen verlautet nie etwas: so sehen wir, daß bei den Alemannen (wie später bei den Sachsen im Kampf gegen Karl den Großen) nicht einmal die Gaue und Völkerschaften zu gemeinsamer Kriegführung verpflichtet waren: ganz freundschaftlich verkehren die mit Rom in Krieg begriffenen Könige mit einem mit Rom Verbündeten. D.)

Dies gilt wenigstens von dem Hauptvolk im Rhein- und Neckartal: über die als Teile der Alemannen vorkommenden südlichen Lenzgauer (Lentienses) und die suebischen Jutungen sind wir nicht näher unterrichtet. (Völkerschafts- und Gauversammlungen fanden natürlich statt. D.)

Wir sehen erst kurz vor der Frankenherrschaft die Alemannen zu einer Volkseinheit unter einem König vereinigt.

Hauptstelle über Entstehung der Alemannengruppe wird immer die bekannte Stelle des Asinius Quadratus bleiben, welche Agathias, der zu den zuverlässigsten Byzantinern gehört (I, 6), mit folgenden Worten anführt:

„Die Alemannen sind, wenn wir dem Asinius Quadratus folgen dürfen, einem Italiener, der die germanischen Angelegenheiten auf das Genaueste niedergeschrieben hat, zusammengelaufene und gemischte Menschen: und dies bedeutet auch ihr Name."[15]

Asinius Quadratus lebte (wie Uckert, Geogr. d. Gr. u. Römer, Weim. 1843, Th. III, S. 306, mit Bezug auf Suidas, Stephan von Byzanz und von neueren Valesius annimmt [vergl. Teuffel, S. 892 und die Literatur daselbst]) unter Alexander Sever (nach Capitolin, der ihn [Verus c. 8] als Scriptor belli parthici zitiert, wahrscheinlich Anfang des dritten Jahrhunderts). Sein Hauptwerk führt den Titel Ῥωμαίων χιλιάς (χιλιαρχία, χιλιετηρίς), d. i. tausendjährige Geschichte Roms: er muß also die Säkularfeier unter Philippus im Jahre 247 erlebt haben. Wenn Suidas sagt, das Werk habe bis auf Alexander, Sohn der Mammäa, gereicht, so bezieht sich dies wahrscheinlich auf jenes zweite über die Partherkriege, das gerade durch den parthischen Krieg von Severus Alexander veranlaßt worden sein mag.

Derselbe war also unter allen Umständen Zeitgenosse der Anfänge der Alemannen. (Seine Aussage steht nun durchaus nicht der Annahme entgegen, daß eine Gruppe von Sueben, die „zusammen gewandert", d. h. durch Nachbarschaft, gemeinsame Kriegsgefahr und alte Verwandtschaft verbunden war, sich mit diesem Namen bezeichnete, der eben ihre Zusammengehörigkeit, ihre Zusammenfassung bezeichnete: „die All-Männer, Gesamt-Männer, Bundes-Männer".

Ganz ähnlich gebildet ist „Ala-mannida", die Allmende: d. h. das Land das *allen* Männern, der Gesamtheit der Märker, zur Nutzung gehört, im Gegensatz zum Sondereigen. D.)

Obwohl die Namen der Völker in der Regel gewiß nicht selbst gewählt, sondern von andern denselben beigelegt worden sind (s. v. Wietersheim, z. Vorgesch. d. Nat., S. 87), so ist dies doch von denjenigen, welche gewißermaßen auf *künstlichem* Weg, d. i. durch Verein von Volksteilen alter Völker zu einem *neuen* Gesamtvolke entstanden sind, kaum anzunehmen.

Diese beruhten auf absichtlicher Einigung und mit eben dieser wird zugleich dem Bedürfnis der Unterscheidung der neuen Gemeinheit von den ältern durch Annahme eines besondern Eigennamens genügt worden sein, möge dies nun durch ausdrücklichen Volksschluß oder allmählich durch Gewohnheit geschehen sein.

(Übrigens hat sich in diesen Staatenbündnissen zum Teil nur der zentripetale Zug oder der Zug nach Vergrößerung des Raums und der Angehörigenzahl des Staats fortgesetzt und gesteigert, welcher überhaupt den germanischen Staat von der Sippe zur Gemeinde, von der Gemeinde zum Gau, vom Gau zur Völkerschaft, von der Völkerschaft zur Gruppe, vom Staatenbund zur Völkerschaft geführt hatte. Bei den Franken können wir, Dank Gregor von Tours, im hellen Licht der Geschichte zusehen, wie ein fränkischer Gaukönig die andern Gaukönige beider Mittelgruppen, der salischen und der ripuarischen, hiermit die beiden Völkergruppen (als selbständige) beseitigt und sich zum König des ganzen Frankenstammes macht. Bei Sachsen und Friesen wissen wir ebenso bestimmt, daß hier der Stamm, der Staatenbund, zu einer Einheit sich *nicht* zusammenfaßte: was wesentlich eine Folge davon war, daß hier die alte republikanische Verfassung erhalten blieb, kein Königtum aufkam: hier nahm die gleichwohl nicht fehlende zentripetale Bewegung den Verlauf, daß die alten Staaten, d. h. die Gaue mehr zur Bedeutung von großen Gemeinden herabsanken und das Staatliche statt in dem fehlenden König in der „Landesversammlung" der sächsischen und friesischen Gaue hervortrat.

Wo wir aber die Zusammenfassung der Völkerschaften solcher Gruppen unter monarchischer Spitze finden, da werden wir annehmen dürfen, daß sie sich auf gleichen oder doch sehr ähnlichen Wegen vollzogen habe, wie in dem Fall, dessen Werdegang wir verfolgen können, wie bei den Franken.

Hermunduren und Markomannen waren Mittelgruppen des herminonischen Zweiges, des suebischen alten Bundes: viele Gaue, vielleicht viele Völkerschaften umfaßten sie.

Sehen wir nun im sechsten Jahrhundert einen König der Thüringe herrschen, mit dessen Ermordung der ganze Stamm den Franken unterworfen wird, so werden wir vermuten dürfen, daß ein hermundurischer Gaukönig sich zum König seiner Völkerschaft und sein Geschlecht sich allmählich durch Gewalt oder Vertrag zum Königshaus für alle hermundurischen Gaue und Völkerschaften gemacht hatte, während gleichzeitig der Name „Hermunduren" durch den neueren „Thüringe" verdrängt wurde. Sehen wir etwa ein Menschenalter später einen dux der Bajuvaren herrschen (fünf Geschlechter ihm sehr nahe stehen), mit dessen Unterwerfung der ganze Stamm den Franken unterworfen wird, werden wir vermuten dürfen, daß ein markomannischer Gaukönig sich zum König seiner Völkerschaft und sein Geschlecht sich allmählich durch Gewalt oder Vertrag zum königlichen für alle markomannischen Gaue und Völkerschaften gemacht hatte – (jene fünf Geschlechter sind vielleicht durch vertragsmäßige Unterwerfung vor Ausrottung geschützte alte gaukönigliche gewesen), während der Name „Markomannen" durch den neueren „Bajuvaren" verdrängt wurde. Das ist ebensowohl möglich in dem Fall, daß das agilolfingische Geschlecht ein alt-bajuvarisches war, das erst nach seiner Erwerbung des Stammkönigtums von den Franken unterworfen und zum herzoglichen herabgedrückt wurde als in dem Fall, daß dasselbe ein fränkisches, von den Franken bei Unterwerfung des Stammes und der fünf Gaukönige eingesetztes war.

Auch bei den Alemannen hat sich offenbar die gleiche Entwicklung vollzogen: zur Zeit Julians c. 360 mehr als sieben Völkerschafts- und Gaukönige nebeneinander: zur Zeit Chlodovechs ein König der Alemannen, nach dessen Tod der Stamm sich unterwirft. Dabei ist übrigens möglich, daß der bei Tolpiacum Erschlagene doch nicht *alle* alemannischen Gaue beherrscht hatte – vielleicht nicht die später durch Theoderich in Rätien angesiedelten und geschützten: jedenfalls aber die allermeisten, alle den Franken nächst gelegenen.

Nicht um Nordisches und Angelsächsisches mit Südgermanischem und Westgermanischem zu konfundieren, nur der Analogie willen sei verstattet zu erinnern, daß ganz ebenso bei den Angelsachsen die Heptarchie durch einen der sieben Könige in Monarchie verwandelt wird, daß in Norwegen König Harald Harfagr an Stelle der zahlreichen Gaukönige sein Volkskönigtum aufgerichtet hat.[16] D.)

Nach dieser Abschweifung zur Hauptsache zurückkehrend, nehmen wir an, daß diejenigen neuen Völker, welche jetzt gegen Rom in der Geschichte auftraten, im Wesentlichen insgesamt aus zusammengeschlossenen alten Völkerschaften hervorgegangen sind. Ward dies bezüglich der Alemannen vorstehend erwiesen, so wird dasselbe auch für die Franken, auf die wir weiter unten kommen werden, vorauszusetzen sein.

Man hat also bei all diesen nicht an eine lediglich durch Gleichheit des Zwecks zusammengelaufene ungeordnete Mehrheit von Gefolgsherren, Gefolgen, Bandenchefs und Abenteurern zu denken: (vielmehr lag *alte Verwandtschaft*, freilich auch wohl *neue Nachbarschaft* zu Grunde. D.).[17]

Die nun verbundenen Völkerschaften und Gaue traten aus dem Gau- und Völkerschaftsverbande, dem sie angehörten, nicht heraus, (sondern als fortbestehende kleinere Einheiten nur in den größeren Verband ein: wie die vierunddreißig Staaten des deutschen Bundes durch den Eintritt in diesen Bund und Namen nicht aufgehört hatten, Staaten zu sein. Erst spät ward der lockere Staatenbund der Alemannen usw. zum Einheitsstaat. D.).

Aus welchen Völkerschaften speziell aber die jetzt Zusammengeschlossenen bestanden, läßt sich mit Sicherheit nicht vollständig bestimmen.

Daß auch Chatten unter den Alemannen waren, ist kaum zu bezweifeln.

Wie hätten die Gaue dieses kriegerischen Grenzvolkes, das in der Zeit römischer Kraftfülle so häufig in das Zehntland einbrach, sich eben jetzt, da sich das Verhältnis gerade umzukehren begann, von dem erobernden Angriff auf die blühende Provinz ausschließen sollen?

Dasselbe ist wohl von den Mattiakern, die chattischen Stammes waren und sich ersteren schon bei der Belagerung von Mainz angeschlossen hatten, vorauszusetzen.

Daß sich besonders Usipier und Tenchterer unter den Alemannen befanden, ist nicht zu bezweifeln. Man sieht sie wohl mit Recht (Zeuß, S. 305) als eine Grundlage des alemannischen Vereins an, was durch das gänzliche Verschwinden ihrer Namen in der Geschichte unterstützt wird.

Die oben erwähnten wundervoll zu Roß Kämpfenden (mirifice ex equo pugnantes) des Aurelius Victor. 21 waren wohl gerade Tenchterer, deren besondere Tüchtigkeit im Reitergefecht schon Cäsars Zeit erprobt sah.

Wenn man (Zeuß, a. a. O.) aus der Stelle in Nazarius (Panegyr. Const. d. Gr. 18), wo nach Aufzählung mehrerer germanischer Völker zuerst die mutmaßlich zu den Franken Gehörigen und zuletzt Alemanni, Tubantes, genannt werden, folgert, daß wahrscheinlich auch die Tubanten unter die Alemannen geflossen seien, so mag auch dies für dieses Volk ganz richtig sein. (Von dem Gesamtvolk der Tubanten aber ist, nach dessen Sitz an der Vecht in Holland, vielmehr deren späteres Aufgehen unter den Franken (? D.) anzunehmen, worauf weiter unten bei Erörterung obiger Stelle zurückzukommen sein wird.)

Daß die Alemannen fast ausschließlich Sueben waren, ist zweifellos.

Wir schließen dieses Kapitel mit einem Überblick der Kriegsereignisse unter Caracalla (die freilich fast nur auf Vermutungen beruhen. D.).

Der Angriff mag von Nord und Nordosten vielleicht in zwei Kolonnen erfolgt sein, der Limes etwa im Odenwalde zwischen Main (Miltenberg) und Jaxt und zugleich etwas südlicher überschritten und mit Eroberung schwächerer Befestigungswerke verknüpft gewesen sein. Der rasche von allen früheren Fällen so wesentlich verschiedene Erfolg dürfte durch Einverständnis mit im Zehntland bereits angesiedelten Germanen, die sich den Alemannen anschlossen, gesichert worden sein. Das Haupttheer rückte nun wahrscheinlich ins Hessenland vor, wo sich die Chatten anschlossen, indem wir Annäherung beider Völker daher vermuten, daß Dio (a. a. O.) die Alemannen unmittelbar mit letzteren in Verbindung setzt.

Nach Dios Worten (c. 13): „Indem die Chatten Caracalla den Namen des Sieges für vieles Geld verkauften, gestatteten sie ihm, sich nach „Germania zu retten" ἐς τὴν Γερμανίαν ἀποδωθῆναι), muß man schließen, derselbe habe sich auf der weiterhin völlig gesicherten Straße zu seinen Truppen auf dem linken Rheinufer in der Germania prima zurückgezogen, weil er nur da in voller Sicherheit war. Denkbar ist aber freilich auch, daß er, da man die unmittelbare Fortsetzung des Kriegs bis zur Schlacht am Main vorauszusetzen hat, schon von Vindonissa aus den Rhein bei Tenedo (Thiengen) überschritt und von da auf der frühern Militärstraße über Juliomagus[18] (Stühlingen), Brigobanne (Bräunlingen-Hülingen) nach Arae Flaviae (Rothweil) und Samulocene (Rothenburg), von da aber weiter im Neckartal herabzog.

Daß übrigens die Alemannen zuletzt, vielleicht durch neuen Zuzug aus der Heimat verstärkt, absichtlich Stand hielten, ist nicht zu bezweifeln, da die Germanen von den Römern außerdem sicherlich nicht einzuholen gewesen wären.

Der Sieg mag keineswegs ein entscheidender gewesen, muß aber doch für jetzt die Vertreibung der Alemannen mindestens aus dem westlichen Zehntland zur Folge gehabt haben. Dies beweisen nämlich die von Caracalla gesetzten Meilenzeiger, von denen sich auf dem rechten Ufer des Oberrheins noch zwei aus dem Jahre 213 gefunden haben (Stälin S. 35, 36 u. 97), seine Fürsorge für die Wasserstadt Baden, die unter ihm wahrscheinlich den Beinamen Aurelia annahm (s. Stälin S. 67) und mehr noch die von ihm nach Dio (c. 13) an allen geeigneten Orten angelegten Festungen und Kastelle, was doch alles sicherlich erst *nach*[19] Beendigung der Feindseligkeiten geschehen ist. Letzteres aber führt uns auf die Vermutung, daß es vor allem die nach den vorgefundenen Spuren mit so besonderer Sorgfalt geschützte Neckarlinie war, welche Caracalla damals möglichst zu befestigen suchte, was wiederum den Schluß begründen könnte, daß die vollständige Vertreibung der Alemannen auch aus dem jenseits des Neckars gelegenen Zehntlande, sowie die gründliche Züchtigung und Wiederunterwerfung der rebellischen Untertanen daselbst ihm nicht gelungen sei, wie dies auch dessen Charakter, der mehr auf Schein als Wesen kriegerischer Leistung gerichtet war, vollkommen entsprechen dürfte.

Erst nach völlig hergestellter Waffenruhe, als er vielleicht in Mainz sein Hauptquartier hatte, dürften sich auch die von Dio (c. 15) erwähnten Gesandtschaften selbst der entferntesten germanischen Völker bei ihm eingefunden haben, von denen die ersten unter der Form des Bündnisses *(φιλίαν*

$αἰτοῦντες)$ Geld empfingen; worauf viele andere, als sie dies vernommen, mit Krieg drohend nachfolgten, mit denen er sich insgesamt, fast wider deren Willen, vereinigte, indem sie dem Glanze des Goldes nicht widerstehen konnten, zumal er ihnen echtes zahlte, während die Römer nur verfälschtes von ihm empfingen.

Beweist diese wichtige Stelle Caracallas Jämmerlichkeit, so ergibt nicht minder die fast *gleichzeitige*, mit Kriegsdrohung begleitete Absendung so vieler Gesandtschaften selbst der entferntesten Stämme einen Umschwung bei den Germanen, ein gemeinsames Vorgehen, da die ganze frühere Geschichte einen Vorgang dieser Art nicht kennt. (Dies erklärt sich aus dem Zusammenschluß der Gaue zu Völkerschaften, der Völkerschaften zu Bundesvölkern und aus der jetzt größeren Häufigkeit *königlicher* Leitung der äußeren Politik. D.) Solche Wandlungen im Völkerleben lassen sich freilich nicht chronologisch feststellen: es war aber der Beginn derjenigen Zeit, als deren Wendepunkt der Markomannenkrieg zu betrachten ist – der Zeit nämlich, da die Germanen der Hammer, Rom der Amboß wurde. (Innere Gründe also, Verfassungsveränderungen als Folgen der Übervölkerung und der hierdurch herbeigeführten Völkerausbreitung haben auch diese Erscheinung der beginnenden sogenannten „Völkerwanderung" herbeigeführt. D.)

Die weiteren Schicksale der Alemannen des Zehntlandes gehören nicht hierher: doch ist des Zusammenhangs halber hier schon zu bemerken, daß der friedliche Zustand des letzteren im Wesentlichen von 213 bis zu Anfang der dreißiger Jahre, also gegen zwanzig Jahre, fortgedauert haben muß, wie wir aus den unter Heliogabals und Severus Alexanders Regierung gesetzten Meilensteinen sehen (s. Stälin S. 33, 34, 36 u. 97). Da diese aber insgesamt in der Umgegend von Baden-Baden gefunden worden sind, während die des Septimius Severus der östlichen Linie des Grenzwalls und Isny im Osten des Bodensees angehören, so wird dadurch obige Vermutung, daß *nur* das westliche Zehntland[20] wiederum in gesicherten römischen Besitz gelangt sei, mehr bestärkt als widerlegt.

FÜNFTES KAPITEL

Rom und die Germanen vom Tode Caracallas bis zum Tode des Gallienus

Nach dem Tode des vom Heere tief betrauerten Caracalla ward Macrinus Kaiser: ihn betrifft eine ziemlich unklare Nachricht Xiphilins LXXVIII, 27, nach welcher „die Daken einen Teil Dakiens verwüstend noch weiter gekriegt hätten, nachdem sie die Geiseln, welche Caracalla zu Bekräftigung des Bundes- und Hilfstruppen-Vertrags von ihnen empfangen, zurück erhalten."

Es handelt sich hier wohl um einen Einfall der Gebirgsdaken, derselben, die schon unter Commodus unruhig waren, welche gerade umgekehrt vielleicht durch Rückgabe der Geiseln und ein nie fehlendes Geldgeschenk wieder beruhigt worden sein dürften.

Von seinem Nachfolger Heliogabal erfahren wir (Lampridius c. 9), daß er die Markomannen bekriegen wollte, wozu es aber nicht gekommen zu sein scheint.

Die Quellen über seinen Nachfolger Severus Alexander sind ungenügend. Dio verläßt uns mit ihm. Herodian, der, wie immer anziehend, klar, voll scharfer Charakteristik ist, steht Lampridius gegenüber, der in fünfundsechzig Kapiteln voll des Edlen und Lobenswerten freilich meist kleinlicher Details nur viel Zeilen Tadel hat.

Während der Kaiser durch die persischen Gefahren im Osten voll in Anspruch genommen war, wurde ihm von Illyrien gemeldet: die Germanen hätten Rhein und Donau überschritten und durchzögen räuberisch verheerend das römische Gebiet, die dortige Streitmacht sei der Abwehr nicht gewachsen, seine und des ganzen Heeres Gegenwart daher unerläßlich. In der Tat mochte die Schwächung der Grenzarmeen für den Bedarf gegen die Perser jene Angriffe erleichtert haben.

Da der Krieg gegen die Germanen, zu dem Alexander im Jahre 234 auszog, und dessen Beendigung durch den Nachfolger, unten im Anschluß an die über das Zehntland und die Alemannen gewonnenen Resultate besonders zu behandeln ist, genügt hier die Bemerkung, daß der Kaiser, als er auf dem linken Rheinufer stand[1], mehr verhandelnd, auf Erkauf des Friedens bedacht, als kraftvoll handelnd auftrat, was die Soldaten gegen ihn einnahm. Die Mißstimmung hatte noch andere Gründe. Das durch Septimius Severus und Caracalla verwöhnte Heer hätte die gerechte Strenge, welche Alexander übte, einem kriegerisch siegreichen Führer vielleicht nachgesehen: gegen den unkriegerischen Jüngling murrte es: das Weiberregiment der überall gegenwärtigen, sich in alles mischenden Kaiserin-Mutter empörte es.

Dies benutzte der Thraker Maximin, der durch seltene Körperstärke und Mut zu den höchsten Militärwürden sich emporgeschwungen hatte, von Alexander insbesondere geehrt und erhoben und zuletzt mit der obersten Leitung der Ausbildung der zahlreichen Rekruten, unter denen sich viele seiner Landsleute befanden, betraut worden war. Diese riefen den als tapferen Haudegen, wenn auch nicht als Feldherrn Bewährten zum Kaiser aus, was Maximin, dem Worte nach, widerwillig annahm; aber in der Tat marschierte er sofort gegen Alexander, der von den ihn umgebenden Truppen, die er vergeblich zu seiner Verteidigung aufrief; verlassen, in den Armen der Mutter mit dieser und allen seinen Anhängern niedergestoßen ward. Dies geschah, nach Lampridius (c. 58), „in Britannien, oder, wie andere wollen, in einem Dorf Galliens, das Sicila hieß"; nach Aurelius Victor in einem Dorf Britanniens, Namens Sicila. Man hat diesen Widerspruch mit der geschichtlichen Wahrheit, da Severus Alexander zweifellos damals am Rhein stand, dadurch erklärt, daß das Dorf Bretzenheim eine halbe Stunde von Mainz, am linken Rheinufer, welches vormals Vicus britannicus (vermutlich von dahin verpflanzten Briten angelegt) genannt worden, dessen Todesstätte gewesen sei (s. Lehne im rheinischen Archiv nach Luden, G. d. d. Volks. II, S. 81 u. 486).

Maximinus soll (perhibetur) nach Capitolin (c. 1) in einem thrakischen Dorf von einem *gotischen* Vater und einer alanischen Mutter geboren, zuerst Viehhirt gewesen und dann zur Reiterei ausgehoben worden sein.

Leider ist Capitolin unzuverlässig und da er die gotische Abstammung Maximins nicht einmal mit Sicherheit anführt, so würde die Tatsache hiernach als feststehend nicht zu betrachten sein. Jordanis (c. 15) aber, der sie fast mit denselben Worten anführt, versichert, dieselbe aus der Geschichte des Symmachus entnommen zu haben, was sonach vielleicht gleicher Weise von Capitolin geschehen sein dürfte. Dieser Schriftsteller (der mit dem späteren Rhetor, welcher beinahe ein Jahrhundert *nach* Capitolin lebte († 403), nicht zu verwechseln ist) ist uns freilich völlig unbekannt.

Da es den Römern aber, namentlich durch Dexippus, an Quellen über die Ankunft der Goten nicht gefehlt haben kann, so muß jener Schriftsteller es mindestens der Zeit nach für möglich gehalten haben, daß Maximins Vater *Micca* Gote gewesen sei. Das Geburtsjahr dieses Kaisers, der nach dem Chron. Paschale ed. Bonn I, 501, im 65., oder nach Zonaras XII, 16 dieser Ausg., p. 579, im 74. (was jedoch minder richtig scheint) Jahre starb, fällt hiernach auf das Jahr 173, wo nicht gar schon 164, woraus sich zweifellos ergibt, daß dessen Vater schon unter Marc Aurel in Thrakien einwanderte, wonach am wahrscheinlichsten wird, daß er sich unter den von Marc Aurel im Reich angesiedelten Germanen (s. oben) befunden habe.

Unzweifelhaft läge hierin ein neuer Beweis[2] für die schon oben ausgesprochene Vermutung, daß die Ankunft der Goten am Pontus bereits längst vor deren erster Erwähnung in den Quellen um das Jahr 215 erfolgt sei.

Nach einem Verheerungszug in Germanien zog Maximin im Herbst 237 (Herod. VI, a. Schl. u. Eckhel p. 291: s. das Folgende) nach Sirmium in Pannonien (Petrovitz) an der niedern Save[3] und ging mit Kriegsplänen gegen die nördlichen Barbaren, die er ganz vernichten wollte, um, als die Aufstände gegen ihn ausbrachen, in denen er im Jahre 238 unterging.

Schwerfällig näherte sich Maximins Heerzug, für den nichts vorbereitet war, der Grenze Italiens, die Gegenkaiser zu vernichten. Eine große Menge germanischer Reiter, wohl meist von suebischen Völkern für Geld gestellte Hilfstruppen *(σύμμαχοι)*, folgte ihm.

Schon von Aemona (Laibach) an fand das Heer nur eine menschenleere Wüste, alle Lebensmittel und Fourage, selbst die Hausgeräte und Türen, fortgeschleppt oder verbrannt.

Noch einmal erfüllte der unvereidigt gefundene Übergang über die julischen Alpen Maximin mit Hoffnung, als ein neues schweres Hindernis sich entgegenstellte.

Die Bürger der reichen und großen Stadt Aquileja, den Widerstand der Verzweiflung schimpflicher Flucht vorziehend, versperrten dem Heere den Weg. Die Geschichte der Belagerung dieser Stadt wird von Herodian anziehend erzählt. Zwei dahin abgesandte Senatoren, Crispinus und Menophilus, leiteten die Verteidigung, in der Mut und Kunst wetteiferten, so daß alle Stürme mit dem größten Verlust der Belagerer zurückgeschlagen wurden.

Dem Heere aber mangelte es an allem, weil der Gegenkaiser Pupienus zu Ravenna, Meister der

Flotte, jede Zufuhr zu Wasser wie zu Lande abschnitt.

Endlich machte ein Haufe italischer Soldaten ein Ende, indem sie Maximin nebst seinem schon im Jahre 235 zum Cäsar ernannten Sohn unter Mittag in seinem Zelt niederstießen.

Aber der Triumph der „Senatskaiser" war ein kurzer, da die Prätorianer dieselben bald ermordeten, was der innere Zwiespalt beider erleichterte, indem Balbinus die Herbeiziehung der Pupienus treuen germanischen Söldner gehindert hatte. Nur drei bis vier Monate hatte deren Herrschaft gedauert.

Wir stellten oben die Vermutung auf, das neue, gegen Rom zusammengetretene Bundesvolk der Alemannen sei durch Caracalla im Jahre 213 nicht vollständig aus dem Zehntlande wieder vertrieben worden, jedenfalls aber doch das Land zwischen Rhein, Main und Neckar wieder in ruhigen römischen Besitz gelangt. Dasselbe gilt unzweifelhaft von Rätien südlich der Donau.

Im VI. Buch Kap. 7 berichtet nun Herodian folgendes:

„Severus Alexander glaubte die persischen Angelegenheiten friedlich beigelegt zu haben und eine Erneuerung des Kriegs nicht besorgen zu dürfen, als ihm plötzlich (im Sommer 233) von den Provinzialstatthaltern in Illyricum die Meldung zuging, die Germanen hätten wiederum Rhein und Donau überschritten, und verheerten das römische Gebiet[4], indem sie sowohl die an den Flüssen bestehenden Festungslager als Städte und Dörfer mit großer Macht durchstreiften. Die illyrischen Provinzen, aber auch das benachbarte Italien, seien in nicht geringer Gefahr, seine Gegenwart samt dem ganzen bei ihm jetzt befindlichen Heere daher nötig."

Die Militär- und Kurierstraße vom Rhein zum Orient ging längs der Donau über Byzanz. Die Befehlshaber in Obergermanien und Rätien können sich zunächst an die von Illyricum, das in dieser weiteren Bedeutung westlich nur noch Noricum umfaßte[5], um Hilfe gewendet, und diesen die Meldung an den Kaiser überlassen haben Herodian der, zumal in Nebendingen, nicht immer genau ist, könnte aber auch hier die gesamten Donauprovinzen, wozu Rätien gehörte zu den illyrischen gerechnet haben, die Meldung daher auch von hier aus erfolgt sein.

Wie vormals der markomannische Krieg durch den parthischen, so dürfte auch der gegenwärtige Angriff der Germanen zum Teil durch den Abzug der römischen Hauptmacht gegen die Perser veranlaßt worden sein.

„Diese Nachricht, fährt Herodian nun fort, beunruhigte nicht nur den Kaiser, der schon für Italien fürchtete, in hohem Grade, sondern auch die Soldaten aus jenen Provinzen, welche ohnehin schon über die mangelhafte Führung des persischen Krieges murrten. Ungern befahl er den Abmarsch. Nachdem er die zum Schutz der römischen Ufer nötigen Streitkräfte zurückgelassen, Standlager und Kastelle sorgfältig befestigt und jedes mit Besatzungen versehen hatte, eilte er mit dem übrigen Heere nach Germanien."

Herodian verschweigt hierbei die Rückkehr über Rom, wo Severus Alexander Ende September 233 triumphierte (s. Lamprid. c. 56 und Eckhel, p. 276). Dies macht es um so zweifelhafter, ob in der letzten von Sicherstellung der Reichsgrenze handelnden Stelle die östliche gegen die Perser oder die nördliche an der Donau gemeint ist. Erscheint ersteres dem Wortlaute entsprechender, so ist doch der Kaiser vom Orient keineswegs direkt nach Germanien marschiert, am wenigsten *geeilt* (ἠπείγετο), da er nach der von Eckhel, p. 277 beschriebenen Münze vielmehr erst im nächsten Jahre 234, unstreitig sobald es die Jahreszeit erlaubte, dahin abging.

Es ist daher leicht möglich, daß sich obiger Satz bereits auf den neuen Feldzug bezieht, der sonach zunächst mit Sicherung der Donaugrenze begonnen haben würde.

„Den Weg mit großer Eile zurücklegend stellte er sich am Rheinufer auf, und bereitete alles zum Krieg gegen die Germanen vor. Dazu hatte er eine große Menge maurischer, osroënischer und parthischer Bogenschützen mitgebracht, welche den nackten Leibern der Germanen besonders gefährlich waren, selbst den Römern in geordneter Schlacht sich entgegen zu stellen wagten und ihnen nicht selten die Waage hielten. Obwohl so gerüstet, fand Alexander doch für gut, durch Gesandte wegen Frieden zu verhandeln.

Alles, was die Germanen verlangten und Geld in Menge sollte ihnen gewährt werden, was die geldgierigen, stets den Frieden von den Römern zu erkaufen gewohnten Germanen am meisten lockte.

Alexander wollte lieber den Weg der Verhandlung als den der Kriegsgefahr versuchen.

Die Soldaten nahmen es jedoch übel auf, daß derselbe nutzlos die Zeit verliere, nichts Entschlossenes und Mutvolles für den Krieg tue, vielmehr statt die Feinde anzugreifen und zu züchtigen, mit Wagenrennen und Wohlleben sich abgebe."

Hiermit schließt das siebente Kapitel, worauf im achten Alexanders Ermordung und Maximins

Erhebung, erst im VII. Buche Kap. 2 aber der fernere Kriegsverlauf folgendermaßen berichtet wird:
„Mit dem gesamten Heer furchtlos die Brücke überschreitend, betrieb Maximin eifrigst den Krieg gegen die Germanen. Eine große Menge Volks, fast die ganze römische Streitmacht, führte er mit hinein. Darunter in sehr bedeutender Zahl maurische Speerwerfer und Bogenschützen, so wie Osroëner und Armenier, sowohl Auxilien als Bundesgenossen, ja selbst Parther, teils geworbene, teils Überläufer und Gefangene. Die hauptsächlich schon von Alexander zusammengebrachte Armee war von ihm noch vermehrt, besonders aber für den Krieg geübt worden. Jene Speerwerfer und Bogenschützen schienen gegen die Germanen durch ihr Geschick für plötzlichen unvorgesehenen Angriff und leichten Rückzug besonders geeignet.

In Feindesland angelangt, durchzog er einen weiten Landstrich *(πολλὴν γῆν)*, da die rückweichenden Barbaren nirgends Stand hielten. Er verwüstete das ganze Land, da das Getreide schon reif war. Die Dörfer wurden verbrannt und der Plünderung preisgegeben. Leicht aber verzehrt das Feuer die Städte, welche sie haben, und alle Häuser: denn an Steinen und gebrannten Ziegeln fehlt es. Die baumreichen Wälder gewähren des unerschöpfliche Material, durch dessen Zusammenfügung und Bearbeitung sie ihre Häuser bauen. So rückte Maximin lange vor, Beute wegführend, und die Herden, welche man traf, dem Heere überlassend. Die Germanen aber zogen sich aus den Ebenen und baumlosen Gegenden zurück, und bargen sich in Wäldern und Sümpfen, von wo sie, in dem verwachsenen Gestrüpp gegen Wurfspeere und Pfeile einigen Schutz findend, zum Kampf hervorbrachen. Besonders wurden die tiefen Sümpfe den Römern wegen Unkunde der Örtlichkeit gefährlich, indes die Germanen, welche die grundlosen und festern Stellen zu unterscheiden wußten, sie bis an das Knie watend leicht durchzogen. Auch im Schwimmen sind sie geübt, da sie sich der Flüsse allein als Bad bedienen.

Nur an solchen Stellen aber kam es meist zu Treffen. Einmal zogen sich die Germanen in einen sehr großen Sumpf *(ἕλος)* zurück, und da die Römer ihnen dahin nachzudringen zauderten, stürzte sich Maximin selbst auf seinem Roß hinein und tötete, obwohl dies bis über den Bauch einsank, sofort die nächsten Feinde, so daß die Scham, den *für die Soldaten fechtenden* Kaiser im Stich zu lassen, das Heer zur Nachfolge trieb. In diesem Kampf, in welchem er sich vor allen hervortat, blieb von beiden Seiten viel Volkes, von den Germanen aber beinahe die ganze anwesende Streitmacht, so daß der Sumpf mit Körpern angefüllt, das Wasser mit Blut gefärbt wurde und eine Landarmee das Schauspiel eines Seegefechts gewährte. Diese Schlacht und sein eignes Heldentum brachte der Kaiser nicht allein schriftlich, sondern auch bildlich zur Kunde des Senats und Volkes, indem er es in großen Schildereien im Senatspalast ausstellen ließ, welche der Senat jedoch nach dessen Sturz nebst allen andern Ehrenzeichen desselben wieder entfernte.

Auch noch andere Gefechte kamen vor, in denen Maximin sich überall, mit eigener Faust fechtend, großen Ruhm erwarb.

Nachdem er viel Gefangene und Beute gemacht, zog er bei dem Herannahen des Winters nach Pannonien ab. In Sirminum, der größten Stadt der Provinz, wo er sein Hauptquartier nahm, bereitete er alles zum Frühjahrsfeldzuge vor.

Denn er drohte und beabsichtigte wirklich, alle germanischen Barbaren bis zum Ozean zu vernichten und zu unterwerfen."

Spartian, der in c. 12 und 13 offenbar Herodians Werk benutzt hat, sagt kaum etwas Neues, außer daß auf einer Strecke von sechzig bis achtzig deutschen Meilen die Dörfer verbrannt worden. Übrigens spricht er von unzähligen (innumeris) Gefangenen, und Bereicherung der Soldaten, und schließt Maximins Bericht an den Senat mit den Worten: „Wir würden bis an die Wälder gelangt sein, wenn nicht die Tiefe der Sümpfe uns den Durchzug gewehrt hätte." (Pervenissemus ad silvas, nisi altitudo paludum nos transire non permisisset.)

Obiger Darstellung ist nur weniges beizufügen.

Aus dem, was bei Herodian, der zwar stets in chronologischer Ordnung, aber ohne Zeitangabe, schreibt, weiter erzählt wird, sowie aus den Münzen ersehen wir, daß der Marsch nach Pannonien im Spätjahr 237 erfolgte, jener Krieg also gegen zwei Jahre gedauert hatte.

Daß die nächsten und Hauptfeinde, wenn gleich stets nur „Germanen" genannt werden, die Alemannen waren, ist zweifellos. Denn da dieselben im Jahre 213 (s. oben) am Oberrhein und Niedermain mit Caracalla fochten, da Alexander an letzterer Stelle ihnen gegenüber bei Mainz sein Hauptquartier hatte, sie auch nur wenig über zwanzig Jahre später unter Gallienus daselbst wieder genannt werden, hauptsächlich aber die aus des Severus Alexander Zeit herrührende Peutingersche Tafel dieselben hinter dem Schwarzwald aufführt, so ist über deren fortwährendes Beharren im oder am Zehntland

Ungewißheit nicht möglich.

Es ist nicht zu bezweifeln, daß Maximin die Alemannen nicht bloß, bis zum Limes, sondern noch über diesen hinaus verfolgt habe, wie dies nicht nur durch die Worte: feindliches, barbarisches Land *(ἐν τῇ πολεμίᾳ,* barbarici soli) angedeutet, sondern auch durch die Ausdehnung des Verheerungszuges bestätigt wird. Unter den Wäldern (silvis) aber, bis zu denen derselbe, wenn nicht die Sümpfe ihn behindert hätten, vorgedrungen sein würde, können wir nur den großen waldigen Gebirgszug verstehen, der nördlich vom Harz herab durch den Thüringer Wald, Fichtelgebirge und Böhmerwald bis gegen Linz nach der Donau hinläuft. Dies führt uns zu der Vermutung, der erste Feldzug im Sommer 235 werde gegen die Westgermanen bis gegen die Werra hin, der der Jahre 236 bis 237 aber, vielleicht nach Verheerung der alemannischen Ansiedlungen im südlichen Zehntlande, besonders gegen die Alemannen und die angrenzenden Völker in Franken, der Oberpfalz, Nordschwaben und Niederbayern gerichtet gewesen sein, wobei denn etwa bei Regensburg (Reginum) oder Passau (castra Batavorum) 236 bis 237 überwintert wurde. Daß Maximin auf seinen Zügen zwischen Schuldigen, Zweifelhaften und Unschuldigen irgendwie unterschieden und mit der Strenge auch Mäßigung am rechten Orte gepaart habe, erhellt nirgends, und ist nach dessen Gemütsart zu bezweifeln. Es hat sich bei Oehringen eine Inschrift mit dessen Namen vom Jahr 237 oder 238 teilweise erhalten, eine zweite ward bei Tübingen gefunden, welche diesen zwar nur unvollständig angibt, aber doch wahrscheinlich auf Maximin beziehen dürfte. Daß derselbe auch für Wiederherstellung des gewiß im höchsten Grade verwüsteten römischen Zehntlandes, so wie des Limes, wenn auch nicht viel, doch einiges getan, dürfte, wenngleich durch irgendetwas sonst nicht weiter angedeutet, wohl anzunehmen sein. Nur eine vollständigere Erneuerung des Limes hat damals unstreitig nicht stattgefunden, da dies ebenso, wie es später von Probus bemerkt wird, auch von Maximin wohl nicht verschwiegen worden sein würde.

Von nun an verläßt uns nicht nur Herodian, der, unerachtet einiger vorstehend gerügten Mängel, dennoch in der langen Zeit von Tacitus bis Ammian Marcellin, da wir Dio nur unvollständig besitzen, der einzige Historiker ist, sondern großenteils selbst die Historia Augusta, von der alle Biographien von Philippus bis Valerian verloren sind, so daß wir für letztere ausschließlich auf Zosimus, der nun etwas ausführlicher zu werden beginnt, und die späteren Epitomatoren beschränkt sind.

Von Maximins Gegner, Pupienus, sagt Capitolin (Max. Balb. c. 5), daß er in Illyricum die Sarmaten geschlagen und von da an den Rhein versetzt und gegen die Germanen glücklich operiert habe (rem contra Germanos feliciter gessit). Dies Anführen ist jedoch sowohl dem Sinne als der Zeit des Ereignisses nach zu unsicher, um es weiterer Betrachtung zu würdigen.

War derselbe im Jahre 238 bereits vierundsiebzig Jahre alt, wie freilich nur der so viel spätere Zonaras (XII, 17) sagt, so könnte dies füglich im Jahre 213 unter Caracalla geschehen sein.

Ungleich wichtiger ist die Stelle desselben (Max. Balb. c. 16): „Sub his pugnatum a Carpis contra Maesos fuit et Scythici belli principium et Histriae excidium eo tempore: ut autem Dexippus dixit, Histricae civitatis."

Unstreitig hat Dexippus sein Werk über die skythischen Kriege *(τὰ Σκυθικά)* im Wesentlichen mit diesem Ereignis begonnen. Derselbe versteht unter Skythen sämtliche barbarische Völker nördlich und östlich der Donau, ohne die Nationalität streng zu unterscheiden, hauptsächlich aber die Goten.

Spartian, der die ganze Stelle unzweifelhaft aus diesem Schriftsteller entlehnt hat, sagt nun: Unter jenen Kaisern hätten die Carpen gegen die Mösier gestritten; zu derselben Zeit sei die Zerstörung Histriens oder, wie Dexippus sage, der histrischen Stadt erfolgt.

Der Ausdruck „Histrien" enthält, da an die istrische, damals zu Italien gehörige Halbinsel, hier nicht zu denken ist, wiederum eine von Capitolins gerade in dieser Biographie so zahlreichen Sonderbarkeiten. Es ist Istropolis, die istrische Stadt am schwarzen Meere in Mösien, unfern dem heutigen Kostendsche, etwa fünfzehn Meilen nördlich von Varna, die hier gemeint, damals also erobert worden sein muß.

Die Carpen (Carpi), über die sich Zeuß (S. 697 – 700) sehr gründlich verbreitet, waren unzweifelhaft ein thrakisches Volk und gehörten zu den Geten oder Daken im weitern Sinne.

Ptolemäus nennt sie anscheinend zweimal: 1) als Karpianen (Καρπιανοί) zwischen den Peukinen und Bastarnen III, 5, 24; 2) als Arpier *('Άρπιοι)* zwischen der nördlichen Donaumündung und dem Dnjepr III, 10, 13).

Es ist vermutet, daß die Benennung der Karpaten, ohne Zweifel thrakischen Ursprungs, diesem Volksnamen verwandt sei.

Jedenfalls waren sie Nachbarn der schon oben erwähnten Costuboken und standen wohl gleich diesen seit Dakiens Eroberung unter nomineller römischer Herrschaft, oder mindestens Klientel.

Da jedoch die Costuboken, welche nach dem ersten markomannischen Krieg von den Asdingen zwar geschlagen, aber kaum ganz vertilgt wurden (Dio LXXT, 12), in der Geschichte später nicht[6] wieder erscheinen, so ist auch ein Aufgehen dieses Volkes unter den Carpen, zumal in einer Zeit, da die Volksnamen so viel Wechsel erfuhren, möglich, ja wahrscheinlich.

Den Zusammenhang obiger Nachricht Capitolins mit der Folgezeit werden wir später zu erörtern versuchen.

Derselbe Verfasser bemerkt Gord. III, c. 26 folgendes: „Fecit iter in Moesiam, atqui ipse in procinctu quicquid hostium in Thraciis fuit delevit, fugavit, expulit, atque submovit."

Damit ist die Gordian nach Capitolin a. a. O. c. 34 gesetzte Grabschrift in Verbindung zu bringen: „Divo Gordiano victori Persarum, victori Gothorum, victori Saramatarum, victori Germanorum, sed non victori Philipporum." Hierauf bemerkt er: „Quod ideo videtur additum, quia in campis Philippicis (d. i. bei Philippopel in Thrakien) ab Alanis tumultuario praelio victus abscesserat: simul etiam quod a Philippis videbatur occisus."

Es liegt sehr nahe, in dieser Inschrift eine Mystifikation Capitolins zu vermuten, da die durch ein großartiges Denkmal (was nach Amm. Marc. a. d. o. a. Stelle nicht zu bezweifeln ist) bekundete Absicht, Gordian zu ehren, mit der Ironie und doch zugleich Unwahrheit des Nachsatzes, da er mit den Bewohnern jener Stadt selbst doch gar nicht gekriegt hatte, schwer zu vereinigen ist. Wenn Capitolin aber ausdrücklich hinzufügt, daß diese Inschrift in griechischer, lateinischer, persischer, jüdischer und ägyptischer Schrift, um allen verständlich zu sein, angebracht worden sei, was den Glauben an deren Echtheit zu erhöhen scheint, so ist es doch wohl möglich, daß sie aus einer Laune der Soldaten, welchen Philippus nicht entgegentreten mochte, wirklich in obigen Worten verfaßt worden ist.

Beruhte sie aber auch auf Erfindung, so würde diese doch gewiß die historische Wahrheit nicht verleugnet haben. Wir haben daher eine, wenn auch nicht sehr erhebliche Besiegung der Goten durch Gordian allerdings anzunehmen, welche im Jahre 242 auf dem Marsch nach Asien durch Mösien und Thrakien, der über Philippopel führte, erfolgt sein muß, da ein anderer Feldzug desselben weder bekannt, noch irgendwie vorauszusetzen ist.

Sarmaten und Germanen mögen sich unter den damals in das römische Gebiet eingebrochenen Scharen ebenfalls befunden haben, obwohl der Sieg über Germanen sich auch auf irgendeinen kleinen Vorteil, der von einem Legaten Gordians anderwärts erlangt ward, beziehen könnte. Überhaupt aber ist von einer Inschrift solcher Art wie die obige strenge ethnographische Genauigkeit nicht zu erwarten.

Noch wichtiger ist ein Fragment des Petrus Patricius (ed. Bonn. Corp. Scr. hist. Byz. I, p. 124):

Die Carpen, die Goten wegen der Subsidien, welche diese von Rom empfingen, beneidend, schickten eine Gesandtschaft an den Tullius Menophilos, mit Anmaßung Geld fordernd. Dieser war Befehlshaber in Mösien und ließ seine Truppen täglich exerzieren. Von der Anmaßung der Gesandten unterrichtet, ließ er sie viele Tage lang gar nicht vor, gestattete ihnen aber, die Übungen der Truppen mit anzusehen. Nachdem er durch Verzug ihren Übermut gedämpft zu haben glaubte, empfing er sie auf hohem Feldherrnstuhl, um den die Ersten des Heeres standen, schien sie aber wenig zu beachten, sprach vielmehr während ihres Vortrages in der Mitte der Truppen mit andern, als ob er wichtigere Geschäfte habe. Sich so übersehen fühlend, sagten diese schließlich nichts anderes als: „Wenn die Goten Subsidien von Euch empfangen, warum erhalten wir nicht auch solche?" Darauf Menophilos: „Weil der Kaiser vieler Gelder Herr ist, so schenkt er deren auch denen, die ihn darum bitten." Jene wiederum: „So nehme er denn auch uns unter die Bittenden auf und gewähre uns dasselbe, denn wir sind stärker ($\varkappa\varrho\varepsilon\iota\tau\tau\sigma\nu\varepsilon\varsigma$) als die Goten."

Lachend erwiderte Menophilos: „Darüber muß ich dem Kaiser berichten, holt Euch daher nach vier Monaten die Antwort wieder ab," und ließ hierauf die Soldaten wieder exerzieren.

Nach vier Monaten kamen die Carpen wieder, wurden in gleicher Weise empfangen, jedoch auf weitere drei Monate vertröstet. Hierauf empfing er sie vor einer andern Legion und gab ihnen den Bescheid: daß der Kaiser in der Form eines Vertrags schlechterdings nichts bewillige. Wollten sie aber mit einexerziert und zusammengeschart werden[7], möchten sie sich dem Kaiser zu Füßen werfen und ihn darum bitten, worauf sie wahrscheinlich ein Geschenk erhalten würden."

Darauf zogen sie unwillig ab und blieben drei Jahre lang während Menophilos Verwaltung dieser Provinz ruhig.

Die Zeit dieses Ereignisses läßt sich mit annähernder Sicherheit bestimmen, da die Exzerpte in dem auf Befehl Constantins Porphyregenitus (zu Anfang des zehnten Jahrhunderts) verfaßten Werke de legationibus, welchem wir die Bruchstücke aus Petrus Patricius verdanken, streng chronologisch geordnet sind, und das Fragliche hiernach in die Zeit zwischen Marc Aurel und Sapor fällt, der bis 272 lebte.

Wenn aber die Erwähnung der Goten im römischen Gebiete an sich schon auf die Zeit nach Caracalla schließen läßt, so scheint auch der Menophilos des Petrus Patricius mit dem von Herodian (III, 2) erwähnten Myniphilos (nach Capitol. Max. c. 21 Menophilos), der sich bei Verteidigung Aquilejas so auszeichnete (s. oben), identisch zu sein.

Von Philippus (Arabs) endlich berichtet Zosimus (I, 20), daß er einen Feldzug gegen die Carpen unternahm, welche schon die Gegenden an der Donau verwüsteten.

In einem Treffen geschlagen flohen sie in ein Kastell, wo sie belagert wurden. Da sie aber die zerstreuten Ihrigen sich wieder sammeln sahen, faßten sie neuen Mut und griffen ausfallend das römische Heer an. Weil sie dem Angriff der Mauren nicht widerstehen konnten, verhandelten sie um Frieden, worauf Philippus leicht einging und wieder abzog.

Eckhel nimmt nun (p. 320) an, dieser Feldzug habe bereits im Jahr 245 begonnen und bis in das Jahr 247 gedauert.

Allein die (daselbst beschriebene) Münze aus dem zweiten Jahr der Tribunicia potestas bezeichnet durch das Kriegsgewand nur einen Ausmarsch, noch nicht den Beginn des Krieges. Auch die Münzen des Jahres 246 enthalten keinen unfehlbaren Beweis eines solchen, indem erst auf denen des Jahres 247 der Sieg über die Carpen (Vict. Carp.), und im Jahre 248 die Beinamen Germ. Max. und Carpic. Max. erscheinen.

Vielleicht ist daher anzunehmen, daß der Ausmarsch des Kaisers erst im Spätjahr 245 erfolgte, das Winterquartier bei Sirmium oder in dortiger Gegend genommen ward, das Jahr 246 über Kämpfen mit germanischen Scharen diesseit oder jenseits der Donau verging, die kaum von großem Belang gewesen sein dürften, der von Zosimus erwähnte Krieg mit den Carpen sowie der Friede aber in das Jahr 247 fielen, worauf der Senat dem Sieger erst jene im Jahre 248 erscheinenden Ehrennamen verlieh.

Auf Grund obiger Vorgänge[8] ist nun folgende Vermutung aufzustellen.

Es war im Jahre 232 oder 233, als Severus Alexander die Nachricht eines allgemeinen gefährlichen Aufstandes der germanischen Völker an Rhein und Donau erhielt. Am Oberrhein muß die Gefahr am dringendsten gewesen sein, weil Alexander zuerst dahin zog: daß aber auch an der mittleren und niedern Donau die Feinde im römischen Gebiet hausten, beweist Maximins Marsch nach Sirmium im Jahre 237, dessen Vorbereitung zu einem neuen Feldzug und die Drohung, die Germanen bis zum Ozean zu vernichten.

Mit jenem allgemeinen Aufstand nun scheint Dexippus seine Geschichte der skythischen Kriege begonnen zu haben. Jedenfalls gehören die oben bemerkten Kämpfe in Mösien der ersten Hälfte des Jahres 238 an, sind daher noch als Folge desselben zu betrachten, der übrigens mehr in räuberischen Einfällen einzelner Völker oder Scharen, als in einem großen Bundeskrieg bestanden haben mag. Daß auch die Goten hierbei beteiligt waren, ist um deswillen vorauszusetzen, weil Dexippus die Geschichte seiner „skythischen" Kriege, in denen sie unbezweifelt die Hauptstelle einnahmen, schon mit obigem Ereignis begonnen hat; ja es dürfte kaum gewagt sein, ihnen die Eroberung und Zerstörung von Istropolis zuzuschreiben, das wahrscheinlich auch von der See her angegriffen wurde, deren sie ja, wie die Vor- und Folgezeit beweisen, kundig waren.

Was hierauf geschah, wissen wir nicht, finden aber schon vier Jahre später, im Jahre 242, wiederum und zwar viel tiefer im Lande, diesseit des Hämus in Thrakien Feinde – wohl dieselben –, welche diesmal aber durch Gordian gründlich geschlagen und vertrieben worden sein sollen. Vermutlich wirkte nun hierbei jener Menophilos mit, der sich in Aquileja so ausgezeichnet hatte, und behielt nachher den Befehl in der Provinz. Gordian aber mochte noch vor seinem Abzug mit den nach der Inschrift: „Victor Gothorum" zwar besiegten, aber immer noch gefährlichen Goten einen Friedens- und Subsidienvertrag geschlossen haben. Hierüber erbittert, sandten die Carpen die berichtete Gesandtschaft ab.

Die drei Jahre der Verwaltung des Menophilos, während deren sich diese nach Petrus Patricius ruhig verhielten, mußten nun Ende 245 oder Anfang 246 abgelaufen sein. Gerade um diese Zeit oder wenig später trat aber Philipps Krieg gegen die Carpen ein, der mit deren Besiegung endigte. Die Goten mögen damals, mit ihren jährlichen Subsidien zufrieden, ruhig geblieben sein: auch dürfte schon die Stellung des Philipp verliehenen Ehrennamens Germanicus *vor* Carpicus auf vorhergehende Kämpfe desselben mit germanischen Völkerschaften schließen lassen, die er hiernach also weiter aufwärts an der Donau, d. i. westlicher, getroffen haben müßte, während die Goten damals unzweifelhaft noch östlicher saßen.

Noch im Jahre 248 brachen Aufstände im Innern aus. Im Orient ward Jotapianus[9], von dem mösischen und pannonischen Heer aber Marinus zum Kaiser ausgerufen. Als Philippus in solcher Bedrängnis den Senat um Hilfe oder, im Falle der Unzufriedenheit, um Annahme seiner Abdikation anging, erhob sich nur der durch Geburt, Amtswürde und jegliche Tugend gleich ausgezeichnete Decius, die Gefahr für gering erklärend. Der Erfolg bestätigte dies: die Nebenbuhler wurden ohne große Anstrengung beseitigt. Da jedoch Philippus die Zuchtlosigkeit der mösisch-pannonischen Legionen kannte, übertrug er Decius deren Befehl, den dieser im Vorgefühl der Folgen ablehnte: er ward aber zu dessen Übernahme gezwungen und – wohl mit einem neuen Heer – zur Züchtigung der Anhänger des Marinus dahin abgesandt.

Die Truppen, ihrer Schuld bewußt, glaubten der Strafe am sichersten zu entgehen und zugleich dem Reich einen großen Dienst zu leisten, wenn sie den ungleich tüchtigeren Decius zum Kaiser ausriefen, was dieser widerwillig annahm.

Philippus zog sogleich wider ihn aus. Bei Verona trafen sich die Heere. Das seine war das stärkere, aber Mut und bessere Führung bei den Gegnern. Philippus blieb, sein Sohn ward in Rom getötet. Decius bestieg den Thron. (Zosimus I, 20–22. Eutrop. IV, 3. Aurel. Vict 28.)

Decius war in einem pannonischen Dorfe Bubalia bei Sirmium geboren, jedoch, wenn Zosimus wahr redet, von guter römischer Familie.

Seine Geschichte ist, mehr durch Widerspruch als durch Mangel der Quellen, ein mit Genauigkeit nicht zu lösendes Problem.

Nach dem Sieg bei Verona begab er sich, wie dies in der Natur der Sache lag und sowohl durch Aurelius Victor c. 29 als durch die von Eckhel, p. 342 beschriebene Münze bestätigt wird, nach Rom, wo er sogleich seinen Sohn Herennius Etruscus zum Cäsar ernennen ließ.

Von der Geschichte seiner Kriege berichtet Jordanis im sechzehnten Kapitel, nachdem er, wie gewöhnlich, eine Lobpreisung der Macht, der Gebietsausdehnung und des Heldentums der Goten vorausgeschickt, welche Vandalen, Markomannen und Quaden besiegt und zu Sklaven gemacht hätten, folgendes:

Unter des Philippus Regierung seien die Goten durch Entziehung der bisher genossenen Subsidien zum Losbruche gegen Rom bewogen worden.

Obwohl nämlich entfernt unter ihren Königen lebend, seien sie doch der römischen Republik verbündet (föderiert) gewesen und hätten jährliche Subsidien empfangen. Als nun deren König Ostrogotha, die Donau überschreitend, Mösien und Thrakien geplündert habe, sei der Senator Decius von Philippus zu dessen Zurücktreibung gesandt worden.

Nachdem dieser hierauf die Soldaten wegen Vernachlässigung ihrer Pflichten dadurch gestraft, daß er sie, des Militärdienstes sie entbindend, als Privatleute habe leben lassen (milites proprios exemptos a militia fecit vita privata degere), sei er zu Philippus zurückgekehrt.

Die Soldaten, hierüber erbittert, seien zu Ostrogotha übergegangen, der hierauf, von ihnen angetrieben, ein Heer von 30 000 Mann zur Schlacht geführt habe, worunter auch Thaifalen und Asdingen nebst 3000 Carpen gewesen seien.

Goten und Peukinen von der Insel Peuke unter sich vereinend habe er hierauf Argait und Guntherich, den Edelsten seines Volkes, deren Führung übertragen, welche bald auf einer Furt (?) durch die Donau gehend, Mösien geplündert und dessen Hauptstadt Marcianopel (etwa fünf bis sechs Meilen westlich von dem heutigen Varna und dem schwarzen Meer) belagert hätten, aber, da die Belagerten sich losgekauft, wieder abgezogen seien.

Im siebzehnten Kapitel beschreibt nun Jordanis den Krieg zwischen den stammverwandten Gepiden und Goten.

Fastida, König der Gepiden (s. oben), nachdem er sein Reich bereits durch Eroberung vergrößert, die Burgundionen auf das Haupt geschlagen, auch einige andere Völker bezwungen, habe vom Könige Ostrogotha, welchem damals sowohl die Ost- als Westgoten, desselben Namens Völker, unterworfen gewesen, durch Gesandte gefordert, daß er ihm *entweder Land abtrete, weil das seinige, von rauhen Gebirgen und dichten Wäldern umschlossen, dem Volke nicht genüge*[10], oder sich auf Krieg gefaßt halte.

Der Gotenkönig erwiderte, so schrecklich ihm auch ein Krieg mit Stammbrüdern sei, so werde er doch kein Land abtreten.

Hierauf hätten die Gepiden den Krieg begonnen und sei es bei der Stadt Galtis am Fluß Aucha zur Schlacht gekommen, in der beide Teile mit gleichem Mut gefochten, die bessere Sache und der lebendigere Geist aber für die Goten, daher das Gepidenheer bereits im Nachteil gewesen sei, als die Nacht die Streitenden getrennt habe. Fastida sei hierauf, so beschämt als vorher übermütig, in seine Heimat zurückgekehrt, auch das Gotenvolk aber, mit diesem Abzug zufrieden, so lange Ostrogotha regierte, ruhig in seinen alten Sitzen verblieben.

Wir bemerken hierbei, daß die Beschreibung des Sitzes der Gepiden deutlich auf Siebenbürgen hinweist, das sie jedoch nur teilweise innegehabt haben können, da die festen Plätze mindestens und gewiß auch deren nächste Umgebungen bis zu Aurelian in den Händen der Römer blieben.

Im achtzehnten Kapitel fährt nun Jordanis also fort:

Nach Ostrogothas Tod teilte dessen Nachfolger Kniva das Heer in zwei Teile, schickte ein Korps (nonnullos) zur Verwüstung der durch die nachlässigen Kaiser von Truppen entblößten Provinz Mösien ab und rückte selbst mit 10 000 Mann vor ad Novas (an der Donau auf dem rechten Ufer, eine Meile westlich des Einflusses des Iatrus). Von hier durch den dort kommandierenden Gallus abgetrieben, marschierte er nach Nikopolis am Iatrus, etwa fünf Meilen südlicher. Als ihm hier der Kaiser Decius entgegenrückte, zog sich Kniva in den nahen Hämus zurück und durch dessen Pässe gen Philippopolis (das heute noch diesen, von Philipp, Alexanders des Großen Vater, herrührenden Namen führt), zu dessen Belagerung er alles vorbereitete. Auch Decius überschritt nun, zum Entsatz der Stadt, den Hämus und kam bei Berroe, zehn Meilen nordöstlich von Philippopel an (das in den Vorbergen des Hämus am Slujudere, etwa 44° 16' nördl. Br. und 43° 28' östl. Länge gelegen haben soll). Hier stürzte sich Kniva mit den Goten wie ein Blitz auf ihn, und trieb, nachdem er das Heer zerstreut hatte, den Kaiser mit den wenigen, die entkommen konnten, wieder über die Berge nach Mösien zurück, wo Gallus als Verteidiger des Limes (Donau) mit zahlreichen Truppen stand. Hier sammelte Decius, selbst feindliche Scharen anwerbend, wiederum ein Heer. Kniva nahm indes das lange belagerte Philippopel mit vieler Beute ein und verband sich gegen Decius mit dem darin kommandierenden Priscus.

Als es zur Schlacht kam, ward sogleich des Decius Sohn, schon durch einen Pfeilschuß verwundet, getötet, worauf der Vater gesagt haben soll: „Traure Niemand! Der Verlust eines Soldaten schwächt den Staat nicht."

Gleichwohl habe er, von Vaterschmerz ergriffen, sich auf die Feinde geworfen, um Tod oder Rache zu suchen, und sei, übereilt in eine mösische Stadt dringend, von den Goten umringt und getötet worden.

Wir lassen hierauf des Zosimus Bericht folgen, der (I, 23) also lautet:

„Da durch Philipps Verwahrlosung alles in größter Zerrüttung war, gingen die Skyen über die Donau[11] und verheerten, Beute machend, die Umgegend Thrakiens.

Decius aber griff sie an, blieb Sieger in allen Schlachten, nahm ihnen die gewonnene Beute wieder ab und beabsichtigte nun, ihnen den Rückweg abzuschneiden und sie dadurch, zu Verhütung neuer Einfälle, gründlich zu vernichten. Nachdem er demgemäß den Gallus mit hinreichenden Streitkräften an der Donau aufgestellt hatte, rückte er mit dem Rest des Heeres den Feinden entgegen. In dieser günstigen Lage der Dinge wandte sich Gallus zu Verrat und Herrschaftsgelüsten und lud die Barbaren ein, sich mit ihm zur Hinterlist gegen Decius zu verbünden, worauf diese begierig eingingen, indes Gallus das Donauufer bewachte.

Die Goten stellten hierauf ihre Armee in drei Treffen, deren erstes durch einen Sumpf in der Front gedeckt war. Nachdem Decius viele derselben getötet, rückte das zweite vor. Nachdem auch dieses gewichen, ließen sich nur wenige des dritten in der Nähe des Sumpfes wahrnehmen. Hierauf bewog Gallus den Kaiser, auch diese sofort anzugreifen, worauf derselbe, des Terrains unkundig (das er wohl durch jenen rekognosziert glaubte), unvorsichtig eingung, sogleich aber mit den Seinigen im Morast stecken blieb und, von den Barbaren allerseits beschossen, samt seinem Heer, von dem keiner entfliehen konnte, umkam."

Aus Aurelius Victor (c. 29) wissen wir nur, daß Decius durch Verrat umkam, dessen Urheber er Brutus nennt, was entweder Irrtum oder ein Nebenname des Gallus gewesen sein muß, der auf dessen Münzen jedoch nicht vorkommt; auch führt derselbe die vorstehend aus Jordanis berichtete Erzählung von des jüngeren Decius früherem Tod an, welche letzterer vielleicht aus ersterem entlehnt haben dürfte.

Der zweite Victor in der Epitome bestätigt nur des Decius Tod in einem Sumpf.

Syncellus (Chronographie, p. 705 der Bonn. Ausg.) läßt Decius auf der Verfolgung der rückweichenden Goten bei der Stadt Abrytus, genannt Forum Terebronu, während der Nacht getötet werden. Letzteres läßt sich mit den andern Berichten vereinigen, da die Schlacht bis in den Abend hinein gedauert haben kann. Die genauere Lage des sonst unbekannten Abrytus aber ist nicht zu ermitteln.

Noch darf hier ein Zeugnis des Ammianus Marcellinus nicht übergangen werden. Nachdem dieser die schwere Niederlage des Lupicinus durch die Goten (nicht lange vor der Schlacht bei Adrianopel im Jahre 378, in welcher Kaiser Valens blieb) berichtet hat, bemerkt er, um den Irrtum seiner geschichtsunkundigen Zeitgenossen, daß solche Unfälle früher nicht vorgekommen, zu berichtigen, bis auf die Kimbrern und Teutonen zurückgehend (XXX, c. 5) von den Goten weiterhin folgendes:

„Nachdem die Scharen skytischer Völker mit 2000 Schiffen durch den Bosporus (den thrakischen) und die Propontis geschifft waren, brachten sie uns allerdings zu Land und zu Wasser schwere Niederlagen bei, kehrten aber, nach Verlust des größten Teils der Ihrigen, wieder zurück. Im Kampf mit den Barbaren fielen die Kaiser Decius, Vater und Sohn.

Belagert wurden die Städte Pamphiliens, viele Inseln geplündert, Makedonien durch Feuer verheert, Thessalonich von der ganzen Menge umschlossen, und ebenso Kyzikus, Anchialus und zu gleicher Zeit Nikopolis, das Trajan als Siegesdenkmal gegen die Daken gründete, eingenommen. Nach vielen und grausen erlittenen und erteilten Niederlagen ward auch Philippopolis zerstört, in dessen Mauern, wenn die Jahrbücher wahr reden, 100 000 Menschen hingeschlachtet wurden. Zügellos schweiften die auswärtigen Feinde durch Epirus, Thessalien und ganz Griechenland. Als aber Claudius, der ruhmreiche Feldherr, zur Herrschaft gelangte und nach dessen frühem ehrenvollen Tode Aurelian, der Rächer der Unbilde, ihm folgte und sie vertrieb, blieben sie lange (per secula ist Phrase) unbeweglich, nur daß noch Räuberscharen, aber seltener und zu eignem Verderben, die Nachbargegenden heimsuchten."

Ammian schreibt hier nicht die Geschichte seiner Zeit, worin er so zuverlässig ist, sondern schweift in einem historischen Rückblick auf frühere Ereignisse ab, bei welchen er auf Detailgenauigkeit überhaupt keinen Wert legte, daher auch streng chronologische Aufführungen derselben entweder nicht nötig erachtete oder aus eigner Unkunde darin fehlte, was bei den Geschichtsquellen der Alten, die genauer Zeitangabe meist entbehren, so leicht möglich war.

Offenbar nämlich gehört jener großartige Einfall zur See erst der spätern Zeit des Gallienus an, so daß des Decius Fall, welchen Ammian gleichwohl erst *nachher* erwähnt, diesem umgekehrt *voraus* ging. Ebensowohl könnte daher auch die wenngleich zuletzt aufgeführte Einnahme Philippopels dieselbe sein, welche Jordanis als schon unter Decius geschehen berichtet, was dadurch unterstützt wird, daß die Quellen einer solchen weiterhin nirgends gedenken.

Des Jordanis Hauptquelle, Cassiodors Geschichte der Goten, war nicht unbefangen, sondern Tendenzschrift, enthielt aber, soweit dieselbe nicht mit Absicht verschwieg oder entstellte, reiches und treffliches Material. Diese hat Jordanis, zum Behufe seines Auszugs, nur drei Tage in Händen gehabt, und (da er von einem vollständigen, in solcher Zeit an sich unmöglichen Exzerpt derselben nicht spricht) im Wesentlichen gewiß nur aus dem Gedächtnis benutzt, die Lücken und Unsicherheiten seiner Erinnerung aus andern griechischen und lateinischen Schriftstellern zu ergänzen gesucht, dabei aber groben Mangel an Kritik bewiesen.

Zosimus war ein gebildeter Grieche und Staatsmann, da er zu der teils der zweiten, teils der dritten Rangklasse angehörigen Zivil- und Militärwürde eines Comes gelangt war. Er lebte unter Theodosius d. J. (der 450 starb) oder nach einer andern, jedoch anscheinend minder begründeten Meinung unter Anastasius (von 491 bis 518) und schloß seine Geschichte um das Jahr 410, war also über hundert oder mindestens gegen fünfzig Jahre jünger als Jordanis. Sein Werk in sechs Büchern: Neue Geschichten (ἱστορίαι νέαι) beginnt im ersten Buche von Octavian bis Diocletian in äußerster Dürftigkeit, wird aber, je mehr er sich, im zweiten, dem vierten Jahrhundert nähert, um so reichhaltiger, daher zu einer der wichtigsten Quellen für dieses.

Die von Jordanis (c. 16) erwähnte Sendung des Decius gegen die Goten durch Philippus ist in keinem Fall mit der von Zosimus (c. 21) berichteten im Jahre 248 oder 249 identisch, da ersterer, nach Jordanis, wieder zurückgekehrt, nach letzterem aber, was auch sonst unzweifelhaft ist, sogleich zum Kaiser ausgerufen wird, vor allem aber auch zwischen 248 oder Anfang 249 und 250, wo der große Krieg gegen die Goten unzweifelhaft entbrannte, der von Jordanis im siebzehnten Kapitel erzählte Krieg zwischen den Gepiden und Goten, Ostrogothas Tod und Knivas Regierungsantritt keinen Raum finden könnten.

Der wahrscheinlichste Zusammenhang ist, daß Philippus, durch Besiegung der Carpen im Jahre 246 mutvoller geworden, die Subsidienzahlung an die Goten, die ja auch durch Petrus Patricius bezeugt wird, gekündigt oder doch geschmälert und bald darauf, da sich die Goten zu regen anfingen, Decius in einem außerordentlichen Auftrag an das Heer gesandt, dieser aber *einige* der zuchtlosen Soldaten mit Kassation bestraft habe, in dessen Folge diese zu den Goten überliefen. Um diese Zeit, etwa Ende 247 oder 248, mag aber auch der Krieg der Gepiden gegen die Goten ausgebrochen sein und letztere von den Feindseligkeiten gegen die Römer abgezogen haben, so daß diese erst im Jahre 250 wirklich begannen.

In der Geschichte des Kriegsverlaufs sind beide Schriftsteller im Wesentlichen übereinstimmender, als es auf den ersten Blick scheint.

Daß Jordanis die Goten stets siegen läßt, kann nicht auffallen indes mögen anderseits auch die römischen Quellen, welche Zosimus benutzte, nicht unbefangen gewesen sein.

Dagegen wird – und das ist das Wesentlichste – der von Zosimus angegebene großartige Operationsplan des Kaisers, den Goten ihre Rückzugslinie abzuschneiden und sie dadurch vollständig zu vernichten, durch die von Jordanis angeführten Tatsachen vollkommen bestätigt. Mit strategischer Klugheit ließ er die Feinde durch den Hämus vor Philippopel ziehen, um sie dort sich schwächen zu lassen. Jordanis' Sieg der Goten bei Berroe mag höchst übertrieben sein. Philippopel aber, auf dessen feste Haltung Decius mit Grund rechnen durfte, ist nach Jordanis offenbar durch des Priscus[12] Verrat übergegangen, was auch durch Aurelius Victor, obwohl dieser hierin etwas dunkel ist, bestätigt wird.

Die Geschichte der Entscheidungsschlacht wird in beiden Quellen verschieden, aber ohne inneren Widerspruch, berichtet. In des Zosimus ausführlicherem Bericht fällt es auf, daß ein Sumpf die Front der ersten Schlachtlinie der Goten gedeckt habe und doch wieder die dritte d. i. die Reserve (also im Rücken der ersten) in oder hinter einem Sumpf gestanden habe.

Das aber war ja eben die mit Gallus verabredete Hinterlist, daß Decius bei Aufstellung der beiden ersten Treffen zwischen zwei Sümpfen, durch das leichte Passieren oder Umgehen des vorderen sicher gemacht, von der Leidenschaft des Sieges fortgerissen und des Gallus verräterischer Meldung vertrauend, in den hinteren, ungleich gefährlicheren, sich stürzen sollte, worin er denn auch seinen Untergang fand.

(Für den Aufschwung des germanischen Angriffs sind unzweifelhaft der markomannische Krieg und die Zuwanderung der Goten eine entscheidende Steigerung, der Untergang des Decius mit seinem Heer ein bedeutsames Zeichen gewesen. *D.*)

Immer noch aber waren selbst um diese Zeit die Germanen der Kriegskunst Roms nicht gewachsen: nur im Verein mit dessen steigender innerer Verderbnis, Zuchtlosigkeit der Soldaten und Verrat der Führer, vermochten sie jetzt schon zu siegen. In anderem daher, nämlich in der Vielseitigkeit und Zahllosigkeit ihrer stets erneuerten Angriffe, gegen welche die römischen Grenzwehren und Streitkräfte unzureichend waren, äußerte sich deren Überlegenheit.

Dies selbst durch die glänzendsten Siege nicht aufzuhebende Mißverhältnis zwischen der Unermüdlichkeit des Angriffs und der aufreibenden Verteidigung war es, woran Rom bald immer tiefer sank: (diesen unermüdlich wiederholten Angriff aber bewirkte die Not, die stärkste aller Göttinnen. *D.*).

Gallus[13] erntete die Frucht seines Verrats, der bald aber die verdiente Vergeltung erfolgte. Er schloß sogleich mit den Goten den schimpflichsten Frieden. Freier Abzug mit aller Beute und allen Gefangenen, unter denen von der Einnahme Philippopels her viele edle Römer waren, und ein jährlicher Tribut ward ihnen bewilligt, mit welchen Trophäen er – so tief war Rom gesunken – im Jahre 252 in die Stadt zurückkehrte. (Zosimus I, 24 u. 25.)

Neue Einfälle der Barbaren, wohl der in den Gotenfrieden nicht mit eingeschlossenen oder sich unter Vorwänden davon lossagenden, trafen das unglückliche, zugleich durch die Pest verheerte Mösien. Da suchte Aemilianus, der Befehlshaber daselbst, zunächst mit aller Anstrengung den tiefgesunkenen Mut der Soldaten wieder aufzurichten, überfiel hierauf plötzlich eine Schar der Feinde, hieb sie größtenteils nieder und verfolgte sie in ihr Land (gewiß nur über die Donau), wo er unvermutet anlangend deren noch viele vernichtete.

Infolgedessen ward er gegen Ende Juli 253 oder Mitte Oktober dieses Jahres von seinem Heer zum Kaiser ausgerufen, worauf er sogleich nach Italien marschierte, wo er gegen Ende des Jahres angelangt sein soll. Gallus zog ihm nicht nur selbst entgegen, sondern berief auch den bereits unter Decius erwähnten Valerianus aus Gallien zu Hilfe. Doch war dieser noch nicht heran, als sich die Heere schon bei Interamnae (dem heutigen Terni, etwa zehn Meilen von Rom) trafen. Da erntete Gallus, was er gesäet. Seine eignen Soldaten, obwohl an Zahl dem Feind überlegen, ihren Herrscher aber verachtend, stießen ihn mit seinem Sohne nieder und gingen zu Aemilianus über. Schon aber rückte Valerianus mit den gallischen und germanischen Legionen aus Rätien heran, da ward auch Aemilianus, weil er nach Ziosimus „mehr militärisch als kaiserlich" regierte, von seinen eignen Truppen getötet.

So gelangte Valerian, dem sogleich alles zufiel, zur Herrschaft.

Als Beweis von des Jordanis Unwissenheit in allem, wo er nicht abschrieb, sei hier noch angeführt, daß er am Schluß des neunzehnten Kapitels nach des Gallus Tod sogleich Gallienus den Thron besteigen läßt, also Valerians so merkwürdige sechsjährige Regierung völlig ignoriert.

Über die nun folgende Regierungszeit des Valerian und des Gallienus sind, wie schon der alte Mascov sagt, die Quellen gerade so verworren, wie die Zustände des Reichs in dieser Periode.

Willig erkannte der Senat Valerian, in dem sich edle Geburt mit hohem Verdienste vereinigte, etwa im April 254 als Kaiser an.

Die Lage des Reiches war sehr übel. Aufgeregt durch die Deciusschlacht drängten von außen allerseits die Barbaren heran, im Westen Franken, Alemannen, Markomannen, von Norden her die Goten, denen sich stammverwandte und fremde Völker als Raubgenossen anschlossen, von Osten her der Sassanide Sapor mit unermeßlicher Heeresmacht. Dazu im Innern die Pest.

Da erschien Teilung der Aufgabe die nächste Pflicht. Valerian übertrug seinem bald zum Mitherrscher ernannten vieruddreißigjährigen Sohne Gallienus den Befehl in Europa, vor allem die Abwehr der Germanen vom Rhein, gegen welche derselbe in Begleitung des Vaters noch im Jahre 253 selbst schon im Feld gestanden hatte.

Ungleich dringender war die Gefahr in Osten, wo der Verlust herrlicher Provinzen, vielleicht ganz Asiens zu drohen schien. Darum behielt der Kaiser die Abwehr Sapors, daneben aber gewiß auch die Oberleitung des Ganzen, namentlich die Wahl der Provinzialstatthalter und Feldherren, sich selbst vor.

In den nächsten zwei Jahren schien der Sohn seine Aufgabe besser zu erfüllen, als der Vater. Unterstützt durch den ausgezeichnet tüchtigen Postumus, welchen Valerian ihm als leitenden Ratgeber beigegeben hatte, und durch Aurelian, aus dem damals schon die künftige Größe hervorleuchtete, beschirmte er im Wesentlichen die Rheingrenze, schlug die Eindringlinge und nahm wohl sogar einen Teil des bereits von den Alemannen besetzten Zehntlandes, wahrscheinlich bis zum Neckar, an welchem die Festungen hergestellt wurden, wieder ein. Aber als die Feinde, gewiß meist Markomannen und Alemannen, auch in Italien einbrachen, war Gallienus dem Widerstande mit seinem geschwächten Heere nicht mehr gewachsen. Einige Ruhe gewann er durch Vertrag, indem er von dem Markomannenkönig Attalus, gegen Abtretung eines Teils von Oberpannonien, den Frieden und die Hand von dessen Tochter Pipa einhandelte, die von dem an als zweite Gemahlin, geliebter, aber nicht so geehrt als die Kaiserin Salonina, ihm zur Seite stand.

Auch im Norden scheint die Abwehr der Barbaren von der Donau im Wesentlichen wenigstens gelungen, das jenseitige Dakien aber, wo nicht ganz, doch größtenteils schon in deren Händen gewesen zu sein.[14]

Desto schlimmer stand es damals (254–256) im Osten vermöge der Fortschritte Sapors. In dieselbe Zeit fallen die gotischen Raubfahrten nach Kleinasien, die unten ausführlich zu berichten sind.

Das Jahr 258 fügte zu den schon vorhandenen Übeln, dem äußeren Feind und der Seuche, noch ein drittes: Empörung und Bürgerkrieg Ingenuus, der Legat von Pannonien, ließ sich zum Kaiser ausrufen, ward aber von Gallienus, der flugs vom Rhein herbeieilte, geschlagen, und auch dessen Nachfolger in der Usurpation, Regalian, bald getötet. Kaum aber hatte jener den Westen verlassen, als sich ein tüchtigerer Mann wider ihn erhob, Postumus, den er aus Eifersucht durch Zurücksetzung erbittert haben mochte. Von dem rückkehrenden Kaiser sogleich bekämpft, oft geschlagen, aber nie überwunden, behauptete dieser zehn Jahre lang das Kaiserreich des Westens, wozu außer Gallien noch Spanien gehörte, bis er von seinen eignen Leuten, weil er ihnen die Plünderung von Mainz versagte, im Jahre 257 niedergestoßen ward. Die Quellen nennen ihn den Retter Galliens: aber nicht ganz mit Grund, weil dies während des Bürgerkrieges von dem äußeren Feind gewiß schlimmer heimgesucht ward, als wenn Postumus, in Treue beharrend, alle Kraft nur der Verteidigung zugewendet hätte.

Sein Empörungswerk durch des Gallienus Besiegung zu vollenden und zu legitimieren hat Postumus nie vermocht. In seinem Gebiet mag er geachtet, ja geliebt worden sein: die Kraft zu erfolgreichem Widerstand haben ihm nur germanische Söldner, vor allem Franken, gewährt.

In demselben Jahr 258 zog Valerian, um das unglückliche Bithynien von den plündernden und sengenden Goten zu befreien, nach Kleinasien zurück, fand sie jedoch nicht mehr und begab sich zu einer Beratung mit seinem Unterfeldherrn nach Byzanz. Bald darauf brach die Pest auf das Furchtbarste in seinem Heer aus und Sapor überzog wieder römisches Gebiet. Valerians letzte Schicksale sind in Dunkel gehüllt: wir wissen nur, daß er im Herbst 260, unzweifelhaft durch Verrat, von Sapor gefangengenommen wurde und bis an sein unbekanntes Ende in schmachvollen Fesseln blieb.

Das wirkte wie eine Wiederholung der Deciusschlacht. Gleichzeitig brachen die Franken in Gallien, die Alemannen durch Rätien, die Markomannen durch Noricum in Italien, die Goten mit ihren Raubgenossen in Mösien, Thrakien, Makedonien und Asien ein. Jene griffen die Armee, welche der zitternde Senat zum Schutze Roms rasch improvisiert hatte, gar nicht an, sondern begnügten sich, Ober- und Mittelitalien zu plündern, woraus sie endlich gegen Ende 261 der über die Alpen herbeieilende Gallienus wieder vertrieb.

Im Jahre 265 nahm der durch Gallienus bedrängte Postumus Victorinus als Mitregenten an. Gegen beide erhob sich aber im Jahre 267 Lälianus, der, von Postumus geschlagen, nach dessen Tode doch zur Herrschaft gelangt, nach wenigen Monaten von seinen eignen Leuten wieder getötet ward. So blieb Alleinherrscher des Westens Victorinus, den bald darauf ein Privatfeind niederstieß. Nun machte seine Mutter Victorina, ein so tüchtiges als intrigantes Weib, welche die Soldatengunst zu gewinnen gewußt hatte, die Kaiser des Westens, indem sie zuerst Marius, einen gemeinen Haudegen, Schmied seines Handwerks, und, als dieser bald ermordet ward, einen vornehmen Römer, den Senator Tetricus, dazu erhob, der die Macht bis zu Aurelians Regierung behauptete.

In derselben Zeit fielen die Heruler und Goten in Thrakien und Makedonien ein, wurden zwar, zu Lande und zur See geschlagen, nach Asien verdrängt, setzten aber bald wieder von da nach Griechenland hinüber, das sie diesmal fürchterlicher als je verwüsteten, Athen, Korinth, Argos und Sparta, die einst so blühenden Städte, in Brand steckend. Auf dem Rückzuge mit ihrer Beute aber wandte sich das Glück, indem der geschickte Feldherr der Athener, der Historiker Dexippus, ihnen eine tüchtige Niederlage beibrachte, welche der inzwischen zur Hilfe herbeigeeilte Gallienus noch vollendete, indem er einen Teil ihres Heeres an der Grenze Thrakiens und Makedoniens niederhieb.

Dies war die letzte seiner Taten.

Der gegen die „Tyrannen" des Westens bei Mailand stehende Aureolus, einer der tüchtigsten Feldherren, der Gallienus bisher die größten Dienste wider jene geleistet hatte, pflanzte nun auch die Fahne des Aufruhrs auf. Im Flug eilte der Kaiser herbei. Aber die Ersten der Generale, seiner überdrüssig, verschworen sich gegen ihn. Man läßt ihm melden, der Feind rücke heran: ungestümen Eifers sprengt er, fast unbegleitet, diesem entgegen, trifft aber auf die Mordschar, deren Führer, der dalmatische Reiteroberst Cecrops, ihn niederstößt. Dies geschah im März 268.

Nachdem Zosimus (c. 20), wo er *zum ersten Mal* der jenseits der Donau wohnenden Nordvölker gedenkt, nur die Carpen (s. oben) genannt hat, spricht er Kap. 23, 26, 28 u. 29 von den Skythen (griechische Gesamtbezeichnung jener Völker im Allgemeinen, weshalb auch in der Bibel (Brief an die Kolosser 3, 11) Ungriechen und Skythen den Griechen und Juden gegenübergestellt werden), sagt aber schon Kap. 27: die Goten, Boranen, Urugunden und Carpen fielen *wiederum (αὖϑις*, obwohl er dieselben vorher noch nicht erwähnt hat) verheerend in Europa ein.

Die wichtigste dieser Stellen ist Kap. 26, worin er folgendes anführt: „Indes Gallus sorglos die Regierung führte, setzten die Skythen *zuerst* die ihnen benachbarten Völker in Schrecken; allmählich dann in ihrem Zug vorrückend verheerten sie alles bis zum Meer, so daß keins der den Römern unterworfenen Völker unverheert blieb, und jede durch Mauern nicht geschützte Stadt, aber auch viele der befestigten von ihnen eingenommen wurden."[15]

Dieser Bericht würde sinnlos sein, wenn man ihn nur auf die Ereignisse der ersten 11/2 Jahre von Gallus' Regierung – denn im Sommer 253 wurden die Skythen wieder aus dem römischen Gebiete vertrieben (s. oben) – beziehen wollte.

Gibt doch, ohne bis auf Caracalla, Severus Alexander und Maximin (unter welchen letztern, nach Dexippus, der große skythische Krieg begann) zurückzugehen, die Kriegsgeschichte klare Funde, von deren Einfällen, Eroberungen und Siegen nicht nur in Dakien, sondern selbst in den altrömischen Provinzen Mösien und Thrakien. Wie hätte Zosimus, nachdem er im 23. Kapitel die Deciusschlacht berichtet, im 26. den *Anfang* der skythischen Einbrüche in die Zeit von Gallus setzen können?

Desto wichtiger wird diese Stelle, wenn wir darin nur einen kurzen – freilich etwas ungeschickt eingewebten – Abriß der Geschichte des Wachstums der gotischen Macht überhaupt erblicken.

Die Urbewohner des von den Goten eingenommenen Landes am Nordrande des Pontus westlich der Mäotis waren Skythen oder Sarmaten[16], die von ersteren meist verdrängt, teilweise aber auch unterworfen[17] sein dürften, wohin wir namentlich einen Teil der Alanen und Roxalanen zu rechnen haben.

Von hier drangen jene, der Natur der Sache, wie der Geschichte zufolge, gen Westen vor.

Hier stießen sie zuerst auf thrakische Völker jenseits des Tyras oder Dnjestr, denen wir auch die Tyrigeten (am Tyras) lieber als den Sarmaten zuzählen möchten (vergl. jedoch Zeuß, S. 279–281).

Den Dnjestr in seinem mittleren oder unteren Lauf überschreitend gelangten sie in den östlichen Teil der römischen Provinz Dakien (Bessarabien und Moldau). Hier mögen die Völker großenteils nur in einem ziemlich losen Untertänigkeitsverhältnis zu Rom gestanden haben. Gewiß waren diese daher die von Zosimus erwähnten „benachbarten", wider welche die Goten ihre Überlegenheit wandten, und sie, ohne jedoch deren nationale Unabhängigkeit zu vernichten, meistens dahin brachten, mit ihnen gegen Rom zu halten.

Dieser Teil Dakiens war es denn auch besonders, wo sie, nach Zosimus, alle Städte, bis auf einen Teil der befestigten einnahmen, welche letztere wohl meist von den Römern besetzt gewesen sein mögen.

So weit müssen die Goten aber bereits gewesen sein, als sie stärkere und wiederholtere Angriffe auf die römischen Provinzen jenseits der Donau richteten, was doch erst in den letzten Jahren von Severus Alexander, besonders aber unter Maximin und Gordian geschehen zu sein scheint.

Erst im 28. Kapitel läßt Zosimus (obwohl dessen Chronologie nie zuverlässig ist) nun anscheinend im Jahre 203 die Skythen auch nach Asien übersetzen.

Im 31. Kapitel nennt er die Boranen, Goten, Carpen und Urugunden. Er bemerkt von ihnen, daß sie keinen Teil Italiens und Illyricums unverwüstet gelassen hätten, da sich ihnen Niemand entgegengestellt habe, was nach der Reihenfolge seiner Erzählung, die freilich stets unsicher ist, in das Jahr 254 fallen würde.

Die angebliche allgemeine Verwüstung Italiens muß indes Übertreibung sein und sich höchstens auf Raubfahrten einzelner Piratenführer von den illyrischen Küsten aus beschränken, da Einfälle zu Lande über die julischen Alpen fast undenkbar sind, von Norden her zu jener Zeit vielmehr wohl nur die anwohnenden Alemannen und Markomannen in Italien einbrachen.

Hierauf fährt Zosimus nun also fort:

„Die Boranen versuchten auch den Übergang nach Asien. Dies bewirkten sie leicht durch die Bewohner des Bosporus (der Krim), die ihnen, mehr aus Furcht als freiem Willen, Schiffe gaben, auch die Überfahrt leiteten. So lange daselbst, in der Folge von Sohn auf Vater, Könige herrschten, beharrten diese, teils aus Treue, teils wegen der günstigen Handelslage ihrer Häfen, teils wegen der Geschenke, die sie jährlich von den Kaisern empfingen, in der Abwehr *(διετέλουν εἴργοντες)* der nach Asien übersetzen wollenden Skythen. Als aber, nach dem Untergang des königlichen Geschlechts, einige Unwürdige und Verächtliche die Regierung führten, gestatteten diese, aus Furcht für sich, den Skythen den Durchzug nach Asien, und führten sie sogar auf ihren eigenen Schiffen hinüber, welche sie dann wieder heimkehrend mit zurücknahmen."

Auch dieser Bericht bezieht sich wiederum, wie der im 26. Kapitel, nicht allein auf den damaligen speziellen Fall, ist vielmehr nur eine hier eingeflochtene allgemeine Erzählung der Art und Weise, wie jene Völker den Übergang nach Asien ins Werk setzten. Hat doch Zosimus kurz vorher in demselben Kapitel schon einen früheren ähnlichen Einfall der Skythen in Asien berichtet.

Wir glauben sogar nicht zu irren, wenn wir annehmen, daß es selbst den früheren bosporanischen Königen nicht vollständig gelungen sein dürfte, allen Raubfahrten nach Asien Einhalt zu tun. Eine Schar kühner Abenteurer fiel mit Blitzesschnelle in das Land ein[18], und warf sich, große Städte und alle Orte eines zu besorgenden stärkeren Widerstandes vermeidend, auf eine unbefestigte Hafenstadt, deren Bewohner dann gewiß froh waren, sich durch zeitweilige Überlassung von Schiffen, wofür vielleicht sogar ein Beuteteil versprochen wurde, von der Plünderung loszukaufen.

Mit dem 32. Kapitel beginnt nun die eigentliche Spezialgeschichte der Ereignisse jener Zeit in folgendem:

„Von den alles, was ihnen vor die Faust kam, ausplündernden Skythen zog ein Teil nach der Mitte der ihnen gegenüberliegenden Küste (etwa in die Gegend von Sinope), die aber stark befestigt war, ein anderer Teil griff Pithyus (an der Ostküste des Pontus im heutigen Imeretien, 43° 10' nördl. Br.) an, das durch eine starke Mauer geschützt war und einen trefflichen Hafen hatte. Der dortige Befehlshaber Successianus aber trat ihnen mit seinen Truppen entgegen und schlug sie in die Flucht.

Fürchtend, daß die Besatzungen der übrigen Festungen, dies wahrnehmend, in Gemeinschaft mit jenem gegen sie sich wenden möchten, rafften sie alle Schiffe zusammen und kehrten, nach starkem Verlust, mit der größten Gefahr in die Heimat zurück.

Froh der Errettung hofften die Küstenbewohner bereits, daß jene Räuber nicht wiederkehren würden. Als aber Valerian den Successian zum Praefectus Praetorio ernannte und zu Wiederherstellung Antiochiens dahin berief, fielen die Skythen in Schiffen der Bosporaner aufs neue in Asien ein, behielten aber diesmal die Schiffe bei sich zurück. Sie landeten in der Nähe des Dianentempels am Phasis, welchen sie vergeblich einzunehmen suchten, und zogen darauf wieder nordwärts nach Pithyus.

Kap. 33: Mit Leichtigkeit ward dies jetzt eingenommen und jeder Besatzung beraubt, worauf sie weiter schifften. Bei der großen Menge von Fahrzeugen, die durch ruderkundige Gefangene bedient wurden, und der günstigsten Seefahrt während des nun eingetretenen Sommers kamen sie vor Trapezunt (etwa vierzig Meilen von Pithyus) an. In diese große und volkreiche Stadt hatte sich zu der Besatzung noch eine zahllose Menge Volks geflüchtet.

Die Belagerung begann, die Einnahme dieser durch eine doppelte Mauer geschützten Stadt aber schien kaum im Traum möglich. Als die Skythen jedoch die Sorglosigkeit und Schwelgerei der Garnison wahrnahmen, die nicht einmal die Mauern mehr ordentlich besetzte, schafften sie Nachts dazu vorbereitetes Holzwerk heran und erstiegen in geringer Zahl an einem zugänglichen Orte die Mauer. So ward die Stadt genommen, indem die Besatzung im panischen Schrecken der Überrumpelung teils aus den Toren flüchtete, teils niedergehauen ward. Unsäglich war die Beute an Geld und Gefangenen, da sich die Umwohner der ganzen Landschaft dahin geborgen hatten. Tempel und Gebäude, wie alles, was zur Verschönerung und Großartigkeit gereichte, ward zerstört.

Nachdem sie hierauf noch die Umgegend plündernd und verheerend durchstreift hatten, zogen sie in einer großen Menge von Schiffen wieder heim."

Wir haben hier den Verlauf der Geschichte durch die chronologische Erörterung zu unterbrechen. Valerian kann nicht vor Mitte des Jahres 256 das von Sapor eingenommene und zerstörte Antiochien wieder besetzt, also kaum vor dem Herbst dieses Jahres den tapferen Verteidiger von Pithyus nach dem neunzig bis hundert Meilen entfernten Antiochien berufen haben. Überdies läßt die Gefahr, welche die Skythen bei der Rückfahrt von dem verunglückten Raubzug erlitten, auf das Einbrechen der Äquinoktialstürme schließen. Der zweite Feldzug fiel, wie Zosimus ausdrücklich anführt, in den Sommer.

Hieraus ergibt sich nun für den ersten mit Sicherheit das Jahr 256, anscheinend dessen letztere Hälfte, für den zweiten aber das Jahr 257.

Kap. 34: „Da die den Heimgekehrten benachbarten Skythen die mitgebrachten Reichtümer erblickten, ergriff sie die Begier gleicher Wagnis.

Sie ließen durch Gefangene und gedungene Lohnarbeiter (wahrscheinlich aus der Krim oder von andern Küsten) Schiffe bauen. Dennoch beschlossen sie, sich nicht wie die Boranen einzuschiffen, da der Weg lang, schwierig und die Gegend bereits zu verwüstet war, zogen vielmehr den Landweg vor. (Dies geschah offenbar, weil sich der Schiffbau bis über die Jahreszeit der Schiffahrt hinaus verzögert hatte.)

Mit Einbruch des Winters zogen sie daher zu Lande die linken Küste des Pontus entlang bei Istrus, Tomi und Anchialos[19] vorbei bis zu der Bucht von Philea (etwa sieben Meilen nordwestlich von Byzanz). Erfahrend, daß sich die dortigen Fischer mit ihren Fahrzeugen in den Sümpfen versteckt hätten, brachten sie es durch Verhandlung dahin, daß diese sich stellten und ihre Scharen über die Meerenge zwischen Byzanz und Chalkedon führten.

In Chalkedon selbst und dem am Eingang des Hafens gelegenen Tempel befand sich eine den Angreifern weit überlegene Besatzung.

Diese zog aber teilweise, unter dem Vorwande, dem vom Kaiser gesandten Feldherrn entgegen zu gehen, aus der Stadt heraus, teils ward sie von solcher Furcht ergriffen, daß sie auf die erste Nachricht des Anzugs der Feinde nach allen Seiten hin flüchtete.

So nahmen die Barbaren Chalkedon ohne irgendeinen Widerstand ein und machten die reichste Beute an Geld, Waffen und anderem Geräte.

Kap. 35: Von hier zogen sie nach dem großen, blühenden, durch Reichtum und Überfluß aller Art berühmten Nikomedien. Obwohl aber dessen Bewohner auf die erste Kunde der Gefahr mit allen Schätzen, die sie fortbringen konnten, geflohen waren, erstaunten die Barbaren doch über die Masse der noch vorgefundenen, und überhäuften den Chrysogonus, der sie zu dieser Unternehmung bewogen hatte, mit den größten Ehren.

Nachdem sie hierauf Nikäa, Eios, Apamea und Prusa auf völlig gleiche Weise heimgesucht hatten, rückten sie vor Kyzikus. Da sie aber den Fluß Rhyndakus wegen eingetretener Hochflut (unstreitig also im Frühjahr) nicht passieren konnten, gingen sie zurück, verbrannten Nikodemien und Nikäa, und traten, ihre Beute auf Wagen und Schiffe verladend, den Heimweg an.

So endete der zweite (eigentlich der dritte) Feldzug.

Kap. 36: Valerian, die Verwüstung Bithyniens vernehmend, wagte keinem seiner Feldherren eine Hilfsarmee anzuvertrauen, sandte daher nur Felix zum Schutz von Byzanz ab und marschierte selbst von Antiochien nach Kappadokien, von wo er, nach Erschöpfung der berührten Städte, wieder zurückkehrte."

Hier finden wir nun Zosimus plötzlich, von seiner bisherigen guten Quelle verlassen, wieder in die gewohnte Dürftigkeit und Verwirrung zurückfallend, ersehen aber, daß sich Valerian von Kappadokien aus zu einer großen Musterung und Beratung mit seinen Feldherren nach Byzanz begab, wodurch denn, weil wir genau wissen, daß dies im Jahre 258 geschah, die Chronologie der vorhergehenden Ereignisse noch mehr gesichert wird.

Gewiß gewährt dieser Bericht ein lebendiges Bild sowohl der hohen Unternehmungskühnheit der Germanen, als der kaum glaublichen Zuchtlosigkeit und Feigheit der römischen Truppen, wo nicht ein Mann altrömischen Geistes, wie Successian, sie führte.

SECHSTES KAPITEL

Germanische Völkerverbindungen und Völkergliederungen gegen Ende des dritten Jahrhunderts

Vom Westen beginnend begegnen wir zunächst den Franken, dem größten Namen der Folgezeit. In welchem Jahre derselbe zuerst erwähnt wird, ist ungewiß. Dies scheint auf der Peutingerschen Tafel zu geschehen, deren Ursprung oben auf die Zeit des Severus Alexander, der im Jahre 235 starb, gesetzt ward. So wohlbegründet aber diese Meinung sein mag, so folgt doch daraus keineswegs, daß jede spezielle Angabe des uns erhaltenen Exemplars, namentlich die *einzelner* Namen, unbedingt dem Urbilde entnommen sei. Die auf ihr vorkommenden Worte: „qui et Franci" und „Francia" könnten daher späterer Zusatz sein.

Dagegen führt Flavius Vopiscus im Leben Aurelians (Kapitel 6) an, daß derselbe als Tribun der sechsten Legion den in Gallien eingefallenen und dasselbe durchstreifenden *Franken* (Francos irruentes com vagarentur per tofam Galliam) eine solche Niederlage beigebracht habe, daß deren siebenhundert geblieben und dreihundert als Sklaven verkauft worden seien.

Die Zeit dieses Ereignisses ist unbekannt. Da Aurelian niederer Herkunft war, ist er gewiß erst nach dem dreißigsten Jahre Tribun geworden. Im Jahre 272 hat er nach Zosimus (I, 51) halbgraues Haar gehabt. Darauf gründet man (Tillemont III, Note 1 über Aur. p. 1189 Brüsseler Ausg. von 1712) die Meinung, er sei damals im sechzigsten Jahre gewesen, also 212 geboren, und setzt danach jenen Sieg auf das Jahr 242, wogegen uns eine etwas spätere Zeit, etwa 244–246, wahrscheinlicher dünkt.

Unter allen Umständen aber kann jener tollkühne Einbruch in das Tiefinnere Galliens, wenn auch das Schweifen durch die *ganze* Provinz Übertreibung ist, nicht das *erste* Auftreten der Franken gewesen sein: wir können vielmehr nicht zweifeln, daß dies dem Vorgange der Alemannen näher gefolgt sei, und daher wahrscheinlich schon in des Severus Alexander Zeit 222 bis 235 falle.

Über die Entstehung der Franken ist viel gefabelt worden. Schmeichelei, Unwissenheit und bewußter Trug haben in späteren Jahrhunderten des Glanzes der Frankenherrschaft dieselben aus der Ferne, bald aus Maurungania jenseits der Elbe, bald aus Pannonien, ja sogar aus Troja[1] als selbständiges mächtiges Volk herzu wandern lassen.

Die größte Mehrzahl der Forscher kennt nur zwei Meinungen, indem die Franken entweder ein *Völkerverein* oder *Völkerbund* mehrerer bekannter niederdeutscher Völkerschaften, der sich unter diesem Gesamtnamen gemeinschaftliche Verteidigung und gemeinschaftlichen Angriff gegen Rom zum Zweck gesetzt hatte, gewesen, oder aus den Gefolgschaften verschiedener deutscher Stämme entstanden seien, welche sich unabhängig von den Volksgemeinden, denen sie ursprünglich angehörten, in den eroberten Teilen des römischen Reiches niederließen und durch Fortsetzung ihrer Eroberungen die Grundlage des fränkischen Reiches bildeten.

(Die erste Meinung ist die richtige.[2])

(Die einzelnen germanischen Völkerschaften bestanden aus Gauen als selbständigen *politischen*

Körperschaften.

Der Name Franken ist, wie der der Alemannen, Sachsen, ein Bundes- oder Gruppen-Name für eine in zwei- bis dreihundert Jahren natürlich nicht unverändert bestandene Verbindung verschiedener, im übrigen fortwährend getrennt gebliebener, germanischer *Sonder*staaten.

Ein solcher „Bund" ist ohne irgendeine Zentralregierung denkbar, wie in früherer Zeit die Völkerschaft der Cherusker ebenfalls als bloßes Bündnis der Gaue ohne solche bestand (in pace nullus communis magistratus); Bundesfeldherren im Kriege mochten wohl vorkommen, galten aber germanischer Kriegführung und Zentrifugalität leider nicht für unerläßlich (Alemannen): bei den Sachsen begegnen wir etwas Ähnlichem, wie sich weiter unten ergeben wird. Bei einem solch lockeren Verhältnis ist es wohl zu begreifen, daß einzelne Gaue oder Völkerschaften desselben neutral bleiben, andere für, andere wider Rom kämpfen – das geschah, wie wir wissen, auch bei Alemannen (c. 358), schließt also durchaus nicht das gleiche bei dem gleichen Frankenverband aus: – kam es doch sogar in der ungleich kleineren Verbindung der Gaue einer *Völkerschaft* zur Zeit Armins ebenfalls vor. D.)

Eroberung erfordert Einheit des Willens in Plan und Ausführung. Dazu war das vielköpfige Volksregiment der germanischen Gau-Republiken schlechterdings ungeeignet. (Darum trat Eroberung und Zusammenfassung erst ein, als an Stelle der Republiken *Königreiche* die Regel geworden, die Gaue meist zu Völkerschaftsstaaten zusammengeschlossen waren, welche nun zu Stammesbündnissen weiter gingen – wobei der Fortbestand einzelner Gaukönige und auch Gau-Republiken durchaus nicht ausgeschlossen ist. Falsch ist es, diese Bewegungen „Raubkriege" zu nennen, aus welchen dann „Eroberungskriege" geworden seien, wenn sich das durchstreifte Gebiet behaupten ließ. Gewiß hat es an Räubereien einzelner und ganzer Gefolgschaften nicht gefehlt, seit die Germanen den Reichtum der Natur und der Kultur in dem linksrheinischen Land kennengelernt. Und gewiß hatte die Kenntnis, welche solche Abenteurer in die Heimat zurückbrachten, die Wirkung mächtiger Lockung. Aber nicht vergessen dürfen wir, daß vom allerfrühesten Anfang an – von den Kimbern und Teutonen – nicht Raub, sondern *Land* gesucht wird von den Germanen: *Land* fordern die Kimbrer von Rom: Ariovist will *Land* in Gallien, will dort sich und seine Gaue niederlassen, durchaus nicht mit dem erbeuteten Gold heimkehren. Dieses von Ariovist bis Chlodovech, von der Wanderung der Kimbrer bis zu der der Bayern und Langobarden immer wiederholte *Verlangen nach Land* für Weib und Kind und Unfreie und Herden war der treibende Grund der großen endlich erzwungenen Ausbreitungen: nicht Abenteuer und „Raubfahrten" von Gefolgen, die aus zwingenden Gründen der Not und der veränderten Verfassung erfolgenden Ausbreitungen ganzer Völker oder doch einzelner auswandernder Gaue, aber stets als Völker, nicht bloß als Krieger, haben die weltgeschichtlichen Veränderungen bewirkt.

So ward die Ausbreitung freilich zuletzt zur *Eroberung*, wo die Möglichkeit, das eingenommene Gebiet zu behaupten, sich ergab. Rom in seiner Stärke setzte diesem Andrang Schranken; mit Roms Schwäche mußte der nur unterdrückte, nie erstickte und durch die immer fortwirkende Ursache immer erneute Andrang endlich durchdringen.

Der markomannische Krieg war für die Donaulinie, was für den Oberrhein der alemannische, für den Niederrhein der fränkische Andrang. D.)

Dazu aber waren, wie gesagt, die Völker als kleine Einzelstaaten ungeeignet. Das zügellose Freiheitsgefühl der einzelnen hatte militärischer Zucht und Ordnung widerstrebt. Erst die gemeinsame dringendste Gefahr hatte jahrhundertelang auch nur zur notdürftigsten Unterordnung unter eine selbstbestellte Oberleitung für kurze Zeit zu bewegen vermocht. Sonst aber hatte von ihnen gegolten, was Tacitus (IV, 76) sagen läßt, „daß sie weder Leitung noch Kommando annähmen, sondern nach eigener Willkür handelten"[3]: („im Frieden keine gemeinsame Obrigkeit auch nur der Völkerschaft!" sagt Cäsar. D.).

(In jener Zeit waren die Germanen noch zum Eroberungskrieg gegen Rom ganz unfähig gewesen. Später waren die Gefolgschaften zu „gewaltsamen Rekognoszierungen", zur Aufklärung der Grenzverhältnisse freilich vortrefflich geeignet. D.) Dafür waren bei einem Volke, das „lieber durch Blut als durch Schweiß zu erwerben trachtete", in der besitzlosen oder noch nicht besitzenden Klasse, nicht nur die zahlreichsten Elemente, sondern auch in dem für und durch die Raubfahrt ausgebildeten Gefolgsystem die zweckentsprechendste Organisation vorhanden. In dieser war Gliederung[4], hingebende Treue der Genossen, daher auch Subordination, ohne welche selbst die Räuberbande nicht bestehen kann.

Gehen wir nun auf die Franken zurück, so waren diese ursprünglich kein Volk (sondern ein Völkerbund, eine Völkergruppe D.), wie in uralter Zeit die Sueben. Die Augenblicke ihrer Ruhe waren kurz, da die Franken dem Krieg nicht allein gegen Rom, sondern auch gegen Nachbarvölker nachgingen und in großer Zahl in römischen Sold traten.

Dies alles nun war an sich gar nicht neu, sondern schon seit Jahrhunderten bei den Germanen ebenso gewesen: das Neue war nur etwas *Faktisches*, d. i. der in Folge der Schwäche Roms fast nicht mehr unterbrochene Krieg und die sich bald daran knüpfende Eroberung.

Keineswegs aber entstanden daraus etwa Gesamtvölker der Franken und der Alemannen in dem Sinne von *Einheitsstaaten*, was vielmehr erst nach Jahrhunderten geschah: sondern größere oder kleinere Staatsverbände bestanden innerhalb des Bereichs obiger Gemeinnamen fort: wie wir dies am genauesten von den Alemannen, aber auch von den Franken wissen, die ja noch im sechsten Jahrhundert in die Hauptvölker („Mittelgruppen" D.) der Salier und Ripuarier zerfielen.

Der Ansicht, welche in den Franken nur Gefolgschaften erblickt, steht unter anderm auch entgegen, daß in den Quellen mehrfach das bekannte Gebiet der niederdeutschen Völker als „Francia" und die dortigen Völker selbst als „Franci" bezeichnet werden. (S. die bei Ledebur, Volk und Land der Brukterer S. 249 u. folg., gesammelten Stellen.) Die Zeit, aus welcher die Namen der Peutingerschen Tafel herrühren, ist freilich unbekannt und die übrigen Zeugnisse gehören einer merklich[5], zum Teil viel späteren Zeit an: daher wird die Zeit des *Ursprungs* der Franken nur annähernd zu bestimmen sein. Nachdem diese mächtig und den Römern furchtbar geworden – was Wunder, daß *hauptsächlich* (denn auch die Völkerschaften, ja einzelne Gaue, werden, wie sich später ergeben wird, noch erwähnt) nur noch diese genannt wurden. Keins jener Quellenzeugnisse bezweckt, wie A. Quadratus über die Alemannen, von der Entstehung der Franken, von deren nationalen und politischen Verhältnissen *an sich* zu handeln: nur deren Sitze und sie selbst werden gelegentlich als Feinde Roms erwähnt. Ebenso unzweifelhaft ist, daß in späterer Zeit jene alten Völkerschaften insgesamt im Namen und Reich der Franken aufgegangen sind. Wann und wie dies geschehen (jedenfalls allmählich und unmerklich), wie lange dieselben überhaupt noch eine Sonderexistenz behauptet haben, ist kaum mehr zu ermitteln.

Wenn nun auch die niederdeutschen Völkerschaften sich in der ersten Hälfte des dritten Jahrhunderts, unbeschadet ihrer im übrigen fortdauernden Sonderexistenz, zu einem Staatenbunde vereinigt haben, so zeigt doch die Geschichte, daß keineswegs der ganze Bund als solcher den Offensivkrieg gegen Rom begonnen und Jahrhunderte hindurch fortgeführt hat, (vielmehr oft nur *einzelne* Völkerschaften oder Gaue oder *mehrere* einzelne Gaue oder Völkerschaften verbunden, während andere neutral blieben, etwa auch, von den Römern unterworfen, zur Waffenhilfe oder doch zur Neutralität gezwungen wurden: und massenhaft traten einzelne Franken in römischen Kriegsdienst und Zivildienst als Offiziere, Beamte, auch in Rotten als Söldner. D.).

Wir schließen diese Betrachtung mit der Bemerkung, daß es nicht wohl möglich ist, die Gleichartigkeit des Ursprungs der Franken mit dem der Alemannen zu bezweifeln, unsere Meinung über letztere aber nicht nur durch das ausdrückliche Quellenzeugnis eines Zeitgenossen, des Asinius Quadratus, sondern auch durch das spätere Vorkommen mehrerer, voneinander ganz unabhängiger Sonderkönige der Alemannen bestätigt wird, (wodurch die Existenz eines Einheitsstaates, auch eines Bundesstaates, nicht aber eines lockeren Staatenbundes ausgeschlossen ist. D.).

Ein Unterschied ergibt sich darin, daß wir die Alemannen gleich bei ihrem ersten Auftreten unter Caracalla schon im Besitze des eroberten Zehntlandes finden, von den Franken zuerst aber lange Zeit noch nur räuberische Einfälle in das römische Gebiet jenseits des Rheins berichtet werden: so daß wir, wie sich weiter unten ergeben wird, das römische Klientelgebiet der Bataver (und teilweise wohl auch der Friesen auf dem *rechten* Rheinufer) als die erste Stätte bleibender Eroberung derselben anzusehen haben.

Aus welchen Völkerschaften die Franken ursprünglich herstammten, ist mit Genauigkeit nicht zu ermitteln: hauptsächlich gewiß aus Sugambrern, Chamavern, Attuariern und Amsivariern, doch waren auch Bataver, Friesen (? D.), Brukterer, Chatten darunter.

Boranen und *Urugunden* nennt Zosimus (an den schon oben abgehandelten Stellen) in Verbindung mit Carpen (S. 194) und Goten als Raubfahrer nach Europa und Asien und zwar an letzterer Stelle als γένη, Geschlechter, Stämme (nicht ἔθνη, Völker), die an der Donau seßhaft seien, welches letztere sich jedoch nicht bloß auf Boranen und Urugunden, sondern auf alle vier Namen bezieht.

Diese Benennungen kommen nun in keiner andern Quelle, weder in einer früheren noch späteren, wieder vor, außer daß Gregor von Neucäsarea (in der bei Zeuß S. 694 angeführten Stelle) unter *denselben* Raubfahrern Boraden erwähnt.

Zeuß a. a. O. und folg. nimmt an, beide Völker, Boraden und Urugunden, seien mit den Goten aus nördlicheren Gegenden an die Küste des Pontus gekommen, und bringt diese mit ähnlichlautenden Volksnamen in Verbindung, als mit den Urgiern *(Οὐργοι)* des Strabo (VII, p. 306), den Phrugundionen und Bulanen des Ptolemäus (III, 5), woselbst sie allerdings gleich nach den Goten erwähnt werden, sowie den Urogen und Sorosgen des Priscus (ed. Bonn. p. 158 und 159). Irrtümer in Namen sind Zosimus, der die Donau Tanais, die Chauken, wie sich später ergeben wird, Quaden nennt, allerdings zuzutrauen; wir würden daher Zeuß, wenn sich die Angaben der übrigen Quellen irgendwie mit dessen Ansicht vereinigen ließen, gern beipflichten. Allein die Phrugundionen des Ptolemäus in der Nähe der Goten *an der Weichsel* können nicht wohl die Urgier, die Strabo hundertundfünfzig Jahre früher im äußersten Osten der Geten jenseits der Jazygen *am Pontus* erwähnt, gewesen sein, und die von Priscus zweihundert Jahre später genannten Urogen und Sorosgen sind offenbar skythisch-sarmatische, d. i. asiatische Völkerschaften, was sich leicht weiter ausführen ließe.

Über die Bedeutung der Namen des Ptolemäus sind wir ganz anderer Meinung, als der so hochverdiente Zeuß, der im gegenwärtigen Fall doch vielleicht das Nächste über dem Entfernten übersehen haben dürfte.

Uns dünkt nämlich das wahrscheinlichste, daß jene Urugunden nichts anderes gewesen sind als Burgunden, von denen sich eine Waffengenossenschaft, ein Gau oder ein sonstiger Zweig den auswandernden Goten angeschlossen hatte. Vielleicht können dies sogar die von Ptolemäus erwähnten Phrugundionen gewesen sein, welche sich schon vorher vom Hauptvolk etwas abgesondert und auf slavischem Boden niedergelassen hatten. In der Tat wird diese Vermutung durch die Stelle bei Jordanis (c. 17), nach welcher der Gepidenkönig Fastida (s. oben) die Burgundionen auf das Haupt geschlagen habe, unterstützt: denn daß die ursprünglich in dem heutigen Westpreußen seßhaften, erst unter Probus in der Nähe des Rheins[6], sowie im vierten Jahrhundert in Südfranken und Nordschwaben wieder auftauchenden Burgunden in der ersten Hälfte des dritten Jahrhunderts nicht mit den Gepiden in Siebenbürgen zusammengestoßen sein können, liegt auf der Hand.

Der Name der Boranen bietet die nächste Verwandtschaft mit dem schon oft erwähnten Volke der Buren, was die Vermutung begründet, daß jene von Zosimus erwähnten Boranen vielleicht eine diesem Volke angehörige Waffengenossenschaft gewesen sein könnten.

Allerdings ist dies alles nur Konjectur, die erstere aber jedenfalls eine sehr ansprechende. Mit beiden stimmt übrigens auch Schaffarik I, S. 411 und 422 überein.

Die *Heruler*, zur gotischen Gruppe gehörig (wie außer Prokop ihre mit den gotischen oft identischen Eigennamen bezeugen D.), waren eins der beweglichsten Völker jener Zeit, das sich auf doppelte Weise von andern germanischen unterschied: einerseits nämlich durch besondere Gewandtheit und Raschheit im Kriegsdienste (weshalb alle Heere, selbst späterer Zeit, ihre leichten Truppen aus ihnen zogen[7], andererseits durch größere Unzuverlässigkeit, Rohheit und Wildheit, da sie sogar zu Prokops Zeiten (b. Goth. II, 14) noch Menschenopfer gehabt haben sollen (wie übrigens auch Franken und Alemannen D.). Sie erscheinen überall: an der Mäotis, in Pannonien, Noricum und im fernen Norden sowie raubfahrend in Kleinasien und in Spanien. Fest steht nur, daß ihr ursprünglicher Sitz an der Ostsee gewesen und eine Abteilung derselben den Goten von da zum Pontus gefolgt sein muß.

Ob aber ihr Ursitz im Osten oder Westen des baltischen Meeres zu suchen sei, darüber schwanken die Forscher, indem sie bald (Wilhelm, Germ. S. 272 u. J. Grimm, G. d. d. Spr. S. 325 u. 465), ersteres annehmend, auf die Hirri des Plinius (IV, 13) zurückgehen, während andere (Zeuß, S. 476) darin nur die von Tacitus und Ptolemäus genannten Suardonen und Pharadeinen wiederfinden. Wir können nicht umhin, die erstere Ansicht für die wahrscheinlichste anzusehen, treten jedoch in allem übrigen Zeuß bei, dessen Abhandlung über die Heruler von der anerkennenswertesten Gründlichkeit zeugt. Beide Ansichten lassen sich jedoch füglich dahin vereinigen, daß die Heruler ursprünglich allerdings östlich der Weichsel saßen, infolge des Drängens und Schiebens aber, welches nach Abzug der Goten durch das Vorrücken der Slaven längs der Ostsee stattfand, sich weiter westlich zogen, da wir deren spätere Seßhaftigkeit auf der kimbrischen Halbinsel (nach Zeuß, S. 478) nicht bezweifeln mögen. Nicht unwahrscheinlich ist es aber auch, daß bei dieser Gelegenheit ein Teil derselben nach Schweden ausgewandert ist, wo sie späterhin ebenfalls vorkommen (s. Zeuß, S. 479 und 482). Jedenfalls muß dies

Volk ursprünglich viele volkreiche Gaue gezählt haben, da es, unerachtet der vielen Zersplitterungen und Schwächungen, namentlich in den Kriegen fremder Völker, in seinen späteren Sitzen immer noch bedeutend erscheint.

Man hat behauptet, die Heruler seien gar kein *Volk*, ἔϑνος, sondern nur *Kriegerscharen*, γένη, gewesen (F. H. Müller, die deutsch. Stämme. Berlin 1840. S. 298): ein bloßes Wort ohne Feststellung des Begriffs. Meint man damit, die Heruler seien ein neu entstandenes „Kriegsvolk" gewesen, wie man Alemannen und Franken gefaßt hat, so ist dies (abgesehen von der Unhaltbarkeit dieses Begriffes überhaupt D.) schon mit ihrer räumlichen Verbreitung über so verschiedene und entfernte Gegenden nicht zu vereinigen.

Über die *Alanen* nebst den *Rox*(ss)*alanen*, die uns schon im markomannischen Krieg (s. oben), sowie unter Gordian und Valerian (s. oben, 2. Buch, Kap. 5) begegneten, könnte man ein Buch schreiben: selbst Zeuß, S. 280–282 u. 700–706, hat bei der größten Gründlichkeit und Klarheit die Frage noch nicht ganz erschöpft. Der Grund solcher Unsicherheit liegt in dem fast gänzlichen Mangel an ethnographischem Unterscheidungsvermögen und Interesse der Alten[8], da sich für Völkerkunde, außer bei Herodot und Tacitus, sehr selten der Sinn findet. Hat doch selbst Ammianus Marcellinus, der Beste seiner Zeit, durch die förmliche Abhandlung, die er (XXXI, 2) über die Alanen liefert, mehr verwirrt als aufgeklärt, wobei er freilich selbst über die geographische (weit mehr noch ethnographische) Verwirrung klagt (geographica perplexitas).

Die Alanen waren, vermutlich aus dem innern Asien nach Westen wandernd, am nördlichen Abhang des Kaukasus[9] zwischen dem kaspischen und schwarzen Meer sitzen geblieben. Daß hier in historischer Zeit deren Heimat war, hat Zeuß S. 700 u. 701 außer Zweifel gesetzt, unter dessen Beweisstellen namentlich die aus Josephus de bello Jud. VII, 7 als die früheste bedeutend erscheint. (Daß sie dem germanischen Stamm *nicht* angehörten, s. Dahn, Könige der Germ. I, S. 261.) Amm. Marcell. (XXXI, 2), der und dessen Waffengenossen sie vielfach selbst gesehen haben müssen, sagt:

„Die Alanen sind fast alle von schlankem, hohem Wuchs (procori) und schön, ziemlich blonden Haars (crinitus mediocriter flavis), schreckend durch die, wenn auch gemäßigte, Wildheit des Blicks, behend in leichter Bewaffnung – (das würde alles auf germanische Art passen; aber nun kommt schwerwiegend der Schluß D.): – den *Hunnen* fast in allem gleich, jedoch in Nahrung und Lebensart zivilisierter (mitiores)."

Vergleicht man damit, was derselbe Schriftsteller unmittelbar vorher von der Hunnen scheußlicher Mißgestalt sagt, so kann man an der Verschiedenheit der Rasse beider nicht zweifeln. (Nur Teile der Alanen haben sich später mit Germanen, zumal Goten, verbunden und vermischt. D.) Von jenem Sitz aus hat sich nun aber der Eroberungstrieb dieses Volkes zunächst hauptsächlich wohl über das anstoßende, von Sarmaten durchzogene Steppenland im *Norden* ausgebreitet. Wenn daher Ammian vorher sagt,

„daß die Alanen die durch häufige Siege geschwächten Nachbarvölker nach und nach in die Geschlechtsverwandtschaft ihres Namens gezogen hätten (ad gentilitatem sui vocabuli traxerunt), wie die Perser," so heißt dies: gleichwie der Name des herrschenden Stammes der Perser auf viele andere ihnen unterworfene Völker ausgedehnt worden sei, so sei dies auch bei den Alanen geschehen. Hat sich nun auch in dessen weitere Ausführung dieses Satzes Unwissenheit und mehr noch Halbwisserei eingemischt, so ist doch an der Wahrheit im Wesentlichen ebenso wenig zu zweifeln als daran, daß die Alanen im *Steppenland* sich ausbreitend, mit Sarmaten gemischt, notwendig selbst zu halben Sarmaten werden mußten.

Wichtiger ist für uns deren gleichzeitiges Vordringen nach *Westen*, was jedoch nur durch einzelne Abteilungen derselben geschehen zu sein scheint. (Diese vermischten sich mit Goten, zumal Vandalen. D.)

Schon im Jahre 70 n. Chr. fielen Roxalanen, welche dem Namen nach nur ein Zweig des Hauptvolkes gewesen sein können, nach Tacitus (Hist. I, 79) plündernd in Mösien ein und im markomannischen Kriege finden wir (2. Buch, Kap. 1, c) beide wiederum als Waffengenossen der Germanen wider Rom.

Die Ankunft der Goten (d. h. die von Nordwesten her, von der Ostsee c. 150 D.) mag die Alanen in ihrem *Hauptsitz* am Kaukasus nicht betroffen haben: gewiß aber werden nicht nur deren Schutzhörige, sondern auch der westlich des Don heimatliche Teil dieses Volkes selbst der Oberherrlichkeit dieser mächtigen Einwanderer unterworfen worden sein oder sich ihnen angeschlossen, vermischt haben.

Amm. Marc. führt an einer frühern Stelle (XXII, 8) zwischen Dnjestr und Donau, also innerhalb der vormaligen Provinz Dakien, ausdrücklich *europäische Alanen* und *Kostoboken* an. Wir beziehen Ersteres besonders auf die Roxalanen, von welchen wir nach jenem Einfall in Mösien annehmen müssen, daß sie schon Dekebalus und nach dessen Sturz den Römern unterworfen gewesen seien, im markomannischen Kriege zwar gleich den Kostoboken sich empörten, im Frieden aber wieder unter die alte Botmäßigkeit zurückkehrten, wie namentlich aus der S. 134 angeführten Stelle Dios (LXXI, 20) hervorgehen dürfte. Daß sie fortwährend in einem Untertanenverhältnis zu Rom blieben, scheint auch aus Treb. Pollio (30 Tyr. c. lO[10]) sich zu ergeben, wonach der Tyrann Regalianus im Interesse des Gallienus auf deren Veranlassung getötet wird. Wären jene Roxalanen nämlich fremde geworbene Söldner gewesen, so hätte man sie, dem römischen Brauch zufolge, gewiß nicht dort gelassen, sondern in eine von ihrer Heimat entferntere Provinz gesandt, weshalb wir dieselben als einheimische ausgehobene Auxilien zu betrachten haben.

Ebenfalls den europäischen, den Goten unterworfenen oder mit ihnen verbundenen Alanen müssen nun auch diejenigen angehört haben, welche bei Philippopel in Thrakien mit Gordian fochten.

Alte, innige Verbindung macht die Ehe zwischen den Angehörigen beider Völker sehr wahrscheinlich, von der wir das erste Beispiel schon unter Marc Aurels Zeit finden, indem der Gote Micca eine Alanin heiratete (s. aber oben ? D.). Dergleichen Verbindungen kamen nach Tacitus (II, 46) auch bei den Bastarnen vor: aber gerade das Hervorheben dieses Umstandes läßt es als Ausnahme von der Regel erscheinen. Ungleich wichtiger ist nach Jordanis (c. 50) der Vorgang in dessen Verwandtschaft selbst, nach welchem dessen Großtante, eine Alanin[11], den Andax, Sohn der Andala, einer Gotin aus dem edlen Blute der Amaler, heiratete.

Die Innigkeit der künftigen waffengenossenschaftlichen und politischen Verbindungen zwischen den Alanen und rein-germanischen Völkern, namentlich den Goten, wird sich aus dem Fortgang unserer Darstellung noch vielfach ergeben.

Diesem allen zufolge wir der Ansicht, daß das Gesamtvolk der Alanen ursprünglich dem germanischen Stamme (nicht D.) angehörte, dessen Hauptteil jenseits des Don, weil nicht bloß die Abstammung, sondern auch Landesbeschaffenheit und erziehende Geschichte die Nationalität bestimmen, halb sarmatisch ward (während dessen westliche europäische Außenzweige durch jahrhundertelanges Verweilen unter Germanen sich einigermaßen germanisierten. D.).

Es war keine Art des Krieges, durch welche das unglückliche Rom unter Valerian und Gallienus nicht heimgesucht worden wäre: der große Krieg durch Sapor, der Bürgerkrieg durch die Tyrannen im Innern, namentlich Postumus, endlich der unablässige Andrang der Germanen gegen Rhein und Donau.

Die ganze Weltgeschichte kennt nichts, was jenen Fahrten der Germanen zu vergleichen wäre. Heerhaufen von oft nur 5-, 6- bis 10 000 Mann schiffen von der Krim dreißig bis vierzig Meilen weit nach Kleinasien über, durchziehen kreuz und quer viele Monate, ja Jahre lang unbehindert einen Raum von Tausenden von Quadratmeilen, erobern, plündern, verbrennen die größten Städte, selbst befestigte mit Hunderttausenden von Einwohnern, und kehren endlich mit unermeßlicher Beute an Geld, Kostbarkeiten und Gefangenen in die Heimat zurück.

Am allermerkwürdigsten ist die oben berichtete Raubfahrt der Heruler im Jahre 267, die in zwei Weltteilen spielt. Über Donau und Hämus brechen sie in Thrakien und Makedonien ein, weichen, zu Land und See geschlagen, nach Asien zurück, kehren aber von da über Meer wieder, verwüsten sengend und brennend ganz Griechenland mit seinen Städten unsterblichen Namens, erleiden zwar auf dem beutebeladenen Heimzug einige Niederlagen, schlagen sich aber dennoch in ihrem Rest, weder durch Waffen noch durch Gebirge und Strom behindert, wieder bis in das Vaterland durch.

Scheint dies mehr Fabel als Geschichte und steht es doch, im Wesentlichen mindestens, zweifellos fest, so drängt sich uns das Bedürfnis der Erklärung solcher Möglichkeit auf.

(Wir finden diese in höchster Heldenschaft auf germanischer und in stark zunehmendem Verfall der Machtmittel auf römischer Seite. D.)

Die Germanen waren von der wunderbarsten Leichtbeweglichkeit. Jene Raubfahrten können im Wesentlichen, weil es dafür immer mehr oder minder der Passage zu Schiff bedurfte, nur durch Fußvolk ausgeführt worden sein. Dies aber wetteiferte ja in Schnelligkeit und Ausdauer mit der Reiterei, da selbst in deren Atiaken jedem Kämpfer zu Roß einer zu Fuß, häufig wenigstens, beigegeben ward. Wie konnten die schwerfälligen Legionen, zumal in Gebirgsländern, wie Kleinasien und Griechenland, solche Feinde erreichen, wenn diese nur der geregelten Schlacht, worin die römische Kriegskunst ihnen überlegen war, ausweichen wollten?

Nicht minder außerordentlich war die Tollkühnheit des germanischen Wagemuts.

Unsere Quellen entbehren bis auf Amm. Marcellinus jeder militärischen Details, erst durch letzteren lernen wir einige Züge der Art kennen, z. B. die der germanischen Legionen in der Verteidigung von Amida (Amm. Marc. XIX:, 5). Was bedarf es aber auch der Beschreibung, wenn Taten reden? Hin und her Segeln auf dem gefährlichsten Meer Europas mit höchst unvollkommener Nautik, Angreifen von Ländern mit dichter tausendfach überlegener Bevölkerung, von Festungen mit bloßen Händen, Vordringen weiter und immer weiter bis auf mehrere Hunderte von Meilen von der Heimat in das Tiefinnerste des Feindeslandes hinein, scheinbar jeder Möglichkeit der Heimkehr beraubt – das in der Tat ist Tollkühnheit, deren Gipfel wir in dem zuletzt zu erwähnenden Frankenzug durch Frankreich und Spanien nach Afrika erblicken werden.

Wohl förderte der germanische Götterglaube solche Todesverachtung. Trugen doch nach diesem die Walküren die Seelen der in der Schlacht Gefallenen nach Walhall, wo Kriegsruhm und Zechgelage ihrer harrten. Aber der Schlachtentod war das kleinste der Übel: wie viele verschlang ruhmlos das Meer, wie schauderhaft vor allem das Los der Verwundeten, die dem Sturmfluge der Genossen nicht mehr folgen konnten!

Ein Mittel blieb ihnen in der höchsten Verzweiflung – sich an Rom zu verkaufen. Standen 1000 Germanen, bis auf den letzten Mann zu fechten und zu sterben entschlossen, 10 000 Römern gegenüber, so erhielten sich Letztere 1000 bis 2000 ihrer eigenen Truppen und gewannen noch 1000 der tapfersten Krieger der Erde, wenn sie ihre Feinde, deren Treue man solchesfalls stets gewiß sein konnte, in römischen Sold nahmen.

Ist es aber, fragen wir, nach dieser Darstellung denkbar, daß solche Züge aus bloßem Mutwillen ausgeführt wurden? (Es drängte der Hunger, die Not. Weiber in sehr großer Zahl begleiteten die Wanderer – nach der Schlacht von Naissus wurden so viele gotische Weiber gefangen, daß auf jeden Soldaten zwei oder drei als Beuteteil fielen. Das waren also nicht bloß Räuber oder Gefolgen, sondern *wandernde Volksteile* – wie einst die Kimbrer und Teutonen. Allerdings mochte bei glücklicher Heimkehr der Sieger die Beute zu neuem Eindringen locken. D.)

So wird von Zosimus (I, 32) ausdrücklich erwähnt, daß der Reichtum, welchen die Skythen von der zweiten Raubfahrt heimgebracht hätten (s. oben), deren Landesgenossen zu jener dritten, bei welcher Nikomedien mit vielen andern Städten eingenommen wurde, veranlaßt habe. (So wirkten die Schilderungen, welche die aus dem Gotenkrieg heimkehrenden langobardischen Söldner von dem Reichtum und der Fruchtbarkeit Italiens in der Heimat verbreiteten, vielleicht zum Entschluß der Einwanderung von 568 mit. D.)

Von der Virtuosität der Germanen für den Raub- und Wanderkrieg wenden wir uns zum Gegenbilde und stoßen dabei zuerst auf den Mangel an tüchtigen, oft auf die Erbärmlichkeit der vorhandenen Truppen auf römischer Seite. Roms Schicksal beinahe während Valerians und Gallienus' ganzer Regierungszeit war Krieg von außen und im Innern.

Im Westen gehorchten über zwanzig Millionen Menschen, von Rom abgefallen, Postumus, gegen den selbst fortwährend eine starke Armee nötig war: im Norden war die ganze Donaulinie zu schützen: den ganzen Osten hatte Odenat zur Abwehr des gewaltigen Sapor inne.

Selbstredend reichte der Kern der Armee, die Legionen, schon für diese Aufgaben kaum zu: das Innere mußte daher auf eine schwache Polizeimiliz und Landwehr (Auxilien) beschränkt sein. Welchen Schlages diese in dem unkriegerischen Kleinasien waren, beweisen die erzählten Einnahmen der festen Städte Trapezunt und Chalkedon, deren Verteidiger in panischer Furcht zum Teil schon vor dem Anrücken der Goten schimpfliche Flucht ergriffen. Auch an tüchtigen Generalen und Offizieren mag es außerhalb des Linienheeres gefehlt haben: denn wo sich, wie Successian in Pithyus, noch ein echter Römer fand, da ging es doch anders.

Aber noch ein Umstand muß zu Erklärung jener wunderbaren Erfolge berücksichtigt werden, nämlich der gänzlich passive, ja zum Einverständnis mit dem Feinde geneigte Geist der Bevölkerung (in Asien: anders später in Gallien, Spanien, Noricum. D.).

Bei den Reichen waltete gewiß eifrige Bemühung, Leben, Freiheit und Schätze zu retten, aber Mangel an Mut und Kraft, die in Wohlleben und Üppigkeit erstickt waren, ja in einzelnen selbst niederträchtiger Landesverrat aus Rache oder Ehrgeiz. Bei dem kräftigsten Teile des Volkes, dem gedrückten Landvolke, hingegen herrschten sicherlich meist Apathie und Gleichgültigkeit. Von Nationalgefühl und Liebe zum Vaterlande – sie hatten ja keins – war nicht die Rede, wenig zu verlieren und das Wenige leicht zu ersetzen:

Welche Antriebe waren da für aufopfernde Abwehr, für begeisterte Landesverteidigung vorhanden? Bei einmütigem Widerstande, namentlich auch durch tunlichste Abschneidung der Verpflegung, hätten die Wanderer und Eindringlinge der Überzahl erliegen müssen. An solchen aber dachten die Bewohner nicht, wohl aber daran – unter der Firma der Feinde selbst mit zu rauben, wie dies in der angeführten Stelle Gregor von Neucäsarea anführt.

Wir sind sogar überzeugt, daß die Germanen ihre durch Verluste gelichteten Scharen bisweilen auch durch Eingeborene wieder verstärkten[12] unter denen sich gewiß viele finden mochten, welche das aktive Räuberleben dem passiven Beraubtwerden vorzogen: (zahlreiche entlaufene Sklaven, oft selbst gotischer oder sonst germanischer Abkunft, mochten sich anschließen. D.). Insbesondere muß dies bei der letzten Raubfahrt im Jahre 267 vorausgesetzt werden, indem es kaum denkbar ist, daß die zu Land und Wasser geschlagenen, nach Asien geflohenen Heruler von dort aus, ohne angemessene Verstärkung, jenen neuen furchtbareren Einfall in Griechenland hätten wagen können.

In Vorstehendem war nur von den Goten und andern Ostvölkern die Rede: die Einbrüche der Westgermanen sind damals noch für weit unerheblicher anzusehen. Die Stärke der Scharen, der Raum, den sie plündernd durchzogen, und die Zeit, welche sie darauf verwandten, waren viel kleiner. Die Rheingrenze war aber auch besser verteidigt, die gallische Bevölkerung zum Widerstande viel fähiger und geneigter.

Die Einbrüche in Italien im Jahre 261 sind, wenigstens deren wesentlichster, weil bis Ravenna vordringend, von den Markomannen (Alemannen? D.), denen sich wahrscheinlich aber auch Scharen anderer Völker angeschlossen hatten, ausgegangen. Sicherlich hätte sich ein König solchen Schlages wie Alarich durch die vom Senat improvisierte Armee von seinem Ziele – Rom – nicht ablenken lassen. Teils die Besorgnis vor dem in Waffen immerhin tüchtigen Gallienus in ihrem Rücken, teils die lockendere und dabei gefahrlosere Gelegenheit, das offene Land mit seinen reichen Städten und Villen auszurauben, mag die Germanen damals bewogen haben, nicht über den Apennin vorzudringen.

Das fabelhafteste Ereignis jener Zeit bleibt aber der Zug der Franken, welchen Aurelius Victor (de Caes. 33) in folgenden Worten beschreibt:

„Fränkische Völker (Francorum gentes) verheerten Gallien, bemächtigten sich Spaniers, verwüsteten und plünderten beinahe gänzlich die Stadt Tarragona und gingen endlich, nachdem sie rechtzeitig noch Schiffe erlangt, zum Teil nach Afrika über."

Dasselbe bestätigt Eutrop (IX, 8) und Orosius (V, 41; VII, 22), beide indes nur Germanen im Allgemeinen nennend, letzterer überdies aber mit dem entscheidenden Zusatze:

„daß zu seiner Zeit noch (etwa hundertundfünfzig Jahre später) in den Trümmern großer Städte kleine und arme Sitze vorhanden seien, welche als Zeichen solches Elends die alten Namen bewahren, unter denen *wir* in Spanien *unser* Tarragona zum Troste des neuen Jammers aufzuweisen haben."

An der Wahrheit nach diesem Berichte eines Augenzeugen[13] der Reste der Zerstörung zu zweifeln, ist in der Tat unmöglich, müßig daher (wie Luden G. d. t. V. II:, Buch IV, Kap. 5, S. 101 tut), von Unwahrscheinlichkeit zu sprechen. Die Erwähnung der Franken durch Aurelius Victor allein verliert auch dadurch nicht an Glauben, daß die beiden anderen Quellen nur den Gemeinnamen Germanen brauchen.

Wir erklären uns die Sache so:

Ein stärkeres fränkisches Heer drang durch Belgien im Westen Galliens, der, weil scheinbar nicht gefährdet, von Truppen entblößt war, so weit vor, daß es schließlich, durch in seinem Rücken zusammengezogene überlegene Streitkräfte von der Heimat abgeschnitten, nur noch im weitern Vorrücken Ausweg fand. Von der Hetzjagd einer Verfolgung dieser Unerreichbaren absehend mag man hierauf deren unvermeidlich scheinende Vernichtung den Befehlshabern des innern Landes überlassen haben, was den Franken jedoch hinlängliche Muße gab (– zwölf Jahre behaupteten sie sich im Lande! (Orosius V, 41), bis sie endlich nach Afrika übersetzten, wie dies später in größerem Maßstab von den Westgoten zweimal versucht, von den Vandalen ausgeführt ward. D.). Ihr Schicksal in Afrika ist unbekannt.

Wahrlich: in Kriegern solchen Schlages waren die Werkzeuge zu Roms Zertrümmerung schon in der zweiten Hälfte des dritten Jahrhunderts gegeben: nur die Einheit des Willens, nur der Geist, sie zu gebrauchen (und der zwingende Druck der Not d. h. des Ungenügens der alten Heimat für die wachsende Volksmenge D.) fehlte noch. Das erhielt Rom noch über ein Jahrhundert lang; um so sicherer, als nach Gallienus eine lange Reihe großer oder doch tüchtiger Kaiser den hinsterbenden Lebensfunken noch einmal zu frischem Aufflackern zu beleben wußte.

SIEBENTES KAPITEL
Claudius und Aurelian
Vom Jahre 268 bis 275

Schlag auf Schlag war Rom seit der Deciusschlacht gesunken, in einen Abgrund von Leiden bei dem Tode des Gallienus gestürzt.

Losgerissen vom Reiche – unter Tyrannen – der Westen und Osten, bei dreißig bis vierzig Millionen Menschen, ja letzterer unter einem Weibe.[1] Natur, Erdbeben, Pest, Hunger, Bürgerkrieg und Feindesschwert schienen im Bunde gegen die unglücklichen Lande.

Furchtbar bedrängten germanische Völker die östlichen Donaulande, Makedonien, Griechenland und Kleinasien.

Nicht nur Geld und Gut, unermeßliche Reichtümer, auch die Menschen selbst wurden fortgeschleppt in Knechtschaft, die Ernten verheert und herrliche Städte des Reichs in Schutt und Asche gelegt. Reißend mußte da die Bevölkerung abnehmen, wie denn die Alexandriens nach den Getreideverteilungslisten bis auf 38 Proc. der früheren herabgesunken war. (Eusebius K. Gesch. VII, 21.)[2]

Wie schwer muß da der Steuerdruck auf den Rest des Volks gefallen sein, da Rom, um so viel innern und äußern Feinden zu widerstehen, keine eigenen Krieger mehr, nur noch erpreßtes Geld hatte, Barbaren zu kaufen.

Da rettete eine Reihe großer Kaiser und Helden das Reich, erhob es für mehr als ein Jahrhundert wieder zu dem wenn auch trügerischen Scheine alten Glanzes.

Claudius[3] war der erste derselben.

Ob der sterbende Gallienus (Epitom. Aur. Vict. c. 34) oder nur das über seine Tötung anfänglich erbitterte, von den Führern aber durch Geschenke und Zuspruch (Treb. Poll. Gall. 15 und Zosimus I, 41) wieder besänftigte Heer und die allgemeine Stimme ihn berufen, bleibt ungewiß. Nur zwischen ihm und *Aurelian* konnte eine gute Wahl, deren Notwendigkeit jeder fühlte, überhaupt schwanken. Der Geliebtere mag dem Gefürchtetern vorgezogen worden sein.

Claudius war unbekannt niederer Herkunft aus den illyrischen Provinzen, unstreitig aus Dalmatien (Treb. Poll. c. 11 und 14). Decius schon und Valerian hatten ihn ausgezeichnet, Gallienus aus Furcht ihn zu gewinnen gesucht. (Treb. Poll. Claud. c. 14–17.)

Mit Aureolus, dem Empörer, ein Ende zu machen, war sein erstes Werk. Als dieser unterhandeln wollte, erwiderte der Kaiser: „Das habe er unter Gallienus versuchen können." Jener ward von seinen eignen Soldaten niedergestoßen, ob vor oder nach einem Kampfe bleibt ungewiß.

Das nächste war ein großer Sieg über die vielleicht von Aureolus zu Hilfe gerufenen Alemannen, unweit des Garda-Sees, der, wenn auch nur in der Epit. Aur. Victors c. 34 bezeugt, in den Hauptquellen (Treb. Poll. und Zosimus) aber, so wie auch von Gibbon übergangen, nach den von Eckhel VII, p. 474 beschriebenen Münzen dennoch unzweifelhaft ist. Kaum die Hälfte der Feinde soll sich dabei gerettet haben.

Hierauf Beratung, ob man zuerst gegen Tetricus, den Tyrannen des Westens, oder gegen die aufs neue und zwar furchtbarer als je eingebrochenen Goten ziehen solle; Claudius entschied für letzteres, weil sie Feinde des *Staats*, der Tyrann nur der seiner *Person* sei. (Zonaras, p. 607, Z. 6.)

Die Einbrüche der *Goten* und der ihnen zugewandten Völker wurden oben ausführlich dargestellt.

Wir nahmen bei ihnen fortwährende Steigerung wahr, sowohl an Zahl der Truppen als an Ausdehnung der verheerten Landstriche. Die Erfolge waren aber nicht gleich: die gelungensten die auf engern Raum beschränkten früheren der Jahre 257 und 258/59, der mißlungenste der letzte des Jahres 267. Die ungeheure Zahl der Einfallenden – von beiden Hauptquellen, Treb. Poll. und Zosimus, wenn auch nach der Übertreibung des römischen Bulletinstils, zu 320 000 Menschen und 2000 Schiffen angegeben[4] – und die Menge der dabei befindlichen Frauen (daher unzweifelhaft auch Kinder) und Greise (Treb. Poll. c. 8) gestattet nicht, nur Raub und Abenteuer suchende Gefolgschaften hier anzunehmen. Es war *Auswanderung* eines großen Volkshaufens, ein Stück Völkerwanderung im Spiele.

Die östlichen Goten, die *Greuthungen*, in deren Gebiet die Einschiffung auf dem Dnjestr erfolgte, mag die Kunde der herrlichen Südländer, im Vergleich zu ihren unwirtbaren Steppen, dazu verlockt, ihnen aber eine Masse raubdurstiger Scharen aus den westlichen *Tervingen, Gepiden, Peukinen* und *Herulern*[5] sich angeschlossen haben.

Von der Führung wissen wir nichts, bezweifeln aber, daß ein gotischer König an der Spitze gestanden und ersehen vielleicht auch aus dem Erfolge, daß ein Unternehmen, welches nach der Größe und Unförmlichkeit seiner Masse schon wegen Proviantmangel zu scheitern drohte, auch der so wichtigen Einheit und Kriegskunde des Kommandos entbehrte.

Die unermeßliche Flotte landete zuerst in Mösien, das Heer versuchte *vergeblich* die Festungen *Tomi* und *Marcianopel* am Meere einzunehmen, welches Mißlingen der Unmöglichkeit längerer Ernährung solcher Menge in dem verwüsteten Lande zuzuschreiben sein dürfte.

Die Goten schifften sich wieder ein und gelangten mit günstigem Winde an den Bosporus, in dessen Enge aber die große Maße der Schiffe, von der Gewalt der Wogen (und des Windes) getrieben[6], in die gefährlichste Unordnung geriet, so daß sie aneinanderstießen, und viele derselben mit großem Menschenverluste teils untergingen, teils strandeten.

Der Rest wandte sich nach *Kyzikus* in Asien, mußte aber auch von da unverrichteter Sache abziehen und schiffte darauf durch den Hellespont nach dem Berge Athos in Makedonien, wo die Flotte wieder hergestellt ward. Von hier aus abermals landend belagerten sie das nahe Kassandria und Thessalonich, welches letztere sie, die Mauer bereits mit Maschinen angreifend, zu nehmen im Begriff waren, als sie den Anzug des kaiserlichen Heeres erfuhren.[7] Claudius mag den Rest des Jahres 268 und einen Teil von 269 mit Ergänzung des Heeres und aller Kriegserfordernisse verbracht haben, indem es (nach Treb. Poll. c. 7) namentlich ganz an Waffen fehlte. Der Kriegsplan war, die Feinde auf dem Landwege von ihrer Heimat abzuschneiden, weshalb er im Tale des Margus (Morava), dem Hauptpaß von der Donau nach Makedonien, ihnen entgegenrückte, während die Goten durch das nördliche Makedonien, alles verwüstend, heranzogen.

Schon hier stießen sie auf eine Vorhut dalmatischer Reiterei, welche deren gegen 3000, wohl von der Hauptarmee getrennte, niederhieb. Bei Naissus, dem heutigen Nissa in türkisch Serbien, etwa fünfundzwanzig Meilen südlich der Donau (Zosim. c. 45) trafen sich im Jahre 269 die Heere.

Nachdem von beiden Seiten viel Volks gefallen war, wichen die Römer zurück, griffen aber auf unbetretenen Bergpfaden unerwartet mit solchem Erfolge wieder an, daß die Goten 50 000 Mann verloren.

Vollkommen war der strategische Plan gelungen: die Goten mußten, ihren Rückzug durch eine Wagenburg deckend, von der Heimat ab nach Makedonien entweichen, wo sie jedoch wegen Mangel an Lebensmitteln viel Menschen und Vieh verloren.

Von der römischen Reiterei verfolgt, die viele niederhieb, warf sich der Rest nach Thrakien in die Berge des Hämus, wo sie wiederum, von dem römischen Heere eingeholt und teilweise umringt, nicht geringen Verlust erlitten.

Aber auch die römischen Waffen traf nun ein Unfall, den Zosimus (c. 45) einem Zerwürfnis zwischen Fußvolk und Reiterei, Treb. Poll. (c. 11) der rücksichtslosen Beutegier der Römer zuschreibt: er läßt beinahe 2000 in unachtsamer Zerstreuung durch wenige Barbaren niederhauen, darauf aber durch den zu Hilfe eilenden Claudius letztere alle gefangen nehmen, während Zosimus bemerkt, der Verlust bei jener Schlappe sei, infolge der Ankunft der Reiterei, nur ein mäßiger gewesen. Zugleich brach die Pest bei den Goten aus, an welcher viele in Makedonien und Thrakien starben. Die wenigen, welche der Seuche entgingen, wurden, wie Zosimus (c. 46) und Treb. Poll. (c. 9) versichern, teils als Söldner unter die Legionen gesteckt, teils, was ältere Männer waren, im Reiche kolonisiert.

Daß indes auch einzelne Abteilungen derselben sich retteten, ja noch gefährlich wurden, ergibt die nach Treb. Poll. (c. 12) noch im Jahre 270 nach des Claudius Tod erfolgte Zerstörung von Anchialus und die Belagerung von Nikopolis durch eine solche Schar, vor welcher Festung sie jedoch durch den Mut der Provinzialen größtenteils aufgerieben worden sein sollen. (Treb. Poll. c. 12.)

So die Geschichte des Hauptfeldzuges, dem sich zwei Nebenakte zur See anschließen, indem ein Teil der Flotte, vom Berg Athos nach Süden herabschiffend, Thessalien und Griechenland ausraubte, von den sorgfältig befestigten Städten jedoch abgewiesen, auf Fortschleppung von Landvolk beschränkt ward. (Zosim. c. 43 a. Schl.)

Ein anderer Teil schiffte auf gleiche Raubfahrt nach Kreta und Rhodos, mußte jedoch auch von da ohne sonderlichen Erfolg wieder heimkehren. (Zosim. c. 46.)

Die Siegesberichte klingen fast abenteuerlich. 320 000 Menschen, schreibt der Kaiser (Treb. Poll. c. 8), und 2000 Schiffe haben wir vernichtet. Eine ungeheure Wagenburg ward verlassen. Der Frauen haben wir so viel gefangen genommen, daß sich der Soldat deren zwei bis drei beilegen kann. Treb. Poll. spricht noch von der Menge der Sklaven, Rinder, Schafe und Stuten, wodurch der Staat bereichert worden sei.

Hiernach und sicherer noch nach der Geschichte der Folgezeit ist kein Zweifel, daß die Niederlage der Goten diesmal eine entschiedene und gründliche war.

Die Pest ergriff auch das römische Heer und raffte zu Anfang des Jahres 270 den Kaiser hinweg.

Kurz und tapfer war sein Wirken. Näheres über dessen Charakter ergeben die Lobhudeleien Treb. Pollios, der um Constantius Chlorus, Claudius' Großenkels, Gunst buhlt, so wenig wie die übrigen Quellen. Nur Zonaras erwähnt p. 607, er habe einer Frau auf die Klage: Gallienus habe ihr Gut genommen und dasselbe einem seiner Generale geschenkt – in dem beschämenden Gefühl, dieser General selbst gewesen zu sein, das Geraubte sofort zurückerstattet.

Als nächster Thronfolger erschien sein Bruder Quintillus: er ward anscheinend vom italienischen Heer mit Zustimmung des Senats zur Herrschaft berufen.

Die Hauptarmee bei Sirmium erklärte sich indes für Aurelian, den, nach Zonaras, Claudius selbst als den würdigsten bezeichnet haben soll, worauf Quintillus nach höchstens einigen Monaten entweder freiwillig oder durch die Hand seiner Soldaten endete.[8]

Wiederum bestieg ein Illyrier[9] den Thron, wahrscheinlich aus einem Dorfe bei Sirmium (Flav. Vop. c. 3 u. 4). (Groß und stark wie sein Körper war seine Seele, vor allem in Kriegsmut, aber auch in Wildheit. Er führte im Heere zur Unterscheidung von einem zweiten Tribun gleichen Namens den Beinamen: Hand am Schwert. Er war Gegenstand der Gesänge und Fabeln der Soldaten: man fabelte von ihm, er habe achtundvierzig Sarmaten an *einem* Tage, an mehreren folgenden aber deren neunhundertundfünfzig mit *eigener Hand* niedergestoßen.

Seiner Taten und Auszeichnungen, als Tribun und Heerführer, namentlich unter Valerian, ward bereits oben gedacht; wir kommen nun auf die des Kaisers und zwar zunächst auf die der Jahre 270 und 271, für unsern Zweck gerade die wichtigsten.

Wir besitzen dafür nichts als eine verworrene Maße von Skizzen, unter denen nur eine (Zosimus) fertig, aber höchst unvollkommen, die andern eitel Bruchstücke sind, und daneben zwei treffliche Miniaturgemälde von einzelnen Partien (Dexippus), von denen man aber nicht weiß, wohin sie gehören.[10]

Die Alemannen hatte Claudius siegreich aus Italien zurückgeschlagen. In engster Verbindung mit diesen stand ein anderes Volk, dessen Namen wir hier zuerst vernehmen, die *Juthungen*, das aber damals schon mächtig gewesen sein muß, da es in einem Friedens- und Subsidienvertrage mit Rom stand (s. Dexippus, p. 15 und über die Juthungen w. u.).

Noch unter Claudius unstreitig brachen diese den Bund, griffen die Donauplätze an und drangen durch Noricum nach Italien vor, zu dessen Hut Quintillus noch durch Claudius bei Aquileja aufgestellt worden war. Aurelians erste Maßregel (Zosim. c. 48) noch von Sirmium aus mag gewesen sein, sie durch Entblößung des platten Landes von Lebensmitteln, die er in die Städte bergen ließ, am Vorrücken zu hindern.

Dies kann aber nicht gelungen sein, da Italien, das damals bis an die carnischen Alpen ging, nach Dexippus (p. 13 und 16) von den Juthungen, sei es im Friaul oder anderwärts, wirklich doch erreicht worden sein muß.

Aurelian eilte zuerst vom Heere nach Rom, empfing dort die gewöhnlichen Huldigungen des Senats und Volks und brach sogleich nach Aquileja auf. (Zosim. c. 48.) Die Feinde wichen vor ihm bis in die Nähe der Donau zurück, wo sie zuerst Stand haltend nachdrücklich geschlagen wurden und noch auf dem Rückzuge über den Fluß viel Volks verloren.

Der Sieg ist, obwohl Zosimus a. a. O. von unentschiedenem Treffen spricht, nach deren eigenem Zugeständnisse (Dexippus, p. 14) unzweifelhaft.

Am nächsten Morgen schon (Zosim. c. 48) erschienen die Gesandten der Juthungen. Aurelian, der imponieren wollte, empfing sie erst Tages darauf vor der glanzvollsten Parade des Heeres.

Auf hohem Kaiserthrone saß er im Purpur in der Mitte der halbmondförmig aufgestellten Truppen, alle Befehlshaber zu Roß. Hinter ihm die goldenen Adler, die Bilder der Kaiser und auf silbernen Lanzen Pergamentrollen mit den Namensverzeichnissen der Legionen und Abteilungen in goldener Schrift.

Stolz, aber auch klug war die durch einen Dolmetscher vorgetragene lange Rede der Gesandten, die im Wesentlichen also sprachen:

„Nicht, weil der Unfall uns gebeugt, noch, weil es uns an Mitteln, Macht und Kriegserfahrung gebricht, sondern weil es beiden Teilen heilsam ist, bitten wir um Frieden. Mit kleiner Zahl sind wir ausgezogen und doch fehlte wenig, daß wir ganz Italien nahmen. Noch haben wir 40 000 Mann zu Roß, im Reiterkampfe berühmt, und 80 000 Mann zu Fuß, kein gemischtes Volk, alles reine Juthungen. Nicht aus Furcht also ziehen wir Frieden dem Kriege vor, sondern weil wir auch euch geneigt vermuten, zu dem alten, beiden Teilen nützlichen, Eintrachtsbunde zurückzukehren.

Nicht übermäßig auch, sondern *nur um uns die Notdurft zu verschaffen*[11], haben wir in eurem Lande geplündert, vor dieser Zeit aber uns ruhig verhalten, ja gegen eure Feinde im Kampf euch beigestanden. Dazu sind wir noch jetzt bereit, zu eurem Frommen, weil unsern vereinten Heeren keine Macht gleich geachtet werden kann.

Wandelbar ist das Glück. Im Übermute des Vertrauens auf eigene Kraft dessen Wechselfälle übersehen – führt oft zum Unheil, wie wir dies so eben selbst erprobt haben.

Dieses erwäg nun auch ihr: den sichern Gewinn im Frieden, wie den möglichen Nachteil im Kriege. Zieht ihr, zu gemeinsamem Besten, das Waffenbündnis mit uns vor, so ist es auch billig, daß ihr uns an Gold und Silber, zu Befestigung der Freundschaft, das gleiche gewährt, wie zuvor. Schlagt ihr dies ab, so nehmt den Krieg."

Würdig entgegnete der Kaiser: „Von Frieden habt ihr gesprochen und zugleich mit Krieg gedroht. Jenen habt ihr nicht als einfaches Zugeständnis des Siegers, sondern zugleich den Preis, um welchen ihr ihn verkaufen wollt, begehrt. Die römischen Waffen sind nicht so unkriegerisch, um die Macht, mit der ihr prahlt, zu fürchten.

Nicht ungestraft sollt ihr mit der italienischen Beute heimkehren.

Wir kriegen nach der Kunst, ihr mit blindem Ungestüm. Wohin das führt, kann euch die Niederlage der Skythen lehren, deren ganze Macht von 300 000 Mann durch uns zu ewigem Ruhme glänzend geschlagen wurde.

Ihr habt den Frieden unaufgekündigt gebrochen, uns ohne allen Grund aus reiner Raubgier mit Krieg überzogen. Dafür ist eure jetzige Buße noch ungenügend, ihr habt sie noch jenseits des Stroms im eigenen Lande zu erwarten. Für uns, die wir Verträge nicht verachten, werden die Götter sein. Nicht ohne guten Grund auch vertrauen wir dem Waffenglück. Eure Kräfte, eure schwierige Lage zwischen dem Rhein[12] und unsern Grenzen ist uns bekannt. Wir halten euch eingeschlossen und euer Friedensbegehr ist nur ein anständiger Vorwand der Furcht."

Betroffen kehrten die Gesandten unverrichteter Sache heim. Aber auch Aurelians Drohung blieb unerfüllt, da von Osten ihm ein neuer Feind, die Vandalen mit den Jazygen (s. Anm. 3 a. Schl.), über die Donau, wahrscheinlich nach dem Plattensee zu, in Pannonien eingebrochen war, wie dies aus Dexippus' zweitem Bruchstücke (p. 19–21) zweifellos hervorgeht.

Auch diese wurden jedoch im römischen Gebiet geschlagen, worauf sie um Frieden baten. Nach langer, uns diesmal nicht mitgeteilter, Wechselrede mit deren Sendboten fragte der Kaiser am nächsten Morgen das Heer, ob es ihm ratsam scheine, die Gunst des Augenblicks zu Sicherung der Zukunft zu benutzen, was dieses bejahte. Darauf ward der Friede[13] und das Foedus geschlossen, kraft dessen die Feinde den Römern 2000 Mann Hilfsreiterei, teils Freiwillige, teils aus dem Heer Erlesene zu stellen hatten, römischerseits aber ihren Lebensbedarf[14] bis zur Donau geliefert erhielten. Beide Könige der Barbaren, unstreitig der Vandalen und Jazygen, und die Vornehmsten nach diesen stellten ihre Söhne als Geiseln. Gleichwohl achtete ein Haufe von fünfhundert Mann das nicht, plünderte vielmehr eigenmächtig das Land, ward aber dafür von dem Heerführer der nunmehr föderierten Truppen niedergehauen, ja das Haupt der Bande vom König mit eigner Hand durchbohrt. Nicht sowohl der Frevel der Zuchtlosigkeit als die Energie der Ahndung erscheint hierbei, als Andeutung höherer Königsgewalt bei den Vandalen, bemerkenswert.

Da inzwischen die mit ihrem Friedensbegehr abgewiesenen Juthungen wieder in Italien, das nach Aurelians Abzug gegen die Vandalen ungedeckt blieb, eingebrochen waren, sandte der Kaiser sogleich den größten Teil des Heeres dahin ab und folgte mit seinen Garden, den Hilfskohorten und Geschwadern, namentlich den vandalischen, und den Geiseln nach.

Zosimus c. 48, von demselben Aufbruche redend, nennt die Alemannen und deren Nachbarvölker (vergl. w. u.) als die Einfallenden und gedenkt noch der zu Pannoniens Schutz zurückgelassenen Truppen.

Über den nun folgenden italienischen Krieg verlassen uns die Quellen wieder. Zosimus gedenkt nur eines Sieges Aurelians; Flav. top., der die Feinde Markomannen nennt, deutet allein, c. 18 und 21, wiewohl höchst unvollkommen, den Faden der Ereignisse an und die Epitome Aur. Vict. in direktem Widerspruche mit letzterem verwirrt alles durch Erwähnung dreier Schlachten und *Siege* der Römer, bei Placentia Fano am Metaurus und Pavia.

Wir können nur Vopiscus folgen, nach welchem der Krieg etwa so verlief.

Gegen Ende des Jahres 270 fielen die Alemannen und Juthungen mit vielen Markomannen, wohl durch einen milden Winter begünstigt, auf ihrem gewöhnlichen Wege über Chur in Italien ein und verwüsteten hart die Umgegend von Mailand. Aurelian, der eben jenen Frieden geschlossen, langte für die Abwehr zu spät an und scheint sie zunächst über Brescia und Bergamo auf ihrer Rückzugslinie umgangen zu haben, weshalb ihm Vopisc. c. 18 die Versäumnis des Frontalangriffs vorwirft. Unweit Placentia (Piacenza) hatten sich die rückweichenden Barbaren, eine offene Schlacht scheuend, in einem dichten Wald aufgestellt, von wo sie mit einbrechender Nacht, wahrscheinlich durch einen Flankenangriff, die Römer überfielen und ihnen eine schwere Niederlage beibrachten (c. 18, 21), von welcher Vopiscus an letzter Stelle sagt, daß sie beinahe das Reich gestürzt hätte (ut Romanum pene solveretur imperium).

Angst erschütterte Rom, wo der Senat am 10. Januar 271 (Fl. Vop. c. 19) über Befragung der sibyllinischen Bücher schwankend beriet, von Aurelian aber schriftlich mit den Worten: „ihr scheint ja statt im Tempel aller Götter in einer *christlichen Kirche* zu verhandeln", dazu gemessenst an- und zurechtgewiesen wurde.

Die durch das Sibyllenbuch gebotene Bannung der Grenzen durch allerlei Opfer und Zaubereien ging auch wirklich vor sich: Vopiscus, ebenso weitläufig über alles spezifisch Städtische als dürftig über die Kriegsgeschichte, scheint diesen auch die günstige Wendung, welche nun eintrat, zuzuschreiben und gedenkt an drei Stellen (c. 18 zweimal und c. 21) des endlichen Sieges der Römer, wobei nur die Worte c. 18: „welche (d. i. die Barbaren) Aurelian alle, in einzelnen Scharen umherschweifend, aufrieb (carptim vagantes occidit)", von Wichtigkeit sind.

Sonder Zweifel ist dieser Bericht eines nur einige dreißig Jahre später schreibenden Historikers, der die öffentlichen Archive benutzte, der richtige. Wenn daher die Epitome des Aurelius Victor, die gegen hundert Jahre später als ersteres Werk verfaßt ward, über den ganzen Krieg nichts sagt, als: Aurelian habe in drei Schlachten gesiegt, bei Placentia, Fano und Pavia, so verdient dies offenbar nur in soweit Glauben als es sich mit ersterer weit spezielleren und zuverlässigeren Quelle vereinigen läßt, also darin, daß auch bei Fano (was auch durch die in Anm. 11 zitierte Inschrift bestätigt wird) und Pavia germanische Streifpartien geschlagen worden sein mögen.[15]

Die Aufregung des Schreckens, die durch das Gerücht wohl vergrößerte Kunde der Niederlage Aurelians, vor allem aber unstreitig geheime Anstiftung seiner Feinde, welche dessen wilde Strenge fürchteten, hatten in Rom scharfe Unruhen und Meuterei hervorgerufen (seditionum asperitas, Fl. Vop. 18). Sofort nach dem Kriege daher eilte der Kaiser zornerfüllt nach Rom und übte dort ein schweres Blutgericht, grausamer, wie Vopisc. (c. 21) sagt, als es die Sache erforderte. Imponierend waren Aurelians Großtaten, die schon vollbrachten, wie die zu hoffenden: aber solches Verfahren säte Haß und Fluch im Volke.

Servius Tullius hatte das alte Rom mit einer Mauer umgeben, welche, überdies bereits verfallen, vom neuen Rom längst überwachsen war. Über achthundert Jahre lang war der Bürger Kraft, nur einmal vom gallischen Brennus gebrochen, die sicherste Schutzwehr gewesen. Da blickte Aurelian über seine Zeit hinaus in die Zukunft und beschloß Roms Befestigung, welcher auch der Senat, durch die kaum überwältigte Gefahr erschreckt, gern zustimmte. Noch besteht dies im Jahre 271 begonnene, aber erst sechs bis acht Jahre später unter Probus vollendete Riesenwerk, das gegen 2 1/5 deutsche Meilen lang ist, jedoch, mit zu großer Eile aufgeführt, schon nach hundertfünfundzwanzig Jahren unter Honorius einer gründlichen Wiederherstellung bedurfte. (Flav. Vopisc. c. 21 und 39; Zosim. c. 40; Aur. Vict. de Caes. 35; Eutrop. IX, 15. Über die lächerliche Übertreibung ihrer von Vopisc. zu zehn deutsche Meilen angegebenen Länge s. Beck., röm. Alterth. I, S. 187.)

Fortwährend lastete eine Erbschaft aus des Gallienus Zeit auf dem Reiche: die Schmach der Herrschaft eines Weibes – Zenobia von Palmyra– im Orient. Dawider erhob sich nun im Jahre 271 Aurelian. Schon auf dem Marsche durch Illyricum schlug „die Hand am Schwert" in vielen und großen Gefechten (Fl. Vop. c. 22). Wahrscheinlich verband er damit auch eine Rekognoszierung des wenigstens teilweise noch in römischem Besitze befindlichen westlichen Dakiens (Wallachei und Siebenbürgen), da er nach derselben Quelle jenseits der Donau, also außerhalb der Militärstraße, den gotischen Heerführer Cannaba oder Cannabaud mit 5000 Mann niederhieb (Fl. Vop. c. 22).

Der nun folgende Krieg gegen Zenobia im Jahre 272/73 endete mit der Besiegung und Gefangennehmung der bedeutenden Frau.

Auf der Rückkehr nach Europa schlug Aurelian Carpen, wahrscheinlich in Mösien oder Thrakien (Pl. Vop. c. 30), ward aber sogleich durch die Nachricht eines Aufstandes der Palmyrener, welche die römische Besatzung erschlagen, nach Asien zurückgerufen.

Um dieselbe Zeit ungefähr mag sich der unermeßlich reiche Firmus in Ägypten, Zenobias dortige Anhänger um sich sammelnd, empört haben. Im Flug aber eilte Aurelian herzu, besiegte und tötete ihn (Flav. Vopisc. Aur. 31 und Firmus c. 5).

Nach dem endlichen Rückmarsch durch Thrakien (Vop. 32) eilte Aurelian nach Gallien, um mit Tetricus ein Ende zu machen, der, seines meuterischen Heeres und des verräterischen Praefectus praetorio Faustinus überdrüssig, in der Schlacht bei Chalons freiwillig zu Aurelian überging.

Mit Recht konnte derselbe nun restitutor orbis, Wiederhersteller des Erdkreises (d. i. des Reiches) genannt werden, was dessen einziger[16] offizieller Ehrenname war, da die Münzen keinen andern kennen.[17]

Noch im Jahre 273 nach Hieronymus (Chronik), was jedoch nach der Fülle der Taten dieses Jahres und der Größe der dabei durchflogenen Entfernungen kaum möglich scheint, feierte Aurelian seinen Triumph in Rom, den glänzendsten seit Jahrhunderten. Nicht nur zwanzig Elefanten und zahllose Tiere der Wüste, nebst Gefangenen aus achtzehn Völkern, darunter Goten, Alemannen, Roxalanen, Sarmaten, Franken, Sueben, Vandalen und andere Germanen, sondern auch die königliche Zenobia, von Perlen und schweren goldenen Fesseln fast erdrückt, und Tetricus, der Nebenkaiser des Westens, zogen ihm voraus. Auf einem Wagen mit vier Hirschen, der einem gotischen Könige gehört haben soll, fuhr er auf das Kapitol (Fl. Vop. c. 33 u. 34).

Unendliche Spiele und Geschenke für das Volk, wenn auch mehr in Nahrungsmitteln als Geld, sowie Schuldenerlasse schlossen das Fest. Damals ward den Bürgern zuerst Schweinefleisch geliefert (Vop. c. 34, 35, 39).

Auch Aurelians großartige Bauten, die Wiederherstellung der Bäder des Caracalla und der prachtvolle Sonnentempel in Rom, sowie das Forum in Ostia, mögen besonders in diesem Jahre betrieben worden sein (Vop. c. 45).

Die Welt hatte er nun besiegt und gedemütigt: aber die Germanen ruhten nicht.

Auf dem Marsch nach Gallien[18] fand und vertrieb er sie wieder vor Augsburg, das sie belagerten (Vop. c. 35), wandte sich aber darauf sofort nach Illyrien.

Die große Provinz Dakien ward schon unter Gallienus für verloren erachtet.

In dessen östlichem Flachlande, Bessarabien und Moldau, mag Rom kaum noch einen Platz gehalten haben: in dem gebirgigen Siebenbürgen dagegen sowie großenteils auch in der Wallachei und dem Banat mögen die Festungen und zahlreiche, durch sie geschützte Orte und Dörfer noch römisch geblieben sein. Nicht allein die Unmöglichkeit bleibender Behauptung, sondern auch die Verwüstung und Entvölkerung der diesseitigen Provinzen, Mösien und Thrakien, des immerwährenden Schauplatzes barbarischer Einfälle, bestimmte den Kaiser, jenes aufzugeben und dieses durch neue Bevölkerung wieder zu Kraft und Blüte zu bringen. Er zog daher die Besatzungen und die römischen Bewohner zurück und verpflanzte letztere in einen weiten Landstrich Ober- und Niedermösiens, den er, unter Beibehaltung des Namens Dakien, zu einer neuen Provinz erhob: den Vorbewohnern aber überwies er vermutlich Wüstungen in andern Teilen Mösiens und Thrakiens zum Anbau.

Gleichwohl mögen auch Römer, namentlich Gewerbtreibende, durch Zusicherungen der Goten bewogen, in dem alten Dakien verblieben sein, da man die Erhaltung der in ihren Resten noch heute dort fortlebenden Sprache (der rumänischen) sonst kaum zu erklären vermöchte. Diese Maßregel ward, nach der von Eckhel VII, p. 481 beschriebenen Münze mit der Inschrift Dacia Felix und dem Avers Trib. P. V. unzweifelhaft im Jahre 274[19] ausgeführt (Fl. Vop. c. 39; Eutrop IX, c. 15; Lact. de m. persec. c. 9).

„Hand am Schwert" vermochte nicht zu feiern. Schon war er an der Spitze eines mächtigen Heeres auf dem Marsch nach Persien in der Gegend von Byzanz angelangt, als Verrat seinem tatenreichen Leben ein Ziel setzte. Verschwörer ließen ihn auf dem Marsche meuchlings niederstoßen. Dies geschah bei dem neuen Fort zwischen Heraklea und Byzanz, unzweifelhaft gegen Ende Januar des Jahres 275 (Fl. Vop. c. 41).

ACHTES KAPITEL

Tacitus, Probus, Carus und dessen Söhne

Vom Jahre 275 bis 285

Schmerz über den Verlust ihres Führers, Erbitterung über das Verbrechen, Mißtrauen gegen ihre Generale, auf welche Verdacht der Teilnahme fiel, erfüllten das Heer. Sie wollten deren keinen: der Senat möge den Nachfolger ernennen. Dieser lehnte die gefährliche Ehre ab: das Heer aber beharrte und so verliefen unter dreimaligem Hin- und Herschieben gegen acht Monate, bis der Senat am 25. September (Fl. Vop. Tacitus c. 3) den der Anciennität nach ersten Senator (consularis primae sententiae), den würdigen, nach Zonaras p. 608 aber bereits fünfundsiebzigjährigen Tacitus zum Kaiser ernannte.

Der Senat schwelgte im Hochgenuß wiedererlangter Macht und schüttete seinen majestätischen Stolz bei diesem Anlaß gegen die ersten Städte des Reiches aus, als welche uns hierbei Trier, Aquileja, Mailand, Korinth, Athen, Thessalonich, Antiochien, Alexandrien und Karthago genannt werden.

Tacitus begab sich zur Armee, die anscheinend noch in Thrakien stand, und stieß sogleich auf Krieges Werk. Skythen, nach einer Münze mit der Inschrift: victoria gothica (s. Eckhel VII, p. 498) unzweifelhaft Goten, hatten sich von der Mäotis her an der Nordküste des schwarzen Meeres versammelt, unter dem Vorwande, mit Aurelian gegen die Perser ziehen zu wollen. Sie benutzten die mit jenes Tode eingetretene Muße, um auf eigene Faust zu heeren, wurden aber von Tacitus, teils durch guten Rat, teils durch Waffengewalt in ihre Heimat zurückgedrängt (Fl. Vopisc. Tac. c. 13), was jedoch (nach Zosimus c. 63) nicht vollständig gelungen zu sein scheint.

Im April 276 endete der würdige und verdiente, seiner Aufgabe aber schon den Jahren nach nicht mehr gewachsene Greis. Über Anlaß und Art seines Todes schwanken die Quellen: unzweifelhaft waren die Soldaten seiner überdrüssig: zweifelhaft ist es, ob er, was doch das Richtigste scheint, durch Mord fiel oder dem durch eigene Tötung zuvorkam.

Florianus, sein Bruder, betrachtete sich, weil der Senat Tacitus das Recht der Wahl seines Nachfolgers bewilligt habe, als Thronerben. Er ward auch in Rom, sowie von allen europäischen und afrikanischen Provinzen (Ägypten ward zum asiatischen Orient gerechnet) und ganz Kleinasien bis auf Kilikien anerkannt.

Im Orient aber befehligte, vielleicht schon von Aurelian ernannt, jedenfalls von Tacitus, der ihn des Reiches Hauptstütze nannte, Probus, ein Kriegsheld und Charakter ersten Ranges. Sein Heer rief ihn zum Kaiser aus und Florianus muß ihm sofort entgegen gezogen sein, denn in Kilikien trafen sich die Heere. Probus, der ungleich schwächer war, verzögerte die Entscheidung: die Begeisterung seiner Truppen für ihn scheint sich aber auch denen des Gegners mitgeteilt zu haben. Florianus ward nach kaum zwei Monaten von seinen Soldaten niedergestoßen (Fl. Vop. Flor. c. 1 und Probus c. 10; Zosimus c. 64).

Seiner Vorgänger Claudius und Aurelian würdig bestieg Probus den Thron.

Gleichen Vaterlandes wie jene war er doch etwas höherer Geburt: denn seine Mutter soll noch edlern Geschlechts gewesen sein als der Vater und dieser, unstreitig ein Guts- oder Gartenbesitzer in der Nähe von Sirmium, hatte es mindestens bis zum Tribun gebracht (Fl. Vop. Proh c. 3 und Epit. Aur. Vict. c. 35).

Schon Valerians Scharfblick hatte des Probus Wert erkannt, indem er ihn vor der durch Hadrian geordneten Zeit zum Tribun und wenig Jahre später zum Befehlshaber der dritten Legion ernannte. Dafür befreite er einen Verwandten dieses Kaisers aus der Gefangenschaft der Quaden. Ebenso ehrten ihn die Folgenden. Unter Aurelian eroberte er Ägypten wieder und hatte wahrscheinlich nach des Kaisers Abzug im Jahre 273 die Reste jenes durch Firmus erregten Aufstandes, der sich nach Oberägypten und selbst nach Karthago verbreitet hatte, noch zu unterdrücken. Auch in Germanien hatte er früher ruhmvoll gefochten, da im Senat bei dessen Bestätigung von ihm gesagt ward: „seine Tapferkeit bezeugen die in unwegsame Sümpfe geworfenen Franken und die vom Rhein weit zurückgedrängten Germanen und Alemannen" (Fl. Vop. Prob. c. 4–9).

Mit fast übertriebener Unterwürfigkeit bat Probus den Senat, der ja Herr der Welt sei, auch es stets gewesen und ewig sein werde, um Bestätigung, die ihm auch mit der gewöhnlichen, diesmal aber verdienten Lobesfülle gewährt wurde (a. a. O. c. 11, 12).

Sein erstes Geschäft war, Aurelians und des Tacitus Mörder zu bestrafen.

Schlimm stand es um diese Zeit in Gallien. Aurelians, des Gefürchteten, Tod mag für Alemannen wie Franken das Signal des Losbruchs geworden sein. Die Germanen, sprach der Konsul schon in der Senatsitzung des 25. September, als er des Tacitus Ernennung beantragte, haben, wie es heißt, die Rheinwehr gebrochen und die bedeutendsten und reichsten Städte eingenommen (Fl. Vop. Tac. c. 3 u. Prob. c. 13).[1]

Dawider zog nun sofort Probus, kann indes kaum vor Anfang des Jahres 277 den Krieg begonnen haben.[2]

Nur auf der bekannten Militärstraße durch Pannonien, Noricum, und Rätien, südlich des Bodensees, kann Probus auf das linke Rheinufer gezogen sein. Hier teilte er seine Streitkraft in zwei Heere, ein oberes, das er selbst führte gegen die Alemannen, und ein niederes gegen die Franken, unter einem seiner Generale (Zosim. c. 67). Die Feinde schweiften in Sicherheit durch ganz Gallien umher, indem sie bereits sechzig Städte erobert hatten. Indem sie Probus vom Rhein, ihrer Rückzugslinie, abschnitt und ihnen entsprechende kleinere Korps gegenüberstellte, mag es ihm gelungen sein, sie größtenteils zu vernichten und jene Städte, welche die Germanen sicherlich nicht alle besetzt, sondern wohl nur durch Schreck und Drohung in einer gewissen Unterwürfigkeit hielten, wieder zu befreien (Vopisc. c. 13).

Nach diesem ersten Erfolge ging der Krieg auf dem rechten Rheinufer weiter, der Rest der Alemannen ward über den Neckar und die schwäbische Alp (ultra Nierum fluvium et Albam[3]) hinausgetrieben[4], reiche Beute gemacht und gewiß das ganze Zehntland wieder eingenommen. Hierauf scheint Probus das obere Heer einem seiner Generale anvertraut, sich selbst aber zu dem niedern gewandt zu haben, das unter seinem Führer die Franken bereits tüchtig geschlagen hatte.

In solcher Bedrängnis suchten und erlangten nun sowohl Franken als Alemannen die Hilfe von Stammgenossen. Burgunder und Vandalen zogen an den Rhein. Mit den Resten der Franken vereint war ihr Heer stärker als das römische. Angesichts dessen durfte Probus keinen Offensivübergang wagen. Es gelang ihm aber, einen Teil der Barbaren, von den Römern gereizt und verhöhnt, zum Übersetzen zu bewegen.

Dies kann nicht wohl der den Germanen bekannten Stellung seiner Hauptarmee gegenüber geschehen sein (da sie für so groben Fehler zu kriegskundig waren), sondern gewiß nur auf einem hierzu ersehenen Nebenpunkte, in dessen Nähe er angemessene Streitkräfte maskiert hatte.

Der Plan gelang vollkommen. Die übergesetzten Feinde wurden niedergehauen oder gefangen, der Rest – das noch jenseitige Heer – bat um Frieden, den der Kaiser auch gegen Rückgabe aller Beute und Gefangenen gewährte. Diese ward aber von den Germanen nur unvollständig ausgeführt, was den Kaiser (der schon während der Verhandlung über den Rhein gegangen sein und günstige Positionen, namentlich für seine starke Vorhut leichter, aus dem Orient mitgebrachter Truppen gewonnen haben wird[5]) sehr erbitterte und zu neuem Angriffe reizte, der mit einem glänzenden Siege endigte.

Großer Verlust der Feinde an Toten und Gefangenen, unter denen ihr Führer Igillus selbst war. Die Gefangenen wurden in Britannien kolonisiert, wo sie sich später bei einem Aufstande dem Kaiser nützlich erwiesen (Zosim. c. 68).

Der Schauplatz dieser Kämpfe wird in der Gegend des Mains nördlich des Odenwalds zu suchen sein.

Den Alemannen anscheinend zogen die von Zosimus (c. 67) erwähnten Logionen (Lygier), etwa von der Oberpfalz her, zu Hilfe. Auch diese wurden auf das Haupt geschlagen und deren Führer Semno mit seinem Sohne gefangen.

Der gegen Rückgabe aller Gefangenen und Beute geschlossene Friede, wohl mit einem Bündnis, wodurch auch Semno nebst Sohn seine Freiheit erhielt, endigte diesen Feldzug. Zeit und Ort erhellen aus der Quelle nicht mit Sicherheit. Kommandierte jedoch Probus selbst, wie es nach dem Wortlaute (c. 67) allerdings scheint, gegen die Logionen, so kann dies nur *nach* dem Kriege mit den Burgundern und Vandalen geschehen sein, was auch mit der Art und Weise, wie Zosimus des Kampfes gegen erstere – wiewohl in einem frühern Kapitel – gedenkt, nicht unvereinbar zu sein scheint. Der Kriegsschauplatz dürfte etwa zwischen Donauwörth und Ingolstadt zu suchen sein.

Das Gesamtergebnis dieser für die Germanen, von denen der Kaiser jeden Kopf mit einem Goldstücke bezahlte, so vernichtenden Kriege hat nun Probus dem Senate in dem bekannten Imperatorstile im Wesentlichen mit folgenden Worten angezeigt:

„Dank den unsterblichen Göttern, versammelte Väter, weil sie Euer Urteil über mich bekräftigt haben. Unterworfen ist, so weit es sich dehnt, ganz Germanien. Neun Könige verschiedener Völker lagen flehend vor meinen, vielmehr vor Euren Füßen. Für Euch pflügen nun alle Barbaren, für Euch säen sie und streiten mit uns gegen die innern Völker.

Viermalhunderttausend Feinde haben wir niedergehauen, 16 000 Bewaffnete haben sie uns überlassen, siebzig[6] der edelsten Städte wurden ihren Händen entrissen und fast alle Provinzen Galliens befreit.

Der Feinde gesamte Beute ist wieder erlangt und mehr als das an neuer gewonnen.

Gallische Felder werden durch die Rinder der Barbaren bearbeitet. Zu unserer Ernährung weiden die Herden mannigfacher Völker. Ihre Stuten werden für die Folenzucht unserer Reiterei bedeckt.

Mit dem Getreide der Barbaren angefüllt sind unsere Speicher. Mit einem Worte: nur Grund und Boden haben sie noch behalten, alles übrige ist unser."

(Diese Worte sind sehr lehrreich. Denn so viel rhetorischer Bulletinstil hier vorliegt, – fest steht, daß die zum Frieden gebrachten Germanen nicht nur als Viehzüchter, daß sie mindestens ebensosehr als *Ackerbauer* für das Reich geschätzt wurden, das infolge der tiefen wirtschaftlichen Schäden schon jahrhundertelang an Getreide Mangel litt, obwohl es die fruchtbarsten Länder dreier Erdteile umschloß. Man sieht, der Ackerbau wird jetzt im innern Germanien so eifrig getrieben – die Not zwang die wenig Willigen – und so zahlreich, daß die Steuerpflicht der Landschaften zwischen Rhein, Main, Neckar, Donau, der schwäbischen Alb (sogar für Rom) als ins Gewicht fallend dargestellt werden mochte. D.)

Darüber ist ein Zweifel nicht möglich, daß das Zehntland mit seinen größtenteils germanischen Bewohnern nicht nur vollständig wieder erobert, sondern auch der Limes, die alte Grenzwehr wieder hergestellt und neu befestigt ward. Dies beweisen zwei, wenn auch nur abgerissene Bemerkungen unseres Vopiscus (Prob. c. 13 a. Schl. und 14 zu Anfang), wo er sagt:

„Den römischen Städten gegenüber legte er befestigte Lager im barbarischen Gebiete an, die er mit Besatzungen versah" und

„Den Besatzungen jenseits des Rheins gab er Land, errichtete Häuser und Magazine für sie, und setzte ihnen Getreidelieferungen aus."

Nur ist nicht anzunehmen, daß dies alles sofort nach dem Kriege, während des Probus Anwesenheit im Lande, geschah, da es zu Ausführung seiner Anordnungen selbstredend längerer Zeit bedurfte.

Die 16 000 Rekruten verteilte Probus, gewiß nicht bloß (wie Vop. c. 14 sagt), um die Barbarenhilfe zu verstecken, sondern um sie durch Vereinzelung ungefährlich zu machen, in Abteilungen von fünfzig bis sechzig Mann unter die Legionen und Auxilien.

Auch in Rätien stellte Probus Ordnung und Ruhe vollständig wieder her, und zog darauf im Jahre 278, wohl erst im Sommer – dies war das Los römischer Kaiser – vierhundert Meilen weit in den Krieg des Ostens.

Die nun in Vopiscus (c. 16) folgende Stelle verstehen wir, auf Anm.[7] uns beziehend, also, daß Probus von Thrakien aus mit den vormals zum Getenreich gehörigen Völkerschaften in Ostdakien, wegen deren Übersiedlung in römisches Gebiet, jene Unterhandlungen anknüpfte, welche im Jahre 279 (nach c. 18) zum Vollzuge gelangten.

Nachdem er mit Persien Frieden geschlossen, ging er im Jahre 279 nach Thrakien zurück.

Hier ward nun die im vorigen Jahre eingeleitete Übersiedlung von 100 000 halb sarmatisierten Bastarnen, die im römischen Gebiete Land empfingen, sowie mehrerer Volkshaufen rein germanischen Blutes bewirkt. Fl. Vopiscus nennt (c. 18) Gepiden, Gautunnen (d. i. Greuthungen) und Vandalen als solche, Zosimus (c. 71) aber Franken.

Ist ersteres nach den Sitzen jener Völker wahrscheinlicher, so können doch auch Franken dabei und letztere absichtlich in dem ihrer Heimat so fernen Thrakien kolonisiert gewesen sein.

Die Bastarnen wurden ruhige Untertanen: die echten Germanen aber desertierten bald auf abenteuerliche Raubfahrt, indem sich jene Franken, nach Zosimus, einiger Schiffe bemächtigten, darauf Griechenland in Schrecken setzten, in Sizilien Syrakus mit großem Blutvergießen einnahmen, in Afrika landend zwar durch herbeigezogene Truppen zurückgeworfen wurden, endlich aber dennoch ganz Westeuropa umschiffend in ihrer Heimat angelangt sein sollen. Dasselbe sagt kürzer Vopiscus von seinen Völkern, von denen, nachdem sie fast die ganze Welt, d. i. das Reich durchschweift und mehrfach geschlagen worden, einige wenige doch endlich ruhmvoll wieder in das Vaterland zurückgekehrt seien.

Die Namen sind gleichgültig, an der Sache selbst ist nicht zu zweifeln – ein neuer merkwürdiger Beweis für den Wagemut der Germanen.[8]

Noch im Jahre 279 wahrscheinlich triumphierte Probus zu Rom, mit unerhörter Überreizung römischer Schaulust. Der Zirkus ward zum Wald umgeschaffen und darin auf einmal eine Unzahl von

Straußen, Sauen, Rot- und Damwild, je tausend Stück jeglicher Art, losgelassen und dem Publikum preisgegeben.

Das Jahr 280 mag über Unterdrückung der Empörungen des Saturnius im Orient und des Proculus und Bonosus in Gallien und Germanien, die anscheinend zusammenhielten, vergangen sein. Letztere schlug der Kaiser in Person. Bemerkenswert ist, daß Proculus, obwohl fränkischen Stammes, bei seinen Landsgenossen, die Probus fürchten mochten, keinen Anhang gefunden. Er selbst hatte früher mit Glück gegen die Alemannen (unstreitig unter Probus) gekämpft, indem er sie, ihr eignes Verfahren nachahmend, im kleinen Kriege aufrieb.[9]

Von Bonosus ist zu erwähnen, daß Aurelian ihm früher Hunila, eine Gotin königlichen Geschlechts (virgo regalis) vermählt hatte, eine von sieben vornehmen Gotinnen, die, wahrscheinlich unter Claudius gefangen, auf Staatskosten anständig unterhalten wurden.

Auch schonte Probus der Witwe und Kinder des Rebellen, gewährte ersterer sogar Pension und äußere Ehre. Wir dürfen hierin kluge Berücksichtigung der Stellung und Würde des germanischen Adels erblicken. (? D.)

Im Jahre 281 rüstete Probus zum Kriege mit Persien und fiel, wie Aurelian, durch Mörderhand schon auf dem Wege dahin, unweit Sirmium. Seine eigenen Truppen, der übermäßigen Anstrengungen für öffentliche Arbeiten müde, welche anscheinend durch die große Sommerhitze noch drückender geworden sein mögen, stießen ihn nieder.

Fl. Vopiscus, der nicht Sallust, Livius und Tacitus, sondern nur Sueton und seine nächsten Vorgänger nachahmen zu wollen erklärt (Prob. c. 2), beweist geringen historischen Takt durch sein Urteil über Probus, den er, als den Besten der Besten, ohne weiteres neben Trajan und M. Aurelius stellt. Aber ein großer Mann war derselbe allerdings, ja in einer Beziehung, als *Volkswirt*, unzweifelhaft einer der größten der römischen Herrscher. Wunderbar: nachdem er nahe ein Vierteljahrhundert lang ohne Rast *nur* das Kriegshandwerk betrieben, entwickelt er auf einmal, zur Gewalt gelangt, schon als Befehlshaber in Ägypten, einen Eifer, eine Begeisterung für Zwecke des Friedens, für Eroberungen im Innern, von der die Geschichte Roms kaum ein Beispiel kennt.

Er war voll Eifers nicht allein für gemeinnützige Bauwerke, was nichts Neues gewesen wäre, sondern auch für Verbesserung der Schiffahrt, Kultur von Wüstungen, Mehrung der Bevölkerung und vor allem für Förderung des Weinbaus, für welchen er das Interesse aus den väterlichen Gärten mitgebracht haben mochte. (Vop. Prob. c. 9, 18, 20 und 21. Aur. Vict. de Caes. 37, 3. Epit. c. 37, 3 und Eutrop. c. 9, 18.) Den Weinbau hatte, wie den des Ölbaumes, die Republik für den Westen mindestens zum Monopol Italiens gemacht: seit Domitian ward er einzelnen Orten durch Spezialprivilegien gestattet, Probus zuerst gab ihn nicht allein frei, sondern ließ auch sofort großartige Rebenpflanzungen, zum Besten der Provinzialen, durch die zu Winzerarbeiten kommandierten Soldaten ausführen.

Nicht unwahrscheinlich ist, daß auch der Rhein (d. i. dessen linkes Ufer) und die Mosel damals zuerst mit dem Schmucke versehen wurden, der seit anderthalb Jahrtausenden ihr Stolz ist.

Hat Probus wirklich gesagt, wie Vop. (c. 20) anführt, die Soldaten dürften ihr Brot nicht nutzlos verzehren, ja: „die Republik wird deren hoffentlich bald gar nicht mehr bedürfen", so beweist dies die Reinheit, aber auch die Verblendung seiner edlen Leidenschaft für den Segen friedlicher Zwecke.

Noch vor des Probus Tode verläßt uns leider Zosimus, der beste Geschichtsschreiber jener Zeit, von dem der Schluß des ersten und der Anfang des zweiten Buchs, die Zeit von etwa 281 bis 305 umfassend, verloren sind.

Das Heer rief Carus, dem Praefectus Praetorio, zum Kaiser aus – einen Mann, der seines Herrn Wahl gerechtfertigt hat. Unsicherer Herkunft[10] war er gleichwohl Senator. (Vop. c. 4.)

Er ernannte sofort seine Söhne Carinus und Numerianus zu Cäsaren.

Der Tod des gefürchteten Probus scheint die Barbaren allenthalben zum Losbruche gereizt zu haben, weshalb er Carinus, den ältern und kriegerischesten der Söhne, nach Gallien sandte.

Er selbst züchtigte zunächst die Sarmaten, d. i. Jazygen, die unerachtet der Nähe des Heeres in römisches Gebiet einfielen, denen er 16 000 getötet und 20 000 Gefangene beiderlei Geschlechts abgenommen haben soll (Vop. Car. c. 8 u. 9), was aber schwerlich (wie Gibbon Kap. XII, Nr. 71 annimmt) in einer einzigen großen Schlacht, sondern mittelst eines strafenden Einfalls in deren Gebiet geschehen sein mag, wobei von der Zahlen- und Zeitangabe (paucissimis diebus) noch die gewöhnliche Übertreibung abzurechnen ist.

Hierauf brach Carus, des Probus Absicht gemäß, mit dem schon marschbereiten Heere nach Persien auf, nahm Mesopotamien wieder und bemächtigte sich selbst der Hauptstadt Ktesiphon, sowie des nahen Coche (Eutr. IX, 18). Indem er aber weiter vordrang, ward er bald darauf in seinem Zelte vom Blitz erschlagen oder starb mindestens während eines furchtbaren Gewitters (Fl. Vopisc. Car. c. 8), was mit der Gewalt eines üblen Vorzeichens auf die Gemüter wirkte und das Aufgeben des so ruhmreich begonnenen Krieges und den Rückmarsch zur Folge hatte.

Seine Söhne Carinus und Numerianus wurden ohne Widerspruch als Kaiser anerkannt.

Letzterer, der den Vater begleitet hatte, ward auf dem Rückmarsche durch seinen eigenen Schwiegervater Aper, den Praefectus Praetorio, getötet. Das zusammentretende Heer rief hierauf Diokletian zum Kaiser aus, dessen erste Tat Apers Niederstoßung war (wobei des Vopiscus Großvater zugegen, er selbst aber damals, weil er zwanzig Jahre später schon zu schreiben begann, unstreitig bereits geboren war).

Carinus, der Kaiser des Westens, der um dieselbe Zeit verschwenderische Spiele in Rom gab, war nicht gemeint, sich die Herrschaft entreißen zu lassen.

Er brach sogleich wider Diokletian auf, hatte aber vorher noch den Sabinus Julianus, welcher nach der Herrschaft trachtete, zu bekämpfen, der in einer Schlacht bei Verona blieb.

Carinus war, obwohl kriegstüchtiger, im übrigen ein würdiges Ebenbild des Commodus und des Caracalla, wie Vopiscus und Eunapius (I, p. 99 d. Bonn. Ausg.) weitläufig berichten, hinzufügend, daß der Vater selbst bereits an dessen Beseitigung und Ersetzung durch den verdienten Constantins Chlorus, der damals in Dalmatien befehligte, gedacht habe.

Die Heere der Nebenbuhler trafen sich in Mösien, die Entscheidung aber verzögerte sich, da die oft schon bewährte höhere Kriegstüchtigkeit der Truppen des Westens jener der orientalischen oder doch aus dem Orient kommenden Diokletians die Waage gehalten haben mag. Nach mehreren Schlachten fiel jedoch Carinus besiegt bei Margus, unweit des jetzigen Belgrad, wogegen er nach der Epitome des Aurelius Victor (c. 38) von seinem Heere verraten und verlassen worden sein soll.

Die Todeszeit sowohl des Carus als seiner Söhne ist mit Sicherheit nicht zu ermitteln.

Am wahrscheinlichsten ist, wie auch Tillemont (III, S. 1165) annimmt, daß Carus im Dezember 283 starb, da sich noch ein Rescript im Namen desselben und seiner Söhne vom 15. Dezember 283 findet (Cod. Just. V, 71, 7). Dem scheint zwar das gleichzeitige Gewitter entgegenzustehen, indes kann ein solches, zumal im Süden, doch auch im Winter stattgefunden haben. Da die römischen Spiele (ludi romani), welche zwischen dem 4. und 19. September stattfanden (siehe Becker-Marcq., röm. Alt. IV, S. 491), nach Fl. Vop. Carin. c. 1 in Carinus und Numerians Namen im Jahre 284 gegeben wurden, so kann Numerians Tod um diese Zeit in Rom noch nicht bekannt gewesen sein.

Nach dem Chronicon Paschale p. 510 der Bonn. Ausg. soll nun Numerian zu Perinth in Thrakien getötet, Diokletian aber am 17. September in dem nahen Chalkedon zum Kaiser ausgerufen worden sein. Daß das kaiserliche Hauptquartier bereits an der europäischen Küste war, während sich das Gros der Armee noch auf der asiatischen befand, ist leicht möglich. Des Carinus Tod kann, wegen des vorausgegangenen längeren Kampfes, wohl erst in das Jahr 285 gesetzt werden.

Für dieses hat damals eine doppelte Konsulatswahl stattgefunden, nach des Carinus Tod aber nur die von Diokletian veranstaltete Geltung behauptet.

NEUNTES KAPITEL

Neue germanische Völkernamen

1) Greuthungen und Tervingen

Vom Don bis an Siebenbürgens Grenzen über ein Gebiet von mindestens vier bis fünftausend Quadratmeilen hatten sich, wenn auch nicht als einziges, doch als herrschendes Volk, die Goten verbreitet.

Die Steppenbewohner wurden von Griut (Grieß, Sand) Greuthungen, die Insassen der waldigen Gegenden westlich des Dnjestr zwischen Karpathen und Donau von Triu (Baum) Tervingen (Trivingen, Therwingen) genannt. Diese Namen verschwanden zwar später, besonders seit dem Abzuge der Goten von den Gestaden des Pontus, wurden aber, nachdem sich schon eine Zweigverschiedenheit beider Teile ausgebildet hatte, durch die entsprechenden der *Ost-* und *Westgoten* (Austrogothi et Wisigothi, auch -gothae) ersetzt, welche auch früher schon im Gebrauch[1] waren.

Kommen daher, wie bei Vopiscus Prob. (c. 6), beiderlei Bezeichnungen nebeneinander vor, so ist dies nur einem Irrtum des Schriftstellers zuzuschreiben, der synonyme Namen, wie Greuthungi und Austrogothi für dasselbe Volk vernehmend, daraus verschiedene Völker machte.

Die Begründung vorstehender Ansicht ist durch Zeuß, S. 406 bis 412 so überzeugend erfolgt, daß jedes weitere Wort darüber müßig wäre.

2) Juthungen

Die Juthungen sind ein um die Mitte des dritten Jahrhunderts zuerst genanntes Volk, in gleicher Weise und aus gleichen Antrieben wie Alemannen und Franken hervorgegangen.

Wir entnehmen des Dexippus interessantem Bericht folgendes: ihr eigentliches Gebiet lag jenseits der Donau, indem Aurelian sagt: „Bevor wir nicht, den Ister überschreitend, innerhalb *eurer Grenzen* Rache nehmen." Sie waren Nachbarn der Alemannen und müssen sich neben und in Verbindung mit diesen sowohl vor ihrer Vertreibung durch Probus als nach dessen Tode wieder über das römische Zehntland, Rätien und Noricum verbreitet haben: denn ihre Operations- und Rückzugslinie ging von der Donau nach Italien und zurück und Aurelian sagt, daß sie zwischen den römischen Grenzen und dem Rhein eingeschlossen seien.[2] Dieselben damals in Italien einbrechenden Barbaren werden von Dexippus Juthungen, von Zosimus *Alemannen und deren Nachbarn*, von Vopiscus endlich Markomannen genannt, wonach anzunehmen ist, daß für alle diese Namen, wie sich sogleich ergeben wird, eine gewisse Begründung vorhanden war. Ammian aber bezeichnet die Juthungen (XVII, 6) um das Jahr 358 geradezu als einen *Teil der Alemannen* (Alamannorum pars).

Wenn die Gesandten mit Stolz hervorheben, daß ihr Heer „nicht aus gemischtem und schwachem Volke, sondern aus reinen Juthungen (ἀλλὰ Ἰουϑούγχων καϑαρῶς) bestehen, die im Reitergefecht hoch berühmt seien", so weist dies offenbar auf ein Volk hin, das von starkem kriegerischen Selbstgefühl erfüllt war.

Nicht minder ergibt sich, daß die Juthungen im Jahre 270 bereits lange schon als politischer Verband und zwar in einem Friedens- und Waffenbündnis mit Rom standen, weil ihre Gesandte Aurelian an das zwischen beiden Völkern stattgehabte alte Treubündnis (ὑπούϑης καὶ παλαιᾶς ἐμφοῖν τοῖν γενοῖν πρός ἄλληλα πίστεως), an die den Römern geleistete Kriegshilfe und die dafür empfangene Geldzahlung (2. Buch, 7. Kap.) erinnern.

Unsere Kunde aus der vorhergegangenen Zeit ist mangelhaft: doch ward uns der von Gallienus um das Jahr 256, also vierzehn Jahre vorher mit dem Markomannen-Könige Attalus geschlossene Friede überliefert (s. oben), der, wie fast alle derartige Verträge mit den Germanen, zugleich ein Födus war. Das „alt" der Gesandten würde dann freilich Phrase sein, immer aber könnte, sollte auch diese Vermutung irrig sein, das Waffenbündnis der Juthungen erst nach Maxmins Verheerungskriege 235–237, also nicht vor Gordians Regierung 237–244 abgeschlossen worden sein, unter welchem es, wegen dessen Zuges nach Persien, der Politik allerdings entsprochen haben würde.

Es ist aber nicht zu bezweifeln, daß das Volk der Markomannen neben den Juthungen wohnte, da der ersteren auch später noch, namentlich von Amm. Marcell. XXII, 5, XXIX, 6 und XXXI, 4 gedacht wird: (sind sie doch die späteren Bayern. D.). Wenngleich nämlich die Möglichkeit denkbar ist, man habe die Namen Juthungen und Markomannen als nächster Nachbarn und oft Verbündeter für gleichbedeutend gebraucht, wie man Franken bisweilen auch als Sugamber bezeichnet, so steht der Identität beider Völker doch ein anderer Grund entgegen: der nämlich, daß ein drittes, sonst großes und mächtiges Volk, das der Hermunduren, beinahe um dieselbe Zeit bis auf eine einzige Erwähnung (in Jordanis c. 22 zu Constantins Zeit), auf die wir sogleich kommen werden, für jetzt aus der Geschichte verschwindet, um später als Thuringi wieder aufzutreten. Selbst in der notitia dignitatum vom Ende des fünften Jahrhunderts, in welcher unter den römischen Hilfs- und Soldtruppen wohl fast alle Volksnamen jener Zeit vorkommen, finden sich zwar vielfach Markomannen, auch Juthungen (I, 308 und 392), nicht aber Hermunduren. Diese saßen aber gerade zwischen den Markomannen und denjenigen Westgermanen, welche in den Alemannen aufgingen, nördlich der Donau, haben daher wohl zu den neuentstandenen Juthungen ein starkes Kontingent gestellt. Sicherlich aber waren auch letztere ein Bundesvolk, das, nächst den Hermunduren, noch aus andern Sueben bestand, während einzelne hermundurische Gaue auch wieder den Alemannen beigetreten sein können. Man wende dawider nicht ein, daß die Hermunduren, die zuletzt im zweiten markomannischen Kriege 178–181 erwähnt werden, schon vierzig Jahre vor den Alemannen in der Geschichte nicht mehr vorkommen, da die Quellen gerade dieser Zeit die Verhältnisse des innern Germaniens nicht mit einem Worte berühren. Unstreitig bildeten sich die Juthungen bald nach den Alemannen und befanden sich schon unter denjenigen Germanen, welche im Jahre 233 unter Severus Alexander auf einmal so gewaltig gegen Rhein und Donau andrängten, von dessen Nachfolger Maximin aber besiegt wurden.

Aber keineswegs ist das Gesamtvolk der Hermunduren ohne Ausnahme unter den Juthungen aufgegangen. Vielmehr wichen viele Gaue des Volks weiter in das Innere zurück, indes sich die Juthungen zunächst der Donau sammelten. Wenn nun Jordanis (c. 22) zur Zeit Constantins des Großen der Hermunduren noch einmal nördlich der Vandalen in Oberungarn gedenkt, so ist hierbei zwar unstreitig einer der zahl- und zweifellosen Irrtümer desselben im Spiele, derselbe kann aber nicht (wie Zeuß, S. 448 annimmt) aus einer älteren Quelle geflossen sein, da Hermunduren früher niemals in den Karpathen um Kaschau und in Westgalizien, wohin jene Nachricht weisen würde, gesessen haben.

Ebenso unwahrscheinlich jedoch und des Jordanis, der sich zwar vielfach als konfuser Sammler, aber nirgends als Erfinder zeigt, ganzer schriftstellerischen Weise widersprechend würde hier die Annahme rein willkürlicher Erdichtung sein. Fand nun um jene Zeit, wie wir unten näher ausführen werden, vielfacher Platzwechsel, ein Hin- und Herschieben der innern Völker statt, so ist es nicht unmöglich, daß auch im Süden der Lugier, und im Norden der Markomannen und Quaden, die alle gegen Roms Grenze drängten, also im nördlichen Mähren und Oberschlesien bis gegen Krakau hin Wohnsitze frei und von einem Teil der Hermunduren eingenommen worden sein können, welchesfalls Gaue derselben damals, wenn auch nicht ganz im Norden, doch im Nordwesten der Vandalen gesessen haben würden. Allerdings ist dies reine Vermutung, unseres Bedenkens aber immer noch die wahrscheinlichste Erklärung jener sonst ganz unverständlichen Stelle.

Als *Gesamt*staat der „*Hermun*"-duri (*Groß*-, *Gesamt*duri) lebte der alte Verband nicht fort: manche seiner Gaugemeinden schlossen sich benachbarten Völkern: Juthungen, Alemannen an. Fest steht nur, daß „Hermunduren" mit *diesem* Namen in der Geschichte nicht weiter vorkommen: dies beweist aber nichts als daß sie mit Rom unter dem alten Namen nicht weiter kriegten, da es uns ja an jedweder sonstigen Kunde über das Volksleben der Germanen im *inneren* Lande gebricht: (in dem Hauptland der alten Hermunduren wohnen später die Thuringi – ein Name gleichen Stamms, nach Abstreifung des einen Sammelbegriff ausdrückenden Präfixes. D.).

Von der Mitte des dritten bis zum Ende des fünften Jahrhunderts fand nun jener merkwürdige Umbildungsprozeß der Germanen statt, in welchem alte Völkernamen verschwinden, neue *Namen* und *Verbindungen* entstehen, von dessen Ursprunge wir wenig, von dessen Fortgang wir gar nichts wissen, so daß fast überall erst die vollendete Tatsache an das Licht tritt. Mit dieser finden wir unter den Thüringern unzweifelhaft die alten Hermunduren wieder, vermögen aber nicht zu bestimmen, ob in dem Wogen und Drängen allgemeiner Zersetzung nicht auch Teile derselben andern neuen Gruppen zugespült worden sind.

Schließlich ist hier noch des Vorkommens der Juthungen auf der Peutingerschen Tafel zu gedenken, wo sich deren Name als: „Jutugi" in der Gegend von Regensburg bis Preßburg zwischen dem der Quaden hineingeschrieben findet.

Wir kennen ungefähr die Zeit des Ursprungs der Originalkarte, aber nicht diejenige der uns überlieferten, erweislich im einzelnen ihrer Zeit gemäß berichtigten Kopie, daher auch nicht die der fraglichen Einschreibung. Am leichtesten erklärt sich dieselbe durch die Vermutung, daß Quaden und Markomannen damals, von Vandalen, Gepiden und andern Goten gedrängt, schon etwas weiter nach Westen vorgerückt waren, erstere also in Niederösterreich über Wien herauf nach Passau zu saßen und zwar zunächst der Donau, wahrscheinlich südlich derselben aber das Volk der Juthungen, hinter diesen zunächst die Quaden.

Indes ist die Zuverlässigkeit jener Kopie zu gering, besonders aber deren Zeit zu ungewiß, um ein tieferes Eingehen auf diese mit Sicherheit ohnehin niemals zu erörternde Frage zu rechtfertigen.

3) Burgunder

Die „Völkerwanderung" hatte längst begonnen. Von allen Seiten her, vom Ozean bis zum Pontus, von den Mündungen des Rheins bis zu denen der Donau wogte stürmischer Andrang gegen Roms Grenze. Nicht allein die alten Nachbarn unter neuen Namen: Franken und Alemannen: nein, auch aus den fernen Nord- und Ostmarken her, wo sonst ein wüster Grenzstreif Germanen und Slaven schied, wogte alles heran, zuerst die Goten, Vandalen und ihre weitern Stammgenossen, nun auch Burgunder und Lugier. Diese aber, die Zuwandrer aus der Ferne, waren meist *suebische Völker*.

Sollte man nun nicht meinen, diese Bewegung habe Entleerung des Außenlandes und Überfüllung des innern an Rhein und Donau zur Folge gehabt? Ersteres nicht, da die Lücke bald wieder von nachdrängenden Slaven ausgefüllt ward, deren Trieb es war, den Germanen überall zu folgen, das von diesen verlassene Land mildern Himmels und meist gewiß auch besser angebauten Bodens in Besitz zu nehmen.

(Letzteres allerdings: und es ist die Möglichkeit, alle diese sich ausbreitenden Völkerschaften unterzubringen, nur damit gegeben, daß sie in großen, stets wachsenden Maßen in sehr verschiedenen Verhältnissen über die römischen Grenzen drangen. D.)

Daraus ergab sich die Besetzung der eroberten oder doch zeitweilig eingenommenen römischen Gebiete.

Von Gallienus bis Probus, nahe zwanzig Jahre lang, war nicht nur das Zehntland, an fünfhundert Quadratmeilen, fast durchaus in den Händen der Germanen, sondern auch ein großer Teil Galliens, wo die Franken und Alemannen ja sechzig Städte in Besitz oder Untertänigkeit hielten, nicht minder wahrscheinlich auch Rätiens und Noricums.

Dies aber war, jenseits des Rheins und der Donau wenigstens, noch nicht überall Eroberung: noch war nicht überall bereits Behauptung, manchmal noch nur Ausraubung der eingenommenen Lande des Krieges Zweck. Nach dem damaligen Kriegsrecht, wie es niemand furchtbarer übte als Rom, war die Zerstörung gegen das Volk unmittelbar, gegen Geld, Gut und Freiheit der Einzelnen gerichtet. Das machte jene Kriege so mörderisch, hatte daher auch starken Menschenverlust auf Seite der Germanen zur Folge. Wie ohnmächtig auch die römischen Provinzialen gegen sie waren, so mußte sich doch vielfache Gelegenheit bieten, zerstreute Plünderer, Marode und Verwundete besonders auf den bei so tollkühnem Vordringen so häufigen Rückzügen niederzumachen, was sicherlich überall mit dem Blutdurste heißer Rache geschah. Hauptsächlich aber bildete sich auch bei den Römern jenes, nicht auf Besiegung und Verdrängung, sondern auf gänzliche Vernichtung der Raubscharen berechnete Kriegssystem aus, was besonders Bocosus so geschickt betrieben haben soll. Abschneiden der Germanen von ihrer Rückzugslinie, Bildung fliegender leicht beweglicher Kolonnen, die sie aufsuchten, verfolgten und wo möglich konzentrisch angriffen – darin lagen Kunst und Erfolg der Römer, wo irgendein tüchtiger Feldherr sie führte. Rechnet man dazu deren taktische Überlegenheit besonders durch die den nackten Leibern der Germanen so gefährlichen orientalischen Bogen- und Speerschützen, so beweist nichts schlagender die ungemeine Tapferkeit und Kühnheit letzterer, als daß deren überhaupt noch einer zu entrinnen vermochte.

Denke man sich ein modernes strategisch und taktisch überlegenes Heer im Besitz der Festungen am Rheine aufgestellt, während 40- bis 60 000 feindliche Krieger, in einzelne Detachements aufgelöst, im Herzen Deutschlands oder Frankreichs umher schwärmen, wie würden sich letztere in ihr Vaterland durchzuschlagen und zu retten auch nur hoffen können? So aber stand es unter Probus. Was aber beweist schlagender die unter solchen Verhältnissen unabweisliche Notwendigkeit eines systematischen Vertilgungskrieges, als daß dieser Fürst ein Goldstück für jeden Germanenkopf zahlte?

Dazu kommt, daß der germanische Angriffskrieg gegen Rom jetzt nicht mehr ein zeitweiliger, sondern ein immerwährender war, da derselbe von Maximin bis Probus an vierzig Jahre lang, vorübergehende Friedensschlüsse mit einzelnen Völkern abgerechnet, nicht einen Augenblick ruhte. Waren auch die Germanen während dieser Zeit meist im Vorteile, so mußten sie, nach obigem, doch auch als Sieger, besonders durch die für sie so schwierigen Belagerungen, mannigfachen Verlust erleiden: wie viel mehr als Geschlagene, wie dies doch auch gegen Gallienus, Postumus, Lälianus häufig, unter Claudius, Aurelian und Probus immer ihr Fall war.

Auf die Zahlen der Geschichtsschreiber, nach welchen 150 000 Germanen gegen Claudius, 400 000 gegen Probus blieben, legen wir keinen sehr hohen Wert, daß aber deren Menschenverlust während jener vierzig Jahre ein ungeheurer war, wird niemand bezweifeln, wenn man zumal erwägt, daß jede irgendwie schwere Verwundung nach dem damaligen Zustande der Heil- und Verpflegungsmittel meist gewiß auch zum Tode führte.

Aber auch friedliche Überströmung der Übervölkerung Germaniens fehlte nicht: sie gewährte die zahlreiche Auswanderung und Kolonisation von Germanen im Römerreiche. Viele Fälle davon, besonders unter M. Aurelius und Probus, wurden bereits erwähnt, Irrtum würde es aber sein, diese für die einzigen zu halten. Längst hatte die kriegerische Bevölkerung in Rom abgenommen, auch die allgemeine mag durch die zwölf- bis fünfzehnjährige Pest, von Valerian bis Claudius, Raubfahrten und Bürgerkrieg furchtbar gesunken sein. Daher war es dringendes Gebot römischer Politik, dem Reiche neue vermehrte Volks-, besonders aber auch Wehrkraft zuzuführen, wodurch, mit doppeltem Gewinne, zugleich die feindliche vermindert wurde. Wunderbar aber entsprach dieser der Drang der durch Übervölkerung hungernden und darbenden Germanen nach den Ländern, über welche sie künftig herrschen sollten, wo ihnen unentgeltlich Grund und Boden, auch Geld und Getreide und zugleich Aussicht auf Krieg, Beute und Ruhm gewährt ward. Kein Zweifel daher, daß nicht nur in den Fällen, welcher die so dürftigen Quellen ausdrücklich gedenken, sondern auch noch in vielen andern, wenn auch nur in kleinen Haufen, dergleichen Übersiedlungen erfolgten. Nicht minder endlich zog der Solddienst viele Germanen nach Rom, für deren Schätzung es uns freilich an einem Maßstabe gebricht, deren Gesamtzahl aber sicherlich eine ungemein große und besonders durch die Auswanderung für immer und die fortwährende Rekrutierung aus der Heimat für letztere sehr fühlbar gewesen sein muß (s. w. u. die Kap. 11 erwähnte Militärreform).[3] (Das bisher okkupierte Land genügte aber den Germanen um so weniger, als der friedliche Ackerbau durch den Andrang der Völker von Osten her jetzt ebenso erschwert wurde, wie vor zweihundertfünfzig Jahren zur Zeit Cäsars etwa durch den Andrang der Sueben den Ubiern der Ackerbau fast unmöglich gemacht worden war. D.)

Wie lose der Zentralverband, wie schwach das Zentralregiment in den einzelnen germanischen Völkern oder Staaten waren, ist oben genügend entwickelt worden. Nichts vor allem stand dem unbändigen Freiheitsstolze des einzelnen Germanen höher, als das Recht des Privatkrieges, der Erwerbung durch Blut auf abenteuerlicher Raubfahrt. Ein Irrtum daher ist es, jene Völker für fest und untrennbar verbundene Gesamtmassen (für Einheitstaaten oder Bundesstaaten D.) zu halten: die nur im *Ganzen* ihre Politik bestimmt hätten. (Deutlich sehen wir vielmehr im vierten Jahrhundert noch, zumal bei Alemannen, gleichzeitig und nebeneinander einzelne Völkerschaften oder Gaue in Krieg, in Neutralität, in Bündnis mit Rom. D.)

Partielle Auswanderungen mit Übersiedlung in römisches Gebiet, deren soeben gedacht ward, kennen wir seit der der Kimbrer, Bataver, Sugambrer und Sueben im Jahre 7 v. Chr. (s. oben) viele. Es gebricht uns freilich an der Kunde der inneren Verhältnisse und Bewegungen in Germanien so sehr, daß wir nur wenige Fälle von Absonderung eines Volksteils von seinem Ganzen aus den Quellen beweisen können: so nur den jener Sachsen anzufahren wissen, welche (nach dem gleichzeitigen Gregor von Tours IV, 43 u. Paulus Diaconus III, 6) mit den Langobarden nach Italien gezogen waren: (so zogen nur ein *Teil* der Vandalen aus Pannonien und ein *Teil* der Alanen aus Gallien, nur ein Teil der *Sueben* mit beiden nach Spanien, ein *Teil* der Ostgoten nach Italien, ein *Teil* der Burgunder nach Savoyen. D.).

Waren doch aber auch die späteren Eroberungen und Niederlassungen der Sachsen, Angeln und Jüten in Britannien wie der Normannen in Frankreich und Italien nichts anderes als ähnliche Aussonderungen eines Volksteils vom Ganzen. Daher muß man das Vorkommen desselben Namens in verschiedenen weit von einander entfernten Gegenden durch die *Teilung des betreffenden Volks in verschiedene Massen* erklären: (das Latein entbehrt der Artikel: man darf aber nicht „Marcomanni" stets mit *die* Markomannen, muß es oft mit „markomannische Scharen" übersetzen: von den spanischen Sueben z. B. *wissen* wir, daß sie nur ein sehr kleiner Volkssplitter waren, ebenso von den italienischen Sachsen: das gleiche ist aber offenbar sehr oft anzunehmen. D.).

Wir kehren nun zu den Burgundern zurück.

Die Fabel von deren römischer Abkunft[4] ist beiseite zu lassen, ihr Ursitz im zweiten Jahrhundert n. Chr. östlich der Semnonen nach der Weichsel zu steht nach des Ptolemäus (II, 11, 25) gerade hierin so bestimmtem Zeugnis unzweifelhaft fest. Zuerst erwähnt ihrer nun Jordanis (c. 17) unter dem Namen der Burgundionen wieder, anführend, daß Fastida, der tatendurstige König der Gepiden, die damals in einem Teile Siebenbürgens und oberhalb desselben in den Karpaten saßen (s. oben 2. Buch, 3. u. 5. Kap.), sie beinahe gänzlich vernichtet (Burgundiones paene usque ad internecionem delevit), auch andere Völker bezwungen habe, was nach der a. a. O. bemerkten Zeit vor Philippus Arabs, also etwa unter Gordian 237–244 geschehen sein muß. So unzuverlässig Jordanis ist, so kann hier doch wahrlich an willkürliche Erfindung oder Verwechselung dieses Namens ebensowenig gedacht werden, als an eine bewußte Absicht Cassiodors, seiner Quelle. Lag es nun, wie oben bemerkt ward, ganz in der Natur der Sache, daß der gewaltige Völkerstrom, der im zweiten Jahrhundert von der Ostsee nach Roms Grenze heranwogte, auch die beweglichen Elemente der angrenzenden Völker (vielleicht meist die *östlich* der Weichsel wohnenden Teile *D.*) mit fortriß, führte er erweislich auch Vandalen mit sich: – was ist erklärlicher, als gleiches von Gauen der Burgunder, die neben den Vandalen saßen, anzunehmen? Dies liegt in der Tat so nahe, daß dessen Übersehen durch einen so scharfblickenden Forscher, wie Zeuß, eben nur durch die allgemein vorgefaßte Meinung erklärt werden kann, man habe es, wo irgendein Volksname in den Quellen vorkomme, überall nur mit der Gesamtmasse dieses Volkes zu tun.

Auf diesem Grunde werden nun auch die „Urugunder" des Zosimus (s. oben) sicher als Burgunder zu erkennen sein.

Den im folgenden Kapitel zu erwähnenden Konflikt der Burgunder mit den Goten hier übergehend, kommen wir nun auf deren berichteten Krieg mit Probus. Dieser ward nach Zosimus (I, 67) am Rhein geführt, indem er (c. 68) also fortfährt: „Nun ward in einer zweiten Schlacht gegen die Franken gekämpft. Nachdem dieselben durch des Kaisers Feldherrn auf das Haupt geschlagen worden, kämpfte dieser in Person gegen die Burgunder und Vandalen", wobei die Verbindung der Franken mit letztern Völkern *in einem Satz* offenbar den nahen Zusammenhang dieser Ereignisse andeutet. Im Kriegsverlaufe selbst führt er zwar nicht den Rhein, wohl aber „beide Ufer des Flusses" an, und c. 69 beginnt er mit den Worten: „Nachdem der Krieg *auf diese Weise am Rhein* von ihm zu Ende geführt worden war", worauf er des Probus Feldzug gegen die Rebellen in Isaurien berichtet. Zosimus hat sich anderwärts, wo er eben *nur* Fluß- oder Volks*namen* erwähnt, ohne an diese weitere spezielle Merkmale zu knüpfen, allerdings grober geographischer Irrtümer schuldig gemacht. Hier aber muß er (wie Amn. 2 zu Kap. 8 ausgeführt ward) eine gute und zwar speziellere Quelle als Flavius Vopiscus vor sich gehabt haben.

Im Wesentlichen ist darin Klarheit, Zusammenhang und Übereinstimmung mit Vopiscus. Der Krieg begann auf dem linken Rheinufer gegen Alemannen und Franken und endete auf dem rechten gegen andere Völker, die ihnen zu Hilfe gezogen sein müssen.

Was tun nun die Historiker und Forscher, mit Ausnahme Tillemonts, der darüber (II, S. 1135) unsere Meinung teilt? Sie verschweigen entweder den Kampfplatz gegen die Burgunder und Vandalen gänzlich, wie Gibbon und Luden, oder verlegen ihn, wie Gatterer, Marcus (Hist. des Vandales. Paris 1836. I, 2, S. 33 und Zeuß S. 447), weil Zosimus unzuverlässig sei, ohne Weiteres an die Donau. An dieser aber saßen, wie wir aus obigem genau wissen, von Westen her Juthungen, Markomannen, Quaden, östlicher Vandalen und Jazygen. Nur erst im folgenden Jahre 278, da Probus nach Wiederherstellung des Limes von Rätien durch Illyricum gen Asien zog, hätte er allerdings auch in *dortiger* Gegend mit Vandalen und benachbarten Burgundern an der Donau kriegen können. Davon aber sagt Vopiscus (Prob. c. 16) ausdrücklich nur:

„In Illyricum setzte er die Sarmaten und übrigen Völker so in Schrecken, daß er *fast ohne Krieg* (prope sine bello) alles wieder erhielt, was diese geraubt hatten."

Faßt man dies alles ins Auge, so kann hier nicht mehr die bloße Verwechselung eines Flußnamens, sondern nur noch die völlige Unwahrheit von des Zosimus gerade so militärisch spezieller Geschichtserzählung des gesamten germanischen Krieges in Frage sein.

So willkürlicher Erfindung aber hat noch kein Forscher diesen, wo es ihm nicht selbst an Quellen fehlte, nicht verwerflichen Historiker beschuldigt.

Widerspricht aber vielleicht die Geschichte der Folgezeit dessen Angabe? Gerade umgekehrt: ja Zeuß selbst sagt (S. 466): „Neben den Alemannen . . . haben sich die Burgunder behauptet und über ein Jahrhundert ruhig und den Römern unschädlich zugebracht." In der Tat finden wir, daß achtzig Jahre später der Cäsar Julian an deren Westgrenze sein Lager aufschlägt, wovon, wie von deren späterem Vorkommen am Rheine, weiter unten ausführlich die Rede sein wird.

Nach unserer Überzeugung waren daher diejenigen Burgunder, welche Probus und zwar am Rheine schlug, keineswegs jene einst mit Vandalen und Goten nach Roms Ostgrenze herangezogenen, von Fastida, dem Gepiden, besiegten, sondern vielmehr der damals in der Heimat zurückgebliebene Rest des Gesamtvolkes. Von der allgemeinen Strömung ergriffen hatte nun auch dies die alten Wohnsitze verlassen und sich dem gemeinschaftlichen Zielpunkt genähert, indem es sich in dem heutigen Franken an den Ufern des Mains neben Franken und Alemannen niederließ.

Zu welcher Zeit und in welcher Weise dies geschah, wissen wir nicht, halten aber für wahrscheinlich, daß sie auf der schon oben erwähnten alten (Nürnberger) Handels- und Militärstraße dahin vorrückten.[5]

4) Vandalen

Von diesen, die auch von Zosimus a.a.O. nur in Verbindung mit den Burgundern erwähnt werden, gilt beinahe vollständig dasselbe, wie von letztern. Es ist daher hier nur weniges nachzutragen.

Daß Vandalen auch dem großen gotischen Völkerzuge (sie waren ja selbst Goten *D.*) sich angeschlossen hatten, steht nach obigem, besonders nach dem ausdrücklichen Zeugnis des zuverlässigen Dexippus außer allem Zweifel. Auch macht Commodus (nach Dio LXXII, c. 2) den Markomannen im Frieden zur Bedingung, daß sie weder mit den Jazygen noch mit den Buren und Vandalen Krieg führen sollen. Zunächst werden sie nun in dortiger Gegend von demselben Dexippus wiederum im Jahre 270 oder 271 mit Aurelian kämpfend und Frieden schließend erwähnt (s. oben).

Sie müssen damals in den Vorbergen der Karpaten etwa zwischen Schemnitz und Kaschau und südlich herab gesessen haben.

An derselben Stelle nun finden wir sie zweiundsechzig Jahre später, nur anscheinend der Donau noch etwas näher, nach Jordanis diesmal sehr genauer Bezeichnung c. 22 (vergl. Zeuß, S. 477 Anm.**) wieder.[6]

Nun aber sagt Cassius Dio (im 55. Buche c. 1, das er unstreitig erst unter Severus Alexander 218–235 schrieb), daß die Elbe in den vandalischen Bergen entspringe.

Man hat daraus, wohl nicht ohne alle Grund, geschlossen, daß die Vandalen damals in und am Riesengebirge saßen.

Will man nun durchführen, daß überall, wo Vandalen vorkommen, *ein* und *dasselbe* Volk gemeint sei, so muß man annehmen, daß sie entweder schon im Jahre 180 *zugleich* in Oberungarn bis zur Donau herab *und* im Riesengebirge ihren Sitz gehabt oder später zwischen 180 und 220 den früheren in den zwar auch bergigen, aber doch fruchtbarsten Gegenden Ungarns gelegenen, rückwandernd verlassen und mit dem unwirtbaren Riesengebirge vertauscht, nachher aber, vor dem Jahre 270, wiederum dieses, beinahe an das bekannte Kinderspiel des Kämmerchenvermietens erinnernde Manöver wiederholt und den zweiten Platz nochmals mit dem ersten gewechselt hätten ?

Zeuß glaubt S. 445 um deswillen, weil sie nach den Quellen in der Nähe der Markomannen und Quaden saßen, denselben ihren Platz im Rücken dieser Völker anweisen zu müssen, erwägt aber nicht, daß sie östlich letzterer ebenfalls deren Nachbarn waren. Welches Interesse in aller Welt aber hätten des Commodus erfahrene Ratgeber gehabt, den Markomannen den Krieg mit rückwärtsliegenden Völkern zu verbieten, was doch, weil sie sich dadurch selbst schwächten, für Rom gerade das allerwünschenswerteste gewesen sein müßte? Im römischen Interesse wollte man Ruhe an der Grenze und diejenigen Völker, mit welchen man Friedens- und Waffenbündnisse geschlossen hatte oder schließen wollte, gegen Befehdung sichern, keineswegs aber im Interesse der Humanität die Segnungen des Friedens über das innere Germanien verbreiten.

Wir können daher nicht zweifeln, daß diejenigen Vandalen, welche wir seit dem markomannischen Kriege neben den Jazygen in dem heutigen Ungarn kennen, ebenso wie die unter 3) besprochenen Burgunder, nur im vom Hauptvolk abgerissenen Gauen, die sich der gotischen Wanderung angeschlossen hatten, bestanden. Wir kommen auf deren weitere Geschichte zurück.

Hiernach kann sich obige Angabe Dios nur auf das Hauptvolk beziehen, welches zu dessen Zeit in Niederschlesien bis zum Riesengebirge hin sich niedergelassen haben muß, von wo sie später durch die Grafschaft Glaz[7] und Böhmen vielleicht in der Oberpfalz und Oberfranken mit den Burgundern zusammenstießen. Auf diese neuen Sitze des Hauptvolkes nun kann sich allein auch der Eintrag in die Peutingersche Tafel beziehen, wo sich der Name Vanduli zwischen dem der Markomannen in gleicher Weise hineingeschrieben findet, wie nach obigem der Juthungen zwischen dem der Quaden. Dort (S. 204) mußten wir freilich annehmen, daß der eingeschriebene Name Jutugi sich auf das *vorliegende* Volk beziehe, während die westlichen Vandalen nur im *Rücken* der Markomannen gesucht werden können.

Diese ganze Quelle aber ist eine höchst unsichere. Unsere Kopie der Originalkarte ist offenbar eine merklich spätere, in welcher zwar Flüsse, Straßenzüge, Städte getreu nachgebildet, in den Namen und Sitzen der Völker aber spätere Veränderungen berücksichtigt worden sind, wobei uns über die Authentizität und Genauigkeit der Arbeit jedweder Nachweis fehlt.

Bei dem weitern Vorkommen von Vandalen in der Geschichte, wo sie bald eine große Rolle spielen, wird nun ebenfalls zwischen dem östlichen und westlichen Zweige[8] derselben genau zu unterscheiden und dies seiner Zeit näher zu begründen sein.

5) Logionen

Da dieser Name in keiner Quelle erwähnt wird, der Grieche Zosimus aber, der sie allein (c. 67) anführt, die barbarischen Namen häufig unrichtig wiedergibt, so haben alle Forscher denselben bisher auf das Volk der Lugier bezogen, das in Mittel- und Oberschlesien zwischen Vandalen und Quaden seine Sitze hatte.

Dem ist um so mehr beizupflichten, als deren gleichmäßiges Vorrücken nach Westen um jene Zeit den Verhältnissen vollkommen entspricht, auch die Art und Weise, wie Zosimus ihrer (in c. 67) gedenkt, mehr auf einen Zuzug zu Gunsten der Alemannen als der Franken hinzuweisen scheint, weshalb wir auch den Kampf mit ihnen in die Gegend der oberen Donau verlegt haben. Sie würden hiernach, wie deren frühere Wohnsitze südlich der Vandalen lagen, auch in diesem Kriege südöstlich derselben aufgetreten sein.

Wie die Lugier unter allen bedeutenderen Völkern in der Geschichte am seltensten vorkommen und zwar früher nur bei Tacitus (XII, 29), wo sie am Sturze von Vannios Reiche Teil nahmen (s. oben) und in der ganz verderbten Stelle Dios LXVII, c. 5, so verschwinden sie auch in der Folgezeit gänzlich.

Ob die auf der Peutingerschen Tafel im fernen Osten erwähnten Lupionen eine dahin versprengte Abteilung von Lugiern, wie Zeuß (S. 443) annimmt, oder nach Schaffariks Ansicht (I, 407–409) Slaven seien, ist unerforschlich.

ZEHNTES KAPITEL

Diokletian

Eine der bedeutendsten Kaiserregierungen ist zugleich die dunkelste aller, weil unsere Spezialquellen plötzlich versiegen. Mit dem gänzlichen Aufhören der Historia Augusta verläßt uns auch, infolge der schon erwähnten Lücke, Zosimus. Da bleiben nur die allgemeinen Quellen, vor allem die Epilomatoren, welche für diese Zeit, deren Genossen der ältere Victor de Caesaribus und Eutrop selbst waren jedoch bedeutender sind, und die Chroniken.[1] Hinzu kommen die Kirchenväter und Panegyriker: erstere durch leidenschaftlichen Haß und eben solche Vorliebe in ihren Urteilen mindestens stets verdächtig, letztere, deren Lobhudelei rhetorische Phrase mehr gilt als historische Treue, ungenügender, als man von deren Sachkenntnis und Geist erwarten könnte.[2]

Was über Diokletian vorhanden ist, hat Tillemont mit ungemeiner Gründlichkeit und Gibbon, der gerade hierin vortrefflich ist, mit so viel Geist zusammengestellt, daß wir in allem, was die äußeren Ereignisse seiner Regierung betrifft, im Wesentlichen ihnen folgen können, wenngleich in Nebensächlichem deren Darstellung hier und da der Berichtigung und, was Gibbon betrifft, der Vervollständigung bedarf. Andrer neuerer Hilfsmittel wird an den betreffenden Orten gedacht werden. (S. den Anhang.)

Die wichtige Staatsreform im Innern, die von ihm ausgegangen ist, behalten wir uns im folgenden Kapitel darzustellen vor.

Diokles – denn so hieß er nach dem Namen seiner Mutter und seiner Geburtsstadt Dioklea in Dalmatien – war niedriger Herkunft. Gibbon sucht die verschiedenen Angaben der Quellen über letztere dahin zu vereinigen, daß nicht er selbst (Aur. Vict. Epit. 39, 1), sondern nur sein Vater ein Freigelassener des Senators Anulin und nachher Schreiber gewesen sei, was sehr wahrscheinlich ist. Als Kaiser nannte er sich, römisch lautend, Diokletianus.

Diokletian war kein Held wie seine letzten vier Vorgänger, ja Lactantius (de mortibus persec., c. 7, 8, 9) nennt ihn sogar furchtsam. Der Kirchenvater aber ist nicht unbefangen und ein Krieger solcher Herkunft hätte bei offenbarer Mutlosigkeit nie so hoch steigen können. Unzweifelhaft aber war es nicht Tapferkeit, sondern die seltenste anderweitige Brauchbarkeit und geistige Tüchtigkeit, der er seine Erhebung verdankte. Seit Menschengedenken war keine Thronumwälzung so harmlos verlaufen als diese.

Niemand ward des Lebens, ja selbst der Freiheit, der Güter und Würden beraubt und die Welt atmete froh auf, als sie dem Blutvergießen, der Verbannung und der Konfiskation bei solchem Anlaß ein Ziel gesetzt sah. In Rom hatte Carinus neben sich seinen Praefectus Praetorio Aristobul zum

Konsul ernannt: Diokletian, an jenes Stelle tretend, behielt den ersten Beamten seines Feindes als eignen Kollegen bei.

Wir behandeln zuerst die Zeit vom Jahre 285 bis zur Ernennung der beiden Cäsaren im Jahre 293, aber überall nur die Geschichte des Westens.

A. Vom Jahre 285 bis zum Jahre 293.

Es ist kaum zu bezweifeln, daß des gefürchteten Probus Ende der Anfang eines neuen Einbruchs der nimmer rastenden Alemannen und Franken war. Dafür spricht, daß Carus sogleich seinen unstreitig kriegerischen Sohn Carinus nach Gallien absandte. Nach Mamert. Paneg. Maximian. A. scheint zwar der Zeitpunkt, da alle barbarischen Völker ganz Gallien den Untergang drohten, erst später, etwa 286, eingetreten zu sein, wir sind aber überzeugt, daß schon bei Diokletians Antritt nicht nur der sogleich zu erwähnende innere, sondern auch der äußere Feind dringend zu fürchten war.

Darum war es eine der ersten Regierungshandlungen des weisen Diokletian, sich zum Schutze des Westens einen Mitherrscher, seinem Haupte den Arm eines tapferen Schwertes beizugesellen.

Seine Wahl fiel auf Maximianus, einen alten Freund und Landsmann, rohen Krieger ohne Weisheit und Milde, der aber alle Fehler eines solchen Naturells durch die seltene Treue und Fügsamkeit, die er Diokletian bewährte, mindestens diesem gegenüber, wieder gutmachte. Beider Verhältnisse – Geist und Kraft – kennzeichnet sich auch dadurch, daß Diokletian nach Jupiter sich Jovius, Maximian aber Herculius nannte (Aur. Viet. de Caes. c. 39, 18). (Über Zeit und Form dieser Erhebung s. Anm.[3])

Schon zu Cäsars Zeit (d. b. Gall. VI, 13) war der Zustand der untern Volksklasse in Gallien ein sehr gedrückter, der Sklaverei ähnlicher (paene servorum habetur loco). Während der Zeit der keltischen Freiheit gereichte ihr die gegenseitige Eifersucht der Häupter und Mitglieder des Adels zu einigem Schutze. Unter Roms Herrschaft konnte sie solchen nur bei der Regierung finden. Mochte dieser immer schon, zumal unter schlechten Kaisern und Statthaltern, ein mangelhafter gewesen sein, wie hilflos mußte der arme Landmann insbesondere seinen harten Grundherren während jener zwanzig Jahre von 254 bis 274 preisgegeben sein, als ganz Gallien der stete Schauplatz germanischer Einbrüche und des Bürgerkrieges zwischen dem Kaiser und den Tyrannen des Westens war.

Hatte sich unter Aurelian und Probus der Zustand vielleicht etwas gebessert, wie mag er sich unter Carinus, der selbst ein Vertreter des Frevels, nicht der Gerechtigkeit, war, wieder verschlimmert haben.

Die Verzweiflung des höchsten Elends, das nichts mehr zu verlieren, nur zu gewinnen hat, trieb zum Aufruhr, der aber in diesem Falle doch nur dadurch Halt und Zusammenhang erhielt, daß ein Paar ehrgeizige Römer, von Herrschaftsgelüst ergriffen, Amandus und Aelianus, sich an die Spitze stellten und mit ihren Haufen das flache Land plünderten, ja selbst die Städte bedrohten. Man nannte die Aufständischen Bagauden, eine im fünften Jahrhundert wiederkehrende Bezeichnung, deren Etymologie unsicher ist.

Gegen diese zog nun sofort, wohl schon im Jahre 285, Maximian, der durch Waffen und Milde den Aufstand mit Leichtigkeit dämpfte. (Eutr. IX, 20; A. Vict. de Caes. c. 39, 16; Mam. Paneg. I. Maxim. A. 9, 4; Incerti Pan. V. Masim. et Constin. § 8.)

Darauf wandte er sich gegen die äußeren Feinde, indem, nach der schwülstigen Phrase des Rhetors (Mam. I, 5) sämtliche barbarische Völker ganz Gallien mit Untergang bedrohten. Unzweifelhaft waren diese nicht nach, sondern schon vor den Bagauden, mindestens während der Kämpfe mit diesen, im Felde erschienen. Im einzelnen erwähnt nun Mamertin a.a.0. nur der Burgundionen, mit denen schon Probus am Rheine focht, und Alemannen, welche der Kaiser mehr durch Klugheit als durch Gewalt bezwungen, indem ihnen ihre eigene große Anzahl[4] verderblich geworden und in Folge von Abschneidung der Lebensmittel Hunger und Seuche bei ihnen ausgebrochen, daher aber deren Bewältigung leicht geworden sei.

Nahe liegt hier der Gedanke, der Führer der Burgunder, welchen sich die Alemannen angeschlossen, habe, des kleinen Raubkrieges, in welchem letztere es zu solcher Virtuosität gebracht, noch unkundig, mit zu großer Masse operiert (? D.), welche er, da nach der allgemeinen Defensivmaxime jener Zeit alles Landvolk mit Vieh und Lebensmitteln in feste Städte oder sichere Verstecke flüchtete, nicht genügend zu ernähren vermochte.

Hierauf griff Maximian mit wenigen Kohorten eine jedenfalls nur kleinere Schar von Chaibonen (und Herulern) an und schlug sie dergestalt auf das Haupt, daß kein Flüchtling übrig blieb, der

Weibern und Kindern in der Heimat die Trauerkunde überbringen konnte, wobei Mamertins Posaune den Kaiser alles persönlich tun läßt. (Paneg I, c. 5.)

Die Übertreibung liegt auf der Hand: das Ereignis aber ist höchst wichtig, da hier unstreitig Völker, die später unter dem Namen der Sachsen vorkommen, zuerst nach Westen vordringend in der Geschichte erscheinen. Mamertin nennt sie ihrer Kraft nach die ersten, ihren Wohnsitzen nach die letzten aller Barbaren.

Diese lagen nun unstreitig zwischen Elbe und Ostsee, wo Tacitus (G. 40) schon Avionen nennt, während Mamertin selbst an einem andern Orte (Paneg. genethlic. II, c. 1) dieselben als Cavionen bezeichnet. Wegen der Heruler[5] auf S. 220 verweisend, bedarf es kaum der Erwähnung, daß die daselbst erwähnten östlichen mäotischen damals nicht in Gallien aufgetreten sein können.

Wir haben es daher hier wohl mit den nordischen Herulern, Raubfahrern von der See her, zu tun, welche, an der belgischen Küste gelandet, von Maximian mutmaßlich schon tiefer im Innern betroffen und aufgerieben wurden.

In allen diesen Kämpfen hatte sich der Menapier Carausius hervorgetan. Da um dieselbe Zeit Franken und Sachsen (Eutrop. IX, 21) den ganzen Kanal von der Bretagne bis zur Rheinmündung rauffahrend durchschwärmten, übertrug der Kaiser diesem, der früher als Steuermann und Schiffskapitän auf Handelsschiffen gedient hatte, wohl schon zu Anfang des Jahres 286 den Befehl. Carausius aber vollführte sein Werk zu eigenem Nutzen.

Landung und Raub behinderte er gar nicht, lauerte jedoch den heimkehrenden Schiffen geschickt auf, nahm ihnen die Beute ab und behielt diese dann, größtenteils wenigstens, für sich. Als der Kaiser, dies wahrnehmend, dessen Tötung befahl, nahm er gegen Ende des Jahres 286 oder zu Anfang 287 den Purpur und bemächtigte sich Britanniens (Eutrop. IX, c. 21). Die dort stehende Legion und die Auxilien unterwarfen sich ihm: sein Gold, ebenso gewiß aber auch sein Ruf und seine Persönlichkeit führten ihm zahlreiche Barbaren zu. Vor allem vermehrte er durch Neubau seine Flotte und bildete diese zu hoher Überlegenheit über die römische aus. (Eumenes Paneg. V; Constant. Caes. c. 12.)

Maximian machte die größten Anstrengungen zu dessen Unterdrückung. Am 21. April 289 sagt Mamertin in seinem wahrscheinlich zu Trier gehaltenen ersten Panegyricus c. 12: schon seien die im Lande während des ganzen Jahres 288 erbauten Flotten auf allen Flüssen, durch die Gnade der Götter begünstigt (als ob die Wässer im Frühjahr nicht naturgemäß anschwollen), zur See gelangt, so daß dem Piraten, wenn ihn nicht die Erde oder ein Seestrudel verschlinge, keine Zuflucht mehr bleibe. Aber der Erfolg beschämte den Prahler. Wissen wir auch über den Krieg (aus Eutrop. IX, c. 22) nur, daß er fruchtlos versucht worden (bella frustra tentata), so können wir hiernach doch nicht zweifeln, daß jene großartige Flotte nichts erreicht hat.

Gewiß ist, daß Diokletian und Maximian mit dem Anmaßer bald darauf, man vermutet im Jahre 290, Frieden schlossen, und ihn als Mitkaiser für Britanien anzuerkennen sich genötigt sahen (Eutr. a. a. O. u. Aur. Viet. c. 39, 39), was durch seine zahlreichen Münzen bestätigt wird, worin er jene als Brüder (fratres) aufführt.

Die Geschichte des Carausius, der ein kraftvoller Mann gewesen sein muß, wird dadurch anziehend, daß England hier zum ersten Male in der stolzen Rolle einer für ganz Europa uneinnehmbaren Seefestung auftritt, die es zwar später gegen sächsische, dänische, normannische Kraft nicht zu behaupten vermochte, schon seit dem sechzehnten Jahrhundert aber wiederum so glänzend eingenommen hat. Gibbon spricht darüber vortrefflich.

Finden wir einen ferneren Anklang an die spätere Geschichte darin, daß Carausius, wie sich weiter unten ergeben wird, den Hafen von Boulogne, wie die Engländer so lange Zeit Calais, auf der gallischen Küste inne hatte, so ist kaum zu zweifeln, daß ihm dies als Friedensbedingung, wogegen er dem Seeraub entsagte, zugestanden ward.

Über die Ereignisse der Jahre 287 und 288 im Westen wissen wir nur folgendes:

Die germanischen Waffen können, obiger Niederlagen unerachtet, Gallien nicht verschont haben, da Mamertinus in gedachtem Panegyricus (I, c. 6) von unzähligen Schlachten und Siegen in der ganzen Provinz, und dabei namentlich von einem am 1. Januar 287 – dem Tage, wo Maximian sein erstes Konsulat antrat – und zwar in der Nähe von Trier (nach den Schlußworten) erfochtenen berichtet.

Auch mag deren Vertreibung aus der Provinz endlich gelungen sein, da Mamertin schon Kap. 7 den Rheinübergang Maximians erwähnt und dabei in der Lobhudelei so weit geht, zu versichern, „daß dieser *zuerst* unter allen Kaisern der Welt bewiesen habe, wie Roms Grenze so weit reichet als dessen

Waffen." Und dies sprach er im siebenten Jahre nach dem Tode des großen Probus, des wahrhaftigen Germanenbezwingers (von Drusus und Germanicus zu schweigen! *D.*).

Diese Offensive scheint mit einer gleichen des von Osten her anrückenden Diokletian kombiniert worden zu sein, da dieser gleichzeitig (c. 9) in Rätien über die Donau ging, wobei die Imperatoren sich vorübergehend vereinigten. Der Feldzug muß zu einem Friedensschluß geführt haben, da (nach c. 10) der König Gennobaudes sein Reich zurück, ein zweiter, Esatech (welches Stammes? doch wohl alemannischen *D.*), Geschenke empfing. Unstreitig ist dieser Krieg der nämliche, von welchem Eumenes (Paneg. Constant. Caes. c. 2), der daran selbst teilnahm, handelt: er erwähnt dabei eines gefangenen Königs und der Verwüstung ganz Alamaniens von der Rheinbrücke bis zu dem Donauübergange bei Guntia, Günzburg (im M. S. steht statt Guntiensem Contiensem). Letzterer erfolgte sonach drei Meilen unterhalb Ulm nicht in altgermanisches, sondern in altrömisches Gebiet *diesseits* des Limes.

Was war nun des ganzen Krieges (welchen Mamertin Scipios Übergang nach Afrika im zweiten punischen Kriege und Alexanders Zuge nach Indien gleichstellt) Ergebnis? Etwa die Wiedereroberung des über zweihundert Jahre lang in unbestrittenem römischen Besitze verbliebenen Zehntlandes, wie diese noch vor kurzem Probus so glorreich vollführt hatte? Gewiß nicht: wie dies jener Friede, das beredte Schweigen der Lobredner und die Geschichte der Folgezeit außer allen Zweifel setzen.

Ja man sprach, in schmählichem Vergessen der Vergangenheit, gar nicht mehr von der römischen Provinz, sondern nur noch von „Alemannien" und ließ dies, nach jenem strafenden Verwüstungszuge, großenteils wenigstens in ruhigem Besitze der Alemannen und Juthungen: (*diese sind nicht mehr Räuber, sondern Bauern in diesem Lande – bald, fünfzig Jahre später, sogar auf dem linken Rheinufer*: in dieser Zeit hat das lang versuchte Vordringen der Germanen an und über den Rhein in der Absicht dauernder Niederlassung einen starken Fortschritt erzwungen. *D.*).

Dawider ist auch nicht einzuwenden, daß Mamertin in seiner zweiten zu Anfang Februar 292 (s. Anm. 1) zu Maximians Geburtstage gehaltenen Rede (II. Pan. genethl. c. 5, 4) nächst den in der Mitte des Barbarenlandes (in media barbaria) errichteten Trophäen vorübergehend auch der Vorrückung des Limes nach einer plötzlichen Niederlage der Feinde gedenkt, da die Sprache der Übertreibung zumal in so abgerissenen Phrasen kein sicheres Anhalten bietet, bleibende Behauptung der gesamten früheren Provinz aber ganz andern Ausdruck gefunden hätte. (Vergl. hierüber weiter unten.)

Die Franken scheinen schon vor dieser Zeit das alte römische Klientelgebiet in Batavien besetzt und daselbst, vielleicht auch über einen Teil der alt-friesischen Gaue sich verbreitend, eine selbständige Herrschaft gegründet zu haben. Die Nähe der See und die Mithilfe ihrer neuen Untertanen ließen ihnen den Seeraub, wobei man, die Grenzbesatzungen umgehend, an der gelegensten und unerwartetsten Stelle einfallen konnte, vorteilhafter erscheinen als die Einbrüche zu Land (Eutr. IX, c. 21; Mamert. II, Pan. genethl. c. 7, 2), obwohl sie, so lange *Carausius* für Rom focht, auch zur See nicht selten hart gezüchtigt worden sein mögen.

Noch im Jahre 288, mindestens vor dem April 289 ward jedoch durch einen der Generale Maximians auch zu Lande ein Vorteil über sie erfochten, wobei (Pan. I, c. 11, 4) jenes Volk zwar nicht genannt, aber durch den damals fast technischen Ausdruck des trügerischen (lubrica fallaxque) deutlich bezeichnet wird. Das römische Heer muß dabei bis zur Seeküste vorgedrungen sein, da (a. a. St. unter 7) von dem *an dieser* vergossenen Blute der Feinde die Rede ist.

Auf denselben Vorgang dürften sich Mamertins Worte (im II. Panegyr. c. 5, 4) beziehen: „ich übergehe die mit ihren Könige um Frieden bittenden Franken."[6] Nicht minder wird die durch Maximian bewirkte Kolonisation von Laeten (laeti, welcher später in erörternde Ausdruck hier zum ersten Male vorkommt) im Gebiete der Nervier und Trierer, obwohl sie erst in Eumenes (Paneg IV. Constant. vom Jahre 297 c. 21) erwähnt wird, eine Folge desselben gewesen sein. In der Tat scheint hiernach jener Krieg mit den Franken sehr erfolgreich gewesen und von dem Lobredner nur um deswillen so schwach betont worden zu sein, weil Maximian dabei nicht persönlich mitwirkte.

Von Diokletian erfahren wir nur, daß er um obige Zeit (288) Sarmatien, d. i. das Jazygen-Land, wahrscheinlich auf dem Rückmarsch von Rätien verwüstete (Mam. Pan. genethl. II, c. 5, 4; 7, 1 und 16, 1), was eine wegen Räubereien verwirkte Züchtigung voraussetzen läßt.

Die Ereignisse der Jahre 289 bis mit 292 sind der Gegenstand eben dieser zu Maximians Geburtsfeier gehaltenen Rede.

Unwichtig ist dabei die, wie man glaubt, im Jahre 290 stattgehabte feierliche Zusammenkunft beider Kaiser zu Mailand (Paneg. II, c. 11), aus welchem Orte sich indes ergibt, daß der Westen des Reichs, wohin sich Diokletian dazu begab, damals gefährdeter gewesen sein muß als der Osten.

Ungleich bedeutender sind die (c. 16 und 17 erwähnten) Zerwürfnisse der Germanen unter sich. Der Redner sagt dabei im Wesentlichen folgendes:

»So groß, Imperatoren, ist euer Glück, daß sich nun die Barbaren überall untereinander selbst zerfleischen und vertilgen, und daß im sarmatischen, rätischen und überrheinischen Gebiet erlittenen Niederlagen verdoppeln und erneuen. Heiliger Jupiter und Herkules, endlich habt ihr die Tollheit des Bürgerkriegs unter jene Völker geschleudert, die vom äußersten Osten bis zum äußersten Westen in ihr eignes Blutvergießen stürzen.«

Darauf fährt er *wörtlich* also fort:

„Die Goten vertilgen gründlich die Burgunder. Für die Besiegten waffnen wieder die Alemannen. Die Thervingen, ein andrer Teil der Goten, durch Mannschaft der Thaifalen unterstützt, kämpfen gegen Vandalen und Gepiden. Die Burgundionen haben die Äcker der Alemannen eingenommen, aber sie haben sie zu ihrer Niederlage gewonnen. Die Alemannen haben das Land verloren, aber sie nehmen es wieder. O große Macht unsrer Gottheit."

Diese Stelle bedarf mehrfacher Erläuterungen.

Die Zeile 1 erwähnten Goten sind wohl Ostgoten, weil die Thervingen, d. i. Westgoten, mit ihren westlichen Nachbarn Gepiden und Vandalen besonders erwähnt werden.

Die Burgunder sind die oben behandelten östlichen (? *D.*), welche damals in der Nähe der Ostgoten gesessen haben müssen.

Der Name des den Burgundern zu Hilfe kommenden Volkes Alemannen ist unzweifelhaft irrig[7], und wahrscheinlich Fehler eines Abschreibers, der aus Alanen (? *D.*), eine Abkürzung vermutend, die ihm bekannten Alemannen machte. Darüber sind alle Forscher von Valesius (Paneg. Vet. ed. Jäger zu d. Stelle S. 199) bis Zeuß (S. 466) einig. Wie konnten auch die zweihundert Meilen von den Ostgoten entfernten Alemannen den Krieg gegen erstere aufnehmen, während Alanen (s. oben) allerdings in der Nähe ersterer heimisch waren.

Darauf, daß Mamertin bald Burgundiones, bald Burgundios nennt, ist kein Wert zu legen.

Das Außergewöhnliche, die Bedeutung und selbst wohl die Gleichzeitigkeit dieser Kämpfe dürfte mehr oder minder Übertreibung des Alles für seinen Zweck ausbeutenden Rhetors sein.

Die Zerwürfnisse der Germanen im ersten Jahrhundert (s. oben 1. Buch, 5. Kap.) sind uns bekannt, weil wir für diese Zeit Tacitus haben. Für das zweite und dritte fehlen uns alle Quellen über die innern Zustände Germaniens: deshalb wissen wir auch nichts von deren Kriegen unter sich, welche naturgemäß niemals ganz aufgehört haben, (vielmehr jetzt bei der notwendig versuchten Ausbreitung aller Völkerschaften erst recht häufig geworden sein müssen; wenige Jahrzehnte später erzählt Ammian wiederholte Angriffe der Ostnachbarn der Alemannen auf diese, daher deren beständiges Vordringen nach Westen: sie wurden selbst von Osten her gedrängt. *D.*). Nur von den Ostvölkern erfahren wir aus Jordanis (c. 17) die Kriege der Gepiden zuerst mit den Burgundern und dann mit den Goten.

Die wichtigsten Ereignisse der Jahre 289 und 290, die Niederlage zur See durch Carausius und der Frieden mit ihm, werden von den Lobrednern ihrem Charakter treu verschwiegen.

B. Von der Ernennung zweier Cäsaren im Jahre 293 bis zu Diokletians Thronentsagung 305.

Wir kennen mit Sicherheit den Tag (1. März), aber nicht das Jahr des Ereignisses, mit welchem wir obige Epoche beginnen. Die Chroniken sind durchaus widersprechend, Hieron. hat 289, Idatius 291, Chr. Paschale 293, die andern Quellen geben keine Data, sondern nur ein (mehr oder minder unsicheres) Anhalten für Berechnungen. Tillemont nimmt in seiner Note S. 513–515 das Jahr 292 an. Wir würden uns jedoch schon, weil Constantius und Galerius zuerst im Jahre 294 zu Konsuln ernannt wurden und mehr noch aus allgemeinen historischen Gründen unbedingt für das Jahr 293 entscheiden, wenn dies nicht durch Mommsens Forschung (s. dessen Abhandl. über Diokletians Taxedict m den Ber. über d. Verhandl. d. K. S. Ges. d. Wissensch. zu Leipzig. Band 1851, S. 51 auf Grund des Eingangs jenes Edikts) beinahe zur Gewißheit erhoben worden wäre.

Gewiß war es (wie Eutrop. IX, 22 u. Aur. Vict. c. 39, 24 ausdrücklich sagen) die Lage des Reichs, welche Diokletian bestimmte, durch Annahme mehrerer Regierungsgehilfen Schutz und Fürsorge zu steigern. Ob aber die von diesen speziell angeführten Ereignisse damals insgesamt schon wirklich eingetreten waren, ist nicht zu ermitteln.

Wir sind überzeugt, daß der Aufstand in Afrika, der Maximians persönliche Gegenwart erforderte, bereits ausgebrochen oder doch mit Sicherheit vorauszusehen war, Gallien aber, besonders wegen des gefährlichen Carausius Nähe, eines tüchtigen Hauptes nicht entbehren konnte. Im Osten dagegen mochte der scharfblickende Diokletian einen Krieg mit Persien früher oder später für unvermeidlich erkennen und darum seinem Haupt ein tüchtiges Schwert beizugesellen für nötig halten.

So wurden denn am 1. März Constantius, dem der Vulgärname Chlorus (der Bleiche) beigelegt ward, und Galerius, dessen zweiter Name Maximus in Maximianus umgewandelt ward, zu Nikomedien feierlich zu Cäsaren ernannt und mit dem Purpur bekleidet.

Männer gleichen Vaterlandes, Illyricum: aber sehr verschiedenen Schlages. Constantius von guter, mütterlicherseits sogar hoher Geburt, weil dessen Mutter Crispa die Nichte des Kaisers Claudius war: Galerius ein Bauernsohn, mit dem Beinamen der Hirte (armentarius); jener bei mäßiger Bildung hohen und edlen Sinnes, als Mensch und Feldherr gleich ausgezeichnet: dieser ein tapferer, aber roher Krieger, wenn auch nicht so schlecht als Lactantius ihn darstellt.

Um durch Familienbande mit den Kaisern verknüpft zu werden., mußten beide ihre Frauen verstoßen, Constantius, um mit Maximians Stieftochter Theodora, Galerius, um mit Diokletians Tochter Valeria zu vermählen.

Zugleich wurden, wie man annehmen muß, beide von den Schwiegervätern adoptiert, wobei sie auch die Beinamen Herculius und beziehentlich Jovius empfingen (Eumen. Paneg. III. d. restaur. Schol. c. 8; Lactant. d. m. pers. 52 und Münzen bei Eckhel, p. 30 und 36).

Eine faktische Teilung des Verwaltungsbereichs mag schon vorher unter den beiden Kaisern stattgefunden haben: jetzt erst scheint eine solche für die vier Regenten auch amtlich und zwar dahin verkündet worden zu sein, daß Constantius das Land jenseits der Alpen und des Rheins, Maximian Italien und Afrika, Galerius die Donauländer bis zum Pontus und Diokletian das Übrige erhielt (Aur. Vict. d. Caes. 39, 30). Hiernach würde außer dem Orient, wozu Ägypten gerechnet ward, auch Makedonien und Griechenland letzterem verblieben sein (was von Tillemont S. 37 jedoch, wiewohl auf zweifelhaftem Grunde, Galerius mit zugewiesen wird).

Eine wirkliche Reichsteilung erfolgte aber keineswegs: gesetzliche und gewiß auch andere gemeingültige Bestimmungen ergingen, und zwar ohne Erwähnung der Cäsaren, im Namen beider Kaiser fortwährend für das Ganze, dessen Haupt und Seele übrigens Diokletian unverändert blieb. Auch die Konsulate galten für das Gesamtreich.

Wir gehen nun auf die einzelnen Verwaltungsbezirke über, und zwar

1) den des Constantius.

Ungewiß ist das *damalige* Verhältnis der Zentralgewalt zu Carausius in Britannien. Setzen wir aber auch des Constantius Antritt erst auf den 1. März 293, so kann doch des Carausius Tötung nach Eutrop (IX, 22) und selbst nach Aurelius Victor (c. 39, 40) kaum dem vorausgegangen sein. War daher des Constantius erstes im Fluge unternommenes Werk in Gallien der Angriff von Gesoriacum (Boulogne), so muß um jene Zeit dringender Anlaß zum Kriege gegen Carausius vorgelegen haben. Derselbe mag diesen ihm so wichtigen Hafenplatz mit ebensoviel Kunst als Aufwand auf der Landseite fast uneinnehmbar gemacht haben, weil der Cäsar, ohne dessen Belagerung von hier aus auch nur zu versuchen, sofort zu der Absperrung des Hafens schritt. Eumenes, der zweimal (in Paneg. IV, Constant. c. 5 und in VI. Constantin. c. 5) darüber berichtet, ist zu rednerisch, um ganz klar zu sein. Wahrscheinlich hatte der Hafen von der See her nur einen schmalen, auch bei der Ebbe passierbaren Zugang, an dessen beiden Enden sich eine Untiefe fand, in welcher während der Ebbe ein Damm unbehindert aufzuführen war, nach dessen Vollendung auch die tiefere mittlere Stelle durch Versenkung von Felsstücken, Schiffen etc. der Schiffahrt versperrt werden konnte.

Kaum denkbar erscheint mindestens, daß Angesichts der feindlichen Kriegsflotte, deren an der Stelle ausdrücklich gedacht wird, ein derartiger Damm in einer für dieselbe zugänglichen Tiefe ungestört ausgeführt werden konnte.

Nach Vollendung des Werks scheint die Besatzung, für die nun weder Entsatz noch Proviantzufuhr möglich schien, bald kapituliert zu haben. Vermutlich trat sie, mit Milde behandelt, in des Siegers Heer ein. Kaum aber war der Erfolg erreicht, als eine Sturmflut das Werk wieder zerstörte.

In demselben Jahre, und zwar nach sechs (Aur. Vict. c. 39, 40 and 41) bis sieben Jahren (Eutrop. IX, 22) seiner Herrschaft, ward der Kaiser Britanniens, den der Lobredner nur den Erzpiraten nennt, durch Allectus, seinen Praefectus Praetorio, aus Furcht vor der eignen durch Schandtaten verwirkten Lebensstrafe ermordet. Da wir selbst den faktischen Beginn seiner Herrschaft in keinem Falle vor den letzten Monaten des Jahres 286 annehmen können, so würden beide Angaben, wenn man das siebente Jahr Eutrops noch nicht für vollendet ansieht, auf das Jahr 293 zusammenfallen. Der Erbe seiner Macht aber nicht seiner Kraft, nahm, wie dessen, wiewohl seltenere, Münzen außer Zweifel setzen, ebenfalls die Kaiserwürde an, die er drei Jahre lang (Eutr. a. a. O.) behauptete. Die Klugheit erforderte zunächst dessen Beobachtung sowie die allersorgfältigste Vorbereitung eines Seeangriffs auf Britannien, weshalb es nichts als rednerische Phrase ist, wenn Eumenes (Pan. IV, c. 7, 3) sagt: der Cäsar habe ihm nur so viel Zeit gegönnt, als zum Schiffsbaue erforderlich gewesen sei.

Zunächst wandte sich nun Constantius gegen die Franken, was schon um den Tyrannen Britanniens dieser Bundesgenossen zu berauben notwendig gewesen sein mag.

(Unzweifelhaft lag *Eroberung* mit im Ziel jener neuen Gruppen und die Erwerbung dauernder ausreichender Sitze. D.)

Die Alemannen gewannen solche bald im römischen Zehntlande, aus dem sie nur zweimal durch Maximin 235–237 und durch Probus vorübergehend wieder vertrieben, von Diokletian und Maximian aber nach obigem zum größten Teile mindestens in dessen Besitze gelassen worden waren: (bald finden wir sie bei Augst, ja im Elsaß dauernd als Ackerbauer seßhaft. D.).

Für die Franken nun bot sich zunächst nur in den römischen Klientelgebiete Bataviens jenseits der Waal eine ähnliche Gelegenheit dar, dessen sie sich daher unstreitig bereits vor längerer Zeit, wahrscheinlich schon unter Gallienus, bemächtigt hatten[8], sich von da aus auch über das Gebiet der Yssel (Ysala) ausbreitend, dessen Bewohner, die Friesen, ja früher mindestens ebenfalls unter römischer Schutzherrschaft standen. Von hier aus trieben sie denn auch den oben erwähnten Seeraub, der ihnen trefflich geglückt sein mag, bis sie von dem damals römischen Admiral Carausius hart gezüchtigt wurden. (Domitis oppressa Francis bella piratica. Mam. Paneg. II. genethl. c. 7, 2.)

Über den Krieg gedenkt der Rhetor (Pan. IV, c. 8) zuvörderst nur der unglaublichen Terrainschwierigkeiten (man erinnere sich dabei des Aufstandes des Civilis, s. oben) und des Endergebnisses in schwülstigen Phrasen. „Auf allen Plätzen gallischer Städte, sagt er c. 9, saßen Scharen gefangener Barbaren: Mütter und Weiber sahen die Schmach ihrer Söhne und Männer in Fesseln, nur die Kinder schwatzten in heimischer Mundart. Diese alle aber wurden unter die Provinzialen verteilt, um die Stätten, welche sie vielleicht einst selbst verwüstet hatten, wieder anzubauen. Mir, fährt er fort, pflügt nun der Chamave und Friese, mir arbeitet im Schmutze seines Berufs jener schweifende Räuber, bringt Vieh und Getreide auf meine Märkte zum Verkauf. Zur Rekrutierung eilt er herbei, zu pünktlichem Gehorsam: wenn nötig durch ermüdende Schläge abgerichtet wünscht er sich Glück, Soldat zu werden."

Aus dem Schluß derselben Rede (c. 21) ersehen wir, daß die Kolonisation teils in dem heutigen Nordfrankreich in den Gebieten der Somme und Oise (Ambiani et Bellovaci), teils in der Gegend von Troyes, Langres und Dijon (Tricasses et Lingones), wahrscheinlich aber auch in der des benachbarten Autun (Eum. VII. grat. actio c. 4, 3) erfolgte.

Von dem nämlichen Vorgange heißt es (in Incerti Paneg. V. Max. et Constantin. c. 4, 2), daß Constantius „viele Tausend Franken, welche Batavien und andre Länder diesseits des Rheins eingenommen gehabt, getötet, vertrieben, gefangen und abgeführt habe."

Gewiß war dies eine gründliche Niederlage dieser Erzfeinde Roms. Daß aber deren Gebiet bleibend wieder besetzt und durch Festungen gesichert worden sei, ist weder irgendwo gesagt noch auch nach den Ereignissen der Folgezeit anzunehmen. Die Franken haben sich viel mehr, wenn auch geschwächt und gedemütigt, in jener Gegend, von der sie später den Namen der Salier (d. i. an der Ysala = Sala? seßhaften) empfingen und wo wir sie neunzig Jahre später noch antreffen, auch fernerhin behauptet.

Bald nach diesem Ereignis, das wir nicht später als 294 setzen können, scheint Constantius den Wiederaufbau des im Jahre 268/269 nach siebenmonatlicher Belagerung völlig zerstörten Autonodunum, der Hauptstadt der Äduer (Autun), begonnen zu haben. (S. Eum. Pan. VII. grat. act. 4, 2.)[9]

Die unglückliche Stadt hatte den Kaiser Claudius damals um Hilfe gefleht, welche dieser, um gegen die Goten zu ziehen, verweigert hatte.

Da mag es Constantius als einen Akt der Pietät gegen seinen Großoheim betrachtet haben, sie wiederherzustellen.

Inzwischen war (im Jahre 296) der Angriff Britanniens reif geworden.

Dieser ward mit großem Geschick angelegt. Maximian stellte sich, aus Afrika herbeieilend, am Rheine auf, den Rücken gegen die Alemannen zu decken. Durch Ausrüstung verschiedener Flotten ward ihr Feind über den Angriffsplan unsicher gemacht.

Die Hauptflotte vor Boulogne scheint schon, zur Abfahrt bereit, auf der Reede vor Anker gelegen zu haben, als die auf der Seine (über Le Havre) herabgekommene, welche der Cäsar, Mut einflößend, selbst besuchte, an einem Regentage bei starkbewegter See und ungünstigem Seitenwinde auslief. Bei der Insel Wight war die britannische Flotte, von welcher des Carausius Geist gewichen sein mag, zur Beobachtung aufgestellt: ein starker Nebel aber entzog die römische, welche der tapfere Asclepiodotus führte, ihren Blicken.

Die Landung erfolgte glücklich und sogleich wurden (als Zeichen der Zuversicht auf den Sieg) die Schiffe verbrannt. Allectus scheint Constantius, der an der Spitze der Boulogner Flotte stand, unfern Dover, an der engsten Stelle des Kanals, erwartet zu haben, verließ aber sogleich seine feste Stellung, um gegen den etwa bei Brighton gelandeten Asclepiodotus zu ziehen. Noch vor der Schlacht muß auch Constantius selbst den britischen Boden erreicht haben. Allectus griff, vielleicht weil er sich durch ein zweites Korps den Rücken gegen Constantius decken wollte oder weil er nicht allen seinen Truppen traute, nicht mit dem gesamten Heere, sondern nur mit den alten Verschwörungsgenossen des Carausius, die vermutlich keinen Pardon hofften, und den germanischen Söldnern, meist gewiß Franken, stürmisch an, ward aber auf das Haupt geschlagen. Fast nur Barbaren oder Römer in deren Tracht deckten das Schlachtfeld: unter ihnen auch Allectus selbst, jedes Zeichens seiner Würde entkleidet. Der Rest seines Heeres flüchtete nach London, hielt sich aber noch mit dessen Plünderung auf, als eine Flottenabteilung, wohl von der des Cäsars, im Nebel von ihrem Kurse abgekommen, in die Themse einlief und jene großenteils niederhieb. Constantius ward als Befreier im Triumph empfangen.

So ward nach zehn Jahren, im Jahre 296, Britannien wieder gewonnen, wahrscheinlich im Frühjahre, wie der leichtere Transport auf der Seine und die nebelige stürmische Jahreszeit vermuten lassen. (Eumenes Paneg. IV. Constant. c. 13–19.)[10]

Im nächsten Frühjahr nun ward bei des Siegers Rückkehr nach Gallien die Lobrede, welcher wir obige Nachrichten verdanken, in Trier gehalten.

Die weitere Regierungsgeschichte des Cäsars ruht in größerem Dunkel.

Wir wissen daraus nur, daß die Alemannen, wahrscheinlich seine Abwesenheit in Britannien benutzend, mit großer Macht tief in Gallien eindrangen. Im Gebiete der Lingonen, bei dem jetzigen Langres, traf sie der herbeigeeilte Feldherr. Er mag, dem Heere vorausgehend, mit einer kleinen Abteilung den heranziehenden Feind rekognosziert haben, als er von diesem mit solchem Ungestüm angegriffen ward, daß er sich kaum noch in die Stadt, die ebenfalls Lingones hieß, retten konnte.

Die Besatzung, von Schreck erfüllt, schloß die Tore so eilig, daß der (die am meisten gefährdete Nachhut persönlich führende) Cäsar, abgesperrt, nur noch an einem Seile über die Mauer gezogen werden konnte. Fünf Stunden darauf langte die Hauptarmee an, welche er dem Feinde sogleich entgegenführte: er gewann den glänzendsten Sieg, wobei er selbst verwundet ward, 60 000 Alemannen aber gefallen sein sollen. (Eutrop. IX, 23 und Eum. Paneg. VI. Constant. c. 6, 3.) Dies geschah nach der Chronik des Hieronym. im dreizehnten Regierungsjahre Diokletians, also, je nach Berechnung von dessen Anfang im Jahre 297 oder 298.[11]

Noch einmal müssen die Alemannen, in gerade östlicher Richtung nach dem Rheine fliehend, bei dem etwa fünfundzwanzig Meilen entfernten Vindonissa (Windisch bei dem Einfluß der Aar in den Rhein) Stand gehalten haben, weil Eumenes (a. a. O. und vorher c. 4, 2) einer zweiten Niederlage derselben allda gedenkt.

Unmittelbar darauf (VI, 6, 3) erwähnt der Lobredner der Gefangennehmung einer ungeheuern Menge (immanem multitudinem) Germanen aus verschiedenen Völkern, welche sich einer Insel auf dem zugefrorenen Rheine bemächtigt hatten, durch dessen plötzlichen Aufbruch aber abgeschnitten und, durch die Rheinflotte umzingelt, zu Gefangenen gemacht wurden. Dieser Zusammenhang rechtfertigt die Vermutung, daß jene Insel dem oberen Rheine angehörte und dies Ereignis in dem auf obige Kampagne folgenden Winter stattfand.

Unzweifelhaft war Constantius auch in Britannien für Ordnung und Sicherheit der Provinz höchst tätig, worüber uns jedoch bis auf dessen letzten Feldzug, der einer späteren Epoche angehört, alle Nachrichten fehlen.

2) Maximians Reichsteil.

Von diesem wissen wir so gut als nichts.

Maximian muß sich nach Ernennung der Cäsaren sogleich nach Afrika begeben haben, da dessen in der Lobrede auf Constantius (IV.) kaum zu übergehender Anwesenheit in Gallien von 293 bis vor 296 nirgends gedacht wird, dessen (in c. 13, 3) erwähnte eilige Ankunft zur Rheinhut im Jahre 296 aber offenbar mehr auf eine Reise aus Afrika als aus Italien hinweist.

3) Über den Reichsteil des *Galerius* haben wir nur einzelne, unzusammenhängende Nachrichten

Nächst demjenigen, was bereits obenüber die sarmatischen Feldzüge berichtet ward, sagt

a) Eutrop (IX, 25) von Diokletian und Galerius:

„Verschiedene Kriege wurden von ihnen nacheinander (deinceps), teils gemeinsam, teils einzeln geführt. Die Carpen und Bastarnen wurden unterworfen, die Sarmaten besiegt, ungeheure Mengen von Gefangenen dieser Völker in römisches Gebiet versetzt."

b) Aurelius Victor (d. Caes. c. 39, 43), nachdem er die Eroberung Britanniens berichtet, fährt fort:

„Während des (interea) wurden die Markomannen besiegt (caesi Marcomanni) und das ganze Volk der Carpen auf unsern Boden übergeführt, was mit einem Teile derselben schon vorher durch Aurelian geschehen war."

c) Eumenes sagt in seiner Lobrede auf Constantius vom Jahre 296:

aa) (3, 3.) „Dakien ward wieder hergestellt. Der Limes in Germanien und Rätien bis zur Donauquelle vorgerückt."

bb) (10, 4.) Den Gegensatz zwischen der Zeit des Gallienus und der Gegenwart schildernd, von letzterer:

„Nun Alemannien so oft (toties) zerstampft, Sarmatien so oft zertreten, die Juthungen (in den Handschriften Vithungi), Quaden, Carpen so oft geschlagen."

cc) In der Einweihungsrede der Schule zu Autun (c. 18, 4):

„Wie kann ich all die befestigten Reiter- und Fußvolklager aufführen, durch welche am ganzen Rhein, der Donau und dem Euphrat die Grenzwehr wieder hergestellt ward."

d) Hieronymus bemerkt in seiner Chronik unter dem achten Regierungsjahre Diokletians (292/93): „Die Völker der Carpen und Bastarnen wurden auf römisches Gebiet übergeführt."

e) Idatius in seinen Fasten (descriptio Consulum in Vet. lat. script. Chronica ed. Roncalli. II, p. 84) bemerkt

aa) Vom Konsulat des Constantius und Maximian (Galer.) im Jahre 294:

„Unter diesen Konsuln wurden in Sarmatien Acinco (Ofen) und Bononia (oberhalb Semlin bei Neusatz) gegenüber befestigte Lager errichtet." (His coss. castra facta in Sarmatia contra Acinco et Bononia.)

bb) Von dem des Fuscus und Anulinus (295):

„Unter diesen ergab sich das ganze Volk der Carpen in römisches Gebiet" (in Romania se tradidit).

cc) Von dem des Diokletian VII und Maximian VI, 299:

„Unter diesen wurden die Markomannen besiegt."

f) Zonaras II (c. 33, p. 623 d. Bonn. Ausg.) führt an, daß Constantius von Galerius in einer Schlacht gegen die *Sarmaten* zur Bekämpfung des Anführers beauftragt worden sei.

g) Lactantius (d. morte persec. c. 38 a. Schl.) endlich berichtet, daß zur Zeit der zwanzigjährigen Regierungsfeier Diokletians ein Volk von den Goten vertrieben worden sei, aus welchem Galerius vorzugsweise seine Leibwächter und Trabanten genommen habe.

Aus diesem allen können wir mit hinreichender Sicherheit abnehmen:

Erstens, daß diese Ereignisse, mit Ausnahme der unter e) cc) und g) bemerkten, hauptsächlich in die Zeit von des Galerius Erhebung zum Cäsar 293 bis zu dessen Abgange nach Persien im Jahre 296 fallen dürften, was besonders durch Aurelius Victor und Idatius bestätigt wird, während sich in Eutrop das „deinceps'; offenbar nicht auf den vorhererwähnten Persersieg im Jahre 297, sondern auf die Reihenfolge der gesamten nacheinander in Illyricum stattgehabten Kriege bezieht, daher auch die von Diokletian allein vor dem Jahre 293, sowie möglicherweise später (d. i. nach 296) geführten umfassen dürfte;

Zweitens, daß unter Sarmaten und Sarmatien die Jazygen und deren Gebiet gemeint sind, jenseits dessen Acinco und Bononia an der Donau lagen;

Drittens, daß unter c) aa) nicht vom alten jenseitigen, sondern nur von Neudakien die Rede sein kann, wohin

Viertens wahrscheinlich die Reste der Carpen und Bastarnen behufs ihrer Ansiedlung übergeführt wurden: und zwar wohl nicht als Kriegsgefangene im engern Sinne, sondern nur als dediti, d. i. auf Grund eines Unterwerfungsvertrags, der freilich durch Waffengewalt oder Drohung, also durch Operationen auf dem jenseitigen Donaufer, herbeigeführt worden sein mag. Dagegen müssen

Fünftens die den Sarmaten (d. i. Jazygen) westlichen Völker, also Quaden, Markomannen (b) und Juthungen, welche ersteren mutmaßlich beistanden, vollständig bekriegt und besiegt worden sein.

Was endlich

Sechstens die unzweifelhaft einer späteren Zeit angehörenden Notizen unter e) cc) und g) betrifft, so scheint sich erstere (victi Marcomanni) auf ein abermaliges isoliertes größeres Gefecht mit den Grenznachbarn Rätiens zu beziehen. Das von Lactantius erwähnte, durch die Goten vertriebene Volk (gens) muß nicht notwendig eine politische Gesamtheit bezeichnen, sondern kann füglich auch nur ein Teil einer solchen gewesen sein. Nach der dabei gerühmten, vorzüglichen militärischen Tüchtigkeit war es vielleicht ein germanisches, ein etwa in Folge Bürgerzwists ausgewiesener Teil des gotischen selbst.

Das Gesamtergebnis dieser niemals vollständig zu entirrenden Nachrichten besteht sonach darin, daß in den östlichen Donauprovinzen die schon unter M. Aurelius begonnene und besonders durch Probus betriebene Kolonisation derselben durch Barbaren (s. oben) eifrig fortgesetzt, in den westlichen aber die Donaugrenze sorgfältig geschützt, durch neue Festungen verstärkt, zugleich jedwede Feindseligkeit der Grenzvölker nachdrücklich geahndet, durch dies alles aber Roms Defensivstellung gegen die Barbaren behauptet, dabei aber an irgendwelche bleibende Eroberung jenseits des Stromes nicht gedacht ward. Selbst die in Sarmatien jenseits der Donau angelegten Festungen nämlich [s. oben e) aa)] können nur den Defensivzweck gehabt haben, die Jazygen durch den stets gesicherten Übergang in ihr Gebiet von Räubereien und Einfällen in das Römische abzuschrecken.

Nur von dem alten Zehntlande scheint der *südlich* der Donau gelegene Teil, nach den oben unter c) aa) angeführten Worten des Eumenes: „porrectis usque ad Danubiae caput Germaniae Rhaetiae limitibus", wieder besetzt worden zu sein: doch sind solche Phrasen des Rhetors, wenn auch sicherlich nicht ganz erfunden, viel zu unzuverlässig, einen irgendwie sichern Schluß zu verstatten. Wahrscheinlich bezieht sich die Nachricht auf einige zum Schutz Augsburgs, das gewiß behauptet ward, und der so wichtigen, oft erwähnten Militärstraße von der Donau nach Gallien, an der oberen Donau zwischen Ulm und Sigmaringen neuangelegte Lagerburgen, welche noch in der not. dign. (II, p. 101) aufgeführt werden. Sicherlich blieb aber der bei weitem größte Teil des gesamten Zehntlandes im unangefochtenen Besitze der Germanen, wie dies auch aus der erwähnten Aufstellung Maximians am Rhein hervorgeht. Obiges „porrectis", „vorgerückt", kann sich daher keineswegs auf die Linie des *alten* Limes, sondern nur auf eine *relative* – d. i. im Gegensatze zu der Zeit *vor* Diokletian – bewirkte Hinausschiebung desselben beziehen.

Wir kommen
4) zu dem von Diokletian unmittelbar verwalteten Reichsteile, dem Orient.

Im Jahre 296 erfolgte ein Angriff der Perser. Dagegen hatte Diokletian Galerius aus Illyricum berufen. Dieser traf die Perser in den Ebenen Mesopotamiens zwischen Carrhae und Callinikum, erlitt aber eine schwere Niederlage.

Ein neues Heer ward gesammelt, wozu Galerius nach Jordanis (c. 21) besonders Goten anwarb, mit welchen, da sie während Diokletians Regierung unter den Feinden Roms niemals genannt werden, damals ein Bundesverhältnis bestanden haben muß.

Jetzt erfocht Galerius einen glänzenden Sieg. In dem Friedenschluß mußte Persien fünf Landschaften in dem heutigen Kurdistan, südlich des Euphrat und teilweise nordwestlich des Tigris, abtreten.

Das neunzehnte Regierungsjahr Diokletians war angebrochen. Länger, zugleich ruhmreicher und glücklicher hatte seit Antoninus Pius kein Herrscher regiert. Welch unermeßlicher Abstand aber zwischen dessen Rom und dem gegenwärtigen! Wie furchtbar war Zahl und Macht der innern und äußern Feinde seitdem gewachsen!

Im sechsten Monate dieses Jahres (303, vom September 302–303 gerechnet) begann jene Verfolgung der so lange mit weiser Milde behandelten Christen, welche unten ausführlicher besprochen werden wird.

Im November des Jahres 303, also zu Beginn seines zwanzigsten Regierungsjahres, begab sich Diokletian nach Rom, das er als Kaiser wahrscheinlich nie zuvor, gewiß wenigstens nur auf Tage, betreten hatte, um daselbst in Gemeinschaft mit Maximian die Feier seiner zwanzigjährigen Regierung und zugleich den Triumph zu begehen, den beide durch so viele (eigne und ihrer Cäsaren) Siege verdient hatten.

Glanzvoll, aber mit bemessener Sparsamkeit (Fl. Vopisc. Carin. c. 20) war die Feierlichkeit: Gefangene, zahlreiche Völker wurden vor dem Triumphwagen aufgeführt.

Schon damals war wohl in Diokletians Seele der Entschluß feststehend oder mindestens gereift, den er am 1. Mai 305 zur Ausführung brachte – der in Rom bisher unerhörten freiwilligen Thronentsagung. War das Weisheit oder Furcht, Freiheit oder Zwang? Ersteres versichern mit Entschiedenheit wenn auch nur kurz und fragmentarisch, die Profanhistoriker (Eutr. IX, 21 und 28. Aur. Vict. c. 39, 48. Epitom. Aur. Vict. c. 39, 5 und 6. Incerti Paneg. V. Maxim. et Const. c. 8–11), Letzteres Lactantius allein (d. m. pers. c. 18 und 19).

Diesem folgt Tillemont (S. 80–82), in einer Zeit schreibend, in welcher die Anschauung im Bereich der Theologie, der man auch die Kirchengeschichte beizählte, noch eine streng gebundene war.

Gibbon, seiner Richtung nach in das entgegengesetzte Extrem abschweifend, folgt einfach den Profanhistorikern und berührt nicht einmal den Streitpunkt.

Wir tragen kein Bedenken, die Meinung des Lactantius geradezu für ganz unbegründet[12] zu erklären.

Es legten am 1. Mai 305 beide Kaiser, Diokletian in Nikomedien, Maximianus in Mailand, vor feierlicher Heeresversammlung die Regierung nieder, um mit der Würde der seniorum Augustorum der Muße des Privatlebens zu pflegen, Diokletian mit Überzeugungsfreudigkeit zu Salona in Dalmatien, Maximian unwillig in Lucanien.

Noch zeugen die Ruinen von Diokletians Palaste bei Spalatro von dessen großartiger. aber freilich auch verschwenderischer Bau- und Prachtliebe. Noch lange baute er hier mit Behagen seinen Kohl, hochgeehrt, aber auch schwere Kränkung und Kümmernis erlebend, die auf seinen (nach der Epitome des Aur. Vict. im achtundsechzigsten Jahre um 313 erfolgten) Tod nicht ohne Einfluß gewesen sein mögen. Darüber, ob dies ein natürlicher oder freiwilliger war, schwanken die Quellen, zum Teil höchst unsichern Ausdrucks; wir glauben indes mit Eusebius (Supplem. zu Buch VIII. de Martyr. Palaest. c. 1) das erstere annehmen zu müssen.

Auf Diokletian und Maximian folgten als Auguste Constantius in seinem Reichsteile und Galerius in allem übrigen. Als Cäsaren ernannte letzterer für Italien und Afrika den Severus und Maximius Daza, seinen Schwestersohn, für den Orient.

Zu den vier Herrschern gesellte sich im Jahre 306 eigenmächtig ein fünfter, indem Maxentius, Maximians Sohn und des Galerius Schwiegersohn, zu Rom die Herrschaft an sich riß. Im Jahre 306 starb Constantius und dessen Sohn erster Ehe, Constantin der Große, ward zu dessen Nachfolger ausgerufen.

Im Jahre 307 ward der gegen Maxentius ausgesandte Cäsar Severus von seinem Heere verlassen und bald darauf getötet.

An dessen statt berief Galerius den Licinius und zwar sogleich als Augustus.

Im Jahre 311 starb Galerius.

Im Jahre 312 besiegte Constantin den Maxentius, der in der Schlacht blieb.

Im Jahre 313 ward Maximin durch Licinius besiegt und starb bald darauf.

Schon im Jahre 314 brach der Krieg zwischen den nunmehrigen Alleinherrschern Constantin und Licinius aus, ward aber durch Friedensschluß und neue Teilung des Reichs beendigt.

Im Jahre 323 begann der zweite Krieg zwischen diesen, der mit Constantins Siege endigte, so daß dieser von 324 bis zu seinem Tode 337 das gesamte Reich allein regierte.

ELFTES KAPITEL

Die Staatsreform unter Diokletian und seinen Nachfolgern[1]

Über drei jahrhundertelang hatte des Augustus Kunstwerk bestanden – die republikanische Form mit monarchischer Spitze. Von edlen Regenten geachtet, von geschickten, wie Tiber, als bequemes Werkzeug des Eigenwillens benutzt, von Tyrannen ignoriert, hatte die Scheinrepublik, in welcher der Senat als idealer Träger der Volkssouveränität figurierte, ruhig fortvegetiert. An grundsätzliche Änderung hatte noch kein Kaiser gedacht: die guten nicht, weil sie es nicht wollten, die schlechten nicht, weil sie es nicht der Mühe wert achteten, auch wohl das Geschick dazu nicht besaßen.

Eine Fortbildung des Räderwerks der Staatsmaschine in monarchischem Sinne hatte allerdings stattgefunden, doch sind wir von ihr, so weit sie nicht die neugeschaffenen kaiserlichen Behörden betraf, nur sehr unvollkommen unterrichtet.

Am meisten hat dafür so im Zivil als im Militär wohl der tätige und umsichtige Hadrian getan, der anscheinend zuerst geregelte stehende Bureaus, deren Geschäfte vorher meist Hausbediente – Freigelassene und Sklaven – des Kaisers und seiner Präfekten versahen, organisierte und Freigelassene darin anstellte (s. epit. Aur. Vict. c. 14,11). Die wichtigste Änderung war unstreitig die Machterweiterung des kaiserlichen Konsistoriums, obwohl dies eigentlich doch nur einen engeren Ausschuß des Senats vorstellte.

Fortwährend hatte der Senat, wiewohl freilich nur unter besondern Umständen (s. oben) Kaiser abgesetzt, zweimal deren ernannt, Pupienus mit Baltinus und Tacitus, in allen Fällen aber deren Anerkennung und Bestätigung ausgesprochen.

So stand es unzweifelhaft noch unter Aurelian und Probus, die nach den Zeugnissen des Flav. Vopiscus (Aur. c. 26, 31; Prob. c. 11, 15 und Carus 1) mit dem Senat sich gut stellten. Auch ergibt sich nach demselben (Aurel. c. 20), daß damals noch eine bedeutende öffentliche Kasse unter dessen Verwaltung stand.

„Von des Probus Tod an," sagt nun Aur. Vict. (de Caes., p. 37, 5), „galt nur noch die Militärgewalt, und dem Senat ward das imperium (verfassungsmäßige Gewalt) und das Recht, den Fürsten zu ernennen (creandique jus principis) bis auf unsre Zeit (etwa 360) entrissen."

Diese Phrase dürfte, wenn man sie noch auf Carus und dessen Söhne bezieht, unrichtig sein, da dieser, nach dem zuverlässigeren Fl. Vopisc. (Car. c. 5) sogleich an den Senat schrieb und sich dabei rühmte, diesem selbst anzugehören. Unzweifelhaft hat nun der Senat hierauf dessen und seiner Söhne Bestätigung ausgesprochen, was freilich, wie oft schon bemerkt ward, eine reine Formalität war.

Das Gewicht jener Äußerung, welche, weil sich Aurelius Victor darin noch auf seine Zeit beruft, nicht gänzlich unwahr sein kann, fällt daher lediglich auf Diokletians Regierungsantritt. Wenn gerade dieser aber, nach obigem, unter bisher nie erhörter Schonung und Milde erfolgte, so ist anzunehmen, daß der neue Kaiser die Formalität der Bestätigung mit Absicht nicht suchte und sich statt deren mit einer bloßen Anzeige begnügte.

Ungleich wichtiger als diese zweifelhafte Stelle ist das Zeugnis Eutrops, der, schon unter Constantin dem Großen Staatsbeamter, sowohl durch die beste Wissenschaft als durch die Unbefangenheit und Klarheit seines Urteils das meiste Vertrauen verdient. Dieser nun sagt (IX, 26):

„daß Diokletian zuerst im römischen Reiche mehr die Form des königlichen Brauchs statt der römischen Freiheit einführte" (qui imperio romano regiae consuetudinis formam magis quum romanae libertatis invexit).

Wir unterlassen durch Anführung anderer, minder entscheidender Stellen (wie z. B. Aur. Vict. de Caes. 39, 31, 32, 44 und 40, so wie Lactantius d. m. p. c. 7) die Ansicht:

daß Diokletian als der intellektuelle Urheber der großen Staatsreform gegen Ende des dritten Jahrhunderts zu betrachten ist, näher auszuführen, da wir uns bescheiden, daß ein sicherer Quellenbeweis namentlich für das Detail der Veränderung nicht möglich ist.

Diokletian war zwanzig Jahre lang Haupt und Seele des Gesamtreichs, mehr Regent als Feldherr und unstreitig ein seltener organisatorischer Kopf. Constantin der Große war sieben Jahre lang ein wesentlich beschränkter, dann zwar ein mächtiger Teilfürst, erst in den letzten dreizehn aber Alleingebieter. Herrschsucht war seine Leidenschaft und als er sich die Welt unterworfen, suchte und fand er vor allem in großartigen Bauten und der Sorge für die neubegründete Hauptstadt und Kirche Befriedigung. Diokletian entäußerte sich der Herrschaft erst stückweise, dann gänzlich. Gewiß nun entspricht eine tiefe Planlegung, eine stille, allmähliche, geschickte Ausführung mehr dem beschaulichen Wesen dieses als dem gewaltigen stürmischen Tatendrange jenes Kaisers.

Gewiß hat Constantin die Ideen seines Vorgängers verfolgt, fortgebildet und so die neue Verfassung festgestellt: man hat sie daher nicht ohne eine gewisse Berechtigung dessen Werk genannt. Gleichwohl erkennen ältere und neuere Geschichtsschreiber, die so verfahren, ausdrücklich an, daß vieles, ja das Wichtigste, von Diokletian herrühre, wie Tillemont IV, S. 91 und 448, Gibbon V, v. Not. 71, 81, 99 und a. a. O. Manso, Leben Const. d. Gr., S. 103, 107 u. f. Burkhard, die Zeit Const. d. Gr. S. 66–69.

Indes ist es eine unlösliche Frage, was und wieviel der neuen Einrichtungen diesem oder jenem Kaiser angehöre und wieweit sie überhaupt als neue Schöpfung oder nur als Fortbildung des Altbestehenden zu betrachten seien.

Welches waren die Gebrechen der römischen Staatsverfassung der ersten drei Jahrhunderte, wie sie vor allem in der Zeit des Verfalls, der letzten Hälfte des dritten, so schroff hervortreten?

Die Beibehaltung der republikanischen Form unter einem absoluten Monarchen war eine Täuschung, mit seltenem Geschick von August gesponnen, der den Schein der Freiheit ließ, um für sich und seine Nachfolger desto sicherer das Wesen der Macht zu gewinnen. In seinem Ursprunge damals durch die Zeit geboten war dies Motiv längst weggefallen und das leere Spielwerk mit einem republikanischen Schaugepräng ohne Sinn und Wirksamkeit hätte längst abgestellt werden können und sollen, wenn nicht die Ehrfurcht vor großen Erinnerungen edle und weise, Unfähigkeit zu Neugestaltung schwache und schlechte Herrscher von einer Neuerung abgehalten hätten, für die ein praktisches Bedüfnis nicht vorlag, da man auch in und mit jenen Formen nach Belieben regieren konnte.

Ein Monarch an der Spitze eines bloßen Bürgertums, dem er nach Stand und Sitte selbst angehört, über das er sich sogar durch das Zeremoniell wenig erhebt, der nächst den unentbehrlichsten Organen seiner Gewalt nur die Gesamtmasse der Untertanen fast *unmittelbar* unter sich hat, ist auf die Länge schwer möglich. Die Monarchie bedarf oben des Glanzes der Majestät, nach unten der Gliederung und Abstufung der Behörden, deren Tätigkeit das Oberhaupt leiten und beaufsichtigen, nicht aber unmittelbar regieren soll und kann. Wo die Hierarchie obrigkeitlicher Gewalten fehlt, ist fast nur eine Despotie möglich, die durch Großwesire regiert. So ward es in Rom, wo die Praefecti Praetorio nicht nur dem Volke, sondern bald auch den Herrschern selbst, die vergeblich allerlei Hilfsmittel dagegen anwandten, verderblich wurden.

Nicht minder anomal ist ein Staat ohne Volk. Wo kein Interesse, weder ein ideales noch materielles, kein Nationalgefühl die Regierten an die Regierung knüpft, keinerlei Zusammengehörigkeitsbewußtsein bei erstern lebt, da kann nur von Gehorsam des Volks aus knechtischer Furcht, nimmermehr von eigner freier Mitwirkung desselben für Staatszwecke, geschweige denn von Treue und Anhänglichkeit die Rede sein.

Verwandt hiermit, wenn auch immer noch wesentlich verschieden, ist das Verhältnis eines Gesamtstaats, der aus einem Aggregate verschiedenartiger Völker besteht. Da ergibt sich – und dies gilt heute noch – für die Regierung die Notwendigkeit, eine homogene Gesamtmasse zu schaffen, die von ihren Spezialkreisen losgerissen eben nur dem Gesamtstaate angehört und gewißermaßen die fehlende Gesamtnation vertritt. Dies sind Heer und Beamtenstand, aus deren Nachkommen, besonders denen des letzteren, wieder eine zahlreiche Klasse hervorgeht, die sich dem Allgemeinen verwandter fühlt, als den besondern Kreisen, woraus deren Vorfahren einst hervorgegangen sind.

Ein Heer freilich hatte Rom und in diesem hat sich auch, wie oft es sich zwar der Empörung, ja des Kaisermords schuldig gemacht, für würdige Herrscher und deren Dynastie mehrfach treue Anhänglichkeit geregt. Einer Staatsdienerschaft entbehrte es aber fast ganz: und dadurch der Kaiser selbst einer zahl- und einflußreichen, durch Bande der Dankbarkeit und Hoffnung an seine Person geknüpften Volksklasse, von welcher er, wenn auch nicht volle und selbstverleugnende Treue, doch sicherlich eine festere als von der übrigen Masse der Untertanen zu erwarten hatte.

Man kann diese Gebrechen der römischen Monarchie indes mehr für theoretische als praktische halten, hat aber mindestens zuzugeben, daß deren Wirkung, wenn auch gewiß eine tiefe, doch nicht so schlagend und verderblich hervortrat, als das Tyrannenunwesen, das freilich wieder mehr oder minder aus der isolierten wurzellosen Stellung des Monarchen im Staate hervorging. Wo der Thron eben nur auf der Person, auf dem augenblicklichen Besitzer der Macht beruhte, deren Ausübung in dem unermeßlichen, am Rhein wie am Euphrat, an der Donau wie am Nil so schwer bedrohten Reiche, notwendig unter viele Feldherren zersplittert werden mußte, wie nahe lag da für diese der Gedanke der Anmaßung des Zepters neben dem Schwert.

Aber nicht allein der Ehrgeiz der Führer, auch Mißstimmung und Geldgier des nach einem „Donativum" lüsternen Heeres, jede Parteileidenschaft, selbst zufällige Aufregung in einer Provinz weckte das Aufstandsgelüst und lenkte es auf irgendeinen General, der dann, weil der bloße Verdacht mitwissender Teilnahme schon unabwendbare Todesstrafe zur Folge hatte, zur Selbstrettung gezwungen war, zu vollenden, was er, wenn auch nicht aus Treue gegen seinen Herrn, doch aus Besonnenheit vielleicht nimmermehr gewollt hatte. Ja die bloße Furcht vor einer verwirkten Strafe konnte den Schuldbewußten bestimmen, in der Empörung noch Rettung zu suchen, wie jenen Bonosus nach Flavius Vopiscus (Bon. c. 15). Man hat (Manso in der Beilage IV zum Leben Const. d. Gr. über die dreißig Tyrannen unter Gallienus) die Empörung gewissermaßen als ein Korrektiv der Despotie, als ein Heilmittel der Völker gegen diese darzustellen versucht. Das ist aber ein Irrtum, der durch das einzige Beispiel des Postumus nicht gerechtfertigt werden kann.

Immer war die Empörung ein schweres Unheil, nicht nur für den unmittelbar bedrohten Kaiser, sondern auch für die betreffende Provinz. Ströme vergossenen Bürgerblutes, die Vergeudung großer, hart erpreßter Summen, der versäumte Schutz gegen feindliche Raubfahrten, daher steigende Verwüstung des Landes durch äußere wie durch innere Feinde, schließlich ein grausames Blutgericht über wirkliche oder vermeinte Anhänger des Besiegten waren die unausbleiblichen Folgen jedweder Empörung, selbst der gelungenen.

Diokletian hatte die Zeit der sogenannten „dreißig Tyrannen" selbst erlebt – was Wunder, daß dieser Greuel wie ein Gespenst vor seiner Seele stand?

Eng verwandt mit all dem eben Bemerkten war endlich der Mangel einer geordneten und gesicherten Thronfolge.

Wie aber war all diesen Gebrechen abzuhelfen? Die moderne beschränkte Monarchie, wie sie sich in England im siebzehnten und achtzehnten Jahrhundert entwickelte, war im Untergange der alten Welt unmöglich, ein gewisser Absolutismus unvermeidlich. Gleichwohl mußte das Ideal einer tiefdenkenden Politik etwas jener Ähnliches anstreben: die naturgemäßen Fundamente einer geordneten Monarchie mußten erkannt, aufgesucht und derselben so weit tunlich unterbreitet werden.

So das Bedürfnis und die Aufgabe. Untersuchen wir nun, was zu deren Erfüllung geschah.

Das erste war die Teilung nicht des Reiches, aber der Regierung.

Ein Herrscher konnte, wo von allen vier Himmelsgegenden her Krieg wütete oder doch drohte, nicht mehr genügen.

Indem aber die Tüchtigsten zu Mitregenten gewählt wurden, ward nicht nur für des Reiches Schutz am besten gesorgt, sondern zugleich der Versuchung zur Empörung die Spitze abgebrochen, da der Kaiser freiwillig gab, was glücklichsten Falls der Frevel erringen konnte. Für andere als die zur Regierung berufenen Feldherren aber erschwerte die fortwährende Nähe eines legitimen Herrschers jedweden Aufstand, die bereite Unterstützung des Gefährdeten durch seine Mitherrscher dessen Gelingen. Nur durch die Insularlage erhielt sich Carausius: Diokletians Weisheit aber machte ihn durch vorübergehende Anerkennung eines fünften Regierungsbezirks unschädlich.

Zwei Majestäten (Auguste) und zwei Cäsaren: das war Diokletians Plan, dadurch zugleich aber die Thronfolge geregelt, da letztere, jüngere Männer, an die Stelle der ersteren zu treten bestimmt waren. Unstreitig war es sein Wunsch, daß auch das Beispiel seiner Thronentsagung nach zwanzig Jahren, wozu er nicht minder Maximian bewog, bei seinen Nachfolgern Nachahmung finden möge, wodurch der bei jedem Todesfalle unvermeidlichen Erschütterung und Störung vorgebeugt worden wäre. An der Sicherheit der Ausführung aber muß schon sein eigener Tiefblick gezweifelt haben.

Der Monarch sollte ferner nicht mehr ein bloßer Bürger, sondern mit dem Glanze der Majestät geschmückt, eine geheiligte Person sein.

Die Formen des Verkehrs mit ihm, Tracht, Titel, alles ward geändert. An die Stelle der früher gemeinüblichen Begrüßung durch Umarmung (Salutation) trat nun demütige Kniebeugung (Adoration). Prunkvolles Zeremoniell, orientalische Etikette sonderten den Souverän von seinen Untertanen. Er heißt nun der geheiligtste Imperator (sacratissimus), durch „göttlich" und „Gottheit" wird er und was ihm angehört bezeichnet.

Schon in den ersten sechs Zeilen der von Mamertin (am 21. April 289) auf Maximian gehaltenen Lobrede wird die Verehrung des geheiligtsten Imperators der der Götter gleichgestellt und von der Veneration seiner Gottheit (veneratio numinis tui) gesprochen.

Der einfache Purpurmantel verschwindet. Das Diadem, die weiße mit Perlen geschmückte Binde, deckt die Stirn des Kaisers, den schwere, prachtvolle, bis auf die Schuhe herab mit Edelgesteinen und Perlen gestickte Gewande von Seide und Goldstoff umhüllen (Eutrop IX, 26).[2]

„Imperator", früher nur Vorname und Ehrenauszeichnung, jedoch allmählich bereits schwankenden Sinnes, wird nun reiner Amtstitel, der Kaiser nunmehr aber zugleich noch *unser Herr*, dominus noster (*D. N.* auf den Münzen) genannt, was vordem, wie noch Tiber sagte, nur das Verhältnis zum Sklaven kennzeichnete.

Nicht kleinliche Eitelkeit, Hoffahrt und Prachtliebe allein kann den Mann dazu bewogen haben, der nach so vielen Siegen erst im neunzehnten Jahre seiner Regierung – und zwar glanzloser als einer seiner Vorgänger – triumphierte und dann freiwillig die Muße des Landlebens mit dem Throne vertauschte.

Es war ihm kein leerer Tand, sondern eine tiefsinnige Berechnung des Einflusses, den die äußeren Zeichen der Majestät auf die Gemüter ausüben.

Die ganze Macht republikanischer Erinnerungen heftete sich an das alte heilige Rom. Indem Diokletian dies als Residenz verließ, ja *absichtlich mied*, brach er zugleich mit allen Formen der Vorzeit.

Ob, wann und in welcher Zahl er noch Senatoren zu sich berief, wissen wir nicht: der Senat selbst aber hörte auf, zu sein, was er gewesen, von dem Augenblick an, wo der Kaiser nicht mehr in den Senat kam, sondern dieser zum Kaiser kommen mußte.

Die bemerkten Maßregeln: Teilung der Regierung, Sicherung der Thronfolge, Umkleidung des Monarchen mit vorher unbekannter Majestät, das Aufgeben der alten Residenz und der Bruch mit den republikanischen Formen, insgesamt mehr politischer als administrativer Natur, sind unbestritten Diokletians Werk. (Vergl. Eutrop IX, 26.)

Es ist fast undenkbar, daß der Tiefblick dieses Herrschers nicht auch die Notwendigkeit erkannt habe, die monarchische Spitze zugleich auf den Unterbau einer angemessenen Behördenverfassung zu gründen und durch einen von dem Kaiser abhängigen, daher mehr oder minder an dessen Person geknüpften Beamtenstand zu schaffen. Die Quellen denken allerdings nur der Abschaffung der weiter unten zu erwähnenden Frumentarier (Aur. Vict. d. Caes. 39, 44), der Teilung der großen Provinzen in viele kleinere, der Ernennung mehrerer Praefecti Praetorio und der Vicarien derselben, der Magistri (unstreitig militum) und der Vervielfältigung der Beamten überhaupt (Lactantius d. m. p. c. 7).

Schon aus diesen wichtigen Neuerungen aber, welche der weitern Behördenverfassung zum Teil als Grundlage dienten, läßt sich abnehmen, daß letztere in der Hauptsache wenigstens dessen Werk gewesen sei, da wir größtenteils dieselben politischen Motive darin erkennen, aus welcher die anderen bemerkten Neuerungen hervorgingen.

Indes hört hier fast jede Sicherheit auf: wir lernen die neue Administrativverfassung nur als etwas Fertiges und zwar großenteils aus viel späteren Quellen kennen: der notitia dignitatum vom Ende des vierten oder Anfang des fünften Jahrhunderts, dem Theodosianischen Kodex vom Jahre 438, dem Justinianeischen vom Jahre 528–534 und aus des Lydus etwas späterem Werke de Magistratitus.

Müßig daher ist jede eingehende Detailerörterung über den Ursprung dieser oder jener Einrichtung: genug, daß wir Diokletian, der gewiß aber auch vielfach an schon Bestehendes knüpfte, und nächst ihm Constantin als die Schöpfer derselben zu betrachten haben.

Grundprinzip der neuen Einrichtungen und zugleich entschiedener Bruch mit der republikanischen Überlieferung ist *die gänzliche Trennung der Zivil- und Militärgewalt*, die gewöhnlich auf Grund von Zosimus (II, 32 und 33) Constantin allein zugeschrieben wird.

Es liegt auf der Hand, daß diese sowohl dem Kaiser als dem Volke heilsam war.

Daß der Statthalter von Provinzen, die zum Teil große Königreiche unserer Zeit umfaßten, ungleich mächtiger und dadurch dem Souverän gefährlicher war, wenn ihm nicht allein die gesamte Armee, sondern auch sämtliche Gerichts-, Polizei- und Finanzbehörden untergeben waren, daher vor allem die reichen Geldmittel des Landes zu Gebot standen, bedarf kaum der Erwähnung, da letztere insbesondere jedem Empörer, der vor allem die Soldaten zu gewinnen hatte, unentbehrlich waren.

Wir haben daher in dieser Teilung recht eigentlich das sicherste Vorbeugungsmittel gegen das Tyrannenunwesen zu erblicken.

Nicht allein ward die gefährliche Macht der Provinzialstatthalter dadurch heilsam beschränkt, sondern jedem derselben damit zugleich ein Wächter zur Seite gestellt.

Auch erlangten dadurch die Provinzialen Schutz gegen die so häufigen Bedrückungen durch Übermut und Raubsucht der Soldaten und Offiziere, da sie nicht mehr allein die zweifelhafte Abhilfe des Generals, sondern nun auch die Vertretung des Zivilstatthalters dagegen in Anspruch nehmen konnten. Umgekehrt hatte aber auch dieser bei Verhängung grober Unrechtlichkeiten die Kenntnisnahme und Anzeige seines Militärkollegen zu scheuen. Überhaupt aber mußte, der Natur der Sache nach, durch die Teilung der Macht die Leichtigkeit des Mißbrauchs verhindert werden.

Nur aus Haß gegen Constantin kann es daher erklärt werden, wenn ein sonst so achtbarer Schriftsteller wie Zosimus umgekehrt diese Einrichtung tadelt, obwohl man andrerseits zugeben muß, daß die Einheit der Gewalt, wenn man deren Träger als Beamtenideale auffaßt, was sie freilich in der Regel nicht waren, auch ihre Vorzüge haben konnte.

In der Terminologie allein dauerte die Einheit des Staatsdienstes fort, indem dieser auch fernerhin durch „Militia" bezeichnet, der militärische aber durch den Zusatz „armata", bewaffneter, unterschieden ward.

Im engern Sinne aber bedeutete Militia (auch militia cohortalis) den Staatsdienst in den Kanzleien der Praefecti Praetorio und der Provinzialstatthalter und bildete so den Gegensatz zu dem der Zentralverwaltung d. i. in den Bureaus der kaiserlichen Ministerien und Hofchargen, Officia palatina, Aula, palatium. Es ist dieser Unterschied auch auf das römische Kaisertum deutscher Nation und von diesem auf deutsche Territorien übergegangen, indem man diejenigen Beamten, welche in den höchsten kaiserlichen und landesherrlichen Stellen unmittelbar fungierten, durch das Prädikat: Hof, z. B. Hofrat, Hofsekretär, auszeichnete.

Ganz außerhalb der Behördenhierarchie standen folgende Würden oder vielmehr Titel:

a) Der *Consul*, der das Prädiat gloriosus, ruhmvoll, führte und die Ehre, dem Jahre seinen Namen zu verleihen, mit dem starken Aufwande für Festspiele bei Antritt seiner Würde bezahlen mußte. In letztern, vor allem aber in der eingeführten Zeitrechnung, lag auch der Hauptgrund, weshalb diese historische Reliquie unangetastet blieb. Der Konsul hatte den Rang über den Praefecti Praetorio und den Vorsitz im Senat, aber keinerlei weitere nennenswerte Amtsgewalt[3], sogar der Beisitz im kaiserlichen Konsistorium, geheimen Rate, scheint ihm von Amts wegen nicht weiter zugestanden zu haben.

b) Das *Patriciat*: ursprünglich Geburtsadel, das Constantin aber nur als persönliche Auszeichnung namentlich an die höchsten Staatsbeamten, wie Präfekten und Magistri militum verlieh und das solchesfalls nicht minder den Vorsitz vor den Praefecti Praetorio gewährte (s. Zosimus II, 40 und spätere Gesetze im Codex Justinian. XII, 3, 3 bis 5, da der Theodos. VI, 2 nichts Wesentliches darüber enthält).

c) Das *Nobilissimat*: eine von demselben für die Prinzen von Geblüt ersonnene, wahrscheinlich ebenfalls auf besonderer Verleihung beruhende Ehrenauszeichnung.

Wir gehen nunmehr

I. auf den Ziviletat

über und zwar

A. auf die Landesverwaltung

An deren Spitze standen:

Vier Praefecti Praetorio in ihren Bezirken und zwar

a) der für den Orient (praef. praet. per orientem) zu Konstantinopel.
Dieser umfaßte fünf Diözesen:

aa) die des Orients mit fünfzehn Provinzen;
bb) Ägypten mit fünf, später sechs Provinzen;
cc) die asiatische (Asiana) mit zehn Provinzen;
dd) die pontische mit zehn Provinzen;
ee) Thrakien mit sechs Provinzen.
Überhaupt also sechsundvierzig Provinzen.

b) Der für Illyricum (das östliche, jetzt türkische, welches durch den Drinus, jetzt Drinna, Grenzfluß zwischen Serbien und Bosnien, vom westlichen geschieden ward) zu Sirmium mit zwei Diözesen:

aa) Makedonien mit sechs Provinzen, welche die gesamte griechische Halbinsel bis auf einen Teil Makedoniens umfaßten;
bb) Dakien (Neudakien) mit fünf Provinzen.

c) Der für Italien zu Rom mit vier Diözesen:

aa) das nördliche Italien mit sieben Provinzen; wozu auch die beiden Rätien gehörten;
bb) das südliche mit zehn Provinzen, einschließlich Sizilien, Sardinien und Korsika;
cc) Illyricum (das jetzt österreichische, mit Bosnien, Herzegowina, Montenegro und einem Teile Bayerns) mit sechs Provinzen;
dd) Afrika mit sieben Provinzen.

d) Der für Gallien (praef. praet. Galliarum) zu Trier mit drei Diözesen.

aa) Spanien (Hispaniarum) mit den Balearen sieben Provinzen.

bb) Die sieben Provinzen (septem provinciarum) Frankreich, Schweiz, Belgien und das linke Rheinufer mit siebzehn Provinzen;
cc) Britannien mit fünf Provinzen.
Dies ergibt für die Präfekten

des Orients	5 Diözesen	46 Provinzen	
Illyricums	2 "	11	"
Italiens	4 "	30	"
Galliens	3 "	29	"
Überhaupt also:	14 Diözesen u.	116 Provinzen.	

Ausgenommen von den Präfekturbezirken waren aber die Städte Rom und später Konstantinopel, so daß hier noch

e) der Stadtpräfekt von Rom und

f) der von Konstantinopel, die den Praefectis Praetorio völlig gleichgestellt waren, zu erwähnen sind.

Ebenfalls unmittelbar in des Kaisers Namen (sacra vice) wurden ferner die prokonsularischen Provinzen verwaltet, nämlich

g) Asien, d. i. Lydien, Carien, mehrere Inseln und der Hellespont mit den Hauptorten Smyrna und Ephesus und

h) Afrika mit Karthago, wodurch sich die Gesamtzahl der Provinzen auf hundertundzwanzig steigerte.

Eine dritte prokonsularische Provinz Achaja mit dem Sitze Korinth, stand dagegen unter dem Praefectus Praetorio des östlichen Illyricum.

Die gedachten Prokonsuln waren auch an Rang und Macht niedriger gestellt als die sechs Präfekten. Diese hat man als Vizekönige zu betrachten. Kommen dergleichen in späterer und neuerer Zeit nur in entlegenen Reichsteilen vor, so mochte damals der ungeheure Umfang des römischen wohl die Anstellung mehrerer kaiserlichen Stellvertreter rechtfertigen.

Sie machten die kaiserlichen Gesetze bekannt und erließen in geeigneten Fällen selbst Edikte für ihren Bezirk. Von ihnen fand keine Berufung an den Kaiser, sondern nur der Weg der Bitte, Supplikation statt, welche ebenso wie das Restitutionsgesuch gegen deren Urteile bei dem Präfekt selbst angebracht werden mußte.

Sie hatten Gewalt über Leben und Tod, durften aber nach einer späteren Verordnung (C. Just. I, 54, 4) an Geld nicht über fünfzig Pfund Gold (etwa 45 000 Mark) strafen.

Über deren Rang verbreitet sich Lydus (II, 9) ausführlich. Sie mußten von allen niedrigern Ranges durch Kniebeugung geehrt werden, was sie nur durch Umarmung erwiderten: der Kaiser selbst ging ihnen am Eingange des Palastes zu Fuß entgegen.

Die Präfekten hatten in jeder Diözese einen Stellvertreter, Vicarius mit Ausnahme der Diözese Dakien, die von dem des östlichen Illyricum unmittelbar verwaltet worden sein mag, und der des zur Präfektur Italien gehörigen westlichen Illyricum, für welche beiden freilich die militärische Gewalt überhaupt wichtiger war, als die zivile. Der Präfekt der großen Diözese Orient führte den besonderen Titel Comes Orientis und der im Range nachfolgende Ägyptens den noch von August herrührenden praefectus Augustalis. Beide gingen im Range den übrigen Vicarien vor, welche insgesamt der zweiten Rangklasse der spectabiles gehörten. Für Rom war überdies ein besonderer Vicar der Stadt angestellt, der teils unter dem Stadtpräfekt stand, teils aber auch als Vicar des Präfekts von Italien die vorstehend unter c) bb) bemerkten zehn Provinzen Italiens zu beaufsichtigen hatte (s. Notit. occid. c. 18, S. 80, S. 63 und Bethm.-Hollw. S. 86).

Die Provinzialgouverneure waren

a) Prokonsuln, drei an der Zahl, spectabiles, von denen jedoch, wie bemerkt, nur der von Achaja unter dem Präfekten stand.

b) Konsulare siebenunddreißig.

c) Präsidenten (praesides) einundsiebzig und

d) Korrektoren fünf.

Die drei letzten Kategorien gehörten der dritten Rangklasse der clarissimi an.

Alle diese hießen und waren ordentliche Richter, teils erster Instanz für alle einen gewissen Betrag überschreitende Rechtssachen, sowie für Personen und Güter eximierten Gerichtsstandes ohne Unterschied, teils höherer Instanz, indem sie über den städtischen, in geringfügigeren Gerichtssachen kompetenten Gerichten standen.

Von den ordentlichen Richtern b) c) und d) ward nach gewissem nicht genau zu ermittelndem Unterschiede, teils an den Vicar, teils an den Praefectus Praetorio unmittelbar appelliert (s. Bethm.-Hollw. S. 79).

Dasjenige, was die moderne Geschäftssprache im Gegensatze zur Justiz mit Verwaltung bezeichnet, mag, wie früher in ganz Deutschland und jetzt noch in manchen Landen, als ein Nebenzweig der Rechtspflege großenteils von den Richter-Beamten behandelt worden sein.

Der Mitwirkung dieser Reichs- und Provinzialbehörden in Finanzsachen wird später gedacht werden.

Die Vicare und Provinzialstatthalter wurden vom Kaiser selbst, unstreitig jedoch auf Vorschlag des Präfekten ernannt, unter dessen Disziplinargewalt sie standen, so daß diesem selbst deren Absetzung und Ernennung provisorischer Substituten zustand (s. Bethm.-Hollw. S. 76). In Gegenwart des Präfekten hörte die Amtsgewalt der Vicare ganz auf (s. ebenda S. 78), was sich jedoch nicht auf den Aufenthaltsort, sondern nur auf die persönliche Teilnahme beider an derselben Verhandlung beziehen kann.

Gleichwohl berichteten die Vicare unmittelbar an den Kaiser und sandten auch diesem die Berichte der Provinzialstatthalter ein, was wir jedoch auf gewisse dazu bestimmte Fälle einschränken möchten.

Wie umfänglich die Rechtspflege dieser Behörden war, ergibt sich daher, daß bei dem Gerichtshofe des Praefectus Praetorio des Orients hundertundfünfzig, bei dem Vicar zu Alexandrien fünfzig und dem des comes orientis vierzig Advokaten angestellt waren.

Von den Bureaus (Officia) derselben wird bei Darstellung der kaiserlichen die Rede sein. Nach einem Gesetze vom Jahre 386 (C. Th. I, 12, 15) sollte kein Vicar mehr als dreihundert bei ihm Angestellte (Apparitores) haben.

B. Zentralverwaltung

Wir kommen hier, den obersten Hofchef (praepositus sacri cubiculi) bei Seite lassend, sogleich auf die kaiserlichen Ministerien, und zwar

1) auf den obersten derselben, den Magister officiorum. Wir können ihn nur mit einem Staats- oder Reichskanzler späterer Zeit vergleichen. Die Wirksamkeit desselben hatte früher dem Praefectus Praetorio oder bei mehreren einem derselben zugestanden (s. Lydus II, 11 und 24). Diese Abzweigung jeder Zentralverwaltung von der vormals allmächtigen Präfektur, welche dadurch von der obersten Reichsbehörde zur bloßen Provinzialbehörde herabsank, war unstreitig eine der wichtigsten Veränderungen.

Vor den Magister officiorum gehörten alle Zweige der Zentralverwaltung mit alleiniger Ausnahme der Finanzen, daher

alle allgemeinen Gesetzgebungs- und Verfassungsangelegenheiten, wohin auch die Oberaufsicht über die gesamte Staatsdienerschaft gerechnet wurde;

die auswärtigen Angelegenheiten, welche jedoch damals, weil es keine stehenden Gesandtschaften gab, minder umfänglich waren, als in neuerer Zeit;

die Justiz und Verwaltung.

Derselbe muß aber auch eine gewisse, wahrscheinlich kontrollierende Mitwirkung im Kriegswesen gehabt haben, weil (nach C. Just. I, 31, 4) regelmäßige Übersichten über die Zahl der Soldaten und den Zustand der Festungen an den Grenzen ihm einzusenden waren.

Man hat jedoch nicht außer acht zu lassen, daß der Wirkungskreis der Zentralverwaltung überhaupt damals ein beschränkter war, weil die wichtigsten Angelegenheiten, selbst in oberster Instanz, durch die Praefecti Praetorio erledigt wurden. Nichtsdestoweniger mag die Wirksamkeit dieses Reichskanzlers eine höchst bedeutende gewesen sein, da unzweifelhaft alle Berichte der oberen und in vielen Fällen auch der unteren Landesbehörden durch ihn an den Kaiser gelangten und ihm besonders die Überwachung derselben, namentlich auch die Wahrung tunlichster Gleichförmigkeit in Grundsätzen und Verfahren, obgelegen haben mag.

Fremde Gesandte hatten ihre Botschaft ihm zuerst vorzutragen, er vermittelte deren Audienzen bei dem Kaiser, denen er hinter einem Vorhange (Velum) beiwohnte.

Auch stand ihm die Gerichtsbarkeit nicht nur über die ihm unmittelbar untergebenen, sondern auch über die Hofdienerschaft im engern Sinn und, was ganz eigentümlich erscheint, über die Militärbefehlshaber an den Grenzen (comites et duces limitanei) zu (s. die von Böcking II, 212 angeführten Gesetze), was darin seinen Grund gehabt haben mag, daß man diese, ihrer hohen Wichtigkeit halber, von den Oberfeldherren, magistris militum, nicht allzu abhängig machen wollte.

Unter dem Magister officiorum unmittelbar standen nun

a) verschiedene Scholae Bewaffneter (nach der Not. dign. im Orient sieben, im Occident fünf), die nach Bewaffnung und Herkunft benannt waren, als Scutarii, Sagittarii, Clitanarii, Gentiles. Sie waren wesentlich zum Wachdienste im Palast und zum Glanze des Hofes bestimmt, mögen aber auch sonst vom Magister officiorum gebraucht worden sein und wahrscheinlich zugleich als Vorschule für die sofort zu erwähnenden agentes in rebus und diejenigen Staatsbedienungen, für welche wissenschaftliche Bildung nicht erfordert ward, gedient haben, was deren Unterordnung unter den Mag. offic.

erklärt. Ursprünglich wurden dazu nur kriegstüchtige und auserlesene Soldaten genommen, die nötigenfalls im Krieg als Elitecorps verwandt wurden, was von denen der Scularii und Gentiles an vielen Stellen durch Ammian bezeugt wird. Erst im spätern byzantinischen Reiche trat seit Kaiser Zeno deren gänzlicher militärischer Verfall ein, so daß sie unter Justinian nur noch als glänzend uniformierte Livreebediente zu betrachten waren. (Siehe Agathias, Bonn. Ausg. V, 15, p. 310.)

Deren ursprüngliche Anzahl wird von Prokop (Hist. arcan. c. 24, p. 135) zu 3500, also die Schola zu 500 Mann angegeben. Die Löhnung war merklich höher als die des Linienmilitärs.

b) Die Schola der agentes in rebus.

Die offene Bestimmung derselben war, wichtige Nachrichten, z. B. die Konsulatswahlen, kaiserliche Siege, neue Gesetze zur Kenntnis der Behörden und des Publikums in den Provinzen zu bringen, weshalb man sie mit unsern Feldjägern und Kurieren vergleichen könnte. Hauptsächlich aber wurden sie als Polizeiagenten und Spione gebraucht, die vor allem jede dem Kaiser feindliche oder auch nur bedenkliche Regung auszukundschaften und zu berichten hatten. Die Geschicktesten derselben wurden unter dem Titel curiosi bleibend oder für längere Zeit an geeigneten Punkten im Reiche stationiert. Auch zu Ausführung geheimer Aufträge, wie zu Verhaftung und Beseitigung höherer, dem Kaiser verdächtig erscheinender Beamten wurden die erprobtesten Offiziere derselben verwandt.

Viele solcher Agenten wurden auch den Landesbehörden bleibend zur Unterstützung beigegeben, so daß die aus diesem Korps Abgeordneten, deputati ejusdem scholae, eine besondere Abteilung bildeten.

Unzweifelhaft konnte das despotische Regiment eines Weltreichs solcher Polizeiorgane nicht entbehren: ja es erscheint zweckmäßig, daß der Zentralverwaltung, nächst den ordentlichen Landesbehörden, noch ein zweites Auge zu Wahrnehmung sowohl von hochverräterischen Bestrebungen als auch von Ungerechtigkeiten und Bedrückung zu Gebote stand: in Wirklichkeit aber mag bei der Verderbnis der Zeit der Mißbrauch den nützlichen Gebrauch weit überwogen haben, wovon sich mehrfache empörende Belege ergeben, wie dies auch die wider deren Anmaßung erlassenen Gesetze beweisen (C. J. XII, 22 de curiosis et stationariis).

Das ganze Korps war militärisch organisiert und sollte nach einer freilich viel spätern Verordnung im byzantinischen Reiche 248 Offiziere (Ducenarii und Centenarii), 250 Unteroffiziere und 750 Gemeine, einschließlich 400 zu Pferd, stark sein. (C. J. XII, 20, 3.)

Die obersten, principes, derselben hatten den Rang der zweiten Klasse, waren aber auch in ihrem Amte großen Gefahren ausgesetzt. (C. J. XXII, 21, 6.)

Ein Teil dieser Geschäfte ward früher durch die Frumentarier besorgt, die ursprünglich für die Ermittelung und Aufzeichnung der Getreidevorräte zu Versorgung der Hauptstadt und der Heere bestimmt, aber ganz in Polizeispione ausgeartet waren.

Diese „Pestilenz", wie sich Aur. Vict. d. Caes. 39, 44 ausdrückt, schaffte Diokletian zu allgemeiner Zufriedenheit ab, der daher gewiß auch schon die agentes in rebus an deren Stelle errichtete, welche jedoch, späterhin wenigstens, gewiß eher schlimmer denn besser als jene geworden sein mögen.

c) Die Mensores und Lampadarii, von denen erstere hauptsächlich als Quartiermacher bei den Reisen des Kaisers und hoher Beamten fungierten, die Letztern den Luxusdienst des Vortragens der Fackeln am Hofe besorgen hatten.

d) Die Ministerialbureaus (scrinia).

Deren waren vier:

aa) Scrinium Memoriae, das man wohl als das Verfassungsdepartement bezeichnen könnte. Dahin gehörten adnotationes, unstreitig Cabinetsordres aus eigener Bewegung im Gegensatz zu Rescripten auf Anträge und Anfragen, Gesuche (preces) persönlicher Art, mutmaßlich alle Gnaden- und Anstellungssachen, überhaupt wohl alles, was nicht die nachfolgenden Spezialdepartements betraf.

bb) Epistolarum, unzweifelhaft für die auswärtigen Angelegenheiten, neben welchem im Orient noch ein besonderes Bureau für die griechische Korrespondenz bestand (graecarum epistolarum).

cc) Libellorum, das Justizdepartement.

dd) Dispositionum, das sich mit Ausführung administrativer kaiserlicher Anordnungen, z. B. bei Reisen und Feldzügen, aber auch mit Besoldungsanweisungen und anderen auf den Dienst bezüglichen Angelegenheiten, unstreitig mehr exekutiver als normativer Natur, beschäftigt haben soll. (S. Not. dign. I, p. 237.)

Jedem der drei ersten Departemente stand ein Magister scrinii, d. i. Direktor oder Unterstaatssekretär vor, der der zweiten Rangklasse angehörte. Im ersten (memoriae) sollten nach einer spätern

Verordnung allein für das Ostreich (C. J. XII, 19, 10) achtundsechzig, im zweiten und dritten je vierunddreißig Bureaubeamte angestellt sein.

Das minder wichtige Bureau der Dispositionen stand nur unter einem Comes.

Ferner standen unter dem Magister officiorum:

e) Das Officium admissionum d. i. das Zeremonienmeisteramt, dessen Personal sehr zahlreich gewesen sein muß, da ihm ebenfalls ein Magister und ein Vizepräsident (proximus) vorstand. (Not. dign. I, p. 237.)

f) Cancellarii, was nach Lydus d. Mag. III, 11 und 36, Cassiodor. Var. XI, 60 und XII, 1, B.-Hollw., S. 190 und 192 und Böcking II, S. 305–309 höhere Aufwärter waren.

g) Alle Waffenfabriken im Lande, deren die Not. dign. im Orient fünfzehn, im Occident zwanzig aufführt.

h) Zur unmittelbaren Dienstleistung bei dem Magister officiorum waren angestellt

aa) ein Adjutor, Adjutant, im Wesentlichen eine Art von Generaladjutant im Zivildienst, ein hoher Vertrauensposten, der den Rang eines Vicars hatte;

bb) zahlreiche Unteradjutanten, subadjuvae, namentlich auch für die Waffenfabriken und die einzelnen Landesteile.

Endlich waren, wie die Not. dign. zuletzt erwähnt, demselben noch untergeben:

i) ein Oberpostinspektor (curiosus cursus publici);

k) alle im Reiche angestellte curiosi (s. oben unter b), so wie

l) die Dolmetscher für fremde Sprachen, besonders barbarische.

Diesem Allen zufolge stand der Magister offic. oder Reichskanzler nicht nur an der Spitze der gesamten zivilen Zentralverwaltung, mit Ausschluß der Finanzen, sondern es waren ihm auch das Reichspostwesen, wichtige Zweige des Kriegsministeriums und selbst zum Teil des obersten Hofdepartements untergeben. In der Tat würde er hiernach fast die Macht eines Großwesirs gehabt haben, wenn nicht diese durch den

2) Quaestor, der vollkommen ein Kabinettsminister neuerer Zeit war, wesentlich gemindert worden wäre. Der Magister offic. kann dem Kaiser nämlich nur schriftliche Vorträge erstattet oder die der Landesbehörden, gehörig präpariert, unterbreitet haben. Den mündlichen Vortrag hatte allein der Quästor: er allein empfing die höchsten Resolutionen und setzte sie in derjenigen vom Kaiser signierten Fassung auf, welche der weitern Ausfertigung zur Grundlage diente.

Ein solches Verhältnis, daß die Minister nicht unmittelbar mit dem Souverän arbeiten, sondern an die Dazwischenkunft von Kabinettsministern, wo nicht gar bloßen Räten, gebunden sind, hat in vielen modernen Staaten bis zur neuesten Zeit bestanden.

Als besonderer Gegenstand der Amtstätigkeit des Quästors wird die Gesetzgebung hervorgehoben.

Zu dessen Ressort gehörten zugleich aber auch alle in dem laterculus minor (dem kleinern Buche) einzutragenden Anstellungen, wohin Gesetze alle praepositurae, tritunatus et praefecturas rechnen. Wir vermuten, daß sich dies, wo nicht ausschließlich, doch wesentlich auf unter diesem Namen fungierenden Stabsoffiziere des Militäretats bezog, da die praepositi, welche als Unterbeamte der Finanzminister vorkommen, und die Tribunen der Notarien schwerlich darunter begriffen gewesen sein mögen.

Es erklärt sich diese wunderbare Anomalie, da dergleichen Anstellungen der Natur der Sache nach vor das militärische Generalkommando gehörten, welches dieselben fortwährend auch wieder an sich zu bringen wußte (s. C. Theod. I, 8, 3 und Böcking II, 330), nur dadurch, daß man die immer noch gefährlichen magistri militum behindern wollte, durch Ernennung ihrer Kreaturoen zu Stabsoffizieren das ganze Heer in noch höherem Grade von ihrer Person abhängig zu machen.

Alle übrigen sowohl der Landes- als Zentralverwaltung einschließlich des Hofdepartements angehörigen Stellen hingegen wurden im großen Buche (laterculus major) verzeichnet, von dem weiter unten die Rede sein wird.

Der Quästor hatte kein eignes Bureau, sondern wählte die ihm nötigen Arbeitskräfte aus den betreffenden Bureaus des Reichskanzlers, und zwar sollten zwölf aus dem scrinium memoriae und sieben je aus dem der auswärtigen Angelegenheiten und der Justiz, also sechsundzwanzig überhaupt, ihm als adjutores beigegeben sein. (C. J. XII, 19, 13.)

3) Der Comes sacrarum largitionum, d. i. der Reichsfinanzminister. Unter ihm stand die Leitung des direkten und indirekten Steuerwesens, namentlich auch der Naturallieferungen, die Beaufsichtigung des Handels, wohl nur in fiskalischer Beziehung, die Verwaltung des Schatzes, Bergbau und

Münze, die Magazine und Fabriken (Webereien und Färbereien) für das Staatsbekleidungswesen und die öffentlichen Transportanstalten für Naturalvorräte aller Art.

Die Erhebung, wahrscheinlich auch Verteilung der Steuern aber besorgten die Landesbehörden und unstreitig behielt jeder Präfekt davon so viel für sich zurück, als für den etatsmäßigen Zivil- und Militärbedarf seines Bezirks erforderlich war, so daß nur die Überschüsse in die kaiserliche Zentralkasse flossen.

Die Unterbeamten dieses Ministeriums waren so zahlreich, daß deren spezielle Angabe hier kaum nötig scheint, zumal die Not. dign. des Orients hierin von der des Occidents merklich abweicht.

Im Wesentlichen waren es

a)   Provincialbeamte, als:

aa)   in jeder Diözese ein comes largitionum oder Finanzdirektor,

bb)   in mehreren zu dem Ende zusammengeschlagenen Provinzen je ein rationalis, welcher wohl eine gewisse Kontrolle auszuüben und bei bestimmten Finanzangelegenheiten mitzuwirken, vor allem aber alle fiskalischen Prozesse zu entscheiden hatte. Die Appellation von ihm ging durch den Minister an den Kaiser.

cc)   Vorstände der einzelnen Provinzialkassen, Münzen, Fabriken und Transportanstalten.

b)   Dessen Bureau, das im Orient in fünfzehn, im Occident in dreizehn verschiedene Scrinia oder Spezialbureaus für die verschiedenen Geschäftszweige zerfiel, unter denen die der tabulariorum das Rechnungswesen zu besorgen hatten.

4)   Der Comes rerum privatarum.

So nahe es liegt, in diesem den Verwalter des kaiserlichen Fiskus, im Gegensatze zu dem unter dem Com. sacr. largit. stehenden Aerar, zu vermuten, so würde dies doch ganz irrig sein, da der Comes rerum privatarum lediglich die Staatsdomänen zu verwalten hatte, indem sogar die Schatullegüter des Kaisers in Kappadokien nicht unter ihm, sondern unter dem obersten Hofchef standen. Wohl aber war ihm der vom Staatsschatze getrennte Kronschatz untergeben.

Die Domänen bestanden teils aus kaiserlichen Schlössern (divinae domus), teils in Gütern und Waldungen, hauptsächlich aber in Dominialgefällen, da wahrscheinlich der größte Teil der Grundstücke gegen Zins (emphyteutisch, nach Art unserer Erbpacht) ausgetan war. Auch konfisziertes Privatvermögen, wie unter Valentinian das des Gildo in Mica, herrenlose Güter und dergleichen fielen dessen Verwaltung zu. Nicht minder waren ihm die Stutereien (greges et stabuli) und die Transportanstalten für seine Zwecke untergeben.

Die Beamten dieses Ministeriums sind dem des Reichsfinanzministers ganz ähnlich. Sie waren teils in der Provinz als Rationalen (s. oben) und Verwalter oder Aufseher, Prokuratoren, teils im Ministerialbureau selbst angestellt, das jedoch weit kleiner war, als das seines unter 3) gedachten Kollegen.

Mit den vier Ministern schließt die erste Rangklasse; wir kommen nun (indem wir die Befehlshaber der Leibgarde, wenngleich es zweifelhaft ist, ob diese nicht mehr zu den Zivilbeamten gerechnet wurden, dem Militäretat vorbehalten und auch die im Range diesen folgenden Hofchargen des primicerius sacri cubiculi und des castrensis übergehen),

5)   auf den primicerius notariorum, den Oberhofnotar.

Diesem war die Führung des großen Buchs (laterculus major) übertragen, das nach der Not. dign. das Verzeichnis aller dignitates (sowohl Ämter als bloßer Titel) des Zivil- und Militäretats enthielt.

Dies konnte um deswillen nicht im Bureau des Reichskanzlers geführt werden, da es zugleich die Beamten des Hof-, Finanz- und Militärdepartements umfaßte. Ein gutachtlicher Vorschlag bei den Anstellungen selbst kann dem primicorius notariorum kaum zugestanden haben. Es scheint sogar, nach obigem Worte „aller" (omnium dign.), daß auch die Würden des kleinen Buches, welches der Quästor zu führen hatte, darin, wahrscheinlich abgesondert, mit aufgeführt wurden. Dieser letztere hohe Beamte hatte aber unstreitig mehr als die bloße Eintragung zu besorgen, also eine gewisse Mitwirkung bei der Anstellung der dahin gehörigen Beamten selbst, während die Wirksamkeit des Primiceriats zunächst eine rein notarielle sein sollte, daher einem Heroldsamte zu vergleichen war, das namentlich die Rang- und Anciennetätsstreitigkeiten zu entscheiden hatte. Nach dem hohen Range dieses Beamten, der nach seinem Abgange sogleich Rang und Titel eines fungierenden Magister offic. erhielt (C. J. XII, 7, 2 a. Schl.), muß derselbe jedoch ein besonderes Vertrauen genossen haben. Wir vermuten daher, daß ihm, zu Verhütung der damals so häufigen Unredlichkeiten und Mißbräuche, zugleich eine genaue Überwachung des gesamten Anstellungswesens zur Pflicht gemacht war.

Nach der Not. dign. des Orients hatte er auch ein Verzeichnis sämtlicher Scholae und Truppen-Abteilungen zu führen, was jedoch in der des Occidents nicht vorkommt.

Seine Gehilfen wählte er aus der Schola der Notarien.

6), 7) und 8) Die bereits oben erwähnten Magistri Scriniorum memoriae, epistolarum und libellorum, d. i. die Direktoren der drei Hauptabteilungen der Reichskanzlei.

Dies waren die Zentralbeamten, worauf in der Not. dign. die (von uns bereits unter A. abgehandelten) Landesverwaltungsbehörden, von den Prokonsuln ab, folgen.

Für beide Kategorien (A. und B.) ist aber noch die nach gleichen Grundsätzen geordnete *Bureau-Verfassung* in das Auge zu fassen, die sowohl ihrer großen Eigentümlichkeit als ihrer Wichtigkeit wegen besonderer Darstellung bedarf.

Die Bureauverfassung

In der Republik war der öffentliche Dienst, einschließlich der Advocatur, lediglich Ehrensache, zugleich aber die Vorschule zu den höchsten Staatswürden, ward daher nur von den höhern Klassen, mindestens von den Vermögenderen, gesucht. Unter den Kaisern aber, als die Staatsbedienungen zahlreicher und besoldet wurden, bildete sich eine eigene Ewerbs- und Berufsklasse dafür aus, wie dies auch in unserer Zeit der Fall ist. Man studierte die Rechte, wofür die Universität zu Berytus (Beirut in Syrien) damals die berühmteste war. Nach dieser Vorbereitung wurden die jungen Leute Notarien im weitesten Sinne des Worts, wie ihn Lydus (III, 6) auffaßt, was unseren „Rechtskandidaten" zu vergleichen ist.

Die wissenschaftlich Befähigtesten waren zum sofortigen Eintritt als Supernumerare berechtigt.

Andere meldeten sich bei den Landesbehörden zu Übernahme verschiedenartiger praktischer Aufträge in den Provinzen, gewißermaßen als agentes in rebus der Provinzialbehörden. Man nannte sie nach dem einen Postpferde, das ihnen ordonnanzmäßig zukam, singulares.

Eine dritte Klasse der Notarien endlich fungierte als Rechnungsführer (rationales) und Schreiber bei den Brotverbackungs- und Verteilungsanstalten in Rom, Konstantinopel, Alexandrien und anderen Städten, welche anscheinend seit Aurelian (Fl. Vop. Aur., c. 35 und 47) an die Stelle der früheren Getreidespenden getreten waren, sowie bei den sonstigen Verabreichungen, z. B. von Öl und Schweinefleisch, worüber zahlreiche Titel des Theod. Cod. Aufschluß geben, wie denn unter anderem (in XIII, 17, 6) demjenigen Schreiber, welcher sich hierbei um Geld oder Gunst einer Widerrechtlichkeit schuldig mache (dem graficanti oder vendenti scribae), Todesstrafe angedroht wird. Leider ist jedoch Lydus hierüber (namentlich III, 7) sehr dunkel und verworren.

Ein großer Teil dieser Rechtskandidaten muß sich aber auch der Privatpraxis (mit Ausnahme jedoch der advokatorischen im engeren Sinne, welche nur den dafür Angestellten zustand) ergeben haben. Dahin gehörten die Prokuratoren, sowie die Tabellionen. Die Reste letzterer sind heute noch, wiewohl in viel unwürdigerer Form, auf den öffentlichen Plätzen und Straßen der italienischen Städte zu finden.

Die sich zum Staatsdienst meldenden Notare hatten ihre Befähigung durch Zeugnisse und Specimina zu erweisen (Lyd. III, 2), worauf sie durch ein kaiserliches Rescript, was durch den Mag. offic. erging, zu Behilfen, Adjutoren im weitesten Sinne dieses Worts, ernannt wurden.

Sie traten nun gleich unseren Accessisten, Protokollanten, Auscultatoren usw. als überzählige Hilfsarbeiter ein und konnten sich dazu nach freier Wahl, mit Genehmigung des Vorstandes, welche anscheinend nicht versagt wurde, bei irgend einem beliebigen Bureau und beziehentlich bei einer bestimmten Abteilung eines solchen melden.

In der Kanzlei des Praefectus Praetorio, von der wir durch Lydus genauesten unterrichtet sind, gab es (nach III, 4) fünf solcher Abteilungen, wohin z. B. die für Zivilsachen des cornicularius und die für Kriminalsachen des commentariensis gehörten, im gesamten Staatsdienste aber überhaupt fünfzehn dergleichen, die ordines oder scholae genannt wurden. (S. Lydus III, 6.) Zu einer solchen Schola (d. i. Verein, Körperschaft, Zunft) gehörten nun nicht bloß die Supernumerare, sondern auch die in der betreffenden Geschäftsabteilung Angestellten selbst. Von des Lydus Person selbst erfahren wir (III, 26), daß er nach absolvierten Studien zuerst bei den memorialibus aulae, d. i. bei zum Scrinium memoriae in der Reichskanzlei gehörigen Hilfsarbeitern eintreten wollte, von dem damaligen Praefectus Praetorio des Orients, seinem Landsmann, aber veranlaßt ward, sich den Notarien der Präfektur und zwar der Abteilung des Cornicularius anzuschließen.

In jeder solchen Schola rückten nun die Eingetretenen nach dem Dienstalter allmählich bis zur höchsten Stelle hinauf, wobei Lydus erst nach vierzig Jahren zu der des Cornicularius gelangte.

Dies ward dadurch erleichtert, daß nach dem Gesetze jährlich zwei Notare aus dem aktiven Dienst ausschieden (Lyd. III, 9), was sich jedoch nicht einmal auf das ganze Bureau, sondern nur auf jede Spezialabteilung desselben beziehen kann, da Lydus (III, 66) ausdrücklich bemerkt, daß vor dem zu seiner Zeit unter Justinian eingetretenen Verfalle der Officien überhaupt, d. i. im gesamten Staate, deren jährlich tausend ausgeschieden seien. Bethm.-Hollw. (S. 187, Anm. 156) nimmt zwar an, daß diese Stelle nicht von den Ausgetretenen, sondern von der Gesamtzahl der überhaupt vorhandenen Notarien *(ταχυγράφοι)* rede, es ist aber dagegen einzuwenden, daß a. a. O. ausdrücklich von den Austretenden *(τοῖς παυομένοις τῶν πόνων)* die Rede ist und der ganze Zweck der Bemerkung, den Sportelverlust des Matricularius zu beweisen, sich eben nur auf die Dienstveränderungen beziehen kann, bei welcher die Neueintretenden etwas zu entrichten hatten. Bethm.-Hollw. scheint zu glauben, daß Lydus a. a. O. nur von den Excerptoren (Protokollanten) im engeren Sinne rede: es ergibt sich aber (aus III, 9, 13, 16, 25 und sonst), daß derselbe unter III, dem Tachygraphen oder Notarien das ganze teils aktive, teils ruhende Bureaupersonal, namentlich alle Adjutoren *(βοηθοί)* der höheren Stellen versteht, wobei dann eine Gesamtzahl von *nur tausend überhaupt Angestellter* bei den von Bethm.-Hollw. selbst S. 167 für einzelne Bureaus beispielsweise angegebenen Zahlen völlig undenkbar erscheint.

Die einzelnen Stellen im Bureau wurden nun in der Regel nur ein Jahr bekleidet (Bethm.-Hollw. S. 196), worauf die Betreffenden austraten, immer aber noch in der Kanzlei, wo sie nach Lydus (III, 13) einen eignen Platz hatten, blieben und mit Arbeiten für die dafür zu entrichtenden Sporteln beschäftigt wurden, aber auch, wie aus derselben Stelle am Schluß hervorgeht, andere Rechtsgeschäfte betreiben konnten, was durch des Lydus eigenes Beispiel (III, 27 a. Anf. u. Schluß) erläutert wird. Nach gleicher Frist trat nun der Ausgeschiedene wieder in eine andere höhere Stelle, wenn auch derselben Kategorie, ein, so daß er z. B. vom zehnten Protokollanten zum neunten hinaufrückte.

Die Gesamtkanzlei umfaßte nun folgende Abteilungen und Vorstände derselben:

a) Den Cornicularius, welcher militärische Titel unzweifelhaft den im Range obersten Beamten bezeichnet, der jedoch speziell nur die Abteilung von Zivil- und wahrscheinlich auch Verwaltungssachen unter sich gehabt zu haben scheint. Nun erwähnt zwar die Not. dign. in allen Bureaus der Landesbehörden, aber nicht in denen der Zentralverwaltung, noch einen Princeps, der unzweifelhaft über dem Cornicalarius stand. Dies ist jedoch nach des Lydus bestimmter, im Wesentlichen mindestens nicht zu bezweifelnder Angabe (III, 22) ein erst unter Arcadius (allerdings aber auch im Occident) zu dem Zwecke angestellter Beamte, den Vorstand der Behörde, Präfekt, Vicar etc. selbst zu überwachen, vielleicht auch bisweilen zu vertreten, der als solcher an der Bureauverwaltung keinen notwendigen und wesentlichen Anteil hatte.

Für die Praefecti Praetorio war derselbe wahrscheinlich ein höherer kaiserlicher Kommissär, für sämtliche Vicare ein dazu abgeordneter Offizier der agentes in rebus, für die konsularischen Provinzialstatthalter im Occident ein Beamter aus der Kanzlei des Praefectus Praetorio, nur für den Prokonsul von Asien und alle übrigen Provinzialstatthalter aus deren eignen Bureaus (de eodem officio) entnommen, ward aber in diesem Falle nicht von dem Statthalter selbst, sondern von dessen vorgesetzter Behörde ernannt.

b) Der Adjutor, wie ihn die Not. dign., oder primiscrinius, wie ihn Lydus nennt, nach welchem deren übrigens zwei waren.

Die Beamten a) und b) scheinen die Direktoren der beiden Hauptabteilungen gewesen zu sein.

c) Der oder die Commentarienses, Vorstände der Kriminalabteilungen, deren Ansehen und Gewalt, da Verhaftung und Folter zu ihrer Verfügung standen, sehr groß war (s. Lyd. III, 16–18).

d) Der oder die ab actis, welche die spezielle Verhandlung aller Zivilsachen und die Ausfertigungen hierin zu leiten hatten, obwohl dies nach Lydus (III, 20), der ihnen nur *χρηματικὰς ὑποθέσεις* (pecuniarias causas) zuweist, zweifelhaft scheinen könnte.

e) Der Vorstand der cura epistolarum, welche wohl besonders die Abfassung der Schreiben in Steuerangelegenheiten zu besorgen hatte.

f) Der oder die Regendarien, unter welchen die Postanstalten des Bezirks standen.

Jeder dieser Abteilungsvorstände hatte nun ein eignes scrinium (Spezialbureau) unter sich, mit welchem eine besondere Schola verbunden war, welche sowohl die wirklich besoldeten, als die ruhenden Bureaugehilfen, einschließlich der Überzähligen, umfaßte.

Da jedoch Lydus (III, 4) ausdrücklich nur fünf Kataloge (der technische Ausdruck für das Verzeichnis der Mitglieder einer Schola) anführt, nämlich die der obbenannten Vorstände a), b), c), e) und f), dabei aber den ab actis d) wegläßt, so ist zu vermuten, daß dieser zur Schola des Cornicularius gehörte.

Unter den Bureauofficianten werden nun, nach der Natur ihrer Geschäfte, die wissenschaftlich gebildeten von denen unterschieden, die dies nicht sind, oder wenigstens die für erstere vorgeschriebene Prüfung, wir würden sagen das zweite Examen, nicht bestanden hatten.

Zu ersteren gehörten namentlich die in den verschiedenen Abteilungen fungierenden numerarii, auch tabularii oder Rechnungsbeamten, die adjutores, welche der Vorstand, nachdem sie neun Jahre lang protokolliert hatten (Lyd. II, 18), zu seiner persönlichen Unterstützung zu beliebigen Arbeiten verwenden konnte, und die exceptores oder Protokollanten. Die mit Spezialgeschäften beauftragten Expedienten wurden nach solchen mit entsprechenden Namen bezeichnet, z. B. Instrumentarius, Vorstand der Zivilregistratur, der oben erwähnte Matricularius, sowie die Sekretarien und Cancellarien (wenn letztere überhaupt zu den Literaten gehören, was wir bezweifeln müssen).

Zu den Illiteraten gehörten die oben erwähnten Singolarier, welche indes nach Lydus (III, 6) auch Rechtskandidaten, nur minder befähigte, gewesen sein dürften und eine größere Anzahl von Officianten mit militärischen Bezeichnungen, ducenarii, centenarii, biarchi, welche als Gendarmerieoffiziere und Gendarmen zu betrachten sind und besonders zu Vollstreckung mündlicher Aufträge (Lydus III, 15) wie Exekutionen, Verhaftungen und sonst gebraucht wurden.

Noch niederere Beamte kommen unter sehr verschiedenartigen Bezeichnungen, wie Ausrufer, Schließer u.a.m., vor.

Die auffälligste Verschiedenheit dieses Bureauwesens von dem modernen liegt darin, daß die in letzterem so wichtige Sonderung der geistigen Arbeit von der mehr oder minder mechanischen ganz vermißt wird, dieselben Personen also, welche späterhin zu Räten und Direktoren aufrückten, vorher zum Teil anscheinend auch zu Geschäften verwendet wurden, welche bei uns durch Kanzlisten und Registratoren besorgt werden.

Höchst eigentümlich dagegen erscheint das System der sorgfältigsten Überwachung und Kontrolle, welches sich durch die ganze Einrichtung hinzieht. Die Regierung mag von der allgemeinen Unrechtlichkeit aller Beamten (Lyd. III, 17) so erfüllt gewesen sein, daß sie deren Verhütung allenthalben vor Augen hatte, wie denn z. B. die Exekutivmandate, damit nicht etwas weggelassen oder zugesetzt würde, von drei Oberbeamten zu unterschreiben waren (Bethm.-Hollw. S. 178). Nur aus diesem Motive allein kann die an sich so zweckwidrige Einrichtung des fortwährenden Stellenwechsels, des Aus- und wieder Eintretens der Bureauofficianten erklärt werden, indem der Nachfolger jederzeit der natürliche Aufpasser seines Vorgängers war, durch dessen Dienstentlassung er avancierte.

Neben den erwähnten speziellen Scholis der Notarien bestand nun unzweifelhaft noch ein allgemeiner organischer Zusammenhang derselben, als deren Haupt wir, wenn auch nur dem Namen nach, den oben unter 5) gedachten primicerius notariorum, neben welchem (im C. J. XII, 7, 1 in der Überschrift) auch ein secundocerius erwähnt wird, zu betrachten haben.

Eben dieses Gesetz vom Jahre 380 erwähnt übrigens den ordo der Notarien als Gesamtheit, spricht von der besonderen Pietät des Kaisers für sie und verordnet, daß diejenigen, welche aus diesem Wirkungskreise ausscheiden, wenn sie irgendeine andere Dignität erlangten, die Bezeichnung dieses früheren Amtsverhältnisses beibehalten sollen (non omittant prioris vocabulum militiae). Dieser ordo (Zunft, Korps) der Notarien kann jedoch nur die im Staatsdienste selbst angestellten oben erwähnten drei Klassen umfaßt haben.

Wenn ferner des Lydus Darstellung (III, 9) richtig ist, so zerfiel das ganze Corps der Notarien in zwei Hauptabteilungen, von denen die eine das τάγμα (Schar, Corps) der Augustalen hieß, deren Vorstände, dreißig an der Zahl, den persönlichen Titel Augustalen führten, aus denen die Kaiser fünfzehn für ihren Bedarf als Protokollanten erwählten, welche, wie wir mehrfach aus Ammian Marcellin ersehen, auch zu wichtigen kommissarischen Aufträgen, meist wohl als Spione und Polizisten des Hofes, verwandt wurden.

Auch Tribune (die militärische Bezeichnung für Stabsoffiziere) der Notare (tribuni et notarii) kommen häufig vor, ohne daß jedoch genügend zu ersehen wäre, ob dies nur Ehrenauszeichnung war oder sich auf ein Amt bezog.

Von großer politischer Wichtigkeit aber ist der aus dem vorstehend entwickelten Motiv entsprungene Gedanke, die ganze zahlreiche Klasse der Juristen und Geschäftsmänner mit dem Monarchen und seiner Regierung in unmittelbare Verbindung zu bringen und dadurch den größten Teil derselben, auch die nicht unmittelbar Angestellten, zu Staatsdienern zu machen.

Dahin gehörten nun auch die Advokaten, welche nur auf Grund förmlicher Anstellung bei einem Gericht praktizieren durften. Wie dies mit den Prokuratoren stand, die sich, wie heute noch in Frankreich die avoués von den avocats (den allein öffentlich plädierenden Rechts, walten), unterschieden, wissen wir nicht.

Sowohl alle Staatsdiener und Notare als die Advokaten genossen für sich und ihre Angehörigen übrigens der ausgedehntesten Privilegien, namentlich der Befreiung von Kommunal- und Staatslasten, sowie andere Vorrechte, wie denn z. B. die Körperschaft der bei den Präfekturen angestellten Advokaten in späterer Zeit die eigentümliche Befugnis erlangte, jährlich zwei Individuen zur Aufnahme in die kaiserliche Garde, welche Stellen sehr gesucht gewesen sein mögen, zu präsentieren. (C. J. II, 7, 25 oder 8, 6.)

Über die Verfassung der Ministerialbureaus sind wir, zumal bei den Abteilungsdirektoren (magistris scriniorum) jede Angabe über deren Kanzleien in der Not dign. fehlt weit weniger unterrichtet. Die Kanzleien der Finanzministerien scheinen nur in sachlich abgeteilte Spezialbureaus, mit denen jedoch wahrscheinlich ebenfalls Scholae verbunden waren, zerfallen zu sein. Wir ersehen aber gelegentlich (aus C. J. XII, 23, 2), daß die zu Aufträgen und Erörterungen in der Provinz bestimmten Beamten derselben (welcher Organe keine Behörde damals entbehren konnte) den Namen mittendarii, Sendlinge, führten.

Nach dieser Darstellung der gesamten Zivilverwaltung ist noch des kaiserlichen Konsistoriums zu gedenken, das unter Diokletian und Constantin zu einer festeren Verfassung ausgebildet ward.

In ihm hatten regelmäßig Sitz und Stimme:
1) Der in der Residenz anwesende Praefectus Praetorio;
2) der oder die magistri militum in der Stadt;
3) die obengedachten vier Minister;
4) eine unbestimmte Anzahl wirklicher Geheimräte, die der zweiten Rangklasse angehörten, Comites consistoriani.

Überdies wurden in besonderen Fällen mehrere außerordentliche Mitglieder zugezogen, namentlich wohl Staatsdiener der ersten und zweiten Klasse, die für den Augenblick ohne Administration waren (vacantes), Patricier u.a. Es ist nicht unwahrscheinlich, daß das Konsistorium teils als wirklicher Geheimrat, teils aber auch als Staatsrat fungierte, in welchem letzteren Falle dann wohl mehr Personen dazu berufen wurden (Bethm.-Hollw. S. 110–119).

II. Der Militäretat

Der Darstellung der ein organisches Ganzes bildenden, neuen Heeresverfassung ist die der *kaiserlichen Leibgarde* zu Roß und zu Fuß, domestici et protectores, vorauszuschicken, denen zwei Comites, jeder Waffengattung einer, vorstanden. Dieselbe scheint näher dem Hof- als dem Militäretat gestanden zu haben. Sie war jedenfalls ein exemtes, durch große Privilegien begünstigtes Korps, mehr einer modernen Nobelgarde als einer aus der ordentlichen Rekrutierung hervorgegangenen Truppe vergleichbar und zwar aus zwei verschiedenen Elementen gebildet: einesteils nämlich aus bewährten verdienten Kriegern, die zur Belohnung darin aufgenommen worden. Wie hoch deren Sold gewesen sein muß, ergibt sich daher, daß nach einer allerdings späteren Verordnung vom Jahre 519 eine in diesem Falle anscheinend noch herabgesetzte bedeutende Bezahlung für den Eintritt zu leisten war (C. J. II, 7, 25 oder 8, 6). Andernteils wurden aber auch Jünglinge vornehmer Geburt darin aufgenommen, wie wir dies von Ammian selbst und dem von diesem (XIV, 10) genannten Hercolanus, Sohn eines vormaligen magister militum, erfahren. In letzterer Hinsicht mag die Garde an die Stelle derjenigen militärischen Bildungsschule getreten sein, welche jungen Leuten von Stande durch freiwilligen Eintritt in das Gefolge der kommandierenden Generale während der Republik und selbst noch in der Kaiserzeit eröffnet ward. Diese wurden nun großenteils, wie Ammian mit zehn Kameraden, auswärts kommandiert, teils in den Krieg, teils mit wichtigen Aufträgen in die Provinzen. Sie blieben dann immer Protektoren, d. i. Leibwächter, hörten aber auf domestici zu sein, was nur die am Hofe gegenwärtigen noch waren. Militärische Bedeutung scheint diese Garde, obwohl sie gewiß dem Kaiser in den Krieg folgte, nicht gehabt zu haben, wenigstens eine viel mindere, als die von Ammian so oft erwähnten Scholae Scutariorum et Gentilium. Ob der Ursprung dieses Korps auf die Kaiser Gordian und Philippus zurückzuführen ist, wie man (nach dem Chron. Paschale p. 501 und 502 Bonn. Ausg.) vermuten könnte, wagen wir nicht zu bestimmen. Gewiß ist, daß man vom einfachen Protektor unmittelbar zu hohen Staatsämtern befördert werden konnte, wie denn Jovian von der ersten Offizierstelle in diesem Korps (domesticorum ordinis primus, nicht comes) zum Thron berufen wurde. Insbesondere scheinen die Stellen der Comites, Kommandeurs beider Garden, besondere Vertrauensposten für die ausgezeichnetsten Männer gewesen zu sein, wie denn Diokletian vor der Thronbesteigung ein solcher war (Flav. Vop. Numer. c. 13). Nach der Not. dign. gehörten sie zur ersten Rangklasse, was an sich bei einem Hofamte nicht unwahrscheinlich ist, obwohl dies von Böcking, der sie nur für spectabiles hält (I, S. 262), aus sehr wichtigen Gründen als Irrtum dargestellt wird.

Wir kommen zu der allgemeinen Heeresverfassung.

Dürfen wir Zosimus (33) folgen, so entzog Constantin der Große zuerst den Praefectis Praetorio alle Militärgewalt und übertrug diese zwei Magistris militum und zwar dem einen über das Fußvolk, dem andern über die Reiterei. In dieser letzteren Sonderung war das politische Prinzip der Gewaltteilung auf die Spitze getrieben, aber auf eine unpraktische Weise, da der kommandierende General im Felde oder auch nur in der Nähe des Feindes doch immer beiderlei Waffen unter seinem Befehle haben mußte. Gewiß hat Constantin selbst auch auf letztere minderen Wert gelegt: wir finden daher bald nachher schon magistri beider Waffengattungen, utriusque militiae, erwähnt.

Näheres über die Constantinische Einrichtung wissen wir nicht. Wahrscheinlich ernannte er neben den vier Präfekten auch vier magistri militum, so daß, weil jeder derselben ursprünglich nur eine Waffengattung hatte, dessen Wirksamkeit sich über zwei Präfekturbezirke erstreckte.

Auch finden sich unter Constantius und Julian nur vier magistri militum (s. Böck. n. d. II, S. 210). Zur Zeit der Abfassung der Not. dign. nach der Teilung des Reichs waren jedoch deren acht, und zwar im Orient fünf, nämlich zwei, und zwar jeder für beide Waffen, de praesesenti, d. i. am kaiserlichen Hofe,

einer für den Orient,
" " Thrakien,
" " Illyricum,
im Occident aber drei, als
einer des Fußvolks } de praesenti,
" der Reiterei }
" der Reiterei in Gallien.

Wir erfahren aber aus Zosimus (IV, 27), daß erst Theodosius deren Zahl vermehrt habe, was sich hauptsächlich auf den Orient zu beziehen scheint.

Nach unserer Vermutung – denn die Quellen verlassen uns – blieb nach Verteilung der Militärgewalt unter vier selbständige Generalkommandos immer noch wegen der Gleichmäßigkeit der Organisation, der Versetzungen von einer Armee zur andern und sonst eine gewisse Zentralverwaltung unentbehrlich, welche unstreitig dem ersten magister militum am Hofe (de praesenti) übertragen ward. Dies bestätigt auch die Not. dign. des Occidents, in welcher sich die ursprüngliche Einrichtung am meisten erhalten zu haben scheint. Der magister militum des Fußvolks hat nämlich daselbst außer der gesamten Linieninfanterie an hundertsiebenundzwanzig numeris oder Parteien, Legionen und Auxilien überdies noch alle kommandierenden Generale in den Provinzen, mit Ausnahme der duces sequanicae (Schweiz und Burgund) und des tractus aremoricani (Bretagne und Normandie), wo aber nur Festungsgarnisonen angeführt werden, unter seinem Befehle. Der Magister equitum de praesenti kann dagegen nur das *Generalkommando* über die gesamte Reiterei, der Magister equitum Galliarum hingegen lediglich den *Kriegsbefehl* über die in Gallien selbst (ausschließlich Spaniens und Britanniens) stationierten Truppen an achtundvierzig Parteien Fußvolk und zwölf dergleichen Reiterei gehabt haben, so daß dessen Bezeichnung „Magister equitum" hier nur als Titel erscheint, die die Wichtigkeit seines Kommandos in dem größten und gefährdetsten Teile des Westreichs begründet haben mag.

Die Generale in den einzelnen Provinzen Galliens müssen daher auch lediglich dessen Kriegsbefehle, in Angelegenheiten des Generalkommandos, wie Avancements, Versetzungen, sowie der Militärgerichtsbarkeit hingegen dem ersten magister militum unmittelbar untergeben gewesen sein.

Den Orient zunächst bei Seite lassend haben wir nun die neue sehr eigentümliche Formierung des römischen Gesamtheeres darzustellen.

Im Westreich bestand das Gesamtheer,

A. so weit es unter dem Befehle der magistri militum aufgeführt wird:
1) an Fußvolk aus
a) achtundsechzig Legionen, als
aa) zwölf palatinae;
bb) achtunddreißig comitatenses;
cc) achtzehn pseudocomitatenses;

b)   fünfundsechzig palatinischen auxiliis, d. i. Kohorten oder Bataillonen,
2)   an Reiterei aus
a)   zehn palatinischen vexillationes (Fähnlein);
b)   achtunddreißig dergleichen comitatensischen, überhaupt also aus hundertsiebenundzwanzig Infanterie- und achtundvierzig Kavallerie-Parteien oder numeri, von denen jede einen besonderen Eigennamen führte, daher als selbständiger Truppenkörper zu betrachten ist.
Ferner standen aber auch unter ihnen noch
3)   nächst den hier zu übergehenden wichtigsten See- und Stromflotten viele praepositi, d. i. Befehlshaber kleinerer Truppenkörper, nämlich
a)   fünf in zwei Provinzen Spaniens;
b)   zwölf Praefecti Laetorum in Gallien, und
c)   einundzwanzig dergleichen (von zwei sind die Namen ausgefallen) Gentilium in Italien, worauf weiter unten zurückzukommen ist.
B.   So weit es nur unter dem Befehle der kommandierenden Generale in den Provinzen erwähnt wird:
Sämtliche milites limitanei, d. i. die Grenz- oder Provinzial-Miliz, die wir zunächst für beide Reichsteile im Allgemeinen betrachten.
Dies war eine alte, wahrscheinlich in ihren Anfängen bis auf August und Tiber zurückgehende, gewiß besonders durch Hadrian ausgebildete Einrichtung, die namentlich unter Severus Alexander erwähnt wird (s. Lamprid. A. Sev. c. 58), die wir jedoch erst aus einer Verordnung Justinians v. Jahre 534 (C. J. I, 27, 2, G. 8, abgedruckt in Böcking II, S. 157–161) genauer kennenlernen. Hiernach glich sie vollständig der österreichischen Grenzmiliz gegen die Türkei. Die an der Grenze aufgestellten Soldaten empfingen Land zur Bebauung, gründeten ohne Zweifel allenthalben einen eigenen Hausstand, hatten aber (zugleich in ihrem eignen Interesse) die Grenze zu verteidigen und waren dafür militärisch organisiert. Sie waren vorzugsweise aus Eingeborenen zu wählen, da es in gedachter Verordnung heißt: sic tamen ut si inveneris de provinciis idonea corpora de illis limitaneorum constituas (i.e. milites). Diese Grenztruppen waren es nun, die in den Gesetzen (s. weiter unten) als riparienses und castriciani oder castrensiani bezeichnet werden.
Dieselben scheinen indes, der Natur der Sache nach, mehr an ausgedehnten trockenen Grenzen als an großen Strömen, durch welche man gegen kleinere Raubzüge ohnehin mehr gesichert war, aufgestellt worden zu sein. Die Not. dign. ergibt an vielen Stellen deren Vorhandensein mit Sicherheit, wie denn z. B. in den afrikanischen Provinzen des Westreichs c. 23, 29 und 30, 38 praepositi limitum, und in c. 38 unter dem dux von Britannien ausdrücklich die linea valli (die Grenzmauer gegen die Caledonier) aufgeführt werden.
Ebenso finden sich unter den duces des westlichen Illyricum neunundfünfzig Regimenter (numeri) Reiter und zehn Bataillone Fußvolk, welche in der Linienarmee nicht vorkommen (was jedoch bei der Ungenauigkeit der Namenangaben, von denen einige fast die Angehörigkeit zur Linie vermuten lassen, nicht allenthalben mit voller Sicherheit zu behaupten ist). Ganz besonders aber sind gewiß die darunter begriffenen dreiundzwanzig dalmatischen Reiterregimenter dahin zu rechnen. Als deren Hauptquartiere sind zwar überall Festungen angegeben, deren Dienst aber hat sicherlich darin bestanden, das diesseitige Ufer, von einem festen Platze zum andern, fortwährend abzusuchen, wozu sie um so williger sein mußten, wenn ihnen die Uferstrecken zur Bebauung und Benutzung überlassen waren. Mit dieser Grenzhut standen nun die zu erwähnenden Platz- und Grenzkommandanten in enger Verbindung: doch scheinen diese hier und da, namentlich in Gallien und Britannien, auch Linientruppen unter sich gehabt zu haben.
Im Orient, wo es an tauglichen Eingeborenen häufig fehlen mochte, wurden nun auch Krieger aus andern Gegenden an der Grenze kolonisiert.
So finden wir daselbst unter dem Dux Thebaidos, dem Kommandierenden in Oberägypten, sechs numeri Reiter von Eingeborenen, indigenae; drei numeri auf Dromedaren Berittener, die gewiß ebenfalls eingeboren waren; sechs bis sieben, dem Namen nach aus Nachbarprovinzen, aber auch neun aus Völkern Westeuropas, namentlich germanischen, wie Franken, Alemannen, Juthungen und Quaden, die aus Kriegsgefangenen oder durch Vertrag ergebenen dedititiis oder geworbenen Söldnern oder Foederatis bestanden.
Diese Grenzmiliz durfte nun (wie auch Böcking n. d. II, 536 annimmt) von ihren Stationsorten und Ländereien nicht versetzt werden[4], und dies, sowie der zugleich bürgerliche Charakter derselben, mag

der Grund gewesen sein, weshalb sie dem eigentlichen, fortwährend mobilen Linienmilitär nicht beigerechnet, daher auch nicht dem für dieses verordneten Generalkommando, sondern nur den Kriegsbefehlshabern ihrer Provinzen untergeben waren. Indes mag von obiger Regel der Unversetzbarkeit der Grenztruppen in dringenden Fällen vom Kaiser abgegangen worden sein, da wir aus Fl. Vop. Aurel. (c. 38) ersehen, daß unter den bei einer Münzrebellion in Rom gebliebenen 7000 Mann auch riparienses und castriciani waren. Wir sind jedoch überzeugt, daß dies hauptsächlich nur bei den kriegerischeren und kriegslustigeren Illyriern (und Germanen D.) stattfand, die für solchen außerordentlichen Dienst dann gewiß auch besondere Löhnung empfingen.

Im Ostreich ergibt sich zuvörderst keinerlei Spur eines einem der beiden Magistri militum zugestandenen, zentralen Generalkommandos, obwohl die Existenz eines solchen nichts destoweniger kaum zu bezweifeln sein möchte, vielmehr werden nur aufgeführt:

A. Linie

Unter den Magist. milit	1) Reiterei Geschwader a) pal.	b) kom.	Palatinische a) Leg.	b) Aux.	2) Fußvolk Komitatenische a) Leg.	b) Aux.	Pseudokomit. a) Leg.	b) Aux.
de pralsent. I.	5	7	6	18	–	–	–	–
de pralsent. II.	6	6	6	17	–	–	–	1
p. Orient.	–	10	–	2	9	–	10	–
p. Thrak.	3	4	–	–	21	–	–	–
p. Illyr.	–	2	1	6	8	–	9	–
	14	29	13	43	38	–	19	1

Hiernach bestand die Reiterei aus dreiundvierzig, das Fußvolk aber aus hundertundvierzehn selbständigen Truppenkörpern und zwar aus siebzig Legionen und vierundvierzig Kohorten (Bataillonen) Auxilien.

B. Grenzmiliz

Diese war im Orient unzweifelhaft weit bedeutender und zahlreicher, als im Occident, weil es in ersterem ungleich längere trockene Grenzstrecken gab, was durch Prokop (Hist. arcana Kap. 24, p. 135, Z. 7 und 8, Bonn. Ausg.) ausdrücklich bestätigt wird.

Wir finden daher auch unter dem Befehle der Provinzialbefehlshaber dort hundertundachtzig Kavallerie- und sechsundachtzig Infanterie-Parteien (numeri) aufgeführt, welche zur Grenzmiliz gehört haben müssen. Auch werden außerdem dreizehn Legionen hier verzeichnet, von denen nur vier sich in der Verzeichnissen des Linienmilitärs finden. Ob nun die fehlenden neun nur irrtümlich weggelassen sind oder aus welchem besonderen Grunde dieselben nicht zur Linienarmee gerechnet wurden, ist nicht zu ermitteln, doch können wir sie zur Grenzmiliz im engern Sinne dieses Wortes kaum zählen, würden daher für das Ostreich überhaupt neunundsiebzig Legionen anzunehmen haben.

Noch ist die Verschiedenheit der Bezeichnung der Truppenkörper bei der Linie und der Grenzwehr hervorzuheben. Bei ersterer werden die der Reiterei alle als Vexillationes (Fähnlein), bei letzterer teils als equites (Reiter schlechtweg), teils als alae, teils als cunei aufgeführt; bei dem Fußvolk werden bei der Grenzwehr, außer den Legionen (im Orient) und Kohorten, auch bloße milites und auxilia mit den Namen erwähnt, z. B. Not. or. c. 36, 37 und 39. Wir halten jedoch sämtliche Kavalleriekörper, mit Ausnahme der anscheinend schwächern cunei, etwa Doppelschwadronen, für Regimenter, sämtliche Infanterieabteilungen aber für Bataillone, da eine andere Formierung bei den Römern, außer der Legion, nicht üblich war.

Nicht minder werden in den asiatischen Provinzen diejenigen gesondert, „quae de minore latercul emittuntur", d. i. bei denen die Ernennungen – doch wohl nur der Kommandeure – in dem unter dem Quästor stehenden, kleinen Buche eingetragen wurden.

Hierüber werden aber in der Not. dign. unter den comites und duces in den Provinzen nächst der diesen untergebenen Truppenkörpern (numeris) noch zahlreiche praefecti und tribuni cohortium aufgeführt, die an sich wohl dem Linienmilitär angehörten, offenbar aber, teilweise wenigstens, auch mit der Grenzmiliz in Verbindung standen, daher hier besonders zu erwähnen sind. Sie bilden unzweifelhaft den dunkelsten Punkt der damaligen Militärverfassung, über den auch Böcking (der Bd. II, S. 536, 674, 983, 995 und 1016 weitläufig davon handelt) kein klares Licht zu verbreiten vermocht hat. Die Zahl derselben beläuft sich im Orient auf einundachtzig, im Occident, wo es weit mehr Festungen gab, auf hundertneunundsiebzig. Wir können darunter nichts anderes verstehen, als Stabsoffiziere, welche, von ihrem Truppenkörper detachiert, als Platz-, Ufer- (ripae I, S. 90–102) oder Grenzkommandanten oder zu einem sonstigen Zwecke nicht unter ihrem ordentlichen Chef, sondern unmittelbar unter dem Militärbefehlshaber der Provinz standen. Dies bestätigt sich dadurch, daß nicht selten dergleichen Präfekten in ganz andern Reichstheilen erwähnt werden als die Legionen, denen sie angehörten. So kommen z. B. in den ersten Pannonien zwei Präfekte der Leg. decima gemina vor, welche unter dem magister militum des Orients in Asien stand (Not. dign. II, p. 99 und I, p. 27). Dasselbe gilt von der unmittelbar vor ihr erwähnten septima gemina, von der ein Präfekt nach II, p. 119 in der spanischen Provinz Gallaecien ein Kommando hatte. Die tertiani oder tertia italica stand nach II, p. 38 (vergl. 26) in Afrika, *fünf* Präfekten derselben aber nach p. 102 in Rätien. Die Vielzahl solcher von einer Legion, während doch jede nach Vegetius (II, 9) nur einen Präfekten gehabt haben kann (s. jedoch Anm.[5]), beweist, daß dies für die abkommandierten Stabsoffiziere nur ein deren militärischen Rang bezeichnender Charakter war, wobei die fortwährende Benennung nach einer Legion durch irgendwelche dienstliche Rücksicht geboten gewesen sein muß.

Der mehrfach vorkommende Ausdruck praefectura statt praefectus scheint entweder auf einem zufälligen Wechsel des Ausdrucks in den Listen oder darauf zu beruhen, daß ein solches Kommando für den Augenblick von keinem wirklichen Präfekten, sondern nur von einem diesen vertretenden Offizier untergeordneten Ranges geführt wurde.

Übrigens kommen auch Praefecti alae (Kavallerieregimenter) und bloßer numeri oder militum im Allgemeinen vor, welche letztere wohl einen niedrigern Rang hatten.[6]

Die häufig erwähnten Kohorten-Tribunen, eine geringere Charge als die der Präfekten, scheinen meist von den Auxilien abkommandiert gewesen zu sein.

Auf den Insignien der Provinzialfeldherren (s.w. u.) sind die zu ihrem Bezirke gehörigen festen Plätze in der Not. bildlich dargestellt. Wir finden deren im Orient hundertfünfundvierzig, im Occident hundertundsechzig, überhaupt also dreihundertundfünf angegeben, sind jedoch überzeugt, daß darunter viele teils irrtümlich, teils absichtlich weggelassen sind, wie denn z. B. bei den wichtigen tractus argentoratensis des Oberrheins, der sogar unter einem comes stand, das einzige Straßburg bemerkt ist. Wenn Gibbon aber (c. 17 nach Not. 133) mit Bezug auf die Notitia deren Gesamtzahl auf fünfhundertdreiundachtzig angibt, so ist dies allerdings ein grober Irrtum, der nur dadurch erklärt werden kann, daß man die auf den Insignien der magistri militum verzeichneten *Schilder* der unter ihnen stehenden Truppenkörper (bei dem M. pedit. praes. des Occid. allein hundertzweiundzwanzig) zu den Festungen mitgezählt hat. Da wir jedoch die klassische Ausgabe der Not. von Böcking, er nur die alte und mangelhafte des Pancirolus vor sich hatte, so mag dies Versehen zum Teil wenigstens auf des letzteren Rechnung fallen.

Die Befehlshaber gewisser Grenzstrecken, deren es z. B. in den drei Provinzen Afrika, Mauretanien und Tripolis sechsunddreißig gibt, werden stets als praepositi bezeichnet.

Wenden wir uns zur erläuternden Beurteilung dieser Kriegsverfassung, so ist zuvörderst zu bemerken, daß unsere Hauptquelle teils wegen Verstümmelung der Handschriften, teils an sich unzweifelhaft unvollständig und mangelhaft ist. Bei einzelnen Provinzen, z. B. Orient Kap. 28, Occid. Kap. 26, 27, 28, fehlen die näheren Angaben ganz, bei Kap. V, VI und VII des Occidents stimmt letzteres, welches nur die Verteilung der in V und VI aufgeführten Truppenkörper unter die verschiedenen Hauptprovinzen angeben soll, mit ersteren wenigstens nicht genau überein (s. Böck. n. d. II, S. 221 und 274), ja in Kap. VII werden unter B. und D. comites von Illyricum und Spanien erwähnt, die sich in der ganzen Notitia nicht finden, was Böcking hinsichtlich des ersteren dadurch erklärt, daß dazu in der Regel einer der drei dortigen duces ernannt worden, was aber bei Abfassung des Werkes eben noch nicht geschehen sei, bei Spanien aber, wo auch nicht einmal ein einziger dux erwähnt wird, offenbar einem ursprünglichen oder später verschuldeten Fehler beruht.

Auch in die Namen der Truppenkörper haben sich hie und da sicherlich Ungenauigkeiten eingeschlichen. Doch dürfte dies alles auf die Hauptsache kaum von erheblichem Einfluß sein.

Was nun die neue Gliederung der Armee in palatinische, comitatensische und pseudocomitatensische Truppen betrifft, so erkennen wir darin im Wesentlichen nichts als einen Ausfluß des der ganzen neuen Organisation des Staatsdienstes zu Grunde gelegten Rangklassensystems. Anfeuerung des Ehrgeizes der Dienenden durch Aussicht auf Beförderung und Erhöhung des Einflusses des Herrschers durch Belohnung treuer und guter Dienste war dessen Motiv, welches einer Zeit, in der Gesinnung und Ehrgefühl sehr geschwächt waren, wohl entsprechen mochte.

Das palatinische Heer nun, das an Legionen nur ungefähr 1/6 der Stärke des gesamten zählte, an Infanterie-Auxilien hingegen, was wir sogleich erklären werden, sogar stärker war, und an Kavallerie gegen 1/4 bis 1/3 des Totalbestandes betrug, war ein ausgedehntes Gardekorps, keineswegs aber zur Leibwache des Kaisers (s. oben), oder zum Palastdienste, sondern lediglich dazu bestimmt, um im großen Kriege mit dem Herrscher selbst oder dessen Vertreter gegen des Feind zu ziehen, wie ja ähnliches, wiewohl bei minderer Stärke der Garden, auch heute noch stattfindet.

Das comitatensische Heer scheint seinen Namen daher zu haben, daß es stets in comitatu, d. i. im Geleit der magistri militum oder deren Stellvertreter sein sollte.

Das pseudocomitatensische hatte offenbar den mehr stationären Zweck der Grenzverteidigung und zwar da, wo es zugleich eine Grenzmiliz gab, derselben zum Soutien zu dienen. Dies erhellt daher, daß in Thrakien, das keine Grenze berührte, keine Legion dieser Gattung sich befand. Von sechzehn derselben im Westreich (bei zwei fehlt die Angabe der Stationierung) standen zehn in Gallien, das der Grenzsoldaten entbehrte, drei in Illyricum, zwei in Italien, wozu auch Rätien gehörte, und eine in Afrika. Böcking sagt darüber gar nichts, sondern verweist dafür nur auf Gothofredus zu Cod. Th. VII, t. 1, l. 18, der zwar eine Ahnung, aber keinen klaren Begriff von der Sache hat. Wir erklären die Worte des von letzterm a. a. O. erwähnten Gesetzes vom Jahre 400, das auch in C. Just. XII, 25, 14 aufgenommen ist, so: Nicht allein von den palatinischen und comitatensischen Numeris sollte kein Soldat ohne kaiserliche Genehmigung zu andern versetzt werden, sondern auch nicht von den pseudocomitatensischen Legionen oder von den ripariensibus, castricianis ceterisque. Hiernach sind diese letzteren Kategorien unter den pseudocomitatensischen Legionen nicht bereits mit inbegriffen, wie Gothofredus meint, welchesfalls es deren besonderer Erwähnung gar nicht bedurft hätte, werden vielmehr als eine besondere Kategorie von diesen unterschieden, bezeichnen daher unzweifelhaft die Grenzmiliz und die ihr etwa beigegebenen detachierten Abteilungen anderer Truppen.

Den Namen *pseudo* comit. erklären wir dadurch, daß diese mehr stationären Truppen nur *uneigentlich* (fälschlich) zum Comitat oder Gefolge der magistri militum gerechnet werden konnten.

Der Rangklassenunterschied dieser Heeresteile äußerte sich nun teils in höherer Löhnung, was wir freilich aus den Quellen selbst nicht wissen – da sich l. 10, tit. 1, VII, des Theod. Codex nur auf einen solchen zwischen den Actuarien (Regimentsquartiermeistern) der pseudocomitat. im Gegensatz zu denen der übrigen bezieht –, aber gleichwohl nicht bezweifeln können, teils in günstigeren Garnisonsorten, daher auch wohl in minder angestrengtem Dienste und mutmaßlich auch in sonstigen Privilegien.

Im Orient standen sämtliche palatinische Legionen bis auf eine einzige in Illyricum (wohl auch zur Deckung der Hauptstadt), unmittelbar unter den Magistris militum de praes., also gewiß in der Nähe der Residenz, teilweise vielleicht in derselben, während im Westreich von zwölf dergleichen acht in Italien, nur drei in Afrika und eine in Gallien stationiert waren.

Unter Auxilien verstand die Republik bekanntlich die von den Bundesgenossen gestellten Hilfstruppen, im Gegensatz zu den nur aus römischen Bürgern bestehenden Legionen. Die erste, mit republikanischen Formen kokettierende Kaiserzeit behielt den Namen bei, wandte ihn aber teils auf die in den Provinzen ausgehobene Landwehr, teils auf geworbene Söldner, meist Ausländer, besonders Germanen an. In der neuen Militärverfassung scheinen nur noch Söldner, aber in weit größerer Anzahl sich zu finden. Die Landwehr mag allmählich eingegangen sein, indem sowohl die kolonisierte Grenzmiliz, als die Läten und Gentilen etwas von ihr völlig Verschiedenes waren. Der Grund davon liegt im Westen wenigstens nahe.

Solange hier Roms Feinde, die Germanen, undiszipliniert waren, mochte auch eine Landwehr unter römischen Führern gegen sie anwendbar sein. Nachdem jene aber die Kriegskunst von Rom und teilweise in römischem Dienste selbst gelernt hatten, konnten solchen Feinden nur noch wohlgeschulte Linientruppen entgegengestellt werden.

Wir möchten glauben, daß das Prinzip: die Legionen müßten aus römischen Bürgern bestehen, deren Kreis ja seit Caracalla über das ganze Reich verbreitet war, wenigstens bis zur Zeit der Notitia als

Regel niemals offiziell und allgemein aufgegeben, nur in der Praxis mehr oder minder davon abgegangen worden sei. Lediglich unter den pseudocomitatensischen *Legionen* finden wir Not. or. c. 6 Fortenses auxiliarii und c. 8 Timacenses auxiliarii, sowie Namen, wie c. 8 armeniacae und transtigritani, welche deren durchgängige Bildung aus barbarischen Söldnern annehmen ließen, wenn eine derartige Konjectur auf Grund der Benennung allein überhaupt gestattet wäre. Dabei ist aber vor allem auch die damalige Rekrutierungsweise in das Auge zu fassen, welche man fast als eine Art von Stellvertretungssystem bezeichnen könnte. Eine gewisse Rekrutenzahl ward wie ein Geldbetrag auf die Steuerpflichtigen ausgeschrieben und repartiert, wobei Ärmere für einen Mann zusammengeschlagen wurden.

Größere Grundbesitzer stellten wahrscheinlich geeignete Kolonnen, andere bedienten sich der Vermittlung der dazu angestellten Rekrutenhändler. Daß diese Einrichtung wesentlich zur Verschlechterung der römischen Miliz beigetragen habe, wie man gemeiniglich annimmt, dürfte nicht (? D.) richtig sein, wenn nur bei der Annahme der Rekruten mit strenger und sorgfältiger Auswahl verfahren ward, wie man dies nach Vegetius (I, 7) unter tüchtigen Kaisern wenigstens vorauszusetzen hat. Waren nun auch die Einzelnen für ihre Person nicht römische Bürger, was wir namentlich von den Colonen nicht glauben, so vertraten sie doch Bürger und waren mindestens Freie.

Die Auxilien aber – hundertundacht in beiden Reichen – waren bei dem Fußvolke insgesamt nur palatinische, da wir das einzige pseudocomitatensische, welches in der Not. or. unter dem Mag. milit. II. vorkommt, mit Pancirolus für einen Irrtum halten, obgleich Böck. (S. 205) anderer Meinung ist. In der Tat scheint ein einziges Vorkommnis der Art an sich höchst unwahrscheinlich und wird dies um so mehr dadurch, daß der betreffende magister de praes. außerdem nur palatinische Truppen unter sich hatte. Daß sämtliche Infanterieauxilien palatinische waren, erklärt sich einfach dadurch, daß man durch die Vorzüge des palatinischen Dienstes die Söldner, auf welche man, ihrer Bravour wegen, gerade den größten Wert legte, mehr anlocken wollte.

Anders war es bei der Reiterei, für welche schon in der letzten Zeit der Republik besondere Aushebungsmaßregeln erforderlich gewesen waren.

Wurden hierzu zwar auch geeignete Untertanen genommen, wie z. B. die so häufig erwähnten Dalmater (was gerade bei diesem Gebirgs- und Küstenvolke übrigens auffällig erscheint) und Mauren, so doch gewiß auch von jeher alle Ausländer, die man irgend erlangen konnte; wir glauben daher nicht zu irren, wenn wir den größten Teil der einundneunzig Reiterregimenter der Linie für Fremde halten.

Bei diesen, für welche Söldner vielleicht leichter anzuwerben waren als zum Dienste zu Fuß, gab es daher auch in beiden Reichen sowohl palatinische (vierundzwanzig an der Zahl) als comitatensische (siebenundsechzig).

im Allgemeinen war übrigens der Dienst bei den Auxilien leichter, als bei den Legionen, weshalb sogar römische Bürger zum Teil freiwillig bei ersteren eintraten.

Es unterliegt keinem Zweifel, daß bereits durch Diokletian das römische Heer bedeutend verstärkt wurde, ja Lactantius (d. m. p. c. 7) behauptet sogar, daß jeder der vier einzelnen Teilherrscher eine weit stärkere (longe majorem) Armee als die frühere des Gesamtreiches gehabt habe, was wir jedoch, da er es als Tadel ausspricht, für übertrieben halten. War indes schon für die erste Kaiserzeit die völlige Unzulänglichkeit des Gesamtheeres gegen so zahlreiche Feinde offenbar, so war es doch unstreitig ein grober militärischer Fehler und die größte Schwächung der Gesamtmacht, bei irgendeinem großen Kriege die Truppen Hunderte von Meilen weit, vom Euphrat zur Donau und Rhein oder umgekehrt marschieren zu lassen, wie dies, nach unsrer Darstellung, von M. Aurelius bis Probus fortwährend geschehen mußte. Indem aber Diokletian das Reich unter vier Regenten teilte, was die Translozierung der Truppen aus einem Teile in den andern noch wesentlich erschweren mußte, hat er sicherlich auch dahin gestrebt, jedem die für seinen Bezirk erforderlichen Streitkräfte selbständig beizugeben.

Gleichwohl erscheinen die Zahlen der Notitia (mindestens hundertachtunddreißig Legionen, hundertundacht Bataillone Fußvolk und einundneunzig Reiterregimenter, welche nach der alten Etatsstärke, die Parteien der beiden letzten Kategorien nur zu fünfhundert Mann gerechnet – obgleich deren auch zu tausend darunter waren – gegen 950 000 Mann ergeben würden) so kolossal, daß alle früheren Forscher fast unwillkürlich auf Annahme einer Verminderung der Legionsstärke geführt wurden. Als Beweis wird dafür auch Ammian (XIX, 2, 14) angeführt, nach welchem die in Amida eingeschlossenen sieben Legionen und einige andere Soldaten nebst den Ortsbewohnern und den dahin Geflüchteten überhaupt nur etwas über 20 000 Mann gezählt hätten.

Allein der Effektivbestand eines Truppenkörpers im Felde ist nicht dessen etatsmäßiger: der Rückzug nach Amida war ein höchst tumultuarischer, bei dem die Einziehung detachierter Mannschaften, namentlich aus andern Festungen, nicht möglich war: auch sagt Ammian nicht, ob sich seine Angabe auf die Zeit vor oder auf die nach den beiden furchtbar blutigen Stürmen bezieht, die er vorher berichtet: vor allem aber ist jede in den Handschriften mit Zahlen geschriebene Summe, wie die obige, stets unsicher, da so leicht ein X wegbleiben oder aus XL XX werden konnte. Wenn aber Gibbon (c. 17 vor Note 132) hiernach die Stärke der Legion nur zu tausend bis fünfzehnhundert Mann annimmt, was ein gänzlicher Bruch mit deren Bestimmung als Armeedivision gewesen wäre, so halten wir dies (obgleich ihm fast alle andern gefolgt sind, mindestens ein motivierter Widerspruch dagegen uns nicht bekannt geworden ist) für so einleuchtend militärisch und historisch unwahrscheinlich, daß es kaum weiterer Ausführung bedarf. Abgesehen von dem bei einer so hochwichtigen Neuerung kaum denkbaren Schweigen sämtlicher Geschichtsquellen wird diese Frage durch Vegetius de re milit., der bekanntlich in der zweiten Hälfte des vierten Jahrhunderts unter Valentinian schrieb, außer allem Zweifel gesetzt. Dieser gebraucht nicht nur in dem ganzen Kapitel 6 des II. Buchs, worin er den Etat der Legion zu sechstausendeinhundert Mann Fußvolk und siebenhundertsechsundzwanzig Reiter angibt, fortwährend das Präsens, sondern erwähnt auch (I, 17), daß die beiden, martiobarbuli genannten illyrischen Legionen, welche von Diokletian und Maximian unter dem Namen Joviani und Herculiani über alle Legionen erhoben worden, sechstausend Mann (unstreitig in runder Zahl und ohne die zugehörige Reiterei) stark gewesen seien. Entscheidend ist ferner das 3. Kapitel des II. Buchs mit der Überschrift: quae causae exhauriri fecerint legiones, worin entwickelt wird, daß infolge der Nachlässigkeit früherer Zeiten der naturgemäße Abgang bei den Legionen durch neue Aushebung nicht wieder regelmäßig ergänzt worden sei.

Daß aber die faktische Unvollzähligkeit eines Truppenkörpers etwas ganz anderes ist als die normative Herabsetzung der Etatsstärke desselben, bedarf nicht erst der Begründung. Über die Quantität der faktischen Verminderung, die gewiß eine sehr verschiedenartige war, ist keine Schätzung möglich: wir sind indes überzeugt, daß die Stärke einer Legion durchschnittlich kaum unter viertausend Mann herabgesunken sein und das Übel unter Diokletian und Constantin dem Großen geringer gewesen sein dürfte, als unter des letztern Nachfolger Constantius, besonders aber zur Zeit der Abfassung der Notitia noch größer war. Daß man bei der Teilung des Reichs übrigens auch die Legionen geteilt habe, möchte, obwohl zum Teil dieselben Namen in beiden Reichen vorkommen, doch wohl nicht anzunehmen sein. Interessant ist die Angabe des Agathias (V, 13, p. 305 der Bonner Ausgabe) vom Jahre 558, daß die römischen Streitkräfte nicht so, wie sie unter den früheren Kaisern waren, geblieben, sondern auf eine völlig ungenügende Zahl herabgesunken seien.

„Denn während deren etatsmäßige Stärke auf 645000 Mann sich belaufen sollte, betrug sie damals kaum 150000."

Ob sich aber obiger Solletat, dessen Angabe einer Zeit von hundertundsechzig Jahren nach der bleibenden Reichsteilung angehört, auf östliche *und* westliche oder nur auf ersteres allein bezieht, wie man logisch annehmen sollte, ist eben so unsicher, als ob auch die *kolonisierte* Grenzmiliz, die Justinian ja für Afrika erst wieder errichtet hatte, darunter begriffen ist. Wir halten jedoch letztere für ausgeschlossen, wenngleich bemerkt wird, daß ein Teil jener 150000 Mann (wie aber jeder Zeit der Fall war) in den Grenzprovinzen stehe.

Hätte Agathias an jener Stelle nur den Solletat derjenigen Reichsteile, welche damals Justinian unterworfen waren (wozu bekanntlich aber auch Italien und Afrika gehörten), vor Augen gehabt – wie an sich unzweifelhaft das Richtige wäre –, so müßte der Gesamtetat beider Reiche zur Zeit der Notitia allerdings zwischen 900000 und 1000000 Mann betragen haben.

Noch ist zu bemerken, daß, wenn man die Legionen der Notitia als vollzählig annehmen wollte, die in besondere Körper (numeri) formierte Linienreiterei allerdings nur etwa 1/20 des Fußvolks betragen haben würde. Wie aber das Verhältnis ersterer Waffe zu letzterer in Rom stets ein geringeres war als in den modernen Heeren, so ist auch zu erwägen, daß, wie wir nach obigem aus Vegetinus (II, 9) ersehen, auch damals noch die Legionsreiterei bestand, demnächst auch alle Kriege an den Grenzen geführt wurden, in der Grenzmiliz nach Vorstehendem aber die Kavallerie überwiegend war.

Endlich haben wir noch der gerade für die germanischen Verhältnisse so wichtigen laeti und gentiles zu gedenken, welche Böck n. d. II, p. 1044–1093 mit ausgezeichneter Gründlichkeit behandelt.

Sorge für Vermehrung der Bevölkerung überhaupt und der streitbaren insbesondere mußte, wie schon oft bemerkt ward, für jeden denkenden Herrscher Roms als die dringendste Staatsraison erscheinen. Mit Recht rühmte sich daher Tiberius schon unter August, 40000 Sugambern und Sueben au römisches Gebiet verpflanzt zu haben. (Tacitus II, 26; Sueton Octav. 21; Eutrop VII, 9.) fortwährend mochte in diesem Geiste, namentlich durch Kolonisation des römischen Zehntlandes, gewirkt werden. Wie großartig, sowie unter welch günstigen Bedingungen M. Aurelius die massenhafte Aufnahme von Germanen verschiedener Völker in das Reich betrieb, ward früher entwickelt. (Ebenso Probus.) Gewiß aber haben die für das zweite und dritte Jahrhundert so dürftigen Quellen uns nur die wichtigsten Momente solcher Übersiedlung, nicht aber den ruhigen Fortgang derselben im Kleinen offenbart. Dasselbe geschah mit Westgermanen wiederum im Jahre 288 oder 289 durch Maximian, wobei in Eumenes (Pan. IV. Constantio d. c. 21) zuerst der Name „laetus" für diese Ansiedler erscheint, durch Constantius um das Jahr 294, so wie durch Galerius mit Carpen und Bastarnen.

Wir kommen nun auf die Fragen: Wer waren diese Ansiedler und in wie weit war deren Übertritt ein freiwilliger oder erzwungener? Wodurch unterschieden sich die laeti von den früheren Kolonisten? und woher rührt der Name laeti?

Kriegsgefangene, die der einzelne römische Soldat machte, wurden dessen Eigentum als Sklaven, worüber dem Staate, wenn er sie diesem nicht abkaufte, keinerlei Recht zustand. Größere Trupps, die sich dem kommandierenden General im Felde freiwillig ergaben, wurden nach dem Kriegsgesetz Staatssklaven, servi publici. Wir erfahren nirgends mit Sicherheit, halten aber für möglich, ja für wahrscheinlich, daß auch solche zum Teil, gewiß aber dann unter härteren Bedingungen denn andere, als Kolonisten namentlich unter die Grenzmiliz des Orients aufgenommen wurden, wo wir in der Not. I, p. 68–96 vierzehn germanische Truppenkörper, darunter außer den schon oben genannten auch Sachsen, Vandalen und Goten finden.

In vielen Fällen wahrscheinlich, der Masse nach in den bedeutendsten, erfolgte die Verpflanzung auf römisches Gebiet durch freien völkerrechtlichen Vertrag, wie wir dies von der unter M. Aurelius gewiß wissen, aber auch von den 100 000 Bastarnen, die Probus überführte, anzunehmen haben.

Häufig aber geschah diese gewiß auch durch Kapitulation im Felde, wenn die Germanen, strategisch umzingelt, eine *bedingte* Ergebung dem Verzweiflungskampf auf Tod und Leben, namentlich dem Verluste von Weib und Kind, Gut und Habe, vorzogen. Dahin möchten auch den von Eumenes (Pan. 4, c. 8 und 9) berichteten Fall, wo alle Barbaren ungeachtet des Verstecks der Wälder mit Weib und Kind „der Gottheit des Constantius sich zu ergeben gezwungen wurden" (tuae divinitati sese dedere cogerentur), rechnen, wenn gleich diese Phrasen mehr eine unbedingte Unterwerfung andeuten.

Ganz unzweifelhaft endlich gingen aber auch außerordentlich viele Germanen zu den Römern über, nicht nur Unzufriedene und Verbannte, sondern auch bloße Abenteurer, welche die willige Aufnahme in den Kolonistenverband lockte, wie denn, nach Dio (LXXI, 20), die Germanen sich über die Aufnahme von Überläufern durch die römischen Grenzbefehlshaber beschwerten.

Bei allen Ansiedlern obiger Kategorien verstand sich die Militärpflicht derselben und ihrer Nachkommen, als Folge der römischen Unterherrschaft, von selbst, bedurfte auch einer besonderen Sicherstellung um weniger, da der eigene Trieb der Germanen zu den Waffen drängte.

Wohl aber mag hierin im Laufe der Zeit, als spätere Generationen immer mehr zu römischer Sitte und Verderbnis übergingen, ein der Regierung bemerkbarer unliebsamer Wandel eingetreten sein.

Wir wenden uns zur zweiten Frage.

Wenn der Ausdruck laetus zuerst bei den unter Maximian im Gebiete der Trierer und Nervier angesiedelten Germanen vorkommt, liegt nicht nur der Gedanke, daß der neue Name auch eine neue Stellung bezeichne, sondern auch der weitere sehr nahe, hierin eine der vielen und wichtigen Neuerungen zu erkennen, welche Rom Diokletians tiefer politischer Einsicht zu verdanken hatte.

Vermutlich fand dieser nun angemessen, dem Zweck solcher Kolonisation – tüchtige Soldaten zu gewinnen – dadurch fester zu sichern, daß den Ansiedlern die Ländereien nicht zu vollem Eigentum, sondern nur zu erblichem Nießbrauche, gewissermaßen als Sold für den Kriegsdienst, daher nur auf so lange verliehen wurden, als diensttüchtige Erben dafür vorhanden waren, ein Verhältnis, das wir in seinen Detailwirkungen freilich nicht genau kennen: unstreitig war eine gewisse Schollenangehörigkeit (glebae adscriptio) damit verbunden; der Läte durfte sein Grundstück, gleich dem römischen Colonus, nicht eigenmächtig verlassen (Böck., p. 1069).

War sonach die rechtliche Stellung der Läten von der der frühern Kolonisten, die in alle Rechte und Pflichten der Provinzialen traten, wesentlich verschieden, so fragt es sich, woher der neue Name entstand?

Darüber ist viel geschrieben worden: man hat ihn herleiten wollen von dem deutschen *Leute*, von *laetus*, fröhlich zum Kriegsdienste, und *ledig*: ja sogar ein besonderes keltisches Volk oder mindestens ein keltisches Wort, welches den Colonat überhaupt bezeichne, daraus gemacht. Böcking und mit ihm viele finden den Ursprung in dem Namen der halbfreien Klasse der Germanen, welche Tacitus G. c. 25 als liberti bezeichnet, während die spätern Quellen, namentlich die Volksgesetze solche lidi, liti, lazzi nennen, für welche Namen im Salischen Gesetze auch letus und laetus vorkommt.[7] (Böcking, p. 1050.)

Dies würde die beschränkte, dem Staate gegenüber nicht vollkommen freie, bürgerliche Stellung der neuen Ansiedler mit einem ihnen bekannten und bezeichnenden Ausdrucke charakterisieren. An eine Unterordnung derselben unter Private ist aber dabei auf keine Weise zu denken.

Daher sind die von Eumenes (in dem ged. Paneg. IV. c. 8 und 9) gebrauchten (S. 274, 275 wiedergegebenen) Phrasen entweder nach dessen bekannter Schreibart überhaupt nicht buchstäblich oder nicht von Läten, sondern von wirklichen an die Provinzialen verkauften Sklaven oder auch so zu verstehen, daß den zu ersterer Klasse gehörenden Kolonisten bei Anweisung zwar wüstliegender, aber immer noch in ideellem Privateigentum befindlicher Ländereien die Entrichtung eines gewiß sehr mäßigen Zinses an deren Eigentümer auferlegt wurde.

Waren wir bis hierher im Wesentlichen mit Böcking allenthalben einverstanden, so kommen wir nun auf einen Punkt, worin wir ihm nicht unbedingt beipflichten können. Derselbe sagt nämlich in seiner zweiten Abhandlung über die Gentilen, nachdem er sich in der über die Läten selbst nicht bestimmt darüber ausgesprochen hat, p. 1082 Anm. 10: „Die *große Mehrzahl* derer, welche in der Eigenschaft als Läten in das römische Reich aufgenommen worden, sind vorher in ihrer Heimat auch dergleichen, d. i. Liten gewesen."

Dies kann, weil er sich auf irgend ein Zeugnis dafür nicht beruft, nur *Meinung*ssache sein, auf deren Begründung wir näher einzugehen haben.

Gewiß hat derselbe Recht, wenn er dabei die Klasse freiwilliger Überläufer auf römisches Gebiet vor Augen hatte, weil man voraussetzen darf, die Gedrücktesten im Volke werden am meisten geneigt gewesen sein, die Heimat zu verlassen. Nicht anzunehmen ist aber, daß deren Anzahl diejenige der andern Kategorien übertroffen habe, welche im Kriege, sei es im Wege wirklicher Gefangennehmung sowie durch Kapitulation (S. 323) unstreitig zu Tausenden auf einmal zur Ergebung gebracht wurden, indem eine Übersiedlung auf Grund freien Vertrags, wie jene unter M. Aurelius, auch wohl unter Probus, in den Quellen wenigstens nicht weiter vorkommt.

Niemand aber wird behaupten, daß die Mehrzahl der germanischen Heere aus *Liten* bestanden habe, da es der Freien höchste Pflicht, aber auch schönstes Vorrecht war, die Kriege ihres Volks zu kämpfen. Dies gilt auch von den Franken, denen die unter Maximian und Constantius übergesiedelten Läten wesentlich angehörten, und von den Alemannen, von welchen später im Jahre 370 zahlreiche Kriegsgefangene in das römische Gebiet verpflanzt wurden.

Die ganze Klasse der Halbfreien oder Hörigen bei den Germanen kann nur aus freigelassenen Sklaven oder, was als deren Hauptquelle zu betrachten ist, aus besiegten Vorbewohnern eroberter Länder entstanden sein, denen man ihren Grund und Boden unter dem Obereigentum eines Herrn zur Bebauung gegen Zins beließ. Möglich nun, daß die batavischen Völkerschaften, als sich die Franken in deren Gebiet niederließen, einem solchen Hörigkeitsverhältnisse unterworfen worden seien. Wahrscheinlich ist dies aber auf keine Weise, weil die Franken in ihrem Anfang gewiß nur den Krieg gegen Rom vor Augen hatten, dafür aber die freie Waffengenossenschaft der so heldenmütigen, kriegsgeschulten Bataver[8] (man denke an des Civilis Aufstand) ihnen ungleich wichtiger sein mußte, als die Herrschaft über Unterdrückte. Mag dabei auch den Franken eine Art von politischer Suprematie zugestanden haben, so hatten sie doch keinen Grund ein Volk zu knechten, dessen Seekunde allein sie die Möglichkeit der für sie so ergiebigen Piraterei verdankten.

Unsere Meinung ist nun, daß die Frage: welcher Klasse der Germanen die Mehrzahl der römischen Läten ursprünglich angehört habe? eine für moderne Forschung überhaupt unlösliche ist. Unstreitig haben die verdienten Männer (wohin auch Zeuß S. 580 gehört), welche obige von uns bekämpfte Conjectur aufgestellt haben, sich dabei nur durch den Namen Läten leiten lassen, welcher aber viel natürlicher einer absichtsvollen Beilegung durch die Römer als einer selbstverständlichen oder freiwilligen Fortführung durch die Germanen zuzuschreiben sein dürfte, welcher letzteren schon der wichtige Grund entgegensteht, daß ja ihr neues Verhältnis im römischen Staate ein von dem alten heimatlichen wesentlich verschiedenes und im Ganzen, weil sie keinen Privaten als Herrn über sich erkannten, ein viel freieres war (vergl. die von Böck. selbst p. 1049 zitierte Stelle von Waitz, das alte Recht der salischen Franken, Kiel 1846, S. 99).

Unbestritten endlich kommen unter dem Namen Läten nur Westgermanen, meist gewiß Franken und Bataver, vor, da in deren Verzeichnisse Not. occ. p. 119–122 wenigstens nur diese beiden Völker und überdies noch Teutoniciani[9] genannt werden. Doch sind die meisten der zwölf lätischen Truppenkörper überhaupt nicht nach ihrem Ursprunge, sondern nach den Stationsorten in Gallien, z. B. bei den Lingonen, Nerviern und Arvernern genannt, wobei hervorzuheben ist, daß dieselben größtenteils im *Innern* Galliens lagen und nur einige derselben in dem zweiten Belgien und Germanien, wiewohl immer noch in merklicher Entfernung von der Grenze.

Wir kommen nun auf die *Gentilen*, welche Böcking p. 1080 bis 1093 mit gleicher Ausführlichkeit behandelt: er hebt zuvörderst hervor, daß dieser Ausdruck hier nicht in dem spätern allgemeinen Sinne von *Heiden*, sondern in dem besonderen technischen gebraucht wird, in welchem er eine gewisse Klasse zum Kriegsdienste verpflichteter Kolonisten bezeichne. Die in der Not. occ. p. 119 und 120 aufgeführten neunzehn Abteilungen derselben heißen insgesamt gentiles Sarmatae, nur drei andre, welche mit einer Partei Läten unter demselben Präfekten in Gallien standen, werden vorher Nr. 2, 3 und 12 als gentiles Suevi erwähnt.

Unbestritten nimmt derselbe nun an, daß die Römer unter dieser Benennung niemals Westgermanen, sondern nur teils wirkliche Sarmaten, d. i. meist Jazygen, teils andre Ostgermanen verstanden haben, von welchen letztern jedoch nur Sueben und zwar in Verbindung mit Läten (gentilium Suevorum) p. 120 unter Nr. 12, wahrscheinlich aber auch Nr. 10, wo Suevorum nur ausgefallen ist, und Nr. 14, p. 122 Taifalen (Praef. Sarmatarum Gentilium et Taifalorum Gentilium) genannt werden.

Vielleicht ist indes der Ausdruck Sarmaten hier nur ein mehr oder minder willkürliches Appellativ, veranlaßt dadurch, daß die ersten Ansiedler dieser Kategorie wohl meist aus Jazygen bestanden, die Römer aber an ethnographische Genauigkeit, die ihnen höchst gleichgültig war, dabei gar nicht gedacht haben. Gewiß waren namentlich auch Bastarnen und Carpen, die nach obigem in so großer Zahl auf römisches Gebiet verpflanzt wurden, unstreitig aber außer den Taifalen auch Vandalen, Gepiden und Angehörige anderer Völker der großen Gotenfamilie darunter (vergl. Fl. Vop. Prob. c. 18 und oben), welche man im Allgemeinen auch „Skythen" nannte, was wiederum von Sarmaten häufig nicht streng unterschieden ward.

In den besonders genannten Sueben haben wir Alemannen, Juthungen und Quaden, wohl auch Markomannen zu vermuten.

Was nun das Rechtsverhältnis der Gentilen betrifft, so erklärt dies Böcking (p. 1083, Z. 2 und 1084 letzte Z.) dem der Läten teils für beinahe, teils für völlig gleich, scheint aber gleichwohl (p. 1083 Z. 6, p. 1086 Z. 8 von unten und p. 1089 Z. 8) anzunehmen, daß darunter gar nicht *in der Heimat Freie*, sondern nur Sklaven der betreffenden Völker gewesen seien.

Mit ersterem vollkommen einverstanden gestehen wir, die letztere angebliche Verschiedenheit nicht begreifen zu können. Offenbar gründet ich diese lediglich auf die vom Anonymus Valesii und Ammian erwähnten Sarmatae servi, welche doch im Jahre 334, nachdem sie ihre Herren vertrieben, die vollste Freiheit erlangt hatten: und die Gentilen der Notitia können in der Tat nicht vor dem Jahre 334 ausgehoben worden, daher höchstens Nachkommen früherer Servi gewesen sein.

Böcking bemerkt auch selbst, daß unter den Gentilen auch Sueben und Taifalen gewesen, hält (p. 1083, Anm. 11) Gaupps Ansicht, daß bei den suebischen Völkern überhaupt keine Liten gab, für richtig, und erkennt mehrfach an, daß Besiegte und dedicii (die sich durch Kapitulation ergeben hatten) zu Gentilen gemacht worden seien, welche doch unmöglich alle Sklaven gewesen sein können.

Nicht minder fühlt derselbe sehr wohl, daß seine Behauptung auf die Scholae Gentilium, die an beiden Höfen unter dem Magister officiorum standen und nach so vielen Stellen Ammians (s. Böck. Not. dign. I, p. 235 und II, S. 270) ausgezeichnete Elitekorps waren, keine Anwendung leiden könne, will diese daher von den Sarmaten-Gentilen streng gesondert wissen. Da aber andere Gentilen als diese beiden Kategorien in den Quellen nirgends vorkommen, so müssen wir doch unbedingt die der Garde (Schola) für auserlesene Mannschaften aus den letztern halten, können daher auch in diesen nicht bloße Sklavenbanden voraussetzen.

Die Kaiser Arcadius, Honorius und Theodosius verordnen im Jahre 405 (s. Böck. p. 1092), daß über die Appellationen nicht nur des Präfekten, sondern auch der Gentilen selbst nur in des Kaisers Namen (sacrum examen) durch den Prokonsul entschieden werden solle. Ist es wahrscheinlich, daß ein solches Privilegium zugunsten vormaliger Sklaven erteilt worden sei?

Daß die Gentilen, wenn sie mit Läten zugleich in Erwähnung kommen, stets nach solchen genannt werden, erklärt sich einfach daher, daß erstere, wie Böcking selbst (p. 1085) ausführt, ein späteres Institut sind, kann mindestens für die niedrigere persönliche Qualität der Gentilen nichts beweisen.

Die Verordnung der Kaiser Valentinian und Valens endlich (welche Böck. p. 1087 übrigens für seine Meinung auch nicht anführt), wodurch die Ehen zwischen Gentilen und Provinzialen bei Todesstrafe verboten werden, spricht offenbar mehr für die freie Geburt als für den Sklavenstand, weil letzterenfalls die eigene Abneigung wider solche Verbindung stärker gewesen sein würde. Mit Recht hält derselbe das Motiv zu dieser merkwürdigen Vorschrift für ein rein politisches, was wir schärfer dahin bestimmen möchten, daß man die barbarische Nationalität dieser Ansiedler möglichst rein erhalten[10], und deren allmähliche Romanisierung verhüten wollte, welche sie teils verweichlicht, teils in römische Provinzialinteressen und politische Parteiungen verflochten haben würde.

Daß in jener Verordnung nicht zugleich der Läten gedacht wird, auf welche das gedachte Verbot nach dessen Aufnahme in den Theodosianischen Codex jedoch wohl ebenfalls Anwendung gefunden hat, erklärt sich am einfachsten dadurch, daß die Spezialfälle, welche es hervorriefen, eben nur bei Gentilen vorgekommen sein mögen.

III. Das Postwesen (cursus publicus)

Diese schon von August errichtete, von Trajan und Hadrian vervollkommnete, jedoch nur für den *Staatsbedarf* bestimmte Anstalt umfaßte eine Reit-, und Fahrpost, von der jedoch das schwere Frachtfahrwesen zu Land und Wasser für Getreide, Bekleidungsgegenstände etc., das unter den betreffenden Finanzministerien stand, gesondert war.

Die oberste Aufsicht über dasselbe stand nach der Not. dign. dem Magister officiorum zu, unter welchem der Oberpostinspektor aufgeführt wird, was für spätere Zeit auch durch die Formel in Cassiodors Variar. (VI, 6) und Lydus (III, 21) bestätigt wird. Auch kam nur diesem und den Praefectis Praetorio in ihren Bezirken das Recht zu, Postpässe (synthemata, tractatoriae) auszustellen, auf deren Grund allein die Post benutzt werden durfte. Nur die beiden Finanzminister konnten dergleichen je nach ihrem Bedarf verlangen: für alle übrigen Militär- und Zivilbeamten war die Zahl der ihnen jährlich gestatteten Reisen mit Benutzung der Post (evectiones) je nach der Größe ihres Bezirks bestimmt, wie denn z. B. im Ostreiche dem Magister militum per orientem deren fünfundzwanzig, jedem der übrigen Magistri militum aber nur fünfzehn zukamen.

Bei jedem Amte findet sich in der Notitia des Ostreichs unter III. die Zahl der Evectionen, wobei jedoch die Ziffer in den Handschriften häufig nicht mehr leserlich war, angegeben, während in der Westreichs jede Angabe darüber fehlt. (S. Böck. Not. dign. Vorr. p. XV.)

Wenn der Kaiser Senatoren oder Personen aus der Provinz zu sich berief (evocati), ward auch dieser sowie den zu Konzilien reisenden Bischöfen die dazu nötige Postfuhre gewährt.

Constantin der Große scheint seine Sorge für das Postwesen vorzüglich auf Abstellung der dabei eingerissenen zahlreichen Mißbräuche gerichtet zu haben, was aus den von ihm erlassenen zum Teil in die kleinlichsten Details eingehenden gesetzlichen Bestimmungen hervorgeht, z. B. daß man nur Peitschen, nicht Stöcke, zum Antreiben der Pferde gebrauchen dürfe. (S. C. Theod. VI, 29 de curiosis und VIII, 5 und Just. XII, 51.)

Unzweifelhaft waren außer dem allgemeinen Oberpostinspektor auch die im Lande stationierten curiosi zur Überwachung verpflichtet, ganz besonders aber nach Lydus (III, 22) der in den Kanzleien der Praefecti Praetorio angestellte princeps.

2) Das Rang- und Titelwesen.

In demselben Maße, in welchem Vaterlands- und Ehrgefühl bei den Römern sanken, steigerten sich Eitelkeit und Hoffahrt.

Constantin scheint die bis zur Manie gewordene Rang- und Titelsucht der Römer politisch verwertet zu haben, da wir nach der von Eusebius (Leben Const. d. Gr. IV, 1) darüber gegebenen Andeutung die neue Rangordnung im Wesentlichen auf ihn zurückzuführen haben. Die Titel selbst waren jedoch zum Teil wenigstens nicht neu, da die Senatoren namentlich schon früher als clarissimi bezeichnet wurden. (S. D. I, 9, 8. Hist. Aug. Heliogab. c. 4 und Aurelian c. 18.)

Ansporung des Diensteifers sowie der Gewinn des Fiskus durch die gewiß, besonders bei Gnadenverleihungen, sehr bedeutenden Sporteln war das Motiv der neuen Einrichtung.

Einen gewißermaßen exemten Rang außer und über der Beamtenhierarchie hatten die schon erwähnten Konsuln, Patricii und nobilissimi.

Die oberen Klassen der Staatsdienerschaft waren nun folgende:

1) Die Illustres, welche in zwei oder mehrere Unterabteilungen zerfielen.

a) Die Praefecti Praetorio, die beiden Hauptstädte, die magistri militum und der Oberkammerherr, von denen die drei ersteren unter sich, wenigstens nach einem Gesetze vom Jahre 372, nach dem Dienstalter rangierten, was im Jahre 422 auch auf den Oberkammerherrn erstreckt ward. (C. J. XII, 4, 1 und V, 1.)

b) Die vier Staatsminister, von denen jedoch wiederum der Mag. officiorum und der quaestor den Finanzministern vorgingen (C. Theod. VI, 8 und 9, 1); unter beiden Kategorien entschied das Dienstalter.

2) Die Spectabiles.

Die Not. dign. führt sie in folgender Ordnung auf:

a) die comites domesticorum et protectorum, wenn diese nicht illustres waren;

b) den primicerius sacri cubiculi ⎫
c) den castrensis sacri palatii ⎬ Hofchargen,

d) den primicerius notariorum;

e) die magistri scriniorum, Unterstaatssekretäre;

f) die Prokonsuln von Asien, Afrika und Achaja;

g) die Vicarien, unter denen der comes orientis und praefectus augustalis im Orient die ersten waren;

h) die kommandierenden Generale in den Provinzen, unter denen die comites den duces vorgingen.

Ob deren Rangordnung unter sich die vorstehende, der Not. dign. entnommene war, oder ob einige derselben, etwa b) c), so wie d) und e), unter sich nach dem Dienstalter rangierten, wissen wir nicht, halten aber ersteres für wahrscheinlicher.

3) Die Clarissimi, und zwar

a) die Consularen ⎫
b) die Praesides ⎬ Statthalter der Provinzen;
c) die Korrektoren ⎭

d) die cubicularii;

überdem alle Senatoren.

4) Die Perfectissimi, von denen nur die Provinzialstatthalter des Westreichs mit dem Titel praesides in der Not. dign. erwähnt werden, während diese im Ostreiche ebenfalls clarissimi sind und sogar den Korrektoren vorgehen.

Indes scheint gerade das Perfectissimat häufig auf Nachsuchen, gegen gewiß bedeutende Zahlung, verliehen worden zu sein. (S. C. Just. XII. Tit. 33 de perfectissimatus dignitate, wobei man sich hüten muß, die Bestimmung, daß sie diese Ehre nicht venali suffragio (einflußreicher Beamten) erkauft haben dürften, auf die hergebrachte Zahlung von Sporteln an den kaiserlichen Fiskus zu beziehen.)

5) Eine fünfte Klasse, von der wir jedoch nichts Näheres wissen, scheinen die Egregii gebildet zu haben.

Da ein Gesetz vom Jahre 364 (C. J. XII, 32) den römischen Rittern den zweiten Grad nach dem Clarissimat anweist, so ist zu vermuten, daß diese egregii waren. Ein besonderer Titel war der des comes, der zwar mit einigen Ämtern regelmäßig verbunden war, wie mit denen der Finanzminister, der Befehlshaber der domestici und protectores, der Mitglieder des geheimen Rates, des comes orientis und mehreren der wichtigsten Militärkommandanten in den Provinzen, doch aber auch als bloßer Titel verliehen worden sein mag. Es gab drei Rangklassen der comites, über welche wir jedoch nur unvollständig unterrichtet sind.

Vorstehendes gründet sich allenthalben auf die Not. dign. als die einzige vollständige und sichere Quelle; wir ersehen jedoch, daß seit Constantin die gewöhnliche Erscheinung der Steigerung der Titel auch im römischen Reiche stattgefunden haben muß, indem Ammian (XXI, 16 zu Anf.) bemerkt, daß noch unter Constantius bis 361 die kommandierenden Generale in den Provinzen nur perfectissimi gewesen seien.

Bei dem häufigen Ämterwechsel selbst in den höchsten Stellen behielten die aus dem aktiven Dienst scheidenden Rang und Titel bei und hießen dann vacantes.

Diejenigen aber, welche, ohne ein Amt bekleidet zu haben, nur den Titel eines solchen erhielten, was, wie wir oben sahen, selbst bei dem des Magister officiorum möglich war, hießen honorarii.[11]

3) Die Insignien.

Jeder höhere Beamte erhielt bei Antritt seines Amtes eine oder mehrere Tafeln unstreitig aus Holz oder Metall, auf denen wesentliche Attribute seines Amtes in Farben gemalt waren, welche in den Handschriften der Notitia großenteils und zwar ebenfalls bunt nachgebildet und aus der Böckingschen

Ausgabe in Holzschnitt zu ersehen sind, weshalb wir, von deren näherer Beschreibung absehend, nur bemerken, daß auf denen der Landesbehörden überall die betreffenden Diözesen oder Provinzen, durch weibliche Figuren dargestellt, bei den Magistris militum die Wappenschilder der ihnen untergebenen Truppenkörper, bei den comites und duces die ihnen anvertrauten festen Plätze abgebildet, auf denen letzterer aber auch besondere Kennmale ihrer Bezirke, z. B. Gebirge, Flüsse (Nil und Jordan), die ägyptischen Pyramiden, ja selbst bezeichnende Tiere mit angebracht sind.

Diese Schildereien, welche jedoch nur bei den Beamten der ersten Rangklassen den Namen Insignien führten (Böcking I, p. 262), wurden in den Amtslokalen der betreffenden Beamten aufgehängt und bei feierlichen Gelegenheiten vorgetragen.

Die in der ersten Hälfte des vierten Jahrhunderts getroffene Einrichtung, den von den Städten erwählten Defensoren (Vertretern der Städte in Prozessen, Syndiken) mittelst deren Bestätigung durch den Kaiser oder den Praefectus Praetorio ein höheres Ansehen zu gewähren, und dadurch ein gewisses Recht, ihre Orte gegen Widerrechtlichkeiten der Statthalter und anderer, besonders fiskalischer Beamten zu verteidigen, war eine wohlwollende und weise Maßregel (v. Bethm.-Hollweg, S. 127–129).

Die nach der neuen Staatsreform dem Senate, den Konsuln und Praetoren verbliebene Wirksamkeit, worüber sich in unseren Hilfsmitteln nichts findet, war offenbar politisch völlig null, obwohl man Schein und Form sorgfältig schonte. Merkwürdig ist das Gesetz von Valentinian und Theodosius vom Jahre 384 (C. J. I, 16, 1), wonach es bei schwerer Strafe verboten wird, sich mit Umgehung des Kaisers und seiner Behörden an den Senat zu wenden. Die Novelle Justinians 62 vom Jahre 537 (in der Beckschen Ausgabe: vergl. Bethm.-H., 8. 116) beweist, daß die nicht im Staatsdienste angestellten Senatoren damals völlig unbeschäftigt waren, weshalb sie den Gerichtssitzungen des kaiserlichen Consistorii in Appellationssachen beiwohnen sollten.

Wie die Prätoren in Rom noch eine beschränkte Gerichtsbarkeit behielten, so mag auch den Konsuln noch eine unerhebliche Wirksamkeit zugestanden haben, z. B. das Recht solenner Freilassung von Sklaven, dessen Fortdauer durch die Aufnahme in den Cod. J. (I, 10) verbürgt wird.

Das Bild der neuen Staatsreform ward in obigem vollendet, das Urteil über deren Wert darf nicht fehlen.

Dafür verlassen uns die Quellen gänzlich, weil die unbefangenen, die Epitomatoren, darüber wenig, fast nur Subjektives, meist lobend erwähnen, die christlichen aber ebensowenig als deren Gegenbild Zosimus ihrer leidenschaftlichen Befangenheit halber Beachtung verdienen.

Unter den Neueren sagt Bethmann-H., nachdem er den Zustand der Auflösung des Reichs lebendig geschildert (S. 23): „In der Tat war unter solchen Umständen nur Heil in dem verständigen Willen eines Einzelnen und dieser fand sich erst in der Person Diokletians, dann Constantins des Großen, deren kräftigen und zeitgemäßen Reformen, wenngleich sie das Übel in seinem Grunde nicht zu heben vermochten, ohne Zweifel das römische Reich seine Erhaltung für noch zwei Jahrhunderte zu danken hatte, welchen Tadel sie auch erfahren haben."[12] Damit stimmt auch Niebuhr (Vorl. über röm. Gesch. III, S. 289, 290 und 293), nicht minder Naudet in einer recht guten Stelle am Schluß seines Werkes (p. 300–302), so wie Burkhardt, der (S. 326) Diokletian einen der größten römischen Imperatoren, den Retter des Reichs wie der Zivilisation und den scharfsinnigsten Beurteiler seiner Zeit nennt, vollkommen überein, während andere, selbst Gibbon und Manso, entweder gar kein oder doch kein erschöpfendes Gesamturteil abgeben, Niebuhr aber, bei warmem Lobe Diokletians, sich über die neue Verfassung nicht näher äußert.

August hatte meisterhaftes Geschick in Gründung der Monarchie in republikanischem Gewande bewiesen: nahe hundertundfünfzig Jahre nach ihm trat in Hadrian ein kluger und umsichtiger Fortbilder derselben auf dieser Grundlage, d. i. ohne alle *politische* Änderung auf, dessen Werk sich wohl nützlich bewährt haben mag, den am innersten Lebensmarke der damaligen Monarchie nagenden Krebs aber nicht zu beseitigen vermochte.

Unter Gallienus erreichte dieser den Höhepunkt der Zerstörung. Große Kriegshelden, wie sie Rom seit Trajan nicht gekannt hatte, hemmten zwar den äußern Feind: gegen den inneren aber waren sie machtlos, ja fielen selbst dem Kaisermorde zum Opfer, der in Rom zur Regel geworden war, da von zwanzig Kaisern seit Commodus nur vier ihm entgingen, die drei letzten Decius, Claudius und Carus aber unstreitig auch nur dadurch, daß sie nach bereits einem bis zwei Jahren den natürlichen oder Schlachtentod starben. Wahrlich das Übel war furchtbar, als sich nach ungefähr wieder hundertundfünfzig Jahren ein Mann fand, dessen Tiefblick dasselbe in seiner Wurzel erkannte, dessen Geist und

Kraft durch eine neue politische Schöpfung die Monarchie rettete, indem er ihr eine wahrhaft monarchische Grundlage unterbaute.

Durch ihn ward für mehr als ein Jahrhundert – der Wirkung für weitere Zeit, im Ostreich namentlich, nicht zu gedenken – der Tyrannen-Greuel größtenteils, der Kaisermord aber fast ganz gebannt.

Die von Lactanz (d. m. p. c. 7) wider Diokletians Staatsreform erhobenen Anklagen der Verstärkung der Armee, Zersplitterung der Provinzen in kleine Teile und Vervielfältigung der Beamten zerfallen in nichts.

Erstere war ein längst und dringend vorhandenes Bedürfnis, durch dessen nur zu späte Abhilfe endlich dem äußeren Feinde einigermaßen gewehrt, Ruhe und Ordnung im Innern gesichert ward.

Was sind ferner Provinzen von immer noch fünfhundert bis tausend und mehr Quadratmeilen gegen die Departements und Verwaltungsbezirke wohlgeordneter neuerer Staaten?

Das Wachstum der Beamtenzahl und Schreiberei ist allerdings ein Übel, aber ein unvermeidliches des Staatslebens. Hat doch selbst in unsern Tagen die einfachste Verwaltung der zivilisierten Welt, das englische Selfgovernment, im Polizei- und Armenwesen dem nicht entgehen können.

Nicht die Zahl der Beamten an sich, sondern nur die der unnützen, mindestens entbehrlichen begründet einen Tadel. Wie weit ein solcher damals gerechtfertigt gewesen, können wir nicht beurteilen, müssen aber anerkennen, daß das Rom jener Zeit noch weit hinter den Zuständen der unsrigen in solcher Beziehung zurückblieb.

Nur eines, was darauf unstreitig mit einwirkte, der fortwährende Beamtenwechsel, war an sich betrachtet unzweifelhaft ein großer Übelstand.

Dies war eine Erbschaft der Republik, in deren Anfängen zu Erhaltung der Freiheit, später, als sie zum Weltstaate erwuchs, zu Bereicherung der Großen bei Verwaltung der Provinzen eingeführt und beibehalten. August erkannte das Übel und half ihm tunlichst ab, indem er die Legaten, für seine Provinzen wenigstens, auf unbestimmte Zeit ernannte und sie länger amtieren ließ. Tiberius und alle späteren Kaiser, mindestens die verständigen, scheinen ihm hierin gefolgt zu sein.

Selbst die Praefecti Praetorio fungierten in der Regel wohl so lange als sie nicht gefährlich schienen, was durch Spartian (Hadrian. c. 8) bestätigt wird, wonach dieser Kaiser seinen Praefecten Tatian nicht entlassen konnte, weil dieser nicht darum nachsuchte.

Wie es damit in der neuen Verfassung gehalten wurde, wissen wir, mit Ausnahme des in den Bureaus eingeführten, in der Regel einjährigen Austritts aus der bekleideten Stelle, nicht genau, können aber teils hieraus, teils aus den uns erhaltenen Verzeichnissen der prätorianischen und Stadt-Präfekte, teils aus der großen Zahl der in den Quellen erwähnten vacantes und sonst mit Sicherheit abnehmen, daß kaum ein Beamter bis zum Ende seines Lebens oder seiner Kräfte fortdiente, sondern eine fortwährende Erneuerung hergebracht war. Nur bei den Unterstaatssekretären und den obersten Bureaubeamten, wie den Cornicularien, Commentariensen usw. sind wir eine längere Amtsdauer zu vermuten geneigt

Männer wie Diokletian und Constantin der Große hätten einen so unvernünftigen Grundsatz, dessen Entstehungszeit wir freilich nicht genau kennen, nicht aufkommen lassen, ja selbst nicht beibehalten können, wenn sie nicht von dessen Notwendigkeit überzeugt gewesen wären.

Er wurzelte in der Verderbnis der Zeit. Bei den hohen Beamten waren es mehr die politischen Umtriebe, bei den niederen mehr Betrug und Bestechung, gegen die man sich dadurch tunlichst sichern wollte.

Schwerer wiegt der Vorwurf des fiskalischen Druckes.

Allerdings müssen sich die Einnahmen des Staats, im Gegensatze zum Privathaushalte, nach den Ausgaben richten, daher auch damals für die notwendigen, durch die Reichsteilung erhöhten Bedürfnisse, unter denen die für die verstärkte Armee und vier Hofhalte die bedeutendsten waren, die Mittel zu beschaffen waren. Wir sind auch überzeugt, daß die Steuerlast jener Zeit, ihrem Betrage nach, die der modernen Staaten noch keineswegs erreichte: aber nicht deren absolute Höhe, sondern deren Verhältnis zur Steuerkraft bedingt den Druck. Letztere aber mag im Verfalle des Reichs, namentlich bei den Landbewohnern, unglaublich gesunken gewesen sein.

Wohl sind nun sowohl Diokletian als Constantin auch von streng genommen unnötigen Ausgaben, beide von Baulust, letzterer überdies von übergroßer Freigebigkeit, nicht freizusprechen; man darf aber nicht vergessen, daß diese Leidenschaften, die man gerade bei sonst vorzüglichen Herrschern nicht selten findet, doch würdigerer Art und mehr nur relativ als absolut tadelnswert sind. War übrigens das Verlassen der alten Residenz Rom nach obigem an sich eine weise Maßregel, so konnte freilich die Gründung neuer in Nikomedien, Karthago, Mailand und Trier ohne bedeutende Neubauten nicht ins Werk gesetzt werden. Die Verlegung der des Orients nach Konstantinopel wird später gerechtfertigt werden.

Unzweifelhaft aber mag das Bedürfnis regelmäßiger Einziehung und tunlichster Erhöhung der Steuern schon damals den Geist gehässiger Fiskalität hervorgerufen haben. Fortwährende Steuerrevisionen und die unwürdigste Industrie in Aufsuchung neuer und Beiziehung absichtlich beseitigter oder verborgener Steuerobjekte waren deren Ausfluß (vergl. Gibbon c. 17 vor Not. 174 mit Bezug auf C. Theod. XIII, 11, 1).

Am verwerflichsten war der freilich bequeme Grundsatz, daß die Mitglieder der städtischen Kurien, die Decurionen, persönlich für die Steuern ihrer zahlungsunfähigen Mitbürger haften mußten. Darum strebten dieselben auf jede Weise sich dieser Last zu entziehen, indem sie sich durch Erkauf von Titeln über ihr Amt zu erheben oder Soldaten und später Geistliche zu werden, aber auch der Ehre ihrer bürgerlichen Stellung sich unwürdig zu machen, ja selbst in Flucht und Versteck Rettung suchten, wogegen die Gesetzgebung einen fortwährenden Kampf zu führen hatte (s. C. Theod. XII, 1 und Just. X, 31).

Gerecht und löblich dagegen war die von Diokletian verordnete Aufhebung der Grund- und etwaigen sonstigen Steuerfreiheit Italiens (Aur. Viet. d. C. c. 39, 31).

Auch die Senatoren, die vorher wahrscheinlich auch hinsichtlich ihrer auswärtigen Besitzungen befreit waren, wurden nun beigezogen. Wir vermuten, ohne dies jedoch verbürgen zu wollen, daß ihnen die Ehrenrücksicht bewiesen wurde, sie nicht der gemeinen, sondern einer besonderen Steuer zu unterwerfen. Sie hatten den follis senatorius, der wahrscheinlich persönlich war, und den census glebalis von allen ihren Grundstücken, welche sie bei deren Verlust genau angeben mußten, zu entrichten (Cod. Theod. VI, 2).

Ungemein mag vor allem die Last der Steuer durch Mißbrauch, Unredlichkeit und Druck bei deren Erhebung gesteigert worden sein. Der Diebstahl der Beamten ist auch für den Herrscher selbst ein großes Übel: leider aber, wenn die Pest der Verderbnis diesen Stand einmal ergriffen hat, ein selbst dem besten Willen fast unheilbares. An Maßregeln und Gesetzen dawider hat es auch in Rom nicht gefehlt.

Das Schlimmste war die Anwendung von Schlägen und Folter gegen Steuerrestanten, die, wenn auch nicht dem direkten Befehl, doch einer höchst verdammenswerten Connivenz der Herrscher zur Last gelegt werden muß. Mögen auch Lactanz (c. 21), der von Galerius, und Lydus (III, 54), der (in freilich viel späterer Zeit) von dem Praefaectus Praetorio Cappodox unter Justinian spricht, aus Haß übertrieben haben, so ist doch an der Sache ganz zu zweifeln unmöglich, ja Zosimus (II, 38) erwähnt dies selbst von Constantins des Großen Zeit im Allgemeinen.

Ein großer und zwar gewiß durch die Staatsreform wesentlich vermehrter Übelstand war ferner die Sportelhäufung jener Zeit, die wir aus einer viel späteren Zeit wenigstens daher ersehen können, daß Lydus, freilich vom Praefectus Praetorio, seinem Verwandten, begünstigt, schon im ersten Jahre seiner im einundzwanzigsten Jahre begonnenen Amtierung sich 1000 aurei (der aurens zu 1/72 röm. Pfund, also über 12000 Mark) auf redlichem Wege *(σωφρόνως)* durch Sporteln erwarb (Lydus III, 27), wobei man indes zu berücksichtigen hat, daß in der Regel nur größere und wichtigere Sachen vor den Praefectus Praetorio gelangten. Immer höher auch stiegen die Gebühren. Ein Anstellungs- oder Aufrückungsrescript (probatoria), das der Bureauofficiant in der Regel alle zwei Jahre zu lösen hatte, kostete anfänglich fünf, unter Justinian zwanzig aurei (Lyd. III, 67). Selbst die höchsten Beamten bezogen dergleichen, hatten aber gewiß auch beträchtliche selbst an den Fiskus zu zahlen.

Wir kommen nun zu unserm bis zum Ende dieses Kapitels verschobenen Schlußurteil über Diokletian, indem wir nur noch dessen Christenverfolgung dem Nachstehenden vorbehalten.

Was er als Kaiser und Schöpfer einer neuen Ära, nicht der Abwendung, aber langer Hinhaltung des Verfalls für das römische Reich gewesen, ward oben bereits entwickelt. Nur dessen, nicht aus der Quellen, sondern bloß aus den Münzen selbst ersichtlichen, hochwichtigen md segensreichen Verbesserung des Münzwesens, für welches er von plattierter Bronze zur Silberprägung zurückkehrte, is hier noch zu gedenken (Coner in Paulys Enzyklopädie).

Für dessen allgemeine gesetzgeberische Tätigkeit gibt der dem corpus legum (ed. Hänel II, Lips 1860) beigefügte index legum einen merkwürdigen Beleg, indem darin über zwölfhundert Gesetze au Dioletians einundzwanzig Jahren, nur dreihundertneunundfünfzig aber aus den fünfundzwanzi Jahren Constantins des Großen von 312 bis 337 aufgeführt werden.

Allerdings mag ihn dieser Eifer bisweilen auch zu Fehlgriffen verleitet haben, wovon das Taxedikt vom Jahre 301, welches uns durch die Inschrift von Stratonikea in Karien erhalten worden ist, einen merkwürdigen Beleg gibt. Er sagt darin ungefähr: Nachdem es uns gelungen, mit großer Anstrengung den äußeren Frieden herzustellen und den Räubereien der Barbaren ein Ziel zu setzen, erfordert das Wohl des Gemeinwesens, daß wir es auch gegen die abscheulichsten inneren Übel – Wucher und Raubsucht schützen. Was das eigne Menschengefühl, wie lange man dies auch gehofft, nicht bewirkt hat, das müssen wir nun, die wir die Väter des Menschengeschlechts sind, durch Gesetz ins Werk richten. Darauf folgt in achtzehn Kapiteln die genaueste Bestimmung der höchsten zulässigen Preise für alle nur denkbaren Lebensmittel und Waren, sowie für alle, sowohl gemeine, als gewerbsmäßige Arbeiten, deren Überschreitung durch Mehrforderung bei Todesstrafe verboten ward.[13]

Ein Irrtum sicherlich, aber aus warmer Fürsorge entsprossen, um so entschuldbarer in einer Zeit, da die Volkswirtschaftslehre fast noch ein unentdecktes Land war.

Der Erfolg brachte, nach Lactanz (c. 7), der hier wohl Wahrheit, wenn auch mit Übertreibung berichtet, die Enttäuschung; der Markt veröedete aus Furcht, die Teuerung nahm zu und das Gesetz mußte, nach vielem fruchtlos vergossenen Blute, wieder aufgehoben werden.

Von dem Menschen Diokletian wissen wir aus den Quellen wenig, da sich das Lob der Epitomatoren mehr auf den Herrscher bezieht. Aurelius Victor (c. 39, 46) tadelt sein Benehmen gegen Freunde, erklärt dies aber aus politischer Vorsicht. Der giftgeschwollene Lactanz nennt ihn zwar (c. 7) den Erfinder von Verbrechen und Erzeuger von Übeln (scelerum inventor et malorum machinator), setzt aber doch (c. 9 a. Schl.) hinzu, daß er so lange mit dem höchsten Glücke regiert habe (d. i. neunzehn Jahre lang), bis er seine Hände mit dem Blute der Gerechten (d. i. Christen) befleckt habe, was auch Eusebius (Kirch.-Gesch. VIII, 13) hervorhebt.

Negativ aber sind diese Schmäher von Bedeutung, weil sie außer dem Zusammenscharren von Geld (avaritia), übertriebener Baulust und Christenverfolgung nichts gegen ihn vorzubringen wissen.

Diokletian muß von imponierender Persönlichkeit gewesen sein: denn was anderes hätte der Generale und des Heeres Wahl auf einen unbedeutenden Feldherrn so niederer Herkunft lenken können? Dafür bürgt auch der Gehorsam, den er da, wo vorher Auflehnung und Empörung an der Tagesordnung gewesen, über zwanzig Jahre lang willig fand, vor allem die Fügsamkeit des wilden Maximian unter dessen Willen.

ZWÖLFTES KAPITEL

Das Christentum und der römische Staat

Lauter und entschiedener als amtliche Berichte erhob sich unstreitig bald die Volksstimme wider die Christen. Den ersten, mächtigsten Anstoß dazu gab, wie wir aus der Schrift wissen, der Nationalstolz und Fanatismus der Juden.[1] Auch das an sich vollkommen tolerante Heidentum mußte dem nachfolgen, sobald ihm einmal der prinzipiell-feindliche Gegensatz, in welchem das Christentum zu ihm stand, klar geworden war. Ob, wann, wie und welchen der vielen Götter man anbete, darum kümmerte sich die alte Welt nicht: aber das schroffe Verwerfen, ja Verdammen der ganzen *Idee* ihres Kultus reizte und erbitterte: (mehr noch die Verachtung ihres Staates als eines Teils der sündhaften und dem baldigen Untergang geweihten Erde. D.).

Dazu kam die strenge Absonderung der Christen, deren inniges Gemeindeverhältnis und das Geheimnis, in das sie ihre Versammlungen und Religionsübungen zu hüllen genötigt waren. Das tausendzüngige Gerücht, an Bösartigkeit und Lüge im Fortgange wachsend, bemächtigte sich der neuen Erscheinung. Blutschande und Mord, namentlich Genuß von Menschenfleisch, wozu absichtliche oder mißverständliche Entstellung des Geheimnisses der Eucharistie Anlaß gewährten, ward den Christen allgemein schuld gegeben.

(Aber vor allem: der Gott der Christen war nicht ein nationaler, er beanspruchte der Alleinige zu sein: alle bisher verehrten Götter des Staates der Weltherrschaft: Roms, wie des Volkes der Weltbildung: der Hellenen, sollten Teufel und alle gläubigen Heiden oder ungläubigen Skeptiker, welche nicht an die Mirakel der neuen Lehre glaubten, auf ewig verdammt sein. Dazu sollte des Menschen

Sohn nächstens aus den Wolken niedersteigen und dem ganzen sündhaften Heidenstaat ein Ende mit Schrecken bereiten – „zugleich mit dem Teufel". So Sankt Augustin. Patriotismus für den verteufelten und dem baldigen Untergang geweihten Römerstaat konnte kein echter Christ hegen. D.)

Hierdurch in der Tat ist es erklärlich, daß noch zu Anfang des zweiten Jahrhunderts ein so reines Gemüt, ein so klarer und tiefer Geist, wie Tacitus, von dem abscheuwürdigen Aberglauben (execrabilis superstitio) der Christen reden konnte, die das Menschengeschlecht haßten und von ihm gerechten Haß verdienten.

Indem wir nun zu der wichtigen Frage übergehen, wie sich, abgesehen von der Volksmeinung, das Christentum zu Gesetz und Verfassung des römischen Staates verhielt, haben wir die andere vorauszuschicken:

ob nicht durch Anerkennung des jüdischen Glaubens und Kultus, der vollkommenster Freiheit genoß, auch die gleiche Grundlage des Christentums – der Monotheismus – bereits Zulassung gefunden hatte?

Allerdings hätte dies der Fall sein sollen[2]: aber das Judentum hatte Rom als vollendete Tatsache mit Unterwerfung des Volkes überkommen. Einsichtsvolle Fürsten, wie August und Tiberius, fühlend, daß es hier zwischen Duldung oder gänzlicher Vertilgung des Volkes keinen Mittelweg gebe, gönnten ihnen aus Pflichtgefühl wie aus Politik Beibehaltung ihres Glaubens, ihrer Gesetze und Gebräuche. Gleichwohl blieb der Widerstreit des Judentums mit dem herrschenden Heidentum an sich unlöslich: bereits unter Caligula wäre er zum Ausbruche gekommen, wenn nicht die Umsicht des Statthalters Petronius und des Tyrannen Sturz vorgebeugt hätten: unter Nero aber begann das Ende: im Jahre 70 ward Jerusalem zerstört – unter Hadrian im Jahre 136 ward es abgeschlossen.

Auch bei fortdauernder Duldung des Judentums aber hätten sich die Christen doch nicht auf die Privilegien eines Kultus berufen können, dessen Priester den Christen-Gott an das Kreuz geschlagen hatten und die Bekenner der neuen Lehre fortwährend ausstießen und blutig verfolgten.[3]

Gleichwohl wurden die Christen von den Römern, wie dies nicht anders sein konnte, über ein Jahrhundert lang nur als eine jüdische Sekte betrachtet. Aber wie anders die Erscheinung beider Glaubensgenossenschaften! Bei den Juden ein kompaktes politisches Gemeinwesen; hier Isolierung. Nicht das erste Auftreten der Christen daher, wohl aber Grund und Idee des Christentums stellte sich in dessen Verbreitung dem Staate feindlich entgegen.

Rom kannte, wie alle Staaten des Altertums, nur eine Staatsreligion. Die oberste Reichsverwaltung umfaßte das Geistliche wie das Weltliche. Antritt und Ausübung der Ämter, selbst der Kriegsbefehl waren an religiöse Feierlichkeiten, Opfer und mannigfache Zeichendeutung geknüpft. Dem Gerichtsverfahren war der Eid bei den Göttern unentbehrlich, der Soldat war den Legionsadlern göttliche Verehrung schuldig.

Dieser ganzen Grundlage nun stand das Christentum nicht allein entgegen, nein, es verwarf sie mit größter Entschiedenheit, indem es als eine absolute, d. i. *allein wahre* Religion auftrat, welche jede andere Art der Verehrung höchster Wesen für Irrwahn und Sünde erklärte, ja verdammte zu ewiger Höllenqual.

So war es vom römischen Standpunkte aus eine gegen den Staatskultus, daher gegen die Staatsverfassung selbst gerichtete Verbindung, mithin *Hochverrat*. Es verletzte aber auch speziell die Majestät des Kaisers, indem es dessen Autorität, als Oberpriester, pontifex maximus, nicht anerkannte, vor allem auch seinem Bilde die üblichen, in gewissen Fällen vorgeschriebenen Opfer und göttlichen Ehrenbezeigungen verweigerte. Das war sonder Zweifel Majestätsbeleidigung, wodurch, wie wir wissen, Leben und Vermögen verwirkt ward.

Es bedurfte daher nicht des Zurückgehens auf unerlaubtes Vereinswesen[4], Geheimbündlerei (wie wir uns ausdrücken würden) und den Begriff der factio, um das Christentum nicht nur als unerlaubt, sondern geradezu als strafbar erscheinen zu lassen.

Vermöchten wir für einen Augenblick die christliche Anschauung abzulegen, die römische anzunehmen – kein Zweifel, auch wir würden es anerkennen, daß das Christentum in seinem Grundsatz Empörung gegen den Staat war.

Höchst merkwürdig nun, daß weder bei profanen, noch kirchlichen Schriftstellern jener Zeit diese *Prinzipienfrage* jemals auch nur erwähnt wird. Sie war so zweifellos, daß deren Erörterung niemandem in den Sinn kam.

Die wichtigsten Quellen für das Verhältnis der Christen zu Rom am Ende des ersten Jahrhunderts sind der Brief des jüngeren Plinius an Trajan und dessen Antwort.

Plinius beginnt mit seinen *Zweifeln* über das Verfahren gegen die Christen, sagt aber: „Wenn sie gestanden, Christen zu sein, fragte ich sie zum zweiten und dritten Male unter Androhung der Strafe. Wenn sie dann dennoch beharrten, ließ ich sie zum Tode führen." (Persoverantes doci jussi.)

Tertullian selbst gesteht, daß die Christen den Kaiser auf die gewöhnliche – d. i. auf die *gesetzliche* – Weise nicht ehrten, sucht aber zu beweisen, daß sie ihn „auf ihre Art" reiner, höher und treuer ehrten, als die Heiden.

Waren aber die Christen nach Roms Gesetz und Begriffen wirklich Hochverräter und Majestätsverbrecher, wie konnte, wird man einwenden, die despotische Staatsgewalt sie doch aufkommen lassen? Warum übte man nicht wirksameren, besonders *konsequenteren* Nachdruck in Unterdrückung dieser Feinde des Staates?

Das erste Auftreten der Christen entging beinahe der Wahrnehmung; indem sie zahlreicher, daher bemerkbarer wurden, stellte sich gleichzeitig bei den Machthabern die doppelte Überzeugung fest, daß die neue Sekte einmal praktisch unschädlich sei, zweitens aber Zwang und Schrecknis solche Schwärmerei und Halsstarrigkeit nicht zu bändigen vermöge. Nun fügte es sich, daß vom Jahre 96 bis 180 weise, zum Teil edle Kaiser herrschten, zu mild, um zu wüten, zu klug, um ein Prinzip aus Eigensinn über das praktische Bedürfnis hinaus durchzuführen. Es war ein Kampf der Legalität gegen die Sitte, des Buchstabens gegen die Macht der Meinung, ähnlich wie in neuerer christlicher Zeit das Duell; man straft, weil das Gesetz es will, aber man verdammt und haßt nicht, entschuldigt vielmehr, oft wenigstens, den Übertreter. Tyrannen hingegen, wie Commodus und Caracalla, die kein anderes Ziel hatten, als ihren Lüsten zu fröhnen und ihre wirklichen oder vermeinten Feinde zu vernichten, fanden die Christen weder unbequem noch gefährlich. Nichts hat letztere wirksamer geschützt als die Überzeugung, daß sie sich von politischer Parteinahme und Verschwörung fern hielten.

„Wir werden verleumdet, schreibt Tertullian unter Septimius Severus, als Verächter der kaiserlichen Hoheit: doch konnte man nie, weder unter Albinianern noch Nigrianern noch auch Cassianern Christen finden."

Endlich begann aber auch die Anerkennung christlicher Tugend und eine dunkle Ahnung des Lichtes der Wahrheit (d. h. vor allem der Überlegenheit des Monotheismus D.) in den Gemütern der Heiden sich allgemeiner Bahn zu brechen, was durch zahlreiche Schutzschriften von schlagender Beredsamkeit (von denen die Justins des Märtyrers unter Antoninus Pius und die obgedachten Tertullians die berühmtesten sind), sicherlich nicht wenig, wenn auch nur allmählich gefördert ward. Viele, gewiß nicht die schlechtesten Männer, fühlten christlich, ohne Christen zu sein, erkannten mindestens die Verwerflichkeit blutdürstigen martervollen Gewissenszwanges. Gerade diese dem Christentume günstigere Richtung aber erzeugte, so lange in der Masse noch roher Haß, bei vielen Aufgeklärten mehr historischer als philosophischer Richtung und bei Hochgestellten[5] noch grundsätzlicher Widerwille gärte, *Reaktion*. Verschwörer gegen christenfreundliche Kaiser suchten und fanden unter den Christenfeinden Anhang, mußten daher, wenn sie zur Herrschaft gelangten, aus Überzeugung oder Politik die Christen verfolgen.

Nach diesem naturgemäßen Entwickelungsgange läßt sich das Verhalten des römischen Staates gegen die Christen in drei geschichtliche Abschnitte sondern, die auf eigentümliche Weise beinahe mit den Jahrhunderten zusammenfallen.

1) Die des vorherrschenden Ignorierens: etwa bis Domitian 96 n. Chr.

2) Die der legalen Bestrafung, ohne gehässige, besonders systematische Verfolgung: bis zum Tode des Septimius Severus 211 n. Chr.

3) Die des Wechsels zwischen wachsender Begünstigung und systematischer Verfolgung bis zu dem Widerrufs- und Duldungsedikte des Galerius vom Jahre 311, woran sich im Jahre 324 die Erhebung des Christentums zur Staatsreligion schloß.

Am interessantesten ist die zweite Periode, weil da in edlen und weisen Kaisern der Kampf zwischen Pflicht und Gewissen am schärfsten hervortritt. Welch ein Widerspruch! Einzelne Unbescholtene und Tugendhafte, allein ihres Glaubens halber zum Tode zu führen, über Tausende, ja Hunderttausende gleichen Glaubens, daher gleicher Schuld aber die Augen absichtlich zuzudrücken! „Aufzusuchen sind sie nicht," schreibt Trajan, „wenn sie aber angezeigt und überführt werden, zu bestrafen."[6] Und wie offen traten die Christen damals doch schon hervor. Bischöfe und Häupter der Kirche sprachen mit einer Kühnheit, die uns in Erstaunen setzt.

„Jetzt wird," schrieb Melito, Bischof von Sardes, im Jahre 171 an M. Aurelius (Euseb. Hist. eccl. IV, 26), „was sonst niemals geschehen ist, der Haufe der *Frommen* verfolgt und in Asien durch neue

Edikte beeinträchtigt. Denn unverschämte Verleumder und nach fremden Gütern Begierige haben durch diese Edikte Gelegenheit, öffentlich Raub zu treiben und die, welche nichts Böses getan haben, bei Tage und bei Nacht auszuplündern.

Geht dies von Dir aus, so mag es recht sein: wir bitten Dich nur, daß Du die Christen selbst kennenlernst und dann entscheidest, ob sie des Todes oder der Erhaltung würdig sind. Ist dies Edikt aber, *dergleichen man nicht einmal gegen feindselige Barbaren hätte erlassen sollen*, nicht von Dir, so bitten wir Dich noch viel mehr, Du wollest uns helfen."

Diese Sprache duldete der Kaiser, obwohl er seinem philosophischen Systeme nach den Christen abgeneigt war. Sein Gewissen aber verabscheute Verfolgung selbst *des* Glaubens, den sein Geist verwarf, während andrerseits sein strenges Pflichtgefühl ihn anhielt, das Gesetz zu wahren und sein Amt als Kaiser und Pontifex maximus fest und treu, wenn auch ungern, zu üben. Des unter ihm erfolgten Martertums zu Lyon wird nachstehend gedacht werden. Daher kam es denn auch, daß die Christen sicherer unter seinem blutgierigen Sohne Commodus, als unter dem edlen M. Aurelius lebten.

Des Septimius Severus Sinn wandte sich erst im zehnten Jahre seiner Regierung gegen die Christen, denen er früher wohlwollend gewesen sein soll. Ob dies durch Anstiftung anderer oder aus Besorgnis ihres wachsenden Einflusses, den er im Orient persönlich wahrnahm, geschah, wissen wir ebensowenig als näheres über die, nach Spartian, wider Christen- und Judentum von ihm erlassenen Gesetze.

Mit seinem Tode 211 n. Chr. begann die dritte Periode, in welcher das Christentum, mit Ausnahme einer kurzen Verfolgung unter Maximin in den Jahren 235 und 236, zuerst beinahe vierzig Jahre lang glücklicher Ruhe, ja teilweise entschiedener Begünstigung genoß.

Im ersten Jahrhundert ganz übersehen, im zweiten mindestens noch als indifferent betrachtet ward im dritten die neue Lehre ein Gegenstand *politischer* Bedeutung, daher meist entschiedener Parteinahme. Mit Wohlwollen wandte sich zunächst das milde Gemüt des Severus Alexander 222–235 n. Chr. ihr zu, was dessen, besonders aber seiner so einflußreichen Mutter Abkunft aus dem Oriente, der Wiege des Christentums, gefördert haben mag.

Unter ihm ward den Christen schon der Bau von Kirchen nachgesehen.

Sowohl der natürliche Antagonismus des Nachfolgers gegen den Vorgänger, als die eigene Roheit des Thrakers Maximin 235–238 zog den Christen die erste wirkliche, d. i. grundsätzliche, Verfolgung zu, die jedoch schon im Jahre 237 mit dem Aufstande der Gordiane in Afrika geendet haben mag. Nachdem dieselben darauf sieben Jahre lang verschwunden worden, bestieg im Jahre 244 in Philippus dem Araber, also wiederum einem Orientalen, ein so entschiedener Christenfreund den Thron, daß ihn die Kirchenhistoriker sogar, wiewohl irrtümlich, selbst für einen Christen erklärt haben. Solche Vorliebe mußte die lebhafteste Reaktion erzeugen, welche Decius, dessen Nachfolger, 249 bis 251, gewiß zu des Philippus Sturz ausgebeutet hat: er sah sich dadurch aber auch genötigt, seine Regierung mit einer Christenverfolgung zu beginnen. Wir wollen indes nicht in Abrede stellen, daß gerade diesem edlen und begabten Kaiser wahrhaft altrömischen Sinnes das Christentum wohl auch als staatsfeindliche Neuerung persönlich verhaßt gewesen sein könne.

Während die Christen nun später unter der Regierung des Gallienus, wie unter der kräftigen der Soldatenkaiser Claudius, Aurelianus und Probus unbelästigter Duldung und freudiger Entwicklung genossen[7], waren es wiederum zwei weise Herrscher, Valerian und Diokletian, welche, nachdem sie sich der Christen jahrelang wohlwollend erwiesen und in Senatoren und Rittern, ja in ihren obersten Hofbeamten Christen um sich geduldet hatten, auf einmal zu systematischer Verfolgung derselben übergingen, Valerian 257–260 und Diokletian 303–305. (Siehe über letztere den Anhang zu diesem Kapitel.) Die unkritischen Kirchenhistoriker schreiben dies lediglich dem Einfluß der Christenfeinde, unter Valerian dem Gardebefehlshaber Macrianus, unter Diokletian dessen Mitregenten Galerius sowie der abergläubischen orakelsüchtigen Gemütsart Diokletians zu, welche das heidnische Priestertum ränkevoll gegen die Christen ausgebeutet habe. Daß man damals eine so mächtige Gegenpartei mit den Ersten des Reichs an ihrer Spitze bestand, beweist zwar auf das Schlagendste die politische Bedeutung, welche das Christentum bereits gewonnen hatte, erklärt aber keineswegs genügend solchen Gesinnungswechsel der Herrscher: und zwar um so weniger, je tiefer Macrian und Galerius unter Valerian und Diokletian standen. Unstreitig war vielmehr beiden das Christentum bereits so über den Kopf gewachsen, daß deren Einsicht die Notwendigkeit erkannte, sich entweder selbst an die Spitze der Bewegung zu stellen oder dieser entschieden entgegen zu treten. Fehlte ihnen zu ersterem der Will oder der Mut, so blieb nur das letztere übrig.

184

Wir haben über Diokletians Christenverfolgung nur christliche Quellen: das VIII. Buch des Eusebius, kurz in der Hauptsache, unerschöpflich in der Geschichte der einzelnen Martyrien, und Lactanz
de mortibus persecutorum c. 10–16.[8]

Der faktische Hergang war *nach Lactanz* kürzlich folgender. Zuerst ward Diokletian dadurch gegen
die Christen gereizt, daß eine wichtige Eingeweideschau in seiner Gegenwart angeblich durch das
Schlagen des Kreuzes von Seite eines seiner Begleiter gestört worden sei.

Dadurch erbittert habe er alle Palastoffizianten zum Opfern zwingen und die sich Weigernden mit
Schlägen bestrafen lassen; auch befahl er, die Soldaten dazu anzuhalten und die nicht gehorchenden
des Dienstes zu entlassen.[9]

Nachdem einige Zeit verstrichen, sei er im Jahre 302–3 nach Nikodemien in das Winterquartier
gegangen, wohin sich auch Galerius begeben, um, von dem Haß seiner abergläubischen Mutter aufgewiegelt, Diokletian zu Maßregeln gegen die Christen zu bewegen.

Lange widerstand der alte Kaiser. Es sei gefährlich, sprach er, das ganze Reich zu beunruhigen und
Vieler Blut zu vergießen. Genug, wenn die Christen vom Hof und aus der Armee entfernt würden.
Auf fortgesetztes Andringen des Cäsars berief er einen geheimen Rat (unstreitig das gewöhnliche
Konsistorium), dessen Mitglieder, teils aus Haß, teils aus Schwäche sich ebenfalls wider die Christen
erklärten. Immer noch zaudernd ließ der Kaiser den milesischen Apoll befragen: da auch dieser zu-
stimmte, gab er endlich nach: doch solle es ohne Blut geschehen.

Am Fest der Terminalien, den 24. März 303, ward nun die christliche Kirche zu Nikodemien
erbrochen und geplündert, was sich an heiligen Schriften fand verbrannt, endlich das Gebäude selbst
zerstört. Tags darauf ward ein Edikt angeschlagen, welches wider alle Christen Degradation in ihrer
bürgerlichen Stellung, Beschränkung des Rechtsschutzes und Verbot ihrer Freilassung aus dem Skla-
venstande aussprach.

Unmittelbar darauf riß ein Christ dies, unter dem spöttischen Vorgeben, es seien Goten- oder
Sarmatensiege angezeigt, herunter und in Stücke, wofür er durch langsamen Feuertod bestraft wurde.

Darauf entsteht innerhalb sechzehn Tagen zweimal Feuer in Diokletians Palaste. Galerius flieht
mitten im Winter, vorgeblich um sich vor dem Verbrennen zu schützen, aus Nikodemien.

Er selbst aber war (sagt Lactanz *D.*) der geheime Brandstifter und beschuldigte nur die Christen
dieses Frevels.

Gleich nach dem ersten Brande wurde Untersuchung und Folter über das ganze Personal im Palaste
verhängt, aber ohne Erfolg, „weil des Galerius Gesinde (familia) davon frei blieb".

Nach dem zweiten Brande endlich geriet Diokletian in Wut[10], zwang erst seine Frau und Tochter
sich durch Opfer zu beflecken, ließ die sonst mächtigsten Eunuchen, seine und des Hofes Hauptstüt-
zen, töten, die christlichen Geistlichen zum Bekenntnis und im Weigerungsfalle zum Tode führen,
eine ganze Menge Menschen jedes Geschlechts und Alters teils verbrennen, teils haufenweis im Meer
ertränken.

Von da ab verbreitete sich die Verfolgung über das ganze Reich. Die Kerker wurden gefüllt, neue
unerhörte Marterweisen ersonnen. Niemand durfte, ohne geopfert zu haben, vor Gericht erscheinen,
in dessen Vorhalle Altäre dazu aufgestellt waren.

In den übrigen Reichsteilen gehorchte Maximian willig, Constantius widerstrebend, indem er zwar
die Kirchen zerstörte, der Menschen aber schonte.

So Lactantius. Aus Eusebius ersehen wir noch folgendes:

In die Zeit *zwischen* dem ersten Edikt, das (nach VIII, 2) zugleich das Niederreissen aller Kirchen
und die Verbrennung aller heiligen Schriften verfügte und der ersten Feuersbrunst setzt er (VIII, 6)
den grausamen Martertod des Dorotheus und Gorgones, hoher Palastbeamten, so wie des jungen
Petrus.

Von der Ursache des ersten Feuers wisse er nichts (VIII, 6). Nach diesem erwähnt er doch eines
Empörungsversuches in Melitene, in Armenien und anderer in Syrien, worauf erst das zweite Edikt
wegen Einkerkerung der Bischöfe und aller Kirchendiener ergangen sei (VIII, 6).

Durch ein drittes sei allen, die opfern würden, volle Freiheit zugesichert, gegen alle dies Weigernden aber der härteste Marterzwang angeordnet worden (VIII, 6). Unstreitig dieselben Maßregeln,
deren Lactanz gedenkt.

Constantin endlich, der bei der Christenverfolgung selbst in Nikodemien war, sagt (in der orat. ad
sanctum coetum I, 25): „Der Palast und Diokletians eignes Gemach ward verwüstet *(ἐδηοῦτο*, hier
wohl nur beschädigt), da ein Blitz und himmlisches Feuer es verzehrte."

Dies ist mit den übrigen Quellen völlig unvereinbar. Wie kann das Naturereignis eines in den kaiserlichen Palast einschlagenden und zündenden Blitzes unbekannt geblieben sein, Eusebius daher von der Ursache des Feuers nichts wissen?

Wie hätte der größte Tyrann, was doch Diokletian nicht war, nach einem zündenden Blitzschlage, zu Entdeckung des *böslichen* Brandstifters, das ganze Palastpersonal foltern lassen können?

Burkhardt verwirft S. 327 bis 343 mit Entschiedenheit die dramatische Fiktion der Schrift de mortibus pers., für deren Urheber er den gefeierten Verfasser des Werkes Institutiones divinae, L. Caecilius Firmianus Lactantius, den man seines guten Latein halber den christlichen Cicero genannt hat, gar nicht ansieht, über welche, der gewöhnlichen widerstreitende, Meinung wir uns des Urteils enthalten.

Er nennt die Geschichte von der Eingeweideschau eine „erweisliche Unwahrheit" (dringende Unwahrscheinlichkeit würden wir gesagt haben) und findet die Nachgiebigkeit Diokletians gegen Galerius ebenso unwahr.

Er bemerkt S. 334 mit Recht, daß die der Verfolgung vorausgegangene Ausstoßung von Soldaten und Offizieren aus dem Heere keinen *religiösen*, sondern nur einen *politischen* Grund gehabt haben könne, was um so zweifelloser richtig ist, da diese Maßregel, nach obigem, keineswegs eine allgemeine war; ferner S. 337 und 338, der grausame Martertod des Dorotheus, Gorgones und Petrus könne nicht Folge des ersten Edikts gewesen sein, weil dies sich mit Degradation begnügte, hinzufügend: „Die Kaiser glaubten offenbar einem Komplott auf der Spur zu sein."

Er nimmt S. 336 an, man habe den Aufstandsversuchen in Melitene und Syrien, welche nach Eusebius (VIII, 6) das zweite Edikt hervorriefen, mit Recht oder Unrecht einen christlichen Ursprung zugeschrieben (was hinsichtlich des zweiten mit der Erzählung des Libanius darüber freilich nicht übereinstimmt), bezieht sich S. 333 auf die bei Gruter (p. 380, N. 3) ersichtliche Inschrift zu Ehren Diokletians, welche den Christen Schuld gebe, daß sie den Staat umstürzen wollten, sowie ebenda auf den in d'Achery Spicilegium etc. III, p. 297 abgedruckten Brief eines Bischofs Theonas an den christlichen Oberkammerherrn Lucianus eines heidnischen Kaisers, womit nur Diokletian gemeint gewesen sein könne, der diesem eine Instruktion zu seines Herrn Bekehrung gibt. Auf dies alles gründet derselbe nun S. 339 folgende Vermutung:

„Einige, vielleicht sehr wenige christliche Hofleute und einige christliche Kriegsbefehlshaber in den Provinzen möchten wohl geglaubt haben, mit einem voreiligen Gewaltstreiche das Imperium in christliche oder christenfreundliche Hände bringen zu können. Es ist möglich, daß in der Tat Galerius der Sache früher auf die Spur kam als Diokletian und dieser sich wirklich nur mit Mühe überzeugen ließ."

Wir heben zur Unterstützung obiger Ansicht noch die von Burkhardt unbeachtet gelassenen, oben vollständig abgedruckten Anfangsworte des 15. Kapitels von Lactantius hervor. Diese Stelle muß nämlich *entweder* völlig unwahr sein *oder* beweisen, daß Diokletian selbst seine Frau und Tochter (welche letztere übrigens gar nicht mehr in dessen Hause, sondern seit nahe zehn Jahren des Galerius Gemahlin war) für Christinnen oder mindestens Christenfreundinnen gehalten habe. Im ersten Falle, dem der gänzlichen Unwahrheit, würde sie daher die völlige Unglaubhaftigkeit des Autors bekunden, im zweiten die bisherige äußerste Duldsamkeit Diokletians, welche dessen plötzliche Umkehr ohne den dringendsten Grund, der eben deshalb nur ein politischer gewesen sein kann, fast undenkbar erscheinen läßt.

Hiernach sind wir im Wesentlichen mit Burkhardt einverstanden, der sich nur hie und da vielleicht etwas zu positiv ausgedrückt hat. Von der *Entdeckung* einer Verschwörung der Christen wider Diokletian mit *Bestimmtheit* zu reden, halten wir nämlich allerdings für gewagt. Darüber aber, daß keineswegs Glaubenshaß, sondern nur Staatsraison jene Verfolgung hervorgerufen habe, geht uns kein Zweifel bei. Das Christentum war der Regierung über den Kopf gewachsen und irgendwelche uns unbekannte Tatsachen oder dringende Verdachtsgründe müssen Diokletian plötzlich zu der klaren Erkenntnis geführt haben, daß er sich entweder an die Spitze der Bewegung stellen oder dieselbe mit der äußersten Energie unterdrücken müsse. Derselbe wählte letzteres – den von *seinem Standpunkte* aus unstreitig legaleren Weg. Verwerflich, abscheulich war nur die Form des Verfahrens. Diese aber lag in Recht und Sitte jener Zeit und wurde durch die Energie des Widerstands gesteigert. Mußte es nicht den Herrn der Welt erbittern, wenn er die Allmacht seines Willens in, wie er glaubte, gerechter Sache an dem vermeinten Trotze seiner Hofbedienten und Untertanen sich brechen sah?

Von den scheußlichen Marter- und Henkerszenen, wie sie Eusebius und die Akten der Märtyrer berichten, hier etwas wiederzugeben, ist unnötig.

Auch die Glaubhaftigkeit dieser Quellen näher zu erörtern, ist hier nicht der Ort. Zweifellos nur, daß nicht das Pflichtgefühl historischer Treue, sondern Einseitigkeit, Haß und blinder Glaubenseifer die Verfasser geleitet haben, deren große Mehrzahl wir jedoch von bewußter und absichtlicher Unwahrheit gern freisprechen wollen. Man sei aber auch billig. Wie kann man von den Opfern, oder mindestens von den Augenzeugen des schaudervollsten Gewissenszwanges, von den Verstümmelten, Gefolterten und Jahre lang Eingekerkerten, von denen, welche Glaubensbrüder und geliebte Angehörige unter den raffiniertesten Qualen ihr Leben aushauchen sahen, Unbefangenheit gegen ihre Henker erwarten!

Eines nur steht für den Historiker sicher fest, daß die Verfolgung keineswegs so ausgedehnt und so fortdauernd war noch so Viele getroffen hat, als man nach jenen Quellen allein annehmen müßte. Einen merkwürdigen Beleg dafür gibt Eusebius selbst (K.-G. de Mart. Palaest. c. 13), wo er anführt, daß die in Masse zu den Bergwerken verurteilten Christen in Palästina sich daselbst *Kirchen erbaut* hätten, wie denn auch ein die spätere Erbauung einer Kirche zu Tyrus feiernder Lobredner, den man für Eusebius selbst hält, vor einer zahlreichen Versammlung von Bischöfen sagt: „Nachdem die Kirche mit *Maßen* dem Bedürfnis gemäß gestraft worden, sei ihr von oben herab befohlen worden, aufs neue sich wieder zu freuen." *(Μέτρω δῆτα κατὰ τὸ δέον ἐπιστραφεῖσα, αὖθις ἄνωθεν ἐξ ὑπαρχῆς ἀγαλλιᾶν προςτάττεται,* wobei das *ἐπιστραφεῖσα,* eversa, offenbar Züchtigung bedeutet. Euseb. K.-G. X, 4, S. 233, Tl. III der Ausg. v. Heinichen, Leipzig 1828.)

Auch gesteht er in demselben Kap. 13 am Schluß zu, daß die Verfolgung nur im Ostreiche acht Jahre, im gesamten Westreiche aber lediglich zwei Jahre gedauert habe. Gewiß aber ist dieselbe auch in letzterem so weit gegangen als in ersterem, wie der Mangel an Beispielen aus diesem Reichsteile annehmen läßt. Nur der Befehlshaber in Spanien Datianus mag des Constantius geheime Instruktion zur Milde nicht befolgt haben. Selbst Maximian scheint in Italien und Afrika nur das Notwendigste getan, Maxentius aber die Christen sogar mit entschiedener Milde behandelt zu haben. Vergleiche hierüber Gibbon, der auch die Märtyrer-Akten sorgfältig durchforscht hat, Kap. 16 von Not. 164 bis 171. Wenn dieser Schriftsteller aber am Schluß dieses Kapitels sich bemüht, die Gesamtzahl der Märtyrer der Diokletianischen Verfolgung auf höchstens 2000 festzustellen, während unter Alba in den spanischen Niederlanden 100 000 den Glaubenstod erlitten hätten, so lassen wir, obwohl jene Ziffer für zu niedrig haltend, diesen ganzen Versuch einer an sich unmöglichen, daher notwendig höchst willkürlichen Berechnung auf sich beruhen, bezweifeln aber allerdings nicht, daß dem Glaubenshaß der Christen unter sich weit mehr Opfer gefallen sind, als dem der Heiden gegen die Christen, welcher letztere aber freilich aus kein eigentümlich *religiöser* war.

Nach Beendigung dieser Arbeit kam uns noch die kleine Schrift des Prof. d. Theol. Vogel zu Jena: Diokletian, ein öffentlicher Vortrag mit Anmerkungen herausgegeben, Gotha bei Perthes 1857, zu Gesicht. Wir lassen dieser Arbeit, die ihren Zweck gewiß auf das Anziehendste erfüllt hat, alle Gerechtigkeit widerfahren, können uns auch die Hauptidee derselben vom Standpunkt eines Theologen wohl erklären, müssen ihr aber von dem des historischen und politischen Taktes aus auf das Allerentschiedenste widersprechen. Vogel sagt nämlich von Diokletian (unter VII, S. 23): „In seinem Namen Diokles, d. i. der Zeus berühmte, hatte er die Andeutung davon gefunden, daß ihn der höchste der Götter zur Herrschaft über den Erdkreis berufen habe. Endlich faßte er sein Kaisertum geradezu als Statthalterschaft des Jupiter auf, und benannte sich deshalb Jovius."

Ferner S. 29: „Er führte nun im Namen Jupiters das römisch-griechische Volksheidentum als eine heidnische Staatskirche zur Herrschaft und *mußte konsequent* alle Religionsformen, welche sich ausschließend zu ihr verhielten, vertilgen." Weiterhin bemerkt er, daß er demgemäß gegen die persische Sekte der Manichäer aufgetreten. Gleiches aber gegen die Christen zu tun, bei deren großer Zahl und Bedeutung, bedenklich gefunden und deshalb so lange gezaudert habe.

Darüber nur weniges. War Diokletian ein Glaubensschwärmer oder ein politischer Kopf? Nach unserer Darstellung desselben, *welche mit allen bekannten Autoritäten übereinstimmt,* ist ein Zweifel darüber nicht möglich. Nur aus Politik könnte Diokletian daher auf die Idee einer solchen Statthalterschaft Jupiters verfallen sein, dessen Vertretung ihm ja als pontifex maximus ohnehin oblag. Wo findet sich aber während dessen ganzer Regierung, außer dem schon im ersten Jahre derselben getriebenen leeren Spiele mit den Beinamen Jovius und Herculius, vor dem Jahre 303 irgend welche Betätigung jenes vermeintlichen Regierungssystems? Vogel hat eine solche nicht angeführt. Entscheidend aber ist gerade dessen mehr als achtzehnjähriges Verhalten gegen die Christen, das keineswegs bloß ein passiv indifferentes, sondern geradezu ein *begünstigendes* war, wie die Berufung von Christen zu den obersten Ämtern seines Hofes, und die Nachsicht gegen seine vom heidnischen Gottesdienste sich ausschließende Gemahlin und Tochter beweisen.

Wie läßt sich dies, fragen wir, mit der ihm angedichteten *konsequenten* Verfolgung des Christentums vereinigen? Die Wahrheit ist, daß Diokletian aus den oben entwickelten durchaus *politischen* Gründen den Thron über das bisherige Bürgertum erheben und mit dem Glanz einer neuen höhern Majestät schmücken wollte, die nur von den Göttern, als den Erhabensten für die Menschheit, entlehnt werden konnte. Daher jenes „Jovius" und die andern von uns a. a. O. bemerkten, auf die Gottheit bezüglichen Bezeichnungen, während von einem spezifisch *heidnischen Glaubenseifer* desselben vor dem Jahre 303 nicht die geringste Spur sich findet.

Die diokletianische Verfolgung dauerte jedoch (abgesehen von deren faktischer Vollziehung, welche nur im Orient streng war) überhaupt nur bis zum Jahre 311, in welchem die Duldung der Christen zum ersten Male gesetzlich ausgesprochen ward. Die späteren Bedrückungen derselben durch Maximinus Daza und Licinius, die aber nicht auf gesetzlicher Neuerung, sondern nur auf Schikane beruhten, mögen hauptsächlich in der gegensätzlichen Rivalität dieser Herrscher zu dem christenfreundlichen Constantin ihren Grund gefunden haben.

Wir wenden uns noch zu einer andern, jene drei Jahrhunderte, besonders die beiden letzteren in ihrer Gesamtheit umfassenden Betrachtung.

Verwerflicher jedenfalls als die im Grundsatze gesetzliche Bestrafung der Christen an sich erscheint die, nach glaubhaften Zeugnissen, zwar nicht immer, aber doch mehrfach angewandte Form des Verfahrens.

„Andere", schreibt Tertullian, „martert ihr, *damit* sie bekennen: uns martert ihr, *weil* wir bekennen, damit wir leugnen sollen, Christen zu sein."

Auf welche Weise dies aber geschah, davon gibt vor allem das Sendschreiben der Gemeinden zu Lyon und Vienne (unter Marc Aurel) an die in Asien und Phrygien einen Bericht, den man kaum mit Glauben zu lesen vermag. (Euseb. V, I.)[11] Mögen aber auch die Farben in den Akten der Märtyrer stark aufgetragen sein – an der Hauptsache kann, bei so detaillierter Erzählung, nicht immer gezweifelt werden.

Um dies zu begreifen, hat man sich indes wieder Verfassung und Sitte der Römer klar vor Augen zu stellen.

Jene, der volle Absolutismus, wie sie es in den Provinzen schon unter der Republik war, in einem solchen Reich auch sein mußte: diese, selbst *gesetzlich* hart und grausam, die Folter namentlich ein so gewöhnliches und einfaches Erörterungsmittel, wie bei uns Konfrontation und Zeugenverhör. Ging nun so weit das *Gesetz*, wie weit mußte der *Mißbrauch* sich erstrecken!

Brach vollends, wie in jenem Lyoner Falle des Jahres 177, der Volkshaß gegen die Christen aus, ward der Statthalter, davon erschreckt und ergriffen, durch den Trotz, wie man es nannte, der Christen noch mehr erbittert – was Wunder, daß er die Frechheit des Starrsinnes, anderen zum Schreck, durch Qualen zu überbieten suchte und vor allem der Roheit seiner Schergen freien Lauf ließ. Dafür den weit entfernten Kaiser, zumal in schwerem Kriegsdrange, wie M. Aurelius damals, verantwortlich zu machen, würde höchst ungerecht sein.

Welche Scheußlichkeiten sind in der Türkei von einzelnen Unterbefehlshabern noch in neuester Zeit selbst wider des Sultans Willen verübt worden! Welch christlicher Regierung endlich, zumal der eines großen Staates, ist es noch gelungen, jedweder Unbill untergeordneter Machthaber zu steuern? Wo aber Grundsatz, Sitte, Gefühl anders waren, als bei uns, da muß auch der Mißbrauch der Gewalt nach anderem Maße gemessen werden.

Übrigens unterliegt es auch keinem Zweifel, daß die Geschichte der *„Christenverfolgungen"* von den Kirchenhistorikern vielfach übertrieben und entstellt worden ist, namentlich die Reihe der zehn Christenverfolgungen, welche Schriftsteller des sechsten Jahrhunderts, wie Orosius und Sulpicius Severus, aufstellen, ein rein willkürliches Machwerk ist.

(Jedenfalls waren ihnen die Heiden-, Juden- und Ketzer-Verfolgungen, welche das zur Staatsreligion erhobene Christentum anderthalb Jahrtausende verübt hat, wie an Dauer so an Härte weit überlegen. D.)

Schon jener Ausdruck entbehrt aller juristischen Schärfe und Richtigkeit, da man einfache Vollziehung der Gesetze in einzelnen Fällen, wie sie unter Trajan, Hadrian und den Antoninen stattfand, nicht als *„Verfolgung"* bezeichnen und rohe Ausbrüche fanatischer Volkswut an einzelnen Orten oder isolierte Greueltaten blutdürstiger Tyrannen, denen Senatoren und Hochgestellte vielleicht mehr noch als die Christen ausgesetzt waren, mit wirklichen, gegen das Prinzip des Christentums gerichteten Regierungsmaßregeln unmöglich in eine Klasse stellen kann. Diese letzteren allein können mit Recht Verfolgungen genannt werden, da nur sie auf bewußter und absichtlicher Änderung, zwar nicht des Gesetzes, das bis zum Jahre 311 dasselbe blieb, wohl aber der Verwaltungsmaxime beruhten und *gegen das Christentum im Allgemeinen* gerichtet waren. Diese begannen aber, von der kurzen Regierung Maximins 235–238 abgesehen, eigentlich erst mit Decius 251 und erreichten unter Diokletian, also erst am Vorabende des bleibenden Sieges des Christentums, den Gipfel.

Von großem Interesse, besonders für die christliche Kaiserzeit, ist ferner die Frage: welche sittliche Einwirkung das Christentum während der ersten Jahrhunderte auf seine Bekenner ausgeübt habe?

Mit Eifer und Vorliebe schildern die Kirchenhistoriker die Männer, welche im Eifer voller Hingebung dem (mißverstandenen) Spruche des Herrn folgend, all ihre, oft reiche, Habe unter die Armen oder Verwandten verteilten. Aber was ist das gegen die Kraft derer, welche Blut und Leben dem Herrn freudig darbringen, unter namenlosen Martern, die ein Wort enden konnte, die Treue bewähren? In der Tat, wie klein, lässig, jämmerlich erscheint diesen Blutzeugen und Helden gegenüber der Glaube unserer Tage!

Und doch ist dies nur *eine* Seite des Bildes. Exaltation in großen Momenten ist oft leichter als Ablegung kleiner Fehler und Untugenden, welche Sitte, Gewohnheit und Temperament mit sich bringen.

Sagt doch Tertullian in seiner Schrift de spectacalis: „Die Christen zu Rom entschließen sich leichter zum Märtyrertode als dazu, den Kampf- und Schauspielen zu entsagen" (welche ihnen als grausam oder unsittlich verboten waren). Überdies riß eine gewisse Ansteckung der Gemüter damals zu schwärmerischer Selbstverleugnung hin, zumal im Orient, wo Selbstverleugnungsfähigkeit und Dulderkraft – man denke nur an die indischen Fakirs noch unserer Zeit – ungleich gewöhnlicher sind.

Darum werden wir nicht irren, wenn wir annehmen, daß der Einfluß des Christentums auf Umwandlung des inneren Menschen selbst in den ersten Jahrhunderten im *Allgemeinen* ein ungleich geringerer war, als man nach jenen edlen Bewährungen von einzelnen glauben möchte.

(Daß vielmehr gerade die Christen und zumal die Bischöfe, seit das Christentum Staatsreligion geworden, von widerwärtigen und Ekel erregenden moralischen Krankheiten in großer Ausdehnung ergriffen wurden, zeigt die Darstellung nicht etwa ihrer Feinde, sondern – ihrer eignen Kirchenhistoriker. Neue Laster oder doch alte in neuen mehr empörenden Formen treten auf, seitdem dies Bekenntnis Voraussetzung von Ansehen und Macht geworden: Heuchelei, fanatische Verfolgung der Andersgläubigen, maßlose Zanksucht und Ehrsucht und der scheußlichste Mißbrauch des Heiligsten zu allen unheiligen, weltlichen Zwecken. D.)

Am überzeugendsten wird dies durch die späteren sittlichen Zustände von des Constantius Zeiten an bestätigt, worüber Kirchen- und Profanhistoriker so reiches Licht verbreiten.

Wir sind dabei weit entfernt, den großen Unterschied zu übersehen, der in dieser Hinsicht zwischen den Zeiten der unterdrückten und denen der herrschenden Kirche stattgefunden hat. Natürlich: ein Bekenntnis, dessen Annahme nur mit schwerer Entsagung, mit Gefahr für Gut und Blut möglich war, konnte nur aus tiefem Glaubensdrange hervorgehen und die Macht solches Antriebs mußte auf den inneren Menschen überhaupt, daher auch auf den Wandel fruchtbringend einwirken. Dies wird durch des Plinius erwähnten Brief im Allgemeinen unterstützt. Das Rühmlichste, ja Erhebendste in jener Zeit scheint uns die Strenge der Kirchenzucht gewesen zu sein, welcher sich alle Christen freiwillig unterwarfen: von den Bischöfen wegen Irrglaubens oder augenblicklichen durch Martern erzwungenen Abfalls ausgestoßen und verworfen, baten sie jahrelang um Wiederaufnahme und duldeten die schimpflichsten Kirchenstrafen, obwohl ein Wort, ein Wink sie von dem Zwang einer Gemeinschaft befreien konnte, welche das Staatsgesetz verbot.

Wir beziehen uns auch zu Begründung obiger Hauptansicht nicht darauf, daß die Zahl der in der Stunde der Gefahr wieder abfallenden Christen, wie ebenfalls aus den Kirchenhistorikern hervorgeht, eine ungemein große war, sondern beschränken uns einfach auf die Behauptung, daß das Christentum im Kampfe mit heidnischen Anschauungen, Sitten und Gewohnheiten auf die *Volkssittlichkeit im Allgemeinen* keinen, dem *Glaubenseifer* der ersten Christen vollständig, ja irgendwie genügend entsprechenden Einfluß ausgeübt habe, was selbstredend zahlreiche Ausnahmen *individueller* wahrhafter Christentugend nicht ausschließt.

Nur dadurch ist es auch zu erklären, daß sogleich nach dem Wegfalle des äußeren Druckes mit der *zunehmenden* Macht und Verbreitung des Christentums in gerade umgekehrtem Verhältnis Tugend und Sittlichkeit der Christen immer mehr *abnahmen*. Insbesondere begannen nunmehr auch die spezifisch christlichen Fehler hervorzutreten. Hören wir, was ein Zeitgenosse, der oft erwähnte Eusebius (VIII, 1) darüber berichtet:

„Und ungeachtet das Christentum zunahm und täglich wuchs und sich ausbreitete, so zerstörte es doch kein Neid, kein böser Dämon war im Stande, durch seine Künste etwas dawider auszurichten. Allein da die Unserigen (d. i. vom Jahre 260 bis 303) durch die immer mehr zunehmende Freiheit in Nachlässigkeit und Trägheit verfielen; da wir uns einander selbst mit Worten, wie mit Schwert und Spieß, bekriegten; da unaussprechliche *Heuchelei* und *Verstellung* es bis zum höchsten Grade der Bosheit gebracht hatten: da fing das göttliche Gericht an" usw. Und weiter unten:

„Da wir aber ganz unempfindlich nicht darauf bedacht waren, Gottes Liebe und Gnade zu erwerben, da wir, wie einige Heiden, glaubten, daß Gott unser Verhalten nicht sehe, und *Bosheiten auf Bosheiten* häuften, da unsere vermeinten Hirten die Vorschriften der Religion verwarfen, mit Zanksucht wider einander entbrannten und weiter nichts taten, als daß sie ihre Zänkereien, Drohungen, Haß und Feindschaft immer weiter trieben und ihre Herrschaft mit vieler Heftigkeit, gleich einer gewalttätigen Regierung, zu behaupten suchten: – da versetzte der Herr in seinem Zorn die Tochter Zions in Dunkelheit und stürzte Israels Herrlichkeit aus dem Himmel auf die Erde herab."

Wüstes Unkraut überwucherte die Saat des Glaubens und der Liebe. Unduldsamkeit, Lieblosigkeit, Neid und Eifersucht schossen üppig auf, der Hader der Bischöfe ergriff das Volk, bis in die Kirche hinein wütete der Blutkampf. (Hören wir das Zeugnis eines Mannes, der dem Christentum nicht etwa feindlich, nur nüchtern gegenüber stand: es ist der Zeitgenosse Ammianus Marcellinus, welcher über den Wahlstreit zwischen Damasus und Ursinus zu Rom und die Sitten der großen Bischöfe folgendermaßen spricht:

XXVII, c. 3. „Damasus und Ursinus, von unmenschlicher Begierde, sich des Bischofsitzes zu bemächtigen, entbrannt, standen bei den widerstreitenden Bestrebungen im heftigsten Kampf gegen einander und es kam bei den Gefechten zwischen ihrem beiderseitigen Anhang selbst zu Wunden und Totschlag. Übrigens ist bekannt, daß in der Basilika des Sicinius, wo sich die christliche Gemeinde zum Gottesdienst zu versammeln pflegt, an einem Tage hundertsiebenunddreißig Erschlagene gefunden wurden und der wütende Pöbel erst lange nachher sich zur Ruhe bringen ließ. –

Betrachte ich nun überall die Großtuerei in der Stadt, so leugne ich nicht, daß Leute, die nach so etwas Verlangen tragen, um zu ihrem Zweck zu gelangen, die ganze Kraft ihrer Lungen im Zank aufbieten mögen: denn wer es (das Bistum) einmal erlangt hat, ist für immer aller Sorge überhoben, *sammelt sich Schätze von den Spenden alter Frauen*, erscheint vor dem Volk nur im Wagen sitzend, mit einem Gewande, das aller Augen auf sich zieht und hält auf schwelgerische Gastmale, die selbst die Tafel der Könige überbieten. Diese Leute könnten in der Tat ein glückliches Los haben, wenn sie, unbekümmert um die Größe der Stadt, hinter der sie ihre Fehler verbergen, nach dem Muster gewisser Provinzial-Bischöfe lebten, die durch mäßigen Genuß von Speise und Trank, durch anspruchlose Kleidung und demütigen, zur Erde gerichteten Blick sich der ewigen Gottheit und ihren wahren Verehrern als reine und sittsame Männer darstellen." D.)

Selbst von Sünden späterer Jahrhunderte, Hoffahrt, Prachtliebe und Schwelgerei der Kirchenfürsten finden sich so, neben reiner Demut und Entsagung Vieler, schon in jener Zeit mehrfache Spuren. Hat doch selbst der heilige Hieronymus uns die Antwort überliefert, welche der heidnische praefectus praetorio jenem Damasus gab, der ihn bekehren wollte: „Mache mich zum Bischof Roms, so will ich gleich Christ werden."

Damals als das Christentum in die Mode kam, was besonders vom Jahre 324 an begann, fanden sich nun auch zu Haufen die *Schein-* und *Namenschristen* ein, nicht zahlreicher freilich als die unsrer Tage.

Was Wunder daher, daß das Christentum des vierten und der nachfolgenden Jahrhunderte im Wesentlichen nur ein *übertünchtes* (ja stark verschlechtertes D.) *Heidentum* war, keine Umwandlung des inneren Menschen, keine Erneuerung des Gemüts- und Geisteslebens: der alte Mensch in neuem Kleide, mit zahlreichen neuen Lastern.

DREIZEHNTES KAPITEL

Constantin der Große und seine Mitherrscher[1]

Dieses Kapitel ist in drei Abschnitte zu sondern, je nachdem zuerst nur ein kleinerer, dann ein größerer Teil, endlich das gesamte Reich Constantin unterworfen war.

A. Vom 12. Mai 305 bis zu des Maxentius Sturz 312

Zwei Kaiser hatten freiwillig, wenn auch der eine ungern, den Purpur mit dem Bürgerkleide vertauscht. Aber noch galt Diokletians Regimentsordnung. Daher rückten die bisherigen Cäsare, Constantius im Westen und Galerius im Osten, ohne weiteres zu Imperatoren und Augusten auf, an deren statt nun wieder zwei Cäsaren zu ernennen waren.

Die Wahl letzterer ward selbstverständlich mit Diokletian beraten: die Entscheidung aber hat dieser sicherlich, wenn auch gegen seine Überzeugung, den neuen Kaisern überlassen.

Nachdem Constantius, dem zuverlässigen Eutropius (X, 1 u. 2) zufolge, jede Erweiterung seiner Herrschaft abgelehnt hatte, ernannte Galerius diese allein. (Galerius etc., cum Italiam quoque, *sinente* Constantio, administrationi suae accessisse sentiret, Caesares duos creavit.)

So nahe es ihm dabei lag, zunächst auf Maximians Sohn, seinen eigenen Schwiegersohn Maxentius, und, wenn dieser nicht würdig war, jedenfalls auf des Constantius Sohn, den hochausgezeichneten Constantin, die Wahl zu lenken, so stand doch beiden gerade das eigne Recht, letzterem überdies die Überlegenheit seiner Persönlichkeit entgegen. Galerius wollte nur unterwürfige Kreaturen, berief daher zu Mitherrschern seinen Schwestersohn Daja oder Daza, der nun Maximin genannt ward, einen Hirtensohn, der vom gemeinen Soldaten zum Protector, dann zum Tribun aufgerückt, so wie den Severus, der wahrscheinlich ein rechtschaffener und tüchtiger General, aber dem Trunk ergeben war (Lact. c. 18): diesen für Italien und Afrika, jenen für den Orient. Dem Severus ward der Name Flavius, wahrscheinlich um Constantius zu schmeicheln, beigelegt.

Constantin ward im Jahre 274 zu Naissus in Obermösien, wo kurz zuvor Claudius gesiegt, dem Constantius von Helena geboren. Ob diese dessen rechtmäßige Frau oder nur Konkubine gewesen, darüber widersprechen sich die Quellen, selbst die christlichen, und die Forscher, indem Tillemont (S. 534) für und Manso (S. 235) gegen deren Legitimität eigene Abhandlungen geschrieben haben.

Wir halten, ohne in diese Frage tiefer einzugehen, mit Gibbon (C. 14, not 9) nach dem einstimmigen Zeugnisse Eutrops (X, 1 ex obscuriori matrimonio), des Aurelius Victor (de Caes. 39, c. 22) und des Anonymus Valesii Tillemonts Ansicht für die richtigere. Spätere Schriftsteller haben aus Irrtum oder Haß aus der Mißheirat mit einer Person niedrigen Standes ein Konkubinat gemacht.

Seit des Constantius Ernennung zum Cäsar unstreitig hatte Diokletian dessen Sohn, unter dem Vorwande der Ausbildung und Auszeichnung, in Wahrheit aber als Geisel, bei sich behalten, sicherlich indes auch den jungen Mann bald geschätzt.

(In Palästina sah ihn Eusebius, durch Größe, Schönheit und Kraft vor allen hervorragend, zur Rechten des Kaisers reiten. vit. Const. I, 19.)

Anders Galerius, dem solche Persönlichkeit höchst drückend gewesen und gefährlich erschienen sein mag. Durch Anreizung seines Kriegsmuts und Ehrgeizes mag er den jungen Mann, der ihn gewiß auf Feldzügen begleitete, in allerlei Gefahr gestürzt haben.

Der furchtlose Held aber gewann im Zweikampf über den Barbarenfürsten wie über einen Löwen und in einem tiefen Sumpfe über Sarmaten den Sieg. (Pan. VI, 3, 3. Anon. Val.; ein Fragm. des Praxagoras bei Müller, V, S. 2 d. Pariser Ausgabe v. 1851 und Lact. S. 24.)

Offener oder geheimer Gewalttat wider Constantin mag des Galerius Gewissen aber doch entgegengestanden haben, da wir deren Unterlassung bloßer Furcht vor dessen so weit entferntem und zuletzt schon körperschwachem (Lact. c. 20) Vater oder vor den Soldaten, die jenen liebten, kaum zuschreiben können.

Nun aber forderte Constantius, der erste der beiden Kaiser, wiederholt seinen Sohn zurück. Galerius durfte nicht entschieden weigern, nur hinhalten. Eines Tages aber, nach Empfang des Postpasses, reiste Constantin vor der erst auf den nächsten Tag bestimmten Abschiedsaudienz mit Anbruch der Nacht heimlich ab und hinderte seine Einholung bei der vorausgesehenen Verfolgung durch Lähmung oder Tötung der Postpferde. (Aurelius Victor d. C. 40, 2; Zosimus II, 8; Lact. c. 24.) Im Flug erreichte er seines Vaters Gebiet und traf diesen im Begriff, nach Britannien abzusegeln, unstreitig im Spätsommer 305, noch in Boulogne. (Pan. VI, 7 a. Schl. u. Anon. Val.) Ein Frühjahrsfeldzug gegen die Caledonier in Schottland im Jahre 306 schloß den Heldenlauf des edlen Constantius: am 25. Juli 306 verschied er in York. (Pan. VI, 7, 1 und über den Tag Tillem., Not. 9, S. 545.)

In dessen Preise stimmen Heiden und Christen überein. (Eutrop. X, 1 und Eusebius V, Const. I, 13–17.) Der ruhmvolle Sieger ward S. 273 f. geschildert, des Cäsars weiser Sinn war mehr auf Bereicherung der Untertanen als des Fiskus gewandt, des Menschen mildes und liebevolles Gemüt gewann ihm alle Herzen, so daß er nur von den Feinden gefürchtet ward. Dabei war er ohne Ehrgeiz und Herrschsucht und hierin vor allem reiner und edler als sein Sohn, wie sehr ihn dieser auch an äußerer Herrschergröße übertroffen hat.

Unstreitig hat Constantius ihn selbst zu seinem Nachfolger gewünscht, wozu der älteste seiner Söhne zweiter Ehe, etwa 294 geboren, noch nicht reif war; auch riefen die Soldaten Constantin gleich im ersten Augenblick seines Erscheinens dazu aus (Pan. VI, 8), wozu nach der Epit. A. Vict. C. 41, 3 der in dessen Geleit befindliche Alemannen-Fürst Krokus wesentlich beigetragen haben soll.

Galerius, so erbittert er auch schon über jene Flucht gewesen, mußte gute Miene zum bösen Spiele machen, gestand ihm aber nur Rang und Titel eines Cäsars zu. Bald jedoch traf Galerius ein härterer Schlag. Maxentius, der Gemahl seiner Tochter aus früherer Ehe (vergl. Lact. c. 50), der Sohn des Maximian, dessen Legitimität jedoch bezweifelt ward (Epit. A. Vict. c. 40, 13 u. Anon. Val.), usurpierte am 27. Okt. 306 (Lact. c. 44) die Kaiserwürde in Rom, in dessen Nähe er auf einer Villa wohnte (Epit. A. V. c. 40, 2). Constantins Vorgang mochte reizen: die Mißstimmung der durch die Erhebungsweise der neuen Steuern erbitterten Römer, vor allem aber die schon von Diokletian zurückgesetzten Prätorianer gegen Galerius erleichterte das Unternehmen. (Lact. c. 26 u. Zosim. II, 9.)

Maxentius rief seinen in Lucanien weilenden Vater, auf der Soldaten Anhänglichkeit vertrauend, zu Hilfe, der mit Freuden den ungern abgelegten kaiserlichen Purpur wieder annahm.[2]

Sofort sandte Galerius den Cäsar Severus, der eigentlich der unmittelbar Beraubte war, von Mailand aus wider Maxentius ab. Severus führte Maximians alte Truppen, welche, für ihren Kaiser und dessen Sohn leicht gewonnen, von dem neuen Herrscher abfielen. Severus floh nach dem festen Ravenna, aus dessen Mauern und Sümpfen der alte Maximian ihn mit trügerischen Versprechungen hervorlockte, ihn dann eidbrüchig als Gefangenen nach Rom bringen und zu tres tabernae auf der Via Appia im Jahre 307 töten ließ. (Anon. Val.)

Des Galerius Rache fürchtend, eilte derselbe hierauf nach Gallien, Constantin für sich zu gewinnen. Dieser hatte inzwischen schon in seinen ersten Waffentaten als Feldherr das Pfand künftiger Siege gegeben. Frankenscharen waren nach des Constantius Tod in römisches Land eingebrochen. Constantin siegte und nahm, wahrscheinlich im Rücken angreifend, deren Führer Askarich und Gaiso gefangen, die er bei einem feierlichen Festspiele den – wilden Tieren vorwerfen ließ. (Eutrop. X, 3; Pan. V, 4, 2; VI, 10, 2 und 11 und IX, 16, 5.)

Unser Gefühl empört sich: die römische Kriegsraison aber glaubte, daß Abschreckung der Führer das sicherste Mittel gegen vertragsbrüchige[3] Germanen sei. Auch Alemannen, deren Eutrop ebenfalls als Besiegter gedenkt, müssen sich damals geregt haben. Dies geschah, wo nicht noch Ende des Jahres 306, spätestens Anfang 307.

Maximian gab seine Tochter Fausta Constantin, der sich deshalb von seiner frühern Gattin Minerva trennte, zur Gemahlin und gab ihm mit ihr den Titel eines Augustus (was der V. Panegyricus feiert), vermochte ihn aber, wie man mit Sicherheit annehmen darf, zu sofortigem Angriffe gegen Galerius nicht zu bewegen, kehrte vielmehr allein nach Rom zurück, um mit Maxentius der Herrschaft zu pflegen.

Unstreitig fand Constantins Scharfblick es geratener, die Machtgenossen sich untereinander aufreiben zu lassen und nachher erst selbst auf den Plan zu treten.

Inzwischen war Galerius in Person gegen Rom aufgebrochen, sein Heer aber nicht stark genug, die Stadt, in welche sich Maxentius, jedwede friedliche Unterwerfung ablehnend, eingeschlossen, zu belagern: ja ein Teil der Truppen ging, verlockt, zu diesem über, so daß er, Severus Schicksal fürchtend, eilend wieder abzog und den Soldaten, diese zu versöhnen, das vom Marsche betroffene Italien zur Plünderung preisgab.

Erst nachher wohl traf Maximian wieder in Rom ein, gefiel sich aber neben seinem Sohne so wenig, daß er aus Begier nach Alleinherrschaft diesem vor versammeltem Heere den Purpurmantel abriß. Allein der Staatsstreich mißlang: die Soldaten, denen sich Maxentius in die Arme warf, mochten die

Schwäche des Sohnes des Vaters Strenge vorziehen, so daß dieser, aus Rom verbannt, wieder nach Gallien flüchtete. (Eutrop. X, 3; Pan. VI, 14, 6; Lact. c. 28 und Zosim. II, 11.)

Da Galerius bald darauf Diokletian in Carnuntum aufsuchte, eilte auch Maximian dahin, diesen zu Wiederannahme der Regierung zu bewegen. „Wenn ihr, erwiderte ablehnend der Weise, meinen in Salona gepflanzten Kohl sehen könntet, würdet ihr mir dies Wagnis nicht anraten."

Darauf ernannte Galerius seinen alten Waffengefährten im Perserkriege, Licinius, und zwar sofort zum Augustus, Maximian aber kehrte nach Gallien zurück.

Diese Ereignisse von Severs Niederlage an werden von Tillemont (Not. 19 über Const., S. 559) und von Manso (S. 289) alle in das Jahr 307 gesetzt, was kaum möglich scheint. Wir nehmen mit Idatius Fasten den 11. November 308 für des Licinius Erhebung an. Dessen Bevorzugung aber erbitterte Maximin, der schon seit drei Jahren Cäsar war: Galerius wollte dadurch nachhelfen, daß er die Cäsarwürde ganz aufhob und Maximin nebst Constantin zu Kaisersöhnen (filios Augustorum) ernannte: der Gekränkte aber beharrte auf seinem Willen und nahm eigenmächtig den Kaisertitel an (Lact. c. 32), was Galerius niemals anerkannt hat, wie dies das unten anzufahrende Widerrufedikt vom Jahre 311 außer Zweifel setzt.

Der herrschsüchtige Alte ruhte nicht; was gegen den Sohn mißglückte, mochte gegen den Schwiegersohn gelingen. Liebevoll nahm ihn dieser, der eben am Rheine kriegte, auf und eilte, auf des kriegserfahrenen Maximian Rat, mit einem nur *schwachen* Heere wieder dahin zurück. Kaum aber war er hinreichend entfernt, als der Treulose die Herrschaft usurpierte, des Schatzes sich bemächtigte und damit wenigstens einen Teil des Heeres gewann. Auf die Nachricht, daß Constantin zurückkehre, warf er sich in das feste Marseille. Mit Blitzes-Schnelle folgte dieser nach, Maximians Soldaten öffneten ihm die Tore: dem Verräter ward der Purpur entrissen, das Leben aber vergönnt. (Pan. VI, 20, 3 und Lact. 29.) Der Vergebung unwürdig sann er, offener Gewalt nicht mehr fähig, auf Meuchelmord. Die von Lact. (c. 30) erzählte Geschichte, wie er seine Tochter Fausta beredet, des Gemahls Schlafgemach offen zu lassen, diese zusagt, es letzterem aber verrät, Maximian hierauf an Constantins statt einen Eunuchen in dessen Bett ermordet, auf der Tat ergriffen und sich selbst zu töten genötigt wird, klingt zu romanhaft, um vollen Glauben zu verdienen, obwohl die Hauptsache feststeht. (Aur. Vict. d. C. c. 21, 22 u. Epit. 40, 5.)

So endete im Jahre 310 der Mann, der zwanzig Jahre hindurch, so lange er von Diokletians Geist und Willen getragen ward, wenn auch nicht fleckenlos, doch ruhmvoll regierte, von seinem guten Genius verlassen aber zum Spielball des niedrigsten Ehrgeizes herabsank, durch welchen er in gleicher Verblendung wie Verruchtheit unterging.

Während dieser Zeit 307 bis 310 strebte Constantin, Gallien gründlich gegen die Germanen zu sichern.

Die Quellen darüber sind nur die Panegyriker Eumenes (VI, 12 13) und Nazarius (IX, 18 u. 19), so wie, äußerst dürftig, Euseb. K.-G. I, 25. Die Sprache der Lobhudelei verwirrt und verwischt die Tatsachen, der Hergang scheint indes folgender gewesen zu sein.

Constantins Sieg über Franken, mehr noch dessen Verfahren wider deren Fürsten, mag alle Germanen am Rhein, von jenen aufgewiegelt, zu einem Gesamtbunde gegen ihn getrieben haben. „Wie erwähne ich, sagt Nazarius c. 18, die Brukterer, die Chamaver, wie die Cherusker, Vangionen (nach anderen Handschriften Chabionen), Alemannen, Tubanten? Diese alle, zuerst einzeln, dann gleichmäßig in Waffen, waren in bundesgenössische Verschwörung entbrannt."

Solche Vereinigung bedurfte der Zeit: und noch ehe sie vollbracht war, fiel der Cäsar, wahrscheinlich bei Köln übergehend, in das Gebiet der Brukterer ein. (Exercitu repente trajecto nopinantes adortus es. Eum. VI, c. 12.) Sofort dringt er auf deren Hauptheer vor, reitet verkleidet mit nur zwei Begleitern an die feindlichen Vorposten heran, redet mit ihnen und beteuert die Abwesenheit des Cäsars. Plötzlich aber greift er die sicher Gewordenen an und schlägt sie auf das Haupt. Innumerae simul gentes ad bellum coactae, sed uno impetu tuo fusae, dum collativam vim comparant, compendiosam victoriam praestiterunt. Nazar. c. 18 a Schl.) Darauf ergoß sich das Heer in jene systematische Verheerung des Brukterer-Landes, wofür die Römer so furchtbares Geschick hatten. Unzählige wurden niedergehauen, sehr viele gefangen, alle Dörfer verbrannt, was sich an Vieh fand, genommen oder getötet, alle erwachsenen Männer, weil zum Kriegsdienste zu unzuverlässig, zur Knechtschaft zu trotzig, in Festspielen den wilden Tieren vorgeworfen, „welche sie durch ihre Menge ermüdeten".

So der Lobredner Eum. c. 12: er spricht die Sprache der Übertreibung, aber Sieg und Züchtigung waren gewiß bedeutend.

Damit aber sein Schwert fortwährend über ihren Häuptern hänge, erbaute Constantin eine stehende Brücke über den Rhein, mit der er eben beschäftigt gewesen sein muß, als die Ankunft seines von Rom verbannten Schwiegervaters ihn im Jahre 308 für einen Augenblick in das Innere, etwa in die Gegend von Besancon oder Lyon, zurückrief.

Von weiteren Taten in Gallien wissen wir nichts, können aber nicht zweifeln, daß die Vollendung jener Brücke (welche nach Fiedler, Geschichte und Altertümer des unteren Germaniens, 1824, S. 105, noch zu Kaiser Ottos I. Zeiten bestanden und dann zum Bau der Pantaleonskirche abgebrochen worden sein soll) und vermehrte Grenzbefestigung ihn vor allem beschäftigt haben. Gewiß war der Grenzschutz damals, besonders auch durch eine starke Rheinflotte, wieder vollkommener als seit langer Zeit. (Eum. VI, 13 und Pan. VIII v. J. 313, c. 2.)

Aber auch im Innern mag er sorglich, weise und milde gewaltet haben, was wir, wenigstens vom Autuner Bezirk (aus Eumenes Dankrede vom Jahre 311) mit Sicherheit wissen, nach welcher derselbe hier die Grundsteuer um ein Vierteil herabsetzte und fünfjährige Rückstände erließ. (Pan. VII, 11, 3 und 13, 1.)

Es ist hier der Ort, im Rückblick auf die Entwicklungsgeschichte der Franken die *fortdauernde politische Sonderexistenz* der Brukterer und der übrigen von Nazarius (c. 18) genannten Völker hervorzuheben. „So viel Staaten (regna), so viel Völker, so großer Nationen Vereinigung", sagt er bald darauf (c. 18) von obigen gegen Rom verbündeten Germanen.

Das Hauptvolk in diesem Kriege müssen die Brukterer gewesen sein, weil Eumenes (VI, c. 12) diese und die Verwüstung ihres Landes allein erwähnt; auch die anderen bekannten Nachbarvölker mögen mit Heerbann zugezogen sein, von den so entfernten Cheruskern[4] gewiß aber nur einzelne Gefolgsscharen, ebenso von den Chaibonen, in denen wir die Reste der von Maximian vernichteten Raubfahrer zu erkennen haben, indem wir diese Lesart der „Vangionen" vorziehen, da letztere römische Untertanen waren, obwohl allerdings auch ein Teil von ihnen, vielleicht im Anschluß an Alemannen, auf das rechte Rheinufer übergesiedelt haben könnte.

Von den übrigen Reichsteilen wissen wir aus jener Zeit wenig. Galerius erwarb sich durch (teilweise) Trockenlegung des Plattensees in Pannonien ein Verdienst und bildete in der Umgegend eine neue Provinz unter dem Namen seiner Gemahlin: „Valeria". (Aur. Vict. d. C. c. 40, 9.) Maxentius schwelgte und raubte in Rom, hatte aber in Afrika einen schweren Kampf mit dem Empörer Alexander zu bestehen, den er erst nach mehreren Jahren besiegte, worauf er an dem unglücklichen Karthago und den schönsten Teilen Afrikas furchtbare Rache übte. (Aur. Vict. a. a. O. 17, 19; Zosim. II, 12 u. 13.)

Im Jahre 310 hatte Galerius ein krebsartiges Übel ergriffen, dessen Fortgang Lactantius (c. 33) und Eusebius (VIII, 16) mit der ekelhaftesten Umständlichkeit beschreiben. Auf dem Gipfel der Schmerzen und Gewissensangst erließ er nun am 30. April 311 in seinem, Constantins und Licinius Namen[5] jenen merkwürdigen Widerruf des Diokletianischen Edikts gegen die Christen, den uns Eusebius (VIII, 17) und (minder vollständig) Lactantius (c. 34) aufbewahrt haben, worin er zwar die Rechtmäßigkeit und gute Absicht des ersteren wieder hervorhebt, dessen Zweck aber für verfehlt erklärt, daher aus Milde die Rückkehr zu der *früheren Duldung* der Christen verordnet.

Wenig Tage nachher starb der Kaiser, über dessen Persönlichkeit die Urteile der Quellen im schroffsten Gegensatze stehen.

Nach Lactantius (c. 21, 23, 25, 31 u. 32) ein Ungeheuer, wie kaum eines zuvor den Thron der Welt besudelt, war er nach Eutrop (X, 2) ein Mann, wohlgeartet (oder rechtschaffen, probe moratus) und ausgezeichnet im Kriegswesen. Die Epitome (c. 40, 15) nennt ihn gerecht, wenn auch in roher und bäurischer Weise (inculta agrestique justitia), hinreichend lobenswert, schön und so hervorragend wie glücklich als Kriegsführer: auch Aurelius Victor scheint (de Caesaribus c. 40), obwohl die Stelle etwas dunkel ist, von dessen glücklichen Anlagen zu sprechen.

Wir würden, wenn es der Mühe lohnte, einem Schriftsteller wie Lactantius gründliche Widerlegung zu widmen, selbst aus einer eignen Stelle desselben (c. 20), sowie aus des Eusebius Schweigen über Galerius, Waffen gegen erstern entnehmen können, beschränken uns aber auf unser eignes Urteil. Nach diesem war Galerius keineswegs bösartig, vielmehr das Gute wollend und ohne Herrschsucht: denn wie hätte er sonst drei Vierteile seiner Gewalt abtreten können? aber ungebildet, ohne Seelenadel, nur physischen, aber nicht moralischen Muts.

Sogleich nach seinem Tode eilte Maximin sich der erledigten Lande zu bemächtigen, gelangte aber, da Licinius ihm entgegentrat, nur zum Besitze von Bithynien, während alle europäischen Provinzen Licinius verblieben.

Maximin vertraute sich des Galerius Witwe und deren Mutter Prisca mit dessen natürlichem, damals siebzehnjährigen Sohne Candidianus an (Lactantius c. 20), wobei die nicht zu lösende Frage nahe liegt, ob diese zu Diokletian, ihrem Vater und Gemahl, nicht zurückkehren wollten oder nicht durften.

Noch in demselben Jahre bereitete sich einer der Kämpfe vor, die den Wendepunkten der Menschengeschichte angehören – der zwischen Constantin und Maxentius. Wir haben darüber (in den Pan. VIII u. IX) gute, aber ihres Zweckes halber nicht unbefangene Quellen. Dies gilt besonders von des Krieges Veranlassung.

Maxentius, der an Frevel wollüstiger Begier, an Raubsucht und schonungslosem Morden den schlechtesten der schlechten Kaiser nahe gestanden haben mag, muß doch viel politischen Verstand, namentlich großes Geschick für Bildung einer furchtbaren Armee, für Gewinnung und Erhaltung nicht nur der Soldaten, denen er alles nachsah, sondern auch tüchtiger und treuer Führer besessen haben. Seine Herrschaft umfaßte lange Zeit hindurch nur Italien, da sich der Tyrann Alexander Afrikas bemächtigt hatte (s. Zosimus II, 12 u. Aurelius Victor de Caesaribus c. 40, 17–20), welches er erst im Jahre 311 (wie auch Eckhel VIII, p. 60 annimmt) ganz wieder erobert haben kann, während das zu seines Vaters Reichsteil noch gehörig gewesene westliche Illyricum nach Zosimus (II, 14) in des Licinius Besitz war. Gleichwohl wagte Galerius, vielleicht auch weil er wegen seines Zerwürfnisses mit Maximin auf diesen nicht rechnen durfte, keinen neuen Angriff. Sicher nach dieser Seite mag daher Maxentius mit Recht den gefährlichsten Gegner seiner Zukunft in dem kriegerischen Constantin erkannt haben. Indes muß die erste Berührung zwischen beiden nach Nazarius (Pan. IX, c. 9, 1) von letzterem ausgegangen sein, der „obwohl von Maxentius noch nicht gereizt, doch ein Feind seiner Laster gewesen sei". Verlangte Constantin vielleicht, der andere solle sich ihm, dem Augustus, als Cäsar unterordnen?

Wir wissen nur, daß Maxentius (nach c. 10, 3) alle Anträge zurückwies, worin der Panegyriker allein hinlänglichen Grund zu dessen Bekriegung findet. Vermutlich rüsteten nun sowohl Constantin als sein Gegner, der diesem unter anderem auch die Tötung seines Vaters vorgeworfen haben soll. (Zosim. II. 14.) In dieser Zeit offenen Haders ließ nun auch Maxentius Constantins unstreitig durch obige Gesandtschaft ihm übersandte Bilder herabnehmen und verunzieren. (Naz. a.a. 0. c. 12, 2.) Darauf entbrannte der Krieg, in welchem sich Constantin ebenso tüchtig zum Siege, als mild nach dem Siege bewährte.

Des Maxentius Heer hatte (nach Zosimus c. 15) die Stärke von 170 000 Mann Fußvolk und 18 000 Reitern, Constantin, der bedeutende Streitkräfte zu Galliens Deckung zurücklassen mußte, aber doch auch wieder viel Germanen angeworben hatte, nur 90 000 zu Fuß und 8000 zu Roß.[6]

Im Fluge zog letzterer über den Mont-Cenis und nahm sogleich die Grenzfestung Susa mit Sturm, wobei er das ausgebrochene Feuer, zur Rettung der Stadt, mit größter Anstrengung wieder zu löschen suchte.

Vor Turin stieß er im Po-Tale auf das feindliche Heer, dessen Kern die im Zentrum aufgestellte schwere Reiterei (Clibanarier, Cataphracten) bildete, die, Mann und Roß gepanzert, durch gewöhnliche Waffen unverwundbar waren. Er aber bewehrt seine Truppen mit schweren eisenbeschlagenen Keulen und weicht vor diesen Panzerreitern, wie sie in keilförmiger Schlachtordnung auf ihn eindringen, so weit zurück, bis er die auf der Verfolgung unstreitig schon in einige Unordnung Geratenen mit seinen ungleich beweglicheren Truppen umzingelt hat. Da dringen diese, mit ihren Keulen auf die Köpfe schlagend, gegen sie ein, die plumpe Masse verliert Schluß und Haltung, wodurch sie allein gefährlich war, über einen Niedergeschlagenen stürzen viele andere, wieder aufstehen kann keiner, so daß endlich alle, wie der Panegyriker Nazarius (c. 24) wohl nicht ohne Übertreibung sagt, auf dem Platze bleiben.

Turin und Mailand nehmen den Sieger mit Freuden auf. Des Maxentius Heer wirft sich in das feste Verona – merkwürdiger Beweis für den gleichen Kriegsverlauf in alter und neuer Zeit, wo die Natur der Strategie die Bahnen vorzeichnet. (Pan. VIII, 5, c. 6 u. 8 u. IX, 21 bis 21)

Bei Brescia stieß Constantin noch auf ein starkes Reiterkorps, das sich aber, anscheinend ohne ernstlichen Widerstand, sogleich nach Verona zurückzog (IX, 25, 1).

Hier kommandierte Ruricius, des Maxentius tüchtigster Feldherr. Das linke Ufer der Etsch war wohl verteidigt, Constantin aber setzte, die feindlichen Positionen umgehend, oberhalb derselben über den Strom und schloß die Festung auf beiden Ufern ein. Ruricius machte, eine bedeutende Verstärkung an sich zu ziehen, einen Ausfall, der auch vollkommen gelungen sein muß, da der Succurs in die

Festung gelangte. Bald darauf, wenn nicht noch am Abend desselben Tages, brach er unerwartet mit vermehrter Kraft aufs neue aus. Weit in die Nacht hinein wütete die Schlacht.[7] Constantin muß in äußerster Bedrängnis gewesen sein: denn dies nur, nicht gemeine Tollkühnheit, kann ihn getrieben haben, sich persönlich in das dichteste Schlachtgewühl zu stürzen, um anfeuernd und mit riesiger Kraft Bahn brechend Sieg oder Tod zu suchen. Ruricius fiel – das entschied. (VIII, 8–10, IX, 26.)

Über das weitere Schicksal des Platzes findet sich nichts, indes scheinen die Anfangsworte des 11. Kap. Pan. VIII: „Als Du, nach der den Belagerten gewährten Zeit zur Reue, auch Aquileja eingenommen", auf Übergabe beider Städte zu deuten. Diese muß auf Gnade und Ungnade erfolgt sein: denn es wird von Constantin gerühmt, daß er den Besatzungen das Leben geschenkt und sie nur, zur Verhütung der Desertion, in Fesseln habe schlagen lassen, welche, weil es an fertigen Ketten gebrach, aus den Schwertern der Soldaten geschmiedet wurden, worüber Eumenes drei Kapitel (11, 12 u. 13) verliert.

Fest war die Treue der Maxentianer gegen ihren unwürdigen Herrn! Des Severus und Galerius Soldaten gehen zu ihm über, keiner der Seinen zu Constantin.

Nachdem dieser hierauf Modena eingenommen (IX, 27, 1), zog er gegen Rom. Die Apenninen waren unverteidigt.

Maxentius unterdrückte die bösen Nachrichten, versteckte sich, verließ sogar zwei Tage vor Constantins Anmarsch den Palast (VIII, 16, 5). Rom war mit großen Getreidevorräten versehen: eine langwierige Verteidigung der Stadt, wie gegen Galerius, schien zu erwarten.

Da plötzlich wandelt sich des Tyrannen Sinn: nach sechsjährigem feigen Schwelgen fährt ein Blitz von Mut in seine Seele: am 26. Oktober 312, dem Vorabende seines sechsjährigen Regierungsantritts, führt er (mutmaßlich durch mißverstandene Anzeichen getrieben) sein immer noch außerordentlich starkes Heer in die Schlacht und stellt es gegen Constantin so auf, daß es den Tiber mit der milvischen Brücke im Rücken hat. Das tut nur ein Feldherr, der, um des Sieges sicher zu sein, einen Platz wählt, auf dem er siegen oder fallen muß. Über den Verlauf der Schlacht wissen wir wenig: nach Paneg. (VIII, c. 17, 1) hielten nur die Prätorianer, welche keine Verzeihung hoffen durften, tapfer Stand, die Walstatt mit ihren Körpern deckend, während die anderen, bald fliehend, sich in den Tiber stürzten; nach Nazarius (c 29) scheint es indes heißer hergegangen zu sein, da wiederum von Constantins Heldentaten auf dem bedrohtesten Punkte der Schlachtlinie die Rede ist.

Nach Zosimus (II, 16) wichen zwar die aus Italien herbeigezogenen Truppen, welche den Tyrannen haßten, bald: die übrigen, besonders die Reiterei, fochten tapfer, und erst als auch diese nach ungeheurem Menschenverluste unterlagen, zog sich Maxentius mit dem Reste zurück.

Unzählige verschlang der Tiber: unter ihnen Maxentius selbst, dessen Roß, wahrscheinlich von dem steilen, bereits erreichten jenseitigen Ufer abgleitend, sich rückwärts mit ihm in den Strom überschlug (VIII, 17, 2 „frustra conatum per abrupta ulterius ripae evadere").

Des Maxentius Körper ward, wohl wegen seiner schweren Rüstung, tags darauf an derselben Stelle gefunden.

Eusebius (V. C. I, 38) erzählt, die geschlagene Schiffbrücke (gewiß mehrere außer der steinernen milvischen) sei, um die Feinde zu verderben, in der Mitte durch eiserne Bolzen verbunden gewesen, durch deren Herausnahme die nächsten Kähne, Spannung und Tragkraft verlierend, unter der Last sinken mußten, und in dieser Fallgrube sei Maxentius selbst untergegangen: dem folgt auch Zosimus (c. 16), der jedoch die Brücke brechen läßt.

An dieser Geschichte, die auf den ersten Blick beinahe mit Rücksicht auf Psalm 57, 7[8] erfunden zu sein scheint, mag so viel wahr sein, daß eine ähnliche Vorrichtung für den Rückzugsfall gegen den verfolgenden Feind getroffen worden: daß aber Maxentius selbst deren Opfer geworden, ist sicherlich unwahr, da der ungenannte Panegyriker, der seine Lobrede nur ein Jahr später hielt, diesen gerade für seinen Zweck so denkwürdigen Umstand nicht erwähnt und es ohnehin ungleich wahrscheinlicher ist, daß Maxentius aus Furcht, im ungeheuren Gedränge eines solchen Brückenübergangs (Anon. Val.) gefangen zu werden, im Durchschwimmen sich retten zu können glaubte.

Das war jener durch Raphaels berühmtes Gemälde im Vatikan verherrlichte, denkwürdige Sieg, den man als den Triumph des Christentums über das Heidentum dargestellt hat. Nicht mit Unrecht, wenn man denselben als das Fundament von Constantins Größe betrachtet, der das Christentum zur Staatsreligion erhob: irrtümlich aber, insofern man Maxentius als Vertreter des Heidentums betrachten wollte, was er niemals gewesen ist. In wie weit bei der Entscheidung übrigens das christliche Element unmittelbar eingewirkt habe, wird später bei der allgemeinen Erörterung von Constantins Verhältnis zum neuen Glauben Erwähnung finden.

Lauter Jubel in Rom, als der Befreier, dem des Tyrannen Haupt vorangetragen ward, feierlich, einzog. Und nicht bloß vergänglicher Rausch des Augenblicks, Milde krönte den Sieg. Nur des Maxentius Stamm ward ausgerottet (Pan. IX, 6, 6), dessen vertrauteste Freunde wurden getötet (Zosim. c. 17) und die Prätorianer, unter Schleifung ihres Festungslagers, ganz aufgehoben, im übrigen aber die Rache- und Reaktionsgelüste der Römer unterdrückt. Blieb in so enger Grenze die Strafe, so ergoß sich desto breiter der Strom der Rettung über des Maxentius unglückliche Schlachtopfer, die Kerker öffneten sich, die Verbannten kehrten heim, geraubte Güter wurden erstattet.

Constantins Politik entsprach es, dem Senat zu schmeicheln, dem er (nach Pan. VIII, 20,1) seine frühere Autorität wieder gegeben haben soll, was jedoch eine leere Phrase ist; der Sieger ward aber auch von diesem, dessen Lücken – Folge so vieler Tötungen – er durch ausgezeichnete Männer aus den Provinzen ergänzte, mit Dankbezeugungen überschüttet: des Maxentius Bauwerke wurden ihm gewidmet, Statuen in Masse aufgestellt und die Errichtung jenes heute noch stehenden Triumphbogens beschlossen.

B. Von des Maxentius Tod am 27. Oktober 312 bis zu des Licinius Sturz im Jahre 324

Bereits zu Anfang des Jahres 313 (s. Tillemont IV, S. 232) trat Constantin die Rückkehr nach Gallien an. In Mailand traf er Licinius, mit dem er sich schon vor Beginn des Krieges mit Maxentius verständigt und dem er die Hand seiner Schwester Constantia zugesagt hatte, welche ihm daselbst vermählt ward. Der zu dieser Feier geladene Diokletian entschuldigte sich mit Altersschwäche, was ihm als Begünstigung Maximins ausgelegt worden sein soll. (Epitom. c. 391 7.) Bald darauf endete der würdige Mann.

In Gallien angelangt, eilt Constantin an den Niederrhein, jenseits dessen die Franken ein Heer drohend zusammengezogen hatten. Um sie herüber zu locken, gebraucht er die Kriegslist eines plötzlichen Abzugs gegen stromaufwärts eingebrochene Scharen, verbirgt aber ein angemessenes Korps in der Nähe: dieser Plan gelingt: nach einer Niederlage der Franken folgt ein verheerender Strafzug durch deren Gebiet, übrigens das ganze Vorgänge von anscheinend geringerer Bedeutung, der Panegyriker VIII, 22–24 ihnen beilegt. Auch diesmal wurden die Gefangenen den wilden Tieren vorgeworfen (a. a. O. 23, 3).

Maximin, der schon auf die Nachricht von des Licinius Verlobung mit Constantins Schwester nach Lactanz (c. 33) ein geheimes Bündnis mit Maxentius abgeschlossen haben soll, merkte nach der Vermählung die Absicht und eilte, dem drohenden Ungewitter zuvorzukommen, noch in den ersten Monaten des Jahres 313 unter den größten Marschhindernissen nach Bithynien, von wo er, über den Bosporus setzend, in Thrakien einfiel, Byzanz und Korinth oder Heraklea einnahm und zwischen diesem Orte und Adrianopel auf den im Fluge herbeigeeilten Licinius stieß, der dessen 70 000 Mann nur 30 000 entgegenzusetzen hatte. Vor der Schlacht soll, nach Lactantius c. 46, der einzigen Spezialquelle über diesen Krieg, Maximin dem Jupiter die Vertilgung aller Christen gelobt haben, Licinius aber in der Schlacht ein Engel erschienen sein, der ihm das neun Zeilen lange deistisch-christliche Gebet vorsagte (– selbst in der Legende ein ungewöhnlich langes Mirakel! D.) –, welches der Kaiser am andern Morgen mit der Parole an die Soldaten ausgeben läßt, was diese mit Siegvertrauen erfüllt haben soll. Am 30. April 313, dem Vorabende seiner sechsjährigen Regierungsfeier, führt Maximin sein Heer zur Schlacht. Die Licinianer nehmen die Helme ab, erheben die Hände und sprechen dreimal das ihnen vorgesagte Gebet. Ein Gespräch der Imperatoren führt zu keinem Verständnis.

Des Licinius Truppen, welche Maximin fruchtlos ihm abtrünnig zu machen versucht, greifen mutig an: die des letztern vermögen, erschrocken, weder das Schwert zu ziehen, noch ihre Geschosse zu werfen, werden daher ungestraft in so großer Zahl von so wenigen niedergehauen.

Die Hälfte bleibt, die andere ergibt sich oder flieht: Maxmin selbst entweicht in Sklaventracht über die Meerenge und zwar in sechsunddreißig Stunden vom Schlachtfeld bis zu dem zweiundreißig deutsche Meilen entfernten Nikomedien.

So Lactantius (c. 36–37), dessen Darstellung wir hier genau wiedergeben, deren Kritik unsern Lesern anheimstellend, mit dem Bemerken jedoch, daß einige Hinneigung zum Christentume bei dem soeben von Constantin gekommenen Licinius nicht unwahrscheinlich ist. Eusebius (K.-G. IX, 10) drückt sich nur so aus, wie ein Christ es darf und soll, indem er dem Herrn auch diesen Sieg im Allgemeinen zuschreibt; Zosimus (c. 17) läßt in der Schlacht erst Maximin im Vorteil sein, dann aber Licinius siegen.

Lactantius läßt diesen erst im nächsten Jahre seinen Gegner verfolgen, welche Unwahrscheinlichkeit selbst Tillemont, sonst dessen blindem Nachbeter, zu stark ist. (IV, S. 247.)

Maximin floh von Nikomedien über den Taurus, besetzte dessen Pässe, suchte in Syrien und Ägypten ein neues Heer zu sammeln, starb aber, wie man vermutet, bereits im August desselben Jahres 313, anscheinend zu derselben Zeit, da Licinius den Taurus zu forcieren suchte. Qualvoll war, nach Eusebius (X, 10) und Lactantius (c. 4), der ihn Gift nehmen läßt, dessen Tod, dem aber in den letzten Tagen noch Bekehrung zum Christentume vorausgegangen sein soll.

Auch Maximin wird von den christlichen Schriftstellern unstreitig schlimmer dargestellt, als er war. Die Epitome (Aur. Vict. c. 40, 18) legt ihm Sinn für Bildung, ruhigen Geist, aber Trunksucht bei, so daß er, was ihm jedoch zur Ehre gereicht, befohlen habe, die Vollziehung seiner im Zustande der Trunkenheit gegebenen Befehle bis zu dem der Nüchternheit zu verschieben.

Die Christen mag er gründlich gehaßt und deshalb auf administrativem Wege die Wirkungen der durch des Galerius Edikt vom Jahre 311 ausgesprochenen Duldung möglichst zu schmälern gesucht, sogar Intrigen gegen sie veranlaßt haben. Auch mögen Freveltaten gegen einzelne, namentlich gegen Bischöfe (Euseb. IX, 16), unter irgendwelchem Vorwande verübt worden sein. Nur Mißverstand der offenbar einseitigen und haßerfüllten Berichte des Eusebius (IX, 2 bis 8) und des Lactantius (c. 36) aber würde die Erneuerung einer *allgemeinen* Christenverfolgung unter ihm behaupten können.

Des Galerius Witwe, die würdige Valeria, wurde (wieder nur nach Lact. c. 39–41) durch das stürmische Verlangen nach ihrer Hand in Verzweiflung gesetzt, so daß sie in der syrischen Wüste ein Versteck gesucht haben soll: Diokletians wiederholtes Verlangen um deren Rücksendung wurde angeblich zurückgewiesen.

Noch Härteres aber stand der Ärmsten bevor, als sie in des Licinius Hand gefallen war. Unzweifelhaft wilderen Gemüts als Maximin ließ er nicht nur des letzteren Haus, Gemahlin und zwei Kinder, wie dessen vertrauteste Beamte, sondern auch den Sohn des Galerius, Candidianus, und den Severs, Severianus, vor allem aber die unglückliche Valeria, seines Freundes und Wohltäters Galerius Witwe, und deren Mutter, nachdem sie sich fünfzehn Monate lang vor ihm verborgen hatten, töten. (Lact. c. 50 und 51; Euseb. IX, 11.)

So war nun die Zahl der Herrscher im Reiche von sechs[9] auf zwei herabgesunken: Constantin aber war nicht der Mann, sich mit der Hälfte zu begnügen.

Treffend sagt Eutrop (X, 5): „Der gewaltige Mann, alles zu vollbringen strebend, was er im Geiste vorbereitet und nach der Gesamtherrschaft über die Welt Begier tragend, begann den Krieg wider Licinius, obgleich seinen nahen Verwandten."

So im Wesentlichen auch Zosimus (c. 18). Der Anonymus des Valesius dagegen berichtet: Constantin habe dem Gemahl seiner zweiten Schwester Anastasia, Bassianus, die Cäsarwürde und Italien versprochen, Licinius aber seine Zustimmung verweigert, zugleich aber den Bassianus durch dessen ihm befreundeten Bruder, Senecio, gegen Constantin aufgewiegelt, worauf derselbe, im Versuche des Aufstands betroffen, getötet worden sei. Darauf habe Constantin Senecios Auslieferung von Licinius verlangt und als diese abgelehnt, überdies auch jenes Bildsäule bei Aemona herabgeworfen worden sei, demselben den Krieg erklärt. Gibbons Scharfsinn erläutert diese, wie sie erzählt wird, schwer erklärliche Geschichte durch die Vermutung, Constantin, den das voreilige Versprechen gereut, habe falsches Spiel mit Bassianus getrieben und letztern, als Licinius ihm die Augen darüber geöffnet, dadurch zur Wut und Empörung gereizt. Eine reine Conjectur, sicher aber eine ansprechende. Daß um diese Zeit übrigens eine Verschwörung der Verwandten des Kaisers wider ihn entdeckt worden sei, bestätigt auch Eusebius (V. C. I, 47).

Constantin, der (nach dem Anon. Vales.) nur 25000 Mann hatte, drang in Pannonien auf der Militärstraße bis Cibalis an der Drave, etwa 11/2 deutsche Meilen von der Donau entfernt, in der Nähe des jetzigen Esseck vor, wo er auf Licinius stieß. Von des Zosimus ausführlicher Beschreibung der Schlacht absehend bemerken wir nur, daß diese, von Tagesanbruch bis zum Abende dauernd, eine der hartnäckigsten war, die man je erlebt. Nur im Nahkampf ward gefochten, die illyrischen Legionen zeigten sich den gallo-germanischen, Licinius Constantin ebenbürtig. Ganz spät erst schlug Constantin, der den rechten Flügel selbst befehligte, seine Gegner – mutmaßlich Reiterei und leichte Truppen – worauf des Licinius anscheinend noch unerschütterte Legionen, zumal sie auch den Feldherrn selbst zur Flucht sich anschicken sahen, in guter Ordnung zurückgingen und sich in das acht deutsche Meilen entfernte Sirmium warfen.

Licinius ernannte Valens, Grenzbefehlshaber in Obermösien, um dessen Treue und wirksamerer Beistandes sicher zu sein, zum Cäsar und setzte den Rückzug bis Thrakien fort. Constantin entsandte sofort 5000 Mann Legionssoldaten, wohl *eine* Legion, zur Verfolgung und rückte nach Wiederherstellung der abgebrochenen Savebrücke (bei Semlin) mit der Hauptarmee nach. In Thrakien (wahrscheinlich unseren Philippopel) fand er den inzwischen wieder verstärkten Licinius gelagert. Am Morgen nach Constantins Ankunft Angriff und Schlacht mit gleicher Ausdauer und Tapferkeit beider Heere. Selbst als nach längerem Verlaufe des Kampfes jene früher zur Verfolgung abgesandte Legion unerwartet von der Höhe herab in des Licinius Flanke und Rücken erschien, hielt derselbe noch, auch gegen diese Front machend, die Schlacht, so daß sie schließlich, unentschieden, mit dem Rückzuge beider Teile endigte.

Am nächsten Morgen Waffenstillstand und Frieden: Constantin mochte seinen Gegner kennen und fürchten gelernt haben. Licinius trat ihm die europäischen Provinzen Noricum, beice Pannonien, Obermösien, Makedonien und Griechenland ab, nur Niedermösien mit Kleinskythien (Dobrutscha) und Thrakien behaltend (ungefähr das heutige Bulgarien und Rumelien). (Zosimus II, c. 18–20, wovon jedoch der Anonym. Valesius, was die Hergänge vor dem Frieden betrifft, etwas abweicht.)

Valens, der neue Cäsar, ward als Opfer der Eintracht getötet. Dieser Krieg fällt nach den Fasten, in welchen Constantin und Licinius im Jahre 315 als Konsuln erscheinen in Verbindung mit einer Stelle des Anon. Vales., unzweifelhaft in das Jahr 314.

Von dem aber wird die Zeitrechnung teils wegen Lückenhaftigkeit, teils wegen offenbaren Widerspruchs der Quellen, ganz unsicher. Wir folgen den gründlichen Forschungen des Jac. Gothofredus und Tillemonts und der fast durchaus nach diesen mit guter eigener Kritik und großem Fleiß entworfenen, sehr übersichtlichen Zeittafel, welche Manso seinem Leben Constantins des Großen (unter II, S. 274–304) beigefügt hat.

Nachdem Constantin im Jahre 316, wahrscheinlich zu Rom, seine Decennalien gefeiert hatte, für welche der ihm im Jahre 312 gewidmete Triumphbogen vollendet worden war, erfolgte am 1. März 317 im Einverständnis mit Licinius die Ernennung von drei Cäsaren, nämlich des etwa sechzehn- bis achtzehnjährigen Crispus, Constantins Sohn erster Ehe, den ihm aus der zweiten kurz zuvor geborenen Constantins des Jüngern und des Licinius zwanzigmonatlichen Sohnes Licinianus.

Constantin wählte von nun an die neuerworbenen Donauprovinzen zu seinem Aufenthalte, teils um Grenzschutz und Verwaltung, ebenso wie er dies früher am Rheine getan, hier zu ordnen, teils aber gewiß auch, um Licinius für Beobachtung und künftigen Angriff, der sicherlich schon in seinem geheimen Wunsche lag, näher zu sein.

Seinem hoffnungsvollen Sohn Crispus übertrug er die Hut des immerwährend bedrohten Gallien.

Den Vater scheint damals, nächst den laufenden Regierungsgeschäften, vor allem die allgemeine Reichsgesetzgebung beschäftigt zu haben, deren wir, weil außerhalb unseres Bereiches liegend, späterhin nur kurz gedenken werden.

Von den Ereignissen jener Zeit wissen wir nur, daß Crispus anscheinend im Jahre 320 seine erste Waffenprobe gegen die Germanen ruhmvoll bestand (Pan. IX, 37, 2 u. 38, 3). Näheres darüber entbehrend haben wir darin nur die Zurückschlagung und Züchtigung einiger fränkischer und alemannischer Scharen (s. Eckhel VIII, p. 100) vorauszusetzen. Bald darauf, unstreitig um sich im Schmucke des ersten Lorbeers dem Vater vorzustellen, eilte er im rauhesten Winter durch tiefen Schnee im Fluge zu diesem, der damals wahrscheinlich zu Sirmium Hof hielt. (Pan. IX, 365.)

Am 1. März 321 hielt nun Nazarius zu Rom, in Abwesenheit Constantins und seines Sohnes (IX, 38, 6), die gedachte Lobrede (I, X) zur fünfjährigen Gedenkfeier des Antrittes der beiden Cäsaren, von denen Constantin der Jüngere freilich noch Kind war. Mit ihm hören leider für diese Zeit die Panegyriker auf.

Daß Constantin bei diesem festlichen Anlaß nicht in Rom erschien, erklären wir durch den damals bereits ausgebrochenen oder drohenden Krieg gegen die Goten, den wir (mit Tillemont S. 293 und Gothofredus in der daselbst angeführten Stelle, gegen Manso, Beil. II, S. 297[10]) erst in das Jahr 321 oder 322, vielleicht in beide setzen.

Nur Zosimus (II, 21) enthält darüber Näheres, hat dafür aber unstreitig keine vollständige Quelle, sondern nur das Bruchstück einer solchen vor sich gehabt und verwirrt alles durch seine bekannte ethnographische und geographische Unwissenheit.

Die Goten, teils durch des Claudius und durch Aurelians Siege geschreckt, teils, und dies war die Hauptsache, durch die Abtretung der großen Provinz Dakien, die gegen 4000 deutsche Quadratmeilen umfaßte, befriedigt, hatten seit nahe fünfzig Jahren Rom nicht beunruhigt[11], werden namentlich auch unter den Nordvölkern, mit welchen Galerius vom Jahre 292 an kriegte, nicht genannt.

Ob der kluge Diokletian Frieden und Freundschaft von diesem gefährlichsten Grenzfeinde durch einen jährlichen Tribut erkauft habe, wissen wir nicht, halten dies aber für nicht unwahrscheinlich.

Zosimus berichtet nun (am g. O.): Nachdem Constantin erfahren, daß die dem Mäotischen Pfuhl benachbarten *Sarmaten* in Schiffen über die Donau gegangen seien und *sein Gebiet (τήν οὖσαν ὑπ αὐτῷ χώραν)* plünderten, zog er gegen sie zu Felde.

Das Unhaltbare dieser Erzählung liegt auf der Hand. Die östlichste Grenze von Constantins Gebiet war noch über sechzig Meilen vom Pontus entfernt. Nördlich dieser, jenseits der Donau, saßen die so mächtigen als kriegerischen Goten. Wie hätten irgendwelche Anwohner der so viel entlegeneren Mäotis es wagen können, das ganze Gotenland quer zu durchziehen, um von diesem aus die Römer anzugreifen? Gibbon (Kap. 14 vor Not. 99) hilft sich dadurch, daß er die Sarmaten als Untertanen oder Bundesgenossen der Goten darstellt, was aber mit Zosimus, der eben jene ausschließlich als Feinde anführt, nicht übereinstimmt. Die Sache würde sich, wenn wir nicht noch eine andere Quelle darüber hätten, durch eine jener so häufigen Namensverwechselungen bei Zosimus erklären lassen. Die Goten werden von ihm ja sonst Skythen genannt, Skythen und Sarmaten aber häufig als identisch gebraucht. Die Nachbarschaft der Mäotis kann sich eben so gut auf die Goten selbst beziehen, welche ursprünglich bis an deren Ufer hin saßen und die Herrschaft über jene Ostlande, großenteils wenigstens, gewiß auch nach Besetzung Dakiens noch behaupteten.

Noch findet sich aber eine Hindeutung auf diesen Krieg bei dem abgeschmackten Verskünstler Optatianus, welche wir in Anm.[12] aus der nur mit größter Schwierigkeit leserlichen Scriptura continua in Worte abgeteilt wiedergeben.

Nach dem schon in der neunzehnten seiner fast sinnlosen Buchstabenspielereien Sarmaten und Geten, freilich aber auch Meder und Franken genannt werden, erscheinen in der zweiundzwanzigsten wiederum sarmatische Niederlagen, sowie die Städte *Campona* (bei Ofen), *Margus* (bei Semandria an der gr. Morava) und *Bononia* (bei Neusatz). Da das Gedicht dem Jahre 326 angehört, so können sich diese Erwähnungen nur auf obigen Krieg beziehen. Wollte man in dessen Worten einen tieferen Sinn suchen, was aber bei einem Autor, dem es nur auf Zahl und Folge der Buchstaben ankam, nicht gerechtfertigt sein würde, so könnte man annehmen, Campona habe eine längere, blutige Belagerung erlitten (totiens cruore hostili madens), Margus sei zwar von den Feinden genommen, aber wiedereroбert worden (Margensis introitus et bella loqui perculsa ruinis) und bei Bononia sei eine siegreiche Schlacht gewesen.

So unklar und wertlos diese Erwähnungen an sich sind, so gewinnen sie doch dadurch große Bedeutung, daß nach der bekannten Lage jener Städte, deren Namen hier doch sicherlich nicht willkürlich erdichtet, sondern aus der Zeitgeschichte entlehnt sind, der Angriff des römischen Gebietes nur von den sarmatischen Jazygen ausgegangen sein kann.

Hiernach würde des Zosimus Irrtum darin bestehen, daß er den in seiner Quelle gefundenen Ausdruck: Sarmaten, unter welchem so häufig die sarmatischen Jazygen genannt werden, auf ferne Ostsarmaten, von denen er gehört hatte, bezogen habe.

Die Wahrheit ist nicht zu ermitteln, am wahrscheinlichsten aber, daß die Jazygen mit Goten, wenn auch nicht mit dem ganzen Volke verbündet, die Angreifer waren.

Den Hergang berichtet nun Zosimus, Kap. 21, wie folgt: Zuerst griffen die Barbaren unter ihrem Könige Rausimodus (unstreitig Rausimut, ein germanischer Name) eine mit genügender Besatzung versehene Stadt an, die auf der unteren Seite nach der Ebene hin eine steinerne, auf der oberen aber nur eine hölzerne[13] Mauer hatte. Die Sarmaten glaubten nun am leichtesten das Holzwerk, unter Beschießung der Verteidiger mit Wurfsperen, in Brand stecken zu können. Diese wehrten sie aber von oben her durch Herabschleudern von Wurfgeschossen und Steinen mit großem Verluste derselben ab, bis der zum Entsatz eilende Constantin die Belagerer im Rücken angriff, viele derselben niederhieb und eine größere Zahl gefangen nahm, so daß nur der Rest sich durch Flucht rettete. Nach diesem Verluste des größten Teils seines Heeres ging Rausimut über die Donau zurück, in der Absicht (woher kennt diese Zosimus?), eine neue Raubfahrt in das römische Gebiet zu unternehmen. Als dies Constantin erfuhr, verfolgte er ihn über den Strom[14] und griff ihn an einem mit dichtem Walde bewachsenen Hügel mit solchem Erfolge an, daß der König mit vielen blieb, viele zu Gefangenen gemacht wurden, das übrige Heer sich ergab und der Kaiser mit einer großen Menge Gefangener in das Hauptquartier zurückkehrte.

Offenbar kann dies Ereignis weniger Wochen, wenn Optatians Nachricht irgendwie begründet ist, nicht den ganzen Krieg ausgefüllt, sondern nur dessen Schluß gebildet haben, indem Zosimus nach diesem, Kap. 22, sogleich der Verteilung der Gefangenen in verschiedene Städte gedenkt und dann Constantin nach Thessalonich sich begeben läßt.

200

Dürfen wir eine Vermutung aussprechen, so scheint uns der erste, von Zosimus nicht erwähnte Teil des Krieges längs der Südrichtung der Donau von Ofen-Pest bis Neusatz zwischen den Jazygen und den Römern verlaufen zu sein, erst gegen dessen Ende aber der von erstern in Bedrängnis zu Hilfe gerufene Gotenführer Rausimut jene verunglückte Diversion auf Bononia unternommen zu haben, nach deren Fehlschlagen dann auch die Sarmaten Frieden geschlossen, mindestens jede weitere Feindseligkeit aufgegeben haben werden.

In Thessalonich legte Constantin nach Zosimus (II, 23) sogleich einen ganz *neuen* Hafen an, worüber das Jahr 322 und ein Teil von 323 verstrichen sein dürfte.

Wohin das zielte, liegt auf der Hand, da eine hier versammelte Flotte sowohl Thrakien als Asien, also des Licinius Besitz, aber auch nur diesen, bedrohte.

In der Tat begann denn auch schon im Jahre 323 der Krieg zwischen ihm und Licinius, über dessen wahren Grund kein Zweifel sein kann. Derselbe war nur der zweite und letzte Akt des ersten, wie denn auch Eutrop seine angeführte treffliche Motivierung für beide zugleich ausspricht.

Gewiß aber hatte auch das Ergebnis jenes ersten tiefen Haß in des Licinius Brust gesät, der nach dessen wilder Gemütsart aufwuchernd, wenn gleich scheinbar verdeckt, doch in mancher Feindseligkeit sich offenbart haben mag. Namentlich trug letzterer seine Gesinnung gegen Constantin auf dessen Schützlinge, die Christen, über, eben so wenig zwar, wie Maximin im Wege offener Rücknahme ihrer gesetzlichen Duldung, aber in dem der Schikane. Er verbot die Versammlungen der Bischöfe, entfernte die Christen von seinem Hofe und aus seinem Heere (gewiß nur teilweise), gestattete deren gottesdienstliche Versammlungen nur unter Absonderung der Geschlechter, sowie im Freier. u. a. m., die Grausamkeit, mit der man gegen Angeklagte dieses Glaubens, selbst Bischöfe verfuhr, ungerechnet. (Euseb. K.-G. X, 8. V. C. I, 51–56; II, 1 u. 2.) Deshalb läßt denn auch der angeführte Schriftsteller (V. C. II, 3) seinen Constantin nur zum Schutze der Christen die Waffen ergreifen, wobei er vergessen hat, daß er in seiner Kirchengeschichte (X, 8) Kriegsentschluß und Erklärung von Licinius ausgehen läßt.

Von den übrigen Quellen erwähnt allein der Anon. Valesii folgenden Anlaß zum Kriege: „Während Constantin in Thessalonich war, brachen die Goten in des Licinius Gebiet über die nachlässig bewachte Grenze (Donau) und begannen Thrakien und Mösien zu plündern. Darauf durch Constantins schreckenden Angriff zurückgetrieben gaben sie ihm in dem erlangten Frieden die gemachten Gefangenen zurück. Darüber aber habe Licinius als einen Vertragsbruch geklagt, weil ein anderer sich seines Amtes angemaßt habe. Hierauf bald bittende, bald stolze Botschaften sendend, habe er endlich Constantins gerechten Zorn erregt."

Es liegt jedoch sehr nahe, hierin nichts anderes als eine kürzere Erwähnung des vorstehend berichteten Gotenkrieges vom Jahre 322 zu erblicken, in dessen späterem Verlaufe möglicherweise allerdings auch des Licinius Gebiet berührt worden sein könnte. Wie aber der Ausdruck des Ungenannten: Thrakien und Mösien jedenfalls ungeschickt ist, da umgekehrt das Vorland Mösien zuerst genannt werden mußte, so erscheint es auch, bei dem damaligen Zustande der Grenz- und Heerverfassung, höchst unwahrscheinlich, daß die Goten nicht allein über die Donau, sondern sogleich über den Hämus (Balkan) nach Thrakien vorgedrungen sein sollten. Diese Vermutung wird auch dadurch noch unterstützt, daß die von derselben Quelle angeführten mehrfachen Verhandlungen doch geraume Zeit weggenommen haben müssen, die Hauptschlacht des zwischen Constantin und Licinius ausgebrochenen Krieges aber, der doch die letzte Vorbereitung und ein Marsch von nahe sechzig Meilen vorausgehen mußte, schon am 3. Juli 323 stattfand[15], daher für einen längern Krieg Constantins gegen östlichere Goten, wobei er des Licinius Gebiet berührte, kaum Zeit gewesen sein dürfte.

Von dem mit Sicherheit niemals zu erörternden nächsten und unmittelbaren Anlaß oder Vorwande des Krieges absehend, woran es den Herrschsüchtigen aller Zeiten niemals gefehlt hat, gehen wir zu diesem selbst über, für den wir uns ganz an den ausführlichen Zosimus (II, c. 22–26 u. 28) halten.

Mächtig war die Rüstung auf beiden Seiten. Constantin brachte nur 200 Dreiruderer, anscheinend aus Griechenland, zusammen, während Athen allein in seiner Blüte deren 300 bis 400 gehabt hatte; über 2000 Transportschiffe aber für das Heer[16], 120 000 Mann Fußvolk, nebst 10 000 Mann Schiffssoldaten und Reiterei; Licinius dagegen, der ungemeine Tätigkeit entwickelt haben muß, 350 Schiffe aus dem küstenreichen Orient, 150 000 Mann Fußvolk und 15 000 Reiter aus Phrygien und Kappadokien.

Nicht die Zahl aber, die Tüchtigkeit entscheidet: und darin welch anderes Verhältnis, als das frühere im Jahre 314, da Constantin nunmehr auch die kriegerischen Illyrier, Licinius nichts als Orientalen hatte.

Bei Adrianopel am Hebrus (Maritza) trafen sich die Heere: Licinius lagerte auf einer Höhe oberhalb der Stadt, rechts des Hebrus, da wo sich der Tonus (Tundscha) in diesen ergießt, Constantin links des Hebrus, wo beide mehrere Tage beobachtend einander gegenüberstanden. Constantin lockt die Feinde nach einem Punkte, an dem er einen Scheinübergang vorbereitet, setzt aber plötzlich auf der vorher dazu rekognoszierten geeignetsten Stelle (wahrscheinlich einer Furt), in deren Nähe er 16 000 Mann Fußvolk mit achtzig Reitern in dichtem Walde verborgen hatte, über und stürzt sich in Person mit nur zwölf Reitern auf die dort aufgestellten überraschten Feinde, die sofort niedergehauen oder in die Flucht geschlagen werden.[17] Nachdem hierauf die übrigen Reiter mit dem ganzen Heere übergesetzt sind, wird die Schlacht allgemein, in welcher 34 000 Licinianer bleiben und bei Sonnenuntergang das unstreitig gut befestigte Lager selbst genommen, Constantin aber am Schenkel leicht verwundet wird, während Licinius nach Byzanz zur Flotte entflieht.

Am andern Morgen ging der ganze Rest des Heeres, selbst der mit Licinius geflohene, aber etwas zurückgebliebene Teil desselben, zu Constantin über.

Europa war verloren: aber die Flotte und mit ihr Asien blieb dem Besiegten. Constantin belagerte Byzanz und gab nun seinem tapfern Sohne Crispus, der die Flotte kommandierte, Befehl und Instruktion zum Angriff auf die feindliche. Crispus drang mit nur achtzig der leichtesten Schiffe, zu je dreißig Rudern, von Süden her in den Hellespont ein, wo ihn Abantus, des Licinius Admiral (den der Anon. Vales. Amandus nennt), seine geringe Macht verachtend, nur zweihundert erwartete. Klug aber hatte jener die Enge des Meeres berechnet, dieser sie außer Acht gelassen. Dadurch an freiem Manövrieren behindert gerieten des Abantus Schiffe bald in Unordnung, stießen an einander, wodurch die Ruder zerbrochen werden mußten, und boten so dem in guter Ordnung angreifenden Feinde Gelegenheit zur Versenkung und verschiedenartigen Zerstörung derselben. Die Nacht endete den Kampf, aus dem ein Teil von des Licinius Flotte sich nach Eläunt in Thrakien (an der Südspitze des Hellespont), ein anderer nach dem gegenüberliegenden Hafen des Ajax, auf der asiatischen Seite, zurückzog, woraus zu entnehmen ist, daß deren Schlachtordnung von Crispus im Zentrum durchbrochen und in zwei Teile getrennt worden war.

Am andern Morgen verließ Abantus mit einer steifen Nordbrise letztgedachten Hafen, um die Schlacht zu erneuern. Weil ihm aber die nach Eläunt gesegelten fünfzigruderigen Schiffe fehlten, auf deren Wiederanschluß er gerechnet haben mochte, zauderte er, die Stärke der feindlichen Flotte fürchtend, mit dem Angriffe.

Da schlug gegen Mittag der Wind plötzlich in einen so heftigen Sturm aus Süden um, daß seine Schiffe teils auf den Strand, teils dergestalt gegen Klippen getrieben wurden, daß deren hundertunddreißig samt der Mannschaft und 5000 Mann Soldaten, welche aus der Garnison des überfüllten Byzanz detachiert worden waren, untergingen, Abantus selbst aber mit nur vier Schiffen nach einem asiatischen Hafen sich rettete.

So war des Licinius letztes Bollwerk auch verloren. Bereits hatten Handelsschiffe Constantin, der Byzanz belagerte, mit Proviant versorgt, woran es ihm wegen Verwüstung der Gegend fehlen mochte: da erschien nun seine gesamte Flotte und schloß die Stadt auch von der Seeseite ein.

Mit größtem Geschick und Eifer ward die Belagerung betrieben und war bereits, nach modernem Ausdrucke, bis zur letzten Approche gediehen, als Licinius in äußerster Bedrängnis mit den tüchtigsten und zuverlässigsten seiner Truppen nach dem gegenüber liegenden Chalkedon entfloh (was Constantins Flotte halber wohl nur bei Nacht geschehen sein kann).

In der Hoffnung, für den Kampf um Asien noch ein Heer zusammenzubringen, ernannte er, wie im Jahre 314 Valens, nun Martinianus, seinen Magister officiorum (welches Amt also damals schon bestand), zum Cäsar und nahm, diesen zur Deckung der Ufer des Hellespont nach Lampsatus entsendend, in Person eine feste Stellung bei Chalkedon am Bosporus.

Constantin, die Schwierigkeit der Landung an der asiatischen Küste für größere Transportschiffe erkennend, setzte auf kleinen Leichtseglern und Yachtschiffen über, und gewann auch glücklich das nur fünf deutsche Meilen von Chalkedon entfernte heilige Vorgebirge am Ausgange des Bosporus, von wo er bei Chrysopolis, dem Hafen von Chalkedon (jetzt Sculari), auf einigen Hügeln eine gute Stellung einnahm. Licinius, den Kopf nicht verlierend, rief eilig Martinian zurück und rückte aus der Stadt zum Angriff gegen den Feind vor. So tapfer aber auch sein Heer in der letzten heißen Entscheidungsschlacht für ihn focht, war doch das Übergewicht, besonders das moralische des Siegesbewußtseins, zu sehr auf Seiten der Gegner. Von seinen 130 000 Mann entrannen nach Zosimus kaum 30 000 dem Blutbade, während derselbe nach der etwas unklaren Angabe des Anon. Vales. nur 25 000 verloren zu haben scheint.

Der Schlag aber war entscheidend: sofort ergab sich Byzanz und Licinius entfloh mit dem Rest der Reiterei und wenigen Tausenden Fußvolkes nach Nikomedien.

Über die Zeit dieser Ereignisse verweisen wir auf Tillemont, der den Abmarsch von Thessalonich auf den 25. Mai, die Schlacht bei Adrianopel auf den 3. Juli und die bei Chalkedon auf den 18. Sept. 323 setzt, des Licinius Tod aber vor dem 16. Mai 324 erfolgen läßt (S. 300, 301, 308 u. 309). Ist das Datum der Schlacht bei Chalkedon richtig, so müßte des Licinius Ergebung unzweifelhaft noch in das Jahr 323 fallen, obwohl wir, der gewöhnlichen Meinung folgend, das Jahr 324 annehmen.

Der Krieg war aus: nur die Bitte um das Leben blieb übrig. Dessen Erhaltung sagte Constantin seiner Schwester, des Licinius Gemahlin, eidlich zu und wies diesem Thessalonich zum Aufenthalt an, während Martinian sofort getötet ward.

Bald darauf aber ließ er eidbrüchig (contra religionem sacramenti sagt Eutrop X, 6) auch Licinius erdrosseln.

Diesen dunkeln Fleck in Constantins Leben entschuldigt der christliche Anon. Vales. damit, daß derselbe, eingedenk seines Schwiegervaters Maximian, damit nicht auch Licinius aufs neue ihm nachstelle, dies der Forderung aufständischer Soldaten bewilligt habe, naiv übersehend, daß, wenn das Verlangen dieser wirklich ein zwingendes gewesen wäre, die Anführung des ersten Grundes völlig überflüssig war. Dagegen führt der gegen siebzig Jahre spätere Sokrates in seiner Kirchengeschichte (I, 4) an: Licinius habe sich in Thessalonich eine Zeitlang ruhig verhalten, darauf aber einige Barbaren zusammengebracht, um den Krieg wieder zu beginnen, was dessen Tötung veranlaßt habe. Dies widerstreitet jedoch, abgesehen von der hohen Unwahrscheinlichkeit, daß man Licinius die Freiheit zu solchem Beginnen gelassen habe, den gedachten Quellen, namentlich der zuverlässigsten aller, Eutrop, zu entschieden, um irgendwelchen Glauben zu verdienen. Auch ist des Eusebius Schweigen hierüber ein beredtes, da er solche Rechtfertigung seines Helden gewiß nicht unerwähnt gelassen hätte, während er (V. C. L1, 18) nur sagt: Der Gotteshasser habe die verdiente Strafe empfangen.

So hatte denn der Gewaltige mit unendlichem Blute den Alleinbesitz der Weltherrschaft errungen, deren sich sein Vorgänger Diokletian freiwillig, erst stückweis, dann gänzlich entäußert hatte.

C. Von des Licinius Sturz im Anfange des Jahres 324
bis zu Constantins Tod am 22. Mai 337

Mit des Licinius Fall erlischt der hohe dramatische Reiz in Constantins Leben. War er bisher bewundernswert als Held, Feldherr und Politiker, so mußte nun seine Tatkraft erlahmen, als sie kein Ziel mehr hatte.

Wir vertauschen daher in diesem Abschnitte die chronologische Darstellung mit der realen, indem wir zuerst die Kriege, dann die Familienereignisse, endlich das Wesentlichste der inneren Verwaltung Constantins behandeln, dessen Charakteristik als Christ und Mensch aber dem folgenden Kapitel vorbehalten.

Die Epitomatoren stimmen insgesamt darin überein, daß Constantin in der Zeit seiner Alleinherrschaft siegreich gegen die Goten focht (Eutrop. X, 7; Aur. Vict., der auch die Sarmaten erwähnt, d. C. c. 41, 12; Epitom., nur seines wunderbaren Kriegsglücks gedenkend, 41, 11 und Sext. Rufus c. 26. Dasselbe bestätigen die christlichen Schriftsteller Eusebius V. C. IV, 6; Sokrates, Kirch-Gesch. I, 18 und Sozomenos K.-G. I, 8.)

Darüber findet also, ungeachtet des Schweigens und anscheinend selbst entgegengesetzten Zeugnisses von Zosimus, das weiter unten zu erwähnen sein wird, kein Zweifel statt.

Jene Anführungen sind aber insgesamt nur ganz allgemeine. Näheres, wiewohl Ungenügendes, findet sich allein im Anonym. Vales. Aus diesem, einer wichtigen Stelle bei Ammian Marc. (XVII, 12) und einer andern bei Jordanis c. 22 hat nun Gibbon (Kap. 18, Not 35–45) mit seinem gewohnten Scharfsinn eine Geschichte dieser Kriege geschaffen. Dankbar würden wir darin die sehr gelungene Lösung eines historischen Problems begrüßen, wenn nicht dem trefflichen Mann eines fehlte: gründliches Studium der germanischen und anderer Nachbarvölker in ihren Berührungen mit Rom. Dies ist unsere *Hauptaufgabe*, war nicht die seinige: wird uns vor allem aber auch durch Hilfsmittel wesentlich erleichtert, deren jener entbehrte. Auf diesem Grunde nun befestigten und vervollständigen wir, was Gibbon nur dunkel geahnt und begründen dies ausführlich in folgendem:

Zwischen Donau (von Waitzen unterhalb Gran ab) und Theiß erstreckt sich ein nahe vierzig deutsche Meilen langer und gegen fünfzehn breiter Landstrich von Norden nach Süden herab, der infolge des mäandrischen, trägen Laufes dieses letzteren Stromes heute noch großenteils Sumpfland ist und dessen Trockenlegung durch Regulierung der Theiß in neuerer Zeit wiederholt versucht ward.

In dies Gebiet wanderte in unbekannter, aber doch schon historischer Zeit, weil Plinius der Ältere (IV, c. 12, sect. 25) dessen gedenkt, ein sarmatischer Stamm ein, dessen Nomadenweise des Landes Beschaffenheit mehr zusagen mochte als den Urbewohnern thrakischen Stammes, von denen es daher gewiß auch nur sporadisch und dünn besetzt war.

Zuerst im Jahre 74 vor Chr. kamen diese Sarmaten mit Rom in Berührung (Florus III, 4). Aus Tacitus (Ann. XII, 29, 30 und Hist. III, 5) ersehen wir deren Spezialnamen: „Jazygen", aus ersterer Stelle und Cassius Dio (LXVII, 5) zugleich deren enge Verbindung mit den unter Roms Klientel stehenden Sueben oder Quaden zwischen March und Gran, aus des Tacitus zweiter Stelle aber deren Waffenbündnis mit Rom, während sie nach obiger des Cassius Dio zwar, durch die beleidigten Sueben aufgereizt, in römisches Gebiet einzufallen beabsichtigt haben sollen, dies aber, weil es nicht erwähnt wird, anscheinend doch nicht ausgeführt haben.

Erscheinen sie sonach schon im ganzen ersten Jahrhundert, über das doch die Quellen so viel reichlicher fließen als im zweiten, nirgends als Feinde Roms, wie entscheidend mußte sich deren Stellung verändern, als vom Jahre 106 ab auch ganz Dakien von der Theiß bis zum Dnjestr von Trajan zur Provinz gemacht wurde. Sie waren nun eingekeilt in langer Zunge zwischen römischem Gebiet, das sie jetzt auf drei Seiten umschloß: so ergibt der erste Blick auf die Karte die Unmöglichkeit einer feindselig selbständigen Stellung derselben gegen Rom. Noch stand dies in höchster Blüte unerschütterter Kraft, als wir im markomannischen Kriege dieselben Jazygen plötzlich eine Rolle spielen sehen, die mit ihrer Vorgeschichte, geographischen Lage und Gebietsgröße nicht recht vereinbar erscheint. Indem wir deshalb auf die Geschichte dieses auf einem Völkerbündnisse beruhenden furchtbaren Offensivkrieges der Germanen gegen Rom im 1. Kapitel des II. Buches verweisen, heben wir hier nur das Wichtigste wiederum hervor. Schon bei der ersten Hauptniederlage der Römer unter dem Praefectus Praetorio Macrinus Vindex, im Jahre 166 oder Anfang 167, müssen die Jazygen, bis in das Innere Steiermarks vordringend, wesentlich mitgewirkt haben. Wiederum im Winter 171/2 griffen diese den bereits siegreichen M. Aurelius in seiner rechten Flanke im Innern Pannoniens an. Zweimal auf das Haupt geschlagen, erlahmte ihr Kriegseifer dennoch nicht, ja wir sehen sie noch im Felde, nachdem der Kaiser bereits den Markomannen und Quaden den erbetenen Frieden gewährt hatte. Sie sind dessen Hauptfeinde (Cass. Dio LXXI, 13 u. 16): darum will er sie gänzlich vernichten und schließt nur, nach nochmaligen Siegen, durch des Cassius Aufstand dazu gezwungen, im Jahre 170 Frieden mit ihnen, wobei sie 100 000 gefangene Römer zurückgeben (s. a. a. O. S. 127).

Durch welchen Zauberschlag nun jenes mehr als 1½ jahrhundertelang so friedliche, von Rom fast rings umschlossene Reitervolk, dessen ganzes Gebiet kaum sechshundert Quadratmeilen umfaßte, plötzlich nicht nur in dessen erbittertsten, sondern auch in dessen furchtbarsten Feind verwandelt worden sein? Nicht das Jazygenvölkchen an sich und allein wahrlich kann dies gewesen sein: es waren die starken Söhne des Nordens, die heranwogenden Völker und Scharen gotischen Stammes, welche, im Bunde mit jenen, teilweise vielleicht wohl nur unter deren Namen auf eigene Faust, Rom so bedrängten. Dieselben erschienen daher auch im zweiten Kriege wieder auf dem Plan.

Als Commodus endlich bleibenden Frieden, und zwar meist gewiß gegen jährliche Geldzahlung mit den Barbaren schloß, mag es das eigene Interesse der römischer Rache mehr als alle anderen Völker ausgesetzten Jazygen gefordert oder doch wesentlich gefördert haben, die Mitstreiter gotischen Stammes im Lande zu behalten.

Welchem Spezialvolke diese angehörten, wissen wir nicht, werden aber durch Capitolin (M. Anton. Phil. c. 14) auf Viktofalen, sowie durch spätere Quellen, schon Cassius Dio (LXXVII, 20), auf Vandalen hingewiesen. Über fünfzig Jahre lang, in die des Septimius Severus kraftvolle Regierung fällt, scheinen die Nordvölker, durch Geld befriedigt, den Frieden bewahrt zu haben.

Bei dem Losbruche dieser und der Westvölker gegen Rom im Jahre 233 unter Severus Alexander waren sicherlich auch diese Ost-Germanen und die Jazygen beteiligt und beharrten seitdem auch in Feindseligkeit. (Vergl. oben 2. Buch, 5. Kap.) Unter Valerian und Gallienus haben wir nur deren Teilnahme an dem gemeinsamen Einbruch der Nordvölker in römisches Gebiet (a. a. O.) vorauszusetzen.

Einem Fragmente des trefflichen Dexippus verdanken wir nun die Nachricht, daß im Jahre 170 die Vandalen, unstreitig (? D.) um die Juthungen, mit denen Aurelian kriegte, durch eine Diversion beizustehen, diesen in Pannonien angriffen, was nur von Osten her aus dem Jazygenlande geschehen sein kann[18], geschlagen aber, sofort Frieden erbaten und erhielten. Das *zweite* Volk nun, mit dem Aurelian kämpfte, nennt Flav. (Marc. Aur. Kap. 18) *Sarmaten* und erwähnt (c. 33) sowohl vandalischer als sarmatischer Gefangenen bei dessen Triumphe: Dexippus gedenkt ausdrücklich *zweier* Könige, die nach jenem Frieden ihre Söhne als Geiseln stellten: doch wohl zwei vandalische.

Verbündete Feinde also waren es, auf die sowohl der Name Vandalen als Sarmaten paßte, und die im alten Jazygenlande saßen, in dem aber der vandalische Bestandteil der wichtigere sein mußte, weil Dexippus der Zeitgenosse, der beste und bestunterrichtete Historiker jener Zeit, nur die Vandalen als Hauptvolk erwähnt.[19]

Im Vorübergehen bemerkend, daß nach Aurelian sowohl Probus als Carus, vor allem aber und zwar vielfach Diokletian und Galerius mit den stets unruhigen Sarmaten zu schaffen hatten (s. oben 2. Buch, 9. u. 10. Kap.), kommen wir sofort auf die schon oben angeführte in der Anm.[20] abgedruckte Stelle des Ammianus Marcellinus. Bei Darstellung der Feldzüge des Kaisers Constantius gegen die Sarmaten im Jahre 358 unterscheidet derselbe zuvörderst zwei anscheinend völlig getrennte Gemeinwesen (civitates) derselben:

1) die nördlichen, an die Quaden grenzenden in der Gegend von Pest;
2) die südlichen, in dem Winkel zwischen Donau und Theiß bis Peterwardein herab, die er Limigantes nennt.

Von erstern sagt er nun am Schluß des 12. Kapitels:

Mächtige und Edle waren einst (olim) die Eingeborenen dieses Reiches. Eine geheime Verschwörung aber waffnete die Sklaven (servos) zur Mißetat. An wilder Kraft ersteren gleich, an Zahl überlegen, besiegten sie die Herren. Diese flohen zu den entfernteren Viktofalen, um lieber ihren Verteidigern zu gehorchen, als ihren Sklaven zu dienen.

Wiederum sechsundzwanzig Jahre rückschreitend berichtet nun der Anonym. Valesii von Constantins Zeit aus den Jahren 332 bis 334 in der Anm.[20] ebenfalls abgedruckten Stelle folgendes:

„Hierauf unternahm er (Constantin der Große) einen Krieg gegen die Goten, indem er den Sarmaten auf ihre Bitte Hilfe leistete. Da wurden von Cäsar Constantin dem Jüngeren deren gegen 100 000 durch Hunger und Kälte vernichtet. Da erhielt er auch Geiseln, unter welchen sich der Sohn des Königs Ariarich befand. Nachdem er so mit ersteren Frieden geschlossen, wandte er sich gegen die Sarmaten, die sich zweifelhafter Treue erwiesen. Die Sklaven der Sarmaten aber empörten sich wider ihre Herren, welche Constantin der Große gern aufnahm und deren mehr als 300 000 in Thrakien, Skythien (Dobrutscha), Makedonien und Italien verteilte."

Von demselben[21] Kriege nun handelnd (s. Anm.[20]), bemerkt Jordanis (c. 22), daß der Gotenkönig Geberich den Vandalenkönig Visumar in einer Hauptschlacht besiegt habe: und das ist es, worauf Gibbon (Not. 43) die Vermutung stützt, die Sarmaten hätten einen Vandalenfürsten, asdingischen Geschlechts, zu ihrem Könige gewählt, weil Jordanis sonst mit den übrigen Quellen völlig unvereinbar sein würde. Dagegen verschweigt Jordanis den Krieg der Goten mit den Römern, wohl auch wegen der von ersteren erlittenen Niederlage, seiner bekannten Tendenz gemäß, gänzlich.

Eusebius endlich erwähnt (V. C. IV, 5) zunächst in höchst unklarer Weise der Niederlage der Skythen (d. i. Goten) und dann c. 6 des Aufstandes der Sklaven der Sarmaten gegen ihre Herren. Diese hätten erstere gegen die Skythen, welche ihnen den Krieg erklärt, bewaffnet. Nachdem aber diese Sklaven den Sieg erfochten, hätten sie sich gegen ihre Herren empört und diese vertrieben, worauf dieselben bei Constantin Aufnahme gefunden.

Die Wahrheit und Dichtung in dieser Erzählung weiterer Kritik vorbehaltend, gehen wir, obiges zum Teil wiederholend, zur eignen Darstellung über.

Das unbedeutende Jazygenvolk, schon unter Vespasian (Tac. Hist. III, 5) sich den Römern anschließend, kann seit Dakiens Eroberung wohl noch in einem Klientelverhältnis zu Rom sich erhalten haben. Wie hätte der große Trajan in Mitten des Reiches einen Feind dulden können? Auch der Kaiser Constantius sagt ja (nach Amm. Marc. a. a. O. c 12), daß sie immer der Römer Klienten gewesen seien (ut semper Romanorum clientes). Mit dem markomannischen Krieg aber drangen nordöstliche Germanen, gotischen Hauptstammes, in das offene Land ein: da blieb den Jazygen nur die Wahl zwischen freiem Anschluß an diese wider Rom oder an Rom wider die Germanen, da neutrale Selbständigkeit im Zusammenstoß ihnen so überlegener Kräfte nicht mehr denkbar war.

Sie wählten ersteres: aus den Bundesgenossen mochten aber allmählich Gebieter werden.
Die Völker jener Zeit gönnten den Unterworfenen oft jedoch volle innere Freiheit, sogar eigne

Könige, wie das bald selbst Attilas Beispiel ergeben wird. Daher *kann* denn auch jener zweite König, dessen Dexippus bei dem Frieden der Vandalen mit Rom gedenkt, füglich der der Jazygen gewesen sein.[22]

Ammian unterscheidet, wie oben bemerkt ward, genau zwei sarmatische Sonderstaaten, spricht Kap. 12 lediglich von dem nördlichen, der an die Gebiete der Quaden und Viktofalen grenzte, und geht erst im 13. auf das südliche Volk, die Sarmati limigantes, über, bei denen er zwar auch der früheren Vertreibung ihrer Herren, aber nicht des Landes oder Volkes gedenkt[23], wohin sich letztere retteten, während Hieronymus in seiner Fortsetzung der Chronik des Eusebius vom achtundzwanzigsten Regierungsjahre Constantins ausdrücklich anführt, daß in diesem die Sarmatae limigantes ihre Herren, welche jetzt Arcaragantes genannt würden, auf römisches Gebiet vertrieben hätten.

Nach Tillemont (IV, S. 393) dessen Chronologie in der Regel diejenige Sicherheit gewährt, welche für jene Zeit überhaupt erreichbar ist, wurden die Goten am 20. April 332 von den Römern geschlagen, wonach der Beginn des Krieges ersterer gegen die Vandalen in das Jahr 331 zu setzen ist, erst im Jahre 334 aber die Herren der Sarmaten von ihren Sklaven vertrieben, was nach den zwischenliegenden Ereignissen: Friedensschluß und Abzug der Römer, Vorbereitung und Ausbruch der Verschwörung, sowie Dauer des gewiß harten Kampfes, vollkommen glaubhaft erscheint.

Dagegen bildet dieses Schriftstellers Geschichte derselben Ereignisse in Art. 70 (S. 392 u. f. und Art. 73, S. 405 u. f.) um deswillen ein merkwürdiges Gemisch von Wahrheit und Irrtum, weil ihm jede Nachricht einer christlichen Quelle, selbst einer späteren, ein Evangelium ist, vor dem alle Kritik zu verstummen hat. Desto klarer ist Gibbon. Darin aber, daß die Vandalen des Jordanis auf die Sarmaten des Anon., Eusebius und Ammian zu beziehen seien, stimmt mit ihm (und der ersten Auflage D.) auch Tillemont S. 307 überein, während jene beiden einen zweiten Krieg der Goten mit den Sarmaten im Jahre 334 annehmen, der von keiner Quelle bezeugt und an sich mehr als unwahrscheinlich ist.[24]

Von dem, was sich an einzelnen in obigen Begebenheiten noch in den Quellen findet, halten wir nur folgendes für sicher und wichtig genug, hier Erwähnung zu verdienen.

Der Sieg über die Goten ward unzweifelhaft durch des Kaisers ältesten Sohn Constantin den Jüngern erfochten (Anon. Val. u. Julian Or. I. ad Const.), doch scheint sich der Vater, seiner Abwesenheit bei dieser Schlacht unerachtet, sonst doch persönlich am Kriege und namentlich bei dem Friedensschluß beteiligt zu haben.

Zosimus, der in der Geschichte dieses Zeitabschnittes fast nur von Constantins Person handelt, sagt (am Schluß von II, 31) nachdem er von Einrichtung der neuen Residenz gesprochen: „Constantin habe von dem an keinen Krieg weiter geführt (wahrscheinlich meint er *in Person*). Als ihn die Taifalen einst mit fünfhundert Reitern angegriffen, habe er sich diesen nicht allein nicht entgegengestellt, sondern sich auch, nach Verlust eines großen Teils seiner Truppen, als er sie bis an den Wall (d. i. des Lagers) heran alles verwüsten sah, nur mit Mühe durch Flucht gerettet."

Diesen jedenfalls dem Kriege vom Jahre 332 angehörenden, von keiner anderen Quelle erwähnten Vorfall, unter dem wir uns vielleicht einen unerwarteten Überfall von Constantins Bedeckung auf dem Marsche zu denken haben, benutzt Zosimus, einen Vorwurf auf den bitter Gehaßten zu werfen. Dadurch aber unterscheidet sich ja eben der Feldherr vom Abenteurer, daß jener zwar um großer Zwecke willen persönliche Gefahr nicht achtet, nutzlose Preisgebung aber vermeidet.

Constantin Porphyrogenetes (de administrat. imper. c. 53) berichtet von einer durch die Völker des Chersones (der Krim) auf Constantins Anstiften gegen die Goten (vermutlich um die Ostgoten vom Zuzuge abzuhalten) unternommenen Diversion, welche in das Jahr 332 zu setzen sein dürfte, und ihnen deren Ehrenbezeigungen, Zollbefreiungen und Naturalspenden reichlich vergolten worden sei. Die Nachricht ist wahrscheinlich, nicht wichtig und beglaubigt genug, um nähere Beachtung zu verdienen. (Vergl. den ähnlichen Vorgang unter Diokletian S. 279.)

Von dem Frieden mit den Goten wissen wir nichts Näheres. Nach Jordanis Kap. 21 hat jedoch Constantin ein Födus mit ihnen geschlossen, was ihnen den Namen Foederati verschafft und bis zu des Jordanis Zeit bestanden habe.

Nach dessen Worten soll dies bereits vor jenem Krieg unter den Gotenkönigen Ariarich und Aorich erfolgt sein. Des Jordanis Auszug aus Cassiodor ist jedoch, zumal in Nebenumständen, viel zu unverläßlich, um darauf mit voller Sicherheit fußen zu können. Mindestens ist es ungleich wahrscheinlicher, daß jenes Födus den Krieg beendet habe, als daß es ihm vorausgegangen und sofort gebrochen worden sei. Ein solches war in der Regel mit einer jährlichen Geldzahlung verknüpft und wenn Eusebius (V. C. IV, 5) umgekehrt sagt, daß der Krieg durch Constantins Weigerung, den bisherigen

Tribut fortzuzahlen, veranlaßt worden sei, so ist dies sicherlich wieder eine von dessen zahlreichen Entstellungen der Wahrheit, die aus einer vorübergehenden Einstellung oder irgendeiner Veränderung in der Form der Zahlung hergeleitet worden sein dürfte.[25]

Dunkel und widerwärtig ist die tragische Geschichte der kaiserlichen Familie in dieser Zeit.

Bald nach der Feier von Constantins zwanzigjähriger Regierung, in der Mitte des Jahres 326 zu Rom, an welcher dessen Sohn Crispus wahrscheinlich noch teilnahm, beschloß jener den Tod des jugendlichen Helden, der, des Volkes Stolz, auch der des Vaters hätte sein sollen. Zu Pola in Dalmatien ward er umgebracht.

Über Familiengreueln schwebt oft ein unerforschliches Dunkel. Alle Quellen, christliche wie heidnische, gedenken der Tat: des Grundes nur Zosimus (II, 29), der den Verdacht unerlaubten Umganges mit seiner Stiefmutter Fausta auf ihn fallen läßt *(εἰς ὑποψίαν ἐλθόντα τοῦ Φαύστῃ τῇ μητρυιᾷ συνεῖναι)* und die Epitome des Aurelius Victor, nach welcher man letztere für die Anstifterin gehalten habe (Fausta conjuge, ut putant, suggerente). Beide Zeugnisse widersprechen sich, da nach ersterem Fausta die Mitschuldige, nach dem zweiten die Anklägerin, und zwar eines *nicht angegebenen* oder auch nur angedeuteten Verbrechens gewesen sein soll. Es ist daher reine Willkür, wenn man auf Grund der Epitome Fausta zu einer Phädra gemacht hat, welche, für den Stiefsohn entbrannt und von ihm verschmäht, durch die Anklage, daß er ihr nachstelle, sich gerächt habe. Zosimus macht sein Haß gegen Constantin überdies zu einer höchst verdächtigen Quelle.

Bleibt hier daher nichts als Vermutung, so können wir zwar die fertige Geschichte, die Gibbon (Kap. 18, Not. 9–26) auch diesmal wieder bringt, ebenfalls nicht billigen, finden aber wenigstens mehr Geist darin, als in Mansos Tadel derselben (S. 53 u. f.).

Auch wir halten es für wahrscheinlich, daß Crispus durch seine Siege und Verdienste sowie durch die allgemeine Bewunderung und Verehrung, welche ihm gezollt wurden, des Vaters Eifersucht erregt habe und aus solcher Mißstimmung Kälte und Zurücksetzung hervorgegangen seien. Hierdurch verletzt mag auch der Sohn seine Gefühle nicht besonnen genug verborgen und dadurch einem wachsenden Mißverhältnisse Raum gegeben haben, dessen sich die am römischen Hofe jederzeit blühende, niederträchtige Verleumdungssucht bemächtigte, die verblendete Leidenschaft des Vaters zur Wut zu steigern. Woran die Verleumdung sich heftete, wissen wir nicht; näher aber liegt gewiß, daß man Crispus eines Buhlens um die Macht als um die seit neunzehn Jahren verheiratete Gemahlin des Vaters zu verdächtigen suchte. Daß letztere übrigens bei der Intrige mitwirkte, ist, abgesehen von obiger Stelle der Epitome, nach der Strafe, welche sie später traf, nicht zu bezweifeln: ihr Motiv aber dürfte weit natürlicher in der Mutterliebe für ihre Söhne zu suchen sein, deren Thronfolge sie durch des Stiefsohns bedeutende Persönlichkeit gefährdet erachtete, als in dem Stolz und Haß der gekränkten Frau, welche ihre ehebrecherische Leidenschaft zurückgewiesen sah.

Nur eines: der ungeheuere Frevel dieses Mordes ist als zweifellos anzusehen, da es noch im letzten Jahre der von Eusebius selbst herrührenden, von Hieronymus nur übersetzten Chronik heißt: Crispus, Constantins Sohn und der jüngere Licinius wurden auf das Grausamste (crudelissime) umgebracht.

Die Wahrscheinlichkeit eines politischen Motivs dürfte auch durch die nach Eutrop und des Eusebius Chronik bald darauf erfolgte Tötung von des Licinius Sohn, Constantins Neffen, erhöht werden, da für Umbringung dieses elfjährigen Knaben persönliche Motive doch kaum vorhanden gewesen sein können.

Schmerz und Rachedurst ergriff Helena, Constantins fast achtzigjährige Mutter, die zur Zeit der Tat wohl abwesend war, bei dem Verlust des geliebten Enkels, während auch in des Vaters Seele dem jähzorne der Leidenschaft beschämende Reue gefolgt sein mag. Der Einfluß ihrer gewiß bedeutenden Persönlichkeit auf den Sohn muß ein großer gewesen sein. Leicht möglich auch, daß Fausta von der verderbten sinnlichen Begier vornehmer Römerinnen jener Zeit nicht frei war und davon nun Grund zu deren Anklage genommen wurde. Genug: Constantin ließ sie, um die Mutter zu befriedigen, in einem heißen Bade ersticken, eine Untat, wie Zosimus sagt, durch eine größere wieder gutmachend. Zosim. II, 29; Epitom. A. Vict. c. 41, 12.)

Auch „zahlreiche Freunde" (numeroses amicos, Eutrop ,X, 6) fielen darauf seiner erwachten Mordlust, was kaum außer Zusammenhang mit dem vorher Erwähnten gestanden haben kann und die Vermutung über den politischen Anlaß zu des Crispus Tötung noch mehr bestätigen würde, wenn Eutrop es nicht ausdrücklich erst nach der von Fausta erwähnte. Es scheint daher mehr deren Mithelfer bei der gegen den Stiefsohn gespielten Intrige getroffen zu haben.

Gewiß in Verbindung mit jenen Ereignissen aber stand die noch im Jahre 326 angetretene Reise

Helenens nach dem gelobten Lande. Dem Sohne mochte ihre Gegenwart drückend, der Mutter diese mit höchsten Ehren und fast unbeschränkter Verfügung über Staatsgelder ausgestattete Sendung anziehend und schmeichelhaft sein. Sie wirkte bei Entdeckung der Grabstätte und des wahren Kreuzes des Herrn mit – wobei erstere ohne Schwierigkeit, letzteres aber nach Sokrates (I, 17) nur durch ein Wunder ermittelt wurde – baute Kirchen auf dessen Geburts- und Himmelfahrtsstätte, sammelte eine Fülle heiliger Reliquien und starb bald nach ihrer Rückkehr. Die Kirche hat ihren frommen Eifer durch Heiligsprechung geehrt.

Unzweifelhaft war das Wichtigste in der Zeit, da der Kaiser, nachdem alle inneren und äußeren Feinde zu seinen Füßen lagen, ungeteilte Sorge dem Wohle des Volkes und der Kirche, zugleich aber freilich auch seinem Nachruhme widmen konnte, die Verwaltung des Innern. Wir erwähnen hier zuerst die Gründung der neuen Residenz, eine Tat, deren Nachwirkung bis in die Gegenwart hineinreicht.

Nicht die im byzantinischen Reiche fortvegetierenden Reste alter Staats- und Kriegskunst, nur die wunderbare Lage der Hauptstadt haben die letzten Trümmer der alten Welt, den letzten Herd antiker Kunst und Wissenschaft, bis zum Jahre 1453 erhalten, bis der Boden des Abendlandes tragbar für die klassische Aussaat geworden war. Wie ungleich ärmer wären wir, wenn Rom oder selbst Nikomedien des Reiches Hauptstadt geblieben wäre.

Es gibt auf der ganzen Erde nur ein Konstantinopel.

Zwei Weltteile verbindend, an einem offenen überaus fischreichen Meere von zweihundert Quadratmeilen, das nach Nord und Süd durch uneinnehmbare Pforten gesperrt ist, mit einem ausgezeichneten Hafen, von der Landseite die Füglichkeit einer verhältnismäßig kurzen und erleichterten Befestigung bietend[26], ist es vor allem auch diese Lage, welche jetzt noch das innerlich verfaulte Türkenreich, den „kranken Mann“ unserer Tage[27], erhält, weil keine der europäischen Großmächte den Besitz *dieser* Stadt einer andern gönnt.

Häufig, oft jahrelang belagert, ward Konstantinopel doch vor Mohammed II. in 1125 Jahren nie von einem äußern Feinde allein eingenommen.[28]

Das Todesurteil über die alte Residenz Rom hatte schon der weise Diokletian ausgesprochen und Nikomedien erwählt, dessen durch eine lange Bucht mit dem Marmarameer verbundene Lage ebenfalls eine sehr glückliche, der von Byzanz aber doch auf keine Weise vergleichbar war, da es namentlich zur Verteidigung des damals noch wichtigsten, zugleich aber gefährdetsten Reichsteils, des europäischen, völlig ungeeignet gewesen wäre. Gleichwohl soll Constantin, nach des Zosimus bestimmter Versicherung (II, 30), zuerst die Gegend zwischen dem alten und neuen Troja (Alexandria Troas) zur neuen Residenz ersehen haben, ja die daselbst begonnene Mauer noch zu dessen Zeit sichtbar gewesen sein. Bald darauf aber habe ihn das gereut und die Lage Konstantinopels, welche er bewundert, seine Wahl entschieden.

Wohl mag der mythische Zauber, der an dem Namen Trojas, der *sagenhaften* Mutterstadt Roms, haftete, den Gedanken in Constantin erzeugt haben, den Bruch mit den geheiligtsten Erinnerungen, der in dem entschiedenen Aufgeben der alten Residenz lag, durch Erhebung von deren vermeinter Wiege zur Weltstadt zu sühnen: aber auch ein ungleich blöderes Auge als das seinige, hätte den Mißgriff bald erkennen müssen. Die Stätte lag am Ausgang des Hellespont: und selbst wenn der Plan auf dessen Sperrung und Gründung einer gegenüberliegenden Stadt am europäischen Ufer gerichtet gewesen wäre, blieb er immer im Vergleich zu Byzanz ein schlechter.

Dem welthistorischen Moment in Konstantinopels Gründung waren wir diese Hervorhebung schuldig; topographische Details über die alte und neue Stadt, mit denen Gibbon sein 17. Kapitel beginnt, gehören nicht hierher.

Genug, daß Constantin seine neue, anscheinend im Jahre 328 begonnene Schöpfung am 11. Mai 330, selbstredend noch unvollendet, feierlich einweihte (Idatius Descr. Consul. J. 330; Chronic. Paschale I, p. 529 der Bonner Ausg.), unermeßliche Summen auf öffentliche und Privatgebäude verwendete[29] und zu deren Schmucke mit Statuen und Kunstwerken alle Städte des Reichs, vor allem Griechenlands und Kleinasiens, namentlich auch die heidnischen Tempel, plünderte. Nicht mindere Schwierigkeit als der Bau, zu dessen Förderung noch im Jahre 334 die Errichtung von Bauschulen selbst in Afrika angeordnet ward (Cod. Theod. XIII, 4, 1), mag die Herbeischaffung der Bevölkerung geboten haben. Eiserner Wille und Geld wußten auch diese zu besiegen: Getreide- und andere öffentliche Spenden, Arbeitsverdienst, wie die Genüsse des Müßiggangs lockten die Ärmeren, Freigebigkeit und der Zwang kaiserlicher Wünsche die Reichen und Großen herbei.

Die Stadtverfassung ward nach Roms Muster geordnet, auch ein Senat errichtet. Doch blieb das Konsulat in Rom, wie denn Constantin auch nie daran gedacht hat, die Tiber-Stadt ihres, wenn auch nur noch idealen und historischen, Vorranges als Welthauptstadt jemals ausdrücklich zu entkleiden.

Constantins Ruf erfüllte den Erdkreis. Sehr glaublich daher, daß Gesandtschaften selbst der entferntesten Völker, wie Inder und Äthiopen, mit reichen Geschenken vor ihm erschienen, wie dies Eusebius (IV, 7) als Augenzeuge versichert.

Nur von Persien her drohte ein verhaltenes Ungewitter. Nicht die Aufnahme und Auszeichnung indes, welche des Narses Enkel und Hormisdas des Zweiten ältester Sohn, Hormisdas der Jüngere, bei Constantin gefunden, als er, der Thronfolge beraubt und eingekerkert, auf wunderbare Weise im Jahre 323 oder 324 zu Constantin entflohen war (Zosim. II, 27), sondern der Groll um den Verlust von fünf Provinzen, welche Galerius seinem Großvater entrissen, gärte in der Seele des kriegerischen Sapor des Zweiten. Gleichwohl heuchelte auch dieser, die Kriegsrüstung zu verbergen, Frieden und Freundschaft, Constantin im Jahre 333 oder 334 mit einer Ehrengesandtschaft beschickend. Erst gegen Ende des Jahres 336 oder Anfang 337, also kurz vor Constantins Tode, forderte er jene Provinzen zurück und begann, zurückgewiesen, den Krieg, der, unsicheren Anfangs, erst der Geschichte der folgenden Regierung angehört.

Fühlte sich auch Constantin der mühsam erlangten Gesamtherrschaft über das Reich gewachsen, so erkannte er doch gewiß die Weisheit, ja die Notwendigkeit von Diokletians Reichsordnung, ernannte daher seine Söhne zu Cäsaren, nicht nur, um sich treue und gehorsame Organe zu schaffen, sondern unstreitig auch im Hinblick auf die einstige Thronfolge. Von Crispus und Constantin II. ward dies bereits oben erwähnt; im Jahre 323 ward Constantius, sein anderer Sohn zweiter Ehe, sechs- bis siebenjährig, im Jahre 333 der jüngste, Constans, ungefähr dreizehnjährig, dazu berufen. Dies kann nur Titel gewesen sein: doch hat Constantin seine Söhne sobald irgend möglich mit Staats- und Kriegsangelegenheiten beauftragt, wie denn Constantin II. im Jahre 332 siegreich gegen die Goten focht und Constantius damals an dessen Statt, wiewohl erst fünfzehnjährig (wohl unter einem tüchtigen Führer), nach Gallien gesandt ward. (Julian Orat. I. p. 20 der Pariser Ausg. von 1630.) Erst im Jahre 335 scheint er ihnen bestimmte Reichsteile überwiesen zu haben.

So natürlich dies erschien, so fiel es doch auf, daß er dabei im Jahre 335 auch seinen Neffen Dalmatius, den Sohn seines ältesten Halbbruders gleichen Namens, der einen Aufstand auf Kypros unterdrückt hatte, gleichfalls zum Cäsar ernannte.

War es die von Eutrop (X, 9) gerühmte besonders glückliche Anlage dieses dem Onkel nicht unähnlichen jungen Mannes, die ihm Constantins Wohlwollen gewann oder der dringende Wunsch der Truppen (Aurel. Vict. d. C. c. 41, 14), – regte sich dabei vielleicht auch ein Billigkeitsgefühl gegen den Stamm seiner Halbbrüder, welche, gleichen, wo nicht durch ihre Mutter Theodora, Maximians Tochter, *höhern* Rechtes als er selbst, durch ihn gleichwohl von der Thronfolge ausgeschlossen worden waren, – oder schwebte ihm dabei nur Diokletians Anordnung vor: – wir wissen es nicht. Gewiß ist aber, daß die nach des Crispus Tod jenen Cäsaren zugewiesenen Reichsteile dieser letztern entsprachen.

Das Land jenseits der Alpen, weiland seines Vaters Bezirk, gab er Constantin II.; das Maximians, Italien und Afrika, Constans; die Donaulande erhielt, wie einst Galerius, nun Dalmatius, und den von Diokletian damals vorbehaltenen Orient Constantius; alle freilich, insbesondere der noch völlig unreife Constans, nicht mit der Selbständigkeit der frühern Cäsaren, sondern nur als Werkzeuge in der Hand des alleinigen unbeschränkten Gesamtherrschers.

Zugleich verlieh er seinem zweiten Neffen, des Dalmatius Bruder, Annibalianus, königliche Gewalt in der Provinz Pontus mit Kappadokien und Kleinarmenien, wahrscheinlich, wie nach diesem Titel zu schließen ist, da es ja früher schon viele untergeordnete Könige im Reiche gegeben hatte, mehr nach Art eines Paragiums, als mit voller Souveränität, worin wir nur einen Ausfluß der oben angedeuteten Pietät erkennen können, die sich jedoch auf seinen zweiten Halbbruder, Julius Constantius, nicht erstreckt hat. (Anon. Vales. a. Schl. u. Zosimus II, 39.)

Diese Anordnung soll nun Constantin nach Sokrates (I, 39) und Sozomenos (II, 34) durch sein Testament, das er einem arianischen Priester übergeben, bestätigt haben.

Was Constantin in Behördenorganisation, Militär- und Finanzwesen im Geiste Diokletians wirkte, ward, so weit es sich mit Sicherheit auf ihn zurückführen läßt, schon oben entwickelt. Unzweifelhaft hat sich derselbe großes und glänzendes Verdienst durch konsequente und verständige Fortbildung der geschilderten Staatsreform erworben.

Nur zwei von Zosimus (II, 34 u. 38) ihm gemachte schwere Vorwürfe sind hier nicht zu übergehen. Constantin soll den von Diokletian so trefflich eingerichteten Grenzschutz mutwillig zerstört haben, indem er den größten Teil der Soldaten aus den Grenzfestungen und Lagerburgen weggezogen und in Städte, die des nicht bedurften, verlegt, diese den Brutalitäten der Soldaten preisgegeben, letztere aber verweichlicht habe, so daß hierdurch der Grund zu Roms Untergange gelegt worden sei.

Unglaubliche Verblendung der Leidenschaft dieses sonst nicht übeln, nur mit Haß wider Constantin erfüllten Schriftstellers. Nie, selbst unter Diokletian nicht, hat sich das Reich einer so großen, vor allem dauernden Sicherheit gegen äußere Feinde zu erfreuen gehabt. Die Maßregel, welche Zosimus so bitter schmäht, war sonder Zweifel nichts anders als die Bildung der oben abgehandelten pseudocomitatensischen Legionen. Ein Teil der Linienarmee, ungefähr derselbe, der später die palatinischen Truppen umfaßte, deren Stärke in Buch 2, 11. Kap. angegeben ist, mag von jeher in oder bei den Hauptstädten des Reichs in der Nähe der Herrscher und kommandierenden Generale stationiert gewesen sein, der Rest derselben aber, vielleicht nahe drei Viertel, nur an der Grenze in Festungen und Lagerburgen gelegen haben, teils um den Grenzdienst unmittelbar zu versehen, teils um der kolonisierten Grenzmiliz zum Soutien zu dienen. Aus diesem mußten nun aber selbstredend die Hauptstreitkräfte für jeden großen Krieg entnommen werden, deren Zusammenziehung bei solcher Zerstreuung schwierig und aufhältlich war, während andererseits bei deren Abmarsch die Entblößung der Grenze sichtbarer hervortrat.

Hier traf nun Constantin die Einrichtung, den größten Teil derselben, wie Zosimus ausdrücklich sagt (nach der Not. dign. etwa zwei Drittel), von der Grenze zurück, mehr in das Innere zu verlegen, welche man nun comitatenses nannte, den kleinern aber, die pseudocomitatenses, allein zu bleibender Grenzbewachung zu bestimmen.

Dies mochte der durch furchtbare Züchtigungen und den Schreck seines Namens gesicherte Zustand der Grenze damals gestatten, während handgreifliche militärische und disziplinare Rücksichten eine stärkere Konzentrierung der Linienarmee empfahlen.

Des Zosimus weitere Gründe, welche nur den Beweis liefern, daß ihm jedes militärische Urteil abgeht, hier zu erörtern, würde müßig sein. Waren namentlich die Bewohner größerer Städte den Bedrückungen der Soldaten ausgesetzt, so mußten es doch vorher die der kleineren Städte und des platten Landes ungleich mehr gewesen sein.

Der fiskalische Druck, als dessen Urheber und weiterer Erfinder Lactantius (d. m. p. c. 7 u. 23) Diokletian und Galerius, Zosimus aber (II, 38) Constantin anklagt, ward bereits oben erwähnt und im Wesentlichen zugestanden. Daß auch Constantin, als er zur Befriedigung seiner Baulust und übergroßen Freigebigkeit ungeheurer Summen bedurfte, dawider vielleicht nicht so energisch eingeschritten sein mag, als eines guten und weisen Herrschers Pflicht erfordert hätte, würde zu tadeln sein. Ihn allein und vorzugsweise aber des fiskalischen Druckes anzuklagen, ist um so ärgere Verblendung oder Unwissenheit, da gerade umgekehrt Constantin durch ein an das ganze Volk erlassenes Edikt oder Manifest (C. Just. X, 19, 2) die Anwendung von Kerker, Schlägen oder andern Zwangsmitteln gegen Steuerrestanten, „welche die Unverschämtheit der Richter erfunden", verboten und die Beitreibung auf die noch heute üblichen Exekutionsmittel beschränkt hat, wie denn auch Aurelius Victor (c. 41, 4) ihm Unterdrückung der fiskalischen Plackereien nachrühmt. Ja er soll sogar nach Eusebius (V. C. IV, 2) die Grundsteuer um ein Vierteil ermäßigt haben, was, wenn auch vielleicht entstellt und übertrieben, doch unmöglich ganz unwahr sein kann. Mag dessen unerachtet, besonders in der spätern Zeit, wohl noch mancher Mißbrauch vorgekommen sein, so ist doch mindestens das Verschweigen obigen Gesetzes durch Zosimus unverantwortlich.

(Schwerer wiegt ein anderer Vorwurf: Julian beschuldigt ihn Amm. Marc. XXI, 10), zuerst massenhaft Barbaren, zumal Germanen, in den höchsten Zivil- und Militärdienst des Reiches befördert zu haben: das war freilich die Barbarisierung des Reichs von Innen heraus, die Anerkennung, daß die Römer dem Reich nicht mehr genügten: aber er hat nicht angefangen, nur vielleicht gesteigert, was nicht mehr zu vermeiden war und was auch Julian tat und tun mußte. D.)

Aufzählung und Kritik von Constantins Gesetzen gehört nicht hierher. Eutrop sagt darüber (X, 8) im Allgemeinen: „Gesetze gab er viele, einige gut und billig, mehrere überflüssig, einige hart."

Dies ist in der Tat richtig. Besonders das Jahr 320 zeichnet sich hierin aus, in welchem er außer dem vorstehend gegen die Greuel des römischen Gefängniswesens schritt. (C. J. IX, 4, 1–3.)

Auch was er zu Gunsten armer Schuldner und zur Erleichterung letztwilliger Verfügungen sowie zum Besten der natürlichen Kinder (aus Nov. 89 zu folgern) verfügte, zählt hierher.

210

Wahrhaft drakonisch dagegen ist das Gesetz gegen gewaltsame Entführung von Jungfrauen und Ehefrauen (C. Th. IX, 24 u. 25), das Todesstrafe und Vermögensentziehung nicht nur für den Entführer, sondern auch für alle Mithelfer desselben verordnete, ja selbst die Entführte ihres elterlichen Erbes beraubte.

Wir haben darin einen Ausfluß kaiserlicher, unstreitig durch prägnante Fälle gereizter Laune zu erblicken.

Überhaupt war er gegen alle Keuschheitsvergehen streng: auf unerlaubten Umgang einer Herrin mit ihrem Sklaven setzte er einfache Todesstrafe für erstere, den Flammentod für letztern. (C. Th. IX, 9, 1. un. u. Just. IX, 11.) Die nach römischer Sitte erlaubten Konkubinate verbot er gänzlich (C. J. V, 26).

Auch anderes ging aus christlicher Anschauung hervor: wie z. B. das Gesetz wegen beinahe gänzlicher Abschaffung der Strafen der Ehelosigkeit (C. Th. VIII, 16).

Daß Constantin gleichwohl Diokletians gesetzgeberische Tätigkeit nicht erreicht, ward bereits oben bemerkt.

Wir kommen zum Schluß seiner Geschichte.

Am 25. Juli 335 beging Constantin zu Konstantinopel die dreißigjährige Feier seiner Regierung, zu welcher Eusebius seine noch vorhandene Lobrede auf ihn hielt.

In der Osterwoche 337 erkrankte der Kaiser und starb am letzten Pfingstfeiertage, d. i den 22. Mai desselben Jahres zu Nikomedien, nachdem er kurz vorher daselbst die heilige Taufe empfangen.

Keiner seiner Söhne war um ihn: der nächste derselben, Constantius, den er herbeirief, kam erst nach seinem Tode an.

Seine Regierung brachte er auf dreißig Jahre, neun Monate und zwei Tage, sein Lebensalter (angenommen, daß er am 27. Februar 274 geboren ward) auf dreiundsechzig Jahre, zwei Monate und fünfundzwanzig Tage.

So lange hat, außer Augustus, dem Gründer der Monarchie, kein römischer Kaiser vor und nach ihm regiert.

VIERZEHNTES KAPITEL

Constantin und das Christentum als Staatsreligion

Der Glaube ist ein Bedürfnis, aber auch ein Erzeugnis der Seele. Verschieden daher, gleich dieser selbst, in den Einzelmenschen wie in den Völkern, muß er notwendig auch auf jeder besonderen Entwickelungsstufe derselben eine mehr oder minder veränderte Form und Richtung annehmen.

Davon hat sich selbst die „Weltreligion", das Christentum, nicht frei zu halten vermocht; wie viel mehr mußten die nationalen Kulte der Heiden dem unterworfen sein.

Der naive Kinderglaube an die Götter Roms, der dessen Anfänge und Blüte kennzeichnete, lebte zwar noch im Volke, ging aber bei den Gebildeten immer mehr in systematischen Unglauben über, wobei die Denkenderen jedoch die trostlose Leere durch Philosophie auszufüllen strebten, welche stets mehr oder minder monotheistisch war: (oft war es eine trübe Mischung von Mystizismus und Philosophie – wie übrigens auch in der christlichen Theologie so oft – was den alten Volksglauben und die Wissenschaft „vermitteln" sollte: wie man sich in solchen Fällen der Unklarheit ausdrückt. D.).

Nur der Staat hielt unverrückt an dem alten, mit seinem Gesamtleben tief verwachsenen Götterdienste fest: und das sicherte diesem noch einen gewissen Respekt bei jedermann: ja der müßige Pöbel war ihm, als einer Hauptquelle der Feste und Schauspiele, dankbar.

Indes genügte dies den Gebildeten natürlich nicht – das abgestumpfte blasierte Gefühl dürstete auch im Gebiet des Übersinnlichen nach neueren schärferen Reizmitteln.

Diese gewährten zuerst die Fremdkulte, welche aus dem Orient herübergebracht wurden.

Zu den bedeutendsten darunter gehörten der des syrischen Baal, und seiner, als große Göttin Syriens, als Mutter des Lebens zu Pesinunt und als phönikische Astarte noch allgemeiner verehrten Genossin. Sinnentaumel und Unzucht umgaben deren Kultus, Jubelgeschrei und Klagegeheul, rasender Tanz und trauernder Flötenklang, Prostitution der Weiber und freiwillige Selbstentmannung der

Männer. Das Ganze dieser Greuel ging indes aus Asien, wo Fürstentümer dessen Unterhaltung gewidmet waren, freilich nicht auf Rom über: aber genug davon, die Stadt mit einem Schwarme von Bettlern und Spitzbuben im Geleite der „Mutter des Lebens" zu erfüllen.

Reiner war der Dienst der ägyptischen Isis, der besonders durch Commodus bei den höhern Ständen Mode wurde. Hohe Wichtigkeit gewann ferner in späterer Zeit der Kultus des Mithras, der dem griechischen und römischen Sonnengott, wohl auch dem Baal verwandt, besonders durch seine Mysterien einflußreich wurde.

Bei diesem allgemeinen Haschen nach Neuem und Pikantem, wovon hier nur das hauptsächlichste erwähnt ward, kann es nicht Wunder nehmen, wenn das Heidentum immer mehr in Sekten zersplitterte, deren es, wie der Philosoph Themistius in der letzten Hälfte des vierten Jahrhunderts sagt, über dreihundert gegeben haben soll, „weil die Gottheit auf verschiedene Weise verehrt sein wolle und um so größeren Respekt genieße, je weniger ihre Erkenntnis gleichmäßig jedermanns Sache sei". (Sokrates, Hist. eccl. IV, 32.) Diese standen sich aber freilich nicht, wie die christlichen, ausschließend, ja feindlich gegenüber: vielmehr konnte man füglich mehreren derselben gleichzeitig angehören.

Wie mannigfaltig aber auch hiernach Gegenstände und Formen des heidnischen Kultus waren, so heischte doch einerseits das Gefühl menschlicher Hilfsbedürftigkeit für dieses wie für jenes Leben, andererseits die allgemeine Wundergier jener Zeit noch unmittelbarere Befriedigung.

Diese suchte man in ersterer Beziehung in den Mysterien, welche, mit den meisten Götzendiensten verbunden, dem Eingeweihten gewissermaßen die persönliche Gunst der Götter, zum Teil aber auch Reinigung und Entsündigung vermitteln sollten. Die des Mithras beruhten sogar auf der Idee der Selbsterlösung durch Übernahme freiwilliger Leiden, zahlloser und furchtbarer Kasteiungen, bei denen das Leben auf dem Spiele stand.

Der Wunderglaube dagegen heftete sich an Astrologie und Magie; wie oft auch die Chaldäer durch kaiserliche Weisheit oder Laune aus Rom vertrieben wurden, so kehrten doch die Unentbehrlichen immer wieder dahin zurück. Durch optische und mechanische Künste wurden da Geister beschworen, Seelen gebannt und Leichname auf Augenblicke wieder erweckt. Daneben dauerte aber der alte klassische Aberglaube mit seinen Orakeln, Augurien und Haruspicien immer noch fort: nur wurden letztere jetzt auch auf die Schau menschlicher Eingeweide ausgedehnt.

Die Philosophie dagegen verfiel und ging immer mehr in Mystik oder in ödem Skeptizismus unter; die mächtigste Schule derselben, die Stoa, scheint nach M. Aurelius kaum wieder einen bedeutenden Vertreter gefunden zu haben. Da ward durch Plotinus (205–270), den Schöpfer des Neuplatonismus, auch diese Richtung der Geister wieder in das Leben gerufen: aber nicht in jener reinen, nüchternen Spekulation der alten Weisen Griechenlands, sondern mit dem mystischen Schwunge, den die Zeitströmung erforderte. Die Lehrsätze dieser Schule waren im Wesentlichen folgende: *Ein* Gott als Ausfluß aller Dinge und Wesen, in bestimmten absteigenden Graden des Daseins, indem man über dem Menschen noch zahlreiche Dämonen (Untergötter) in förmlicher Rangordnung annahm.

Die Menschenseele eine unmittelbare Emanation des göttlichen Wesens, mit dem sie sich zeitweise ganz wieder vereinigen könne.

Die Idee der ewigen Seligkeit aber fehlte noch: nur Wanderung der Seelen, gewißermaßen ein Avancement derselben nach Verdienst zu höhern Klassen, bei den Besten Versetzung in gewisse Gestirne, ward gelehrt.

Bald aber nach dem Tode des Stifters verfiel auch diese Schule wieder in dumpfen Aberglauben indem man vorgab, in jener großen Stufenreihe aus Gott emanierter Wesen wirke Geist auf Geist Geist auf Natur in magischer Weise: und den Schlüssel zu dieser Magie besitze der Eingeweihte wodurch nun zu Beschwörung von Göttern, Dämonen und Seelen, zu Wunderkuren und geheimnis vollem Spuk aller Art – einer sehr ergiebigen Erwerbsquelle – der Weg gebahnt war.

In all diesem wirren und wüsten Treiben treten jedoch folgende Richtungen entschieden hervor.

Auch die höheren Klassen im Volke, die sonst meist nur von Skeptizismus oder unklarem Monotheismus erfüllt waren, werden jetzt, neben und unbeschadet dieses letztern, nicht ohne Einwirkung der großen Unglücksfälle des Reichs im dritten Jahrhundert, immer mehr von der Wundersucht und dem Aberglauben des gemeinen Volkes ergriffen: ja selbst die neuerwachte Philosophie muß dieser Hange fröhnen.

Neben solchem verworrenen und kindischen Irrwahne, ja zum Teil als Grund desselben, macht sich nun aber doch auch etwas in seiner Wurzel Reineres und Edleres geltend: die Sorge für das trübe Jenseits und das Gefühl der Erlösungsbedürftigkeit des Menschen.

Die Idee der Unsterblichkeit war den Alten natürlich nicht fremd; (aber, von wenigen Philosophen abgesehen, betrachteten sie die Existenz der „Schatten" als eine traurige, durchaus nicht wünschenswerte. Der gesunde, natürliche Sinn der Antike war völlig auf die Erde, auf das Diesseits, gerichtet, konnte sich ein glückliches Dasein des Menschen nur unter der goldenen Sonne und der Himmelsbläue denken: bezeichnend ist jenes Wort des Schattens des Achillens zu Odysseus im Hades, lieber wolle er als der ärmste Taglöhner auf der Erde leben, denn als König über alle Schatten herrschen. In Heldentum und Bürgerpflicht und schönem Lebensgenuß ist dem Heiden das Menschendasein beschlossen: hinter dem Grabe gibt es kein Glück. Da nun mit Ausnahme der wenigen unter die Götter oder auf die seligen Inseln Versetzten alle das Grab erwartet, forderte die heidnische Anschauung ein Heldentum der Resignation, d. h. eine Pflichterfüllung ohne Lohn-Hoffnung, die nicht vieler Leute Sache ist.

Da mußte das Christentum sich empfehlen, welches dem stärksten menschlichen Triebe, dem Heißhunger der Selbsterhaltung, der durch Nichts zu übertreffenden Freude an der ewigen Erhaltung des Ich nicht nur entsprach, sondern obenein für alle Ewigkeit den Genuß einer ganz unaussprechlichen Glückseligkeit garantierte unter der einen, in jenen mystisch gestimmten Zeiten nicht schwierigen Bedingung, statt an viele heidnische Mythen an nicht eben sehr zahlreiche Mirakel zu glauben. Die „ewige Seligkeit" als Belohnung nicht etwa der (heidnischen) Tugend, sondern des Glaubens – mit dieser Waffe hat das Christentum die Seelen erobert. Aber – um gerecht zu sein – nicht nur diese Erlösung von der Todesangst vor der Vernichtung oder einem freudlosen Schattenzustand hat gewirkt: der Ausgleich zwischen Lohn und Verdienst, Strafe und Schuld, welchen das Walten der „Götter" auf Erden oft so grausam und unvernünftig vermissen ließ, ward zwar leider durch die christliche Vorsehung *auf Erden* auch nicht gebessert – aber dieser Ausgleich ward nun in das Jenseits verlegt: man brauchte nur daran zu glauben.

Dazu kam, daß die *moralischen* Ansprüche, welche der Religionstrieb an seine Gottheit erhebt, durch die Vermenschlichung der Olympier nicht mehr befriedigt, sondern verletzt wurden, daß das *philosophische* Bedürfnis, das auch in dem Religionstrieb waltet, durch den Polytheismus nicht mehr befriedigt, sondern verletzt ward: da schien das Christentum Abhilfe zu gewähren, dessen unvergleichlich feineren Anthropomorphismus man nicht erkannte, dessen Monotheismus damals noch nicht durch gewisse Auffassungen von der Dreieinigkeit, der Madonna, den Heiligen so gröblich getrübt ward wie später.

Endlich aber: die heidnische Welt war erschöpft und krank durch das Extrem des Sinnengenusses, der Weltlichkeit: sie warf sich mit Instinkt und mit einer ganz neuen Lustempfindung in das andere Extrem: in die christliche, weltflüchtige, ja weltverachtende und welthaßende Askese.

Aber trotz all dieser Leistungen hätte das Christentum nicht gesiegt, wenn die Römer des „heiligen" Constantin noch gewesen wären – Römer: ich will nicht sagen Römer des Cäsar, nur des Tacitus. Denn die römische Religion, wie jede naturwüchsige, war eine Nationalreligion – an die christlichen Ideen hat sich in frühester Zeit bereits Reflexion, mythische Spekulation, angesetzt. Eine Nationalreligion aber wird nur überwunden, wenn die Nation äußerlich überwunden und ihr eine fremde aufgezwungen wird – wie das Christentum so häufig durch die Waffen eingeführt ward – oder, wenn die Nation jenen Charakter verloren hat, aus welchem die Religion geboren war. Der Erfolg hat das gelehrt. Länger als drei Jahrhunderte fand das Christentum bei den Römern nur Verachtung, später Haß: als es Eingang fand, fand es keine Römer mehr: sondern einen entnationalisierten, entrömerten, kosmopolitischen Brei, verdorben durch einen tief und lang entarteten Hellenismus, entnervt durch die Kulte und Lüste Asiens, gestützt, aber barbarisiert zugleich durch Barbaren aller Grenzvölker. Diese Römer, nicht die starken, sondern die tödlich erkrankten hat das Christentum überwunden. *Die Germanen aber haben angenommen – die herrschende Staatsreligion des Reichs als solche*: wäre im vierten Jahrhundert der Buddhismus oder der Islam römische Staatsreligion gewesen – die Germanen hätten diese Religion angenommen. Daher nahmen ja z. B. die Goten das Christentum in der unrichtigen arianischen Färbung an – weil der Arianismus die Konfession des Kaisers Valens war; zwischen die Hunnen und die vom Kaiser als Preis der Rettung geforderte Taufe gestellt „glaubten sie den Priestern, welche Valens Imperator schickte". Den Unterschied von ὁμοιούσιος und ὁμοούσιος verstanden wohl nicht viele von ihnen. D.)

Jene Auflösung und Zersetzung des Heidentums – wer ist so blöden Auges, hierin nicht eine Vorstufe zu dem allgemeinen Siege des Christentums zu erblicken?

Hatte doch schon die Entnationalisierung des alten griechischen und römischen Staatskultus durch Hereinziehung fremder Götter den Boden für die neue Lehre gewißermaßen geebnet, welcher das Vorurteil für alles Orientalische sogar zu direkter Empfehlung diente.

Und doch hätte der Kampf (auch der entarteten Römer gegen die durch und durch anti-römische wie anti-hellenische Lehre *D.*) gewiß noch lange gedauert, wenn nicht das Schwert der weltlichen Macht den Knoten dieser Wirren durchgehauen hätte.

Dies führt uns auf Constantin und dessen unmittelbaren Anteil an dem größten Ereignis der Geschichte der neuen Welt.

Constantius, dessen Vater, gehörte unstreitig zu den wenigen edlern Gemütern und denkenden Geistern, die in einem, wenn auch unklaren, Monotheismus notdürftige Befriedigung fanden, duldsam gegen Christen aus Grundsatz, ja christliche Tugend hochachtend und auszeichnend. Die Erkenntnis der Alleinwahrheit des Christentums aber war ihm unbezweifelt nicht aufgegangen, was man selbst aus Eusebius (V. C. I, 17) zwischen den Zeilen lesen kann.

Was dieser Schriftsteller (ebenda c. 16) von ihm berichtet, daß er nach Diokletians Edikt seinen christlichen Offizieren und Richtern die Wahl gelassen, ob sie opfern oder ihre Stellen verlieren wollten, nachher aber gerade umgekehrt diejenigen, welche ihren Glauben verleugnet, abgesetzt, die treu gebliebenen aber behalten und geehrt habe, hat zwar unmittelbar darauf in so direkter und schlagender Auflehnung gegen das Gesetz gewiß nicht stattgefunden, mag aber dessen späteres Verhalten gegen seine Diener geleitet haben und kennzeichnet jedenfalls dessen Gesinnung.

Des Vaters Vorbild kann auf den Sohn, wenngleich dieser vom achtzehnten bis zum einunddreißigsten Jahre von ihm getrennt war, ebenso wenig ganz ohne Einfluß geblieben sein, als der Gegensatz der Christenverfolgung zu Nikomedien, deren Augenzeuge er gewesen war, und das blinde Wüten des Urhebers derselben, Galenius, den er überdies aus persönlichen Gründen hassen mußte.

Diesem gemäß kann Constantin von Beginn seiner Herrschaft an nur duldsam, ja freundlich gegen die Christen gesinnt gewesen sein. Andre Interessen, andre Leidenschaften aber erfüllten seine Seele, in der für Glaubensfragen um so weniger Raum blieb, als seine Teilnahme daran wohl kaum eine lebendige gewesen sein mag.

Im Jahre 308 nach Maximians Verrat sehen wir Constantin im Apollotempel zu Autun opfern und diesen reich beschenken (Eumenes Pan. IV, c. 21), ja der Anfang des c. 22 beweist, daß der gewiß scharfblickende Staatsmann Eumenes keine Ahnung davon hatte, er könne dies in Zukunft je unterlassen.

Erst im Jahre 311, nachdem auch Constantin das erwähnte Widerrufsedikt des Galerius mit erlassen hatte, und später, gegen Maxentius rüstend, den ersten Schritt zur Alleinherrschaft tat, drängte sich die Glaubensfrage in den Vordergrund seiner Erwägungen und Entschlüsse. Wie mußte nun ein so genialer Kopf, selbst bei *völliger Neutralität des religiösen Gefühls*, diese damals politisch auffassen?

Am Schluß einer langen und weisen Regierung hatte der milde Diokletian das der Staatsgewalt über den Kopf wachsende Christentum aus dringenden politischen Gründen zu unterdrücken, ja auszurotten versucht.

Mit Hasseseifer handhabten seine Nachfolger im Orient dies Gesetz. Vergebens – nicht nur die Standhaftigkeit der Christen, auch die Macht der Meinung in allen bessern Heiden widerstrebte. Schon schwebte der Sieg des Christentums in der Luft. Das hatte, wenn auch erst auf dem Totenbette, Galerius, der ärgste Christenhasser, selbst anerkennen müssen.

Da war in der Tat für jeden denkenden Herrscher, ganz abgesehen von persönlicher Vorliebe oder Abneigung, die Frage nicht mehr: Duldung oder Unterdrückung, sondern nur noch: Duldung oder Anerkennung? Jenes aber offenbar eine halbe, dieses eine ganze Maßregel und zwar, besonnen, d. i. billig, gerecht, vor allem ohne Haß gegen das Heidentum, ausgeführt, von sehr hohem politischen Vorteile.

Die Zahl der Christen jener Zeit im Reiche ist ein unlösliches Problem; die Annahmen schwanken (s. Burkhardt S. 157) von 1/2 bis zu 1/20 der Gesamtbevölkerung, unter denen Burkhardt sich für 1/12 entscheidet.

Wir möchten, wenn man die Köpfe eben nur *zählt*, der zahlreichen Landbewohner halber, sogar Gibbons Angabe von 1/20 immer noch für sehr hoch halten, müssen aber, wenn man solche wägt, der christlichen Bevölkerung, namentlich in den großen Städten wie Alexandrien, Antiochien u.a.m. eine sehr hohe Bedeutung zugestehen.

Die Christen aber hatten sich unter dem Drucke zu einer festgegliederten Gesellschaft unter dem hierarchischen Regiment der Bischöfe[1] ausgebildet und derjenige Regent, welcher letztere, die damals so leicht zu gewinnen waren, für sich hatte, konnte über eine treue Klientenschar von Millionen verfügen, deren unberechenbare Vermehrung sogleich mit der Anerkennung eintreten mußte. Gewiß war dies in einer Zeit, wo jede Spur eines Bandes von Liebe und Treue zwischen Fürst und Volk fehlte (denn die Römer, auch nur Trajans, waren nicht mehr D.), von doppelter Wichtigkeit. Aber auch der Vergleich zwischen dem *Gehorsam* christlicher und heidnischer Untertanen mußte, wenn einmal das blinde Vorurteil gegen erstere geschwunden war, von schlagender Wirkung sein. Bei den Heiden war jener Gehorsam jetzt oft nur noch das Erzeugnis von Zwang und Furcht, daher sofort gebrochen, wo diese selbst wegfielen, was sich vor allem in dem Zulaufe kund gab, den jeder Empörer sogleich fand: bei den Christen hingegen war er heilige Glaubenspflicht. Hatten doch die großen Apostel, *selbst unter Nero und aus dem Kerker* den Gläubigen geschrieben: *„Jedermann sei untertan menschlicher Ordnung und der von Gott verordneten Obrigkeit um des Herrn willen"*, und: *„wer sich wider die Obrigkeit setzet, der widerstrebet Gottes Ordnung"*. Wahrlich, selbst ein stumpferer Blick als der des großen Constantin konnte da nicht zweifelhaft sein. Aber auch von hoher unmittelbarer Wichtigkeit für die Entwürfe seines persönlichen Ehrgeizes mußte entschiedene Parteinahme für die Christen sein, wenn auch nicht für den nächsten derselben, des Maxentius Sturz, da dieser weder Feind der Christen noch diese in Rom bedeutend waren; desto mehr aber für die ferneren in Beziehung auf den Orient, wo der Einfluß des neuen Glaubens im ganzen Reiche am größten war.

Um dieselbe Zeit nun läßt Eusebius in dem merkwürdigen 27. Kapitel des ersten Buches von Constantins Leben denselben eine Selbstberatung über die Frage anstellen: *ob Gott oder Götzen?* Dabei ist aber nicht von irgendwelchem Glauben oder auch nur religiösem Gefühl, sondern allein von *Nützlichkeit* die Rede. Schwach, nichtig und trügerisch hätten sich die Götter seinen Vorgängern, Galerius und Severus, erwiesen, die ihnen so eifrig gehuldigt, sein Vater allein, der einen einzigen Gott verehrt, sei glücklich geblieben. Darum habe er sich für letztern entschieden. (Ähnlich wog der blutige Chlodovech hundertundsiebzig Jahre später die durch den Erfolg bewährte Vorzüglichkeit von Wotan, Arius oder Athanasius ab, bevor er der erste katholische Germanenkönig ward: in der Tat: in *jedem* Sinne: „alter Constantinus"! – Beide Männer wählten ihren neuen Glauben nicht ohne religiöse oder doch mystische Motive – aber beide würden diese unterdrückt haben, wenn nicht politische Motive die Wahl empfohlen hätten. D.)

Merkwürdiges Bekenntnis eines Bischofs, den Burkhardt den widerlichsten aller Lobredner und den ersten durch und durch unredlichen Geschichtsschreiber des Altertums nennt (S. 346 u. 375). Eusebius war eben doch durch die Macht der Meinung seiner Zeit gehindert, dem Glaubensdrange eines frommen Herzens zuzuschreiben, was, wie jedermann wußte, nur dem politischen Interesse des Herrschers angehörte.

Darauf habe nun, fährt Eusebius (im 28. Kap.) fort, Constantin zu Gott gebetet, sich ihm kenntlich zu machen und ihm in seinem Vorhaben beizustehen: und in diesem Gebet sei ihm am hellen Mittag ein leuchtendes *Kreuz* mit der Inschrift: *„darin siege (τούτῳ νίϰα)"*, am Himmel erschienen, welches er sowohl als das ganze, auf dem Marsche ihm folgende Heer gesehen habe. Dies klinge unglaublich, sei aber doch wahr: weil der Kaiser es ihm *lange Zeit nachher*, als er zu dessen Vertrauen gelangt sei, unter eidlicher Beteuerung *(ὅϱϰοις τε πιστωσάμενον τὸν λόγον)* selbst erzählt habe. Schon in der nächsten Nacht nun (Kap. 29) sei jenem der Erlöser im Traum erschienen und habe ihm befohlen, eine Fahne mit diesem Zeichen anfertigen zu lassen und zu seinem Schutz im Kriege zu führen. Diese sei nun folgendergestalt ausgeführt worden: zu oberst der goldplattierten Fahnenstange eine goldene Krone mit Edelsteinen, *auf letzterer*[2] das Monogramm XP (die griechischen Anfangsbuchstaben von *Χριστίς*) in der Form ☧ oder ⳨, unter diesem das an einer quer durchgehenden, die Form eines Kreuzes bildenden Stange befestigte[3] purpurne Fahnentuch, unter diesem endlich das Bild des Kaisers und (später) seiner Söhne.

Dies Feldzeichen war es, das man nachher mit dem Namen *Labarum* belegte, ein Wort, dessen Ableitung unbekannt ist, das aber auch in allgemeinem Sinne für Fahne gebraucht worden sein soll.

Diese Vision hat in der alten christlichen und in der spätern katholischen Kirche so hohe Wichtigkeit erlangt, daß ihr eingehendere Betrachtung nicht versagt werden darf.

Die Tatsache, daß unter Constantin dem Großen das Labarum aufgekommen ist und auf diesem so wie sonst, namentlich auf Münzen, das beschriebene Monogramm angebracht war, steht zuvörderst unbestritten fest.[4]

Die Frage kann sich daher nur noch um folgende Punkte bewegen:

1) Ist es historisch erwiesen, daß ein „Wunder" zu obiger Wahl einer neuen Heerfahne Anlaß gegeben habe?

2) Ergibt sich eine wunderbare *Wirkung* desselben?

3) Ist eine *Beziehung desselben auf das Christentum* von Constantin jemals öffentlich ausgesprochen worden?

Zu 1) Es ist zuvörderst sehr bezeichnend, daß zwei christliche Schriftsteller, Eusebius und Lactantius, über ein bei des Maxentius Besiegung vorgekommenes Wunder reden, dies aber in *völlig verschiedener* Weise berichten. Beide waren Zeitgenossen: beide mit Constantin in naher persönlicher Berührung: Lactantius aber als Erzieher von dessen Sohn Crispus (Hieronym. Chron. v. 10. Regier.-Jahre Constantins) schon um jene Zeit oder doch bald nachher, Eusebius erst mindestens fünfzehn Jahre später.

Lactantius nun sagt (im 44. Kap. d. mort. persec.), *nachdem* er Constantins Ankunft vor Rom und des Maxentius Aufstellung vor der milvischen Brücke erwähnt hat, folgendes:

„Der Tag stand bevor (Imminebat dies), an welchem Maxentius die Regierung angetreten hatte, das ist der 27. Oktober, an welchem die fünf Jahre[5] derselben abliefen. Da ward Constantin *im Schlaf* aufgefordert (commonitus est), daß er das himmlische Zeichen Gottes *auf den Schildern* anbringe und so die Schlacht liefere. Er tat wie befohlen, und indem er den querliegenden Buchstaben X (also ✕) oben mit einem Haupte (oder mit dem höchsten Haupte) umgab (summo capite circumflexo), bezeichnete er Christus auf den Schilden. Mit diesem Zeichen bewehrt zieht die Armee das Schwert."

Offenbar ist hier ebenfalls das von Eusebius beschriebene, uns in Münzen noch erhaltene Monogramm ☧ gemeint: nur das P, was letzterer für den zweiten Anfangsbuchstaben von Christus erklärt, wird als ihm ein Bild solchen Hauptes ausgelegt.

Wichtiger die Zeitverschiedenheit der Vision, nach Eusebius vor dem Kriege, wie man (nach dem Schluß von I, 32) annehmen muß, nach Lactanz *zu Ende* desselben in der letzten oder vorletzten Nacht vor der Entscheidungsschlacht, da es nach dessen Worten nicht denkbar ist, derselbe habe einen *früheren* Vorgang hier nur am ungehörigen Orte mit Weglassung der Zeitangabe eingeschaltet. Wesentlich bleibt ferner die Verschiedenheit der göttlichen Offenbarung selbst, indem nach ersterem eine neue Heerfahne, nach letzterem dagegen eine neue Bezeichnung der Schilde sämtlicher Soldaten vorgeschrieben ward.

Unbefangen betrachtet, würde hier des Eusebius Erzählung die wahrscheinlichere sein, weil die einfachere, auch eine neue Bezeichnung aller Schilde auf dem Wahlplatz unmittelbar vor der Schlacht schon der Zeit nach kaum ausführbar gewesen sein dürfte.

Gleichwohl scheint die des Lactanz durch eine Stelle des Nazarius (Paneg. v. J. 22 c. 14) Bestätigung zu erhalten. Dieser sagt daselbst nämlich: Es sei im Mund aller gallischen Heere, daß von Gott gesandte Geister, die auf Augenblicke sogar sicht- und hörbar gewesen, ihnen vorausgezogen seien. Nachdem er nun die Frage, welches deren Gestalt gewesen, aufwirft, fährt er als Erwiderung darauf fort: „Sie flammten, ich weiß nicht wie, Ehrfurcht gebietend, *blitzend von den Schilden* (oder Schildbuckeln und schreckend brannte das Licht himmlischer Schutzwaffen." (Flagrabant verendum nescio qui, umbone corusci, et coelestium armorum lux terribilis ardebat.)

Mag die ganze poetisch-rhetorische Stelle des Panegyrikers ohne sonderliche Bedeutung sein, so bleibt doch die Erwähnung eines *von den Schilden blitzenden himmlischen Lichts* (poetisch vielleicht für Zeichen) in dieser Rede gewiß etwas sehr Wesentliches.

Da nun des Lactantius Bericht von jenem Ereignis in der Zeit desselben viel näherer ist als der des Eusebius und überdies noch durch eine andere, ebenfalls gleichzeitigere Quelle unterstützt wird, so verdient er an sich höhern Glauben.

Ist nun auch Eusebius in seiner *Kirchengeschichte* wohl glaubhafter als Lactantius (de mort. persec.), so ist doch des erstern Leben Constantins eine offenbare Tendenzschrift von so unredlicher Art, daß beide Quellen mindestens gleichzustellen sein dürften.

Allerdings beruft sich Eusebius auf die eidliche Versicherung des Kaisers selbst, der von jener Vision freilich allein sichere Kunde geben konnte.

Schwer denkbar erscheint es aber, daß irgend ein Monarch, namentlich Constantin, eine einem seiner Untertanen gegebene Versicherung ohne allen äußeren Anlaß durch *förmliche Eidesleistung* bekräftigen werde: wir haben hier daher wohl nur eine erhöhte Beteuerung im Ausdrucke vorauszusetzen, wie solche im gemeinen Leben, z. B. mit den Worten: „ich schwöre dir zu, daß es so war", auch heute noch vorkommt.

Wer aber die Geschichte und Charaktere römischer Imperatoren und Constantins selbst studiert hat, der wird auch wissen, daß solche mit den seltensten Ausnahmen eine Pflicht der Wahrheitsliebe in Fällen, wo irgendwie die Politik einschlug, gar nicht einmal begriffen, geschweige denn übten; wie denn auch die antike Anschauung in dieser Hinsicht selbst in neuerer, ja neuester Zeit[6] noch nicht untergegangen ist.

Daß aber Constantin nach dem Jahre 324 aus Politik die Bischöfe und Christen für sich gewinnen und sich als ein Werkzeug Gottes zu deren Schutz darstellen wollte, wird niemand bezweifeln. War nun auch dessen Interesse hierbei kein so dringendes als dasjenige, welches ihn zu Eidbruch und Mord wider seinen Schwager Licinius trieb, so war doch ebenfalls in diesem Fall eine Täuschung in Nebenumständen für diesen „Heiligen" etwas völlig Harmloses. Ist doch die Wahrheitsliebe des Eusebius selbst, der in gedachter Schrift die Kunst, Tatsachen aus politischer, wenn auch guter, Absicht zu verschweigen, zu entstellen und zu verwirren zu solcher Meisterschaft gebracht, wahrlich keine größere gewesen.

Die strengste Rechtgläubigkeit will zwar Eusebius und Lactantius dadurch vereinigen, daß sie, beiden folgend, zwei Wunder annimmt, erwägt aber nicht, daß darin eine unbewußte Blasphemie liegt. Müßte nämlich der Herr nicht das *erste* für ungenügend und ohnmächtig erkannt haben, wenn er ein *zweites* notwendig fand?[7]

Zu 2) Um den Sieg eines so hervorragenden Mannes und Helden wie Constantin der Große an der Spitze des kriegsgeübtesten römischen Heeres über den Feigling und Schwelger Maxentius zu erklären, bedarf es gewiß keines Wunders, mag auch die Streitkraft des letztern eine merklich zahlreichere gewesen sein.

Zu 3) ist es völlig zweifellos, daß Constantin jener angeblich durch eine Vision veranlaßten Neuerung, möge diese in einer neuen Fahne oder Schildbezeichnung bestanden haben, damals und auch lange nachher noch keinerlei offizielle Beziehung auf das Christentum beigelegt hat, was natürlich nur durch einen Armeebefehl oder sonstige öffentliche Kundgebung hätte geschehen können. Darüber läßt schon das Schweigen sämtlicher Quellen kaum einen Zweifel zu. Wie hätte Zosimus insbesondere, der die Akte christlicher Gesinnung desselben mit so gehässiger Sorgfalt aufsucht und anklagt, dies übergehen und Constantins Konversion (II, 29) sogar erst in eine vierzehn Jahre spätere Zeit nach dem Hausmorde 326 setzen können? Noch undenkbarer ist es, daß Eusebius selbst in seiner erst im Jahre 326 herausgegebenen Kirchengeschichte eine derartige öffentliche Erklärung des Kaisers – das Fundament einer neuen Ära für das Christentum – hätte verschweigen können, wie er denn auch zugibt, daß er die ganze Visionsgeschichte *erst viel später durch Constantin selbst* in Erfahrung gebracht hat.

Am wichtigsten sind aber in dieser Beziehung die beiden hauptsächlich von dem Sieg über Maxentius handelnden Panegyriker (VIII und IX) von den Jahren 313 und 321.

Das Gewerbe der Lobredner setzte Absicht und Gefallsucht voraus; des Kaisers Ansichten, Neigungen und Wünschen zu schmeicheln war die Aufgabe.

In diesen Reden findet sich nun allerdings zwar keinerlei Beziehung auf Götzendienst, wovon Constantin, wie jedermann bekannt gewesen sein muß, damals wenigstens nichts hielt, eben so wenig aber auch nur die allerentfernteste auf spezifisches Christentum: wohl aber sind sie an sehr vielen Stellen von monotheistischer Anschauung durchwebt, welche man also notwendig für die Constantins gehalten haben muß. (S. z. B. VIII, c. 2, 5; 3, 3; 4, 1 u. 26 u. IX, c. 7, 3 u. 4; 14, 1–5; 16, 1; 19, 2 u.a.m.)

Am bezeichnendsten sind folgende Stellen (VIII, c. 2, 5): „Du hast in der Tat, Constantin, eine geheime Verbindung mit jenem göttlichen Geiste, welcher, nachdem er die Sorge für uns seinen Untergöttern[8] (diis minoribus) übertragen, Dich allein seiner Offenbarung gewürdigt hat "

Vor allem das Schlußgebet c. 26:

„Wir flehen zu Dir, höchster Urheber aller Dinge, dessen Namen so viele sind als Du den Völkern Zungen gegeben hast, es sei nun in Dir eine göttliche Kraft und Seele, durch welche Du in die ganze Welt ergossen, Dich mit allen Elementen vermischest und ohne irgendeine Kraft von außen Dich selbst bewegest, – oder Du seiest eine Macht über allen Himmeln und schauest auf Dein Werk aus einer höhern Burg hernieder", woran sich nun die Fürbitte für Constantin schließt.

Ferner IX, c. 7, 3 und 4, wo von dem als Richter aller Dinge aus der Höhe herabschauenden Gotte die Rede ist, der sich doch auch bisweilen offenbare, das Laster bestrafe, die Tugend aber schütze.

Es scheint uns überflüssig, über diese Frage mehr zu sagen und namentlich aus Constantins eigenen Religionsedikten Gründe für unsere zu 3) ausgesprochene Meinung herzuleiten, da wir nicht denken können, daß ein Unbefangener sie bestreiten werde. Namentlich würde in dem von Eusebius (V. C. II,

c. 24–42) wörtlich mitgeteilten, erst nach des Licinius Tod im Jahre 324 erlassenen Edikte (c. 28) der Ort gewesen sein, wo eine frühere entschiedene Kundgebung Constantins für das Christentum fast unvermeidlich zu erwähnen gewesen wäre.

Ausgesprochen hat sich also der Kaiser über Bedeutung und Zweck jenes Monogramms niemals: es kann sich daher nur noch fragen: ob dies nicht auch ohne Kommentar bezeichnend genug gewesen sei? Neu ist zuvörderst dies Zeichen nicht: denn es kommt (nach Eckhel VIII, p. 89) schon auf attischen Tetradrachmen und ptolemäischen Kupfermünzen vor: das querliegende $\times$ oder Andreaskreuz ist gar nicht das Kreuz Christi: somit bleiben nur die angebliche, aber nicht genau beschriebene Kreuzesform der ganzen Fahne, sowie die Anfangsbuchstaben XP übrig, mit denen zahlreiche griechische Worte, wie Orakel, Schicksal und andere beginnen. Darum war es kein deutlicher Ausspruch, sondern ein Rätsel, das, vielfacher Auflösung fähig, nach Belieben gedeutet werden konnte. Wahrlich, hätte Constantin damals den Erlöser erkannt und diesem die Fahne weihen wollen, so heischte die Ehrfurcht vor der Gottheit deutliche und *hauptsächliche* Bezeichnung dieses Zweckes, konnte und durfte sich daher nicht auf jene an der Krone, dem Sinnbilde irdischer Macht, angebrachte, noch dazu undeutliche *Neben*verzierung beschränken.

Entscheidender würde das Anführen des Eusebius (K.-G. IX, 9 u. V. C. I, 40) sein: der Kaiser habe in der Hand der ihm zu Rom errichteten Statue die Fahne des Kreuzes *(τοῦ σταυροῦ σημεῖον)* anbringen, das Fußgestell aber mit folgender Inschrift versehen lassen: „Durch dies rettende Feldzeichen *(σημείῳ)*, dem wahren Beweise der Tapferkeit *(ἀνδρία)*, habe ich eure Stadt vom Joche befreit usw."

Beide merklich unklare Stellen haben nun nach unserer Ansicht folgenden Sinn.

In Rom war, zweifellos vom Senat, nach dem Maxentiussieg außer dem Constantin gewidmeten Triumphbogen noch eine Statue desselben an einem der besuchtesten Orte aufzustellen beschlossen worden, welche nach dem Worte μέγα (V. C. I, 40, Z. 3) kolossal gewesen zu sein scheint. Nachdem diese vollendet war, befahl Constantin sogleich, der Bildsäule eine Fahne in Kreuzesform in die Hand geben und auf dem Fußgestell obige Inschrift eingraben zu lassen.

Diese Fahne kann, da sie in beiden Stellen als σημεῖον bezeichnet wird, nichts anderes als das beschriebene Labarum gewesen sein und die Kreuzesform eben in nichts anderem als in der Kreuzung der Fahnenstange durch die Querstange, an welcher das Tuch befestigt war bestanden haben.

Es ist daher nur ein willkürlicher Zusatz, wenn Eusebius sie, seiner Tendenz gemäß, einmal geradezu als die Trophäe des erlösenden Leidens, d. i. des Leidens des Erlösers *(τρόπαιον τοῦ σωτηρίου πάθους)*, bezeichnet, wofür sie wohl ihm fünfzehn Jahre später, im Jahre 313 aber keinesweges den Römern gegolten haben kann. Wichtiges und Entscheidendes dagegen gibt er nicht an: namentlich die Inschrift nicht in der *Ursprache*, noch die Zeit sowohl der ersten Aufstellung der Statue als der spätern Hinzufügung jenes angeblich christlichen Emblems, welche je früher um so höhere, je später um so geringere Bedeutung gehabt hätte. Zwar scheint es nach dessen Darstellung, als sei beides unmittelbar aufeinander, ja beinahe noch während Constantins Anwesenheit in Rom erfolgt. Letzteres ist aber, da dieser Rom, um sich mit Licinius in Mailand zu vereinigen, schon im Winter 312/3 wieder verließ und im Frühjahr am Rheine kriegte, gar nicht möglich, weil es zur Herstellung einer solchen Bildsäule, nach sachverständigem Ausspruch, allermindestens eines Jahres bedarf. Ebenso gedenkt Eusebius nirgends des hauptsächlichsten: Constantin gewidmeten Ehrendenkmals, des Triumphbogens, der wahrscheinlich erst zu dessen Decennalen 316 vollendet wurde. Auf diesem ist die Inschrift noch erhalten (s. Anm. 1), welche mit den Worten: instinctu divinitatis beginnend, nur eine deistische, aber keinesweges irgendeine christliche Beziehung hat. Wie ist aber, wenn man mit Eusebius jener Statue die Kraft einer entschiedenen Kundgebung für das Kreuz Christi beilegen will, der Widerspruch beider Inschriften, von welchen doch die des Triumphbogens die spätere war, zu vereinigen?

Übrigens kann die ganze betreffende Stelle in der Kirchengeschichte nur ein späterer Zusatz sein, da jenes rettende Feldzeichen, das vorgebliche Mittel des Sieges, in *diesem* Werke *vorher* mit keinem Wort erwähnt wird, so daß der Leser hiernach keine Ahnung hat, worin dies und dessen Wirkung bestanden habe.

Unmöglich kann daher jenem Anführen des Eusebius, das er erst in Folge der ihm von Constantin viel später mitgeteilten Visionsgeschichte nachgetragen haben kann, entscheidender Wert beigelegt werden. Zugleich wird der Leser hieraus ersehen, wie derselbe durch unklare, verfängliche Ausdrücke und Verschweigung wichtiger Nebenumstände, ohne direkte Unwahrheit, deren wir ihn wenigstens nicht beschuldigen wollen, alles entstellt und verwirrt.

Mag dies die gute Absicht aus dem kirchlichen Gesichtspunkt entschuldigen, so kann doch die historische Kritik nur mit großer Vorsicht eine solche Quelle benutzen.

Ja, derselbe würde hier sogar einer groben bewußten Unredlichkeit anzuklagen sein, wenn es wahr sein sollte (was Burkhardt, S. 463 sagt), daß der Anfang der Inschrift auf Constantins Triumphbogen, statt: Instinctu divinitatis, ursprünglich Nutu J. O. M., d. i. Jovis Optimi Maximi, gelautet habe. Derselbe beruft sich dafür auf eine sehr gute Autorität, auf eine Mitteilung des Dr. Henzen zu Rom, nach welcher man die Korrektur entdeckt habe, als zur französischen Zeit der Bogen mit Gerüsten umgeben wurde, um die Bildwerke abzuformen.

Daß aber nach dieser spätern, so entscheidenden Kundgebung die *früher* aufgestellte Statue keine Beziehung auf das Kreuz Christi gehabt haben könne, liegt auf der Hand.

Da uns jedoch die Mitteilung des Dr. Henzen nicht selbst vorgelegen hat, tragen wir Bedenken, eine so wichtige Nachricht, bei der übrigens leicht ein Irrtum möglich ist, für vollkommen gesichert anzusehen.

Genug, vielleicht schon zu viel über die Wundergeschichten des Eusebius und Lactanz: wir kommen nun auf die urkundlich beglaubigten Regentenhandlungen Constantins.

Die erste öffentliche Kundgebung desselben für das Christentum war das in Gemeinschaft mit Licinius im Juni 313 zu Mailand erlassene Edikt, das sowohl in Lactantius (c. 48), als bei Eusebius (K.-G. X, 5) im Wesentlichen gleichlautend mitgeteilt ist.

Wie das frühere des Galerius vom Jahre 311 ein Gesetz heidnischer Herrscher war, das nur aus Billigkeit und Politik Duldung des Christentums aussprach, so stellt sich dies als ein Akt neutraler, d. i. für keinen der beiden Kulte persönlich Partei nehmender Monarchen dar, wodurch so Christen als Heiden volle Religions- und Gewissensfreiheit gewährt wurde. Indem jedoch darin der neue Glaube der alten Staatsreligion gleichgestellt, ja sogar zuerst genannt wurde, ferner den Christen die Rückgabe der ihnen durch Diokletians Edikt vom Jahre 303 genommenen Versammlungsorte (Kirchen) und Gemeindegrundstücke zugesichert wurde, wofür den berechtigten Inhabern derselben übrigens Entschädigung aus Gnaden verheißen ward, kann man in diesem Edikte allerdings etwas mehr als bloße Duldung, ja gewißermaßen schon eine gesetzliche Anerkennung des Christentums erblicken.

Hieran schließen sich nun als dritter Akt der Gesetzgebung die im Jahre 324 nach des Licinius Sturz ergangenen Erlasse Constantins, von denen der erste (Eusebius V. C. II, 24–42) als ein Rundschreiben an die Heiden, der zweite (II, 48–60) als ein in Gesetzesform abgefaßtes Manifest an die Völker des Orients bezeichnet wird.

Hier ist das Verhältnis gerade das Umgekehrte des Edikts von 311: das Christentum wird darin als die allein wahre Religion, das Heidentum für Irrwahn erklärt, letzterem jedoch (c. 56) volle Duldung zugesichert. „Um den Frieden im Volke vollkommen zu erhalten, gestatte ich, daß diejenigen, welche noch in den Irrtümern des Heidentums befangen sind, derselben Ruhe sich erfreuen wie die Gläubigen. Mögen diejenigen, welche sich dem Gehorsam gegen Gott entziehen, ihre der Lüge geweihten Tempel behalten, weil sie es so wollen" usw.

Von diesem Jahre an kann man das Christentum als die Staatsreligion des Reiches bezeichnen.

Die Begünstigungen, welche die Kirche im Abendlande bereits wirklich genoß, wurden nun auch auf den Orient ausgedehnt, in welchem das Edikt vom Jahre 313 unter Licinius teils nicht vollständig ausgeführt, teils wieder rückgängig gemacht worden war.

Eine lange Reihe von Eusebius und sonst berichteten Regierungsakten Constantins vom Jahre 312 ab kennzeichnet unzweifelhaft dessen Politik in kirchlichen Dingen.

Den Frieden in der durch heftige, oft blutige Spaltungen zerrissenen Kirche wieder herzustellen und zu erhalten, war sein erstes Bestreben, wozu das in Afrika, als es nach des Maxentius Sturz ihm zufiel, ausgebrochene Schisma den ersten Anlaß bot. Dazu dienten sorgfältige Erörterung, versöhnlicher weiser Zuspruch, Berufung von Konzilien zur Vermittlung und Entscheidung; wo dieses alles aber nicht ausreichte, Einschreiten des Staatsgewalt durch Verbannung der Widerspenstigen. Ungleich wichtiger ward die durch den Presbyter Arius zu Alexandrien um 318 oder 319 in die christliche Kirche geschleuderte Brandfackel, deren wir, der weltgeschichtlichen Wichtigkeit dieser Glaubensspaltung halber, im Anhange zu diesem Kapitel besonders zu gedenken haben.

Die christliche Kirche, durch etwa 1800 Bischöfe vertreten, ward als Korporation anerkannt, indem man ihr die Fähigkeit, Erbschaften zu erwerben (C. Theod. XVI, 2, 4), ja sogar ein beschränktes Erbrecht am Nachlaß von Märtyrern (Euseb. V. C. II, 21 u. 37), die Vollstreckung bischöflicher Erkenntnisse in Kompromißfällen der Parteien durch den weltlichen Richter (Sozomenos I, 9), sowie die Befreiung der Geistlichen von den so lästigen Munizipalämtern, ja in beschränktem Maße selbst von der Gewerbesteuer (Cod. Theod. XVI, 2, 2 u. 7) bewilligte.

Auch reiche Geldspenden gewährte die kaiserliche Freigebigkeit, namentlich für Kirchenbau: ja in Jerusalem, Nikomedien, Antiochien, Konstantinopel und sonst wurden die prachtvollsten durch den Kaiser selbst erbaut (Euseb. K.-G. X, 6 u. V. C. II, 45; III, 30 u. 50.)

Die Heiligung des Sabbats ward geboten und in den Heeren ein gemeinsames Gebet eingeführt, welches freilich seinem rein deistischen Inhalte nach zugleich auf die Heiden berechnet war. (Euseb. V. C. IV, 19 u. 20.) Die Gladiatorenspiele wurden wenigstens im Orient, wiewohl nur aus allgemeinen polizeilichen Gründen, als blutig und grausam verboten. (Cod. Theod. XV, 12, 1 vom Jahre 325.)

Mit besonderer Huld und gleicher politischer Klugheit suchte Constantin die Bischöfe zu gewinnen, gewiß, mit den Hirten zugleich die Herden sich treuergeben zu machen. Darum wählte er erstere vorzugsweise zu Gesellschaftern, Tischgenossen und Reisebegleitern. Daß er sich auch in der christlichen Religion unterrichten ließ, unterliegt keinem Zweifel, wenngleich des Eusebius Angabe (V. C. I, 32), daß er sofort nach jener Vision Katechumene geworden sei, wie dies mindestens die Überschrift: ὅπως κατηχηθεὶς Κωνσταντῖνος anzudeuten scheint, nur mit Vorsicht aufzunehmen ist.[9]

Besonders gefiel er sich im Anhören und Halten theologischer Reden. Die seinigen bezweckten vor allem die Bekehrung seiner noch heidnischen Umgebungen und sicherlich fand seine große Eitelkeit in dieser vermeintlich apostolischen Wirksamkeit besondere Befriedigung. (Euseb. V. C. IV, 29.) Ob die von Eusebius uns erhaltene an die Versammlung der Heiligen (ad sanctum coetum IV, 32) in ihrer jetzigen Fassung echt sei, was stark bezweifelt wird, wagen wir nicht zu entscheiden, halten sie jedoch jedenfalls bei deren Übersetzung aus dem Lateinischen für mehr oder minder überarbeitet.

Wer möchte nach dem zuletzt Angeführten noch zweifeln, daß Constantin ein wahrer, treuer, glaubenseifriger Christ gewesen sei? Und doch ist dies – im Wesentlichen seines christlichen Lobredners Schilderung – nur eine Seite des Bildes.

Betrachten wir nun die andere.

Dabei ist vor allem dessen Verhalten gegen das Heidentum ganz außer acht zu lassen: einmal, weil dabei Herrscherpflicht und Politik einschlugen: zweitens aber auch, weil die christlichen und heidnischen Quellen hier wieder ganz auseinander gehen. Nach zwei Stellen des Eusebius (V. C. II, 45 u. IV, 23) könnte man ein allgemeines Verbot des Götterdienstes durch Constantin annehmen.

Wir vermeiden eine erschöpfende Widerlegung und bemerken, abgesehen von der oben schon erwähnten Beraubung heidnischer Tempel zur Ausschmückung von Konstantinopel, wodurch der Kultus nicht behindert ward, nur kurz, daß diesem Anführen nur zweierlei zu Grunde liegen kann: 1) allgemeine Abmahnung vom Heidentume, wie sich solche ja schon in dem 2. Buch, 14. Kap. angezogenen Edikte an die Orientalen (Euseb. V. C. II, 56) ausspricht, und 2) die Unterdrückung von einzelnen unzüchtigen Kulten, wie des zu Aphaca und Heliopolis (Euseb. III, 55, 56 u. 58), der *Privat*opfer und Haruspicien, auch wohl sonstiger Mißbräuche.

Entscheidend ist für diese Frage nämlich der Gegenbeweis der unzweifelhaften Fortdauer des heidnischen Kultus unter Constantin. Dieser ergibt sich a) vor allem aus folgenden im Cod. Theodos. enthaltenen Verordnungen:

1) und 2) IX, 16 de maleficis l. 1 u. 2, beide vom Jahre 319.

3) Ebendaselbst l. 3 vom Jahre 321.

Nach diesen werden nur die Privatharuspicien, nicht aber die öffentlichen und die incantationes, d. i. die Zaubereien, nur für unerlaubte Zwecke, nicht aber für erlaubte, z. B. Abwendung von Unwettern verboten.

4) XVI, 16 de paganis, sacrificiis et templis l. 1 vom Jahre 321, welche nur Opfer und Eingeweideschau in den Häusern (sacrificia privata), nicht aber in den Tempeln untersagt.

5) und 6) XII, 1 de Decurionibus 1. 21 vom Jahre 335 und ebenda J. S. quemadmodum munera civilia. l. 2, P. P. XII. Kal. Jun. Karthag.[10] 337.

Durch letztere wird denjenigen, welche ein heidnisches Priesteramt bekleidet hatten oder als *lebenslängliche* (perpetui) Flamines *noch* angestellt waren, das Vorrecht der Befreiung von gewissen lästigen Kommunalämtern ausdrücklich aufrecht erhalten.

Letztere Verordnungen sind besonders wichtig durch die späte Zeit der Erlassung und dadurch entscheidend, daß, nach gesetzlicher Unterdrückung alles Götzendienstes, Flamines *perpetui* nicht mehr denkbar gewesen wären.

b) Die Nachricht des Zosimus, daß Constantin in der neuen Hauptstadt drei heidnische Tempe erbaut habe, wird zwar durch dessen Gehässigkeit verdächtigt, er muß aber dieselbe doch aus einer gleichzeitigen Quelle entnommen haben, von der es beinahe undenkbar ist, daß sie eine Tatsache, welche Millionen Menschen bekannt gewesen sein muß, willkürlich habe erdichten können.

Auch bestätigt Malalas – ein freilich wenig zuverlässiger Schriftsteller des sechsten oder siebenten Jahrhunderts – die Existenz dreier heidnischer Tempel in Konstantinopel, welche schon früher vorhanden, von Constantin ihrer Einkünfte beraubt, aber beibehalten worden seien, daher nicht die von Zosimus erwähnten gewesen sein können.

c) Der christliche Firmicus fordert in seiner Schrift: de errore profanar. religionum, die (nach der Ausg. von Münter, Kopenh. 1816, Vorr., S. IX) zwischen 343 und 350, wahrscheinlich 348, verfaßt ist Kap. 17, S. 65 u. 30, S. 119), Constantins Söhne in den heftigsten Ausdrücken zu gewaltsamer Zerstörung des Götzendienstes auf, was also durch den Vater noch nicht geschehen sein kann.

Diesem allem steht ein einziger beachtungswerter Zweifel entgegen: das von Constans im Jahre 341 für Italien erlassene allgemeine Verbot des Götterdienstes – das erste dieser Art –, worin auf ein schon von dessen göttlichem Vater erlassenes Gesetz Bezug genommen wird. (Cod. Theod. XVI, 10, l. 2.) Wirklich hat dies auch J. Gothofredus in seinem Kommentar (Teil VI, p. 290) zu der Annahme bestimmt, daß ein ähnliches Gesetz schon von Constantin dem Großen, wiewohl nur in der *allerletzten* Zeit seiner Regierung, d. i. etwa von 335 ab, wirklich ergangen sei.

Wir halten jedoch diese Ansicht, so gewagt es auch scheint, einer solchen Autorität zu widersprechen, aus den in der Anm. [11] entwickelten Gründen für durchaus irrig.

Wären aber auch alle diese Beweise für unsere Meinung nicht vorhanden, so würde es doch schon von Constantins hoher Regierungsklugheit, ja selbst von dessen, wo nicht seine persönliche Leidenschaft, namentlich der Herrschsucht, einschlug, nicht zu bezweifelnder Gerechtigkeitsliebe, noch mehr aber von seiner Klugheit, gar nicht zu erwarten gewesen sein, daß er, im Widerspruch mit der feierlich zugesicherten Gewissensfreiheit, die Mehrzahl seiner Untertanen durch gewaltsame Unterdrückung ihres Kultus wider sich aufgeregt haben werde.

Wir haben bisher nur vom Herrscher gehandelt: wir wenden uns nun zu der Person Constantins, und zwar, an das Vorige knüpfend, zunächst zu dessen, von seinem Lobredner so hoch gepriesenen Christentume. Dazu soll er sich nun, nach diesem, schon früh, d. i. 311 bis 313, bekehrt haben.

Was kennzeichnet nun aber eine Bekehrung zu Christo ? Die Wiedergeburt, die Erneuerung von Geist und Herz. „Darum, sagt der Apostel (2. Cor. 5, 17), ist jemand in Christo, so ist er eine völlig neue Kreatur; das Alte ist vergangen, siehe: es ist alles neu geworden."

Mag dies der Schwachheit menschlicher Natur in den meisten Fällen unerreichbar geblieben sein, so mußte doch mindestens die Erkenntnis des Bedürfnisses und ein Streben nach christlicher Erneuerung vorhanden sein, wenn man überhaupt von einer *innerlichen* Bekehrung sprechen wollte.

Davon aber findet sich bei Constantin keine Spur, auch nicht die leiseste, ja wir müssen Gibbon darin vollkommen beipflichten, wenn er (Kap. 20 vor Not. 69) sagt: „je mehr derselbe in der Kenntnis der Heilswahrheiten vorschritt, um so weniger übte er deren Vorschriften", drücken dies aber schärfer so aus: je christlicher der Herrscher, um so sündhafter wurde der Mensch. Fällt doch das Konzil von Nikäa im Jahre 325, in welchem der Kaiser den Vorsitz führte, nach des Licinius Tötung und vor jenen entsetzlichen Hausmord im Jahre 326.

Auch stimmen alle unbefangenen Profanschriftsteller (Eutrop X, 7; Aur. Vict. 40, 15 u. Epitom. 41, 16) darin überein, daß Constantin im Anfange seiner Regierung, namentlich in den ersten zehn Jahren, weit besser und edler war, als in der spätern Zeit derselben.

Blieb aber auch das Herz verstockt, so fand doch dessen Geist vielleicht volle Genüge in den Heilswahrheiten des Christentums?

Leider war auch dies nicht der Fall, wie dessen merkwürdiges Verhältnis zu dem Neuplatoniker Sopater außer Zweifel setzt, das uns vor allem aus des Eunapius (gebl. 344–346) Leben der Philosophen und Sophisten (in Aedesio, Ausg. v. Boissonade, Amsterdam 1822, S. 21), ferner aus Zosimus (II, 40), Lydus (de mensitus und zwar de Jano), Suidas (s. v. Sopater), daneben aber auch aus Sozomenos (I, 5) genau bekannt wird.

Der heidnische Philosoph muß eine höchst bedeutende Persönlichkeit gewesen sein. Mag Eunapius, der ihn zu Constantin eilen läßt, um dessen tyrannische Richtung (hier ist wohl die Begünstigung des Christentums gemeint) umzuwandeln, übertrieben haben, wenn er ihn als dessen Beisitzer, und zwar *zur Rechten*, bei öffentlichen Gelegenheiten bezeichnet, so nennt doch auch der christliche Lydus ihn Mitarbeiter bei Konstantinopels Erbauung: jedenfalls ist an dessen großem Einfluß auf den Kaiser schon um deswillen nicht zu zweifeln, weil er schließlich durch eine Intrige der Vornehmsten in Staat und Hof, namentlich des Praefectus Praetorio Ablavius, gestürzt und auf Constantins Befehl getötet ward. (Eunapius, Zosimus und Suidas a. a. O.)

Daß Suidas letzterem hierbei das Motiv unterlegt: um zu beweisen, daß er in der Religion nicht mehr heidnisch gesinnt sei, läßt sich, ganz abgesehen davon, daß dieser Schriftsteller erst dem elften oder zwölften Jahrhundert angehört, mit obigem wohl vereinigen, da Sopaters Feinde auch das religiöse Moment gegen ihn geltend gemacht haben mögen.

Selbstredend aber konnte ein Herrscher, der auch nur christlich dachte, sich, und zwar gerade in der letzten Zeit seiner Regierung, einem langjährigen innigen Verkehr mit einem heidnischen Philosophen nicht hingeben. Gesteht doch auch Sozomenos (I, 18) selbst, daß Constantin zu Byzanz dergleichen Philosophen den Zutritt gestattete und deren Philippiken gegen das Christentum anhörte.

Einzuschalten ist hierbei übrigens, daß es ein abgeschmacktes, von dem Haß der Heiden erdichtetes Märchen ist, wenn sie den Beweggrund zu Constantins Konversion daraus ableiten, daß der Heide Sopater jede Absolution desselben von der Sünde des Hausmords als unmöglich dargestellt habe, diese aber von den christlichen Bischöfen willig gewährt worden sei.

Dies wird schon von Sozomenos, der ihm natürlich widerspricht (I, 5), etwa sechzig bis siebzig Jahre nachher, erwähnt und von dem spätern Zosimus (I, 40) wiederholt, bedarf aber in der Tat keiner Widerlegung.[12]

Endlich ist über Constantins Kundgebung seiner christlichen Gesinnung noch einer Gattung von Quellen, und zwar der zuverlässigsten aller, der Münzen, zu gedenken.

Ältere, kirchlich befangene Schriftsteller haben auch hieraus, namentlich durch falsche und unleserliche Inschriften irregeleitet, Gründe für Constantins Christentum entlehnt, wie dergleichen noch von Gibbon zitiert werden.

In der Tat ist aber die alte Münzkunde erst durch Eckhels klassisches Werk festgestellt worden, der über die angeblichen christlichen Münzen Constantins (Th. VIII, besonders p. 88 u. 89) so gründlich als überzeugend handelt.

Nicht hierauf allein aber, sondern auf die Monographie, die unter der Überschrift: Medailles de Constantin et de ses fils, portants des signes du christianisme von Fenardent in der von Mitgliedern der französischen Akademie herausgegebenen Revue numismatique, T. I, Paris 1856, p. 247 u. ff. abgedruckt ist, beziehen wir uns, weil diese nicht allein die älteren Werke, sondern auch Eckhel, dem sie im Wesentlichen beipflichtet, benutzt hat.

Nach dieser befinden sich unter den zahlreichen, von Constantin uns erhaltenen Münzen, deren erst neuerlich an einem Orte allein 5000 bis 6000 Stück gefunden worden sind (p. 247), nur sechs mit christlicher Bezeichnung, welche nebst noch einer von Constantius auf der Kupfertafel VII abgebildet sind. Von diesen sollen jedoch nur *drei* mit Sicherheit für echt zu erklären sein.

Diese sind nun alle in Konstantinopel, also nicht vor 330, geprägt. Der Verfasser vermutet, dies sei bei Gelegenheit der Reichsteilung im Jahre 335 mit der Absicht, diese dadurch zu heiligen, geschehen.

Die christliche Bezeichnung besteht bei allen, die verdächtigen und die des Sohnes eingeschlossen, lediglich in dem Monogramm. Dies befindet sich bei den meisten auf einem zwischen zwei Soldaten in der aus der angefügten Nachbildung[13] ersichtlichen Form aufgestellten Feldzeichen, bei zweien derselben aber isoliert auf dem Felde der Münze.

Wichtig ist dabei, daß sich bei diesem Feldzeichen, welches unzweifelhaft das Labarum vorstellen soll, keinerlei Spur von Kreuzesform findet. Mag auch hierbei die Kreuzung durch die Fahnenstange nur aus Raumersparnis weggelassen worden sein, so scheint sich doch daraus zu ergeben, daß eben nur jenes Monogramm, nicht aber das Kreuz als das Entscheidende betrachtet worden sei.

Neben so wenigen christlichen finden sich dagegen zahlreiche Münzen Constantins mit heidnischen Beziehungen auf Jupiter, Mars und Herkules, besonders häufig aber auf den Sonnengott mit strahlendem Haupte, soli invicto comiti, und auf den Genius populi Romani.

Die Zeit derselben läßt sich allerdings nur für diejenigen, auf welchen auch Crispus und Constantin der Jüngere als Cäsaren mit dem Sonnengotte vorkommen, auf 317 bis 326 bestimmen, und Eckhel kann vielleicht Recht haben, wenn er (p. 79) annimmt, daß dergleichen nach des Licinius Besiegung, d. i. vom Jahre 324 an, nicht weiter geprägt worden seien. Indes ist bei den Münzen aus Constantins

Periode eine sichere Zeitbestimmung, weil die frühern gewöhnlichen Angaben dafür fast immer fehlen, überhaupt nicht mehr möglich und die ungemeine Menge der mit soli invicto comiti überschriebenen gestattet wohl einen Zweifel gegen Eckhels Ansicht.

Gleichwohl halten wir Burkhardts Behauptung (S. 391), daß unter fünf Münzen Constantins dergleichen wohl vier vorkämen, doch für übertrieben. Im Dresdner Münzkabinett wenigstens haben wir unter hundertundneunzig dergleichen nur fünfundzwanzig mit der Inschrift: soli invicto com., auch viele mit der andern: genio pop. Rom., gefunden.

Hiernach ergibt sich mindestens als unzweifelhaft, daß Constantins Münzen weit mehr gegen als für dessen Christentum zeugen.

Wir haben in Vorstehendem unsere Ansicht über diese Frage umständlich ausgesprochen, fassen dieselbe aber nochmals in folgenden kurz zusammen.

Von Natur war Constantin mild und wohlwollend für die Christen. Während der ersten fünf Jahre seiner Regierung erfüllten die Pflichten des Herrschers und Feldherrn, die er so rastlos übte, den Vordergrund, die Entwürfe der Herrschsucht den Hintergrund seiner Seele. Da war für religiöse Betrachtungen kein Raum übrig. Plötzlich trat nach dem Edikte des Galerius 311 mit Constantins Rüstung wider Maxentius die Christenfrage als politische auf den Plan. Ein so tiefblickender Kopf konnte diese gar nicht anders lösen, als es geschah.

Diese Politik ward seine Bundesgenossin gegen Licinius, mußte daher, nach dessen Vernichtung im Jahre 324, noch entschiedener herrschend werden.

Zugleich offenbarte sich aber auch da schon jener Konflikt frühesten Ursprungs und unabsehbarer Dauer zwischen Staat und Kirche, den Constantin mit meisterhaftem Geschick dadurch umschiffte, daß er – der Ungetaufte – sich selbst an die Spitze der letzteren stellte, was ihm die Bischöfe gern gewährten.

So *beutete* der *Kaiser* das Christentum für sich *aus*: des *Menschen* gewaltig wollende Seele dagegen konnte die Religion der Geduld, der Demut, der Selbstverleugnung und Liebe seiner Feinde, sogar der politischen, unmöglich ansprechen: darum behielt er sich seine *persönliche* Überzeugung frei. Fühlen mochte er wohl, daß das Christentum eigentlich der Weg und die Wahrheit sei, aber zur Bekehrung des stolzen Herzens kam es nicht.

Nur das Vorgefühl seines Todes etwa vom Jahre 336 ab mag ihn der innerlichen Bekehrung näher gebracht haben, die auf dem Totenbette vielleicht eine wirkliche ward.

So wäre denn Constantins seit anderthalb Jahrtausenden so hoch gefeiertes Christentum nur Schein, ja Heuchelei gewesen? Man hüte sich, einen solchen Mann mit dem Maßstabe alltäglicher Moral zu messen.

Wie der erste Napoleon in Frankreich, ohne gläubiger Katholik zu sein, die durch die Revolution umgestürzten und besudelten Altäre seiner Kirche aus *Staatsraison* wieder aufrichtete, so legte aus gleichem Beweggrunde Constantin den Grundstein zur Weltherrschaft des Christentums.

Wir wenden uns nun zu dem Schlußurteile über den Kaiser und Menschen im Allgemeinen.

Rom war unter Gallienus nicht bloß am Rande des Abgrunds, nein, bereits im Versinken in diesen. Große Kriegsfürsten schafften augenblickliche Hilfe, waren aber zu dauernder Erhaltung kaum geschaffen, selbst der edelste unter ihnen, Probus, nicht.

Da kam Diokletian und nach ihm Constantin auf den Thron. Jener mußte diesem vorausgehen, „denn (sagt Burkhardt S. 365 richtig) ohne Diokletian gab es keinen Constantin, d. h. keine Gewalt, welche mächtig genug gewesen wäre, das Reich aus dem alten Zustand in einen neuen hinüberzuführen und die Schwerpunkte der Macht an andere Stellen zu rücken, gemäß der Notwendigkeit des neuen Jahrhunderts.“

Also vorbereitet fand Constantin das Reich. Reich begabt vereinte er die Politik Augusts mit dem Feldherrngeiste Trajans, denen er mindestens nahe kam; dazu trat noch persönliche Tapferkeit. (S. oben 2. Buch, 13. Kap.)

Voll Sinnes für Bildung gefiel er sich, nicht ohne Eitelkeit, im Lesen, Schreiben und in öffentlicher Rede, liebte und pflegte schöne Künste, vor allem aber die Wissenschaft.

Das Gemüt spielte, wie in römischen Imperatoren überhaupt, so in seinem Charakter insbesondere, eine sehr untergeordnete Rolle: doch war das Constantins von Natur unzweifelhaft mild, wohlwollend, besonders für Freunde, und gerecht.

Aber seine Seele war vor allem der dämonischesten aller Leidenschaften, der *Herrschsucht*, durch und durch verfallen. Daraus floß all sein Dichten und Trachten: und darum ward seine, ausschließlich auf dies eine gerichtete Politik zugleich – sein Gewissen, so daß nur, wo letztere völlig außer dem Spiele war, die gutartige Natur hervortreten konnte: (freilich ein übles Lob! D.).

Dazu kam eine rücksichtslose Energie des Willens, durch die er alles durchsetzte, was er wollte. Dadurch ward er groß: aber auch schrecklich, wenn irgendwo, selbst außer dem Gebiete der Politik, die gereizte Leidenschaft in ihm erwachte.

Diese Eigenschaften geben uns auch den Schlüssel zu den Untaten, welche sein Andenken beflekken.

Man hüte sich aber, diese allein aus dem modernen Gesichtspunkte zu beurteilen.

Was zuvörderst Constantins Verhalten gegen Licinius betrifft, so erschien allen römischen Machthabern gegen gefährliche politische Feinde, die selbst besiegt unzweifelhaft oft noch auf Verrat und Mord sannen, deren Tötung das naturgemäße Gebot erlaubter Selbsthilfe.

War aber auch die Tat, nach antikem Begriff, entschuldbar, so beweist freilich der damit verknüpfte Wort- und Eidbruch, daß Constantins unmittelbar zuvor so feierlich proklamiertes Christentum eine Lüge war.

Den greulichen Hausmord haben wir oben zu erklären versucht. Vergessen wir dabei aber auch nicht, daß die väterliche und eheherrliche Gewalt bei den Römern etwas ganz anderes war als in neuerer Zeit. Insbesondere würde der Gedanke, daß der Kaiser innerhalb des Bereichs seiner Hausgewalt gerichtlicher Formen bedürfe, um diejenigen, von deren Schuld er überzeugt war, zu bestrafen, der römischen Anschauung unbegreiflich erschienen sein.

Auf das Tiefste muß aber Constantin damals gereizt, empört gewesen sein, gegen Crispus unstreitig, weil er sich an der wundesten Stelle, d. i. in seiner Herrschsucht (Alleinherrschaft) bedroht glaubte, gegen Fausta und deren Genossen, weil er nach der erschütternden Erkenntnis seines Unrechts die intellektuellen Urheber jenes Mordes darin erblickte.

Merkwürdig ist in Constantin der Gesinnungswandel am Wendepunkte seines politischen Lebens. So dürftig auch die unbefangenen Quellen, die einzig brauchbaren, namentlich über die letzten dreizehn Jahre sind, so stimmen sie doch in seiner Verschlimmerung alle überein. Er war weicher, milder, rücksichtsvoller in der Zeit des Ringens nach der Alleinherrschaft: mit deren Erlangung finden wir vom Jahre 324 an Härte, Willkür der Leidenschaft und Hingabe an seine Charakterfehler immer mehr hervortreten.

Indem der Stolz des natürlichen Herzens alles dem eignen Verdienste beimißt, bildet sich ein Kultus des eignen Geistes und Willens aus, der sich vom Glauben an deren Unfehlbarkeit endlich bis zur höchsten Selbstverblendung steigert.

Bei Constantin konnte sich dies nur noch im Innern, in den Kreisen seines Privat- und Staatslebens zeigen: nach außen hatte er auf der zivilisierten Erde nichts mehr zu unterwerfen.

Gerügt wird an Constantin, namentlich von dessen letzterer Zeit, durch die Epitome des Aurelius Victor (c. 41, 13 und 16) im *Allgemeinen*, d. i. von obigen Untaten abgesehen, eigentlich nichts anderes, als übermäßige Lust an Lob und Schmeichelei und Verschwendung aus Baulust und Freigebigkeit; durch Aurelius Victor d. Caes. (c. 41, 20) die Anstellung wenig Würdiger, mit dem Zusatze jedoch, daß dies, häufig vorgekommen, nur durch den Gegensatz zu so hohem Geist und seltenem Verdienst um den Staat schärfer hervorgetreten sei.[14]

In der Tat war der gewaltige Mann an sich eine edle Natur: das Gemeine war ihm fremd: namentlich von den bei römischen Imperatoren, zum Teil selbst den bessern und besten, so häufigen Verirrungen niederer Sinnlichkeit keine Spur. Selbst die Vergeudung, deren er beschuldigt wird, war löblichen Ursprungs, daher um so entschuldbarer, da weder irgendwo verlautet noch zu vermuten ist, daß sie zu Finanzzerrüttung geführt habe.

Wie glänzend würde daher sein Andenken in der Geschichte dastehen, wenn nicht die Frevel, wozu unbändige Leidenschaft ihn fortriß, dasselbe verdunkelten und entstellten.

Für das Reich war er, freilich nur in Verbindung mit Diokletian, ein *zweiter Gründer*, wie ihn die Quellen auch ausdrücklich bezeichnen. (Aur. Vict. d. C. 41, 4.) Er verließ es nach außen größer und mächtiger[15], wenn gleich viel bedrohter als es unter August gewesen war. Die krieg- und landdürstenden Germanen am Rhein und Donau hat kaum ein Herrscher vor und nach ihm so wirksam, besonders auch so *nachhaltig*, keiner aber freilich auch durch so furchtbare Mittel in Zucht und Schreck erhalten.

Im Innern überall Ordnung, Sicherheit, unbedingter Gehorsam; Auflehnung und Empörung, die schon nach ihm wieder auftauchen, vor seinem großen Geiste verschwunden.

Mächtig griff er mit eiserner Faust in die Speichen des rollenden Zeitenrades: doch hat er dessen

Ablauf zum Untergange nur zu hemmen, nicht abzuwenden vermocht. Zwei seiner Werke allein reichen weit über sein Jahrhundert hinaus: die Erhebung des Christentums zur Staatsreligion und die Gründung von Konstantinopel.

Der Arianismus

Arius, ein Presbyter zu Alexandrien, über das unerforschliche Geheimnis der Dreieinigkeit grübelnd, hatte, zunächst wohl in einem Religionsgespräche mit seinem Bischofe, den Satz aufgestellt: weil der Sohn vom Vater gezeugt sei, müsse letzterer auch vor dem Sohne vorhanden gewesen, daher als Urquell alles Daseins, selbst jenes des Sohnes, höherer Natur sein.

Alexander, sein Bischof, suchte ihn von dieser Irrlehre abzubringen: da dies aber fruchtlos blieb, schloß er ihn, nach Rat und Spruch der versammelten Geistlichkeit Alexandriens, von der Kirchengemeinschaft aus.

Arius aber fand Anhang unter den Bischöfen des Orients, unter denen vor allem der einflußreiche Eusebius von Nikomedien, aber auch unser Kirchenhistoriker Eusebius von Cäsarea, auf seine Seite taten.

Die Spaltung, die bereits das Volk in Alexandrien ergriffen hatte, verbreitete sich nun auch über den ganzen Orient und dauerte so unter Licinius etwa von 319 bis 324 fort.

Als Constantin auch in diesem Reichsteil zur Regierung gelangte, war die Herstellung des Friedens sein erstes und ernstes Bemühen. Er sandte dafür den Bischof Hosius von Cordova, den er hochgeschätzt in seinem Gefolge hatte, nach Alexandrien ab. Des Kaisers, von Eusebius (v. C. I, 74–79) und Sokrates (I, 7) uns erhaltenes Schreiben an Alexander und Arius wird vom strengtheologischen Standpunkt aus getadelt, weil er darin nicht für die richtige Meinung Partei nimmt, ist aber aus dem politischen unzweifelhaft ein Meisterstück. Er erklärt den Streit über etwas an sich *Unerforschliches* für müßig.

Dem Bischofe machte er zum Vorwurfe, daß er seinen Geistlichen eine solche Frage vorgelegt, dem Arius aber, daß er unbedacht herausgesagt habe, was er nicht hätte denken und, gedacht, nicht hätte aussprechen sollen.

Darauf beredte und dringende Ermahnung an beide, der Kirche den Frieden wiederzugeben und schließlich die persönliche Bitte, auch ihm die schwere Sorge wieder abzunehmen, da er den Orient nicht eher besuchen könne (was man wohl dringend wünschen mochte), als nachdem die Eintracht im Volke wieder hergestellt worden sei.

Vergebens, der Glaubenseifer blieb unbeugsam. Darauf berief Constantin, zum Austrag dieses Streites so wie des über die Zeit der Osterfeier, im Jahre 320 das erste allgemeine Konzil nach Nikäa in Bithynien, auf dem sich dreihundertundachtzehn Bischöfe (nach Eusebius nur mehr als zweihundertundfünfzig) versammelten, der Bischof von Rom jedoch nur durch Abgeordnete vertreten war. Constantin führte den Ehrenvorsitz, Hosius leitete die Verhandlung.

Der hohe geistige Einfluß, mehr aber gewiß noch die Autorität des Allgewaltigen schlichtete den Hader. Das nikäische Glaubensbekenntnis, welches jetzt noch von der gesamten Christenheit angenommen ist, ward von sämtlichen Anwesenden bis auf zwei unterschrieben. Am heftigsten war der Streit über den für den Sohn gebrauchten Ausdruck: *gleichen Wesens,* ὁμοούσιος (consubstantialis), mit dem Vater, den die Widerstrebenden gewiß mehr aus Unterwürfigkeit als aus Überzeugung annahmen.

Die Ablehnenden nebst Arius wurden ihrer Ämter entsetzt und verbannt.

So schien die Spaltung geschlossen: aber dies war nur deren erster Akt: bald brach sie aufs neue und zwar heftiger aus, um noch drei jahrhundertelang unheilvoll fortzudauern.

Schon im Jahre 329 wußten sich die Arianer, durch des Kaisers Schwester Constantia unterstützt, bei diesem wieder in Gunst zu setzen. Die Verbannten, und mit ihnen Arius selbst, wurden zurückgerufen. Letzterer legte nun ein neues, scheinbar echt katholisches Bekenntnis vor, worin nur die *Wesensgleichheit* fehlte. Constantin, erkennend, daß der jetzige Friede ein erzwungener, aber kein redlicher sei, mochte die so wünschenswerte volle Versöhnung der Gemüter für möglich halten, sandte daher den Arius mit warmer Empfehlung nach Alexandrien zurück. Da war inzwischen Athanasius an Alexanders Stelle getreten, einer der größten Charaktere der orthodoxen Kirche, der, mit eiserner Festigkeit an der erkannten Wahrheit haltend, ihr Gut und Blut zu opfern bereit war. Er widerstand den Bitten wie den Drohungen des Kaisers: und dieser gab nach.

Die Arianer, deren Haupt der erwähnte Eusebius von Nikomedien war, nicht wagend, den Abfall vom nikäischen Glaubensbekenntnis offen auszusprechen, ersannen hierauf das böse Mittel, die angesehensten der rechtgläubigen Bischöfe durch Anklagen von ihren Sitzen zu verdrängen, um durch deren Besetzung mit ihren Kreaturen die Mehrheit für sich zu gewinnen. Dies gelang wider mehrere: namentlich, durch die Aussage einer falschen Zeugin, welche sich auf dem Totenbette zu dieser Sünde bekannte, wider Eustathius zu Antiochien.

Nur an des Athanasius Reinheit und Ansehen scheiterten Verleumdung und Anklage, bis seine Feinde endlich den Kaiser im Jahre 334 dahin brachten, dessen Berufung vor ein Untersuchungskonzil zu gestatten. Zwar nicht vor diesem, aber vor einem neuen, auf dessen Protest nach Tyrus verlegten, mußte der Beklagte wirklich erscheinen.

Auch hier schien die Intrige durch die Macht der Unschuld entwaffnet zu werden: als aber die Absendung einer durchaus parteiischen Kommission zur Lokalerörterung in Ägypten durchgegangen war, wartete Athanasius deren Rückkehr nicht ab, sondern eilte, auf den Kaiser sich berufend, zu diesem nach Konstantinopel, der nun auch die Ankläger, dessen erbittertste Feinde, dahin berief. Nicht durch die alten genügend widerlegten Beschuldigungen, sondern durch die neue, noch albernere, Athanasius habe die Getreideflotte von Konstantinopel zurückzuhalten gedroht, soll nun Constantin im Jahre 335 zu dessen Verbannung nach Trier bewogen worden sein.[16] Vermutlich war dem alternden Manne die Geduld ausgegangen, so daß er sich um jeden Preis Ruhe verschaffen wollte.

Im Jahre 336 starb Arius eines plötzlichen Todes zu Konstantinopel, nachdem er im Jahre zuvor von dem Konzil zu Tyrus wieder in die Kirchengemeinschaft aufgenommen worden war.

Von den ferneren Schicksalen des Arianismus ist, um nicht später wieder darauf zurückkommen zu müssen, hier nur folgendes kürzlich zu erwähnen.

Von Constantins Söhnen waren Constantin der Jüngere und Constans für die rechtgläubige Kirche, Constantius dagegen, obwohl zunächst wenigstens unter dem Schein einer gewissen Unparteilichkeit, für die Arianer.

Im Jahre 338 erlaubte Constantius auf seines Bruder Constans Empfehlung die Rückkehr des Athanasius auf seinen Sitz, was nach einer spätern Quelle schon dessen Vater auf dem Totenbette angeordnet haben soll.

Schon im Jahre 341 ward derselbe jedoch durch ein arianisches Konzil wieder entsetzt und dessen unwürdiger Nachfolger Georgius durch Waffengewalt unter scheußlichen Mißhandlungen der Rechtgläubigen auf dessen Stuhl gesetzt und erhalten. Sein würdiger Vorgänger, zum Tode verurteilt, entfloh in die Wüste und entrann, von den frommen Einsiedlern unterstützt, glücklich seinen Verfolgern.

Die nun folgende Geschichte der kirchlichen Zerwürfnisse ist so ermüdend als empörend. Binnen zweiundzwanzig Jahren wurden neunzehn Kirchenversammlungen gehalten, auf denen meist nur eine der beiden Parteien die herrschende war, während die zu Sardica 347, zu Mailand 355 und zu Rimini 359 mehr einen gemeinsamen Charakter trugen. Das öffentliche Fuhrwesen ward (nach Amm. Marcellin XXI, 16) durch das Hin- und Herreisen der Bischöfe allein beinahe zu Grunde gerichtet! Schlimmer noch aber waren die Mittel, deren die Parteiwut sich bediente: ränkevolle Anklage der rechtgläubigen Bischöfe, durch falsches Zeugnis und Meineid unterstützt, ja wo die Schergen der öffentlichen Gewalt im Dienste der Arianer[17] waren, Mord, Plünderung und Schändung der Rechtgläubigen; die diokletianische Verfolgung schien wiedergekehrt.

Besonders von des Constans Tode im Jahre 350 an ging auch Constantius zu offener Gewalt über: verbannte rechtgläubige Bischöfe wurden bei der Deportation umgebracht (Sokrates II, 26) und um das Verdammungsurteil wider Athanasius vom Konzil zu Mailand zu erlangen, dessen standhafteste Verteidiger in Haft und Verbannung geschickt. Auch der dabei nicht anwesende Bischof von Rom, Liberius, ward wegen seines Festhaltens an Athanasius exiliert und nach einigen Jahren erst durch Zwang und List zur Unterwerfung gebracht: ja der hundertjährige Hosius, der vertraute Freund und Ratgeber des großen Constantin, durch körperliche Mißhandlung zu gleicher Nachgiebigkeit gezwungen.

Zahlreiche neue Bekenntnisse wurden aufgestellt: doch war offener Widerruf des nikäischen von Constantius nicht zu erlangen: nur durch neuen Wortschwall und Umgehung der entscheidenden „Wesensgleichheit", weil, wie man vorgab, der Ausdruck οὐσία (Wesen) in der Schrift nicht vorkomme, wußte man ihn zu gewinnen.

Aber die Gewissen der Rechtgläubigen ließen sich nicht beugen: und die Arianer selbst spalteten sich wieder in viele Sekten, Eunomianer, Heterousianer, besonders aber Halbarianer oder Homoiusianer (von ὁμοιούσιος, ähnlich), die sich gegenseitig verketzerten und verfolgten.

So tief war *die* Kirche gesunken, welcher ihr göttlicher Stifter die Liebe als höchstes Gebot vorgeschrieben hatte.

Des Constantius Nachfolger Julian rief alle durch ersteren verbannte Bischöfe wieder zurück, gestattete aber dem mit stürmischem Jubel empfangenen Athanasius doch nicht, auf seinem Sitze zu bleiben. Die Beweggründe dieses Kaisers werden wir bei dessen Geschichte erörtern.

Während der kurzen Regierung Jovians, der letzterem folgte, wurden die Orthodoxen, von Valens 365 bis 379 aber wiederum und zwar auf die entschiedenste Weise die Arianer begünstigt, bis Gratian die Verfolgten in Schutz nahm und seit 380 die Strafgesetze des Kaisers Theodosius gegen alle Ketzer den Sieg der nikäischen Formel im römischen Reiche entschieden. Nur die inzwischen zum Christentum übergetretenen Germanen, meist Goten, beharrten in der arianischen Lehre.

FÜNFZEHNTES KAPITEL

Constantin des Großen Söhne als Gesamtherrscher und Constantius als Alleinherrscher[1]

Dürftig, mehr noch dunkel durch anscheinenden oder wirklichen Widerspruch sind die Quellen über Constantins Nachfolger während sechzehn langer Jahre.

Da tritt plötzlich mit dem Jahre 353 Ammianus Marcellinus auf, der erste lateinische *Geschichtsschreiber* nach Tacitus, dem großen Meister zwar nicht an Geist und Gemüt vergleichbar, ja demselben durch seine schwülstige, gesuchte und schwerverständliche Sprache höchst unähnlich, in Darstellung der Fülle selbst erlebter Ereignisse aber so vollständig, treu und lebendig, daß man nicht nur mit Überzeugung, sondern auch mit Freude ihm zu folgen sich gedrungen fühlt.

Dieser in keiner andern Regierungsgeschichte so grell hervortretende Gegensatz zwischen Dunkel und Licht wird es entschuldigen, wenn wir die ersten sechzehn Regierungsjahre des Constantius, zumal sie germanische Verhältnisse wenig berühren, kürzer, die letzten acht aber ausführlicher behandeln. Ammians Unbefangenheit und Wahrheitsliebe ist von keinem uns bekannten Historiker in Zweifel gezogen worden.

Der so streng katholische Leopold Graf von Stolberg sagt (in seiner Gesch. d. Relig. J. Chr. XII, Abschn. 45, S. 88) über ihn folgendes:

„So erzählt Ammianus Marcellinus, dessen Zeugnis einige gern entkräften möchten, durch die ihm angeschuldigte Parteilichkeit gegen die Christen. Diesen Vorwurf scheint er mir nicht zu verdienen, vielmehr *das Lob einer seltenen Unbefangenheit*, welche nicht auf die Person sieht, sondern die Taten seiner Zeit berichtet."

Von Ammians trefflichem Werke sind nur die letzten achtzehn Bücher, in welchen er die Ereignisse vom Jahre 353 bis 379 als Zeitgenosse beschreibt, uns erhalten, die dreizehn ersten aber, welche die Zeit vom Jahre 98 bis 353 ungleich kürzer behandelt haben müssen, verloren. Kaum aber vermag der *christliche* Geschichtsschreiber den Wunsch zu unterdrücken, daß diese Ungunst des Schicksals, mußte sie einmal stattfinden, auch das vierzehnte und fünfzehnte Buch noch verschlungen haben möge.

Zuerst tritt uns nämlich darin ein durchaus christlich erzogener Kaiser entgegen, der, obwohl fanatischer Dogmatiker, doch jedes christliche Gefühl so entschieden verleugnet, daß er uns die Greuel eines Caligula, Domitian und Commodus zurückruft. Und nicht einmal die Macht großartiger Leidenschaft, nur die Schwächen gemeiner Seelen: Argwohn, Furcht, Neid und Eifersucht sind es, die ihn dazu treiben.

Erst nach des Vaters Tode kam Constantius in Nikomedien an. Der glanzvollen Ausstellung und

Bestattung des Verewigten folgten nun Begebenheiten, über denen zwar ein undurchdringlicher Schleier ruht, die jedenfalls aber mehr eine türkische als eine christliche Thronfolge kennzeichnen.

Umgestoßen ward Constantins Reichsteilung und letzter Wille[2], ermordet Dalmatius der Cäsar und Hannibalianus der König von Pontus, ja deren ganze Sippe, das gesamte Haus zweiter Ehe des edlen Constantius Chlorus, zwei noch lebende Söhne und sechs Enkel, einschließlich obiger, hingeschlachtet, darunter des Mörders eigner Schwiegervater und Schwager. (Julian ad Athen. p. 497.) Daß Constantius der Urheber dieser Greueltaten war, ist unbezweifelt: wir wollen jedoch gern glauben, daß der zwanzigjährige Jüngling von bösen Ratgebern – dem Fluch seines ganzen Lebens – dazu verleitet und von diesen die Sache mit Geschick so eingeleitet ward, daß der Schein der Schuld auf die Eigenmacht der Soldaten geschoben werden konnte, da einige Quellen, namentlich Eutrop (X, 9) ausdrücklich sagen: er habe solche mehr zugelassen als befohlen (sinente magis quam jubente).

Ganz abgesehen von entgegenstehenden Zeugnissen aber waren Constantins Legionen keine zuchtlose Rotte: und Dalmatius namentlich, den Eutrop von den glücklichsten Anlagen und dem Oheim nicht unähnlich nennt, ward sicherlich nicht von den Seinigen, sondern verräterisch nach Konstantinopel gelockt, durch die Tücke des Constantius umgebracht.[3]

Nur ein zwölf- bis dreizehnjähriger kränklicher Knabe, Gallus, und ein sechs- bis siebenjähriges Kind, Julian, Söhne von Constantins Bruder, Julius Constantius, wurden verschont: dafür aber gingen der mächtige Praefectus Praetorio Ablavius, vermutlich weil die Ratgeber ihn fürchteten, und der Patricius Oplatus, anscheinend mit Anastasien, einer Schwester Constantins, vermählt, in demselben Blutbade unter.[4]

Die Zeit dieser Ereignisse ist ebenso unbekannt, als die – gewiß höchstens mittelbare – Mitwirkung von des Constantins Brüdern. Daß diese nach des Vaters Tod in Konstantinopel gewesen seien, ist zwar wahrscheinlich, aber nirgends bezeugt.

Da jedoch die Erhebung der drei Brüder zu Kaisern nach des Idatius Chronik erst am 9. September 337 durch den Senat öffentlich proklamiert ward, so dürfte des Dalmatius und des Hannibalian Tötung dem unstreitig vorausgegangen sein, obwohl andere Quellen diese erst in das Jahr 338 setzen (s. Tillemont IV, Not. 2, p. 1086).

Die endliche Reichsteilung, über die wir in gleichem Dunkel sind, scheint erst im Sommer 338 bei einer Zusammenkunft der drei Kaiser zu Sirmium in Pannonien erfolgt zu sein.

Unzweifelhaft erhielt von des Dalmatius Ländern Constantin der Jüngere, als der älteste der Brüder, Thrakien mit der Hauptstadt, Constans die Diözese Dakien, und Constantius das Gebiet Hannibalians in Kleinasien.

Ob die Diözese Makedonien schon seit 330 zu des Dalmatius oder zu des Constantius Anteile gehörte, wissen wir nicht. Wäre ersteres der Fall gewesen, so dünkt uns eine Teilung derselben zwischen Constantius und Constans wahrscheinlicher als deren volle Abtretung an ersteren.

Die augenfällige Ungelegenheit der Provinz Thrakien für Constantin, den Herrscher des Westens, mag diesen jedoch bewogen haben, sie schon nach Verlauf eines Jahres (Chron. Paschale, p. 534) an Constantius abzutreten, welcher dafür unstreitig einen Teil von Griechenland an Constans überlassen und dieser wiederum Constantin den Jüngern in Afrika entschädigen sollte, wo ihm Tingitanien, das zu Spanien gerechnet ward, bereits gehörte. Über letzteres, weniger wohl über den Grundsatz als über die Ausführung, entbrannte jedoch Hader zwischen den Fürsten. Constantin wollte sein Recht erzwingen und rückte im Frühjahr 340, aus Gallien über die Alpen ziehend, gegen Constans in Dakien vor.

Unfern Aquileja[5] gegen Anfang April stieß er auf dessen Vorhut, griff unvorsichtigen Kriegsmuts diese in Person an, ließ sich bei deren Verfolgung in einen vorher gelegten Hinterhalt locken, durch welchen er im Rücken und zugleich von den wieder Standhaltenden in der Front angegriffen, umzingelt und niedergestoßen ward.[6] Die Quellen schweigen über die Persönlichkeit des jungen Kaisers, der schon im sechzehnten Jahre im Gotenkriege gesiegt hatte und wohl die persönliche Kampflust, aber nicht die Besonnenheit des Vaters geerbt haben mag.

Dessen Reichsteil nahm Constans, als durch Eroberung erworben, an sich. Julian schreibt in seiner zweiten Lobrede auf Constantius der Weisheit und Großmut dieses letzteren einen Verzicht auf Gebietserweiterung zu, der aus dessen Unvermögen, in den tiefsten Nöten des Perserkrieges seinem Begehr Nachdruck zu geben, natürlicher zu erklären sein dürfte.

Um diese Zeit nämlich wütete der Krieg in Osten, der, vom Jahre 337 bis 350 dauernd, großes Blutvergießen, unendliche Landesverwüstung, aber nicht den geringsten politischen, ja nicht einmal militärischen Erfolg herbeiführte, da ein solcher weder irgendwo angeführt noch den Umständen und der Geschichte der Folgezeit nach anzunehmen ist.

Die genaue Geschichte dieses Kriegs würde, selbst wenn sie an sich mit einiger Sicherheit möglich wäre, nicht hierher gehören. Das Zusammenhängendste darüber, obwohl mit merklichen Irrtümern (oder Textverfälschungen), enthält der Epitomator Sextus Rufus, nach welchem neun Schlachten, und zwar zwei unter des Constantius persönlicher Führung, im Laufe desselben stattfanden.

Aus dem Westen wissen wir bis zum Jahre 350 nur, daß Constans im Jahre 341 einen harten Kampf mit fränkischen Scharen zu bestehen hatte, so wechselnden Erfolges (vario eventu), daß ihm deren völlige Besiegung erst im Jahre 342 gelang (Hieronymus und Idatius).

Libanius, der wortreiche Rhetor Antiochiens, schildert in seiner Lobrede auf Constantius (Or. 3, p. 138 der Pariser Ausgabe vom Jahre 1647), wenn auch nicht gerade bei diesem Anlaß (wie Tillemont IV, 2, S. 676 meint), die Franken in folgender Weise:

„Untätigkeit ist ihr höchstes Unglück, der Krieg der Gipfel ihres Glücks, so daß sie verstümmelt noch mit dem gesunden Teile des Leibes fortfechten; im Siege findet die Verfolgung keine Grenze und wenn sie einmal geschlagen werden, wird das Ende der Flucht zum Anfange des neuen Angriffs.

„Ihnen gegenüber gibt es keine Rast: nicht ohne Waffen in der Hand ist zu essen, nicht mit abgelegtem Helme zur Ruhe sich zu legen erlaubt.

„Wie bei stürmischer Meerflut, wann die erste Woge sich am Damme gebrochen, dieser sogleich die zweite, dann die dritte nachfolgt und der Anprall nicht eher aufhört, als bis der Wind sich gelegt hat, so folgen sich, hat der Kriegsdurst sie einmal zur Tollwut gereizt, Schlag auf Schlag die Angriffe der Franken."

Man sieht hieraus, wie diese gefährlichsten Bewerber um Gallien bis in den tiefen Osten hinein gekannt und gefürchtet waren.

Constans hatte noch unreif, siebzehn Jahre alt, den Thron bestiegen. Zunächst waltete die gute Natur in ihm vor, die sich in Kriegstüchtigkeit und Tapferkeit, in Strenge ohne Grausamkeit gegen die Soldaten wie in Kraft und Gerechtigkeit bewährte. Der Tod und die Beerbung seines Bruders Constantin aber, der die Feindseligkeit allerdings begonnen, erzeugte Übermut und Gehenlassen. Leidende Gesundheit, weit mehr aber noch schlechte Freunde – die so gewöhnliche Klippe jugendlicher Imperatoren – führten ihn schweren Lastern zu, unter denen die verwerflichste Wollust und übermäßige Jagdpassion genannt werden. Er ward den Untertanen unerträglich und verlor selbst die Anhänglichkeit des Heeres (Eutrop. X, 9; Aur. Vict. d. C. 41, 23; Zosimus II, 42 u. Ammian VI, 7).[7]

Die Großen, an deren Spitze Marcellin der Finanzminister stand, konspirierten wider den Tyrannen. Magnentius, der Befehlshaber der Jovianer und Herculianer, ward zum Nachfolger ersehen. Bei einem schwelgerischen Nachtmale, das dieser zu Autun den Ersten des Hofes und Heeres gab, entfernte er sich und kehrte, als die Gemüter vom Wein erhitzt waren, im kaiserlichen Purpur zurück, worauf er von den Anwesenden sogleich als Herrscher begrüßt wurde. Das Volk und was von Truppen und Führern in der Nähe war, fiel ihm zu. Constans floh nach den Pyrenäen, ward aber von den unter Gaiso nachgesandten Verfolgern eingeholt und am 18. Januar 350 niedergestoßen. (Idat. Fast.)

Magnentius war der Sohn eines „Laeten", wohl eines Franken, und hatte sich durch kriegerisches Verdienst schon unter Constantin (Jul. Caes., p. 20 d. Paris. Ausg.) emporgeschwungen.[8]

Wie die meisten Heere, wenn es zum Kaisermachen kam, nicht der fremden Wahl beizustimmen, sondern eine eigne zu treffen pflegten, so rief auch diesmal das illyrische sogleich seinen Oberbefehlshaber Vetranio zum Imperator aus, einen zwar hochbejahrten und ganz ungebildeten, aber höchst würdigen Mann, so erprobten Kriegsglücks als wohlwollenden Gemüts.

Constantius, sich als legitimen Nachfolger seines Bruders betrachtend, lehnte würdig jede Verhandlung über den Kronraub ab, scheint sich aber mit Vetranio, den er nach Julian (or. 1, p. 55) sogar durch Geld und Truppen unterstützte wider Magnentius, verständigt zu haben. Die Rüstung zum Krieg und die Vorkehrungen zum Schutz der Ostlande gegen Persien verzögerten indes Aufbruch und Abmarsch. Vetranio, schwankenden Sinnes, war inzwischen von Magnentius gewonnen worden und Beider Gesandten trafen Constantius in Konstantinopel, wo sie, das Übergewicht der vereinten Macht ihrer Herrscher hervorhebend, demselben nochmals Frieden, gegenseitige Verschwägerung und ruhigen Besitz seines Reichsteils anboten. Im Gefühl seiner Schwäche ward er erschüttert: der Traum der nächsten Nacht aber, in welchem sein Vater ihn zur Sühne des an Constans verübten Mordes gemahnt haben soll, ermutigte ihn; er beschloß, der guten Sache und dem Schwerte zu vertrauen. (Petrus Patric., p. 129–131 ed. Bonn.) Unzweifelhaft war dies der größte Moment in des Constantius Leben.

Im Dezember erreichte er Vetranio, in welchem die Ehrfurcht vor dem Sohne seines gewaltigen Kriegsherrn noch nicht ganz erloschen gewesen sein kann, bei Naissus[9] in Dakien. Von Constantius als Kollege anerkannt bot er die Hand zum Frieden und gestattete willig eine gemeinsame Beratung vor der Versammlung beider Heere.[10]

In dieser sprach der legitime Kaiser zuerst, nicht gegen Vetranio, nur gegen Magnentius donnernd, von seines Vaters Größe, Ruhm und Wohltaten gegen die Soldaten, wie von der heilig gebotenen Bestrafung jenes verruchten Mordes. Das wirkte zündend auf die Gemüter der Truppen, von denen viele der Führer freilich vorher schon durch Geld, Versprechungen und sonst gewonnen waren (Zosimus II, 44): „Fort mit den unrechtmäßigen Imperatoren, Du allein sollst herrschen," rief das Heer. Vetranio sah sich verraten, legte aber, durch des Constantius Güte aufgerichtet, am 24. Dezember 350 (Idatius) willig den Purpur ab und beschloß in unbelästigter, ehrenvoller Zurückgezogenheit nach sechs Jahren zu Prusa in Bithynien sein Leben, glücklicher unstreitig als auf dem Throne.

Nun war noch Magnentius übrig, der inzwischen bereits in einem Nebenakte gesiegt hatte.

Rom hatte ihm scheinbar gehuldigt, mag aber mehr Constantius als dem Ursurpator geneigt gewesen sein. Dies benutzte Nepotianus, ein Sohn von Constantins des Großen Schwester Eutropia, und ließ sich durch eine Bande zusammengerafften Gesindels am 3. Juni 350 zum Kaiser ausrufen. Siegreich gegen die von des Magnentius Stadtpräfekt, Anicetus, in Ermangelung regulärer Truppen gegen ihn ausgesandten Scharen gleichen Schlages erlag er schon nach achtundzwanzig Tagen dem oben erwähnten von Magnentius selbst wider ihn abgeschickten Marcellinus, der zum Magister officiorum ernannt worden war. Nepotians Tode folgte ein furchtbares Blutgericht, das nicht nur Hochgestellte, namentlich alle weiblichen Nachkommen und Verwandten Constantins des Großen, sondern auch Viele des Volkes traf. (Sokr. II, 32; Jul. or. 2, p. 107/8.)

Zu dem nun folgenden schweren Kriege zwischen Constantius und Magnentius bereiteten sich beide zuvörderst dadurch vor, daß sie für die von ihnen verlassenen Reichsteile Cäsare ernannten: Constantius am 15. März 351 (Idat. Chr.) seinen bei dem Verwandtenmord im Jahre 337 verschonten Vetter Gallus, den er mit seiner Schwester Constantia, Hannibalians Witwe, vermählte, für den Orient: und Magnentius seinen Bruder Decentius für Gallien. (Eutrop X, 12; Aur. Vict. d. C. 42, 8.)

Der Krieg selbst wird von Zosimus (II, 45–63) sehr umständlich, jedoch gewiß nicht ohne geographischen Irrtum beschrieben.[11] Wir denken uns den Verlauf so. Beide Feldherren operierten an der Save: Constantius mag mit der Hauptarmee oberhalb Siscia (Sisseck am Einfluß der Culpa in die Save), Magnentius noch aufwärts von Laibach gestanden haben. Da verhandelte letzterer über freies Vorrücken bis Siscia[12], worauf Constantius, der seines Übergewichts an Reiterei wegen ebenfalls die Ebene suchte, gern ein und nach Siscia zurück ging.

Eine starke Vorhut des letzteren muß aber schon gegen Magnentius im Anzug und bis in die Nähe von Laibach vorgerückt gewesen sein.

Diese geriet nun bei ihrem Rückzug in einen in den Gebirgspässen von Adrans ihr gelegten Hinterhalt und erlitt schweren Verlust, der Magnentius um so mehr zu entschlossenem Angriff ermutigte. In der Nähe von Siscia traf ihn des Constantius Friedensbote, zugleich aber auch Späher: Philippus. Durch Marcellin eingeführt durfte dieser vor der Heeresversammlung reden und wußte das Angebot des westlichen Reiches für Magnentius gegen Abtretung aller übrigen, das ursprüngliche Erbe des Constans bildenden Länder so geschickt durch Erinnerung an den großen Constantin einzuleiten, daß die Wiederholung der Szene von Naissus nahe war, als Magnentius, noch im rechten Augenblicke seine Zustimmung zum Frieden erklärend, die Versammlung aufhob, Philippus aber zurückbehielt. Tags darauf gelang es ihm jedoch, zunächst die Führer, dann auch die Soldaten wieder für sich und des Krieges Fortsetzung zu gewinnen.

Bei Siscia, das Constantius besetzt hielt, wollte das ihm feindliche Heer über die Save gehen, muß damit auch bereits begonnen haben, als es durch einen kräftigen Angriff mit großem Verluste zurückgeschlagen und zum Teil in den Fluß geworfen ward. Entmutigung ergriff es; schon drängten die Constantiner verfolgend über die Brücke nach, als Magnentius in der äußersten Gefahr mit Zeichen und Wort erklärte, nicht Krieg, sondern Frieden auf des Philippus Bedingungen wolle er und darüber mit Constantius verhandeln, worauf dieser auch wirklich die Seinigen zurückrief. Dabei soll zugleich dessen Wunsch, bei Cibalis zu schlagen, wo sein Vater einst Licinius besiegt und er eine treffliche Stellung gewählt und vorbereitet hatte, mitgewirkt haben.

Nach fruchtloser Verhandlung, weil Magnentius nunmehr des Constantius ganzes Reich forderte, mag letzterer sich nach Cibalis zurückgezogen haben, worauf ersterer sofort Siscia nahm und bis

Sirmium (bei Mitrowitz, sieben Meilen oberhalb Semlin) den Fluß hinabzog, von diesem Hauptplatz aber abgewiesen wurde. Nun wandte er sich, an Constantius, den er vermutlich in jener Stellung nicht angreifen wollte, vorbei marschierend, nach Mursa (bei Esseck) an der Drave, das er mit größter Heftigkeit, wiewohl vergeblich, angriff, wodurch er aber doch Constantius aus seiner sichern Stellung zum Entsatz hervorlockte. Ein letzterem für die bevorstehende Schlacht gelegter Hinterhalt ward ihm von der Stadt her entdeckt und endete mit dem Niederhauen der ganzen von Magnentius dazu detachierten Truppe, an vier Bataillonen Gallier.

Vor der Schlacht noch ging Silvanus, ein geborner Franke, mit seinem Reiterkorps zu Constantius über, wodurch dessen Übergewicht in dieser Waffe noch verstärkt wurde.

Über das Treffen selbst, das nach Idatius, übereinstimmend mit Julian (or. 1, p. 69)[13], am 28. September 351 stattfand, ist Zosimus sehr kurz. Nach Julian (or. 1, p. 65 und 2, p. 105 u. folg.) habe Constantius, der, den rechten Flügel an die Drave lehnend, seine ganze Reiterei auf seine linken vereinigt hatte, mittelst dieser sogleich den rechten feindlichen geworfen und umgangen, worauf Magnentius alsbald geflohen sei, während dessen Fußvolk im Mitteltreffen noch mit so viel Tapferkeit angriff und mit solchem Verzweiflungsmute Stand hielt, daß die Entscheidung hier lange schwankte.

Die Germanen, deren Magnentius viele geworbene, namentlich Franken und Sachsen, bei sich hatte, formierten sich zuletzt noch in kleinere, geordnete Massen und brachten, entschlossen bis auf den letzten Mann zu kämpfen, der nationalen Waffenehre freudig Blut und Leben dar.

Endlich sprengten wiederholte Kavallerieangriffe, namentlich der Panzerreiter (Kataphrakten), die noch Stand haltenden Haufen. Alles wandte sich nun zur Flucht, wobei viele in der Drave, durch welche sie sich retten wollten, umkamen, darunter wahrscheinlich auch Marcellin, der, noch zuletzt auf dem Schlachtfelde gebietend, nie wieder gesehen ward.

Des Magnentius voreilige Flucht ist unstreitig Phrase des Lobredners des Constantius, da sie gewiß erst nach dem Verluste jeder Siegeshoffnung erfolgte.

Eben so unbegründet dürfte die Angabe des Sulpicius Severus, eines sechzig bis siebzig Jahre späteren Kirchenhistorikers sein, daß Constantius während der Schlacht in einer Kirche bei Mursa gebetet habe (Tillemont, p. 744 und 1110). Kein Held wie sein Vater, hat er doch vor und nachher in Schlachten und Gefechten kommandiert. Die kirchlichen Geschichtsschreiber behandeln das Weltliche als Nebensache, mithin häufig ohne Kritik, wovon sich viele Beweise finden. Daher ist auch dies einzige Zeugnis für eine an sich so unwahrscheinliche Tatsache um so weniger für begründet zu halten, als alle übrigen Schriftsteller, selbst die dem Constantius als Christen und beziehentlich Arianer so gehässigen, darüber schweigen.

So viel Römer- und Bundesgenossenblut, dessen das Reich gegen seine äußeren Feinde dringend bedurfte, war seit zweihundertundfünfzig Jahren, seit des Septimius Severus Schlachten im Bürgerkriege nicht vergossen worden, was Constantius noch während des Kampfes tief erschüttert haben soll. (Zosim. II, 51.)

Erst gegen Mitte des Jahres 352 setzte letzterer den Krieg fort, nachdem er vorher Italien, Afrika und Spanien, wohin er Flotten abgesandt, wieder gewonnen, den Senat nach Pannonien berufen und die Germanen – zu seiner Schande sei es gesagt – durch Gold zu Einfällen in Gallien aufgereizt hatte. (Julian or. 1, p. 73, 74, 77, 78, 88 u. or. 2, p. 180 u. Zosim. II, 53.)

Eine den Alpenpaß sperrende Festung nahm Constantius im Flug, anscheinend durch Kriegslist, ein (Jul. or. 2, p. 132), worauf Magnentius aus Aquileja, wo er bis dahin verweilt, floh und sich in Italien, unerachtet eines am Ticin über das Constantius Truppen erlangten Vorteils, nicht behaupten konnte.

Erst spät im Jahre 353 ward er wieder angegriffen, nachdem er vorher im Rücken umgarnt und seiner Hilfsmittel selbst in Gallien, wo sich Trier wider ihn erklärte, großenteils beraubt worden war. Er verlor noch eine Schlacht in den cottischen Alpen (Jul. or. 2, p. 137) und kam im Anfang August durch Selbstmord seiner Gefangennehmung zuvor. Eben so endete der Cäsar Decentius.

Des Magnentius Eigenschaften mögen mehr blendend als wertvoll gewesen sein; Aurelius Victor (d. C. 41, 26) sagt, er habe es dahin gebracht, daß man Constans zurückgewünscht und die Epitome läßt ihn große Furchtsamkeit unter dem Scheine von Kühnheit verstecken.

Mit dessen Tod mag Ammians verlornes XIII. Buch aufgehört haben: von nun an ist der treffliche Mann unser Leiter, auf dessen Grund wir zunächst das zu Anfang dieses Kapitels über Constantius ausgesprochene Urteil zu rechtfertigen haben.

Zu seinem schweren Unheil ward dieser Sohn eines der größten Kaiser im Purpur geboren und hatte sogleich nach der Muttermilch das Gift der Schmeichelei eingesogen. Im siebenten Jahre schon ward er Cäsar. Trefflich seine Erziehung: aber was M. Aurelius bei Commodus nicht vermochte, gelang auch Constantin bei Constantius nicht. Noch mehr verdarb ihn sein Glück im Bürgerkriege, welches er allerdings auch der eignen Geschicklichkeit zum Teil zu verdanken hatte.

Wie er, scharfen Verstandes, die bösen Neigungen der Menschen durchschaute, so fürchtete er, schwachen Herzens, wie einst Dionys, der Tyrann von Syrakus, überall Verrat und Empörung. Von dieser Seite faßte ihn die verworfene Camarilla, deren Haupt ein Verschnittener, der Oberkammerherr Eusebius war, von welchem Ammian (XVIII, 4) ironisch sagt, daß der Kaiser allerdings viel über ihn vermocht habe. Auf seiner Person beruhe ja, hohnredeten die Schmeichler, das Wohl des Erdkreises: daher sei deren Schutz die höchste und heiligste Pflicht gegen die Menschheit.

Für diesen sorgte nun im Dienste jener Camarilla eine Bande verworfener Späher, Verleumder und Angeber, die, blutgierigen Spür- und Hatzhunden gleich, auch die Unschuld verfolgten.

Hatten sie ein Wild erjagt, so folgten Fesseln und Kerker, falsche, durch die furchtbarste Folter erzwungene Geständnisse oder Zeugnisse, endlich Tod oder mindestens Verbannung, in beiden Fällen aber Einziehung des Vermögens, mit dem die Ruchlosen, Herren wie Diener, sich mästeten.

Nur zwei Fälle der Art mögen hier Platz finden.

Obwohl Constantius nach der Schlacht bei Mursa, offenbar in eignem Interesse, eine allgemeine Amnestie verkündet hatte (Jul. or. 1, 2, p. 69 u. 107), so scheint doch, nachdem durch des Magnentius Tod volle Sicherheit erlangt war, schwere Verfolgung der Anhänger desselben eingetreten zu sein, wiewohl unstreitig nur derjenigen, welche sich in Folge jenes Aufrufs nicht sogleich unterworfen hatten.

Da ward (Ammian XIV, 5) aus dem Hauptquartier zu Arles, nach der dreißigjährigen Regierungsfeier des Constantius (von seiner Ernennung zum Cäsar 323 an gerechnet) zu Anfang Oktober 353 der Notar Paulus, der den Beinamen die: „Kette", „catena", führte, einer der schlimmsten jener Rotte, als kaiserlicher Kommissar nach Britannien abgesandt, um einige Militärs aus obigem Grunde zu verhaften. Dieser aber, viel weiter gehend, schmiedete aus Raubgier erdichtete Verbrechen und schlug auch Schuldlose in Fesseln. Da erhob sich entrüstet Martinus, der Vicar von Britannien, wider die Unbill, bat dringend um Schonung der Unschuld und drohte schließlich, seinen Posten zu verlassen.

Das hatte aber nur die Folge, daß der Bluthund nun auch den Landeschef selbst und dessen oberste Beamte gefesselt an das Hoflager zu schleppen drohte. Solchem Untergange zuvorzukommen, wollte ihn Martinus niederstoßen, traf aber den Frevler nicht zum Tode und hatte nur noch viel Kraft, die eigne Brust zu durchbohren. Wohl ihm: denn Folter, Tod oder mindestens Verbannung traf die Unglücklichen alle, welche der verwundete Paulus mit zurückschleppte. Nicht leicht, fügt Ammian am Schluß hinzu, wird man sich erinnern, daß unter Constantius irgend jemand, wo auch nur ein Gemurmel wider ihn vorlag, freigesprochen worden sei.

Noch scheußlicher folgendes (nach Ammian XV, 5):

Der um Constantius so verdiente Silvanus war als Magister peditum zur Verteidigung des hart bedrängten Galliens abgeordnet worden und wirkte dafür mit gutem Erfolge.

Dynamius, ein bei dem Train angestellter Zahlmeister, bittet ihn vor dem Abgange um Empfehlungsbriefe an einige seiner Freunde und erhält sie. Darauf verbindet er sich mit dem Praefectus Praetorio Lampadius und zwei Genossen desselben, dem früheren Domänenminister Eusebius und dem früheren Praefectus memoriae Aedesius, welche nach dem Konsulat strebten, zu folgender Niederträchtigkeit. Der Inhalt jener Briefe wird bis auf die Unterschrift mit Kunst vertilgt und ein anderer, jene Freunde zur Mitwirkung bei beabsichtigtem Thronumsturz einladender, darauf gebracht. Diese Schreiben werden im Geheimenrate vorgelesen und sogleich Befehle zu Verhaftung der entfernten Adressaten erteilt.

Zugleich wird auf Vorschlag Arbetios, des zweiten, von Neid gegen Silvanus erfüllten Generals der Reiterei, Apodemius, ein ähnlicher Bube, mit einem kaiserlichen Schreiben, welches Silvanus an das Hoflager beruft, an diesen abgesandt: derselbe gibt das aber nicht ab, sondern spioniert und intrigiert dort nur unter der Hand gegen Silvanus, der nichts ahnend auf seinem Posten bleibt.

Da schreibt, um den Beweis zu verstärken, Dynamius einen neuen falschen Brief im Namen Silvans und seines Stammgenossen Malarich, Befehlshabers der Gentilen, welcher schon im Geheimenrate sich des ersteren angenommen hatte, an den Vorstand der Waffenfabrik zu Verona: er möge das Nötige schleunigst vorbereiten.

Dieser aber sendet den ihm unverständlichen Brief durch denselben Boten, von einem Soldaten begleitet, zur Aufklärung an Malarich zurück. Entrüstet erhebt dieser nun, auf die zahlreichen Franken am Hofe gestützt, seine Stimme wider solche Verruchtheit. Der Kaiser befiehlt Untersuchung, bei welcher der als Minister officiorum fungierende Florentius endlich die Spuren der in Silvans ersten Briefen vertilgten Schrift und somit den ganzen Betrug entdeckt. Nun soll gegen dessen Urheber mit der Folter verfahren werden, welcher der Praefectus Praetorio jedoch, obwohl bei Majestätsverbrechen sonst kein Rang davon befreite, durch das Zusammenwirken aller Großen noch entgangen zu sein scheint. Eusebius dagegen soll das Verbrechen gestanden, Aedesius aber durch Leugnen obgesiegt haben.[14] Schließlich aber wurden doch, was kaum glaublich scheint, weiter unten aber erklärt werden wird, alle Angeschuldigten freigesprochen, ja der verruchte Dynamius, unstreitig als eins der geschicktesten Werkzeuge, ward sogar zum Gouverneur der Tuscischen Provinz ernannt.

Nichtsdestoweniger ward der unglückliche Silvanus ein Opfer dieser Büberei. Er erfuhr endlich die ihm drohende Gefahr, noch nicht aber den Ausgang der Untersuchung. Wissend, daß Unschuld keine Rettung sichere, dachte er diese durch Flucht zu seinen Volksgenossen, den Franken, zu finden. Einer seiner Offiziere desselben Stammes stellte ihm aber vor, daß ihn diese als Abtrünnigen[15] entweder töten oder für Geld ausliefern würden. Da erblickte er das einzige letzte Rettungsmittel in Vollziehung der Tat, deren man ihn fälschlich beschuldigt hatte. Er nahm den Purpur.

Das schlug wie ein Blitz in des Constantius Seele. Nun galt es, einen Mann zu finden, den man Silvan entgegenstelle: und man verfiel auf einen der tüchtigsten im Reiche, auf den Magister der Reiterei Ursicinus.

Er war bitter gehaßt von der Camarilla und seinem unwürdigen Kollegen Arbetio: diese hatten bereits zu Anfang des Jahres 354 seine Abberufung aus dem Orient und ein heimlich zu vollstreckendes Todesurteil wider ihn ausgewirkt, als der Kaiser in einer Anwandlung besseren Gefühls dies noch zu vertagen beschloß (Ammian XV, 2, S. 4S,). Ursicinus machte den Ungrund jener Beschuldigung des Silvanus geltend, ward aber von Constantius in geschickter Rede bedeutet, daß bei der gegenwärtig so dringenden und gefährlichen Sachlage darauf nicht weiter zurückzukommen sei. Mit einem Schreiben, worin der Kaiser, des Vorgefallenen sich noch unkundig stellend, Silvanus freundlich einlud, den Befehl an Ursicinus abzugeben und zu ihm zurückzukehren, so wie mit gemessener geheimer Instruktion reiste letzterer ab, mit ihm auch unser Ammian. Silvanus empfing ihn inmitten eines starken Heeres in Köln und nahm ihn, wissend, daß auch dieser Mann zu den am Hofe Gehaßten gehöre, freundlich auf. Nach peinlichster Verlegenheit, wie er seinen Auftrag erfüllen könne, gelang es Ursicinus endlich, einen Haufen der Braccaten und Cornuten zu gewinnen, welche für ein großes Geldgeschenk Silvanus niederstießen.

So endete der würdige, um Constantius so hochverdiente Mann. Neue Nahrung gewannen nun Übermut und Schmeichelei.

Folter und Blutgericht gegen des Silvanus Freunde, wobei sich der „höllische" Paulus (tartareus ille delator) wieder hervortat, schlossen die Tragödie.

Wir vermuten nun, daß die allmächtige Camarilla Silvans wirkliche Empörung benutzt habe, um, den richtigen Blick des Dynamius und seiner Genossen hervorhebend, die Freisprechung dieser Schurken vom Kaiser zu erlangen.

Nach dieser Abschweifung kehren wir zum Faden der Zeitgeschichte zurück.

Im Orient hatte der Cäsar Gallus, nachdem er im Jahre 362 eine Empörung der nimmer rastenden Juden unterdrückt hatte (Aur. Vict. d. C. 42, 10 u.a.), nichts zu tun, da sich die Perser bis auf Streifereien ruhig verhielten. (Amm. XIV, 2 u. 3.)

Aber im Müßiggange zu Antiochien übte er sehr argen Mißbrauch der Gewalt; neben ihm seine Gemahlin Constantia, des großen Constantinus Tochter, die, wie Ammian sagt, einer sterblichen blutgierigen Megäre gleich, den ohnehin Wilden unablässig anfeuerte.

Sein Praefectus Praetorio versuchte nichts gegen diese Mißwirtschaft, setzte aber Constantius davon in Kenntnis. (Amm. XIV, 1.)

Und nicht mit Offenheit und Kraft, sondern mit abscheulichster Heimtücke schritt dieser ein, übrigens nicht wegen der „Frevel" des Gallus, welche seinen eigenen weit nachstanden, sondern vor allem weil er, damals noch ohne jeden Grund, Empörung seines Cäsars fürchtete. Er suchte deshalb, unter dem Vorwande des Mangels an Beschäftigung, des Gallus Heer zu mindern[16], und sandte an die Stelle des verstorbenen einen neuen Praefectus Praetorio, Domitian, in den Orient, den oft eingeladenen Cäsar durch arglistige Freundlichkeit nach Italien zu locken. Domitian aber verging sich gegen diesen gröblich in der Form und forderte ihn endlich mit drohenden Worten zur sofortigen Abreise auf, worauf ihn der Cäsar verhaften ließ. Mißbilligend äußerte sich über diesen Schritt der Quästor

Montius gegen die Offiziere der Garde. Da wiegelte Gallus unter der Klage, Montius habe ihn der Rebellion beschuldigt, die zusammengerufenen Soldaten wider jenen auf und er sowohl als bald darauf auch Domitian wurden unter Mißhandlungen umgebracht. (XIV, c. 1.)

Gallus mag nun ängstlich geworden sein, ließ daher seine Gemahlin, die der tückische Bruder wiederholt auf das Zärtlichste eingeladen hatte, abreisen. Als diese aber unterwegs plötzlich verschied, wuchs seine Furcht auf das Höchste. Schwankend zwischen offener Empörung (von welcher das Gefühl, vom Volk gehaßt zu sein, abmahnte) und Nachgiebigkeit, ward er endlich doch durch die glatten Worte eines dazu abgeordneten Meisters der Schmeichelei und Lüge zur Abreise bewogen. Je mehr er sich von seinem Gebiet entfernte, um so mehr ward er als Gefangener behandelt, bald des Purpurs beraubt, endlich von der Straße bei Pötobium (Petiau in Steiermark) abwärts nach Pola geschleppt und daselbst gegen Ende 354 unter Vorhalt seiner Missetaten enthauptet.

Verwerflich war sonder Zweifel die heimtückische Form, verdient aber das Todesurteil, was Julian (des Gallus Bruder) selbst (ad Athen. p. 500) nicht ganz in Abrede stellt, so hart er auch des Constantius Arglist anklagt.

Des Gallus Freunde und Diener traf das gewöhnliche Los: ja selbst Julian, der bereits nach Como transportiert worden war, wäre dem nicht entgangen, wenn nicht die Kaiserin Eusebia dies verhütet und seine Entlassung nach Athen durchgesetzt hätte. Mit dieser schönen, edlen Frau hatte sich Constantius, nach dem Verluste der ersten, des Gallus und des Julian Schwester, Ende 352 oder Anfang 353 vermählt.

Zunächst ist nun zweier Feldzüge gegen die Alemannen zu Bedenken.

Im Frühjahre 354 zog der Kaiser gegen die Alemannenkönige Gundomad und Vadomar, Brüder, die von Basel abwärts am obern Rheine sitzen mochten, um sie für das unausgesetzte Eindringen in Gallien zu züchtigen.

Das bei Châlons sur Saone versammelte Heer rückte nach Augst (Augusta Rauracorum) bei Rheinfelden an den Rhein, der Brückenschlag aber ward durch den Geschoßhagel der am jenseitigen Ufer in Masse aufgestellten Germanen gehindert.

Ein Ortskundiger zeigte für Lohn eine Furt, durch die man während der Nacht hätte übersetzen und den Feind umgehen können.

Ob dies, wie man vermutete, durch höhere römische Offiziere germanischer Abkunft ihren Volksgenossen verraten ward oder ob nur ungünstige Anzeichen die Germanen schreckten, bleibt dahin gestellt; genug, sie baten durch Gesandte um Verzeihung und Frieden, der ihnen auch, mit Zustimmung des darum befragten Heeres, gewährt und in Form eines Bündnisses feierlich abgeschlossen ward. Dabei soll, wie Ammian meint, auf Seite der Truppen die Erwägung mitgewirkt haben, daß Constantius zwar wohl im Bürgerkriege, niemals aber gegen äußere Feinde Glück gehabt habe. (XIV, 10.)

Etwas ernster verlief der Feldzug des Frühjahrs 355, der gegen die östlichen Nachbarn obiger Könige, die Linzgauer[17] Alemannen (Lentienses) unternommen ward, weil auch diese häufig weit in das Römische hinein heerten (collimitia saepe Romana latius irrumpentibus). Wie für die westlichen Alemannen der Elsaß, so mag für diese, die zwischen dem Bodensee und der Aare über den Rhein gingen, der heutige Kanton Aargau Tummelplatz gewesen sein.

Nicht um eine gewöhnliche Streiferei aber – denn wegen kleiner Dinge erhob sich Constantius nicht –, sondern um eine ernstere Besorgnis muß es sich damals gehandelt haben. Wahrscheinlich, ja gewiß suchten sich die Alemannen in dortiger Gegend *bleibend festzusetzen*, was dann die Hauptplätze Vitodurum (Winterthur) und Vindonissa (bei Baden), vor allem aber die so wichtige Militärstraße von Rätien nach Gallien südlich des Bodensees gefährdet haben würde.

(Die Germanen suchten eben nicht mehr bloß Beute: – *Land* suchten sie in Gallien. D.)

Daher zog der Kaiser in Person nach Rätien, blieb aber anscheinend in der Nähe von Bregenz stehen und schickte von da den schon genannten Arbetio, magister equitum, voraus, um am Ufer des Sees, d. i. auf der Militärstraße von Bregenz über Rheineck (ad Rhenum) bis Arbon (Arbor felix) etwa vier Meilen weit vorzugehen und von hier aus die Barbaren anzugreifen.

Über den nun folgenden Kriegsverlauf sind wir, weil im Manuskript eine vier Zeilen lange Lücke (nach den Worten: ad usque ... confinia) ist, unvollständig unterrichtet. Der Hergang scheint folgender gewesen zu sein. Arbetio verließ etwa in der Richtung von Winterthur die Militärstraße, den Feind aufzusuchen. Dabei mag seine Vorhut (denn gewiß nur von dieser, nicht vom Hauptcorps ist die Rede) unvorsichtig vorgegangen und dadurch in einen Hinterhalt gefallen sein, wo sie von allen Seiten so ungestüm angegriffen ward, daß sie nicht zu widerstehen, nur durch Flucht in völliger Auflösung sich zu retten vermochte, was die eingebrochene Nacht und der Wald erleichterten, so daß viele am Morgen im Hauptkorps sich wieder einfanden. Der Verlust muß aber, da allein zehn Tribunen blieben oder vermißt wurden, sehr groß gewesen sein.

Arbetio verblieb nun in dem verschanzten Lager, das die Feinde täglich, besonders im Frühnebel, herausfordernd umschwärmten, ohne jedoch einen offenen Sturm zu wagen, dem die germanische Taktik und Bewaffnung nicht gewachsen waren.

Da gingen eines Tages die Schildträger (scutarii, eine der scholae der Garde) gegen die feindliche Reiterei vor, wurden aber zurückgedrängt und riefen die Ihrigen zum Succurs. Allein die Erinnerung des erlittenen Unfalls und Arbetios zaudernde Besorgnis lähmten den Mut. Da stürzten endlich drei entschlossene Tribunen, Arintheus, Seniauchus und Bappo, mit ihren Scharen, anscheinend ebenfalls Reiterei (? D.), heraus und führten einen so gewaltigen Stoß auf die Alemannen, daß diese, völlig zersprengt, in wilde Flucht gejagt wurden. Nun beteiligten sich auch die zurückgebliebenen Truppen an der Verfolgung, welche für die Germanen um so vernichtender wurde, da Terrainhindernisse (impediti, vielleicht durch dichtes Gestrüpp) sie zum Teil aufhielten, wobei auch die römischen Reiter auf Abteilungen des feindlichen Fußvolks (barbaram plebem) stießen.

Jedes derartige Handgemenge aber war für die nackten, mit genügenden Schutzwaffen nicht versehenen Germanen höchst mörderisch.

Mit diesem Ausgange, der allenfalls der Waffenehre genügte, aber ohne allen politischen Erfolg war, kehrte der Kaiser hochvergnügt nach Mailand zurück. (XV, 4.)

Solcher Art waren des Constantius Feldzüge gegen die Germanen: wahrlich denen seiner großen Ahnen nicht vergleichbar und nicht geeignet, Feinde in Schreck und Zaum zu halten, die, den sturmgepeitschten Wogen gleich, ohne Rast und Furcht gegen die römische Grenzwehr und weit über sie landein drangen.

Für Gallien überhaupt war mit des Constans Tode 350 der Wendepunkt eingetreten. Ihn fürchteten noch, wie Ammian (XXX, 7) sagt, die Germanen. Als aber Magnentius, der Truppen für den Bürgerkrieg bedürftig, die Grenzbesatzungen schwächte, als des Constantius verwerfliche Politik vor allem die Germanen zum Angriff *einlud* und *bezahlte* –: da trat jener Zustand ein, den Zosimus (III, 1) und Julian (ad Athen. p. 511 und 512) im Jahre 35/6 also schildern: „Alemannen, Franken und Sachsen schwärmten heerend im Lande; fünfundvierzig Städte – kleinere Burgen und Kastelle ungerechnet – waren zerstört und ein gegen acht Meilen breiter Grenzstreif vom Ursprunge des Rheins bis zum Ozean *im festen Besitze* (– man bemerke dieses *Sichseßhaftmachen* wohl – D.) der Barbaren, von dem aus sie das Innere verwüstend durchzogen. Zahllose Einwohner waren in die Sklaverei geführt, unermeßliche Beute fortgeschleppt, audere Städte noch vor dem Angriffe aus Furcht verlassen."

Wird es doch von Silvanus, den Constantius nach des Magnentius Sturz zuerst in diese Provinz sandte, als besonderes Wagnis und Glück berichtet (Amm. XVI, 2), es sei ihm gelungen, mit nur 8000 Mann auf waldigen Pfaden (die Hauptstraße muß also in Feindeshand gewesen sein) von Autun (Saone et Loire) nach Rheims (Marne), also im Herzen Frankreichs, mühevoll durchzudringen. Doch scheint es unter diesem tüchtigen Mann auf besserm Wege gewesen zu sein; da verfiel durch dessen Tod alles aufs neue, zumal auch Ursicinus das Kommando bald wieder verloren haben muß (Ammian. XVI, 2, S. 84); ja selbst das feste Köln ward nunmehr von den Germanen im Jahre 355 erobert und (teilweise D.) zerstört.

Rettung erblickte Constantius, eigne Übersiedlung nach Gallien nicht ohne Grund für bedenklich erachtend, unstreitig aber auch seine Unfähigkeit fühlend, einzig in der Ernennung eines Cäsars: er verfiel dabei auf Julian, seinen letzten noch übrigen Verwandten. Die Camarilla bot alles auf, ihn sowohl von der Idee überhaupt als von dieser Wahl insbesondere abzutringen und möchte wohl obgesiegt haben, wenn nicht die vielvermögende Kaiserin Eusebia mit richtigem Blick für das Gemeinwohl den Gemahl entschieden hätte.

So ward denn der fünfundzwanzigjährige junge Mann am 6. November 355 zu Mailand vor feierlicher Heerversammlung zum Cäsar ernannt und wenige Tage darauf mit des Kaisers Schwester Helena vermählt. Nur so viel vermochte der Haß der Camarilla über die kleinliche Seele ihres Herrn, daß Julian von seinen Freunden und Dienern getrennt und von Spähern umgeben sowie durch offene wie geheime Instruktionen an die unter ihm dienenden Generale zu einem fast willenlosen Werkzeuge herabgedrückt werden sollte.

Am 1. Dezember reiste er ab.

Wir unterbrechen hier die Zeitfolge und behalten des Cäsars glänzenden Heldenlauf in Gallien, der zum Teil an den des großen Julius erinnert, dem folgenden, dieser merkwürdigen Persönlichkeit ausschließlich gewidmeten Kapitel vor.

Nur so viel daher an diesem Orte, daß Julian in wenig mehr als vier Jahren nicht nur Gallien vollständig von den Barbaren befreite, sondern auch die Alemannen und Franken jenseits des Rheins so nachdrücklich bezwang und demütigte, wie dies seit Probus nicht geschehen war.

Die Hochverratsprozesse, in deren einem Arbetio verwickelt, aber doch losgesprochen ward (Amm. XVI, G), und alles, was sonst noch nur zu des Constantius Charakteristik dient, übergehend – gedenken wir zunächst seines, wie man annehmen muß, ersten Besuchs in Rom, wo er am 28. April 357[18]) eintraf. Es gibt nichts Anziehenderes, als Ammians Bericht darüber (XVI, 6): der asiatische Prunk des Einzugs, die unbewegliche, einem Erzbilde gleiche Haltung des Kaisers, vor allem aber die monumentalen Wunderwerke der ewigen Stadt und deren erschütternder Eindruck auf diesen.

Als Constantius, von dem Riesenbau des trajanischen Forums ergriffen, nur das den unsterblichen Helden tragende Roß nachbilden zu wollen erklärte, bemerkte der am Hofe weilende, persische Prinz Hormisdas: „Wohl, so schaffe aber auch denselben Stall dafür, damit Dein Roß so weit vorschreite, als dieses."

Um dieselbe Zeit ward Barbatio der an Silvans Stelle zum Magister militum ernannt worden war, gegen die in Rätien eingedrungenen Juthungen gesandt, welche Ammian hier einen Teil der Alemannen nennt. Sie versuchten, was sonst nicht geschehen war, sogar der festen Plätze sich zu bemeistern.[19])

Der Feldherr war verzagt: aber der auflodernde Kriegsmut der Truppen riß ihn fort: die Juthungen wurden auf das Haupt geschlagen; nur ein kleiner Teil derselben entrann verzweifelnd in die Heimat. (Amm. XVII, 6.)

Wie verräterisch derselbe Barbatio sich gegen Julian benahm, werden wir im nächsten Kapitel sehen; wie er bald nachher dem Verhängnisse seiner Zeit als – damals wenigstens – schuldloses Opfer fiel, ergibt Ammians XVIII. Buch, Kap. 3.

Ein Bienenschwarm hatte sich in seinem Hause angesetzt; das bedeute Großes, versichern die von seiner abergläubischen Frau befragten Zeichendeuter.

Von Wahn ergriffen schreibt diese dem Gemahl im Felde, ihn beschwörend, sie doch ja nicht um der schönen Kaiserin Eusebia willen zu verstossen, wenn er nach des Constantius Tode zur Herrschaft gelange. Dies schrieb sie durch die Hand einer Sklavin, welche verräterisch dem Arbetio Abschrift des Briefes zustellte. Sofort wird Barbatio, der den Empfang des Schreibens nicht leugnen kann, und mit ihm die Frau enthauptet, der Folter furchtbares Spiel aber gegen die vermeinten Mitschuldigen in Tätigkeit gesetzt, von denen der völlig unschuldige und unwissende Valentinus, nachdem er die mehrmalige Marter überlebt, zur Entschädigung zum Kommandierenden (dux) in Illyrien ernannt wird. (Amm. XVIII, 2.)

Wie die Alemannen und Juthungen am Rhein und der obern Donau, so hausten die Sarmaten (Jazygen) und Quaden an der niedern in Pannonien und Mösien. Constantius verlegte deshalb sein Hauptquartier nach Sirmium, wo er den Winter 357/8 verbrachte, um im Frühjahr gegen diese Feinde zu ziehen. Leider bietet Ammians so ausführliche als lebendige Darstellung der Feldzüge des Jahres 358 die größten Schwierigkeiten.

Die Knechte der Jazygen, welche von Ammian und überhaupt in den späteren Quellen immer nur mit dem Stammnamen „Sarmaten" bezeichnet werden, hatten das Joch ihrer Herren gebrochen und diese vertrieben. Schon damals zerfielen jene Sarmaten in zwei Sonderstaaten: die südlichen führten den Namen Limiganten. Von diesen entwichen die verjagten ehemaligen Herren, 300 000 an der Zahl, in das nahe römische Gebiet, Obermösien, worauf sie in geeigneten Provinzen kolonisiert wurden. Aus dem nördlichen Volk aber flohen dieselben zu den zwar nicht ganz nahen, aber doch gewiß durch kein Zwischenvolk geschiedenen Viktofalen, die in Oberungarn an der oberen Theiß und deren Zuflüssen zu suchen sind.

Dort aber mögen sie sich nicht behaglich gefühlt haben; wir ersehen mindestens, daß sie ihre Wiederaufnahme in der Heimat erlangten.

Diese Wiedervereinigung beider Teile ist es nun, auf deren Grund Ammian die nördlichen Sarmaten fortwährend als freie, liberi, die südlichen aber, weil sie eben nur noch aus den alten servi bestanden, nur als servi bezeichnet.

Wie es aber kommt, daß Ammian in seiner Darstellung der Feldzüge des Jahres 358 der Viktofaler gar nicht weiter, sondern neben den Sarmaten nur der Quaden gedenkt, ist mit Sicherheit nicht zu erklären.

Im Frühjahre 358 ging Constantius, noch ehe die Hochwasser ganz verlaufen waren, mit einem starken Heer über die Donau, vermutlich in der Nähe von Kecskemet.

Die Sarmaten, welche den Angriff nicht so früh erwartet, flohen so eilig, daß nur deren wenige noch von den Verfolgern niedergehauen werden konnten. Darauf systematische Landesverwüstung, sowohl nordwärts nach Pest, als ostwärts nach der Theiß zu.[20] Das brach den weitern Fluchtplan der Sarmaten. Sie rückten in drei Kolonnen dicht an das römische Heer heran, mit ihnen die Genossen wie der früheren Raubfahrten so nun der Gefahren – die Quaden. Nachdem aber in der hierauf erfolgten Schlacht Viele niedergehauen worden, floh der Rest in das benachbarte Hügelland. (Dieses findet sich erst in der Gegend von Erlau.) Darauf rückte Constantius gegen die Quaden, welche, durch den Unfall erschüttert, demütig um Frieden baten.

Bei der vor dem Kaiser hierzu festgesetzten Verhandlung erschien nun auch Zizais, königlichen Geblüts (regalis: vielleicht „Kleinkönig" D.), der die in Schlachtreihe aufgestellten *Sarmaten* zum Bitten anwies. Sie stürzten sich plötzlich, die Waffen wegwerfend, zu Boden. Er selbst konnte vor Schluchzen kaum zu Worte kommen, bis ihn durch Zuspruch ermutigt, kniend um Verzeihung bat, worin denn sogleich das ganze Volk, an Demut den Führer noch überbietend, einstimmte. In seinem (als des Vornehmern) Gefolge (duxerat potior) waren, nebst den übrigen Sarmaten, auch die untergeordneten Häuptlinge (subreguli), Zinafer und Fragiled, und die meisten Optimaten. Auch diese boten ihr Alles, Land und Habe, ja Weib und Kind den Römern willig dar.

Allein: „Billigkeit und Milde herrschten bei Constantius vor"; sie sollten ihr Land behalten und nur die Gefangenen herausgeben. Sogleich erfolgte die Stellung der verlangten Geiseln und das Versprechen schleuniger Folgeleistung.

Durch diesen Vorgang ermutigt eilten nun auch die Scharenführer Arahar und Usafer herbei, ebenfalls regales: königlichen Geschlechts (vielleicht: Kleinkönige D.), unter den Vornehmsten hervorragend, von denen jener Quaden, dieser Sarmaten führte.

Der Kaiser, fürchtend, daß das gemeine Volk letzterer (quorum plebem veritus, wo offenbar die Jazygen gemeint sind) unter dem Vorwande des Friedens zu den Waffen greife, sonderte die Verhandlung und hieß die Wortführer der Sarmaten abtreten.

Darauf erhielten die Quaden gegen Stellung von Geiseln, was von diesen noch nie zuvor geschehen war, Verzeihung und Frieden. Als nun Usafer, der Sarmatenführer, vorgelassen ward, widersprach Arahar heftig, weil der ihm bereits bewilligte Friede auch diesem, als seinem Untergebenen, ohne weiteres zugute kommen müsse.

Bei Erwägung der Frage aber fand man (d. i. der Kaiser), daß die Sarmaten, da sie stets der Römer Klienten gewesen, fremder Botmäßigkeit ganz zu entziehen seien; sie wurden daher für sich Geiseln, als Pfand des Friedens, zu stellen angewiesen.

Hierauf strömten, durch Arahars Beispiel veranlaßt, noch eine Menge Scharen (maximus numerus catervarum) anderer Völker und Könige herbei, welche gleichen Frieden empfingen und dafür die aus dem Innern herbeigeholten Söhne der Vornehmen als Geiseln stellten.

Demnächst beschäftigte sich der Kaiser mit bleibender Feststellung der Verhältnisse der Sarmaten, „welche mehr Mitleid als Feindschaft verdienten und denen dies Ereignis zur Quelle unglaublichen Vorteils ward." Daß sich diese Worte nun lediglich auf die im Jahre 334 vertriebenen Herren beziehen können, deren Stellung immer noch eine sehr prekäre gewesen sein mag, ist nicht nur an sich klar, sondern wird auch noch mehr durch die nun folgende Stelle außer Zweifel gesetzt, welche deren ganze frühere Geschichte und spätere Wiederaufnahme berichtet.

Den Sarmaten ward nun der durch Ansehen der Geburt und sonst dazu geeignete Zizais als König vorgesetzt, der sich auch in der Folgezeit tüchtig und treu bewährte.

Keinem dieser Völker aber ward, vor Rückgabe der Gefangenen, die Heimkehr gestattet.

Nachdem dies im Lande der Barbaren vollbracht worden, wandte sich der Kaiser nach Bregetium Comorn), dem Herzen des Quadengebiets gegenüber, um auch die dort wohnenden Quaden, welche am Kriege Teil gehabt, zu züchtigen.

Als aber das Heer deren Boden betrat, warfen sich Vitrodor, der Sohn des Königs Viduar, der Häuptling (subregulus) Agilimund und die andern Optimaten, so wie die den verschiedenen Völkern vorgesetzten Richter den Soldaten zu Füßen, erlangten auch bedingte Verzeihung, stellten ihre Kinder als Geiseln und beschworen auf ihre Schwerter, „die sie als Götter verehren", den Frieden. (Amm. XVII, 12.)

Wir erkennen in dieser Darstellung mehrfach die Spuren des römischen Bulletinstils und dürfen wohl annehmen, daß die Beweise der Furcht und Demut der Barbaren übertrieben sind, obwohl es deren stehende Politik war, der Gefahr eines großen Kriegs, dem sie sich nicht gewachsen fühlten, durch Unterwerfung, für den Augenblick wenigstens, sich zu entziehen.

(Das Gesamtvolk der Quaden erscheint hier, ganz wie die Alemannen, gleichzeitig unter einer Vielzahl von Königen, deren größere (mehrere Gaue) oder kleinere (einen Gau) umfassende Macht durch die lateinischen Ausdrücke rex, regalis, subregulus angedeutet wird: *Unterordnung* der kleineren ist aber nur bei dem *Sarmaten*-Häuptling gegenüber dem Germanen Arahar deutlich wahrnehmbar. *D.*)

Nachdem dies glücklich vollbracht, wandte sich Constantius, wovon Kap. 13 handelt, gegen die südlichen Sarmaten, die er Servi nennt, die Limiganten. Diese saßen im Südwinkel des Landes zwischen Donau und Theiß bis zu deren Zusammenfluß, sicherlich aber auch teilweise jenseits letzterer. Sie waren so gefährliche Räuber, daß die kaiserliche Politik sogleich deren gänzliche Entfernung von der Grenze in das Auge faßte.

Unstreitig marschierte nun das römische Heer von Bregetium (Comorn) durch Pannonien wieder in die Nähe von Sirmium und ging dort, was zwar nicht angeführt, aber unzweifelhaft ist, über die Donau.

Als das Heer auf ihrem Gebiet erschien, erklärten sich die Limiganten zu jeglicher Unterwerfung, selbst Tributzahlung und Rekrutenstellung, bereit, verweigerten aber entschieden die Auswanderung aus ihrem trefflich gelegenen, durch Sümpfe geschützten Schlupfwinkel.

Der Kaiser beschied sie auf das linke Theißufer, wo sie sich auch, aber mehr drohend und trotzig als unterwürfig, einfanden: er hatte, deren Stimmung erkennend, seine Truppen geschickt zur Umzingelung aufgestellt. Von einer Erhöhung herab suchte der Kaiser durch milde Worte, worin er Meister gewesen sein mag, sie zu beruhigen und zu lenken.

Schwankenden Sinnes zuerst hörten sie ihn: aber bald gewannen Wut und Trotz die Oberhand. Weithin, nach ihm zu, schleuderten sie ihre Schilde d. h. vorwärts, „um unter dem Vorwande der Wiederaufnahme derselben vorzudringen."[21]

Da griffen die Römer, „zumal schon der Tag sich neigte" (!), von allen Seiten plötzlich die Sarmaten an. Diese aber ließen sich nicht abhalten, wutentbrannt auf den Kaiser einzudringen, wozu sie sich in keilförmige Schlachtordnung formierten. Die Garde wehrte indes tapfer ab und das römische Fussvolk von der Rechten, die Reiterei von der Linken drangen so kräftig ein, daß die Schlacht bald ein ungeheures Schlachten wurde. Kein Sarmate aber bat um Gnade, keiner warf die Waffen weg: lieber Tod als Unterwerfung war die Losung. Nur eine halbe Stunde dauerte das Morden, worauf Weiber und Kinder aus den nahen Hütten hervorgezogen und zu Sklaven gemacht wurden.

Am andern Morgen ging die Verfolgung weiter mit Schwert und Feuer, die Strohhütten wurden angezündet, die Unglücklichen verbrannt oder niedergestoßen; von denen, die sich schwimmend über die Theiß retten wollten, ertranken Viele.

Darauf gingen die Römer zu Schiff über den Fluß und setzten auch dort das Mord- und Zerstörungswerk fort.

So das Los der einen Gruppe sarmatisch-limigantischer Gaugemeinden, der Amicensen; nun ging es gegen die zweite, die Picensen, welche schon mehr in oder nahe den Bergen der Militärgrenze nach Siebenbürgen hin gesessen haben mögen. Gegen sie wurden zugleich deren nördliche Nachbarn, die freien Sarmaten, und deren östliche, die (Gotischen) Taifalen, zum Angriff gewonnen, so daß dieser von drei Seiten her erfolgte.

Schwanken der Verzweiflung, bis der Rat der Ältesten die Hochbedrängten zur Unterwerfung bestimmte. Sie kamen aus ihren Bergen in das römische Lager mit Hab und Gut, Weib und Kind und ergaben sich in ihre Versetzung in eine für Rom minder gefährliche, für sie aber gesicherte Gegend Wo diese lag, erfahren wir nicht, vermuten aber, daß das Land zwischen Donau und Theiß gänzlich eben so ein breiter Grenzstreif nördlich der Donau geräumt werden mußte, die Hauptumsiedlung aber mehr nach Osten erfolgte, wo gewiß noch wüstes Grenzland die Sarmaten und Taifalen trennte. Davon erstern geräumte Gebiet ward den freien Sarmaten überlassen.[22]

So ward alles wohl geordnet und der Kaiser vom Heere zum zweiten Male (vom ersten Male wissen wir nichts) zum „Sarmatischen" ausgerufen (secondo Sarmaticos appellatus), was er bei glänzender Parade durch eine Lob- und Dankrede erwiderte; darauf trat er der Rückmarsch nach Sirmium an (Ammian XVII, 13.)

Geendet aber war das Kriegsdrama damit noch nicht, vielmehr fiel dessen letzter Akt erst in das Jahr 359. (Amm. XIX, 11.)

238

Übertriebene Strenge beugt, aber bindet nicht. Schon im folgenden Winter begannen die Limiganten der Grenze sich wieder zu nähern, ja darüber hinauszuschweifen. Constantius rückte zuerst nordwärts an der Donau herauf, wo einzelne ihrer Scharen über das Eis gegangen sein mögen, stellte sich aber schließlich diesseits der Donau bei Acimi nicum (Neusatz) auf und beschied die Sarmaten zu sich. Sie kamen auch willig, nur von Frieden und Unterwerfung redend, ja selbst zur Übersiedlung in fernes römisches Gebiet sich geneigt erklärend: doch ließ der Kaiser vorsorglich durch einen Teil der eingeschifften Truppen den Strom besetzen. Hier erneuert sich nun die vorjährige Szene nur mit dem Unterschiede, daß sofort, als der Kaiser von hohem Throne herab seine Friedensworte beginnen will, einer der Tollsten unter dem Kriegsrufe „Marrha, Marrha!" seinen Schuh nach ihm schleudert und die ganze Masse darauf mit Geheul blitzschnell auf ihn eindringt. Schon ist die Garde durchbrochen, das Waffengedränge um des Kaisers Person furchtbar, so daß er kaum noch, sich auf ein Roß werfend, mit verhängtem Zügel entfliehen kann, während die Barbaren den leeren Thron erbeuten. Wie aber das römische Heer seines Kriegsherrn Gefahr wahrnimmt, stürzt es sich auf die verräterischen Feinde und haut sie, wie Ammian wohl übertreibend sagt, alle nieder.

Damit schließt dieser Feldzug und Constantius kehrt, nachdem er den nach solchem Schlage wohl erleichterten Grenzschutz geordnet, nach Sirmium zurück. (Amm. XIX, 11.)

Wir haben aus des Constantius Leben, das sich nun seinem Ziele nähert, nur noch zwei Ereignisse ohne strenge chronologische Sonderung kurz zu berichten: den persischen Krieg und Julians Erhebung zum Kaiser.

Gegenüber Persien bestand seit 350 nur Waffenstillstand, weil Sapor anderweit beschäftigt war, nicht Friede, den Rom dringend wünschte.

Auf eine schon im Jahre 357 (Amm. XVI, 9) durch den Praefectus Praetorio des Orients angeknüpfte Unterhandlung erwiderte im Jahre 358 Sapor, der Großkönig, der Sonne und des Mondes Bruder, hochfahrend: statt des ganzen Orients bis Makedonien, seiner Ahnen Erbe, wolle er sich mit Mesopotamien und Armenien begnügen, was mit Würde zurückgewiesen ward (XVII, 5).

Sofort, noch in demselben Jahre, rüstete Sapor und eroberte Amida am Tigris.

Gleich nach dem erwähnten zweiten Feldzuge gegen die Limiganten im Jahre 359 war Constantius nach Konstantinopel gegangen, das er jedoch, teils mit Julians Erhebung, teils mit Verstärkung des Heeres beschäftigt, erst spät im Jahre 360 verlassen haben kann.

Ebenso groß als grundlos war die Furcht vor dem nächsten Feldzuge 361, weil Sapor durch hindernde Anzeichen geschreckt, das schon am Tigris aufgestellte Heer wieder in die Heimat zurückführte, so daß er schließlich von ganz Mesopotamien nichts als Bezabda behielt.

Wir kommen nun auf Julian.

Von Konstantinopel aus sandte Constantius gegen Ende des Jahres 359 den tribunus et notarius Decentius nach Paris, Julians Winterquartier, mit dem Befehl, ihm eine Verstärkung und zwar von Elitetruppen zuzuführen. Ammian (XX, 4) schreibt dies (mit Recht D.) der Eifersucht des Kaisers gegen den jugendlichen Helden zu, dessen Ruf nur Begeisterung durch die Völker aller Zungen erscholl, so wie der geheimen Einflüsterung von des Cäsars eignem Praefectus Praetorio, Florentius, was auch Julian (ad Athen. p. 518) bestätigt.

Allerdings: Constantius bedurfte der Verstärkung gegen Sapor und Gallien war durch herrliche Siege geschützter als je zuvor seit Constantin. Daher hätte der Geschichtsschreiber den guten und lautern Grund, mag auch der unlautere vorgeherrscht haben, nicht verschweigen sollen. (Übrigens zeigte sich sehr bald, daß man den Rhein, auch nach allen Siegen Julians, nicht entblößen konnte, ohne Alemannen und Franken wieder eindringen zu sehen. D.)

Die Befehle waren direkt an Florentius und den Magister Equitum Lupicinus[23] gerichtet, Julian nur nachrichtlich mitgeteilt. Der Kaiser verlangte vier Kohorten Auxilien: die Heruler, Bataver, Petulanten und Kelten und 300 Mann auserlesene Krieger aus *allen* Scharen. Überdies sollte Julians Stallmeister Sintula die tüchtigsten *Freiwilligen* aus den Scutariern und Gentilen der dortigen Garde ausheben und sofort herbeiführen. Der Cäsar fügte sich zwar, hob aber dringend hervor, daß der Marschbefehl ein schweres Unrecht gegen diejenigen Überrheinischen enthalte, welche nur unter der Bedingung, nicht jenseits der Alpen zu dienen, eingetreten seien: solcher Wortbruch werde fernerer freiwilliger Werbung hinderlich sein.

Decentius aber beharrte: und die Elitetruppen unter Sintula marschierten ab, während Julian den Aufbruch der verlangten vier Kohorten noch verzögerte, indem er die Abwesenheit des damals in Vienne beschäftigten, reglementsmäßig aber dazu notwendigen Präfekten und die des Lupicinus, der vorher mit den Herulern und Batavern nach England gesandt worden, (wohl mit Recht *D.*) als Hindernis anführte.

Laut murrten die abberufenen Truppen, wie das Volk: (beide mit bestem Recht *D.*). Jene (aus Zorn über den Vertragsbruch und *D.*) aus Furcht vor dem fernen ihnen unheimlichen Orient, diese wegen der Schwächung ihrer Schutzmacht. In dieser Stimmung wurden die Petulanten noch mehr durch ein anonymes Schreiben aufgewiegelt, das namentlich das Verlassen von Weib und Kind und die Gefahren dieser hervorhob, worauf sie der Cäsar durch Gestattung von deren Mitnahme und Gestellung von Wagen hiefür zu beruhigen suchte. Bei der Beratung über die Marschroute schlug Julian die Umgehung von Paris vor (unstreitig auf weiterem, beschwerlicherem Wege), während Decentius auf der über Paris bestand, was von entscheidender Wichtigkeit ward.

Bei der Ankunft der Truppen in Paris redete der Cäsar sie lobend und ermunternd an und behielt die Offiziere zu Tisch, die, mit größtem Wohlwollen aufgenommen, mit tiefem Schmerz von ihrem Helden schieden. Inzwischen schwoll die Gärung immer höher; in der Nacht (nach Julian ad Athen. p. 521 wegen des inneliegenden Rasttags erst in der zweiten) rückt die Truppe aus ihrem Lager vor den Palast und verlangt mit furchtbarem Geschrei den Cäsar. Bis gegen Morgen läßt er sie warten und redet sie dann mit herbem Tadel, aber auch wieder besänftigend an. „Das Vaterland zu verlassen, die weite Fremde fürchtet ihr. Nun wohl: so bleibt denn: ich will es bei dem so besonnenen und weisen Kaiser verantworten."

Vergebens, der Sturm wird immer wilder; sie heben ihn auf einen Schild, rufen ihn – keine Kehle schweigt – zum „Augustus" aus, und setzen ihm, weil er nichts diademähnliches im Hause zu haben versichert, die mit Edelsteinen besetzte Kette eines Offiziers auf das Haupt.

Julian versprach ihnen ein Geschenk, zog sich aber unmittelbar darauf, tief erschüttert, in das innerste Gemach zurück, wo er sich, selbst das Dringendste nicht besorgend, den ganzen Tag über verbarg.

Abends oder Nachts berichtet ein Palastbeamter den Petulanten und Kelten, der neue Kaiser (weil er ihn wohl nicht sah) sei heimlich ermordet. Darauf stürzen sie mit gezückten Waffen in den Palast, stoßen die nächsten Wächter nieder, indes die höhern entfliehen, verlassen aber die Stelle nicht eher, bis sie den Kaiser im Amtsgewande mit seinen Räten gesehen haben.

Tags darauf beruft dieser die Heeresversammlung, der sich auch das von Sintula abgeführte, auf die Nachricht des Aufstandes aber sogleich zurückgekehrte Detachement anschließt, redet sie mit dem Preise ihrer Tapferkeit und Taten, aber auch mit der Erwartung an, daß sie ihn, wenn es dessen bedürfen sollte, auf gleiche Weise verteidigen würden und schließt mit der feierlichen Versicherung, daß er nie anders als nach Verdienst Zivil- und Militärbefehlshaber ernennen, Verwendungen aus willkürlicher Gunst aber zu ahnden wissen werde.

Letzteres zielte auf den Hauptvorwurf gegen Constantius, dessen er übrigens, während „Tyrannen" sonst immer den Gegner zu schmähen pflegten, mit keiner Silbe gedachte. (Amm. XX, 4 u. 5 und Julian ad Athen. p. 518 – 524.)

Also erfolgte Julians Erhebung auf den Thron.[24]

Der Beiname „Apostata" hat das Andenken dieses großen Mannes in der Geschichte getrübt, das Urteil über ihn befangen. Gewiß hatte er, wie das folgende Kapitel ergeben wird, vollen und gerechten Grund zu bitterer Unzufriedenheit über Constantius: gewiß hielt ihm sein erlaubtes Selbstgefühl, vielleicht auch seine unleugbare Eitelkeit, vor, daß er zum Reich ein würdigeres Haupt sein werde als jener. Gleichwohl hat er ihm lange Zeit redliche Pflichttreue bewahrt: aber allerdings nicht bis zur äußersten möglichen, sondern nur bis zu einer gewissen Grenze hin (pflichtgemäß hätte er den Tod der Krone vorziehen sollen. *D.*).

Einst hatte unter gleichen Umständen im Jahre 14 n. Chr. Germanicus, unter dringender Lebensgefahr (Tac. Ann. I, 36), mit Erfolg widerstanden. Daß diese, der Wildheit einer entzügelten Soldateska gegenüber, auch für Julian vorhanden war, läßt sich eben so wenig leugnen als deren Grad genau ermessen.

Daß er den Aufstand und den Purpur ganz gewiß *nicht* wollte, beweist vor allem der Rat, die Truppen nicht über Paris marschieren zu lassen, den Decentius, vielleicht eben nur, weil er von Julian kam, aus Mißtrauen verwarf: wie auch die tiefe Erschütterung eines verletzten Gewissens aus seinem Verhalten am Tage nach der Erhebung hervorgeht.

Doch zweifeln wir keinesweges, daß er sich nach diesen Skrupeln der Entscheidungsstunde nicht nur beruhigt, sondern auch im Stillen des Machtgewinnes später erfreut haben werde.

Von Rache gegen seine geheimen Feinde und Verräter keine Spur. Dem entwichenen Florentius sandte er seine zurückgelassene Familie auf Staatskosten nach. Nur den aus Britannien zurückberufenen Magister armorum Lupicinus mit drei Offizieren behielt er, ohne weitere Ahndung, zunächst in vorsorglicher Haft.

Den Inhalt des Schreibens, welches Julian hierauf und zwar, wie er selbst (a. a. O. p. 524) sagt, zugleich im Namen des Heeres an Constantius erließ, teilt uns Ammian (XX, 8) mit. Er erbietet sich darin unter anderm, dem Kaiser Reiter aus Spanien und Laeten zur Aufnahme unter die Gentilen und Scularier zu senden, auch einen Praefectus Praetorio von ihm anzunehmen, behält sich aber die Wahl aller andern Befehlshaber, so wie der Gardemannschaften vor und lehnt die weitere Lieferung gallischer Rekruten für den Orient aus ansprechenden Gründen ab. Unzweifelhaft auch ergibt sich hieraus, wenngleich dies nicht Ammian, sondern nur Julian selbst (ad Athen. p. 524) ausdrücklich sagt, daß er sich mit dem ihm als Cäsar bereits überwiesenen Reichsteile begnügen wolle. Auch unterzeichnete sich derselbe, nach seiner Versicherung an der eben angeführten Stelle, nur als „Cäsar".

Diesem offenen Schreiben soll jedoch ein vertrauliches beigefügt gewesen sein, das noch Vorwürfe bitteren Tones enthalten habe.

Erst spät im Sommer 360 erreichten die überall aufgehaltenen Überbringer den Kaiser zu Cäsarea in Kappadokien. Im höchsten Grade gereizt ließ dieser die Gesandten gar nicht vor, schickte aber seinen Quästor Leonas mit der Erwiderung an Julian ab, daß er ihm nur unter der Bedingung, sich mit der Cäsarwürde zu begnügen, verzeihen werde, wobei er zugleich dessen eignen bisherigen Quästor Sebridius zum Praefectus Praetorio, aber auch andere hohe Würdenträger an dessen Hof ernannte.

Julian ließ die Antwort vor einer Heeres- und Volksversammlung verlesen, die bei der Stelle, welche ihm die Anerkennung als Augustus verweigerte, in ein furchtbares Geschrei für den von Volk und Heer erwählten Imperator ausbrach, worauf Leonas wieder abreiste, Nebridius aber als Präfekt angenommen ward. (Amm. XX, 9.)

So war der Würfel gefallen: nur das Schwert noch konnte entscheiden. Julian begab sich indes zunächst in das Winterquartier nach Vienne, wo er seine fünfjährige Regierungsfeier beging und aus Weissagungen und Träumen (Amm. XXI, 1 u. 2) des Constantius nahen Tod erkannt haben soll. Eifriger mögen politisch-militärische Erwägungen und die Wahrnehmung von des Constantius Plänen und Vorbereitungen gegen ihn denselben beschäftigt haben.

Ein unerwartetes Zwischenspiel beschleunigte die Tat.

Alemannen aus Vadomars Gau hatten plündernd Rätiens Grenze überschritten, was deren Fürsten etwas verdächtig machte, zumal dieser nebst seinem Bruder Gundomad nach dessen Tode er allein herrschte, seit 354 in einem Bündnis mit Constantius stand. Der gegen die Eingedrungenen ausgesandte Comes Libino griff sie unweit Sanctio zwei bis drei Meilen oberhalb Basel am Rhein unvorsichtig an und blieb im Beginn des Gefechtes, worauf dessen Truppe, wenn auch unter tapferem Widerstand und mäßigem Verluste, zum Rückzuge genötigt ward. Bald darauf ward ein Sendbote Vadomars, der im Rufe geheimen Verständnisses mit Constantius stand, gefangen, bei welchem sich ein Schreiben des ersteren an den Kaiser fand, worin die Worte vorkamen: „Dein „Cäsar" hat keine Zucht", während er sonst Julian im direkten Verkehr nur „Augustus" und „Gott" nannte.

Dies hatte die Absendung des gewandten Notar Philagrius an den Rhein zur Folge mit versiegelter, nur Angesichts Vadomars diesseit des Flusses zu erbrechender Instruktion. Der Alemannenfürst, von dem Verdachte nichts ahnend, kam voll Friedenvertrauens zu Philagrius, ward aber von diesem, auf Grund des nun eröffneten Befehls, sofort verhaftet und in Julians Lager geschickt, der ihn ohne weitere Belästigung, nur um den gefährlichen Mann nicht im Rücken zu lassen, nach Spanien sandte (Julian, der Heide, war nicht blutdürstig wie der „heilige" Constantin. D.). Darauf ging derselbe mit größter Beschleunigung in der Stille der Nacht über den Rhein, dem er sich schon sehr genähert haben mochte, und überfiel jene Alemannen so überraschend, daß deren mehrere niedergehauen wurden, andere sich samt ihrer Beute ergeben mußten, die übrigen auf ihr Bitten Frieden empfingen. (Anm. XXI, 14.)

Die Entscheidungsstunde schlug. Kräftigen Worts (Amm. XXI, 5) sprach der neue Kaiser zum Heere: „Sein Rat und Wille sei, in das schwachbesetzte Illyricum vorzurücken und an Dakiens Grenze über das Weitere Beschluß zu fassen. Darauf ihm den Eid treuen Gehorsams zu leisten, vor allem aber sich nie an Privateigentum zu vergreifen, bitte er sie: denn nicht der Feinde Niederlage, sondern des Landes Schonung sei des Kriegers höchster Ruhm."

In wildem Zustimmungsjubel und Schildgetöse schworen zuerst die Soldaten, dann die Offiziere

Treue. Nebridius allein, der Präfekt, weigerte, durch den alten Eid an Constantius gebunden, den neuen zu leisten – ein seltenes Beispiel würdiger Gesinnung in schlechter Zeit. Sofort wollten ihn die Nächststehenden niederstoßen: Julian aber deckte ihn selbst mit seinem Kriegsmantel und entließ ihn ungehindert in seine Heimat nach Tuscien.

Nach schleuniger Ordnung des Notwendigsten, wobei dem an des Nebridius Stelle zum Präfekten ernannten Sallust Galliens Hut übertragen ward, erfolgte der Aufbruch in drei Corps. Das erste, von Julian selbst geführt, zog gerade durch den Schwarzwald und Alemannien unstreitig auf der Straße über Rotweil nördlich der Donau, deren obere Strecke damals jedoch sicherlich nicht mehr in römischem Besitz war, an die Donau.

Das zweite unter dem neuen Magister equitum, Nevitta, schlug die Straße südlich des Bodensees über Bregenz ein, was in den Quellen nicht genau angegeben, aber unzweifelhaft ist. Das dritte unter Jovinus marschierte über den Mont Cenis nach Italien.

Über Marschzeit und Heeresstärke gibt uns nicht Ammian, sondern nur Zosimus Kunde, der jene (III, 10) erst in den Sommer versetzt, wofür wir jedoch, zumal die Angabe etwas vage ist, spätestens den Monat Mai annehmen möchten. Vor Wien unstreitig schiffte Julian sich mit 3000 Mann ein und ließ 20 000 zu Land nach Sirmium marschieren, welche jedoch nur aus dem Reste des ersten und dem ganzen zweiten Corps bestanden haben können.[25]

Mit Blitzesschnelle traf Julian schon am Abend des elften Tages zu Bononia etwa vier Meilen von Sirmium ein, was bei achtzig bis hundert Meilen Weges nach dem schnellen Laufe der Donau nicht unmöglich scheint, und sandte, obwohl das Landheer noch weit zurück gewesen sein muß, noch in derselben Nacht den Dagalaif, Obersten der Leibwächter, nach Sirmium ab, wo der nichtsahnende Militärbefehlshaber Lucillianus (nach der Inhaltsanzeige zu Buch XXI, Kap. 9 Befehlshaber der Reiterei) im Schlaf überfallen und gefangen zu Julian geführt wurde, der nun sogleich vor Sirmium rückte, wo ihm Volk und Truppen bekränzend und glückwünschend entgegenkamen.

So war mit einem einzigen Marsche, der durch seine Kühnheit an den großen Cäsar erinnert, der erste wichtige Akt des Krieges glorreich und ohne Blutvergießen vollbracht. Gleicher Weise ward auch Italien gewonnen, da die Konsuln des Jahres, Taurus und Florentius[26], des Constantius treue Anhänger, auf die bloße Kunde des anziehenden Heeres aus Rom flohen, was das Aufgeben von ganz Italien außer Zweifel setzt, wie denn auch sogar Sizilien (nach Amm. XXI, 7) von Julian besetzt ward.

Ohne Schwertstreich bemächtigte er sich hierauf der wichtigen Pässe von Succi an der Grenze Niedermösiens und Thrakiens (jetzt Serbiens und Rumeliens zwischen Sofia und Philippopel) und harrte nunmehr zu Naissus der weiteren Schritte des Gegners.

Hier ernannte er unter andern den uns vorstehend so oft angeführten Geschichtsschreiber Aurelius Victor zum Gouverneur von Nieder-Pannonien und erließ Rechtfertigungs-Manifeste und Schreiben an die Heere, Provinzen und verschiedene Städte, von denen das an den Senat und Volk der Athener uns erhalten ist. Ruhig und einfach, zwar ohne Schonung, aber auch ohne Schmähung entwickelt er darin des Constantius ganzes Verhalten wider ihn, von seines Vaters und seines ganzen Hauses Ermordung im Jahre 337 an bis zu jener durchaus unfreiwilligen Erhebung zum Cäsar und der neuerlichen Verweigerung eines billigen Friedens. Mit politischem Geschick verfaßt macht dies Aktenstück im Wesentlichen den Eindruck treuer Wahrheitsliebe, was auch Julians Geist entspricht und durch Ammian bestätigt wird.

Dagegen muß der gleichmäßige Erlaß an den Senat zu Rom, der in diesem den Ausruf: „wir bitten Dich doch um Ehrfurcht gegen Deinen Wohltäter" hervorrief, gegen des Constantius Politik im Allgemeinen gerichtet und in härteren Ausdrücken abgefaßt gewesen sein, da Ammian selbst wenigstens eine Stelle desselben tadelt. (Anm. XXI, 10: aber man den wider Constantin gerichteten Vorwurf. D.)

Bei so heiterem Himmel zog sich plötzlich ganz unerwartet ein gefahrdrohendes Ungewitter zusammen. Julian hatte zwei Legionen seines Gegners nebst einem Bataillon Bogenschützen von Sirmium nach Gallien gesandt, teils weil er ihnen nicht traute, teils um das dortige Heer zu verstärken. Darober unzufrieden gaben sie sich der Aufwiegelung eines aus Mesopotamien gebürtigen Schwadronskommandanten Nigrinus hin, bemächtigten sich auf dem Marsch des festen Aquileja, wo das gemeine Volk für Constantius war, und suchten von da aus das italische Nachbarland ebenfalls für diesen zurückzugewinnen.

Diese Erhebung im Rücken, welche ganz Italien von Julian abschnitt, war an sich schon, weit mehr aber noch im Falle eines künftigen Angriffs durch Constantius in der Fronte höchst gefährlich, weshalb Julian das bereits in Noricum angelangte dritte Corps unter Jovinus, den er zum General der

Reiterei ernannt haben muß, sogleich nach Aquileja zurücksandte. So nachdrücklich dieser aber auch Belagerung und Sturm betrieb, so hatte er doch eben so wenig Erfolg wie einst Maximin vor diesem Platze.

Die Kunde von Julians Vordringen bis Sirmium mag den über 200 Meilen davon entfernten Constantius um dieselbe Zeit erreicht haben, als er sich durch Sapors Rückzug von der Perser-Gefahr erlöst sah. Sofort von Edessa aufbrechend forderte er zu Hierapolis auf dem Wege nach Antiochien das versammelte Heer zu kräftiger Unterstützung wider den undankbaren Empörer auf, was freudige Zustimmung fand. Nachdem er sogleich leichte Truppen, zum Teil zu Wagen, vorausgeschickt, verließ er, von bösen Anzeichen und Träumen beängstigt, Ende Oktober Antiochien, erlitt schon zu Tarsus in Kilikien einen leichten Fieberanfall, erreichte zwar noch das wenige Meilen entfernte Mopsukrene am Fuß des Taurus, ward aber hier von einem so schweren hitzigen Fieber ergriffen, daß er bald darauf, am 3. November, verschied, im fünfundvierzigsten Alters- und fünfundzwanzigsten Regierungsjahre (von 337 an).

Seine würdige zweite Gemahlin Eusebia war ihm im Jahre 359 oder 360 vorausgegangen, die dritte, Faustina, mit der er sich Anfangs 361 vermählt hatte, genas nach seinem Tod einer Tochter, welche später als Gratians Gemahlin den Thron bestieg.

Nach den Kirchenvätern (s. die bei Tillemont p. 880/6 gesammelten Stellen) soll er vor seinem Ende durch einen arianischen Bischof die Taufe empfangen haben.

Daß er selbst Julian letztwillig zu seinem Nachfolger ernannt, erwähnt Ammian zuerst (XXI, 15) zwar nur als unverbürgtes Gerücht, später (XXII, 2) aber als amtliche Versicherung der Abgeordneten. Jedenfalls scheinen die Ersten des Hofes und Heeres, der Intrigen des Oberkammerherrn Eusebius für eine andere Wahl unerachtet, sofort entschieden gewesen zu sein und sandten deshalb die Comites Theolaif und Aligulf, Germanen, sogleich mit der Anzeige des Todesfalls und der Unterwerfungswilligkeit des Orients an Julian ab.

Des Constantius Charakteristik widmet Ammian (XXI, 16) mehrere Seiten. Er hatte gute geistige und körperliche Anlagen, die sorgfältig ausgebildet waren. Meister jeder sinnlichen Begier zeichnete er sich durch Mäßigkeit und Keuschheit aus. Die Ordnungsliebe trieb er bis zur Pedanterie, den Kultus der Majestät bis zu äußerster Steifheit. Popularität verschmähte er, duldete keinerlei Anmaßung und Überhebung, namentlich der Soldaten, wahrte auch sorgsam gute Ordnung im Staatsdienste, namentlich im Beförderungswesen. Er verstand sich auf milde und einnehmende Rede, wußte sie mit großem Geschick anzuwenden. Die Treue vieler seiner Diener bürgt für eine gewinnende Behandlung derselben. Er war kein Held, aber gewiß nicht gerade feig und auch im Kriege richtigen Blickes.

Das war des Stoffes genug, um, wo nicht einen großen, doch einen guten und tüchtigen Herrscher zu bilden.

Aber dafür ist nicht das Talent, sondern der Charakter entscheidend.

Und darin lag des Constantius Unheil. Er war schwach, kleinlich, furchtsam (maßlos eifersüchtig und argwöhnisch D.). Verdorben durch frühzeitige Schmeichelei gab er sich besonders zwei höchst verderblichen Richtungen hin. Glaubte er bei irgend jemand, sagt Ammian a. a. O., selbst auf leichten, ja falschen Verdacht hin, Herrschaftsgelüste zu wittern, so wütete er, Recht und Unrecht gleich achtend, unmenschlicher als Caligula, Domitian und Commodus –: das ist viel gesagt.

Die kindische Furcht vor Nachstellungen hatte er mit Tiberius, besonders in dessen letzter Zeit, gemein; dieser aber, dem überdies die Schwäche des Greisenalters und ein namenlos tragisches Schicksal zu einiger Entschuldigung gereichten, strafte doch nur nach Urteil und Recht, wenn er auch dies meist zu lenken wußte, während Constantius die formloseste Willkür übte.

Nachteiliger noch für das Gemeinwesen war seine Hingabe an Eusebius und dessen unwürdige Genossen. Nicht an Geisteskraft zur Selbstbestimmung jedoch, die er in großen Augenblicken bewährt hatte, sondern nur an Willen dazu gebrach es Constantius; es war ihm bequemer geführt zu werden als zu führen. Nur hätte er eine schlechtere Wahl nicht treffen können. Alleinherrschaft und Bereicherung waren die Losung der Camarilla, darum nur unterwürfige Kreaturen von ihr geduldet, Verdienst und Tüchtigkeit verhaßt und verfehmt. Aus dieser trüben Quelle entsprang die Schmach und das Unglück der Perserkriege in den Jahren 359 und 360.

Anziehend ist Ammians Urteil über des Constantius christliches Wirken, das frei übersetzt[27] etwa so lautet: „Indem er die festen und einfachen Lehren des Christentums mit dem Aberglauben eines alten Weibes durcheinander warf und mehr verwirrend darüber grübelte als mit besonnenem Ernste ordnete, rief er vielfache Streitigkeiten hervor."

Wohl darf auch der christliche Fürst den Lauf des Rechts gegen Hochverräter nicht hemmen noch um der fünften Bitte willen das Begnadigungsrecht gegen seine Schuldiger rücksichtslos üben. Wenn es aber eben nicht die Justiz, sondern nur persönliche Willkür ist, welche ihn aus Furcht, Haß, Rachsucht zu blutdürstiger Verfolgung auf die frivolsten Verdachtsgründe hin fortreißt, so kann von irgendwelchem wahren Christentume solches Fürsten und seiner Ratgeber nicht die Rede sein. Und doch waren gewiß auch letztere, wenigstens dem Namen nach, alle dem neuen Glauben zugetan.

Das Empörendste in des Constantius Regierung ist die Freisprechung, ja Belohnung jenes Dynamius und seiner Genossen, die, nach Entdeckung der niederträchtigsten Büberei, nur um deswillen erfolgte, weil er die Schuldigen für vorzüglich geschickte und nützliche Spürhunde hielt.

SECHZEHNTES KAPITEL
Julianus als Cäsar und Kaiser[1]

Julian ward in der zweiten Hälfte des Jahres 331 geboren, verlor seine Mutter bald nach seiner Geburt und muß zur Zeit der Ermordung seines Vaters und ganzen Hauses schon im siebenten Jahre gewesen sein. Die Leitung seiner Erziehung ward von Constantius zunächst dem Erzbischof Eusebius von Nikomedien, einem entfernten mütterlichen Verwandten, jenem bekannten Haupte der Arianer, übertragen, der im Jahre 342 starb. Nach dem siebenten Jahre ward das Kind dem Mardonius, einem in seines mütterlichen Großvaters Haus erzogenen Eunuchen und Instruktor seiner Mutter übergeben, der nach Julians Schilderung desselben im Misopogon ein weiser und trefflicher Mann gewesen sein muß. Dieser scheint ihn in die öffentlichen Schulen Nikomediens geführt zu haben. Im Jahre 345, als sich der Knabe dem Jünglingsalter näherte, ward er nebst seinem Bruder Gallus unstreitig aus politischer Rücksicht nach Macellum in Kappadokien, einem Lustschloß der alten Könige dieses Landes unweit der Hauptstadt Cäsarea, gebracht, woselbst er unter strengster Absperrung von der Außenwelt beinah als Gefangener bis zum Jahre 351 blieb. Seines Bruders Erhebung zum Cäsar brachte ihm Erlösung.

Er durfte unter Mardonius Führung die Universität zu Konstantinopel besuchen. Strenge Instruktionen, namentlich gegen das Hören heidnischer Lehrer, regelten jedoch Studien und Leben. Seine Persönlichkeit imponierte und fesselte, der Ruf seltener Begabung lenkte die allgemeine Merksamkeit auf den jungen Mann und die daran sich knüpfende Hoffnung verbreitete sich immer weiter. Da bestimmte Constantius, ihn von der Hauptstadt weg nach Nikomedien zu senden.

Hier genoß er indes mehrerer Freiheit, die er besonders zum Aufsuchen der gefeiertesten Philosophen benutzte: zuerst des alten Aedesius in Pergamus, dann, auf dessen Rat, des Maximus in Ephesus. Mit diesem trat er in innigen Verkehr, soll auch damals die Einweihung in die eleusinischen Mysterien erlangt haben. (Eunapius, Vita Sophist. c. 4, 5 u. 6.)

In Nikomedien oder Konstantinopel sah er im Jahre 354 seinen Bruder Gallus auf dessen Reise zum Tode. Dies zog ihm Haft, Abführung an das Hoflager und Untersuchung zu, die, gegen sieben Monat dauernd, seiner vollkommen erwiesenen Schuldlosigkeit unerachtet, unheilvoll geendet haben würde, wenn nicht die Kaiserin Eusebia sein Schutzengel geworden wäre. Er ward (wahrscheinlich im Mai 365) nach Athen entlassen, von dort aber schon im Oktober wieder nach Mailand berufen und am 6 November 355 zum Cäsar ernannt. (S. Julian ad Athen. p. 497–504; Misopogon S. 80 u. folg.; Ammian. Marc. XV, 2; XXII, 9; Sokrates III, 1 und Tillemont p. 914–934.)

Constantius gab ihm dreihundertundsechzig Reiter, vermutlich Kataphrakten, mit und geleitete ihn persönlich bis über Pavia hinaus. Daß er dessen Präfekt und Heermeister bindende Instruktionen gab, ja den neuen Cäsar sorgfältig beobachten ließ, dürfte die Unerfahrenheit desselben an sich entschuldigen.

Die Camarilla aber, scharfsichtig genug, in dem Aufgang eines solchen Mannes die Gefahr eignen Unterganges zu erkennen, mag alles aufgeboten haben, demselben offene und geheime Fesseln jeder Art anzulegen und die Schwierigkeiten seiner ohnehin fast verzweifelten Lage noch zu erhöhen, ja sie mag der stillen Hoffnung gelebt haben, ihn darin bald seinem Verderben zugefahrt zu sehen. Wenigstens erwartete der Cäsar nichts anderes.

Was muß, als sich Julian am 2. Dezember in Turin allein sah, durch die junge Brust gegangen sein! Er schreibt darüber dem Philosophen Themistius (p. 484 s. Werke) folgendes:

„Wenn du einen kränklichen jungen Mann, der in beschränkter Zurückgezogenheit sein Haus bisher nicht verlassen, plötzlich auf den Schauplatz der olympischen Spiele stelltest, ihm zurufend: Nun zeige dich im Kampfe den versammelten Griechen, vor allen deinen Landesgenossen, für welche du wettstreiten sollst, zugleich aber auch den Barbaren, die du, damit sie dein Vaterland fürchten, in Sehreck zu setzen hast – würdest du dessen Seele nicht sofort ganz niederschlagen und vor dem Kampfe mit erschütternder Furcht erfüllen?"

So aber in der Tat war Julians Lage.[2]

Vierundzwanzig Jahre alt, der politischen und militärischen Bildung, die sonst jeder junge Römer höhern Standes empfing, durch des Kaisers Argwohn völlig entbehrend, aller seiner Freunde, selbst Diener[3] beraubt, dafür aber von Spähern und unwilligen Unterbefehlshabern sich umgeben wissend – sollte er ein schon zur Hälfte verlorenes Land mit denselben geringen Mitteln wiedergewinnen, deren Unzulänglichkeit sich bisher so schlagend bewährt hatte!

In Turin schon traf ihn die von Constantius ihm arglistig verheimlichte Hiobspost, daß nun auch das große und feste Köln von den Barbaren (Franken) erobert und zerstört worden sei.

Da ergriff ihn der Gedanke, nicht zur Erhebung, sondern zum Untergange sei er nach Gallien gesandt worden.

Aber eine große Seele beugt sich nicht. (Amm. XV, 8.)

In Vienne in der alten Provinz, wo es allein noch sicher sein mochte, nahm der Cäsar sein Hauptquartier, trat auch daselbst sein erstes Konsulat an.

Das Volk begrüßte ihn wie einen Schutzengel.[4] Der tat Not: wie nach außen so im Innern, wo nach Mamertin c. 4 Willkür und Druck empörend hausten.

Geschäftsvoll verging der Winter, gegen dessen Ausgang Autun im Herzen Galliens von den Germanen belagert, seiner halbverfallenen Mauern und der entmutigten Besatzung unerachtet jedoch durch das eilige Zuströmen tapferer Veteranen erfolgreich verteidigt ward.

Im Juni 356 rückte Julian in das Feld und kam am 23. in Autun an. Von hier marschierte er nach langer Beratung über den sichersten Weg, nur von den Kataphrakten und Ballistariern, dem Namen einer Truppe, anscheinend einer pseudocomitatensischen Legion (s. Not. dign. Oce. p. 36) Fußvolks begleitet, über Auxerre (Autosidurum) nach Troyes (Tricassi) an der Seine in der heutigen Champagne. Fortwährend von feindlichen Haufen umschwärmt hielt er die der Zahl nach Überlegenen durch den Marsch in tiefer, dicht geschlossener, wohl gedeckter Kolonne ab, gegen welche Formierung die Germanen nicht leicht anzugreifen wagten, während er andere an geeigneten Orten leicht in die Flucht schlug, auch einige Gefangene machte, von weiterer Verfolgung aber absehen mußte. In Troyes war die Barbarenfurcht so groß, daß er selbst nur mit Mühe Eingang erlangte.

Hier fand er die Hauptarmee unter dem Magister militum Marcellus, dem nach Ursicinus noch beigegeben war. Mit dieser wandte er sich, obwohl die Richtung nach dem Niederrhein angezeigt war, plötzlich über Metz, Dieuze (decem pagos) und Sarburg nach dem obern Lauf des Stromes.

Auf diesem Marsch überfielen die Germanen an einem Regentage die aus zwei Legionen bestehende Nachhut auf Seitenpfaden so überraschend, daß letztere der Vernichtung kaum entgangen wäre, wenn nicht das Hilfsgeschrei Verstärkung herbeigerufen hätte.

Da waren Brumat, Elsasszabern, Straßburg, Selz, Speier, Worms und Mainz in den Händen der Alemannen: obwohl sie nicht die verwüsteten Städte selbst, „worin sie wie in Gräbern eingesperrt zu werden fürchteten", sondern nur das Landgebiet besetzt hielten.

Bei dem etwas über zwei Meilen von Straßburg entfernten Brumat, das er wieder besetzte, stieß er auf einen germanischen Schlachthaufen und griff diesen in zangenförmiger Ordnung so geschickt an, daß derselbe nach Verlust von Gefangenen und Toten sein Heil in der Flucht suchen mußte. Wie vorhin die Alemannen, so überraschte er nun die Franken, indem er sich plötzlich gen Köln wandte, auf welchem Wege, außer Rigomagum (Remagen) bei Coblenz und einem Turme bei Köln, nicht ein einziger Platz mehr in römischem Besitz war. Köln besetzte und befestigte er wieder: die Könige der Franken hielten Frieden.[5] Hierauf zog er, unstreitig erst im Herbst, über Trier in das Innere ab, um in Sens (apud Senonas) an der Yonne südöstlich von Paris Winterquartier zu nehmen.[6]

So Julians erster Feldzug. Kein entscheidender Sieg: aber Beweise von Tätigkeit und Geschick genug, den Mut der Seinen wieder zu beleben.

Der der Germanen jedoch war nicht gebrochen. Von der Schwäche der Besatzung durch Überläufer unterrichtet (zumal die Elitetruppen der Scutarier und Gentilen waren der Verpflegung halber in andere Orte verlegt worden), erschienen sie plötzlich vor dem gegen vierzig Meilen vom Rheine entfernten Sens.

Da bewährte sich Julian als Held: Tag und Nacht auf den Türmen und Zinnen der rasch verstärkten Mauern, knirschte er vor Zorn, mit so wenigem Volke nicht ausfallen zu dürfen.

Nach dreißig Tagen zogen die Barbaren beschämt wieder ab.

Schmählich hatte der ganz in der Nähe stehende Marcellus dem Cäsar zu Hilfe zu eilen unterlassen. (Amm. XVI, 4.) Das war doch auch Constantius zu stark: er entließ ihn des Dienstes und ernannte Severus, einen tüchtigen, in den Waffen ergrauten General zu dessen Nachfolger. (Amm. XVI, 8 u. 10.) Marcellus hoffte durch Verleumdung Julians am Hoflager Gehör zu finden, stieß aber hier auf des letzteren eilends dahin abgesandten Oberkammerherrn Eutherius, der den Verräter durch die Macht der Wahrheit entlarvte. Dieser Eutherius war Eunuch, aber ein solches Wunder von Geist und Herz, daß Ammian versichert, die ganze Geschichte kenne keinen ihm vergleichbaren „seiner Art" (d. h. Verschnittenen).

Er hatte dasselbe Amt schon unter Constans bekleidet, der zu seinem Unheile dessen Leitung nicht gefolgt war. Julian aber ließ sich von ihm zurechtweisen, so oft er, „von griechischem Leichtsinne fortgerissen" (Amm. XVI, 7), dem verständigen Manne dazu Anlaß bot.

Für das Jahr 357 ward ein gemeinschaftlicher Operationsplan mit Constantius verabredet. Barbatio, dessen Magister militum, sollte von Süden, Julian von Westen her gegen die Alemannen vorrücken.[7]

Während die Heere schon im Anzuge waren, drang ein verwegener Barbarenschwarm[8], zwischen ihnen durchbrechend, bis zu dem fast dreißig Meilen vom Rheine entfernten Lyon vor, wo derselbe zwar noch zurückgewiesen wurde, jedoch reiche Beute aus der Umgegend mit fortschleppte.

Sofort eilte der Cäsar, ihnen auf ihren drei voraussichtlichen Wegen den Rückzug abzuschneiden, was auch auf zweien derselben, wo seine Truppen dazu verwendet waren, vollkommen gelang, indem die Eingedrungenen, unter Wiederabnahme ihrer Beute, insgesamt niedergehauen wurden. Nur auf Barbatios Seite entwich eine Schar, weil die wider sie aufgestellten beiden Tribunen, von denen der spätere Kaiser Valentinian einer war, auf jenes Verräters Befehl abberufen und noch dazu durch Dienstentlassung bestraft wurden, was er durch eine Lüge (die späterhin erwiesen wurde) bei Constantius rechtfertigte.

Die von Julian am Rhein angegriffenen Germanen bargen sich hinter gewaltigen Verhauen im Gebirg oder flohen auf Rheininseln, von wo sie Julian mit höhnendem Geschrei herausforderten. Dieser verlangte Schiffe von Barbatio, welcher einen Brückentrain bei sich führte: derselbe aber verbrannte lieber die Fahrzeuge! –Darauf ließ der Cäsar eine starke Abteilung, teils watend, teils schwimmend, wobei sie auch die Schilde mit zu Hilfe nahmen, über den Strom zur nächsten Insel setzen, woselbst sie alles Volk ohne Unterschied des Geschlechts niederstießen, zugleich auch einige Kähne fanden, mit deren Hilfe sie nun das Mordwerk auf den übrigen Inseln vollführten, um endlich mit reicher Beute, welche der Strom jedoch zum Teil fortriß, zurückzukehren. Darauf zog sich der Rest der Germanen, wahrscheinlich auch die noch auf dem linken Rheinufer weilenden (letztere wohl zur Nachtzeit), auf das rechte in das Innere zurück.

Fester Plätze zur Grenzhut bedürftig ließ Julian hierauf die Werke von Rheinzabern (Tres Tabernae) im heutigen Rheinbayern, einem gewöhnlichen Übergangspunkte der Alemannen, wieder herstellen, was schneller als erwartet gelang[9] und darin für ein Jahr Besatzungsproviant aufspeichern Dieser sowie der Bedarf für das Heer auf zwanzig Tage ward durch Furagierung auf dem linksrheinischen Gebiete der Feinde *(also bereits über Jahr und Tag bewirtschaftetes Alemannengebiet auf dem linken Ufer!* D.*)* zusammengebracht, wessen es um deswillen bedurfte, weil Barbatio die für Julians Heer bestimmten Provianttransporte unterwegs angehalten und, soweit er sie nicht selbst benutzt, verbrannt hatte!

Ob dies auf geheimen Befehl, oder aus „Geistesabwesenheit" geschehen, sagt Ammian, wisse man nicht.

Wir meinen indes, daß, wenn nicht wirkliche Gründe (mindestens scheinbare, z. B. daß der Vorrat nicht in des Feindes Hände falle) dafür vorhanden gewesen, doch nicht der Kaiser selbst, sondern nur die Camarilla, welche Julian so bitter haßte und den Magister militum, wenn er in ihrem Sinn handelte, bei ersterem zu vertreten wußte, solchen Frevel angestiftet haben dürfte.

Während der Cäsar nun bei Rheinzabern lagerte, gelang den Alemannen ein mit so viel Geschick und Schnelligkeit ausgeführter Überfall des Barbatio, daß dieser bis Augst (zwischen Basel und Rhein felden) fliehen und den größten Teil seines Gepäcks und Trains mit Pferden und Leuten den Verfolgern überlassen mußte, worauf er das Heer schon jetzt in die Winterquartiere abführte und sich für seine Person, Julian zu verleumden, an das Hoflager begab.

Mächtig steigerte dieser Sieg den Übermut der Germanen, die an den Schilden der Fliehenden dieselben Truppen wiedererkannt hatten, welchen sie kurz vorher erlegen waren.

Unter den Alemannenkönigen ragte vor allen König Chnodomar durch Macht, Heldengeist und Körperkraft hervor. Besieger des Decentius, wie jetzt des Barbatio, auch die Seele des ganzen Krieges, vereinte er nun bei Straßburg außer seinem Neffen Serapio noch die Fürsten Suomar, Hortari, Ur, Ursicin und Vestralp, sowie die Männer aller Gaue des Gesamtvolkes (? D.) von der Gegend des heutigen Frankfurt an bis zum Bodensee. Nur Gundomad und Vadomar hielten anfangs an dem im Jahre 354 geschlossenen Frieden fest; als aber ersterer hinterlistig ermordet ward, strömte dessen von Kriegslust und Bundesgefühl ergriffenes Volk den Volksgenossen ebenfalls zu und auch das Vadomars folgte.

Nun hatte ein Überläufer von des Barbatio Truppen ausgesagt, Julians Heer sei nur 13000 Mann stark, was den Angriff vollends entschied. Vorher aber ließen die Könige ihn durch Gesandte auffordern, das durch ihre Tapferkeit gewonnene Gebiet auf dem linken Rheinufer sofort wieder zu räumen. Diese Sprache keiner Erwiderung würdigend behielt Julian (– ziemlich treulos wie einst Julius Cäsar – D.) die Sendboten zurück und machte sich zum Entscheidungskampfe fertig.

Die nun folgende Hauptschlacht bei Straßburg ist dadurch so denkwürdig, daß es in der langen Zeit von Tacitus bis Prokopius an mehr als vierhundert Jahren die einzige ist, über welche uns ein militärisch genauer Bericht vorliegt.

Das Lager des Cäsars, der sich nach erlangter Kunde des Rheinübergangs der Germanen Straßburg schon genähert haben muß, soll am Vorabende der Schlacht noch $4^1/_5$ Meilen von dem der Alemannen entfernt gewesen sein. Mit Sonnenaufgang aufbrechend wollte er zu Schonung der Truppen[10] gegen elf Uhr Mittags Lager schlagen und erst am Morgen darauf angreifen: stürmisch aber verlangten diese, sogleich zu kämpfen, und auch die Unterbefehlshaber rieten dazu.

Die Alemannen sollen 35000[11] Mann stark gewesen sein, die Römer deren nur 13000 gezählt haben. Letztere Angabe beruht aber lediglich auf der *frühern* Schätzung des Überläufers (Amm. XVI, 12), der ohnehin den Alemannen vielleicht nach Wunsch zu reden suchte. Gewiß aber hat Julian im Winter und selbst noch vor der Schlacht sein Heer möglichst zu verstärken gesucht. Wenn nun die Berichterstatter aller Zeiten die Stärke der Feinde zu erhöhen, die eigne zu vermindern pflegen, so erscheint ein so großes Mißverhältnis der gegenseitigen Streitkräfte kaum denkbar, obwohl die Alemannen sicherlich nahe doppelt so stark als die Römer gewesen sein dürften.

Der Cäsar stellte seine gesamte Reiterei auf den rechten Flügel, das Fussvolk ins Mitteltreffen und uf den linken. Letzterer scheint durch das Terrain gedeckt gewesen zu sein, da von einem für ein so viel stärkeres Heer leicht ausführbaren Angriffe gegen denselben in Flanke und Rücken nicht die Rede ist.

Die alemannische Reiterei bildete, der römischen gegenüber, den linken Flügel ihres Heeres: ihr war, nach altgermanischer Weise, leichtes Fussvolk untermischt, vor allem den unverwundbaren, aber auch fast unbeweglichen Panzerreitern furchtbar, welche es durch Verwundung der Pferde zum Sturze brachte.

Langsam rückte das römische Fussvolk an: da gewahrte der Heerfahrer Severus vor dem linken Flügel, den er führte, tiefe, mit Bewaffneten erfüllte Gräben (nach Libanius ein Bachgrund), welche die Truppe ohne Auflösung der geschlossenen Ordnung, durch deren Erhaltung die Römer allein zu siegen vermochten, nicht zu passieren im Stande gewesen wäre. Sogleich ließ er Halt machen. Der Cäsar, die Gefahr dieser Stockung erkennend, sprengte sofort im Bereiche der feindlichen Geschosse die Fronte entlang, die einzelnen Truppenkörper mit wenigen, aber kräftigen Worten anfeuernd. Schon schmettern die Drommeten und wildes Kriegsgeheul ertönt: da muß der Germanen unbändige Kampfbegier, jene Vertiefung selbst verlassend und überschreitend[12], die Schlacht begonnen haben.

Allmählich gewann der linke Flügel der Römer Boden, während die Reiterei des rechten plötzlich geworfen ward, woran die Panzerreiter Schuld waren, die durch Verwundung und Fall ihres Führers Mut und Haltung verloren hatten. Blitzschnell fliegt Julian herbei, dem es auch gelingt, die Flucht zu hemmen und die wieder Formierten in die Schlacht zurückzuführen.[13] Indes ist von weiterer aktiver Verwendung derselben nicht die Rede: sie mag nur noch zur Deckung des rechten Flügels des Fußvolkes gedient haben.

Nach diesem Reitersiege warf sich der Feind mit Ungestüm auf die erste Schlachtreihe der römischen Infanterie. Lange schwankte hier der Kampf, indem besonders die Auxiliarkohorten der Bracca-ten und Cornuten mit größter Tapferkeit widerstanden. Schon aber begannen die Germanen mit riesiger Wut die Schildränder zu durchhauen und dadurch die feste Deckung der Römer zu durchbre-chen, als die Kernscharen der Bataver in römischem Sold (geführt von ihren Königen D.) zur Verstär-kung herbeieilten und die Schlacht auf diesem Punkte hielten. So war im zweiten Abschnitte derselben noch nichts entschieden, als der dritte anhub. Mit Begeisterung stürzte sich die Schar der unstreitig besser bewaffneten Volksedlen, unter der die Könige alle zu Fuß mit fochten (an der Spitze ihrer Gefolgschaften D.), auf die vorderste Schlachtreihe der Römer und durchbrach sie im ersten Anlaufe. Hinter dieser aber stellte sich ihr nun die Reserve der in tiefer und dichter Ordnung formierten Legion der Primaner entgegen, die geschicktesten Fechter des Heeres, die, sich nach Fechterart deckend, in sicherer Ruhe jede Blöße des in seiner Wut unvorsichtigen Feindes mit dem Todesstoß trafen. Daran brach sich der Angriff: neue Scharen der Germanen stiegen über die Reihen der Gefallenen; aber endlich hatten Entmutigung und Schreck sie ergriffen. Da trat plötzlich jener bei den Germanen-schlachten so gewöhnliche, entscheidende Umschlag von Trotz in Verzagtheit ein (pavidi in adversis): (da der ungefüge reservelose Keil, war sein Stoß gescheitert, nicht mehr angriffsweise operieren und auch nicht einen geordneten Rückzug antreten konnte. D.).

Die Flucht begann: nur ein wildes Entrinnen, das der morddurstigen Verfolgung den leichtesten Spielraum bot: (offenbar von der jetzt auseinandergezogenen Legion im Rücken verfolgt, von der früher durchbrochenen, aber wieder gesammelten römischen Vordertreffen aufgefangen, hatten die Flüchtigen nur mehr den Sprung in den Rhein frei. D.). Die Alemannen suchten sich, ihn überschwim-mend, zu retten: sehr viele derselben wurden aber teils von den nachgeschleuderten Geschossen er-reicht, teils von den Fluten verschlungen.

Chnodomar eilte zu Roß einem fernen Lager am Strome[14] zu, wo er Kähne hatte, stieß aber au Altwasser, von wo er sich, da sein Pferd darin versank, zu Fuß auf eine nahe bewaldete Höhe zu retten suchte. Diese ward von dem im Fluge nachsetzenden Tribunen umzingelt und jener dadurch sich zu ergeben genötigt. Seinem Beispiele folgten zweihundert seiner Gefährten (comites) und drei seiner vertrautesten Freunde, für Schmach erachtend, sich ohne ihren Führer zu retten.

Auf der Walstatt sollen, die vom Fluß verschlungenen ungerechnet, 6000[15] Alemannen gefunden worden, von den Römern nur zweihundertdreiundvierzig Mann und vier Stabsoffiziere geblieben sein, worin wir, wenn gleich letzterer Angabe die der Verwundeten fehlt, wieder den Bulletinsti erkennen. Indes ist der ungeheure Verlust der erstern nicht zu bezweifeln, da kein erheblich Verwun deter derselben sich zu retten vermochte, jeder derselben vielmehr von den Römern niedergestoßen oder von den Nachsetzenden zertreten ward.

Überblicken wir diese Schlacht im Ganzen, so war sie eine rein taktische, von strategischen Disposi tionen vor und in dem Gefecht keine Spur. Der Krieg der Alten löste sich, wie Mommsen sagt, in ein Reihe von Duellen auf, worin der bessere Fechter notwendig siegen mußte. Dies und die weit besser Schutz- und Trutzbewaffnung der Römer entschied, obgleich auch die der Germanen seit dem erste Jahrhundert eine merklich bessere geworden sein mag. Bei den Römern hing alles davon ab, daß si den festen sichern Schluß bewahrten. Vereinzelt waren sie verloren.

Julian scheint vor allem durch belebenden Heldengeist, aber auch durch Scharfblick und Allgegen wart in den gefährlichsten Momenten Kampfbegeisterung und Ordnung erhalten zu haben. (Daß e sich persönlich sehr stark ausgesetzt, erhellt aus Ammians wiederholten Angaben. D.) Allerdings wa das römische Fussvolk, wohl geleitet und richtig verwendet, an sich unüberwindlich, wie viel abe dabei auf den Führer ankam, beweisen die Niederlagen und Verluste des Decentius, Arbetio un Barbatio gegen dieselben Feinde.

Das Heer rief Julian auf dem Schlachtfelde zum Augustus[16] aus, was er jedoch mit scharfem Tade zurückwies.

Den gefangenen Chnodomar übersandte er dem Kaiser, der ihn in dem „Lager der Ausländer" be Rom unterbrachte, wo er bald darauf starb.

Diesen glänzenden Sieg schrieb Constantius, von den niedrigen Schmeichlern verblendet, seine Anordnungen zu: ja die Berichte darüber trugen, ohne auch nur Julians Namen zu erwähnen, d kaiserlichen Siege in alle, auch die fernsten Gegenden des Reichs. (Amm. Marc. XVI; 12; Zosimus II 3 und Libanius Or. 10, p. 274–276.)

Die Bestattung der Toten, die Entlassung der vor der Schlacht zurückbehaltenen Gesandten sow die sichere Bergung der Gefangenen und Beute in Metz war des Cäsars nächstes Geschäft.

Ruhig blieb er hierauf längere Zeit bei Rheinzabern stehen, anscheinend um dessen Werke noch zu verstärken, hauptsächlich gewiß aber, um die Germanen sicher zu machen.

Plötzlich marschierte er gen Mainz ab und ging sofort auf einer Schiffbrücke über den Rhein, wozu er das murrende Heer nur durch die Macht und den Zauber seiner Rede zu bewegen vermochte.

Die aufgeschreckten Alemannen baten in gewohnter Weise sogleich um Frieden, drohten aber auch bald darauf mit Vertilgungskrieg, wenn er ihr Land nicht unverzüglich wieder räume.

Darauf sandte der Cäsar bei Anbruch der Nacht achthundert Mann in leichten Schiffen stromabwärts[17], um am Morgen landend das feindliche Gebiet durch Feuer und Schwert zu verheeren.

Bei Sonnenaufgang sah man die Alemannen auf den gegenüberliegenden Bergen; sogleich angegriffen zogen sie sich eilig zurück.

Um dieselbe Zeit nun verkündeten hochaufwirbelnde Rauchsäulen in der Ferne, daß die gelandete Truppe ihren Verheerungszug begonnen habe. Dieses unerwartete Vordringen in ihrer Flanke schreckte die Germanen: sie gaben die festen Stellungen und Hinterhalte, die sie in den Wäldern bereitet hatten, auf und gingen eilig über den Main, ihre unstreitig sofort dahin geborgenen Familien zu schützen.

Unbehindert setzten nun die Römer ihr Vertilgungswerk fort. *Reiche, nach römischer Art wohlgebaute Dörfer*[18] wurden erst geplündert, namentlich Vieh und Ernten tunlichst fortgeschafft, dann in Brand gesteckt und die hier vorgefundenen Gefangenen befreit. So rückten sie dritthalb Meilen vor, als sie an dichten Wald kamen, der nach eines Überläufers Aussage voll von Verstecken, Hinterhalten und Gefahren sein sollte. Gleichwohl furchtlos eindringend stießen sie jedoch bald auf so gewaltige Verhaue, daß sie nur mit großer Schwierigkeit und Zeitversäumnis zu umgehen gewesen wären.

Da nun nach verlaufener Herbstnachtgleiche die rauhe Jahreszeit eingetreten, und auf den Höhen schon Schnee zu sehen war, änderte der Cäsar seinen Kriegsplan und ging über den Main, eine rechts desselben von Trajan erbaute Festung wieder herzustellen, was, so wie deren Verproviantierung und Besetzung, ohne Widerstand erfolgte.

Das brach den Mut der Alemannen: sie baten demütig um Frieden, den Julian um so williger auf zehn Monate gewährte, weil er noch der Zeit bedurfte, jenen Platz mit dem nötigen Verteidigungsgerät zu versehen. Da erschienen drei Könige wildesten Aussehens, welche Hilfstruppen zur Straßburger Schlacht gesandt hatten, und beschworen „nach vaterländischem Brauche"[19] nicht nur den Frieden, sondern auch das Versprechen, die Besatzung auf Verlangen mit fernerem Proviant zu versorgen.

So endete der ruhmreiche Feldzug gegen die Alemannen, noch nicht aber das Kriegswerk.

Auf dem Heimmarsche nach Rheims mit einem Umwege über Köln und Jülich traf der Magister militum Severus zwei fränkische Scharen von je sechshundert Mann.[20] Durch das rückkehrende Heer erschreckt und mutmaßlich von dem Heimweg abgeschnitten, warfen sie sich in zwei verlassene Schanzen an der Maas (von denen eine vielleicht an der Stelle des heutigen Maastricht war) und suchten sich darin möglichst zu schützen. Der Cäsar, der dies nicht dulden konnte, schritt sogleich zu deren Belagerung. Diese verzog sich aber durch die Tapferkeit der Verteidiger vierundfünfzig Tage lang bis in den Januar: ja es ward, um deren Entweichung auf dem Eise des Flusses zu verhüten, notwendig, dies alle Nächte durch den Ruderschlag auf- und abfahrender Schiffe zu brechen. Endlich mußten sich die Franken aus Hunger ergeben, worauf sie als Gefangene an den Kaiser gesandt wurden.

Nun erst nahte das zu deren Entsatz zusammengebrachte Heer ihrer Volksgenossen, das sich jedoch auf jene Nachricht eilig wieder zurückzog, worauf sich der Cäsar in das Winterquartier nach Paris[21] begab. (Amm. XVII, I und 2.)

Im Jahre 358 rückte der unermüdliche Julian schon im Mai in das Feld. Dies hätte nach dem gewöhnlichen System erst im Juli geschehen können, weil um diese Zeit erst die Lieferungen aus Aquitanien, der hauptsächlichsten Proviantquelle, eingingen. (Vermutlich erst nach der dortigen frühen Ernte.) Er ließ aber von dem noch vorrätigen Getreide den Bedarf für zwanzig Tage zu Zwieback verbacken, welchen die Truppen selbst tragen mußten.

Wir kommen nun bei Ammian auf das 8. Kapitel des XVII. Buches, das nicht allein durch auffällige Kürze, zwei Feldzüge in nur sechzehn Zeilen abhandelnd, von dessen sonstiger Darstellung abweicht, sondern auch wichtige, von Julian selbst und Zosimus berichtete Ereignisse ganz unberührt läßt. Vielleicht liegt daher auch hier wieder eine wesentliche, höchst bedauerliche Verstümmelung des Textes vor.

Ammian erzählt folgendes:

Der Cäsar zog zuerst gegen die Franken, die sich, gewöhnlich Salier genannt, vor längerer Zeit (olim) in Toxandrien (das Land südlich der Waal und östlich der Schelde nach der Maas zu [im Mittelalter der Gau Tessandria *D.*], das heutige Nordbrabant, Antwerpen auch wohl ein Teil von belgisch Limburg) niedergelassen hatten.

In Tongern (unfern der Grenze) empfing er durch eine Gesandtschaft deren Bitte, sie in ihren Sitzen unbelästigt zu lassen. Verschiedenartige Bedingungen entgegenstellend entließ er die beschenkten Sendboten, die, bestärkt in der Meinung, er werde ihre Rückkehr am gleichen Ort erwarten[22], wieder abreisten. Allein Julian ließ die Salier durch Severus, den er am Rhein hinabsandte, von dem Rückzug über den Strom abschneiden, indes er selbst sie plötzlich in der Fronte angriff. Da blieb kein Widerstand, nur noch Bitte übrig. Sie unterwarfen sich mit all den Ihrigen und wurden, unzweifelhaft nunmehr als römische Untertanen, in ihren Sitzen belassen.[23]

Darauf wandte er sich gegen die Chamaven, die weiter aufwärts am linken Rheinufer hausten: sie wurden teils niedergehauen, teils gefangen, teils in ihre Heimat zurückgetrieben und empfingen darauf, da es den Cäsar drängte, gegen die Alemannen zu ziehen, den erbetenen Frieden.

So Ammian. Aus Julian (ad Ath. p. 513) und Zosimus (III, 5) ersehen wir aber, daß ersterer damals zugleich die Schiffverbindung mit Britannien wiederherstellte. Auf dieser mochte die Getreideversorgung der Plätze des niederen Germaniens am Rheine vorher hauptsächlich beruht haben: (da der Boden hier von den *Franken* für *ihren* Bedarf bebaut und behauptet war. *D.*).

So lange jedoch auch das linke Ufer des Niederrheins im Besitze der Germanen war, konnte der Strom selbstredend nur mit deren Erlaubnis beschifft werden. Diese wollte Florentius um 2000 Pfund Silber erkaufen, was auch Constantius, wenn es Julian nicht für zu schimpflich halte, gestattet hatte. Darauf unternahm dieser, den Feinden nur mit Blut zu zahlen gewohnt, die vorbemerkten Feldzüge, und die Rheinschiffahrt war wieder frei. Sechshundert[24] Schiffe, von denen er vierhundert in zehn Monaten selbst erbauen lassen, langten glücklich im Rheine an.

Ungleich wichtiger ist eine weitere Nachricht von Zosimus, welche beinahe drei Kapitel desselben (III, 6–8) ausfüllt.

Er berichtet (III, 6): die Sachsen, die mächtigsten und tapfersten aller Germanen, hätten die zu ihnen gehörigen (μοῖραν σφῶν ὄντας) Chauken (wie für *Quaden,* was der Text sagt, zu lesen ist; s. w. u. die Rechtfertigung) gegen das römische Gebiet abgesandt. Aber die Franken, aus Furcht, den Römern gerechten Anlaß zum Kriege zu geben, hätten jene am Rheinübergange behindert. Darauf seien die Chauken den Strom hinabgefahren und hätten, an der batavischen Insel landend, die Salier, einen Teil der Franken, welche vorher von ihnen selbst erst aus ihren Sitzen dahin gedrängt worden seien, vertrieben. Diese früher ganz den Römern unterworfene Insel hätten die Salier nämlich damals innegehabt. Darauf habe der Cäsar die Chauken angegriffen, seinen Truppen aber befohlen, die Salier weder zu töten, doch am Übergang auf römisches Gebiet zu behindern, weil sie nicht als Feinde, sondern nur von den Chauken verdrängt kämen. Dies habe die auf das linke Rheinufer übergetretenen Salier bewogen, sich dem Cäsar zu unterwerfen.

Letzterer habe nun, sich gegen die Barbaren zu schützen, folgendes Mittel angewendet.

Ein durch Größe, Stärke und Mut ausgezeichneter germanischer Abenteurer, Charietto, war aus seinem Vaterland, als Mißvergnügter oder Flüchtling, nach Trier ausgewandert. Das unbehinderte Hausen seiner Landsleute dort wahrnehmend, ergriff er das Gewerbe (im Solde der Römer sie einzeln zu erlegen und D.) ihre abgeschnittnen Köpfe einzuliefern, wofür, wie wir aus anderer Quelle wissen ein guter Lohn „Stück für Stück" gewährt wurde.

Er beschlich sie in der Nacht in den Wäldern und überfiel sie im Schlafe der Trunkenheit.

Bald fand er in Cercius (Eunapius p. 65 d. Bonn. Ausg.) einen seiner würdigen Genossen, mehrere andere schlossen sich ihm an und nun ward er als Führer von Anti-Guerrilleros seinen Volksgenossen furchtbar.

Nach Julians Ankunft stellte er sich diesem vor, ward gern angenommen, seine Schar durch Salier verstärkt und nun das Verfolgungssystem so organisiert, daß Charietto die in den Wäldern überfallenen Barbaren den vor dem Rande des Holzes aufgestellten Truppen zuzutreiben suchte, wobei denn viele Gefangene gemacht wurden.

Dadurch wurden die Quaden (d. i. Chauken), welche Zosimus, nachdem er vorher nur von Barbaren im Allgemeinen gesprochen, hier zuerst wieder nennt, auf das äußerste gebracht und zum Frieden gezwungen.

Bei dessen Abschluß verlangte Julian des Königs Sohn als Geisel, worauf ersterer mit Tränen versicherte, daß derselbe im Kriege gefallen sei. Da tritt auf des Cäsars Wink plötzlich der von Chariet- to gefangen genommene Beweinte in blühender Gesundheit hervor, um sich ungestört mit dem Vater zu unterhalten.

Julian, erklärend, daß er den Gefangenen behalten, etwaigen Treubruch aber niemals an diesem Schuldlosen, sondern nur an den Schuldigen strafen werde, fordert nun Nebisgasts (unstreitig dieses Jünglings) Mutter als Geisel, worauf der Friede geschlossen wird. (Zosim. III, 7 und Eunapius p. 41.)

Wir können nach den uns von Eunapius erhaltenen Fragmenten seiner Fortsetzung von des Dexip- pus Geschichtswerk (p. 41, 65 u. 106 d. B. A.) nicht zweifeln, daß des Zosimus 7. Kapitel aus dieser sicherlich vorzüglichen und fast gleichzeitigen Quelle entnommen ist, da Eunapius im Jahre 347 geboren ward. (S. B. Ausg. Vorr. p. XVIII.)

Erweckt dies auch für das 6. Kapitel ein gleich günstiges Vorurteil, ersehen wir ferner aus dem 3., daß zu des Zosimus Zeit noch sehr ausführliche geschichtliche und poetische Werke über Julians Leben und Taten vorhanden waren, so ist mit Sicherheit vorauszusetzen, daß derselbe allenthalben aus guten und sehr vollständigen Quellen geschöpft habe.

Was aber zuvörderst die Lesart „Chauken" für „Quaden" betrifft, welches letztere unzweifelhaft ein Fehler, sei es des Autors, dessen geographische Unkunde wir schon kennen lernten, oder des Abschreibers ist, so muß zugegeben werden, daß Zosimus zum Teil Ereignisse von dem genannten Volke berichtet, welche Ammian und Julian anscheinend, Eunapius aber mit Bestimmtheit auf die Chamaven beziehen. Deshalb halten auch andere Forscher (wie Tillemont S. 833 und Huschberg S. 276) die Lesart Chamaven statt Quaden für richtiger.

Wir aber sind (im Einverständnisse mit Zeuß, S. 382 und Ledebur, Land und Volk der Brukt. S. 67 u. 253) der Meinung, daß man hier entweder *Chauken* annehmen oder Zosimus ganzes 6. Kapitel für ein willkürliches Machwerk erklären müsse.

Daß die Chamaven am Niederrhein im Hamalande des Mittelalters saßen (s. d. Karte und Ledebur a. a. O. S. 63–71), daß die Franken außer den Sugambern (und Batavern D.) hauptsächlich aus Chama- ven bestanden, ist nicht zu bezweifeln, ja letzteres wird durch die Peutingersche Tafel: Chamavi qui et Franci ausdrücklich bestätigt. Die „Quaden" des Zosimus aber werden von ihm ein *„Teil der Sachsen"* genannt, ja er läßt sie sogar vom Gesamtvolke zum Angriff auf das römische Gebiet absenden. Wenn nun die Chauken unbestritten zu den Sachsen gehörten, ja nach der Lage und Ausdehnung ihres Gebiets zwischen Elbe und Ems einen Hauptbestandteil derselben bildeten, so können es eben auch nur diese gewesen sein, welche von Zosimus irrtümlich[25] als Quaden bezeichnet werden.

Die Chauken aber werden in der Peutingerschen Tafel unter dem Namen Chaci unmittelbar hinter den Chamaven aufgeführt, sie waren also bis dahin, *wo sie früher nicht saßen*, vorgedrungen, was wiederum mit Zosimus übereinstimmt.

Wir erklären uns obigen Widerspruch zwischen Zosimus und den übrigen Quellen auf folgende Weise.

Neben den Franken werden während Constantins des Großen Anwesenheit in Gallien in den Jahren 307–310 ausdrücklich noch die Nachbarvölker der Chamaven, Tubanten und Brukterer als *Sonder- staaten* aufgeführt, was selbstredend nicht ausschließt, daß ein großer Teil ihrer Angehörigen, na- mentlich der erstern, unter die Franken gegangen war. Auch kann (muß D.) die kurze, daher unklare Angabe der Peutingerschen Tafel: Chamavi qui et Franci füglich den Sinn haben, daß erstere, ohne als Völkerschaft zu bestehen aufgehört zu haben, zugleich einen wesentlichen Bestandteil der Franken bildeten. Waren aber die Chauken schon nach letzterer Quelle bis an die Chamaven vorgerückt, welche a selbst Julian, Ammian und Eunapius noch als Sondervolk kennen, so waren es wohl Chauken *und* Chamaven, welche in das römische Gebiet eindrangen.

Jener Friede aber mag, da sich die Chauken bei der ungünstigern Wendung in ihre Sitze zurückzo- gen, allerdings zwischen Julian und den Chamaven allein geschlossen worden sein.

Erwägen wir nun, daß Ammian an der betreffenden Stelle sichtbar (? D.) verstümmelt, Eunapius nur in wenigen Fragmenten erhalten ist, Julian aber der Chamaven (p. 514) nur mit zwei Worten gedenkt, so ist es vollkommen erklärlich, daß von diesen Schriftstellern die Mitwirkung der Chauken in diesem Kriege nicht erwähnt wird und daraus die gänzliche Unwahrheit von des Zosimus so aus- führlichen Berichte auf keine Weise zu folgern.

Wie kann man aber dem positiven Zeugnisse eines Schriftstellers, der gute Quellen hatte und im Allgemeinen Geist bekundet, das Nichtwissen anderer – offenbar unvollständiger – Quellen entgegen- stellen?

Dagegen ist Zosimus, wie überhaupt[26], so namentlich in der S. 475 wiedergegebenen Stelle von chronologischer, auch von einiger geographischer Verwirrung nicht freizusprechen.

Das erste Vordringen der Sachsen gegen die Franken ist sicherlich Julians Ankunft in Gallien lange vorausgegangen und steht wahrscheinlich mit der Niederlassung letzterer in Tosandrien, die nach Ammian (XVII, 8) in früherer Zeit (olim), spätestens gewiß unter Magnentius, erfolgte, in Verbindung. Zu derselben Zeit, wo nicht noch früher, mag Charietto in Gallien aufgetreten sein, dem Cäsar aber sicherlich schon im Jahre 356, äußerstens 357, seine Dienste angeboten haben. Auch ist, wo Zosimus von Julian und dessen Anordnungen spricht, keinesweges überall die Anwesenheit desselben in Person vorauszusetzen.

Zu unserm Ammian zurückkehrend, erfahren wir aus Kap. 9, daß der Cäsar nach gedachtem Frieden zunächst drei zerstörte Festungen an der Maas wiederherstellte und sie mit einem Teile der Lebensmittel, welche für den täglichen Bedarf des Heeres bestimmt waren, verproviantierte.

Dieser sollte durch die Ernte der Chamaven (auf dem linksrheinischen Gebiet derselben[27]) ersetzt werden: da letztere aber noch nicht reif war, rief die Besorgnis eignen Mangels eine scharfe Meuterei der Truppen hervor, die ohnehin schwierig waren, weil sie, des begründetsten Anspruchs unerachtet, noch kein Geschenk erhalten hatten, was Constantius verweigerte.

Nicht ohne Mühe ward das Heer durch freundlichen Zuspruch wieder beruhigt: der Cäsar führte es jetzt über den Rhein gegen seine Hauptfeinde, die Alemannen. Dies mag etwa Anfang August und oberhalb der vorjährigen Stelle, jenseits Darmstadt nach Heidelberg zu, erfolgt sein. Zum ersten Male bewies sich hier der sonst so tüchtige Severus, der getrennt vom Cäsar operieren sollte, schwach. Statt des befohlenen entschlossenen Vorgehens blieb er, die wegkundigen Führer selbst zurückhaltend, mutlos stehen.

Nichtsdestoweniger erschien Suomar (der bei Straßburg mitgefochten), gegen den der Angriff gerichtet war, freiwillig und erhielt den demütig erbetenen Frieden gegen das Versprechen der Rückgabe der Gefangenen und regelmäßiger Getreidelieferung für den Militärbedarf, worüber er sich bei Vermeidung nachträglicher Einziehung jedesmal durch Quittungen zu legitimieren habe. Dies ward auch erfüllt.

Hierauf wandte sich der Angriff gegen den Gau des Königs Hortar, der ebenfalls bei Straßburg mit gekämpft hatte. Nestiko, ein Stabsoffizier der Scularier, und Charietto, ein Mann von wunderbarer Tüchtigkeit (mirae fortitudinis), unstreitig der von Zosimus erwähnte, beordert, einen Gefangenen zu schaffen, bemächtigten sich eines alemannischen Jünglings, der nun, um sein Leben zu retten, als Führer dienen mußte.

Der Wald war durch ungeheure Verhaue gesperrt: doch gelang es, diese auf großen Umwegen zu umgehen und wieder *Kulturland* zu erreichen, wo nun die gewohnte Verwüstung mit Plündern Sengen und Brennen, auch der noch *stehenden Früchte*[28], Morden aller sich Widersetzenden und Abführung der Wehrlosen begann. Das brach Hortars Widerstand: er versprach eidlich, alles Verlangte zu leisten, gab aber doch statt sämtlicher Gefangenen nur wenige zurück. Dies erbitterte den Cäsar der deshalb vier der vornehmsten Gefährten des Königs, als derselbe das gewohnte Geschenk abzuholen kam, so lange zurückbehielt, bis die Gefangenen sämtlich ausgeliefert waren.[29] Bei dem endlichen Friedensschluß mußte nun Hortar auch noch die Anfuhr von Bauholz zur Wiederherstellung der von den Alemannen verwüsteten Städte versprechen, wogegen er, wegen Verwüstung seines Gebietes, mit Getreidelieferung verschont ward.

Darauf ging Julian in die Winterquartiere.

Unterwerfung der noch nicht in ihrem Lande bezwungenen Alemannenfürsten war das Hauptzie des nun folgenden Feldzugs im Jahre 359, das jedoch der Cäsar, seine Feinde stets überraschend klüglich verbarg.

In tiefstem Geheimnis sandte er zunächst Hariobaud, einen erprobten sprachkundigen Stabsoffizier (germanischer Abkunft), unter gesandtschaftlichem Vorwand an den befriedeten Hortar ab, nebenhe alle Verhältnisse der anzugreifenden Staaten zu erkunden.

Er selbst marschierte zunächst an den Niederrhein, zerstörte Plätze wiederherzustellen und Speicher für das aus Britannien kommende[30] Getreide aufzuführen. Schleunig ward dies vollführt, Castr Herculis (Doorenburg, schon auf der batavischen Insel), Quadriburgium (Qualburg, unfern Cleve Tricesimae (Xanten), Neuss, Bonn, Andernach und Bingen (s. Dederich, G. d. Röm. in Deutschl. Niederrhein. Emmerich 1854, S. 165) wurden wieder besetzt. Zu diesen Bauten lieferten d Alemannenfürsten vertragsmäßig das Holz[31] und die Soldaten schleppten die größten Stämme auf de

Schultern heran, handlangten auch sonst tätig bei der Arbeit. Davon schlossen sich aus Liebe zu ihrem Feldherrn selbst die Auxiliarkohorten nicht aus, obwohl sie nach ihrem Dienstvertrag von derlei Arbeiten befreit waren.

In Bingen vereinigten sich Florentius, der Praefectus Praetorio, und Lupicinius, der Severus ersetzt hatte, mit dem Cäsar. Jene wollten sogleich bei Mainz über den Rhein gehen, was aber letzterer entschieden weigerte, um nicht bei dem Marsche durch befreundetes Gebiet zu Klagen über Friedensbruch Anlaß zu geben.

Daher zog das Heer den Rhein weiter hinauf. Die nicht unterworfenen Alemannenfürsten aber verlangten drohend von Suomar, dessen Gebiet an den Rhein stieß, Abwehr des Überganges, brachten auch, da dieser seine Schwäche vorschützte, eine bedeutende Streitkraft zusammen. Mit dieser folgten sie auf ihrer Seite des Stroms dem Marsche des Cäsars, überall, wo dieser Lager schlug, selbst Halt machend und den Fluß bewachend. Da ließ Julian in einer dunklen Nacht dreihundert Soldaten auf vierzig leichten Schiffen ohne Ruderschlag den Rhein hinabschwimmen, was, indes die Germanen sorgfältig die römischen Lagerfeuer beobachteten, unbemerkt gelang. In derselben Nacht hatte Hortar, der es mit keiner Partei verderben wollte, alle Könige, Prinzen (?) und Häuptlinge (reges, regales et regolos; richtiger wohl: mächtigen und minder mächtigen Könige D.).) zu einem Gelag, in der Nähe des Rheins, bei sich versammelt. Als diese nach Mitternacht aufbrachen, fiel die inzwischen gelandete Streifschar über sie her: doch entzog sie die Dunkelheit und die Schnelligkeit ihrer Roß den Verfolgern, so daß nur das Gefolge zu Fuß gefangen ward. Nun aber ergriff Schreck die Alemannen: ohne die Stärke der übergegangenen Macht zu rekognoszieren, flohen sie, Familie und Habe in Sicherheit zu bringen, in das Innere.

Sogleich erfolgte der Brückenschlag und Vormarsch des Heeres, welches Hortars Gebiet mit größter Schonung durchzog, jenseits dessen im feindlichen aber der bekannten Verheerung durch Plünderung und Brand freien Lauf ließ.

Bis in die Capellatium oder Palas genannte Gegend (unstreitig der alte römische Limes), wo die Grenzsteine der Alemannen und die der Burgunder von Mittelfranken her zusammenstießen, wahrscheinlich zwischen Kocher und Jaxt im heutigen Württembergischen, also gegen fünfzehn Meilen weit vom Rheine, drang der Cäsar vor und schlug daselbst Lager.

Dort empfing er die Könige und Brüder Makrian und Hariobaud (gleiches Namens wie der erwähnte Offizier), deren Gebiet sich von jenem Grenzpunkt im Osten des Odenwaldes nach Norden zu bis an den Mittelmain erstreckte, daher die niederen Teile des heutigen württembergischen Jaxt- und Nekkarkreises, so wie den badischen Unter-Rheinkreis umfaßt haben muß. (S. Zeuß, S. 310 und 311.) Ihnen folgte Vadomar aus dem Südwesten des Alemannen-Landes (dem jetzigen badischen Oberrheinkreise), der als föderiert und von Constantius empfohlen freundlichst aufgenommen ward. Letzterer suchte für die Nachbarfürsten Ur, Ursicin und Vestralp um Frieden nach, die hiernach im mittlern Baden und Württemberg bis zum Linzgau und Vadomars Bezirk hinauf gesessen haben müssen. Die Vermittlung aber ward zurückgewiesen und nur jenen Fürsten unmittelbar, da sich Angriff und Verheerung nunmehr auch gegen ihr Gebiet wandte, ebenso wie dem Mairian und Hariobaud, der erbetene Friede gewährt, nach dem sie alle Gefangene herauszugeben hatten.

Die weitern Bedingungen, welche wohl für die Hinterliegenden milder waren als für die an den Rhein grenzenden, kennen wir nicht. (Ammian XVIII, 2.)

Den Winter 369/60 verbrachte Julian ruhig in Paris, als ihn ein gefährlicher Einfall der Pieten und Scoten in Britannien aufschreckte. Doch fand er rätlicher, Gallien nicht selbst zu verlassen, und nur Lupicin mit einem kleinen Corps leichter Truppen, den tapferen Herulern und Batavern, sowie zwei mösischen Kohorten[32] dahin abzuordnen.

Bald darauf trat der oben geschilderte plötzliche Glückswechsel: Julians Erhebung zum Augustus, ein. Lange harrte er vergebens in Paris auf des Constantius Erwiderung, die erst im Spätsommer 360 angelangt sein kann. Die Entscheidung war hiernach dem Schwert anheim gestellt. Sei es nun, daß der Plan des jungen Kaisers damals überhaupt noch nicht feststand oder die Jahreszeit für dessen Ausführung bereits zu vorgerückt war –: es war nicht das neue Recht, sondern die alte Pflicht, welcher er zunächst sich zuwandte. Diejenigen Franken, welche man Attuarier nannte (Francorum, quos Attuarios vocant), hatten im Grenzgebiete geplündert. Darum fiel er, bei Xanten (Tricesimae, sonst castra vetera) über den Rhein gehend, in deren noch von keinem römischen Fürsten, wie Ammian sagt, betretenes Land[33] ein und brachte sie nach leichtem Siege, bei dem Viele niedergehauen oder zu Gefangenen gemacht wurden, zu einem Frieden, dessen Bedingungen er vorschrieb.

Hierauf zog er, sämtliche Grenzplätze untersuchend, wo nötig, herstellend und verstärkend, den ganzen Rhein hinauf bis Basel, von wo er über Besancon nach Vienne in sein letztes gallisches Winterquartier abging. (Ammian XX, 10.)

Vollständig war nun die Grenzwehr wiederhergestellt: alles feindliche Volk in der Nähe jenseits derselben in sechs Feldzügen mittelst vier Rheinübergängen bezwungen, befriedet und großenteils tributpflichtig gemacht.

Gallien, von dem bei Julians Antritt ein Raum von mindestens vierhundert Quadratmeilen völlig verloren, fast ein Drittel verwüstet war, sah sich nicht allein durchaus gerettet, sondern auch für die Zukunft geschützt. (? D.) Zwanzigtausend Gefangene, wie Julian (ad Athen. p. 514) selbst angibt, wurden durch ihn befreit, ihren Familien und Gemeinden zurückgegeben. Glänzende Siege über Germanen hatten auch Probus, Julians Ahnen und sein Oheim Constantin in Gallien erfochten: so gründlich, planmäßig und vollständig aber hat des westlichen Reiches Erhaltung und der Germanen Demütigung vor und nach ihm kein Herrscher vollbracht.

Von der militärischen Wirksamkeit des Cäsars in Gallien gehen wir nun auf dessen bürgerliche über, von welcher, außer den nicht unbefangenen Lobrednern, Mamertin und Libanius, Ammian (XVI, 5, XVII, 3 und XVIII, 1) handelt.

Diese läßt sich mit den drei Worten schildern: höchste Arbeitsamkeit, Gerechtigkeit und Milde –: letztere beide aber nicht weichlichen Gemüts, sondern klar bewußten Pflichtgefühls.

Von den zwölf Stunden der Nacht (nach römischer Rechnung von sechs Uhr Abends bis sechs Uhr früh) widmete Julian vier dem Schlafe, vier den Geschäften, denen überdies fast der ganze Tag gehörte, und vier der Philosophie nebst andern Studien.

Furchtbar, wie der äußere, mag der innere Zustand Galliens im Jahre 355 gewesen sein. Wo seit dem Jahre 340 erst Constans, dann Magnentius, endlich die von des Constantius Camarilla erwählten Organe walteten, – wie arg mögen da Willkür und Druck gewesen sein. Sollen doch einzelne Städte selbst (– damals schon wie anderthalb Jahrhunderte später! – D.) die Barbarenherrschaft der römischen vorgezogen haben. Wahrlich, da tat ein reiner Wille und eine starke Hand Not: und diese wurden dem unglücklichen Lande heilbringend zu Teil.

Mit größter Sorgfalt und unbeugsamer Festigkeit überwachte und betrieb Julian die Rechtspflege, wichtigere Sachen selbst entscheidend. Als ein übereifriger Ankläger, dem es an Beweisen fehlte, ausrief: „Wann, edler Cäsar, wird es einen Schuldigen geben, wenn es genügt, zu leugnen?" erwiderte dieser: „Wann einen Unschuldigen, wenn die bloße Anklage ausreicht?" (XVIII, 5.)

Auch in Rechtssachen übte er billige Milde; den überwiesenen Entführer einer Jungfrau strafte er, statt nach Constantins Blutgesetz mit dem Tode, nur mit Landesverweisung, den sich darüber beschwerenden Eltern antwortend: „Das strenge Recht mag die Nachsicht verdammen, des Herrschers Milde aber soll über allem Gesetz stehen."

Am sogensreichsten waltete er im Steuerwesen, worüber er heftig mit Florentius, dem Praefectus Praetorio, ja selbst mit Constantius zusammenstieß. Ersterer wollte im Winter 358/9 den unstreitig wegen häufiger Uneintreibbarkeit entstandenen Fehlbetrag der Grundsteuer durch eine Erhöhung des Ausschreibens aufbringen. Dem aber widersetzte sich Julian mit größter Entschiedenheit: er wolle lieber das Leben verlieren als dies zugeben. Nicht aber durch weitern gereizten Widerspruch, sondern durch freundliches Zureden und sachkundigen Nachweis brachte er Florentius dahin, daß er endlich nicht allein nachgab, sondern Julian selbst die Steuereinziehung im zweiten Belgien ganz überließ (XVII, 3).

Allgemeine Steuernachlässe hingegen, die gewöhnlich nur den begünstigten Reichen zugute kamen, verwarf der Cäsar gänzlich. (XVI, 6, S. 89.)

So brachte der wohlwollende Mann es dahin, daß, nach Ammian a. a. O., die Abgabe für das Simplum, die bei seinem Antritte fünfundzwanzig Goldstücke (gegen dreihundert Mark) betrug, bei seinem Abgange auf sieben (kaum neunzig Mark) vermindert war, welches Zahlenverhältnis uns aber doch etwas unwahrscheinlich dünkt, so daß hier Irrtum oder Verfälschung des Textes zu vermuten sein dürfte.

Segen, Liebe und Dank war seine Ernte; die Abgaben wurden nun vor der Verfallzeit bezahlt (XVII, 3 a. Schl.), ja die Gallier brachten ihm freiwillige Geldspenden, zu deren Annahme sie ihn fast zwangen (Misopogon, p. 94).

Des Cäsars Verhältnis zu Constantius und dessen Organen ward bereits erwähnt: doch mag am Hofe der Einfluß der Kaiserin zu Julians Gunsten der Camarilla einigermaßen die Waage gehalten haben; im Winter 356/7 ward ihm (nach dem Schreiben ad Athen. p. 511) eine höhere Gewalt über die Heere eingeräumt, was Ammian unerwähnt läßt. Auch Marcells Abberufung und des Kaisers Schreiben wegen der Transporte aus Britannien sprechen dafür.

Fortwährend aber mußte Julian selbst über das Kleinste an den Hof berichten: fortwährend sah er sich von verleumderischen Spähern, wohin namentlich der verruchte Gaudentius gehörte (Ammian XV, 3 und XVIII, 9), umgeben.

Doch ward ihm, anscheinend wider Absicht und Willen des Kaisers (ad Athen. p. 517), in Sallust ein edler und trefflicher Mann als Ratgeber beigeordnet, mit dem er, nach der an letztern gerichteten Rede (IV, p. 243), das innigste Freundschaftsbündnis schloß, weshalb derselbe aber von Constantius wieder abberufen wurde. Dies kann jedoch nur zeitweilig geschehen sein, weil er bei Julians Abzug aus Gallien von diesem als Praefectus Praetorio dieses Reichsteils zurückgelassen wurde.

Üppig blühte die Schmähsucht am Hofe: die erklärliche Eifersucht des schwachen Kaisers auf den Ruhmesglanz des Cäsars schürend und nährend mag sie es dahin gebracht haben, daß des letzten Verspottung zum guten Tone gehörte: Bocksbart, geschwätziger Maulwurf, bepurpurter Affe, griechisches Litterätchen nannte man den Helden. (Amm. XVII, ll.)

Auch wurden in den amtlichen Rundschreiben an die Provinzen Julians Siege, ohne dessen mit einem Worte zu gedenken, dem Constantius allein zugeschrieben, was indes, bis zu gewissem Grade wenigstens, wohl dem Kanzleistile der Imperatoren, unter deren Auspicien ja alle Heerführer befehligten, zuzuschreiben sein dürfte. (Amm. XVI, 12 a. Schl.)

Im Winter 360/1 verschied zu Vienne, wahrscheinlich im Wochenbett, Helena, Julians Gemahlin. Sie hatte ihm zu Beginn der Ehe ein Kind männlichen Geschlechts geboren, das durch böswillige Verschuldung der bestochenen Hebamme umgekommen sein soll, späterhin nur Fehlgeburten gehabt. Die römische Verleumdungssucht schrieb dies der Kaiserin Eusebia zu, welche, selbst unfruchtbar, ihr aus Neid solche Mittel habe beibringen lassen.[34] Dies wird von Ammian (XVI, 10) gegen Ende ohne kritische Bemerkung erzählt. Wenn nun Julian noch in dem nach Eusebias Tod erlassenen Schreiben an die Athener derselben mehrfach mit Liebe und Dankbarkeit gedenkt, so hat er obiges Gerücht nicht gekannt oder nicht geglaubt.

Das eheliche Verhältnis des Cäsars muß, wenn auch vielleicht, dessen Charakter nach, kein vorwiegend zärtliches, doch gewiß ein vollkommen treues und normales gewesen sein (s. ad Athen. p. 521).

Julians Erhebung zum Augustus, sein wunderbarer, mit einem Schlage das ganze europäische Reich bis zu Thrakiens Grenze gewinnender Feldzug des Jahres 361, des Constantius Tod und die legitime Thronfolge des nunmehrigen Alleinherrschers wurden bereits berichtet. Wir wenden uns nunmehr zu Julianus, dem Kaiser, über den wir in diesem Kapitel kürzer sein können, weil germanische Verhältnisse in dieser Zeit nicht weiter vorkommen.[35]

Im Gefühle allgemeiner freudiger Anerkennung durch Heer und Volk eilte derselbe sofort von Naissus nach Konstantinopel; seine Reise war ein Triumphzug: vor allem das Eintreffen in der Hauptstadt (am 11. Dezember 361), deren Bevölkerung ihm großenteils schon bis zu dem dreizehn Meilen entfernten Perinth entgegengeströmt war. Banale Ehrenbezeugung huldigte jedem Gewalthaber: diesem aber waren Ruhm und Liebe vorausgezogen.

Die erste Pflicht zollte er der feierlichen Bestattung seines Vetters und Vorgängers, dessen entseelte Hülle Jovianus, der spätere Kaiser, nach Konstantinopel geleitete; zu Fuß, im Privatkleide und weinend soll Julian dem Zuge zur Gruft gefolgt sein.[36]

Sein nächstes Geschäft war Bestrafung der zahllosen Untaten der Gamarilla und ihrer Werkzeuge. In dem Brief an Hermogenes (epist. 23) nennt er diese eine vielköpfige Hydra, welche ihren an sich nicht milden Herrn zum allerschlimmsten gemacht habe. „Doch will ich auch diese, fährt er fort, nichts Ungerechtes erdulden lassen: weil aber viele Ankläger gegen sie aufgetreten sind, habe ich einen Gerichtshof für sie bestellt."

Dieser ward zu Chalkedon unter dem Vorsitze des neuernannten Präfekten des Orient, Secundus Sallustius (mit dem erwähnten Präfekten Galliens nicht zu verwechseln), aus den Konsuln für das Jahr 362, Mamertin und Nevitta, sowie aus den drei anwesenden Magistri militum Arbetio, Agilo und Jovinus zusammengesetzt, neben welchen die Befehlshaber der Jovianer und Herculianer als Beisitzer praesentiren) fungieren sollten.

Wider Eusebius den Oberkammerherrn ward einfache Lebensstrafe, wider Apodemius und Paulus, die Verruchten, der Flammentod erkannt. Dies billigt Ammian, während er die übrigen Strafurteile, namentlich das wider den Finanzminister Ursulus, der Julian als Cäsar persönliches Wohlwollen bewiesen, vor allem aber die Zuordnung Arbetios, Julians erklärten Feindes, zu jenem Gerichte (die man gerade umgekehrt als Beweis von Unparteilichkeit betrachten könnte) mehr oder minder hart tadelt. Was aber hat, fragen wir, das subjektive Verhältnis eines der fünf Richter und eines der Angeklagten zum Kaiser mit der objektiven Gerechtigkeit des Spruches zu schaffen? Scheint nicht Ammian vorauszusetzen, daß das Urteil unter der Hand doch nur vom letzteren diktiert worden sei? (Ammian XXII, 3.)

Es ist müßig, über Unerforschliches mehr zu sagen; gewiß nur, daß Julian seine Freiheit von persönlichem Verfolgungsgeiste dadurch bewährte, daß er bald darauf das spätere Anerbieten einiger, ihm das Versteck des zum Tode verurteilten Florentius, jenes frühern ihm so feindseligen Präfekten Galliens, zu verraten, mit Unwillen zurückwies. (Amm. XXII, 7, S. 294.)

Darauf wandte er sich gegen das gesamte Hofgesinde, das sein Biograph der großen Mehrzahl nach eine Lasterbande nennt, die fast mehr noch durch ihr sittenverderbendes Beispiel, als durch unmittelbaren Raub und andere Frevel geschadet habe.

Indem Julian dies Ailes aber auf einmal fortgeschickt, habe er nicht, wie derselbe hinzufügt, als ein nach Wahrheit forschender Philosoph gehandelt, da er sonst die wenigen Rechtlichen darunter verschont haben würde.

Gewiß hat auch bei so übertriebener Strenge, neben Rechtsgefühl und weiser Sparsamkeit, die Eitelkeit des Philosophen mitgewirkt, der seine Verachtung alles dessen bekunden wollte, was man zum Glanze eines Hofes rechnet (Amm. XXII, 4).[37] Indes mag die Einziehung eines so verschwenderischen Hofhalts die von Julian (nach Misopogon, p. 102) bewilligte Steuerverminderung um $^1/_5$ wesentlich erleichtert haben.

In Konstantinopel zuerst sprach Julian sein bisher verheimlichtes persönliches Bekenntnis des Heidentums offen aus, scheint aber zugleich mit der förmlichen Wiederherstellung des alten Kultus allgemeine Religionsfreiheit, namentlich auch für sämtliche unter Constantius zum Teil verpönte und verfolgte christliche Glaubensparteien, verkündet zu haben. Er habe die Spaltungen befördert, meint Ammian XXII, 5 „weil er die Einbracht der Christen gefürchtet habe" (was sehr rhetorisch klingt D.).

Zugleich rief er sämtliche von Constantius verbannte Bischöfe, sowohl die rechtgläubigen als die ketzerischen, zurück und ließ ihnen sogar ihre konfiszierten Güter wieder geben. Dies dürfte, wie Sokrates (I0, 1, p. 168) sagt, gewiß in der Absicht geschehen sein, durch diesen Beweis der Milde, des Constantius Härte gegenüber, Gunst und Dankbarkeit der zahlreichen Glaubensgenossen der Exilierten sich zu erwerben. Will daher der Glaubenshaß alter und neuer Zeit auch hierin nur einen planvollen Ausfluß von Julians Christenfeindschaft erblicken, so ist dem zu entgegnen, daß das religiöse Zerwürfnis der Christen unter sich, dessen Förderung er dabei im Auge gehabt haben soll, wohl mehr durch des Constantius Gewaltstreich als durch diese versöhnende Maßregel genährt worden sein dürfte.

Auch berief der Kaiser dissentierende Bischöfe mit ihren Anhängern zu sich in den Palast, um sie mit eindringlichen Worten, z. B.: „hört mich, den sogar Alemannen und Franken angehört haben", zu unbehinderter Religionsübung in gegenseitigem Friedenhalten zu ermahnen.[38] (Amm. XXII, 6.)

Die Konsuln des Jahres 362, Mamertin, der bei seinem Antritte jene Lobrede hielt, und Nevitta, ein durch Verdienst bis zum Heermeister aufgestiegener Barbar (Amm. XXI, 10 a Schl.), unstreitig Germane, ehrte der Kaiser dadurch, daß er deren Wagen bei der feierlichen Auffahrt in den Senat zu Fuß folgte, was (wie Amm XXII, 6 zu Anfang sagt) einige lobten, andre als affektiert und unwürdig tadelten. Ja, als er die an diesem Tage gewöhnliche Freilassung einiger Sklaven selbst aussprach dadurch aber in die Rechte der Konsuln eingriff, bestrafte er, hierauf merksam gemacht, sich sofort selbst um zehn Pfund Goldes.

Sogleich begann nun auch das Zuströmen der Philosophen, für welche Julian, wie zu erwarten war eine an Schwachheit grenzende Vorliebe bewies. Als ihm während einer Ratssitzung des Maximus Ankunft aus Asien gemeldet ward, eilte er ihm bis weit über das Vorzimmer entgegen und führte ihn nach ehrender Umarmung herein. Dieser und Crispus wurden nebst Eitanius seine vertrautesten Genossen, ein Verhältnis, was dieselben freilich höchst unphilosophisch für Eitelkeit, Wohlleben und andre profane Zwecke ausgebeutet haben mögen. Waren diese indes unstreitig mindestens geistig hochbegabte Männer, so mag der weitere Schwarm von Philosophen, Zeichendeutern, Magiern und andern dieses Schlages, die sich selbstverständlich an den Kaiser herandrängten (Eunapius in Maxim p. 81 der auch von Tillemont zitierten Ausgabe von 1616 und Julian or. VII, p. 417 u. 418), ihm nicht selten lästig, jedenfalls dessen würdigen Ratgebern und Freunden wie dem Volke überhaupt unheimlich erschienen sein.

Ehrenwert jedoch, daß auch unter dieser Klasse mindestens ein wahrhaft weiser sich fand, nämlich Chrysanthius, der die wiederholte dringendste Einladung an den Hof ablehnte und, zum Oberpontifex für Lydien ernannt, dies Amt mit größter Milde verwaltete, im heidnischen Kultus fast keine Neuerung eintreten ließ und die Christen mit Schonung behandelte. (Eunapius in Chrys., S. 148 u. 149.)

Glücklich verliefen die ersten sechs Monate von Julians Regierung zu Konstantinopel unter treuer, tätiger Sorge für Bürgerliches und Militärisches, namentlich für die festen Plätze Thrakiens und die Grenzwehr längs der Donau. Bei voller Ruhe im Innern wie nach Außen erfreute ihn freiwillige Huldigung fremder Völker, zu denen der Ruf seiner Herrscher- und Heldentugend gedrungen war, durch ehrende Gesandtschaften. Dem Rate, die stets unzuverlässigen Goten anzugreifen, erwiderte der Kaiser: „er suche bessere Feinde; für jene genügten die galatischen Händler, die deren überall ohne Unterschied des Standes feilböten," was auf innere Zwistigkeiten und Kriege der Goten[39], in deren Folge die Überwundenen verkauft wurden, schließen läßt. (Amm. XXII, 7.)

In der zweiten Hälfte des Monats Mai verließ Julian seine Haupt- und Geburtsstadt, nachdem er viel für sie getan, um sich nach Antiochien zu begeben, wobei er mit tiefem Kummer das im Jahre 358 durch ein Erdbeben zerstörte Nikomedien berührte, wo er so viele Jahre seiner Jugend verbracht hatte.

Unendliche Streitigkeiten und Beschwerden mit Gerechtigkeit zu schlichten war sein Geschäft auf dieser Reise. Als ein zudringlicher Ankläger seinen Feind, einen reichen Mitbürger, des Hochverrats beschuldigte, wollte der Kaiser dies zunächst gar nicht hören, fragte aber doch endlich nach den Beweisen und als jener anführte: der Beklagte habe sich einen Purpurmantel angeschafft (was unter Constantius allerdings todeswürdig gewesen wäre), ließ er dem Kläger ein Paar Purpurschuhe geben, um sie seinem Feinde zu Vervollständigung von dessen Garderobe zu überreichen.

Als in Antiochien später die Gegner des Thalassius, den Julian als hinterlistigen Verfolger seines Bruders Gallus haßte, dies Verhältnis in ihren Streithändeln wider diesen ausbeuten wollten, erwiderte er denselben: „Allerdings hat der Genannte sich schwer gegen mich vergangen: gerade deshalb aber ziemt es euch, so lange zu schweigen, bis er mir, seinem Hauptfeinde, Genüge getan."

Bald nachher begnadigte er denselben, worauf erst die Prozesse der andern wider ihn fortgingen.

Dem Gouvernementsrate (praesidialis) Theodot aus Hierapolis, der Constantius gebeten hatte, seiner Stadt das Haupt des Rebellen Julian zu überschicken, erklärte er: „Wohl habe ich von vielen deine Rede wider mich vernommen: du hast aber die Milde eines Herrschers nicht zu fürchten, der die Zahl seiner Feinde zu vermindern, die seiner Freunde zu vermehren strebt." (Amm. XXII, 9 u. Kap. 14.)

Den Advokaten, die ihn unmäßig lobten, sagte er: „ich freue mich des Lobes nur von denen, die mich auch tadeln dürfen, wenn ich fehle", was er seinen Freunden und Ratgebern gern gestattete. Bei Verhandlung von Streitsachen pflegte er, was Ammian ungeeignet nennt, wohl nach der Religion der Parteien zu fragen: doch sei, wie derselbe Schriftsteller hinzufügt, kein Beispiel bekannt, daß er aus diesem oder irgendwelchem Grunde je vom Wege des Rechts abgewichen sei. (Amm. l. c. 10.)

In Antiochien scheint Julian Ende Juli 362 angekommen zu sein, da sich im C. J. (III, 3, 5) ein bereits am 27. Juli d. J. von da erlassenes Reskript findet.

Diese Stadt war das antike Paris des Orients: fast durchaus von Christen bewohnt: aber von solchen, „die da, wie die Schrift sagt, haben den Schein des gottseligen Wesens, aber seine Kraft verleugnen sie", und „sich weder der ungeistlichen, altvettelischen Fabeln und des losen Geschwätzes entschlagen", noch „die vergänglichen Lüste der Welt fliehen".

Trüber Vorbedeutung war seine Ankunft am Tage des Todesfestes des Adonis, jenes Geliebten der Venus, das, wiewohl nun zugleich als Erntefest geltend, immer noch nach altem Brauche mit Klagetönen und Schmerzrufen begangen wurde.

In Antiochien setzte der Kaiser sein der Verwaltung und Rechtspflege gewidmetes Leben fort. Mit Todesstrafe wurden belegt der schon oben erwähnte Gaudentius und der Exvicar Julianus, der in Afrika für Constantius mit übertriebenem Eifer (nimius fautor) gewirkt hatte, Artemius, der mit Verbrechen beladene Militärbefehlshaber in Ägypten, und Marcellus, der Sohn des frühern Magister militum, weil er Empörung versucht hatte (ut injectans imperio manus), nachdem sie alle vorher gefesselt an das Hoflager gebracht worden waren.

Mit der Nachricht von des Artemius Tode brach sogleich die Volkswut der Alexandriner wider den nunmehr seiner Stütze beraubten arianischen Bischof Georgius aus, der, wie Ammian (XXII, 11) sagt, „uneingedenk seines geistlichen Berufs" durch Angeberei und Gewalttat (nach den orthodoxen Kirchenvätern auch durch Eigennutz und Wucher) glühenden Haß sich zugezogen hatte. Er ward nebst zwei Genossen auf die furchtbarste Weise zerfleischt, zuletzt seine Asche in das Meer geworfen. Wohl hätten ihn die Christen schützen können, wenn nicht alle von gleicher Gesinnung gegen ihn entbrannt gewesen wären.[40] Julian soll über diese Gewalttat erst sehr erzürnt gewesen sein, hat sich aber doch schließlich, nach dem noch vorhandenen Erlaß (ep. 10), auf nachdrückliche Rüge so eigenmächtiger Selbsthilfe beschränkt. (Amm. XXII, 11.)

Im Triumphe des Jubelrausches ward nun Athanasius in Alexandrien aufgenommen, wohin er, mit gewohntem Eifer waltend, bald eine Kirchenversammlung berief. Solchen Mann aber aufkommen zu lassen, war der Kaiser doch nicht gemeint, befahl ihm daher (ep. 26) die Stadt sogleich wieder zu verlassen, wies die dringende Verwendung der Alexandriner zurück (ep. 51) und bedrohte zuletzt (ep. 6) den Präfekten Ägyptens mit harter Strafe, wenn dieser Götterfeind nicht vor dem 1. Dezember 362 aus dem Lande entfernt sei, was er aber, da derselbe sich wieder in sein gewohntes Versteck zurückzog, doch nicht durchsetzen konnte.

Am 21. November dieses Jahres ging der berühmte, von Julian prächtig restaurierte Apollotempel in Daphne bei Antiochien in Flammen auf, was den Verdacht böslicher Brandstiftung wider die Christen erregte, in dessen Folge der Kaiser strenger als gewöhnlich mit peinlicher Untersuchung verfahren ließ, die christliche Hauptkirche in Antiochien schließend. (Amm. XXII, 13.)

Die berechnetste, von genauer Kenntnis der Geschichte und Lehren des Christentums zeugende Maßregel aber war der zu Anfang des Jahres 363 erlassene Befehl, den jüdischen Tempel zu Jerusalem wiederherzustellen. Groß war die dazu bestimmte Summe, groß nicht minder der Eifer der zu Förderung dieses Glaubenstriumphs herbeiströmenden Juden: aber Feuerflammen, die bei dem Grundgraben häufig hervorbrachen[41], hinderten die Ausführung, zumal Krieg und Tod des Kaisers fernere Fürsorge hemmten.

An dieser von den Kirchenvätern vielfach ausgeschmückt berichteten Tatsache ist nach Ammians Zeugnis XXVIII, 1 nicht zu zweifeln.

Gerade vor und nach dieser Zeit brachen an andern, wiewohl zum Teil entfernteren Orten Erdbeben aus.[42]

Wundersucht und Glaubenseifer jener Zeit haben obige Tatsache, welche Ammian nicht als Augen-, nur als Ohrenzeuge berichtet, unzweifelhaft in ihrem Geist aufgefaßt und dargestellt, woraus jedoch ein Zweifel an ihrer Existenz gewiß nicht abzuleiten ist.

Minder glücklich als der zu Konstantinopel war Julians Aufenthalt in Antiochien. Erderschütterungen, ungewöhnliche Dürre, daher Teuerung, Hungersnot und Krankheiten, endlich fast allgemeines Mißfallen seiner Person trübten denselben. Er widmete dem Mangel des Volkes die eifrigste Teilnahme, gleichwohl blieb diese eine verfehlte, daher um so mehr verkannte. Große aus der Fremde hinzugeführte und sogar billiger abgelassene Vorräte wurden von den Reichen aufgekauft; und als er zuletzt, in Diokletians Fehler verfallend, gegen den Rat der Stadtobrigkeit, mit der er sich deshalb überwarf, zu Maßregeln der Strenge und Taxen vorschritt, ward der Verkehr vollends gelähmt und das Übel noch größer.

Nicht dies allein aber, auch seine Christenfeindlichkeit, sein ganzes Wesen entfremdete ihm die Gemüter der Stadtbewohner. „Die Antiochener (sagt mit Beziehung auf Chrysostomus Fr. L. Graf z. Stolb. G. d. R. Jesu XI, Kap. CI, S. 397) jagten jedem Vergnügen nach, waren müßig, schaulustig, dem Wohlleben, der Pracht ergeben, leichtsinnig, geschwätzig, wollüstig und weichlich." Unter diese trat nur ein strenger jugendlicher Philosoph, halb Stoiker, halb Kyniker, mit unschönem, auffallend[43] vernachlässigtem Äußeren, der, nur der Pflichterfüllung lebend, gerade alles das haßte und verwarf, was das Lebensinteresse jener bildete.

Ohne Sinn für dessen große Tugenden, desto mehr aber für dessen Äußerlichkeit und Schwächen, ergossen sie Spott und Satire „über den kleinen Bocksbärtigen, der mit so großen Schritten einher gehe". Dies achtete der *Kaiser* nicht: der *Mensch* und *Schriftsteller* aber rächte sich durch die uns noch erhaltene Broschüre: der „Barthasser" („Misopogon"), in welcher er mit Geist und witzvoller Ironie das unwürdige und ungerechte Benehmen der Antiochener geißelt (Amm. XXII, 14.)

Ernster und tiefer als alles Übrige aber erfüllte den Herrscher der Krieg gegen Persien.

Noch war vom römischen Gebiete, wie wir annehmen müssen, allerdings nichts als die Festung Bezabde verloren: die Waffenehre aber bedurfte der Sühnung und das unglückliche Mesopotamien des gesicherten, nachhaltigen Schutzes gegen so vernichtende Einfälle, wie es unter Constantius erlitten. Indes hätte der ruhmgekrönte Held den Sapor von seinem Vorgänger wohl zu unterscheiden gewußt haben würde, füglich erst den Weg der Verhandlung und Drohung versuchen können. Aber er hatte den Siegesrausch einmal gekostet: die Leidenschaft war entbrannt: von Alexanders Vorbild verlockt

Schlachten und Kriegsdrommeten träumend, lüstete ihm nach dem stolzen Ehrennamen des „parthischen" –: kein Zweifel daher, daß nicht nur Abwehr, auch heißer Ruhmdurst dieses so unheilvoll endenden Krieges Grund war.

Noch schlagender würde dies erwiesen sein, wenn derselbe (wie Libanius p. 577 der nachstehend zu erwähnenden Rede, und Sozomenos III, 19 sagen) sogar ein Schreiben oder selbst eine Gesandtschaft von Sapor zurückgewiesen hatte, was jedoch (da beide Quellen nicht genau übereinstimmen, Ammian aber darüber ganz schweigt) zweifelhaft erscheint.

Großartig die Rüstung: obwohl er die von vielen Völkern angebotenen Hilfstruppen mit der Erklärung zurückwies, „daß Rom seinen Freunden und Bundesgenossen wohl Unterstützung zu gewähren, nicht aber dergleichen von ihnen anzunehmen pflege" –: (ein arger Anachronismus! D.).

Nur Arsakes, der König von Armenien, dessen Mitwirkung bei einem Perserkriege von höchster Wichtigkeit war, ward dringend aufgefordert, ein starkes Heer zu stellen und über dessen Verwendung weitere Anweisung zu erwarten. Auch gotische Ausilien d. i. Söldner waren angeworben.

Am 4. März 363 verließ der Kaiser Antiochien, nachdem vorher schon die Truppen auf verschiedenen Punkten über den Euphrat gegangen waren. (Amm. XXIII, 1, 2.)

Der nun folgende höchst denkwürdige persische Krieg zerfällt in zwei Abschnitte: der Siegesmarsch von fünfundsiebzig bis achtzig Meilen von Circesium bis unter die Mauern von Ktesiphon und der aus der weitern kühnen Offensive gegen das Innere Persiens notgedrungen hervorgegangene Rückzug.

Über erstern haben wir die trefflichste Quelle in Ammian, der dem Feldzug selbst beiwohnte.[44] Diesen hat Zosimus, der zum Teil fast wörtlich damit übereinstimmt, benutzt, zugleich aber auch eine andre, sehr spezielle, unstreitig griechische Quelle, wie aus mannigfachen Zusätzen und der verschiedenen Orthographie der Namen hervorgeht. Wir ersehen aus letzterm, daß das neidische Geschick, welches Ammians Grundtext verstümmelt hat, auch hier nicht ohne allen Einfluß geblieben ist: nicht minder aber, daß Zosimus allein, namentlich wegen dessen Abneigung gegen jede Zeitangabe, Ammian auf keine Weise zu ersetzen imstande ist.

Der zweite Abschnitt dieses Krieges dagegen ist in unaufklärbares Dunkel gehüllt: in Ammian mindestens eine erweisliche, lange und ganz wesentliche Lücke: Zosimus, von dem man fast annehmen muß, er habe selbst seinen Vorgänger nicht mehr vollständig vor sich gehabt, durchaus unklar, zumal dessen zahlreiche Ortsangaben, wegen unserer Unkenntnis der alten Geographie Persiens, ohne allen Wert sind. Dieser bedauerlichen Ungewißheit würde nun Libanius (or. parentalis Ἐπιτάφιος ἐπὶ Ἰουλιανοῦ), der doch, schon durch seine Freunde Maximus und Priscus, Julians Begleiter, die besten Nachrichten haben mußte, abhelfen können, wenn nicht die völlig unhistorische Manier dieses Rhetors auch ihn, namentlich für die Kriegsoperationen, fast unbrauchbar machte.

Die Details des vordringenden Siegeszuges übergehend bemerken wir nur, daß sich Julian überall als Kaiser, Feldherr, Held und Mensch groß und bewunderungswert bewies.

(In der Schlacht vor Ktesiphon zeichneten sich besonders die gotischen Hilfstruppen aus.

Auf dem Rückzug fand Julian in siegreichem Gefecht, in ungestümer Reiterlust der Verfolgung, den Heldentod. D.)

Wut und Rachedurst ergriff sein Heer: bis in die Nacht hinein dauerte die Blutarbeit. Fünfzig persische Satrapen und Große, unter ihnen die Heerführer Merenes und Nahodares mit zahlreichem Volke, blieben auf dem Platze: aber auch die Römer hatten merklichen Verlust.

Kaum war der edle Verwundete in sein Zelt gebracht, als er in dem etwas nachlassenden Schmerze Waffen und Roß forderte, in den Kampf zurückzukehren, was jedoch Kraftlosigkeit und Blutverlust hinderten. Nach der Schlacht vereinten sich die Ersten des Heeres um dem Sterbelager. Vor ergreifender Erhabenheit sind Julians Abschiedsworte, gewiß auch, obwohl er sonst von Effektberechnung nicht frei war, in diesem Augenblicke aus lauterer Seele hervorgegangen. (Ammian XXV, 3.)

Darauf verteilte er sein Privatvermögen, beklagte eines Freundes Fall, schalt die über seinen Tod Weinenden, disputierte mit Maximus und Priscus über der Seele Bestimmung und hauchte gegen Mitternacht des 26. Juni 363 im zweiunddreißigsten Lebens- und zweiten Regierungsjahre sein edles Leben aus.

Die Charakteristik des großen Mannes, die Ammians 4. Kapitel erfüllt, weiter unten versuchend wenden wir uns hier zu einer kritischen Betrachtung seines letzten, so unglücklich beendigten Feldzuges von Ktesiphon an.

Der gegen den Rat seiner Generale in der Sommerhitze unternommene Offensivmarsch in das Innere Persiens war ein großer militärischer Fehler. In der Tat war kein römischer Feldherr, selbst

Trajan[45] nicht, je in östlicher Richtung über Ktesiphon vorgedrungen. Nur *Alexander der Große*, *dessen leuchtendes Vorbild* eine *dämonische* Flamme in Julians Seele entzündete, hatte das ganze Perser-Reich durchzogen. Der Makedone aber kam vor der letzten Entscheidungsschlacht zwischen Arbela und Gaugamela von dem gebirgigen Norden her: sein Heer war, was die Verpflegung sehr erleichterte, wenig über halb so stark als das Julians, vor allem aber das Heer Sapors nicht jenes des Darius Codomanus.

Rom hatte die Perser geschult. Zahlreiche Überläufer, schon von Septimius Severus Zeit an, hatten militärische Technik unter ihnen verbreitet, Sapors fünfundzwanzigjährige Kriege und Siege gegen Constantins seine Feldherren und das Heer ausgebildet, die Römer selbst vor allen ihre Feinde das furchtbare Verteidigungsmittel der Landesverwüstung gelehrt.

Julians Unstern war das übergroße Selbstvertrauen auf seine Genialität. Dadurch hatte er bisher allerdings zahlreiche Schwierigkeiten, selbst die den mutvollsten Führern unüberwindlich scheinenden, wie einen Stromübergang vor Ktesiphon, bewältigt. Unerschöpflich an Hilfsmitteln hielt er sich jeder Fahr und Not gewachsen, gewiß, daß er siegen werde, wenn er nur schlagen könne.

Getäuscht aber hat er sich offenbar über den persischen Volksgeist. Die vollständige Verheerung ganzer Landstriche ist nicht durch bloßen Befehl, nur durch eigne selbsttätige Mitwirkung der Einwohner möglich. Freilich ward diese durch das Rache heischende römische Verwüstungssystem bis Ktesiphon, das selbst allerdings nur eine Vergeltung des persischen in Mesopotamien war, gefördert; gewiß aber hat das Volk bereitwilliger und energischer dazu getan als er voraussetzte.

Mit Unrecht dagegen tadelt Gibbon die Wahl der Jahreszeit, da die unermeßliche Vorbereitung, namentlich Bau und Ausrüstung einer so großen Flotte unmöglich drei Monate früher vollendet sein konnte, die Zeit der reifenden Saaten auch wohl der Verpflegung günstiger war, der römische Soldat endlich Sonnenglut wie Winterkälte zu tragen wußte.

Julians unbezweifelter größter Fehler war aber ein *politischer*: die Zurückweisung von Sapors Friedensbotschaft. In militärischer Hinsicht hat der Erfolg gegen ihn entschieden: aber doch nur halb. Den schimpflichen Frieden Jovians, auf den wir später kommen, hätte Julian nimmermehr geschlossen.

Seinem Heer erhalten würde er unstreitig, wenn auch mit schwerem Verluste, das römische Gebiet erreicht, dann noch in demselben oder spätestens im folgenden Jahre die fruchtbarsten Gegenden Mediens verwüstet, endlich, von dem Alexanderwahne geheilt, einen ehrenvollen, sühnenden Frieden geschlossen haben.

Von dem großen Feldherrn Abschied nehmend heben wir hier noch dessen eigentümliche Vorzüge heraus. Strengste Geheimhaltung seiner Pläne, selbst gegen seine Unterfeldherren, bis zum Augenblicke der Ausführung: soweit irgend möglich Überraschung der Feinde: größte Schnelligkeit in Märschen und sonstigen strategischen Operationen: Allgegenwart auf dem Marsche wie im Kampfe: vor allem aber wunderbare *persönliche* Einwirkung auf die Soldaten, durch Wort und Beispiel zu dem ausharrendsten Erdulden wie zur hingebendsten Tapferkeit spornend.

Kurz und tapfer war sein Lauf. Bei längerer Dauer und Sühnung des letzten Unglücks würde ihn die Geschichte den größten Feldherrn aller Zeiten beigezählt haben. Schon jetzt ist er unter denen des spätern Roms nur Cäsar und Trajan nachzusetzen. (Er zählt zu jenen ewigen Jünglingen wie Achilleus und Alexander, welche die Götter – im Sieg – abrufen, bevor sie der Prosa verfallen: er ist eine Gestalt, die noch ihres Shakespeare harrt. D.)[46]

„Ein größeres Werk beginne ich, eine höhere Ordnung der Dinge tritt mir entgegen," sagt Ammian, indem er (XV, 9) auf Julians Geschichte kommt. Bald darauf (XVI, I):

„Der Geist einer bessern Natur hat diesen Jüngling von seiner edlen Wiege bis zum letzten Lebenshauche geleitet. In Frieden und Krieg ward so plötzlich alles durch ihn gebessert, daß er, neben Vespasians Klugheit, wie ein zweiter Titus geschätzt wurde: in glorreicher Kriegstat Trajan, in Milde Antonin, in klarer tiefer geistiger Forschung Marc Aurel vergleichbar, welchem letzern er in Sitte und Handlungen nachzueifern strebte."

So Ammian, dessen Zeugnis Julians Gegner schlechthin verwerfen, weil der Historiker ein Heide gewesen, ohne die Vorfrage über dessen wahre Weltanschauung auch nur zu berühren, geschweige denn zur Entscheidung zu bringen.

In der Tat war dieser Enkel des edlen und weisen Constantius Chlorus von wunderbarer geistiger Begabung. Mit einem wahrhaft fabelhaften Gedächtnisse (Amm. XVI, 5; Eutrop X, 16), von welchem er in seinen Reden und Briefen fast mißbräuchliche Anwendung macht, vereinte sich in ihm eine Schnelligkeit, Schärfe und Tiefe der Auffassungskraft, wie sie nur wenigen Sterblichen zuteil geworden ist.

Indes war der seltene Mann, dem Lande seiner Geburt und Erziehung nach, mehr ein Grieche, als ein Römer[47]: er zeichnete sich mehr durch den Schwung seiner *Genialität*, als durch die Solidität einer ruhigen und nüchternen Vernunft aus.

Sein Gemüt war durchaus rein, edel und wohlwollend. Die höchsten Herrschertugenden: strenge Gerechtigkeit (daher Erleichterung des Abgabendrucks, Schutz der Untertanen gegen Willkür, Haß der damals herrschenden Angeberei, seinen Feinden großherzig Vergeben) – übte er nicht nur im Großen, sondern auch im Kleinen mit Eifer und Treue, überall Milde für die Person mit grundsätzlicher Strenge verbindend.

Wie er seinen Körper durch Keuschheit, Verzicht auf Schlaf, Ertragung von Hunger, Kälte[48] und Hitze wunderbar beherrschte, so hielt er auch den Geist in Zucht, indem er seine einzige Seligkeit, in Gedanken zu leben, die er in philosophischen Studien und Schriftstellerei fand, durch gemessene Zeiteinteilung weise beschränkte.

War nun dieser große Charakter ohne Fehler und Schwächen ? Gewiß nicht.

Ammian rügt mehrfach (XVI, 7; XXII, 10 u. II, XXV,4) dessen griechische „levitas" – ein Mittelding zwischen Leichtsinn und Leichtfertigkeit („Leichterregbarkeit" D.) –, indem der bewegliche Geist wie das Gemüt sich den Eindrücken des Augenblicks zu schnell hingab. Temperamentsfehler sind zu beklagen: tadelnswert aber doch *nur an dem*, welchem es an deren Erkenntnis und tätigem Besserungsvorsatze gebricht.

Nicht so Julian, der seinen Präfekten und Freunden willig die Überwachung dieses Fehlers einräumte und deren Zurechtweisung beachtend dadurch bewies, daß ihm diese erfreulich, seine Übereilungen aber schmerzlich seien (se dolere delictis et gaudere correctione, Amm. XXII, 10). Wohl mag er jedoch in dieser Richtung, wo teils der Warner ihm nicht zur Seite stand, teils der Anreiz vielleicht zu mächtig war, immer noch bisweilen gefehlt haben, was mit dem reifern Alter unstreitig von selbst abgenommen haben würde.

Schlimmer, in der Tat aber auch der einzige wahrhafte Fleck in diesem glänzenden Lichtbilde war Julians *ungemessene Eitelkeit*. Bei allem, was er für edle, große Zwecke tat und duldete, bei allem, was er sprach und schrieb, dachte er zugleich an sich und – an den Effekt auf andere. Julian schrieb häufig fast nur, um durch seltene Gelehrsamkeit, wozu er den Anlaß oft bei den Haaren herbeizog, wie durch Geist zu glänzen (epist. 19 u. 24, aber auch fast die meisten andern), wie er denn z. B. in Brief 24, der lediglich die Übersendung von hundert Feigen an einen Bekannten, wahrscheinlich Philosophen, zum Zwecke hat, Aristophanes, Aristoteles, Herodot, Hippokrates, Homer, Pindar, Simonides und Theophrast anführt, und mit den Worten schließt: „Hat dieser Brief, nach deinem Urteile, die Mittelmäßigkeit erreicht, so kann er, auf dieses gestützt, andern mitgeteilt werden. Bedarf er aber noch einer fremden Hand, um zu erreichen, was er will, wer ist geschickter als du, ihn so auszuschmücken, daß man sich dessen erfreut?"

Vermag aber diese Schwäche des *Menschen*, die man gerade bei den kenntnis- und geistreichsten Männern so oft findet, auch wirklich einen ernsten Vorwurf gegen den *Kaiser* zu begründen?

Leider beherrschte sie ihn zu sehr, um auf sein öffentliches Wirken ohne Einfluß zu bleiben. Großartig auch hier hatte er vor allem, obwohl auch um den Beifall der Gegenwart buhlend, den Nachruhm vor Augen. Er wollte als zweiter Alexander in der Geschichte glänzen: und dem hat man, wie oben bemerkt ward, ob er auch von der Verantwortlichkeit für Jovians schmachvollen Frieden freizusprechen ist, im Wesentlichen doch das unheilvolle Ende des persischen Krieges beizumessen.

Höchst ungerecht aber würde es sein, in dieser Eitelkeit etwa die Hauptquelle seiner hohen Taten finden zu wollen.

Sein Verdienst wurzelte in der großen Seele: und in deren Ausbildung durch die Philosophie. Diese war bei den Alten nicht bloß spekulativ, sondern stets zugleich auf das Praktische gerichtet, wessen sich die Namens- und Scheinphilosophen freilich häufig entbanden. „Gibt es doch, sagte der von Julian in epist. 54) angeführte Phädo aus Elis, kaum so schlechte Anlage, welche nicht durch die Philosophie gebessert werden könnte. Denn sollte sie bloß bei einer guten Anlage nützen, hätte sie wohl nicht großen Wert."

Daß nun Julian gerade als Zögling der Philosophie glänzen, die Erhebung des Geistes wie die Abtötung des Körpers, wozu sie führe, durch sein Beispiel verherrlichen wollte, würde, vom Motiv abgesehen, an sich nur verehrungswürdig sein, wenn er dies nicht mit offenbarer Übertreibung getan hätte.

Der Herrscher soll auch seine äußere Würde nicht vernachlässigen: er aber affektierte den Kyniker.

Wenn er von sich erzählt[49], daß in seinem langen Barte Insekten (pediculi), wie die wilden Tiere im Walde, umherliefen, überdies sein Haupthaar verwildert, seine Nägel selten abgeschnitten, seine Finger voll Tintenflecke seien (Misopogon p. 57 u. 69), so hat dies etwas geradezu Widriges. Selbst in seinem Hasse des Hofgesindes und Hofgepränges und der öffentlichen Schauspiele überschritt er die verständige Grenze, während er umgekehrt in ehrendem Kultus der Philosophen, darunter es auch manche unwürdige gegeben haben mag, wohl ebenfalls zu weit ging. Aus derselben Quelle ist seine an Geschwätzigkeit grenzende Lust zu sprechen abzuleiten. Er redete geistreich und schön und liebte deshalb, auf Beifall rechnend, sich sprechen zu hören.

Über Julians Verdienst als Schriftsteller sagt Niebuhr in seinen Vorträgen über römische Geschichte (III, S. 309): „Er ist ein wahrhafter Attiker: seit Dio Chrysostomus hat Griechenland nicht einen so eleganten attischen Schriftsteller gehabt." Wir bergen nicht, daß uns in den Reden und Briefen die schlechte Manier der Zeit etwas abstößt, setzen daher das ebenso einfache als politisch geschickte Manifest an die Athener und den Misopogon über alles andre, während wir in den „Cäsaren", bei vielem Geiste, doch zum Teil die historische Unparteilichkeit, namentlich in dem Urteil über Constantin den Großen, vermissen.

Wir kommen nun auf Julians Apostasie.

Fassen wir den oben geschilderten Zustand des Heidentums lebendig wieder in das Auge, zerrüttet, gespalten, fast vermodert, wie er damals war. – Wie konnte, fragt man, ein scharfer Denker an die Möglichkeit der Erhaltung und Wiederbelebung desselben glauben ?

Wir erwidern vorläufig: ein einfach verständiger Mann gewiß nicht: ein höchst genialer aber konnte dieser Verirrung allerdings fähig sein: (zumal bei einem mystischen Zuge und bei einem Haß und einer Verachtung gegen das Christentum, welche in Julians persönlicher Geschichte und in der Unvereinbarkeit dieser Lehre mit dem altrömischen Staat und seinen besten Tugenden voll begründet war: Philosophie und Patriotismus – Cäsarengefühl – waren die edelsten Gründe seiner Apostasie, der es – echt menschlich – an bloßen Gründen der Leidenschaft allerdings auch nicht fehlte. D.).

Wir fassen hierbei Julians doppeltes Verhältnis zum Christentume und zum Heidentume in das Auge.

„Zeige mir deinen Glauben mit deinen Werken" sagt der Apostel. Nun wohl: Constantius hatte seine Werke gezeigt: Verwerfung des Willens seines großen Vaters, Erwürgung von Julians Vater, Bruder und Geschlecht aus Herrschsucht. Mußte schon das durch solchen Mord verwaiste Kind dies fühlen, – wie viel heißer mußte es, genährt durch die engste Umgebung und den älteren Bruder, dem Knaben und Jüngling in der Seele brennen?

Aber Constantius war ja nicht das Christentum? Allerdings nicht: aber doch dessen Träger in der römischen Welt, von dessen subjektiven Untaten der Rückschluß auf den objektiven Wert seines Glaubens bei einer mit Recht empörten Leidenschaft so erklärlich als verzeihlich war.

Selbst abgesehen von dem gekrönten Christen aber, der nur ein Laie war, – durfte die jugendliche Seele nicht mindestens nach den Geistlichen, nach den Fürsten und Dienern der Kirche den Wert ihres Glaubens abmessen?

Glaubt man aber, daß ein so begabtes Kind in seinem obersten Erzieher bis zum elften Jahre, dem arianischen Haupte, Eusebius von Nikomedien, nicht den herrsch- und ehrsüchtigen Sünder erkannt daß der blutdürstige, der bösesten Mittel sich bedienende Verfolgungsgeist der Arianer – die man doch damals für die besten Christen erklärte! – wider die Orthodoxen ihn nicht mit Abscheu, das ganze Sektenwesen jener Zeit nicht mit Widerwillen und Ekel erfüllt habe? (Und wenn die Orthodoxen die Macht hatten – brauchten sie selbe besser? D.)

Wohl hätte der fromme Sinn eines treuen wahrhaft christlichen Glaubenslehrers auch den Geist des Knaben erleuchten, dessen Herz für das Christentum erwärmen können. Ist es aber denkbar, daß Eusebius, der Metropolit, ein Mann, der solchesfalls notwendig wider ihn selbst hätte zeugen müssen, dafür ausgewählt habe? Ferner ging Julians Religionsunterricht lange mit dem in der öffentlichen Schule Hand in Hand, der, selbst von Christen (wenigstens dem Namen nach) erteilt, doch immer auf das Altertum, dessen große Dichter, Weise und Geschichte gegründet war, wofür besondere Empfänglichkeit und Vorliebe in dem Knaben und Jüngling lebte.

Daß derselbe gleichwohl im Christentume, namentlich dessen heiligen Büchern alten und neuen Testaments, bis zu seinem zwanzigsten Jahre (epist. 61) mit einer Gründlichkeit unterrichtet worde war, die, durch seltenes Gedächtnis unterstützt, von wenigen Nichttheologen unsrer Zeit erreich werden dürfte, ersehen wir aus seiner polemischen Schrift, deren wir weiter unten gedenken werde können aber nicht annehmen, daß er darin über das tote Wissen hinaus jemals zum lebendigen Glauben gelangt sei.

Mag es doch an letzterem überhaupt den Christen jener Zeit, selbst den eifrigen, häufig, wo nicht größtenteils gefehlt haben, wie denn in Constantins des Großen ganzem Hause kein Beispiel eines tätigen Glaubens sich findet, ja dessen Tochter Constantia und deren Gemahl, dessen Neffe und Julians Bruder, Gallus, der gleiche Erziehung und Absperrung mit ersterem genoß, bei dem strengsten Namenschristentume, verwerflicher Gemütsart waren.

So sehr aber gewiß auch Julians berechtigte Abneigung gegen die Christen auf dessen Abtrünnigkeit von Einfluß gewesen ist, so kann diese doch nur aus einem zweiten, noch wirksameren Grunde völlig erklärt werden, auf den wir nun übergehen.

Zwei Neigungen sind es, welche Julians Seele mit der Lebendigkeit, Tiefe und Energie, welche ihr überhaupt eigentümlich war, vor allem erfüllten, dem Geiste die eine, dem Gemüt die andre angehörig.

Ein wunderbares früh entwickeltes Denkvermögen verband sich in diesem Enkel zweier Kaiser mit einem regen gewaltigen Tatendrang. Dabei war ihm zugleich jedweder Weg äußerer Wirksamkeit versperrt: nicht nach außen hin auf das Praktische, nur nach seinem Innern – auf das Spekulative konnte sich daher in dem gefangenen Prinzen die Geistesleidenschaft werfen. So ward er Philosoph: so ward es, wie wir schon sagten, seine einzige Seligkeit, in Gedanken zu leben.

Wie verhielt sich nun zu dieser Richtung das Christentum?

„Ich will zunichte machen die Weisheit der Weisen, den Verstand der Verständigen will ich verwerfen" lehrt die Schrift (1. Cor. 1, 19). Da ward, wie der Apostel hinzufügt: „der gekreuzigte Christus den Griechen eine Torheit."

Was Wunder, daß der Schüler des weisen Sokrates, der Verehrer des göttlichen Plato sich von dem neuen Glauben abwandte.

Nationalität und Vaterlandsliebe waren die Pole, um welche sich der Selenadel der alten Welt drehte (wie alles Heldentum der „Heiden" auch der Germanen. D.). Ihnen diente auch ihr Glaube. Roms Größe beruhte auf dem capitolinischen Jupiter: Athens Glanz und Hoheit auf der Athene: die Idee des Heldentums war in Herakles zur Gottheit geworden.

Vaterlandsbegeisterung und Heldensinn glühten in Julians Brust: das dunkle Gefühl, Alexander und Cäsar nacheifern zu können, regte sich in ihm. Demgegenüber trat nun eine Weltreligion der Demut und Selbstverleugnung, welche, wie alles Irdische, auch das Nationale völlig bei Seite setzte, Duldergröße hoch über Heldengröße erhob und nur an die Nachfolge Christi die Krone des ewigen Lebens knüpfte.

Konnte diese dem für antike Größe begeisterten Gemüte zusagen, dem jugendlichen vor allem, welches das Bewußtsein der Fähigkeit und des Berufs, seinem Vaterlande ein Retter, ja ein Mehrer von Ruhm und Macht zu werden, in sich trug?

Was Julian vom Christentume abwendete, sahen wir: seine Hinneigung zum gestorbenen Heidentum bleibt noch zu erörtern.

Wie selbst unter Christen unsrer Zeit zwischen dem Glauben des gemeinen Volkes und dem gebildeter, aber zugleich frommer Selen ein mächtiger Unterschied ist, so war dieser ungleich größer bei den Heiden jener Zeit. Wir kennen das vulgäre Heidentum meist nur aus der Dlythologie und der Geschichte. Von diesem aber sagt Julian in seiner Verteidigung des Heidentums (p. 8): Man müsse gestehen, daß die Griechen unglaubliche Wundergeschichten von den Göttern erfunden haben. Diesen Fabeln müsse man aber Platos Lehre vom Weltschöpfer gegenüberstellen. Nach dieser habe der einige Schöpfer von Himmel, Erde und Meer zuerst unsichtbare unsterbliche Wesen, als Untergötter, erschaffen, und diesen alles Organische und Sterbliche auf Erden – Menschen, Tiere und Pflanzen – untergeordnet. Je einem solcher Götter sei nun eins der verschiedenen Völker, dessen Individualität gemäß, anvertraut, während sie zum Teil auch gewisse allgemeine Tätigkeiten, z. B. Krieg, Wissenschaft, Handel schützten und förderten. Man habe hiernach in den verschiedenen Göttern nur *ein* göttliches Wesen, das sich in ihnen offenbare, zu verehren (s. Neander S 27 bis 31 u. w.).

Es ergibt sich hieraus, wie der Glaube damals im Dienste des Nationalgefühls stand, welches der alten Welt eben das Heiligste war.

Keineswegs aber verwarf Julian alle Mythen: er erklärte sie vielmehr, wie z. B. die der Kybele und des Attys (Orat. 5), für tiefsinnige Allegorien. Das Undenkbare, meint er, hätten die Alten, nach göttlicher Anleitung, absichtlich ihren Göttergeschichten beigemischt, um durch das Widersinnige der äußern Geschichte zur Aufsuchung ihrer inneren Bedeutung zu veranlassen; während den Einfältigen das äußere Symbol genügen möge.

Für die meisten unter uns liegt Plato in der Geschichte der alten Philosophie begraben. Wie hat er aber, als er in der ersten Hälfte des fünfzehnten Jahrhunderts im Abendlande zuerst bekannt ward, auf die damalige Christenheit gewirkt?

Auf der Kirchenversammlung zu Ferrara 1438 von einem Griechen zuerst vorgetragen, machte er so tiefen Eindruck, daß der hochgebildete Cosmo dei Medici eine eigne platonische Akademie für Auslegung des großen Denkers stiftete, dessen geist- und kenntnisvoller Vorstand Ficino sich freute, dem Könige Matthias Corvinus melden zu können, daß ein neu aufgefundener christlicher Grieche auf schlagende Weise die Übereinstimmung Platons und des Christentums in betreff der Geister nachgewiesen habe. (F. Kortum, die Gesch. des Mittelalters im Übergange zur Neuzeit, II. Th., Leipzig bei T. O. Weigel 1861, S. 39 bis 42.)

Pflegte doch später noch der berühmte Erasmus zu sagen: Heiliger Sokrates, bitte für uns.

Nicht auf verwerflichem, nicht auf unwürdigem Grunde also beruhte Julians Glaubenssystem.

Schade nur, daß er, ein Kind seiner Zeit, nicht dem reinen Plato, sondern dem Neuplatonismus huldigte, namentlich dem Wunderglauben, den dieser in seiner spätern Ausartung verbreitete, beinahe mit Leidenschaft sich hingab.[50]

An die Möglichkeit fortgesetzter übernatürlicher Offenbarung aber glaubte auch das Christentum jener[51] wie späterer und unserer Zeiten: es darf daher nicht die Sache an sich, sondern nur Form und Gegenstand dieser Richtung sein, welche den Christen bei Julians Anschauung verletzen kann.

Wir ersehen indes hieraus, daß in seiner Seele keineswegs der Verstand einseitig vorherrschte, daß es ihm vielmehr auch an Glaubensfähigkeit und Bedürfnis nicht fehlte: (der mystische Zug in ihm war vielmehr sehr stark. D.).

Wie sich Julians Verhältnis zum Christentume und zum Heidentume gestaltet hatte, haben wir vorstehend entwickelt, nun aber auch noch in dessen Fehlern den letzten Schlüssel zu jenem Abfalle zu suchen.

War es verzeihlich, daß die bösen Werke der Christen ihn gegen deren Glauben eingenommen hatten, während der eifrige Kultus einer Philosophie, welche jener verwarf, und die Begeisterung für nationale Größe und Heldentum ihn an den antiken Geist fesselten, so war doch sein Glaube, bis er im zwanzigsten Lebensjahre zu persönlicher Freiheit gelangte, gewiß nur erst ein schwankender.

Als er aber in das Leben trat und vermöge seiner Person eben so wie nach seiner Abstammung allgemeines Aufsehen erregte, die bedeutendsten geistesverwandten Philosophen sich an ihn herandrängten oder von ihm aufgesucht wurden, da ward es diesen, deren Glanz und Ansehen ja auf dem Heidentume beruhte, leicht, durch Lob und Schmeichelrede die Fackel der Eitelkeit in die so vorbereitete Seele zu werfen und die großartige Idee dereinstiger schöpferischer Wiederbelebung des alten Glaubens und Staatslebens in ihm zu entzünden.

(Wohl scheint dies uns heute, *nach* dem Erfolg, eine Unmöglichkeit. Aber *mußte* man damals diese Unmöglichkeit erkennen? Doch offenbar nicht: sonst hätte ein Geist wie Julian, der allerdings das Kühne liebte, sonst hätten die zahlreichen Heiden seines Anhangs diesen Gedanken nicht fassen können. Erst ein Menschenalter war das Christentum Staatsreligion geworden – aus welchen Motiven mit welchen Schwankungen, Selbstzerfleischungen, mit welcher sittlichen Wirkung! – Sollte es un möglich sein, ein per Edikte der nächsten Vorgänger aufzuheben? D.) Zwar verwarf Julian selbst das vulgäre Heidentum und sein „persönliches Hirngespinnst von Poesie, Philosophie und Aberglauben" (wie sich Strauß S. 12 ausdrückt) konnte nie zur allgemeinen Volksreligion werden. Indes faßte er seine Aufgabe doch auch noch von einer andern und zwar höchst edlen und wohlwollenden Seite auf. Er wollte das *praktische* Christentum kopieren: nicht nur dessen hierarchische Kirchenverfassung sondern auch die vorgeschriebene sittliche Reinheit und Würde des geistlichen Standes, vor allem die christlichen Liebeswerke, Armen-, Kranken-, Witwen- und Waisenpflege, wie dies aus seinen eignen Briefen (besonders 49, aber auch 62, 63 und sonst) klar hervorgeht. Schreibt er doch an heidnische Priester, wie Paulus an Titus und Timotheus.

Was bei den Christen Ausfluß des Glaubens, Gebot des Herrn war, meinte er bei den Heiden aus Staatsraison und Patriotismus durchführen zu können.

Es gibt Verirrungen, die nur der höchsten Geistesgröße und Kraft möglich sind. Das Gefühl höherer Begabung erzeugt den Gedanken eines höhern Berufs: Schwierigkeiten, welche den gemeinen Verstand abschrecken, verschwinden vor dem Geiste und Willen, der alles überwältigen zu können glaubt.

Da wird so leicht Selbstbewußtsein zur Selbstverblendung.

(Verblendung aber war es, daß Julian das Volk noch eines römischen Patriotismus für fähig hielt, wie er fast nur noch ihn selbst beseelte. Er stand allein: und *tragisch* ist sein Werk. D.)

Julian aber ward in dieser Richtung nicht nur durch die dämonische Gewalt persönlicher Leidenschaft, mehr noch durch sein römischgriechisches Ideal fortgerissen. Reiner und edler als Welteroberung aus Herrschsucht war die Regenerationsidee des römisch-griechischen Altertums: (aber Julian war dabei ein Feldherr ohne Heer. D.).

Daher erklärt sich, daß von einem wirklichen Prinzipienkampfe zwischen Heiden- und Christentum im Volk und Heere weder bei Julians Leben noch nach dessen Tod auch nur die geringste Spur in den Quellen sich findet.

Reaktion der erstern gegen letztere zeigte sich allerdings mehrfach: aber aus persönlichen oder lokalen[52] Gründen, aus Eigennutz oder Rache: von einem Enthusiasmus für das Heidentum keine Spur. Selbst die höchstgestellten Heiden, der Praefectus Praetorio des Orients Sallustius Secundus (Prinz von Broglie, S. 286), ja der *Oberpriester!* Chrysanthius verwarfen mild und besonnen jeden Zelotismus: (sie überließen es den Christen. D.).

Am schlagendsten ergibt sich obige Behauptung durch die Wahl von Julians Nachfolger. Hätte damals, durch ihn angeregt und begünstigt, eine ihres Ziels bewußte heidnische Partei wirklich bestanden, so mußte sie vor allem auf einen Kaiser ihres Glaubens dringen, was ihr um so leichter sein mußte, da doch wahrscheinlich die Mehrheit, mindestens eine sehr große Anzahl der Generaloffiziere des Heers, demselben angehörte.[53] Gleichwohl wird in Jovian ein Christ und sieben Monate nachher in Valentinian ein zweiter gewählt: ja die Kirchenväter behaupten sogar, Jovian habe seiner Religion halber zuerst abgelehnt, darauf aber von seinen Umgebungen die Erwiderung empfangen, daß sie ja alle wahre Christen gewesen: Julian aber nicht lange genug geherrscht habe, um die Lüge in den Gemütern festzustellen (Prinz von Broglie, S. 419. Derselbe Schriftsteller, dem wir nicht allenthalben beipflichten, ohne dessen Geist zu verkennen, sucht S. 297 bis 303 auszuführen, wie sich Julian selbst seinen Zeit- und Glaubensgenossen gegenüber isoliert und enttäuscht gefühlt habe).

Wir wiederholen kurz unsere Erklärung von Julians Apostasie dahin, daß die Schlechtigkeit des weltlichen Hauptes und der geistlichen Häupter der Christenheit seiner Zeit ihn gegen deren Glauben eingenommen hatte und ein erleuchteter wie frommer Unterricht, der dem hätte entgegen wirken können, ihm nicht zu Teil geworden war; daß sein Geist von der Tiefe heidnischer Philosophie, wie sein Gemüt von der nationalen Größe und dem Heroismus des Altertums ergriffen ward; daß seine Genialität und Eitelkeit endlich der in beidem wurzelnden Vorliebe für das Heidentum sich bemächtigten und ihn zu dem Glauben, dessen Regenerator werden zu können, fortrissen.

Hieran knüpft sich nun die, von den Geschichtsschreibern aller Zeiten so verschieden beantwortete Frage:

Ist Julian, seiner geistigen Verirrung wegen, nur zu *beklagen* oder auch, seiner daraus hervorgegangenen Regentenhandlungen halber, zu *verdammen?*

Wir erwidern, das Fundament alles wahren Christentums ist der *Glaube.* Man kann die Reinheit und Erhabenheit der christlichen Sittenlehre, wie zum Teil auch Julian getan, anerkennen, von der Religion der gebildeten und jetzt herrschenden Welt mit Pietät sprechen, ein *Christ aber im wahren Sinne des Worts ist doch, wie sonst, so auch jetzt noch nur derjenige, welcher an die Grundsymbole aller christlichen Konfessionen glaubt.* Der Glaube läßt sich weder erlernen noch erzwingen, ist vielmehr eine freie Gnade Gottes am Menschenherzen. Nur zu viele, hunderttausende, vielleicht Millionen, namentlich unter den gebildeten Klassen, entbehren desselben: ja man ist in unsern Tagen so weit gegangen, ihn mit dem Fortschritte der Wissenschaft, mit einem erleuchteten Verstande geradezu für unvereinbar zu erklären. Wir beklagen dies schmerzlich, nehmen vielmehr umgekehrt an, daß das schärfste Denken, weil es die Gebiete des Denkvermögens und Glaubens streng auseinander zu halten weiß, am sichersten zum frommen Glauben führen müsse, mißbilligen aber mit größter Entschiedenheit jedwedes *menschliche* Verdammungsurteil, das über anders organisierte, daher glaubensleere Seelen ausgesprochen wird.[54]

Ist dies richtig, so ist Julian, der Mensch, völlig vorwurfsfrei, wenn er, des Christenglaubens entehrend, seiner persönlichen religiösen Überzeugung folgte, ja achtbar, wenn er sich durch die politischen Bedenken eines Religionswechsels nicht abhalten ließ, der in jener Zeit übrigens, wo Altes und Neues noch im Kampfe lagen, der öffentliche Geist noch mehr oder minder heidnisch war, keineswegs von schroffer Auffälligkeit sein konnte.

Tadeln darf man ihn daher deshalb nur insoweit, als persönliche Eitelkeit dabei mitwirkte, wofür die Grenze genau festzustellen unmöglich ist.

Man hat ihm aber Verstellung und Verfolgung der Christen vorgeworfen.

Es ist wahr, daß er unter Constantius seinen Glauben verbarg, ja noch nach seiner Erhebung zum Augustus am Epiphaniasfeste 361 am christlichen Gottesdienste in der Kirche zu Vienne Teil nahm.

Wir heißen das nicht recht, können aber nicht verschweigen, daß kein politischer, ja beinahe kein denkender Mann jener Zeit die Pflicht einer Aufrichtigkeit in Fällen anerkannte, wo die einfachste Klugheit sie verbot, weil man, ohne andern zu nützen, nur sich selbst dadurch geschadet hätte.

Schwerer wiegt der zweite Vorwurf, dem der Prinz von Broglie ein eignes Kapitel (p. 223 bis 412) mit der Überschrift: „Julien persecuteur" gewidmet hat.

Wir haben deshalb auf die Würdigung der Quellen (in Anm. 13) zu verweisen und können hier nur wiederholen, daß die kirchlichen, auf welche die ganze Anschuldigung gebaut ist, teils offenbare – und zwar die gröbsten – Unwahrheiten, teils Übertreibungen enthalten, teils in gehässiger Einseitigkeit Milderndes und Entscheidendes verschweigen.

Will man den Philippiken und Anklagen der Kirchenväter wider Julian einigen Glauben beimessen, so muß man zuvörderst Ammian, den doch selbst die strengsten Katholiken, wie Graf Stolberg und der Prinz von Broglie[55] für durchaus treu, unparteiisch und wohl unterrichtet erklären, geradezu und zwar durch und durch verwerfen. Wie ist es möglich, daß ein denkender Schriftsteller an dem Verhalten seines Helden wider die Christen eine Kleinigkeit, deren wir später gedenken werden, hätte rügen können, wenn derselbe, im Widerspruch mit der (nach XXII, 5) feierlich erklärten Gewissensfreiheit, als blutdürstiger Henker Tausende um ihres Glaubens willen hätte umbringen lassen, wie dies Gregor von Nazianz Orat. 3 und Theodoret versichern? (S. Tillemont S. 974 und 975 und Broglie S. 280.)

Die kirchlichen Geschichtsschreiber aber widersprechen sich auch selbst, wie denn Gregor von Nazianz in seiner spätern Schmährede or. 4, p. 57 und 79 Julian gerade deswegen tadelt, weil er das Christentum nicht durch offene Gewalt, sondern durch allerlei Künste und Überredung habe unterdrücken wollen.

Auch finden sich in deren Erzählungen bisweilen Züge von Julian eingemischt, welche mit der sonstigen Schilderung dieses angeblich fanatischen und grausamen Christenhassers völlig unvereinbar sind.

So erzählt Theodoret (I, 3), um nur eines Beispiels zu gedenken, aus Julians letzter Zeit, wie er auf die Beschwerde eines jungen Mannes aus Beröa in Syrien, daß ihn sein Vater, wegen Abfalls vom Christentume, verstoßen und enterbt habe, letztern, die erste Magistratsperson der Stadt, zur Tafel geladen und mit den Worten: wie er, der Kaiser, ihn bei seinem Glauben lasse, so möge er als Vater auch seines Sohnes Gewissensfreiheit nicht beschränken, diesem wieder zu versöhnen gesucht habe. Als aber derselbe, unter den härtesten Ausdrücken über des Sohnes Apostasie, jede Verwendung abgelehnt, habe Julian schließlich zu letzterm gesagt: Wenn Dein Vater Dich verstößt, so werde ich an dessen Statt für Dich sorgen.[56]

Nach unsrer entschiedenen Überzeugung kann man an Julians Verhalten gegen die Christen nur folgendes rügen:

Daß er sie als Widersacher seines Glaubens, ja seines Lieblingstraumes – des hergestellten alten Römerstaats – haßte, ist natürlich. Wo hat es je Glaubenskampf ohne Glaubenshaß gegeben? Eben so haßte und verwarf aber auch sein Geist und Gemüt gewalttätigen Gewissenszwang, was aus den unter seinen Briefen erhaltenen kaiserlichen Reskripten (namentlich ep. 7, 42, 43, 51 u. 52) zweifellos hervorgeht. Ob er diesem Grundsatze treu geblieben oder untreu geworden, dies allein ist daher die Frage.

Wir beantworten sie dahin, daß sich zwar keine zuverlässige Nachricht einer direkten amtlichen Verletzung desselben in den Quellen findet, Julians leichte Hingabe aber an augenblickliche Eindrücke, daher auch an seine gereizte Laune, wohl bisweilen Handlungen herbeigeführt haben mag, welche damit nicht völlig vereinbar waren. Unstreitig war jedoch in solchen Fällen gegenüber dem vorausgegangenen Verhalten der Christen auch noch eine andere Auffassung möglich: zu (*Hochverrat* und *D Majestätsbeleidigung* konnte der fanatische Eifer mancher derselben für Märtyrertum nur zu leicht führen. Dahin möchten wir namentlich die vom Prinzen von Broglie S. 232 bis 235 und S. 280 angeführten Martyrien des Basilius und der Soldaten Juvencus, Maximin, Bonosus und Maximilian rechnen, welche man, zumal ersteres, das auch von Sozomenos bezeugt wird, wenn auch für verunstaltet doch keineswegs für gänzlich erdichtet halten darf.

Daß Julian für Gewalttaten und Frevel übereifriger Beamten oder des Volkshasses wider Christen wie die der Arethuser gegen den Bischof Marcus, der Alexandriner, Gazaer u.a. m. (ep. 10 u. Pr. von Broglie S. 171 – 175 u. 269), die er erst nachträglich erfuhr, keine Verantwortlichkeit trifft, liegt auf der Hand. Indes scheinen derartige Untaten doch mehr nur durch Verweis als durch wirkliche Strafe geahndet worden zu sein, was wir der Größe der Schuld, namentlich der der Arethuser und Gazaer, nicht angemessen finden: wir können ihn daher von dem Verdacht nicht freisprechen, sich im Stillen solcher Ausbrüche heidnischer Reaktion erfreut zu haben. Ist es aber als unwürdig zu bezeichnen, wenn er in dem Schreiben an die Bostrener (ep. 62) diese gewissermaßen auffordert, den Bischof Titus, der sie *hinterrücks* bei ihm verklagt habe, aus der Stadt zu vertreiben?

Bei allem Tadel, den er verdient, möge man doch nie vergessen, daß ihm Unterdrückung des Christentums, so weit diese ohne Anwendung unmittelbaren Zwanges tunlich war, als *Herrscherpflicht* erschien, und daß er sich diesem vermeintlich so hohen Berufe mit einem Eifer hingeben zu müssen glaubte, der sich bei seiner Lebhaftigkeit bis zur Leidenschaft steigerte.

Hat es aber, fragen wir, in der Geschichte überhaupt je völlig unumschränkte Herrscher gegeben, welche ihren Eifer für eine Sache, die sie für gut und recht hielten, aus philosophischer, grundsätzlicher Mäßigung, in so gemessener Schranke zu halten wußten, als dies Julian, einzelner Ausschreitungen unerachtet, im ganzen und großen unzweifelhaft auf das Bewundernswerteste getan hat? (Wie handelten Arianer oder Orthodoxe, wenn sie aus der Unterdrückung wieder zur Herrschaft gelangten? D.)

Wir müßten nicht selbst Christen sein, um nicht durch viele seiner Äußerungen, namentlich auch durch den Namen: „Galiläer", womit er unsre Glaubensgenossen stets bezeichnet, verletzt, ja teilweise empört zu sein, dürfen aber diesem Gefühle keinen Einfluß auf das unbefangene historische Urteil einräumen.

Ammian tadelt Julian zweimal (XXII, 10 und XXV, 5) lebhaft darüber, daß er den Christen das Lehren an öffentlichen Schulen und Universitäten verboten habe.

Ist das etwas anderes, als was katholische wie protestantische Kirchen- und Staatsregierungen fortwährend getan haben und teilweise heute noch tun[57] – und zwar – wie wir hinzufügen, in sachgemäß beschränktem Umfange, mit Recht? (*So* von Wietersheim.)

Merkwürdig beweisen hierbei alle Kirchenväter, selbst Sokrates (III, 12) und Sozomenos (V, 18) ihre Unwahrhaftigkeit, indem sie behaupten, jenes Verbot habe sich zugleich auf den Besuch öffentlicher Schulen durch christliche Jünglinge erstreckt, was dem (in ep. 42) uns vollständig erhaltenen Texte geradezu widerstreitet, auch ein naives Übersehen des Vorteils ist, den ein solcher Besuch gerade umgekehrt im heidnischen Interesse haben mußte. Die Maßregel war, weshalb auch Ammian sie so eifrig rügt, höchst unpopulär, weil es damals keine andern Unterrichtsanstalten gab, die Söhne glaubenstreuer Christen also durch dieselbe mittelbar von wissenschaftlicher Ausbildung ganz abgehalten wurden, woraus jene Schriftsteller, denen der Prinz von Broglie diesmal aber S. 216 nicht beipflichtet, eine unmittelbare Behinderung gemacht haben.

Ebensowenig darf Julian die Einziehung der den christlichen Geistlichen unter den frühern Regierungen erteilten besondern Privilegien (s. ep. 42 z. Anf.) und Staatsunterstützungen von seinem Standpunkte aus zur Last gelegt werden: noch viel weniger aber sicherlich dasjenige, was er nach siegreicher Rückkehr aus dem persischen Kriege „mutmaßlich" *in Zukunft* noch getan haben „würde", wie dies die kirchlichen Schriftsteller hervorheben! — Wohl pflegt das Glück wie jegliche Charakerrichtung so auch Verblendung und Haß zu steigern: wir sind aber dennoch überzeugt, daß Julians Philosophie und Gemüt niemals zu diokletianischer (oder gar zu christlich-fanatischer D.) Verfolgung[58] herabgesunken wäre.

Wir können diesen gewissermaßen polemischen Teil gegenwärtigen Kapitels nicht schließen, ohne Julians Schrift gegen das Christentum zu gedenken, an der er bis zu seinem Tode noch gearbeitet hat. Sie soll ihrem wesentlichen Inhalte nach durch Cyrillus, den Patriarchen von Alexandrien, der in der ersten Hälfte des fünften Jahrhunderts eine Widerlegung derselben schrieb, uns erhalten sein. Dieselbe enthält genau das nämliche, was die sogenannten Philosophen, Religionsspötter und Leugner neuerer Zeiten von Voltaire ab bis heute gegen das positive Christentum vorgebracht haben, welches Julian geradezu für bewußte listige Erdichtung erklärt. Nur richtet sich sein Angriff ganz vorzugsweise gegen das alte Testament, in welchem er mit scharfer Kritik über alles Übernatürliche, Undenkbare und sich Widersprechende darin, wie die Rede der Schlange, den babylonischen Turmbau etc. herfällt, vor allem aber an der einseitigen Parteilichkeit Jehovas für sein Volk, die mit der Allgerechtigkeit und Güte des Weltschöpfers völlig unvereinbar sei, Anstoß nimmt.

Wenn man den christlichen Standpunkt ablegt, so hat man die scharfsinnige und geistvolle Dialektik des Verfassers vollkommen anzuerkennen, ebenso aber die ungeheure Schwäche, welche darin liegt, daß er einen Maßstab auf das Christentum anwendet, nach welchem das vulgäre, ja selbst sein verklärtes Heidentum mit dessen Wunderglauben noch weniger zu bestehen vermocht haben würde. Wir wenden uns zum Schluß.

Hätte Julian, im Gegensatze zu des Constantius verwerflichem Cäsaropapismus, nur allgemeine Glaubensfreiheit verkündet, wie für alle christlichen Parteien, so auch für das Heidentum, dem unstreitig die Mehrheit seines Volkes noch angehörte, so hätte er zwar natürlich die Verdammnis der Kirche, zugleich aber die Bewunderung der unbefangenen Nachwelt erworben.

Das tat er nun auch wohl: aber nur halb, indem er durch leidenschaftliche Parteinahme für seine subjektive Religionsanschauung jenes Prinzip vielfach verletzte und, mit gänzlicher Verkennung des Geistes und der Menschen seiner Zeit, dem Wahne nachjagte, ein neues, reineres Heidentum gründen zu können, eine Idee, die vor seinem Geiste genial, in Wirklichkeit aber unmöglich war. (Es war eine Torheit, wie sie nur ein sehr großer Mann begehen kann. D.)

Lassen wir indes diese einzige Verirrung beiseite und fragen wir:

Was ist Julian für sein Reich und sein Volk gewesen? so lautet das Urteil anders. Diesen Standpunkt nehmen, mit Recht, Ammian und Eutrop ein.

Ersterer beginnt seine fünf Seiten lange treffliche Charakteristik dieses Kaisers (XXV, 4) mit den Worten: Wenn es, wie die Gelehrten sagen, vier Haupttugenden gibt, Mäßigung und Enthaltsamkeit, Klugheit, Gerechtigkeit, sowie Tapferkeit, denen sich nebensächliche anschließen, wie Kriegskunde, Autoritätstalent, Glück und Liberalität, – so hat er diese alle im Ganzen wie im Einzelnen mit angestrengtester Sorgfalt gepflegt und geübt (intento studio coluit omnes ut singulas).

Ammians Schilderung, welche zugleich keinen von Julians Fehlern verschweigt, ist, vom Ausdruck abgesehen, ein Meisterstück. Mit ihr stimmt im Wesentlichen auch Prudentius, ein christlicher, etwa hundert Jahre späterer Dichter überein: der von Julian sagt:[59]

… Tapferster Führer der Heere;
Hoch als Gesetzbegründer berühmt; mit dem Arm und dem Rate
Treuer Wahrer des Vaterlands: nicht aber des Glaubens. –
Ungezählte verehrend vermeinter göttlicher Wesen;
Abgefallen von Gott, doch treu bis zum Tode dem Reiche.

Der unbefangene Historiker muß mit Entschiedenheit erklären: Rom hat in dreihundertundneunzig Jahren (Trajan, den wir freilich viel weniger genau kennen, etwa ausgenommen) keinen seiner Taten und Eigenschaften nach größern Kaiser gehabt als Julian.

Nur gegen Marc Aurels Gemütsreinheit steht derselbe, soweit er jenen auch in seinen Leistungen, namentlich als Feldherr, überragt, weit zurück. Marc Aurel arbeitete nur für Pflicht und Gewissen, Julian stets zugleich für das Publikum. Jener war weise, Julian nur groß und glänzend, nicht weise.

SIEBZEHNTES KAPITEL

Die Sachsen – Rückblick auf die Alemannen und Franken

Unter Caracalla 212 und 213 werden die Alemannen, unter Gordian oder Philippus 242 – 246 die Franken, unter Maximinian 285/6 die Sachsen zuerst in der *Geschichte*[1] genannt.

Der Ursprung der beiden erstern ward im 4. und 6. Kapitel des II. Buches entwickelt.

Gewiß ist der der Sachsen, die, fern von Roms Grenze, an der Nordsee bei Elbe und Weser wohnend, später bekannt wurden, ein gleicher oder doch verwandter gewesen.

Als dies Volk groß und mächtig wurde, schuf die Nationaleitelkeit mit Unwissenheit im Bunde die Sage eines Ursprungs aus der Fremde, wie dies ja auch bei den Franken der Fall war. Widukind von Corvei läßt es aus Makedonien, Adam von Bremen aus Britannien zuwandern. (Ledebur, Land und Volk der Brukterer S. 273. Charakteristisch für jene Zeit in der Tat, daß schon 600 Jahre nach Britan

268

niens Eroberung durch die Sachsen jede Kunde dieses großen Ereignisses im Mutterlande, selbst bei dem gelehrten Domherrn zu Bremen, verschollen war.)

Der Erwähnung würde dies kaum wert gewesen sein, wenn nicht von einem ebensc kenntnis- als geistreichen Historiker unserer Zeit, Leo in Halle, ähnliches ausgesprochen worden wäre.

Derselbe sagt in seinen Vorlesungen über die Geschichte des deutschen Volkes und Reiches (I. Band, Halle 1854) folgendes:

S. 91. „Etwas deutlicher als die der Massageten sind, uns die Verhältnisse der Geten in Europa. Es scheint, auch hier waren ihre Sitze so geordnet, daß die westlichen Daci, die östlicher Saci, wie sie Aurellus Victor, oder Saixae, wie sie Stephan von Byzanz nennt, waren."

S. 103. „Gewiß aber ist, daß nur etwa vierzig bis fünfzig Jahre nach der abermaligen Unterwerfung der Getenlande, diesmal durch die Römer unter Trajan im Jahre 100 – nachdem also, wie Aurelius Victor von Trajan berichtet: quippe primus aut solus etiam vires Romanas trans Istrum propagavit, domitis in provinciam Dacorum pileatis Sacisque nationibus, Decebalo rege ac Sardonic – Ptolemäus auf der kimbrischen Halbinsel Σάξονες erwähnt. Wahrscheinlich also zogen alle edleren Stämme des Getenvolkes, die weder mehr Mittel hatten, den Römern Widerstand zu leisten noch Neigung, sich ihnen zu unterwerfen, aus dem Lande und suchten weiter im Norden neue Reiche zu gründen – die erste Folge ihrer Ausbreitung war dann das Drücken dieser nordöstlichen germanischen *von ihnen angegriffenen und gedrängten* Völker auf die südlicheren und westlicheren, so daß daraus jenes Drängen auf die römische Grenze an Donau und Rhein von 162 bis 180 n. Chr. entstand, welches man gewöhnlich den markomannischen Krieg nennt."

S. 220. „Zunächst haben wir die Sachsen ins Auge zu fassen. Wir sahen, ein getisches, neben den Dakiern genanntes Volk hieß Saci oder Saixae – verschiedene Auffassungen offenbar desselben Namens –: es war zu gleicher Zeit mit den Dakiern erlegen; hatte gleiches Schicksal mit ihnen gehabt im Jahre 105 nach Christo. Einige vierzig Jahre später, etwa zwischen 140 und 150, nennt uns zuerst Ptolemäus unter den germanischen Stämmen ein Volk, dessen Name früher nicht gehört wird, die Saxones. Der Name verhält sich zu Saixae ganz ähnlich, wie Dauciones zu Daci, wie Gothones zu Getae. Ptolemäus nennt sie als wohnend auf dem Nacken der kimbrischen Halbinsel, also in Holstein, wo und in dessen Nähe Tacitus überall außer den Kimbrern, deren Reste er noch erwähnt (parva nunc civitas) nur Suebenstämme kennt; in dessen Nähe auch später noch der suebische Stamm der Angeln seine Sitze hat. Nach einiger Zeit treten uns diese Sachsen westlich der Elbe entgegen – und noch später können wir ihr Vordringen in den rheinisch-westfälischen Gegenden gegen Salier Bataver, Chamaver und Brukterer, sowie in Ostfalen und Thüringen von den südöstlichen, lüneburgischen Gegenden bis gegen die Unstrut hin deutlich und historisch beobachten. Das Land der großen Chauken an der Seeküste zwischen Elbe und Weser ist Wignoudi (wie es scheint: Kriegsland, terra bello defatigala) geworden und gehört den Sachsen."

Diese Ansicht ist ganz neu und originell, wirft aber zugleich die unsere über den Anlaß der großen Völkerströmung, die man den markomannischen Krieg nennt, so entschieden um, daß ihr sorgfältigste Prüfung zu widmen ist.

Merkwürdig: kein alter Geograph oder Historiker kennt Saken oder Saker in Thrakien, d. i. dem Getenreiche des Boirebistes und Dekebalus, obwohl der ältere Plinius, dieses Wunder von Sammelfleiß, IV. Kap., 11. sect. 18 einige dreißig verschiedene Völkerschaften oder Gaugemeinden namentlich daselbst aufführt: da tritt uns plötzlich in einem dürftigen Epitomator, der nicht einmal der zuverlässigste unter seinen Genossen ist, dieser Name entgegen. Wohl kann, wir wissen es, ein positives Zeugnis durch negative nicht entkräftet werden: aber die Vermutung eines Irrtums oder falscher Lesart wird dadurch sicherlich dringend begründet.

Nun soll aber noch Stephan von Byzanz Aurelius Victor unterstützen. Da aber nach Leo die Saker des Aurelius Victor bereits im Jahre 105 n. Chr. aus Dakien vertrieben wurden und schon vor Ptolemäus 140 bis 150[2] n. Chr. an der Nordsee saßen, so liegt es auf der Hand, daß der erstgenannte Schriftsteller nicht *für*, sondern gerade umgekehrt und zwar ganz entschieden *gegen* Aurelius Victor beweist, insofern er nicht genau in der Zeit *vor* 105 schrieb, weil das in diesem Jahr erst bis zur Elbe ausgewanderte Volk entweder nicht später noch an der Donau gesessen haben oder, wenn es Stephan von Byzanz einige Jahrhunderte nachher daselbst noch kannte, im Jahre 105 seine Heimat nicht verlassen haben kann.

Über das Zeitalter dieses Schriftstellers, das Fundament seines ganzen Zitats, wird aber von dem Verfasser nicht ein Wort gesagt, während alle Forscher ohne Ausnahme den Stephan von Byzanz in eine mehrere Jahrhunderte spätere Zeit setzen.[3]

Haben wir es sonach hier lediglich mit Aurelius Victor zu tun, so lautete dessen Text, nach unserer Überzeugung, also: domitis in provinciam Dacorum pileatis, Dacisque nationibus, d. h. er bezwang den Adel oder herrschenden Stamm der Dakier, und die dakischen, d. i. die jenem ersten unterworfenen Völker. Diesen hat ein einfältiger Abschreiber, der an der unmittelbaren Wiederholung desselben Namens Anstoß nahm, durch Verwandlung des vielleicht etwas undeutlichen D in S, also Daci in Saci zu verbessern gemeint. Woher sollte auch, wenn es sich eben nur um das eine Volk der Saker gehandelt hätte, der Plural nationibus kommen, während es bekannt ist, daß der dakischen Herrschaft viele Völker, von denen wir die Kostoboken, Karpen und Bastarnen bereits mehrfach kennenlernten, unterworfen waren.

Gesetzt aber auch, Aurelius Victor habe wirklich von Sakern gesprochen, so müßte dies Volk doch notwendig über die Karpathen sich gerettet haben, jenseits deren der Weg durch Gallizien, Schlesien, Niederlausitz, Brandenburg zur Unterelbe führte, kann daher kaum in die Gegend von Danzig und Königsberg gezogen sein und von Süden kommend die mächtigen Goten zur Auswanderung von der Ostsee an den Pontus, also nahe in dieselbe Gegend, welche erstere verlassen hatten, genötigt haben. Vor allem, und das ist die Hauptsache, erscheint es doch geradezu undenkbar, daß ein in sechsjährigem Vertilgungskriege bezwungenes und arg gedemütigtes Volk noch Kraft genug gehabt habe, um von der niederen Donau, etwa von der Wallachei oder Moldau aus, mit den Waffen in der Hand quer durch ganz Germanien bis an die Nordsee zu ziehen und die dortigen Stämme, vor allem die Chauken, die mächtigsten aller Westgermanen, zu unterjochen.

Wir können daher nicht umhin, in obiger Meinung lediglich eine durch den Reiz der Neuheit und Originalität veranlaßte Konjectur des Augenblicks zu erblicken.

Die eigne Meinung darstellend erkennen wir an, daß es zu des Ptolemäus Zeit im heutigen Holstein und an dessen Küsten Sachsen ($\Sigma\acute{\alpha}\xi o\nu\varepsilon\varsigma$) gab, die derselbe II. Kap. 11, 13 und 31 viermal anführt, und das Nichtvorkommen dieses Namens bei älteren Schriftstellern, wie Plinius und Tacitus, nichts dagegen beweist. Ob er damit aber eine Völkergruppe oder eine einzelne Völkerschaft (Civitas) bezeichnet, ist nicht zu ermitteln. Wenn derselbe indes Kap. 11 den Nacken der kimbrischen Halbinsel, also anscheinend das ganze heutige Holstein, als deren Sitz angibt, so scheint nach dessen Ausdehnung ersteres angenommen werden zu müssen.

Die geographischen Spezialangaben des Ptolemäus sind jedoch, infolge teils seines Systems überhaupt, teils der Unvollständigkeit und Ungenauigkeit seiner Quellen, *ganz unzuverlässig*, wie dies in den Ber. d. K. S. Ges. d. Wissensch., Leipzig 1857, S. 112 (vgl. die Bemerkungen zu der Karte von Kiepert. *D.*) umständlich von uns nachgewiesen ward. Insbesondre bedeuten dessen Präpositionen *ὑπέρ* und *ὑπό* keineswegs immer über und unter, d. i. nördlich und südlich, sondern häufig auch nur neben oder bei. Wenn nun derselbe auf der ganzen kimbrischen Halbinsel über (*ὑπέρ*) den Saxonen noch sieben andre Namen aufführt, die zum Teil unstreitig nur Spezialabteilungen eines Hauptvolkes bezeichnen, so scheint uns die Möglichkeit, daß auch der der Saxonen nur ein solcher sei, mindestens nicht ausgeschlossen. Dies dürfte besonders durch des älteren Plinius Unkenntnis desselben unterstützt werden, da dieser bekanntlich äußerst fleißig ist und gerade die Nordseeküsten aus Autopsie speziell kannte.

Daß das jetzige Holstein in späterer Zeit übrigens in drei Provinzen zerfiel, Thietmarsia, Holsatia und Sturmaria, ist bekannt. Jenes Holsatia aber, das zuerst zu Holsten kontrahiert und dann in Holstein verhochdeutscht ward, muß, wie eben dieser Name beweist, der Ursitz der Sachsen des Ptolemäus gewesen sein; dieser Name ist von Holtsassen, d. i. im Holze gesessenen, herzuleiten. (S. Ledebur, L. u. V. d. Brukt., S. 271 f., der zahlreiche Beweisstellen anführt (? *D.*).)

Im dritten Jahrhundert n. Chr. lag nun die Verbrüderung kleinerer wie größerer Genossenschaften in der Notwendigkeit begründet, wobei die Zusammentretenden einen neuen Bundesnamen annahmen, wie dies von den Alemannen und von den Franken nachgewiesen ward. Auf demselben Grunde ruht, unserer innigsten Überzeugung nach, im Wesentlichen auch die Entstehung der Sachsen[4]: (dieser Name ist wohl (wie der der Friesen) aus einer ursprünglich engeren Bedeutung (aber nicht aus dem Namen einer bloßen Völkerschaft, sondern einer *Mittelgruppe* von Völkerschaften) übertragen worden auf die neu gebildete Gesamtgruppe). Die Nordvölker von Schleswig bis zur Ems saßen aber nicht an Roms Grenze, sondern an der See. Nur von dieser her, dem natürlichen Tummelplatz ihrer Entwickelung, konnten sie Rom angreifen. Dies bestätigt auch deren erste Erwähnung in den Quellen, indem Eutrop X, 21 sagt: Dem Carausius ward (im Jahre 286) die Sicherung des Meeres übertragen, welche die Franken[5] und *Sachsen* raubfahrend durchschwärmten (quod Franci et Saxones infestabant, wobei sich deren Räubereien aus dem Nachsatze ergeben). Dasselbe hatten schon vorher im Jahre 47 n. Chr. chaukische Freiwillige unter des Gannasko Führung getan.

Mit Sicherheit aber ist anzunehmen, daß die von Ende des dritten Jahrhunderts ab in der Geschichte vorkommenden Sachsen nicht mehr allein die Saxones des Ptolemäus, sondern aus einem Zusammenfluß vieler niederdeutscher Völker hervorgegangen sind.

Auch bei den Sachsen, wie bei den Alemannen und Franken, haben wir nicht bloß eine militärische Vereinigung zum Offensivkriege gegen Rom, sondern zugleich eine wirkliche politische Verbindung mehrerer Sondervölker (civitates) anzunehmen: (einen freilich nur lockeren Staatenbund. D.). Schon die Quellen des ersten Jahrhunderts deuten hierauf hin. Vellejos Pat. nennt II, 106 zum Jahre 5 n. Chr. „receptae Chaucorum *nationes*", die Völkerschaften der Chauken, und ebenso der ältere Plinius 77 n. Chr. (XVI): „Wir sahen die Völkerschaften der Chauken (Chaucorum *gentes*)." Will man darunter nur die *beiden* chaukischen Völker, die großen und kleinen (majores et minores) verstehen, so muß doch zwischen beiden damals wenigstens schon eine völkerrechtliche Verbindung der Art bestanden haben, daß man das Gesamtvolk als politische Einheit betrachtete, wie dies Tacitus Germ. 35 tut, indem er von ihnen sagt[6]: „Ein so ausgedehntes Landgebiet haben die Chauken nicht allein inne, sondern füllen es auch aus – das edelste aller germanischen Völker, welches seine Größe durch Gerechtigkeit zu behaupten vorzieht."

Bald darauf fügt er hinzu: „Der vorzüglichste Beweis ihrer Tapferkeit und Stärke ist, daß sie ihre *Obergewalt* (quod, ut superiores agant) nicht durch Ungerechtigkeit erlangen."

Letztere Stelle insbesondere scheint zu beweisen, daß auch andre kleinere Völker, namentlich wohl die Amsivarier und Chasuarier, deren Hegemonie untergeben waren. Dies nimmt auch Ledebur S. 97 an (s. auch Exkurs I. am Schluß dieses Bandes), wie denn ähnliches bei den Cheruskern stattfand, denen nach Strabo VII, 1, 4 ebenfalls kleinere Völkerschaften untergeordnet waren.

So steht mindestens das Dasein eines mehr oder minder ausgedehnten niederdeutschen Völkervereins zwischen Elbe und Ems im ersten Jahrhundert nach Christus unzweifelhaft fest. Daß dieser bis in die Sachsenzeit fortbestanden, ist an sich vorauszusetzen und zwar um so mehr, da sich in den Quellen auch nicht die leiseste Spur einer spätern Sprengung oder Schwächung der Chauken findet, während von den Cheruskern und Brukterern dergleichen erwähnt wird. Verkennung des germanischen Volks- und Staatslebens aber würde es sein, wollte man *alle* jene Raubfahrer, die gegen Ende des dritten Jahrhunderts, nach obigem, unter dem Namen der Sachsen zuerst erschienen, immer nur als kommandierte Aussendlinge, ihre Unternehmungen nur als Expeditionen, die sie auf Befehl des Bundes ausführten, ansehen.

Vielmehr waren dies häufig reine Privatkriege einzelner Gefolgsführer[7] und Abenteurer, deren Anlaß und Wesen oben vielfach ausgeführt wurden. Daran beteiligten sich Freiwillige auch anderer Stämme, wie die oben erwähnten Chaibonen und Heruler.

Daß letztere nicht auf der See, sondern zu Lande geschlagen wurden, beweist nichts, da diese Fahrten nicht, wie die der Barbaresken neuerer Zeit, vorzugsweise auf das Kapern von Handelsschiffen, sondern auf Ausraubung der Küstengegenden bis in das Innere hinein durch Landung gerichtet war.

Bald aber erscheint auch ein Gesamtvolk der Sachsen, als solches, in der Geschichte. Julian erwähnt geworbener Söldner aus dem Volke der Sachsen in des Magnentius Heere im Jahre 351, und bezeichnet sie (orat. 1, p. 63) als die Anwohner des westlichen Ozeans jenseits des Rheins und nebst den Franken, welche damals vermutlich schon aus der batavischen Insel nach Toxandrien verdrängt waren oder um diese Zeit gedrängt wurden, als die kriegerischesten und tapfersten aller Barbaren.[8] Auch in der zweiten Rede gedenkt er derselben, ohne sie jedoch zu nennen, beinahe mit denselben Worten wieder.

Den schlagendsten Beweis für einen Völkerverein oder Bund unter dem Namen der Sachsen gewährt aber Zosimus in der schon oben weitläufig erörterten Stelle (III, 6), wo er bemerkt, daß die Sachsen die Franken mit Gewalt aus der batavischen Insel vertrieben und in das römische Gebiet hinüber gedrängt hätten. Unmittelbar vorher erwähnt er, daß die Sachsen, die tapfersten und kräftigsten aller Barbaren jener Gegend, die Chauken, *welche ein Teil derselben seien*, zum Angriffe des römischen Gebiets *ausgesandt* hätten *(ἐχπέμπουσι)*. (Daß an gedachter Stelle nämlich statt: „Quaten": „Chauken" zu lesen ist, haben wir, im Einverständnis mit den gründlichsten neuern Forschern, oben ausgeführt.) Unzweifelhaft aber beweist dies die damalige Existenz einer Bundesgewalt: und hier liegt nicht bloße „Raubfahrt", sondern Auswanderung, Ausbreitung von Gauen und Völkerschaften vor. Wir wollen auf das „Aussenden" nicht allzuviel Gewicht legen: aber es ist ganz das rechte Wort für die Nötigung (durch Beschluß der Bundes-Volksversammlung) zur Auswanderung wegen Übervölkerung wie bei Langobarden usw. *D.*).

Wir erklären uns nun also den ganzen Hergang auf gleiche Weise, wie ähnliches bei andern Germanen.

Die unentbehrlichen „neuen Sitze" fanden die Alemannen *anfangs* auf dem rechten Rheinufer in dem römischen Zehntlande, das sie schon unter Caracalla eingenommen hatten und bald nach ihm, mit einer kurzen Unterbrechung unter Probus, größtenteils bleibend behaupteten: (später in dem Lande, das bis heute ihr „Fremdsitz" heißt, d. h. im Elsaß. *D.*).

Die Franken dagegen mußten sich einen solchen „Fremdsitz", „Neusitz" an anderer Stelle erobern und gewannen ihn bald auf der batavischen Insel und deren Umgegend. Hier wurden sie zwar von Maximian, Constantius, Chlorus und Constantin dem Großen mehrfach arg bedrängt, besiegt und gedemütigt, niemals aber ganz daraus vertrieben, da es ja selbst noch unter Julian römische Politik war, nur das linke Rheinufer dauernd zu behaupten und zu schützen.

Daß nun die Franken in ihrer steigenden Macht auch die benachbarten Friesen drängten und bedrohten und dies Volk der Abwehr nicht mächtig war, ist ebenso zu vermuten, als daß es sich um Schutz an seine Nachbarn, die Chauken, wandte, wenn zwischen beiden nicht vielleicht vorher schon eine Art von Verbindung stattfand. Daß aber schon die Peutingersche Tafel letzteres Volk unter dem Namen Chaci im Rücken der Franken jenseits des Rheins aufführt, steht fest. (S. den Exkurs am Schluß dieses Bandes.)

(Es ist wenigstens *denkbar*, daß, wie Alemannen und Franken in der römischen, so die Sachsen in der fränkischen Bedrohung einen äußerlichen Anlaß mehr zur Zusammenschließung fanden – abgesehen von den ungleich wichtigeren inneren Gründen. *D.*)

Ob nun der Name: „Sachsen" zur Bezeichnung des zwar schon altbestehenden, bei diesem Anlaß unstreitig erweiterten und vielleicht nur neu gestalteten Völkerbundes, als neuer *Bundesname*, nach dem Vorgange der Alemannen und Franken, damals erst angenommen wurde oder ob er schon früher in engerer Anwendung bestand, ist unerforschlich. (Vielleicht ist der Name „Sachsen" eine Bezeichnung für den *neuen* Verband, der sich aus einem *älteren*; mit Ausscheidung alter, Aufnahme neuer Glieder gebildet hatte, wie die „*alemannische*" Verbindung eine veränderte Verjüngung der alten „Sueben" war. *D.*)

Ganz gewiß aber und von keinem Historiker bezweifelt steht es fest, daß im vierten Jahrhundert der Name der Sachsen eine bleibende, (obzwar sehr lockere *D.*) Völkergruppe bezeichnete, wie Alemannen und Franken: (freilich beschränkte sich der Bund auf Sacra und regelmäßige (aber nicht ausnahmslose Kriegshilfe, die sogar Kriege unter den Verbündeten und verschiedene Haltung einzelner Völkerschaften des Bundes (Neutralität) nicht ausschließt. Es war offenbar bei diesen Völker*bündnissen* nicht anders als früher zur Zeit Armins in der einzelnen Völkerschaft: Bundeshilfe (das nennt Ammian (XVI, 12) sehr treffend: „*pactum vicissitudinis reddendae*": denn das war der Hauptinhalt des „Bundesvertrags*) ward als das Regelmäßige vorausgesetzt, aber oft nicht geleistet: und wenn feindlicher Druck Neutralität, sogar Anschluß an den Feind erzwang, so ward das leicht entschuldigt: so unter den Alemannenkönigen gegenüber Julian. Und ganz ebenso die Sachsen Wittekinds: bald fechten alle Völkerschaften gegen Karl, bald nur einzelne, andere bleiben neutral, ja unterworfen und „verbündet" den Franken. Bei den Sachsen finden sich auch Spuren einer Bundesversammlung: aber wie weit gehen diese zurück?

Die fortdauernde politische Sonderexistenz der einzelnen Völkerschaften ist für unsere Auffassung nicht Gegenbeweis, sondern Bestätigung – erst Chlodovech z. B. vereint *alle* Franken. *D.*).

Wir kommen nun, nachdem über die Sachsen für die Zeit bis zu Julians Tode etwas weiter nicht zu bemerken ist, auf die Alemannen zurück.

Diese standen damals unter vierzehn[9] verschiedenen „Königen", reges, regales, subreguli, reguli, wie sie Ammian nennt, welche, völlig unabhängig voneinander, durch kein gemeinsames Bundesregiment (nur durch Pflicht zur gegenseitigen Kriegshilfe: Ammian XVI, 12. *D.*) vereint waren. Dieselben waren 1) sieben, die bei Straßburg mitgefochten: Chnodomar und dessen noch jugendlicher Neffe Serapio, nebst Vestralp, Uri, Ursicin, Suomar und Hortar. (Amm. XVI, 12.) 2) Die drei „ganz unbändigen" (immanissimi reges), welche an jener Schlacht nicht teilgenommen hatten (XVII). 3) Makrian und Hariobaud (XVIII, 2). 4) Gundomad und Vadomar (XVI, 12).

Ob an des gefangenen Chnodomar und des ermordeten Gundomad Stelle Söhne derselben traten wissen wir nicht. Ammian (XVI, 12) scheidet das Volk Gundomads (ihre Herrschaft war je auf ein Gebiet beschränkt D.) von dem Vadomars.

Chnodomar und Serapio werden von Ammian (XVI, 12) allerdings von hervorragender Macht vor den andern Königen (potestate excelsiores ante alios reges) genannt, weshalb von ihnen auch in der Schlacht bei Straßburg das Gesamtheer befehligt wurde. (Man kann nicht „vermuten" [wie die I. Ausgabe], daß dieser Vorrang mehr ein historischer, auf der Meinung, vielleicht auf dem Adel der Abstammung, als ein reeller, auf der Größe ihrer Gebiete beruhender war, da sie Ammian deutlich die an Macht hervorragenden nennt: sie waren für diesen Feldzug gewählte „Herzoge". D.)

Jedenfalls ist eine wirkliche Oberherrschaft derselben im Frieden, welcher die andern untergeben gewesen wären, auf keine Weise anzunehmen, da, abgesehen von andern Stellen Ammians[10], die spätern Friedensverträge Roms nur mit jedem Einzelnen für sich abgeschlossen werden, ja Vadomar, als er für Ur, Ursicin und Vestralp verhandeln will, dies ausdrücklich nur in deren Auftrag (legationis nomine) zu tun erklärt. (Amm. XVIII, 2.) (Deshalb nennen wir eben den Verband einen sehr lockeren: es bestand also nicht einmal ein dauerndes Bundesorgan für die Repräsentation nach außen im Frieden oder für den Friedensschluß: nur für den Krieg wurden „Herzoge" gewählt: doch bestand eine vertragsmäßige Verpflichtung zur Bundeshilfe. Man sieht: die *Kristallisation hatte erst begonnen, war noch nicht vollendet*. Und erwägen muß man, daß *tatsächlich* in der Not des Krieges der Römer den einzelnen zur Unterwerfung zwang, wenn dieser auch vielleicht nach *Bundesrecht* keinen Separatfrieden hätte schließen dürfen: (z. B. Hortar, der sein Volk verderben sieht, wenn er nicht nachgibt). Dergleichen ist schon in manchem „Bundeskrieg" begegnet.

Die Unterscheidung von reges, regales, reguli bei Ammian ist entweder ganz sinnlos – was doch unmöglich anzunehmen! – oder sie muß auf die größere oder geringere *Macht* d. h. Zahl oder Volkskraft der beherrschten Gaue gehen: von einer staatsrechtlichen Unterordnung der reguli unter die reges ist aber durchaus gar nichts (wie bei der Herrschaft von Quadenkönigen über Sarmatenchane) wahrzunehmen. D.)

Eigentümlich ist, daß bei den Linzgauer Alemannen (Amm. XV, 4) eines Königs derselben nicht gedacht wird, diese auch bei Julians Kriegen mit dem Gesamtvolke niemals erwähnt werden. Man könnte hiernach in diesen fast eine von den übrigen, von Königen regierten Alemannen abgesonderte „republikanische" Volksgemeinde vermuten, wenn nicht in dem spätern Kriege derselben mit Gratian doch eines in der Schlacht gebliebenen Königs derselben, Priarius, gedacht würde (Amm. XXX, 10, II, p. 270). (Daß an gedachter Stelle sonst nur das Volk (Lentienses, Alemannicus populus) als handelnd und Frieden schließend aufgeführt wird, kann des Priarius Königtum nicht zweifelhaft machen: das Volk, nicht der König, entschied damals noch Krieg und Frieden und verhandelte nur durch den König. Es liegt also kein Grund vor, die Linzgauer als „Republikaner" zu denken – unvereinbar wäre dies aber mit ihrer Zugehörigkeit zu den sonst von Königen beherrschten Alemannen nicht: in unserem Reich, einem ganz unvergleichlich festeren Verband – einem *Bundesstaat* – stehen neben zweiundzwanzig Monarchen drei Republiken: der deutsche *Staatenbund* 1815–66 zählte vier Republiken neben dreißig Monarchien. D.)

Hiernach lebten die Alemannen unter einer Vielherrschaft von einander unabhängiger Teilfürsten, die nur für den Krieg der Leitung eines Herzogs (oder mehrerer) sich unterordneten. (Eine Versammlung für gemeinsame Opfer und Beratung fehlte aber wohl nicht: kurz, es bestand ein ganz ähnliches Verhältnis wie dereinst im Staatenbund der Völkerschaft – nur in quantitativ bedeutend erweiterten Proportionen: ein Bund nicht nur, wie ehemals, von einzelnen Gauen (– solche fehlten auch nicht: reguli –) sondern von einer zusammengeschlossenen Mehrzahl von einzelnen Gauen und von ganzen Völkerschaften.

Unter den Königen steht ein mächtiger *Volksadel*[11] D.): in Ammians Schlachtbericht werden an zwei Stellen[12] nach den reges und regales die „Optimaten", d. i. die Vornehmen, der Adel, ausdrücklich hervorgehoben und vom Volke (vulgus) der Gemeinfreien gesondert.

Aber noch blieb die germanische Freiheit. Als die Gemeinfreien", das gemeine Fußvolk", in der Schlacht bei Straßburg fordern, daß die Könige absitzen, damit sie sich nicht, mit Verlassung des armen Volkes (deserta miserabili plebe), retten können, springt Chnodomar, dem die andern folgen, sofort vom Rosse (Amm. XVI, 12).

Die geographische Einteilung des Alemannengebiets ward oben bereits in der Geschichte von Julians Kriegen, S. 465 f. und der Anm. 6 zu Kap. 16 so weit tunlich, erörtert.

Längs des Rheins saßen von Norden nach Süden

1) und zwar großenteils gewiß nördlich des Mains die drei ungenannten Könige (immanissimi), deren Gebiet sich weit nach Osten erstreckt haben mag. Dieselbe Gegend, mindestens der westliche Teil derselben, wird später unter Valentinian I. von Ammian (XXIX, 4) als der Gau der Bukinobanten bezeichnet. Wir müssen hiernach vermuten, daß jene frühern Könige von dem eben dadurch so mächtig gewordenen Makrian verdrängt und deren Gaue unter dessen Herrschaft gelangt waren;

2) Suomar,

3) Hortar, auf welchen

4) mutmaßlich, da sich in Ammian nichts darüber findet, Straßburg gegenüber, die Gebiete Chnodomars und Serapios gefolgt sein mögen, worauf

5) von da bis Basel und Augst herab die Gaue Gundomars und Vadomars sich erstreckten.

Hinter, d. i. östlich von diesen haben wir von Norden herab zu suchen: die ursprünglichen Bezirke

6) Makrians und Hariobauds, die unstreitig zu den größten gehörten,

7) die Gaue des Vestralp, Ur und Ursicin, deren speziellere Lage unbekannt ist, endlich

8) nördlich und teilweise westlich des Bodensees den Linzgau, den die Lentienser bewohnten.

So viel über die Alemannen.

Von den Franken erfahren wir aus Ammian ungleich weniger.

Am wichtigsten dünkt uns die damals schon hervortretende Sonderung der Franken in die *salischen* und *ripuarischen*. Während wir die ersten (nach XVII, 8) unter diesem Namen bereits und zwar seit längerer Zeit (olim) in Toxandrien treffen, von wo sie später immer weiter durch Belgien nach Frankreich vordringen und endlich von 481 bis 511 das große Frankenreich gründen, finden wir Köln bereits im Jahre 355 in den Händen anderer Franken und Julian im Jahre 356 mit deren Königen beschäftigt. (Amm. XVI, 3.) Letzteren müssen auch diejenigen Franken angehört haben, welche im Winter 357/8 von Julian in zwei Schanzen an der Maas belagert und, bevor die Stammgenossen ihnen zu Hilfe kamen, zu Gefangenen gemacht wurden. (Amm. XVII, 2.) Beider Sitze waren nun durch einen Raum von zwanzig bis fünfundzwanzig Meilen gesondert, auch ein Zusammenhang derselben auf dem rechten Rheinufer nicht möglich, weil die Salier, die sich Rom unterworfen hatten, ganz auf dem linken Ufer der Waal saßen, während die angrenzende batavische Insel im Besitze der Sachsen, namentlich der Chauken, war. Auch führt Ammian zwischen beiden Abteilungen der Franken zuerst XVII, 8 und 9 die Chamaven und dann XX, 10, in der Geschichte des Jahres 360 südlich letzterer die (Ch)Attuarier in den Gebirgen der Ruhr an. Beider Völker gedenkt Ammian als selbständiger Staaten, die nach erlittener Niederlage mit Julian Frieden schließen.

Der sonst so treffliche Ammian erscheint uns freilich von allem, was die ethnographischen und politischen Verhältnisse der germanischen Völker betrifft, wenig unterrichtet[13], ja er hat hinsichtlich der Chamaven die Peutingersche Tafel geradezu gegen sich, welche bei deren Namen die Worte: „die auch Franken" (qui et Franci) hinzufügt.

Wir können daher nicht umhin, die Sonderexistenz der Chamaven, wie der (Ch)Attuarier um die Zeit von 358 und 360 innerhalb der Frankengruppe anzunehmen, welches hinsichtlich ersterer übrigens für eine frühere Zeit auch durch die früher erörterte Stelle des Nazarius pan. (III, c. 18) verbürgt wird.

Die Blüte der während der Kriege der römischen Kaiser mit den Tyrannen Galliens rasch aufgestiegenen Frankenmacht mag unter Gallienus den Gipfel erreicht und noch bis auf Aurelian, der niemal gegen sie zog, also bis etwa zum Jahre 277 sich behauptet haben. Mit Diokletian und dessen Mitregenten vom Jahre 386 begann aber eine Zeit der Demütigung und Bedrängnis derselben, ja unter Constantins des Großen kraftvoller Regierung scheint deren Vordringen in Gallien ein entschiedenes Ziel gesetzt worden zu sein. Mutmaßlich haben sie sich damals daher gegen ihre nördlichen und östlichen germanischen Nachbarn gewendet, was dann vielleicht die Abwehr der Sachsen hervorrief, welche sie zum Teil etwa aus der batavischen Insel heraus und auf römisches Gebiet trieben, woselbst Julian sie auch, nach ihrer erzwungenen Unterwerfung, beließ.

Die salischen Franken oder Salier mögen in ihrer Hauptmaße aus Batavern und aus Sugambern bestanden haben, aus denen ja später auch Chlodovechs Königshaus hervorging.

Die Rheinfranken, später Ripuarier genannt, haben wir ebenfalls als aus verschiedenen Völkerschaften (namentlich gewiß auch aus Bruktern und Chatten), gemischt zu betrachten, die, nachdem sie Julian vom linken Rheinufer vertrieben hatte, etwa von Köln bis in die Nähe von Frankfurt auf der rechten ihre Sitze hatten.

Schon die Verschiedenheit der spätern salischen und ripuarischen Volksrechte, die ja mehr als au

Kodifikation auf Sammlung uralter Rechtsgewohnheiten beruhten, läßt auf eine seit Jahrhunderten bestandene Sonderung beider, den gemeinsamen Frankennamen führenden und natürlich nächst verwandten Völker[14] schließen.

Von den inneren Verhältnissen der Franken erfahren wir aus Ammian nichts, können jedoch, zumal er XVI, 3 von deren Königen spricht, nicht zweifeln, daß dieselben denen der Alemannen im Wesentlichen gleich waren (wie die spätere Geschichte deutlich zeigt. *D*.).

ACHTZEHNTES KAPITEL

Vom Tode Julians bis zum Tode Valentinians und dem Hunnen-Einfall

Auf Julians Tod folgte am 27. Juni 363 vor allem die Wahl des Nachfolgers, worüber zu verfügen der Verewigte Bedenken getragen.

In der Versammlung der hierzu vereinten Generale und Stabsoffiziere stand die Hof- und Nationalpartei, mit Arintheus und Victor, der der Fremden, unter Nevitia und Dagalaif, entgegen, verständigte sich jedoch mit letzteren über den würdigen Praefectus Praetorio Sallustius Secundus. Da dieser aber wegen Alters und Krankheit ablehnte, auch der Vorschlag des Aufschubs der Wahl bis zur Rückkehr nach Mesopotamien keinen Anklang fand, ward in der Unentschlossenheit und Verwirrung von irgend jemand Jovianus, der erste Stabsoffizier der Leibwächter (domesticorum ordinis primus), vorgeschlagen und angenommen, den das Verdienst seines Vaters, ein Comes Varronianus, einigermaßen empfahl. Zuerst große Freude über die Namensähnlichkeit desselben mit Julianus, als aber die persönliche Erscheinung schon die Verschiedenheit offenbarte, Trauer und Tränen.

Das erste Unheil brachte der Übergang eines Fahnenträgers zu den Persern aus Furcht vor dem neuen Herrscher, dem er als Verleumder seines Vaters verhaßt war. Er floh zu Sapor und setzte ihn von dem Tode des großen Julian und von des Nachfolgers Schwäche in Kenntnis, was den Großkönig zum Befehle sofortigen Angriffs bewog.

Auf dem schwer bedrängten Rückzug glaubte der römische Soldat plötzlich im Überschreiten des Tigris Rettung zu finden. Kriegsrat und Kaiser waren dagegen: als aber die Truppe zu meutern begann, ward fünfhundert vorzugsweise schwimmkundigen Germanen des Nordens, unstreitig Batavern, Franken, Sachsen[1], der Versuch gestattet, welche auch glücklich in der Nacht über den angeschwollenen Strom setzten und die jenseits vorgefundenen persischen Wachen im Schlafe niederstießen.

Endlich traf eine Friedensbotschaft Sapors im Lager ein. Die Bedingungen waren sehr hart: gleichwohl ward nach viertägiger Verhandlung der Friede abgeschlossen, sechzehn Tage nach Julians Tod.

Der auf dreißig Jahre abgeschlossene Vertrag war unerhört schmachvoll. Nicht nur die an Diokletian abgetretenen fünf Provinzen, sondern auch ein großer Teil des östlichen Mesopotamiens mit Nisitis, Singara und sechzehn kleineren Festungen und Kastellen wurde den Persern überlassen, der König von Armenien vor allem, dieser alte Bundesgenosse, seinem Schicksale Preis gegeben, das ihn nur zu bald erreichte.

Man vergesse dabei nicht, daß es sich bei diesem Frieden für Jovian nicht allein um das Staatsinteresse, sondern auch um sein persönliches, d. i. um die Krone handelte. Wäre er mit einem nur schwachen Reste des Heers, als Flüchtling, in Mesopotamien angelangt, mußte er da nicht fürchten, daß die dortige Armee, ihm nicht nicht gehuldigt, ihren eignen Führer Prokop, des gefeierten Julians Verwandten, an seiner statt zum Kaiser ausrufen werde? (Amm. XXV, 6 u. 7.)

Darauf eilte Jovian, nachdem er zuvor noch Julians entseelte Hülle nach Tarsus zur Bestattung hatte bringen lassen, nach Antiochien, von wo er nach kurzem Aufenthalt, anscheinend Anfang Dezember, nach Tarsus aufbrach; hier sorgte er für würdigen Schmuck des Grabmals[2] seines großen Vorgängers und begab sich dann nach Thyana in Kappadokien.

Hier erfuhr er von den rückkehrenden Sendboten, daß Malarich der Franke, den er (an des von Julian beförderten Jovinus Stelle) zum Magister militum in Gallien ernannt, diese Erhebung abgelehnt habe: sein darauf sofort nach Gallien abgereister Schwiegervater, Lucillianus, auf den er sich vorzüglich verließ, sei zu Rheims auf Anstiften eines untreuen Beamten, dessen Rechnung er prüfen wollte, unter dem Vorgeben einer Empörung Lucillians wider den angeblich noch lebenden Julian, von den

Soldaten niedergestochen worden. Zugleich wurde ihm jedoch die Unterwerfung des Jovinus, der von seiner beabsichtigten Entsetzung nichts gewußt haben mag, durch von letzterm abgesandte Offiziere gemeldet.

Zu Ancyra in Galatien trat Jovian zu Anfang Januar 364 (nebst seinem kleinen Sohne Varronianus) das Konsulat an, muß auch einige Zeit hier verweilt haben, da er erst in der Nacht vom 16. zum 17. Februar in dem nur etwa dreizehn Meilen davon entfernten Dadastana in Bithynien ungewisser Todesart (im dreiunddreißigsten Lebensjahr und achten Monate seiner Regierung) plötzlich verschied.

Seinen Eifer für das Christentum hebt Ammian ausdrücklich hervor. Selbstredend wird er daher von den Kirchenvätern gepriesen: doch stimmen deren Nachrichten über die *ausschließliche* Bevorzugung seines Glaubens, den Heiden gegenüber, mit denen der Schriftsteller aus letzterer Religionsgruppe, Libanius und Themistius – beide sind Zeitgenossen – nicht genau überein.

Sehr löblich war die Zurückberufung des großen Athanasius und die Erklärung für das nikäische Symbol der Rechtgläubigen. (Vgl. Tillemont, Jovianus, Art. 5 und 6, S. 1073–1080.)

Schon wieder Kaiserwahl, bei der nach Zosimus (III, 36) zuerst abermals der würdige Präfekt Sallustius Secundus die Krone sowohl für sich als für seinen Sohn, den er für zu jung und nicht fähig genug erklärte, ablehnte, was uns jedoch, bei Ammians Schweigen hierüber, zweifelhaft dünkt. Nach letzterem wurde vielmehr, nachdem einige andre Namen genannt worden, mit seltener Übereinstimmung sogleich Valentinianus erwählt.

Er war ein Sohn des Comes Gratianus, eines Pannoniers unedler Abkunft, der sich durch Körperstärke und Kriegsgeschick bis zum Militärbefehl in Afrika und Britannien emporgeschwungen hatte jenes Cibalis, die Stätte von Constantins erstem Siege über Licinius im Jahre 314, war die seiner (sechs bis sieben Jahre spätern) Geburt. Julian als Krieger und Feldherr nicht ganz unähnlich stand er an Bildung und Charakter diesem freilich weit nach, war aber Christ und zwar rechtgläubiger.

Erst nach neun Tagen kam der in Ancyra zurückgebliebene Valentinian bei dem Heere, das bereits nach Nikäa vorgerückt war, an, hielt sich aber am zehnten wegen des ungünstigen[3] Schalttages verborgen.

Indem er Tages darauf vom Throne herab seine Antrittsrede beginnen wollte, forderte das gesamte Heer mit einstimmigem lautem Geschrei die Wahl eines Mitherrschers, wozu die Erinnerung an die Verlegenheit bei Julians Tode wohl den naheliegenden Anlaß bot. Mit großer Würde erwiderte der Kaiser, daß er die Zweckmäßigkeit einer Teilung der Gewalt selbst anerkenne, sie aber mit Geduld seine Entschließung darüber zu erwarten hätten.

Bei der Beratung mit den Ersten des Heeres sprach Dagalaif, Befehlshaber der Reiterei:

„Wenn du die Deinen liebst, edelster Kaiser, hast du einen Bruder, wenn den Staat, suche den Würdigsten."

Ärgerlich schwieg Valentinian, ernannte aber am 1. März zu Nikomedien gleichwohl seinen Bruder Valens zum Oberstallmeister und am 28. März zu Konstantinopel zum Augustus und Mitherrscher.

Wir werden die Geschichte beider Kaiser im Allgemeinen kurz behandeln, nur dasjenige, was die Germanen berührt, ausführlicher hervorheben.

Als großer Geschichtsschreiber erweist sich gerade für diese Regierung Gibbon, dessen Anordnung bei Teilung des Stoffes wir daher auch folgen, indem wir zuvörderst einiges das Reich im Allgemeinen Betreffende vorausschicken.

Bald nach des Valens Ernennung erkrankten beide Kaiser, was – bezeichnend für die Sittengeschichte der Zeit – eine strenge Untersuchung wider Julians Freunde veranlaßte, die man angewandte Zaubermittel beschuldigen wollte. Dank der baldigen Genesung der Herrscher und der Weisheit des würdigen Präfekten Sallust (Zosim. IV, 1), blieb sie jedoch ohne Erfolg

Schlimm stand es damals im Reiche, dessen Feinde die Nachricht vom Tode des gefürchteten Julian von allen Seiten her, in Afrika und Britannien, an Galliens und Pannoniens Grenze, sogleich zu neuen Angriffen lockte.

Zu Naissus in Mösien teilten die Kaiser das Reich und die Heere. Die drei Präfekturen Gallien, Italien mit Afrika und Illyricum, nebst den Magistri militum Jovinus und Dagalaif behielt Valentinian den Orient mit Thrakien und Ägypten, sowie den Magistri Victor, dem Arintheus beigegeben war und Lupicinus[4], überließ er dem Bruder.

Da erhob sich unerwartet ein Empörer. Prokopius, Julians (wohl nur entfernter) Verwandter, hatte sich Jovian willig unterworfen und war von ihm, wohl um ihn von der Armee zu entfernen, mit dem Auftrage zur Bestattung seines Vorgängers in Tarsus beehrt worden.

Über dessen Haupte aber schwebte wie ein Damokles-Schwert das wenn auch sicherlich unwahre Gerücht, Julian habe ihn vor dem Einmarsch in Persien durch Überreichung eines Purpurs insgeheim zu seinem Nachfolger bestimmt.

Dies bewog ihn, durch Versteck sich gegen die Gefahr zu sichern.[5] Des Elends solchen Lebens überdrüssig begab er sich nach einiger Zeit heimlich nach Chalkedon (nach Zosimus nach Konstantinopel), wo ihn ein vornehmer Freund verbarg. Mancherlei Unzufriedenheit, namentlich über die Raubsucht von Valens' Schwiegervater, Patrinus, hier wahrnehmend, schmiedete er, da er nichts zu verlieren, alles zu gewinnen hatte, den Plan zur Empörung.

Valens war im Orient: Truppen, gegen die Goten bestimmt, zogen durch Konstantinopel. Von diesen gewann er, durch Julians Andenken und das Geld Ehrgeiziger unterstützt, gegen große Versprechungen die Legionen der Divitenser und Tungricaner, mit deren Hilfe er sich zu Anfang des Herbstes 365 Konstantinopels bemächtigte.

Den Befehlshaber Thrakiens berief er durch einen falschen, von dem eingekerkerten Praefektus Praetorio Nebridius, der an Sallusts Stelle getreten war, erpreßten Brief nach Konstantinopel, wo er ihn fest nahm und nun bald auch dessen Truppen an sich zog. Auch durch des Constantius kleine Tochter, die er auf dem Arm umher trug und später selbst im Feldzuge mit sich führte, und deren Mutter Faustina suchte er die Anhänger des großen Kaiserhauses zu gewinnen und war bald stark genug, nach Bithynien vorzurücken. Der eilig herbeigerufene Valens zitterte und würde die Krone niedergelegt haben, wenn nicht seine Umgebungen ihn davon abgehalten hätten.

Indes gingen die dem Empörer entgegengesandten Jovianer und Herculianer, geschickt angeredet und zur Treue gegen Constantins erlauchtes Kaiserhaus aufgefordert, zu ihm über, worauf sich derselbe bald ganz Bithyniens mit den zu Kyzikus verwahrten Schätzen bemächtigte und Valens zum Rückzuge nach Galatien zwang. In diesen den Winter 360 ausfüllenden Kämpfen wird auch des uns bekannten Alemannenfürsten Vadomar, als Generals des Valens, gedacht.

Im Frühjahre 366 wandte sich das Glück, das Prokop, der schon in seinem ersten Auftreten zwar Geschick, aber doch mehr Furcht und Schwäche als Seelengröße bewiesen hatte, durch seine Persönlichkeit nicht festzuhalten gewußt haben mag.

Der greise Arbetio, des Constantius Feldherr, den Prokop durch Plünderung seines Hauses in Konstantinopel, weil er ihm sogleich zu folgen abgelehnt, beleidigt hatte, wirkte, von Valens aus der Zurückgezogenheit berufen, durch das Ansehen eines alten Generals des großen Constantin auf die feindlichen Offiziere und Soldaten und brachte bald Gomoar, den Befehlshaber eines Korps in Lydien bei Thyatira, zum Abfall. Darauf trafen sich bei Nakolea in Phrygien die Heere, wobei durch den Übergang Agilos mit einem großen Teile der Truppen zu Valens Prokop zur Flucht gezwungen, am nächsten Morgen von zwei seiner Tribunen dem Kaiser ausgeliefert und am 27. Mai 366 (Idatius) sogleich enthauptet ward.

So zerrann nach kaum zehn Monaten der Traum einer Herrschaft, deren einzige Grundlage der Zauber eines großen Namens gewesen war, weshalb sie die Probe der Wirklichkeit nicht bestehen konnte. (Amm. XXVI, 6–9; Zosim. IV, 4, 8; Eunapius ed. Bonn., p. 73.)

Ein furchtbares Blutgericht wider Prokops Anhänger schloß das Empörungsdrama. Da erfreute sich der Kaiser, wie Ammian sagt, geneigt, zu schaden und jede tödliche Anklage gern hinzunehmen, der Manchfaltigkeit der Todesurteile und Qualen, während jedwede leichtere Schuld mit Verbannung und Vermögenseinziehung gebüßt ward.

Von hier ab die chronologische Ordnung mit der realen vertauschend wenden wir uns zuvörderst zum Reiche des Westens und zwar zunächst zu den Kriegen mit den Germanen, wobei wir das den Kaiser persönlich Betreffende mit anführen werden.

Valentinian, zu dessen Residenz Mailand bestimmt war, der sich aber meist in Gallien aufhielt, hatte eine schwere Aufgabe zu erfüllen. Darum hatte er auch, das Staatswohl über das persönliche setzend, der Versuchung entsagt, in Person gegen Prokop zu ziehen.

Die gleich nach dem Thronwechsel zu Valentinian abgesandten Botschafter der Alemannen hatten geringere Geschenke als gewöhnlich empfangen, welche sie sogleich zu Boden warfen, und überdies unfreundliche Behandlung durch den magister officiorum erfahren. Das erbitterte das trotzige Volk das für seine „Unterwerfung", ja schon für den Frieden Zahlungen als sein Recht forderte. D. Amm. XXVI, 5).

Nach einigen Verheerungen in der Nähe der Grenze begannen sie im Januar 366, unstreitig einem nunmehr gemeinsam verabredeten Plan gemäß, über die Eisdecke des Rheins gehend, einen ernsten

Angriff. An der Grenze befehligte Charietto, unzweifelhaft jener oben erwähnte kühne Germane, der inzwischen zum Comes befördert worden war. Severian, der bei Châlons sur Saone stand, an sich ziehend, eilte er dem Feind entgegen, den er hiernach jenseits der Saone, wahrscheinlich in der Gegend von Besancon, getroffen haben dürfte. Da aber bei dem ersten Zusammenstoß der Reiterei Severian schwer verwundet vom Pferde fiel, floh die römische.

Charietto, alles aufbietend, um sie zum Stehen zu bringen, ward ebenfalls durch ein Geschoß getötet und nun auch das Fußvolk in Schlacht und Niederlage verwickelt, wobei die Heruler und Bataver eine Fahne verloren, welche sie jedoch, nach langem Kampfe, dem sich damit brüstenden Feinde wieder abnahmen. (Amm. XXVII, 1.)

Ob es, wie Zosimus (IV, 9) sagt, Ammian aber unerwähnt läßt, wahr ist, daß Valentinian die Schuld der Bataver durch deren Verkauf in die Sklaverei habe ahnden wollen, diese jedoch endlich gegen das bald auch ruhmvoll erfüllte Versprechen tapferer Sühnung ihrer Schmach, begnadigt habe, – lassen wir dahin gestellt, erklären aber Huschbergs, auf den Wortlaut des erstgedachten Schriftstellers gestützte Ansicht, daß Valentinian selbst bei jenem Gefecht gewesen sei, für entschieden irrig[6], wie denn schon Tillemont (Bd. I, S. 52) den scheinbaren Widerspruch zwischen beiden Quellen richtig beurteilt.

In mehreren Scharen drangen die Alemannen hierauf in nördlicher Richtung tief in das Innere Galliens vor. Dagalaif, zuerst wider sie abgesandt, zögerte, machte Schwierigkeiten und begab sich später zur Verwaltung des Konsulats nach Rom, worauf der Heermeister Jovin den Befehl erhielt.

Mit größter Eile und Vorsicht vorrückend überfiel dieser bei Scarponna (Charpeigne an der Mosel zwischen Metz und Toul) einen feindlichen Schlachthaufen, der, des Angriffs sich nicht versehend, vermutlich im Genuß der Beute schwelgend, vor gehöriger Waffnung und Formierung fast aufgerieben ward. Durch seine Späher unterrichtet, daß unweit, nach Plünderung mehrerer Dörfer, ein anderer Trupp am Fluß lagere, beschlich er diesen im Walde, sah die Germanen sorglos baden[7], waschen und trinken, und griff sie zu geeigneter Zeit so überraschend an, daß er ihm in gleicher Waffen- und Ordnungslosigkeit, wie jene ersten, fast nur drohende Gebärden und Kriegsgeschrei entgegen zu setzen hatten, so daß ein großer Teil blieb und nur der Rest auf engen Waldpfaden entwich.

Beide Gefechte beweisen, daß die Alemannen den Vorpostendienst in echt germanischer Sorglosigkeit nicht übten.

Inzwischen war die dritte, unzweifelhaft stärkste Schar derselben auf dem Wege nach Paris bereits bis Chalons an der Marne vorgerückt, wo sie Jovin durch Eilmärsche einholte und schlachtbereit sich gegenüber fand. Mit Tagesanbruch verließ er sein Lager und formierte sein Heer auf einer offenen Ebene in möglichst ausgedehnter Schlachtordnung, vermutlich um von dem stärkern feindlichen nicht überflügelt zu werden.

Im Beginn des Kampfes schienen die Alemannen zuerst etwas nachzulassen, ermannten sich aber bald wieder so kräftig, daß die Schlacht bis zu Ende des Tages unentschieden fortdauerte. Indes würden die Römer früher gesiegt haben, wenn nicht der Tribun Balchobaud, ein Maulheld, mit seiner Kohorte in Unordnung gewichen wäre.

Hätten die übrigen Truppen diesem Beispiele gefolgt, so wäre eine furchtbare Niederlage unvermeidlich gewesen, aber deren Mut und Tapferkeit wuchsen mit der Gefahr.

Als der Feldherr am andern Morgen mit dem im Viereck formierten Heere – Beweis seiner Besorgnis – aus dem Lager auerückte, überzeugte er sich, daß die Feinde in der Nacht geflohen seien. Auf dem Schlachtfelde und bei der wohl nur kurzen Verfolgung fand man 6000 Tote und 400 Verwundete, von denen viele noch in Folge des Nachtfrosts an ihren Wunden starben. Die Römer sollen nur 1200 Tote und 200 Verwundete gezählt haben.

Von der Verfolgung zurückgekehrt erfuhr Jovin, daß die (germanischen) Ascarier, die er auf einem andern Wege zu Überfallung des feindlichen Lagers detachiert hatte, einen König der Alemannen zum Gefangenen gemacht und sogleich ohne Befehl des Kommandeurs eigenmächtig aufgehängt hätten.

Doppelt erfreut, weil ihm in diesen Tagen (gegen Mitte Juni) Prokops Haupt von Valens gesandt worden, ging der Kaiser seinem sieggekrönt nach Paris zurückkehrenden Feldherrn entgegen, den er sogleich durch Designation zum Konsulat ehrte.

Die Alemannen waren nach so schwerer Züchtigung heimgekehrt: der große Angriffskrieg war aus erneuerte sich auch unter Valentinians kraftvoller Regierung nicht wieder. Nur verstohlene Überfälle und Neckereien dauerten fort, wogegen dem verständigen Manne Verstärkung des Grenzschutzes das einzige Hilfsmittel erschien, weshalb er überall die alten Werke vervollkommnete und viele neue, teils Kastelle, teils bloße Türme, hie und da selbst auf feindlichem Grund und Boden, errichtete.

Im Sommer 367 erkrankte Valentinian so schwer, daß die militärische Umgebung schon mit der Wahl des Nachfolgers sich beschäftigte. Indes genas er wieder und ernannte nun, das Bedürfnis solcher Vorsorge selbst fühlend, seinen wenig über achtjährigen Sohn Gratian zum Mitherrscher und zwar sogleich zum Augustus.

In demselben Jahre richtete ein alemannischer Gaukönig (regalis) Hando einen so geschickt angelegten als verwegen ausgeführten Handstreich gegen das feste, damals gerade von einem Teile der Besatzung verlassene Mainz, indem er sich während einer christlichen Feierlichkeit (wohl Ostern D.) dessen bemächtigte und sogleich mit reicher Beute, namentlich auch Gefangenen beiderlei Geschlechts, wieder abzog.

Unter den Alemannenkönigen war es Vitikab, Vadomars Sohn[8], vor allen, der seine Landesgenossen unter der Hand fortwährend gegen Rom aufreizte. Etwas zart und kränklich, aber verwegen und tapfer, mag er so bedeutend als gefährlich erschienen sein. Es war bisher weder auf offenem Wege noch durch Verrat etwas gegen ihn auszurichten gewesen, als es gelang, ihn durch einen frühern Diener, der sich nach der Tat glücklich rettete, meuchlings ermorden zu lassen, was unzweifelhaft auf des Kaisers Befehl geschah.

Julians Tat gegen den Vater war ebenfalls kaum zu rechtfertigen, beschränkte sich aber doch auf dessen politisch notwendige Entfernung, da er dem tüchtigen Manne nachher eine ehrenvolle Laufbahn als römischer Heerführer anwies (was unstreitig noch durch ihn geschah).

Valentinian hingegen scheute für seinen Zweck selbst den Meuchelmord nicht.[9] (Amm. XXVII, 10.)

Um dieselbe Zeit wurden auch die gallischen Grenzgegenden durch die benachbarten (usdem confines) Sachsen und Franken, teils zu Land, teils von der See aus arg verwüstet, woraus wir ersehen, daß auch die Sachsen damals fortwährend am Rhein saßen.

Für das Jahr 368 ward nun ein Hauptschlag gegen die Alemannen vorbereitet, wozu, vermutlich um Gallien nicht zu sehr zu entblößen, Truppen selbst aus Italien und Illyrien beordert wurden.

Mit Eintritt der mildern Jahreszeit ging Valentinian mit Gratian ohne Widerstand über den Rhein. Wo dies geschah, sagen die Quellen nicht: Huschberg S. 333 vermutet, von Süden aus, von der Schweiz her, womit wir ganz übereinstimmen.

Hiernach umging derselbe den Schwarzwald und marschierte östlich desselben die Wutach hinauf über die Donauquellen, was durch Ausonius (Mosella V. 424) ausdrücklich bestätigt wird, zu denen des Neckars – eine schwierige und gewagte, aber, mit ausreichenden Streitkräften ausgeführt, zweckmäßig entscheidende Operation, weil sie, die östlichen und westlichen Alemannen trennend, gerade gegen das Herz des feindlichen Gebiets gerichtet war. Der Kaiser ging in sorgfältig geschlossener Ordnung in der Mitte vorwärts, die linke und rechte Flanke deckten die Feldherren Jovinus und Severus.

Mehrere Tagemärsche hindurch war kein Feind zu treffen, weshalb nur sengend, brennend und raubend gegen Saaten und Häuser gewütet ward. Erst bei Solicinicium[10] (al. Solicinium D.) am oberen Neckar zwischen Rothweil und Rothenburg ward ihm die Nähe der Feinde berichtet.

Diese hatten ihre Stellung auf einem steilen, von drei Seiten unersteigbar erscheinenden Berge gewählt, der sich nur nach Norden zu, d. i. in deren Rücken, in einem sanftem Abhang verlief. Gegen diesen wurde nun Sebastian aufgestellt, indes der Kaiser, um einen leichtern Weg zum Angriff in der Fronte zu entdecken, in Person das Gebirge rekognoszierte.

Da geriet er in Sumpf und unwegsame Wildnis, plötzlich aber auch in einen feindlichen Hinterhalt, in dem er verloren gewesen wäre, wenn ihn nicht im Augenblicke der höchsten Gefahr sein Roß, dessen Instinkt vielleicht die wegsamen Stellen entdeckte, noch glücklich durch den Sumpf getragen hätte, während der ihm folgende Träger seines goldnen, mit Edelsteinen geschmückten Helms nie wieder gefunden ward.

Nun blieb nichts übrig, als die steilen Wände zu stürmen, was denn auch, unter Führung zweier dazu erwählter, so gewandter als kühner junger Gardeoffiziere (– Einer davon barbarischen Namens! – D.) durch das Gestrüpp erleichtert, mit höchster Anstrengung gelang.

Das diesmal offenbar stärkere römische Heer trieb die Feinde von allen Seiten her auf den Gipfel hinan, auf dem sich diese, des tapfersten Widerstandes unerachtet, schließlich der taktischen und numerischen Überlegenheit gegenüber, nicht zu behaupten vermochten und nun dem Sebastian entgegen getrieben wurden. Furchtbar das Morden, dem wenige entgangen sein würden, wenn nicht der Wald vielen noch die Möglichkeit der Flucht gewährt hätte. Auch die Römer aber erlitten großen Verlust, darunter zwei ihrer ausgezeichnetsten Offiziere. Von des Sieges Folgen und ob er namentlich zu einem Frieden führte, erfahren wir nichts, da Ammian (XXVII, 10) unmittelbar hierauf die Rückkehr der Kaiser und des Heeres nach Trier in die Winterquartiere berichtet.

Der Dichter Ausonius, der Lehrer des jungen Gratian, der diesen in den Krieg begleitete, läßt bei diesem Feldzuge in seiner Mosella (V. 424) die Donauquellen zuerst durch die Römer entdecken, zu welcher Verkehrtheit, da jene Gegend zweihundert Jahre lang römische Provinz gewesen war, nur Schmeichelei ihn veranlaßt haben kann.

Im Jahre 369 wollte Valentinian unter andern Befestigungen auch eine solche am untern Neckar errichten, wozu die Fundamente mit eben so viel Kunst als Aufwand auf eichenen Rosten in den Fluß gelegt wurden. Darauf sollte auch noch auf dem Berge Pirus – man glaubt: bei Heidelberg – ein Kastell errichtet werden, was jedoch die Alemannen („weil gegen den Vertrag" D.) so erbitterte, daß sie, als ihre dringenden Vorstellungen fruchtlos blieben, das ganze Detachement mit Ausnahme des den Bau leitenden Notars Syagrius erschlugen. (Amm. XXVIII, 2.)

Im Jahre 370 fiel wiederum ein sächsische Heer über See in Belgien ein und brachte den Befehlshaber des dortigen Küstenstrichs, den Comes Nannenus, der selbst in einem Treffen verwundet ward, in die äußerste Gefahr, bis der um Hilfe angerufene Kaiser den Magister militum Severus dazu absandte

Dessen Macht nicht gewachsen baten die Sachsen um Frieden und freien Abzug, der ihnen auch, gegen Stellung einer Anzahl tüchtiger Rekruten aus ihrer Mitte, bewilligt ward.

Verräterisch aber legte Severus den Abziehenden Hinterhalte. Aus dem des Fußvolkes brachen die Römer zu früh vor und wären, von der ganzen Maße der Feinde sofort, vor vollständiger Formierung angegriffen, wahrscheinlich alle niedergehauen worden, wenn nicht die zu gleichem Zweck in der Nähe aufgestellten Kataphrakten ihnen zu Hilfe geeilt wären.

Deren Angriff im Rücken der Sachsen entschied, so daß von den nunmehr Umringten auch nicht ein einziger entrann.

Ein gerechter Richter, meint Ammian, müsse ein solches Verfahren verdammen, könne es aber doch, alles erwogen, nicht übel finden, daß eine so verderbliche Raubschar endlich vernichtet worden sei. (Amm. XXVIII.)

Dies muß dieselbe Niederlage gewesen sein, welche der freilich ungenaue Orosius (VII, 32) die Sachsen in fränkischem Gebiet erleiden läßt, da sie füglich in Toxandrien, welches die Franken damals inne hatten stattgefunden haben kann. Wenn in Hieronymus (Chronik) von diesem Jahr eines gleichen Ereignisses bei Denso in Frankenlande gedacht wird (Saxones caesi Densone regione Francorum) so halten wir auch diese mit obiger für identisch, müssen aber alsdann jenen Namen auf einen andern Ort als Deutz bei Köln beziehen, zumal eine auf dem rechten Rheinufer unmittelbar am Fluß gelieferte Schlacht ohnehin sehr unwahrscheinlich ist.

Den Kaiser selbst beschäftigten fortwährend die Alemannen, unter deren Fürsten ihm, nach Vitikabs Tötung, der schon oben erwähnte Makrian im Nordosten Alemanniens der gefährlichste erscheinen sein mag. Vielleicht gehörte jener Rando, der im Jahre 367 Mainz überfiel, dessen Geschlecht an

Er suchte deshalb mit den Burgundern, den nordöstlichen Nachbarn Makrians, die ohnehin wegen der Salzquellen (Hall im Kochertal?) mit ihm haderten, ein Bündnis wider ihn abzuschließen, was auch in der Art erfolgte, daß die Burgunder zu derselben Zeit anrücken sollten, da Valentinian über den Rhein gehen werde. Bevor aber das römische Heer noch zusammengezogen war, erschienen jene schon im Feld und drangen, die erwarteten Bundesgenossen nicht antreffend, bis an den Rhein vor, nach Hieronymus (Chronik) 80 000 Mann stark. Das lag sicherlich nicht in des Kaisers Plane, der gewiß dahin ging, daß dieselben Makrian nur in der Flanke und im Rücken, etwa von Würzburg und Anstad her, angreifen sollten. Ein so mächtiges, durch so unerwartetes Erscheinen an der Grenze die Römer in Schrecken setzendes Heer noch zu verstärken wäre höchst unpolitisch gewesen: und selbst als die Burgunder mindestens noch die Deckung ihres Rückzugs gegen die Alemannen von Valentinian forderten, hielt er sie durch Vorwände so lange hin, bis dieselben endlich, über die erfahrene Täuschung erbittert, heimkehrten und ihrem Ärger durch Tötung aller Gefangenen Luft machten. Dies konnte nur alemannische gewesen sein, da das Vordringen der Burgunder nirgends anders als in der alemannischen Gebiete nördlich des Mains erfolgt sein kann.

Um dieselbe Zeit drang Theodosius, der eben erst ruhmreich aus Britannien zurückgekehrt und zum Magister equitum ernannt worden war, von Rätien her in Alemannien ein, tötete viele und führte zahlreiche Gefangene ab, die auf des Kaisers Befehl am Po kolonisiert wurden.

Diese Konzentration der Angriffe beweist, daß ein Hauptschlag gegen die Alemannen vorbereitet war, dem sie aber, im Wesentlichen mindestens, dadurch glücklich entgingen, daß ihre Nachbarn, die

Burgunder, dabei nicht bloß als ein gefügiges Werkzeug Roms, sondern mit selbständigem Wagen auftraten, daher dem Meister selbst gefährlich wurden.

Bei diesem Anlaß verbreitet sich Ammian näher, aber sehr unkritisch, über die Burgunder, indem er das schon oben abgefertigte Märchen[11] von deren römischer Abkunft hier einflicht.

Der König derselben führe den Amtstitel Hendinos und sei nach altem Brauche der Absetzung wegen Unsiegs oder Mißwachses unterworfen, während der Oberpriester, Sinistus geheißen, unabsetzbar sei. (Amm. XXVIII, 5.)

Valentinians Blick blieb fortwährend auf die Alemannen, in denen er doch Galliens gefährlichste Feinde erkannt haben muß, vor allen auf Makrian[12] gerichtet. Dessen Macht muß damals gewachsen und namentlich das alemannische Gebiet nördlich des Marns, wo wir im Jahre 357 jene drei „wildesten" Könige kennenlernten, ihm unterworfen gewesen sein. Durch Überläufer hatte der Kaiser Gelegenheit und Ort erkundet, wo man sich dieses Fürsten durch geschickten Überfall bemächtigen könne. Mit größter Heimlichkeit und Vorsicht ging er im Jahre 371[13] über den Rhein. Severus drang mit der Vorhut zuerst bei Wiesbaden vor, wo er einen Trupp Handelsleute oder Hausierer traf (wahrscheinlich römische Untertanen vom linken Rheinufer), die er, aus Furcht, verraten zu werden, sogleich niederstoßen ließ; die Waren gab er den Soldaten preis. Nachdem der Kaiser selbst gefolgt war, ging das Heer nach einer kurzen Rast ohne Gezelte, indem Valentinian sich mit einigen Decken begnügte, unstreitig noch in der Nacht weiter vor. So streng aber auch den Truppen alles Plündern und Verwüsten untersagt worden war, so gehorchten sie doch nicht. Auflodernde Flammen und Geschrei setzten Makrians Gefolge von der Gefahr in Kenntnis und machten es ihm möglich, den auf ein leichtes Fuhrwerk gesetzten König in ein benachbartes Tal mit engem Zugange zu *bergen* (abdiderunt).

Diese im Wesentlichen wörtlich wiedergegebene Erzählung Ammians (XXIX, 4) ergibt, daß Makrians Aufenthalt in der Nähe des Rheins, er selbst aber leidend gewesen sein muß, da er sonst sicherlich sein Roß bestiegen und an Truppensammlung zur Gegenwehr gedacht hätte.

Das Taunusgebiet war früher römisch innerhalb des Limes; sollten nicht, außer Wiesbaden, auch andre Heilquellen dortiger Gegend damals schon bekannt und eine solche, am wahrscheinlichsten Soden, von dem kranken Makrian besucht gewesen sein?

Tief unwillig ging Valentinian, nachdem er das Alemannengebiet fünf Meilen weit von Grund aus hatte verwüsten lassen, nach Trier zurück, setzte aber an Makrians Stelle Fraomar zum Könige über die Bukinobanten, welche Völkerschaft der Alemannen Mainz gegenüber saß. Da aber jener Gau so eben gänzlich verheert worden war, wie Ammian sagt, vermutlich jedoch mehr deshalb, weil das rückkehrende Volk den aufgedrungenen Herrscher nicht anerkennen wollte, versetzte er ihn bald darauf als Befehlshaber einer durch Zahl und Kraft sich auszeichnenden alemannischen Truppe nach Britannien.

Auch zwei andere alemannische Große, Bitherid und Hortar, stellte er als Militärbefehlshaber an, von denen jedoch letzterer, wegen verräterischer Korrespondenz mit Makrian, nach einem durch die Folter erpreßten Geständnis, späterhin verbrannt wurde.

Sollte dies der nämliche Hortar sein, den wir oben unter Julian kennen lernten, so ist zu vermuten, daß derselbe durch innere Unruhen, die vielleicht mit Makrians Machtaufschwunge zusammen hingen, aus der Heimat vertrieben, zu den Römern übergegangen sei. (Amm. XXIX, 4.)

Drei Jahre hindurch mag die Furcht vor Valentinian die Germanen in Schranken gehalten haben. Im Jahre 374 muß eine Raubfahrt in die nördliche Schweiz zu ahnden gewesen sein, da Valentinian damals, nach Verwüstung einiger Gaue, ein neues Fort, von den Anwohnern Robur genannt, bei Basel erbaute. Hier empfing er die Nachricht von den weiter unten zu erwähnenden schweren Unfällen in Pannonien, wohin er sogleich aufbrechen wollte: er ward von seinen Umgebungen mit vieler Mühe zum Verzuge bis zum nächsten Frühjahre bewogen. Da es bedenklich schien, den gefährlichen Makrian, gegen den bisher alles fehlgeschlagen, ohne eine solche Schutzwache, wie der Kaiser selbst sie allein gewähren konnte, zurückzulassen, schlug er nun zuerst den Weg der Güte ein.

Freundlich in die Nähe von Mainz geladen und nunmehr selbst vielleicht Sicherheit gegen fortwährende Gefahr wünschend, erschien der Alemanne mit starker Macht auf dem rechten Rheinufer, wohin sich Valentinian mit nicht minderer Bedeckung begeben[14] mußte. Wilde Gebärden und dumpfes Gemurmel der Barbaren empfingen ihn. Nach eingetretener Ruhe und längerer Hin- und Herrede aber wurde Friede und Freundschaft geschlossen und eidlich bekräftigt. Diese hat nun auch Makrian treu bewahrt bis zum Ende seines Lebens, das er bei einem Einfall in das Innere des Frankenlandes durch einen Hinterhalt oder sonstige Kriegslist des kriegerischen Königs Mellobaud fand.

Die Herablassung sowohl zum Frieden selbst als zu dieser Form mag den stolzen und gewaltigen Valentinian viel gekostet haben. Wir vermuten daher auch, daß er für diesen ihm damals so wichtigen Zweck das Versprechen einer jährlichen Geldzahlung (oder Getreidelieferung D.), wodurch die Germanen stets am sichersten gewonnen wurden, nicht gescheut haben werde.

Viel für die Kunde germanischer Verhältnisse verdanken wir Ammian: aber dies weckt den Hunger nach mehrerem, namentlich über das Innere derselben, wofür es ihm leider an den Quellen gefehlt haben mag.

Gewiß ist, daß Valentinian sich als ein Julian nicht ganz unwürdiger Alemannenbändiger erwies, jenen zwar nicht in Kriegen und Siegen, doch in bleibenden Schutzmaßregeln noch übertraf, was freilich wohl nur in dem kürzeren Verweilen des Cäsars in Gallien und dessen Geldmangel (da Constantius allein über den Reichsschatz verfügte) seinen Grund gehabt haben dürfte.

Wir kommen nun zu den Kriegen in Britannien.

Wenig über ein Jahrhundert später als Alemannen, Franken und Sachsen erscheinen im äußersten Nordwesten Europas, dem britischen Inselreiche, keltische Völker mit nie vorher gehörten Namen.

Zuerst erwähnt deren Ammian (XX, 1) zu Anfang des Jahres 360, berichtend, daß die wilden Völker der Scoten und Picten in Britannien einfielen, die Grenzgegenden, wohl südlich des Limes, verwüsteten und die ganze Provinz mit Schreck erfüllten, worauf Julian den Magister peditum Lupicin wider sie sandte, der aber infolge der Erhebung des Cäsars zum Augustus bald wieder abberufen ward. Im Jahre 364 sind es wiederum die Picten und Scoten, welche nächst den Sachsen (diese natürlich von der See her) und den Attacoten (ein wildes, nicht unterworfenes nordbritisches Volk) als raubfahrende Schädiger des römischen Britanniens angeführt werden.

Der treffliche Zeuß hat es (S. 567–572 in Verbindung mit S. 193–201) durch eine Maße von Beweisstellen aus Schriftstellern aller Zeiten und Völker außer Zweifel gesetzt, daß Irland der Ursitz der Picten und Scoten war, ja diese Insel, bei den Alten Hibernia genannt, eben ihrer Bewohner halber auch Scotia geheißen ward.

Gibbon, dessen Forschungen nicht dem vaterländischen Altertume zugewandt waren, läßt (Kap. XXV, vor Note 111) Irland umgekehrt durch die Scoten oder Schotten erobern, indem er selbst anerkennt, daß auch jene Insel von demselben Volke wie Schottland bewohnt gewesen sei. Ein pikanter Beweis, daß auch der gute Homer bisweilen schläft, ist es aber doch, wenn er den Namen Erin oder Jerne von green, der grünen Insel herleitet, als ob die Scoten der ältesten Zeit bereits angelsächsisch gesprochen hätten.

Das Antiquarische, worüber wir lediglich auf Zeuß verweisen, hier beiseite lassend und allein noch erwähnend, daß am Ende des ersten Jahrhunderts Tacitus, der doch über Britannien durch seinen Schwiegervater Agricola so genau unterrichtet war, im Norden dieser Insel nur Caledonier kennt, auch Ptolemäus, der so viele Völker in Schottland und Irland nennt, von Picten und Scoten daselbst nichts weiß, gehen wir zur Zeitgeschichte über.

Im Jahre 368 hatte Britanniens Bedrängnis von allen Seiten her den Gipfel erreicht. Der Befehlshaber der Seeküste Nectaridus war erschlagen, der Befehlshaber Fullofaud (unstreitig Germane) gefangen. Die in zwei Volksschaften, Dicaledonen und Vecturionen (Nord- und Südpicten) geteilten Picten sowie die Attacoten und die Scoten zogen plündernd durch verschiedene Gegenden: und die gallischen Küsten wurden von den benachbarten Franken und Sachsen durch Raub, Brand und Mord, selbst der Gefangenen, heimgesucht.

Da tat ein tüchtiger Mann not und dieser ward, nachdem zuerst Sever, damals noch Gardekommandeur, dazu ersehen, dann der Magister militum Jovin abgesandt worden, endlich in Theodosius, dem Vater des letzten großen römischen Kaisers, gefunden.

Von Boulogne in der Nähe von Dover (bei Rutopia) übersetzend, eilte er nach London, teilte sein aus leichten Truppen bestehendes Heer in einzelne Scharen, erreichte bald die, weil mit Beute, Viehherden und Gefangenen beladen, schwerfälligen Raubscharen, denen er ihren Raub wieder abjagte und zog als Retter in das aus Todesnot befreite London ein.[15]

Hier studierte er nun den Krieg gegen die Raubfahrer, erkundete durch Überläufer und Gefangene deren Schlupfwinkel und Wege, rief durch eine allgemeine Amnestie alle Deserteure und sonst im Lande zerstreuten Soldaten zu den Fahnen zurück, erbat und erhielt vom Kaiser einen tüchtigen, aber zugleich gerechten und milden Zivilgouverneur nebst einem zweiten ausgezeichneten Heerführer. (Amm. XXVII, 8.)

Auf diese Weise befreite der nicht nur tapfere, sondern auch weise Mann sehr bald das unglückliche

282

Britannien von seinen Feinden, erneuerte und vermehrte alle Festungen und Schutzwerke, sowohl im Innern als am Grenzwall und errichtete in dem Teile des südlichen Schottlands, der zwar noch diesseits Antonins Mauer lag, aber längst verloren gewesen sein mag, eine neue Provinz unter dem Namen Valentia, die noch zur Zeit der Notitia dignitatum erhalten war.

Inmitten dessen hatte er auch den Empörungsversuch eines gewissen Valentius, Schwager des Maximin in Rom, den wir bald kennenlernen werden, zu unterdrücken, wobei er wieder die Klugheit bewies, nur den Haupturheber und dessen engste Genossen mit dem Tode zu bestrafen, von weiterer Untersuchung gegen die Mitverschworenen aber, um nicht allgemeinere Unruhe und Unzufriedenheit hervorzurufen, ganz abzusehen.

Im Jahre 370 kehrte der ruhmreiche Sieger und Ordner an das Hoflager zurück, wo sein Verdienst durch Ernennung zum Magister equitum an Jovins Stelle belohnt ward, welcher letztere damals gestorben oder abgegangen sein mag. (Amm. XXVII, 8.)

Die Unruhen und Kriege in Afrika liegen unserm Zwecke fern: (der ausgezeichnete Theodosius stellte auch in dieser Provinz die römische Herrschaft und die Ruhe wieder her. D.).

Auf Schutz der Reichsgrenzen eifrig bedacht hatte Valentinian auch jenseits der Donau im Gebiete der Quaden die Errichtung neuer Lagerburgen angeordnet, wogegen dies unter Marc Aurel so furchtbare, nun geschwächte und friedsame Volk dringend Vorstellung tat. Da redet Maximin, eins der schlimmsten Werkzeuge des Kaisers, der statt des verdienten Henkertodes die Präfektur von Gallien erhalten hatte, diesem ein, die Schuld des Verzugs liege nur an der Schwäche des illyrischen Magister militum Equitius. Wolle er seinem Sohne Marcellian den Kriegsbefehl in der Provinz Valeria übertragen, so würde die angeordnete Befestigung sogleich in das Werk gerichtet sein.

Dies geschieht im Jahre 374 und Marcellian beginnt sogleich den Bau, ladet den bescheiden widersprechenden König Gabinius mit erheuchelter Freundschaft zum Mahl und läßt ihn auf dem Heimweg niederstoßen.

Das schlägt wie ein Blitz in die Gemüter der Quaden und ihrer Nachbarvölker. In Maße sich erhebend gehen sie über die Donau und nehmen an den unglücklichen, gerade mit der Ernte beschäftigten Provinzialen die blutigste Rache, wobei fast auch des Constantius elfjährige Tochter, die, zu Gratians Gemahlin bestimmt, in das Hoflager gebracht werden sollte, ihnen in die Hände gefallen wäre.

In Verbindung mit den Sarmaten drangen sie brennend, sengend und raubend nach allen Seiten so weit vor, daß der Präfekt von Illyrien schon aus Sirmium fliehen wollte, aber auf dringendes Bitten sich zur Gegenwehr entschloß. Die verfallenen Werke wurden eiligst wiederhergestellt und die Barbaren dadurch zum Abzug bewogen, worauf sie sich, weil sie ihn für den Urheber jener Mordtat hielten, wider Equitius wandten, der tief in das Innere zurückgewichen war.

Da stoßen sie auf zwei, unstreitig zur Hilfe beorderte Legionen, eine pannonische und mösische, die ohne gemeinsamen tüchtigen Oberbefehl, zu ihrem Unglück über Vorrang und Kommando zerworfen, getrennt operieren.

Klug fallen die Sarmaten zuerst über die mösische her, noch ehe diese sich vollständig formiert hat, dann mit durch den Sieg erhöhtem Vertrauen auf die pannonische, welche ganz niedergehauen worden wäre, wenn nicht die Flucht einige gerettet hätte.

In dieser höchsten Not erschien der jugendliche Theodosius, Befehlshaber Mösiens, der, eines Helden, des oben erwähnten gleichnamigen Feldherrn, Sohn, als Kaiser ein noch größerer Retter werden sollte, als Schutzengel.

Die südlichen Sarmaten (Servi) oder Limiganten, die ebenfalls in das römische Gebiet eingefallen waren, angreifend, gelang es ihm, die Freien (Liberi) abzuziehen und erstere wiederholt nachdrücklich zu schlagen. Durch solchen Feldherrn geschreckt baten nun auch die übrigen Feinde, deren Rachedurst sich inzwischen abgekühlt hatte, um Verzeihung und Frieden, der ihnen, wiewohl wahrscheinlich nur als Waffenstillstand, bewilligt ward. (Amm. XXIX, 6.)

Noch ehe Valentinian, im Frühjahr 375, von Trier aufbrechend, mit dem Heere bei Carnuntum (Petronell unterhalb Wien) anlangte, kam ihm die Gesandtschaft der Sarmaten entgegen, mit fußfälliger Friedensbitte die Mitschuld ihres Volkes ablehnend, worauf er sie bis zur Erörterung an Ort und Stelle vertröstete.

Man erwartete eine strenge Untersuchung über des Gabinius Mord sowie über die bei Verteidigung der Provinz begangenen Verschuldungen, aber nichts von dem erfolgte.

Der Kaiser nahm sein Hauptquartier bei Acineum (Ofen), sandte zuerst Merobaud und Sebastian zu

Verheerung des feindlichen Gebietes aus und ging dann selbst an einer andern Stelle, jedenfalls oberhalb dieses Orts, über die Donau, das Land der Quaden, dessen Bewohner sich in die Berge geflüchtet hatten, durch Mord und Brand verwüstend.

Erst bei Einbruch des Herbstes zog er sich zurück und lagerte schließlich bei Bregetio (Comorn), wo er eine Gesandtschaft der Quaden empfing, die von Equitius in den Geheimenrat eingeführt ward. In äußerster Heftigkeit hielt er dieser mit donnernder Rede die Frevel und Undankbarkeit ihres Volkes vor, begann aber schon milder zu werden, als er plötzlich von einem Blutsturze befallen ward, an welchem er bald darauf am 17. November 375 im fünfundfünfzigsten Altersjahre starb, nachdem er zwölf Jahre weniger hundert Tage regiert hatte. (Amm. XXX, 5 u. 6.)

Aus Besorgnis, das gallische Heer könne sich in die Bestimmung über die Nachfolge einmischen wollen, zumal der Mitkaiser Gratian, jetzt 16 1/2 Jahr alt, in Trier zurückgeblieben war, wurde dieses vor erlangter Kunde des Todesfalls, auf vorgeblichen Befehl Valentinians, durch Merobaud an den Rhein zurückgeschickt, auch Sebastian, dessen Popularität bei den Truppen man fürchtete, entfernt.

Nach der Merobaud Rückkehr, der sich auf kurze Zeit von seinem Heeresteil wieder entfernt haben muß, beschloß man, Valentinians Sohn zweiter Ehe[16], den vierjährigen Valentinian II., zum Mitkaiser auszurufen, was auch, nachdem das zwanzig Meilen weit im Rücken des Heeres mit seiner Mutter sich aufhaltende Kind eilig herbeigeholt worden, am 23. November 375 feierlich geschah.

Unstreitig war dies ein Eingriff in Gratians Rechte, dem sich derselbe jedoch willig unterwarf, bis an sein Ende im Jahre 383 dem Bruder Liebe und treue Pflege durch gute Erziehung bewährend.

Wir haben bisher die innere Reichsverwaltung unter Valentinian, von der Ammian in fünf Kapiteln (XXVII, 3, 7; XXVIII, 1, 4; XXIX, 3) und noch sonst vielfältig handelt, absichtlich unberührt gelassen, weil sie nur für die Kunde der verfaulten römischen Welt, nicht aber für die äußere Geschichte von Interesse ist, behalten uns jedoch vor, bei dessen Charakteristik, welche wir mit der des Valens verbinden werden, darauf zurückzukommen. Dabei werden wir zu erklären suchen, wie es kam, daß gerade die Regierung eines der bedeutendsten und tüchtigsten, auch keinesweges bösartigen Kaisers durch Greuel, Gewalttaten und Justizmorde aller Art in höherem Grade als viele frühern befleckt ward.

Nur für die Geschichte der kirchlichen Zustände jener Zeit erwähnen wir aus Ammian (XXVII, 3) des im Jahre 366 über den Bischofsstuhl zu Rom zwischen Ursinus und Damasus entbrannten blutigen Parteikampfes, der den Stadtpräfekt Juventius zum Rückzuge in die Vorstadt zwang und bis in die Kirche (jetzt St. Maria maggiore) fortgesetzt ward, in welcher man hundertsiebenunddreißig Erschlagene fand. Damasus blieb Sieger, mag aber mit seinem Gegner nicht bloß um Geistliches, sondern auch um Weltliches gestritten haben, da seine Würde als die Quelle von Glanz und Reichtum betrachte ward.

Zum Reiche des Ostens übergehend, gedenken wir zunächst der Kriege mit den Goten.

Prokop, dessen ganzes Wagnis auf die Verwandtschaft mit Julian gebaut war, hatte von den durch Constantin den Großen dem Reiche föderierten Goten die ihm als legitimem Thronfolger gebührend Bundeshilfe verlangt und erhalten, von der jedoch nur erst kurz vor dessen Tode die Vorhut von 300 Mann in Thrakien angelangt zu sein scheint (Amm. XXVI, 10), was sich mit der von Zosimus (IV, 7) angegebenen Zahl von 10 000 dadurch vereinigen läßt, daß man letztere auf die Gesamtstärke des zugesagten Hilfskorps bezieht. Aus Eunapius (ed. Bonn. p. 46–48) erfahren wir nun, daß diese Schar nach vereiteltem Zweck ihrer Sendung, übermütig in der Provinz hauste, wahrscheinlich plünderte und deshalb durch des Valens Truppen von dem Heimzug abgeschnitten und die Waffen zu strecken genötigt, jedoch zunächst nur in festen Plätzen in freier Verwahrung gehalten wurde.

Darüber entbrannte zwischen Athanarich, einem König der Westgoten, der seine Truppen, als in guten Glauben einem legitimen Herrscher gesandt, zurückforderte, und Valens, der dies verweigerte ein diplomatischer Hader, welcher endlich zum Kriege führte, den Valens im Jahre 367 begann. E überschritt die Donau, vermutlich in der Walachei, richtete dabei jedoch, weil sich die Goten in di Berge zurückgezogen hatten, nichts Erhebliches aus, außer daß Arinthäus zuletzt, mit einem Strei korps detachiert, einen Teil der Familien und des Gesindes, welche sich noch in der Ebene umhe trieben, zu Gefangenen machte.

Im Jahre 368, hielt der hohe Wasserstand der Donau den Kaiser vom Feldzug ab: im Jahre 369 ab überschritt er den Strom und brachte nach einigen leichtern Gefechten dem König Athanarich[17] ein ernstere Niederlage bei, was diesen, zumal auch sein Volk durch Unterbrechung des Handels litt, au Friedensvorschläge einzugehen bewog. Verhandlung und Abschluß, welche einen ganzen Tag einnah men, erfolgten, da jener sich schlechterdings weigerte[18], den römischen Boden zu betreten, zu Schi auf der Donau. Themistius bemerkt in der zur Feier dieses Friedens gehaltenen Rede ausdrücklich, daß diesmal keine Tributzahlung bedungen worden, wie dies sonst, obwohl man sich den Namen auszusprechen gescheut, der Sache nach stets geschehen sei.

Sogar die jährliche Getreidelieferung an die Goten sei eingezogen und der sonst viel freiere Handelsverkehr auf zwei Städte am Fluß beschränkt worden.

Der Philosoph Themistius, zuletzt Stadtpräfekt in Konstantinopel, der alle Kaiser von Constantius bis Theodosius belobredete[19], ist, seinem Gewerbe nach, freilich kein zuverlässiger Zeuge, doch kann obige so positive Versicherung nicht ganz erfunden sein.

Wir behalten uns übrigens vor, auf jenen Krieg und Frieden im folgenden Bande bei Darstellung der wichtigen Begebnisse im Gotenreiche damaliger Zeit wieder zurückzukommen.[20]

A. Exkurse zum I. Band

ERSTER EXKURS

Die Sitze der germanischen Völkerschaften vor der Wanderung[1]

(Von *Felix Dahn*, hierzu die Karte von *H. Kiepert*)

Wandern wir in dem Europa etwa Kaiser Trajans (zur Zeit, da Tacitus die Germania schrieb: 98 n. Chr.) von Osten nach Westen, so finden wir als Ost-Germanen die Völker der gotischen Gruppe: die *später* mit ihren Sondernamen unterschiedenen Ost- und West-Goten (Greuthungen und Thervingen), Vandalen (Asdingen und Silingen), Taifalen, Viktofalen, Skiren, Turkilingen, Heruler, Rugier.

Wegen Unbestimmtheit ihrer Verteilung im einzelnen müssen wir uns begnügen, nur „Goten" überhaupt an beiden Ufern der Weichsel (Vistula) anzusetzen: östlich reichten sie wohl noch bis an und über den Pregel, hier mit den Letto-Preußen (Galinden, Sudinen (oder Suditten?) und den Vorposten der Slaven grenzend. Die Rugier dürfen wir wohl, wie auf der Insel Rügen (Holm = d. h. Insel – Rügen), so auf der gegenüberliegenden Küste der Ostsee (des „suebischen Meeres") heimisch annehmen.

Südwestlich von den Goten auf dem rechten Ufer der Oder (Viadua), etwa zwischen der Netze und Warte, sitzen (damals noch) die Burgunder (später am Main, dann um Worms, endlich in Savoyen, um Lyon, Genf, Dijon).

An dem Oberlauf der Oder dicht an deren linkem Ufer, von der Einmündung des Bober auf dessen rechtem Ufer, gegen Südosten, wohnen die Lugier, ein Gruppenname, fast so umfassend wie der der Goten oder der Sueben. Letztere, die suebische, Gruppe reicht vom rheinischen Limes und dem Main (Moenus) im Südwesten über die Werra, den Thüringer Wald, die Unstrut, die Ostseite des Harzes bis über die Elbe an die Seen von Mecklenburg, ja wohl bis an die Ostseeküste im Nordwesten, im Osten aber von den Markomannen in Böhmen im Süden über Eger, Erzgebirge, Mulde, Elbe, Spree und Oder bis an die Rugier.

Ihr Haupt- und der Stammsage nach ältestes Volk, die Semnonen, reichen von dem linken Ufer der Elbe nordöstlich vom Harz (wo wohl Grenzwald sie von den Cheruskern schied) südlich der Havel bis über die Spree.

Beträchtlich südlicher in dem nach seinen vertriebenen keltischen Einwohnern, den Boiern, Bojo-(Baja-)hemum genannten Dreieck Böhmen zwischen der Sudeta (Erzgebirge) im Nordwesten, dem askiburgischen Gebirg (Riesengebirge) im Nordosten, dem bayerischen und dem Böhmerwald im Südwesten an beiden Ufern der Moldau von dem Eger im Westen bis zu den Quellen der Elbe (Albis) im Osten wohnen, seit dem Anfang unserer Zeitrechnung etwa, die von Marobod vom Main gen Osten übergeführten Markomannen (die späteren Bayern, Bei-waren, Baju-waren, d. h. Männer aus Baja-heim); südöstlich von ihnen an beiden Ufern der March (Marus) die Quaden (d. h. die Bösen).

Von den oft ursprünglich keltischen, später römischen Städten an der Donau (Danuvius, im Unterlauf Ister) nennen wir nur Carnuntum (Haimberg bei Preßburg), Vindobona (Faviana? Wien), Lauriacum (Lorch), Bojodurum und Batava Castra, Passau, an beiden Ufern des hier in die Donau mündenden Inn (Aenus), Regina castra, Regensburg, bei der Mündung des Reganus (Regen) in die Donau Nordwestlich von Regen und Nab am westlichen Hang der Sudeten sind vielleicht die Narisker Varisker, im sächsischen Voigtland und in Oberfranken anzugliedern, eine Völkerschaft der Markomannen, welche ihren Sondernamen gewahrt, vielleicht auch nur dauerndes Bündnis mit den Markomannen geschlossen hat, ohne in deren Gruppe einzutreten.

Zwischen Regensburg und Kehlheim (Celensum) erreicht der römische Donaulimes diesen Strom. Er steigt von da nach Nordwesten bis Iciniacum, von wo er sich über Aquileja (Aalen) südwestlich senkt, bis er östlich von Canustadt (Clarenna) auf dem linken Ufer des Neckars (Nicer) schnurgerade emporsteigt gegen Norden an den Main (Moenus), dessen linkes Ufer er (bei Freudenberg? nicht: Miltenberg) erreicht.

Vom Donaulimes im Südwesten, etwa bei Iciniacum, von wo aus sie über den Strom hinüber mit der „glänzendsten Kolonie Vindeliciens", Augusta Vindelicorum (Augsburg), Handel trieben, auf beiden Ufern des Mains, der thüringischen Saale, über den Thüringer Wald (dem sie den Namen gegeben), wie auf beiden Ufern der Elster und der Mulde bis an die Elbe hin wohnen die Hermunduren in zahlreichen Gauen.

Dies Land zwischen Donau im Südosten, den beiden Limites im Norden und gegen Osten, dem Taunus im Nordwesten und dem Main war das sogenannte Zehntland, agri decumates.

Außer den schon angeführten Orten nennen wir hier noch zwischen dem Donaulimes im Norden, dem Strom im Südosten, dem Neckar im Westen und der schwäbischen Alp (Alba) im Südwesten Clarenna (Cannstadt) und Aquileja (Aalen).

Besonders stark geschirmt war durch den Limes die Neckarlinie: offenbar durch den wilden Andrang der Alemannen besonders gefährdet. Imposant, drohend, stellt sich hier die Grenzwehr den Barbaren entgegen.

Am Neckar selbst lag Lupodunum (Ladenburg), hinter der Neckarlinie und nordwestlich vom Schwarzwald (Abnoba) Aquae Aureliae (Baden).

Von den Rheinstädten seien genannt Argentoratum (Straßburg), Noviomagus (Speier), Borbetomagus (Worms), Moguntiacum (Mainz), Aquae Mattiacae (Wiesbaden), Bingium (Bingen), bei der Mündung der Nava (Nahe); westlich ragen die Vogesen (Vosagus) zwischen Saravus (Saar) und Mosel (Mosella); an dieser selbst liegt Divodurum (Metz), an ihrem Mittellauf Augusta Treviromrum (Trier), Hauptbollwerk und prachtvolle Residenz unter den Konstantiern des vierten Jahrhunderts.

Auf Bingen folgt rheinabwärts Antunnaoum (Andernach), Bonna (Bonn) und das wichtige Köln: hierher nach Köln (Colonia Agrippina, ara Ubiorum) wurden im Jahre 9 v. Chr. verpflanzt die Ubier, welche bis dahin zwischen dem Taunus, dem Rhein und Wiesbaden auf dem rechten Ufer gewohnt hatten: nunmehr erhielten sie das Land auf dem linken Ufer von Köln im Norden bis gegen Andernach. Ihnen gegenüber auf dem rechten Ufer wohnten vom Limes und dem Einfluß der Lippe (Luppla) im Norden bis zum Einfluß der Lahn im Süden die Usipier und Tenchterer.

Nördlich von Köln finden wir auf dem linken Ufer Novaesium (Neuss) und das Militärlager vetera castra (Xanten), während auf dem gegenüberliegenden Ufer ein schmaler Landstreif zwischen Rhein, Issel (Isala), Limes und Lippe für Militärzwecke von den Römern verwendet und gegen wiederholte Versuche germanischer Völkerschaften, sich hier festzusetzen, kraftvoll behauptet wurde.

Weiter rheinabwärts nennen wir noch Noviomagus (Nymwegen) an dem linken, Trajectum (Utrecht) und Lugdunum [Bataverum] (Leyden) an dem rechten Hauptzweig des vielarmigen Stromes; aus Gallien ergießen sich Mosa (Maas) und Schelde (Scaldis) in den linken Arm.

Zwischen diesem linken und dem mittleren, auf dem, einer Insel vergleichbar, von beiden Rheinarmen umschlossenen Land (Insula Batavorum) wohnen die Bativer, eine ausgewanderte Gruppe chattischer Gaue. Nördlich von ihnen zwischen Leyden und dem See Flevo, in den sich Issel und Vecht ergießen, sitzen die Kaninefaten, ein schwächeres Völklein, und östlich von diesen zwischen Utrecht und Issel die Chattuarier, deren Name an die chattische Heimat erinnert. Nordöstlich von den Kaninefaten zwischen dem Südufer des Flevosees und der Nordsee (mare germanicum), östlich bis an die Ems hin dehnen sich die (großen und kleinen) Friesen, wohl schon damals ein ganzer Stamm, mehrere Völkerschaften, jede von zahlreichen Gauen, umfassend.

An dem Ostufer des Flevosees, südlich von den Plisen, im Hamaland wohnen die Chamaven, südlich von diesen, zwischen Vecht und den in die Issel mündenden Aa und Berkel die Tubanten. Südöstlich von diesen bis an und über die Ems (Amisia), an deren Oberlauf und dem Teutoburger Wald die Brukterer: während die nach diesem Fluß benannten „Ems-Männer", die Amsi-varier, durch dessen Mittellauf in zwei Teile getrennt werden; nordöstlich von den Amsivariern an der Hase sind vielleicht die Chasuarier anzusetzen.

Südlich von den Brukterern floß die Lippe (Luppla), gedeckt durch das Kastell Aliso, in den Rhein: zwischen ihrem linken Ufer und der Ruhr wohnen die Marsen; südlich von ihnen von der Ruhr bis an und über die Sieg die Sugambrer (welche aber nach Müllenhoff nicht von der Sieg den Namen führen).

Östlich grenzen die Sugambrer mit den Chatten, welche ebenfalls zahlreiche Gaue umfaßten (s. oben: Bataver, Chattuvarier): sie wohnen vom Taunus und dem dortigen Limes im Süden gegen Norden hin zwischen der Schwalm und der Eder (Adrana), auf deren rechtem Ufer ein chattischer Hauptort, Mattium (Maden), lag, bis an und über die Weser (Visurgis). Hier grenzen sie mit ihren alten Feinden, den ingaevonischen Cheruskern, welche von den Quellen der Lippe und dem Teutoburger Wald (?) zwischen Brukterern und Marsen im Westen über die Weser, die Leine und den Harz hin ihre Macht erstreckten: zwischen den Nordostabhängen des Harzes und der Elbe schied wohl Grenzwald Cherusker und Semnonen.

Nördlich von den Cheruskern oberhalb des Steinhuder Sees, zwischen der Weser im Westen und der Aller im Osten, auf den Wiesen-Angern der Weser sind die Sitze der „Anger-Männer" (Angrivarier) zu suchen, während dieser Strom an seinem Unterlauf, etwa nördlich der Einmündung der Hunte, die Chauken, eine volkreiche Gruppe, in die großen (auf dem linken) und die kleinen (auf dem rechten Ufer) gliedert: letztere erreichen das linke Ufer der Elbe bei deren Mündung; während das rechte Ufer, das heutige Holstein, die Teutonen, die kimbrische Halbinsel (Jütland) ihre Wandergenossen, die Kimbrer, bis 113 inne hatten. Östlich und südlich von den Teutonen sind die Sitze der Saxones zu suchen, jener starken Völkerschaft oder Mittelgruppe mehrerer Gaue oder Völkerschaften, welche erst viel später der großen Gruppe des Sachsenstammes den Namen gegeben hat. – Wenden wir uns von diesen Saxones, welche von Schleswig im Nordwesten bis auf das linke Elbufer im Südosten reichen, südlich, so stoßen wir auf die Langobarden, welche, wie die Angrivalier auf beiden Ufern der Weser, so an dem Mittel- und Unterlauf der Elbe (die Karte schiebt sie unseres Erachtens zu weit an den Mittellauf südlich und beschränkt sie, abweichend, auf das linke Ufer), deren rechtes Ufer ebenfalls von ihnen erreicht wurde, sitzen.

Im Süden trennte wohl Sumpf und Urwald der beiden Elbufer die Langobarden von den Semnonen, bei denen, nun von Nordwesten her wieder anlangend – wir hatten sie verlassen, uns südlich zu den Markomannen zu wenden – wir unsere Wanderung von der Weichsel bis an die Schelde, von Augsburg bis Jütland vollendet haben.

[Anmerkung v. Wietersheims. Ungewiß sind die Sitze der Sueben innerhalb der Hauptgrenzen Westgermaniens um das Jahr 16 n. Chr., weshalb wir uns auf die mehrmals angezogene Schrift, z. V. d. Nat., S. 85, beziehen. Sind aber auch die Bewohner des Lahn- und Battengaues nach v. Ledebur, S. 55, 122 und 123, bes. Not. 453, für Sueben zu halten, so ist doch nicht unwahrscheinlich, daß diese später unter den Chatten, innerhalb deren Gebiet sie eine Halbenklave inne hatten, mit aufgegangen sind.

Über die Sitze der suebischen Stämme finden sich in den Geschichtsbüchern des ersten Jahrhunderts nur äußerst wenige und so unzusammenhängende Nachrichten, daß wir dafür einzig auf des Tacitus Germania und den für jede bestimmtere Angabe fast unbrauchbaren Ptolemäus beschränkt sind.

Mit einiger Sicherheit können wir jedoch teils hieraus, teils aus späteren historischen Quellen immer nur die Wohnsitze längs der Donau, sowie allesfalls die der an die Westgermanen grenzenden Langobarden im Lüneburgischen und der Somnonen in Brandenburg und der Niederlausitz entnehmen, wogegen die der Ostseevölker vom Lauenburgischen bis über die Oder hinaus ein unentwirrbares Chaos bilden.

Nach des Tacitus Germ. c. 41 saßen zu dessen Zeit längs der Donau und des Limes von Westen her zunächst die Hermunduren etwa bis Regensburg oder Passau, worüber mit deren regem Verkehr mit Augsburg kein Zweifel möglich ist. Nach den Hermunduren, d. i. gegen Osten zu, scheint derselbe zwar c. 42 die Narisker einzuschieben, doch dürften diese mehr nordöstlich ersterer von Mittelfranken durch das Bayreuthische nach dem Voigtlande hin zu suchen sein, wo sie ebenfalls zwischen Hermunduren und Markomannen saßen. Dies entspricht nicht nur der Angabe des Ptolemäus, der unter dem Sudetagebirge (Erzgebirge) Valistoi anführt, sondern auch der (späten: D.) Bezeichnung des Voigtlandes durch Variscia, während im westlicheren Mittel- und Oberfranken, nach Tac. (XIII, 57), die Hermunduren unzweifelhaft an die Chatten grenzten. Jedenfalls scheinen die Narisker (oder Varisker) übrigens mehr ein Zweigstamm eines größeren, als ein eigener Hauptstamm gewesen zu sein.

Auf die Hermunduren folgten nach Tac. 42 längs der Donau die Markomannen, welche zugleich Böhmen inne hatten, hierauf aber, etwa von der March an, nach Mähren und Oberschlesien hin, die Quaden, auf deren Gebiet unstreitig im Jahre 19 n. Chr. der mehrfach erwähnte suebische Klientelstaat gegründet wurde. Nördlich dieser und der freien Quaden müssen in Ober- und Mittel-Schlesien, wie im Krakauschen, die Ligier (Lugier) gesessen haben.

In Westpreußen haben wir die Burgunder, nordöstlicher an der Weichsel die Goten zu suchen, während alles übrige, namentlich auch die Frage, welchen Namen die suebischen Bewohner des Königreichs Sachsen und Thüringens südlich des Harzes, sowie Unterfrankens und Nordwestschwabens geführt haben, in so tiefem Dunkel liegt, daß jede Erörterung darüber müßig erscheint, obwohl wir bei dem späteren Vorkommen von Namen und Völkern in jenen Gegenden auf dasjenige, was diesfalls Erwähnung verdient, zurückzukommen uns vorbehalten.]

ZWEITER EXKURS

Über die angebliche Identität der Geten und Goten

Diese schon in alter Zeit aufgetauchte Streitfrage ist wieder angeregt worden durch J. *Grimm* in einer am 5. März 1846 in der k. Akademie der Wissenschaften zu Berlin gehaltenen Vorlesung. Ihm trat jedoch sofort v. Sybel (die Geten und Goten, in Schmidts allgemeiner Zeitschrift für Geschichte, Bd. VI, Berlin 1846) entgegen, während J. Grimm in seiner Geschichte der deutschen Sprache, Berlin 1848 (s. zweite Ausgabe, Leipzig), S. 123–151, 305–320 und 555–573 seine Meinung aufrecht erhielt und dazu in einer im April 1849 in der Akademie der Wissenschaften gehaltenen Vorlesung noch einen Nachtrag lieferte. Unterstützung hat derselbe gefunden in W. *Kraft*, „Die Anfänge der christlichen Kirche", 1. Band, Berlin 1854, S. 77–127.

Die *Geten* sind dasjenige Volk, welches von vielen Geschichtsschreibern und Geographen zuerst als *ein Teil des thrakischen* von Herodot (um die Mitte des fünften Jahrhunderts vor Christus: IV, 93–96 und V, 3–8), dann von Thukydides (etwa zwanzig Jahre später, II, 96), von Strabo (VII, 31), von Arrian (unter Hadrian de exped. Alex. I, 3) und zuletzt vielfach von Cassius Dio erwähnt und beziehentlich umständlich beschrieben wird, das innerhalb dieser sechshundert Jahre unter Boirebistes zur Zeit Augusts so wie unter Dekebalus zur Zeit Domitians zu hoher politischer Macht gelangte, schon nach des ersteren Tode aber das zwischen Hämus und Donau gelegene Land (Nieder-Mösien, das heutige Bulgarien) verlor und unter Dekebalus endlich durch Trajan politisch ganz vernichtet wurde, indem dieser dessen Gesamtgebiet zur Provinz Dakien (jetzt Banat, Donaufürstentümer, Siebenbürgen und Bessarabien) machte.

Herodot bezeichnet die Geten, welche Darius auf seinem Zuge nach Norden zunächst zwischen Hämus und Donau traf, als einen Zweig des großen thrakischen Volkes, das viele kleinere in sich begreife (ὀνόματα δὲ πολλὰ ἔχουσι κατὰ χώρας ἕκαστοι V, 3), nennt aber von solchen, außer den Geten, ihrer Besonderheiten halber nur noch die Trausen, Krestoner und die über letzteren Wohnenden.

Da die Namen dieser Nebenvölker insgesamt in der Geschichte verschwunden sind, so müssen sie im Getenreiche, welches deren Sitze unzweifelhaft umfaßte, aufgegangen sein.[1]

Noch Pomponius Mela aber, um die Mitte des ersten Jahrhunderts nach Christus, kennt die Geten als eines der Spezialvölker des thrakischen Stammes, die verschiedene Namen und Sitten hätten. (II, 2, 3.)

Der westliche Teil der Geten bis zur Theiß erscheint unter dem Namen der Daken, Daci, während der östliche den der Geten behalten hat. Ursprünglich unstreitig als Nebenzweige eines Hauptastes verschieden, hatten sie doch im Wesentlichen dieselbe Sprache, und zwar die thrakische (Strabo VII, S. 303 und 305) und gehörten insgesamt zu des Boirebistes und des Dekebalus Reiche. Da die Daken von Dalmatien und Makedonien aus den Römern zuerst bekannt wurden, legten diese dem *ganzen* Volke deren Namen bei, während die Griechen es Geten nannten, weil sie umgekehrt von Ost und Süd her nur mit dessen östlichem Zweig in Berührung traten. (Cass. Dio LXVII, c. 6.)

Unter den *Goten* verstehe ich hier dasjenige Volk, welches sich in seiner eigenen Sprache *Gutthiuda* nannte, wie sich dies aus dem von Ang. Mai herausgegebenen Kalender-Fragmente aus dem Kloster Bobbio an der Trebbia ergibt.[2] Dasselbe ward in der Geschichte zuerst durch Pytheas 330–320 v. Chr. bekannt, der es auf seiner Seereise unter dem Namen Guttones an der Ostsee zwischen Weichsel und Pregel fand, woselbst es, wahrscheinlich jedoch nicht von Pytheas selbst, sondern nur von Plinius, der ihn zitiert, als ein germanisches bezeichnet wird.[3] Von Plinius nochmals (IV, c. 14, Sekt. 28), weitläufiger von Tacitus als Gothones (Germ. 43 und Ann II, 62) erwähnt, war dasselbe Marobods großem Suebenreiche mit unterworfen, weshalb unter den von Strabo VII als letzterem angehörig genannten Βούτονες wahrscheinlich auch Goutones zu verstehen sind. Zuletzt führt es Ptolomäus in der Mitte des zweiten Jahrhunderts (III, 5, § 20) unter dem Namen Γύϑωνες auf. Es ist dasselbe, welches zuerst unter Caracalla zu Anfang des dritten Jahrhunderts nach Chr. am schwarzen Meer auftritt und von dem an beinahe die ganze römische Geschichte bis in die Hälfte des sechsten Jahrhunderts beschäftigt, Ostrom bald als Bundesgenosse rettet, bald als Feind demütigt und erschüttert, zur Vernichtung Westroms beiträgt und heute noch in Spanien fortlebt.

Die weit überwiegende Mehrzahl der griechischen und römischen Schriftsteller, vor allem die glaubhaftesten derselben, nennen es stets Göthen: aber auch der Name Geten wird von einigen derselben dafür gebraucht.

Beide, Geten und Goten, und noch viele andere umschloß und verhüllte der Name Skythen: dieser war bei den Alten kein ethnographisch bestimmter und fest begrenzter.

Er umfaßte ursprünglich alle Bewohner des mittelasiatischen und osteuropäischen (fast durchaus flachen) Landes, östlich und nördlich des Pontus von China bis zur Donau, wobei jedoch die europäischen Skythen von Herodot mit dem Spezialnamen Skoloten belegt werden. (Herod. IV, 6. Vergl. Zeuß, S. 376 u. folg.)

Erst später lösten sich allmählich den Griechen und Römern Kelten, Germanen und Sarmaten aus dem Gesamtbegriff ab. Auch der Name Sarmaten aber war noch ein ähnlich unbestimmter. Möglich ist, daß man zunächst, wie J. Grimm behauptet, Schaffarik aber entschieden leugnet, auch Slaven darunter begriffen, kaum zu bezweifeln aber, daß man von des Tacitus Zeit an folgendes charakteristisch ethnographische Kennmal damit verband:

Fortwährende Nomadenweise, Mangel an festen Wohnsitzen, Hauternährung durch Viehzucht (daher „Galaktophagen und Hippomolgen": Milchesser und Pferdemelker), Reiterei ihre Stärke, Bogen und Pfeil ihre Hauptwaffe, gleichwie die Hunnen bei ihrem Eintritt in Europa von Jordanis c. 23 geschildert werden; im Allgemeinen zäheres Festhalten an asiatischer Sitte, der Europäisierung widerstrebend, mit mehr oder minder mongolisch tartarischer Gesichtsbildung.

So sagt Tacitus in der bekannten Stelle (Germ. 46[4] und Florus (des Tacitus Zeitgenosse), Bellum Thracicum III, 4 zum Jahre 74 v. Chr. (vergl. Livius epit. LXI) unter anderm: „Curio Dacia tenus venit, sed tenebras saltuum expavit. Appius in Sarmatas usque pervenit", wobei er durch Sarmaten offenbar die Jazygen bezeichnet hat, welche Tacitus (XII, 29 und Hist. III, 5) stets Sarmatas Jazyges nennt und deren Reiterei (vim equitum, qua sola valent) er ausdrücklich hervorhebt. Das Steppen- und Sumpfland zwischen Donau und Theiß aber war ein solches, das zwar dem Nomadenvolke, nicht aber den schon mehr europäisierten Kelten und Germanen zusagte.

Östlich dieser in Thrakien, dem Lande zwischen Theiß und Dnjestr, Hämus und Karpathen[5], saßen nun als ein Teil des thrakischen Volkes die Geten, und zwar der diesen Spezialnamen führende Zweig des Hauptvolkes, nach Herodot (a.a. Stelle) zwischen Hämus und Donau. Eingekeilt zwischen hellenischer Kultur im Süden und dem Wogen und Drängen sarmatischer Horden und Nachzügler, auf der großen Wanderstraße europäischer und asiatischer Menschheit im Norden und Osten[6], kann solche Umgebung auf des Volkes Entwickelung nicht ohne Einfluß geblieben sein.

Seit Anfang der Kaiserzeit kannten nun die Römer Geten und (Goten hinreichend, um sie richtig zu unterscheiden.

Römische Untertanen, Soldaten und Sklaven waren sowohl Germanen als Geten (letztere in Niedermösien seit 29 v. Chr. unterworfen): von erstern insbesondere dienten mehrere Tausend in Rom edle Germanen, z. B. Marobod, wurden dort ausgebildet; derselbe, sowie Catualda, des erstern Nachfolger, lebten nach ihrer Vertreibung zu Ravenna und Forum Julium (Frejus) in Gallien viele Jahre lang im Exil.

Auf die Daken (Geten) insbesondere muß gerade nun die Zeit, als Tacitus über Germanien schrieb die regste Aufmerksamkeit gerichtet haben, weil eine schwere Sühne der Demütigung Roms durch Dekebalus von Trajan vorauszusehen war. Im Jahre 86 n. Chr. (Dio LXXVII, c. 7) sandte Domitian die dakischen Gesandten nach Rom, d. i. an den Senat, welcher solche wiederum im Jahre 103 (Dio LXXVIII, c. 10) empfing. In beiden Fällen saß Tacitus, der im Jahre 88 Prätor, im Jahre 98 Konsul ward bereits im Senate. In Domitians Triumph endlich müssen ebenfalls zahlreiche Daken als Gefangene wenn auch zum Teil dazu erkaufte, figuriert haben. Wer kann zweifeln, daß Tacitus die Daken und zwar genau kannte?

In Hinsicht auf *subjektive Glaubwürdigkeit* sind über ethnographische Fragen Geographen und Historiker, welchen deren Erforschung Zweck und Pflicht ist, unstreitig glaubhafter als andere, namentlich Dichter und Kirchenväter, welche darauf Bezügliches – ihrer Hauptaufgabe Fremdes – nur nebensächlich berühren. Selbstredend muß aber bei erstern vor allem auch die Sachkenntnis und der Geist, welche deren Werke sonst bekunden, gewürdigt werden. In unserm Falle steht nun in dieser Beziehung sonder Zweifel Tacitus oben an, ihm folgt Plinius, der Germanien und desser. Bewohner aus Autopsie kannte und die Kriege mit ihnen beschrieb, dann Strabo, zuletzt Cassius Dio, der sich in Ethnographischem allerdings sehr schwach beweist. Tacitus nun, der große Meister, von dem Joh. Müller schön sagt: „Er war so kurz, weil er so klar war, so klar, weil er alles durchschaute", sagt von den Peukinen, die *mitten unter den Geten* an den Donaumündungen saßen:

„Peucinum Venedorumque et Fennorum nationes Germanis an Sarmatis ascribam dubito: quamquam Peucini, quos quidam Bastarnos vocant, *sermone*, cultu, sede, ac domiciliis, ut Germani agunt. Sordes omnium ac tolpor. Procerum (nach andrer Lesart ceterum) connubiis mixtis, nonnihil in Sarmalarum habitum foedantur."

In dieser Stelle ergibt der Zweifel die Gewissenhaftigkeit, die Ermittelung des germanischen Idioms bei einem ganz von Geten umschlossenen und schon halb sarmatisierten Volke die Genauigkeit der Forschung.

Wir gehen nun zur Folgerung aus Vorstehendem über und heben zuerst die Verschiedenheit der Sprache der Geten und der Goten hervor, welcher letzteren rein germanisches Idiom durch Wulfilas Bibelübersetzung außer allen Zweifel gesetzt ist. J. Grimm (S. 124 und 662, 811) selbst gibt zu, daß nach Strabo die Geten und Daken dieselbe und zwar die *thrakische* Sprache redeten, und daß Plinius und Tacitus diese ausdrücklich von den Germanen sondern (wozu auch noch Pomp. Mela II, 4 anzuführen sein würde).

Was wird nun der schlagenden Aussage sachverständiger, glaub- und gewissenhafter Zeugen über die sprachliche und nationale *Verschiedenheit* der Geten (synonym mit Daken) und Germanen zu jener Zeit entgegengesetzt?

J. Grimm sagte S. 563: „Wie die Griechen noch nicht zur rechten Einsicht zwischen Galliern und Germanen gelangt waren, blieb den Römern umgekehrt die *nahe Verwandtschaft der Geten und Germanen* dunkel."

Abgesehen vom ersten Satze, bezüglich dessen der geehrte Herr Verfasser selbst zugeben wird, daß die Nichtwissenschaft einer Kategorie von Zeugen kein logischer Grund gegen die Wissenschaft einer anderen, von einem noch dazu ganz verschiedenen Gegenstande, ist, hat derselbe in der Hauptsache unbezweifelt vollkommen Recht, da der Geist der Sprachforschung damals gewiß noch nicht bis zu Entdeckung des inneren Zusammenhanges verschieden lautender, aber dennoch nah verwandter Sprachen vorgedrungen war.

Noch unerheblicher ist der (auf derselben S. 813) aus des Tacitus Irrtum über den Ursprung der Germanen, die er für Aboriginer halte, hergeleitete Gegengrund, nicht nur, weil er an sich ebenfalls nicht logisch sein würde, sondern hauptsächlich um deswillen, weil die (Quellen und Hilfsmittel des Geschichtsstudiums jener Zeit einen solchen Tiefblick in die Nacht der Vorgeschichte, wie er der unserigen möglich ward, überhaupt noch nicht gestatteten.[7]

Dürfte also durch obiges Anführen der Gegenbeweis nicht gelungen sein, so ist dagegen der durch das einstimmige teils direkte, teils indirekte Zeugnis von Strabo, Plinius und Tacitus geführte Beweis: daß die getische und die germanische Sprache für das Ohr und Urteil kundiger römischer Schriftsteller als *wesentlich verschieden angesehen worden sei*, völlig erbracht.

Nicht allein in der Sprache, auch in der Sitte beider Völker hat eine merkliche Verschiedenheit bestanden: und zwar in Bezug auf Verfassung, Priestertum, Ehe, Geschlechtsverkehr und Städtegründung.

So gewiß Cäsars Urteil, das den Germanen Priester ganz abspricht, nur ein relativ, d. i. im Gegensatze zu den Galliern, keineswegs aber ein absolut richtiges ist, so widerstreitet doch ein über der Volksgewalt stehendes Priestertum dem Wesen der germanischen Verfassung auf das Tiefste. Nur eine Straf-Vollzugsgewalt stand dem Priester als Organ der Gottheit zu: gewiß mehr mit der Wirkung, Fürstenmacht zu mindern, als Priestermacht zu begründen.

Insbesondere findet sich von einem Einfluß derselben auf Gesetzgebung und Verwaltung nicht die leiseste Spur. Die Nachricht von dem Oberpriester der Burgunder, Sinistus, bei Amm. Marc. (XXVIII, 5) gehört nicht nur einer beinahe dreihundert Jahre späteren Zeit an, sondern gibt auch nur von dessen

Unabsetzbarkeit, keineswegs aber von einer ausgedehnten, über dem Volke stehenden Gewalt desselben Kunde.

Bei den Geten hingegen fand, nach dem, was schon Herodot (IV, 94–96), besonders aber Strabo (VII, S. 297 und 304) ausführlich berichten, nicht bloß ein einflußreiches Priestertum, sondern wirklich eine Art von Theokratie statt, da letzterer die Macht des bis in die Zeit Cäsars regierenden Boirebistes, dessen Zeitgenosse er selbst noch in seiner Jugend war, ausdrücklich auf den Einfluß des Priesters Dikeneus zurückführt, der sogar die Ausrottung des Anbaues und Genusses von Wein im Volke durchgesetzt habe.[8]

Bemerkenswert ist ferner, daß Tacitus von den Goten ausdrücklich sagt: „Gothones regnantur, paulo jam adductius, quam ceterae Germanorum gentes, nondum tamen *supra libertatem.*"

Dagegen finden wir nun in der Geschichte der Geten nach Herodots Zeiten nur Könige, und zwar unter ihnen den Eroberer Boirebistes und den mächtigen Dekebalus ohne Andeutung einer andern Beschränkung ihrer Gewalt, als durch jenen theokatischen Einfluß.

Reinheit und Adel der Familien- und Geschlechtsverhältnisse muß dem ganzen thrakischen Volksstamme fremd gewesen sein. Herodot sagt (V, 3), daß alle Zweige des thrakischen Gesamtvolkes ähnliche Gebräuche und Sitten (νόμοι παραπλήσιοι) haben, außer den Geten, Trausen und den über den Krestonäern Wohnenden. Hierauf fühlt er als Spezialsitte an von den Geten den Unsterblichkeitsglauben, von den Trausen die Wehklage bei Geburten und Freude bei Todesfällen, sowie von den über den Krestonäern die Polygamie und die Tötung der geliebtesten Frau bei Ableben des Mannes. Was er uns (c. 6) von den allgemeinen Gebräuchen der Thraker anführt, ist zwar dem strengen Wortlaute nach, weil er also beginnt: Θρηΐκων ἐστιν ὅδε ὁ νόμος vielleicht nicht mit auf die Geten im engern Sinne zu beziehen, obwohl für eine entgegengesetzte Auslegung auch sehr erhebliche Gründe sprechen, namentlich weil er c. 7, ohne eine Änderung des Subjekts anzudeuten, sogleich auf den, was nie bezweifelt worden, auch bei den Geten stattgefundenen Areskult übergeht. Hierauf kommt jedoch um deswillen überhaupt nichts Entscheidendes an, weil wir es im ersten Jahrhundert nach Christus, worauf sich obiger Beweissatz beschränkt, nicht mehr mit dem Herodotischen Spezialvolke zwischen Hämus und Donau, sondern mit dem mindestens schon unter Boirebistes in eine politische Einheit zusammengeflossenen Gesamtvolke der Geten oder Daken zu tun haben, unter welchem alle Spezialnamen Herodots unzweifelhaft mit inbegriffen waren.

Jene allgemeine Volkssitte nun schildert derselbe c. 26 in folgendem:
Sie verkaufen ihre Kinder, jedoch nur zum Export über die Grenze. Die Jungfrauen hüten sie nicht, sondern gestatten ihnen, sich denjenigen Männern preiszugeben *(μίσγεσθαι)*, welchen sie wollen. Die Frauen aber hüten sie streng *und kaufen solche um vieles Geld von deren Eltern*.

Menander, der Lustspieldichter im vierten Jahrhundert v. Strabo (S. 297) angeführten Versen:

> „Denn alle Thrakier und vor den andern wir
> Vom Getenvolk (von diesem nämlich rühmt
> Sich mein Geschlecht zu stammen) sind
> Der Mäßigkeit nicht sehr ergeben.
>
> Denn unter uns heiratet keiner, der nicht zehn,
> Nein eilfe, zwölfe, ja noch mehr der Weiber nimmt.
> Dagegen aber, wer nur vier hat oder fünf,
> Dem wird kein andrer Name dorten beigelegt,
> Als Unglücksmann und ledig, arm und ehelos."

Strabo aber fügt aus eignem Wissen hinzu:
„Und dies wird auch *durch andere bestätigt.*"
Pomponius Mela führt II, 2 von den Frauen in Thrakien jenseits der Donau an:
Super mortuorum virorum corpore interfici et sepeliri votum eximium habent, et quia *plures simu* *singulis* nuptae sunt, cujus id sit decus certamine affectant.
Solinus endlich, wahrscheinlich aus dem dritten Jahrhundert n. Chr., bemerkt:
Uxorum numero se viri jactitant et honoris loco ducunt multiplex conjugium.
Diesen vereinten Zeugnissen über das häusliche Leben der Geten, unter denen das letzte allein al[s] minder zuverlässig erscheinen könnte, die entsprechenden des Tacitus über die Germanen gegenübe[r]

zu stellen, ist wohl überflüssig. Besonders hervorzuheben ist aber der Erkauf der Weiber von deren Eltern um Geld, während Tacitus G. 18 sagt:

Dotem non Uxor marito, sed *uxori maritus* offert. Intersunt parentes et propinqui ac munera probant etc. Inter haec munera uxor accipitur, atque ipsa armorum aliquid viro affert.

Charakteristisch ist hierbei der Kauf um Geld von den Eltern bei den Geten.

J. Grimm gedenkt dieser Verschiedenheit (S. 132, 133 und 571), aber mit Vorsicht, und beruft sich darauf, daß ja auch bei den Germanen mehrere Frauen eines Mannes vorkamen und Menander, wenn man den Komiker überhaupt nicht der Übertreibung zeihen wolle, von einem Brauche weit früherer Zeit rede, der im ersten Jahrhundert längst abgekommen sein möge. Wie sich letzteres aber durch Strabos eignes Zeugnis und Pomp. Mela erledigt, so ist in jenen Versen Menanders wohl Übertreibung, aber da, wo er einen Geten ausdrücklich von der Sitte seines Stammes reden läßt, bei der genauen Bekanntschaft der Athener mit diesem Volke, von dem sie so viel Sklaven besaßen, doch gewiß keine *Unwahrheit* anzunehmen.

Kraft, der sich weiter unten hierüber eingehender verbreitet, bezieht sich noch auf Horaz Oden III, 24 In avaros. Dieser sagt, nachdem er den Geiz der Römer erwähnt:

> Campestres melius Scythae,
> Quorum plaustra vagas rite trahunt domus,
> Vivunt et rigidi Getae,
> Immetata quibus jugera liberas,
> Fruges et Cererem ferunt,
> Nec cultura placet longior annua,
> Defunctumque laboribus,
> Aequali recreat sorte vicarius.
> Illic matre carentibus
> Privignis mulier temperat innocens,
> Nec dotata regit virum
> Conjux, nec nitido fidit adultero.
> Dos est magna parentium
> Virtus et metuens alterius viri
> Certo foedere castitas.

Ganz abgesehen von dem Gewicht eines lyrischen Gedichtes als historischen Zeugnisses überhaupt, ganz abgesehen auch davon, daß jenes illic eben so wohl, ja mehr noch auf Scythae als Hauptsubjekt als auf Geten bezogen werden kann, hat Kraft hier die Worte: matre carentibus privignis mulier temperat innocens übersetzt: „wie die *zweite* Gattin für die Kinder der Verstorbenen, ihre Stiefkinder, in aller Unschuld Sorge trägt, wie für ihre eigenen." Man könnte dagegen anführen, daß jene Äußerung mit gleichem, ja mit höherem Grunde von einer polygamen Ehe zu verstehen sei, weil es ungleich bemerkens- und lobenswerter erscheine, die Kinder einer nun verstorbenen, früher aber *gleichzeitigen Frau* und *Nebenbuhlerin* sorgsam zu erziehen, als die einer Vorgängerin, mit der die Stiefmutter nie in Kollision kam.

Will man aber auch hiervon absehen, so ist doch die ganze Stelle nichts weiter als ein bedeutungsloser Gemeinplatz: „die Stiefmutter trachtet ihren Stiefkindern nicht nach dem Leben", was nur die patriarchalische Unschuld des Getenvolks im Gegensatze zu dem verderbten Rom bezeichnen soll.

Daß übrigens von Horaz die Zucht der Ehe gepriesen wird, namentlich die Zurückhaltung andrer Männer von fremden Ehefrauen, metuens castitas alterius viri, stimmt mit obiger Stelle Herodots, der diese ebenfalls hervorhebt, vollkommen überein, schließt aber die von ihm angeführte Unkeuschheit der Mädchen auf keine Weise aus.

Kann hiernach auf jene Ode des Lyrikers, der an einer andern Stelle IV, 15 mit poetischer Lizenz, aber plumper Unwahrheit die Unterwürfigkeit der Geten gegen Rom mit der der Chinesen (Serer) und Perser auf eine Stufe stellt, kein Wert gelegt werden, so sagt in Bezug auf die Germanen Tacitus c. 18: nam prope soli barbarorum singulis uxoribus contenti sunt, exceptis admodum paucis, *qui non libidine, sed ob nobilitatem plurimis nuptiis ambiuntur."*

Monogamie ist also hier die Regel: und die Ausnahme, um sich, wie dies Ariovists Beispiel erläutert, Zuwachs von Macht und Ansehen zu verschaffen, eine seltene, während die vorgedachten Schriftsteller bei den Geten gerade umgekehrt Polygamie als Regel, und die Ausnahme nur als Folge der Armut schildern, wie heute noch im Orient nur diejenigen mehrere Frauen haben, welche die Mittel zu deren Ernährung besitzen.

Zu den eigentümlichen Merkmalen des germanischen Stammes gehört der Mangel, ja die Verhaßtheit ummauerter Städte.

Bei den Geten dagegen finden wir, außer der schon von Herodot (IV, 99) genannten Stadt Karnis und der von Alexander d. Gr. eingenommenen (Strabo VII, 301), und zwar in deren eigentlichem Stammsitze zwischen Hämus und Donau, nach Dios Bericht über dessen Eroberung in den Jahren 29 und 30 (L, Kap. 23–27) in Kap. 23 ein τεῖχος καρτερόν, Kap. 24 zwei dergleichen, und in Kap. 26 wieder ein φρούριον erwähnt, wobei allenthalben der Belagerung vor der Einnahme gedacht wird. In Trajans Feldzügen gegen Dekobalus (Dio LXXVI) wird (c. 9) dessen Versprechen die Festungen, ἐρύματα, zu schleifen, (c. 10) die heimliche Wiederherstellung derselben und endlich (c. 14) die Einnahme der Hauptstadt Zarmigethusa (c. 9) berichtet.

In drei wichtigen Beziehungen ist sonach merkliche Verschiedenheit der Sitte zwischen den Germanen und Geten nachgewiesen. Dazu kommt folgendes:

Wir sprechen den Geten die Tapferkeit nördlicher Völker nicht ab, aber eine Widerstandsfähigkeit derselben gegen Rom hat sich nicht in vielen Fällen, wie bei den Germanen, sondern nur ein einzig Mal unter Doimitian gezeigt. Dessen persönlicher Einfluß auf jenen Krieg ergibt sich aber aus Dio (XXVII, 6 a. Schl.) zur Genüge.

Unter August und Trajan begegnen nur Siege, nirgends Unfälle der Römer. Schon ersterer versetzte (nach Strabo VII, S. 303) 50000 Geten vom jenseitigen Donauufer, unstreitig nur Männer, nach Mösien, so daß deren zur Zeit von Boirebistes höchster Blüte 200000 Mann zählende Streitmacht damals schon durch Krieg und andere Zerrüttung bis auf 40000 Mann herabgesunken war. Daß durch Trajan das ganze Volk vernichtet worden sei, würde, wie die Gegner mit Recht sagen, eine törichte Behauptung sein, daß es aber ganz ungemein geschwächt worden, wird niemand bezweifeln.

Ein Teil desselben mag ausgewandert sein[9], ein nicht geringer blieb aber im Lande zurück, wohin (nach Eutrop VIII, 6).Trajan: ex toto orbe Romano infinitas copias hominum transtulerat ad agros e urbes colendas, welcher Kolonisation Name und Nationalität der Rumänen ihren Ursprung verdankt.[10]

Zuerst finden wir nun die Goten in Kleinasien oder der Provinz Thrakien diesseits des Hämus: denn nur dort kann sie Caracalla nach Spartian (Carac. 10: dum ad orientem transiit) in einzelnen Scharmützeln (tumultuariis praeliis: von einem großen Kriege ist nicht die Rede) geschlagen haben, weil der Marsch nach dem Orient (Syrien usw.) durch Thrakien über den Hellespont ging. Derartige kühne Raubzüge in das Tiefinnere des römischen Gebiets hinein haben nun die Goten, wie wir sahen, sehr viele ausgeführt, während den unterworfenen Geten, zumal so bald nach des Septimius Severus kraft voller Regierung, ein solches Wagnis auf keine Weise zuzutrauen ist.

Noch unvereinbarer mit den Geten erscheint das große Reich des Ermanarich, das sich angeblich beinahe von der Ostsee bis zum Pontus erstreckte, während es nichts Auffälliges hat, wenn ein großer Eroberer die Landstriche, welche sein Volk vor hundert bis hundertfünfzig Jahren bereits in Krieg und Sieg durchzogen, vielleicht teilweise sogar behauptet hatte, wiederum in seine Gewalt bringt.

Die weitere Geschichte der Goten gehört nicht hierher: dem unbefangene historische Takt aber kann nicht zweifelhaft sein, daß es der im Norden gestählte, durch und durch germanische Stamm der alte Goten war, der den wankenden Koloß des römischen Staats bald stützte, bald erschütterte, Byzanz nur durch seinen Abzug befreite, Westrom aber vernichtete.

Das anscheinend wichtigste Fundament der vermeintlichen Identität der Geten und der Goten ist unstreitig die Identität des Namens, da auch das Gotenvolk den Namen Geten geführt habe.

Aber nicht allein die weit überwiegende Mehrzahl der historischen Zeugen, sondern auch diejenigen gerade, welchen die bessere Wissenschaft und meiste Glaubwürdigkeit beiwohnt, bezeichnen das Volk stets mit dem Namen Goten, während nur wenige, unglaubhafte es Geten nennen.

Die vollgültigsten Beweismittel sind öffentliche Urkunden, zu denen insbesondere auch die Münzen, jedenfalls die der römischen Staatsanstalt geprägten, gehören. Diese bezeugen nun als Ehrennamen ausschließlich Gothicus und Gothica (victoria) für die Kaiser Claudius, Aurelianus, Probus und Constantin den Großen. (S. Eckhel VII, p. 472–475, 484, 505 und VIII, p. 83 u. 90.)

Dasselbe bestätigt die von Eckhel VII, p. 475 angeführte Inschrift auf des Claudius Triumphboge

Daß auch Justinian endlich den Titel Gothicus führte, geht aus mehreren Gesetzen desselben namentlich aus der Überschrift der Institutionen, de emendando Codice, Nov. 43 und den Konstitutionen 43, 44 und 128 hervor, wie denn auch in dessen Kodex I, 5 de Haeret. et Manichaeis in dem Auszuge jener griechisch abgefaßten Konstitution die Föderaten Γότϑοι genannt werden, von welchem Namen sich bei näherer Nachforschung wahrscheinlich auch noch mehr Beispiele finden dürften.

Unter den Zeugen nehmen die Historiker den ersten Rang ein, unter welchen unzweifelhaft, nach ihrer persönlichen Stellung als hohe Militär- und Zivilbeamte und ihrem Verdienste als Geschichtsschreiber, Ammianus Marcellinus, Cassiodor und Prokop obenan stehen.

Allerdings sagt Spartian (Carac. 10): Non est ab re etiam diasyrticum quiddam in eum dictum addere. Nam cum Germanici et Parthici et Arabici et Alemannici nomen adscriberet, Helvius Pertinax filius Pertinacis dicitur joco dixisse: adde si placet etiam „Goticus" Maximus, quod Getam occiderat fratrem, et Gotti Getae dicerentur: quos ille, dum ad Orientem transiit, tumultuariis praeliis devicerat. In Getas Leben (c. 6) dagegen gebraucht derselbe Verfasser ganz andere Ausdrücke: adde et Geticus Maximus, *quasi* Gothicus, was *wesentlich* zu beachten ist.

Was beweisen nun, unbefangen betrachtet, jene Worte, wobei noch vorauszuschicken ist, daß in der ganzen ferneren Hist. Aug. das Volk an unzähligen Stellen mit wenigen unerheblichen Ausnahmen[11] nur Goten genannt wird? Offenbar im günstigsten Sinne nicht mehr, als daß den Goten auch der *Nebenname* Geten beigelegt ward. Dies könnte aber, da derselbe in Staatsdokumenten und bei den glaubhaftesten Schriftstellern nicht vorkommt, immer nur ein *uneigentlicher* gewesen sein.

Eutrop, nur Kompilator, aber aus guten Quellen mit Verstand und Geist kompilierend, nennt (IX, 8, 11, 13 und X, 7) nur Goten. Ebenso die beiden andern Epitomatoren Aurelius Victor de Caesar. (c. 29, 34 u. 41) und die Epitome (c. 46 u. 48).

Ammianus Marcellinus (unter Julian und dessen Nachfolgern), abgesehen von seinem Latein, der beste Historiker für mehrere Jahrhunderte, kennt ebenfalls nur Goten.

Unzweifelhaft dürfte Cassiodor, der hochgebildete Konsul und Staatssekretär Theoderichs des Großen, als Verfasser einer Geschichte der Goten den höchsten Glauben verdienen.

Auf diesen nun bezieht sich auch J. Grimm (S. 565, Nr. 815), was aber, da derselbe irgendeine Stelle dafür nicht angeführt hat, nur auf Jordanis Zueignung seines Werkes an Castalius sich beziehen kann, worin er sagt:

„Suades ut nostris verbis duodecim senatoris volumina de origine actuque *Getarum* ab olim usque nunc per generationes regesque descendente in unum et hoc parvo libello coartem."

Dies soll aber nur eine Bezeichnung des Gegenstandes, worüber Senator beschrieben, kein Zitat des von Letzterem gewählten Titels sein, da Cassiodor selbst, in der Vorrede seiner variarum auch sein Geschichtswerk erwähnend, dieses Gothorum überschrieben zu haben versichert.[12] In den amtlichen Ausfertigungen, Schreiben, Rescripten und Mandaten aber, welche in den zwölf Büchern variarum gesammelt sind, wird überall nur der Name Goten gebraucht. (S. z. B. im I. Buche 4, 19, 24 universis Gothis, 28 univ. Goth. et Romanis, und 38.)

Nur var. X, 31 findet sich eine, daher nähere Erwähnung fordernde, Ausnahme. Nach Theodahads Tode ward im Kampfe gegen Byzanz Witichis von gemeinfreiem Geschlechte, seiner Tapferkeit halber, von den Goten zum König erwählt. Dieser machte seine Erhebung durch die a. a. O. abgedruckte Proklamation universis Gothis kund. In dieser sagt er, um den Grund seiner Wahl zu bezeichnen: Nicht in Frieden „sed tubis concrepantibus sum quaesitus, ut tali fremitu concitatus, desiderio virtutis ingenitae regem siti Martium Geticus populus invenerit". Da jedoch das ganze Manifest, außer der Überschrift, noch viermal die Goten, und zwar nur diese, erwähnt, so kann das Geticus in jener schwülstigen aus Cassiodors Feder geflossenen Phrase nur durch die Zusammenstellung mit Martium Mars, der Hauptgott der alten Geten) Erklärung finden, weshalb hierauf dasjenige zu beziehen ist, was weiter unten bei Jordanis über Cassiodors gotische Geschichte überhaupt bemerkt werden wird.

Von großer Wichtigkeit ist ebenfalls Prokop, aus dem die Gegner wiederum zwei Stellen für sich zitieren, die deshalb spezieller Erwähnung bedürfen:

de bello Gothico I, 24. Das von Belisar eingenommene Rom wird von den Goten belagert. In höchster Gefahr ergeben sich günstige Vorzeichen: Theoderichs Mosaikbild in Neapel zerfällt, einige Patrizier in Rom bringen ein Orakel der Sibylle vor, wonach die Gefahr nur bis zum Juli dauern werde. Denn es sei beschlossen, daß alsdann ein römischer Kaiser erwählt werden würde, unter dem Rom nichts Getisches *(Γετικόν)* mehr zu fürchten haben werde. Hierauf folgen nun die Worte: Γετικόν γὰρ ϑνος φασὶ τοὺς Γότϑους εἶναι.

De bello vand. I, 2 sagt Prokop: Gotische Völker gab es viele und andere früher als jetzt. Die größten und mächtigsten unter allen sind die Goten, Vandalen, Visigoten[13] und Gepiden. Darauf folgt: εἰσὶ δὲ οἱ καὶ Γετικὰ ἔϑνη ταῦτ' ἐκάλουν. „Es gibt einige, welche auch diese getische Völker nennen." Hiernach redet Prokop in der ersten Stelle ausdrücklich von einer Sage (φασί), in der zweiten von einer andern, von einigen gebrauchten Benennung der Goten. Ein guter Historiker aber, der eine Bezeichnung stillschweigend verwirft, indem er in seiner ganzen Geschichte fortwährend und ausschließlich eine andere anwendet, kann erstere, obwohl solche hie und da vorkommen möge, nicht für richtig halten, würde vor allem, wenn er eine tiefere historische Begründung derselben gehabt hätte, dies hierbei mindestens anzudeuten verpflichtet gewesen sein.

Auch alle andern byzantinischen Geschichtsschreiber führen das Volk als Goten auf. Von besonderer Wichtigkeit sind diejenigen, welche als Zeitgenossen schrieben. Abgesehen von Dexippus und Eunapius sind dies in dem ersten Bande der Bonner Ausgabe des Corpus Script. Gist. Byzant. folgende: Petrus Patricius, Priscus, Malchus, Menander und Olympiodor. (I, S. 124, 152, 260, 292, 206, 235, 237, 253, 255 u. 258, 283, 480, 448–450, 458, 459, 461 u. 462, 468 u. 469.) Zosimus, ebenfalls Zeitgenosse, begreift die Goten in der Regel unter dem Namen Skythen, nennt jedoch zweimal (I, 27 u. 31) auch Γότϑοι als skythische (vergl. c. 26) Völkerschaft. Syncellus aus dem achten Jahrhundert sagt in seiner Chronographie (S. 705, Z. 10 der Bonner Ausgabe): Σκύϑαι οἱ λεγόμενοι Γότϑοι, und (S. 716, Z. 12) von denselben: καὶ Γότϑοι λεγόμενοι ἐπιχωρίως, woraus sich deutlich ergibt, daß Goten deren vaterländischer Name war und nur die Griechen sie „Skythen" nannten.

Von vorzüglichem Interesse ist ferner Agathias, der die Geschichte seiner Zeit von 553 bis 559 trefflich beschrieb. Dieser beweist nämlich in seiner Vorrede (C. Ser. Hist. B. III, 5) zugleich seine Kenntnis des getischen Altertums, indem er, den Gedanken ausdrückend, daß niemand zu großen Taten angetrieben werden würde, wenn nicht die Geschichte diese verewigte, sich der Worte bedient: τῆς ἱστορίας αὐτοὺς ἀπαϑανατιζούσης. οὐχ οἷα τὰ Ζαμόλξιδος νόμιμα, καὶ ἡ Γετικὴ παραφροσύνη welche, wie zumal aus dem Nachsatze hervorgeht, den Sinn haben, daß er hier nicht die verkehrte delirierende, auf Zamolxis sich gründende Unsterblichkeitslehre der „Geten", sondern die echte historische meine. Derselbe gebraucht nun in seinen beiden ersten Büchern, welche sich auf den Krieg mit den „Goten" beziehen, diese Benennung ausschließlich und an so zahlreichen Stellen, daß deren spezielle Zitate hier nicht angemessen sein würden.

Der Universalhistoriker des elften Jahrhunderts Zonaras sagt (II, 12, 24, S. 596, Z. 21 der Bonn Ausg.) von den Herulern: Σκυϑικῷ γένει καὶ Γοτϑικῷ, weit öfter aber in dem beinahe gleichzeitiger Cedrenus, z. B. Th. I, S. 515, 519, 546–549, 588, 653, 658 u. 659 und 679, während allerdings Joannes Lydus (ed. Bonn.[14] S. 106) einmal οἱ Γότϑοι Γέται sagt und Genesius (ed. Bonn. S. 33), wo er neber Hunnen und Vandalen Geten nennt, wahrscheinlich Goten darunter versteht.

Besondere Erwähnung unter den Griechen verdient aber noch Stephan von Byzanz im sechsten Jahrhundert, der ein uns nur im Auszug erhaltenes geographisches Wörterbuch schrieb, daher unzweifelhaft auch als Hauptzeuge zu betrachten ist. Derselbe sagt (S. 206 der neuen Ausgabe vor Meinecke):

Γετία ἡ χώρα τῶν Γετῶν. Γετὴς γὰρ τό ἐϑνικόν οὐ τό κύριον. ἔστι δὲ ϑρακικὸν ἔϑνος.

S. 112 aber: Γότϑοι ἔϑνος πάλαι οἴκησαν ἐντός τῆς Μαιώτιδος. ὕστερον δὲ εἰς τὴν ἐκτὸ Θράκην μετανέστησαν.

Dieses ausdrückliche und bewußte Absondern der Geten von den Goten, ohne daß irgendwie au deren Verwandtschaft hingewiesen wird, hält nun auch J. Grimm (S. 566) selbst seiner Meinung nich für günstig.

Den Kirchenvätern, die nicht Geschichte oder Geographie, sondern Theologie schrieben, ist, wen sie gelegentlich, ohne allen Zweck ethnographischer Belehrung, Volksnamen anführen, Gewicht über haupt nicht beizulegen.

Sie sind mindestens unbedingt den Historikern und Geographen nachzusetzen. Doch nur dre derselben, Philostorgius, Hieronymus und Augustinus nennen das Volk Geten, wogegen die Mehr zahl derselben, Sokrates Schol., Sozomenos und Auxentis und andere ebenfalls den Ausdruck: Gote gebrauchen.

Hätten wirklich die Goten, neben diesem Namen, auch den gleichberechtigten der Geten geführt, s wären aus demselben Grund auch die Zweige des Hauptstammes, Ost- und Westgoten, mit solchem z belegen gewesen. Gleichwohl kommen in den Quellen niemals Ost- und Westgeten vor.

Die Gegner haben außer den erwähnten, ihnen aber entgegenstehenden Cassiodor und Prokop fü sich nur folgende Schriftsteller anzuführen vermocht: die Historiker Jordanis und Orosius, den Panegyristen Ennodius, den Dichter Claudian, die oben genannten drei Kirchenväter und ein Jugendwerk des späteren Kaisers Julian.

Paulus Orosius, wahrscheinlich Bischof von Tarragona in Spanien, Schüler des h. Augustin, schrieb sein Geschichtswerk als Theolog für einen theologisch-apologetischen Zweck. Der Vergleich Roms mit Babylon und der Zerstörung ersterer Stadt durch Alarich mit der von Sodom und Gomorra ist ihm wichtiger, als historische Kritik. Seine Geschichte ist reine Kompilation, großenteils Abschrift von Justin, aber freilich immer noch eine bessere, als die des Jordanis. Unstreitig hat er des Livius und Tacitus verlorene Bücher gehabt – welch' Unglück, daß er sie nicht besser benutzt hat! Auch dieser aber bezeichnet das Volk überall, wo von diesem die Rede ist (VII, 22, 24, 28, 33, 35 und 37), ausschließlich als Goten: den von Trajan besiegten Herrscher nennt er Dacorum rex.

Nur eine Stelle ist es daher, worauf sich die Gegner beziehen könnten.

In dem, von den Siegen der Amazonen handelnden Buch I, Kap. 16 sagt er:

„Mox autem Getae illi, *qui et nunc Gothi*, quos Alexander evitandos pronunciavit, Pyrrhus exhorrcit, Caesar declinavit, relictis vacuefactisque sodibus suis, ac totis viribus tot Romanas ingressi provincias, simulque ad terrorem diu ostentati, societatem Romani foederis precibus sperant: quam armis vindicare potuissent; exiguae habitationis sodem, non ex sua electione, sed ex nostro judicio rogant; quibus subjecta et patente universa terra, praesumere, quam esset libitum, liberum fuit: semetipsos ad tuitionem Romani regni offerunt, quos solos invicta regna timuerunt. Et tamen caeca gentilitas, cum haec Romana virtute gesta non videat, fide Romanorum impetrata non credit, nec adquiescit, cum intelligat, confiteri beneficio Christianae religionis (quae cognatam per omnes populos fidem jungit) eos viros sine proelio sibi esse subjectos, quorum feminae majorem terrarum partem immensis caedibus deleverunt."

Der Zweck dieses Anführens ist nun lediglich der, zu erweisen, daß das blinde Heidentum der Goten, welche, obwohl ein viel streitkräftigeres Volk als die Römer, sich gleichwohl diesen unter Kaiser Valens als Föderierte freiwillig unterworfen hätten, nun dennoch nicht einsähe, wie sie es der Wohltat des Christentums zugestehen müßten: daß sie – diejenigen Männer, deren Frauer schon einst den größeren Teil der Erde mit ungeheurem Blutvergießen verheert hatten – jetzt im Frieden *ihm* (sibi), nämlich dem Christentume, unterworfen seien. Hier haben wir also den Ursprung der gotischen Amazonen des Jordanis, Orosius' Abschreibers, und, mit Justin verglichen, zugleich den Ursprung der ganzen Fabel, vor allem aber, wie wir sogleich sehen werden, den Ursprung der ganzen *vermeinten Identität von Goten und Geten bei Jordanis*. Justin führt nämlich in seiner Geschichte (II, 1, 3, 4 und 6) die Amazonen vielfach als die Frauen der Skythen auf. Weil nun der Name Skythen für Nordvölker überhaupt gebraucht wurde, so begriffen die älteren, namentlich griechische, Schriftsteller häufig auch die Geten[15], sowie die Goten darunter, wie denn noch Zosimus (im fünften Jahrhundert n. Chr.) die Goten Skythen nannte. Orosius schließt nun also, um seinen absurden theologischen Beweissatz durchzuführen, wie folgt:

„Die Geten sind Skythen, die Goten sind auch Skythen, folglich sind die Geten Goten."

Ist dies nicht genau ebenso, als wenn wir, um die Identität der Polen und Russen zu beweisen, sagen wollten: Die Russen sind Nordländer, die Polen sind auch Nordländer, folglich sind die Polen Russen?

Über Jordanis[16] ist ausführlicher zu handeln.

Derselbe nennt sich (c. 50) selbst agrammatus und wird von J. Grimm (S. 565, Nr. 813) ein *„erbärmlicher Kompilator"* genannt. Prüfen wir dies Urteil näher. Er sagt in der Zueignung seines Werks an Castalius folgendes:

„Superat nos hoc pondus quod nec facultas eorumdem lifrorum (der zwölf Bücher von Cassiodors Geschichtswerke) nobis datur, quatenus ejus sensui inserviamus. Sed ut non mentiar, ad triduanam ectionem dispensatoris ejus beneficio libros ipsos *antehac* relegi."

Er bemerkt nicht, ob er sein Werk sogleich nach Cassiodors Lektüre begonnen, oder das antehac ielleicht eine längere Zwischenzeit umfaßte.

Nicht aus Cassiodor hat derselbe ferner seinem Anführen nach *Anfang*, Ende (weil jener nicht so weit schrieb) und mehreres in der Mitte entnommen. Leider wissen wir nicht genau, wie weit dieser, ur aus andern Quellen[17] herrührende, *Anfang* reicht.

Nach einer im Wesentlichen aus Orosius entlehnten, aber auch abgeschmackte Zusätze[18] enthaltenen geographischen Einleitung fährt er im 4. Kapitel fort: Aus diesem, c. 3 beschriebenen Skanzia, der agina gentium oder officina nationum, nun seien die Goten *einst* unter ihrem König Berich ausgezogen, und hätten an der *Ostseeküste*, nach Besiegung der Ulmeruger und Vandalen, in Gothiskanzien ein Reich gegründet. Da sich jedoch die Volksmenge sehr vermehrt, habe Filimer[19], beinahe der fünfte König nach Berich (etiam *pene* quinto rege regnante) mit dem Heere auszuziehen beschlossen, um bessere Wohnsitze zu suchen. Zuerst langten sie in Skythien an, wo sie sich des großen Reichtums des Landes erfreuten: dann aber sei, nachdem die Hälfte des Heeres bereits einen Fluß passiert habe, die Brücke gebrochen und der Rest in den dortigen Sümpfen elendiglich umgekommen. Denn es sei, nach den Versicherungen der Hinkommenden, die es, wenn auch aus weiter Ferne, gehört, zu *glauben* (ex commeantium adtestatione quamvis a longe audientium *credere licet*), daß jetzt noch daselbst Geblök von Herden gehört und Spuren von Menschen wahrgenommen würden. Der übergesetzte Teil der Goten aber habe, nachdem sie die Spalen (Slaven) geschlagen, das äußerste Skythien am Pontus glücklich erreicht.

Dieses alles werde durch deren alte Lieder beinahe mit (in) historischer Weihe (Weise) (pene historico ritu) der Erinnerung bewahrt, wie dies denn auch Ablavius, der ausgezeichnete Geschichtsschreiber des Volks der Goten, in der wahrhaftigsten Geschichte bestätige (verissima adtestatur historia). Warum aber, fügt er in großer Naivität hinzu, Josephus, der so gründliche Annalist, der doch in gedachtem Lande deren Stamm erwähne, und daß sie Skythen hießen versichere, diesen Ursprung der Goten nicht anführe, wisse er nicht.

Im 5. Kap., in welchem er Skythien, das sich von den Germanen bis zu den Serern erstrecke, weitläufig beschreibt[20], läßt er im westlichsten Teile desselben zwischen Donau und Theiß die Gepiden sitzen, in der Mitte, d. i. in Dakien, Thrakien und Mösien, sei Zamolxis, der große Philosoph, König gewesen. Denn zuerst hätten sie den Zeuta, dann auch den Dikeneus und als dritten Zamolxis gehabt, darum seien *die Goten* auch, wie der griechische Geschichtsschreiber Dio (Chrysostomus) anführe, fast weiser als alle Barbaren, ja den Griechen beinahe gleich gewesen. Die erste (d. i. östlichste) Stelle an der Mäotis aber habe Filimer eingenommen. – Von weiterer Kritik dieser Stelle absehend, sei nur bemerkt, daß jener angebliche Zeuta unstreitig nichts anderes ist als der mißverstandene Amtsname des getischen Oberpriesters – etwa Theuta, dem griechischen ϑεός verwandt. (S. Strabo VII, 298 u. 304.) Fand aber Jordanis Zamolxis in seiner Quelle erwähnt, vielleicht in Strabo, den er in einem früherem Kapitel zitiert, so fand er dabei gewiß auch den davon unzertrennlichen Pythagoras, muß also diesen berühmten Philosophen mindestens in Augusts Zeitalter versetzt haben, da er des Zamolxis *Vorgänger*, Dikeneus, nach Kap. 11 für einen Zeitgenossen Sullas hält.

Im 6. Kap. läßt er nun die Goten, ohne Andeutung der Zwischenzeit, von Tanausis (wofür Jandusis zu lesen ist [s. Arrian Parth. fragm. I) regieren, welcher den ägyptischen König Vesosis (der nichts anderes als der große Eroberer Sesostris sein kann, daher entweder gegen siebenundzwanzig oder mindestens vierzehn Jahrhunderte v. Chr. gelebt hat[21]) am Phasis schlägt, bis nach Ägypten verfolg und nur durch den Nil und durch die – *gegen die Äthiopier*[22] *errichteten* – Festungen verhindert wird solchen in seinem Vaterlande zu vertilgen (extinxisset). Auf dem Rückmarsch unterjocht Jandusis beinahe ganz Asien, macht dieses aber (nach der von der gewöhnlichen abweichenden richtigen Lesart seinem teuern Freunde, dem Mederkönige Sornus, tributpflichtig.

Von den siegenden Goten nun finden einige das Land so einladend, daß sie vom Heere desertieren und in Asien bleiben. Von diesen stammen, wie Trojus Pompejus sage, die Parther ab, weil parthi im Skythischen Flüchtlinge bedeute.

Im 7. Kap. handelt er von den Amazonen. Während nämlich die Männer auf obige Weise abwesend sind, greift ein Nachbarvolk die gotischen Frauen an, wird aber von diesen geschlagen. Hierdurch ermutigt wählen sich solche zwei Fürstinnen: Lampeto und Marpesia.

Erstere hütet das Land, Malposia aber zieht mit einem Frauenheere nach Asien, überwältigt viele Völker, schließt mit andern Frieden und gründet eine Niederlassung an den kaspischen Pforten, wo Virgil noch das Saxum Marposiae kenne. Nach einiger Zeit ziehen sie aus, bezwingen Armenien Syrien, Kilikien, Galatien, Pisidien und alle Städte Asiens und machen Jonien und Aeolien zur Provinz, wo sie viele Städte gründen und unter anderem auch zu Ephesus der Diana einen wunderschönen Tempel bauen. Nachdem sie fast hundert Jahre dort regiert, ziehen sie sich zu den marpesischen Felsen im Kaukasus zurück.

Wie diese gotischen Amazonen ihr Geschlecht zu erhalten wußten, und von den sich verschafften Kindern nur die weiblichen behielten, erfahren wir in Kap. 8, das mit der Erzählung schließt, gegen diese solle Herkules gefochten, von ihnen Theseus Hippolyta erbeutet, deren Reich aber bis zu Alexander dem Großen bestanden haben.

Darauf im 9. Kap. zu den Männern der Goten zurückkehrend, bemerkt er, Dio, der fleißigste Forscher[23], habe seinem Werke den Titel Getica gegeben, und fügt hinzu: quos Getas jam supriori loco Gothos esso probavimus Orosio Paulo dicente. Jener Dio erwähne nun einen *viel späteren* König derselben, Telephus, der, Mösien (dessen Grenzen er hierbei genau nach denen der römischen Provinz beschreibt) beherrschend, ein Schwestersohn des Priamus gewesen, und im Kriege gegen die Danaer, bei Verfolgung des Ajax und Ulisses stürzend, von Achilles in der Hüfte verwundet worden sei, aber dennoch die Griechen von seinen Grenzen abgetrieben habe.

Diesem sei sein Sohn Eurypylus, dessen Mutter ebenfalls eine Schwester des Priamus gewesen (letzterer hatte also seine Tante geheiratet), gefolgt, welcher, aus Liebe zu Kassandra seinen Verwandten im trojanischen Kriege Hilfe leistend, alsbald dort geblieben sei.

Beinahe sechshundertunddreißig Jahre später, heißt es nun im 10. Kap., habe Cyrus, der Perserkönig, die Königin der *Geten*, Tamyris, bekriegt, welche, den Übergang über den Araxes (den heutigen Sirdaja) ihm absichtlich gestattend, zwar zuerst geschlagen worden sei, nachher aber einen entscheidenden Sieg erfochten habe.

Sed iterato Marte *Getae* cum sua regina Parthos devictos superant atque prosternunt, opimamque praedam (Cyrus Haupt) de eis auferunt: ibique primum *Gothorum* gens selica vident tentoria.

Darauf sei Tamyris nach Mösien hinübergegangen und habe dort die Stadt Tamyris gegründet.

Hiernächst der gänzlich mißlungenen Züge des Darius Hysdaspis und Xerxes gegen die Goten gedenkend, erwähnt er noch, daß Philipp von Makedonien mit einer gotischen Königstochter sich vermählt, nachher aber doch, wiewohl ohne Erfolg, die Goten mit Krieg überzogen habe; was durch deren König Sitalcus später gerächt worden, indem dieser die Athener mit 150 000 Mann bekriegt und in einer großen Schlacht wider Perdiccas geschlagen habe, welchen Alexander der Große zum Erben des Prinzipats über Athen eingesetzt habe.[24]

Im 11. Kap. wird die Ankunft des großen Philosophen Dikeneus, unter Boroista, der ihm beinahe königliche Gewalt verliehen, berichtet.[25] Nach dessen Rat habe Boroista die germanischen Lande (quem nunc, d. i. zu Jord. Zeit, Franci obtinent) verwüstet und selbst Cäsar (und zwar, wie deutlich erhellt, nicht Octavianus, sondern Julius) habe die Goten, obwohl dies oft versuchend[26] (crebro tentans) nicht zu unterwerfen vermocht. Darauf habe Dikeneus das Volk in der Ethik, Physik, Logik und Astronomie unterrichtet, auch, bis jetzt schriftlich vorhandene, Gesetze, Bellagines, gegeben. Ihm sei nach dem Tode mit gleicher Macht Comosicus, der zugleich als König und Oberpriester gegolten, gefolgt.

Das 13. Kap. führt uns auf die von dem Gotenkönige Dorpaneus (Dekebalus des Cassius Dio) über Domitian erfochtenen Siege, in deren Folge aber die Eroberung des ganzen Landes durch Trajan und des Dorpaneus Tod auch nicht mit einer Silbe erwähnt, vielmehr sogleich auf den Kaiser Maximin, gotischer Abkunft, übergegangen wird. Vorstehender, im Wesentlichen *wortgetreuer* Auszug aus den ersten dreizehn Kapiteln des Jordanis enthält zugleich die Kritik dieses merkwürdigen Machwerks.[27]

Die Frage, in wie weit dessen Inhalt von Cassiodor selbst oder nur von Jordanis herrühre, hat die Forscher schon mehrfach beschäftigt.[28] (Selig-Kassel, magyarische Altertümer. Berlin 1858. S. 293–308, und Schirren, De ratione quae inter Jordanem et Cassiodorum intercedat Commentatio. Dorpat 1858.)

Da eine monographische Erschöpfung des Gegenstandes zu weit abführen würde, soll nur einiges hervorgehoben werden. Vor allem das Schreiben Athalarichs an den römischen Senat (Valiar. IX, 25), worin er diesem Cassiodors Ernennung zum Praefectus Praetorio unter rhetorisch-schwülstiger Empfehlung desselben bekannt macht.

Nicht bloß die lebenden Herrscher, heißt es darin, die ihm nützen konnten, lobte derselbe, sondern etendit se etiam in antiquam prosapiem nostram, lectione discens, quod vix maiorum notitia cana etinebat. Iste Reges Gothorum longa oblivione caelatos, latibulo vetustatis eduxit. Iste Amalos cum genris sui claritate restituit, evidenter ostendens, ad decimam septimam progeniem stirpem nos habere egalem. Originem Gothicam historiam fecit esse Romanam, colligens quasi in unam coronam germen loridum, quod per librorum campos passim fuerat ante dispersum. Perpendite quantum vos in nostra aude dilexerit, qui vestri principis nationem docuit ab antiquitate mirabilem. Ut sicut fuistis a majoibus vestris semper nobiles aestimati, ita vobis rerum antiqua progenies imperaret.

Mit schwerer Sorge blickte der große Theodorich gegen Ende seines ruhmvollen Laufs auf die Gefahr seiner Dynastie, in welcher nur ein Weib, seine Tochter Amalaswintha, und ein Kind, deren ehnjähriger Sohn Athalarich, ihm zurückblieb.

Mochte, wie der Erfolg bewährte, der Zauber seines Namens und Willens die erste Nachfolge sichern, wer schützte fortwirkend das Kind gegen Neid und Ehrgeiz edler Goten, gegen das Aufstands-gelüst der Römer?

Zweierlei war dafür zu beweisen wichtig: erstens, für den germanischen Volksglauben, daß Athala-rich auch väterlicherseits ein *echter Amaler* sei, und zweitens, für den römischen Nationalstolz, daß das Volk der Goten ein noch älteres und durch Tatenglanz noch ruhmvolleres als selbst das römische sei.

Zu diesem doppelten Zwecke verfaßte *als politische Tendenzschrift* Cassiodor seine Geschichte der Goten.[29]

Beide obige Sätze nun werden in Athalarichs Schreiben als erwiesen angesehen, der erste bestimmt (evidenter ostendens in decimam septimam progeniem nos stirpem habere regalem), der zweite mittel-barer in den Schlußworten. Jener erste aber, unstreitig um so entschiedener der wichtigste, je zweifel-hafter das echte Amalerblut von Athalarichs Vater, Eutharich (s. Schirren S. 78–80, der solches für erdichtet hält), sein mochte, konnte wirkungsvoller durch gelegentlichen Nachweis in einem durch Gelehrsamkeit imponierenden Werke ausgeführt werden, als in einer besonderen Abhandlung ad hoc, welcher man die Absicht sogleich angemerkt haben würde.

Für den zweiten Zweck kam es darauf an, die mythischen Großtaten, welche Geschichte und Sage den Skythen und Amazonen beigelegt hatten, den *Goten zuzuschreiben*. Dies war in einer Zeit des Verfalls der Wissenschaft nicht gar schwierig. Waren doch die Goten Nordländer, daher auch Skythen, worunter der Sprachgebrauch, selbst der literarische, noch immer alle nordischen Völker zwischen Tanais und Donau begriff, woselbst ja auch die Goten ihre ersten Sitze hatten. Der Schwerpunkt der Aufgabe und der Kern der Täuschung lag also hier nur im *Zeitpunkte der Wanderung* der Goten von der Ostsee nach dem Pontus, welche nicht übergangen werden konnte, weil die Erinnerung daran im Volke, jedenfalls in dessen Liedern und des Ablavius Geschichte noch fortlebte. (S. Jord. 4 u. 5, sowie obige Stelle der Variar.: quod vix majorum cana memoria retinebat.)

Wie aber, wird man einwenden, konnte denn Cassiodor jene, vor noch nicht vier Jahrhunderten erfolgte Tatsache willkürlich um Jahrtausende weiter zurückschieben? In einem Volk ohne Schrift, Literatur und feste Zeitrechnung kann wohl die Erinnerung an ein großes Ereignis lange mythisch fortleben, nimmermehr aber dessen sichere Zeitbestimmung, für welche bei solchem überhaupt die Königsnamen, die ja auch hier, wenn auch nur teilweise und unvollständig, bewahrt wurden, unstrei-tig das einzige Anhalten bildeten.

Kennen denn die Edda und das Nibelungenlied eine Chronologie? Würde es möglich sein, aus Homers Ilias allein die Zeit der Zerstörung Trojas abzunehmen, wenn wir nicht daneben noch eine griechische Geschichte hätten? Ist aber einmal ein Zeitpunkt gänzlich verschoben, so ist es für das Bewußtsein des *Volkes* gleichgültig, ob dieser von einem Historiker um hundert oder zweitausend Jahre weiter hinaufgerückt wird, zumal wenn die Täuschung dem Stolze durch Zuteilung gewaltiger Ahnen schmeichelt.

Bedenklicher mochte der Glaube auf römischer Seite sein. Nicht das Volk im Allgemeinen aber konnte den Trug durchschauen. Merkwürdigerweise findet sich jedoch auch weder bei Dio noch bei Herodian (der sich überhaupt um fremde Völker sonst nicht kümmert), noch bei dem späteren Ammian irgend eine Nachricht über An- und Abkunft der wirklichen Goten. Auch bei andern, wie unstreitig bei Dexippus, kann dies nur isoliert und nebenher der Fall gewesen sein, da sich eine Spur davon sonst gewiß erhalten haben würde. Dennoch mögen einzelne Römer von besserer historischer Bildung Ab sicht und Kunst wohl erkannt haben. Erwägt man aber, daß die Schriften jener Zeit nicht, wie in der unsrigen, ein Gemeingut aller Gebildeten und dadurch Gegenstand öffentlicher Kritik wurden, gerad bei der Mitteilung dieser gewiß auch mit besonderer Vorsicht verfahren wurde, vor allem aber *Partei schriften für den Herrscher* durch eben *diese* ihre Bestimmung schon gegen unberufene Angriffe gesi chert waren, so konnte in solcher Besorgnis gewiß kein Behinderungsgrund der Abfassung derselben gefunden werden, wenn diese an sich nur eine geschickte war, was sie unzweifelhaft gewesen sein muß

Namentlich ließ hierbei derjenige Punkt, worin die Absicht am kennbarsten war, die Übergehun notorischer Tatsachen, wie Trajans Eroberung von Dakien – in Folge des jedem Urteilsfähigen sofor einleuchtenden politischen Zweckes – eine mißliebige Kritik am wenigsten befürchten.

Hält man nun obige Ansicht fest, so muß notwendig auch die Ableitung der Goten in uralter Ze zuerst aus Skanzia und dann von der Ostseeküste von Cassiodor selbst herrühren, was Schirre S. 51–54 meines Erachtens mit ebenso viel Gründlichkeit als Scharfsinn nachgewiesen hat.

Nur kann man nicht II, S. 9 ff. und III, S. 20 f., Selig-Kassel a. a. O. besonders S. 297 beipflichte

wenn beinahe der ganze Jordanis auf Cassiodor zurückführt, daher auch die zahlreichen Zitate desselben aus andern Schriftstellern nicht für eigne desselben, sondern insgesamt nur für abgeschriebene
aus Cassiodor erklärt werden. Dies widerspricht nicht nur des Jordanis ausdrücklichen Worten der
Vorrede: ad quos nonnulla ex historiis graecis atque latinis addidi convenientia, sondern vor allem dem
Urteile und Takte Cassiodors, des Gelehrten und *Staatsmannes*, der dem politischen Zwecke seiner
Arbeit durch Beweise grober Unwissenheit und Beimischung einleuchtend absurder Fabeln, wie deren
oben mehrere hervorgehoben sind, nur schaden konnte, weil Ignoranz und Lüge im einzelnen die
Glaubhaftigkeit des Ganzen verhinderte, wo nicht aufgehoben hätte. Die genaue Bestimmung darüber
aber, was aus des Jordanis Buche ihm selbst, was Cassiodor angehöre, wird nie mit voller Sicherheit
möglich sein, obwohl durch Obiges Cassiodor keineswegs von all' den zahllosen Irrtümern in jenem
Werke freigesprochen sein soll, das teilweise wenigstens, unter dem Drange von Staatsgeschäften,
ziemlich flüchtig verfaßt worden sein mag.[30]

Ist die entwickelte Ansicht richtig, so wird dadurch im Wesentlichen zugleich die Beweiskraft von
des Jordanis Buch für die Gegner vollständig aufgehoben.

Nachdem Cassiodor den Goten in ihrer Eigenschaft als Skythen den mehr mythischen Ruhm dieses
Volkes nebst dem der Amazonen beigelegt hatte, war von den Perserkriegen bis zu Ende des zweiten
Jahrhunderts n. Chr. immer noch eine lange Lücke auszufüllen, für welche die nun eingetretene
historische Zeit keinerlei Anhalten mehr darbot. Dafür gab es kein bequemeres Mittel, als die Goten
zugleich an die Stelle der *Geten* zu setzen. Altera ejusdem rei medela, sagt Schirren S. 54, in addendis
Gothorum historiae Getarum fatis posita erat. Nennt doch Herodot I, c. 206 und sonst Tomyris
Königin der Massa*geten*, diese aber (c. 201) ein skythisches Volk. Mit mehr historischem Anschein
noch als die Goten waren daher unstreitig die Geten für Skythen, neben welchen sie saßen, zu erklären, wodurch sie denn, weil auch die Goten Skythen waren, zugleich zu Goten wurden, was überdies
die Namensähnlichkeit unterstützte.

Die Brücke für diesen kühnen Übergang baute eben jene Tomyris, welche Cassiodor, dem dies
unzweifelhaft beizulegen ist, nach Jord. c. 10, „nachdem sie Cyrus besiegt", von Asien nach Europa
übersetzen und die Stadt Tomi in Mösien gründen läßt.

Nun saßen dort zwar nach Jordanis schon seit der Ureinwanderung Goten (c. 5), auch wird vorher
bereits der Gotenkönig Telephus, der Zeitgenosse des trojanischen Kriegs, daselbst erwähnt (c. 9), doch
ist die Tomyris-Nachricht (eine offenbar absichtliche, aber zu damaliger Zeit schwer zu kontrollierende Lüge) mit Geschick so gehalten, daß man in den folgenden Herrschern (c. 10–13) deren Nachkommen und Ruhmeserben vermuten kann.

Vor allem ferner mußte Cassiodor daran liegen, den gefeierten Namen und Kulturglanz des Zamolxis auf die Goten zurückzuführen und dadurch die Phrase (c. 5): „Unde et pene omnibus barbaris Gothi
sapientiores exstiterunt, Graecisque pene consimiles" zu begründen, weshalb diese, wie auch Schirren
S. 27 näher ausführt, unstreitig von Cassiodor herrührt.

Es geht aus der entscheidenden Stelle des Jordanis c. 9: quos Getas jam superiore loco Gothos esse
probavimus, Orosio Paulo dicente, zweifellos hervor, daß er hier gar kein eignes Urteil aus-, sondern
lediglich das des Orosius nachspricht. Jener locus superior aber findet sich (c. 5) in den Worten, wo er
nach Erwähnung des Kampfes von Vesesis mit den Männern der Amazonen fortfährt:

De queis feminas bellatrices et Orosius in primo volumine professa voce testatur. Unde cum Gothis
eum pugnasse evidenter probamus, quem cum Amazonum viris absolute pugnasse *cognoscimus*.

Die Stelle des Orosius I, 16 aber, worauf sich diese seltsame Logik bezieht, ist die oben bereits
erörterte, in welcher der ganz einseitig in seinen apologetischen Standpunkt verbissene und diesem
alle historische Wahrheit aufopfernde Theologe aus der Tatsache, daß die Goten, deren Frauen (die
Amazonen) allein einst den größeren Teil der Erde mit ungeheurem Blutvergießen verheert, sich dem
christlichen Rom friedlich unterworfen hätten (was freilich im Wesentlichen völlig unbegründet
war), einen Triumph für das Christentum ableitet.

Wo also, wie hier, die Quelle einer Nachricht erwiesen auf absichtlicher Entstellung oder gröbster
Unwissenheit beruht, kann auch diese selbst keinerlei Beweis für irgendeine Meinung begründen.

Es ist aber auch gar nicht wahr, daß Jordanis in seinem Werke selbst die Goten jemals als *Geten*
bezeichne: derselbe kennt vielmehr gar nicht zwei Völker, sondern überhaupt nur *ein Volk*, nämlich
das der *Goten*, welche er Jahrtausende *vor* Chr. an den Pontus und in Thrakien einwandern läßt, er
straft daher alle griechischen und römischen Schriftsteller, selbst Zeitgenossen, Lügen, welche daselbst
Geten oder Daken erwähnen und beschreiben.

Ennodius, Bischof von Ticinum, in seinem Panegyricus mit der Überschrift: dictus Ostrogothorum regi Theodelico braucht in der Regel lediglich den Namen Gothi, z. B. S. 26 u. 39, so daß nur einmal c. 19, S. 74 der Ausg. v. Meinecke, wo er von der militärischen Ausbildung der Jugend redet, der Ausdruck: getica instrumenta roboris vorkommt.

Die in dem ak. Vortrage S. 39 angeführte Stelle aus Aethicas Kosmographie: ab oriente Alania, medio Dacia, ubi et Gothia, deinde Germania, welche für die Sache gar nichts beweist, scheint J. Grimm, weil er sie in der Gesch. d. d. Spr. nicht wieder anführt, selbst nicht weiter beachtet zu haben.

Unter den Kirchenvätern ist unstreitig der von J. Grimm (S. 128) zitierte Philostorgius, der uns nur in des Photius Auszug erhalten ist (II, 5), um den Anfang des fünften Jahrhunderts, der bedeutendste, indem er sagt:

Wulfila habe um diese Zeit von den Skythen τῶν πέραν Ἴστρον, οὓς οἱ μὲν πάλαι Γέτας, οἱ δε νῦν Γότθους καλοῦσι, vieles Volk in das römische Land übergeführt, welches der εὐσέβεια (d. i. des Christentums) wegen vertrieben worden sei."

Daß die ganze Nachricht, wie sich weiter unten ergeben, auch von Philostorgius selbst (IX, 17) anerkannt wird, in dieser Weise falsch ist, erweckt schon kein Vertrauen in die Zuverlässigkeit dieses Kirchenhistorikers.

An sich wird aber überhaupt durch das Anführen:

„die Alten nannten jene Skythen Geten, die Neuern Goten" nur die verschiedene Benennung jener Völker zu verschiedenen Zwecken, keineswegs jedoch die Identität der Träger dieser Namen erwiesen Jedenfalls könnte letzterer Beweis nicht mittelbar aus der vagen und mehrdeutigen Ausdrucksweise eines Schriftstellers entlehnt werden, der thrakische und germanische Nationalität von skythischer überhaupt nicht zu unterscheiden wußte.

Dagegen führt der Dichter Claudian zu Anfang des fünften Jahrhunderts sowohl in der Überschrift seines Gedichtes de bello Getico als in dessen Text und sonst die Goten allerdings stets unter dem Namen Geten auf. Wirft man aber nur einen Blick auf das deklamatorische, den alten Klassikern nachgekünstelte, überall mit Belesenheit prunkende Streben dieses Poeten, so kann man einen irgendwie glaubhaften historischen Zeugen in ihm sicherlich nicht erblicken. Unstreitig hat derselbe den Namen Geten nur um deswillen vorgezogen, weil er ihm klassischer, als der wirkliche, aber moderne erschien.

Zuletzt ist unter den von den Gegnern angeführten Zeugen der spätere Kaiser Julian zu besprechen welcher in der Lobrede auf seinen Vetter, den Kaiser Constantius, von dessen Brüdern, Constantin des Großen Söhnen, während des Vaters Lebzeit redend (S. 12) der Ausg. v. Schäfer, Leipzig bei Köhle 1802) sagt: Der eine wirkte bei Besiegung der Tyrannen mit, der andre τὴν πρὸς τοὺς Γέτας ἡμῖ εἰρήνην τοῖς ὅπλοις κρατήσας παρεσκεύασεν ἀσφαλῆ. Daß er hier durch Geten Goten habe bezeich nen wollen, ist allerdings wahrscheinlich, aber keineswegs gewiß, weil Constantin damals auch mi Sarmaten, wie die Quellen sagen, in Berührung kam, was oben erörtert worden ist. Die ganze Arbeit is aber keine Staatsrede, sondern nur eine Chrie. Ihr Zweck war unstreitig der, dem Kaiser gewinnend Dinge zu sagen. Überall erkennt man darin die Schule, aber auch den Geist des spätern großen Man nes. Wenn der junge Julian, dessen Ausbildung eine durchaus griechische und dem es in der ganze Sache überhaupt nur um einen schönrednerischen Effekt zu tun war, hier einen bekannten griechi schen Namen gebrauchte, so hat er dabei sicherlich nicht an strenge Unterscheidung, noch weniger a Lösung eines ethnographischen Problems gedacht.

Hierüber wird nun von Schirren a. a. O. S. 56 auch nach Ausonius, Sidonius Apollinaris un Prudentius Aurelius – insgesamt also Dichter der schlechtesten Zeit – der Gebrauch von Geta fü Gothus zitiert, was hier nur der Erwähnung, nicht aber der Widerlegung, noch weniger spezielle Kritik der einzelnen Stellen bedarf, da von ihnen alles dasjenige gilt, was vorstehend bereits vo Claudian bemerkt worden ist.

Wichtiger würden die von ihm zitierten Inschriften mit der Bezeichnung Getae sein, welche dah Erwähnung fordern.

In einer in Mabillon (Vett. Annal p. 359, 7) angeführten Inschrift von Theodosius finden allerding die Worte: Quod Getarum nationem in omne aevum etc. Allein in Grutor (281, 1) und dem s zuverlässigen Muratori (später als Mabillon) (466, 1) heißt es in derselben Inschrift statt desse Gothorum nationem, weshalb ersteres entweder Druckfehler ist oder mindestens ohne genauere krit sche Feststellung nichts zu beweisen vermag.

Was hingegen die aus Gruters Corp. Inscriptionum angeführten betrifft, so beruht das erste Zit (T. I, p. 261, 2) auf Versehen, da es in dieser Gothorum mentes, wie in der vorhergehenden unter 1 pc gothicam victoriam heißt. Beide sind übrigens als *amtliche* Inschriften auf die durch Narses bewirkte Wiederherstellung des pons Salarius über den Anio von Wichtigkeit für meine Meinung. Dagegen findet sich in den drei andern (T. III, p. 1170, 13; 1171, 4 und 1173, 4) allerdings Getes und Getae. Diese aber gehören zu derjenigen Sammlung christlicher Grab- und Inschriften, die Gruter wenige Blätter zuvor mit folgendem Titel bezeichnet: Epigrammata sequentia omnia inveni in vetero libro Bibliothecae Palatinae Friderici IV. eloctoris, *videbaturque* descriptus 100 aliquot annos retro e templis fere Urbis Romae. Da solche hiernach jeder Beglaubigung der Echtheit, namentlich der Zuverlässigkeit des Epigraphikers entbehren, so vermögen dieselben offenbar nichts zu beweisen.

Nach diesem allen stellt sich als Ergebnis des Gegenbeweises nur so viel heraus: daß, außer Orosius und Jordanis, die nach obigem nicht zu beachten sind, allerdings einige, aber nur sehr wenige, und insgesamt minder glaubhafte Schriftsteller die Goten auch Geten nennen.

Es fragt sich nun, worauf diese, der *amtlichen* Bezeichnung dieses Volks und der übereinstimmenden Autorität nicht nur der zahlreichsten, sondern auch der vollgültigsten Zeugen *widersprechende* Benennung beruht?

Nur entweder auf dem Grunde bewußter Überzeugung von der ursprünglichen Identität der Geten und Goten zur Zeit der Ureinwanderung: oder auf dem der Vereinigung beider Völker vom Ende des zweiten Jahrhunderts ab in den alten Wohnsitzen der Geten und vor allem auf der Ähnlichkeit beider Namen.

Diese Frage mit Sicherheit zu lösen, ist unmöglich, aber die zweite Voraussetzung für die richtigste zu halten: und zwar um deswillen, weil nach der Natur der Sache und des Tacitus Urteil zu Folge die Kunde der Ureinwanderung bei den europäischen Völkern und den Germanen insbesondere um die Zeit nach Christus bereits gänzlich erloschen war, zweitens aber weil gerade bei den römischen Historikern nicht die geringste Spur einer solchen Wissenschaft oder auch nur Vermutung sich findet. Für römischen Nationalstolz aber würde es ein hohes, wenn auch nicht praktisches Interesse gehabt haben, in den Goten nur die Stammbrüder und Nachfolger der von Trajan so arg gedemütigten Geten wieder zu finden.

Wenn J. Grimm (S. 129) Strabos Glaubwürdigkeit dadurch zu mindern sucht, daß dieser (VII, S. 312) Skythien bis zum Rhein erstrecke, demnach auch Germanien mit darunter begreife, so hat er in dieser, den Schluß des 4. Kapitels bildenden Stelle den Anfang des nächstfolgenden nicht beachtet. Aus diesem ergibt sich, daß sich in der letzten Stelle von Kap. 4: τοιαύτη μὲν ἡ ἐκτὸς ῎Ιστρου πᾶσα ἡ μεταξὺ τοῦ ῾Ρήνου καὶ τοῦ Τανάιδος ποταμοῦ, das τοιαύτη nicht bloß auf Skythien, wovon Kap. 4 handelt, sondern auch auf die drei vorhergehenden bezieht, indem Kap. 5 ausdrücklich mit den Worten beginnt: Λοιπὴ δ' ἐστι τῆς Εὐρώπης ἡ ἐντὸς τοῦ ῎Ιστρου nämlich Makedonien und die griechische Halbinsel, wonach in beiden Stellen das ἐκτὸς und ἐντὸς d. i. nördlich und südlich der Donau, den Gegensatz bildet.

J. Grimm hält (sowohl in seiner akad. Vorl. vom Jahre 1843, S. 60, als in d. Gesch. d. d. Spr. S. 136 und 561) Dekebalus nicht für einen Eigennamen, sondern für ein Appellativ, d. i. Amtstitel der getichen Herrscher. Schon Reimarus in seiner Ausgabe des Cassius Dio S. 1105, Anm. 35, hat vermutet, daß sich solches von *Baal* (Herrscher) der Dakier ableiten lasse.

Allein wenn Cassius Dio LXVII, 6 sagt, daß der Name Daken nicht allein bei den Römern üblich sei, sondern auch das Gesamtvolk selbst sich so nenne, so dürfte dies allerdings in so weit für richtig anzunehmen sein, als in den beiden Friedensschlüssen zwischen Dekebalus und Rom, welche Dio im Senatsarchiv einsehen konnte, dieser Name für das Gesamtvolk gebraucht worden sein muß.

Strabo hingegen unterscheidet in früherer Zeit ausdrücklich Daken und Geten, indem er (VII, p. 304 a. Schl.) von der Donau redend sagt:

„Der Fluß heißt in seinem *oberen* Laufe nach den Quellen zu bis zu den Katarakten (den Stromschnellen bei Orsova), wo hauptsächlich die *Daken* wohnen, Danubius, in seinem *unterm* bis zum Pontus hin, da, wo die Geten sind, Ister."

Hieraus ergibt sich, daß das Land der Daken nur einen kleinen Teil des Gesamtgebiets umfaßt haben kann.

Er selbst gebraucht aber, wo er von der Gesamtheit redet, nur den Namen Geten, nennt daher auch Dromichartes und Boirebistes, der selbst ein Gete war, König und Herrscher der Geten.

Daß hierauf nichts ankomme, weil Strabo als Grieche nur den bei den Griechen gewöhnlichen Namen anwende, ist irrig, da wir schon aus Herodot wissen, womit alle späteren Quellen bis auf Strabo und Pomponius Mela übereinstimmen, daß Geten der Spezialeigenname eines der thrakischen Völker und zwar des südlichsten und kultiviertesten derselben war. Möglich nun, daß Dekebalus für seine Person Dake war, der Name seines Stammes daher *zu dessen Zeit* für das Gesamtvolk selbst gebraucht worden sein mag, höchst unwahrscheinlich aber, daß ein von dessen persönlicher Herkunft abgeleitetes Appellativ, Baal der Dakier, der legale Amtstitel der Herrscher des alten Getenreichs geworden sei. Unstreitig ist übrigens Dio für alles ethnographische eine höchst schwache Autorität.

Unzweifelhaften Glauben dagegen verdient derselbe, wo er als Konsular auf Grund amtlicher Kenntnis berichten konnte. Dio gebraucht aber im 67. u. 68. Buche den Ausdruck Dekebalus mindestens zwanzig Mal, und zwar meist so, daß darin mit überwiegender Wahrscheinlichkeit, ja einmal sogar mit Sicherheit ein Eigenname zu erkennen ist. Letzteres nämlich LXVII, c. 6: Δαχούς ὧν τότε Δεχέβαλος ἐβασίλευε.

Würde dies nicht, wenn er hier nur den Amtstitel ausdrücken wollte, ebenso abgeschmackt gewesen sein, als wenn ein deutscher Historiker ein bestimmtes Oberhaupt des *Kirchenstaats* durch die Worte: „welchen damals der Papst regierte", bezeichnen wollte?

Der Name wechselt, der Amtstitel bleibt. Zwei Könige der Geten nennt nach obigem Strabo. Drei der Geten[31], beziehentlich aber auch Daken nennt Dio, als Roles Dapyx (LI, 24 und 26) und Duras (LXVII, 6) welcher die Regierung freiwillig an Dekebalus abtrat. Da nun Duras nach obiger Meinung ebenfalls ein Dekebalus gewesen sein müßte, so würde sich Dio hier ebenso unangemessen ausgedrückt haben, als wenn man im Deutschen sagen wollte: Karl I., König von Spanien, trat die Regierung freiwillig an den König des Landes ab.

Das Gewicht dieser Gründe kann auch durch die *Vermutung*, daß Orosius, welcher jenen König nicht Dekebalus, sondern Diurpaneus nenne, letztern Namen aus des Tacitus verlornen Büchern entlehnt habe, nicht entkräftet werden. Ist nämlich auch nach dem Inhalte der Kompilation desselben anzunehmen, daß er hier weder aus Dio noch Sueton geschöpft habe, so folgt doch daraus noch nicht, daß dies aus Tacitus geschehen sein müsse. Vor allem kann aber auch durch doppelten Irrtum der Abschreiber des Tacitus und des Orosiua Dekebalus leicht in Diurpaneus (Jordanis schreibt Dorpaneus) verfälscht worden sein, zumal Anfang und Schlußbuchstaben, sowie das mittlere a beiden Namen gemein sind. Endlich kommen ja auch häufig Doppelnamen bei einer und derselben Person vor Wollte man endlich für J. Grimm noch die Stelle des Treb. Poll. 30 Tyr., c. 10, nach welcher es von den sich wider Gallien empörenden Regillianus heißt: gentis Daciae, Decebali ipsius, ut fertur affinis anführen, so dürfte diese umgekehrt wohl mehr gegen ihn beweisen.

Da nämlich Dakien damals seit hundertundfünfzig Jahren keine Könige mehr hatte, so mußte entweder derjenige König, welchem R. verwandt gewesen, genannt oder, wenn früher alle Herrscher eines Geschlechts waren, statt des Amtstitels der Ausdruck stirpia regalis gebraucht werden: auf die bloße *Möglichkeit* einer falschen Ausdrucksweise kann man doch keine Konjektur gründen. So kann man der versuchten Ableitung der „Taifalen" (als der „Königlichen", „Fürstlichen") von Dekebalu nicht beipflichten.

DRITTER EXKURS

Die Zeitfolge der Ereignisse unter Valerian und Gallienus

Die Hauptquellen für die Jahre 254–268 sind, nächst den, so weit sie sicher, stets vorzugsweise z berücksichtigenden Münzen, Trebellius Pollio und Flavius Vopiscus, Zosimus, des Syncellus Chrono graphie, des Zonaras Annalen, Beh. XII und die Epitomatoren.

Im Westen befehligte am Rhein in den Jahren 264 bis 257 Gallienus persönlich, unter ihm Postu mus gegen die Alemannen am Oberrhein, Aurelian am Niederrhein gegen die Franken.

Mit Sicherheit ist aus dieser Zeit nur bekannt, daß sich Gallienus, von guten Feldherren unter stützt, durchaus tüchtig bewies (s. Aur. Vict. 33, Eutrop IX, 8 und Zosimus I, 30) und mehrfache Sieg erfocht, wie dies dessen zahlreiche, auch noch über spätere Jahre sich erstreckenden Siegesmünze beweisen[1] (s. Eckhel, p. 385, 390, 391 und 401), auf denen zum Teil Rhein und Main dargestellt sin Schon vom Jahre 256 erscheint auch auf diesen der Beiname Germ. Max., der mit angehängter Zal (anstatt des frühern Imp. mit der Zahl) die Wiederholung der Siege angibt und sich bis zu V. steiger was, wenn auch deren Bedeutung wahrscheinlich übertrieben ward, doch erlangte Vorteile außer Zweifel setzt.

Unter den Quellen gewährt *für diese Zeit* nur Zosimus einige Auskunft. Nachdem derselbe bereits (I, 29) der Markomannen, die durch Einfälle das benachbarte römische Gebiet verheerten, gedacht hat, berichtet er (c. 30) Folgendes:

Gallienus, den gefährlichsten Feind in denjenigen Germanen erkennend, welche die keltischen Völker des rechten Rheinufers so heftig bedrängten, übernahm den Krieg wider sie in Person, während er die Italien, Illyricum und Griechenland durch Raubfahrten heimsuchenden Feinde durch seine Generale bekämpfen ließ. Er selbst die Rheingrenze verteidigend wehrte teils den Übergang ab, teils stellte er sich den Übergesetzten in geordneter Schlacht entgegen. Da er aber mit geringeren Streitkräften gegen eine sehr große Übermacht kriegte, geriet er doch in Verlegenheit, in welcher es ihm mindere Gefahr erschien, mit einem der germanischen Volksführer Frieden zu schließen, worauf es ihm gelang, die übrigen Barbaren abzuwehren oder die dennoch Übergesetzten zu bekämpfen.

Alle übrigen auf den Westen des Reichs bezüglichen Nachrichten sind der Zeit nach völlig unsicher. So sagt Eutrop:

a) IX, 7 (anscheinend von dieser Zeit): Germani Ravennam usque venerunt.

b) c. 8. Alemanni vastatis Galliis in Italiam penetraverant. Germani usque ad Hispanias penetraverunt, et civitatem nobilem Tarraconem expugnaverunt.

c) Aur. Vict. 33. Alemannorum vis tunc aeque Italiam; Francorum gentes, direpta Gallia, Hispaniam possiderent, vastato ac paene direpto Tarraconensium oppido, nactisque in tempore nav.giis, pars in usque Africam permearet.

d) Orosius VII, 22. Germani Alpibus, totaque Italia penetrata, Ravennam usque perveniunt.

Alamanni Gallias pervagantes etiam in Italiam transeunt.

Germani ulteriores potiuntur Hispania.

e) Zonaras XII, 24, p. 696 in d. Übersetzung: Gallienus cum non amplius decem mi.lia haberet, trecenta millia Alemannorum apud Mediolanum vicit.

f) Greg. Turon. (Hist. Franc. I, 30) und die Acta SS. Boll. Aug. T. IV, S. 439 berichten von einem furchtbaren Einfalle der Alemannen unter ihrem Könige Chrocus zu Valerians und des Gallienus Zeit, welche ganz Gallien durchraubt und große Städte zerstört hätten.

Von diesen Nachrichten verdienen aber gerade die wichtigsten, die beiden letzten, keinen Glauben. Zonaras hat hier offenbar dem Gallienus, und zwar mit größter Übertreibung, einen der spätern Siege des Claudius, Aurelianus oder Probus zugeschrieben, von denen sich bei ihm nichts findet, wie es denn auch fast undenkbar ist, daß sich bei den Epitomatoren und Zosimus über einen so glänzenden Sieg nichts erhalten haben sollte.

Jener Alemannenkönig Chrocus aber wird von Fredigar als ein König der Vandalen, der zu Anfang des fünften Jahrhunderts in Gallien einfiel, dargestellt, was ungleich wahrscheinlicher ist ur d auch mit andern Nachrichten übereinstimmt. (S. Patrolog. Curs. Comp. T. LXXI. Paris 1849, p. 704 und 705 oder 711 und 712 d. alt. Seitenzahlen. Vergl. auch darüber Stälin, G. v. W., 3. Abschn., S. 118.)

Die unter a) bis d) aufgeführten Stellen dürften sich ebenfalls nicht auf die Jahre 254–257, sondern auf die spätere Zeit tiefsten Verfalls der äußern und inneren Zustände Roms nach dem Jahre 260 beziehen.

Die wichtigste Frage dieser Zeit ist daher unstreitig, ob die von Treb. Pollio Salon. Gall. c. 3, Aur. Vict. 33, 6 und der Epitom. Aur. Vict. einstimmig bezeugte Verbindung des Gallienus mit der Pipa oder Pipara², Tochter eines Königs (nach Trebellius Pollio der Barbaren, nach Aurelius Victor der Germanen, nach der Epitome der Markomannen), bei Gelegenheit jenes von Zosimus berichteten Friedensvertrags erfolgt ist. Da die Epitome, welche wenig, aber oft recht gute Nachrichten enthält, ausdrücklich hinzufügt, daß jenem Könige (nach Aurelius Victor de Caes. „Namens Attalus") dafür ein Teil des obern Pannoniens (welches an das Markomannenland grenzte) abgetreten worden sei, so dürfte die Identität beider Verträge wohl anzunehmen sein. Wahrscheinlieh waren es nun die Markomannen, welche vielleicht in Verbindung mit Alemannenführern, Scharen bis Italien aussandten, zu deren Abwehr es dem, fortwährend durch die westlichen Alemannen beschäftigten Gallienus an Truppen gefehlt haben mag, wogegen er sich durch jenen Friedensschluß sicherte.

Daß auch, vielleicht infolge dieses Friedens, das mittlere Rätien wenigstens zeitweilig wieder in römischem Besitz war, ergibt eine im Donautale etwas östlich Ulms gefundene Inschrift: Imp. Gallienus Germ. invict. Aug. S. Stälin, S. 49.

Wenn Postumus ferner nach Treb. Pollio 30 Tyr. c. V. nonnulla etiam castra in barbarico solo aedificavit, so dürfte er dies vielleicht mehr in der günstigen Zeit bis mit 257, denn in der späteren als Tyrann ausgeführt haben, wo er meist mit dem Kaiser zu streiten gehabt haben wird.

Wahrscheinlich waren es einige der für die Rheinwehr so wichtigen Neckar-Türme, die er wieder herstellte.

Im Allgemeinen aber muß, nach obigem, namentlich nach Zosimus, angenommen werden, daß das Zehntland auch schon in der fraglichen Periode größtenteils im Besitze der Alemannen war.

An der Donau, in Illyricum befehligte in dieser Zeit Ulpius Crinitus, der von Trajan abzustammen versicherte. Da er wegen Krankheit eines Gehilfen und Stellvertreters bedurfte, wurde ihm durch Valerian der aus Germanien zurückberufene Aurelian beigegeben, der sich hier nun gegen die Goten auszeichnete, die Grenzwehr wieder in Stand setzte und das vielfach geplünderte Thrakien mit Rindern, Pferden, Sklaven und Gefangenen versah, deren Menge sich daher abnehmen läßt, daß er einer Privatherrschaft Valerians allein 2000 Kühe, 1000 Stuten, 10 000 Schafe und 15 000 Ziegen zuteilte, welche er doch nur den gotischen Scharen abgenommen haben kann, die er wahrscheinlich aber noch über die Donau hinaus verfolgte. (Treb. Poll. Aur. c. 10.) Nach dessen ebenda in c. 11 abgedruckter Bestallung sollte er den Krieg bei Nikopolis beginnen. Beigegeben waren ihm unter andern Harimund, Haldegast, Hildemumd und Chariovis, also germanische Führer in römischem Solde. Im übrigen hat aber sein Heer hiernach nur aus der dritten Legion „felix", 1660 asiatischen Bogenschützen und 800 Panzerreitern bestanden. Zugleich ließ Valerian ihn für den Monat Juni des *nächsten* Jahres in Gemeinschaft mit Ulpius Crinitus die Ernennung zum consul suffectus an seiner, Valerians und des Gallienus Stelle, und zwar auf Staatskosten hoffen. Hieraus ergibt sich, daß seine Anstellung in das Jahr 256, dessen Konsulat aber (das er nach dem von demselben Schriftsteller c. 12 mitgeteilten Reskript an den Aerarpräfekt auf Übertragung der Festspielkosten für solchen auch wirklich angetreten haben dürfte) in das Jahr 257 gefallen ist, weil dies das letzte Konsulat der beiden Kaiser war, die überhaupt nur in den Jahren 254, 255 und 257, nicht aber 256 gemeinschaftlich das Konsulat bekleideten. Bei der schon oben erwähnten Heerversammlung unfern von Byzanz im Jahre 258 brachte ihm nun Valerian den Dank der Republik dar, quod eam Gothorum potestate liberasti. Am Schluß dieser Rede heißt es nun freilich auch c. 13: Nam te consulem hodie designo, scripturus ad Senatum ut tibi deputet scipionem (Elfenbeinstab), deputet etiam fasces. Nach der Bestimmtheit der Nachrichten in c. 11 und 12 und der Gewißheit des Jahres 258 für obige Versammlung kann indes hierin nur eine neue anderweite Designation für das Jahr 259 erkannt werden, die sich jedoch, da Aurelian vor seiner Thronbesteigung nie ordentlicher Konsul war, wiederum auf bloße Suffektion beschränkt haben muß.[3]

Für die Jahre 258 bis 260 ergibt sich aus Treb. Poll. 30 Tyr. c. 9, daß im Jahre 258 (Tusco et Basso Coss.) der Legat von Pannonien, Ingenuus, von den mösischen Legionen (vielleicht denen des obern, da Niedermösien unter Crinitus gestanden haben dürfte) zum Kaiser ausgerufen ward. Gallienus sofort aus Germanien in Person herbeieilend schlug ihn aber und gab sich hierauf der blutdürstigsten Rachgier hin. Ein Teil von dem Heer des Ingenuus floh zu dem in der Nähe kommandierenden Regalianus, einem Daken, der sich von Dekebalus abzustammen rühmte (Treb. Poll. 30 Tyr. c. 10), und rief diesen zum Kaiser aus, der aber aus Furcht vor des Gallienus Grausamkeit bald von den Seinigen getötet ward, und zwar, nach 30 Tyr. c. 10, autoribus Roxalanis, consentientibusque militibus. Diese Worte sind nicht ganz deutlich, doch sind unter Roxalanen hier wohl Soldaten dieses Volkes in römischem Dienste zu verstehen.

Als Gallienus den Rhein verließ, vertraute er seinen, einige Zeit vorher zum Cäsar ernannten, etwa sechzehnjährigen Sohn, Cornelius Licinius[4], nicht dem Postumus, sondern dem Silvanus, nach Zosimus c. 38 (oder Ἀλβανός nach Zonaras XII, 24, S. 597) an.

Dies und des letztern, mit Vertretung des Cäsars sich brüstende Anmaßung[5] mag den verdienten Postumus und auch dessen Heer erbittert haben, worauf dieses ihn im Jahre 258 zum Kaiser ausrief. Dieser Zeitpunkt und die bis in das Jahr 267 hinein anerkannte Herrschaft des Postumus in Gallien und Spanien steht durch dessen zahlreiche, von Eckhel p. 437–445 umständlich beschriebene Münzen *auf das zweifelloseste* fest. Merkwürdig nun, daß Trebellius Pollio (2 Gall. c. 4) und Zosimus (I, 38) den Postumus Aufstand in viel spätere Zeit nach Valerians Gefangennehmung, etwa in das Jahr 261 setzen, was bei letzterm jedoch, der für genauere Chronologie weniger Mittel, aber gewiß auch weniger Sin gehabt haben mag, nicht so auffällig ist, als bei ersterem.

Trebellius Pollio scheint indes zwar die in seinen Quellen gefundenen Zeitangaben getreu wieder gegeben, den Mangel derselben aber durch eigene Erörterung und Kritik niemals ergänzt zu haben, was gerade ihm, der nur wenig über dreißig Jahre nach Postumus lebte, so leicht gewesen sein müßte, wie er denn überhaupt als Geschichtsschreiber kaum über seinen Vorgängern steht.

So ist es z. B. absurde Affektation klassischer Gelehrsamkeit, wenn er die achtzehn bis neunzehn Provinzialstatthalter, welche zu ganz verschiedenen Zeiten unter Valerian und Gallienus vorübergehender, oft nur wenige Tage dauernder Herrschaft sich anmaßten, unter dem Namen der „dreißig Tyrannen", nach dem Vorbilde jener von Sparta zu *gleichzeitiger* Regierung Athens berufenen dreißig Tyrannen, darstellt und diese Zahl – was ihm aber doch nicht gelingt – durch Einrechnung von Söhnen und Verwandten, sowie des nicht aufständischen, sondern Gallienus so treuen Odenats von Palmyra, ja durch Rebellen früherer und späterer Zeit zu erfüllen strebt.

Postumus rückte sogleich gegen Mainz, wo der Cäsar Licinius seinen Sitz hatte, und zwang es durch Belagerung zur Übergabe, worauf er diesen nebst Silvanus töten ließ. Nach Eckhel, p. 433 soll dies im Jahre 259 geschehen sein, wofür derselbe einen Beweis aber nicht beibringt. Jedenfalls muß es früher gewesen sein, als Gallienus, der sofort gegen Postumus aufbrach, seinem Sohne zu Hilfe kommen konnte.

Die Geschichte dieses Krieges, der sich weit in die nächste Periode hineinzog, wird von Treb. Pollio (2 Gall. c. 4 u. 7), so wie von Zonaras (24) nur kurz, unvollständig und ohne alle Zeitangabe erwähnt. Derselbe zerfällt in zwei Abschnitte. Im ersten ward (nach Kap. 4) Postumus, der hiernach im freien Felde sich gegen den Kaiser nicht halten konnte, belagert (vermutlich in Mainz), dabei aber Gallienus durch einen Pfeilschuß von der Mauer herab, wie es scheint, gefährlich verwundet, worauf derselbe die Belagerung aufhob, was, da wahrscheinlich noch längere Kämpfe vorausgegangen sind, etwa im Jahre 260, geschehen zu sein scheint. Postumus mag sich durch geworbene Hilfstruppen[6], namentlich Franken, wesentlich verstärkt haben.

Zum zweiten Male kann nun Gallienus, weil er dabei von Aureolus unterstützt ward, erst nach Makrians Besiegung, daher kaum vor Ende 261 oder Anfang 262, wiederum gegen Postumus gezogen sein, wovon Trebellius Pollio (in demselben c. 4) sagt:

„Dieser Krieg ward, durch verschiedene Belagerungen und Schlachten sich lange hinziehend, bald glücklich bald unglücklich geführt", während er c. 7, wiewohl offenbar von denselben Ereignissen redend, bemerkt: viotrix pars Gallieni fuit, pluribus praeliis eventuum ratione decursis.

So unklar diese Darstellung daher ist, so berichtet doch Zonaras noch viel verworrener, indem er, beide Kriegsabschnitte vermischend, zuerst den Postumus siegen, dann geschlagen und von Aureolus verfolgt werden, dabei aber denselben in jene Festung fliehen und nun erst die Belagerung eintreten läßt, bei welcher Gallienus verwundet wurde.

Die Hauptsache war wohl, daß die große Bedrängnis des Reichs in andern Gegenden Gallienus hinderte, diesen Krieg teils in eigener Person, teils mit ausreichender Streitkraft fortzuführen, weshalb Postumus sich bis zu seinem Ende im Jahre 267 behaupten konnte.

Die Zeit der Alleinherrschaft des Gallienus von 261 bis 268 sah viele Empörungen.

1. Jahr 261. Gall. Aug. IV. et L. Petr. Tauro Volusiano Coss.

Valerian hatte allgemeine hohe Achtung genossen, Gallienus aber fast nur allgemeine Verachtung. Unzweifelhaft in das Jahr 261 sind die in Kapitel 6 bereits erwähnten gemeinsamen Einbrüche germanischer, auch wohl anderer Scharen in das römische Gebiet zu setzen, da sie von Zosimus (I, 37) als unmittelbare Folge von Valerians Gefangennehmung berichtet werden.

Der Hauptangriff erfolgte in Italien und war gegen Rom selbst gerichtet, obwohl die Germanen, da der durch die Gefahr aufgeschreckte Senat ein stärkeres Heer gegen sie gesammelt hatte (Zosimus c. 37), diesen Plan wieder aufgaben und sich auf Ausraubung von beinahe ganz Italien – unstreitig nur Ober- und einem Teil von Mittelitalien – beschränkten. Hierauf scheint sich nun die Stelle in Orosius VII, 22): „Germani Alpibus, Retia totaque Italia penetrata, Ravennam usque perveniunt" zu beziehen, da Ravenna auf der flaminischen Straße lag, die von Padua, der ersten großen Stadt von den carnisch-julischen Alpenpässen und Aquileja her, nach Rom führte. Der Zwischensatz: Rhetia bis penetrata ist freilich ein Einschiebsel geographischer Unwissenheit, da diese Germanen kaum aus Rätien, sondern wohl nur aus Noricum gekommen sein können und bis Ravenna nur einen Teil Italiens berührten, so daß die Worte: totaque Italia penetrata durch spätere Züge erklärt werden müssen.

Gallienus war damals (nach Zosimus a. a. O.) jenseits der Alpen mit dem germanischen Kriege – hauptsächlich gegen Postumus – beschäftigt, muß aber bald darauf, wahrscheinlich gegen Ende 261[7], von Gallien oder Germanien nach Italien aufgebrochen sein (Zosimus c. 38).

Mutmaßlich eilte dieser, durch die Kunde von Makrian, des Empörers, Anmarsch aufgeschreckt und über des Aureolus Gesinnung mindestens besorgt, zunächst nach Illyricum. Erst nach der inzwischen erfolgten vor seiner Ankunft daselbst vernommenen Niederlage des erstern und seiner freundlichen Verständigung mit letzterem dürfte er daher Ende 261 oder Anfang 262 nach Italien gezogen sein und die im Lande zerstreuten Germanen vernichtet oder vertrieben haben.

Daß er nach Makrians Sturz eine Zeitlang in Rom verweilte, dürfte auch aus den von Trebellius Pollio c. 3 a. Schl. erwähnten Festspielen folgen, die nur in Rom gegeben worden sein können.

Ob die von den Epitomatoren und sonst erwähnten Einbrüche der Alemannen in Italien, wohin dieselben unstreitig aus Rätien auf der Militärstraße über Chur (Curia) nach dem Comer See[8] vordrangen, auch in das Jahr 261 fallen, wissen wir nicht, es ist dies jedoch, weil der Moment dazu höchst günstig war und Verabredung mit ihren östlichen Nachbarn, den Markomannen, welche gleichzeitig durch Noricum einfielen, nahe lag, wahrscheinlich, wie denn auch Orosius unmittelbar nach der oben angeführten Stelle hinzusetzt: Alamanni Gallias pervagantes etiam in Italiam transeunt. Soll hierbei der Zwischensatz: Gallien durchstreifend, als dem Hauptsatze verbunden betrachtet werden, so würde hier unter Gallias die maxima Sequanorum südlich des Bodensees zu verstehen sein. Dieser Schriftsteller ist indes zu unkritisch, um auf dessen *Ausdruck*, selbst wenn er Tatsachen aus guter Quelle wiedergibt, besonderm Wert zu legen.

Der Einbruch der Nordvölker durch Illyricum (s. Zosimus I, 37 zu Anf.) nach Griechenland wird unten beschrieben werden. Der Umstand, daß Aureolus nicht in Person wider Makrian zog, sondern diesem nur seinen Unterfeldherrn Domitian entgegensandte, macht es wahrscheinlich, daß die Verfolgung ersterer oder die Abwehr von Nachzüglern ihn damals noch weiter westlich festhielt.

2. Jahr 262. Gallieno Aug. V. et Faustino Coss.

In Gallien ward, wie schon oben bemerkt ward, der Krieg gegen Postumus, teils wohl durch den Kaiser in Person, teils durch dessen Feldherren Aureolus und Claudius (den nachherigen Kaiser), fortgesetzt. (Treb. Pollio a. a. O. c. 5 und 7.) Der erstere mag, nachdem er den Winter in Rom verbracht hatte, im Frühjahr dahin zurückgekehrt sein.

3. Jahr 263. Albino II. et Max. Dextero Coss.

Die Ereignisse dieses Jahres fließen mit denen des vorhergehenden in Treb. Pollio (2 Gall. c. 6 und 7) – fast der einzigen für Chronologie brauchbaren Quelle – ungesondert zusammen, so daß nur aus der am Schluß von Kap. 7 erwähnten Feier der Decennalien zu Rom der Eintritt dieses Jahres mit Sicherheit abzunehmen ist.

In Gallien dauerte, und zwar nach Kap. 7 unter des Gallienus persönlicher Führung, der Krieg gegen Postumus fort.

Ein trauriges Ereignis dieses Jahres war die Zerstörung von Byzanz durch Gallienus selbst, das infolge seiner einzigen Lage, bald wieder mächtig aus dem Schutte sich erhoben haben muß, in den es Septimius Severus gestürzt hatte. Wodurch die Stadt des Kaisers Ungnade verwirkt hatte, wissen wir nicht.

Mit deren Einnahme durch die Heruler kann dies wenigstens nicht in Beziehung gestanden haben, da diese drei bis vier Jahre später erfolgte. Treb. Pollio, dessen Darstellung der Sache an zwei Stellen (c. 6 u. 7) wiederum ein Meisterstück von Unklarheit ist, sagt nur: Gallienus sei zur Bestrafung der Stadt aus dem Kriege gegen Postumus dahin gezogen, habe zuerst geglaubt, er werde nicht in die Mauern aufgenommen werden, als dies aber doch geschehen, habe er, den geschlossenen Vertrag brechend, alle unbewehrten Soldaten durch Bewaffnete umzingeln und niederhauen lassen. Nach der vorhergehenden Stelle Kap. 6 muß aber das Blutbad noch ein viel größeres gewesen sein, da sämtliche alte Familien der Stadt dabei ausgerottet worden sein sollen. Von da eilte (cursu rapido convolavit) Gallienus zur Feier der Decennalien nach Rom, Treb. Pollio (c. 8).

4. Jahr 264. Gallieno Aug. VI. et Saturnino Coss.

Von diesem Jahre wissen wir, außer dem Fortgange des, wie es scheint, nur lässig noch betriebenen Krieges gegen Postumus nichts weiter, als daß Gallienus den fortwährend siegreichen Odenat vo Palmyra nach Treb. Pollio (c. 10 und 12) zum Augustus und Mitregenten für den Orient ernannte.

5. Jahr 265. P. Licin. Valeriano II. L. Caesonio Macro etc. Coss.

Von diesem wissen wir weiter nichts, als daß Postumus im Westen, wozu außer Gallien auch Hispanien noch gehörte (s. Eckhel, p. 449), in diesem Jahre Victorinus zum Mitregenten annahm, wi mit Grund daher zu folgern scheint, daß dessen Regierung im Jahre 267 endigte, von ihm aber Mün zen mit der Aufschrift Trib. pot. III. erhalten sind (s. Eckhel, p. 452). Dies ist am einfachsten dadurc zu erklären, daß Postumus Versuche, diesen seinen tüchtigen Unterfeldherrn für Gallienus zu gewinnen, entdeckte oder befürchtete, denselben daher durch Ernennung zum Mitregenten an sich zu fesseln suchte. Treb. Pollio (30 Tyr. c. 6) motiviert dies zwar durch die Kriegsbedrängnis, in der Postumus sich befunden, für deren Abwehr aber durch jene Erhebung des Victorinus, wenn er dessen Treue sonst sicher war, nichts gewonnen werden konnte.

Dafür aber, daß Victorinus vorher nicht auf des Postumus, sondern auf des Gallienus Seite gewesen sei, spricht weder die Wahrscheinlichkeit, noch irgendeine Andeutung in den Quellen.

Aur. Vict. (de Caes. 23, 12) läßt Victorinus zwar erst im Jahre 267 zum Kaiser ausrufen: dies ist aber sowohl nach Trebellius Pollio (30 Tyr. c. 6) als nach den Münzen entschieden irrig.

Als ein gedankenloser Zusatz von Treb. Poll. ist es ebenfalls wieder nur zu betrachten, wenn derselbe a. a. O. hinzufügt, daß Postumus und Victorinus, nachdem sie den Krieg wider Gallienus lange hingezogen, endlich doch besiegt worden seien. Einzelne Schlachten können sie verloren haben: daß deren Herrschaft über den Westen im Wesentlichen aber unverändert fortdauerte, ja noch auf drei andere Tyrannen überging, wird später unter den Ereignissen des Jahres 267 nachgewiesen werden. Auch der spätere Standort von Aureolus, dem Hauptfeldherrn des Gallienus gegen Postumus, bei Mailand beweist zur Genüge, daß die Unterdrückung dieser Empörer bis zum Jahre 268 niemals gelungen war. (S. weiter unten 7.)

6. Im Jahre 266 (Gallien. Aug. VII. et Sabinillo Coss.) dauerte im Westen der Krieg gegen Postumus und Victorinus fort, während im Osten Odenat sein ruhmreiches Leben durch Mörderhand verlor.

Die „Skythen" fielen in Thrakien ein und flohen in der unten beschriebenen Weise aus Makedonien nach Asien, schifften von hier später wieder nach Achaia über, verwüsteten ganz Griechenland bis in den Peloponnes hinein, wurden endlich aber zuerst daselbst und dann wieder am Rhodope von Gallienus selbst geschlagen. Jetzt brach dieser erst gegen Aureolus nach Mailand auf und fand schon im März 268 den Tod.

7. Das Jahr 267 bis zum März 268, Paterno et Arcesilao Coss.

In diesem Jahre endete Postumus seinen tatenreichen Lauf. Die Hauptquelle hierüber ist Aur. Vict. (de Caes. 33, 7 und 8), da Treb. Poll. über Postumus nur dürftig berichtet, die Griechen aber uns ganz verlassen. Wider ihn erhob sich Lollianus, nach Münzen Lälianus (s. Eckhel, p. 449). Dieser ward geschlagen, Postumus aber von seinen eigenen Truppen, weil er ihnen die Plünderung von Mainz, das sich für ersteren erklärte, versagte, in einem Auflaufe nebst seinem Sohne und Mitregenten gleichen Namens getötet, was nach den Münzen unzweifelhaft in diesem Jahre, wahrscheinlich aber in dessen frühern Monaten geschah (s. Eckhel, p. 440 u. 446). Interessant ist aus dessen Münzen die (von Eckhel, p. 443 beschriebene) mit der Inschrift Herculi Deusoniensi, welchen letztern Namen man mit Deutz am Rhein oder auch mit Duisburg (was jedoch minder wahrscheinlich ist) in Verbindung gebracht hat.

Lälianus muß mehrere Monate mindestens regiert haben, da er nach Treb. Poll. (30 Tyr. c. 5) die Germanen, welche nach des Postumus Tod sogleich in den von letzterem wieder besetzten Teil des Zehntlandes, ja selbst in Gallien eingefallen waren, nicht nur wieder herausschlug, sondern auch die zerstörten Städte in ersterem wieder herstellte. Darauf aber ward er von seinen Leuten wegen Überanstrengung derselben getötet[9] und Victorinus, des Postumus früherer Mitregent, als Alleinherrscher des Westens anerkannt, auch dieser aber nicht lange nachher ermordet, was gegen Ende 267 geschehen sein muß. Ihm folgte (nach Treb. Poll. 30 Tyr. c. 5), durch den Einfluß der Victorina, Victorins Mutter, die wahrscheinlich ein gefügiges Werkzeug für sich suchte, Marius, ein Schmied seines Handwerks, der durch ungemeine Körperkraft und Bravour zu höhern Steilen avanziert war, sehr bald aber von einem frühern Gesellen, den er höhnend behandelte, niedergestoßen ward. Daß dies aber, wie die Quellen sagen, schon nach zwei oder drei Tagen geschehen sei, läßt sich mit den zahlreichen und verschiedenartigen Münzen, die von ihm erhalten sind, nicht vereinigen. Nach ihm brachte die bei den Soldaten sehr beliebte, daher mater Castrorum genannte Victorina, gewiß eine sehr tüchtige, aber auch intrigante Frau, das Heer zu Ausrufung des Tetricus, der in Aquitanien kommandierte, zum Kaiser, dessen Herrschaft die des Gallienus und selbst die dessen Nachfolgers Claudius überlebte.

Während eines verunglückten Feldzuges des Gallienus in Kleinasien, dessen Beginn spätestens in das Frühjahr 267 zu setzen ist, brachen nun auch die Skythen oder Heruler in Thrakien, Makedonien, Asien und Griechenland ein, woraus sie jedoch schließlich mit großem Verluste wieder vertrieben wurden.

Ob vor des Gallienus Tode, welcher bei seinem Abmarsche gegen den Empörer Aureolus in Italien die Führung des Krieges wider die Goten dem erfahrenen und tüchtigen Martian übertrug, in Thrakien und Mösien noch Erhebliches vorfiel, wissen wir nicht, ersehen aber aus Treb. Pollio (Claud. c. 6), daß derselbe sie nachdrücklich verfolgte.

Nur dessen Worte: quosque (Gothos) Claudius emitti non siverat, dürften noch auf die Zeit von des Kaisers Anwesenheit zu beziehen sein, da Claudius diesem nach Italien gefolgt sein muß.

Die Einfälle der Goten und anderer Nordvölker in das römische Gebiet in den Jahren 261 bis 288 betreffend

Treb. Pollio (Duo Gall. c. 4) anscheinend im Jahre 261, in Wirklichkeit aber, wie am Schluß nachgewiesen werden wird, auf die früheren Einfälle von 256–258 bezüglich:

„Zu diesen Unfällen (nach Valerians Tode) kam, daß die Skythen in Bithynien eingefallen waren und die Städte zerstört hatten. Darauf verwüsteten sie das in Brand gesteckte Astacum, welches später Nikomedien genannt ward."

(c. 5, 6 u. 7.) In den Jahren 261–263:

„Nach Einnahme Thrakiens (occupatis Thraciis) verwüsteten die Goten Makedonien und belagerten Thessalonich (c. 5).[10] In Achaja wird unter Marians (nach dem Cod. palat., wahrscheinlich aber ist Marcian gemeint) Anführung gegen dieselben Goten gekämpft. Von da zogen sich diese, durch die Achaier besiegt, zurück. Die Skythen aber, d. i. ein Teil der Goten, verwüsteten Asien. Damals ward auch der berühmte Tempel der Diana zu Ephesus geplündert und in Brand gesteckt (c. 6). Um dieselbe Zeit (im Jahre 263) zogen sich auch die Skythen in Asien, durch die Tapferkeit und Führung der römischen Feldherren besiegt, in ihre Heimat zurück." (c. 7.)

(c. 11.) Anscheinend im Jahre 264 oder 265:

„Während dies gegen die Perser geschah, drangen die Skythen in Kappadokien ein und begaben sich, nachdem sie dort Städte erobert und mit wechselndem Glücke Krieg geführt, nach Bithynien" (d. i. sie zogen sich durch Bithynien in ihre Heimat zurück).

(c. 12.) Anscheinend 265 oder Anfang 266:

„Die Skythen kamen zu Schiff nach Heraklea und kehrten von da mit Beute in ihre Heimat zurück, obwohl sie, zur See geschlagen, viel Volk durch Schiffbruch verloren."

(c. 13.) Im Jahre 266 oder 267, jedenfalls bis in das Jahr 267:

„Währenddessen drangen die Skythen, durch den Pontus schiffend, in den Ister ein und fügten dem römischen Gebiete vielen schweren Schaden zu.

Nachdem Gallienus dies vernommen, beauftragt er die Byzantiner Kleodamus und Athenäus mit Instandsetzung und Befestigung der Städte. Am Pontus ward gekämpft und die Barbaren wurden vor den byzantinischen Heerführern geschlagen. Zugleich besiegte Venerianus die Goten in einer Seeschlacht, worin er selbst fiel. Von da verwüsteten sie Kyzikus und Asien und darauf (deinceps) ganz Achaja, wurden aber von Dexippus, dem Geschichtsschreiber dieser Zeiten, besiegt. Von da vertrieben, schweiften sie durch Epirus, Akarnanien und Böotien. Gallienus, kaum durch das öffentliche Unglück aufgeregt, tritt indes den schweifenden Goten in Illyricum entgegen und haut, bei zufälligem Zusammentreffen, sehr viele (plurimos) nieder. Nachdem die Skythen dies erfahren, verschanzen sie sich hinter eine Wagenburg und sind über den Berg Gessar (per montem Gessacem) zu fliehen genötigt."

Wenn Treb. Pollio am Schluß seines Berichts Goten und Skythen unterscheidet, erstere geschlagen werden, letztere entfliehen läßt, so ist dies bei diesem Schriftsteller, der ja (c. 6) die Skythen ausdrücklich einen Teil der Goten nennt, nur als ein völlig bedeutungsloser Wechsel des Namens aufzufassen. Die von Gallienus Geschlagenen müssen ein Seitenkorps gewesen sein, nach dessen Niederlage sich das Hauptkorps zuerst durch Verschanzung gegen die leichten Truppen der Sieger sicherte, bald aber über den Berg zurückging.

Daß der Seesieg des Venerianus in das Jahr 267 fällt, wird durch die (von Eckhel, p. 394 beschriebene) Münze des Gallienus, mit der Bezeichnung trib. pot. XV, welche Verluste der Feinde zur See andeutet, außer Zweifel gesetzt. Wenn Eckhel sich in der Anm. auf Treb. Pollio (c. 12) beruft, so scheint dies Druckfehler oder Irrtum zu sein. Offenbar nämlich handelt c. 13 von einer späteren Zeit als c. 12 (vergl. jedoch hierüber die Bemerkung am Schluß) und es ist kaum denkbar, daß auch jene frühere Seesieg schon in das Jahr 267 gefallen sei, zumal der des Venerianus notwendig in den ersten Monaten dieses Jahres erfochten worden sein muß, da sonst für die lange Reihe späterer Ereignisse kaum Zeit bliebe, indem Gallienus gewiß noch vor Eintritt des Winters 267 aus dem skythischen Kriege ab- und wider den aufständischen Aureolus in die Gegend von Mailand marschierte.

Aus Zosimus gehören hierher die schon oben erörterten Nachrichten in I, c. 26, 27 u. 28, die jedoch noch der Zeit des Kaisers Gallus angehören und in chronologischer Hinsicht durchaus verworren sind. Das wichtigste darin ist die Verwüstung Kleinasiens bis Kappadokien, Pessinus und Ephesus (c. 29).

(c. 29.) Im ersten Jahre von Valerians Regierung, also 254:

„Die Skythen erheben sich aus ihren Sitzen. Auch die Markomannen brechen verheerend in die römischen Grenzprovinzen ein. Thessalonich wird in die äußerste Gefahr gebracht, und nachdem dessen Belagerer, in Folge des tapfern Widerstandes der Bewohner, mit großer Anstrengung zum Abzuge gebracht worden, wird ganz Griechenland durch Schreck und Zerrüttung heimgesucht. Die Athener sorgen für Herstellung ihrer Mauern, für die seit deren Zerstörung durch Sulla nichts geschehen war. Die Bewohner des Peloponnes sperren den Isthmus durch eine Mauer ab und in ganz Griechenland werden zum Landesschutz öffentliche Wachen aufgestellt."

c. 31:

Die Boranen, Goten, Carpen und Urugunden (deren Einfall in die europäischen Provinzen schon oben berichtet wurde) fallen nun in Asien ein, wobei die Art und Weise ihres Übergangs dahin vom Bosporus (der Krim) aus umständlich berichtet, von deren Taten in Asien aber nichts erwähnt wird.

Es ist nicht zu ermitteln, ob dies nur die nähere Beschreibung des frühern, schon zu des Gallus Zeit erfolgten, c. 28 erwähnten Einbruchs sei, oder den spätern, in c. 32 bis mit 35 erzählten in den Jahren 256 bis 258 nur zur Einleitung dienen soll.

c. 32, 33, 34 und 35 in den Jahren 256 bis 258:

Zosimus muß für diesen klaren, zusammenhängenden und anziehenden Bericht über die skythischen Fahrten nach Kleinasien in den gedachten Jahren eine sehr gute Spezialquelle, eine einheimische, gehabt haben. Er beweist hierin, was er mit gutem Material zu leisten vermochte.

(c. 37.) Im Winter 260 bis 261:

Valerians Gefangennehmung bewog auch die Nordvölker, mit gesamter Kraft über das gedemütigte Rom herzufallen. Sie vereinigten sich mit den westlichen Germanen zu gemeinsamen Einbrüchen, wie dies bereits oben ebenso näher angegeben ward als der c. 38 zu Ende des Jahres 261 berichtete Zug des Gallienus wider die in Italien eingefallenen Markomannen.

(c. 38.) Wahrscheinlich im Jahr 267:

„Da die Skythen auf das schlimmste in Griechenland hausten und sogar Athen erobert hatten, eilte Gallienus selbst zur Schlacht wider sie herbei, nachdem er Thrakien vorher besetzt hatte."

Man würde nicht zweifeln, daß hier die nach Vorstehendem von Treb. Pollio berichteten Ereignisse des Jahres 267 gemeint seien, wenn nicht Zosimus durch die unmittelbar darauf folgenden Worte: „Er befahl dem Odenat, den verzweifelten Angelegenheiten des Orients Hilfe zu bringen", alles wieder verwirrte.

Da derselbe indes in dem folgenden die ganze Geschichte des Orients von Odenats Erhebung wider Sapor bis zu Zenoblas Herrschaft, die gegen acht Jahre umfaßt, berichtet und unmittelbar hernach in c. 40) auf des Gallienus Ende übergeht, so ist hier offenbar nur eine ungeschickte Zusammenstellung, der ein Mangel an chronologischer Sonderung, an der es ihm überhaupt fehlt, nicht aber die Meinung vorauszusetzen, daß er des Gallienus Kampf gegen die rückweichenden Goten für gleichzeitig mit dem Beginn von Odenats Krieg wider Sapor gehalten habe.

Syncellus

P. 715 der Bonn. Ausg. Z. 8–15:

„Unter Valerian und Gallienus belagerten die Skythen, nachdem sie über den Ister gesetzt und Thrakien wieder ausgeraubt hatten, Thessalonich, eine Stadt der Illyrer (τὴν Ἰλλυρίδα πόλιν, ein Zusatz von Syncellus' Unwissenheit). Sie verrichteten aber bei der Tapferkeit der Verteidiger nichts Vorzügliches. Die dadurch in Schrecken gesetzten Hellenen sperrten die Thermopylen durch Festungswerke. Damals stellten auch die Athener ihre, seit Sullas Zeit zerstörten Mauern wieder her. Die Peloponnesier zogen von Meer zu Meer eine Mauer über den Isthmus. Die Skythen aber kehrten mit ihrer Beute in die Heimat zurück."

Dies ist offenbar mit wenig Abänderung aus Zosimus I, 28 entnommen. So sagt dieser z. B.: Πελοποννήσιοι δὲ τὸν Ἰσθμὸν διετείχισαν. Syncellus aber: Πελοπον δὲ ἀπὸ θαλάσσης εἰς θάλασσαν τὸν Ἴσϑμ. διετείχ., so daß bei letzterem nur die ganz überflüssigen Worte: „von Meer zu Meer" zugesetzt sind.

p. 716, Z. 16–22; p. 717, Z. 5 vom Jahre 261, nachdem er *unmittelbar vorher* von Odenats Erhebung gehandelt und daß dieser in Phönikien einige wider ihn aufgestandene Römer (Ballista und Quintus) vernichtet habe, bemerkt hat. Er fährt hierauf so fort:

„*Damals* (*τότε*), also im Jahre 261, fielen die, in ihrer Heimatsprache auch Goten genannten Skythen[11] durch das pontische Heer in Bithynien ein, und ganz Asien und Lydien einnehmend, bemächtigten sie sich auch der großen bithynischen Stadt Nikomedia und zerstörten die jonischen Städte, die teils gar nicht, teils nur zum Teil befestigten einnehmend. Nichtsdestoweniger berührten sie auch Phrygien, Troja zerstörend, sowie Kappadokien und Galatien."

Unstreitig sind hier die von Zosimus (c. 32 bis 36) berichteten, oben ausführlich wiedergegebenen Raubfahrten der Goten in den Jahren 256 bis 258 gemeint, nur aber unrichtig chronologisch eingereiht, wie dessen Unkunde der Zeitrechnung sich aus dem folgenden ergibt:

Derselbe fährt nämlich a. a. O. also fort:

„Aber Odenat, durch seine Siege gegen die Perser nach Ktesiphons Eroberung berühmt, nachdem er das Unglück Asiens vernommen, marschiert in Eile durch Kappadokien nach dem pontischen Heraklea, wird aber, als er schon einen Teil der skythischen Streitkräfte erreicht hat, durch die Hinterlist jemandes, der auch Odenat heißt, ermordet. Die Skythen aber ziehen sich vor dessen Ankunft über den Pontus in ihre Heimat zurück."

Die chronologische Verwirrung dieses Berichts ergibt sich am sichersten daher, daß er diese Ereignisse, die doch unmöglich über sechs Jahre sich erstreckt haben können, nach obigem *τότε* mit Odenats Anfang im Jahre 261 beginnen und mit dessen unbezweifelt in das Jahr 266 fallendem Tode schließen läßt.

Die allen sonstigen Nachrichten widersprechende Nachricht von Odenats Ermordung in dem Feldzuge gegen die Skythen bei Heraklea ist bereits oben erörtert worden.

p. 717, Z. 9–24. In den Jahren 266 bis 267:

Damals (dies schließt sich an das obige an) nahmen auch die Heruler (*Αἴρουλοι*), auf fünfhundert Schiffen aus der Mäotis über den Pontus kommend, Byzanz und Chrysopolis (das frühere Amphipolis in Makedonien) ein.

Hier eine Schlacht liefernd zogen sie sich ein wenig nach der die heilige genannten, Mündung des Pontus Euxinus zurück[12] und schifften hierauf mit günstigem Winde nach der Reede von Kyzikus herüber, wo sie bei dieser größten Stadt Bithyniens landeten und darauf die Inseln Lemnos und Skyros verwüsteten. (Sie müssen sich also wieder eingeschifft und den Hellespont aufs neue passiert haben. Der Rückzug zur See nach Kyzikus läßt beinahe vermuten, daß auch eine römische Flotte ihnen folgte, nach deren Abzug sie wieder zur See in jene Inseln und von da in Griechenland einfielen.)

Hierauf zuerst in Attika einfallend verbrannten sie Athen, Korinth und Sparta, auch Argos, und durchstreiften verheerend ganz Achaia, bis die Athener in unwegsamem Terrain ihnen auflauerten die meisten derselben niederhieben, zugleich aber der Kaiser Gallienus herbeieilte und am Nessus (dem Grenzfluß, der sich zwischen Thrakien und Makedonien in das ägäische Meer ergießt) noch 3000 derselben tötete. Damals wurde Naulobat, der Heerführer der Heruler, indem er zum Kaiser Gallienus überging, durch konsularische Ehren von ihm ausgezeichnet."

Offenbar berichtet diese wichtige, besonders durch Erwähnung der Heruler interessante Stelle, die wahrscheinlich dem Dexippus entlehnt ist. dieselben Ereignisse, deren Treb. Pollio (c. 13) ausführlich Zosimus (c. 38) aber nur kurz gedenkt. Beide lassen den Feldzug durch Landung in Thrakien eröffnen und dann eine Schlacht folgen, nach Treb. Pollio am Pontus, nach Syncellus aber, anscheinend wenigstens, in der Gegend von Amphipolis, das am ägäischen Meere lag. Nach ersterem werden sie hierauf auch zur See durch Venerianus geschlagen. Davon weiß Syncellus nichts, der Rückzug nach Kyzikus macht es aber wahrscheinlich, daß sie auch zur See im Nachteile waren. Dort mögen sie vorher auf der Fahrt von Byzanz bis Amphipolis vielleicht eine Schiffsreserve zurückgelassen, jedenfalls der Führer der römischen Flotte nach Venerians Tode nicht Entschlossenheit oder Kraft genug gehabt haben, sie auch dort anzugreifen.

Darin, daß dieselben von Asien nach Achaia herüber schifften, auf welchem Wege die Inseln Lemnos und Skyros lagen, stimmen beide Quellen wieder überein, ebenso im Wesentlichen bis auf einen noch zu erwähnenden Punkt über den nächsten Verlauf des Feldzuges daselbst.

Nur über das Ende desselben ist Treb. Pollio ausführlicher als Syncellus, bei welchem der Zuzug der

Gallienus infolge ungeschickter Abkürzung offenbar mangelhaft wiedergegeben ist, da derselbe dessen Sieg unmittelbar an den sicherlich durch Raum und Zeit merklich davon getrennten der Athener anschließt. Dagegen gibt Syncellus als Ort der Schlacht gegen Gallienus ausdrücklich den Nessus an, worüber Treb. Poll. nichts sagt. Nach dessen Lage und weil Letzterer die Skythen ausdrücklich zuerst durch Epirus, dann durch Akarnanien und Böotien zurückweichen läßt, müßte man annehmen, dieselben seien beutebeladen bereits auf dem Rückzuge in ihre Heimat gewesen, als es Dexippus gelang, sich auf deren, wahrscheinlich auf das Tal des Margus (gr. Marawa) gerichteten, Rückzugslinie aufstellend, sie in günstigem Terrain zu schlagen.

Sie mußten dann, von ihrer Marschlinie abgeschnitten, südlich, d. i. *rückwärts* entweichen[13], und konnten erst von Böotien aus durch Thessalien wieder ihrer Heimat sich nähern, auf welchem Wege Gallienus einen Teil derselben am Nessus schlug.

Der Berg Gessax, über welchen deren Rest entfloh, muß dann in Rhodope, der südlichen Abzweigung des Hämus, gesucht werden.

Eine Verschiedenheit beider Berichte scheint noch darin zu liegen, daß Treb. Pollio der Zerstörung Athens und der übrigen griechischen Städte, die Syncellus anführt, nicht gedenkt.

Da jedoch ersterer sagt: Achilam omnem vastaverunt, so steht die genauere Angabe des Syncellus mit der allgemeineren des Treb. Pollio nicht in Widerspruch.

Zonaras LXII.

c. 23, p. 593 der Bonner Ausgabe, Z. 4–10. Im Jahre 254:

„Die über den Ister gegangenen Skythen verheerten das thrakische Land aufs neue und belagerten die berühmte Stadt Thessalonich, nahmen sie aber nicht ein. Sie setzten alle in solche Furcht, daß die Athener die seit Sullas Zeit zerstörte Mauer ihrer Stadt wiederherstellten, die Peloponnesier aber den Isthmus von Meer zu Meer durch eine Mauer sperrten."

Dies stimmt wieder mit Zosimus (c. 29) sowie Syncellus (p. 716) fast wörtlich überein, so daß Zonaras und Syncellus entweder aus Zosimus oder alle drei aus einer gemeinschaftlichen Quelle, etwa dem Fortsetzer des Dio, geschöpft haben müssen. Da dieser jedoch, nach den uns davon erhaltenen Fragmenten, viel ausführlicher schreibt und ein unmittelbarer Auszug aus solchem durch drei verschiedene Schriftsteller gewiß nicht so gleichlautend ausgefallen wäre, so erscheint es ungleich wahrscheinlicher, daß Syncellus dem Zosimus und Zonaras wieder dem letztern, nur einige Zusätze weglassend, nachgeschrieben habe.

c. 24, p. 596, Z. 15–21:

„Nach Valerians Tode gelangte dessen Sohn Gallienus zur Herrschaft über die Römer Der Vater, als er zum Kriege gegen die Perser zog, hatte diesem überlassen, im Westen diejenigen abzuwehren, welche in Italien einzufallen lauerten und Thrakien verwüsteten.

Dieser besiegte bei Mailand 30 000 Alemannen mit nur 10 000 Mann. (Dies ist, wie schon oben erwähnt ward, unrichtig.)

Darauf schlug er auch die Heruler von skythischem und gotischem Stamme (Σκυθικῷ γένει καὶ Γοτθικῷ). Auch mit den Franken führte er Krieg."

Offenbar ist die hier erwähnte Besiegung der Heruler dieselbe, deren Syncellus nach obigem c. 3, p. 717 ausführlich gedenkt, fällt also in das Jahr 267.

Jordanis c. 20.

Dies lediglich von den Zügen der Goten unter Gallienus handelnde Kapitel sagt nichts neues und ist übrigens so dürftig, daß es sich zur weiteren Erwähnung hier nicht eignet.

Der Schriftsteller charakterisiert sich durch seine Zusätze, indem er sagt:

„wobei sie Troja und Ilium zerstörten, welche *kaum* von jenem Kriege Agamemnons (vor 1400 Jahren!) sich etwas erholend, wiederum durch die feindlichen Waffen zerstört wurden."

Ferner, wo er von Anchialus (am Pontus, zehn bis zwölf Meilen südlich von Varna) und dessen Bädern spricht, was beinahe die Hälfte des Kapitels füllt:

„die Stadt, welche früher Sardanapal, der König der Parther, zwischen der Seeküste und dem Fuß des Hämus angelegt hatte."

Von den Epitomatoren erwähnen nur Aur. Vict. de Caes. c. 33, 3 und Eutrop IX, 8, ganz kurz: daß Thrakien, Makedonien, Griechenland und das benachbarte Asien durch die Goten verwüstet worden seien.

Vergleichen wir nun vorstehende Quellenzeugnisse genauer, so finden wir, wenn auch nicht volle, doch mehr Übereinstimmung derselben, als auf den ersten Anblick der Fall zu sein scheint.

Läßt man die noch zu erörternde Nationalitätsfrage hier beiseite, so ergeben sich im Wesentlichen folgende *Haupt*einbrüche der Nordvölker in das römische Gebiet:

1) Die von Zosimus c. 32 bis 35 so ausführlich berichteten und in Kap. 12 vollständig wiedergegebenen Raubzüge in den Jahren 256 bis 258, über deren Zeitbestimmung nach obigem kein Zweifel stattfindet. Auch ist es wohl nur scheinbar, daß Treb. Pollio diese in das Jahr 261 versetzt. Die entsetzliche Zerrüttung des Reichs nach Valerians Tode schildernd, sagt er nämlich nur: Accesserat praeterea his malis, quod Scythae Bithyniam inva*serant*, civitatesque dele*verant*. Da aber die Folgen jener Zerstörung sicherlich auch in den nächsten Jahren noch fühlbar waren, so folgt daraus nicht, daß er diesen Einfall in das Jahr 261 selbst gesetzt habe. Die folgenden Worte: Denique Nicomediam incensam graviter vasta*verunt* scheinen allerdings Gleichzeitigkeit zu beweisen, erwägt man aber, daß die Schreibart jedenfalls grammatisch unrichtig sein würde, da er, weil Nikomedia eine jener zerstörten Städte war, in beiden Sätzen entweder das Plusquamperfectum oder das Perfectum brauchen mußte, nicht aber verschiedener Zeitformen sich bedienen durfte, so erklärt sich das vasta*verunt* ganz einfach durch einen so leicht möglichen Fehler des Abschreibers, der das a des vasta*verant* mit u verwechselte.

2) Die gemeinsamen Einfälle der Nordvölker in das römische Gebiet nach Valerians Tode in den Jahren 261 bis 263.

Daß diesen Verabredung zugrunde lag, sagt nur Zosimus c. 37: es ist aber an sich wahrscheinlich, daß der die ganze römische Welt, wie deren Feinde aufregende Schlag der Gefangennehmung Valerians einen solchen Gesamtanfall hervorgerufen habe.

Die Geschichte dieser Einbrüche im Osten des Reichs und zwar zuerst in Thrakien, dann in Makedonien, wo sie Thessalonich belagerten, endlich in Asien, woraus sie im Jahre 263 vertrieben wurden, findet sich nur in Treb. Pollio (c. 5, 6 und 7), wo sie, zwar kurz und nicht im Zusammenhange, aber doch anscheinend im Wesentlichen vollständig und folgerichtig erzählt wird.

Merkwürdigerweise aber scheinen dies dieselben Ereignisse zu sein, welche Zosimus c. 29 und nach ihm Syncellus p. 715, sowie Zonaras Kap. 23, p.593 in das Jahr 254 versetzen, wie dies namentlich aus der, auch von diesen allen angeführten Belagerung von Thessalonich hervorgeht. Nun fehlt uns zwar für diese frühere Zeit Treb. Pollio, dessen Leben Valerians fast ganz verlorengegangen ist, immer aber bleibt eine zweimalige Belagerung Thessalonichs um so unwahrscheinlicher, da keine der Quellen einer solchen Wiederholung gedenkt.

Man hat sich daher hier zwischen Treb. Pollio und Zosimus zu entscheiden, welches letztern Glaubhaftigkeit übrigens durch Syncellus und Zonaras nicht erhöht wird, weil diese offenbar ihm selbst oder dessen Quelle nur nachgeschrieben haben.

Nach demjenigen, was oben über die relative Glaubwürdigkeit des frühern römischen Schriftstellers in chronologischer Hinsicht, dem so viel spätern griechischen gegenüber, gesagt worden, wird man sich für erstern zu entscheiden haben. Dies wird aber auch noch dadurch unterstützt, daß die Goten ein so kühnes Wagstück, wie der Marsch durch Thrakien nach Makedonien und Griechenland und von da nach Asien, kaum sofort nach Valerians, des allgemein Geachteten, Thronbesteigung unternommen haben dürften, während im Jahre 263 des Reiches allgemeiner Verfall eher dazu aufforderte.

Daß auf diesem Raubzuge übrigens auch der Dianentempel zu Ephesus zerstört wurde, sagt zwar nur Treb. Pollio (c. 6), kann aber um so weniger bezweifelt werden, da gerade diese Tatsache auch von Jordanis (c. 20) hervorgehoben wird.

3) Der von Treb. Pollio (c. 13) und von Syncellus (p. 717) ausführlich, von Zosimus und Zonaras aber nur kurz erwähnte Einbruch durch Thrakien über Asien in Griechenland im Jahre 267. Hierüber findet, wie oben näher ausgeführt worden, zwischen beiden Hauptquellen im Wesentlichen Übereinstimmung statt. Daß derselbe, wie Syncellus sagt, von den Herulern ausging, während Treb. Pollio nur von Skythen und Goten spricht, wird auch durch Zonaras bestätigt, sowie die Eroberung Athens, die auch nur ersterer ausdrücklich anführt, durch Zosimus.

In vorstehender Zusammenstellung sind von sämtlichen, unzweifelhaft in Valerians und Gallienus Regierungszeit fallenden Quellenzeugnissen nur zwei derselben, die im 11. und 12. Kapitel des Treb. Pollio, unerwähnt geblieben.

Möglich, daß in Kapitel 11 einer besonderen unerheblichern und kürzeren Raubfahrt gedacht wird wie deren gewiß noch mehrere stattgefunden, ohne in den Quellen irgendeine Erwähnung zu finden.

Vergleicht man dagegen die Stelle c. 12 mit c. 13 desselben Schriftstellers und dem Parallelbericht des Syncellus (3. c.), so ergibt sich eine auffällige Ähnlichkeit des Hergangs mit dem ersten Teile des gedachten Orten beschriebenen Feldzuges von 267. In der Tat ist es fast nur der Name der von Treb. Pollio (c. 12) erwähnten Stadt Heraklea, der sich weder bei diesem (c. 13), noch bei Syncellus wiederfindet. Auch diese Verschiedenheit aber ist, da die Flotte der Heruler auf der Fahrt von Byzanz bis Amphipolis bei dem thrakischen Heraklea vorbeikommen mußte, dasselbe daher leicht auch geplündert haben kann, keine wesentliche.

Dies begründet die Vermutung, daß Treb. Pollio die Nachricht c. 12 vielleicht einer andern dürftigeren Quelle als die in c. 13 entlehnt haben könne, beide aber, was ihm entgangen, sich auf dasselbe Ereignis bezogen haben. Zur Gewißheit hierüber ist freilich nicht zu gelangen.

B. Anmerkungen zum I. Band

Einleitung

1 Geschichte und Sage stimmen darin zusammen: manchmal haben Mißwachs, Krankheiten, schwere Winter dazu beigetragen, den Prozeß zu beschleunigen, die Notwendigkeit der Wanderung plötzlicher verhängend. Neben dieser großen und tiefliegenden Ursache sind dann zuweilen auch kleinere einzelne Motive zur Wanderung hinzugetreten, welche aber nur unter Voraussetzung jener allgemeinen Ursache sich als stark genug erweisen konnten.

2 Die Entstehung der romanischen Nation der Rumänen im alten Dakien (in den Donaulanden) ist auf ältere Vorgänge zurückzuführen.

ERSTES BUCH
Erstes Kapitel

1 (Daß dieser Name keltischen Ursprungs, das heißt, durch die Kelten zuerst in Gebrauch gekommen sei, ist unbezweifelt. Der erst im neunten Jahrhundert für einen Teil des germanischen Stammes aufgekommene Name: Theotisci, Theutisci (Deutsche) ist von der Sprache entnommen: Die Volks (thiod)-Sprache redeten die Rechtsrheinischen im Gegensatz zu dem (Vulgär-) Latein der Kirche und Gelehrten, aus welchem das Französische der Linksrheinischen erwuchs. D.)

2 Den schlagendsten Beweis liefert die Geschichte von des Germanicus zweitem Feldzuge im Jahre 16 n. Chr., wo die Germanen die Vernichtung des Cäcina mit vier Legionen in der Hand gehabt hätten, wenn sie sich nicht gegen den meisterhaften Kriegsplan des schon römisch geschulten Armin empört hätten, wozu der Jenem gehässige Inguiomer und Beutedurst sie verleiteten. Auch sonst wird die Geschichte zahlreiche Belege bieten.

3 Wie schön ist die Mythe von den Walküren, die, über den Schlachtfeldern schwebend, die Seelen der vor dem Feinde Gefallenen sogleich nach Walhall tragen. Wie mußte solcher Glaube zur Tapferkeit und Todesverachtung begeistern! (Freilich war er selbst aus dem tapferen Nationalcharakter erwachsen. D.)

Zweites Kapitel

1 Vergl. *Wilda*, Strafrecht der Germanen. Halle 1842 – *v. Sybel*, Entstehung des deutschen Königtums. Frankfurt a. M. 1848. – *Dahn*, Fehdegang und Rechtsgang der Germanen. Bausteine II. Berlin 1880. (Ursprünglich unstreitig die reine natürliche Geschlechtsverbindung. Daß diese späterhin auch, durch die Aufnahme Fremder – fingierter Gentilen – in das Geschlecht, sich erweitern konnte, ist nicht nachweisbar. D.)

2 *v. Sybel*, S. 31.

3 Vergl. *v. Sybel* über die Gegyldan König Alfreds und die Vicini Chilperichs. Gerade übrigens, daß die Geschlechterverfassung in isolierten, vom Strome der Umwälzung und Neugestaltung nicht berührten Stämmen und Gegenden, z. B. in den Ditmarschen, sich länger erhielt, erklärt ihren Untergang unter solchen Verhältnissen, wie sie bei den übrigen Germanen stattfanden.

4 Die von Tacitus den Priestern beigelegte Strafgewalt widerspricht allen sonstigen Berichten Cäsars (de bello gall. VI, 23), wonach (außer der Volksversammlung) nur dem Kriegsbefehlshaber das Recht über Leben und Tod zustand. Tacitus verwechselt Urteilsfindung und Urteilsvollstreckung: (nur letztere kam (manchmal) der Priestern zu. D.). Daß übrigens der Volksversammlung (concilio) volle Strafgewalt, selbst für Todesstrafe zustand, sagt Tacitus c. 12 ausdrücklich. Obwohl dessen Ausdruck übrigens ebensowohl auf die Versammlung des Gaues als der Centene zu beziehen ist, so war doch letztere nur bis zu einer gewissen Grenze strafberechtigt.

5 (Hauptwerk über den germanischen Adel: Konrad (von) *Maurer*, über den ältesten Adel der germanischen Stämme. München 1849. Der Adel (nobiles, nobilitas) hatte ein höheres Wehrgeld und das nächste (moralische) Anrecht auf die Krone nach dem königlichen Geschlecht. Tatsächlich wurden wohl auch in den sogenannten republikanischen Staaten die Grafen meist aus dem Adel gewählt, wo tatsächlich meist, aber nicht immer, die Gefolgsherren Edle waren; principos ist der Ausdruck des Tacitus nicht für den Adel, sondern für Gaugrafen Gaukönige und Gefolgsherren. D.)

6 Vielmehr: Gemeinde-(Staats)Eigentum war allerdings bei jeder Landnahme das erste, dann aber erfolgte, seit dem Übergang zu seßhaftem Ackerbau, von Staats wegen Zuteilung in das Sondereigen. (D.)

7 Auch der in späteren Perioden deutscher Geschichte entstandene landesherrliche Forstbann läßt sich zum Teil daraus erklären, daß in größeren Forsten noch kein Sondereigentum stattfand.

8 Der griechische Ausdruck: ἐφήμερον ἔχουσι παράσκευον (Strabo VII, § 1, S. 290, Casaub.) hat offenbar nicht den Sinn eines *täglichen Abbrechens*, sondern nur den einer vorübergehenden Aufschlagung: es ist indes die gewöhnliche Übersetzung beibehalten.

9 Diese Frage gehört bekanntlich zu den schwierigsten des alten Rechts. Eichhorn *D.* St. u. K. G. I, § 67 nimmt für die Periode der Volksrechte die Zulässigkeit der Veräußerung von Allod, wiewohl unter großer Beschränkung an. (Offenbar traten die Veräußerungsbeschränkungen erst ein, nachdem Grundbesitz das wichtigste Vermögen und Voraussetzung für das Vollrecht in Gemeinde und Staat geworden war. D.)

10 Es kann nicht auffallen, daß auch bei der immer weiter fortschreitenden Verteilung der Gemeindeländereien unter die einzelnen immer noch Gemeindeeigentum übrig blieb, da ja das Teilungsprinzip beim Austun des Landes an dieselben gewiß nicht bloß die Größe des gesamten Gemeindelandes, sondern principaliter das *Bedürfnis* des einzelnen war. Auch liegt es nahe, daß eben wegen dieses Bedürfnisses, also aus Utilitätsrücksichten, regelmäßig solches Gemeindeigen reserviert wurde. Dieses reservierte Gemeindeigen ist auch gleich von vornherein oder später bei der Konsolidierung des Sondereigens gewiß ausdrücklich zu dem Zwecke reserviert worden, die Nutzungen desselben wiederum den einzelnen zukommen zu lassen (Entwicklung der Allmende), und so wurde dann der Nutzungsanteil des einzelnen am reservierten Gemeindeigen schließlich Pertinenz des konsolidierten und begrifflich entwickelten Sondereigens. D.)

11 Die sämtlichen Stellen sind verzeichnet und besprochen bei Dahn, Die Könige der Germanen I. München 1861. S. 67 f.

12 Daß Tacitus unter principes bisweilen auch die reges mit einbegreift, ist nach G. c. 5, 12, 16, 22 und 38 nicht zu bezweifeln. Noch ist zu bemerken, daß er das Beiwort principalis nur einmal, Hist. I, 13, in einem Sinne braucht, wo es *fürstlich* bedeuten kann, principalis (i. e. Neronis) scortum, zugleich aber den Nebensinn der ersten, vornehmsten nicht ausschließt.

13 Vergl. v. Gerlach, Erläuterungen zu Tac. Germ. c. 13, v. Sybel: „Entstehung des deutschen Königtums" (Frankfurt a. M. 1844, S. 84) der älteren Auslegung beipflichtend; weitere Literatur bei Dahn, Könige I, S. 70 und jetzt bei Waitz I. 3. Aufl. I. S. 283.

14 So auch Müllenhoff. (D.)

15 So Lipsius und Haupt. (D.)

16 Das – und noch anderes – ist entscheidend für diese Erklärung. (D.)

17 Er war die gesteigerte Gemeinfreiheit, die Edelfreiheit. (D.)

18 In den Stellen Ann. I, 55 und II, 15 sind unter proceres ausdrücklich die principes mit inbegriffen.

19 Höheres Wehrgeld ist das einzige *Vorrecht*: denn nicht einmal den Vor-Anspruch auf die Krone wird man als Recht, nur als einen moralischen, in der Geschichte und Gepflogenheit wurzelnden Vorsprung fassen dürfen. (D.)

20 Die Lesart nubilis statt nobilis ist gewiß nicht haltbar. (D.)

21 S. Waitz I, 1. Aufl., S. 71, Anm. 1 (Witichis) und Landau, S. 339 und 340, wo jedoch das Beispiel Odovakars mit Unrecht angeführt wird, da dieser kein vom Volk erwählter princeps, sondern nur Offizier eines geworbenen Kriegerhaufens war.

22 Waitz, S. 94, selbst gibt zu: „Ein ausdrückliches Zeugnis, daß es auf den Adel (nicht) ankam, um ein Gefolge halten zu dürfen, *lasse sich freilich nicht anführen.*"

23 Erste Auflage.

24 Die Stelle spricht von Gefolgsherren *und* von Gefolgen; auf beide gehen die ersten beiden angegebenen Motive gleich stark, das dritte mehr auf die Herren, aber *auch* auf die Gefolgen. (D.)

25 Genauer: Die Streifzüge der Gefolgschaften gewährten *gewaltsame Rekognoszierungen*, Ausspähungen der Wege, der Grenzwehren, Truppenstellungen und Truppenstärke, waren sehr oft *Vorbereitungen* für den später folgenden Angriff des Volksheeres, die Ausbreitung des wandernden Volkes. (D.)

26 Doch gehe ich nicht so weit, etwa Ariovists ganzes Heer von 120 000 Mann für lediglich aus Gefolgen zusammengesetzt zu erklären. Diese bildeten aber unstreitig den Kern und dienten der Formierung und Gliederung des Gesamtheers zur Grundlage, was dessen Teilung in Völker und Geschlechter keineswegs widerstrebte, vielmehr umgekehrt im Wesentlichen daraus hervorgegangen war. Wenn v. Roth, S. 22, sagt: Die Wikingerzüge und die sächsischen Seeräuber bewiesen dafür gar nichts, weil dies lediglich *organisierte Räuberbanden* gewesen, so hat er übersehen, daß auch die latrocinia Cäsars, des Gannascus und viele andere, deren die Geschichte gedenkt, nichts als Raubzüge waren, die Organisation dafür aber eben das Gefolgsystem darbot.

27 Die unmittelbar vorhergehende Stelle: *centeni ex singulis pagis sunt: idque ipsum inter suos vocan tur, et quod primo etc.* setzt es ebenso, wie die Stellen, wo Cäsar d. b. g. I, 37 und IV, 1, und Tacitus c. 12 auch für mich außer Zweifel, daß diese Schriftsteller die Zahlen mit dem Abteilungs- oder Bezirksnamen zum Teil verwechselt haben. Dies macht auch die Erklärung jener ganzen, von der Mischung des Fußvolks mit Reiterei handelnden Stelle sehr schwierig. Sie lautet: „mixti proeliantur, apta et congruente ad equestrem pugnam velocitate peditum, quos ex omni juventute delectos, ante aciem locant. Definitur et numerus: *centeni* ex singulis pagis sunt, idque ipsum inter suos vocantur, et quod primo numerus fuit, jam nomen et honor est."

317

Die wörtliche Übersetzung: „Je Hundert sind es aus jedem Gau", ist mit dem Nachsatz nicht füglich zu vereinigen. Landaus Erklärung, S. 311, centeni seien die Häuptlinge der Centen, welche die Schar jedes Cent befehligten, ist mit dem Wortlaute völlig unvereinbar.

Die centeni, weil aus den Centen zu diesem Dienst kommandiert, führten vielleicht den technischen Namen der „Hunderter" (Centleute).

28 Landau, die Territorien, S. 190.

29 Vergl. Dahn, Könige I, s. v. civitas , pagus. Von den Cheruskern wird dies durch Strabo, der VII, S. 291 von den ὑπήκοοι der Cheruskker spricht, unterstützt. Die Chauken werden von Plinius d. A. XVI, 1 ausdrücklich haucorum gentes genannt. Landau, S. 257, führt die Chatten als Beispiel der Stetigkeit der Verhältnisse an und meint, die beiden „Gaue", der fränkische Hessengau und der Oberlahngau, habe von jeher die Einteilung des Chattenlandes gebildet. Gewiß hat man später bei Bildung der fränkischen Gaue alte vorgefundene Gliederungen verwertet; wahrscheinlich bildeten schon mehrere alte pagi Chattorum je die Mittelgruppe des einen und andern späteren Gaues, aber daß ein alter pagus so viel Land umfaßt hätte, wie jeder dieser beiden Gaue, ist nicht anzunehmen. (Die Chatten hatten viel mehr als zwei Gaue. D.)

Drittes Kapitel

1 Cäsar VI, 24: ac *fuit antea* tempus, cum Germanos Galli virtute superarent, ultro bellum inferrent et propter etc. *trans Rhenum* colonias mitterent. Schon Tacitus (Germ. 28) erläutert diese Stelle dahin, daß die Gallier vormals einen Teil von *Germanien* erobernd besetzt hätten. (Daraus folgt aber nicht, daß dieser damals schon *von Germanen* bevölkert war. Daß übrigens bei dem ersten Zusammenstoß der Germanen und Kelten, nördlich des Mains, letztere durch bessere Bewaffnung und Kriegskunst jenen *anfangs* überlegen gewesen seien, ihren Andrang einige Zeit lang erfolgreich abwehrten, ist leicht möglich; ebenso sind einzelne Rückflutungen von Kelten nach Osten zweifellos: die späteste ging in das römisch Zehntland. D.)

2 Wilhelm, die Feldzüge des Drusus.

3 Ein noch nicht zweifellos erklärter Name: keinesfalls „Hermann"; vielleicht römisch. (D.)

4 Siehe die Literatur im Anhang.

5 Klostermeier nimmt dasselbe in der Nähe von Vlotho an: wahrscheinlich ist es wenigstens anderthalb Stunden weiter oberhalb zu suchen, von Varenholz nach Rinteln. So wenig übrigens Namen Konjekturen beweisen, ist doch die Vermutung, daß das Holz, in oder an welchem Varus gelagert, vom Volke „Varenholz" und später auch die dort gegründete Stadt so genannt worden sei, wenigstens keine ganz unmögliche. (? D.) Klostermeier läßt den Varus von hier erst rechts oder südwestlich nach dem Orte Uffeln oder Salzuffeln, marschieren und oberhalb dieses Ortes im Walde das erste Lager aufschlagen, am folgenden Morgen aber die Militärstraße erreichen. Er sei auf einer baumlosen Ebene, wie Dio berichte, als wohl auf dieser, bis gegen Lage vorgedrungen. Hier war er kaum noch anderthalb Stunden vom Dörenpaß entfernt, doch habe er diesen Weg nicht gewählt, sondern links abgeschwenkt und sei aufwärts nach Detmold marschiert, jenseits dessen im Gebirge die zweite Schlacht und Lagerstätte gewesen, auf der südlichen Abdachung des Gebirges aber zwischen den Dörfern Schlangen und Haustenbeck am dritten Tage die gänzliche Vernichtung erfolgt sei. Klostermeier fühlt sehr gut, daß er hier etwas schwer Denkbares ausspricht: er sucht sich aber dadurch zu rechtfertigen, daß er behauptet, der Dörenpaß sei von den Germanen besetzt gewesen, Varus habe also auf diesem Weg nicht entrinnen können. Wenn man den Dörenpaß kennt, wird man sich überzeugen, daß es selbst einer modernen Armee mit ihren Hilfsmitteln ohne längere Vorbereitung kaum möglich gewesen wäre, diesen Paß gegen ein taktisch überlegenes, entschlossenes Heer zu halten. Die Hauptsache aber ist, daß, wenn die Germanen diesen Paß besetzt hätten, sie ganz gewiß den viel schwierigeren, drei Stunden lang durch tiefe Schluchten über steile Berge führenden andern nicht unbesetzt gelassen haben würden.

Endlich, wenn es anfangs an Streitkräften hierzu gefehlt hätte, so war doch der Dörenpaß nur zwei Stunden von dem Detmolder entfernt, und während des Römermarsches nach letzterem konnten die Germanen auf dessen Südseite ganz bequem dahin ziehen und auch diesen gegen die Römer sperren.

Viertes Kapitel

1 Über die Feldzüge des Germanicus, namentlich dessen letzten im Jahre 16, vergl. v. *Wietersheim* im ersten Band der Abhandlungen der K. S. Gesellsch. d. Wissensch. zu Leipzig, Weidmannsche Buchhandlung. 1850.

2 In den Handschriften steht allerdings *Μαυρουσίους*, was jedoch, da unmittelbar darauf des bei den Besiegten wiedererlangten Adlers aus der Varusschlacht gedacht wird, sinnlos ist. Da wir nun aus Sueton (Claud. 24) wissen, daß Gabinius die Chauken besiegte, so ist die Richtigkeit obiger Lesart nicht zu bezweifeln. Auch ist eine Namensverwechslung der Feldherren, daher die Besiegung der Marusier durch Galba um deswillen nicht denk bar, weil dieser nach Sueton (Galba 7) den Befehl über Afrika erst nach dem britannischen Feldzug im Jahre 4? erhielt.

In meiner Abhandlung über die Marsen (Verhandl. d. G. d. Wissensch. zu Leipzig, 1849, I, S. 178) habe ich allerdings die Ansicht aufgestellt, Galba habe in Afrika über die Maurusier gesiegt, weil ich, Mannert folgend hierin die natürlichste Wiederherstellung der verfälschten Lesart erkannte. Aber mit Unrecht, da Galba nach

Sueton (Galba 7) bei Caligulas Tode *noch* in Germanien befehligt haben muß, indem der Anreiz, sich des Throns zu bemächtigen, wohl für den Legaten in Germanien, nicht aber für den in Afrika arzunehmen war; endlich auch zu Anfang des Jahres 42 Suetonius Paulinus ausdrücklich als Kommandierender in Afrika genannt wird (Cass. Dio LX, 9). Auch paßt dasjenige, was ich a. a. O. über den Mangel an chronologischer Folge bei Sueton überhaupt gesagt, doch gerade nicht auf den Anfang von Galbas Lebensbeschreibung, weil er hier dessen Erlebnisse vor der Thronbesteigung unzweifelhaft *der Zeitfolge nach* anführt. Endlich ist, um jedem Zweifel zu begegnen, noch zu bemerken, daß die Mauren in Afrika vor Dio zwar Μαῦροι genannt werden, ein Stamm derselben aber auch Maurusier geheißen haben kann, jedenfalls aber auch beide Namen leichter verwechselt werden konnten, als Maurusier und *Marsen*, wie andere annehmen. Bei den Marsen wird übrigens (nach Tac. II, 25) bereits ein Adler aus der Varusschlacht aufgefunden und es ist höchst unwahrscheinlich, daß sie deren zwei, die Chatten aber gar keinen erhalten haben sollten.

Nicht ohne Wahrscheinlichkeit übrigens ist in obiger Stelle eine so leicht mögliche Verwechslung der Zeilen durch den Abschreiber, so daß das Auffinden des Adlers statt auf die Chauken auf die Chatten zu beziehen sein würde.

3 Obgleich Tacitus zuerst sagt: Chaucu, duce Ganasco, inferiorem Germaniam incursavere, so geht doch aus dem Folgenden: qui (i. e. Gannascus) levibus navigiis praedabundus, Gallorum maxime aram vastabat, wie aus der Natur der Sache zweifellos hervor, daß hier nicht von einem *Volks*krieg der größeren Chauken, sondern lediglich von einem privaten Raubzug die Rede sein kann. Wie hätte das Volk der Chauken unter dem Befehl eines Kanninefaten und römischen Deserteurs und zwar jenseits der Weser, an den Ufern des Rheins und seiner Nebenflüsse, kriegen können? Auch setzt die spätere Stelle, et Corbulo semina rebellionis (Chaucis) praebebat, außer Zweifel, daß ein Aufstand der Chauken nicht vorher bereits ausgebrochen war.

4 Es würde ganz irrig sein, vollständige Ausführung dieser Anordnung für die ganze Rheingrenze anzunehmen, vielmehr ergibt die Geschichte das Gegenteil. (S. z. B. schon nachstehend Anm. 6)

5 Da ein immer schwieriger Rheinübergang der Chatten nicht erwähnt wird, ist dies anzunehmen, möglich aber auch, daß die verfolgende Truppe erst nach deren Rückzuge über diesen sie erreichte. Auch das Land jenseits (Nassau und Frankfurt) mag aber sehr kultiviert und bewohnt gewesen sein.

6 Obwohl dies Ereignis gewöhnlich unter denen des Jahres 59 berichtet wird, ist kaum anzunehmen, daß es mit der von Tacitus (ebenda c. 55) berichteten Besitznahme derselben Ländereien durch die Amsivarier in ein und dasselbe Jahr falle. Wir nehmen daher an, daß Tacitus hier nur *örtlich* Zusammengehöriges, aber nicht in demselben Jahre Geschehenes nebeneinander erwähne, stellen daher diesen Vorgang – allerdings nicht ohne Willkür – in das Jahr 58, den zweiten in das Jahr 59.

7 So berichtet Tacitus. Da aber Amsivarier noch späterhin erwähnt werden, muß entweder deren Vordrängung durch die Chauken nicht allgemein oder letztere Nachricht übertrieben gewesen sein.

8 Vielleicht wird die ausführliche Schilderung dieses Aufstandes nach Taxitus über Plan und Zweck gegenwärtiger Arbeit hinausgehend gefunden werden. Zur Entschuldigung, wo nicht Rechtfertigung, diene folgendes:
1. Fast drei jahrhundertelang, von Vespasian (Tacitus) bis Julian (Ammian. Marcellin,) fehlt es in den Quellen an jedem militärisch-detaillierten Bericht über Roms Kämpfe mit den Germanen, daher an einem Bild voll Leben und Wahrheit.

Das letzte dieser Art hier aufzunehmen schien aber um so wichtiger, weil Vorgänge, Motive und Mittel ähnlicher Art sich auch in den späteren Kriegen erneuert haben mögen.
2. So vollständig und trefflich Tacitus hierin ist, so bleibt er doch oft, ohne Kenntnis der Örtlichkeiten unverständlich. Für letztere nun hat sich ein Bewohner des Kriegsschauplatzes, A. Dederich, Oberlehrer am Gymnasium zu Emmerich, durch seine Monographie „Geschichte der Römer und Deutschen am Niederrhein" das größte Verdienst erworben, indem er vor allem die Veränderungen des Rheinbettes und seiner Arme seit jener Zeit festgestellt hat.

Da er gleichwohl nur einzelne Momente des Kampfes umständlich beschreibt, schien eine vollständige Darstellung desselben auf Grund der von ihm festgestellten Örtlichkeiten eine nicht unwichtige Lücke in der Geschichte auszufüllen, was den Verfasser um so mehr anzog, als er bereits die Feldzüge des Drusus und Germanicus beschrieben, welcher letztern (früher erschienen) Arbeit Dederich übrigens, obschon unter irrtümlicher Bezeichnung des Verfassers durch einen Militärcharakter, hohes Lob spendet.

9 Daß Paulus sein Bruder war, dürfte aus Tac. H. IV, 32 in Verbindung mit IV, 13 und I, 59 sich ergeben; er selbst wird bald Julius, bald Claudius Civilis genannt.

10 Diese von der gewöhnlichen abweichende Ansicht stellt Dederich in seiner oben erwähnten Schrift S. 116 u.f. auf. So scharfsinnig deren Begründung ist, so schienen doch zuerst erhebliche Bedenken dieser Annahme entgegenzustehen. Sowohl der offensive Übergang, als der ungehinderte Rückzug über den Rhein oder die Waal, nach dem Verlust der römischen Hauptflotte, schienen kaum erklärlich. Nach wiederholter Erwägung trat v. W. solchem bei, wiewohl mit folgenden Erläuterungen:
1. Tacitus' offenbare Unklarheit in Kap. 18 scheint in dessen *eigener* Quelle begründet zu sein, was völlige Sicherheit des Verständnisses allerdings wesentlich erschwert.
2. Ward die frühere Schlacht unzweifelhaft auf der batavischen Insel im engeren Sinne – zwischen Rhein und

Waal – geschlagen, so kann die jetzige (zweite) füglich auch auf der unterhalb anstoßenden, damals von dem westlichen und östlichen Rheinarm gebildeten, *zweiten* Insel stattgefunden haben. Dafür spricht sogar hohe Wahrscheinlichkeit. Civilis möchte sein zusammengelaufenes Volk mi gutem Grunde zur Ergreifung einer kräftigen Offensive gegen ein besseres Römerheer noch nicht für diszipliniert genug erachten, sich daher zunächst auf die Defensive in tunlichst gesicherter Stellung beschränken. Diese fand sich aber auch auf jener zweiten Rheininsel, welche sich zugleich, nur durch den Fluß getrennt, *bis Vetera hinaufzog.* Dies wird namentlich durch die Worte: „Et fuit interim *effugium* legionibus in castra vetera" unterstützt, welche, wenn letzteres 2 1/2 bis 3 Meilen vom Übergangspunkt entfernt gewesen wäre, offenbar unglücklich gewählt gewesen sein würden. Die Lokalität läßt sich übrigens nur aus Dederichs Karte ersehen, da das *jetzige* Bett der Arme des Rheins von dem *früheren* wesentlich verschieden ist.

11 Unter der Voraussetzung, daß es quingenariae zu 500, und nicht miliariae zu 960 Mann gewesen seien. Da noch die batavische Kohorte des Civilis, batavische Reiterei und Ruderknechte erwähnt werden, und die Aushebung für Rom nicht erfolgt war, möchten nach dem Umfange des Landes wohl nur schwächere Kohorten hier anzunehmen sein. Auch würde H. Gallus 8000 Mann bewährte Truppen nicht mit 3000 Mann anzugreifen gewagt haben.

12 Die spezielle Beschreibung dieser Stürme bei Tac. c. 23 beweist um so schlagender die bewunderungswürdigen Leistungen des römischen Geniecorps, da deren Gegenmaschinen und Anstalten im Wesentlichen gewiß doch erst im Augenblick geschaffen, mindestens in Stand gesetzt worden sein können, indem man kaum vorher an eine kunstgerechte Belagerung gedacht haben kann.

13 Dies ergibt sich nicht nur aus dem ganzen Schlachtbericht, sondern auch aus den Worten c. 34: eoque simul egressus vietus. Die Feldzeichen aber kann die Linie nur durch den während ihrer Entwicklung außerhalb des Walles auf sie gemachten Angriff verloren haben, indem dies, wenn sie innerhalb des Lagers geblieben, kaum denkbar gewesen wäre.

14 Der Tadel liegt nahe, die Entschuldigung wissen wir nicht. Weniger Menschenverlust indes, der bei den Römern zwar der Zahl, bei den Batavern dem Werte nach größer war, als Proviantmangel, mag dabei mitgewirkt haben.

15 Es ist, obwohl Tacitus dies nicht ausdrücklich sagt, nicht zu bezweifeln, daß das in Gelduba eingeschlossene Fouragirungscorps unter Vocula entsetzt ward, und der Transport der Lebensmittel nach Vetera nur durch die Auflehnung des Heeres verhindert ward.

16 Daß auch Classicus Trierer war, ist kaum zu bezweifeln, da nur der Trierer und der unbedeutenderen Lingonen als Aufständischer gedacht wird. Auch unterstützt die Stelle V, 19 diese Annahme.

17 Derselbe J. Sabinus, der, nachdem er die Nachricht seines Todes verbreiten lassen, neun Jahre lang mit seinem treuen Weibe unter der Erde lebte, im letzten Jahre von Vespasians Regierung aber doch entdeckt und hingerichtet ward.

18 Der Name für die aus erwählten freiwilligen Söldnern *verschiedener* Stämme gebildeten Truppen, der wohl daher führt, daß sie nicht in ganzen Genossenschaften, sondern nur als einzelne (singulares) angeworben wurden.

19 Hinsichtlich der Vorgänge nach der Schlacht bei Vetera folge ich (v. W.) im Wesentlichen, zum Teil wörtlich Dederich a. a. O., S. 122 bis 137, dessen Ansicht über die Lage der oppida Batavorum und über das weitere Kriegstheater der nächsten Zeit im *Allgemeinen* (denn über Gegenstände *spezieller* Ortskunde habe ich kein Urteil) so unzweifelhaft richtig ist, daß ich deren Begründung sogar für unnötig weitläufig ansehen muß Wirklich haben verdiente Forscher, wie Cluver und andere, die abweichendes aufgestellt, sich durch Namensähnlichkeit und sonst verleiten lassen, gerade das entscheidendste und wichtigste bei der Sache, das strategisch-politische Urteil, ganz beiseite zu lassen.

Wie kann man glauben, daß Civilis nach jener Schlacht schon zu Preisgebung der ganzen batavischen Insel sich entschlossen habe, über die noch so lange gestritten ward, was man doch annehmen müßte, wenn man mi Cluver die oppida Batavorum auf das rechte Rheinufer verlegt.

Fünftes Kapitel

1 Da die Jazygen in den Theissebenen saßen, wird dieser Übergang die Provinz Mösien bedroht haben und die der Grund sein, warum der ganze Vorgang unter dem Namen dieser Provinz berichtet ward, obwohl der Kamp zwischen Ligiern und Sueben vielmehr an der Grenze Pannoniens erfolgt sein muß. (v. Wietersheim vermutete daß diese Sueben die Sueben des Vaonio waren, welche a. 19 unter römischer Hoheit zwischen March und Wa angesiedelt wurden. D.)

2 Was er dagegen für Wiederherstellung alter und Gründung neuer Festungen, Kastelle und Städte in Germanie überhaupt getan (darunter fällt unstreitig auch von aquae Aureliae, dem heutigen Baden-Baden), hat Franke „Zur Geschichte Trajans, zweite Aufl. Quedlinburg und Leipzig. Ernst. 1840. S. 46–63," gründlich zusammen gestellt.

3 Tacitus schrieb die Germ. bekanntlich, wie aus Kap. 37 hervorgeht, im Jahre 98/99. In diesem starb Nerva scho am 27. Januar; worauf Trajan, der, nach Spartian Traj. 2, damals noch in Germanien war, unzweifelhaft sofor

abreiste. Daher die Nachricht von dem Vernichtungskriege gegen die Brukterer sehr gut noch in das Jahr 98 fallen, zumal sich dieselbe nach der Fassung in G. 33 als eine erste, in den Details noch nicht festgestellte, daher wie gewöhnlich übertriebene Botschaft, ankündigte. Spurinnas Zug würde solchesfalls wahrscheinlich im Jahre 99 erfolgt sein.

4 Marobod hatte nach Strabo VII, 3 als Jüngling unter Augustus in Rom gelebt. Auf seinem letzten Feldzug, 9 v. Chr., traf und schlug Drusus in Franken die Markomannen. Um das Jahr 1 n. Chr. etwa (unter welches man das von Morelli aufgefundene Fragment des Cassius Dio LV eingefügt hat, das jedenfalls dieser Zeit ungefähr angehört) stieß Domitius Ahenobarbus ebenfalls in Franken auf die aus ihrer alten Heimat vertriebenen Hermunduren, denen er die neuen Sitze in Franken und Schwaben anwies. Im Jahre 6 n. Chr. endlich bereitete Tiberius den großen Krieg gegen Marobod vor. Auf Grund dieser geschichtlich feststehenden Tatsachen setzen wir Marobods, von Strabo a. a. O., Vellejus Paterculus II, 103 und Tacitus, Germ. 28 bezeugte, Eroberung Böhmens (Marcomannorum gens, sagt Vellejus, quae, Marobodo duce excita sedibus suis, atque in interiora refugiens, *incinctos* Herciniae silvae campos incolebat) um das Jahr 8 v. Chr. und betrachten Drusus' kühnes Vordringen in das innere Land als den nächsten Anlaß dazu. Vergl. *Barth:* Teutschlands Urgeschichte II, S. 371, zweite Ausgabe.

5 Zweifel an dieser Annahme erweckt aber Tac. hist. IV, 15: hier heißt es: erat in Canninefatibus Brinno, unzweifelhaft Kanninefate: daher wohl auch: „erat inter Gothones Catualda" diesen als Goten bezeichnen soll. (*D.*)

6 Unter Cusus wird allgemein die Waag bei Comorn verstanden. Grund und Boden war unstreitig vorher quadisch und Vannio wahrscheinlich der Gaufürst des Bezirks.

7 (Ganz verkehrt ist die von *Quitzmann* in mehreren Schriften verfochtene Caprice: aus diesen beiden Gefolgschaften, zusammen gewiß nicht 2000 Köpfe, sei das ganze Volk der Bayern hervorgegangen. *D.*)

8 Also lautet die herrliche Grabschrift, die Tacitus (II, 88) ihm gesetzt hat: „Unstreitig Germaniens Befreier, der nicht, wie andere Könige und Feldherren, das römische Volk nur in seinen Anfängen, sondern das Reich auf dem Gipfel der Blüte demütige. 37 Jahre des Lebens, 12 der Macht hat er erfüllt: und noch wird er bei den Barbaren im Lied gefeiert. Den Jahrbüchern der Griechen, die nur das Eigne bewundern, ist er unbekannt, auch bei den Römern nicht nach Gebühr berühmt, weil wir, indem wir das Alte hervorheben, für das Neue gleichgültig sind."

ZWEITES BUCH

Erstes Kapitel

1 Galenus, der die Kaiser begleitete, sagt πεϱὶ τῶν ἰδίων βιβλίων T. IV, p. 362, daß die Pest zu Aquileja, wo sie sich damals aufhielten, so arg gewesen, daß sie mit wenigen Soldaten nach Rom geeilt seien.

2 Tillemonts Irrtum, der Verus' Tod, wahrscheinlich durch Capitol. Ver. 11 verleitet, sogar in das Jahr 924 (171) verlegt, wird durch Eckhel, p. 58, schlagend widerlegt, und erklärt sich dadurch, daß ersterer die a. a. O. beschriebene Münze nicht gekannt hat.

3 Die von ihm selbst p. 57 und 58 beschriebene Münze vom Jahre 169 mit der Aufschrift: M. Antonius Aug.Tr.P.XXII. *liberal.* Aug. V. Cos. III. und dem Avers Prof. Aug., macht es wahrscheinlicher, daß er das Donativ, worauf sich die liberalitas bezieht, aus dem Mobiliarerlös *vor* seinem Aufbruch zum Heer bewilligte.

4 Über die von Kap. 27 erwähnten Siege vergl. weiter unten.

5 Dum Parthicum bellum geritur natum est Marcomannicum. Indes läßt der unmittelbare Nachsatz: quod *diu* eorum, qui aderant, arte suspensum est, auf einen noch früheren Ausbruch, vielleicht im Jahre 164, schließen. Nur bis auf die nächste Zeit nach M. Aurels Regierungsantritt kann nach Capitol. 8 nicht zurückgegangen werden.

6 Bei oberflächlicher Lesung der Quellen konnte es nach der Reihenfolge der Erwähnung jener Niederlage scheinen, als ob sie erst später, d. i. nach dem Eintreffen der Kaiser im Felde, erfolgt sei. Genauere Prüfung, besonders in Verbindung mit der weiter unten anzuführenden Stelle Lucians, beseitigt jedoch jeden Zweifel hierüber so entschieden, daß es unnötig scheint, dies weitläufiger auszuführen. Eben jene Niederlage und die Belagerung Aquilejas waren es ja, welche die Kaiser in das Feld riefen. Am wenigsten würde übrigens aus Lucians Anführen, daß M. Aurelius damals mit den Markomannen und Quaden in Krieg verwickelt gewesen sei, notwendig auch dessen *persönliche* Anwesenheit im Heere zu folgern sein. Hinsichtlich des Namens des Präfekten verdient Dio um so mehr höheren Glauben, weil er c. 3 anführt, daß M. Aurelius ihm drei Bildsäulen habe setzen lassen, die derselbe doch gewiß selbst gesehen hatte.

7 Profecti itaque sunt paludati ambo imperatores, Victovalis et Marcomannis cuncta turbantibus, aliis etiam gentibus, quae pulsae a superioribus barbaris fugerant, nisi reciperentur, bellum inferentibus.

8 Dies ergibt sich auch aus der später genannten legio fulminatrix, deren ordentliches Standquartier in Kappadokien war.

9 In dem oberen Mösien wie in dem östlichen Dalmatien kann höchstens je eine Legion noch gestanden haben, ersteres aber war selbst bedroht. Die nächste westliche Legion lagerte in Vindonissa (im Kanton Argau am Zusammenfluß der Aar und Limmat), das übrige germanische Heer von noch sieben Legionen diente, neben

Galliens Besetzung, hauptsächlich zur Hut der Rheingrenze, welche man nie wesentlich zu entblößen gewagt zu haben scheint.

10 Es ist zwar möglich, aber nicht wahrscheinlich, daß dieser Sieg mit dem von Dio schon in c. 3 erwähnter identisch sei. Man müßte denn annehmen, der Titel Imp. V., der allerdings zuerst auf den Münzen von 169 mit dem Beisatz Restitutori Italiae erscheint, sei nicht durch jenen Sieg, sondern durch das Ergebnis des Kriegs überhaupt erlangt worden.

Dies würde aber dem Brauch zuwider gewesen sein, auch finden sich M. Aurels Titel, weil er erst die Bestätigung des Senats dafür abwartete, in der Regel erst auf den Münzen des folgenden Jahres. Nicht minder sprechen andere äußere wie innere Gründe dafür, daß der (Dio 3) gedachte Sieg dem früheren Feldzug 168 angehörte.

11 Dio nennt solche IV, 23 κεραυνοφόρον (i. e. τάγμα), was dasselbe ist. In den von Beck.-Marq. III, 2 S. 353, not 2007 zitierten Inschriften wird sie fulminata genannt.

12 Gründliche Widerlegung Xiphilins und zwar durch einen streng katholischen Schriftsteller findet sich in Fr. L. Graf zu Stollberg, Geschichte d. Relig. Jesu 8. Bd. XVII, S. 77–91.

13 Des Casaubonus Vermutung, daß sich das Triennio bellum postea des Capitol. c. 27 nicht auf den zweiten sondern auf den vorhergehenden Krieg beziehe, welche der gründliche Salmasius aber nicht billigt, ist offenbar falsch, da, abgesehen von dem postea, welches sich auf das vorhergehende: Deinde ad conficiendum bellum conversus bezieht, der frühere Krieg ja nicht bloß drei, sondern sechs Jahre dauerte.

14 Seit den Kimbrern und Ariovist. (D.)

15 Wenn Capitolin c. 14 sagt: „Dum Parthicum bellum geritur (d. i. von 161 bis 166), natum est Marcomannicum quod diu eorum, qui aderant, arte suspensum est, ut finito jam orientali bello Marcomannicum agi posset", s ist kaum zu bezweifeln, daß der Krieg bereits im Jahre 164 ausgebrochen sei, während dessen noch früherer Beginn die unterlassene Erwähnung in Capitol. 8, wo von den bald nach dem Regierungsantritt entstandene die Rede ist, entgegensteht. Gewißheit ist aber auch hierin nicht möglich.

16 Dio erwähnt LXXI. nächst den Markomannen, Quaden und Jazygen noch c. 12 Astingi, Costuboci, Dancrigi und Cotini, c. 18 (u. LXXII, c. 3) Buri, c. 21 Naristae und in LXXII, c. 2 noch Vandili.

Capitolinus (die Lesart der neuen Ausgabe von Peter, welche Müllenhoffs [Z. f. D. A. IX.] Vorschläge verwer tet, hat den größten Teil der Ausführungen der I. Auflage gegenstandslos gemacht D.) nennt die Jazyge überhaupt nicht, bezeichnet sie aber unzweifelhaft durch Sarmatae und führt außer den Markomannen und Quaden noch an: c. 14 Victuali, c. 17 Vandali, c. 22 Varistse, Hermunduri et Quadi, Suevi, Sarmatae, Lacringe et Burei: Vandalique cum Victualis Osi, Bessi, Cobotes, Roxolani, Basternae, Halani, Peucini, Costoboci. Vorhe zu Anfang des Kapitels heißt es: Gentes omnes ab Illyrici limite usque ad Galliam conspiraverant. C. 27 Trienni bellum postea cum Marcomannis, Hermunduris, Sarmatis, Quadis etiam egit. In Commod. c. 13 sagt er noch Victi Daci. Eutrop. VIII, 13 nennt nur Marc., Quadi, Vandali, Suevi atque omnis barbaries.

17 Siehe Tac. II, 63 und XII, 29 und 30 (egregia adversus nos fide). Hist. III, 5 und 21. Aus Tac. II, 63 erhellt zwa zweifellos, daß in dem gedachten Landstrich ein besonderer Staat gegründet wurde: dato rege Vannio gent Quadorum – (hätte das ganze Volk der Quaden sich unterworfen, so würde die wichtige Tatsache von Tacit gewiß erwähnt worden sein) – aber der hundertundvierzigjährige Fortbestand dieses kleinen gekünstelte Staates beweist nichts: denn es ist reine Willkür und ein Zirkelschluß, anzunehmen, daß der in Cass. Dio c. erwähnte König der Quaden eben jenem nie wieder, überhaupt nur noch von Plinius, genannten Klientelsta angehört habe.

18 Über die anderen hier genannten Völker und ihre Sitze siehe den Anhang.

19 Vergl. M. J. Ackner: Die Kolonien und militärischen Standlager der Römer und Dakier. Wiener Staatsdrucker 1857. Kaemmel, römische Standlager .. an der Donau. Grenzboten 1880, Nr. 14 und die Literatur daselbst.

20 Nach Dio c. 11 ist zwar am Ende des ersten Krieges der Dynast Trabes Geld fordernd in Dakien eingefallen, ab gleich wieder vertrieben worden.

21 S. die zahlreichen von Zeuß, S. 127–130 angeführten Stellen, und überdies noch Dio LI, c. 23–25; auch Dah Könige I, S. 98. Bausteine II, S. 133.

22 Derselbe erwähnt zwar III, 9 auch in Niedermösien im Donaudelta Peukinen. Da aber dieser Name ein Ortsn me von der Insel Peuke ist, so kann derselbe ebensogut auf andere Bewohner übergegangen, als ein Rest d wirklichen Peukinen unter römischer Herrschaft daselbst zurückgeblieben sein.

23 Über die schwierige Frage ihrer Nationalität s. Dahn, Könige I, S. 261.

24 Dies ist ein Irrtum, schon Tac. G. c. 2 u. Plinius IV, 28 nennen sie. (D.)

25 S. Dahn, Könige I, S. 141; irrig identifiziert sie Zeuß, S. 444 f. mit den Lugiern.

26 So schon der treffliche Bünau im II. Buch des 1. Teils der deutschen Reichshistorie vom Jahre 1728.

27 Die wahrscheinlichste Erklärung dürfte in der fehlenden Chronologie und dem Durcheinanderwerfen der Nac richten, das bei Xiphilin gerade hier so oft vorkommt, zu suchen sein. Der frühere Friede mit den Quaden (c. 1 war schon wieder gebrochen, oder im Begriff gebrochen zu werden (c. 13). Da mochten die Jazygen den Quad Versprechungen gegeben haben, durch deren Verletzung sie sich nun deren Rache zuzuziehen fürchteten.

28 Vergl. Schaffarik, slavische Altertümer I, S. 432. Über Viktofalen und Taifalen s. Eutrop. VIII, 2.

29 S. Kapit. c. 13 und 17. Eutrop. VIII, 12 und Dio c. 36, der es bewundert, daß M. Aurelius die Republik gerettet habe.

30 In der schon oben angeführten Monographie Ackners werden die jetzt noch erkennbaren Standorte von zehn jedenfalls stark befestigten, zum Teil sehr großen Städten, und von dreiundzwanzig römischen castris, d. i. befestigten Lagern und Kastellen fast durchaus im jetzigen Siebenbürgen nachgewiesen. – (Hauptwerk jetzt: Kaemmel, die Anfänge deutschen Lebens in Österreich, I. Leipzig 1879. D.)

31 Von den Buren ist, wegen Ähnlichkeit der Verhältnisse, dasselbe vorauszusetzen, nicht aber von den Jazygen, weil isolierte Kastelle im Flachland nicht von sonderlicher Wichtigkeit waren, während sie im Gebirge die Pässe beherrschten.

32 Zeuß, S. 594 f., glaubt sogar noch in den in Quellen des 6. bis 9. Jahrhunderts am Abhang des Jura und an der Saone vorkommenden Warasci die Abkömmlinge jener, von Marc Aurel angesiedelten Narisker wiederzufinden.

33 Die Quaden hatten nach LXXI, c. 11 Pferde und Ochsen, die Markomannen nach LXXII, c. 21, nächst teilweiser Abgabe der Waffen, auch Getreide zu liefern, was ihnen jedoch später erlassen ward. Die zweifelhafte Stelle in Dio 15 von Abtretung der Hälfte des Grenzgebiets dürfte wohl nur so zu verstehen sein, daß M. Aurelius diese zuerst von den Markomannen gefordert, dies aber nachher auf den Streifen längs der Donau beschränkt habe, wogegen es nach den lateinischen Übersetzung scheinen könnte, als hätten sie umgekehrt Land empfangen. Das Anführen Capitolins in der verworrenen Stelle c. 22: acceptuae in deditionem Marcomannos, plurimis in Italiam traductis kann hinsichtlich einer kleinen Abteilung wahr sein.

34 Diese Kontingente, welche ja in ferne Provinzen dislociert wurden (wie nach in obigem in Britannien), gehörten offenbar zu denen, die als geworbene zu verstehen sind und jedenfalls Sold empfingen.

Zweites Kapitel

1 Siehe darüber die Dissert. Schirrens, der ihn nicht für den Konsul dieses Namens hält.

2 Auch hier also *diese* Ursache. (*D.*)

3 Die Identität der Goten mit den Gauten in Skandinavien wird zwar immer noch lebhaft verteidigt, aber durch überwiegende Gründe bekämpft. (*D.*) Jedes Falles würde aber die Ureinwanderung gerade umgekehrt von der Südküste der Ostsee aus, d. i. von Germanien nach Scanzien erfolgt sein. Siehe Zeuß, S. 158, sowie 502 und 503, besonders aber J. Grimm, G. d. d. Spr., S. 312 u. folg., namentlich Nr. 445 und 446, sowie S. 506, Nr. 728 und 729, wobei besonders auf die Zitate aus dem Beowulflied und der Edda hinzuweisen ist.

4 Die verdienstliche Schrift: Über Pytheas von Massilien von Bessel, Göttingen 1858, weicht zwar von der bisherigen Erklärung der durch andere überlieferten Nachricht des Pytheas etwas ab, erkennt aber doch S. 62 bis 64, besonders 64 a. Schl., so wie S. 166 a. Schl. und 167 a. Anf. ebenfalls vollkommen an, daß dieselben an der jetzt preußischen Ostseeküste und zwar wahrscheinlich an beiden Seiten der Weichsel (aber auch östlicher über den Pregel hinaus *D.*) wohnten. Vergl. Müllenhoff, *D.* Altertumskunde I. Berlin 1870.

5 Es ist interessant, daß der geistreiche Historiker der beginnenden Neuzeit, Macchiavelli († 1527) seine florentinische Geschichte mit folgenden Worten beginnt „Die Völker, welche die nördlichen Länder jenseits des Rheins und der Donau bewohnten, in einer gesunden und zeugungskräftigen Gegend geboren, wuchsen mehrfach zu solcher Menge an, daß ein Teil derselben genötigt war, die Heimat zu verlassen und sich auswärts neue Wohnsitze zu suchen."
Er beschreibt hierauf das in solchen Fällen beobachtete Verfahren, nach welchem das Volk in drei Teile, von denen jeder aus allen Klassen gleichmäßig zusammengesetzt gewesen, gesondert, und hierauf durch das Los entschieden worden sei, welcher derselben auswandern müsse. Dieser habe dann sein Glück auswärts zu suchen gehabt, während die beiden anderen, um ein Drittel der Volksmenge erleichtert, des Landes der Väter allein genossen hätten. Er benutzte hierbei wohl Livius V, 34 und Paulus Diaconus, de gest. Langobard. I, 2, 3, 7, 8, 10.

6 Hier liegt einer der Hauptgegensätze in der Auffassung des hochverehrten Verfassers der I. Ausgabe und des Bearbeiters der vorliegenden: jener sagte II, S. 99: „Ein ungeheurer Irrtum würde die Behauptung sein, daß es einer germanischen Bevölkerung der ersten Jahrhunderte irgendwo und jemals an … Boden zu ihrer Ernährung gefehlt habe … Die Notwendigkeit einer Auswanderung wegen Überbevölkerung ist unbedingt zu verwerfen … der einzige entscheidende Antrieb in (der Kriegslust, dem Nationalcharakter, dem Überhandnehmen der Gefolgschaften zu erblicken)." Wir bestreiten nicht, daß Verfassungsänderungen (d. h. aber nicht das Gefolgswesen, sondern das Häufigerwerden des Königtums und das Zusammenfassen der Gaustaaten zum Staat der Völkerschaft) diese Entwicklung gefördert haben – aber die Verfassungsänderungen *sind selbst zum großen Teil nur Folgen der Überbevölkerung,* nur *Eine* Wirkung der *Völkerausbreitung,* wie die sogenannte Völker *„wanderung"* eine andere Wirkung der gleichen Ursache. – Richtig ist auch gewiß, daß ein minder kriegerisches Volk sich mehr mit der Urbarmachung auch undankbaren Bodens mit einfachsten Werkzeugen würde gemüht haben, während der Germane statt schwerer und wenig lockender Ackerarbeit kriegerische Ausbreitung über die Gaue der Nachbarn vorzog. Dies gegen den naheliegenden, aber oberflächlichen Einwand, daß „Germanien" heute viel mehr Menschen zu ernähren ausreiche als die damalige Volkszahl betrug; vergl. S. 10. (S. oben den hiernach ganz geänderten Text.) (*D.*)

7 Es saßen aber wenigstens in dem *westlichen* Teil der hier zu passierenden Länder zahlreich germanısche, auch gotische Völkerschaften. (*D.*)

8 Geberichus etc. primitias regni sui mox in Wandalica gente extendere cupiens contra Visumar eorum regem Asdingorum e stirpe, quae inter eos eminet genusque indicat bellicosissimum, Dexippo historico reférente, qui eos ab Oceano ad nostrum limitem vix in anni spatio pervenisse testatur prae nimia terrarum immensitate.

9 Sicherlich bedurfte das Heer mehrfacher längerer Stationierung zur Rast und Vorbereitung zum weiteren Zug, namentlich zu Anschaffung von Getreide, welches es in keinem Falle ganz entbehren, wohl aber selbst bauen oder von den Grenzvölkern durch Tausch oder Raub erlangen konnte, so daß die Zurücklegung der ganzen mit den unvermeidlichen Umwegen mindestens hundert Meilen langen Strecke in kürzerer als Jahresfrist immer noch von relativ großer Beschleunigung zeugt. (Das Jahr ist wohl nur eine viel zu kurz gegriffene sagenhafte Abrundung. *D.*)

10 Filimer filii Godaricis consilio sedit, ut exinde cum familiis Gothorum propromoveret exercitus, qui aptissimas sedes, locaque dum quaereret congrua, pervenit ad Scythiae terras, quae lingua eorum Ovim vocabantur: ubi delectato magna ubertate regionum exercitu, medietato transposita, pons dicitur, unde amnem transiecerat, miserabiliter corruisse, nec ultelius jam cuiquam benit ire aut redire etc.

Haec igitur pars Gothorum, quae apud Filimer dicitur in terras Ovim emenso amne transposita, optatum potita solum. Nec mora, ilico ad gentem Spalorum adveniunt, consertoque praelio, victoriam adipiscuntur exindeque jam velut victores ad extremam Scythiae partem, quae Pontico mari vicina est, properant.

Drittes Kapitel

1 In Xiphilins, teilweise wenigstens, ziemlich chronologischem Auszuge wird der dakische Krieg in Verbindung mit dem britannischen, der nach Eckhel, p. 111, in das Jahr 184 fällt, jedoch vor diesem erwähnt. Nicht unmöglich, daß er noch mit dem markomannischen und den Friedensschlüssen des Jahres 181 in einigem Zusammenhang gestanden habe. Übrigens scheint sich das von den Historikern so arg geschmähte Friedenswerk de Commodus, weil von späterer Störung nichts berichtet wird, im Wesentlichen doch bewährt und bessere Fruch gebracht zu haben, als ein ins Unendliche fortgesetzter Vertilgungskrieg, dessen Zweck doch nie vollständig z erreichen gewesen wäre.

2 Dies ward unzweifelhaft zu Caracallas Zeit, wahrscheinlich auf dessen Befehl, verfaßt, ist jedoch bei spätere Abschriften, unter Berücksichtigung eingetretener Veränderungen, abgeändert und vermehrt worden. Di besten uns erhaltenen Handschriften desselben sind aus der Zeit Diokletians 285–305. S. Itiner. Ant. ed Parthe und Pinder, Berl. 1848. Vorr. S. VI und VII. Daß früher auch noch nördlichere Straßenzüge bestanden, welch sowohl von Reginum (Regensburg) als von Augsburg ab nördlich der Donau zwischen dieser und dem Lime hinliefen, sich bei Grinario vereinigten, und von da über Samolucene und Arae Flaviae nach Vindonissa auf di Südstraße führten, ist nicht zu bezweifeln. (Vergl. Stälin und die v. Sprunersche Karte der Germ. Magna.) Es is jedoch anzunehmen, daß diese, weil im Itinerar Antonins nicht erwähnt, damals nicht mehr bestand. Unte allen Umständen hätte Caracalla sie damals nicht wählen können, weil sie, wo nicht bereits ganz in den Hände der Alemannen, doch wesentlich von diesen bedroht und (nach Vindonissa besonders) die weit längere wa welcher Ort doch, um nach Straßburg und Mainz zu gelangen, passiert werden mußte.

Durch die nach Mannerts gründlicher Untersuchung (s. die Ausg. der Münchener Akad. d. Wissensch. 1824, S. 14) unter Severus Alexander verfaßte Peutingersche Tafel steht ebenfalls fest, daß es keine ander Militärstraße nach dem linken Rheinufer gab, als über Vindonissa. Doch findet sich auf dieser die eben erwähn te Nordstraße von Reginum nach Vindonissa noch angegeben, die daher in der späteren Ausgabe des Itinerar als nicht mehr zu benutzen, weggelassen worden sein muß.

Mühlenhoff über die Weltkarte und Choreographie des K. Augustus, Kiel 1856, S. 4 und 5 nimmt an, di Peutingersche Tafel sei erst nach 271, jedoch auch nicht viel später, verfaßt. Indes haben uns dessen Gründ welche im Wesentlichen darauf beruhen, daß gewisse Namen, die sich auf ihr finden, erst *später* in der Ge schichte vorkommen, nicht überzeugt: denn wer kann behaupten, daß ein Volksname erst um *die* Zeit *entsta den* sei, wo er in unsern dürftigen Quellen über das dritte Jahrhundert zum *ersten* Male *erwähnt* wird? Unte allen Umständen würde aber unsere Behauptung, daß Caracalla damals nur auf der angegebenen Südstraf nach Gallien marschieren konnte, dadurch auf keine Weise entkräftet werden.

3 Die erste Ausgabe hielt an den Kennen als einem keltischen Bergvolk bei St. Gallen fest und nahm daher ein andere Route der römischen Bewegungen an. (*D.*)

4 Das Ignorieren und Verspotten dieser Namen durch die Eingeborenen rief eine der häufigen Anwandlunge von Rach- und Morddurst Caracallas hervor, indem er deren unter friedlichem Vorwande versammelte Juger verräterisch umzingeln und niederhauen ließ (Dio LXXVII, 13). So überwog der Haß des Moments sein sonstige Vorliebe für die Germanen, aus denen er seine Leibwache, unter dem Namen der „Löwen" bilde deren Häupter er sogar aufgefordert haben soll, wenn ihm Böses begegne, sogleich in Italien einzufallen ur nach Rom vorzudringen. (Dio LXXVIII, 6.)

5 Die kritische Erörterung beider Stellen und der Versuch, sie zu vereinigen, würde müßig sein, da der Anfang

und Endpunkt des Zuges aus Europa nach Asien, Thrakien und Troja und die Überfahrt zur See bei beiden Schriftstellern feststehen.

6 Aus Spartians Worten a. a. O. quos ille, cum *ad Orientem transit*, devicerat folgern zu wollen, daß Caracalla die Goten etwa zur See getroffen habe, würde ganz irrig sein, da man damals unter Orient nicht die nahe kleinasiatische Küste, sondern Syrien mit den angrenzenden Ländern verstand.

7 Nach der früheren Dislokation standen nur in dem weit südlicheren Kappadokien zwei Legionen gegen Armenien, während die Nordküste, besonders die westliche, von keinem Feinde bedroht war. Desto entschiedener waren seit dem markomannischen Krieg die Donaugegenden gefährdet und deshalb stark besetzt.

8 Dies wurde jedoch von dessen Nachfolger Macrinus wieder aufgehoben (Dio LXXVIII, 12).

Viertes Kapitel

1 Levissimus quisque Gallorum et inopia audax dubiae possessionis solum occupavere. Mox limite acto et promotis praesidiis sinus imperii et pars provinciae habentur. Die Ausgabe der Germ. durch Haupt, Berlin 155 und Müllenhoff 1873, hat acto (so alle Codd. *D.*). Das Schlußwort habentur ist auf decumates agros zu beziehen.

2 Vgl. v. Spruners Karte Nr. 8 in dessen Atlas antiquus, Gotha. Die Richtigkeit dieser Karte im Wesentlichen ist nicht zu bezweifeln. Daß Rätiens Grenze gegen Germanien in der Mitte zwischen dem oberen Rhein und der Donau abwärts lief, ergibt sich aus Ptolem. II, 12, §. 1 (vergl. auch Orosius I, 2, S. 11 der Haverkampschen Ausg.), woraus erhellt, daß Ptolemäus das rätische Zehntland, wiewohl nur südlich der Donau, allerdings zu dieser Provinz rechnet. Das rheinische hingegen, das ganze rechte Rhein- und das Neckartal, zählt er (nach II, 9, 5 und II, 10, 1) zu Großgermanien und begeht dadurch den Fehler, des Limes und des hinter diesem zur Provinz gehörenden Landes gar nicht zu gedenken, indem er unzweifelhafte römische Provinzialstädte, wie Tarodunum bei Freiburg, besonders aber Arae Flaviae, in Großgermanien, also jenseits der Grenze, aufführt.

    Daß das rechte Rheinufer im Zehntland aber von Gallien aus verwaltet ward, also zu dieser Provinz und speziell zur Germania prima gehörte, lag nicht nur in der Natur der Sache, sondern wird auch durch die Zeugnisse von Trajan: Urbes trans Rhenum in Germania *reparavit* (Eutrop VIII, 2) und das daselbst von ihm angelegte Kastell (Amm. Marc. XVII, 1) bestätigt, wovon ersteres wahrscheinlich, letzteres aber ganz gewiß während dessen Verwaltung Germaniens (Dio LXVII, 3 a. Schl.) geschah.

3 (So alle Handschriften. *D.*)

4 (Siehe die Literatur über den Limes zwischen Donau und Main im Anhang. *D.*)

5 Wenn Pfister in s. G. v. Schwaben, S. 44, Anm. 48 diese Angabe mit Bezug auf Dio LXXI, 3 bezweifelt, so hat er übersehen, daß Dios Werk für diese Zeit fehlt, jene Stelle Xiphilins aber eine verworrene Häufung verschiedenartiger in den Jahren 161 und 162, 168 und 174 vorgefallener Begebenheiten ist.

6 Daß die zweiundzwanzigste Legion Primigenia großenteils im westlichen Zehntland stand, ist außer allem Zweifel, da man eine große Zahl Inschriften derselben dort gefunden hat. (S. Stälin I, S. 77.)

7 Die meisten heutigen Städte, die erweislich alten Ursprungs sind, dürften schon zur Römerzeit am jetzigen Ort oder in dessen Nähe bestanden haben, wie sich dies von Freiburg, Badenweiler, Oos, Rastadt, Baden-Baden (Aurelia Acquensis), Ettlingen, Offenburg, Pforzheim, Schwetzingen, Ladenburg und Heidelberg in Baden, sowie von Rotweil, Rotenburg, Tübingen, Cannstadt, Marbach, Maulbronn, Jaxthausen, Öhringen und Aalen in Württemberg aus obigem und sonst ergibt, wobei zu bemerken ist, daß sich gerade in und um Zarten bei Freiburg (Tarrodunum) und Aalen (Aquileja) keine Reste irgendwelcher Art gefunden haben, weshalb deren noch viele andere, nur eine Spur verblieben, vorhanden gewesen sein dürften.

8 Hier folgte in der ersten Ausgabe ein Versuch des Verfassers, diese neuen Gruppen lediglich auf vereinigte Gefolgschaften zurückzuführen, was, abgesehen von allen anderen Gründen, schon durch die kleine Kopfzahl der Gefolgschaften ausgeschlossen ist. Wenn bloße *Gefolgschaften* aus den alten Völkern ganz Deutschland und Frankreich erfüllten: – wohin wären denn die *alten Völker selbst* gekommen, welcher Raum würde dann für *sie* genügt haben? (*D.*)

9 Ganz anders die erste Auflage. (*D.*)

10 Züchtigungen für solche Räubereien sind übrigens sehr häufig von Cäsar bis Julian, dem gegenüber noch im vierten Jahrhundert ein Alemannenkönig sich wohl nicht mit Unrecht darauf beruft, er *könne* seine Leute von der Teilnahme an dem Krieg der Nachbarn und Volksgenossen gegen Rom nicht abhalten. Ganz ebenso lehnen 375 die Quaden die Verantwortung für Grenzverletzungen ihrer „Räuber" ab: nur was unter Zustimmung der „Fürsten" geschehe, geschehe von Staatswegen. Ammian XXX, c. 6. (*D.*)

11 Der Umstand, daß Tacitus XIII, 56 die Amsivarier ganz vernichten läßt, während der Fortbestand dieses Volkes außer Zweifel ist, begründet vielleicht die Vermutung, daß keineswegs das Gesamtvolk, sondern nur der Gau des Bojocalus (mit seinen befreundeten Gauen D.) die aus der Heimat Vertriebenen waren.

12 Hier liegt eine weitere Hauptabweichung von der ersten Auflage, welche hier Privatkriege der Gefolgschaften und Volkskriege unterschied und von der Entstehung der neuen Gruppen und deren „Wanderungen" ganz andere Auffassungen hatte. (*D.*)

13 Dies hier schon zu beweisen, würde der späteren Geschichte vorgreifen, weshalb hier nur auf Zeuß, S. 328, 341, 346 und 347, sowie auf v. Ledebur, Land und Volk der Brukterer, S. 129 u. folg., 251 und 267 verwiesen wird.

14 In der Schlacht gegen Julian bei Straßburg führten zwei Völkerschaftskönige (potestate excelsiores ante alios reges) den Oberbefehl als gekorene Herzöge. (D.)

15 οἱ δὲ Ἀλαμανοὶ εἴγε χρὴ Ἀσιννίῳ Κουαδράτῳ ἕπεσθαι, ἀνδρὶ Ἰταλιώτῃ, καὶ τὰ Γερμανικὰ ἐς τὸ ἀκριβὲς ἀναγραψαμένῳ, ξυγκλυδές εἰσιν ἄνθρωποι καὶ μιγάδες, καὶ τοῦτο δύναται αὐτοῖς ἡ ἐπωνομία.

16 Die erste Ausgabe ließ diese neuen Gruppen sämtlich als sogenannte „Kriegsvölker" aus bloßen Gefolgschaften entstehen.

17 (Lächerlich ist die Ableitung von der „Ale" als Nationalwaffe! Die Franziska hat von den Franken den Namen erhalten, nicht die Franken von der Waffe. D.) Die langen Messer der „Sachsen" kommen unter diesem Namen zuerst in den britischen Chronisten Gilda und Nennius um die Hälfte des fünften Jahrhunderts vor. S. Lappenberg, G. v. England, S. 67 und 68.

In neuerer Zeit finden sich zwar viele Beispiele von Übertragung fremdländischer Namen für militärische und sonstige Kleidungsstücke in andere Sprachen, z. B. Dollmann, Tzako, Tzapka, Burnus; für Herleitung solcher Namen von den Staaten und Orten (die jetzt an die Stelle der Völker getreten sind) des Ursprungs aber würden nur etwa Brandenburgs (Uniformverzierung) und die Waffe Bajonett zu erwähnen sein.

18 Sollte dies nicht von den Juliern, vielleicht sogar schon von Drusus, als er im Jahre 15 oder 14 vom Bodensee herzog, gegründet worden sein? Die oben angeführten Namen der heutigen Städte sind übrigens nicht völlig gesichert.

19 Nach dem Wortlaut Xiphilins könnte letzteres vielleicht zweifelhaft erscheinen: sowohl die Natur der Sache aber als das weitere Anführen, daß die Barbaren sich über die den Kastellen von ihm beigelegten Namen lustig gemacht hätten, sprechen entschieden für deren spätere Anlegung.

20 Über den Limes in Württemberg jetzt besonders E. Herzog in den würt. Jahrbüchern für Statistik und Landeskunde 1880. II, 1, S. 81–123.

Fünftes Kapitel

1 Herodian IV, 7. Wenn er an das Rheinufer rückte (ἐπέστη τοῖς τοῦ Ῥήνου ὄχθαις), so kann dies nur von Gallien her geschehen sein. Die Germanen auf dem linken Ufer mögen vor ihm zurückgewichen sein, er aber über den Rhein zu verfolgen gezögert haben.

2 Indessen, abgesehen von der Möglichkeit, daß Micca von seinem Volke getrennt, als einzelner Gefolgsgenosse unter Viktofalen oder Vandalen gedient habe, steht doch die gotische Abstammung durchaus nicht fest genug um darauf gebaute Schlüsse zu tragen. Verwechslung von Goten mit Geten und andern nordöstlichen Barbaren ist häufig genug. „Micca" wäre allerdings auf gotisch „mikils", „groß", zurückzuführen. Maximin, d. h. „der Große", maß angeblich acht Fuß; sein Vater Micca war vermutlich auch „mikils". D.)

3 Die Wahl dieses Hauptquartiers beweist, daß die gefährlichsten Feinde damals zwischen Donau und Theiß dem Lande der Jazygen – standen.

4 Lampridius sagt Alex. Sev. c. 58: Germanorum vastationibus Gallia diripiebatur. Dies ist zwar nicht notwendig auf Gallien im engern Sinne zu beziehen, weil Germ. prima rechts und links des Rheins im weiteren Sinne auch zu Gallien gerechnet wurde, wahrscheinlich aber doch hiernach, daß Germanen auch bis in das Innere des eigentlichen Galliens drangen.

5 Dies wird für spätere Zeit gegen Ende des fünften Jahrhunderts durch die Not. dign. ed. Boecking II, p. 10, 6 und 66 außer Zweifel gesetzt. Damals gehörte Rätien unter den Vicarius von Italien.

6 Dieselben werden allerdings von Amm. Marc. XXII, 8 in einer Beschreibung Thrakiens und der Pontusküste noch erwähnt. Da diese indes unzweifelhaft einem älteren geographischen Werk entlehnt sind, so kann daraus mit Sicherheit wenigstens nicht gefolgert werden, daß sie noch zu Ammians Zeiten daselbst saßen.

7 In Übertragung der Worte συγκρότησις und συγκροτῆναι war in der ersten Ausgabe der lateinischen Übersetzung gefolgt und geirrt worden.

8 Allerdings scheint auch noch das sechzehnte Kapitel des Jordanis auf die erwähnten Ereignisse sich zu beziehen. Diese höchst unzuverlässige Quelle wird jedoch später noch gewürdigt werden.

9 Nach Aur. Vict. c. 19. Nach Zosimus I, 20. Papianus.

10 Auch diese Stelle zeigt wieder höchst lehrreich, wie Mangel an Land oder wenigstens an dankbar und leicht zu bebauendem Land eine Hauptursache zur gewaltsamen Ausbreitung der Völker war, wobei Stammverwandtschaft den Frieden nicht gegen die Folgen des Hungers schützen konnte: das halb Sagenhafte des Berichts hebt diese Bedeutung desselben nicht auf. (D.)

11 Zosimus nennt hier den Tanais (Don), der gegen hundert Meilen vom Kriegsschauplatz entfernt ist, wobei die Namensverwechslung außer allem Zweifel steht.

12 Dies war selbstredend nicht des Philippus Bruder, der im Orient kommandiert hatte und wahrscheinlich getötet jedenfalls nach jenes Sturz außer Dienst war, sondern nach Aurelius Victor a. a. O. der Legat von Makedonien Julius Priscus, dem dieser sogar die Kaiserwürde übertragen läßt, was, wenn überhaupt wahr, nur ganz ephemer gewesen sein könnte.

13 Über Gallus sind die Quellen teils ganz dürftig, teils widersprechend. Hinsichtlich der schwankenden Chronologie s. Eckhel, p. 364–365.

14 Es findet sich in den Quellen dieser Zeit keine Spur, daß die Herrschaft der Römer damals noch über die Donau hinaus sich erstreckt habe. Doch ergibt sich aus den Berichten über Aurelian, daß dieser bei Aufgebung der Provinz Datien die römischen Bewohner weggeführt habe. Wahrscheinlich waren daher die festen Plätze Siebenbürgens, das den Römern wegen seiner Goldbergwerke so wichtig war, nebst den nächsten Umgebungen noch in deren Besitz. In keinem Falle kann diese Frage übrigens durch die *vage* Äußerung Eutrops IX, 8, der von Gallienus' Zeit sagt: Dacia amissa est, für entschieden angesehen werden, da aus allgemeinen Phrasen der Epitomatoren niemals mit Sicherheit auf die Richtigkeit der daraus abzuleitenden Details geschlossen werden kann.

15 Selbstredend sind hier nur die Völker und Städte Dakiens, insbesondere des östlichen, gemeint.

16 In der Regel nur verschiedene Bezeichnungen eines und desselben *Haupt*stammes (s. Plinius d. Ält. IV, 12 und Zeuß, S. 283), obwohl man solche bisweilen auch als *Spezial*namen für verschiedene Zweige desselben Volkes gebraucht haben dürfte.

17 Keine Unterwerfung römischer Art, nur eine gewisse politische Unterordnung mit Erhaltung nationaler Selbständigkeit. Regelmäßig mußten die Unterworfenen Land abtreten und Tribut zahlen.

18 Dies war nicht bloß über die Landenge bei dem jetzigen Perekop, sondern auch vom Asowschen Meer her über die Landenge von Arabat möglich.

19 Daß sie, wie Zosimus sagt, diese Städte zur Rechten gelassen, muß Irrtum sein, da es zwischen diesen Hafenplätzen und dem Meer sicherlich keine Straße gab.

Sechstes Kapitel

1 Gregor v. Tours, Hist. Franc. II, 9, aber nur als Gerücht aus Pannonien, der Geogr. v. Ravenna I, 11 aus Maurungania und Tritthemius, Benedictiner-Abt des fünfzehnten Jahrhunderts, auf Grund des angeblichen Hunibald aus dem vierten Jahrhundert aus Troja. Letzteres ist offenbare bewußte Täuschung. S. Luden, Gesch. d. T. Volkes. II, S. 67 und 68. – Vergl. jetzt Zarncke, Trojanersage (im Anhang), und R. Schröder, die Herkunft der Franken. v. Sybels histor. Zeitschr. N. F. VII. und daselbst die ganze vortrefflich gesammelte und gewürdigte Literatur.

2 S. oben II. Buch, 4. Kap.; hier nahm die erste Ausgabe, wie bei all diesen „Kriegsvölkern", die oben bekämpfte zweite Ansicht an; sie folgte Eichhorn, *D*. St. u. R. Gesch. 1, § 21 c.

3 Nam Germanos non juberi, non regi, sed cuncta ex libidine agere.

4 Gradus quin et ipse comitatus habet, judicio ejus quem sectantur.

5 Das jüngste derselben ist des Eumenes paneg. Constantino Aug. dictus vom Jahre 310.

6 Die Zweifel, welche Zeuß, S. 447, gegen diese Örtlichkeit erregt, werden seiner Zeit weiter unten erörtert werden.

7 Jord. c. 22, dem hierin, weil die Heruler noch zu dessen Zeit vielfach als Söldner dienten, Glauben beizumessen ist.

8 Es bedarf kaum der Erwähnung, daß dies in dem Mangel und der Unzugänglichkeit literarischer Hilfsmittel, vor allem in der Schwierigkeit, aus der Quelle selbst zu schöpfen, das ist, von den wilden Völkern unmittelbar etwas über deren Ursprung und Verwandtschaft zu erfahren, seinen natürlichen Grund hat. Sind wir doch selbst heute über die Ethnographie des innern Afrika wenig aufgeklärer. Nur wenn jedes Jahrhundert seinen Herodot gehabt hätte, würden wir selbst über die Ostvölker klarer sein.

9 Nach dem von Zeuß, S. 703 a. Schl. und 704 gesammelten, zum Teil sprachlichen Beweisstellen sollen sich Reste der Alanen in den Ossetten, die sich selbst Arier nennen, heute noch im Kaukasus finden.

10 Autoribus Roxalanis, consentibusque militibus, et timore provincialium, ne iterum Gallienus graviora faceret, interemtus est.

11 v. Sybel, de fontitus libris Jordanis de Or. et Act. Get., S. 8 hält zwar Jord. selbst für einen Goten, auf Grund der Stelle c. 60 am Schl.: „Nec me quis in favorem gentis praedictae, quasi ex ipsa originem trahentem, aliqua addidisse credat etc." Allein der Umstand, daß dessen Großvater Pelia als Notar bei dem König der Alanen, Candax, und Jordanis selbst in gleicher Weise wahrscheinlich einem späteren Könige dieses Volks angestellt war, auch dessen Vater Alanovomuth hieß, sprechen so dringend für die alanische Nationalität von des Jordanis Familie, daß wir, ganz abgesehen von dem wenigstens bei einem Schriftsteller solcher Latinität wohl möglichen Zweifel, ob sich jenes quasi nicht bloß auf originem trahere beziehe, also nur gewissermaßen gotischen Ursprung bedeute, allerdings der Meinung sind, Jordanis habe durch ipsa gens nicht das Spezialvolk der Ostgoten, sondern nur den Hauptstamm, welchem er auch die Alanen beizählen, bezeichnen wollen. Unter allen Umständen aber würden die Verwaltung der höchsten Vertrauensposten an einem alanischen Hofe durch Goten und jener einem Goten gegebene alanische Name die innigste Verbindung zwischen beiden Völker beweisen.

2 Auch in einer an sich unkriegerischen Bevölkerung finden sich stets einzelne Tüchtige und Tapfere. Auch mag es an Raubgesindel dort nicht gefehlt haben. Streitbar waren nämlich die Galater und Isaurier, welche letztere freilich entfernter wohnten.

3 Derselbe war jedenfalls Geistlicher zu Tarragona zu Anfang des fünften Jahrhunderts.

1 Tetricus hatte nur Gallien und Hispanien inne (Treb. Poll. Claud. c. 7), nicht also auch Britannien, das jedoch, bei dem Abbruche der gewöhnlichen Verbindung durch Gallien, für Rom kaum noch eine merkliche Hilfsquelle gewesen sein kann.

Zenobia besaß unzweifelhaft Syrien mit Palästina und das ganze Mesopotamien, wahrscheinlich aber auch schon seit Heraklians Besiegung einen großen Teil des östlichen und südlichen Kleinasiens, in dessen Besitz wir sie noch bei Aurelians Feldzug finden.

2 Nach Dionys, Bischof von Alexandrien (Euseb. K.-G. VII, 21), betrug später die Zahl der Getreideempfänger von vierzehn bis achtzig Jahren ebensoviel, als vorher der von vierzig bis siebzig. Nach des Dupercieux Tabelle im Almanac du bureau des longitudes vom Jahre 1858 kommen nun normal auf eine Million Menschen 704 348 der ersteren, aber nur 267 654 der letzteren Altersklassen. Dies ergibt eine Abnahme der Bevölkerung um 62 Proz., also beinahe 2/3, Gibbon irrt aber, wenn er (c. X am Schluß) des Gallienus Tod als Zeitpunkt dieser Berechnung angibt, da Dionys bereits während des Konzils zu Nikäa, also etwa 264 starb. Derselbe ist vielmehr nach dem Ende des Bürgerkriegs in Alexandrien im Jahre 263 anzunehmen.

3 Die Quellen über Claudius sind besser als die über dessen Vorgänger und Nachfolger. In den wichtigsten derselben (Zosimus und Treb. Pollio) ist sogar mehr Übereinstimmung als auf den ersten Anblick der Fall zu sein scheint. Aur. Viet. de Caes. ist sehr dürftig. Die von diesem (aber auch von der Epitome) angeführte Sage, Claudius habe sich dem Tode für die Republik geweiht, bedarf keiner eingehenden Widerlegung.

Die auf die letzte Zeit des Gallienus bezügliche Stelle des Treb. Poll. Claud. C. 6: illi Gothi, qui evaserant eo tempore quo illos Macrianus est persecutus, quosque Claudius emitti non siverat, dürfte sich ganz einfach auf den letzten Kampf des Gallienus mit den Goten (Treb. P. Gall. G. 13 und oben S. 206 f.) beziehen und so zu verstehen sein: Claudius befehligte in dem Heeresteil, welcher die Goten vom Rückzug abschnitt und schlug sie, Martian aber über diejenigen, welchen es gelang, über den Berg Gessar zu entweichen.

Natürlich hatte letzterer, wie Zosimus (G. 40) ausdrücklich anführt, den Verfolgungskrieg fortzusetzen. Treb. Poll. sagt daher auch in der oben angezogenen Stelle Gall. 13: Omnes inde Scythas valia bellorum fortuna agitavit, quae omnes Scythas ad rebellionem excitarunt. Auf diese letzteren Worte dürfte jedoch bei einem Schriftsteller, dessen Urteile so oft gedankenlos sind, kein Wert zu legen sein, weshalb wir uns auf dasjenige beziehen, was im Texte S. 231 über die Motive des Einbruchs unter Claudius gesagt ist.

Die Epit. Aur. Vict. c. 34 spricht nur von einem Alemannen-Heere überhaupt, von welchem Claudius „tantam multitudinem fudit, ut aegre pars dimidia superfuerit".

Zonaras aber sagt: Gallienus habe 300 000 Alemannen bei Mailand besiegt.

Dies ist ein Irrtum im Namen des Kaisers, kann sich daher, weil die Feinde unstreitig schon in des Gallienus letzten Tagen in Italien eingebrochen waren, nur auf Claudius beziehen.

Luden, dieser treffliche Geschichtsschreiber des deutschen Volkes, den nur sein Panegyrismus hindert unbefangen zu sein, nimmt I, S. 105 an, Gallienus habe vor seinem Abzuge Frieden mit den Goten geschlossen, und S. 106: Martian scheine diesen gebrochen und durch irgend eine Treulosigkeit den Zorn der gotischen Völker gereizt zu haben.

Dem steht aber nicht allein das gänzliche Schweigen der Quellen entgegen, sondern es ist auch geradezu undenkbar, daß Martian unmittelbar nach solchem Frieden einen und zwar längern Krieg (varia bellorum fortuna) wider die Goten fortgeführt habe. Der Übertritt der Naulobat in römischen Dienst, auf den sich Luden für seine Meinung beruft, beweist bei der Unabhängigkeit solcher Gefolgsführer nicht das geringste für einen allgemeinen Frieden, wie dies, abgesehen von der Natur der Sache, schon die vielfachen Spezialverträge im markomannischen Krieg außer Zweifel setzen.

Um unser Urteil über diesen sonst so verdienten Mann, worüber aber keinem Geschichtskundigen ein Zweifel beigehen wird, hier mit einem Mal abzutun, erwähnen wir als Beleg nur noch, daß sein durch die mit so beispiellosem Rauben, Sengen und Brennen verknüpften Fahrten der germanischen Völker doch etwas verletztes Gefühl sich S. 99 und 101 durch den Gedanken zu beruhigen sucht, es habe dies nicht bloß den Raube sondern der Macht des verhaßten gemeinsamen Feindes gegolten, sie hätten sich nicht in abenteuerliche Irrfahrten verloren, sondern mit Besonnenheit planmäßige Kämpfe geführt. Hat denn, ohne uns hierbei auf eingehende Widerlegung einzulassen, der würdige Luden vergessen, daß der Raubkrieg bei den Germanen für erlaubt, ja ehrenvoll galt, wie dies heute noch bei den Arabern der Fall ist?[3a]

Schließlich erwähnen wir hier noch, daß es ein offenbarer Irrtum des Treb. Poll. ist, wenn er den nach c. 13 so wie nach Zosimus (c. 40) gegen die Skythen kriegenden Martian nach c. 14 bei des Gallienus Ermordung gegenwärtig sein läßt. Vermutlich hat er in seinen Quellen von dessen intellektueller Teilnahme an der Verschwörung gelesen und daraus persönliche Mitwirkung gemacht.

Des Claudius Namen sind mit Sicherheit nicht zu ermitteln. Auf zwei Münzen findet sich Aurelius und die Vornamen C. M., aber auch nur C. und selbst dies nicht auf allen. Von dem Namen Flavius, den Treb. Poll Claud. c. 3 in einer zweifelhaften Stelle, wozu Salmasius Anm. zu vergleichen ist, Flav. Vopiscus aber (Aurel. 17) in einem eignen Briefe desselben bestimmt anführt, ist auf den Münzen keine Spur.

Diese auf Vespasian und Titus zurückführende Benennung war eine der bei Kaisern unbekannter Herkunft so gewöhnlichen wohl späteren Erfindungen, ersonnen, um dem Cäsar Constantius Chlorus und dessen Sohne zu schmeicheln.

Auch über des Claudius Alter waltet große Unsicherheit. Nach Tillemont, S. 1009, wäre er, zufolge der griechischen Chronik von Eusebius, die bekanntlich aber nur auf Rückübersetzung aus der lateinischen Übersetzung des Hieronymus beruht, und nach der von Alexandrien bei seinem Tode sechsundfünfzig Jahre alt, also 214/5 geboren gewesen. Wenn derselbe aber nach Treb. Poll. Claud. (c. 13) unter dem Kaiser Decius, der 249 den Thron bestieg, als adolescens in militia am Ringkampf in den Soldatenspielen sich beteiligte, kann er doch gewiß noch nicht Centurio, sondern nur erst Gemeiner gewesen, dies aber, zumal bei solchem Verdienst, auch nicht bis zum fünfunddreißigsten Jahre geblieben sein. Wahrscheinlich beruht daher die Angabe der Chroniken auf der so leicht möglichen Verwechselung von LVI und XLVI, wonach Claudius 224/5 geboren gewesen wäre. Mit obiger Stelle ist freilich die spätere (c. 16), nach welcher derselbe Decius, der doch schon 251 fiel, dem Präses von Achaja schreibt, er habe Claudius als *Tribun* das Kommando eines Korps anvertraut, schwer zu vereinigen: indes könnte sich letzteres entweder auf eine andere Person gleichen Namens beziehen oder erstere Nachricht, wie bei diesem Schriftsteller so oft der Fall ist, irrig sein.

Das Schreiben Valerians über Claudius an den Procurator Syriens, das wahrscheinlich schon der Zeit vor Syriens Eroberung durch Sapor angehört, c. 14, worin er sagt: Claudium tribunum quintae legioni dedimus, entscheidet darüber nichts, weil es sich auch auf eine bloße *Versetzung* beziehen könnte.

Ist endlich die Nachricht der Epitome (c. 34) gegründet, daß Claudius bei des Gallienus Ermordung zu Ticinum (Pavia) kommandierte, so muß jene entweder doch erst bei Mailands Belagerung erfolgt oder Claudius vor des Kaisers Ankunft, zu des Aureolus Umgehung, dahin detachiert worden sein.[3b]

3a (Luden und von Wietersheim haben nicht erkannt, daß, abgesehen von den „Raubfahrten" kleinerer Scharen, das Bedürfnis nach Ausbreitung, nach Gewinnung genügender und sicherer Sitze (qu i eta patria) der große, unablässig treibende Grund der Bewegungen der Germanen über Rhein, Donau und Alpen war. *D.*)

3b (Siehe aber über Claudius und Aurelian, zumal die Kämpfe in Italien, die Schriften von *Duncker* im Anhang des II. Bandes. *D.*)

4 Zosimus c. 42 spricht nur von 320 000 *Eingeschifften*. Treb. Poll. (c. 6 und 8) von so viel *Bewaffneten*, was für Übertreibung zu halten ist. Aurelian gibt die Zahl, von der Schlacht bei Naissus redend, in seiner Antwort an die Juthungischen Gesandten zu 300 000 an, was, da die Goten um diese Zeit bereits bedeutende Verluste erlitten, obigem nicht widerspricht. (S. Dexippus, edit. Bonn., p. 17.) Dagegen beruht des Zosimus Angabe von 6000 Schiffen wahrscheinlich auf einem Schreibfehler und ist jedenfalls irrig, da hiernach nur etwa vierundfünfzig Mann auf ein Schiff kämen, was bei einer Transportflotte undenkbar ist. Eine Trireme zählte hundertsechzig bis zweihundert Ruderer und ein alexandrinisches Handelsschiff, wahrscheinlich mit Getreide befrachtet, enthielt zweihundertsiebenundsechzig Personen. (Apostel-Gesch. 27, 6 und 37.) Schon die Zahl von 2000 Schiffen ist beispiellos und gewährt einen merkwürdigen Beleg für die Hilfsquellen und Kriegsmittel der Germanen jener Zeit.

5 Treb. Poll. c. 6 nennt Peucini, Trutungi, Austrogothi, Virtingui, Sigipedes, Celtae etiam. Es unterliegt keinem Zweifel, daß drei dieser Namen verderbt sind und statt Trutungi Greuthungi, statt Virtingui Tervingi und für Sigipedes Gepides zu lesen ist. Greuthungi und Austrogothi sind dasselbe Volk, indem er aus verschiedenen Namen desselben, die er in den Quellen fand, irrtümlich verschiedene Völker gemacht hat. (Siehe Zeuß S. 407 Anm. und die Noten von Salmasius zu dieser Stelle S. 363 und 364 der Leidener Ausg. v. J. 1671) Die Kelten, die Salmasius durch Keleten, ein thrakisches Volk im Rhodope und Hämus (also römische Untertanen) erklären will, können sich nur auf die Urbewohner des Landes, auf die keltischen Triballer, Dardaner und Skordisker, beziehen, die ursprünglich freilich mehr südlich seßhaft waren.

6 Des Zosimus Ausdruck I, 42: τοῦ ῥοῦ ταχύτητα, die Schnelligkeit der Strömung kann selbst bei dieser plötzlichen Verengung des Meeres schwerlich richtig sein. Unstreitig war der Wind im Spiele.

7 Zonaras S. 605 erwähnt hier der Eroberung Athens mit dem Zusatze, daß die Goten durch einen ihrer Führer von Verbrennung sämtlicher Bücher um deswillen abgehalten worden seien, weil die Griechen durch Studien am sichersten von den Waffen abgezogen würden. Dem widerspricht aber Zosimus, der (c. 43) ansdrücklich anführt, daß sich die Goten damals keiner Stadt bemächtigt hätten: es ist daher wohl eine Verwechselung mit der Eroberung Athens im Jahre 267. So hat es auch Gibbon mit Recht betrachtet, der aber doch (I, S. 243 der Londoner Ausg. von 1840) darin fehlt, daß er diese Abweichung von der einzigen Quelle jener Nachricht nicht bemerkt und motiviert hat.

8 Die Angabe des Zosimus (c. 47), daß Quintillus einige Monate regiert habe, verdient, nach der Menge und Verschiedenheit seiner Münzen (Eckhel VII, p. 478), den Vorzug vor der des Flav. Vop. (Claud c. 12) und anderer, die ihm nur siebzehn Tage gönnen. Über dessen Todesart schwanken die Quellen.

9 Das Geburtsjahr Aurelians beruht auf einer *zweifelhaften*, aber nicht unwahrscheinlichen Annahme Tillemonts (III, S. 1033 der Brüsseler Ausg. v. J. 1712.)
Über Anfang (des Claudius Tod) und Ende seiner Regierung verbreiten sich Eckhel (VII, p. 484–487) und Tillemont (a. a. O. S. 1190–1193). Wäre die Unterschrift des Reser. v. Claudius im Just. Cod. (I, 23, 2) vom 23.

Okt. 270 sicher, wobei aber in so viel späteren Jahren leicht ein Irrtum möglich ist, so würde dies die gewöhnliche Annahme umstoßen. Die Wahrheit ist, da sich die Nachrichten widersprechen, nicht zu ermitteln: uns dünkt aber Eckhels Meinung (p. 485), wonach Claudius gleich im Anfange des Jahres 270, Aurelian aber etwa im März 275 starb, den sonstigen geschichtlichen Tatsachen die entsprechendste zu sein.

10 Unter den Quellenschriftstellern über Aurelian ist Zosimus der einzige, der als Geschichtsschreiber gelten kann. Nur ist er leider über die Ereignisse im Westen stets weniger gut unterrichtet als über die des Ostens und erschwert uns der ersteren Verständnis durch Mangel an geographischer und ethnographischer Kenntnis.

Flavius Vopiscus, auf den wir in Aurelians Leben zuerst stoßen, ist merklich besser als seine Vorgänger, schreibt aber, wie diese und schon Sueton, nur Biographie, nicht Reichsgeschichte, verliert sich über Hauptstädtisches, namentlich Senatsverhandlungen, in nebensächliche Details und läßt darüber oft wichtigeres außer den Augen.

So unlösbar aber auch die Wirren der Quellen über die beiden ersten Jahre von Aurelians Regierungsgeschichte scheinen, so dürfte doch der *Schlüssel* in der Frage zu suchen sein:

Welches war das erste Volk, gegen das Aurelian kriegte?

Darüber Folgendes. Quintillus starb nach Hieronymus (Chronik) in Aquileja, wohin er, da ihn Claudius, ohne ihm jedoch anscheinend großes Vertrauen zu schenken (Flav. Vop. Aurel. c. 7), als Heerführer brauchte, unzweifelhaft kommandiert war. Aquileja war Italiens Schutzwehr gegen feindliche Anfälle auf der südlichen Hauptstraße von der Donau her durch Noricum, dieselbe, welcher jetzt die Triester Eisenbahn folgt.

Aurelian befand sich unstreitig unfern Sirmium, wo Claudius starb, bei der Hauptarmee. Von da eilte er nach Rom und unmittelbar darauf nach Aquileja zu Hilfe der pannonischen Völker (ἔϑνη), weil er vernommen, daß diese von den Skythen angegriffen würden. (Zosimus c. 49.) Wer waren nun diese Skythen? Tillemont versteht darunter Goten, Gibbon (a. a. O. S. 266) Goten und Vandalen, Luden (S. 110) ist ganz unsicher, neigt sich aber doch auch zu Tillemonts Meinung. Diese fußt aber offenbar auf nichts anderem, als darauf, daß Zosimus unter dem Namen Skythen häufig die Goten versteht.

Gibt man sich indes die Mühe, dessen verschiedene Stellen (namentlich c. 27. 31, 37 und 42) denkend zu betrachten, so ist es unmöglich, zu zweifeln, daß ihm der Ausdruck: Skythen nur der Gesamtname für die Barbaren im Norden der Donau war.

Wenn derselbe (c. 27 und 31) Carpen (ein thratisch-getisches Volk), Boranen. Urugunden und Goten Skythen nennt, wenn derselbe (c. 37) von einem Kongreß aller skythischen Völker und Gefolgschaften spricht, und hierauf jenen Angriff auf Italien folgen läßt, den nach S. 206 nur von den von ihm (I, 38) ausdrücklich genannten Markomannen, wahrscheinlich mit Alemannen verbunden, ausgegangen sein kann, wenn er vollends (c. 52) sagt, die Skythen hätten zu jener großen Unternehmung unter Claudius auch Heruler, Peukiner und *Goten* an sich gezogen (παραλαβόντες), so liegt es doch auf der Hand, daß er durch Skythen kein *Spezial*volk, namentlich nicht das gotische, bezeichnen wollte.

Woher sollten denn ferner die Goten auf einmal den Teil des Reiches bedrohen, für dessen Schutz *Aquileja* das Bollwerk war?

Waren nicht die Goten auf das Haupt geschlagen, nicht *zu derselben Zeit* unter Quintillus (Treb. Poll. Claud. c. 12) Reste derselben bei Nikopolis aufgerieben worden?

Gibbon läßt sie (a. a. O.) ohne weiteres aus der Ukraine herabziehen. Ganz abgesehen von der Entfernung (wenigstens hundertundsechzig bis hundertundachtzig Meilen), überzeugt uns doch ein Blick auf die Karte, daß der gerade Weg sie solchesfalls unweit Sirmium, wo die Hauptarmee stand, vorbei geführt hätte. War es da nicht natürlicher, sie auf dem Wege anzugreifen, als ihnen von Aquileja aus entgegenzuziehen?

Nicht die Goten also waren das betreffende Volk, sondern (nach Dexippus Fragment unter 1) die *Juthungen-Skythen* (p. 11). Darin also, daß es Skythen (Nordvölker) waren, stimmen Zosimus und Dexippus überein, nur daß ersterer lediglich den Gattungsnamen, letzterer zugleich den Spezialnamen des in diesem Falle darunter begriffenen Volkes der Juthungen nennt.

Daß aber auch Zosimus von letzteren handle, ergibt sich noch unzweifelhafter daher, daß die in dessen Berichte (c. 48) erwähnten Kriegsereignisse offenbar *dieselben* sind, deren Dexippus a. a. O. gedenkt.

Nach beiden war der Feind schon tief in das innere Land eingedrungen, denn Aurelian befiehlt (nach Zosimus) Lebensmittel und Vieh zu Aushungerung des Feindes in die Städte zu schaffen und aus Dexippus (p. 13, Z 2 und p. 16, Z. 10) erhellt, daß sie wirklich schon in Italien eingedrungen waren, was sich, beiläufig bemerkt doch immer nur auf den zwischen Aquileja und den carnisch-julischen Alpen gelegenen Teil des alten Italiens (Friaul und Istrien) beziehen könnte, weil Aurelian sonst nicht nach Aquileja gehen konnte.

Beide ferner verlegen die Hauptschlacht an die Donau (Dexippus p. 11), erwähnen aber den Rückzug der Feinde über diese und lassen die Gesandten wieder herüberkommen.

Ist es nun wohl denkbar, daß dieselben Ereignisse in verschiedenen Feldzügen gegen verschiedene Völker vorgekommen seien?

Wohl ließen sich aus dem Buchstaben von Zosimus (48. Kap.) auch Zweifel gegen diese Ansicht herleiten unter welchen „die *pannonischen* Völker, gegen die der Angriff gerichtet gewesen", der gewichtigste sein würde.

Ist aber bei dessen (aus vielen Stellen notorischer) geographischer Unkunde des Westers mit Sicherheit anzunehmen, daß ihm die Grenze zwischen Noricum und Pannonien genau bekannt gewesen sei, zumal letzteres bis über die heutige Eisenbahn hinaus, zwischen Cilly und Laibach (Celeja und Aemona) tief in ersteres einschnitt? Auch beweist übrigens schon obiger, jedenfalls ungenaue Ausdruck, weil es in Pannonien damals keine *Völker* mehr, sondern nur noch Untertanen gab, die Unsicherheit des Autors.

Wir können daher in der Tat nicht zweifeln, daß Aurelians erster Krieg gegen die Juthungen des Dexippus, welche Zosimus hier unter seinem Gesamtnamen Skythen begriff, geführt ward. Ersterer aber, ein Geschichtsschreiber ersten Ranges für jene Zeit, muß, wie dessen merkwürdiger Bericht beweist, eine vortreffliche Spezialquelle gehabt haben, würde also auch selbst da, wo er mit Zosimus, der mindestens hundertundsechzig bis hundertundsiebzig Jahre später schrieb, nicht ganz übereinstimmen sollte, höheren Glauben verdienen.

Unmittelbar auf diesen Feldzug nun muß der in des Dexippus zweitem Bruchstück (p. 19–21) erwähnte gegen die von der östlichen Seite her eingebrochenen Vandalen gefolgt sein, welcher mit dem daselbst umständlich erzählten Friedensschluß endigte, weil dasselbe mit den Worten schließt: „worauf Aurelian eiligst nach Italien marschierte, indem die Juthungen *wieder* in dasselbe eingebrochen waren.“

Jenes „*wieder*" kann sich wesentlich nur darauf beziehen, daß die Juthungen auch schon in obigem ersten Feldzuge Italien, sei es in Friaul oder durch ein kleineres Separatkorps von Rätien her wirklich erreicht hatten, in welchem letztern Falle dieselben, als deren Hauptmacht an die Donau zurückwich, sich ebenfalls, um nicht abgeschnitten zu werden, zurückgezogen haben müßten.

Bei Aurelians Triumphe (c. 33) wurden sowohl gefangene Vandalen als Sarmaten (d. i. Jazygen) aufgeführt.

11 Gar manche „Raubfahrt" war wohl eine Not-Fahrt. (*D.*)
12 Statt Rhein heißt es im Texte Rhone. Die richtige Lesart wird im 9. Kapitel begründet werden.
13 Auch Petrus Patricius (S. 126 der Bonner Ausgabe) gedenkt dieses Friedens kurz.
14 (Auch hier also Getreidemangel der Germanen. *D.*)
15 Fano am Metaurus liegt, durch die via Aemilia verbunden, über vierzig Meilen von Piacenza. Angenommen selbst, der geschlagene Aurelian habe soweit auf dem Wege nach Rom zurückweichen müssen, obgleich dies bei einem solchen Feldherrn höchst unwahrscheinlich ist, so konnten doch die hier nunmehr geschlagenen Germanen nimmermehr von Fano gegen fünfzig Meilen weit, bei Piacenza vorbei, nach Pavia in das Herz des feindlichen Landes zurückgehen, mußten dazu vielmehr von Rimini aus offenbar die in ihre Heimat führende flaminische Straße wählen.

Es ist merkwürdig, daß Geschichtschreiber, wie Tillemont (S. 1043), Gibbon (Kap. 11, nach Note 34) und Luden (S. 113), solchen Widerspruch nicht durchschauend, wirklich hier an einen großen Krieg mit drei Hauptschlachten glauben.

Vermutungen über den Gang des Krieges bis Fano sind müßig, zumal wir nicht einmal wissen, auf welchem Ufer des Po bei Placentia geschlagen wurde. Jedenfalls folgte auf das verlorene Treffen ein Rückzug und eine Erholungspause der römischen Heers, welche eine Germanenschar zu einer Raubfahrt in die transpadanischen Provinzen bis Umbrien hinein benutzt haben mag, woselbst sie Aurelian endlich am Metaurus, der vielleicht in dem inzwischen herangekommenen Frühjahr angeschwollen war, zum Stehen brachte. Die Schlacht selbst muß zwischen Pisaurum (Pesaro) und Fano stattgefunden haben, da beide Städte gemeinschaftlich der Victoria aeterna Aurelians das Denkmal errichtet haben, dessen Inschrift in Gruter (pag. 576 N. 3) zu finden ist.

Eine zweite Schar mag inzwischen in der Lombardei plündernd umhergezogen und zuletzt unfern Pavia geschlagen worden sein.

Nachholend ist zum italienischen Kriege noch zu bemerken, daß Tillemonts Vermutung (S. 1042), jene abergläubischen Zeremonien seien mit Menschenopfern verbunden gewesen, bei dem gelehrten Salmasius der eine drei Seiten lange Note (unter 1 zu c. 18 des Flav. Vopisc.) gibt, keine Unterstützung findet, auch uns durch die von ersterem angeführten Worte nicht genügsam begründet erscheint.

Flav. Vopisc. begann nach Aurel (c. 1) unter dem Stadtpräfekt Fur. Victorinus, also, nach Mommsens Chronograph (Verh. d. K. Ges. d. W. zu Leipzig I, S. 628), im Jahre 303 zu schreiben.
16 Das auf Münzen auch vorkommende pacator orbis und restitutor Orientis ist nichts wesentlich anderes.
17 Die von Vopiscus c. 30 erwähnten Titel: Gothicus, Sarmaticus, Armenicus, Parthicus et Adiabenicus würden, wenn begründet, historisch wichtig sein, sind aber dies nicht. Unstreitig hat Aurelian, der mit dieser Stelle über das vom Senat in Antrag gebrachte „Carpicus" lustig macht, dergleichen Ehrennamen nicht gewollt.
18 Die Vermutungen, welche Tillemont (S. 1075) auf Grund späterer Andeutungen in den Quellen über kriegerische Vorfälle in Germanien um diese Zeit, sowie unter Aurelian überhaupt, aufstellt, erscheinen so vage und unsicher, um hier Aufnahme zu verdienen.
19 Es ist kaum zu glauben, wie Gibbon (S. 266) und Luden (I, S. 155) die Räumung Dakiens als eine Bedingung des im Jahre 270 mit den Goten oder „Teutschen", wie letzterer sagt, abgeschlossenen Friedens darstellen können. Selbst abgesehen von Eckhels Zeugnis, das freilich nicht ersterer, sondern nur letzterer kennen, ergibt Aurelians ganze Geschichte, namentlich die Besiegung des Kannabaudes in dem alten Dakien, das Gegenteil so überzeugend, daß Weiteres darüber müßig wäre. Luden, für den die Wahrheit so nahe lag, hat sich hier wieder einmal durch nationale Vorliebe blenden lassen.

Bei der von Eckhel angeführten Münze kann sich das: „Dacia felix" übrigens selbstredend nur auf das *neue* Dakien beziehen, auf man sogar das Symbol des alten, den Esels- oder Drachenkopf (vergl. Eckhel VII, 344), übertrug.

Den Anlaß dazu kann aber nur die in diesem Jahre erfolgte Errichtung dieser Provinz gegeben haben, da sich von einem anderen, z. B. Befreiung derselben aus den Händen der Feinde, um diese Zeit nicht die leiseste Spur in den Quellen findet.

Kapitel 8

1 Die Stelle lautet: Limitem *transrhenanum* Germani rupisse dicuntur: also den Limes *jenseits* des Rheins, jedenfalls hier die Neckarlinie, da der gesamte äußere Limes bei Aurelians nur kurzem Verweilen in der Gegend damals kaum wiederhergestellt gewesen sein dürfte. Wichtig aber, daß jener mindestens wieder römisch war.

Selbstredend hatten übrigens die Germanen, d. i. hier die Alemannen, nicht bloß den Neckar, sondern auch den Rhein überschritten, da die von ihnen eroberten urbes validae, divites et potentes im Wesentlichen nur jenseits desselben liegen konnten.

2 Im Cod. Just. (VIII, 56, 2) findet sich ein Rescript des Kaisers aus Sirmium vom Mai 277, wonach der Feldzug vor dem Juli kaum begonnen haben könnte, was jedoch bei der unerläßlichen Eile, welche die Rettung Galliens, das schon im Sommer 276 großenteils in den Händen der Germanen war, erforderte, mit der Geschichte kaum vereinbar sein dürfte.

Dasselbe scheint zwar durch das Datum des von Flav. Vop. (c. XI) erwähnten Senatusconsults vom 3. Februar, welches nur vom Jahre 277 sein kann, unterstützt zu werden, da dieses erst des Probus Bestätigung ausgesprochen zu haben scheint. Gegen dieses Datum hat aber Tillemont (Note 2, S. 1214) die erheblichsten Zweifel vorgebracht, denen vollständig beizupflichten ist. Es ist noch hinzuzufügen, daß der Tag genau derselbe des in Aurel. (c. 41) angeführten Senatsbeschlusses ist. Könnte nun nicht Vopiscus, der das Datum des erstern vielleicht zu notieren versäumt hatte, bei dessen Ergänzung aus dem Gedächtnis auf jenes frühere ihm noch erinnerliche gefallen sein? Überhaupt aber sind die Überschriften und Data der in die so viel späteren Sammlungen aufgenommenen Gesetze als eine unbedingt *zuverlässige* Geschichtsquelle nicht zu betrachten. Bei Redaktion der Gesetzbücher waren solche etwas Unwesentliches, weshalb in dieser Beziehung nicht immer mit skrupulöser Genauigkeit verfahren worden sein mag. Auch kann es Gebrauch gewesen sein, daß Rescripte in unwichtigern Fällen, wohin der des eben angeführten gehörte, vom Sitze der kaiserlichen Kanzlei aus auf Anordnung der Praefecti Praetorio, von denen gewiß einer daselbst zurückblieb, expediert und datiert und dem im Felde befindlichen Kaiser nur zur Vollziehung nachgesandt wurden.

Über den Krieg selbst ist eine kritische Vorerörterung nicht zu entbehren.

Mit unverkennbarer Sorgfalt hat Flav. Vop., der das Glück hat, auf ungleich schlechtere Vorgänger zu folgen, daher auch in seinen handgreiflichen Mängeln milder beurteilt zu werden, die öffentlichen Archive und Ephemeriden (Zeitschriften) benutzt. Einen militärischen Bericht kann er aber darin schlechterdings nicht gefunden haben, wie denn dergleichen wohl nur an den Kaiser oder dessen Stellvertreter gerichtet wurden.

Es mag Regierungsmaxime gewesen sein, solche, um der so häufigen Niederlagen willen, im Allgemeinen geheimzuhalten. In der Tat berichtet Vopiscus nur über die Ergebnisse, nirgends über den *Verlauf* des Krieges, ja er nennt nicht einmal die Spezialnamen der feindlichen Völker, die ihm nur Germanen und Barbaren sind, noch deren Anführer.

Dagegen ergibt der erste Blick auf Zosimus (c. 67 und 68), daß dieser eine ungleich vollständigere Quelle vor sich hatte. Wir haben selbst dessen geographische und ethnographische Unkunde schon mehrfach gerügt. Er beweist sie auch hier wieder, indem er nur von πόλεσιν ἐν Γερμανίᾳ redet, während es großenteils gewiß auch gallische waren: die Namen der Völker und ihrer Führer aber kann er, eben seiner eignen Unwissenheit halber, so wenig erfunden haben, als die militärischen Details.

Dazu ist er, bis auf obigen Mangel, ein, wo ihn die Quellen unterstützen, nicht geradezu verwerflicher Geschichtsschreiber. Er mag die Privatnachrichten eines Teilnehmers an jenem Kriege mittelbar oder unmittelbar benutzt haben.

Aus diesen Gründen verdient Zosimus Glauben, die Anzweiflung verdienter Forscher aber keine Billigung, wenn sie sich auf nichts andres gründet, als auf den Widerspruch seiner Angaben mit derjenigen Ansicht, welche sie selbst über die Sitze und Verhältnisse germanischer Völker um jene Zeit sich gebildet haben.

3 (Nicht die Elbe! D.)

4 Salmasius, Tillemont (S. 1136) und Gibbon (S. 297) haben aus Alba, Albis die Elbe gemacht, ohne darüber nachzudenken, wie eine Verfolgung der Germanen über den Neckar und die Elbe hinaus möglich war. Selbst Luden (Anm. 28, S. 602) ist darüber unklar, und doch kannte und bezeichnete schon Ptolemäus (II, 11, § 7) die schwäbische Alp nördlich der Donau.

5 Diese Voraussetzung wird durch den Erfolg gerechtfertigt, da die rückweichenden Germanen von den Römern in der Regel sonst nicht zu erreichen waren.

6 Kein Widerspruch mit obigen sechzig: denn diese lagen nur in Gallien im weiteren Sinne links des Rheins

Probus spricht aber hier vom Erfolge des gesamten Krieges: die übrigen zehn müssen daher im Zehntlande gesucht werden, was Salmasius in seiner Anm. zu d. St. und Luden Anm. 23, S. 501 nicht erkannt haben.

7 Fl. Vopisc. sagt c. 16: Tetendit deinde per Thracias, atque omnes Geticos populos fama rerum (d. i. Probus Kriegstaten) territos, et antiqui nominis potentia pressos, aut in deditionem, aut in amicitiam recepit; und c. 18: ad Thracias rediit et centum millia Bastamarum in solo romano constituit, qui omnes fidem servarunt. Sed cum et ex aliis gentibus plerosque pariter transtulisset, id est ex Gepidis, Gautunnis (Greuthungis) et Vandalis, illi omnes fidem fregerunt etc.

Diese Stelle verstehen wir also:

Die Bastarnen und wahrscheinlich auch noch andre Völker, die seit Jahrhunderten, zunächst dem Getenreiche, dann seit Trajan den Römern, jedoch mit innerer Unabhängigkeit, unterworfen gewesen waren, mochten sich unter oder neben den nun in dem alten Dakien herrschenden Goten unbehaglicher als vormals unter römischer Oberherrschaft fühlen. Von des Probus großem Kriegs- und Tatenrufe mehr noch ergriffen als erschreckt, obwohl ihnen vielleicht auch mit Angriff gedroht worden sein kann, und von der Erinnerung früherer Macht und Stellung (antiqui nominis potentia) erfüllt, gaben sie des Kaisers Wunsche, das römische Gebiet besser zu bevölkern und den dafür zugesicherten günstigen Bedingungen Gehör. Ausgeführt konnte dies aber, der Goten halber, nur dann werden, wenn des Kaisers diesen imponierendes Heer zur Hand war und darum erfolgte es erst bei dessen Rückmarsch durch Thrakien im Jahre 279. Ob hierbei wirklich ein Kampf mit den Goten, welche den Auswanderern vielleicht nachsetzten, stattgefunden habe, ist mit Sicherheit nicht zu bestimmen, obgleich Eckhel (p. 505) eine Münze mit der Inschrift „Victoria Gothica" anführt, welche sich vielleicht jedoch auch auf die Besiegung einer im römischen Gebiete plündernden Freischar beziehen könnte. Daß übrigens c. 16 getici populi überhaupt, c. 18 nur Bastarnen, vielleicht weil diese die Mehrzahl bildeten, erwähnt werden, kann gegen unsere Ansicht ebensowenig beweisen, als daß von den neuen Bewohnern Dakiens auch andere, aus andern Gegenden desselben, wie Gepiden, Ostgoten und Vandalen, zur Auswanderung verlockt wurden (was sich durch deren ungenügende Wohnsitze erklärt. D.).

Unsres Bedenkens ist diese Erklärung beider Stellen die einzig zulässige, namentlich aber darüber, daß unter Thracias eben nur die *Provinz* Thrakien zu verstehen sei, gar kein Zweifel möglich, weil die Schriftsteller jener Zeit die alte geographische, nicht politische Bezeichnung Thrakien für die Norddonauländer am Pontus, mit alleiniger Ausnahme von Pomponius Mela II, 2, überhaupt nicht mehr kennen, ja schon Strabo für seine Zeit jenen seinen Landstrich nur als das Getenland, Ptolemäus III, 8 aber als Dakien bezeichnet. Der von Vopisc. gebrauchte Plural Thracias kann sich entweder darauf beziehen, daß Thrakien zu seiner Zeit schon in sechs kleinere Provinzen geteilt war (s. Beck.-Marq., röm. Alt. III, S. 120) oder auf bloßer Ungenauigkeit des Ausdrucks beruhen, in keinem Falle aber gegen unsre Erklärung irgend etwas beweisen.

8 Eumenes (Panegyrikus IV, Constant. C. § 18), der nur einige zwanzig Jahre später schrieb und die Rückkehr durch den Ozean ausdrücklich bestätigt, sagt: paucorum ex Francis *captivorum* incredibilis audacia. Dem Panegyristen aber ging rednerischer Effekt über Detailgenauigkeit, dieselben dennoch recht gut auch aus jenen 16 000 gezwungen gestellten Hilfstruppen gewesen sein, wie Tillemont (S. 1138) annimmt.

9 Die hierbei etwas gedankenlos hingeworfene Äußerung des Vopiscus (Proculus c. 13): Alemannos, qui tunc adhuc Germani dicebantur, hat keinen andern Sinn, als daß man die Alemannen damals häufig noch unter dem Gesamtnamen Germanen mit inbegriffen habe, wie er dies in des Probus Leben selbst getan hat. Denn es steht fest, daß deren Spezialname bereits seit Caracalla bekannt und vielfach in Gebrauch war.

10 Vopiscus Car. 4, die zuverlässigste Quelle, scheint die Angabe, daß er aus Illyricum gewesen, für die richtigste zu halten. Nach den beiden Victor war er aus Narbo (Narbonne) in Gallien, vielleicht, wie Salmasius annimmt, mit Narona in Illyricum verwechselt.

Neuntes Kapitel

1 (Denn König Ostrogotha (c. 250) hieß nach seinem Volk. D.)

2 Dexippus sagt p. 18 a. Schl. und 29 Z. 1: ἀπείληπται γὰρ Ῥοδανοῦ μὲν εἴσω καί ἡμετέσων τῶν ὁρίων. Daß die Germanen um jene Zeit auch in der gallischen Provinz Maxima Sequanorum bis zur Rhone bei Genf hausten, ist nicht unwahrscheinlich. Gewiß aber hat Aurelian nicht eine so vorübergehende Durchstreifung oder selbst Besetzung und noch weniger die Bezeichnung des feindlichen Landes in der Richtung von Süd nach Nord im Sinne gehabt, weil die Römer nach Norden, d. i. jenseits der Donau, niemals ein Gebiet gehabt haben.

Offenbar hat derselbe vielmehr hier nur das Zehntland und das anstoßende Rätien, was damals im Wesentlichen gewiß schon seit zwölf bis fünfzehn Jahren in den Händen der Alemannen – teilweise vielleicht auch der Juthungen – war, als dasjenige Gebiet bezeichnet worden, in welchem diese auf beiden Seiten, sowohl in Ost als West, von Rom umschlossen seien.

Man hat daher hier, in Folge eines bei Zosimus mehrfach vorkommenden Irrtums, eine Verwechslung des Rhone mit dem Rhein anzunehmen.

Die ebenfalls aufgetauchte Vermutung, daß für Rhodanus Eridanus, d. i. der Po zu lesen sei, ist noch unhaltbarer als die Rhone.

Indem wir in obigem mit Zeuß (S. 314, Anm.) übereinstimmen, vermögen wir doch dessen unmittelbar vorhergehender Bemerkung nicht beizupflichten, daß Dexippus auch die Alemannen unter den Skythen mitbegriffen habe. Wir halten nämlich die von Z. zitierte Stelle des Dexippus (p. 17, Z. 17): „τάς τε 'Αλαμανῶν (die Handschriften haben γαλμιόνων) συμφοράς" keinesweges für ein bloßes Anhängsel der vorher erwähnten großen Niederlage der Skythen (Goten) durch die Römer, glauben vielmehr, daß der Kaiser hier zwei Hauptsiege des Claudius angeführt habe, nämlich 1) den über die Goten bei Naissus, 2) den über die Alemannen am Gardasee. Die Bonner Ausgabe hat das offenbar richtige 'Αλαμανῶν hergestellt (die lateinische Übersetzung aber läßt das Subjekt des zweiten Satzes ganz weg und bezieht ihn ohne Weiteres auf die im ersten erwähnten Skythen (Goten), was entschieden irrig ist).

3 Außer dem erwähnten vor Aurelian mit den Juthungen bestandenen, von diesen aber einseitig gebrochenen Friedensbündnis findet sich keine Spur eines solchen in den Quellen.

Es ist daher nicht zu bezweifeln, daß Alemannen und Franken seit Maximin 235 fortwährend im Kriegsstand gegen Rom waren. Nur des Probus siegreiche Feldzüge endigten unstreitig mit Unterwerfungsverträgen, welche jederzeit durch Stellung von Geiseln verbürgt wurden. Bald nach dessen Tode begannen jedoch die Feindseligkeiten wieder.

Wir wissen nicht, ob solchesfalls die Geiseln aufgeopfert wurden, vermuten aber, daß diejenigen Führer, deren Angehörige in römischen Händen waren, sich meist ruhig verhielten, die erneuten Angriffe aber von andern Häuptlingen ausgingen.

4 *Gemeinsames* Nationalbewußtsein – von vorübergehender Vereinigung in der Gefahr wohl zu unterscheiden – fand bei den einzelnen germanischen Völkern nicht statt. Daß sich eines derselben daher mit dem Vorgeben römischer Abstammung brüstete, wie dies Amm. Marc. (XXVII1, 5) mit den Worten: Sobolem se esse Romanam sciunt, von den Burgundern erwähnt, war der Zeitidee, nach welcher Glanz und Macht allein an Roms Namen imponierend hafteten, völlig entsprechend, und wir ersehen aus Orosius (VII, 32), daß es das Wort: *Burg* war, welches die Fabel hervorgerufen hatte, das Volk der Burgunder sei aus den Burgmannen der von Drusus und Tiber in Germanien angelegten Kastelle hervorgegangen.

Indes wollen wir nicht behaupten, daß jene Fabel unbedingt germanischen Ursprungs sei, da sie auch wohl von irgend einem unkritischen Römer ausgegangen sein kann. Ausführliche Widerlegung derselben wird man von uns nicht erwarten. Es genüge, darauf merksam zu machen, daß, wenn wirklich die Besatzungen römischer Festungen in die Hände der Germanen fielen, diese entweder niedergestoßen oder zu Sklaven gemacht wurden. Im Inneren Germaniens kennen wir außer Arotaunum, das, am Limes gelegen, gewiß bis in das dritte Jahrhundert behauptet wurde, nur Aliso als bedeutenderen Platz, dessen Garnison bekanntlich während der Belagerung sich rettete. Außer Ptolemäus erwähnt übrigens bekanntlich auch Plinius der Burgunder, als einer Abteilung der östlichen, von Roms Grenze so fernen Völker. (Entscheidend ist die germanische Sprache; s. Wackernagel bei Binding. D.)

5 In der Richtung der sächs.-bayerischen Eisenbahn, jedoch über Gera und Weida. Gewiß hat der Naturinstinkt der Urvölker so sicher wie unsere Ingenieure die bequemsten und natürlichsten Straßenzüge erkannt.

6 Jordanis sagt c. 22: „quo tempora erant (i. e. Vandali) in eo loco manentes, ubi Gepidae sedent; juxta flumina Marisia, Miliare, Gilpil et Grisin."

Zeuß weist nun (S. 447) völlig überzeugend nach, daß Malisia die in fast genau westlicher Richtung aus Siebenbürgen kommende, bei Szegedin in die Theiß fliesende Maros (Marosch) ist, Grisis aber die Kärös, deren oberer Zufluß aus der Gegend von Debreczin herabkommend sich ebenfalls in die Theiß ergießt, während die mittleren, vielleicht verstümmelten, Flußnamen nicht nachzuweisen sind.

Die Vandalen hätten also damals einen Landstrich von drei bis vierhundert Meilen zwischen Debreczin und Szegedin, Siebenbürgen und Theiß inne gehabt.

7 Die Straße über Freiburg, Waldenburg südlich des Riesengebirges in Schlesien nach Nachod in Böhmen is ungleich offener und ebener als irgendein Paß durch das Erzgebirge.

8 Diese Annahme zweier getrennter Vandalengruppen vermag ich nicht zu teilen; auch die Hypothesen über die Scheidung der Burgunder sind sehr zweifelig. (*D*.)

Zehntes Kapitel

1 Die wichtigsten der uns erhaltenen Chroniken sind:

1) Das Chronicon paschale, welches in einer Ausgabe vom Jahre 1616 unter dem, wiewohl unbegründeten Titel Chronicum Alexandrinum erschien, daher häufig auch so zitiert wird. Dasselbe hat nach der gelehrten Vorrede des berühmten Du Fresne du Cange, der solches herausgab, zwei Verfasser (Bonn. Ausg. 11, S. 16). Die Arbeit des ersteren schloß mit dem Jahre 354. Der zweite führte dasselbe bis zum Jahre 624 weiter. Die Chronologie in diesem ist wunderlich verschoben, wie man namentlich aus der Vergleichung der Kaiserjahre mit den sehr authentischen und aus einer guten Quelle geschöpften Konsularfasten sieht; der Anfang der Regierung eines Kaisers fällt sehr oft viele Jahre später, als das im Jahre nach der Thronbesteigung angetretene Konsula Die Osterchronik hat das mit den meisten Byzantinern gemein: sie haben richtige Angaben über die Regierungsdauer der einzelnen Kaiser, aus denen sie aber eine im ganzen falsche Chronologie zusammensetze Auch muß man wissen, daß ihre Olympiaden julianische Schaltperioden sind: Ol. 1, 1 ist = 777 v. Chr., Ol. 19

4 = 1 v. Chr., Ol. 196, 1 = 4 n. Chr. und so fort, so daß allemal das erste Olympiadenjahr im julianischen Kalender ein Schaltjahr ist. Doch ist *meistens* nicht dieses, sondern das Konsulatsjahr das maßgebende, wenn es sich darum handelt, eine unter einem mit widersprechenden Charakterismen begabten Jahre stehende Notiz ihrem wahren Jahre zuzuweisen. Von Constantin an sind die Indiktionsjahre ein leidlich sicherer Anhalt: die früheren imaginären Indiktionen sind durch Rückrechnung gefunden. – Dagegen enthält im Chron. Paschale die Ausfüllung des Gerüstes durch politische Notizen, welche dem Verfasser minder wichtig gewesen sein dürften als die kirchengeschichtlichen, in denen er sehr ausführlich ist, ungemein viel der größten Irrtümer, wovon z. B. der Abschnitt über die Regierung von Carus und dessen Söhnen I, 510 der Bonn. Ausg. einen schlagenden Beleg gibt, indem er Carinus, den er zu des Carus Neffen macht, von den Persern gefangennehmen und ausstopfen läßt, was eine offenbare Verwechslung mit Valerian ist, der nach ihm in der Schlacht blieb. Numerian aber, fährt er fort, habe ihn gerächt und die Perser besiegt. Daraus folgt aber doch nicht die Unglaubhaftigkeit aller anderen Nachrichten, namentlich derjenigen ganz kurzen, bei denen das chronologische Moment das hauptsächliche ist.

Hierher gehören namentlich die Epochenjahre lokaler Ären, die durchweg von den Münzen bestätigt werden.

2) Die Chronik des Hieronymus.

Diese ist teils eine *Übersetzung* der griechischen Chronik des Kirchenhistorikers Eusebius, die bis zum Jahre 326 reicht, mit einigen Zusätzen des Verfassers, teils eine *Fortsetzung* desselben bis zum Jahre 379 (381). Das Original des Eusebius ist verloren, jedoch in einer erst in neuerer Zeit aufgefundenen armenischen Übersetzung erhalten, mit deren Benutzung Mommsen eine treffliche Abhandlung über die Quellen des Hieronymus geliefert hat. (Verhandl. d. phil.-hist. Klasse d. Ges. d. Wissensch. zu Leipzig 1850, S. 667 ff.)

Derselbe sagt von ihm: „Als Zeittafel taugt er wenig, als Exzerpierender hat er den Wert seiner Quelle." Für Diokletians Zeit kann dies, da sich in dieser nach Mommsens gründlicher Erörterung kein Zusatz aus andern Quellen findet, lediglich der Kanon der Chronik des Eusebius, der, im Jahre 264 geboren, Zeitgenosse war, und für einzelne Nachrichten Eutrop gewesen sein.

Die Chronologie des Hieronymus in der besten Ausgabe desselben (im VIII. Bande der Ausgabe der Opera Hieron. durch Vallarsius), von Christi Geburt an, weicht um ein bis drei Jahre von der richtigen ab, was seinen Grund darin zu haben scheint, daß derselbe oder ein späterer Abschreiber sie mit der Regierungsdauer der einzelnen Kaiser in Verbindung bringen wollte, hierbei aber für die Bruchteiljahre volle rechnete. Von Tiber bis Claudius beträgt die Differenz ein Jahr, bei Domitian schon zwei Jahre, von M. Aurelius bis Septimius Severus nur ein Jahr, bei Severus Alexanders Tode wieder zwei Jahre. Philippus gibt er, statt ungefähr fünf, sieben Jahre Regierungsdauer, und setzt daher des Decius Regierung um vier Jahre zu spät an. Von Valerian bis Diokletian mindert sich der Fehler wieder auf drei Jahre. Man kann daher die von ihm angegebenen Jahre der christlichen Ära, die vor dem sechsten Jahrhunderte überhaupt nur eine gelehrte, nicht eine wirklich gebräuchliche war, auf keine Weise benutzen. Diese sind überhaupt lediglich eine Zutat des Hieronymus, oder gar nur eines späteren Abschreibers. Allein die stets angeführten Regierungsjahre des betreffenden Kaisers bestimmen dessen Zeitangaben.

Nach diesen berechnet aber stimmt die Einreihung der bei jedem derselben aufgeführten Ereignisse mit der richtigen Chronologie in der Hauptsache überein, wenn man eine Ausnahme macht. Nämlich die aus Eutropius entlehnten, sehr zahlreichen, durch wörtliche Übereinstimmung leicht kenntlichen Notizen können keine eigne Autorität beanspruchen. Hieronymus hat sie – ziemlich leichtfertig – unter beliebige Jahre versetzt, ohne dafür eine andere Quelle als den Eutropius zu haben; dieser nennt aber bekanntlich fast nie ein bestimmtes Jahr. Diesen Nachweis verdanken wir Mommsen in der angeführten Abhandlung, wo sich S. 673 mehrere schlagende Stellen dafür angezogen finden.

3) Die übrigen Chroniken, von denen Roncalli in seiner Ausg. Vetust. lat. scrip. Chronica, Padua 1787, fünfzehn aufführt, sind, soweit gleichzeitig, insgesamt, selbst die von Cassiodor, nur Ausschriften aus Hieronymus, daher nur für die spätere Zeit von 379 an von Interesse. Nur die dem Idatius beigelegten Fasten unter dem Titel Descriptio consulum haben selbständigen Wert.

2 Die Panegyriken (jetzt nach der Ausgabe von Baehrens s. den Anhang):
   I.   Claudii Mamertini Maximiniano A. dictus, vom 21. April 289
   II. Desselben Genethliacus Maximiniano A. d. vom Jahre 291 oder 292 (a).
   III. Eumenes pro restaurandis Scholis d. vom Jahre 296 oder 297 (b).
   IV. Desselben Constantio Caesari de recepta Britannia am 1. März des Jahres 297.
   V.   Incerti Maximiniano et Constantino AA. d. bei der Vermählung dieses letztern mit Max. Tochter Fausta vom Jahre 307.
   VI. Eumenes Constantino A. d. vom Jahre 309 oder 310 (c).
   VII. Desselben Gratiarum actio Flavensium Nomine vom Jahre 311
   VIII. Incerti Constantino A. d. vom Jahre 313.
   IX. Nazarius Constantino A. d. vom Jahre 321.
   Dabei ist die Zeit folgender Reden zweifelhaft:

a) II. Genethliacus. Daß dieser nicht vor dem Jahre 291 gehalten worden, wird von allen Forschern anerkannt. Erwägt man aber die Fülle der darin zuerst erwähnten Ereignisse, namentlich (c. 16 u. 17) die Kriege der Barbaren unter sich in allen Teilen des Reichs, so wird es höchst unwahrscheinlich, daß diese alle in nur zwei Jahren von 289 bis 291 vorgefallen sein sollen. Auch erscheinen die Worte (c. 17, 1): Furit in viscera gens effrenata Maurorum, und ebenda (c. 4): Blemyes illi, ut audio, adversus Aethiopas quaerunt, quae non habent arma, wenngleich auf innere Zerwürfnisse bezüglich, doch den Beginn der Unruhen und des allgemeinen Aufstandes in jenen Provinzen anzudeuten, zu dessen Unterdrückung Maximian dahin abgehen mußte, was doch erst einige Zeit nach dem 1. März 293 geschehen konnte. Nun beruht aber der einzige Grund, weshalb diese Rede schon in das Jahr 291 gesetzt wird, darauf, daß der Ernennung der Cäsaren, die nach der gewöhnlichen Meinung am 12. März 292 erfolgte, darin keine Erwähnung geschieht (Jäger in seiner Ausgabe der panegyr. Nürnberg 1771, S. 102). Ganz abgesehen davon aber, daß letzteres Datum selbst nach den neuesten Forschungen unrichtig sein dürfte, würde dadurch deren Haltung im Januar und Februar 292 keineswegs ausgeschlossen sein. Sollte nun die von Schwarz in dessen prolegomena zu dieser Rede (s. Jägers Ausg. S. 98–108) S. 101 ausgesprochene Ansicht, Maximian habe seinen Geburtstag auf den des Herkules verlegt, der am 12. Februar gefeiert ward, begründet sein, so würde obiger Einwand sofort wegfallen.

Unter allen Umständen halten wir den Anfang des Jahres 292, wo nicht gar 293, für wahrscheinlicher.

b) Die Einweihungsrede der Schule zu Autun wird von allen auf das Jahr 296, von Manso sogar (Leben Const d. Gr. S. 283) auf das Jahr 295 gesetzt.

Abgesehen davon, daß es unwahrscheinlich ist, Constantius werde seinen Magister sacrae Memoriae, einer Unterstaatssekretär, der nicht weniger als 300 000 HS., selbst unter großer Reduktion des Münzwertes mindestens 30 bis 36 000 Mark, jährlichen Gehalt empfing, gerade vor dem britannischen Feldzug oder während dessen entlassen haben, so beweist die Stelle c. 18, wo er Britannien mit der in alter Zeit aus dem ägäischen Meere plötzlich aufgetauchten Insel Delos vergleicht, namentlich in den Worten: haec ipsa (i. e. Britannia quae modo desinit esse barbaria unwiderleglich, daß jene Rede erst nach der Wiedereroberung Britaniens gehalten worden ist.

Auch ergibt sich (aus c. 21, 2), daß Galerius damals schon im persischen Kriege begriffen war, seinen Haupt sieg aber, worin alle übereinstimmen, noch nicht erfochten hatte.

Daß aber jener Krieg nicht vor dem Jahre 296 begonnen habe, wird ebenfalls allgemein anerkannt. So auffällig daher auch ein solches Übersehen seitens aller bisherigen Herausgeber und Forscher ist, so halten wir es doch für zweifellos, daß der fragliche Panegyricus, bei dem Constantius übrigens nicht selbst gegenwärtig war, in keinem Falle vor der letzten Hälfte des Jahres 296 gesprochen worden sein kann. Man hat dann anzunehmen, daß Constantius den Eumenes nach der Wiedereroberung Britanniens im Frühjahr 296 und de inzwischen im Wesentlichen erfolgten Wiederherstellung Autuns dahin absandte, um die Einrichtung un Einweihung der neuen Schule zu leiten. Ein völlig sicheres Argument dafür, daß er, wie allgemein angenommen wird, der am 1. März 297 gehaltenen Lobrede de recepta Britannia (IV) vorausgegangen sei, findet sich aber darin nirgends, obwohl dies durch die Abwesenheit des Kaisers bei Haltung das Paneg. III wahrscheinlich wird.

c) Die Zeit des Panegyricus VI ist mit Sicherheit nicht zu bestimmen. Offenbar hat Manso a. a. O. S. 291 darin Recht, daß die Stelle c. 20, 3 auf Maximians Tod (im Jahre 310) hindeute. Andrerseits ist Tillemont (S. 568 beizustimmen, wenn er es unerklärlich findet, daß diese die faktischen Vorgänge bis zur Belagerung und Mord Übergabe Marseilles so vollständig angebende Rede damit schließe, ohne des erneuerten Aufstands und Mord versuchs des alten Maximian auch nur mit einem Worte zu gedenken. Sollte jene Stelle daher nicht vielleicht ein späterer Zusatz bei Veröffentlichung dieser Rede sein können?

3 Tillemont nimmt nach der gründlichsten Erörterung (IV, Note 5, S. 500–504) an, daß Maximian, was auc Eutrop (IX, 20) bestätige, im Jahre 285 zum Cäsar, 286 aber zum Augustus ernannt worden sei. Gibbon folg ihm: auch scheinen die Gründe allerdings überzeugend. Man muß aber solchenfalls auch annehmen, daß zwe im Cod. Just. vorkommende Rescripte vom Jahre 285 (V, 71, 8 und VI, 34, 2, letzteres sogar vom Monat Janua 285) falsche Überschriften führen, da sie Impp. Dioclet. et Maximian. A. A. überschrieben sind. Obwohl die nun allerdings dadurch veranlaßt worden sein kann, daß die Sammler die spätere Doppelzeichnung ohne Prü fung auch auf frühere Rescripte übertrugen, so steht doch auch wieder der Mangel an Münzen, worin Maxim an als Cäsar aufgeführt wird, Tillemonts Meinung entgegen, da die einzige dieser Art bekannte sich, nac Eckhel (VIII, p. 16), wahrscheinlich auf Galerius Maximilianus bezieht. Gewiß ist nur, daß Diokletian sogleic nach des Carinus Tod im Jahre 285 Maximian nach Gallien, wo eines Herrschers Gegenwart so dringend Ne tat, absandte, und es ist ziemlich gleichgültig, unter welchem Titel dies geschah. Tillemonts Chronologie ve wickelt sich auch in der folgenden Note über die Zeit der Unterdrückung der Bagauden (S. 505) durch d Rücksicht auf die christliche Martyrologie, welche nach einer Quelle des siebenten Jahrhunderts das sogenann Martyrium des h. Mauritius auf den 22. September 286 setzt.

Wir behaupten nicht, daß die Geschichte von der Niederhauung einer ganzen von Diokletian abgesandte Legion völlig erdichtet sei, halten diese aber für Entstellung und Übertreibung eines ungleich unwichtige Vorganges, können mindestens nicht begreifen, wie man das von einem so späten Schriftsteller angegebe

Datum, das an sich etwas Gleichgütiges war, nur um deswillen für unfehlbar ansehen kann. weil dieser ein christlicher ist, während wir doch bei den Profanhistorikern, selbst bei den besten, so viel chronologische Irrtümer finden.

4 (Abermals ein Zeugnis für deren nach schweren Verlusten immer neu anwachsende Zahl. *D.*)

5 Die Heruler zählen zu den Goten, nicht zu den späteren Sachsen. Die Sachsen aber senden später immer häufiger ihre gefürchteten Raubschiffe in die französischen Ströme: dies ist wohl nicht die erste ausgeführte Raubfahrt einer später zu den Sachsen gehörigen Völkerschaft, nur die erste genauer berichtete. (*D.*)

6 Es ist ein aus Mangel geographischer Anschauung hervorgegangener arger Irrtum des verdienten Tillemont, wenn er unter den pan. II, 5, 4 erwähnten Königen der Franken die im pan. I, 10, 2 genannten Könige Genobon und Esatech versteht, deren am letztern Orte bei dem Feldzuge in *Alemannien* gedacht wird, bei welchem doch ein *fränkischer* König sein Land, wie I, 10, 2 bemerkt wird, nicht verlieren und zurückerhalten konnte, indem das Gebiet der Franken bei der an letzterer Stelle genau beschriebenen Operationslinie gar nicht berührt ward. Auch wird in Pan. II, 5, 4 jener fränkischen Könige gar nicht in Verbindung mit den hopaea Germanica und dem limes Raetiae hostium promotus (d. i. dem alemannischen Feldzuge), sondern erst später nach zwei Zwischensätzen gedacht.

7 (Die Schwierigkeiten sind hier sehr groß. Wie einerseits Goten, andrerseits Burgunder und Alemannen Nachbarkriege sollen haben führen können, ist unverständlich: die „östlichen" Burgunder sind ein bloßer Notbehelf: es gab nicht zweierlei Burgunder. Eine bloße Vermutung ist folgende Annahme, die aber den sonstigen, namentlich auch den späteren Verhältnissen (noch Valentinian hetzt die Burgunder auf ihre West-Nachbarn, die Alemannen) entspricht und die Stelle erklären würde. Die Goten, welche die Burgunder besiegen, sind ein von Osten die Donau herauf gewandelter Volksteil – eine erste Bewegung der Art, welche später die (gotischen) Vandalen an den Rhein führte. Nach Besiegung der Burgunder durch die von Osten andringenden Goten sehen sich der Burgunden westliche Nachbarn, die Alemannen, bedroht und waffnen gegen die angreifenden Goten, zugleich in eignem wie in der Burgunder Interesse. Nach Abwehr der gotischen Angreifer geraten Burgunder und Alemannen selbst in unsern Kriege um Grenzland, wie wie das Ausbreitungsbedürfnis unablässig hervorrief. – Diese Auffassung ist wenigstens möglich und nicht unwahrscheinlich. „Vertilgt" sind die Burgunder durch den gotischen Angriff so wenig, daß sie alsbald den volkreichen Alemannen ihre Grenzländer wegnehmen können. *D.*)

8 Eumenes sagt (in pan. VI) vom Jahre 309 oder 310, von des Constantius Taten redend (5, 3): qui terram Bataviam, sub ipso quondam *alumno suo* a diversis Francorum gentibus occupatam, omni hoste purgavit. Möge sich der Ausdruck alumnus auf Carausius beziehen, wie man gewöhnlich annimmt, oder nicht, so könnte die Besitznahme Bataviens durch die Franken, wenn sie unter Constantius erfolgte, immer nur eine neuere gewesen sein. Wenn aber die Franken nach Eutrop (IX, 21) schon vor dem Jahre 286 die belgisch-gallischen Küsten durch argen Seeraub heimsuchten, so müssen sie schon längere Zeit vorher am Meer, also zu Batavien, gesessen haben. Unstreitig hat daher Carausius als römischer Befehlshaber nichts getan als die Ausbreitung und Befestigung der fränkischen Eroberung daselbst, um dies Volk für sich zu gewinnen, zu begünstigen, woraus der Rhetor, dem es nur um effektvolle Phrasen zu tun war, obige Stelle gemacht hat.

9 Aus zwei Stellen der Panegyriker ergibt sich, daß die Zerstörung Autuns im Jahre 268 oder 269 nicht etwa durch Germanen, sondern durch gallische Rebellen erfolgt ist. In der Einweihungsrede (III, 5, 1) heißt es von dieser Stadt: cum latrocinio Bataviae rebellionis oppressa, wofür die neuern Herausgeber: Bagaudicae setzen zu müssen geglaubt haben. In der Danksagungsrede (VII, 4, 2) sagt derselbe Eumenes von den Aeduern, daß sie erst nach sieben Monaten irrumpendo rebellitus Gallicanis portas reliquerunt. Wir erklären uns die Sache so: Im Jahre 268 herrschte Tetricus und zwar erst seit kurzem in Gallien. Diesem muß also Autun aus irgendeinem speziellen lokalen Grunde nicht haben unterwerfen wollen, und gegen diesen rief es Claudius zu Hilfe, der wegen der Gotengefahr nicht kommen konnte, damals aber schwankte, ob er nicht, statt gegen diese, gegen Tetricus ziehen solle. Wie wären die Aeduer dazu gekommen, statt des nahen, zu ihrem Schutze gegen innere und äußere Feinde verpflichteten, gallischen Kaisers Tetricus, den fernen, im Westen nie anerkannten Claudius herbeizurufen, wenn nicht eben jener selbst ihr Gegner gewesen wäre? Die Stelle III, 4, 1 ist sicherlich verderbt, das batavicae unverständlich, die dafür vorgeschlagene Lesart zwar paläographisch ansprechend, aber historisch völlig unhaltbar, was kaum der Ausführung bedarf.[9a]

Hätte das zusammengelaufene Landvolk, das erst im Jahre 285, unter Führung römischer Tyrannen, viele gallische Städte zwar nicht einzunehmen vermochte, aber doch zu bedrohen wagte (Aur. Vict. C. 39, 17), schon im Jahre 269 die Macht gehabt, eine der bedeutendsten Städte Galliens nach siebenmonatlicher Belagerung zu erobern und auch (was allerdings im Interesse von Rebellen, die eines Zufluchtsorts bedurften, gelegen hätte) zu zerstören, würden da nicht Aurelian oder mindestens Probus diesem Aufruhr ein Ende gemacht haben, welches dessen Wiederaufleben nur wenigen Jahren gründlich verhindert hätte?

9a (Siehe *Baehrens. D.*)

10 Mit der im Texte enthaltenen, fast wörtlich Eumenes Rede (IV, de recepta Britannia) entnommenen Geschichtserzählung scheint eine Stelle in dessen zwölf bis dreizehn Jahre späterem Panegyricus VI. auf Constantin den Großen (c. 5, 4) in Widerspruch zu stehen, nach welcher Constantius bei so ruhigem Meere nach Britannien

geschifft sei, daß die See, durch einen so hohen Schiffahrer erschreckt (tanto vectore stupefactus), selbst der gewohnten Bewegung entbehrt habe.

Dies charakterisiert sich aber zu sehr als Phrase, um dessen früherem, vor dem Eroberer Britanniens selbst gesprochenen, detaillierten Berichte entgegengestellt werden zu können und hat vielleicht darin einigen Grund gehabt, daß die See später, namentlich bei des Constantius persönlicher Landung, sich wieder beruhigt hatte.

11 Wir wissen nicht, ob Hieronymus die Zeitangabe der Schlacht von Langres aus Eusebius geschöpft, oder dies aus Eutrop entnommene Ereignis nur willkürlich in das dreizehnte Regierungsjahr Diokletians gesetzt habe. Auch aus Pan. VI, 6, 3 erhellt über die Zeit nichts Sicheres. Da jedoch Constantius im März 297 in Gallien, den er gewiß so bald nicht wieder verließ, anwesend war und der Angriff auf dasselbe sicherlich erst nach dessen abermaliger Entfernung, wohl nach Britannien, erfolgte, so ist das Jahr 298 unbedingt das wahrscheinlichere, ja selbst ein späteres nicht unmöglich. Eines großen, nur durch den damaligen Stand der Kritik erklärlichen, Irrtums macht sich Gibbon (c. 13, Anm. 36) dadurch schuldig, daß er, gestützt auf den griechischen Text des Eusebius, die Zahl der getöteten Alemannen statt zu 60 000 nur zu 6000 angibt.

Dieser vermeintliche griechische Text ist aber kein alter, sondern bekanntlich eine von Scaliger durch Übersetzung des Hieronymus, unter Benutzung Syncells, gefertigte neuere Arbeit, die mit Auffindung des Urtextes in armenischer Sprache allen Wert verloren hat.

Die einzig zuverlässige Quelle über jene Schlacht ist Eutrop, der sexaginta *fere* millia angibt, was freilich eine große Übertreibung, die den römischen Bulletins überhaupt eigen ist, nicht ausschließt.

12 Bestätigung findet unsre Ansicht in Manso, Leben Const. d. Gr. Wien 1819, S. 11 und 227, und Burkhard, die Zeit Constant. d. Gr. Basel 1853, S. 46; auch in allgemeinen neueren Geschichtswerken haben wir Diokletians Thronentsagung überall nur als eine freiwillige bezeichnet gefunden, wie dies vor allem auch dessen spätere Weigerung, ihn wieder einzunehmen, beweist.

Elftes Kapitel

1 Die Aufgabe der Geschichte kann nur darin bestehen, eine neue Verfassung ihren Grundzügen nach in möglichst lebendigem und klarem Bilde darzustellen, die Geschichte ihrer Entwicklung und das gesamte weitere staatsrechtliche und sachliche Detail gehört der Altertumskunde und der Rechtsgeschichte an.

Vgl. Tillemont, Gibbon (unzweifelhaft noch der Beste), Naudet (Changements dans l'administration de l'empire rom. sous les regnes de Dioclet., Constant. etc. Paris 1817) und Manso (Leben Constant. d. Gr. Wien 1819).

Das Verdienstvollste, was wir über die diokletianisch-constantinische[1a] Staatsreform besitzen, sind die bewundernswürdigen Kommentare des Cujacius über einen kleinen Teil des justinianeischen und des Jac. Gothofredus über den ganzen theodosianischen Codex. Letztere sind ein Abgrund von Fleiß und Gelehrsamkeit, auch Verstand, nur das zu einem lebendigen Ganzen verbindende Band durch die Masse gehemmt, auch das rein *sachliche* Urteil hie und da mangelhaft.

Alle diese Forscher aber entbehren noch einer neu aufgefundenen, erst im Jahre 1823 veröffentlichten Quelle, Lydus de magistratibus, die, obgleich verworren und häufig unklar, auch unstreitig nur mangelhaft herausgegeben, dennoch von großer Wichtigkeit ist, sowie eines unschätzbaren Hilfsmittels, der neuen Ausgabe der Notiatia dignitatum durch E. Böcking, Bonn 1839 bis 1853, ein deutschen Forscherfleiß ehrendes Werk, das namentlich in Beziehung auf alte Geographie einzig in seiner Art ist. Die Frage über die Zeit der Abfassung der Notiatia dignitatum ist nicht hierin, sondern in einer kleinen Schrift desselben Schriftstellers de N. *D* utriusque imperii, Bonn 1834, behandelt. Dieselbe ist, unsrer entschiedensten Überzeugung nach, mit *zweifelloser Richtigkeit* auf das Ende des vierten und den Anfang des fünften Jahrhunderts bestimmt. Besonders beachtenswert ist das daselbst (S. 121) angeführte Urteil des trefflichen Schöpflin (Alsat. illust. I, p. 220 sqq. § 174). Hiernach ist kein Anlaß, tiefer auf die Sache einzugehen, wir würden jedoch deren Ursprung eher noch *etwas früher* als Böcking annehmen zu dürfen glauben, und vermuten, daß es eben die Reichsteilung gewesen sei, welche das Bedürfnis einer solchen Arbeit hervorgerufen habe.

Vgl. v. Bethmann-Hollweg im ersten Teile seines Handbuchs des Zivilprozesses, Bonn 1834, S. 19 bis 213, Burkhard, die Zeit Constantins d. Gr., Basel 1853.

1a (Mommsens Darstellung reicht leider nicht so weit. D.)

2 (Die Mosaiken von Ravenna aus dem sechsten Jahrhundert zeigen Justinian in dieser Kaisertracht. D.)

3 Die feierliche Emanzipation von Sklaven und wohl noch einges andere verblieb ihm.

4 (Auch germanische Söldner bedangen sich wohl aus, nie über die Alpen geführt werden zu dürfen. Ammian Marc. XX, c. 4. D.)

5 Vegetius wird dadurch äußerst unklar, daß er fortwährend die zu seiner Zeit bestandene Verfassung mit der älteren vermischt, worüber schon Justus Lipsius (de re milit. rom. I, dial. 11) klagt. Selbst im Gebrauche des Präsens und Imperfektums unterscheidet er nicht genau. In der angeführten Stelle (II, 9) ist jedoch offenbar von der Neuzeit die Rede, da dies Kapitel mit den Worten beginnt:

Sonst übertrug der Kaiser den Befehl über die Heere seinen aus den Konsularen genommenen Legaten, an deren Stelle nun die magistri militum getreten sind.

Hierauf fährt er so fort: Proprius autem judex erat praefectus legionis, habens comitivam primi ordinis dignitatem, qui absente legato (hier ist der kaiserliche Armeekommandant gemeint), tanquam vicarius ipsius potestatem marimam retinebat. Tribuni vel centuriones, ceterique milites praecepta ejus servabant. Hiernach stand also dem Präfekten das vollständige Kommando der Legion zu.

Daß sich dies nun auf die neue Zeit bezieht, erhellt, ungeachtet des Imperfekts erat und retinebat, daher, daß der Titel comes d. i. die dign. comitiva unzweifelhaft erst durch Constantin eingeführt wurde.

Dies läßt sich auch mit der früheren Verfassung, von der es als eine naturgemäße Wandlung erscheint, vollkommen vereinigen. Nach dieser war der Befehlshaber einer Legion stets ein Legat, aber nicht ein solcher des Kaisers unmittelbar (obwohl er gewiß immer von diesem ernannt wurde), sondern nur des das betreffende Heer kommandierenden Legaten. Der Legionschef mußte stets senatorischen Ranges sein, gewöhnlich praetorius, und konnte daher vor seinem wirklichen Eintritt in den Senat das Kommando nur pro legato führen.

Wir vermuten, daß schon die späteren Kaiser, mindestens von Septimius Severus an, von dieser Rücksicht auf die republikanische Form häufig abgewichen sind, mit der neuen Verfassung wäre sie völlig unvereinbar gewesen.

Nach Beck.-Marq. (III, 2. Abt., S. 360, 361), wo dies sehr gründlich behandelt wird, kamen nun auch früher schon praefecti legionum, aber nur als interimistische Befehlshaber einer Legion vor. „Später indes," sagt er (in Anm. 45 zu S. 361), „heißt so der regelmäßige Kommandeur."

Hieraus ergibt sich, daß jene Stelle des Vegetius auf die frühere Verfassung gerade gar nicht, sondern nur auf die spätere paßt.

Der Ausdruck praefectus aber bezeichnete nicht allein den Kommandeur einer Legion, sondern überhaupt einen höheren, zunächst nach dem dux folgenden Militärcharakter, weshalb denn auch viele mit besonderen Kommandos in Festungen und an den Grenzen betraute Offiziere diesen Titel führten, wobei für uns nur die fortwährende Benennung derselben nach einer Legion, obwohl sie außer aller Verbindung zu ihr standen, unverständlich ist. Sollte vielleicht, wovon uns aber keine Spur bekannt worden ist, unter den Legionen eine gewisse Rangordnung bestanden haben, so würde dies die Sache am einfachsten erklären.

Noch ist hier zu erwähnen, daß auf die Präfekten im Range die Tribunen und auf diese die praepositi folgten, welche ebenfalls Kohorten kommandierten, daher nach dem neueren Sprachgebrauche Stabsoffiziere waren (s. Veget. II, 12).

6 Wir können die Praefecti mit unseren Obristen, die Tribuni mit unseren Majors vergleichen.

7 (Es gibt keine völlig genügende Erklärung. Laz = träge = Knecht? Lazzi = Belassne, auf der Scholle Belassne? Da Laz auch extremus, letzter Äußerster (s. Schade, althochd. Wörterbuch, s. h. v.) heißt, könnte man denken an die an den Grenzen Wohnenden? Letztere Vermutung, obzwar auch nur Vermutung, wäre sachlich und sprachlich wenigstens nicht unmöglich, wie die meisten älteren sind. D.)

8 (Diese bildeten vielmehr selbst den Hauptteil der Frankengruppe. D.)

9 Es würde ganz irrig sein, aus diesem Namen Teutoniciani und ein damaliges schon Bekanntsein des erst im neunten Jahrhundert hervortretenden Gesamtnamens der Germanen Teutonici (s. Zeuß, S. 63/4) schließen zu wollen. Dürfen wir eine Vermutung wagen, so ist es folgende:

Zwischen Elbe und Ostsee waren den Alten Teutonen und Teutonoarier bekannt (s. Zeuß, S. 133 und 146/7). Ebenda war noch die Heimat der von Maximian besiegten, von der See her in Belgien eingefallenen Chaibonen (Avionen), welche wir daselbst als zu den *Sachsen* gehörig bezeichnet haben.

Mit diesen Teutonen nun leicht auch Teutonen, ihre Nachbarn, ausgezogen und aus Gefangenen jene durch denselben Kaiser kolonisierten Laeten hervorgegangen sein, welchen wir in der Notit. wiederum begegnen.

10 (Vielmehr umgekehrt die römische Nationalität der Provinzialen. Siehe Könige VI, S. 81. Westgoth. Studien: „Ehehindernisse". D.)

11 Naudet, s. Anm. III. partie, chap. 3, art. 2, p. 69, behandelt merkwürdigerweise diese Ranggliederung der Staatsdiener unter der Überschrift noblesse und meint, Constantin der Große würde eine wesentliche Lücke in seinem monarchischen Systeme gelassen haben, wenn er nicht einen Adel errichtet hätte. Es bedarf kaum der Erwähnung, daß sich letzteres doch nur auf einen Geburtsadel beziehen könnte und diesen hat auch Naudet nach der letzten Z. v. p. 70 und 84 offenbar vor Augen, indem er p. 84 sagt: „Dieser Adel ward mehr durch den Gebrauch, als durch ein ausdrückliches Gesetz erblich." Es scheint überflüssig, einen solchen Irrtum, zu dessen Verteidigung nicht ein einziges Quellenzeugnis angeführt wird, näher zu beleuchten. Umgekehrt hat die Monarchie vielmehr jederzeit in dem Dienstadel ein Gegengewicht gegen den Geburtsadel zu schaffen gesucht.

12 Die Zeitgenossen leiten Gebrechen und Fall des Reiches davon her: die christliche Partei, z. B. Lactanz, klagt Diokletian, die heidnische, z. B. Zosimus, Constantin den Großen als deren Urheber an.

13 S. Mommsen in den Verhandl. d. k. Ges. d. W. zu Leipzig, phil.-histor. Klasse m. Bd. v. J. 1851, S. 1–80, 383–400. Hänel, corp. leg. I, 175–180. Dureau, de la Malle Economie politique des Romains I. Burckhardt, Zeit Constantins des Großen, S. 70.

1 Wir ersehen aus dem 21. Kap. der Apostelgeschichte V. 20, 21 u. 28, daß es nicht die Christenlehre, sondern der Abfall von den jüdischen Gesetzen und Gebräuchen war, welcher die Juden gegen Paulus erbitterte, vor allem, daß er Griechen in den Tempel geführt und die heilige Stätte gemein gemacht habe. Auch die schon gläubigen Juden, weil noch „Eiferer am Gesetz", waren ja seine Feinde.

2 (Doch nicht: der Judengott war ein *nationaler. D.*)

3 Auch nach Hadrians Zeit blieben zwar Juden in Palästina und in vielen Teilen des Reichs, namentlich in Rom selbst, wo sie zum Teil in ähnlichem Maße wie im Mittelalter und in der Neuzeit bedeutenden Einfluß erlangt haben mögen. Aber sie bildeten kein politisches Gemeinwesen mehr, sondern wurden nur als einzelne geduldet, waren daher auf das Verhältnis der Christen zum römischen Staate ohne Einfluß.

4 Verordneten doch die Apostel selbst Vermeidung der ordentlichen Obrigkeit in Streitsachen der Christen unter sich, deren Austrag vielmehr durch ihren geistlichen Vorstand erfolgen solle.

5 Dahin gehörte z. B. unter Severus Alexander der berühmte Jurist und Präfekt der Garde, Ulpian.

6 Ganz ähnlich lautet das Schreiben Hadrians an den Prokonsul der Provinz Asia, Municius Fundanus (Eusob. Hist. eccl. IV, 9), dessen Echtheit unzweifelhaft erscheint, wogegen das von Justin und Eusebius erwähnte (Hist. eccl. IV, 13 abgedruckte) von Antoninus, welches viel weiter geht und die Tatsache, daß jemand Christ sei, geradezu für *straflos*, den Ankläger aber für strafbar erklärt, entschieden *unecht* oder doch verfälscht ist, da es weder von Melito in der nachstehend anzuführenden Schutzschrift an M. Aurelius, in der er von Antonin nur bemerkt, daß er verschiedenen Städten Neuerungen wider die Christen vorzunehmen verboten, noch von dem späteren Tertullian erwähnt wird. Auch in der Profangeschichte hätte ein Gesetz solcher Wichtigkeit – förmliche Duldung des Christentums – kaum untergehen können. Gr. Stollberg erklärt es VIII, IV, 29 wenigstens für verdächtig.

7 Den schlagendsten Beleg dafür liefert das im Jahre 264 gehaltene Konzil von Antiochien wider den dortigen Metropoliten, Paul von Samosata. Auffallend genug ist schon die Gestattung einer öffentlichen mehrjährigen Versammlung fast aller Bischöfe des Orients. Paul ward wegen Irrlehre und unsittlichen Lebens abgesetzt, behauptete sich aber unter Zenobias Herrschaft auf seinem Stuhle. Nach deren Besiegung wandte man sich zu dessen Entfernung an Aurelian und dieser entschied, der Bischofssitz in Antiochien solle demjenigen zustehen, mit welchem der Bischof zu Rom und die übrigen Italiens in schriftliche Gemeinschaft treten würden, in dessen Folge jener sodann durch die weltliche Macht schimpflich entsetzt wurde. Wenn aber der Staat die Ausübung der Kirchengewalt nicht nur gestattet, sondern sogar deren Urteile auf ihr Anrufen vollstreckt, so ist dies in der Tat eine offenbare, wenn auch nur mittelbare Anerkennung derselben.

8 Trefflich darüber Burkhardt in der a. d. a. St. zitierten Schrift.

9 Dieser Vorgang scheint mit dem Anführen in des Eusebius Chronik vom siebzehnten Regierungsjahre Diokletians (Jahr 301/2, das siebzehnte Regierungsjahr Diokletians umfaßt Teile von 301 und 302): Veturius magister militiae christianos milites persequitur, identisch zu sein. Ebenso erwähnt dies Eusebius K.-G. VIII, 4 *vor* dem Vorgange in Nikodemien von einem gewissen General, wobei man deutlich sieht, daß die Maßregel vorzüglich gegen die Offiziere gerichtet war. Nach beiden letzten Quellen war sie keine allgemeine, sondern nur eine partielle.

10 Furebat ergo imperator jam non in domesticos tantum, sed in omnes; et primam omnium filiam Valeriam conjugemque Priscam sacrificio pollui coegit. (c. 15.)

11 So auch das Martyrium der Potamiana, Euseb. V, 5, und, besonders verzerrt durch die raffiniertesten Kerkerqualen, das der Felicitas und Perpetua.

Dreizehntes Kapitel

1 Für Constantins Leben treten drei neue Quellen hinzu: Zosimus, dessen Lücke nun aufhört, Eusebius Leben Constantins des Großen und die Exzerpte eines Ungenannten, die Valesius herausgegeben hat (Anonymus Valesii).

Zosimus ist wie immer ungleich: vollständig und anziehend in manchem, namentlich den Kriegen der Mitherrscher unter sich, aber lückenhaft, nicht Unwichtiges ganz übergehend, endlich voll fanatischen Christenhasses, daher in seinen Urteilen über Constantin kein Geschichtsschreiber, sondern Parteimann und Pamphletist. Wie unähnlich darin dem würdigen Eutrop, der ebenfalls Heide, aber doch unbefangen und gerecht ist (Eutrop, Ausg. v. Grosse, Leipzig 1825, Prooem. S. XIV; jetzt ed. Droysen in Monum. Germ. hist. 1879).

Eusebius will, wie er (T. II der Vita C.) sagt, keine politische Geschichte, sondern nur die von Constantins religiöser Wirksamkeit schreiben. Diese Äußerung und dasjenige, was wir zur Entschuldigung der Parteinahme und Leidenschaftlichkeit der christlichen Schriftsteller jener Zeit sagten, entwaffnet die Kritik.

Wollten wir aber dessen Werk aus einem andern Gesichtspunkt betrachten, so würde kaum ein Verdammungsurteil genug sein, was der Begründung nicht bedarf, da es wohl noch kein unbefangener Geschichtsforscher je bezweifelt hat.

Als Geschichtsquelle ist dasselbe bis auf wenige einzelne Notizen völlig unbrauchbar.

Eusebius war für seine Person übrigens weit mehr Hofmann als Glaubensschwärmer, mehr politisch als fanatisch, wie sein Verhalten in der arianischen Streitsache bewiesen. Das Christentum, aber mehr wohl noch seine Person, den Söhnen Constantins zu empfehlen, war der Zweck jener Lebensbeschreibung. Dies Urteil über ihn wird selbst von *kirchlichen* Schriftstellern alter wie neuerer Zeit bestätigt. Der gegen achtzig Jahre spätere Sokrates sagt in seiner Kirchengeschichte I, 1: dem Eusebius habe, wie in dergleichen Lobreden zu geschehen pflege, die Lobpreisung Constantins mehr am Herzen gelegen, als die genaue Erzählung der Tatsachen.

Der so strengkatholische Friedrich Leopold Graf Stolberg sagt X, S. 222 von ihm: „Er war, bei großem Verstande und erstaunlicher Gelehrsamkeit, schwach und eitel und haschte nach Hofgunst."

Die Kirchengeschichte des Sokrates selbst sowie die des Sozomenos können wir für die politische Geschichte Constantins als selbständige Quellen kaum betrachten, da sie für solche fast nur ein Abklatsch des Eusebius sind.

Der Anonymus Valesii ist eine wertvolle Quelle, für manches die einzige, kurz, aber klar. Der Verfasser muß, wenn die Exzerpte de Odoacro et Theodorico von demselben sind, dem Ende des sechsten Jahrhunderts angehören, aber gute Nachrichten gehabt haben. Er ist Christ, beweist dies aber mehr in dem, was er verschweigt, als in dem, was er sagt.

Gründlicher als vorstehend geschehen, hat Manso, Leben Constantins des Großen, in der ersten seiner Beilagen die Quellen dieser Zeit behandelt, worauf wir verweisen.

Er redet mehrfach in entschiedenem Gegensatze zu Gibbon, der, durch Geist und Urteil verleitet, freilich nicht selten Geschichte erst macht, aber nicht schreibt.

Je länger man Tillemont benutzt, um so mehr wächst das dankbare Anerkenntnis seines seltenen Forscherfleißes. Sein Urteil aber ist durch blinde Ehrfurcht vor der Autorität der Kirchenväter dergestalt beschränkt, daß es, wo es irgend auf solcher Quelle fußt, ohne allen Wert ist.

Burkhardts Werk hat minder Constantins Regierungs- und Lebensgeschichte als die Schilderung der damaligen Zeitverhältnisse überhaupt zum Zwecke.

2 Wir folgen hierin Lact. c. 26, gegen Zosim. c. 10 u. Anon. Val., welche dies erst nach des Severus Niederlage erwähnen, weil die erstere Meinung ungleich wahrscheinlicher ist.

3 (Daß die „treulose" Verletzung abgezwungener Verträge von den Germanen nicht immer aus Mutwillen, sondern meist wohl aus zwingender Not geschah, erstaunte oder würdigte man nicht. Seine christliche Frömmigkeit hat den großen Constantin, den „Heiligen", von Scheußlichkeiten gegen Christen und Heiden nicht abgehalten. D.)

4 (Alle diese Namen für bloße archaisierende Rhetoren-Phrasen zu erklären sind wir doch kaum befugt. D.)

5 Hieraus erhellt, daß Galerius Constantins Erhebung zum Augustus durch Maximian anerkannt, Maximin aber fortwährend nur als Cäsar behandelt haben muß, obwohl dies mit Lactantius (c. 32 a. Schl.) nicht übereinstimmt. Das Widerrufungsedikt aber ward auch von letzterem anerkannt.

6 Diesen Zahlen steht freilich das Zeugnis des Paneg. VIII, 3, 3: „vix enim quarta parte exercitus contra centum millia hostium Alpes transgressus est" entscheidend entgegen. Auch verdient derselbe, der nur ein Jahr nachher gehalten ward, an sich mehr Glauben, als der so viel spätere Zosimus. Der Lobhudelei allein kann auch nur die Schwäche von des Constantius Heer im Verhältnis zum feindlichen, die sicherlich höchst übertrieben ist, nicht aber die bestimmte Angabe der Stärke dieses letzteren beigemessen werden. Zosimus muß aber für diesen Krieg eine gute Spezialquelle gehabt haben, da er nicht allein die Truppenzahl des Gesamtheeres, sondern auch die der einzelnen Bestandteile desselben anführt. Wir haben daher kein Bedenken gefunden, die genauere Berechnung, die an sich nicht unverhältnismäßig ist, der völlig vagen des Panegyrikers vorzuziehen, obwohl erstere gewiß auch von der in römischen Angaben so gewöhnlichen Übertreibung nicht ganz frei ist.

7 O nox illa aeternis seculis mandanda! ruft Nazarius c. 26 aus.

8 Ps. 57, 7: „Sie graben vor mir eine Grube und fallen selbst darein."

9 Maximian, Galerius, Constantin, Licinius, Maximin und Maxentius.

10 Manso gründet seine den gewichtigsten Autoritäten widersprechende Ansicht, daß auch der Gotenkrieg vor 321 stattgefunden habe, im Wesentlichen nur darauf, daß schon in Nazar. (Paneg. IX) vom 1. März 321 der Kriege wider die Sarmaten und Franken gedacht werde, begeht aber dabei nicht nur den Fehler, diese Stelle nicht speziell zu zitieren, sondern hat sich auch in der Sache selbst geirrt.

Wenigstens kann die Stelle c. 3, 3: „cumque aliae felicissimae tuae prius (d. i. vor dem Sieg über Maxent.) et deinceps expeditiones non minus in se operis amplexae sunt, quam ex ipsis faucitus fati Roma servata" obige Behauptung nicht rechtfertigen. Unter den spätern Feldzügen sind hier nämlich offenbar der unerheblichere gegen die Franken im Jahre 313 und wohl auch der wider Licinius im Jahre 314 gemeint, die Nazarius aus Anstandsgefühl damals, da zwischen beiden Kaisern und Schwägern noch äußerliche Freundschaft bestand, nicht näher hervorheben wollte und durfte. Hätte der Kaiser aber unmittelbar vor dem Jahre 321 wesentliche Siege über die äußeren Reichsfeinde erfochten, so hätte der Lobredner, der doch dessen viel frühere über Franken und andere germanische Völker (von c. 16–20) umständlich erwähnt, diese wahrlich nach dem Maxentiussiege (also von Kap. 36 an) nicht verschwiegen, während daselbst im Wesentlichen nur noch von den Cäsaren, dessen Söhnen die Rede ist, indem sich die Worte (c. 38, 3): Jacet in latere Galliae aut in sinu suo fusa barbaria offenbar nur auf Crispus und dessen Siege über Germanen beziehen, wobei übrigens die Franken, die Manso ebenfalls anführt, gar nicht einmal genannt werden, wenngleich daran, daß Crispus auch Vorteile über diese erfocht, selbst abgesehen von dem (in Jägers Ausgabe II, S. 17 zu c. 3, 5 angeführten) Zeugnis des Porphyrius, nicht im geringsten zu zweifeln ist.

11 (Man sieht: bei Gewährung hinreichenden Landes *ruht* der Andrang dieser Völker, wie sie Mangel an Ackerland zur gewaltsamen Ausbreitung und Landerkämpfung zwingt. *D.*)

12 Publilius Optahanus Porphyrins war von Constantin verbannt und suchte durch sechsundzwanzig kleinere Gedichte, die er Panegyricus nannte, dessen Gunst wieder zu gewinnen. Welcher Art diese sind, wird die Beschreibung des hier fraglichen zweiundzwanzigsten ergeben. Dasselbe bildet ein Quadrat von fünfunddreißig Buchstaben, d. i. fünfunddreißig Zeilen zu je fünfunddreißig Buchstaben, durch welches die beiden Verse:

Dissona Musarum vinciri stamine gaudens
Grandia conabor Phoeboo carmina plecho

mittelst rotgeschriebener Buchstaben ausgezeichnet, sich in regelmäßigen mathematischen Figuren mehrfach durchziehen, wovon in den nochmals in der Schreitart des Originals besonders beigefügten beiden Ecken der sieben letzten Verse ein Beispiel durch Buchstaben in gesperrter Schrift gegeben ist. Bei solchem Spielwerke mußte es nun selbstredend mehr auf Zahl und Wahl der Buchstaben als auf Sinn und Grammatik ankommen.

Das betreffende Gedicht lautet nun, in Worte abgeteilt, von der vierzehnten Zeile an, wie folgt:

Ostentans artem vinciri scrupea praebet
Sarmaticus usum strages sed tota peracta
Vota precor faveas sub celio condita visu
Factorum gnarum tam grandia dicere vatem
Jam totiens Auguste licet *Campona* cruore
Hostili post bella madens artissima toto
Corpora fusa solo submersas amne repleto
Victrix mirotur turbas aciemque ferocem
Plurima conabor phoebeo carmine gaudens
Margensis memorare boni coelestia facta
Introitus et bella loqui perculsa ruinis
Quis devicta jacet gens duro marte caduca
Testis magnorum vicina *Bononia* praesens
Sit voti compos excisaque agmina cernens
Det juga captivis et ducat caetera praedas
Grandia victori molimur praelia *plectro*
Dicere nec satis est votum si compleat ore
Musa suo quaecunque parat sub lege sonare
Scrupo sis innexa modis perfecta camenis
Vult resonare meis et testis nota tropaea
Depict is signare metris com munere sacro
Mentes devotae placari in fata procellas.

Wiederholung der sieben letzten Verse in der Schreibart des Originals:

Grandiavictorimolimurpraelia**plectro**
Dicere**n**ecsatisestvotumsicompleat**o**re
Musasu**o**quaecunqueparatsubl**e**gesonare
Scrupo**s**isinnexamodisperfectacamenis
Vult**r**esonaremeisettestisnotatropaea
Depict**i**ssignaremetriscummune**r**esacro
Mentesd**e**votaeplacariinfataprocellas.

Die fetten Buchstaben ergeben links Dissona, von unten auf gelesen und Grandia, die Anfangsworte der beiden Hauptverse sowie rechts plectro doppelt.

Dieses Zitat, nebst der Beschreibung der ganzen Quelle, schien um deswillen angemessen, weil Gibbon, der doch großen Wert darauf legt, gar nichts, Tillemont (IV, S. 293 und 253) wenigstens nur Allgemeines und Oberflächliches bemerkt.

13 D.i. eine doppelte Wand von starken Balken, deren Zwischenraum durch Stein und Erde ausgefüllt und von hinlänglicher Breite war, um sich hier aufzustellen, so daß das Ganze wohl mehr einem mit Holz bekleideten Walle zu vergleichen war.

14 Gibbon C. 14 vor Note 100 läßt Constantin auf der von Trajan errichteten Brücke über die Donau gehen, während Zosimus II, 21, die einzige Spezialquelle über jenen Krieg, nur sagt: er überschritt den Ister. Diese Kleinigkeit charakterisiert Gibbons Manier.

Derselbe hat aber dabei vergessen, daß schon Hadrian nach Cassius Dio (LXVIII, 13 a. Schl.) den oberen Teil dieser Brücke, d. i. sämtliche Bogen, da zu Dios Zeit nur noch die Pfeiler standen, wieder abbrechen ließ.

Am wenigsten hätte dieselbe nach der Abtretung Dakiens noch beibehalten werden können
15 Tillemont bezieht sich (S. 298), um erst das Jahr 323 für den Krieg gegen die Goten zu rechtfertigen, auf zwei
den 28. April 323 erlassene Gesetze (C. J. XII, 36, 9 und 40, 1), findet aber selbst (Note 44, S. 599) diesen Grund
schwach. Das ist er auch in der Tat. Das erste verpönt, bei Strafe des Feuertodes, die Begünstigung der Räuberei-
en der Barbaren, das zweite die eigenmächtige Beurlaubung von Soldaten durch die Grenzbefehlshaber, und
zwar, wenn diese zur Zeit eines Barbareneinfalls erfolge, bei Lebensstrafe. Gab es denn an den mehr als tausend
Meilen langen römischen Grenzen keine andern Barbaren als Goten? Tillemont hätte noch für sich anführen
können, daß der Anon. Val. ausdrücklich den Einfall in die Zeit setzt, wo Constantin in Thessalonich war, wohin
dieser aber nach Zosimus erst *nach* Rausimuts Besiegung sich begeben hatte. Kann aber Constantin nicht auch
schon im Jahre 321 oder 322 bei Beginn des von Zosimus geschilderten Krieges behufs der Vorbereitung des
Hafenbaues in Thessalonich gewesen sein, das er, wie die Folge ergibt, zur Basis seiner Operationen gegen
Licinius machen wollte?
Jedenfalls ist hier der Anonymus, der den ganzen Krieg mit den Sarmaten verschweigt, viel zu ungenau, um
gegen die aus speziellen Quellen und der Natur der Sache geschöpften Gründe etwas beweisen zu können.
16 Jedenfalls für den Übergang nach Asien: wahrscheinlich aber ging er, statt den so beschwerlichen Landweg zu
wählen, teilweise wenigstens, schon zu Schiff an die Südküste Thrakiens, was Zosimus, der ihn mit dem
Landheere nach Adrianopel marschieren läßt, nicht widerstreitet, weil bis dahin immer noch ein langer Landweg war.
17 Die von Zosimus hier angegebenen Zahlen von nur achtzig und zwölf Reitern sind höchst unwahrscheinlich,
beruhen daher entweder auf unrichtiger Lesart oder Mißverständnis seiner Quelle.
So ist namentlich vielleicht im zweiten Falle das regelmäßige, gewiß ziemlich starke persönliche Gefolge des
Kaisers nicht mit berechnet worden.
18 Jenseits der Donau nördlich saßen die Quaden, die unter den bei dem Triumph aufgeführten Gefangenen nicht
erwähnt werden. Auch war der Angriff von Osten her in Flanke und Rücken der Römer ungleich militärisch
richtiger.
19 (Die erste Auflage nahm völlige Verschmelzung beider Völker an, gab aber gleichwohl den einen König den
Jazygen. D.)
20 Die im Texte angezogenen Quellenzeugnisse lauten:
1. Ammianus Marc. XVII, 12:
   Potentes olim ac nobiles erant hujus indigenae regni: sed conjuratio clandestina servos armavit in facinus.
   Atque ut barbaris esse omne jus in viribus assuevit, vicerunt dominos ferocia pares, sed numero praeminentes.
   Qui, confundente metu consilia, ad Victohalos (1. -falos) discretos longius confugerunt, obsequi defensoribus,
   ut in malis, optabile, quam servire suis mancipiis arbitrati.
2. Anon. Valesii. S. 301, 2:
   Deinde adversum Gothos bellum suscepit, et implorantibus Sarmatis auxilium tulit. Ita per Constantinum
   Caesarem centum prope millia fame et frigore exstincta sunt. Tunc et obsides accepit, inter quos et Ariarici regis
   filium. Sic cum his pace firmata, in Sarmatas versus est, qui dubiae fidei probantur. Sed servi Sarmatarum
   adversum omnes dominos rebellarunt: quos pulsos Constantinus libenter accepit, et amplius trecenta millia
   hominum mixtae aetatis et sexus per Thraciam, Scythiam, Macedoniam, Italiamque divisit.
3. Jordanis d. reb. Getic. c. 22:
   Gebericus primitias regni sui mox in Vandalica gente extendere cupiens contra Visumar eorum regem, ... (die
   folgenden bereits anderwärts von uns angeführten Stellen gehören nicht hierher). Hic ergo Vandalis commo-
   rantibus bellum inductum est a Geberich rege Gothorum, ad littus praedicti amnis Marisae, ubi tunc diu
   certatum est ex aequali. Sed mox ipse rex Vandalorum Visumar magna cum parte gentis suae prosternitur.
   Geberich vero ductor Gothorum eximius superatis depraedatisque Vandalis ad propria loca, unde exierat, re-
   meavit. Tunc perpauci Vandali, qui evasissent, collecta imbellium suorum manu, infortunatam patriam relin-
   quentes, Pannoniam sibi a Constantino principe petiere, ibique per IX annos plus minus sedibus locatis, Imperatoris decretis ut incolae famularunt etc.
21 (Sehr zweifelhaft. D.)
22 (Die erste Ausgabe nahm an, die „Herren" bei dem neuen gotisch-sarmatischen Mischvolk seien diese Germanen, die „servi" die Jazygen gewesen – was unhaltbar ist: privatrechtliche „Herren" wie privatrechtliche „Sklaven" waren Jazygen: dagegen fehlte es nicht an Fällen, in welchen germanische Fürsten (Quaden, vielleicht auch
   Vandalen) über unterworfene oder durch Bündnis abhängige Sarmaten *staatsrechtliche* Gewalt übten. D.)
23 Die Stelle lautet: locorum confisi praesidio sui lares *post exactos dominos* fixere securi.
24 Der Anon. Valesii (s. Anm. 1), unsere einzige spezielle Quelle über diese Ereignisse, kennt nur einen Krieg
   zwischen Goten und Sarmaten. In diesem rufen letztere die Römer zu Hilfe, welche die Goten besiegen und
   dann Frieden mit ihnen schließen (pace firmata). Im folgenden Satze erwähnt er lediglich den Krieg der sarmatischen Sklaven gegen ihre Herren.
   Tillemonts wunderbare Ansicht von dem *zweiten* Kriege der Sarmaten gegen die Goten gründet sich daher einzig auf Eusebius (V. C. 5 und 6). Dieser sagt (c. 5), Constantin habe die Skythen und Sarmaten an

das römische Joch gewöhnt, das sie vorher immer abgeworfen. Weil es ihn schimpflich gedünkt, den von seinen Vorgängern den erstern (d. i. den Goten) entrichteten Tribut fortzuzahlen, sei er unter der Fahne des Erlösers gegen sie gezogen, habe die, welche ihm widerstanden, durch die Waffen bezwungen, den wilden Sinn der andern aber durch seine Gesandten besänftigt. Im 6. Kapitel fährt er fort: Gott selbst habe die Sarmaten ihm unterworfen. Diese hätten ihre Sklaven bewaffnet, um die Skythen zu bekämpfen, welche ihnen den Krieg erklärt. Nach dem Siege aber hätten diese sich gegen ihre Herren erhoben und solche vertrieben usw.

Weil nun Eusebius, dem Tillemont blind folgt, erst im 6. Kapitel von einem Kriege zwischen Goten und Sarmaten, im 5. aber schon von dem Kampfe zwischen Römern und Goten spricht, läßt er ohne weiteres auch den zwischen Geberich und Visumar, nach Jordanis Kap. 22, erst auf letztern folgen. Da jedoch, nach des Anon. bestimmtem Zeugnisse, der Krieg zwischen Römern und Goten nur eine Folge des dieser letzteren mit den Sarmaten war, weiß er sich nicht anders zu helfen, als daß er (S. 393 und 407) zwei Kriege zwischen Goten und Sarmaten annimmt.

Wer nur einen Blick auf des Eusebius fragliche Schrift geworfen hat (s. Anm. 1, Kap. 13), der wird über die Verwirrung und die Anachronismen derselben in Bezug auf politische Geschichte außer Zweifel sein, wie denn Eusebius unter anderem (I, c. 48) von den Decennalien Constantins (315 oder 316), c. 50 von der Kriegserklärung des Licinius gegen jenen (314), c. 57 von Maximians, d. i. des Galerius Widerrufsedikt (311), c. 58 und 59 von Maximins Krieg und Tod (313) handelt, und endlich II, c. 3–18 wiederum weitläufig auf den schon vorher erwähnten Krieg Constantins gegen Licinius (314) zurückkommt, den er diesmal aber im Widerspruch mit I, 50 von Constantin ausgehen läßt.

Merkwürdig bleibt dabei nur, wie sich der sonst so kritische Gibbon diesmal durch seinen Vorgänger hat blenden lassen.

25 Die Bestätigung dieser Nachricht durch spätere Kirchenhistoriker beweist nichts, da diese in der Regel nur Eusebius nachschreiben.

26 Die Lage von Byzanz war es auch, welche Septimius Severus, den Zerstörer der Stadt, nach Zosimus (II, 30) schon wieder zu deren Wiederherstellung bewog. Auch Tacitus XII, 63 setzt der Lage von Byzanz ein Ehrendenkmal, indem er dabei anführt, der pythische Apoll habe die Gründer von Chalkedon (Byzanz gegenüber) als *Blinde* bezeichnet, weil sie jenes vor Augen das Schlechtere erwählt hätten. Bestätigung unserer Hauptansicht haben wir übrigens fast allein in der geistreichen Werke des Prinzen (Duc) Albert von Broglie, l'eglise et l'empire Romain au IV indisieren oder – siecle I, 2, S. 261 gefunden.

27 (Geschrieben 1860; gilt wohl auch noch 1880. D.)

28 Die Eroberung durch die Lateiner im Jahre 1204 hing mit einem Bürgerkrieg im Inneren zusammen. Nahe sechzig Jahre herrschten dort die Abendländer: aber, soviel uns bekannt, damals noch ohne Frucht für Kultur und Wissenschaft, wofür es ihnen an heftigem Sinn gebrach.

29 Nach Codinus, einem noch am byzantinischen Hofe lebenden Schriftsteller der ersten Hälfte des fünfzehnten Jahrhunderts, der mindestens gute Quellen haben konnte, für Mauern, Säulengänge und Wasserleitungen allein über sechzig Millionen Mark. (Antiquit. Constant., S. 11.)

Vierzehntes Kapitel

1 Die Verfassung der ersten Christengemeinde entwickelte sich keineswegs demokratisch, sondern, wiewohl unter Beteiligung der Gemeinden, sofort hierarchisch, was in der Autorität des göttlichen Stifters, die man auf die Apostel und deren Nachfolger für vererbt ansah, seinen Grund haben dürfte.

2 Dies kann sonach der Natur der Sache gemäß nur klein, von unten kaum sichtbar gewesen, daher lediglich als eine Verzierung erschienen sein.

3 Man sich das Labarum nicht in Form einer modernen Militärfahne, sondern in der einer katholischen Kirchenfahne zu denken, bei welcher das Fahnentuch in der Mitte der Querstange befestigt ist.

4 Das Gründlichste über das Labarum findet sich in J. Gothofredus' Kommentar zu dem Theod. Codex VI, 25 de praepositis laborum (kontrahiert aus labororum), da, wie er nachweist, für labarum auch laborum vorkommt (Vergl. auch Tom. II, S. 142/43.) Daß sich das fragliche Gesetz auf die Befehlshaber der für die Heerfahne bestellten Wache bezieht, ist unbezweifelt. Der Ausdruck labarum dürfte sich zuerst in des etwa siebzig Jahre spätern Sozomenos Kirchengeschichte (I, 4) finden, wo er anführt, daß die Römer die gedachte neue Heerfahne labarum nannten.

Wenn Ducange in seinem Glossarium medii aevi, dem auch Pauli (Realencycl. IV, S. 698) folgt, sagt, daß das Labarum schon unter früheren Kaisern auf Münzen vorkomme, so ist damit wohl nur das angeblich christliche Monogramm gemeint.

5 Diese fünf Jahre sind ein offenbarer Irrtum des Lactantius, da es deren zweifellos sechs waren. Vergl. darüber Manso, Beil. S. 292.

6 (Geschrieben 1859/60 und wohl auf Napoleon III. bezogen. D.)

7 (Dieses Argument würde zu viel beweisen, da auch in andern Fällen mehrere aufeinanderfolgende Wunder „bezeugt" sind. D.)

8 Eine Anschauung des Neu-Platonismus, der, wie wir später finden werden, auch für Constantin großen Reiz hatte.

9 Es ist wichtig, daß jenes angebliche Verbot (II, 45) vor letzterem Edikt erwähnt wird, daher mit diesem späteren unmöglich in Widerspruch stehen kann. Es ist aber auch Eusebius wohl zuzutrauen, daß er den in ersterem gebrauchten zweideutigen Ausdruck εἴργων, der gewöhnlich zwar verbieten bezeichnet, sich aber auch auf ein bloßes Abhalten durch Abmahnung beziehen läßt, mit Absicht gewählt habe.

10 P. P. d. i. proposita bezeichnet die zu Karthago am 18. Mai erfolgte Publikation. Die Erlassung durch den Kaiser dürfte daher schon im April erfolgt sein.

11 Dies Gesetz würde mit dem im Codex Theodos. XII, 1, 1. 2 (aus dem letzten Lebensmonate Constantins) völlig unvereinbar sein. Auch ist es fast undenkbar, daß die Sammler des Theodosianischen Codex, welche so unbedeutende Spezialverordnungen aufgenommen haben, ein so wichtiges allgemeines Gesetz übergangen haben sollten. Constantin hatte aber allerdings die so gewöhnlichen Sacrificia privata überhaupt und die publica in gewissen Tempeln untersagt. Indem nun dessen Nachfolger ein allgemeines Verbot der heidnischen Opfer erließ, war das partielle seines Vorgängers darin mit inbegriffen, konnte daher auch in dessen Gesetze, so im Allgemeinen, wie dies geschieht, füglich mit erwähnt werden.

12 Die schlagendste Widerlegung liegt in dem zwei Jahre vorher schon erlassenen Edikte vom Jahre 324.

13 Diese hat die doppelte Größe des Originals.

14 Die wichtigsten Zeugnisse unbefangener Quellen über Constantins Persönlichkeit, deren Anführung die Ausführlichkeit unserer Charakteristik desselben entschuldigen möge, lauten wie folgt: Eutrop. X:
c. 5. Constantinus tamen, vir ingens et omnia efficere nitens, quae animo praeparasset, simul principatum totius orbis affectans, Licinio bellum intulit.
c. 7. Vir primo imperii tempore optimis principibus, ultimo mediis comparandus. Innumerae in eo animi corporisque virtutes claruerunt. Militaris gloriae appetentissimus, fortuna in bellis prospera fuit, verum ita, ut non superaret industriam.
Civilibus artibus et studiis liberalibus deditus; affectator justi amoris, quem omni sibi et liberalitate et docilitate quaesivit: sicut in nonnullos amicos dubius, ita in reliquos egregius; nihil occasionum praetermittens, quo opulentiores eos clarioresque praestaret.
Aurel. Vict. de Caes., Kap. 41:
4. Um 313: Hinc pro Conditore seu Deo habitus.
17. Nach dessen Tod: Quod sane populus Romanus aegerrime tulit; quippe cujus armis, legibus, clementi imperio, quasi novulam urbem Romanam arbitraretur.
21. Fiscales molestiae severius pressae cunctaque divino ritui palia viderentur, ni parum dignis ad publica aditum concessisset.
Epitome Aur. Vict., Kap. 41:
13. Fuit vero ultra, quam aestimare potest, laudis avidus.
14. Commodissimus tamen rebus multis fuit: calumnias sedare legibus severrimis; nutrire artes bonas, praecipue studia literarum, legere ipse, scribere, meditare, audire legationes et querimonias provinciarum.
16. Irrisor potius quam blandus. Unde proverbio vulgali Trachala, decem annis praestantissimus, duodecim sequentibus latro, decem novissimis pupillus ob profusiones immodicas nominatus.

5 Roms Grenze unter Constantin im Westen kennen wir zwar nicht genau, müssen aber annehmen, daß die Schutzherrschaft über rechtsrheinische Völker: Bataver, Friesen, Mattiaken und wohl auch die über Quaden jenseits der Donau aufgehört habe, auch das Zehntland, vielleicht mit Ausnahme einiger Plätze in Rätien, als germanischen Besitze war. Dieser geringe Machtverlust ward aber durch den viel größeren Gewinn gegen Persien durch M. Aurelius und Diokletians Eroberungen weit überwogen.

6 Die Verleumder hatten hier geschickt den wundesten Fleck getroffen, da Constantin einerseits abergläubisch, andererseits von der Sorge um die neue Hauptstadt auf das äußerste erfüllt war.

7 (Jedoch ist zu erinnern, daß wir hier nur katholische, nicht auch arianische Zeugen reden hören. D.)

Fünfzehntes Kapitel

1 Zu den uns schon bekannten Quellen kommen für Constantius hinzu: die Lobreden Julians, seines Nachfolgers, und des Rhetor Libanius in Antiochien, vom Jahre 353 aber Ammianus Marcellinus.
Jede Zeit hat ihre Mode und Manier. Die unmäßige Eitelkeit der vornehmen Römer, welche sie Hunderttausende für den leeren Namen Konsul ausgeben ließ, hatte das Gewerbe der Lobrednerei aufgebracht. Die Lateiner dieser Zunft haben wir bereits kennengelernt, und die Griechen kommen wir nun. Sicherlich sind diese die Meister, d. h. die griechische Schwatzhaftigkeit hat das leere Phrasengeklingel der Lateiner noch zu überbieten gewußt. Es ist unmöglich, sich eine schlechtere Manier zu denken: Prunken mit historischer Gelehrsamkeit, die, bei den Haaren herbeigezogen überall eingemischt (wie z. B. die Belagerung von Nisibis mit der Trojas verwebt wird), dazu absichtliche Verschweigung von Namen-, Orts- und Zeitangaben, weil die Zuhörer diese zu ergänzen wußten, unklare Bezeichnungen, selbst oft ein Verschmähen der Logik der Zeitfolge charakterisieren diese Lobreden. Von Ehre und Gewissen war dabei gar keine Rede: auf Bestellung oder zum eignen Nutzer ward mit

einer Kindlichkeit der Unverschämtheit geschmeichelt, welche man damals, gleich einem gewöhnlichen Handwerksvorteile, ganz selbstverständlich gefunden haben mag.

Doch müssen wir in jeder Beziehung Julian immer noch über Libanius setzen. Hat jener doch in seiner ersten Rede den abscheulichen Verwandtenmord des Jahres 337 nicht verschwiegen, wenn gleich er Constantius vorsichtig nur die unterlassene Verhinderung desselben vorwirft. Dies kann übrigens, weil darin schon p. 73 und 88 des Magnentius Tod erwähnt wird, nicht vor den letzten Monaten des Jahres 353 geschrieben sein, während die zweite aus der ersten Hälfte 355 sein muß, da p. 182 des Silvanus Tod im Winter 354/5 darin vorkommt. Beiden würde übrigens, wenn sie vor Julians Ernennung zum Cäsar geschrieben wurden, wie wir dies glauben, das an sich löbliche Streben zum Grunde gelegen haben, sich aus scheinbar geehrter Untätigkeit, ja selbst Gefangenschaft, zu würdiger Wirksamkeit zu erheben.

Jedenfalls ist hiernach dasjenige, was wir oben über die Zeit der Abfassung dieser Reden gesagt haben, zu beurteilen.

Daß nun aber in Quellen wie Julians und des Libanius Lobreden nicht jede Phrase für Tatsache zu nehmen ist, versteht sich.

Über Ammian, dessen großes Verdienst als Historiker der Text hervorhebt, ist hier nur zweierlei noch zu erwähnen und zwar zunächst, ob er Christ oder Heide war. Ersteres behaupten die älteren gelehrten Ausleger Petrus Pithoeus und Chiffletius († 1660), letzteres Hadrian Valesius, der die nach der ersten Ausgabe Ammians fortgesetzten unschätzbaren Arbeiten seines Bruders. Heinrich, über diesen Schriftsteller erst nach jenes Tode herausgab. (S. Henr. Vales. praefatio in Gronovs Ausg., S. 4.) Weder Heinrich Valesius selbst übrigens noch Gronov in seiner neuern Ausgabe. Amsterdam 1693, haben sich über obige Frage ausgesprochen. Unsere Ansicht darüber ist folgende:

Es gab zu jener Zeit im römischen Reiche zahllose Namen- und Scheinchristen. Die schlechtern derselben folgten nur der Mode oder weltlichen Antrieben, die besseren erkannten zwar mehr oder minder dunkel oder fühlten mindestens die ewige Wahrheit und Reinheit des Christentums, hatten sich aber von den alt überlieferten heidnischen Anschauungen, vor allem von dem darin wurzelnden Aberglauben noch nicht losmachen können. Man vergesse doch nicht, daß letzteres ja auch dem Christentum selbst nicht vollständig gelungen is und daß die Weissagung aus Vogelflug und Eingeweideschau ebenso berechtigt oder vielmehr unberechtig war, als die aus vielen andern später aufgekommenen Dingen.

Daß auch Ammian zu den Christen dieser Gattung gehörte, ergeben die drei von Adrian Val. zu Begründun seiner Meinung angeführten Stellen XV, 11, XVI, 5 und XXI, 1, von denen die zweite völlig nichtssagend, die letzte die bedeutendste ist. Aus dieser erhellt allerdings dessen Glaube, daß Gott oder der Allgütige (deus benignitatis numen) solcher Mittel sich bedienen könne, um den Menschen Zukünftiges zu offenbaren. Auch in diesen philosophisch-theologischen Exkursen aber hebt er mehrfach hervor, was die *alten* Theologen (theolog veteres) lehren, worunter er offenbar die heidnischen versteht.

Uns bestimmen nächst mehreren andern hauptsächlich diejenigen Stellen, worin Ammian ein mehr oder minder entschiedenes *eignes Urteil* ausspricht, das ein Heide nicht fällen konnte, und zwar folgende:

1. II, 10 a. Schl. und XXV, 4, II, wo er den von ihm so hoch bewunderten Julian deshalb *tadelt*, weil er den Christen untersagt habe, Grammatik und Rhetorik öffentlich zu lehren, was doch ein Heide unmöglich rüge konnte.

2. XXII, 11, wo er das Amt der Bischöfe „ein nur Gerechtigkeit und Milde empfehlendes" nennt. (Professio nis suae oblitus, quae nihil nisi justum suadet et leae.)

3. Ebenda, wo er von den Märtyrern folgendes sagt: „Diejenigen, welche, indem sie durch Zwang von ihrer Glauben abgebracht werden sollten, qualvolle Strafen erduldeten und bis zu ihrem ruhmvollen Tode in unbe flecktem Glauben beharrend, nun Märtyrer genannt werden" (adusque gloriosam mortem intemerata fic progressi, et nunc Martyres appellantur). Man vergleiche, was der edle und weise M. Aurelius über die christli chen Märtyrer sagte und frage sich, ob ein heidnisches Bewußtsein deren Tod einen *ruhmvollen* nennen, dere Beharren in *unbeflecktem* Glauben vorheben konnte. Ferner:

4. XXII, 5, wo er den Luxus der römischen Bischöfe *tadelnd*, von einigen Provinzialbischöfen sagt: que tennitas edendi potandique parcissime, vilitas etiam indumentorum, et supercilia humum spectantia, *perpetu numini verisque* ejus cultoribus ut puros commendant et verecundos, worin die Ausdrücke: die *ewige Gotthe* und dessen *wahre* Verehrer keines Kommentars bedürfen.[1a]

Die *Unvollständigkeit* von Ammians Werk in seiner jetzigen Gestalt wird allgemein anerkannt. Hadria Valesius führt in seiner Vorrede, welche in der Gronovschen Ausgabe leider nicht paginiert ist, p. 11 vor dere Schluß mehrfache Belege dafür an, denen wir selbst aus der Geschichte der gallischen Kriege noch ande hinzufügen könnten.

Unerwähnt aber läßt er die hie und da darin vorkommenden Widersprüche, welche gewiß nicht dem treffl chen Historiker, nur der Verstümmelung des Textes zuzuschreiben sein dürften.

Abgesehen nämlich von denjenigen Lücken, welche die uns erhaltenen Handschriften darbieten, die dah auch in den gedruckten Ausgaben angedeutet, glücklicherweise aber doch nur unbedeutend sind, muß d gegenwärtige Fassung des Werkes einem weit älteren Abschreiber oder Herausgeber zur Last fallen. Möge nt deren Unvollständigkeit unverschuldet oder verschuldet sein, so hat derselbe doch auch ersteren Falls darin sehr gefehlt, daß er die Lücken seiner Quelle nicht nur nicht angegeben, sondern sogar noch verdeckt hat, was ohne kleine Einschaltungen und Abänderungen nicht möglich gewesen sein dürfte.

Noch ist hinsichtlich der zu den frühern Quellen gehörigen Epitomatoren zu bemerken, daß diese, selbst der von uns so geschätzte Eutrop, von Constantius mit eigentümlicher Schonung, ja zum Teil ungerechtfertigtem Lob sprechen. Doch erkennen die wichtigsten derselben, Eutrop und Aur. Vict. d. C. (die sogenannte Epitome ist unvollständiger), dessen Fehler an: daher liegt die Vermutung nahe, daß eine gewisse Pietät gegen ihren Dienstherrn, vielleicht Wohltäter, auf die Milde ihres Urteils eingewirkt habe.

1a (Obige Stellen scheinen mir nicht entscheidend: sie enthalten nur Zeugnisse der kühlen objektiven Würdigung der Staatsreligion. Nirgends findet sich ein warmes Bekenntnis zu spezifisch Christlichem. Ammian war *innerlich* nicht Christ; ob er getauft war, ist ziemlich gleichgültig, aber unwahrscheinlich; er war Heide nach der jetzt herrschenden Ansicht. Vergl. Teuffels Lit.-Gesch. *D.*)

2 Daß Constantin ein Testament hinterlassen habe, gründet sich allein auf Sokrates (I, 39) und Sozomenos (I; 34), wird aber selbst von Eusebius nicht erwähnt. Möglich, ja nicht unwahrscheinlich, daß nur die Übergabe dieses letzten Willens an einen der eifrigsten arianischen Priester, der ihn Constantius aushändigte, die Anführung jener an sich *in dieser Form* wenig glaublichen Tatsache veranlaßt habe. Ist sie aber auch begründet, so muß doch entschieden angenommen werden, daß jenes Testament die frühere Reichsteilung nicht umgestoßen, vielmehr bestätigt habe, da eine Erklärung von solcher Wichtigkeit in der Geschichte, namentlich bei des Constantius Lobrednern, nicht verschwunden wäre.

Dagegen ist das Anführen des spätern Arianers Philostorgius (II, 16), Constantin habe in jener Schrift den Verdacht der Vergiftung durch seine Brüder ausgesprochen und seinen Sohn zur Rache aufgefordert, offenbar ein Märchen.

3 Dies scheint uns durch des Zosimus Ausdruck II, 40: καὶ Δαλματίῳ τῷ καίσαρι ῥάπτει τὴν ὁμοίαν ἐπιβουλήν, der offenbar auf hinterlistige Nachstellung deutet, außer Zweifel gesetzt.

4 Gregor von Nazianz (s. Anm. 1, Kap. 16) sagt Orat. 4 § 21 über diese Ereignisse folgendes: tum scilicet, cum exercitus, rerum novarum metu res novas moliens, adversus proceres arma cepit, ac per novos praefectos aulicae res constituebantur. Dies verstehen wir so: Constantius ernannte zuerst neue Oberbefehlshaber, welche aus Furcht vor den alten, namentlich dem so mächtigen Ablavius, dem Heere vorspiegelten, daß eine von letzterem begünstigte Thronrevolution zugunsten der für legitim zu erklärenden Nachkommen aus des Constantius Chlorus zweiter Ehe zu besorgen sei, welcher nur durch die gewaltsame Tötung letzterer zu begegnen sei.

Daß des Constantius Schuld, sollte sie auch nur eine passive gewesen sein, dadurch irgend vermindert werde, finden wir nicht.

5 Dies erhellt daher, daß er bei Aquileja fiel.

6 Die Epitome Aur. Vict. braucht von Constantins des Jüngeren Angriff den Ausdruck: latrocinii specie, der, vom Raubkrieg entlehnt, den Sinn hat, daß er nicht an der Spitze seiner Armee, sondern an der eines kleinen Haufens unvorsichtig angriff.

7 Ungleich günstiger lauten die bei Tillemont IV, S. 716 zusammengestellten Urteile der orthodoxen Kirchenväter über Constans.

Da diese jedoch von Parteinahme fast nie frei sind, des Constans Tod aber für die Rechtgläubigen, die in ihm ihren einzigen Beschützer gegen die Arianer fanden, ein schwerer Verlust war, so haben wir dem Urteile der unbefangenen Profanhistoriker beizupflichten.

8 Wenn man, wie Tillemont, aus Julians Reden (S. 61 und S. 177) ableiten will, daß Magnentius selbst durch Constantin den Großen oder dessen Vater zum Gefangenen gemacht worden sei, so lassen die keinesweges historisch-präzisen Ausdrücke jener Lobreden füglich auch die Deutung zu, daß Magnentius als Kind eines Gefangenen, der Laete wurde, diesem gefolgt sei. Dies ist auch den Jahren nach gar nicht anders möglich, da er bei seinem Tod erst nahe an fünfzig Jahre alt war (Epit. Aur. Vict. G. 42, 6), folglich selbst bei Constantins letztem Feldzug im Jahre 303 noch nicht zehn Jahre erreicht gehabt haben könnte. Auch nennt ihn Julian selbst (or. 1, S. 67) jugendlich und blühend.

9 Dieser Ort wird von Hieronymus in seiner Chronik bezeugt, ist auch ungleich wahrscheinlicher als Sirmium im inneren Lande, was Sokrates II, 28 und auch Sozomenos, der jedoch unstreitig nur ersterem folgt, angeben. Gibbons Annahme von Sardica wird von keiner Quelle bestätigt.

10 Den Vorwand zu dieser öffentlichen Beratung kann nur der Abschluß des Friedens und des Offensivbündnisses gegen Magnentius überhaupt gegeben haben, was häufig vor einer Heeresversammlung verhandelt ward, keinesweges aber der spezielle Kriegsplan des Feldzuges selbst. Dies ist auch der betreffenden Stelle des Zosimus (II, 44): „σκέμμα κοινὸν des Krieges" keinesweges unbedingt widersprechend.

11 Zosimus erwähnt (c. 45) zuerst des nahen Zusammentreffens beider Heere bei *Sirmium*, dann des Hinterhalts in den adranischen Pässen, hierauf der Verhandlung über den Kampfplatz bei Siscia und endlich der Niederlage der Constantianer in jenem Hinterhalte.

Auf den alten Karten findet sich nur ein Adrans in Kärnten zwischen Aemona und Celeja (Laibach und Cilly), etwa vier Meilen unterhalb des erstern, das von Sirmium unweit des Einflusses der Save in die Donau gegen fünfzig Meilen entfernt ist. Der betreffende Paß muß auch, wie dies besonders aus der Natur des Kampfes hervorgeht, nach welcher Steine auf die Constantianer hernieder geworfen wurden, im Felsgebirge gelegen haben, kann also, sollte es auch ein anderes, uns unbekanntes Adra oder Adrana gegeben haben, kaum viel weiter unterhalb, wo das Flußtal ebener wird, gesucht werden.

Jene erste Annäherung der Heere bei Sirmium ist daher offenbarer Irrtum, wahrscheinlich aus dem Versuche, die Angabe einer zuverlässigen, aber ganz allgemeinen Quelle, welche des Kampfes Ende vor Augen hatte, mit denen einer andern speziellen zu vereinigen, hervorgegangen, wobei dem Griechen seine bekannte geographische Unkunde der Länder des Westens einen üblen Streich gespielt hat. Hiernach erscheint der im Text angenommene Verlauf des Krieges, in der Hauptsache wenigstens, der einzig denkbare. Auch ergibt eine wichtige Stelle Julians (or. 1, S. 65), daß Constantius sich *vor* der Schlacht aus dem Gebirge *(δυσχωρία)* in die Ebene *(εὐρυχωρία)* zurückgezogen habe, weshalb er notwendig schon gegen Kärnten vorgerückt gewesen sein muß.

12 So ungewöhnlich auch eine solche Verhandlung der Feldherren über die Wahl des Kampfplatzes erscheint, so nötigt uns doch des Zosimus ausdrückliche Versicherung (c. 45), eine solche anzunehmen.

13 Die lateinischen Übersetzer haben in dieser Stelle ὀπώρα, was unseren Hundstagen sich anschließt, ganz falsch durch autumnus wiedergegeben.

14 Die Stelle ist schwer verständlich: jedenfalls aber bedeutet, nach des Valesius Anmerkung p. 87 der Gronovschen Ausgabe, das suspensus nicht gehängt, sondern nur suspensus in eculeo.

15 (Es ist dies ein seltener Ausnahmsfall. Meist finden die Germanen keinen Frevel in dem Eintritt in römischen Waffendienst, auch wenn dieser gegen Stammgenossen geleistet wird. Silvan muß den Franken stark geschadet haben. D.)

16 (Wie später Julians. D.)

17 Der Linzgau lag am Nordufer des westlichen Bodensees und mag einen großen Teil des jetzigen Badenschen Seekreises umfaßt haben.

18 Nach Idatius, während die Annahme des Jahres 356, nach dem Chronicon Paschale, durch Ammian unzweifelhaft widerlegt wird. S. Tillem., Not. 39, p. 1128. Auch die Gronovsche Ausgabe des Amm. Marc., der des Valesius folgend, irrt in der für die Kap. 7, 8, 9 und 10 angegebenen Chronologie, weil im Kap. 11 das Konsulat von 357 erwähnt wird.

19 Wenn Ammian sagt: Juthungi Alamannorum pars, Italicis contermina tractitus, so kann er unter Tractus Italicus hier nur Rätien selbst verstehen haben, das damals eine Provinz Italiens war. Völlig undenkbar nämlich ist, daß sie in Noricum bis zu den carnischen und julischen Alpen gesessen hätten.

20 Nach Amm. sowohl in dem Teile, der an das zweite Pannonien, als in dem, der an die Provinz Valeria stieß.

21 (So argwöhnten die *Römer*, die aber selbst zuerst *offen* die Treue brachen, angeblich, um zuvorzukommen. D.)

22 Die Kap. 12 und 13 des XVII. Buchs von Ammian bieten beinahe unlösliche Schwierigkeiten. Er muß über die jazygische Revolution im Jahre 334 eine gute Quelle, nicht minder genaue militärische Berichte über die Feldzüge des Jahres 368 gehabt haben, keinerlei nähere Nachrichten aber über das fernere Schicksale sowohl der im Jahre 334 vertriebenen „Herren", als der „Knechte", welche ihr Joch damals gebrochen, in der Zwischenzeit.

Während er jene c. 12 im Jahre 334 zu den Viktofalen entweichen läßt, ist daselbst bei den Ereignissen des Jahres 358 nur von Quaden und deren Verbindung mit, ja teilweise Herrschaft über Sarmaten die Rede.

Wir haben es hier mit zwei getrennten Völkerschaften oder Gemeinwesen der Sarmaten (d. i. Jazygen) zu tun: a) mit den nördlichen, b) mit den südlichen, welche Ammian Limigantes nennt.

Letztere bezeichnet er nun (c. 13, Z. 2) ausdrücklich als Sarmatae *servi*, erstere aber viermal (ebenda, sowie in des Konstantius Rede: Zizaim praefecimus liberis) als *liberi*.

Was ist dieses Unterschiedes Sinn? Frei waren durch jene Revolution nach Vertreibung ihrer Herren sowohl die nördlichen als die südlichen geworden. Umgekehrt sogar erscheinen bei den Ereignissen des Jahres 358 gerade letztere, die Limiganten, als völlig unabhängig, während die erstern, teilweise wenigstens, unter quadischen Führern stehen. Unzweifelhaft beziehen sich daher jene Bezeichnungen nicht auf die politischen Zustände jener Volksschaften im Jahre 358, sondern lediglich auf ihre historische Verhältnisse im Jahre 334. Die Limiganten bestanden immer noch aus den ursprünglichen servis, deren Herren sich, 300 000 an der Zahl, auf römisches Gebiet geflüchtet hatten und daselbst festgehalten wurden.

Hinsichtlich der Würden haben wir anzunehmen, daß wenn Cäsar, ja selbst Tacitus den Ausdruck princeps nicht in einem festbestimmten, technischen, sondern in allgemeinem, Verschiedenartiges umfassenden Sinne brauchten, Ammian noch viel weniger mit den Bezeichnungen regales, subreguli, optimates, judices, populi, nationes einen staatsrechtlich klaren Begriff verband. Gerade dieser Historiker setzt einen gewissen Stolz darein, über Geographisches, Ethnographisches und Althistorisches seine Gelehrsamkeit in besonderen Exkursen auszukramen, von denen sein Werk wimmelt. Wir dürfen daher mit Sicherheit annehmen, daß er auch das für Rom so wichtige germanische Volks- und Staatsleben zum Gegenstand eines solchen gemacht haben würde, wenn er davon irgendwie genauer unterrichtet gewesen wäre. Diese Unkunde legt sich auch offen zu Tage, wenn er vor Schl. d. Kap. 12: judices *variis populis* praesidentes anführt, während doch hier das einzige Volk der Quaden in Frage war, jene populi daher nichts als Gemeinden von Gauen gewesen sein können, denen ein Richter vorstand.

Ammian selbst wohnte jenen Feldzügen nicht bei: er benutzte nur die Militärberichte, deren Verfasser ohne alle weitere Kritik diejenigen Bezeichnungen brauchten, welche sie etwa von den Germanen vernahmen oder sonst passend erachteten.

(Regalis bezeichnet wohl in der Regel „königlichen oder auch nur fürstlichen Geschlechts", ist jedoch gewiß nicht immer gleichmäßig angewandt, vielmehr manchmal wohl = regulus.

Unter Subreguli haben wir Gaukönige zu verstehen, welche, nur im Kriege einem „Herzog" untergeordnet, im Frieden unabhängig nebeneinander stehen. D.)

Zu letztern müssen auch jene Rumo, Zinafer und Fragiled gehört haben, weil sie selbständig Frieden erbaten und erhielten.

Unter optimates können nur diejenigen gemeint sein, welche ihrem auf Geburt beruhenden Ansehen nach den Königen zunächst standen: alter Volksadel.

Arahar wird von Ammian dux Transjugitanorum Quadorumque genannt, welches erstere wir durch Überkarpatische übersetzt haben. Da das alte freie Volk der Quaden auch jenseits der Karpaten saß, sich vielleicht auch von Oberschlesien (Teschen) aus nach Krakau zu ausgedehnt hatte, so können jene Übergebirgischen eben sowohl diesem als einem andern Volke, etwa dem der Buren, angehört haben.

Nach Gronov (Anm. 6, p. 193 von dessen Ausg.) findet sich in einer Handschrift statt Transjugitanorum: Transfugitanorum. Sowohl die eine, wie der andere dieser Ausdrücke findet sich übrigens bei keinem sonstigen lateinischen Schriftsteller (s. Forcellinis Wörterbuch): sie müßten daher, wie so manche andere, von Ammian selbst gebildet oder vielmehr aus der Vulgär-Sprache entlehnt worden sein.

Die Ausdrücke: aliena potestate eripi Sarmatae jussi, ut semper Romanorum clientes, sowie: nulli nisi sibi ducibusque Romanis parere praecepit, können sich nur auf die Befreiung von derjenigen Obergewalt beziehen, welche der unmittelbar vorhererwähnte Arahar über einen Teil dieses Volkes, der unter Usafer stand, beanspruchte.

Den neuen König Zizais bezeichnet wohl sein Name als Jazygen.

Die auch von Tillemont (S. 831) und Gibbon (c. 19 vor Note 48) anerkannte Tatsache, daß das von den Limiganten abgetretene Gebiet den freien Sarmaten angewiesen ward, ist zweifellos, wenngleich der Wortlaut der betreffenden Stelle Ammians XVII, 13 nicht ohne Dunkelheit ist. Namentlich können unter den: *exules* populos et tandem reductos in avitis sedibus collocavit, schlechterdings nur die im Jahre 334 zu den Viktofalen entflohenen domini gemeint sein.

23 Ammian nennt ihn XX, 1 Magister armorum, ebenda aber. c. 4, Z. 6 v. u. magister equitum.

24 Es bedurfte der Prüfung, ob Ammians Bericht nicht vielleicht aus Julians Schreiben ad Athen., das er unzweifelhaft benutzen konnte, entnommen sei, was selbstredend dessen Glaubhaftigkeit wesentlich mindern würde. Abgesehen aber von der verschiedenartigen Darstellung, welche bei Julian nur subjektiv rechtfertigend, bei Ammian rein objektiv ist, beweisen auch die von letzterem angeführten Tatsachen, welche sich bei Julian nicht finden, wie die Bewilligung der Mitnahme der Soldatenfamilien und die Rücknahme der kaiserlichen Marschordre zur Stillung des Aufruhrs, daß derselbe eine andere und zwar spezielle Quelle benutzt haben muß.

Tillemont, der in Kenntnis der Kirchenväter unübertroffen ist, versichert (S. 863), Gregor von Nazianz und Theodoret bezeichneten Julians Erhebung geradezu als Empörung, ja Zonaras versichere, daß er die Soldaten durch die Offiziere für sich aufgewiegelt habe. Auch Theodoret und Sozomenos *schienen* (paroissait) Julian zu verdammen.

Was nun zuvörderst letztern, an sich nichtssagenden *Anschein* betrifft, so wird jeder, der die von Sozomenos angeführte Stelle (V, 1) unbefangen liest, sich sogleich überzeugen, daß hier nur eine subjektive Vermutung Tillemonts, aber keinerlei objektive Begründung derselben vorliegt.

Ein Jahrhunderte späterer Schriftsteller, wie Zonaras, dessen Unzuverlässigkeit bekannt, kann gleichzeitigen Quellen gegenüber gar nicht beachtet werden; auch Philostorgias ward, Anm. 2 zu diesem Kapitel als unzuverlässig anerkannt.

Dagegen erschien Gregor von Nazianz, dessen Charakteristik wir der Anm. 1 des nächsten Kapitels vorbehalten, als Zeitgenosse beachtenswert. In dessen vierter Rede (nach der Pariser Ausg.: Perisse frères 1842, in den ältern orat. 3) finden sich aber nur zwei hierauf bezügliche Stellen (§ 21 und 109), worin er Julians Erhebung als ἀνάστασις (Aufstand) bezeichnet und § 46, nach welcher er sich selbst das Diadem aufgesetzt habe. Die beiden ersten sind sonach völlig einflußlos, da die Tatsache des Aufstands zweifellos und lediglich dessen *Anlaß* in Frage ist, die letztere aber ist eine so allgemeine Phrase, daß sie, da Gregor keine Tatsache anführt und die Pariser Vorgänge ganz mit Stillschweigen übergeht, ebenfalls keine Rücksicht verdient.

Wollte man auf das Sprichwort: qui s'excuse s'accuse Wert legen, so würden, nächst dem Schreiben an die Athener, auch Julians Briefe (13 und 38, zum Teil auch 23) wider ihn anzuführen sein. Es liegt aber auf der Hand, daß solche Vermutungen gegen eine so spezielle, gleichzeitige und zuverlässige Quelle, wie Ammian, nicht angezogen werden können, zumal dieser auch durch die Epitom. (42, 15): hic a militibus gallicanis Augustus pronunciatur einfach bestätigt wird, während des Eutropius Worte (X, 15): Neque multo post, quum Germaniciani exercitus a Galliarum praesidio tollerentur, consensu militum Julianus Augustus factus est, zwar gewiß auch keinen andern Sinn haben, aber doch einer verschiedenen Deutung fähig sind. Hätten sich überhaupt beweisende Tatsachen für Julians Absicht und Hinterlist *ergeben*, die doch des Constantius Sendboten wahrnehmen mußten, so würden die ersterem so gehässigen Kirchenhistoriker sie wahrlich nicht verschwiegen haben.

25 Es ist nicht denkbar, daß Julian vom Rhein aus nur mit 3000 Mann seinen Marsch, noch dazu quer durch alemannisches Gebiet, angetreten haben solle.

Vermutlich fand er aber an der Donau, etwa bei Lanliacum (Lorch), wo eine Donauflottille stationiert war (s. Not. dign. II, p. 251), nur für 3000 Mann Schiffe, ließ daher den Rest seiner Truppen zurück, um sie dem zweiten Corps anzuschließen, dessen Marschlinie bei Regensburg ebenfalls an die Donau führte. Jedes der drei Corps dürfte kaum unter 10 000 Mann stark gewesen sein, was den 20 000 des Zosimus entsprechen dürfte, wenn sich dessen Nachricht nur auf das zweite und dritte beziehen sollte, was nicht unwahrscheinlich ist. Jedenfalls war sein Gesamtheer, denen Illyricums und des Orients gegenüber, ein ungemein schwaches, was sich durch die Notwendigkeit der Bewachung Galliens durch angemessene Streitkräfte erklärt.

26 Florentius war der in Folge von Julians Erhebung entwichene Präfekt Galliens, der vorher nach Amm. XXI, 6 zum Praefectus Praetorio Illyricums ernannt worden war, welche Stelle während dessen Berufung zum Konsulat vielleicht durch Lucillianus als Propräfect verwaltet ward. (Amm. XXI, 9.)

27 Die Stelle lautet: Christiam religionem absolutam et simplicem anili superstitione confundens: in qua scrutanda perplexius, quam componenda gravius excitavit discidia plurima.

Sechzehntes Kapitel

1 Für Julians Regierung haben wir an neuen Quellen:

a) den Kirchenvater und Bischof Gregor von Nazianz, auch Theologus genannt. Über das Jahr seiner Geburt schwanken die Meinungen. Nach einer Stelle bei Suidas in Verbindung mit dessen von Hieronymus (Chronik) bezeugtem Todesjahre 389, welcher die Bollandisten folgen, wäre diese schon 299 erfolgt, nach Tillemont erst 328 oder 329, nach der wohl begründeten Ansicht der Herausgeber von dessen gesamten Werken (Paris 1842) bei Paul Mellier) 325 oder 326, so daß er unter allen Umständen Julians Zeitgenosse, aber mehr oder minder älter war (Vorrede S. 81, 85 und 121).

Er schrieb nach Julians Tode zwei Reden gegen ihn, die erste unmittelbar nachher, die zweite etwas später (orat. 4 u. 5 d. n. Ausg.).

Der Haß der Kirchenhäupter wider den Abtrünnigen, das vor deren Seele tretende Gespenst der Wiederkehr diokletianischer Verfolgung ist so erklärlich als verzeihlich. Aus diesem bang verhaltenen Gefühle, das nach des Kaisers Hintritt plötzlich explodierte und zwar aus diesem allein, sind, von der Glut südlicher Leidenschaft angefacht, diese *Schmähreden* hervorgegangen.

Mit Entschiedenheit aber ist ein Schriftsteller als Geschichtsquelle zu verwerfen, der Constantius fortwährend den *Großen* nennt, der an Glanz und Ruhm alle seine Vorgänger überstrahle, Julian hingegen als ein Ungeheuer, schlimmer als Zerstörungsfluten, Feuersbrünste und Erdbeben, und als eine Pest bezeichnet, auch mit Schlangen und Drachen vergleicht. Hebt er es doch als eine besondere *Wohltat* des Constantius hervor, daß er Julian, das unschuldige Kind, im Jahre 337 nicht ebenfalls habe umbringen lassen. Macht er es nicht auch Julian zum *Vorwurfe*, daß er die Christen nicht durch offene Gewalt, sondern durch Überredung und andere Künste von ihrem Glauben habe abbringen wollen (or. 4, § 3, 20, 21 und 95, sowie 5, § 24)?

b) Des Mamertinus Danksagung für das ihm von Julian für das Jahr 362 übertragene Konsulat. Wäre Ammians Geschichte in so trefflichem Latein geschrieben, wie diese Lobrede, und besäße letztere nur einen kleinen Teil der Inhaltsfülle des ersteren – welch ein Gewinn für den Forscher! So aber enthält sie nichts als Phrasengeklingel, keinerlei Tatsachen, wenigstens keine irgendwie bestimmte und historisch brauchbare, steht daher an Quellenwert noch weit hinter Libanius zurück.

(Dagegen bietet für die germanischen Kriege dieser Zeit Huschbergs Geschichte der Alemannen und Franken, Würzburg 1840, ein gutes literarisches Hilfsmittel. Alle Quellen sind darin mit Sorgfalt benutzt, und treu zum Teil wörtlich, in schöner Sprache wiedergegeben. Abgesehen von einzelnen Irrtümern fehlt es demselben jedoch an Kritik, namentlich an pragmatischer Auffassung. Über die Entstehung der Alemannen und Franken die doch recht eigentlich hierher gehörte, findet sich darin kein Wort. Des Kaspar Zeuß klassisches Werk vor Jahre 1837 scheint der Verfasser, dessen Vorrede vom 28. April 1838 datiert ist, noch nicht gekannt zu haben Zu rügen ist ferner, daß er die Nachrichten anderer Quellen, ohne Prüfung ihres Werts, mit denen Ammians verbindet und dadurch seiner Darstellung das Gepräge gleichartiger Glaubhaftigkeit in allem einzelnen beilegt was sie doch, weil teilweise auf unzuverlässige Quellen gegründet, gar nicht hat.)

2 Über das Folgende bis nach dem Sieg bei Straßburg vergl. *Dahn*, die Alemannenschlacht bei Straßburg. Braunschweig 1880.

3 Nur vier seiner Sklaven und zwar seinen Arzt Oribasius, seinen Bibliothekar und zwei kleine Knaben durfte er behalten (ad Athen. p. 509).

4 (Eine alte blinde Frau rief, als ihr auf ihre Frage nach der Ursache der festlichen Freude Julians Name des Cäsar genannt wurde; prophetisch aus: „Dieser wird die Altäre der Götter wiederherstellen." D.)

5 (Ein *förmlicher* Friedensschluß erhellt nicht zweifellos. D.)

6 Tillemont (S. 804) nimmt an, Julian sei von Köln aus über Trier wieder an den Oberrhein bis gegen Basel marschiert, um die Alemannen, welche der Kaiser sowohl von Rätien aus als durch Rheinübergang angegriffen, in deren Rücken zu bedrohen. Dies gründet sich auf eine der Geschichte des Jahres 367 vor der Straßburger Schlacht angehörende Stelle Ammians XVI, 12. Auf den ersten Anblick scheint sich eine Erklärung derselben in der Annahme darzubieten, daß im Jahre 366 wirklich eine solche dreifache Operation gegen die Alemannen stattgefunden habe (quod tunc tripertito exitio premebantur), nur der Bericht in Kap. XVI, 2 oder einem besonderen Kapitel verlorengegangen sei, indem es undenkbar ist, daß der so genaue Ammian Kriegsereignisse, von denen er an einer spätern Stelle sogar Details wieder anführt, an dem betreffenden Orte übergangen habe. Dem steht aber entgegen, daß Ammian jenen Feldzug und Rheinübergang ganz ausdrücklich durch den Frieden mit Gundomad und Vadomar endigen läßt, der doch nach obigem und zwar ganz unzweifelhaft bereits im Jahre 364 geschlossen ward. Daher nimmt auch Valesius (s. die Gronovsche Ausg. S. 193 unter b) wirklich an, daß jenes spätere Anführen (XVI, 12) sich auf den Feldzug des Jahres 364 beziehe.

Dünkt auch uns dies wahrscheinlich, so ist es doch andrerseits wieder mit dem Wortlaute sowohl XVI, 2, als Kapitel 12 an mehreren Stellen unvereinbar, unter welchen die: Caesare proximo nusquam elabi permittente die entscheidendste ist, weil es im Jahre 364 noch gar keinen Cäsar in Gallien gab.

Nur so viel läßt sich mit voller Sicherheit behaupten, daß, wenn jene kombinierte Operation im Jahre 366 wirklich stattgefunden haben sollte, dies nicht erst nach Jubans Wiederabzug von Köln, sondern nur früher und zwar zu der Zeit, da er in der Nähe Straßburgs stand, geschehen sein könne. Kann derselbe nämlich vor der ersten Hälfte Juli gar nicht an den Rhein gelangt sein, so müssen die folgenden Ereignisse, die Kämpfe mit den Alemannen, die Wiederbesetzung, daher auch notdürftige Befestigung von Brumt, vor allem aber die von Köln, denselben notwendig bis in den Herbst hinein beschäftigt haben, in welcher Jahreszeit Constantius gewiß keinen Feldzug gegen die Germanen mehr unternommen haben würde.

Wenn Tillemont zum Beweise des schlechten Erfolges des Feldzugs von 356 sich auf Julians eignes Zeugnis (ad Ath. p. 510) beruft, so möchte man fast glauben, er habe dabei eine falsche lateinische Übersetzung und nicht den griechischen Text vor Augen gehabt. In ersterer sind nämlich die auf Julian bezüglichen Worte: καί πραχθέντος σπουδαίου offenbar irrig durch: nec ullum factum esset operae pretium wiedergegeben.

Derselbe sagt an dieser Stelle weiter nichts als: er habe in diesem Jahre unglücklich (κακῶς) gekriegt, weil er, der bewiesenen Tätigkeit unerachtet, während des Winterquartiers in die äußerste Gefahr geraten sei.

7 Es ist denn kaum denkbar, daß Barbetio das befriedete Gebiet von Gundomad und Vadomar einzufallen befehligt war. Entweder muß daher der Durchzug, vielleicht unter zugesicherter Schonung und Entschädigung, im Wege der Verhandlung mit diesen Fürsten oder der (in keinem Falle jedoch ausgeführte) Stromübergang im Gebiete der Linzgauer in der Gegend von Schaffhausen beabsichtigt worden sein.

8 Es ist ein grober Irrtum des Valesius und Tillemonts (S. 816), daß sie das Wort Laeti für den Namen eines germanischen Volks erklären, entschuldbar für die Zeit, in der sie schrieben, worauf sich aber Huschberg, der ihnen ebenfalls folgt, nicht berufen kann, obwohl er Böckings Not. dign. allerdings noch nicht benutzen konnte.

9 Die Befestigung der Alten war ungleich einfacher, als die moderne, die Demolition gewiß aber auch nicht vollständig erfolgt.

10 (Vielmehr: zum Teil um deren Stimmung zu erproben, zum Teil um im Fall der Niederlage und des Rückzugs das befestigte Lager bald erreichen zu können. D.)

11 Libanius Or. 10, p. 274 spricht in seinem freilich sehr unklaren Berichte nur von 30 000.

12 Siehe dagegen Dahn, die Alemannenschlacht bei Straßburg (und die Pläne der wechselnden Aufstellungen daselbst). Braunschweig 1880. (Bausteine III. Berlin 1881.)

13 Huschberg (S. 263) zeiht Ammian hier der Verhüllung der Wahrheit, weil er verschweige, daß, nach Zosimus (III, 3), ein Reiterregiment von sechshundert Mann, Julians Befehl unerachtet, nicht wieder an der Schlacht Teil nehmen wollte und deshalb zur Strafe in Weiberkleidern durch das Lager geführt worden sei, welchen Schimpf es im Feldzuge des Jahres 358 durch glänzende Bravour wieder gesühnt habe. Dies würde aber kein bloßes Verschweigen, sondern direkte Unwahrheit gewesen sein, weil Ammian S. 158 ausdrücklich sagt: reduxit omnes. Es ist jedoch höchst gewagt, Ammian durch Zosimus widerlegen zu wollen und möchten wir auch des Letzteren Nachricht nicht allen Glauben absprechen, so kann doch jene Strafe durch die Flucht allein verwirkt worden und die fernere Verwendung dieser Truppe nur eine passive gewesen sein, wobei sich ihr keine Gelegenheit bot, die Schmach wiedergutzumachen. (Vgl. Dahn, die Alemannenschlacht von 357. Braunschweig 1880.)

14 Bei Tribunci und Concordia: letzteres Rochersberg oder Drusenheim?

15 Des Zosimus Angabe von 60 000 beruht auf einem leicht möglichen Irrtum der Abschreiber, die ς' mit ξ' verwechselten.

16 Sollte hier nicht die bloße Ausrufung zum Imperator gemeint sein, eine Ehrenauszeichnung, die nach damaligem Grundsatze freilich auch wohl nur dem Kaiser gewährt werden konnte? Das Heer machte sich hier also nur einer Anmaßung schuldig, während Julians Erklärung zum Augustus Hochverrat gewesen wäre.

17 Das Gebiet der drei Fürsten, die Ammian reges immanissimi nennt, umfaßte hiernach mindestens den Kreis Starkenburg von Hessen-Darmstadt mit dem Odenwalde, erstreckte sich aber jedenfalls auch auf das rechte

Mainufer, wohin Frauen und Kinder geflüchtet waren, wenn auch mutmaßlich nicht allzuweit. In ihm lag auch das munimentum Trajani, was schon alte Geographen in dem Schloß von Kronberg zwei Meilen oberhalb Frankfurt am Main auf dessen rechtem Ufer zu erkennen geglaubt haben (Baudran, Geogr. Lexicon, Paris 1670, von Tillemont zitiert. Allgem. Hist. Lexicon, Leipzig bei Fritsch 1790 s. h. v.) und auch von Huschberg angenommen wird.

18 Aber *von Alemannen* erbaut: solche Stellen zeigen, daß die Germanen jetzt nicht nur als „Raubfahrer", sondern als seßhafte Bauern dem Rheine nahe gedrungen waren und hier, dauernd römischen Vorbildern nacheifernd in Dörfern siedelnd Ackerbau trieben. *D.)*

19 (Wäre doch diese alemannische Eidform und Eidformel erhalten! *D.)*

20 Ammiam sagt: Francorum cuneos in sexcentis velitibus, wonach, da deren zwei waren, auch jeder derselben sechshundert Mann stark gewesen sein kann, was dem Libanius p. 278, der eine Gesamtzahl von tausend angibt, näherkommt, als eine einzige zu sechshundert Mann, auch, da zwei Schanzen so lange von ihnen verteidigt wurden, wahrscheinlicher ist.

21 Paris, Parisii oder Lutetia Parisiorum, war damals eine kleine befestigte Stadt auf der Seine-Insel, die spätere cité, zu der jedoch auch Vorstädte gehörten. Sie hatte einen Palast, Amphitheater und Thermen, von welchen letztern heute noch Reste: (près des Maturins rue de la Harpe und bei dem Musée de Cluny) zu sehen sind.

22 (Die Fassung läßt unklar, wie weit hier die Arglist Julians ging: treulos, völkerrechtswidrig hatte er auch schon vor der Schlacht bei Straßburg gehandelt: Julius Cäsar hatte hierin das Muster aufgestellt. *D.)*

23 Daß die Salier nicht aus ihren Sitzen vertrieben, sondern nach ihrer Ergebung in denselben belassen wurden, setzen die von Julian (ad Athen. p. 614) und von Zosimus (III, 6) gebrauchten Ausdrücke außer Zweifel, wie dies auch von Tillemont (S. 833) und von Huschberg (S. 280) angenommen wird. Dies ist als deren erste bleibende und anerkannte Niederlassung in Toxandrien für die Geschichte der Folgezeit wichtig.

24 Diese eigene Angabe Julians ist der von Zosimus, der von 800 spricht, unbedingt vorzuziehen.

25 Unstreitig war es auch leichter Κονάδοι mit Καύχοι als mit Χάμαβοι zu verwechseln.

26 So kommt er in Kap. 8 auf die neun Jahre frühere Belagerung von Nisibis, während er von Amida und dessen Einnahme hätte reden sollen, und in Kap. 9 wiederum auf Julians Erhebung zum Cäsar. Die Griechen scheinen sich überhaupt mit der offiziellen Chronologie nach den Konsulaten nicht recht befreundet zu haben.

27 (Also auch die Franken schon wie am Oberrhein die Alemannen als Bauerschaften seßhaft auf dem *linken* Ufer! *D.)*

28 (Also auch hier seßhafte alemannische Bauern, dicht am rechten Rheinufer. *D.)*

29 Der stets anekdotenreiche Zosimus führt an, Julian habe auf Grund einer mit vieler Mühe angefertigten Liste sämtlicher in germanische Gefangenschaft geratener römischer Untertanen die Vollständigkeit der in den Friedensschlüssen bedungenen Rückgabe aller Gefangenen kontrolliert und hiernach die Fehlenden, ihren Namen und frühern Wohnorten nach, angegeben. Dies sei den Barbaren als Wunder erschienen und habe, zumal er schwere Drohung hinzugefügt, die vollständige Herausgabe aller zur Folge gehabt.

30 Es ist anzunehmen, daß dessen erste Sendung im Jahre 359 erfolgte.

31 Der Text sagt: aedificiis habilia multa suis misere carpentis. Dies ist aber, was die Baustämme betrifft, bei der großen Entfernung fast undenkbar. Wahrscheinlich wurden diese (großenteils D.) auf dem Rheine herabgeflößt. Dafür spricht auch das Herbeischleppen durch die Soldaten, dessen es bei der Anfuhr nicht bedurft hätte.

32 In der Not. dign. occ. wird nur eine legio palatina Moesiaci seniores in Italien aufgeführt, p. 23 und 33, wogegen in der des Orients p. 102 zwei Auxiliarcohorten Moesiaci primi und secundi vorkommen. Da Ammian an gedachter Stelle ausdrücklich von leichten Truppen spricht (velitali auxilio), so müssen letztere damals in Gallien gestanden haben.

33 Die damaligen Sitze sind mit Sicherheit nicht zu ermitteln. Nach Ammians Worten: quod strupuosa viarum difficultate arcente haben wir den der Attuarier südlich der Lippe in den Gebirgen der Ruhr, also westlich der Brukterer im vormaligen Gebiete der Usipier und Tenchterer, zu suchen.

34 Quaesitumque venenum per fraudem bibere illexit, ut quotiescunque concepisset, immaturum abjiceret partum.

35 Ammian, der für den Cäsar fast nur Lob und Bewunderung hat, spricht häufig tadelnd über den *Kaiser*. Wir begrüßen darin freudig dessen Unbefangenheit, können demselben aber, soweit ein Urteil darüber statthaft ist, nicht allenthalben Recht geben.

36 Ammian XXI, 16 a. Schl. und Mamertin 427; über die Details hauptsächlich Greg. v. Nazianz und Litanius Gibbon Kap. XXII, Not. 44 und Tillemont, S. 385.

37 Als Julian zum Haarabschneiden einen Barbier fordert, erscheint ein vornehm gekleideter Herr. „Nicht einen Finanzdirektor, sondern einen Barbier habe ich bestellt", sagt der Kaiser, fragt aber doch nach dessen Dienstgehalt und erfährt, daß er, neben einer hohen Besoldung und andern Emolumenten, täglich überdies zwanzig Portionen und ebenso viel Rationen beziehe.

38 In der angeführten Stelle ist die von Gronov (p. 327) empfohlene Lesart: „ut *civilius* discordiis consepiti quisque nullo vetante religioni suae serviret intrepidus" offenbar richtiger, als die vulgäre: civilibus discordiis

39 (Auch auf die (von Jordanis freilich meist mit glücklichem Ausgang gekrönten) Kriege mit ihren Nachbarn. *D.*)

40 Gewiß waren es nicht allein beiden, sondern auch orthodoxe Christen, welche derselbe so grausam bedrückt und verfolgt hatte, die sich an jener Gewalttat beteiligten.

41 Metuendi globi flammarum prope fundamenta crebris assultibus erumpentes, fecere locum exustis aliquoties operantibus inaccessum: hocque modo elemento destinatius repellente, cessavit inceptum.

42 Zu Nikomedien, anderweit und zu Nikäa den 2. Dezember 362, zu Konstantinopel Ende Januar oder im Februar. (Amm. XXII, 13 u. XXIII, 1.) Überdies spricht Libanius or. 12, p. 314 von vielen dergleichen auch in Palästina während Julians Regierung. (Tillemont, S. 976.)

43 (Absichtlich: aus theatralischer Eitelkeit, die den Philosophen auch in der Erscheinung darstellen wollte. *D.*)

44 Er sagt häufig: „Wir kamen, sahen". Z. B. XXIV, 1 u. 2.

45 Nur noch südlich nach dem persischen Busen zu, wohin er die Wasserstraße hatte, drang dieser vor. Wir sind jedoch über diesen Krieg in Persien äußerst unvollständig unterrichtet.

46 (Julians „Bild schwankt, von der Parteien Gunst und Haß verwirrt, in der Geschichte." *D.*) Schor die gleichzeitigen Quellen widersprechen sich lebhaft. Der bedeutendste unter den hier maßgebenden christlichen Schriftstellern würde, als Zeitgenosse, Gregor von Nazianz sein, über dessen fanatischen Parteihaß wir uns bereits Anm. 1 ausgesprochen haben. Strauß hat in der weiter unten anzuführenden Schrift hat (S. 3 zu Anf.) einen nicht einmal vollständigen Katalog seiner Schmähworte gegen Julian zusammengestellt, der ein merkwürdiges Gegenstück zu der Bewunderung bildet, welche derselbe Schriftsteller dem *angeblich großen* Constantius zollt.

Gregor lebte überdies in einer kleinern Stadt Kappadokiens, wo er sicherlich nur mit seinen Glaubens- und Parteigenossen verkehrte.

Die übrigen kirchlichen Schriftsteller, wie Sokrates, Sozomenos, Theodoret, Rufinus und andere gehören insgesamt einer mehr oder minder spätern Zeit an und haben sicherlich nur aus christlichen Quellen geschöpft, wie denn Ammian von deren keinem angeführt wird (s. Chiffletius, de vita Amm. a. Schl. in der Gron. Ausgabe).

Doch halten wir die beiden ersten, die nicht Geistliche, sondern byzantinische Rechtsgelehrte waren, noch für die verhältnismäßig unbefangensten. Gewiß ist es hiernach gerechtfertigt, wenn wir lediglich Julians eigene Schriften, namentlich dessen amtliche Reskripte, Ammian und Eutrop, die beide am persischen Kriege selbst teilnahmen, ersterer als protector unstreitig auch zu Antiochien in des Kaisers Nähe war, als unverdächtige Quellen anerkennen. Eutrops (über dessen Glauben man zweifelhaft ist) Charakteristik Julians, mit der Ammians völlig übereinstimmend, ist kurz, aber so trefflich, daß wir sie nachstehend beifügen:

Vir egregius et rempublicam insigniter moderaturus, si per fata licuisset: liberalibus disciplinis apprime eruditus: Graecis doctior, atque adeo, ut Latina eruditio nequaquam cum Graeca scientia conveniret: facundia ingenti et prompta, memoriae tenacissimae: in quibusdam philosopho propior: in amicos liberalis, sed minus diligens[46a], quam tantum principem decuit; fuerunt enim nonnulli, qui vulnera gloriae ejus inferrent. In provinciales iustissimus, et tributorum, quatenus fieri posset, repressor: civilis in cunctos: mediocrem habens aerarii curam: gloriae avidus ac per eam animi plerumque immodici: religionis Christianae insectator, perinde tamen ut cruore abstineret. Marco Antonio non absimilis, quem etiam aemulari studebat.

Des Apostaten Haß und Verdammnis ist dreizehn jahrhundertelang beinah ein Glaubensartikel der Christenheit gewesen. Billiger und gerechter über ihn hat zuerst ein protestantischer Pietist, Gottfried Arnold, in seiner Kirchen- und Ketzerhistorie 1699, dann ein halbes Jahrhundert später Mr. de Bletrie in der gründlichen Lebensbeschreibung Julians sich ausgesprochen. Ihnen folgt der Marquis d'Argens, ein Günstling Friedrichs des Großen, in seiner Herausgabe der Défense du paganisme par l'empereur Julien, Berlin 1764, worin er doch noch kirchlicher erscheint, als man von einem Freunde Voltaires erwarten sollte.

Merkwürdig, daß später gläubige Theologen, wie A. Neander und Ullmann, billiger und wohlwollender über ihn geurteilt haben, als Historiker, wie Gibbon (Kap. XXIII) und Schlosser. Die Schrift Neanders (Leipzig 1812) ist vortrefflich, verrät aber doch hie und da, auch in der Form, die Jugendarbeit.

Später hat David Strauss, der Verfasser des Lebens Jesu, in einer Schrift: der Romantiker auf dem Throne der Cäsaren diesen Gegenstand aufgegriffen, indem er ihn an eine damals schwebende Zeitfrage knüpfte. Wir anerkennen, abgesehen von der religiösen Richtung, dessen Geist und Gelehrsamkeit, finden aber den Gedanken, Julian vorzugsweise zum Romantiker[46b] zu stempeln, viel zu wenig erschöpfend, um nicht Gutzkow, der in einem Aufsatze: Julian der Abtrünnige (Jahrbücher der Schillerstiftung, Dresden, R. Kunze, 1857, I S. 74–76), jene Auffassung bekämpft, im Wesentlichen Recht zu geben, wenngleich derselbe im übrigen historische Tiefe für diese Gelegenheitsschrift gar nicht beansprucht.

Ein neueres Werk über Julian ist der vierte Teil der Histoire de l'église et de l'empire romain au IVème siècle par Mr. Albert prince de Broglie. Paris 1859.

Es ist streng katholisch-kirchlich, aber doch mit dem Vorsatze der Unparteilichkeit geschrieben.

Indes sagt Ampère, dessen trefflicher Rezensent in der Revue des deux mondes T. XXII, S. 647 ff., S. 673, daß seine Sympathien und Antipathien den Verfasser bisweilen zu Abweichungen hiervon fortgerissen haben.

Wir erkennen mit diesem den Wert der Arbeit in Geist, Darstellung, Talent und auch fast durchaus in historischer Treue an, jedoch ist jene Rüge als eine viel zu milde zu bezeichnen. So tadelt, um nur einige

Beispiele anzuführen, der Pr. de Broglie (S. 231, 2) nach Ammian (XXII, 10) Julians Neugier, daß er die vor Gericht streitenden Parteien nach ihrem Glauben gefragt habe, *verschweigt* aber dabei den entscheidenden Nachsatz, daß die Antwort ohne allen Einfluß auf die Gerechtigkeit des Urteils geblieben sei.
S. 287 führt er an, daß nach dem Tempelbrand in Daphne, dessen Anstiftung man den Christen zuschrieb, auf Julians Befehl die Hauptkirche zu Antiochien geschlossen und demoliert worden sei, während Ammian, der unstreitig dabei gegenwärtig war (XXII, 13), nur ersteres, nicht aber auch letzteres berichtet, der Verfasser aber weder irgend welche Quelle für seinen Zusatz angibt, noch, wenn dies eine christliche war, deren Widerspruch mit Ammian hervorhebt.

46a Minus diligens bezieht sich auf den Fehler, den Ammian als griechische levitas bezeichnet.

46b (Das war ein schiefer auf Friedrich Wilhelm IV. zielender Ausdruck: im übrigen war Gutzkow nicht in der Lage, David Strauß zu kritisieren. D.)

47 (Römisch aber war sein Heldentum und seine Erfassung der „Roma aeterna" gegenüber dem Christentum: in diesem Sinne darf man ihn den „letzten Römer" nennen. D.)

48 Er brachte den Pariser Winter selbst bei seinen Nachtwachen ohne alle Heizung zu.

49 (Freilich mit zweifelloser Übertreibung. D.)

50 Ammian sagt XXV, 4 von ihm: „Mehr abergläubisch, als ordnungsgemäßer Verehrer des Opferdienstes, ließ er unzähliges Vieh schlachten, so daß man sagte: wenn er von Persien zurückkehre, werde es an Stieren fehlen."

51 Man lese nur in Tillemonts Art. XXVII die Geschichte der Visionen, welche Julians Tod zu derselben Stunde zur Kunde weit entfernter gläubiger Christen brachten.

52 Wie z. B. die blutige Rache, welche die Stadt Gaza in Palästina gegen den Nachbarort Majuma ausübte. (Soz. III, 9; Gregor v. Naz. IV, 86.)

53 Die Kirchenväter behaupten sogar, freilich mit offenbarer Unwahrheit, Julian habe nur Heiden um sich angestellt.

54 (Diese schönen Worte des verehrungswürdigen Verfassers sollen hier unangetastet stehen bleiben, obzwar der Herausgeber in der *Motivierung* dieses Ergebnisses abweicht. D.)

55 Derselbe sagt S. 226 in der Anmerkung folgendes: „Après les garanties d'impartialité données par Ammien M et la franchise, qu'il met a convenir des fautes de son héros, il est juste de ne pas prêter à Julien des actes considérables, dont cet excellent témoin ne parle pas. Ammien voyait les choses du cabinet de l'empereur; les chrétiens subissaient a *distance* le contrecoup de ses passions et de ses volontés. De là la différence des récits.

56 Theodoret erzählt diese Geschichte natürlich nicht, um Julians Mäßigung, sondern nur um des Vaters Glaubenstreue hervorzuheben.

57 Obwohl im Königreich Sachsen seit 1807 konfessionelle Parität besteht, hat doch die Anstellung eines katholischen Professors, selbst der Medizin, bis zum Jahre 1848 stets Widerspruch gefunden. Zu Königsberg i. Pr wird, den öffentlichen Blättern zufolge, über die Zulässigkeit solcher Berufung eben jetzt (1860) verhandelt (Anmerkung der *ersten* Ausgabe.)

58 Die neueste Darstellung der Christenverfolgungen von Dr. F. Görres in Kraus, Realenzyklopädie d. christl Altert. III. Freiburg 1880. S. 215–288 ist musterhaft gründlich und kritisch in der Forschung, musterhaft maßvoll und objektiv in der Würdigung.

59   Ductor fortissimus armis:
        Conditor et legum celeberrimus; ore manuque
        Consultor patriae, sed non consultor habendae
        Religionis, amans ter centum millia divum.
        Perfidus ille Deo, sed non et perfidus orbi.

Siebzehntes Kapitel

1 (In der *Geographie* nennt aber schon Ptolemaeus II, c. 11, p. 127 neben den Chauken die Σάξονες. D.)

2 Man könnte, da die Zeit, in der Ptolemäus schrieb, nicht *genau* bekannt ist, auch 150 bis 160 annehmen, obwohl wir obige, da die Kunde des Anzugs der Sachsen gewiß spät erst nach Alexandrien gelangte, für richtiger halten

3 Der Herausgeber der Έθνικά des Stephan v. Byzanz, Meinecke, nimmt an, derselbe habe zu Ende des fünften Jahrhunderts, der Herausgeber des Auszugs oder der Überarbeitung dieses Werkes, Hermolaos aber, durch welche dasselbe uns allein noch erhalten ist, unter Justinian II. *(Ρινότμητος)* um 700 gelebt.
Die betreffenden unter dem Buchstaben S zu findenden Stellen lauten:
1) Σάξοι ἔθνος παρὰ τοῦ Πόντου.
2) Σάκοις ἔθνο. τοὺς Σκύθας οὕτω φασί. τὸ θηλικόν Σάκις.
3) Σαῖξαι ἔθνος παρὰ τῷ Ἴστρω.

4 (v. W. faßte auch die Sachsen wie die Alemannen und Franken als „Kriegsvölker", aus bloßen zum Angriffkrieg gegen Rom verbündeten Gefolgschaften entstanden. D.)

5 Den Franken gehörten auch die seekundigen Bataver an.

6 Die ganze Stelle lautet: Ac primo statim Chaucorum gens, quamquam incipiat a Frisiis ac partem litoris occupe omnium quas exposui gentium lateribus obtenditur, donec in Chattos usque sinuetur. Tam immensum te

rarum spatium non tenent tantum Chauci, sed et implent, populus inter Germanos nobilissimus quique magnitudinem suam malit iustitia tueri. Sine cupiditate, sine impotentia, quieti secretique nulla provocant bella, nullis raptibus aut latrociniis populantur. Id praecipuum virtutis ac virium argumentum est, quod *ut superiores agant* non per iniurias assequuntur. Prompta tamen omnibus arma ac, si res poscat, exercitus, plurimum virorum equorumque; et quiescentibus eadem fama.

Auch aus andern Stellen, z. B. Cassius Dio LIV, 32 und Tacitus Ann. I, 60 ergibt sich die Einheit des Landes und Volkes.

7 (Dies ist hier für die meisten Fälle zuzugeben, da *Auswanderung* ganzer Gaue auf wenigen Schiffen nicht denkbar. Es sind ähnliche Raubfahrten wie die der späteren Wikinger im Norden: freilich ist auch auf diesem Wege Überwanderung möglich, wie die Normandie zeigt. D.)

8 Im Jahre 358 sagt Ammian von den Saliern: ausos *olim* in romano solo apud Toxiandriam habitacula sibi figere, was unzweifelhaft doch vor länger als sieben Jahren geschehen sein dürfte. Daß dies nicht freiwillig erfolgte, wird noch bemerkt werden. Übrigens ist es doch ungleich wahrscheinlicher, daß Magnentius jene Söldner aus den ihm benachbarten Sachsen jenseits des Rheins als aus dem fernen Holstein angeworben haben werde.

9 (Wenigstens vierzehn sind *nachweisbar*, es *waren* vielleicht noch mehr. D.)

10 Dafür spricht ferner die Stelle XVI, 12, wo die, unzweifelhaft alemannischen, Hilfstruppen anderer Gaue partim *pacto* vicissitudinis reddendae quaesita genannt werden, so wie die vom Feldzuge 359 XVIII, 2, wo die übrigen Fürsten den Suomar zum Widerstande gegen Rom nur dringend auffordern (monuerunt acriter), nicht aber kommandieren.

11 (Die *Möglichkeit* soll nicht geleugnet werden, daß in den „optimates" auch der in Anfängen begriffene neue *Dienstadel* steckt. – Andere (so auch v. W.) erblicken in den regales „Prinzen", nichtregierende Glieder der Königshäuser. Es ist das allerdings denkbar und die wörtlichste Übersetzung: nur sehe ich dafür keinen *zwingenden* Grund, während für die „minder mächtigen" Könige ein besonderer Ausdruck erwünscht sein mußte; allerdings nennt Ammian diese einmal auch reges: potestate excolsiore *ante alios reges*. Reges, – optimates, – vulgus (– plebes) sind aber offenbar: König, – Adel, – Gemeinfreie. D.)

12 Hos (d. i. Chnodomar und Serapio) sequebantur reges, regalesque 10, et optimatum series magua, armotorumque 35 000 …

Exsiluit subito ardens optimatium globus, inter quos deoernebant et reges, et sequente vulgo.

13 Ammian schrieb oder vollendete bekanntlich sein Werk nach seinem Austritt aus dem Dienst im höheren Lebensalter zu Rom. Da verleitete ihn schriftstellerische Eitelkeit, der Geschichte allerhand ethnographische, geographische, physikalische und sonstige gelehrte Exkurse beizumischen, wozu er das Material aus Büchern zusammengetragen haben muß. Diese bilden offenbar den schwächsten Teil seiner Arbeit, da es ihm an Vorkenntnissen und Kritik für die betreffenden Gegenstände fehlte.

Wir erwähnen dies hier um deswillen, weil aus dem Mangel einer derartigen Abhandlung über Germanien und dessen Völker, während er doch Gallien, Thrakien, Ägypten und Persien, wie den Hunnen und Alanen dergleichen gewidmet hat, mit Überzeugung zu folgern ist, daß es ihm für erstern Gegenstand sowohl an eigener Sachkenntnis als an geeignetem Material gefehlt haben dürfte.

Wirklich beschäftigt er sich in seinem Werke so viel mit den Germanen und den Kriegen wider sie, daß das absichtliche Unterlassen einer Schilderung dieses Volkes und dessen innerer Verhältnisse, hätte er irgendwie nähere Kunde davon gehabt, kaum denkbar scheint. Man darf auch nicht vergessen, daß er Grieche war und sich während seines Kriegsdienstes unstreitig größtenteils im Orient aufhielt. Wir haben auch schon oben wiederholt seiner schiefen und irrigen Auffassung germanischer Verhältnisse gedacht. Tacitus' Schrift über Germanien hat derselbe nicht gekannt oder doch nicht verwertet.

14 (Salier und Ripuarier sind echte Muster der *„Mittelgruppen"*, welche wir, als mehrere Völkerschaften innerhalb eines Volksstamms umfassend, auch bei Friesen, Sachsen, Thüringen, Markomannen, Goten annehmen. D.)

Achtzehntes Kapitel

1 (Siehe oben, nicht wohl Goten [wie v. W.], von denen solche besondere Schwimmkunst nie [wie von Chauken und Batavern] gerühmt wird. D.)

2 Nicht am Kydnus, meint Ammian, sondern an dem Tiber, dem Fluß der ewigen Stadt, der die Grabmäler vergötterter Herrscher bespüle, hätte dies errichtet werden sollen.

3 (Nach römischem Aberglauben. D.)

4 Unstreitig der oben erwähnte, Julian feindliche, den dieser wahrscheinlich entlassen, Jovian aber nach Amm. XXVI, 5 ernannt oder wieder angestellt hatte.

5 Ammian und Zosimus weichen über Prokops Geschichte vielfach voneinander ab. Letzterer läßt ihn der zu dessen Verhaftung bereits abgesandten Truppe durch List entfliehen. Wir folgen im Wesentlichen ersterem.

6 Zosimus sagt (IV, 9): „ὑπαντήσαντος δὲ αὐτοῖς τοῦ βασιλέως" begann eine scharfe Schlacht, in welcher die Barbaren das in Zerstreuung fliehende römische Heer verfolgten.

Dies kann sich nur auf das erste Treffen gegen Charietto und Sevelian beziehen, weil derselbe Schriftsteller dabei der Verschuldung der Bataver gedenkt.

Huschberg nimmt nun *absichtliche* Verschweigung der dabei von Valentinian selbst erlittenen Niederlage durch Ammian an. Ganz davon abgesehen aber, daß dies mit dem Geiste dieses Schriftstellers durchaus unvereinbar ist, so würde es zugleich die völlige Unwahrheit und Untreue von Ammians ganzer Geschichtserzählung (XXVII, 1 und 2) bedingen.

Das Gefecht fand Anfangs Januar jenseits der Saone, also unfern der Grenze statt, indem der Grenzbefehlshaber Charietto mit den bereitesten Soldaten (milite promtissimo) den Alemannen sogleich entgegeneilte und dazu Severian an sich zog.

Was in aller Welt aber hatte der Kaiser in dieser Jahreszeit an der Grenze zu tun? Wäre er aber wirklich da gewesen, so konnte doch nur er selbst und nicht jener Unterbefehlshaber als kommandierend aufgeführt werden.

Das 2. Kapitel Ammians beginnt mit den Worten: Qua clade cum ultimo moerore comperta, correcturus secius gesta Parisiis mittitur. Der Feldherr wird von Paris geschickt, was doch nur durch der daselbst verweilenden Kaiser, welcher jene Niederlage mit tiefem Schmerze vernommen, geschehen sein kann

Es scheint nicht nötig, sich hier auf Vergleichung von Ammians Glaubhaftigkeit, Zosimus gegenüber, einzulassen. Es ist zwar ungenau, aber nicht ungewöhnlich, den Imperator anzuführen, wo nur die Organe desselber unter dessen Auspizien handelten. Das hat der so viel spätere Zosimus in seiner Quelle übersehen und Huschbergs Patriotismus hat sich die Freude nicht versagen können, Valentinian selbst durch die Alemannen in die Flucht schlagen zu lassen.

7 Da dies gewiß nicht im Winter geschah, müssen seit dem Beginn der Kampagne im Januar mehrere Monate verlaufen sein, was auch, ungeachtet des sogleich zu erwähnenden Nachtfrosts, durch das nahe Zusammenfallen des letzten Sieges mit Prokops Tötung Ende Mai bestätigt wird.
8 (Also auch hier folgt, obzwar durch Wahl, der Sohn dem Vater. D.)
9 (Und Ammian, der Besten einer seiner Tage, ist ganz damit zufrieden! D.)
10 Das heutige Sülchen, unmittelbar bei Samolucena (Rothenburg) gelegen, wie Huschberg S. 330 annimmt, kann dies nicht gewesen sein, weil Ammian solchesfalls wohl den Hauptort genannt hätte. Wahrscheinlich (? D.) wa es das heutige Städtchen Sulz, zwischen Rothweil (Arae Flaviae) und Rothenburg in der Mitte, wo sich ein Salzquelle findet.
11 Merkwürdigerweise scheint auch Huschberg, S. 343 noch daran zu glauben und selbst Tillemont, S. 92 (scho durch Adrian Valesius widerlegt) zweifelhaft zu sein. Hätte der gründliche Mann seine Kaisergeschichte mi Augustus statt erst mit Galba begonnen, so würde dies nicht möglich gewesen sein.
12 Amm. XXIX, 4 bezeichnet ihn also: Macrianum regem auctum inter mutationes crebras sententiarum, jamqu in nostros adultis viribus exsurgentem.
13 Nach Tillemont, S. 99 und Valesius, was wir für richtiger halten als 372, wie Huschberg annimmt.
14 Ob derselbe jenseits landete oder nur vom Schiff aus verhandelte, erhellt aus Ammian nicht. Doch ist erstere ungleich wahrscheinlicher.
15 Amm. sagt XXVII, 8: „mersam difficultatibus suis antehac civitatem, sed subito quam salus sperari pota: recreata in ovantis speciem laetissimus introiit."
   Dies verstehen wir so, daß London zwar noch nicht eingenommen, aber auf das äußerste bedroht wa während Huschberg, S. 127 es von den Barbaren bereits besetzt sein und wieder erobern läßt.
16 Tillemont behandelt Not. 28, S. 345 ausführlich die Frage, ob Valentinian seine zweite Gemahlin Justina ers nach Verstoßung der ersten Severa, oder neben dieser, wie Sokrates anführe, geheiratet habe, entscheidet sic aber mit Grund für ersteres, was, wenn auch der christlichen Lehre zuwider, vom Staatsgesetz erlaubt war. D: zweite Ehe war in der Zeit von 368 bis Ende 379 geschlossen.
17 Ammian nennt (XXVII, 5) den Athanarich *judicem* ea tempestate potentissimum. Nur in einer Handschri desselben, dem Codex regius, wird derselbe rex genannt. Richter nennt ihn auch Themistius or. 10, p. 13 Vergl. hierüber Dahn, Könige V, S. 2 f. und Forschungen zur deutschen Geschichte 1880.
18 (Er hatte – angeblich oder wirklich – seinem Vater Rotesthes einen Eid solchen Inhalts leisten müssen. D.)
19 Auf Julian findet sich in der Ausgabe seiner Werke keine Lobrede. Da wir aber aus Julians Schreiben a Themistius (op. Jul. I, p. 426–429) dessen inniges Verhältnis zu ersterem und dessen schriftliche Schmeichele en kennen lernen, so kann es nur Zufall sein, daß eine solche entweder nicht gehalten wurde oder verlorengin
20 Vgl. Dahn, Könige der Germanen V. Würzburg 1871. S. 1 ff.

ERSTER EXKURS

1 Anmerkung *v. Wietersheims*. Eine vollständige Geographie des alten Germaniens kann hier nicht erwart werden, würde auch eine unlösbare Aufgabe sein.
   Der Begriff der Geographie, als Wissenschaft im modernen Sinne, war den Alten fremd.
   Ein nicht unbedeutendes Material an Spezialkarten und anderen Notizen, namentlich Reiseberichten, sta wohl zu Gebot, aber die Zusammenstellung und Verarbeitung derselben zu einem richtigen Gesamtbilde w

für sie unmöglich. Daher hat denn auch für uns die einfache Überlieferung einzelner solcher mit Fleiß gesammelter Nachrichten, die Choreographie, Länderbeschreibung, wie sie Ptolemäus[1a] im Gegensatze zu der Geographie nennt, möge sie noch so viel geographisch Verkehrtes enthalten, oft höheren praktischen Wert, als das sieglose Streben dieses letztern nach mathematisch richtiger Erdbeschreibung.

1a E. v. Wietersheim, Über den Wert der speziellen Angaben in der Geographie des Claudius Ptolemäus, insbesondere über Germanien, in den Berichten der K. S. Gesellschaft der Wissenschaften zu Leipzig 1867, S. 112 u. f.

ZWEITER EXKURS

1 Herodots nordöstliche Grenze zwischen Thrakien und Skythien ist nicht ganz deutlich, doch scheint der Tyras, Dnjestr, dafür angenommen werden zu müssen. Die von Strabo VII, S. 306, von Plinius IV, 12 vor Untergang des dakischen Reichs erwähnten Tyrigeten sind offenbar am Tyras wohnende Geten. Ptolemäus. der *nach* des dakischen Reiches Sturz schrieb, führt sie aber nach III, 5, § 25 im europäischen Sarmatien (cem südlichen Rußland) in Verbindung mit III, 10, § 13 als Bewohner des *linken* Tyrasufers auf.

2 S. Ulfilas von Gabelenz und Löbe II, S. 17; Zeuß, S. 134 und J. Grimm S. 308 und 440. Nach Kraft a. a. O. S. 387 noch aus dem vierten Jahrhundert, notwendig aber spätestens aus der Zeit der Gotenherrschaft in Italien, die in der zweiten Hälfte des sechsten endigte.

3 Plinius XXXVI, 2. „Pytheas Guttonibus Germaniae genti accoli aestuarium oceani, Mentonomon nomine."

4 Peucinorum Venedorumque et Fennorum nationes Germanis an Sarmatis aseribam dubito: quamcuam Peucini, quos quidam Bastarnos vocant, sermone, cultu, sode, ac domiciliis, ut Germani agunt. Sordes omnium ac torpor. Procerum connubiis mixtis, nonnihil in Sarmalarum habitum foedantur. Venedi multum ex moribus traxerunt. Nam quicquid inter Peucinos Fennosque silvarum ac montium erigitur, latrociniis pererrant. Hi tamen inter Germanos potius referuntur, quia domos figunt, et scuta gestant, et pedum usu ac pernicitate gaudent, quae omnia diversa Sarmatis sunt, in plaustro equoque viventibus.

5 Man hüte sich mit der alten geographischen Bezeichnung Thrakien, wie solche Strabo und Pomp. Mela noch kennen, den Namen der *römischen Provinz* Thrakien, ein Teil des heutigen Rumelien südlich des Hämus mit Byzanz, zu verwechseln.

6 Außer der oben bemerkten Einwanderung der Jazygen führt zwar die Geschichte in den nächsten Jahrhunderten vor und nach Christus kein Eindringen asiatischer Völker in Thrakien mit Sicherheit an: wie dies aber das Nachdrängen kleinerer Abteilungen nicht ausschließt, so gibt auch Strabo VII, 306 ausdrücklich sarmatische Stämme zwischen dem Borysthenes und der Donau, also innerhalb Thrakiens, und jenseits des ersteren die Roxalanen als deren Nachbarn an.

Könnte man Ovids Klagen aus Tomi südlich der Donau in Niedermösien über die Roheit und Wildheit der Geten trauen, so müßte man sogar diese mehr für Sarmaten halten, die Übertreibung leuchtet aber so durch, daß darauf wenig zu geben ist. Übrigens kann aber gerade die Umgegend von Tomi, die heutige Dobrutscha – unstreitig die von Strabo angegebene Γετῶν ἐρημία – ihrer flachen und sumpfigen Beschaffenheit halber auch von eingedrungenen Sarmaten besetzt gewesen sein.

7 Was Kraft S. 107 darüber sagt, der einfach, jedoch ohne Angabe eines Grundes, Strabos Wissenschaft bezweifelt, ist ebenso unhaltbar.

8 Es ist höchst interessant, welche scharfe Kritik der vortreffliche Herodot c. 96 in seinen Äußerungen über Zalmoxis – den angeblichen Gründer jener Theokratie, der aber offenbar nur eine mythische Person war – beweist, und wie sehr er dadurch spätere Schriftsteller einer schlechteren Zeit beschämt, die, wie Porphylius und Jamblichius, jenen, ohne selbst die Chronologie zu berücksichtigen, in allem Ernste zu des Pythagoras Schüler machen. (Vergl. Barth, Teutschl. Urgesch. I, S. 165.) Auch Strabo aber bekundet seine Vorsicht, da er über Zalmoxis nur als Sage, über Dikeneus hingegen aus eigener Wissenschaft berichtet.

9 Wohl teils in den Karpaten, teils zu den Sarmaten.

0 Zeuß entwickelt S. 263 Anm. überzeugend, wie der Sieg des römischen Sprachelements im alten Dakien eine Folge der spätern Mischung der verschiedenartigsten Völker gewesen sei. Man kann noch hinzusetzen, daß die späteren Herren von Dakien nicht bleibend, sondern stets wechselnd waren, vor allem aber auch das Übergewicht der einzigen Kultur- und Schriftsprache sich geltend gemacht haben muß.

1 Eine solche Stelle wird unten noch näher erläutert werden. Vorläufig nur so viel, daß unter Geticos populos a. d. O. verschiedene barbarische Völker jenseits der Donau zu verstehen sind, welche Probus im Wege der Verhandlung auf seinem Marsche nach dem Orient von Thrakien (d. i. der römischen Provinz dieses Namens) aus zur Übersiedelung auf römisches Gebiet bewog.

Darunter befanden sich unzweifelhaft auch solche, welche früher dem Getenreiche unterworfen gewesen waren, also mit Recht Getici genannt werden konnten. Waren, wie es scheint, auch Scharen gotischer Abkunft darunter, so ergibt sich der Ausdruck zwar als *ungenau*, beweist aber immer noch nicht, daß Fl. Vopisc. Goten und Geten für identisch gehalten habe, zumal eine solche einzige Ausnahme die durch Übereinstimmung aller andern Stellen und Beweismittel festgestellte Regel nicht entkräften könnte.

12 In fünf verschiedenen deshalb verglichenen Ausgaben steht überall Gothorum.

13 Zu Prokops Zeit gab es im oströmischen Reiche nur noch einen Zweig der Goten, die vormals, als deren noch zwei vorhanden waren, Ostgoten, zu seiner Zeit nur Goten genannt wurden. Die vor beinahe hundertundfünfzig Jahren ausgewanderten Westgoten, damals in Spanien, durfte er allerdings als ein verschiedenes Volk anführen.

14 Das Werk des Lydus de mensibus ist verloren. Der Excerptor desselben hat unter vielen an dem ohne allen Zusammenhang rhapsodisch daraus entnommenen Notizen astronomischen, religiösen, mythologischen, aber auch historischen und geographischen Inhalts unter Mon. Sept. auch folgende ganz unverbundene Sätze ausgeschrieben:

Den 18. d. Oktob. Aufgang des Arctur.

Den 12. desselben ziehen, nach Cäsar, die Schwalben fort. Zu Nicomedia die Tyrannen Bithyniens. Hierauf: Die Goten, Geten.

Daß eine solche Notiz, deren Sinn völlig unklar ist, nichts beweisen kann, bedarf nicht der Ausführung.

15 Herodot begreift mehrfach Thrakien nördlich der Donau unter Skythien, namentlich IV, 97 bis 99. Nun erwähnt dieser zwar c. 93 das Spezialvolk der Geten südlich der Donau. Da dieses jedoch bei Eroberung Niedermösiens zum Teil jenseits dieses Stromes zurückwich, jedenfalls das Gesamtreich und Volk der Geten auch jenes *skythische* Thrakien mit umfaßte, so durften sie nach jener alten Anschauung allerdings unter den Skythen begriffen werden.

16 J. Grimm hält Jornandes für den ursprünglichen Eigennamen, der bei der Konversion zum Christentum oder seiner Ernennung zum Bischof (aber *nicht* von Ravenna), in Jordanis umgewandelt worden sei. In den ältesten Handschriften steht Jordanes oder Jordanis.

Seine Abkunft anlangend, lautet die Stelle Kap. 50 so: sein Vater hieß Alanowamuth sein Großvater Peria. Letzterer war Notarius des Dux der *Alanen*, Candax. Perias Schwester war mit Andax verheiratet, dem Sohne der Andala, die aus dem Geschlechte der Amaler stammte.

Hiernach dünkt mich wahrscheinlicher, daß Jordanis selbst Alane war, nur seine Großtante (unter hunnischer Herrschaft) den Goten Andax geheiratet hatte, was er der vornehmen Verwandtschaft halber hervorhebt. Indes bleibt die Sache zweifelhaft, ist aber für den vorliegenden Zweck jedenfalls gleichgültig.

17 Über dessen Quellen s. v. Sybel, de fontibus libri Jordanis de orig. actuque Oet. Berlin 1838 und Rudolph Köpke die Anfänge des Königtums bei d. Goth. Berlin 1859. Das naivste Armutszeugnis hat sich Jord. dadurch ausgestellt, daß er sogar die Vorrede seines Werks fast wörtlich aus des Rufinus *Vorrede* zur Übersetzung von des Origenes Kommentar des Römerbriefes abgeschrieben hat. S. v. Sybel in A. Schmidt Zeitschr. f. Gesch. VII, 288 und Köpke im ob. Werke 65.

18 Z. B. c. 3: die Inseln in der Ostsee seien so unbewohnbar, daß sogar die Wölfe dort blind würden.

19 Nach der durch Zeuß S. 402 verbesserten und durch Kap. 24 bestätigten richtigen Leseart: post Berich. Filimer filio Godarici.

20 Hier bekundet Jord. seine geographische Unwissenheit durch die Worte: Scythia Germaniae terra confinis eotenus ubi Hister oritur amnis, vel stagnum dilatatur Mysianum. Hätte er bei dem Anfange nicht den Fluß sondern den Namen Ister gemeint, so wäre mindestens der Ausdruck ganz falsch. Für Mysianum ist nach Handschriften Mursianum, mutmaßlich der Plattensee, zu lesen. Bald darauf nennt er Tisianus und Tausis als zwei verschiedene Flüsse, während nach der Beschreibung ersterer offenbar die niedere, letzterer die obere Theiß sein muß.

21 Bunsen hält ihn, nach Manetho, für Setrutesen, der nach ersterem von 2732 bis 2684, nach Lepsius von 2287 bis 2259 v. Chr. regierte. Indessen scheint jetzt ziemlich allgemein angenommen zu werden, daß Herodots Sesostris, nach den von ihm berichteten Taten und dessen Zeit, vielmehr eine Verschmelzung zweier späterer Könige ist, nämlich des Königs, der auf den Inschriften Seti Miemptah, bei Manetho $\Sigma \acute{\epsilon} \vartheta \omega \varsigma$ heißt, und der erst der neunzehnten Dynastie war, und seines Sohnes Ramessu II. Miamum. Ersterer hat nach Bunsen 1404–1392 nach Manetho 1392–1341, nach Lepsius von 1393–1388 regiert.

22 Die handgreifliche Absurdität dieses Zwischensatzes bedarf nicht erst des Nachweises. Es ist aber möglich, daß Trojus Pompejus (unter August) aus Mißverständnis eines dunklen Ausdrucks seiner griechischen Quelle welche vielleicht Araber meinte, hier selbst Äthiopier gesetzt hat, also Jord. unschuldig fehlte. Wie aber Justin der hier fast wörtlich mit Jordanis übereinstimmt, jenen Zusatz weggelassen hat, so konnte auch kein denkender und unterrichteter Schriftsteller zu einer Zeit, wo geographische Bildung schon allgemeiner war, denselben wiederholen.

23 Derselbe, nämlich Dio Chrysostomus, lebte unter Domitian, von dem er nach Thrakien ins Exil geschickt wurde, und unter Trajan, also lange vor dem Erscheinen der Goten an Roms Grenzen. Reimarus hält ihn mit gutem Grunde für Cassius Dios mütterlichen Großvater. Cass. Dio edit. Sturz VII, S. 514.

24 Diese Stelle hat A. v. Gutschmid über die Fragmente des Pompejus Trojus (Separatabdruck S. 200–201, Leipzig 1851 bei Teubner) ausführlich behandelt. Er nennt sie einen Rattenkönig von Mißverständnissen. Jord. verwechselt darin Perdiccas II. von Maked. zur Zeit des peloponn. Kriegs mit dem hundert Jahre späteren Reichsverweser gleichen Namens, und läßt des Sitalcus Zug *zugunsten* der Athener *wider* solche gerichtet sein.

25 Nach der unzweifelhaft richtigen, unter anderen auch durch Barth, Teutschl. Urgesch. II, S. 171. wieder hergestellten Lesart.
26 Bekanntlich eine grobe Unwahrheit. In den so vollständigen Quellen über Cäsar, von dem fast jeder Schritt
bekannt ist, findet sich nur bei Sueton Octavian 6 die Worte: Caesare post receptas Hispanias, expeditionem in
Dacos et deinde in Parthos destinante, woran er bekanntlich durch seine Ermordung verhindert wurde.
27 Dasselbe nennt übrigens in der Regel nur Goten. Der Name Geten kommt, wenn wir nicht irren, darin überhaupt nur an drei Orten vor: in c. 5, so wie in den o.a. c. 9 und 10, wo Jord. die Skythen der Tamytis am Araras
erst dreimal Geten, zuletzt aber doch wieder Goten nennt.
28 Vergl. v. Sybel: De fontitus libri Jordanis de orig. actuque Getarum. Berlin 1838. Kassel tritt J. Gr.mms Ansicht,
gegen welche diese Abhandlung gerichtet ist, S. 304–308 ebenfalls bestimmt entgegen, währenc Schirren sich
darüber zwar nicht so bestimmt ausspricht, doch aber mehr zu meinen Gegnern sich zu neigen scheint. Beide
irren übrigens offenbar darin, wenn sie annehmen, Cassiodors Werk habe den Titel de Getarum etc. geführt.
29 Auftrag und Ausführung ist vielleicht erst unter Amalaswintha, als die Verhältnisse schwieriger wurden,
erfolgt, die Idee aber wohl von dem dem Königshause treu ergebenen Cassiodor selbst ausgegangen.
30 Köpke, die Anfänge d. Königt. b. d. Goten, Berlin 1869, bestätigt S. 89–93 obige Ansicht vollkommen, nur darin
abweichend, daß K. nur für Irrtum Cassiodors hält, worin wohl auch Diplomatie lag. Wie konnte der Gelehrte
die Vernichtung des Getenreichs durch Trajan ignorieren, dessen Triumph über Daken und Skythen er in
seinem Chroniken selbst anführt? Diese aber mußte natürlich verschwiegen werden, wenn man dem römischen
Volke durch den alten Nationalruhm der Goten imponieren wollte.
   Indes muß ihm letzterer überhaupt Nebensache gewesen sein, die Verherrlichung der Goten durch die
Skythen- und Amazonenfabel, die Besiegung des Sesostris, des Cyrus, der Griechen, vor allem die Unterstützung der Trojaner – der Ahnherren der Römer – das war die Hauptsache.
31 Augusts erster Feldzug war allerdings nur gegen die Geten im engern Sinne zwischen Hämus und Donau
gerichtet, wo nach des Boirebistes Tode mehrere Könige oder Fürsten sich in das Reich geteilt hatten.

DRITTER EXKURS

1 Der von Aurelian nach Fl. Vopiscus Aur. c. 7 bei Mainz über die Franken erfochtene Sieg muß der Zeit vor
Gallienus angehören, da er damals nur Tribun der sechsten Legion war, bei jenes Erhebung aber schon viel
höher in Dienst gestanden haben muß, weil es in Frage kam, Gallien seiner besonderen Leitung anzuvertrauen
(Vopiscus a. a. O. c. 8). Daß er aber auch unter Valerian und Gallienus sich gegen die Germanen auszeichnete,
beweisen Valerians Worte (ebenda c. 9), der ihn Galliarum restitutor nennt.
2 Es wird gestritten, ob diese dessen Gemahlin neben der Kaiserin Salonina oder nur Konkubine gewesen. Da er
sie nach dem Cod. pal. perdite diligit (s. Treb. Poll. Salon. Gall. c. 3. Leid. Ausg. II, S. 260), so mag er sie ganz als
Gemahlin behandelt haben. Daß er sie aber nicht förmlich zu seiner kaiserlichen Gemahlin erhoben habe, ergibt
sich, abgesehen davon, daß Bigamie gegen das Gesetz gewesen wäre, schon daher, daß sich keine Münze
derselben findet, wie sonst bei allen Kaiserinnen der Fall ist.
3 Möglich freilich auch, daß Aurelian im Jahre 257, als alles schon vorbereitet war, doch noch durch den Krieg am
wirklichen Antritte des Konsulats behindert ward.
4 Nach der gründlichen, auf neu aufgefundene Inschriften gestützten Erörterung von Mommsen war dieser der
ältere Sohn des Gallienus, dessen zweiter Saloninus hieß und an des erstern Stelle zum Cäsar ernannt ward. S.
Aur. Vict. Epit. 33 und über das Ganze Polemi Sylvii laterculus ed. Mommsen und d. Abhandl. d. K. S.
Gesellsch. d. Wissensch. zu Leipzig II, S. 243. 1857.
5 Zonaras erzählt, Postumus habe die von ihm den Germanen abgenommene Beute unter die Truppen verteilt,
Albanus aber deren Rückgabe zu des Cäsars Verfügung gefordert, was den Aufstand und des Postumus Erhebung veranlaßt habe.
   Die Ausgaben des Trebellius Pollio schreiben übrigens Posthumius, was jedoch nach den Handschriften und
den Münzen falsch ist, welche Postumus haben.
6 Die Worte Treb. Poll. (c. 7): cum multis auxiliis Post. juvaretur celticis ac francicis beweisen dessen ganz
unkritische Schreibart. Die keltischen, d. i. gallischen Auxilien waren solche im engern Sinne, die Postumus als
dem von ganz Gallien anerkannten Kaiser folgen mußten, die Franken aber können wohl nur freie Söldner
gewesen sein.
7 Diese Zeitangabe scheint mit demjenigen, was oben über des Gallienus persönliche Teilnahme am zweiten
Feldzuge gegen Postumus gesagt ward, nicht ganz übereinzustimmen. Bei der geringen Entfernung zwischen
Gallien und Oberitalien könnte jedoch der Kaiser bald bei diesem, bald bei jenem Heere gewesen sein.
8 Allerdings konnten diese auch über den Brenner von Rätien in Italien einfallen (Füssen, Innsbruck, Trient,
Verona), es ist jedoch wahrscheinlich, daß die Alemannen in der Regel die weit kürzere Straße über Chur
wählten, welche, obgleich an sich schwieriger als erstere, von den Römern ihrer Wichtigkeit halber gewiß in
passierbaren Stand gesetzt war.

9 Nach Treb. Poll. (c. 5), der jedoch denselben wenige Zeilen vorher von Victorinus töten läßt, welcher daher vielleicht, wenn man hier nicht den größten Widerspruch annehmen will, als Anstifter dabei mitwirkte.

10 Die Lesart der Stelle Gothi et Clodius de quo dictum est superius, occupatis Thraciis Macedoniam vastabant in den gewöhnlichen Ausgaben ist sinnlos. Im Cod. pal. finden sich aber mit Lücken die Worte: „Gothori a quo dictum est superius Gothis inditum est." H. v. Gutschmid stellte mündlich die ansprechende Konjektur auf, daß der letzte Teil derselben gelautet haben werde: a quo, ut dictum est superius, nomen Gothis inditum est, in der vorhergehenden aber ein Name, etwa duce filio Ostrogothae a quo etc. enthalten gewesen sei. Ostrogotha selbst nämlich kann nach Jordanis c. 18 damals nicht mehr gelebt haben. Der Irrtum, daß der Name Goten von einem Könige herrühre, kann bei diesem Schriftsteller wenigstens nicht auffallen.

11 οἱ Σκύθαι καὶ Γότθοι λεγόμενοι ἐπιχωρίως.

12 Geschah dies nach der Schlacht zu Lande, so müßte hier die Ausmündung des Hellesponts in die Propontis gemeint sein, die aber von Amphipolis gegen vierzig Meilen entfernt ist, was freilich dem μικρὸν ὑποτρέψαντες nicht entsprechen würde.

Der kurze Rückzug kann aber auch zu Land nach der Flotte geschehen sein auf welcher sie dann zur heiligen Mündung (solchesfalls der Eingang des Hellesponts vom ägäischen Meere her) gelangten. Im Ptolemäus findet sich unter ἱερὸν στόμα nur eine Donaumündung in Mösien aufgeführt. S. III, c. 10, 92.

13 Dem steht freilich entgegen, daß es eine mehr als kühne Operation gewesen wäre, diese Verwüster durch Versperrung des Rückzugs in die Heimat wiederum nach Griechenland zurückzutreiben. Die Grundlage der ganzen Vermutung – die Ordnung, in welcher Treb. Pollio obige Provinzen aufführt – ist freilich auch bei dessen sonstiger Unzuverlässigkeit keine ganz sichere. Will man aber, wozu man doch eigentlich berechtigt und verpflichtet ist, an der Quelle festhalten, so dürfte sich jene strategische Operation wohl durch die Absicht den Herulern ihre Beute wieder abzunehmen und Gefangene zu befreien, erklären lassen, die dann auch gelungen sein wird.

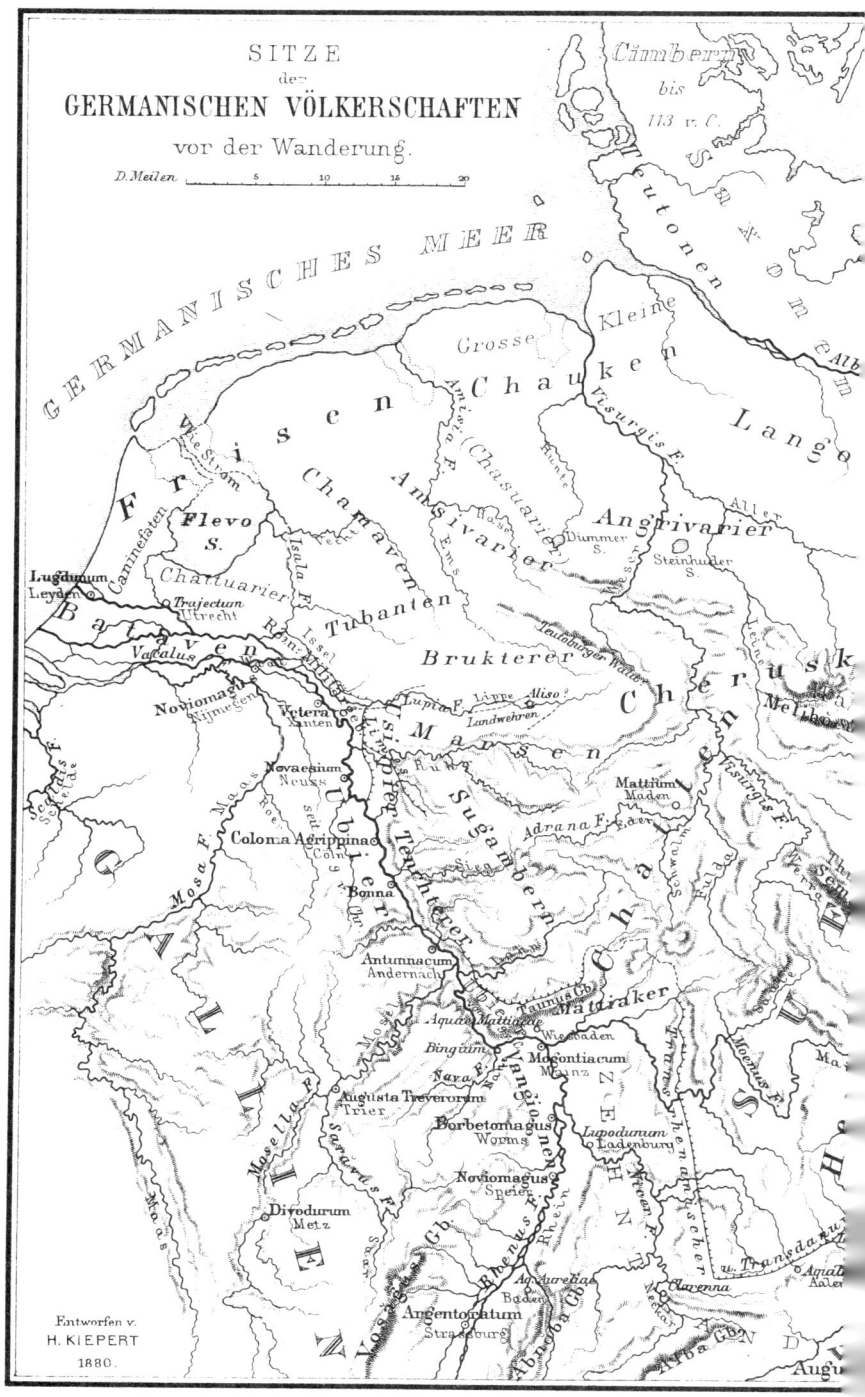

SITZE
der
GERMANISCHEN VÖLKERSCHAFTEN
vor der Wanderung.

D.Meilen. 5 10 15 20

Entworfen v.
H. KIEPERT
1880.

Verlag v

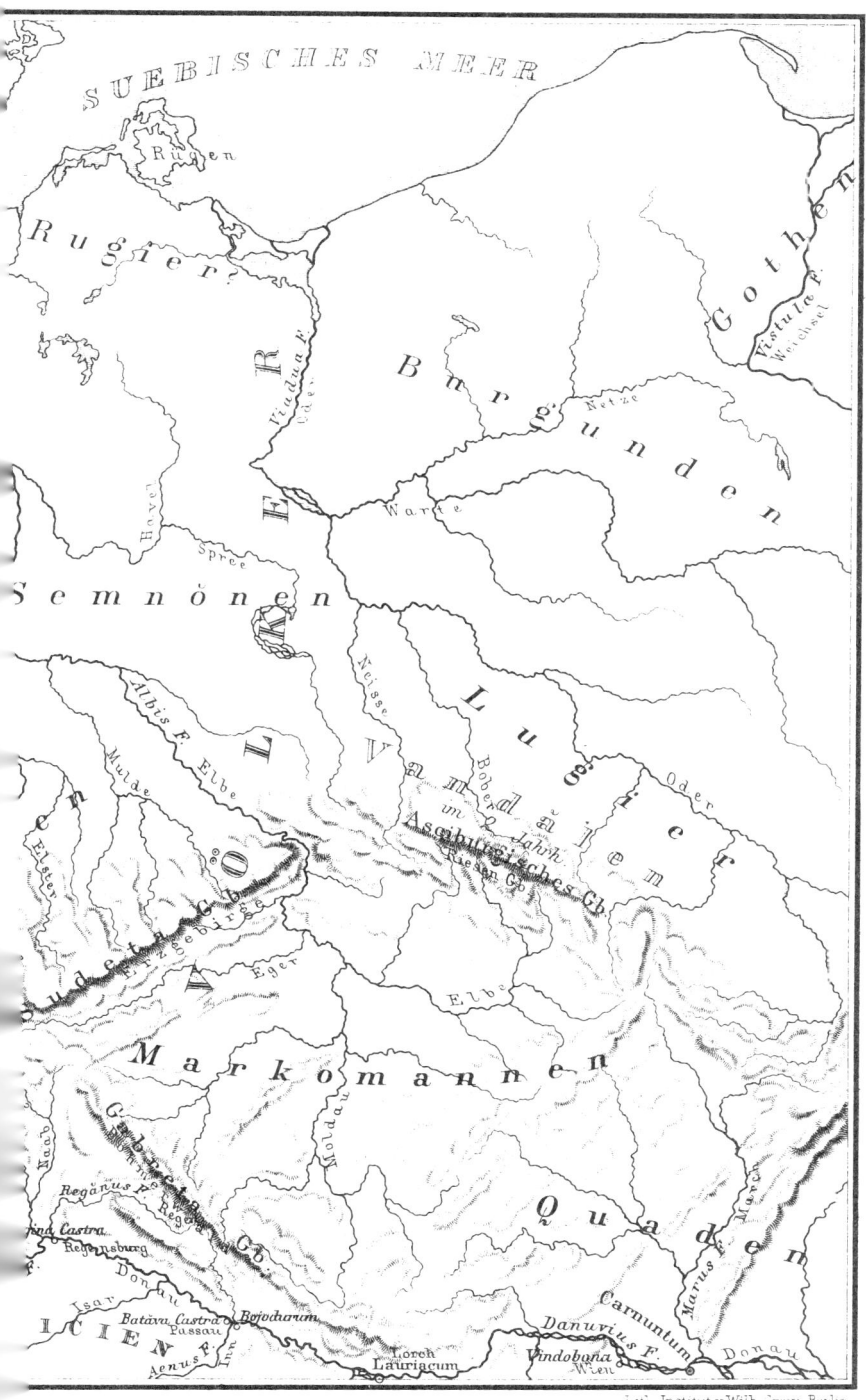

SUEBISCHES MEER

Rügen

Rugier?

Gothen

Vistula F.
Weichsel

O
D
E
R

Havel

Viadua F.
Oder

Burgunden

Netze

Warte

Spree

Semnónen

Neisse

L
U
G
I
E
R

Lugier

Albis F. Elbe

Mulde

Bober
um 2 Jahrh.

Asciburgisches Gb.
Riesen Gb.

Oder

Sudeta Gb.
Erzgebirge

Elster

Elbe

Eger

Elbe

Markomannen

Nab

Gabreta

Moldau

Regánus F. Regen

und Castra

Regensburg

Isar

Donau

Inn

ICIEN

Batáva Castra
Passau

Bojodúrum

Aenus F.

Lorch
Lauriacum

Quaden

Marus F. March

Carnuntum

Danuvius F.

Vindobona
Wien

Donau

leipzig.

Lith. Institut v. Wilh. Greve Berlin

FELIX DAHN

GESCHICHTE DER VÖLKERWANDERUNG

VON

EDUARD VON WIETERSHEIM

———————

ZWEITE VOLLSTÄNDIG UMGEARBEITETE AUFLAGE

BESORGT VON

VON DR. FELIX DAHN

PROF. AN DER UNIVERSITÄT BRESLAU

ZWEITER BAND

MIT SACHREGISTER UND LITHERATURÜBERSICHT

EMIL VOLLMER VERLAG

Von dem Hunnen-Einfall bis zu den letzten Bewegungen der Völkerwanderung

ERSTES KAPITEL

Ermanarich und die Trennung der Ost- und West-Goten

m das Jahr 331 war Geberich, der Sohn des Hilderich, Enkel des Ovida und Urenkel des Knivida, vielleicht jenes Kniva, der im Jahre 250 den Kaiser Decius vernichtete (Jord. c. 22), König des gesamten Gotenvolkes. Er war es, der die Vandalen schlug, selbst aber von Constantin dem Großen, der letztern zu Hilfe zog, im Jahre 332 besiegt ward (s. Bd. I, S. 386).

Dessen Vorgänger waren Ariarich und Aorich, die anscheinend gemeinschaftlich regierten. (Jord. c. 21.)

Im 23. Kapitel, der Hauptquelle für das Folgende, berichtet nun Jordanis Nachstehendes:

„Einige Zeit nach Geberichs Tod (post temporis aliquod) folgte Ermanarich, der edelste der Amaler, in der Regierung, welcher viele überaus kriegerische nördliche Völker bezwang und seiner Herrschaft unterwarf. Nicht unpassend haben ihn deshalb ältere Schriftsteller mit Alexander dem Großen verglichen. Diese Völker waren folgende (wir geben die greulich verderbten, fast in allen Handschriften verschiedenen Namen in der Urschrift nach der neuesten Ausgabe von E. A. Kloss, Stuttgart 1859): Gothos Scythas, Thuidos in Aunxis, Vasibroncas, Merens, Mordensimnis, Caris, Rocas, Jadzans, Athual, Navego, Bubegentas, Coldas.

Nicht zufrieden aber mit dem durch deren Unterwerfung erlangten Ruhme, ruhte er nicht, bis er auch das Volk der Heruler[1], denen Alarich vorstand, nachdem er einen großen Teil derselben niedergehauen, seiner Herrschaft unterworfen hatte. Nach der Niederlage der Heruler wandte er die Waffen gegen die Wenden (Venetos), die, obwohl als Krieger gering geachtet, doch im Vertrauen auf ihre große Zahl zuerst Widerstand wagten. Nichts aber vermag eine unkriegerische Menge, wo ihr eine kriegerische entgegentritt, zumal wenn Gott mit letzterer ist.

Dies, wie wir (d. i. Jord. c. 5) früher sagten, aus einem Stamme entsprossene Volk zeigt jetzt drei Namen auf: Veneter, Anten und Sklavenen, welche, obwohl sie in Folge unsrer Sünden jetzt überall gegen uns wüten, doch damals alle Ermanarichs Reich unterworfen waren. Auch die Ästen, welche an der überaus langen Küste des germanischen Ozeans sitzen, unterwarf er sich durch Klugheit und Tapferkeit, so daß er über alle Völker Skythiens und Germaniens wie über eigne Untertanen herrschte.[2]

Welchen Glauben verdient nun diese verworrene, durch die Übersetzung hie und da noch im Ausdruck verbesserte Erzählung? Läßt es sich rechtfertigen, wenn Schaffarik (in seinen slavischen Altertümern I, S. 428) darüber sagt: „Nicht grundlos vermutet man, daß Jordanis die Taten der Goten, namentlich Ermanarichs, unverschämt übertreibe, ja daß seine ganze Geschichte von dem unermeßlichen Reiche Ermanarichs auf Irrtum oder Lüge beruhe."

In der Tat mußte es Cassiodors bekannter Tendenz sehr entsprechen, den Römern in Ermanarich einen gotischen Welteroberer, einen zweiten Alexander den Großen vorzuführen.

Gleichwohl ist an der Wahrheit dieses Berichts im Wesentlichen gar nicht zu zweifeln, weil er durch einige Zeilen des so zuverlässigen Zeitgenossen Ammian bestätigt wird, der XXXI, 3 zu Anfang sagt: „Darauf brachen sie (d. i. die Hunnen) plötzlich in die weitausgedehnten und reichen Gaue des Ermanarich ein, dieses überaus kriegerischen Königs, der sich durch viele und verschiedene tapfere Taten den benachbarten Völkern furchtbar gemacht hatte."[3]

Wir haben daher die Tatsachen, namentlich die weite Ausdehnung von Ermanarichs Herrschaft im Wesentlichen festzuhalten, die Übertreibung aber in den Urteilen und Nebensachen, besonders aber in dem Maße der Unterwerfung jener Völker zu suchen, die oft wohl mehr Schein als Wesen war.

Dem Gotenheere zu widerstehen unvermögend suchten sie unstreitig nur, Gefahr und Vernichtung durch Anerkennung einer wenig drückenden Obergewalt abzulenken, von der sie sich nach dessen Abzuge leicht wieder losmachen zu können hofften.

Geberich schlug nach Jordanis c. 22 die Vandalen und ward im Jahre darauf (was dieser jedoch verschweigt) von Constantin besiegt, lebte also, da die Zeit dieser Kriege feststeht, noch im Jahre 332. Wann derselbe starb und wann Ermanarich, der nach c. 23 jedenfalls nicht dessen unmittelbarer Nachfolger gewesen sein kann, zur Regierung gelangte, wissen wir nicht.

Wäre dies aber auch schon um 340 geschehen, so müßte er, weil er nach Jord. c. 24 um das Jahr 375 hundertundzehn Jahre alt starb, doch damals bereits fünfundsiebzig Jahre alt gewesen sein. Dies ist jedoch so unwahrscheinlich, daß wir die Richtigkeit letzterer Angabe entschieden bezweifeln, was, nächst der Unzuverlässigkeit des Autors an sich, durch die Leichtigkeit eines Irrtums in allen Zahlenangaben der Handschriften unterstützt wird.

Eben so unrichtig und verworren scheint auch bei Jordanis die Reihenfolge der Eroberungen Ermanarichs zu sein. Derselbe läßt ihn zuerst die vorstehend namentlich aufgeführten Völker unterwerfen, in denen Zeuß (S. 677 und 680–690) und Schaffarik (S. 304 und 305) die aus spätern, zum Teil slavischen Chronisten bekannten Tschuden oder Finnen und die demselben Stamme angehörenden Wes, Merza, Mordwa, Beormas, Tschermissa und die Lettischen Jazwingen (Inaunxis) wiedererkennen. Dies waren unzweifelhaft nordische, bis in die Nähe der Ostsee reichende Völker.

Hierauf erst soll er die hundertundfünfzig Meilen südlicheren Heruler, endlich die mittleren, wenn auch etwas westlicheren Slaven bezwungen haben, nach welchen Jordanis erst der Besiegung der Aisten an der Ostsee gedenkt.

In Wirklichkeit aber dürfte Ermanarich wohl mit den (vielleicht schon vorher unter gotischer Klientel stehenden?) Herulern begonnen haben, wenn nicht, wie uns am wahrscheinlichsten dünkt, die Unterdrückung eines Aufstandes derselben ein bloßer Nebenakt außerhalb des Hauptkrieges gewesen ist. Letzterer aber hat vermutlich in der Richtung von Süd nach Nord zuerst die slavischen, dann die finnischen und lettischen Völker und zuletzt die Aisten getroffen.

Merkwürdig, ja auffällig erscheint uns hierbei die nach Nord und Ost gegen arme und rohe Völker gerichtete Eroberung, während Tradition und Nationalinstinkt auch die Goten, wie alle übrigen Germanen, gegen das reiche Rom, also nach Süd und West locken, ja drängen mußten.

Das mit Constantin dem Großen abgeschlossene Foedus (Jord. c. 21, s. Bd. I, S. 386), Furcht vor den römischen Waffen, aber auch wohl Rücksichten innerer, in einer gewissen Eifersucht zwischen Ost- und Westgoten wurzelnden Politik, deren wir unten gedenken werden, mögen dem Eroberungsgelüst jene ablenkende Richtung gegeben haben.

Gewiß aber nur vertagt, nicht aufgegeben, war das lockendere Endziel, dessen spätere Erreichung durch Siege und Machtzuwachs nach anderer Richtung hin überdies wesentlich gefordert werden mußte.

Nur als ein vorübergehendes, verschwimmendes Nebelbild erscheint hiernach Ermanarich, dessen leider nur Jordanis näher gedenkt, in der Geschichte; wichtig ist die schon vor ihm vollzogene Trennung der Ost- und Westgoten.

Auch dafür, wie für das gesamte innere Volks- und Staatsleben der Goten, besitzen wir nur diese einzige Quelle, dürfen aber an der Wahrheit wichtiger und dabei nicht tendenziöser Tatsachen, welche Jordanis aus Cassiodor schöpfte, auf keine Weise zweifeln.

Derselbe berichtet nun Kap. 17, daß dem Könige Ostrogotha sowohl die Ost- als Westgoten noch unterworfen gewesen seien.[4] Dieser aber kann, da nach c. 16 Decius noch als Feldherr von Philippus gegen ihn gesandt ward, nicht vor dem Jahre 248 gestorben sein. Dasselbe Gesamtkönigtum muß auch unter Geberich im Jahre 332 noch bestanden haben[5], da dieser, wenn er nicht zugleich über die Westgoten herrschte, mit den westlichen Nachbarn letzterer, den Vandalen, nicht hätte zusammentreffen können. Eben so hat das Foedus zwischen Constantin dem Großen und den Goten, das wir nach Bd. I, S. 386, wiewohl im Widerspruch mit Jordanis, nach welchem es schon vorher unter Ariarich und Aorich erfolgte, in Geberichs Zeit setzen, wohl beide Stämme der Goten umfaßt.

Ferner sagt Jordanis im 24. Kap.: „Balamber, der Hunnenkönig, sei gegen die Ostgoten gezogen, von deren Genossenschaft sich die Westgoten, in Folge eines Zerwürfnisses zwischen ihnen, schon getrennt hielten."[6]

Endlich im 48. Kap. von den Ostgoten redend: „Von welchen feststeht, daß sie bei dem Tod ihres Königs Ermanarich, durch Abzug von den Westgoten getrennt, als Untertanen der Hunnen in ihrem Vaterlande zurückblieben."[7, 8]

Wir bemerken zuvörderst, daß zwischen der zweiten und dritten Stelle keinerlei Widerspruch stattfindet. Erstere handelt von der Zeit, da zwischen Ost- und Westgoten bei Ermanarichs Leben zwar schon Trennung eingetreten war, beide Stämme aber doch noch räumlich nebeneinander saßen, letztere von derjenigen, da dieselben nach Ermanarichs Tod, in Folge des Einbruchs der Hunnen, auch räumlich auseinander gesprengt waren.

Aus solchen und den übrigen Quellen ergibt sich nun nach unserer Ansicht Folgendes: Ost- und Westgoten waren ursprünglich schon verschiedene Zweige des Hauptstammes der Goten.

Der verschiedene Sitz derselben, von dem deren spätere (zuerst von Trebellius Pollio Claudius c. 6 erwähnte) Bezeichnung, als Greuthungen und Therwingen oder Ost- und Westgoten, entlehnt wurde, ist nicht die *Ursache*, sondern umgekehrt vielmehr nur eine *Wirkung* ihres uranfänglichen Sondertums gewesen. Dies bestätigt auch die Stelle des Jordanis c. 5, wo er *alle* Goten, nach deren Niederlassung an der Nordküste des Pontus, bezeichnet als »geteilt nach Familien des Volkes, indem die Westgoten dem Geschlecht der Balten, die Ostgoten den erlauchten Amalern dienten."[9]

Dieser Sonderung beruhte, wie die germanische Urverfassung überhaupt, auf geschlechterhaftem Grunde.

Sie stand der Verbindung beider Zweige zu *einem* politischen Gemeinwesen nicht entgegen: das Geschlecht aber, aus welchem die Könige des Gesamtvolkes hervorgingen, war ein ostgotisches.

Mit diesem Königtum war ein gewisses jenem untergeordnetes Stammfürstentum bei den Westgoten keineswegs unvereinbar.

Dasselbe würde sogar durch des Jordanis Stelle c. 5 erwiesen sein, wenn dessen Äußerung, „die Westgoten dienten den Balten", wirklich schon auf die Zeit der ersten Niederlassung und nicht erst auf eine viel spätere zu beziehen sein sollte, wie bei dem unlogischen Ausdruck dieses Schriftstellers nicht allein möglich, sondern beinahe wahrscheinlich ist.

Der Grund der politischen Trennung des Gesamtvolkes, die unzweifelhaft erst unter Ermanarich erfolgte, ist unerforschlich.

Köpke stellt darüber S. 100–110 folgende Vermutung auf. Schon Ostrogothas Nachfolger Kniva sei kein Amaler gewesen, Ariarich und Aorich eben so wenig. Wiederum einem andern Geschlechte scheine deren Nachfolger Geberich angehört zu haben (S. 101 und 102).

Erst nach Geberichs Tode scheine sich Ermanarich, der wiederum ein Amaler gewesen, bei seinen stammverwandten Ostgoten in einer Weise erhoben zu haben, die bei den Westgoten Widerspruch erregte und mit einer Spaltung endigte (S. 105).

Mit diesem geistreichen Forscher sonst vielfach einverstanden, müssen wir ihm, obwohl derselbe auch die gewichtige Autorität v. Sybels (die Entstehung des deutschen Königtums. Frankfurt a/M, S. 125/6) für sich hat, wobei sich jedoch Letzterer minder bestimmt ausdrückt[10], hierin doch widersprechen.

Köpke kann seine Ansicht, da er einen andern Beweis nicht anführt, nur auf den bekannten Stammbaum des Athalarich, Theoderichs des Großen Tochtersohn, im 14. Kapitel des Jordanis gründen, den er zu Anfang seines 5. Abschnitts S. 95 vollständig abdruckt, in welchem allerdings Kniva, Ariarich, Aorich und Geberich nicht erwähnt werden.

Aber diese Stammtafel soll ja kein Königsverzeichnis sein.[11] Wie oft geht die Regierung selbst bei der strengeregelten Erbfolgeordnung unserer Fürstenhäuser auf Seitenverwandte über. Bei den Germanen überhaupt und bei den Goten insbesondere fand ja aber überdies gar kein festgeordnetes Erbrecht der Personen, sondern nur das eines gewissen Geschlechts im Allgemeinen statt. Das Volk wählte, wie Köpke S. 102 ausdrücklich anerkennt, den König, hielt sich aber dabei, auf Grund eines gewissermaßen religiösen Glaubens, an das herrschende Geschlecht gebunden, aus welchem es sich den Tüchtigsten zum Herrscher kürte.

Geberichs Vorgänger Ariarich hatte einen Sohn hinterlassen der (nach dem Anonymus Valesii Constantin dem Großen im Jahre 332 als Geisel gegeben ward (s. Bd. I, S. 386): gleichwohl kann dessen

Nachfolger Geberich selbst kaum ein andrer Sohn Ariarichs gewesen sein, weil die Geisel sonst wohl als dessen, des regierenden Königs, Bruder bezeichnet worden sein würde.

Daraus folgt aber keineswegs, daß Geberich, von dem Jord. c. 22 die gloria generis ausdrücklich hervorhebt, nicht eben so gut, wie seine letzten und frühern Vorgänger, Amaler gewesen sein könne.

Ist es überhaupt wahrscheinlich, daß der weise Theoderich und Cassiodor so großen Wert darauf gelegt haben würden, den Goten nachzuweisen, wie Athalarich, des erstern Tochtersohn, auch durch seinen an sich höchst unberühmten Vater Eutharich aus echtem Amalerblute stamme, wenn der Vorzug dieses Geschlechts so wenig historisch begründet gewesen wäre, daß unmittelbar vor Ermanarich gegen hundert Jahre lang andere Dynastien geherrscht hätten?

Wir können daher der gedachten Vermutung nicht beipflichten, glauben vielmehr, daß nur Ermanarichs Politik ihm die Gemüter der Westgoten entfremdet habe.[12]

Diese waren vielleicht zivilisierter als die Ostgoten, weil sie nun schon fast ein Jahrhundert hindurch in wohl angebautem römischem Lande wohnten, von dem die Ostgoten, deren Hauptsitz jenseits des Dnjestr war, nur einen kleinen Teil, etwa im heutigen Bessarabien, inne gehabt haben können.

Der Grund des Zerwürfnisses zwischen den Brudervölkern ist mit Sicherheit nicht zu ermitteln.

Aus dem durch das große Verdienst von Georg Waitz entdeckten und herausgegebenen Bruchstükke eines Werkes vom Ende des vierten Jahrhunderts (Leben und Lehre des Ulfilas. Hannover, Hahn, 1840) ersehen wir im Berichte des Auxentius, Schülers und Zöglings des Wulfila, über diesen, daß derselbe im Jahre 355 (nämlich 33 Jahre vor seinem im Jahre 388 erfolgten Tode) bei einer Verfolgung der Christen, bei welcher viele Gläubige den Märtyrer-Tod erlitten, von den Goten vertrieben ward, durch Constantius aber im römischen Gebiete mit einer großen Anzahl Bekenner Aufnahme fand und in den Gebirgen des Hämus einen Wohnsitz erhielt. (S. den Text S. 20 u. Erläut. S. 37–40.)

Waitz vermutet hierbei[13] S. 38, daß der zu Anfang der Stelle erwähnte inreligiosus et sacrilegus judex Gothorum Athanarich gewesen sei: der von den Griechen und Römern diesem Häuptlinge beigelegte Amtstitel judex (dikastäv) war kein neuer, sondern ein altherkömmlicher. J. Grimm hält ihn, nach Waitz S. 38, für eine ungenaue Übersetzung des gotischen faths, das mehr Herr als Richter bedeute.

Im Winter 361/62 rieten Julians Freunde demselben einen Krieg wider die häufig trügerischen und treulosen Goten an, worauf derselbe erwiderte: „Er suche bessere Feinde: für jene genügten die galatischen Händler, welche deren überall ohne Unterschied des Standes feilböten." (Ammian XXII, 7, S. 295 und Bd. I, S. 488.) Man kann kaum zweifeln, daß jener Rat nicht bloß auf den Nationalcharakter der Goten, sondern zugleich auf damalige innere Zerwürfnisse derselben begründet war.

Während des persischen Krieges im Jahre 363 hatte Julian (wie Eunapius p. 68, 13 berichtet) die noch im Verborgenen glimmenden Unruhen unter den Goten vorhergesehen und darüber geschrieben: „Jetzt sind sie noch ruhig, werden aber diese Ruhe vielleicht nicht lange bewahren."

Hierauf folgen die schon Bd. I, S. 545 erwähnten Feldzüge des Valens gegen die Goten in den Jahren 366, 367 und 368. Auf Prokops Begehr, unter Berufung auf seine Verwandtschaft mit Julian, dem letzten Sprossen des großen, mit den Goten föderierten Kaiserhauses, hatte der König dieses Volkes ihm ein Hilfscorps gegen Valens gesandt (S. Eunapius p. 46–48 und Zosimus IV, 7.) Ammian XXVIII, 5 dagegen läßt letztern nach Prokops Tode um Jahre 366 diplomatisch anfragen: was das den Römern befreundete und föderierte Volk zu diesem Schritte bewogen habe? Die Sendung selbst kann erst im Frühjahre 365 erfolgt sein, denn nur auf die Vorbereitung derselben ist die Stelle Ammians XXVI, 6[14] zu beziehen, nach welcher sich die Goten die Grenze zu überschreiten anschickten. Da die Verhandlung fruchtlos blieb, ließ Valens die Hilfstruppe durch seine Generale vom Rückzug abschneiden und in sichere Verwahrung bringen. Der König der Goten forderte sie, als in gutem Glauben gesandt, zurück, was der Kaiser verweigerte, worüber es denn zum Kriege kam. Über letztern ersehen wir nun aus Ammian (XXVII, 5) und Zosimus (IV, 10 und 11) nur Folgendes: der Feldzug des Jahres 367 muß vom westlichen Untermösien aus, etwa in der heutigen Wallachei, stattgefunden haben, weil sich die Goten in steile und unbetretene Gebirge zurückzogen. Der zweite Feldzug ist dagegen unzweifelhaft von Kleinskythien (der heutigen Dobrutscha) aus unternommen worden, weil Noviodunum, etwa dreizehn Meilen vom Pontus entfernt, der Übergangspunkt und das dem Meere noch nähere Marcianopel das Hauptquartier war.

Nach Überschreitung der Donau greift Valens mittelst fortgesetzter Märsche das entfernter sitzende kriegerische Volk der Greuthungen an. Nach leichtern Gefechten wagt Athanarich, der damals mächtigste Richter, mit einer für ausreichend erachteten Mannschaft Widerstand zu leisten, wird aber, um einer noch schwereren Niederlage zu entgehen, zur Flucht gezwungen [15], worauf dann bald der Friede folgt.

Das merkwürdigste in diesem Kriege ist die Schwäche des Widerstandes derselben Westgoten, welche nur elf Jahre später Ostrom beinahe vernichten. Die Berichte sind bei Ammian und Zosimus verschieden (während Eunapius uns nur über das Jahr 366 erhalten ist), lassen sich jedoch vollständig miteinander vereinigen und sind gerade recht geeignet, den Vorzug des nüchternen, Zeit und Ort unterscheidenden Historikers vor dem schwatzhaften, alles durcheinander werfenden Griechen hervorzuheben, der Nebensachen, die dem Bereich der Anekdote angehören, zum Mittelpunkte seiner Erzählung macht, wie hier das Abschneiden der Köpfe von einzelnen, in den Sümpfen versteckten Barbaren (was auf den Feldzug 369 hinweist), durch die für Lohn dazu angetriebenen Troßknechte. [16]

Wir gehen auf das Jahr 369/70 (das sechste des Valentinian und Valens vom März 369–70) über, von dem Hieronymus in seiner Chronik berichtet: „Athanarich, König der Goten, verfolgt die Christen, tötet deren Viele und vertreibt sie aus ihren Sitzen auf römisches Gebiet."

Diese Verfolgung, von der Waitz S. 39 und Köpke S. 115 [17] gewiß mit vollem Recht annehmen, daß sie erst auf den Frieden des Jahres 369 gefolgt sei, war es unstreitig, an welche sich die Martyrien des heiligen Saba im Jahre 372 und des Niketas knüpften. (S. Köpke, S. 113.)

Der wichtigste Vorgang ist der uns von Sokrates (IV, 33) im Wesentlichen in Folgendem berichtete: „die jenseits der Donau wohnenden, Goten genannten, Barbaren eilten sich ($\dot{\varepsilon}\tau\mu\dot{\eta}\vartheta\eta\sigma\alpha\nu$) in zwei Parteien, von denen Fritigern die eine, Athanarich die andere führte. Da aber Athanarich der stärkere schien, floh[18] Fritigern zu den Römern und rief deren Hilfe gegen den Gegner an. Da dies Valens erfuhr, befahl er den in Thrakien (Mösien) garnisonierten Truppen den, gegen andere Barbaren streitenden, Barbaren beizustehen, worauf diese, jenseits der Donau über Athanarich siegend, den Feind in die Flucht schlugen. Auf diese Veranlassung wurden viele der Barbaren Christen, da Fritigern, die empfangene Wohltat zu vergelten, den Glauben des Kaisers (d. i. den arianischen) annahm und die ihm Untergebenen dasselbe zu tun bewog."

Im Folgenden bemerkt Sokrates, daß aus diesem Grunde die meisten Goten der arianischen Sekte ergeben seien. Weil aber durch Wulfila nicht bloß die Goten Fritigerns, sondern auch die des Athanarich zum Christentum bekehrt worden seien, habe dieser als Verteidiger des väterlichen Glaubens viele derselben mit Strafen belegt, so daß arianische Barbaren Märtyrer geworden seien.

Über die Zeit dieses Ereignisses ersehen wir mit Sicherheit aus dem folgenden Kap. 34, daß es *nicht lange* ($o\dot{\nu}\kappa\ \varepsilon\dot{\iota}\varsigma\ \mu\alpha\kappa\rho\dot{\alpha}\nu$) vor dem Einbruche der Hunnen, zu dessen Zeit die Parteien, d. i. Athanarich und Fritigern, sich bereits wieder versöhnt hatten, stattfand. Aus dem Schlusse von des Sokrates Erzählung (c. 33) scheint zwar zu folgen, daß der Kampf zwischen Athanarich und Fritigern der Verfolgung des Jahres 369/70 vorausgegangen sei: darauf ist aber nicht mit Verlaß zu schließen, weil jene Verfolgung Athanarichs gewiß eine längere Zeit hindurch fortgesetzt war.

Dasselbe Ereignis erzählt Sozomenos (VI, 37), der Sokrates dabei benutzt zu haben scheint, aber alles dadurch verwirrt, daß er den Kampf zwischen Athanarich und Fritigern erst nach dem Einbruche der Hunnen und der Flucht der Goten über die Donau eintreten läßt. (Vergl. Waitz, S. 42–44, nach welchem schon Baronius dem Sozomenos Unwahrheit vorwirft; Kraft, die Anfänge der christlichen Kirche, Berlin 1854. S. 369 u. 370 und Zeuß, S. 413.)

Den Stellen des Zeitgenossen Epiphanius (Adv. haereses III, I, 14, besonders p. 828) dürfte kein sonderlicher Wert beizulegen sein. Stände mit Sicherheit fest, daß derselbe diese im Jahre 375 geschrieben (was Kraft S. 368 angeführt, aber nicht bewiesen hat), so würde daraus nur folgen, daß eine Vertreibung arianischer Christen aus Gotien im Jahre 371 stattgefunden habe. Spätere Schriftsteller, die aus obigem schöpften, zu zitieren halten wir für ungeeignet.

Das Wichtigste ist die kritische Folgerung aus diesen Quellenzeugnissen, auf die wir nun übergehen.

Mit Gewißheit erhellt zuvörderst, daß das Christentum schon lange vor dem Jahre 355 bei den Goten Eingang, aber auch heftigen Widerstand gefunden hatte, der von Zeit zu Zeit in blutige Verfolgung ausbrach. Daß die religiöse Parteiung auch zu einer politischen Anlaß gegeben, ist zu vermuten sicherlich aber nur innerhalb der Westgoten allein, da es weder angedeutet, noch irgend wie wahrscheinlich ist, daß sie zur Quelle der Spaltung zwischen West- und Ostgoten geworden sei. Von einer solchen geben die angeführten Quellen überhaupt gar keine *unmittelbare* Nachricht: nur mittelbar ließe sich vielleicht aus den Julian betreffenden auch auf ein politisches Zerwürfnis schließen. Gleich wohl sind, nach dem damals häufigen Verkaufe von Goten selbst höhern Standes als Sklaven, vorausgegangene innere Kämpfe anzunehmen.

Wichtiger noch ist die Nachricht des Eunapius, der, wahrscheinlich im Jahre 363 bereits geboren, unzweifelhaft die beste Quelle benutzte.

Aus dieser ergibt sich, daß bis zum Jahre 363 zwar schon Anzeichen einer bevorstehenden Störung der Ruhe bei den Goten vorhanden waren, die Trennung selbst aber noch keineswegs stattgefunden hatte.

Eben so unwahrscheinlich ist, daß zwischen den Jahren 363 und 366, in welchen die Feindseligkeiten mit Valens beginnen, ein wirklicher offener Krieg zwischen Ost- und Westgoten ausgebrochen sei, da ein so genauer Schriftsteller wie Ammian in seinem Bericht über die Jahre 367–369 dieses auf den Krieg der Römer notwendig einflußreichen Ereignisses sicherlich gedacht haben würde.

Dies führt uns auf letztern selbst.

Gewiß schon im Beginn seines Unternehmens, daher von Konstantinopel aus, das, nachdem sich Prokop im Herbste 365 dessen bemächtigt, ihm acht Monate lang huldigte, suchte derselbe auf Grund des von Constantin dem Großen abgeschlossenen Vertrags bei den Goten um Hilfe nach, die er auch vom Könige (βασιλεύς) der Skythen, d. i Goten, im Frühjahre 366 erhielt. (Eunap. p. 46.)

Das Foedus war früher mit dem oder den Königen des Gesamtvolkes geschlossen (s. Bd. I, S. 386). An wen anders konnte er sich wenden, als an diesen, wer anders ein Verlangen von so großer politischer Tragweite bewilligen, als eben dieser? Auch Ammian, der überall sonst Greuthungen und Therwingen genau unterscheidet, spricht in beiden angeführten Stellen nur vom Gotenvolk *im Allgemeinen.*

Darauf ward jenes Hilfskorps sicherlich von Ermanarich[19] selbst bewilligt: auch scheint der Verzug von dessen wirklichem Eintreffen bis kurz vor Prokops Tode (Amm. XXVII, 5) durch des Königs Entfernung auf dem Eroberungszuge erklärt werden zu können.

Was den von Sokrates berichteten Kampf zwischen den westgotischen Häuptlingen Athanarich und Fritigern betrifft, so kann derselbe, unerachtet des Schweigens von Ammian, nicht bezweifelt werden: doch mag die Beteiligung der Römer an demselben, die sich wahrscheinlich auf die der nächsten Grenzbesatzungen beschränkte, eine unerheblichere gewesen sein als es nach erster Quelle scheinen könnte. Eifersucht und Zwietracht unter germanischen Häuptlingen war etwas sehr Gewöhnliches. Den Anlaß dazu kann Athanarichs diktatorische Anmaßung, zugleich aber auch, was uns sehr wahrscheinlich dünkt, die Verschiedenheit der religiösen Ansicht geboten haben.

Die Glaubensfrage gärte damals in den Gemütern, ward daher, auch vor offenem Wechsel des Bekenntnisses, gewiß schon Gegenstand von Parteinahme.

Fritigern namentlich mag, wie dessen schneller und entschlossener Übertritt beweist, schon vorher ein Haupt der Christenfreunde gewesen sein.

Daß die politische Trennung der Ost- und Westgoten zu Ende von Ermanarichs Regierung[20] erfolgte, steht nach Jordanis, der für eine so wichtige Tatsache gewiß Cassiodor folgte, unzweifelhaft fest.

Bruderkrieg zwischen beiden Stämmen hat nicht stattgefunden. Wohl hätte daher ein kluger Nachfolger Ermanarichs die wesentlich gelockerten, aber noch nicht entschieden zerrissenen Bande, das alte Gesamtkönigtum, wieder herstellen können. Nur erst der Einbruch der Hunnen machte es zur vollendeten Tatsache, zu einem weltgeschichtlichen Ereignisse höchster Wichtigkeit.

(Man hielt die Hunnen früher für die Nachkommen der Hiong-nu, von welchen chinesische Quellen berichten; fest steht wohl nur ihre Zugehörigkeit zur mongolischen Rasse. D.)

Söhne der Wüste und der Berge zugleich waren sie gewohnt, dem glühenden Sande wie dem ewigen Schnee gleichmäßig zu trotzen. Das stählt Körper und Seele.

Hirten aus Beruf, Jäger und Krieger aus Lust und Leidenschaft zogen diese Nomaden fortwährend in der unermeßlichen Steppe umher, im Sommer nach dem Norden und in die Berge, im Winter nach den wärmsten Weiden im Süden, das notwendig zu Transportierende in ihren auf Räder gesetzten und durch Ochsen gezogenen Filzhütten mit sich führend. Fast mehr Kentauren als Menschen mußten schon die Kinder, auf Schafen reitend und mit Bogen und Pfeil nach Ratten und Vögeln schießend, für Jagd und Krieg sich ausbilden.

Das Wüstenleben gewöhnte Menschen und Tiere zugleich an zähes Ertragen von Hunger und

Durst, was sie einem zivilisierten Feinde so gefährlich machte. Da aber Milch, Blut und Fleisch der Tiere, falls nötig: selbst der Pferde, ihre Nahrung war, so führten sie überall den Proviant lebendig mit sich, das Fleisch, wo es an Feuer und Muße der Bereitung gebrach, unter dem Sattel der Reiter ermürbend.

Ihre Kriegstaktik war furchtbar. Mit Sturmesschnelle stürzte sich eine unermeßliche Reiterschar auf den zugleich mit einem Pfeilhagel überschütteten Feind. Hatte dieser Disziplin und Haltung genug, solchen Anprall auszuhalten, so waren Parieren, Umkehren und regellose Flucht das Werk eines Augenblicks. Die größten Reiterscharen verschwanden plötzlich wieder wie Staubwolken. Aber wehe dem Gegner, wenn er sich zur Verfolgung hinreißen ließ: dann war er in seiner dadurch aufgelösten Ordnung rettungslos verloren, da die Fliehenden blitzschnell sich zu neuem Angriffe formierten.

Die Wiederholung dieser mit unglaublicher Raschheit und Unablässigkeit ausgeführten Attaquen war es nämlich, welche sie endlich doch meist zum Siege führte.

Die blanke Waffe, womit die Reiter ebenfalls bewehrt waren, mag mehr nur für die Verfolgung und den Notfall bestimmt gewesen sein.

So verschieden diese Kriegsweise, der Natur beider Völker entsprechend, von der der Germanen erscheint, so waren doch Tapferkeit und Kriegsmut, die Seele derselben, auf beiden Seiten fast gleich.

Merklich dagegen die Unähnlichkeit des sittlichen Bildungsgrades. Bei den Germanen auch die Wildheit des Urvolkes, aber mit den Keimen der Veredelung: bei den Nomaden Ostasiens tiefe Roheit. Das von jenen hochgeehrte Alter ward bei diesen gering geschätzt, weil nur das Maß der Kraft zugleich das der Geltung gab. Die Alten mußten bei dem Essen mit dem vorlieb nehmen, was die Jüngern ihnen übrig ließen. Diese galten nicht eher für Männer, als nachdem sie einen Feind getötet oder mindestens Mut und Kraft dazu bewahrt hatten.

Auch vom Kultus der Frauenwürde keine Spur: der Sohn heiratete nach des Vaters Tode seine Stiefmutter: die orientalische Polygamie war daselbst urtümlich.

Gemeinsam war beiden Völkern das Festhalten am gegebenen Wort *unter sich* und die Betreibung des wichtigsten Nahrungserwerbs durch Knechte, des Ackerbaues bei den Germanen, der Herdenzucht bei den Hunnen, wozu sie die zahlreichen Gefangenen verwandten.

In der öffentlichen Verfassung bei den Germanen der Grundzug Freiheit, bei den Hunnen Despotismus. Die Gewalt der Häuptlinge der einzelnen Horden, deren Recht wahrscheinlich auf der Geburt beruhte, anscheinend wenig beschränkt, die des „Herrschers über Alle", in der Idee vielleicht noch weniger, in der Wirklichkeit wohl durch die Persönlichkeit bedingt, wobei jedoch in der Teilung in viele spezielle Mediatherrschaften unter einem Gesamtgebieter auch wieder der Keim zu innern Zerwürfnissen lag, an denen es nie gefehlt haben mag.

ZWEITES KAPITEL

Über den Ursprung der Hunnen[1]

Schon in einer Inschrift zu Ehren des großen Sesostris (Seti Miemptah, Bd. II, S. 140) im Palaste zu Karnak in den Ruinen von Diospolis aus dem Ende des vierzehnten Jahrhunderts *vor* Chr., heißt es, komme ein Volk *Unna* vor. (S. Rosellinis Kupferwerk III, Taf. 46–61.)

In der von Lassen entzifferten Keilschrift von Persepolis (die altpers. Keilschrift v. Persepolis, Bonn 1856, S. 89 u. f.) würden ferner unter den dem Darius Histaspis tributpflichtigen Völkern die *Hunae* aufgeführt. Nach Ritter, welcher VIII, S. 84–105 diese Inschrift weitläufig behandelt, muß deren Sitz – der Reihenfolge nach – um die Quellen des Araxes und Euphrat, also im Hochgebirge Armeniens angenommen werden.

Diese Gegend gehörte zur 19. Satrapie Herodots III, 94, in der nebst drei andern Völkern auch die Tibarener und Moscher saßen, welche die Talmudisten[2] für Hunnen erklären (Ritter a. a. O. und Fejér, S. 83). Die Kritik findet hierbei manches zu erinnern. Die Inschrift enthält zuvörderst kein Verzeichnis von Völkern, sondern ein rein administratives der Steuerbezirke, von denen zwei nach Städten, Babylon und Arbela, fünfzehn nach Provinzen, z. B. Media, Bactria, und nur neun nach bekannten oder unbekannten Völkern bezeichnet sind.

Der so gründliche Herodot dagegen führt in seiner Beschreibung der zwanzig Satrapien Persiens III, 90–94 gegen siebzig Volksnamen auf, worunter sich die Hunae nicht finden.

Ob man hiernach aus der Pluralendung *Hunae* allein mit Sicherheit auf einen Volksnamen schließen könne, wofür irgend ein andrer Grund wenigstens nicht vorliegt, lassen wir dahin gestellt sein, erachten jedoch den Beweis für ein Volk dieses Namens unter den Persern, ganz abgesehen noch von der Möglichkeit eines Irrtums der Entzifferung, jedenfalls für einen höchst unsicheren.

Endlich, fährt Fejér S. 33 fort, erwähne auch Herodot in *dortiger* Gegend zweimal, III, 93 als tributpflichtige, und VII, 68 im Heere des Xerxes die Utier (*Oὔτιοι*). Dies Zitat ist geradezu unrichtig. Nicht in der 13. (F. sagt sogar die 12.), die Armenien umfaßt, erwähnt Herodot die Utier, sondern in der 14. südlichern, zu welcher auch die Inseln im roten Meere gerechnet werden. Damit scheint auch übereinzustimmen, daß VII, 68 dieselben Utier nach den nördlichern Völkern unmittelbar vor den Arabern aufgeführt werden.

Unter diesen ältesten Zeugnissen könnte hiernach selbstredend nur das der Inschrift zu Persepolis an sich einige Beachtung verdienen.

Späterhin sollen nun nach Fejérs Ansicht, S. 33, diese kleinasiatischen oder armenischen Gebirgshunnen schon vor Christi Geburt in das „asiatische Skythien ausgewandert sein, weil Dionysius Periegetes in seinem Gedichte *Περιήγησις οἰκουμένης* von 730 der *Oὔννοι* am Ausflusse (ad ostium) des kaspischen Meeres erwähne. Diese Lesart ist aber unsicher, die Handschriften haben teils *'Ωννοι*, teils *Θοῦξοι*; daß aber der Anfangsbuchstabe *ϑ* der richtige ist, ergibt sich aus Priscians lateinischer Übersetzung dieses Gedichtes vom Ende des fünften Jahrhunderts, worin der Name, je nach den Handschriften, Thymus, Thynus, Thinus geschrieben ist. (Vergl. Zeuß, S. 327.) Dieser wichtige Zweifel findet freilich in der Ausgabe des Dionysius Periegetes und Priscian durch Bernhardi keine Bestätigung, da derselbe in beiden Unnae liest, ohne sich jedoch über die Gründe für diese Lesart zu verbreiten. Die Zeit jenes Schriftstellers ist aber völlig ungewiß; die alte Meinung, er sei ein Zeitgenosse Augusts gewesen, längst verworfen: Bernhardi hält ihn für dreihundert Jahre später; Müller, Geograph. Graeciae minor., setzt ihn unter Domitian.

Auf den in dieser Quelle ganz abgerissen vorkommenden Namen dürfte daher, abgesehen von der Unzuverlässigkeit eines Dichters an sich, kein entscheidender Wert zu legen sein. Um den Katalog unfruchtbarer Zitate noch zu vermehren, führen wir übrigens noch an: Plinius H. N. VI, 20, 55: Ab Attacoris gentes Chuni et Thocari et jam Indorum Casiri introrsus ad Scythas. In Silligs Ausgabe steht zwar statt Chuni oder auch Thini: Phruri, dies ist aber eine rein willkürliche, nicht gerechtfertigte Lesart. Die Thocari sind die von Ritter im VII. Bande weitläufig besprochenen Tocharen am Fuße des Belurtagh. Die Attacoren unstreitig die Uttarakâra, ein nordindisches Volk, die Casiri, nach Benfeys Vermutung verschrieben für Caspiri, d. i. Bewohner von Katzjapapura (Kaschmir).

Auch erwähnt Lassen (indische Alterth. II, Anh. S. 15) Hûna im Matsja-Purna als in Indien herrschend, welche er für die *tübetanischen* weissen Hunnen erklärt.

Für die Erklärung der lebendigen Macht eines Weltereignisses wie der Hunnensturm ist aus solchen toten, übrigens ganz unsicheren und vagen Notizen wenig zu gewinnen.

Noch schwächer sind endlich die *Oὔτιοι* des Strabo VII, § 7, p. 614 in Hyrcanien am Südende des kaspischen Meeres, (wiederum im Gebirge) und vollends die *Xοῦνοι* des Ptolemäus III, 5, § 25 in Bessarabien, Podolien oder der Ukraine.[3]

Von den vorerwähnten Quellen geht nun Fejér auf die der historischen Hunnenzeit über.

Sonderbar, derselbe Schriftsteller, der an mehreren Stellen, z. B. S. 11, 12 und 30, jede historische Schlußfolge auf bloße Namensähnlichkeit hin verwirft, verfällt doch selbst auf das Stärkste in denselben Fehler.

Wie kann man aus der Ähnlichkeit nur auf die Identität eines Namens, geschweige denn auf die des Volkes selbst schließen?

Hätte nun auch wirklich unter Darius im Jahre 520 v. Chr. ein Völkchen oder richtiger wohl nur eine besonders benannte Volksabteilung im kappodokisch-armenischen Hochlande unter dem Namen „Hunae" gesessen, – wer wird daraus folgern wollen, daß das 8–900 Jahre spätere gewaltige Nomaden- und Reitervolk der Hunnen, das seinen Ursprung aus der Steppe so deutlich bekundet, aus jenem hervorgegangen sei?

Von mehr, unsers Erachtens sogar großer, Bedeutung ist das Vorkommen der Hiong-nu bei Ammian unter dem Namen Chioniten, Chionitae, was von keinem der bisherigen Forscher (und auch von uns erst in Folge der Aufschlüsse Prof. Schotts) wahrgenommen worden ist. Da der Name dieses

Volkes nämlich nach der chinesischen Aussprache eigentlich *Chiong-nu* zu schreiben gewesen wäre, so hat ihn Ammian bis auf die latinisierte Endung, welche die Römer allen Fremdnamen gaben, vollständig und getreu[4] wiedergegeben.

Hier ist also nicht bloße Ähnlichkeit, sondern wirkliche Identität des Namens vorhanden.

Fünfmal nun erwähnt dieser Schriftsteller die Chioniten in der Geschichte der Verhandlungen und Kriege mit Persien von 357 bis mit 359 namentlich, und zwar XVI, 9 a Schl. XVII, 5, XVIII, 6, XIX, 1 u. XIX, 2, zweimal aber ohne deren Nennung, jedoch unter zweifelloser, aus dem Folgenden und beziehentlich Vorhergehenden sich ergebender Bezeichnung XVI, 9 z. Anf.; XVIII, 4.

Sapor ließ nach der fruchtlosen Belagerung von Nisibis im Jahre 349, „da wilde Völker von Nordosten her sein Reich bedrängten," Rom neun Jahre lang in Ruhe.

Zu Anfang des Jahres 357, wo nicht bereits Ende 356, erfahren nun die römischen Befehlshaber in Mesopotamien, daß Sapor „mit Mühe und nach vielem Blutvergießen die feindlichen Völker an den äußersten Grenzen seines Reiches zurücktreibe" (Ammian XVI, 1) und nach demselben Kapitel (zu Ende) wird die römische Friedensbotschaft an Sapor „zu den Chioniten und Eusenern gesandt, an deren Grenze er sich damals aufhalte".

Noch im Jahre 358 verweilt derselbe da, ist aber, „nachdem er mit den Chioniten und Gelanen, den tapfersten Kriegern unter allen, ein Bündnis geschlossen, im Begriff in seine Heimat (ad sua) zurückzukehren." (XVII, 5.)

Gegen Ende desselben Jahres „rüstet Sapor, nachdem er sich durch Hilfstruppen der wilden Völker, die er versöhnt, verstärkt habe, zum Angriff im Frühjahre 359." (XVIII, 4.)

Bei dem Anrücken des Heeres in diesem Jahre beobachtet der auf Rekognoszierung ausgesandte Ammian „zur linken Seite Sapors Grumbates, den König der Chioniten, in kräftigem Mannesalter mit zerfurchtem Gesicht, aber großartigem Geist und durch viele Siegestrophäen ausgezeichnet" (aetate quidem media rugosisque membris, sed mente quadam grandifica etc.). (XVIII, 6 a. Schl., S. 175.)

Es liegt auf der Hand, daß dies Anführen nicht bloß auf Autopsie jenes Augenblickes, sondern auch auf späterer, da derselbe ihm vor Amida in Wurfnähe kam, und auf sonstiger Wissenschaft beruhen muß.

Bei dem Angriff auf Amida wird „der Sohn des Chionitenkönigs im ersten Jugendalter an des Vaters Seite erschossen." (XIX, 5.)

Bei dem spätern Sturm auf den Platz „wird den Chioniten die östliche Seite des Platzes, wo der Jüngling gefallen war, zugeteilt."

Wir bemerken hierzu, daß jene äußerste Grenze, an welcher Sapor so lange und schwer mit den Chioniten kriegte, eben nur östlich und nördlich des Aralsees, also nach der Kirgisensteppe zu, gedacht werden kann, weil südlicher die Geten saßen, nach Süd und West aber das Meer und Rom Persien begrenzten.

Nicht also der Name allein, auch die Lage ihres Sitzes stimmt zu den Hiong-nu. Eines Einfalls der Hunnen in das persische Gebiet gedenkt übrigens auch Priscus (p. 199 d. Bonn. A.) und wenn auch dieser Vorgang einer spätern Zeit angehört, so ist es doch unstreitig nicht der erste seiner Art gewesen.

Bei den Namen der Eusener (Euseni) liegt es nahe an die Usun zu denken, während die Gelanen (Gelani), wohl nur der Name einer einzelnen Horde, sonst völlig unbekannt sind, da der skythischen Gelonen mindestens, als eines damals lebenden Volkes, in keiner Quelle gedacht wird, wie man dies aus des gründlichen Zeuß Stillschweigen darüber S. 275–302 abnehmen kann, der nur an einer andern Stelle S. 198 gelegentlich deren Namen erwähnt.

Vergebens übrigens sucht man in Ammians geographischem Exkurs über Persien XXIII, 6 – eine überhaupt, wie alle dessen derartige Abhandlungen, sehr wertlose Arbeit – Auskunft hierüber, indem er daselbst nur bemerkt, daß am Abfall und in den Schluchten der Gebirge, die man imavische und tapurische (Imavos und Tapurios) nenne, innerhalb Persiens Grenze Skythen seien, welche, den asiatischen Sarmaten benachbart, bis an die äußerste Grenze der Alanen reichten.

Mit dem Vorbehalt, auf diese Chiong-niten nochmals zurückzukommen, gehen wir nun auf die spätern Schriftsteller, welche erst nach Einbruch der Hunnen schrieben, über.

Unter diesen fesselt vor allem der zu Anfang des sechsten Jahrhunderts schreibende Eunapius (Fragm. 34 ex histor., p. 77 d. B. Ausg.) unsre Aufmerksamkeit. Er versichert über den *Ursprung der Hunnen* zuvörderst die alten Nachrichten gesammelt und aus diesen sich den wahrscheinlichen Hergang vorgestellt zu haben. Späterhin habe er Richtigeres in Erfahrung gebracht, das Frühere aber als historische Meinung stehen lassen, und *dieses* (ταῦτα, soll heißen: das Nachstehende) zu Ehren der

Wahrheit nur hinzugefügt. Leider aber ist uns jenes: „*dieses*" nicht erhalten worden. Indes ist es doch nicht wahrscheinlich, daß dessen Zeugnis, wenn es wirklich ein vollkommen sicheres und klares gewesen wäre, in den spätern Schriftstellern, wie Zosimus, Prokop, Agathias, den spätern Byzantinern u. a. m., gänzlich wieder verloren gegangen sein sollte.

Die andern Zeitgenossen berichten Folgendes:

Ammian XXXI, 2 zu Anfang:

„Das in den alten Quellen kaum bekannte Volk der Hunnen, jenseits des mäotischen Sees am Eismeere sitzend, geht über den äußersten Grad der Roheit hinaus." (Hunnorum gens, monumentis veteribus leviter nota, ultra paludes Maeoticas glacialem oceanum accolens, omnem modum feritatis excedit.)

Weiterhin in demselben Kapitel bemerkt er:

„Diese leicht bewegliche unbezwingliche Menschenart (hominum genus), von ungeheurer Gier nach Raub in der Fremde entzündet, drang unter Plünderung der Grenzvölker und Mord bis zu den Alanen, den alten Massageten, vor."

Hiermit kommt er auf die Alanen, welche vom Don ab die unendlichen Einöden Skytiens (d. i. den westlichen Teil des großen Steppengürtels diesseit des Belurtagh, s. oben) bewohnten, gleichwohl aber auch über jenen Strom bereits nach Europa gedrungen seien (partiti per utramque mundi plagam Alani). Diese Alanen, die er als absolute Nomaden schildert, seien raubend und jagend bis an die Mäotis und den kimmerischen Bosporus (die Meerenge von Kertsch) gezogen, und hätten sogar Armenien und Persien heimgesucht.

Kap. 3 (S. 249) beginnt er die Erzählung des Einbruchs der Hunnen in Europa mit den Worten: „Nachdem diese die Länder der Alanen durchzogen, welche man, an die Greuthungen grenzend, gemeinhin tanaitische (Tanaitas) nennt."

Der treffliche Ammian war, nach modernem Begriffe, von großer geographischer Unwissenheit[5], wie er denn selbst a. a. O. von der geographischen Verworrenheit (perplexitas) spricht.

Auf die Sitze der Hunnen am Eismeere mag wahrscheinlich die so lange Zeit noch vorherrschende Idee der Verbindung des kaspischen mit dem nördlichen Ozean, z. B. bei Strabo, Pomponius Mela, Plinius und Dionysius Periegetes, eingewirkt haben.

Ptolemäus bezeichnet dasselbe zwar (VII, 4) richtig als Binnensee, ist aber für die Gegenden östlich und nördlich desselben äußerst dunkel. Skythien diesseit des Imaus läßt er (VI, c. 14) von der Mündung der Wolga (*Rā*) bis zu letzterem (dem Belurtagh) reichen und dabei (c. 13) das ganze Land der Saken nördlich des Jaxartes, das nach ihm, wie es scheint, vom Osten des heutigen Aralee bis an dieselbe Grenzscheide sich erstreckte, westlich und nördlich von Skythien umschließen.

Interessant ist, daß derselbe anscheinend als dessen nordöstliche Grenze das Gebirge Askatanka (offenbar der Aktascha-tau der Ritterschen Karte) aufführt. Von Völkern, welche dem zweiten Sitze der Hiong-nu angehören könnten, erwähnt er fünfmal die Skythen unter verschiedenen Beinamen, einmal auch Alano-Skythen.

Den Aral kennt er nicht, sondern läßt Jaxartes und Oxus bis zum kaspischen Meere reichen, was übrigens möglicher, wenn auch nicht ganz wahrscheinlicher Weise im Altertum der Fall gewesen sein könnte. Ritters leider unvollendetem Werke entnehmen wir (aus einer ältern Quelle darüber) nur, daß damals große Seen und Sümpfe ohne bestimmte Grenze daselbst vorhanden waren (VII, S. 560 u. 624).

Wir ersehen hiernach aus Ammian nichts weiter, als daß die Hunnen aus merklicher Entfernung von Nordosten her, die zwischenliegenden Völker besiegend, an den Don vorgerückt seien, was mit den chinesischen Quellen, nach welchen der neue Sitz der Hiong-nu etwa 5–10° nördlicher und 20–25° östlicher als die Mündung dieses Stromes lag, ungefähr übereinstimmt.

Priscus, den Jordanis (c. 24) ausdrücklich als Quelle anführt, sagt, die Hunnen, von Jagd und Raub lebend, hätten östlich der Mäotis gesessen.

Wichtig ist ferner das Anführen des freilich erst dem sechsten Jahrhundert angehörigen, aber zuverlässigen *Agathias* (V, 11, p. 299 der Bonn. Ausgabe).

„Das Volk der Hunnen wohnte einst (παλαιόν) an der Mäotis nach Osten zu, und war dem Tanaisstrom *nördlicher*, wie auch die andern Völker, welche diesseit des Imaus in Asien sitzen.[6] Diese werden insgesamt Skythen und Hunnen genannt, führen aber auch Eigennamen nach den Stämmen, wie Kotriguren, Utiguren, Ultizuren und Burugunden, und wie es sonst altväterlich oder hergebracht ist. Nach vielen Generationen (γενεαῖς δὲ πολλαῖς) gingen sie nach Europa über, entweder wirklich, wie die Sage geht (Agathias hat hier offenbar Priscus vor sich gehabt), durch eine Hirschkuh geführt oder in Folge eines andern Anlasses."

An dem bisher für unpassierbar gehaltenen Ausflusse der Mäotis in den Pontus[7] übersetzend, fielen sie unerwartet verheerend und raubend über die Einwohner her und bemächtigten sich, sie vertreibend, deren Landes.

Die übrigen Quellen, die man bei Fejér (S. 34–41) vollständig angeführt findet, sind zu unbestimmt und allgemein, um Beachtung zu verdienen. Nur aus Prokop (de bello Pers. I, 10) ist noch zu erwähnen, wie derselbe, von der Ebene jenseits der kaspischen Pässe zwischen Don und Wolga redend, bemerkt, daß daselbst fast alle Hunnen bis zum mäotischen See wohnten, an einer andern Stelle aber (de bello vand. I, 11, p. 359, vergl. auch p. 368 d. Bonn. Ausg.) erwähnt, daß man die *Massageten jetzt Hunnen nenne* (vergl. Zeuß, S. 301), woraus mindestens erhellt, daß der Ursprung der Hunnen aus dem skythischen Steppenlande – der Heimat der Massageten – allgemein feststand.

Vergleicht man diese Quellenzeugnisse, so könnte vielleicht ein Widerspruch zwischen Ammian und Agathias darin gefunden werden, daß Ersterer ein unmittelbares, wenig unterbrochenes Vordringen der Hunnen aus ihrer entfernteren Heimat bis nach Europa anzunehmen scheine, während Agathias sie mehrere Menschenalter hindurch schon im Osten des Don wohnen lasse. Man möchte sogar, nach den ersten Zeilen des Griechen, voraussetzen, daß schon deren erster Wohnsitz bis an die Mäotis gereicht und von da bis nordwärts des untern Don hinauf sich erstreckt habe. Die Ausdrücke beider, besonders Ammians, sind aber viel zu unbestimmt, irgend einen sichern Schluß zu gewähren.

Wichtig ist die Übereinstimmung hinsichtlich des frühern *nördlichern* Wohnsitzes der Hunnen, welcher, wie schon gesagt, dem der aus Ostasien vertriebenen Hiong-nu entspricht.

Wenn Agathias und Prokop ferner den Ausdruck *Hunnen* als Gesamt- und Gattungsname bezeichnen, so ist dies auf folgende Weise zu erklären.

„Skythen" waren den Alten alle östlichen, ihnen wenig bekannten Nomaden.

Strabo sagt (XI, 8): „Links dieser Gebirge (die von Taurus in Kleinasien bis zum Belurtagh sich erstreckende Bergkette unter dem 35. bis 36. Grade n. Br.) liegen die skythischen und nomadischen Völker, welche die ganze nördliche Seite füllen. Die meisten Skythen nämlich, vom kaspischen Meer an, heißen Daer, die mehr östlich von diesen Massageten und Saken, die übrigen mit gemeinsamem Namen Skythen, die aber auch wiederum ihre eignen Namen haben. Alle sind meistenteils Wanderhirten."

Man brauchte den Gesamtnamen, bis ein spezieller auftauchte, den man nun, ohne sich des Unterschiedes klar bewußt zu sein, *neben*, aber auch *statt* des erstern anwandte. Zu der Zeit, aus welcher die Priscus und Prokops *Quellen* herrühren, muß daher der Name der Hunnen im jetzigen kirgisischen Steppenlande schon bekannt gewesen sein. Dagegen kann er in den Quellen des Ptolemäus noch nicht vorgekommen sein: diese mögen jedoch füglich auch einer Epoche angehört haben, da die nur etwa sechzig bis achtzig Jahre vor der Zeit dieses Schriftstellers erfolgte Vertreibung der Hiong-nu aus Ostasien dem Abendlande noch unbekannt war. Dies ist um so leichter möglich, wenn dieselben den Europa nähern Sitz in der Kirgisensteppe (nach Klaproths Versicherung) erst später eingenommen haben.

Auch bei andern Volksnamen scheint der Unterschied zwischen dem Gemein- und Spezialbegriffe nicht immer festgehalten worden zu sein, wie denn Ammian und Prokop auch den der Massageten unstreitig im Allgemeinern Sinne gebrauchen, so daß die Identität der Alanen und Massageten, welche Ersterer, sowie die Identität der Hunnen und Massageten, welche Letzterer versichert, nichts weiter besagt, als daß man jene vormals unter dem Gesamtnamen dieser mit einbegriffen habe, während die viel genauern chinesischen Quellen beide Völker stets sorgfältig unterscheiden.

Offenbar sind nämlich die Ta-Yueti (große Geten) nichts anderes als die Massageten der Griechen, bei denen das *Μάδδα* unstreitig vom Stammworte *μάσις* groß (wovon der Komparativ *μάδδων* noch erhalten ist) herkommt. (Vergl. Ritter VII, S. 627.)

Kommen wir nun wieder auf Ammians Chioniten, in denen wir die chinesischen Chiong-nu erkannten, zurück, so tritt uns der gewichtige Zweifelsgrund entgegen, daß dieser Schriftsteller, der doch die so oft erwähnten Chioniten aus Autopsie kannte, deren Identität mit oder mindestens deren Inbegriffenheit unter dem Volke der Hunnen nicht geahnt haben soll.

Unfähig, diesen vollständig zu entkräften, müssen wir doch annehmen, daß Ammian, von dessen Lebensverhältnisse noch die Rede sein wird, die Hunnen wahrscheinlich niemals gesehen hat.

Eine Erörterung der frühern Heimat und Schicksale dieses Volkes durch mündliche Erkundigung hat auch zu dessen Zeit sicherlich nicht stattgefunden. Sollte eine solche in späterer, da deren, wie wir sehen werden, so häufige Bundesgenossenschaft mit Rom und die Gesandtschaften zu Attila die beste Gelegenheit dazu geboten hätten, hie und da erfolgt sein, so sind uns deren Ergebnisse mindestens vollständig verloren gegangen.

Ammian hatte es daher nur mit dem Namen und der Schilderung dieses Volkes im Allgemeinen zu tun. Ersterer ward, wie wir vorstehend sahen, von den Schriftstellern des sechsten Jahrhunderts als Gattungsname, an Stelle der frühern Skythen und Massageten aufgefaßt. Woher er stammte, ob Hunni namentlich, wofür bei den Römern häufig auch Chuni vorkommt, von Hiong- oder Chiong-nu, wissen wir nicht, wohl aber, daß ein Namenwechsel bei allen zur Herrschaft oder Bedeutung gelangenden ostasiatischen Stämmen etwas ganz Gewöhnliches war.

Unstreitig waren aber auch die in Europa einbrechenden Hunnen Balambers nicht bloß die Chioniten des Grumbates, sondern ein umfassenderes Völkergemisch.

Leicht möglich daher, daß die Verschiedenheit des Namens Hunni, bei dem gänzlichen Mangel weiterer Kunde, von der so naheliegenden richtigen Spur ablenkte, zumal ethnographische Forschung überhaupt nicht Ammians Sache, derselbe vielmehr darin, wie in der Geographie, gleich den meisten Römern, äußerst schwach war. Noch weniger konnte ihm Sitte und Lebensart des Volkes für dessen Ursprung ein Anhalten bieten, da alle Völker, welche aus dem Skythenlande – der Steppe – hervorgingen, notwendig Nomaden sein mußten.

Auffällig scheint ferner aber auch noch die Zeit des Vorkommens der Chioniten bei Ammian im Nordosten Persiens, welche der des Einbruchs der Hunnen in Europa nur um zwölf bis dreizehn Jahre vorausliegt, während sie, nach Agathias wenigstens, schon mehrere Menschenalter zuvor ungleich westlicher, nämlich östlich und nördlich der Mäotis und des Don gesessen haben sollen. Wer aber weiß, ob nicht zur Zeit von deren Teilnahme an Sapors Kriege ein anderer Teil des Volkes bereits bis zum Don angerückt war, so daß ein entscheidender Einwand auch hieraus nicht herzuleiten sein dürfte.

Verknüpfen wir nun das Gesamtergebnis dieser Erörterungen, so finden wir nirgends einen Widerspruch, vielmehr eine gewisse und zwar, je nachdem man die Chioniten für die Chiong-nu ansieht oder nicht, nähere oder mindestens entferntere Übereinstimmung in beiden.

Sowohl die Gegend nämlich, aus welcher die Hunnen gen Europa heranziehen, als die Zeit, in welcher deren Name dort zuerst bekannt wird, entsprechen den chinesischen Angaben über die Gegend, wohin und die Jahre, in welchen die Hiong-nu aus Ostasien verdrängt wurden.

Gleichwohl sind wir weit entfernt, auf diesen unsichern Grund allein unsre Meinung zu stützen.

Diese beruht vielmehr auf der Überzeugung, daß es gar nicht abzusehen ist, wo anders der furchtbare Strom wilder, aber höchst kriegerischer Nomaden, der sich von der Mitte des vierten Jahrhunderts ab länger als ein Jahrtausend hindurch über Westasien und Europa verheerend ergießt, entsprungen sein könne, als in der allgemeinen Heimat aller Nomaden: dem unermeßlichen Steppenlande des östlichen Zentralasiens. Westlich dieses saßen in Turan die sowohl den Abendländern als den Chinesen bekannten Daer, Saken und Geten. Diese können selbstredend nicht die Hunnen gewesen sein, was um so sicherer feststeht, da die Herrschenden unter diesen die Geten waren, welche später wiederum erobernd nach Ostasien zurückdrängten, ja noch im Jahre 448 n. Chr. sich Yarkands bemächtigten. (S. Ritter VII, S. 594 und 606.)

Mithin bleiben außer den Nomaden Zentralasiens nur die Bewohner der weiten, noch jetzt beinahe wüsten Flächen Nordasiens übrig, von denen wir weiter nichts wissen, als daß sie Finnen waren. Daß nun aus diesem Volke, dem einzigen durch und durch passiven der bekannten alten Welt, das dreihundert Jahre vor dem Einfalle der Hunnen, nach Tacitus, noch keine Pferde hatte, das erste gewaltigste Reitervolk der Weltgeschichte nicht hervorgegangen sein könne, welches Goten und Römer im Fluge niederwarf, und seinen Siegeslauf bis beinah an das atlantische Meer trug, glauben wir annehmen zu dürfen.

Da wir aber wissen, daß zu Ende des ersten Jahrhunderts n. Chr. die Reste eines höchst kriegerischen ostasiatischen Mischvolkes, deren Kern unstreitig in Turks bestand, unter dem sich neben tungusischen Elementen gewiß aber auch zahlreiche finnische befanden, nach Westasien verdrängt wurden, so gewinnt es die höchste Wahrscheinlichkeit, daß die hunnischen Völker diesem angehört haben.

Die Ähnlichkeit, aber auch die Spur von Verschiedenheit, welche sich in der Schilderung der Ostsiaten und der Hunnen ergibt, kann erst im nächsten Kapitel, welches uns diese selbst vorführt, in Betracht kommen.

Zeuß, auf dessen ethnographischen Scharfblick wir sonst den größten Wert legen, ist gerade über die Hunnen selbst (S. 706–710) nicht so gründlich als gewöhnlich, spricht aber doch weiterhin, namentlich S. 722 u. 724 die entschiedene Überzeugung aus, daß die Hunnen und Bulgaren, deren Identität er S. 710 nachgewiesen[8], zum großen Nomadengeschlechte der Turks gehört hätten. Dasselbe behauptet er von den Avaren, *ist daher ganz unserer Meinung.*

DRITTES KAPITEL
Der Einbruch der Hunnen

Aus nordöstlichen Steppen, unzweifelhaft der heutigen kirgisischen, war das Nomadenvolk, das nach Valentinians I. Tod unter dem Namen Hunnen in der Geschichte erscheint, in der Zeit zwischen dem dritten und vierten Jahrhundert gen Europa herangezogen. Weder der Jaik (Ural), vor dessen Mündung die große Weltpforte von Asien nach Europa zwischen dem Ural und kaspischen Meere sich auftut, noch die gewaltigere Wolga, bei den Griechen Rha, bei den Einheimischen Atel genannt, haben deren Vordringen aufgehalten. Jenseits dieses letzern Stroms bis zum Don[1] lag nun das weite Gebiet der asiatischen Alanen, das südlich vom Kaukasus, in Ost und West vom kaspischen und schwarzen Meer und den in diese sich ergießenden erwähnten Flüssen und im Norden von eben denselben, die sich bei Sarepta bis auf sieben Meilen einander nähern, begrenzt, einen Flächenraum von etwa 4000 Quadratmeilen einnimmt und heute noch von Ganz- oder Halbnomaden turkisch-tatarischen Ursprungs, den tschernomorischen Kosaken und Kalmucken bewohnt wird. Doch waren die zunächst des Kaukasus sitzenden Alanen nicht die alleinigen Bewohner, sondern nur das herrschende Volk in diesem Gebiete, in dem noch viele andere skythische Stämme umherzogen. Hier müssen nun die Hunnen, nach Agathias, einige Menschenalter hindurch gesessen, also die Alanen sich unterworfen oder mindestens in ein Klientelverhältnis gebracht haben, worüber Ammian, der die asiatischen und europäischen Alanen nicht genau unterscheidet, unklar ist[2]. Raum mögen die neuen und alten Gebieter dadurch gefunden haben, daß die den Alanen unterworfenen Skythenvölker nach Norden hinauf gedrängt wurden, die Hunnen wohl auch teilweise östlich der Wolga sitzen blieben.

Der Übergang der Hunnen von Asien nach Europa erfolgte nach des Agathias (p. 300) bestimmter Angabe am Ausfluß der Mäotis in den Pontus, d. i. über die in den schmalsten Stellen nur ⅝ deutsche Meilen oder 1 ¼ Stunde breite Meerenge von Kertsch nach der Krim. Dies scheint auch in Jord. (c. 24) Bestätigung zu finden, nach welchem dieselben zuvörderst die Alipzuren, Alidzuren, Itimaren, Tunkasser und Brisker, kleinere skythische Stämme, niederwarfen und dann erst auf die im Kampf ihnen ebenbürtigen, aber in Zivilisation und Körperbildung verschiedenen europäischen Alanen stießen, welche sie durch viele Kämpfe ermüdeten und sich unterwarfen.[3]

Da die letztere sicherlich bis an den Pontus saßen, weil ein mächtiges Volk sich die Seeküste nicht entreißen läßt, so müssen die vorgenannten kleinern Völker oder Gaugemeinden in der Krim gesucht werden, welche die Hunnen, ohne sich gegen die befestigten griechischen Städte an der Küste zu wenden, in nordwestlicher Richtung durchzogen, über die Landenge von Perekop in das Gebiet der europäischen Alanen eindringend.

Die von Priscus nach Jordanis (c. 24) berichtete Sage[4] (daß eine vor den Jägern flüchtige Hirschkuh eine zu Fuß passierbare Furt gezeigt habe), welche dieser siebzig Jahre später bei den Hunnen, unter denen er lange verkehrte, vernommen haben wird, dürfte hiernach freilich unwahr sein, da jetzt mindestens Kauffahrteischiffe jene Meerenge passieren und die Untiefe seit 1500 Jahren eher zu- als abgenommen haben wird.

Auffällig freilich, daß die Hunnen, welche bereits über die viel mächtigere Wolga gesetzt hatten, nicht den Don oberhalb seiner Mündung zum Übergangspunkte wählten. Da das asowsche Meer jedoch gegen vierzig Meilen lang ist und gewiß kein durchdachter Kriegsplan, sondern nur ein Einfall des Augenblickes das Unternehmen veranlaßte, so mögen die an dessen Südende sitzenden Hunnen die Gelegenheit in der Nähe der ihnen noch wenig bekannten günstigern in der Ferne vorgezogen haben.

Die Alanen, d. i. hier die europäischen, wurden nun, wie Ammian (zu Anfang des 3. Kap.) berichtet, nach schweren Verlusten zu einem Bündnisse mit den Hunnen gebracht. Dies blieb auch die spätere

378

Politik letzterer mit bezwungenen streitbaren Völkern, denen sie, gegen Anerkennung der Oberherrlichkeit und gegen Leistung von Kriegshilfe, eine gewisse nationale Freiheit gönnten.

Ähnlich war gewesen das alte Verhältnis der römischen Republik zu ihren italienischen Bundesgenossen, welche sich dabei ebenfalls, oft wenigstens, zu Anerkennung der Majestät des römischen Volkes verpflichten mußten (Majestatem populi Romani colunto).

Die Zeit des Einbruchs der Hunnen in Europa ist mit Sicherheit nicht zu bestimmen.

Nachdem Ammian, der im *Allgemeinen* in der Chronologie sehr zuverlässig ist (am Ende des 30. Buchs), Valentinians I. Tod am 17. September 375 und die Erhebung von dessen vierjährigem zweiten Sohne Valentinian II. zum Mitkaiser berichtet hat, kommt er (zu Anfang des 31.) auf den Hunneneinbruch in das Gotenland und Ermanarichs Ende.

Deshalb nimmt man für dieses ebenfalls das Jahr 375 an, was im Allgemeinen ungefähr richtig ist. Weil Ammian aber im Einzelnen nicht genau annalistisch, sondern in stofflichem Zusammenhang schreibt, so würde für jenes Ereignis auch ein etwas früheres Jahr angenommen werden können.

Da nun aus Idatius Fasten und Orosius (VII, 33)[5] das Jahr 376 die Übergangszeit der Westgoten auf römisches Gebiet feststeht, so muß nach dem Verlaufe der nachstehend zu berichtenden Zwischenereignisse (wie Köpke S. 108 mit Recht annimmt) das Jahr 373 oder spätestens Anfangs 374 als die Zeit des Einfalls bestimmt werden.

So haben wir die Hunnen bis an das Ostgotenland gebracht: hören wir nun, wie Ammian (XXXI, 2) sie schildert:

die Hunnen übertreffen alles, was man sich nur als noch so barbarisch und wild vorstellen kann. Mit eisernen Werkzeugen durchfurchen sie die Backen ihrer neugeborenen Kinder, damit die Barthaare durch die Narben unterdrückt werden, auch haben sie bis zum Greisenalter ein glattes nacktes Kinn wie Verschnittene. Ihr untersetzter Körper mit außerordentlich starken Gliedern und einem unverhältnismäßig großen Kopfe gibt ihnen ein monströses Ansehen. Man könnte sie Tiere auf zwei Beinen oder Abbilder jener schlecht zugehauenen Holzfiguren nennen, mit denen man die Brückengeländer schmückt. Überhaupt sind sie Wesen, die, obgleich mit einer menschlichen Gestalt versehen, im Zustande der Tierheit leben. Zur Zubereitung ihrer Speisen kennen sie weder Gewürz noch Feuer; Wurzeln von wilden Pflanzen und rohes Fleisch, das sie zwischen ihren Sätteln und dem Rücken der Pferde mürbe machen, bilden ihre Nahrung. Auch bewohnen sie weder Häuser noch Hütten, denn jede Mauereinschließung erscheint ihnen wie ein Grab. Nicht einmal eine mit Rohr gedeckte Hütte findet sich bei ihnen. Fortwährend durch Berge und Wälder schweifend verändern sie unaufhörlich ihre Wohnsitze: oder vielmehr sie haben deren keine und sind deshalb von Jugend auf Frost, Hunger und Durst zu ertragen gewöhnt. Ein fremdes Dach betreten sie nur im äußersten Notfalle, weil sie sich darin nicht für sicher halten. Ihre Kleidung besteht in einem einzigen leinenen Unterkleid und in einem Mantel von aneinander genähten Fellen[6] wilder Tiere. Das Unterkleid ist von dunkler Farbe und verfault auf ihrem Leibe: sie wechseln es nicht, wenn es nicht von ihnen abfällt. Ein halbkreisförmiger[7] Helm und Bockfelle, die ihre haarigen Beine schützen, vervollständigen ihren Anzug. Ihre Fußbekleidung, die ohne Form und Maß zugeschnitten ist, hindert sie so, daß sie nicht marschieren können: weshalb sie auch durchaus unfähig sind, als Fußgänger zu kämpfen, während man sagen könnte, daß sie auf ihren kleinen, häßlichen, aber unermüdlichen Pferden wie angenagelt sitzen. Zu Pferde bringen sie ihr Leben zu, bald rittlings, bald seitwärts sitzend wie die Frauen; zu Roß Tag und Nacht treiben sie alles, kaufen und verkaufen, essen und trinken, ja sie schlafen und träumen, auf den Hals ihrer Pferde hingebeugt. Selbst ihre Volksversammlungen halten sie zu Pferd ab. Sie stehen nicht unter strengem königlichen Befehle: zum Kampf aber stürzen sie sich unter Führung ihrer Häuptlinge ohne Ordnung und Plan und werfen sich unter Ausstoßung eines fürchterlichen Geschreies auf den Feind. Finden sie Widerstand, so zerstreuen sie sich mit Absicht, um jedoch mit dem nämlichen Ungestüm zurückzukehren, wobei sie alles, was ihnen auf ihrem Wege begegnet, über den Haufen werfen und niederreißen. Indessen wissen sie weder einen festen Platz zu erstürmen noch ein verschanztes Lager einzunehmen. Nichts gleicht der Gewandtheit, mit welcher sie in weiten Entfernungen ihre sehr künstlich und fest in spitze Knochen auslaufenden Pfeile abschießen. Im Handgemenge kämpfen sie, ohne Rücksicht auf eigene Deckung, mit einem Schwert, das sie in der einen Hand halten, und mit einem Strang, den sie in der andern führen, und womit sie ihren Feind, während er ihre Hiebe zu parieren sucht, umschlingen und unschädlich machen oder niederreißen.

Den Ackerbau kennen sie gar nicht, ziehen vielmehr, ohne irgend einen festen Wohnsitz, fortwährend mit den Karren umher, in welchen sie wohnen. In diesen fertigen die Frauen die Kleider; hier empfangen sie die Umarmungen ihrer Gatten; hier bringen sie ihre Kinder zur Welt und erziehen sie bis zur Mannbarkeit. Fragt diese Leute, woher sie kommen, wo sie empfangen oder geboren sind – sie werden es euch nicht sagen können: sie wissens nicht. Die Hunnen sind unbeständig, treulos im Waffenstillstand, unstet wie der Wind, ganz von der Wut des Augenblickes fortgerissen. Ebensowenig wie die Tiere wissen sie, was ehrbar oder unanständig ist. Ihre Sprache ist undeutlich und verworren. Was ihre Religion anlangt, so haben sie keine oder üben wenigstens keinen Kultus aus: ihre vorherrschende Leidenschaft ist Gold."

Vergleichen wir diese Schilderung mit der chinesischen der Hiong-nu – welche merkwürdige Übereinstimmung! Vor allem in dem ein uraltes Reitervolk kennzeichnenden ausschließlichen Leben zu Roß und der dem entsprechenden Kriegstaktik tritt uns diese lebendig entgegen.

Nur die körperliche Mißgestalt, der anscheinende Mangel an Königtum und die äußerste Roheit deuten auf scheinbare Verschiedenheit.

Vergessen wir dabei aber Zweierlei nicht. Nationalabscheu vor den höllischen Unholden hat das Bild gemalt, welches Ammian uns mitteilt. Dieser, der unter Valens noch im Orient diente, hat mit dessen Tod im Jahre 378, nach mindestens dreißigjährigem[8] Kriegsdienste, wahrscheinlich seine militärische Laufbahn beschlossen und darauf in Rom sein ebenfalls mit dem Jahre 378 abschließendes umfängliches Werk geschrieben[9], für dessen erstere, uns verlorene Hälfte mindestens derselbe umfassender Studien bedurfte. Allerdings kommen im Theodos. Codex (c. 41 de appellat.) und im Justinianischen (XI, 27) Rescripte vom Jahre 383 vor, die an einen A. Marcellinus comes rerum privatarum, d i. Domänenminister, gerichtet sind, woraus jedoch bei der häufigen Gleichheit der Namen im römischen Reiche auf die Identität der Person mit Sicherheit nicht zu schließen ist, wie denn auch Tillemont (V, 1, S. 224), unter Beziehung auf J. Gothofredus, sie mit Recht bezweifelt.

Unter allen Umständen haben wir genauere auf Autopsie beruhende Kenntnis der Hunnen bei ihm nicht vorauszusetzen.

In dessen Schilderung werden die charakteristischen Züge der tungusisch-mongolischen Gesichtsbildung nicht erwähnt: die Bartlosigkeit wird mehr als absichtliche Vertilgung denn als Mangel an natürlichem Wachstum des Bartes dargestellt, dagegen der behaarten Beine gedacht. Abgesehen übrigens davon, daß die ursprüngliche physiologische Bildung der Turks von der tungusisch – mongolischen nicht wesentlich verschieden gewesen sein dürfte, kann auch der zuerst einbrechende Schwarm dieses Mischvolkes ganz tungusischen Stammes gewesen sein, wie ja auch die spätern Mongolen die Tataren stets als Avantgarde brauchten. Die ganze von Nationalhaß diktierte Beschreibung sucht überhaupt nur die höchste Roheit, äußere Entstellung und die ungeschickte Ungeschlachtheit dieses ganz zu Roß lebenden Volkes in Gang und Wesen darzustellen.

Dessen Wildheit (feritas) aber mag ebenso wie das geschwächte Königtum aus dem jahrhundertelangen Treiben in der kirgisischen Steppe hervorgegangen sein, wo sie nicht, wie die alten Hiong-nu, auch über Kulturvölker herrschten und chinesische Zivilisation zur Seite hatten. Eines obersten Herrschers entbehrten die Hunnen aber auch nicht, da Jordanis zweimal (c. 24 und 48) Balamber als deren König aufführt.

Eines Balamerus als Herrschers der Skythen, der mit Rom kriegt und später ein Bündnis gegen Tributzahlung abschließt, gedenkt auch Priscus in seiner Geschichte (p. 217 d. B. A.), doch gehört dieses Fragment (9.) einer spätern Zeit an, wenn es nicht etwa nur aus Versehen in die jetzige Reihenfolge gestellt worden sein sollte.

Bemerkenswert sind noch zwei eigentümliche Züge, welche Ammian (XXXI, 2) allerdings nur von den asiatischen Alanen hervorhebt, die Verachtung des Alters und der Stolz auf erlegte Feinde, mit deren Kopfhaut sie die Pferdedecken zierten, Züge, welche die Sinologen gerade auch von den Hiong-nu berichten. Da die Römer diese Alanen jedoch nur in Verbindung mit den Hunnen kennen lernten, ist Übertragung von einem Volke auf das andere hierbei leicht möglich.

Wir kommen zum Verlaufe der Geschichte.

Schon brauste der Hunnensturm heran, als Ermanarich auf dem Gipfel seiner Größe die Empörung eines ihm unterworfenen Volkes, das Jordanis (c. 24) Rosomonen nennt, mehrere Herausgeber aber in Roxalanen verwandelt haben (s. Kap. 1, Anm. 2), zu unterdrücken und zu bestrafen hatte. Einer der Anführer, unstreitig ein Häuptling, war entwichen: da ließ der wutentbrannte König dessen Weib Svanhild von Pferden zerreissen, worauf deren Brüder Sarus und Ammius, von Blutrache entzündet den Grausamen durch Schwertstoß verwundeten. Dies wahrnehmend, dringt Balamber der Hunnenkönig in das Gotenland ein: und Ermanarich, wundenkrank, auch dem Angriffe nicht gewachsen (etiam incursiones Hunnorum non ferens) stirbt im hundertundzehnten Jahre. So Jordanis (c. 24) (selbstverständlich mehr Heldensage denn Geschichte. D.).

Ammian dagegen läßt ihn nur, von der Gewalt des Sturms erschüttert, nachdem er längere Zeit zu widerstehen versucht, indem das Gerücht die bevorstehende Schrecknis (wohl durch Verkündung des Anzugs neuer Horden) noch erhöht habe, seinem Leben freiwillig ein Ende machen.

Daß Cassiodor, der Lobredner der Goten, den Selbstmord in natürlichen Tod verwandelt hat, ist wohl zu glauben, während wir den in des Jordanis Auszug vorher erwähnten Vorfall mit Svanhild und deren Brüdern, bei den speziellern Quellen des gotischen Geschichtsschreibers, nicht für rein erdichtet (sondern für sagenhafte Ausschmückung geschichtlicher Grundlagen D.) halten. Dies findet durch die in der Edda (in Gudhrúnarhvöt und Hamdismál) uns aufbewahrte Heldensage Bestätigung, die man am vollständigsten und übersichtlichsten in der der jüngern oder prosaischen Edda beigefügten Skalda (c. 39–42) zusammengestellt lesen kann. Nach dieser verbindet sich Gudrun (Chrimhild der Nibelungen), nachdem sie zuerst mit Sigurd (Sigfrid), dann mit Atli (Attila) vermählt war, in dritter Ehe mit König Jonakr, in dessen Land sie zu Wasser gelangte. Um ihre Tochter Svanhild freite König Jörmunrek (Ermanarich) der reiche, ließ sie aber, wegen Verdachtes der Untreue, von Rossen zerstampfen (nicht zerreißen), worauf Gudrun ihre Söhne Sörli und Hamdie (Sarus und Ammius) zur Blutrache durch Tötung Jörmunreks anreizt. Stimmt auch diese Sage mit des Jordanis historischem Bericht, vor allem der Zeitfolge nach nicht genau überein, so ist doch kaum zu bezweifeln, daß es dieselbe geschichtliche Tatsache ist, welche ihr zu Grunde liegt (s. den aeldre Edda ed. Munch. Christiania 1847. S. 160–166).

Wie dem auch sei, tragisch war jedenfalls das Ende des großen Herrschers nach so langem und glücklichem Siegeslaufe.

Auf Ermanarich folgte der Enkel seines Bruders Vultulf (vergl. die Stammtafel der Amaler bei Dahn II, S. 116), den Jordanis Vinitharius, Ammian aber Vithimir nennt, was offenbar dieselbe Person ist.

Dieser unterwirft sich, nach des Jordanis ausführlicherer Erzählung (c. 48), zunächst, wenigstens dem Namen nach, den Hunnen, greift aber bald darauf (vermutlich um seine Macht zu stärken) benachbarte Anten (Slaven) an, wird zuerst geschlagen, siegt aber schließlich und läßt den feindlichen König Boz mit seinen Söhnen und siebzig der Vornehmsten an das Kreuz schlagen, um die Unterworfenen durch den Anblick der hängenden Leichname zu schrecken. Als er aber kaum ein Jahr lang geherrscht, schreitet Balamber, solche Eigenmacht des Dienstmannes nicht duldend, wider ihn ein. Dem Hunnenkönig war Hunimund, Ermanarichs Sohn, mit einem großen Teile der Ostgoten, seines Eides eingedenk, treu geblieben: und durch ein Heer dieser verstärkt zieht Balamber gegen Vinithar. Dieser siegt zunächst in zwei Schlachten, in der dritten am Flusse Erac aber lockt ihn Balamber anscheinend in einen Hinterhalt (subreptionis auxilio) und tötet ihn (durch listigen Überfall D.), nachdem er schon durch einen Pfeilschuß am Kopfe verwundet worden. Darauf vermählt sich der Sieger dessen Nichte Valadamarka und herrscht von da an in Frieden über das gesamte Gotenvolk, jedoch so, daß über letzteres ein eigner Unterkönig, wenn auch unter hunnischer Oberhoheit, gebietet[10] (Jord. c. 48).

Hiervon abweichend und weit kürzer berichtet Ammian a. a. O., daß Vinithar, durch hunnische Haufen, die er in Sold genommen,. verstärkt, eine Zeit lang den *Alanen* widerstanden habe, nach mehreren Niederlagen aber besiegt worden und in der Schlacht geblieben sei. Auch hier dürfen wir wohl der umständlicheren Erzählung des Ersteren nach Cassiodor folgen und nur Vinithars Siege für tendenziöse Übertreibung (? – Heldenlieder D.) ansehen.

Von den fernern Gotenkönigen bemerkt Jordanis a. a. O., daß auf Vinithar Ermanarichs Sohn, der tapfere Hunimund, gefolgt sei, der mit Glück gegen die Sueben[11] gestritten habe: und diesem wiederum dessen Sohn Thorismund, der im zweiten Jahre seiner Regierung einen großen Sieg über die Gepiden erfochten, in der Blüte der Jugend aber durch einen Sturz mit dem Pferde umgekommen sei. Diesen hätten nun die Ostgoten so tief betrauert, daß sie vierzig Jahre lang keinen König wieder erwählt hätten.

Ammian läßt diese der Zeitgeschichte nicht angehörenden Begebnisse unerwähnt, bemerkt hierbei vielmehr (c. 3) nur, daß nach Vithimers Tode Alatheus und Saphrax, zwei bewährte Heerführer, die Sorge für dessen kleinen Sohn Viterich übernommen und mit diesem, jede Hoffnung des Widerstandes aufgebend, an den Dnjestr (d. i. unstreitig jenseits desselben) sich zurückgezogen hätten.

Letzteres Anführen wird dadurch sehr wichtig, daß sich hiernach das achtzig bis neunzig Meilen breite Land zwischen Don und Dnjepr als das erste Kriegstheater der Hunnen und Goten unter Ermanarich und Vinithar ergibt, da Alatheus und Saphrax nur in größerer Entfernung Sicherheit zu finden hoffen konnten. Dies entspricht auch der Natur der Sache, da der Zusammenstoß von der östlichen Grenze her erfolgt war. Vinithars Mediatgebiet mag nördlicher gelegen haben, von wo aus er die unzweifelhaft vorher schon von Ermanarich bezwungenen Slaven sich wieder zu unterwerfen suchte. Sollte der erste Krieg übrigens, was aber nicht zu vermuten ist, selbst bis über den Dnjepr hinaus sich erstreckt haben, so ging er doch sicherlich nicht bis über den Bug.

Noch waren die Westgoten unberührt, das schwere Gewitter aber im Anzuge.

Im Osten ihres Gebiets war, wie wir schon bei dem Feldzuge des Jahres 369 gegen Valens sahen, Athanarich der oberste Führer der Westgoten (Judex Thervingorum). Dieser rüstete zu kräftigem Widerstande, wozu er sich in einer am obern[12] Ufer des Dnjestr (jedenfalls dem rechten) in der „Tal der Greuthungen" genannten Gegend verschanzte, woraus wir, wie schon früher sich ergab, ersehen, daß letztere teilweise auch westlich des Dnjestr saßen. Von hier entsandte er Munderich, der später als römischer General an der arabischen Grenze befehligte, mit der Vorhut, unzweifelhaft auserlesener Reiterei, zur Beobachtung der anrückenden Feinde, indes er sich zum Kampfe bereitete.

Die kriegserfahrenen Hunnen, dessen Gewalthaufen weiter entfernt vermutend, griffen diesen Vortrab aber nicht an, sondern legten sich scheinbar achtlos zur Ruhe, brachen aber in der Nacht auf, gingen bei Mondschein durch eine Furt über den Fluß und stürzten sich blitzschnell auf den jeder Kunde ihres Anzugs entbehrenden Athanarich. Überrascht und erschreckt sah sich dieser zum Rückzug in das Gebirge gezwungen.

Von hier an wird Ammian, wohl von seiner Quelle verlassen, etwas unklar.

Er läßt nun Athanarich an den obern Cherasus, unstreitig den Sereth, Hierasus des Ptolemäus (III, 8, 4[13]), zurückweichen und an diesem bis an die Donau bei dem Lande der Taifalen in der östlichen Wallachei vorüber eine hohe Mauer aufführen. Ein solches Werk bei sechzig Meilen Entfernung mitten im Kriegsdrange auch nur unternehmen zu wollen, wäre Torheit gewesen.

Indes findet sich zwischen der Bukowina und Donau ein viel stärkeres Schutzwerk als eine solche Mauer: das Grenzgebirge zwischen Siebenbürgen und Moldau, wie ein zwanzig bis fünfundzwanzig Meilen breiter Keil in das Flachland hineingeschoben, südlich dessen wiederum die Aluta, in ihrem untern Laufe wenigstens, eine bessere Grenzwehr gewähren mußte. Vermutlich hat daher Athanarich nur die Pässe und sonst zugänglicheren Stellen im Gebirge und vielleicht auch einzelne Strecken südlich Siebenbürgens durch Mauern oder sonstige Schutzwerke zu sichern gesucht.

Während der Ausführung zogen nun auch die Hunnen, welche indes das reiche Land ausgeplündert und alles, was sie an Einwohnern erreichen konnten, mit Weib und Kind hingewürgt hatten (Eunapius, p. 48) wider Athanarich heran und würden jene Schutzmaßregeln gewiß behindert haben, wenn sie nicht, mit Beute beladen, diese in Sicherheit zu bringen vorgezogen hätten.

Wie ein Blitz aus heiterem Himmel schlug die Nachricht von dem fremden wilden Volke, das, wie ein Wirbelsturm von den Berggipfeln herab, alles niederwerfe und vernichte, in die Gemüter der übrigen Gotenvölker. Man verlangte heiß nach Rettung und da es in Athanarichs Versteck überdies an Lebensmitteln fehlte, verließ ihn, wahrscheinlich nicht ohne Einfluß des alten Zerwürfnisses mit Fritigern, der größte Teil der Westgoten und beschloß, nach längerer Beratung, in dem fruchtbaren und weidereichen Lande jenseits der Donau, also in römischem Gebiet, Zuflucht zu suchen.

VIERTES KAPITEL

Die Westgoten im römischen Reiche bis zu des Kaisers Valens Tod

Schon hatte der Ruf die unerhörten Ereignisse jenseits der Donau zu den Römern hinübergetragen. Ein aus tiefem Dunkel der Verborgenheit aufgetauchter Barbarenschwarm; aufgescheucht oder vertrieben aus ihren Sitzen alle Völker vom Pontus bis zu den Quaden und Markomannen; zahlreiche Haufen mit Weib und Kind und Habe, mit Knechten, Mägden und Herden verzweifelnd an den Ufern der Donau umherirrend (Amm. c. 4). So lautete die Nachricht, als Sendboten der Westgoten, um Aufnahme der unglücklichen Vertriebenen flehend, vor dem Kaiser Valens zu Antiochien erschienen. Schwierig schien die Frage über den Bescheid. Durch germanische Kolonisten dem Reiche Zuwachs a

Volks- und Streitkraft zu verschaffen, war seit M. Aurelius schon die Politik der größten und weisesten[2] Kaiser gewesen. Nicht in der Sache an sich, nur in der großen Zahl der Flüchtlinge konnte daher ein Bedenken liegen.

Die Schmeichler priesen das Glück eines solchen Machtzuwachses; der Gedanke, das von den Untertanen zu zahlende Stellvertretungsgeld für Rekruten, welche nun die Goten liefern sollten, dem Fiskus zuwenden zu können (Sokrates IV, 34) lockte auch; den Ausschlag bei Valens aber soll, nach Eunapius (p. 49), Eifersucht auf seine Neffen, die Kaiser des Abendlandes, über die er sich dadurch zu erheben trachtete, um so mehr gegeben haben, als er gegen dieselben, wegen der ohne seine Zustimmung erfolgten Reichsteilung, ohnehin verstimmt war.

Der Gefahr glaubte die schlaue byzantinische Politik durch Klugheit leicht vorbeugen zu können.

Zuerst sollte nur alles kriegsuntüchtige Volk, vor allem Weiber und Kinder, übergesetzt und, weit abgeführt, als Geisel bewahrt werden, hierauf, aber nur nach Ablegung der Waffen, die streitbare Mannschaft.

Gegen Herbstes Anfang des Jahres 376 erschien die unabsehbare Menge an der Donau, die Eunapius zu 200 000 kriegstüchtiger Männer schätzt, im Allgemeinen also sicherlich an 7 bis 900 000 (? D.) Menschen.

Die Würgengel im Rücken fühlend streckten sie die erhobenen Hände nach dem Römerufer aus.

Ungeduldig wagten einige der Kühnsten eigenmächtigen Übergang, wurden aber von den Grenzbefehlshabern zurückgeschlagen und vernichtet, wofür letztere indes mit Kassation, beinah mit dem Tode, bestraft wurden.

Endlich langte die Erlaubnis an: da brachte das Grundübel der Römerwelt, die Verderbnis der hohen Beamten, unerhörtes Unheil über Kaiser und Reich. Hätte die schwierige Aufgabe an sich die tüchtigsten und redlichsten Männer erfordert, so blieben der Dux Thrakiens, Lupicinus und der zweite Befehlshaber, Maximus, schmutzige und raubgierige Menschen, mit der Ausführung betraut.

Indem die unbewehrte Menge übergesetzt ward, verlockte böse Lust Generale und Offiziere, deren Beispiel aber auch die Soldaten, sich nicht nur schöner Frauen und Knaben, sondern auch anderer, als Arbeitskräfte für ihre Güter, gewaltsam zu bemächtigen.

Als nun die Männer folgten, mag schon das Bewußtsein schwerer Schuld den Mut und die Festigkeit der Oberbefehlshaber gelähmt haben, welche die wenn auch nur allmählich zu bewirkende Entwaffnung von 200 000 Kriegern an sich erfordert hätte. Letztere aber, welche lieber das Leben als die Waffen missen wollten, wandten zunächst Bestechungen durch wertvolle Geschenke an, wozu es dem durch Raubfahrten und Soldverdienst bereicherten Volke, das mit aller Habe davon gezogen war, anfangs an Mitteln nicht fehlen mochte.

So geschah es, daß mindestens ein großer Teil der Westgoten bewaffnet auf Römer-Boden gelangte. Auch die vorgeschriebene Zählung blieb unerfüllt; denn wie hätte man, sagt Ammian, den Sand am Meere zählen können.

Mit Alaviv ward zunächst Fritigern aufgenommen, denen der Kaiser Proviant für den Augenblick und Land zu gewähren befohlen hatte.

Auch die Sorge für des Volkes notdürftige Verpflegung war unzweifelhaft vorgeschrieben: aber Nachlässigkeit, Veruntreuung und Diebstahl vereitelten sie. Furchtbare Hungersnot entstand: die Römer sammelten alle Hunde der Umgegend und drangen für jeden solchen, wie für ein Brot oder zehn Pfund Fleisch, den Verhungernden einen Sklaven, selbst Söhne Vornehmer, ab.

Während dieser Zeit kamen auch die Ostgoten Alatheus und Saphrax mit ihrem königlichen Pfleglinge Viterich an der Donau an, wurden aber mit ihrem Aufnahmegesuche zurückgewiesen. Athanarich, angedenk seines hochfahrenden Verhaltens gegen Valens bei dem Friedensschlusse im Jahre 369, wagte solche Bitte gar nicht, zog sich vielmehr mit den Seinen nach einer, Kaucaland (Hauhaland, Hochland D.) genannten, Gegend des karpathischen Hochgebirges zurück, aus welcher er die Bewohner, die Ammian Sarmaten nennt, vertrieb. (Ammian XXI, c. 4.)

Noch hielt Lupicinus die auf dem linken Donauufer versammelten Goten, in der Absicht unstreitig, sie noch mehr auszuplündern, zurück, als das Murren der Verzweiflung ihn bewog, deren Abmarsch unter militärischer Begleitung zu beschleunigen. Dazu ward ein Teil der Grenzwehr am Flusse verwendet, auch der Wachdienst der Flottille vernachlässigt, was die Ostgoten, wohl Alatheus, Saphrax und Farnob, obzwar Ammian sie nicht nennt, zu eigenmächtigem Übergang auf Flössen bewog. Sie lagerten sich darauf in Entfernung von Fritigern.

Dieser aber, scharfen Vorausblicks, ebenso die mögliche Verbindung mit den Stammgenossen im

Auge behaltend als offenen Ungehorsam vermeidend, zog möglichst langsam nach Marcianopel ab, das in der Breite des heutigen Schumla etwa sechs Meilen östlicher lag.[3]

Da warfen plötzlich Zufall und römische Treulosigkeit die Brandfackel in den schon glimmenden Zündstoff.

Lupicinus lud die Fürsten Alaviv und Fritigern zum Mahle, ließ aber deren Volk durch aufgestellte Wachen vom Eintritt in die Stadt abhalten.

Das hungernde Volk wollte sich Lebensmittel kaufen und bat deshalb, auf die nunmehrige Unterwerfung und Eintracht sich berufend, dringend, aber vergebens, um Einlaß. Das führte zum Wortgefecht und bald zum Kampfe. Die römische Wache ward niedergehauen und der Waffen beraubt. Als dies gegen Ende des Mahls Lupicin heimlich gemeldet wird, läßt er die vor seiner Wohnung zurückgebliebenen Gefolgen der Fürsten niederstoßen. Der Lärm mag nach außen und zugleich nach innen gedrungen sein. Das Gotenvolk vor der Stadtmauer, welche vielleicht an das Prätorium stieß, um seine Fürsten besorgt, bricht in drohende Wut aus. Der rasch entschlossene Fritigern aber, seine und der Gefährten Festnehmung als Geiseln, ja, Ermordung fürchtend, springt mit den Worten von der Tafel auf, nur seine beruhigende Gegenwart könne größeres Unheil verhüten und stürzt mit den übrigen hinaus, was der überraschte Lupicin geschehen läßt.

Mit Jubel von den Seinen empfangen wirft er sich auf das Roß, die entferntern Gotenscharen zu sammeln.

Der Würfel war gefallen: der Krieg entbrannte. In Raub und Verheerung ergoß sich sogleich weit umher der Gotenschwarm. Lupicin sammelt hastig Truppen und zieht, mehr verwegen als bedacht, den Feinden entgegen, die er am neunten Meilensteine (1 4/5 deutsche Meilen entfernt) trifft. In hellausbrechender Wut des lang verhaltnen Rachezorns greifen die Barbaren an, sprengen die Glieder, erobern alle Feldzeichen und strecken alle Offiziere mit dem größten Teile der Truppen nieder, während Lupicin in die Stadt zurück entflieht.

Nirgends mehr nun Widerstand: weit umher schweifen, mit den Waffen der Erschlagenen bewehrt, unbehindert die Sieger.

So weit (im 5. Kapitel) Ammians im Wesentlichen klarer, nur in Nebendingen etwas unvollständiger Bericht, an den er, damit man nicht glaube, dergleichen sei früher nicht vorgefallen, einen Rückblick auf alle schweren Niederlagen der Vorzeit knüpft, von den Kimbrern und Teutonen an bis zur Deciusschlacht und der Verheerung Kleinasiens samt Griechenlands, wobei er jedoch mehr die weitere Folge als die unmittelbare Bedeutung jenes Treffens vor Augen gehabt haben muß, dessen Zeit wir gegen das Ende des Jahres 376 setzen.

In Adrianopel lag damals eine schon vor längerer Zeit[4] in römischen Dienst übergetretene Gotenschar, welche der Kaiser auf die Kunde des Unfalls sogleich über den Hellespont zu gehen beordert. Das eigene Wohl vor allem im Auge hatten sie den Ereignissen bisher völlig passiv zugeschaut. Nun verlangten sie ruhig zunächst Sold, Proviant und zwei Tage Rast vor dem Abmarsch.

Darauf bietet die (weil sie in der Vorstadt geplündert) wider sie erzürnte Stadtbehörde sofort das gemeine Volk und die am Orte zahlreichen Waffenschmiede auf und droht ihnen Gewaltangriff, wenn sie nicht sogleich, noch vor der bestimmten Zeit, abziehen. Die Goten bleiben unbeweglich: als sie aber durch Schmähungen auf das Höchste gereizt und durch einzelne Pfeilwürfe verletzt werden, brechen sie in offenen Abfall aus, schießen und stoßen nieder, was sie in der Nähe erreichen können und eilen dem unfern lagernden Fritigern zu.

Das gesamte Heer zieht nun vor die feste Stadt, erleidet aber, des Belagerungskrieges unkundig durch das Wurfgeschütz des Platzes, zumal bei dem tollkühnen Wagemut einzelner, so schwere Verluste, daß Fritigern die Maxime: „Friede den Mauern!" empfehlend, dasselbe wahrscheinlich gegen Ende des Winters 377 zum Abzug, unter Zurücklassung eines Beobachtungskorps, bewegt.

„Besser ist es, das platte Land und die offenen Städte des reichen Thrakiens (Mösien hier inbegriffen) auszurauben!" ruft er. Das ward nun gründlich betrieben: Gefangene[5] verrieten willig die wohlhabendsten Orte, namentlich Vorräte und Versteck von Lebensmitteln. Von allen Seiten strömten alte und neue Sklaven gotischen Stammes, ihren Herren entlaufen, zu. Nicht minder der unzufriedenen und schwerbedrückten Landeseinwohner viele, welchen mitrauben besser dünkte als beraubt werden.

Da blieb, außer den unersteiglichsten und abgelegensten Punkten, nichts verborgen, nichts verschont.

In der schwer gereizten wilden und entzügelten Menge entbrannte nun aber auch die ganze Rohe barbarischer Rache; dem Raube gesellten sich Mord und Brand. Vor der Mutter Auge wurde das ihrer Brust entrissene Kind erwürgt, vor dem der Frau der Mann niedergestoßen, über der Eltern Leichname die erwachsenen Kinder fortgeschleppt, lebensmüde Alte, nachdem sie Habe und jugendschöne Frauen verloren, von der rauchenden Brandstätte des Geschlechtshauses mit auf den Rücken gebundenen Händen abgeführt. (Ammian c. 6.)

Bis nach Makedonien und Thessalien schweifte die unerhörte, grauenvolle Verheerung. Was die Hunnen den Goten gewesen, wurden letztere nun den Römern. (Eunapius, p. 51/2.)

Mit Schmerz und schwerer Sorge erfüllte solche Kunde Kaiser Valens, der des noch nicht ausgetragenen Haders mit Persien über Armenien halber zu Antiochien verweilte. Um letztern auf jede Weise beizulegen, entsandte er sofort seinen Feldherrn Victor, rüstete mit Heeresmacht zum eigenen Aufbruche nach Konstantinopel und schickte die von Ammian mehr aufgeblasen als kriegerisch genannten Führer Profuturus und Trajan nach Thrakien voraus.

Diese drängten ein Korps der Goten, die großenteils wohl noch auf Raubfahrten zerstreut waren, in das Hochgebirge des Hämus zurück und suchten ihnen durch Besetzung und Versperrung der Pässe den Ausgang und die Lebensmittel abzuschneiden. In dieser Stellung erwarteten sie das Hilfskorps, welches der Kaiser des Westens, Gratian, unter Frigerids Führung zu senden versprochen hatte. Auch der weströmische Gardebefehlshaber Richomer, unzweifelhaft germanischer Abkunft, zog mit einigen thrakischen Kohorten, die jedoch unterwegs großenteils desertierten, aus Gallien heran. Dieser übernahm, da Frigerid wegen wirklicher oder vorgeblicher Krankheit nicht eintraf, den Befehl über das Gesamtheer, selbst das aus dem Ostreiche. Dasselbe schlug bei der Stadt Salices[6] Lager, unfern des unzählbaren Volkes, wie Ammian sagt, der Goten, die sich in einer kreisförmigen Wagenburg verschanzt hatten, wo sie in Muße von der zusammengeraubten Beute schwelgten.

Die Römer harrten des stets ungeordneten Aufbruchs der Feinde, um gegen ihre Nachhut ein günstiges Gefecht zu liefern. Diese aber blieben unbeweglich und warteten auf Verstärkung. Als diese genügsam eingetroffen war, bereiteten sie sich zum Angriff, der auch, nach einer in beiden Heeren durchwachten Nacht, am andern Morgen erfolgte.

Die Goten wollten sich zunächst der beherrschenden Höhen bemächtigen, welche die Römer in wohlgeschlossener Ordnung zu halten suchten.

Im Laufe der Schlacht, deren Beschreibung bei Ammian mehr dramatisch als militärisch ist, ward der linke römische Flügel gesprengt, durch eine schnell herbeigeführte Reserve aber die Ordnung wieder hergestellt. So wütete der Blutkampf unentschieden, bis der sinkende Tag ihm ein Ende brachte, indem beide Heere sich in Lager zurückzogen.

Der Verlust der ungleich schwächern Römer mag ein sehr großer gewesen sein.

Unmittelbar darauf (Ammian c. 7) zogen die Römer in ihre befestigten Stellungen bei Marcianopel ab, während die doch wohl eingeschüchterten Barbaren sieben Tage lang ihre Verschanzungen nicht verließen. Dies gewährte erstern die Füglichkeit, andern feindlichen Scharen im Gebirge durch Versperrung der Pässe den Ausgang mindestens zu erschweren: zugleich hofften sie, nach Abführung aller in der Umgegend noch aufzutreibenden Lebensmittel dieselben durch Hunger zu bewältigen.

Richomer selbst ging, frische Hilfstruppen zu holen, nach Gallien zurück.

Diese Ereignisse zogen sich bis Anfang des Herbstes 377 hin. (Ammian XXXI, c. 8.)

Valens übertrug nun den Oberbefehl dem Saturninus, interimistischen Feldherrn der Reiterei, der, den vorigen Kriegsplan verfolgend, die Goten in den Bergen zurückhielt und mehrere Versuche des Ausbrechens zurückschlug. Als diese sich aber durch Hunnen[7] und Alanen, welche sie durch Aussicht auf ungeheure Beute gewonnen, verstärkt hatten, sah sich Saturnin zum Rückzug, unstreitig in eine der Festungen, genötigt.

Da ergoß sich nun ein zweiter Akt jener bereits oben geschilderten namenlosen Verheerung über das unglückliche Thrakien, bis an die Seeküste und in das Gebirge Rhodope hinein. Widerstand fand sie nur bei der Stadt Dibaltus, südlich des heutigen Varna, am Meere, wo tapfere der Barkimer (ohne Zweifel ein Germane D.) mit mehreren Bataillonen die Goten heldenmütig angriff, zuletzt aber von Reiterei im Rücken gefaßt, unterlag und blieb. (Ammian c. 8.)

Das östliche Illyrien war vollständig ausgeraubt: gegen den inzwischen angelangten Frigerid, der das westliche decken sollte, wandte sich nun der Angriff.

Dieser lagerte bei Beröa in Thrakien im südlichsten Teile des Hämus unfern der Militärstraße von Philippopel nach Adrianopel, zog sich aber, als er von dem Vordringen der Goten Kunde erhielt, um nicht von seiner Operationsbasis und der Verbindung mit dem Westreich abgeschnitten zu werden, vorsichtig zurück. Da traf ihn und zwar, wie wir vermuten, jenseits der Pässe von Succi, die er gewiß befestigt und besetzt hatte, ein unerwarteter Glücksfall.

Eine aus Goten, unzweifelhaft Greuthungen und Taifalen, die sich erstern angeschlossen, gebildete Raubschar unter des Farnob Befehl, vor der alles schreckerfüllt zurückwich, war, jedenfalls von Norden her kommend, über einen Fluß gegangen, unstreitig den Margus, welchen die Militärstraße bei Naissus erreichte.

An die Donau nämlich ist hier um desswillen nicht zu denken, weil die im Jahre 376 vor den Hunnen über die Donau entwichenen West- und Ostgoten damals gewiß nicht über dieselbe wieder zurückgegangen waren. Frigerid, hiervon unterrichtet, rückt in Eilmärschen heran, schneidet ihnen den Rückzug über den Strom ab[8], greift entschlossen an und bringt ihnen eine furchtbare Niederlage bei.

Farnob und eine große Menge bleiben, ja es würde kein Bote zur Meldung in der Heimat entronnen sein, wenn der Feldherr nicht auf flehendes Bitten die Ergebung des ganzen Restes angenommen hätte. Derselbe ward nach Modena, Reggio und Parma gesandt, um Kolonien daselbst zu gründen.

Dabei gedenkt Ammian eines bei den Taifalen eingerissenen Brauchs scheußlicher Unzucht, nach welchem die Jünglinge, so lange sie nicht durch Erlegung eines hauenden Schweins oder eines Bären von der Schmach sich befreit hatten, den Männern sich preiszugeben genötigt waren: – ein germanischer Sittenreinheit (s. Bd. I, S. 32, 33) so haarsträubend widerstreitender Zug, daß wir schmerzlich eine Erklärung dieser unbegreiflichen Anomalie vermissen. (Ammian c. 9.)

Mit diesem Kapitel verläßt Ammian den Kriegsschauplatz, um (im zehnten) Gratians großen Alemannensieg vom Jahre 378 zu berichten, den wir dem 5. Kapitel vorbehalten.

Das unheilvolle Jahr 378 war angebrochen, als Valens von Antiochien heranzog, sein den Barbaren völlig preisgegebenes europäisches Reich zu befreien. Schon schweiften diese bis Konstantinopel heran, dessen offene Vorstädte ausraubend. Da traf die aus dem Orient vorausgesandte leichte sarazenische Reiterei ein, welche, von unerreichbarer Gewandtheit auf ihren arabischen Rossen, den zerstreut umhertreibenden Goten schwere Nachteile zufügte und sie zum Rückzug auf die Hauptarmee jenseits Adrianopels zwang, was von Zosimus (IV, 22) mit arger Übertreibung als eine Hauptniederlage dargestellt wird.[9]

Am 30. Mai (Idat. fasti) traf Valens in Konstantinopel ein, wo ihn lautes Murren empfing, so daß er, den Drang der Rache gegen die ihm noch von Prokops Aufstande her verhaßte Stadt für den Augenblick unterdrückend, schon am 5. Juni sein Hauptquartier in dem einige Meilen davon entfernten kaiserlichen Lustschlosse Melanthias nahm und das Heer daselbst durch Geschenke und Ansprache sich zu verbinden suchte.

Gratian hatte ihm auf Verlangen in Sebastianus einen tüchtigen Feldherrn gesandt, welchen er an Trajans Stelle zum Führer des Fußvolkes ernannte. Sebastianus verlangte, um sich zu zeigen, aus der ganzen Armee nur ein von ihm auserlesenes Korps von 2000 Mann, um dem Feinde im kleinen Kriege, den er vielleicht in Chariettos Schule (s. Bd. I, S. 476) erlernt hatte, zu schaden. (Eunapius, p. 78 und Zosimus IV, 23.)

Die Armee rückte zunächst bis Nike, vier deutsche Meilen diesseit Adrianopels vor, wo man vernahm, daß ein gotisches Heer soeben mit reicher Beute aus dem südlich gelegenen Rhodope zurückgekehrt sei und sich nun, auf die Kunde des Anzugs der Römer, mit den übrigen zwischen Beröa (fünfzehn Meilen nördlich von Adrianopel) und Nikopolis in festen Lagern[10] stehenden Barbaren zu vereinigen suchte.

Sebastian ging mit nur dreihundert Mann (wenn hier nicht ein Irrtum in der Zahl vorliegt) über Adrianopel, wo er aus Furcht vor einer Kriegslist nur schwer Einlaß fand, gegen die Nachhut der Goten vor und beschlich diese in der Nacht mit solchem Erfolge, daß er fast alle niederhieb und eine unermeßliche Beute machte, worauf Fritigern, aus Furcht vor solchem Gegner, sein Heer in einer gesicherten Stellung bei der Stadt Kabyle[11] konzentrierte.

Um diese Zeit erhielt Valens die Kunde von Gratians großem Alemannensiege, der ihn mit bitterm Neide erfüllte, wie von dessen eilendem Anzuge, da er bereits in Martis castra (am Iskar im heutigen Bulgarien) nur etwa noch fünfzig Meilen von Adrianopel angelangt sei. (Ammian c. 11.)

Darauf suchte Fritigern durch Besetzung geeigneter Punkte gegen die Verproviantierung[12] der Kaiserlichen Truppen zu operieren und näherte sich Nike mit einer Schar, die man, wohl irrig, nur zu 10000 Mann geschätzt hatte, was den Kaiser bewog, nicht nur leichte Truppen zu Behauptung der Pässe vorauszuschicken, sondern auch selbst nach drei Tagen mit dem Heere bis Adrianopel vorzurücken und bei dessen Vorstadt Lager zu schlagen.

386

Hier traf ihn der schon oben genannte Richomer mit neuen Briefen Gratians, welche dem Onkel die nahe Ankunft des sieggekrönten Neffen verkündeten und ihn abzuwarten anrieten.

Darauf Kriegsrat, in welchem Sebastian sofortigen Angriff, der erfahrene und das Ostheer besser kennende Victor aber nebst vielen andern Verzug bis zu Gratians Eintreffen empfahl. Auf des Ersten Seite traten die Schmeichler, vor allem die eigne kleinliche Eifersucht des Kaisers auf den Neffen Gratian.

Da traf ein christlicher Bischof als Sendbote Fritigerns mit einem offenen Schreiben ein, das gegen Überlassung von Wohnsitzen nebst Vieh und Getreide in Thrakien immerwährenden Frieden anbot. Zugleich aber überreichte er ein vertrauliches Privatschreiben Fritigerns des Inhalts, daß dieser die Wildheit seines Volkes nur dann zu solchem Vertrage bringen könne, wenn der Kaiser zugleich mit Heeresgewalt wider sie heranrücke.

Die zweideutige Botschaft ward zurückgewiesen. Die Sonne des 9. August 378 ging auf. Alle Schätze wurden in die feste Stadt geborgen, wohin auch der Präfekt und die obersten Zivilbeamten sich zurückzogen; Troß und Gepäck wurden mit Bedeckung in ein Lager an der Mauer in Sicherheit gebracht.

Auf unebnen Wegen zog das Heer bei drückender Hitze vorwärts, als es um Mittag am achten Meilensteine (1 3/5 deutsche Meilen) die kreisförmige Wagenburg der Feinde erblickte. Unter dem Kriegsgeheul der Barbaren ordnete sich die römische Schlachtreihe.

Der durch Terrain und Entfernung behinderte linke Flügel derselben langte nur mit größter Anstrengung noch rechtzeitig an.

Der schlaue Fritigern aber suchte, weil Alatheus und Saphrax, die er zu Hilfe gerufen, noch nicht heran waren, die Schlacht noch zu verschieben, sandte daher wiederum Friedensboten ab, statt deren der Kaiser, weil zu niedern Standes, Höhergestellte forderte. Dies gibt neuen Anlaß zu weiterem absichtlichen Verzuge, damit die erwartete Reiterei indes herankomme und die Römer durch Durst, Hunger und Hitze immer mehr entkräftet würden.

Zu Vermehrung letzterer (? ? D.) hatte Fritigern weit umher noch Holzstöße und andere Zündstoffe aufgehäuft, die nunmehr angezündet wurden.

Da kommt noch ein Bote von demselben mit dem Verlangen an, ihm sofort einige ausgezeichnete Männer als Geiseln zu senden, um des passiven Verhaltens der Römer sicher zu sein, wenn er sein Volk, dem frühern Erbieten gemäß, vom Kampfe ab- und der Friedensverhandlung zuwende.[13]

Der Vorschlag wird gebilligt und der Oberstallmeister Equitius, des Valens Verwandter, von allen zur Absendung empfohlen. Als dieser aber, weil er, bei Debeltus gefangen, sich selbst gelöst hatte, die persönliche Gefahr einwendet, erbietet sich der edle Richomer freiwillig zu Übernahme des gefährlichen Auftrags.

Schon eilt er, den Adel seiner Person und Geburt bewährend, dem feindlichen Lager zu, als ein Teil des römischen Vortrabs, Bogenschützen und Schildner unter Bacurius, eines Iberers, und Cassios Befehl voreilig angreift, bald aber feige zurückweicht. Da ward Richomer zurückbeordert, zugleich aber erschien nun auch „wie ein Blitz von der Höhe" die gotische Reiterei unter Alatheus und Saphrax, durch Alanen verstärkt, die im ersten Ansturm alles niederhieb, was sie vor der Schlachtordnung erreichen konnte. (Ammian c. 12.)

Nun begann der Kampf auf der ganzen Linie durch ungestümen Angriff der Goten, vor dem die Römer zuerst etwas zurückwichen: bald aber wurden sie durch die Führer wieder zum Stehen, selbst zum Vordringen gebracht, so daß die Schlachtreihen eine Zeit lang auf- und abwogten. Schon hatte der linke römische Flügel im Vordringen die feindliche Wagenburg erreicht und würde, in diesem entscheidenden Augenblicke tüchtig unterstützt, diese selbst vielleicht genommen haben, als dessen Reiterei, gegen welche Fritigern in solcher Gefahr die ganze Stärke der seinigen verwendet haben mag, schmählich fliehend das Fußvolk im Stiche ließ. Da war kein Julian, der dieselbe, wie jener bei Straßburg, wieder gesammelt und in die Schlacht zurückgeführt hätte.

Gedrängt, überflügelt, wahrscheinlich selbst im Rücken angegriffen, bewahrte das Fußvolk zwar den Mut und geschlossene Ordnung, ward aber so dicht zusammengeschoben, daß jede freie taktische Bewegung wegfiel, kaum noch das Schwert gezogen werden konnte. Dazu hüllte ein furchtbarer Staub alles in Dunkel: der fliegende Wurfsper der Goten konnte nicht gesehen und pariert werden.

Immer stürmischer der Anprall; immer größer Gedränge und Verwirrung; eine freiere Formierung, selbst mittelst teilweisen, geordneten Rückzugs, nicht mehr möglich. Die Lanzen, welche die hintern Glieder führten, zerbrachen; die Wurfpfeile, wenn sie nicht verbraucht waren, konnten nicht mehr geschleudert werden; nur das Schwert blieb zu Mord und Abwehr noch übrig: doch gestattete der mit Blut überströmte Boden kaum noch einen festen Tritt.

Verzweiflungsvoll drangen die von Hitze, Hunger und Durst gequälten Römer in die feindlichen Haufen ein. Für Flucht war kein Ausweg, nur das eigne Leben so teuer als möglich noch zu verkaufen galt es.

So dauerte es – keine Schlacht mehr, nur noch ein Schlachten – fort, bis das Dunkel des Abends, in Verbindung mit eigner Erschöpfung und dem Plünderungsdurste der Goten, den noch übrigen Römern regelloses Entrinnen nach allen Seiten hin ermöglicht haben mag. Indem dies schon begann, floh Valens zu den Lanceariern und Mattiariern, die noch unerschüttert standen. Trajan, der ihn erblickt, ruft: Alles sei verloren, wenn nicht der Kaiser durch schleunigen Succurs herausgehauen werde. Victor, dies vernehmend, führt eilends noch eine in Reserve stehende Kohorte Bataver heran: schon aber ist der Kaiser nicht mehr zu finden, worauf der Feldherr sich zurückzieht; mit ihm oder doch eben so retteten sich Richomer und Saturnin. Valens soll, wie man glaubte, im ersten Dunkel von einem Pfeilschuß schwer verwundet gefallen und nicht wieder gesehen worden sein.

Nach andern soll er noch in ein nahes festes Bauernhaus gerettet und, als die Verfolger die verrammelte Türe, weil sie vom zweiten Stock herab beschossen wurden, nicht sogleich sprengen konnten, durch Anzündung des Gebäudes mit diesem verbrannt worden sein. Einer der „Candidati" (eine bevorzugte Soldatenklasse: namentlich wohl unter der Garde) habe sich durch einen Sprung aus dem Fenster gerettet, den schmerzerfüllten Goten die ihnen entgangene hohe Beute entdeckt und diese Nachricht, als er später wieder entwichen sei, in die Heimat mitgebracht.

Daß dieser Bericht geglaubt worden, ergibt sich aus der Epitome Aurelius Victor (c. 46), Idatius (Fasten) und Sozomenos (IV, 37), während Sokrates (IV, 37) auch die erste Version, nach welcher der Kaiser in der Schlacht geblieben, jedoch in etwas veränderter Weise, mitteilt.

Mit dem Kaiser fanden Sebastian und Trajan, der Oberstallmeister und Hausmarschall, fünfunddreißig Stabsoffiziere, unter ihnen Potentius, der Sohn des hochverdienten Ursicinus, und mindestens zwei Dritteile des Heers den Tod.

Seit dem Tage von Cannä hatte Rom eine solche Niederlage nicht erlitten. (Ammian c. 13.)

Der Bericht unsers Historikers ist keineswegs (wie Tillemont V, 1, Art. 20, p. 210 der Brüssel. Ausg. behauptet) unklar, allerdings aber, wie bei dessen Gefechtsschilderungen fast immer der Fall ist, mehr im Roman- als Militärstil geschrieben, läßt auch manches, wie namentlich die so wichtige Angabe über die Stärke beider Heere, vermissen.

Die Verblendung kleinlichen Neides gegen Gratian war ein Hauptgrund des Verderbens gewesen. Wäre das von jeher bessere, damals siegbewußte Westheer herangekommen, vielleicht wäre der Ausgang anders geworden.

Das eine Heer nicht vor dem andern schlagen zu lassen, wäre die Aufgabe gewesen, die bei so vielen festen Anlehnungspunkten auf der großen Straße um so ausführbarer sein mußte, da auch Fritigern nur mit größter Vorsicht, die eine Armee im Rücken, gegen die andere zu operieren vermocht hätte.

Ein anderer Fehler war der durch Fritigerns Schlauheit bewirkte Verzug der Schlacht, die schon Tags zuvor, mindestens in den ersten Frühstunden des neunten, vor Ankunft der Ostgoten, zu liefern gewesen wäre.

Das Treffen selbst ward durch die schmähliche Flucht der Reiterei entschieden. Diese Waffe war stets die schwächste der Römer. Das Ostheer[14] insbesondere hatte zwar die trefflichste leichte, aber wenig gute schwere Kavallerie. Diese fand sich nur in den germanischen Soldtruppen, welche Gratian gewiß mit sich führte. In deren Ermangelung war, nach des Alatheus Eintreffen, das Übergewicht nicht nur der Qualität, sondern gewiß auch der Zahl auf Seite der Goten.

Von heißem Durste nach des Valens Schätzen getrieben, eilten die Goten am Morgen des 10. nach Adrianopel, wo sie früh zehn Uhr eintrafen. Vor der Mauer lagerte eine große Menge Soldaten und Troßknechte, der man, wohl aus Furcht vor Proviantmangel, den Einlaß verwehrt hatte. Gegen diese beginnt nun der Kampf, der sich, wenn auch die Goten im Vorteil sind, dennoch, weil sie zugleich de Wurfpfeilen und dem Geschütze der Festung ausgesetzt sind, bis drei Uhr Nachmittags hinzieht, al plötzlich ein Haufe von dreihundert Verrätern vom Walle herab zum Feinde übergeht, von diesen aber sofort niedergehauen wird. Endlich endigt ein Gewitter mit furchtbarem Guße den Kampf.

Die Goten ziehen sich in ihre Wagenburg zurück und versuchen nun fruchtlos den Weg der Kapitulation gegen Zusicherung des Lebens, indes die Belagerten, welche nun auch genügenden (Tags vorher mangelnden) Wasservorrat gewonnen haben, mit äußerster Anstrengung die Verteidigungsmittel ver stärken. Da findet sich bei den Goten unter den römischen Überläufern eine Anzahl „Candidati", welche es übernimmt, unter dem Vorgeben der Flucht in die Stadt zu dringen, um daselbst Feuer anzulegen, damit während des hierdurch erzeugten Tumults die Erstürmung von außen erleichtert werde. Wirklich erlangten sie auch Einlaß, erregen aber durch das Schwanken ihrer Aussage über die Absichten der Feinde Verdacht und gestehen, mit der schwersten Folter und Tod bedroht, endlich den Verrat.

Vor Ende der Nacht erneuert sich nun am 11. der wütendste Sturm. Weichen die furchtbar beschossenen Barbaren zurück, so führen ihre Häuptlinge sie wieder heran. Ein durch einen Skorpion (eine Art von Balliste) mitten unter sie, wiewohl unschädlich, hineingeschleuderter ungeheurer Stein setzt alles in Schreck und Flucht. Doch bringen die Führer sie zu neuem Angriffe: die Leitern werden angelegt und erstiegen, die Stürmenden aber durch Massen von Steinwerk, das auf sie herabgeschleudert wird, heruntergeworfen und vernichtet.

Das Übergewicht der Stellung und die Geschützmittel der Römer vereiteln jeglichen Versuch, bis am Abend endlich der zuletzt in planloses Wüten ausgeartete Sturm aufgegeben und das Lager wieder aufgesucht wird.

Da hatten die Goten die Richtigkeit von Fritigerns Losungswort: „Friede den Mauern!" erprobt.

Das entschied am nächsten Morgen ihren Abzug nach dem ebenfalls mit Schätzen angefüllten Perinth, was einem großen Teile der Besatzung des überfüllten Adrianopels die Füglichkeit gewährte, in der Nacht auszuziehen und sich auf Wald- und Seitenwegen, teils über Philippopel nach Sardica (jenseits der Pässe von Succi), teils nach Makedonien, wo man den Kaiser vermutete, zu retten.

Auch Perinth fand Fritigern, dessen Klugheit die Hunnen und Alanen durch große Versprechungen fortwährend an sich zu fesseln gewußt hatte, zum Angriffe zu fest: er beschränkte sich daher, unfern der Stadt Lager schlagend, auf Ausraubung der reichen Umgegend.

Darauf zog er vor Konstantinopel, staunte die Pracht und Größe der Stadt von außen an, wagte aber nicht, etwas zu unternehmen. Dazu soll nach Ammian noch ein Wunder (caeleste numen) mitgewirkt haben: eine neuangekommene Sarazenenschar schlug sich bei einem Ausfalle tapfer mit dem gotischen Vortrabe herum. Da nimmt ein bis auf eine Binde um die Hüften völlig nackter, aber auffällig stark behaarter Araber den getöteten Feind und saugt ihm angesichts seiner Landesgenossen das Blut aus, was diese mit ungeheuerm Entsetzen erfüllt habe.

Schon die militärische Klugheit aber gebot dem Gotenheere den Abzug, der denn auch, nachdem dasselbe seit der Hauptschlacht nur Verluste erlitten hatte, erfolgte. Dabei löste es sich wieder in einzelne Raubscharen auf (digressi sunt effusorie), welche nun ihrem furchtbaren Gewerbe in den nordwestlichen Provinzen unbehindert nachgingen.

Um dieselbe Zeit wandte die Entschlossenheit des jenseits des Taurus befehligenden Feldherrn Julius eine möglicher Weise große Gefahr durch eine Greueltat vom Orient ab, indem er auf die Kunde der Unfälle in Thrakien durch Geheimschreiben alle Befehlshaber anwies, die in großer Zahl seit zwei bis drei Jahren daselbst untergebrachten gotischen Jünglinge, welche inzwischen kräftig herangewachsen waren, unter dem Vorwande einer Soldzahlung an einem und demselben Tage auf offenen Plätzen zu versammeln und niederzuhauen, was denn auch überall geschickt vollzogen ward.[15] (Ammian c. 16.)

FÜNFTES KAPITEL

Gratian bis zu des Valens Tode

Die Geschichte der Regierung Gratians vom November 375 bis zum Jahre 378 ist in unserm Ammian verloren gegangen. Dieselbe bildete (nach Chifflets und Heinr. Valesius begründeter Vermutung) das ganze einunddreißigste Buch, während das gegenwärtige dieser Ziffer ursprünglich das zweiunddreißigste war. Dies nötigt uns, kurz zu sein.

Obgleich die Ernennung seines vierjährigen Bruders Valentinian II. sicherlich das Werk einer Intrige der Großen war, die ein Doppelregiment und darunter das eines Kindes ihrem Einflusse förderlich fanden, so nahm es der noch nicht siebzehnjährige Gratian doch mit brüderlicher Liebe auf.

Die nach Zosimus (IV, 19) gleichzeitig, aber ohne des Oheims Valens Mitwirkung (Eunapius, p. 49) beschlossene Teilung erfolgte naturgemäß dergestalt, daß Gratian die Präfektur Gallier, das Land jenseits der Alpen, Valentinian II. die Italiens (s. Bd. I, S. 292) erhielt, ersterer aber unzweifelhaft auch seines Bruders Reichsteil als Regent verwaltete.

Um dieselbe Zeit ungefähr fiel leider der edle Theodosius in Afrika dem leicht erklärlichen Neide der Großen, wie Orosius (VII, 33) sagt.

Die Geistesreife und Willensenergie, seiner Herren, d. i. der Minister und Hofbeamten, Herr zu werden, mochte dem kaiserlichen Jünglinge noch fehlen. Wahrscheinlich ward Theodosius des Versuchs der Empörung, wozu er allerdings die Kraft besaß, beschuldigt: ob der Verdacht ein irgend wie begründeter war, wissen wir nicht, möchten es aber bezweifeln. Unter seines Sohnes Regierung setzte der Senat ihm Denkbilder zu Roß. (Symmachus Briefe I, ep. 22 u. 57.)

Wenig später anscheinend ward Themistius, der unerschöpfliche Lobredner, von Valens zu Gratian und von letzterm wiederum nach Rom gesendet, wo er vor dem Senat seine dreizehnte Rede hielt, der man, weil des Kaisers Schönheit feiernd, den Namen ἐρωτικός gab. Panegyrischer Wortschwall ohne Wert für die Geschichte.

Daß der junge Kaiser mit den Quaden Frieden schloß, alte Abgabenrückstände erließ und auch sonst des Guten viel tat, ist nicht zu bezweifeln.

Von Unsicherm kommen wir nun (in Ammians 10. Kapitel des XXXI. Buches) wieder auf festen Boden.

Jeder Sturm im Osten fand, schon von des Severus Alexander Zeit her, seinen Rückschlag im Westen des Reichs. So auch diesmal.

Ein unter den Schildenern der Garde dienender Alemanne aus dem Linzgaue setzte, in die Heimat beurlaubt, seine Landsleute von des Valens Bedrängnis durch die Goten und Gratians beabsichtigtem Hilfszug dahin in Kenntnis.

(Da erwachte, des abgeschlossenen Bundesvertrags unerachtet, im Volke der alte Drang, über den Rhein sich auszubreiten. D.) Im Februar 378 ging eine Raubschar, wahrscheinlich unterhalb Schaffhausen, über den gefrorenen Rhein, ward aber von den zur Grenzhut daselbst aufgestellten Kelten und Petulanten nachdrücklich, wenn auch nicht ohne eigenen Verlust, zurückgeschlagen.[1]

Hierdurch nicht abgeschreckt und erfahrend, daß der größte Teil des römischen Heeres schon nach Illyrien abmarschiert sei, boten die Alemannen größere Massen auf. Mit 40 000 Mann[2] fallen sie in das Römerland ein: und zwar vielleicht im heutigen Thurgau, weil innerhalb des Westwinkels des Rheins, dem heutigen Argau gegenüber, der Gau der Fürsten Gundomad und Vadomar, zuletzt Vitikabs (Bd. I, S. 524, 534) lag, von dessen Teilnahme am Kriege nicht die Rede ist.

Sogleich beordert Gratian die östlich abmarschierten Truppen wieder zurück und ernennt den Comes Nannenus (Bd. I, S. 536), nebst dem Frankenfürsten Mellobaud zu Führern des eilig zusammengezogenen gallischen Heeres. Die Alemannen ziehen sechzehn bis zwanzig Meilen weit den Rhein hinab bis in die Gegend des heutigen Colmar, wo (oder bei dem nahen Neubreisach) das alte Argentaria, die Hauptstadt der Rauraker, unbezweifelt lag.

Nannenus will einem Treffen ausweichen, der kühne Mellobaud aber sofort losschlagen, womit er auch durchdringt.

Mit einem Wurfgefechte beginnt die Schlacht: als aber die Römer die große Menge der Feinde wahrnehmen, weichen sie aus der Ebene bis an die waldigen Vorhöhen (der Vogesen?) zurück und nehmen dort in gedeckterer Stellung wiederum festen Platz. Plötzlich erkennen die Barbaren in der Ferne den Glanz der Waffen, mit welchen der Kaiser selbst heranzieht, und wenden sich sofort erschreckt zur Flucht, nur von Zeit zu Zeit noch Stand haltend und fechtend. Das Blutbad ist fürchterlich: auch der König (und Herzog) Priarius, den Ammian den Anstifter dieser verderblichen Schlacht nennt, fällt: die Zahl der Entronnenen ward nur auf 5000 geschätzt.

Haben wir Ammians Bericht über die Schlacht bei Argentaria unverstümmelt erhalten, worauf aber nie mit Sicherheit zu rechnen ist, so leidet er an einem großen Mangel, indem er nicht anführt, von welcher Seite das kaiserliche Heer gekommen sei.

Nach militärischem Urteil muß dies die Alemannen im *Rücken* angegriffen haben. Gratian rief seine auf der Militärstraße nach Osten vorausgeschickten Truppen zurück: er selbst wollte vorher mit diesen nach Illyricum ziehen. Die gallische Armee wird auch nicht von ihm, sondern von Unterbefehlshabern geführt, weshalb er sich gewiß nicht bei derselben befand. Läßt dies schon vermuten, daß er für seine Person mit den zum Abmarsche nach Illyricum bestimmten rasch wieder zurückgeführten Truppen in Eilmärschen den Alemannen nachrückte, so wird dies ungleich schlagender durch den Erfolg bestätigt. Bei der Straßburger Niederlage hatten die Alemannen den Rhein im Rücken und

390

verloren doch von 35 000 nur ungefähr 12 000 Mann (Bd. I, S. 471). Und hier, wo nichts deren Flucht behinderte, sollen von 40 000 deren 35 000 oder nach Hieronymus wenigstens 30 000 Mann geblieben sein. Endlich sind es nicht die Römer, sondern die Alemannen, welche Gratians Ankunft zuerst wahrnehmen, demselben daher näher gewesen sein müssen, was doch nur dann möglich war, wenn er ihnen in den Rücken kam.

Aus diesen Gründen sind wir (obgleich selbst der kritische Gibbon dies unbeachtet läßt) der Überzeugung, daß nur ein kombinierter Angriff der Römer von der Fronte und im Rücker jene starke Niederlage der Alemannen zu erklären vermag.

Indem der Kaiser die Fliehenden den Rhein aufwärts verfolgte, wohin ihn der Marsch nach Osten ohnehin führte, beschloß er, an der Grenze ihres Gebietes angelangt, das bundbrüchige Volk wo möglich ganz zu vernichten, ging daher links abbiegend über den Rhein.

An Widerstand wie an Flucht verzweifelnd ziehen sich die Alemannen mit Familien und Habe auf die unzugänglichsten Berggipfel zurück. Gratian wählt aus jeder Legion fünfhundert der Tapfersten aus und sucht mit dieser Elite die Höhen zu erstürmen. Der gegen Mittag begonnene Kampf dauert bis in die Nacht; mit Verzweiflung verteidigen sich die Barbaren; mit größter Tapferkeit greifen, durch das Beispiel des in den vordersten Reihen fechtenden Kaisers angefeuert, die Römer an. Das Übergewicht der Stellung ersterer ist aber zu groß, das Herabschleudern von Steinen so wirksam, daß der Sturm erfolglos bleibt

Schon erwägt der Kriegsrat, ob es nicht zweckmäßiger sei, durch Aushungerung die Feinde zu bewältigen, als diese ihre Stellung verlassen und sich auf noch höhere Berge in der Nähe zurückziehen, wohin Gratian ihnen sofort nachrückt und mit gleicher Energie die Fußpfade zum Angriffe aufsucht.

Da bricht der Mut der Linzgauer; sie bitten flehentlich um Kapitulation und erhalten auch freien Abzug, unter der Bedingung, ihre ganze streitkräftige Jugend als Rekruten zu stellen.

Wunderbare Eigentümlichkeit der Germanen, denen der Übertritt aus dem wildesten Kampf in die Reihe der Feinde, denen sie dann mit gleicher Tapferkeit und Treue dienten, ganz natürlich erschien.

Nach Bestrafung des verräterischen Schildeners zog der Kaiser nun über Arbor felix auf der nächsten Straße nach Lauriacum (Lorch unfern Ens) zur Donau, seinem Oheim zu Hilfe zu eilen.

Im Osten seines Gebiets hatte inzwischen der tüchtige Frigerid trefflich gesorgt, namentlich die Pässe von Succi sorgfältig befestigt, als er, anscheinend wegen abgelaufener Dienstzeit, abberufen und durch Maurus[3], einen unzuverlässigen Mann, ersetzt ward, was Ammian bitter rügt.

Mit schwerem Herzen nehmen wir bei dieser letzten Erwähnung von dem trefflichen Historiker Abschied.

Er schließt in dem schon oben erwähnten 16. Kapitel, das er, unzweifelhaft in den letztern Jahren von des Theodosius Regierung schrieb, sein Werk mit den Worten:

„Dies habe ich, als vormaliger Soldat und Grieche, von Nervas Regierungsantritt an bis zu des Valens Tod, nach dem Maße meiner Kräfte geschrieben.

Dies Werk bekennt sich zur Wahrheit, die ich nach meiner Überzeugung niemals wissentlich durch Verschweigung oder Lüge entstellt habe.

Die Folgezeit mögen bessere Männer, in Alter und Wissen blühend, darstellen. Wollen sie dies beginnen, so rate ich ihnen, ihrer Beredsamkeit den Schwung eines höhern Stils zu verleihen."

In der Tat: der Mann, der uns hier verläßt, ist ein *wahrhaftiger* und der letzte Geschichtsschreiber einer schlechten Zeit gewesen. Welch' ein Unterschied zwischen Sueton, den er fortsetzte, und ihm! An seiner Schreibart erkennt man den Griechen jener Periode. Fast unerträglich dünkt sie im Anfange: aber man gewöhnt sich endlich daran, ja man gewinnt sie, wie den Fehler eines Freundes, beinah lieb.

SECHSTES KAPITEL

Das Christentum bei den Germanen[1]

Um dieselbe Zeit beinah, da das wieder erstarkte Rom dem Fortschritte der Völkerwanderung vorübergehend *Stillstand* gebot, bereitete sich bei den Germanen fast unbemerkt eine Einwanderung vor, welche der Grund- und Eckstein der neuen Welt werden sollte: *die Verbreitung des Christentums.*[2]

(Überläßt man das Mirakel und die mirakelhafte Leitung der menschlichen Dinge, wie billig, der Theologie, beschränkt man sich auf vernunftgemäße Erklärungen, so wird man einfach sagen müssen: die Germanen nahmen das Christentum an, weil es die Staatsreligion des römischen Reiches war, wie sie römische Wörter, Geräte, Institutionen annahmen: wäre der ägyptische Osiris- und Isiskult von Constantin zur Reichsreligion erklärt und von Valens den Goten gebracht worden, so würden sie ohne Zweifel ebenso leicht oder ebenso schwer, mit ebenso vielen Irrtümern des Verständnisses, mit ebenso geringem Eindringen in das Innere den ägyptischen Kult angenommen haben. Da Valens Arianer, der Arianismus schon vorher in dem Ostreich stark verbreitet war, nahmen die Goten eben den Arianismus an: wäre eine andere Ketzerei, z. B. die manichäische, damals die herrschende gewesen – sie würden ohne Zweifel Manichäer geworden sein. Sie hatten vielfach nur die Wahl zwischen den Hunnen oder der Taufe. D.)

Daß der vom zweiten bis vierten Jahrhundert immer inniger und allgemeiner gewordene Verkehr zwischen Römern und Germanen auf die nationale Entwickelung letzterer von dem tiefsteingreifenden Einflusse sein mußte, bedarf in der Tat nur der Erwähnung, nicht erst der Begründung.

Germanen waren römische Untertanen, Soldaten, Heerführer und hohe Staatsbeamte: aber auch Bundesgenossen und Feinde, und zwar von jedweder Bewegung und Veränderung im Innern des jenseitigen Reichs oft genau unterrichtete Feinde.

Sehr viele Germanen dienten unter den Römern, viele Römer den Germanen als Sklaven: ja auch freie Bürger römischer Nation oder Bildung waren in den eroberten Landschaften vorübergehend oder bleibend Germanen unterworfen. Aus diesen oder auch aus Überläufern, an denen es nie fehlte, wählten sich – wie wir vom fünften Jahrhundert mit Sicherheit wissen, auch von der früheren Zeit aber nicht bezweifeln können – die barbarischen Fürsten ihre Geheimschreiber („Notare") und Vertrauten.

Von besonderem Einflusse waren ferner die zahlreichen Söhne der Fürsten, die als Geiseln viele Jahre lang in Rom erzogen und gebildet wurden, wie wir dies z. B. von dem Chauken Nebisgast (Bd. I, S. 476), dem Alemannen Mederich, genannt Serapio (S. 521), und des Gotenkönigs Ariarich Sohn erfahren.

Wer kann hiernach zweifeln, daß römische Kultur und römische Glaubenslehren, sowohl heidnische als christliche, bei den Germanen immer mehr Eingang fanden?

Daß dies aber auch auf deren Glauben an die germanischen Gottheiten auflösend und zersetzend eingewirkt habe, können wir zwar, weil uns jeder nähere Einblick in das religiöse Leben der Germanen jener Zeit fehlt, nicht beweisen, müssen es aber, der menschlichen Natur gemäß, voraussetzen.

(Was man die „mythologische[3] Prädisposition der germanischen Völker für das Christentum" nennt, ist zum Teil Selbsttäuschung – kriegerische Kraft, unbeugsamer Stolz der Persönlichkeit, Pflicht der Blutrache, Aufgehen in lebensfreudigem Heldentum ist ein ebenso starker Gegensatz zu den christlichen Idealen als die hellenische und römische Weltanschauung –, zum Teil auf Stellen der Edda begründet, welche zweifellos unter christlichem Einfluß *aufgezeichnet* und *redigiert* sind.[4] D.)

Die zähe Erhaltung einer nationalen Religion wird verstärkt vor allem durch Einfluß eines besondern Priesterstandes. Wir haben hierbei nur an die Ägypter, Juden, Gallier und deren Druiden sowie an den Buddhismus und dessen ganzen hierarchischen Apparat zu erinnern. Leicht findet eine neue Lehre in den Völkern Eingang; aber der Haß und Widerstand des durch dieselbe in allen seiner Interessen bedrohten *Priestertums* sind es, welche sie auf das Hartnäckigste bekämpfen und oft wieder zu unterdrücken oder doch deren Fortschritt aufzuhalten wissen. Mit inniger Teilnahme lauschte die Masse des jüdischen Volkes dem Herrn: aber das Priestertum schlug ihn an das Kreuz.

Daß nun bei den Germanen ein eigner Priester*stand* nicht existierte, ist allbekannt; wenn mit dem Fortschritte der Entwickelung auch in dieser Hinsicht später eine Art Teilung der Arbeit eintrat, so hat sich doch ein vom Volke abgesonderter, durch Standes- oder Privatinteressen zusammengehaltene Priesterstand niemals ausgebildet, da sich von einem solchen und einem darauf gegründeten theokratischen Regiment in den Quellen keinerlei Spur findet. So mußte das Eindringen des neuen Glauben dadurch sehr erleichtert werden, daß jene Macht des eifrigsten und nachhaltigsten Widerstandes im Volke nicht vorhanden war.

Wir wenden uns zur Geschichte des äußeren Hergangs bei der Verbreitung des Christentums unter den Germanen.

Einzelne Bekehrungen haben gewiß schon im zweiten und dritten Jahrhundert, insbesondere unter den zahlreichen barbarischen Sklaven im römischen Reiche, stattgefunden, welche als die Mühseligsten und Beladensten der Erquickung am meisten bedürftig (dem weltflüchtigen, auf die Ausgleichun im Jenseits verweisenden Glauben am meisten geneigt *D.*) waren. Auch einzelne Freie mögen diesem Beispiel gefolgt sein.

Allgemeiner aber tritt das Christentum erst im Anfang des vierten Jahrhunderts bei den Goten hervor. Sokrates sagt (II, 41) am Schlusse: dieselben hätten früher das nikäische Bekenntnis angenommen, dem Theophilus folgend, welcher es als Bischof der Goten in Nikäa selbst mitunterschrieben habe. Dieser Theophilus kann aber füglich auch nur der geistliche Vorstand irgend einer auf römischem Boden errichteten gotischen Kolonie gewesen sein, woran es sicherlich nicht fehlte; eine Vermutung, die durch dasjenige, was aus den Akten des Konzils über dessen Unterschrift bekannt ist (s. Kraft S. 216), eher bestätigt als widerlegt wird, wie denn auch Philostorgius den Wulfila ausdrücklich als den ersten Bischof unter den Goten bezeichnet. Unter allen Umständen bezweifeln wir, daß bereits im Jahre 325 ein irgendwie anerkannter Bischof im *Gotenlande* selbst seinen Sitz gehabt habe. Die erste genauere Nachricht über das Eindringen des Christentums in dieses Volk gibt uns Photius in dem Auszuge des Philostorgius (II, 5), welcher daselbst Folgendes anführt:

Unter Valerians und Galliens Regierung hätten die Goten bei ihren Raubfahrten durch Europa und Asien, namentlich in Galatien und Kappadokien, viele Gefangene gemacht und darunter auch Kleriker nebst reicher Beute in ihre Heimat mit abgeführt. Durch diese sei das Christentum daselbst verbreitet worden. Unter jenen Gefangenen hätten sich nun auch die Voreltern des Wulfila aus dem Dorfe Sadagolthina unfern der Stadt Parnassus in Kappadokien befunden, deren Enkel[5] Wulfila der erste christliche Bischof der Goten geworden sei.

Dieser habe in treulicher Fürsorge unter anderem auch ein gotisches Alphabet festgestellt und hiernach die ganze heilige Schrift, mit Ausnahme des Buches der Könige, in die Volkssprache übersetzt. Jenes habe er um deswillen weggelassen, weil es besonders Kriegsgeschichten enthalte und das ohnehin allzu kriegslustige Volk eher eines Zügels als eines Anreizes zum Kriege bedurft habe. Damit nun dessen großes Werk desto unbehinderter vollbracht werde, habe der Kaiser dem freiwillig auf römisches Gebiet übergegangenen Volke Wohnsitze in Mösien angewiesen und Wulfila in so hohen Ehren gehalten, daß er ihn häufig den „Moses der Goten" genannt habe.

Diesen so speziellen und innerlich glaubwürdigen Bericht zu bezweifeln haben wir keinen Grund, obwohl dessen Verfasser, der Arianer Philostorgius, an sich sonst unzuverlässig ist. Dazu berechtigt uns selbst eine, demselben beigefügte offenbare Unrichtigkeit nicht – und zwar die, daß Wulfila unter Constantin durch Eusebius zum Bischofe geweiht worden sei. Dies ist nämlich unmöglich, weil derselbe, nach des Auxentius völlig zuverlässiger Erzählung in der von Waitz entdeckten Quelle, erst im Jahre 348, also längst nach Constantins und Eusebius' Tode, ordiniert wurde. Unstreitig ist aber jener Zusatz nur aus dem tendenziösen Arianismus des Verfassers hervorgegangen, dem es entsprach, die Weihe des berühmten Wulfila vom Haupte seiner Partei (Eusebius von Nikomedien) abzuleiten.

Mit Philostorgius stimmt aber auch Sozomenos (II, 6) insoweit überein, als er an dieser, sonst freilich auch viele Unrichtigkeiten enthaltenden[6] Stelle bemerkt, daß es der heilige Wandel der bei obigen Raubfahrten gefangenen Christen, die Heilung von Kranken und andere Wunder gewesen seien, welche die Goten zu Annahme ihres Glaubens bekehrt hätten.

Die vollste Bestätigung über Wulfilas Person aber gewährt der vorstehend schon erwähnte Bericht des Auxentius, nach welchem dieser im Jahre 318 geboren, und im dreißigsten Jahre zum Bischofe ordiniert worden sei, nach sieben Jahren aber, in Folge einer durch einen tyrannischen Fürsten (judex) wider die Christen verhängten Verfolgung, seine Gemeinde in römisches Gebiet übergeführt habe.[7]

Wunderbar: wie in der Natur Sturmwinde und Wasserfluten den Samen der Gewächse von Gegend zu Gegend, von Land zu Land tragen, also hat jener so furchtbar durch Asien wütende Verheerungssturm den Samen des Christentums von Kappadokien an die Gestade der Donau hinübergeführt.

Wie unter den Römern (s. Bd. I, S. 342), so ward wohl auch bei den Goten das erste sporadische Auftreten des Christentums übersehen, zumal der natürliche Denunziant, ein eifersüchtiger und mächtiger Priesterstand, fehlte und die an sich sehr beschränkte Staatsgewalt weder Anlaß noch Macht hatte, in die Freiheit der Volksgenossen einzugreifen. (Der Polytheismus kann tolerant sein. *D.*)

Als aber in Folge rascher Vermehrung der Übertritte eine förmliche Gemeindeverfassung der Christen mit einem Bischof an ihrer Spitze sich organisierte, mag ein Konflikt mit der Staatsgewalt und die Überzeugung Platz gegriffen haben, daß man[8] der gefährlichen Neuerung entgegentreten müsse.

(Nachweisbar haben die Christen unter den Goten ihre Stütze gesucht bei Rom, woher sie ihren

Glauben erhalten – also bei den alten Erbfeinden gotischer Nation. Die Christen unter den Goten waren die Vorposten der Legionen. *D.*)

Daraus ging, wiewohl erst lang nach Wulfilas Einsetzung, die erste Christenverfolgung durch die gotische Obrigkeit und aus dieser wiederum nach sieben Jahren von jener Zeit an Wulfilas und seiner Gemeinde Übertritt auf römisches Gebiet hervor.[9]

Diese erhielt durch Constantius Wohnsitze in den *Gebirgen* (Montibus. Waitz S. 16) des Hämus, und zwar im Gebiet der Stadt Nikopolis, die an dessen Fusse lag. (Jordanis c. 51, der sie mit dem Namen Gothi minores bezeichnet.)

Die Hauptwurzel des Christentums im innern Gotenlande schien ausgerissen: zahlreiche Nebenschößlinge derselben aber mögen im Boden zurückgeblieben sein. Diese wucherten um so mehr auf, da Wulfila nach Sokrates (IV, 33) sein Missionswerk und zwar, wie dieser ausdrücklich anführt, auch unter den Goten des Athanarich fortsetzte. Daher weitere religiöse Parteiung, welcher auch die damals unter den Westgoten herrschende politische nicht fremd bleiben konnte.

Dies führte zu fernern Christenverfolgungen und Vertreibungen durch Athanarich, die, im Jahre 370 beginnend, gewiß längere Zeit andauerte, und vielleicht zu dem bald darauf folgenden offenen Kampfe zwischen diesem und Fritigern, welcher Letztere sich als das Haupt der Christenfreunde kund gibt; er war, vor oder bei dem von Kaiser Valens wider seinen Gegner erlangten Beistande, zu dem neuen Glauben übertreten und hatte auch die Seinigen dazu bewegt.[10] Daß bei der allgemeinen vertragsmäßigen Aufnahme der Westgoten in römisches Gebiet im Jahre 376 deren christliches Bekenntnis versichert, verlangt oder doch vorausgesetzt wurde, ist, wenn gleich Ammian (XXXI, 4) darüber nichts bemerkt, wohl nicht zu bezweifeln. Doch erwähnt derselbe (c. 12) eines vor der Schlacht von Adrianopel von Fritigern an den Kaiser abgesandten christlichen „Presbyters", wohl Bischofs, der „als jenem treu und dessen geheimer Absichten kundig" angegeben wird, was wiederum das uns aus anderer Quelle schon bekannte Christentum des gotischen Heerführers bestätigt und auf das gleichmäßige seines Heeres, mindestens in dessen großer Mehrzahl[11], schließen läßt: wie sich denn auch unter den von Alatheus und Saphrax geführten Ostgoten gewiß damals schon mehrere Christen befunden haben.

Über die weitere Geschichte der Verbreitung des Christentums unter den Goten dagegen fehlen uns alle näheren Nachrichten. Inwieweit aus den Ereignissen eine Vermutung darüber abzuleiten ist, wird sich am geeignetsten bei der Darstellung dieser selbst in den folgenden Kapiteln bemerken lassen.

Am dunkelsten ist das Bekehrungswerk der unter der Hunnenherrschaft jenseits der Donau zurückgebliebenen Ostgoten, Gepiden und andern Völker.

Gewiß hat die politische Unterdrückung deren religiöse Empfänglichkeit für das Christentum nur gesteigert: und dies muß zuletzt zur herrschenden Tagesmeinung geworden sein, da wir, nachdem der Hunnensturm nach Attilas Tode verlaufen war, fast nur christliche germanische Völker auf dem dortigen Plan erblicken.

Dem engern Bereich der Kirchengeschichte gehört die Frage an: wie es geschah, daß die Ostgermanen sich fast insgesamt dem *arianischen* Bekenntnis zuwandten.

Das Christentum kam zuerst in einer Zeit zu den Goten, da, von einigen ältern Sekten abgesehen, nur *eine* allgemeine christliche Kirche bestand, der Arianismus noch nicht hervorgetreten war.

Da brach jene unselige Spaltung aus, die den ganzen Orient in Flammen setzte, in welchem das für den Fanatismus der Idee (und für leidenschaftliche Disputationen über Haarspaltereien *D.*) so empfängliche griechische Element vorherrschte: im Westen des Reichs fand dieser Dogmenhader weit weniger Nahrung.

Noch geringer sicherlich war die Teilnahme der Christen im Gotenland an diesem Streit, der ihnen freilich auf seinem Höhepunkte nicht ganz fremd geblieben sein kann.

Hatte schon Constantin der Große in seinem Schreiben an Alexander und Arius *den Streit über etwas an sich Unerforschliches für müßig erklärt*, wie viel mehr mußte der fromme Sinn der ersten Apostel unter jenen Heiden, denen das heilige Werk an sich, daher Förderung und Erhaltung der Einigkeit in der (von außen her ohnehin schwer bedrängten) Gemeinde am Herzen lag, ein so gefährliches Meinungsgezänk verwerfen und vermeiden.

Vor allem auch war gewiß in dem einfachen gesunden Sinne des Naturvolkes, der dogmatischen Grübelei über Unbegreifliches widerstrebte, kein für solchen Zündstoff empfänglicher Boden.

Kam indes der Streitpunkt unter den Goten irgendwo zum Bewußtsein, was bei den Geistlichen mindestens nicht ganz ausgeblieben sein kann, so dürfte die arianische Auffassung der Dreieinigkeitslehre dem schlichten Geiste derselben einfacher und faßlicher erschienen sein, als die durchaus mysti sche der orthodoxen Kirche: (aber diese innere Neigung, die man zur Hauptsache hat machen wollen, war Nebensache. *D.*).

Erst mit dem Übertritt auf römischen Grund und Boden trat die Notwendigkeit der Taufe oder der Bekenntnis-Erklärung unabweisbar ein: und da diese unter den eifrig arianischen Kaisern Constantius und Valens erfolgte, *mußten* sie sich für die bei den Römern herrschende Kirche entscheiden. Dies konnten sie aber auch meist ohne Abfall und Gewissensverletzung tun, da die ganze Streitfrage bei ihnen bisher mehr als eine offene angesehen worden, ja der Volksgeist an sich der arianischen Lehre (die in der letzten Zeit ihnen von Staatswegen zugetragen war *D.*) mehr *zu*- als *ab*geneigt war.

Nach dieser Ansicht erklärt es sich leicht, wenn die glaubhaftesten rechtgläubigen Kirchenväter, wie Augustin (de civit. Dei XVIII, 52), die Goten in ihrer Heimat für durchaus *katholische* ausgeben (siehe Waitz S. 44).

Sie konnten dies, weil sich jene eben noch nicht bestimmt für das ketzerische Bekenntnis ausgesprochen hatten.

Auf demselben Grunde beruht es vielleicht auch, wenn Sokrates (II, 41) und Sozomenos (VI, 37) versichern, daß Wulfila, der früher dem nikäischen Bekenntnis angehangen, zum arianischen, und zwar, wie Letzterer hinzufügt, „durch listige Überredung" übergeführt worden sei.

Am unbefangensten und richtigsten über diesen Gegenstand urteilt unsers Erachtens Waitz S. 41–45, der namentlich auch des Sozomenos Unzuverlässigkeit richtig hervorhebt.

Was nun aber die später erst zum Christentum übertretenden Goten, zu *der* Zeit, als umgekehrt im römischen Reiche das katholische Bekenntnis das herrschende, das arianische aber das unterdrückte war, letzterem zuführte, wagen wir nicht mit Sicherheit zu bestimmen.

Gewiß war dies weniger der instinktive Vorzug des ihrer Fassungskraft entsprechenderen Dogma als der Vorgang und das Beispiel ihrer Landsgenossen.

Unmöglich kann dieses Kapitel geschlossen werden, ohne dem großen unsterblichen Manne ein ehrendes Denkmal zu setzen, der seinem Volke und mit ihm dem ganzen Germanenstamme im zwiefachen Sinne die Schrift brachte, indem er dem Worte Zeichen gab und mit ihrer Hilfe das Wort Christi in die heimische Sprache übertrug.

Nur ein tieferes Nachdenken vermag die unermeßliche Schwierigkeit der Aufgabe, daher den Mut, den Geist, die Kraft und Ausdauer zu ermessen, welche deren Erfüllung erforderte.

Wahrlich *Wulfila*, der Gotenapostel, der „Moses der Germanen", war ein großer Mann: (seine Aufgabe war ganz unvergleichlich schwieriger als die Luthers: und er hat sie wahrlich mindestens ebenso glücklich gelöst. *D.*).

SIEBENTES KAPITEL

Theodosius mit Gratian und Valentinian II.

Wir teilen dieses Kapitel in drei Abschnitte.

I. Theodosius bis zu Gratians Tode im Jahre 383.

Kaiser Valens schlug, ohne seinen Neffen Gratian abzuwarten. Er fiel und mit ihm sanken, *nach römischem Berichte*, mindestens zwei Drittteile seines Heeres.

Groß der materielle Machtverlust, ungleich größer der *moralische*.

Nach Abzug der Goten von Adrianopel gen Perinth und Konstantinopel rettete sich ein Teil der Trümmer des Heeres unter Victors Führung (Zosimus IV, 24) zu Gratian, der damals wahrscheinlich schon bis Sardica, dreiundvierzig deutsche Meilen von Adrianopel, vorgerückt war. (Amm. XXXI, 16, S. 290.)

Erneuerung des Krieges, Sühnung der unerhörten Niederlage durch Sieg mochte ihm, und zwar mit Recht, untunlich erscheinen.

Dazu war das aus dem fernen Westen mitgeführte Hilfskorps wohl zu schwach, der Zuwachs durch jene Flüchtlinge aber, weil von panischer Gotenfurcht ergriffen, eher gefährlich als förderlich.

Auch war der Feind nicht gesammelt und im Anzuge, sondern auf Raubfahrt zerstreut, der Operationsplan daher äußerst schwierig, der Krieg jedenfalls weit aussehend.

Darum zog sich Gratian zu Deckung des Westens zurück, wahrscheinlich bis Sirmium, wo wir ihn zu Anfang des Jahres 379 finden.

Vor allem erfüllte ihn nun die Sorge um die Zukunft. Legitimer Erbe des Ostreichs hatte der noch nicht zwanzigjährige[1] Jüngling zu wenig Herrschsucht und zu richtiges Selbstgefühl, sich der Verteidigung einer Welt gegen zahllose furchtbare Feinde für gewachsen zu halten. Was der Vater schon in der Zeit der Ruhe getan, mußte ihm bei solcher Not unvermeidlich erscheinen: – neue Teilung des Reiches: zugleich und vor allem aber die Aufsuchung des besten Herrschers für das so schwer bedrängte östliche Gebiet.

Diesen suchte, diesen fand er in dem verbannten gleichnamigen Sohn eines großen Vaters, des edlen Theodosius, der, ein Opfer der Kabale, durch ihn selbst – gewiß schuldlos – getötet worden war.

Kurz war Gratians Regierung, sein frühes Ende nicht unverschuldet, des Theodosius Berufung aber eine rettende Tat für das sinkende Rom, von um so höherem Verdienste, je mehr es ihn Überwindung gekostet haben muß, den durch ihn selbst so tief gekränkten so hoch zu erheben.

Am 19. Januar 379 ward Theodosius zu Sirmium in seinem dreiunddreißigsten Lebensjahre mit dem Purpur beikleidet und nicht allein der Orient mit Thrakien, sondern auch die ganze Präfektur Illyricum mit den Diözesen Dakien und Makedonien ihm abgetreten.

Theodosius war wahrscheinlich im Jahre 346[2] in Cauca, einer Stadt Galläciens in Spanien, geboren. Des Vaters Begleiter in dessen Kriegen und Siegen hatte er in Britannien gegen Picten und Scoten wie in Afrika gegen die Mauren sich ausgezeichnet, muß aber mindestens schon mit Anfang des Jahres 374 zum Befehlshaber in Obermösien ernannt worden sein, wo er während des pannonischen Krieges im diesem Jahr auf eigene Faust vom Süden her die Sarmaten angriff und durch mehrfache Siege der, für den Augenblick wenigstens, schon verlorenen Sache Roms noch Rettung brachte.

Nach des Vaters Hinrichtung verbannt oder mindestens entlassen zog er sich auf seine Güter nach Spanien zurück, wo ihn der Ruf zur Weltherrschaft fand.

Constantin der Große war der Anfänger der Erhebung des Christentums zur Weltreligion, Theodosius ward der *Vollender*.

Der in allem Politischen höchst unzuverlässige Theodoret läßt (in seiner eccl. historia V, 5) des Theodosius Ernennung zum Kaiser einen umständlich beschriebenen Sieg vorausgehen, den er, von Gratian mit einem Korps detachiert, über die Goten erfochten habe. Dies ist ein albernes Märchen, das (wie Gibbon Kap. XXVI, not. 110 richtig bemerkt) auf Verwechselung mit dem Sarmatensiege des Jahres 374 beruht.

Gratian brauchte einen Kaiser, aber keine Generale, deren er aus Julians und Valentinians Schule in Saturnin, Victor, Richomer, Arbogast u. a. m. bewährtere und erfahrenere, als dieser junge Mann war, hatte. Ein Kommando solcher Art ziemte auch dem künftigen Herrscher nicht, vor allem aber hätte dessen Lobredner Themistius in seiner Glückwünschungsrede von der Mitte des Jahres 379[3] (orat. 14), so wie in der 15., wo er p. 198 (ed. Hard.) des Sarmatensieges vom Jahre 374 gedenkt, dessen Triumph nicht verschweigen können.

Lange hatte Theodosius, der Schwere der Aufgabe sich bewußt, nach des Pacatus Lobrede (c. 11) gegen deren Übernahme sich gesträubt, endlich aber doch dem höhern Rufe nachgegeben.

Das ganze weite Süddonauland mit Ausnahme der festen Plätze war in den Händen der siegtrunkenen Feinde, die mit Hohn und Verachtung auf die Römer herabsahen. (Chrysostomus ad viduam jun. I, p. 344, ed. Montfaucon.)

Ein Heer, es diesen entgegenzustellen, war nicht vorhanden. Ein Söldnerhaufe, der seine Soldatenehre und mit ihr das einzige höhere Gefühl verloren hat, ist kein irgendwie brauchbares Kriegswerkzeug mehr.

Da muß der beste Feldherr jene, bevor er schlagen kann, erst wieder wecken und erziehen, was Tiberius nach der Varusschlacht so trefflich verstanden hatte.

So handelte mit hoher Umsicht Theodosius, der das feste Thessalonich zum Hauptquartier und zur Operationsbasis nahm (Zosim. IV, 25 u. 27, auch Themistius or. 14) und sich dadurch die Verbindung mit Konstantinopel und dem Orient zur See sicherte.

Dies erleichterte ihm der Feind, bei dem nach dem verfehlten Versuche gegen Konstantinopel jeder höhere Kriegsplan, jede einheitliche Leitung zu vermissen ist. Willig hatten sich die Goten Fritigern Herzogsgewalt im Krieg untergeordnet. Mit dem Sieg aber hatte diese ein Ende. Nicht nur die Ostgo ten, sondern gewiß auch ein großer Teil der Westgoten, der ihm nicht als seinem nächsten Gaufürsten huldigte, folgten nunmehr eigner Laune und eignen Führern. Zu Fortsetzung des großen, bleibende Eroberung bezweckenden Krieges hätte es vor allem der Bildung eines Belagerungsparks bedurft, wozu es an gefangenen oder erkauften römischen Kriegskundigen und Ingenieuren nicht gefehlt haben würde, um sich eines oder mehrerer der Hauptplätze zu bemächtigen.

Zu dem allen gebrach es Fritigern wohl nicht an Einsicht und Geschick, aber seinen Völkern an Disziplin und Gehorsam.

Das Gesamtheer löste sich nach Ammian in einzelne Raubscharen auf, die nach allen Richtungen hin ihrem Lieblingsgewerbe nachgingen. Drangen sie hierbei, wie Ammian (XXXI, 16) ausdrücklich hinzufügt, bis zum Fuße der julischen Alpen vor, so geschah dies doch sicherlich nur von einzelnen kleinern Haufen, auch nicht auf der großen, mit Festungen versehenen Militärstraße, auf der zunächst noch Gratian operierte, sondern südlich derselben durch Serbien, Bosnien, auch wohl Dalmatien.

Des Theodosius System war tunlichste Verstärkung des Heeres, wozu er namentlich auch Bergleute und flüchtiges Landvolk, so wie das Wenige, was der entblößte Orient an Truppen noch abgeben konnte, verwendete: dann Wiederbelebung des Mutes seiner Soldaten durch den mit der größten Vorsicht von den Festungen und sonstigen gesicherten Stellungen aus geführten kleinen Krieg, den die Sorg- und Zuchtlosigkeit der schweifenden Feinde sehr erleichtert haben mag. (Themistius orat 14, p. 181, ed. Harduin.)

Von einem einzigen Vorfalle dieser Art, wahrscheinlich aus der zweiten Hälfte des Jahres 379, wissen wir aus Zosimus (IV, 25) Näheres.

Die Goten, nach germanischer Weise die Mauern scheuend, hatten ihre, durch Wagenburgen einigermaßen befestigten Lager-, Wohn- und Zufluchtsstätten im Freien. Eine solche befand sich in dem fruchtbaren Gefilde am Fuß eines im Rücken mit höherem Gebirge verbundenen, weit ausgedehnten, auf der Höhe ebenen Vorberges, dessen Hang wohl bewachsen war.

Letztern besetzt unbemerkt der römische Heerführer Modares, ein „Skythe" (Gote) königlichen Geschlechts, der, nicht lange vorher zu den Römern übergegangen, wegen bewiesener Treue dies Kommando erlangt hatte, und überfiel von hier aus die nach durchschwelgter Nacht in Trunkenheit und Schlaf versunkenen Goten so plötzlich und geräuschlos, daß, nach des Zosimus sicherlich übertriebenem Berichte, die Männer alle niedergehauen, die Weiber und Kinder aber mit zahllosen Knechten zu Gefangenen gemacht und 4000 Wagen erbeutet wurden.[4]

Im Laufe des ganzen Feldzuges 379 wurden nun, wie alle Chronisten versichern, die skythischen Völker: Alanen, Hunnen und Goten in vielen und großen Schlachten durch Theodosius besiegt und die Goten aus Thrakien vertrieben, diese Siege aber am 17. November feierlich verkündet. Das ist nur das Echo des römischen Bulletinstils; in der Tat aber gab es nur vielfache, mehr oder minder bedeutende Vorteile im kleinen Kriege, doch keinerlei Entscheidung im Großen, wie die Geschichte der Folgezeit dies außer Zweifel setzt

Dabei wird in den Quellen, wie gewöhnlich, dem Kaiser zugeschrieben, was seine Feldherren getan, indem ein unter dessen *persönlicher* Führung erfochtener Sieg in den bald darauf gehaltenen Lobreden gewiß nicht verschwiegen worden wäre.

Die Vertreibung der Goten aus Thrakien[5] insbesondere kann sich nur auf die Provinz dieses Namens bis zum Hämus, nicht aber auf Mösien und die südwestlicheren Landstriche beziehen, da es, nach der ganzen Sachlage und den Ereignissen der nächsten Jahre, geradezu sinnlos sein würde, eine Zurücktreibung der Goten über die Donau anzunehmen.

Auf eine solche, weil unausführbar, war überhaupt nicht, sondern nur auf friedliches Verträgnis und Gewinnung der Goten für das Reich des Theodosius scharfblickende Politik gerichtet: und schon die Vorteile dieses Jahres mögen ihm Söldner aus diesem Volke selbst zugeführt haben.

Die Kriegsereignisse des nächsten sind zumal ihrer Zeitfolge nach dunkel.

Im Beginn des Jahres 380 wird Theodosius von einer gefährlichen und langwierigen Krankheit zu Thessalonich befallen (in welcher er durch den dortigen Bischof Ascholius getauft wird).

Sein Daniederliegen weckt die Unternehmungslust der Goten; die Westgoten sammeln sich wieder unter Fritigern, die Ostgoten unter Alatheus und Saphrax; jene dringen nach Thessalien, Epirus und Achaia, diese nach Pannonien vor.

Da bat der Kaiser seinen Kollegen Gratian, dessen eigner Reichsteil zugleich gefährdet war, um Hilfe. Vor deren Eintreffen sollen jedoch die Barbaren, wie Zosimus (IV, 31) berichtet, Theodosius selbst, dessen Anwesenheit in einem Lager verraten worden war, mit solcher Entschlossenheit überfallen haben, daß er nur durch die hingebende Tapferkeit seiner Truppe, wohl seiner Garde, die bis auf den letzten Mann fechtend fiel, zu entrinnen Zeit gewann; die Goten aber bemächtigten sich Thessaloniens und Makedoniens.

Indes wurde diese Provinz bald wieder gesäubert, da die Germanen auf die Kunde des Anrückens von Gratians Feldherren Baudo und Arbogast, beide Franken, sich nach Thrakien zurückzogen.

Dunkler sind die Vorgänge in der Nähe der Donau. Athanarich, dem sein Versteck in den Karpaten nicht mehr sicher oder erträglich erscheinen sein mag, dürfte durch Siebenbürgen in die westliche Wallachei gezogen sein und ist jedenfalls über die Donau gegangen.

Zwischen ihm und Fritigern, den er wohl als Urheber des Abfalls zahlreicher Westgoten betrachtete, mag der alte Haß immer höher gestiegen sein, so daß Letzterer vor Beginn seiner Operation gegen die Römer den gefährlichen Nebenbuhler im Rücken unschädlich zu machen[6] für nötig hielt. Wirklich ward Athanarich auch durch Fritigern in Verbindung mit Alatheus und Saphrax aus seiner Stellung dergestalt verdrängt, daß er sich östlich nach Thrakien hinziehen mußte.

Gleichzeitig muß aber auch Gratian oder ein General desselben in der Nähe des Kampfplatzes erschienen sein und einige Führer der durch den Bürgerkrieg geschwächten Goten zu Friedensschlüssen bewogen haben.

Auch die aus Makedonien nach Thrakien vertriebenen Goten ergaben sich nun Theodosius, was dieser durch Gewährung von Land und Aufnahme der Streitbaren in römischen Sold auf das Entgegenkommendste erleichtert haben mag.

So mindestens erklären wir uns die übereinstimmende Nachricht des Jordanis (c. 28) und des Prosper Aq.[7], daß Gratian während des Theodosius Krankheit Frieden geschlossen und ersterer diesen bestätigt habe, auch gegen Ende des Jahres 380, in welchem letzterer am 14. November in Konstantinopel einzog (Idat. Chr. u. Fst.), Siege beider Kaiser daselbst verkündet worden seien.

Um dieselbe Zeit ungefähr mag Fritigern gestorben sein, wenn wir des Jordanis Worten (c. 28), daß Athanarich ihm damals gefolgt sei (qui tunc Fritigerno successerat), Glauben schenken dürfen, was durch Fritigerns Verschwinden in der Geschichte unterstützt wird.

Zu Anfang des Jahres 381 erntete Theodosius die Frucht seiner weisen Politik.

Er empfing diesen geschworenen Römerfeind (Amm. XXVII, 5) in Frieden und Freundschaft, eilte ihm sogar ein weites Stück vor Konstantinopel in Person entgegen. Da soll der Gotenfürst, von der Lage und Pracht dieser Wunderstadt mit ihrem Völkergewimmel und Mastenwalde ergriffen (nach Jordanis c. 28) ausgerufen haben: „ein Gott auf Erden wahrlich ist der Kaiser und mit Blutschuld beladet sich, wer die Hand wider ihn erhebt."

Jedenfalls überlebte Athanarich den unerwarteten Triumph nur wenig Wochen oder Monate.[8] Da bereitete ihm der kluge Theodosius die glänzendste Bestattung, in Person dem Leichenwagen vorausgehend. Mächtig ergriff diese ihrem Fürsten bewiesene Ehre das gesamte ihm angehörige Gotenvolk: willig unterwarf es sich dem ihm so wohlwollenden Kaiser, gewissermaßen das alte unter Constantin dem Großen geschlossene Födus erneuernd.

Noch in demselben Jahre fiel nach Zosimus (IV, 34 a. Schl.) eine aus hunnischen Untertanen, Skiren (die hier zuerst erwähnt werden)[9], Carpen (Carpodaken bei Zosimus) und Hunnen bestehende Raubschar in Mösien ein, ward aber geschlagen und über die Donau zurückgetrieben, was, wenn auch nur von diesem Schriftsteller erwähnt, bei dessen sonstiger Mißgunst gegen Theodosius nicht zu bezweifeln ist. Daß der Kaiser hierbei in Person befehligt habe, geht weder aus des Zosimus Worten (wie Tillemont V, 2, S. 484 annimmt), noch aus dem in Marcellins Chronik, aber auch nur in dieser allein, am Schlusse des Jahres 381 angeführten, Triumphe desselben über skythische Völker mit Sicherheit hervor, während wir aus des Themistius Stillschweigen darüber in der zu Beginn des Jahres 383 gehaltenen Lobrede einen überwiegenden Zweifelsgrund herleiten.

Viel war in diesen drei Jahren geschehen, wie Zosimus (c. 34 a Schl.) selbst zugibt: der Mut der Truppen wieder belebt, der Landmann und der Hirt konnten nun fröhlich an ihr Geschäft gehen.

Vollendet ward das Werk aber erst im folgenden Jahre, da es dem gegen die letzten noch feindlich im Lande hausenden Raubscharen ausgesandten Saturnin gelang, auch diese insgesamt durch Friedensschluß vom 3. Oktober 382 zur Unterwerfung zu bringen, wofür er im Jahre 383 zum Konsul ernannt wurde, wozu Themistius (in der 16. Rede) ihm und dem Kaiser Glück wünscht.

Diesmal in der Tat war das Lob ein verdientes. Ausgetilgt in ihren furchtbaren Folgen war nun jene unerhörte Niederlage: das Heer hatte wieder Selbstvertrauen, das Volk wieder Frieden und Ruhe, der Kaiser wieder die Herrschaft in seinem Reiche gewonnen.

Wenig dafür hatte das Schwert, fast alles die seltene Klugheit und Konsequenz des Herrschers getan, der für den großen Zweck kein Opfer scheute.

Zurücktreibung der Goten zu den Hunnen war unmöglich: darum blieb nur zwischen deren gänzlicher Vertilgung oder Gewinnung die Wahl frei.

Ob ersteres, zumal mit einem mutlosen und geschwächten Heere selbst dem größten Kriegshelden gelungen wäre, lassen wir dahingestellt sein. Im günstigsten Falle aber wäre der Gewinn Verlust gewesen, weil er Roms beste Streitkräfte verschlungen, Verödung und Entvölkerung noch grausiger gesteigert hätte, als dies ohnehin bereits der Fall war. Was hätte der entkräftete Sieger dann noch gegen Empörer vermocht, mit denen er, wie wir sehen werden, bald zu kämpfen hatte, gegen welche ihm nun gerade umgekehrt die neuen Gotenkrieger von der unersetzlichsten Wichtigkeit waren.

Groß aber waren, wie gedacht, die Opfer. Land, Abgabenfreiheit und (relative D.) Selbständigkeit teils im Süddonaulande, teils im Orient, gewiß zum Teil auch Vieh und Getreide mußte den Goten bewilligt werden. (Themistius or. 16, p. 210 und Claudian in Eutropium II, v. 153 u. 194.) Dies konnte nicht allenthalben ohne Kränkung wirklicher Rechte der alten Besitzer geschehen; nicht ohne Grund klagten die Römer daher über Zurücksetzung, zu der sich Anmaßung und Übermut der neuen Landesgenossen drückend gesellten, wovon Zosimus (c. 30) ein Beispiel berichtet, während römische Gewalttaten, in die sich der Volkshaß gegen die Goten bisweilen entlud, von Theodosius, der letztere mit der Nachsicht eines Vaters gegen ungezogene Kinder behandelte, auf das Strengste geahndet wurden. In einem von Libanius (orat. 12, p. 394 d. Ausg v. 1647 und Zosimus c. 40)[10] berichteten Falle der von Römern gegen einen Goten geübten Lynchjustiz wandte sich jedoch des Kaisers Zorn, der den Ort durch gotische Truppen einschließen ließ (vermutlich weil die Schuldigen nicht zu ermitteln waren) bald wieder zur Milde.

Kein Wunder daher, daß Synesius (de regno) in seiner Rede an Arcadius (ed. Petav., p. 23) mit Bitterkeit der Begünstigung der Goten gedenkt, während der unbefangene Geschichtsschreiber die Notwendigkeit, daher die Weisheit dieser kaiserlichen Politik anzuerkennen hat.

Wie unter den Goten fortwährend nationaler Hochmut und Herrschaftsgelüst gärten, belegt der (von Eunapius p. 53 der Bonn. Ausg. und Zosimus IV, 56, der hierbei aber offenbar aus ersterem schöpfte, berichtete) Vorgang[11] zwischen den Fürsten und Parteiführern Eriulf und Fravitta, von denen ersterer die nationale, letzterer, ein Heide, die römische Politik vertrat, die auf Treue gegen den Kaiser bei gewissenhafter Erfüllung der Verträge von Seiten desselben beruhte. Selbst an der kaiserlichen Tafel entbrannte der sicherlich auch durch volkstümliche Stammeseifersucht genährte Haß zwischen beiden zu so wilder Leidenschaft, daß Fravitta fast unter des Theodosius Augen den Gegner niederstieß, was dessen Begleiter sofort gerächt haben würden, wenn nicht die kaiserliche Garde den Mörder geschützt hätte, während der solches innern Haders sich heimlich erfreuende Herrscher gewiß nur scheinbar die Untat ahndete. (Zosim. IX, 57 z. Anf.)

Der Bestrebung von Eriulfs Partei lag sicherlich mehr Gefühl als bewußter Plan zu Grunde. Nur durch eine Thronumwälzung, welche einen den Goten dienstbaren Römer zur Herrschaft gebracht hätte, wie dies später durch Alarich mit Attalus geschah, wäre ein Sieg der Nationalpartei möglich gewesen, die (wie Köpke S. 119 mit Recht annimmt) arianisch war, daher in ihrer durch Theodosius unterdrückten Kirchenpartei auf Anhang rechnen durfte, während Fravitta, den Eunapius als Heiden bezeichnet, nur im treuern Anschluß an den Kaiser eine Stütze finden konnte.

Gegen große Männer, wie Theodosius, war aber Empörung nicht zu fürchten. So blieb er, wenn gleich nicht ohne Fahr und Sorge, auch der Goten Meister. Am 16. Januar 383 erhob er seinen ungefähr sechsjährigen Sohn Arcadius zum Augustus, was freilich nur leere Form war.

Von Gratians politischer und kriegerischer Tätigkeit seit dem Jahre 378 wissen wir beinahe nichts. Tillemonts hauptsächlich ein aus Konstantinopel datiertes Gesetz vom 17. Oktober 378 begründete Vermutung (V, 1, S. 360), daß derselbe nach des Valens Tode sich dahin begeben habe, halten wir, bei der Unsicherheit dieses Fundaments, unter der damaligen Sachlage für entschieden irrig. Gewiß ist, daß er im Sommer 379 über Aquileja nach Gallien zurückkehrte. (Tillemont V, 1, art. 11.) Sokrates (V, 6) läßt dies um deswillen geschehen, weil die Alemannen in diese Provinz eingefallen seien. Eben so Sozomenus (VII, 4), der dabei noch den erwünschten Erfolges gedenkt. Dies von keiner andern Quelle erwähnte Ereignis muß jedoch höchst unerheblich gewesen sein, da Ausonius in seiner zu Ende des Jahres 379 zu Trier gehaltenen Danksagungsrede (grat. actio, pro. ons.) dessen nicht gedenkt, die Annahme einer spätern Zeit aber jenen Quellen selbst nicht entsprechen würde.

Gratians Unterstützung des Theodosius im Jahre 380 bei Bekämpfung und Befriedung der Goten, über die jedoch Näheres ebenfalls nicht bekannt ist, ward bereits (S. 66) erwähnt.

Wichtiger war dessen außer unserm Zwecke liegende Wirksamkeit für das Christentum und die rechtgläubige Kirche und um so ehrenwerter, da nicht dogmatischer Eifer, sondern wahre Frömmigkeit ihre Quelle gewesen sein durfte Er war der erste römische Kaiser, der Titel und Tracht des Pontifex Maximus ablegte, obgleich die Heiden ihn fortwährend noch so bezeichnet haben mögen, wie er denn auch den Altar[12] der Siegesgöttin aus dem Senatssaale zu Rom entfernen ließ, auf welchem in jeder Sitzung, wenn gleich eine große Zahl, wo nicht die Mehrheit, der Senatoren Christen waren, geopfert wurde.

Ebenso hob er die Staatszuschüsse und Privilegien für den heidnischen Kult sowie für die Vestalinnen insbesondere auf.

In seinen Maßregeln wider die Arianer (wofür er erst nach des Valens Tode völlig freie Hand gewann) und andere Sekten scheint er doch das Maß der Besonnenheit nicht überschritten zu haben.

Gratians Taten in großen Momenten erregen unsere Bewunderung Für das alltägliche Regierungswerk dagegen wie in seinem Privatleben fehlte es ihm an der nötigen Sorgfalt, Klugheit und Vorsicht. Er verscherzte, wie wir weiter unten anführen werden, die Liebe der Soldaten: – das ward sein Unglück.

Murren und Mißstimmung drangen, durch das Gerücht gesteigert, zu den fernen Legionen in Britannien, die in ihrer isolierten Stellung, wie Zosimus (IV, 35) bemerkt, zu Anmaßung und Meuterei stets vorzugsweise geneigt waren. Diese riefen Maximus zum Kaiser aus, wobei die sich widersprechenden Quellen unentschieden lassen, ob derselbe der Anstifter oder nur das passive Werkzeug der Empörung war, da Zosimus (a. a. O.) ersteres, Orosius (c. 34) und der kirchliche Schriftsteller Sulpicius Severus (in der vita S. Martini c. 23) Letzteres behaupten; doch dürfte eine geschickt verdeckte Intrige, für deren gezwungenes Opfer er sich ausgab, das Wahrscheinlichste sein.

Maximus war nach Zosimus ein Spanier, was auch durch Pacatus (c. 31) bestätigt zu werden scheint, seine weitere jedenfalls unberühmte Herkunft aber eben so unbekannt als dessen amtliche Stellung in Britannien.

Nach Prosper Tiros Chronik schlug er jedoch im Jahre 382 die eindringenden Picten und Scoten tapfer zurück, was zu bezweifeln kein Grund vorliegt.

Maximus, den man nicht nach des Pacatus maßlosen Schmähungen in seiner Lobrede auf Theodosius beurteilen darf, war nach Orosius[13] und Sulpicius Severus tapfer und tüchtig, daher des Thrones würdig, wenn er ihn nicht, verwegenen Ehrgeizes, durch Eidbruch errungen hätte.

Mit allen Truppen und, wie der englische Chronist Gildo bemerkt, mit zahlreichen Freiwilligen schiffte Maximus im Jahre 383 nach Gallien über, wo sich sogleich ein großer Teil des Heeres für ihn erklärte. Mit dem Reste desselben versuchte Gratian Widerstand, ward aber nach fünftägigen Scharmützeln in der Nähe von Paris auch von diesem verlassen und zur Flucht gezwungen, von des Maximus Befehlshaber der Reiterei Andragathes, der von der Küste des Pontus herstammte, eingeholt, bei Lyon durch Verrat aufgehalten und am 25. August (Marcell. u. Cusp.) getötet (Prosper Aq. u. Tiro).[14] Merobaud, der Konsul des Jahres, und Valio, einer von Gratians Feldherren, wurden bald nach ihrem Herrn ebenfalls umgebracht. (Pacatus c. 28.)

Des Einflusses, den des Maximus Entfernung aus Britannien auf das Schicksal dieser Provinz und auf die britische Bevölkerung von Aremorica (der heutigen Bretagne) hatte, wird seiner Zeit gedacht werden.

Kurz war die Laufbahn des jugendlichen Kaisers, der nach noch nicht achtjähriger Selbstregierung vierundzwanzig Jahre alt dem Verrate zum Opfer fiel.

Ammian, indem er die Kraft und Entschlossenheit rühmt, mit welcher derselbe die Alemannen besiegte, sagt (XXXI, 10) von ihm: „Ein Jüngling von herrlicher Anlage, beredt, gemäßigt, kriegerisch und gütig; auf dem Wege, während kaum der Bartwuchs sein Kinn beschattete, den ausgezeichnetsten Kaisern nachzueifern, hätte nicht sein zu Spielereien geneigtes Naturell, das von der Umgebung nicht gezügelt wurde, ihn den eitlen Passionen des Cäsars Commodus, obwohl ohne Blutvergießen, zugeführt. Wie dieser über alles Maß entzückt war, wenn er im Amphitheater hundert Löwen mit je einem Wurf oder Schuß getötet hatte, so vergnügte sich Gratian, die in Wildparke eingepferchten reissenden Tiere zu erlegen, indem er darüber vieles und ernstes Geschäftliche außer Acht ließ und dies zu einer Zeit, da selbst ein M. Aurelius kaum mit ihm gleichen Kollegen und nüchternster Umsicht das über dem Staate schwebende Unheil zu lindern vermocht hätte."

Schädlicher als jene Jagdpassion ward dem Kaiser seine eigentümliche Soldatenspielerei. Von besonderer Vorliebe für die Alanen, vermutlich, weil sie Bogenschützen waren, ergriffen, hielt er sich eine teuer bezahlte Garde aus Überläufern dieses Stammes, die er mit Zurücksetzung der altrömischen Truppen so bevorzugte, daß er auf Märschen bisweilen sogar deren barbarische Rüstung trug.

Das reizte und beleidigte, ward daher, nach dem Verfasser der Epitome, einem Zeitgenossen (c. 47) und Zosimus (35) der Grund seines Sturzes.

Sein Unglück war, daß er unreif, im siebzehnten Jahre, den Thron bestieg.

Dies hinderte nicht, daß er im neunzehnten Jahre einen glänzenden Sieg erfocht, im zwanzigsten durch des Theodosius Berufung des Reiches Retter wurde: wohl aber beraubte es ihn der Gewöhnung an und der Ausbildung für die täglichen Pflichten seines Berufs, ja es verlockte ihn, sich Lieblingsneigungen und Tändeleien hinzugeben und darüber jene sogar zu versäumen. Dadurch fielen diese den Ministern und Präfekten zu, die bei der allgemeinen Verderbtheit der römischen Beamtenwelt und der noch mangelhaften Menschenkenntnis des jungen Herrschers ihre Macht gewiß eigennützig gemißbraucht haben.

Die tiefe Selbsterkenntnis des freilich schon reifern Julian, der seine Fehler fühlte und Zurechtweisung gern annahm, hat Gratian nicht besessen.

II. Theodosius und Valentinian II. bis zu des Letztern Tode im Jahre 392

Valentinian II. sandte sogleich nach Gratians Tode den Bischof Ambrosius nach Trier zu Maximus, um die entseelte Hülle des Bruders zu verlangen.

Dieser kreuzte sich mit des Usurpators Sendboten Victor, der – unstreitig aus Furcht vor Theodosius – über Frieden mit Valentinian unterhandeln sollte, jedoch fruchtlos heimkehrte, weil letzterer vermutlich die geforderten Bedingungen nicht zugestehen wollte. Inmittelst hatte Valentinians Feldherr Bauto vom westlichen Illyricum aus Hunnen und Alanen angeworben, Rätien, wo man den Angriff besorgte, wie dieser auch späterhin in den Jahren 388 und 394 wirklich erfolgte, zu decken. In diese Provinz fielen damals, auf des Maximus Anstiften, die Juthungen ein, wurden jedoch von Bauto herausgeschlagen: ja dieser war im Begriff, durch Alemannien nach Gallien vorzudringen, als er durch den Kaiser, d. i. dessen Mutter oder Ratgeber, die den Krieg nicht wollten, davon zurückgehalten wurde.[15]

Des Maximus Usurpation gewährt uns zugleich einen tiefen Einblick in des Theodosius Charakter.

Gewiß lag die Pflicht, Gratians, seines Wohltäters und Helfers, Sturz und Mord zu rächen, dem Gefühle des Menschen so nahe, wie dem Herrscher die Versuchung, sich dessen Erbe anzueignen, worauf er nebst dem Knaben Valentinian II. unbestreitbaren Anspruch hatte.

Man erinnere sich, wie unter ähnlichen Umständen der ungleich schwächere Constantius wider Magnentius handelte.

Theodosius aber widerstand seinem Herzen wie dem berechtigten Ehrgeize, nur der kalten Politik der Vorsicht folgend, welcher der sofortige Krieg gegen Maximus allerdings ein höchst gefährliches Wagnis erscheinen mußte.

War er doch in seinem eignen Lande kaum der Goten Meister geworden, durfte er doch sein altes Heer, von der Mitwirkung der neuen, unzuverlässigen und noch wenig geschulten Föderierten abgesehen, dem des Westens nicht für gewachsen ansehen, das, aus den kriegerischesten Stämmen gebildet, den Herrschern des Orients jeder Zeit furchtbar gewesen war, während er endlich auf Valentinians Mithilfe nur wenig zu bauen vermochte.

Allerdings hätte ein Herrscher mit mehr Mut und Leidenschaft die Sachlage auch anders auffassen können, Theodosius aber handelte mit bedachtsamem Geiste: vielleicht zu ängstlich, aber sicherlich weise.

Sogleich nach der ersten Kunde von der gelungenen Thronumwälzung rüstete er jedoch vorsorglich, scheint auch mit dem Heere bereits ein Stück nach Westen vorgerückt gewesen zu sein (Sokrates V, 12 und Themistius or. XVIII, ed. Harduin, S. 220), als des Maximus Gesandter, dessen Oberkammerherr, bei ihm eintraf. Dieser versprach Namens seines Herrn Valentinians Anerkennung, forderte aber die des Maximus in Gratians Reichsteile, und erbot sich unter dieser Bedingung zu einem Bündnisse wider alle Reichsfeinde (Zosimus c. 37). Darauf muß Theodosius eingegangen sein, weil er nach demselben Schriftsteller des Maximus Bilder in Alexandrien aufstellen ließ.

Übrigens entnehmen wir aus den gedachten Stellen von Sokrates und Themistius, daß Theodosius im Sommer 384 noch eine zweite Demonstration wider Maximus in Person gemacht haben muß, zumal Themistius die vorerwähnte sonst nicht als die *erste* (ἡ πρώτη ἐκστράτεια) hätte bezeichnen können (Derselbe p. 220 u. 224).

Die Jahre 384 und 386 verliefen ohne wichtige Ereignisse.

Sapor II., der vierzig Jahre lang von Constantins des Großen bis zu des Valens Tode Roms Geisel gewesen war, scheint um das Jahr 379 gestorben zu sein. Seine Nachfolger suchten Frieden und Freundschaft mit Rom.

Am 9. September 384 ward Theodosius ein zweiter Sohn, Honorius, geboren (Idat. Chr. u. Fast., Marcell. u. Sokrates V, 12), während er im folgenden Jahre seine Tochter Pulcheria und seine Gemahlin Flaccilla verlor, welche die griechische Kirche heilig gesprochen hat. (S. d. v. Tillemont V, 2, Art. 26 zitierten Kirchenväter.)

Ein glänzender Gotensieg verherrlichte das Jahr 386. Bei den Ostgoten mag um diese Zeit Thorismund, Ermanarichs Enkel, bereits tot, das noch vierzig Jahre lang ruhende Königtum also erledigt gewesen sein.

Da scharte ein unternehmender Häuptling derselben, Odotheus[16], sei es mit Genehmigung oder ohne Vorwissen der anderwärts beschäftigten hunnischen Oberherren, ein Heer, dem Abenteurer aus allen Völkern, wahrscheinlich auch Hunnen und Alanen, zuströmten.

An der Donau lagernd sammelte und baute er Schiffe und forderte Gestattung des Übergangs.

Diesen aber verweigerte nicht nur der römische Befehlshaber in Thrakien, Promotus, sondern er suchte auch durch List den gefährlichen Feind ganz zu vernichten. Gewandte, sprachkundige Sendlinge, die sich für Überläufer ausgeben, verheißen für hohen Preis den Barbaren Zeit und Stunde anzugeben, in welcher sie die Römer im Schlafe überfallen können, worauf erstere eingehen, während Promotus durch die kräftigsten Anstalten, unstreitig in der der Zeit des Angriffs gegen Morgen vorausgehenden Nacht, sich zu deren Empfange bereit hält. Indem die feindliche Flottille in die Nähe des rechten Ufers ankommt, wird sie von der römischen mit der vollen Überlegenheit besserer Bewaffnung und Kriegskunst unerwartet angegriffen, indessen andere schwere Schiffe, mit dem Strome herabstimmend, die leichten Fahrzeuge der Goten übersegeln und versenken. Was sich von der Bemannung letzterer schwimmend an das Ufer rettet, wird von den daselbst aufgestellten Truppen niedergehauen. Der Gotenfürst Odotheus selbst bleibt, der Strom wird mit den Leichen und Waffen der Erschlagenen bedeckt.

So der Kern von des Zosimus weitläufigem, zwei Kapitel (38 und 39) füllenden Berichte (dessen Einzelheiten zu unkritisch und übertrieben sind, um vollen Glauben zu verdienen) in Verbindung mit Claudian (de IV. Cons. Honorii a. Schl.), Idatius (Chr. et Fast.) und Marcellin.

Aus den Worten Claudians und der Chronisten[17] hat man des Theodosius persönliche Anwesenheit bei der Schlacht gefolgt, während Zosimus ausdrücklich bemerkt, Promotus habe den in der Nähe Weilenden nur sofort herbeigerufen, worauf dieser, die Menge der Gefangenen und Beute erblickend, erstere sogleich freigelassen und sogar beschenkt habe, sie, seinem Systeme gemäß, für seinen Dienst zu gewinnen. Wir halten letzteres, in der Hauptsache wenigstens, für das Richtige. Die Fiktion der Schmeichelei, daß der Kaiser überall, *selbst abwesend*, siege, war damals so herrschend, daß aus solcher Phrase, zumal in der Feder eines Dichters, des Theodosius persönliche Gegenwart bei der Schlacht schlechterdings nicht zu folgern ist, während diese Tatsache des Pacatus nur drei Jahre späterer Lobrede gewiß nicht verschwiegen worden wäre.[18]

Unter Valentinians II. Namen, der im Jahre 386 etwa fünfzehn Jahre alt war, hatte bisher dessen Mutter Justina, zuerst (nach Zosimus IV, 43) des Magnentius, dann seit 369 Valentinians I. Gemahlin regiert. Diese mag ihre Vorliebe für den Arianismus, ihrem Gemahl, Gratian und Theodosius gegenüber, klug verborgen, mit dem Heranwachsen ihres dafür gewonnenen kaiserlichen Sohnes aber derselben freiern Lauf verstattet haben, da die Chronik Prosper Tiros die Verfolgung, welche der Erzbischof Ambrosius und die ganze Mailänder Kirche durch sie zu erdulden hatten, in dies Jahr versetzt worüber sich letzterer in seinen Schriften sehr weitläufig verbreitet. Nur an dessen Festigkeit scheiterte der Versuch, die rechtgläubige Kirche ganz zu unterdrücken, während er ein allgemeines Toleranzedikt für die Arianer nicht zu hindern vermochte.[19]

Im Herzen des Usurpators gärte fortwährend, wenn auch scheinbar schlummernd, die Herrschsucht.

Wohl mag daher Maximus die Bedrückung der ungeheuern Mehrheit des katholischen Volkes durch Valentinian II. zum Vorwande gedient haben, sich gegen letzteren zu erheben, wie dies Prosper Tiro für das Jahr 387 ausdrücklich anführt. Unter allen Umständen mußte ihm die allgemeine Miß stimmung wider diesen ein willkommener Bundesgenosse sein. Über das Ereignis selbst ist Zosimus (Kap. 42–44) so ausführlich, daß wir ihm bei dem Schweigen der übrigen Quellen notwendig folgen müssen (wenn auch nicht so ausschließlich als Gibbon Kap. 27 von Not. 71–77, während der sonst so gründliche Tillemont, sich in Art. 39 fast ganz auf Zusammentragung aus den Kirchenvätern beschränkend, Zosimus nicht einmal eingehender Erwähnung würdigt).

Maximus muß zuerst, wohl mehr zur Alarmierung als zu ernstlichem Angriff, ein Heer über den Montcenis vorgeschickt haben, während er selbst im Sommer des Jahres 387 durch Rätien und Noricum, die zu Valentinians Reichsteilen gehörten, bis zum Fusse der Julischen Alpen vordrang. Hier war es, wohin ihm jener nicht ein Heer, wohl aber von Aquileja aus einen Gesandten in der Person seines Vertrauten, des Syrers Domninus, entgegenschickte. Letzterer ward aber, seiner nationalen Verschlagenheit unerachtet, vom Spanier überlistet. Erheuchelte Freundschaft für Valentinian, deren Glaubhaftigkeit durch die kostbarsten Geschenke für den Botschafter wirksam unterstützt ward, machten letztern so sicher, daß er nicht nur voll Vertrauen heimkehrte, sondern sogar die Begleitung eines wohl nur kleinern Hilfskorps unbedenklich annahm, das Maximus seinem Kollegen freundlichst zu Bekämpfung der Pannonien bedrohenden Barbaren bewilligt hatte. Diesem wurden nun die gewiß wohlbesetzten Alpenpässe geöffnet und dies machte Maximus möglich, mit seinem eigenen Heere, dessen Anmarsch er sorgfältig verbarg, jenem nachrückend die Alpen ebenfalls unbehindert schleunigst zu passieren und vor Aquileja anzulangen. Da gab es für Valentinian keine Wahl und keinen Widerstand mehr; er eilte über See zu seinem einzigen Retter, zu Theodosius, der ihn nach Thessalonich beschied und sogleich selbst dort aufsuchte.

Nach Zosimus hat sich nun hier der durch einige Senatoren verstärkte Geheimrat sogleich für den gar nicht mehr zu vermeidenden Krieg ausgesprochen, Theodosius aber zunächst nur, unter Kriegsdrohung gegen Maximus, Valentinians Wiedereinsetzung auf diplomatischem Wege von ihm verlangen wollen.

Da habe Justina mit rascher Entschlossenheit ihre schöne Tochter Galla in Aktion gesetzt, die, des Kaisers Knie in Tränen umschlingend, mehr noch auf das Herz des Witwers, als auf das Mitleid des Regenten gewirkt habe, bis er endlich, immer noch schwankenden Sinnes, dadurch zum Kriege entschieden worden sei, daß Justina die Gewährung der von ihm heiß ersehnten Hand ihrer Tochter an diese Bedingung geknüpft habe.

So Zosimus, dem Gibbon unbedingt folgt, während Marcellin in seiner Chronik Galla, als des Theodosius zweite Gemahlin, bereits im Jahre 386 (385 war die erste gestorben) nach Konstantinopel kommen läßt. Für diese Nachricht finden sich weitere Unterstützungs–, aber auch nicht unerhebliche Zweifelsgründe, die Tillemont in der fünfundzwanzigsten Note über Kaiser Theodosius weitläufig abhandelt, schließlich aber doch des Zosimus Angabe mißtrauend. Wir halten einen Irrtum in Marcellius Chronik allerdings für möglich, finden aber bei Zosimus eben so bekannter Unzuverlässigkeit als leidenschaftlicher Gehässigkeit wider Theodosius doch überwiegenden Grund, von dessen Erzählung nur so viel mit Sicherheit für wahr zu halten, daß Galla, sei es als Gemahlin oder Braut, ihren ganzen Einfluß auf Theodosius, der sich allerdings wohl nur ungern das Schwert zu ziehen entschloß, für ihren vertriebenen Bruder aufbot.

Die Verhandlung mag sich bis weit in den Herbst hinein gezogen haben, der Feldzug konnte daher erst im Jahre 388 beginnen. Über diesen ist Zosimus dürftig, des Pacatus Lobrede (von c. 30–45) daher die einzige speziellere Quelle, deren Verständnis die Bombast seiner hohlen Phrasen und die Unsicherheit seiner Lesarten erschwert.

Großartig war sonder Zweifel die Rüstung und, wie der Erfolg bewiesen, von hoher strategischer Kunst der Kriegsplan.

Theodosius muß seinen Hauptangriff maskiert und Maximus, der eine Erhebung der ihm doch mehr abgeneigten Italiener (Zosimus c. 45 a Schl.) in seinem Rücken fürchten mochte, glauben gemacht haben, derselbe sei vor allem auf Italien gerichtet, wozu eine gewaltige Flotte in den Häfen von Epirus und Griechenland zusammengebracht ward. Dies verleitete Maximus, seinen Hauptfeldherrn, Andragathes, die Seele seines Kriegsbefehls[20], der Flotte entgegenzustellen, der mit starken Streitkräften, in der Hoffnung eines entscheidenden Sieges zur See, auslief.

Theodosius wußte aber auch diesen zu täuschen, indem er dessen Merksamkeit auf die Hauptstation seiner Flotte lenkte, inzwischen aber Justina und Valentinian in dessen Rücken auf leichten Schiffen nach Italien sandte, was beinah unzweifelhaft voraussetzen läßt, daß sich noch ein fester Platz daselbst für letztere hielt.[21]

Gegen Ende Mai anscheinend brach der Kaiser auf der großen Straße über Sirmium in den angestrengtesten Eilmärschen nach den Julischen Alpen auf mit seinem Hauptheere. Dasselbe bestand großenteils aus gotischen Söldnern, von denen Maximus einen Teil durch Bestechung zum Abfall verleitet hatte. Der Verrat muß aber bald entdeckt worden sein, löste sich daher ziemlich unschädlich in der Desertion der gewiß nicht zahlreichen Abtrünnigen auf.

Zugleich entsandte Theodosius ein drittes Korps unter Arbogast auf der Donaustraße durch Noricum und Rätien nach Gallien, das also in des Maximus linker Flanke und Rücken gegen dessen Operationsbasis vordringen sollte.

Mit Blitzesschnelle war derselbe inzwischen in Person herangeeilt; bei Siscia (Sisseck), wo auch Constantius und Magnentius sich trafen, stieß er auf den Feind.

Atemlos und staubbedeckt ankommend, wie der Rhetor (c. 34) sagt, stürzt sich des Theodosius Reiterei, wohl hunnische und alanische, in die Save (oder Culpa), schwimmt durch und überwältigt mit Leichtigkeit des Maximus Vorhut. Im Verlaufe des Gefechts scheint, nach des Pacatus eben so phrasenhafter als unklarer Beschreibung, auch die Stadt selbst genommen oder von den Gegnern geräumt worden zu sein.

Sofort rückte Marcellin, des Maximus Bruder, mit der Hauptmacht Theodosius entgegen, den er, nach Tillemonts freilich etwas unsicherer, aber nicht unwahrscheinlicher Annahme (Art. 44, S. 616) bei Pettau getroffen haben soll.

Die Heere lagerten am Abend sich gegenüber: mit Anbruch des Tages begann die Schlacht, über die wir aus demselben Schriftsteller (c. 35 und 36) nur entnehmen, daß sie heftig und langdauernd gewesen sein muß und durch teilweisen Übergang der feindlichen Truppen für Theodosius entschieden worden sein mag: der Kampf oder doch die Verfolgung dauerte aber bis in die Nacht hinein.

Das war ja das Schicksal fast aller „Tyrannen", daß das mehr noch moralische als militärische Übergewicht des rechtmäßigen Herrschers, zumal wenn dieser ein großer Mann war, ihre Offiziere und Soldaten im Augenblicke der Entscheidung mehr oder minder zum Wanken, ja zum Abfalle brachte.

Sogleich öffnet nun das Valentinian bis dahin treu gebliebene entsetzte Aemona (Laibach) dem Sieger freudetrunken seine Tore, der hierauf sofort ohne den geringsten Verzug in einem Tage von der pannonischen Grenze bis Aquileja vordringt, wohin Maximus, dessen persönliche Teilnahme an der Entscheidungsschlacht wir nicht ersehen aber vermuten müssen, ratlos und wohl beinahe ganz verlassen geflohen war. (Pacatus c. 37–39.) Hier ward er nach Zosimus (c. 46), da es ihm zu nachhaltiger Verteidigung der Tore an Truppen fehlte, gefangen.

Aller Zeichen seiner Würde bar ward er mit auf den Rücken gebundenen Händen und bloßen Füßen vor Theodosius geführt. Auf den Vorwurf, sich mit der Lüge von dessen geheimer Begünstigung seiner Usurpation gebrüstet zu haben, entschuldigt er sich mit der Notwendigkeit, die Soldaten für sich zu gewinnen, was allein durch dies Vorgeben möglich gewesen sei. (Pacat. c. 43.) Schon soll sich nach derselben Quelle (c. 44) das Erbarmen im Sieger geregt haben, als der Unglückliche von den Soldaten fortgerissen und niedergestoßen wird. Dies geschah am 27. Juli (nach Idatius) oder 27. August (nach Cuspin. und Sokrates V, 14), fast um dieselbe Jahreszeit, da Gratian fünf Jahre zuvor auf des Maximus Geheiß ermordet worden war.

Gleiches Schicksal traf seine Genossen; Andragathes stürzte sich auf die Kunde vom Tode seines Herrn in das Meer und des letzteren früher schon zum Augustus erklärter Sohn Victor ward im Jünglingsalter bald nach seinem Vater durch Arbogast getötet. (Zosim. c. 47. Idatius, Prosper Tiro u. Marcell.)

Weitere Opfer fielen bis auf einige. im ersten Augenblicke niedergestoßene Mauren von des Maximus Garde nicht, da nach des Pacatus Versicherung (c. 5) des Siegers Großmut sogleich die vollständigste Amnestie gewährte, ja selbst Freiheit, Vermögen und Rang der Anhänger seines Feindes unangetastet ließ, was jedoch (nach Tillemonts richtiger Ausführung) auf ein verständiges Maß zu beschränken, namentlich nicht auf Beibehaltung der obersten Beamten desselben zu beziehen ist.

So endete der Tyrann, von dem wir zu wenig wissen, um über ihn urteilen zu können. Gewiß entspricht ein Ende der Schilderung nicht, die Orosius und Sulpicius Severus von ihm entwerfen, welche ersterer sogar (c. 35) durch das Anführen noch verstärkt, daß derselbe durch das bloße Schrekken seines Namens von den wildesten germanischen Stämmen Tribut und Rekruten erlangt habe. Wer aber möchte aus des Pacatus lobhudlerischen und schwülstigen Phrasen – unserer einzigen Quelle – ein treues Bild von der Katastrophe desselben entnehmen?

Der Abgabendruck, dessen Pacatus Maximus so schmähend anklagt, daß er der Übertreibung verdächtig ist, dürfte, im Wesentlichen wenigstens, durch die größere Kraftentwickelung, welcher jede Usurpation bedarf, geboten gewesen sein.

Gegen die von Priscillian in Spanien gestiftete ketzerische Sekte, die von einem Konzil zu Bordeaux und den angesehensten Bischöfen Italiens verdammt ward, schritt er, als sich jener auf ihn berief, so energisch ein, daß er ihn mit einigen seiner Anhänger zu Trier enthaupten ließ (Prosper Tiro und Idatius in den Jahren 385–387), was der würdige Ambrosius, obwohl Priscillians Gegner, entschieden mißbilligte.

Theodosius setzte Valentinian nicht nur in sein Reich wieder ein (Prosper Aq. und Tiro, Idatius und Cusp.), sondern überließ ihm auch das seines Bruders Gratian. Des erstern Mutter erlebte dies aber nicht (Prosper Tiro Jahr 388 und Rufinus Hist. eccl. II, 17)[22], was Theodosius um so mehr bewogen haben mag, die Regierung Italiens als Mitherrscher in seiner Hand zu behalten und den jungen Kaiser mit Arbogast nach Gallien zu senden, in welches um die Zeit von des Maximus Tod germanische Raubscharen eingefallen waren.

Daß Theodosius diese, wie einst Constantins wider Magnentius, dazu aufgewiegelt habe, sieht ihm nicht ähnlich, zumal die Entblößung der Grenze, weil Maximus der Truppen zum Kriege bedurfte, jenen Vorgang ganz natürlich erklärt, über den uns Gregor von Tours (II, 9) aus dem von ihm angeführten, leider verloren gegangenen Geschichtswerke des *Sulpicius Alexander* eine interessante Nachricht gibt.

Drei Volksfürsten der ripuarischen Franken, Genobaud, Markomer und Sunno, brachen am Niederrhein in die Provinz des zweiten Germaniens ein, wo sie in gewohnter Weise hausten, namentlich Köln selbst in Schrecken setzten. Indes zogen die römischen Befehlshaber Nannenus und Quintinus ihnen nach Köln entgegen. Die Franken eilten hierauf mit Beute beladen wieder über den Rhein zurück, ließen aber einen Teil des Heeres jenseits zurück, der tief in das Innere einbrechend sein Raubwerk unbehindert fortsetzte. Diesem rückten nun die Römer im Rücken nach und brachten ihm im carbonarischen Wald[23] eine bedeutende Niederlage bei. Dies Waffenglück erweckte bei den Siegern die Lust, die Franken in ihrem eigenen Lande zu züchtigen, was jedoch, bei des Nannenus Widerspruch, Quntinus allein unternahm.

Derselbe ging bei Neuss über den Rhein, fand während eines zweitägigen Vordringens alles menschenleer, mußte sich daher mit dem Niederbrennen der Häuser begnügen. Die in die Wälder führenden Wege waren durch Verhaue gesperrt. Am Morgen des dritten Tages drang das Heer in den die Gegend vor ihm abschließenden Wald ein (wahrscheinlich einen entfernteren Teil des alten Cäsischen, Tacitus Ann. I, c. 50) und vertiefte sich, des Weges unkundig, immer mehr in das Dickicht, bis es gegen Mittag an eine Stelle kam, wo sich, wie wir nach der Beschreibung annehmen müssen, eine offene, lange, aber schmale Niederung, wohl das Tal eines Baches, durch den Wald zog, dessen Zugang durch ungeheure Verhaue versperrt war. Um nun an geeigneter Stätte in diesen einzudringen, zogen die Römer am Saume des Holzes hin, als auf der Höhe der Verhaue plötzlich, erst in kleinerer, dann in größerer Zahl Bogenschützen erschienen und sie mit Pfeilen beschossen, die, mit Pflanzengift bestrichen, selbst bei scheinbar leichter Verletzung tödliche Wunden verursachten.[24] Vor diesen wichen die Römer in die Niederung zurück, fielen aber hier in ungeahntem Sumpf, in welchem namentlich die Reiterei versank und in die größte Verwirrung geriet, aber auch das Fußvoll kaum festern Boden zu finden vermochte. Indem nun die Truppen sich durch Rückzug nach dem von ihnen kaum verlassenen Walde mühsam zu retten suchten, stürzten die Franken plötzlich von allen Seiten her auf die ausgedehnte und in Unordnung aufgelöste Linie und brachten ihr eine furchtbare Niederlage bei, bei welcher Heraclius, der Befehlshaber der jovinianischen Legion, und fast alle Stabsoffiziere blieben, so daß nur wenige, begünstigt vom Dunkel der Nacht, durch den Schutz des Waldes sich zu retten vermochten.[25]

Das war, wenn wir der Quelle, die aber wohl nicht ohne Übertreibung ist, trauen dürfen, fast eine Wiederholung der Varusschlacht.

Als nun, nach des Maximus Sturz, Valentinian mit Arbogast in der Provinz anlangten, standen Römer und Franken sich noch in Waffen gegenüber. Erstere deckten unter Charietto (vielleicht ein Sohn jenes frühern) und Syrus den Rhein, den letztere dennoch an einzelnen Punkten überschritten.

Der Feldherr riet, sie mit starker Macht anzugreifen und ihnen nur gegen Rückgabe aller bei dem vorjährigen Siege gemachten Beute Frieden zu gewähren. Dazu kam es indes nicht: vielmehr zog der Kaiser später vor, ohne weiteres Frieden mit den Frankenkönigen zu schließen, auf den diese auch, den gewaltigen Mann fürchtend, sogleich unter Stellung von Geiseln eingingen.

Drei Jahre lang waltete Theodosius mit weiser Tätigkeit in Italien, meist zu Mailand, der eigentlichen Residenz, aber auch in Rom verweilend, wo Pacatus im Jahre 389 die oft erwähnte Lobrede vor ihm im Senate hielt.

Im Jahre 391 erst kehrte Theodosius nach Konstantinopel zurück.

Bald darauf ward der hochverdiente Feldherr Promotus, der sich nebst seinem Kollegen Timasius im Kriege gegen Maximus ausgezeichnet haben muß, da beide im Jahre 389 zu Konsuln ernannt wurden, von Barbaren auf dem Marsch in Thrakien getötet. Nach des Zosimus Angabe (c. 51), die jedoch auf unerweislicher Vermutung beruhen dürfte, waren die Mörder gedungen von Rufinus, der den Befehlshaber wegen einer von ihm verdientermaßen empfangenen Ohrfeige bitter haßte. Nach Claudians wiewohl höchst übertriebener, unzuverlässiger und unklarer Darstellung (in Rufinum I, v. 309–354) soll jedoch Rufinus die Völker jenseits der Donau zu einem plötzlichen Einfall in römisches Gebiet aufgewiegelt haben, wobei Promotus blieb. Darauf sei aber Stilicho, der in der Nähe befehligt haben muß, gegen diese angerückt, habe sie geschlagen und hätte den Rest gefangen nehmen können, wenn nicht Theodosius, von Rufinus getäuscht, dies verhindert hätte. Dadurch habe er auch den Hunnen geholfen, von denen noch eine Schar im Anzuge gewesen sei, die Stilicho aber ebenfalls geschlagen habe. Das Ganze läuft auf einen möglicherweise durch des Rufinus verräterische Mitwirkung erleichterten Überfall hinaus, der sicherlich von Unerheblichkeit war, wobei Theodosius übrigens, seinem Systeme gemäß, die weitere Verfolgung der Goten untersagt haben kann. Wie Rufinus hierauf (nach Zosim. c. 52) den Präfectus Prätorio Tatianus und dessen Sohn stürzte, ja letztern, zwar nach Urteil und Recht, aber mit solcher Beschleunigung enthaupten ließ, daß des Kaisers Begnadigung zu spät anlangte, liegt unserm Zwecke zu fern, um hier kritisch erörtert zu werden.

In der Tat aber scheint es, daß der gefährliche und hochstrebende Mann, der im Jahre 392, nach des Promotus Tode, zum Konsul ernannt wurde und (nach Eunapius 18, p. 112) eben so seltenen Geistes als tiefer Verstellung gewesen sein muß, zu großen Einfluß auf Theodosius gewonnen hatte, obwohl uns von diesem sonst Begünstigung Unwürdiger nicht bekannt ist. Indes ist unser Wissen viel zu mangelhaft und dürftig und Claudians Gedicht über Rufinus, ein Erzeugnis der Gunstbuhlerei bei Stilicho, dessen Todfeinde, worin er ihn als den Ausbund der teuflischsten Verruchtheit schildert, als Geschichtsquelle bedenklich.

Langsam bereitete sich inzwischen, nach des Theodosius Abreise aus dem Abendlande, Valentinians II. Untergang vor.

Der im Jahre 389 erst achtzehnjährige junge Mann bedurfte der Stütze und des Führers, wozu niemand geeigneter war, als Arbogast, ein Mann außerordentlicher Körper- und Geisteskraft, aber auch wilder Leidenschaft, daher, wie Eunapius (17, p. 111) sagt, der verzehrenden Flamme gleich, der jedoch seiner Uneigennützigkeit halber eben so geliebt als geachtet war und, nach seines ältern Kollegen und Landsmannes Bauto Tode, niemand am Hofe mehr über sich, ja neben sich hatte. Was Wunder, daß sich in solchem Manne, dem zwar guten und edeln, aber jugendlich schwachen Kaiser gegenüber, das Selbstgefühl mächtig regte und nicht in römischer Form mit Kriecherei und Hinterlist sondern auf derbe germanische Weise äußerte. Kleines, wobei Arbogast vielleicht nicht immer in der Sache, nur in der Manier Unrecht hatte, mag den Herrn immer mehr gegen den Diener erbittert haben, bis er endlich, zum Bruch entschlossen, bei einem feierlichen Empfang ihm vom Throne herab das Entlassungsrescript überreichte. Dieser aber, das Schreiben durchfliegend, erwiderte: „was Du mir nicht gegeben (er war unstreitig von Theodosius ernannt), kannst Du mir auch nicht nehmen," und warf es ihm zerrissen vor die Füße.

Somit war der Kampf erklärt, nur noch, wer sich des andern zuerst entledige, die Frage. Valentinian der zur Vollstreckung seines Befehls wider den Allmächtigen niemand hatte, wandte sich schriftlich an seinen frühern Retter Theodosius. Arbogast zauderte noch mit der Tat, weil er den Thron nicht für sich wollte, sei es, weil er dies seiner barbarischen Abkunft[26] halber nicht wagte oder weil ihm überhaupt mehr am Wesen, als am Scheine lag. Bald aber glaubte er in einem, ihm früher von Richomer empfohlenen Literaten und Rhetor, auch vormaligen Staatsdiener, Eugenius, einem wohlunterrichteten und gewandten Manne, den er als Vertrauten um sich hatte, ein geeignetes Werkzeug zur Thronfolge gefunden zu haben, der denn auch, wiewohl nur nach längerem Sträuben, darauf einging. (Zosimus c. 53 und 54.)[27]

Valentinian war eben im Begriff, von Vienne in Gallien nach Mailand zurückzugehen, weil ein Heer von Barbaren von der Schweiz aus die Alpen bedrohte (s. darüber weiter unten) und er sich gewiß auc

Theodosius zu nähern wünschte, als ihn Arbogast am 15. Mai 392 durch Kämmerlinge erwürgen und nachher so aufhängen ließ, daß man an Selbstmord glauben konnte. (Orosius c. 37, womit Sokrates V, 25, Sozomenos VII, 22 und alle Chronisten übereinstimmen.)

Über Valentinians II. Persönlichkeit haben wir allein kirchliche Quellen, die des Lobes für den frommen, seit der Mutter Tod auch streng rechtgläubigen Kaiser vielleicht etwas zu voll sind.

III. Theodosius als Alleinherrscher

Nach Valentinians Tode scheint Theodosius, zumal von dessen Schwester Galla, seiner Gemahlin, angetrieben, über die Pflicht rächender Sühne kaum geschwankt zu haben, als ihn des Eugenius Gesandte, die einfach Anerkennung forderten, trafen.

Die höhere Gefahr einem Gegner wie Arbogast gegenüber würdigend, war die Erwiderung höflich aber unentschieden und hinhaltend, indes er alle Tätigkeit der Rüstung wider den Empörer widmete.

Gegen sofortigen Angriff gesichert, zog Arbogast mit Eugenius im Winter 392 gegen die Franken, in der Absicht, durch Gewalt oder Verhandlung deren Mithilfe für den bevorstehenden Krieg zu erlangen[28], zugleich aber auch, nach Sulpicius Alexander, um seinen stammtümlichen Haß gegen Sunno und Markomer zu befriedigen (gentilibus odiis insectans).

Bei Köln mit starker Macht über den Rhein gehend drang er verwüstend in das Gebiet der Brukterer südlich der Lippe vor, wandte sich gleicher Weise gegen die Chamaven nördlich dieses Flusses und zog noch weit in das Land hinein, ohne dabei auf Widerstand zu stoßen, außer daß sich zuletzt schwache Scharen von Amsivariern und Chatten unter Markomer auf den entfernteren Hügeln zeigten. Von weiteren Erfolgen wissen wir nichts: wenn indes derselbe Schriftsteller bald darauf der von Eugenius in Person (weil der gehaßte Arbogast dazu weniger geeignet erschien) mit den Häuptern der Franken und Alemannen abgeschlossenen Bündnisse gedenkt, deren Zweck stets Truppenstellung für Sold war, so müssen wir annehmen, daß darauf auch der vorhergegangene Feldzug nicht ohne Einfluß gewesen sei. (Greg. v. Tours II, 9.)

Zwei volle Jahre verwandte der bedächtige Theodosius auf die Rüstung, nach deren Vollendung er Anfang Juni 394 von Konstantinopel aufbrach und mit dem wahrscheinlich bei Sirmium schon zusammengezogenen Heere wieder wie gegen Maximus mit größter Schnelligkeit an die julischen Alpen marschierte, wo das zweite Kriegsdrama ebenfalls verlaufen sollte.

Arbogast operierte anders, geschickter als Maximus, indem er seine Truppen, die jener staffelförmig bis Siscia hatte vorrücken lassen, am innern Abhange der Alpen konzentrierte und selbst deren Pässe wohl nur zum Schein verteidigte.[29]

Als Theodosius von der Höhe herabzog, fand er das feindliche Heer am Flusse Frigidus (nach Tillemont jetzt Wipach in der Grafschaft Görz) ungefähr 7 1/2 Meilen von Aquileja gelagert.

Sogleich ließ er dasselbe durch Goten und andere Barbaren, welche Gaina und Saulus, die wir später wieder finden werden, befehligten, angreifen, was diese mit der größten Tapferkeit ausführten: schließlich aber mußten sie, von der gewiß großen Mehrzahl überwältigt, bei Einbruch der Nacht mit ungeheuerm Verluste, auch dem ihres tapfern Führers, des Armeniers Bacurius[30], zurückweichen.

Theodosius, dem Kampfe zuschauend, ließ sie ohne Unterstützung, sei es, daß er ihre Aufreibung gern sah oder aus reiner strategischer Rücksicht.

Über diesen Sieg triumphierend hielt sich nun Eugenius auch des endlichen schon versichert, den Arbogast trefflich vorbereitet hatte. Für den nächsten Tag aber verläßt uns merkwürdiger Weise Zosimus ganz, so daß wir nur Claudian, Orosius und die Kirchenväter haben, welche letztern die Entscheidung ganz des Kaisers Gebet und Wundergeschichten zuschreiben.

Als der Morgen des verhängnisvollen 6. September anbrach (Cuspin. und Sokrates V, 25), sah sich Theodosius zu seinem größten Schrecken in der Nacht in beiden Flanken auf Nebenpässen umgangen und im Rücken bedroht. Da aber äußerte sich, wie Orosius und Sozomenos sagen, die erste Gebetserhörung, indem der feindliche General Arbitrio unter gewissen sogleich gewährten Bedingungen zum rechtmäßigen Herrscher überging.

Unbesorgt zog nun das Heer von der Höhe herab, fand aber in der Enge und Versperrung der Wege durch den Troß solche Schwierigkeit, daß Theodosius, in der Furcht, es ungeordnet herabkommen und in diesem Zustande angegriffen zu sehen, nach Ambrosius (de obitu Theod. conc. V, p. 117 der Ausgabe von 1647) zu Fuß an des Zuges Spitze eilte, und mit den Worten: „Wo ist der Gott des Theodosius?" die Truppe anhielt und die Ordnung wieder herstellte.

Indem aber das Heer auf den Plan des Zusammenstoßes anlangte, erhob sich in dessen Rücken ein furchtbarer Orkan – ein in den Alpen zu dieser Jahreszeit nicht ungewöhnliches Naturereignis –, der den Feinden Staub in das Gesicht trieb, deren Pfeilwurf hindernd und ablenkend schwächte, den diesseitigen Pfeilflug und den ganzen Angriff wunderbar förderte.[31] Dazu kam die moralische Gewalt des schreckenden Wahrzeichens, so daß des Empörers Truppen nach kurzem Gefecht und geringem Verlust von jeglicher Gegenwehr abstanden, dieser selbst aber gefangen und, als er sich zu des Siegers Füßen warf, von den Soldaten getötet wurde, worauf dessen auf einer Lanze umhergetragenes Haupt den noch unentschlossenen Rest seiner Truppen bestimmte, sich dem Sieger ebenfalls zu unterwerfen. Arbogast entrann auf die höchsten Alpen, stürzte sich aber, verfolgt und umringt, an Rettung verzweifelnd, freiwillig in sein Schwert (Zosimus c. 58. Claudian de III. Cons. Honor. v. 63–105 u. de IV. C. Honor. v. 71–116. Orosius c. 35. Sokrates V, 25. Sozomenos VII, 24. Theodoret V, 24.)

Großartig wiederum, wie nach dem Sieg über Maximus, war die Vergebung des Kaisers, kurz aber die Zeit der Ernte seiner Taten. Übermäßige Anstrengung hatte den Keim der Krankheit geweckt: die Wassersucht brach aus. Er berief seinen zehnjährigen Sohn Honorius aus Konstantinopel und fühlte sich schon so viel besser, daß er einem Wagenrennen vormittags beiwohnte: aber er ward plötzlich viel kränker und hauchte in der Nacht vom 15. zum 16. Januar 395 seine edle Seele aus. (Sokrates V, 26, welcher nebst dem Chron. Paschale allein den Todestag angibt. Sozomenos VII, 29 und die Chronisten.) Erst fünfzig Jahre alt ward er dem trauernden Reich und seinen unreifen Nachfolgern entrissen.

Zweimal schon sahen wir Rom am Rande des Unterganges, als eine kräftige Hand es rettete und wieder erhob. Auch Theodosius, der letzte Kaiser des Gesamtreichs, der letzte große Kaiser, erhob es wieder: aber nur für die Dauer seines Lebens: je ruhmvoller und glücklicher unter ihm die Erhaltung, um so schmählicher, unheilvoller nach ihm der Fall.

Diokletians Regimentsordnung war ein weiser großer Gedanke gewesen, des Theodosius Erhebung selbst ein Nachhall derselben; an dessen Vaterherzen aber scheiterte die Wiederholung.

Von einem Kinderlosen erdacht, war die Idee, mit Zurücksetzung des eigenen Blutes stets nur den Würdigsten auf den Thron zu erheben, für menschliches Gefühl zu erhaben, um bleibende Vollziehung zu finden.

Wir widmen der Person und kirchlichen Wirksamkeit des edlen Mannes das nächste Kapitel.

ACHTES KAPITEL

Kirchliches Wirken und Charakteristik des Theodosius

Weil es der Kaiser war, der dem neuen Glauben erst Freiheit und äußere Selbständigkeit verliehen hatte, konnte von einer dem Staat ebenbürtigen Kirche damals nicht die Rede sein. Ihr Leben selbst war ja nur ein kaiserliches Gnadengeschenk, daher der Erweiterung, aber auch der Beschränkung, ja selbst der Zurücknahme unterworfen, was jedwede kirchliche Anmaßung entscheidend beschränkte.

Glaubensfreiheit dagegen war dem immer noch mächtigen Heidentume gegenüber so naturnotwendig geboten, daß die Kaiser teils aus Politik und Philosophie, wie Julian der Apostat in umgekehrter Richtung, teils aus Furcht vor den Folgen sie gewährten oder gewähren mußten.[1]

Ganz anders gestaltete sich die Sache, als im Schoße des Christentums selbst der arianische Bekenntnisstreit entbrannte.

Hier hatte der Kaiser, auf dessen Vergünstigung ja die freie Bewegung der christlichen Kirche überhaupt beruhte, keine oder doch nur eine sehr untergeordnete *politische* Rücksicht zu nehmen, konnte sich daher der Vorliebe für diese oder jene Partei ungehindert hingeben.

Hätte man der Kirche selbst und allein den Austrag dieses Streites überlassen, so zweifeln wir nicht daß das rechtgläubige Bekenntnis, wenn auch in Orient erst nach längerer Spaltung, aus eigener Kraft den Sieg errungen hätte.

Die Kaiser Constantius und Valens aber nahmen in achtunddreißigjähriger Regierung Partei für das Arianische: und dadurch gelangte dasselbe, im Morgenlande wenigstens, zu fast unbestrittener Herrschaft. Diese war in solchem Umfang daher keine natürliche, aus dem Glauben des Gesamtvolke frei erwachsene, sondern eine durch kaiserliche Willkür erst künstlich geschaffene.

Gewiß hatte daher der Nachfolger das Recht und zugleich die Pflicht freier Prüfung und Entschei dung zwischen den Parteien, da die Rechtgläubigen auch im Orient von den Gegnern nur mehr oder minder unterdrückt, nicht überzeugt worden waren.

Theodosius stammte aus dem Abendlande, wo der Arianismus nie gleich günstigen (bei den *Römern* D.) Boden gefunden hatte, war daher gewiß im orthodoxen Bekenntnis erzogen. Nicht aber Vorliebe für dasselbe allein, sondern auch, nachdem das Prinzip gänzlicher Nichteinmischung der damaligen Verfassung, ja selbst Auffassung, einmal nicht entsprach, eine weise Politik mußte ihn für Bevorzugung des seinigen bestimmen: und zwar um deswillen, weil sich nicht nur die Kirche im Jahre 325 zu Nikäa dafür ausgesprochen, sondern unstreitig auch die Mehrzahl der Gläubigen im Gesamtreiche (abgesehen von den Germanen D.) demselben anhing, daher auf dessen Grundlage allein die so wichtige Glaubenseinheit am leichtesten und sichersten hergestellt werden konnte.

Daher war es aus dem *damaligen* Standpunkte so berechtigt als weise, daß Theodosius den Arianismus zu beseitigen sich vornahm.

Gewiß bestieg derselbe mit diesem Gedanken schon (zu Anfang des Jahres 379) den Thron: gewiß ward derselbe daher nicht erst durch seine ein Jahr spätere Taufe hervorgerufen, sondern nur gekräftigt: gleichwohl aber gestattete seine hohe Klugheit nicht die sofortige Betätigung seines Vorsatzes. Bevor er einen Teil seiner Untertanen verletzte, mußte er selbst Herr in seinem europäischen Reiche, d. i. der Goten Meister sein: und als solcher fühlte er sich schon zu Anfang des Jahres 381 mit Athanarichs Unterwerfung, wenn auch erst im folgenden Jahre (s. oben) dies große Werk ganz vollendet ward.[2]

Da wir hier nicht Kirchengeschichte schreiben, können wir des Kaisers kirchliches Wirken nur im Ganzen und Großen darstellen.

Am 10. Januar 381 (am Tage vor Athanarichs Ankunft in Konstantinopel) erließ er ein Gesetz (C. Theod. XVI. T. 5, 1. 6), das nicht nur allen, die das nikäische Bekenntnis nicht angenommen, daher den Arianern und allen übrigen Sekten, jede öffentliche Religionsübung und Versammlung untersagte, sondern auch die Rückgabe der von ihnen besessenen Kirchen an die Katholiken anordnete.

Schien damit die ganze Sache entschieden, so war dies doch in der Tat im Wesentlichen mehr nur ein Programm der kaiserlichen Maxime in der Kirchenfrage, dessen Ausführung zwar in Konstantinopel (bereits im November 380) und an einigen andern Orten in der Nähe der Residenz erfolgte, im größten Teile des Orients aber unterblieb, ja vielleicht kaum ernstlich versucht ward, wie wir dies aus den neunzehn verschiedenen dasselbe Ge- und Verbot wiederholenden Gesetzen de Haereticis aus spätern Jahren bis zu 394 ersehen, unter denen sich sogar (XVI, T. 5, 23, 27 und 36 des Theod. Cod.) eine teilweise Rücknahme zu Gunsten der Eunomianer findet. (S. Hänel, Index leg. S. 49–58.)

Man darf aber dabei nicht vergessen, daß strenge Handhabung der Gesetze in dem unermeßlichen Reiche damals überhaupt nicht stattfand, namentlich ganz in der Hand der obersten Provinzialbehörden lag, denen ein umsichtiges Verfahren dabei gern nachgesehen, wo Unruhen zu besorgen waren, gewiß sogar zur Pflicht gemacht ward.

Daß Theodosius in jener Maßregel nicht den endlichen Austrag des Streites erblickte, vielmehr auch noch die Gemüter zu gewinnen und zu versöhnen trachtete, beweist die allgemeine Kirchenversammlung, die er deshalb noch in demselben Jahre 381 nach Konstantinopel berief, wo sie vom Mai bis Juli tagt. Diese, die zweite ökumenische, bestätigte die nikäische Glaubensformel aufs Neue, veranlaßte aber auch den uns schon bekannten Gregor von Nazianz auf das Bistum zu Konstantinopel, in das der Kaiser selbst ihn an die Stelle des Arianers Demophilos eingesetzt hatte, wieder zu verzichten, worauf ein angesehener, durch seine Persönlichkeit sich besonders empfehlender Laie, der städtische Prätor Nectarius, zu diesem hohen Amte berufen ward, wie dies in jener Zeit mehrfach stattfand.

Später noch, im Jahre 383, suchte Theodosius, wahrscheinlich aus Rücksicht auf die arianischen Goten, eine Vereinigung durch ein zu dem Ende nach Konstantinopel berufenes Konzil herbeizuführen, dem aber die Auffindung einer vermittelnden Formel, die zu gemeinschaftlicher Genehmigung geeignet gewesen wäre, auch nicht gelang.

Wie mächtig der Arianismus gerade in der Hauptstadt noch in den Gemütern gärte, beweist der Aufstand, der im Jahre 388, als der Kaiser wider Maximus ausgezogen war, daselbst ausbrach. Die falsche Nachricht, ersterer sei besiegt, erregte die Arianer zu gewalttätigem Auflauf, in welchem das Haus des Nectarius in Flammen gesetzt ward. Gleichwohl wurden die Täter auf des Arcadius dringende Fürbitte vom Kaiser begnadigt, was aus dessen übergroßer Milde, aber auch, zumal bei der langen Abwesenheit von Konstantinopel, aus einer gewissen Besorgnis vor der Stärke dieser Partei zu erklären ist.

Dies waren jedoch nur die Zuckungen eines Sterbenden; der Todesstreich hatte die einst so mächtige Sekte getroffen. Nur bei den Goten, deren Religionsfreiheit der Kaiser nicht anzutasten wagte, lebte sie unbehindert fort.

Mit noch mehr Nachdruck, aber doch auch wieder mit großer Vorsicht, verfuhr Theodosius gegen das Heidentum, vor allen gegen den Rückfall der Christen, der damals also nicht selten vorgekommen sein muß, was Tillemont durch den Reiz der noch fortdauernden Privilegien der heidnischen Priester erklärt.

Die Apostaten wurden des Rechts zu testieren und zu vererben für verlustig erklärt, so daß deren Vermögen, wenn deren Kinder nicht Christen wurden, dem Fiskus anheimfiel.

Das Verbot der heidnischen Opfer und die weiteren Maßregeln gegen diesen Kultus begannen ebenfalls erst im Jahre 381. Wie die Gesetze selbst aber hinsichtlich ihrer Tragweite und Wirkung manche Zweifel übrig lassen, so mag auch hierin die Ausführung größtenteils unterblieben sein.

Vor allem wandte sich der Kaiser gegen die Tempel, wozu eine gewisse Berechtigung darin lag, daß diese nicht von den Glaubensgenossen, sondern vom Staate oder den Stadtobrigkeiten erbaut waren und unterhalten wurden.

Durch den dazu für den Orient mit besonderem Auftrage versehenen Präfectus Prätorio Kynegus ließ er sie schließen.

Später erst scheint zur Zerstörung von Tempeln geschritten worden zu sein, die ihren Gipfelpunkt in der des unermeßlichen Serapiums zu Alexandrien fand, das als ein Weltwunder geschildert wird. Dazu gab aber nur ein blutiger Aufruhr in Alexandrien Anlaß, der über Umwandlung des Bacchustempels in eine christliche Kirche entbrannte. Nach heftigem Straßenkampfe zogen sich die Heiden in das Serapium als Festung zurück, wo sie sich, unter häufigen Ausfällen wider die Christen, in solcher Stärke und Todesverachtung behaupteten, daß die Provinzialbefehlshaber ohne höhern Befehl den Angriff nicht wagten. Da ließ der Kaiser entrüstet mit größtem Nachdruck einschreiten. Der Prachtbau und mit ihm alle übrigen Tempel der Stadt wurden im Jahre 389 oder 391[3] von Grund aus zerstört und die Götterbilder, angeblich zum Besten der Armen, aber auch wohl in anderm Interesse, selbst dem der Privatbereicherung, eingeschmolzen.

Die Maßregel ging weiter, fand aber an vielen Orten starken Widerstand, besonders bei den Landleuten, pagani, weshalb dieses Wort zur Bezeichnung von Heiden überhaupt angewendet ward, wovon heute noch das französische payens[4] herkommt. So ward z. B. Marcell, Bischof von Apamea, bei dem Angriff auf einen Tempel in Aulona von dessen Verteidigern ergriffen und lebendig verbrannt.

Unstreitig blieben indes noch viele Tempel im Reich erhalten, unzweifelhaft die zu Rom, das mit besonderer Rücksicht behandelt ward.

Aber auch nur gegen Stein und Mauern, nicht gegen die Gewissen, zog der Herrscher zu Felde.

Die Statuen der Götter, vor denen nur das Opfern der Tiere, nicht das Weihrauchspenden, untersagt ward, wenigstens außerhalb der Tempel, die religiösen Feste, Spiele und andere heidnische Bräuche blieben unangetastet. Niemand vor allem ward seines Glaubens halber verfolgt oder auch nur zurückgesetzt. Bei Besetzung der Ämter entschied nur die Würdigkeit, und selbst zur höchsten Ehrenstelle des Reiches, zum Konsulat, wofür nicht einmal, wie zur Heerführung, besondere Tüchtigkeit erforderlich war, wurden eifrige Heiden, wie Prätextat[5] und Symmachus, befördert, Libanius und Themistius, welcher Letzte aber mehr wohl glaubenslos als Heide war, wenigstens mit Auszeichnung behandelt.

Im Jahre 389, wie kurz vor seinem Tode 394, versuchte Theodosius den großen Teil der römischen Senatoren, die noch Heiden waren, durch persönlichen Zuspruch zu bekehren, was ihm aber, nach der Zosimus freilich verdächtiger Versicherung (V, 59), im letzten Falle bei deren Keinem gelungen sein soll, worauf derselbe die Bestreitung sämtlicher Kosten des heidnischen Kultus aus der Staatskasse, die bis zum Jahre 394 also noch gewährt wurde, zurückgezogen habe.

Indem wir über das Nähere in obiger Beziehung vorzüglich auf Tillemonts gründliche, aber weil nur chronologische, nicht reale, wenig übersichtliche Darstellung (in V, 2 art. 5, 8, 9, 10, 17, 19, 27, 48, 49, 51 bis 59, 64, 73, 77 und 83) verweisen, fügen wir nur noch die Bemerkung hinzu, daß es zur Lösung der mannigfachen Zweifel und Widersprüche, welche besonders durch die kirchlichen und spätern Historiker (wie z. B. Cedrenus und Zonaras) in der Sache hervorgerufen werden, einer äußerst umfänglichen kritischen Erörterung bedürfen würde, welche in keinem Falle hierher gehört.

Verpflichtet aber fühlen wir uns, einem der bedeutendsten Grundpfeiler der jungen Kirche, dem Bischof zu Mailand, Ambrosius, der mit Recht heilig gesprochen ward, einige Worte hier zu widmen.

Vornehmer Geburt, der Sohn des Präfekten von Gallien, ward er 369 im sechsunddreißigsten Jahre zum Provinzialbefehlshaber von Ligurien und Aemilien zu Mailand ernannt. Da brach im Jahre 374 über die Wahl eines neuen Bischofs ein Aufstand daselbst aus. Ambrosius eilt in die Kirche, um das Volk zu beschwichtigen, hat aber kaum zu reden begonnen, als ihn alle, sowohl Katholiken als Arianer, zum Bischof ausrufen.

Erschrocken und abgeneigt besteigt er am Morgen darauf sein Tribunal, läßt wider seine Gewohnheit Angeklagte öffentlich foltern und am Abend sogar öffentliche Dirnen in sein Haus rufen. Das Volk aber schreit: „Deine Sünde komme auf uns!" und läßt sich nicht irren.

Darauf wiederholter Fluchtversuch desselben, bis er endlich, behindert und gewaltsam zurückgeführt, dem erkannten Rufe des Herrn sich unterwirft. Nun schenkt er sein gewiß bedeutendes Vermögen, namentlich seinen Grundbesitz, den Armen und der Kirche, vorbehaltlich des lebenslänglichen Nießbrauchs seiner Schwester an letzterem, und widmet sich dem Studium der Theologie mit einem Eifer, von dem seine acht Bände füllenden Werke Zeugnis geben.

In seinem dreiundzwanzigjährigen Wirken als Bischof erwarb er sich ebenso die innigste Liebe und Verehrung seiner Herrscher, Gratian, Valentinian und Theodosius, als die schwärmerische Anhänglichkeit seiner Herde, die ihm gegen den Versuch der arianischen Justina im Jahre 386, den Katholiken die Basilika mit Gewalt zu entreißen, mit Todesverachtung beistand. Ja selbst zu den Barbaren war dessen Ruf und Bewunderung gedrungen, da die Könige der Franken, bei einem Gastmahle nach ihm fragend, auf Arbogasts Erwiderung, daß er Ambrosius kenne und von ihm geliebt werde, zu ihm sprachen: „So wirst Du siegen, weil Dich der Mann liebt, der zu der Sonne sagt: ‚Stehe und sie steht.'" (Ambr. vita c. 30.)

Dem Usurpator Maximus scheint er sich passiv unterworfen zu haben; vor des Eugenius und Arbogasts Ankunft in Mailand aber verließ er dasselbe und zog sich in andere Städte Italiens zurück.

Den Gipfelpunkt seiner Größe bildet die unerschütterliche Standhaftigkeit, mit der er, nicht im hierarchischen oder polemischen Interesse, sondern als treuer Diener des Herrn, dem allgewaltigen Kaiser, wenn er fehlte und sündigte, und zwar vor allem bei dem sogleich zu erwähnenden thessalonischen Vorgang entgegentrat.[6]

Drei Jahre nach Theodosius verschied der edle Kirchenfürst. (S. Ambr. vita, die dessen Notar Paulinus für Augustinus schrieb, in Ambr. opera Venedig 1781. VII. appendix, S. 1.)

Im Jahre 387 brach in Antiochien, dessen unruhige Bevölkerung uns schon aus Julians Leben bekannt ist, auf Anlaß einer neuen oder erhöhten Auflage, die wohl durch die Kriegsrüstung wider Maximus geboten gewesen sein mag, ein heftiger Aufstand aus, bei dem nicht nur das Haus eines der Häupter der Stadt niedergebrannt, sondern auch die Bildsäulen des Kaisers, seiner Söhne und vor allem, was ihn am empfindlichsten verletzte, die seiner unlängst verstorbenen Gemahlin Flaccilla umgestürzt und durch den Schmutz der Gassen geschleift wurden.

Wütend entbrannte des Kaisers Zorn. Er entsandte sofort Cäsarius, seinen Magister der Offizien, mit dem Magister militum Hellebikus zur strengsten Untersuchung und sprach sogleich die Herabsetzung der Stadt vom Range der Metropole zu dem eines Laodicea zu unterordnenden Fleckens, Schließung der Bäder, des Circus und anderer öffentlicher Gebäude so wie auch Einziehung der Getreidelieferung aus.

In der Stadt waren sogleich Scham und Reue dem Frevel gefolgt und der Bischof Flavianus nebst Hilarius, einem Schüler des Libanius, mit der demütigen Bitte um Vergebung nach Konstantinopel abgeordnet worden.

Inmittelst hatten die kaiserlichen Kommissäre bereits ihr Blutwerk mit Folter und Einkerkerung zahlreicher, selbst der vornehmsten Personen der Stadt begonnen. Mitleid aber ergriff sie: Cäsarius eilte, die dringendsten Verwendungen der frommen Einsiedler der Umgegend mitnehmend, im Flug in nur sechs Tagen zur Hauptstadt zurück, indes Hellebikus mindestens das Los der Gefangenen erleichterte.

Schon aber hatten Flavians christlich beredte Worte des Kaisers Herz, das so leicht vom Zorn zur Milde umschlug, erweicht, so daß Cäsarius keine Schwierigkeit fand, als Segensbote mit der vollsten Vergebung für die Stadt und alle Beschuldigten zurückzukehren, wobei Theodosius sogar noch seine Aufwallung entschuldigte.

(S. Libanius or. 14, 15, 22 und 23, sowie Chrysostomus or. 2 bis 20 und Tillemont, art. 30 bis 38.)

Tragischer verlief der zweite Vorgang der Art. Botharich, der gotische Befehlshaber zu Thessalonich war im Jahre 390 von dem dortigen Volke nebst mehrern seiner Offiziere bei einem Aufstande, den die schwache Garnison nicht bewältigen konnte, um deswillen zerfleischt worden, weil er die Herausgabe eines berühmten Wagenführers verweigert hatte, den derselbe aus gerechtem Grunde gefangen gesetzt hatte.

Abermaliger, durch die ängstliche Rücksicht auf die Goten noch erhöhter Zornausbruch, in dem Theodosius sich verleiten ließ, statt der Weiterung eines Kriminalprozesses, sogleich einem seiner gotischen Heerführer die Vollziehung des Strafgerichts zu übertragen. Schon soll er darüber geschwankt haben, als er, durch Rufinus bestärkt, in dem Blutbefehle verharrte.

Dieser ward nun von den ebenfalls erbitterten Barbaren mit der empörendsten Roheit vollstreckt und das in dem Circus versammelte Volk, mindestens 7000 an der Zahl, ohne Unterschied zwischen Schuldigen und Unschuldigen, Einwohnern und Fremden, erbarmungslos niedergehauen.

Das schrie zum Himmel. Ambrosius schrieb einen erschütternden[7] Brief an den Kaiser, erklärte ihn, seiner schweren Sünde halber, für ausgeschlossen von den Wohltaten der Kirche, wies ihn sogar von der Pforte der Basilika in Mailand zurück und nahm ihn erst acht Monate später, nach öffentlicher Kirchenbuße, in die Gemeinschaft der Gläubigen wieder auf.

Über des Theodosius Charakter haben wir von drei Zeitgenossen Urteile, und zwar:

1) von dem als Epitomator des Aurelius Victor bezeichneten Autor, der, mit dessen Regierung sein Werk schließend, unter ihm gelebt haben muß, dessen letztes Kapitel 48 sogar nur sieben Paragraphen der Geschichte, zwölf der Charakteristik dieses Herrschers widmet,

2) des Ambrosius einfache, aber erhebende Worte de obitu Theod. § 33 bis 35, endlich

3) des Zosimus vielfache Äußerungen (namentlich c. 27, 28, 29, 33 und 50), die wir, weil unzweifelhaft aus Eunapius entlehnt, ebenfalls für zeitgenössische ansehen müssen.

Unter diesen ist das des ersten nicht nur das eingehendste und bei weitem bedeutendste, sondern auch ein unbefangenes, weil dieser Schriftsteller in bezug auf das Christentum nie Abneigung oder Vorliebe äußert, während der blinde fanatische Glaubenshaß des Griechen, dem die gröbsten Schmähungen unsers Helden entfließen, wahrhaft verletzen. Sie sind meist gleicher Art, wie die Verleumdungen Constantins des Großen.

Es war ein Vorzug der römischen Staatsverfassung, daß die besten, wunderbar begabten Männer, bisweilen aus dem Volke zum Throne berufen wurden: so Trajan, M'. Aurelius und Theodosius. Mit Ersterm nach Körper (denn auch das Äußere war damals sehr wichtig) und Geist vergleicht der Epitomator unsern Helden. In beiden Beziehungen war auch Constantin der Große ausgezeichnet gewesen, nur das an sich gute Gemüt in politischer Leidenschaft völlig untergegangen. Im Gemüt nun wurzelte des Theodosius höchster Vorzug: in dem christlich durchgebildeten, wahrhaft frommen Herzen, das dadurch nicht bloß zum Begleiter, sondern zum Führer seiner Regierung wurde.

Rührend sagt Ambrosius in seiner Leichenrede: „Ja, ich habe den Mann geliebt, der barmherzig, demütig in der Gewalt, reinen und zerschlagenen Herzens war.

Ich habe den Mann geliebt, der mehr auf Gründe, als auf Schmeichelei hörte, der, das Kaisergewand ablegend, in der Kirche öffentlich die Sünde beweinte, wozu die Hinterlist anderer ihn verleitet hatte Wovon falsche Scham den Privaten zurückgehalten haben würde, davor schämte sich der Kaiser nicht – öffentliche Kirchenbuße zu tun, wie er denn auch später seinen Fehltritt zu bereuen nie aufhörte. Schloß er sich doch, um des bei einem glänzenden Siege im Bürgerkriege vergossenen Blutes halber freiwillig vom Genusse des heiligen Mahles aus, bis er bei der Ankunft seines sehnlichst erwarteten Sohnes[8] die Wiederkehr der Gnade des Herrn in sich spürte. Ich habe den Mann geliebt, der auf dem Totenbette nach mir verlangte, der im letzten Lebenshauche mehr um die Kirche als um die Gefahren der Seinigen besorgt war."

Diese edle und reine Seele aber war nicht ohne Schwächen. Jähzorn und Mangel an Tätigkeitstrieb der an Indolenz grenzte, waren seine Fehler. Von ersterm vernahmen wir bereits die Beweise: die Quellen (Epit Aur. Vict. 13. Claudian de laude Serenae V. 134–139 und Ambros. epist. 51, S. 1079 d Venet. Folio-Ausg.) bestätigen ihn mehrfach. Aber nicht aus Laune, nicht um seine Person, sondern nur um Unrecht und Frevel entbrannte jene Leidenschaft, tadelnswert sonder Zweifel in ihrer Aufwallung, aber durch Erkenntnis, Reue und Buße wieder gesühnt.

Über den zweiten Fehler haben wir eine gute Nachricht, und zwar die einzig gute über Theodosiu in Zosimus (50 a. Schl.). Nachdem er daselbst dessen ungemeine Anstrengung bei der Verfolgung vo Räubern und dessen darauf erfolgte Rückkehr zu der gewohnten Lebensweise, zu Schmausereien un Vergnügungen aller Art, geschildert hat, fährt er also fort: „Wunderbar in der Tat erscheint mir a diesem Manne die Richtung nach so entgegengesetzten Seiten hin. Von Natur sorglos und träge, dahe

412

den vorbemerkten Lastern ergeben, überließ er sich, wenn nichts Unglückliches oder Furchterweckendes ihn belästigte, ganz dieser seiner Natur. Drängte aber eine Not, das Bestehende zu erschüttern drohend, so legte er die Faulheit ab, sagte dem Wohlleben Valet und kehrte zu Mannhaftigkeit, Mühseligkeit und Dulderkraft zurück. So in der Prüfung sich bewährend ward er, nachdem jede Besorgnis überstanden war, sogleich wieder ein Sklave der aus seinem Naturell fließenden Sorglosigkeit."

In diesem Urteil liegt, bei gehässiger Übertreibung, unverkennbar auch Wahrheit. Theodosius war kein Schwelger, selbst den erlaubten Vergnügungen nicht maßlos sich hingebend, wie wir aus dem ungleich zuverlässigeren Epitomator ersehen, sicherlich aber mehr passiven als tätigen, daher aufopfernder Mühewaltung abgeneigten Naturells.

In geistiger Hinsicht war Theodosius ungemein scharfen Blicks, den Wissenschaften, wie der Epitomator sagt, nach dem höchsten Maßstabe gemessen, von mäßiger Bildung, vorzugsweise des Studiums der römischen Geschichte eifrig beflissen, wobei er nie aufhörte, die freiheitsmörderischen Untaten republikanischer Gewalthaber wie spätere Herrschsucht, vor allem aber Treulosigkeit und Undankbarkeit zu verdammen.

Derselbe bewies, sagt dieser Schriftsteller (§ 16), eine *seltene* Tugend darin, daß er mit der, im Zeitlaufe, besonders nach den Siegen im Bürgerkriege steigenden Macht *immer besser* ward.

Wie anders hierin als sein Vorgänger Constantin!

So war des Theodosius Naturanlage. Untersuchen wir nun die Leistungen des Herrschers.

Groß war seine durch fünfhundertachtundvierzig (nach Hänels Index legum) verschiedene Erlasse bewährte gesetzgeberische Tätigkeit, in der sich meist Milde, Wohlwollen und Weisheit, wo aber Gewissensrücksichten einschlugen, auch harte Strenge aussprechen, indem er z. B., neben dem Verbot der Ehe zwischen Schwägern und Schwägerinnen, auch die zwischen Geschwisterkindern, bei Strafe der Verbannung und selbst des Feuertodes untersagte, was jedoch, als der römischen Sitte widerstreitend, schon im Jahre 405 wieder aufgehoben ward.

In der Einteilung der Provinzen änderte er, unstreitig bessernd, mehreres. Die Lasten der Untertanen mag er im Drange des Bedürfnisses, besonders durch die Bürgerkriege, erhöht haben: doch werden auch Erleichterungen erwähnt, wie er denn namentlich die Strenge der so gewöhnlichen Konfikationen zu Gunsten der Kinder milderte.

Was Zosimus über unnütze Vermehrung der Ämter und sonst über ihn sagt, bedarf nicht der Widerlegung.

Nur in einer Beziehung wagen wir Theodosius nicht ganz freizusprechen. Die scheußliche Verderbnis, namentlich Raubsucht der Beamten, konnte nur durch die eifrigste und strengste Wachsamkeit des Herrschers einigermaßen gezügelt werden. Dadurch hatte sich Valens ausgezeichnet, dem freilich aber auch Spionieren Vergnügen war: und daran mag es Theodosius, bei dessen mehr beschaulichem als tätigem Naturell, wohl gefehlt haben.

Am schwersten lastet in dieser Beziehung die Erhebung und Begünstigung des Rufinus auf ihm. Diesen dürfen wir aber nicht nach Claudians Schmähungen beurteilen. Von unrechtmäßiger Bereicherung und Erpressung waren damals wenige frei, namentlich auch dessen Nebenbuhler Stilicho nicht (s. Eunapius, ed. Bon. p. 112): nur in Verstellung und Geschick, dies zu verbergen, mag Rufinus unübertroffen gewesen sein. Unstreitig aber war er ein höchst bedeutender Mann, tiefen Geistes (was auch Eunapius a. a. O. bestätigt), mochte daher dem Kaiser, als er von 388 bis 391 aus dem Orient abwesend war, für dessen Regierung unersetzlich scheinen und gerade vielleicht durch Entdeckung der Spitzbübereien anderer sich empfehlen.

Als Feldherr zeichnete sich Theodosius durch seltenen strategischen Blick aus: seine Kriegspläne waren meisterhaft, in der Ausführung zeigte er höchste Tätigkeit und blitzschnelle Entschlossenheit. Lange mit dem auf das Sorgfältigste vorbereiteten Angriffe zögernd schläferte er die Feinde ein, war aber der Augenblick gekommen, so stand er ihnen plötzlich, wie herbeigeflogen, überraschend gegenüber.

Doch gilt dies alles mehr noch vom ersten wie vom zweiten Bürgerkrieg, in dem er an Arbogast, der ein großer Feldherr und, von verbrecherischem Ehrgeize abgesehen, gewiß auch ein großer Mann war, einen Meister fand. Als ihn dieser, die Pässe freilassend, über die Alpen hereinlockte, gleichzeitig aber auf beiden Flanken umging, war Theodosius strategisch geschlagen. Nicht durch Manövrieren oder taktische Überlegenheit im Kampfe denn auch, sondern nur durch den Zauber der Legitimität und einer Person gewann er noch den Sieg, weil die Feinde in seinem Rücken zu ihm übergingen.

Den persönlichen Heldengeist Constantins und Julians in der Schlacht hat Theodosius nie bewiesen, der aber auch vom Feldherrn, zumal wenn er zugleich Kaiser ist, nicht gefordert werden kann.

Am größten erscheint er in der politischen Leitung des Gesamtreichs: sein Meisterwerk, sowohl militärisch als politisch, ist die Unterwerfung der Goten, ebensowohl durch die Weisheit der Idee als durch das bewunderungswürdige Geschick und die Konsequenz der Ausführung.

Wie das Reich gesunken war, als er es nach des Valens Tod antrat, wie es da stand, als er heimging, – in dieser Betrachtung liegt die ganze Kritik seiner Regierung.

Wir schließen mit den Worten Niebuhrs, dieses tiefen Kenners römischer Geschichte (s. Vorles. üb. r. G. III, s. 319): „Theodosius hatte eine Aufgabe, vor der einen schaudert. Der Name des Großen kommt ihm mit Recht zu: er führte große Dinge groß aus; er ist der letzte große Kaiser."

Dem stimmen wir freudig bei.

Noch ist hier der Ort, einer folgeschweren Veränderung im Kriegswesen zu gedenken. Nach Vegetius (I, 20) sollen nämlich dem römischen Fußvolk aus Mangel an genügender Kraftübung die alten bis zu Gratians Zeiten, also bis zum Jahre 383 bestandenen Schutzwaffen, zuerst der Brustharnisch, dann auch der Helm so lästig geworden sein, daß es deren Ablegung verlangt, auch durchgesetzt hätte, was den Soldaten, besonders im Kampfe mit den Goten, höchst verderblich geworden sei und die Neigung zur Flucht erhöht habe. Die Nachricht ganz zu bezweifeln ist nicht möglich: doch ist dieser Schriftsteller höchst unzuverlässig und gerade in diesem Kapitel liegt so viel Verworrenes, daß wir derselben keinen unbedingten Glauben beimessen können. Wahrscheinlich hat diese Veränderung, zunächst wenigstens, nur bei dem stets weichlicheren orientalischen Heere stattgefunden, ist auch gewiß nur allmählich und kaum je ganz allgemein zur Geltung gelangt.

Insbesondere glauben wir den Eintritt dieser unverkennbaren Schwächung des römischen Kriegsvolks noch nicht in die Zeit von Theodosius vom Jahre 383 an, sondern erst in die seiner Söhne setzen zu müssen (denen dergleichen auch weit mehr zuzutrauen ist), da wesentliche Kämpfe mit den Goten, deren Vegetius dabei gedenkt, nach Gratians Tode unter Theodosius nicht mehr stattgefunden haben vielmehr, wie wir sogleich sehen werden, erst unter Arcadius und Honorius. Die Erwähnung der Zeit Gratians kann daher, wenn sie überhaupt richtig ist, nur den Sinn haben, daß bald nach diesem die gedachte Neuerung in einzelnen Fällen sporadisch vorgekommen sei. Unsere Ansicht von der Sache wird aber auch noch mehr dadurch unterstützt, daß der Valentinian, dem Vegetius sein Werk widmet nach der Art, in welcher die Hunnen (c. 29) darin erwähnt werden, der Erste dieses Namens, welche vor deren Einbruche verstarb, nicht sein kann, vielmehr, da der Zweite so jugendlich endete und nie zu sonderlicher Bedeutung gelangte, unstreitig erst der Dritte[9], der von 423 bis 455 regierte. Gewiß hat daher Vegetius in jener Stelle einer erst zu seiner Zeit im fünften Jahrhundert merklich hervorgetretenen Veränderung gedacht.

NEUNTES KAPITEL

Die Germanen unter des Theodosius Regierung

Am Vorabende des Jahrhunderts, in welchem die Zertrümmerung Roms durch die Germanen vollbracht wird, haben wir noch deren Zustände während der Zeit der letzten (verhältnismäßigen D. Ruhe zu untersuchen, die dem Ausbruche des neu ausbrechenden Weltsturms vorausging.

Die Wanderung und Eroberung war (auf kurze Zeit D.) zu (einer Art von D.) Stillstand gelangt. Das Barbarentum, das bisher in der Raubfahrt (und Überflutung Leben D.) Ruhm und Erwerb gesucht hatte, begann der Zivilisation zu weichen.

Der Anbau des eroberten Landes (– denn bis an Rhein und Donau und teilweise über diese waren sie gedrungen – D.), der Genuß der erbeuteten Schätze, der Verdienst (durch römische Jahrgelder, Getreidelieferungen D.), die durch dies alles gewährte Füglichkeit, weitere Bedürfnisse im Wege des Handels zu befriedigen (vor allem aber der bedeutend erweiterte Landbesitz D.), genügten (hie und dort eine Weile D.). Die Verträge wurden nicht mehr, um sie möglichst bald wieder zu brechen, abgeschlossen auch die Germanen erkannten nun oft den Vorteil des Friedens.

Dieser Zustand ward aber vor allem auch durch die Sonderpolitik einzelner germanischer Völker

414

namentlich der an Roms Grenze sitzenden, gefördert, denen aus Eifersucht und aus Furcht vor ihren östlichen Nachbarn Anlehnung an den gemeinsamen Nationalfeind, der schon längst fast nie mehr an Angriff, nur noch an Verteidigung dachte, viel zuträglicher erschien, als ein Offensivbündnis mit den Stammgenossen wider Rom, bei dem Marsch und Krieg sich zunächst über ihre eigenen wohlangebauten Lande ergießen mußten. Die Sachsen im Rücken der Franken, die Burgunder hinter den Alemannen trugen zunächst nach den Sitzen und Glücksgütern dieser ihrer Nachbarn Verlangen, und diese Erkenntnis ließ letztere hin und wieder Roms Freundschaft suchen.

(Viel wichtiger war: die neu gewonnenen, breiten, ausgezeichnet fruchtbaren, vortrefflich von Römern und Kelten angebauten Landstriche befriedigten eine Zeit lang mehr als seit geraumer Zeit geschehen das Bedürfnis, und andererseits waren durch eine Reihe von kräftigen Kaisern und Feldherren Rhein und Donau kräftig verteidigt worden. D.)

Jener Anschluß an Rom gilt vor allem von den auf römischem Grund und Boden angesiedelten Germanen, d. i. von den salischen Franken und den Alemannen, welche auch vereinzelt in das dem Volke sonst ganz fremde Städteleben eintreten: weniger von den Ripuariern, die noch jenseits des Rheins saßen.

Dieser Wechsel war besonders das Werk der römischen Waffen, zuletzt das der großen Kriegsfürsten Julian und Valentinian I.: unzweifelhaft aber war auch in den Gemütern der Germanen ein Umschwung eingetreten: der Romanisierungsprozeß derselben hatte begonnen. (Gleichzeitig hat sich die monarchische Verfassung immer mehr verbreitet und befestigt. D.)

Wir haben anzunehmen, daß dieser Zustand bei den Saliern und Alemannen auch unter Theodosius im Wesentlichen unverändert fortbestand: (aber völlige Ruhe trat keineswegs ein. D.).

Wir finden bei Sokrates (V, 6) und bei Sozomenos (VII, 4) erwähnt, daß Gratian aus Pannonien nach Gallien zurückkehrte, weil die Alemannen räuberisch eingefallen seien, was nach Ersterm im Jahre 380, nach Letzterm bereits im Jahre 379 geschehen zu sein scheint.

Ebenso führen beide, und zwar fast mit denselben Worten, an, daß Gratian um die Zeit, da Maximus in sein Reich einfiel, mit den Alemannen gekriegt habe.

Im Jahre 388 nach dem Abzuge von des Empörers Maximus Truppen aus Gallien wider Theodosius verlockte die größere Entblößung der Grenze die erwähnten ripuarischen Frankenfürsten Genobaud, Markomer und Sunno zu einem Einbruch in römisches Gebiet, der mit der Niederlage eines großen Teils der Franken endete, in deren Folge freilich aber die zur Verfolgung weit über den Rhein in deren Land eingedrungenen Römer durch die Unvorsichtigkeit ihres Führers eine noch weit schmählichere erlitten.

Indessen unterwarfen sich die Ripuarier, als des Theodosius Feldherr Arbogast wider sie heranzog, sogleich den von diesem vorgeschriebenen Bedingungen.

Im Jahre 392 nach Valentinians Sturz galt es für die Empörer wieder, sich der Mithilfe der Germanen für den bevorstehenden Krieg zu versichern. Da unternahm Arbogast, imponierend zu schrecken, den berichteten Feldzug in das Tiefinnere Germaniens hinein, bei welchem er wahrscheinlich auch seinen persönlichen Haß gegen einzelne Frankenfürsten durch Verwüstung der Besitzungen derselben befriedigte, der jedoch, weil sich die Feinde vor ihm zurückzogen, ohne allen Kampf verlief.

Höchst wichtig wird aber die betreffende Stelle des Sulpicius Alexander in Gregor v. Tours (II, 9) durch das Licht, welches sie über das damalige Verhältnis der Franken verbreitet.

Unzweifelhaft bildeten in den Jahren zwischen 307 und 310, etwa 308, als Constantin der Große dieselben bekriegte, deren Nachbarvölker, namentlich die Brukterer, Chamaven und Tubanten, noch eigne *Sonderstaten*. Nun sagt aber der genannte Schriftsteller:[1]

„Arbogast glaubte, weil die Wälder entlaubt seien, die Feinde sich daher nicht verbergen könnten, alle Gegenden und Winkel des Frankenlandes mit Sicherheit durchziehen und verwüsten zu können."

„Deshalb nun," fährt derselbe fort, „verheerte er, nachdem er über den Rhein gegangen, zuerst das dem Ufer nächste Gebiet der Brukterer, dann auch den Gau der Chamaven, wobei ihm niemand entgegentrat, außer daß sich schwache Haufen (pauci) der Amsivarier und Chatten unter Markomers Führung auf den entferntern Hügelreihen zeigten."

Darauf, fügt er hinzu, bemerke sein Gewährsmann (Sulpicius Alexander) noch deutlich, „daß die Franken nunmehr, an Stelle ihrer bisherigen Fürsten und Gaukönige (solche „aufgebend") einen König hätten, dessen Namen er aber nicht angebe."[2]

Ist nun diese Darstellung richtig, was zu bezweifeln kein uns bekannter Grund vorliegt, so ergibt ich daraus, daß die Gebiete der Brukterer und Chamaven, wenn auch als Gaubezirke dem Namen nach fortbestehend, doch damals zu „Francia", d. i. dem Frankenlande gehörten und dessen König unterworfen gewesen seien.

Hiernach muß im Verhältnisse dieser Völker während der vergangenen zweiundachtzig bis fünfundachtzig Jahre eine Veränderung eingetreten sein, indem die Franken entweder jene Nachbarvölker sich unterworfen oder dieselben freiwillig, unter Vorbehalt sonstiger Selbständigkeit, deren wenigstens militärische Oberhoheit anerkannt hatten. (Einen König *aller* Franken gab es aber damals schwerlich schon. Man müßte sonst annehmen, das bereits hergestellte Volkskönigtum sei später wieder zerbröckelt: denn hundert Jahre später hat Chlodovech schwere Blutarbeit, es herzustellen. D.)

Über den Sitz der Amsivarier wissen wir seit des Tacitus Nachricht vom Jahre 59 n. Chr. überhaupt nichts. Wir müssen jedoch vermuten, daß jene Angabe (ihrer völligen Vernichtung) übertrieben und ein Teil derselben in den alten Sitzen um die Mittelems verblieben war. Hier waren sie aber von den Chatten, selbst nachdem diese durch Verdrängung der Cherusker (Tacit. Germ. c. 36 und Ledebur, Land und Volk der Brukterer, S. 129–131) ihnen näher gerückt waren, immer noch weit entfernt: und dies macht es unwahrscheinlich, daß jene ohnehin schwachen Scharen dem zur angeblichen Bundeshilfe aufgebotenen *Nationalheere* beider Völker angehört haben sollten.

Andererseits können wir freilich nicht wissen, wie weit sich die militärisch-politische Hegemonie der Franken in den verschiedenen Zeiten erstreckt habe, finden deren Ausdehnung über das kleine Volk der Amsivarier sogar wahrscheinlich, nicht aber um *diese* Zeit schon eine gleichmäßige und dauernde über den gesamten mächtigen Stamm der Chatten: (vielleicht *begann* damals die Heranziehung der Chatten an die Frankengruppe, zunächst noch in Form einer vorübergehenden Allianz. D.).

Auch nach diesem Verwüstungszug aber wurden, als der Usurpator Eugenius persönlich an den Rhein zog, die alten Bundesverträge der Römer mit den Königen der Alemannen und Franken erneuert.

Für die Fortdauer dieses friedlichen Verhältnisses sind nun mehrere Stellen in Claudians Gedichten von großer Wichtigkeit, in denen er die von Stilicho bald nach des Theodosius Tode, bevor er gegen Alarich zog, zur Erneuerung und Befestigung der Bündnisse, mit nur wenig Begleitern unternommene und (nach v. 219 und 220 de laud. Stil. I.) in nur vierzehn Tagen vollbrachte Bereisung der Grenze besingt.

Dabei hat man freilich sowohl die Übertreibung dieses Panegyrikers abzuziehen als von dessen geographischen und etnographischen Bezeichnungen fast völlig abzusehen. Bei seinen Namen leitet ihn (den letzten, mit hohem Formtalent ausgerüsteten Dichter Roms D.) vor allem die poetische Rücksicht, der klassisch-gelehrte Klang und das Versmaß, weshalb er z. B. die Geloni, die zum Schlusse des Hexameters trefflich taugten, auf das Häufigste anführt, obgleich dies skythische Volk damals sicherlich kein lebendes mehr war. Ebenso braucht er die Massageten und versetzt z. B. die Bastarner zwischen Alemannen und Brukterer an den Rhein (de IV. Cons. Hon. v. 449). Eine Hauptrolle spielt bei ihm die Elbe, die er nebst dem Rheine (Rhenus et Albis: wiederum ein Hexameter-Schluß) fortwährend als unter römischer Herrschaft stehend darstellt, was selbst in der Blüte römischer Macht nie der Fall war, weshalb der Gedanke naheliegt, daß er dabei vielleicht an die nirgends erwähnte Visurgis Weser, gedacht habe. Dergleichen scheint damals überhaupt zu den selbstverständlichen Privilegien der Dichter gehört zu haben, wie dies Zeuß von dem etwas spätern Sidonius Apollinaris, der ebenfall Gelonen und Neuren anführt, bemerkt.

Hiernach können wir aus dem ganzen Claudian nur so viel – dies aber auch mit Sicherheit - entnehmen, daß die Erscheinung Stilichos, dessen Person und Ruf imponierten, die Germanen am Rhein sogleich zu Erneuerung, auch, wie eine längere Folgezeit bewies, zu treuer Festhaltung der alten Bundesverträge bewog.

Es ist auffallend, daß sich in den freilich dürftigen Schriftstellern jener Zeit keine Nachricht über di Sachsen und die ihnen angehörigen Völker findet, die doch unstreitig damals noch bis zum Nieder rheine saßen. Indes erwähnt Claudian die Chauken (v. 116 d. L. Stil.) als Anwohner des Rheins, und d in der angegebenen *Örtlichkeit* weder eine tendenziöse noch poetische Nebenabsicht liegen kann, s sind wir sie für begründet zu halten wohlberechtigt, so daß hiernach die Sachsen, welchen die Chauke angehörten, noch den alten Sitz inne hatten.

Von großer Wichtigkeit für die damaligen Völkersitze am Oberrhein sind noch einige Stellen au Ambrosius (de obitu Valent. 4 u. 22), die, nicht leicht verständlich, nach Huschbergs Annahme (S. 37 a. Schl. und 380), der wir vollständig beistimmen, folgendes sagen:

„Während dieses (als Valentinian kurz vor seinem Tod Ambrosius zu seiner Unterstützung nach Vienne berief) geschah, hatten die Alemannen zu den Waffen gegriffen. Ihres Zuges Ziel war diesmal nicht Gallien, sondern das als Provinz zu diesem gehörige Helvetien. Nach mehreren glücklichen Gefechten, in welchen die Römer viele Gefangene verloren, drang das Alemannenheer in die Hochgebirge und erschien zum größten Schrecken Italiens an den südlichen Abhängen der Alpenkette in der Nähe von Mailand. In der ersten Furcht verfielen die Bewohner der Stadt und des Landes auf den unsinnigen Gedanken, durch Errichtung einer Mauer am Fuße der Alpen sich zu schützen: aber das Wohlwollen, welches Valentinian sich bei den Alemannen erworben hatte, wurde die Schutzmauer. Daß sie die Italiener nicht als ihre Feinde betrachteten, bewiesen sie dadurch, daß sie alle Gefangenen, welche aus Italien stammten, in Freiheit setzten und ihre Streifzüge auf die Gebirge beschränkten. Gleichwie einerseits Ambrosius, von den öffentlichen Behörden und dem Volke aufgefordert, anfänglich sich nach Vienne verfügen wollte, dem drohende Gefahr abzuwenden, so war nun umgekehrt Valentinian entschlossen, nach Italien aufzubrechen, um dem Lande zu Hilfe zu kommen "

Was bewog nun die Alemannen, die nach Obigem das Bündnis mit den Römern erneuert hatten, und noch unter Valentinian I. bis nach Mainz hinab am Oberrhein saßen (s. Bd. I), zu diesem plötzlichen Vorrücken, nicht bloßen Raubeinfall, in die Schweiz? Unsrer, zwar nicht in den Quellen, worin sich gar nichts darüber findet, wohl aber dringend in der Natur der Sache begründeten Vermutung nach, wurden sie von den ihnen schon damals feindlichen Burgundern den Rhein hinaufgedrängt und dadurch sich nach der Schweiz hin auszubreiten genötigt. Allerdings erscheinen Letztere erst später um 413 auf dem linken Rheinufer, wo deren König nach dem Nibelungenliede zu Worms seinen Sitz hielt, dies schließt aber deren vorheriges Vorrücken auf dem rechten Rheinufer ihrem spätern Gebiete gegenüber keineswegs aus, macht dies sogar noch wahrscheinlicher.

(Übrigens saßen Alemannen schon lang am Bodensee, konnten also selbstverständlich leicht den Versuch machen, wie sonst nach Gallien auch nach Helvetien sich überströmend auszubreiten. D.)

Die auffallende Unterscheidung zwischen den römischen Soldaten aus Italien und andern, d. i. denen vom gallischen Heere, ließe sich etwa so erklären, daß die von den Verhältnissen am Hof unterrichteten Alemannen nicht gegen die Person Valentinians II., wohl aber gegen dessen gallischen Feldherrn feindlich gesinnt waren, weil sie das Vorrücken der Burgunder gegen sie mit dessen Vorwissen und Begünstigung erfolgt glaubten. (Aber es ist richtiger, bei den in Italien Gefangenen gar nicht an Soldaten zu denken, und noch richtiger, der ganzen deklamatorischen und tendenziösen Angabe wenig Wert beizulegen. D.)

Von den Alemannen zunächst sitzenden Jutungen ersehen wir aus dem oben angeführten Berichte des Ambrosius, daß sie immer noch in ihrer alten Stätte (s. Bd. I) jenseits der Donau gesessen haben müssen, über welche sie damals, von Maximus aufgewiegelt, in Rätien einfielen.

Huschberg (S. 394 bis 397) glaubt aus der notitia dignitatum des Westreichs über die damaligen Sitze der Germanen am Rhein, namentlich der Franken, Folgerungen ziehen zu können und nimmt hiernach (S. 396) an, daß alle Grenzplätze am Niederrhein unterhalb Andernachs, namentlich also auch Bonn, Köln und Neuss, zur Zeit der Abfassung dieses Staatshandbuchs bereits aufgegeben gewesen sein müssen, weil sich dieselben darin nicht bemerkt finden.

Derselbe hat aber dabei nur die ältere Ausgabe von Pancirolus vor sich gehabt, welche den Ursprung der Notitia D. erst der zweiten Hälfte des fünften Jahrhunderts zuschreibt, was durch Böckings gründliche Forschung längst widerlegt ist.

Obiger Mangel hat vielmehr seinen ganz einfachen Grund darin, daß in den auf uns gelangten Handschriften die Provinz Germaniae secundae, zu welcher der Niederrhein gehörte, gar nicht mit aufgeführt ist.

Die Reihe der Grenzbefehlshaber, Duces, schließt mit dem dux Moguntiacensis, dessen Bezirk sich allerdings nur bis Andernach erstreckte. Daß aber die Germaniae secundae noch römisch waren, ergibt sich aus dem Verzeichnisse der Zivilgouverneure, in welchem p. 6 des Index unter den zweiundzwanzig Konsularen auch der dieser Provinz mit aufgeführt wird. Nun ist zwar dieser Grenzstrich gewiß nicht ohne Militärbefehlshaber gewesen: doch kann derselbe unmittelbar unter dem Magister militum gestanden haben, der sich darin durch einen von ihm ernannten Untergeneral vertreten ließ, wie bei denen auch in Kap. XL bei dem Magister militum direkt untergebenen Präpositen (s. Bd. I) einer bei Tongern, prope Tungros Germaniae secundae (zwischen Löwen und Maastricht), stationierter Präfekt von Läten angeführt wird. Die Läten aber wurden, wie sich aus dem ganzen Kap. XL ergibt, aus einleuchtendem Grund überhaupt nicht zu Besetzung der Grenzfestungen verwendet, so daß auch hieraus zu folgern ist, wie die Rheinlinie damals wenigstens teilweise noch in römischem Besitze war. In jedem Fall erscheint es völlig unzulässig, aus der bloßen Nichterwähnung in einem in mehrfach verstümmeltem Zustand auf uns gelangten Dokumente Schlüsse ableiten zu wollen, welche in der Geschichte nicht nur kein Anhalten, geschweige denn Befestigung, sondern sogar ausdrückliche Widerlegung finden. (S. oben)

Am schlagendsten wird die fortdauernde Römerherrschaft am Niederrheine durch Arbogasts Rheinübergang bei Köln und Stilichos Zug den ganzen Rhein hinab im Frühjahre 395 bestätigt.

Wenn nun Böcking gründlich nachgewiesen hat, daß die notitia dignitatum zu Ende des vierten oder Anfang des fünften Jahrhunderts verfaßt worden ist, so würde die Vertreibung der Römer vom Niederrhein, wäre sie um gedachte Zeit eine vollendete Tatsache gewesen, in den nächsten fünf bis sechs Jahren nach des Theodosius Tode erfolgt sein müssen.

Auch dafür findet sich aber, wie sich im Verlaufe dieser Arbeit ergeben wird, in der Geschichte nicht das geringste Anhalten.

Zu den Ostvölkern übergehend haben wir von den Hunnen beinah nur unser Nichtwissen zu bekennen.

Nach des Jordanis Nachricht von den Siegen der ihrer Hoheit unterworfenen ostgotischen Könige Hunimund und Thorismund über Sueben[3] und Gepiden haben wir anzunehmen, daß die Hunnen ihre Herrschaft zunächst noch weiter nach Westen ausbreiteten und dafür die Goten gewissermaßen als Avantgarde benutzten. Auch die besiegten Nachbarvölker aber behielten eine gewisse Selbständigkeit und hatten, gleich den Ostgoten, nur der Oberherrlichkeit der Hunnen sich zu unterwerfen. Der Bereich letzterer wird sich aber damals nach Westen hin in keinem Fall über die Theiß ausgedehnt haben, welche ja die alte Grenze der den Goten und ihren Nebenvölkern von Aurelian abgetretenen Provinz Dakien bildete, in welcher südwestlich dem römischen Gebiete zunächst die Taifalen saßen.

A. Thierry sagt zu Anfang des 2. Kapitels: in diesem weiten Gebiete seien die von den Goten (vielmehr von den Römern) herrührenden Spuren der Kultur aufgegeben worden, das seßhafte Leben verschwunden, dagegen das Nomadenleben in seiner ganzen Rauheit zurückgekehrt. Daher hätten die Hunnen gar nicht leben können, ohne von den Römern Geld und Getreide zu erhalten oder deren Felder zu plündern.

Das Hunnenreich habe damals bestanden in zerstreuten Horden, an deren Spitze der königliche Tribus gestanden, abgeschlossenen Königreichen, unabhängigen oder fast unabhängigen Häuptlingen, die kaum ein Föderativband untereinander verknüpft habe. Habe der Eine irgendeine römische Provinz mit einem Einfalle bedroht, so habe der andere dem Kaiser Hilfstruppen zur Verteidigung angeboten.

Die Ohnmacht des Föderativbandes sei besonders zwischen den zwei Hauptgruppen der Hunnen hervorgetreten. Die weißen Hunnen und sämtliche zu den schwarzen gehörige kaspische Horden welche Balamber nicht nachgefolgt wären, hätten sich selbst zu regieren beansprucht, was hinsichtlich der weißen Hunnen jedoch auf einem starken Irrtume beruht.

Diese Spaltungen habe sich die römische Politik, weder Geld noch Versprechungen sparend, zu Nutze gemacht, und namentlich die orientalischen Hunnen zu einem Bündnisse zu bewegen gesucht um die an der Donau dadurch im Zaume zu halten.

Der königliche Tribus selbst sei unter sich uneinig gewesen, und von den einzelnen Häuptlingen habe jeder auf seine Faust gehandelt.

Theodosius habe die Hunnen benutzt, um den Goten die Waage zu halten.

In dieser Darstellung ist einiges Wahre, aber weit mehr Falsches.

Allerdings zerfiel unstreitig, wie bei allen Nomaden, was namentlich auch die chinesischen Quellen bezeugen, das Volk der Hunnen in verschiedene Horden, deren Verbindung unter sich sowie deren Abhängigkeit von dem vorherrschenden königlichen Tribus und dessen Haupte wechselnder Natur häufig gewiß aber nur eine sehr lose gewesen sein mag.

Erst Attila gelang es, eine einheitliche und feste Herrschaft zu begründen.

Bei Schilderung der Verhältnisse zu den Römern hat Thierry im Allgemeinen wohl nur die Zeit *nach* des Theodosius Tode vor Augen gehabt, ohne dies genau zu unterscheiden.

Während des Letztern und des Valens Regierung werden die Hunnen von Ammian sowie von Zosimus (c. 35 zu Anfang), endlich von Claudian (in Rufin. I, v. 322 und de laud. Stil. v. 110) nur als Bundesgenossen der Goten und anderer ihnen zugehörender Völker *wider die Römer* erwähnt. Vo deren Benutzung *wider die Goten* hingegen, die Thierry behauptet, findet sich in den Quellen (für damals: anders später *D.*) nicht die geringste Spur, obwohl es allerdings möglich ist, daß Theodosius, während er sich in den ersten vier Jahren die Goten im Einzelnen und allmählich befreundete, dann aber gewiß sogleich auch in Sold nahm und vielleicht selbst gegen ihre eigenen Landesgenossen verwendete, hierbei zugleich Hunnenscharen, die sich jenen angeschlossen hatten, mit an sich gezogen habe.

Die einzige Nachricht über hunnische Söldner bei den Römern findet sich bei Ambrosius in der oben angeführten Stelle, nach welcher Valentinians Feldherr Bauto Hunnen wider Maximus angeworben hatte.

Wir sind aber überzeugt, daß diese Söldner keineswegs aus den Aufgeboten ganzer Horden, sondern nur aus einzelnen Scharen Freiwilliger bestanden, indem die Hunnen sicherlich, gleich den Germanen, das Recht hatten und übten, in fremdem Kriegsdienst Erwerb zu suchen.

Für durchaus irrig halten wir die angebliche Verwandlung des alten Gotenlandes (Dakien) in eine nur von Nomaden durchzogene Wüste. Die asiatischen Nomaden wußten, wie wir aus den chinesischen Quellen ersehen, obwohl mit äußerster Zähigkeit an ihrer eigenen Lebensweise festhaltend, dennoch Ackerbau und städtische Kultur bei ihren Untertanen recht wohl zu schätzen. Schon die nur politisch unterworfene, gewissermaßen süzeraine, keineswegs aber geknechtete Stellung der Goten und anderer Völker zu den Hunnen, wie wir sie aus Jordanis (c. 48) und weit sicherer noch aus der Geschichte der Folgezeit kennen lernen, macht es undenkbar, daß deren schon merklich vorgeschrittene Kultur wiederum gänzlich unterdrückt worden sein könne, ja selbst die römischen Elemente der dakischen Bevölkerung (s. Bd. I) müssen sich, wie die Fortdauer der Sprache beweist, auch unter den Hunnen erhalten haben.

Daß die Verheerung bei dem ersten Einbruche der Hunnen eine furchtbare gewesen, ist zweifellos, diese verbreitete sich aber nie über ein ganzes Land und verschonte, teilweise wenigstens auch in Dakien, wohl die festen Städte.

Vor allem aber lag es in der Kultur, Sitte und Bauart jener Zeit, daß die Wirkung der Verwüstung leichter wieder zu beseitigen war. Was hätte aus den gallisch-germanischen Grenzstrichen werden sollen, wenn nicht wenige Jahre der Ruhe und Ordnung zu tätigem Wiederauf- und An-Bau derselben ausgereicht hätten.

So haben wir uns die Verhältnisse der Hunnen während der ersten zwanzig Jahre ihres Aufenthalts in Europa im *Innern* noch wenig geordnet, namentlich mit schwacher Herrschergewalt, nach *außen* aber letztere hauptsächlich auf ihre Befestigung und weitere Ausdehnung über die alten germanischen, zum Teil auch skythischen Bewohner Dakiens und der Steppe zwischen Don und Dnjestr gerichtet zu denken. Dabei fortwährender Hin- und Herzug zwischen Asien und Europa und eine zugleich die asiatischen Horden und die jenseitigen Verhältnisse umfassende Politik Balambers oder des etwa auf ihn gefolgten Herrschers.

Von den westlich der Hunnen und deren Untergebenen sitzenden Völkern, also Jazygen, Vandalen, Quaden und Markomannen, erfahren wir aus dieser Zeit nichts. Allerdings sagt Ammian (XXXI, 4) vom Jahre 376: In den Orient sei das *Gerücht* (rumores) gedrungen, wie eine Klasse barbarischer aus ihren Sitzen vertriebener Völker durch das ganze Land vom Pontus bis zu den Markomannen und Quaden an der Donau umherschweife.

Da er hier aber nur von einem Gerüchte spricht, das stets vergrößert, von einem schon damaligen so weiten Vordringen der Hunnen aber in den Quellen sonst keinerlei Spur sich findet, halten wir Obiges für eine Phrase und nehmen an, daß jene Völker, namentlich die so bedeutenden Vandalen, vom Hunnensturme *während des Theodosius' Zeit* noch nicht betroffen worden sind, was auch durch folgendes einigermaßen bestätigt wird.

Aus dem Leben des Ambrosius von Paulinus (c. 36) ersehen wir nämlich, daß kurz vor des Ersteren Tod (398) eine Markomannenkönigin Fritigil, die durch einen Römer zum Christentume (dem katholischen?) bekehrt worden war, den Bischof durch eine Gesandtschaft beschickte. Als dieser sie aufgefordert, ihren Gemahl zu Erhaltung des Friedens mit Rom zu bewegen, habe Fritigil dies auch bewirkt, leider aber den würdigen Ambrosius, als sie in dessen Folge zu ihm geeilt sei, nicht mehr am Leben getroffen.

ZEHNTES KAPITEL

Honorius und Alarich bis zum Abzuge der Westgoten aus Italien

Die nach des Theodosius' Tode eingetretene an sich normale Teilung der Reichsverwaltung unter dessen Söhne wird um deswillen gewöhnlich, wiewohl eigentlich irrig, als ein Weltereignis höchster Wichtigkeit angesehen, weil die von dieser Zeit an überhaupt nur noch in der Idee fortbestandene Reichseinheit nie wieder vollständig in lebendige Wirksamkeit trat, dies Ereignis also als eine wirkliche und bleibende Teilung des Gesamtreichs betrachtet wird. Wir haben bisher schon dem östlichen Reichsteile weniger Aufmerksamkeit gewidmet, als dem westlichen, dessen Zertrümmerung der Völkerwanderung Folge war. Von des Theodosius' Tode ab werden wir nun die Geschichte Ostroms im Wesentlichen nur noch insoweit berühren, als dieselbe die Bewegungen und Unternehmungen der Barbaren, namentlich der Goten und Hunnen, betrifft.

Der große Mann war nicht mehr: ein unreifer Jüngling und ein Knabe seine Nachfolger: Arcadius, der Kaiser des Orients, hatte noch nicht das achtzehnte, Honorius, der Beherrscher Westroms, noch nicht das elfte Jahr erfüllt.

Die Teilung der Reichs*verwaltung*, das Werk von Diokletians Weisheit, bestand seit hundertundzehn Jahren, nicht nur im Grundsatze, sondern auch praktisch. Nur Julian und Jovian herrschten zwei Jahre und drei Monate hindurch (vom 3. November 361 bis 17. Februar 364) allein über das Gesamtreich.

Constantin der Große hatte jedoch in den dreizehn Jahren seiner Alleinherrschaft allerdings nur seine Söhne als Cäsaren in den einzelnen Reichsteilen unter sich, wie dessen Sohn Constantius in den letzten elf Jahren seine Neffen Gallus und Julian.

Daß auch nach des Theodosius Tode nicht das Reich selbst, sondern nur die Regierung unter dessen Söhnen geteilt ward, bestätigen Marcellin in seiner Chronik[1], sowie Orosius (VII, Kap. 36) ausdrücklich.

Die Ereignisse des ersten Jahres der neuen Regierung sind, wegen Unvollständigkeit und Dunkelheit der Quellen, äußerst verworren.[2]

Den Kaisertitel führten Arcadius und Honorius, das Regiment unter deren Namen Rufinus im Osten, Stilicho[3] im Westen.

Ersterer, ein Gallier aus Elusa (Claudian. Ruf. I, v. 137) (jetzt Eause in Gascogne), war von 390 bis 392 Magister officiorum, in welchem Jahr er zum Consul und zugleich zum Präfekt des Orients ernannt wurde. (S. Hänels index legum.) Hatte er hiernach vorher schon Einfluß gehabt, so hat er sicherlich von der Mitte des Jahres 394 an, als Theodosius wider Eugenius zog, vor allem aber als Präfectus Prätorio das Ostreich unter des Arcadius Namen, der schon im Jahre 383 zum Augustus erhoben worden war, vollständig regiert.

Stilicho war vandalischen Stammes, wohl ein Nachkomme der unter Constantin dem Großen in das Reich aufgenommenen (s. Bd. I; Dahn, Könige I, S. 142), aber geborener Römer[4] und nicht Barbar, weil ja dessen Vater schon, nach Claudian (de laudib. Sblic. I, v. 338) unter Kaiser Valens in römischem Dienst germanische Reiterei befehligt hatte.

An Körper und Geist in seltenem Maß ausgezeichnet, gewann der jugendliche Krieger sehr bald des Theodosius Aufmerksamkeit, der ihn schon im Jahre 385 zum Dux, und 392 oder 393 zum Magister militum ernannte[5], nachdem er ihm bereits im Jahre 388 seine an Kindesstatt angenommene Nichte Serena vermählt hatte.

Nach Besiegung des Tyrannen, mindestens zu Anfang des Jahres 395, war Stilicho Oberbefehlshaber beider Heere, sowohl des östlichen als des zu Theodosius übergegangenen westlichen. (Zosim. IV, 59.)

Auf dem Totenbett empfahl der sterbende Kaiser beide Söhne seinem Feldherrn.[6]

Nichts natürlicher als daß derselbe den Schutz des einen ungeteilten Reiches und seiner beider dasselbe verwaltenden Söhne seinem Neffen, dem obersten und tüchtigsten Feldherrn, an das Herz legte; Irrtum daher, hieraus folgern zu wollen, er habe Stilicho zugleich eine Vormundschaft über Arcadius und die Oberleitung des Ostreichs übertragen, was Claudian selbst (de III. Cons. Hon. v. 142 u. 151) gar nicht einmal sagt Selbstredend aber mochte dessen Ehrgeiz davon Anlaß oder Vorwand entnehmen, sich auch in die Angelegenheiten des Orients zu mischen (die dessen auch wiederhol höchst dringend bedurften. D.).

Schwach, ja beinah hilflos stand nun damals Rufinus, der eigentliche Beherrscher dieses Reichteils dem als Anführer beider Heere allmächtigen Stilicho, seinem bitter gehaßten Feinde, gegenüber.

Unzweifelhaft war nach Beendigung des Bürgerkrieges das Ostheer Arcadios zurückzusenden, was bei des Theodosius Leben noch nicht geschehen, daher von Stilicho noch zu vollziehen war. Dieser ließ jedoch, nach Zosimus (V, 4), nur den erschöpftesten und schlechtesten Teil desselben dahin abmarschieren, was sicherlich schon im Januar 395 geschah. Unter diesem muß sich auch Alarich, der bald so furchtbar wurde, befunden haben, welchen Jener als Danaergeschenk seinem Feind übersandte.

Mit seltener Weisheit hatte Theodosius die Goten gewonnen und mit ängstlicher Vorsicht jeden Anlaß zu Störung des Verhältnisses friedlicher, wenn auch mehr nur nomineller Unterwerfung vermieden.

Als aber mit des Kaisers Leben der Zauber seiner Person erloschen war, brach der stumme Gehorsam sofort in laute Anmaßung, ja Empörung aus.

Zunächst verlangte Alarich, mächtigen Selbstgefühls, Beförderung von dem ihm durch Theodosius übertragenen Kommando über einen Teil seiner gotischen Landsleute zu höherem Befehl, auch über Römer.

War Rufinus, wie wir nicht zweifeln können, ein Staatsmann und zwar ein bedeutender, so mußte er zwar des Theodosius System den Goten gegenüber streng fest-, aber auch von weiterer Nachgiebigkeit aus Schwäche im Beginn seiner Herrschaft sich frei halten, weshalb er jene Forderung zurückwies. Er soll damals den Goten auch die hergebrachten Subsidien verweigert haben. Will man dem Anführen des Jordanis[7] Glauben schenken, so ist doch die Zurückhaltung jener Gelder vielleicht nicht die einzige *Ursache*.[8]

Alarich aber fürchtete Rufinus zu wenig, um sich bei jener Zurückweisung zu beruhigen.

Er zog Freischaren vom linken Donauufer über den noch gefrorenen Strom an sich[9] und rückte mit seinem Heere, das Land auf seinem Marsche in gewohnter Weise ausraubend, vor Konstantinopel, Rufinus zu schrecken, aber auch zu gewinnen, indem er, alles um die Stadt verheerend, dessen Güter verschonte (Claud. a. a. O., v. 70 u. 71). Dieser begibt sich hierauf wiederholt, und zwar in gotischer Tracht, in das Lager und bewegt Alarich auch glücklich zum Abzuge (Claud. in Ruf. II, v. 21–100).

Claudian und alle übrigen Quellen, denen die neuern Historiker fast ohne Ausnahme folgen, beschuldigen nun Rufinus, daß er eben so den Aufstand der Goten wie einen Einfall der Hunnen in Kappadokien und Syrien (Claud. a. a. O., v. 28–36) *absichtlich angestiftet* habe.[10] Wohl ohne Grund: nach seiner Ermordung ward dem mit Recht bitter Gehaßten, neben zahllosen andern Missetaten, auch jener Frevel aufgebürdet und mit Freuden alles geglaubt, was ihm nur zur Schmähung gereichte.

Was Wunder, daß Claudians poetische Phantasie, der denselben angesichts seines unfehlbaren Sturzes durch Stilicho den einzigen Trost darin erblicken läßt, daß der ganze Erdkreis zugleich mit ihm zu Grunde gehe[11], auch die unkritischen Kirchenhistoriker zur Nachbetung solcher Beschuldigung veranlaßt hat, von der sich bei Zosimus nichts findet.

Wohin hat nun Rufinus den von Konstantinopel abziehenden Alarich gelenkt?

Der Chronist Marcellinus sagt zum Jahre 395: Rufinus, insgeheim wider den Kaiser Arcadius machinierend, wiegelt den Gotenkönig Alarich, ihm heimlich Geld gebend, gegen den Staat auf und schickt ihn nach Griechenland.[12]

Liegt nun darin nicht eine ausdrückliche Bestätigung von der Schuld des Rufinus? Mitnichten. Marcellin spricht hier nicht vom ersten Akt des Gotenaufstandes, der sich durch den Marsch nach Konstantinopel bekundete, sondern nur von dem zweiten, der mit Alarichs Abzug von da beginnt, in welchem der Präfectus Prätorio allerdings als Anstifter auftritt.

Was konnte aber dabei dessen nächster Zweck sein? Handgreiflich kein anderer, als Rettung aus der Gefahr des Augenblicks.

Es fehlten ihm Truppen, Alarich zu vertreiben: so bot Stilichos Hilfe das einzige Mittel zur Befreiung der Hauptstadt dar, wozu dieser unzweifelhaft aus eigenem Antriebe herbeigeeilt sein würde.

Stilicho vor den Toren wäre aber für Rufinus ungleich gefährlicher gewesen, als Alarich.

Weitläufig sucht nun H. Richter S. 50 u. f. zu begründen, daß Rufinus den Gotenfürsten damals zum Angriff auf das unter Stilicho stehende westliche Illyrien, jenseits der Drina, bewogen und erkauft habe, was in der Tat das Vorteilhafteste für Ersteren gewesen wäre. Alarich aber, der seinen frühern Feldherrn Stilicho und dessen dermalige gewaltige Streitmacht genau kannte, war nicht Tor genug, einen so tollen Angriff zu wagen.

Welchen Wunsch daher Rufinus auch gehabt habe, auf Erfüllung konnte er nur insoweit rechnen, als sein Plan auch Alarich genehm war. Dazu empfahl sich nun trefflich die Ausraubung Griechenlands, das seit mehr als hundert Jahren nicht geplündert worden war. Brachte er Alarich dahin und eröffnete er ihm den Weg durch die Thermopylen bis in den Peloponnes hinein, so hatte er ihn nicht nur weit über hundert Meilen von der Hauptstadt entfernt, sondern auch in eine Mausefalle gelockt, in welcher er, wenn es Rufinus irgend gelang, durch Rückforderung des Ostheers eine tüchtige Streitkraft sich zu verschaffen, eingeschlossen, ja vernichtet werden konnte.

Allerdings mußte er, wie auch wirklich geschah, dadurch ebenfalls Stilicho herbeiziehen: dies war aber, nachdem die Goten einmal wider Arcadius im Feld erschienen waren, wenn jener um Hilfe zu leisten in das Ostreich kommen *wollte*, zu verhüten überhaupt unmöglich. Besser aber sicherlich, daß er diesen nach Griechenland als nach Konstantinopel lenkte.

So hat denn nun des Zosimus ausdrückliche Versicherung (V, 5), daß Rufinus, um Alarich den Einfall in Griechenland zu erleichtern, insgeheim instruierte Werkzeuge in der Person des Antiochus und Gerontius dahin abgesandt habe, die größte Wahrscheinlichkeit für sich, so daß, zumal in Verbindung mit obiger dasselbe bestätigender Stelle Marcellins, irgendwelcher Zweifel daran uns nicht statthaft erscheint.

Kommen wir nun auf Stilicho und sein Verhalten.

Daß derselbe, von Ehrgeiz gestachelt, seinen Einfluß auch auf das Ostreich auszudehnen wünschte, ist nicht zu bezweifeln, während die ganze Geschichte der Folgezeit beweist, daß er dafür höchstens den Weg der Intrige, niemals aber den offener Rebellion und Gewalttat einschlug, wozu es ihm doch an der Macht nicht fehlte.

Im Frühjahre 395 bereiste derselbe (wie im 9. Kapitel angegeben ward) die Rheingrenze, um sich durch Erneuerung der alten Bündnisse die Fortdauer des Friedens mit den Germanen zu sichern, was ihm auch vollständig gelang. Ebenso mag er gegen die Jutungen und andere Anwohner der obern Donau verfahren haben, wofür sich freilich nur ein etwas unsicheres Zeugnis in Claudian (de laud. Stilicho oder d. Cons. Stil. III. v. 13: Rheni pacator et Istri) findet.

Inzwischen muß das durch die Gotengefahr motivierte dringende Verlangen des Kaisers Arcadius der Rücksendung seines Heeres bei dem Hofe zu Mailand eingegangen sein. Da sich aber Stilicho selbst zu dessen Schutz berufen und verpflichtet erklärte, brach er in Person an der Spitze beider Armeen, der östlichen und westlichen, deren gegenseitigen Haß und blutige Zerwürfnisse er vorher beizulegen gewußt hatte, nach der griechischen Halbinsel auf, wohin sich Alarich gewendet hatte. (Claud. in Ruf. II, v. 101–123.)

Dies geschah mindestens mit der Hauptmasse zu Schiff, obwohl es nicht unwahrscheinlich ist, daß ein Teil der Truppen, die gewiß auf der Militärstraße an der Donau schon vorgerückt waren, auch zu Land an den Vereinigungspunkt dirigiert worden sein könne.

Könnten wir[13] der Nachricht des Sokrates (VII, 10) Glauben schenken, so wäre Alarich von Konstantinopel aus zuerst ganz westlich durch Thrakien und Makedonien bis gegen Dalmatien gezogen, hätte sich von da südlich nach Epirus und von hier wieder auf die Militärstraße von Nikopolis über Ambrakia, die Pässe des Pindus und Gomphi nach Thessalien in das Tal des Peneus gewandt. Hier habe er in einem Kampfe gegen die Provinzialen 3000 Mann verloren, schließlich aber doch alles verheerend bewältigt. Das erwähnte Kapitel dieses Schriftstellers, welches mit der Einnahme Roms durch Alarich im Jahre 408 beginnt, wirft aber Ereignisse, die in fünfzehn Jahren verlaufen sind, in so verworrener und unkritischer Weise durcheinander, daß wir obiges Anführen nicht für beachtungswert halten können, obwohl es allerdings den Anschein gewinnt, daß der Verfasser an obenerwähnter Stelle von Jahre 395 rede.

Alarich aufzusuchen landete Stilicho unstreitig in Nikopolis, dem Haupthafen von Epirus am ambralischen Busen (Golf von Arta), und rückte dem Feind auf der Straße über den Pindus nach, worauf sich Alarich in einer möglichst gesicherten Stellung verschanzte. (Claud. a. a. O., v. 124–129.)

Hier aber, in der Nähe, gleichwohl gewiß noch nicht angesichts der Goten, traf den Feldherrn eine so peremtorische Ordre des Kaisers Arcadius, aus dessen Reichsteil sofort wieder abzuziehen und das Ostheer nach Konstantinopel zurückzusenden, daß ihm nur zwischen Gehorsam oder offener Empörung die Wahl blieb. (Claud. a. a. O., v. 169, 170, 195–200.)

Stilicho wollte gegen den Sohn seines Wohltäters nicht Rebell werden, und gehorchte freiwillig – denn was hätte ihn dazu zwingen können? – wenn auch ungern, ließ des Arcadius Truppen abmarschieren (v.206–209 und 247 bis 251) und zog sich mit den seinigen, aber gewiß nicht nach Italien sondern nur bis zur Flotte bei Nikopolis, oder, was wahrscheinlicher ist, nach dem nächsten Hafen seines nahen Reichsteils, Aulon, zurück.

Alarich, des gewaltigen Gegners entledigt, zog nun durch die ihm verräterisch geöffneten Thermopylen nach Böotien und Attika, wo er bis auf Theben und Athen, welches letztere gegen günstige Bedingungen kapituliert zu haben scheint, alles ausraubte und niederbrannte, dann durch Megaris über den in Folge gleichen Verrats unverteidigten Isthmus vor Korinth, das er wie Argos und Sparta mit allen übrigen Städten verheerend einnahm. (Zosimus V, 5 u. 6.)

Da eilte, weil Rufinus nichts tun wollte oder konnte, Stilicho zur See als Retter herbei[14], landete im Busen von Korinth, etwa bei Paträ, in Alarichs Rücken, trieb diesen auf das Gebirge von Pholoe an der Grenze von Arkadien und Elis hinauf und schloß ihn daselbst, unter Abschneidung aller Lebensmittel, sogar des Wassers (Claud. de IV. Cons. Honor., v. 478–483), so vollständig ein, daß er ganz verloren schien.

Hier läßt nun Zosimus Kap. 7 Stilicho für seine Person allerlei Zerstreuungen und Wollüsten, dessen Heer aber der Ausplünderung der unglücklichen Landesbewohner nachgehen und dadurch Alarich Gelegenheit zur Entweichung und zum Rückzuge mit seiner Beute nach Epirus gewähren: gewiß ganz grundlos.

Alarich war damals die einzige, aber dringende Gefahr für das Gesamtreich, Stilicho aber, der sich ihm gewachsen, ja überlegen fühlte, so lang *unentbehrlich*, als der Gefürchtete auf dem Plane blieb. Darum ließ er ihn *vielleicht* (– denn immerhin hatte sich die Lage der Eingeschlossenen gebessert, die Stilichos verschlechtert, so daß Letzterer des Erfolges – ohne Verhandlung – nicht mehr so sicher war – D.) entfliehen und zunächst Arcadius auf dem Halse, der ihn nun durch Anstellung als römischer Befehlshaber in Epirus und Umgegend möglichst unschädlich zu machen suchte (Claudian de bello Get 518 und 519). So hatte Alarich, was er zuerst gewollt, eine hohe Stellung als römischer Beamter erlangt, die er sicherlich aber mehr als Herr denn als Diener ausgebeutet haben mag.

Doch scheint noch vor dessen Abzug aus dem Peloponnes, vermutlich von Hunger gedrängt, ein Teil seiner Scharen in römischen Sold übergegangen zu sein. (Claud. de IV. Cons. H., v. 483–485.)

Stilicho kehrte hierauf nach Italien zurück. (Zosimus c. 7.) Das schon von Thessalien aus zurückgesandte Ostheer hatte er der Führung des Goten Gaina, einem seiner vertrauten Werkzeuge, übergeben, der langsam bei Thessalonich vorbei über den Hebrus nach Heraklea oder Perinth in Thrakien zog.

Mag Claudians Schilderung des tiefen Schmerzes, mit welchem die Truppen von dem geliebten Feldherrn schieden und ihres Hasses wider Rufinus (in Ruf. II, v. 257–290) übertrieben sein, so ist doch gewiß, daß deren Stimmung Stilichos Racheplan trefflich unterstützte. Von Heraklea aus ward über den feierlichen Empfang der Truppen durch den Kaiser selbst verhandelt, der auf einer Ebene vor Konstantinopel stattfand. Mit diesem erschien nun auch der von Hoffnung und Stolz geschwellte Rufinus, fast den ersten Platz sich anmaßend, vor und auf dem Throngerüst, das in gewohnter Weise von den Truppen rings umschlossen ward. Da gibt Gaina die verabredete Parole und plötzlich dringen diese auf den Präfekten ein, hauen ihn in Stücke und tragen Haupt und Hände des allgemein Verabscheuten triumphierend in der Stadt umher.

Auch Arcadius, wie schmählich die Verletzung seiner Majestät war, mag sich, von seiner Gemahlin Eudoxia und des Rufinus gefährlichstem Rivalen, dem Verschnittenen Eutropius, wider jenen aufgereizt, der Katastrophe heimlich erfreut haben, die ihn von einer verhaßten Herrschaft zu befreien schien, in der Tat aber eine andere, noch unwürdigere Haupt erstrug.[15]

Dies geschah nach Sokrates' (VI, 1) und Tillemonts Ausführung (in Note 4 zu Arcad., S. 1032) am 27. November 395, welchesfalls aber die Aufschrift des Gesetzes vom 12. Dezember dieses Jahres im Just. Cod. (I, 37, 2), das noch an Rufinus gerichtet ist, falsch sein muß.

Näher und schlagender als in irgend einem frühern und spätern berühren sich in dem denkwürdigen Jahre 395 der Untergang der römischen, der Aufgang der germanischen Welt

Indem Theodosius abgeht, tritt Alarich auf die Weltbühne: dem letzten Wahrer des Gesamtreichs in beinah unverminderter Macht folgt der erste Eroberer der ewigen Roma.

Aehrich war nach Claudian (de IV. Cons. Honorii, v. 105), den freilich bei derartigen Bezeichnungen das Versmaß oft mehr leitet als die Wahrheit, auf der Insel Peuke zwischen den Mündungen der Donau geboren und muß im zartesten Kindesalter auf römisches Gebiet mitgeführt worden sein. Jordanis sagt Kap. 29: die Goten hätten denselben, da er aus dem Geschlechte der Balten, welchem der zweite Adel nach den Amalern zukam, entsprossen sei, zu ihrem König erhoben. Die unten abgedruckte Stelle[16] leidet wegen des Nachsatzes an einiger Dunkelheit, indes ist Ludens Erklärung derselben (II, Note 7, S. 569), wonach Alarich selbst erst das Geschlecht der Balten gegründet habe, obwohl auch Aschbach (S. 66) ihr beizupflichten scheint, offenbar falsch, wie dies Löbell (in: Gregor von Tours,

S. 522/3, Note 2) und Köpke (S. 121 und 122) richtig ausführen. (Vergl. die Anm. zu Kap. 29 in Closs Ausg. d. Jord. Stuttgart 1859.)

Jordanis, wie unzuverlässig er sonst ist, redet hier offenbar die Wahrheit. Der Geschlechtsadel bestimmte nach der germanischen Urverfassung die Volkswahl eines Königs. Alarich war geborener Edeling (d. h. Haupt der edeln und gliederreichen, weitverzweigten Fara der Balten *D.*): „Phylarch" nennt ihn Olympiodor (Bonn. Ausg., p. 448), und ward von den Westgoten damals, da selbständiges Machtbewußtsein im Volke neu erwachte, zum König erhoben. Daß derselbe namentlich kein nur für einen bestimmten Feldzug erwählter Herzog war, setzt die Geschichte der Folgezeit außer Zweifel.

Unter ihm bilden sich zuerst ein germanisches Volk und ein germanischer Staat, die, von dem Boden und den urwüchsigen Formen der Heimat losgerissen, die Gründung eines *neuen* Reichs auf dem Gebiete des *alten* Roms anstreben[17] und vollführen.

Der Zeitpunkt dieses Weltereignisses – denn ein solches war Alarich Erhebung – ist nicht genau zu bestimmen, wahrscheinlich aber, daß erst die Bewährung seiner großen Eigenschaften, vielleicht schon der Zug vor Konstantinopel, den Ausschlag gab. Gewiß ist, daß der Gedanke daran erst nach des Theodosius Tode erwachen konnte und Alarich, den nur die Zwietracht zwischen Ost und Westrom groß gezogen, seiner hohen Begabung unerachtet, in der Wiege erdrückt worden wäre, wenn er sich gegen einen einheitlichen Herrscher von nur mäßiger Kraft zu erheben gewagt hätte.

Als römischer Soldat aufgewachsen, von der imponierenden Vollkommenheit römischer Machtorganisation durchdrungen, war er auch weit entfernt, diese brechen und das rohe germanische Volkstum an deren Stelle setzen zu wollen.

Auf die Würde eines Magister militum war sein *höchster* Ehrgeiz (– d. h. für das, was er *von Rom* wollte – *D.*) gerichtet: weiterhin wollte er zwar gewiß nicht dienen, sondern herrschen (– als nationaler König seines Volkes – *D.*): keineswegs aber auf den Trümmern des alten Staats einen neuen aufbauen, sondern in und mit dem römischen Staatswesen, ja scheinbar *unter*, jedenfalls mindestens neben römischen Machthabern regieren.

Es war derselbe Grundgedanke, den der noch größere Theoderich ein Jahrhundert später, nur gereifter und ungleich selbständiger, zur Ausführung brachte.

Wir bitten den Leser, diese erste Auffassung der Zeitaufgabe durch Alarich (– diese angestrebte *römische und germanische Doppelstellung* – *D.*) sich recht lebendig einzuprägen, weil sie, im Geiste fast jedes bedeutenden Germanenfürsten sich wiederholend, den Schlüssel zur Geschichte der Folgezeit: – des Umsturzes der alten wie des Aufbaues der neuen Welt bildet.

Die letzten Jahre des vierten Jahrhunderts, das, mit Diokletian beginnend und nahezu mit Theodosius schließend, seit Trajan das glänzendste und doch das letzte Roms war, verliefen ohne geschichtliche Bedeutung.

Im Jahre 398 vermählte Stilicho, unstreitig um zu verhüten, daß sein kaiserlicher Pflegebefohlener nicht einmal, wie Arcadius dem Rufinus, durch die Liebe und Ehe seinem Einflusse entzogen werde, den kaum vierzehnjährigen Honorius mit seiner Tochter Maria, die in noch zarterem Kindesalter stand – eine Namen-Ehe, die nie zur Vollziehung gelangt zu sein scheint.

Das darauf folgende Jahr 399 brachte für Eutropius, den faktischen Beherrscher des Orients, zugleich den Gipfel der Größe und schmachvollen Sturz.

Im Ostreich gab es damals nur noch im Heer und in Phrygien und Umgegend kolonisierte, zugleich aber wohl auch in einem Militärverbande stehende Goten, letztere nach Claudian (in Eutr. II, v. 153 Greutungen, die, wenn nicht früher schon, jedenfalls seit des Theodosius erster Zeit dort angesiedel waren.

Mochte schon Alarichs Vorgang rebellische Gelüste in diesen geweckt haben, so mußte die Schwä che ihres eigentlichen Gebieters, Eutrops, solche um so mächtiger fördern, da dieser, nur auf Vermeh rung seiner eigenen unermeßlichen Schätze bedacht, nicht einmal die Treue der Häuptlinge der Goten sich zu erkaufen wußte.

Sehr ausführlich berichtet Zosimus (V, 13–22) die nun folgenden Ereignisse, die Claudian in sei nem II. Buch in einzelnen abweichend, unzusammenhängenden, aber nicht bis zum Schlusse darstellt

Nach Ersterm wäre Gaina, damals wahrscheinlich schon Magister militum (s. Tillemont, Note 27 z Arcad., S. 1067), der geheime Anstifter des Aufstandes gewesen, an dessen Spitze sich im Beginne de Jahres 399 Tribigild, Befehlshaber eines in Phrygien stehenden ostgotischen Reiterregiments, stellte den Eutropius durch Kargheit beleidigt hatte.

Seine Mannschaft und im Reiche zerstreute Goten, auch wohl Gesindel um sich sammelnd, zog dieser raubend, brennend und mordend im Land umher. Ihm ward Leo, ein Günstling Eutrops, entgegengesandt, Gaina zur Deckung Thrakiens an der Küste aufgestellt. Dieser soll nun Tribigild sich ihm zu nähern aufgefordert, Letzterer aber die geheime Weisung nicht empfangen oder ihr nicht getraut haben, daher weiter ab nach Pisidien vorgedrungen sein. In diesem Gebirgslande war dessen Reiterei ohnmächtig und so gelang es einem tapfern kriegskundigen Provinzialen, Valens, mit rasch gesammelter Mannschaft denselben in einer Felsenschlucht fast zu vernichten, so daß er nur mit dreihundert Mann entrann. Doch erhob er sich wieder: gotische Truppen, die Gaina wider ihn sandte, gingen zu ihm über, und der unkriegerische Leo ward von ihm überfallen und vernichtet. Da er wiederum in Phrygien einrückte, schien die Gefahr für das Reich zu wachsen, die Gaina in seinen Berichten mächtig vergrößerte: ja er erklärte geradezu, daß sie nur durch Nachgiebigkeit, d. i. durch Auslieferung Eutrops an Tribigild, worauf derselbe bestehe, abgewendet werden könne. Der Allmächtige hatte inzwischen auch die Kaiserin schwer beleidigt, so daß der von zwei Seiten bedrängte Kaiser sich endlich ermannte und Eutrops Entsetzung aussprach.

Da brach plötzlich die Hochflut des allgemeinen Abscheues so gewaltig wider diesen aus, daß er nur in einer Kirche sein Leben retten konnte. Mit hoher Unerschrockenheit verteidigte Sankt Chrysostomus zu Gunsten des Mannes, der auch sein Feind war, das heilige Asylrecht.

Nach einiger Zeit ward Letzterer indes, anscheinend im Wege der Verhandlung, aus dem Gotteshaus entfernt und nach Zypern in Verbannung geschickt, auf Gainas fortwährendes Andringen jedoch wieder zurückgeholt und endlich mit unredlicher Umgehung eidlicher Zusicherung zu Chalkedon hingerichtet.

Der Tod ihres Feindes aber entwaffnete Gaina und Tribigild nicht. Sie rückten an die Meeresscheide beider Weltteile. Noch mußte Arcadius zu Gainas Sühne ihm drei der angesehensten Männer ausliefern, den Konsul Aurelian, den Konsular Saturnin und seinen innigsten Vertrauten Johannes. Doch begnügte sich Gaina – so viel vermochte schon das Christentum – dieselben, nachdem er ihnen das bloße Schwert an den Hals gesetzt, unverletzt in Verbannung zu schicken.

Der Entscheidungsschlag rückte heran. Gaina besetzte mit seinen Truppen Konstantinopel, woraus er die kaiserlichen Garden möglichst zu entfernen gesucht hatte. Für seine Person zu dem Heere vor der Stadt sich begebend, verabredete er nun gleichzeitigen Angriff von innen und von außen, sich der Stadt ganz zu bemächtigen. Der Anschlag aber mißlingt: er rückt zu früh heran, die erschreckten Verteidiger wehren dessen Volk von Toren und Mauern ab, indes die unermeßliche Bevölkerung, angesichts ihrer drohenden Vernichtung, zu jeglichen Waffen gegen die gotische Besatzung greift. Ein furchtbarer Straßenkampf beginnt, in welchem die Bürger und die zurückgebliebener kaiserlichen Haustruppen Sieger bleiben.

Mehr als 7000 Goten retten sich in eine christliche Kirche, wo sie, nach Abdeckung des Daches von oben her mit brennendem Holze beworfen, durch das sich im Innern weiter verbreitende Feuer vernichtet werden.

Gaina geht nun, sich zurückziehend, zu offenem Krieg über, vermag aber, den Angriff fester Plätze scheuend, nur das platte Land schonungslos zu verheeren.

Da er sich in dieser Wüste nicht mehr halten kann, versucht er nach Asien überzugehen. Hier aber findet er den in der höchsten Not mit dem Befehle betrauten treuen Fravitta auf der andern Seite des Hellespont sich gegenüber.

In dem Glauben, diesem überlegen zu sein, beschließt er den Übergang und wirft dazu an der schmalsten Stelle der Meerenge bei Abydus seine Truppen auf rasch erbaute Flöße. Fravitta, dem eine in den großen Küstenstädten gesammelte Flotte zu Gebote steht, segelt oder rudert aber mit dem Admiralschiffe sogleich das nächste Floß in Grund und Boden, und so werden, von dessen Beispiele angefeuert, fast alle feindlichen Fahrzeuge vernichtet. Gaina entflieht mit geringem Volke nach Thrakien, Fravitta, der Heide, aber wird von dem geretteten und dankbaren Kaiser für das nächste Jahr 401 zum Consul designiert.

Gaina, als Flüchtling sich umhertreibend und an fernerem Widerstande verzweifelnd, rettet sich, nachdem er vorher noch alle Römer umgebracht, über die Donau.

Hier aber versagt ihm der Hunnenfürst, Uldes (Zosim. 22), wohl nur Stammhäuptling, dem zugleich an Roms Gunst liegt, die Aufnahme: Gaina kämpft um seine Erhaltung, wird aber, nachdem er in mehreren scharfen Treffen viel Volkes verloren, endlich besiegt, getötet und sein Haupt dem Kaiser übersandt.[18]

Bemerkenswert ist dies Stück Geschichte für unsern Zweck vor allem dadurch, daß es uns die Stellung und Rolle der Goten im Ostreiche klar macht: wie daselbst unter einer freilich elenden Regierung nicht nur alle Gefahr, sondern auch die Rettung allein von diesem Volk und dessen Führern ausging, jene von einem christlichen, diese von einem heidnischen.

Rom stand an der Wende zweier Jahrhunderte.

Mit Schmerzenslauten begrüßt das kommende der heilige Hieronymus (in T. I. epist. 3, p. 15), indem er schreibt:

„Zwanzig und mehr Jahre sind vergangen, seit die Länder zwischen Byzanz und den julischen Alpen in Blut schwimmen. Skythenland, Thrakien, Makedonien, Dardanien, Dakien, Griechenland, Dalmatien und die beiden Pannonien werden verwüstet, geplündert und ausgeraubt von Goten, Sarmaten, Quaden, Alanen, Hunnen, Vandalen und Markomannen. Wie viele Matronen, wie viele der Kirche geweihte Jungfrauen und wie viele freigeborene und edle Menschen wurden nicht das Opfer des Hohns dieser den Raubtieren gleichenden Barbaren!

Bischöfe wurden als Gefangene fortgeschleppt, Priester und andere Geistliche gemordet, Kirchen wurden umgestürzt, Rosse an den Altären angebunden und sogar die Gebeine der Märtyrer werden aus dem Boden herausgewühlt. Wohin das Auge blickt, herrscht Trauer, Schmerz und das Bild des Todes. Das römische Reich stürzt in Trümmer, aber unser (d. h. der Kirche) starker Nacken bleibt dennoch ungebeugt."

Selbst in den Provinzen, wohin Krieg und Raubfahrt nicht gedrungen waren, herrschten Verödung und Verarmung.

In dem sonst so reichen und volkreichen Campanien wurden durch ein Gesetz vom Jahre 401 (Cod. Th. XI, 28, 3) 528 042 Jucharte, gegen vierundzwanzig Quadratmeilen, wüsten Landes den benachbarten Grundbesitzern steuerfrei zugeteilt. In Gallien, das seit mehr als vierzig Jahren von feindlichen Einbrüchen verschont war, verfielen selbst die Städte, weil die gewerbetreibenden Bewohner in abgelegene Wildnis flüchteten, weshalb deren zwangsweise Zurückführung durch ein anderes Gesetz vom Jahre 400 (Cod. Th. XII, 19, 3) verordnet ward.

Das war die Folge zunächst von Steuerdruck und Beamtenwillkür: (nach tieferer Ergründung: das Ergebnis der Sklavenwirtschaft, des Verfalls der Gesellschaft, des Verschwindens eines freien wohlhabenden Mittelstandes von Bauern und Bürgern, der verderblichen volkswirtschaftlichen Zustände, die schon vor Julius Cäsar begonnen hatten. D.). Immer mehr wuchs auch damals die Zahl der Hörigen, da sich viele, um Nahrung und Schutz zu erlangen, freiwillig reichern und angesehenern Herren unterwarfen. Aber auch die der Laeten mehrte sich bedeutend, da mit der Bevölkerung der Germanen überhaupt auch die Neigung der Besitzlosen, in römischem Dienst auf römischem Boden ihr Glück zu versuchen, zunahm. (S. Cod. Th. VIII, 11, 9 und Huschberg, S. 408 und 409.)

Viermal hatte die Republik den Feind in Italien gesehen: Brennus, Pyrrhus, Hannibal und die Kimbrer: aber die Gefahr war vorübergehend, des Sieges Folge dauernd gewesen.

Die Kaiserzeit war glücklicher: von der raudischen Schlacht 101 v. Chr. bis zu Gallienus, an dreihundertundsechzig Jahre lang, betrat kein Barbar den ausonischen Boden.[19]

Darauf eine kurze Zeit isolierter Einbrüche ohne systematischen Plan von zehn bis elf Jahren, denen der gewaltige Aurelian für hundertunddreißig Jahre ein Ziel setzte.

Mit West-Roms letztem Jahrhundert erst wandelt sich die Szene. Zuerst zwar, so lange dessen Schutzgeist Stilicho lebt, scheitert jeglicher Angriff, nach dessen Sturz aber tränkt der Germane seine Rosse in dem Tiber.

Wir verließen Alarich gegen Ende des Jahres 395 als oströmischen Befehlshaber in Epirus und Umgegend, wozu er spätestens gleich nach des Rufinus Tode durch Eutropius berufen worden sein muß. (Claudian in Eutr. II, 214–219.) In diesem Manne lebte das Bewußtsein von seinem und seines Volkes Berufe. (Claud. d. b. g. v. 538.)

Als römischer Militärbefehlshaber, dux, zugleich aber unstreitig auch Zivilgouverneur seiner Provinz, deren Umfang wir nicht genau kennen[20], beutete er deren Hilfsquellen, namentlich deren Waffenfabriken, planvoll für Verstärkung, Ausbildung und Rüstung eines römisch geschulten Heeres und gewiß auch zu Ansammlung eines Schatzes aus. Auch die Politik hatte er, an der Grenze beider Reichsteile gelagert, den Römern abgelernt, da Stilicho (d. b. get. v. 567–569) von ihm sagt: „Nicht seine Macht, sondern der in Bürgerhaß gespaltene Erdkreis hat ihn so lange geschützt, da er mit der Verträgen spielt und seinen Eidbruch bald diesem, bald jenem Hofe verkauft."

Unzweifelhaft hemmte Ostrom, das sich Alarichs um jeden Preis zu entledigen suchte, durchau nicht[21] dessen (selbständig beschlossene D.) Unternehmung gegen Italien, zu welcher er um so geneigter sein mußte, als das gesamte Süddonauland bereits ausgeraubt, jenes mit seinen Schätzen allein noch unberührt war. Im Winter 401[22] begann er seinen denkwürdigen Feldzug.

Wie dem Ausbruch des Gewitters einzelne dunkle Wolken vorausziehen, die der Sturm nachher zu schwarzem, vernichtungsschwangerem Unwetter zusammenballt, so mögen auch damals schon in den germanischen Völkern, die zwischen den Hunnen und Alemannen jenseits der Donau saßen, Bewegungen eingetreten sein, die wir als Vorzeichen des wenige Jahre später ausgebrochenen Völkersturms zu betrachten haben.

Dies mag Alarich in doppelter Hinsicht benutzt haben, einmal, weil Stilicho dadurch in Rätien beschäftigt ward, wohin Barbaren, wenn auch gewiß nicht in gefahrdrohender Menge, eingebrochen waren[23], zweitens aber auch um sein eignes Heer, das er doch kaum, einem Feldherrn wie Stilicho gegenüber, Italiens Eroberung gewachsen halten mochte, durch umhertreibende Scharen zu verstärken.

Alarichs erste Erfolge waren, wie wir aus fünf Stellen Claudians (d. b. g. v. 207–217, 280–290, 472–473, 534 und 563 und 564) ersehen, glänzend. Er überschritt die ihm von dem Feldzuge des Jahres 394 her wohlbekannten Alpenpässe, nahm feste Städte ein, ganz gewiß wenigstens Aquileja[24] und gewann eine Schlacht an dem hier strömenden Timavus[25], ohne jedoch Stilicho selbst noch gegen sich zu haben, worüber mindestens die ersten vier bis fünf Monate des Jahres 401 vergangen sein dürften.

Ungeheure Furcht in Rom, durch üble Vorzeichen mächtig gesteigert: der Gedanke an Flucht nach Sardinien und Korsika ergreift die Gemüter. Durch Gallien, Spanien und Britannien fliegt das Gerücht Rom sei schon gefallen. (v. 201–269.)

Da war es, fährt Claud. (v. 280) fort, Stilicho allein, der, schmachvoller Flucht wehrend, Rettung verhieß.

Er eilte, um ein Heer jenseits der Berge zu sammeln, in Person den Comer-See hinauf, was frühestens im Spätherbst geschehen sein muß, da Claudian von dessen Winterreise spricht, brachte daselbst aus dem ganzen Reiche, selbst aus Britannien, und gewiß auch aus Söldnern der Nachbarvölker, eine ansehnliche Streitmacht zusammen und beschwichtigte die Germanen, auf die er einen wunderbaren Einfluß ausgeübt haben muß, dergestalt, daß er die Rheingrenze unbedenklich entblößen konnte.

Wie kam es nun, daß Alarich, Stilichos Abwesenheit benutzend, nicht sogleich weiter vorrückte? Dies ist eins von den mehrern, wegen Unvollständigkeit der Quellen, unlöslichen Rätseln[26] in diesem Kriege.

Hatte sich dessen Festsetzung im heutigen Istrien und Venetien durch den Widerstand der Festungen bis gegen Ende des Sommers 401 ausgedehnt, so daß er, der Erholung und Verstärkung seines Heeres bedürftig, den weitern Feldzug, bei dem doch der Apennin zu überschreiten war, bis zum Jahr 402 auszusetzen nötig fand, oder unterhandelte er, was gar nicht unwahrscheinlich ist, zuvörderst mit Stilicho, in welchem er sicherlich einen gefährlichen Gegner erkannte, hoffend, auf diesem Weg eine befriedigende Stellung im Westreich zu erlangen? Wir wissen es nicht.

Zu Abwehr des Feindes ward folgendes vorgekehrt Aurelians größtenteils bereits verfallene Umwallung Roms wurde sorgfältig wieder hergestellt und verstärkt, wie sie in diesem Zustande zum Teil heute noch erhalten ist.[27] (Claud. d. IV. Cons. Hon., v. 528–536.) Das italische Heer ward, unstreitig auf den Straßen von Verona und Mantua nach Mailand, wo Honorius residierte (34,3), aufgestellt Dahin mußte Alarich seinen Angriff richten, weil ein Marsch über den Po und Apennin auf das neubefestigte Rom dann der Gefahr ausgesetzt hätte, durch das auf der Via Aemilia vorrückende römische Heer vom Rückzuge abgeschnitten und zwischen dem Gebirge und Meere eingeschlossen zu werden.

Am Vordringen nach Mailand konnte derselbe durch die zurückgelassene Streitkraft nicht gehindert werden: wohl aber durfte Stilicho erwarten, daß die Überschreitung der im Winter und Frühjahr so reißenden Flüsse, welche sich von den Alpen ergießen (darunter Etsch, Mincio, Oglio und Adda die bedeutendsten sind), dessen Marsch aufhalten würde, bis der Retter mit seinem Hilfsheere rechtzeitig vor Mailand würde anlangen können. Die Natur aber begünstigte durch ungewöhnlichen Wassermangel die Goten (d. b. g. v. 527–530), der noch vor Ablauf des vollen Winters aufbrach.[28]

Bereits hatte er die Adda erreicht und sich der Brücke, unstreitig pons Aureoli zwischen Bergamo und Mailand, bemächtigt, schon erfüllte ihn die Hoffnung, die Residenz umlagern und den hilflosen Kaiser in seinen Ängsten zu einem schimpflichen Frieden zwingen zu können (v. 545–549), schon erblickte letzterer die nächtlichen Wachtfeuer des Feindes, als Stilicho, wiewohl zunächst nur mit einer schwachen Vorhut von Reitern, über Lecco oder Bergamo auf dem linken Ufer der bereits von den Goten besetzten Adda anlangte. Raschen, kühnen Entschlusses dringt er durch die Vorpostenkette, schwimmt über den Fluß und kommt glücklich in Mailand an, eine Heldentat, welche der Dichter den Honorius in fingierter Rede als *selbst mit angesehen* der Göttin Roma schildern läßt (de VI. Cons. Hon., v. 436–493).

Der folgende Verlauf ist wiederum dunkel. Wir ersehen aber aus einer Stelle Claudians (d. VI. C. H., v. 203), wo er, Alarichs *Unglücksstätten* anführend, auch der „Mauern der rächenden Asta" (Asti) gedenkt, daß sich der Kaiser mit dem Heere von Mailand über Pavia, auf der Römerstraße nach Turin dahin zurückgezogen haben muß. Unstreitig wollte Stilicho den Krieg in ein der gotischen Reiterei ungünstigeres, mehr gebirgiges Terrain versetzen und sich den Verstärkungen, die er über den Montcenis und Turin aus Gallien erwartete, nähern, zugleich aber, was vielleicht die Hauptrücksicht war, dem Kaiser im schlimmsten Falle die Rettung eben dahin sichern.

Vor Astis Mauern muß nun entweder ein Sturm abgeschlagen oder Alarich durch fruchtlose Belagerung so lange aufgehalten worden sein, bis Stilichos Verstärkungen von allen Seiten heran waren.

Jedenfalls treffen wir den Gotenkönig zuerst wieder in merklicher Entfernung von Asti nach Osten zu, wohin er also, vielleicht um noch eine nachgesandte Verstärkung an sich zu ziehen, zurückgegangen sein muß.

Die Stunde der Entscheidung hatte geschlagen: nur zwischen Schlacht oder Rückzug aus Italien war noch die Wahl. Da beruft Alarich den Kriegsrat, in welchem ein hochbejahrter edler Gote, der dessen Kindheit an Vaters Statt gepflegt hatte, mit gewichtvoller Rede das ganze Unternehmen scheltend, von weiterem Angriff abrät. Mit flammenden Blicken und Worten entgegnet Alarich: „Diesen Boden werde ich als Sieger oder Toter behaupten. Hat mir doch eine Stimme verkündet: Brich, Alarich, jeglichen Verzug: in diesem Jahre noch wirst Du zur Stadt gelangen" (penetrabis ad *urbem* i. e. Romam, d. b. g. v. 481–551.)

Das ist freilich alles poetische Fiktion, das Orakel sogar gewiß unwahr, die Reden aber, namentlich die Alarichs, sind wunderschön. (Claudian war ein reich begabter Poet und der Stoff großartig genug. D.).

Darauf rückt derselbe vor und kommt sogleich an den Fluß Urbs (Orba, der bei Alexandria in den Po fällt, etwa fünf Meilen von Asti), in dessen Namen sich nun jener trügerische Wahrspruch erfüllt haben soll, muß aber von hier, da der Schlachtbericht folgen läßt, noch bis in die Nähe des neun bis zehn Meilen entfernten Tanaro bei Pollentia, fünf Meilen oberhalb Asti[29] vormarschiert sein, wo Stilicho gelagert war.

Es war Ostern des Jahres 402 (Orosius, Kap. 37), zu dessen christlicher Feier die Goten sich anschickten, als Stilicho, den religiösen Skrupel beiseite setzend, das Heer begeisternd anredete (d. b. g. v. 562–580) und seiner hauptsächlich aus Barbaren bestehenden Reiterei unter des uns schon bekannten Saulus Führung den Angriff befahl. Dem gewaltigen Ansprengen wichen die Goten, ermannten sich aber, von Alarich gesammelt und geführt, sogleich wieder. Schon schwankt die Reiterschlacht, als der mit der hingebendsten Tapferkeit für Stilicho fechtende Anführer der Alanen an der Spitze der Seinigen fällt. Erschreckt weichen diese zurück: die Goten dringen nach, und die ganze, wahrscheinlich den rechten Flügel der Römer bildende Reiterei wird so entschieden geworfen, daß das Mitteltreffen in höchster Gefahr schwebt.

In diesem verhängnisvollen Augenblick aber führt Stilicho die Wucht der Legionen dem Feinde entgegen: ein mörderischer Kampf beginnt, in dem nach Claudian (v. 598 bis zum Schluß) die Goten auf das Haupt geschlagen, deren Lager mit unendlicher Beute aus frühern Raubfahrten genommen und Tausende vormals Gefangener, welche dieselben als Sklaven mit sich führten, befreit werden.

Der Dichter übertreibt stark: gleichwohl ist in diesem Fall an dem Siege der Römer nicht im Entferntesten zu zweifeln. Doch hat Tillemont (V, 3, Art. 19), dem auch Neuere folgen, auch diesen noch übertrieben, indem er selbst Alarichs Gemahlin im Lager durch die Römer gefangen nehmen läßt. Dies beruht aber offenbar auf Mißverständnis der Verse (627–629 d. bello get.), nach welchen die Wehklagen seiner Gemahlin Alarichs Ohr getroffen haben sollen. Diese beziehen sich aber nur auf deren Schmerz über den Verlust von Schmuck und Kostbarkeiten. Wie kann man glauben, daß eine so wichtige Tatsache nicht deutlichere Erwähnung, und zwar auch in den andern Quellen noch gefunden haben sollte? Wäre aber selbst die Schlacht eine taktisch unentschiedene geblieben, so war sie doch für Alarich eine *strategisch verlorne*, weil er mitten im Feindesland in solcher Entfernung von seiner

Operationsbasis an Fortsetzung des Krieges und Vordringen nach Rom gar nicht denken konnte, wenn nicht das römische Heer durch eine entscheidende, namentlich auch moralische Niederlage vorher ganz aus dem Felde geschlagen gewesen wäre.[30]

Mit der Schlacht von Pollentia schließt Claudians Gedicht de bello getico, das während Alarichs Rückzug vom Po nach der Etsch, jedenfalls vor Eintritt des Winters 402/3, verfaßt ward.[31]

Die Geschichte der Fortsetzung und des Endes des Krieges im Jahre 403, die eigentlich das zweite Buch jenes bildet, ist dem Glückwünsche zu des Honorius sechstem Consulate, das dieser am 1. Januar 404 antrat, einverleibt, welches mit dem unstreitig noch zu Ende des Jahres 403 erfolgten Triumpheinzuge des Kaisers in Rom und den sich daran knüpfenden Spielen endigt.

Zunächst drängt sich uns nun die Frage auf: wollte oder konnte Stilicho seinen Sieg nicht besser benutzen als geschah? Gewiß war dessen Heer sehr geschwächt, gewiß aber für einen so entschlossenen und ausgezeichneten Feldherrn wie Stilicho, dem für Verstärkungen immer noch Mittel zu Gebot standen, darin kein Grund, den besiegten Feind ruhig abziehen zu lassen. Insbesondere ersehen wir (aus v. 183, de VI. C. H.), daß Alarich sich nach der Schlacht zuerst an den Fuß des Apennin zurückzog, also von der geraden Rückzugslinie nach dem Po abgedrängt gewesen sein muß (34, 5). Leicht konnte Stilicho daher, diesen früher überschreitend, dessen linkes Ufer besetzen und seinen Gegner zwischen diesem Strom und dem Apennin einschließen. Wenn daher Orosius (VII, 37) von Alarich sagt: *„der oft besiegt, oft eingeschlossen, stets wieder entlassen wurde"*, so kann sich diese Wiederholung, nach jenem ersten Vorgange im Peloponnes, schlechterdings nur auf des Königs Lage nach der Schlacht bei Pollentia beziehn.

Vor allem wird aber von Claudian an vier Stellen[32] ausdrücklich versichert, daß Alarich im Wege des Vertrags freien Abzug erlangt habe. Warum Stilicho so handelte, ist zu erörtern hier unnötig, da dies schon oben, als er den Feind aus Griechenland entweichen ließ, angegeben ward.

Doch würde die versuchte Vernichtung der Goten, einem Alarich gegenüber, immer ein gefährliches Unternehmen, der Sieg im günstigsten Falle nur durch ungeheuern Verlust auch der Römer zu erkaufen gewesen sein.

Daß aber die öffentliche Meinung, gewiß auch des Kaisers Umgebung, den Feldherrn damals laut tadelte, wo nicht anklagte, ersehen wir aus dem eifrigen Aufgebot von Kunst, durch welche dessen Lobredner und zwar *gleich zu Beginn seines Gedichts* über den Gotenkrieg (v. 92–146) das Verhalten seines Helden zu rechtfertigen sucht. Hierin ist übrigens die einzige Stelle von Bedeutung, wo er (v. 98–100 d. b. g.) sagt:

„Die Sorge für Dich, o Rom, bewog ihn, dem Eingeschlossenen die Flucht zu eröffnen, damit nicht der Verzweifelungsmut, angesichts des unfehlbaren Todes, schlimmer wüte."

Diese an sich gar nicht an jenen Ort gehörige Abschweifung ist dem Dichter sichtbar durch die damalige Volksstimmung abgedrungen worden. So wenig aber auf Alarichs Vernichtung, so gewiß doch auf dessen möglichste Schwächung war Stilichos Absicht gerichtet und dazu die Verleitung der Truppen desselben zum Abfall das sicherste Mittel. Weniger zwar bei dessen treuen Stammgenossen, soweit nicht eigne innere Zwietracht dabei mitwirkte, als bei den Gefolgen und Abenteurern fremder Stämme, welche die Beutegier nach Italiens Schätzen des Königs Fahnen zugeführt hatte, mochte ihm dies gelingen. Getäuscht in ihrer Hoffnung waren diese Krieger von Handwerk, gleich den Landsknechten des fünfzehnten bis siebzehnten Jahrhunderts, stets geneigt, für bessere Bezahlung und Aussicht von Freund zu Feind überzugehen. Gleich nach der Schlacht von Pollentia muß dies teilweise geschehen sein (d. b. g. v. 90 u. 91)[33] in weit größerm Umfange aber noch mit der wachsenden Not im Laufe des Jahres 403, wie wir (aus d. VI. Cons. Hon. v. 131, 250 – 259 und 305–315) ersehen, wonach ja ganze Schwadronen öffentlich abfielen. (v. 253.)

Nach dem zwischen Stilicho und Alarich abgeschlossenen Vertrage sollte Letzterer, unzweifelhaft binnen gewisser Frist, von den Römern unbelästigt, Italien räumen und nach Epirus zurückkehren, wobei ihm vielleicht ein vorübergehender Aufenthalt in Pannonien gestattet worden war.

Von den weitern Ereignissen des Jahres 402 kennen wir nur den Rückzug der Goten über den Po, der unstreitig noch im Monat April 402 erfolgte (de VI. con. Hon. v. 178/9 u. 302/3). Von da Waffenruhe bis in den Hochsommer 403[34], da der Krieg wegen Alarichs angeblichen Vertragsbruchs, über dessen Tatbestand wir nichts erfahren, aufs Neue entbrannte. Vermutlich glaubte sich Letzterer, der seinem Wort wohl treuer war als Stilicho (? D.), durch die hinterlistige Verleitung (? D.) seiner Völker zum Abfall berechtigt, nicht nur seinen Abmarsch zu verzögern, sondern sich auch noch durch neu geworbene Hilfsscharen zu verstärken. Als es nun zum Ausbruch der Feindseligkeit kam, ließ er

Angreifer vielleicht von Aquileja her gen Verona, das also noch in den Händen der Römer gewesen sein muß, anrücken, indem er diesen Platz mit seinem eignen Heer in der Fronte faßte, wobei er jedoch wohl nur an Überrumpelung, nicht an Eroberung durch förmliche Belagerung, gedacht haben kann. Hier aber muß Stilicho, der mit starker Macht beobachtend folgte, denselben erreicht und (nach v. 201) ein heftiges Treffen stattgefunden haben, von dem der Dichter v. 208/9 sagt: „die Etsch habe, der Feinde Leichen fortspülend, das ionische Meer mit deren Blute gefärbt." Bei der weitern Verfolgung des hier geschlagenen Alarich soll nun derselbe einmal so geschickt eingeschlossen und überfallen worden sein, daß er selbst gefangen worden wäre, wenn nicht der vorzeitige Ungestüm eines alanischen Führers den Plan vereitelt und Jenem die Rettung auf schnellem Roß ermöglicht hätte. Darauf habe der König noch an einen Einfall in Rätien, wo er vielleicht Verbündete zu gewinnen hoffte, und von da in Gallien, also an Rückzug über den Brenner gedacht, auch diese Straße aber habe Stilicho vorher besetzt und denselben dadurch gezwungen, sich auf die Berge zurückzuziehen, wo er von Hunger, Seuche und wachsendem Abfalle seiner Truppen schwer bedrängt, zu keinem Kampfe mehr zu bringen gewesen und endlich vor dem nachrückenden Stilicho geflohen sei.

In dieser Dichtung kann nur so viel Wahrheit sein, daß Alarich, nachdem er sich durch Stilicho verletzt und verraten glaubte (? D.), noch einmal mutvollen Widerstand, namentlich auch einen Angriff auf Verona wagte, ja mit unglaublicher Kühnheit sogar noch nach Rätien vorzudringen beabsichtigte, schließlich aber doch durch Stilichos Umsicht, Tätigkeit und Übermacht zum Rückzug aus Italien über die julischen Alpen, von denen er herabgekommen war, gezwungen ward, womit denn sogleich dessen weitere Verfolgung aufhörte.

Aquileja und was Alarich sonst noch an festen Plätzen besaß muß derselbe freiwillig geräumt haben, wie dies auch die Kriegsraison erforderte, da er, ohne die Möglichkeit eines Entsatzes, durch deren fernere Behauptung einen großen Teil seines Heeres nutzlos aufgeopfert haben würde.

Lange zauderte Honorius, ehe er von Ravenna, wohin er sich Ende 402 wieder begeben hatte, nach Rom aufbrach, und dort seinen Triumph und Konsulatsantritt feierte. Noch verkündet die stolze Inschrift des Honorius und seinen Mitkaisern errichteten, im vierzehnten Jahrhunderte leider abgebrochenen Ehrenbogens die Bezwingung der Goten für vermeintlich „ewige Zeit" (in omne aevom).

Wenig über ein Jahr mag verflossen sein, als Radagais, ein ganz anderer Unhold denn Alarich, in Italien einbrach, dessen Zug aber eine der dunkelsten Partien der Geschichte dieser Zeit bildet. Zosimus (V, 26) sagt darüber wenig mehr als die Chronisten; Claudians Muse ist leider verstummt und die kirchlichen Schriftsteller, St. Augustin und dessen Schüler Orosius, geben statt historischer Nachrichten nur weitläufige theologische Betrachtungen. Daher bietet sich für quellenmäßige kritische Erörterung bis auf die Zeit dieses Ereignisses[35] fast keinerlei[36] Anhalt.

Wir glaubten schon im Jahre 400 bis 401 Anzeichen eines bevorstehenden Sturms zu entdecken, der im Jahre 404 gewaltsam losbrach.

Wir fanden (I, S. 254 f.) gegen Ende des dritten Jahrhunderts im Herzen Germaniens zwischen dem als Fortsetzung der Karpaten durch Schlesien und Sachsen zur Weser sich hinziehenden Gebirg und der Donau und Rhein andererseits mehrere seit kürzerer oder längerer Zeit neu von Nordost her zugewanderte Volksstämme: Burgunder, Vandalen und Lygier.

Gewissermaßen den zweiten Akt der „Völkerwanderung" bildend, als deren ersten man etwa den Anzug der Goten von der Ostsee zu Pontus und Donau betrachten kann, waren sie in die neuen Sitze vorgedrungen, nicht als in ihr Ziel, sondern nur in die ersten Stufen ihrer Wanderung.

Zwischen ihnen und Rom saßen die Jutungen, Alemannen und Franken, insgesamt selbst eroberungssüchtig, daher scheinbar zu deren Vorhut im Kampfe gegen Rom bestimmt.

Da plötzlich erhob sich dieses letztere (scheinbar D.) wieder aus seinem Verfall und brachte dadurch die „Völkerwanderung" zu kurzem Stillstand.

Auf einmal veränderte das Weltereignis des Hunneneinbruchs die Szene.

Blieb dieser zunächst ohne uns bekannten Einfluß auf die westlich der Goten wohnenden Völker (von denen, außer den Sarmaten, die Quaden und hinter diesen die Markomannen der hunnischen Herrschaft zunächst saßen), muß sich doch, nachdem die Ordnung und Befestigung der Hunnenherrschaft zunahm, die Gefahr dieser Nachbarschaft mächtig gesteigert haben.

Schon bald nach ihrem Eindringen in Europa zwar hatten die Hunnen, wenn wir Jordanis trauen dürfen, ein suebisches Volk, und sodann, was nicht zu bezweifeln ist, die Gepiden durch die ihnen dienstbaren Ostgoten bekriegen und letztere mindestens sich unterwerfen lassen. Dieselben müssen aber nach dieser Zeit zunächst ihre Aufmerksamkeit wahrscheinlich mehr auf ihre nächsten Nachbargebiete gerichtet haben. Von deren Wirksamkeit vernehmen wir zunächst nichts weiter, als daß sie eine Rom nicht feindliche, ja teilweise sogar freundliche war, namentlich viele dieses Volks in römischen Solddienst traten. Unzweifelhaft aber mußten die benachbarten Germanen die ihnen von diesen furchtbaren Barbaren drohende Gefahr immer mehr erkennen und fühlen lernen. Wenn nun Jordanis Kap. 31 sagt, die Vandalen und Alanen hätten sich aus Furcht vor den Goten in Pannonien nicht mehr sicher geglaubt[37] und seien deshalb nach Gallien gezogen, so legen wir auf dessen Autorität an sich zwar wenig Wert, finden aber in dieser Stelle doch eine merkwürdige Bestätigung dessen, was das eigne Urteil uns an die Hand gibt. Selbstredend sind nämlich unter jenen Goten des Jordanis keine andern als die den Hunnen unterworfenen Ostgoten (Gepiden und andern gotischen Nachbarn D.) zu verstehen, welche die Herrscher, was wir ja schon aus den eben angeführten Beispielen wissen, zunächst zur Bekriegung der benachbarten germanischen Völker verwandten.

Wir vermuten nun, daß es damals nicht allein die Besorgnis vor der Zukunft, sondern auch schon ein wirkliches Vordringen der Hunnen, und zwar zunächst deren gotischer Vorhut war, was jenen Auszug der Germanen veranlaßte, indem erstere nunmehr das alte Jazygenland zwischen Theiß und Donau besetzten, und daraus die Vandalen, nordwärts vielleicht auch Quaden, wirklich vertrieben. Nun mußten die Entweichenden auf die westlich angrenzenden Völker drücken, die sich, im Gefühl ihrer Ohnmacht gegen die Hunnen, der Auswanderung jener, großenteils wenigstens, anschlossen.

Daher betrachten wir das Vordringen der Hunnen und die weitere Furcht vor ihnen als die Grundursache des damaligen neuen Auf- und Losbruchs der obgedachten Völker wider Rom.[38]

Für dessen ersten Akt (? D.) halten wir des Radagais Einfall in Italien, dessen Beginn wir in das Ende des Jahres 404 setzen, da die Germanen, Kälte besser als Hitze ertragend, wie wir schon wissen, gern den Winter zum Angriffe wählten.

Radagais war ein Fürst, dem die Römer manchmal den Königstitel beilegen, und ein Heide. So viel wissen wir aus den Quellen mit Sicherheit, weiter aber über dessen spezielle Nationalität gar nichts.

Marcellin und Orosius (VII, 27) nennen ihn Heiden und Skyten, Augustin (d. civit. Dei V, 23) und Prosper Tiro einen König der Goten: aber auch Orosius und Prosper Aquit. nennen dessen Völker gotische, während Zosimus (V, 26) sagt, er habe sein Heer aus den keltischen und germanischen Völkern jenseits der Donau und des Rheins gesammelt, welchen er also doch selbst angehört haben muß.

Die Theologen, zumal der in Afrika lebende Augustin, und die Chronisten waren keine Etnographen und lernten diese Völker gewiß nicht früher näher kennen, als nachdem sie in das römische Gebiet eingefallen waren, nannten sie daher nach dem einzigen ihnen genauer bekannter Volke, das Italien bisher bedroht hatte, um so mehr Goten, da unbezweifelt Bestandteile dieses letztern Volkes am zahlreichsten vertreten waren.

Dagegen können wir die Bezeichnung „Skyte" in obigen Quellen nicht unbedingt für identisch mit „Gote" ansehen, da die Spezialkunde des Gotenvolks um diese Zeit schon so weit vorgeschritten und verbreitet war, daß man dessen Angehörige kaum noch mit jenem alten Gattungsnamen belegt haben dürfte.

Wir sind nun, uns Zosimus anschließend, der Überzeugung, daß Radagais aus einem der gotischen Völker, möglicherweise allerdings auch ein Ostgote, und zwar vielleicht fürstlichen Gebläts war: (aber kein Amaler. D.).

Über die Stärke seines Heeres waltet gleiche Ungewißheit. Zosimus gibt es zu 400 000 Mann an, Marcellin zum Jahre 406 nur zu 200 000, Orosius (VII, 37) sagt, es seien mehr als 200 000 Goten darunter, und bei des Radagais Einschließung nach der niedrigsten Angabe noch 200 000 Mann vorhanden gewesen, während Augustin die Stärke letzterer nur zu 100 000 Mann angibt.

Wir halten des Zosimus Angabe für die Zeit des Aufbruchs um so mehr für die richtigere (? D.), da jene Völker sicherlich zugleich ihre bisherige Heimat verlassen wollten, daher Weib und Kind mit sich führten, schließen uns aber für die zur Zeit der Katastrophe noch Vorhandenen aus den sogleich zu entwickelnden Gründen mehr Augustin an.

Der erste Verlauf des Krieges ist völlig dunkel und rätselhaft: wir glauben aber den Schlüssel dazu in Prosper Tiro zu finden, der unter dem Jahre 405 sagt: „Nach Verwüstung vieler Städte unterlag Radagais, dessen in drei Teile unter verschiedenen Fürsten gesondertes Heer den Römern eine gewisse Füglichkeit der Abwehr gewährte. In glänzendem Siege ward das Heer des dritten Teils der Feinde, von den hunnischen Hilfsvölkern umschlossen, auf das Haupt geschlagen (oder aufgerieben)."[39]

Zosimus erzählt den Hergang so: Als alles verzweifelte und Rom selbst in höchster Gefahr war, sammelte Stilicho in und bei Ticinum (Pavia) dreißig Legionen[40], außer den von den Alanen und Hunnen erlangten Hilfsvölkern, ging über den Arnus[41] (? D.), griff die Barbaren unerwartet an und vernichtete deren ganzes Heer dergestalt, daß beinah niemand entrann, sehr wenige ausgenommen, welche er in römischen Sold natun.

Dies geschah, wie wir aus Orosius ersehen, bei Florenz auf den Bergen von Fiesole.

Hiernach erklären wir uns die Sache also. Stilicho, ebenso geschickter Diplomat als Feldherr, wußte die Gefahr zu teilen, indem es ihm gelang, die Führer zweier von den drei Sonderheeren von Radageis abzuziehen und auf unabhängige Gewinnung einer eignen Heimat in dem reichen Gallien hinzulenken.[42] Das war kein Verrat, sondern eine Nothilfe, in deren Hintergrund gewiß die Absicht oder doch die Hoffnung lag, nach Abwendung der dringendsten Gefahr des Augenblicks, auch jener Reichsfeinde wieder Meister werden zu können.

Dieser Abfall muß in des Radagais Rücken, dessen Heer das vorderste war, erfolgt sein. Derselbe beharrte indes bei seinem Kriegsplan, sei es, weil es zur Abänderung zu spät oder sein Mut ungebrochen war, und marschierte über den Apennin nach Florenz, was nur auf der Straße geschehen sein kann, die von der via Aemilia ab über Faventia (Faënza) dahin führte und ihm das reiche Etrurien sowie weiterhin einen sichern Weg nach Rom eröffnete. Radagais belagerte nun das vom Arno durchschnittene Florenz, wozu ein Teil seines Heeres, dessen Hauptmasse auf dem rechten Ufer lagerte, übergesetzt worden sein muß.

Diese jenseitigen Truppen mag nun Stilicho nach dem von Zosimus berichteten, in merklicher Entfernung von Florenz erfolgten Stromübergange durch seine schnelle, den Germanen so furchtbare hunnische Reiterei, welche der uns schon bekannte Häuptling Uldes (von Orosius Uldin genannt) befehligte, überfallen, geschlagen, über den Arno zurückgeworfen und dadurch dessen ganzes linkes Ufer in seine Gewalt bekommen haben.

So war nun durch den Strom in der Fronte und durch die Berge im Rücken die Einschließung der Feinde vollendet.

Über des Radagais Ende scheinen die Chronisten und Zosimus von den Theologen wesentlich abzuweichen, da man nach jenen Vernichtung durch Kampf, nach diesen durch Aushungerung anzunehmen hat. Es ist wahr, Letztere schreiben mit Tendenz. Der Herr, sagen sie, wollte das sündliche Rom züchtigen, aber nicht durch einen Heiden Radagais, sondern durch den Christen Alarich: darum verdarb er Ersterm, wie Orosius geracezu versichert, durch ein Wunder.[43] Indes muß diese Zeitgenossen und ihre Angaben so speziell, daß wir an deren Richtigkeit im Wesentlichen, d. i. von der Übertreibung abgesehen, gar nicht zweifeln können, während die allgemeinen Ausdrücke der kurzen historischen Quellen mehr auf den endlichen Erfolg: – Vernichtung, als auf deren Art und Weise zu beziehen sein dürften, was besonders von Zosimus: πανωλεθρίᾳ διέφϑειρεν gilt.

Radagais suchte sich zu retten, geriet aber in römische Gefangenschaft, ward eine Zeit lang darin gehalten und dann, nach Augustin, mit seinen Söhnen getötet.

Das verlassene, schon von Hunger entkräftete Heer mit dem Trosse seiner Angehörigen fiel ganz in römische Gewalt, wobei die Menge der als Sklaven Verkauften so groß gewesen sein soll, daß der Preis bis auf ein Goldstück, damals kaum noch zwölf Mark, herabsank. 12 000 Goten aber wurden, nach Olympiodor (Bonn. Ausg. p. 450), von Stilicho in römischen Sold genommen.

Zum zweiten Male war Stilicho Roms Retter geworden.

Bald darauf trat die Wirkung seiner Politik ein.[44]

Unter dem Konsulate von Arcadius (VI.) und Probus, also im Januar 406, ging nach Prosper Aquitanus, dem auch Cassiodor in seiner Chronik folgt, die Masse der Vandalen und Alanen über den Rhein.[45]

Doch haben wir hier nur die Tatsache zu erwähnen; die sich ihr anschließende Erörterung und die weitern Ereignisse in Gallien, das Hausen der Fremden und den Bürgerkrieg im Innern behalten wir dem nächsten Kapitel vor, um in diesem die Geschicke Italiens und dessen Eroberung durch die Westgoten bis zu Alarichs Tod und deren Abzug aus diesem Lande vollständig zu berichten.

Radagais war tot, aber Alarich lebte noch. Hatte Stilicho diesen, wie er zweimal gekonnt, als *Feind* nicht vernichten wollen, so kann dies nur in der Absicht geschehen sein, ihn sich und dem Reich als *Freund* zu gewinnen. Mag es auch eine Tat der Selbstsucht[46] gewesen sein, daß er, um selbst unentbehrlich zu bleiben, diesen gewaltigen Gegner entweichen ließ, so stimmte doch, nachdem dies einmal geschehen war, dessen Privatinteresse mit dem öffentlichen darin vollkommen überein, daß aus dem gefürchteten Widersacher, auf dessen bleibende Neutralität nie zu rechnen gewesen wäre, ein Bundesgenosse werde.

Dazu empfahl sich nichts besser als ein gemeinsamer Angriff gegen das Ostreich.[47]

Bittrer Haß und Hader trennte sofort nach des Theodosius Tode die Machthaber und faktischen Herrscher beider Reiche. Gern hätte Rufinus schon – im Jahre 395 Alarich zum Einfall in das Westreich bewogen (? D.); mit diesem Hintergedanken ward derselbe an dessen Grenze in Epirus aufgestellt und zu dem Kriege des Jahres 402 wahrscheinlich heimlich aufgewiegelt. Zu offenem Ausbruche wider Stilicho, wenn auch noch nicht zu wirklichem Kampfe, war der alte Haß übrigens schon bei Gildos Aufstand gelangt. (S. Eunapius, Bonner Ausgabe Fr. 52, p. 86.)

Innerer Grund genug für Stilicho, um sich an den Feinden seiner Person, aber auch des Reiches selbst zu rächen, wozu nach Olympiodor (p. 448 der Bonn. Ausgabe) ein angeblicher Erbanspruch des Honorius auf Illyricum (d. i. die Diözesen Datien und Makedonien) äußern Vorwand bot. Trefflich aber das Auskunftsmittel[48], Alarich unschädlich zu machen, dem man das eroberte Gebiet unter dem Titel eines Beamten des Honorius überlassen, zugleich aber ihn dem Westreiche dadurch dauernd verpflichtet hätte, daß er zu seiner künftigen Verteidigung gegen das beraubte Ostrom dessen Hilfe nicht entbehren konnte.

Wann die Verabredung erfolgte, wissen wir nicht; vermutlich war bei dem vertrauten Verkehr zwischen dem römischen und gotischen Feldherrn schon während Alarichs Rückzug aus Italien eine Hindeutung darauf erfolgt.[49]

Da jedoch der Gote damals zu irgend welcher Offensivunternehmung viel zu geschwächt war und erst längerer Zeit zur Erholung und Verstärkung seiner Streitkräfte bedurfte, dünkt es uns wahrscheinlicher, daß der wirkliche, selbstredend geheime Vertrag[50] erst im Jahre 406, nach des Radagais Vernichtung zum Abschluß gelangte. (39, 1.)

Auf dessen Grund ward, nach Sozomenos (IX, 4), Alarich von Honorius zum Magister militum ernannt, ein bereits für das zu erobernde Illyricum bestellter Präfectus Prätorio in der Person des Jovius vorausgeschickt und Stilichos baldige Ankunft mit dem Heere zu Beginn des Angriffs angekündigt.

Schon war dieser im Jahre 407 zum Abmarsch bereit, als das bald jedoch als falsch erwiesene Gerücht von Alarichs Tode, vor allem aber eine Verfügung des Kaisers ihn zurückhielt, der ihm die Usurpation des Constantinus und dessen Ankunft in Gallien anzeigte. (Zosim. c. 27.) So ward Alarich, der nach vollendeter Kriegsrüstung zum Losschlagen fertig war, plötzlich zurückgehalten. Das aber sich gefallen zu lassen war der Held nicht gemeint. Entschädigung für die aufgewendeten Kosten zu fordern jedenfalls berechtigt, führte er gerechte Beschwerde über den Bruch des Versprechens, ihm das östliche Illyricum erobern zu helfen, auf dessen Grund allein er sich mit Rom verbündet hatte. Diplomatische Verhandlung, die Künste Roms hierin scheuend, verschmähte er, beschloß vielmehr seine Ansprüche mit dem Schwert in der Faust geltend zu machen, und zog dazu sofort samt seinem Heere von Epirus bis Aemona (Laibach) an Italiens Grenze, von wo er seine Gesandten an Stilicho abschickte.

Inmittelst war das für Rom verhängnisvolle Jahr 408 angebrochen. In dessen Anfang, wo nicht bereits gegen Ende 407[51], war es der klugen Serena gelungen, auch ihre zweite Tochter Thermantia mit Honorius zu vermählen, nachdem ihre erste, die Kaiserin Maria, verstorben war, und zwar, wie man sagte, noch als Jungfrau.

Am ersten Mai desselben Jahres verschied der Kaiser Arcadius und hinterließ seinen achtjährigen Sohn Theodosius II. als Nachfolger.

Noch vorher war nun Alarichs drohende Botschaft angelangt, der nach Zosimus (c. 29) zunächst für seine zwecklose Festhaltung in Illyricum wie für die Kosten des Marsches an Italiens Grenze Geldentschädigung forderte. Stilicho eilte sofort mit der Gesandtschaft nach Rom, damit von Kaiser und Senat Beschluß gefaßt werde: letzterer tritt in beiden Reichen seit des Theodosius Tode wieder hervor, weil die faktischen Herrscher es klug finden, sich in wichtigen Fällen durch dessen Namen zu decken.

Als der Senat aber in den Palast berufen ward, fand Stilicho unerwartet lebhafte Opposition. Es war, als ob ein Schatten altrömischen Geistes[52] aus dem Grabe heraufstiege. „Warum solle die freche Forderung des Barbaren nicht mit dem Schwerte zurückgewiesen werden?" Weil sie gerecht sei, antwortete Stilicho: denn in des Kaisers Interesse habe Alarich gewaffnet, auf dessen Geheiß habe er vom Krieg abstehen müssen.

Dies bewies er durch Vorlesen des kaiserlichen Schreibens, welches ihn selbst vom Aufbruch gen Illyrien zurückgehalten, indem er seine eigne Gemahlin Serena, die einem Bruche zwischen beiden Brüdern entschieden entgegen gewesen, den Widerruf veranlaßt zu haben beschuldigte.

Das schien begründet: und der Senat bewilligte Alarich als Pfand des Friedens 4000 Pfund Goldes (gegen 3 600 000 Mark unsres Geldes). Dazu stimmten viele jedoch nicht aus Überzeugung, sondern nur aus Furcht vor Stilicho, und Lampadius, durch Geburt und Würde hervorragend, rief entrüstet aus: „Das ist kein Friede, sondern ein Pakt der Knechtschaft", floh aber nach aufgehobener Sitzung aus Furcht vor den Folgen seines Freimuts sogleich in die nächste Kirche. (Zosimus V, c. 27–29. Olympiodor B. A., p. 448 und 449. Sozomenos IX., 4.)[53]

Wir kommen nun auf Stilichos Sturz, über den weiter auszuholen ist.

Als Vormund des Knaben Honorius war dessen Stellung eine völlig gesicherte gewesen. Späterhin war es weniger das schwiegerväterliche Verhältnis als der Einfluß seiner Gemahlin Serena, die, stets am Hofe gegenwärtig, tiefen politischen Geist besessen zu haben scheint, was Stilichos Macht befestigte.

Allerdings hätten dessen hohe Verdienste um das Reich, das er zweimal vor drohendem Untergange rettete, Kaiser und Volk zu dauernder, tiefer Dankbarkeit verpflichten sollen. Diese aber ist selbst in besserer Zeit eine höchst lästige Tugend: in der römischen Verderbnis dachte niemand ihrer. Dazu kam das verdächtige Benehmen gegen Alarich nach der Schlacht von Pollentia –: Grund genug, mehr das Unterlassene zu verdammen, als das glänzend Vollbrachte zu preisen.

Unstreitig stand daher der große Feldherr – und das muß er schon nach des Theodosius Tode gefühlt haben – auf einem Vulkan.

Jeder Hochgestellte – wer aber hat in Rom je höher gestanden, als Stilicho? – erschien dem Neid und Ehrgeiz der römischen Großen als ein jagdbares Wild, von dessen Erlegung nichts als die Gefahr und Schwierigkeit abhalten könne. Wahrhaft zu fürchten aber war in dieser Beziehung nur das Hofgesinde. Dieses glaubte sich unter jedem schwachen Kaiser zu einer fast legitimen Herrschaft berufen und sah sich nun unter Stilichos eiserner Faust zu einer politischen Null herabgedrückt, mag von ihm sogar im Vollgefühl seiner Macht und Verdienste zum Teil mit Geringschätzung behandelt worden sein.

Unzweifelhaft aber fühlte sich der heranwachsende Kaiser selbst, der im Jahre 408 das vierundzwanzigste Jahr erreichte, durch den übermächtigen Diener nicht selten unangenehm berührt. Das wußte denn dessen Umgebung in ihrem Interesse auszubeuten. Mag auch Serena mit aller Kunst feindliche Elemente fern zu halten gesucht haben, so dürfte ihr dies doch um so weniger gelungen sein, da ja die in der Stellung begründete Rivalität selbst vermeinte Freunde bald in Neider und Feinde Stilichos umwandeln mußte.

An Mitteln fehlte es der römischen Verleumdungskunst niemals: in diesem Fall aber lagen sie sogar näher als in vielen andern. Stilichos Abkunft aus Barbarenblut[54], sein merkwürdiges, unverkennbar zweideutiges Verhältnis zu Alarich, boten, wo irgend eine kaiserliche Empfindlichkeit den günstigen Augenblick dafür gewährte, willkommenen Anlaß, den Herrn wider seinen Diener aufzureizen.

Gleichwohl scheint dies, der tiefbegründeten Macht der Gewohnheit gegenüber, lang ohne wirksamen Erfolg geblieben zu sein: ja wir müssen annehmen, daß zur Zeit von des Kaisers Vermählung mit Termantia Stilichos Einfluß, wenn auch schon erschüttert, doch noch keinesweges gebrochen war.

Da fügte sich aber zweierlei zu dessen Verderben.

Unter den Hofleuten befand sich[55] ein, nach Olympiodor (p. 448) von Stilicho selbst dem Kaiser empfohlener, verschmitzter Grieche vom Gestade des Pontus, Olympius, der unter der Maske christlicher Frömmigkeit und Demut arge Bosheit barg und die raffinierteste Intrige mit seltener Meisterschaft im tiefsten Geheimnis vorzubereiten und durchzuführen wußte.

Dazu kam aber auch noch bei Stilicho übermäßige, an Blindheit grenzende Sicherheit vor Ausbruch der Gefahr, wie Unentschlossenheit in deren Bekämpfung.

Nachdem mit Alarich Friede geschlossen war, eilte Stilicho, um mit dem Heer aufzubrechen[56], nach Ravenna. Da kreuzte ihn des Kaisers Entschluß, zur Musterung und freundlichen Begrüßung der Truppen selbst dahin zu gehen. Das soll ihm Serena, welche den Hof und sich selbst, wegen Alarichs immer noch besorglicher Nähe, nur dort hinlänglich gesichert glaubte, eingegeben haben; wir vermuten aber, daß auch dabei Olympius unter der Hand im Spiele war. Stilicho bot alles auf, den Kaiser davon abzubringen, ließ (? D.) sogar, um ihn abzuschrecken, durch Sarus die vor Ravenna versammelten Truppen zu neuem Tumulte aufregen. Vergebens: Honorius beharrte – deutlicher Beweis, wie sehr schon des Feldherrn Herrschaft über ihn gesunken war.

Da durchschaute ein vertrauter Freund und Ratgeber Stilichos, Justinian, die Intrige, und drang darauf, daß er den Kaiser an seinem Vorhaben nicht behindere, weil er eine weit größere Gefahr für ihn darin erblicke, wenn sich Honorius zu den bei Pavia versammelten, Stilicho abgeneigten Truppen begebe.[57] Seine Warnung fand kein Gehör, worauf Justinian von seines bisherigen Gönners Sache, aus Furcht, mit ihm selbst zu fallen, sich lossagte. (Zosim. V, 30.)

Honorius war bereits in der Nähe von Ravenna, als er sich, vom Wege dahin ablenkend, nach Bologna begab, woselbst ihn die sichere Nachricht von des Arcadius Tod erreichte. Dahin berief er Stilicho, sowohl zur Beratung als um die Soldaten seiner Eskorte, die auf dem Marsch in Händel mit einander geraten waren, zu bestrafen. Der Feldherr kündigte ihnen an, daß der Kaiser Dezimierung befohlen, versprach ihnen aber, als sie mit Tränen um Gnade baten, Verzeihung für sie auszuwirken, welche er auch erlangte.

Darüber mit Stilicho einverstanden, daß des Arcadius Tod die Pflicht auferlege, die Herrschaft des unmündigen Theodosius II., dessen natürlicher Vormund der Oheim Honorius war, zu sichern und zu ordnen, wollte nun der Kaiser in Person nach Konstantinopel gehen: dies widerriet Stilicho auf das Dringendste, die großen Kosten, und die Gefahr, Italien zu verlassen, während von Gallien her der Rebell Constantin, von Noricum aus der immer noch unzuverlässige Alarich drohe, hervorhebend. Da erscheine das Zweckmäßigste, daß Alarich, durch ein römisches Heer verstärkt, wider Constantin nach Gallien gesandt, er selbst aber vom Kaiser mit Ordnung der orientalischen Angelegenheit beauftragt werde. Ein in seinem ersten Teile wenigstens höchst weiser Plan, der wahrscheinlich zwar die Herrschaft der Westgoten in Gallien früher als später doch geschah – aber nur als mittelbare, Roms Souveränität mehr noch als später der Fall war aufrecht erhaltende – herbeigeführt, die bald darauf folgende Eroberung Italiens und Roms selbst durch Alarich aber abgewendet haben würde.

Auch billige der Kaiser diese Vorschläge und reiste auf dem Wege nach Mailand ab: Stilicho aber tat nichts zur Ausführung, zog nicht einmal die bei Pavia stehenden Truppen zu sich heran, aus Furcht, daß durch deren Zusammentreffen mit Honorius ein ihm feindlicher Anschlag hervorgerufen werde.

Jetzt war der Augenblick gekommen, da Olympius die längst angelegte Mine zündete. Seinem schwachen Herrn vorspiegelnd, daß Stilicho nur um deswillen nach dem Orient dränge, um den jungen Theodosius zu beseitigen und seinen eignen Sohn Eucherius auf den Thron zu erheben, führte er ihn seitab zur Armee nach Pavia (Ticinum). Hier bearbeitete er nun, unter dem Vorwande, die Kranken zu besuchen, die gewiß schon durch seine Werkzeuge vorbereiteten Gemüter der Soldaten[58], sicherlich auch das Gold dafür nicht sparend.

Am vierten Tage nach seiner Ankunft berief Honorius das Heer und forderte dasselbe zum Feldzuge wider Constantin auf. Da begann Olympius, geschickt an die geheime Abrede mahnend, zu den Truppen zu sprechen. Sofort entbrannte ein wütender Aufstand, der sich zunächst gegen die höchsten Würdenträger, Gardebefehlshaber, Präfecti Prätorio, den Magister der Offizien, Quästor u. a. m. richtete, welche unstreitig als Stilichos Anhänger bezeichnet worden waren. Sie alle wurden niedergestoßen, ja die einmal losgelassene Furie schritt zu allgemeinerem Morden und Plündern, welchem Honorius, nach abgelegtem Kaisergewande sich in Person unter die Rasenden mischend, kaum Einhalt zu tun vermochte.

Durch die Kunde entsetzt berief Stilicho sogleich alle Führer der „Barbaren" und Föderierten zu einem Kriegsrate, der einstimmig der Meinung war, die Truppen sofort gegen das „römische" Heer zu führen, um den Kaiser, den das Gerücht ebenfalls ermordet gesagt, zu rächen, oder mindestens, wenn dieser noch lebe, den Anstifter des Aufstands zu bestrafen. Als aber jenes Gerücht widerlegt ward, gab Stilicho, die schwankende Gesinnung des Kaisers gegen ihn nun erkennend, teils aus Furcht vor der militärischen Schwierigkeit dem starken Heere des Honorius gegenüber, teils aus Scheu (? D.) vor der Impietät eines Barbarenangriffs auf Römer, jenen Plan wieder auf, und beschloß nach Ravenna zu gehen. (Zosim. c. 33.)

Noch einmal bestanden, aber vergeblich, die anwesenden Generale der „fremden" (d. h. meistenteils germanischen D.) Truppen auf Vollführung ihres Rats, beschlossen aber, da sie den Feldherrn nicht zu überzeugen vermochten, des Kaisers Entscheidung zu erwarten; nur Sarus, der durch Kraft und Rang hervorragendste unter ihnen, drang noch zu einer letzten Anstrengung gewaltsam in der Nacht in Stilichos Zelt[59], in dem er dessen abwehrende hunnische Leibwächter niederstoßen ließ.[60]

Der Unglückliche von seiner alten Kraft verlassen, ging nach Ravenna in sein Verderben.

Da langte von Olympius, der schon den Kaiser ganz beherrschte, ein Befehl zu Stilichos Verhaftung daselbst an, welchem dieser sich durch nächtliche Flucht in eine Kirche entzog. Mit Tagesanbruch drangen die Soldaten hinein: ihr Führer Herculian, in welchem Olympius einen „Buttler" gefunden hatte, beteuerte vor dem Bischof eidlich, daß der Kaiser nicht Stilichos Tötung, sondern nur dessen anständige Verwahrung befohlen habe: vor dem Tor aber, wohin ihm der Feldherr folgte, zog er sogleich ein zweites Rescript hervor, das Todesstrafe wegen Hochverrats über ihn verhängte.

Die anwesenden Fremdsoldaten (wohl Germanen *D.*) und Stilichos zahlreiche Diener und Freunde wollten ihn mit Gewalt befreien, er selbst aber hielt sie durch Vorhaltung der schreckenden Folgen für sie davon ab, und bot so gewissermaßen freiwillig sein Haupt dem Todesstreiche dar.

Also fiel am 22. Aug. 408 (Zosim. V, 34 am Schluß) der Held, der unwillkürlich an Wallenstein und dessen Ende erinnert.

Verschieden lautet, je nachdem er Eunapius oder Olympiodor nachschreibt, des Zosimus Urteil, da er ihn nach des Theodosius Tod (V, 1) an schamloser Bereicherungssucht Rufinus gleichstellt, nach seinem Sturz aber (V, 34) für den „maßvollsten", d. h. wohl: rechtschaffensten[61] aller Gewalthaber jener Zeit erklärt, da man während dessen dreiundzwanzigjähriger Amtsführung als Heerführer keine Unredlichkeit an ihm wahrgenommen habe. Die Deutung liegt nahe. Eunapius, der sein Werk vor Stilichos Tode schloß, schrieb im fernen Asien und folgte der Tagesrede im Orient, die, an sich verleumderisch, demselben insbesondere gehässig war. Olympiodor kann, obwohl aus Theben in Ägypten gebürtig, nur die Geschichte des Westreichs geschrieben haben, weil sich von den zwanzig Seiten seiner Fragmente keines auf das östliche bezieht, lebte daher wohl in ersterm und war Zeuge des öffentlichen nach dem Sturz eines großen Mannes durch einen Buben stets zur Milde gestimmten Urteils.

Gleichwohl ist Stilicho, besonders im Beginn seiner Laufbahn, von Eigennutz, dem Erbfehler aller römischen Großen, schwerlich frei gewesen. Sonder Zweifel war er auch voll Ehrgeiz und Herrschsucht, ja sein Verhalten gegen Alarich nicht ohne Selbstsucht, wenn auch mit dem politischen Gedanken, zugleich ein dem Reiche nützliches Werkzeug gegen die verhaßten und haßerfüllten Herrscher des Ostens in ihm zu gewinnen (und eine Stütze für das *Reich*, in einer Stütze für *sich selbst D.*). An Hochverrat aber hat er sicherlich nie gedacht: ja wir zweifeln nicht, daß treue Anhänglichkeit an den ihm dreifach verschwägerten Kaiser in seiner Seele lebte. Selbst seine auffallende Schwäche im Sturze beweist, daß er nicht den Willen, daher auch nicht den Mut des Verbrechens hatte. Was anders namentlich als das Gefühl römischer Ehre und Würde konnte ihn abhalten (seine Barbaren gegen Pavia zu führen oder gar *D.*) sich schließlich mit den ihm noch treuen Truppen in Alarichs Arme zu werfen, der ihm unzweifelhaft ergeben war?

Eine Macht von solcher Größe und Dauer hat nie der Diener eines römischen Kaisers, weder vor noch nach ihm, besessen: vielleicht aber auch keiner gleiches Verdienst. Stilicho wahrlich war ein großer Mann als Politiker und Feldherr, in letzterer Hinsicht bewundernswürdiger vielleicht noch als Stratege, besonders in der Kunst, den Feind einzuschließen, denn als Held im Kampf, obwohl auch darin, wenn wir Claudian trauen dürfen, bei Pollentia glänzend.

Selbstredend ergoß sich nach Stilichos Tode nicht nur das Gift der Verleumdung über den Gefallenen, sondern auch das furchtbare Spiel der Majestätsprozesse und Folter über dessen Anhänger und Freunde. Doch konnten selbst die härtesten Qualen nach Zosimus (c. 35) kein demselben nachteiliges Geständnis erpressen. Gleichwohl hatte die offizielle und offiziöse Stimme, jedes freie Urteil einschüchternd, Macht genug, den Glauben an dessen Schuld in die fernen Lande zu verbreiten, wo Hieronymus, Philostorgius und Orosius schrieben, wozu bei den Theologen das (wiewohl von keiner dafür angeführten Tatsache unterstützte) Gerücht, Eucherius, dessen Sohn, habe das Heidentum wieder einführen wollen, nicht wenig beigetragen haben mag. Die neuere Geschichtsforschung ist übereinstimmend gerechter.[62]

Bessern Erfolg als die Untersuchung hatte die Beraubung, die auf des Kaisers Befehl sogar auf das Vermögen aller derer erstreckt werden sollte, die unter Stilichos Herrschaft Ämter (doch wohl nur höhere) erlangt hatten.

Für den Staat aber war das Unheilvollste die Entfesselung der römischen Soldateska, welche, von Haß gegen das ganze Barbarentum aufgestachelt, ihre Wut an den in den Städten gewissermaßen als Geiseln untergebrachten Familien der fremden Soldaten ausließ und diese schonungslos beraubte und mordete. Über den scheußlichen Treubruch empört rotteten sich deren Männer und Angehörige zusammen und gingen, mehr denn 30 000 an der Zahl, zu Alarich über, mit diesem gegen Rom zu ziehen.

Alarich verdammte laut, doch vielleicht nicht ohne ein gemischtes Gefühl, Stilichos Mord, wollte aber gleichwohl den mit diesem geschlossenen Vertrag halten, sandte daher Abgeordnete, welche eine mäßige Summe Geldes – wahrscheinlich den Rückstand der bedungenen Zahlung –, zugleich aber nunmehr auch die Gestellung von Geiseln (darunter den jungen Aëtius) forderten, wozu er auch seinerseits bereit sei. Unter diesen Bedingungen wollte er aus Noricum[63] nach Pannonien abziehen.

Da hatte sich der Kaiser zwischen Krieg oder Frieden zu entscheiden, entweder erstern, zu dessen Führung nur Sarus, Alarichs persönlicher Feind, geeignet war, mit Aufgebot aller Kraft zu beginnen oder letzteren mit so geringem Opfer zu erkaufen.

Er aber verweigerte den Frieden und tat nichts für den Krieg, indem der zum Magister der Offizien ernannte Olympius, auf den er sich einzig verließ, die vom Feinde verachtetsten Männer zu Heerführern bestellte.

Solche Gegner verlachend marschierte Alarich sogleich auf Rom, ohne seiner Frau Bruder Ataulf, der mit gotischem und hunnischem Volk im obern Pannonien stand, abzuwarten, obwohl er ihn zur Teilnahme berufen hatte. Er zog an den festen Plätzen, namentlich auch Aquileja, vorbei[64], zuerst den Po hinauf, überschritt diesen hinter Cremona und ging sodann auf der ämilischen Straße weiter, von Ariminum aber, um Ravenna sich nicht bekümmernd, direkt gegen Rom, ohne dabei irgendwie auf Widerstand zu stoßen, wobei er auf der letzten Strecke jedoch auch Kastelle und Städte am Wege einnahm und verheerte. Auf diesem hätte er beinahe Eucherius, der nach Ravenna gebracht werden sollte, befreit, wenn die transportierenden Eunuchen denselben nicht nach Rom zurückgeführt und daselbst befohlener Massen getötet hätten. (Zosim. 2, 37.)

Im Spätjahre 408 angelangt vor Rom, dessen Mauern unlängst hergestellt und verstärkt worden waren, zog Alarich den sichern Weg der Blockade und Aushungerung, wozu er sich vor allem des Tibers bemächtigte, dem Sturmangriff vor. Vergebens ward auf Beschluß des Senats und der kaiserlichen Schwester Placidia die unglückliche Serena, von der man Einverständnis mit Alarich fürchtete, getötet. Der König ließ nicht ab: und die Not der Stadtbevölkerung stieg immer höher. Man griff zu den ekelhaftesten Nahrungsmitteln; das förderte die Seuche, die wiederum durch den Verwesungsgeruch der Leichname, welche nicht außerhalb der Stadt bestattet werden konnten, gesteigert wurde. Ausfälle wagte man eben so wenig als Honorius den Versuch des Entsatzes, auf den die heiße Sehnsucht der Belagerten gerichtet war.

Als Hunger und Graus den höchsten Gipfel erreicht hatten, ward Ergebung unter billigen Bedingungen angeboten, aber mit der hinzugefügten Erklärung, daß das bewaffnete und exerzierte Volk im schlimmsten Falle zum Verzweifelungskampfe bereit sei. Auf Letzteres erwiderte Alarich den Sendboten lachend: „Je dichter das Heu, je leichter das Mähen" und verlangte als Kapitulationsbedingung alles Gold und Silber, alle Sklaven barbarischer Abkunft und was sich an Hausgerät finde. Das war doch zu hart. Da nun aber auch der Gedanke, durch Rückkehr zu den alten Göttern und heidnischen Zeremonien Rettung zu suchen[65], fehlschlug (der Senat war doch nicht gewillt, durch öffentliche Opfer auf dem Kapitol und jedem Forum der Stadt, wie dies gefordert ward, seinen Glauben zu beflecken), legte man sich wieder auf das Bitten. So ward denn endlich gegen Lieferung von 5000 Pfund Goldes, 30 000 Pfund Silbers, 3000 dergleichen Pfeffer, 4000 Stück seidener Gewänder und 3000 purpurgefärbter Felle[66] die Aufhebung der Blockade erlangt.

Das Geforderte ward teils gewaltsam von den Reichen, teils aus den Tempelschätzen, selbst durch Einschmelzung von Götterbildern aus edlem Metall, aufgebracht. (Zosimus c. 38–41.)

Sogleich nach erfolgter Zahlung gab Alarich den Markt vor einigen Toren und die Zufuhr auf dem Tiber frei und zog mit dem Heere nach Tuscien ab, wobei aber an 40 000 Sklaven, ihren Herren entlaufend, sich ihm anschlossen. Frevel, welche einige seiner Leute durch räuberischen Angriff auf Römer, die sich verproviantierten, verübten, verbot und bestrafte er auf das Strengste. Dies geschah um Neujahr 409, als Honorius sein achtes Konsulat zu Ravenna antrat.

Noch bedurfte es des Friedens mit dem Kaiser, wofür Alarich außer Geld[67] auch Gestellung edler Geiseln forderte, dagegen aber ein Waffenbündnis wider alle Feinde Roms zusagte.

Honorius genehmigte zwar den Vertrag und erfüllte die Zahlung, nicht aber die Sendung von Geiseln und einiges andere.

Auch Abgeordnete des Senats richteten nichts aus, da Olympius sich fortwährend nur noch mit Verfolgung von Stilichos Anhängern beschäftigte. (Zosim. c. 42 u. 44.)

Da gefiel es Honorius, 6000 seiner tapfersten Truppen, Dalmatier, als Garnison nach Rom zu schicken, die aber, weil deren Führer Valens den einfältigen Stolz hatte, den Goten nicht ausweichen zu wollen, Alarich in die Hände fielen und bis auf etwa hundert Mann, die nebst Valens entflohen, insgesamt gefangen oder niedergehauen wurden.

Unwillig verbot der Gotenkönig nun den Römern, aus der Stadt zu gehen, worauf diese in der Angst eine neue Gesandtschaft an den Kaiser abordneten, welcher sich, unter gotischer Eskorte, der Bischof von Rom anschloß.

Um dieselbe Zeit kam Ataulf zur Vereinigung mit Alarich in Italien an, wo ihn der Kaiser durch weit überlegene Streitkräfte auf dem Marsche angreifen und ihm 1100 Goten töten ließ, während die Römer (wohl übertrieben) nur siebzehn Mann verloren haben sollen. (Zosim. c. 45.)

Welch eine Politik! Die von einem furchtbaren, aber redlichen Feinde dargebotene Friedenshand unbeugsam zurückweisen, ihn anzugreifen weder Mut noch Macht, denselben aber doch durch Neckereien reizen. Das war des Wahnsinns zu viel. Die am Hofe gewaltigen Eunuchen drangen auf des Olympius Absetzung, worauf dieser aus Furcht vor Schlimmerem nach Dalmatien entfloh.

Gegen dessen militärische Kreaturen erhob sich nun auch ein Soldatenaufstand zu Ravenna, der nur dadurch gestillt werden konnte, daß einer der von jenem ernannten Magistri militum und der Befehlshaber der Leibwachen getötet, überdies auch der Oberkammerherr Terentius (und dessen Nächster im Range) verbannt wurden. Die oberste Gewalt am Hofe ging nun auf den Präfectus Prätorio Jovius über. Zum obersten Militärbefehlshaber jenseits der Alpen mit Noricum und Rätien aber ward der durch Tapferkeit und unbestechliche Redlichkeit gleich ausgezeichnete noch heidnische Germane Generid ernannt. Dies sollte, weil kurz zuvor die Anstellung von Heiden in höhern Ämtern verboten worden war, dispensationsweise geschehen. Da derselbe aber jede persönliche Begünstigung entschieden ablehnte, sah sich der Kaiser das ganze Gesetz wieder aufzugeben genötigt. (Zosim. c. 46 u. 47. Vergl. c. 36 a. Schl.)

Nun erkannte man endlich die Notwendigkeit eines Friedensschlusses, wozu Alarich in die Nähe von Ravenna eingeladen ward.

Dieser forderte eine jährliche Geld- und Getreideleistung sowie die Überlassung von Venetien, Noricum und Dalmatien. Jovius, der römische Abgeordnete, seit längerer Zeit mit ihm persönlich bekannt, berichtete aber dem Kaiser, er hoffe billigere Bedingungen zu erlangen, wenn Alarich zum Magister militum beider Waffen ernannt würde, worauf Honorius töricht erwiderte, er wolle zwar Geld und Getreide, niemals aber Alarich oder einem seiner Landsgenossen jenen Rang bewilligen. Dies Rescript erbricht Jovius in Alarichs Gegenwart und liest es laut vor, worauf dieser, über den ihm und seinem Volke durch die Weigerung angetanen Schimpf heftig erzürnt, sofort nach Rom aufbricht.

Jovius, unstreitig vor dem Vorwürfe zu großer Willfährigkeit gegen Alarich sich fürchtend, reizt Honorius zum Krieg und zu eidlicher Bekräftigung dieses Beschlusses auf, indem er und die übrigen Würdenträger gleichen Schwur: „ewiger Krieg gegen Alarich und die Goten!" auf des Kaisers Haupt ablegen.

Indes in Ravenna zum Kriege gerüstet und dazu eine Schar von 10 000 Hunnen in Sold genommen wird, kommt Alarich von seiner Aufwallung zurück und läßt Honorius durch abgeordnete Bischöfe eröffnen, er möge doch nicht durch eigne Schuld die Stadt, welche über ein Jahrtausend lang die Welt beherrscht habe, den Barbaren zur Plünderung und den Flammen zur Verzehrung Preis geben, sondern billigen Frieden schließen.

Dafür verlange er nun nichts weiter als Noricum, kein Geld, und nur so viel an jährlichem Getreide, als er selbst genügend erachte.

Dieser edlen Mäßigung setzen nun Honorius und die Übrigen den Vorwand jenes Eidschwurs entgegen, bemerkend, wie Zosimus hinzufügt, wenn sie nur Gott geschworen, könne die göttliche Gnade vielleicht den Bruch vergeben, ein Eid auf des Kaisers Haupt aber sei unverletzlich. (Zosimus c. 48–51, womit dessen fünftes Buch schließt.)

Alarich berennt nun wiederum die Stadt, droht Erstürmung, wenn man sich nicht mit ihm wider Honorius vereinige, was zuerst verweigert, nachdem sich jener aber noch des Hafens mit allen Getreidevorräten bemächtigt hat, endlich doch in der Art bewilligt wird, daß der Senat auf dessen Geheiß im Jahr 409 (Prosper Aquit.) des Honorius Absetzung und die Erhebung des Stadtpräfekten Attalus zum Kaiser ausspricht, der nun neue Würdenträger und darunter Alarich selbst zu einem der beiden Magistri militum, dessen Schwager Ataulf aber zum Befehlshaber der Leibwache zu Pferde bestellt.

Wäre noch ein Zweifel möglich, daß der Gotenkönig von tiefer Ehrfurcht – müssen wir sagen – für Rom und römisches Wesen erfüllt war, so müßte derselbe hiernach schwinden. Er hielt sein Volk noch nicht für reif, mit diesem, worauf doch seine Kraft beruhte, an eines solchen Staates Spitze zu treten, wollte daher lieber der Diener eines Kaisers werden, der seine eigne Kreatur war, als was so ehrwürdig und groß war, zertrümmern, ohne es wieder aufbauen zu können.[68]

Umgekehrt tauchte in Attalus, der doch eigentlich nichts als ein Werkzeug in der Hand des Goten war, sofort der ganze Römerstolz wider Barbaren auf.

Das Dringendste war, sich sofort Afrika, worauf die ganze Getreideversorgung der Stadt beruhte, zu unterwerfen, wofür Alarich ein gotisches Korps zur Verfügung stellte. Dies lehnte Attalus aber ab, sandte vielmehr nur einen neuen Gouverneur mit unzulänglicher Streitkraft dahin ab und zog nun sofort wider Honorius gen Ravenna.

Entsetzt bot dieser dem neuen Kollegen die Teilung des Reiches an, was Letzterer durch die Erklärung erwiderte, ihm nur unter Verbannung auf eine Insel und an einem Teile seines Körpers verstümmelt das Leben lassen zu wollen.[69]

Schon wollte Honorius mit der Flotte nach Konstantinopel entfliehen, als die Ankunft von 4000 Mann aus dem Orient seinen Mut belebte, so daß er zuerst Nachrichten aus Afrika zu erwarten beschloß.[70]

Diese ergaben, daß Heraklian, Stilichos Mörder, den für ihn von Attalus bestimmten Ersatzmann getötet habe, worauf Attalus nichts desto weniger, zu Alarichs größtem Unwillen, einen zweiten unzulänglichen Versuch gleicher Art machte. Gleichwohl blieb der König demselben noch treu und zwang alle Städte der Provinzen Aemilia und Liguria, mit Ausnahme Bolognas, das er mehrere Tage lang vergeblich belagerte, sich zu unterwerfen.

Inmittelst hatte Heraklian durch Sperrung der Zufuhr Rom wieder in die höchste Bedrängnis versetzt. Nun erkannte die Mehrheit des Senats endlich, daß dessen Widerstand nur durch ein Gotenheer zu überwinden sei. Auch diesmal aber widersetzte sich, von Wenigen unterstützt, Attalus mit einer Hartnäckigkeit, die man, weil einem bessern Gefühle entsprungen, edel nennen könnte, wenn sie nicht zu einfältig gewesen wäre.

Da riß Alarich die Geduld; vor versammeltem Heere bei Ariminum entkleidete er im Jahre 410, anscheinend Ende Januar, Attalus des Purpurs, den er Honorius übersandte, vergönnte aber dem Abgesetzten und dessen Söhnen Schutz in seinem Heer.

Alarich, der damals, wohl schon von der ersten Kapitulation Roms her, des Kaisers Schwester Placidia gewissermaßen als Geisel, jedoch in fürstlichen Ehren, bei sich hatte, wollte fortwährend nichts anderes als einen festen Frieden, der jedoch durch einen unklar und verschieden berichteten Zwischenfall vereitelt ward. Der schon erwähnte Sarus war Alarichs und Ataulfs Todfeind; ob aus altem Hasse oder, was uns wahrscheinlicher (? D.) dünkt, weil er im ersten italienischen Kriege von Alarich zu Stilicho übergegangen war, wissen wir nicht.

Sarus hatte sich bisher mit einem mäßigen Gefolg auf eigne Faust umherziehend von Parteinahme fern gehalten, erklärte sich aber nun für Honorius, der ihn willig aufnahm, was nach Olympiodor (p. 449) Alarich auf das Heftigste wider Letztern erbitterte. (Zosim. VI, 6–13. Sozomenos IX, c. 6–9. Olympiodor, p. 449 u. 431 und Orosius VII, 42.)

Mit dieser Nachricht schließt das letzte Kapitel von des Zosimus letztem Buche, da der Rest von dessen Werk uns leider verloren ist (s. d. Vorrede der Bonner Ausg. XXVII u. XXVIII). ein um so unersetzlicherer Verlust, da gerade die Geschichte der letzten Zeit dessen Glanzpunkt ist, ja diejenige der Ereignisse vom Jahre 406 an im Wesentlichen geradezu als der beste Teil seines Werkes bezeichnet werden kann. Daß er dafür Olympiodor benutzt, ist nicht zu bezweifeln, doch haben wir unter dessen Fragmenten nur ein einziges p. 450, Z. 17, gefunden, das eine, wenn auch nicht wörtliche Übereinstimmung mit Zosimus (VI, 2) ergibt. Doch sind des Photius Extrakte aus Ersterem viel zu mangelhaft, daraus mit Sicherheit auf das Original schließen zu lassen. Auch Sozomenos übrigens muß Zosimus vor sich gehabt[71], wahrscheinlich aber auch noch andere guter Quellen nicht entbehrt haben.

Durch die Attalus Entsetzung lebte überall, wo er Anerkennung gefunden, des Honorius Herrschaft sofort wieder auf, was derselbe, nach Sozomenos (IX, 8), durch Bestätigung aller von jenem ernannten Beamten, die er zu entfernen freilich nicht die Macht hatte, erleichterte.

Erbittert und fruchtloser Unterhandlung müde zog Alarich, da der Kaiser in seinen Sümpfen unerreichbar war, zum dritten Male gegen die Hauptstadt. Davon sagt Orosius (VII, 39): „Alarich ist da, belagert das zitternde Rom, ängstigt's und bricht ein." Näheres wissen wir nicht, gewiß nur, daß die Belagerung diesmal nicht von längerer Dauer war, die Einnahme in der Nacht, durch Sturm, aber unter Mitwirkung von Verrat im Innern, und zwar am 23. August 410[72] erfolgte.[73]

Dem Kriegsgebrauche gemäß folgte der Erstürmung die Plünderung, von der Morden und Brennen, wenn auch letzteres nur zufällig, stets unzertrennlich war. Das Gerücht mag aber die Greuel, von denen besonders Hieronymus (epist 127 ad Principiam und 128 ad Gaudentiam der Ausg. von Valesius, Verona 1734), sowie Augustin (c. 2 de Civit. Dei zu Anf. und besonders c. 12 u. 13) zeugen, sehr übertrieben haben.

Vor allem bewährte sich Alarich als Christ, befahl namentlich die Schonung aller heiligen Orte, insbesondere der Kirchen St. Peter und Paul. Als ein plündernder Gote in einem geistlichen Hause die kostbarsten Gold- und Silbergefäße entdeckte, sagt die Hüterin: „sie sind dem Apostel Petrus geweiht: nimm sie, wenn du es wagst". Betroffen meldet derselbe dies Alarich, der sie sogleich in die Basilika zurückzubringen und alle, welche ihnen folgen, zu verschonen befiehlt. Das geschieht sogleich in feierlichem Zuge durch die ganze Stadt unter frommen Gesängen, zu denen sich Römer und Goten vereinigen, wie uns dies der Zeitgenosse Orosius (a. a. O.), wenn auch sehr ausgeschmückt, doch in der Hauptsache gewiß wahr, berichtet.

Von einem gotischen Krieger erzählt auch Sozomenos (IX, 9), daß derselbe, von böser Lust gegen eine schöne Frau entzündet, als diese lieber sterben als sich seinem Willen fügen wollte, von solcher Tugend gerührt, die Zitternde in die Kirche gebracht und zu deren Versorgung, bis sie wieder mit ihrem Manne vereint sein würde, noch sechs Goldstücke gegeben habe.

Das Abwägen der verschiedenen sich widersprechenden Quellenzeugnisse würde müßig sein, auch sind die Theologen selbst im Lobe Alarichs und der Goten nicht ganz zuverlässig, weil sie dadurch deren Christentum hervorheben wollen. Nichts indes beweist des Königs schonenden Sinn, aber auch die Subordination seines Heeres, schlagender, als daß derselbe bereits am dritten[74] Tage wieder abzog. (Orosius a. a. O.)

Unzweifelhaft hat daher Gibbon vollkommen Recht, wenn er, jene Einnahme Roms mit der durch die Truppen Karls V., des römischen Kaisers und katholischen Königs, vergleichend, welche neun Monate lang verheerend darin hausten, zu Alarichs und dessen Volkes Gunsten den Schluß zieht.

Dieser marschierte hierauf verheerend und plündernd, was selbstredend nicht zu verhüten war, sogleich durch Campanien und Lucanien bis Reggio im Bruttier Lande, um von dort über Sizilien nach Afrika zu gehen. (Olympiodor, p. 452/3 und Jordanis c. 30.)

Ob er sich nur dieser für Rom unentbehrlichen Provinz bemächtigen und dann erst über die Reichs-verwaltung verfügen oder sich und seinen Goten eine bleibende Heimat daselbst begründen wollte, wissen wir nicht: doch läßt der aus dem Stillschweigen der Quellen abzunehmende Umstand, daß er des Honorius Herrschaft in Rom unangetastet ließ, beinahe vermuten, daß er immer noch nicht an deren gänzlichen Umsturz dachte.

Nur aus dessen endlichem Plane jedoch, nicht aus einem andern Grunde[75], läßt sich jener Rückzug erklären, da Mangel an Lebensmitteln ihn nur die Umgegend Roms, aber nicht Italien, zu verlassen, bestimmen konnte.

In der Meerenge von Messina aber gingen die ersten Schiffe durch einen furchtbaren Sturm unter. Indem der König das Weitere berät, ereilt ihn noch im Jahre 410 (Marcell.) ein plötzlicher Tod in der Blüte seiner Jahre[76] dem Leben.

Ein edler und großer Mann sonder Zweifel, eines Seelenmalers als Geschichtsschreiber würdig. Germanischen Gemüts und römischer Bildung, eine eigentümliche Mischung beider Nationalitäten.

Lag seiner merkwürdigen Milde und Schonung gegen Honorius noch ein Gefühl von Ehrfurcht für des Theodosius, seines ersten Wohltäters, Haus mit zu Grunde? Oder wollte er das so künstliche als vollkommene Instrument des römischen Staates nur um deswillen nicht in die eigne Hand nehmen, weil er sich, zumal durch den Geist seines Volkes gebunden, dessen Führung nicht gewachsen glaubte, daher es lieber einer kundigeren anvertrauen als in der seinigen verderben?[77]

Die Macht, ja den Zauber seiner Persönlichkeit bekunden vorzüglich der Gehorsam und die Diszi-plin seines Heeres, d. i. des Volkes, namentlich der Großen, die den Goten, wie wir später sehen werden, sonst nicht immer eigen war.

Bestattet wurde der König nach Jordanis (c. 50) mit reichen Schätzen in dem Bette des kleinen Flusses Busentus bei Cosenza in Kalabrien, der dazu vorher abgeleitet und nachher wieder zugelassen wurde, damit die Ruhestätte, nach Tötung der dazu verwandten Gefangenen, unerforschlich bleibe.

An Alarichs Stelle ward dessen Schwager Ataulf von den Westgoten zum König erwählt.

Unzweifelhaft brachte dieser den bereits eingetretenen oder nahen Winter 410–411 in Unteritalien zu und zog, von dem Unternehmen gegen Afrika abgeschreckt, im Jahre 411 wiederum dem Norden der Halbinsel zu. Des Jordanis Nachricht (c. 31), er habe Rom noch einmal berührt und, was bei der ersten Einnahme übrig geblieben, vollends zerstört, wird von allen Historikern verworfen, weil keine Quelle dessen gedenke. So gewiß dies fragliche Kapitel im übrigen von Unwahrheiten strotzt, so haben doch jene Zweifler nicht bedacht, daß das Gotenheer auf dem Rückmarsche nach Oberitalien und Gallien Rom fast unvermeidlich (? D.) passieren mußte. Erhebliche Verwüstung aber bezweifeln wir eben so sehr, da die Chronisten einer solchen sicherlich gedacht hätten.

Vor allem erwähnt Olympiodor (p. 458) eines Berichts des Stadtpräfekten Albinus vom Jahre 414 (s. des Labbeus Not. zu Olymp., Bonn. A., p. 570), nach welchem Rom damals schon ganz wieder in den vorigen Stand hergestellt sei und das geordnete Getreidequantum, wegen gestiegener Bevölkerung, nicht mehr ausreiche[78]: – Beweis genug, daß selbst unter Alarich eine wesentliche Zerstörung, deren Wirkung sich in vier Jahren nicht verwischen läßt, nicht stattgefunden haben kann.

Aus den Quellen ergibt sich für die nächste Zeit mit Sicherheit nur, daß Ataulf mit seinem Volke im Jahre 412 nach Gallien zog.

Daß derselbe vorher im Jahre 411 großenteils in Toscana gelagert und gehaust habe, können wir aus einem Rescript vom 8. Mai 413 (C. Th. XI, 28, 7) abnehmen, wodurch nicht allein Unteritalien und der Umgegend von Rom, sondern auch dieser Provinz ein bedeutender Abgabenerlaß bewilligt wurde.

Der Auszug aus Italien nach Gallien lag unzweifelhaft in des Kaisers Interesse. Daß darüber jedoch, wenn auch gewiß Verhandlungen stattfanden, ein förmlicher Vertrag abgeschlossen worden sei, ist zu bezweifeln.[79] Am wirksamsten mag wohl Placidia, obwohl Ataulf sich erst zwei Jahre später mit ihr vermählte, des Bruders Interesse hierbei gefördert haben.

Geht man davon aus, daß Jordanis aus Cassiodors Lektüre das Wichtigste zwar richtig im Gedächtnis behielt, dies aber, mit den gröbsten Irrtümern untermischt, auf das Verworrenste in seinem Machwerk anbrachte, so wird obige Ansicht durch zwei Stellen desselben bekräftigt, nämlich c. 30, wo er Alarich, um ihn aus Italien zu entfernen, durch Kaiser und Senat Gallien und Spanien förmlich schenken läßt, und c. 31, wo er Ataulf aus verwandtschaftlichem[80] Gefühl abziehen läßt.

So war denn Italien von den Barbaren wieder befreit, die wir im nächsten Kapitel, das in der Zeitgeschichte sechs Jahre zurückgreift, jenseits der Alpen wiederfinden werden.

Noch aber haben wir in diesem einer Berührung der Hunnen mit dem Ostreiche zu gedenken, die Sozomenos (IX, 5) um die Zeit von Stilichos Tode im Jahre 408 berichtet.

Der uns schon bekannte Hunnenfürst, welcher hier Uldis genannt wird, der unter Stilicho an des Radagais Vernichtung Teil nahm, sei über die Donau gegangen und habe castra Martis in Niedermösien in der heutigen westlichen Bulgarei durch Verrat eingenommen.

Indem er darauf voll Stolz und Anmaßung mit dem Feldherrn in Thrakien über den Frieden verhandelt, sei es letzterem gelungen, einen Teil seines Volkes für Rom zu gewinnen. In dessen Folge habe sich Uldis nur mit Mühe wieder über die Donau zurückziehen können, wobei seine aus Skiren bestehende zahlreiche Nachhut teils niedergehauen, teils gefangen worden sei, von denen er, Sozomenos, selbst viele gesehen habe, die in Bithynien am Fuße des Olympos kolonisiert worden seien.

ELFTES KAPITEL

Gallien und Spanien bis zur Ankunft der Westgoten[1]

Anlaß und Zeitpunkt des Weltereignisses, mit welchem die germanische Eroberung jenseits der Alpen und des Rheines neu begonnen hat, ward vorstehend entwickelt und begründet

Aufgescheucht von Hunnenfurcht (? D.), wenn auch noch nicht alle gewaltsam verdrängt, waren die Völker jenseits der Mitteldonau zu Gewinnung neuer, gesicherterer Sitze nach Italien aufgebrochen. Stilichos Politik aber wußte die durch gewohnte Unterwerfung unter ein starkes, allverehrtes Oberhaupt noch nicht verbundene Masse zu teilen.

Die Mehrzahl, angeblich zwei Dritteile derselben, ließ sich bewegen, in dem von Truppen entblößten Gallien ein leichteres Eroberungsfeld aufzusuchen.

Diese bestand hauptsächlich aus den Völkern der Vandalen und Alanen, denen sich jedoch auch zahlreiche Angehörige anderer Stämme, namentlich suebischer, angeschlossen hatten.[2]

Die Vandalen waren seßhaft zwischen Donau und Theiß an und in den Vorbergen der Karpaten: ihre Schicksale in den Jahren 331 bis 334, sowie 358 wurden im I. Bande umständlich berichtet. Dem Bereiche der Hunnen, welchen sich die Nachbarn, die Gepiden, bereits unterworfen hatten zunächst sitzend, mußten die Vandalen sicherlich zuerst an Auswanderung denken.

Die Alanen saßen teils in Europa, teils in Asien. Ersteren gehörten, abgesehen selbst von den Roxalanen, diejenigen an, welche sich nach Bd. I, S. 133 am markomannischen Kriege beteiligten. Bei

Ankunft der Goten traten sie zum Teil in ein Klientelverhältnis zu diesen. Die Hauptmasse der europäischen nahm die östliche Grenzmark am Don und der Mäotis ein. Andere müssen unter wirksamer Oberherrlichkeit der Goten inmitten derselben um den Dnjestr und Pruth sitzen geblieben sein, von wo sie als aufständische Untertanen und böse Nachbarn Rom beunruhigten.

Die mächtigen asiatischen Alanen dagegen wurden erst von den Hunnen unterworfen, indem sie, unter Anerkennung von deren Oberherrlichkeit, diesen sich anschlossen.

Als Steppenvolk waren sie ursprünglich unzweifelhaft Nomaden: und es scheint ihnen die Beweglichkeit dieser Lebenssitte geblieben zu sein. Wir sehen bald nach dem Hunneneinbruche, der sie doch im äußersten Osten traf, Scharen derselben an der Spitze der Zuwanderer im Westen auftreten. Der römische Solddienst besonders muß die größte Anziehungskraft für sie gehabt haben. Sie bildeten Gratians Lieblingsgarde und spielten eine wichtige Rolle in Stilichos Heeren.

Kaum aus den vorbemerkten westlichen Alanen am Dnjestr allein können jedoch, ihrer sich bald ergebenden großen Anzahl nach, die Auswanderer bestanden haben; auch von den östlichen europäischen, vielleicht selbst von den asiatischen, mögen sich manche ihnen angeschlossen haben. Nur das Gesamtvolk war es nicht, da wir ja später noch selbst zu des Jordanis Zeit Alanen unter ihren Königen neben den Ostgoten finden.

Unter den in den Quellen bemerkten Sueben haben wir (nach Zeuß, S. 457) Semnonen (? *D.*) zu verstehen.

Daß endlich auch Gefolgschaften und Einzelne anderer Völker, wie Heruler, Gepiden, Sarmaten, d. h. Jazygen und Quaden dem Strome mit gefolgt sind, würde auch ohne des Hieronymus Versicherung (I. Epistol. epist. 123 ad Ageruchiam, p. 907 d. Ausg. von Vallarsius, Verona 1734) vorauszusetzen sein, da nach alter Sitte jedem streitbaren Abenteurer der Anschluß an solchen Zug offen stand.

Die Alemannen und Franken haben sich unzweifelhaft von der Gemeinschaft mit den neuen Eindringlingen fern gehalten, ihre alten Sitze (im Kampf mit den hindurch Wandernden *D.*) behauptet (und nur von diesen aus ihre Ausbreitung in die römischen Provinzen Gallien, Belgien, Rätien, Vindelicien, Noricum fortgesetzt. *D.*).

Eigentümlich die Stellung der Burgunder, von denen wir vermuteten, daß sie bereits in der letzten Zeit des Theodosius, bis an den Rhein vorgerückt, die Alemannen weiter nach Straßburg den Strom hinauf gedrängt hätten, von wo sie dann später erst, ohne sich an der großen Völkerflut des Jahres 406 zu beteiligen, ihren Anteil an der zerwirkten Römerbeute in Besitz nahmen.

Der in langer Marschlinie und vielen Kolonnen ausrückende Wanderzug warf auf seinem rechten Flügel, den die Vandalen bildeten, die nächsten Franken, die Widerstand versuchten, über den Haufen (Orosius VII, 40 Francos proterunt). Diese aber, verstärkt durch Stammgenossen, griffen nun die Vandalen mit solcher Entschlossenheit an, daß deren König Godigisil mit 20 000 seiner Krieger auf dem Platze blieb.[3] Da wäre das Gesamtvolk vernichtet worden, wenn nicht Respendial, der König der Alanen, demselben sogleich zu Hilfe geeilt wäre. (Renatus Profuturus Frigeridus nach Gregor von Tours II, 9.) Hierbei bemerkt dieser Schriftsteller noch, daß ein anderer Häuptling der Alanen, Goar vermutlich durch hohen Sold gelockt, zu den Römern übergegangen sei.

Es ist sicher, daß dieser Krieg noch auf dem rechten Rheinufer verlief, teils weil wir nach Obigem nicht annehmen können, daß die Franken damals schon ganz festen Sitz auf dem linken eingenommen hatten, teils besonders aber auch um deswillen, weil die Franken gar kein wesentliches Interesse gehabt hätten, die bereits übergegangenen Vandalen, die sicherlich in das Innere Galliens vorzudringen beabsichtigten, noch angreifend zu verfolgen.

Unter allen Umständen muß jener Rheinübergang fast unbehindert durch die Römer erfolgt sein, denn was hätten die schwachen Grenzbesatzungen gegen solche Massen vermocht? Der Übergang geschah wohl auf mehreren Punkten, etwa zwischen Worms und Bonn: auch diesmal nicht mehr, wie früher oft, nur zu kurzer Raubfahrt und flüchtigem Besitze: nein, mit der Absicht und dem Erfolg bleibender Niederlassung in den römischen Westlanden.

Mangel an Truppen und mehr noch, wie Salvian (de gubernatione Dei) sagt, Kleinmut und Verzagtheit der in Wohlleben versunkenen Bewohner erleichterten die Eroberung: Straßburg, Speier fiele sofort in des Feindes Hände, Worms erst nach langer Belagerung, Mainz anscheinend durch Sturm, wobei in letzterer Stadt, von deren Zerstörung die Rede ist, viele Tausende in der Kirche hingeschlachtet worden sein sollen. (Hieronymus a. a. O., p. 908.)

Von hier aus wälzte sich der Zug nicht den Rhein hinab, sondern westwärts nach Belgien. Feuersäulen loderten auf, wohin er drang. Das mächtige Rheims, Amiens, Arras, Teruana[4] und Tournai gingen in Flammen auf; was an Menschen dem Schwert entrann ward, neben unermeßlicher Beute, in Knechtschaft fortgeschleppt

Von Belgien aus ergoß sich der Verheerungsstrom nach dem Südwesten, über die Marne, Seine und Loire in das reiche Aquitanien[5], das gründlich ausgeraubt ward, ja weiter hin nach Spanien zu, wo er sich erst an den Pyrenäen brach, von deren Pässen die tapfern Bergbewohner ihn abwiesen. Der zurückgeworfenen Brandung gleich flutete er nun weithin über den Süden Galliens. Auch hier fielen fast alle Städte unter Feindesschwert von außen und schwerer Hungersnot im Innern: und wenn Toulouse durch den Mut und die Klugheit seines Bischofs Exsuperius gerettet ward, so waren doch dessen Leiden so groß, daß Hieronymus deren nur mit Tränen gedenken zu können versichert. (S. Hieron. a. a. O., p. 908.)

So war das unglückliche Gallien noch nie heimgesucht worden: vom Rhein bis an den Ozean, von den Alpen bis zu den Pyrenäen, sagt der gedachte Zeitgenosse, schwamm Alles im Blute.

Vergessen wir indes auch nicht, daß das Gerücht, welchem der ferne Hieronymus seine Feder lieh, immer übertreibt, die Augenzeugen Salvian und der Verfasser des Gedichts (de providentia v. 15–60) aber einen viel längeren Zeitraum umfassen, in dem noch Vieles, was der ersten Verheerung entging, nachgeholt worden sein kann.

Und Stilicho, der im Jahre 406 noch in voller Kraft war, wo blieb der berufene Retter? Was fesselte ihn? Um Italien zu retten, hatte er Gallien preisgegeben: jenes aber war unfehlbar verloren, wenn er es verließ, ohne vorher mit Alarich im Reinen zu sein. Was er dafür im Jahre 406 vorkehrte, wie er im Jahre 407 zur eigenen Mitwirkung nach dem Orient abgehen wollte, vom Kaiser aber daran behindert ward, ist oben berichtet worden.

Da schien die Hilfe auf illegitimem Wege zu nahen.

Die Erbärmlichkeit des Hofes zu Ravenna, der maßlose Jammer Galliens und die Furcht, bei möglicher gleicher Not auf gleiche Weise verlassen zu werden, regten den schon immer meuterischen Sinn des britannischen Heeres zur Empörung auf. Sie riefen (und zwar schon im Jahre 406[6]) einen gewissen Marcus zum Kaiser aus, bereuten aber bald die Wahl und töteten ihn, worauf ein Gratian, zu dessen Nachfolger berufen, nach vier Monaten auf gleiche Weise beseitigt ward. Da lenkte ein großer Name die Wahl: ein Soldat niederen Grades, Constantin geheissen, empfing den Purpur.

Richtigen Blickes setzte dieser, das Heer zu beschäftigen, baldmöglichst über Boulogne nach Gallien über (Zosimus VI, 2. Orosius V, 40. Olympiodor, Bonn. Ausg., p. 451 und Prosper. Aquit.)

Die Provinz, von dem rechtmäßigen Herrscher verlassen, in der Hochmut der Not um ihr Leben ringend, begrüßte ihn als Retter, nicht als Rebell. Zuerst zog er alles, was noch an römischen Truppen in festen Plätzen und Kastellen im Norden zerstreut war und bald auch die Garnisonen aus Aquitanien und dem südlichen Gallien an sich, wohin er, vielleicht unfern der Küste, durch eine Flotte gedeckt, zog. Zu Heerführern ernannte er Justinian und Nebisgast, welcher Letztere unstreitig ein Germane, vielleicht Franke, war.

Mit den Häuptern der Feinde suchte er sich durch Verträge zu verständigen, welche diese stets eben so leicht zu schließen als zu brechen geneigt waren. Wahrscheinlich überließ er ihnen bestimmte Gegenden zur Niederlassung, woran sich diese jedoch, zumal die Führer ihres Volkes nicht sehr mächtig gewesen sein mögen, nicht gebunden haben dürften. Dies führte zu Kämpfen, worin er eine größere Abteilung der einem allgemeinen und geordneten Kommando schwerlich folgenden Germanen in scharfen Treffen besiegte. (Orosius III, 4 u. Zosimus VI, 3.)

Da kam ihm ein gefährlicherer Feind in den Rücken.

Das Gespenst eines Thronräubers, der sich schon Italien näherte, weckte den erschrockenen Honorius zur Gegenwehr. Der tapfere Sarus ward über die Alpen gesandt. Zwischen diesen und dem Rhone traf er bereits Constantins Feldherrn Justinian mit einer starken Vorhut und schlug ihn sofort auf das Haupt, wobei Letzterer selbst blieb. Im Begriff, nun auf das feste Valence, wohin sich Constantin begeben hatte, vorzurücken, warf sich ihm Nebisgast in den Weg, den er zur Unterhandlung bewog, bei dieser aber, trotz des geschwornen Eides, hinterlistig umbrachte: er zog darauf vor Valence.

Constantin hatte inzwischen den Franken Edobich und den Britannier Gerontius zu Feldherren ernannt, die mit so starker Streitmacht zum Entsatze heranrückten, daß Sarus, der sein bereits geschwächtes Heer ihnen nicht gewachsen geglaubt haben mag, sich zum Rückzug über die Alpen entschloß.

Diese waren aber bereits von dem flüchtigen und aufständischen Landvolke, wiederum, wie zu Maximinians Zeit, Bagauden genannt, in solcher Anzahl erfüllt, daß Sarus es geraten fand, den freien

Übergang durch die von denselben besetzten Pässe durch Überlassung der mitgeführten Beute sich zu erkaufen. (Zosimus VI, 2.)

Dies muß in den ersten Monaten des Jahres 408 geschehen sein.

In diesen ziemlich unvollständigen Berichten überrascht uns die Stärke von Constantins Truppen und Hilfsmitteln, bei deren Sammlung derselbe große Tätigkeit entwickelt und besonders Germanen in seinen Sold genommen haben muß.

Auch muß zu Beginn dieses Jahres eine Art von friedlichem Verträgnisse zwischen ihm und den eingedrungenen Barbaren bestanden haben, so daß er ohne Gefahr eines jeden Angriffs durch dieselben an Ausdehnung seiner Herrschaft auf Spanien denken konnte.

Von Gallien aus beherrscht zu werden gewohnt würde dieses Land bei der Entscheidung zwischen dem nahen illegitimen Machthaber, welcher Soldaten, und dem fernen legitimen, der nur Rescripte für sich hatte, kaum geschwankt haben, wenn nicht das persönliche Interesse letztern verteidigt hätte, indem sich des Honorius reiche und mächtige Vettern Didimus, Verenianus, Theodosius und Logadius für ihn erhoben.

Was sich von Truppen im Lande, namentlich in Lusitanien befand, an sich ziehend, verteidigten sie in Gemeinschaft mit den Gebirgsbewohnern eine Zeit lang die Pyrenäenpässe mit Glück (Orosius VII, 40). Nachdem aber Constantin seinem Sohne Constans, der bereits Mönch gewesen war, den Befehl übertragen und ihm die unter dem Namen Honorianer bekannten Fremdregimenter[7] beigegeben hatte, gelang es diesem, den Eingang, vermutlich im jetzigen Katalonien (möglicherweise in Verbindung mit einer Landung an der Küste) zu erzwingen. Didymus und Verenianus wurden nach energischem Widerstande geschlagen, setzten zwar durch das Aufgebot ihrer Sklaven und Kolonnen den Kampf fort, gerieten aber endlich in Gefangenschaft (Zosimus VI, 4).

Darüber mag das Jahr 408 verlaufen sein. Den plünderungsdurstigen Honorianern ward nun, vermutlich, um sie aus dem Innern loszuwerden, wo ihnen die Ausraubung der kaiserlichen Hausgüter nachgesehen worden war, an der Stelle der so treuen als tapfern Landeskinder die Hut der Pyrenäen übertragen.

Das nackte rauhe Gebirge aber, 10000 Fuß über dem Meere, war kein solchen Gesellen zusagender Standort. Nach Beute und Wohlleben lüstern schweiften sie weit ab in die Ebenen hinein und gewährten so (vielleicht auch in Verrat D.) den in Gallien hausenden Barbaren die Füglichkeit, durch die schwach oder gar nicht besetzten Pässe, auf deren Öffnung jene begierig lauerten, am 18. September oder 13. Oktober[8] 409 in Spanien einzudringen.

In der Völkerwanderung regt sich ein eigentümlich *instinktives* Leben. Dem Auszug aus der alten Heimat lag der Trieb, sich eine neue, bleibende (unbedrohte [„quietam patriam"] und räumlich wie durch Fruchtertrag genügende D.) zu gewinnen, zu Grunde. Wie groß nun auch die Reize unbehinderter Raubfahrt, freien Mordens und Brennens gewesen sein mögen, jenes Endziel mußte doch fest im Auge bleiben: – (schon aus Not. D.).

Weniger klare Berechnung gewiß als Instinkt aber ließ sie erkennen, daß, je weiter ab vom Mittelpunkte römischer Macht, um so gesicherter die neue Niederlassung sein werde.

Darum[9] trieb es die Vandalen, Alanen und Sueben, die hier wieder genannt werden, das reiche und blühende Gallien mit Hispanien zu vertauschen, das, wenn auch damals gleichen Flors, doch viel mehr unwirtbares Gebirge enthält.

Wunderbar die Geschichte dieses fernsten, von der Natur so gesicherten Außengliedes unsers Erdteils. Es ward Tummelplatz gerade der entlegensten, freilich durch dessen Naturschätze angelockten Völker der Erde: zuerst ließen sich Phöniker und Griechen, dann Carthager, denen es zu wesentlicher Machtquelle wurde, daselbst nieder; ihnen folgte die römische Republik; zu Ruhe, Ordnung und hoher Kultur aber gelangte Spanien erst zur Kaiserzeit, während welcher es mehr als vier Jahrhunderte friedlichen Glückes nach alter Weise genoß, das durch den doch nur einen engern Raum berührenden Verheerungszug einer fränkischen Raubschar zu des Gallienus Zeit (s. Bd. I), wenngleich sich diese zwölf Jahre lang in Spanien behaupteten, wenigstens nicht wesentlich und bleibend gestört wurde.

Nun ward es zur Beute einem Völkerstrom von der Niederweichsel und Donau, ja von der Mäoti und dem Pontus her, Wanderern, denen erst der atlantische Ozean ein Ziel setzte.

Die letzten Eindringlinge und zugleich die gebildetsten aller waren die Westgoten, deren wir im nächsten Kapitel gedenken werden. Sie wurden nach langen Kämpfen ihrer Vorgänger Meister. Ruhiger und vollständiger, als auf andern Eroberungsfeldern vollzog sich nun in drei Jahrhunderten de

Romanisierungsprozeß der Germanen in Spanien, als plötzlich in wildem Aufschwunge des muselmännischen Fanatismus ein neuer Eroberungssturm von Afrika her sich über Land und Volk ergoß. Die Westgoten Alarichs und Theoderichs I. (in der catalaunischen Schlacht) waren damals nicht mehr. Im ersten Anlaufe ward das Germanentum von den Mauren beinahe vernichtet. Aus kleinem Anfange wuchs aber ein Widerstand heraus, der erst nach beinahe acht Jahrhunderten mit dem vollständigen Siege des Christentums und Europas über den Islam und Afrika endigte.

Über Zeit und Art der Niederlassung der Germanen in Spanien sind die Quellen dürftig.

Unzweifelhaft ging hier im Rausche des Einbruchs ein Verheerungssturm, wie in Gallien, voraus, den der Zeit- und Landesgenosse Idatius[10] in seiner Chronik mit vielleicht zu starken Farben schildert.

In grausamer Roheit ergossen sich Raub und Verwüstung über Stadt und Land. Aussaat und Ernte waren behindert: daher Hungersnot: so daß man hier und da durch Menschenfleisch, ja Mütter durch das ihrer eigenen Kinder, das Leben zu fristen suchte.

Desto üppiger die Freiheit der wilden Tiere, welche, nicht mehr verscheucht, die Menschen zerrissen: bis die Gefährtin des Hungers, die Pest, Besiegte und Sieger dahinraffend, das Übermaß der Leiden erfüllte.

Der Gipfel der Not mag zum Umschlag, zur Besinnung und dadurch zur Hilfe geführt haben. Indem sich die Germanen in dem entvölkerten Lande niederließen, wird Schonung und Erhaltung der Bewohner in ihrem eigenen Interesse gelegen haben.

Auch ward ein großer Teil der tarraconensischen Provinz in Aragonien, Catalonien und Valencia, wo sich die Römer behaupteten, im Wesentlichen gewiß ebenso verschont, wie die baskischen Provinzen, Nordcastilien, Asturien und die Hochgebirge überhaupt.

Nach Orosius (VI, 41) haben auch die Provinzialen hier und da Barbaren zu ihrer Verteidigung gegen andere in Sold genommen.

Bei der endlichen Festsetzung, die nach des Idatius Chronik[11] im Jahr 411 sich vollendete, nahmen die (asdingischen D.) Vandalen und Sueben Galläcien und die westliche Seeküste, die Alanen Lusitanien und Carthagena, die Silingen, ein (anderer) vandalischer Stamm, Andalusien in Besitz.[12]

Gallien war nun, im Wesentlichen wenigstens, von den Barbaren befreit, von denen nur einzelne Scharen, namentlich alanische, wie wir später sehen werden, daselbst zurückblieben, indem sie von der wüsten Raubfahrt zu Niederlassung und Verträgnis mit den Römern und Einwohnern übergingen.

Schlimmer mag es an den Grenzen gestanden haben, wo Mauren, Burgunder und Alemannen unbehindert eindrangen.

Die Ripuarier mögen damals auch Trier, die alte Residenz, genommen haben, dessen viermaliger Verwüstung Salvian in späterer Zeit gedenkt.

(Von allen diesen über den Rhein dringenden Germanen ist anzunehmen, daß nicht mehr Plünderung und Zerstörung, vielmehr bleibende Festsetzung auch auf dem linken Rheinufer, der Franken am Niederrhein, der Burgunder um Worms, der Alemannen am Oberrhein ihr Ziel war. D.)

Für Constantin war inzwischen durch Stilichos Tod und des Honorius äußerste Bedrängnis, der Leben und Herrschaft nur hinter Ravennas Sümpfen zu fristen vermochte, die Sonne des Glücks aufgegangen. Schon nach des Sarus Rückzug zu Anfang des Jahres 408 hatte er die Alpenpässe gegen wiederholten Einbruch durch Schutzwerke zu sperren gesucht.[13] (Zosim. VI, 2.) Mit den Barbaren muß selbst vor deren Abzug nach Spanien eine Art Verträgnis bestanden haben, so daß er sich, nachdem sein Sohn Constans von Spaniens Eroberung mit den gefangenen kaiserlichen Vettern zurückgekehrt und von ihm zum Augustus und Mitherrscher erhoben worden war, stark genug fühlte, zu Anfang des Jahres 409 durch eine Gesandtschaft über seine Anerkennung mit Honorius in Verhandlung zu treten, welcher ihm auch, in Hoffnung auf dessen Beistand wider Alarich und zu Rettung seiner beiden[14] Vettern, die er noch lebend glaubte, den Purpur übersandte. Letztern Zweck aber erlangte er dadurch nicht, da Didymus und Verenianus vorher schon und zwar, wie Constantin vorgab, ohne sein Vorwissen getötet worden waren.

So war dieser nun gegen die Legitimität gesichert: aber nicht gegen die Rebellion, zu der er selbst das Beispiel gegeben. Sein nach des Constans Abreise in Spanien zurückgebliebener Magister militum Gerontius erhob sich wider ihn, aber nicht um sich selbst, sondern um seinen Sohn (oder Klienten[15]) Maximus auf den Thron zu heben.

Die Zeit und der nächste weitere Verlauf dieses Ereignisses (Zosimus VI, 5) sind mit Sicherheit nicht zu ermitteln. Der Aufstand erfolgte entweder unmittelbar vor dem Einbruche der Germanen in Spanien, der alsdann dadurch wohl erleichtert ward, oder sechs bis acht Monate später im Jahre 410, als deren das tarraconensische Spanien verschonende Zug nach dem Westen sich festgestellt hatte. In dem Bürgerkriege rüsteten beide Teile durch Anwerbung germanischer Söldner, indem Gerontius wohl Vandalen, Alanen und Sueben, Constantin aber Franken und Alemannen an sich zog (Gregor von Tours a. a. O.).

Wie lange der Krieg in Spanien dauerte, wissen wir nicht, müssen aber annehmen, daß Constantin auf Sieg hoffte, da er im Sommer 410 auf dem Wege zu Honorius in Italien war, um diesen, vermutlich unter dem Vorwande der Hilfsleistung, zu stürzen, als ihn die Tötung des Allobich, des damaligen Machthabers am Hofe zu Ravenna, den er wohl gewonnen haben mochte, zur schleunigen Rückkehr veranlaßte, wenn dazu nicht vielleicht auch Nachrichten aus Spanien beitrugen (Olymp., p. 452).

Gewiß ist, daß Constantius Sohn und Mitkaiser Constans gegen Ende des Jahres 410 aus Spanien fliehen und sich, das Feld zu behaupten unfähig, in die feste Stadt Vienne werfen mußte, deren sich Gerontius schließlich bemächtigte, wo er zu Anfang des Jahres 411 (nach Prosper Aquit., Marcellin und Sozomenos VII, 13) den Ex-Mönch und Kaiser umbrachte. Der Vater, unvermögend den Sohn zu entsetzen, suchte nun selbst in dem noch festeren Arles Schutz, wo ihn Gerontius belagerte.

Von da ab tritt die Geschichte des Westens in eine neue Phase, deren Erzählung wir einen Rückblick auf die römische Herrschaft in Britannien und Aremorica vorausschicken.

Mit Constantius Auszug aus ersterem Lande mag die römische Zentralverwaltung daselbst, wo nicht ausdrücklich aufgehoben worden, doch aus Mangel an Exekutivgewalt erloschen sein.[16] Da bildete sich in den bedeutendsten Städten, deren Anzahl ein Mönch des vierzehnten Jahrhunderts[17], Richard von Cirencester (de situ Britann., p. 36), wiewohl mit zweifelhafter Sicherheit, auf neunzig angibt, eine Selbstregierung sowohl zur Verteidigung gegen Picten, Scoten und Sachsen nach außen, als für Ordnung und Gericht im Innern, welche von den großen Grundherren freilich sehr bestritten worden sein mag. (S. Gibbon, Kap. 31, Not. 172–186.) Diese hat Honorius, der bei völliger Tatlosigkeit doch den größten Eifer für das Regiment auf dem Papier bewies, durch Schreiben an die britannischen Städte auch anerkannt.

Ähnlich mag es in Aremorika, hauptsächlich in der heutigen Bretagne zwischen Seine und Loire, ergangen sein, wo sich eine große Anzahl der Freiwilligen, die Maximus im Jahre 383 nach Gallien begleiteten, niedergelassen hatte. Durch das Treiben der Barbaren auf der Hauptstraße aus Nordgallien nach Aquitanien vom Sitze der Zentralregierung in der alten Provinz im Süden abgeschnitten, jedenfalls deren Schutzes an ihren Außenküsten beraubt, mußten sich in gleicher Weise wie die Britannier selbst helfen, was Honorius ebenfalls anerkannte (s. Zosimus VI, 511).

Wir verließen Constantin zu Beginn des Jahres 411 in Gallien, um die Zeit also, da Alarich nicht mehr war und Honorius wieder frei atmete.

Allerdings war Ataulf noch in Italien, aber ungefährlicher, da er unter dem Einfluß Placidias seiner Rom freundlichern Sinn wahrscheinlich in Unterhandlungen bald offenbarte.

Das benutzte der legitime Herrscher, den Rebellen – in dessen Bedrängnis durch einen gegen ihn selbst aufgestandenen Rebellen – anzugreifen. Dazu sandte er in den ersten Monaten des Jahres 411 den Constantius ab, dem er einen Goten, Wulfila, beigab.

Wohltuend tritt uns in Constantius zuerst wieder seit Stilichos Tod auf römischer Seite ein Mann entgegen: und zwar nicht nur von Kraft und Mut, sondern auch von Gesinnung. Constantius war Römer aus Naissus in Illyricum, das dem Reiche seit langer Zeit der Tüchtigsten so viele geliefert hatte. (Olympiodor, p. 453 und 467, Prosper Aquit., Tiro, Idatius in fastis, Orosius VII, 42.)

Als sich dieser Arles näherte, zog ihm Gerontius entgegen. Indem hier die Grundsätze und Persönlichkeiten zusammenstießen, gingen die Truppen größenteils von der abstoßenden des Rebellen zu der einnehmenden edlen des legitimen Führers über. Gerontius floh, ward aber bald darauf von seinen eigenen Soldaten in einem Hause belagert, wo derselbe nach der heldenmütigsten Gegenwehr nebst seiner Frau und einem guten Freunde durch gegenseitige und eigene Tötung in dem brennenden Gebäude sein Ende fand. (Olympiodor p. 454, Sozomenos VII, 13 und Orosius VI, 42.)

Der Titularkaiser Maximus floh zu den Barbaren, wo er im Jahre 417, als Orosius sein Werk schloß noch im Elend lebte.

Constantius rückte nun vor Arles, wo Constantin sehnlich die Hilfe erwartete, welche ihm sein General, der Franke Edobich, vom Rhein her zuführen sollte, wohin er ihn schon bei des Gerontius Angriff zu Anwerbung von Landesgenossen entsandt hatte. Als dieser heranzog, ging ihm Constantius sogleich über den Rhone entgegen und manövrierte dabei so geschickt, daß seine Reiterei unter Wulfila dem Feinde, den er mit dem Fußvolke in der Fronte angriff, in Rücken und Flanke fallen konnte. Das entschied; das Heer ward nach großem Blutbade zerstreut, der Rest suchte im Entrinnen oder Übergang Rettung, Edobich selbst floh zu einem durch Wohltaten ihm verpflichteten gallischen Gastfreunde, Ecdicius, der niedrig genug war, durch dessen Tötung und Überbringung des Hauptes des Constantius Gunst gewinnen zu wollen, von diesem aber mit Unwillen über den Verrat aus dem Lager verwiesen wurde.

Verlassen von seiner letzten Hilfe ward nun Constantin, statt von dem Rebellen, von dem legitimen Heerführer in Arles belagert. Dies dauerte schon in den vierten Monat hinein (Gregor von Tours a. a. O.), als plötzlich das Auftreten eines neuen Gegenkaisers, des Jovinus oder Jovianus am Rhein, Constantius bestimmte, durch Anerbieten einer billigen Kapitulation die Übergabe zu beschleunigen. Besatzung und Bewohner mögen durch das Versprechen unbedingter Straflosigkeit und Schonung gewonnen worden sein und sich mit einer Zusicherung des Lebens ihres bisherigen Herrn begnügt haben, die vielleicht etwas vager Natur war und die zu hoffende Ratifikation des Kaisers vorbehielt. Constantin hatte schon vorher das Kaisergewand abgelegt und sich in einer Kirche zum Priester weihen lassen, ward gleichwohl aber nebst seinem jüngsten Sohne nach Ravenna geschickt und unterwegs schon auf des Honorius Befehl, der ihm die Tötung seiner Vettern Didymus und Verenianus nachtrug, samt seinem Sohne getötet. (Olympiodor p. 454.) Am 18. September 411 ward (nach Idatius) dessen Haupt nach Ravenna gebracht und nachher in Karthago ausgestellt, eine „Ehrenbezeugung", welche dieser zweiten Stadt des Westreichs schon unter Constantin und Theodosius durch die Häupter früherer Tyrannen zu Teil geworden war.

Constantin, der vier Jahre lang herrschte, kann kein unfähiger Mann gewesen sein. Allerdings hatte er die Gunst der Umstände, namentlich des Honorius damalige Machtlosigkeit für sich: er hatte diese aber auch zu benutzen gewußt und mag sich eine gewisse Zuneigung und Vertrauen bei seinen Untertanen wie bei den Germanen erworben haben.

Merkwürdig übrigens, daß sich unter den zahlreichen „Tyrannen", welche die Kaiserzeit namentlich unter Gallienus kannte, nur drei große Charaktere finden: Postumus, das Weib Zenobia und Carausius. Der Erste und der Letzte fielen auch nicht durch den legitimen Herrscher, sondern, in Vergeltung der Schuld ihres Ursprungs, durch die eigenen Leute; Zenobien zu besiegen aber bedurfte es der vollen Anstrengung eines der größten Kriegshelden Roms: Aurelians.

Der neue Rebell, Jovinus, war ein Gallier edelster Geburt, dessen Erhebung aber ein Werk der Germanen, die, Alarichs Beispiel folgend, von einem Kaiser ihrer Schöpfung den meisten Vorteil erwarteten. Der Burgunderkönig Gunthari und der Alanenhäuptling Goar, der schon bei dem ersten Einfalle der Germanen in Gallien zu den Römern übergegangen war und wahrscheinlich unter dem Schein von Unterwerfung ein Stück Landes unfern des Rheins in Besitz genommen hatte, erhoben ihn zu Mainz auf den Thron.[18] Derselbe brach hierauf sofort mit seinen Bundesgenossen und einem aus andern Germanen, namentlich Franken und Alemannen, geworbenen Heere nach dem Süden auf. Über die nächste Zeit verlassen uns jedoch die Quellen wieder. Wir müssen annehmen, daß der tapfere Constantius, so nötig auch gerade jetzt sein Schwert gewesen wäre, Gallien verließ, indem nun Dardanus als neuer Präfectus Prätorio daselbst genannt wird.

Möglich, daß man um diese Zeit in Ravenna schon von Ataulfs beabsichtigtem Zuge nach Gallien Kenntnis hatte und Constantius nicht mit diesem, den er um Placidiens willen bitter haßte, in Berührung bringen wollte. Auch von Jovinus erfahren wir nichts, können daher nur vermuten, daß er, durch Belagerung der dem Kaiser treu gebliebenen Festungen aufgehalten, nur langsam vorrückte und an Dardanus einen tüchtigen Gegner fand.

Im folgenden Jahre nun tritt Ataulf auf den Plan, dessen Wirken in Gallien, mit dem unsere Quellen wieder etwas reichlicher zu fließen beginnen, das folgende Kapitel gewidmet ist.

ZWÖLFTES KAPITEL

Die Westgoten in Gallien und Spanien bis zum Tode des Honorius (423)

Im Jahr 412, wohl im Frühjahr, zog Ataulf über die Alpen, vermutlich über den Mont-Cenis, mit den Goten in Gallien ein. (Prosper Aquit und Tiro.)

Was zu diesem weltgeschichtlichen Entschlusse mitwirkte, ward zu Ende des 11. Kapitels erwähnt. In der Tat war in Italien *neben* Roms Kaiser kein Raum für einen König der Goten. Wie dieser aber seine Aufgabe auffaßte, ersehen wir aus einem merkwürdigen Selbstbekenntnisse desselben, das uns Orosius (VII, 43) in nachstehenden Worten mitgeteilt:

„Unfern Bethlehem, in Palästina, habe ich selbst mit angehört, wie ein frommer, weiser und zuverlässiger Narbonnenser, der unter Theodosius eine hohe Militärwürde bekleidet hatte, dem gesegneten Hieronymus Folgendes berichtete:

Von Ataulf selbst, mit dem er zu Narbonne (wo Ataulf im Jahre 415[1] war), in dem vertrautesten Verhältnisse gelebt[2], habe er oft unter Beteuerungen vernommen, wie derselbe im Eifer der Kraft, des Mutes und Unternehmungsgeistes von dem brennenden Verlangen erfüllt gewesen sei, Rom und dessen Reich bis auf den Namen zu vernichten und auf dessen Boden ein neues, ein Gotenreich aufzubauen, für das er habe werden wollen, was Cäsar Augustus einst für jenes gewesen war.

Längere Erfahrung aber habe ihn überzeugt, daß der Goten ungezügeltes Barbarentum sich unter die Herrschaft von Gesetzen nicht beugen lasse, ohne Staat aber der Gesetze, ohne welche gar kein Staat sein würde, nicht entbehren könne. Deshalb habe er vorgezogen, in Wiederherstellung und Kräftigung Roms seinen Ruhm zu suchen, damit er bei der Nachwelt, weil er nicht habe Roms Zerstörer werden können, als dessen Retter und Erhalter gefeiert werde.

Daher entsage er dem Krieg und trachte nach Frieden. Hierbei sei er vorzüglich auch durch die Überredung und den Rat seiner Gemahlin, Placidia, die eben so scharfen Geistes, als frommer Gewissenhaftigkeit sei, für die Wirksamkeit in gutem Geiste gewonnen worden."

So weit Orosius. Derselbe ist kein Historiker, häufig ungenau, immer befangen, wo er als Theolog schreibt, gleichwohl ein geistreicher und hochgebildeter Zeitgenosse. In Obigem aber hat er nicht Geschichte geschrieben, sondern nur über selbst Gehörtes ein Zeugnis abgelegt, das unzweifelhaft vollen Glauben verdient. Dies aber um so unbedingter, weil es durch die ganze Macht der innern Wahrheit unterstützt wird. Man erinnere sich, was wir oben über Alarichs Verhältnis zu Rom sagten, der diesem Staate, selbst unter einem Kaiser, der nur seine Kreatur war, lieber dienen, als ihn zertrümmern wollte.

Ein anderer, vielleicht der gewichtigste Grund ist von Ataulf unerwähnt geblieben.

In jedem germanischen Neubau auf römischem Boden konnten die Germanen nur die herrschende Minderzahl sein; die Mehrzahl der Untertanen, fast die ungeheure, blieben Römer. Beraubt und geknechtet, wären diese für den Herrscher wertlos, zur Verzweiflung gebracht, gefährlich geworden, während sie geschont, erhalten, willig und zufrieden – wie wenig gehörte dazu, das kaiserliche Regiment zu übertreffen! – für Finanz- und Staatsinteresse von unschätzbarem Vorteile, ja fast des Königtums beste Stütze werden konnten.

Letzteres zu erlangen, gab es kein sichereres Mittel, als die Ableitung der neuen Gewalt von der alten. Die Person des Herrschers war den Römern längst gleichgültig geworden, das Fortleben der alten gewohnten Staatsidee und ihres meisterhaften Verwaltungsapparats war die Hauptsache. Das haben mehr noch als Ataulf, dem nur ein kurzes Wirken in der Übergangsperiode vergönnt war, dessen größere Nachfolger, Eurich, Theoderich der Große und Chlodovech der Franke, die geordnete Reiche begründeten und behaupteten, begriffen.

Als Ataulf mit dieser Gesinnung in Gallien ankam, soll ihn (nach Olympiodor, p. 454) Attalus, der immer noch Schutz und Gnadenbrot bei den Goten genoß, bewogen haben, sich statt für Honorius für Jovinus, den neuen Tyrannen, zu erklären. Dies ist jedoch nur in so weit glaubhaft, als des Attalus Rat des Königs *eigener* Mißstimmung wider Honorius zusagte.

Diese könnte, da Trug und Wortbruch, mindestens Unzuverlässigkeit in Ravenna stets zu Hause waren, eine politische gewesen sein: höchst wahrscheinlich aber war sie durch Placidiens Verhältnis zu Ataulf zugleich und vor allem eine persönliche, da diese, sei es aus eigener Abneigung oder aus Rücksicht auf ihren Bruder, des Königs Wunsche zu entsprechen immer noch zögerte.[3] Charakteristisch aber für dessen Person und mehr noch für die germanische Achtung der Frauenwürde über haupt ist dieses Verhältnis: eine Gefangene in der Gewalt des Mächtigen[4], der nach ihrem Besitze verlangt –, dennoch aber nur an Jahre lang fortgesetzte Werbung, nimmermehr an irgend welchen Zwang denkt, die hohe Frau vielmehr mit königlichen Ehren umgibt. (Zosimus VI, 12.)

Ataulf zog mit einem Teile seines Heeres Jovinus entgegen, in dem sich aber sogleich, wie vorher in Attalus, der Römerstolz geregt haben mag.

Durch die unverlangte Ankunft des Königs verletzt, legte er dieselbe in dunkeln Worten dessen Ratgeber, Attalus, zur Last. (Olympiodor, p. 454.)

Da erfuhr Ataulf, daß sein Todfeind Sarus, von Honorius beleidigt, weil dieser ihm für den Mord eines seiner Gefährten keine Genugtuung gewährt hatte, zu Jovinus auf dem Wege sei. Sogleich zog er demselben mit 10 000 Mann, die wohl in zahlreiche Kolonnen auf allen Wegen verteilt wurden, entgegen. Einer dieser Held, der nur achtzehn bis zwanzig Genossen bei sich hatte, in die Hände, ward nach wunderhafter Gegenwehr gefangen[5] und sogleich getötet. (Olympiodor, p. 455.)

Zu offenem Bruche zwischen Ataulf und Jovinus kam es jedoch erst etwas später, als Letzterer, wider des Erstern Willen, seinen Bruder Sebastian zum Mitherrscher ernannte. Zugleich bot der römische Befehlshaber in Gallien, Dardanus, alle Mittel auf, den König für seinen Herrn zu gewinnen (Prosper Tiro v. Jahre 413), worauf Ersterer nun, unter dem Versprechen, ihm die Köpfe der Empörer zu übersenden, in Friedensverhandlung mit Honorius trat.

Nach Rückkehr der Gesandten ward gemäß abgeschlossenem und beschworenem Vertrage zunächst das Haupt Sebastians und bald darauf auch das des Jovinus nach Ravenna geschickt. Dies geschah nach allen Chronisten, mit Ausnahme des spätern Marcellin, der das Jahr 412 angibt, im Jahre 413 und zwar ward die Besiegung der Tyrannen durch die vereinten römischen und gotischen Waffen vollbracht, wie nach den wiewohl unbestimmten Ausdrücken der Chronisten anzunehmen ist, wobei Sebastian in Narbonne, Jovinus aber in Valence gefangen und an Dardanus, der ihn sogleich töten ließ, ausgeliefert wurde.

Jedenfalls ward und blieb damals Narbonne von den Goten besetzt. (Prosper Tiro.)

Auch ist anzunehmen, daß in diesem Frieden das zweite Aquitanien, dessen Besitz für Rom ziemlich verloren gewesen sein mag, den Goten überlassen ward, wie denn auch Philostorgius (XII, 4) erwähnt, daß dieselben durch einen Vertrag mit Honorius einen Teil Galliens empfingen.

Offenbar strebte die römische Politik vor allem dahin, die alte Provinz mit der Südküste Galliens zu behaupten.

Der Frieden aber war von kurzer Dauer: Ataulf scheint Placidiens Herausgabe versprochen, dieselbe aber an Gegenleistungen (namentlich an eine starke Lieferung von Getreide, woran es den Goten in dem verheerten Lande gefehlt haben muß) geknüpft zu haben, von deren Nichterfüllung er im Voraus überzeugt war. Darüber lebhaftes Zerwürfnis, weil jeder Teil zuerst vom andern des Versprochenen Leistung verlangte. Während dessen suchte Ataulf sich durch Überrumpelung der ihm gewiß auch für Getreideversorgung wichtigen und reichen Stadt Marseille zu bemächtigen, ward aber von deren Befehlshaber Bonifacius tapfer zurückgeschlagen und dabei selbst verwundet, so daß er nur mit Mühe sein Lager wieder erreichen konnte. (Olympiodor, p. 456.)

Dasselbe Jahr brachte einen neuen Tyrannen, zugleich aber auch wieder dessen Sturz auf die Weltbühne. Heraclian, Stilichos Mörder, der Afrika mit so viel Geschick und Entschlossenheit verteidigt hatte, war zum Konsul ernannt und durch seinen Schwiegersohn Sabinus, einen so bedeutenden als schlauen und hochstrebenden Mann, veranlaßt worden, unter Zurückhaltung der gewöhnlichen Getreidelieferung, in Person mit einer ungeheuren Flotte nach Italien zu segeln. Von dieser sagt Orosius (VII, 42), daß man sie zu der ihm selbst unglaublichen Zahl von 3700 Schiffen geschätzt habe, während Marcellius Angabe in seiner Chronik von nur 700 Schiffen und 3000 Soldaten, weil im Übrigen wörtlich aus Orosius entlehnt und an sich in diesem Verhältnisse undenkbar, auf Schreibfehler beruhen muß. Bald nach der Landung aber stieß Heraclian auf den Comes Marinus –, wandte sich vor ihm zur Flucht, entkam auch glücklich auf einem Schiffe nach Karthago, ward aber daselbst auf Antrieb nachgesandter Kommissare von den Soldaten getötet.[6] (Prosp., Icat., Marc. und Orosius, a. a. O.)

Das Wichtigste für uns ist die in diesem Jahr erfolgte Niederlassung der Burgunder in (oder wenigstens in der Nähe von) denjenigen Sitzen, welche deren Nachkommen (wenn gleich des Volkes Staatsleben bald zu einem nur provinzialen herabgedrückt wurde) noch heute inne haben.[7] Zunächst mag wohl deren König Gunthari von Jovinus diese erlangt, nach dessen Sturz aber Honorius die Verleihung gern bestätigt haben, weil er dadurch tapfere Klienten oder Bundesgenossen wider die so gefährlichen als mächtigen Goten erlangte. Die Burgunder waren damals schon oder wurden Christen und zwar allein unter den Germanen (wenigstens teilweise *D*.) *katholische*, die nach des Orosius gelegentlicher Erwähnung (VII, 32) die Gallier nicht wie Untertanen, sondern wie Brüder behandelten, welche Phrase jedoch eine teilweise Wegnahme des Grundes und Bodens derselben nicht ausschließt, was wir uns später zu erörtern noch vorbehalten.

So sind die Burgunder das erste Volk der Germanen, welches die Eroberung vollbrachte und behauptete und dem Lande seinen Namen gab, der bis zur französischen Revolution staatlich fortlebte, welches Alles von den vier Jahre früher in Spanien eingezogenen Vandalen, Alanen und Sueben nicht in gleichem Maße gilt, während die Eroberung der Alemannen jenseits des Rheins, unabhängig von der Völkerwanderung im engern Sinne, schon 130–140 Jahre vorher erfolgt war. Daß die Burgunder vor dem Jahre 417, mit dem Orosius seine Geschichte schließt, in Gallien sich niederließen, erhellt, wie (teilweise *D*.) deren Annahme des katholischen Glaubens, aus VII, 32 und 41 desselben. Das Jahr 413 gibt Prosp. Aquit. ausdrücklich an.

Noch scheint in diesem ereignisreichen Jahre Trier abermals von den Franken eingenommen und geplündert worden zu sein.[8]

(Die Gesamtheit der politischen Verhältnisse, vielleicht auch der von Olympiodor (p. 457) erwähnte Rat des Römers Candidianus, bewogen Placidia, endlich im Januar 414 in die Vermählung mit Ataulf zu willigen. *D*.)

Prachtvoll ward im Hause des Ingenuus, eines der Vornehmsten der Stadt, die Vermählung gefeiert. In kaiserlichem Gewande saß die Braut überreich geschmückt auf dem Throne, ihr zur *linken* Seite in *römischer* Kleidung der gotische König. Unter den reichen Geschenken, welche derselbe der Neuvermählten überreichen ließ, zeichneten sich besonders die Schätze aus, welche fünfzig schöne, in Seide gekleidete Dienstknaben übergaben. Jeder von diesen trug zwei große Gefäße, wovon das eine mit Gold und das andere mit kostbaren Edelsteinen angefüllt war, welches Alles die Goten bei der mehrmaligen Einnahme – Roms erbeutet hatten! – Attalus stimmte als Führer des Chors zuerst die Hochzeitsgesänge an.

So ward das Fest unter einträchtigem Jubel und unter Tänzen der Barbaren und Römer begangen.

Wohl hätte es, da die vollendete Tatsache nach dem Christengesetz nicht zu ändern war, zugleich ein wahres Friedensfest werden können, wenn nicht Constantius Alles über Honorius vermocht hätte und als verdrängter Bewerber um die Hand der Kaiserschwester unversöhnlich gewesen wäre.

Von den Quellen wiederum gänzlich verlassen, da die wichtigste derselben, der Auszug Olympiodors, durch Photius leider hier ganz unvollständig wird, finden wir nur einen Beweis neu ausgebrochener Feindseligkeit zwischen Ataulf und Honorius darin, daß Attalus im Jahre 414 mit Schutz und Rat des Erstern die Kaiserwürde aufs Neue annahm (Prosper Aquit.), die er aber sehr bald wieder aufgeben mußte.

Aus Orosius (VII, 43) jedoch ersehen wir auch, daß Constantius abermals mit starker Heeresmacht in Gallien auftrat, sich von Arles aus nach Narbonne wandte, die Goten daraus vertrieb (expulit) und den daselbst verweilenden Ataulf zwang (coëgit), über die Pyrenäen zu ziehen, was wir gegen Ende des Jahres 414 setzen.[9] Da Prosper Tiro von demselben Jahre eine ungemeine Hungersnot in Gallien anführt, Orosius aber bemerkt, daß Constantius den Goten (doch wohl durch eine Flotte) alle Schiffszufuhr abgeschnitten habe, so würde Ataulfs Entfernung, wenn man wirklich an Zwang glauben wollte, wohl mehr durch Mangel an Lebensmitteln, als durch Waffendrohung herbeigeführt worden sein.

In der Tat aber sind jene Worte: expulit und coëgit nur eine der vielen Ungenauigkeiten in der Orosius unhistorischer Darstellung. Nicht gezwungen, sondern nur bewogen, und zwar im Wege der Verhandlung[10], ward Ataulf, Gallien zu verlassen. Sagt doch derselbe Schriftsteller in dem nämlichen Kapitel, nachdem er zuvor Ataulfs Selbstbekenntnis eingeschoben, „als nun Dieser Frieden zu bitten und anzubieten *auf das Eifrigste* bemüht war, ward er zu Barcelona ermordet." Daraus folgern wir, daß ein Vertrag mit dem Kaiser damals zwar noch nicht abgeschlossen, die Räumung Galliens aber als eine Vorbedingung desselben aufgestellt und von Ataulf zu diesem Zwecke bereitwilligst vollzogen worden war. Noch mehr wird diese Ansicht durch andere, sofort zu erwähnende Tatsachen bestätigt.

Bei dem Abzuge der Goten wurde auch Aquitanien geräumt, vorher aber Bordeaux geplündert und teilweise verbrannt, wie wir dies aus dem Eucharisticum, einer Lebensbeschreibung des Petrocorius in Versen, ersehen.[11]

Doch hielten sich dieselben noch jenseits der Garonne, wo die Stadt Vasatae (Bazas), die damals als noch römisch gewesen sein muß, von dem den Goten verbündeten König der Alanen belagert ward. Indes gelang es dem ihm befreundeten Paulinus, Letztern von diesem Bündnis abzuziehen und für Rom zu gewinnen, worauf auch die in der Umgegend noch hausenden Goten das Land verlassen zu haben scheinen (V. 330–396) und die Alanen sich ebenfalls wieder zurückzogen; eine Nachricht, die besonders des damaligen Vorkommens der Alanen halber von Wichtigkeit ist. Da diese sich übrigens nach des Paulinus Darstellung ungern den Goten angeschlossen hatten, so scheint dies Volk nur schwach und des Widerstands nicht fähig gewesen zu sein.

Ataulfs Besitznahme mag sich auf Catalonien und einen Teil Aragoniens beschränkt haben, wo jedoch die römischen Besatzungen nicht alle überwältigt werden konnten: manchmal ward ihnen wohl der Rückzug in entferntere Plätze gestattet.[12]

Klein, aber groß von Folgen war dieser Beginn. Derselbe kann, wenn auch der Hauptsitz der Goten im Jahre 419 wieder nach Gallien zurückverlegt ward, doch gewissermaßen als der Grundstein des Westgoten-Reichs in Spanien betrachtet werden, des frühesten der drei großen noch bestehenden romanischen Reiche.

In Barcelona schlug Ataulf seine Residenz auf. Anscheinend hier erst genas Placidia eines Knaben, der nach seinem erlauchten Großvater den Namen „Theodosius" erhielt. Mit stolzer Hoffnung ward, zumal bei des Honorius Kinderlosigkeit, der Kaiserenkel und Königsohn begrüßt. Der Prinz verschied bald wieder und ward in einem silbernen Sarge in einer Kirche beigesetzt: nach wenig Monaten aber folgte ihm der König selbst – ein Opfer der Blutrache. Er hatte einen von des Sarus Gefährten, Namens Dubius (nach Olympiodor) oder Eberwulf (nach Jordanis C. 31 a. Schl.[13]) in seinen Dienst genommen, der, von heißem Durste, seinen Herrn zu rächen, erfüllt, den König, als er in gewohnter Weise seine Rosse im Stalle besichtigte, im Jahr 415 (und zwar nach dem Chron. paschale etwa im Monat Juli[14]) meuchlings durch einen Dolchstoß tötete. (Olympiodor, p. 458/59. Orosius VII, 43. Jordanis C. 31. Prosper Aquit. und Idatius.)

Ataulf, der Gründer des Westgotenreichs, war ein bedeutender Mann. Klar und tief war die Auffassung seiner Aufgabe, nicht ohne Einfluß auf seine Politik aber eine glänzende römische Frau. So willig daher sein Volk ihm huldigte, so mag doch der Verdacht, das nationale Interesse jenem persönlichen und dem römischen nachzusetzen, ihm manche Gemüter entfremdet haben.

Dadurch allein kann es gelungen[15] sein, daß Sigrich[16], des Sarus Bruder, sich an der Spitze einer Faction mit Gewalt wie der Familie so der Krone des Verblichenen bemächtigte, die ihm nach Brauch und Gesetz nicht zukam. Er ließ sogleich Ataulfs (gewiß noch jugendliche) Kinder erster Ehe töten, nachdem sie dem Bischof Sigisar, dem sie anvertraut waren, gewaltsam entrissen worden; die Tochter des großen Theodosius aber zwang er in brutaler Roheit, mit andern Gefangenen über zwei Meilen vor seinem Pferde herzugehen. Da blieb die Reaktion nicht aus: Ataulfs und seines Hauses treue Anhänger (die römisch gesinnte Partei, D.) mögen sich ermannt haben: schon nach sieben Tagen ward der Tyrann getötet und Walja zum König der Goten erhoben.

In demselben Jahre beschloß auch der unglückliche, aber freilich gleich unbrauchbare Attalus seine Laufbahn. Nach den sich gegenseitig ergänzenden Nachrichten von Orosius (V.II, 42) und Prosper Aquitanus zum Jahre 415 folgte er zwar den Goten nach Spanien, ward aber dort von ihnen vernachlässigt (a Gothis in Hispaniis migrantibus neglectus, Prosp.), reiste zu Schiff so da ab, wir wissen nicht, wohin und wozu (incerta moliens), ward aber von des Constantius Kreuzern aufgefangen, an diesen ausgeliefert, zu Honorius gesandt und von Letzterem nach Abhauen einer Hand oder der Finger (truncata manu), wie er in den Tagen seiner Größe ähnliches einst Jenem zugedacht hatte, auf eine Insel verbannt.

Walja[17] soll nach Orosius in feindlichem Sinne gegen Rom zum König erhoben worden sein, wandte sich aber zum Frieden, wozu Honorius durch Abordnung eines Gesandten (des Euplutius Magistrianus), vor allem aber durch Lieferung von 600 000 Modien (etwas über 80 000 Scheffel) Getreide[18], welche wohl der neue Statthalter von Afrika zur Verfügung stellte, die erste Hand bot. Da ward im Jahre 416 die von dem neuen Herrscher fürstlich gehaltene Königswitwe und Kaisertochter freigegeben, Frieden und Freundschaft so geschlossen als treu bewahrt. Dessen nächsten Zweck gibt Orosius mit den Worten an: „Für Roms Sicherheit (d. i. Interesse) setzte Walja die eigene Gefahr ein, indem er wider die übrigen Völker, welche sich in Spanien niedergelassen, mit eigener Aufopferung kriegte, für Rom aber siegte." Letzteres lag vor allem im römischen Interesse, da Spanien für Rom durch eigene Kraft nicht mehr zu retten war; aber auch im gotischen, dessen König das Eroberte entweder behalten oder für guten Preis den Römern wieder abtreten konnte. Zu Erfüllung dieser Aufgabe hatte sich nun

Walja, Ataulfs Werk fortsetzend, wie es nach Orosius Kap. 43 scheint, schon gleich nach seiner Erhebung aus eigener Bewegung angeschickt und war glücklich bis an die Meerenge von Gibraltar vorgedrungen, wo auch ihn der Reiz nach Afrikas Besitz beschlich, der einst Alarich ergriffen, gleicher Unstern aber durch einen Sturm, der die Flotte zerstörte, das Unternehmen vereitelte. Dies mag auch den König zu obigem Frieden geneigter gemacht haben.

Abschied nehmend von Orosius, der leider mit dem Jahre 417 schließt, erwähnen wir noch aus dessen letztem Kapitel, wie Walja sowohl, als die Alanen-, Vandalen- und Suebenkönige Honorius erklärten: „Habe Du Frieden mit Allen, nimm Geiseln von Allen. Wir kriegen und erliegen für uns, siegen aber für Dich. Unsterblich wird der Gewinn für deinen Staat sein, wenn wir alle umkommen."

Wie (sehr! D.) viel darin auch Phrase sein möge, so ergibt sich daraus doch unzweifelhaft zweierlei: einmal, daß eine gewisse Anerkennung von Roms Oberherrlichkeit, wenn auch mehr dem Scheine als der Tat nach, dem germanischen Nationalgefühle keineswegs widerstritt; zweitens aber, daß das tief eingewurzelte Sondertrachten dieser Völker jedwedem einträchtigen Zusammenhalten und friedlichen Vertragsschluß entgegenstand.

Constantius erreichte nun das so hartnäckig angestrebte Ziel: die Hand Placidias – am 1. Januar 417, als er sein zweites Konsulat antrat, vermählte sie ihm ihr kaiserlicher Bruder (bei der Schwäche des kinderlosen Kaisers bedeutete Placidia die Beherrschung des Kaisers so lang er lebte und die Legitimität für die Zukunft nach seinem Tode: daher das eifrige Trachten Ataulfs und seines Rivalen nach ihrer Hand: erotische Motive dürfen hier nicht, wie etwa im Roman, in den Vordergrund gestellt werden[19] D.).

Aus dieser Ehe wurden die zu Attilas Zeit berühmt gewordene, Honoria und Valentinian III., der spätere Kaiser, geboren. (Olympiodor p. 464 Prosper Aq. u. Idatius.)

Um dieselbe Zeit ungefähr feierte Honorius nach dem Sieg über alle Tyrannen und dem Frieden mit den Goten einen Triumph in Rom, wobei Attalus und wahrscheinlich auch Eridibald, der König der silingischen Vandalen, der durch List von Walja gefangen und durch Constantius an den Kaiser ausgeliefert ward, vor dessen Wagen hergingen. (Prosper Aq. v. 417 und Prosper Tiro v. J. 416.)

Wir dürfen annehmen, daß Roms Ansehen (in Gallien D.) in dieser Zeit unter des Constantius kräftiger und umsichtiger Führung wieder (einigermaßen D.) erstarkte: die Provinz muß (bis auf das den Burgundern östlich des Rhone, dem Namen nach unter römischer Hoheit überlassene Gebiet und die von den Alemannen und Franken eingenommenen Landstriche am linken Rheinufer, deren Begrenzung uns freilich unbekannt ist), dem Kaiser beinah ganz wieder unterworfen gewesen sein[20], da Gregor von Tours (II, 9) aus Renatus Profuturus Frigeridus eines von Castinus, dem Gardebefehlshaber (domesticorum comes), an dessen Nordgrenze unternommenen Feldzugs gegen die Franken gedenkt, die einige Zeit zuvor Trier (zum zweiten oder dritten Male) eingenommen, geplündert und in Brand gesteckt hatten.

Nach der uns angeblich von Fredigar unter dem Titel S. Gregor. Turonensis Historia Francorum epitomata hinterlassenen (in der Pariser Ausgabe Gregors von Tours vom Jahre 1858 mitabgedruckten) Schrift (unter VIII, p. 578) soll Castinus die Franken sogar ernstlich geschlagen haben, selbst über den Rhein gegangen, hierauf aber durch Gallien bis an die Pyrenäen gezogen sein. (Francos proterit, Rhenumque transiit.)[21]

Die Zeit dieses Ereignisses setzt Tillemont (V, 3, Not. 44) im Widerspruch mit Valesius, der eine viel frühere annimmt, in das Jahr 420 oder 421, doch sind dessen Gründe nicht zweifellos.

Daß auch Aremorica vollständig wieder unterworfen ward, ersehen wir aus des Claudius Rutilius Itinerarium, einem Gedicht nicht ganz ohne poetischen Wert, das im Jahre 417 oder 420 verfaßt war (siehe Tillemont a. a. S. 1330, 1373 u. f.), da nach I, v. 213–216 Euperantius, damals wahrscheinlich als Präfekt Galliens, die alte Herrschaft und gesetzliche Ordnung in diesem Küstenlande wieder hergestellt hatte.

Aber nicht allein Gallien, sondern auch das fast ganz schon von den Barbaren eroberte Spanien war großenteils Rom wieder unterworfen.

Schon im Jahre 417 brachte Walja, für die Römer fechtend (Romani nominis causa), den dortigen Germanen große Niederlagen bei. (Prosper Aquit) Auch im nächsten Jahre muß der Krieg fortgegangen sein, obwohl die Chronisten darüber schweigen. Dagegen hat sich ein merkwürdiges Gesetz vom 16. April 418 erhalten (Hänel, corpus legum I, p. 238), das in den sieben Provinzen zwischen der Loir und dem Mittelmeer, Ozean und Alpen[22] die Haltung regelmäßiger jährlicher „Provinziallandtage" verordnet: eine höchst weise Maßregel, die, an eine ältere, aber längst verfallene Einrichtung der Ar knüpfend, wohl des Constantius Werk war und vor allem gewiß nebst administrativen Erleichterungen auch Belebung des römisch-gallischen Provinzialgefühls zum Zweck hatte.[23]

In diesem Gesetz wird Arles, unfern des Ausflusses des Rhone, als der belebteste und wichtigste Stapelplatz für den gesamten See- und Binnenhandel bezeichnet.

Reicher war das Jahr 419[24] an politischen Ereignissen, welche Idatius, für spanische Verhältnisse der zuverlässigste Chronist, in folgender Ordnung berichtet.

Die silingischen Vandalen wurden in Bätica durch den König Walja schwer geschlagen: (sie verloren ihren König und schlossen sich fortab den asdingischen Vandalen an. D.).

Die Alanen, welche gleicher Macht mit den Vandalen waren, wurden von den Goten dergestalt geschlagen, daß der geringe Rest derselben nach dem Verluste ihres Königs Atax ebenfalls auf Selbständigkeit verzichtete und sich dem Könige der asdingischen Vandalen unterwarf.[25]

Die Goten gaben jedoch nun die ferneren Kämpfe in Spanien auf und zogen, durch Constantius gerufen, nach Gallien zurück, wo sie Wohnsitze in Aquitanien von Tolosa (Toulouse) bis zum Ozean empfingen.[26]

Dieselbe Nachricht teilt Prosper Aquitanus für das Jahr 419 mit den Worten mit:

„Der Patrizier Constantius befestigt den Frieden mit Walja, indem er ihm das zweite Aquitanien nebst einigen Städten benachbarter Provinzen zur Niederlassung einräumt."

Isidor (in seiner Chronik der Goten) hat teils Idatius, als dessen Fortsetzer er zu betrachten ist, teils Prosper Aquitanus fast wörtlich nachgeschrieben, aber mit dem bedeutsamen Zusatze, daß Constantius „den Goten wegen des Verdienstes ihrer Siege (ob meritum victoriae) das zweite Aquitanien zur Niederlassung eingeräumt habe".

So sind wir denn zur ersten festen und bleibenden Niederlassung der Westgoten gelangt, welche sonach nicht in Spanien, sondern im südwestlichen Gallien erfolgte.

Sie bestand daselbst bis zum Sturze des Reichs durch die Araber (711), jedoch so, daß Aquitanien zunächst der Hauptsitz war, bald aber, seit Theoderich II. (453–466), der seine Herrschaft über Spanien auszudehnen begann, und Eurich (466–485) (der dies vollendete D.) nur ein Nebenland des westgotischen Hauptreiches in Spanien wurde. Der Grund der Abtretung Aquitaniens liegt auf der Hand.[27] Für Rom hatte Walja drei Jahre lang gefochten und gesiegt, von Rom forderte er seinen Lohn. Ob dieser, wie Gibbon (Kap. 31 nach Not. 166) annimmt, schon bei dem ersten Vertrage mit Walja zugesichert worden, vermögen wir nicht zu erörtern.

Gewiß aber ist, daß die neugewonnenen Gebiete in Spanien, welche den größten Teil dieses Landes umfaßt haben dürften, Rom wieder überlassen wurden.

Höchst zweifelhaft dagegen ist der Umfang des den Westgoten abgetretenen Landstrichs.

Guthrie und Gray (V, Bd. 2, S. 346) und der treffliche Mascov (T. Gesch. VIII, 42) nehmen an, daß die Goten noch ein Stück des tarraconensischen Spaniens oder Catalonien (welches von den Goten und Alanen den Namen Gothalania erhalten) empfangen haben. Dem widerspricht (unter Berufung auf die Histoire de Languedoc I, S. 176) Aschbach (S. 111) und hat darin unbezweifelt den Wortlaut der Quellen, namentlich das „nach Gallien zurückgerufen" des Idatius für sich.

Wie vermag man aber aus den fragmentarischen Notizen der Chronisten irgend welchen sichern Schluß zu ziehen? Idatius ist schon darin ungenau, daß er eben nur das zweite Aquitanien erwähnt, also das den Goten unzweifelhaft mit überlassene Tolosa, das zur ersten narbonensischen Provinz gehörte, verschweigt, während Prosper Aquitanus es offenbar unter „den Städten benachbarter Provinzen" mit einbegreift.

Fast undenkbar ist es ferner, daß ganz Novempopulania, welches ohnehin bisweilen das dritte Aquitanien genannt ward (das Land südlich der Garonne bis zu den Pyrenäen), römisch verblieben sein sollte, weil dies durch das bis gegen zehn Meilen zu den Pyrenäen vorspringende Gebiet von Toulouse von dem römischen Hauptlande beinah ganz abgeschnitten worden wäre, indem die Straßen nach Novempopulania alle über jene Stadt führten.

Wenn nun Prosper Aquitanus zumal von *mehreren* Städten benachbarter Provinzen spricht, so zweifeln wir nicht, daß auch letztere Provinz den Goten mit überlassen wurde, deren westlicher Strich am Meere, die Landes, damals wohl fast nur Wüste war, da er selbst heute noch nicht viel besser ist.

Am unerklärlichsten würde die Wahl von Tolosa im äußersten südlichen Winkel des Gotenlandes zur Residenz sein, wozu Bordeaux durch Lage und Bedeutung bestimmt schien, wenn dasselbe nicht bis an die Pyrenäen, oder gar über dieselben hinaus gereicht hätte.[28]

Ohne bei Unerforschlichem länger zu verweilen, bemerken wir nur noch, daß jene Abtretung sicherlich nicht bloß eine politische, wenngleich unstreitig unter nominellem Vorbehalte römischer Souveränität, sondern auch mit Überlassung eines Teils des privaten Grundeigentums an die Goten verbunden war, wie wir dies, was späterer Erörterung vorbehalten bleibt, mehr oder minder bei allen Niederlassungen der Germanen im Römerreiche vorauszusetzen haben: (ja, oft wissen *D.*).

Bald nach der Rückkehr der Goten nach Gallien starb Walja. Er hinterließ nur eine Tochter, welche, an einen suebischen Fürsten verheiratet, die Mutter des Rikimer wurde, der in der späteren Kaisergeschichte eine so bedeutende Rolle spielt. Ihm folgte Theoderich, der nach Sidonius Apollinaris (Carm. VII, v. 505) Alarich seinen Großvater (Avus) nennt. Wenn Aschbach (S. 113) diese Abstammung um deswillen verwirft, weil bei Dichtern ein solcher Ausdruck nicht genau zu nehmen sei, so wollen wir dies zwar nicht unbedingt in Abrede stellen, finden es aber doch höchst wahrscheinlich, daß sich die Wahl der Goten vorzugsweise auf einen Abkömmling ihres großen Königs gerichtet habe.[29]

So siegreich die Kämpfe der Goten gegen die Vandalen und Sueben im Ganzen waren, so mögen doch auch deren Verluste groß gewesen sein und den Wunsch nach Ruhe im Volke geweckt haben.

Merkwürdig ist aber, wie die gemeinsamen Feinde der Goten sogleich nach deren Abzuge wieder unter sich zerfielen, da wir aus Idatius vernehmen, daß schon im folgenden Jahre 420 zwischen dem Vandalenkönige Guntherich und dem der Sueben Hermerich ein Krieg ausbrach und letztere von ersteren in den nervasischen Bergen, anscheinend bei Bilbao, wo der Nerva, jetzt Nervion, fließt, eingeschlossen wurden.[30]

Mit dieser Lage der nervasischen Berge will es freilich nicht ganz übereinstimmen, wenn derselbe Idatius vom Jahre 420 berichtet, daß die Vandalen auf Andringen des römischen Comes von Hispanien Asterius und dessen Subvicars Maurocellus die Bedrängung der Sueben aufgegeben hätten, bei dem Aufmarsche aus Bracara (Braga im nördlichen Portugal, zwischen dem Duero und Minho) mehrere getötet, schließlich aber Galläcien verlassen und sich nach Bätica (Andalusien) zurückgezogen hätten.

Hier wurden sie nun im folgenden Jahre 422 durch den römischen Feldherrn Castinus mit einem großen, durch gotische Hilfsvölker verstärkten Heere angegriffen. Bereits hatte er sie eingeschlossen und durch Mangel an Lebensmittel in solche Bedrängnis gebracht, daß sie sich zur Ergebung anschickten, als er sich unvorsichtig in eine offene Schlacht einließ und in dieser, angeblich durch Verrat der Goten, besiegt und nach Tarracona zu fliehen genötigt wurde. (Idatius zum achtundzwanzigsten Regierungsjahr des Honorius.)[31]

Aus Prosper Aquitanus zu diesem Jahre ersehen wir noch, daß der römische General Bonifacius, der Marseille gegen Ataulf so glänzend verteidigt hatte, dem Castinus beigegeben worden war, durch dersen unverständiges und hochfahrendes Wesen aber erbittert und sich nach Afrika zurückzuziehen bewogen ward.

Wir bescheiden uns, in Vorstehendem keine Geschichte geschrieben, nur die dürftigen Notizen der Chronisten zusammengestellt zu haben, halten dies aber[32] für richtiger als deren willkürliche Ergänzung durch allerlei Räsonnements und Vermutungen, wie dies z. B. Marcus, Histoire des Vandales, S. 106–122 getan hat.

Wir wenden uns nacholend zum Kaiserhause.

In diesem ward, nach Idatius und Marcellinus, am 2. oder 3. Juli 419 aus des Constantius und Placidiens Ehe Valentinian III., der spätere Kaiser geboren, wogegen des Prosper Aquitanus Angabe des Jahres 418 offenbar irrig ist, da derselbe, nach Olympiodor, p. 464, deren zweites Kind war, das nach achtzehn Monaten der Ehe noch nicht das Licht erblicken konnte.

Im Jahre 420 ward Constantius von Honorius zum Mitkaiser und Placidia zur Augusta erhoben (Prosper Aquitanus), von Theodosius II. in Konstantinopel aber nicht anerkannt. Die neue Würde soll ihm, weil die Freiheit seiner Bewegung und Genüsse beschränkend, höchst lästig gewesen sein: bereit nach sieben Monaten zu Beginn des Jahres 421 verschied er in Ravenna (Prosper Aquitanus und Idatius. Olympiodor, p. 464/5.)

Constantius soll als kaiserlicher Schwager, durch seine Gemahlin verleitet, die frühere Uneigennützigkeit nicht mehr bewährt haben. Daher wurden nach dessen Tode mannigfache Ansprüche und Klagen wider ihn laut, die Placidia jedoch bei ihrer engen Vertraulichkeit mit dem Kaiser zu unterdrücken wußte. Die zärtliche Liebe des letztern für seine Schwester ging sogar nach des Gemahls Tode in einen bedenklichen Charakter über, schlug aber plötzlich – man weiß nicht, was zwischen ihnen vorgefallen – in offenen Haß um. Daher Parteiung am Hof und in der Stadt, die sogar zu Volksaufstän den Anlaß gab, wobei die zahlreichen, als Söldner zu Ravenna dienenden Goten für ihre vormalige Königin stritten, bis Honorius in einer Anwandlung von Entschlossenheit durch Absendung Placidiens mit ihren Kindern nach Konstantinopel dem Hader zu Anfang des Jahres 423 ein Ende machte. Da sagte sich Alles vor ihr los: nur Bonifacius, der inzwischen wohl zum Befehlshaber in Afrika ernannt worden sein mochte, blieb ihr treu und sandte ihr von da Gelder. (Olympiodor, p. 467/8.)

Am 26. August 423 starb an Wassersucht Honorius zu Ravenna nach achtundzwanzigjähriger Regierung (Olympiodor, p. 468).

Die Geschichte dieses Kaisers ist zugleich dessen Charakteristik.

Prokopius, für Früheres freilich eine unzuverlässige Quelle, erzählt von ihm (de bello Vand. I, 2, p. 316 d. B. Ausg.) Folgendes. Während der Belagerung Roms, unstreitig der zweiten, bringt ihm der mit der Vögelwartung beauftragte Eunuch die Nachricht: Rom ist verloren. „Das ist nicht möglich, erwiderte der Kaiser, da sie ja eben noch aus meinen Händen gefressen hat." Er hatte nämlich eine wunderbar große Henne dieses Namens. Als nun der Diener, den Irrtum wahrnehmend, erläuternd sagt: Die *Stadt* Rom sei von Alarich eingenommen, entgegnet ihm der Kaiser: „ich glaubte, meine Henne solle gestorben sein."

Seltsam: die schwächste und bedrängteste aller Regierungen war doch in ihrem Beginn und Ende eine glückliche, so lange ein großer Mann, Stilicho, und ein tüchtiger, Constantius, dem Kaiser zur Seite standen. In der Zwischenzeit freilich, von 408 bis 414, war es nicht Roms Kraft, sondern die Mäßigung und vielfache Rücksichtnahme der Gotenkönige (und die fast uneinnehmbare Stärke von Ravenna! D.), welche den völligen Sturz des so tief gesunkenen Reiches noch aufhielten.

Fünf Tyrannen erlagen dem legitimen Kaiser; selbst die Länder jenseits der Alpen waren bei dessen Tode größtenteils wieder seiner Botmäßigkeit unterworfen – und das Alles fast ohne sein Zutun.

DREIZEHNTES KAPITEL

Valentinian III. und Gaiserich.[1] Die Vandalen in Afrika[2]

Als der legitime Nachfolger des Honorius war willig anerkannt ein kaum fünfjähriges Kind, abwesend in Konstantinopel, nur weil des großen Theodosius Enkel – so tief hatte die Vorstellung der Vererbung schon Wurzel geschlagen. Welche Aufforderung für einen Anmaßer, sich des wenigstens faktisch erledigten Thrones zu bemächtigen!

Dazu erhob sich bald auch (während über die tatsächliche Regierung des Westreichs mit Theodosius II. verhandelt wurde, dem nach dem damaligen römischen Staatsrecht, das auf der Idee eines einigen Reiches beruhte, die Verfügung über die künftige Verwaltung dieses Teiles desselben zustand) Johannes, der Oberhofnotar (primicerius notariorum.), der die im Range höchste Zivilstelle nach den Präfekten und Ministern bekleidete. Dazu soll ihn, nach Prokop (d. b. Vand. I, 3, p. 321 d. Bonn. Ausg.), in Anerkennung vorzüglicher Befähigung, der Hof (d. i. die obersten Staats- und Hofbeamten) bestimmt haben.

Theodosius II. aber, für den hauptsächlich dessen ausgezeichnete Schwester Pulcheria regierte, erkannte den Anmaßer, der ihn durch eine Gesandtschaft um Bestätigung gebeten, um so weniger an, als die im Jahre 422 über Persien erfochtenen Siege sein Machtgefühl gesteigert hatten, sandte vielmehr seinen in jenem Kriege mit Ruhm gekrönten Magister militum Ardaburius nebst dessen Sohne Aspar und einem dritten Feldherrn Candidianus wider den Rebellen ab.

Der Erste hatte sich, wohl an der Spitze des Fußvolks, in Salona eingeschifft, erlitt aber einen so heftigen Sturm, daß die ganze Flotte zerstreut ward, er selbst, vielleicht an die italienische Küste verschlagen, in des Feindes Hände fiel und nach Ravenna gebracht, daselbst aber von Johannes, der ihn wohl für ein kostbares Friedenspfand hielt, mit größter Freundlichkeit behandelt wurde. Da schwebte dessen Sohn Aspar, der hauptsächlich Reiterei führte und Placidien mit ihrem bereits zum Cäsar ernannten Sohne Valentinian bei sich hatte, in höchster Besorgnis.

Inmittelst aber hatte Candidianus, der mit seinem Corps östlicher in Italien gelandet zu sein scheint, viele Städte bereits sich unterworfen.

Johannes mochte solche Energie nicht erwartet haben, hatte sich daher unbesorgt zuvörderst des so wichtigen Afrika, das Bonifacius für Placidien hielt, bemächtigen wollen und dazu Truppen abgesandt (Prosper Aquitanus).

Da nun die barbarischen Söldner, die Johannes anzuwerben suchte, noch nicht eingetroffen waren, wagte er wegen Mangel an Truppen nicht, das offene Feld zu halten, schloß sich vielmehr in dem für uneinnehmbar gehaltenen Ravenna ein. Vor diese Lagunenstadt rückte nun Aspar, dem ein Schäfer (nach Sokrates VII, 23 aber ein Engel in Schäfertracht) einen festen Pfad durch die Sümpfe, vielleicht in der höchsten Trockenheit des Sommers, zeigte, auf welchem er, wohl in der Nacht, die Stadt, deren Tore unverschlossen waren, überrumpelte. So endete durch des Johannes Gefangennehmung und Tötung im Jahre 424 das kurze Zwischenspiel.

In der zweiten Hälfte des Jahres 425 erst ließ Theodosius II., der wohl eine Zeit lang an eigene Verwaltung des Westens gedacht haben mag, Valentinian III., der sein siebentes Jahr begonnen hatte, zu Rom mit dem Purpur bekleiden.

Kaum war Johannes tot, als der von ihm ausgesandte *Aëtius* mit einem Hunnenheer zu dessen Hilfe erschien. Zuerst tritt uns derselbe hier entgegen; ein merkwürdiger Mann (römisch geschult und nicht frei der bösen Einflüsse solcher Schulung D.), aber seltener Geisteskraft, Roms letzter großer Feldherr, der das sinkende Reich mit starkem Arme noch dreißig Jahre lang am Rande des Abgrundes festhielt, welcher es nach dessen Tode unabwendbar verschlang. Er war in Dorostorena oder Dorostolum in Niedermösien, dem heutigen Silistria in Bulgarien, geboren, Sohn des Magister militum Gaudentius, der in Gallien von den eignen Truppen getötet worden war, und einer Italienerin edler Geburt. Schon als Knabe mit prätorischem Range bekleidet war er als Geisel zuerst von Alarich gefordert[3] und dann den Hunnen als solche wirklich überliefert worden. Hier mag er neben genauer Kunde dieses Volkes zugleich Achtung und Liebe sich erworben haben. Nach der Rückkehr trat er unter die Leibgarde (domestici) und ward von Johannes, für den er sich erklärt haben muß, als castrensis sacri palatii[4] angestellt. (R. Profut. Frigeridus in Gregor von Tours II, 8. Jordanis c. 34. Prosper Aquitanus und Tiro.)

Als der Angriff des byzantinischen Heeres drohte, ward er von seinem Herrn zu den Hunnen gesandt, um bei denselben Truppen anzuwerben, mit denen er dem Feinde in den Rücken fallen sollte, langte jedoch, wie gesagt, zu spät damit an.

An der Spitze eines Heeres findet man leicht Verzeihung, die Placidia, welche selbstverständlich für Valentinian III. regierte, ihm willig gewährte.

Nicht so glücklich war der Magister militum Castinus, der Konsul des Jahres 424, der, des Einverständnisses mit dem Empörer beschuldigt, in Verbannung geschickt ward. (Prosper Aquitanus.)

In Gallien hatte Theoderich I. den von Walja mit Rom geschlossenen Frieden bis zu des Honorius Tod treu bewahrt, hielt sich aber gegenüber dem Anmaßer Johannes, der in Gallien Anerkennung gefunden zu haben scheint, nicht für gebunden.

Rasch vordringend muß er sich bereits eines großen Teils des römischen Gebiets bemächtigt haben, da er im Jahre 425 Arles belagerte. Gegen diesen ward nun sofort Aëtius entsandt, der, wenngleich nach Prosper Aquitanus die ihm folgenden Hunnen durch dessen Bemühung zur Rückkehr in die Heimat bewogen worden waren, höchst wahrscheinlich doch noch einen, wenn auch nur kleinen Teil dieser Söldner dahin mit sich geführt haben mag. Er entsetzte Arles und brachte den Goten dabei eine Schlappe bei[5], worauf ein Friede gefolgt zu sein scheint, wie dies, wenn auch nicht mit voller Sicherheit, aus Sidonius Apollinaris (Carm. VII, v. 218–225) zu folgern sein dürfte. Prosper Aquitanus zum Jahr 425.

Nach diesem glücklichen Erfolge scheint Aëtius noch im Jahre 426 nach Rom zurückgegangen zu sein und dort seine Intrige wider Bonifacius, auf die wir sogleich kommen werden, gespielt zu haben.

Wir wenden uns nun zu dem wichtigsten Ereignis dieser Zeit – der Eroberung Afrikas durch die Vandalen.[6]

Im 24. und 25. Regierungsjahre des Honorius (nach berichtigter Rechnung 419 und 420) wird Guntherich von Idatius – der, abgesehen von seiner Zeitrechnung, für alle spanischen Verhältnisse, als Landes- und Zeitgenosse, offenbar die zuverlässigste Quelle ist – noch als König der Vandalen aufgeführt.

Erst im vierten Valentinians, was wahrscheinlich 427 ist (obwohl es nach Anm. 5) auch auf 426 oder 428 fallen kann), erwähnt er dessen Söhne Guntherich II.[7] und Gaiserich, von denen ersterer legitim aber, nach Prokop (d. b. Vand. I, 3, p. 423) noch Knabe und wenig tätig, letzterer zwar Bastard, jedoch vollendeter Krieger und, wie er sich ausdrückt, der furchtbarste aller Sterblichen gewesen sei.

456

In dem (der Zeit nach etwas unsichern) vierten Regierungsjahre Valentinians ward nun Guntherich getötet, und zwar nach Idatius bei der Einnahme von Sevilla, in der dortigen Kirche, wo er sich ruchlos vergangen.[8]

Gleich nach dem Sieg über Castinus scheinen nun die Vandalen, wahrscheinlich unter Gaiserichs Anführung, raubfahrend und erobernd vorgedrungen zu sein, da Idatius bereits im ersten Regierungsjahre Valentinians III. deren Plünderungszüge nach den balearischen Inseln und Mauritanien, sowie die Einnahme und Zerstörung von Sevilla[9] und Carthagena berichtet.

Da erfolgte im Winter 426/7 Gaiserichs merkwürdige Berufung nach Afrika.

Des Aëtius Ehrgeiz war nicht auf den Kaiserthron, desto energischer aber auf die nächste Stelle daneben gerichtet, Stilicho sein Vorbild.

Diese konnte ihm nur ein Mann im Reiche streitig machen, Bonifacius in Afrika, den Olympiodor (p. 468), Prokop (p. 322) und Augustinus (ep. 220) sehr hoch stellen, obgleich die uns erhaltenen genaueren Quellen, mit Ausnahme der Verteidigung von Marseille, nur Niederlagen, nicht Siege von ihm berichten.

Derselbe mußte daher beseitigt werden. Da umstrickte Aëtius[10] die Kaiserin, sowie den ihr treuen Bonifacius mit einem Lügengewebe, Erstere durch das Gespenst von dessen Empörung, Letztern durch *das* seiner beschlossenen Tötung schreckend. Die List gelingt; Bonifacius verweigert (von Aëtius geheim gewarnt) einer Rückberufung nach Rom, die (von Aëtius geheim der Regentin geraten) seine Untreue aufdecken soll, den Gehorsam, worauf Placidia sogleich den Krieg wider ihn beschließt. Im Gefühl, den kaiserlichen Truppen nicht gewachsen zu sein, da seine Streitmacht meist aus unkriegerischen Eingeborenen bestehen mochte, ihm vielleicht auch gegen die Legitimität nicht sicher dünkte, sucht Bonifacius bei den Vandalen Hilfe, denen er dafür die Abtretung eines Teils seiner Provinz verspricht. Nichts konnte dem hochfahrenden Geiste Gaiserichs erwünschter sein. Spanien, in Roms, der Westgoten und Sueben Nähe, war nicht die Stätte, wo sich ein großes unabhängiges Reich mit Leichtigkeit gründen ließ; Afrika, zugleich für Raubfahrten in Ost und West trefflich gelegen, dazu weit mehr geeignet (und – die reichste, wenigst geplünderte Provinz. *D.*).

Nachdem er, dem Rufe folgend, aufgebrochen[11], vernimmt er, daß der Suebe Hermigar in der Vandalen bisherigem Gebiete plündere. Blitzschnell eilt er zurück, trifft ihn bei Emerita in Lusitanien (Merida in Estremadura) und schlägt ihn in die Flucht, auf welcher er im Guadiana ertrinkt.[12]

Nach diesem Siege schifft er über die schmale Meerenge nach Afrika, wozu die spanischen Seestädte gar gern Schiffe geben mochten. (Idatius zum fünften Jahre Valent.) 50000 Goten und Alanen[13] begleiten ihn (Prokop, p. 334), was mit des Victor Vitensis Angabe ungefähr übereinstimmt, welcher mit Einschluß von Frauen, Greisen und Kindern deren 80000 zählt.

Als er, mit Vorsicht vorrückend, in der Nähe des 150–180 (römische) Meilen entfernten Bonifacius angelangt war, gewiß nicht vor dem Jahre 428 (vielmehr 429 D.), hatte sich die Sachlage verändert. Der Verrat ist inzwischen entlarvt worden: Placidia beschwört ihren Feldherrn, dem Reiche die kostbare Provinz zu erhalten.

Gaiserich aber war nicht der Mann, sich wieder fortschicken zu lassen. Jordanis (Kap. 33) zeichnet ihn, wohl nach Cassiodor, mit folgenden Worten:

„Mittlerer Statur, in Folge eines Sturzes mit dem Rosse hinkend, tiefen Geistes, schweigsam, Verächter des Wohllebens, von wilder Zornwut, die Völker aufzuwiegeln von größter Verschlagenheit, den Samen der Zwietracht auszustreuen und Haß zu erregen stets bereit."

Taub gegen Bitten wie gegen Gold Roms, Sieger in zwei Schlachten (430, 431), behauptet er sich im unbestrittenen Besitz des besten Teils von Afrika, bis im Jahre 432 die geschlagenen Feldherren, Bonifacius und der aus dem Ostreiche zu Hilfe gesandte Aspar, in ihre Heimat zurückfliehen. Nur Karthago bis zum Jahre 439 und Mauritanien bis zu Valentinians III. Tod blieben noch in römischem Besitz, der auch durch einen im Jahre 435 (Prosper Aquitanus, Cassiodor, Prokop I., 4, p. 427 und Isidor v. Sevilla, Chronic. Vandalorum) mit Gaiserich, wohl auf Grund des gegenseitigen Besitzstandes abgeschlossenen Frieden gesichert ward. Dieser mochte Letzterem zu Ordnung und Befestigung der neuen Herrschaft sehr wichtig sein, da er dem Kaiser darin einen Tribut bewilligte und sogar seinen ältesten Sohn Hunerich als Geisel stellte. Die größte Freundschaft heuchelnd empfing er diesen nach einiger Zeit wieder zurück: bald darauf zeigte er seinen wahren Sinn dadurch, daß er sich am 18. Oktober 439 mitten im Frieden Carthagos durch List bemächtigte. (Prokop, p. 327; Prosper Aquitanus, Marcellin und Cassiodor.)

Überraschend erscheint das so leichte Gelingen dieser Eroberung, welcher doch zwar nicht die römischen Waffen, wohl über die Marschweite von Ceuta bis gegen Tunis, Klima und Bodenbeschaffenheit die größten Schwierigkeiten entgegen stellen mußten.

Das alte Afrika aber war freilich nicht das jetzige, vielmehr ein wohl angebautes, reiches Land.

Vor allem wußte Gaiserich die dortigen zahlreichen und mächtigen Elemente der Unzufriedenheit wider die römische Herrschaft trefflich für sich auszubeuten. Leicht mag er die in ihren Bergen mehr oder minder unabhängigen, zum Aufruhr stets geneigten Mauren für sich gewonnen haben. Die schon romanisierte Bevölkerung aber, Städtebewohner und Kolonisten – die einzige, worauf für Landesverteidigung noch gerechnet werden konnte – war nicht nur höchst unkriegerisch und verweichlicht, sondern vor allem durch den religiösen Verfolgungsgeist der Regierung gespalten und zum Teil erbittert.

Der religiöse Fanatismus der Kaiser hatte vom Jahre 405 bis 414 die härtesten Gesetze gegen die Donatisten erlassen, die gleichwohl in Afrika so zahlreich waren, daß bei dem Konzil zu Karthago im Jahre 418 nicht weniger als 269 Bischöfe derselben erschienen, welche ihre Gesamtzahl auf mehr als 400 Gemeinden angaben.[14]

An sie schlossen sich, als angeblich nähere Glaubensverwandte oder mehr Gleichbedrängte, die Reste der hartverfolgten Arianer an.[14]

Was Wunder, daß alle diese die arianischen Vandalen als ihre Retter begrüßten, nun aber im Heißdurst nach Rache auch ihrerseits alle aufboten, Letztere zu gleicher Verfolgung der Katholiken aufzureizen, was ihnen bei deren Priestertum nur zu leicht gelungen zu sein scheint!

Wir bemerken hier nur, daß der Einzug der Vandalen im Geleit aller der Schrecken erfolgte, welche von 406–409 sowie von 409–411 Gallien und Spanien verödet hatten. Nicht nur Plünderung, auch Mord, selbst der Weiber und Kinder, Brand und Zerstörung jeglicher Art, sogar Niederhauen der Fruchtbäume verwüsteten namentlich das unglückliche Mauritanien, das die Sieger zuerst durchzogen. Gaiserich, nicht selten Wüterich aus Leidenschaft, mag dies zu verhüten teils nicht die Macht, teils aber auch nicht den Willen gehabt haben, weil er (vielleicht, aber freilich dann irrigerweise D.) in seines Volkes roher Wildheit die sicherste Abwehr gegen erschlaffende Zivilisation erblickte.

Nach der Eroberung nahm er ganze Provinzen, nicht nur die ausgedehnten Staatsländereien, sondern auch das Privateigentum, letzteres gewiß wenigstens großenteils, für sich und sein Haus; andere Bezirke wurden unter seine Krieger verteilt. Diese Landstriche wurden die „Lose der Vandalen", Vandalorum sortes, genannt. Was er den alten Eigentümern ließ, wurde dergestalt mit Abgaben beschwert, daß kaum ein Ertrag übrig blieb. Doch ist letztere Angabe Prokops übertrieben, da sich immerhin später noch wohlhabende Römer in Afrika fanden.[15] Die vertriebenen Eigentümer behielten ihre Freiheit, wenn sie deren nicht unter einem gesetzlichen Vorwande beraubt werden konnten, mögen aber häufig ausgewandert sein.

Nach der Wegnahme von Karthago wollte sich Gaiserich im Jahre 440 des reichen Siziliens und Calabriens bemächtigen (Prosper Aquitanus z. Jahre 440 und Idatius zu a. 16. Valent.), fand aber in Cassiodors Ahnherrn einen tapferen Gegner, der ihn aus letzterem herausschlug und mit Glück in ersterem bekämpfte. (Cassiod. Var. I, 4.)

Da sandte Theodosius II. im Jahre 441 eine mächtige Flotte mit Truppen unter Areobindus, Anaxilla und Germanus dem Westreiche zu Hilfe nach Sizilien. (Prosper Aquit.) Vielleicht hatte diese die Bestimmung, nach Befreiung der Insel Gaiserich in Afrika selbst anzugreifen. Da aber plötzlich die Hunnen, unzweifelhaft auf des Letzteren Anstiften, in Illyricum einfielen, sah sich der Kaiser genötigt, nicht nur seine Truppen, anscheinend noch in demselben Jahre, zurückzurufen, sondern auch mit den Vandalen Frieden zu schließen, welchem nun Valentinian III., nachdem der Feind Sizilien verlassen, im Jahre 442 ebenfalls gern beitrat.

Von nun an scheint Gaiserich mit Rom bis zu Valentinians Tod in Frieden gelebt zu haben, während er in demselben Jahr 442, nach Prosper Aquitanus, eine Verschwörung vornehmer Vandalen entdeckte und mit der blutigsten Grausamkeit bestrafte. Möglicherweise in einigem Zusammenhang hiermit wahrscheinlich aber erst gegen Ende (? vergl. Könige I, S. 235 D.) dieses Jahrzehnts entbrannte sein wildes Gemüt wider seine eigne Schwiegertochter, seines ältesten Sohnes Hunerich Gemahlin, des Westgotenkönigs Theoderich I. Tochter dergestalt, daß er sie, wie Jordanis (Kap. 36) sagt, auf den bloßen Verdacht hin, Gift bereitet zu haben, mit abgeschnittener Nase und Ohren ihrem Vater zurücksandte.

Da beeinflußte Valentinians III. Ermordung im Jahre 455 stark des Königs Politik. Von dem Zug nach Rom, dessen wir an anderm Orte gedenken werden, brachte er die Kaiserin Eudoxia und deren

Töchter, Eudokia und Placidia, als Gefangene mit und vermählte Eudokia, die väterlicher- und mütterlicherseits von Theodosius dem Großen abstammte, seinem Sohne Hunerich[16], während er deren Mutter und Schwester im Jahre 462 (Idatius, p. 6) nach Konstantinopel sandte (d. h. entl:eß. D.). Nun bot ihm die Forderung einer Mitgift für seine Schwiegertochter, so wie des von Aëtius – dessen Sohn Gaudentius er ebenfalls gefangen aus Rom mitgebracht hatte – hinterlassenen Vermögens den Vorwand, der wachsende Verfall des Reiches aber die Füglichkeit dar, dasselbe plündernd und erobernd heimzusuchen. Nach Victors Vitensis, des Zeitgenossen, unzweifelhaftem Zeugnisse (I, p. 5) brachte er von da ab bis zu seinem Tode nicht nur das ganze noch römische Afrika, sondern auch Sizilien, Sardinien, Korsika, die Balearen und alle kleineren Inseln in seinen Besitz, während es nach Prokop (I, 5, p. 335) scheinen könnte, als habe er nur jährliche Verheerungszüge dahin wie gegen die italischen Küsten gerichtet. Nachdem der Westen durch Raubfahrten ziemlich erschöpft gewesen sein mag, wurden der Osten: Illyrien, Griechenland und dessen Inseln, deren Ziel.

In Byzanz aber saß in Kaiser Leo ein kräftiger Mann auf dem Throne, der mit dem Erzpiraten ein Ende zu machen entschlossen war. In den Jahren 467 und 468 ward im Einvernehmen mit dem weströmischen Kaiser Anthemius ein großartiger Angriff kombiniert. Von Ägypten aus marschierte Heraclius nach Tripolis, dessen er sich ohne Schwierigkeit bemächtigte. Von Dalmatien aus segelte der tapfere Marcellin, den wir später kennen lernen werden, nach Sardinien und vertrieb die Vandalen aus der Insel. Gegen Afrika aber entsandte Leo eine ungeheure, mit unsäglicher Anstrengung und einem Aufwande von hundertundsiebzehn Millionen Mark[17] zusammengebrachte Armada unter dem Befehl des Basiliscus, des Bruders seiner Gemahlin. Glücklich landete dieser nur 4 1/2 Meilen weit von Karthago. Da heuchelte der verschlagene Gaiserich Unterwerfung und bat nur um fünf Tage Frist zur Unterhandlung, die ihm auch (das Gerücht sprach von Bestechung) törichter Weise bewilligt ward. Plötzlich schlägt der Wind gegen die römische Flotte um, worauf der König diese sofort (wohl bei Nacht D.) mit der seinigen im Geleit zahlreicher Brander angreift.

Diese, scharf gegen die feindlichen Schiffe getrieben, setzen Alles in Flammen; der Angriff der Vandalen gegen die noch nicht brennenden Galeeren vermehrt die Verwirrung, so daß diese mit der Zerstörung mindestens des allergrößten Teils der Flotte endigt: nur wenige Fahrzeuge mögen nach Sizilien entkommen sein. (Prokop I, p. 337–339)

Auffällig erscheint hierbei das Verhalten des Landheeres, das doch unzweifelhaft an Bord war, bei der Schlacht aber noch nicht ausgeschifft gewesen sein kann[18], weil es sonst entweder gegen das nahe Karthago vorrücken oder gegen die Vandalen vorrücken mußte, wovon weder das Eine noch das andere erwähnt wird, obwohl das lange Zurückhalten der Truppen an Bord eben so unbegreiflich erscheint.

So scheiterte durch des Führers Untüchtigkeit diese für unüberwindlich gehaltene Armada, wie in späterer Zeit durch die Elemente die Philipps II.

Sardinien und Tripolis mag Gaiserich bald wieder genommen und ebenso seine Raubzüge gegen Rom und Byzanz fortgesetzt haben. Am Abend seines Lebens sah er im Jahre 476 noch den Sturz der von ihm so hart bedrängten Roma, erneuerte aber sogleich den schon vorher mit dem letzten Kaiser Romulus Augustulus durch dessen Vater Orestes abgeschlossenen Frieden mit dem neuen Germanenherrscher Odovakar, indem er ihm das für Italien so wichtige Sizilien, mit Ausnahme des festen Lylibäum an dessen Südwestspitze, gegen jährlichen Tribut abtrat, worauf bald auch ein „immerwährender" Friede mit Zeno, dem Kaiser des Ostreichs, folgte.[19]

Am 24. Januar 477 verschied, nach mehr als fünfzigjähriger Regierung, der gewaltige Mann.

Sonder Zweifel war Gaiserich einer der merkwürdigsten und größten Männer, welche bei der Zertrümmerung Westroms durch die Germanen auf die Weltbühne traten.

Er besaß nicht den Seelenadel und die Milde Alarichs und Ataulfs noch die hohe maßvolle Weisheit Theoderichs des Großen. Als Kriegsheld und Politiker aber hat ihn schwerlich einer der germanischen Eroberer übertroffen.

Sein Meisterwerk war die Behandlung der Mauren, wie er diese teils zu gewinnen, teils niederzuhalten wußte, was deren gleich nach dessen Tode erfolgter Losbruch gegen die Vandalen (Prokop I, 8) schlagend bewährt. Er brauchte sie bei seinen Raubfahrten, welche er wenigstens selbst befehligte, als Plünderer vom Handwerke, sowie Vandalen oft nur als Reserve, auf welche jene, mit Beute und Gefangenen beladen, sich zurückzogen: die Mauren empfingen dafür einen Anteil. Sorgfältig wußte seine äußere Politik alle Feinde Roms, Westgoten und Hunnen, zu benutzen, indem er mit Attila im engsten diplomatischen Verkehr stand.

Von seiner Regierung im Innern wissen wir – außer der Katholiken-Verfolgung, deren wir später gedenken werden – zu wenig, um sicher zu urteilen, können aber, zumal nach den Erfolgen, nicht zweifeln, daß Gaiserich keineswegs ein roher Barbar war, wenn gleich oft im Zorn, oder um berechnend zu schrecken, als solcher handelte, indem er z. B. auch die Gemahlin (wohl die Witwe) seines Bruders und dessen Kinder töten ließ.

Namentlich kannte und übte er gewiß, wenn auch auf seine Weise, die oberste Herrscherpflicht – Gerechtigkeit! Ganz besonders empörte sich seine germanische Menschheit gegen die Unzucht, die fast mit der Freiheit der Unschuld in Afrika, besonders dessen Hauptstadt, allgemein und öffentlich, selbst in der scheußlichsten Gestalt getrieben ward. Er schloß alle Prostitutionshäuser und zwang die Dirnen zur Heirat, indem er zugleich auf den Ehebruch Todesstrafe setzte.

Mit der Eroberung durch die Germanen, bei der die Völker als Heere auftreten, war naturnotwendig überall eine straffere Subordination, daher ein Übergang von der alten, auch unter Königen sich äußernden Volksfreiheit zu mehr absoluter Herrschergewalt verbunden. Nirgends aber unstreitig in gleichem Maße, wie bei den Vandalen unter des gewaltigen Gaiserich fünfzigjähriger Herrschaft, obgleich wir auch bei ihm kluge Schonung des Nationalgefühls vorauszusetzen haben.[20]

Alle streitbaren Germanen waren in achtzig Tausendschaften formiert, denen ein „millenarius" vorstand.

Eine eigentümliche Maßregel Gaiserichs war Schleifung aller Festungen, die seinen Nachkommen später so verderblich ward.

Neben obiger Heeresorganisation bestand die gesamte frühere römische Verwaltung in Behörden, Gerichten und gemeinnützigen Anstalten unverändert fort. Latein blieb die Geschäfts- und Gesetzessprache, auch bei Hofe vielfach in Gebrauch. Die königlichen Zivilbeamten und andere Diener waren, größtenteils mindestens, Römer.

Von dem arianischen Metropoliten Cyrila erfahren wir in etwas späterer Zeit, daß er Germane war. Überhaupt haben wir uns die Kultur, ja Verweichlichung der Vandalen als sehr vorgeschritten zu denken.

Fassen wir dies Alles zusammen, so erscheint das Verhältnis der dortigen Germanenherrschaft zu den römischen Untertanen und deren Staatswesen im Wesentlichen ähnlich, wie dies später in Italien unter Theoderich und zum Teil auch in Gallien unter Chlodovech sich ausbildete (nur daß von Anfang viel härtere Behandlung der Provinzialen stattfand, da die Vandalen ohne Vertrag mit einem Kaiser lediglich als Eroberer von dem Land Besitz nahmen. D.).

In fünfzig Jahren hatte Gaiserich sein großes Werk nicht nur vollbracht, sondern auch durch Frieden mit der ganzen Außenwelt gesichert.

Sein Reich umfaßte an 44 000 Quadratmeilen mit mindestens elf Millionen Einwohnern.

Aber auch über seinen Tod hinaus wollte er es durch Feststellung einer geregelten Erbfolge sichern, indem er, wie Jordanis Kap. 33 sagt, vor versammeltem Heere (accito agmine) verordnete, daß die Regierung stets auf den an Jahren ältesten seines Mannsstamms übergehen sollte, also ein Seniorat einführte.[21]

Ob bei den Vandalen vor ihm eine Mitwirkung des Volkes bei Thronwechsel überhaupt nicht stattfand oder nur der allmächtige Gaiserich sich darüber wegsetzte, wissen wir nicht, müssen sie aber doch, dem sonstigen germanischen Recht gemäß (ohne Zweifel D.), annehmen.

Hunerich hatte die Härte, aber nicht den Geist seines Vaters geerbt. Erstere bewies er durch die Tötung der Gemahlin seines Bruders Theoderich, dessen ältesten Sohnes und mehrerer geistlicher und weltlicher Großen seines eignen Volkes wie durch die Verbannung und beschimpfende Behandlung Theoderichs selbst, dessen übriger Kinder und des ältesten Sohnes seines Bruders, Gento. (Victor Vit. II, p. 20 und 21.)[22]

Bald auch wandte sich sein wilder Sinn gegen die Katholiken, die er im Beginn seiner Regierung wohlwollender als sein Vater behandelt hatte.

Victor, Bischof von Vita (ein sonst nicht bekannter Sitz), ein Opfer der Hunerichschen Verfolgung, hatte sich durch Flucht nach Konstantinopel gerettet und schrieb dort im Jahre 487 seine fünf Bücher de persecutione Africana.[23]

Wir erinnern an das, was wir im I. Bande über den Parteigeist christlicher Schriftsteller in Darstellung religiöser Verfolgungen sagten: so hat auch dieser selbst Betroffene seinen ganzen begreiflicher Haß und Ingrimm in obiger Schrift entladen. Den Details rohester Grausamkeit wider Bischöfe und andre Weltgeistliche, aber auch gegen Mönche, Nonnen und einfache Bekenner, welche an die Zeiten Diokletians erinnern, wie den zahlreichen Beispielen der Glaubenstreue unter allen Martern sind

Wundergeschichten beigemischt, die, nicht vom Verfasser selbst wahrgenommen, deutlich beweisen, daß derselbe jeder unter seinen Bekenntnisgenossen umlaufenden Erzählung oder Mär ohne weiteres blinden Glauben beigemessen hat.

So unverkennbar in diesem Allen große Übertreibung und gewiß auch manche Unwahrheit liegt[24], ist doch an der Hauptsache, welche auch durch andere Zeugnisse bestätigt wird, auf keine Weise zu zweifeln.

Merkwürdig nun, wie ein so scharf blickender Politiker als Gaiserich, der für seine Person gewiß kein religiöser Fanatiker war, aus jenem dogmatischen Streitpunkte in der mehr oder minder mystischen Auffassung des an sich unerforschlichen Geheimnisses der Dreieinigkeit Grund und Anlaß hernehmen konnte, den größten Teil seiner Untertanen auf so harte, blutige Weise zu verfolgen.

Dessen Verfahren gegen die Katholiken war aber kein systematisches und konsequentes, sondern ein sporadisches, auf welches sein jedesmaliges Verhältnis zu Rom und Konstantinopel von wesentlichem Einflusse war.

Erst im Jahre 437, vermutlich nachdem er vorher seinen als Geisel in Rom verweilenden Sohn Hunerich von dort zurückerhalten hatte, vertrieb er den Bischof von Karthago und andere aus dem Land, und wütete gegen Staatsbeamte, die nicht Arianer waren, da er nur dergleichen um sich dulden wollte.

Man vergesse aber nicht, daß es in Zeiten allgemeinen Parteikampfs unmöglich ist, sich davon frei zu halten, namentlich für das politische Oberhaupt der herrschenden Partei.

Die rachedürstenden römischen Arianer mögen fortwährend die vandalischen Bischöfe und diese wiederum den König wider die Katholiken aufgestachelt haben.

In Rom und Konstantinopel ferner ließ man den dortigen Arianern, wenn auch nicht den gotischen Söldnern, die man fürchtete, entgelten, was die Glaubensbrüder in Afrika gelitten hatten: und das reizte wiederum den König zu noch härtern Maßregeln.

Die Katholiken aber waren nichts weniger als demütig und bescheiden, sondern trugen mit Stolz das Bewußtsein der allein-guten Sache zur Schau und machten zahlreiche Proselyten, selbst unter den Vandalen, was denn Gaiserich gewaltig erbittert haben mag.

Zu dem allen kam endlich, daß doch dessen *politische* Grundansicht, abgesehen von seinem eignen Bekenntnisse, für die Arianer und Donatisten sein mußte, weil er nur bei diesen, unter der vorigen Regierung bedrängten Untertanen, auf Treue und Ergebenheit rechnen, von den stets nach Rom blickenden Katholiken aber dergleichen nie erwarten konnte.

Rechnet man hierzu noch die wilde Härte dieses eisernen Herzens, das jedweder Widerstand erbitterte, und den Fanatismus wie die Roheit seiner Werkzeuge, die gewiß noch über des Königs Willen hinausgingen, so erklärt sich die traurige Geschichte jener Verfolgungen auf das Einfachste.

Hunerichs späteres Verfahren gleicher Art mag ein konsequenteres gewesen sein. Prokop (p. 344/5) berichtet von ihm: so grausam und ungerecht wie dieser habe Niemand die Christen (so nannten sich die Katholiken im Gegensatz zu allen Ketzern) verfolgt. Durch Feuer und andre Martern seien diejenigen, welche den Übertritt zum Arianismus verweigern, hingerichtet worden. Vielen habe man die Zunge abgeschnitten, von denen mehrere noch zu seiner Zeit in Byzanz gelebt, aber wunderbarer Weise deutlich gesprochen hätten.

Nach Victors von Vita ausführlicherem Berichte (im II. und IV. Buche) hat übrigens Hunerich seinem Verfahren lediglich den Charakter einer durch die Behandlung der Arianer im byzantinischen Reiche ihm abgedrungenen Retorsionsmaßregel gegeben. Feierlich sicherte er[25] den Katholiken dieselbe Religionsfreiheit zu, welche seine Glaubensbrüder dort genössen.

Endlich beschloß der König, der fortwährenden Verwendung seiner Schwägerin Placidia und des Kaisers Zeno (scheinbar *D.*) nachgebend, einen Hauptschlag. Er setzte auf den 1. Februar 484 zu Entscheidung der dogmatischen Frage ein Religionsgespräch beider Parteien an, das nach obiger Quelle eine auf Erniedrigung der Katholiken berechnete Komödie gewesen sein soll, bei der die Entscheidung schon vorher festgestanden habe. Die Disputation, welche der Patriarch Cyrila, obwohl des Lateinischen vollkommen kundig, in vandalischer Sprache (einer gotischen Mundart *D.*) gehalten wissen wollte, endete, wie jede derartige Verhandlung, bei der sich Hunderte Erbitterter gegenüberstehen, in Geschrei und Tumult. Dies ward den Katholiken zur Last gelegt[26] und es erschien nun, unter dem 25. Februar 484, das von Victor von Vita erhaltene Gesetz, welches die früher von den Kaisern Theodosius und Honorius gegen die Ketzer erlassenen beinahe wörtlich wiedergibt, aber eben die Katholiken als Ketzer bezeichnet. Auf Grund dessen wurden an einem Tage sämtliche katholische Kirchen in Afrika geschlossen, alle vierhundertsechsundsechzig Bischöfe derselben aber, so weit sie nicht (achtundachtzig an der Zahl) umkamen oder entflohen, von ihren Sitzen teils nach Korsika (sechsundvierzig), teils in das Innere des Landes zu den Mauren verbannt (zweihundertund-zwei).[27]

Kriege hatte Hunerich nicht zu führen, außer mit den Mauren, welche, ihres unter Gaiserich so blühenden Gewerbes verlustig, nun den Raub im Lande zu treiben begannen.

Auf Hunerich folgte bereits im Jahre 484 dessen ältester Neffe, Genzos Sohn, Gunthamund, der bis zum 24. September 496 regierte.[28]

Von Gunthamund erfahren wir aus Prokop (I, 8, p. 345), daß die Kämpfe mit den Mauren und die Bedrückung der Katholiken, wenn auch letztere in vermindertem Maße, unter ihm fortdauerten.

Ihm folgte sein jüngerer Bruder Thrasamund, der siebenundzwanzig Jahre lang, also bis zum Jahre 523 regierte, und sich nach Prokop (a. a. O.) sowohl durch den Adel seiner Gestalt als durch Geist und Seelengröße ausgezeichnet haben soll. Nicht mehr durch rohe Gewalt, aber auf indirektem Wege, durch Ehrenstellen, Gold, Straferlaß usw., suchte dieser die Katholiken zu seinem Glauben überzufüh-ren.

Unter ihm mag jedoch in dem langen Frieden gegen äußere Feinde die Verweichlichung der Vanda-len und Alanen reißend zugenommen haben, wie sie denn auch jetzt durch die im Gebiet von Tripolis wohnenden Mauren die schwerste Niederlage erlitten, welche sie in Afrika bisher betroffen hatte.

Er hatte sich in zweiter Ehe mit Theoderichs des Großen Schwester Amalafrida vermählt, welche ihm mit einem Gefolge von 1000 Vornehmeren nebst 5000 Kriegern übersandt worden war.

Auf Thrasamund folgte nach Gaiserichs Senioratsordnung Hilderich, Hunerichs Sohn, der damals schon über fünfzig Jahre alt gewesen sein und Konstantinopel besucht haben muß, weil ihn Prokop (I, 9, p. 350) nicht nur Freund, sondern auch Gast (ξένος) Justinians nennt, der erst im Jahre 520 durch die Adoption seines Onkels, des Kaisers Justinus, zu Bedeutung gelangte.

Nach Hilderichs Regierungsantritt ward Amalafrida einer Verschwörung beschuldigt und einge-kerkert – sie starb, vielleicht ermordet, im Gefängnis –, die Gotenschar aber, die sie begleitet hatte, großenteils niedergehauen.

Hilderich wird von Prokop als sehr unkriegerisch, aber sanft und wohlwollend geschildert. Daß er in Folge seines Aufenthalts in Konstantinopel und seiner Freundschaft mit Justinian die Katholiken begünstigte, war natürlich.

Nach einer abermaligen Niederlage durch die Mauren soll des Königs Vetter Gelimer, der Enkel seines Onkels Genzo, durch Sieg die Waffenehre wieder gerettet haben.

Hierdurch erhoben und durch die Unterstützung vieler mit Hilderichs Hinneigung zum byzantini-schen Hofe (wohin er sogar Geld sandte) unzufriedenen Vandalen verstärkt, stieß Gelimer diesen im Jahre 530 oder Anfang 531 vom Throne, warf ihn mit seinen Neffen (oder Vettern D.) Hoamer und Euages in den Kerker und ließ dessen Anhänger töten.[29]

Justinian, seit 527 Kaiser, wandte zuerst diplomatische Verwendung für Hilderich, den Freund und ungefährlichen Nachbar, und auf deren entschiedene Zurückweisung, Kriegsdrohung, gleich erfolglos, wider Gelimer an.

Erst im Jahre 533, ermutigt durch teilweises Waffenglück in Persien und in Voraussicht des nahen Friedens mit diesem Reiche, beschloß er den Krieg gegen den Vandalenkönig.

Diesen Krieg hat nun Prokop, der ihm als Rechtsrat des Feldherrn Belisar persönlich beiwohnte, mit größter Vollständigkeit[30] und Treue beschrieben.

Vor Eröffnung der Feindseligkeiten hatte Prudentius, ein Bürger von Tripolis, mit Hilfe eines von Justinian dazu erlangten kleinen Corps sich der Stadt und Provinz, die von den Vandalen nur sehr schwach besetzt war[31] bemächtigt.

In Begriff, wider denselben zu ziehen, hält ein zweiter Abfall – der des Goda in Sardinien, das derselbe als Statthalter inne hatte – Gelimer davon zurück.

Sogleich sendet er seinen tapfern Bruder Tzazo mit den besten bereit stehenden Truppen nach Sardinien, um der Ankunft der römischen Hilfstruppen, die auch Goda sich erbeten, zuvorzukommen. Tzazo erobert Sardinien wieder und tötet den Rebellen; indem man sich aber auf dieser Insel schlägt, landet Belisar gegen Ende September 533 in Afrika, dreißig Meilen südöstlich von Karthago.[32]

Ein kleines Heer, aber ein großer Feldherr. Jenes zählte nur 10 000 Mann Fußvolk und 5000 Reiter, teils Föderierte, d. i. fremde Söldner, teils Römer – welcher Name auch für die Truppen des Ostreichs immer noch gebraucht wird – aber auserlesene, in der Schule des persischen Kriegs bewährte Truppen.

Unter erstern auch 500 Massageten, die man, wie Prokop sagt, jetzt Hunnen nenne.

Belisarius, der Magister militum des Orients, kam, einer verlornen Schlacht unerachtet, ruhmgekrönt aus Persien. Dessen Vaterland soll nach Prokop (I, 11, p. 361) Germanien zwischen Thrakien und Illyrien gewesen sein, welche ungenaue Bezeichnung auf Obermösien hinweist, aber unentschieden läßt, ob derselbe auch germanischer (aus den zahlreichen dort angesiedelten Kolonister.) oder römischer Abkunft war.

Ohne den geringsten Verzug marschierte Belisar, nirgends Widerstand bei der Bevölkerung, vielmehr bereitwillige Aufnahme findend, auf Karthago los. Erst bei Grasse, einer königlichen Sommerresidenz am Meer, acht bis neun Meilen von Karthago, ward der ihm im Rücken nachfolgende Feind durch Späher rekognosziert. Gelimers Hauptmacht war vorher im innern Lande bei Hermione, dessen Lage unbekannt ist, konzentriert gewesen; bei dem Vorrücken des Feindes aber beorderte er seinen in Karthago befehligenden Bruder Ammata, zuerst Hilderich mit den Seinigen töten zu lassen und bei Annäherung Belisars diesen an bestimmtem Tage in der Fronte anzugreifen, während er seinen Neffen Gibamund mit 2000 Mann gegen dessen linke Flanke entsenden, selber aber mit der Hauptarmee ihm in den Rücken fallen werde.

Dieser Kriegsplan gestattet Belisar, unangefochten bis Decimum, nur zwei Meilen von Karthago, vorzudringen, wo sich der wohlkombinierte Vernichtungsschlag gegen ihn entladen sollte. Er befiehlt dem tapfern Armenier Johannes, mit 300 Scutariern der Garde nach Karthago vorzugehen, den Hunnen aber seine linke Flanke zu decken, indes die Hauptarmee ein befestigtes Lager schlägt.

Da beginnt der Unstern der Vandalen. Ammata verläßt zu früh Karthago, stößt auf Johannes, greift, brennender Kampfgier, sogleich an, bleibt aber, nachdem er Wunder der Tapferkeit verrichtet, selbst auf dem Platze; worauf sein erschrecktes Volk sofort flieht. Johannes folgt diesem auf dem Fusse nach und stößt auf zahlreiche, auf Ammatas Befehl, aber nur in kleinen ungeordneten Trupps, nachfolgende Vandalen, die nun, von gleichem Schreck ergriffen, die Spitze eines starken Heers sich gegenüber wähnend, in wilder Flucht in der Stadt Rettung suchen.

Auf dem linken Flügel ist indes Gibamund angekommen und trifft dort die den Vandalen nur durch das Gerücht als die furchtbarsten Feinde bekannten Hunnen, deren neue entsetzende Kriegsweise seine Truppen dergestalt außer Fassung bringt, daß sie fliehen und, wie Prokop (p. 387) gewiß übertrieben versichert, alle vernichtet werden.

Belisar verläßt mit der Reiterei allein das Lager, dringt auf den Wahlplatz, wo Ammata gefallen, vor und vernimmt dort den ganzen Hergang, als ihm plötzlich Gelimers Anrücken gemeldet wird. Indem dieser naht, wetteifert die Vorhut beider Teile eine dominierende Höhe zu nehmen, die vandalische aber kommt der römischen zuvor; diese flieht und reißt in der Flucht einen Rückhalt von achthundert Mann mit fort, bis Belisars Hauptcorps die Fliehenden aufhält.

In diesem entscheidenden Augenblicke hätte Gelimer, wie Prokop mit Recht sagt, entweder mit ganzer Kraft die Flüchtigen verfolgend sich auf Belisar stürzen oder diesen bei Seite lassend sich eilig nach Karthago werfen sollen. Er tut weder das Eine, noch das Andre, hält sich vielmehr jammernd bei seines Bruders Leiche und deren Bestattung auf, bis Belisar mit inzwischen gesammelten und geordneten Kräften ihn entschlossen angreift und die des nicht gewärtigen Vandalen mit Leichtigkeit in die Flucht schlägt, welche sie in der Richtung nach Numidien antreten.

So entschied ein Reitertreffen über Afrikas Besitz.

Ohne Widerstand zog Belisar (16. September) in Karthago ein, wo er durch die strengste Manneszucht und Milde gegen die Vandalen eben so die Gemüter beruhigte, als mit höchstem Eifer die verfallene Befestigung der Stadt herstellte und verstärkte.

Gelimer hatte indessen seinen siegreichen Bruder Tzazo aus Sardinien an sich gezogen und sein Heer auf jede Weise, auch durch Mauren, zu verstärken gesucht, was ihm aber nur mit Wenigen gelang, da Belisar die mächtigsten Sheiks und Stämme derselben für den Kaiser zu gewinnen wußte.

Eben so geschickt arbeitete der Feldherr dem Verrat und der Bestechung entgegen, womit ihn der Vandale, besonders bei den unzuverlässigen Hunnen, zu umstricken suchte.

Erst im Dezember beschloß Belisar, der bis dahin auch eine (wohl nur geringe) Verstärkung erhalten (Prokop I, 24) und sein Heer sonst tunlichst vermehrt haben mag, Gelimer in seinem Lager bei Tricameron, dreieinhalb Meilen von Karthago, anzugreifen.

Um Mittag rückt ihm Gelimer mit der Reiterei und vermutlich einem Teile des Fußvolkes, dessen Gros wohl im Lager blieb, entgegen, worauf Belisar die Schlacht beginnt. Zwei kräftige Angriffe der römischen Reiterei auf das feindliche Zentrum, das Tzazo befehligt, werden mit größter Tapferkeit zurückgeschlagen; die Vandalen aber benutzen diesen Vorteil nicht, um nun auch ihrerseits anzugreifen. Bei dem dritten Angriff endlich, der mit allen Kräften wiederholt wird, entbrennt der heißeste Kampf, in welchem Tzazo fällt, worauf das ganze römische Heer auch von den Flügeln her entschlossen vordringt, die Vandalen aber weichen und bald zu fliehen beginnen. Da stürzen sich die Hunnen, welche, zweifelhafter Treue, daher vom übrigen Heere gesondert, bisher müßig zugeschaut, auf die Unterliegenden und vollenden die Entscheidung. Doch geht die Flucht nur bis zum nahen Lager, wo die Vandalen ihre Weiber, Kinder und reichen Schätze geborgen hatten, da sie, in Folge der Schleifung aller Festungen, keinen sichern Zufluchtsort besaßen.

Gegen dieses Lager rückt nun noch am Abend Belisar mit dem gesamten Fußvolk an. Gelimer entkommt: sein Heer ergießt sich in wilde regellose Flucht.

Mit heißer Beutegier stürzen sich die Römer in der Nacht auf die Schätze des Lagers und die einzelnen Fliehenden, namentlich Weiber und Kinder.

In völliger Unordnung zerstreut sich nun Belisars ganzes Heer, so daß bei Anwesenheit eines entschlossenen Führers der Vandalen der Sieg leicht noch zur Niederlage hätte werden können.

Gehmer wäre am sechsten Tage darauf durch den ihm nacheilenden Johannes eingeholt worden, wenn dieser nicht durch den auf einen Vogel gerichteten Pfeilschuß eines Betrunkenen getötet worden wäre. So erreichte der Fliehende ein maurisches Bergschloß, wo er sich nach drei Monaten, vom äußersten Mangel bedrängt, dem ihn belagernden Führer der herulischen Söldner Fara durch Kapitulation ergab. Diese wurde gehalten: Gelimer erhielt ansehnliche Güter in Galatien: nur die ebenfalls ausbedungene Patrizierwürde ward ihm, weil er nicht zum katholischen Bekenntnis übergehen wollte, verweigert.

Blicken wir auf das großartige, mit so geringen Streitkräften erzielte Ergebnis dieses denkwürdigen Feldzugs zurück, so ist dieses nächst dem unverkennbaren Verdienste des römischen Feldherrn hauptsächlich dem nur schlaffen Widerstand der Vandalen beizumessen.

Was Wunder: kein großer Landkrieg (wohin die Maurenkämpfe nicht zu rechnen) seit einem Jahrhunderte, das in Reichtümern schwelgende Volk allen Genüssen hingegeben, durch die leidenschaftlich geliebten warmen Bäder und Genüsse und Ausschweifungen jeder Art immer mehr verweichlicht und seit sechzig Jahren kein Gaiserich mehr, solchen Verfall aufzuhalten.[33]

Belisars Glück blieb ihm, nach der Hauptentscheidung, auch in Nebenereignissen treu. Gelimers unermeßliche Schätze fielen in seine Hand, weil das zu deren Bergung bei dem Westgotenkönig Theudis in Spanien bestimmte Schiff der Stürme wegen den Hafen von Hippo Regium nicht verlassen konnte. Sardinien, Korsika und alle vandalischen Außenlande wurden ohne Schwierigkeit wieder eingenommen.

Die große Menge gefangener Vandalen, die sich meist in die Kirchen geflüchtet hatten, wurde nach Konstantinopel gebracht und im Ostreiche kolonisiert. Was etwa bei den Mauren und sonst im Lande blieb, hat seine Nationalität spurlos verloren.

Belisar ward, von Neid und Mißgunst angeschwärzt, bald zurückgerufen, genoß aber doch der Ehre eines glänzenden Triumphs, die einem bloßen Feldherrn, so viel wir wissen, seit Germanicus (der aber des Kaisers Adoptivsohn war), im Jahre 17 n. Chr., nicht zu Teil geworden.

Belisars weitere Schicksale sowie die der wieder gewonnenen Provinz, welche, noch lange Schauplatz der schwersten Mauren- und Bürgerkriege, erst nach achtzehn Jahren und mit arger Verödung bleibend unterworfen ward, gehören nicht hierher.

Noch haben wir hier eine Schilderung der sozialen und sittlichen Zustände der römischen Bevölkerung der Westlande vor und bei der Eroberung nachzuholen, und dafür freilich um mehr als ein Jahrhundert vom Sturze des Vandalenreichs an wieder zurückzugreifen.

In den Geschicken der Völker, in den Leiden der Zeit Gottes Ordnung zu erkennen und zu predigen, war die Aufgabe der Kirche.

Regte sich daher in den von den Barbaren Zertretenen bei Verlust von Hab und Gut, Weib und Kind, Freiheit und Leben das Murren der Verzweiflung an Gottes Gerechtigkeit und Liebe, so setzte Jene ihnen das harte, aber leider nur zu wahre Wort entgegen: Ihr tragt nur die Schuld eurer eignen unermeßlichen Sündhaftigkeit.

Das hat nun Niemand mit größerem Eifer und Nachdruck getan, als Salvianus, ein Priester zu

Marseille, in seinen acht Büchern: Von der Regierung Gottes (de gubernatione Dei), die im Jahre 440 geschrieben.[34]

Als Bußprediger geißelt er die tiefe Verderbnis, Lasterhaftigkeit und Torheit seiner Zeit.

Selbstredend schildert er darin nicht bloß die Zustände der Gegenwart, sondern auch die vorhergegangenen, in denen sich dies Verderben entwickelt hat.

Sein Gemälde ist in den grellsten Farben der Übertreibung entworfen.

Selbst nach diesem Maße gemessen aber bleibt der Wahrheit genug, um sich empört von der Fäulnis jener Tage abzuwenden.

Gering erscheint wahrlich der sittliche Einfluß des neuen Glaubens auf die Umwandlung des innern Menschen im römischen Reiche.

Zuerst, besonders im IV. Buche, wiewohl ohne strenge Sonderung, von den öffentlichen Zuständen handelnd, sagt Salvian unter anderm:

Was anders ist die Würde der Mächtigen als die Ächtung ihrer Bezirke?

Die vom Staat übertragene Gewalt scheint nur noch der Plünderung wegen und zwar zunächst der Ärmeren da zu sein: denn die hohen Ehrenstellen werden von Wenigen erkauft, um sie aus dem häuslichen Ruin Aller zu bezahlen.

Wie viel Magistratspersonen, so viel Tyrannen. Wo ist wohl der Ort, wo die Eingeweide der Witwen und Waisen, ja selbst der Heiligen (Geistlichkeit) nicht von dessen Häuptern verschlungen werden?

Wer kann jenes räuberische Verfahren und jene Schandtaten gehörig schildern, daß, während das römische Reich schon gestorben oder doch in den letzten Zügen liegt und da, wo noch einige Lebensfunken sich zeigen, durch Erpressungen hingewürgt wird, dennoch viele Reiche gefunden werden, deren Abgaben die Armen tragen müssen!

So weit ist das Verbrechen gediehen, daß nur noch in eigner Schlechtigkeit Schutz zu finden ist

Daraus gingen auch die Bagauden hervor, die, durch gewissenlose und blutgierige Richter beraubt, nun im Raube selbst ihre Erhaltung suchten.

Darum fliehen Viele zu den Goten oder begeben sich, um nicht ganz schutzlos zu sein, in den Schirm der Reichen, werden aber von diesen nunmehr als Leibeigene und Besitzlose behandelt."

Ebenso schwarz schildert er die Verderbnis des Privatlebens:

„Unmenschlichkeit und Grausamkeit, Raub- und Habsucht, Lug und Betrug, ja selbst Mord, wenn er unbestraft begangen werden kann, Unmäßigkeit in allen, selbst den schändlichsten Genüssen, Fressen und Saufen, Ehebruch und Unzucht sogar der scheußlichsten Art, sind nicht nur allgemein, sondern werden in abgehärteter Schamlosigkeit kaum für Sünde geachtet.

Die rasende Leidenschaft für Schauspiele geht so weit, daß in Trier, nach dessen dritter Zerstörung, während die Reste der Bevölkerung jammernd an den Gräbern ihrer Angehörigen liegen und die Mauern noch geschwärzt vom Brand in die Lüfte starren, wenig Edle die Herstellung der Schauspiele als das sicherste Mittel zu Erhebung der Stadt verlangen."

Wendet er sich nun zum Vergleich mit den Barbaren, so hebt er hervor, daß bei diesen, wenn auch einzelne Laster, doch auch manche Tugenden gefunden würden.

„Alle Barbaren," sagt er, „die Einem Volke und König angehören, lieben sich gegenseitig, – alle Römer beinahe verfolgen sich gegenseitig.

Zu den Feinden gehn unsre Landsleute, selbst edelgeborne, über, bei den Barbaren römische Humanität suchend, weil sie die barbarische Inhumanität der Römer nicht tragen können.

Was Wunder, daß die sittlich Reinern und, obgleich Ketzer, doch religiös Frommeren, siegen mußten."

Im achten Buche kommt Salvian speziell auf Afrika zu sprechen.

„Die übrigen Menschen haben doch meist nur einzelne Laster, nicht alle zugleich: nur in Afrika findet man, außer bei wenigen Knechten des Herrn, fast nichts Gutes. Keine Unredlichkeit und Habsucht, keine Treulosigkeit, Unmäßigkeit und Ausschweifung, die in diesem Lande nicht den Gipfel erreicht hätte," wobei er die schändlichsten Wollüste und deren Unterdrückung durch die Vandalen speziell anführt, deren wir oben gedachten.[35]

Bei diesem schauerlichen Nachtstücke fällt uns unwillkürlich der merkwürdige Gegensatz ein, welchen Victor von Vitas Bericht von den zahlreichen Glaubensmärtyrern in Afrika bildet.

Erklärt sich dieser großenteils aus der ungemeinen Übertreibung *beider Tendenz*schriften, so ist doch dabei auch ein anderes noch in das Auge zu fassen.

Über ein Jahrhundert lang dauerte bereits der Bekenntnisstreit, den der Herrscher Haß oder Vorliebe unter blutiger Verfolgung zum wütendsten Parteihaß im Volke angefacht hatte. Davon wurden auch die Einzelnen ergriffen: da gaben sich dieselben, uneingedenk des *praktischen* Christentums, einem fanatischen Eifer für ihr *Bekenntnis* hin, in dessen Festhaltung sie ihr einziges Heil erkannten.

Die Glaubenstreue ward zum Glaubensstolz und dieser mag sich bei der den Orientalen eigentümlichen religiösen Schwärmerei und Exaltation bis zum Festhalten unter Martern gesteigert haben, während dieselben Menschen in ihrem Privatleben dem Strome der allgemeinen Verderbnis nicht zu widerstehen vermochten.

Gern aber wollen wir glauben, daß unter jenen Blutzeugen auch der reinen und edlern Seelen nicht wenige waren.

Vorstehende Darstellung der sittlichen Volkszustände nach Salvian waren wir nicht allein dem Interesse der Sache, sondern mehr noch unserem Hauptzwecke schuldig, weil sie in zweifacher Hinsicht ein wichtiges Licht auf die Geschichte der germanischen Eroberung wirft.

Jene erklärt zunächst die Leichtigkeit letzterer, einem dergestalt in Laster versunkenen, moralisch entnervten und erschlafften Volke gegenüber, zugleich aber auch die leichte Behauptung und Befestigung der neuen Herrschaft, unter welcher sich die Römer im Allgemeinen kaum schlechter, sondern in mancher Hinsicht oft besser befanden, als unter der frühern ihres eignen Reiches.

VIERZEHNTES KAPITEL

Der römische Westen unter Valentinian III. und Aëtius bis zum Einbruch Attilas

Leider ist dies die Fortsetzung derselben quellenlosen Zeit, die wir vom Jahre 417 ab, mit welchem Orosius aufhörte, geschildert haben. Kein Geschichtsschreiber mehr: fast nur die trocknen Notizen der vier Chronisten, bei Prosper Tiro und Idatius, überdies noch mit unsicherer Chronologie.

Das Wichtigste würde die von Marcellin[1] im Jahre 427 berichtete Rückeroberung oder Rückgabe des von den Hunnen besetzten Pannoniens durch oder an die Römer sein, wenn wir diese Nachricht nicht für irrig, mindestens ungenau hielten.[2]

Nachdem Aëtius Arles entsetzt, den König der Westgoten zum Frieden gebracht und darauf (vielleicht *D.*) zu Rom die Intrige gegen Bonifacius gespielt hatte, wandte er sich im Jahre 427 oder 428 wieder zu den Waffen.

In letzterem Jahre vertrieb er nach Prosper Aquitanus die Franken aus dem Teile Galliens, den sie auf dem linken Rheinufer in Besitz genommen hatten, also über diesen Strom wieder zurück[3], was wir jedoch hauptsächlich auf die ripuarischen, die Zerstörer von Trier, beschränken, da die salischen Franken Toxandrien auf Grund früherer kaiserlicher Verleihung inne hatten (s. Bd. I).[4]

Nach Idatius (zum 6/7. Regierungsjahre Valentinians III.) hingegen wurden zuerst die Juthungen und die aufständischen Bewohner von Noricum, wohl germanische Kolonisten, von demselben besiegt, worauf er sich erst im folgenden Jahre gegen die Franken wandte, diese ebenfalls schlug und zum Frieden brachte.[5] Dies würde, selbst wenn wir das Jahr 423, da Honorius starb, als erstes seines Nachfolgers rechnen wollen, frühestens auf die Jahre 428, 429 und 430 fallen.

Da jedoch die *Zeit*angaben beider Chronisten überhaupt nicht genau zusammenstimmen, Idatius aber in Aufzeichnung der Ereignisse des Westens sonst sehr zuverlässig ist, der Feldzug nach Noricum auch von Prosper Tiro zum siebenten Jahre Valentinians bestätigt wird, so erklären wir uns die Sache so. Aëtius begann, nachdem er im Jahre 427, wo nicht schon Ende 426, aus Italien zur Armee zurückgekehrt war, seine Feldzüge zu Befreiung des Reichs von den eingedrungenen Barbaren, schlug damals zuerst die Franken hinaus, marschierte dann durch Rätien nach Noricum, vertrieb, vielleicht noch im Winter 428/29, die eingefallenen Juthungen, unterwarf die ganze Provinz wieder und erlangte dabei zugleich auf dem Wege der Verhandlung die früher bedungene Räumung Pannoniens von den Hunnen.

Darauf ging er über den Rhein zurück und brachte nun zuerst den Krieg gegen die Franken durch neuen Sieg und Friedensschluß zum Ende.

Vergleichen wir nun nochmals die Chronisten, so hat Prosper Aquitanus den ganzen unzweifelhaften Feldzug nach Noricum, sowie den zweiten gegen die Franken und den Frieden mit innen, Idatius aber wieder den ersten gegen dieses Volk unerwähnt gelassen.

Über den Krieg mit diesem letztern ersehen wir nun aus Sidonius Apollinaris (Panegyr. auf Majorian, Carm. V, v. 208–230), daß Aëtius, von Süden her anrückend, zuerst Tours, wohl gegen die Alanen (? D.), zu verteidigen hatte und dann die salischen Franken, welche unter Chlodio in das Land der Atrebaten (zwischen der oberen Schelde und Lys, Tournay und Arras) eingedrungen waren, besiegte, wobei der Kampf mit einer bei den Feinden gefeierten Hochzeit zusammenfiel. Doch sind diese poetischen Fragmente, deren Zweck nur Majorians Preis ist, welcher an diesem Feldzuge Teil nahm, viel zu unklar und unzusammenhängend, daraus annähernd treue Geschichte entnehmen zu lassen.

Wir wissen sogar nicht einmal, ob dieser Krieg mit dem von Prosper Aquitanus und Idatius berichteten, der im Wesentlichen wohl gegen die Ripuarier gerichtet war, in Einem Jahre zusammenfiel. Doch ist dies das Wahrscheinlichere: und Aëtius kann, wenn der Feldzug zeitig im Jahre 428 eröffnet ward, in demselben die Ripuarier geschlagen haben und vor dem Schluß des Jahres auch noch in Noricum eingerückt sein.

Auch die Burgunder mögen um diese Zeit, nordwestlich vordringend, das römische Belgien heimgesucht haben, worauf Aëtius (nach Sid. Apollin Carm. VII, v. 239 und 240) denselben das Handwerk legte.

Um diese Zeit muß nun ganz Gallien, mit Ausnahme der doch nur kleinern Teile desselben, welche den Westgoten, Alanen, Burgundern, salischen Franken und wohl auch den Alemannen ausdrücklich oder stillschweigend eingeräumt worden waren, Roms Herrschaft wieder unterworfen gewesen sein.

Für diese Kriegstaten ward Aëtius im Jahre 429, nach Idatius im Jahre 7 Valentinians, zum Magister militum ernannt. Während seines Siegeslaufs wurde der (angebliche D.) Verrat entdeckt, den er gegen Bonifacius, seinen Feind, und zugleich, wenn auch wider seine Absicht, gegen das Reich geschmiedet hatte, das in dessen Folge Afrikas, einer seiner wichtigsten Provinzen, beraubt wurde.

Was Wunder, daß Placidia solchen Mann an der Spitze des einzigen gewaltigen Reichsheeres nicht als Hochverräter, wie er es verdient, behandeln konnte, ihn sogar noch durch Verleihung des Konsulats für das Jahr 432 ehren mußte.

Unstreitig aber, um sich eine Stütze wider ihn zu verschaffen, hatte sie im Jahre 429 Felix, dessen wichtigen Einflusses Prosper Aquitanus schon unter dem Jahre 427 gedenkt, gleichzeitig mit des Aëtius Erhebung, zum Patrizier ernannt.

Der ehrgeizige Feldherr aber duldete keine Nebenbuhler, ließ Felix daher, „weil dessen Nachstellungen voraussah", schon im Jahre 430 töten.

Auch dies mußte die Kaiserin schweigend hinnehmen. Als aber im Jahre 432 Bonifacius zwar als Flüchtling, aber doch wohl mit einem nicht unbedeutenden Heer, aus Afrika nach Italien heimkehrte, ernannte sie diesen, seiner Verschuldung und Niederlagen unerachtet, zum Magister militum, mag daher in ihm eine Hilfe gesucht und ihn, wenn auch nicht offen, sogar gegen Aëtius unterstützt haben, welcher damals als Konsul in Rom war.

An der Spitze ihrer Heere trafen sich die erbitterten Feinde; Bonifacius siegte, ward jedoch auf den Tod verwundet, wobei wir des Aëtius Niederlage vielleicht durch sein schwächeres Heer, dessen größter Teil in Gallien geblieben sein mag, und durch die besten Haustruppen der Kaiserin, die Bonifacius überlassen worden sein mögen, erklären dürfen. Letzterer starb nach wenigen Tagen[6], Aëtius aber floh über Dalmatien[7] zu seinen alten Freunden, den Hunnen (über welche Rugilas herrschte), was seine feindselige Stellung zur Kaiserin außer Zweifel setzt. (Prosper Aquitanus, Idatius und Marcellin.)

Placidia war zu verständig, um nicht, jedwedes bittre Gefühl unterdrückend, des Aëtius Unentbehrlichkeit für das Reich zu erkennen, ihn daher schon im Jahre 433[8] wieder in Gnaden anzunehmen. Gewiß kam er nur unter Bedingungen zurück, deren Erfüllung das Hunnenheer sicherte, das er, um es in römischen Sold zu stellen, mitbrachte, nachdem er mit dem Hunnenherrscher Rugilas, der sich auch nach Prosper Aquitanus bei der Kaiserin für ihn verwendet hatte, schon vorher Frieden für Rom geschlossen.

Die Erneuerung seines Amts und der Patriziat, der erste Rang im Reiche, begrüßten seine Rückkehr.

Schon gab es in Gallien für ihn wieder Arbeit. Im nordwestlichen (Gallia ulterior: Huschberg S. 453 glaubt nicht ohne Grund in Aremorica) hatte, nach Prosper Tiro (zum Jahre 433), ein gewisser Tibato an der Spitze der Bagauden, zu welchen Sklaven aus dem ganzen Lande strömten, das Banner der Empörung erhoben. Die Gefahr muß groß gewesen sein, da derselbe Chronist vom vorhergehenden Jahre 432 berichtet, die Goten seien von den Römern zu Hilfe gerufen worden, was wohl gegen diesen auch deren Besitz gefährdenden, innern Feind geschehen ist.

Der Aufstand ward auch nach dieser Quelle erst im Jahre 436 durch Gefangennehmung und Tötung Tibatos und der übrigen Häupter vollständig unterdrückt.

Von des Aëtius Wirksamkeit in Gallien, wohin er sicherlich schon im Jahre 434 mit den hunnischen Hilfsvölkern gegangen war, ist erst im Jahre 435 wieder die Rede, in welchem er einen großen Krieg wider die Burgunder, die sich gefahrdrohend empört haben müssen, mit solchem Glücke führte, daß deren König Gundikar um Frieden bat, den er auch erhielt: bald darauf wurde er durch die Hunnen mit einem großen Teil seines Volkes und mit seinem ganzen Geschlechte vernichtet.[9] Wir haben über diese Ereignisse außer den Chronisten auch noch eine ausführliche Nachricht in Sokrates (VII, 30), die zwar von Unwahrheiten strotzt, in Verbindung mit jenen Quellen jedoch Folgendes außer Zweifel setzt

Von Aëtius geschlagen erbten und erhielten die Burgunder Frieden. In diesem Kriege mag derselbe hauptsächlich das Hunnenheer in römischem Solde gebraucht haben, welches nach Sokrates, der diesen Namen nicht erfunden haben kann, Uptar, wohl der von Jordanis erwähnte Octar, der Bruder des frühern und Oheim der spätern Hunnenherrscher, führte.

Jenes Heer mag nach diesem Feldzug, als für den Augenblick müßig, in dem den Burgundern abgenommenen Lande oder dessen Nähe kantoniert worden sein. Von Rache getrieben oder durch neue Beleidigung gereizt, benutzten Letztere nun eine günstige Gelegenheit, über die Hunnen herzufallen und denselben eine schwere Niederlage beizubringen, was, wie Sokrates berichtet, unmittelbar nach dem plötzlichen Tode ihres (an Unmäßigkeit gestorbenen) Königs Uptar geschehen sei. Die Vergeltung aber blieb nicht aus, da im folgenden Jahre 436, nach Idatius, 20 000 Burgunder niedergehauen wurden, was mit der von Prosper Aquitanus im Jahre 435 als etwas später erfolgt angeführten (angeblichen D.) Vernichtung jenes Volkes durch die Hunnen identisch sein muß. Die furchtbare Niederlage hat nun die Sage, welche alles Schauerliche und Gewaltige an Attila knüpfte, späterhin diesem zugeschrieben, und daraus ist die grause Burgunderschlacht des Nibelungenepos hervorgegangen. Den Resten dieses Volkes ward übrigens späterhin im Jahre 442 (Prosper Tiro) Savoyen dergestalt angewiesen, daß sie dessen Grund und Boden mit den alten Einwohnern zu teilen hatten.[10]

Im Jahre 436 brachen die Westgoten wiederum aus unbekanntem Grunde den Frieden, besetzten einen Teil römischen Gebietes und belagerten Narbonne.

Schon war dies durch Mangel an Proviant hart bedrängt, als der römische General Litorius mit einem Trupp Reiter, deren Jeder einen Sack mit etwa sechs Metzen Weizen mit sich führte, die Zernierungslinie, wahrscheinlich in der Nacht, durchbrach, und der Gefahr des Augenblicks abhalf. Daran muß sich bald darauf, indem das Hauptcorps vermutlich nachfolgte, ein entscheidendes Treffen geschlossen haben, da der Chronist bemerkt, Litorius habe die Goten auf das Tapferste in die Flucht geschlagen (Prosper Aquitanus und Idatius).[11]

Der Krieg, zu welchem Aëtius nun auch das hunnische Hilfsheer heranführte, dauerte in den Jahren 437 und 438 und zwar siegreich für die Römer fort, da der Feldherr nach Idatius im Jahre 437 8000 Goten niederhieb. Erst im Jahre 439 wandte sich das Glück, indem Litorius, der Zweite im Range nach Aëtius, während dessen Abwesenheit voll Dünkels und Übermuts seines Feldherrn Ruhm zu verdunkeln strebend, überdies trügerischen Wahrzeichen folgend, Theoderichs Friedensvorschlägen kein Gehör gab, ihn vielmehr in der Hauptstadt Toulouse an der Spitze der Hunnen selbst angriff. Der Sturm aber muß mißlungen sein; die Hunnen wurden geschlagen, Litorius selbst verwundet und getötet, oder, worüber die Quellen schwanken, schmachvoll eingekerkert. (Vergl. aber Könige V, S. 75.)

Salvian, der nächst Prosper Aquitanus und Idatius dies Ereignis weitläufig bespricht, erblickt darin, seiner Tendenz gemäß, nur eine Folge der Gottlosigkeit der Römer und der Frömmigkeit der Goten.

Darauf erschien Aëtius selbst und schloß noch in demselben Jahre, wohl auf Grund des alten Besitzstandes, Frieden mit den Goten, den diese demütiger als sonst erbaten.

Ganz Gallien war nun so vollständig beruhigt, daß der Feldherr unbesorgt nach Italien zurückgehen konnte. Dieser Zustand muß auch im Wesentlichen über ein Jahrzehnt bis zum Hunneneinbruche fortgedauert haben, da die Chronisten fernerer Ereignisse, namentlich kriegerischer in dieser Provinz nicht gedenken.

Nur von den Alanen erwähnt Prosper Tiro, daß ihnen unter dem Könige Sambida im Jahre 439 das wüste Gebiet der Stadt Valentina zur Teilung überlassen worden[12], sowie vom Jahre 441: daß die Alanen, welchen Aëtius eine Gegend des *hintern* Galliens (Galliae ulterioris) zur Teilung mit den Bewohnern angewiesen habe, letztere mit Gewalt vertrieben und sich des Landes allein angemaßt hätten. Man darf aus der zweiten Nachricht wohl annehmen, daß die in ersterer genannte Stadt Valentina nicht Valentia (Valence) an dem Rhone mitten in der altrömischen Provinz gewesen sein kann. Da auch die Alanen zehn Jahre später in der Umgegend von Orleans sitzen, so ist kaum zu zweifeln, daß auch die ganze Ansiedlung derselben überhaupt in der Nähe der Loire stattgefunden habe.[13]

Wir wenden uns zu einer kurzen Darstellung der Vorgänge in Spanien vom Jahre 428 an, die wir allein, aber auch ziemlich vollständig, bei Idatius finden.

Der Suebenkönig Hermerich war anscheinend schon bejahrt, unternahm daher, zumal nach der Niederlage (Hermigars D.) durch Gaiserich im Jahre 429, auch gegen Rom nichts Wesentliches.

Sein Gebiet, das hauptsächlich wohl in Asturien bestand, muß damals klein, daher nicht allein das gesamte übrige Spanien nach Abzug der Vandalen und Alanen, sondern selbst der größte Teil Galläciens noch römisch gewesen sein, da die Sueben dessen mittlere Gegend im Jahre 429 plünderten: sie erlitten aber durch Ausfalle der in den festen Plätzen eingeschlossenen Bewohner merkliche Verluste, in deren Folge die Streitenden unter Herausgabe der beiderseitigen Gefangenen den gebrochenen Frieden erneuerten.

Schon im nächsten Jahre (430) aber ward dieser wieder verletzt, worauf sich Idatius als Abgeordneter seiner Mitbürger zu Aëtius begab und mit Censorius, einem Gesandten desselben an Hermerich, zurückkehrte: nun ward im Jahre 432 unter bischöflicher Vermittlung (wohl des Idatius selbst)[14] mit den Galläciern Friede geschlossen und durch gegenseitige Geiseln verbürgt, der diesmal auch im Wesentlichen bis zum Jahre 438 bestand.

Im Jahre 437 hatte Hermerich, der im Jahre 440 nach siebenjährigem schweren Krankenlager starb, die Regierung mit seinem Sohne Rekila geteilt, welcher nun, von Kriegsdrang erfüllt, im Jahre 438 der Hauptstadt Lusitaniens, Emerita (Merida), sich bemächtigte und bis zum Jahre 441 Sevilla, sowie die ganze bätische und carthaginiensische Provinz eroberte.

Da ward der Feldherr Asturius, der wohl kaum der von Idatius im Jahre 420 oder 421 unter dem Namen Asterius erwähnte gewesen sein kann, nach Spanien gesandt, hatte aber nebst seinem Schwiegersohne und Nachfolger, Merobaudes, mit der Unterdrückung der auch in der tarraconensischen Provinz aufgetauchten Bagauden so viel zu tun, daß er sich nicht gegen die Sueben wenden konnte.

Erst der Feldherr Vitus drang im Jahre 446 mit einem starken gotischen Hilfsheere durch Carthagena nach Bätica vor, mußte aber, nachdem die plündernden Goten von dem Suebenkönige geschlagen worden waren, schimpflich wieder abziehen, worauf diese Provinzen die furchtbarste Verheerung erlitten.

Im August 448 verschied zu Merida, das er wohl bei des Reiches neuem Umfange zur Residenz erwählt hatte, Rekila und zwar, nach des Idatius ausdrücklicher Versicherung, noch als Heide. Ihm folgte, nicht ohne geheimen Widerstand von Nebenbuhlern, sein Sohn Rekiar (448 bis 456), der Christ wurde und das katholische Bekenntnis annahm.[15] Derselbe weihte seine Regierung sogleich durch eine Raubfahrt in römisches Gebiet ein. Im folgenden Jahre (Februar 449) vermählte er sich mit Theoderichs Tochter und verband damit, anscheinend[16] auf der Hin- und Rückreise nach Toulouse, wiederum zwei (? D.) Plünderungszüge, den ersten im Februar in den bastischen Provinzen, den zweiten im Juli in Aragonien und dem angrenzenden Catalonien, bei welchem er sich sogar durch List des festen Ilerda (Lerida) bemächtigte, mit Beute und Gefangenen beladen aber wieder abzog.

Ähnlich, wiewohl mit geringerem Erfolge, da Idatius dessen nicht weiter gedenkt, mag es auch in den folgenden Jahren hergegangen sein, bis nach demselben im Jahre 451/52 durch Mansuetus und Fronto zwischen Rom und den Sueben Friede beraten und 454 geschlossen ward, wozu letztere wohl in Folge der Besiegung Attilas durch Aëtius geneigter geworden sein mögen.

Wir ersehen aus Obigem, daß am Schlusse dieses Zeitabschnitts der westlichste Teil der Provinz Tarragona, Asturien und Galläcien, sowie Lusitania und Bätica, wiewohl letzteres sicherlich mit Ausnahme der festen Seeplätze am Mittelmeer, im Besitz der Sueben, der übrige Teil der tarraconensischen Provinz jedoch, der immer noch beinahe die Hälfte von ganz Spanien umfaßte, fortwährend römisch war.

Da dieser Bezirk aber durch eine feste Grenzwehr, das einzige Verteidigungsmittel gegen Barbaren, nicht geschützt war, die in den festen Städten des Landes konzentrierten römischen Truppen auch nicht genügend abwehren konnten, so mag das offene Land den Raubfahrten der Sueben, des Friedens unerachtet, doch mehr oder minder preisgegeben geblieben sein.

In diese Zeit fallen auch (nach Prosper Tiro zum Jahre 440) die Anfänge der angelsächsischen Eroberung Britanniens, die jedoch, weil diese Provinz von Rom bereits vorher aufgegeben war, nicht mehr der Geschichte der Zertrümmerung des Westreichs, sondern der des germanischen Neubaues angehört.

Wir wenden uns schließlich von den Provinzen zum Hofe zurück, dessen Sitz, größtenteils wenigstens, auch ferner in Ravenna blieb, wenn auch in dieser Zeit nur wenig von ihm zu berichten ist.

Im Jahre 434 ereignete sich ein arger Skandal, indem nach Marcellin des Kaisers Schwester, die höchstens siebzehnjährige Honoria, wegen zu vertrauten Umgangs mit ihrem Procurator (wohl Verwalter ihres Vermögens), der von Folgen gewesen war, nach Konstantinopel geschickt wurde. Von dort soll sie nun Attilla gegen das Westreich aufzuwiegeln versucht haben oder mindestens, wie es in einigen Handschriften von Marcellins Chronik nur heißt, ihren feindlichen Sinn gegen dasselbe dargelegt haben. Da jedoch Attilla damals noch völlig unberühmt war, so hat der Chronist offenbar ein weit späteres Ereignis, auf das wir weiter unten noch kommen werden, irrtümlich oder ungenau hierher bezogen.

Im Jahr 437 vermählte sich Valentinian III. mit Theodosius II. Tochter Eudoxia zu Konstantinopel. In demselben Jahr erfolgte am 24. Dezember durch den Senat zu Rom die öffentliche Bekanntmachung der unter dem Namen des Theodosianischen Codex bekannten Gesetzsammlung. Dieser Kaiser scheint, gleich seinem Oheim Honorius, bei gänzlichem Mangel und Tatkraft, doch Sinn und Verstand für das Regiment auf dem Papiere, namentlich auch das größte Interesse für das kirchliche, gehabt zu haben.

Dabei ward in dem auf die Publikationsverordnung folgenden Gesetze beider Kaiser (de Theod. codicis auctoritate vom Jahre 438) zugleich verordnet, daß fortan die Gesetze des Einen im Reichsteile des andern nicht ohne Weiteres, sondern nur unter besonderer Voraussetzung und gegenseitiger Zustimmung Gültigkeit haben sollten. Daraus folgt jedoch keinesweges die staatsrechtliche Aufhebung der bisherigen Reichseinheit, wie dies schon die merkwürdige Herausgabe des neuen Codex durch den Senat zu *Rom*, als der ersten Hauptstadt des Gesamtreichs, die Fortdauer der gemeinschaftlichen Konsulate und anderes mehr verbürgen.

Im Jahre 450 starb zuerst Theodosius und am 27. Dezember auch Placidia. Dieselbe muß eine verständige und tüchtige Frau, fähig, das Gefühl des Weibes der Pflicht der Regentin unterzuordnen, gewesen sein. Das Mißraten oder mindestens die Nichtigkeit ihres Sohnes Valentinian III. darf man ihr ebensowenig anrechnen, als man M. Aurelius und Theodosius den Großen für Commodus und Arcadius, welcher Letztere bei des Vaters Tode doch schon achtzehn Jahre alt war, verantwortlich machen darf.

FÜNFZEHNTES KAPITEL

Attila und die Hunnen

Mit Freuden begrüßen wir in diesem Kapitel ein neues treffliches, leider unvollständiges Quellenwerk in den Fragmenten aus des Priscus acht Büchern der Geschichte von Byzanz und Attila.

Unzweifelhaft einer der besten spätern griechischen Historiker, dem wir nur noch Dexippus nahe stellen möchten, würde er uns das treueste, fleißigst ausgeführte und lebendigste Gemälde einer Zeit von mindestens zehn Jahren aufrollen, wenn er uns ganz erhalten wäre. Auch so aber sind die hundertunddrei Seiten (nach der Bonner Ausgabe), welche wir noch von ihm besitzen, unschätzbar, wiewohl nur als isolierte, des Zusammenhangs mit dem historischen Gerüst entbehrende Miniaturen, derer chronologische Stelle wir erst aufzusuchen haben.

In der Zeit bis 381 beteiligten sich wohl hunnische, alanische und andere Freischaren oder Abenteurer am Kriege der Westgoten in Thrakien und dessen Umgegend, von einem Volkskriege der Hunnen wider Rom aber findet sich für diese Zeit in den Quellen keine Spur. Indem jedoch Theodosius z

Anfang seiner Regierung die Goten durch Vertrag sich zu unterwerfen trachtete, lag es in seiner Politik, das Reich gegen räuberische Einbrüche auch der Hunnen zu sichern.

Unter dem Skythen „Balamer" (des Priscus) bestand nun bereits ein Friede mit Rom, welchen derselbe durch eine Raubfahrt in römisches Gebiet und Zerstörung mehrerer Städte brach. Darauf erging eine römische Gesandtschaft an Balamer, durch welche, weil er den Raub mit der äußersten Not entschuldigte, unter Bewilligung eines jährlichen Tributs von dreihundert Pfund Goldes der alte Vertrag erneuert wurde. Da wir nun gewiß wissen, daß dieser Tribut bis zu Ruas Tode im Jahre 433 dreihundertundfünfzig Pfund betrug, so muß (?) dessen Festsetzung auf dreihundert eine *frühere* gewesen sein, welche wir mit Wahrscheinlichkeit schon Theodosius zuschreiben dürfen (? *D.*). Wenigstens werden uns aus dessen Zeit nach der oben erwähnten Raubfahrt vom Jahre 382, welche möglicherweise sogar die von Priscus angeführte sein könnte, keine Feindseligkeiten der Hunnen gegen Rom berichtet, während unter des Theodosius Nachfolgern sogar ein entschieden freundliches Verhältnis derselben zum Reiche hervortritt.

Dies Fragment wird nun zwar gewöhnlich auf den nach Attilas Tod zur Selbständigkeit gelangten Ostgotenkönig Walamer bezogen (s. Köpke, S. 145): dem steht aber die ausdrückliche Bezeichnung des Balamer als Skythe, d. i. Hunne, entgegen (*Βαλαμέρος τοῦ Σκύθου*) (aber Skythe heißt auch Gote. *D.*).

Im ganzen Priscus findet sich nämlich in Attilas Geschichte nicht eine einzige Stelle, wo Skythe etwas anderes als Hunne, oder mindestens *Untertan* (das genügt, auch Goten zu umfassen *D.*) und Diener des Hunnenkönigs, bezeichnete[1], während an zwei Stellen (p. 190 und 207), wo von der Sprache die Rede ist, Hunnen und Goten ausdrücklich unterschieden werden. Besonders aber werden nach Attilas Fall, in welche Zeit eben jenes Fragment 217 gehören wurde, wenn es sich auf Walamer bezöge, die Goten stets als solche aufgeführt p. 160 und 162–164. In diesem letztern Bruchstück zu Anfang und am Schlusse sowie in Fragment 21, p. 162 umfaßt nun zwar der Ausdruck Skythe allerdings einigemal auch die Goten, aber nur insoweit, als sie mit den Hunnen vereinigt waren, also eine Gesamtbezeichnung für beide nötig oder mindestens zulässig war.

Auch ergibt sich aus des Priscus erwähntem Fragment, p. 217, daß damals Balamer *zuerst* einen Tribut empfing, was sich auf den Ostgoten Walamer nicht beziehen kann, da dieser ja nach Jordanis (Kap. 52) schon von seiner Niederlassung in Pannonien an eine regelmäßige Zahlung (consueta dona) vom Kaiser Marcian erhielt, wie er sich denn auch mit dem geringen Betrage von nur dreihundert Pfund Goldes kaum begnügt haben dürfte. (? All das ist unbeweisend. *D.*)

Während der Regierung der Söhne des Theodosius bis zu des Honorius Tode, d. i. 395–423 tritt (manchmal) ein freundliches Verhältnis der Hunnen zu Rom hervor. Der hunnische Häuptling Uldes bekämpft und tötet im Jahre 400 den Rebellen Gaina und schickt dessen Haupt nach Konstantinopel. Acht Jahre später fällt derselbe zwar, man weiß nicht, aus welchem Anlaß, in römisches Gebiet ein, muß aber schimpflich wieder abziehen und scheint sich von da an nicht wieder geregt zu haben.

Westrom bezieht fortwährend einen großen Teil seiner Streitkräfte von den Hunnen und den diesen unterworfenen oder verbündeten Alanen. In dem ersten Kriege gegen Alarich in Italien 401 bis 403 werden zwar nur letztere ausdrücklich genannt: doch schließt dies die gleichmäßige Teilnahme hunnischer Söldner nicht aus (aber auch nicht ein! *D.*), deren zahlreiche Reiterei es vor allen war, welcher Stilicho im Jahre 405 die größten Dienste wider Radagais verdankte. Ebenso nimmt Honorius, nach Zosimus (V, 50), 10 000 Hunnen wider Alarich in Sold, wogegen freilich auch einzelne Haufen derselben den Westgoten und andern Germanen zugezogen sein mögen. (S. Zosimus V, 37.)

Das Wichtigste und Verhängnisvollste für das weströmische Reich aber war, abgesehen von dem Vordringen einzelner Scharen nach Pannonien, der mittelbare Einfluß der Hunnenmacht, d. i. der Druck, den diese in den ersten Jahren des fünften Jahrhunderts auf die Germanen an der Mittel-Donau ausübte und der sie zur Auswanderung aus den alten Sitzen und Eroberung neuer in Gallien und Spanien antrieb.

Unzweifelhaft hatten die Hunnen jedoch damals, wie sich dies weiter unten ergeben wird, den an fünfzig Meilen langen Südlauf der Donau von Waitzen bis Belgrad noch nicht *bleibend* überschritten, so daß dieser Strom auch im Westen deren Grenze gegen Rom bildete.

Von dem innern Volks- und Staatsleben der Hunnen erhalten wir erst durch Priscus Kunde, können daher nur durch Rückschluß aus der spätern Zeit zu einer ungefähren Anschauung über die voraus gegangenen fünfzig Jahre gelangen und lassen deshalb unsere Ansicht darüber erst auf die Mitteilung des merkwürdigen Berichts dieses Schriftstellers selbst folgen.

Auch über die Regentenreihe bei den Hunnen sind wir ohne ausreichende Nachricht, wissen daher auch nicht, wer nach Balamer oder Balamber regierte, unter dem sie Jordanis zufolge, in Europa einbrachen.

Jedenfalls kann Uldes oder Uldin – an deren Identität doch kaum zu zweifeln ist –, da derselbe in römischem Sold stand, kaum ein Gesamtherrscher der Hunnen gewesen sein.

Olympiodor dagegen erwähnt in einem übrigens ziemlich dunkeln Fragmente (p. 455 d. B. A.) eines Charaton, als des vornehmsten unter den Königen (d. i. Häuptlingen) der Hunnen, den wir in die Regierung des Arcadius setzen müssen, zu welchem Olympiodor selbst nebst dem Rhetor Donatus als Gesandter abgeordnet worden war.

Mit Sicherheit wissen wir nun für die Folgezeit, daß vor und bis zum Jahre 433 ein oberster Herrscher den Hunnen vorstand, den Priscus (p. 166/7) Rua, Jordanis (c. 35) Roas, Prosper Tiro zum Jahre 433 aber Rugila nennt, alle wohl dieselbe Person bezeichnend.

Er war der Bruder von Attilas unstreitig früh verstorbenem Vater Mundzuc (nach Jordanis) oder Mundiuch (nach Priscus p. 150) und hatte zwei damals noch lebende Brüder, Octar und Oebarsius, ersterer (nach Jordanis a. a. O.) Mitregent über einen Teil des Volkes, letzterer (nach Priscus p. 208) noch im Jahre 448 als geehrter Verwandter bei Attila lebend.

Daß jener Octar mit dem von Sokrates (VII, 30) erwähnten und während des Krieges verstorbenen Uptar, König oder Führer des hunnischen Hilfsheers gegen die Burgunder identisch war, ist zu vermuten, mit ziemlicher Sicherheit aber solchesfalls auch anzunehmen, daß dessen Stellung eine seinem Bruder Rua untergeordnete gewesen sein müsse, da er außerdem wohl nicht in römischen Sold getreten wäre.

Dagegen beruht der von demselben Schriftsteller (VII, 43) als Befehlshaber des von Attila im Jahre 424 dem Usurpator Johannes zugeführten Hilfsheers genannte Rohas wahrscheinlich auf Verwechselung mit dem Namen des damaligen Königs Rua oder Roas (nach Jordanis) als Absenders dieses Heers, wie dies jenem von Unrichtigkeiten wimmelnden Kirchenhistoriker füglich zuzutrauen ist. Sollte aber auch in diesem Falle eine bloße Namensähnlichkeit stattgefunden haben, so dürfen wir doch annehmen, daß Rua mindestens schon im Jahre 424 Beherrscher der Hunnen war.

Mit dem Augenblicke nun, da einiges Licht auf die große Geschichte jener Zeit zu fallen beginnt, wird dieselbe fast ausschließlich durch zwei Namen – weltgeschichtlichen Klanges – Aëtius und Attila ausgefüllt

Von ersterem, dessen wir bereits gedachten, entwirft Renatus Frigeridus in Gregor von Tours (II, 8) das glänzendste Bild. Er nennt ihn: gleich ausgezeichnet an Körper und Geist, Meister aller kriegerischen Fertigkeiten und Künste, aber auch in denen des Friedens groß, zu jeder Anstrengung und körperlichen Entsagung gern bereit, sowie unerschrocken in Gefahren. Wenn er aber zugleich dessen gutes Gemüt, dessen Freiheit von Hab- und Ehrsucht, wie er bösen Ratgebern widerstanden, Beleidigungen aber geduldig ertragen habe, hervorhebt, so muß er ihn nach dem Maßstabe der verderbtesten Zeit gemessen haben: (da die Geschichte seinen Ehrgeiz mancher Arglist und Bluttat zeihen muß. D.).

Von dem mächtigsten Einfluß auf die Folgezeit war sein mehrjähriges Leben bei den Hunnen als deren Geisel, das von Frigeridus bezeugt ist: dadurch wird zugleich das schon seit langer Zeit bestandene Vertragsverhältnis auch zwischen Westrom und diesem Volke bestätigt.

Des Aëtius Stellung bei den Hunnen war, wie bei Geiseln vornehmen Landes überhaupt, unzweifelhaft eine geehrte.

Wenn Charaktere wie Aëtius und Attila sich irgendwo begegnen, so müssen sie sich finden und anziehen. Von der Freundschaft, welche beide verband, gibt Priscus mehrfache Nachricht. Bedurfte Attila eines geschickten Kabinettsrats oder Geheimsekretärs (ab epistolis), so schickte ihm Aëtius einen dazu geeigneten Römer (Priscus p. 276 und 286), wie ersterer letzterem wiederum den Zwerg und Possenreißer Zercon zum Geschenk machte (Priscus 206 und 226). Das außer diesen gelegentlich erwähnten Fällen noch häufigere und innigere Beziehungen zwischen beiden stattfanden, ist nicht zu bezweifeln.

Diese Verbindung mit den Hunnen war es nun, welche die oben berichtete Absendung des Aëtius zu denselben durch den Usurpator Johannes veranlaßte, von welcher er auch mit einem Heere, für jenen aber zu spät, zurückkehrte.

Zu eben diesen Freunden floh nun Aëtius acht Jahre später, als er, von Bonifacius besiegt, im Jahre 432 das Reich verlassen mußte. Rua, dem nichts erwünschter sein konnte, als den Freund an der Spitze der Regierung zu sehen, vermittelte aber dessen Wiederaufnahme bei der Kaiserin und schloß zugleich mit Aëtius Frieden und Foedus ab, in welchem Westrom einen Teil Pannoniens an die Hunnen abtrat, wie dies aus Priscus (an zwei Stellen p. 147[2] und 198) zweifellos hervorgeht. Das Opfer mag kein großes gewesen sein, da die Römer die festen Hauptplätze sich vorbehielten, wie wir dies von Sirmium (aus Priscus p. 186) mit Sicherheit erfahren, das platte Land aber gegen hunnische Raubfahrten ohnehin wohl kaum zu schützen war.

Wie das starke Hunnenheer, das Aëtius auf Grund jenes Bündnisses mitbrachte, in den Kriegen der Römer in Gallien wider Burgunder und Goten, wenigstens bis zum Jahre 439, wo dessen in den Quellen zuletzt gedacht wird, teilnahm, wird im vorigen Kapitel erwähnt.

Ob Aëtius dasselbe in letzterem Jahre, nachdem der Friede in Gallien vollständig gesichert war, nach Italien mit zurückführte und von dort vielleicht, großenteils wenigstens, entließ, wissen wir nicht, können aber nicht zweifeln, daß unter den im römischen Reiche fortwährend auch viele Hunnen sich befanden, wie denn dergleichen auch früher Stilichos Leibwache bildeten.

Unter diesen müssen sich auch mehrere zum Christentum bekehrt haben, da Hieronymus (epist. 107 ad Laetam)[3] und Orosius (VIII, 41) auch die Hunnen unter den Christen aufführen, was zwar übertrieben, aber sicherlich nicht ganz unwahr sein kann. Diese waren dann freilich wohl ihr Vaterland aufzugeben und ganz Römer zu werden genötigt. (? D.)

Noch vor jenem Frieden wohl hatte Rua die aufständigen Völkerschaften der Amilzuren, Itimaren, Tonosuren, Boisker und andre an der niedern Donau, weil sie mit Rom in Verbindung getreten waren, mit Krieg zu überziehen beschlossen.

Die römische Politik gegen die Hunnen war eine doppelte: die offene – : Frieden und Freundschaft mit Tributzahlung, die geheime – : Förderung aller Auflehnung der ihnen unterworfenen Völker.

Die gedachten Namen nun sind genau oder beziehentlich beinahe dieselben, welche Jordanis, Kap. 24, als Alipzuren, Alzidzuren, Itimaren, Tunkasser und Boisker, die von den Hunnen bei ihrem Übergang nach Europa zuerst unterjocht worden waren, aufführt. Es müssen altskythische Volksschaften gewesen sein, die sich vor den mächtigen Alanen in die nördlichen Steppen der Krim zurückgezogen hatten, wo dieselben wohl in einer gewissen Abhängigkeit von erstern lebten. Von diesem Ursitze müssen die Hunnen sie an die niedere Donau verpflanzt haben. (? D.)

Um nun den römischen Umtrieben ein Ende zu machen, sandte Rua den Esla mit der Drohung nach Konstantinopel, das bestehende Foedus aufzuheben, wenn man nicht sogleich alle zu den Römern übergegangenen hunnischen Untertanen ausliefere, worauf Theodosius II. die Abordnung einer Gegengesandschaft in der Person der Konsularen Plinthas und Dionysius beschloß. Vor dem Abgang aber verschied im Jahre 433 Rua, dem seine beiden Brudersöhne Bleda und Attila folgten (Prosper Tiro zum Jahre 433 und Priscus p. 167 und 169), worüber, obwohl ersterer nur Bleda, letzterer, zunächst wenigstens, nur Attila nennt, kein Zweifel möglich ist. In Margus (Semendria) an der Donau langte nun die für die neuen Herrscher bestimmte Gesandtschaft an, welcher Stadt gegenüber auf hunnischer Seite das Kastell Constantia (contra Margus auf den alten Karten) lag, in dessen Nähe auch die „königlichen Skythen" sich eingefunden hatten. Vor letzterm Orte kamen beide Teile zu Roß zusammen, da die Römer, weil die Hunnen nicht anders verhandelten, ebenfalls zu Pferd zu steigen genötigt waren.

Man vereinigte sich dahin, daß alle hunnischen Überläufer und entwichenen römischen Gefangenen ausgeliefert oder für letztere acht Goldstücke pro Kopf gezahlt werden sollten. Der Marktverkehr zwischen beiden Völkern ward geregelt: im übrigen solle der bestehende Vertrag so lange fortdauern, als die Römer jährlich 700 Pfund Goldes, etwa 630 000 Mark, statt des vorigen Betrages von nur 350 Pfund, zahlen würden.

Die ausgelieferten Überläufer, worunter zwei Sprossen königlichen Geschlechts, wurden sofort ans Kreuz geschlagen.

Nach diesem Frieden zogen Attila und Bleda zu Unterwerfung skythischer Völker aus und zwar zunächst wider die Sorosger, nach Zeuß (S. 695 u. 708) verschrieben für Oroger, ein sarmatisches Volk. (Priscus, zweite Sammlung, Fragment 1 a Schl., p. 169.)

Dies war der Beginn der Ausdehnung des Hunnenreichs nach Norden und Nordosten, bei der man ber nicht an große und blutige Eroberungskriege zu denken hat. Die zwischen dem Pontus und der Ostsee sitzenden skythischen, slavischen und finnischen Völker waren eines erfolgreichen Widerstands gegen die Hunnen nicht fähig, mögen sich daher denselben, wenn auch vielleicht nicht ohne Kampf, doch im Ganzen leicht unterworfen haben. In dies Unabwendbare dürften sie sich auch um so williger geschickt haben, da die Hunnen den Unterworfenen gegen Anerkennung ihrer Oberherrlichkeit, Leistung von Kriegshilfe, vielleicht auch eines mäßigen Tributs, die Beibehaltung einer gewissen Selbständigkeit, oft unter eignen Fürsten, gern gönnten.

Von dem an sind wir sieben Jahre lang ohne Nachricht.

Im Jahre 440 war Gaiserich in Kalabrien und Sizilien eingefallen, fand aber so tapfern Widerstand, daß er wenig ausrichtete. Nicht sowohl zu Verteidigung dieser weströmischen Provinzen nun, als um mit dem auch ihm gefährlichen Manne und Erzpiraten überhaupt ein Ende zu machen, sandte Theodosius im Jahre 441 eine gewaltige Flotte nach Sizilien, von wo der Übergang nach Afrika so leicht war (Prosper Aquitanus). In dieser Besorgnis wandte sich Gaiserich an Attila und mag denselben durch eine große Geldsumme, wofür letzterer stets empfänglich war, zum Einfall in römisches Gebiet bewogen haben. Dies erhellt zwar nicht unmittelbar aus den Quellen, wird aber dadurch, daß jener Angriff gerade im Augenblick der dringendsten Gefahr für den Vandalen erfolgte, auch wirklich die Rückberufung der kaiserlichen Flotte aus Sizilien zur Folge hatte, wahrscheinlich. Auch wird der diplomatische Verkehr beider Herrscher und Gaiserichs Bestreben, Attila durch Geschenke zu gewinnen, neun bis zehn Jahre später durch Jordanis (Kap. 35) ausdrücklich bezeugt

Jener Hunnenkrieg ist nun unzweifelhaft derselbe, dessen Priscus in der ersten Sammlung der Fragmente p. 140–141 in folgender Weise gedenkt.

Attila hatte dem Bischof von Margus vorgeworfen, daß er sich verborgener Schätze in seinem Gebiete bemächtigt habe, und ließ deshalb die bei einem Markte oder Feste zahlreich versammelten Römer überfallen und niederhauen. Auf Beschwerde darüber verlangte derselbe die Auslieferung des Bischofs nebst der eines Überläufers: da dies von Theodosius verweigert ward, ging er verheerend über die Donau und nahm Viminatium, sowie (nach Marcellin) Singidunum und Naissus nebst mehreren anderen festen Plätzen ein. Da begannen die Römer von der Notwendigkeit, den Bischof auszuliefern, zu reden, worauf dieser aus Furcht hiervor freiwillig zu den Hunnen floh und sich erbot, ihnen gegen völlige Straflosigkeit die Festung Margus in die Hände zu spielen, was er auch wirklich durch List ausführte. Hierauf neue Verhandlung zwischen Attila und Theodosius: und weil letzterer fortwährend die Auslieferung der Überläufer verweigerte, abermaliger Einfall des erstern in römisches Gebiet, wobei unter mehreren anderen auch die volkreiche Stadt Ratiaria genommen und zerstört wurde. Dieser Kriege Zweck war nicht Eroberung, auch nicht Behauptung der genommenen Plätze, da diese vielmehr alle in Schutt und Asche gelegt, auch die zwischenliegenden Landstriche (großenteils wenigstens) in Wüste verwandelt wurden. Wann der Krieg aufhörte, wissen wir nicht, müssen aber vermuten, daß dies durch einen noch im Jahre 442 oder Anfang 443 geschlossenen, in der Tat aber von Attila diktierten Frieden geschah.

Die staterechtliche Stellung der beiden Herrscher Bleda und Attila zueinander ist uns nicht genau bekannt, doch ist nach des Prosper Aquitanus Worten[4] geteilte Herrschaft anzunehmen, neben welcher übrigens unstreitig auch Gesamtregierung in den wichtigsten Angelegenheiten, namentlich für auswärtige Kriege, bestand. Man vermutet mit Grund, daß Bleda der ältere der Brüder gewesen sei, welcher Vorzug das erste Aufkommen desselben neben dem so viel gewaltigern Attila erleichtert haben, der Willkürgewalt dieses letztern aber eine um so drückendere Fessel gewesen sein mag, so daß derselbe, nach dem einstimmigen Zeugnisse von Prosper Aquitanus, Tiro, Marcellin und Jordani (Kap. 35) im Jahre 445[5] den Bruder durch Tötung aus dem Wege räumte.

In die nächste Zeit möchten wir die von Jordanis (Kap. 35) nach Priscus berichtete Entdeckung eines alten im Boden vergrabenen Schwertes setzen[6], welches ein Hirt, unstreitig in der Steppe zwischen Don und Dnjestr, dadurch auffand, daß sich eine seiner Kühe daran verletzt hatte. Dasselbe ward Attila überliefert und von ihm – als Pfand des Sieges und der Eroberung – für das Schwert des Mars ausgegeben, der schon den alten Skythen heilig gewesen sei.

Erst im Jahre 447 wieder gedenkt nun Marcellin eines neuen, viel größern Krieges, in welchem der Magister militum Arnegisl (ein Germane, nach seinem Namen) in einer Schlacht an dem in die Donau mündenden Flusse Utus getötet ward, Attila bis zu den Thermopylen vordrang, endlich aber nach einer anderweiten Hauptschlacht auf dem Chersones (Halbinsel Gallipoli), die jedenfalls eine entscheidende Niederlage der Römer war, Friede geschlossen ward. Wir haben bei letzterer Lokalität anzunehmen, daß ein von Asien herbeigezogenes kaiserliches Heer auf der Halbinsel gelandet war und an deren Ausgange mit den Hunnen zusammentraf. Der Friede war über alle Massen schimpflich: außer der Rückgabe sämtlicher Überläufer und entwichener Gefangenen, wenn letztere nicht mit zwölf Goldstücken pro Kopf eingelöst würden, Zahlung von 6000 Pfund Goldes oder 5 400 000 Mark – für die frühern, während des Krieges natürlich nicht gezahlten Tribute[7] und 2100 Pfund jährlich für die

474

Zukunft. Der zitternde Kaiser hatte nicht die Mittel, das Geld aufzubringen, so daß es zum Teil auf die härteste, ungerechteste Weise den Reichen abgepreßt wurde. Da sollen, wie Priscus hinzufügt, viele derselben freiwillig ihrem Leben ein Ende gemacht haben. Merkwürdig ist, daß eine einzige, wahrscheinlich nur kleinere Stadt, Asimunt in Thrakien, nicht nur allen Eroberungsversuchen der Hunnen widerstanden, sondern auch bei späteren Ausfällen viele Feinde getötet und denselben ihre Beute nebst Gefangenen abgenommen hatte, welche freilich bei dem Frieden wieder herausgegeben werden mußten.

Nach Prosper Tiro, der dieses Kriegs nur kurz gedenkt, würde derselbe schon in das Jahr 446 fallen, in welchem er möglicher Weise begonnen haben könnte, während Priscus (Fragment 3, zweite Sammlung) nur den nach der Schlacht auf dem Chersones durch Anatolius geschlossenen Frieden erwähnt, den wir, nach der Reihe der auf denselben folgenden, im Zusammenhange von ihm berichteten Ereignisse nicht vor Ende 447 oder Anfang 448 setzen können.

In stolzem Machtgefühle beutete nun Attila zunächst des Theodosius Schwäche dadurch aus, daß er unter unerheblichen, zum Teil leeren Vorwänden vier Gesandtschaften nach einander an denselben absandte, deren eigentlicher Zweck nur die Bereicherung seiner damit beauftragten Günstlinge war, denen der Kaiser in seiner Furcht die größten Geschenke zu geben sich genötigt glaubte. In der Tat war auch der Ärmste damals zugleich von den Persern, von vandalischen Piraten, von aufständischen Isauriern, von Sarazenen und Äthiopiern mehr oder minder bedrängt. (Priscus, Fragment 4, S. 146.)

Folgenschwerer ward die fünfte Gesandtschaft, zu welcher Attila den Edeco nebst Orestes abgeordnet hatte. Jenen nennt Priscus einen Skythen, der sich durch Großtaten im Kriege hervorgetan habe. Nach dem Anonymus Valesii in dessen Exzerpten über Odovakar und Theoderich und dem Johannes von Antiochien (in Müllers Fragm. Histor. Graec. IV, p. 609) war aber ein Edeco[8], Germane, der Vater des berühmten Odovakar, auf den wir bald kommen werden. Attilas höchste Würdenträger überhaupt, so weit uns deren Nationalität bekannt wird, waren nicht Hunnen, sondern Fremde: seine germanischen Untertanen erschienen ihrer höhern Kultur nach überhaupt auch für die diplomatische Verhandlung weit geeigneter als seine asiatischen Nomaden.

Orestes war Römer, als Insasse des von Aëtius im Jahre 433 an Rua abgetretenen Teils von Pannonien aber hunnischer Untertan geworden.

Edeco überreichte dem Kaiser Attilas Schreiben, worin die Auslieferung sämtlicher Überläufer, zugleich aber auch das Verbot jeglicher römischen Ansiedlung in dem von ihm eingenommenen Landstriche südlich der Donau, an sechzig Meilen in der Länge (von Belgrad bis Sistowa) und fünf Tagereisen in der Breite, mindestens also tausend Quadratmeilen, begehrt ward. Wolle man ihm übrigens zu weiterer Verhandlung eine Gegengesandtschaft schicken, so müsse diese aus den ausgezeichnetsten Konsularen bestehen, welchesfalls er derselben bis Sardica entgegenkommen werde. Das Schreiben scheint lateinisch gewesen zu sein: bei der weitern mündlichen Mitteilung aber fungierte der in römischem Dienste stehende Bigila, vielleicht ein geborner hunnischer Untertan, als Dolmetsch: (sein Name ist wohl gotisch. D.).

Nach der Audienz begab sich Edeco durch die Reihe der Paläste zu des Kaisers Theodosius damaligem allmächtigen Günstlinge, dem Oberkammerherrn Chrysaphius, einem Eunuchen. Er drückt diesem seine Bewunderung, vielleicht auch seinen Neid über solche Pracht und Schätze aus: derselbe läßt ihm erwidern, wie er des allen in reichstem Maße teilhaftig werden könne, wenn er von den Hunnen zu den Römern überginge. Dies lehnt jener mit seiner Diensttreue ab: nun führt das weitere Gespräch auf Edecos Stellung zu Attila, bei dem er von Zeit zu Zeit den persönlichen Wachdienst habe, worauf ihn Chrysaphius zu einer geheimen Zusammenkunft einladet, was ersterer annimmt. Bei dieser schwören sich beide zuvörderst unverbrüchliches Schweigen über die Verhandlung, in welcher der Eunuch dem Edeco für Attilas Tötung die reichste Belohnung verspricht, worauf dieser eingeht, für jetzt nur fünfzig Pfund Goldes zu Dingung der Mörder verlangend. Doch könne er auch diese Summe nicht sogleich mitnehmen, weil dies vor dem übrigen Gesandtschaftspersonal, daher auch vor Attila, der den eigenen Geschenken stets sorgfältig nachforsche, nicht verborgen bleiben dürfte; er werde ihn aber durch den mitanwesenden Bigila, wenn dieser mit der Gegengesandtschaft bei ihnen anlange, über die Bezugsweise des Goldes in Kenntnis setzen.

Nachdem der Kaiser selbst nun mit Zuziehung des Reichskanzlers (magister officiorum) Martial diese Verabredung genehmigt hatte, wurde beschlossen, Maximin, welcher edelsten Geschlechts und Theodosius II. nahe befreundet war, auch schon hohe Ämter, wenngleich noch nicht das Konsulat, bekleidet hatte, mit Bigila an Attila abzusenden, ohne ihn jedoch, weil sie dessen anerkannte Rechtlichkeit scheuen mochten, von der Verschwörung in Kenntnis zu setzen. (Prisc. a. a O., p. 146–150.)

Hierauf folgt nun an einer andern Stelle der ungeschickt zusammengestellten Fragmente des Priscus (in der zweiten Sammlung unter 3, p. 169–212) der merkwürdige, ausführliche Bericht über Maximins Gesandtschaft, bei welcher er von diesem ihm befreundeten Gönner als Begleiter mitgenommen ward.

Der Gesandte sollte siebzehn Überläufer ausliefern, weil deren mehr nicht vorhanden seien, mündlich aber das dem Herkommen widerstreitende Verlangen, nur Abgeordnete konsularischen Ranges zu schicken, ablehnen. Es ist erklärlich, daß der alte Stolz des wenn auch noch so sehr herabgekommenen Kaiserhofes an solcher Kleinigkeit hing, desto merkwürdiger aber der Wert, den Attilas Eitelkeit darauf legte – : Beweis in der Tat, wie sehr die Idee römischer Größe und Würde der Barbarenwelt damals immer noch imponierte.

Nach dreizehn Tagen kam die römische Gesandtschaft in Begleitung der zurückkehrenden hunnischen in dem zerstörten Sardica an, wo Maximin letztere zum Male einlud. Bei diesem erhitzten sich die Gemüter durch einen Streit über ihre beiderseitigen Herrscher, in welchem Bigila auerief: „man könne doch Attila, den Menschen, nicht mit dem Gotte Theodosius vergleichen." Das erbitterte die Hunnen, die man nur mit Mühe wieder zu besänftigen vermochte. Nach der Tafel beschenkte Maximin den Edeco und Orestes mit seidenen Gewändern und Edelsteinen, worüber letzterer nach des erstern Entfernung große Freude, zugleich aber auch herben Tadel früherer Vorgänge aussprach, bei denen Edeco allein in solchem Maße geehrt worden sei. Als dies Bigila erfuhr, tadelte er Orestes, der sich Edeco auf keine Weise gleichstellen dürfe, und bemerkte später, daß letzterer über die ihm mitgeteilte Anmaßung seines Kollegen höchst erzürnt und nur schwer wieder zu beruhigen gewesen sei.

Unfern des ebenfalls in Trümmern liegenden Naissus stieß man auf ein Schlachtfeld am Margus, dessen Ufer auf beiden Seiten mit Knochen bedeckt waren, eine Tagereise hinter dieser Stätte aber auf den römischen Grenzbefehlshaber Agintheus, von dem man zu Erfüllung der siebzehn noch fünf Überläufer empfing. Die römische Linie scheint hiernach etwa zwanzig Meilen von der Donau entfernt gewesen zu sein.

An diesem Strom, über den die Gesandtschaft in ausgehöhlten Baumstämmen gesetzt ward, fand dieselbe die Vorrichtung des Stromübergangs für ein ganzes Heer, dem sie auch jenseits begegnete, welches Attila vorgeblich zu einer großen Jagd, in Wahrheit aber wohl zum Kriege gegen die Römer daselbst zusammengezogen hatte.

Etwa zwei Meilen jenseits der Donau stand Attilas Lager, vor welchem Maximin Halt zu machen genötigt war. Hier trafen bald, vom Könige gesandt, Edeco und Orestes nebst Scotta und anderen Großen mit dem Verlangen ein, *ihnen* die Zwecke der Mission vollständig mitzuteilen, was jedoch, da sie an den Souverän selbst gerichtet sei, nach völkerrechtlichem Brauche verweigert ward. Bald aber kehrten dieselben, wiewohl ohne Edeco, zurück, gaben dem Römer den ihnen auf andre Weise bekannt gewordenen Inhalt seiner Botschaft genau an, und überbrachten ihm den Befehl, sofort wieder abzureisen, falls er nicht anderes noch auszurichten habe.

Der als Mitverschworener vollständig unterrichtete Edeco hatte nämlich Atilla alles verraten, sei es nun, daß sein Eingehen auf den Mordplan gleich anfangs ein erheucheltes gewesen oder daß der bei jenem Vorfalle in Sardica ihm offenbar gewordene Neid des Orestes den Verdacht in ihm hervorgerufen, dieser werde dem Herrn jene ihm nicht unbekannt gebliebene geheime Zusammenkunft mit Chrysaphius anzeigen.

Bigila, der auf Attilas ihm früher bewiesenes Wohlwollen eitel war, riet zu lügenhaftem Vorgeben weiterer Aufträge, was aber Maximin verwarf, der abzureisen beschloß.

Am andern Morgen gelang es jedoch Priscus mit Zuziehung eines andern Dolmetschers, den Scotta Bruder des damals abwesenden Onegesius, Attilas ersten Ministers, zu sprechen und ihn durch der Vorteil, den der Empfang der Gesandtschaft auch für dessen Bruder haben werde, für Verwendung bei dem Könige zu gewinnen, welcher nun wirklich auch die gewünschte Audienz gewährte.

Der Gesandte richtete dem Herrscher, der auf einem höheren Stuhle saß, bei Überreichung de kaiserlichen Schreibens die gewohnten Grüße und Glückwünsche aus; dieser erwiderte: „Auch der Römern geschehe, wie sie *mir* es wünschen und wandte sich sogleich mit den Worten zu Bigila: „Wi er, unverschämte Bestie, der doch aller früheren Verhandlungen kundig sei, es wagen könne, ohne Mitführung aller Überläufer zu ihm zurückzukehren?"

Auf die Erwiderung, daß deren mehr nicht vorhanden wären, ward der König immer zorniger und rief unter den heftigsten Schmähungen aus: er würde ihn sofort als Rabenspeise an das Kreuz schlagen lassen, wenn nicht das Völkerrecht ihn zurückhielte. Darauf ließ er die Liste der noch bei den Römern befindlichen Überläufer vorlesen, dem Maximin aber befahl er, so lange zu verziehen, bis die Antwort auf das kaiserliche Schreiben fertig sei.

Man ersieht hieraus, wie Attila gegen den Unschuldigen mild, gegen den Teilhaber am Verrat aber erbittert war.

Bigila ahnte Edecos Geständnis nicht, hielt dies sogar für undenkbar, mochte aber auch des Königs unerklärlichen Zorn der Mitteilung jenes Streits über die beiden Herrscher in Sardica nicht beimessen, weil keiner von den Teilnehmern daran, außer Edeco, aus Ehrfurcht oder Scheu Attila anzureden wage. In jener Meinung ward er noch mehr dadurch bestärkt, daß Edeco bald darauf über die Herbeischaffung der fünfzig Pfund Goldes sich mit ihm benahm.

Mit obiger Entdeckung aber hing es, wie wir bald sehen werden, zusammen, daß der König der Gesandtschaft auf das Strengste verbot, irgend etwas, außer den unentbehrlichsten Lebensmitteln, namentlich römische Gefangene, von seinen Untertanen zu erkaufen.

Um diese Zeit kehrte auch Onegesius zurück, der mit Attilas ältestem Sohne Ellak zu den Akatziren gesandt worden war. Ob diese die schon von Herodot genannten sarmatischen Agathyrsen oder ein erst nach den Hunnen zugewandertes Volk der Altai-Race waren, ist nicht zu ermitteln (s. Zeuß, S. 713 und 714); gewiß nur, daß sie den Hunnen nicht unterworfen waren, ihre Freundschaft daher von Theodosius eifrigst gesucht wurde. Die Gesandten desselben hatten jedoch das Ungeschick gehabt, den Kuridachus, einen der Häuptlinge der Akatziren, bei Verteilung der Geschenke zurückzusetzen, worauf der Beleidigte Attilas Hilfe gegen die Bevorzugten anrief. Sogleich entsandte dieser ein Heer, welches sämtliche Fürsten teils tötete, teils deren Gesamtgebiet unterjochte. Kuridachus ward geschont, jedoch zur Siegesfeier berufen, lehnte dies aber mit der klugen Erwiderung ab: ein Sterblicher könne so wenig in die Sonne blicken, als vor dem höchsten der Götter erscheinen. In das eroberte Land war nun jetzt Onegesius mit Ellak gesandt worden, um letztern als Herrscher einzusetzen, wobei jedoch der Prinz das Unglück gehabt hatte, durch einen Sturz die rechte Hand zu brechen.

Unmittelbar darauf ward Bigila mit Essla, dem hunnischen Gesandten, nach Konstantinopel zurückgeschickt, angeblich wegen der Überläufer, in der Tat aber um den bedungenen Mordlohn zu holen.

Am folgenden Tage brach Attila nach dem Norden auf, indem er sich unterwegs zu seinen vielen Gemahlinnen noch eine neue, namens Esca, beilegte.

Die Gesandtschaft folgte auf anderm Wege, wobei sie mehrere schiffbare Flüsse[9] zu passieren hatte.

Zur Nahrung ward derselben Hirse und als Getränk Met oder ein aus Gerste bereitetes, Camus (der Kumis der Tataren), geliefert, überall aber gastliche Aufnahme freundlichst gewährt. In einem Dorfe, dessen Herrin eine von Bledas Witwen war, übersandte diese nicht nur Speisen, sondern auch – ein eigentümlicher Brauch hunnischer Hospitalität – schöne Frauen, welche man jedoch unberührt ließ.

Nach sieben Tagen mußte Maximin bei einem Orte Halt machen, weil Attila diesen vorher zu passieren hatte.

Hier traf er eine weströmische Gesandtschaft, den Comes Romulus, den Präfect Noricums[10] Primutus und den General Romanus, bei denen sich hunnischer Seite Attilas (ihm früher durch Aëtius empfohlener) Geheimschreiber Constantius und Orests Vater Tatullus befanden, welcher letztere dem Romulus als seines Sohnes Schwiegervater nahe befreundet war.

Jene führte ein eigentümlicher Handel herbei. Bei Sirmiums Belagerung durch die Hunnen im Jahre 441/2 (was also denselben im Jahre 433 nicht abgetreten worden sein kann) hatte der Bischof dem Constantius, einem frühern, ebenfalls durch Aëtius empfohlenen, Geheimschreiber gleichen Namens goldne Kirchengefäße mit dem Auftrag übergeben, ihn oder nach seinem Tod andere Gefangene durch deren Erlös loszukaufen. Nach Sirmiums Einnahme aber, bei der der Bischof umgekommen sein mag, achtete Constantius dies nicht, verpfändete vielmehr in eignem Interesse jene Gefäße an einen Silvanus in Rom, ward aber bald darauf von Attila und Bleda, also spätestens im Jahre 445, wegen Verdachts gekreuzigt. Später nun verlangte Attila, der von obigem Vorfall Kunde erhalten haben mochte, die Auslieferung Silvans, der sich seines Eigentums bemächtigt habe. Diese sollte nun Romulus, weil jener in gutem Glauben gehandelt, ablehnen und, weil die heiligen Gefäße selbst zum Profangebrauche nicht ausgeliefert werden dürften, nur die Zahlung des Goldwerts dafür anbieten. (Priscus bis p. 187.)

Bald darauf folgte die Gesandtschaft dem Attila nach einem großen Dorfe (κώμη), welches dessen Residenz bildete und sich nur durch den Mangel an Mauern von einer Stadt (πόλις) unterschied. Die Entfernung vom letzten Ruhepunkt ist nicht angegeben: wir erfahren aber, daß die Residenz in einer stein- und baumlosen Steppe lag (p. 188, Z. 2) und zwar, wie der Reisebericht ergibt, zwischen Donau und Theiss, wahrscheinlich also in dem Jazygenbezirk in der Richtung von Pest nach Debreczin.

Der „Palast" des Königs, auf einer Erhebung gelegen, überragte den ganzen Ort und zog schon von weitem durch seine Türme die Blicke auf sich.

Mit jenem Namen bezeichnete man einen weiten, umfriedigten Raum, der mehrere Häuser, wie die des Königs, so seiner Lieblingsgemahlin Cerca (die Helke der Sage D.), einiger seiner Söhne und wahrscheinlich auch die Wohnungen seiner Leibwachen in sich faßte; die Umfriedigung war, ebenso wie die innern Gebäude, von Holz. Das allem Anschein nach im Mittelpunkt gelegene und von Türmen flankierte Haus Attilas war mit großen Planken bekleidet, die bewundernswürdig schön poliert und so genau an einander gefügt waren, daß sie nur ein einziges Stück zu bilden schienen.[11] Das der Königin war von leichterer, aber mehr verzierter Bauart, hatte erhabene Muster und Bildnerarbeiten, die nicht ohne Anmut waren. Dessen Dach ruhte auf viereckigen, sorgsam behauenen Pfeilern, die durch eine Reihe zierlicher Kreisbögen von Holz verbunden waren.

Das Haus des Onegesius stand in einiger Entfernung vom Palast, ebenfalls mit einer Umfriedigung eingeschlossen und dem des Königs ähnlich, nur viel einfacher.

Neben diesem hatte der Minister mit großen Kosten ein römisches Badehaus aus Stein durch einen gefangenen römischen Baumeister aufführen lassen, wozu das Material weit hergeschafft worden war.

Onegesius war sonder Zweifel Römer oder Grieche, bei den Hunnen jedoch erzogen und eingebürgert, auch mit einer Barbarin verheiratet (p. 196, Z. 3 von unten).

Attilas Einzug war höchst feierlich. Die Frauen des Orts bildeten durch weit und hoch (unstreitig an Stangen) aufgespannte weiße, feine Linnentücher einen Bogengang, in welchem Mädchen, je sieben und mehr im Gliede, unter vaterländischen Gesängen dem Könige vorauszogen.

Er hielt sein Roß vor des Onegesius Hause an: des Ministers Gemahlin trat mit zahlreicher Dienerschaft hervor und bot ihm mit ehrfurchtvollster Begrüßung Speisen und Wein auf einer silbernen Tafel an. Letztere wurde von den Begleitern zu ihm erhoben: er nahm davon mit ehrender Auszeichnung: darauf begab er sich in den Palast.

Die Gesandtschaft speiste bei derselben Vornehmen als Wirtin, während der eben mit Ellak zurückgekehrte Onegesius für seine Person zur Berichterstattung bei Attila verweilte.

Am Abend schlug sie ihr Zelt an dem in der Nähe des Palasts ihr angewiesenen Orte auf.

Tags darauf sollte Priscus dem Minister die ihm bestimmten Geschenke überreichen, mußte aber vor dem verschlossenen Hause lange warten, wo ihn ein wohlgekleideter Mann, scheinbar Hunne, mit dem griechischen: „χαῖρε!" begrüßte, was ihm um so mehr auffiel, da im Lande sonst nur hunnisch oder gotisch, von nicht wenigen aber auch lateinisch gesprochen wurde. Der Mann war, wie sich ergab, ein reicher Kaufmann aus Viminatium, der des Onegesius Sklave geworden, durch tapfere Kriegstaten aber die Freiheit erworben und eine Barbarin geheiratet hatte, mit der er nun, als des Onegesius Klient, ein zufriedeneres Leben als früher führte.

Dabei ergoß er sich in das Lob des patriarchalischen hunnischen Regiments unter dem man völlig unbelästigt der größten Ruhe genieße, während man im römischen Reiche, fortwährenden Bedrückungen ausgesetzt, das Recht erkaufen müsse. Priscus stritt tapfer für sein Vaterland und der Gegner mußte endlich zugestehen, daß die römische Staatsverfassung, an sich weit vollkommener, nur durch die Verderbnis der Beamten (worin er freilich Recht hatte) schlecht geworden sei.

Nachdem Onegesius hierauf seine reichen Geschenke empfangen, begab er sich zu Maximin. Diese stellte ihm sogleich eine weit glänzendere Belohnung in Aussicht, wenn er als Gesandter seines Herrn zum Kaiser alle Irrungen zwischen beiden Reichen zum Austrag bringe. Onegesius erwiderte, daß er doch immer nur Attilas Befehle überbringen werde und fragte, ob sie ihn des Verrats seines Herrn fähig hielten und darüber zweifeln könnten, daß er den Dienst Attilas allen Schätzen Roms vorziehe. Auch werde er dem Rom durch schonende Beratung Attilas weit mehr nützen können, als durch persönliche, so leicht Mißtrauen weckende, Verhandlung mit dem Kaiser.

Am nächsten Tage fand die Audienz bei Attilas vornehmster Gemahlin, die in einem mit Teppichen belegten Saale, von Dienern auf der einen und stickenden Frauen auf der andern Seite umgeben, auf einem Ruhebette liegend die überreichten Geschenke empfing.

Nach der Entlassung sah der alles sorgfältig beobachtende Priscus, da Maximin seiner Würde halber sich stets zurückziehen mußte, noch eine Gerichtssitzung Attilas mit an. Vor dem Palaste hatte sich eine große Menge Volkes lärmend versammelt, zu der der König, von Onegesius begleitet, stolz heraustrat: er hörte die streitenden Parteien an und gab jedem seinen Spruch, hier und da wahrscheinlich kaum ohne Willkür; aber welch' ein Unterschied zwischen diesem und dem schleppenden, kostspieligen römischen Rechtsgange! Darauf zog sich der Herrscher zu einer Audienz barbarischer Gesandter in seine Gemächer zurück. (Priscus bis p. 198.)

Hier folgt nun bei unserm Berichterstatter eine Unterredung desselben mit den weströmischen Gesandten, die durch ihres Hauptes Romulus genaue Kenntnis der hunnischen Verhältnisse wichtig ist. Klagend, daß der König auf Silvans Auslieferung beharre, fügte er hinzu: Glück und Macht hätten Attila so aufgebläht, daß kein Vernunftgrund gegen seine Willkür etwas vermöge. In der Tat aber habe auch kein Herrscher Skythiens oder irgend eines andern Landes binnen so kurzer Zeit so Großes vollbracht. Ganz Skythien bis zu den Inseln der Ostsee habe er sich unterworfen und fordere nun auch von den Römern Tribut, ja denke selbst an Persiens Eroberung [wobei Romulus eines frühern Einfalls in dieses Land unter dem Befehle der königlichen Skythen Bazicus und Cursicus gedachte, welche später (vielleicht im Jahre 433 unter Aëtius) mit vielem Volk in römischen Sold getreten seien]. Da man jenes Vorhaben gegen Persien als Abzugsmittel erwünscht fand, erwiderte Constantiolus aus Pannonien, nach Besiegung der Perser werde Attila nicht mehr als Verbündeter, sondern nur noch als Gebieter zurückkehren. Jetzt nehme er noch unter dem Titel eines römischen Heerführers Gehalt vom Kaiser an[12], obwohl er in Augenblicken des Unwillens die römischen Generale bereits Sklaven nenne und die Seinigen deren Herrschern gleichachte. (Priscus, p. 201.)

Nachdem Maximin noch von Onegesius erfahren, daß der König keine anderen Gesandten, als Anatolius, Nomus oder einen Senator annehmen und die Verweigerung dieses Verlangens für Kriegserklärung ansehen werde, empfing derselbe nebst Priscus eine Einladung zur königlichen Tafel um drei Uhr.

Der Saal, in welchem diese abgehalten wurde, bildete ein großes längliches Gemach, worin Sessel und kleine Tische für je vier bis fünf Personen aufgestellt waren. In der Mitte erhob sich eine Estrade, welche Attilas Tisch und Ruhesitz trug, auf dem derselbe schon Platz genommen hatte; ein wenig weiter rückwärts befand sich ein zweites Ruhebett, das, wie das erstere, mit weißen Linnen und bunten Decken geschmückt war und den in Griechenland und Rom bei Hochzeiten gebräuchlichen glich. Im Augenblick, wo die Gesandten eintraten, reichten ihnen die Mundschenken, die an der Türschwelle standen, Becher voll Wein, aus denen sie, den König begrüßend, trinken mußten. Der Ehrenplatz, der rechts von der Estrade angebracht war, wurde von Onegesius eingenommen, dem zwei von des Königs Söhnen gegenüber saßen; den Gesandten wies man die Tafel links, die zweite im Range an; hier saß ein edler „Hunne", (?) Namens Berich (ein gotischer Name D.), obenan. Ellek, der älteste von Attilas Söhnen, nahm auf dem Lager seines Vaters, aber viel weiter unten, Platz, wo er mit niedergeschlagenen Augen in respektvoller Haltung blieb. Nachdem sich alle niedergelassen, überreichte der Mundschenk dem Attila einen Becher voll Wein, welchen dieser austrank, indem er einen Ehrengast begrüßte, der sich sofort erhob, aus den Händen des hinter ihm stehenden Schenken eine Schale empfing und mit dieser die Gesundheit des Königs erwiderte. Hierauf kam die Reihe an die Gesandten, welche in gleicher Weise, den Becher in der Hand, das Wohl des Monarchen ausbrachten. So wurden alle Gäste, hinter deren jedem ein Schenke stand, einer nach dem andern ihrem Range gemäß begrüßt und erwiderten dies in gleicher Weise. Darauf ward für Attila zuerst eine Schüssel voll Fleisch sowie Brot und Zukost aufgetragen. Dessen Schüssel und Becher waren von Holz, während man für die Gäste Brot und Speisen aller Art auf silbernen Schüsseln auftrug: auch deren Trinkschalen waren von Silber oder Gold. Die Gäste nahmen nach Belieben aus den vor ihnen stehenden Schüsseln. Nach Beendigung des ersten Ganges kamen die Schenken wieder und die Begrüßungen erneuerten sich mit derselben Etikette wie vorher. Der zweite Gang war eben so reichlich wie der erste, bestand aber aus anderen Gerichten, bei welchen die Gäste ihre Becher wiederum aufstehend auf obgedachte Weise leerten. Gegen Abend, als die Fackeln bereits angezündet waren, traten zwei Dichter ein, die in hunnischer Sprache vor Attila selbstgefertigte Verse sangen, in denen seine kriegerischen Tugenden und Siege gefeiert wurden. Ihre Gesänge riefen bei der hunnischen Zuhörerschaft einen gewaltigen Eindruck hervor; die Augen leuchteten; viele weinten – Tränen freudigen Verlangens bei den jungen Leuten, Tränen des Schmerzes bei den Greisen. Diese Tränen des Hunnenreiches wurden hierauf von einem Possenreißer abgelöst, dessen Grimassen und Albernheiten allgemeines Gelächter erregten.

Hierauf trat der Mohr Zerco ein, ein buckliger, mißgestalteter Zwerg, der seit zwanzig Jahren in der Welt herumzog. Einst Bledas Günstling war er diesem entlaufen, hatte aber, zurückgebracht, denselben durch den Entschuldigungsgrund, es sei dies nur geschehen, weil man ihm keine Frau gegeben, wieder versöhnt und eine solche in der Person einer wegen groben Vergehens in Ungnade gefallenen, edelgebornen Dienerin der Königin wirklich erhalten. (Priscus, p. 225.) Nach Bledas Tode schenkte ihn Attila dem Aëtius, der ihn seinem ersten Herrn, Aspar in Konstantinopel, zurückgab, von wo ihn Edeco jetzt wieder mitgebracht hatte.

Dessen Erscheinung, Possen und lateinisch-hunnisch-gotisches Kauderwelsch erregten lautes Gelächter.

Während dieser Schauspiele war Attila unausgesetzt unbeweglich und ernst geblieben, ohne daß irgend eine Gebärde, irgend ein Wort die geringste Teilnahme in ihm verraten hätte; nur als sein jüngster Sohn Ernack eintrat und sich ihm näherte, glänzte ein Blitz von Zärtlichkeit aus seinen Blicken; er zog das Kind näher an sich und streichelte ihm sanft die Wange.

Überrascht von dieser plötzlichen Veränderung in Attilas Gesichtszügen, wendete sich Priscus zu einem seiner barbarischen Nachbarn, der ein wenig Lateinisch sprach und flüsterte ihm die Frage ins Ohr, aus welchem Grunde dieser Mann, der gegen seine übrigen Kinder so kalt sei, sich gegen dieses so liebreich zeige. – „Ich will es Euch gern erklären, wenn Ihr darüber schweigen wollt", antwortete der Barbar. „Die Wahrsager haben dem Könige prophezeit, daß sein Geschlecht in den übrigen Kindern aussterben, in Ernack aber fortleben werde; dies ist der Grund seiner Zärtlichkeit; er liebt in diesem jungen Kinde die einzige Quelle seiner Nachkommenschaft."

Tief in der Nacht zogen sich die Römer zurück.

Am nächsten Tag erlangte Maximin noch die Freigebung einer seit sechs bis sieben Jahren gefangenen vornehmen Römerin, Sullas Gemahlin, für 500 Pfund Goldes von Attila, wobei dieser deren Söhne sogar dem Kaiser zum Geschenke machte. Hierauf speiste die Gesandtschaft bei Reka, einer andern Gemahlin des Königs, welche dessen Haushalte vorstand.

Am folgenden Tage wurden sie wieder zur königlichen Tafel geladen, bei welcher unter übrigens gleicher Etikette, statt des Sohnes, Oebarsius, der Oheim des Herrschers, den Platz neben ihm hatte. Diesmal war Attila freundlich, drang aber sehr in Maximin, den Kaiser dahin zu bringen, daß er das seinem Geheimschreiber Constantius erteilte Versprechen, diesem eine reiche Römerin zur Frau zu geben, erfülle, da es einem Souverän nicht anstehe, zum Lügner zu werden. Dies betrieb derselbe so eifrig, weil ihm Constantius eine große Summe Goldes dafür versprochen hatte.

Drei Tage darauf ward die Gesandtschaft beschenkt und entlassen. Mit ihr reiste, als Gegengesandter Attilas zu Theodosius, der vorstehend genannte Berich, der als Grundherr vieler Dörfer bezeichnet wird.

Während der Reise, auf der man die Kreuzigung eines angeblichen Spions und zweier Knechte, die ihre Herren getötet hatten, mit ansah, war Berich zuerst freundlich, ward aber wegen eines Streites zwischen dem beiderseitigen Gefolge so erbittert, daß er Maximin das ihm geschenkte Pferd wieder abnahm und erst in Adrianopel scheinbar wieder besänftigt werden konnte, noch in Konstantinopel aber den Römer verleumdete.

Inzwischen war Bigila, welchem die Gesandtschaft zwischen den letztgedachten Städten begegnete, an Attilas Hoflager zurückgekehrt, ward aber daselbst sogleich angehalten und das Gold, welches er mit sich führte, ihm abgenommen. Vor Attila geführt und befragt, wozu er eine so große Summe mitgebracht habe, suchte er sich durch Ausflüchte zu helfen, deren Nichtigkeit der König unter harter Schmähung ihm bewies, indem er namentlich hervorhob, daß er ja den Loskauf Gefangener, welchen jener als Zweck angeführt hatte, verboten habe. Nach diesen Worten befahl er, Bigilas Sohn, den dieser als Privatbegleiter mit sich hatte, auf der Stelle zu töten, wenn der Vater nicht sofort ein offenes Geständnis ablege. Das wirkte; der Unglückliche bat unter Tränen, diesen Unschuldigen zu schonen und ihm selbst den Todesstreich zu geben, indem er nun die ganze Verschwörung bekannte. Attila, durch Edeco von allem unterrichtet, erkannte die Wahrheit und erklärte, Bigila gegen Zahlung anderweiter 50 Pfund Goldes aus dem Kerker, in den er geworfen ward, entlassen zu wollen, indem er dessen Sohn, zu Beschaffung dieser Summe, zurückkreisen ließ.

Seinerseits sandte nun der König Essla und Orestes nach Konstantinopel ab. (Priscus, p. 211.)

Diese hatten folgende Instruktion (Priscus, p. 150[13]): Orestes solle mit dem um den Hals gehängten Beutel, in welchem Bigila die für Edeco bestimmten 100[14] Pfund Goldes überbracht hatte, vor den Kaiser treten und Chrysaphius fragen, ob er diese Börse anerkenne; Essla aber solle in seines Herrn

Namen erklären: „Theodosius und Attila beide seien Söhne edler Väter: er aber sei des Seinigen würdig geblieben, Theodosius hingegen habe den ererbten Adel dadurch verloren, daß er durch Tributzahlung ihm dienstbar geworden sei. Nicht recht aber handle derjenige, welcher dem Bessern, den ihm das Schicksal zum Herrn gegeben, als untreuer Diener hinterlistig nachstelle. Daher werde er nicht aufhören, Theodosius des Verrats anzuklagen, wenn er ihm nicht den Eunuch zur Bestrafung ausliefere."

Diese Sprache mußte der Kaiser anhören, doppelt geängstigt dadurch, daß zu gleicher Zeit auch der fast allmächtige Zeno an der Spitze des Speeres die Ausantwortung des Günstlings verlangte.

Der verschmitzte Eunuch aber wußte sich gegen seinen gefährlichsten Feind dadurch zu helfen, daß nun die Vornehmsten des Reichs, die Patrizier und Magistri militum, Anatolius und Nomus, mit ungeheuern Summen Goldes und dem Versprechen, auch des Constantius Verlangen zu erfüllen, zu Attilas Besänftigung abgesandt wurden.

Dieser ging ihnen mit nun befriedigter Eitelkeit achtungsvoll bis an den Drenco in der Nähe der Donau entgegen.

Zuerst hochfahrend, ward er durch das große Geldgeschenk bald umgestimmt, erklärte sich bereit, den früher bedungenen Frieden zu halten, den Anspruch auf den Landstrich südlich der Donau ganz fallen zu lassen, ja den Kaiser selbst wegen der Überläufer nicht weiter zu belästigen, wenn nur die Römer deren in Zukunft nicht mehr aufnähmen.

Bigila ward für die verlangten fünfzig Pfund Goldes, welche dessen Sohn mitbrachte, entlassen, während andrerseits nun auch Constantius die versprochene Frau in der Person einer jungen, reichen und vornehmen Witwe empfing. (Priscus bis p. 215.)

Reichlich beschenkt mit Pferden und kostbarem Pelzwerk, womit die königlichen Skythen sich zu schmücken pflegten, wurden die Gesandten entlassen.

Dies muß zu Ende des Jahres 449 oder Anfang 450 geschehen sein.

Unmittelbar nachher (wenn Fr. 6 des Priscus, p. 215 nicht einer viel frühern Zeit angehört und nur aus Versehen hierher gesetzt worden ist) forderte Attila unter Kriegsdrohung die in Rückstand gebliebene Tributzahlung, worauf Apollonius zu ihm gesandt wurde. Da dieser aber das Geld nicht mitbrachte, nahm ihn der König nicht an, befahl ihm jedoch bei Todesstrafe, die kaiserlichen Geschenke abzuliefern, worauf der Gesandte würdig erwiderte: „Du kannst sie entweder durch meinen Empfang erhalten oder mit Gewalt nehmen; freiwillig aber gebe ich sie auf dein Verlangen nicht." Darauf ließ ihn Attila unverrichteter Sache, aber unangefochten zurückkehren.

Wir unterbrechen hier den Geschichtslauf durch einen Rückblick auf das innere Volks- und Staatsleben der Hunnen.

Da finden wir denn: Festhalten an dem alten Nomadentum in vielen Beziehungen, überwiegendes Reiterleben, Haß gegen Städte, die Steppe ihr Element: anderseits aber auch schon Fortschritt zur Seßhaftigkeit, Empfänglichkeit für Zivilisation, Geschick und Sinn für völkerrechtliche Verbindungen.

Zu Roß wird diplomatisch verhandelt, zu Roß genießt der König von einem Ehrenmale; nicht in einer der zahlreichen Städte des alten Dakiens oder in anmutigen Vorbergen Ungarns, in der *Steppe* schlägt Attila seine Residenz auf, die zwar nicht mehr ein Zeltlager, aber doch nur aus Holz erbaut ist: nicht ohne Zier, aber ohne Befestigung.

Auf den ersten Blick scheint Priscus sogar die angebliche Verwandlung ganz Dakiens in eine Wüste (der wir widersprachen) dadurch zu unterstützen, daß er dies von dem Landstriche südlich der Donau ausdrücklich anführt und nördlich derselben mindestens keiner Stadt außer der Festung Constantia an jenem Flusse (p. 223) gedenkt.

Aber in Wirklichkeit war nur der Grenzstreif zwischen Hunnenland und dem römischen Gebiet mit seinen festen Plätzen aus Militärraison wüste gelegt und von den Hunnen gar nicht in Besitz genommen worden, wovon sich keine Spur findet; höchstens ward er vorübergehend als Hutweide benutzt: Priscus hat auf seiner Reise nicht das alte Dakien, nur das Jazygenland betreten, das sicherlich immer ohne Städte war.

Übergang zur Seßhaftigkeit finden wir nicht nur in Attilas Residenz selbst, sondern auch in der mehrfach erwähnten Grundherrlichkeit über unterworfene Orte, deren Insassen gewiß weder Hunnen noch Germanen, sondern die alten jazygischen oder römischen Bewohner waren.

Luxus, wenn auch nicht um Attilas Person, und Hofetikette beweisen den Fortschritt zur Kultur. Die höhere Bildung der Römer wird anerkannt und geschätzt; aus ihnen wählt der König nicht nur seine Arbeitsgehilfen, auch seinen ersten Minister; die Sprache derselben ist in das Volk eingedrungen. Auch die Germanen hat der König offenbar für gebildeter und brauchbarer als seine Hunnen angesehen. Daß der innige Verkehr mit jenen überhaupt einen mildernden Einfluß auf das Steppenvolk ausgeübt habe, ist nicht zu bezweifeln.[15]

Der damalige Umfang des Hunnenreichs ist unbekannt, daran aber, daß alle „skythischen", d. h. finnischen und slavischen und auch manche germanische Völker zwischen dem Pontus und der Ostsee ihm unterworfen waren, nach der zuverlässigen Angabe des Romulus (S. 234) ebensowenig zu zweifeln, als daß die Slaven damals *mindestens* schon bis zur Weichsel nach Westen vorgerückt waren. Aber eine merklich weitere Ausdehnung der Herrschaft Attilas, namentlich über Germanen westlich des gedachten Stromes, können wir nicht annehmen, müssen daher des Jordanis Angabe (Kap. 49[16]), „daß er die skythischen und germanischen Reiche besessen", den vielen gedankenlosen Äußerungen dieses Schriftstellers beizählen, der in den auf den Bericht von Attilas Tod folgenden Worten wahrscheinlich die spätere, nur ganz vorübergehende Unterordnung germanischer Völkerschaften bei dessen Zuge nach Gallien vor Augen gehabt hat.

Vom innern Staatsleben können wir (nach Priscus, p. 167, 168 und 214) nur annehmen, daß allein die Horde oder der Stamm der „königlichen Hunnen" (βασιλείοι Σκύθαι[17]) das herrschende Volk bildete, alle übrigen Einwohner aber nur Untertanen waren, wobei jedoch die übrigen Hunnen noch mancher Vorrechte vor den lediglich unterjochten Völkern genossen. Auch die dazu gehörigen Germanen, namentlich die Ostgoten und Gepiden, erfreuten sich, wie wir bald sehen werden, schonender, ja oft ehrender Behandlung. Die obersten Beamten und angesehensten Männer am Hofe wurden anscheinend ohne Unterschied der Geburt Logaden (Große) genannt. (Priscus, p. 173, 174 und 210.)

Der römische Tribut ward nach Priscus, p. 168, nicht dem König allein, sondern den königlichen Hunnen gezahlt, die sich überdem durch besondere Tracht auszeichneten.

Das Regiment war ein durchaus patriarchalisches. Der König selbst sprach, auf die einfachste Weise, unentgeltlich, das Recht; furchtbar die Strafen, deren eine andre als Kreuzigung gar nicht erwähnt wird; unbelästigt aber, größter Freiheit genießend jedweder, der von Verletzung der einfachen Gebote des Herrn und von Frevel sich fern hielt, so daß selbst geborne Römer das Leben unter den Hunnen dem im römischen Staate vorzogen. Auch in den Lasten ein großer Unterschied: dort der Untertan beinah erdrückt, hier der herrschende Stamm sicherlich völlig abgabenfrei, während den übrigen, außer den Kriegs- und sonstigen Diensten, gewiß nur mäßige Entrichtungen, großenteils wohl in Naturalien oblagen, da die beschränkten Bedürfnisse der Geldwirtschaft unstreitig hauptsächlich aus dem römischen Tribute bestritten wurden, der von Konstantinopel allein zuletzt 2100 Pfund Goldes (zwischen 1 800 000 und 2 100 000 Mark) jährlich betrug. Wahrscheinlich war auch Westrom, dem der Hunnenkönig ein starkes Hilfsheer zuführte, davon nicht frei. (Haage nimmt zwar (S. 19) aus guten Gründen an, daß dies Reich keinen eigentlichen Tribut, sondern nur einen persönlichen Gehalt an Attila zu zahlen hatte. Dies schließt aber eine Entrichtung für das Hilfsheer, das vom Jahre 433 bis mindestens 439 den Römern diente, nicht aus.) Rechnet man hier zu die auf einmal gezahlte nachträgliche Kriegssteuer, die im Jahre 466/7 allein nahe sechs Millionen betrug, die Spendungen des reichen Gaiserich und vor allem den Erlös aus der namenlosen Plünderung und Beute, wovon dem Könige gewiß ein großer Teil zufiel, so kann es Attila wahrlich an Geld nicht gefehlt haben.

Wir können nicht zweifeln, daß die ursprüngliche Staats- und Volksverfassung der Hunnen, Avaren, Magyaren und anderer asiatischer Einwanderer im Wesentlichen dieselbe war, nur mit dem Unterschiede, daß sie bei den Tataren, die fortwährend in der Steppe sich tummelten, stationär blieb bei den Hunnen und übrigen aber durch die Übersiedlung in Länder anderer Beschaffenheit und Kultur wie durch die Nachbarschaft Roms und sonstiger christlicher Staaten sehr bald wesentlich modifiziert ward.

Auch jene nur beschränkte Gewalt des Oberhauptes mag bis zu Attila fortbestanden haben und erst durch dessen gewaltige Persönlichkeit, wiewohl unter kluger Schonung der Nationalansichten und Vorurteile, in eine fast ungebundene Despotie umgewandelt worden sein.

Auch Attilas Politik erklären wir aus weiser Auffassung und richtiger Würdigung des Nationalinstinkts. Das weite nordische Flachland seiner dünnen und rohen Bevölkerung fand er zur Unterwerfung trefflich geeignet, das römische Gebiet mit seinen reichen Städten und Kulturschätzen keineswegs. Dahin übersiedeln konnte er sein Volk nicht, ohne dies, wie mit den Vandalen in Afrika geschah, zu entnationalisieren und zu verderben. Eroberung und Verwüstung des europäischen Ostroms bis zur Seeküste, welche ihm bei der Überlegenheit der römischen Marine wohl Schranken gesetzt haben würde, wäre ihm zwar leicht gewesen, dadurch aber hätte er die Kuh, die ihn nähren sollte, mutwillig selbst getötet.

Deshalb sind wir überzeugt, daß Attila die Donau als Grenze zwischen seinem Reich und Rom festhalten wollte, was denn auch durch den letzten Friedensschluß mit Anatolius und Nomus merkwürdig bestätigt wird, durch den er sogar den früher weggenommenen und gewiß nur aus den vorstehend erwähnten militärischen und ökonomischen Rücksichten wüste gelegten Landstrich südlich der Donau wieder herausgab.

Am 20. Juni oder 28. Juli[18] verschied der fromme und gelehrte, aber sehr schwache Theodosius II., welchem sein unwürdiger Günstling Chrysaphius, auf Pulcherias Befehl hingerichtet (Prosper Aquitanus und Marcellin), bald im Tode folgte. Letztere, des Kaisers mehrerwähnte Schwester, die bereits Augusta war, wählte den tapfern und verdienten Krieger Marcian, neunundfünfzig Jahre alt, zum Thronfolger und Gemahl, wobei sie sich jedoch die Bewahrung ihrer bereits einundfünfzigjährigen, daher anscheinend kaum noch gefährdeten Jungfräulichkeit zur Bedingung gemacht haben soll.

Sogleich nach des Theodosius Tode forderte Attila von dessen Nachfolger den bedungenen Tribut. Marcian aber verweigerte diesen mit den Worten: für den friedlichen Nachbar habe er zwar Geschenke, dem Kriegdrohenden aber werde er mit nicht geringerer Streitkraft entgegentreten.

Zu gleicher Zeit auch hatte der König den Beherrscher Westroms, Valentinian III., beschickt, unstreitig auch wegen des noch nicht ausgetragenen Streits über Silvan, besonders aber weil ihm (nach Priscus, p. 51) damals erst Honorias Behandlung bekannt geworden sei, deren Hand er nun mit der Drohung verlangte, er werde ihr, wenn ihm nicht das ganze Reich sogleich abgetreten werde, zu Hilfe eilen.

Valentinian erwiderte: Honoria sei bereits vermählt, könne ihm also nicht verbunden werden; auf das Reich aber habe sie überhaupt keinen Anspruch, weil die Thronfolge in Rom nur Männern zustehe.

Auf diese beiden Gesandtschaften bezieht nun Thierry (Kap. 4 a. Schl., p. 127) eine Stelle des Malalas (Chronogr. XIV, p. 358 d. Bonn. Ausg.), nach welcher Attila beiden Kaisern durch seine Sendboten folgenden gleichen Bescheid zugehen lassen: „Mein Herr und Dein Herr, Attila, befiehlt Dir durch mich, sogleich Deinen Palast für ihn einzurichten." Dieselbe Nachricht befindet sich auch im Chron. Paschale, aber mit völlig gleichen Worten, also unstreitig aus dem etwas ältern Malalas abgeschrieben.

Dieser letztere sagt nun, zu des Theodosius II. und Valentinians III. Zeit habe „ein gewisser Attila, aus dem Stamme der Gepiden", ein unermeßliches Heer zugleich wider Rom und Konstantinopel geführt, und dabei den Kaisern obigen Befehl ausrichten lassen. Diese Worte charakterisieren einen Schriftsteller von arger Unwissenheit. Wie aber ein Historiker auf den alleinigen Grund solcher Autorität hin eine Tatsache, deren innere Unglaubhaftigkeit zu beleuchten überflüssig wäre, als von ihm nicht bezweifelt aufstellen kann – haben wir dem eignen Ermessen unsrer Leser anheimzustellen.

Zu jener doppelten Verwickelung Attilas mit beiden Reichen gesellte sich nun auch noch eine dritte. Gaiserich, dessen reiche Schätze bei letztern stets willigen Eingang fanden, wiegelte ihn gegen den Westgotenkönig Theoderich auf. Schwer hatte der Vandale diesen durch Rücksendung seiner auf das Grausamste verstümmelten Tochter beleidigt, mochte daher dessen Rache im Wege eines Bündnisses mit Rom um so mehr fürchten, da letzteres längst auf Vernichtung des ihm so furchtbaren Herrschers brannte.

Was konnte ihn dagegen sicherer schützen, als wenn Attila beide oder einen dieser Feinde angriffe?

Da schwankte der Hunne zwischen dem Kriege nach Osten und dem nach Westen; den Ausschlag mag Gaiserichs Gold für letzteres Ziel gegeben haben.[19]

Dabei wirkten noch zwei Nebenrücksichten auf den Zug nach Gallien mit.

Der Arzt Eudoxius, ein schlechter, aber gewandter Mann, war, wohl um einer Strafe zu entgehen, zu den Bagauden und von da bereits im Jahre 447 zu den Hunnen entwichen. (Prosper Tiro.) Dieser mag nun Attilas Waffen, unter Verweisung auf die Hilfe der Bagauden, gegen sein Vaterland zu lenken gesucht haben.

Auch war, anscheinend nicht lange zuvor, bei den Franken und zwar wohl bei den ripuarischen, nach dem Tod ihres Königs[20], ein Erbfolgestreit zwischen dessen Söhnen entstanden, in welchem der ältere Attilas, der jüngere des Aëtius Hilfe anrief, der ihn sogar adoptierte. Diesen letztern sah Priscus selbst als Jüngling im Schmucke seiner lang über die Schultern herabfallenden goldnen Locken zu Rom.

Die zweite Hälfte des Jahres 450 mag die militärische und diplomatische Vorbereitung erfüllt haben.

Dahin gehörte vor allem die Unterwerfung oder richtiger die Erzwingung der Bundeshilfe aller zwischen dem obern Pannonien (beziehentlich auf beiden Ufern der Donau) und dem Rheine sitzenden germanischen Völker. Daß er mit diesen vorher schon Beziehungen angeknüpft hatte, ist sehr wahrscheinlich, ein Zwangsgebot aber erging wohl erst jetzt. Die Welt war vom Schrecken Attilas erfüllt: wie hätten diese verhältnismäßig schwachen Völker bei der Wahl, ob sie ihn als Freund oder Feind aufnehmen wollten, auch nur einen Augenblick schwanken können?

Hauptsächlich aber aus des eignen Reiches weiten Gauen vom Pontus bis zur Ostsee, vom Don bis zur Weichsel entbot der Völkerfürst seine Scharen, deren tunlichste Ordnung und verbesserte Bewaffnung nebst der Beschaffung des unentbehrlichsten Kriegsbedarfs ihn zunächst beschäftigt haben mag. Der Dichter Sidonius Apollinaris führt in seinem Panegyricus auf Avitus[21] nach Dichterweise, wie wir dies schon bei Claudian bemerkten, eine Menge teils bekannter, teils unbekannter Namen der Völker in Attilas Heergefolge an.

Unter den dabei miterwähnten Burgundern haben wir zu denken an die im Fortgange des Kriegs zum Anschluß an Attilas Heer gezwungenen, unter römischer Oberhoheit in Gallien sitzenden.

Die Historia miscella, eine zwar meist wertlose spätere Compilation, großenteils aus den Chronisten, die doch zum Teil aber auch uns verlorne Quellen benutzt hat, nennt (Buch XV, p. 444 der Baseler Ausg. von 1569) richtiger nächst den Gepiden und Goten, Markomannen, Sueben, Quaden, überdies Heruler, Turkilinger und Rugen, unter ihren eignen Königen, endlich die barbarischen Völker des Nordens.

Die Thüringer werden hier zuerst mit diesem Namen erwähnt.[22]

Den Kern und die Kraft dieses unermeßlichen Heeres, das Jordanis Kap. 35 zu 500 000, die Hist. misc., p. 443, aber sogar zu 700 000 Mann angibt, bildeten nächst den Hunnen unzweifelhaft vor allem die Gepiden und Ostgoten, deren Könige Ardarich und Valamer Attila vor allen andern wert hielt, ja liebte, was zugleich auf die bevorzugte Stellung ihrer Völker schließen läßt (Jord. c. 38.)

List und Schwert war des Hunnenkönigs Wahlspruch. Darum schrieb er zunächst, Wohlwollen und Freundschaft heuchelnd, an Valentian: nicht gegen Rom, sondern lediglich gegen dessen eigne Feinde, die Rom so gefährlichen Westgoten, sei sein Angriff gerichtet. Theoderich dagegen stellte er die Befreiung Galliens vom Joche der Römer als Zweck dar, indem er ihn dabei an die durch sie erlittenen Niederlagen erinnerte. (Jordanis, Kap. 36.)

Aëtius aber ließ sich nicht täuschen, bot vielmehr alle Kräfte gegen das heranziehende Ungewitter auf. Dem Westgotenkönig schrieb der Kaiser: „Vereint euch, ihr Tapfern, mit uns gegen den Feind des Weltalls, der seine Herrschsucht nach dem Umkreise seines Armes mißt, seinen Stolz durch Frechheit sättigt. Gedenkt, wie euch die Hunnen einst verfolgten, unterwerft euch nicht ohne Gegenwehr der drohenden Schmach und Vernichtung."

Theoderich soll (nach Jord. a. a. O.) erwidert haben: „So habt ihr denn, Römer, euren Wunsch erreicht, uns mit Attila zu zerwerfen. Wir werden sehen, wozu er uns ruft, und wie aufgeblasen auch sein Stolz durch viele Siege sein möge, so wissen doch die Goten auch mit Stolzen zu kämpfen."

Da soll, nach Jordanis, das Bündnis sogleich geschlossen worden sein, was jedoch, wie wir später sehen werden, Irrtum ist, indem vielmehr Theoderichs erste Absicht offenbar auf eine zuwartende Neutralität[23] gerichtet war.

Leichter mag es Aëtius geworden sein, andere Kräfte Galliens, auch die der mehr unabhängigen Völker, wie der Burgunder und der Bewohner von Aremorica, gegen den Gefürchteten aufzubieten, ja alle salischen und einen Teil der ripuarischen Franken, sogar sächsische Hilfsscharen, Letztere gewiß nur als Söldner, für sich zu gewinnen, wie dies das von Jordanis (Kap. 36 a. Schl.[24]) mitgeteilte wiewohl höchst verworrene Verzeichnis seiner angeblichen Hilfsvölker ergibt.

Es war zu Anfang des Jahres 451, wohl im Januar, als der Osten und Nordosten unsres Weltteils unter Attila in Waffen gegen dessen Südwesten heranzog.

Vermutlich in zwei Hauptkolonnen rückte Attilas Heer vor, die eine auf dem rechten Ufer der Donau auf der alten römischen Militärstraße über Augst nach dem Oberrhein, die andre, von der nördlichen Donaustraße aus, den Odenwald umgehend, am Niedermain hinauf in die Gegend von Mainz. Letztere zog nun auf dem Marsche die bis nach Regensburg hinauf nördlich der Donau sitzenden, des Königs Machtgebot sich unterwerfenden Thüringer, sowie am Rhein diejenigen ripuarischen Franken an sich, welche sich demselben anschlossen.

Die festen Plätze mögen genommen (wofür Attila viel Geschick gehabt haben muß,), oder, wenn sie zu stark waren, umgangen worden sein.

Zu Überschreitung des Rheins lieferten die nahen Wälder das Material: (die hunnischen Gäule durchschwammen wohl den Strom. D.).

Nach der Historia miscella[25] und der (von Paulus Diaconus verfaßten kurzen Schrift Gesta episcoparum Mettensium (ed. Perz im II. Bande der Monum. Hist. Germ., p. 246) ward nun zunächst Gundikar, König der Burgunder, geschlagen und hierauf erst der Verwüstungszug durch Gallien angetreten. Dies würde zu weiterer Betrachtung Anlaß geben, wenn nicht Waitz (in einem, im I. Bande, erstes Heft, der von der Münchener Akademie herausgegebenen Forschungen für Deutsche Geschichte, Göttingen 1861, erschienenen Aufsatze: „Der Kampf der Burgunder und Hunnen") überzeugend nachgewiesen hätte, daß Paulus Diaconus für seine Nachricht keine *besondere* Quelle gehabt, sondern dieselbe vielmehr nur aus einer Notiz des Prosper Aquitanus entnommen oder vielmehr gemacht hat. Letztere enthält zwei Sätze, deren ersten bis zu dem Worte: „dedit" Paulus Diaconus da, wo er vom Jahre 435 handelt (XIV, p. 94 d. Ausg. v. Muratori) *wörtlich* nachschreibt, den zweiten dagegen, der die Vernichtung der Burgunder durch die Hunnen berichtet, hier wegläßt, und erst später (XV, p. 97) bei dem gallischen Kriege anführt, also dieselbe Attila zuschreibt. Offenbar hat daher hier nur die Sage, welche zur Zeit dieses Schriftstellers im achten Jahrhundert bereits lebendig sein mußte, denselben zu jener Versetzung eines Ereignisses des Jahres 436 oder 437 in das Jahr 451 verleitet, wozu ihm sein Gewährsmann Prosper Aquitanus insofern einigen Anlaß bot, als auch er die Burgunderschlacht[26] nicht bei dem Kriege mit Aëtius, sondern erst als ein *späteres* Ereignis berichtet, wenngleich dessen Worte: „welches Friedens sich Gundikar *nicht lange* erfreute" (qua non diu potitus est) auf keine Weise (? D.) gestatten, dasselbe noch vierzehn bis fünfzehn Jahre weiter hinauszuschieben.

Gegen diese Ansicht läßt sich auch die zweite Erwähnung desselben Vorgangs in der Geschichte der Bischöfe von Metz nicht einwenden, weil sie nicht die geringste neue Tatsache, welche auf eine besondere Quelle dafür schließen ließe, sondern nur andre Worte als die Hist. misc. enthält.

Attilas Südheer muß über Straßburg auf Metz gezogen sein, indes die Nordkolonne wohl über Trier durch Belgien marschierte.

Letztere muß den ausziehenden salischen Franken nahe gekommen sein, da die Gregor von Tours Historia Francorum angehängte Epitome, die dem angeblichen Fredigar zugeschrieben wird (unter 11, p. 579 der Migneschen Ausg. d. Gr. v. T.), deren König Childerich, den Sohn des Meroveus[27] von den Hunnen gefangen nehmen, durch seinen Getreuen Viomad aber wieder befreit werden läßt.

Beide Kolonnen dürften übrigens, sowohl ihrer Verpflegung als der Plünderung halber, in breiter, viele Meilen weit sich ausdehnender Fronte, einem alles verwüstenden Heuschreckenschwarme gleich, vorgerückt sein.

Das feste Metz hielt die Südkolonne, bei der sich Attila damals selbst befand, auf.

Schon war er, da die Festigkeit der Mauer den gewaltigen Stößen des Widders nicht wich, zur Belagerung des nahen Scarpona abgegangen, als er auf die Nachricht einer bewirkten Bresche im Fluge zurückkehrte, den Platz in der Nacht vor Ostern (8. April) erstürmte, die Einwohner teils niederhieb, teils samt ihrem Bischof gefangen abführte, die Stadt aber den Flammen Preis gab.

Gleiches Schicksal erlitt alsbald Rheims, wobei, nach dem Leben des S. Nicosius, das bereits vom Rumpf gehauene Haupt des frommen Bischofs noch im Niederfallen rief: „Mache mich nach deinem Worte wieder lebendig" (was wir, zur Charakterisierung von Thierrys Quellen, nicht unerwähnt lassen. S. Thierry, p. 148). Von Rheims marschierte das Heer über Châlons, Troyes und Sens nach dem sechzig Meilen von Metz entfernten Orleans, wo dasselbe im Mai angelangt sein dürfte – eine Richtung, welche das Westgotenreich unzweifelhaft als Attilas Operationsziel herausstellt. Ob sich die Nordkolonne bereits in der Champagne mit der südlichen vereinigt hatte, ersehen wir nicht, möchten dies aber daraus abnehmen, daß auch sie Paris nicht berührte, wohin, nach dem Leben der heiligen Genoveva (der Thierry hier p. 151 bis 160 neun Seiten widmet), kein Hunne gelangte.

In der Umgegend von Orleans saßen die Alanen, mit deren König Sangiban Attila Unterhandlungen, worauf dieselbe willig eingegangen war, angeknüpft hatte. Mutmaßlich war die Übergabe von Orleans deren Zweck (? wohl nur Anschluß des Königs an Attila D.) und da sich der Alane dieses immer römisch gebliebenen Platzes wegen sorgfältiger Hut der Verteidiger nicht zu bemächtigen, die verlangte Bedingung also nicht zu erfüllen vermochte, wie er dies wohl gehofft hatte, mag er späterhin dem Freundschaftserbieten des Hunnen nicht getraut und sich vor ihm auf das linke Ufer der Loire zurückgezogen haben, wo er sich nachher vielmehr den Römern anschloß.

Wir wenden uns nun zu Aëtius. Mit geringen Streitkräften zog er über die Alpen (Sid. Apoll. carm. VII, v. 329 und 330), jenseits deren aber wohl schon ein starkes Heer versammelt war. Groß ward seine Verlegenheit, da Theoderich immer noch zwischen Neutralität und Bündnis[28] schwankte. Da wandte sich der Feldherr an den allverehrten Avitus, der bereits im Jahre 439 als Präfect Galliens den zuerst verweigerten Frieden mit den Westgoten abgeschlossen hatte, des höchsten Ansehens bei diesen genoß und vom König, auch als dessen früherer Lehrer im Lateinischen (a. a. O., v. 496), besonders geehrt war, nun aber in wissenschaftlicher Muße auf seinem fürstlichen Landsitz Avitacum lebte.

Dessen Person und Beredsamkeit war es nun, welche Theoderich zu folgsamerem Anschluß an Rom (und Annahme des offensiven Kriegsplans des Aëtius D.) bestimmte (a a. O., v. 353). Die Goten in ihren Tierfellen (pellitae turmae, v. 349), Theoderich mit seinen beiden ältern Söhnen, Thorismund und Theoderich, an deren Spitze, folgten nun den (nach Nordosten vormarschierenden D.) römischen Legionen. Die Verhandlung und Rüstung aber mag wohl viel Zeit gekostet haben.

Schon vor Attilas naher Ankunft vor Orleans war dessen frommer Bischof Anianus nach Arles zu Aëtius geeilt, um sich dessen rechtzeitiger Hilfe zu versichern (Gregor von Tours II, 7, p. 199 d. Mign. Ausg.). Das von Thierry benutzte Leben des heiligen Anianus[29] läßt ihn den Johannistag als das Endziel der möglichen Haltung der Festung bestimmen.

Gewiß hatten Verteidiger und Bewohner, für die es sich um Gut und Blut handelte, alles, was Menschenkräfte vermögen, für Verstärkung und Verproviantierung des Platzes getan.

Da richtete denn auch Attila, obgleich es ihm unzweifelhaft nicht an Belagerungswerkzeugen fehlte, wozu ihm ja so viele römische Kräfte zu Gebot standen, anfangs wenig aus. Als aber Widder und Maschinen immer nachhaltiger wüteten (Gregor von Tours II, 7 zu Anfang), unablässiger hunnischer Pfeilregen die Verteidiger von den Zinnen vertrieb, Woche um Woche ohne Entsatz verging, da wuchs außen die Hoffnung, innen die Verzweiflung.

Verschieden wird nun die Katastrophe in den Profanquellen berichtet.

Nach Gregor von Tours (a. a. O.) befahl der Bischof am letzten Tag allgemeines brünstiges Gebet und ließ vom Turme nach Aëtius spähen. Nichts zu sehen, die Antwort; weiteres Gebet, und abermaliges Spähen, mit eben so wenig Erfolg; zum dritten Male sinkt alles auf die Knie, da ruft endlich der Turmwart, er bemerke eine Staubsäule in der Ferne. „Wohlauf, spricht der fromme Mann: das ist die Hilfe des Herrn." Schon beginnen die gewaltig erschütterten Mauern einzustürzen, als Aëtius und Thorismund mit dem Heer erscheinen. Sogleich greifen diese an, *werfen den Feind heraus* (ejiciunt p. 199, Z. 24) und schlagen ihn weit ab von der Stadt in die Flucht.

Neben dieser unverkennbaren Legende stehen zwei Zeilen der *unbedingtesten Glaubhaftigkeit* des Zeitgenossen Sidonius Apollinaris, dessen Geburt man in das Jahr 431 setzt. Derselbe schreibt (VIII, 15) dem Bischof Prosper, des heiligen Anian Nachfolger in Orleans: dieser habe ihn die Geschichte Attilas zu schreiben aufgefordert, „worin der Stadt Belagerung, Sturm, das *Eindringen* in diese, aber *ohne deren Plünderung*, sowie jene bekannte, vom Himmel erhörte Weissagung des Bischofs enthalten sei": er habe das Werk auch begonnen, jedoch wieder aufgegeben – ein für uns unersetzlicher Verlust.

Ganz anders berichtet Thierry p. 176 und 177 nach dem Leben des heiligen Anian in Du Chesne, script Fr. I, p. 646, den Hergang.

Wir können den Sinn seiner verworrenen und unklaren Erzählung nur in Folgendem finden.

Anian, zu Attila abgeordnet, bot Kapitulation unter Bedingungen an, welche dieser zwar verwarf, wobei er jedoch erklärte, daß die Bewohner, wenn sie sich der Herausgabe ihrer Habe und Abführung in Knechtschaft ruhig unterwürfen, durch geordnete Vollziehung gegen Blutvergießen und Plünderungsgreuel gesichert sein sollten.

An dem folgenden Tage seien nun, nach Öffnung der Tore, Attilas Offiziere in die Stadt gezogen. Hier seien die Gefangenen schon gruppenweise verlost und die Wagen mit der Beute beladen worden als plötzlich der Ruf von des Aëtius Ankunft (dessen wunderbare Herbeirufung wir hier übergehen) alles, teils mit Hoffnung, teils mit Bestürzung erfüllt habe. Sogleich hätte derselbe von dem linken Ufer her angegriffen, indes die Bewohner sich von innen auf den Feind geworfen; da sei ein furchtbarer Straßenkampf entstanden, bis Attila den Rückzug seiner zugleich in der Front und im Rücken bedrängten Krieger angeordnet habe.

Diese Erzählung läßt sich aber weder mit Sidonius Apollinaris noch mit Gregor von Tours vereinigen. Nennt letzterer nun auch seinen Gewährsmann nicht, so ist doch nicht zu zweifeln, daß die merkwürdige Geschichte der Befreiung von Orleans noch über ein Jahrhundert lang im Volke, besonders in der Geistlichkeit, fortlebte, dem (nach Loebell Gregor von Tours, S. 10) zwischen 539 und 544 gebornen Bischofe des benachbarten Tours also in ihren Hauptzügen gewiß bekannt war. Dies schließt die Ausschmückung seines Berichts in geistlichem Sinne nicht aus, wohl aber die Tatsache, daß die Rettung erst am Tage nach der bereits bedungenen Übergabe erfolgt sei. Das Entscheidendste aber ist, daß der (hier *D.*) unbedingt zuverlässige Sidonius von dem ruhigen Einrücken der Hunnen in eine ihnen freiwillig übergebene Festung nicht den Ausdruck: irruptio brauchen konnte.

Die heiligen Legenden dagegen waren reine Tendenzschriften, bei denen Kritik und historische Treue durchaus nicht für nötig angesehen wurden. Nach unserer Ansicht ist Folgendes zu vermuten: Orleans, das alte Genabum Julius Cäsars (VII, 11), unter Kaiser Aurelian restauriert und nach ihm benannt, welches in der Geschichte Frankreichs wiederholt eine so wichtige Rolle gespielt hat[30], lag damals fast ganz auf dem rechten Ufer der Loire, hatte aber auf dem linken einen durch eine Brücke verbundenen Brückenkopf und gewiß auch einen kleineren Stadtteil.

Wahrscheinlich auf dieser Seite müssen nun die Hunnen am Morgen von des Aëtius Ankunft bereits in die Stadt gedrungen sein, die auf Entsatz hoffenden Verteidiger aber, den schwachen Punkt kennend, durch Innenwerke, Besetzung und Verrammelung der Häuser, von denen Steine herabgeschleudert wurden, die Gegenwehr noch fortgesetzt haben, bis endlich die Erlösungsstunde schlug. Das von Sidonius ausdrücklich bemerkte gewaltsame *Hereindringen* (irruptio) wird so durch den Ausdruck Gregors von Tours: gewaltsames *Herauswerfen* (ejiciunt) ergänzt.

Attila, dessen bisher unerhörtes Glück vor Orleans seinen Wendepunkt erreichte, war zum Rückzuge genötigt. So viel Mittel ihm auch für Rekognoszierung zu Gebot standen, so muß er doch durch Aëtius, der wohl mit der äußersten Anstrengung in später Stunde noch herbeieilte, überrascht worden sein. Da war für den Hunnen in der Nacht kaum noch eine geordnete Formierung möglich, vor allem gewiß aber auch das in der Nähe der Stadt zwar ebene, aber durch Mauern, Gräben, Weinberge und andere Kulturhindernisse kupierte Terrain für dessen Hauptwaffe, die Reiterei, zu schlagen nicht geeignet. Überdem hatte der Rückzug aus Militärraison, für die Hunnen wenigstens, nichts Schimpfliches, daher auch an sich nichts Demoralisierendes.

Noch in der Nacht muß Attila aufgebrochen sein und sein Lager großenteils mindestens zurückgelassen haben.

Sehr geschwächt und zerrüttet aber war unstreitig damals schon der Zustand seines Gesamttheeres. Der Raubkrieg in so weiter Ausdehnung löst an sich alle Ordnung auf, setzt die sich zerstreuenden und isolierenden Nachzügler der Ermordung durch die Beraubten aus und erzeugt durch den Wechsel von schwelgerischem Genuß und Entbehrung Krankheiten.

Wie sehr sich dies alles auf dem eiligen, an dreißig Meilen langen Rückmarsche durch ein völlig ausgeraubtes Land gesteigert haben mag, liegt auf der Hand; insbesondere dürfte ein großer Teil der nordischen, des Klimas ungewohnten Barbaren dadurch aufgerieben worden sein.

Erst in der weiten Ebene der Champagne (Campania), die Jordanis (Kap. 36) zu dreißig Meilen Länge und einundzwanzig Breite angibt, einem für Reiterei trefflich geeigneten Terrain, machte Attila Halt, um zu schlagen.

Auf der Straße von Châlons nach Verdun zehn bis zwölf Kilometer, etwas über anderthalb Meilen, von ersterer Stadt findet sich nun bei dem Dorfe la Cheppe ein altes römisches Lager, welches im Volksmunde das Lager von Attila heißt. Dahin versetzt man, wie das auch Thierry tut, von der Sage geleitet, das Schlachtfeld, während eine neuere Schrift von Peigné-Delacourt (Recherches sur le lieu du champ de la bataille d'Attila en 451: Paris, Jules Claye 1860) dasselbe auf Grund des im Jahre 1842 vermeintlich daselbst aufgefundenen Grabes des Westgoten-Königs Theoderich, etwa drei Meilen nördlich von Troyes bei Arcis-sur-Aube annimmt – ein anderer aber, H. d'Arbois de Jubainville, der diese Ansicht bereits gekannt hat (in einem in der Bibliothèque de l'école des chartes 21me année Iere Série vom Jahre 1860 Paris bei Dumoulin erschienenen Aufsatze), dasselbe vielmehr bei dem vormaligen, jetzt verschwundenen Dorfe Moirey, sechzehn Kilometer, zweizweisiebentel Meilen, westlich von Troyes, an der Straße von Sens dahin sucht.

Wir haben der interessanten Frage über die Stätte der bis zur Neuzeit größten und merkwürdigsten Völkerschlacht der Weltgeschichte eine besondere Abhandlung in der Beilage zu diesem Kapitel gewidmet. Vermag diese auch das Problem nicht mit Sicherheit zu lösen, so dürfte sie doch andern Forschern den Weg dazu anbahnen.[31]

Vor der Hauptschlacht fand in der Nacht ein äußerst heftiges Treffen zwischen den Franken auf römischer und den Gepiden auf hunnischer Seite statt, in welchem von beiden 15 000 Mann[32] blieben. Dies war unstreitig ein Gefecht mit der hunnischen Nachhut, die wahrscheinlich einen Flußübergang decken sollte, wobei die Größe des Verlusts ergibt, daß Attila den betreffenden Punkt mit äußerster Anstrengung zu behaupten befohlen hatte.

Jordanis erzählt:

O. 36 a Schl. „In der catalaunischen, auch mauriacenischen genannten Ebene, die dreißig Meilen lang und einundzwanzig breit ist, stoßen die Heere aufeinander. Da wird nicht durch Kriegslist, nur mit offnem Ansturm (aperto Marte) gefochten.

C. 37. Attila, durch den frühern Unfall (bei Orleans) erschüttert und seinem Heere nicht mehr vertrauend, denkt bei sich an Flucht, beschließt aber vorher die Wahrsager zu befragen. Diese verkünden aus den Fibern, Adern und Knochen der Opfertiere den Verlust der Schlacht, zugleich aber den Tod des feindlichen Führers. Dies bezieht der König auf Aëtius und hält die Wegräumung dieses ihm überall entgegentretenden Mannes selbst durch eine Niederlage nicht für zu teuer erkauft.

Besorgt über den Ausfall, beschließt er jedoch, erst Mittags drei Uhr zu schlagen, um im ungünstigsten Fall in der einbrechenden Nacht Hilfe zu finden."

Diese Mitteilung der geheimen Gedanken Attilas scheint mehr gemacht als überliefert zu sein, obwohl es nicht undenkbar ist, daß vertraute Römer aus dessen Gefolge, sei es als Gefangene oder als später Übergegangene, Ähnliches berichtet haben. Die Schlacht konnte natürlich erst beginnen, nachdem Attila aus der Wagenburg, mit welcher er nach C. 40 sein Lager umwallt hatte (septa castrorum, quae plaustris vallata habebat) heraus und vorgerückt war.

C. 38. „Auf dem Schlachtfelde befand sich ein Abhang, auf dessen Scheitel sich ein Hügel erhob. Bei der einleuchtenden Wichtigkeit dieses Punktes suchten beide Teile sich dessen zu bemächtigen, so daß die Höhe rechts von den Hunnen, links aber von den Römern, Westgoten und Hilfsvölkern besetzt, über den Gipfel in der Mitte jedoch von beiden gekämpft ward.

Den rechten Flügel des römischen Heeres nahm Theoderich mit den Westgoten ein, den linken Aëtius mit den Römern, das Mitteltreffen bildete Sangiban mit den Alanen, dessen verdächtiger Treue man sich durch diese Umschließung mehr zu versichern glaubte.

In der feindlichen Schlachtordnung stand Attila mit dem Kerne seines Volkes im Zentrum, sich durch dessen Tapferkeit und Treue gegen persönliche Gefahr zu schützen. Die Flügel nahmen die zahlreichen, ihm untertänigen Völker ein.

Unter diesen ragte besonders das Heer der Ostgoten unter dem Befehle der edlen Amaler und Brüder Valamer, Theodemer und Vidimer hervor, daneben aber auch an der Spitze der unzählbaren Gepiden der so tapfere und kriegsberühmte Ardarich. Diesem und Valamer vertraute Attila so ganz, daß er kein Bedenken trug, die Ostgoten des letztern den stammverwandten Westgoten entgegenzustellen. Die Schar der übrigen Könige und Führer lauschte den Winken des gefürchteten Oberherrn, der die Seele des Ganzen war und führte in blindem Gehorsam jeden seiner Befehle aus.

Zuerst stritt man noch über die erwähnte Höhe; Attila trieb die Seinen auf den Gipfel hinan, Thorismund und Aëtius aber waren zuerst hinaufgelangt und warfen nun von oben herab die aus der tiefern Stellung andringenden Hunnen leicht hinunter."

Im 39. Kap. läßt Cassiodor-Jordanis Attila, der sein Heer durch den Ausgang dieses Vorkampfes etwas betroffen sah, eine begeisternde Schlachtrede halten, die, kräftigen und gedrungenen Schwunges, selbstverständlich von Cassiodor komponiert ist. Thema sind der Glanz und Ruhm der zahllosen Siege der Hunnen und des Feindes Schwäche durch seine ungefüge Zusammensetzung aus so verschiedenen Völkern.[33]

Er schließt mit den Worten: „Zuerst werde ich meine Geschosse auf den Feind schleudern. Wer müßig bleiben kann, wenn Attila kämpft, ist begraben."

Hierdurch angefeuert, stürzen sich alle in die Schlacht.

Kap. 40. Obwohl in der Sachlage Grund zur Besorgnis war, so hob doch des Königs Gegenwart jedes Zaudern.

Mann focht gegen Mann; eine grause, vielgegliederte, ungeheure, hartnäckige Schlacht, die im ganzen Altertume nicht ihres Gleichen hatte. Dürfen wir ältern[34] Personen glauben, so schwoll der das Schlachtfeld durchschneidende Bach beinah bis zum Strom an, so daß die ihren Durst zu löschen Begierigen zugleich Blut und Wasser tranken.

Indem Theoderich anfeuernd durch seine Schlachtreihen sprengt, wird er plötzlich vom Pferde herabgeworfen und unter den Füßen (d. i den Rosseshufen) seines Gefolges zertreten, während er nach

488

andern durch einen Wurfpfeil des Ostgoten Andax getötet worden sein soll. Das war nun die Erfüllung jenes Wahrspruchs, den Attila irrig auf Aëtius gedeutet hatte.

Darauf trennen sich die Westgoten von den Alanen und dringen mit solcher Wut auf die Hunnen vor, daß sie fast Attila selbst niedergehauen hätten, wenn dieser sich nicht vorsorglich mit den Seinen hinter die Wagenburg zurückgezogen hätte. Hinter dieser schwachen Schutzwehr sucht nun der Mann Rettung, dem kurz zuvor noch kein Mauerwall zu widerstehen vermocht hatte.

Thorismund aber, der mit Aëtius zuvor jene Höhe besetzt und den Feind von dort gänzlich vertrieben hatte, geriet in der Nacht, indem er sein Volk aufsuchte, ohne es zu ahnen, an die hunnische Wagenburg, wo er heftig angegriffen, durch Verwundung seines Rosses herabgeworfen, von seinen Getreuen aber gerettet ward.

In gleicher Verwirrung und Finsternis irrte Aëtius mitten unter den zurückweichenden Feinden umher, gelangte aber, ängstlich forschend, ob den Westgoten nicht ein Unfall begegnet sei, endlich zu diesen, wo er die Nacht zubrachte.

Am nächsten Morgen erst erkannten die Feldherren auf römischer Seite ihren Sieg, da Attila gewiß nicht ohne große Niederlage aus der Schlacht gewichen sei, nahmen aber kein Zeichen weiterer Flucht wahr, hörten vielmehr in dessen Lager zu neuem Angriff blasen.

Wie ein von den Jägern bedrängter Löwe, wenn er seine Höhle erreicht, zwar nicht mehr auszubrechen wagt, aber im Eingange auf- und abwandelnd die Gegend noch mit seinem Gebrülle schreckt, so ängstigte der kriegerische aller Könige selbst eingeschlossen noch die Sieger.

Der Kriegsrat der Führer beschloß, von jedem wegen des Pfeilregens der Hunnen so gefährlichen Angriff auf die Wagenburg abzusehen, Attila vielmehr auszuhungern.

Dieser soll damals, wie erzählt wird, auch im Unglück noch groß, einen Scheiterhaufen aus Pferdesätteln errichtet haben, um bei Erstürmung des Lagers nicht in Gefangenschaft oder durch das feindliche Schwert zu fallen, sondern freiwillig in den Flammen zu enden."

Wir unterbrechen hier den Bericht durch eine kritische Betrachtung dieser in der Weltgeschichte (bis auf die neueste Zeit) einzigen Völkerschlacht, in welcher, nach Jordanis, Kap. 41, auf beiden Seiten 165 000 Menschen, also mit Hinzurechnung der 15 000 im vorhergehenden Nachtkampfe gebliebenen Gepiden und Franken, deren überhaupt 180 000 gefallen sein sollen.

Fassen wir zuerst das moralische Element ins Auge, so finden wir unzweifelhaft bei Attila und mehr noch in dessen Heer *gesunkenes,* auf römischer Seite aus gleichem Grunde aber *gehobenes* Vertrauen. Für jenen fochten außer seinen Hunnen nur Untertanen, in Gehorsam zwar gegen dessen Machtgebot, aber doch ohne eignes Interesse, außer dem der Beute, deren größten Teil sie auf den zahlreichen Wagen mitgeführt haben müssen. Für Rom dagegen stritten nur freie Völker oder gallische Untertanen: alle aber nicht bloß für Rom, sondern, angesichts der namenlosen Greuel hunnischer Verwüstung und Mordlust, für sich selbst, für Gut und Blut, Weib und Kind. Man darf auch nicht vergessen, daß Attila zwar vielfach schon römische Heere in großen Schlachten besiegt hatte, aber immer nur die des Ostreichs, welchem die des Westens an Kriegstüchtigkeit weit überlegen waren.

In bezug auf die Führung der Schlacht ist augenscheinlich das Gewinnen der dominierenden Höhe durch die Römer für den nachfolgenden Kampf um diese Höhe entscheidend geworden. Überhaupt ist hier der Brennpunkt der Schlacht zu suchen; hatte sich doch auch Aëtius, obwohl den linken Flügel befehligend, hierher begeben. An dieser Höhe zerschellten die Angriffe der Hunnen. Der Kampf um dieselbe entsprach auch noch in der Hinsicht den Absichten der Führer, als man dadurch das Mitteltreffen, die Alanen, gewissermaßen deckte, sich wenigstens vor der Notwendigkeit bewahrte, mit diesen unzuverlässigen Truppen den Kampf unmittelbar gegen die feindlichen Heerscharen aufzunehmen.

Vor allem aber sind wir überzeugt, daß Aëtius bei seiner genauen Kenntnis der hunnischen Taktik nach der Weise tüchtiger Feldherren den einzig richtigen Weg eingeschlagen und eine derselben entgegengesetzte Taktik erdacht und ausgeführt haben werde. Jene bestand in einem furchtbaren Reiteranprall mit Pfeilregen und, wenn nicht dieser schon den Feind sprengte und warf, in blitzschneller Flucht – wobei für letztern nichts gefährlicher war, als die Verfolgung – und in der Erneuerung ähnlicher Angriffe.

Wie vor und nach Erfindung der Feuerwaffen ein Fußvolk, das mit kaltem Blut und Geistesgegenwart seine feste geschlossene Haltung bewahrt, den Reiterangriffen zu widerstehen vermag, so gewiß auch, wenn es so geschult war, das römisch-gotische den Hunnen gegenüber.

Die letzte Entscheidung mag kurz vor Einbruch der Nacht der verzweifelte Angriff der Westgoten auf die Hunnen gegeben haben, obwohl sie dabei, sich von den Alanen sondernd (se dividentes), eine an sich höchst gefährliche Lücke bildeten. Daß dieselben von der Wut des Rachedursts wegen des Falls ihres Königs dazu getrieben worden seien, wird nicht gesagt, ja nach Kap. 41 ist beinahe das Gegenteil zu vermuten. Wir sind aber doch überzeugt, daß deren Führer die wenn auch vielleicht noch zweifelhafte Kunde dieses Verlustes zu Anfeuerung ihrer Krieger benutzt haben.

Der Verlust, besonders der der Hunnen bei dem Rückzug in das Lager, mag ungeheuer gewesen sein, obgleich wir des Jordanis Ziffer bei einer wenig über sechsstündigen Schlacht doch für übertrieben halten.

Über die Stärke der Heere fehlt jede Nachricht: doch glauben wir die der wirklichen Kombattanten in beiden zusammen im allerhöchsten Falle nicht über eine halbe Million anschlagen zu dürfen, wobei wir den teils unbewehrten, teils auch bewehrten, aber für die Schlacht unbrauchbaren Troß nicht mitrechnen.

Nach dem 41. Kap. läßt nun Jordanis am Morgen nach der Schlacht die westgotischen Prinzen, Thorismund und Theoderich, ihren Vater suchen, dessen Abwesenheit im Siege sie Wunder nimmt. Endlich wird unter dem dichtesten Haufen der Erschlagenen die entseelte Hülle des Helden *aufgefunden* (inter densissima cadavera reperissent) und vor den Augen der Hunnen unter den Tränen und Gesängen seiner treuen Krieger auf das Feierlichste aufgehoben und fortgeschafft (abstulerunt: und: efferri inspiciebant). Sogleich hierauf ruft das Heer Thorismund zum König aus.

Dieser denkt zunächst nur, des Vaters Tod an den Hunnen zu rächen, holt aber darüber doch zuvor des erfahrenern Aëtius Rat ein, dessen politischer Kopf, die aus der gänzlichen Vernichtung der Hunnen durch die Westgoten zu besorgende für Rom so gefährliche Übermacht letzterer in das Auge fassend, Thorismund vielmehr schleunige Rückkehr nach Toulouse anrät, wo dessen Brüder im Besitze der väterlichen Schätze (die ja noch von Roms Eroberung durch Alarich herrührten) der Herrschaft sonst leicht sich bemächtigen könnten.[35]

Der junge König folgt diesem Rat, Attila aber, Kriegslist fürchtend, traut dem Anscheine nicht, bleibt daher noch längere Zeit im Lager, bis die sichere Überzeugung von jenem Abzug ihn zu neuen Hoffnungen weckt.

So weit reicht der Jordanis im Wesentlichen, wenn auch nicht in allen Einzelheiten, gewiß richtiger Auszug aus Cassiodor, während das 42. Kap. wieder selbständiger mit den seltsamen, ungereimten Worten beginnt:

„Indem Attila nun die durch den Rückmarsch der Goten gewonnene Gelegenheit benutzt und das feindliche Heer, wie er so oft gewünscht, zerteilt sieht, marschiert er, nun sicher geworden, auf Bezwingung der Römer (ad Romanorum oppressionem) los und belagert sogleich Aquileja" (welches nur die Kleinigkeit von einhundertzwanzig Meilen vom Schlachtfeld entfernt ist).

Selbst im vorhergehenden 41. Kap. ist Jordanis vielleicht irrig; und der Abzug der Westgoten dem Attilas nicht vorausgegangen, sondern erst nachgefolgt, was an sich ungleich wahrscheinlicher. Dünkt uns aber diese Behauptung eine zu gewagte, so müssen wir doch mindestens annehmen, daß Aëtius seinem Verbündeten die Heimkehr nicht eher angeraten haben werde, als nachdem er die zweifellose Überzeugung von der Ungefährlichkeit der Hunnen, selbst für sein vermindertes Heer, gewonnen hatte.

Von den übrigen Quellen über Attilas Rückzug scheint uns nur Prosper Aquitanus beachtenswert, der kurz sagt: „Gewiß ist die Besiegung der Hunnen in so weit, daß nach verlornem Vertrauen zu Fortsetzung des Kampfes die Überreste derselben (qui superfuerunt) in die Heimat zurückkehrten."[26]

Aëtius baute dem fliehenden Feinde goldene Brücken. Ob ihn dabei Erwägungen ähnlicher Art leiteten, wie sie Stilicho zu zweimaliger Verschonung Alarichs bestimmten, wissen wir nicht. Nicht zu bezweifeln aber ist, obwohl die besten Quellen darüber schweigen, daß er die abziehenden Hunnen zwar nicht mehr angreifend, aber doch beobachtend verfolgen ließ, um abschweifende Raubfahrt zu verhüten und die gewiß sehr zahlreichen Nachzügler, wo sie in größern Haufen erschienen – denn für Einzelne sorgte wohl das Volk selbst schon – niederzuhauen oder gefangen zu nehmen. Hierzu wandte er wohl die von der hunnischen Verwüstung betroffenen, daher rachedürstenden Franken[37] und Galli er an, namentlich auch wohl die Überreste der Burgunder.

Dies wird durch Fredigar ausdrücklich bestätigt, nach welchem Aëtius das feindliche Heer durch die Franken, unter Erteilung besonderer Instruktion dafür, bis Thüringen habe verfolgen lassen. Obwoh nun diese Quelle im Allgemeinen keine zuverlässige ist, so wird doch gerade diese Nachricht durch innere Wahrscheinlichkeit dringend unterstützt.

Sehr stark mag auf diesem Rückzug eines völlig demoralisierten Heers durch meist verwüstetes Land die Einbuße der Hunnen an Mannschaften und Pferden gewesen sein.

Groß hatte sich Aëtius in diesem Feldzuge bewiesen. Dessen glänzendstes Verdienst war, nächst der gesamten Vorbereitung, der rechtzeitige Entsatz von Orleans, den er gewiß nur durch die äußerste Anstrengung zu vollführen vermochte. Man müßte aber den Hof von Ravenna nicht kennen, um zu glauben, daß der Feldherr auch an diesem gerechte Anerkennung gefunden habe. Bot doch schon das Verdienst der Westgoten in der Entscheidungsschlacht, vor allem aber das Entkommen Attilas, in Verbindung mit des Aëtius alter Freundschaft mit ihm, dem Neid und der Verleumdungssucht Stoff genug zu Verdächtigung und Anklage dar.

Das Schwert des Kriegsgottes hatte eine tüchtige Scharte erhalten; dessen Träger mußte sie auswetzen, wenn er seine alte Machtstellung behaupten wollte.[38]

Darum war erneute angestrengteste Rüstung nach der Rückkehr in die Heimat – und zwar unstreitig in seine alte, uns bekannte Residenz – Attilas erstes Geschäft.

Von speziellern Quellen sind wir wiederum verlassen: nur berichtet uns Prosper Aquitanus, daß der Gewaltige, nachdem er seine in Gallien verlornen Streitkräfte wieder ergänzt, im Jahre 452 durch Pannonien in Italien eingefallen sei. Dawider habe Aëtius nichts, vorgekehrt sogar die Alpenpässe nicht einmal besetzt, vielmehr daran gedacht, ganz Italien mit dem Kaiser zu verlassen, woran ihn jedoch der allgemeine Unwille behindert habe.

Das ist das Echo der nach des großen Mannes bald darauf erfolgtem Sturze vom Hofe wider ihn aufgewiegelten Volksstimme. (Die Wahrheit ist wohl: D.) Aëtius kannte die Hunnen gut genug, um zu wissen, daß sie sich durch Gebirge nicht aufhalten ließen, erachtete seine Streitkraft, der die gallischen Völker diesmal abgingen, dem frischen, beutedurstigen Heere für nicht gewachsen, mochte aber hoffen, das durch Raubfahrt und Klima geschwächte, beutebeladene seiner Zeit in günstigen Terrainverhältnissen angreifen und schlagen zu können. Auch erwartete er Hilfstruppen des Ostkaisers Marcian, die nach Idatius (zum 29. Reg.-Jahre Valentinians III.) wirklich eingetroffen sein müssen.

Attila rückt, nach Jord. Kap. 42, zuerst, wohl früh im Jahre, vor Aquileja, das er vergeblich belagert. Schon beginnt das Heer zu murren und auf Abzug zu drängen, als der König, unschlüssig, ob er dem nachgeben oder beharren solle, plötzlich mehrere Störche ihre Nester auf den Hausdächern verlassen und mit ihren Jungen fortziehen sieht. Klug benutzt er dies, seinem abergläubischen Volk eine Weissagung der zukunftskundigen Vögel darzustellen, welche den Untergang der Stadt vorhersähen.[39] Das erneuert den Mut; das Spiel der Belagerungsmaschinen wird mit verdoppelter Anstrengung fortgesetzt und das unglückliche Aquileja wirklich genommen, rein ausgeplündert und so zerstört, daß kaum noch, wie Jordanis a. a. O. von seiner hundert Jahre spätern Zeit sagt, Trümmer dessen ursprüngliche Stätte verkünden. Über das ganze venetianische Gebiet und durch die lombardische Ebene ergießt sich nun die Verwüstung; alle Städte, selbst Mailand und Pavia, fallen in die Hände der sich in Blut sättigenden Barbaren.

Ja, noch weiter hinaus über die benachbarten Gegenden, fast über ganz Italien läßt Jordanis, Kap. 42, die Verheerung sich erstrecken und die Historia Miscella, die doch nicht selten auch uns verlorne Quellen benutzt hat, schließt hieran den wichtigen Zusatz: Nachdem Attila darauf noch die Städte *Aemiliens* vernichtet hatte, schlug er zuletzt am Einflusse des Mincio in den Po Lager. Hiernach ist also Attila auch über den Po gegangen, hat die Städte der auf dessen *rechtem* Ufer gelegenen Provinz Aemilia ausgeraubt und sich nachher wieder über den Fluß zurückgezogen.

Näheres hierüber findet sich nun in einem Schriftsteller des 16. (! D.) Jahrhunderts, in den zwanzig Büchern des gelehrten und gründlichen Italieners Sigonius Historiarum de occidentali Imperio XIII zum Jahre 452.

Derselbe erzählt: Im Winter (also 452/3) habe Attila den Po überschritten und die Städte Placentia, Reggio und Parma (in der Provinz Aemilia) zerstört. Da sei ihm Aëtius mit starker Streitmacht entgegengezogen und am 20. Januar eine Hauptschlacht bei Modena erwartet worden, als Attila sich plötzlich zurückgezogen habe und, von Aëtius verfolgt wieder über den Po zurückgegangen sei.

Sigonius beruft sich dafür lediglich auf Paulus Diaconus (d. i. die Historia miscella). Da aber bei dessen Leben nur erst die Ausgaben Venedig 1516 und Basel 1518 erschienen waren, in welchen sich so wie in andern ältern, namentlich der von Muratori, eben nur die obengedachte Stelle findet, die damalige Existenz einer vollständigeren Handschrift auch nicht anzunehmen ist, da eine solche gewiß von den Herausgebern benutzt worden wäre, so muß derselbe für jenes Detail noch eine andere Quelle gehabt haben.

Diese kann nur in der Heiligenlegende des St. Geminianus, Bischofs von Modena, bestanden haben. Aus beiden hat daher Sigonius seine spezielle Erzählung und zwar mit so unverkennbarem Scharfsinn zusammengesetzt, daß man, wenn auch nicht die Wahrheit, doch die hohe Wahrscheinlichkeit derselben gern anzuerkennen hat. (? *D.*)

In den Actis Sanctorum von Bollandus (Antwerpen 1643 II p. 1096 unter dem 31. Januar) findet sich nämlich im *Vorwort* zum Leben dieses Heiligen aus einer weit älteren Quelle die Nachricht, daß am 26. Januar jedes Jahres nach kirchlicher Verordnung (ecclesiastico edicto imperata) die Rettung dieser Stadt von Attila durch deren Bischof St. Geminianus gefeiert werde.

Wenn nun die Historia miscella Attila nach der Einnahme von Mailand und Pavia auch die Städte Aemiliens plündern läßt, so muß er von jenen lombardischen Städten aus über den Po gegangen sein und hierauf, der ämilischen Straße folgend, zuerst auf Placentia, dann auf Reggio und Parma, zuletzt aber auf Modena gestoßen sein, welches letztere aber nach der durch jenes Kirchenfest bestätigten Nachricht verschont blieb. Wir können daher insoweit dem Sigonius nur verständige Ergänzung, nicht Erfindung beimessen. Wenn derselbe aber die Rettung der Stadt Modena nicht einem durch deren Bischof bewirkten Wunder zuschreibt, wie dies das von einem Unbekannten zu Anfang des achten Jahrhunderts geschriebene, zuerst durch Mombritius herausgegebene Leben dieses Heiligen tut, sondern dem Anzuge des Aëtius mit seinem Heere, so müssen wir dies freilich, weil er sich auf keine Quelle dafür beruft, für Willkür erklären, aber wiederum für eine durch die dringendste Wahrscheinlichkeit unterstützte.

Die Legende dieses Lebens selbst ist übrigens handgreiflich ohne allen historischen Wert[40] vermischt sogar, wie das Vorwort selbst zugibt, die Geschichte zweier Geminiaue mit einander, von denen der erste unter Kaiser Jovian, der zweite ein Jahrhundert später noch unter Majorian lebte. Die Erzählung des darin berichteten Wunders aber ist, wie Thierry in seinem Anhang über die Attila-Sagen mit Recht bemerkt, nichts weiter als eine sklavische Kopie von der Legende des h. Lupus in Troyes, welche nun auch Italien sich aneignen wollte.

Diesem allen zufolge steht also nach der Historia miscella, welche des Jordanis Phrase zur Bestätigung gereicht, fest, daß Attila den Po überschritten und das jenseitige Land verwüstet hat; nach allen sonstigen Quellen aber, daß er über diesen Fluß wieder zurückgegangen ist und sich bei Ambulejus (nach der Clossichsen Ausgabe des Jordanis) am Einflusse des Mincio in den Po aufgestellt hat.

Daß letzteres jedoch erst Ende Januar 453 geschehen sei, beruht freilich allein auf der Tradition von jenem modenesischen Kirchenfest, das aber, wenn auch dessen Anlaß durch die Sage ausgeschmückt und entstellt worden sein sollte, in der Hauptsache doch kaum erdichtet sein kann, zumal es auch durch des Sigonius gewichtige Autorität verbürgt wird, der ja in der Nähe von Modena lebte.[41]

Was bewog nun den Gewaltigen, der bereits am Fuße des Apennins stand, zu jenem plötzlichen Rückzuge?

Er hatte, wie Jordanis sagt, die Absicht, nach Rom zu ziehen, als die Seinigen, wie Priscus anführt, Schwierigkeiten erhoben und ihm Alarichs Beispiel vorhielten, der ja nach Roms Eroberung seinen Tod gefunden, wobei übrigens des Heeres Wunsch, die reiche Beute in Sicherheit zu bringen, die Haupttriebfeder gewesen sein mag.

Waren aber jene Schwierigkeiten grundlos und beruhten sie allein auf Aberglauben?

Wahrlich nicht: vielmehr war Attilas Lage zwischen den Apenninen und Po, wo nicht eine verzweifelte, doch mindestens eine höchst gefährliche.

Noch hatte er nicht von einem äußern, desto mehr aber vom innern Feinde gelitten, wie derselbe aus der Zuchtlosigkeit eines raubfahrenden und von Krankheiten, besonders während des italienischen Sommers heimgesuchten Heeres notwendig hervorgehen mußte.

Unfern Mantua erschien eine Friedensgesandtschaft aus Rom vor Attila.

Diese bestand aus dem römischen Bischofe Leo, einem auch in den schwierigsten Staatsgeschäften bewährten Manne, den die römische Kirche den Großen, die griechische den Weisen genannt hat, dem Konsular Gennadius Avienus aus dem erlauchten Geschlecht der Valerier und Corviner, den Sidonius (I, ep. 9) fast einen gebornen Fürsten nennt, und dem Expräfectus Prätorio Trigetius.

Mit Freuden und Ehren nahm Attila solche Männer auf, bewilligte ihnen sogleich den verlangten Frieden und ging über die Donau in seine Heimat zurück.

Raphael hat diese Verhandlung durch eine seiner herrlichsten Fresken in Vatican verewigt: demjenigen aber, welcher ohne Phantasie Geschichte zu schreiben hat, gehen doch, ohne dem immerhin großen Verdienste des Papstes Eintrag zu tun, über das den König bestimmende Motiv erhebliche Zweifel bei.

Von irgend welcher Gegenleistung Roms ist bei diesem Frieden zuvörderst nicht die Rede, woraus freilich auf Nichtgewährung einer solchen in Gelde mit Sicherheit nicht zu schließen ist, wenngleich Jordanis den Römern Ungünstiges sonst nicht zu verschweigen pflegt. Dagegen läßt dieser Schriftsteller Attila nach dem Friedensschlusse sein Verlangen nach Honorias Hand und Erbe, unter der Drohung, noch Schlimmeres über Italien verhängend dahin zurückzukehren, wiederholen. Hat er hierbei nicht die dem Kriege vorausgegangene Drohung mit einer nachfolgenden verwechselt, so wäre es doch eine fast zu große Naivität gewesen, dasjenige, was er bereits am Fuße des Apennins stehend fordern konnte, erst nachträglich von der Donau her noch durchsetzen zu wollen.

Attilas Lage und Beweggründe bei diesem schnellen Frieden waren wohl andere. Der kühne Eroberer, der in seinem Siegeslaufe plötzlich schwankend stillsteht, muß seine Sache selbst für bedenklich ansehen.

Vor allem tritt in diesem Falle die Unfähigkeit eines wilden Nomadenvolkes zu Eroberung eines hochzivilisierten Landes und Militärstaates recht schlagend hervor. Hätte Attila die festen Plätze, statt sie zu zerstören, behauptet, das Land teilweise wenigstens, statt es zur Wüste zu machen, verschont, so konnte er im Venetianischen seinem Heer Erholung, Pflege, wohl auch Verstärkung verschaffen, vor allem aber, was für die Hunnen die Hauptsache war, die lustbare Beute in Sicherheit bringen, und dann mit einem neugekräftigten Heere den zweiten Teil des Feldzuges beginnen.

Mit einem geschwächten, von Seuchen befallenen, unwilligen aber noch sechzig Meilen weit nach Rom marschieren, Tage lang durch den Apennin ziehen, wo er des Übergewichts seiner Hauptwaffe, der Reiterei, beraubt gewesen wäre, dabei in der Flanke oder im Rücken einen großen Feldherrn mit noch frischem Heer, der gewiß nur erst da und dann, wo er des Sieges fast sicher sein durfte, geschlagen haben würde, nach diesem allen endlich noch die Schwierigkeit vor Rom selbst, welches, nicht Alarich, sondern den Verwüster des Erdkreises vor sich, mit der Verzweifelung der Todesangst widerstanden haben würde:[42] – wäre unter solchen Umständen des Krieges Fortsetzung nicht sehr gewagt gewesen?

Glücklicher aber war diese Gottesgeißel als die spätere: Napoleon I. vor Moskau, dem die Friedensbotschaft ausblieb, die er mit unaussprechlicher Freude begrüßt haben würde.

Ob die römische damals mit oder ohne des Aëtius Zustimmung erfolgte, wissen wir nicht, zweifeln aber nicht, daß die mächtige, ihm feindliche Partei am Hofe den Krieg ohne sein weiteres Zutun beendigt zu sehen wünschte, er selbst aber auch einem durchaus günstigen Frieden ohne wesentliches Opfer nicht entgegen sprach.

An diesen Krieg knüpft sich der Anfang Venedigs, der stolzen Lagunenstadt, die in 1300 Jahren aus armseligen Fischerhütten zur Beherrscherin der Meere erwachsen ist.

Das nackte Leben zu retten, flohen die Bewohner des Festlandes auf die unbewohnten Inseln, erhielten sich zunächst dürftig von der Fischerei, erfreuten sich aber in den Stürmen der Folgezeit dieses Asyls, schufen sich künstlich immer mehr festen Boden und fanden allmählich in Fischerei, Salzbereitung, Handel und Reederei einen Erwerb, der stets blühender wurde und schon zu Cassiodors Zeit, nach dessen denkwürdigem Rescript an die dortigen Tribunen (tribuni maritimorum), bedeutend gewesen sein muß (Cassiod. variar. XII, 24).

Thierry (S. 222) läßt Attila nach *ungarischen* (! D.) Schriften aus dem zwölften und sechzehnten (! D.) Jahrhundert über den Brenner durch Noricum zurückkehren und auf diesem Wege sogar, des Friedens unerachtet, Augsburg plündern, von wo er durch eine Frau mit den Worten: „zurück, Attila", abgetrieben worden sei.

Obwohl wir nun jenen Büchern allen Wert absprechen müssen, so gewinnt doch jene Angabe durch des Idatius Notiz zum neunundzwanzigsten Jahre Valentinians Wahrscheinlichkeit, worin derselbe sagt: „Die in Italien eingefallenen Hunnen seien von Gott durch Hunger und Krankheiten geschlagen worden; worauf sie in ihren Sitzen (wohl im weitern Sinne für das Land jenseits der Alpen (? ? D.) sowohl durch himmlische Plagen, als durch Marcians Truppen bedrängt worden seien (subiguntur). Hierauf hätten sie Frieden mit Rom geschlossen und seien in die Heimat zurückgekehrt."

In dieser Stelle sind wahre Ereignisse offenbar unchronologisch durcheinander geworfen: an der Tatsache von Marcians Mitwirkung aber ist, nach diesem Zeugnis eines sonst zuverlässigen Zeitgenossen, nicht zu zweifeln. Für diese aber konnte in Verbindung mit des Aëtius Kriegsplan kaum eine zweckmäßigere Operation erdacht werden, als ein auf dem nächsten Wege vom Ostreiche her gegen

Attilas Rückzugslinie durch die julischen Alpen gerichteter Angriff, welcher dann dessen Wahl der Brennerstraße vollkommen erklären würde. Dabei mag nun, wenn wir Idatius folgen dürfen, Marcians General an den Frieden mit Westrom sich nicht gebunden erachtet, daher die Nachhut der Hunnen gedrängt haben, wodurch, in Verbindung mit dem viel weitern Wege, deren Verluste, sowohl durch Mangel und Krankheiten, als durch das Schwert wesentlich zugenommen haben mögen.

Mit vorstehender Annahme ist freilich die einzige Stelle, die wir noch in den Auszügen aus Priscus (1. Samml. 9, p. 153) über Attila finden, schwer zu vereinigen, wo derselbe nur sagt: „Nach Italiens Verwüstung kehrte Attila in seine Heimat zurück und kündigte sogleich dem Ostreich Krieg und Landesverheerung an, weil der mit Theodosius geordnete Tribut nicht bezahlt worden sei." Offenbar nämlich würde nach dem Angriff durch Marcians Heer die unterlassene Entrichtung des Tributs kaum noch als Grund zur Erklärung eines Krieges, der ja bereits begonnen hatte, angeführt worden sein.

Indes gewährt ein aus einem Geschichtswerke herausgerissenes Bruchstück von nur vier Zeilen kein sicheres Anhalten: die Wahrheit bleibt uns sonach unerforschlich[43], obwohl es uns schwer fällt, des Idatius Zeugnis gänzlich zu verwerfen.

Jordanis sagt im Beginn seines 43. Kap. fast wörtlich dasselbe, wie Priscus, setzt aber hinzu, diese Drohung sei nur Maske gewesen, Attila vielmehr sogleich wieder gegen die Alanen und Westgoten nach Gallien gezogen. Diese hier eingeflickte Unmöglichkeit ist schlechterdings nur dadurch zu erklären, daß des Schriftstellers Einfalt aus zwei Erzählungen desselben Krieges vom Jahre 451, die er in verschiedenen Quellen gefunden, eine Wiederholung desselben gemacht hat. In der Tat verläuft auch dessen zweiter Feldzug im Wesentlichen genau so, wie der erste, nur daß dabei der Römer nicht gedacht wird.

Auf eine Widerlegung dieser handgreiflichen, von allen neuern Forschern anerkannten Ungereimtheit hat sich mit Recht keiner derselben eingelassen; nur Thierry (S. 223) versucht ihn durch Verwechselung mit einigen im Jahre 452 gegen die aufständischen Alanen im Kaukasus gelieferten Schlachten zu erklären. Er läßt aber dabei auffälliger Weise außer Acht, daß Jordanis ja nicht die Alanen, sondern den Westgotenkönig als Attilas *Haupt*gegner und als in einer großen Schlacht von ihm besiegt anführt, nach welcher letztern, die fast auf ganz gleiche Weise, wie die catalaunische verlief, Thorismund, wie er ausdrücklich hinzufügt, in seine Residenz Tolosa zurückgekehrt sei.

Der Stern des Welterschütterers war seit dem Tage von Orleans im Sinken: er starb nicht lange darauf. Es war im Jahre 453 (welches von den Zeitgenossen Prosper Aquitanus, Prosper Tiro und Idatius einstimmig als dessen Todesjahr bezeugt wird), als Attila, wie Jordanis Kap. 49 *unter ausdrücklicher Beziehung auf Priscus* berichtet[44], dem dichten Reigen seiner Frauen eine neue in der Person der schönen Jungfrau Idilko zugesellte. Nachdem er übermäßiger Freude, wohl auch dem Becher, am Hochzeitsmale sich hingegeben, lag er in der Brautnacht wein- und schlaftrunken auf dem Rücken, mit nach hinten herabgesunkenem Haupt, als ein plötzlicher Andrang des Blutes, das sich bei ihm sonst durch die Nase zu ergießen pflegte, mittelst gewaltigen Blutsturzes seinem Leben ein Ende machte.

Als er am Morgen nicht erschien, erbrach man endlich die Türe und fand den Entseelten in seinem Blute, neben ihm, unter ihrem Schleier in Tränen schwimmend, die junge Gemahlin.

Marcellin allein, der ein Jahrhundert später schrieb, läßt ihn durch diese getötet werden, fügt aber selbst hinzu, daß er nach einem Blutsturze verschieden sei. Derselbe irrt auch darin, daß er Attilas Tod erst in das Jahr 454 setzt, noch mehr aber Prokop, der ihn d. b. Vand. I, 4, p. 330 sogar erst nach Aëtius sterben läßt.

Nicht durch Tränen, die der Hülle eines gewaltigen Kriegsfürsten nicht geziemt haben würden, sondern durch Männerblut, Zerfurchen des Gesichts und Abschneiden des Haars bekundete das Mongolenvolk seine Trauer.

Mitten auf der Steppe ward die Leiche zunächst in einem seidenen Zelt ausgestellt, vor welchem die edelsten und erlesensten Hunnen, nach Art der Zirkusrennen, im Kreise umhersprengten.

Dabei ertönte folgender Trauergesang:

„Attila, Mundzucs Sohn, der erlauchte König der Hunnen, Herr der tapfersten Völker, der in vorher unerhörter Macht allein die skythischen und germanischen Reiche beherrschte, schreckte beide römische Reiche, deren Städte er einnahm und zwang sie, die Schonung des Rests derselben durch einen jährlichen Tribut zu erkaufen.

Auf dem Gipfel solchen Glücks verschied er: nicht durch des Feindes Schwert oder der Seinen Hinterlist: sondern während diese im Taumel der Freude schwelgten, schmerzlos, auf seinem Lager."

Darauf ward über seinem Grabhügel ein ungeheuerer Leichenschmaus gefeiert, bei dem in schroffem Gegensatze Klage und Lust ineinander flossen.

Die Bestattung selbst erfolgte erst im Dunkel der Nacht, wobei zuerst ein goldner, dann ein silberner, endlich ein eiserner Sarg den Körper umschloß, dem erbeutete Waffen, Pferdeschmuck und andres kostbare von Edelsteinen glänzende Geräte beigelegt wurden.

Die Totengräber wurden – zu Bewahrung des Geheimnisses – sofort umgebracht.

Attila starb (nach der auch durch Wahrscheinlichkeit unterstützten Angabe des Calanus, Kap. 26, S. 157) im sechsundfünfzigsten Jahre seines Alters.

Wir stehen am Grabe eines großen Mannes, eines jener weltgeschichtlichen Schreckensmeteore, die sich nach Jahrtausenden oder vielen Jahrhunderten plötzlich einmal, einem grausen Ungewitter gleich, in Blutströmen und Vernichtungshagel über der Menschheit entladen.

Aus demselben Altaistamme folgte ihm nach acht Jahrhunderten Dschingis-Khan, nach einem Jahrtausend Timurleng.

Jordanis schildert Attila Kap. 35 in Folgendem:

„Er war zur Erschütterung der Welt geboren: die, man weiß nicht wie, verbreitete Meinung von seiner Furchtbarkeit setzte alle Lande in Schrecken. Stolzen Schrittes, die Blicke um sich her werfend, trat er auf: sein Machtgefühl leuchtete aus jeder seiner Bewegungen hervor; Krieg und Schlachten liebend, mäßigte er doch gern das Blutvergießen; unerschütterlichen Ratschlusses gab er doch Bittenden willig Gehör und war für diejenigen, welche er als treu erkannt hatte, voll Wohlwollens.

Im Äußern war er von kurzer Gestalt, breiter Brust, großem Kopfe, kleinen Augen, ein wenig graueingesprengtem Barte, platter Nase und dunkler Farbe" – so, wie wir hinzusetzen, die Merkmale seiner Rasse bekundend.

Dieser guten, offenbar Cassiodor angehörenden Charakteristik lassen wir die eigne folgen.

Es ist unmöglich, Attila zu begreifen, wenn man nicht festhält, daß er ein Asiate und das geborne Haupt eines wilden Nomadenvolkes war. Nicht, daß sein Tiefblick über den Nationalinstinkt nirgends hinausgegangen sei; davon losreißen aber konnte er nicht einmal sich selbst noch weniger sein Volk.

In Attilas Person muß etwas unbegreiflich, fast auf übernatürliche Weise Imponierendes gelegen haben. Stummes Zittern erfüllte seine Umgebung. Dies aber war nicht die Furcht eines Orientalen vor seinem Pascha, sondern die fast religiöse Ehrfurcht vor einem höhern Wesen.

Seine Rechtssprüche, Worte, ja nur Blicke, denen selbst die Vornehmsten lauschten, wurden wie Naturgesetze unabänderlichen Waltens schweigend aufgenommen und blind vollstreckt.

Er war ein Despot: aber nur in der für sein Volk naturnotwendigen Form, übrigens wohlwollend und gerecht. Wie hätte er sonst, selbst bei Römern und Germanen, so viel treue Liebe und Anhänglichkeit finden können? Sein strenges Rechtsgefühl tritt besonders in dem Verhalten gegen Maximin und Bigila hervor, wo er, ohne sich von der Leidenschaft eines gerechten Zornes blind fortreißen zu lassen, den Schuldlosen sorgfältig von dem Schuldigen unterscheidet, auch im Verbrecher aber das Völkerrecht achtet.

Auch ein roher Barbar war er keineswegs, sondern gewiß voll Sinn für Kultur: daher den Verkehr Gebildeter suchend, deren einer sein erster und vertrautester Minister war.

Seinen Hof, bei dem ein sehr ausgebildetes Zeremoniell herrschte, umgab er mit fürstlichem Glanze, während er für seine Person an der alten Einfachheit des Steppenlebens festhielt und nur unverzierter Kleider und hölzerner Geräte sich bediente.

Attilas Gebote und Verbote waren durch furchtbare Strafen gesichert, da, bei Priscus wenigstens, eine geringere als der Kreuzestod nicht erwähnt wird. Der Kreis aber, innerhalb dessen die Freiheit seiner Untertanen dadurch beschränkt ward, mag ein enger gewesen sein, außerhalb dessen man sich dieser ganz unbelästigt und dabei doch in gesicherter Ordnung erfreuen konnte.

Das ist es ja, weshalb selbst geborne Römer das patriarchalische Hunnenregiment dem römischen enthusiastisch vorziehn.

In dem diplomatischen Verkehr mit den römischen Herrschern war der König hart, ungerecht, ja brutal; dies entsprang aus der Verachtung, mit welcher er im Stolze seines Machtbewußtseins auf deren Schwäche und Jämmerlichkeit herabblickte.

Ebenso verfuhren gegen die Schwachen das alte Rom und – nach Rom – andere Mächtige in neuerer und neuester Zeit.

In seiner Politik zog unser Held, echter Asiate, List und Verstellung stets den Waffen vor, die er nur als letztes Mittel in Anwendung brachte.

Zwei Züge nur sind es in Attilas Charakter, welche unserm Begriffe von Fürstenwürde unverständlich, ja widerlich erscheinen – : wir meinen den Wert, den seine Eitelkeit kleinlich auf vornehme Gesandte legte, und seine Gier nach Gold.

Wir haben oft gesagt, daß Roms Namen und historische Größe einen unbeschreiblichen Zauber auf die ganze Barbarenwelt ausübte, der sich mit der persönlichen Geringschätzung der zeitweiligen Herrscher vollkommen vertrug. Rom war immer noch das Höchste, Glänzendste, was man auf Erden kannte: jeder Barbarenfürst, auf welchen ein auserwählter Strahl dieser Herrlichkeit unmittelbar herabfiel, fühlte sich dadurch geschmeichelt. Ein Konsular daher, d. i. ein Mann, der einem Jahre für die ganze zivilisierte Welt seinen Namen gegeben hatte, schien mit einer Hoheit bekleidet, der man immer noch willig auszeichnende Verehrung zollte.

Schlimmer die zweite Schwäche –: Attila läßt sich von Gaiserich durch Geld zu Kriegen bestechen (? D.), nimmt von Theodosius, den er in stolzer Anmaßung seinen Knecht ($\delta o \tilde{\upsilon} \lambda o \varsigma$) nennt, Titel und Gehalt an, läßt sich sogar von seinem eignen Diener, dem er durch seinen gebieterischen Einfluß eine reiche Frau verschafft, einen Teil der Aussteuer versprechen. Ist das nicht schmutzig, schimpflich? Prüfen wir genauer.

Ammian schließt seine oben mitgeteilte treffliche Schilderung der Hunnen mit den Worten: „*Ihre vorherrschende Leidenschaft ist das Gold.*"

Neben dieser Gier nach Gold waltete hier ein von Grund aus verschiedener Begriff von dem, was wir in germanischem Geist Ehrgefühl nennen. Da schien jedes zu Befriedigung eines an sich naturgemäßen Wunsches dienende Mittel naturgemäß, also unschuldig und erlaubt.[45]

Wir haben daher in jener unserm modernen Sinn so widerlichen Goldsucht Attilas nur den Durst nach Macht und den in ihm gipfelnden Nationalinstinkt seines Volkes zu erkennen.

Der Beiname Gottesgeißel (flagellum Dei), welchen eine spätere Zeit unserm Helden gegeben hat, gehört der Geschichte der seinigen nicht an, findet sich vielmehr zuerst in der Legende des heiligen Lupus, welche im achten oder neunten Jahrhundert verfaßt ward.[46]

Die weltgeschichtliche Persönlichkeit Attilas bekundet sich vor allem durch dessen Fortleben in der Sage, die stets das Größte ergreift und es, phantastisch umkleidet, der Nachwelt überliefert. So lebt er fort bei den Galliern (in den Legenden), Germanen und Magyaren, welche letztere freilich in ihm zugleich den Nationalhelden feierten. Wir beschränken uns darauf, Attilas Erwähnung in den germanisch-skandinavischen Dichtungen, der Edda und den Nibelungen, kurz zu gedenken.

In ersterer sind es besonders das Gudhrunarhvöt[47], Atlakvidha und Atlamál, so wie in den Nibelungen beinah der ganze zweite Teil (von dem zwanzigsten bis zum neununddreißigsten Abenteuer), welche davon handeln. Da begegnen sich Geschichte und Dichtung zuvörderst in den Namen nicht nur Attilas selbst, als Atli der Edda und Etzel der Nibelungen, sondern auch dessen erster Gemahlin Cerca (Herkia der E., Helke der N.), vor allem aber dessen Bruders Bleda (Blödel der N., 22. Abenteuer).

Völlig verschieden dagegen sind in beiden Dichtungen die Katastrophen: nach der Edda nimmt Gudrun (die Chrimhild der Nibelungen) für den Mord ihrer Brüder Blutrache an Atli, ihrem Gemahl, den sie tötet: – offenbar eine spätere Version über dessen plötzliches Ende, die schon zu Marcellins Zeit Verbreitung gefunden haben muß, während nach den Nibelungen umgekehrt Chrimhild die Ermordung ihres ersten Gemahls Sigfrid an ihren Brüdern und Hagen rächt, was denn die grause Burgunderschlacht ist, in der wir schon oben einen Kern historischer Wahrheit annehmen.

Merkwürdig aber, daß in beiden Dichtungen keine Spur von Attilas persönlichem Heldenmute sich findet, derselbe vielmehr nur den passiven Hintergrund des tragischen Epos bildet, in dessen Vordergrunde bei den weit ausführlicheren Nibelungen allein die furchtbare Chrimhild waltet.

Als Ausfluß des Nationalgefühles aber muß es in letztern betrachtet werden, daß, außer den Burgunderkönigen und deren Recken, nur noch der ebenfalls germanische Dietrich von Bern und dieser zwar als größter Held und endlicher Sieger in Attilas Dienst gefeiert wird.

Obwohl diese Nationalpoesien selbstredend kein historisches Material bieten, so haben doch die beiden Schlußstrophen des einundzwanzigsten Abenteuers der Nibelungen unsre Aufmerksamkeit gefesselt:

> König Etzels Herrschaft war so weit erkannt,
> Daß man zu allen Zeiten an seinem Hofe fand
> Die allerkühnsten Recken, davon man je vernommen
> Bei Christen oder Heiden; die waren all mit ihm gekommen.

Bei ihm war allerwegen, so sieht mans nimmermehr,
So christlicher Glauben als heidnischer Verkehr.
Wozu nach seiner Sitte sich auch ein Jeder schlug,
Das schuf des Königs Milde: man gab doch Allen genug.

Die hier wie in andern Stellen bezeugte Mischung von Heiden und Christen an Attilas Hofe und in dessen Heere beruht auf Wahrheit. Die meisten Germanen, mindestens die Ostgoten und Gepiden, unter ihm waren schon Christen.

Attilas Todesstunde ward die Geburtsstunde der Befreiung der Germanen aus fünfundsiebzigjähriger Knechtschaft, dieses wichtigsten Begebnisses des fünften Jahrhunderts.

Von den beiden Prosper und Victor Tununensis wird dies im Allgemeinen bestätigt: Näheres ergibt sich doch darüber allein aus des Jordanis 50. Kapitel, das offenbar wieder aus einer guten Quelle geflossen ist.

Attila mag die Absicht gehabt haben, seinen ältesten Sohn als den dafür Geeignetsten zum Nachfolger in seinem Gesamtreiche zu bestimmen. Dies kann aber auf eine nach der Volkssitte legale Weise noch nicht geschehen sein, weshalb die zahlreichen Söhne auf Teilung drangen. Unter diesen waren[48] sechs: nämlich Ellak, Denghizish, Emnedzar, Uzindur, Gheism und Ernak, bereits erwachsen. Ellak muß sich dem unterworfen haben. Als dies Ardarich, der Gepide, Attilas weiser und treuer Ratgeber erfuhr, loderte das germanische Freiheitsgefühl in ihm auf. Empört durch den Gedanken, ganze Völker wie unfreie Knechte verteilt zu sehen, erhob er sich zuerst wider Attilas Söhne; mit ihm bald auch die meisten seiner unter gleichem Drucke schmachtenden Stammgenossen.

Nachdem man beiderseits gewaffnet, kam es in Pannonien bei dem Flusse Netad (auch Nedad, Nedao oder Neoda) zur Schlacht. Ist diese geographische Bezeichnung genau, so wäre, da die Provinz Pannonien vor bis zur Donau reichte, der Krieg auf deren rechtem Ufer verlaufen.

Uns dünkt jedoch das linke zwischen Gran und Presburg wahrscheinlicher, weil eines Stromübergangs nicht gedacht wird, und weil die Germanen, welche wohl von den Hunnen angegriffen wurden, auch wohl ein mehr gebirgiges Terrain zu ihrer Aufstellung gewählt haben dürften. Sollte diese Vermutung Anklang finden, so würde vielleicht der Name obigen Flusses in dem der Neitra wieder zu erkennen und an deren oberem Laufe das Schlachtfeld zu suchen sein.

In diesem Kampfe sah man, wie Jordanis Kap. 50 sagt, die Glieder eines Leibes, nach dessen abgeschlagenem Haupte, gegen einander wüten: Goten, Gepiden, Rugier und Sueben (Ostgoten, die Reste der Vandalen, dann Quaden und Markomannen) gegen Hunnen, Alanen[49] und Heruler. Der Sieg aber blieb nach langem schweren Streite der Sache der Freiheit. 30 000 Mann sowohl Hunnen als anderer mit ihnen vereinter Völker fielen durch Ardarichs und seiner Streitgenossen Schwert.

Ellak blieb nach den Beweisen größter Tapferkeit in der Schlacht.

Seine Brüder flohen nach den Gestaden des Pontus zu und so wichen denn endlich die Hunnen, vor denen der Erdkreis gewichen war.

Im Hochgefühle der errungenen Freiheit sandten die Völker, zu friedlicher Auseinandersetzung über die neuen Sitze unter sich und mit Rom, Gesandte an Marcian, welche dieser auf das freundlichste empfing. Die Gepiden, welche sich des ganzen alten Dakiens als Sieger bemächtigt hatten, gewiß aber nur in Siebenbürgen und der Wallachei sitzen blieben, verlangten und erhielten vom Kaiser Frieden und Foedus mit jährlicher Geldzahlung, die ihnen auch bis auf des Jordanis Tage unter dem Namen eines Geschenks fortgewährt wurde.

Den Ostgoten, welche die Gepiden am Platze der Hunnen, letztere aber in ihren alten Sitzen sahen, auch schon unter der Herrschaft der Hunnen, als deren Vorhut gegen die andern Germanen, großenteils in Pannonien gesessen haben mögen, ward auf ihr Bitten Pannonien von Sirmium bis Wien von Rom überlassen, worunter wir Westrom verstehen müssen, das doch im Jahre 433 nicht die ganze Provinz, sondern nur einen Teil derselben den Hunnen abgetreten hatte.

Die Sarmaten, d. i. Jazygen, nebst einigen Hunnen empfingen einen Landstrich im westlichen Obermösien bis zu castra Martis, etwa vier Meilen westlich des Oescos (Isker) an der Donau, die Skiren, Satagaren und die übrigen Alanen (die Satagaren waren also ein Zweig letzterer) wurden in Klein-Skythien und Niedermösien angesiedelt. Bei dem Alanenkönige Candac war des Jordanis Großvater als Notar in Dienst.

Den Rugiern und einigen andern Völkern ward auf ihren Wunsch die Gegend von Bizzis und Arcadiopolis[50] angewiesen.

Von Attilas Söhnen ließen sich Ernak oder Hernak der Jüngste in Klein-Skythien (Dobrutscha), Emnadzur und Utzindur im ripensischen Dakien an den Flüssen Utus, Oescus und Almus (etwa von Nikopolis an der Donau bis Widdin) nieder. (Jordanis, Kap. 50.) Da nach obigem in derselben Gegend auch die Sarmaten mit den Hunnen saßen, so waren erstere vielleicht unter hunnischer Oberherrschaft geblieben.

Es unterliegt keinem Zweifel, daß der Rechtstitel dieses neuen Landbesitzes der Barbaren, der sonach auf einen langen Streifen südlich der Donau sich erstreckte, dessen Überlassung durch Rom war, mit dem deshalb gewiß von allen Völkern Verträge geschlossen wurden.

Nur die Nachricht von den Rugiern und Skiren kann nicht (? D.) von den Gesamtvölkern derselben verstanden werden, die späterhin unzweifelhaft im Norden der Mitteldonau im heutigen Österreich und beziehentlich Oberungarn saßen, ist daher nur auf eine Abteilung derselben, vielleicht derjenigen, welche auf hunnischer Seite gekämpft hatten, zu beziehen. (S. Zeuß, S. 484/5.)

Wir wenden uns zu Rom zurück.

Wer Valentinian und den Hof zu Ravenna kannte, mußte vorhersehen, daß Aëtius des Reiches Erlösung von Attila nicht lange überleben würde.

Ein schwacher Herr und ein von Neid und Haß erfülltes Hofgesinde können einen übermächtigen Diener um so weniger ertragen, je größer dessen Verdienst ist. Es war die Wiederholung von Stilichos Sturz unter Honorius: nur mit dem Unterschiede, daß letzterer zwar von gleicher Schwäche, aber doch verständiger, vor allem ängstlicher, daher vorsichtiger war, als der leidenschaftliche und zügellose Valentinian III. Daher handelte auch Honorius nicht früher, als nachdem es durch eine schurkische Intrige, die er gewiß nicht vollständig durchschaute, gelungen war, den größten Teil des Heers zum Aufstand wider Stilicho zu bringen, was ihm eine Art von Vorwand bot.

Nur entbehrlicher mochte im Jahre 454 der große Feldherr erscheinen, weil der Reichsfeind bereits tot war, während im Jahre 408 Alarich noch, und zwar in drohender Nähe, lebte.

Prosper Aquitanus, den Tiro kopiert, berichtet Folgendes vom Jahre 454, in welchem Aëtius selbst Konsul war[51]: nach gegenseitigen Treue-Schwüren, nach verabredeter Vermählung ihrer Kinder (des Aëtius Sohn Gaudentius mit Valentinians Tochter Eudocia) sei die bitterste Feindschaft entstanden, welche der Eunuch Heraclius (Oberkammerherr) im Kaiser geweckt und geschürt habe.[52]

Nach Prokop (d. b. Vand. I, 24, p. 329) und Johannes von Antiochien (dessen Fragmente Carl Müller in seinen Fragm. Historic. Graec., Paris 1851, Th. IV, herausgegeben hat, Fragment 201, p. 614) soll aber auch der sogleich zu erwähnende Maximus mitverschworen gewesen sein.

Die Katastrophe selbst wird von letztem Schriftsteller aus der ersten Hälfte des siebenten Jahrhunderts, der nach dem Herausgeber (p. 538) für die betreffende Zeit hauptsächlich Priscus benutzt hat und für diese, wie uns dünkt, mit Recht empfohlen wird, sehr umständlich, kürzlich aber in Folgendem erzählt.

Als Aëtius, um Rechnung abzulegen und Geld abzuliefern, zum Kaiser gekommen, sei dieser heftig schreiend aufgesprungen und habe ihn mit den grundleersten Vorwürfen überhäuft.

Indem sich der Patricius hierauf verantworten wollen, hätten sich Valentinian und Heraclius, der einen Dolch unter dem Mantel verborgen, auf ihn gestürzt und ihn mit wiederholten Stößen getötet.

Daß der Kaiser dabei selbst als Mörder mitwirkte, wird auch von Prosper Aquitanus bestätigt.

Auch der Präfectus Prätorio Boethius und wohl noch andre Anhänger des Aëtius wurden nach ihm umgebracht.

So fiel in ungefähr gleichem Alter mit Attila Roms letzter großer Mann: und mit ihm das Westreich selbst, das von dem an nur noch in zweiundzwanzigjährigem Todeskampfe ruhmlos den letzten Atem verhauchte.

War er voll Ehrgeiz, scheute er zu dessen Befriedigung, namentlich zu Wegräumung von Nebenbuhlern kein Mittel, auch Mord und Lüge nicht, so fragen wir nur: welcher hochgestellte Römer *seiner* Zeit würde bei gleichem Ehrgefühl anders gehandelt haben? Trugen dessen Gegner nicht auch Mordgedanken im Busen? Wirklich erzählt uns Johannes Antiochenus (p. 615) hierbei, daß der Patricius Felix auf Placidiens Veranlassung Aëtius nach dem Leben getrachtet habe.

Was aber der Überwinder Attilas als Feldherr, was er als Staatsmann war, beweist die Geschichte.

Der anekdotenreiche Prokop erzählt (p. 329 a. Schl.): „ein vom Kaiser darüber befragter Römer: ob er nicht wohlgetan, Aëtius wegzuschaffen, habe diesem erwidert: darüber könne er nicht urteilen, daß er sich aber die rechte Hand mit der linken abgehauen habe, wisse er genau."

Die rächende Nemesis zögerte diesmal nicht.

Nach Johannes Antiochenus a. a. O. suchte Maximus des Aëtius Ämter, namentlich das Konsulat, zu erlangen, ging aber, weil ihm Heraclius entgegenwirkte, leer aus, worauf er erbittert des Kaisers Sturz beschloß. Dazu gewann er zwei tapfere Goten, Optila und Traustila[53], des Aëtius treue Waffengefährten, die nun unter den kaiserlichen Leibwächtern dienten.

Unbesorgt reitet Valentinian mit schwacher Begleitung, unter welcher die Verschworenen sich befinden, zum Bogenschießen auf das Marsfeld. Indem er nun daselbst absteigt, empfängt er von Optila den ersten Streich auf das Haupt und, sich nach diesem umwendend, den zweiten in das Gesicht, der ihn zu Boden wirft. Gleichzeitig tötet sein Genosse den Heraclius, worauf beide mit dem kaiserlichen Diadem und Roß, ohne das jemand die gefürchteten Krieger aufzuhalten wagt, zu Maximus eilen.

Prokop dagegen berichtet a. a. O. p. 328: Valentinian habe aus böser Lust des Maximus schöne Frau durch List in den Palast gelockt und ihr daselbst Gewalt angetan, was deren Gemahl zu jener blutigen Rache getrieben habe. Die weitere Erzählung dieses Schriftstellers, dem auch Gibbon und andre, selbst Niebuhr, folgen, enthält aber Unrichtigkeiten, was denn auch obiges Anführen verdächtig macht, von dem der weit genauere Johannes Antiochenus nichts weiß, den jene Historiker freilich noch nicht kannten.

Valentinian III. starb am 16. März[54] 455 im fünfunddreißigsten Altersjahr; auch bei ihm ist, wie bei Honorius, seine Geschichte zugleich seine Charakteristik.

Nach des Kaisers Tode spalteten sich die Meinungen der Soldaten über den Nachfolger. Neben Maximus wollten viele einen Maximian, andre den spätern Kaiser Majorian erheben, welchen letztern Eudoxia, Valentinians Witwe, begünstigte.

Maximus aber hatte das meiste Geld: das gewann ihm, wie einst Didius Julianus, den Thron, den er auf gleiche Weise und eben so bald wie jener wieder verlor.

SECHZEHNTES KAPITEL

Die letzten Kaiser Westroms

Maximus hatte bisher den höchsten Rang zweiter Ordnung eingenommen: edle Geburt, großes Vermögen, Ehren und Würden aller Art, zuletzt die des Patriziats. In seinen Ämtern als dreimaliger Präfekt Italiens und der Stadt wie als zweimaliger Konsul hatte er sich Achtung und Anerkennung erworben.

Da trieb der Schwindel des Ehrgeizes den anscheinend schon Sechzigjährigen in toller Selbstverblendung nach der Krone zu greifen, deren Bürde damals kaum irgend ein Römer noch, er aber gewiß nicht gewachsen war. (Sidonius Apoll. II, ep. 13.)

Sein erster Frevel war, daß er Valentinians Witwe, Eudoxia, durch Androhung des Todes – dem vormals gewöhnlichen Lose der Witwen ermordeter Kaiser – sich ihm, dem Mörder, zu vermählen zwang.[1] Die Urenkelin des großen Theodosius war keine Porcia, suchte aber den schwer verhüllten Rachedurst durch Anrufung von Gaiserichs Hilfe der mit Valentinian III. föderiert gewesen, zu stillen. So mindestens erzählen Prokop (d. b. Vand. I, 5), Idatius (für Römisches weniger zuverlässig), Jordanis (de regn. Succ.) und Marcellin.

Johannes Antiochenus erwähnt dies (p. 615) ebenfalls, aber nur als Gerücht, läßt Gaiserich vielmehr um deswillen, weil er den bestehenden Vertrag durch Valentinians Tod für gelöst ansah und den neuen Kaiser nicht fürchtete, die Gunst des Augenblicks zu einer großartigen Raubfahrt benutzen.

Auch in Gallien hatten sich nach Sidonius Apoll. (carm. VII, v. 360–392) auf die Kunde des Thronwechsels sogleich die Barbaren wider Rom geregt: Sachsen, Franken und Alemannen, die sich aber, nachdem Maximus den gefeierten Avitus zum Magister peditum et equitum daselbst ernannt hatte, sogleich wieder zurückzogen und beruhigten, wenn man hierin dem Lobredner seines Schwiegervaters ganz zu trauen ist.

Im Anfang Juni landete Gaiserich mit starker Macht unfern Rom bei Azestos. Dies am 12. Juni[2] vernehmen und zu Roß entfliehen war des Maximus erste Tat; empört rief ihm seine eigne Garde Schmähungen nach: das Volk, gleicher Gesinnung, warf ihn mit Steinen, deren einer, sein Haupt treffend, ihn vom Pferde stürzte, worauf er vom Pöbel zerfleischt ward, der Stücke seines Körpers auf Lanzen jubelnd umhertrug. (Johannes Ant. a. a. O. und Prokop, d. b. Vand. I, 5.)

Am dritten Tage darauf rückte Gaiserich in Rom ein, dem wiederum der würdige Bischof Leo vorbittend und vermittelnd entgegenging; er erlangte auch wirklich die Verschonung der unglücklichen Bewohner mit Brand, Peinigung und Mord. (Victor Tun.) Gaiserich selbst aber verstand das Raubhandwerk zu gründlich, um nicht zu wissen, daß es, mit Ordnung und Methode betrieben, am meisten abwirft. Vierzehn Tage dauerte die Plünderung, worauf er, mit unendlichen Schätzen beladen, wozu diesmal besonders die bisher verschonten, kostbaren Statuen der alten Götter das Material lieferten, wieder abzog. Auch das halbe Dach des Kapitols aus vergoldeter Bronze ward mitgenommen und an lebendiger Beute so viel, als die Schiffe nur irgend zu fassen vermochten, darunter die Kaiserin Eudoxia selbst mit ihren Töchtern Eudokia und Placidia nebst des Aëtius Sohne Gaudentius. (Prokop I, 5 und II, 9. Vergl. Tillemont VI, 2, Art. 31; Valent., S. 470.) Der weitern Schicksale der hohen Gefangenen ward oben gedacht.

Avitus hatte sich um die Zeit der Katastrophe in Rom auf des Maximus Befehl zum Westgotenkönig Theoderich II., der inzwischen an seines Bruders Thorismund Stelle getreten war, nach Toulouse begeben, um den Frieden mit diesem wichtigen Bundesgenossen, dessen Politik damals verdächtig, ja fast kriegsdrohend geworden war, wieder zu befestigen. Dies gelang nicht nur seinem großen Einflusse auf die Goten und deren jungen König, dessen Lehrer in römischer Bildung er einst selbst gewesen war, sondern er ward auch von letzterm, dem inzwischen des Maximus Tod kund geworden sein muß, zur Besteigung des erledigten Thrones, unter Zusicherung seines Beistands, dringend aufgefordert, wozu sich denn derselbe auch, wiewohl nach seines Schwiegersohns (freilich zweifelhafter) Versicherung, nur ungern, entschloß. Zunächst aber hatte er sich noch der Zustimmung des eignen Heeres zu versichern. Mit Freuden ward diese, wozu die Soldaten schon des Geschenks halber ja stets geneigt waren, erteilt und Avitus anscheinend zu Anfang August zu Arles feierlich zum Kaiser ausgerufen[3], auch von Marcian, dem Herrscher des Ostreichs, auf Ansuchen, wenn auch vielleicht erst im folgenden Jahre, anerkannt. (Sidonius Apoll. Carm. VII, v. 360–381, besonders v. 360–379, 392, 490 u. f, sowie 572–581 und Idatius zum Jahre 1 d. Avitus.)

Am 1. Januar 456 zum Antritt seines Konsulats (das jedoch in den Fasten nicht verzeichnet ist, da Marcian vorher bereits die neuen Konsuln ernannt hatte und Avitus das Ende des Jahres nicht erlebte, widmete ihm Sidonius seinen (bereits mehrfach unter Carm. VII angeführten) Panegyricus.

Wir kommen nun zuerst auf Rikimer, zu *den* Mann, der sechzehn Jahre hindurch die Geschicke Italiens in der Hand hielt, die Kaiser, so lange sie ihm – dem Leiter hinter der Szene – gehorchten, öffentlich figurieren ließ, sobald sie widerspenstig wurden, absetzte.

Schon seit langer Zeit bestand ein großer Teil der römischen Streitkräfte aus Barbaren, besonders germanischen Söldnern. Dahin gehörten die gesamten so zahlreichen Auxilien, in späterer Zeit vielleicht sogar ganze Legionen, wie denn die Lücken auch in den im Wesentlichen noch römischen durch dergleichen ausgefüllt worden sein mögen.

In den Römern aber lebte noch Barbarenhaß: daher, unter den Truppen, wenn auch unterdrückt, Zwiespalt und Parteiung.[4] Schon im Jahre 408 loderte dieser auf und würde zu blutigem Kampfe geführt haben, wenn nicht Stilicho zu pflichttreu (? *D.*) gefühlt hätte, den von außen schwer bedrängten Staat noch durch innern Kampf der Heere zu zerfleischen.

Seitdem muß die Masse und das Gewicht der Föderierten fortwährend zugenommen haben.

Nicht nur daß Aëtius, für längere Zeit wenigstens, die Hunnen dazugesellte, so hat auch dessen militärischer Scharfblick die Heere gewiß fortwährend durch die Tapfersten, d. i. durch Germanen zu rekrutieren gesucht.

Vom wichtigsten Einflusse endlich muß Attilas und seiner Söhne Fall darauf gewesen sein.

Dessen Hof war eine Pflanzschule von Abenteurern gewesen; tapfere, energische und geldgierige Männer mit zahlreichen Gefolgen dienten unter Attilas Haustruppen.

Diese mögen, teils aus Diensttreue, teils wegen der Gefahr und Schwierigkeit, sich loszureißen, mit Attilas Söhnen in den Entscheidungskampf gegen die Germanen gezogen sein, nach Vernichtung der Hunnen aber meist in Rom, wo man der Tapfern bedurfte, Aufnahme gesucht und gefunden haben.

So gut bezahlt und äußerlich geehrt nun gewiß auch diese Fremd-Truppen waren, so mußte doch schon das Gefühl ihrer Anfeindung vom Volksgeiste dieselben zu engerer Verbindung untereinander und zur Anlehnung an solche Generale antreiben, in denen sie Vertretung am Hof und gewissermaßen ein Parteihaupt zu finden glaubten.

Darauf hatte unstreitig auch schon sechzig Jahre früher, obwohl die Zahl der Föderierten damals noch weit geringer war, die Macht des Franken Arbogast hauptsächlich beruht, der Valentinian II. stürzte und einen Abhängigen auf den Thron setzte, welchen er als Barbar selbst zu besteigen nicht wagte.

Jetzt nahm ähnlich, aber gesicherter und anerkannter, Rikimer diesen Platz ein.

Aus der Ehe der Tochter des westgotischen Königs Walja mit einem suebischen Prinzen, vielleicht (? D.) einem jüngern Sohne Rekilas (Sidon. Apoll. Carm. II, v. 360) entsprossen, scheint er bei den Westgoten, bei welchen wahrscheinlich auch dessen Vater schon lebte[5], erzogen worden, früh aber in römische Kriegsdienste getreten zu sein. Hohe Geburt und eignes Verdienst förderten seinen Weg. Er muß schon unter Aëtius eine hohe Stellung erlangt haben und war dessen Waffengenossen Majorian eng befreundet.

Des Avitus erste Sorge war der Krieg gegen Gaiserich, den dieser wider die noch römischen Besitzungen im westlichen Afrika fortsetzte. Dazu sandte er sogleich Rikimer mit einem Heere nach Sizilien. (Priscus, Fr. 7, 2. Samml., p. 217, wo derselbe bereits Patricius[6] genannt wird, obwohl er diese Würde, wie wir w. u. sehen werden, erst im Jahre 457 erlangte.)

Hier befand sich damals der verdiente Marcellin, der, in Dalmatien kommandierend, (nach Prokop, d. b. V. I, 6, p. 336) gleich nach des Aëtius, seines Freundes, Ermordung, Valentinian III. den Gehorsam verweigert haben soll. Dies kann jedoch nicht durch offene Rebellion, sondern nur durch passive Behauptung seiner Selbständigkeit geschehen sein. Derselbe mag nun, unter dem Vorwande des Reichsschutzes gegen die Vandalen, von Dalmatien nach Sizilien gesegelt, dabei aber der geheimen Absicht, diese Insel für sich zu behaupten, verdächtig geworden sein, was denn Avitus zu Rikimers Entsendung dahin veranlaßt haben wird. Hier trat nun sogleich der Gegensatz zwischen dem Römer und dem Barbaren hervor, indem Rikimer Marcellins fremde Söldner durch Versprechung höheren Soldes zum Abfall von Jenem verlockte, so daß Letzterer, für sich selbst fürchtend, Sizilien verließ. (Priscus, Fr. 10, p. 218.)

Im Sommer 456 lief wieder eine vandalische Flotte von sechzig Schiffen gegen Italien aus, die zunächst in Korsika gelandet sein muß, wo der zu Hilfe eilende Rikimer deren Heer traf und im August oder Anfang September auf das Haupt schlug. (Idatius, J. 2 Marcians an zwei Stellen, die scheinbar etwas verwirrt sind.) Nach diesem Siege muß derselbe sogleich nach Italien zurückgekehrt sein.

Von da an sind die Quellen schwer zu vereinigen.

Nach Idatius (a. a. O.) wäre Avitus um die Zeit jenes Sieges von Italien nach Arles in Gallien gereist und auf der Rückkehr nach Rom von Majorian und Rikimer, die sich wider ihn verbündet, gestürzt worden.

Dagegen berichtet der weit eingehendere Johannes Antiochenus (in Fr. 202): Unter Avitus sei eine Hungersnot in Rom ausgebrochen, was bei dem Wegfall der regelmäßigen Getreidezufuhr von Afrika leicht möglich war. Da habe das aufgeregte Volk die Entfernung der zahlreichen gallischen Truppen aus der Residenz gefordert und Avitus wirklich seine tapfersten und treuesten Krieger, die Goten, entlassen, indem er ihnen den rückständigen Sold in Gold auszahlte. Darüber neue Aufregung, weil die Römer, namentlich die Kaufleute, wegen Mangel an Gold im Schatze, mit geringer Bronzemünze, die wohl Zwangskurs hatte, vorlieb nehmen mußten; zuletzt wirklicher Aufstand in der Hauptstadt.

Dies benutzend und von der Furcht vor den gotischen Truppen befreit, seien Majorian und Rikimer wider den Kaiser gezogen, der nur in der Flucht nach Gallien Rettung zu finden geglaubt habe. Auf dem Wege dahin sei derselbe jedoch angegriffen und sich in ein geweihtes Asyl (τέμενος) zu retten gezwungen worden.

Darin sei er von Majorians Truppen so lange blockiert worden, bis er, von Hunger bedrängt, das Leben gelassen habe. Dies sei nach einer Regierung von acht Monaten sein Ende gewesen.

Letztere unzweifelhaft falsche Zeitangabe dürfte dieser Schriftsteller wohl nicht aus seiner Quelle, für die wir Priscus halten müssen, entnommen, sondern aus eigner irrtümlicher Berechnung hinzugefügt haben.

Dagegen sagen vier, freilich insgesamt spätere und minder zuverlässige Quellen (Victor Tun., Mar. Chronicon[7], Jordanis, Kap. 45 a. Schl. und Gregor v. Tours II, 11), daß Avitus (nach Vict. Tun. seiner Schuldlosigkeit halber) zum Bischof von Placentia geweiht worden sei, während der glaubwürdigere Zeitgenosse Idatius ihn, weil von den Goten verlassen, Reich und *Leben* verlieren, der unbekannte Chronist ihn nur bei Placentia gefangen nehmen, Cassiodors Chronik ihn aber nur die Regierung daselbst niederlegen läßt.

Es ist daher zu vermuten, daß Avitus (nach Idatius und Johannes Antiochenus) und zwar bei Placentia nicht nur die Krone, sondern zugleich das Leben verlor, wie denn auch von Sidonius Apollinaris in späterer Zeit seiner nicht weiter gedacht wird.

Gewiß nur im Vertrauen auf Theoderichs mächtigen Beistand hatte Avitus, Zeit und Umstände richtig würdigend, jenen verhängnisvollen Schritt überhaupt gewagt; daß der treue Freund durch den spanischen Krieg, dessen im nächsten Kapitel gedacht werden soll, ihm Hilfe zu gewähren behindert ward, mußte daher seinen Sturz sehr erleichtern.

Er war ausgezeichnet als Privatmann und hoher Würdenträger, dreimal Präfekt Galliens und Magister militum: besonders sein mächtiger Einfluß auf die Westgoten macht es schwer, das Wirken des Kaisers zu verdächtigen, wenngleich derselbe seiner schweren Aufgabe nicht gewachsen gewesen sein mag.

Wenn daher Gregor von Tours (II, 11) von ihm sagt[8], er sei, weil er sich „dem Wohlleben zu sehr hingegeben (?)", vom Senate verworfen und zum Bischof geweiht worden, so gibt uns diese Nachricht (vielleicht D.) den Schlüssel zu obigen Widersprüchen. Der Senat schlug sich auf die Seite der Stärkeren, d. i. Rikimers und Majorians, und sprach des Avitus Entsetzung und Ernennung zum Bischof aus, während jene, den Krieg fortsetzend, demselben Thron und Leben[9] durch das Schwert raubten.

Ob es Rikimer damals, d. i. im Herbste 456, zum Kaisermachen noch an Macht und Mut fehlte oder ob nur die Rücksicht auf den ihm verbündeten Majorian ihn davon abhielt, weil er diesen gewiß weder erheben wollte, noch offen zurückzusetzen wagte – wissen wir nicht.

So mag die Regierung stillschweigend unter Marcian, dem allgemeinen Reichsoberhaupt, nunmehr also auch dem des erledigten Westens, fortgegangen sein.

Als aber dieser tüchtige Kaiser gegen Ende Januar 457 verschied und in dem Thrakier Leo einen nicht unwürdigen Nachfolger erhielt, erachtete letzterer die Wiederbesetzung für nötig und ernannte, sicherlich der allgemeinen Volksstimme folgend, am 1. April 457 Majorian zum Augustus, nachdem er denselben kurz vorher am letzten Februar zum Magister militum, zugleich aber Rikimer zum Patricius erhoben hatte. Idatius und fast alle Chronisten. Nur der Unbekannte aber gibt die Tage an.)

Wäre Westrom um diese Zeit noch *lebensfähig* gewesen, so würden wir nun mit Freuden die Geschichte eines großen Kaisers zu schreiben haben.

Dasselbe aber war schon nicht nur ein „kranker Mann", sondern ein Sterbender. Wo nun jeglichem Streben, selbst dem edelsten und kräftigsten die Verdammnis der Erfolglosigkeit im Voraus aufgedrückt ist, da vermag es keinen Enthusiasmus mehr hervorzurufen.

So hat Prokop indes die Sache nicht aufgefaßt, indem er (de b. Vand. I, 7) von Majorian sagt: er habe in allen Tugenden alle Kaiser übertroffen, die vor ihm geherrscht hätten.

Wir haben unser eigenes Urteil über diesen Schriftsteller, den wir nicht so hochstellen können, wie dies Gibbon bei dieser Anführung Kap. 36, Note 32, tut: und fragen nur, ob er dabei lediglich das Wollen oder auch das Vollbringen Majorians vor Augen gehabt hat?

Ersteres hat dieser allerdings wohltuend und erhebend in seinen zwölf Novellen[10] bewährt, in deren erster, de ortu imperii, vom 13. Januar 458, nach Antritt des Konsulats, er die Mitwirkung *des Senats* anruft, des Reiches Wohl gemeinsam zu fördern und dabei die strengste Rechtspflege, Schirm und Belohnung der Unschuld so wie Abstellung des auch ihm längst verhaßten Denunziationswesens verheißt. Schlimm nur, daß er dabei die Hauptsache d. i. die Sorge für das Heer und des Reiches Schutz nur in Gemeinschaft „mit seinem Vater und Patrizier Richomer" sich beilegt (cum patre patricioque nostro Richomere), diesem also in einer kaiserlichen Erlassen bisher unerhörte Stellung einräumt. Trefflich und weise aber war sein gesetzlicher Kampf gegen die empörenden Verwaltungsmißbräuche, gegen die Raubsucht der Beamten und die Bedrückung der Untertanen, die wir ja schon aus Salvians wenn auch übertriebener Schilderung kennen lernten.

Namentlich rief er dazu das schon seit der ersten Hälfte des vierten Jahrhunderts errichtete Institut der Defensoren, das, so wohlwollend es auch in der Idee war, doch ganz in Verfall gekommen mochte, auf die zweckentsprechendste Weise wieder in das Leben. Auch auf Förderung der Ehen wie auf Erhaltung der ehrwürdigen baulichen Denkmale der Vorzeit richtete er seine Sorgfalt. (Vergl Gibbon Kap. 36 nach Note 39–44, der darüber sehr ausführlich ist.)

Aber das alles waren doch nur schöne Worte, woran es selbst Tyrannen mitunter nicht fehlen ließen; den Wert konnte erst die *Ausführung* geben, von der die dürftigen Quellen dieser Zeit nicht sagen. Wohl mag auch manches geschehen sein: wesentliche Hilfe aber würde selbst eine längere und ruhigere Regierung als die seinige nicht mehr zu gewähren vermocht haben.

Gehen wir auf deren Geschichte selbst über.

Majorians politische Aufgabe war vor allem, mit dem gefährlichsten Reichsfeinde, Gaiserich, sei es durch Sieg oder rühmlichen Frieden, ein Ende zu machen.

Dazu mußte er aber erst in Gallien und Spanien vollständig wieder Herr und vor allem der Westgoten sicher sein.

Jenseits der Alpen nämlich war noch alles, Römer wie Föderierte, für Avitus. Mag der Widerstand ersterer mehr nur ein passiver gewesen sein, so erklärten sich doch die westgotischen Hilfstruppen in der römischen Provinz für ganz unabhängig von dem neuen Herrscher und nur dem eignen König unterworfen.

Gleich nach Majorians zu Ravenna erfolgter Erhebung (Marcellin und Jordanis de regn.) war übrigens wiederum ein Heer Gaiserichs raubfahrend in Unteritalien, wahrscheinlich an der Mündung des Garigliano, eingefallen, erlitt aber eine tüchtige Niederlage, indem der römische Feldherr sich zwischen die maurischen Plünderer und die an der Küste lagernden Vandalen warf, wobei der vandalische Führer, Gaiserichs Schwager, selbst fiel. (Sidon. Ap. Carm. V, v. 386–446.) Daß der Kaiser dabei in Person kommandiert habe, ist nach dessen Lobredner nicht anzunehmen.

Solch ein augenblicklicher Vorteil aber war keine Entscheidung, wozu es vor allem großartiger Rüstung, zunächst wider Theoderich und sodann wider Gaiserich, bedurfte.

Italien und was noch von Rätien und Noricum dazu gehörte, gab keine Krieger mehr her: darum mußte Majorian aus den Landen jenseits der Donau bis Asien hinein Söldner anwerben, über die uns Sidonius Apoll. (V, v. 480–485) wieder einen poetisch-phantastischen Katalog[11] von neunzehn Völkernamen mitteilt und mit den Worten schließt:

»Dir nun dienet der ganze Kaukasus samt dem aus dem Tanais trinkenden Skythen.«

Dies mögen hauptsächlich die Trümmer von Attilas Heere gewesen sein: Hunnen, aber auch Germanen, wie Alanen, Goten, Sueben, Rugier u.a. m.

Mit diesen zog er im rauhesten Winter, jedenfalls nach dem 13. Januar 458, wo er von Ravenna aus das gedachte Rescript de ortu imp. an den Senat erließ, mit seltner Kühnheit, unter Überwindung der größten Schwierigkeiten, durch das eigne Beispiel und die Macht seiner Person auf die Gemüter wirkend, über die Alpen, wobei er noch den blutigen Aufstand einer seiner Hilfsscharen zu bewältigen hatte. (Sidon. Apoll. V, v. 490–510 über den ganzen Zug bis v. 559.)

Lyon, von westgotischen Truppen besetzt, mag der Sitz der Häupter der Unzufriedenen gewesen sein, zu dem mit Recht unser Sidonius als Schwiegersohn des unglücklichen Avitus gehörte. Majorian aber versuchte die Güte, vermittelte durch den Magister Scriniorum Petrus die Übergabe unter Abzug der Truppen und gewährte den mehr oder minder kompromittierten Galliern, wenn auch zunächst vielleicht schwere Strafen über sie ausgesprochen wurden, doch bald Verzeihung. (Sidon. Apoll. Carm. IV.) Dadurch wurde nun auch unser Dichter sogleich der enthusiastische Lobredner des Mannes, der seinem eigenen Schwiegervater Thron (und Leben?) geraubt hatte, indem er ihn in dem Panegyricus V. feierte, den er im Jahre 458, da Majorian zugleich das Konsulat bekleidete, zu Lyon vor ihm hielt.[12]

Charakteristisch in diesem für Rikimers Stellung in der öffentlichen Meinung ist die Episode, welche Sidonius (v. 560–569) ihm, als des Kaisers Magister militum[13], widmet, worin er denselben über die größten Feldherren und Männer des Altertums erhebt. Was kaum ein Schmeichler dem Souverän gegenüber getan hätte, durfte er wagen, weil dieser selbst (man erinnere sich obigen Erlasses an den Senat) Rikimer nicht als gewöhnlichen Diener behandelte: und dies erlaubte sich der Dichter, um auch den Herrscher hinter der Szene sich zu befreunden.

Rikimer war eine politische Macht geworden.

Die weitere *spezielle* Geschichte von Majorians Regierung ist, nachdem uns nun auch Sidonius verläßt, unerforschlich. Aus letzterm (v. 447 u. f) ersehen wir nur noch, daß derselbe, neben dem Landheer, auch der Ausrüstung einer mächtigen Flotte, namentlich durch Neubau von. Schiffen, unstreitig schon vom Jahre 457 an die tätigste Sorge zuwandte, da die römische Marine, die im Westen immer schwächer war als im Ostreich, unter Valentian III. gänzlich heruntergekommen sein mochte.

Brauchen aber konnte er dieselbe nicht eher, als nachdem er mit Theoderich im Reinen war, den er bei einem Angriff auf Afrika nicht im Rücken lassen durfte.

Dies gelang ihm endlich im Jahre 459, wahrscheinlich erst gegen Ende desselben, nachdem er in vorausgegangenen Kämpfen, von denen wir nichts Näheres wissen, Sieger geblieben war, worauf endlich ein fester Friede mit den Westgoten folgte. (Idatius zum 3. J. Major.)[14]

Dasselbe bestätigt auch Priscus in dem wichtigen Fragmente 13, p. 156, nach welchem Majorian sowohl die Westgoten in Gallien sich zu Bundesgenossen machte als auch die anwohnenden Völker teils durch Verhandlung teils durch die Waffen unterwarf.

So hatte nun der tüchtige Mann den ersten Teil seiner großen Aufgabe glücklich vollbracht: er begab sich zum Beginn des zweiten im Mai 460 nach Spanien und zwar nach Victor Tununensis nach Saragossa, von da aber nach Karthagena, wo er gegen dreihundert Schiffe und ein Landheer zur Überfahrt nach Afrika versammelt hatte. Vergebens sandte der nun doch besorgt gewordene Gaiserich Friedensboten an ihn ab; Majorian wies das Anerbieten zurück (Idatius, Vict. Tun. u. Priscus a. a. O.), worauf jener Maurusien, wo die Landung von Spanien her zu erwarten war, in eine Wüste verwandelte und selbst die Brunnen verdarb.

Da traf des Kaisers Flotte plötzlich ein schwerer, in den Quellen leider fast unverständlich berichteter[15] Unfall, indem die Vandalen durch Verrat einen Teil derselben ihm entrissen. Ob dies durch teilweise Zerstörung mittelst Brander geschah, was bei verräterischem Einverständnisse offenbar am leichtesten ausführbar gewesen und mit Idatius allenfalls vereinbar sein würde, oder ob der bestochene Führer einer Abteilung geradezu dieselbe den Vandalen in die Hände spielte, erfahren wir nicht, können jedoch an eine förmliche Seeschlacht kaum glauben (es war wohl nur überraschende Wegnahme D.).

Ob bei jenem Verrate Rikimer mit im Spiele war, wie Gibbon Kap. 36, N. 43 zu vermuten scheint, ist unerforschlich, aber nicht für undenkbar zu halten (gewiß undenkbar D.).

Dieses Vorteils unerachtet muß Gaiserich, der wohl Majorians Persönlichkeit fürchtete, neue Verhandlungen angeknüpft und diese zu einem Frieden zwischen beiden Herrschern geführt haben, worin der vandalische allen fernern Raubfahrten in Italien entsagte, wie wir dies aus Priscus (zweites Fragment, p. 218) ersehen, wonach jener (unstreitig nach Majorians Tode), an den abgeschlossenen Vertrag sich nicht bindend, seine Plünderungszüge erneuerte.

Da jede Gesandtschaft damals in der Regel durch eine Gegengesandtschaft erwidert wurde, so soll Majorian (nach Prokop, de b. Vand. I, 7, p. 341) eine solche benutzt haben, um unter fremdem Namen, selbst äußerlich verstellt, in Person nach Karthago zu gehen – ein so großes und dabei doch nutzloses Wagnis, daß es uns, wie auch Tillemont und Gibbon[16], ganz unglaublich dünkt.

Schon im Jahre 460 (Idatius) war der Kaiser gleich nach jenem Unfall aus Spanien nach Gallien zurückgekehrt.

Minder erheblich an sich mag jener Schlag doch zu seinem Sturze beigetragen haben. Ein Monarch, der den Kampf gegen eingewurzelte Mißbräuche beginnt, säet unendlichen Haß. Der Glanz einer großen und glücklichen Regierung wird diesen niederhalten: aus jedem Unglück des Verhaßten aber saugt er neue Nahrung.

Dazu mag Rikimer, dem ein solcher Kaiser nicht genehm war, weidlich geschürt haben.

Aus Idatius erfahren wir nun nichts weiter, als daß ersterer, von Neid und Eifersucht erfüllt und auf des Kaisers geheime Feinde sich stützend, diesen auf dem Wege von Gallien nach Rom hinterlistig umgarnt und getötet habe.

Noch kürzer sind die übrigen Chronisten, aus denen wir nur noch den Ort, Tortona in Piemont, wie aus dem Unbekannten die Zeit des Ereignisses erfahren, indem Majorian nach Letzterm am 2. August 461 abdizieren mußte und am 7. getötet ward.

Ausführlicher dagegen berichtet Johannes Antiochenus (s. oben) Fr. 203: Derselbe habe den Krieg wider Gaiserich unter nicht würdigen Bedingungen aufgegeben und sei hiernach auf dem Rückwege nach Rom in Italien von Rikimer angegriffen worden.

Da habe der Kaiser die Fremdtruppen (σύμμαχοι) fortgeschickt und sei mit den Einheimischen (οἰκείοις) weiter nach Rom gezogen, Rikimer aber habe ihn gefangen genommen und töten lassen.

Diese Angabe läßt sich mit der unzweifelhaften Nachricht, daß Majorian bei Tortona fiel, wohl vereinigen, und ist dadurch wichtig, daß sie vielleicht die eigentliche Ursache (? D.) des Sturzes sowohl des Herrschers als des seines Reiches, der ihm ja bald folgte, andeutet: – die Parteiung zwischen Barbaren und Römern im Lande, über welche erstere Rikimer schaltete.

Wir wissen zu wenig von dem jedenfalls sehr tüchtigen Kaiser, um mit Sicherheit über ihn zu urteilen; gewiß nur, daß der Boden, auf welchem ein großer Regent noch groß wirken konnte, damals für Rom nicht mehr vorhanden war. Nur von dessen wohlwollendem und liebenswürdigem Wesen gibt uns Sidonius (elfter Brief des I. Buches) Kunde.

An Majorians Stelle ward nach einigen Monaten Severus, aus Lucanien gebürtig, durch Rikimer be

Ravenna erhoben, vom Senate, der keinen Widerstand wagte, bestätigt und auch von Leo, wenngleich wohl erst später, anerkannt – ein Mann unstreitig nach jenes Allmächtigen Herzen, weil er ihn völlig leiten konnte.[17]

Je geringer aber die Leistungen des Herrschers, um so größer die Leiden des Reichs während dessen Regierung.

Sogleich erneuerte Gaiserich, der den Frieden durch Majorians Tod für aufgehoben ansah, jene furchtbaren Raubzüge, die bis tief in das Land hinein ganze Provinzen verheerten, deren Abwehr auch, weil man weder den Auslauf der Flotten noch die Landungspunkte vorher kannte, meist unmöglich war. Dabei wurden die festen Plätze, vor denen man sich nicht aufhielt, verschont, alle offenen Orte aber fast mit dem gründlichsten Handwerksgeschick ausgeraubt. Was aus Majorians doch gewiß zum Teil erhaltenen Schiffen geworden, erfährt man nicht; möglich, daß sie in den spanischen und gallischen Häfen von den dortigen Machthabern zurückgehalten wurden.

Noch gab es nämlich Männer im Reiche, in denen ein Römerherz schlug, die daher, über Rikimers Tyrannei[18] empört, sich ihr nicht unterwerfen wollten. Dahin gehörte vor allen Aegidius, aus dem westlichen Gallien stammend, der an der Spitze eines starken Heeres, meist gewiß Söldner, als Kriegsgefährte Majorians dessen Ermordung zu rächen brannte. Wir vermuten – denn unser Wissen von diesem merkwürdigen Manne ist leider höchst unvollständig – daß derselbe, bevor er, anscheinend von Majorian, zum Magister militum ernannt wurde, wo nicht schon von Aëtius, doch mindestens von Avitus her, in dem nördlichen Teile Galliens, dessen Hauptplatz Soissons war, befehligte.

Dort muß er den benachbarten salischen Franken so viel Achtung und Vertrauen eingeflößt haben, daß sie sich, nach Vertreibung ihres nach Thüringen geflohenen Königs Childerich, freiwillig dessen Oberherrlichkeit *unmittelbar* unterwarfen, während dieselbe bis dahin nur jene über alle Föderierte nominell beanspruchte gewesen sein kann. (Gregor v. Tours II, 12.)

Aegidius wollte nun von der Provinz (Arles) aus, wo er als Magister militum sein Hauptquartier genommen hatte, gegen den Tyrannen über die Alpen ziehen, als die Westgoten, unzweifelhaft durch Rikimer dazu aufgewiegelt, ihn mit Krieg bedrängten, in dessen heißem Verlaufe er sich durch Großtaten glänzend auszeichnete. (Priscus, Fr. 14, 1, p. 106.) Zunächst erlitt das Reich jedoch einen schweren Verlust dadurch, daß der von Haß gegen Aegidius erfüllte Agrippinus[19] Narbonne, einen Schlüssel zu Spanien und Gallien, den Westgoten verräterisch überlieferte. (Idatius Sever. 3.) Theoderich operierte nun nicht allein im Süden, wo er wenig ausgerichtet zu haben scheint, sondern auch im Norden durch seinen Bruder Friedrich wider Aegidius, dem er wahrscheinlich Orleans zu entreißen suchte. Der Feldherr aber eilte sogleich dahin, belagerte zunächst das von den Goten eroberte feste Schloß Chinon (castrum Chinonense), mußte aber, da ein angebliches Wunder der schon auf das Äußerste bedrängten Besatzung Rettung brachte, wieder abziehen. Friedrich rückte ihm nach, worauf es zwischen der Loire und dem Loiret zu einer Hauptschlacht kam, in welcher die Goten eine große Niederlage erlitten und deren Anführer selbst fiel. (Idatius a. a. O. Marius, Chron. z. J. 463[20] und Gregor von Tours, de gloria confess. c. 22.)

Unermüdet verfolgte Aegidius seinen Zweck, indem er im Mai 464 sogar an Gaiserich, vermutlich um ihn zum Kriege wider die Westgoten zu bewegen, Gesandte schickte, als sein Heldenlauf plötzlich beendigt ward und zwar, wie Idatius sagt, nach einigen durch Gift, nach andern durch sonstige Hinterlist, deren Urheber wir gewiß nicht in Theoderich, sondern in Rikimer vermuten dürfen. Er hinterließ in Syagrius einen wackern, wenn auch den Vater nicht erreichenden Sohn.

Die Frucht seines Todes aber ernteten die Westgoten, die sich sogleich eines Teils des römischen Gebiets bemächtigten.

Aber nicht allein der Westen, auch der äußerste Osten des Reichs unterwarf sich Rikimer nicht. Hier waltete als Befehlshaber in Dalmatien der schon oben erwähnte Marcellin. Heide seines Glaubens, aber nach Suidas ausgezeichnet durch Geist, Kraft und Kriegstüchtigkeit, scheint derselbe nach des Avitus Sturz Majorian als würdigen Herrscher und alten Kriegskameraden, wiewohl unter Vorbehalt seiner an sich ziemlich unabhängigen Stellung in Dalmatien, wieder anerkannt zu haben. Daß er aber nach dessen Tode gegen Sever oder vielmehr Rikimer entschieden feindlich aufgetreten sein muß, setzt Priscus (I, 13, p. 157) außer Zweifel, wonach dieselben Kaiser Leo durch eine Gesandtschaft ersuchten, den Frieden sowohl mit Marcellin als mit den Vandalen für sie zu vermitteln, was auch insoweit geglückt sei, als ersterer die weströmischen Machthaber nicht anzugreifen versprochen habe.

Dagegen schiffte Marcellin, unstreitig mit der bereits oben angedeuteten Nebenabsicht, wieder nach Sizilien, woraus er die Vandalen im Jahre 464 nach deren merklicher Niederlage vertrieb. (Idat. z. J. 7 Leos.[21,22])

Nicht so glücklich waren die Beherrscher Italiens, welche die Vandalennot unablässig heimsuchte, da weder Rikimers eigne Gesandtschaften (der hier mit Übergehung Severs von Priscus p. 218 ausdrücklich als Absender angeführt wird) noch die Vermittlung Ostroms irgend etwas fruchteten. Mit letzterm muß übrigens Gaiserich, als er die Kaiserin Eudoxia mit ihrer noch unvermählten Tochter Placidia im Jahre 462 gegen Empfang eines Teils von Valentinians Nachlaß für seine Schwiegertochter Eudokia nach Konstantinopel zurücksandte (Idatius z. J. 6 Leos und Priscus l, Fr. 14, p. 157), Frieden geschlossen haben.[23]

Damit schwand denn für Westrom die letzte Hoffnung auf Hilfe durch Kaiser Leos Flotte und da es selbst keine solche mehr hatte, Gaiserichs Forderungen weder erfüllen konnte noch wollte – die in nichts Geringerm bestanden – als in Valentinians Erbe für seine Schwiegertochter Eudokia, des Aëtius Vermögen für sich, als Herr von dessen Sohn Gaudentius, und zuletzt noch in Abtretung des Throns an Olybrius, seines Sohnes Schwager, als Gemahl Placidiens, Valentinians zweiter Tochter – so blieb das unglückliche Italien rettungslos den unablässigen Raubfahrten des furchtbaren Piraten ausgesetzt.

Von Rikimer wird nur eine Waffentat aus dem Jahre 464 berichtet, in welcher er den Alanenkönig Beorgor, der mit einer Raubschar über die Alpen gedrungen war, bei Bergamo schlug und tötete. (Der unbekannte Chronist, Marcellin, Cassiodor und Jordanis Kap. 45, der dies Ereignis jedoch, offenbar irrtümlich, unter des Anthemius Regierung setzt.)

Nach Gregor von Tours muß man annehmen, daß ein Alanenfürst an der Loire, von Aegidius gegen Rikimer aufgewiegelt und unterstützt, jenen Zug durch Gallien und Rätien ausgeführt habe (wie dies auch Aschbach S. 142 vermutet).[24]

Im Jahre 465 am 14. September oder 13. November endete Severs Schattenregiment und zwar, wie Cassiodor, der nun bald als Zeitgenosse zu betrachten ist, in seiner Chronik sagt, angeblich (ut dicitur) durch Rikimers Hinterlist an Gift. Dies meldet freilich keine der übrigen Quellen (der Unbekannte, Marcellin, Chron. Paul. Diaconus XVI und Jord. Kap. 45), während Sidonius Apoll. (Carm. II, v. 317) ihn sogar ausdrücklich eines natürlichen Todes sterben läßt, was jedoch nichts beweist, da der Poet in einem Lobgedicht auf dessen Nachfolger, Rikimers Schwiegervater, von des Vorgängers angeblicher Vergiftung, die selbstredend nicht festgestellt wurde, nichts erwähnen konnte.

Die Wahrheit ist unerforschlich, dem Kaisermacher und -vernichter aber auch dies Verbrechen zuzutrauen.

Die Regierung des erledigten Westreichs ging staatsrechtlich auf Kaiser Leo über, der auch außerhalb Italiens gewiß anerkannt wurde. In diesem Land aber große Verlegenheit Rikimers. Der Versuch mit dem Schattenkaiser war gänzlich mißlungen; die Not wuchs immer mehr. Wo anders eine Hilfe gegen Gaiserich zu finden, als bei dem Ostreiche, das noch eine Marine besaß und eine stärkere schaffen konnte, dessen Kaiser gewiß auch für das Westreich noch ein Herz und Pflichtgefühl hatte.

Diese Sachlage förderte und bedingte beinahe eine Vereinigung zwischen Leo und Rikimer. Am Hofe zu Konstantinopel lebte damals ein Schwiegersohn Marcians (Sidon. Apoll., Carm. II, v 194–197), der Konsular und Patrizier Anthemius, aus dem Hause jenes den Konstantiern verwandter Prokop (der den Thron zur Zeit von Valentinian I. und Valens usurpiert hatte; s. Bd. I), der sich auch persönlich durch Staats- und Kriegserfahrung zur höchsten Gewalt empfahl.

Dies war ein auch für das Ostreich möglicher Prätendent, welchen Kaiser Leo vielleicht lieber in Rom regieren als zu Konstantinopel in seiner Nähe sah, während Rikimers Einwilligung zu dessen Erhebung durch die ihm versprochene Hand von des Anthemius Tochter erlangt wurde.

Die Verhandlungen müssen aber lange gedauert haben, da Anthemius, von Konstantinopel gesandt, erst am 3. April 467, also gegen anderthalb Jahre nach Severs Tode zu oder bei Rom feierlich zum Kaiser erklärt ward.

Gegen Ende des Jahres fand die Vermählung seiner Tochter, die Sidonius (v. 482) Euphemia Johannes Antiochenus aber Alupia nennt, mit Ritimer statt, welcher der nach Rom berufene Sidonius beiwohnte: er hielt daselbst am 1. Januar 468 zur Feier des kaiserlichen Konsulatantritts das Lobgedicht.[25]

Als geheimen Artikel der Verständigung der Machthaber müssen wir den großartigen Feldzug wider Gaiserich betrachten, der nach Priscus (2, 13, p. 221) demselben, wenn er sich nicht zum Friede bequeme, gleich bei der Anzeige von des Anthemius Thronbesteigung angekündigt und im Jahre 46 ausgeführt, schon oben (vergl. Dahn, Könige I, S. 158) von uns berichtet ward.

506

Trefflich angelegt und glücklich begonnen scheiterte derselbe an der Untüchtigkeit des oströmischen Feldherrn Basiliscus.

Westrom wirkte dabei durch den tapfern Marcellin mit, der sich Anthemius unterworfen hatte und die Vandalen aus Sardinien vertrieb (Prokop, d. b. Vand. I, 6, p. 337), später aber im Monat August in Sizilien, nach Prokop, p. 339 und Marcellins Chron., durch Hinterlist der römischen Generale, deren Anstifter solchesfalls leicht zu erraten ist, ermordet ward.

Anthemius wollte im Verlauf seiner Regierung unzweifelhaft seine Pflicht erfüllen, daher Rikimers Übergriffe und Intrigen nicht dulden. Hieraus entsprang bitteres Zerwürfnis, das schon im Jahr 469[26] einem blutigen Ausbruche nahe schien. Da warf sich der ligurische Adel zu Rikimers Füßen und bat um Frieden, zu dessen Vermittlung der fromme, erst im Jahr 467 oder 468 ernannte Bischof von Pavia, Epiphanius, vorgeschlagen ward. (Ennodius, vita B. Epiphanii, Paris 1611, p. 367–370 und 373.) Darauf ging Rikimer ein und Epiphanius begab sich nach Rom, wo ihm der Kaiser erwiderte: „Wieviel Wohltaten habe ich nicht an diesen bepelzten Goten (pellito Getae) verschwendet, dem ich sogar, das eigne Blut dem Gemeinwohl nachsetzend, meine Tochter gegeben habe. Was ich aber auch für ihn getan – das alles hat ihn nur noch mehr gegen seinen Wohltäter erbittert. Wieviel Kriege hat er nicht gegen das Reich angeschürt, wie oft den Feinden Vorschub geleistet und, wo er nicht mehr offen schaden konnte, im Geheimen gewühlt! Gleichwohl will ich, wenn du als Vermittler und Bürge für ihn auftrittst, im Vertrauen, daß du als Gewissensrat auf ihn wirken kannst, den auch von dir erbetenen Frieden nicht versagen." (Ennodius a. a. O., p. 377/8.)

So ward das Verträgnis, für den Augenblick wenigstens, scheinbar wieder hergestellt.

Der Schauplatz von Rikimers geheimen Umtrieben mag Gallien gewesen sein, dessen Präfekt Arvandus, in demselben Jahre 469 einer staatsgefährlichen Korrespondenz mit den Westgoten und Burgundern überführt, zum Tode verurteilt, jedoch zu Verbannung begnadigt ward. (Cassiodor Chron.) Daß derselbe nach seiner Verhaftung nicht zu Lande, sondern über See nach Rom gebracht ward (Sidonius Ap. ep. V, 1) läßt vermuten, daß man dabei den Bereich von Rikimers Gewalt, der in der Lombardei seinen Sitz hatte, umgehen wollte, wie es denn auch kaum glaublich ist, daß Arvandus ohne Anlehnung an diesen mächtigen Mitwisser (? D.) jene Schritte gewagt habe.

Gleichen Verrat, wohl unter gleicher Voraussetzung nebst größtem Mißbrauche der Amtsgewalt, muß der von Sidonius (II, ep. 1, V, 13 und VII, 7) erwähnte Seronatus, der eine Zeit lang als Präfekt Galliens auch in der Auvergne befehligte, getrieben haben, weshalb er im Jahr 470 die Todesstrafe erlitt.

In demselben Jahre 470 endlich schlug die von mehreren Seiten her angeschürte Kriegsflamme in Gallien mächtig auf, deren für Rom so verderbliche Wirkungen im folgenden Kapitel zu berichten sind. Dabei standen die Burgunder mit den Römern wider die Westgoten.

Ob auch der Hochverratsprozeß und die Todesstrafe, welche im Jahre 470 über den Patrizier Romanus[27] verhängt wurden, mit Rikimers Intrigen mehr oder minder zusammenhingen, vermögen wir nicht zu übersehen. (Cassiodor Chron. und Historia miscella XVI, p. 554.)

Gewiß aber, daß der Parteikampf zwischen Schwiegervater und Schwiegersohn, von denen ersterer in Rom, letzterer in Mailand[28] seinen Hof hatte, das ganze damalige Staatsleben durchdrang.

Die Krise war längst drohend, ward aber doch noch bis zum Jahre 472 hingehalten. Über deren Verlauf war früher die Historia miscella die einzige Quelle, neuerlich ist nun aber auch noch Johannes von Antiochien (Fragment 209) hinzugekommen.

Beide stimmen darin überein, daß der Angriff von Rikimer, unstreitig in den ersten Monaten des Jahres 472, ausging. Derselbe muß ohne Widerstand bis Rom vorgerückt sein, wo er sich des rechten Tiberufers mit dem Janiculus und Vatikan bemächtigte, auch den Fluß selbst beherrschte.

Auf seiner Seite stand die Masse der ihm stammverwandten Barbaren ($\tau \tilde{\omega} \nu$ οἰκείων βαρβάρων πλῆϑος), für den Kaiser war das Volk und der ganze Adel (ἐντέλοι).

Anthemius hielt sich (Hist. misc. XVI, p. 555) besonders durch die von Billimer, Rektor Galliens, ihm zugeführte Hilfe. Dieser scheint angreifend über die jetzige Engelsbrücke vorgedrungen zu sein, ward aber geschlagen und fiel.

Das entschied des Anthemius Schicksal; Rikimer nahm die jenseitige Stadt ein, der Kaiser geriet in seine Gewalt und ward sogleich getötet.

Damit läßt sich auch Johannes Antiochenus wohl vereinigen, welcher zwar nicht Billimers, wohl aber einer Schlacht gedenkt, in welcher ein großer Teil von des Anthemius Heer geblieben, der Rest aber von Rikimer durch List gewonnen worden sei. Der Kaiser sei noch entflohen, aber eingeholt und ihm von Gondubad, Rikimers Verwandtem, der Kopf abgeschnitten worden. Fünf Monate habe der

Kampf gedauert, bis er durch das Weichen und den Abfall der kaiserlichen Truppen entschieden worden sei.

Würdig und tapfer der Widerstand; es war der *letzte* Kampf zwischen Römern und Barbaren; aber ein vergebliches Aufflackern des alten Geistes, dessen Erlöschen und Untergang für immer um diese Zeit schon vorbestimmt war.

Kommen hierin unsre Quellen annähernd überein, so gehen sie zwar nicht über die Person, aber doch über die Art und Weise der Erhebung von des Anthemius Nachfolger etwas auseinander.

Kein Zweifel, daß über die Wahl des Olybrius, des Gemahls von Valentinians jüngster Tochter Placidia und Schwagers des vandalischen Kronprinzen Hunimund, volles Einverständnis zwischen Kaiser Leo und Rikimer stattfand.

Hatte doch Gaiserich dessen Ernennung bereits früher wiederholt gefordert und dadurch die Hoffnung begründet, unter *diesem* Herrscher endlich sich zu dem Frieden bereit zu erklären, dessen das unglückliche Italien so dringend bedurfte.

Nach der Historia miscella aber soll derselbe, von Leo gesandt, noch bei des Anthemius Leben die höchste Gewalt angenommen haben, wogegen Johannes Antiochenus nach jenes Tode Rikimer zuvörderst das Andenken seines Schwiegervaters durch kaiserliche Bestattung ehren und darauf erst Olybrius erheben läßt. Indes wird die Angabe der Hist. misc. dadurch unterstützt, daß Olybrius nach dem unbekannten Chronisten schon am 22. Oktober desselben Jahres eines natürlichen Todes und zwar nach allen übrigen Chroniken im siebenten Monate seiner Regierung starb, also spätestens vor dem 22. April bereits zum Kaiser erklärt worden sein muß. Wir sind jedoch überzeugt, daß dies zunächst nur Eigenmacht Rikimers und Usurpation war, welche später erst durch die nach des Anthemius Tode erteilte förmliche Anerkennung Kaiser Leos legale Bestätigung erhielt, wodurch dessen früheres Einverständnis über die Person nicht ausgeschlossen wird.

Von hoher Wichtigkeit für die Folgezeit wird aber das gedachte Bruchstück des Antiochenus dadurch, daß es zuerst des Odovakar als Rikimers Streitgenossen und dessen Abkunft erwähnt, worauf wir bald zurückkommen werden.

Die Tat war vollbracht, der Täter Rikimer aber erfreute sich deren nicht, da er schon neununddreißig Tage nach seines Schwiegervaters Tötung an Krankheit selbst verschied.

Die Geschichte beklagt, daß ihr für die Charakteristik dieses merkwürdigen Mannes alle Quellen abgehen.

Rikimer war tot: aber seine Partei lebte noch, und Olybrius, ihr Geschöpf, mußte sich ihr dadurch verpflichten, daß er den Burgunder Gundobad, des Verstorbenen Neffen – wiederum ein vornehmer Barbar in römischem Dienste – durch dessen Ernennung zum *Patricius* als deren neues Haupt anerkannte und bestätigte, worauf er, wie bereits bemerkt ward, bald verstarb.

Wiederum unterzog sich Kaiser Leo der Besetzung des erledigten Throns, für den er den Neffen des verdienten Marcellin, Julius Nepos, bestimmt hatte, der als Erbe der fast selbständigen Macht seines Onkels in Dalmatien und Gemahl einer Nichte des Kaisers dazu wohl geeignet erschien. Wahrscheinlich suchte er auch Gundobads Einverständnis zu erlangen, der aber, abgeneigt oder ungeduldig, die Verhandlung abbrach und am 5. März 473 mit Zustimmung des Heeres den Glycerius, einen seiner in der Garde (doch wohl als Offizier) dienenden Krieger (domesticus) mit dem Purpur bekleidete.

Von dessen Regierung erfahren wir fast nur deren kurze Dauer. Gundobad, der ihm wohl die Ergebenheit des Heeres verbürgte, mag nach seines Vaters Tode zu Erstrebung der Königsgewalt im Vaterlande dahin zurückgekehrt sein. (Greg. v. T. a. a. O.) Das ermunterte wohl Leo und Nepos, den verlassenen Glycerius im Jahre 474 anzugreifen. Nepos landete mit einer Flotte bei Ostia, worauf Glycerius des Thrones entsetzt und zum Bischof in Salona ernannt ward, was uns mehr auf Vertrag als auf Besiegung schließen läßt. (Cassiodor, Marcellin, Marius, Jordanis, Kap. 45, derselbe de regn. p. 708 und Historia miscella XVI, p. 556.)

Die dringendste Gefahr für das Reich war um diese Zeit, wie wir im nächsten Kapitel sehen werden, der Westgotenkönig Eurich, der sich nun auch noch der bisher mit Erfolg verteidigten Auvergne mit der Hauptstadt Clermont (in Aquitania prima) zu bemächtigen suchte.

Um nun wenigstens noch den östlich der Rhone gelegenen Teil Galliens zu retten, schloß Nepos durch den uns schon bekannten Bischof Epiphanius von Pavia Friede mit Eurich[29] und berief den tapfern und treuen Feldherrn Ecdicius, den Sohn des Kaisers Avitus, aus Gallien zu sich, indem er an dessen Statt Orestes als Magister militum in den bei Rom noch verbliebenen Teil Galliens sandte.

Dieser uns schon aus dem Leben Attilas bekannte Mann hatte nach dessen Tode und seiner Söhne

Fall in Rom wiederum sein Glück gesucht, auch bei seiner unverkennbaren Tüchtigkeit gefunden, da er zuletzt, wohl erst durch Nepos, zum Patricius erhoben worden war. Auch mag er den Barbaren, unter denen er so lange gelebt und deren Sprache er kundig war, genehm gewesen sein.

Der hierin wurzelnden Macht aber sich bewußt wollte er nicht dienen, sondern herrschen, rückte daher, anstatt sich nach Gallien zu begeben, mit dem Heere, wohl unter dem Scheine des Friedens, in Ravenna ein, worauf Nepos, die Absicht merkend, zu Schiff nach Dalmatien entfloh.

Orest zog die eigentlich schon seit Majorians Tode gewissermaßen bestandene Teilung der Gewalt zwischen einem Zivil- und einem Militärherrscher der Vereinigung derselben in seiner Person vor, ernannte daher seinen noch ganz jugendlichen Sohn Romulus Augustus zum Kaiser, der merkwürdiger Weise die Namen der ersten Gründer sowohl der Stadt als des Kaiserreichs in sich vereinte, von welchen der Letzte jedoch, der Unreife des Trägers halber, in das Diminutiv Augustulus verwandelt wurde.

Unbestritten war nun die faktische Herrschaft der Barbaren im Lande, worin sie unter dem wohlklingenden Namen von Mitstreitern (σύμμαχοι) eine fast tyrannische Gewalt ausübten.[30]

Eines nur fehlte ihnen: der eigne Herd. Frauen und Kinder waren, wie wir vom Jahre 408 wissen, in den Garnisonen der Männer oder deren Nähe untergebracht: und mochten auch seit dieser Zeit einzelne bleibende Wohnstätte und Eigentum sich erworben haben, so entbehrte doch die Masse sicherlich dessen. Da mußte besonders das Beispiel der Stammgenossen im Reiche, namentlich der Vandalen, Westgoten und Burgunder reizen, welche überall einen größern oder kleinern Teil des Grund und Bodens an sich gerissen hatten. Allerdings hatten diese auch ihre Nationalität bewahrt, während jene römischen Söldner – ein Gemisch aus allen germanischen Stämmen, großenteils West- und Ostgoten, aber auch Alanen, Vandalen, Sueben, Burgunder, Gepiden, Taifalen, Skiren, Heruler, Rugier u.a. m., ja selbst Hunnen und Sarmaten – in Sitte, Tracht und allem Äußerlichen wohl um so mehr romanisiert waren, da manche derselben wohl bereits im Lande geboren waren. Dies dürfte besonders von den schon zu Stilichos Zeit angeworbenen Goten gelten, während die Skiren, Rugier und Heruler vorzüglich erst nach Attilas Fall aus den germanischen Trümmern des Hunnenheeres hervor und in römischen Dienst getreten zu sein scheinen.

All diese wirre Masse aber vereinigte sich in dem einen Gefühle ihrer Besitzlosigkeit bei überwiegender Kraft und Macht, den Latifundien und der Schwäche der Römer gegenüber. Was Wunder, daß sich dies endlich in dem Verlangen der Abtretung eines Dritteils aller Ländereien Italiens Luft machte.[31] Orestes aber hatte, wenn auch unter Barbaren groß geworden, noch ein römisches Herz, das sich von solchem Gewaltstreich abwandte. Die Weigerung ward der Grund seines Sturzes. Der Söldnerhaufe suchte ein neues, ebenso tüchtiges als ihm willfahriges Parteihaupt und fand dies in der Person des weltgeschichtlichen *Odovakar*.

Derselbe war seines Stammes nach Jordanis (de regn. Succ.) ein Rugier, nach dem glaubhaftern Johannes von Antiochien (Fr. 209) aber ein Skire[32], Sohn des Aedeco (Anon. Valesius) oder Idico (Johann. Ant.) und Bruder (nach letzterem) des Onoulf.[33] Ob der als Attilas Gesandter im Jahre 448/9 uns bekannte Edeco dessen Vater war, ist mit Sicherheit nicht zu bestimmen, aber höchst wahrscheinlich, mindestens die geringe Verschiedenheit der Schreibart der Namen dawider nicht anzuführen, weil letztere bei Barbaren fast nie völlig gleichlautend in den Quellen wiedergegeben werden. Daß jener Edeco wenigstens kein Hunne, sondern ein Germane war, glauben wir a. a. O. ausgeführt zu haben.

Mutmaßlich war er aber auch derselbe Edeco, den Jordanis Kap. 54 nebst Hunuulf (vielleicht dessen Sohn Onulf) in der Zeit von etwa 470 bis 471[34] als einen der Führer oder Fürsten (primates) der Skiren aufführt.

Da Priscus (p. 171) dessen Auszeichnung in Attilas Kriegen von 434 bis 447 gedenkt, so scheint derselbe im ersten Jahrzehnt des Jahrhunderts geboren zu sein, daher bei Attilas Tode 453 kaum schon einen erwachsenen Sohn gehabt zu haben.

Hiernach ist zu vermuten, daß Odovakar noch als Kind seinem Vater folgte, nach der letzten schweren Niederlage aber, welche die mit den Sueben und Sarmaten verbündeten Skiren nach Jordanis, Kap. 55 durch die Goten erlitten (s. weiter unten), wobei er vielleicht den Vater verlor, entweder gar nicht in die Heimat zurückkehrte oder dieselbe hoffnungslos, vielleicht sogar angefeindet, wo nicht gar vertrieben, wieder verließ, um im Auslande sein Glück zu suchen.

Dies wird um so wahrscheinlicher, weil auch dessen Bruder Onoulf, arm und verlassen, von dem oströmischen Feldherrn Armatus aufgenommen und mit Wohltaten überhäuft worden war, was er diesem freilich durch dessen im Jahre 477 auf Antrieb des Kaisers Zeno vollzogene Ermordung schlecht vergalt (S. Suidas s. v. Ἁρμάτος)

Aus dem von Eugippius, dem Schüler St. Severius, im Jahre 511 geschriebenen Leben dieses Heiligen, der im östlichen Noricum unfern Pannonien an oder in der Nähe der Donau wohnte (Kap. 6 und 7), ersehen wir nun, daß einige nach Italien ziehende, also über diesen Fluß gekommene Barbaren den frommen, im Rufe der Wundertätigkeit stehenden Mann zu Erbittung seines Segens aufsuchten.

Darunter befand sich auch Odovakar, ein Jüngling von hoher Gestalt in höchst unansehnlicher Kleidung (vilissimo tunc habitu), der nachherige Beherrscher Italiens. Da dieser mit gebeugtem Haupt in die für ihn zu niedrige Hütte trat, erfuhr er vom Manne Gottes, daß ihm Ruhm bevorstehe. „Geh," sprach derselbe beim Abschiede[35], „geh, der du mit den schlechtesten Fellen bekleidet bist, bald aber vielen reiche Spende gewähren wirst."

Die Zeit dieser merkwürdigen Weissagung ist nicht genau zu bestimmen. Da Severin jedoch nach dem vorhergehenden Kap. 5 dem Könige der Rugier Flaccitheus, der ihm seine Bedrückung durch die Ostgoten klagte, prophezeite, er werde durch deren Abzug *bald* sicher werden[36], dies sich aber offenbar (? D.) auf die von Jordanis (Kap. 56) berichtete Auswanderung Videmers nach Italien bezieht, die unter Glycerius im Jahre 473–474 erfolgte, so dürfte jene Weissagung der Erfüllung etwa 2–3 Jahre vorausgegangen und das spätere Zusammentreffen mit Odovakar hiernach in die Jahre 470–471 zu setzen sein, was sich sowohl der Zeit der vorerwähnten Niederlage der Skiren durch die Goten, als des ersten Auftauchens Odovakars in Italien zu Anfang des Jahres 472 anschließt.

Daß letzterer edler Geburt war, ist unserer Überzeugung nach nicht zu bezweifeln. Die Germanen, wenn auch römische Söldner, hätten, einem tief eingewurzelten Nationalgefühl zufolge, einen Krieger niedriger Abkunft kaum an ihre Spitze gestellt. Auch dessen, sowie seines Bruders Eintritt in die kaiserliche Leibgarde (vergl. Anm. 4) spricht dafür, da in diese nur alte verdiente Krieger zur Belohnung oder vornehme junge Leute zu ihrer Ausbildung aufgenommen wurden, Odovakar von Eugippius aber ausdrücklich *Jüngling* genannt wird. Jordanis Kap. 46 bezeichnet ihn irrig als einen König der Turkilinger[37]: unserer Ansicht von Odovakars Abkunft hat man freilich entgegengesetzt, daß derselbe nach zwei Stellen in des Ennodius Lobrede auf Theoderich (C. 6, 3) nur niederer Geburt gewesen sei: man darf aber nicht vergessen, daß man den Phrasen dieses Schmeichlers des Vernichters von Odovakar nicht trauen darf, derselbe auch dessen Geburt wohl nur relativ, d. i. dem Amaler Theoderich gegenüber, herabsetzen wollte, endlich dabei auch die Niedrigkeit, in welcher derselbe zuerst auftrat, vor Augen gehabt haben dürfte.

So war denn der junge Mann spätestens zu Anfang des Jahres 472 nach Italien gekommen, wo er, vielleicht das Gefühl einer höhern Bestimmung eben so in sich tragend wie andern einflössend, bald zu einer solchen gelangte. Als Orestes den Fremdtruppen die geforderte Landteilung verweigert hatte, erbot sich nach Prokop (d. b. Goth. I, 1) Odovakar zur Gewährung, wenn sie ihm zur Gewalt verhelfen. Da mögen sich diese, ersterm den Gehorsam weigernd, letzterem unterworfen haben, worauf Orestes nach Pavia entfloh, wo ihn Odovakar belagerte: er nahm den Platz unter grauser Plünderung, Brand, Zerstörung, also wahrscheinlich durch Sturm, ein und ließ Orestes, der in seine Hände fiel, im August 476 bei Piacenza töten (Ennodius, V. St. Epiph., p. 386/7). Dessen Bruder Paulus, der noch anderwärts Gegenwehr versucht haben mag, fand am 4. September ein gleiches Ende zu Ravenna.

Schon am 22. August war Odovakar durch sein Heer zum Herrscher, d. i. zum Inhaber der Militärgewalt, da dasselbe eine andre nicht verleihen konnte, ausgerufen worden. Als solcher nahm er, nach Cassiodor, dessen Chronik nun zuverlässig wird, den Titel König an[38], ohne sich jedoch des Purpurs und sonstiger Zeichen dieser Würde zu bedienen.

Augustulus entkleidete sich, wohl gleich nach seines Vaters Tode, der Hist. misc. zufolge, freiwillig derselben, ward von Odovakar seiner Jugend halber geschont und nach Campanien verwiesen, wo ihm die Villa des Lucull unfern Neapel mit einem Jahrgehalte von 6000 Solidis, ungefähr 72 000 Mark überlassen ward.

(S. sämtliche Chronisten, Jordanis Kap. 46, Anonym. Valesii, Prokop, d. b. Goth. I, 1 und Histori miscella.)

Es gehört zu den gröbsten historischen Irrtümern, Odovakar als einen an der Spitze seines Volk über die Alpen ziehenden Eroberer Italiens zu betrachten, obwohl dies durch die Unklarheit de schlechten Quellen[39] einigermaßen unterstützt wird. Diese stimmen jedoch selbst nicht einmal mitein ander überein, indem Jordanis ihn einen König der Turkilingen, Marcellin aber der Goten nennt.

Ebenso ist es nicht *streng* richtig, wenn man des Augustulus Abdankung und Odovakars Erhebung zum Herrscher Italiens im Jahre 476 als den Untergang des *weströmischen* Reichs bezeichnet, da dessen legitimer Kaiser Nepos ja in Dalmatien noch herrschte, dessen Gewalt unstreitig auch in den noch römisch verbliebenen Teilen von Gallien und Spanien fortwährend anerkannt ward.

Jedoch die Welt konnte sich kein römisches Reich des Abendlandes als noch lebend denken, dessen Haupt, Herz und Rumpf, Rom und Italien, in Barbarenhänden waren. Regte sich in einzelnen, überdies unzusammenhängenden Außengliedern, losgerissen von dem innern gemeinsamen Lebensquell, kurze Zeit hindurch noch ein römisches Dasein und Wirken, so war dies richtiger nicht als ein Hinhalten, sondern nur als ein teilweises Überleben des Untergangs zu betrachten.

Darum haben wir das Jahr 476 als verhängnisvolles Epochenjahr um so mehr festzuhalten, da es für jede Annahme irgend eines andern an festen Anhalten fehlen würde.

Nur im Morgenlande daher lebte damals das römische Reich noch fort: und da die Provinzen des Westens niemals staatsrechtlich von dem Gesamtkörper getrennt worden waren, so gehörten sie diesem (theoretisch D.) auch jetzt noch fortwährend an und kehrten, wenn nur den Barbaren entrissen, sofort (auch praktisch D.) wieder in die Stellung von Gliedern des gemeinsamen römischen Reichskörpers zurück.

Für uns verliert das Ostreich, nach etwa einem Jahrhundert wenigstens, das frühere lebendige Interesse.

Fast noch ein Jahrtausend lang das westliche überlebend, fiel es nicht durch Germanen und Christen: ja nicht einmal durch die ihm so gefährlichen Altaivölker: Bulgaren, Avaren usw.: oder durch des Islams, der freilich dessen Tod ward, erste Träger, die Araber: sondern erst durch dessen zweite Phase, als der neue Glaube den von der großen Wüste und deren Gebirgsrändern her zugewanderten turkischen Nomadenstämmen seinen Fanatismus der Glaubensverbreitung und Eroberungssucht eingehaucht hatte. Die wunderbare Zähigkeit des Widerstandes aber, die das Ostreich in ganz anderm Maße als das westliche noch bewies, wurzelte, abgesehen von einzelnen bedeutenden Herrschern desselben, vor allem in der unvergleichlichen Lage Konstantinopels, welche samt ihrem Einfluß auf die Entwickelungsgeschichte der Menschheit schon früher (Bd. I) hervorgehoben ward.

Doch hat die Stadt Constantins des Großen überhaupt nur 1123, die des angeblichen Romulus aber nach der gemeinen Rechnung 1229 Jahre lang bestanden und geherrscht.

Odovakar suchte, gleich allen germanischen Fürsten vor und noch lange nach ihm, einen Rechtstitel für seine Herrschaft, worüber ein wichtiges Fragment des griechischen Historikers Malchus uns Aufschluß gibt, welcher, Priscus fortsetzend, mindestens die Geschichte der acht Jahre von 473 bis 481[40] mit eingehender Gründlichkeit niederschrieb. (Dieses Bruchstück befindet sich im Corp. script. hist. Byzant. I, p. 235 unter 3 der Bonn. Ausg. v. J. 1829.)

Dasselbe beginnt mit den Worten: „Als *Augustus*, des Orestes Sohn, vernahm, daß Zeno wiederum zur Herrschaft im Ostreiche gelangt sei, zwang er den Senat, eine Gesandtschaft an ihn abzuschicken." Diese kann hiernach erst in die zweite Hälfte des Jahres 477 fallen. Nach dem Tode Kaiser Leos im Januar 474 nämlich hatte dessen Schwiegersohn Zeno von des Vorgängers Enkel seinem eignen noch unmündigen Sohne Leo d. J. überlassenen Thron bestiegen, war aber im Jahre 475, frühestens nach dem 11. Oktober, durch seine Schwiegermutter Verina, die Kaiserin-Witwe, und deren Bruder Basiliscus von demselben gestoßen worden und erst im Jahre 477 nach etwa zwölf Monaten, also nicht vor dem Juli, wieder zu dessen Besitz gelangt, wie sich dies aus den in Clintons Fastis Romanis für diese Jahre umständlich angeführten Quellen zweifellos ergibt.

So wunderbar es nun erscheint, daß Augustulus fast ein Jahr nach seiner Absetzung noch als Herrscher verhandelt haben könne, so müssen wir doch nach dem Inhalt jener Botschaft annehmen, daß sie unter dessen scheinbarer Firma, d. i. in dessen angeblichem Auftrage vom Senate ergangen sei. Dieselbe lautete nämlich dahin: „Es bedürfe keines besondern Kaisers weiter für das Westreich: ein Kaiser genüge für beide Reichsteile. Für den Schutz des diesseitigen sei Odovakar von ihnen[41] angestellt worden, der dazu ebenso politisch als militärisch befähigt sei. Diesen möge nun Zeno zum *Patricius* ernennen und ihm die Verwaltung Italiens anvertrauen."

War nun Augustulus der letzte im Westreich mit Ausnahme von Dalmatien anerkannte Kaiser gewesen, niemand auch bisher (was Odovakar sorgfältig vermied) an dessen Stelle getreten, so war es ganz konsequent, daß die nötig befundene neue Einrichtung auch in dessen Namen und Einverständnis beantragt wurde, worin nun selbstredend die amtliche Bestätigung seiner bereits vorher faktisch erfolgten Thronentsagung lag.

Gleichzeitig mit der Überbringung dieser Botschaft trafen aber auch des Nepos Abgeordnete in Konstantinopel ein, welche des Kaisers Hilfe zur Wiedereinsetzung ihres Herrn in sein Reich erbaten.

Zeno erwiderte den römischen Gesandten: „Von den aus dem Ostreich empfangenen Kaisern hätten sie den einen getötet (Anthemios), den andern vertrieben; was jetzt zu tun, möchten sie selbst ermessen. Da sie aber noch einen Kaiser hätten, sei dessen Zurückberufung das einzig richtige. Odovakar werde daher angemessen handeln, wenn er das Patriziat vom Kaiser Nepos annehme. Er selbst aber werde ihm, wenn letzterer ihm nicht darin zuvorkäme, die gedachte Würde verleihen. Loben müsse er übrigens Odovakar, daß er in der übernommenen Gewalt die Ordnung und Rücksicht, welche er den Römern schuldig sei, beobachte. Darum vertraue er auch, derselbe werde, wenn er recht handeln wolle, den ihn also (d. h. mit dem Patriziat D.) ehrenden Kaiser (Nepos) baldigst anund aufnehmen."

Der Kern dieser diplomatischen Erwiderung, bei welcher Zeno, unstreitig in einem zweiten an Odovakar selbst erlassenen Schreiben, diesem sogar den Titel Patricius schon beilegte, ist dessen Anerkennung als Gewalthaber in Italien unter dem Namen eines römischen Würdenträgers, wiewohl unter Wahrung der Rechte des legitimen Kaisers des Abendlandes, Nepos.[39]

So hatte denn Odovakar (aber nur teilweise D.) was er gewünscht. Zu der faktischen Macht, die er an der Spitze der Fremdtruppen usurpiert hatte und deren Fortdauer die Ergebenheit derselben ihm verbürgte, gesellte sich nun eine mindestens stillschweigende Anerkennung und Bestätigung durch das Staatsoberhaupt, welche zugleich den Gehorsam seiner römischen Untertanen wesentlich förderte und sicherte.[42]

Dessen hat er sich gewiß auch vollkommen erfreut; wenn daher Marcellin und Jordanis Kap. 46 berichten, daß derselbe im Jahre 477 den Comes Brakila hinrichten lassen, was nach Jordanis geschehen sei, um den Römern Schrecken einzuflößen, so haben wir doch in diesem nach dem Namen einen Goten, von dem er wahrscheinlich Umtriebe unter den Fremdtruppen besorgte, zu vermuten.

Dem Kaiser Nepos freilich hat sich Odovakar, trotz Zenos Anraten, nicht untergeordnet, ersterer aber wahrscheinlich auch nicht einmal einen Anspruch darauf erhoben, vielmehr seine unabhängige Stellung in Dalmatien sich genügen lassen, andrerseits aber in dieser auch von Odovakar, dem jedes Eroberungsgelüst[43] überhaupt fremd gewesen zu sein scheint, keinerlei Angriff erfahren. Am 9. Mai 480 ward jedoch jener letzte legitime Kaiser Westroms durch die Hinterlist zweier seiner Beamten (comites) Victor und Ovida ermordet, wovon nun Odovakar, mit dem Zweck oder unter dem Vorwande der Ahndung dieses Frevels, Anlaß nahm, im Jahre 481 nach Dalmatien zu ziehen, woselbst er jenen Ovida, der dem Namen nach ein Gote gewesen zu sein scheint, besiegte und tötete, diese Provinz aber nunmehr unzweifelhaft seiner eignen Herrschaft unterwarf. (S. den Chron., Marcellin und Cassiodor.)

Von weitern Waffentaten desselben berichten die dürftigen Chronisten, fast unsere einzigen Quellen über ihn, nichts als einen Krieg mit den Rugiern im Jahre 487.

Diese saßen nördlich der Donau in Österreich, etwa von Linz abwärts bis in die Nähe von Wien, was bereits zu Pannonien gehörte, beanspruchten aber auch eine Art von Gewalt über das rechte römische Ufer, da nach dem Leben St. Severius sogar mehrere jenseitige Städte denselben tributpflichtig waren, was jedoch mehr ein Friedenspfand, als ein Zeichen der Unterwerfung gewesen sein mag. Gegen deren König Feletheus, auch Feva genannt, Sohn des früheren Königs Flaccitheus, zog nun Odovakar im Jahre 487[44], fiel in dessen Gebiet jenseits der Donau (Rugiland) ein, überwand ihn am 14. November in einer Hauptschlacht und führte ihn mit einem großen Teile seines Volkes gefangen nach Italien ab. (Chron., Cassiodor, Eugippius, v. St. Sever. c. 44 und Paulus Diaconus de Longobard. I, 19.)

Im folgenden Jahre 488 kehrte jedoch des Feletheus der Niederlage entgangener Sohn, Friederich, in die Heimat zurück, worauf Odovakar sogleich seinen Bruder Onoulf[45] mit starker Heeresmacht wider ihn sandte, vor welchem Jener zu Theoderich nach Novä (bei Sistova in Bulgarien) floh, was auf des letztern Zug nach Italien nicht ohne Einfluß war. (? D.)

Odovakar gedachte aber nicht, das Donauufer zu behaupten, befahl vielmehr, alle Städtebewohner römischer Abkunft, wenigstens die an der Donau seßhaften, nach Italien abzuführen, was der Comes Pierius vollzog, wobei denn auch der Sarg des am 6. Januar anscheinend 483 [46] gestorbenen frommen Severin mit weggeführt wurde. (Eugippius a. a. O., Kap. 44, über St. Sever. Tod, Kap. 43 u. 44.) Dazu mag ihn die Schwierigkeit, Noricum gegen die Markomannen, Quaden, Alemannen und Heruler, deren Raubfahrten es ausgesetzt war, zu schützen, bestimmt haben.

Das Land der Rugier ward darauf von den Langobarden besetzt.

Vom der innern Verwaltung Italiens unter Odovakar wissen wir sehr wenig.[47]

Daß Odovakar den Truppen die verlangte und versprochene Länderei wirklich zuteilte, ersehen wir aus Prokop, d. h. Goth. I, 1, nichts aber über die so schwierige Art der Ausführung, die doch unstreitig mit einer gewissen Ordnung vollzogen wurde.

Von diesem einmaligen Gewaltstreich abgesehen dauerte das römische Staatsregiment mit seiner Bürokratie, selbst mit einem Präfectus Prätorio Italiens, unverändert fort. Der Senat, der ja seit fast einem halben Jahrtausend allen Herrschern das willigste Werkzeug gewesen, ward von Odovakar wahrscheinlich noch mehr als von den vorhergegangenen Kaisern für seine Zwecke benutzt.

Vom Jahre 476 bis zu des Nepos Tod erscheint nur ein Konsul in den Fasten; von 481 bis 490 fungieren deren in der Regel[48] wieder zwei, von denen einer unstreitig von Odovakar (oder dem Senat) ernannt und vom Kaiser des Ostreichs anerkannt wurde.

Odovakar herrschte im Allgemeinen gewiß weise, gerecht und milde, was aus dem Mangel an Klagen und Beschuldigungen gegen denselben abzunehmen ist (die sonst in den römischen Quellen gegenüber einem barbarischen Tyrannen nicht zu fehlen pflegen. Auch in der ostgotischen Zeit erheben Cassiodor und die andern Quellen, ja nicht einmal Ennodius *bestimmte* Anklagen der Mißregierung. D.).

Das Volk muß, von den unmittelbar Beraubten abgesehen, unter ihm sich weit besser als unter den letzten legitimen Kaisern befunden haben, was freilich hauptsächlich auch dem schon gegen Ende des Jahres 475 mit dem hochbejahrten Gaiserich geschlossenen Frieden zuzuschreiben ist. Von dem größten Vorteil für Italien und Rom insbesondere war die bereits erwähnte Abtretung des für die Getreideversorgung so wichtigen Siziliens an Odovakar.

Das Bild dieses gewiß bedeutenden Mannes, für dessen genauere Zeichnung es uns leider an Quellen gebricht, ist in der Geschichte dadurch getrübt worden, daß derselbe nach fünfzehnjähriger Herrschaft und nahe fünfjährigem Kampfe durch einen unzweifelhaft weit Größeren, den Ostgoten Theoderich, gestürzt ward.

So schließen wir denn dies letzte der Geschichte Westroms, die nun aufhört, gewidmete Kapitel mit der wiederholten Bemerkung, daß es Irrtum sein würde, Odevakars Herrschaft als den Beginn der germanischen Eroberung und Niederlassung in Italien zu betrachten.

Die Männer, die ihn erhoben, waren römische, zum Teil gewiß schon im Reiche geborne Soldaten. Es war keine Eroberung: noch weniger ein Umsturz der bestehenden Staatsverfassung: nur ein nach kurzem Kampfe zwischen zwei Usurpatoren, einem römischer und einem germanischer Abkunft, vollbrachter Wechsel in der Person des Regenten. Schon früher hatten in Arbogast und Rikimer Barbaren unter römischem Titel die höchste Gewalt im Reiche geübt: aber nur eine vorübergehende und immer noch neben einem Scheinkaiser des *Abendlandes*.

Daß nun ein solcher nach Augustulus nie wieder ernannt ward und Odovakar allein, wenn auch dem Namen und Scheine nach nur als Beamter des Ostkaisers, den Rest des Westreichs regierte, – war der einzige Unterschied zwischen der früheren und der mit ihm beginnenden neuen Zeit.

Die Geschichte dieser aber, selbst die der ostgotischen Übergangsphase, gehört nicht mehr in dieses Buch.

SIEBZEHNTES KAPITEL

Gallien und Spanien bis zu Eurichs Tod

Thorismund, der Held der Völkerschlacht, muß nach seiner Heimkehr neben dem Siegesstolze zugleich Groll gegen Aëtius in sich getragen haben, weil ihn derselbe vielleicht durch die vorzeitige Rücksendung um seinen Anteil an der Beute gebracht, die Attila nicht vollständig hinwegzuführen vermocht hatte.

Jedenfalls ersehen wir aus Sidonius Apollinaris (VII, ep. 12), daß Thorismund sich Arles näherte, als ihn der Expräfekt Galliens, Ferreolus, zum friedlichen Rückzuge bewog. Nach den Exzerpten aus Fredigar, p. 702 (709) in Gregor von Tours, ward eine 500 Pfund schwere, mit kostbaren Edelsteinen besetzte goldne Schüssel, welche der Römer dem Goten schenkte, das Versöhnungspfand.[1]

Bald darauf aber, im Jahre 453, nach Jordanis erst 454 (tertio anno regni, was wir für minder richtig halten), ward der tapfere Mann von seinen Brüdern, Theoderich und Friedrich, ermordet. (Prosper Aquitanus.)[2]

Ob dies, wie Prosper Aquitanus sagt und Jordanis gewissermaßen zu bestätigen scheint, seiner feindlichen Gesinnung gegen Rom oder seines Hochmuts halber (nach Isidor, Chronik der Goten) geschah, wobei vielleicht ersteres nur Vorwand, letzteres das eigentliche Motiv war, lassen wir dahingestellt.[3]

Der ältere der Brüder (Jordanis, Kap. 36, S. 134) bestieg als Theoderich II. den Thron, ein unzweifelhaft bedeutender Mann.

Er war es, der Avitus auf den Thron erhob; er allein aber hätte ihn auch darauf erhalten können, wenn nicht seine Kraft, wie wir sogleich sehen werden, durch den Krieg in Spanien gelähmt worden wäre.

In diesem Lande herrschte damals über die Sueben sein Schwager, der kriegs- und raubdürstige Rekiar.

Dieser fiel, unerachtet im Frieden des Jahres 452 das Gebiet von Carthagena an Rom zurückgegeben worden war, raubfahrend wieder in dasselbe ein. Es war ein furchtbarer Grundsatz der das Völkerrecht in der Regel sonst achtenden Barbaren, daß (wenn es ihnen diensam schien D.) ihnen alle Friedensverträge nur als persönlich mit dem jeweiligen Herrscher geschlossen galten.

Solches Verfahren gegen seinen Schützling Avitus zu dulden war Theoderich nicht gemeint. Er sowohl als letzterer selbst fordern durch denselben Comes Fronto, der jenen Frieden des Jahres 451/52 abgeschlossen hatte, den Angreifer zum Abstehen auf. Rekiar schickt aber die Sendboten zurück und plündert weiter. Darauf neue Gesandtschaft des Goten und neue Raubfahrt des Sueben, ja letzterer soll sogar seinem Schwäher, nach Jordanis, Kap. 44, hochfahrend erwidert haben: „Wenn Du mich hier störst, werde ich selbst zu Dir nach Toulouse kommen, und dort, wenn Du es vermagst, widerstehe nur."

Das war doch zuviel. Theoderich rückte mit starker Macht in Spanien ein, wozu der Burgunderkönig Gundiok und Hilperik, dessen Sohn (Gregor von Tours I, 28)[4], sich ihm anschlossen. Bis in Asturiens Berge muß der Prahler vor ihm zurückgewichen sein: denn dort erst kam es zweieinhalb Meilen von Astorga am Urbicus den 5. Oktober 456 zur Schlacht, in welcher die Sueben auf das Haupt geschlagen wurden. Rekiart entfloh an die galläcische Küste, ward aber bei Portucale (vermutlich Kap Ortegal bei Ferrol), nachdem ihn, wie Jordanis sagt, ein Sturm an das Land zurückgeworfen, gefangen und (Oktober oder Dezember) getötet. (Idatius, Avitus 1 u. 2 und Jordanis, Kap. 44.)

Das Suebenreich schien vernichtet, lebte aber, wie wir sehen werden, wieder auf und erhielt sich neben den Westgoten noch bis zum Ende des sechsten Jahrhunderts.

Theoderich setzte einen seiner Gefolgen (? D.), Agriwulf oder Aiulf, einen Varner, als Herrscher über die Sueben ein. Dieser, von einem Teil der Sueben zur Erhebung gegen die gotische Oberherrschaft gezwungen, ward von Theoderichs Heer gefangen und getötet.[5] So berichtet Jordanis Kap. 44, während Idatius nur dessen im Jahre 457 zu Portucale erfolgten Tod, ohne Angabe der Art desselben, anführt.

Während dieses gedachten Krieges war der Kaiser Avitus, Theoderichs Freund, im September 456 gestürzt worden. Sei es, daß hierdurch das Wohlwollen Theoderichs für Rom erloschen, oder daß derselbe seines Heeres selbst nicht Meister war oder daß vielleicht auch Reste der aufgelösten suebischen sich plündernd umhertrieben – jedenfalls ward die römische Bevölkerung des nordwestlichen Spaniens durch Raub und Verheerung arg heimgesucht. Zuerst traf dies die Gegend von Braga: später wollte der König selbst sich der Hauptstadt Merida in feindlicher Absicht bemächtigen, ward aber, nach Idatius Avit. 2, durch die Wunder der heiligen Märtyrerin Eulalia davon abgeschreckt.

Ende März 457, vermutlich auf die Kunde der bevorstehenden Thronbesteigung Majorians (April), verließ Theoderich II. Spanien, sandte aber einen starken Heerhaufen allerlei Volkes nach Galläcien und Asturien, der furchtbar hausend nicht nur das platte Land, sondern die Städte Astorga und Valencia ausraubte und in Asche legte, eine große Menge Bewohner aber, darunter selbst zwei Bischöfe mit ihrem Klerus, in Knechtschaft fortschleppte. (Idatius, Major. 1.)

Auch von der See her hatten die Unglücklichen keine Ruhe, da herulische Piraten im Jahre 455/6 zuerst unfern Lugo in Galläcien einfielen und, von da zurückgeschlagen, auf dem Heimwege noch die Küste von Santander und Biskaya plünderten. Dasselbe wiederholte sich im Jahre 460, wo zunächst wiederum Galläcien von jenen Piraten heimgesucht, deren Raubzug aber bis Bätica fortgesetzt ward (Idat. Avit. 3 u. Major. 3.)

Diese westlichen Heruler kamen unstreitig von der kimbrischen Halbinsel: sie beuteten die Küsten der Nordsee wie die Vandalen die des Mittelmeeres als Gebiet ihres Seeraubes aus.

Zu den äußern Drangsalen gesellten sich noch innere. Nach Agriwulfs Absetzung ward den Sueben zwar von Theoderich die Wahl eines eignen Herrschers wieder gestattet: das Volk aber parteite sich, da ein Teil desselben den Maldra, ein andrer den Franta erhob, die wir für Brüder halten möchten[6], da letzterer nicht wieder erwähnt wird, nachdem Idatius i. J. Major. 3 (460) berichtet, daß Maldra seinen Bruder ermordet habe. Den Mörder aber traf schon im Jahre 461 – wir erfahren nicht durch wen – die Vergeltung, worauf sich ein gewisser Frumari erhebt, dem wieder ein Rechimund (vielmehr Remismund D.) entgegentritt, welcher letztere endlich im zweiten Jahre Severs (463) nach Frumaris Tode die Alleinherrschaft über das Suebenvolk erlangt und behauptet, sich auch durch Verbindung mit einer ihm von Theoderich gesandten, wohl diesem verwandten, Gemahlin darin befestigt. (Idatius v. J. Major. 1 bis Sev. 2.)

In diese sieben Jahre blutiger innerer Kämpfe fallen zahlreiche sonstige Ereignisse, die Idatius speziell, aber unzusammenhängend berichtet. Fortwährendes Hin- und Herreisen der Gesandtschaften; gotische Heere ziehen vor dem Frieden mit Majorian nach Bätica, später wieder gegen die Sueben nach Galläcien; die unglücklichen Römer im Lande werden, besonders in letzterer Provinz, bald von diesem, bald von jenem Suebenfürsten mit Raub und Mord heimgesucht, wobei unter andern auch unser Idatius am 25. Juli 461 (vielmehr 460 D.) von Frumari gefangen abgeführt, schon im November aber wieder in seinen Sitz Aquae Flaviae (Chiaves bei Braga) entlassen wurde.

In dem Frieden mit Majorian ward unstreitig Bätica, wahrscheinlich auch Lusitanien, größtenteils wenigstens, den Römern wieder überlassen, so daß im Wesentlichen nur Galläcien und Asturien[7], und auch dies wohl zum Teil mit Ausnahme der festen Plätze, in den Händen der Sueben blieb.

In Gallien war inzwischen nach Majorians Tod der oben berichtete Wandel der Verhältnisse eingetreten, da der tapfere Aegidius Severs und Rikimers Herrschaft nicht anerkannte, Theoderich daher vom Kaiser selbst zum Angriff gegen den aufständischen Beamten aufgefordert wurde. Gegen diesen aber vermochte er wenig, scheint sogar außer der Einnahme des wichtigen Narbonne, das ihm noch vor Beginn des Krieges durch Verrat in die Hände gespielt wurde, vor des Aegidius Tod im Jahre 464 (vielmehr 463 D.) keine Eroberung gemacht zu haben. Erst nach der Befreiung von seinem starken Gegner rückte er in das Gebiet ein, welches Aegidius für Rom behauptet hatte. (Idat. Sever. 3.)

Doch kann er dieses, abgesehen von dem gewiß gar nicht einmal betretenen nördlichen, damals weder vollständig eingenommen noch als gotische Eroberung betrachtet haben, da er ja gewissermaßen für Sever wider Aegidius gekriegt hatte.

Durch Brudermord hatte sich Theoderich II. auf den Thron geschwungen: durch Brudermord ward er von Eurich im Jahre 466[8] herabgestoßen. (Idatius, Isidor v. Sev., Jordanis, Kap. 44/5 u. Vict. Tun.)

Höchst anziehend ist des Sidonius Apollinaris Schilderung des ihm schon seines Schwiegervaters Avitus halber persönlich wohlwollenden und vertrauten Königs (1. I, ep. 2). Derselbe sagt: von Gott und der Natur mit Glücksgaben reichlich ausgestattet sei dessen Charakter der Art gewesen, daß selbst Mißgunst gegen die Regierung die Anerkennung seiner Vorzüge nicht zu schmälern vermocht habe.

Hierauf beschreibt er die mehr wohlgebildete als heroische Gestalt und sodann die Lebensweise Theoderichs.[9,10]

Eroberungs- und Raubdurst war Theoderich II. nicht eigen, seine Regierung, in der vor allem dessen Wohlwollen für Avitus für ihn gewinnt, auch nicht sehr tatenreich.

Dies aber ward die seines Nachfolgers Eurich, der das Westgotenreich zur Großmacht des damaligen europäischen Westens erhob.

Zunächst rege diplomatische Tätigkeit: Beschickung des neuen Kaisers Anthemius, der Sueben, der Vandalen und selbst der Ostgoten[11] durch Gesandtschaften.

Damals mag nun das großartige Unternehmen des vereinten Ost- und Westroms wider Gaiserich Eurich imponiert und ihn bewogen haben, zuerst wider die fortwährend in Spanien raubfahrend hausenden Sueben zu ziehen, die, nach Isidors Chronik, sogar Pampelona und Saragossa genommen hatten. Dies scheint er, wenn auch nicht ohne Erfolg, doch weder mit großer Streitmacht noch in Person ausgeführt zu haben, da sein Hauptaugenmerk wohl auf Gallien gerichtet war.

Mit dem Jahre 469 verläßt uns leider unser treuer, wir möchten sagen lieber Gewährsmann Idatius, so daß uns für Spanisches nur die weit dürftigere Chronik Isidors von Sevilla bleibt.

Um dieselbe Zeit hatte, wie wir oben sahen, das Zerwürfnis zwischen Anthemius und Rikimer schon einen hohen Grad erreicht und Arvandus, der Präfekt Galliens, bereits hochverräterisch mit Eurich korrespondiert. Wahrlich ein ungleich schwächerer Herrscher als dieser mußte die ihm in die Hände laufende Gelegenheit zum Losbruche wider Rom benutzen.

Da verschaffte sich Anthemius, wohl durch Geld, eine hilfreiche Diversion durch Riothimus, den

König der Bretonen, d. h. jedenfalls der Aremoriker in der Bretagne. Eurichs Heer mag schon weit im Süden vorgerückt gewesen sein, als Riothimus Ende 469 oder Anfang 470 in dessen Rücken südlich der Loire landend, rasch bis Bituriges (Bourges) im Süden von Orleans vorrückte, wo er sich mit einem römischen Heer aus dem nördlichen Gallien vereinigen sollte.

Eurich aber erreichte ihn mit starker Macht noch vor Ankunft der Römer und schlug ihn bei Bourg de Déols (Dolensis vicus[12]) Greg. v. T. II, 18) nach langem Widerstande so nachdrücklich, daß der Kelte mit einem Teile seiner Truppen zu den Burgundern flüchten mußte.

Nachdem er so denselben abgetan, wandte er sich wieder gegen die Römer.

Über dieses Krieges Verlauf wissen wir nichts Näheres: ja selbst dessen Hauptergebnis unterliegt einem erheblichen Zweifel.[13]

Das Ziel war der Besitz der großen an 1800 Quadrat-Meilen umfassenden Provinz Aquitanica prima[14] im Herzen Galliens und des östlichen Teiles der narbonnensischen, welche das Meer und der Rhone begrenzte. Dies alles scheint Eurich bis auf die gebirgige Auvergne mit Leichtigkeit erobert zu haben. Nur in letzterer fand er tapfern Widerstand bei dem römischen Feldherrn Ecdicius, des Sidonius schon erwähntem Schwager, und im Geiste der Bewohner. Beides wird uns von Sidonius Apollinaris in mehreren Briefen lebendig, vielleicht mit etwas Übertreibung, geschildert. Dabei hebt derselbe namentlich hervor, wie sich Ecdicius mit nur achtzehn Reitern durch das die Hauptstadt Augusta Nemetum (Clermont) belagernde Gotenheer in dieselbe durchgeschlagen und diesem von dort aus in glänzenden Ausfällen große Verluste beigebracht habe (III, ep. 3), während der Mut der Bewohner, die zuletzt das Gras in den Mauerspalten genossen, auch durch den bittersten Hunger und durch Seuchen sich nicht beugen ließ. Schwerlich aber hätte doch die eigene Kraft zur Abwehr ausgereicht, wenn nicht der Ecdicius persönlich befreundete Burgunderkönig Gundiok, der mit Recht die Goten mehr fürchtete als die Römer, auf dessen Seite getreten wäre. Dieser Gründer einer neuen Dynastie (s.[15])) hatte, nach Greg. v. T. II, 28, vier Söhne, Gundobad, (den wir oben bereits in römischem Dienste kennen lernten), Godegisel, Hilperik und Godomar, von welchen neben dem Vater besonders Hilperik, sei es als der älteste, oder der kriegerischeste, hervorgehoben wird. Dankbar, aber mit dem Widerwillen des verzärtelten Römers schildert Sidonius (Carm. 13) seine siebenfüßigen „Patrone"[16], welche kaum des Hercules Küche zu sättigen vermöge, da wie deren üble Ausdünstungen und mit saurer Butter eingeschmierten Haare.

Tillemont (Vl, 2. Anthem., Art. 8, S. 614) nimmt unsicher, aber nicht ohne Wahrscheinlichkeit eine vorübergehende Waffenruhe etwa von 472 bis 473 an.[17] Gewiß ist nur, daß Eurich im Jahre 474 die Hauptstadt der Auvergne noch nicht erobert hatte, dessen Truppen aber, mutmaßlich im Dauphiné, schon über den Rhone hinaus bis in die Voralpen streiften.

Nach längeren vergeblichen Verhandlungen gelang es endlich dem heiligen Epiphanius, als Abgesandtem des Nepos, etwa im Mai 475[18] den Frieden mit Eurich abzuschließen. In diesem, welchen letzterer nach des Ennodius Leben des heiligen Epiphanius S. 384 als eine, nicht *Roms* Macht, sondern der *Person* des Gesandten bewiesene Nachgiebigkeit bezeichnet, verzichtete der König unzweifelhaft auf jedweden Besitz links des Rhone, während der Kaiser ihm das ganze rechte Ufer desselben einschließlich der Auvergne, deren Hauptstadt sich bis dahin tapfer und treu gehalten hatte, abtrat.

Neben jenem Hauptkriege verlief ein zweiter im Norden Galliens. Dort hatte sich schon um die Zeit von des Aegidius Tod 463/64 Adovacer (wohl derselbe *Name* wie: Odovakar *D.*), ein sächsischer Raubfahrer, am rechten Ufer der niedern Loire festgesetzt, mit dem die Umgegend, sogar die Stadt Angers (Andegavum) eine Art von Frieden unter Stellung von Geiseln abgeschlossen haben muß.

Andererseits hielt der Frankenkönig Childerich, der damals aus der achtjährigen Verbannung nach Thüringen (s. Greg. v. T. II, 12) zurückgekehrt war[19], an dem schon vor dem Attilakriege mit Rom geschlossenen Bündnis treu fest. Er verstärkte das unstreitig zur Vereinigung mit Riothimus bestimmt gewesene römische Corps unter dem Befehle des Comes Paulus, der nun in das gotische Gebiet jenseits der Loire einfiel und daselbst gewiß Vorteile errang, weil der von ihm abgeführten Beute gedacht wird. Da wandte sich das Kriegsglück dadurch, daß Adovacer den Westgoten zu Hilfe kam. Paulus mußte sich in das feste Angers zurückziehen, wo ihn Adovacer belagerte. Childerich eilte zum Entsatze, fand zwar die Stadt, bei deren Einnahme Paulus geblieben war, schon im Besitze der Sachsen, nahm sie aber denselben wieder ab, wobei einer großen, auch die Hauptkirche verzehrenden Feuersbrunst gedacht wird. (Gregor v. T. II, 18.)[20]

Nach diesem Siege ging der Krieg gegen die Sachsen fort, die, von den Römern verfolgt, viel Volkes verloren, so daß endlich sogar deren Inseln nach schwerer Niederlage derselben von den Franken genommen wurden. Unstreitig waren dies die, unfern der Mündung der Charente und Loire gelegenen, Oléron, Dieu, Belle isle u.a. m., welche dieselben als Ausgangspunkt ihrer Raubzüge besetzt hatten. (Gregor v. T. II, 19.)

Unverständlich dagegen ist die in diesem Schriftsteller hierauf folgende Stelle: „Childerich schloß mit Adovacer ein Bündnis, worauf sie die Alemannen, die einen Teil Italiens durchstreift hatten, unterjochten."

Da jedoch ein Krieg gegen die so weit entfernten und mächtigen Alemannen kaum denkbar ist, eines frühern Einfalls der Alemannen in Italien nirgends auch, wohl aber jenes der Alanen unter König Beorgor im Jahre 464 in den Quellen gedacht wird, müssen auch hier notwendig (? D.) die Alanen gemeint sein, von welchen damals nur schwache Reste noch in dortiger Gegend zurückgeblieben sein werden.

Ebenso dunkel ist eine Stelle in Sidonius (VIII, ep. 3), wonach Eurich mit den zitternden Barbaren von der Waal (also den Franken)[21] als Sieger Frieden und Bündnis geschlossen habe. Unmöglich kann dies, obgleich es daselbst *panegyrisch* gesagt wird, ganz erfunden sein, bezieht sich also wohl auf den eben erwähnten, durch Paulus mit Römern und Franken wider die Westgoten geführten Krieg, der nach Erlangung eines kleinen Vorteils letzterer durch einen Frieden geschlossen worden sein mag.

Gewiß nicht, um in der Eroberung stillzustehen, sondern nur um für ein anderes, noch weiteres Feld derselben freie Hand zu gewinnen, hatte Eurich dem Kaiser Nepos im Jahre 475 Frieden bewilligt.

Das neue Unternehmen nun erleichterte ihm der bald darauf erfolgte Sturz des Letztern, worauf der König durch Navarra nach Spanien zog, woselbst er Pampelona und Saragossa einnahm und den tarraconensischen Adel, der sich ihm nicht unterwerfen wollte, in einer Schlacht überwand (Isidor v. Sev., Chron. der Goten). Allmählich bemächtigte er sich der ganzen Halbinsel, bis auf Asturien, Galläcien (vielleicht auch einen Teil Lusitaniens), die er den Sueben ließ, und mehrere feste Seeplätze, welche den Römern verblieben.[22]

An diesem Feldzuge beteiligte sich auch ein ostgotisches Heer unter Videmer. Dieser, Theoderichs des Großen Oheim, hatte nach Jordanis Kap. 56 im Jahre 473 mit einem Teile des Volkes Pannonien verlassen, weil (sein Gebiet zu schmal und arm und D.) die Umgegend bereits zu ausgeraubt war, ausreichend Nahrung oder Beute zu gewähren, und war nach Italien gezogen, wo damals Glycerius regierte. Erschrocken über solche Gäste, bewog der Kaiser sie durch Geld zum Abzuge nach Gallien zu ihren Stammgenossen, denen sie vielleicht schon bei dem Krieg in der Auvergne beistanden.

Dahin führte sie nach Videmers Tode dessen Sohn gleichen Namens.

Im Jahre 478 kehrte Eurich nach Spaniens Unterwerfung nach Gallien zurück (Isidor); was derselbe hier aber zunächst unternahm, wissen wir ebenso wenig, als was aus den Ostgoten geworden, die mit den Westgoten verbunden blieben.[23]

Gewiß ist nur, daß Eurich, über den Rhone gehend, sich der Städte Arles (480? D.) und Marseille (481 D.) in offenem Kampfe bemächtigte. (Isidor v. Sev.)[24]

Ob dies aber schon im Jahre 478, oder, wie man auch angenommen hat, erst im Jahre 480 nach dem Tode des in der Provence anerkannten Kaisers geschah, ist nicht zu ermitteln, Ersteres jedoch ungleich wahrscheinlicher, da jene Scheinherrschaft des im fernen Dalmatien residierenden Kaisers den König von dieser Eroberung gewiß nicht abhalten konnte. Unzweifelhaft aber erst nach des Nepos Tode ward die ganze Provence links des Rhone von Odovakar nach Prokop (d. b. Goth. I, 12) förmlich an Eurich abgetreten.[25] Naiv fragt Tillemont (VI, 3, Art. 10, S. 793), warum diese, von Rom nicht mehr zu behauptende Provinz nicht lieber den befreundeten Burgundern überlassen ward ? Wir erwidern darauf: einfach, weil Eurich dieselbe, größtenteils wenigstens, schon im Besitz hatte.

Die Burgunder standen nach Gundioks Tode, der mutmaßlich Gundobads Austritt aus römischem Dienst im Jahre 474 kurz vorausging (473 D.), unter dessen vier Söhnen, welche Sidonius Tetrarchen nennt. Nachdem aber Gundobad seinen Bruder Hilperik ermordet[26] hatte, scheint er der alleinige, oder mindestens oberste Herrscher gewesen zu sein (s. Greg. v. T. II, 28). Für dessen Reich nun war jene Abtretung der Provence an die Westgoten ein schwerer Schlag, und die hieraus entstandene Mißhelligkeit, wo nicht schon die frühere Unterstützung der Römer durch die Burgunder in dem Kriege gegen Eurich, mag zum offenen Bruche zwischen diesen und den Westgoten geführt haben.

Daß aber, wie Jordanis Kap. 47 sagt[27], die Burgunder von Eurich unterworfen worden seien, ist eine seiner allgemeinen verworrenen Phrasen, die durch irgendeinen Sieg über jene veranlaßt sein kann. Unzweifelhaft nämlich waren die Burgunder noch bei dessen Tod im Besitze der Diözesen Vienne und Lyon auf beiden Ufern des Rhone, so wie eines großen Teils der Schweiz und Savoyens, während deren Gebiet im Norden die Freigrafschaft und das spätere Burgund umfaßte.

Auch der Besiegung der Sachsen um diese Zeit gedenkt Aschbach (S. 154) unter Beziehung auf Sidonius (VIII, ep. 6 und 9).

Wir sind aber überzeugt, daß selbst Eurich sich diesen Seeräubern gegenüber auf fortwährende Abwehr ihrer Einfälle und Landungen beschränken mußte, wie denn schon während des römischen Besitzes jener Gegend auf der Insel Oleron eine Flottenstation zum Kreuzen an der Küste bestand (Sidonius VIII, ep. 6).

(Die Sachsen, die auf dem Festland ihre alten Sitze wenig oder nicht verändert hatten, führten damals ihre überschüssigen Kräfte, zum Teil auch mit der Absicht dauernder Niederlassung, zur See aus, allerdings zum Teil auch nur, wie die späteren nordischen Vikinger, mit der steten Absicht der Rückkehr in die Heimat, die freilich hier, wie bei den Vikingern später oft aufgegeben ward. Die große Überwanderung der Angeln und Sachsen auf die britannischen Inseln (in der Mitte des fünften Jahrhunderts) gewinnt bei unserer Grundanschauung von der Völkerwanderung (s. Einleitung) ganz andere Bedeutung als die einer bloß zufälligen: sie zeigt, daß auch dort eine so große Volksmehrung eingetreten war, daß die Angeln und Sachsen, ohne die bisherigen Sitze zu entblößen, so viel Volk nach England und Schottland abgeben konnten, daß die ganze von jenen Einwanderern entstammte, heutige angelsächsische Bevölkerung beider Inseln daraus erwachsen mochte. D.)

Von ganz Gallien war nun damals allein der nördliche Teil noch römisch, der immer noch weite, südlich von der Loire, nördlich von der Somme bei Amiens, westlich vom Meer und östlich von den Besitzungen der Burgunder, Alemannen und ripuarischen Franken begrenzte Raum: also die spätern Provinzen Bretagne (welche jedoch unter ihren Häuptlingen so gut als unabhängig war), Normandie, Orleans, Isle de France, Champagne und ein Teil der Picardie.[28] Dieses Gebiet stand unter des Aegidius Sohn, Syagrius, und erhielt sich hauptsächlich wohl durch die Ergebenheit des Frankenkönigs Childerich, der die Stellung und den Gehalt eines römischen Generals, dabei aber wahrscheinlich noch den Tractus Aremoricanus, d. i. die Normandie und einen östlichen Teil der Bretagne, unter seinem besonderen Befehle hatte.

Als Franke war derselbe nur Fürst eines kleinen Gaus um Tournay und eines wohl durch zahlreiche Gefolgen verstärkten Heeres; durch sein auf gegenseitiges Vertrauen beruhendes Verhältnis zu dem römischen Befehlshaber steigerte sich aber seine Macht und Einfluß in der ganzen Provinz. Er starb im Jahre 482 und hinterließ seinen kühnen Sohn Chlodovech als Nachfolger, der im Jahre 486 durch die Schlacht bei Soissons die letzten Trümmer römischer Herrschaft in Gallien brach und auf diesem Boden sein Frankenreich gründete, dessen Geschichte nicht mehr hierher gehört.

Im Jahre 485[29] verschied der mächtige Eurich und verließ das von ihm gegründete Gotenreich (Gothia), das fünf Sechstel von Spanien und über die Hälfte des heutigen Frankreich umfaßte, seinem aus der Ehe mit Ragnahild erzeugten, anscheinend noch jugendlichen Sohn Alarich II.

Eurich[30] war sonder Zweifel ein großer Mann 2), dessen Ruf den Erdkreis erfüllte, da Sidonius, (VIII, ep. 9) der dessen diplomatischen Verkehr als Augenzeuge schildert, neben den an seinem Hofe anwesenden Gesandten der Sachsen[31], Franken, Burgunder und Römer (anscheinend von Ostrom) sogar derer von Persien weitläufig gedenkt. Dagegen beschuldigen dieser sowohl (VII, ep. 7), als Gregor von Tours (II, 26) Eurich der Unduldsamkeit und Härte, ja Grausamkeit gegen die Katholiken. Dies ist aber, wie Aschbach mit Recht bemerkt, einseitig übertrieben. Der Konfessionshaß war damals ein wichtiges politisches und zwar den arianischen Könige höchst gefährliches Element. Diesem Haß vorzüglich war die Treue und Standhaftigkeit zuzuschreiben, mit welcher die Römer, in grellem Widerspruche zu Salvians Schilderung der Zustände vor dreißig bis vierzig Jahren, ihre Nationalität gegen die Westgoten verteidigten. Indes war die Verwaltung Galliens seit den Tagen der Honorius und Valentinian sicherlich auch eine bessere und mildere geworden, da sie nur noch von Provinzialbefehlshabern (oft tüchtigen gallischen Patrioten, „Senatoren", d. h. Provinzialadel, welche, von Rom verlassen, tapfere Selbsthilfe übten. D.)[32], nicht mehr vom römischen Hofe ausging, welcher Schweiß und Blut der Untertanen unbarmherzig zu verschlingen gewohnt war.

Die Träger und Anschürer des Konfessionshasses waren vor allem die katholischen Bischöfe. Was Wunder daher, wenn Eurich gegen diese Parteiführer mit Strenge vorschritt, deren neun in seinem alten Gebiet gesessene, die Sidonius (VIII, ep. 6) im Jahre 474 oder 475 namentlich anführt, teils vertrieb, teils verhaftete, auch später unsern Sidonius, der für die Verteidigung der Auvergne so eifrig gewirkt, im Kastell Livianum zwischen Narbonne und Carcassone einsperren ließ!

Mag er dabei von tyrannischer Willkür nicht freizusprechen sein, so werden doch aus dessen späterer Regierung Beweise religiöser Verfolgung nicht erwähnt; daß er die Katholiken nicht als solche persönlich haßte, bekundet das große Vertrauen, welches er seinem ersten Minister Leo, einem katholischen Römer, schenkte und die Ernennung eines andern, des Victorius, zum dux über die neuerworbene Aquitanica prima. Auch ward selbst der nach Abtretung der Auvergne aus seinem Bistum Clermont vertriebene Sidonius später, auf Leos Verwendung, wieder in dasselbe eingesetzt, muß aber auch vorher schon mild behandelt worden sein, da er sich während seines Exils zwei Monate lang an Eurichs Hofe zu Bordeaux aufhalten durfte (s. das der ep. 9, VIII, einverleibte Gedicht).

Nicht allein im Krieg, auch im Frieden war der König groß. Er gab zuerst, nach Isidor, seinem Volke geschriebene Gesetze.[33] Auch ergibt sich dessen Sinn und Liebe für Kultur aus dem langjährigen innigen Verhältnisse zu seinem hochgebildeten Minister Leo, der uns von Sidonius (VI, 22 und VIII, 3) als Dichter, Redner und wahrer Mäzen geschildert wird und seinem Herrn und Land auch bis über des erstern Tod hinaus treu diente.

So schließt dies Kapitel mit dem Glanzpunkte des Westgotenreichs, von welchem es unter dem schwachen Sohne des großen Vaters, in Gallien wenigstens, bald wieder herabsank.

Wir stehen nun an der Zeit, da die großen Germanenreiche gegründet werden. Das erste derselben, das westgotische, mußte in Gallien dem fränkischen weichen, ward aber vor völligem Sturze noch vom ostgotischen Theoderich bewahrt.

Die Geschichte dieser Zeit gehört jedoch unserm Werke nicht mehr an.

ACHTZEHNTES KAPITEL

Die Ostgoten

Mehr als Dreiviertel-Jahrhundert hatten die Ostgermanen das Hunnenjoch getragen, bis sie es brachen. Am mächtigsten schienen unter den Siegern die Gepiden, deren König Ardarich zuerst das Banner der Befreiung geschwungen hatte.

Aber von den nun Befreiten fiel die größte Rolle zu den Ostgoten.

Ihnen war Pannonien überlassen worden[1], das ungefähr ein Fünftel des heutigen Ungarn auf dem rechten Donauufer nebst einem schmalen Streifen des östlichen Österreich mit Wien, ferner die Königreiche Slavonien und Croatien mit der (ehemaligen) Militärgrenze und eine lange, bis beinahe zum 31. Längengrade in das jetzige Krain hineinreichende Spitze an der obern Save umfaßte.

Dieses Gebiet zerfiel durch den Lauf der Drave naturgemäß in zwei Hauptteile, wovon der größere – zum heutigen Ungarn gehörig – *nördlich*, der kleinere aber, die Nebenländer und den gedachten Teil von Krain umfassend, *südlich* von genanntem Flusse lag.

Beide sonderten sich in Ober- und Niederpannonien, durch eine fast vertikal von Raab bis zur bosnischen Grenze gezogene Linie, einschließlich bei letzterem der von Galerius errichteten Provinz Valeria und dem Plattensee.

Drei Fürsten, Amaler Bluts, Vandalars Söhne, Valamer, Theodemer und Videmer herrschten über die Ostgoten. Sie teilten sich in den Besitz, blieben aber einträchtig im Rate.[2]

Der älteste und schon unter Attila angesehenste der Brüder, Valamer, erhielt den größern und zugleich gefährdetsten Teil südlich der Drave, während von dem Gebiete nördlich derselben Theodemer den östlichen niederpannonischen, Videmer den westlichen oberpannonischen Strich in Besitz nahm.

Die Entscheidung des Befreiungskampfes fiel wahrscheinlich in den Beginn des Jahres 454[3]. Sei es nun in diesem schon oder erst im folgenden 455, – Attilas Söhne versuchten nochmals das Waffenglück gegen die Ostgoten, die sie für leichter besiegbar als die Gepiden halten mochten. Da diesem Kriege notwendig die neue Niederlassung der Hunnen, dazu die Verhandlung mit Konstantinopel, sodann aber die Sammlung und Rüstung eines Heers vorausgehen mußten, so glauben wir dessen Beginn frühestens nicht vor dem Winter 454/5 annehmen zu können.

Die Sarmaten und einige der Hunnen, letztere wohl als Herren ersterer, hatten den über vierzig Meilen langen Streifen Mösiens südlich der Donau, von der Grenze Slavoniens bis Castra Martis (etwa zwölf Meilen östlich von Widdin) inne[4], stießen also im Westen an Valamers Gebiet, in welches sie nun, wohl durch Zuzug entfernterer Stammgenossen verstärkt, so plötzlich einfielen, daß dessen Brüder davon gar nichts wahrnahmen, woraus unwiderleglich folgt, daß Valamers Gebiet an das der

Hunnen grenzte und die seiner Brüder nicht zwischen beiden lagen. Der König mag sich durch die Sümpfe der Save gedeckt und dort einige Verstärkung an sich gezogen, der hunnische Kampfdurst aber in einem für deren Reiterei ungünstigen Terrain angegriffen und sich dadurch eine schwere Niederlage zugezogen haben. Die Reste der Hunnen läßt Jordanis (Kap. 52) in den Teil Skythiens fliehen, den der Danaprus[5] bespüle, welchen sie in ihrer Sprache Hunniwar nannten, wofür offenbar Danubius, d. i. Donau zu lesen ist.

Indem der Bote mit der Meldung des Sieges bei Theodemer ankommt, findet er dessen Haus in Freuden, weil demselben soeben von seiner Konkubine Ereliva ein Sohn, Theoderich, geboren worden ist, der nämliche, den die Geschichte den Großen genannt hat. Wir glauben dessen Geburt, die hiernach erst am Ende des Krieges erfolgte, aus obigen Gründen wahrscheinlicher in den Beginn des Jahres 455 als in das Jahr 454 setzen zu müssen, wie dies von andern Forschern geschieht.[6]

Sieben Jahre hindurch wird nun von den Goten nichts wieder berichtet. Um diese Zeit, also bald nach Severs Regierungsantritt im Westreich, etwa im Jahre 462, erinnerten dieselben durch eine Gesandtschaft nach Konstantinopel an die in Rückstand gebliebene Zahlung der gewöhnlichen, Geschenk benannten, Jahrgelder.

Hier findet diese Gesandtschaft einen andern gotischen Häuptling, Theoderich, den Sohn des Triarius, dessen wir später ausführlicher gedenken werden, in der Blüte von Macht, Ehren und Soldgenuß, sieht sich selbst aber zurückgesetzt. Diese Nachricht erbittert die Fürsten; sie greifen zu den Waffen und durchziehen raubfahrend und verheerend das römische Illyricum. Dabei müssen sich auch Hunnenscharen den Ostgoten angeschlossen haben, wie wir aus Priscus (Bruchstück I, 21, S. 162–164) ersehen, welches notwendig diesem Feldzuge angehören muß, weil Aspar, der im Jahre 471 getötet ward, darin als kommandierend angeführt wird, ein andrer Krieg zwischen Oströmern und Goten aber vom Jahre 447 bis zum Jahre 473 nicht bekannt ist.

Das von Priscus berichtete Ereignis selbst, wobei es dem römischen Untergeneral Chelchal, einem gebornen Hunnen, gelang, die Ostgoten zum Bruderkampfe wider ihre hunnischen Streitgenossen aufzureizen, hat übrigens zu wenig historischen Wert, hier nähere Erwähnung zu verdienen.

Unerachtet des hierbei erlangten Vorteils aber bequemte sich Kaiser Leo doch zum Frieden, durch den die Nachzahlung aller Rückstände und regelmäßige Fortgewährung des Jahrgeldes verbürgt ward.

Als Geisel, wie dies gewöhnlich war, verlangte und erhielt derselbe dabei den achtjährigen Theoderich, wozu sich dessen Vater Theodemer nur auf dringendes Zureden seines Bruders Valamer entschloß. (Jordanis, Kap. 52.)

Dadurch kam der Knabe nach Konstantinopel, wo er zehn Jahre lang blieb; dadurch bildete sich in ihm jene merkwürdige Verschwisterung von Barbaren- und Römertum aus, welche für ihn und die Geschichte seines Volkes vom tiefsten Einflusse ward.

Nachdem der Friede mit Rom also befestigt war, wandte sich die Kriegs- und Raublust der Goten zehn Jahre hindurch nur gegen benachbarte Völker –: Unternehmungen, welche durch des Jordanis Schreibart und mehr noch durch dessen unglaubliche geo- und ethnographische Unwissenheit in großes Dunkel gehüllt sind.

Zuerst griffen dieselben (nach Kap. 53) die Sadager im Innern Pannoniens an (qui interiorem Pannoniam possidebant). Da dies kaum die in ganz andrer Gegend erwähnten alanischen Satagaren gewesen sein können, so vermuten wir darin den Namen einer sarmatischen Gaugemeinde, die in den alten Jazygenlande zwischen Donau und Theiß (das aber niemals zu Pannonien gehörte) ihren Sitz hatte. Sogleich eilte Dhenzik, Attilas Sohn, der also damals in der Nähe seinen Aufenthalt gehabt haben muß und vielleicht Oberherrlichkeit über jene Sarmaten beanspruchte, denselben zu Hilfe, indem er mit allem Volke, das er aus verschiedenen hunnischen Stämmen an sich ziehen konnte, vor die (von den Goten behauptete D.) Festung Bassiana an der untern Save (Neusatz) zog.

Dies schaffte zwar den Sarmaten Luft, die Hunnen aber wurden aus dem Gebiete der Goten so nachdrücklich wieder hinausgeschlagen, daß sie von dieser Zeit an keinen Angriff auf dieselben mehr wagten.

Dafür nun trat ein andrer Feind auf, die „Suaven"[7], d. h. Sueben. (Jordanis, Kap. 53–55.)

Daß Sueben an der obern Save saßen[8], erhellt auch aus Prokop (d. b. G. I, 15 u. 16), wobei jedoch der Zweifel möglich ist, ob derselbe dabei nicht bloß die Bewohner der Gegend an der Save (Savia, Suavia) im Sinne gehabt habe. Doch wird die Existenz deutscher Ansiedler daselbst auch durch spätere Nachrichten außer Zweifel gesetzt (s. Zeuß, S. 589–591).

Im Leben St. Severins, das so viele und spezielle Ereignisse jener Zeit anführt, werden außer den

Rugiern nur noch Thüringer, Alemannen und Heruler genannt, zugleich aber auch Kap. 22 ein Hunimund (also gleichen Namens mit des Jordanis Suebenkönige, der aber selbst nicht König genannt wird), der mit wenig Barbaren (ohne Angabe der Nationalität derselben) Batava (das heutige Passau) einnahm.

Der Hauptsitz der „Suaven" muß nördlich der Donau, vielleicht östlich der Gran, zwischen Skiren und Sarmaten gesucht werden. Möglich aber, daß auch ein getrennter Teil derselben damals schon an der Save saß und diese „Nordsueben" im Verein mit letzteren in Dalmatien raubten, mit ihrer Beute aber durch Pannoniens Wälder in die Heimat zurückeilten.

Nach dieser Ansicht würde freilich in Severins Hunimund, dessen Vorkommen bei Passau auf die Alemannen hinweist[9], nur eine zufällige Namensgleichheit anzunehmen sein.

Die Ereignisse selbst erzählt nun unser Gewährsmann in Folgendem.

Der Suebenkönig Hunimund habe auf dem Wege nach Dalmatien (dum ad praedandas Dalmatias transit) einige gotische Herden beraubt. Als derselbe nun durch Pannonien zurückgekehrt sei, habe Theodemer, weniger um jenes Verlusts willen, als zur Abschreckung für die Zukunft, die am See Pelso lagernden Hunnen in der Nacht überfallen und deren König mit dem ganzen Heere gefangen genommen, demselben aber bald darauf verziehen, ihn sogar als Sohn adoptiert und in die Heimat entlassen.

Der undankbare Hunimund aber habe die Skiren nördlich der Donau, die bisher im Frieden mit den Goten lebten, gegen dieselben aufgewiegelt und mit ihnen die Goten unversehens überfallen.

In der ersten Schlacht sei der tapfere Valamer geblieben, in des Kampfes Fortsetzung aber fast das ganze Volk der Skiren aufgerieben worden. (Kap. 53.)

Darauf hätten sich die geängstigten „Suaven" mit den Sarmatenkönigen Beuca und Babai verbunden, die Reste der Skiren, unter deren Führern (primates) Edeco und Hunulf, sowie auch Gepiden, Rugier und andres Volk an sich gezogen und endlich mit gewaltiger Streitmacht am Flusse Bolia (Ipoly) Lager geschlagen. Theodemer aber, nach Valamers Tode das Haupt der Goten, habe sie daselbst mit seinem und seines Bruders Videmer Heere angegriffen und dergestalt auf das Haupt geschlagen, daß deren mehr als 10 000 die Wahlstatt bedeckt hätten.

Dies ist nun die Schlacht, mit der wir oben Odovakars Wanderung durch Noricum nach Rom in Verbindung brachten. (Kap. 54.)

Einige Zeit darauf sei Theodemer, im Winter über die gefrorne Donau gehend, den „Suaven" in den Rücken gefallen und habe sie nebst den ihnen verbündeten Alemannen besiegt, ausgeraubt und fast unterworfen (devicit, vastavit et paene subegit). (Kap. 55.)

Dies ist wiederum eine ganz verworrene, durchaus unverständliche Nachricht. Daß die Alemannen unter ihrem Könige Gibuld damals in das westliche Noricum vordrangen, ersehen wir auch aus dem Leben St. Severins (besonders Kap. 19 und 27), nirgends aber, daß sie die Ens überschritten hätten, ja zuletzt (Kap. 27) werden noch deren Angriffe auf das westlich von Passau gelegene Quintana erwähnt.

Will man daher des Jordanis Worten glauben, so hätte Theodemer zuerst im westlichen Ungarn, etwa zwischen Gran und Wag über die Donau gehen, von da längs dieses Stromes an fünfundvierzig Meilen weit durch das ganze Rugenland aufwärts marschieren und endlich denselben zwischen Linz und Passau zum zweiten Male rückwärts überschreiten müssen, um Alemannien zu verheeren und zu unterwerfen, was doch undenkbar erscheint.

Vielleicht ist jene Angabe sonach dadurch zu erklären, daß die nach ihren Niederlagen erschöpften Sueben, in deren und der Skiren Gebiet viel Länderei herrenlos geworden sein mag, zu ihrer Verstärkung stammverwandte Alemannen[10] aus dem Westen an sich gezogen hatten, welche nun ihr Schicksal teilten.

Wir sind am Schlusse der Kriege Valamers und Theodemers gegen die germanischen Grenzvölker, wobei wir freilich die, wenn auch Jordanis, dem Lobredner der Goten, wenig entsprechende Vermutung nicht unterdrücken können, daß die eigentlichen Urheber und Anfänger wohl nicht die Schwachen, sondern die Starken gewesen sein mögen, deren Rauf- und Raublust uns ja sonst schon genügend bekannt ist: (dieses Umsichgreifen der Goten nach Norden und Osten hat alle Nachbarn zurück und so wohl auch die Markomannen zuletzt nach Bayern gedrängt D.).

Nach jenem letzten Winterfeldzuge war es nun, als Theodemer, in Folge zehnjähriger treuer Bewahrung des Friedens mit Ostrom, seinen Sohn Theoderich, der bereits das achtzehnte Jahr erreicht hatte (octavum decimum peragens annum) mit reichen Geschenken von Kaiser Leo zurückkämpfing, was also nach Obigem in den Winter 472/3 fallen dürfte. (Kap. 55.)

Mit ihm tritt die Geschichte der Goten in eine ganz neue Phase.

Gleich nach der Rückkehr versammelte er ein starkes Gefolge (und andere Bewaffnete *D.*) um sich, so daß er beinahe 6000 Mann zusammenbrachte, mit denen er eines Tages plötzlich auf eigne Faust über die Donau setzte, den siegesstolzen Sarmatenkönig Babai, der unmittelbar vorher den römischen General Camundus geschlagen hatte, überfiel und tötete: die Siegesbeute überbrachte er aber seinem Vater.

Darauf nahm er den Sarmaten noch das feste Singidunum (Belgrad), dessen sie sich bemächtigt hatten[11], wieder ab, gab es aber nicht den Römern zurück, sondern fügte es dem väterlichen Gebiete hinzu.

Nun nahm, also beginnt Jordanis sein 56. Kapitel, weil die Umgegend ausgeplündert war, der Rauberlös ab, dem Volke aber, das der Krieg bisher ernährt hatte, ward der träge Friede widerlich. Da bestürmte dasselbe mit lautem Rufe Theodemer, er möge es fortführen, wohin er auch wolle. Dieser berief den Bruder Videmer und beredete ihn, mit seinem Heere nach Italien zu ziehen, wo damals (vom März 473 bis Juni 474) Glycerius regierte, während er selbst als der Stärkere das mächtige Ostreich angreifen wolle.[12]

Videmers weitere Geschicke haben wir oben berichtet; über Theodemers Unternehmen dagegen läßt uns Jordanis völlig im dunkeln, weil er nach bis dahin leidlich geordneter Darstellung auf einmal wieder am Schlusse des 56. Kapitels zehn- bis fünfzehnjährige Ereignisse so verworren durcheinander wirft, daß uns selbst der Versuch, dieselben zu ordnen, müßig erscheint.

Nur Theodemers Tod und die vorausgegangene, vor einer Versammlung des zustimmenden Heers erfolgte Ernennung seines Sohnes Theoderich zum Nachfolger entnehmen wir noch aus dieser Quelle.[13]

Glücklicherweise wird nun die gedachte Lücke, größtenteils wenigstens, durch die Fragmente des Malchus ausgefüllt, deren Verständnis nur durch die verworrene Aufeinanderfolge derselben in zwei Sammlungen wesentlich erschwert wird.[14]

Es sind deren überhaupt fünfzehn, von denen die Bonner Ausg. der Script; Hist. Byzant., Teil I, in der ersten Sammlung, p. 231 bis 243 sechs, in der zweiten aber von p. 244–268 deren neun enthält. Von diesen betreffen jedoch sieben, nämlich I. 1 3 5, so wie II. 3 4 5 und 6 andres, beziehentlich Unerhebliches, so daß für die Verhältnisse der Goten im Ostreiche nur acht verbleiben, von denen I. 2 und II. 2 sich lediglich auf Theoderich, den Sohn des Triarius, die sechs übrigen aber nämlich I. 4 6, II. 1 7 8 und 9 zugleich auf den unsern beziehen.

Diese letztern sind es nun, welche uns hier vorzüglich angehen.[15]

Um dieselbe Zeit, wo Rikimer in Westrom schaltete, hatte auch das Ostreich seinen Rikimer in der Person des Goten Aspar, nur einen ungefährlichern, weil Zahl und Macht der Barbaren, den National-truppen gegenüber, in diesem nie die Höhe erreichte wie in jenem. Aspar hatte den Thrakier Leo auf den Thron erhoben, ward diesem aber bald höchst lästig und gefährlich, so daß sich der Kaiser, um ihn zu befriedigen, sogar genötigt sah, im Jahre 470 einen seiner Söhne zum Cäsar zu ernennen: er fand bald aber doch Kraft genug, sich des Machtgenossen im Jahre 471 durch Tötung zu entledigen.

Aspars Gemahlin hatte einen Bruder, oder was uns wahrscheinlicher dünkt, Brudersohn, namens Theoderich, Sohn des Triarius, welchem Theophanes den Beinamen Στραβός, der Schielende, gibt, den wir der *Triarier* nennen werden.

Durch seinen mächtigen Oheim begünstigt hatte dieser eine hohe Stellung in römischem Dienst und gewiß auch großes Vermögen erlangt, was er benutzte, sich ein unter dem Namen von Föderierten von ihm allein abhängiges Heer aus gotischen Zuzüglern aller Art zu bilden, das in der Provinz Thrakien kantoniert war.

Nach Aspars Sturze erhob sich, von dem Gedanken an Blutrache wie von dem Anspruch auf dessen persönliche Erbschaft und Machtstellung getrieben, der Triarier wider den Kaiser, rückte vor Konstan-tinopel (Theophanes, p. 101), muß aber damals beschwichtigt worden sein, da er erst im Jahre 473 seine Forderung wieder erneuert und nach Einnahme der Stadt Arcadiopolis mit Leo Frieden schließt, durch den er im Jahre 473 das ungeheure Jahrgeld von 2000 Pfund Goldes (fast so viel als Attila) empfängt, zum Magister militum beider Waffen ernannt, zugleich aber auch, was die Hauptsache war, als „Herr-scher" (αὐτοκράτωρ[16]) der Goten anerkannt wird, worauf er an sich doch weder durch Geburt noch durch irgendwelchen uns bekannten Wahlakt Anspruch hatte. (Malchus I, 2, p. 234.)

Dies mag um die Zeit von Theodemers Einfall in das Ostreich geschehen sein und eben dieser den Kaiser vielleicht zu obigen, fast unglaublichen Zugeständnissen vermocht haben.

Dürfen wir Jordanis (Kap. 56) trauen, so zog Theodemer, nachdem er über die Save gegangen, zuerst den Margus hinauf, eroberte Naissus, Castra Herculis und von da Ulpiana am obern Strymon, unfern der Provinz Thrakien. Nachher aber muß er, gezwungen oder freiwillig, wieder zurückgegangen sein, da wir seinen Sohn und Nachfolger Theoderich gegen Ende des Jahres 476 ruhig in Niedermösien finden, wo er zu Novä (Sistowa) an der Donau sein Hauptquartier hatte.

Plötzlich wandelte sich durch des Basiliscus Empörung die Szene, indem dieser mit Hilfe seiner Schwester Verina, Leos Witwe und dessen Nachfolgers (Zeno) Schwiegermutter, letztern stürzte und aus Konstantinopel vertrieb.

Da erklärte sich der Triarier für den Tyrannen, an dessen Hof er eine Zeitlang eine große Rolle spielte (Malchus, p. 273), Theoderich aber für den legitimen Kaiser, der ihn durch eine Gesandtschaft in seinem Wohnort um Hilfe bat (Anonymus Valesii), und diese (nach des Ennodius Panegyricos III, 3) erhielt, ohne daß uns jedoch über deren Art und Erfolg etwas bekannt ist.

Nach Zenos Rückkehr auf den Thron, ungefähr im Juli 477, ward nun der Triarier selbstredend aller Ehren und Bezüge entsetzt und Theoderich damit belohnt (wenn dieser auch wahrscheinlich nicht den vollen Betrag des jenem bewilligt gewesenen Jahrgelds empfing): ja, der Kaiser nannte letztern seinen Freund und Sohn.

Um dieselbe Zeit ungefähr, wahrscheinlich noch vor Ablauf des Jahres 477, bat eine Gesandtschaft der föderierten Goten des Triarius, nicht dieser selbst also, den Kaiser um Versöhnung mit ihrem Herrn. Zeno befragte den Senat, welcher die Staatskasse für unvermögend erachtete, zwei gotische Fürsten zugleich zu besolden, demselben aber frei anheimstellte, mit welchem von beiden er Freundschaft pflegen wolle. Dieser berief eine Heeresversammlung, vor welcher er sich auf das Bitterste wider den Triarius aussprach, worauf die vereinten Offiziere und Abgeordneten letztern für einen Staatsfeind erklärten. (Malchus I, 4, p. 237)

Hiernach ward das Bündnis mit Theoderich nicht nur erhalten und befestigt, sondern derselbe nunmehr auch aufgefordert, wider den Triarier zu Felde zu ziehen, wozu ihm ein römisches Hilfskorps zugesagt ward.

Wir zweifeln nicht, daß der von Eifersucht wider seinen Nebenbuhler erfüllte Erbe des Amaler-Throns den vermeinten Emporkömmling alles Ernstes zu vernichten strebte. Allein es fügte sich anders.

Nachdem Kaiser und Senat auf Theoderichs Verlangen eidlich versprochen hatten, mit dem Triarier nicht einseitig Frieden zu schließen, auch Ort und Zeit der Ankunft der Hilfstruppen verabredet worden war, brach Theoderich zu Anfang 478 von Marcianopel (Schumla) mit seinem Heer auf, muß auch, wie wir aus einer andern Stelle (p. 254) ersehen, den Hämus schon überschritten haben, fand aber keine römischen Truppen, sondern nur den Feind. Dieser Wortbruch mag ihn, noch mehr dessen Volk verstimmt haben. Das benutzte der an Schlauheit unstreitig seinem erst dreiundzwanzigjährigen Gegner überlegene Triarier, dessen Truppen wider ihren König aufzuwiegeln. Friedlich die Vorposten anreitend, schalt er Theoderich einen Knaben und Volksverderber, der die römische Politik nicht durchschaue, deren Ziel nur das gegenseitige Aufreiben der Goten durch sich selbst sei, um blut- und mühelos beider jetzt getrennter Parteien Herr zu werden. Darin hatte er in der Tat auch nicht Unrecht und das fühlten Theoderichs Krieger richtig heraus. Die Stellung der Germanen zu ihrem Fürsten war eine eigentümliche: tiefe Treue, aber keine Unterwürfigkeit. Das Nationalgefühl und Römerhaß gewannen im Volke die Oberhand: Theoderich, dessen Geist erkennend, gab zu rechter Zeit nach und schloß Friede mit dem Triarier, worauf beide Gesandte nach Byzanz schickten. (Malchus II, 8, p. 264–267.)

Durch den seinigen klagt nun Theoderich den Kaiser, welcher ihn im Stiche gelassen, des Wortbruchs an, fordert Abtretung der Gegend, wo er stehe, mit den hier bereits erhobenen Steuern, und Getreidelieferung, wodurch allein er sein Volk vom Raube zurückhalten könne; der Triarier aber verlangt die vollständige Erfüllung von Kaiser Leos früherem Versprechen (s. oben und Malchus p. 234) unter Nachzahlung aller Rückstände.

Dem Kaiser fehlte es nicht an geeigneter Ausflucht und Gegenrede, schließlich aber suchte er Theoderich doch noch zum Kriege wider den Triarier zu bewegen, indem er ihm für dessen Besiegung ungeheure Summen und die Tochter des Kaisers Olybrius, Valentinians III. Enkelin, zur Ehe versprach.

Da aber der junge König, seinem letzten Bündnisse treu, alles zurückweist, zieht Zeno in Person, nach Sammlung von Truppen, gegen beide zu Felde, erlangt auch einige Vorteile, namentlich wird Theoderichs Gefolgschaft, die bis zu der langen (fünf Meilen vor Konstantinopel von einem Meere zum andern geführten) Mauer vorgedrungen war, von da zurückgeschlagen. Nach kurzem Kraftaufschwunge fällt der Kaiser jedoch wieder in die angeborne Indolenz zurück, worüber das kampflustige Heer so unwillig wird, daß er es aus Furcht vor Empörung auflöst und, wohl früher als nötig, im Jahre 478 in die Winterquartiere zurückführt. (Malchus I, 6, p. 240–243.)

Hierauf folgen nun zwei Fragmente des Malchus (II, 7, p. 263 und II, 9, p. 267), welche dem Winter 478/9 angehören müssen.

Theoderich hatte sich, Thrakien gründlich verwüstend, nach dem Rhodope-Gebirge zurückgezogen, mag aber durch Krieg und Mangel aller Art viele Leute verloren haben, während der Triarier sich, vielleicht durch Zuzug von jenem, verstärkt hatte.

Das bewog den Kaiser nunmehr, mit letzterem zu verhandeln, was zwar, nach dem ersten Fragment, an Zenos großen Forderungen und geringen Zugeständnissen zunächst scheiterte (so daß derselbe zu Fortsetzung des Kriegs Truppen aus Asien berief); schließlich aber doch dahin zustande kam, daß dem Triarier Sold für 13 000 Mann, das Magisterium militiae und überhaupt alles bewilligt ward, was er unter Basiliscos gehabt hatte. (Malchus a. a. O., p. 268.)

Hierdurch war Theoderichs Lage offenbar wesentlich verschlimmert, worüber uns nun das vollständigste und anziehendste jener Bruchstücke (II, 1, p. 244–258) weitere Kunde gibt.

Im Jahre 479 muß der Krieg gegen denselben früh wieder begonnen haben, da wir ihn nach schweren Verlusten durch die römischen Feldherren tief nach Makedonien zurückgezogen finden, wo er indes die Stadt Stobi einnimmt und zerstört, ja sogar durch das Gerücht seines Anzuges Thessalonich in Schrecken setzt. Darauf diplomatische, durch den Kaiser eröffnete Hin- und Hersendung, wobei Theoderich durch Einstellung aller Feindseligkeiten gegen die Landesbewohner seine Friedensgeneigtheit bekundet. Endlich langt der Patrizier Adamantius mit ausgedehnter Vollmacht bei ihm an und bietet demselben die Gegend von Pantalia (am obern Margus in Dardanien an der Straße nach Thrakien) zur Niederlassung mit seinem Volk an, so wie Geld zur einstweiligen Verpflegung des letzteren.

Inmittelst hatte Theoderich aber seinen Stammgenossen[17], den römischen Heerführer Sidimund, der große Besitzungen in Epirus hatte, aufgefordert, ihm zur Eroberung dieser Provinz behilflich zu sein, worauf derselbe auch aus nationaler Vorliebe einging: er wußte durch falsche Vorspiegelung unter römischer Firma die Bewohner der Hauptstadt Epidamnus (Durazzo) am ionischen Meere für Theoderich zu gewinnen, die Garnison aber dergestalt zu schrecken, daß dieselbe den Platz räumte.

Hiervon benachrichtigt eilte der König von Heraklea im westlichen Makedonien mit größter Schnelligkeit und Kühnheit an der Spitze der Vorhut über die unwegsamsten Gebirge herbei, wird zwar von dem festen Lychnidus (Ochrida) zurückgewiesen, bemächtigt sich aber doch im Fluge der wichtigen Hafenstadt Epidamnus. Adamantius läßt ihn sogleich über diese Tat zur Rede setzen und rückt bis Edessa im Westen Makedoniens nach, wo der tapfere Sabinianus kommandierte, der sogleich mit größtem Eifer Truppen zusammenzog. Theoderich erklärte sich fortwährend zum Friedensschlusse bereit, doch fand die persönliche Verhandlung darin Schwierigkeit, daß Sabinian die eidliche Verbürgung der Sicherheit der Gesandten oder Geiseln verweigerte.

Endlich ward durch Adamantius selbst, der sich mit nur zweihundert Reitern mutvoll Epidamnus näherte, eine Zusammenkunft vermittelt, die beide Teile dem Abschluß nahe brachte, da der König sich bereit erklärte, im nächsten Frühjahr Epirus zu verlassen und sich nach Dardanien zu begeben, von da aber mit sechstausend seiner tapfersten Krieger einem römischen Heere wider den Triarier zur Hilfe zu ziehen, nach dessen Vernichtung er sodann die von jenem bekleideten Würden, das römische Bürgerrecht und eine bleibende hohe Stellung im Reiche verlange. Auch sei er, wenn der Kaiser dies vorziehe, bereit, Nepos aus Dalmatien zu vertreiben.[18]

Dem erwidert Adamantius, daß er nur unter der Bedingung von Theoderichs *sofortiger* Entfernung zum Abschluß ermächtigt sei, über dessen Erbieten er also zuvörderst anderweite Instruktion einholen müsse.

Währenddessen erkundet Sabinian, daß ein starker gotischer Volkshaufe mit Theoderichs Bruder, dessen Mutter und zahlreichem Trosse von Candavia nördlich der Straße von Lychnidus nach Epidamnus durch die Gebirge herabziehe. Sofort bricht er gegen diesen auf, legt ihm geschickt einen Hinterhalt und überfällt ihn, da dieser sich der Ebene nähert, bei Tagesanbruch mit solchem Erfolg, daß kaum noch der Fürst und dessen Mutter durch rasche Flucht und Abbruch einer Brücke sich retten können, die ganze führerlose Menge aber, fünftausend an der Zahl mit zweitausend Wagen, gefangen wird.

Als nun dem Kaiser sowohl die Verhandlung mit Theoderich als dieser Sieg berichtet wird, befiehlt er im Vertrauen auf letztern die nachdrücklichste Fortsetzung des Krieges, womit leider unser Fragment aufhört.

Aus Marcellins Chronik zum Jahre 479 erfahren wir noch, daß Sabinian, den derselbe mit höchstem Lobe den großen alten Feldherren gleichstellt, zum Magister militum beider Waffen ernannt wird.

Jenen Sieg, setzt der Chronist hinzu, habe er übrigens mehr durch Geschicklichkeit als durch Tapferkeit erfochten.

Daß Theoderich schon vor diesem schweren Verluste, selbst nach der Einnahme von Epidamnus, immer noch in sehr bedrängter Lage war, ergibt sich aus dessen letzter Erklärung.

Nach schweren Märschen und blutigen Kämpfen, bei Hunger und Not in einem verwüsteten Lande, will er sich mit einem Fleck Erde begnügen, „wo sein Volk ruhig das Land bauen könne" (es ist stets das alte gleiche Ziel all dieser Wanderungen D.), und verlangt nur bis zur nächsten Ernte Lebensmittel, bietet sogar zu Verbürgung seiner Treue Mutter und Schwester als Geisel an.

Von jeder weitern Quelle verlassen, vermuten wir nun, daß sich Theoderich den Winter über mit Anstrengung noch in Epirus behauptete, im Jahre 480 aber, sei es mit oder ohne kaiserliche Erlaubnis, nach Dardanien zog, indem sich die Römer vor einem Verzweiflungskampfe gescheut haben mögen.

Da wandte sich im Jahre 481 plötzlich das Glück durch den Tod des Triariers, der nach einem unter dem Vorwande der Hilfeleistung gegen den Empörer Marcian unternommenen, aber erfolglosen Zuge nach Konstantinopel[19], von dem des Malchus der Zeit nach letztes Bruchstück II, 2, p. 253) handelt, auf der Rückkehr in seinen Wohnsitz durch einen Zufall das Leben verlor, was Marcellin, dem Jordanis (de regn.) und die Historia miscella wohl nur nachschreiben, unter diesem Jahre sehr umständlich berichtet.

Der Triarier, wenn auch anscheinend mehr verschlagen als tapfer, muß ein nicht unbedeutender Mann gewesen sein, dessen beraubt seine Scharen, die sich dem blutigen Hasse der Römer nun führerlos preisgegeben sahen, fast notwendig Theoderich sich anschließen mußten.

(In demselben Jahre starb auch, noch vor dem Triarier, Sabinian, den Marcellin dabei den Großen nennt.)

Durch solchen Machtzuwachs ermutigt, ergriff Theoderich sogleich wieder die Offensive, aber nicht gegen Thrakien und Konstantinopel, wo er nichts ausrichten zu können fühlte, sondern gegen Makedonien und Thessalien, dessen Hauptstadt Larissa er sich bemächtigte. (Marcellin.)

Da mußte der Kaiser im Jahre 483 sich zu demütigem Frieden bequemen. Der Reichsfeind ward zum Magister militum ernannt, zum Konsul designiert und erhielt das ganze ripensische Dakien nebst einem Teile Niedermösiens, mindestens vom Margus bis zum Jatrus, ein Gebiet von etwa 600–800 Quadratmeilen zur Ansiedelung seines Volkes. (Marcellin, Jordanis Kap. 57 und de regn.)

Drei Jahre lang wenigstens dauerte diese Freundschaft, während welcher Theoderich (nach Jord. Kap. 57) großenteils, namentlich als Konsul im Jahre 484, auf das höchste geehrt, in Konstantinopel lebte. Der Kaiser war in dessen Auszeichnungen so verschwenderisch und erfinderisch, daß er denselben als seinen Waffensohn adoptierte, dessen Denkbild zu Roß vor seinem Palast aufstellen ließ, ja ihm die seltene Ehre eines Triumphs auf kaiserliche Kosten bewilligte.

Solch eitles Blendwerk aber genügte Theoderichs Heldensinn nicht; weder er noch sein Volk konnten dauernde träge Ruhe (und Unsicherheit, Abhängigkeit der Existenz von Byzanz D.) ertragen. Schon im Jahre 487 wieder drang er, unter einem uns unbekannten Vorwande, hörend bis zu der nur etwa sechs Meilen von Konstantinopel entfernten Sommerresidenz Melanthias vor, kehrte aber, von jedem Belagerungsversuch absehend, nach Novä zurück.[20]

Da entwarf Theoderich einen andern, weltgeschichtlich gewordenen Plan. Dürfen wir Jordanis, Kap. 57, trauen, so überzeugte er im Jahre 488 den Kaiser in einem längern Zwiegespräche – das freilich nach der Raubfahrt des Jahres vorher etwas Unwahrscheinliches hat[21] – wie es für beide Teile das Vorteilhafteste sei, wenn er ihn nach Italien schicke, um dies und Rom, das Haupt der Welt, vom Joche des Tyrannen Odovakar zu befreien.

Gern sicherlich ging der Kaiser, um den schlimmen Gast loszuwerden, auf diesen Vorschlag ein.

Etwas abweichend, doch im Wesentlichen übereinstimmend lauten die andern Quellen, deren Würdigung jedoch nicht hierher, sondern in die Geschichte der Gründung des Ostgotenreichs in Italien gehört.

So schließen wir dies Kapitel mit dem Abzuge des Königs nach Italien, wozu er, nach Marcellin, noch im Jahre 488 aufbrach.

NEUNZEHNTES KAPITEL

Die Langobarden

Alle Völker, deren wir bisher gedachten, füllten drei Jahrhunderte hindurch in Unruhe den Schauplatz der Völkerwanderung aus. Eines nur – und zwar gerade dasjenige, welches den Schlußstein des großen Weltereignisses und späterhin die Brücke zum Wiederaufbau des *römischen Kaisertums Deutscher Nation* gebildet hat, das der Langobarden, blieb in der langen Zeit vom Jahre 160 bis 488 unserm Blicke fast gänzlich verborgen, tritt vielmehr erst jetzt auf die Weltbühne.

Reicher als bei allen übrigen germanischen Völkern sollte gerade für die Langobarden das Quellenmaterial fließen, da wir von einem gelehrten Geistlichen dieses Stammes, Paulus, Warnefrids Sohn (gemeinhin Paulus Diaconus genannt), eine Geschichte desselben vom Ursprunge bis beinahe zu dessen Einverleibung in das Reich Karls des Großen am Ende des achten Jahrhunderts besitzen. Steht aber auch deren Verfasser in formaler Beziehung, namentlich in logischer Ordnung und Bearbeitung seines Stoffs, weit über Jordanis, dem Geschichtsschreiber der Goten, so ist derselbe doch von Mangel an Kritik ebenfalls nicht freizusprechen.

So sind dessen erste achtzehn Kapitel nur aus zusammengetragenen Sagen, teils einheimischen, teils fremden[1] aufgebaut, welche Paulus teils freilich selbst für „lächerliche Fabel" erklärt, wie das Zwiegespräch zwischen Freia und Wodan, Kap. 8, teils mindestens stark anzweifelt, wie den Kampf mit den Amazonen, der, nach der Zeit des verbürgten Regierungsantritts des Königs Lamissio, in den Anfang des fünften Jahrhunderts fallen müßte.

Wir schicken voraus, daß Ptolemäus in Großgermanien (I, 11) der Langobarden zweimal gedenkt, zuerst (§ 8) unter dem Namen Σουῆβοι Λαγγοβάρδοι südlich der Sugambern am Rheine und (§ 15) an der Elbe nordwestlich der Angeln. Jene ersten aber gehen uns nichts an, sie beruhen vielleicht nur auf irrtümlicher Zusammenziehung der alten suebischen „Landen" und „Batten" Strabos (VII, 1, p. 292), d. i. der Lahn- und Battengauer in ein Volk (wie dies v. Ledebur, Land und Volk der Brukterer, Berlin 1827, S. 5a, 123 und 124 ausgeführt hat). Diese Meinung wird durch die Geschichte bestätigt, da das Vorhandensein eines Langobardenvolkes am Rhein aus den zahlreichen und zum Teil so ausführlichen Quellen über die Römerfeldzüge in Germanien vom Jahre 12 vor bis 16 nach Christus uns wohl bekannt sein müßte).

Wir haben es daher lediglich mit denen an der Elbe zu tun, deren Sitz der Bardengau an diesem Flusse (mit dem Hauptsitze Bardevich bei Lüneburg) war.

Zuerst gedenkt deren hier Vellejus Paterculus (II, 106), indem er bei Schilderung von Tibers Feldzügen bis zur Elbe (oben Bd. I) sagt: „Gebrochen ward da die Kraft der Langobarden, eines Volkes, wilder sogar als germanische Wildheit"

In dem Kampfe zwischen Marobod und Armin fielen die von jenem unterworfenen Langobarden ab und traten auf Armins Seite. Tacitus Ann. II, 45: e regno Marobodui Suevae gentes, Semnones ac Langobardi, defecere ad Arminium.)

Als später Armins Neffe Italicus durch Roms Vermittlung über die Cherusker gesetzt, von diesen aber nach einiger Zeit vertrieben ward, waren es wiederum die Langobarden, welche für ihn Partei nehmend dessen Zurückführung in seine Heimat bewirkten. (Tacitus XI, 17.)[2]

So viel und nicht mehr wissen wir von jenem Volk in der Zeit vor dem Markomannen-Krieg im Jahre 166 nach Chr.

In den beiden Jahrhunderten vom markomannischen Kriege bis zum Einbruche der Hunnen wird der Langobarden nur ein einziges Mal, und zwar in einem nur neun Zeilen langen Fragmente des Petrus Patricius gedacht (s. C. scr. hist. Byz. ed. Bonn. I, p. 124).

Der Ruf des Markomannen-Krieges hatte auch aus dem fernen Norden eine Schar von Langobarden und „Obiern" (verunstaltet aus des Tacitus Avionen? und Mamertius Chavionen oder Chaibonen?) angelockt, das jedoch erst nach dem ersten Frieden mit den Markomannen im Jahre 174 angekommen zu sein scheint. Auf eigne Faust über die Donau gehend wurden sie von den Römern geschlagen, erlangten aber durch Vermittlung des Markomannenkönigs Ballomar einen Frieden, der ihnen vermutlich ein Wohnsitz in oder an dem römischen Gebiete gewährte, da Rückkehr in die ferne Heimat ihnen wohl zu schwierig, wo nicht nach den dortigen Verhältnissen untunlich erschienen sein mag (vielmehr: schon damals begann die erste Südwanderung der Langobarden: der Beweggrund wohl Übervölkerung: es war die Vorhut der späteren massenhaften Bewegung in gleicher Richtung; nicht

„der Ruf des Krieges hatte sie angelockt", sondern sie zählten zu jenen „nördlichen Völkern", deren Wanderung an die Donau die Donaugermanen über diesen Strom drängte und den „Markomannen-Krieg" herbeiführte. D.).

In der Zeit nach dem Hunneneinbruche vom Jahre 375 würden wir (abgesehen von Paulus Diac. D.) ohne alle Nachricht von den Langobarden sein, wenn sich eine solche nicht an drei Stellen von des Prosper Aquitanus Chronik unter den Jahren 379, 389 und 423 fände.

Dies sind jedoch fast unzweifelhaft spätere Zusätze und zwar wohl aus der Zeit der Langobardenherrschaft in Italien, die sich nicht in allen Handschriften finden.

Die erste derselben vom Jahre 379 lautet also:

„Die Langobarden von den äußersten Grenzen Germaniens, der Küste des Ozeans und der Insel (Scandia) ausgezogen und nach neuen Sitzen begierig, besiegten unter ihren Führern Ibor und Ajo[3] zuerst die Vandalen."

In dieser Erzählung muß sich das *„ausgezogen"* (egressi) nicht auf die Urzeit, sondern auf die *neueste* Zeit, kurz vor 379, beziehen, da der fast vier Jahrhunderte frühere Wohnsitz der Langobarden an der Niederelbe im heutigen Lüneburgischen geschichtlich feststeht. Daß dieselben an diesem Strome saßen, bestätigt auch ein andrer Nationalschriftsteller, der ausdrücklich sagt, daß das Volk „zuerst in Scatenaue am Ufer des Elbeflusses seinen Sitz gegründet habe".[4]

Jene Notiz könnte daher insofern einigen Wert haben, als sich dieselben auf den Auszug der Langobarden aus ihrem historischen Wohnsitz in Norddeutschland bezöge und die Hinzufügung der Seeküste und „Scandias"[5] als Aufbruchsorte nur aus der Sage entnommen wäre.

Möglich ist es allerdings, daß die große Auswanderung der Langobarden etwa um die Zeit von Theodosius des Großen Regierungsantritt erfolgt sei, für bewiesen aber ist es durch jene Stelle in keinem Fall anzusehen.

Wohl aber vermuten wir (? D.), daß die wachsende, daher um sich greifende Macht ihrer Nachbarn, der Sachsen, sie dazu bewogen habe, wenn es dafür (außer der allgemeinen innern Ursache: der Übervölkerung auch der suebischen Stämme D.) noch eines weitern Antriebes bedurft haben sollte.

Die zweite Stelle, die nur ein Auszug aus Paulus Diac. Kap. 14 ist, bemerkt unter dem Jahre 389:

„Nach dem Tode ihrer Herzöge (ducibus) Ibor und Ajo hätten die Langobarden zuerst Agelmund, Ajos Sohn, zu ihrem Könige gewählt, der dreiunddreißig Jahre regiert habe."[6]

Die dritte (vom Jahre 423) lautet:

„Langobardorum XI regnavit Lamissus meretricis filius annis III."

Diese gibt hiernach den Regierungsantritt von Lamissus an, den auch Paulus D. Kap. 17 als Agelmunds Nachfolger unter dem Namen Lamissio anführt.

Die Angabe, daß dieser König der Sohn einer Dirne gewesen, gründet sich wieder auf unsern Historiker, der (nach Kap. 15) eine solche Person sieben Knaben gebären und in das Wasser werfen läßt, von denen der vorbeireitende König einen dadurch gerettet, daß er ihm eine Lanze hingehalten habe, das Kind habe sie ergriffen und sei daran herausgezogen[7]: später ward es ein Krieger seltener Tapferkeit.

So haben wir denn auch aus dem Chronisten nichts Selbstständiges erfahren, bleiben vielmehr auf den Geschichtsschreiber der Langobarden beschränkt.

Obwohl nun dieser erst mit dem neunzehnten Kapitel den Boden der Geschichte betritt, so haben wir doch aus dem Vorhergehenden (von Kap. 10 an) noch einiges vorauszuschicken.

Nachdem die Langobarden im Lande Scoringa, erzählt derselbe, die Vandalen besiegt, zogen sie, *durch Hungersnot vertrieben*[8], nach dem Lande Mauringa[9] (wo sie durch Kriegslist und Sieg in einem statt der Schlacht verabredeten Zweikampfe den Widerstand der Assipitter überwinden) und von hier nach *Goland*, darauf aber nach *Anthab*, *Bandhaib* und *Vurgundaib*, wo sie überall einige Zeit oder Jahre verweilten, bis sie endlich über einen Fluß setzten, dessen durch die Amazonen verwehrten Übergang sie wieder durch einen ähnlichen Zweikampf Lamissios mit einer Amazone erzwangen. (Kap. 10–16.)

Von da weiter vordringend gaben sie sich in ihrem neuen Sitze zu großer Sicherheit hin, wurden nachts von den Bulgaren überfallen, wobei ihr König Agelmund fiel, an dessen Stelle nun Lamissio erwählt ward (nach Prosper Aquitanus im Jahre 423), der die Bulgaren mit großer Anstrengung besiegte. Hierauf muß eine Periode der Ruhe, unter der nach Prosper Aquitanus dreijährigen Regierung Lamissios, dann der vierzigjährigen Lethus und der nachfolgenden Hildeoks, auch wohl schon Gudeoks gefolgt sein, da von weiterer Wanderung bis zu der Zeit vom Jahre 488–490 nicht die Rede ist.

Ist in diesem Bericht[10] (zweifellos *D.*) ein Kern von Wahrheit, so weist er auf eine süd-östliche Wanderfahrt der Langobarden hin, wobei sie die alten Sitze der Goten und Burgunder, so wie die Länder der Anten und Wenden (d. i. der Slaven) nördlich der Karpaten bis zum Dnjestr, oder einen andern in den Pontus sich ergießenden Fluß durchzogen, jenseits dessen sie auf Bulgaren (Hunnen?) stießen.

Im neunzehnten Kap. berichtet nun Paulus die Besiegung der Rugier durch Odovakar und deren Abführung nach Italien, welche (nach Obigem) in den Jahren 487 und 488 stattfand.

Darauf läßt derselbe am Schlusse des Kapitels die Langebarden aus ihren Sitzen aufbrechen und in das verlassene Rugiland einziehen, ohne dabei zu bemerken, ob sie sich früher bereits dem Westen mehr genähert hatten.

Auch hier aber ist für dieselben kein längeres Bleiben, vielmehr ziehen sie schon nach einigen Jahren in benachbartes Flachland (campi patentes), „Feld", unstreitig die Theissebenen (das alte Jazygenland), wo einst Attila residiert hatte. (Kap. 20.) Hier kamen sie nach dreijährigem Aufenthalte unter König Tato, des Gudeok Nachfolger, in Krieg mit den Herulern, den auch Prokop (d. b. Goth. II, 14) umständlich berichtet und dessen Zeit er durch die Beziehung auf des Kaisers Anastasius Regierungsantritt im Jahre 491 auf etwa 494 bis 495 setzt, was sich auch mit Paulus vereinigen läßt.[11]

Nach letzterem wäre der Krieg durch frevelhaften Mord eines herulischen Gesandten, der zugleich des Königs Bruder gewesen, von den Langobarden veranlaßt worden, während dieselben, nach Prokop, vorher in einem tributpflichtigen Bundesverhältnisse zu den Herulern gestanden hätten und von letzteren aus bloßem Übermut ohne allen Grund angegriffen worden seien.

Damals hätten sich die Langobarden, wie dieser Schriftsteller versichert, schon zum Christentume bekannt, auch einige Völker sich steuerpflichtig gemacht, was vielleicht die sofort zu erwähnenden Sueben und Reste der Skiren gewesen sein könnten.

Beide aber stimmen darin überein, daß die Langobarden einen Hauptsieg erfochten, wodurch deren Machtgefühl wesentlich gesteigert worden sei.

Bald nach diesem Siege ward Tato durch seinen Neffen Waccho gestürzt, der hierauf die Sueben überwand und unterjochte, womit die früher zwischen 465 und 472 von den Ostgoten vielfach bekriegten und besiegten „Suaven" (s. oben) gemeint sein werden. (Kap. 21.)

Auf Waccho folgte (für sieben Jahre) dessen Sohn Waltari und diesem wiederum als neunter König *Audoin*, welchem Byzanz Pannonien und einen Teil von Noricum[12] nebst den Festungen, unter Aussetzung reicher Geldzahlung, zur Niederlassung einräumte. (Prokop, d. b. Goth. III, 33.)

Dies brachte die Langobarden in Berührung mit den Gepiden, welche damals nach Abzug der Goten auch das Land zwischen Drave und Save innehatten.

Die Nachbarschaft führte zur Feindschaft und diese zu Kriegen, welche von beiden Schriftstellern verschieden berichtet werden, wobei jedoch der Zeitgenosse Prokop der durchaus sagenhaften Erzählung des Paulus vorzuziehen ist.[13]

Nach jenem (III, 24) fiel der erste Krieg (zu dem beide Völker um der Römer Hilfe warben, die der Zahl nach weit schwächeren Langobarden aber dieselbe erhielten) ungefähr in das Jahr 548[14], war jedoch von kurzer Dauer, da der Gepidenkönig Thorisin (Turisind des Paulus), nachdem eine Schar der mit ihm verbündeten Heruler von den Römern auf das Haupt geschlagen worden war, mit dem Langobardenherrscher Audoin eiligst Frieden schloß, indem er dessen Eroberungen wohl durchaus bewilligte.

Erst um das Jahr 551 brach der Krieg, nach Prokop (IV, 25), zwischen beiden Völkern aufs neue aus. Von den von den Langobarden gesandten römischen Hilfstruppen kam nur eine schwächere Abteilung rechtzeitig an, welche der Dux Amalafrid, ein Sohn des Thüringerkönigs Hermanfrid, befehligte. Durch diese verstärkt, fiel Audoin in das Land der Gepiden und schlug dieselben dergestalt, daß, wie man sagte, der größte Teil derselben niedergehauen ward.

Paulus dagegen erwähnt (Kap. 23), ohne der römischen Hilfe zu gedenken, nur *einen* Krieg und Sieg der Langobarden[15], in welchem Alboin, Audoius Sohn, Turismod, den Sohn des Gepidenkönigs tötete: er ward aber nach der Heimkehr von seinem Vater dennoch an der Tafel nicht zugelassen, weil diese Ehre, nach der Volkssitte, nur durch Mitbringung der Waffen des Feindes erlangt werden könne. Darauf habe sich Alboin hohen Muts mit vierzig[16] Gefährten zu Turisind begeben, der ihn mit tiefstem Kummer, aber doch mit gastlicher Ehre empfangen und bei Tafel an die Stelle seines erschlagenen Sohnes gesetzt habe. Da fielen aber, zuerst von des Königs zweitem Sohne (unstreitig dem spätern Könige Kunimund) beleidigende Worte, welche, heftig erwidert, zum Kampfe zwischen Gästen und Wirten, die beide schon nach den Schwertern griffen, geführt hätten, wenn nicht Turisinds Kraft und Würde, die Heiligkeit des Gastrechts hervorhebend und dazwischentretend, gewehrt hätte. Unversehrt, ja mit des eignen Sohnes Turismod Waffen beschenkt, entließ er darauf Alboin, der nun von seinem Vater ehrenvoll als Tischgenoß aufgenommen ward.

Diesen Ereignissen muß ein längerer Friede gefolgt sein, gegen dessen Ablauf beide Könige verstarben, an deren Stelle nun *Alboin* und Kunimund traten, wobei, wie Paulus (Kap. 27) sagt, des erstern Ruf schon weit umher alles erfüllte.

Zunächst soll nun der von heißem Rachedurste getriebene Gepide den Frieden gebrochen, Alboin aber, um dem alten Hader diesmal durch Vernichtung des Feindes für immer ein Ende zu machen, mit den Avaren sich verbündet haben.

Diese waren die ersten Nachfolger der Hunnen, wie jene turkisch-tungusischen Stammes, jedoch mit anscheinendem Vorwalten des letztern Elements: wie jene aus der großen Wüste nördlich der chinesischen Mauer herzugewandert, aus welcher sie nach längerer Herrschaft ein mächtigeres Volk vertrieben hatte, weshalb man[17] dieselben mit großer Wahrscheinlichkeit für die von den Thukiu versprengten Jouan-Jouan erklärt. Zuerst gedenkt, vor dem Jahre 465, deren noch Priscus I, 14, p. 158) im fernern Osten, wo dieselben die Sabiren nach Westen hin verdrängten.

Der Verhandlung Alboins mit den Avaren (und zwar nach dem Tode Justinians und der Thronbesteigung von Justinus II. im November 565, also im Jahre 566) gedenkt nun auch Menander (I, 11, p. 303 der Bonn. Ausg, c. scr. h. Byz. I).

Nach diesem sollen die letzteren die Besiegung der Gepiden nur als Mittel zur Vermehrung ihrer Macht gegen die verhaßten Römer betrachtet haben. Schwere Bedingungen stellten sie den Langobarden für das einzugehende Bündnis: sofortige Ablieferung eines Zehntels alles vierfüßigen Viehes und künftige Überlassung der Hälfte aller Beute, sowie des ganzen Gepidenlandes nach dem Siege. Dies alles ward ihnen auch bewilligt und der Krieg beschlossen.

Über dieses findet sich bei Menander nichts weiter; aus Paulus, Kap. 27, aber erfahren wir, daß die Avaren im Rücken der Gepiden in deren Land einfielen, durch welche Unglückskunde erschreckt Kunimund dennoch zuerst mit den Langobarden (wohl kaum mit seiner ganzen Macht) zu schlagen beschlossen habe. Furchtbar aber ward dessen Niederlage (a. 567 D.), zu deren Meldung in die Heimat kaum ein Bote übrig geblieben sein soll. Der König selbst ward von Alboin getötet: dieser nahm dessen Tochter Rosimunda gefangen und ließ aus des Vaters Schädel sich eine Trinkschale fertigen, die später seines eignen Sturzes Quelle ward, als er (die ihm nach dem Tode seiner ersten Gemahlin [Chlotsuinda, Tochter des Frankenkönigs Chlotachar D.] vermählte) Rosimunda daraus zu trinken zwang, was diese zum Mord des Gatten aus Blutrache trieb.

Paulus (II, 28) beteuert, den Pokal noch in seiner Zeit gesehen und in seiner Hand gehabt zu haben.

Dieser Sieg erhöhte Alboins Ruhm und vernichtete das Reich der Gepiden, die, zuerst den Langobarden und Avaren, bald aber den letztern allein unterworfen, die man unter dem Joche dieser asiatischen Barbaren schmachteten und schließlich sich ganz verloren.[18]

Bald nach diesem Entscheidungskampfe trat nun Alboin im Jahre 568 seinen weltgeschichtlichen Zug nach Italien an, dessen Motiv (der sagen- und legendenreiche D.) Paulus (II, 5) in Folgendem berichtet:

Der Eunuch Narses, Justinians großer Feldherr und Patrizier, war, nach Vernichtung der Ostgotenherrschaft in Italien, als Statthalter daselbst zurückgeblieben.

Den Römern vielleicht nicht ohne Grund verhaßt, besonders auch bei Hof in Ungnade gefallen, ward er im Jahre 567 seines Amts enthoben. Da soll die Kaiserin Sophia, seine besondre Feindin, geschrieben haben, ihn als Aufseher und Verteiler der Wollenarbeiten im Weiberhause (Gynacceum) anstellen zu wollen. „Nun wohl", habe Narses darauf erklärt, „so will ich ihr denn ein Gewebe anzetteln, dessen sie sich bei ihrer Lebzeit nicht wieder entledigen soll," und nun habe er von Neapel aus, wohin er sich zurückgezogen, die Langobarden nach Italien gerufen.

Dem habe nun auch der Langobardenkönig entsprochen, indem er Pannonien, unter der Bedingung künftiger Rückgabe bei etwaiger Wiederkehr, den Avaren abgetreten: (Paulus Diac. II, 7; jene Motivierung ist offenbar alles, nur nicht Geschichte. D.).

Ein König wie Alboin läßt sich nicht durch die Laune fremder Rachsucht, nur durch eignes Urteil und Interesse leiten. So wenig, ja noch viel weniger, als hunderteinundvierzig Jahre früher für Gaiserich in Spanien, war für Alboin in dem offenen Pannonien ein Feld künftiger Größe zu finden, da ihm hier Zerwürfnisse und Kriege mit den furchtbaren Avaren unabwendbar drohten, während ihm jenseits der Alpen der Garten Europas ein eben so geschütztes als lockendes Asyl zu Gründung eines dauernden Langobarden-Reiches darbot: (zahlreiche Langobarden hatten als Söldner des Narses im

Krieg gegen die Ostgoten Italien kennengelernt; auch mochte des Landes neben den um sich greifenden Avaren zu wenig werden. *D*.).

Dazu bedurfte es nur, der spärlichen byzantinischen Besatzungen in diesem Lande Meister zu werden, was er denn auch in der ihm noch vergönnten kurzen Lebenszeit großenteils vollbrachte.

ZWANZIGSTES KAPITEL

Überblick des Gesamtverlaufs der Völkerwanderung

Für die Indogermanen gab es zwei Wege nach Europa: südlich und nördlich des schwarzen Meeres.

Zuerst zogen Hellenen und Italiker (zum Teil wenigstens) über die See in die ihnen zugekehrten, naheliegenden und durch Inseln verbundenen südöstlichen Außenglieder unseres Erdteils: – Griechenland und Italien ein.

Rasch und groß sproßten diese Völker in den schönsten Ländern zu wunderbarer Blüte auf, länger als ein Jahrtausend hindurch vom nördlichen Europa isoliert.

Da erwuchs das klassische Altertum, das, in Kunst und Wissenschaft, Staatsbildung und Kriegswesen zum Teil noch heute fast unerreicht, die wichtigste Schule der spätern Menschheit geworden ist.

Der zweite Weg von Asien nach Europa nördlich des Pontus war ein unendlich weiterer, müh- und gefahrvollerer als der erste: daher auch zu Stählung von Körper und Geist der geeignetere. Er spaltete sich wiederum an der Nordwestecke des schwarzen Meeres in die Süd- und Nordstraße.

Durch erstere, längs der Donau zwischen Alpen und Karpaten, wanderten die Kelten, später durch letztere, nördlich der Karpaten, die Germanen in das westliche Europa ein, denen bald auf eben derselben die Slaven folgten.[1]

Rom stand bereits auf der Höhe der Weltherrschaft, als der erste Zusammenstoß zwischen Römern und Germanen erfolgte. Die Art und Weise der Berührung beider war naturnotwendig die eines rohen Urvolkes mit einem Kulturstaate.

Rom versuchte zuerst das System allmählicher Abwehr durch Angriff und durch Unterwerfung der Germanen. Als dies durch die Varusschlacht gebrochen ward, verfiel es auf das der *Grenzwehr*, das sich auch nahe zwei jahrhundertelang bewährte. (Die gewaltsame Ausbreitung der Germanen über Rhein und Donau, schon vor Cäsar begonnen, ward nun lange Zeit erfolgreich gehemmt. *D*.)

Die Geschicke der Zukunft aber bereiteten sich auf anderm Wege vor.

Die dem germanischen Stamme eigentümliche Kulturfähigkeit erkannte früh schon den Wert römischer Bildung. Junge Edle wurden in des Reichs Hauptstadt und Heeren erzogen, Vertriebene daselbst aufgenommen; lebendiger Handelsverkehr (Kriegsgefangenschaft d. h. *D*.), Knechtschaft der einen im Lande der andern förderten die gegenseitige Berührung, deren mächtigster Hebel der römische Solddienst ward, welchem der Durst nach Krieg und Ruhm, wie nach Gelderwerb (zumal aber das Bedürfnis, die überschüssige Kraft aus den zu schmal gewordenen Sitzen strömen zu lassen *D*.) Tausende von Germanen fortwährend zuführte.

Dadurch bildete Rom selbst die Offiziere und Heerführer seiner spätern Feinde und endlichen Vernichter aus, wie es dies schon bei des Civilis Aufstand sehr ernst erfahren mußte. (Bd. I)

Da trat in dem Kriege, den wir den markomannischen nennen, *der erste Akt der Völkerwanderung* ein.

Gegen Beginn der letzten Hälfte des zweiten Jahrhunderts (c. 150) verließen die an Pregel, Weichsel und Ostsee – im heutigen Ost- und Westpreußen – sitzenden Völker ihre unbegünstigte (ungenügende *D*.) Heimat, sich in der Nähe von Roms Grenzen eine bessere (breitere *D*.) zu suchen.

Es war die große Familie der Goten, welche diese *erste* Wanderung vollbrachte, wobei der Völkerstrom andere verwandte Stämme, wie die Vandalen und Burgunder, mit sich fortriß.

Die Masse teilte sich; das Hauptvolk, die Goten (im engern Sinn *D*.), zog an das Schwarze Meer zwischen Don und Dnjepr, wo es wegen der Weite des Weges und der Notwendigkeit, den Durchzug zu erkämpfen, erst nach längerer Zeit angekommen sein kann.

Die Nebenvölker, so die Vandalen, zogen die Weichsel herauf, durch die Karpaten der Donau zu.

(Jenseits dieses Stroms war bereits im Jahre 165 einer der selten ruhenden Grenz- und Ausbreitungskriege zwischen Markomannen und Römern im Gange. Der Druck der neuen Wanderer vom Norden her gab dem Andrang der Donau-Germanen ganz neue Wucht und Bedeutung: der Markomannenkrieg währte beinahe fünfzehn Jahre, und sein Verlauf war furchtbar, dem punischen vergleichbar. *D.*) Rom war die Zeit lang fast ohne Geld und Soldaten, von denen mehr als hunderttausend gefangen bei den Barbaren verweilten.

M. Aurelius aber war größer als die Gefahr; er ward ihrer Meister. Kein Fußbreit römischer Erde ging verloren; viele Tausende der heimatlosen Germanen dagegen wurden als neue tapfere Untertanen im Reich angesiedelt.

Hierauf ein halbes Jahrhundert scheinbarer Stillstand des großen Zertrümmerungsprozesses: nicht aber der *innern* Bestrebung und Vorarbeit dafür, nur der Wirkung nach *außen*.

Das durch Naturgrenzen nicht geschützte römische Zehntland zwischen Rhein und Donau ward das erste Feld germanischer Besitznahme.

Wann die Hauptmassen der Vandalen und Burgunder sowie die Lugier aus ihren Sitzen zwischen Oder und Weichsel nach Roms Grenze zuwanderten, wissen wir nicht (genau *D.*). Wir treffen sie zuerst unter Probus im Jahre 277 im Rücken der älteren Grenzvölker als deren Bundesgenossen an.

Über ein halbes Jahrhundert, vom Jahre 211–268, hatte Rom keinen großen Kaiser, ja, mit Ausnahme Maximins 235–238, nicht einmal einen Kriegshelden. Dieser einzige aber war ein roher Barbar, der zwar zu schlagen und zu siegen, jedoch nicht ordnend zu schaffen wußte.

Da trat nun die Periode argen Verfalles ein, in welcher ein Kaiser, Decius, auf dem Schlachtfeld, ein anderer, Valerian, in lebenslängliche Gefangenschaft fiel. Gleichzeitig tauchte (um das Jahr 226) ein neuer furchtbarer Reichsfeind im Osten auf, indem die Herrschaft der Parther durch die persischen Sassaniden gestürzt wurde, aus welchen der gewaltige Sapor hervorging, der ein zweiter Cyrus zu werden brannte.

Unter Gallienus, Valerians Sohne 260–268, erreichte das damalige Elend Roms den Gipfel.

In Zügen bisher unerhörter Großartigkeit ergossen sich zehn Jahre lang die Goten über Kleinasien und Griechenland bis Makedonien hinauf; die herrlichsten Städte des Altertums gingen in Flammen auf.

Der Übel größtes aber war, im Westen wenigstens, der Bürgerkrieg. Neunzehn „Tyrannen", Anmaßer, erhoben sich wider den Herrscher, unter denen zwei jedoch, Odenat und dessen Gemahlin Zenobia, das Reich mindestens gegen die Perser siegreich schützten. Fünfzehn Jahre lang schmachtete der Westen unter „Tyrannen", deren erster, Postumus, freilich ein kräftigerer Mann als der legitime Kaiser war.

Von Abwehr des äußern Feindes war keine Rede mehr: nur darin lag Minderung der Gefahr, daß ein großer Teil der Germanen in beiden Heeren für und wider *gegeneinander* selbst stritt. Immer aber ward ein weiter Strich Galliens von den Barbaren teils eingenommen, teils durchzogen, ja eine kleine Frankenschar drang heerend bis Spanien vor und verlor sich nach zwölf Jahren in Afrika.

Nicht allein der Anfang des Endes, sondern dieses selbst schien bereits eingebrochen, als Rom durch eine Reihe tapferer und großer Kaiser wieder gerettet, ja fast zu früherem Glanz erhoben wurde.

Aber nicht der tapferste, sondern der weiseste unter jenen Herrschern, Diokletian (285–305), ward des sinkenden Reiches wahrer und bleibender Retter, indem er demselben durch die Staatsreform eine neue, dem Zeitbedürfnis entsprechende Grundlage unterbaute.

Schon seine Vorgänger hatten den gefährlichsten Reichsfeind, die Goten, unschädlich gemacht: – Claudius durch den glänzenden Sieg bei Naissus, eine Wiederholung der raudischen Kimbrerschlacht, und Aurelian durch die Abtretung der großen Provinz Dakien jenseits der Donau an dieselben.

Die Völker des Westens aber, nebst deren Bundesgenossen, Vandalen, Burgundern und Lugiern hatte der Held Probus so gründlich bezwungen, daß er dem Senate, freilich im Bulletinstile, melden konnte: „Unterworfen ist, so weit es reicht, ganz Germanien. Neun Könige verschiedener Völker liegen vor Euren Füßen."

Schon in den nächsten zwei Jahren aber erhoben sich die Besiegten aufs neue und der alte Zustand schien wiederzukehren, als Diokletian vom Jahre 285 an die bleibende Hilfe brachte. Die Teilung der Reichsverwaltung, die tapfern und tüchtigen Männer, die er zu Cäsaren ernannte, dämmten die Germanengefahr zurück. Ja der Nachfolger und Vollender seines Werkes, Constantin der Große, verlieh mindestens dem Ostteile des Reichs frisches Leben und mehr als tausendjährige Dauer noch dadurch, daß er das seiner Lage nach einzige Konstantinopel zur Residenz erhob.

Nur einmal noch, unter der Regierung des Constantius, dieses schwachen Sohnes eines großen

Vaters, ward durch Erhebung eines neuen Tyrannen in Gallien und den daraus folgenden Bürgerkrieg die Raub- und Kriegslust der Barbaren des Westens wiederum geweckt. Schon waren die Rheinfestungen, darunter selbst das starke Köln, in ihren Händen, als der neue Retter, der jugendliche Julian, auf den Plan trat.

Er wußte wie Cäsar zu schlagen und zu siegen. Die salischen Franken, die eigenmächtig das Land zwischen Schelde und Maas, Toxandrien, besetzt hatten, wurden als Untertanen aufgenommen, die Ripuarier, selbst die sächsischen Chauken zu demütigem Frieden, die Alemannen aber in vier Feldzügen sogar zur Tributpflicht gezwungen.

Julians Werk setzte fort mit eiserner Faust und Willenskraft Valentinian I. (Die hart an den Grenzen zum Tal nach Föderatverträgen siedelnden Germanen, zumal Alemannen und Goten, hatte beginnende Romanisierung ergriffen D.)

In diesem langen, mehr als ein Jahrhundert umfassenden Zwischenakt der Völkerwanderung fällt nun der Sieg des Christentums in Rom, sowie das Eindringen desselben zu den Germanen in der Form des (damals im Kaiserreich überwiegenden D.) Arianismus.

Neuen Anstoß empfingen dann die Germanen durch den Einbruch der Hunnen – dieser Wanderung von der chinesischen Mauer bis zur Loire.

Vor diesen Mongolen entwichen nun zunächst die schon im Übergange zu (Christentum und römischer D.) Zivilisation begriffenen Westgoten zu den Römern. Treulos und töricht gereizt, griffen sie zum Schwerte; die Entscheidungsschlacht bei Adrianopel, in welcher Kaiser Valens fiel, machte sie zu Herren der europäischen Provinzen Ostroms.

Noch einmal ward jedoch das Gesamtreich durch Theodosius, den letzten großen, mehr noch weisen Kaiser gerettet, der sie verstand, die Westgoten zu beschwichtigen.

Als aber auf Theodosius im Jahre 395 die letzte und bleibende Reichsteilung unter dessen schwache, noch im Jünglings- und Knabenalter stehende Söhne, Arcadius und Honorius, folgte, loderte die Gefahr plötzlich aufs neue, ja furchtbarer als zuvor wider Westrom auf.

Seit beinahe achthundert Jahren hatte die Hauptstadt der Welt keinen Eroberer in ihren Mauern gesehen. Alarich, der Westgote, ein kühner Mann, ward, nachdem der Kaiser selbst seinen besten Feldherrn Stilicho hatte töten lassen, in Rom der erste Nachfolger des gallischen Brennus. Gleichwohl bildet die zweimalige Einnahme Roms durch Alarich eben so wenig ein Schlagmoment der Völkerwanderung, als die spätere durch Gaiserich im Jahre 455. Jener wollte das Reich nicht vernichten, nur in und neben demselben über sein Volk herrschen; der Vandale nichts als plündern.

Dagegen ward der Rheinübergang der Vandalen, Alanen und Sueben zu Anfang des Jahres 406, zu denen im Jahre 412 die Westgoten in Gallien stießen, eine weitere bedeutsame Station der Völkerwanderung.

Im Jahre 409 zogen erstere über die Pyrenäen und setzten sich im Jahre 411 bleibend in Spanien fest. Im Jahre 413 (? D.) nahmen die Burgunder das heutige Land dieses Namens ein; im Jahre 419 endlich ward den Westgoten das südwestliche Gallien von Kaiser Honorius förmlich abgetreten. Noch aber erkannten diese Völker eine gewisse, wenn auch nur scheinbare Oberhoheit Roms an, das sich unter seinem letzten großen Feldherrn, Aëtius, das ganze übrige Gallien und den größten Teil Spaniens wieder unmittelbar unterwarf.

Schlimmer daher war der Verlust, den es durch den furchtbarsten aller germanischen Eroberer, den Vandalenkönig Gaiserich, erlitt, der ihm vom Jahre 427 an das weite und reiche Afrika – seine Kornkammer – samt den Inseln des Mittelmeeres entriß und daselbst einen Piratenstaat gründete, der ein halb Jahrhundert lang zur Quelle ungeheurer Reichtümer für ihn, namenloser Verheerung aber für Italien und andere Küstenländer wurde.

Einhundertsieben Jahre lang hatte das Vandalenreich bestanden, als es, nachdem die Germanen stark verweichlicht waren, durch Justinians Feldherrn Belisar im Jahre 534 mit Leichtigkeit wieder gestürzt wurde.

Nur mittelbar, als Triebkraft und Sprengkeil, hatte der Hunneneinbruch vom Jahre 375 ab bisher auf die Völkerwanderung eingewirkt, namentlich das Eindringen der Germanen (in das Ostreich, dann D.) in Gallien, Spanien und Afrika hervorgerufen.

Da hätte es scheinen können, als sei die ungeheure Attila, die gewaltige Gottesgeißel, bestimmt, das Zertrümmerungswerk *unmittelbar* zu vollbringen.

Aber Attilas Reich war eben auf seine Persönlichkeit gebaut: mit deren Untergang zerfiel es sogleich.

Daher bilden dessen Feldzüge der Jahre 451 und 452 in Gallien und Italien mit jener weltgeschichtlichen Völkerschlacht bei Châlons nur ein zwar merkwürdiges, aber für den Endverlauf nicht entscheidendes Zwischenspiel in dem großen Drama der Völkerwanderung.

Erst nach Attilas Tode, als Valentinian III. selbst im Jahre 454 durch des Aëtius Ermordung das Reich seiner letzten Stütze freventlich beraubt hatte, begann der *Untergang des weströmischen Kaisertums*, der einundzwanzig Jahre lang sich hinzog

Nicht äußere Bedrängnis, deren schwerster Anprall so eben glücklich abgewendet worden war, der innere Todeskeim – die wachsende Macht der Barbaren im Innern des (entrömten *D.*) Reiches selbst – brachte dies Weltereignis zur Reife.

Seit Jahrhunderten bestand das römische Heer großenteils aus geworbenen Ausländern, meist Germanen. Mit dem Bedürfnisse steigerte sich deren Anzahl, zugleich aber deren Selbstgefühl und Anmaßung und dadurch wieder der Barbarenhaß auf römischer Seite.

So lange noch des Theodosius Sohn und Enkel herrschten, verdeckten große Feldherren, die Gewohnheit des Gehorsams und ein gewisser Zauber der Legitimität die innere Zerwürfnis und die Schwäche des Reichs. Als aber die Nemesis Aëtius an Valentinian III. durch gleiches Ende gerächt hatte, entlud sich, unter wachsender äußerer Bedrängnis, das innere Verderben im Staatskörper. Ein kühner Abenteurer suebischer Abkunft, der Patricius Rikimer, riß als Parteihaupt der Fremdtruppen die höchste Macht im Staat an sich, erhob und stürzte neunzehn Jahre lang nach Gutdünken die Kaiser, deren in einundzwanzig Jahren neun den Thron bestiegen. Selbst die Tüchtigen, ja ein hervorragender Mann unter ihnen, Majorian, erlagen der im Finstern schleichenden Arglist und den überlegenen Armen der barbarischen Söldner.

Immer höher steigerten sich deren Ansprüche, bis sie ein Dritteil der Ländereien Italiens als Eigentum forderten und in Odovakar, einem zugewanderten und als Offizier in die Leibwachen eingetretenen Abenteurer, den Mann fanden, welcher ihnen das Verlangte verschaffte, nachdem er den letzten Kaiser Roms – einen unreifen Jüngling, der die stolzen Namen „Romulus" und „Augustus" trug – im Jahre 476 zur Abdankung gezwungen hatte.

Noch herrschte zwar bis zum Jahre 480 der aus Italien vertriebene Kaiser Nepos in Dalmatien; auch nahm Odovakar von Zeno, dem Kaiser Ostroms, den Titel eines Beamten an und regierte in der Tat in den alten Formen über Italien.

So wenigstens der Schein. Im Wesen aber war es doch ein *germanisches Königtum*, das sich auf dem Grunde der ewigen Stadt über das Land erhob, welches an sieben Jahrhunderte lang die Welt beherrscht hatte.

Darum dürfen wir das Jahr 476 als das des Untergangs Westroms bezeichnen, das bis dahin zwar nicht staatsrechtlich, aber doch tatsächlich seit hundertneunzig Jahren, mit kurzen Unterbrechungen, als besonderes Reich bestanden hatte.

Mit dessen Fall aber ward durch Odovakars Erhebung das große Ausbreitungs-, Zertrümmerungs- und Neugründungs-Werk, welches wir die „Völkerwanderung" nennen, vollendet.

Nun war der Boden für den germanischen Neubau auf römische Erde geebnet, der schon seit dem Jahre 411 auf verschiedenen Punkten begonnen hatte.

Sueben, Vandalen und Alanen, Burgunder und Westgoten hatten in Spanien, Gallien und Afrika neue Reiche, teils vorübergehender, teils mehr bleibender Dauer gegründet, deren Entstehung und Fortgang in die Geschichte Westroms tief eingriffen.

Erst nach dessen Untergang aber erhob sich im Jahre 482 das mächtigste aller Germanenvölker – das *fränkische* unter Childerichs Sohn, *Chlodovech*, der im Jahre 486 durch die Schlacht bei Soissons den letzten Rest römischer Herrschaft im Westen Europas, die des Syagrius über einen großen Teil Nordgalliens, vernichtete. Dieses Außenglied, soweit es überhaupt noch einen Zusammenhang mit dem Hauptkörper gehabt hatte, gehörte dem oströmischen Reich, als dem allein noch übrigen, an.

Ostgoten und Langobarden nahmen an der Zertrümmerung Westroms nicht in erster, sondern nur in zweiter und dritter Linie, d. i. insofern Anteil, als sie die früheren Eroberer und Besitzer aus dessen Herzen wieder vertrieben.

Für sie liegt der Abschluß in dem Moment, in welchem sie, ihre vorletzte Heimat verlassend, zum Neubau auf römischer Erde, d. i. zur Eroberung Italiens sich anschickten: also für die Ostgoten im Jahre 488, für die Langobarden im Jahre 568.

Die Zertrümmerer Westroms zerfallen in zwei Hauptkörper:
1) wirkliche *Wandervölker*[2], welche die alten Sitze aufgegeben und aus größerer oder geringerer

Ferne nach Roms Grenze drängen, erst nach Jahrhunderten der Hin- und Herzüge aber sich in dessen Gebiet niederlassen: (sie sind spurlos unter- oder als „Romanen" in den Römern und Provinzialen aufgegangen. D.).

2) Grenzvölker, die *nicht* wandern, ihre Heimat im Wesentlichen nicht verlassen sondern nur erobernd allmählich in römisches Land vordringen und daselbst neue Reiche gründen: (diese haben sich hier behauptet als Deutsche rechts, als „Romanen" [Franzosen] links des Rheins. D.).

Jenen gehören, nach der Entfernung ihrer Heimat geordnet, zuerst die (nicht germanischen Alanen D.), Goten und Gepiden an, denen bald Vandalen, Burgunder und einzelne Sueben, endlich die Langobarden folgen.

Die zweite Kategorie umfaßt im 5. Jahrhundert Franken, Thüringe, Friesen, Sachsen, Alemannen (und Bayern), von denen die ersteren langsam in Gallien, die Sachsen über See in das benachbarte Britannien vordringen.

(Erst im 6. Jahrhundert oder ganz zu Ende des 5. ziehen die zu Bajuvaren gewordenen Markomannen gegen Westen in das spätere Bayern und Österreich. D.)

War das römische Land der Völkerwanderung gemeinsames Endziel, so bedurfte es selbstredend der *Herzuwanderung* nur für die fernsitzenden, der Eroberung *ohne solche* (durch Ausbreitung D.) für die Grenzvölker.

ANHANG ZUM II. BAND

A. Exkurse zum II. Band

ERSTER EXKURS
Zu Aëtius

Unter den von Niebuhr in St. Gallen entdeckten und im Corpus script. histor. Byzant. zu Bonn 1836 nebst denen des Corippus herausgegebenen Fragmenten des Merobaudes ist der Panegyricus auf das III. Konsulat des Aëtius[1] bei weitem das wichtigste. Von diesem sind noch drei Seiten der Vorrede in Prosa und hundertsiebenundneunzig Verse fast ganz erhalten. Letztere sind in Claudians Manier, enthalten jedoch, was sich vielleicht durch deren Unvollständigkeit erklärt, fast gar kein verständliches historisches Material.

Wir haben vorauszuschicken, daß der Dichter Merobaudes des Aëtius Zeitgenosse war, da man im Jahre 1826 zu Rom die Basis der ihm auf dem Forum Ulpium gesetzten Statue gefunden hat, deren Dedicaton nach der Inschrift am 28. Juli 436 erfolgte.

Um so bedauerlicher ist der geringe Inhalt dieser Bruchstücke, aus denen nur zweierlei der Erwähnung wert ist.

Nach dem dem Panegyricus vorausgehenden carmen 4 und dem Panegyricus selbst v. 129–144 ist Aëtius unzweifelhaft den Goten als Geisel übergeben worden. Dies würde des Ren. Profut. Frigeridus Anführen bestätigen, daß derselbe drei Jahre in gedachter Eigenschaft bei Alarich verweilt habe, was wir jedoch oben für unrichtig erklärten, weil Zosimus V, 36 versichert, Alarich habe ihn zwar gefordert, aber nicht erhalten. In der Tat beruht es auch außer Zweifel, daß ein Friede zwischen Honorius und Alarich vom Jahre 408 ab nie zum Abschluß gelangt ist.

Diesen Widerspruch zu vereinigen gibt es nur zwei Wege, indem Aëtius entweder schon bei dem Vertrag über Alarichs Abzug aus Italien im Jahre 402/3 demselben als Geisel überliefert und, nach seiner in Folge des spätern guten Einvernehmens zwischen dem König und Stilicho erfolgten Rücksendung, im Jahre 408 abermals verlangt worden sei, oder daß Merobaudes, der Alarichs Namen nicht nennt, sondern nur von Geten spricht,[2] in affektierter poetisch-klassischer Schreibart mit diesem Ausdruck die Hunnen habe bezeichnen wollen, welche im alten Getenlande saßen, auch über Goten herrschten. Dies wird durch die vorausgehenden Verse 127–130: cum Scythicis etc. nicht widerlegt, da man unter dem Ausdruck Skythen zu jener Zeit voraussetzlich Hunnen wie Goten zu verstehen hat.

Möge diese Vermutung aber unwahrscheinlich sein, so neigen wir uns doch derselben um deswillen fast mehr als der ersteren zu, weil es auffallen würde, daß Merobaudes eben nur dieser einen und nicht zugleich der zweiten Geiselschaft seines Helden bei den Hunnen gedacht haben sollte, welche letztere doch der Geschichte zufolge außer allem Zweifel beruht. Wir bescheiden uns indes, daß bei der auf v. 144 im Originale folgenden Lücke auch hierüber kein sicherer Schluß möglich ist.

Im Fragment II der Vorrede finden sich folgende Stellen:

a) nulla regio, nullus locus, nulla denique lingua laudibus tuis vacua est, euntes in Thraciam triumphum qui consilius tuis intra Hispaniam | hierauf eine Lücke unbekannter Länge.

b) An demselben Orte vier Zeilen weiter unten: nemo enim de fama dubitat, quotiens vicisse te nuntiat. delatus ego in angusti litoris sinum, qua Salonas usque per anfractus terrae pronum pelagus inlabitur, nactus sum quendam qui se tais *recentius gestis* interfuisse memoraret. Gotorum, inquit, manus universa cum rege exierat Romana populatum. Hoc ut dux compelit jam non expectati ut diceret: progressus est, manum contulit: neque enim haec a te acta dubitabam; quaesivi statim, ubi, qualiter quantosve fudisses? tunc ille, ad montem, inquit, quem Colubrarium quasi praescia vocavit antiquitas: in eo enim nunc rei publicae venena prostrata sunt maxima; hostium partem improvisus, ut solet, neci dedit; fusisque peditum copiis, qua plurimae erant, ipse palantes turmas persecutus stantes robore, fugientes alacritate conpressit. nec multo post rex ipse cum reliquis copiis adfuit, defixusque hornore subito calcata prope cadavera. |

Wir bekennen offen, über Zeit und Ort des Triumphs, der unter a, und des Sieges, der unter b erwähnt wird, völlig unklar zu sein, finden aber in jenen aphoristischen und unvollständigen Angaben keinen Grund, andre Feldzüge und Kriegstaten des Aëtius anzunehmen, als diejenigen, welche uns aus andern Quellen bekannt sind. Jedenfalls beweist der Umstand, daß Merobaudes die Nachricht von dem unter b gedachten Siege zu Salona in Dalmatien empfing, nicht das geringste dafür, daß derselbe auch in der dortigen Gegend oder deren Nähe, etwa in Noricum, erfochten worden sei, da in einem Seehafen, wie Salona, bekanntlich Menschen aus allen Gegenden zusammenfließen.

Sollte es aber feststehen, daß das Gedicht spätestens im Jahre 446 geschrieben, und der Ausdruck: recentibus gestis genau sei, so würde man allerdings ein, in den andern – freilich sehr unvollständigen – Quellen nicht erwähntes Kriegsereignis aus der Zeit von 443 bis 446 anzunehmen haben. Möglich, daß Aëtius bei einer Inspektionsreise nach Rätien und Noricum Gelegenheit gefunden, eine gotische Raubschar zu züchtigen, und der übertreibende Lobredner hieraus einen bedeutenden Sieg gemacht habe, welchenfalls denn auch dessen gotischer König (rex), da es einen solchen bei den Ostgoten damals gar nicht gab, auf den bloßen Führer jener Schar zurückzuführen sein würde.

Der daselbst erwähnte Ortsname des colubrarischen oder Schlangenberges ist uns in der alten Geographie nicht bekannt, da nur die jetzige spanische Insel Formentera damals den Namen Colubraria führte. (Vergl. aber über und zum Teil gegen dies alles Dahn, Könige V, S. 74.)

ZWEITER EXKURS

Über die Örtlichkeit der Attila-Schlacht

Wir prüfen diese Frage unter Bezeichnung der drei von frühern Forschern dafür angeführten Schlachtfelder, als la Cheppe, Arcis und Fontvannes,

1. nach den dafür angeführten Merkmalen,
2. nach den Quellen im Allgemeinen,
3. nach der militärischen Wahrscheinlichkeit.

Zu 1 bietet

a) das sogenannte Lager von Attila für la Cheppe durchaus kein Anhalten. Dasselbe liegt an der alten Römerstraße von Rheims nach Verdun, ungefähr 12 Kilometer (1 5/7 geogr. Meilen) von Châlons, ist seiner Anlage nach, wie Thierry selbst anerkannt, ein unzweifelhaft und zwar mit großer Sorgfalt hergestelltes römisches und umfaßt nach Peigné Delacourts (S. 35) genauer Beschreibung einschließlich Graben und Wall nur 29,65 Hektar, etwa 115 preußische Morgen Flächeninhalt, wovon noch 14 Morgen allein auf den Graben, daher mindestens ebensoviel auf den Wall abgehen, also nur etwa 87 für den Lagerraum verbleiben. Deshalb erkennen auch alle Forscher an, daß dies Attilas unermeßliches Heer nicht in sich gefaßt, sondern von ihm nur als Befestigung im Innern seines Lagers oder als Anlehnungspunkt außerhalb desselben benutzt worden sein könne. Daß hier aber das Schlachtfeld gewesen sei, ist reine, durch nichts weiter als den Volkeglauben unterstützte Vermutung, auf letztern aber gar kein Wert zu legen, da es den Nachfahren genügte, von der Attilaschlacht in der catalaunischen Ebene gehört zu haben, um dessen von der Sage mit Begierde aufgegriffenen Namen auch an die Reste eines Lagers in dortiger Gegend zu knüpfen, welches gar nicht von ihm herrühren konnte. Wir erinnern dabei an das heute noch in der Dobrutscha bestehende, fälschlich Trajans Wall genannte Erdwerk.

b) Nicht minder ist aber auch die von Peigné Del. S. 22–24 angenommene Auffindung der Reste des Westgotenkönigs Theoderich bei Pouan unfern Arcis für irrig zu halten.

Im Jahre 1842 hat man in dem Martroy genannten Flurteile des gedachten Dorfes in der Nähe der Aube in einer Tiefe von nur 80 Centim. nicht allein Knochen, sondern auch Waffen und Geschmeide aufgefunden, die, auf zwei Tafeln der gedachten Schrift kunstvoll abgebildet, einen reinen Goldwert von 2500 Francs oder 2000 Mark enthalten und jetzt im Museum zu Compiègne aufbewahrt sind. Merkwürdig ist darunter ein Ring mit der Aufschrift HEVA.

Daß dies die Reliquien eines germanischen Fürsten oder vornehmen Führers seien, kann um so weniger bezweifelt werden, da die Arbeit der Zierraten die größte Ähnlichkeit hat mit derjenigen der Waffen und Schmucksachen, welche im erwiesenen Grabe Childerichs zu Tournai, der 481 starb, im Jahre 1653 aufgefunden wurden und in derselben Schrift abgebildet sind. Auch lassen der *abgelegene Ort und der Zustand* der Auffindung schließen, daß jener Krieger auf dem Schlachtfelde gefallen und auf diesem oder in dessen Nähe verscharrt worden sei.

Dagegen weiß P. Delac. seine Vermutung mit der von Jordanis Kap. 41 berichteten Auffindung, feierlichen Aufhebung und Fortschaffung (abstulerunt) von, Theoderichs Körper allerdings nicht zu vereinigen, verfällt daher auf die Konjektur, der König sei gleich im Schlachtgedränge von einigen Getreuen verscharrt und am andern Tage, weil diese nachher selbst geblieben, gar nicht aufgefunden, vielmehr ein anderer Körper für den seinigen ausgegeben worden, als Thorismund, dem nur an seiner Erhebung zum Nachfolger gelegen, begünstigt habe. Dieser märchenhafte Gedanke widerstreitet des Jordanis, dem derselbe Schriftsteller sonst blinden Glauben schenkt, gerade hierin ganz klarem und ausführlichem Berichte so entschieden, daß wir ihn durchaus verwerfen müssen. Gleichwohl beweist jener merkwürdige Fund, daß ein vornehmer Krieger an jener Stelle in einem Treffen und zwar unter Umständen geblieben ist, welche die weitere Fortschaffung seiner Hülle nicht gestatteten. Sollte derselbe nicht eben deshalb aber eher dem geschlagenen als dem siegenden Heere angehört haben? Würde nicht, wenn letzteres der Fall gewesen, der Rücktransport zur Reserve selbst im Schlachtgedränge leichter und in kürzerer Zeit auszuführen gewesen sein, als dessen Beerdigung in ein nahe drei Fuß tiefes Grab? Die Kostbarkeit des Schmucks kann auch für die Person nichts entscheiden, da alle Germanen, namentlich die Ostgoten und Gepiden, damals den Raub in reichen Ländern so lange schon gewerbsmäßig betrieben hatten, daß die Fürsten derselben leicht im Besitze der wertvollsten Waffen und Geschmeide sein konnten.

Immer aber ist doch mit höchster Wahrscheinlichkeit, beinahe mit Sicherheit anzunehmen, daß der Betreffende in dem Kriege mit Attila gefallen sei, da die Geschichte spätere Kämpfe so außerordentlicher Art in dortiger Gegend nicht kennt.

Ob derselbe aber in der Hauptschlacht oder in dem vorhergegangenen Nachtkampfe, der sonach an der Aube stattgehabt hätte, seinen Tod gefunden, ist nicht zu ermitteln.

Zu 2. Nach den Quellen müssen wir uns unzweifelhaft für das Schlachtfeld in nicht zu großer Entfernung von Mery sur Seine erklären.

Wenn Jordanis sagt: in den catalaunischen Gefilden, die auch mauriacische genannt werden (in campis Catalaunicis, qui et Mauriaci nominantur), denen er nun eine Ausdehnung von sechshundert Quadratmeilen beimißt, dabei also nicht bloß die Umgebung von Durocatalaunum (Châlons) gemeint haben kann, so hat man in letzterem Beisatz offenbar nur eine nähere Bezeichnung des betreffenden speziellen Teils der großen Gesamtebene, nicht aber einen zweiten tautologischen Namen derselben zu erkennen, der ohnehin etwas höchst Unwahrscheinliches hat.

Nun heißt es aber in den unter Fredigars Namen bekannten Bruchstücken (Fragmenta ex aliis Fredigarii excerptis selecta, quae ad historiam Francorum pertinent) nach dem Entsatze von Orléans: „Auf dem Rückmarsche lagern die Hunnen bei Troyes in der mauriacensischen Ebene" (Huuni repedantes, Tricassis in Mauriacensi consident campania) und bald nachher von Thorismund: „er kämpfte mit Attila und den Hunnen in der Schlacht bei Mauriacum" (com Attila et Chunis Mauriaco confligit cortamine). p. 701 der Ausg. d. Gregor von Tours von Migne.

Endlich berichtet Gregor von Tours selbst (II, 7) von dem Entsatze von Orléans: „Sie schlagen Attila in die Flucht, der in das maurische Gefild gehend sich zum Kampfe bereitet." (Attilanem fugant, qui Mauriacum campum adiens, se praecingit ad bellum.) Hierzu haben wir nun auch noch aus der oben angeführten trefflichen Abhandlung von Waitz zwei uns, aber auch andern Forschern bisher entgangene Quellen nachzutragen, nämlich das Gesetz der Burgunder 17, 1, worin der mauriacensischen Schlacht gedacht wird und das merkwürdige Zeugnis einer, von ihm aufgefundenen noch ungedruckten Chronik vom Jahre 641, worin das Schlachtfeld selbst Mauriacum genannt und dessen Entfernung von Troyes auf nur fünf römische Meilen oder eine deutsche bestimmt wird.[1] Nach allen diesen Angaben, die mit Ausnahme des Jordanis von Landesgenossen herrühren, ist in der Tat nicht zu zweifeln, daß die Schlacht in der Gegend von Mauriacum stattfand.

Daß nun Mery sur Seine das alte in vier Quellen so bestimmt bezeichnete Mauriacum sei, wird von dem gelehrten und gründlichen Adrian Valesius im IV. Buche seiner rerum Francicarum (die Stelle ist bei P. Delac. S. 32 abgedruckt), sowie von letzterem selbst mit Bestimmtheit behauptet, ja nach diesem soll jener Ort noch auf einer Karte vom Jahre 1128 unter dem Namen Hariacum aufgeführt werden.

War aber die Hauptschlacht in der Nähe von Mery auf dem rechten Seineufer, so dürfte das frühere Nachhutgefecht unstreitig zu Deckung des Seineübergangs bei Mery sur Seine auf dem linken stattgefunden haben.

Daß aber Attila bei dem Rückmarsche von Orléans Troyes oder dessen Nähe berwirkte, ergibt sich auch aus der von Thierry auf Grund der Legendenchronik mitgeteilten Begegnung desselben mit dem für seine Stadt sich verwendenden Bischof Lupus von Troyes, den er von da als Geisel bis zum Rhein mitnahm. Können nun auch die Quellen der Art nicht für unbedingt glaubhaft gelten, so muß doch eine so notorische und auffällige Tatsache, wie die Mitführung jenes Bischofs durch Aufzeichnung und Tradition sich erhalten haben, kann daher unmöglich bezweifelt werden. (? D.) Dieselbe hat auch das in den Schriften des Mittelalters viel verbreitete Witzwort von dem Einflusse der wilden Tiere, eines lupus und leo, auf Attila hervorgerufen.

Der Annahme von Mery für Mauriacum tritt jedoch d'Arbois de Jubainville mit der (wohl begründeten D.) Behauptung entgegen, daß sich die Verwandlung des alten Namens Mauriacum in Mery aus sprachlichen Gründen nicht rechtfertigen lasse, letzteres auch in den Quellen des zwölften Jahrhunderts nur als Meriscum, Mairiacom, vielleicht auch als Mariacum vorkomme. Dagegen liege südlich von Dierry St. Julien an der Grenze der Flur von Fontvannes 16 Kilometer (etwas über 2 geogr. Meilen) westlich von Troyes ein Moirey genannter Raum, woselbst früher ein Kirchdorf gestanden, das sich noch auf der Karte von Cassini finde, im Jahre 1680 aber immer kleiner geworden: jetzt sei sogar auch die im Jahre 1748 daselbst noch erhaltene Kirche längst verschwunden. Von dieser Flur werde ein Strich an der Grenze von Fontvannes les Batailles genannt.

Wir enthalten uns des Urteils über den sprachlichen Grund. Desto entschiedener aber sind wir der Meinung, daß ein Ort, nach dem im fünften Jahrhundert die Umgegend genannt worden ist, damals ein bedeutender gewesen sein, sich eben deshalb aber präsumtiv auch fortwährend erhalten haben dürfte, was von Mery schon seiner Lage an der Seine halber an sich vorauszusetzen ist, durch die Autorität des so gelehrten und gründlichen Valesius aber, der vor mehr als zweihundert Jahren schrieb, bestätigt und durch das Vorkommen dieser Stadt als Mariscum auf einer Karte vom Jahre 1128, wenn Peigné Delacours diesfallsige Behauptung in Wahrheit beruht, außer Zweifel gesetzt wird. Obwohl wir daher der historischen Befähigung, die Arbois de Jubainville als Verfasser einer trefflichen Geschichte der Herzöge und Grafen von Champagne bekundet hat, alle Gerechtigkeit widerfahren lassen, das kritische und wissenschaftliche Verdienst Peigné Delacours aber, seiner Schrift zufolge, nicht allzuhoch anschlagen möchten, so können wir doch im vorliegenden Fall der Hypothese des ersteren an sich keinen entscheidenden Wert beilegen. Übrigens finden sich bei jenem Moirey allerdings auch Hügel und ein, wiewohl sehr unbedeutender, noch keine geographische Meile langer Bach, Betro genannt.[2]

Zu 3. Für die militärische Beurteilung der Örtlichkeitsfrage haben wir ein Gutachten des Majors von Abendrot zu Dresden benutzt, der in der im Jahre 1862 zu Leipzig bei T. O. Weigel erschienenen Schrift: Terrainstudien zu dem Rückzuge des Varus und den Feldzügen des Germanicus, sein Interesse für solche Aufgaben bereits bekundet hat, und sich folgendermaßen ausspricht:

Als Attilas Rückzugspunkt ist unstreitig Metz festzuhalten, auf welchem er die Ardennen umging und entweder auf dem nächsten Wege in der Richtung nach Mannheim über Bruchsal zwischen dem Oden- und Schwarzwalde, der Naturstraße der jetzigen württembergischen Eisenbahn folgend, oder auch, wiewohl mit Umweg und größerer Terrainschwierigkeit, über Mainz den Main hinauf an die Donau gelangen konnte. Über Metz war auch Attila selbst an der Spitze der Südkolonne in Gallien eingedrungen.

Von Troyes, das derselbe erweislich berührte, führten nach der unter I. am Schlusse angefügten Kopie der von Peigné Delacour seiner Schrift beigegebenen Übersichtskarte, vier Römerstraßen nach Metz, von denen die westliche über Arcis nach Chalons gerade die *weiteste*, die über Lermont die kürzeste war.

Hiernach muß ich mich nun

a) in strategischer Hinsicht unbedingt gegen das Schlachtfeld bei la Cheppe aussprechen.

Attila hatte offenbar die Wahl des Weges für seinen Rückzug in die Heimat frei. Daß er an diesen gleich nach dem verfehlten Unternehmen auf Orléans gedacht, die Hauptschlacht in der Champagne namentlich nicht mehr mit Siegesvertrauen geliefert habe, ist nach den Quellen nicht zu bezweifeln.

Aus welchen Gründen hätte er nun den weitern Weg und gerade den ödesten Teil der Champagne zum Lagern und Schlagen aufsuchen und dafür nicht die gerade Straße und die fruchtbarere Gegend vorziehen sollen? Nach der Schlacht verweilt auch Attila mehrere Tage im Lager, was in der Gegend von Châlons große Schwierigkeit gehabt haben dürfte, da man Transporte aus der Ferne, die wohl den Römern zu Gebot standen doch nicht annehmen kann.

b) In taktischer Hinsicht dagegen würden sich bei la Cheppe nach der französischen Generalstabs-karte die in des Jordanis Beschreibung der Schlacht hervorgehobenen Merkmale allerdings vollständig finden, was jedoch für die betreffende Örtlichkeit um deswillen *allein* nicht entscheiden kann, weil dasselbe auch an andern Punkten dortiger Gegend der Fall sein würde.

Gerade bei dem von Peigné Delacour angenommenen Schlachtfelde aber läßt sich dies, wie die ebenfalls beigefügte, gedachter Karte entnommene Skizze der Gegend zwischen Troyes, Méry und Arcis ergibt, aus folgenden Gründen nicht behaupten.

aa) Die Richtung des Marsches von Orléans über Sens in die Gegend von Troyes würde dahin führen, daß man für die Hunnen das fragliche Schlachtfeld mit der Front nach Westen, für die Römer also nach Osten annehmen müßte. In diesem Falle hätte der rechte Finger letzterer aber nicht bei Pouan, sondern auf der entgegengesetzten Seite nach St. Remy zu stehen müssen. Der bei Pouan gefallene germanische Führer könnte also weder den Westgoten noch deren stammverwandten Gegnern angehört haben.

Um diesen Widerspruch zu heben, setzt Peigné die Front der Hunnen nach Norden und schiebt den Römern die Aufgabe zu, Attila in seiner rechten[3] Flanke zu umgehen (was auf der Straße von Orleans über Sens nach Châlons allerdings um so leichter gewesen wäre, da die Hunnen bei ihrem großen Wagentrosse gewiß nur langsam marschieren konnten), zugleich aber auch angesichts des Feindes über die Aube zu gehen.

Beides ist aber unwahrscheinlich, weil jene Umgehung Attila von unfruchtbaren Landstrichen ab, seiner bessern direkten Verbindung zugedrängt hätte. Abgesehen davon ferner, daß die Schlachtbe-schreibung, die eines Baches erwähnt, der so viel bedeutendern Aube nicht gedenken sollte, möchte ich bezweifeln, daß die Sache so (taktisch) ausführbar gewesen sein und letzterer Fluß gar kein Hindernis geboten haben sollte. Unter allen Umständen aber würde eine Aufstellung, bei welcher die Römer die Aube so dicht im Rücken gehabt hätten, allen taktischen Regeln auf das entschiedenste widersprochen haben.

bb) Findet sich auch auf dem Peignéschen Schlachtfelde gar kein Hügel, außer unmittelbar bei Vilette zwischen Pouan und Arcis. Dieser ist aber nur etwa fünfundvierzig Fuß hoch, Front nach Westen, auch sehr schmal und kein Tummelplatz gewaltiger Heere, wie denn überhaupt das ganze Terrain dort mehr ein winkliges Ansehen als das eines großen und weiten Schlachtfeldes hat.

Nach wiederholter Durchlesung des Schlachtberichts habe ich schließlich folgende Ansicht gewonnen.

1. Ich halte den Nachtkampf für ein Nachhutgefecht und als dessen Schauplatz die Gegend von Méry mit dem alten Römerlager in Châtres für möglich, namentlich weil das Forcieren des Übergangs dort an einer genau bekannten Örtlichkeit stattfand.

2. Da auch Arcis eine als Arciana auf allen alten Karten vorkommende Römerstadt war, sollte man glauben, daß eine in dessen *unmittelbarer* Nähe gelieferte Schlacht eher im arcianischen als mauriaci-schen Felde bezeichnet worden sein dürfte.

3. Demzufolge möchte ich mehr bei Méry bleiben. Attila steht in Troyes; man forciert den Über-gang auf seinem äußersten rechten Hügel, er rückt den Übergegangenen entgegen, dadurch wird die hunnische Schlachtlinie Front nach Nord oder Nordwest und damit stimmt dann die Beschreibung mit dem hügelartigen Landrücken (bei Premier-Fait und les Grandes Chapelles), der etwa hundertund-fünfzig Fuß ganz allmählich sich erhebt, überein. Der Blutbach entspricht allerdings mehr der Barbuis-se als den Lateralbächen der Seine, paßt aber ebensowenig auf das Schlachtfeld bei Pouan, dessen westlichsten Flügel erstere begrenzt. Indessen halte ich diesen Punkt für weniger wichtig, da er mehr mit der Bezeichnung des Schaurigen als mit positiven Angaben zusammenhängt, also wohl nicht wörtlich erfaßt zu werden braucht.

Der Gang der Schlacht könnte recht wohl dahin geführt haben, daß ein höherer Führer der geschla-genen Partei bei Pouan flüchtig bestattet worden und das Lager, in welchem Attila verweilt, auf den südlich von les Grandes Chapelles gelegenen Höhen – die Seine und Barbuisse sowie die Hilfsquellen von Troyes in der Nähe – zu suchen wäre.

Bei der großen Unsicherheit aber, welche die geringen und magern Angaben für die Operation und die Lokalität des Schlachtfeldes übriglassen, wäre es immerhin auch denkbar – wenn auch nicht wahrscheinlich – , daß Aëtius aus irgend welchen uns dermalen unbekannten Gründen[4] doch die rechte Flanke der Hunnen umgangen habe. Das Nachtgefecht würde dann in der Gegend zwischen Pouan und Arcis zu suchen sein und zwischen der *Vorhut* beider Heere an der Aube, deren Übergang die hunnische abwehren sollte, stattgefunden haben, während sich für die Schlacht selbst das nach Süden wellenförmig ansteigende Hügelland, vielleicht bei le Mesnil la Comtesse, darbieten würde.

Noch habe ich mich aber über die mir erst *nachträglich* zugekommenen Angaben der ungedruckten Chronik vom Jahre 641, daß die Schlacht eine geographische Meile von Troyes vorgefallen sei, auszusprechen.

Ist diese gegründet, so rückt das eigentliche Schlachtfeld ganz entschieden von Pouan weg und ich muß gestehen, daß, wie gern ich auch das Nachtgefecht an der Aube zugeben will – obwohl wir uns dann weit von den maurischen Feldern entfernen, mir doch viel daran lag, die militärisch so verkehrte Lage des großen Schlachtfeldes nach Peignés Schrift gründlich abzuweisen, welche Absicht nun durch die neuen Quellen vollständig erreicht sein würde.

Ich kann aber, angeregt durch die fünf römischen Meilen und durch die Tatsache, daß die römischen Entfernungsangaben sich oft auffallend bestätigt haben, nicht umhin, noch eine Ansicht zu äußern.

Die Richtung von Sens her und das Schlachtfeld bei Fontvannes haben die einfachste natürliche Annahme für sich, wobei sich der Kampf um die Höhe nördlich Fontvannes oder um die Höhe von Montgueux gedreht haben würde. Attila, halb geschlagen, konnte sehr zweckmäßiger Weise sein Lager vorher in der Nähe von Troyes nehmen, es an diese doch jedenfalls befestigte Stadt stützen und nichts war wohl gebotener, als daß der Bischof sich zu ihm begab, um für die unter diesen Verhältnissen sehr gefährdete Stadt um Schonung zu bitten.

Hiernach mußte die Schlacht bei Fontvannes oder Montgueux geliefert werden.

Hält man aber freilich die Gegend von Mauriacum fest, wie man andrerseits auch muß, so komme ich auf meine erste Idee von Premier-Fait und les Grandes Chapelles zurück und um die fünf römischen Meilen nicht zu vernachlässigen, müßte man das Schlachtfeld mehr nach der Richtung von Feuges suchen. Hiermit wäre auch ganz gut zu vereinigen, daß bei dem Nachtkampfe, möge er nun bei Mery oder Villette – Pouan stattgefunden haben, der aufgefundene Führer geblieben und flüchtig bestattet worden sei. Auch ich lege auf diesen Fund großen Wert, möchte die Sache aber lieber mit einem geschlagenen und etwas abgedrängten Flügel als mit dem Aubeübergange in Verbindung bringen.

Volleres Licht für das auf der ganzen Frage noch ruhende Dunkel ist überhaupt nur durch umfassende Nachgrabungen und militärische Forschungen zu erwarten und wir hoffen, daß, wenn erst das Interesse dafür an *rechter* Stelle erregt sein wird, das Erforderliche geschehen und genügende Resultate geben dürfte.

Ist doch, nach Peigné Delacourt, S. 30, selbst der von ihm S. 37 und 38 beschriebene Grabhügel bis zum Jahre 1860 noch nicht einmal geöffnet worden, welchen der Ingenieur en chef des Departements für den Theoderichs erklärt, wenngleich derselbe hierin wohl irren dürfte, da Theoderichs Hülle wahrscheinlicher in die Heimat mit abgeführt ward.

QUELLEN- UND LITERATUR-ÜBERSICHT[1]

―――――

I. ABTEILUNG
Quellen und Quellenerläuterungsschriften

Pytheas (c. a. 330 v. Chr.). Fragmenta ex auctoribus collegit et commentariis illustravit *Arwedson*, Upsalae 1824. – ed. atque illustravit *Schmeckel*, Merseburg 1848. (Programm.)
    (*Lelewel*, P. de Marseille et la Géographie de son temps. Paris 1838. – *Fuhr*, P. aus Massilia. Darmstadt 1842. – *Bessel*, P. von Massilia und dessen Einfluß auf die Kenntnis der Alten vom Norden Europas, insbesondere Deutschlands. Göttingen 1858. – *Ziegler*, die Reise des P. nach Thule. Dresden 1861. – *Müllenhoff*, deutsche Altertumskunde I. Berlin 1870.)
Fasti capitolini ad a. 222 v. Chr.
    (M. Claudius-Marcellus de Galleis Insubribus et Germ. k. Mart. isque spolia opima retulit. Spätere Einfügung des Namens? Echtheit des Textes? [Keinesfalls Deutsche!])
Cajus Julius Caesar, † a. 44 v. Chr. Commentarii de bello gallico (verfaßt 52 v. Chr.) ed. *Doberenz*. V. Aufl. Leipzig 1871.
    (*Köchly* und *Rüstow*, Einleitung zu C. Commentarien über den gallischen Krieg. Gotha 1857. – Napoleon III., histoire de Jules César I. II. Paris 1865, 1866. – *v. Göler*, C.s gallischer Krieg 58 – 51 v. Chr. 1858–60 (II. Ausgabe 1880). – *v. Cohausen*, C.s Feldzüge gegen die Germanen am Rhein. Jahrb. d. Rheinländ. Alterth. Fr. XLIII, S. 1–56. – *Glück*, die bei C. vorkommenden keltischen Namen. München 1857, – *J. Caesaris* commentarii de bello gallico, erklärt v. Frd. Kraner. 11. Aufl. Berlin 1879.)
Inscriptionum latinarum select. amplissima collectio ed. *C. Orellius*. Turici 1828.
    (*Steiner*, corpus inscriptionum romanar. Rhenanar.)
Corpus inscriptionum Rhenanarum ed. *Brambach*. Elberfeld 1867.
Corpus inscriptionum latinarum: consilio et auctoritate Academiae litterar. regiae boruss. (Th. Mommsen.) Für unsere Periode: von Julius Cäsar und Augustus ab: *Hispania* ed. *Hübner*. Berolini 1869.
    (*Hübner*, inscriptiones Hispan. christianae. Berlin 1871. – *Hübner*, inscriptiones Brittanniae christianae. Berlin 1876. – *Inscriptiones* Illyrici III ed. *Th. Mommsen*. Berlin 1873 – *Mommsen*, Corpus inscriptionum latinar. I–VI, s. VII (V Gallia cisalp.). (passim.) Leipzig 1878. – *Noricum, Raetia, Vindelicia. Afrika* 1881. – *O. Hirschfeld*, epigraph. Nachlese zum corp. inscript. lat. III: Dacia Moesia. Wien 1875.)
Augustus, Imperator, † a. 14 n. Chr. (res gestae). Monumentum ancyranum, c. a. 10 n. Chr. (et apolloniense) ed. *Mommsen*, corpus inscriptionum latinarum III, 2, p. 769. Berolini 1873 (was die Germanen betrifft, auch bei *Müllenhoff*, Germ. antiqua. Berol. 1873, p. 51 seq.).
    (*Monumentum ancyranum* edd. Zumpt et Franz. Berol. 1844. – *Mommsen*, res gestae divi Augusti ex monum. ancyrano et apolloniensi. Berlin 1865. – Chorographiae e commentariis M. *Agrippae* ab Augusto editae de mensura provinciarum capita ed. *Müllenhoff*, in Germania antiqua. Berolini 1873.)
Livius, c. a. 6 n. Chr. (epitom. XCVII. Sallust Fragm. 168) ed. *Weissenborn*. Leipzig 1853. Germanen bei den Galliern zur Zeit der Sklavenkriege.
    (Livius XXI, 38 „semigermanae gentes“: am Rhodanus.)
Vellejus paterculus, historiae romanae libri duo (a. 30 n. Chr.) ed. *Kritz*, Lipsiae 1840; ed. *Haase*, Lipsiae 1858.
    (Vellejus Paterculus historia romana ed. *Krause* 1803; ed. *Kreyssig* 1836. – *Velleji Paterculi*

histor. ed. *Halm.* Leipzig 1876. – *Pernice,* de V. P. fide historica Lips. 1862. – *Stanger,* de V. fide. Monach. 1863. – *Goesse,* de vellejana Tiberii imagine. Jena 1878.)

Strabo, rerum geographicarum libri XVII, a. 18 n. Chr., † a. 24 n. Chr. (was Germanien betrifft, in Müllenhoff, Germania antiqua, p. 52 seq.) Berolini 1873. – ed. *Kramer* I – III. Berol. 1844–52.

(*Forbiger,* Handbuch der alten Geographie I, S. 302–356. – *Hasenmüller,* de Str. Geogr. patria. Bonn 1863. – Miller, Regensburger Programm 1865. – *Vogel,* Quellen des XV. Buches. Göttingen 1874. – *Cascorbi,* Paul, observationes Strabonianae. Göttingen 1879.)

Pomponius Mela, de chorographia (a. 40 oder 44 n. Chr.) libri tres ed. *Parthey.* Berol. 1867.

(*Pomponius Mela,* de Chorographia excerpta ed. *Müllenhoff* in Germania antiqua. Berolini 1873. – Pomponius Mela de situ orbis ed. *Tzschucke* 1807.)

Seneca, † 65 n. Chr., quaest. nat. (libri VIII) (VI, 7) I. prol. ed. *Fickert.* Breslau 1865,

Plinius Secundus (major) historia naturalis (a. 77 n. Chr.) (was Germanien betrifft in *Müllenhoff,* Germania antiqua, p. 87 seq. Berolini 1873.)

(C. Plinius Secundus historia naturalis ed. Lemaire 1827. – Literatur zu Plinius: v. Jan, Phiologus III, XII, XXI. – *Detlefsen,* Philolog. XXVIII, Fleckeisens Jahrb. LXXVII.)

(Publius?) Cornelius **Tacitus** Germania (a. 99 n. Chr.) ed. et quae ad res Germanorum pertinere videntur e reliquo Tacitino opere (annales, historiae, Agricola) excerpsit *Jacobus Grimm.* Göttingae 1835.

(*Tacitus* Germania, Germania antiqua ed. *Muellenhoff.* Bonn 1873. – Literaturangaben und Erläuterungsschriften jeder Art zu des Tacitus' Berichten über die Germanen am zahlreichsten bei *Baumstark,* Erläuterung der Germania des Tacitus I, 1875, II, 1880, Leipzig und *Baumstark,* urdeutsche Staatsalterthümer. Berlin 1873. Jüngeres noch bei *Nicolai,* römische Literaturgeschichte. Magdeburg 1881. – *Orelli,* Symbolae criticae et philol. ad C. C. Taciti Germaniam. 1819. – *Horkel,* die Geschichtschreiber der deutschen Urzeit I (Tacitus). Berlin 1849. – *Anton,* Übersetz. der Germania. – *Dilthey,* observationes in Taciti Germaniam. – *Gebauer,* vestigia juris germanici in Taciti Germania obvia – *Fr. Ritter,* Tacitus Germania. – *Rühs,* Erläuter. d. X. ersten Capitel d. Germania d. Tacitus. – *Gerlach,* Taciti Germania. – *Latham,* on the authority of the Germania of Tacitus for the ethnology of Germany, journal of classical and sacred philology XII, 1860, S. 324. – *Krafft,* historische und geographische Excurse zu Tacitus' Annalen I, 55–60 f., II, 7. Programm des k. Seminars Maulbronn. Stuttgart 1863. – *Halm,* über einige controv. Stellen i. d. G. d. Tac. Sitzungsbericht d. Münchener Akad. 1864. – *Taciti* Germania ed. *Kritzius.* Berlin, 2. A. 1864. – *Hult,* Tacitus Germania suethice – cum annotat. Stockholm 1867. – *Curtze,* Tacitus Germania ausführlich erklärt. 1–110. Leipzig 1868. – *Narcis Liebert,* de doctrina Taciti. Würzburg 1868. – *Hueppe,* Germania des Tacitus mit Anmerk. Münster 1868. – *Baumstark,* Tacitus Germania mit Erläuterungen. Schulausgabe. Leipzig 1881. – *Meiser,* kritische Studien zum Dialog und zur Germania des Tacitus. Eichstädt 1871. – *Wiedemann,* über eine Quelle von Tacitus Germania. F. z. D. G. IV, 1864. – *Waitz,* über angebliche Benutzung von Tacitus Germania im Mittelalter. F. z. D. G. X, 1870. – *Wiedemann,* Nachtrag zu der Abhandlung über eine Quelle von Tac. Germania. (Sallust.) F. z. D. G. X, 1870. – *Kaufmann,* ein Mißverständnis des Tacitus. Straßburg 1874. – *Riese,* die Idealisirung der Naturvölker in d. griech. und röm. Liter. Heidelberg 1875. – *Leonhard,* die Wahrhaftigkeit und Glaubwürdigkeit des Tacitus. Tübingen 1878. – *G. Waitz,* zur Kritik d. Textes v. Tacitus Germania; über d. principes in d. Germania des Tacitus (s. unten). – *Usinger,* zu Tacitus Germania 2. F. z. D. G. XI, S. 595. – *Taciti Germania,* erklärt *v. Tücking.* 3. Aufl. Paderborn 1878. – *Alfr. Holder,* rec., Cornelii Taciti de origine et situ Germanorum liber. Leipzig 1878. – *Tacitus Germania,* erklärt von *Schweizer-Sidler.* 3. Aufl. Halle 1879. – *Seebeck,* de orationibus Taciti libris insertis I. Celle 1880.

(Annius, Annaeus?) **Florus,** bellorum omnium annorum DCC (ca. 100 unter Trajan?), ed. *Halm* 1854. – "epitome historiae romanae", ed. *Lemaire* 1827.)

(*Spengel,* Abhand. d. Münchner Akad. (histor.-philolog Classe) 1861. – *Reber,* das Geschichtswerk des F. Freising 1865. – *Heyn,* de F. historico. Bonn 1866. – *Eussner,* Philolog. XXXIV.)

Sextus Julius **Frontinus** (– 103), strategemata, ed. *Oudendorp.* Lugdunum Batavorum 1779.

Cajus Plinius Caecilius Secundus (Pl. der Jüngere), a. 62–113 n. Chr., panegyricus Trajano dictus; epistolarum libri IX; opera ed. *Keil.* II. Ausg. Lipsiae 1870.

Plutarchus (c. a. 50 bis c. 120 n. Chr.), vitae parallelae ed. *Döhner* I, II. Paris – 1846 bis 1847; ed. *Dübner* I, II. Paris 1868.

(*Volkmann*, Leben, Schriften und Philosophie des Plutarch. II. Aufl. Berlin 1873. – *Peter*, die Quellen des Plutarch. Halle 1865.)

C. Suetonius Tranquillus, a. 75–160 n. Chr., de vita Caesarum (bis Domitian) ed. C. L. *Roth*. Lipsiae 1858. S. Tr., *praeter* Caesarum libros reliquiae ed. *Reifferscheid*. Lipsiae 1860 (de viris illustribus, ed. *Doergens*. Leipzig 1863).

(*Reifferscheid*, quaestiones Suetonianae. – *Becker*, questiones criticae de S. Königsberg 1862. – *Unger*, Suetoniana. Friedland 1864. – *Beckurts*, zur Quellenkritik des Tacitus, Suiton und Casseus Dio: das Vierkaiserjahr. Altenburg 1880.)

Claudius Ptolemaeus (unter Antoninus Pius 138–161 n. Chr.), geographica enarratio: was Germanien betrifft, bei *Müllenhoff* a. a. O., p. 118 seq.

(Erläuterungsschriften bei *Pauly*, Realencyclopädie VI, 1, S. 238, II. Ausg., I, S. 783. – *Sickler*, Claudii Ptolemaei Germania. Cassel 1834. – Géographie de Ptolémée, reproduction photolithographique du manuscript grec du monastère de Vatopédi au mont Athos par V. *Langlois*. Paris 1867.)

Lucianus (geb. c. 130) [Alexandros, Pseudomantis], opera ed. *Reitzius*, Traject. ad Rhenum I–IV, 1743–46, ed. *Fritzschius*. Rostock I 1860, II 1870.

Pausanias (vor 162 bis a. 174), Periegesis I–X, ed. *Schubart* und *Walz*. Leipzig I–III, 1838, 1839.

Galenus (a. 131–201?) [περὶ τῶν ἰδίων βιβλίων] ed. *Kühn*. Lipsiae 1821–1830. (*Dirksen*, der Rechtsgelehrte und Taktiker Tarrutenius Paternus, unter Commodus. Berlin 1856.)

Minucius Felix, Octavius, c. a. 200 (Dialog, Apologie des Christenthums) ed. *Halm*, corpus scriptor. ecclesiasticor. latinor. II. Vindob. 1867.

Itinerarium provinciarum Antonini (c. a. 210, aber mit Zusätzen bis c. 310) ed. *Parthey* und *Pinder*. Berlin 1848.

(*Notitia gentium* (initio saec. III.) e codice Veronensi saec. fere VII. ed. *Müllenhoff*, in Germania antiqua. Berolini 1873.)

Casssius Dio Coccejanus, historia romana (a. 201–229 n. Chr.) L. I–LXXX, ed. *Dindorf* I–V. Lipsiae 1863–65.

(Cassius Dio Coccejanus historia romana ed. *Reimarus* 1742.) – Cassius Dio Coccejanus, historiae romanae ed. *Sturz* I–IV. Lipsiae 1824. – Summarium der Bücher XXXV–LXXX, Caesar bis Severus Alexander bei Johannes Xiphilinus, c. a. 1075, ed. *Dindorf* a. a. O. – de Dionis Cassii fontibus et auctoritate R. *Wilmans*, Berol. 1835. *Gashof*, Bonnae 1867.)

Quintus Septimius Florens **Tertullianus**, a. 150–230, opera ed. *Oehler*. Lipsiae I–III, 1853.

(Über **Lucius Marius Maximus**, schrieb c. 230, *Müller* in *Büdingers* Untersuchungen zur römischen Kaisergeschichte III. Leipzig 1870. – *Plew*, Marius Maximus als directe und indirecte Quelle der scriptores historiae Augustae. Straßburg im Elsaß 1878.)

Thascius Caecilius **Cyprianus**, a. 200–237, opera ed. *Migne*, III. Paris 1844.

(*Rettberg*, C. dargestellt nach seinem Leben und Wirken. Göttingen 1831.)

Herodian, historia imperii Marci (bis Gordian III, a. 180 bis a. 238) I–VIII ed. *Bekker*. Lips. 1855.

(*Volkmann*, de H. vita, scriptis fideque, Regimontii 1859. – *Sievers*, Philolog. XXVI, XXXI. – *Müller* und *Dändliker* in *Büdingers* Untersuchungen zur römischen Kaisergeschichte II, III. Leipzig 1870.)

Commodianus, instructiones, a. 238, ed. *Oehler* mit Minucius Felix 1847; carmen apologeticum, a. 249, ed. *Pitra*, spicilegium Solesmense I. Paris 1852.

(Commodiani carmina ed. *Ludwig*. Leipzig 1878.)

Tabula Peutingeriana (c. a. 230–270?), copirt a. 1265, ed. *Desjardins*. Paris 1868.

(*Paulus*, Erklärung der T. P. Stuttgart 1869. – *Seefried*, oberbaier. Archiv XXX, 1869. – *Tabula peutingeriana* ed. *Müllenhoff*, Germania antiqua. Berol. 1873.)

Cajus Julius **Solinus**, c. a. 260, collectanea rerum memorabilium ed. *Mommsen* 1864.

Herennius **Dexippus** (c. a. 270), fragmenta ed. *Bekker* und *Niebuhr*. Bonn 1829.

(*Dändliker*, in *Büdingers* Untersuch. z. römischen Kaisergeschichte III. – Vergl. auch: K. *Müller*, fragmenta historicorum graecorum. Paris I–IV, 1851 und *Dindorf*, historici graeci minores, I. Lipsiae 1871, II. 1872.)

Nemesianus, Cynegetica, c. a. 290, ed. Wernsdorf, poetae latini minores I, p. 90 bis 120 (auch nach *Webers*, corp. poetar. latinor., p. 1189–1191, Textkritik bei *Haupt*, de carm. bucol. Lipsiae 1854, p. 35).

Codex Gregorianus, c. a. 290, ed. *Haenel*, corp. jur. antejustinianei. Bonn 1837. (*Huschke*, Z. f. R.-Gesch. VI, 1867.)

Codex Hermogenianus, a. 291–365, ed. *Haenel* l. c.

Arnobius, c. a. 295, septem libri adversus nationes ed. *Migne* V.

Scriptores historiae Augustae: *Aelius Spartianus, Vulcatius Gallicanus, Trebellius Pollio* unter Diokletian bis 305; *Flavius Vopiscus* Anfang des IV. Jahrh.; *Aelius Lampridius, Julius Capitolinus,* Constantin dem Großen gewidmet, ed. *Peter.* Lipsiae 1865.
(*Vopiscus'* Lebensbeschreib. krit. geprüft. Leipzig 1868. – *Trebellius Pollio,* Auszug bei *Müllenhoff,* Germania antiqua, Berol. 1873. – *Peter,* historia critica scr. h. A. Lipsiae 1860. – *Plew,* de diversitate auct. h. A. Regimontii 1869. – *Brocks,* de IV prior. h. A. script. ibidem 1869. – *Czwalina,* de epistularum actorumque … fide (in scr. h. A.) Bonn I 1871. – Müller, in *Büdingers* Untersuchungen zur römischen Kaisergeschichte III. – *Brunner,* Vopiscus' Lebensbeschreibungen, in *Büdinger:* Untersuchungen zur römischen Kaisergeschichte II. Leipzig 1868. – Pr. Dr. *Petschenig,* Beiträge zur Textkritik d. Scriptores historiae Augustae. Wien 1879.)

Provinzenverzeichnis von a. 297 ed. *Mommsen.* Abhandl. der Berliner Akad. 1862, S. 489–531.
(*Müllenhoff,* zu dem Verzeichnis römischer Provinzen vom Jahre 297, herausgegeben von *Mommsen.* Abh. d. Berl. Akad. 1862, S. 532.)

Incerti auctoris panegyricus Constantino M. dictus, a. 313, ed. *Jäger,* paneg. vet. Nürnberg 1797 I, No. 8.

Nazarius, panegyricus Constantino M. dictus, a. 321, ed. *Jäger,* pan. vet. Nürnberg 1797 I, No. 9.

Panegyrici veteres ed. *Baehrens.* Lipsiae 1874. a) incerti auctoris, 21. April a. 289; b) incerti auctoris (Genethliacus), a. 291, Maximiano dictus, Augustae Treverorum; c) Eumenii,(geb. c. a. 250), a. 296, pro instaurandis scholis Augustodun.; d) a. 297, Constantio Chloro dictus; e) a. 310, Constantino Magno dictus; f) g. 311, gratiorum actio pro Augustod.
(*Eumenius,* oratio pro restaurand. scolis ed. *Baehrens.* Lipsiae 1874. – H. *Rühl,* de XII paneg. latin. propaedeumata. Greifswald 1868. – *Eyssenhardt,* lectiones panegyricae. Berlin 1867.)

Edictum Diocletiani de pretiis, a. 302, ed. *Mommsen,* corp. inscr. lat. III, 2. Berol. 1873.

Acta Sanctorum (von besonderer Wichtigkeit seit c. a. 100, dann seit 300[1]), quotquot toto urbe coluntur, collegit J. *Bollandus.* Antwerp. 1643 seq. (Siehe die Zusammenstellung wichtiger Heiligenleben, Dahn, Könige V, p. XII, XIII.
(Passio martyrum etc. ed. *Ruinart* 1737.)

Passio St. Floriani, a. 304. Echt? *Pez,* SS. I, 36.

Concilia sacrosancta (von besonderer Wichtigkeit seit c. a. 300), nova collectio *Mansi;* ed. *Harduin.* Rom 1715 seq.; ed. *Labbé.* Rom 1720 seq.
Mansi, sacrosancta concilia nova coll. I–X. (VIII, IX 1762, 1763.)

Itineraria Antonini, c. a. 320, ed. *d'Urban,* recueil des itinéraires anciens avec X cartes. Paris, 1845 (s. auch oben zu a. 210).

Lactantius Firmianus, c. 310–325, opera ed. *Migne* VI, VII (de mortibus persecutorum, a. 313/314, ed. *Dübner.* Paris 1863).
(*Ebert,* Berichte der k. sächs. Gesellsch. d. W. 1870. – *Halm,* zu Lactantius de mortibus persecutor. Wien. Akadem. 1865.)

Fragmenta vaticana, c. a. 330, ed. *Mommsen.* Bonn 1861.

Publilius Porfirius **Optatianus** opera, a. 329? 333? (unter Constantin d. Gr.) ed. *Migne* XIX. – ed. Lucian *Müller.* Lipsiae 1879.

Itinerarium burdigalense (hierosolymitanum), a. 333.
(ed. *Rendier,* itinéraires romains de la Gaule. Paris 1850. – *Pinder,* Monatsberichte der Berliner Akad. 1860. – de *Barthélemy,* itin. de Bordeaux à Jerusalem, revue archéologique II, 1864. – *Bertrand,* les voies romaines en Gaule. Paris 1863. – *Aurès,* concordance des voies apollinaires (*Jacob,* les trois itin. des aquae apollinaris [Vicarello]. Paris 1859) et de l'itinéraire de Bordeaux à Jerusalem. Nîmes 1868.)

Eusebius, Freund des Pamphilus, c. a. 264–340, histor. eccles., vita Constantini, a. 338, opera ed. *Dindorf.* Lipsiae I–III, 1867, historiae ecclesiasticae libri I–X:, ed. *Laemmer.* Schaffhausen 1858–62. Chronicorum libri I, II, ed. *Schöne.* Berolini 1866, 1875.
(*Dähne,* Ersch u. Grubers Encyclop. I, 39. – *Stein,* E. v. Caesarea. Würzburg 1859. – *Lipsius,* d. Papstverzeichnisse des E. Kiel 1868. – v. *Gutschmid,* de temporum notis quibus E. utitur. Kiel 1868.)

Firmicus Maternus, a. 347, de errore profanarum religionum ed. *Halm* (in Minucius Felix). Vindob. 1867.

(*Hertz*, de F. M. Havniae 1817.)

Julii Honorii excerpta e sphaera vel orbe picto saec. n, ed. *Müllenhoff* in Germania antiqua. Berolini 1873.

Auctoris incerti de Constantino magno ejusque matre Helena libellus. E codicibus primus ed. Th. *Heydenreich.* Leipzig 1879.

Chronograph von a. 354, ed. *Mommsen,* Abh. d. k. sächs. Gesellsch. d. W. II. (philolog.-histor. Cl. I), 1850.

(*Waitz,* Götting. gel. Anz. 1865, S. 81.)

Vulfila, Bibelübersetzung (die heiligen Schriften alten und neuen Testaments), ed. *Massmann.* Stuttgart 1857.

(*Auxentius,* Ulfilas Leben (a. 390), ed. *Waitz.*)

Regiones urbis Romae, a) c. a. 350, b) o. a. 375, ed. *Jordan,* Topographie der Stadt Rom im Altertum. Berlin II, 1871. – *Urlichs,* codex urbis Romae topographicus. Würzburg 1871.

Passio sanctorum quatuor coronatorum (c. a. 360?), ed. *Wattenbach* in *Büdingers* Untersuch. zur röm. Kaisergesch. III. Leipzig 1870; s. auch a. 397.

(*Büdinger, Hunziker, Benndorf* ebenda.)

Julianus, imperator (a. 330–362), opera omnia, ed. *Hertlein.* Lipsiae I, 1875; II, 1876.

(*Neander,* über den Kaiser J. und sein Zeitalter. II. Aufl. Gotha 1867. – *Schulze,* de philosophia et moribus J. Apostatae. Stralsund 1839. – *Teuffel,* de J. Tübing. 1844. – Studien u. Charakteristiken, S. 168. – *David Strauss,* der Romantiker auf dem Thron der Caesaren. Mannheim 1847. – *Auer,* J. im Kampfe mit den Kirchenvätern seiner Zeit. Wien 1855. – *Mücke,* J. der Abtrünnige. Gotha 1867, 1869. – *Keller,* Hellenismus u. Christenthum. Köln 1865. – *Cauer,* über die Caesares des J. Breslau 1856.)

Claudius **Mamertinus,** gratiarum actio pro consulatu Juliano dicta, 1. Januar a. 362, ed. *Jäger,* panegyr. veteres. Nürnberg 1779. – Migne patrolog. XVIII.

Codex Hermogenianus, bis a. 365 (s. Codex Gregorianus).

Eutropius, breviarium ad urbe condita, libri X (unter Valens, bis a. 364), cum versionibus graecis et Pauli Landolfique additamentis, ed. H. *Droysen.* Monum. Germ. histor. auctor. antiquissimi II. Berolini 1880.

(*Eutropius,* breviarium historiae romanae, ed. *Grosse* 1816. (York 1722.) – Eutropii breviarium, ed. *Weise* 1867. – *Hartel,* E. und Paulus Diaconus, Sitzungsberichte der Wiener Akad.-philolog. Classe. LXXI. Wien 1872.)

Hilarius von Poitiers, † 368 (Pictavorum episcopus), opera ed. *Migne* IX, X.

(*Reinkens,* H. v. P. Schaffhausen 1864.)

Rufus Festus, breviarium (unter Valens, gleichzeitig mit Eutrop, c. 370), ed. *Förster.* Wien 1874.

Rufius Festus Avienus, c. a. 370, opera ed. *de Prado,* Matriti 1634. ora maritima ed. *Wernsdorf,* poetae latini minores V, orbis terrae descriptio ed. *Müller,* geogr. graeci minores II. Paris 1861.

(W. *Christ,* Avienus, Abh. d. k. baier. Akad. d. W. 1868. – *de Saulcy,* revue archéologique 1868. – V. *Gutschmid,* Lit. Centralblatt 1871, S. 525.)

Notitia dignitatum (und praepositurae magistri militum), c. a 370 n. Chr., ed. *Böcking.* Bonn 1839–50. (O. *Seeck,* quaestiones de n. d. Berolini 1872. – Notitia dignitatum, ed. *Seeck* 1876.)

Themistius, † a. 388, orationes, ed. *Dindorf* 1832.

Latinus Drepanius **Pacatus,** panegyricus Theodosio I. dictus, a. 389, ed. *Jäger,* panegyrici veteres. Nürnberg 1779, I (No. 11).

(*Pacatus,* panegyricus Theodosio Aug. dictus, ed. *Baehrens.* Lipsiae 1874.)

Decius Magnus **Ausonius,** a. 310–390, opera ed. *Weber,* in corpus poetar. latinor., p. 1206 f. – *Mosella,* ed. *Böcking.* Bonn 1845.

(*Démogeot,* études sur A. Bordeaux 1838. – *Dezeuneris,* sur l'emplacement de la villula d'A. Bordeaux 1869. – *Völker,* zur Mosella symb. philol. Bonn 1869. – *Kaufmann,* in *Raumers* hist. Taschenbuch 1869. – *Axt,* quaestiones Auson. Lipsiae 1873. – *Peiper,* die handschriftliche Bearbeitung des Ausonius. Leipzig 1879.)

Lex Dei, collatio legum mosaicarum et romanarum, o. a. 390, ed. *Bluhme,* corp. jur. ante Justin. II. Bonn 1839.

Flavius **Vegetius** Renatus, epitoma rei militaris, c. 390, ed. Lang. Leipzig 1869.

Ammianus Marcellinus (330–400; schrieb 390 histor. libri XXXI, a. 96–378), ed. *Eyssenhardt.* Berolini 1871 (1872), ed. *Gardthausen.* Lipsiae 1874.

(*Horkel,* Reden und Abhandlungen. Berlin 1862. – Abhandlungen von *Reuscher,* Frankfurt an der Oder 1859. *Möller,* Königsberg 1863. *Hudemann,* Landsberg an der Warte 1864. *Langen,* Düren 1867, Philolog. XXIX. *Cart,* Berlin 1868. – *Haupt,* emendationes. Berol. 1868, 1874. – *Kiessling,* Greifswald 1874. – *Unger,* de Amiani Marcellini locis controv. epist. crit. Neustrelitz 1868. – *Gardthausen,* conjectaneae ammianeae. Kiel 1869. – *Gardthausen,* die geographischen Quellen Ammians. Leipzig 1873. – E. *Schneider,* quaestiones Ammianae. Berlin 1879. – *Michael,* die verlorenen Bücher des Ammianus Marcellinus. Breslau 1880. – D. *Caste,* Auszüge aus Ammianus Marcellinus, in: Geschichtschreiber d. d. Vorzeit, fortges. und herausgegeben von *Wattenbach,* Leipzig 1879.)

Rufinus, c. 400, Eusobii histor. eccles. litri IX (latein. Übersetzung), ed. *Cacciari,* Romae 1740.

Libanius (a. 314 bis c. a. 393), orationes, ed. *Reiske* I–IV. Altenburg 1791 bis 1797. – ed. A. Mai. Rom 1823. – epistolae, ed. *Westermann.* Lipsiae 1855.

Aurelius Victor (vor a. 361 bis vor a. 395?), de Caesaribus, epitome ed. *Schröter.* Lipsiae 1831.

(*Jeep,* rivista filologica I, Turin 1873; s. daselbst die weitere Literatur: (*Opitz*) *Wölfflin,* Rhein. Museum XXIX:. – Aurelius Victor historia romana, ed. *Tauchnitz.* Leipzig 1871.)

Passio sanctorum quatuor coronatorum (a. 397? s. unter a. 360), ed. *Wattenbach.* Wiener Sitzungs-Bericht X, 115 f. (Nachwort von Karajan.)

(*Edm. Meyer,* über die passio sanctorum quatuor coronatorum. F. z. D. G. XVIII, S. 577. – A. *Duncker,* rhein. Museum XXXI).

Quintus Julius **Hilarianus,** a. 397, de duratione mundi, ed. *Migne* XIII (v. *Gutschmid,* in Fleckeisens Jahrb. LXXXVII).

St. Ambrosii (340–397) opera ed. *Migne* pair. XV, XVI. Paris 1845.

(*Böhringer,* die Kirche Christi I, 3. Zürich 1845.)

Sulpitius Severus, c. a. 365 bis c. a. 410? bis a. 325? chronica bis 400, ed. *Migne* XX, opera ed. *Gallandi.* Venet. 1772. – ed. *Halm.* Vindob. 1866 – vita St. Martini, † a. 397, turonensis episcopi; dialogi de St. M.; epistolae.

(*Holder – Egger,* die Weltchronik des sogen. Severus Sulpitius u. suedgall. Gall. Annalen d. V. Jahrhunderts. Göttingen 1875. Neues Archiv II (erst a. 733 verfaßt).)

Anastasius, Papa, 398–402, epistolae, ed. *Migne* XX, XXI und *Nolte,* „der Katholik". Mainz 1872.

Claudius Claudianus († zwischen 404 und 409?), opera ed. *Jeep.* Lipsiae 1875.

(*Parrhasius,* commentar. in Claudianum. Basileae 1539. – Abhandlungen von: *Paul,* Glogau 1857, Berlin 1866. *Jeep* (rhein. Museum XXIX, XXX). Leipzig 1872. – *Paul,* quaestiones claudianeae. Berlin 1866. – *Claudian,* übers. v. *Wedekind.* Darmstadt 1868.)

Eunapius (geb. 347, † nach a. 405), fragmenta, ed. *Niebuhr.* Bonn, 1829: scr. h. byz. I.

Rufinus (Turanius, Tyrannius) [a. 346–410] von Aquileja, opera, ed. *Migne,* Patrol. XXI. Paris 1849.

(*Marzuttini,* de R. T. … fide et religione. Patavii 1835. – *Kimmel,* de R., Eusebii interprete. Gera 1838.)

Aurelius **Prudentius** Clemens (a. 348–410) opera ed. *Dressel.* Lipsiae 1860.

(*Brockhaus,* A. P. C. in seiner Bedeutung für die Kirche seiner Zeit. Leipzig 1872.)

Orosius, historiarum adversus paganos libri VII (bis a. 410), ed. *Havercamp,* Lugdun. Batavor. 1767.

(v. *Mörner,* de O. vita ejusque hist. 1. VII adv. pag. Berlin 1844. – *Mejean,* Orose et son apologétique contre les païens. Straßburg 1862. – *Orosii* Pauli adversus paganos histor. libri VII, ad fidem Havercampi ed. II. Thorn 1878.

Quintus Aurelius Symmachus, c. 345–415, epistolar. libri (IX), ed. *Migne,* patrolog. XVIII. Paris 1848. X. Buch: Briefe des Vaters (ed. *Meyer,* Q. A. S. relationes, Lipsiae 1872) und des Sohnes. Reden: ed. *Meyer,* orator. romanor. fragmenta, p. 627–636.

(Q. Aurelius Symmachus orationes ineditae, ed. Ang. *Majus* 1815. – J. *Gothofredus,* vita Symmachi in Pareus, lexic. Symmach. – C. G. *Heyne,* censura ingenii et morum S. opuscul acad. VI. – *Susiana* (v. Suse) ad Symm. ed. *Gurlitt.* Hamburg 1816–18. – *Morin,* études sur la vie et les écrits de S. Paris II, 1847.)

Rutilius Namatianus, itinerarium, carmen de reditu suo, a. 416, ed. *Zumpt.* Berlin 1840. – ed. Luc *Müller.* Lipsiae 1870. (Übersetzt und erläutert von *Itasius Lemniacus* (Alfred von Reumont). Berlin 1872.)

Innocentius I., papa, a. 402–417, epistolae, ed. *Constant,* epistolae romanorum pontificum, p. 738.

Severi Majoricensis epistola de Judaeis (a. 417), ed. *Migne,* patrolog. XX.

Honorii et Theodosii imperatorum constitutio pro Galliis, a. 418, ed. *Wenck,* im Cd. Theod. Lipsiae 1825.

(*Julii Honorii* excerpta, ed. *Müllenhoff*, Germania antiqua. Berolini 1875. – *Müllenhoff*, über die Weltkarte des Augustus. Kiel 1856.)

Hieronymus (a. 331–420), opera, ed. *Migne* XXII–XXX. Paris 1845; *chronicon*, ed. *Schöne*. Berol. 1865 (Eusebius).

(*Mommsen*, Abh. d. k. sächs. Gesellsch. der Wissensch. II. Leipzig 1850. – de viris illustribus (a. 392), ed. *Vallarsius* II. – epistol. I – V, ed. *Vallarsius*. – *Schaubach*, über die Briefe des h. H. Koblenz 1866. – *Zöckler*, H., sein Leben und Wirken. Gotha 1865. – A. *Thierry*, St. Jérome, la société chrétienne à Rome et l'émigration en terre sainte. Paris I, II, 1867. – *Schöne*, quaestionum H. capita selecta. Lipsiae 1864 u. Götting. gel. Anz. 1867. – v. *Gutschmid* in Fleckeisens Jahrb. XCVI.)

Martianus Capella, c. a. 420, satira (libri IX de VII artibus liberalibus), ed. *Eyssenhardt*. Leipzig 1866.

(*Böttiger*, in Jahns Archiv XIII, 1847. – *Lüdecke*, de M. C. libro VI. Göttingen 1862.)

Olympiodorus, fragmenta, 407–425, ed. *Niebuhr*. Bonn 1829.

(*Rosenstein*, krit. Untersuch. über d. Verhältnis zwischen O., Zosimus und Sozomenus, Forsch. z. D. Gesch. I, 2.) – *Suchier*, de Z. et Eusobii in Constantini M. rebus exponendis fide et auctoritate. Hersfeld 1856. – *Schultz*, de Stilichone iisque qui de eo agunt Z. et Claudiano. Regimont. 1864.)

(*Bernays*, über die Chronik des S. S. Berlin 1861.)

Theodoretus episcopus Cyri, † 457, historia ecclesiastica 325–427, ed. *Migne* I–V. Paris 1860.

Synesius von Kyrene, a. 378 bis c. a. 429, opera ed. *Krabinger*. Landshut 1860.

(*Clausen*, de S. philos. Hafniae 1834. – *Kolbe*, der Bischof S. v. K. Berlin 1850. – *Druon*, études sur la vie et les œuvres de S. Paris 1859. – *Volkmann*, Syn. v. K. Berlin 1859.)

Das angebliche **Chronicon Dextri,** bis 429 n. Chr., ist eine **Fälschung** des *Jesuiten de Higuera* (1694): *Migne* XXXI.

St. Augustini (a. 354–430) opera (besonders: epistolae: 270), ed. *Migne*, Patrolog. XXXII–XLVII.

(*Augustini* epistolae, de urbis excidio, de tempore barbarico opp. ed. ord. Bened. Antv. 1701, VI. B. – *Böhringer*, die Kirche Christi und ihre Zeugen. Zürich I, 1844. – *Bindemann*, der h. A. Leipzig I–III, 1854–69. – *Flottes*, études sur St. A. Montpellier 1861. – *Dorner*, A's theolog. System u. religions-philos. Anschauung. Berlin 1873.)

Possidius, vita St. Augustini, c. a. 432. *Migne* XXXII.

Marius Mercator, c. a. 425, opera, ed. *Migne* XLVII.

St. Paullini Nolani episcopi, a. 353–431, opera, ed. *Migne* LXI.

(*Rabanis*, St. P. de Nole. Bordeaux 1840. – *Buse*, P. v. N. umd seine Zeit. Regensburg 1856. – *Fabre*, étude sur P. de N. Straßburg 1862.)

Vincentius von Lerinum, a. 435–450, commonitorium (a. 434), ed. *Migne* LX.

(*Klüpfel*, V. L., Vienn. 1809)

Codex Theodosianus, a. 438, ed. *Gothofredus*. (II. durch Ritter I–VI. Lipsiae 1736–45.) – ed. *Haenel*. Bonn 1837–42.

(de constitutionibus Sirmondicis *Haenel*. Lipsiae 1840.)

Philostorgius, † c. a. 430, **Socrates,** c. 450, **Sozomenos,** † nach 446, historiae eccles. libri XII. a. 306–439, ed. *Valesius*. Paris 1668, 1673.

(*Holzhausen*, de fontibus, quibus S., Sozomenus et Theodoretus usi sunt. Götting. 1825.)

Salviani, presbyteri massiliensis, c. 440 († nach a. 498), opera ed. *Halm*, Monum. Germ. histor., auctor. antiquiss. I, 1. Berolini 1878. (adversus avaritiam libri IV, de gubernatione Dei [de providentia] libri VIII.)

(G. *Kaufmann*, in Raumers histor. Taschenbuch 1869. – *Zschimmer*, Salvian und seine Schriften. Halle 1875. – **Bibliothek d. Kirchenväter** deutsch d. Thalhofer. Salvian, Augustin, Briefe d. Päbste. Kempten 1878.)

Valerianus, abbas lerinensis, c. a. 440, opera ed. *Migne* LII.

Orientius, commonitorium (c. a. 445), ed. *Migne* LXI.

Turribius (Torribius), episcopus **Asturicanus,** a. 447, epistol. ad Idacium et Cephonium episcopos, ed. *Migne* (Leonis papae epist. 16) LIV, p. 693.

Leo episcopus Bituricensis (a. 450?), epist. l. c. *Migne* LIV.

Johannes Cassianus, bis 449, opera, ed. *Migne* LIX, L.

(*Wiggers*, de J. C. Rostock 1824 und in *Ersch* und *Gruber* I, 21. – *Geffcken*, historia semipelagianismi antiquissima. Göttingen 1826. – *Kaufmann* in *Raumers* histor. Taschenbuch 1869.)

Zosimus (c. a. 450) historiae (VI libri) bis 410 ed. *Bekker*. Bonn 1837.

(*Schmidt*, de auctoritate et fide historica Z. vitam Constantini narrantis. Berlin 1866., – *Martin*, de fontibus Z. Berlin 1866. – *Rosenstein*, krit. Untersuch. Über d. Verh. zwischen Olympiodor, Zosimus und Sozomenus. F. z. D. G. I, 1862.)

Flavius **Merobaudes,** a. 435–450, fragmenta ed. *Bekker.* Bonn 1836.

(*Jeep*, Rhein. Museum XXVIII.)

Claudius Marius Victor, c. a. 450, genesis; epistola ad Salomonem abbatem, ed. *Migne* LXI.

Eucherius episcopus lugdunensis († 450–455), opera ed. *Migne* L.

Hilarius episcopus arelatensis († c. a. 450–452), vita St. Honorati arel. episcopi ed. *Migne* L.

Prosper Aquitanus, † a. 463, de ingratis, a. 430, in sanctor. patr. opuscula selecta XXIV, Innsbruck 1873 (nicht v. Prosper der sogen. Prosper Tiro). – chronicon (bis a. 455), ed. *Roncall.* Padua 1787, I, S. 522.

(*Fernow*, romanische Elemente im Chr. d. P. A., in *Ebert-Lembckes* Jahrb. f. roman. Lit. X, 1870. – *Holder-Egger*, neues Archiv I. – *Kaufmann*, der appendix des Marius und der continuator Prosperi, F. z. D. G. XIII, S. 418.)

Prosperi Aquitani chronicon continuatum ed. *Hille.* Berlin 1866.

Leo der Große, Papst, a. 440–461, opera ed. *Migne* LIV–LVI.

(*Arendt*, Leo d. Gr. u. s. Zeit. Mainz 1835. – *Perthel*, Papst L. I. Leben und Lehren. Jena 1843.)

Salonius, epistola ad Leonem Magnum, c. a. 460 (in opera Leonis).

Paulinus Pellaeus, geb. a. 382, eucharisticon de vita sua a. 466, ed. *Leipziger.* Breslau 1858.

Maximus, episcopus taurinens., bis a. 465, contra paganos, contra Judaeos ed. *Migne* LVII.

Hilarius, papa, 461–467, epistolae ed. *Migne* LVIII.

Idacius (a. 395–470), chronicon bis a. 469, ed. *Roncall* II, p. 337. Idacius (?) consulum series ibidem illustrav. *Garzon*, ed. *de Ram.* Brüssel 1845.

(*Kaufmann*, Philolog. XXXIV.)

Auspicius episcopus tullensis, epistola ad Arbogastem comitem Treverorum, c. a. 470, ed. *Migne* LXI.

Paulinus Petricordiensis, c. a. 470 (*Petrocorius*), ed. *Corpet.* Paris 1852. – ed. *Migne* LXI.

Lex salica, c. 470 (?), erste Aufzeichnung.

(*Bethmann-Hollweg*, Schmidts Z. f. Gesch. IX.)

Lex salica: erste Aufzeichnung vor Chlodovech, c. a. 470, ed. *Merkel* mit Vorrede von J. *Grimm.* Berlin 1850. – ed. *Pardessus*, Loi Salique. Paris 1843. – ed. *Behrend.* Berlin 1879.

(*Hube*, Ausgabe d. Warschauer Handschrift (Lex salica) 1867. – *Holder*, lex salica emendata, nach dem Codex Vossianus Q. Leipzig 1879. – *Lex Salica* (Codex Paris, 9, 653), herausgegeben von *Alfred Holder.* Leipzig 1880. – *Hermann Müller*, der Lex salica Alter und Heimat – *Kern*, die Glossen in der Lex salica u. d. Sprache d. sal. Franken. Haag 1869. – *Kaufmann*, ob der Verfasser des Textes *D* der Lex Salica ein Franke war. F. z. D. G. XI, S. 617. – *Hartmann*, Beiträge zur Entstehungsgeschichte des salischen Rechts. F. z. D. G. XVI, S. 609. – *Jul. Grimm*, Hist. legis Salicae. – *Schröder*, über den Ligeris in der S. salica, F. z. D. G. XIX:, S. 471. – *Winogradoff*, zu Lex salica XXVI, F. z. D. G. XVIII, S. 189.)

Lex Burgundionum, a. 470–516, ed. *Bluhme,* M. G. h. Leg. III.

(*Bluhme*, in Jahrb. v. *Bekker* und *Muther* I, 1857.)

Lex romana Burgundionum, a. 472, ed. *Bluhme,* M. G. h. Leg. III, 1863.

(*Bluhme*, in *Bekkers* und *Muthers* Jahrb. II, 1858 und in v. *Sybels* histor. Z. 1869.)

Formulae, ed. *Rozière:* Recueil général des formules usitées dans l'empire des Francs du V. au X. siècle. Paris. I, 1859, II, 1861, III, 1871 f.

(*Waitz*, über die *Merkel*schen Formeln, F. z. D. G. I, S. 533. – *Zeumer*, über die älteren fränkischen Formelsammlungen. Neues Arch. VI, 1881. – *Waitz*, Formeln zu Gottesurteilen, Forsch. z. D. G. XVI.)

Lupus trecensis episcopus epistolae, † a. 479, ed. *Migne* LVIII.

Priscus, fragmenta, a. 433–474, ed. *Niebuhr.* Bonn 1829.

(Neue Bruchstücke, ed. *Wescher*, Jahrbücher für Philologie IC., S. 43, 120.)

Malchus, fragmenta (a. 474–480), ed. *Niebuhr.* Bonn 1829.

Simplicius, Papa, a. 467–483, epistolae, ed. *Migne* LVIII.

Victor vitensis, historia persecutionis Africanae provinciae (a. 487), ed. *Halm*, Monum. Germ. hist. auctor. antiquissimi III, 1. Berol. 1880.

Faustus, reiiensis episcopus (c. a. 480) opera, ed. *Migne* LIII, LVIII.

Mamertus Ecdicius **Claudianus** (c. a. 480) opera, ed. *Migne* LIII.

Apollinaris Sidonius (430–488), ed. *Migne*, patrolog. LVIII. – ed. *Gregoire* et *Colombet* I–III. Lyon 1836.

(*Fertig*, A. S. und seine Zeit. Würzburg 1845, 1846. Passau 1846. – *Kaufmann*, die Werke des A. S. als eine Quelle für die Geschichte seiner Zeit. Göttingen 1864 (derselbe im neuen schweizer. Museum, V. Band 1865 und in *Raumers* histor. Taschenbuch 1869). – *Chaix*, S. A. et son siècle I, II. Clermont-Ferrand 1867. – C. Sollius Apollinaris Sidonius, epistolae et carmina, ed. *Sirmond* 1614. – *Büdinger*, Apollinaris Sidonius als Politiker. Wien 1881.)

Candidus, fragmenta, a. 457–491, ed. *Niebuhr.* Bonn 1829.

Felix III, Papa, a. 483–492, epistolae, ed. *Migne* LVIII.

Gelasius, Papa, a. 492–496, epistolae, opera reliqua, ed. *Migne* LIX.

Blossius Emilius **Dracontius,** c. 484–496, de deo; satisfactio, ed. *Arevalo.* Rom 1791 (Migne LX). – carmina minora ed. *de Duhn.* Lipsiae 1873.

Chlodovaei regis epistola, c. a. 490, ad episcopos ed. *Bouquet* IV (s. Diplomata Merowingorum ed. *Pertz*).

(**Aviti** episcopi viennensis epistola ad Chlodovaeum regem, c. a. 497, ed. *Bouquet* IV.)

Anastasii II. papae epistola ad Chlodovaeum regem, a. 497, ed. *Bouquet* IV.

Remigius episcopus remensis, epistola, ed. *Duchesne* I, p. 849 (zwei an Chlodovech bei Gregor v. Tours).

Gennadius († c. a. 500), de viris illustribus, ed. *Fabricius*, bibliotheca ecclesiastica. Hamburg 1718.

Eugenius episcopus carthaginiensis, † 505, liber fidei, ed. *Migne* LVIII.

Lex romana Visigothorum, a. 506, ed. *Hänel.* Lipsiae 1849.

(*Hänel*, Berichte d. k. sächs. Gesellsch. d. W. 1865. – *Fitting*, die sogen. westg. Interpretatio. Z. f. R. G. XI. – *Degen-Kolb*, in v. Pözl's V.-J.-Schr. 1872. – *Dahn*, westg. Studien. Würzburg 1874.)

Ruricius episcopus lemovicensis, 484–507, epistolae, ed. *Migne* LVIII.

Epiphanius scholasticus, c. a. 510, historia tripartita, libri XII, aus Socrates, Sozomenus, Theudoretus, ed. *Garetius* (mit Cassiodorius). Rothomagi 1679.

Capitularia Merowingorum, ed. *Pertz*, Monum. Germ. histor. Leg. I.

Eugippius, vita St. Severini († a. 482, geschrieben c. a. 511), ed. *Sauppe*, Monum. Germ. histor. auctor. antiquiss. I, 2. Berol. 1879. – excerpta ex Augustino, *Migne* LXII.

(Eugippius, vita s. Severini in acta S. ed. *Boll.* T. I, p. 484. – *Rodenberg*, Eugippius Leben Severins (a. Geschtschr. d. D. Vorz. Leipzig 1878. – *Knöll*, das Handschriftenverhältnis der vita s. Severini. Wien 1880.)

Priscianus grammaticus, de laude imperatoris (c. a. 512), ed. *Endlicher.* Wien 1828.

(*Kaufmann*, die Fasten der späteren Kaiserzeit. Göttingen 1874.)

Cassiodorii chronicon, a. 519 s. unter a. 575.

(*Holder-Egger*, Neues Archiv I.)

Generatio regumet gentium, c. 520, in Gallia descripta, ed.*Müllenhoff*(Germania antiqua). Berol. 1873.

Magnus Felix **Ennodius** (a. 473–521), ed. *Migne* LXIII; vita S. Epiphanii, † a. 496. Panegyricus Theoderico regi dictus a. 507; dictiones (XXVIII; epistolar. libri IX).

(*Fertig*, M. F. E. und seine Zeit. Passau I–III, 1855–58. – Magnus Felix Ennodius, opera ed. *Sirmond*. 1611. – panegyricus Theoderico regi dictus ed. *Manso* am Schluß seiner Geschichte des ostgotischen Reiches in Italien, 1824.)

Flavius Felix Florentinus unter Thrasamund, a. 496–523.

Luxorius unter Hilderich, 523–530, versus, in *Riese* Antholog. lat. Gleichzeitig (?) *Sigistei* comitis epistola ad Parthenium presbyterum in Africa.

(*Reifferscheid*, analecta casinensia. Breslau 1871.)

Theodorus Lector (Anagnostes), c. a. 525, histor. eccles. eclogi libri duo (Bruchstücke erhalten durch Nikephorus Kallistus, † 1341), ed. *Valesius*. Paris 1673.

Lex Francorum Ripuariorum, erste Aufzeichnung, c. 525 (?).

(*Sohm*, Z. f. R. G. V, 1866.)

Lex Bajuvariorum (älteste Aufzeichnung: „pactus", c. 525 ??).

(ed. *Merkel* M. G. h. Legg. III. – P. v. *Roth*, Zur Geschichte d. bayer. Volksrechts. München 1870. – Derselbe: Entstehungszeit. München 1847. – *Waitz*, Über das Alter der beiden ersten Titel der Lex Bajuvariorum 1878. – S. *Riezler*, über d. Entst.-Zt. d. Lex Baiuvariorum 1879.)

Alcimus Ecdidius Avitus, † 525, opera ed. *Migne* LIX.
(*Cucheval,* de A. operibus. Paris 1863.)
Boëtius (Anicius Manlius Torquatus Severinus), † 525, opera ed. *Migne* LXIII, LXIV.
(*Bergstedt,* de vita et scriptis B. Upsalae 1842. – *Sutterer,* B. der letzte Römer. Eichstädt 1852. – *Nitzsch,*
das System des B. Berlin 1860. – *Volkmann,* in B. consol. phil.: comment. Jauer 1866.)
Theoderici et Athalarici regum edicta, a. 500–530, ed. *Dahn,* Könige IV, Würzburg 1866. – ed.
Bluhme, Monum. Germ. hist. Leg. V, 1. Hannover 1875.
(*Glöden,* D. R. R. im ostg. Reiche. – *Gretschel* ad edictum Athalarici. Lipsiae 1828.)
Passio Sigismundi regis, † c. 530, ed. *Jahn,* Geschichte der Burgundionen II, 1874, S. 504 f.
Vitae sanctorum abbatum agaunensium (St. Maurice in Wallis), c. 530, ed. W. *Arndt,* kleine Denkmä-
ler aus der Merowingerzeit. Hannover 1874.
Hierocles grammaticus, comes peregrinationis, c. a. 530, ed. *Bekker.* Bonn 1840.
St. Remigius, episcopus remensis, † 533, epistolae s. unter 497.
Marcellinus comes chronicon, a. 379–534, ed. *Roncall* II, p. 266. Über Fortsetzungen: *Waitz,* Gött.
Nachrichten 1857.
(*Holder-Egger,* über einige annalistische Quellen zur Geschichte des V. und VI. Jahrhunderts. Neues
Archiv I 1876. – *Holder-Egger,* die Chronik des Marcellinus comes und der oströmischen Fasten.
Neues Archiv II, 1877.)
Anthimus, medicus, de observatione ciborum ad Theudericum (I) Francorum regem (a. 511–534), ed.
Rose, anecdota graeca et graecolatina n. Berol. 1870.
Caesarius, episcopus arelatensis, a. 470–542, opera ed. *Migne* LIII.
Dares, de excidio Trojae (vor Isidor: schon c. 550?), ed. *Meister,* Leipzig 1873; de origine Francorum,
ed. G. *Paris.* Par. 1874. (Eine Quelle der Sage der trojanischen Abstammung der Franken.)
(*Dunger,* die Sage vom trojanischen Krieg in den Bearbeitungen des Mittelalters. Dresden 1869. –
Meister, über Dares von Phrygien. Breslau 1871. – *Körting,* Diktys und Dares. Halle. Vergl. auch
unten *Zarncke.* – *Zarncke,* über die Trojanersage der Franken. Berichte der k. sächs. Gesellsch. d. W.
1866. – *Wormstall,* die Herkunft der Franken von Troja. Münster 1869, dazu *Zarncke,* Liter. Cen-
tralblatt 1869, Nr. 381. – *Dederich,* der Frankenbund. Hamm 1873. – *Thorbecke,* gesta Theoderici.
Heidelberg 1875. – *Lüthgen,* die Quellen und der Werth der fränkischen Trojasage. Bonn 1875.)
Marini papiri diplomatici. Rom 1805.
Spangenberg, tabulae negotiorum romanorum. Lips. 1822.
Corpus Juris Justinianei (a. 534), ed. *Kriegel.* Lipsiae 1828–1843.
(*Digesten:* ed. Th. *Mommsen* et *Paulus Krüger.* Berol. 1860–1870. – *Codex* Justinianeus I, II. ed. *Paul
Krüger.* Berolini 1873. Fragmenta veronensia 1874.)
Acta Sanctorum ordinis a. Benedicti (seit a. 534), ed. *Mabillon* et *Ruinart* Paris 1668–1733.
Chronograph von a. 354, fortgesetzt bis 539: s. oben unter 354 (darunter das früher sog. *chronicon*
Cuspiniani a. 455–496).
Fulgentius **Ferrandus,** bis a. 533, *Migne* Patr. LXVII.
(*Reifferscheidt,* anecdota Casinensia. Breslau 1871.)
Fabius Planciades Fulgentius, bis a. 550, mythologiarum libri III.
(*Mich. Zink,* D. Mytholog Fulgentius. Würzburg 1867.)
Arator (c. 550), de actibus apostolorum (zwei Widmungen), ed. *Migne* LXVIII.
(*Leimbach,* über den Dichter Arator, theolog. Studien und Kritiken. Leipzig 1873.)
Anonymus Valesii, c. a. 555, ed. *Wagner-Erfurdt* (in Ammianus Marcellinus). Lipsiae 1808. – ed.
Gardthausen mit A. M. Lipsiae 1875.
(*Waitz,* Götting. gel. Anz. 1865. – *Holder-Egger,* Neues Archiv.)
Prokopius (bis c. 555) opera ed. *Dindorf.* Bonn I–III.
(*Dahn,* P. v. Caesarea. Berlin 1865, daselbst ausführliche Literaturangaben. – Dr. *Eckardt,* über Procop
und Agathias als Quellenschriftst. f. d. Gothenkrieg (im Progamm d. kg. Frd.-Collegiums zu Kö-
nigsberg). Königsberg 1864. – *Schulz,* Procopius de bello vandalico I, 1–8. Berolini 1870. – *Auler,* de
fide Procopii Caesareensis. Bonn 1876.)
Petrus, Patricius, † c. 562, fragmenta ed. *Niebuhr.* Bonn 1829.
Joannes Lydus, geb. 490, † 565, de magistratibus etc., ed. *Bekker.* Bonn 1837.
Agathias (a. 536–581) historiarum libri V, a. 552–558, ed. *Niebuhr.* Bonn 1828.
(*Hase,* Journal des Savants. Paris 1829. – *Teuffel,* Studien und Charakteristiken. Leipzig 1871. –

Eckhardt, Agathias und Prokop als Quellenschriftsteller für den Gothenkrieg. Königsberg 1864. (Weitere Literatur s. unter „Prokop".) – *Historici* graeci minores II, Menander et Agathias II. Leipzig 1871.

Victor Tununensis, chronicon, a. 444 bis a. 566, ed. *Roncall* II, p. 337.

Joannes Malalas (bis 566), Chronographia, ed. *Dindorf* Bonn 1831.

(A. *von Gutschmid,* Grenzboten 1861, I. – *Hirsch,* byzant. Studien. Leipzig 1876.)

Gildas (sapiens), a. 516–573, liber querolus de calamitate, excidio et conquestu Brittanniae, ed. *Haddan* and *Stubbs,* in councils and eccles. documents rel. to Great-Britain I. Oxford 1869.

(*Lipsius* in Ersch und Gruber I, 67.)

Magnus Aurelius **Cassiodorius Senator** (a. 480–575), Chronica, a. 519, ed. *Mommsen,* Abh. d. k. sächs. Gesellsch. d. W. VIII (philol.-histor. Classe III). Leipzig 1861. *Variarum* libri XII, ed. Accursius August. Vindelicor. 1533; opera ed. *Migne,* patrolog. LIX. LXX

(*Thijm,* jets over … C. en zigne eeuw. Amsterdam 1852. – *Thorbecke,* C. Senator. Heidelberg 1867. – *Franz,* M. A. C., S., ein Beitrag zur Gesch. d. theolog. Lit. Breslau 1872. – *Schirren,* s. unter Jordanis. – *Bessel,* zu Cassiodor „defloratis prosperitatibus". F. z. D. G. I, 1862.)

Panegyrici Theodahado regi dicti fragmenta (Cassiodorii?), vor a. 536, ed. *Arbois de Jubainville,* biblioth. de l'école des chartes V.

(*Baudi di Vesme,* frammenti (von Cassiodor? jedenfalls Zeitgenossen) di orazioni panegiriche. Memorie della real Aced. delle scienze. Seria I, II, 3.)

Jordanis, a. 551/52, de Getarum origine et rebus gestis, ed. *Muratori* I.; ed. *Closs.* Stuttgart 1861. (c. 1–3, ed. *Stahlberg.* Hagen 1859.)

(*J. Grimm,* über Jornandes und die Geten: Kleine Schriften III. Berlin 1866. – v. *Sybel,* de fontibus libri J. Berlin 1838. – *Köpke,* Deutsche Forschungen I. Berlin 1860. – *Schirren,* de ratione quae inter J. et Cassiodorium intercedat. Dorpat 1858. – *Dahn,* Allgem. deutsche Biographie „Jordanis".)

Jordanis, de regnorum successione, ed. *Muratori,* scr. rer. Italicar. I.

(*Kaufmann,* Forsch. z. D. Gesch. VI, VIII.)

Epitaphia der Merowinger Theoderich I., Dagobert und andere, ed. *Du Chesne* I.

Chlotacharii I., regis constitutio, c. a. 560, ed. *Pertz,* M. G. h. Leg. I.

Codice diplomatico langobardo (s. 568), ed. *Troya,* I–V. Napoli 1853–55.

Codex diplomaticus cavensis, ed. *Morcaldi,* I. Napoli 1873; II, 1875; III, 1877 f. (seit a. 568, aber meist erst VIII. Jahrh. bis a. 1000).

Codex diplomaticus Langobardiae (bis a. 1000). Monumenta historiae patriae XIII. Aug. Taurinor. 1873 f.

Lex Alamannorum (erste Aufzeichnung: „pactus", c. 575), ed. *Merkel,* M. G. h. Leg. III.

(*Merkel,* de republica Alamannorum. Berol. 1849.)

Theophanes byzantinus, fragmenta, bis a. 576, ed. *Niebuhr.* Bonn 1829.

Corippus, Africanus, grammaticus, opera ed. *Partsch,* Monum. Germ. hist., auctor. antiquiss. III, 2. Berolini 1880. (Johannis sive de bellis libycis libri VII., de laudibus Justini II. Augusti, a. 565–578 (auch ed. *Bekker.* Bonn 1836).

Brunichildis reginae et *Childeberti* regis epistolae, c. a. 580, ed. du *Chesne* III.

Baudonivia, monialis, c. 580, vita st. Radegundis, Acta Sanctorum ed. *Bolland,* August. III.

(*Dümmler,* Radegunde von Thüringen, „im neuen Reich" 1871.)

Theophanes von Byzanz, bis a. 581, fragmenta ed. *Niebuhr.* Bonn 1829.

Menander Protector, unter Mauricius, fragmenta, a. 558–582, ed. *Niebuhr.* Bonn 1829 (ed. *Dindorf,* II).

Martinus dumiensis episcopus, † 580, opera Haase III. *Migne* LXXII, epistola ad *Mironem,* regem Sueborum ed. d' *Achery,* spicilegium X. Paris 1671.

(*Weidner,* de M. d. Formula. Magdeburg 1872.)

Lex Visigothorum, antiqua Rekaredi regis, c. 590, ed. la real academia española. Matriti 1815. (Literatur in *Dahn,* Westgoth. Studien, Würzburg 1874.)

(*London,* quaestiones de hist. jur. famil. leg. Visig. Königsberg 1876.)

Rekaredi regis epistola ad Gregor. M. papam, a. 587, ed. *Baluzius,* Miscellanea. Paris 1700.

Tarrae monachi epistola ad Recaredum regem, c. a. 590, ed. *Migne* LXXX.

Gregorius episcopus Turonensi[3], a. 538–594, historia ecclesiastica Francorum, ed. *Guadet* et *Taranne* I, II. Paris 1836; deutsch durch v. *Giesebrecht,* II. A. Leipzig 1878. – opera ed. *Ruinart.* Paris 1699. – *Migne* LXXI. – de cursu stellarum, ed. *Haase.* Breslau 1853.

(G. de T., les livres des miracles et autres opuscules, ed. *Bordier* I–IV. Paris 1857–1865. – *Kries*, de Gr. T. vita et scriptis. Breslau 1838. – *Jacobs*, géographie de G. d. T. Paris 1858. – *Lecoy de la Marche*, de l'autorité de G. de T. Paris 1861. – *Chevalier*, origines de l'église de Tours. Tours 1871. – *Löbell*, G. v. T. und seine Zeit, II. Ausg. (durch v. *Sybel*). Leipzig 1869. – *Köpke*, kleine Schriften. Berlin 1872. – *Monod*, études critiques sur les sources de l'histoire mérovingienne, bibliothèque de l'école des hautes études. Paris 1872. – W. *Arndt*, v. *Sybels* histor. Z. XXVIII. Neues Arch. V, VII (*Arndt:* neue Ausgabe in den M. G. h. 1822?).)

Gregorii Turon. histor. eccles. Francor. (ab anonymo) **epitomata**, 1. I–VI, bis a. 584, ed. *Migne* LXXI.

Genealogiae regum Merowing., ed. *Pertz*, M. G. h. scr. II.

de Bréquigny, diplomata, chartae et instrumenta aetatis meroving., ed. *Pardessus*. Paris, I 1841, II 1849.

Marius episcopus Aventicensis, 581–594, chronicon (a. 455–581.) (ed. *Arndt*, M. v. Aventicum. Sein Leben und seine Chronik. Leipzig 1875.) Fortsetzung bis 624 s. unter 624.

Capitula legi salicae addita Chlodovechi, bis 511, Childeberti, a. 550, Chlotacharii I, a. 550, Chilperici (bis 584), regum: varia, ed. *Pertz*, Mon. Germ. h. Legg. I, II.

(*Boretius*, bei v. *Sybel*, Hist. Z. XXII.)

Chilperici regis Edictum, bis 584, ed. *Pertz*, M. G. h. Leg. I.

Guntchramni regis edictum, a. 585, ebenda.

Guntchramni et **Childeberti** regum pactum, a. 587, ed. *Pertz*, Monum. Leg. I, 1835.

Johannes Biclarensis, chronicon, a. 565–590, ed. *Roncall.* – ed. *Migne* LXXII.

Childeberti et **Chlotacharii** regum pactum, a. 593, ed. Pertz, M. G. h. Leg. I.

Childeberti regis decretio, a. 596, ebenda.

Leander, episcopus hispalens., a. 576–596, opera ed. *Migne* LXXII.

Venanti Honori Clementiani Fortunati, a. 535–600, opera poetica, ed. *Leo*, (*Monum. Germ. hist.*, auctor. antiquiss. No. 1.) Berol. 1881.

(Carminum, epistolarum et expositionum libri XI, ed. *Brower* 1603. – opera, ed. *Lucchi*. Romae 1786. – *Guérard*, notices et extraits XII. – *Böcking*, Moselgedichte des Ausonius und des V. F. Bonn 1845.)

Theophylaktus Simokattes (unter Heraclius), „historiae universalis" (a. 582 bis 602) libri VII, ed. *Bekker*. Bonn 1834.

(*Bernhardy*, Berliner Jahrb. 1836.)

Mauricii Strategici excerpta, ed. *Müllenhoff* in Germania antiqua. Berol. 1873.

St. Gregorius Magnus, Papa, opera (a. 540–604), ed. congreg. s. *Mauri*. Paris I–IV, 1705, hiernach *Migne* LXXV–LXXIX. Paris 1849.

(*Marggraf*, de G. M. vita. Berol. 1844. – *Lau*, G. der Erste. Leipzig 1845. – *Pfahler*, G. d. Gr. und seine Zeit. Frankfurt a. M. 1853. – *Dähne*, bei Ersch u. Gruber I, 89, 1869. – *Pingauld*, la politique de st. G. Paris 1872.)

Lex Angliorum et Werinorum id est Thuringorum (c. a. 600?), ed. *Merkel*. Breslau 1851.

Chlotacharii II. regis edictum, 18. X. 614, ed. *Pertz*, M. G. h. Leg. I.

Sisibuti regis, a. 612–620, epistolae, vita et passio st. Desiderii, ed. *Migne* LXXX.

Formulae visigothicae, c. a. 620.

(*Rozière*, F. visigothiques inédites. Paris 1854. – *Biedenweg*, comment. ad form. visig. Berol. 1856.)

Anhang zu Marius v. Avenches. Annalen von 581–624.

(*Brosius*, kritische Untersuchungen der Quellen zur Geschichte Dagobert I. Göttingen 1868. – dagegen *Monod*, revue critique 1873. – *Kaufmann*, Forsch. z. D. Gesch. XIII. – *Hertzberg*, ebenda XV.)

Aethicus Ister, Kosmographia, c. a. 630, ed. *Wuttke*. Lipsiae 1853.

(*Pertz*, de cosmogr. Eth. libri m. Berol. 1853. – *Wuttke*, über die Echtheit usw. Leipzig 1854. – *Kunstmann*, in Münchener gel. Anz. 1854. – *Rühl*, Verbreitung des Justinius M. A.)

Isidorus Hispalensis (570–636) opera, ed. *du Breul*. Paris 1601. – ed. *Arevalus*. Romae I–VII, 1797–1803; hiernach *Migne* LXXXI–LXXXIV. – *Chronicon* bis Sisibut., a. 621, ed. *Roncall.* – *Historia Gothorum Vandalorum et Suevorum* bis a. 621, resp. a. 626, ed. *Roncall* (de natura rerum, ed. *Bekker*. Berol. 1857).

(*Hertzberg*, die Historien und die Chroniken des I. v. Sevilla. Göttingen 1874. – *Dressel*, de fontibus etymologiar. Isidori. Göttingen 1875. – *Hertzberg*, über die Chroniken des Isidorus von Sevilla. F. z. D. G. XV, S. 289. – etymologiarum sive originum (meist aus Suetons prata), ed. *Arevalo*, op. III. – *Dressel*, de J. originum fontibus, rivista filologica. Turin III. – *Weinhold*, die altdeutschen Bruchstücke des Tractats des J. de fide catholica. Paderborn 1874.)

Joannes Antiochenus (a. 600–638?), ed. *Müller,* fragmenta hist. graecor. IV, V. v. *Gutschmid,* Grenzboten 1869, I. *Mommsen* im Hermes VI.

(*Köcher,* de J. A. Bonn 1871.)

Gesta regum Francorum, bis 637, ed. *Bouquet* II.

(Gesta regum Francorum, *Migne* IV C. – *Monod,* revue critique 1873.)

vita st. Arnulfi, † a. 640, episcopi mettensis. Mabillon acta, II, p. 150.

vita st. Arnulfi, *auctore P. Diacono,* s. P. D.

Leges Langobardorum: früheste Aufzeichnung.

Edictus Rothari regis, a. 643 (ed. *Bluhme,* M. G. h. Legg. IV).

Versus de rota mundi (c. a. 650?), ed. *Pertz,* Abh. der Berliner Akademie d. W. 1845.

Paulus Emeritensis, diaconus, † 650, vita et miracula patrum emeritensium, ed. *Migne* LXXX.

Braulio, episcop. caesaraugustan., c. a. 650, opera ed. *Migne* LXXX.

Kindasvinthi regis, 641–652, epistolae, ed. *Migne,* patrol. LXXX.

Jonas (c. a. 620–660), abbas bobbiensis, vita st. Columbani, † a. 615, Mabillon acta S. II, 5, c. 650 (deutsch durch *Abel,* mit Fredigar, Berlin, 1876).

Jonas vita Attalae abbatis Bobbiensis, c. 658, Mabillon act. III, 123. – Eustasii 116. – Burgundofarae 439. – Bertulfi abbatis 160. – Johannis reomensis († 539), Acta Sanct., ed. *Bolland.* Jan. II, 856.

Eugenius, episcopus toletanus, a. 646–657, opera ed. *Migne* LXXXVII.

(*Riese,* anthologia latina II, 115. – Heidelberger Jahrb. 1871.)

vita st. Gertrudis, † 658, ed. *Mabillon,* Acta II, p. 462.

st. Eligius, episcopus noviomensis, † 659, epistola ad Desiderium episcopum cadurcensem, ed. *Canisius,* lectiones antiq. V, 2 (II. ed. I, p. 646).

Fredigarius (scholasticus), c. 660, chronicon bis 641, ed. *Bouquet,* recueil des histor. des Gaules II. (*Migne* LXXI.)

(*Palacky,* Jahrb. d. böhm. Museums. – *Zarncke,* Ber. d. k. sächs. Gesellschaft d. W. 1866. – *Brosien,* krit. Untersuchung der Quellen zur Geschichte Dagobert I. Göttingen 1868. – *Jacobs,* géographie de F., de ses continuateurs et des gesta Francorum. Paris 1859, – Fredigars Chronik, deutsch durch *Abel.* Berlin 1878. – *Monod,* revue critique 1873, No. 42. – *Breysig,* de continuato F. scholastici chronico. Berol. 1849. – *Waitz,* Fragment einer historia Francorum, F. z. D. G. III, s. 145, 607.)

Desiderius episcopus cadurcensis, a. 637–660, epistolae, ed. *Bouquet* IV.

vita st. Wandregisili, † c. 665, ed. *Arndt,* kleine Denkmäler aus der Merowinger-Zeit. Hannover 1875.

Hildefonsus, episc. toletanus († a. 667), de viris illustribus, ed. *Fabricius,* bibliotheca ecclesiastica, Hamburg.

vita Florentii, c. 670, ed. *Schmidt,* histoire du chapitre de St. Thomas de Strasbourg. Straßburg 1860.

Pomerius Julianus Diaconus (a. 670?) praefatio ad librum Hildefonsi de laude Mariae, ed. *Aguirre* I, p. 658.

Rekisvinthi regis epistolae, a. 649–672, ed. *Migne* LXXX.

Geographus Ravennas, c. a. 670, ed. *Pinder* und *Parthey.* Berlin 1860.

(v. *Gutschmid,* rhein. Museum XII. – *Mommsen,* Ber. der k. sächs. Gesellsch. d. W. (III.) 1851. – *Rossi,* sopra il G. R. Rom 1852. – *Pinder,* Berliner Akademie 1853. – *Jacobs,* de Gallia ab Anonymo R. descripta. Paris 1858.)

Pauli perfidi, rebellis, epistola ad Wambanem regem, a. 672, ed. *Bouquet* II (nach Julianus, hist. W.).

Bobolenus, c. a. 675, vita st. *Germani* abbatis granvallensis, † c. 650, ed. Mabillon, Acta S. II, p. 511.

Wamba, rex, divisio dioecesium Hispaniae, angeblich a. 679 (eine Fälschung, s. *Dahn,* Könige V, S. 214).

Fragmenta (ex actis Sanctorum) de rebus pie gestis regum Francorum, bis 678, ed. *Duchesne* I., ed. *Bouquet* III.

visio Barontii, a. 680, ed. Acta Sanct. Bolland. Martii III, p. 571.

Audoinus episcop. rothomag., † 683, vita st. Eligii.

(*Reich,* das Leben des h. Eligius. Halle 1872.)

Julianus, episc. toletanus (a. 680–690) (vita Ildefonsi tolet., ep. historia Wambae, prognosticon futuri saeculi, ad Idalium, episc. barcinonens., de Christi adventu, adversus Judaeos libri I–III, ad Ervigium regem), ed. *Migne* XCVI.

Liber (pontificum) diurnus, c. a. 690, ed. *Migne* CV.

Merowingische diplomata: Chlodovaei seq., a. 510–691, ed. E. *Pertz*, M. G. h. Diplomata I. Hannover 1872.

(*Blumberger*, die Frage vom Zeitalter des h. Rupert, Arch. d. Wiener Akademie X. – über Rückkehr nach Worms ebenda: XVII. – *Wattenbach*, Heidelberger Jahrb. 1870 (in Bayern seit a. 696). – Al. *Huber*, das Grab des h. Rupert. Arch. d. Wiener Akad. XL.)

Steffanus (sic), magister, laudes Kunnikperti regis, c. a. 697, ed. *Oltrocchi*, hist. ligustica 1795. (II.)

(*Reifferscheid*, Wiener Sitz.-Ber. LXVII.)

Aldhelmus malmesburiensis abbas, bis 709, opera ed. *Giles*. Oxon. 1844.

Fragmentum historicum ex libro aureo epternacensi, a. 714–715. M. G. h. Scr. XXIII, p. 59.

Johannis Biclar. episcopi chronicon (ab anonymo) **continuatum**, bis a. 721, ed. España sagrada VI.

Gesta Francorum, a. 725, selbständig erst von 586, bis dahin nur nach Greg. Tur., ed. *Migne* XCVI.

Beda (venerabilis) (a. 672–735), opera ed. *Giles*, London I (1843). – XII. (*Migne* XC–XCV, 1850.)

(*Gehle*, de B. v. … vita et scriptis. Lugd. Batavor. 1838. – *Wright*, biographia litteraria brittannica. London I, 1843. – *Ginzel*, kirchenhistorische Schriften. Wien 1872 (II, S. 1). – *Wanen*, Beda d. Ehrwürdige u. s. Zeit. Wien 1875.

Fredigarii chronicon continuatum, bis a. 736, I, II, III, ed. *Bouquet* 1. c. – *Migne* LXXI.

Gesta Francorum, a. 725, ed. *Migne* XCVI.

Lex Frisionum: älteste Aufzeichnung c. 740, ed. v. *Richthofen*. Berlin 1840.

Gaupp, Vratislav. 1832 (M. G. h. Legg. III).

(*Richthofen*, Lex Frisionum. Leovardiae 1867.)

Acta regum et imperatorum Karolinorum, ed. *Sickel* I, II. Wien 1867.

Theiner, c. a. 700 seq., codex diplomaticus dominii temporalis, s. sedis Romae, I bis III, 1861–1862.

Simson, die überarbeitete und bis a. 741 fortgesetzte Chronik des Beda. F. z. D. G. XIX, S. 97.

Hahn, die continuatio Bedae, ihre vermutlichen Verfasser und die Einsiedler Balthere und Echa. F. z. D. G. XX, S. 533.

Dionysius? (ein angeblicher Chronist v. 455–741), s. *Hagemann*, über die Quellen des Gobelinus Persona. Halle 1874.

Gregorius III, papa, a. 731–741, epistolae, ed. *Duchesne* III (s. „Codex Carolinus").

(*Böhmer*, regesta archiepiscopor. magunt. 742–1514, ed. *Will*. Innsbruck 1878. – Codex diplomaticus fuldensis. – *Bréquigny*, Einleitung z. d. Diplomata. 2. Aufl. – *Sickel*, Diplome des VIII.–X. Jahrh. F. z. D. G. IX 1869.)

Chronologia et series regum Gothorum, bis c. a. 750, cd. *Bouquet* II.

Anso, abbas, *vita Erminonis*, † 737, abbatis Laubacens. (vor 753), ed. *Mabillon* acta III, p. 564.

Anonymus, vita st. Hugberti episcopi, † 727, c. 750, ed. *Arndt*, kleine Denkmäler aus der Merowingerzeit. Leipzig 1874.

Zacharias I., Papa, a. 741–752, epistolae, ed. *Du Chesne* III (s. Codex Carolinus)

(*Hahn*, ein übersehener Brief des Papstes Zacharias. Neues Archiv I, 1876.

Chronicon brevissimum, a. 678–753, ed. *Bouquet* II.

Isidorus Pacensis (Bajadoz), historia Hispaniae 610–754, ed. *Bouquet* II.

St. Bonifatii, † a. 755, epistolae, ed. *Jaffé*, bibliotheca rerum germanicarum III. Berol. 1866. – opera ed. *Giles*. London 1844. – *Migne* LXXXIX.

(*Düntzelmann*, über die Briefe des B. Göttingen 1860. – dagegen *Hahn* Forschungen z. D. Gesch. X. – *Düntzelmann* XIII; dagegen *Hahn* XV (Neues Archiv I). – *Müller*, B., eene kerkhistorische Studie. Amsterdam I, II, 1869. – *Jaffé*, zur Chronologie der bonifacischen Briefe und Synoden, F. z. D. G. X, S. 397.)

Willibald, st. Bonifacii (a. 683–765; für a. 755, nicht 754 *Will* in Tübing. theol. Quartalschr. 1873), vita ed. *Jaffé*, Bibl. rer. germ. III, 1866.

(*Bonifatii carmina ed. Dümmler*, M. G. h. Poetarum latinorum Medii Aevi I, 1. Berolini 1880. – *Jaffé*, vitae s. Bonifatii. Berlin 1866. – *Werner* Bonifatius und die Romanisirung von Mitteleuropa. Leipzig 1876. – *Hahn* über die Anordnung bonifacischer Briefe. F. z. D. G. I, 1862. – *Düntzelmann*, zur Anordnung der bonifacischen Briefe und der fränkischen Synoden F. z. D. G. XIII, S. 1.)

Stephanus III., papa, a. 752–757, epistolae, ed. *Du Chesne* III (s. Codex Carolinus).

Paulus I., Papa, a. 757–767, epistolae, ed. *Du Chesne* III. (s. Codex Carolinus)

Constantinus II., Pseudopapa, a. 767–768, epistolae, ed. *Du Chesne* III (s. Codex Carolinus).

Godiscalcus, vita st. Lamberti, † a. 708, c. 770, s. *Potthast*, S. 775.

vita st. Galli, † c. 650, geschrieben nach a. 771, ed. *Ildefons von Arx,* M. G h. Scr. II. (deutsch durch *Potthast.* Berlin 1857), ed. *Meyer v. Knonau,* Mittheilungen zur vaterländ. Gesch. St. Gallen 1870.

vita st. Leodegari, episcopi Augustodunensis, † 678, ed. *Bouquet* II. (mit Fredigar); deutsch durch *Abel.* Berlin 1849, 1876.

Stephanus IV., Papa, a. 768–772, epistolae ed. *Du Chesne* III (s. Codex Carolinus).

Edictus ceteraeque Langobardorum leges (bis a. 774), ed. *Bluhme,* M. G. h. Leg. IV.

Chronicon brevissimum, a. 584–768, ed. *Bouquet* II.

Epitaphium Aggiardi, Rutlandi, † 15. VIII. 778 bei Roncevaux, ed. *Dümmler* in Haupts Z. XVI. und Gaston Paris, in „Romania" II.

Autpertus, abbas s. Vincentii ad Vulturnum, † 778, vita Paldonis.

Monialis anonyma, vitae Willibaldi, † c. 763, c. a. 780, et Wunnibaldi fratrum ed. *Titus Tobler,* descriptiones terrae sanctae. Lipsiae 1875.

(*Hahn,* die Reise des h. Willibald nach Palästina. Programm der Louisenstädtischen Realschule. Berlin 1856.)

Lex Saxonum, älteste Aufzeichnung vor 782 (?), ed. *Merkel,* M. G. H. III, (ed. Berlin 1853).

(*Usinger,* Forschungen zur Lex Saxonum. Berlin 1867. – v. *Richthofen,* zur Lex Saxonum. Berlin 1868.)

Aribo episcopus frisingensis, 764–84, *vita st. Emeramni,* ed. Acta S. *Bolland.* Sept. VI, p. 474. – vita st. Corbiniani ebenda III, p. 281.

(M. *Büdinger,* zur Kritik altbaier. Gesch. Wiener Sitz.-Ber. XXIII. – *Waitz,* Götting. Nachrichten 1869.)

Indiculus Arnonis, c. a. 790, und breves notitiae Salzburgenses, ed. *Keinz,* München 1869 (dazu *Wattenbach,* Heidelberger Jahrbücher 1870).

Arnonis liber formularum, c. a. 790, ed. *de Rozière,* revue historique de droit français et étranger. Paris 1859.

(*Huber,* das Vorleben Arnos von Salzburg. Wien 1872.)

Lullus, archiepiscopus Moguntiae, † a. 786, epistolae. *Jaffé,* biblioth. rer. germ. III, IV.

Lullus, vita Bonifatii, Acta S. *Bolland.* October VIII, p. 1083.

Paulus Diaconus, Warnefridi filius, ed. *Waitz,* Monum. Germ. histor. Scriptor.

(Briefe, Grabschrift der Königin Ansa (?), Gedichte *von* und *an* P. nun bei *Waitz: Paulus Diaconus,* ed. *Waitz,* M. G. h. scr. rer. langob. saec. VI–IX. Berol. 1877. – *origo gentis Langob.* ebenda (auch ed. *Bluhme,* M. G. h. Leg. IV.). – *chronicon gothanum,* c. a. 810, ebenda 1877. – [origo gentis Langobardorum, Pauli D. histor. L. continuationes I–III, Erchemperti hist. Lang. beneventanorum, Andreae bergom. histor., ed. *Waitz,* M. G. h. 1878. – (Vergl. Agnelli qui et Andreas liber pontificalis eccles. ravenn., ed. *Holder-Egger* ebenda; ferner: Autperti vita Paldonis, Tatonis et Tasonis, vita Barbati ep. ravenn., translatio st. Pardi, translatio st. Mercurii, Johannis, st. Severini; Chronica patriarcharum gradensium, gesta episcopor. neapolitanor., c. 800, ed. *Waitz.* – chronica s. Benedicti casinensis, catalogus reg. lang. et ducum benevent., ex dialog. Greg. als Quellen und Fortsetz. des P. D. ebenda.)] – *Bethmann,* Paulus Diaconus Leben und Schriften. *Pertz.* Arch. X. – *Dahn,* Langobard. Studien I. Paulus D. Leipzig 1876 (daselbst ausführliche Literaturangaben). – *Jacobi,* die Quellen der Langobarden. Gesch. d. P. D. Halle 1878. – *Abel* und *Jacobi,* Paul. Diaconus. II. Aufl. (Geschichtsschreiber d. D. Vorz.) Leipzig 1878. – *Th. Mommsen,* die Quellen der Langobardengeschichte des Paulus Diaconus. Neues Archiv d. Gesellsch. f. ältere d. Geschichtskunde V, 1, 1879. – *Historia* miscella, ed. *Eyssenhardt* 1869, 1870. – *Oechsli,* Paulus Diaconus hist. miscella. Zürich 1873. – *Bauch,* Paulus Diaconus hist. miscella. Göttingen 1873. – *Pasquale del Giudice,* Lo Storico dei Longobardi. Milano 1880. – *Droysen,* die Zusammensetzung der historia romana des Paulus Diaconus, F. z. D. G. XV, S. 167. Hermes XII. – *Hartel,* Eutropius und Paulus Diaconus. Wien 1872. – *Hartel,* Eutropii breviarium. Berlin 1872. – *Historia miscella,* ed. *Droysen,* M. G. h. 1879. (*Bauch,* die hist. romana d. P. D. Göttingen 1873. – *Waitz,* über die handschriftliche Ueberlieferung und die Sprache der hist. Lang. des Paulus D. Neues Archiv I, 1876. – *Mommsen,* zu Paulus D. Neues Archiv II, 1877; dagegen *Fitting,* ebenda III, 1878. – *Pauli et Petri Diaconorum carmina,* ed. *Dümmler* I, 1, 1880. – Appendix ad Paulum ebenda I, 2, 1881.)

Versus saec. VIII et IX: *Versus Anonymorum saeculi* VIII, ed. *Dümmler,* M. G. h. poet. lat. I, 1. Berol. 1880; 2, 1881. – Nasonis Muaduini, c. 821, I, 1. – Paulini Aquilejensis carmina I, 1. – Josefi Scoti carmina I, 1. – Amalarii versus marini I, 2, 1881. – appendix ad Theodulfum 1881. – Hibernici exulis et Bernowini I, 2, 1881. – Planctus de obitu Karoli 1881. – Versus Anonymorum saec. IX. 1881. – Zmaragdi 1881. – Aedilvulfi carmina 1881. – Gosberti carmen 1881. – Versus ad Ebonem Remensem 1881.

Hadriani I., papae (bis a. 795) epistolae, ed. *Bouquet* V. – ed. *Muratori* III.

vita st. Anselmi abbatis nonantulani, a. 760–804, ed. *Muratori* scr. rer. Ital. I, 2.

„Codex Carolinus", epistolae paparum, a. 739–791, ed. *Migne* XCVIII.

Codex Carolinus, ed. *Jaffé,* Biblioth. rer. germanicor. IV, 1.

Codex Carolinus, bis 814, ed. *Bouquet* V.

(*Waitz,* die fränkische Völkertafel in späterer Umarbeitung. F. z. D. G. XVIII, s. 188.)

Lex Francorum Chamavorum, a. 802 (?), ed. *Gaupp.* Breslau 1855 (s. aber *Stobbe,* Rechtsquellen I.).

Karclus Magnus, versus, ed. *Dümmler* l. c.

Karl der Große, bis 814, Briefe an Königin Fastrada, a. 791, an König Offa, an Pipin, ed. *Bouquet* V, *Du Chesne* II; andere Briefe von Karl, Briefe an Karl bei *Du Chesne* II.

(*Simson,* das Gedicht von der Zusammenkunft Karls des Großen und Papst Leos III. in Paderborn. F. z. D. G. XII, S. 567. – *Pauli,* Karl der Große in northumbrischen Annalen. F. z. D. G. XII, S. 137.)

Epitaphia von Gliedern des karolingischen Hauses und ihrer Zeitgenossen, c. 800.

(*Dahn,* Paulus Diaconus I und *Potthast,* S. 301 f. – *Dümmler,* karoling. Miscellen. F. z. D. G. VI, 1866.)

Nekrologien: *st. Petri Juvaviens.* ed. *Karajan, Monum. blidenstatensia,* p. XX. *fuldenses, prümenses Böhmer,* fontes III.

(*Delisle,* des monuments paléographiques, concernant l'usage de prier pour les morts, biblioth. de l'école des chartes. Paris II. – *Delisle,* rouleaux des Morts du IX au XV siècle. Paris 1866.)

Alcuin († 804) opera. ed. *Jaffé:* Monumenta Alcuiniana, ed. *Jaffé, Dümmler* et *Wattenbach* in bibliotheca rerum germanicarum VI. Berol. 1873. – *Alcuini* carmina, ed. *Dümmler,* M. G. h. poet. latinar. I, 1. Berol. 1880.

(*Lorentz,* A. Leben. Halle 1829. – *Monnier,* A. et son influence littéraire, religieuse et politique chez les Francs. Paris 1853. – *Zeissberg,* Alkuin und Arno. Z. f. österr. Gymnasien. Wien 1862. – *Monnier* Alcuin et Charlemagne. II. éd. Paris 1863. – *Hamilin,* essai sur la vie et les œuvres d'A. Paris 1873. – *Werner,* Alkuin und sein Jahrhundert. Paderborn 1876. – *Sickel,* Alkuinstudien. Wiener Sitz-Ber. LXXIX. – vergl. S. in v. *Sybels* h. Z. XXXII. – Fälschlich Alkuin beigelegt: epistola de origine Ber.eventanorum. Neues Archiv I.)

Alcuini, † 804, vita st. Willibrordi, † 738, ed. *Wattenbach* in *Jaffé,* Biblioth. rer. germ. VI. (Neues Archiv I.)

Annales (guelferbytani) murbacenses, bis 768, **alamannici,** bis 768, **nazariani,** bis 805, ed. *Pertz* l. c. I.

(*Sickel.* über die Originalhandschrift der ann. antiquissimi Fuldenses. F. z. D. G. IV, S. 454. – *Simson,* über die ann. sithienses, ib. IV, S 575; dazu *Waitz,* ib. VI, S. 653. – *Dümmler,* über eine verschollene fuldische Briefsammlung des IX. Jahrh., ib. V, S. 369; karolingische Miscellen, ib. VI, S. 113, 653. – *Heigel,* über die aus den ältesten Murbacher Ann. abgeleiteten Quellen, ib. V, S. 397. – *Meyer von Knonau* (und *Waitz*), Fragment fränkischer Annalen ib. VIII, S. 631. – v. *Giesebrecht,* ein neues Fragment fränkischer Annalen, ib. XIII, s. 627. – *Ebrard,* die fränkischen Rechtsannalen von 741 bis 829 und ihre Umarbeitung, ib. XIII, S. 425. – *Simson,* kleine Bemerkungen zu karoling. Ann., ib. XIV, S. 131, 135, 136. – *Waitz,* Einhard u. d. ann. Fuld., ib. XVIII, s. 354. – *Simson,* zu d. ann. sithienses, ib. XVIII, S. 607. – *Simson,* zur Frage nach der Entstehung des sogen. ann. lauriss. major., ib. XX, S. 205. – *Waitz,* über d. Verhältn. der ann. mettenses zu anderen Annalen, ib. XX, S. 385. – *Simson,* über eine verlorne Quelle der annal. mettens., ib. XX, S. 395. – *Dümmler,* über Ermenrich von Ellwangen und seine Schriften, ib. XIII S. 473, XIV, S. 403. – *Harttung,* über Regino von Prüm, ib. XVIII, S. 362. – *Simson,* zur vita Chrodegangi, ib. XIX, S. 175. – *Simson,* über das Gedicht von der Zusammenkunft Karls des Gr. und Papst Leos III. in Paderborn, ib. XII, S. 567. – Simson, Angilbert und Hibernicus exul, ib. XIV, S. 623. – *Simson,* über Thegan, den Geschichtschreiber Ludwig des Frommen, ib. X, S. 325. – *Girgensohn,* zum Astronomus, ib. XV, S. 653.)

Karoli M. divisio imperii, a. 806, *Pertz,* Monum. G. h. Scr. I.

(*Cohn,* über die Urkunde Karls des Großen von 9. V. 813. F. z. D. G. VII S. 611.)

Angilbertus, † 814, carmen de Karolo M., ed. *Pertz,* Monum. Scr. II, carmina selecta, ed. *Migne* XCIX.

Angilberti carmina, ed. *Dümmler,* M. G. h. poet. latin. I, 1. Berol. 1880.

(*Orelli,* Helperici sive ut dalii arbitrantur Angilberti Carolus M. et Leo III. 1832; dagegen *Pertz,* in s. Archiv VII. – *Simson,* Forsch. z. D. Gesch. XII, XIV. – *Ebert,* D. Rundschau III.)

556

Georgius Syncellus (c. 800), Chronographia bis 285, fortgesetzt von *Theophanes Confessor* († 817) bis
a. 813. Excerpta, ed. *Dindorf.* Bonn I, II, 1829. – ed. *Classen.* Bonn I, 1839; II, 1841.
Georgius Monachus chronicon, bis 842, ed. *Bekker.* Bonn 1838.
Chronicon paschale, bis 1042, ed. *Dindorf.* Bonn I, II, 1832.
Leo III., papa, 795–816, epistolae, ed. *Bouquet* V.
Annales st. Germani, c. 810, ed. *Pertz*, M. G. Scr. IV.
Annales lindesfarnenses, 643–664.
Annales juvavenses majores, a. 550–855, l. c. I (vergl. III, dagegen aber *Wattenbach*, S. 121)
Annales juvavenses minores, 742–814 (geschr. 816), I (vergl. III, dagegen aber *Wattenbach*, S. 121).
(*Dünzelmann*, Beiträge zur Kritik der karolingischen Annalen. Neues Arch. II, 1877.)
Martyrologium gellonense, c. a. 804, ed. *d'Achéry*, spicilegium II. – andere Martyrologien: Rettberg I,
S. 76 f.; *Potthast*, S. 436 f.
Liudger, episcopus Monasteriensis, † a. 809, vita s. Gregorii, ed. *Migne* XCIX.
Annales St. Amandi, a. 687–810, ed. *Pertz*, M. G. h. Scr. I (daraus: (708 bis 737) und aus ann.
lauresham. (741–807) die sogen. ann. *tiliani* (annal. laubacens. (a. 687–791) *Waitz* in v. *Sybels* Z.
XXVIII.
Annales „mosellani"? (warum?) ed. *Pertz*, M. G. h. Scr. XVI. (s. *Wattenbach*, S. 118, gegen v. *Giese-
brecht*, über die fränkischen Königsannalen, Münchener histor. Taschenbuch 1865.)
Annales maximiani, bis a. 811, ed. *Reiffenberg*, compte rendu des séances de la commission royale
d'histoire VIII. Paris 1844.
Annales bawarici (warum?) breves, 687–811, M. G. Scr. XX.
Libellus supplex monachorum Fuldensium, vor 814, ed. *Mabillon* IV.
Leidradi, † 816, opera ed. *Migne* XCIX.
Sanct Galler Todtenbuch und Verbrüderungen, ed. *Dümmler* und *Wartmann* in Sanct Galler Mitt-
heil. zur vaterl. Geschichte XI.
Fränkische Reichsannalen: ed. *Pertz*, M. G. h. Scr. I.
(*Frese*, de *Einhardi* vita et scriptis. Berol. 1845. – *Abel*, Einhards Jahrb. Berlin 1850. – L v. *Ranke*, zur
Kritik fränkisch-deutscher Reichsannalisten in Abhandl. der Berliner Akad. 1854. – *Meyer v.
Knonau*, Forsch. VIII. – L. *Giesebrecht*, wendische Geschichten III. – *Waitz*, Göttinger Nachrich-
ten 1857. – W. v. *Giesebrecht, oben siehe zu Annales „mosellani".* – *Monod*, Revue critique 1873,
No. 42. – *Ebrard*, Forsch. z. D. Gesch. XIII. – *Simson* ebenda XIV. – *Dünzelmann*, Neues Archiv
II.)
Annales laurissenses majores, c. a. 788?
Annales laurissenses minores, c. a. 786? fortgesetzt bis 817.
Annales sithienses, ed. *Mone*, Anz. f. Kunde d. D. Vorzeit 1836.
„Fragmenta Werthinensia", ed. *Pertz*, M. G. h. Scr. XX.
Theophanes Isaacius confessor, bis 817, ed. *Classen.* Bonn. I 1839, II 1849.
(*Th. continuatus*, 813–961, ed. *Bekker.* Bonn. I 1838.)
Annales S. Petri Coloniensis, a. 798–818, ed. *Pertz*, M. G. h. Scr. XVI.
Annales laureshamenses, bis 818, ed. *Pertz*, M. G. h. I.
(*Holder-Egger*, Neues Archiv I.)
Libellus de majoribus domus (c. a. 820?) *Du Chesne* II, 1.
Monachi anonymi vita Alcuini, c. 820, ed. *Jaffé, Wattenbach* et *Dümmler*, bibl. rer. germ. VI.
Bruun Candidus, vita Eigilis, † 822, ed. *Migne* CV.
Annales st. Emmeramni majores, a. 748–823, M. G. I (minores 732–1062).
Radbertus Paschasius, vita Adalhardi, † 826, vor 836, ed. *Mabillon* IV. (M. G. h. Scr. II.)
Radbertus Paschasius, vita Walae, † 836, nach 836, ebenda.
Einhard, translatio SS. Petri et Marcellini, ed. *Henschen*, Acta S. Jun. I. (ed. *Teulet*, œuvres).
Vgl. Einhardi vita K. M., ed. *Jaffé*. Berlin 1868.
(*Einhard*, ed. *Jaffé*, bibl. rer. germ. IV. vita Karoli, 1867. 2. ed. *Wattenbach* 1876. – *Waitz*, Handschrif-
ten von *Einhards* vita Karoli. Neues Archiv VI, 1881. – *Ebert*, die literarische Bewegung zur Zeit
Karls des Großen. Deutsche Rundschau III:, 1877.)
Sagen über Karl: de expeditione Hispanica, ed. *Pertz*, M. G. h. Scr. III (darüber K. *Hofmann*, Münche-
ner Sitz.-Ber. 1871). – visio domini Karoli, ed. *Jaffé*, bibl. rer. germ. IV. – v. St. Arnoldi, Acta S., ed.
Bolland, Jul. IV. – „chronicon" novaliciense.

Annales S. Bonifatii, a. 716–830, ed. *Pertz*, M G. h. Scr. III (nur Auszüge aus den ann. hersfeldens.)

Jonas, episcopus aurelian, c. 830, translatio St. Huberti; de institutione laicali; de institutione regia, c. 828, ed. *Mabillon* IV, 1. (Forsch. z. D. G. VI. *Arndt*, kleine Denkmäler 1874.)

(*Hagen*, carmina medii aevi maximam partem inedita ex bibl. Helveticis. Bernae 1877.)

Ermoldus Nigellus, c. a. 834, carmina ed. *Pertz*, M. G. h. Scr. II; deutsch durch *Pfund*. Berlin 1856.

(*Henkel*, über den historischen Wert der Gedichte des E. N. Programm der höheren Bürgerschule zu Eilenburg 1877.)

Anonymus, Translatio S. Liborii, 836, ed. *Pertz*, M. G. h. Scr. IV.

(*Mertens*, der h. L. Sein Leben, seine Verehrung und seine Reliquien. Paderborn 1873.)

Anonymus, historia translationis S. Viti, a. 836, bald nach 836, ed. *Pertz*, M. G. h. Scr. II. – ed. *Jaffé*, bibl. rer. Germ. I.

P. D. Gesta episcoporum Mettensium, ed. *Pertz*, M. G. h. Scr. II, daraus: Genealogia domus Carolorum, vor 841, ebenda.

Annales petaviani (bis a. 741) aus St. Amandi und mosellani, dann Fortsetzung bis 796, 799, ed. *Pertz*, M. G. h. Scr. I. (III.)

(*Jaffé* [*Wattenbach* und *Dümmler*], bibliotheca rerum germanicarum VI. Monumenta Alcuiniana. Berol. 1873.)

Theodulfus episcopus Aurelianensis, † 821, versus, ed. *Du Chesne* I, II. – ed. *Bouquet* V, VI. – ed. *Waitz*, Scr. rer. langob.

Poetae latini aevi carolini, ed. *Dümmler*, M. G. h. Berolini 1881. pars prior, pars posterior. (Theodolfus II. appendix ad Th.)

(*Ebert*, Theodulfs Geburtsland. Aus d. Berichten d. phil.-hist. Cl. d. k. S. Gesellschaft d. Wiss. 1878.)

Arno, episcopus juvaviensis (785–821) congestum, indiculus, ed. *Rockinger*, Quellen zur bayer. Gesch. VII. – *Keinz*.

Eigil († a. 822), vita Sturmi, ed. *Pertz*, M. G. h. Scr. II, deutsch durch *Arndt* bei dem Leben des h. Bonifatius; – durch *Schwartz*, Programme von Fulda 1856, 1858.

(*Nick*, St. Sturm. Fulda 1878.)

Wettini, monachi sangallensis († 824) visio, ed. *Migne* CV. (über die visio pauperculae mulieris. *Wattenbach*, S. 226).

Paschalis I., Papa, a. 817–824, epistolae (echt? schwerlich alle vier), ed. *Mansi*, Concilia XIV (Supplem. I).

Dicuil, de mensura orbis terrae (a. 825), ed. *Parthey*. Berol. 1870.

Erchanberti breviarium regum Francorum, a. 826, ed. *Pertz*, M. G. h. Scr. II.

Synodus Romana, a. 826, ed. *Pertz*, M. G. h. Leg. II.

Nikephorus Patriarcha, † 828, historia 602–770, ed. *Bekker*. Bonn 1837. – chronographia, bis 828, ed. *Dindorf*. Bonn 1839.

Einhardi annales, bis 829, ed. *Pertz*, M. G. h. Scr. I. (O. *Abel*, E. Jahrbücher. Berlin 1850.) – *vita Karoli* M., ed. *Pertz*, M. G. h. (Sonderabdruck Hannover 1845); deutsch durch O. *Abel*, Berlin 1850), auch ed. *Jaffé*, Biblioth. rer. germ. IV.) (Sonderabdruck Berlin 1867). – epistola, ed. *Jaffé*, Biblioth. rer. germ. IV.

(*Ideler*, (*Einhards*) Leben und Wandel Karls des Großen I, II. Berlin 1839. – *Einhards* sämtliche Werke gesammelt: *Einhardi opera*, ed. *Teulet* Paris I, 1840; II 1843. – *Einhard*, Leben Kaiser Karls, deutsch durch *Abel*, II. Aufl., bearbeitet v. *Wattenbach*. Leipzig 1880. – Jahrbücher (aus P. Diacon. Geschichte der Bischöfe von Metz), Fortsetzung des Fredegar, deutsch durch O. *Abel*, II. Aufl. v. *Wattenbach*. Leipzig 1880. – *Waitz*, Einhard und die annales Fuldenses. F. z. D. G. XVIII, s. 354. – *Simson*, zu den annales sithienses, ebenda S. 607 – v. *Sybel*, über die karolingischen Annalen. Histor. Z., neue Folge VI, S. 260. – *Simson*, zur Frage nach der Entstehung der sogen. annales laurissenses majores; zu karoling. Annalen XIV, S. 131. – *Ebrard*, die fränkischen Reichsannalen von 741–829 und ihre Umarbeitung. F. z. D. G. XIII, S. 425.)

Hildricus, abbas casinensis, c. 830, epitaphium Pauli Diaconi (echt?), s. *Dahn*, P. D. I.

Liber pontificalis: v. Hadriani I., † 795, geschr. 825? nach 829.

(*Krosta*, de donationibus a Pippino et Karolo M. sedi apostolicae factis. Regimont. 1862. – *Du Chesne*, étude sur le liber pontificalis. Paris 1877.)

Annales fuldenses antiqui, bis a. 883, ed. *Pertz*, M. G. Scr. III.

Annales Bertiniani I., 741–835, ed. *Pertz*, M. G. h. Scr. I (deutsch durch *Jasmund*. Berlin 1857).

(*Girgensohn*, Prudentius und die bertinianischen Annalen. Riga 1876. – *Dehaines*, les annales de St. Bertin et de St. Vaast. Paris 1871 (s. aber dagegen *Arndt, v. Sybels* h. Z. 1874, S. 167.)

Theganus, chorepiscopus trevirensis, de gestis domini Hludovici 813–835 (Fortsetzungen bis 837), ed. *Pertz*, M. G. h. Scr. II (deutsch durch *Jasmund*. Berlin 1850; *Simson*, Forsch. z. D. G. X.).

(*Simson*, über Thegan, den Geschichtsschreiber Ludwig des Frommen. F. z. D. G. X)

Ludovici Pii divisio regni, a. 837, ed. *Bouquet* VI.

Annales Fuldenses Enhardi, bis 838, ed. *Pertz*, M. G. h. Scr. I (deutsch durch *Rehdantz*. Berlin 1852).

(*Waitz*, in *Pertz'* Archiv VI. – *Simson* über die ann. Einhardi F. u. d. ann. sithienses. Jena 1863. – Derselbe, Forsch. z. D. G. IV. – *Waitz*, ebenda VI.)

Annales corbejenses, c. a. 780? dann bis 809, bis 840, bis 879, ed. *Pertz*, M. G. h. Scr. I.I. – ed. *Jaffé*, Bibl. rer. germ. I (nicht chronicon corb.: dies unecht).

Agobardus archiepiscopus lugdunensis, † 840, opera ed. *Bouquet* VI. Paris 1666. (apologeticus pro filiis Ludovici pii Imperatoris; conquestio domini Chludovici imperatoris … de defectione militum suorum et … scelere filiorum, ed. *Bouquet* VI, c. 840 (aber nicht von Ludwig selbst).

(*Hundeshagen*, de A. vita et scriptis. Giessae 1831.)

Chronicon Moissiacense, bis 818, dann bis 840, ed. *Pertz*, M. G. h. Scr. I (II).

(*Monod*, Revue critique II 1873. – *Simson*, Forsch. z. D. G. XIV.)

„Annales St. Victoris Massiliensis" ebenda XXIII.

Annales aquitanici, von a. 830 f. (bis 886), ebenda II.

Annales aut Monasterienses aut **Werthinenses**, a. 809–840, ed. *Jaffé*, bibl. rer. germ. I (aus den ann. corbeienses).

Ermenrich von Ellwangen, vita *Sualonis*, vor 842, ed. *Mabillon* III.; vita *Hariolfi*, a. 750: geschrieben c. 850, ed. *Pertz*, M. G. h. Scr. X; vita S. *Galli* ebenda II.

(*Dümmler*. Forsch. z. D. G. XIII, XIV, epistola ad Grimaldum abbatem, c. 853, ed. *Dümmler*. Halle 1873.)

Georgius Monachus, dictus *Hamartolus*, chronicon, bis 842 (dann bis ? ed. *de Muralt*). Petropolis 1859.

Foedus inter *Ludovicum* et *Karolum* reges, a. 842, ed. *Bouquet* VII (*Pertz*, M. G. h. Scr. II).

Nithardus, historiarum libri IV, 814–843, † c. 844? ed. *Pertz*, M. G. h. Scr. II (II. Ausg. 1870) – deutsch durch *Jasmund*. Berlin 1851.

(*Pätz*, de vita et fide Nithardi. Halis Saxon 1865. – *Meyer v. Knonau*, über N. vier Bücher Geschichten. Leipzig 1866. – *Kuntzemüller*, N. u. s. Geschichtswerk. Jena 1873. – Die Eidformeln ed. *Müllenhoff* und *Scherer*; auch bei Arbois de Jubainville, biblioth. de l'école des chartes XXXII.)

Astronomus, vita Ludovici Pii, c. 845, ed. *Pertz*, M. G. h. Scr. II.

(*Jasmund*, das größere Leben L. d. Fr. Berlin 1850. – *Meyer v. Knonau*, über Nithard.)

Altfrid (c. 845), vita s. Liudgeri, † 809, ed. *Pertz*, M. h. h. Scr. II.

(*Huising*, d. h. Luidger. Münster 1878.)

Tattonis augiensis, † 847, epistolae, ed. *Jaffé*, bibl. rer. germ. III; versus, ed. *Pertz*, M. G. h. Scr. II.

Benedictus diaconus (bis 847), capitularia, ed. *Pertz*, M. G. h. Legg. II.

Frotharii episcopi tullonensis epistolae, a. 813–848, ed. *Bouqet* VI.

Walahfrid Strabo, abbas augiensis, † 849, vita st. *Othmari*, † 759, ed. *Pertz*, M. G. h. Scr. II. – (deutsch durch *Potthast* 1857.) – ed. *Meyer v. Knonau*, Mittheil. XII. – Miracula st. *Galli*, l. c. – *vita st. Galli*, ed. *Mabillon* II; versus de exilio Judith; versus de Geroldo comite, † 799, ed. *Du Chesne* II., de officiis divinis, ed. *Migne* CXIII, CXIV. – Hortulus, de cultura hortorum, ed. *Walchner*. Karlsruhe 1838. – Walahfridi opera, ed. *Migne* CXIII, CXIV.

(*Himly*, W. et Louis le Débonnaire. Paris 1849. – *König*, über W. Strabo v. Reichenau, Freiburger Diözesan-Archiv III, 1868.)

Frechulfus episcopus leuxoviensis (lixoviensis), † c. 850, Chronicorum libri II, bis a. 607 (geschrieben c. 830).

(*Grunauer*, de fontibus historia F. e. l. 1864.)

Sedulius, c. 850, liber de rectoribus christianis, ed. *Mai*, spicileg. roman. VIII. carmina XL, ed. *Dümmler*, Hallen. Programm 1869.

Agnellus (Andreas, presbyter ravennas), liber pontificalis sive vitae pontificum ravennatensium, bis 836, ed. *Muratori*, Scr. rer. Ital. II, vitae pontificum ravennat., c. 850, ed. *Holder-Egger*, M. G. h. Scr. rer. lang. 1880.

Florus Drepanius, diaconus lugdunensis, c. 850, epistola ad Madoinum augustodun. episcopum, ed. *Bouquet* VI. – querela de divisione imperii post 840, ed. *Bouquet* VI.

Gesta abbatum fontanellensium, a. 645–850, ed. *Pertz,* M. G. h. Scr. II.

Anonymus Einsiedlensis, c. a. 850, ed. *Jordan,* Topographie der Stadt Rom im Alterthum II. Berlin 1871.

(*Urlichs,* Codex urbis Romae topographicus. Wirceb. 1871.)

Wolfhardus Herriedensis (c. 850), vita st. Walburgae abbatissae Heidenheimensis, c. 775, ed. *Mabillon,* Acta III, 2.

Chronicon ovetense (a. 409–850), ed. *Ferreras* XVI. Matriti 1727.

Audrad, chorepiscopus Senonensis, liber revelationum, a. 853, ed. *Bouquet* VII.

Chronica regum Francorum (vor 856) (tiliana), ed. *Bouquet* II.

Hrabanus Maurus, archiepiscopus mogunt., † a. 856, opera ed. *Colvener* 1627; carmina ed. *Brower* 1617 mit Venant Fortun., ed. *Migne* CVII–CXII.

(Kunstmann, H. Magnentius Maurus. Mainz 1841. – *Bach,* in Zimmermanns Z. f. Alt. II. – *Köhler,* H. M. u. die Schule zu Fulda. Leipzig 1870. – *Dümmler,* Forsch. z. D. G. V.)

Constructio farfensis, bis 857, ed. *Bethmann* M. G. h. Scr. XI.

Liudulfus presbyter, c. 860, vita et translatio S. Severi, ed. *Jaffé,* bibl. rer. germ. III.

Annales Bertiniani II.; Prudentii Trecensis episc., a. 835–861, ed. *Pertz,* M. G. h. Scr. I, s. oben zu a. 835.

Lupus Servatus, c. 850, † nach 861, opera ed. *Baluzius.* Paris 1664.

Annales Fuldenses Rudolfi, a. 839–863, ed. *Pertz,* M. G. h. Scr. I.

Lupus, abbas ferrariensis (Ferrieres) († 864?) epistolae, ed. *Bouquet* VI.

Rudolfus Fuldensis, † 865, vita S. Liobae, † a. 780, ed. *Mabillon* III, 2 (deutsch durch *Arndt* mit v. st. Bonifatii). – fälschlich so genannte vita *Rabani,* ebenda IV, 2. – translatio st. *Alexandri* (fortgesetzt durch *Meginhard*), ed. *Pertz,* M. G. h. Scr. II.

Anskarius, archiepiscopus bremens., † 865, vita S. Willehadi episcopi Bremensis, † a. 789, ed. *Pertz,* M. G. h. Scr. II (deutsch durch *Laurent.* Berlin 1856. – *Dehio,* Geschichte des Erzbistums Hamburg-Bremen bis zum Ende der Mission. Berlin 1877).

Chronicon casinense, a. 568–867, ed. *Pertz,* M. G. h. Scr. III.

Genealogiae Karoli Magni, a. 867 (und andere), ed. *Bouquet* XI, XIII, ed. *Pertz,* M. G. h. Scr. II.

Gesta Dagoberti I., regis, 621–662 geschrieben, c. a. 870, ed. *Bouquet* II.

Rimbertus episcopus bremensis (et Anonymus?), vita S. Anskarii, † 865, c. 870, ed. *Dahlmann,* M. G. h. Scr. II. – deutsch durch *Laurent.* Berlin 1856.

Libellus de conversione Bagoariorum et Carantanorum, bis 871, ed. *Wattenbach,* M. G. h. Scr. XI.

Ysonis, † 871, **de miraculis St. Othmari,** ed. *Pertz,* M. G. h. II.

Annales „Xantenses" (sogenannte), a. 640–873, ed. *Pertz,* M. G. h. Scr. II.

Ado, archiepiscopus viennensis, † 874, chronicon, ed. *Pertz,* M. G. h. Scr. II.

Andreas (Agnellus), bis 875: s. oben a. 850.

Andreae presbyteri bergomatis chronicon, a. 877, ed. *Waitz,* M. G. Scr. rer. langob. 1877.

Historia regum Francorum, a. 869–877, ed. *Pertz,* M. G. h. Scr. II.

Poëta Saxo (Agius? c. 880), annales de gestis K. M. imperatoris, ed. *Pertz,* M. G. h. Scr. I. – ed. *Jaffé,* b. rer. germ. IV.

(*Simson,* d. P. S. u. d. Friede zu Salz. F. z. D. G. I.)

Adalhardi, † 826 (epistola), de ordine palatii K. M. in Hincmari epistola d. o. p., a. 882, ed. *Walter,* C. J. G. III.

(*v. Noorden,* H. v. Rheims s. unten.)

Chronicon brixiense, a. 749–883, ed. *Pertz,* M. G. h Scr. III.

(*Abel,* der Untergang des Langobardenreiches in Italien. Göttingen 1859.)

Anonymus, vita S. Liutbirgae, nach 882, ed. *Pertz,* M. G. h. IV.

Catalogus abbatum S. Galli, Augiensium, episcopor. Constant., ed. *Meyer* v. *Knonau* ebenda XI. (XV, XVI. 1877: *Ekkehardi* IV, casus S. Galli.)

Monachus sangallensis, de gestis Karoli M. libri duo, a. 884, ed. *Pertz,* M. G. h. Scr. II, ed. *Jaffé,* bibl. rer. germ. IV. – deutsch durch *Wattenbach,* 1877 (dazu M. G. h. Scr. X, p. 576).

(*Dümmler,* St. Gallische Denkmale aus der karol. Zeit. Mittheil. d. ant. Gesellsch. in Zürich XII, 6, 1859. – *Weidmann,* Geschichte der Bibliothek von St. Gallen. St. Gallen 1841. – *Sickel,* St. Gallen unter den ersten Karolingern St. Galler Mittheil. zur vaterländ. Gesch. IV, 1865. – *Keller*, Bilder und Schriftzüge in den irischen Manuskripten der Schweizer Biblioth. Mittheil. d. antiquar. Gesellsch. in Zürich VII, 1851. – *Keller*, Bauriß des Klosters St. Gallen v. 820. Zürich 1844. – *Meyer v. Knonau*, Ekkehart casus st. Galli (a. Geschichtschr. d. D. V.-Z.). Leipzig 1878.)

Anastasius bibliothecarius, † c. 886 *acta synodi* VI, VII, VIII, ed. *Mansi*, Concilia XII, XVI. – *historia ecclesiastica* (aus Nikephorus, Syncellus und Theophanes), ed. *Bekker* in Theophanis chronographia II. Bonn 1841. – *vitae pontificum romanorum*, s. liber pontificalis.

„**Anastasius bibliothecarius, vitae pontificum romanorum**": s. die einzelnen Papstleben bei Dahn, Paulus Diaconus I, p. XI seq.

Catalogus regum Langobardorum,
chronicon casinense, a. 867,
Andreas presbyter bergom., a. 568–877, } auch ed. *Muratori* III.
Erchempertus, a. 774–889,
Liber pontificum, bis a. 891,

Capitularia Merowingorum et Karolingorum, a. 500 bis c. 890, ed. *Pertz*, Mon. G. h. Legg. I, II.

Ratpertus, c. † 890, casus St. Galli, a. 614–833, ed. *Ildef. ab Arx*, M. G. h. Scr. II.

Photius, Patriarcha, geb. 827, † c. 891, opera ed. *Migne* und *Malou*, patrologia graeca CI–CIV. Paris 1860.

(*Hergenröther*, Ph., P. v. Constantinopel. Regensburg I–III, 1867–1869.)

Erchempertus, monachus montis casinens., c. a. 900, historia Langobardorum, a. 774–889, ed. *Pertz*, M. G. h. Scr. III.

Chronica hispanica: *albeldense*, bis 883; *iriense*, c. 900; *Adefonsi* regis, † 912, ed. *Ferreras* XVI. Matriti 1727.

Anonymus, vita S. Rimberti, c. a. 900, ed. *Pertz*, M. G. h. Scr. II (deutsch durch *Laurent*. Berlin 1856).

Alfons (Adefons) III., † 912, brevis historia (a. 612–866). – identisch mit: *Sebastianus* episcopus *salmanticensis*, ed. *Ferreras*, historia d'España XVI. Matriti 1727.

Regino von Prüm, † 915, chronicon, ed. *Pertz*, M. G. h. Scr. I (deutsch durch *Dümmler*. Berlin 1857). (*Ermisch*, die Chronik des R. bis 813. Göttingen 1872.)

– – libri duo de synodalibus causis et disciplinis ecclesiasticis, ed. *Wasserschleben*. Lipsiae 1840.

Acta vetusta Abbatum Fuldensium, a. 744–916, ed. *Böhmer* III.

Georgius Monachus, vitae nov. imperatorum, 813–944, ed. *Bekker* (mit Theophan. contir.). Bonn 1838.

Constantinus Porphyrogenitus, a. 905–959, fragmenta ed. *Bekker* et *Niebuhr*. Bonn 1828–1830. – de provinciis regni byzantini, ed. *Tafel*. Tübingen 1847.

Annales hersfeldenses, bis 973, ed. *Pertz*, M. G. h. Scr. III.

(*Varrentrapp*, v. *Sybels* h. Z. XXXII.)

Suidas, Lexicon (c. a. 976), ed. *Bernhardy*. I, Halle 1834, II 1853.

(*Suidas*, Lexicon, ed. *Bekker* 1854.)

Chronicon salernitanum, a. 747–974, ed. *Pertz*, M. G. h. Scr. III.

Folcvinus, abbas lobiensis, † 990, chronicon lobiense, a. 637–980, ed. *Pertz*, M. G. h. Scr. IV.

Aimoin, c. a. 1020, „ohne allen Wert". *Wattenbach* I, § 10.

Chronicon paschale, bis 1042, ed. *Dindorf*. Bonn 1832. – ed. *Migne*. Paris 1860.

Cedrenus (exc. aus Joannes Skylitzes), bis 1057, ed. *Bekker*. Bonn 1839.

Joannes Xiphilinus, c. a. 1075, s. oben Cassius Dio.

Leo Marsicanus, casinensis monachus († vor 1118) chronica monasterii casinensis, a. 529–1094, ed. *Wattenbach*, M. G. h. Scr. VII.

Zonaras, bis 1118, opera omnia ed. *Migne* I, II. Paris 1865. – chronicon, ed. *Pinder* I–XII. Bonn I 1841, II 1844.

(*Zonarae* epitome historiar., ed. *Dindorf*. Leipzig 1875.)

Petrus diaconus casinensis, c. a. 1137, chronicon breve casinense, ed. *Muratori* II Auszüge bei *Pertz*, M. G. h. Scr. III.

(*Ehrenfeuchter*, die Annalen von Nieder-Altaich. Göttingen 1870. – *Lindner*, über die Annalen von Nieder-Altaich. F. z D. G. XI, S. 529. – Geschichtsschreiber der deutschen Vorzeit. *Ekkehart* IV., casus St. Galli durch *Abel*. 2. Aufl. durch *Jacobi*. Leipzig 1878. – *Heidemann*, Studien zu *Ekkehard* IV, casus St. Galli. F. z. D. G. IX, S. 93. – *Koppmann*, Dortmunder Fälschungen. F. z. D. G. IX, S. 607. – *Dungel*, die Lorcher Fälschungen. Wien 1871.)

II. ABTEILUNG

Literatur[1]

(Die Erläuterungsschriften der Quellen siehe unter: „Quellen")

Bähr, Geschichte d. röm. Lit. 2. Aufl., 4; der christl.-röm. Lit. I. Karlsruhe 1872. *Nikolai*, Geschichte der röm. Literatur. Magdeburg 1881.
– – – griech. – – 2. Aufl. 1880.
Koner, Repertorium über die v. J. 1800–1860 in akad. Abhandl., Gesellschaftsschriften und wissenschaftlichen Journalen auf dem Gebiete der Geschichte erschienenen Aufsätze. 6 Bände. Berlin 1862, 63, 54, 66.
Kopp, römische Literaturgeschichte und Altertum. Berlin 1872.
Teuffel, Geschichte der römischen Literatur. 3. Aufl. Leipzig 1875.
Mähly, Geschichte der antiken Literatur. Leipzig 1880.
Teuffel, Studien und Charakteristiken z. griech.-röm. Lit.-Gesch. Leipzig 1871.
Bernhardy, Grundriß der griech. Lit. 3. Aufl., II, 2. Halle 1872.
Munk, Geschichte der griechischen Literatur. 3. Aufl. durch *Volkmann*. I. II. Berlin 1879/80.
Ethb. Heinr. *Costa*, Bibliographie der deutschen Rechtsgeschichte. Braunschweig 1858
Dahlmanns Quellenkunde zur deutschen Geschichte von *Waitz*. 1875.
Abraham, Hermann, Meyer, Jahresbericht der Geschichtswissenschaft: i. A. d. H. Ges. zu Berlin. 1. Jahrg.: 1878. Berlin 1880. 2. Jahrg.: 1879, 1881.
Potthast, Bibliotheca historica medii aevi. Wegweiser durch die Geschichtswerke des europäischen Mittelalters von 375–1500. Berlin 1862.
Wattenbach, Deutschlands Geschichtsquellen im Mittelalter. 4. Aufl. Berlin 1878.
Ebert, Allgemeine Geschichte der Literatur des Mittelalters im Abendlande. I Leipzig 1879, II 1880
Kruse, Atlas und Tabellen zur Übersicht der Geschichte aller europäischen Länder und Staaten. 5. Ausg. Halle 1834.
Forbiger, Handbuch der alten Geographie I–III. 2. Aufl. Hamburg 1878. (Germania, Gallia etc. in III.)
Kiepert, Lehrbuch der alten Geographie. Berlin 1878.
Bibliotheca historica oder system. geordnete Übersicht d. in Deutschland u. d. Auslande auf dem Gebiete der gesamten Geschichte neu erschienenen Bücher, herausgegeben v. Cust. Dr. W. *Müldener*. 29. Jahrg. Göttingen 1881.
Grote, Stammtafeln. Mit Anhang: Calendarium medii aevi. Leipzig 1877.

Kuhn, zur ältesten Geschichte der indogermanischen Völker. Berlin 1845.
– in *Webers* indischen Studien I.
– die Sprachvergleichung und die Geschichte der indogermanischen Völker, in Zeitschrift für vergleichende Sprachwissenschaft, IV.
Spiegel, über die Iranische Stammverfassung. Abh. d. Münchner Akademie 1855.
Pictet, les origines indo-européennes, I. Paris 1859. II 1863.
Giraud-Teulon, études sur les sociétés anciennes. Paris 1867.
Giraud-Teulon, les origines de la famille. Paris 1874
Justi, (Indogermanen) in *Raumers* hist. Taschenb. 1862, S. 321.
Ackermann, die Indogermanen. Leipzig 1870.
Hehn, das Salz. Berlin 1872.
– Kulturpflanzen und Haustiere. 2. Aufl. 1874.
Babsch, die alten Germanen in der Universalgeschichte u. ihre Eigenart. Wien 1880.
Curtius, zur Chronologie der indogerm. Sprachforsch. 2. Aufl. Leipzig 1874.
Müller, der indogerm. Sprachbau in seiner Entwicklung. Göttingen 1879.
Diefenbach, Vergleichendes Wörterbuch der gotischen Sprache. Frankfurt a. M. 1851.
Fick, die ehemalige Spracheinheit der Indo-Germanen Europas. Göttingen 1873.
– vergl. W.-B. d. indogerman. Spr. IV mit Index. 3. Aufl. Göttingen 1876.

Schleiden, Compendium d. vergl. Gramm. d. indogerm. Spr. 4. Aufl. Weimar 1876.

Zehetmayr, analog. vergleichendes Wörterbuch der indogerm. Spr. Leipzig 1879.

Manitius, die Sprachenwelt in in ihrem geschichtlich-literarischen Entwickelungsgang zu= Humanität I. II. Leipzig 1879, 1880.

Pott, etymol. Forsch. auf d. Gebiet d. indogerman. Sprachen. Wurzelwörterbuch. Detmold 1868.

Pott, die Sprachverschiedenheit in Europa in den Zahlwörtern. Halle 1868.

Pauli, die Benennung der Körperteile bei d. Indogermanen. Berlin 1868.

Deecke, die deutschen Verwandtschaftsnamen. Weimar 1870.

Pauli, die Benennung des Löwen bei den Indogermanen. München 1872.

Müller, die Stellung des Armenischen in d. indogerm. Sprachen. Wien 1878.

Anderson, Studien z. Vergleichung d. indogerm. u. finnisch-ugrischen Sprachen. Dorpat 1879.

v. Raumer, über die Urverwandtschaft d. semit. u. indo-europ. Spr. Frankfurt 1873.

Backhaus, die Germanen ein semit. (!!) Volksstamm. Berlin 1879

Bechtel, über die Bezeichnungen der sinnlichen Wahrnehmungen in den indogermanischen Sprachen. Weimar 1879.

Tylor, d. Anfang d. Kultur, deutsch durch *Spengel* u. *Poski*. Leipzig 1872.

Bachofen, antiquarische Briefe, vornehmlich zur Kenntnis der ältesten Verwandtschaftsbegriffe. Straßburg 1880.

Ackermann, on the distaff and the spindle as the insignia of the female sex in former times. Archaeologia 1857 I, S. 83

Bernhöft, über die Grundlagen der Rechtsentwickelumg bei den Indogerman. Völkern. Zeitschr. f. vergl. Rechtswissensch. II. B. 1879.

Weber, indische Studien. Berlin 1868.

Schlagintweit, die Gottesurteile der Indier. München 1866.

Jolly, über die Systematik des indischen Rechts. Zeitschrift f. vergl. Rechtswissenschaft 1880.

Jolly, über das indische Schuldrecht. Sitzber. d. Münchner Akad. 1877.

Zimmer, altindisches Leben. Berlin 1879.

Asmus, die indogerm. Religion. I, II. Halle 1878.

de Gubernatis, die Tiere in der indogerman. Mythol., deutsch durch *Hartmann*. I, II. Leipzig 1873.

v. Specht, das Festland Asien-Europa und seine Völkerstämme, deren Verbreitung und der Gang ihrer Kulturentwicklung mit besonderer Berücksichtigung der religiösen Ideen. Wien 1879.

Mannhardt, die lettischen Sonnenmythen. Berlin 1875.

Niebuhr, researches into the history of the Getes.

Bessell, de rebus geticis. 1854.

Bergmann, les Getes. Paris 1859.

Müllenhoff, „Geten", in *Ersch* und *Grubers* Encyclop., I. Sect., B. 64, S. 448.

Rösler, das vorrömische Dacien Sitzungsber. d. Wien. Akad. 1863/64.

– die Geten und ihre Nachbarn.

Thomas, étude sur ... les anciens Celtes. Stuttgart 1869.

Glück, die bei C. J. Caesar vorkommenden keltischen Namen.

v. Sybel, Goten und Geten in *Schmidts* Z. f. Gesch. VI, S. 516 f.

Meyer, Gesch. des Königreichs Pontos. Leipzig 1879.

Neumann, die Hellenen im Skythenlande, I. Berlin 1855.

Cuno, Forsch. im Gebiet der alten Völkerkunde. I: d. Skythen. Berlin 1871.

Ottfr. Müller, die Etrusker, ed. *Deecke*, II. Stuttgart 1877.

Corssen, die Sprache der Etrusker, II. Leipzig 1875.

Deecke, Corssen und die Sprache der Etrusker. Stuttgart 1875.

– etruskische Forschungen, I–IV. 1875–1880.

Maack, die Entzifferung des Etruskischen. Hamburg 1872.

Fischer, die Kelten keine Germanen. 1845.

Hoffmann, Mythen aus der Wanderzeit der gräkoitalischen Stämme, I. Leipzig 1876.

Holtzmann, Kelten und Germanen.

Brandes, das ethnographische Verhältnis der Kelten und Germanen. 1857.

Contzen, die Wanderungen der Kelten. Leipzig 1861.

Scherrer, die Gallier und ihre Verfassung. Heidelberg 1865.

Riecke, Schichtung der Völker u. Sprachen in D. (Keltomane.) Gera 1872.

Bellognet, ethnogenie gauloise.

Roth, kleine Beiträge zur deutschen Geschichts-, Sprach- und Ortsforschung. München 1865.

Stark, keltische Forschungen. I, II. Wien 1868/69.

Knobelsdorff, die keltischen Bestandteile in der englischen Sprache. Berlin 1870. Gäsaten, Semnonen und Bojer. München 1872.

Sparschuh, Kelten, Griechen u. Germ.; vorhomer. Kulturdenkm. München 1876.

Phillips, die Wohnsitze der Kelten auf der pyrenäischen Halbinsel. Wien 1872.

Wieseler, die deutsche (!) Nationalität der kleinasiatischen Galater. Ein Beitrag zur Geschichte der Germanen, Kelten und Galater und ihrer Namen. Gütersloh 1877.

Göhlert, kelt. Arbeiterbezeichn. u. Arbeitszeichen. Wien 1878.

Ferk, Druidismus in Noricum. Graz 1878.

Eichheim, neue Schlaglichter (!!) auf d. Urgesch. d. Germ. in Belgien usw. München 1878.

v. Keltsch-Stein, keltische Königshöfe in Schlesien. Oels 1879.

Wieseler, zur Geschichte der kleinasiatischen Galater und des deutschen Volkes in der Urzeit. Greifswald 1879.

Buillot et Raudot, la cité gauloise. 1879.

Phillips, Prüfung des iberischen Ursprungs einzelner Stammesnamen. Wien 1871.

– über den iberischen Stamm der Indiketen. Wien 1871.

– über eine iberische Inschrift. Wien 1871.

Phillips, die Einwanderung der Iberer in die pyren. Halbinsel. Wien 1871.

– über das latein. u. röm. Elem. in der baskischen Sprache. Wien 1871.

Cuno, Vorgeschichte Roms. I: d. Kelten. Leipzig 1878.

Bacmeister, keltische Briefe, ed. *Kellner*. Straßburg 1874.

Mannert, Geographie der Griechen und Römer.

Müllenhoff, deutsche Altertumskunde. I. Berlin 1870.

Wiberg, Einfluß der klassischen Völker auf den Norden durch den Handelsverkehr Hamburg 1867.

Hutzelmann, Einfluß Phöniziens auf die Kultur des Occidents. Nürnberg 1870.

Genthe, der etruskische Tauschhandel nach Norden. 2. Aufl. Frankfurt a. M. 1872.

v. Sadowski, die Handelsstraßen der Griechen und Römer ... an die Gestade des baltischen Meeres. Deutsch durch A. *Kohn*. Jena 1877.

Szaraiewiecz, kritische Blicke in die Gesch. der Karpatenvölker. Lemberg 1871.

Wheeler, the geography of Berodotus. London 1854.

Hansen, Osteuropa und Herodot.

Kohn u. *Mehlis*, Materialien z. Vorgesch. d. Menschen im östl. Europa. Jena 1878. v. Gutschmid, Rezension der deutschen Altertumskunde von *Müllenhoff*. Leipz. liter. Zentralblatt 1871.

v. der Hart, de veterum Germaniae notitia. Freiburg 1868.

Diefenbach, origines Europeae.

Brenner, Nord- und Mitteleuropa in Schrift der Alten bis zum Auftreten der Cimbern und Teutonen. München 1878.

Ukert, Geographie der Griechen und Römer. 1843. III, 2 (Germania).

– über den Norden von Europa: Geographie der Griechen und Römer II, 2. Weimar 1832.

Christ, Avien und die ältesten Nachrichten über Iberien. Abh. d. k. baier. Akad. d. W. I. Cl. XI. B. I. Abth. München 1865.

Keller, die keltischen Pfahlbauten in den Schweizerseen. Zürich 1865. (Mitteilungen der antiquarischen Gesellschaft in Zürich.)

Desor, die Pfahlbauten des Neuenburger Sees, deutsch d. *Mayer*. Frankfurt a. M. 1867.

Pallmann, die Pfahlbauten und ihre Bewohner. Greifswald 1867 (dagegen *Dahn*, Bausteine I Berlin 1879)

Rückert, die Pfahlbauten. Würzburg 1868.

Gutberlet, die Pfahlbauten und ihr Zusammenhang mit dem Alter der Menschheit. Münster 1872.

Steudel, die Pfahlbauten. Lindau 1872.

Schab, die Pfahlbauten im Würmsee. München 1878.

Deschmann, Pfahlbautenentdeckungen im Laibacher Moor. Wien 1878.

Lubbock, vorgeschichtl. Zeit, deutsch d. *Passow*. I, II. Jena 1874.

Engelhardt, Thorsbjergs Moosefund 1863. Suiderbrarup in Schleswig.

Bolze, über die durch Ausgrabung gewonnenen Altertümer in der Umgegend von Cottbus. Cottbus 1869. (Programm.)

Berendt, die pomerell. Gesichtsurnen. Königsberg 1872.

Geinitz, die Urnenfelder von Strehlen und Grossenhain. Kassel 1876.

Tischler, ostpreußische Gräberfelder I–III. Königsberg 1880.

Nilson, scandinaviska Nordens Ur-invånarne. II. Upl. II. B. Stockholm 1862–64.

Nilsson, die Ureinwohner des scandinav. Nordens. I u. Nachträge, deutsch durch *Mestorf*. Hamburg 1866.

– das Steinalter, Übers. von *Mestorf*. Hamburg 1868.

Engelhardt, guide illustré du musée des antiquités du Nord à Copenhague. Copenhague 1868.

– Nydam Mosefund 1865.

– english: ancient Denmark in the early iron age. London 1866.

Keyser, om Nordmaendenes Herkomst og Folke-Slaegtskab, in Samlinger til det norske Folks Sprog og Historie. VI, 2, S. 332.

Worsaae, die Vorgesch. des Nordens, deutsch durch *Mestorf*. Hamburg 1878.

Michelsen, vorchristliche Kultstätten in Schleswig. Schleswig 1878.

Grewingk, das Steinalter der Ostseeprovinzen. Dorpat 1865.

Klemm, Handbuch der germanischen Alterthumskunde Dresden 1836.

Rougemont, die Bronzezeit, deutsch durch *Keerl* Gütersloh 1869.

Wocel, Stein- und Bronze-Altertümer. Prag 1870.

Fligier, prähistor. Ethnologie d. Balkanhalbinsel. Wien 1878.

– prähistor. Ethnologie Italiens. Wien 1878.

Fraas, Wandtafel zur Prähistorie. (Die Steinzeit) Stuttgart 1880.

v. Osten-Sacken, das Grabfeld von Hallstadt. Wien 1868.

Dawkins, the caves and aboriginals of Europe (deutsch d. *Spengel*). Leipzig 1876.

Gross, die vorgeschichtl. Zeit Siebenbürgens. Hermannstadt 1878.

Zittel, die Räuberhöhle am Schelmengraben. Sitz. d. math.-phys. Cl. d. Münchener Akad. II, 1872.

Schuster, die alten Heidenschanzen Deutschlands 1869.

Würdinger, prähistor. Funde in Bayern. München 1876.

Petersen, über das Bronzealter. Hamburg 1869.

Makel, deutsche Ureinwohner. Rostock 1875.

Crüger, über die im Regierungsbezirk Bromberg aufgefundenen Alterth. Mainz 1872.

Handelmann, die amtlichen Ausgrabungen auf Sylt. Kiel 1873.

Müller, Fund vorgeschichtl. Steingeräte bei Basel. Basel 1875.

Sandberger, die prähistorischen Überreste im mittleren Maintale. Bonn. Jahrb. 69, 1875, S. 17.

Handelmann, die prähistor. Archäologie in Schleswig-Holstein. Kiel 1876.

Joh. Ranke, künstliche Höhlen in Oberbayern. Separat-Abdruck aus Beiträge zur Anthropolog., Ethnlg. und Urgeschichte Bayerns. 1878.

Tergast, die heidnischen Altertümer Ostfrieslands. Emden 1879.

Walther, die Altertümer der heidnischen Vorzeit in Hessen-Darmstadt 1869.

Hosäus, die Altertümer Anhalts. Dessau 1879.

Künstliche Höhlen in Oberbayern. München 1878.

Hochstetter, prähistorische Ansiedlungen und Begräbnisstätten in Niederösterreich und in Krain. Wien 1879.

Hochstetter, Ergebnisse der Höhlenforschungen im Jahre 1879. Wien 1879.

Die anthropologischen Sammlungen Deutschlands, ed. *Schaaffhausen*, I–IV. Bonn, Göttingen, Freiburg, Königsberg; Braunschweig 1880.

Osborne, Fund aus der jüngeren Steinzeit in Böhmen. Prag 1880.

Quandt, das südbaltische Land in der vorslavischen Zeit. Pommersche Jahrbücher I. Stralsund 1867.

Rogge, das Bernsteinland im vorchristlichen Zeitalter. Zeitschr. f. preuss. Geschichte 1869, Heft 1.

Pierson, Electron oder über die Vorfahren usw. der alten Preußen. 1869.

Ulrici, die Völker am Ostseebecken. Halle 1875.

Pierson, altpreuss. Wörterschatz. Berlin 1875.

von Poblocki, kritische Beiträge zur ältesten Geschichte Litauens. Königsberg 1879.

Cluver, de tribus Rheni alveis, bei Scriverius. Lugdun. Batavor. 1611.
Cluverius, Germania antiqua. Lugdun. Balavor. 1631.

Gibbon, history of the decline and fall of the Roman empire, I-XII Leipzig 1829.
Bünau, deutsche Reichs- und Rechtshistorie I (1728).
Mascou, Gesch. der Teutschen bis zu Abgang d. Meroving. K. I. II. Leipzig 1737.
Adelung, älteste Gesch. d. Teutschen.
Häberlin, Entwurf einer D. Reichshistorie, I. 1763.
Barth, Teutschlands Urgeschichte. Baireuth I, II, 1818.
Heinrich Luden, Geschichte des teutschen Volkes. 12 Bände. Gotha 1825
B. Schulz, zur Ur- (Vor-!) geschichte des deutschen Volksstammes.
Zeuß, die Deutschen und die Nachbarstämme. München 1837.
Duncker, origines germanicae. 1839.
Below, Beiträge zur Geschichte der Germanen. 1850.
v. Wietersheim, zur Vorgeschichte deutscher Nation. 1852.
Wittmann, über den Unterschied zwischen Sueven und Sassen. Abhandlungen der Münchener Akademie 1853.
Bethmann-Hollweg, die Germanen vor der Völkerwanderung.
H. Rückert, deutsche Kulturgeschichte. Leipzig 1853. 1854.
Sugenheim, Geschichte des deutschen Volkes und seine Kultur, I. Leipzig 1867.
Holtzmann, german. Altertümer, ed. *Holder*. Leipzig 1872.
Pfahler, Handbuch deutscher Altertümer. Frankfurt a. M. 1865
Lindenschmitt, Altertümer unserer heidn. Vorzeit.
– Handbuch der d. Alterth. Braunschweig 1880 (dazu *Dahn*, Bausteine IV. Berlin 1882).
Gengler, german. Rechtsdenkmäler. Erlangen 1875.
Arnold, deutsche Urzeit. Gotha 1879.
Kaufmann, deutsche Geschichte b. a. Karl d. Großen. Leipzig 1879.
Dahn, Urgeschichte der germanischen und romanischen Völker, in: allgemeine Geschichte in Einzeldarstellungen. Herausgeg. von *Oncken* I, II. Berlin 1880, 1881.
v. Giesebrecht, Geschichte der deutschen Kaiserzeit I. 5. Aufl. Braunschweig 1881.

Jacob Grimm, Göttinger gel. Anz. 1837. St. 18 (Germani = Fratres).
Hattemer, über Ursprung, Bedeutung und Schreibung des Wortes „Teutsch". Schaffhausen 1847.
Dümmler, Anzeiger f. K. d. deutschen Vorzeit 1864, Nr. 8. („Germani".)
Lucae, die Namen unserer Vorfahren und ihre Stammgötter. Schaffhausen 1856.
Schweizer, über den Namen „Germanen". Z. f. vergl. Sprachkunde II, 2, S. 156.
Hitzig, der Name Germanen. Monatsschr. d. wissenschaftl. Vereins zu Zürich I, 3, S. 142.
Bornhak, Ursprung und Bedeutung des Namens Germanen. 1865.
Hölscher, de Irmini natura Germanorumque nominis origine. 1865.
Schmeller, die Notwendigkeit eines ethnographischen Gesamtnamens für die Deutschen und ihre nordischen Stammverwandten. Abh. d. hist. Klasse der Münchener Akademie 1826.
K. Maurer, über die Ausdrücke: altnord., altnorweg. u. isländ. Sprache. München 1868.
Hermann Müller, über Germanen und Teutones. Würzburger Programm 1841.
Roth, über das Alter des Germanen-Namens. Germania I, 2, S. 156.
Mahn, über den Ursprung und die Bedeutung des Namens Germanen. 1864.
Watterich, der deutsche Name Germanen und die ethnographische Frage vom linken Rheinufer. 1870.
Müllenhoff, über Tuisco und s. Nachkommen, bei *Schmidt* Z. f. Gesch. VIII, S. 209.
– Z. f. D. A. (über Ingväon., Istväon., Herminon.) IX:, S. 249, 259.
– Irmin u. s. Brüder. Z. f. D. Alterth. XXIII.
H. Rückert, deutsches Nationalbewußtsein und Stammgefühl im Mittelalter: in Raumers histor. Taschenbuch 1861.
Halling, de flava Budinorum gente. Berol. 1834.
Ketrzynski, die Lygier. Posen 1868.
Hahnel, die Bedeutung der Bastarnen für das germanische Altertum. Dresden 1865.
Wislicenus, die Geschichte der Elbgermanen. Halle 1868. (Dazu *Dahn*, Bausteine II. Berlin 1880.)

Wormstall, über die Tungern und Bastarnen. Münster 1868 (dazu *Dahn*, Bausteine, II. Berlin 1880).
Watterich, die Germanen des Rheins. Leipzig 1872.
Ledebur, Land und Volk der Bructerer.
Wersebe, Völker des alten Teutschlands. Hannover 1826.
– Beschreibung der Gauen zwischen Elbe, Saale usw. 1829.
Zacher, Germanien, Encyolop. v. *Ersch* und *Gruber*. 1. Sect., Band 61, S. 336.
Böttger, Versuch einer Rekonstruction der Grenzen der german. Völkerschaften der Urzeit. Stuttgart 1877.
Wormstall, die Wanderung der Bataver nach den Niederlanden. Münster 1872.
Böttger, Wohnsitze der Deutschen in dem von Tacitus in seiner „Germania" beschriebenen Lande. Stuttgart 1877.
Wenck, hess. Landesgesch. I 1786, II 1789.
Philipp Dieffenbach, Urgeschichte der Wetterau. Darmstadt 1843.
Pfister, über die chattischen und hessischen Namen und die älteste Geschichte des chattischen Stammes. Kassel 1868.
Mehlis, Hermunduren und Thüringer, „Ausland" 1881, Nr. 28, 29.

Siefert, de veterum Germanorum gentium regibus (Neobrandenburgi 1818).
Eichhorn, deutsche Staats- und Rechtsgeschichte, I–IV. Göttingen 1843.
Paulssen, De antiqui populorum juris hereditalli nexu cum eorum statu civili. Sectio I, 1822.
Phillips, über Erb- und Wahlrecht mit besonderer Beziehung auf das Königtum der germanischen Völker. 1824.
Sachsse, observatio de terlitoriis civitatum eorumque partibus ex regimine quod vocatur Gauverfassung. (Juris publici veterum Germanorum specimen. Heidelberg 1834.)
Savignys Beitr. zur R.-Gesch. d. Adels im neueren Europa (jetzt verm. Schr., B. IV).
Müller, die Marken des Vaterlandes. 1837.
Duncker, Origines Germanicae. 1839.
v. Sybel, Entstehung des deutschen Königtums. 1844. 1881.
Nitzsch, Geschichte der Ditmarsischen Geschlechterverfassung im Jahrb. f. d. Landeskunde des Herzogth. Schleswig-Holstein und Lauenburg, III.
Jac. Grimm, deutsche Rechtsaltertümer. Göttingen 1854.
Wilda, das Strafrecht der Germanen. Halle 1842.
Freund, Lug und Trug unter den Germanen.
Gengler, Geschichte des deutschen Rechts, I.
Gemeiner, die Verfassung der Centenen.
– Eideshilfe.
Walter, deutsche Rechtsgeschichte I, II. 2. Ausg. Bonn 1857, 1858.
Weiske, Grundlagen des deutschen Rechtslebens.
Hillebrand, deutsche Staats- und Rechtsgeschichte, I. Leipzig 1856.
Stobbe, Geschichte des deutschen Rechts. Die Rechtsquellen. 2 Bde. Braunschweig 1860–64.
Baumstark, ausführliche Erläuterung der Germania des Tacitus, I. Leipzig 1875. II, 1880.
Möser, Osnabrück. Geschichte.
Montag, Geschichte der staatsbürgerlichen Freiheit.
K. Maurer, über das Wesen des ältesten Adels der deutschen Stämme. München 1846.
Watterich, de veterum Germanorum nobilitate (1853).
Sachsse, historische Grundlagen des deutschen Staats- und Rechtslebens
v. Sybel, kleine historische Schriften I, II. München 1869.
– die Deutschen bei ihrem Eintritt in die Geschichte. Kleine historische Schriften. Stuttgart 1880.
Köpke, kleine Schriften, herausgegeben von *Kiessling*. Berlin 1872.
Baumstark, urdeutsche Staats-Alterth. Berlin 1874.
Gengler, german. Rechtsdenkmäler (mit Glossar). Erlangen 1875.
Majer, Germaniens Urverfassung.
Phillips, deutsche Rechtsgeschichte.
v. Amira, über Zwecke und Mittel der germ. Rechtsgesch. München 1876.
Rogge, das Gerichtswesen der Germanen.

Königswarter, la vengeance et les compositions. Revue de legislabon, 1849.

Unger, D. Gerichtsverfassung.

Zöpfl, D. R.-Geschichte, 4. A. Braunschweig 1872.

Köpke, deutsche Forschungen, I. Berlin 1859.

Thudichum, die Gau- und Markverfassung in Deutschland. Gießen 1860.

– der altdeutsche Staat.

Förstemann, die deutschen Ortenamen. Nordhausen 1863.

v. Künssberg, Wanderung in das german. Altertum (dagegen Boot), 1861.

G. Waitz, deutsche Verfassungsgeschichte I. Kiel 1879.

– deutsche Verfassungsgeschichte II. Kiel 1870, III–VI. Kiel 1870, 1874, 1875, 1876, 1878.

Dahn, die Könige der Germanen. München 1861. I–VI. – Würzburg 1872.

Waitz, in *Schmidts* Z. f. G. III, S. 27.

Wolf, ein Beitrag zur R.-Symbolik aus span. Quellen. Wien 1865.

Waitz, Götting. gel. Anzeigen 1853. St. 166.

Waitz, Götting. gel. Anzeigen 1864. St. 24, S. 1021.

– Nachrichten von der Göttinger G. d. W. 1871 (annales marimiani).

– Göttinger gel, Anzeigen 1863. St. 42.

– Götting. gel. Anzeigen 1861. St. 61.

– über die principes in der Germania des Tacitus. F. z. D. G. II, S. 385.

Pallmann, Knappen bei den Germanen in der Zeit vor der Völkerwanderung. F. z. D. G. III, S. 229.

Usinger, die Anfänge der deutschen Gesch. Hannover 1875.

Sohm, die altdeutsche Reichs- und Gerichtsverfassung, I. Weimar 1871.

v. Löw, über die Markgenossenschaften 1829.

G. L von Maurer, Einleitung zur Geschichte der Mark-, Dorf-, Hof- und Stadtverfassung in Deutschland. München 1849.

– Geschichte der Markenverfassung in Deutschland. Erlangen 1856.

– Geschichte der Fronhöfe, Bauerhöfe und Hofverfassung in Deutschland. Erlangen I–IV 1862, 1863.

– Gesch. d. Dorfverfassung in Deutschland. Erlangen I 1865, II 1866.

Gierke, Gesch. d. D. Genossensch. I. II. (III. 1881.)

Böhlau, Entwicklung des Begriffes der Freiheit im Deutschen Recht. Rostock 1865.

Sandhaas, germanistische Abhandlungen.

Schuler-Libloy, Deutsche Rechtsgeschichte. Wien 1868.

Schulte, Lehrb. d. D. R. u. R.-Gesch. 2. Aufl. Stuttgart 1870.

Siegel, Geschichte des deutschen Gerichtsverfahrens. Gießen 1857.

– die Gefahr vor Gericht und im Rechtsgang. Wien 1876.

Kaufmann, Entstehung des deutschen Königtums. Pr. Jahrb. XXXI.

Louis Erhardt, älteste german. Staatenbild. Leipzig 1879.

Sickel, Gesch. der deutschen Staatsverfassung bis zur Begründung des konstitutionellen Staats. Halle 1879. (Dagegen: *Dahn*, Bausteine II und IV. Berlin, 1880, 1882.)

Peucker, das D. Kriegswesen.

Erhard, Kriegsgeschichte von Bayern, Franken, Pfalz und Schwaben von der ältesten Zeit bis 1273. München 1870.

San Marte (Schulz), zur Waffenkunde des älteren deutschen Mittelalters. Quedlinburg 1868.

Jähns, Roß und Reiter im Leben usw. der Deutschen. Leipzig 1872.

Rud. Ritt. *v. Haidinger*, Beitr. zur Kenntnis der Bolzen- und Pfeilformen vor Beginn der historischen Zeit bis zur Mitte des XVI. Jahrh. Wien 1879.

Rosenstein, über das altgerman. Königtum.

Arnold, Ansiedlung und Wanderung deutscher Stämme. I Marburg 1875, II 1876.

Waitz, die Nachrichten der Alten über den Grundbesitz der Germanen. Allgem. Monatsschrift 1864, S. 105.

Grimm, deutsche Grenzaltertümer.

– über Poesie im Recht. Z. f. g. R.-W. II.

Graff u. *Dietherr*, deutsche Rechtssprichwörter. 1864.

Buck, oberdeutsches Flurnamenbuch. Stuttgart 1880.

Anton und *Langethal*, Geschichte der deutschen Landwirtschaft I.

Inama-Sternegg, Hofsystem im M.-A. Innsbruck 1872.
– die Quellen deutscher Wirtschaftsgesch. Wien 1878.
– deutsche Wirtschaftsgesch. Leipzig 1879.
– die Ausbild. d. großen Grundherrsch. in D. Aus *Schmoller*, St.- u. sozialwissenschaftl. Forsch. Leipzig 1878.
Homeyer, Abh. ü. d. Hantgemal (Abh. d. Berl. Akad. 1852).
Waitz, über d. altd. Hufe. 1854.
Zimmerle, das deutsche Stammgutsystem.
Haxthausen, über die Agrarverfassung in Norddeutschl. 1829.
Roscher, Sitzungsberichte der Leipziger Gesellsch. d. Wiss. 1858, Dec., S. 76 (auch in Ansichten der Volkswirtsch., S. 49).
Hanssen, Ansichten über d. Agrarwesen d. Vorzeit in Falks N. Stb. Magazin III, VI.
Landau, über d. Salgut. 1862.
Hanssen, z. Gesch. d. Feldsysteme in Deutschl. Z. f. Staatsw. 1865.
Lacomblet, die Hundschaften am Niederrhein. Archiv f. Gesch. d. Niederrheins, I.
Hostmann, über altgermanische Landwirtschaft. 1855.
Nasse, über die mittelalterliche Feldgemeinschaft in England 1869.
Michelsen, V. d. bauerschaftl. Meentverfassung in Dithmarschen. Z. f. D. R. VII.
Henninger, d. agrar. Verfass. d. alten D. Berlin 1869.
Meyer, die drei Zelgen. Ein Beitrag zur Geschichte des alten Landbaues. Frauenfeld 1880.
Mascher, das deutsche Gewerbewesen von der frühesten Zeit bis auf die Gegenwart. Potsdam 1866.
Hartwig, Untersuchungen über die ersten Anfänge des Gildewesens. F. z. D. G. I, S. 133.
Contzen, Gesch. d. volkswirtsch. Lit. im Mittelalter. Leipzig 1868.
– neue Studien über Kultur, Volkswirtschaft u. Politik im M.-A., I. Berlin 1872
Braungart, die Ackerbaugeräte in ihren praktischen Beziehungen wie nach ihrer urgeschichtlichen und ethnographischen Bedeutung. Heidelberg 1881.
Kaufmann, Z. f. Nationalökonomie XXV.
Kaltenegger, die geschichtliche Entwickelung der Rinderrassen in den österreichischen Alpenländern. Prag 1881 (dazu *Ludwig Steub*, Augsburger Allgemeine Zeitung 1881, Nr. 185).
Beseler, der Neubruch.
Wackernagel, Gewerbe, Handel und Schiffahrt der Germanen. Z. f. D. A. IX, S. 530
– Z. f. D. A. VI, VII.
– Familien-Recht und Familien-Leben der Germanen, in Schreibers Taschenbuch für Geschichte u. Altertum in Süddeutschland V, 1846.

Weinhold, Wesen umd Recht der altdeutschen Familie. In Z. für Deutsche Kulturgeschichte, N. F. 1875.
Laboulaye, recherches sur la condition civile et politique des femmes. Paris 1847.
Weinhold, die deutschen Frauen im Mittelalter. 1851.
Zapp, Geschichte der deutschen Frauen. Berlin 1870.
Zingerle, das deutsche Kinderspiel im Mittelalter. Wien 1868.
Wackernagel, Z. f. D. A. VI, S. 261 (Meth). IX, S. 312 (Schwertertanz).
Müllenhoff, Z. f. D. A. IX. X, S. 553 (Kleidung).
Weiss, Kostümkunde, I–III. Leipzig 1868.
Köhler, die Entwickelung der Trachten in Deutschland. Nürnberg 1878.
Falke, Kostümgeschichte der Kulturvölker. Stuttgart 1880.
Dahn, altgermanische Frauentracht. Bausteine IV. Berlin 1882.
Schlösser, Speise u. Trank vergang. Zeiten in D. Wien 1878.
Weinhold, die heidnische Totenbestattung in D. Sitzungsber. d. Wiener Akad. 1859, Bd. XXIX, XXX.
Kemble, horae ferales.
J. Grimm, über das Verbrennen der Leichen. Abh. d. Berl. Akad. 1849, S. 213.
Sonntag, die Totenbestattung. Halle 1878.
Weinhold, über die deutsche Jahrteilung. Kiel 1862.
Dreyer, Versuch einer Abhandl. von dem Nutzen der heidnischen Gottesgelahrtheit, in Erklärung d. Teutschen Rechte u. Gewohnheiten mittler Zeiten (Samml. verm. Abhandl. Rostock u. Weimar, 1756. II).

Müllenhoff, Einleitung z. d. Samml. d. Sagen u. Märchen aus Schleswig-Holstein.

Petersen, Zioter (Zeter) oder Tiodute (Jodute), der Gott des Kriegs und des Rechts bei den Deutschen. F. z. D. G. VI, S. 223.

Rudolph, die Göttergestalt der Frigg. Leipzig 1876.

Heine, die germanischen, griechischen und ägyptischen Mysterien. Hannover 1878.

Jacobs, der Brocken in Geschichte und Sage. Halle 1879.

Bang, Völuspá und die sibyllinischen Orakel, aus dem Dänischen übersetzt und erweitert von *Poestion*. Wien 1880.

Ritter *von Alpenburg*, Mythen und Sagen Tirols. Zürich 1857.

Buck, medizinischer Volksglauben und Aberglauben aus Schwaben. Ravensberg 1865.

Simrock, die Edda, ältere u. jüngere, nebst mythischen Erzählungen d. Skalda. Stuttgart u. Tübingen 1851.

Edzardi, die skaldischen Versmaße und ihr Verhältnis zur keltischen (irischen) Verskunst: in Paul und Braune, Beiträge zur Geschichte der deutschen Sprache und Literatur, V. 1870.

Sievers, ebenda VI. 1879.

Weinhold, altnordisches Leben. Berlin 1856.

Sophus Bugge, Saemundar-Edda 1867.

Diemer, Beiträge zur ältern deutschen Sprache und Literatur: vom rechten anegenge. Wien 1868.

Cassel, Drachenkämpfe, I. Berlin 1868.

Högg, die altdeutschen Götter im Pflanzenreich. Stuttgart 1871.

Schwartz, Sagen der Mark Brandenburg. Berlin 1872.

Henry Petersen, om Nordboernes Gudedyrkelse og Gudetro i Hedenold. Kopenhagen 1876.

Bratuscheck, german. Göttersage. Berlin 1869. II 1872.

Planck, über die Götter und den Gottesglauben der alten Deutschen. Jahrb. f. D. Theol. XII.

Henne am Rhyn, die deutsche Volkssage. Leipzig 1874.

Sophus Bugge, aarböger for nordisk oldkyndighed og historie. 1875.

Baldi, die Hexenprozesse in Deutschland. Würzburg 1875.

Niehues, Geschichte des Hexenglaubens und der Hexenprozesse. Münster 1875.

Pfannenschmid, german. Aerndtefeste. Hannover 1878.

Schwarz, die poetischen Naturanschauungen der Griechen, Römer und Deutschen in ihrer Beziehung zur Mythologie. Berlin 1879.

Raszmann, die deutsche Heldensage. 2 Bde. Hannover 1857–58.

v. Muth, Untersuchungen und Exkurse über Geschichte und Kritik der deutschen Heldensage und Volksepik. Wien 1880.

Schleicher, die deutsche Sprache. Stuttgart 1860.

Müllenhoff, de antiquissima Germanorum poesi chorica. 1847.

Schieben, de antiqua Germanorum poesi aenigmatica. Berlin 1866.

Müllenhoff, Einleitung zu den Denkmälern deutscher Poesie und Prosa. Berlin 1870.

Schubert, de Anglosaxonum arte metrica. Berlin 1870.

Jordan, der epische Vers der Germanen und sein Stabreim. Leipzig 1868.

Raszmann, die Niflungasaga und das Nibelungenlied. Heilbronn 1877.

Gengler, Rechtsaltertümer im Nibelungenlied. Nürnberg 1861.

Bartsch, über die deutsche Treue in Sage und Poesie. 1867.

Klapp, d. Ethische im Nibelungenlied. Parchim 1874,

Steiger, die Siegfriedssage in der germanischen Literatur. Hirsfeld 1873.

Waltharius v. Aquitanien, ed. J. V. *v. Scheffel* und *Holder*. Stuttgart 1875.

Simrock, das kleine Heldenbuch Stuttgart u. Augsburg 1857.

Säve, Siegfriedbilder. Hamburg 1870.

Schnorf, der mythische Hintergrund im Gudrunlied und in der Odyssee. Zürich 1879.

Homeyer, Beiträge zu den Hausmarken. Berlin 1868.

– Haus- und Hofmarken. Berlin 1870.

– Nachzügler der Hausmarken. M. d. k. A. d. W. z. B. Berlin 1872.

– über das germanische Loosen. (Sitzungsber. d. Berl. Akad. 1853.)

Wimmer, Runeskriftens oprindelse og udvidkling i Norden, aarböger for nordisk oldkyndighed og historie. 1874.

Faulmann, das Buch der Schrift, enthaltend die Schriftzeichen ... aller Zeiten und aller Völker 2. Aufl. Wien 1880

Jacob Grimm, deutsche Grammatik. Göttingen 1822.

J. u. W. Grimm, deutsches Wörterbuch.

Jac. Grimm, kleinere Schriften, Berlin 1879.

– Geschichte der deutschen Sprache. 4. Aufl. 1880.

J. Grimm, Auswahl aus den kleinen Schriften. 2. Ausg. Berlin 1874.

Koberstein, Grundriß d. Gesch d. D. Nat.-Lit. 5. Aufl. ed. *Bartsch*, I. Leipzig 1872.

Scherer, zur Gesch. der deutschen Sprache. Berlin 1868.

Zimmer, Ostgermanisch und Westgermanisch. Z. f. D. A. XIX.

Förstemann, Geschichte des deutschen Sprachstammes, I. Nordhausen 1874, II 1875.

Wackernagel, Gesch. d. D. Lit. I, Basel 1878.

Graff, althochdeutscher Sprachschatz.

Frauer, Lehrbuch der althochdeutschen Sprache und Literatur. Oppenheim 1819.

Heyne, kurze Grammatik d. altgerm. Dial. Paderborn 1870.

Weinhold, bayerische Grammatik. Berlin 1868.

Schmeller, bayer. Wörterbuch, II. Aufl.

Wackernagel, gotische und altsächsische Lesestücke. Basel 1871.

Grabow, ein gotisches Epigramm. Oppeln 1880.

Dietrich, über die Aussprache des Gotischen.

Sievers, das Hildebrandlied, die Merseburger Zaubersprüche und das fränkische Taufgelöbnis. Halle 1872.

J. Grimm, zum Waltharius.

Keferstein, die Sprache der alten Deutschen. Erfurt 1873.

Kosegarten, niederdeutsches Wörterbuch.

Schiller u. *Lübben*, mittelniederländisches Wörterbuch. Bremen 1866/7.

Weinhold, altd. Bruchstücke d. Traktats d. Bischois Isidorus v. Sevilla de fide catholica. Paderborn 1874.

Arndt, über die altgermanische epische Sprache 1880.

Stark, die Kosenamen der Germanen, I Wien 1866, II 1867 (Akademie III 1868?)

Andresen, d. altd. Personen-Nam. in ihrer Erschein. als Geschl.-Nam. Mainz 1873.

– deutsche Volksetymologie. Heilbronn 1876.

Schade, altdeutsches Wörterbuch. 2. Aufl. I. Halle 1876.

Steinmeyer und *Sievers*, die althochdeutschen Glossen, gesammelt und bearbeitet, I. Berlin 1879.

Heyne, altniederdeutsche Eigennamen. Halle 1868.

Förstemann, altdeut. Namenbuch II, Nordhausen 1872.

– II. Ortenamen. 2. Bearb. Nordhausen 1872.

Doornkaat Koolman, ten, Wörterbuch der ostfriesischen Sprache. 1878–1881.

Piper, die Sprache und Literatur Deutschlands, I, II. Paderborn 1879, 1880.

Heyne, Bibliothek d. ältesten d. Lit.-Denkmäler, I–XIV.

– Moritz, kleinere altniederdeutsche Denkmäler. 2. Aufl. Paderborn 1877; altniederd. Denkmäler I. Hêliand. Beówulf. 3. Aufl.

Heyne, altniederl. Denkmäler. 2. Aufl. Paderborn 1878.

Rautenberg, sprachgeschichtliche Nachweise zur Kunde des german. Altertums. Hamburg 1880.

Mone, Symbolik und Mythologie der alten Völker.

Zernial, Tiere und Pflanzen in der german. Volkspoesie. Berlin 1878.

P. Eras. Müller, Sagabibliothek. Kiöbenhavn 1817, 1818, 1820.

W. Grimm, deutsche Heldensage. Berlin 1868.

Jacob Grimm, deutsche Mythologie. I. Ausgabe 1835; II. 1844; III. 1854; IV. 1875–73. ed. *E. Hugo Meyer*.

– über zwei entdeckte Gedichte aus der Zeit des deutschen Heidentums 1842. Kl. Schr. II, S. 1–29.

Wachter, Heimskringla. Leipzig 1835, 1836.

Wackernagel, die Anthropogonie der Germanen. Z. f. D. A. VI, S. 15, IV. S. 480.

Konrad (von) Maurer, die Bekehrung des norwegischen Stammes zum Christentum. München I 1853, II 1856.

Simrock, Handbuch d. D. M. 5. Aufl. Berlin 1878.

Schönwerth, Sagen aus der Oberpfalz 1857.

Schöppner, Sagenbuch d. bayerischen Lande. München 1874. (Darüber *Dahn*, Bausteine I. Berlin 1879.)

Rochholz, Schweizersagen aus d. Aargau. Aarau 1856 u. 57.

Mannhardt, Roggenwolf u. Roggenhund. Danzig 1866

Mannhardt, Zeitschrift für deutsche Mythologie und Sittenkunde. Bd. IV, Heft I. Göttingen 1856.

Rochholz, Naturmythen, neue Schweizersagen. Leipzig 1862.

Witzschel, kleine Beiträge zur deutschen Mythologie. Wien 1866.

Haupt, Untersuchungen zur deutschen Sage, I: Gudrun. Berlin 1866.

Uhlands Schriften zur Gesch. deutscher Dicht. u. Sage. I.–VII. Bd. Stuttgart 1864–1868.

Rochholz, Deutscher Glaube und Brauch. I. II. Berlin 1868.

Mannhardt, die Korndämonen. 1868.

Wuttke, der deutsche Volksaberglaube der Gegenwart. Berlin 1869.

Weinhold, Weihnachts-Spiele und -Lieder. Graz 1869.

Rochholz, die drei Gaugöttinnen Walburg, Verina und Gertrud. Leipzig 1870.

Hertz, deutsche Sage im Elsaß. Stuttgart 1872.

Vetter, z. Muspilli u. d. german. Allitterationspoesie. Wien 1872.

Hahn, sagwissensch. Studien, I–VII. Jena 1874.

Mannhardt, Wald- und Feldkulte. I. Berlin 1875.

Hildebrand, die Lieder der ältern Edda. Paderborn 1876.

Wilken, die prosa. Edda. Paderborn 1878.

Wenzel, die ältere Edda. Leipzig 1878.

Gudhbrandr Vigfússon, Sturlúngasaga. 1878.

Mehlis, im Nibelungenlande. Mythol. Wand. Stuttgart 1878.

Diercks, die nordisch-germanische Mythologie. Dresden 1879.

Vilmar, deutsche Altertümer im Heliand.

Schierenberg, d. Externstein z. Zeit d. Heidentums in Westfalen. Detmold 1879.

Henne-Am-Rhyn, die deutsche Volkssage im Verhältnis z. d. Mythen aller Zeiten u. Völker. Wien 1879.

Bartsch, Sagen, Märchen und Gebräuche aus Mecklenburg I, II. Wien 1880.

Frischbier, Hexenspruch und Zauberbann. Berlin 1869.

Hock, römische Gesch. vom Fall der Republik bis Constantin. Braunschweig I. 1841.

Peter, Geschichte Roms III.

Kuhn, die städt. u. bürgl. Verfass. des römischen Reiches. Leipzig 1864 u. 65.

Mommsen, römische Geschichte. 6. Aufl. Berlin 1875.

Friedländer, Darstell. a. d. Sittengesch. Roms, I–III. 5. Aufl. Leipzig 1881.

Peter, röm. Gesch. in kürzerer Fassung. 2. Aufl. Halle 1878.

– Geschichte Roms. I. II. IIII. Nero bis M. Aurel. IV. folg. Halle 1869.

– Geschichte Roms III. bis zum Tode M. Aurels. Halle 1871.

Merivale, hist. of the Romans under the empire, II, 1. 1868.

– Geschichte der Römer unter dem Kaisertume (aus d. Engl.). Leipzig 1869.

Cellarius, de Cimbris et T., primis Romanorum ex Germania hostibus. Halle 1701.

Johannes Müller, bellum cimbricum. Schaffhausen 1772; auch W. W. XII. Tübingen 1811.

Rid, Versuch über die ursprünglichen Sitze der Ambronen; histor. Abhandl. d. baier. Akad. d. Wissenschaften 1804.

Schiern, de originibus et migrationitus Cimbrorum. Haoniae 1842.

Horkel, die Geschichtsschreiber der deutschen Vorzeit. Berlin 1847.

K. Meyer, die noch lebenden kelt. Völkerschaften. Berlin 1863.

Pallmann, die Kimbern und Teutonen. Ein Beitrag zur altdeutschen Geschichte und zur deutschen Altertumskunde. Berlin 1870.

Köchly, Cäsar und die Gallier. Berlin 1871.
v. Kampen, die Helvetier-Schlacht bei Bibracte. Gotha 1878.
Ritter, Jahrb. d. Alterth.-Vereins im Rhein-Land. (Cäsars Rheinübergang.) 1864, XXXVII; 1868, XLIV, XLV.
v. Cohausen, Cäsars Feldzüge gegen die german. Stämme am Rhein. Jahrb. d. Alterth.-Vereins im Rheinland 1867, XLIII.
– Caesar am Rhein, ebenda 1869, XLVII, XLVIII.
Rüstow, Heerwesen und Kriegsführung Cäsars. Gotha 1855.
Mommsen, Theodor, das Mlitärsystem Cäsars. (*v. Sybels* histor. Zeitschr. XXXVIII. (Neue Folge II.) 1877.)
Eichheim, die Kämpfe der Helvetier und Sueben gegen Jul. C. München 1878.
Schlumberger, Cäsar u. Ariovist (Ort d. Schlacht). Colmar 1878.
Dederich, Julius Cäsar am Rhein.
v. Göler, Cäsars gallischer Krieg. 2. Aufl. Stuttgart 1881.

Friedländer, Gallien u. s. Kultur unter den Römern. Deutsche Rundschau 1878.
– Bilder aus der römischen Sittengeschichte. 5. Aufl. Leipzig 1881.
Beulé, d. röm. Kaiser aus d. Hause d. August. u. d. flav. Geschl, deutsch durch *Döhler*. Halle 1872.
von Alten, die Bohlwege (Römerwege) im Herzogtum Oldenburg. Oldenburg 1879.
Freytag, Tiberius und Tacitus. Berlin 1870.
Binder, Tacitus und die Gesch. des römischen Reiches unter Tiberius. Wien 1880.
Opitz, die Germanen im röm. Imperium vor der Völkerwanderung. Leipzig 1867.
Bömers, campus Idistavisus. Gütersloh 1866.
Deppe, wo haben wir das Sommerlager des Varus aus dem Jahre 9 … und das Feld der Hermannsschlacht zu suchen? 1879.
– über die (2tägige) Dauer der Teutoburger Schlacht und die Ausdehnung des Schlachtfeldes 1880.
– des Dio Cassius Bericht über die Varusschlacht, verglichen mit den übrigen Geschichtsquellen. Detmold 1880.
– der römische Rachekrieg in Deutschland, 14–16 n. Chr. und die Völkerschlacht auf dem Idistavisusfelde. Heidelberg 1881.
Bauer, das deutsche Reich. (Cherusker usw.) 2. A. Altona 1871.
Dederich, die Feldzüge des Drusus und Tiberius in dem nordw. Germ. Köln 1869.
Böttger, Hermann der Sieger und die varian. Niederlage. Hannover 1874.
Essellen, das Hermann-Denkmal und der Ort der Varusschlacht. Hamm 1875.
Böttger, Hermann der Cheruskerfurst. Hannover 1875.
Meyer, in welchen Monat des Jahres 9 n. Chr. fiel die Schlacht im Teutoburger Walde? F. z. D. G. XVIII, S. 325.
Essellen, Geschichte der von den Sigambern und Römern bis a. 16 n. Chr. geführten Kriege. 1868.
– Anhang z. Gesch. d. Sigambern. Hamburg 1871.
v. Wietersheim, der Feldzug des Germanicus von 16 n. Chr. Abhandl. der k. Societät d. Wissenschaften zu Leipzig, philolog.-histor. Klasse 1850, S. 429.
Wormstall, über das Kastell Aliso. F. z. D. G. IV, S. 405.
Hülsenbeck, wo lag das römische Kastell Aliso? F. z. D. G. VI. 1866.
Giefers, wo lag das römische Kastell Aliso? F. z. D. G. VII. 1867.
Schierenberg (Aliso-Ringboke), ein historischer Spaziergang von Tropaea Drusi über den Externstein nach dem campus Idistavisus. 1875.
Sondermühlen, Aliso und die Gegend der Hermannschlacht. Berlin 1875.
Essellen, das röm. Kastell Aliso u. d. Ort d. Niederl. d. röm. Heeres. Hamm 1878.
Fröhlich, der Triumphzug des Germanicus. Ein Kulturbild aus der röm. Kaiserzeit. Aarau 1879.
Linsmaier, der Triumph des Germanicus. München 1875 (dazu *Bahn*, Bausteine II).

Schiller, Geschichte des römischen Kaiserreichs unter der Regierung des Nero. Berlin 1872.

Peter, de fontibus historiae imperator. Flaviorum. Halle 1866.

Hugo Grotius, ad antiquitates reipublicae Batavorum.

Shele, historia legionum auxiliorumque (von Augusts Tod bis Vespasian). Kiel 1877.

Dierauer, Beiträge zu einer kritischen Geschichte Trajans, in *Büdinger*: Untersuchungen z. röm. Kaisergeschichte, I. Leipzig 1868.

Bücher, die Aufstände der unfreien Arbeiter 123 n. Chr. Frankfurt a. M. 1874.

Voigt, über d. Klientel u. Libertinität. Leipzig 1879.

Hertz, Rensissance und Rococo in der röm. Literatur (2. Jahrh.). Berlin 1865.

Bossart und *Müller*, zur Geschichte des Kaisers Antoninus Pius, in *Büdinger*: Untersuch. z röm. Kaisergesch. Leipzig 1868.

Champagny, les Antonins, Paris 1878.

Atorf, d. M'. Aurelio. Münster 1866.

Piale, dissertazione delle mure aureliane.

Dettmer, Geschichte des markomannischen Krieges. F. z D. G. XII, S. 167.

Büdinger, Untersuch. zur röm. Kaisergesch. I, Leipzig 1868; II. III, 1872.

Zürcher, Commodus. Ein Beitrag zur Kritik der Historien Herodians, in *Büdinger*: Untersuch. z. röm. Kaisergesch. Leipzig 1868.

Höfner, Untersuch. z. Gesch. d. Kaisers Septimius Severus I, 1–3. Gießen 1875.

A. Duncker, zum Alemannenkrieg Caracallas und der angeblichen Alemannenschlacht des Claudius Gothicus am Gardasee. Annalen des Vereins für nassau. Altertumskunde XV. 1879.

Muche, Forschungen über den römischen Kaiser Severus Alexander. Schweidnitz 1873.

Müller, Staat und Kirche unter Severus Alexander. Zürich 1874.

Duncker, Claudius Gothicus. Ein Beitrag zur römischen Kaisergeschichte. Marburg (dissert inaug.) 1868.

Bernhardt, Geschichte Roms von Valerian bis zu Diokletians Tode, a. 253–313. I Berlin 1867.

Preuss, Kaiser Diokletian und seine Zeit. Berlin 1869.

Hunziker, zur Regierung u. Christenverfolgung des Kaisers Diokletian. Leipzig 1868.

Klein, die Verwaltungsbeamten der Prov. d. r. Reichs bis Diokletian, I. Bonn 1878.

Hirschteld, Untersuch auf d. Gebiet d. röm. Verwalt -Gesch. I: d. kaiserl. Verwalt.-Beamten bis auf Diokletian. Berlin 1878.

Voigt, drei epigraphische Konstitutionen (die Markverfassung der Germanen)

J. Becker, die Rheinübergänge der Römer bei Mainz. Nassau. Annalen X, S. 184.

Holzer, der Hildesheimer Silberfund. Hildesheim 1871.

Keller, die römischen Ansiedlungen in der Ostschweiz. (Mittheil. d. ant. Ges. in Z. Aventicum Helvetior., ed. *Bursian*. Zürich 1870.)

Vetter, römisches Ansiedlungswesen. Karlsruhe 1868

Wattenwyl von Diesbach, Geschichte der Stadt und Landschaft Bern. Bern 1872.

J. J. Müller, Nyon zur Römerzeit (Züricher antiq. Gesellsch. XVIII, 8). Zürich 1876

Heep, Jabrbücher des Vereins von Altertumsfreunden im Rheinlande. Bonn 1858.

Seidl, Verbreitung des Dolichenos-Kultus durch römische Soldaten. Wiener Sitz. Ber. XII, XIII.

Steiner, Geschichte und Topographie des Maingebiets und Spessarts unter den Römern. Darmstadt 1834.

Knapp, römische Denkmäler des Odenwalds. 2. Aufl.

Brambach, Baden unter römischer Herrschaft. Freiburg 1868.

– notitia provinciarum et civitatum Galliae. Frankfurt a. M. 1868.

Moor, kurze Geschichte der bayerischen Rheinpfalz unter den Römern. Landau 1865.

Wilmowsky, archäologische Funde bei Trier. Trier 1872.

Freemann, Augusta Treverorum, deutsch durch C. S. Trier 1876.

Marx, die Ringmauern und Thore von Trier. Trier 1876.

Klein, das römische Mainz. Mainz 1869.

Schwann, der Godesberg und die ara Ubiorum in ihrer Beziehung zu den castra bonensia. Bonn 1880.

Ennen, Quellen zur Geschichte der Stadt Köln, I–IV. Köln 1870.

– Geschichte der Stadt Köln, I–V. Köln 1879.

Nebenius, Geschichte der Pfalz. Heidelberg 1874.

Becker, Geschichte des badischen Landes zur Zeit der Römer I. Karlsruhe 1876 Verzeichnis der römischen, germanischen, fränkischen, mittelalterlichen Denkmäler des Museums zu Mainz (I: die römischen, ed. *Bekker*). Mainz 1876.

Schneider, neue Beiträge zur alten Geschichte und Geographie der Rheinlande, I–IX. Düsseldorf 1878.

– neue Beiträge zur alten Geschichte und Geographie der Rheinlande, XII. (der römische Pfahlgraben von der Wetter bis zum Main.) Düsseldorf 1879.

Mehlis, Studien zur ältesten Geschichte der Rheinlande. I 1875, II 1876, III 1877.

Schliephake, Geschichte von Nassau, von den ältesten Zeiten bis auf die Gegenwart. Fortgesetzt von *K. Menzel*. Wiesbaden I–IX. 1864–1880.

Reuter, zur Geschichte des römischen Wiesbadens. Nassauer Annalen V, 1877.

Schmidt (Oberstlieuten.), Lokaluntersuch. über d. Pfahlgraben. Nassauer Annalen VI.

Leichtlen, Schwaben unter den Römern 1825.

Schreiber, Augsburg unter den Römern. Z. d. histor. Vereins für Schwaben und Neuburg III 1876.

v. Jaumann, Beschreibung der colonia Sumlocenne.

Wanner, Geschichte des Klettgaus. Hamburg 1857.

Brückner, der Saalgau, im Korrespondenzblatt 1863.

Wanner, das alemannische Totenfeld bei Schlietheim. Schaffhausen 1867.

– die Militärstation Juliomagus. Frauenfeld 1871.

Dederich, Beiträge zur ältesten Geschichte des clevischen Landes, zur Zeit der Römerherrschaft u. d. Normannenfahrten. (Emmericher Gymnasialprogramm 1860.)

Bender, Gesch. d. vormal. Herrsch. Hardenberg im Bergischen von der Urzeit bis zu ihrer Aufhebung. Langenberg 1879.

Fuchs, Geschichte der Stadt Worms. Worms 1868.

v. Pettenegg, zur Epigraphik von Tirol. Inusbruck 1876.

Hanselmann, Beweis, wie weit der Römer Macht in die ostfränkischen Lande eingedrungen.

Paulus, Erklärung der Peutinger Tafel. Stuttgart 1866.

– die römische Straße von Vindonissa nach Reginum. Würtemb. Jahrb. 1835. II, S. 367, 1837 I, 1846 I.

– Generalkarte von Würtemberg mit archäologischen Darstellungen. Stuttgart 1859.

Paulus (limes in Würtemberg). Würtemb. Jahrb. 1835, S. 153–7; daraus *Memminger*. Beschreibung von Würtemberg. 3. Aufl. 1841 und *Stälin*, württemberg. Gesch. I. 1841, S. 79–85.

– die Römerstraßen mit besonderer Rücksicht auf das römische Zehntland. Stuttgart 1857.

– der römische Grenzwall. Stuttgart 1863.

Keller, vicus Aurelli, Oehringen, zur Zeit der Römer. Bonn 1872.

Luib, Oberschwaben: Sage, Geschichte, Altertum, I. Tübingen 1873.

Paulus, die Alterhümer in Württemberg. Stuttgart 1878.

Arnd, Beiträge zur Erforschung der Baudenkmale der Germanen und Römer in der untern Maingegend. Hanau 1858.

– Geschichte der Provinz Hanau ebenda 1858.

– der Pfahlgraben nach den neuesten Forschungen und Entdeckungen. Nebst Beiträgen zur Erforschnug der übrigen römischen und germanischen Baudenkmale in der untern Maingegend. Frankfurt a. M. 1861.

Rossel, der Pfahlgraben, Kastell Salburg etc. Homburg 1871

Duncker, das Römer-Kastell und das Totenfeld in der Kinzig-Niederung bei Rückingen. Hanau 1873.

– Beiträge zur Erforschung und Geschichte des Pfahlgrabens im untern Maingebiet und in der Wetterau. Separatabdruck aus Bd. VIII d. Z. d. Vereins für hess. Gesch. u. Landeskurde. N. F. Kassel 1879.

– Philologus B. XXXIII, S. 181.

– hist. arch. Analekten aus der röm. Kaiserzeit. Wiesbaden 1879.

– der röm. Mainübergang zwischen Hanau und Kesselstadt; aus d. Ann. f. Nass. Alterthumsk. u. Geschichtsf. XV. Bd.: ebenda: die rechtsmainische Limesforschung.

Das Römerkastell und das Totenfeld in der Kinzigniederung bei Rückingen (vom hanauischen Bezirksverein für hess. Gesch. u. Landeskunde). Hanau 1873.

Rossel, die röm. Grenzwehr im Taunus. Wiestbaden 1876.

Feigenbutz, d. Kraichgau u. s. Orte. Bretten 1878.

Christ, über die Limes–Frage und die römischen Altertümer zu Obernberg. Bonner Jahrb., Bd. 62, 1878.

(Annalen des Vereins für nassauische Altertumskunde. Wiesbaden 1878.)

Fahne, neue Beiträge zum limes ... Germaniae secundae. Düsseldorf 1879.

aus'm Weerth, der Grabfund von Wald-Algesheim. Bonn 1871.

Haug, in: „Würtembergisch-Franken" (Zeitschrift) 1870 (die römischen Inschriften in würtemb. Franken).

Conrady, d. röm. Inschriften d. Altstadt bei Miltenberg. Nassauer Annalen XIV, 2.

v. Cohausen u. *Jacobi*, d. Römerkastell Saalburg. Homburg vor der Höhe 1878.

v. Cohausen, Bonner Jahrb., Bd. 47, 48, 1869.

− Cäsar am Rhein.

Th. Mommsen, römische Lagerstädte. Hermes VII, S. 298 f.

G. Wilmans, die römische Lagerstadt Afrikas (commentationes philologae in honorem Th. Mommseni). Berlin 1876.

Goos, die römische Lagerstadt Apulum in Dakien. Hermannstadt 1878.

Hübner, d. röm. Grenzwall in Jahrb. d. Vereins v. Altertumsfreunden im Rheinland Bonn 1878. Bd. LXIII, S. 17–56.

− eine römische Annexion (der Hadrianswall in England). D. Rundschau (Mai). Berlin 1878.

Müllner, Emona. Archäologische Studien aus Krain. Laibach 1879.

Rubeis, monumenta aquilejensia.

v. Breitschwert, Aquileja, das Emporium an der Adria, vom Entstehen bis zur Vereinigung mit Deutschland. Stuttgart 1880.

Wilhelm Schmidt, römische Straßenzüge bei Traunstein. München 1875.

Westermayer, Chronik der Burg und des Marktes Tölz. Tölz 1870.

Wilhelm Schmidt, römische Straßenzüge bei Tölz. München 1876.

Graf *Hundt*, Fund römischer Denare bei Niederaschau. München 1867.

− die antiken Münzen des histor. Vereins für Oberbayern. München 1872.

Regensburg in s. Vergangenheit (hist. Verein). Regensburg 1869.

Aschbach, über die römischen Militärstationen im Ufernoricum zwischen Lauriacum und Vindobona nebst einer Untersuchung über die Lage der norischen Stadt Faviana. Wiener Sitz.-Ber. XXXV.

Weiss, Geschichte der Stadt Wien. Wien 1870.

Krones, Handbuch der Geschichte Österreichs von der ältesten bis zur neuesten Zeit. (Biblioth. f. Wissensch. u. Literatur.) Berlin 1878.

Römische Kolonien in Österreich. Corpus insoriphonum latinarum III, 1.

v. Sacken, Camuntum. Sitzungsberichte der Wiener Akademie, philos.-histor. Klasse, IX, XI. – Mittheil. der k k. Zentralkommission XVIII, 27.

Jabornek-Altenfels, Kärntens römische Altertümer. Klagenfurt 1870.

Schönherr, über die Lage der angeblich verschütteten Römerstadt Maja. Innsbruck 1873.

Sacken, Leitfaden zur Kunde des heidnischen Altertums mit Beziehung auf die österreichischen Länder Wien 1865

− das Grabfeld von Hallstadt. Wien 1868.

− Ansichten und Funde aus heidnischer Zeit in Niederösterreich. Wien 1874.

Douglas, die Römer in Vorarlberg. Innsbruck 1872.

v. Juvalt, die Feudalzeit im curischen Rätien. Zürich 1871.

Steub, zur rhätischen Ethnologie. Stuttgart 1854.

Zingerle, Sitten, Bräuche und Meinungen des Tirolervolkes. 2. Aufl. Innsbruck 1871.

Rabl-Rückhard, Zur Ethnologie u. Anthropologie d. Tiroler. Berlin 1878.

Hintner, Beiträge zur Tiroler Dialektforsch. I–IV. Wien 1878.

Egger, Geschichte Tirols, I–III. Innsbruck 1879.

Blumberger, über die Lage von Favianae (*nicht* Wien). Archiv der Wiener Akad. III, 1849 (dagegen für Wien: *Tauschinski*, Sitzungsber. XXXVIII)

Kenner, die Fundobjekte aus dem römischen Militärbad. Mttheil. der k. k. Zentralkommission II, S. 513.

− zur Lage der castra stativa von Vindobona; ebenda XVI, LXIII N. F. V, S. 25–283.

Kenner, die Römerorte zwischen der Traun und dem Inn. Wien 1878.

Hauser, das römische Militärbad in Deutsch-Altenburg. Mittheil. der k k. Zentralkommission. N. F. II, S. 35.

Conze, archäologisch-epigraphische Mitteilungen aus Österreich. I, S. 71.

– röm. Bildwerke einheim. Fundorts in Österr. I. Wien 1872.

Kenner, die Römerorte in Niederösterreich. Berichte und Mittheil. des Wiener Altertum-Vereins XVI, S. 286. – Vindobona ebenda IX.

– die römische Reichsstraße von Virunum nach Ovilaba. Wien 1872.

– zur Topographie der Römerorte in Niederösterreich. Jahrb. des Vereins für Landeskunde II, S. 208.

Kenner, neue römische Funde in Wien. Wien 1879.

Focke, aus der ältesten Geschichte Deutsch-Böhmens. I, II. Prag 1879.

Kohn, die römische Heerstraße von Virunum nach Ovilaba. Wien 1876.

Jirecek, die Heerstraße von Belgrad nach Konstantinopel. Prag 1878.

Kämmel, die Anfänge deutschen Lebens in Niederösterreich im IX. Jahrh. 1877.

Biedermann, die Romanen und ihre Verbreitung in Österreich. Graz 1877.

Jung, Römer und Romanen in den Donauländern. Innsbruck 1878.

Jirecek, das Recht in Böhmen und Mähren. I, 1: von den ersten Nachrichten bis zum Schlusse des X. Jahrh. Prag 1865/66.

– das Entstehen christlicher Reiche im Gebiet des heutigen österreichischen Kaiserstaats Wien 1866.

Krones, zur Geschichte des deutschen Volksstamms im Karpatenlande mit besonderer Rücksicht auf die Zips. Graz 1879.

Dudik, Mährens allgemeine Geschichte, I–IV. Brünn 1866.

Dimitz, Geschichte Krains I. Laibach 1875.

Fessler, Geschichte von Ungarn, ed. *Klein.* Leipzig 1876.

Jirecek, Geschichte der Bulgaren Prag 1876.

Kallag, Geschichte der Serben, ed. *Schwicker,* I. Budapest 1878.

Jung, die Anfänge der Romänen. Wien 1876.

Hurmuzaki, Fragmente zur Geschichte der Rumänen, I. Bukarest 1878.

Kämmel, Entstehung des österreichischen Deutschtums, I. Leipzig 1879.

Rösler, Dacier und Romänen. Wien 1867.

– die Geten und ihre Nachbarn. Wiener Akad. 1863, 1864.

– das vorrömische Dacien. Wiener Akad. 1863, 1864.

– romänische Studien. Leipzig 1872.

Schneller, Über Ursprung und Fortgang d. räth. Namensforschung. Separatabdruck aus Skizzen u. Bbl. a. Tirol. 1876?

Alton, d. ladinischen Idiome in Ladinien, Gröden, Fassa, Buchenstein, Ampezzo. Innsbruck 1879.

Steub, die romanischen Ortsnamen im Lande Salzburg. Mitteilungen der Gesellsch. für Salzburger Landeskunde 1881.

J. J. Müller, der Geschichtsschreiber *Marius Maximus,* in Büdingers Untersuch. zur röm. Kaisergeschichte, III. Leipzig 1870.

Dändliker, die drei letzten Bücher *Herodians,* in Büdingers Untersuch. zur röm. Kaisergeschichte, III. Leipzig 1870

Feriver, d. Wirren im r. Reich v. Maximian bis Decius. Neisse 1875.

Lehmann, Claudius u. s. Zeit. 2. Ausg. Leipzig 1878.

Burckhardt, die Zeit Constantius des Großen. Basel 1853. 2. Aufl. 1881.

de Broglie, l'église et l'empire romain au IV. siècle. I. Paris 1856. II. 1859.

Beugnot, histoire de la destruction du paganisme en occident. Paris.

Neander, Kaiser Julian u. s. Z. W. W. XIV. Gotha 1875.

Mücke, Julianus. I. Gotha 1867. II. Gotha 1869.

Rode, die Reaktion Julians gegen die Kirche. Jena 1878.

Kellerbauer, Julians Leben. Leipzig 1878.

Planck, der Verfall des römischen Kriegswesens von 380. Stuttgart 1877.

Hudemann, die Bauernaufstäude in Gallien. Kiel 1872.

Heisterbergk, die Entstehung des Colonats. Leipzig 1876.

Richter, das weströmische Reich, besonders unter den Kaisern Gratian, Valentinian II. und Maximus. Berlin 1865.

Gaupp, die germanischen Ansiedlungen und Landteilungen in den Provinzen des römischen Westreichs. Breslau 1844.

Hunnen: Vergl. Karl *Ritter*. Asien I, S. 195, 243, 350, 393; VII, S. 385 f., 476, 608; VIII, S. 84 f.

Schott, über die altaischen Sprachen. Philolog. u. histor. Abhandl. d. k. Akademie der W. zu Berlin 1857, 59, 60, 61.

Vivien de St Martin, nouvelles annales des voyages et des sciences géographiques, nouvelle Série. Paris 1848. III. IV. V.

Remusat, recherches sur les langues Tartares.

Klaproth, tableau historique de l'Asie. Paris 1824.

– mémoires relatives à l'Asie. Paris 1826.

Desguignes, histoire des Buns. Paris 1756.

Castrèn, ethnologische Vorlesungen. 1857.

(*Geyer*, schwedische Geschichte, I. Hamburg 1832.)

Fejér, aborigines et … incunabula Magyerorum. Budae 1840.

v. Wietersheim, Geschichte der Völkerwanderung. 1. Aufl. Leipzig I–IV. 1859/64.

Pallmann, Geschichte der Völkerwanderung. I. II. Gotha 1863, 1864.

Platner, über die Art der deutschen Völkerzüge zur Zeit der Wanderung, in: Forschungen zur deutschen Geschichte XX, 1. 1879.

Ozanam, la civilisation au V. siècle. Paris I. II. 1855.

Haage, Geschichte Attilas (im Jahresbericht d. Gymn. d. Stadt Celle). Celle 1862. Thierry, Attila und seine Nachfolger, deutsch d. *Burckhardt*. Leipaig 1869.

Kaufmann, über die Hunnenschlacht des Jahres 451. F. z. D. G. VII, S. 115.

Bachmann, die Völker an der Donau nach Attilas Tode. Wien 1880.

Sievers, Studien zur Geschichte der römischen Kaiser (a. 455–480). Berlin 1870.

Soetbeer, Beiträge zur Geschichte des Geld- und Münzwesens in Deutschland. I. Germanen bis 476. II. Justinian bis 550. III. Merowinger 1862. IV. Karol. 1864.

Marquardt und *Mommsen*, Bandb. d. röm. Alterth. I–IV seq. Leipzig 1873 seq.

– röm Alterth. II, röm. Staats-R. Berlin 1875.

– Handbuch der römischen Altertümer, VII. Das Privatleben der Römer. 1. Thl. Leipzig 1880.

Daude, de capitis poenis jure Justinianeo. dissert. Berol. 1871.

Siebert, das römische Exil. Berlin 1873.

v. Savigny, Geschichte des römischen Rechts im Mittelalter, I–V. Heidelberg 1834.

Fitting, z. Gesch. d. R.-W. im Anfang d. M.-A. Halle 1875.

Raspe, d. Verbrechen d. calumnia nach röm. R. Rostock 1871.

Daude, de capitis poenis jure justinianeo. dissert. Berlin 1871.

Baronius, annal. ecclesiastici cum notis. Pagii 1624.

Krusch, Studien zur christlich-mittelalterlichen Chronologie. Leipzig 1880.

Degen, das Kreuz als Strafwerkzeug der Alten. Aachen 1873.

v. Sybel, politisches und soziales Verhalten der ersten Christen. (Kleine historische Schriften.) 3. Aufl. Stuttgart 1880.

Bauer, Bruno, Christus und die Cäsaren; der Ursprung des Christentums aus dem römischen Griechentum. 1877.

Seyerlen, Entstehung der Christengemeinde in Rom. Tübingen 1875.

Holtzmann, Nero und die Christen. v. Sybels h. Z. XXXII, 1874, S. 1.

Hunziker, zur Regierung und Christenverfolgung des Kaisers Diokletianus und seiner Nachfolger, in Büdinger, Untersuch. z. röm. Kaisergeschichte, II. Leipzig 1868.

Aubé, histoire des persécutions de l'église jusqu'à la fin des Antonius. 1875.

Wieseler, die Christenverfolgungen der Cäsaren bis zum III. Jahrhundert. 1878.

Engelhardt, das Christentum Justius des Märtyrers. Erlangen 1878.

Görres, die licinianische Christenverfolgung. Jena 1875.

Piper, Einleitung in die monumentale Theologie. Gotha 1867.
Huyssen, zur christlichen Altertumskunde in ihrem Vergleich zur heidnischen. Kreuznach 1869.
Hergenröther, die Marienverehrung in den zehn ersten Jahrh. Münster 1871.
Rossi, Roma sotterranea.
Krauss, Realenzyklopädie der christlichen Altertümer. Freiburg im Breisgau, I–III. 1880.
Casimiro, storia della basilica s. Maria in ara celi.
Don Raimondo Besozzi, storia della basilica di s. Croce in Gerusalemme.
Gutensohn und *Knapp*, die Basiliken des christlichen Rom.
Gröne, Kompendium der Kirchengeschichte. Regensburg 1869.
Dorner, Augustinus, sein theolog. System und seine religionsphilosophische Anschauung. 1873.
Overbeck, Studien zur Geschichte der alten Kirche. 1875.
Baur, Geschichte der christlichen Kirche. Leipzig 1878.
Herzog, Abriß der gesamten Kirchengeschichte, I–III. Erlangen 1879.
Kölling, Geschichte der arianischen Häresie I. Gütersloh 1874.
Böhringer, die Kirche Christi und ihre Zeugen oder die Kirchengeschichte in Biographien. Stuttgart 1879.
– Athanasius und Arius. Stuttgart 1874.
– die Kirche Christi und ihre Zeugen XI. (das IV. u. V. Jahrhundert.) 2. Aufl. I 1877, II 1878.
Hagenbach, Vorles. über die Kirchengeschichte von der ältesten Zeit. 2. Aufl. Leipzig 1868.
Probst, kirchliche Disziplin in den drei ersten christl. Jahrh. Tübingen 1873.
Brieger, Constantin der Große als Religionspolitiker. Gotha 1880.
Zöpffel, die Papstwahlen und ihre Zeremonien Göttingen 1871.
Lorenz, Papstwahl und Kaisertum. Berlin 1874.
Westermayer, das Papsttum in den ersten 5 Jahrh. Schaffhausen 1868.
Gröne, Papstgesch. I. II. 2. Aufl. Regensburg 1875.
Hackenschmidt, der römische Bischof im IV. Jahrhundert. (Vorträge von Frommel und Pfaff. III, Nr. 6.) Heidelberg 1880.
Wattenbach, Geschichte des römischen Papsttums. Berlin 1876.

Rüstow, der Cäsarismus … (von Augustus bis auf die Teilung des Weltreichs). Zürich 1879.
Sigonius, de occidentali imperio. Gregorovius, Geschichte der Stadt Rom, I. 3. Aufl. Stuttgart 1876.
von Reumont, Geschichte der Stadt Rom, I. II. Berlin 1868.
Arnese, de l'état des sciences et des arts en Italie depuis le V siècle jusqu'à nos jours. Paris 1871.
Zell, über die Zeitungen der alten Römer. Heidelberg 1872.
Binhack, Grundbegriffe des antiken Münzwesens. Amberg 1871.
Cohn, z. röm. Vereinsrecht. Berlin 1873.
Becker, röm. Militärverhältn. Berlin 1875.
Harster, die Nationen u. ihre Rechte in den röm. Heeren. Heidelberg 1873.
Bender, Rom u. röm. Leben im Altertum. Tübingen 1879.
Kretschmar, über das Beamtentum der röm. Kaiserzeit. Gießen 1879.
Hudemann, das Postwesen der röm. Kaiserzeit, I. Kiel 1866.
– (in Calvarys Bibliothek, Bd. 43) Geschichte des römischen Postwesens während der Kaiserzeit mit Nachträgen und Straßenkarte. Berlin 1879.
Hartmann, Entwicklungsgeschichte der Posten. Leipzig 1868.
v. Rittershain, die Reichspost der römischen Kaiser. v. Holtzendorffs Vorträge, No. 339. Berlin 1880.
Dietrich, Beiträge zu. Kenntnis d. röm. Staatspächtersystems. Leipzig 1878.
Krakauer, Verpflegungswesen der Stadt Rom. Bonn 1875.
Vandittini, del senato romano, I.

Montalembert, les moines de l'occident de st. Benoit jusqu'à st. Bernard. Paris I. II.
Weingarten, der Ursprung des Mönchtums im nachconstantinischen Zeitalter. Gotha 1877.
Hefele, Konziliengeschichte. 4. Bd. 2. Aufl. Freiburg im Breisgau 1879.
Endemann, Studien in der roman. canonist. Rechtslehre. Berlin 1874.
Funk, Geschichte des christlichen Zinsverbots. Tübingen 1876.
Gams, Kirchengeschichte von Spanien, II. 2, 589–1085. Regensburg 1874.

Rettberg, Kirchengeschichte Deutschlands. Göttingen 1846.

Krafft, die Kirchengeschichte der germanischen Völker.

Schrödl, Passavia sacra. Geschichte des Bistums Passau bis zur Säkularisation des Fürstentums. Passau 1879.

Glück, die Bistümer Noricums, besonders das Lorchische zur Zeit der römischen Herrschaft. Wiener Sitzungsberichte XVII.

Keiblinger, Geschichte des Benedictinerstifts Melk, I, 1. Wien 1867

Ughelli Italia sacra I–X, ed. *M. Coleti*. Venetiis 1717–25.

Burk, die christl. Kirche im Übergang von der röm. zur german. Welt. Stuttgart 1878

Punkes, Papst Vigilius und der Dreikapitelstreit. München 1865.

Gallia christiana. Tom. XVI, ed. Barthol. Haureau. Paris 1865

Friedrich, Kirchengeschichte Deutschlands, I: die Römerzeit, 1867. II: die Merowinger. 1869.

Krafft, die Kirchengeschichte der germanischen Völker.

Laurent, les barbares et le catholicisme (études V).

Huber, Alois, Geschichte der Einführung und Verbreitung des Christentums in Südostdeutschland, I–IV. 1874–75.

Heber, die vorkarolingischen christlichen Glaubenshelden am Rhein. 2. Aufl. Göttingen 1867.

Schulte, die Gesch. der Quellen u. Lit. d. canon. R. Stuttgart 1875.

Schade, die Sage von der h. Ursula. 1854.

Kessel, St. Ursula und ihre Gesellschaft. Köln 1863.

Karch, die Legende der h. Bilhildis. Würzburg 1870.

Usener, Legenden der heiligen Pelagia. Bonn 1880.

Moll, kerkgeschiedenis van Nederland, I. Amsterdam 1870.

Thijm, H. Willibrordus, Apostel der Nederlanden. Amsterdam 1861 (deutsch durch *Tross*. Münster 1863).

Chevalier, origines de l'église de Tours, mémoires de la société archéolog. de Touraine. Tours 1871 (dazu *Monod*, revue critique 1872).

Hansen, vie de St. Hilaire. Luxemburg 1875.

Reinkens, Martin von Tours. 3. Aufl. Gera 1876.

Buchmann, die unfreie und die freie Kirche in ihren Beziehungen zur Sklaverei, Glaubenszwang und zum Dämonismus und Gewissenstyrannei. Breslau 1873.

Reuter, Geschichte der religiösen Aufklärung im Mittelalter, I. Leipzig 1875.

Maassen, eine Sammlung Gregors I. v. Schreiben und Verordnungen der Kaiser und Päbste. Wien 1878.

– 2 Synoden unter König Childerich. Graz 1868.

Hammerich, älteste christl. Ethik d. Angels., D. u. Nordl. Gütersloh 1874.

Gottschalk, über den Einfluß des römischen Rechts auf das kanonische Recht. Mannheim 1866.

Hinschius, das Kirchenrecht der Kath. u. Prot. in D. I. II. 1. Berlin 1871.

München, das kanonische Gerichtsverfahren und Strafrecht. I. Köln 1865, II. 1866.

Gross, die Beweistheorie im kanon. Prozeß. Wien 1868.

Maurer, Konrad von, über den Hauptzehnten einiger nordgerman. Rechte. München 1875.

Baxmann, die Politik d. Päbste von Gregor I. bis Gregor VII. 1. Elberfeld 1868.

Jaffé, zur Chronologie der bonifacischen Briefe und Synoden. F. z. D. G. X. 1870.

Friedrich, das wahre Zeitalter des heiligen Rupert. Bamberg 1866.

Maassen, eine römische Synode (871–878). Wien 1878.

S. Abel, Papst Hadrian I. und die weltl. Herrschaft des röm. Stuhles. F. z. D. G. I. 1862.

Martens, die römische Frage unter Pipin und Karl dem Großen. Stuttgart 1881.

Dove, de Sardinia insula inter pontifices rom. et imper. Berlin 1866.

Steichele, das Bistum Augsburg, histor. u. statist. beschrieben. Augsburg I 1859.

Greith, Columban und Gall, die heiligen Glaubensboten. St. Gallen 1865.

Geschichte der Einführung des Christentums in der Ostschweiz. Frauenfeld 1868.

Ildefons von Arx, Geschichte von St. Gallen.

Dümmler, St. gallische Denkmale.

Watt, deutsche historische Schriften: Äbte des Klosters St. Gallen, ed. Götzinger. St. Gallen 1875.

Hertel, über des h. Columba Leben und Schriften, besonders über seine Klosterregel. Z. f. histor. Th. 1875 III.

Sauter, Kirchengeschichte Schwabens bis zur Zeit der Hohenstaufen. Nördlingen 1865.
Bouterwek, Suitbert (Swidbert), c. a. 730, der Apostel des bergischen Landes. Elberfeld 1859.
Werner, Bonifacius und die Romanisierung von Mitteleuropa. Leipzig 1876.
Hahn, die Briefe und Synoden des Bonifaz. F. z. D. G. XV, S. 43.
Pfahler, Bonifacius und seine Zeit. Regensburg 1880.
Fischer, Bonifatius, der Apostel der Deutschen. Leipzig 1881.
Fehr, Staat und Kirche im fränkischen Reich bis auf Karl d. Gr. Wien 1869.
Zimmermann, die heiligen Columban und Gallus nach ihrem Leben und Wirken. St. Gallen 1865.
Stüve, Geschichte des Hochstifts Osnabrück. Jena 1872.
Falk, Geschichte des Klosters Lorsch. Mainz 1866.
Diel, der h. Maximin und der h. Paulin, Bisch. v. Trier. (IV. Jahrh.) Trier 1875.
Görres, über die Entstehung des Metropolitan-Ranges der Trierischen Kirche. F. z. D. G. XVII, S. 163.
Walter, das alte Erzstift Köln und die Reichsstadt Köln. Bonn 1867.
Jaffé u. *Wattenbach*, eccles. mehropol. colon. Codices. Berlin 1874.
Thym, H. Willebrordus, apost. der Nederlanden. Amsterdam 1861 (deutsch durch *Tross*. Münster 1863).
Zeissberg, Arno, erster Erzbischof von Salzburg. Wiener Sitz.-Ber. 1863.
Gebhardt, thüringische Kirchengeschichte, I. Gotha 1880.
Gegenbaur, das Kloster Fulda im karol. Zeitalter. Fulda 1873.
Schmidt, die Stell. d. Erzbischofs v. Salzburg. – 1177. Wien 1866.
Mayer, Beiträge zur Geschichte des Erzbisth. Salzburg. Wien 1878.
Dehio, Geschichte des Erzbistums Hamburg-Bremen bis zum Ende der Mission, I. Berlin 1877.
Geschichtsquellen in Bezug auf Hamburg. Berlin 1868. – (*Lappenberg* in Schmidts Z. f. G. V. – *Schumacher*, Bremer Jahrbuch II.)
Maassen, Glossen des canon. Rechts aus dem karol. Zeitalter. Wien 1878.
Böttger, Diözesan- und Gaugrenzen Norddeutschlands I–IV, 1875.
Masssen, Geschichte der Quellen und Literatur des canon. R., I f. Graz 1870 f.
Schulte, Quellen und Literatur des kanon. R., II. Stuttgart 1878.
Luxardo, die päpstl. vordekretalen Gesandtschaftsrechte. Innsbruck 1878.

Goldschmidt, de Judaeorum apud Romanos conditione. Halle, Berlin 1867.
Weyden, Geschichte der Juden in Köln zur Römerzeit usw. Köln 1867.
Geiger, Quid de Judaeor. moribus … Romanis persuasum. Berlin 1873.
Herzfeld, Handelsgeschichte der Juden des Altertums. Braunschweig 1879.
Stobbe, die Juden in Deutschland während des Mittelalters. Braunschweig 1867.
Geiger, das Judentum und seine Geschichte. 2 Bde. Breslau 1865.
Braunschweiger, Geschichte der Juden zur Zeit des Mittelalters von 700–1200. Würzburg 1865.
Grätz, Geschichte der Juden. Leipzig 1865 f.
Rosenstock, Germanen und Juden auf dem Boden des früheren weströmischen Reiches. Wolfenbüttel 1879.
Kayserling, Geschichte der Juden in Spanien und Portugal, III. Berlin 1867.
Bloch, die Juden in Spanien. Leipzig 1875.

Andlaw, die byzantinischen Kaiser usw. Mainz 1865.
Höfler, über den Auslauf der röm. Gesch. in die byzant. Wien 1870.
Krause, die Byzantiner des M. in ihrem Staats-, Hof- und Privatleben. Halle 1869.
Gfrörer, byzantinische Geschichten, aus seinem Nachlaß herausgegeben, ergänzt und fortgesetzt von J. B. *Weiss*. I–III. 1872, 1873, 1877.
Hertzberg, Geschichte Griechenlands unter den Römern bis Justinian. Halle 1875.
Adolph Schmidt, Epochen und Katastrophen. Berlin 1874.
Hirsch, byzantinische Studien. Leipzig 1876.
Hertzberg, Geschichte Griechenlands seit d. Absterben d. ant. Lebens, I. Gotha 1876.
Harnack, das karolingische und byzantinische Reich in ihren wechselseitgen politischen Beziehungen. Göttingen 1880.
Bikelas, die Griechen des Mittelalters, ed. *Wagner*. Gütersloh 1878.

Heyd, Geschichte des Levantehandels im Mittelalter, I. Stuttgart 1879.

Hugo Grotius, historia Gothorum Vandalorum Langobardorum. Amstelodami 1655.
Bessel, „Goten", bei *Ersch* und *Gruber*.
Köpke, die Anfänge des Königtums bei den Goten.
Kropatscheck, de Gepidarum rebus. Halle 1869.
Krafft, de fontitus Ulfilae Arianismi.
Ulfilas ed. Gabelentz et Löbe. 1836.
Massmann, Ulfilas. Stuttgart 1857.
Ulfilas, v. Stamm, 4. A., ed. *Heyne*. Paderborn 1869.
Skeat, moeso-gothic dictionary. Berlin 1868.
Schulze, gotisches Wörterbuch nebst Flexionslehre. Züllichau 1868.
Weinhold, die gotische Sprache im Dienst der Christenheit. Halle 1870.
Bernhardt, kritische Untersuch. über die goth. Bibelübersetzung. Elberfeld 1869
Culmann, gotische Wörter, welche mit q anlauten. Leipzig 1871.
Vulfila und die and. got. Urkunden, ed. *Berhardt* in Zährs H. Bib. Halle 1875.
Volz, de Vesegotharum cum Romanis conflictionibus post mortem Fl. Theodosii I exortis. Greifswald 1861.
– über das Jahr der Schlacht bei Pollentia. Cöslin 1864.
Nitzsche, der Gotenkrieg 376–382. Altenburg 1871 (dazu *Dahn*, Bausteine II, 1880).
Kaufmann, kritische Untersuchungen zu dem Kriege Theodosius des Großen mit den Goten, a. 378–382. F. z. D. G. XII, S. 44.
Rosenstein, Alarich und Stilicho. F. z. D. G. III, 1863.
Riegel, Alarich der Balte. Offenburg 1871 (dazu *Dahn*, Bausteine II. Berlin 1880).
v. Eicken, der Kampf der Westgoten und Römer unter Alarich I. Leipzig 1876 (dazu *Dahn*, a. a. O.).
Kaufmann, über das Föderalverhältnis des tolosanischen Reiches zu Rom. F. z. D. G. VI, 1866.
Lembke, Geschichte Spaniens, I.
Fantuzzi, monumenta ravennat.
Manso, Geschichte des ostgotischen Reiches in Italien. Breslau 1824.
Horst Kohl, zehn Jahre ostgotischer Geschichte 524–536. Leipzig 1877.
Usener, Anekdoton Holderi; ein Beitr. zur Geschichte Roms im ostg. Z. Leipzig 1878.
Gott. Garollo, Teoderico re dei Goti e degl' Italiani. Firenze 1879.
Jordan, Topographie der Stadt Rom im Altertum II. Berlin 1871.
– Topographie der Stadt Rom im Altertum I, 1. Berlin 1878.
Maffei, Verona illustrata. Veronse 1732.
H. Grimm, das Reiterstandbild des Theoderich zu Aachen und das Gedicht des Walahfrid darauf. Berlin 1869. – Dagegen: *Bock*, Jahrb. des Vereins von Altertumsfreunden im Rheinland 1871, vergl. V, 1844.
Wilh. Schmidt, das Reiterstandbild des ostgotischen Königs Theoderich in Ravenna in Aachen. Leipzig 1873.
C. Meyer, die Dietrichs-Sage. Basel 1868.
Padelletti, fontes jur. ital. medii aevi I, ed. reg. Ostrog. Langob. etc. Turin 1878.
Heller, über den Ursprung der spanischen (westgotischen) aera (von 38 n. Chr.), *v. Sybels* histor. Z. XXXI
Bluhme, zur Texteskritik des Westgotenrechts. Halle 1872.
Aschbach, Geschichte der Westgoten. Frankfurt a. M. 1827.
Görres, a) kritische Unters. ü. d. Aufstand u. d. Martyrium des westgot. Königssohnes Hermenegild; b) zur Geschichte des Königs Leowigild; c) über die Anfänge des Königs Leowigild.
Enger, der Schatz von Guarrazar. Jahrb. f. class. Philol. 1862, Heft 9.
Förstemann, altdeutsche Namen aus Spanien in Adalbert Kuhns Z. (vergl. Sprachforsch. XX. Berlin 1872.)
Görres, ein Suebenkönig Veremund. F. z. D. G. XIV, S. 405.
Dahn, gotische Völker: Könige II–VI. und Urgeschichte I.
Diercks, die Araber im Mittelalter und ihr Einfluß auf die Kultur Europas. Leipzig 1876.

Eccard rerum francicarum libr. XXV (c. 11).

Arnd, Geschichte des Ursprungs und der Entwicklung des französischen Volkes.

Rein, die Namen Salier und salische Franken. 1847.

Mosler, de primordiis Francorum. 1857.

Bender, über Ursprung und Heimat der Franken. Braunsberg 1857.

Zarncke, über die Trojanersage der Franken. (E. sächs. Gesellschaft d. Wissenschaften.) Leipzig 1866.

Wormstall, die Herkunft der Franken von Troja. Münster 1869.

Lüttigen, die Quellen u. d. histor. Wert d. fränk. Trojasage. Bonn 1876.

Hölzermann, Lokaluntersuchungen die Kriege der Römer und Franken betreffend. 1878.

Dederich, der Frankenbund. Hannover 1874.

Rospatt, kritische Beiträge zur ältesten Geschichte der Franken.

Schröder, die Ausbreitung der salischen Franken; *v. Sybel*, histor. Z. 1880.

Guizot, histoire de la civilisation en France. Paris 1829.

Calmet, histoire de Loraine.

Westphal, Geschichte der Stadt Metz, I (bis 1552). Metz 1876.

Gérard, histoire des Francs d'Austrasie, I.

Bourquelot, sens des mots: „France" et „Neustrie" sous le régime Mérovingien. Bibl. de l'école des chartes. 6. série.

Franklin, les sources de l'histoire de France. 1877 (zu Dahlmann, Waitz).

Huhn, Geschichte Lothringens. Berlin 1878.

Piot, les pagi de la Belgique et leurs subdivisions pendant le moyen-âge. 1874.

Diefenbach, novum glossarium latino-germ. Frankfurt a. M. 1867.

Littré, études sur les barbares et le moyen-âge (1868).

Baumgarten, glossaire des idiomes du Nord et du centre de la France, I, 1. Koblenz 1869.

Lücking, die ältesten franz. Mundarten. Berlin 1878.

Scheck, 500 german. Sprachstämme in d. franz. Sprache. Stuttgart 1875.

Forcellini, totius iatinitatis lexicon, II. I 1878. Leipzig 1880.

Bornhack, Geschichte der Franken unter den Merowingern. I. Teil. Greifswald 1863.

Duvivier, La forêt Charbonnière (Revue d'histoire et d'archéologie), III 1861; wiederholt in den „Recherches sur l'Hainau ancien".

Diez, etymol. W.-B. der röm. Sprache. Bonn 1869.

Diez, Grammatik der romanischen Sprachen, 3 Bde. 4. Aufl. Bonn 1876/77.

Bröcker, Frankreich i. d. Kämpfen d. Romanen, d. Germanen u. d. Christentums. Hamburg 1872.

Ebeling, die staatlichen Gewalten im Frankenreiche unter den Merowingern. Greiffenberg 1859.

Fustel de Coulanges, histoire des institutions politiques de l'ancienne France, I. L'empire Romain. Les Germains. La royauté Mérovingienne. Paris 1875.

Watt (Vadian), deutsche historische Schriften: III. Fragment einer römischen Kaisergeschichte. Geschichte der fränkischen Könige. St. Gallen 1880.

Guérard, Essai sur le système des divisions territoriales de la Gaule.

Thierry, lettres sur l'histoire de France, X. Recits des temps Mérovingiens.

Lasteyrie, histoire de la liberté en France.

Lehuerou, hist. des institutions Merov.

– Caroling.

Digot, hist. du royaume d'Austrasie.

Gérard, la barbarie franke et la civilisation romaine. (Brux. 1845.)

Geffroy, Rome et les barbares.

Fauriel, histoire de la Gaule méridionale.

Merkel, Lex Salica. Berlin 1850.

Waitz, das alte Recht der salischen Franken. Kiel 1846.

Geppert, Beiträge z. Gerichtsverfassung der Lex Salica. 1878.

Rogge, observationes de pecoliari legis Ripuariae cum Salica nexu (Regim. 1823)

Sohm, über die Entstehung der Lex Ripuaria. Z. f. Rechtsvv. V.

Gfrörer, zur Geschichte D. Volksrechte im Mittelalter, ed. *Weiss*. Schaffhausen 1865.

R. Schröder, Untersuchung zu den fränkischen Volksrechten. Würzburg 1879.
– die Franken und ihr Recht. Weimar 1881.

Chifflet, anastasis Childerici I regis Ant. v. p. 1655. – *Cochet*, le tombeau de Ch. I. Paris 1859,
Richter, Annalen d. D. Gesch. im Mittelalter v. d. Begründung d. fränk. Reichs, I. Halle 1873.
Junghans, kritische Untersuchungen zur Geschichte der fränk. Könige Childerich und Chlodovech.
    Göttingen 1856.
Jahrbücher des fränkischen Reichs: s. u.
Becker, de Sigiberto primo Fraucorum rege. (1869. Monast.)
Brosien, krit. Untersuch. zur Gesch. d. fränk. Königs Dagobert I. Göttingen 1868.
Waitz, kleine Beiträge zur fränk. Gesch. F. z. D. G. III, 1863.
Arndt, kleine Denkmäler a. d. merowingischen Zeit. Hannover 1875.
Nieman, über die Urkunde König Theoderich IV. für das Kloster Murbach von 727. F. z. D. G. XIX,
    S. 465.
Ponton *d'Annécourt*, essai sur la numismatique Mérovingienne.
Soetbeer, Beiträge zur Geschichte des Münzwesens (III. Merowinger) in d. Forsch. z. D. Gesch. 1862.
Hahn, über Childerich III. Thronerhebung (mit Anhang von Waitz). F. z. D. G. IV, 1864.
Uhrig, Bedenken gegen die Echtheit der mittelalterlichen Sage von der Entthronung des merovingi-
    schen Königshauses durch Papst Zacharias. Leipzig 1875.
Rückert, de commercio regum Francorum cum imperatoribus.
Mühlbacher, zur Genealogie der älteren Karolinger. F. z. D. G. XIX, S. 455.
Warnkönig et Gérard, histoire des Carolingiens, I. II. Bruxelles 1862.
Bonnell, die Anfänge d. karoling. Hauses. Leipzig 1866
Cauer, de Carolo Martello. Berol. 1841.
Breysig, die Zeit Karl Martells. (Jahrb. d. fr. Rs.) Leipzig 1869.
Waitz, über den Beinamen: „der Hammer". F. z. D. G. III, S. 147.
Veltmann, de Caroli Martelli patriciatu. Münster 1863.
Niehues, de stirpis Carolinae patriciatu, I. Münster 1864.
Dor, de bellis Francorum cum Arabibus gestis, bis a. 814; Königsberg 1861.
Zotenberg, bibliothécaire au département des manuscrits à la bibliothèque nationale, Invasions des
    Visigoths et des Arabes en France. Suivie d'une étude sur les invasions des Sarrasins dans le
    Languedoc; d'après les manuscrits musulmans. Toulouse 1872.
Th. Sickel, die Urkunden der Karolinger. Wien 1867.
– Beiträge zur Diplomatik, V; die Immunitätsrechte nach den Urkunden der ersten Karolinger bis a.
    840. Wien 1865.
– über die Epoche der Regierung Pippins. F. z. D. G. IV, S. 439.
Hahn, Jahrbücher des fränkischen Reichs unter Pippin.
Oelsner, Jahrbücher des fränkischen Reichs unter Pippin.
– de Pippino rege. Vratislaviae 1853.
Genelin, das Schenkungsversprechen und die Schenkung Pippins. Ein Beitrag zur Geschichte der
    weltlichen Herrschaft des Papstes. Wien und Leipzig 1880.

Hahn, sur le lieu de naissance de Charlemagne. Bruxelles 1872.
Schröder, Gesch. Karls d. Gr. 3. A. Leipzig 1865.
S. Abel, Jahrbücher des fränkischen Reiches unter Karl d. Gr. Leipzig 1866.
Thym, Karl d. Gr. und seine Zeit. Münster 1868.
Winckler, die Krönung Karls d. Gr. zum römischen Kaiser. Sammlung gemeinverständ. wissensch.
    Vorträge, herausgegeben von R. *Virchow* und Fr. v. *Holtzendorff*. Berlin 1879.
Hilgers, Karl d. Gr. und die natürlichen Grenzen Frankreichs. Saarlouis 1867.
Kentzler, Karl d. Gr. Sachsenzüge 776–785. F. z. D. G. XII, S. 317. – von 772 bis 775, ebenda XI, S. 79.
Beyer, der limes Saxoniae Karls des Großen, 1877.
Haagen, Gesch. Aachens, I. II. Aachen 1874.
Kessel, das Heiligtum der Stiftskirche zu Aachen. Köln 1875.
Mock, de donatione Karoli Magni, 1861/2. (L. Zentralblatt 1862, S. 76.)
Abel, Papst Hadrian I. und die weltliche Herrschaft des päpstlichen Stuhles. F. z. D. G. XIII, S. 453.

Bernheim, das unechte Dekret Hadrians I. F. z. D. G. XV, S. 618.

Gaston Paris, histoire poétique de Charlemagne. Paris 1865.

W. Grimm, Rulandes liet.

Foss, zur Karlssage. 1869.

Falk, Karls des Großen Tochter Gisla zu Seligenstadt. F. z. D. G. XV, S. 656.

Wattenbach, Mönch v. St. Gallen über Karl d. Gr. Berlin 1878.

Lindner, zur Sage von der Bestattung Karls d. Gr. F. z. D. G. XIX, S. 181.

Heinsch, die Reiche d. Angels. z. Z. Karls d. Gr. Breslau 1875.

Pauli, Karl der Große in northumbrischen Annalen. F. z. D. G. XII.

Piper, Karls des Großen Kalendarium und Ostertafeln. Berlin 1858.

Bähr, de litterarum studiis a Karolo Magno revocatis schola palatina instaurata. Heidelberg 1853.
– Geschichte der römischen Literatur im karol. Zeitalter. Karlsruhe 1840.

Léon Maitre, les écoles episcopales. Paris 1866.

J. Baß Mullinger, the schools of Charles the Great and the restauration of education in the IX. century. London 1877.

Oebeke, de academia Karoli Magni. Aachener Programm 1847. – *Phillips*, Karl d. Gr. im Kreise der Gelehrten, 1856. (Vermischte Schriften, III) – *Scherer*, über den Ursprung der deutschen Literatur. Berlin 1864.

Ebert, die liter. Bewegung z. Z. Karls d. Gr. Deutsche Rundschau 1876.

Meyer von Knonau, Bedeutung Karls d. Gr. für d. Entw. d. Geschichtsschreibung. Zürich 1867.

Büdinger, von den Anfängen des Schulzwangs. Zürich 1865.

Wattenbach, die Kongregation der Schottenklöster in Deutschland. Archäologische Z. v. Otte u. v. Quast, I.

L. Müller, über die irischen Mönche. Neue Jahrb. f. Philolog. LXXXXIII.

Hauréau, écoles d'Irlande (singularités historiques). Paris 1861.

Keller, Bilder und Schriftzüge in den irischen Manuskripten der schweizerischen Bibliotheken. Mittheil. der antiquar. Gesellsch. in Zürich, VII.

Dohme, Kunst und Künstler des Mittelalters und der Neuzeit, I. Leipzig 1811.

Wattenbach, das Schriftwesen im Mittelalter. 2. Aufl. Leipzig 1875.

Hilss, der Reichspalast zu Ingelheim. 1868.

Schneider, die karoling. Basilika zu Steinbach. Mainz 1875.

Soetbeer, Beiträge zur Gesch. d. Münzwesens in Deutschland. IV. Abschn. (unter den Karolingern). F. z. D. G. VI, 1866.

v. Inama-Sternegg, die Ausbildung der großen Grundherrschaften in Deutschland während der Karolingerzeit (in Schmollers staats- u. sozial-wissenschaftlichen Forsch.), I, 1. 1878.

Funck, Ludwig der Fromme. Frankfurt a. M. 1882.

Foss, Ludwig der Fromme vor seiner Thronbesteigung. Berlin 1858.

Simson, Jahrbücher des fränkischen Reichs unter Ludwig dem Frommen, I. Leipzig 1874. II 1876.

Schwartz, der Bruderkrieg der Söhne Ludwigs des Frommen. Fulda 1843.

Sickel, Diplome des VIII. bis X. Jahrh. F. z. D. G. IX, S. 403.

Görz, Kaiserurkunden aus dem IX. bis XII. Jahrh. F. z. D. G. XVIII, S. 199.

Waitz, Privaturkunden aus karoling. Zeit. F. z. D. G. XVIII, S. 181.

Dümmler, Geschichte des ostfränkischen Reiches, I. Berlin 1862. II 1865.

Jacobs, die Stellung der Landessprachen im Reiche der Karolinger. F. z. D. G. III, 1863.

Blochwitz, die Verhältnisse an der deutschen Ostgrenze zwischen Elbe und Donau zur Zeit der ersten Karolinger. Dresden 1872.

Platner, über Spuren deutscher Bevölkerung zur Zeit der slavischen Herrschaft in den östlich der Elbe und Saale gelegenen Ländern. F. z. D. G. XVII, S. 409.

Palacky, Geschichte von Böhmen7 I. II, 1. Prag 1866.

Arnold, Verh. des Reichs zur Stammesgeschichte. Marburg 1876.

Sohm, fränkisches Recht und römisches Recht. Weimar 1880.

Fitting, zur Geschichte der Rechtswissenschaft am Anfang des Mittelalters. Halle 1875.
– Juristische Schriften des früheren Mittelalters. Halle 1875.

Brunner, zur Rechtsgeschichte der römischen und germanischen Urkunde, I. Berlin 1880.
Clement-Jungbohn, Forschungen über d. Recht d. salischen Franken. Herausgeg. von *Zoepfl*. Berlin 1876.
Holtzmann, über das Verhältnis der Malbergischen Glosse.
Beseler, über die Gesetzeskraft der Kapitularien. Berlin 1871.
Boretius, die Kapitularien im Langobardenreich. Halle 1864.
– Beiträge z. Kapitularienkritik. Leipzig 1874.
Schäffner, Geschichte der Rechtsverfassung Frankreichs, I–IV. Frankf. a. M. 1859.
Roth, Paul von, Geschichte des Benefizialwesens. Erlangen 1850.
– Feudalität und Untertanenverband. Weimar 1863.
Ehrenberg, Commendation und Huldigung nach fränkischen R. Weimar 1878
Boutaric, le régime féodal, son origine et son établissement et particulièrement de l'immunité. Paris 1875.
Roth, Paul von, über die altd. Reichs- u. Gerichtsverfassung (Sohm). „Krit Vierteljahrsschr., Bd. XVI.
– über Entstehung d. Lex Bajuvariorum. München 1848.
Waitz, über den Ursprung der Vassallität.
Roth, Paul von, die Säkularisation des Kirchengutes unter d. Karolingern. München 1864
Waitz, über die Anfänge des Lehnwesens. 1876.
Stobbe, Beiträge zur Geschichte des deutschen Rechts. Braunschweig 1865.
Braumann, de leudibus in regno Merowingorum. Inaug.-Diss. Berlin 1865.
Kühns, über den Ursprung u. d. Wesen des Feudalismus.
Deloche, la trustis et l'antrustion royal sous les deux premières races. Paris 1873.
Hermann, das Hausmeieramt ein echt german. Amt. Aus Untersuchungen z. D. St.- u. R.-G., herausgegeben von Dr. O. *Gierke*. Breslau 1880.
Boos, d. Liten u. Aldionen nach d. D. Volksrechten. Göttingen 1874.
Fustel de Coulanges, les origines du régime féodal. Revue des deux mondes. Paris, Mai 1873.
Ahrens, über Namen u. Zeit d. campus Martius b. d. Franken. Hannover 1872.
Waitz, der fränkische Campus Martius. F. z. D. G. XIII, S. 489.
Susane, géneral, histoire de l'infanterie française, I. 1876.
Baldamus, das Heerwesen d. späteren Karolinger, in O. *Gierke*, Untersuchungen z. deutschen Staats- u. Rechtsgesehichte. Breslau 1879.
Hertz, die Rechtsverhältnisse des freien Gesindes nach den deutschen Rechtsquellen des Mittelalters. Aus Untersuch. z. D. St.- u. B.-Gesch., herausgegeben von O. *Gierke*. Breslau 1880.
Winogradoff, die Freilassung zu voller Unabhängigkeit in den deutschen Volksrechten. F. z. D. G. XVI.
Jastrow, zur strafrechtl. Stell. d. Sklaven bei D. u. Angels. Aus *Gierke*: Untersuch. II. Breslau 1878.
Albrecht, die Gewere. Königsberg 1828.
Heusler, die Gewere. Weimar 1872.
Heiss, traditio et investitura. München 1876.
Rosen, ad titul. leg. sal. de alodis. Breslau 1876.
Bewer, Sala, Traditio, Vestitura. Bonn 1880.
Kraut, Vormundschaft.
Rive, Gesch. d. D. Vormundsch., I 1860. II, 2. Braunschweig 1875.
Hoffmann, der Zustand des weiblichen Geschlechts in der Heidenwelt. 3. A. Heidelberg 1873.
Winkler, die Geschlechts-Vormundschaft. Luzern 1868.
Friedberg, Ehe und Eheschließung im deutschen Mittelalter. Berlin 1864
Hofmann, Verlobung und Trauring. Wien 1871.
Friedberg, das Recht der Eheschließung in seiner geschichtlichen Entwicklung. Leipzig 1865.
Sohm, das Recht der Eheschließung, aus dem deutschen und kanonischen Recht. Weimar 1875.
Friedberg, Verlobung und Trauung. 1876.
Sohm, Trauung und Verlobung. 1876.
Deckhoff, die kirchliche Trauung, ihre Geschichte. Rostock 1878.
Scheurl, die Entwicklung des kirchl. Eheschließ.-R. München 1878.
Habicht, die altdeutsche Verlobung in ihrem Verhältnisse z. d. Mundium u. d. Eheschließung. Jena 1879.
Schröder, Geschichte des ehelichen Güterrechts in Deutschland, I–IV. 1863 folg.

– das eheliche Güterrecht und die Wanderungen der deutschen Stämme im Mittelalter. *v. Sybels* h. Z. 1874, S. 289.

Homeyer, Friedegut in den Fehden des Mittelalters. Berlin 1867.

Friedländer, d. Einlager, ein Beitrag zur D. R.-G. Münster 1868.

Schierlinger, die Friedensbürgschaft. Erlangen 1878.

Korn, de obnoxiatione et wadio antiquissimi juris Germanici. Breslau 1863.

Nägeli, das germanische Selbstpfändungs-Recht. Zürich 1876.

Paulssen, de antiqui populorum juris hereditarii nexu cum eorum statu civili, I. Havniae 1822.

Beseler, Erbverträge, I.

Siegel, das deutsche Erbrecht.

Wasserschleben, d. Prinzip d. Erbenfolge nach d. ältern D. u. verw. R. Leipzig 1870.

von *Amira*, Erbenfolge u. Verwandtsch.-Glieder. nach d. altniederd. R. München 1875.

Bar, das Beweisurteil des germanischen Prozeßes. Hannover 1866.

Brachmann, das Wergeld nach den leges barbarorum, in Brandes Zweiter Bericht ü. d. germ. Gesellschaft.

Kries, der Beweis im Strafprozeß des Mittelalters. Weimar 1878.

Hildenbrand, die purgatio canonica.

Wilda, in Encycl. v. *Ersch* u. *Gruber*. 3. Sect. Bd. IV. (Ordalien.)

Pfalz, die germanischen Ordalien. Leipzig 1866.

Hilse, das Gottesurteil der Abendmahlprobe. Berlin 1867.

Sohm, der Prozeß der Lex salica. Weimar 1867.

Dahn, Studien zur Geschichte d. germanischen Gottesurteile. Bausteine II. Berlin 1880

Bethmann-Hollweg, der Zivilprozeß des german. Rechts im gesch. Entw. IV. B. d. german. röm. Prozeß im Mittelalter, I. B. V, 5. bis 8. Jahrh. Bonn 1868.

v. Bethmann-Hollweg, Zivilprozeß V, 2. 2. d. Karoling. u. ihre Nachfolger in St. Bonn 1874.

– germ.-roman. Zivilproz. III, v. XII. bis XV. Jahrhundert. Bonn 1875.

Sperling, zur Geschichte von Busse und Gewette im Mittelalter. Straßburg 1874.

Platz, Gesch. d. Verbrechens d. Aussetz. Stuttgart 1876.

Allfeld, d. Entwickl. d. Begriffs Mord bis z. Carolina. Erlangen 1878.

Waitz, der Kampf der Burgunder und Hunnen. F. z. D. G. I. 1862.

Derichsweiler, Geschichte der Burgunden.

Sécretan, le premier royaume de Bourgogne, in: mémoires et documents publiées par la société d'histoire de la Suisse Romande XXIV. Lausanne 1868,

v. Bethmann-Hollweg, der germ.-roman. Prozeß im Mittelalter, I. 1868. (Burgunder.)

Binding, d. burgund.-romanische Königreich, I. Leipzig 1868.

Kaufmann, kritische Erörterungen zur Geschichte der Burgunden in Gallien. F. z. D. G. X. 1870.

Jahn, Gesch. d. Burgundionen, I. II. Halle 1875. (Dazu *Dahn*, Bausteine II. Berlin 1880.)

Kaufmann, über die Hunnenschlacht des Jahres 451. F. z. D. G. VIII, S. 115

Huschberg, Geschichte der Allemannen und Franken.

Ravenez, memoire sur la bataille dite de Tolbiac. Reims 1837.

Stälin, württemberg. Gesch., I–IV. Stuttgart 1873 folg.

Vierordt, badische Geschichte bis zum Ende des Mittelalters. Tübingen 1865.

Albrecht, Quaestionum Alamannicarum specimen. Leipzig 1867.

v. Hölder, Zusammenstellung der in Württemberg vorkommenden Schädelformen. Württemberg. naturwissenschaftl. Jahresheft. XXXII Stuttgart 1876,

Baumann, Schwaben und Alemannen, ihre Herkunft und Identität. F. z. D. G. XVI.

Holländer, die Kriege der Römer mit den Alemannen im III. Jahrh. Z. f. d. Geschichte des Oberrheins XXVI. 1874.

Haas, Urzustände Alamanniens, Schwabens und ihrer Nachbarländer. Erlangen 1868.

Baumann, die alamannische Niederlassung in Raeha secunda. (Zeitschr. d. histor. Vereins in Schwaben u. Neuburg II. 1875.)

Merkel, de Republica Alamannorum. Berlin 1869.

Bacmeister, germanistische Kleinigkeiten. Stuttgart 1870.

Hertz, deutsche Sage im Elsaß. Stuttgart 1872.
Escher, schweizerische Münz- und Geldgeschichte von den ältesten Zeiten, I–IV. Bern 1879.
Lorenz und *Scherer*, Geschichte des Elsasses, I. Berlin 1870.
Gyss, encore un mot sur les origines alsatiques. Straßburg 1879.
Planta, Verfassungsgeschichte der Stadt Chur im Mittelalter. Chur 1879.
Allemannia, Zeitschrift für Sprache, Literatur und Volkskunde des Elsasses, ed. *Birlinger*. Bonn, I. 1871.
Meyer von Knonau, alemannische Denkmale in der Schweiz. (Mitteilungen der antiquar. Gesellsch. in Zürich. 1872–78.)
Henne am Rhyn, Gesch. d. Schweizervolks u. s. Kultur von den ältesten Zeiten bis zur Gegenwart. Leipzig 1865.
Bluntschli, Staats- und Rechtsgeschichte der Stadt Zürich, I.
– krit. Überschau, II.
Bacmeister, alaman. Wander., I. Stuttgart 1867.
Muck, Gesch. des Klosters Heilsbronn von der Urzeit bis zur Neuzeit, III. Nördlingen 1880.
Baumann, Geschichte des Allgäus, I. Kempten 1881.
Bachmann, S.-B. d. Wiener Akad. XCI.
Baumann, die Gaugrafschaften im württemb. Schwaben. Stuttgart 1879.

Beiträge zur Anthropologie u. Urgesch. Bayerns, II. München 1878.
Bauman, Jahrb. f. Philologie LXXIX u. LXXX.
Zeuß, die Herkunft der Bayern von den Markomannen.
Wittmann, die Herkunft der Bayern von den Markomannen.
Quitzmann, älteste Geschichte der Bayern. Braunschweig 1874.
– die älteste Rechtsverfassung der Bajuvaren. Nürnberg 1866 (dazu *Dahn*, Bausteine, I. Berlin 1880).
– die heidnische Religion der Baiwaren.
Monumenta boica: nova collectio (XVI). München 1876.
Rudhart, älteste Geschichte Bayerns. Hamburg 1841.
Roth, Paul von, über die Entstehung der Lex Baiwariorum. München 1848.
Contzen, Geschichte Bayerns. Münster 1853.
Büdinger, zur Kritik altbayr. Gesch.
Bachmann, die Einwanderung der Bayern. Wien 1878.
Roth, Paul von, zur Geschichte des bayer. Volksrechts. München 1869.
Riezler, Geschichte Bayerns, I. II. Gotha 1879 u. 1880 (dazu *Dahn*, Bausteine II. Berlin 1880).
Nagel, zur Kritik der ältesten bayerischen Geschichte. F. z. D. G. XVIII, S. 339; dagegen *Riezler*, zur ältesten bayerischen Geschichte, ebenda S. 519.
Riezler, über die Entstehungszeit der Lex Bajuvariorum. F. z. D. G. XVI.
Hundt, Graf von, die bayer. Urkunden aus der Zeit der Agilolfinger. Abh. d. Akad. d. W. III CL. XII.
– d. Urkunden d. Bisth. Freising a. d. Z. d. Karol. München 1875.
Wagner, d. deutschen Namen d. ältesten Freisinger Urkunden. Erlangen 1876.
Peetz, die Kiemseeklöster. Stuttgart 1879.
Schottmüller, die Entstehung des Stammherzogth. Bayern. Berlin 1868.
Berner, zur Verfassungsgesch. d. Stadt Augsburg v. d. röm. Herrschaft bis z. Codification d. 2ten Stadtrechts im J. 1276. Aus Untersuch. z. D. St.- u. R.-Gesch., herausgeg. von O. *Gierke*. Breslau 1880.
Muchar, Gesch. d. Herzogtums Steiermark. Grätz 1868.
Ankershofen, Geschichte des Herzogtums Kärnten, I–IV. Klagenfurt 1865.
Luschin von Ebengreuth, Geschichte des ältesten Gerichtswesens in Österreich ober u. unter d. Enns. Weimar 1879.
Gaupp, das alte Gesetz der Thüringer.
Knochenhauer, Gesch. Thüringens. Gotha 1859.
Bolze, Untersuchungen über die älteste Geschichte der Thüringer. Magdeburg 1859.
Gloel, zur Geschichte der alten Thüringer. F. z. D. G. IV; S. 195, VI, S. 654.
Hoffmann, zur Geschichte des alten Thüringerreiches. Jahresber. der höheren Bürgerschule zu Rathenow. 1872.

Keferstein, histor. Fragmente. Die Abstammung d. Thüringer etc. Erfurt 1879.
Gautsch, älteste Geschichte der sächsischen Schweiz. Dresden 1880.

Volkmar, zur Stammes- und Sagengeschichte der Friesen u. Chauken. Aurich 1869.
de Geer, de strijd der Friezen en Franken.
Nitzsch, die Geschichte der ditmarsischen Geschlechterverfassung. Jahrbücher f. d. Landeskunde d.
    Herzogtümer Schleswig-Holstein und Lauenburg, III.
Halbertsma, Lexicon Frisicum, I. Haag 1875.
Michelsen, ditmarsische Rechtsquellen.
Michelsen, von der bauerschaftlichen Meentverfassung in Dithmarschen. Z. f. D. R. VII.
Perizonius, Geschichte Ostfrieslands, I. II. Leer 1869.
Richthofen, fr. Wörterbuch.
Leding, die Freiheit der Friesen im Mittelalter. 1878.

Gaupp, das Recht der alten Sachsen.
Natorp, Comm. hist. de rebus quae inter Francos ad Saxones a Chlodovaei aetate usque ad Pippinum
    mortuum intercesserunt (1857).
Seibertz, Landes- und Rechtsgeschichte des Herzogtums Westfalen, I–IV. B. Arnsberg 1860–64.
Seibertz, Quellen der westfälischen Geschichte, I. Arnsberg 1869.
Hockenbeck, de Saxonum origine et rebus … gestis. 1868.
Bolze, die Sachsen vor Karl d. Gr. Berlin 1861.
Petersen, die Verbreitung des Christentums unter den Sachsen. Hamburg 1865.
Winter, die Germanisierung und Christianisierung des Gaues Morzane. Magdeburg 1870.
Diekamp, Widukind, der Sachsenführer, in Geschichte u. Sage. I. Münster 1878.
Dettmer, der Sachsenführer Widukind in Geschichte u. Sage. Würzburg 1879.
Böttiger, Geschichte von Sachsen. 2. Aufl. bes. von *Flathe*, I. Gotha 1868.
Usinger, Forschungen zur Lex Saxonum. Berlin 1867.
v. Richthofen, zur Lex Saxonum. Berlin 1868.
Maack, Urgeschichte des schlesw.-holst. Landes, I. Kiel 1869.
Kentzler, über die Glaubwürdigkeit der vita Lebuini und die Volksversammlung der Sachsen zu
    Macklo. F. z. D. G. VI, S. 343.
S. Abel, Entgegnung (ebenda).
Eschenberg, de delicto manifesto jure saxonico. Berlin 1866.
C. Fipper, das Beispruchsrecht nach altsächsischem Recht. Aus Untersuch. z. D. St - u. R.-Gesch.,
    herausgeg. v. O. *Gierke*. Breslau 1880.

Koch, historische Grammatik der englischen Sprache, I–III. 1865/68.
Kemble, the Saxons, übersetzt von *H. Chr. Brandes*. 2 Bde. Leipzig 1853/54.
– horae ferales. London 1863.
Schmid, Gesetze der Angelsachsen. Leipzig 1858.
Leo, Beowolf.
Beowulf, übersetzt von *Simrock*. Stuttgart u. Augsburg 1859.
Leo, angelsächs. Glossar., I. II. Halle 1878.
Conybears illustrations of anglosaxon poetry. London 1862.
Stubbs, history of the constitution of England, I. London 1875.
Körner, Einleitung in d. angels. Gramm. Heilbronn 1878.
Crecelius, collectae ad augenda nomina propria Saxonum et Frisiorum. Berlin 1870.

Checchetelli, memorie della storia d'Italia.
Hasse, Geschichte der Lombardei. 1826.
Türk, das langobardische Volksrecht. 1829.
Hegel, Geschichte der Städteverfassung von Italien. I. II. Leipzig 1847.
Wilda, das Gildenwesen im Mittelalter.
Flegler, das Königreich der Langobarden in Italien. Leipzig 1851.
Dahn, langobardische Studien I. Leipzig 1876.

Jacobi, die Quellen der Langobardengeschichte des Paulus Diaconus. Halle 1877.
Waitz, über die handschriftliche Überlieferung und die Sprache der histolia Langob. Neues Archiv I.
Bluhme, d. gens Langobardorum u. ihre Herkunft, I. Bonn, 1868.
– d. gens Langobardorum, II: ihre Sprache. Bonn 1874.
Wiese, die älteste Geschichte der Langobarden. Jena 1878.
C. Meyer, langobard. Sprachdenkmäler. XIV. Band v. Heynes Biblioth. d. ält. D. Lit.-Denkmäler. Paderborn 1876 (1877?).
(*Meyer*, Carl, Sprache und Sprachdenkmäler der Langobarden. Paderborn 1877.)
Papst, Geschichte des langobardischen Herzogtums (von Alboin bis Liutprand). F. z. D. G. II, S. 405. 1862.
Hirsch, Papst Hadrian und das Fürstentum Benevent. F. z. D. G. XIII, S. 33.
– Benevent bis zum Untergang des langob. Reichs. Leipzig 1871.
Abel, der Untergang des Langobardenreiches in Italien. Göttingen 1859.
Zahn, Friaul. Studien, I. Wien 1878.
Merkel, die Geschichte des Langobarden-Rechts. Berlin 1850.
Osenbrügen, das Strafrecht der Langobarden. Schaffhausen 1863.
Pasquale del Giudice, sulla condizione dei Romani vinti dai Langobardi. Firenze 1870.
– la vendetta nel diritto Langobardo. 1876 (dazu *Dahn* Bausteine II).
Zorn, das Beweisverfahren nach langob. Recht. München 1872.
Waitz, angebliche Bußvorschrift fur den Langobardenkönig Aistulf. N. A. I. 1876.
Borgia, memorie istoriche della città di Benevento II. Roma 1763–1769, I. III.
Waitz, erdichteter Brief Alkuins über die Herkunft der Beneventaner. 1876 (Separatabdruck aus: Neues Archiv, I, S. 169).
Bethmann, langobardische Personennamen. Neues Archiv II. 1877.
– und *Holder-Egger*, langobardische Regesten. Neues Arch. III, 1. 1877.
Dittrich, de Langobardorum meta. 1847.
Val de Liévre, Launegild u. Wadia. Innsbruck 1877.
Rosin, die Formvorschriften für die Veräußerungsgeschäfte der Frauen nach langobardischem Recht. Aus Untersuch. z. D. St.- u. Rechtsgesch. v. O. *Gierke*. Breslau 1880.

B. Anmerkungen zum II. Band

DRITTES BUCH
Erstes Kapitel

1 Die Heruler wurden Bd. I, S. 208, 220, 225 behandelt. Deren Ursitz war an der Ostsee (woh¹ auch gegen die Nordsee hin und auf den Inseln. Dahn, Könige I, S. 1 f., Urgeschichte I, S. 561 D.). Bei der großen Gotenwanderung hatte sich ein Teil derselben den Goten angeschlossen, wie dies auch von Burgundern und Vandalen geschehen war.ª

Letztere saßen in der neuen Heimat westlicher und nördlicher, die Heruler, wie wir aus dieser Stelle sehen, im äußersten Osten, an der Mäotis.

Die mit den Goten gezogenen Nebenvölker waren unabhängig: doch mag der Gotenkönig über die an der äußersten Grenze seines Reichs sitzenden, nur an fremde asiatische Völker grenzenden Heruler eine gewisse Oberhoheit beansprucht haben und wegen deren Nichtanerkennung, vielleicht durch Verweigerung des geforderten Zuzugs, der Krieg ausgebrochen sein. (? D.)

a (Sie wie die ebenfalls mitgezogenen Gepiden, Viktofalen und Taifalen gehörten dem großen Gotenstamme selbst an. D.)

2 Köpke folgt (S. 107) hinsichtlich der Reihenfolge von Ermanarichs Eroberungen im Wesentlichen unserer Ansicht. Nur ist es ein kleiner Irrtum, wenn er denselben, nach Besiegung der Heruler, die benachbarten Alanen und Roxalanen angreifen läßt. Davon steht in der betreffenden Stelle, Kap. 23, nicht ein Wort. Zwar erwähnt Jordanis gegen Schluß von Kap. 24 die: Rosomonorum gens infida, wofür einige Herausgeber die, weil durch keine Handschrift unterstützte, willkürliche Lesart: Roxalanorum angenommen haben. Sollte aber auch diese, was wohl möglich ist, richtig sein (s. aber die neueste [freilich ganz ungenügende] Ausgabe, von Closs, liest: Rosomonorum; siehe dessen Noten p. 98. D.), so sind doch immer die *Alanen* ein durch die Quelle um so weniger gerechtfertigter Zusatz, weil beide Völker, wenn auch gewiß Zweige desselben Hauptstammes, doch stets als *besondere* erscheinen.

3 Ermanrichi late patentes et uberes pagos repentino impetu perruperunt bellicosissimi regis etc., per multa variaque fortiter facta vicinis nationibus formidati.

Zur kritischen Beleuchtung dieser Ereignisse übergehend haben wir eines trefflichen Hilfsmittels dankbar zu erwähnen: die Anfänge des Königtums bei den Goten von Rudolph Köpke, Berlin 1859.

4 Cujus imperio tam Ostrogothae quan Vesegothae, i. e. utrique ejusdem populi gentes tum subjaciebant.

5 Anders über all dieses Dahn, Könige V, S. 1 f.

6 A quorum societate jam Vesegothae qundam inter se contentione sejuncti habebantur.

7 Wir haben hier eines für diesen Band benutzten Hilfsmittels zu gedenken: Histoire d' Attila et de ses Successeurs par Amédée Thierry, Paris 1856, in zwei Bänden. Der Verfasser hat darin mit bekannter Darstellungsgabe ein sehr anziehendes (und höchst unkritisches D.) Lesebuch geliefert (Übersetzung durch D. Ed. Burkhardt, zweite Auflage, Leipzig 1859).

Was der Historiker davon zu halten hat, dafür nur einen Beleg: Seite 16 läßt Thierry alle Mitglieder des königlichen Stammes eines unterworfenen Volks durch Ermanarich an das Kreuz schlagen und beruft sich dafür auf Jordanis, Kap. 16, das gar nicht von dieser Zeit, sondern von einer mehr als hundert Jahre frühern handelt. Dies kann auch kein Druckfehler sein, da sich die Stelle, die Thierry offenbar im Sinne hatte, nicht in Kap. 46, sondern erst in Kap. 48 findet, aber gar *nicht Ermanarich*, sondern *Vinithar* jener grausamen Tat beschuldigt.

Gleichwohl kann dies Werk, besonders wegen seiner Zitate, hier und da mit verglichen werden, was von der Übersetzung, in welcher letztere fehlen, nicht zu sagen ist. Ein merkwürdiges Beispiel fabrikmäßigen Verfahrens findet sich in letzterer S. 61 am Schlusse. Priscus erwähnt p. 149 das Magister officiorum des Theodosius II. in einer für die hohe Wichtigkeit dieses Amts sehr bezeichnenden Stelle. Thierry, das Weitere weglassend, spricht S. 72 einfach vom Maître des offices: der Übersetzer denkt dabei an (oder fällt durch Nachschlagen auf) den maître d'office und macht aus dem obersten Reichsbeamten, der zu einem Geheimbeschlusse von unermeßlicher Wichtigkeit berufen wird, den – *Küchenmeister*.

8 Quos constat morte Hermanarici regis sui, decessione a Vesegothis divisos, Hunnorum subditos ditoni in eadem patria remorasse.

9 Divisi per familias populi, Vesegothae familiae Balthorum, Ostrogothae praeclaris Amalis serviebant.

10 v. Sybel erkennt in Athanarich keinen König, sondern nur einen Geschlechtsfürsten, neben dem viele andere dergleichen standen (S. 14).

Dies ist richtig (sofern es damals mehrere westgotische Gaukönige gab D.): wie kann er aber daraus folgern, daß hiernach bei den Goten überhaupt ein Königtum bestanden, da sich doch das des Ermanarich, ursprünglich wenigstens, gewiß auch über die Westgoten erstreckte? (s. aber Dahn, Könige V, S. 2.) Sollte selbst unsere Auffassung des ganzen damaligen Verhältnisses irrig sein und das Volk der Westgoten Ermanarich niemals anerkannt haben, so hat doch das Gesamtkönigtum unzweifelhaft unter Ostrogotha, also bis unmittelbar vor Ermanarich, bestanden. Wer dies leugnen will, sollte doch vorher offen erklären, daß er Jordanis in allen seinen Nachrichten von Grund aus verwerfe, selbst in denen, die nicht tendenziöser Natur und offenbar aus Cassiodor entnommen sind: dies aber hat v. Sybel nirgends getan.

Derselbe erkennt auch S. 116 auf Grund von des Tacitus bekannter Stelle vollkommen an, daß ein Königtum bei den Goten ursprünglich bestanden habe, setzt aber gleich hinzu: „Diese Monarchie wird nun, wahrscheinlich durch skandinavische Einwirkung, im Anfange des zweiten Jahrhunderts gebrochen."

Für diese Behauptung aber, welche allen Quellen widerstreitet (außer Jordanis vgl. den Anonymus Valesii (Ariarici regis filium), und die Staatsschrift des Königs Athalarich, Variar. IX, 25) und noch von keinem Historiker je aufgestellt worden ist, beruft sich derselbe auf gar nichts, da er das darauf Folgende gewiß selbst nicht für den Versuch eines Beweises derselben ausgeben wird.

Wie verhält es sich aber zu dieser Hypothese, daß sogleich, nachdem der Hunnensturm verrauscht ist, das Königtum bei Ost- und Westgoten in völlig historischer Zeit wieder mit größter Entschiedenheit hervortritt? Nicht eine Persönlichkeit, sondern der uralte Geschlechtsadel ist es, worauf es begründet wird. Soll dasselbe bis zum zweiten Jahrhundert bestanden, dann über drei Jahrhunderte geschlafen haben und endlich plötzlich wieder aufgewacht sein?

11 Siehe das Verzeichnis der Amaler und das der Gotenkönige vervollständigt und berichtigt bei Dahn, Könige II, S. 116.

12 Anders Dahn, Könige V, S. 1 f.

13 (Mit Recht. D.)

14 Consumto hieme docetur relatione ducum gentem Gothorum conspirantem in unum ad pervadenda *parari* collimitia Thraciarum.

15 Continuatis itineribus longius agentes Greuthungos bellicosam gentem aggressus est: postque leviora certamina Athanaricum ea tempostate iudicem potentissimum, ausum resistere cum manu, quam siti crediderit abundare, extremorum metu coegit in fugam.

16 Dies Verfahren war ein bei den Römern sehr gewöhnliches, das zuerst Probus in großem Maßstabe, später aber auch Julian in Anwendung brachte, (S. Bd. I, S. 476.)

17 Köpke bezeichnet dieselbe „als einen Rückschlag des Volkslebens gegen die Niederlage, die es soeben erlitten hatte" – eine unerweisliche, aber geistvolle Vermutung.

18 Aus dem Ausdruck προσφεύγει folgt nicht notwendig, daß Fritigern mit seinem ganzen Heere über die Donau in römisches Gebiet geflohen sei. Derselbe kann sich auch nur für seine Person dahin begeben.

19 Anders, Dahn. Könige V, S. 4f.

20 Nach Dahn, Könige V, S. 1 schon nach Ostrogotha.

Zweites Kapitel

1 Eine Zusammenstellung der Quellen des Abendlandes über den Ursprung der Hunnen findet sich in der unter dem Titel: Aborigines etc. incunabula Magyarorum von dem k. Bibliotekar F. Fejér zu Ofen. Budae 1840, herausgegebenen Schrift, den die früher allgemein angenommene Herkunft der Ungarn von den Hunnen auf den Ursprung letzterer einzugehen nötigte – ein Werk von seltenem Fleiß, aber nicht gleichem Urteil. Im IV. Abschnitte, S. 31, wird darin auf Grund verschiedener Zeugnisse Kleinasien als Ursitz der Hunnen angegeben.

2 Die Zeit der Abfassung des Talmud ist nicht genau bekannt, jedenfalls erfolgte deren Abschluß erst um 500 n. Chr., fällt also in eine Zeit, da die Hunnen bereits auch in Europa bekannt waren. Das Anführen dieses Namens ist übrigens ein sehr vages.

3 Daß sie ungefähr dort, jedenfalls westlich des Dnjepr saßen, ergibt sich unzweifelhaft aus diesem Kapitel.

4 Das von den Franzosen, welche den Namen zuerst in Buchstaben schrieben, angehängte g Chiong soll nur den Nasenlaut bei Aussprache des on angeben.

5 Wie konnte dies der Alten, bei dem fast gänzlichen Mangel an brauchbaren Landkarten, anders sein. Jedenfalls erscheint dieser Militär noch besser hierin unterrichtet als der obzwar wissenschaftlich gebildete Zosimus.

6 Οἱ Οὕννοι τὸ γένος τὸ μὲν παλαιὸν κατῴκουν τῆς Μαιώτιδος λίμνης τὰ πρὸς ἀπηλιώτην ἄνεμον, καὶ ἦσαν τοῦ Ταναΐδος ποταμοῦ ἀρκτικώτεροι, καθάπερ καὶ τὰ ἄλλα βάρβαρα ἔθνη, ὁπόσα ἐντὸς Ἱμαίου ὄρους ἀνὰ τὴν Ἀσίαν ἐτύγχανον ἱδρύμενα.

7 Die Meerenge von Kertsch, durch welche eine Furt allerdings nicht denkbar ist.

8 Der Beweis beruht darauf, daß der römische Zeitgenosse Ennodius und der König Athalarich, des Theoderich Enkel (d. h. vielmehr Cassiodor *D.*), so wie Prokop Hunnen und Bulgaren für dasselbe Volk hielten. Dies ist, wenn auch die späteren Bulgaren noch mit *neuen* Zuzüglern vermischt gewesen sein können, im Wesentlichen wenigstens gewiß richtig.

Drittes Kapitel

1 Amm XXXI, 2 sagt: Hoc transito (d. i. östlich des Don) in immensam extentas Scythiae sclitudines (d. i. Steppen) Alani inhabitant.

2 Nachdem Ammian XXXI, p. 248) die Alanen ausdrücklich: partiti per utramque mundi plagam genannt hat, beginnt er Kap. 3 mit den Worten: Igitur Hunni, pervasis Alanorum regionibus, quos Greuthungis confines Tanaitos consuetudo nominavit etc. Ob nun diese tanaitischen Alanen europäische oder asiatische gewesen seien, bleibt unklar. Nimmt man an, das Gebiet der Goten habe sich bis zum Don erstreckt, was nach Bd. I, S. 144 f. und sonst nicht zu bezweifeln ist, so müßte man Jene für asiatische halten, weil erst nach deren Besiegung der Einbruch in Ermanarichs Gaue berichtet wird. Ammian kann aber auch bei letzterer Angabe das Immediatgebiet dieses Königs, das Land der Ostgoten selbst, vor Augen gehabt, und zwischen diesen und den, nur der gotischen Oberherrlichkeit unterworfenen, europäischen Alanen unterschieden haben. Mindestens wird diese Meinung durch Jordanis, Kap. 23, S. 96 unterstützt, der die Alanen erst nach dem Übergang über die Mäotis unterjochen läßt.

3 Alanos quoque pugna sibi pares, sed humanitate, victu formaque dissimiles, frequenti certamine fatigantes subjugavere.

4 Die betreffende Stelle findet sich in den uns aus Priscus erhaltenen Fragmenten nicht. Die p. 199 der Bonn. Ausg. ersichtliche, welche einer frühern Raubfahrt der Hunnen nach Medien gedenkt, gehört erst der Zeit *nach* dem Einbruche derselben in Europa an.[4a]

4a In Attilas Lager, wo die Gesandten des römischen Ost- und Westreichs zusammentreffen, erzählt einer der letzteren, Romulus, um zu beweisen, daß Attilas Gebiet von Persien nicht allzuweit entfernt sei, von einer frühern (πάλαι) Raubfahrt der Hunnen nach Medien. Da er aber ausdrücklich hinzufügt, sie sei um deswillen möglich gewesen, weil sich Rom damals, wegen eines andern Kriegs, nicht in Krieg mit den Hunnen befunden habe, so muß dieselbe unzweifelhaft der Zeit nach dem Einfall in Europa angehören.

5 Das dreizehnte Regierungsjahr des Kaisers Valens, d. i. vom 28. März 376 bis dahin 377

6 Ex pellibus silvestrium murium, worunter hier nicht etwa nur Mäuse oder Ratten (nach Thierry), sondern alle zur Gattung der Nager gehörigen Arten, also auch Marder, Zobel usw. zu verstehen sind.

7 (Incurvus: nicht: „glatt" wie die I. Auflage. *D.*)

8 Weil er im Jahre 355 nach Amm. XV, 5 bereits einen Vertrauensposten bekleidete.

9 Daß Ammian in Rom schrieb, wird durch des Libanius Schreiben an ihn (abgedruckt auf der zweiten Seite von Heinrich Valesius Vorrede in der Gronovschen Ausg.) erwiesen. Daß er das XXVI. Buch in oder nach dem Jahre 390 geschrieben, ergibt sich daher, daß er c. 5 den Neotherius postea consul nennt, was dieser erst in gedachtem Jahre geworden ist.

10 Jam omnem in pace Gothorum populum subactum possedit, ita tamen, ut genti Gothorum semper unus proprinus regulus, quamvis Hunnorum consilio, imperaret.

11 Bei Jordanis großer Unklarheit ist nicht zu ermitteln, welches suebische Spezialvolk hier gemeint sei. (Markomannen und Quaden?)

12 Das ergibt sich nicht nur aus dem Worte longinus bei Amm. 3: Castris prope Danasti margines ac Greuthungorum vallem *longius*, d. i. in weiterer Entfernung opportune metatis, weil die Hunnen wahrscheinlich aus der untern Gegend zwischen Bug und Dnjestr herangezogen, sondern sicherer noch aus dem folgenden Rückzug in das Gebirge, welchem sich, einem Reitervolke gegenüber, zu nähern ohnedies Kriegsraison war.

13 In Ptolemäus (III, 8) findet sich östlich der Aluta nur ein einziger Fluß, der Ἱέρασος, angegeben, während in Wirklichkeit der Sereth und Pruth vorhanden sind, welche östlich und westlich von Galacz in nur etwa drei Meilen Entfernung von einander in die Donau fließen. Da sich jedoch zwischen beiden jetzt noch ein See findet, so ist es wohl denkbar, daß sich jene früher in und durch diesen vereinigt in die Donau ergossen haben, daher von ihm irrtümlich nur als ein Fluß betrachtet worden sind. Herodot dagegen nennt daselbst (IV, 48) den Πόρας oder Πυρετός, der offenbar der Pruth ist, während wir, an der Ähnlichkeit zwischen dem alten und neuen Namen festhaltend, die sich bei der Bezeichnung der Flüsse so vielleicht bewährt, den Hierasus für den Sereth halten.

Das betreffende Kapitel des Ptolemäus ist übrigens, was die Ostgrenze Dakiens betrifft, wofür wir, v. Spruner folgend, stets den Dnjestr oder Tyras angenommen haben, äußerst dunkel. Auffällig daher, daß die Schriftsteller über alte Geographie, die freilich mehr Philologen als Geographen sind, dies weder hervorgehoben noch aufzuklären gesucht haben. Uckert sagt (III, 2. Abth., S. 603) Hierasus: Pruth oder Sereth.

Für die historisch-militärische Frage ist dies übrigens ziemlich gleichgültig, weil sich, wie die Mündungen, auch die Quellen beider Flüsse nahe berühren. (Siehe Forbiger III, s. 1103.)

1 Es ist unstreitig irrig, wenn Tillemont (V, I, Art. 17, S. 194) auf Grund von Sozomenos (VI, 37) Wulfila zum Haupt dieser Botschaft macht, und diesen Bischof nur gegen die Bedingung des Übertritts zum Arianismus die Aufnahme seiner Landeleute erlangen läßt.

Sozomenos macht sich hier selbst eines großen Irrtums schuldig, indem er den oben berichteten Kampf zwischen Athanarich und dem damals von Valens unterstützten Fritigern, der dem Hunneneinbruche einige Zeit vorausging, erst nach diesem eintreten läßt, was nicht nur durch Sokrates (IV, 33–34), sondern weit entscheidender noch durch Ammians umständlichen Bericht der Ereignisse nach dem Einfalle der Hunnen schlagend widerlegt wird. (S. Dahn, Könige V, 5, Urgeschichte I, S. 428.)

Was soll man auch zu einem Schriftsteller sagen, der solchen Mangel an historischem Urteil, ja man möchte sagen an gesundem Menschenverstande bewährt, daß er jenen Kampf zwischen Athanarich und Fritigern, die beide von den Hunnen vertrieben und in deren Furcht gebannt waren, erst nach deren gemeinsamem Übertritt auf römischen Grund und Boden, wo sie Rettung suchten, vor sich gehen läßt?

Ferner war ja Wulfila schon im Jahre 355 als Untertan im römischen Reiche aufgenommen worden und hatte am Hämus Wohnsitz erhalten, kann daher doch wohl nicht von den jenseits der Donau verweilenden Westgoten als Hauptbevollmächtigter nach Antiochien entsandt worden sein, obgleich es an sich wohl denkbar wäre, daß Fritigern den vormaligen Landsmann um Begleitung und Unterstützung seines Abgeordneten ersucht habe, aus welcher Möglichkeit jedoch, bei der sonstigen Wertlosigkeit obiger Quelle, nicht auf die Wirklichkeit zu schließen ist.

Unsere Ansicht wird übrigens durch Waitz a. a. O., S. 42 vollständig geteilt, während die zu Anfang des 6. Kapitels zitierten (Kraft und Rückert) Sozomenos Glauben beizumessen scheinen.

2 Dieses System, weise und ersprießlich, so lange Rom noch mit überwältigender Macht den Germanen gegenüber stand, wurde höchst verderblich, seit sich dies Verhältnis geändert hatte: es hat die Barbarisierung und damit den Untergang des Reiches von innen heraus gefördert: freilich war es je später, je weniger mehr zu ändern: es blieb fast einziges Mittel, den kriegerischen Andrang zu schwächen und zu hemmen. D.)

3 Die Lage Marcianopels, der Hauptstadt Niedermösiens, beweist, daß der Übergang an der untern Donau erfolgte.

4 Vielleicht in Verbindung mit Vulfilas Übergang.

5 Dedititii et Kaptivi nach Ammian, d. i. durch Kapitulation und im Kampfe Gefangene.

6 Ad salices (bei den Weiden) lag nach dem Itinerar Antonins zwölfeinfünftel Meilen nördlich von Tomi (fünfzehn vom heutigen Varna) im nördlichsten Winkel der Dobrutscha am See Halmyris (jetzt Ramsin), der mit dem Pontus verbunden ist, gegen zwanzig Meilen vom östlichen Ende des Hämus entfernt. Nun sagt Ammian im 7. Kapitel von den Römern: Hi truso hoste ultra Aemi montis abscisos scopulos faucibus insodere praeruptis, uti barbaros locis inlusos nusquam reperientes exitum diuturna consumeret fames, et opperirentur ipsi Frigeridum dueem.

Darauf trifft statt Frigerid nur Richomer ein und ohne daß des Abmarsches aus dieser den Römern so günstigen Stellung gedacht wird, erwähnt Ammian des (Marsches auf Salices D.): tendentibus prope oppidum Salices. Hiernach ist es weder mit den Worten seines Berichts noch mit der einfachsten Kriegsraison vereinbar, an eine plötzliche Verlegung des Kriegsschauplatzes in das den Römern allerungünstigste Terrain, an die weitentlegene Seeküste, zu denken. Daß die Goten namentlich sich dahin nicht zurückgezogen, erhellt zweifellos aus dem Folgenden, wo ausdrücklich gesagt wird, daß sie, die Absicht der Römer, sie auf dem Rückzug anzugreifen, wahrnehmend, unbeweglich *an demselben Orte stehen blieben.*

(Aus diesen Gründen wollte v. Wietersheim statt Salices: *Radices* lesen; aber er übersetzte tendentibus prope oppidum Salices unrichtig mit: Lagerschlagen bei Salices; auf der Sprunerschen Karte finden sich gerade mitten im Hämus zwei Orte: ad Radices und sub Radice angegeben.)

7 Chuni bei Ammian, doch sind offenbar Huni gemeint. Auch bei andern Schriftstellern kommt diese Schreibart bisweilen vor.

8 Dies sagt Ammian nicht ausdrücklich, es ergibt sich aber aus dem Hergange, namentlich aus der Gefangennehmung der ganzen Schar der Feinde. Der Fluß mag Ende des Herbstes stark angeschwollen gewesen sein.

9 Des Zosimus Wert als Geschichtsschreiber läßt sich erst aus der Vergleichung mit Ammian richtig beurteilen.

Er benutzte unstreitig die besten Quellen seiner Zeit, wie den Fortsetzer des Cassius Dio, Dexippus, Eunapius, aus dem sogar dessen Werk, nach des Photius Versicherung, fast nur ein Auszug sein soll, Ammian selbst (Bd. I, S. 558 f., 572), Priscus, Olympiodor, und überdies viele spezielle, versäumt aber oft über kleinliche, namentlich *anekdotenhafte* Details die pragmatische Darstellung der Hauptereignisse.

So ist das ganze Kapitel IV, 21 einer Wundergeschichte gewidmet, die wir der Erwähnung wert finden. Auf dem Marsche von Antiochien nach Konstantinopel wird ein fürchterlich durch Schläge zerfetzter Mensch gefunden, der mit offenen Augen die Vorübergehenden anblickt, sonst aber keinerlei Lebenszeichen gibt. Die auf des Kaisers Befehl darüber befragten Zeichendeuter erklären nun: Dies bedeute den Zustand des Reiches, das so lange jämmerlich hinsterbe, bis es durch die Schlechtigkeit der Beamten völlig zu Grunde gegangen sein werde, was sich freilich zu der Zeit, als Zosimus schrieb, mit einiger Sicherheit sagen ließ.

Kap. 22 und 23 werden durch die lächerlich übertriebenen Großtaten der Sarazenen und Sebastians im kleinen Krieg ausgefüllt, während die Hauptschlacht bei Adrianopel, Kap. 24, in nur drei bis vier Zeilen abgefertigt wird.

Selbstredend haben wir daher, wenn Ammian und Zosimus von einander abweichen, so z. B. über das Gutachten Sebastians im Kriegsrate vor der Schlacht (A. Kap. 12 und Zos. Kap. 23), nur ersterem folgen können.

10 Die Goten bedurften, in Ermangelung fester Plätze, gesicherter Zuflucht- und Bewahrungsorte für Beute, Gefangene, Depots usw., wenn sie im Gebirge befestigte Lager aufschlugen.

11 Die Lage derselben auf der Sprunerschen Karte acht Meilen von der Seeküste bei Anchialus ist offenbar irrig: auch bezeichnet ein Fragezeichen den Zweifel.

12 Da valens den Mundproviant, so weit er ihn nicht mit sich führte, gewiß auf der großen Militärstraße von Konstantinopel bezog, so kann das wohl nur von der Fourage verstanden werden.

13 Die Stelle lautet: Velut caduceatorem unum e plebe suo misit arbitrio, impetens nobiles quosdam et electos ad se propediem *obsides* mitti, impavidus ipse vim militarem laturus et necessaria. Diese hat dem Wortlaute nach keinen Sinn, und ist wahrscheinlich verstümmelt. Ist aber das obsides richtig, so kann sie rur so gedeutet werden, wie dies oben geschehen ist.

14 Dasselbe war an sich schwächer an Reiterei, als das westliche, 43 numeri gegen 48 nach Kap. 7 der not. dign. occid.

15 Zosimus erzählt dies (IV, 35) viel weitläufiger, läßt eine Verschwörung der Goten, die Julius endeckt habe und diesen darauf erst den Senat zu Konstantinopel befragen. Ersteres ist nicht unmöglich, Letzteres unwahrscheinlich. Wenn derselbe dies Ereignis aber erst in des Theodosius Zeit versetzt, so widerstreitet dies Ammian nicht unbedingt.

Fünftes Kapitel

1 Da in der Handschrift einige Worte fehlen, würde auch die Deutung, daß die Römer zurückgedrängt worden, möglich sein. Obiges entspricht aber nicht nur daß Valesius Vermutung, sondern ist auch nach dem Folgesatze gewiß richtiger.

2 Die von den Lobrednern auf 70 000 gesteigerte Zahl hält Ammian offenbar selbst für übertrieben. Wenn dagegen Hieronymus in seiner Chronik sagt, daß circiter 30 000 geblieben seien, so stimmt dies mit Ammian wenigstens annähernd überein.

3 Derselbe erwähnte Offizier, dessen Ordenskette bei dem Aufstande zu Paris zu Anfang des Jahres 360 Julian anstatt Diadems aufgesetzt wurde.

Sechstes Kapitel

1 Hier ist die Auffassung der ersten Auflage völlig entgegengesetzt.

2 H. Rückert. Kulturgeschichte des deutschen Volkes. Leipzig 1853. W. Kraft, Die Anfänge der christlichen Kirche bei den germanischen Völkern. Berlin 1854.

3 Kraft S. 128, 143, 199, 212, vergl. Rückert S. 108–186.

4 Vergl. *Dahn*, Urgeschichte der germanischen und romanischen Völker I, 1, S. 125. Berlin 1880.

5 Da jene Raubfahrten in Kleinasien in den Jahren 256–258 stattfanden (s. Bd. I, 8. 211 f.), Wulf.la selbst aber im Jahre 318 geboren ward, so müssen die bei jenen angeführten Personen dessen Großeltern gewesen sein. Nach der neuern Ansicht Bessels S. 113 a. Schl. d. Kap. u. Anm. 21) rücken die von Waitz angenommenen Jahre allerdings um sieben herauf, so daß dessen Geburt auf 311, dessen Ordination auf 341 fallen würden. Dies hat jedoch auf obige Folgerung keinen wesentlichen Einfluß, obwohl Eusebius, der erst im Jahre 342 starb, Wulfilas Weihe allerdings erst noch hätte vollziehen können.

6 Derselbe führt vorher an, daß schon zu Constantins Zeiten die Barbaren am Rheine großenteils Christen gewesen seien.

7 S. Waitz, Leben und Lehre des Ulfila. S. 36–38, 49 u. 50.

8 (Aus politischen, nationalen Gründen: Athanarich verfolgt die Christen, nach einer *kirchlichen* Quelle, *„aus Haß gegen die Römer"*, welche von den Christen ins Land gerufen wurden. D.)

9 Vergl. *Dahn*, Urgeschichte I, 3, S. 425, und Könige II, S. 41–48.

10 Sokrates IV, 33. „Καὶ τοὺς ὑφ᾽ ἑαυτῷ τοῦτο ποιεῖν προετρέπετο."

11 (Denn noch viel später begegnen heidnische Goten sogar am Hofe des Kaisers Theodosius. D.)

Siebentes Kapitel

Die Quellen für des Theodosius Regierung sind folgende:

1. Zosimus. Für diese Zeit ist nach des Photius ausdrücklicher Versicherung vor allem Eunapius sein Gewährsmann, dessen Haß und Schmähung des großen, aber dem Heidentume so feindlichen Kaisers er getreu wiedergibt. Immer aber bleibt Zosimus, mit historischem Takte benutzt, eine äußerst wichtige, für manches die einzige Quelle.

2. Eunapius: einzelne Fragmente (in der Bonner Ausgabe, Fr. 7, p. 48, 42–44, p. 78 u. 79, 46–51, p. 82–86, ferner die aus Suidas entlehnten nach Boissonades Vermutung, Fr. 15–21, p. 112–113). Letztere sind von sehr geringem Werte, weil größtenteils mehr Urteile, als Tatsachen enthaltend. Die wichtigsten derselben eind die Nrn. 7 und 46, sowie Nr. 17 aus Suidas.

3. Symmachus, zehn Bücher Briefe, wozu noch die von Angelo Mai aufgefundenen und im Jahre 1815 herausgegebenen kommen: wichtiger für die Rechts- und Kirchengeschichte, als für die politische. Der Eitelkeit auf seinen Brief- und Geschäftsstil verdanken wir deren Erhaltung. Symmachus war ein vornehmer und geistreicher Mann, eifriger Heide, gleichwohl im Jahre 384 Stadtpräfekt zu Rom und 391 Konsul, übrigens ein echter Römer seiner Zeit. Der Brief X, 54, wegen Wiederherstellung des Altars der Siegesgöttin zu Rom und der alten Privilegien des heidnischen Kultus, ist einer der merkwürdigsten Belege geschickter Verteidigung einer *mißliebigen* Sache (des Wühlens im Schmutze mit goldenem Grabscheite, wie Prudentius sagt). Aber auch des Ambrosius Erwiderungen darauf verdienen die höchste Anerkennung. Wer Symmachus studieren will, dem empfehlen wir zunächst Tillemonts Note 21 zu Theodosius, der überzeugend nachweist, daß die in den Ausgaben an Theodosius adressierten Briefe großenteils an Valentinian II. gerichtet sind.

4. Die Chronisten, von denen, nach dem Ende von Hieronymus mit dem Jahre 378, von des Theodosius Regierung im Jahre 379 an eine neue Reihe eintritt, und zwar

a) Prosper Aquitanus vom Jahre 379 bis 455, oder mindestens 433,

b) Prosper Tiro auf dieselbe Zeit,

c) Idatius, Bischof zu Aquae Flaviae (Chiaves) in Gallicien in Spanien, von dem wir zwei Werke haben:

aa) Fastos consulares vom Anfange der Republik bis zum Jahre 465 n. Chr., das nur von 304 n. Chr. auch historische Notizen enthält, und

bb) Chronicon imperiale vom Jahre 379–469 n. Chr.

d) Marcellinus Comes, der unter Justinian lebte, von 379–534, durch einen andern bis 566 fortgesetzt.

e) Die Chronik eines Unbekannten, die nach deren Herausgeber Cuspinianus mit diesem Namen bezeichnet wird, beginnt zwar von Erbauung Roms, wird aber erst vom Jahre 379 an beachtungswert, und gewährt namentlich für die Zeitrechnung wichtige Notizen.

Da die Zusammensteller dieser summarischen Nachrichten, von denen die drei ersten des Theodosius Zeit sehr nahe standen, mit Leichtigkeit die zuverlässigsten, Quellen haben konnten, so verdienen sie in der Regel vollen Glauben.

Wenn sich dieselben gleichwohl bisweilen widersprechen, ja hier und da sogar eine offenbar unrichtige Zeitangabe enthalten, so dürfte dies wohl mehr den spätern Abschreibern dieser ihrer praktischen Brauchbarkeit halber gewiß sehr häufig vervielfältigten historischen Übersichten zur Last zu legen sein.

5. Die Lobredner in Prosa und Versen, über deren Manier und Quellenwert wir uns auf Bd. I beziehen.

a) Themistius, von dem wir sechs, für die erste Zeit von Theodosius nicht unwichtige Reden haben.

aa) Orat. 14 vom Jahre 379 gegen Mitte des Sommers; Glückwunsch zu des Theodosius Thronbesteigung.

bb) 15. Vom Anfang des Jahres 381.

cc) 16. Bei Beginn des Jahres 383; Glückwunsch für den Frieden mit den Goten und dem neuen Konsul Saturnin.

dd) 17. Vom 12. September 384 nach des Themistius Ernennung zum Stadtpräfekt in Konstantinopel.

ee) 18. Von demselben Jahre und fast derselben Zeit.

ff) 19. Vom Jahre 385.

Wir zitieren deren Zahl und Seiten nach der Ausgabe von Harduin.

Themistius, dessen war Bd. I mehrfach gedachten, scheint jeder Religion gehuldigt zu haben, die gerade in der Mode war. Man hält ihn indes, weil er sich nirgends mit Entschiedenheit zum Christentum bekannt hat, mit Recht wohl für einen Heiden, während

b) Ausonius, Gratians Erzieher, von den kritischen Schriftstellern offenbar mit Unrecht für einen solchen erklärt wird, wie dessen Herausgeber Souchai, Mitglied der Akademie, Paris 1730. Vorr. S. XXIV überzeugend dartut. Letzterm folgt auch Bähr, Geschichte der römischen Literatur I, S. 474.

Wir haben von ihm (in Prosa) nur die gratiarum actio pro consulatu, zu dem er für das Jahr 379 von Gratian berufen ward, die aber erst gegen Ende des Jahres zu Trier vor dem Kaiser gehalten ward.

Die Lobredner sind wichtiger durch das, was sie *nicht sagen*, als durch das, was sie anführen, weil man von deren Handwerk voraussetzen muß, daß sie nichts irgendwie zum Ruhm ihres Kaisers Gereichendes verschweigen.

c) Pacatus, Lobrede auf Theodosius vom Jahre 389, die für dessen Krieg gegen Maximus von großem Interesse ist.

Tiefer fast als die Prosaiker steht in bezug auf die Wahrheitstreue

d) der Dichter Claudian. Jene waren durch die Gegenwart des Kaisers oder einer hohen Versammlung doch noch zu Beobachtung eines gewissen Anstands verpflichtet. Diesem ist die Form, worin er allerdings vorzügliches leistet*, ausschließlich Zweck und Grenze.

Gleichwohl ist derselbe, wo Tendenz nicht direkt vorliegt, sondern nur Historisches erwähnt wird, von hoher

Wichtigkeit, wie in den Gedichten de III. und de IV. consulatu Honorii über Theodosius.

Von unersetzlichem Wert aber ist derselbe, unter obiger Beschränkung, für die Regierung des Arcadius und Honorius.

6. Von den kirchlichen Quellen sind für des Theodosius Zeit Sokrates und Sozomenos fortwährend wichtig, keineswegs aber, besonders letzterer, durchaus zuverlässig. Unter den rein theologischen Schriftstellern ist der Zeitgenosse Ambrosius, besonders über Valentinian II., von großem Interesse. Da diese insgesamt aber nie für einen historischen, sondern stets nur für einen kirchlichen Zweck schreiben, sind sie doch nur mit Vorsicht zu benutzen.

* (Er ist – was die Form betrifft – einer der allervorzüglichst begabten römischen Dichter. D.)

1 Gratian war nach Idatius den 18. April, nach dem Chronicon Paschale den 23. Mai 359 geboren.

2 Sokrates (V, 26) und Sozomenos (VIII, 1) machen ihn zehn Jahre älter. Obige Angabe fußt auf der Epitome Aur. Victors c. 48, 19, die durch Ammian (XXIX, 6) wesentlich unterstützt wird. Das Zeugnis des einzigen Marcellinus, daß er aus Italien gebürtig gewesen, wird durch alle übrigen Quellen widerlegt.

3 In dieser sagt er sogar S. 181: „Wenn Du nicht einmal die Schlachtreihe gegen diese Unholde aufgestellt, sondern durch bloßes Lagern in der Nähe und Blockieren deren Übermut gebrochen hast." Kann etwas deutlicher sein?

4 Es ist anzunehmen, daß Modares nur dux, nicht aber magister militum gewesen sei, obwohl die lateinische Übersetzung des griechischen Ausdrucks Zosimus (IV, 25): $\sigma\tau\rho\alpha\tau\iota\omega\tau\iota\kappa\tilde{\eta}\varsigma\ \pi\rho\sigma\beta\epsilon\beta\lambda\eta\mu\acute{\epsilon}\nu\sigma\varsigma\ \dot{\alpha}\rho\chi\tilde{\eta}\varsigma$ ihn als solchen zu bezeichnen scheint. Indes braucht derselbe Schriftsteller (c. 27), wo er ausdrücklich vom Amte der mag. mil. spricht, dafür die Worte: $\ddot{\upsilon}\pi\alpha\rho\chi\sigma\varsigma$ und $\sigma\tau\rho\alpha\tau\eta\gamma\acute{\sigma}\varsigma$.

Nicht wahrscheinlich ist ferner, des Ausdruckes: $\sigma\dot{\upsilon}\ \pi\rho\grave{\sigma}\ \pi\sigma\lambda\lambda\sigma\tilde{\upsilon}\ \alpha\dot{\upsilon}\tau\sigma\mu\sigma\lambda\dot{\eta}\sigma\alpha\varsigma$ unerachtet, daß derselbe erst kurz zuvor, etwa im Jahre 379, zu den Römern übergegangen sei, da ein Kommando von solcher Wichtigkeit wohl längere Bewährung voraussetzte.

5 Theodosius maximus gentes Scythicas, Alanos, Hunnos, Gothos, multis atque ingentibus proeliis vincit, Gothos e Thracia pellit. Hae Victoriae nunciatae sunt 15. Cal. Dec. Prosper Aq. et Tiro., Idatius Chr. et Fst., Marcell.

6 Anders Dahn, Könige V, S. 16.

7 Procurante Gratiano, eo quod Theodosius aegrotaret, pax firmata cum Gothis.

8 Nach Idatius Chr. u. Fast. u. Marcell. fünfzehn Tage, nach Jord. o. 28 paucis mensibus interjectis. (Die Art seiner Aufnahme und Ehrung vor und nach dem Tod, die darauf folgende Unterwerfung des Volkes erklärt sich nur aus der Annahme, daß er an Fritigerns Stelle Haupt der Goten im Reiche geworden war. D.)

9 Zosimus schreibt stets ohne Zeitangabe, im Allgemeinen aber unzweifelhaft in chronologischer Ordnung, kann sich dabei aber, indem er unverkennbar aus mehreren Quellen zusammentrug, bisweilen geirrt haben.

Das nächste sichere Anhalten für die Zeitrechnung in seiner Geschichte der ersten Jahre von des Theodosius Regierung bietet der von ihm Kap. 34 a. Schl. berichtete Einzug Athanarichs in Konstantinopel, der nach Idatius (Chron. und Fasten), sowie nach Marcellin am 11. Januar 381 erfolgte. Eben diesen setzt zwar Prosper Aquitanus in das Jahr 382, ja Sokrates (§ 10) sogar erst 383, Tillemont hat aber (in Note IX, § 2, S. 944), mit Beziehung auf Zosimus, Ambrosius und Themistius, die Richtigkeit des Jahres 381 nachgewiesen.

Daher fallen von des Zosimus viertem Buche die vorher in Kapitel 25 bis 34 erwähnten Ereignisse in die Jahre 379–380. Für diese gewährt nun Jordanis, der ausnahmsweise bisweilen recht gut extrahiert hat, in Kap. 27 und 28 zu Anf. im Allgemeinen den richtigsten Überblick, der auch durch die Chronisten bestätigt wird.

Nach diesem zog Fritigern in Folge von des Theodosius Krankheit, also im Jahre 380, mit seinem Heere nach Thessalien, wo letzterer zu Thessalonich sein Hauptquartier hatte.

Zosimus berichtet nun Kap. 31 unter allerlei nebensächlichen und unklaren Zusätzen – wobei man namentlich nicht weiß, was er unter dem dazu nötig gewesenen Übersetzen eines Flusses meint, was sich unmöglich auf die Donau beziehen kannᵃ – den Einfall der Goten in Makedonien, wo sie Theodosius durch Überfall beinahe gefangen hätten. Dies würde Jordanis zu entsprechen scheinen, wenn nicht die folgende Erzählung alles wieder verwirrte.

Nach Kap. 32 läßt Zosimus nämlich Theodosius unmittelbar nach jenem Überfalle schon nach Konstantinopel abgehen, wo er doch nach Idatius (Chron. und Fasten) erst am 14. November 380 anlangte, und von dort erst Gratian um Hilfe bitten.

In Kap. 33 erwähnt er ferner den triumphierenden Einzug des Kaisers in Konstantinopel, und die Ankunft von Gratians Generalen Baudo und Arbogast in Makedonien und Thessalien, vor denen die Goten nach Thrakien entweichen, wo sie dann dem Kaiser ergeben.

In Kap. 34 fährt er also fort: Zur Zeit, als Vitalianus die illyrischen Legionen unter Gratian befehligte, hätten zwei Scharen der *Germanen jenseits des Rheins*, von denen Fritigern die eine, Alatheus und Saphrax die andere geführt habe, die keltischen Völker bedrängt. (*Τοῖς Κελτικοῖς ἔθνεσιν ἐπικείμεναι*). Um sich von diesen Feinden zu befreien, habe Gratian ihnen die Füglichkeit gewährt, über die Donau zu gehen und in Pannonien und Obermösien einzufallen.

Hierauf die Donau hinabschiffend, hätten sie beabsichtigt, durch Pannonien in Epirus einzufallen und von da die griechischen Städte anzugreifen.

Hierzu hätten sie aber vorher Proviant anschaffen und Athanarich aus dem über alle Skythen herrschenden königlichen Geschlechte entfernen müssen, um niemand, der ihr Unternehmen behindern könne, im Rücken zu lassen. Athanarich sei auch ohne Mühe aus seiner Stellung vertrieben worden und habe sich zu dem eben erst (ἀρτέως) von einer lebensgefährlichen Krankheit genesenen Theodosius begeben, der ihn freundlich aufgenommen habe.

Die geographischen und ethnographischen Irrtümer in dieser Erzählung näher zu erörtern ist überflüssig. Gleichwohl ist der Vorgang gewiß nicht ganz erfunden, sondern nur aus Mißverständnis einer selbst vielleicht unklaren Quelle verunstaltet. In der Tat gereichen ihm zwei Stellen Ammians zur Unterstützung: das Vordringen der in einzelnen Scharen sich auflösenden Goten in westlicher Richtung nach dem Rückzuge von Konstantinopel (XXXI, 16) und die Stelle (XXVII, 5 a. Schl.): Valens Constantinopolim rediit: ubi postea Athanaricus *proximorum factione genitalibus terris expulsus*, fatali sorte decessit.

Letztere Angabe würde freilich nur in dem Falle genaue Wahrheit enthalten, wenn Athanarich damals noch im alten Gotenlande (genitali terra), d. i. auf dem linken Donauufer etwa in der westlichen Walachei, im Gebiet der Taifalen, oder mindestens in dem der Jazygen gestanden hätte, wohin die Hunnen (welche damals vielleicht noch gegen Vithimer kriegten) möglicher Weise noch nicht gedrungen waren.

Da jedoch bei einer solchen gelegentlichen, der Zeit, die er beschrieb, nicht angehörigen Bemerkung mehr der Hauptgedanke als der Wortlaut zu fassen ist, so kann man das *vertrieben* (expulsus) in jener Stelle wohl auch so verstehen, daß Athanarich durch des Fritigern Abfall und Feindschaft, weil sich die Mehrzahl der Westgoten letzterem angeschlossen, *mittelbar*[b] zur Flucht aus seinem Vaterlande genötigt worden sei. In keinem Fall nämlich scheint es denkbar, daß Fritigern über die Donau zurückgegangen, Athanarich jenseits derselben augegriffen und so *unmittelbar* aus dem Vaterlande verdrängt habe.

Im Allgemeinen dünkt uns der Sachverlauf am wahrscheinlichsten folgender gewesen zu sein.

Nach dem Rückzuge von Konstantinopel löste sich das vereinte Gotenheer in seine einzelnen (nur *D.*), durch das Band der Geschlechtsverfassung zusammengehaltenen Bestandteile auf.

Mehrere derselben blieben in Mösien und Thrakien zurück, wo sie durch Theodosius im kleinen Kriege verfolgt wurden; der größte Teil aber mag unter den Hauptführern dem Westen zugezogen sein, dort eine neue noch unberührte Raubstätte zu finden. Da können einzelne durch die Gebirge streifende Banden bis in die Nähe der julischen Alpen vorgedrungen sein, während Fritigern und die ostgotischen Führer, welche zunächst gewiß wieder ein größeres Heer zu bilden trachteten, kaum weit über die Gegend von Sirmium, dies selbstredend bei Seite lassend, im heutigen Slavonien und Croatien vorgedrungen sein mögen. Diese Richtung bedrohte Noricum, was man uneigentlich ein keltisches Land nennen konnte (damals noch? *D.*). Nicht undenkbar daher, daß Gratian die Goten lieber von letzterem abgelenkt und wieder nach dem Osten gewendet sehen mochte.

Des Theodosius Krankheit nun änderte den Operationsplan; Fritigern, dessen Volk wieder botmäßiger geworden sein mag, dachte nach dem Südosten vorzudringen, während Alatheus und Saphrax ihr Augenmerk auf Pannonien richteten.

Nicht ersterer selbst aber, sondern nur andere, eine Vorhut bildende, wo nicht gar von ihm unabhängige Banden mögen nun jenen Überfall des Theodosius nach Zosimus c. 31 ausgeführt haben, gegen welche hierauf Gratians Feldherren dem Kaiser zu Hilfe zogen. Diese landeten wahrscheinlich von Italien aus über See in Epirus, schnitten nun die im südlichen Makedonien hausenden Goten bald darauf vom Rückzuge zu Fritigern ab, und vertrieben sie dadurch nach Thrakien.

Letztern konnte aber Fritigern um deswillen nicht zu Hilfe kommen, weil zu derselben Zeit die Annäherung des Athanarich eine für Rom sehr günstige Division bewirkte. Indem nun beide gotischen Heerfahrer gegen diesen ihren alten Stammfeind operierten und ihn schlugen oder mindestens zum Abzuge zwangen, mag Gratian mit starker Streitkraft in deren Nähe, vielleicht in deren Rücken erschienen sein und sie in ihrer durch den doppelten Feind gefährdeten Lage, da auch Athanarich wohl noch unfern war, mit Leichtigkeit zum Frieden bewogen haben, den Theodosius dann genehmigte.

Daß Athanarich damals über die Donau ging, geht aus des Eunapius in dem Werke de sententiis erhaltenen Fragmente (46, p. 82 ed. Bonn.) zweifellos hervor.

Dieser Schriftsteller handelt nämlich in den Bruchstücken aus der Schrift de legat. gent. apud Romanos (unter 6, p. 48) zuerst von dem Übergange zur Zeit von Valens und dann (unter 7, p. 52) von dem in der ersten Zeit von Theodosius erfolgten. Letzterer muß nun derselbe sein, auf welchen sich das oben erwähnte Fragment 46 bezieht, weil dasselbe der Reihenfolge nach in die Regierung des Theodosius fällt, während dieser aber ein anderer Übergang von Goten auf römisches Gebiet als der unter Athanarich unzweifelhaft nicht stattgefunden hat.

Noch mehr bestätigt dies dessen Beschreibung, nach welcher derselbe nicht, wie der des Jahres 376, mit ausdrücklicher Erlaubnis der Römer, sondern, wenn auch ohne Behinderung durch letztere, doch mit Hinterlist erfolgte, indem die heidnischen Goten zu Erleichterung ihrer Aufnahme sich für Christen ausgaben und zu diesem Zwecke einzelne als Bischöfe und Mönche verkleidet hatten.

Endlich waren aber auch des Fritigern Goten Christen, folglich können jene Heiden nur die bei Athanarich

Zurückgebliebenen gewesen sein. (Vergl. aber über und gegen all dies Dahn, Könige V, S. 14–25.)

a Siehe aber Dahn, Könige V, S. 16

b Siehe aber Dahn, Könige V, S. 16.

9 Die Sciri, Scirri, Scyri, über die Zeuß S. 186 und 486–488 handelt, gehören, wie die Heruler, zu den ethnographischen Problemen. Da Plinius (IV, 13) dieselben an der Ostseite der Weichsel erwähnt, so liegt nichts näher, als deren Wanderung von der Ostsee zum Pontus im Anschlusse an die Goten anzunehmen.

Derselbe Name findet sich aber schon in der von Zeuß S. 61 aus Böckh, corp. inscript. II, 1, p. 122, Nr. 2058 zitierten Inschrift aus vorchristlicher Zeit, worin Sciri im Verbindung mit skythischen Völkern als Bedränger der griechischen Stadt Olbia am Ausflusse des Borysthenes genannt werden.

Es ist aber nicht unmöglich, daß ein skythisches Völkchen denselben Namen wie jene Ostgermanen geführt haben könne, obwohl es andrerseits auch (? D.) denkbar erscheint, daß ein Teil der germanischen Skiren von der Zeit der Ureinwanderung her unter den Skythen am Pontus sitzen geblieben und in deren Volkstum aufgegangen sei.

Unter allen Umständen aber müssen wir die an gedachtem Orte S. 67 von Zosimus erwähnten Skiren, die von dem an weiterhin in der Geschichte vorkommen, für Wander- (und Stamm- D.) genossen der Goten ansehen.

10 Die das ganze Kapitel füllende Geschichte des Gerontius, der mit beispielloser Tapferkeit eine übermütige Gotenschar angegriffen und beinahe vernichtet habe, dafür aber kaum der Todesstrafe entgangen sei, ist sicherlich verunstaltet und übertrieben.

11 Weil in dem betreffenden Fragmente des Eunapius von dem Übergange der Goten in der ersten Zeit des Theodosius die Rede ist, setzt Tillemont auch diesen Vorgang (V, 2, art. 7) in das Jahr 380, was höchst unwahrscheinlich ist, während Zosimus denselben (c. 56) unter den Ereignissen des Jahres 392 aufführt. Wir haben nicht des Eunapius ursprüngliches Werk, sondern nur Exzerpte, bei denen füglich auch der Zeit nach getrennte Ereignisse, ihres sachlichen Zusammenhanges halber, mit einander verbunden worden sein können. Wir sind daher geneigter, jenes Zerwürfnis der Goten in eine spätere Zeit zu setzen. Unstreitig (? D.) gehörten übrigens sowohl Eriulf als Fravitta den mit Athanarich übergegangenen Goten an.

12 Dasselbe hatte schon Constantius im Jahre 357 getan, Julian aber ihn wieder herstellen lassen und Valentinian I. ihn geduldet.

13 Prosper Tiros Worte: Vir strenuus et probus atque Augusto dignus nisi contra sacramenta fidem per tyrannidem emersisset stimmen buchstäblich mit Orosius überein, sind daher diesem wohl entlehnt.

14 Sokrates (V, 11) und Sozomenos (VII, 13), der jedoch ersterm wohl nur nachschreibt, erzählen: Andragathes habe sich in einer Frauensänfte zu Gratian tragen lassen und diesen durch die falsche Meinung, seine Gemahlin sei darin, zur Rückkehr über den Fluß und zum Entgegenkommen bewogen, sei aber bei dessen Eintreffen herausgesprungen und habe ihn niedergestoßen. Zosimus (V, 36) läßt ihn einfach, Orosius (c. 36) und die Chronisten lassen ihn mit Hinterlist töten, was aber der weit glaubwürdigere Ambrosius (ad psalmum 36) auf ganz andere Weise erzählt als Sokrates, da es nach ihm bei einem von dessen eigenem Feldherrn gegebenen Festmale geschehen sei.

Zosimus muß für seinen Bericht eine Quelle benutzt haben, worin der Name der Stadt Lugdumum verschrieben, oder undeutlich geschrieben war, so daß er dafür Singidunum las. Daß dies in Obermösien (am Einfluß der Save in die Donau, das heutige Semlin oder Belgrad) lag, muß er doch gewußt haben: und um es nun zu erklären, wie der in Gallien angegriffene Gratian an letzterm Orte getötet werden konnte, fügt er (c. 35) Folgendes hinzu: „Als Gratian nebst dreihundert Reitern mit verhängten Zügeln nach den Alpen zu entflohen sei, habe er diese *unverteidigt* (ἀφυλάκτους, sie lagen ja in seinem eigenen Reiche) getroffen und sei daher nach Rätien, Noricum, Pannonien und Obermösien geeilt. Dort habe ihn der mit den dauerhaftesten Pferden zur Verfolgung nachgeschickte Andragathes, als er über die Brücke von Singidunum setzen wollen, eingeholt und getötet."

Die naive Erfindung einer solchen Hetzjagd von mehr als zweihundert Meilen von Paris bis Belgrad charakterisiert unsern Zosimus.

15 S. des Ambrosius Bericht über seine zweite Gesandtschaft an Maximus epist. 24, welche in der Pariser Ausg. von 1661 in T. IV, Epist. lib. VII, ep. 56, p. 319 aufgeführt ist. Tillemont, Art. 14, S. 497 setzt die zweite Gesandtschaft in das Jahr 397.

16 Ob identisch mit Alatheus? Könige V, S. 15.

17 Claud.: Parens (d. i. des Honorius) Odothaei regis opima retulit exuviasque tibi.

Die Chronisten: Victi atque expugnati et in Romaniam Kaptivi abducti gens Greothingorum a Theodosio, qui invasam ab hostibus Thraciam vindicavit, victorque cum Arcadio, filio suo, urbem ingressus est.

18 Noch schlagender beinahe tun dies des Zosimus Berichte über den im Werke erwähnten Sarmatensieg des Promotus. Er muß zwei verschiedene Quellen darüber gefunden haben: eine ganz summarische, worin aber der Name Oedotheus vorkam, und eine sehr ausführliche, worin zwar nicht der des Führers, wohl aber der seines Volkes, der Greuthungen (wofür die Handschriften Prothingen haben) genannt ward. Daraus hat er zwei verschiedene Siege gemacht, indem er den einen Kap. 35 mit zwölf bis fünfzehn Zeilen im Jahre 383 vor Gratians Sturz, und den andern sehr weitläufig in zwei Kapiteln 38 und 39 zu richtiger Zeit berichtet, wobei

über die Identität beider nicht der geringste Zweifel möglich ist. Vergl. Tillemont (V, 2, Art 27, S. 556), welchem gründlichen Forscher hier aber auch eine Menschlichkeit passiert ist, wenn er (Art. 22 zu Anf. S. 526) auf Grund von Symmachus (X, ep. 61), der offenbar von dem gedachten Siege und den dabei nach Rom gebrachten Gefangenen handelt, einen von Valentinians Feldherrn im Jahre 384 erfochtenen Sieg über Sarmaten annimmt. Dazu veranlaßt ihn unstreitig die Voraussetzung, daß die Überschrift jenes an Theodosius adressierten Briefes fehlerhaft, derselbe vielmehr an Valentinian II. gerichtet (vergl. Anm. 22 unter 4) und im Jahre 384, in welchem Symmachus Stadtpräfekt war, geschrieben worden sei. Wie aber erstere Annahme willkürlich ist, so entbehrt die zweite jedes Grundes, weil Symmachus sein Amt recht gut bis in das Jahr 386 hinein verwaltet haben kann, was Tillemont (in Not. 20 zu Theod., S. 957) sogar ausdrücklich zugibt.[a]

Fällt aber hiernach die Notwendigkeit, jenes Ereignis in das Jahr 384 zu setzen, weg, so ist kaum daran zu zweifeln, daß auch Symmachus von der den Goten durch Promotus im Jahre 386 beigebrachten, *von vielen Quellen bezeugten* großen Niederlage spreche. Dagegen findet sich nicht nur in keiner Quelle auch nur die leiseste Andeutung eines durch ein Heer des dreizehnjährigen Valentinian im Jahre 384 erfochtenen Sieges, sondern es ist auch ein solcher in einer Zeit, da dieser alle Aufmerksamkeit auf seine Verteidigung wider Maximus zu wenden hatte, an sich höchst unwahrscheinlich.

Bezieht sich übrigens des Symmachus Brief, wie wir fest überzeugt sind, auf des Promotus Sieg im Jahre 386, so bestätigen dessen Worte: „Felicem nimis belli istius *ducem*, qui divinae clementiae vestrae fretus auspiciis ex numero hostium alios ad securitatem provinciarum penitus exstinxit, alios ad laetitiam plebis Martiae reservavit" unzweifelhaft, daß Theodosius bei jener Niederlage der Goten nicht in Person befehligt habe.

a Damit steht freilich dessen Anführen (Art. 20, S. 560), wonach Sallust und Pinianus im Jahre 386 Stadtpräfekten zu Rom gewesen seien, im Widerspruch. Indes bringt derselbe an diesem Orte für Pinian gar kein Zeugnis, und für Sallust kein früheres als vom 11. Juni 386 bei, welchem des Symmachus Brief vorausgegangen sein könnte. Jedenfalls mindern diese Widersprüche dessen Glaubwürdigkeit.

19 Wir begnügen uns, weil tieferes Eingehen in die Kirchengeschichte nicht hierher gehört, dafür auf Gibbons treffliche Darstellung Kap. 27 von Not. 61–71 zu verweisen. Des Ambrosius merkwürdige Persönlichkeit wird später erwähnt werden.

20 Andrag. ejus comes summam belli administrabat. Orosius 335.

21 Die Absendung der Kaiserin mit ihrem Sohne in ein ganz in Feindes Händen befindliches Land wäre eine völlig nutzlose Preisgebung derselben gewesen. Wenn Zosimus (c. 45 a. Schl.) ihm beide nach Rom schicken läßt, so können sie wohl im Fortgange des Feldzuges, aber sicherlich nicht sogleich von der See aus dahin gegangen sein. Letzteres wäre nur bei einem bereits ausgebrochenen allgemeinen Aufstande für Valentinian II. denkbar gewesen, den die Quellen gewiß nicht verschwiegen hätten. Zosimus charakterisiert sich einige Zeilen später dadurch, daß er die Alpen mit den Apenninen verwechselt.

22 Tillemont (Art. 45 a. Schl., S. 623) folgert aus jenen Stellen, wie uns dünkt mit Unrecht, daß des Zosimus Nachricht (c. 45) von Justinens Rücksendung nach Italien irrig sei, da sie füglich in der Zwischenzeit (d. i. vor Valentinians Eintreffen in Mailand) gestorben sein kann.

23 Die Silva Carbonaria zog sich von der Sambre in Hennegau in der Richtung der jetzigen Grenze von Belgien und Frankreich nach der obern Schelde in Westflandern zu, wo Tournay schon außerhalb derselben gelegen zu haben scheint. (Waitz, das alte Recht der salischen Franken, S. 59.)

24 Die Wahrheit wird durch das salische Gesetz Tit. 20, I, 2 bestätigt.

25 Wir haben des Sulpicius Schilderung einige, aus der Natur des Herganges sich ergebende, kaum zweifelhafte militärische und örtliche Details hinzugefügt. Die entscheidende Stelle lautet: Perturbatis igitur ordinibus *caesae legiones.* Selbst das Entrinnen der wenigen, bei denen sich, weil dessen Tod nicht berichtet wird, auch Quintinus befunden haben muß, läßt sich bei der Entfernung zweier Tagemärsche vom Rheine wohl nur dadurch erklären, daß im letzten befestigten Lager eine Reserve zurückgeblieben war.

26 Die Quellen nennen ihn alle einfach einen Franken, was einen *gebornen* voraussetzen läßt. Philostorgius II., c. 2, der ihn nur als Sohn eines Barbaren bezeichnet, ist keine Autorität. Auch Valesius und Tillemont sind ersterer Ansicht. (S. des letztern Art. 68, 8. 711.)

27 Des Zosimus Bericht über Valentinians Katastrophe trägt so sehr das Gepräge der Wahrheit, daß wir ihm unbedingt gefolgt sind. Nur hinsichtlich dessen Todesart (er läßt ihn am hellen Tage von Arbogast töten) stehen ihm alle übrigen Quellen entgegen, verdienen daher den Vorzug.

Diese Ungleichheit ist eine Eigentümlichkeit des Geschichtsschreibers, der, bald guten, bald schlechtern Gewährsmännern folgend, auf deren kritische Würdigung sich nicht einläßt.

28 Daß er, wie Sulpicius Alexander (nach Gregor v. Tours) sagt, diesen Feldzug nur aus persönlichem Haß gegen die Frankenfürsten (subregulos) Sunno und Markomer unternommen habe, ist unter den *damaligen* Umständen nicht glaublich.

29 Claudian de IV. Cons. Hon. v. 77:
Hic fusis, collectis viribus ille.
Hic vagus excurrens: hic intra claustra reductus.

Derselbe de III Cons. Hon. v. 90:
Te propter et Alpes invadi faciles etc.
v. 93: scopulis patuerunt claustra revulsis.

30 Dies kann kaum der S. 44 erwähnte voreilige Bacurius sein, wenn gleich dem nicht entgegenstehen dürfte, daß der erste ein Iberer, der zweite ein Armenier genannt wird, da beide Länder aneinander grenzten.

31 Claudian de III. Cons. Hon. v. 94:
Te propter gelidis Aquilo de monte procellis
Obruit adversas acies, revolutaque tela
Vertit in auctores et turbine reppulit hastas.
O nimium dilecte Deo, cui fundit ab antris
Aeolus armatas hyemes; cui militat aether,
Et conjurati veniunt ad classica Venti.

Achtes Kapitel

1 Das scheinbar entgegenstehende Gesetz des Sohnes Constantins des Großen vom Jahre 341 ist, wie spätere der Art, ohne irgendwie merklichen praktischen Erfolg geblieben.

2 Das bald nach seiner Taufe von Theodosius, unterm 27. Februar 380 erlassene Edikt an das Volk zu Konstantinopel war nur eine empfehlende Proklamation seines eigenen Glaubens, aber kein direktes Prohibitiv-Gesetz. Unsere obige Ansicht wird übrigens namentlich auch durch Zosimus IV, 29 a. Schl. und 33 a. Schl. bestätigt.

3 Über diesen Zweifel s. Tillemont V, 2, Note 40 zu Theodosius.

4 Ebenso kommt das französische gentils von gentes d. i. Barbaren her, die Heiden waren.

5 Prätextat starb als designierter Konsul vor dem Amtsantritte.

6 Nur in einem Falle scheint ihn sein Eifer zu sehr fortgerissen zu haben. Theodosius hatte auf die gewalttätige Niederbrennung einer jüdischen Synagoge zu Kallinikum mit Recht befohlen, daß der dortige Bischof die Kosten des Wiederaufbaues bestreiten und die Täter, Mönche, bestraft werden sollten. Ambrosius hatte sich ohne Erfolg gegen diese Entscheidung verwendet, brachte aber den Kaiser doch später durch eine vor ihm gehaltene treffliche Rede (s. Ambr. Epist. 41) und durch die Verweigerung der Messe dahin, daß derselbe Begnadigung gewährte, wobei Ambrosius nur das Einzige zur Entschuldigung gereichen kann, daß er den Rechtsspruch selbst nicht angriff, sondern nur das Werk der Gnade, nach dem Vorbilde unsers Herrn, anrief. (S. Ambr. epist. 41 u. Vita § 22.)

7 Weniger im Ausdruck als in der Sache. Ambrosius sprach gewiß besser als er schrieb, worin er gegen andere Kirchenväter, wie Tertullian, Lactantius usw. offenbar zurücksteht.

8 Im Texte ist c. 34 am Schlusse von Söhnen die Rede, was aber wohl Verderbnis eines spätern Herausgebers ist, da eben nur Honorius nach dem Siege über Eugenius im Jahre 394 zu Theodosius berufen ward.

9 Dies nimmt auch Gibbon c. XXVII, Note 125 an.

Neuntes Kapitel

1 Gregor v. Tours II, 9: ratus tuto omnes Franciae recessus penetrandos urendosque, cum decussis foliis nudae atque arentes silvae insidiantes ocoulere non possent.

2 „Collecto ergo exercitu, transgressus Rhenum, Bricteros ripae proximos, pagum etiam quem Chamavi incolunt, depopulatus est, nullo unquam occursante, nisi quod pauci ex Ampsuariis et Chattis Marcomere duce in ulterioribus collium jugis apparuere. Iterum hic, relictis jam ducibus quam regalibus, aperte Francos *regem* habere designat, hujusque nomen praetermittens, ait: Dehinc Eugenius etc. etc.

3 (Wohl Markomannen und Quaden. D.)

Zehntes Kapitel

1 Theodosii filii, Arcadius et Honorius, utrumque imperium, divisis tantum sedibus, tenere coeperunt.

2 Wenn die Quellen ungenügend und widersprechend sind, haben wir sie vor allem ihrem Werte nach zu ordnen.
Für die betreffende Zeit ist den kurzen Notizen der Chronisten, selbst der des Comes Marcellinus, wenn derselbe auch in späterer Zeit gelebt hat, in allen Fällen, wo nicht ausnahmsweise ein ersichtlicher Irrtum vorliegt, die meiste Glaubwürdigkeit einzuräumen, weil dieselben mit Absicht der Treue aus den sichersten, unstreitig amtlichen Quellen schöpften.
Die zweite Stelle gaben wir in *formaler* Beziehung Claudian als Zeitgenossen, in *materieller* aber nur in soweit, als er bestimmte Tatsachen anführt, auf welche weder dessen Tendenz, noch die poetische Form Einfluß gehabt haben können. Ganz unzulässig aber ist jede aus dessen Schweigen abzuleitende Folgerung, weil historische Vollständigkeit und Zusammenhang gar nicht in seinem Plane lagen.
Da des Zosimus Geschichte dieser Zeit ganz aus Eunapius geschöpft ist, der mit dem Jahre 404 schließt, so muß auch Ersterer als Zeitgenosse gelten. Weil derselbe aber, wie wir bereits wissen, seinen Gewährsmann weder vollständig wiedergibt noch mit kritischem Takt verwertet, so wagen wir nicht, ihn Claudian, soweit dieser nach Obigem an sich glaubhaft ist, vorzuziehen.

Die Hauptabweichumg unserer Darstellung im Texte von der der älteren Historiker besteht darin, daß diese *zwei* Feldzüge Stilichos von Italien nach Griechenland annehmen und den letzten, zu Befreiung des Peloponnes, erst in das Jahr 396 setzen, wir aber nur einen.[a] Tillemont, dem Gibbon und Luden offenbar gefolgt sind, hat seine Ansicht (in Not. 6 zu Arcadius, S. 1034) begründet, umseres Erachtens aber äußerst ungenügend. Prüfen wir selbst.

1. Marcellin sagt in der oben abgedruckten Notiz, Rufin habe Alarich, dem er heimlich Geld gegeben, nach Griechenland geschickt.

2. Von Claudian haben wir mehrere Stellen:

a) de Cons. Hon., v. 458, 465, 475.

b) In Rufinum II schildert derselbe die Verheerung der europäischen und asiatischen Provinzen durch Goten und Hunnen, und sagt dann v. 94:

> tandem succurrere ruenti
> Heu patriae Stilicho!

besonders aber c) v. 101.

Hierauf Schilderung des unermeßlichen Heeres, das er dem des Xerxes vergleicht, dann:

d) v. 124:

> Vix Alpes transgressus erat, nec jam amplius errat
> Barbarus, adventumque tremens, se cogit in unam
> Planitiem tutoque includit pascua gyro.

Worauf Alarichs Verschanzung in Thessalien und Stilichos Disposition zum Angriff näher beschrieben, sodann das Eintreffen von des Arcadius Befehl zum Rückzug aus seinem Gebiet und Rücksendung des Ostheeres sowie Stilichos Marsch längs der Grenze Makedoniens an Thessalonich vorbei nach Heraklea berichtet werden. (S. v. 127–129, sowie 160–163, 169–190, 278–292.) Zugleich erhellt (aus v. 186 bis 191, sowie aus v. 215), daß der unterbrochene Feldzug in Thessalien der Verheerung Griechenlands *vorausging*.

e) In dem Gedicht de Nuptiis Honorii et Mariae im Jahre 398 bringen die Nereiden Maria (Stilichos Tochter) ihre Huldigungen dar und singen dabei: s. hier besonders v. 176.

f) De laudibus Stilichonis. v. 170.

3. Ganz abweichend von Claudian erzählt Zosimus. Nachdem er Kap. 6 die Verheerung des Peloponnes berichtet, fährt er in Kap. 7, wobei es nur auf den Sinn, nicht auf die Worte ankommt, also fort:

Nachdem die Leiden Griechenlands Rufin aufgezeigt worden waren, wuchs dessen Hoffnung, sich des Thrones bemächtigen zu können, indem er die Zerrüttung des Staats für seinen Zweck ausbeuten zu können glaubte.[b]

Stilicho aber schiffte sich sofort mit dem Heer ein, Achaia Hilfe zu leisten.

Er landete im Peloponnes, schloß Alarich auf dem Gebirg Pholoë ein, ließ ihn aber aus Nachlässigkeit nach Epirus entweichen und schiffte darauf unverrichteter Sache nach Italien zurück.

Daselbst angelangt beschloß er nun, Rufinus aus dem Wege zu räumen, und zwar auf folgende Weise. Er erlangte von Honorius den Befehl, einige Truppen an Kaiser Arcadius abzusenden, diesem in Beschützung seiner bedrängten Völker beizustehen. Die hierzu Ausersehenen stellte er unter Gainas Befehl, welchem er seine Absichten wider Rufinus mitteilte.

Hierauf folgt die Erzählung des Anmarsches und der Ermordung Rufins.

Was nun zuvörderst den faktischen Widerspruch zwischen Claudian und Zosimus betrifft, so verdient ersterer aus den oben angeführten Gründen unstreitig höhern Glauben.

Es ist undenkbar, daß Arcadius nicht sofort nach Ausbruch der Gotenempörung das ihm von Rechtswegen gebührende Ostheer zurückgefordert habe.

Es ist ferner undenkbar, daß die zahlreichen Details, welche über das erste nahe Zusammentreffen Stilichos und Alarichs in Thessalien und dessen Folgen in dreihundert Versen des sicherlich unmittelbar nach des Rufinus Sturz geschriebenen Gedichts in Ruf. II enthalten sind, erdichtet oder vielmehr erlogen sein können. Schlagend ist dabei die (v. 278–292) genau angegebene Marschroute des entlassenen Ostheeres aus Thessalien nach Konstantinopel, die bei Absendung desselben aus Italien dahin unmöglich gewesen wäre. Selbst wenn Claudius dies alles aus Tendenz geschrieben hätte, konnte er sich so grober und handgreiflicher Lügen nicht schuldig machen; es ist aber auch gar nicht abzusehen, daß aus seiner Erzählung des Hergangs mehr Stoff für Stilichos Lob und Rufins Schmähung zu gewinnen war, als aus der des Zosimus.

Wir müssen daher annehmen, daß letzterer aus Mißverständnis oder Unvollständigkeit seiner Quelle in einen der Irrtümer verfallen sei, von denen sich mehrfache Beispiele bei ihm finden.

Wir kommen zunächst auf die Fragen:

1. Wann brach Stilicho aus Italien nach Griechenland auf, und

2. auf welchem Wege geschah dies?

Zu 1. Alle betreffenden Stellen Claudians (a. b. c.) stimmen darin überein, daß dies unmittelbar nach Stilichos Rückkehr von der Bereisung der Rheingrenze, auf die erhaltene Kunde von der Gefahr und im Frühjahr, wenn auch erst gegen Ende desselben erfolgte, da die an sich unbestimmten Ausdrücke (unter c. v. 101 und 102) wohl mehr poetisch als genau chronologisch aufzufassen sind.

Da auch die Hilfeleistung Stilichos, der fast das ganze Ostheer damals noch unter sich hatte, eben sowohl in dessen dringender Pflicht als in dessen ehrgeizigem Privatinteresse begründet war, so ist gar nicht daran zu zweifeln, daß jene auf die erhaltene Nachricht von Alarichs Marsch gegen das südliche Illyricum und nördliche Griechenland so geschwind erfolgte, als dies die notwendige Zurüstung irgend gestattete.

Zu 2. Die Stellen a. e. und f. beweisen, daß Stilicho zur See über das ionische Heer nach Thessalien ging. In der Tat war dies auch die natürliche und gewöhnliche, wie unter Pompejus und Cäsar, ja fast die unabweisliche Militärstraße dahin, da ein Heer zu Lande nur längs der Donau bis Viminacium (unterhalb Belgrad), dann den Margus hinauf über Naissus und von da mit dem größten und schwierigsten Umwege entweder östlich über Thessalonich oder südwestlich durch Epirus über den Pindus durch Thessalien hätte marschieren können. Dieser unwiderleglichen Behauptung steht nur die Stelle d) *scheinbar* entgegen: Vix Alpes transgressus erat, als sich der barbarus, d. i. Alarich, Stilichos Ankunft fürchtend, in eine feste Verschanzung zurückzieht. Will man aber hier das „Alpes" auf die italischen, also in diesem Falle auf die julischen im Friaul, beziehen, so wäre das ganze Anführen unglaublich, da ein Alpenübergang in hundertundsechzig Meilen Entfernung Alarich nicht zu *sofortiger* Verschanzung gegen das anrückende Heer veranlassen konnte, das übrigens wiederholt (v. 171 und 219) als dem Feinde *nahe* bezeichnet wird.

Unter „Alpes" kann daher der Dichter hier nur die Fortsetzung der Alpenkette vom Friaul bis zum Hämus und namentlich die südliche Abzweigung derselben verstanden haben, die sich von Makedonien bis an den korinthischen Meerbusen herunterzieht und zwischen Epirus und Thessalien den Namen Pindus führt.

Wenn nun nach Claudian a. e. und f. und Zosimus feststeht, daß Stilicho über See zur Rettung des Peleponneses heran zog, so bleibt nur noch

3. die Frage übrig: ob derselbe nach auf des Arcadius Befehl aufgegebenen ersten Feldzuge gegen Alarich in Thessalien wiederum nach Italien zurückschiffte und von da erst später wieder seinen zweiten Feldzug zur See nach dem Peloponnes unternahm oder ob sich dieser zweite dergestalt an den ersten anschloß, wie dies oben im Texte ausgeführt ward. Es ist kaum möglich, Letzteres zu bezweifeln.

Das zu des Honorius Reichsteil gehörige Illyricum war in dem heutigen Albanien, kaum fünfzehn Meilen von Thessalien entfernt. Wollte Stilicho des Arcadius Gebiet nicht weiter schützen, so konnte er doch das Seinige nicht unverteidigt lassen. Er mußte daher zunächst abwarten, wohin sich Alarich wenden würde. Dieser stand in seinem Lager im Tale des Peneus der Thermopylen weit näher als Stilicho der Seeküste und seiner Flotte, derselbe ist also sicherlich sogleich dahin marschiert.

Alarichs ganzer Kriegsplan, in ein durch zwei Pässe leicht zu sperrendes Gebirgsland vorzudringen, war übrigens ein so abenteuerlicher und tollkühner, daß mindestens eine rasche und energische Ausführung desselben vorauszusetzen ist. Deshalb hielt er sich auch durch eine Belagerung Thebens und Athens, welcher letzteren Stadt er günstige Kapitulation bewilligte, nicht auf, sondern eilte dem Peloponnes zu.

Daher mußte Stilicho noch ehe er sich einschiffte dessen Absicht kennen und wenigstens durchschauen, ist daher sicherlich nicht hundert bis hundertundzwanzig Meilen weit nach Asien zurückgeschifft, um von da bald darauf wieder nach Griechenland zurückzukehren, da ein Feldherr mit Armeen kein „Kämmerchenvermieten" zu spielen pflegt.

Dürfte durch dies Alles unsere Ansicht genügend gerechtfertigt sein, so können wir doch selbst einen Zweifel nicht unerwähnt lassen. Dieser liegt im Zeitpunkte von Rufins Tötung am 27. November, der ausreichend beglaubigt erscheint. Nimmt man auch an, daß das Ostheer unter Gaina erst gegen Ende Juli aus Thessalien aufgebrochen sei, so konnte es doch zu einem Marsche von etwa hundert Meilen nicht gleich vier Monate Zeit brauchen. Dies scheint daher des Zosimus Angabe, daß es erst aus Italien zurückgesandt worden sei, einigermaßen zu unterstützen. Gleichwohl sind die vorstehend für Claudians abweichende Darstellung angeführten Gründe so überwiegend und schlagend, daß wir auf die des Erstern nicht wieder zurückkommen können, vielmehr entweder einen Irrtum in obiger mutmaßlicher Zeitberechnung oder einen Verzug von Gainas Anmarsch aus uns unbekannten Gründen, vielleicht in die Vereinigung mit einem in Pannonien noch zurückgebliebenen Teile des Ostheers zu erwarten, annehmen müssen. Sei dem aber, wie ihm wolle, so würde doch, selbst wenn man Zosimus Glauben schenken wollte, dadurch die Tillemontsche Ansicht, daß Stilicho erst im Jahre 396 zur Rettung des Peloponnes nach Griechenland geschifft sei, auf keine Weise unterstützt werden.

Diese gründet sich aber überhaupt auf nichts anderes, als auf die *Unwahrscheinlichkeit, Stilicho werde in einem Jahre zweimal von Italien nach Griechenland geschifft* sein – eine Unwahrscheinlichkeit, die wir vollkommen zugeben, durch unsere Darstellung des Sachverlaufs aber vollständig beseitigt zu haben glauben.‘

a Vergl. aber Dahn, Könige V, S. 33, 34.

b Auf des Zosimus *Urteile* ist wenig Wert zu legen. So gewiß Rufin nach dem Throne strebte, so ist doch kaum anzunehmen, wie ein einsichtiger Staatsmann, dem Stilicho als Feind und Wächter gegenüberstand, aus der Verwüstung Griechenlands Anlaß zu einer Usurpation entnehmen und, fast ohne Heer, diese dem mächtigen Widersacher gegenüber erfolgreich durchzuführen hoffen konnte.

c Vergl. aber auch Dahn, Könige V, S. 33.

3 Richter de Stilichone et Rufino, Halle 1860.

4 H. Richter in d. o. g. Schrift, S. 11, setzt auf Grund einer unsichern, aber nicht unwahrscheinlichen Berechnung dessen Geburt auf das Jahr 359.

5 Bei Stilichos Tode im Jahre 408 hatte er nach Zosimus (V, 34) dreiundzwanzig Jahre lang kommandiert, doch ist er erst vor dem Feldzuge wider Eugenius (Zosimus IV, 57) zum Magister militum ernannt worden.

6 Zosimus V, 34, zahlreiche bei H. Richter S. 21 angeführte Stellen Claudians und Ambrosius de obit. Theod. 5: De filiis nil habebat novum, quod conderet, nisi ut eos praesenti commendaret parenti.

7 C. 29. Postquam vero Theodosius, amator pacis generisque gothorum, rebus excesit humanis, coeperunt ejus filii utramque rempublicam luxuriose viventes annhilare, auxiliariisque suis, i. e. Gothis, consueta dona subtrahere.

8 Vergl. Pallmann, Geschichte der Völkerwanderung von der Gotenbekehrung bis zu Alarichs Tode, Gotha bei Perthes 1863, S. 203; de Vesigothorum cum Romanis conflictionibus und Dahn, Könige V.

9 Claud. in Rufin. II, v. 26: Alii per terga ferocis Danubii solidata ruunt, expertaque remos frangunt stagna rotis.

10 H. Richter hat in der oben genannten Dissertation S. 30 f. das Irrtümliche dieser Ansicht gründlich nachgewiesen.

11 Claud. Rufin. II, v. 19: Everso juvat orbe mori. Solatio leto exitium commune dabit.

12 Rufinus, clam Arcadio principi insidias tendens, Alaricum, Gothorum regem, missis ei clam pecuniis, infestum reipublicae fecit et in Graeciam misit.

13 H. Richter S. 51 und 53; vergl. aber auch Dahn, Könige V, S. 32 f.

14 Vergl. aber Dahn, Könige V, S. 33.

15 Wie Eutrop des Rufinus Plan, seine Tochter Arcadius zu vermählen, zu vereiteln und während einer Abwesenheit des Erstern, ihn mit Eudoxien zu verbinden wußte, gehört nicht hierher. Eutrop, nicht besser, aber geistig unbedeutender als Rufin, ward der Erbe der Macht und Güter dieses Letzteren. Damals nur einer der Cubicularier (Kammerherren), ward er bald zum Oberkammerherrn befördert. Die Kaiserin blieb seine Hauptstütze.

16 Ordinant super se regem Alarigum, cui erat post Amalos secunda nobilitas, Balthorumque ex genere origo mirifica, qui (quod? D.) dudum ob audaciam virtutis Balth, id est audax nomen inter suos acceperat.

17 Gewiß lag bei der ersten Erhebung im Jahre 493 noch nicht die klar bewußte Absicht, aber doch die Neigung dazu schon vor.

18 An allerlei Zweifeln, auch chronologischen fehlt es nicht: doch beweist Fravittas Designation zum Konsulat welches er im Jahre 401 antrat, das Ende des Kampfes im Jahre 400.
Marcellin erwähnt Gainas Tod schon im Februar des Jahres 400: doch scheint dies ein Schreibfehler und der Dezember gemeint zu sein, da er dessen Haupt erst im Jahre 401 nach Konstantinopel bringen läßt, was dem Chronicon Paschale zufolge am 3. Januar geschah.

19 Das kurze Vordringen der Markomannen und Genossen bis Aquileja unter M. Aurelius bildet keine wesentliche Ausnahme.

20 Nach Claud. d. b. g. v. 499: Servator ut icti foederis Emathia (Thessalia) tutus tellore maneres hätte auch Thessalien dazu gehört. Doch sind die geographischen Bezeichnungen des Dichters, wobei auch Klang- und Versmaß ihn leiteten, oft unzuverlässig.

21 (Die erste Ausgabe nahm sogar Förderung Alarichs durch Byzanz an. D.)

22 1. Über den Zeitpunkt von Alarichs Einfall in Italien schwanken die Quellen. Prosper Aquitanus, dem Cassiodor in seiner Chronik folgt, setzt denselben in das Consulat von Stilicho und Aurelian, d. i. 400, die von Cuspinian herausgegebene Chronik, und der von Mommsen als eine der besten und zuverlässigsten Quellen des fünften Jahrhunderts edierte ravennatische Annalist (Abhandl. d. philol.-histor. Classe d. K. S. Gesellsch. d. Wissensch. Leipzig 1850. II, S. 665)[a] in das von Vincentius umd Fravitta 401. Dieser Widerspruch wäre leicht zu lösen, wenn man den Winter 400/1 annähme, und die Verschiedenheit nur in dem als entscheidend betrachteten faktischen Momente suchte, z. B. etwa Aufbruch aus Epirus, Ankunft vor den julischen Alpen, oder vor Aquileja. Dem steht aber das von den beiden zuletzt genannten Chronisten beigefügte Datum vom 18. November 401 entgegen.
Pallmann (Gesch. d. Völkerw. bis zum Tode Alarichs, Gotha 1863, S. 235), nimmt zwar letzteres Jahr ebenfalls an, will dies aber mit der Angabe der *meisten* Chronisten dadurch vereinigen, daß jene das Jahr 400 als das von Alarichs Aufbruch angäben, während die zweite Version sich auf das seiner *Ankunft* in Italien beziehe.
Dies ist aber irrig, da Prosper Aquitanus vom Jahre 400 ausdrücklich sagt: Gothi in Italiam ingressi, keiner der übrigen aber, außer Cassiodor, der ihn wohl nur kopiert, jenes Ereignisses überhaupt gedenkt.
Ganz unzweifelhaft ist hiernach das Jahr 401 für das richtigste zu halten[b], indem sich der ganze Hergang, namentlich Stilichos Winterreise, dadurch auf das Einfachste und Natürlichste erklären würde. Gleichwohl haben wir Bedenken getragen, dies im Text ohne Weiteres für richtig anzunehmen, vielmehr den Beginn des Jahres 401 festgehalten, dadurch aber mindestens nachgewiesen, daß sich auch mit diesem Datum die Kontinuität des Feldzuges bis zur Schlacht von Pollentia wohl vereinigen lasse, da wir jedenfalls Gibbons (c. 30 nach Note 27) und Aschbachs (S. 72) Vermutung einer langen Unterbrechumg des ganzen Krieges durch Alarichs Rückzug an die Donau für so handgreiflich irrig halten, daß deren nähere Widerlegung überflüssig erscheint.
Noch bemerken wir, daß Jordanis (c. 29) zwar ebenfalls das Jahr 400 anführt, für Alarichs ersten Einfall in

Italien aber gar nicht als Quelle brauchbar ist. Das von diesem allein näher handelnde Kapitel 30 kann nämlich, ohne irgend einen Auszug aus Cassiodor, aus halbvergessenen Reminiszenzen zusammengebraut sein, und ist dadurch sehr verworren geworden.

Läßt er doch Honorius, um sich Alarichs zu entledigen, Gallien und Spanien an diesen feierlich abtreten, worauf Letzterer *nach seinem Abzug aus Italien*, nec quicquem mali in Italia perpetrato, von Stilicho bei Pollentia (also in Italien) völkerrechtswidrig (dolose) angegriffen, wobei aber der Römer auf das Haupt geschlagen wird. Dies erregt die Wut der Goten, welche nun wieder zurückkehren, das Land verwüsten und Rom selbst einnehmen.

2. In Prosper Aquitanus heißt es unter dem Jahre 400: Gothi Italiam Alarico et Radagaiso ducibus ingressi, wobei sich aus der spätern Wiedererwähnung des Radagais unter dem Jahre 405 ergibt, daß der Chronist bei jener ersten Erwähnung nicht etwa des Letztern spätern selbständigen Einfall in Italien irrtümlich vor Augen gehabt habe.

Da wr keinen Grund haben, die Nachricht vom ersten Jahre für erdichtet zu halten, mit Sicherheit aber annehmen dürfen, daß Alarich sich damals durch germanische Hilfsscharen verstärkt habe, so halten wir Radagais für den Anführer einer oder mehrerer solcher, und glauben, daß er nur seiner spätern Berühmtheit die Aufzeichnung seines Namens bei dem ersten Einbruche verdankt, obgleich dessen damalige Stellung in Alarichs Heer gewiß nur eine höchst untergeordnete war. (Siehe aber gegen diese ganze Auffassung Dahn, Könige V, S. 37.)

3. Wir haben oben bemerkt, daß Ort und Tag der in den beiden Codices abgedruckten Gesetze kein vollkommen sicheres historisches Anhalten gewähren, zumal bei der spätern Sammlung derselben in dieser Beziehung gewiß nicht mit der größten Sorgfalt verfahren wurde.

Tillemonts seltner Fleiß benutzt diese vielfach: da aber eine so zuverlässige Zusammenstellung sämtlicher Gesetze, wie sie Hänels index legum gewährt, zu dessen Zeit noch nicht vorhanden war, so können wir nicht glauben, daß derselbe diese Daten stets vollständig vor Augen gehabt habe.

Aus jenem Hilfsmittel ersehen wir nun zuvörderst, daß Honorius seit des Theodosius Tode fortwährend in Mailand residierte und daß nur ausnahmsweise einzelne Gesetze aus Brescia, Verona, Altinum, Aquileja und Ravenna, also alle in der Richtung nach dem adriatischen Meer hin, datiert sind.

Vom Jahre 401 sind sämtliche Erlasse desselben, achtzehn bis neunzehn an der Zahl, aus Mailand, nur ein einziges vom 29. September d. J. aus Altinum (drei Stunden nordöstlich des heutigen Venedig), wo wir ein Lust- und Jagdschloß vermuten, ergangen. Unerachtet unsers vorerwähnten Zweifels nun über die Zuverlässigkeit der Daten der Gesetze im Allgemeinen, scheint doch in diesem Falle bei dem Zusammentreffen so vieler derselben ein Irrtum überhaupt kaum denkbar, gerade in den *Jahres*zahlen aber gewiß gar nicht: wir müssen daher auch dadurch die Unsicherheit über den Zeitpunkt von Alarichs Einbruch für gehoben, und das Zeugnis des Analisten aus Ravenna für bestätigt ansehen, da es auf der Hand liegt, daß Honorius nicht im September 401 noch in Altinum sein konnte, wenn der Gotenkönig die Gegend am adriatischen Meere schon zu Anfang desselben Jahres innegehabt hätte. Wollte man selbst einwenden, Alarich könne um die Zeit Aquileja noch belagert haben, so ist doch nicht zu zweifeln, daß dessen Heer gewiß schon weiterhin vorgedrungen war, vor allem aber der junge unkriegerische Honorius sich nicht in solche Nähe des Feindes (Altinum lag nur etwa zehn Meilen von Aquileja) gewagt haben würde.

Merkwürdig ist nun, daß jenes Gesetz aus Altinum das letzte ist, welches Honorius von Ende September 401 bis zum 6. Dezember 402 überhaupt erlassen, die Gesetzgebung also während der ganzen Kriegszeit vollständig geruht hat. Gegen Ende 402, als der erste Feldzug Alarichs durch Vertrag geschlossen war, hat nun Honorius, den die in Mailand erlittene Kriegsangst eingeschüchtert haben mochte, diese Residenz überhaupt verlassen und mit dem fast uneinnehmbaren, überdies duroh die See gesicherten Ravenna vertauscht, wo er mit kurzen Unterbrechungen, namentlich wegen seiner Konsulate, während deren er meist in Rom war, bis zu seinem Tode verweilte.

Wir halten dies Ergebnis, das mit allem Übrigen, namentlich mit der Leichtigkeit der ersten Einnahme des adriatischen Küstenlandes durch Alarich so trefflich übereinstimmt, für sehr wichtig.ᶜ

Ganz zuverlässig dagegen wird die Versicherung von Prosper Aquitanus, daß die Schlacht bei Pollentia im Jahre 402ᵈ geschlagen ward, dadurch bestätigt, daß gerade während dieses Jahres bis zu dessen Ende hin Gesetze überhaupt nicht erlassen wurden, was eine ganz natürliche Folge des Krieges war. Wenn daher Gibbon (c. 30 vor Note 43) und Aschbach (S. 73) diese Schlacht erst in das Jahr 403 setzen, so hängt dies mit ihrer bereits unter 1. erwähnten Ansicht einer mehr als einjährigen Waffenruhe zusammen, die für einen mit dem glänzendsten Erfolge siegreich vordringenden Eroberer wahrhaft sinnlos gewesen sein würde, indem dessen Aufgabe damals vielmehr gerade darin bestand, Stilicho, der erst ein Heer jenseits der Alpen sammeln mußte, durch Eile zuvorzukommen. Bedurfte Ersterer noch der Verstärkung, so konnte er diese, durch den Ruf seiner Siege unterstützt, gewiß auch ohne Einstellung seiner Operationen im Laufe des Winters 401/2, und zwar unstreitig schneller als Stilicho die seinigen, erlangen. Jene, unsrer Quelle widerstreitende Meinung scheint überhaupt zuerst durch Baronius aufgestellt worden zu sein, dessen Gründe Tillemont (in Note 16 zu Arcadius, S. 1420) ausführlich, jedoch in solcher Weise beleuchtet, daß man ungewiß bleiben könnte, ob er sie mehr teile oder verwerfe, wenn er sie nicht im Texte (Art. 19) ausdrücklich annahme. Dieselben sind in der Tat von kaum glaublicher Schwäche. Seit dreißig Jahren dauern die Verheerungen römischen Landes, sagen zur Zeit der Schlacht bei Pollentia Claudian (de b. g. v. 168) und Prudentius (in Symm.II, v. 115): weil nun die Goten im Jahre 373 die Donau überschritten hätten, müsse die Schlacht bei Pollentia in das Jahr 403 fallen, wobei jedoch Tillemont den hinsichtlich des ersten Jahres begangenen groben Schnitzer selbst rügt, solches richtig auf 376 feststellt, auch darauf merksam macht, daß Dichter überhaupt keine Mathematiker seien.

Wir halten es ungeeignet, über eine Meinung mehr Worte zu verlieren, welcher nur der berühmte Name eines Kardinals Annahme bei Tillemont verschafft haben kann, welchem Letztern wiederum die Neueren ohne eigene Kritik gefolgt sind (vergl. aber auch Dahn, Könige V, S. 39).

4. Stilichos Sieg bei Pollentia ist völlig zweifellos.[c]

Der schamloseste Lobhudler kann doch, wenn er sich (*und* seinen Helden! D.) nicht geradezu lächerlich machen will, nimmermehr spezielle Tatsachen, wie z. B. Alarichs Rückzug über den Po, wovon (d. h. von dem *Nicht*geschehensein eines solchen D.) ganz Italien Kunde haben mußte, erdichten. Auch wird derselbe durch den christlichen Dichter Aurelius Prudentius Clemens, der sonst nur frommen Glaubenseifer, aber keine gewerbsmäßige Lobrednerei kundgibt (in Symmachum II, v. 696 bis 707 und 715 bis mit 720) bestätigt. Die wichtigsten Stellen daraus hat Aschbach (S. 74) angeführt. Wir fügen aber noch v. 743 und 744 hinzu, wo er, den Gegensatz zwischen Alarichs und Hannibals Besiegung, welchen letztern mehr der Luxus Campaniens geschwächt habe, hervorhebend, sagt:

At noster Stilicho congressu cominus ipsa
Ex acie ferrata virum dare terga coegit.

Prudentius aber gab, wie aus dessen Vorrede hervorgeht, seine Gedichte im Jahre 405, also kurz nach dem Kriege heraus.

Endlich hat sich ja die Inschrift des damals den Kaisern errichteten Triumphbogens mit den Worten: ad perenne indicium triumpho, quo Getarum nationem in omne aevom domitam etc. erhalten. (Mabillon, Analecta IV, S. 359, Gruter und Muratori.) Diese bezieht zwar Tillemont (V, art. XXIII, S. 1173) auf den Triumph über Radagais; das ist aber (wie auch Gibbon und Aschbach anerkennen) offenbar unrichtig, da an dessen Einfall in Italien die eigentliche natio Gothorum.[f] mit ihrem König Alarich gar nicht Teil genommen hatte.

Gehen wir nun zu den Zweifelsgründen über, so könnten zuvörderst die Worte des Prosper Aquitanus: Pollentie adversum Gothos vehementer utriusque partis clade pugnatum est, allerdings eine unentschiedene Schlacht andeuten. Die Notiz ist auch gewiß richtig, aber unvollständig und dadurch ungeschickt, weil sie die Hauptsache, die Folge der Schlacht, unerwähnt läßt.

Cassiodor in seiner Chronik, welche den Goten den Sieg zuschreibt, verdient keinen Glauben, weil sein Geschichtswerk, dem auch in seiner Chronik folgen mußte, politische Tendenz- und Parteischrift war. Daher aber auch Jordanis in seinem 30. Kapitel nicht, der jenen Gotensieg nur von Ersterem entlehnt haben wird.

So bleibt denn nur eine einzige an sich beachtungswerte Quelle, der Zeitgenosse Orosius (VII, 37), übrig. Derselbe sagt: Taceo de infelicibus bellis apud Pollentiam gestis, quum barbaro et pagano duci, hoc est: Sauli belli summa commissa est: cujus improbitate irreverendissime dies et sanctum Pascha violatum est: cum quidem, ostendente in brevi judicio Dei, et quid favor ejus posset et quid ultio exigeret, pugantes vicimus, victores victi semus.

In der ersten Zeile nennt nun der theologische Apologet, der im Jahre 417 seine Werke vollendete, die Schlacht bei Pollentia offenbar nur um deswillen eine unglückliche, weil sie mit einer Schändung des heiligsten Festes der Christenheit begann. In der siebenten bis zehnten aber, nach welcher das Gericht Gottes *bald* (in brevi) erwiesen habe, was dessen Gnade, wie dessen Züchtigung vermöge, bezieht sich offenbar nur das: pugnantes vicimus auf die Schlacht bei Pollentia, das victores victi sumus aber auf Roms spätere Eroberung durch Alarich. Nicht in den Wechselfällen einer Schlacht, während deren Verlauf, sondern nur am *Ausgang* und *Erfolge* derselben kann sich doch Gottes Gericht offenbaren, wozu noch kommt, daß bei Pollentia die Römer gerade zuerst im Nachteil waren und später erst siegten, da man doch wahrlich Claudian nicht mißtrauen wird, wenn er deren Reiterei durch die Goten gefahrdrohend geschlagen zeigt.

Schon Arevalus hat in seiner Ausgabe des Prudentius zu der betreffenden Stelle (in Sym. II bei Vers 696) Orosius richtig verstanden (s. die neueste Ausgabe des Prudentius durch Albert Dressel, Leipzig 1860, zu der betreffenden Stelle): es ist daher auffallend, daß dies weder von Tillemont noch von Aschbach geschehen ist, während Gibbon sich auf nähere Kritik der Zweifel überhaupt nicht einläßt, sondern einfach nach Claudian Stilichos Sieg annimmt.

Eine grobe Ungenauigkeit des Orosius in obiger Stelle ist es ferner, wenn er den Saulus, der nur die Reiterei befehligt haben kann, gewißermaßen als Oberbefehlshaber des römischen Heeres darstellt.

5. Aschbach, obschon über die Schlacht im Wesentlichen Claudian folgend, sagt (S. 75): „Alarich, sich nicht für besiegt haltend, bestimmte sich, schnell auf Rom loszugehen. Durch Einverständnis mit einigen gotischen Führern entdeckte ihm Stilicho dessen Absicht, und traf seine Anstalten so gut, daß jener nicht wagen durfte, seinen verwegenen Plan auszuführen."

Merkwürdiger Beweis, wie einem verdienten Gelehrten jedes militärische Urteil, ja selbst die Orientierung auf der Landkarte abgehn kann. Ein geschlagenes, wenn auch noch starkes und unternehmungskräftiges Heer soll, das siegreiche feindliche im Rücken lassend, über den noch heute nur auf wenig Punkten passierbaren Apennin gehen, um das über sechzig Meilen vom Schlachtfelde entfernte stark befestigte Rom[g] anzugreifen, dessen spätere wirkliche Einnahme Alarich, als er keinen Stilicho mehr hinter sich hatte, noch so schwer wurde.

Es ist nicht nötig, darüber mehr Worte zu verlieren und nur noch zu bemerken, daß die nächste Militärstraße über den Apennin, die von Faventia (Faenza) nach Florenz führende, noch über vierzig Meilen vom Schlachtfelde enfernt war.[h]

Zu dieser wunderlichen Ansicht kann der sonst so achtbare Forscher offenbar nur durch einige Verse Claudians verleitet worden sein, der Alarich in dem Monologe, den er ihm bei dem endlichen Abzug in den Mund legt (v. 291–297 d. VI. C. H.), ungefähr folgendes sagen läßt: „Wenn ich *nun* (d. i. nachdem ich noch stark an Kräften nach der Schlacht bei Pollentia am Fuße des Apennin anlangte, v. 84–86) noch über diese Bergkette gezogen wäre, wie dies *früher* (d. i. im Beginne des Feldzuges) mein Plan war, was hätte ich da in verzweifelter Lage noch vermocht? Ruhmvoller wäre ich alles verbrennend vorgedrungen und gewiß hätte ich Dich, Rom, in Deiner Nähe sterbend gesehen und dem durch die Fruchtgefilde uns folgenden Sieger wäre unser Untergang selbst noch Schaden bringend geworden."

Poetische Phantasien, in denen niemand einen wirklichen Kriegsplan nach der verlornen Schlacht suchen und noch weniger finden wird. (Vergl. jedoch Dahn, Könige V, S. 40: Alarich konnte *später* wiecer vordringen.)

a Allerdings sind dessen Worte mit denen Cuspinians sowohl an dieser Stelle, als sonst beinahe durchgehend gleichlautend, so daß man auch an Identität beider Quellen denken könnte.

b (Für das Jahr 400 entscheidet aber, daß am 14. Januar 401, dem Geburtsfest des heiligen Felix, Paulinus zu Nola tief in Campanien bereits von Treffen und anderen Schrecken dieses Krieges schreibt; s. Dahn, Könige V, S. 36. D.)

c S. aber dagegen Dahn, Könige V, S. 38.

d Ganz einverstanden Dahn, Könige V, S. 39.

e Ganz einverstanden Dahn, Könige V, S. 39–40.

f Vergl. über diese Inschrift oben.

g Daß die Wiederherstellung der Mauern Roms gleich nach Alarichs Einfall in Italien und nicht erst nach dem Siege bei Pollentia mit größtem Eifer betrieben wurde, versteht sich von selbst und auch die hierauf bezügliche Phrase Aschbachs kann heute kaum einen anderen Sinn haben.

h Die heutige Straße von Bologna nach Florenz bestand in römischer Zeit noch nicht.

23 Claudian de b. g. v. 280:
     Non si perfidia nacti penetrabile tempus
     Irruperem Getse, nostras dum Raetia vires
     Occupat atque alio desudant Marte cohortes. Vergl. 414–17.

24 Daß dies so leicht geschehen sei, wie der Dichter v. 270 d. VI. C. Hon. sagt: Protento leviter frangebat moenia conto ist poetische Übertreibung, indem er hier nur den Gegensatz zwischen dem glänzenden Beginn und dem schmachvollen Ende des Feldzugs hevorheben will. Die Belagerung Aquilejas durch die Barbaren wird übrigens nach Tillemont (V. 3, Not. 14) auch durch eine Stelle des Hieronymus (contra Rufinum I, 3, c. 6, p. 239) erwiesen.

25 V. 563, wo Stilicho sagt:
     deploratumque Timavo
     vulnus et Alpinum gladiis abolete pudorem.

26 Vergl. über die Chronologie und die Wechselfälle dieses Feldzugs auch Dahn, Könige V, S. 36 und die dort erörterte Literatur.

27 Nach Niebuhr, Vortr. ü. a. G., S. 329 sieht man in der auf jene Herstellung bezüglichen Inschrift an der porta St. Lorenzo noch Spuren von Stilichos Namen.

28 De IV. Cons. Hon. v. 443:
     Jam Ligurum trepidis admoverat agmina muris
     Tutior auxilio brumae.
     Dies wird auch durch den Tag der Schlacht bei Pollentia bestätigt.

29 Die Lage Pollentias auf der Sprunerschen Karte stimmt mit Gibbons und Tillemonts Annahme im Wesentlichen überein, auch findet sich auf einer alten Spezialkarte Oberitaliens daselbst ein Dorf: Pollenza.

30 Claudian, den wir freilich nur mit Mißtrauen anführen können, sagt darüber de VI. Cons. Hon. v. 127–32 folgendes:
     Jam Pollentini tenuatus funere campi,
     Concessaque sibi (rerum sic admonet usus)
     Luce, tot amissis sociis, atque omnibus una
     Direptis opibus, Latio discedere jussus
     Hostis, et immensi revolutus culmine fati,
     Turpe retexit iter.

31 d. b. g. v. 79: Adspice, Roma, tuum jam vertice celsior hostem
       Adspice, quam rarum referens inglorius agmen
       Italia detrusus eat.
    v. 153: Hic (Stil.) celer efficit bruma ne longior una
       Esset hiems rerum, primis sed messibus aestas
       Temperiem coelo pariter belloque referret.
    Das auf die Zeit der Abfassung d. Ged. d. b. g. bezügliche nuper in v. 123 d. IV. Cons. Hon. gewährt kein sicheres
    Anhalten.
32 v. 204: Hic (Alarich) rursus dum *pacta* movet.
    v. 206: Hic sibi *perjurum* sensit prodesse furorem.
    v. 210: Oblatum Stilicho violato *foedere* Martem.
    v. 303: Proh *Foedera* saevo
       Deteriora jugo! tunc vis extincta Getarum.
       Tunc mihi, tunc letum pepigi. Violentior armis
       Omnibus expugnat nostram clementia gentem,
       Mals gravior sub pace latet, Capiorque vicissim.
33 Desertus ab omne gente sua manibusque redit truncatus et armis.
34 V. 212: Jamque opportunam motu strepuisse rebelli
       Gaudet perfidiam, praebensque exempla labori
       Sustinet accensos *aestivo* pulvere soles.
    So auch v. 241: Annique vapore.
35 1. Prosper Tiro setzt des Radagais Einbruch ausdrücklich in das Jahr 404 und erwähnt dabei zugleich noch, daß
    die aus dem römischen Reiche vertriebenen Arianer sich zu ihm begeben hätten, um unter dessen Schutz in das
    Vaterland zurückzukehren, worauf unter dem Jahre 405 der im Texte mitgeteilte Bericht von dessen Untergan-
    ge folgt.
       Prosper Aquitanus sagt nichts vom Beginne des Krieges, stimmt aber über dessen Ende mit Prosper Tiro
    überein. Da nun die Germanen, wie auch Alarich, in der rauhen Jahreszeit anzugreifen pflegten, so ist höchst
    wahrscheinlich, daß der Krieg, bei dem doch vielfache Hindernisse zu überwinden waren, bereits gegen Ende
    des Jahres 404 seinen Anfang und erst im folgenden durch des Radagais Vernichtung seinen Schluß gefunden
    habe, wegegen Marcellinus in seiner Chronik Beides erst in das Jahr 406 setzt.
       Die beiden ersten Chronisten sind Zeitgenossen und Abendländer[a], der Comes Marcellinus lebte und diente
    hundert Jahre später im byzantinischen Reiche, weshalb Erstere in diesem Falle höheren Glauben verdienen.
       2. Die Richtigkeit ihrer Angabe wird aber auch noch durch einen andern Grund unterstützt.
       Prosper Aquitanus setzt den Einfall der Vandalen und Alanen in Gallien in das Jahr 406 und den der Vanda-
    len in Spanien in das Jahr 409.
       Letzteres Datum wird aber nicht nur durch Cassiodor, sondern vor allem durch Idatius, sowohl in seiner
    Chronik als in den Fasten bestätigt, der als Zeitgenosse (388 geboren) und spanischer Bischof gerade für dieses
    – für sein Vaterland so wichtige – Epochenjahr unzweifelhaft unbedingten Glauben verdient.
       Ist aber hiernach des Prosper Aquitanus Zeitangabe des *Auszugs* der Vandalen aus Gallien nach Spanien
    richtig, so begründet dies eine dringende Vermutung für die gleiche Richtigkeit seiner Zeitbestimmung des
    Einzugs derselben in ersteres Land.
       Steht nun für denselben das Jahr 406 fest, so wird dadurch obige Angabe Marcellins wesentlich entkräftet, da
    es kaum denkbar ist, daß des Radagais Einfall in Italien, den er erst *nach* der Feier von des Theodosius Quin-
    quennalien, die in den Monat April fielen, erwähnt, der ganze mit dessen Vernichtung endende Krieg und der
    Rheinübergang der von ihm abgefallenen Scharen in ein und dasselbe Jahr 406 fallen konnte, zumal wir es hier
    nicht mit mobilen Armeen, sondern mit ganzen samt Familien ausgewanderten Völkern, die eine neue Heimat
    suchten, zu tun haben.[b]
       Eine ganz neue Ansicht über Radagais entwickelt Pallmann in dem Abschnitte: Losbruch der pannonischen
    Ostgoten unter *Ratiger* 400 (S. 230–234 u. w. u. S. 248–251), indem er, statt des von allen gleichzeitigen
    Quellen bezeugten Namens Radagais, diesen Mann, nach dem hundertundreißig bis hundertundfünfzig Jahre
    später und für alle nicht selbst erlebten Ereignisse unzuverlässigen Prokop, *Ratiger* nennt.
       Pallmann nimmt nämlich an: auf Verabredung oder mindestens gleichzeitig mit Alarich im Jahre 400 (rich-
    tiger 401) sei „Ratiger" mit den in Pannonien sitzenden Ostgoten in Rätien eingefallen, um von Norden her
    nach Italien zu dringen, wohin Alarich von Osten her marschierte. Jenen ersteren sei nun Stilicho entgegenge-
    zogen und habe sie ein Jahr hindurch und länger bis 402 bekämpft.
       Daß auch dieses Heer aus Goten bestanden, erhelle aus Prosper Aquitanus: Gothi Italiam Alarico et Rhada-
    gaiso ducibus ingressi.
       Da aber Pallmanns vermeinte Ostgoten unter „Ratiger" gar nicht nach Italien gekommen, sondern schon
    aus Rätien wieder zurückgetrieben worden sein sollen, so hat derselbe diese Hauptquelle nicht für, sondern
    gerade gegen sich, indem dieselbe vielmehr offenbar lediglich vom ersten Feldzuge des Westgotenkönigs

Alarich nach Italien handelt, dem sich Radagais angeschlossen hatte. (Hiergegen aber Dahn, Könige V, S. 37.)

Ferner sollen (wie Pallmann S. 233 am Schluß anführt) jene Eindringlinge in Rätien nach Claudian Föderatvölker gewesen sein, die ihr Bündnis mit Rom gebrochen hätten. Allerdings spricht nun auch Claudian (v. 366–410) von aufständischen Föderaten in Rätien.

Daß aber die *Ostgoten*, deren Hauptmaße doch den Hunnen seit 376 unterworfen war, damals in einem Foedus mit Rom gestanden hätten, ist nicht allein nirgends bezeugt, sondern auch geradezu undenkbar.

Ferner sollen (wie Pallmann S. 231, Z. 4 von unten sagt) indirekt mehrere Stellen in Claudian bezeugen, daß jene Völker, welche die Bündnisse gebrochen hätten, Goten waren. Dafür zitiert er nun besonders v. 220 d. VI. Cons. Hon., wo der Dichter (der daselbst aber vom Feldzuge 403 nach der Schlacht von Verona handelt) sage: „Stilicho besiegt den durch verwandte Streitkräfte wild aufgeregten Ister", während die Worte: „astu debilitat saevum cognatis viribus Istrum" vielmehr den klaren Sinn haben: Stilicho schwächt durch List das wilde Heer der Westgoten (das Claudian poetisch, wiewohl ganz unrichtig, durch Ister bezeichnet) dadurch, daß er stammverwandte Scharen Alarichs zum Abfalle verlockt.

Wie daraus folgen soll, daß die angeblich zwei Jahre vorher in Rätien eingefallenen Völker Ostgoten gewesen seien, haben wir dem Leser anheimzustellen und nur als einen noch stärkeren Irrtum hervorzuheben[c], daß Pallmann in den Versen 284 und 286 d. b. get., wo Stilicho in seiner Rede vor Beginn des Krieges 402 von den vorher unbekannten, nun aber durch die Niederlage *zweier Tyrannen* kundgewordenen Wegen über die Alpen redet, diese Tyrannen, womit handgreiflich die in eben diesen Alpen in den Jahren 388 und 394 geschlagenen Maximus und Eugenius gemeint sind, auf Alarich und Radagais bezieht (– eine kaum begreifliche Verirrung! D. –), welche damals aber noch gar nicht einmal angegriffen waren, da Claudian Stilicho ja erst später nach v. 320 über den Iarischen See zur Herbeiholung von Hilfstruppen nach Germanien ziehen läßt.

Aus welchen Völkern das Heer des Radagais bestand, werden wir bei dem Einbruch der Hauptmasse desselben in Gallien sogleich kennen lernen; *welchem* derselbe für seine Person angehörte, ist unerforschlich.

Daß Ostgoten außer der ruhig unter hunnischem Zepter sitzenden Hauptmasse sich noch in den Donauländern umhertrieben, ersehen wir aus der oben berichteten Unternehmung des Oedoteus. Diese abgelösten Scharen können sich während der Zeit der noch ungeordneten Hunnenherrschaft durch Flüchtlinge und andere Abenteurer vermehrt haben und im Interesse ihrer eigenen Sicherheit mehr westwärts, möglicherweise bis Pannonien hinein, gezogen sein. Diesen kann auch Radagais angehört haben; daß derselbe aber kein Volkskönig der Ostgoten war[d], ergibt sich zweifellos aus des Jordanis wichtiger Stelle (c. 31), die, nach ihrer hohen Wichtigkeit für Cassiodor und dessen Zweck, aus diesem entnommen sein mag.

a Dies ist von Prosper Tiro nach dem Inhalt seiner Chronik wenigstens zu vermuten. Ob dessen ganze Arbeit übrigens durchaus Original oder nur eine Überarbeitung der Chronik des Prosper Aquitanus ist, tut nichts zur Sache, da deren Verfasser jedenfalls auch selbständig und mit Benutzung anderer Quellen schrieb.

b Vergl. aber Dahn, Könige V, S. 37.

c Ganz einverstanden Dahn, Könige V, S. 37.

d Ganz einverstanden Dahn, Könige V, S. 37 f.

36 Daher das Folgende nur Hypothesen. Viel geringer schlägt die Bedeutung des Zuges von Radagais an, abweichend auch in der Zeitfolge, Dahn, Könige V, S. 37.

37 „Nec ibi sibi metu Gothorum arbitrantur tutum fore."

38 (Unwahrscheinliche und unnötige Hypotese. D.)

39 Multis ante vastatis urbitus Radagaisus occubuit: cujus in tres partes per diversos principe divisus exercitus aliquam repugnandi Romanis aperuit facultatem. Insigni triumpho exercitum tertiae partis hostium, circumactis Hunnorum auxiliaribus, Stilicho usque ad internecionem delevit.

40 Zosimus spricht a. a. O. nicht von Legionen, sondern nur von $\grave{\alpha}\rho\iota\vartheta\mu o\acute{\iota}$ numeri, d. i. selbständigen Truppenkörpern, wozu auch Kohorten und Alen gehörten. Da jedoch Westrom achtundsechzig (damals noch? D.) Legionen hatte, so glauben wir hier, der Größe der Gefahr entsprechend, jene Zahl auf die der Legionen (gewiß nicht: nur „Scharen" D.) beziehen zu müssen. Vergl. Bd. 1, S. 311.

41 Zosimus sagt über den Ister, Donau: dies ist aber so sinnlos, daß wir nicht Irrtum des Verfassers, so groß auch dessen geographische Unwissenheit war, sondern den eines spätern Abschreibers annehmen können, der das vielleicht undeutliche Wort auf diese Weise ergänzte.

42 (Völlig unerwiesene und unwahrscheinliche Vermutungen. D.)

43 Conterritum divinitus Radagaisum in Faesulanos montes cogit: ejusque (secundem eos, qui parcissime referunt) ducenta millia hominum inopum consilii et cibi, in arido aspero montis jugo urgente undique timore concludit.

44 Vergl. Gibbon c. 30, Note 86. Ebenso, im Wesentlichen wenigstens, Luden I, S. 348 und Leo, Vorlesungen u. d. G. d. D. V. I, S. 278, anders Zeuß, S. 418.

Die Quellen fast insgesamt, Orosius VII, c. 38 und 40, Prosper Tiro zum zwölften Regierungsjahre des Honorius und Marcellin zum Jahre 408, beschuldigen Stilicho, daß er die Germanen zu diesem Einfall verleitet habe, und zwar, wie wenigstens der Erste und Letzte sagen, aus ehrgeiziger Absicht, um seinen Sohn Eucherius auf den Thron zu bringen.

Es liegt auf der Hand, daß letzteres Motiv ein nach des Ersteren Ermordung von seinen Feinden verbreitetes Märchen ist, von dem genau dasselbe gilt, wie von der Rufinus zur Last gelegten Aufwiegelung der Goten und Hunnen.

Noch war Stilicho faktischer Herrscher des Westreichs, mit dessen Kaiser seine Tochter vermählt war. Wie in aller Welt konnte der absichtliche Ruin einer der reichsten, damals noch unberührten Provinzen des Reichs, das gewißermaßen sein eignes war, seinem Sohne zur Thronfolge verhelfen? Strebte er in der Tat nach der Herrschaft, so konnte er, im kräftigsten Mannesalter, diese doch nur für sich selbst, gewiß aber nicht für seinen erst siebzehn- bis achtzehnjährigen Sohn[a] wollen. Und was er für sich zu gewinnen hoffte, das hätte er vorher planmäßig selbst zerstören sollen? So nichtig aber auch jener angebliche Beweggrund Stilichos ist, so berechtigt uns dies doch nicht, die von jenen Schriftstellern übereinstimmend bezeugte Tatsache, derselbe habe die Germanen zum Einbruche in Gallien *verleitet* (? ? gewiß nicht! D.), in Zweifel zu ziehen, da wir sie oben auf so einfache als natürliche Weise erklärt zu haben glauben (anders D.). Nicht allein der historische Takt, sondern auch die Quellen begründen daher die feste Überzeugung, daß jener weltgeschichtliche Rheinübergang als eine *Folge*[b] von des Radagais Unternehmung gegen Italien zu betrachten sei.

a Eucherius war im Jahre 389 zu Rom geboren. S. Tillemont V, 3, S. 1013.
b (Aber eine *durchaus nicht gewollte*: die durch Stilicho bewirkte Entblößung des Rheins zum Schutz Italiens erleichterte nur eben den Einbruch. D.)
45 In der Migneschen Ausgabe der Chronik des Prosper Aquitanus in der Pariser Patrologie T. LI, Paris 1846, heißt es unter dem Jahre Arcadio VI. et Probo Coss., d. i. 406: Vandali et Alani, trajecto Rheno, primo Kal. Januarias ingressi. Dazu wird aber bemerkt, daß in einem der Colbertschen Manuskripte und in dem Augustanischen III. Kalendas stehe. In. der Mansoschen Ausgabe findet sich nach Rösler pridie Kal. Jan.
So gleichgütig hierbei die Verschiedenheit um ein oder zwei Tage ist, so wichtig wird sie doch dadurch, daß sie zugleich das Jahr bedingt, da der 1. Januar 406 und der 30. oder 31. Dezember desselben fast um ein volles Jahr auseinander liegen.
Hätten aber die Germanen wirklich auch schon am letzten oder vorletzten Tage des alten Jahres den Fuß auf gallische Erde gesetzt, so würde doch der wirkliche Einmarsch (ingressi), unter dem man doch nur ein weiteres Vordringen verstehen kaun, erst im *neuen* Jahre erfolgt sein. Jedenfalls erscheint es natürlicher, ein solches nur durch seine Folgen wichtiges Ereignis in dem Jahre zu berichten, welchem es seiner Entwickelung und vollen Bedeutung nach angehörte.
Aus diesen Gründen halten wir es selbst für den Fall, daß III. Kalendas oder prid. Kal. Jan. die richtige Lesart sein sollte, dennoch für wahrscheinlicher, daß damit die Kalenden des Januars 406, als die des Jahres 407 gemeint seien, also der fragliche Einfall zur Zeit des Überganges vom Jahre 405 zu 406 erfolgt sei. Dies wird nun vor allem auch durch Zosimus (VI, 3) bestätigt, welcher ausdrücklich sagt, daß unter dem Konsulate von Honorius (VI) und Probus, d. i. im Jahre 406, die Vandalen, Sueben und Alanen die transalpinischen Länder verherend durchzogen und nach großem Blutvergießen selbst dem britannischen Heere furchtbar geworden seien, welches alles selbstredend nicht in den zwei letzten Tagen des Jahres 406 geschehen sein kann. Ganz unzweifelhaft auch kann das von Honorius am 17. April 406 erlassene Gesetz de tironibus (C. Theod. VII, 13, L. 16 u. 17), nach welchem nicht nur alle Freigebornen, für großen Sold, sondern auch Sklaven gegen Zusage der Freiheit zu den Waffen gerufen wurden, nur durch den Schreck jenes Einfalls veranlaßt worden sein, weil Radagais damals bereits besiegt war, Alarich aber sich noch nicht wieder erhoben hatte.[a]

a Vergl. Dahn, Könige I, S. 142.
46 S. aber jetzt Dahn, Urgeschichte I, Berlin 1880, S. 342.
47 Ganz anders Dahn, Könige V, S. 42.
48 Anders Dahn, Könige V, S. 42.
49 Nach des Zosimus c. 26 bestimmter Versicherung ist der Vertrag schon einige Zeit vor des Radagais Einbruch zu Ende des Jahres 404 geschlossen worden: da aber der Beginn dieses Kapitels, das Alarichs italienischen Feldzug völlig ignoriert, durchaus verworren ist, und die Verhandlung schon an den Zusammenstoß in Griechenland im Jahre 395 knüpft, glauben wir dies Zeugnis verwerfen zu müssen.
50 All das ist unerwiesen, unerweislich und sehr unwahrscheinlich; s. Urgeschichte I, S. 342.
51 Zosimus reiht diese Nachricht unmittelbar an die Designation der neuen Konsuln für 408 zu Anfang des Winters 407 (τοῦ χειμῶνος ἐπιλαβόντος).
52 (Vielmehr ein Gespenst: ein Anachronismus. D.)
53 Olympiodor sagt p. 449: Alarich habe, während Stilicho noch gelebt, einen Kriegslohn oder Sold von vierzig Hunderten τεσσαράχοντα χεντηνάρια (ein latinisierter Ausdruck) empfangen.
Dies betrachtet Tillemont (Art. 28, S. 1189) irrig als eine neue Vertragsbedingung und Vorauszahlung, während wir darunter nur die 4000 (40 mal 100) Pfund Gold erblicken, welche Alarich im Jahre 408 als Entschädigung bewilligt wurden.[a]
Abgesehen davon, daß dieser für einen in seinem *eignen* Interesse beschlossenen Krieg keinen Anspruch auf Lohn hatte, so spricht schon die Identität der Summe dafür, da sich die Hunderte nur auf Pfunde Goldes, nicht auf aurei oder Goldstücke beziehen, was nur 36 bis 45 000 Mark gewesen wären. Auch ist das Empfangen

(ἔλαβε) füglich nur von der Bewilligung und ersten Anzahlung zu verstehen, an welcher letztern es Stilicho gewiß nicht fehlen ließ, so daß die vorhergehende Stelle p. 449, Z. 2, nach welcher Alarich bei Stilichos Tode das Versprochene noch nicht, d. i. *nicht vollständig* erhalten hatte, sich damit wohl vereinigen läßt.

Sozomenos sagt (IX, 4) nur, daß Stilicho durch ein Schreiben von Honorius zurückgehalten worden sei.

Darunter ist jedoch, selbst abgesehen von dessen Kürze und, Zosimus gegenüber, größerer Unzuverlässigkeit, wohl nur der von Letzterem Kap. 29 erwähnte Stilicho mittelbar zurückhaltende Befehl des Honorius zu verstehen und diese wiederum dieselbe, welchen Stilicho später in der Senatssitzung vorlas und seiner eigenen Gemahlin als Urheberin zuschrieb. Dies sowie der spätere Vorgang bei der Reise nach Ravenna (s. Zosimus, Kap. 30) führt uns auf die eigentümliche Wahrnehmung einer politischen Opposition zwischen Mann und Frau. Sie ist an sich sehr unwahrscheinlich, aber wir wagen doch nicht, dieselbe für ein verabredetes Spiel oder für irrige Auffassung zu erklären, der gerade für die Ereignisse dieser Zeit Olympiodor – eine ernsthafte und gute Quelle – benutzt haben muß. Beide Gatten lebten seit Ende 401 gewiß meist getrennt, sie am Hofe, er im Felde. In Serenen mag das Gefühl der hohen Geburt und der verwandtschaftlichen Anhänglichkeit an beide Kaiser, ihre Vettern, gelebt haben, daher Stilichos Anschlag wider Arcadius ihr zuwider gewesen sein.

Hätte dieselbe übrigens ganz und ausschließlich als Stilichos Werkzeug am Hofe gewirkt, so würde sie nach dessen Sturz dem Tod oder mindestens der Verbannung schwerlich entgangen sein, während sie, da Honorius seine verstoßene Gemahlin ihr wieder übergeben ließ, sicherlich einer anständigen Existenz in Rom genoß, woselbst sie später aus ganz anderm Grund ihr Ende fand.

a Diese Angabe bestätigt übrigens, daß unter dem Ausdrucke: Centenarium 100 Pfund Goldes – ungefähr 90 000 Mark unseres Geldes – verstanden wurden, wie dies auch Ducange in seinem Glossarium medii aevi unter Cent. anführt.

54 (Die Wahrheit ist: Stilicho stützte Westrom und sich selbst auf die germanischen Elemente in Heer und Reich: er fiel durch eine Reaktion des römischen Germanenhasses; s. Urgeschichte a. a. O. D.)

55 In glänzender Stellung am Hofe, sagt Zosimus (c. 32) im Allgemeinen.

56 Wohin, sagt Zosimus nicht. Daß er, nachdem Alarich einerseits mit dem Heere bereits bis Italien, andrerseits der Usurpator in Gallien bis in die Nähe der Alpen vorgerückt war, damals noch einen Streich gegen das Ostreich habe ausführen wollen, ist (gewiß D.) höchst unwahrscheinlich. Zunächst galt es wohl nur persönliche Verhandlung mit Alarich über das zu Beginnende.

57 Des Zosimus Bericht, Kap. 30, ist hier, seinem Wortlaute nach, völlig unlogisch. Der Kaiser will nach Ravenna, Stilicho aber dies verhindern. Darauf fährt er also fort: Ἰουστινιανὸς etc. ὑπὸ τῆς ἄγαν ἀγχινοίας φαίνεται τὰ τῆς ὁδοῦ τεκμαιρόμενος, καὶ ὡς ἀλλοτρίως ἔχοντες πρὸς Στιλίχωνα οἱ ἐν τῷ Τικήνῳ στρατιῶται τοῦ βασιλέως ἐπιςημήσαντος εἰς τὸν ἔσχατον αὐτὸν καταστήσουσι κίνδυνον, διετέλει τε παραινῶν ἐκςτῆναι τὸν βασιλέα τῆς τοιαύτης ὁρμῆς.

In dieser Stelle können sieh die Worte: τῆς ὁδοῦ nur auf die Reise nach Ravenna beziehen, von der allein vorher die Rede ist, während sich der Grund der Gefahr der Reise nur auf nach Ticinum (Pavia) beziehen kann.

Hiernach muß daher bei Zosimus entweder ein Mißverständnis seiner Quelle oder Verstümmelung des Textes vorliegen.

Unsre Ansicht ist folgende. Bei Pavia standen hauptsächlich römische Legionen, bei Ravenna fremde Truppen. Die bei erstern jederzeit herrschende Eifersucht gegen die Barbaren, die ja Gratian das Leben kostete, mag durch Olympius geschickt genährt worden sein. Darum hielt es Justinian für klüger, daß der Kaiser, wenn man ihn einmal in Rom zurückhalten könne, lieber nach Ravenna gehe, als nach Pavia und am erstern Orte möglichst fest gehalten werde, worauf Stilicho aber nicht hörte.

Warum jedoch, wird man einwenden, lenkte Olympius den Kaiser nach Ravenna und nicht sofort nach Pavia, wo die Mine vorbereitet war? Mutmaßlich, weil der Versuch, durch den Aufstand eines Heeres Stilicho an der Spitze eines andern zu stürzen, immer noch ein Wagnis war, Olympius daher vielleicht auch bei dem zu Ravenna seine Umtriebe versuchen wollte. Da aber der Kaiser schließlich gar nicht nach Ravenna, sondern nach Bologna ging, also von Ariminum aus die Via Flaminia verließ und die nach der Lombardei führende Via Aemilia einschlug, so kann auch das ganze Drängen nach Ravenna nur ein Kunstgriff gewesen sein, um Stilichos Aufmerksamkeit von dem eigentlichen Ziele und Zwecke der Reise abzulenken.

58 (Und zwar waren es die Nicht-Germanen, welche gegen Stilicho und dessen Stützen, die germanischen Söldner, ohnehin erbittert, am Leichtesten gegen den „Vandalen" zu empören waren. D.)

59 (Doch wohl vielmehr in feindlicher Absicht. D.)

60 Gibbon (Kap. 30 vor Note 106) erblickt darin einen Mordversuch des Sarus wider Stilicho, welchem Letzterer entronnen sei; es ist jedoch, da Sarus von Zosimus kurz vorher, Kap. 30, als das vertrauteste Werkzeug Stilichos geschildert wird, derselbe auch nach dessen Tod nicht begünstigt, sondern zurückgesetzt ward (Zosimus, Kap. 36), nicht gerade sehr wahrscheinlich. (? D.)

61 μετριώτερος.

62 Selbst Tillemont, der sich sonst jeder kirchlichen Autorität fast blind unterwirft, ist diesmal unbefangen genug, seine Zweifel gegen letztere nicht zu unterdrücken. (S. V, 3, Art. 30, S. 1209 der Brüss. Ausg.)

63 Aemona, wohin derselbe gezogen war, lag in der schmalen Spitze Pannoniens, die sich an der obern Save zwischen Noricum und Pannonien hineinschob. Von hier aus mag er sich aber über Noricum verbreitet und nur Italien veschont haben.

64 Gibbon meint c. 31 vor Note 4, er habe die festen Plätze, die sich ihm auf Diskretion ergaben, geplündert. Es ist aber fast undenkbar, daß sich diese nicht in eigenem Interesse verteidigt haben sollten, und des Zosimus *κατατπέχει* ist hier offenbar nur von verheerendem Vorüberziehen zu verstehen.

65 Ob es wahr ist, wie Zosimus sagt, daß Innocentius, der Bischof von Rom, insgeheim seine Einwilligung dazu gegeben habe, lassen wir dahingestellt sein.

66 *δέρματα*. Wie Gibbon c. 31 vor Note 79 und Aschbach S. 84 dies durch *Tuche* übersetzen können, ist nicht zu begreifen.

67 Sollte dies nicht bloß der Rest der Rom auferlegten Kontribution gewesen sein?

68 Vergl. aber auch Dahn, Urgeschichte I, S. 346.

69 Zosimus VI, 8, p. 324 d. Bonn. Ausg. erwähnt hier des Jovius, als des Attalus Abgeordneten, während Olympiodor Jovianus als des Honorius Sendboten nennt.

70 Über die nun folgenden Ereignisse stimmen Zosimus, Sozomenos IX, 8 und Olympiodor nicht genau überein. Nach Zosimus und Olympiodor soll Jovius (oder Jovianus) dabei eine große Rolle gespielt, bald Alarich gegen Attalus aufgereizt, bald wieder für Honorius gewirkt haben. Wir beschränken uns auf das Unzweifelhafte.

71 Nach der uns erst später zugekommenen trefflichen Abhandlung von Rosenstein über das Verhältnis zwischen Olympiodor, Zosimus und Sozomenos (Forschungen zur D. Gesch. ed. die historische Commission d. Baier. Akad. d. W., Göttingen 1861, I, 2, S. 167) ist dies in sofern nicht richtig, als auch Sozomenos aus Olympiodor geschöpft, Zosimus und Sozomenos also nur dieselbe Quelle benutzt haben.

72 Dies gründet sich allerdings nur auf spätere Quellen, namentlich die Histor. miscella XII, die zwar für den Geschichtsforscher sonst meist wertlos, in der Chronologie aber sehr gut ist, stimmt jedoch im Allgemeinen zum Geschichtsverlaufe. Auch ist es höchst wahrscheinlich, daß die Kunde eines so denkwürdigen Tages in zahlreichen uns verlornen Quellen fortlebte.

73 Daß Roms Einnahme in der Nacht erfolgte, sagt St. Hieronymus (epist. 127 ad Principiam, S. 953 der Ausgabe von Vallarsius, Verona 1734: Nocte Moab capta est, nocte cecidit ejus murus etc.); den Verrat bezeugt im Allgemeinen Sozomenos (IX, 9) an der freilich an 140 Jahre spätere Prokop (de b. Vand. I, c. 2) mit Angabe der Gerüchte darüber. Es liegt auch auf der Hand, daß die plötzliche Einnahme ohne solche Mithilfe schwer denkbar ist, obwohl die eigentliche Eroberung, nach verräterischer Eröffnung eines Eingangs, selbst abgesehen von des Orosius Ausdruck: irruptio, immer nur durch Sturm möglich war.

Das Verhaten der Goten bei der Einnahme schildern als verhätnismäßig milde und menschlich Augustin (de civit. Dei an verschiedenen Stellen), namentlich (III, 29) im Vergleich zu der Eroberung Roms durch die Gallier und durch Marius und Sylla. Augustins Hauptansicht aber erhellt aus (I, 7) desselben Werks, wo er sagt: Was an Verwüstung, Mord, Raub und Brand geschah, brachte der Kriegsgebrauch mit sich; das Neue und Unerhörte aber, die Schonung der Basiliken, worin so viele ein geheiligtes Asyl fanden, wirkte Christus.

Ebenso Orosius (VII, 39). Derselbe sagt vorher (II, 19), bei dieser Einnahme sei kaum ein Senator, weil er sich versteckt habe, umgekommen, was auch Augustin (d. C. D. III, 29) wenigstens im Wesentlichen bestätigt.

74 Wenn Marcellin in seiner Chronik den sechsten Tag nennt, so ist dies, abgesehen von der höhern Glaubwürdigkeit des Zeitgenossen, kein Widerspruch, erklärt sich vielmehr einfach durch den Verzug zwischen Beginn und Ende der Räumung.

75 Des Sokrates Märchen (VII, 10), er sei aus Furcht vor dem Gerücht eines Theodosius II. wider ihn gesandten Heeres entflohen, ist zu lächerlich, um Widerlegung zu verdienen.

76 Aschbach sagt S. 92 im 34. Jahre, was sich aber in den angeführten Quellen nicht findet. Nach Zosimus V, 4 ernannte ihn Theodosius bei dem Zuge wider Eugenius, wozu das Heer schon im Jahre 392 formiert war, zum Führer einer Barbarenschar und 395 beanspruchte er die Würde eines Magister militum. Hiernach war er im Jahre 392 doch mindestens schon *über* (? D.) zwanzig, und bei seinem Tode etwa zwischen achtundreißig und dreiundvierzig Jahre alt.

77 Andere Auflassumgen, ausgehend von der innern Schwäche des trotz aller Siege heimatlosen Wandervolkes, dem das Schwert die bitter vermißte Pflugschar nicht ersetzen konnte, bei Dahn, Könige V, S. 47–50 und Urgeschichte I, S. 347.

78 Der Nachsatz, daß in *einem* Tage 14000 Kinder geboren worden seien, ist so unsinnig, daß er nur durch Schreibfehler oder sonstige Verunstaltung entstanden sein kann. Selbst bei einer Zahl von hundertundvierzig würde sich noch eine Bevölkerung von zwei Millionen ergeben. Gleichwohl schreibt dies Tillemont Art. 42 S. 1266 nach, ohne die grobe Unwahrheit zu erkennen.

79 Vergl. Dahn, Könige V, S. 56; Urgeschichte I, S. 350.

80 Derselbe läßt c. 31 irrigerweise die Verbindung zwischen Ataulf und Placidia schon vor dem Jahre 412 zu Forum Julli in Aemilia vollziehen, wo eine Stadt dieses Namens gar nicht existierte. Andere Handschriften haben Forum Livii (Forli) nur vier Meilen von Ravenna. Vielleicht hat Jordanis in seiner Verworrenheit an eine Vermählung mit des Honorius Zustimmung gedacht. Vergl. Dahn, Könige V, S. 60.

Elftes Kapitel

1 Anknüpfend an Anm. 1 des 10. Kap. ist über die Quellen für Kap. 11 und 12 noch Einiges zu bemerken:

1. Olympiodors zweiundzwanzig Geschichtsbücher, welche die Zeit vom Jahre 407 bis 425 behandeln, würden uns, was auch Photius über dessen Stil und Darstellung Ungünstiges sagt, ein unschätzbares Material bieten, wenn dieselben uns durch des Photius Auszüge vollständiger erhalten worden wären; sie sind aber auch so von größter Wichtigkeit. Er war Zeitgenosse, Heide, muß meist in Italien gelebt und die besten Quellen benutzt haben.

2. Unter den Chronisten hat sich der Vorzug des Prosper Aquitanus und Idatius, des Letztern besonders für spanische Verhältnisse, vor den Übrigen immer mehr bewährt. Aber auch Unrichtigkeiten und Widersprüche finden sich häufig, wie denn auch die Rechnungsweise des Prosper Tiro und Idatius nach Regierungsjahren, statt nach Konsulaten, die Vergleichung erschwert und zu Irrtümern Anlaß gibt.

3. Die schon für die nächstvergangene, besonders aber auch für die folgende Zeit nicht unwichtigen theologischen Schriftsteller Hieronymus, Augustinus und Salvianus (de gubernatione Dei etc., auch de providentia bezeichnet), denen man gewissermaßen den Historiker Orosius beizählen könnte, bedürfen einer erläuternden Bemerkung.

Die Reaktion des noch stark im Volke gärenden Heidentums suchte den jammerwürdigen Verfall Roms zu Anfang des fünften Jahrhunderts als eine Folge der Apostasie vom alten Glauben darzustellen. Dawider erhob sich in Rede und Schrift das Wort der christlichen Lehrer: „Nein, ein Gottesgericht ist es, riefen sie; die verdiente Strafe eurer namenlosen Sündengreuel. Die Barbaren siegen, weil sie besser sind, als ihr; die christlichen, weil sie, wenn auch Häretiker, doch frommer; die heidnischen, weil sie mindestens sittlich reiner sind."[a]

Aus dieser Tendenz nun haben wir die Schriften der Theologen zu erklären, deren religiöser Eifer fast immer in das Maßlose schweift. Der gute Zweck entschuldigt die Übertreibung. (Vergl. Bd. I, S. 585 über Gregor von Nazianz.)

Was nun die zum Teil wichtigen historischen Nachrichten in den Werken dieser Schriftsteller, namentlich in des Hieronymus Briefen betrifft, so muß man nicht vergessen, daß der Schreiber eines Privatbriefes theologischen Inhalts, bei gelegentlicher Einstreuung politischer Notizen, gar nicht die Verpflichtung skrupulöser Genauigkeit hat, zumal den Adressaten die Sache in der Regel selbst bekannt ist

Davon findet sich unter andern ein Beleg in Hieronymus (epist. 107 ad Laetam T. I. p. 673 der Ausgabe von Vallarsius, Verona 1734), wo derselbe unter den zum Christentum übergegangenen Barbaren, eben so wie Orosius (VII, 41), auch die Hunnen im Allgemeinen mit aufführt, während sich dies doch unbezweifelt nur auf wenige Einzelne beziehen kann, die unter Römern lebend übertraten.

Jedenfalls irrig ist es aber, unter den theologischen Forschern Sunnia und Fretela, an welche dies Hieronymus vorhergehender Brief 106 gerichtet ist, sich Hunnen zu denken, da dies offenbar gotische Geistliche im römischen Reiche waren, die sich über schwierige Auslegungsfragen der Psalmen von Hieronymus Belehrung erbeten hatten. (Dahn, Könige VI, S. 42; Urgeschichte I, S. 423.)

Merkwürdig aber die Gründlichkeit des Studiums unter diesen jungen Christen germanischen Stammes, die namentlich auch das Verhältnis des griechischen und lateinischen Textes zum Überirdischen in das Auge faßten.

Den theologischen Quellen ist auch das Carmen de providentia eines Ungenannten, anscheinend vom Jahre 416, beizuziehen, das in der Pariser Ausgabe des Prosper Aquitanus (s. Anm. 6 des vorigen Kapitels) mit abgedruckt ist. (Dahn, Urgeschichte I, S. 541.)

a Vergl. Dahn, Urgeschichte I, S. 544.

2 Prosp. Aquit. u. Cass. zum Jahre 406; Orosius VII, 40; Jordanis 31; Zosimus VI, 3 u. Prokop, de bell. Vand. I, 3.

3 Prokop d. bell. Vand. I, 3 läßt sie unter des Godigisclus (offenbar derselbe) Anführung noch nach Spanien ziehen, doch ist dieser Schriftsteller über Früheres unzuverlässig; vergl. Dahn, Könige I, S. 143.

4 An der obern Lys etwa zwischen Lille und St. Omer.

5 Unstreitig im Wesentlichen auf dem jetzigen, meist den Flußtälern, erst auf und dann hinab folgenden Straßenzuge über Châlons, Troyes, Sens, Orleans, Tours, Poitiers und Angoulême zur Garonne, wobei selbstverständlich nach beiden Seiten weit abgeschweift wurde.

6 Dies erhellt aus Olympiodors Angabe p. 460: bevor Honorius das siebente Konsulat antrat, was am 1. Januar 407 geschah. Daß Orosius und die Chronisten den Marcus nicht erwähnen, steht der bestimmten Angabe des Olympiodor und Zosimus nicht entgegen.

7 In der Not. dign. des Abendlands finden sich Kapitel V drei comitatensische Legionen und acht palatinische Auxilien, sowie Kap. VI drei Fähnlein Reiterei, welche diesen Namen, zum Teil neben andern, z. B. Honoriani Marcomanni oder Mauri seniores und juniores führen. Der Name beweist, daß diese Regimenter frühestens nach des Honorius Geburt, wahrscheinlich erst unter dessen Regierung errichtet worden sind.

8 Um diese vierzehn Tage weichen die Nachrichten nach Idatius in dessen Chronik ab.

9 (Stärker noch wirkte die Bedrohung durch die Truppen Constantins, der in Gallien den Hauptsitz seiner Macht hatte. D.)

10 Dessen Geburt wird um 388, dessen Tod 468 angenommen.

11 Des Idadus Chronik zum siebzehnten Regierungsjahre des Honorius.
12 Gallaeelam Wandali occupant et Suevi, sitam in extremitate oceani maris occidua. Alani Lusitaniam et Cartaginiensem provincias et Wandali cognomine Silingi Baeticam sortiuntur. Die Niederlassung der Alanen in Lusitanien und in Cartagena muß, obgleich sich das alte Lusitanien bis an die Mancha erstreckte, doch in getrennten Abteilungen erfolgt sein.
13 Was Zosimus (VI, 3) von Wiederherstellung der seit Julian vernachlässigten Rheinwehr sagt, kann nur sehr unbedeutend, etwa am Oberrhein in der Gegend von Basel gewesen sein. Die angebliche Vernachlässigung ist, so viel Valentinian I. betrifft, geradezu unwahr, und widerspricht Zosimus eigenem Anführen IV, 3.
14 Die beiden andern, Brüder Theodosius und Logadius, hatten sich zur See nach Ravenna und Konstantinopel gerettet.
15 Nach Olympiodor p. 453 dessen Sohn, nach Orosius (VII, 42) Maximum quendam (einen gewiesen), nach Renatus Profuturus Frigeridus, Gregor von Tours (II, 9) und Sozomenos (IX 13) familiaris, einer von dessen Vertrauten. Erstere Quelle ist die glaubhafteste.
16 Prosper Tiro zum Jahre 409. Hac tempostate prse valetudine Romanorum vires funditus attenuatae Britanniae.
17 (Daher ganz unglaublhaft! D.)
18 Olympiodor p. 454, Gregor v. Tours a. a. O. und Orosius VII, 42. Nach Olympiodor wäre er bei Mundiacum erhoben worden, was nur falsche Lesart für Moguntiacom sein kann.

Zwölftes Kapitel

1 Weil nach der Vermählung mit Placidia und vor dessen Tod, den er sonst wohl erwähnt haben würde. Auch gibt Bedas Chronik ausdrücklich das Jahr 415 an.
2 Wahrscheinlich als früherer Waffengenosse unter Theodosius.
3 Ataulf war nach Philostorgius (XII, 4) vermählt mit einer Ostgotin (Sarmatin meint Ph.), Dahn, Könige V, S. 61: er hinterließ bei seinem Tode Kinder aus dieser ersten Ehe, die noch nicht erwachsen. Ob er nun bei dem Bekanntwerden mit Placidien schon Witwer gewesen oder dies nachher erst geworden oder seine erste Gemahlin verstoßen, was auch bei christlichen Königen selbst später noch vorkam, wissen wir nicht.
   Immer aber müssen wir nach Olympiodors Worten, p. 457, daß die neue Vermählung Ἀδαούλφῳ σπουδῇ καὶ ὑποθέκῃ Κανδυδιανοῦ endlich zu Stande gekommen sei, annehmen, daß der bisherige Verzug von Placidiens Seite gekommen sei.
4 Placidia befand sich, nach Zosimus (V, 38), bei Roms erster Belagerung im Jahre 408 in dieser Stadt, muß daher schon bei deren Einnahme durch Kapitulation in die Hände der Goten gefallen und als Geisel (s. Zosim. VI, 12) zurückbehalten worden sein, da sie im Fall ihrer Entlassung nach Ravenna sicherlich dort verblieben und nicht nach Rom zurückgekehrt wäre. Wenn Idatius deren Gefangenschaft erst im Jahre 410 erwähnt, kann dies daher nicht auf Beginn derselben bezogen werden.
5 σάκκοις ἐξώγρησαν. Ob dies falsche Lesart ist ob wirklich Zeuge oder Netze (σάκκοι wörtlich Säcke) zu Versperrung von Fluchtwegen dabei angewendet wurden, oder ob man Sarus nebst anderen nach der Gefangennehmung erst in Säcke gesteckt habe, ist zweifelig.
6 Von vorstehender Darstellung nach Orosius weichen jedoch Prosper Aquit. und Idatius in so fern ab, als sie Heraclian bei Otriculum (Ocriculum auf der Flaminischen Strasse, neun Meilen nördlich von Rom) in einer Hauptschlacht besiegen lassen, in welcher 60 000 Mann geblieben seien. Abgesehen von der unglaubhaften Zahl, die auf Verwechselung des L mit einem andern Zeichen beruhen könnte, ließe sich Beides vereinigen, wenn man annähme, Heraclian sei zunächst, Rom vorbei, Monoius entgegen gezogen.
   Die Entscheidung mag wohl der Abfall seiner Truppen herbeigeführt haben.
7 Burgundiones partem Galline Rheno propinquam obtinuerant. Prosper. Aquit., Cassiodor. Chron.
8 Tillemont Art. 51, S. 1299.
9 Nach Orosius, der nur die Jahre der Stadt Rom angibt, würde zwar nach heutiger Rechnung das Jahr 415 sich ergeben: da dieser jedoch mehrere andere, unzweifelhaft feststehende Ereignisse ebenfalls ein Jahr später ansetzt, so vermuten wir auch hier gleichen Irrtum in Übertragung der alten Rechnung in die neue.
10 (Anders Dahn, Könige V, S. 61. Ataulf war damals offenbar der Macht des Costantius nicht gewachsen: dieser, nicht der Kaiser, ist sein wahrer Feind; vergl. Dahn, Urgeschichte I, S. 353–355.)
11 Paulinus war von Attalus im Jahre 414 zum Finanzminister ernannt worden und deswegen den Goten gefolgt.
12 (Anders die erste Auflage, welche Vertrag mit Rom annahm. D.)
13 (Wohl ein römischer und germanischer Doppelname. Auch Spott über Eberwulfs kleine Figur wird als Motiv der Tat angeführt. D.)
14 Am 23. September langte die Nachricht in Konstantinopel an.
15 v. Wietersheim hielt ohne Grund Sarus und Sigrich für Balten. (D.)
16 Σιγγέριχος nach Olympiodor. Segericus nach Orosius und Jordanis.
17 (Nicht, wie die erste Ausgabe annahm, Athaulfs Bruder, und so wenig wie dieser ein Balte: wenigstens gebricht es für beides an jedem Beweis. D.)

18 (Man sieht: die Not, welche diesen Wanderungen zu Grunde lag, wirkte fort und fort, auch unter Siegen, bis ruhiger gesicherter Landbau („quieta patria") gewonnen war. *D.*)

19 Anders die erste Ausgabe.

20 Auch die in Gallien unter Goar zurückgebliebenen Alanen mögen ein eigenes Mediatgebiet inne gehabt haben, was jedoch nur auf Schlußfolge, nicht auf ausdrücklicher Angabe der Quellen beruht. (Musterhaft war der ehrwürdige Verfasser in gewissenhafter Abgrenzung der Quellenangaben und bloßer Conjecturen! – Vergl. *Dahn*, über neuere Darstellungen der deutschen Urgeschichte: „Im neuen Reich" 1881, No. 4.)

21 (Ein Mißverständnis Fredigars: Gregor sagt dies von *Stilicho*. *D.*)

22 Die Frage, was unter jenen sieben Provinzen zu verstehen sei, wird am gründlichsten, wenn auch ohne sicheres Ergebnis, in Böckings Ausgabe der Notitia dignitatum occidentis (Kap. XXI, S. 470–578) behandelt.

Fast jeder der ältern Ausleger beantwortet sie verschieden.

Dem Wortlaute würde es am meisten entsprechen, das gesamte Gallien, einschließlich also der beiden Belgien und Germanien, darunter zu verstehen, weil nach dem römischen Kanzleistile die siebzehn Provinzen Gesamtgalliens die septem provinciae genannt wurden (s. Not. dig. occ., S. 13, 71–72) und dies keineswegs auf falscher Lesart beruht, wie Böcking (S. 477–478) zweifellos nachgewiesen hat. Da aber in der Verordnung selbst die Provinzen Novempopulana (zwischen der Garonne und den Pyrenäen, dem Ozean und den Depart. Gers et hautes Pyrénées einschließlich) und Aquitanica secunda (der 20–24 Meilen breite Küstenstrich zwischen der Garonne und Loire) als die von Arles entferntesten angegeben werden, so können die nördlichen Provinzen Galliens, selbst die Lugdunensis secunda (Normandie), tertia (Bretagne) und quarta (zwischen Orleans und Paris) darunter nicht begriffen gewesen sein, wogegen unzweifelhaft die große Aquitanica prima (Auvergne) und wahrscheinlich Lugdunensis prima mit Lyon dazu gehörten.

Irrig ist es aber jedenfalls, darunter nur den Süden im engern Sinne, oder gar nur die schon zu Cäsars Zeit bestandene alte Provinz zu verstehen (s. Dahn, Könige V, S. 68, 69).

23 (Da das Zentrum erlahmte, mußte den Provinzen mehr Autonomie als früher eingeräumt werden. *D.*)

24 Idatius gibt freilich das vierundzwanzigste Regierungsjahr des Honorius an, welches auf das Jahr 418 fällt, Prosper Aquit. aber, welcher der weit sichereren Zeitrechnung nach Konsulaten folgt, das Jahr 419, was auch sonst richtiger sein dürfte.

25 Die Könige der Vandalen führten von dem an den Titel Könige der Vandalen und Alanen.

26 Goti intermisso certamine, quod agebant, per Constantinum ad Gallias revocati sedes in Aquitania a Tolosa usque ad Oceanum acceperunt.

27 Anders Dahn, Könige V, S. 68.

28 Vergl. aber Dahn, Könige V, S. 69.

29 Vergl. aber dagegen Dahn, Könige V, S. 71.

30 In Ptolemäus findet sich (II, 6, 49) in der Provinz Tarraconensis ein Forum *Ναρβασῶν*, das nach dessen Gradangaben, verglichen mit der Lage der bekannten Bracalia Augusta (Braga) in Portugal, im heutigen nördlichen Estremadura ungefähr in der Nähe des jetzigen Plasencia, hiernach also schon in Lusitanien gelegen haben mußte, wo sich östlich in der Nähe von Plasencia nur eine schmale Bergkette, etwa sechs Meilen nordöstlich desselben aber allerdings eine größere Gebirgsgruppe findet.

Vergleiche hierüber Marcus, Hist. des Vandales (S. 112), für das Forum der Narbaser für das jetzige Montecorvo (Torre de Moncorvo) erklärt, das achtzehn Meilen oberhalb Oporto am Duero liegt, was allenfalls zwar zu den angegebenen Gebirgen, auf keine Weise aber zu des Ptolemäus Gradbestimmungen paßt. Ersterer Schriftsteller beweist hierbei seinen Mangel an Kritik dadurch, daß er über denselben Kampf zwischen den Vandalen und Sueben zwei ganz verschiedene Berichte aus den Quellen anführt, außer jenem zuverlässigen des Idatius nämlich noch einen andern aus Gregor von Tours (II, 2), wonach eine bevorstehende Schlacht zwischen Vandalen und Sueben auf Vorschlag des Königs Letzterer durch einen Zweikampf zwischen Einzelnen Kriegern beider Teile zu Gunsten der Sueben entschieden worden sei. Das soll, diesem Schriftsteller zufolge, unmittelbar nach Gunderichs Tode erfolgt sein, über dessen Zeit wir freilich keine sichere Nachricht haben. Ist es also auch wohl möglich, daß das Ereignis, dessen Gregor von Tours gedenkt, in das Jahr 420 gefallen sei, so wimmelt doch die ganze weitere Erzählung des Gregor von Tours von so handgreiflichen Unrichtigkeiten, daß es auffällig ist, wie Marcus ein derartiges Zeugnis, ohne irgend welche Prüfung oder Bemerkung, für unzweifelhaft ansehen konnte. (Siehe das Richtige bei Dahn, Könige I, S. 147; VI, S. 560.)

31 Es ist unbegreiflich, wie ein sonst gründlicher Schriftsteller, wie Aschbach, die Nachricht, die Prosper Tiro vom zweiten Regierungsjahre Valentinians III., also neun Jahre später anführt, daß 20 000 Römer von den Vandalen niedergehauen worden seien, ohne jede Bemerkung auf diesen Kampf beziehen kann.

32 (Sehr mit Recht! *D.*)

Dreizehntes Kapitel

1 (Richtiger wohl: Genserich nach J. Grimm. *D.*)

2 Die sichersten Quellen über des Johannes Usurpation sind Olympiodor (p. 468, 470 und 471), Prosper Aquitanus (für die Jahre 423–425) und Sokrates (VII, 23 und 24), und zwar Letzterer, weil er, wenn schon an sich

unzuverlässig, im Wesentlichen mit Ersteren übereinstimmt.

Daß Valentinian III. erst im Jahre 425 von Theodosius II. zum Augustus erhoben ward, bestätigt, außer Prosper Aquitanus, auch Olympiodor dadurch, daß er ihn siebensäulig nennt, da derselbe zu Anfang Juli 419 geboren, erst in der zweiten Hälfte des Jahres 425 das siebente Jahr antrat.

Tillemont (VI, 1, Art. 15 am Schl. und 22) und Gibbon (Kap. XXXIII, Note 6) sagen, Theodosius habe bei dieser Gelegenheit das westliche Illyrien, d. i. Pannonien, Dalmatien und Noricum, vom Westreich abgerissen und zu dem seinigen geschlagen; Letzterer bezieht sich dafür nicht auf Quellen unmittelbar, sondern nur auf Comte de Buat, Hist. des peuples de l'Europe, worin wir jedoch (T. VII, S. 242 bis 263) nichts Überzeugendes gefunden haben. Indes sagt Cassiodor in einem Schreiben an den Senat zu Rom (Valiarum XI, 1) bei Verglei-chung seiner Herrin Amalasvinta mit Placidien von *Letzterer*: Nurum denique sibi amissione Illyrici compara-vit, factaque est conjunctio regnantis divisio dolenda provinciis. Dies Zeugnis ist an sich nicht in Zweifel zu ziehen, schließt aber zumal bei dessen lobrednerischem Stile nicht aus, daß er dabei die Abtretung eines Teils von Illyrien im engern Sinne, d. i. von Dalmatien im Sinne gehabt hat, worauf das Ostreich vielleicht seit längerer Zeit Anspruch machte.

Mindestens halten wir die Abtretung aller drei obengenannten Provinzen für unbegründet, nicht nur, weil die Chronisten ein so wichtiges Ereignis kaum unerwähnt gelassen haben würden, sondern auch weil sich in der Folgezeit noch sichere, weiter unten zu erwähnende Beweise finden (s. S. 382), daß dieselben größtenteils mindestens noch zu Westrom gehörten. Auch scheint der Ausdruck divisio mehr für eine nur teilweise Abtre-tung zu sprechen. Übrigens ist es zugleich wahrscheinlicher, daß dies Abkommen schon im Jahre 424 erfolgte, wo Valentinian III. erst durch Theodosius II. zum Thron gelangte, als bei seiner Vermählung mit des Letztern Tochter im Jahre 437. Man muß dann freilich Cassiodors Ausdruck: conjunctio nur auf die Verlobung des jungen Kaisers mit Eudoxien beziehen, welche schon im Jahre 424 bei Placidiens Anwesenheit in Konstantino-pel stattfand und von derselben wohl als Mittel benutzt ward, die Überlassung des Westreichs an ihren Sohn überhaupt zu erlangen, worüber Theodosius (nach Sokrates VII, c. 24) noch schwankte.

3 Wenn Frigeridus bei Gregor von Tours (11, 8) sagt, Aëtius sei wirklich als Geisel drei Jahre lang bei Alarich gewesen, so muß dies nach dem hierin glaubhafteren Zosimus, der (V, 36) Alarichs diesfallsiges Verlangen im Jahre 408 von Honorius zurückweisen läßt, bezweifelt werden.

4 So verstehen wir die Worte in Gregor von Tours: Joannis curam palatii gerere coepit.

5 Donec imminente Aëtio *non impuniti* discederent. Prosper Aquitanus zum Jahre 428.

Idatius bemerkt unter dem sechsten Regierungsjahre Valentinians, daß Aëtius bei Arles einen Trupp Goten vernichtet und deren Anführer Aonulf getötet habe.

Dies hält Aschbach für ein besonderes Gefecht bei einer zweiten Belagerung von Arles, deren auch Prosper Tiro unter dem vierten Jahre Valentinians gedenke. (S. Dahn, Könige V, S. 73.)

Allein Prosper Tiro, der des Letztern Erhebung zum Augustus in das Jahr 3 setzt, spricht offenbar vom Jahre 426, dem Prosper Aquitanus, wenn wir den Aëtius Feldzug in den Winter 425–426 setzen, keineswegs wesent-lich entgegensteht. Unstreitig ist daher jene Nachricht des Idatius nur aus Versehen in dies Jahr gekommen, was dadurch noch wahrscheinlicher wird, daß derselbe in dem *nämlichen* Jahr unmittelbar darauf der Bekriegung der Juthungen und Noriker (in Bayern und Österreich) durch Aëtius gedenkt.

Übrigens ist die Chronologie des Prosper Aquitanus, der genauer nach Konsulaten mit der des Idatius, der nach Regierungsjahren rechnet, nicht sicher zu vereinigen. Offenbar nimmt Letzterer das Jahr 424 als das erste Valentinians an, was es auch wirklich war, setzt daher nur aus Irrtum dessen erst 425 erfolgte Erklärung zum Augustus in dasselbe.

Ein späteres, unzweifelhaft sicheres Ereignis, die Ernennung des Xystus (Sixtus) zum zweiundvierzigsten römischen Bischof, würde bei Idatius hiernach auf das Jahr 433 fallen, während es Prosper Aquitanus und Marcellin unter 432 aufführen.

Sollte das Jahr III Valentinians, unter dem kein Ereignis bemerkt wird, vielleicht durch späteres Versehen in dessen Chronik eingeschoben worden sein?

Umgekehrt hatten wir freilich im vorigen Kapitel unter c) gefunden, daß Idatius ein Ereignis des Jahres 419 unter 418 angeführt hatte. Dies Alles aber beweist nur, daß dessen Zeitrechnung überhaupt eine mangelhafte ist. Die amtliche des Reichs war die nach Konsulaten und bei deren Überrechnung in die nach Regierungsjahren ein Irrtum leicht möglich, da der Anfang einer Regierung in den Lauf des Kalenderjahres fiel, auch der Zeit-punkt des Beginnes einer solchen, wie gerade nach Honorius Tod, oft ein unsicherer war.

6 Prokops Darstellung der Intrige, welche Bonifacius veranlaßte, Gaiserich zu seiner Hilfe zu rufen, dürfte im Wesentlichen richtig[a] sein, ist aber, den Angaben der Zeitgenossen Prosper Aquitanus und Augustinus, ungenau und unvollständig.

Wir denken uns den ganzen Hergang so. Bei Placidiens Verbannung nach Konstantinopel im Jahre 423 blieb Bonifacius in Afrika ihr treu.

Derselbe erkannte den Tyrannen Johannes nicht an, worauf dieser im Jahre 424 Truppen wider Bonifacius abschickte (Prosper Aquitanus), welche nach Prosper Tiro Sigisvult befehligte.

Nachdem Valentinian III. im Jahre 425 zum Kaiser erhoben worden, ward Bonifacius nach Rom berufen und von Placidien zum Befehlshaber über ganz Libyen ernannt, was des Aëtius Mißgunst heftig erregte. (Prokop, p. 322, Z. 23–25.)

Aëtius verbarg seinen Groll, wußte aber, unstreitig erst nach seiner glorreichen Rückkehr aus Gallien im Jahre 426, den Argwohn der Kaiserin wider Bonifacius zu erregen. „Derselbe strebe, mag er ihr eingeredet haben, Afrika vom Reiche loszureissen und als Tyrann zu regieren. Wolle sie sich dessen versichern, so möge sie ihn plötzlich nach Rom berufen: er werde nicht kommen, worauf diese, als auf eine völlig unbedenkliche Prüfung des Angeschuldigten, einging. (Prokop, p. 322, Z. 15–22.)

An Bonifacius dagegen hatte Aëtius vorher schon unter der Maske der Freundschaft geschrieben, die Kaiserin trachte ihm nach dem Leben, was er daraus ersehen könne, daß man ihn bald ohne Angabe eines Grundes zurückberufen werde. Als dies nun in der Tat unmittelbar darauf geschieht, traut der Erstere dem falschen Freunde und verweigert den Gehorsam. (Prokop, p. 323, 5–6.)

Sogleich wird hiernach der Krieg gegen den vermeinten Rebellen begonnen, vielleicht durch Befehl an einen seiner Unterbefehlshaber, gewiß aber auch durch Truppensendung von Italien nach Afrika.

Diese wichtige Tatsache, von der Prokop nichts sagt, erhellt unzweifelhaft aus Prosper Aquitanus zum Jahre 427 und läßt sich auch aus Augustus Briefe an Bonifacius (220, opera II, S. 812 d. Ausg. Venedig 1729) mit ziemlicher Sicherheit abnehmen.

Nach dem Chronisten wurde Bonifacius von drei römischen Feldherren irgendwo belagert, von denen zwei, Mavortius und Galbio, durch Verrat ihres Kollegen Sinax getötet wurden, welcher später durch Bonifacius dasselbe Schicksal erlitt. Hierauf wurde, fährt Jener fort, „das Meer den bisher noch schiffsunkundigen Völkern, die von den Streitenden zu Hilfe gerufen wurden, zugänglich gemacht, und die Führung des wider Bonifacius begonnenen Kriegs dem Comes Sigisvult übertragen.

Das Volk der Vandalen setzt von Spanien nach Afrika über.[b]

Prokop hingegen läßt p. 323, Z 9–11 Bonifacius zugleich, nachdem er Placidien den Gehorsam verweigert, aus Besorgnis ihr nicht widerstehen zu können, ein Waffenbündnis mit den Vandalen suchen und durch vertraute Sendboten nach Spanien Godegisels Söhnen, Gunterich und Gaiserich, jedem ein Drittel Afrikas für Abschluß einer gegenseitigen Defensivallianz anbieten.

Die Irrtümer dieses über ein Jahrhundert spätern Schriftstellers liegen auf der Hand. Wahr aber ist es sicherlich, daß Bonifacius die Hilfe wider Rom nicht durch Abtretung aller afrikanischen Besitzungen, sondern nur eines Teils derselben erkaufen wollte.

Nachdem nun die Vandalen bereits tief im Lande waren, läßt Prokop durch Freunde von Bonifacius, die zu Aufklärung seines unbegreiflichen Schrittes nach Karthago gereist seien, die ganze verruchte Intrige entdecken. Darauf schwere Reue der Kaiserin, wie des Feldherrn. Erstere aber wagt nicht, bei der Macht, die Aëtius bereits erlangt hat, wider diesen vorzugehen, sendet aber den Comes Darius nach Afrika ab (Augustin. epist. 229–231) und beschwört Bonifacius, die Vandalen wieder aus dem Lande zu entfernen. Vergebens versucht dieser den Weg der Güte wie den der Gewalt. Höhnend verwirft Gaiserich die dringendsten Bitten wie die größten Versprechungen, schlägt den ihn angreifenden Bonifacius und zwingt ihn, sich nach Hippo Regium (Bona) zu retten. Hier belagert ihn der Vandale, muß aber nach vierzehn Monaten, wegen Proviantmangels, unverrichteter Sache wieder abziehen.

Darauf erhalten die Römer zur See Verstärkung aus Rom und Byzanz unter dem Feldherrn Aspar.

Die Truppen fordern eine Schlacht, die zur entschiedenen Niederlage wird, Bonifacius flieht nach Rom, Aspar nach Byzanz. Afrika ist im Wesentlichen verloren.

Nach einer Stelle in der im Jahre 487 gefertigten Schrift des Bischofs Vitensis de persecutione africana (Buch I, S. 5 der Ausgabe von Chifflet, Divione [Dijon] 1664)[c] blieben jedoch die westlichen Provinzen Mauritania Caesarea und Sitifensis ganz oder teilweise bis zu Valentinians III. Tod noch im römischen Besitze. Nach Marcus keineswegs zweifelloser Ausführung (S. 143 und S. 167–169) sogar ein kleiner Teil des westlichen Numidiens. (Siehe Dahn, Könige I, S. 163 f.)

Was nun die Zeit dieser Ereignisse anlangt, so fallen diese mit Sicherheit in die Jahre 427–432.

In das erste, unter das Konsulat des Hierius und Ardaburius, setzen Prosper Aquitanus und Cassiodor, welchem Letztern (wenn er diese Notiz nicht gedankenlos nachschrieb) die Wahrheit zu erörtern so leicht war, den Übergang der Vandalen nach Afrika.

Idatius berichtet diesen freilich unter dem achten Regierungsjahre Valentinians III., seine Rechnung aber ist unsicher, da Jahr I desselben Regierungsjahre das Jahr 424 und 425, ja anscheinend, wie die Ernennung Valentinians zum Cäsar, selbst schon des Jahres 423 umfaßt.

(Daß 429 die richtige Jahrzahl ist, s. Dahn, Könige I, S. 149 f.)

Unzweifelhaft steht fest, daß der heilige Augustin im Jahre 430 während der Belagerung von Hippo Regium durch die Vandalen starb (Prosper Aquitanus zum Jahr 430, Possidius, des Zeit- und Hausgenossen St. Augustins, c. 29, Vita St. August in St. August. Opera X app., S. 258 in der Ausgabe von Venedig 1729) und Bonifacius im Jahre 432 nach Italien zurückkehrte.

a Völlig verworfen wird sie unter nicht verächtlichen Gründen von *Auler*, de fide Procopii caesareensis Bonn. 1876.

b Exinde gentibus, quae navibus uti nesciebant, dum a concertantibus in auxilium vocantur, mare pervium factum est, bellique contra Bonifacium coepti in Sigisvultum comitem cura translata est. Gens Vandalorum ab Hispania ad Africam transit.

c Jetzt ed. Halm, Monumenta Germ. hist. scriptor. antiquiss. 1879.

7 (Dies ist falsch: es gab nur einen Vandalenkönig Guntherich; Dahn, Könige I, S. 143, 144; die Einladung nach Afrika erging noch an *König* Guntherich und an Gaiserich als dessen *Feldherrn*, s. Dahn, Urgeschichte I, S. 155, 156.)

8 S. aber auch Könige I, S. 150.

9 Wie sich diese zu der im vierten Jahre Valentinians erwähnten verhält, wissen wir nicht.

10 (Dieser Bericht Prokops ist in neuerer Zeit nicht ohne triftige Gründe angezweifelt worden. *D.*)

11 Guntherich war inzwischen gestorben, Gaiserich auf den Thron gefolgt. *D.*)

12 Dies kann nicht, etwa verschrieben, der (andere *D.*) König dieses Volkes, Hermerich, gewesen sein, da Idatius letzteren im nächsten Jahre noch als lebend anführt und dessen Tod erst in das Jahr 441 setzt. (Vergl. aber Dahn, Könige VI, S. 560, wonach I, S. 151 zu modifizieren; vielleicht waren beide Könige Brüder.)

13 Possidius in der vorerwähnten Schrift setzt hinzu: „Commixtam secum habens Gotorum gentem aliarumque diversarum nationum personas". So unzweifelhaft dies falsch sein würde, wenn man hiernach Gaiserichs ganzes Heer oder auch nur einen größern Teil desselben für ein aus allerlei Volk gemischtes ansehen wollte, so kann doch, nach der bekannten Sitte der Germanen, nicht bezweifelt werden, daß auch kriegslustige Abenteurer aus andern Völkern, denen man den Eintritt nie zu verweigern pflegte, in demselben sich befanden.

14 Gibbon, Kap. 33, Not. 18 mit Bezug auf Tillemont, Mem. eecles. und Dahn, Könige I, B. 244 ff.

15 Possidius, Vit. S. Aug., c. 28; Victor Vitens. I, p. 3 und Prokop I, 6, p. 334; Dahn, Könige I, S. 205, 219.

16 Nach Prokop (I, 5, p. 332), nach Idatius zum J. 6 Majorians, seinem jüngern Sohne Gento, was jedoch irrig ist; s. Dahn, Könige I, S. 157.

17 Prokop sagt p. 335 1300 Centenarien, oder 130 000 Pfd. Goldes. Wir halten diese Zahl aber doch für übertrieben. Das römische Pfund, nach Böckh 327,47 Gramm, würde heute einen Silberwert von nahe 900 Mark haben, genau 899 Mark 19 Pf. Da aber das Gold sich in jener Zeit nur wie 1 zu 14,4 zum Silberwert verhielt, jetzt aber ungefähr wie 1 zu 15,5, so würde der damalige Silberwert gedachter Summe nur etwas über 108 Millionen Mark betragen haben.

18 Der Angriff traf wohl zugleich Flotte und Lager der bereits teilweise ausgeschifften Truppen; s. Dahn, Könige I, S. 158. Urgeschichte I, S. 170

19 Historia Hiscella XVI; Prokop I, 7, p. 343; Dahn, Könige I, S. 159.

20 Vergl. Dahn, Könige I, S. 200.

21 Siehe die Literatur hierüber s. voce Vandalen im Anhang.

22 Victor Vitensis (II, p. 20) sagt, diese Grausamkeit sei aus der Absicht hervorgegangen, seinen Söhnen nach seinem Tode die Thronfolge zu sichern, bei welcher Hunerichs Bruder und diejenigen Söhne desselben, die älter waren, als die seinigen, letztern vorgegangen sein würden. (Vergl. Dahn, Könige I, S. 232.)

23 Jetzt ausgezeichnet herausgegeben durch *Halm*, Monumenta Germaniae historica auctores antiquissimi.

24 Vergl. Dahn, Könige I, S. 244–260.

25 (Das Edikt ist erhalten. *D.*)

26 (Welche auch, nach ihrer eignen Darstellung, durchaus nicht von aller Schuld frei zu sprechen sind. *D.*)

27 Die Spezialsummen stimmen in der Quelle selbst mit der Gesamtzahl nicht überein.

28 Marcus (S. 349 und Note 23 dazu S. 78 d. Anm.) nimmt nach Mannert (Geschichte der Vandalen, Leipzig 1785, S. 129) an, Hunerichs Witwe Eudokia habe sich aus des Gemahls Tode mit ihren Kindern, namentlich mit ihrem Sohne Hilderich, nach Konstantinopel zurückgezogen, was wir allerdings auch durch die sogleich anzuführende Stelle Prokops, p. 350, für genügend erwiesen ansehen; vergl. aber dagegen Dahn, Könige S. 165.

29 Prokop, p. 350, 351 und 383.

30 Dies schließt jedoch mehrfache einzelne Lücken und Undeutlichkeiten nicht aus. So wird z. B. bei keiner Schlacht die Stärke der Vandalen angegeben.

31 Prokop sagt (I, 10, p. 357, Z. 5), daß deren gar nicht vorhanden gewesen.

32 Prokop I, 12, p. 362 u. 15, p. 377.

33 (Nur die Glieder des Königshauses leisten Hervorragendes an Tapferkeit: drei Asdingen fallen im Gefecht. *D.*)

34 Das Jahr 440 nimmt Keyne, opusc. acad. VI et VII Censura ingen. doctr. Salv. S. 131 an, während in Bährs Geschichte der Röm. Liter. Supplem., Bd. II, S. 349 das Jahr 451, nach andern sogar 456 angenommen wird, was wir für entschieden falsch halten. Der Kampf des Litorius mit den Westgoten 436–439 wird darin *bellum proximum* genannt, der furchtbare Hunnenzug 451 aber nicht erwähnt. Salvian muß daher vor diesem, wahrscheinlich zu Anfang der vierziger Jahre geschrieben haben.[a]

a (Unzweifelhaft richtig; vergl. Teuffel § 465. *D.*)

35 Über Salvian (und ähnliche Schilderungen anderer) Dahn, Urgeschichte I. (Kultur im Westgotenreich.) 1881.

1 Pannoniae, quae per quinquaginta annos ab Huunis retinebantur, a Romanis receptae sunt.
2 Diese Angabe Marcellins scheint durch die Worte des Jordanis (in Kap. 32) bestätigt zu werden: Nam duodecimo anno Valliae, *quando et Hunni post paene quinquaginta annos invasa Pannonia a Romanis et Gothis expulsi sunt* etc. Hierin ist aber zuvörderst das zwölfte Regierungsjahr eine grobe Unrichtigkeit, da Walja nach dem völlig zuverlässigen Idatius und Isidors Chron. Gothorum nur drei bis vier Jahre regierte.

Ferner ist es mit der Geschichte fast unvereinbar, daß die Hunnen bereits im Jahre 377 oder bald darauf Pannonien erobert hätten, wofür wir uns auf unser 6. und 7. Kapitel berufen.

Beinahe unglaublich auch ist, daß jenes Ereignis, wenn es ein wichtiges und hauptsächliches gewesen wäre, von den zeitgenössischen Chronisten Prosper und Idatius nicht erwähnt worden sein sollte. Vor allem aber setzt das ausdrückliche Zeugnis des unbedingt zuverlässigen Priscus (p. 147 d. Bonn. Ausg., vergl. auch p. 198) außer Zweifel, daß erst im Jahre 433 *ein Teil* von Pannonien an der Save den Hunnen abgetreten ward, die Gesamtprovinz also vorher römisch und zwar weströmisch gewesen sein muß, wonach wir weitere Gründe, z. B. die Unwahrscheinlichkeit eines feindlichen Vorgehens des Aëtius wider die ihm so eng befreundeten Hunnen, ganz übergehen, und Buats Ansicht (Hist. ancienne des peuples d'Europe VII, S. 291–295), daß Pannonien damals nicht durch West-, sondern durch Ostrom den Hunnen wieder abgenommen worden sei, aus den Anm. 1 zu Kap. 13 angeführten Gründen einer Widerlegung nicht würdigen.

Nichts desto weniger können wir Marcellins Nachricht nicht für willkürlich ansehen, äußern daher folgende Vermutung darüber. Es ist leicht möglich, daß einiges hunnische (oder solchen unterworfene germanische) Volk auf eigne Faust in das südliche Pannonien an der Save vorgedrungen war. Die Räumung dieser Gegend kam in dem gewiß schon im Jahre 424 mit Rua abgeschlossenen Vertrage bedungen, aber nicht vollzogen worden sein. Um das zu bewirken kann nun Aëtius im Jahre 427, nachdem er mit Theoderich Frieden geschlossen, mit seinem durch gotische Söldner verstärkten Heere von Italien, wohin er zurückgekehrt war, sich Pannonien genähert und dabei auf freundlichem Wege die Befreiung dieser Provinz von jenen Eindringlingen erlangt haben. Jedenfalls weist Marcellins Ausdruck: receptae mehr auf friedliche Abtretung als auf Krieg hin, Jordanis aber ist bei seinen zahllosen Unrichtigkeiten überhaupt keine Autorität.

So läßt sich vielleicht die Notiz des Chronisten durch eine allzu kurze, daher ungenaue Wiedergabe einer in seinen Quellen aufgefundenen Erwähnung eines zwar nicht unwahren, aber jedenfalls unerheblichen Ereignisses erklären.

3 Pars Galliarum propinqua Rheno, quam Franci possidendam occupaverant, Aëtii comitis armis recepta.
4 Huschberg nimmt (S. 250) an, die Goten seien im Jahre 428 zum zweiten Male vor Arles gerückt, was von dem eilends nach dem Süden zurückgekehrten Aëtius wiederum entsetzt worden sei. (Vergl. aber Dahn, Könige V, S. 73.)
5 Superatis per Aëtium in cortamine Francis et in pace susceptis.
6 Nur Marcellin sagt im dritten Monat.
7 Prosper Aquitanus sagt zum Jahre 432: Aëtius habe sich nach der verlornen Schlacht zuerst auf sein Landgut begeben, als ihn aber einer seiner Feinde überfallen wollen, sei er geflohen und zwar zuerst zur Stadt (ad urbem, was auch Konstantinopel bedeuten könnte), dann nach Dalmatien, und von da *durch* Pannonien zu den Hunnen, durch deren Freundschaft und Hilfe er Frieden mit den Fürsten (pacem principum, Plac. u. Valent.) und die Erneuerung seiner Amtsgewalt erlangt habe. So unwahrscheinlich es ist, daß sich Aëtius nach Rom zurück oder über Konstantinopel nach Dalmatien begeben habe, so halten wir doch Ersteres noch für das Glaubhaftere, da es möglicherweise im Geheimen geschehen sein könnte.
8 Prosper Tiro, die einzige Quelle, führt seine Rückkehr schon unter 432 an, anscheinend aber nur des Zusammenhanges mit der Flucht halber, da er erst unter 433 sagt: Aëtius in „gratiam receptus".
9 Prosper Aquitanus: Eodem tempore Gundicarium Burgundiorum regem intra habitutem Aëtius bello obtinuit pacemque ei supplicanti dedit, qua non diu potitus est. Siquidem illum Hunni com populo atque stirpe sua deleverunt.
   Vergleiche hierzu:
   Prosper Tiro: Bellum contra Burgundiorum gentem memorabile exarsit, quo universa gens cum rege per Aëtium deleta. (Die gewöhnliche Lesart Peretio statt per Aëtium ist offenbar falsch.)
   Idatius vom Jahre 435: Burgundiones qui rebellaverant a Romanis duce Aëtio debellantur; vom Jahre 436: Burgundionum caesa viginti millia.
10 Dieser Burgunderkrieg ist von Thierry auf Grund von Sokrates (VII, 80) in seiner Geschichte Attilas durchaus irrig[a] aufgefaßt worden. (Aber auch obiger Text enthält nur sehr fragwürdige Vermutungen. *D.*)
   a Es ist gefährlich, ein aus dem Ganzen herausgerissenes Stück Geschichte, ohne genaue Studien der Vorzeit und des nur hiernach zu bemessenden Wertes der Quellen, zu schreiben. Dies schicken wir zur einiger Entschuldigung eines sonst so geschätzten Historikers, wie Thierry, voraus, welcher den Sokrates (VII. 30) in Teil 1 (S. 45–47) seiner Geschichte Attilas fast wörtlich, nur mit einigen unglücklichen Zusätzen, nachschreibt.
   Sokrates läßt die Burgunder, die der Zeit- und Landesgenosse Prosper Aquitanus ausdrücklich intra Galliam

habitantes nennt, jenseits ($\pi\varepsilon\varrho\acute{a}\nu$) des Rheines sitzen und von Handwerk leben, die Hunnen sie angreifen und deren Land plündern. Ratlos hätten sich nun Erstere an Gott gewendet und wahrnehmend, wie dieser den Römern die *sicherste Hilfe* gewähre (wunderbare Faselei), seien sie zu einem christlichen Bischofe Galliens gereist (also das ganze Volk), um von diesem getauft zu werden, was derselbe ihnen auch nach siebentägigem Fasten und Unterricht gewährt habe.

Darauf seien sie vertrauensvoll zurückgekehrt, und hätten die Hunnen nach dem plötzlichen Tode von deren König Octar dergestalt überfallen, daß 3000 Burgunder 10 000 Hunnen niedergehauen hätten. Seitdem seien sie die eifrigsten Christen.

Um *dieselbe Zeit*, unter dem Konsulate Theodosius XIII. und Valentinians III., d. i. im Jahre 430, sei der arianische Bischof Barba gestorben.

Diese Erzählung, bei der es offenbar nur auf den Triumph des Christentums abgesehen ist, charakterisiert sich selbst, bedarf keiner weiteren Kritik.

Auf die vorstehende Erwähnung der Burgunder verweisend wiederholen wir hier nur kurz, daß dieselben doch unzweifelhaft bei der allgemeinen Völkerflut des Jahres 406 sich in Gallien niederließen und namentlich unter ihrem Könige Gunther (möglicherweise derselbe mit Prosper Aquitanus Gundicar im Jahre 435) im Jahre 411 bei der Usurpation des Jovinus sich beteiligten, auch im Jahre 413 einen Teil Galliens unfern des Rheines erhielten, schon bei diesem Anlasse aber oder mindestens bald nachher Christen wurden, wie dies der Zeitgenosse Orosius, der nur bis zum Jahre 417 schrieb, an zwei Stellen (VII, 32 und 41) ausdrücklich versichert, wo er zugleich ihrer Wohnsitze in Gallien gedenkt. Sokrates dagegen versetzt ihren Krieg mit den Hunnen, der nach dem übereinstimmenden Zeugnisse der drei Chronisten im Jahre 435 stattfand, in das Jahr 430 und bringt zugleich deren fast zwanzig Jahre früher erfolgten Übertritt zum Christentum damit in Verbindung. Daß aber die neuen Christen, ihrer Bekehrung unerachtet, von den Hunnen schließlich doch beinahe ganz aufgerieben worden sind, verschweigt er unstreitig aus Absicht.

Thierry endlich nimmt an diesen handgreiflichen Unwahrheiten keinen Anstoß, sondern vermehrt sie noch dadurch, daß er einen Teil der Burgundionen fortwährend in den von Ammian (XVIII, 2) zur Zeit Julians und Valentinians I. bezeugten Sitzen am Fusse der herkynischen Gebirge und am Ufer des Mains, genauer in Franken und Schwaben (Bd. I, S. 537), unter einem theokratischen Regimente beharren läßt. Eine solche Spaltung des Volkes, wonach ein Teil desselben auf dem rechten Rheinufer zurückgeblieben wäre, ist zwar wohl möglich, es findet sich aber nicht nur in den Quellen nicht die geringste Spur davon, sondern es ist auch höchst unwahrscheinlich, daß sich ein Teil desselben gerade bei solchem Glückswechsel freiwillig von der Eroberung ausgeschlossen habe.

Ferner läßt er das Hunnenvolk für eigne Rechnung von der Donau unterhalb Pest bis an die Gegend von Würzburg, neunzig bis hundert Meilen weit, zu den Burgundern vordringen, was doch, da der Böhmerwald zwischen Linz und Passau bis zur Donau vorrückt, fast nur durch Noricum und Rätien, die nach S. 115 und 126 wieder römisch waren, geschehen konnte, obwohl die Hunnen mit Rom unmittelbar vorher Frieden geschlossen hatten. Was aber nach dieser militärischen Promenade mit dem Hunnenheere geworden sei, läßt er völlig unerörtert, obgleich er sehr wohl weiß, daß die hunnische Plünderung und Eroberung später in den Jahren 434–447, wie wir weiter unten sehen werden, in ganz anderer Richtung hin vorschritt.

Genug über diesen Irrtum. (Vergl. über all dies Binding I, S. 3 f. und Dahn, Könige V, S. 78.)

11 Idatius schreibt Narbonnes Entsatz dem Aëtius zu, der Litorius übrigens dazu kommandiert haben muß. Jedenfalls verdient der ausführlichere Prosper Aquitanus mehr Glauben. (Vergl. aber Dahn, Könige V, S. 74.)

12 Deerta Valentinae urbis rura Alanisi, quitus Sambida praeerat, partienda traduntur.

13 Huschberg nimmt eine doppelte Ansiedelung und die erste allerdings bei Valence an. Wir verkennen nicht, daß dies der Quelle entsprechend scheint. Doch ist sowohl die Spaltung dieses ohnehin nur kleineren Volkes als dessen Ansiedelung mitten zwischen den römischen Hauptstädten Vienne und Arles sehr unwahrscheinlich. (S. dagegen Dahn, Könige I, S. 264.)

14 Derselbe war Bischof zu Aquae Flaviae, jetzt Chiaves, im nördlichen Portugal.

15 Da Idatius den Rechila ausdrücklich gentilis nennt, können wir nicht bezweifeln, daß er als Heide starb. Gleichwohl muß es unter den Sueben auch viele Christen gegeben haben, da Orosius, der doch mit ihnen in einem Lande lebte, sie sonst unmöglich (VII, 41) dazu hätte rechnen können.
    (Sie waren größtenteils Heiden, andere Katholiken, erst seit J. 463 in Masse Arianer. Vergl. Dahn, Könige V, S. 568.)

16 Dieser Vermutung steht allerdings der Zweifel entgegen, daß Rekiar solchen Falls vier Monate bei Theoderich in Gallien verweilt haben müßte. Auch scheint nach des Idatius Worten die Raubfahrt im Juli mit einem zweiten Besuche Theoderichs verbunden worden zu sein. (S. aber Dahn, Könige VI, S. 562–563.)

Fünfzehntes Kapitel

1 Nur der Ausdruck: Skythien und skythische Völker wird bisweilen in dem alten geo- und ethno-graphischen Sinne für Nordlande und Nordvölker überhaupt gebraucht. (Siehe aber Dahn, Könige II, S. 57–64, gegen obige Ausführungen.)

2 Er erwähnt als Herkunft des Orestes denjenigen Teil Pannoniens, „welcher an dem Save-Fluß gelegen, gemäß dem mit Aëtius, dem Feldherrn der Weströmer, geschlossenen Bündnis den Barbaren gehörte".

3 p. 673 d. Ausg. v. Ballarsius. Verona 1734. Die vorhergehende Ep. 106 an die unzweifelhaft gotischen Theologen Sunnila und Fretila, welche dieselbe über exegetische Anfragen, namentlich die Psalmen betreffend, belehrt, beweist die gründliche Bildung und Forschung dieser Germanen, die doch wohl, da sie sich an Hieronymus wenden, Katholiken sind. Vergl. Dahn, Könige VI, S. 42. Urgeschichte I, S. 423.

4 Zum Jahre 445: Attila rex Hunnorum Bledam fratrem et consortem in regno suum peremit ejusque populos sibi parere coëgit, wobei die Worte ejusque populos eine Sonderherrschaft Bledas andeuten.

5 Prosper Aquitanus setzt die Tötung allerdings in das Jahr 444. Da jedoch die Notizen dieses Jahres mit ihr schließen und das folgende 445 gar keine dergleichen enthält, so scheint gerade an dieser Stelle ein Irrtum des Abschreibers leicht möglich gewesen zu sein.

6 (Sage, welcher Tatsächliches gar nicht unterliegen muß. D.)

7 Da dieser Tribut früher 700 Pfund betrug, berechnet Haage S. 16 etwa achtjährige Rückstände, was wir wegen des dazwischenliegenden Friedens bezweifeln, vielmehr, da Attila mit dem Schwerte rechnete, die Annahme des neuen Betrages von 2100 Pfund auch für die Vergangenheit wahrscheinlicher finden. Auch setzt Haage den Silberwert eines Pfundes Goldes etwas zu hoch an (s. oben).

8 Der Name ist bei ersterm Aedeco, bei Johannes Ant. aber Idico geschrieben, darauf jedoch kein Wert zu legen, da die Schreibart fremder Namen in den Quellen bei unzweifelhafter Identität, fast niemals völlig gleichlautend ist. sein pflegt. Die meisten Historiker nehmen übrigens die fragliche Identität an.

9 Nach Priscus, S. 183, Dreco, Tigas und Tiphesis, nach Jordanis, c. 34, der freilich aus diesem schöpfte, Dricca, Tisia und Tibisia. Die beiden letzten können verschiedene Arme der Theiß gewesen sein, ersterer wahrscheinlich die Temes.

10 Beweis, daß Noricum damals weströmisch war.

11 Die Wand bestand unstreitig nach Art des jetzt noch üblichen Holzbaues aus zusammengefügten Stämmen, die nur von außen und innen mit Bohlen belegt waren.

12 Dies nicht zu bezweifelnde Anführen scheint mit der oft bemerkten Tributzahlung, welche Attila sogar ausdrücklich für ein Zeichen der Dienstbarkeit erklärte (s. w. u.), nicht vereinbar zu sein. Wir können aber nicht zweifeln, daß der dem Geldgewinn unter jeder Form so eifrig nachtrachtende Attila noch neben dem Tribute, der zum Teil auch den königlichen Skythen zufloß, einen persönlichen Gehalt vom Kaiser bezog, und zwar, weil der Erzähler der Gesandte Westroms war, gewiß auch von diesem Reiche.

13 Fragment 6 der ersten Sammlung, welches Fragment 3 der zweiten sich anschließt. Die Zerreißung dieser zusammengehörigen Bruchstücke wird auch dadurch unsres Bedenkens nicht gerechtfertigt, daß ersteres der byzantinischen, letzteres der gotischen Geschichte entlehnt sein soll.

14 Man sieht nicht ein, woher statt der früher erwähnten fünfzig hier auf einmal von hundert Pfund die Rede ist. Die Auszüge sind aus verschiedenen Werken, von denen das Spätere möglicherweise das Frühere berichtigt haben kann. Am wahrscheinlichsten erscheint es aber, daß Bigila statt der bedungenen fünfzig Pfund zu mehrerer Sicherheit das Doppelte mitgegeben worden war.

15 Köpke, S. 137, nimmt (mit Recht D.) an, bereits vor dem Einbruche der Hunnen sei an den Grenzen vielleicht eine Mischung der Goten mit denselben eingetreten. Schon in der Zeit vor Attila haben deren Fürsten gotisierende Namen gehabt, wie Balember, Walamir, Mundioch (nach andern aber Mundzuck) und Mundevech; Attila und Bleda selbst aber sind ganz gotisch.

16 Fortissimarum gentium dominus, qui inaudita ante se potentia solus Scythica et Germanica regna possedit.

17 Priscus nennt dieselben bald Skythen, bald Hunnen, was ihm gleichbedeutend ist.

18 S. Tillemont VI, 2, S. 188, der jedoch nur spätere Quellen anführt, da die Chronisten den Tag nicht angeben.

19 Haage in der angeführten Schrift, S. 17, läßt Attila schon bei dem Frieden mit Anatolius und Nomus den Krieg gegen Westrom im Auge haben. Dies ist möglich, aber die Ausbeutung des Ostreichs lag ihm an sich militärisch und politisch viel näher und da der Feldzug des Jahres 451 nicht gegen Italien, sondern offenbar gegen die Westgoten in Gallien gerichtet war, so sind wir fortwährend überzeugt, daß Gaiserichs reiche Spende ihn hauptsächlich dazu bestimmt habe. (Siehe aber dagegen Dahn, Könige V, S. 77. Urgeschichte I, S. 369.

20 S. Priscus 1. Sammlung 8, p. 152. An die salischen Franken ist schon ihrem Sitze im äußersten Nordwesten Galliens nach weniger zu denken: auch ersehen wir, daß im Jahre 451 Childerich über sie herrschte und auf römischer Seite mitfocht, also kaum jener blondgelockte Jüngling gewesen sein kann, den Priscus im Rom sah.

21 Carm. VII, v. 321–327: Barbaries totas in te transfuderat arctos
    Gallia, pugnacem Rugum comitante Gelono,
    Gepida trux sequitur. Sarum Burgundio cogit,
    Chunus, bellonotus, Neurus, Bastarna, Toringus,
    Bructerus, ulvosa quem vel Nicer alluit unda,
    Prorumpit Francus, cedit cito secta bipenni
    Hercinia in lintres, et Rhenum texuit alno.

Et jam terrificis diffuderat Attila turmis
In campos se, Belga, tuos.

Das Bellonotus halten wir für ein Beiwort: kriegsberühmt, woraus irrtümlich durch die Abschreiber ein Eigenname gemacht worden, der sonst völlig unbekannt ist. (Aber beide *o* sind lang. *D*.)

22 Nördlich der Donau und östlich des Limes saßen zu Anfang des ersten Jahrhunderts n. Chr. unzweifelhaft die Hermunduren (s. Bd. I). Hier kennt sie die Geschichte bis zum markomannischen Kriege, an welchem sie sich beteiligten. (S. Bd. I)

Auf einmal verschwindet deren Name[a], während in deren Sitzen, besonders aber südlich von denselben, im Jahre 270 plötzlich ein neues Volk, die Juthungen, aber als ein schon seit langer Zeit bestandenes genannt wird. Dies war ein zu den Alemannen gehöriges Volk. Die Juthungen bleiben uns dort bis zum Jahr 429 ungefähr bekannt, wann Aëtius dieselben aus Noricum, in das sie eingefallen waren, wieder herausschlägt und demütigt.

Hierauf wiederum neuer Namenswechsel der Bewohner desselben Landes. Die Juthungen verschwinden (sie waren nach „Schwaben" abgezogen): die Thüringer treten an deren Stelle.

Daß auch diese, weil zuerst[b] von Sidonius Apollinaris unter Attilas Hilfsscharen erwähnt, nördlich der Donau saßen, durch welche Gegend ein Teil des Heeres ziehen mußte, ist mindestens höchst wahrscheinlich, wird aber in wenig spaterer Zeit durch Eugippius (Leben St. Severius c. 27 und 31) zu zweifeloser Gewißheit erhoben.

So haben wir denn in den Thüringern nur den neuen Namen derjenigen Germanen zu erkennen, die das Land nördlich der Donau inne hatten.

So weit Sicherheit; über die Verbreitung dieses Volkes nach Norden zu aber großes Dunkel.

Da jedoch schon zu des Frankenkönigs Childerich Zeit, der nach obigem am Attilakriege Teil nahm, Basinus als König der Thüringer genannt wird, der unzweifelhaft bereits in dem *heutigen Thüringen*, wo dessen Nachfahren residierten, seinen Sitz hatte, so kann an dem Mittelpunkt der Macht der Thüringer nicht gezweifelt werden. Dies wird auch dadurch bestätigt, daß der Frankenkönig Theuderich, als er im Jahre 527 den der Thüringer, Hermanfrid, angreift, dessen Reich durch eine Schlacht *an der Unstrut* stürzt (Gregor von Tours, III, 7).

Auf das merkwürdige Problem der Entstehung dieses neuen Namens, worüber ohnehin nur Vermutungen möglich sind, können wir hier nicht tiefer eingehen, wagen aber doch unsre Ansicht darüber kurz auszusprechen, die sich, wenn auch nicht in allem Einzelnen, doch im Wesentlichen der Leos in seinen Vorlesungen über die Geschichte des deutschen Volkes und Reiches (Halle 1854, Kap. 22, S. 239 und folgende) anschließt. (S. aber Bd. I. *D*.)

Es taucht in den Resten der *Hermunduren* der alte Stammname dieses einst so mächtigen Volkes wieder auf, und wird der Mittelpunkt einer Vereinigung der nordsuebischen vom Harze bis Donau. Im Süden durch die Hunnen bedroht, von Westen durch die ripuarischen Franken, von Norden durch die Sachsen – neue mächtige Volksgenossenschaften –, mußten sich diese hermundurischen Reste auflösen oder neu zusammenschließen.

(Daß aber der neue Name der Thüringer, althochdeutsch Duringa, in dem alten Irmin-Duren, Irmun-Duren, d. i. die Hauptduren, großen, allgemeinen Duren, seine Wurzel findet, s. Bd. I)

Über Sidonius bemerken wir noch, daß dessen Gelonen und Neuren nichts als poetische Lizenz sind, wohin wir fast auch die Bastarnen rechnen möchten, deren geringe Reste in dem alten Dakien, nach Übersiedlung des Hauptvolkes auf römisches Gebiet unter Diokletian (s. Bd. I), kaum noch fortgelebt haben können.

Nicht minder dürfte die Erwähnung der Brukterer neben den Franken, welchen sie damals unstreitig angehörten, mehr dichterisch, als historisch sein (anderer Meinung *D*.). Dagegen könnte der auf die Franken bezügliche Beisatz: ulvosa quem vel Nicer alluit unda, wohl Wahrheit und dies Volk nach dem Rückzuge der Alemannen und dem Rheinübergange der Burgunder füglich bis an den Neckar vorgedrungen sein.

Die Hist. misc. in der angeführten Stelle kann unter Sueben nur die Thüringer, Quaden und andere verstehen. Die Alemannen, so weit sie auf dem rechten Rheinufer saßen, können sich damals durch Zurückweichen in den südlichen Schwarzwald und in die Schweiz, wohin sie ja bereits im dritten und vierten Jahrhundert vorgedrungen waren, vor Attilas durchziehendem Heere geborgen haben, was um so wahrscheinlicher ist, da dies sonst so bekannte Volk unter diesem Sonder-Namen wenigstens in keiner Quelle über den Attilakrieg erwähnt wird.

a Das einzige spätere Vorkommen dieses Volkes in Jordanis, c. 22, zur Zeit Constantius des Großen bezieht sich aber – auf einen ganz anderen Sitz derselben in den Karpaten.

b Vegetius Renatus Artis veterinariae libri IV, der IV, 6 die thüringischen Pferde, nach den hunnischen, denen er den ersten Rang zum Kriegsgebrauch einräumt, für die tüchtigsten erklärt, ist ungewissen Alters. Doch möchte man glauben, daß er, jener Äußerung nach, erst nach den großen Hunnenkriegen mit Rom 451 und 452 schrieb.

23 Vielmehr auf eine Defensive hinter der Loire. *D*. (Könige V, S. 78.)

24 Franci, Sarmatae, Aremoriciani, Liticiani, Burgundiones, Saxones, Riparioli, Briones, quondam milites Romani, tunc vero jam in numero auxiliorum exquisiti, aliique nonnulli Celticae vel Germanicae nationes.
     Unter den Sermaten und dem verderbten Namen Liticiani können hier nur die einundzwanzig sarmatischen und die zwölf lätischen Kohorten verstanden werden, welche nach der Not. dign. Occid., Kap. 40, unter dem

Magister militum standen und damals teilweise vielleicht schon etwas unabhängige Kolonnen geworden waren. Die Briones müssen die am Brenner sitzenden Breonen sein.

25 Hist. misc.: Attila itaque primo impetu, mox ut Gallias ingressus est, Gundicarium regem Burgundiorum sibi occurrentem protrivit, pacemque ei supplicanti dedit. Gesta episc. Mettens.: Attila rex Hunnorum omnibus belluis crudelior, habens multas barbaras nationes suo subjectas dominio, postquam Gundigarium Burgundionum regem sibi occurrentem protriverat, ad universas deprimendas Gallias suae sevitiae relaxavit habenas.

26 Daß der grausen Burgunderschlacht der Nibelungen jene gewaltige Niederlage derselben durch die Hunnen zum Grunde liege, welche nur die Sage Attila selbst zugeschrieben hat, beruht außer Zweifel. (Doch sind neben den historischen Wurzeln der Sage deren mythische nicht zu übersehen. D.)

27 Auf diesen Namen wird später, wenn wir zur Geschichte der Franken gelangen, zurückzukommen sein. Ein Überfall der fränkischen Nachhut, bei der sich Childerich wohl befand, durch die blitzschnelle hunnische Reiterei hat übrigens etwas sehr Glaubliches. (Aber das Ganze ist Sage. D.)

28 (Richtiger: Verteidigung hinter der Loire und Vormarsch gegen die Marne. D.)

29 Plenus prophetiae Spiritu VIII. Kal. Julii diem esse praedixit, woraus Thierry unbegreiflicher Weise den 14. Juni statt des 24. macht, wenn sich dies nicht etwa durch einen Druckfehler erklärt.

30 (Geschrieben 1864! D.)

31 Vergl. aber die zusammengestellte neuere Literatur und deren Ergebnisse bei Dahn, Könige V, S. 79.

32 Die frühere Lesart 90 000 XC statt XV ist offenbar falsch, was auch durch die Hist. miscel.a außer Zweifel gesetzt wird.

Daß *dies Treffen* in der Nacht *unmittelbar vor* der Hauptschlacht geliefert ward, sagt Jordanis nicht ausdrücklich, obwohl dies zu vermuten ist.

33 War dies nicht im hunnischen Heere in noch höherem Grade der Fall?

34 Si senioribus credere fas est. Offenbar hat Cassiodor, der im Jahre 470 geboren ward, noch Augenzeugen der Schlacht selbst gesprochen.

35 Dazu hätte die Bemängelung von Thorismunds tumultuarischer Wahl vielleicht sogar einen legalen Vorwand bieten können (vergl. Dahn, Könige V, S. 82).

36 Die andern, Gregor von Tours II, 7 und der soviel spätere Isidor von Sevilla, Chron. d. Goth. sind noch vager und kürzer. Ersterer sagt: Attila ad internecionem vatari suum cernens exercitum, fuga dilabitur und weiter unten: Attila cum paucis reversus est.

37 Thierry, S. 195, hält die Worte Gregor von Tours II, 7: Simili (d. i. ebenso wie Thorismund) dolo et Francorum regem fugavit für irrtümlich. Es ist möglich, das ein isoliertes, auf die Person eines fränkischen Häuptlings bezügliches Faktum dazu Anlaß gegeben. Daß Aëtius aber die Franken, die ihm gerade für die Verfügung so wichtig waren, damals im Ganzen fortgeschickt habe, können wir nicht wohl glauben.

38 Gut sagt Haage S. 25: Attilas Herrschaft war nur auf die Gewalt seiner Person und den Glanz seines Glückes begründet; und rasch, wie die Pracht seiner hölzernen Paläste, mußte dies glänzende Reich von seiner Höhe herabsinken, sobald der Zauber des Glücks einmal von seinem Könige wich, ganz zerfallen aber mußte es, sobald die Hand, die es zusammenhielt, nicht mehr war.

39 (Vielleicht, aber nicht notwendig, Sage. D.)

40 (Also! D.)

41 (Auf all das ist nichts zu bauen. D.)

42 (Lauter Kombinationen ohne feste Anhaltspunkte. D.)

43 (Und obige Kombination grundlos. D.)

44 Qui, ut Priscus historicus refert.

45 (Gold bot dem König *Macht* und dem Volke – *Genuß*, nach welchem die wilden Mongolen maßlos lechzten. Gold war für den Herrscher wichtigstes Bestechungsmittel nach außen, Belohnungsmittel im innern, Soldmittel für den Krieg. D.)

46 S. Thierry, Anhang S. 200 der deutschen Übersetzung von Burkhardt. Leipzig 1859.

47 Den aeldre Edda ed. Munch, Christiania 1847, S. 143–162.

48 Nach Thierry, dessen zweiter Teil hiervon handelt, S. 236.

49 Jordanis gibt nicht an, auf welcher Seite die einzelnen Völker standen: weil er aber die Alaner und Heruler erst *nach* den Hunnen aufführt, so scheint es wahrscheinlicher, daß letztere für diese fochter.. Dies taten aber unstreitig auch diejenigen Germanen, welche wie Edeco in Attilas unmittelbarem Dienste standen, oder als Abenteurer und Söldner zu dessen Hoflager und Umgebung gehörten.

50 Diese Orte finden sich weder bei Ptolemäus, der nur ein Bizüä in Thrakien nennt, noch im Itinerar. Arcadiopolis lag nach Malchus (p. 243 und 262 d. Bonn. Ausg.) in Thrakien, ist aber offenbar nur der neue Name einer ältern, vielleicht durch Arcadius restaurierten Stadt. Diese Lage von Arcadiopolis paßt aber nicht für die Niederlassung der Rugier, für welche eine andere Stadt dieses Namens in Niedermösien anzunehmen ist.

51 Dies setzt des Aëtius Todesjahr außer Zweifel. Tillemont VI, 2, Art. 27 hält zwar für wahrscheinlicher, daß dies ein dem Ostreich angehöriger Aëtius gewesen sei, was wir jedoch, da auch der zweite Konsul, Studius, daher war, nicht glauben.

52 Tillemont VI, 2, S. 452 zitiert bei dem Berichte von des Aëtius Fall unter andern auch Sidonius Apoll. Carm. V, worin sich v. 127–310 eine weitschweifige poetische Verhandlung zwischen des Aëtius Gemahlin und ihrem Manne über die durch Majorians Zukunft ihrem Sohne drohende Gefahr findet.

53 (Al. -äla, goth. -aila? doch wohl -ila; vergl. Optaris; vielleicht Transtila? D.)

54 Nach der in Roncallis Sammlung II unter VIII abgedruckten Chronik eines unbekannten Verfassers wird S. 168 der 17. März als der Erhebungstag des Maximu angegeben.

Sechzehntes Kapitel

1 Ob dessen Gemahl gestorben war oder von ihm verstoßen ward, erhellt nicht.

2 Hinsichtlich der Tage stimmen die Quellen nicht genau überein. Daß Maximus nicht volle drei Monate regierte, wird durch des Sidonius Apoll interessanten Brief (ep. 13, II) außer allen Zweifel gesetzt.

3 Zeit und Ort der Erhebung des Avitus sind wieder etwas unsicher In des Sidonius Angabe (in v. 590 des Paneg.): et cujus solum amissas post secula multa Pannonias revocavit iter können wir nur die Übertreibung eines unwesentlichen Vorgangs ohne bleibende Folge erkennen. Daß aber Avitus, sei es gleich von Gallien, vielleicht um sich des Heeres von Noricum zu versichern, oder erst im Herbst von Italien aus sich in die Donaugegend begeben haben muß, ist hiernach nicht zu bezweifeln. (Es war, was die Römer anlangt, eine wesentlich gallische Bewegung. Dahn, Könige V, S. 83. D.)

4 Vergl. oben zur Zeit des Gaina, ferner nach 375.

5 Nicht zu verwechseln mit Gratians General Richomer, der im Jahre 384 das Konsulat bekleidete, von Prosper Aquitenus aber ebenfalls Ritimer genannt wird. Umgekehrt freilich wird auch der Rikimer der späteren Zeit bisweilen Richomer genannt.

6 Das Patriziat ward, wie es mit allen Titeln zu geschehen pflegt, in späterer Zeit viel häufiger verliehen, als bei seiner Entstehung unter Constantin d. Gr. Bei Valentinians Tode muß Rikimer durch Abwesenheit oder sonst behindert gewesen sein, eine Rolle zu spielen.

7 Quellen: 1. Victor Tununensis, Bischof von Tununa in Afrika, umfaßt in seiner Chronik die Zeit von 444 bis 565, schrieb also in der zweiten Hälfte des sechsten Jahrhunderts. Obwohl dessen hauptsächlich der Kirchengeschichte gewidmete Arbeit nicht ohne Fleiß ist, kann ihr doch, nach dem Zeitalter und dem entfernten Wohnsitze des Verfassers, der Wert eines Prosper Aquitanus und Idatius nicht beigelegt werden, ja wir möchten sie selbst der Marcellins im Allgemeinen nachsetzen.

Dasselbe gilt in noch höherem Grade

2. von der Chronik des Marius Aventicensis, d. i. Bischof von Aventicum (Avenches)[a], die vom Jahre 455, mit welchem Prosper Aquitanus aufhört, bis zu 581 reicht und kaum etwas enthält, das von andern besser und vollständiger gesagt würde. (Neue Ausgabe von Arnt, s. Anhang.)

Ungleich wichtiger sind zwei andere, schon oft erwähnte, aber noch nicht besprochene Quellen:

3. Apollinaris Sidonius, vornehmer Geburt und Schwiegersohn des Kaisers Avitus, anscheinend im Jahre 431 geboren und im Jahre 487, jedenfalls noch unter Zeno, der bis 491 regierte, gestorben. (S. dessen Vita in der Ausgabe von Savaro, Paris 1609.)

Niebuhr in seinen Vortr. über Röm. Gesch. III, S. 324 sagt, daß Gessner denselben mit Recht einen großen Geist nenne. Wir halten ihn (aber nur D.) für einen ungewöhnlich reich gebildeten, geist-[b] und talentvollen, aber durch und durch eitlen Römer seiner d. i. einer schlechten Zeit, der als Briefsteller wie Symmachus, als Dichter wie Claudian glänzen wollte und wahrscheinlich nur um deswillen nicht Geschichte schrieb, wozu er aufgefordert wurde, und wodurch er der Nachwelt unschätzbar geworden wäre, weil ihm dies nicht Gelegenheit genug bot, das Brillantfeuer seiner Gelehrsamkeit und seines Witzes paradieren zu lassen.

Dichter, Staatsmann (Stadtpräfekt Roms), zuletzt Bischof von Clermont (Augusta Nemetum), der Hauptstadt der Auvergne, als solcher von Eurich vertrieben, aber später wieder zurückberufen, mußte er gegen Ende seines Lebens noch die Amtsentsetzung auf Anklage zweier Priester erleben, gegen die ihm aber kurz vor seinem Tode doch noch Gerechtigkeit ward.

(S. d. gen. Vita und Gregor von Tours II, 21–23.)

4. Prokopius gehört den Quellen des sechsten Jahrhunderts an, für das er von höchster Wichtigkeit ist. (Siehe Dahn s. v. „Prokop" im Anhang.)

a Später ward der Sitz dieses Bistums nach Lausanne verlegt.

b (Der erste „Franzose": s. Dahn, Urgeschichte I, S. 541; Könige I, S. 92. D.)

8 Imperium luxuriose agere volens, a Senatoribus projectus. (Das heißt aber in der Sprache Gregors vielmehr: „weil er übermütig, eigenwillig regieren wollte." D.)

9 Siehe Dahn, Könige V, S. 85.

10 Von drei derselben, 8, 10 und 12, sind nur die Rubriken noch vorhanden, die Ausgabe der Novellen der Kaiser von Theodosius II. bis Anthemius von Hänel, Bonn 1844.

11 Basterna, Suevus,
Pannonins, Neurus, Chunus, Geta, Dacus, Alanus,
Bellonothus α), Rugus, Burgundio, Vesus (i. e. Vesigethus), Alites,

Bisalts, Ostrogothus, Procrustes, Sarmata, Moschus,
Post aquilas venere tuas.

12 Tillemont (VI, 2, Majorian, Art. 5) setzt sowohl den Kampf mit den Vandalen in das Jahr 458 als den Zug über die Alpen in den Winter 458/9, da Majorian am 13. Januar 458 noch in Ravenna, vor Ende Dezember desselben Jahres aber in Lyon gewesen sei, weil ihn Sidonius in seinem Lobgedichte noch als Konsul aufführe. Am 17. April 459 aber datiere derselbe die neunte Novelle aus Arles. Gegen diese Ansicht gehen uns aber, obwohl ihr auch Clinton in seinen Fasten zum Jahre 458, Col. 3, wiewohl nur unter Berufung auf Tillemont folgt, dennoch erhebliche Zweifel bei.

Was zunächst die Landung der Vandalen betrifft, so setzen doch des Sidonius Worte (Carm. V, v. 386–391):

Nuper post hostis aperto
Errabat lentus pelago, postquem ordine vobis,
Ordo omnis *regnum* dederat, plebs, curia, miles,
Et collega simul. Campanam flantibus austris
Ingrediens terram, seuorum milite Mauro etc.

es fast außer Zweifel, daß diese sehr bald auf Majorians Erhebung zum Kaiser folgte.

Was nun die Zeit des Wintermarsches nach Gallien betrifft, so begründen die Data der Novellen dieses Kaisers allerdings die Ansicht, daß derselbe während des ganzen Jahres 458 mindestens bis zum 5. November in Ravenna verblieben sei. Kaum denkbar ist es aber doch, daß der gegen achtzig Meilen lange, so schwierige Marsch von Ravenna bis Lyon, die Verhandlungen mit dem Feinde, die Übergabe der Stadt, die Bestrafung und die spätere Begnadigung des Apollinaris Sidonius, die Fertigung von des letztern, 599 Verse langem Lobgedichte und der Vortrag desselben vor dem Kaiser, – daß dies alles also in der Zeit vom 6. November 458 bis zu Ablauf dieses Jahres, folglich binnen noch nicht acht Wochen, erfolgt sein könne, zumal die Art, wie der Dichter darin gleich zu Anfang Majorians Konsulats gedenkt, eine offenbar ungeschickte gewesen sein würde, wenn sich dieselbe gerade nur auf die letzten Tage dieser Würde bezöge. Was endlich hätte Majorian zu der Tollkühnheit eines Winterübergangs über die Alpen bestimmen können, wenn die Zeit nicht gedrängt hätte? Gallien, das ihm den Gehorsam verweigerte, sich zu unterwerfen, war unstreitig seine erste und dringendste Aufgabe. Dazu soll er aber, nach Tillemont, erst im zwanzigsten Monate seiner Regierung vorgeschritten sein, und den ganzen Sommer 458 unbenutzt dafür haben verstreichen lassen. Auch würde sich dieser auffällige Verzug kaum durch die Notwendigkeit der Beschaffung des erforderlichen Heers erklären lassen, da dies in der Zeit vom 1. April 457 bis in die zweite Hälfte des Januar 458 füglich angeworben werden konnte.

Wir müssen daher auch hier wieder, wie dies schon in der frühern Geschichte mehrfach geschehen ist, die sachlichen Gründe für wichtiger halten als die von den Unterschriften der Gesetze hergeleiteten formalen, bei denen doch Gebräuche stattgefunden haben können, die uns nicht bekannt sind, und hiernach bei der im Text ausgesprochenen Ansicht beharren, daß Majorians Winterfeldzug nach Gallien in den ersten Monaten des Jahres 458 erfolgte. (Vergl. Dahn, Könige V, S. 85.)

13 Darüber, daß diese Verse sich auf Rikimer, obwohl er nicht genannt ist, beziehen, sind die Forscher einverstanden. Unstreitig ernannte ihn Majorian gleich nach seiner Erhebung zum Magister militum, was derselbe erweislich noch im Jahre 460 war. (S. Clinton, fasti Rom. z. J. 460, Col. 3.) Jene Verse lauten:

Quantusquo magister
Militiae. Dignus cui cederet uni
Sylla acie, genio Fablus, pietate Metellus,
Appius eloquio, vi Fulvius, arte Camillus etc.

14 A°. 3. Legati veniunt ad Gallaecos (wo Idatius lebte) nunciantes Mjorianum Aug. et Theodoricum regem firmissima inter se pacis iura sanxisse, Gothis in quodam certamine superatis.

15 Idatius: aliquantas naves commoniti Vandali per proditores abripiunt. Marii chron. Eo anno captae sunt naves a Vandalis ad Elecem juxta Carthagens Spartaria. (Vergl. Dahn, Könige I, S. 157.)

16 (Ohne Zweifel Sage. D.)

17 Dies ergeben zwar nicht die Quellen, die überhaupt fast nichts direct von Severus sagen, es ist jedoch aus deren Stillschweigen und der Art und Weise der Erwähnung Rikimers in denselben während dieser Regierung abzunehmen. Doch scheint uns Gibbon (Kap. 30 vor Note 57) dessen gänzliche Nullität zu übertreiben.

18 (Die Beurteilung Rikimers ist wohl zu ungünstig; die Erhebung des Aegidius ist spezifisch gallisch. D.)

19 Tillemont VI, 2, l'emp. Sevère z. J. 462 berichtet aus dem Leben des heiligen Lupicinus (Bolland, 21. März), daß derselbe Agrippin früher von Aegidius als verdächtig beschuldigt, nach Rom gebracht, zum Tode verurteilt, durch ein Wunder entwichen, darauf aber sich freiwillig stellend frei gesprochen worden sei. Dies ließe sich mit Idatius, kaum aber mit dem von Priscus berichteten Verhältnisse des Aegius zu Rikimer und Sever vereinigen. Indes könnte die Anklage dem Thronwechsel vorausgegangen sein.

20 Idat. z. J. 6 Leos: Adversus Aegidium comitem utriusque militiae, virum, ut fama commendat, deo bonis operibus complacentem, in Aremoricana provincia Fredericus frater Theuderici regis insurgens cum his, cum quibus fuerat, superatis occiditur. – Marii Chronic. ad ann. 463: Pugua facta est inter Aegidium et Gothos

625

inter Ligere et Ligericino juxta Aurelianis ibique interfectus est Fredericus rex Gothorum. (Dahn, Könige V, S. 87.)

21 Vandali per Ilarcellinum in Sicilia caesi effugantur ex ea.

22 Tillemont irrt offenbar, wenn er Marcellins Vertreibung aus Sizilien durch Rikimer mittelst Verleitung der Truppen desselben zum Abfall, von welcher Priscus (2. Fr. 10, p. 218) handelt, erst in die Zeit nach Majorians Tod setzt. Auf diese Zeit bezieht sich allerdings in der Hauptsache das gedachte Bruchstück, wie dessen erste Zeilen ergeben, dasselbe sagt aber Z. 4, Gaiserich habe Truppen dahin geschickt, nachdem Marcellin, der die Insel früher geschützt hatte, sie vorher verlassen habe (Μαρκελλίου ἤδη πρότερον τῆς νήσου ἀναχωρήσαντος), indem er durch Rikimer Intrige daraus vertrieben worden sei. Jenes vorher kann sich aber nur auf das Jahr 456 beziehen, in welchem Rikimer, nach den im Texte angeführten Zeugnissen des Priscus und Idatius, von Avitus nach Sizilien geschickt wurde, das er aber bald wieder verließ (S. 280). Die zweite Anwesenheit Marcellius auf der Insel, die wir im Texte zu erklären versucht haben, hat daher mit jener frühern gar nichts gemein. Derselbe muß sich, nach Idatius, spätestens im Jahre 464 dahin begeben haben, in welchem er die Vandalen dort schlug. (Vergl. Dahn, Könige I, S. 158.)

23 Dahn, Könige I, S. 157 f.

24 Siehe aber Dahn, Könige I, S. 265.

25 Pan. II. Von historischem Interesse darin ist nur die Besiegung der von Hormidac befehligten Hunnen durch Anthemius, v. 239–306, welche Thierry Th. II, Kap. 1 in das Jahr 466 setzt. Anziehend ist die poetisch übertreibende Beschreibung der Hunnen v. 245–265, die im Wesentlichen mit der Ammians übereinstimmt. Deren vom scheußlichen Kopfe überragten Körper nennt Sidonius wohlgebildet, nur dessen obern Teil im Verhältnis der kurzen Beine auffallend lang.

26 Die Jahreszahl steht nicht unmittelbar fest, beruht jedoch auf wohlbegründet erscheinenden Folgerungen Tillemonts VI, 2. Anthem. Art. 6 zu Anfang.

27 Vielleicht derselbe, den Priscus im Jahre 449 als Mitgesandten Westroms bei Attila traf.

28 Das wissen wir vom Jahre 469 aus Ennodius vit. Epiph., es ist aber vorauszusetzen, daß er in der dortigen alten Residenz auch ferner seinen Sitz behielt. Daher muß, nach der Vernichtung des frühern Königs Gundicar oder Günther mit seinem Geschlechte, wie diese Prosper Aquitanus bestimmt versichert, eine fremde Dynastie, unstreitig unter römischer Mitwirkung zur Herrschaft über dies Volk gelangt sein, was sich durch weibliche Verwandtschaft erklären läßt. Für diese Annahme hat Waitz in der oben angeführten Abhandlung auch aus dem Gesetz der Burgunder III. gewichtige Gründe angeführt. Gundobads Vater, Gundeuch, der seine Stellung wohl durch Heirat zu behaupten suchte, muß hiernach mit einer, dem suebischen und westgotischen Königshause angehörenden, Schwester Rikimers vermählt gewesen sein. (Vergl. auch Tillemont VI, 2, Anthemius, Art. 9; aber auch Binding I, S. 305. D.)

29 S. Eunodius, v. B. Epiphanii, p. 381–385. Es ist nicht ganz klar, um welchen Landstrich es sich damals handelte. Doch vermuten wir um das linke Rhoneufer, jedenfalls um ein ursprünglich zu Gallien gehörendes Gebiet auf der Westseite der Alpen. (Vergl. aber Dahn V, S. 95.) Bei dieser Verhandlung scheint Eurichs Minister Leo, ein Römer, Epiphanius unterstützt zu haben.

30 Prokop, d. b. G. I. zu Anf.: Ὅσῳ τε τὰ τῶν βαρβάρων ἐν αὐτοῖς ἤκμαζε, τοσούτῳ τὸ τῶν Ῥωμαίων στρατιωτῶν ἀξίωμα ἤδη ὑπέληψε, καὶ τῷ εὐπρεπεῖ τῆς ξυμμαχίας ὀνόματι πρὸς τῶν ἐπηλύδων τυραννούμενοι ἐβιάζοντο.

31 (Dies Verlangen war übrigens keineswegs aus den Wolken gefallen, sondern nur folgerichtige Steigerung früher den Germanen gewährter Ansprüche; s. die Einleitung. D.)

32 γένος ὢν τῶν προσαγορευμένων Σκίρων.

33 In der betreffenden Stelle des Johannes von Antiochien hat sich eine sinnentstellende Interpunktion eingeschlichen. Dieselbe lautet:

Ὀδόακρος etc. καὶ ἀδελφὸς Ὀνούλφου καὶ Ἁρματίου, σομοφύλακός τε καὶ σφαγέως γενομένου.

Hiernach würde es heißen: „Odovakar sei der Bruder des Onoulf und Armatius, auch Leibwächter und Mörder (man weiß nicht von wem?) geworden," während der Sinn vielmehr der ist: „Odovakar sei Onoulfs Bruder gewesen, welcher letztere sowohl der Leibwächter, als der Mörder des Armatius (Zenos mächtiger Feldherr und scheinbarer Günstling) geworden sei," eine Tatsache, die nach den Quellen, besonders Suidas unter Arm. und Malalas zweifellos feststeht. (Vergl. Tillemont IV, 3. Zeno, At 10.) Dieser richtige Sinn wird nun auch sogleich hergestellt, wenn man nur das Komma nach Armatius entfernt und hinter Onoulf setzt.

34 Die Berechnung ist unsicher. Die von Jordanis Kap. 55 berichtete Niederlage der Sueben und Alemannen fällt in die Zeit, wo Theoderich das achtzehnte Jahr erreichte, also, da dieser nach Kap. 52 im Jahre 454 oder 465 geboren ward, in das Jahr 472 oder 473. Da nun jetzt nur eine nachträgliche Ahndung des Angriffskrieges dieses mit den Skiren verbündeten Volkes gegen die Goten gewesen zu sein scheint, es im vorhergehenden Kapitel berichtet wird, so können wir letztern, bei dem die Skiren eine so schwere Niederlage erlitten, füglich auf das Jahr 470 oder 471 setzen. (S. aber Dahn, Könige V, S. 64.)

35 Der Anon. Valesii, der die ganze Stelle in den Exzerpten de Odoacre, Theoderico etc. wörtlich aus Eugippius nachschreibt, setzt hier noch hinzu: Vade, inquit, ad Italiam, vade etc.

36 Quia cilo securus iis discendentibus.
37 Der verdiente Zeuß hat sich durch seinen Scharfsinn verleiten lassen, S. 155 die Turkilingen in den *Ρου-τιϰλεῖοι* des Ptolemäus wiederzufinden, obwohl er selbst zugibt, daß alle Handschriften an zwei Stellen Rutikleien schreiben. Es ist aber kaum denkbar, daß in den zahlreichen Völkerkatalogen der Quellen, namentlich der Dichter seit des Theodosius des Großen Zeit, der Name der Turkilingen nie vorkommen sollte, wenn wirklich ein Volk unter solchem bestanden hätte. – (Die erste Ausgabe hielt die Turkilingen fälschlich für das Königsgeschlecht der Skiren und sind auffallend, daß die doch gewiß in römische Numeri (Kohorten oder Legionen) einrangierten Söldner nicht nach diesen, sondern nach ihren Volksnamen bezeichnet werden: allein dies kam ja schon seit Jahrhunderten vor. *D.*)
38 (Vergl. aber die vorgängige Verhandlung mit Byzanz, wohin er die Kaiserinsignien schickte, im Folgenden und bei Dahn, Könige II, S. 38 f.)
39 Die Quellen lauten wie folgt: *Marius:* His coss. levatus est Odovacer rex. *Incert.* Chron. Basilisco II. et Armato coss. Levatus est Odoacer rex X Kal. Sept. Marcellin: Odoacer rex – Gothorum Romam obtinuit. *Cassiod.:* His coss. ab Odovacre Orestes et frater ejus Paulus exstincti sunt nomenque regis Odovacer adsumpsit, cum tamen nec purpura nec regalibus uteretur insignibus. *Anonymus Valesii:* Augustulus a patre Oreste Patricio factus est imperator. Superveniente Odoacre cum gente Scirorum occidit Orestem Patricium in Placentia. Weiter unten aber sagt er: Odoacer vero, mox deposito Augustulo de imperio, factus est rex. Cujus pater Aedico dictus, de quo ita invenitur in libris vitae beati Severini Monachi intra Pannoniam. Hierbei berichtet er aus dem Leben St. Severins: Quidam barbari, cum ad Italiam pergerent, promerendae benedictionis ad eum intuitu diverterunt, inter quos et Odoacer, qui postea regnavit Italiae, vilissimo habitu juvenis usw. wie am genannten Ort im Texte steht. *Jordanis*, Get. c. 46: Odovacer Turcilingorum rex habens secum Scyros, Herulos diversarumque gentium auxiliarios Italiam occupavit et Oreste interfecto Augustulum – exilii poena damnavit etc. Und in regn. p. 709: Odovacer genere Rogus Thorcilingorum Scyrorum Herulorumque turbis munitus Italiam invasit etc. Hist. misc. XVI, p. 557, 558: Ingresso Italiam Odoacre statim ei apud Liguriae terminos Orestes occurrit etc. Odoacer itaque – statim regiam arripuit potestatem. Procop. d. b. Goth. I, 1, p. 308: ἦν δέ τις ἐν αὐτοῖς Ὀδόαϰρος ὄνομα, ἐς τοὺς βασιλέως δορυφόρους τελῶν, οἷς αὐτὸς τότε ποιήσειν τὰ ἐπαγγελλόμενα ὡμολόγησεν, ἤνπερ αὐτὸν ἐπὶ τῆς ἀρχῆς καταστήσωνται. οὕτω τὴν τυραννίδα παραλαβὼν ἄλλο μὲν οὐδὲν τὸν βασιλέα ϰαϰὸν ἔδρασεν ἐν ἰδιώτου δὲ λόγῳ βιοτεύειν τὸ λοιπὸν εἴασε. ϰαὶ τοῖς βαρβάροις τὸ τριτημόριον τῶν ἀγρῶν παρασχόμενος τούτῳ τε τῷ τρόπῳ αὐτοὺς βεβαιότατα ἑταιρισάμενος τὴν τυραννίδα ἐς ἔτη ἐϰρατύνετο δέϰα. Theophanes, p. 102 D: ἡ τῆς ἑσπέρας βασιλεία – μετὰ τοσούτους ἐπαύσατο χρόνους, Ὀδόαϰρου λοιπὸν Γότθου μὲν τὸ γένος ἐν Ἰταλίᾳ δὲ τραφέντος χειρωσαμένου δυνάμει βαρβαριϰῇ τὴν ἀρχήν.
Vergleicht man diese Zeugnisse kritisch, so sind es nur die der schlechtesten Quellen, des Jordanis und Hist. misc., die den Gedanken an eine Invasion Italiens durch Odovakar begründen könnten. Von entscheidendem Gewicht aber ist das negative (und positive *D.*) Zeugnis der übrigen, unter denen Marcellin und Prokop, vor allem aber Cassiodor, die bedeutendsten sind.
Wie ist es denkbar, daß der Einbruch eines über die Alpen gezogenen Barbarenheeres in Italien den Chronisten unbekannt geblieben und von ihnen verschwiegen worden sein könne?
Der positive Beweis für unsre Meinung aber beruht auf den im Wesentlichen übereinstimmenden Zeugnissen des Eugippius, der beinahe Zeitgenosse war, des Anonym. Valesii, Prokop und Johannes von Antiochien. Daß Odovakar vorher unter den Leibwächtern gedient habe, beruht zwar allein auf Prokop, liegt aber in der Natur der Sache, da es für einen jungen zugewanderten Abenteurer eine höhere Stellung kaum geben konnte. Wenn der so viel spätere Theophanes den Odovakar in Italien *erzogen* nennt, so ist dies zwar gewiß nicht genau richtig, bestätigt aber doch die richtige Ansicht, daß er bereits vor seiner Erhebung in Italien lebte. (Vergl. Dahn, Könige II, S. 36 f.)
Noch ist zu bemerken, daß die persönliche Bekanntschaft des Orestes mit Odovakars Vater Edico, wenngleich deren Verhältnis zur Zeit von Maximians Gesandtschaft (vielleicht nur vorübergehend) ein feindliches war, den Eintritt des jungen Mannes in römischen Dienst erleichtert haben kann.
40 Nach Photius umfaßten des Malchus sieben Bücher nur obige Zeit, während er nach Suidas sein Werk bis zu Anastasius (491) fortgesetzt haben soll.
41 *ὑπ' αὐτῶν*, was sich des Plurals wegen auf den Senat beziehen muß.
42 Will man auch hiernach Odovakar nicht als Selbstherrscher, sondern nur als einen Beamten des oströmischen Kaisers ansehen, wenngleich dessen Unterwerfung nur eine scheinbare war, so kann in dessen Herrschaft immer nicht eine Fortdauer des weströmischen Reichs erkannt werden. (Siehe aber Dahn, Könige II, S. 40: er nahm den Königstitel, wie es scheint, erst jetzt an, nachdem eine rückhaltlose Anerkennung von Seite Ostroms nicht zu erlangen war. *D.*)
43 (Wohl aus dem Gefühl der *inneren* Schwäche seiner Macht, welche zwar zu tapferster Verteidigung, wie wir sehen werden, ausreichte, aber nicht zu weit ausgreifenden Angriffskriegen. *D.*)
44 Das von Eugippius a. a. O. p. 76 angeführte Motiv, Odovakar habe die Tötung von Ferderich, des Feletheus Bruder, durch des letztern Sohn Friederich rächen wollen, ist sehr unwahrscheinlich. Unstreitig war es ein

627

politisches, wohl wegen Übergriffen der Rugier in römisches Land. (Vergl. über die *berichtigten* Namen die Ausgabe der vita s. Severini in den Monumenta. *D.*)

45 Onoulf mag sich nach des Armatius Ermordung im Jahre 477, nachdem inzwischen seines Bruders Glücksstern aufgegangen war, um so lieber zu diesem begeben haben, da er wohl auch die Rache der Angehörigen des Ermordeten zu fürchten hatte.

46 (Vielmehr am 8. Januar 482. *D.*)

47 Siehe Dahn, Könige II, S. 35–50.

48 In den Jahren 483 und 485 nur einer, was in besondern, auch früherhin bisweilen vorgekommenen Verhältnissen seinen Grund gehabt haben kann.

Siebzehntes Kapitel

1 Der betreffende Abschnitt aus Fredigars Excerpten enthält so viel Unwahres und Verworrenes, daß er freilich kein Vertrauen einflößt. Gerade obige Tatsache wird aber in Kap. 73 dessen ausführlicher Chronik von 584 bis 641 unterm Jahre 630 gelegentlich und zwar mit solcher Spezialität wiederholt, daß man ihr den Glauben unmöglich versagen kann. (Vergl. Dahn, Könige V, S. 188.)

2 Vergl. Clinton, Fasti Romani z. J. 452, wobei jedoch dieser Forscher von sonst so seltener Gründlichkeit grade das wichtigste Zeugnis, das des Prosper Aquitanus, übersehen hat.

3 Vergl. Dahn, Könige V, S. 82.

4 Siehe Binding, das burgundisch-romanische Königreich I, 1868, S. 306.

5 Dahn, Könige VI, S. 564.

6 S. aber dagegen Dahn, Könige VI, S. 564 f., wo diese suebischen Wirren (nach Möglichkeit) einigermaßen gelöst sind.

7 Asturien umfaßte damals freilich zugleich das heutige Königreich Leon.

8 Clinton, Fasti Rom. vermutet, dies sei schon Ende 465 geschehen, wofür wir in den Quellen keinen Grund finden können. Marius setzt dessen Tod sogar erst in das Jahr 467. S. Dahn, Könige V, S. 88.

9 „Vor Tagesanbruch begibt sich der König zu seinen zahlreichen Geistlichen und wohnt dem Gottesdienste mit großer Devotion bei, obwohl, im engsten Vertrauen gesagt, mehr aus Gewohnheit, als aus wahrer Frömmigkeit. Den Rest des Morgens widmet er den Regierungsgeschäften, wobei das Waffengefolge, bis auf den Waffenträger, vor der Tür bleibt. Da werden die fremden Gesandten eingelassen, die er meist nur anhört, wenig erwidernd. Ist etwas zu verhandeln, so verzögert er; etwas auszuführen, so beschleunigt er.
Um ein Uhr steht er vom Thron auf und geht entweder in die Schatzkammer oder in den Stall der Rosse.
Darauf reitet er, wenn es ein Jagdtag ist, auf die Jagd. Den Bogen trägt er nicht selbst. Zeigt sich ein Vogel oder Tier, so reicht ihm der Knecht den Bogen ungespannt. Was er erlegen will, bezeichnet er, was er bezeichnet hat, trifft er. Wenn er einmal fehlt, so liegt es mehr an der richtigen Erkenntnis des Gegenstandes als am Ungeschick des Schützen. (! *D.*)
Seine Tafel ist an Werktagen die eines Privatmanns, wobei die Unterhaltung die Hauptsache ist, weil nur Ernstes oder gar nicht gesprochen wird. Kein gewaltiges Aufschüsseln; das Geschirr glänzend, aber nicht von Gewicht; die Speisen wohl zubereitet, aber nicht kostbar.
Getrunken wird so mäßig, daß man eher über Durst als über Berauschung klagen könnte.
Da vereint sich griechische Eleganz mit gallischer Fülle und italienischer Leichtigkeit.
Von dem Luxus an Sonn- und Festtagen schweige ich, weil dies jeder kennt.
Nach der Tafel schläft der König oft gar nicht, immer wenig. Darauf wird zu den Würfeln gegriffen, wobei er aufmerksam, heiter und geduldig ist, ohne jegliche Aufwallung von Freude im Glück, von Ärger im Unglück.
Er treibt das Spiel fast wie den Krieg; zu siegen ist sein Bestreben, wobei die königliche Gravität bei Seite gesetzt wird. Die heitere Laune befördert sogar zuweilen den günstigen Erfolg der wichtigsten Geschäftsangelegenheiten, namentlich bei Petitionen, wie ich dies z. B., wenn ich im Spiele geschlagen wurde, zum Teil selbst erlebt habe. Um drei Uhr erneuern sich die Regierungsgeschäfte, wobei Streithändel verhandelt werden, was bis zum Abendessen dauert, das sich bis in die Nacht hinzieht. Teilen werden dabei Spaßmacher zugelassen, mit diese aber dürfen nie jemanden der Gäste beleidigen. Wasserorgeln und geräuschvolle Konzerte werden dabei nicht gehört, ein einfaches Saitenspiel vergnügt den König. Nach dem Aufstehen von der Tafel ordnet er die Aufstellung der Wachen vor der Schatzkammer und dem königlichen Palaste selbst an." (Vergl. Dahn, Urgeschichte I, S. 536 f.)

10 Am frappantesten für moderne Anschauung ist darin die Erledigung der diplomatischen Audienz *vor* acht Uhr Morgens!

11 Idat. Anth. 1 Worte: alii diriguntur ad Gothos können sich nur auf die Ostgoten beziehen.

12 Unweit Chatesuroux, Dep. Indre, südwestlich von Bourges.

13 Daß Eurich den Krieg wider Rom in Gallien spätestens im Jahre 470 begonnen habe, nachdem er zuvor den König der Briten (Aeremoriker) Riothimus besiegt hatte, wird von allen Forschern angenommen, ist auch in der Tat nicht zu bezweifeln.
Daß derselbe aber in diesem Jahre auch Arles und Marseille, beide jenseits des Rhone eingenommen habe,

sagt nur Victor Tunun. in seiner Chronik: His coss. (Severus et Jordanes) Arelatum et Massilia a Gothis occupata sunt.

Durch Jordanis (c. 47) dagegen wird zwar die Eroberung, nicht aber das Jahr derselben bestätigt. Ganz abgesehen von dessen bekannter Unzuverlässigkeit überhaupt (wie er denn z. B. Kap. 46 von Avitus, der sechzehn Jahre vor Olybrius über ein Jahr lang regierte, sagt: hic ante Olibrium ad paucos dies regnum invaserat), handelt derselbe nämlich (c. 45) vom Beginn des Krieges und der erst nach längern Kämpfen vollbrachten Eroberung der Auvergne, während er erst (c. 47) im Fortgange seines Berichts der Einnahme jener festen Plätze gedenkt.

Dabei führt er als Motiv der Eroberung Eurichs dessen Bestechung durch Gaiserich an, weil dieser sich dadurch gegen die Nachstellungen Leos oder Zenos (der erst im Jahre 474 den Thron Ostroms bestieg) schützen wollte, so daß eine so verworrene Autorität in der Tat keine Beachtung verdient.

Der Hauptgrund gegen Victor T.s Angabe aber ergibt sich aus des Sidonius Briefen. Derselbe sagt (III, ep. 1) von den Goten: veterum finium limitibus effractis etc. metas in Rhodanum Ligerimque proterminant, daß sie also nach dem Friedensbruche die Rhone und Loire als Grenze angenommen haben, wie dies in der Tat auch die natürliche war.

In VII, ep. 6 am Schlusse verwendet sich Sidonius bei den Bischöfen Basilius, Leontius und Graecus, welche mit den Friedensverhandlungen beauftragt waren, dafür, daß den gallischen Völkern, welche an die Goten abgetreten werden würden, mindestens ihr Glaube gesichert bleibe. Von diesen Bischöfen hatte aber Graecus, wie schon der nächste Brief beweist, seinen Sitz zu Marseille, die übrigen alle jedoch (nach Tillemont VI, 3) ebenfalls auf dem linken Rhoneufer in der Provence. Selbstredend können daher die Sitze dieser Bischöfe noch nicht gotisch gewesen sein.

Noch entscheidender ist die folgende (VII, 7), an denselben Graecus, Bischof von Marseille, gerichtete Epistel, worin er diesem als Unterhändler des Friedens, auf das Gerücht hin, die Auvergne solle als Preis der Sicherheit für andere Punkte abgetreten werden, die bittersten Vorwürfe macht, die Geneigtheit der Provinz oder mindestens der Hauptstadt Clermont, sich noch länger gegen die Goten zu verteidigen, hervorhebt und zuletzt mit den Worten schließt: Si murus noster aperitur hostibus, non sit clausus vester (d. i. Marseille) hospitibus, also für die aus Clermont Fliehenden Aufnahme in Marseille verlangt.

Diesen an sich schlagenden Beweisen könnte noch das Anführen des freilich über Früheres nicht immer ganz zuverlässigen Prokop (d. b. Goth. I, 12) hinzugefügt werden: daß Gallien diesseit der Alpen unter den letzten Kaisern römisch geblieben und erst von Odovakar den Westgoten abgetreten worden sei.

Diesem allem scheint nun Ennodius in dem Leben des heiligen Epiphanius, p. 382, entgegenzustehen: „Post quem ad regnum Nepos accessit, tunc inter eum et Tolosae alumnos Getas, quos ferrea Euricus rex dominatione gubernabat, orta dissensio est: dum illi Italici fines imperii, quos trans Gallicanas alpes porrexerat, novitatem spernentes non desinerent incessere: e diverso Nepos, ne in usum praesumptio malesuada duceretur districtius cuperet commissum sibi a Deo regnandi terminum vindicare.

Allerdings würde nun dessen Ausdruck sehr ungenau und schief sein, wenn damals lediglich das ganze linke Rhoneufer noch Gegenstand des Streits und der Verhandlung gewesen wäre. Dies ist aber bei einem kirchlichen Schriftsteller über Politisches wohl denkbar. Am wenigsten folgt übrigens aus jenen Worten, daß im Jahre 474 Marseille und Arles bereits in Eurichs Händen gewesen und ihm durch den geschlossenen Frieden abgetreten worden seien.

Unter allen Umständen könnte ein so allgemeiner, unsicherer und indirekter Grund den klaren und ausdrücklichen Versicherungen des bei jenen Ereignissen persönlich beteiligten Bischofs Sidonius nicht entgegengestellt werden.

Eben dieser Meinung sind Tillemont (VII Art. 4, besonders aber Art. 10, $. 794) und Aschbach (S. 155). (Vergl. aber auch Binding I, S. 79; Dahn, Könige V, S. 91.)

14 Dieselbe erstreckte sich von der Loire unfern Orleans bis in die Nähe des Mittelmeers und des Rhone (unweit von Vienne).

15 Vergl. aber Binding a. a. O., S. 305.

16 Spenit senipedem stylum Thalia,
   Ex quo septipedes videt patronos.

17 Vergl. Dahn. Könige V, S. 92–95.

18 Ennodius, v. St. Epiph. erwähnt S. 382 den Schatten der Bäume auf dessen Reise nach Toulouse.

19 (Welche aber Sage oder doch sehr stark sagenhaft ausgeschmückt ist. D.)

20 Die Quelle ist außerordentlich dunkel, was durch die konfuse Auffassung derselben in Fredigars Epitome Histor. Francor. noch vermehrt wird. Obige Darstellung stimmt mit der Huschbergs S. 571 überein. (Vergl. Junghans, Kritische Untersuch. usw. im Literatur-Anhang. D.)

21 Vergl. Dahn, Könige V, S. 99.

22 Dahn, Könige V, S. 97.

23 Aschbach, S. 154 läßt sie nach Illyrien zurückkehren, führt aber kein Zeugnis dafür an. Uns scheint nach Jord. Worten: Secum parentibus jungens Vesegothis, unum corpus efficiunt unsere obige Ansicht die richtigere.

24 In Gallias regressus Arelatum et Massiliam urbes bellando obtinuit suoque regno utramque adjecit.
25 Vergl. aber Dahn, Könige V, S. 98 und die Literatur daselbst.
26 Vergl. aber dagegen Binding I, S. 116.
27 Euricus, totas Hispanias Galliasque sibi jam jure proprio tenens, simul quoque et Burgundiones subegit.
28 Am dunkelsten ist dessen Abgrenzung gegen die Alemannen und Ripuarier. Wahrscheinlich aber war Metz schon alemannisch (sehr schwerlich D.) und Trier ripuarisch.
29 Nach Victor Tun. 485. Vergl. Clinton, liasti Rom. Aschbach bezieht sich für das Jahr 484 S. 160 auf die Hist. de Languedoc; s. aber Dahn, Könige V, S. 101.
30 Siehe über ihn Dahn, Könige V, S. 88–101.
31 Dum responsa petit subactus orbis. v. 20. Eurich residierte damals zwischen 478–480 in Bordeaux.
32 Dahn, Bausteine I. Berlin 1879. S. 451.
33 Der aus des Sidonius II, ep. 1 Wortspiele: leges Theodosianas calcans, l'heodoricianasque proponens hergeleitete Zweifel, daß schon Theoderich II. den Westgoten Gesetze gegeben, ist völlig unbegründet. Sidonius selbst nennt Eurich an einer anderen Stelle VIII, ep. 9 im angefügten Gedichte Theuderich, wie dies auch andre Schriftsteller tun, sei es, daß derselbe auch diesen Namen als zweiten führte oder auch nur als Theoderichs I. Sohn. (? D.) Vergl. Savaros Note zu dieser Stelle II, 1 und Aschbach, S. 157. Siehe aber dagegen Dahn, Könige V, S. 100, VI, S. 245. und Westgotische Studien, Würzburg 1873, S. 3 f.

Achtzehntes Kapitel

1 Dies konnte formell nur durch Westrom (? D.) geschehen. Die Verhandlung aller Völker über die neuen Sitze aber scheint hauptsächlich mit Kaiser Marcian, dessen Gebiet am meisten beteiligt war, geführt worden zu sein, von dem auch die Ostgoten nach Jordanis Kap. 62 ihren Tribut empfingen. Möglich, daß die endliche Regulierung, die gewiß unter Vernehmung Valentinians III. erfolgte, sich bis nach dessen Tod hinzog und Marcian, der dessen Nachfolger Maximus gewiß nicht anerkannte, sich von da an als Namensherrscher auch über die Ostgoten ansah.
2 Valamir intor Scarniungam et Aquam nigram, Theodemir juxta lacum Pelsois, Vidimir inter utrosque. Die genannten Flüsse sind unbekannt, stände aber der Name Aqua nigra mit dem der Stadt Aquae südlich Wien (des heutigen Baden) in Verbindung, so würde dies Mansos Erklärung jener Namen durch Raab und Leitha entsprechen.
3 Attila kann vor dem März 453 nicht mit dem Heere zurückgekehrt sein, wonach wir dessen Vermählung und Tod etwa in den Juni setzen möchten. Die Teilungsverhandlung unter seinen Söhnen, der Entschluß und die Vorbereitung zum Aufstande mögen auch viel Zeit weggenommen haben. Doch bleibt es immer möglich, daß die Befreiungsschlacht auch schon zu Ende des Jahres 453 stattfand. Siehe Dahn. Könige II., S. 62, 63.
4 Die Stelle lautet bei Jordanis c. 10: Ornata patria (d. i. das den Ostgoten angewiesene Pannonien) civitatibus plurimis, quarum prima Sirmis extrema Vindomina (diesen wurden daher die Städte mit abgetreten). Sauromatae vero, quos Sarmatas diximus et Cemandri, et quidam ex Hunnis in parte Illyrici ad Castra Martenam urbem sedes siti datas coluere. Wir glauben nun, daß der Ausdruck ad Castra Martonam nicht durch um oder bei dieser Stadt, sondern durch bis zu übersetzt werden muß (? D.), d. h. daß der ganze gegen vierzig Meilen lange Streifen südlich der Donau von Pannoniens Grenze bis zu Castra Martis diesen Völkern oder Parteien überlassen wurde.
    Die übrigen weiter abwärts liegenden Donaugegenden sind nämlich nach Jordanis, der in seiner Beschreibung von West nach Ost geht, andern Völkern überwiesen worden, und es wäre so unnatürlich als unpolitisch gewesen, wenn Ostrom gerade den westlichsten, entferntesten Teil seiner illyrischen Provinzen für sich behalten und den nähern östlichen den Barbaren abgetreten hätte. Nur die befestigten Städte darin, welche für Sarmaten und Hunnen ohnehin keinen Reiz hatten, hat es sich unstreitig vorbehalten, wie wir dies gerade von der entferntesten, Singidunum (Belgrad), mit Sicherheit erfahren, von den übrigen daher, soweit sie nicht zerstört waren, um so mehr annehmen müssen. Je mehr aber durch diesen Vorbehalt der Sitz der Barbaren beschränkt wurde, um so weiter mußte die Ausdehnung des ihnen überwiesenen platten Landes sein.
5 Man hat unter diesem unbekannten Namen den Dnjepr oder Borysthenes verstehen wollen. Die Kritiker haben die früher gewöhnliche Lesart Danubii nach den Handschriften wieder in Danapri (andre haben Danabri) verwandelt. Dies ist aber, wenn man den Dnjepr dafür annimmt, bei der Entfernung von siebenundzwanzig Längengraden, und da wir später Attilas Sohn Dhenzik wieder an der Donau finden, schwer denkbar, was jedoch nicht ausschließt, daß manche Horden sich bis zu ihren entferntesten Stammgenossen zurückgezogen haben können. Daß Dhenzik übrigens fortwährend an der Donau saß, wird nicht nur durch Jordanis, Kap. 63, sondern auch durch Priscus (Fragment I, 20, p. 162) bestätigt, worin er übrigens Dengizich genannt wird. (Siehe aber Dahn, Könige II, S. 62.)
6 Wohl eher 454; s. Dahn, Könige II, S. 63.
7 Quia Dalmatiis Suavia vicina erat, nec a Pannoniis multum distabat, praesertim ubi tunc Gothi residebant.
8 Die Nachricht, daß die Sueben inmitten Pannoniens am Plattensee gelagert hätten, scheint an sich unwahrscheinlich, obwohl wir uns das durch den damaligen bewaldeten Zustand des im Innern weniger angebauten

Landes allenfalls erklären können. Dies hat nun Köpke S. 144 veranlaßt, den See Pelso für den an der westlichen Grenze Pannoniens gelegenen Neusiedlersee zu erklären.

Wir wollen diese Ansicht nicht aus dem Standpunkte der alten Geographie bestreiten, wenngleich auch aus diesem, nach Aurelius Victor (c. 40) und der bekannten Lage der Provinz Valeria, die Identität des Pelso und Plattensee um so weniger bezweifelt werden kann, da des Galerius Ableitung eines Teils seiner Gewässer in die Donau noch heute in der Sarmitz sichtbar ist. Weit entscheidender ist nämlich der viel *spätere* Ursprung des Neusiedler Sees überhaupt, den Bredetzky in einer Monographie über ihn in dessen Beiträgen zur Topographie Ungarns, Wien 1804, S. 49–131, nachgewiesen hat. Wir enthalten uns des Urteils über diese Arbeit, die uns, wenngleich nicht allenthalben kritisch verfaßt, im Wesentlichen doch überzeugt hat, beziehen uns aber noch auf die Autorität Büschings und Mannerts, die sogar in älteren Werken dasselbe gesagt haben. Siehe Büschings Erdbeschreibung vom Jahre 1788, II, S. 360 und Mannerts Geographie der Griechen und Römer vom Jahre 1792, S. 694. (Vergl. Köpke II, Könige II, S. 62.)

9 Dafür könnte man auch die Worte des Jordanis anführen: Quibus Suavis *tunc* junct aderant etiam Alemanni, ipsique Alpes erectas omnino regentes, unde nonnulla fluenta Danubio influunt. (Die Alemannen sind eben selbst Sueben, Suaben. *D.*)

10 (Siehe aber Note[a]. *D.*)

11 Dies ergibt, daß die Römer diesen Platz (und so gewiß auch noch viele andre) Mösiens, wenn auch Sarmaten und Hunnen in der Umgegend angesiedelt waren, fortwährend behauptet hatten.

12 Jordanis spricht hier von einer Losziehung (missaque sorte) zwischen beiden Brüdern, widerspricht sich aber selbst, indem er den *Grund* anführt, an welchem Theodemer den Angriff des Ostreichs wählte (ipse vero ceu fortior ad fortius regnum Orientale quidem accederet).

13 Tillemont (VI, 3, S. 851) setzt dies in das Jahr 475, Manso in 474 oder 475, welcher letztern Annahme wir insoweit beistimmen, als Theoderich jedenfalls bald nach Zenos Sturz im Herbste 475 bereits regierte. Daß Malchus und die übrigen Byzantiner, auch der Anonymus Valesii, Theoderich den Sohn Valamers, statt Theodemers nennen, ist zwar verwunderlich, der Autorität Cassiodors Var. VIII, 5 und selbst des Jordanis, der ja noch des großen Königs Zeitgenosse war, gegenüber aber offenbar irrig. Marcellin sagt zum Jahr 482: Theodericus *cognomento* Valamer. Derselbe führte also zugleich den Namen seines Oheims, und aus diesem Beinamen haben die Griechen den seines Vaters gemacht. Über die Sache selbst sind übrigens die neueren Forscher einverstanden.

14 Vergl. Köpke, S. 149–161. Dieser hat S. 155, Anm. 3 die Bruchstücke des Malchus ebenfalls geordnet, was mit uns zwar nicht genau, aber doch im Wesentlichen übereinstimmt. (Vergl. aber auch Dahn, Könige II, S. 67–73.)

15 Ordnung und Inhalt der Fragmente des Malchus, welche Theoderich, Theodemers Sohn betreffen.

Gleichzeitig mit Vidimers Zug nach Italien unter des Glycorius Regierung vom 15. März 473 bis 23. Juni 474, also ebenfalls im Jahre 473 bricht Theodemer nach Jordanis (c. 56), über die Save gehend, nach dem Osten auf; Richtung und Erfolg seines Vordringens sind ungewiß, weil Jordanis (c. 57) zehnjährige Ereignisse durcheinander wirft. Gewiß ist nur, daß er viele Städte eroberte und zerstörte (Malchus, p. 237) und nach seines Vaters Tode gegen Ende des Jahres 475 sein Hauptquartier ad Novas in Niedermösien an der Donau (Sistova) hatte.

Gegen Ende des Jahres 475 ward Kaiser Zeno durch Basiliscus gestürzt und aus Konstantinopel vertrieben. Der Triarier erklärte sich für den Tyrannen und spielte an dessen Hof eine Rolle (Malchus, p. 238 und 273), während Zeno Theoderichs Hilfe anrief (Anonym. Valesii)[a], welche dieser auch gewährte. (Ennodius Paneg. 3, 3, p. 444/5.)

Im Jahre 477 etwa im Juli bemächtigte sich Zeno des Throns wieder. Da wurde Theoderich zum Patricius und Feldherrn[b] ernannt und mit Wohlwollen überhäuft (Malchus, p. 237, 246, 254 und 267).

1. Gegen Ende 477. Hier tritt nun Malchus 1. Fragment ein, das in der Bonner Ausgabe unter I, 4, p. 237 aufgeführt ist.

Die Goten des Triariers (nicht dieser selbst) suchen durch eine Gesandtschaft Zeno mit ihrem Fürsten wieder zu versöhnen. Der Senat erklärt auf Befragen: zwei Gotenfürsten Sold zu zahlen, reiche der Schatz nicht aus. Hit welchem von beiden der Kaiser aber Freundschaft pflegen wolle, sei ihm überlassen. Darauf spricht sich Zeno wider den Triarier aus, also für Fortdauer des Foedus mit Theoderich.

Hierauf das 2. Fragment, II, 8, p. 264).

2. Jahr 477. Nachdem der Kaiser und Senat geschworen, mit dem Triarier nicht einseitig Frieden zu schließen, bricht Theoderich von Marcianopel in Niedermösien unfern der See (Schumla) auf und rückt zu den Hämuspässen vor, findet zwar die versprochenen römischen Hilfstruppen nicht, muß aber doch über den Hämus gedrungen sein (Malchus, p. 254). Da stößt er auf den Triarier, der nach leichten Gefechten Theoderichs Truppen vom Bruderkriege, durch den die Römer nur beide Teile verderben wollten, abzubringen weiß.

Das Volksheer, auch die Frauen (p. 267), werden meuterisch und drohen mit Abfall, wenn Theoderich nicht Frieden schließe. Dies geschieht, und beide Fürsten schicken Gesandte nach Konstantinopel.

3. Jahr 478, 2. Hälfte. Unmittelbar hieran schließt sich das 3. Fragm. I, 6, p. 240. Die Gesandten der nun verbündeten Gotenfürsten kommen in Konstantinopel an. Theoderich sagt, weil die Römer ihm nicht Wort

gehalten, sei er zum Frieden mit dem Triarier gezwungen worden. Jetzt verlange er Abtretung der Gegend, wo er stehe, Getreide bis zur Ernte und Ablieferung der Steuern an ihn.

Der Triarier dagegen fordert die Stellung zurück, die er unter Leo bekleidet, nebst allen Gehaltsrückständen sowie Freilassung seiner noch gefangenen Angehörigen.

Zeno neigt sich mehr zu Theoderich, setzt dessen Beschwerde Gegenbeschuldigungen entgegen und macht ihm ungeheuere Versprechungen, wenn er den Triarier bekriege und besiege.

Theoderich aber verweigert den Bundesbruch. Darauf sammelt der Kaiser ein Heer, an dessen Spitze er selbst tritt. Eifrig von Gotenhaß erfüllt, strömen die Truppen zusammen. *Kleine* Vorteile werden gegen beide Fürsten erlangt, namentlich wird Theode,richs Gefolgschaft von der langen Mauer, bis zu der sie vorgedrungen, zurückgeschlagen. Als aber Zeno in die alte Feigheit und Untätigkeit zurückhält, wird das streitlustige Heer so unwillig, daß es, um einem Aufstande zuvorzukommen, auflöst und in die Winterquartiere gehen läßt.

4. Winter 478 bis Frühjahr 479. Fragment II, 7, p. 263. Zeno bemerkt, daß Theoderich schwächer, der Triarier durch neuen Zuzug (vielleicht von Theoderichs Heer) stärker geworden ist, sucht daher mit dem Triarier Frieden zu schließen (stellt aber so harte Bedingungen, daß derselbe nicht darauf eingeht. Da bereitet sich Zeno zu kräftigem Kriege vor.

Die Stelle dieses Fragmentes ist weniger sicher, dasselbe kann indes wohl nur mit 5 in Verbindung gebracht werden, so daß es diesem unmittelbar vorausgeht, letzteres dabei zum Teil aber wieder in die Zeit von 4 hineingreift.

In diesem Fragmente selbst findet sich nämlich keinerlei Zeitbestimmung, selbstredend aber muß der mißlungene Friedensschluß dem gelungenen (5) vorausgegangen sein. Übrigens dürften die Worte des Originals und deren Aufeinanderfolge in den Auszügen 4 und 5 kaum ganz richtig wiedergegeben worden sein.

5. Fragm. II, 9, p. 267. Zeno sucht nach Auflösung seines Heeres um jeden Preis Frieden mit dem Triarier. Theoderich hat sich inzwischen nach dem Rhodope zurückgezogen und Thrakien verwüstet. Der Triarier freut sich, daß der „Freund und Sohn" genannte nun Feind geworden und schließt Frieden mit Zeno, indem er die günstigsten Bedingungen an Sold und Ehren erhält, namentlich zum Magister militum einer der beiden Heere ernannt, Theoderich aber seiner Würden, die ersterer nun erhält, entsetzt wird.

6. Jahr 479 bis in den Herbst. Fragm. II, 1, p. 241. Das vollständigste und interessanteste aller.

Theoderich hat, von den Römern aus Thrakien herangeschlagen, merklichen Verlust erlitten und zieht sich westlich nach Makedonien zurück. Er nimmt und plündert Stobi, dringt von da wieder östlich vor und nähert sich Thessalonich, wo sich die Einwohner zu tüchtigem Widerstande vorbereiten. Zeno schickt Gesandte an ihn ab.

Theoderich stellt die Verwüstung tunlichst ein, ordnet Gegengesandte ab und zieht mit Schonung nach Heraklea, was hier – es gibt deren zwei – nur das westliche sein kann. Darauf kommt der Patrizier Adamantius mit ausgedehnter Vollmacht bei ihm an. Dieser bietet Theoderich Pantalia^c zur Niederlassung an und Geld, um die Goten bis zur nächsten Ernte daselbst zu erhalten. Die Gegend war in des Triariers Nähe gewählt, um beide Fürsten durch einander in Schach zu halten.

Darauf sucht Theoderich den Goten Sidimund, der als römischer General in Epirus stand, vielleicht sogar ein Amaler war (ἐκ μὲν τῆς αὐτῆς φυλῆς τὸ ἀνέκαθεν ὄντα, p. 248), für sich zu gewinnen.

Dieser weiß in seiner Eigenschaft als römischer General die Hauptstadt Epidamnus (Durazzo) zu berücken und zu schrecken. Sofort eilt Theoderich auf diese Nachricht dahin, verbrennt Heraklea, weil ihm die in der Zitadelle eingeschlossenen Einwohner nichts geben wollen, legt an der Spitze seines Heeres im Fluge die vierundzwanzig Meilen bis Epidamnus zurück und bemächtigt sich dessen (p. 248).

Nun begibt sich Adamantius mit dem tapfern Sabinianus, der in Edessa kommandierte, nach Lychnidus (neunzehn Meilen von Epidamnus), das Theoderich nicht zu nehmen vermocht hatte. Von hier aus, mit großer Schwierigkeit wegen des Zusammenkommens, persönliche Verhandlung zwischen letzterem und Adamantius. Interessante Aufschlüsse über Theoderichs Vorgeschichte im Ostreich in den gegenseitigen Beschuldigungen. Als dieselbe mit den Römern verbunden gegen den Triarier zu Felde gelegen, hätten diese ihn angeblich vernichten können.

Theoderich schwor, das Anerbieten Pantalias anzunehmen, aber nicht jetzt, sondern erst im nächsten Frühjahr 480, weil sein Volk der Ruhe bedürfe. Dann wolle er mit 6000 Mann und einem römischen Heere die Goten in Thrakien vernichten, um an des Triariers Stelle als römischer Feldherr das Land zu verwalten oder auch, wenn der Kaiser befehle, Nepos aus Dalmatien^d vertreiben. Darüber ist neue Instruktion vom Kaiser einzuholen.

Aus Theoderichs Verlangen, p. 266, Z. 3: nach Erfüllung seiner Versprechen an des Triariers Stelle zum Magister militum ernannt zu werden, ist übrigens zweifellos, daß dies Fragment dem unter 5 nachfolgt.

Inmittelst erfährt Sabinian, daß eine starke gotische Kolonne mit Theoderichs Mutter und Bruder Theodemund und vielem Trosse von Candavia auf der Straße nach Epidamnus heranziehe. Er legt diesen einen Hinterhalt und überfällt sie. Theodemund und dessen Mutter retten sich durch Abbruch einer Brücke, 5000 Mann mit 2000 Wagen und vieler Beute aber werden gefangen. (Vergl. Marcellin zum Jahre 479.) Da beschließt der Kaiser, auf keinen Frieden einzugehen, vielmehr den Krieg fortzusetzen.

a Zeno misit ad civitatem Novam, in qua erat Theodoricus, dux Gothorum filius Walameris, et ?um invitat in solatium sibi adversus Basiliscum.

b στρατηγός (v. 254, Z. 10) kann hier keinen anderen Sinn haben.

c Unstreitig die Umgegend der Stadt Pantalia an dem obern Margus (Morava in Serbien) im alten Dardanien unfern der Pässe von Succi.

d (Hier taucht zuerst, und zwar, wie es scheint, als Theoderichs, nicht des Kaisers, Vorschlag, der Gedanke des Abzugs der Goten in das Westreich auf. D.)

16 („König" (βασιλεύς); vergl. über die Bedeutung dieses Verlangens gegenüber dem Heer: Dahn Könige II, S. 69. D.)

17 (Vielleicht Amaler; s. Könige II S. 72. D.)

18 Da Nepos am 9. Mai 480 ermordet ward, ergibt dies mit Zuverlässigkeit den Zeitpunkt obiger, unstreitig erst in die zweite Hälfte des Jahres 479 fallenden Verhandlung. (Hier taucht also zuerst der Gedanke eines Abzugs Theoderichs in das Westreich auf. D.)

19 Tillemont (VI, 3, N. S. 1032) und Clinton (Fast. Rom. zum Jahre 479) setzen Marcians Empörung in das Jahr 479. Dieser gedenken näher Malchus und Candidus, Theodorus Lecior oder Anagnostes, der um das Jahr 518, Evagrius, der gegen Ende des sechsten Jahrhunderts schrieb und für Marcian Eustathius als Quelle anführt, endlich Theophanes (geb. 784, gest. 818). Von allen diesen ist aber gerade der letzte und späteste der einzige, welcher die Zeit des Ereignisses angibt, und dieselbe nach der Überschrift dieser Stelle auf das Jahr 471 n. Chr. Geb. oder das 5. Zenos setzt, wobei ersteres ganz irrig ist, da Zeno erst 474 (9. Februar) allerdings auf 479 fallen würde.

Der völlig zuverlässige Malchus, p. 58, berichtet aber ausdrücklich, daß der Triarier jenen Zug nach Konstantinopel, den der Chron. Marcellin ausdrücklich in das Jahr 481 setzt, erst in Folge der Kunde von Marcians Empörung, also nach dieser, und zwar sogleich (εὐθύς) unternommen habe; hiernach muß jene Rebellion im Jahre 481 selbst oder spätestens Ende 480 erfolgt sein.

Demzufolge stehen sich in dieser Frage nur zwei Autoritäten gegenüber: die des für Byzantinisches insbesondere sonst zuverlässigen Chronisten Marcellin, der nur etwa fünfzig Jahre nachher schrieb, und die dreihundert Jahre spätern Kirchenhistorikers Theophanes. Wir müssen uns nach den Regeln der Quellenkritik unbedingt für ersteren erklären, wie dies auch die sorgfältigen Herausgeber des Malchus in der Bonner Ausgabe getan haben, welche das betreffende Fragment des Malchus, p. 258, ausdrücklich in das Jahr 481 gesetzt haben.

Hierzu kommt, daß Theophanes auch in andern Zeitangaben geirrt hat, indem er die Rückkehr Zenos um ein Jahr, das Erdbeben zu Konstantinopel um zwei Jahre früher angegeben hat. Vergl. Clinton zu den Jahren 278 und 280, wobei er an letzterer Stelle Marcellins Autorität ausdrücklich der des Theophanes vorzieht.

20 Marcellin, J. 487 und Prokop, d. b. Goth. I, 1 und II, 6. Gut und mit Recht sagt Köpke, S. 161 von ihm: „Er mußte sich überzeugt haben, daß das Ostreich in seinem Mittelpunkte Konstantinopel für die Germanen unüberwindlich sei. Gedeckt durch zwei Heere, hinter diesen Mauern, inmitten einer Bevölkerung, die erfüllt war von dem Gedanken der römischen Herrschaft und des (katholischen D.) Christentums, in den Formen einer zähen Verwaltungskunst und alt überlieferter Staatsklugheit, war es sicher unter allen Demütigungen und Gefahren. Diese Goten sehen ein: niemals würden sich die katholischen Massen ihrer arianischen Minderheit unterwerfen; sie erkannten, es sei vorteilhafter, das Druckwerk des Staates durch geschicktere Hände im Gange zu erhalten und sich des Ertrages zu bemächtigen, als selbst ein neues Reich zu errichten, in dem die besten Hilfsquellen sehr bald versiegt wären."

21 (Richtiger wird dem Kaiser die Initiative zugeschrieben; Dahn, Könige II, S. 74–77; übrigens war der Gedanke wenigstens an Dalmatien schon 479 aufgetaucht. D.)

Neunzehntes Kapitel

1 Dahin gehört die Geschichte von den Siebenschläfern, Kap. 4, welche die Sage von Abica an die Nordküste Germaniens übertragen hat.

2 Dahn, Könige I, S. 127 f., Urgeschichte, II. Band. Berlin 1881.

3 Ajo regierte nach Prosper Aquitanus bis zum Jahre 389. S. 478.

4 Vergl. die Literatur über Paulus (Jacobi, Waitz; Dahn, Langobardische Studien I und II) im Anhang.

5 (Scanzia, Scadinavia bezeichnet: 1) Skandinavien, 2) die Inseln der Nord- (und Ost-?) See und wie 3) Jütland, so 4) die ganze deutsche Küste der Nordsee (und Ostsee: Gothi-Scanzia). D.)

6 Vergl. aber jetzt die vielfach berichtigte Überlieferung bei Jacobi, Waitz, Mommsen, welche hier nicht dargestellt werden kann. Näheres in Dahn, Langob. Studien und Könige VII.

7 Über Entstehung dieser Sage (aus dem Namen Larnissio: Lehm, Sumpf) siehe jetzt Waitz in der Ausgabe des P. D., p. 61. Leo, Beowulf, S. 31.

8 Also auch in dieser Wandersage das Motiv, das die Geschichte so oft bestätigt. D.)

9 Über diesen und die folgenden Namen siehe jetzt die Literatur bei Waitz, P. D., p. 59.

10 Jenes Golanda bezeichnet offenbar das Land der Goten (? D.), sowie Anthaib, Banthaib und Burgundhaib, nach dem altgermanischen Worte: Eiba, für Gau Land, Gegend, die Lande der Anten, Banten (č. i. Wenden) und Burgunder.

Daraus folgt aber keineswegs, daß die alten Bewohner damals noch dort gesessen haben: denn das Volk verschwindet, der Name bleibt, wie z. B. in dem spätern Burgund in Frankreich und der Lombardei. Wichtiger ist das Bedenken der Erwähnung von Burgundhaib an vierter Stelle, also im äußersten Osten.

Völlig verwerfen aber müssen wir Schaffaliks auf Thunmann und Klaproth (welche berühmte Sprachforscher, aber keine Historiker waren) gestützte Ansicht, S. 132, daß jene Burgunder des Paulus Diaconus nichts andres als die Bulgaren (! D.) gewesen seien, da derselbe Paulus ja erst im Kapitel nachher (16) die Langobarden auf die Bulgaren stoßen läßt.

11 Vielmehr zwischen 506 und 512. Vergl. die Gründe für und wider bei Dahn, Könige II, S. 8, 9; vergl. jetzt auch Waitz, P. D., p. 65.
12 Prokops Ausdruck Νωρικὸν πόλις ist wohl Mißgriff?
13 Vergl. aber über alles Folgende Dahn, Könige II, S. 20 f. und über die Zeitfolge Waitz, P. D., p. 80.
14 Dies ergibt sich aus der Reihenfolge der Begebenheiten, welche Prokop in chronologischer Ordnung berichtet.
15 Hier muß der von Prokop (IV, 26) berichtete vom Jahre 551 gewesen sein. (Vergl. Waitz, P. D., p. 80. D.)
16 (So klein also war die Gefolgschaft – denn das waren diese Gefährten doch wohl? – selbst eines Königssohns. D.)
17 Klaproth, Tabl. hist. de l'Asia, p. 116.
18 (Reste derselben will man in den Zipsern finden. D.)

Zwanzigstes Kapitel

1 Vergl. v. Wieterheim, Vorgeschichte deutscher Nation, Leipzig bei T. O. Weigel 1852.
2 (Aber auch bei diesen begegnet kein Fall des Aufbruches nach einem mit *Bestimmtheit gewählten fernen* Ziel: nur ganz allmählich gelangen, *ohne solch* fernes Ziel von Anfang zu suchen, immer in der nächsten sichern oder leeren und genügenden Landschaft sich niederlassend oder doch die Niederlassung versuchend, auch diese sogenannten „Wandervölker" in entlegenere Sitze: so von den Kimbrern und Teutonen (120 v. Chr.) an Markomannen (c. 8), alle Goten (c. 150), Langobarden, Vandalen, Alanen, Sueben 405 (aber allerdings bis Afrika und Spanien sehr allmählich, in vielen Stationen), Westgoten (c. 376), Burgunder (c. 400), Ostgoten (c. 470), Bayern (c. 500). Langobarden (c. 568). D.)

ERSTER EXKURS ZUM II. BAND

1 Daß sich derselbe auf dies Konsulat des Jahres 446 beziehe, ist Niebuhrs Vermutung, während aus dem Gedichte selbst mit Sicherheit nur erhellt, daß es nach dem zweiten Frieden mit Gaiserich im Jahre 442 verfaßt ist, und Mehus damals bereits das Konsulat bekleidet hatte, was aber schon in den Jahren 432 und 437 der Fall gewesen war.
   Wahrscheinlich aber ist es allerdings, daß der Antritt eines neuen Konsulats im Jahre 446 den Anlaß dazu gegeben habe.
2 Carm. 4, v. 43: objectus Geticis puer catervis und Paneg., v. 33/4: Stupuere feroces in tenera jam membra Getae.

ZWEITER EXKURS

1 Lex Burg. 17, 1: Omnes omnino causae, quae inter Burgundiones habitae sunt et non sunt finitae, usque ad pugnam Mauriacensem habeantur abolitae.
   Chron. vom Jahre 641: Pugnatum est in quinto milliario de Trecas loco nuncupato Mauriaco in Campania.
2 Siehe aber über und zum Teil gegen dies alles Dahn, Könige V, S. 79.
3 Nach dessen Stellung auf dem Schlachtfelde, während auf dem Marsche dessen westliche Flanke die linke war.
4 Ein solcher ist nach meiner (v. W.) Ansicht darin denkbar, daß Aëtius durch diese Umgehung Attila von der Vereinigung mit den ripuarischen Franken habe abhalten wollen, von denen mit großer Wahrscheinlichkeit vorauszusetzen ist, daß die ganzen Reste dieses Volks, so weit sie sich nicht den Hunnen angeschlossen, während Attilas Vormarsch zur Loire auch ihrerseits auf den linken Rheinufer weithin raubfahrend vorgedrungen waren.

QUELLEN- UND LITERATURÜBERSICHT

1 Eine solche Zusammenstellung, nicht *alphabetisch, sondern systematisch*: die Quellen nach den Zeiten, die Literatur nach den Gegenständen und nach den Völkern geordnet, wird vielen erwünscht sein. Selbstverständlich konnte bloß eine Auswahl geboten werden: auch nur annähernde Vollständigkeit würde mehr als einen starken Band erheischen. Ich verweise zur Ergänzung des hier Gesammelten auf die ausführlichen *alphabetisch* geordneten Angaben: *Könige* I, München 1861; I, 1862; III, Würzburg 1866; IV, 1866; V, 1870; VI, 1871.

Prokopius, Berlin 866. *Westgotische Studien*, Würzburg 1874. *Langobardische Studien* I Paulus Diaconus 1), Leipzig 1876. Die hier gebotene Übersicht wiederholt aus denen nur einiges und bringt meist ir jenen Zusammenstellungen nicht enthaltenes.

2 Über die Schriftsteller des IV. bis VIII. Jahrhunderts in Afrika, Italien, Gallien, Spanien vergl. auch *Dahn*, Urgeschichte I. Berlin 1880–81.

3 Die hier nicht aufgeführten Annalen, Heiligenleben und anderen Quellen der merowingischen und karolingischen Zeit werden in dem VIII. Band der Könige der Germanen mit der zugehörigen Literatur zusammengestellt werden. – S. einstweilen die Aufzählung von Annalen und Heiligenleben Könige V, p. I seq. und Paulus Diaconus I, p. XI, XII, XXII.

II. Abteilung

1 S. die Ergänzung der Bezeichnung hier unvollständig angeführten Werke in den Literaturangaben Könige I–VI; Prokopius von Caesarea und Paulus Diaconus.

Namens- und Ortsverzeichnis